METHODEN DER
ORGANISCHEN CHEMIE

METHODEN DER ORGANISCHEN CHEMIE

(HOUBEN-WEYL)

VIERTE, VÖLLIG NEU GESTALTETE AUFLAGE

HERAUSGEGEBEN VON

EUGEN MÜLLER

TÜBINGEN

UNTER BESONDERER MITWIRKUNG VON

O. BAYER · H. MEERWEIN · K. ZIEGLER

LEVERKUSEN   MARBURG   MÜLHEIM

BAND XIV/2

MAKROMOLEKULARE STOFFE

TEIL 2

19 GTV 63

GEORG THIEME VERLAG · STUTTGART

MAKROMOLEKULARE STOFFE

TEIL 2

BEARBEITET VON

H. HERLINGER · M. HOFFMANN · E. HUSEMANN
E. ISTEL · W. KERN · H. KRIMM · E. MÜLLER · H. RINKE
R. SCHMITZ-JOSTEN · P. SCHNEIDER · R. C. SCHULZ
G. SPIELBERGER · R. WEGLER · R. WERNER

MIT 22 ABBILDUNGEN, 1 PORTRÄT
UND 55 TABELLEN

1963

GEORG THIEME VERLAG · STUTTGART

In diesem Handbuch sind zahlreiche Gebrauchs- und Handelsnamen, Warenzeichen u. dgl. (auch ohne besondere Kennzeichnung), BIOS- und FIAT-Reports, Patente, Herstellungs- und Anwendungsverfahren aufgeführt. Herausgeber und Verlag machen ausdrücklich darauf aufmerksam, daß vor deren gewerblichen Nutzung in jedem Falle die Rechtslage sorgfältig geprüft werden muß. Industriell hergestellte Apparaturen und Geräte sind nur in Auswahl angeführt. Ein Werturteil über Fabrikate, die in diesem Band nicht erwähnt sind, ist damit nicht verbunden.

Erscheinungstermin 7.1.1963

Dem hervorragenden Forscher

und Erfinder neuartiger und technisch

bedeutender Verfahren, dem weitblickenden

Förderer unserer Wissenschaft,

dem Initiator und tatkräftigen

Gestalter dieses Handbuches

Herrn Professor ord. hon.

Dr. phil. nat. - Dr. rer. nat. h. c.

Dr.-Ing. e. h. - Dr. rer. nat. h. c.

OTTO BAYER

zum 60. Geburtstag

in Verehrung und Dankbarkeit

gewidmet

4. November 1962

Modellierung von Professor Arno Breker 1962

Vorwort

Die von TH. WEYL begründeten und von J. HOUBEN fortgeführten Methoden der organischen Chemie sind zu einem wichtigen Standardwerk von internationaler Bedeutung für das gesamte chemische Schrifttum geworden. Seit dem Erscheinen der letzten vierbändigen dritten Auflage sind zum Teil schon über 20 Jahre vergangen, so daß eine Neubearbeitung bereits seit Jahren dringend geboten schien. Verständlicherweise hat sich die Verwirklichung dieser Absicht, durch die Kriegs- und Nachkriegsverhältnisse bedingt, lange hinausgezögert.

Vor allem der Initiative von Herrn Prof. Dr. phil. nat. Dr. rer. nat. h. c. Dr.-Ing. E. h. Dr. rer. nat. h. c. OTTO BAYER, Leverkusen, ist es zu verdanken, daß das Werk heute in einer völlig neuen und weitaus umfassenderen Form wieder erscheint.

Diese neue Form wird in einer großen Gemeinschaftsarbeit von Hochschul- und Industrieforschern gestaltet. Ursprünglich planten wir, das neue Werk mit etwa 16 Bänden im Laufe von 4 Jahren abzuschließen. Inzwischen hat sich gezeigt, daß infolge der stark anwachsenden Literatur die einzelnen Bände z. T. mehrfach unterteilt werden mußten. Besonders durch die Mitwirkung von Fachkollegen aus der chemischen Industrie wird es zum ersten Male möglich sein, die große Fülle von Erfahrungen, die in der Patentliteratur und in den Archiven der Fabriken niedergelegt ist, nunmehr kritisch gewürdigt der internationalen Chemieforschung bekanntzugeben.

Der Unterzeichnete hat es als eine besondere Auszeichnung und Ehre empfunden, von maßgebenden Persönlichkeiten der deutschen Chemie und dem Georg Thieme Verlag mit der Herausgabe des Gesamtwerkes betraut worden zu sein.

Mein Dank gilt dem engeren Herausgeber-Kollegium, den Herren

Prof. Dr. phil. nat. Dr. rer. nat. h. c. Dr.-Ing. E. h. Dr. rer. nat. h. c.
OTTO BAYER, Leverkusen,

Prof. Dr. phil. Dr. rer. nat. h. c. Dr. med. h. c. Dr. rer. nat. h. c. Dr.-Ing. E. h.
Dr. rer. nat. h. c. HANS MEERWEIN, Marburg,

Prof. Dr. phil. Dr. rer. nat. h. c. Dr. rer. nat. E. h. Dr. rer. nat. h. c.
KARL ZIEGLER, Mülheim-Ruhr,

die durch ihre intensive Mitarbeit und ihre reichen Erfahrungen die Gewähr bieten, daß für das neue Werk ein möglichst hohes Niveau erreicht wird.

Ganz besonderer Dank aber gebührt unseren Autoren, die in unermüdlicher Arbeit neben ihren beruflichen Belastungen der Fachwelt ihre großen Erfahrungen bekanntgeben. Im Namen der Herren Mitherausgeber und in meinem eigenen darf ich unserer besonderen Freude Ausdruck geben, daß gerade die Herren, die als hervorragende Sachkenner ihres Faches bekannt sind, uns ihre Mitarbeit zugesagt haben.

Das Erscheinen der Neuauflage wurde nur dadurch ermöglicht, daß der Inhaber des Georg Thieme Verlags, Stuttgart, Herr Dr. med. h. c. Dr. med. h. c. BRUNO HAUFF, durchdrungen von der Bedeutung der organischen Chemie, das neue Projekt bewußt in den Vordergrund seines Unternehmens stellte und seine Tatkraft und seine großen Erfahrungen diesem Werk widmete. Es stellt ein verlegerisches Wagnis dar, das Werk in dieser Ausstattung mit der großen Zahl von übersichtlichen Formeln, Abbildungen und Tabellen zu einem verhältnismäßig niedrigen Preis dem Chemiker in die Hand zu geben.

In den nun zur Herausgabe gelangenden „Methoden der organischen Chemie" wird ebensowenig eine Vollständigkeit angestrebt wie in den älteren Auflagen. Die Autoren sind vielmehr bemüht, auf Grund ihrer eigenen Erfahrungen die wirklich brauchbaren Methoden in den Vordergrund der Behandlung zu stellen und überholte Arbeitsvorschriften oder sogenannte Bildungsweisen nur knapp abzuhandeln.

Es ist unmöglich, eine Gewähr für jede der angegebenen Vorschriften zu übernehmen. Wir glauben aber, dadurch das Möglichste getan zu haben, daß alle Manuskripte von mehreren Fachkollegen überprüft wurden und die Literatur bis zum Stande von etwa einem bis einem halben Jahr vor Erscheinen jedes Bandes berücksichtigt ist.

An dieser Stelle sei noch einiges zur Anlage des Gesamtwerkes gesagt. Wir haben uns bemüht, beim Aufbau des Werkes und bei der Darstellung des Stoffes noch strenger nach methodischen Gesichtspunkten vorzugehen, als dies in den früheren Auflagen der Fall war.

Der erste Band wird allgemeine Hinweise zur Laboratoriumspraxis enthalten und die gebräuchlichen Arbeitsmethoden in einem organisch-chemischen Laboratorium, wie beispielsweise Anreichern, Trennen, Reinigen, Arbeiten unter Überdruck und Unterdruck, beschreiben.

In Band II fassen wir die Analytik der organischen Chemie zusammen, die früher verstreut in den einzelnen Kapiteln behandelt wurde. Wir hoffen, dadurch eine wesentliche Erleichterung für den Benutzer des Handbuchs geschaffen zu haben.

Hieran schließt sich die Darstellung der physikalischen Forschungsmethoden in der organischen Chemie. Dort sollen die Grundlagen der Methodik, das erforderliche apparative Rüstzeug, der Anwendungsbereich auf das Gebiet der organischen Chemie und die Grenzen der betreffenden Methoden kurz wiedergegeben werden. In vielen Fällen wird es hier nicht möglich sein, eine ausführliche Darstellung zu geben, die das Nachschlagen der Originalliteratur unnötig macht, wie bei den Bänden präparativen Inhalts. Unser Ziel ist es, dem präparativ arbeitenden Organiker die Anwendbarkeit der betreffenden physikalischen Methode auf Probleme der organischen Chemie und ihre Grenzen zu zeigen.

Der Hauptteil des Werkes befaßt sich mit den chemisch-präparativen Methoden. In einem gesonderten Band werden allgemeine Methoden behandelt, die Geltung haben für die in den weiteren Bänden behandelten speziellen Methoden, wie etwa Oxydation, Reduktion, Katalyse, photochemische Reaktionen, Herstellung isotopenhaltiger Verbindungen und ähnliches mehr.

Der spezielle Teil befaßt sich mit den Methoden zur Herstellung und Umwandlung organischer Stoffklassen. Auf die Methoden zur Herstellung und Umwandlung von Kohlenwasserstoffen folgen – in der Anordnung des langen Periodensystems von rechts nach links betrachtet – die entsprechenden Verbindungen des Kohlenstoffs mit den Halogenen, den Chalkogenen, den Elementen der Stickstoffgruppe, mit Silicium, Bor, und mit den Metallen. Abschließend behandeln wir die Methoden zur Herstellung und Umwandlung hochmolekularer Stoffe sowie die besonderen organisch-präparativen und analytischen Methoden der Chemie der Naturstoffe.

Im Vordergrund der Darstellung der speziellen chemischen Methoden, die den Hauptteil des Handbuches bilden, wird nicht die Beschreibung der einzelnen Stoffe selbst stehen – dies ist Aufgabe des „Beilstein" –, sondern die Methoden zur Herstellung und Umwandlung bestimmter Verbindungsklassen, erläutert an ausgewählten Beispielen. Dabei wird besonderer Wert auf die Vollständigkeit und

kritische Darstellung der Methoden zur Herstellung bestimmter Verbindungsklassen gelegt, die als Schwerpunkt des betreffenden Kapitels angesehen werden
können. Die darauf folgende Umwandlung ist so kurz wie möglich behandelt, da
sie mit ihren Umwandlungsstoffen in die Kapitel übergreift, die sich mit der Herstellung eben dieser Verbindungstypen befassen. Die Besprechung der Umwandlung
der verschiedenen Stoffklassen ist daher nur unter dem Gesichtspunkt aufgenommen
worden, jeweils selbständige Kapitel inhaltlich abzurunden und Hinweise zu geben
auf die Stellen des Handbuches, an denen der Benutzer die durch Umwandlung entstehenden neuen Stofftypen in ihrer Herstellung auffinden kann.

Es ist selbstverständlich, daß kein Werk der chemischen Sammelliteratur so dem
Wandel unterworfen ist wie gerade die „Methoden der organischen Chemie"; beruht
doch der Fortschritt der chemischen Wissenschaft darin, stets neue synthetische Wege
zu erschließen. Ich darf daher alle Fachkollegen um rege und stete Mitarbeit bitten,
sei es in Form von sachlichen Kritiken oder wertvollen Hinweisen.

Nicht zuletzt danke ich der deutschen chemischen Industrie, die unter beträchtlichen Opfern ihre besten Fachkollegen für die Mitarbeit an diesem Werk freigestellt
hat und mit Literaturbeschaffung und Auskünften in reichem Maße stets behilflich
war.

Auch der Druckerei möchte ich meine Anerkennung für die rasche und gewissen-
hafte Ausführung der oft schwierigen Arbeit aussprechen.

Eugen Müller

Vorwort zu den Bänden XIV/1 und XIV/2

In den Bänden XIV/1 und 2 werden die Methoden zur Herstellung höher- bzw. hochmolekularer Stoffe beschrieben. Dieser Aufgabe stellten sich eine ganze Reihe von Schwierigkeiten entgegen, die nur dadurch überwunden werden konnten, daß die Herausgeber immer wieder bestrebt waren, den Stoff so anzuordnen, daß er den praktischen Fragestellungen des präparativ arbeitenden Chemikers entspricht.

Bei der Abgrenzung des Stoffes stellte sich uns die Frage, welche Stoffe als makromolekular anzusprechen und in den vorliegenden Kapiteln abzuhandeln seien. Wir haben uns in Bd. XIV bewußt nicht an die Staudingersche Definition der makromolekularen Stoffe gehalten, da sonst einige wichtige Verfahren zur Herstellung von Kondensationsprodukten hätten weggelassen werden müssen. Höhermolekulare Verbindungen mit definierter, einheitlicher Konstitution werden hier nicht gebracht, auch dann nicht, wenn ihr Molekulargewicht 2000 übersteigt. Ebenso werden Verbindungen, die durch sukzessiven Aufbau hergestellt werden, wie z.B. Polypeptide oder Verbindungen vom Typ des Germanins, hier nicht abgehandelt. Es wird hier nur die Herstellung solcher Produkte beschrieben, die entweder direkt oder über nur wenige Zwischenstufen hinweg unter Verwendung von polyfunktionellen Ausgangsmaterialien entstehen. Ebenso wie die Herstellung der Polypeptide wird auch die der Polysaccharide nicht in den beiden Bänden XIV/1 und XIV/2 besprochen; ihre Herstellung erfordert spezielle Methoden, die von den in diesen Kapiteln üblichen abweichen. Darüber hinaus haben wir uns entschlossen, auch die sogenannten Silicone nicht hier zu bringen, sondern sie zusammen mit den übrigen siliciumorganischen Verbindungen abzuhandeln, da der präparative Schwerpunkt bei der Herstellung der niedermolekularen Organosiliciumverbindungen liegt. Bei einer getrennten Beschreibung hätten außerdem die Übergänge unberücksichtigt bleiben müssen.

Die höher- und makromolekularen Stoffe, die in diesem Handbuch abgehandelt sind, besitzen neben ihrem wissenschaftlichen vor allem technisches Interesse. Es bestand daher die Gefahr, daß die Beschreibung allzu sehr in das technologische Gebiet hineingeriet. Wir haben versucht, dieses nach Möglichkeit zu vermeiden, denn es ist in erster Linie Aufgabe dieses Handbuches, laboratoriumsgemäße Herstellungsmethoden für die makromolekularen Stoffe zu beschreiben. Da dieses Handbuch aber eine sehr breite Anwendung in den Industrielaboratorien finden wird, erschien es uns zweckmäßig, in einigen technisch wichtigen Abschnitten auch auf technologische Verfahren hinzuweisen. Die technische Weiterverarbeitung der makromolekularen Stoffe haben wir jedoch nicht beschrieben. So ist beispielsweise bei den Polyamiden nichts mehr ausgesagt über ihre Verspinnung und Verstreckung und bei den Butadienpolymerisaten nur sehr wenig über ihre weitere Vulkanisation bzw. gummitechnische Verarbeitung.

Bei der Abfassung der einzelnen Manuskripte zeigte es sich, daß die Stofffülle zu groß war, um alle wichtigen Reaktionen, die zur Herstellung makromolekularer Produkte dienen, in einem Band in der uns optimal erscheinenden Weise abzuhandeln. Wir mußten uns daher auch hier wieder entschließen, zwei Teilbände herauszubringen. Wir danken dem Verlag, insbesondere Herrn Dr. med. h.c. Dr. med. h.c. BRUNO HAUFF, für sein verständnisvolles Eingehen auf unsere Wünsche.

Der Band XIV/1 beginnt mit einem kurzen Abschnitt über die Nomenklatur und Terminologie auf dem Gebiet der makromolekularen Chemie. Dann folgt das Hauptkapitel dieses Teilbandes mit den Methoden zur Herstellung makromolekularer Stoffe durch Polymerisation von Vinyl- und Divinylverbindungen. In diesem Kapitel wird bewußt nur die Polymerisation von Verbindungen mit Kohlenstoff-Kohlenstoff-Doppelbindungen abgehandelt, einschließlich ihrer Copolymerisation mit Schwefeldioxyd und Kohlenmonoxyd. Die Polymerisation cyclischer Monomerer mit Heteroatomen als Ringglieder, wie z.B. des Äthylenoxyds, Tetrahydrofurans, Äthylenimins usw., wird dagegen zusammen mit der Polyaddition dieser Verbindungen in dem vorliegenden Band XIV/2 besprochen, da hier eine Abgrenzung zwischen Polymerisation und Polyaddition in vielen Fällen sehr schwierig ist (s. dazu den Abschnitt über Terminologie und Nomenklatur Bd. XIV/1, S. 6ff.). In dem Kapitel über die Polymerisation der Vinyl- und Divinylverbindungen werden in den beiden ersten Abschnitten die verschiedenen Polymerisationsmethoden besprochen. Dabei schien es uns angezeigt, ausführlich auf alle Einzelheiten der Arbeits-methodik einzugehen, da nur eine genaue Kenntnis aller Reaktionsbedingungen es dem industriell arbeitenden Chemiker ermöglicht, Produkte mit Spitzeneigen-schaften herzustellen. Abschließend wird dann in dem dritten Abschnitt ein Über-blick über die Polymerisation der wichtigsten Monomeren gegeben, wobei spezielle Copolymerisate nur ganz knapp behandelt sind.

Der vorliegende Band XIV/2 beginnt mit der Herstellung makromolekularer Stoffe durch Polykondensation, Polyaddition sowie durch Polymerisation von cyclischen Monomeren mit Heteroatomen als Ringglieder. Eine restlos befriedigende, streng systematische Gliederung dieses Kapitels erwies sich als unmög-lich. Als günstigste Lösung erschien uns hier eine Einteilung nach den technisch wichtigen Harz- bzw. Kunststoffklassen, wie sie heute in entsprechenden Hand-büchern allgemein üblich ist, obwohl bei dieser Gliederung weder eine konsequente Einteilung nach den Ausgangsmaterialien noch nach den Endprodukten, noch nach dem Reaktionstyp (Polyaddition, Polykondensation) möglich ist. – Auf die Methoden zur Herstellung von makromolekularen Stoffen folgt ein Kapitel über die Umwand-lung der Vinyl- und Divinylpolymeren, des Naturkautschuks, der Cellu-lose und der Stärke unter Erhalt des makromolekularen Aufbaus. Die Umwand-lung der Polyadditions- und Polykondensationsprodukte wird nicht – wie die der Polymerisate – in einem besonderen Abschnitt beschrieben, sondern sie ist im Zusammenhang mit der Herstellung der jeweiligen Harzklassen abgehandelt, da es sich meist nicht um grundlegende Molekülumwandlungen handelt, sondern nur um eine Erhöhung des Kondensations- bzw. Polymerisationsgrades oder z.B. um eine Nachhärtung. Im letzten Kapitel dieses Bandes werden in übersichtlicher Form die Möglichkeiten zur Ermittlung von Struktureinzelheiten makromole-kularer Stoffe, z.B. Molgewicht, sterische Struktur, deren Verteilungen und Arten der übermolekularen Ordnung, zusammengestellt und dabei einige Hinweise auf grundsätzliche Schwierigkeiten gegeben. Hieran schließt sich eine umfangreiche Literatursammlung an, in der der Inhalt jedes Zitats durch Stichworte gekenn-zeichnet ist. Eine eingehende Beschreibung der Analytik von Polymeren war wegen der meist sehr speziellen Methoden im Rahmen dieses Handbuches unmöglich; wir haben uns aber bemüht, in den Herstellungsbeispielen jeweils auch analytische Hinweise zu geben. Durch all dies und mit Hilfe der Beschreibung einiger analy-tischer Methoden in Bd. III/1 und III/2 dieses Handbuches dürfte die analytische Kontrolle der höhermolekularen Verbindungen wesentlich erleichtert werden.

Die einzelnen Beiträge dieser beiden Teilbände wurden von erfahrenen Spezialisten der Industrie und Hochschule verfaßt, u. a. von solchen, die maßgeblich an den grundlegenden Verfahren zur Herstellung makromolekularer Stoffe (Buna, Acrylester-Polymerisation, Redoxpolymerisation, Polyaddition) mitgearbeitet haben. Wir danken den Herren Autoren auch an dieser Stelle herzlich für ihre schwierige, mühevolle Arbeit.

Bei der Abstimmung der einzelnen Beiträge aufeinander und der kritischen Durchsicht aller Manuskripte hat sich vor allem Frau Dr. HANNA SÖLL (Leverkusen) sehr verdient gemacht; ihr gebührt unser besonderer Dank.

Darüber hinaus gilt unser Dank der Direktion der Farbenfabriken Bayer AG., die die Arbeiten auch an diesem Band in großzügiger Weise gefördert hat.

Schließlich danken wir Frau Dr. ILSE MÜLLER-RODLOFF (Tübingen) für die Anfertigung des Autorenregisters und den Herren Dr. RUDOLF HOLLÄNDER und Dr. ALBERT BALLAUF (Leverkusen) für die Bearbeitung des recht schwierigen Sachregisters.

OTTO BAYER
HANS MEERWEIN
EUGEN MÜLLER
KARL ZIEGLER

Makromolekulare Stoffe
Teil 2

A₂. Herstellung makromolekularer Stoffe durch Polykondensation und Polyaddition sowie durch Polymerisation von cyclischen Monomeren mit Heteroatomen als Ringglieder 1

   I. Polycarbonsäureester 1
      Bearbeitet von Dr. E. MÜLLER

  II. Polycarbonate 48
      Bearbeitet von Dr. H. KRIMM

 III. Polyurethane 57
      Bearbeitet von Dr. E. MÜLLER

  IV. Polyamide 99
      Bearbeitet von Dr. H. RINKE und Dr. E. ISTEL

   V. Polyadditions- und Polykondensationsprodukte von Carbonyl- und Thiocarbonylverbindungen 193
      Bearbeitet von Dr. R. WEGLER und Dr. H. HERLINGER

  VI. Polymerisations- und Polyadditionsprodukte von cyclischen Monomeren mit Heteroatomen als Ringglieder 425
      Bearbeitet von Dr. R. WEGLER und Dr. R. SCHMITZ-JOSTEN

 VII. Weitere Polyadditions- bzw. Polykondensationsprodukte 580
      Bearbeitet von Dr. R. WEGLER und Dr. G. SPIELBERGER

B. Umwandlung von natürlichen und synthetischen makromolekularen Stoffen unter Erhaltung der makromolekularen Struktur 637

   I. Allgemeine Hinweise 637
      Bearbeitet von Prof. Dr. W. KERN und Priv.-Doz. Dr. R. C. SCHULZ

  II. Umwandlung von Polymerisaten 661
      Bearbeitet von Dr. P. SCHNEIDER

 III. Umwandlung von Naturkautschuk 822
      Bearbeitet von Dr. P. SCHNEIDER

  IV. Umwandlung von Cellulose und Stärke 862
      Bearbeitet von Prof. Dr. E. HUSEMANN und Dipl.-Chem. R. WERNER

C. Hinweise zur Ermittlung der Struktur makromolekularer Stoffe   917

    I. Hinweise zur Durchführung chemischer Analysen makromolekularer
       Stoffe   918
       Bearbeitet von Dr. P. Schneider

    II. Hinweise zur Bestimmung von Struktureinzelheiten makromole-
       kularer Stoffe   931
       Bearbeitet von Dr. M. Hoffmann

    III. Literatursammlung über Analysenmethoden und Analysenergeb-
       nisse, geordnet nach den mit den Methoden meßbaren Eigenschaften
       der Polymeren und erweitert durch stichwortartige Inhaltsangabe
       der Veröffentlichungen   960
       Bearbeitet von Dr. M. Hoffmann

Autorenregister   1070

Sachregister   1193

Zeitschriftenliste

Die Abkürzungen entsprechen der Sigelliste des „Beilstein", die mit * bezeichneten Abkürzungen sind der 2. Auflage der Periodica Chimica entnommen, die mit ° bezeichneten der List of Periodicals Abstracted by Chemical Abstracts. Für die Überlassung der Sigelliste danken wir Herrn Prof. Dr. F. RICHTER †, Beilstein-Institut, Frankfurt a. M.

Die beigefügten Jahreszahlen sollen einen Hinweis geben auf Titeländerungen oder Einstellung des Erscheinens der betreffenden Zeitschriften. Weitere Einzelheiten hierüber können aus „Periodica Chimica" und „List of Periodicals Abstracted by Chemical Abstracts" entnommen werden.

A. LIEBIGS Annalen der Chemie

Abh. Akad. Wiss. Göttingen, math.-physik. Kl.* Abhandlungen der Akademie der Wissenschaften in Göttingen. Mathematisch-Physikalische Klasse (seit 1946)

Abh. dtsch. Akad. Wiss. Berlin, Kl. Math. allg. Naturwiss.* Abhandlungen der Deutschen Akademie der Wissenschaften zu Berlin. Klasse für Mathematik und Allgemeine Naturwissenschaften (seit 1950)

Abh. dtsch. Akad. Wiss. Berlin, math.-naturwiss. Kl.* Abhandlungen der Deutschen Akademie der Wissenschaften zu Berlin. Mathematisch-Naturwissenschaftliche Klasse (1945 bis 1949)

Abh. Ges. Wiss. Göttingen Abhandlungen der Gesellschaft der Wissenschaften zu Göttingen. Mathematisch-Physikalische Klasse (bis 1946)

Abh. Kenntnis Kohle Gesammelte Abhandlungen zur Kenntnis der Kohle (bis 1937)

Abh. preuß. Akad. Abhandlungen der Preußischen Akademie der Wissenschaften. Physikalisch-Mathematische Klasse (bis 1939)

Abh. preuß. Akad. Wiss., math.-naturwiss. Kl.* Abhandlungen der Preußischen Akademie der Wissenschaften. Mathematisch-Naturwissenschaftliche Klasse (1939–1944)

Abh. sächs. Akad. Abhandlungen der Mathematisch-Physischen Klasse der Sächsischen Akademie der Wissenschaften (bis 1945)

Abh. sächs. Akad. Wiss. Leipzig, math.-naturwiss. Kl.* Abhandlungen der Sächsischen Akademie der Wissenschaften zu Leipzig. Mathematisch-Naturwissenschaftliche Klasse (seit 1950)

Abstr. Kagaku-Kenkyū-Jo Hōkoku* Abstracts from Kagaku-Kenkyū-Jo Hōkoku (Reports of the Scientific Research Institute, seit 1950)

Académie Royale de Belgique: Bulletins de la Classe des Sciences s. Bl. Acad. Belgique

Académie royale de Belgique, Classe des sciences: Mémoires. Collection in 8° s. Mém. Acad. Belg. 8°

Acad. Sci. Ukr. SSR, Inst. Microbiol. Epidemiol.* Academy of Sciences of the Ukrainian SSR. Institute of Microbiology and Epidemiology

A. ch. Annales de Chimie

Acta Acad. Aboensis, Math. Physica* Acta Academiae Aboensis, Ser. B, Mathematica et Physica

Acta Allergol.° Acta Allergologica

Acta Chemica Fennica s. Suomen Kem.

Acta chem. scand. Acta Chemica Scandinavica

Acta chim. Acad. Sci. hung.* Acta Chimica Academiae Scientiarum Hungaricae

Acta Chim. Sinica° Acta Chimica Sinica (Hua Hsüeh Hsüeh Pao; seit 1957)

Acta crystallogr. [Copenhagen]* Acta Crystallographica [Copenhagen] (seit 1952)

Acta crystallogr. [London]* Acta Crystallographica [London] (bis 1951)

Acta Endocrinol. Suppl.° Acta Endocrinologica. Supplementum

Acta latviens. Chem. Acta Universitatis Latviensis, Chemicorum Ordinis Series. Riga

Acta pharmac. hung.* Acta Pharmaceutica Hungarica (Gyógyszerésztudományi Értesítö, 1948–1949)

Acta pharmac. int. [Copenhagen]* Acta Pharmaceutica Internationalia [Copenhagen]

Acta pharmacol. toxicol.   Acta Pharmacologica et Toxicologica [Köbenhavn]
  [Köbenhavn]*
Acta physicoch. U.R.S.S   Acta Physicochimica U.R.S.S.
Acta physiol. scand.   Acta Physiologica Scandinavica
Acta phys. polon.   Acta Physica Polonica (seit 1932)
Acta phytoch.   Acta Phytochimica. Tokyo
Acta Polon. pharm.   Acta Poloniae Pharmaceutica
                                   Acta Universitatis Latviensis, Chemicorum Ordinis Series s. Acta
                                     latviens. Chem.
                                   Acta Universitatis Voronegiensis s. Trudy Voronezh. Gosudarst.
                                     Univ.
Acta Soc. Med. Upsaliensis°   Acta Societatis Medicorum Upsaliensis
Adhäsion°   Adhäsion
Adhesives Age°   Adhesives Age
Adhesives & Resins°   Adhesives & Resins (bis 1960)
Advances Carbohydrate Chem.*   Advances in Carbohydrate Chemistry
Advances in Chem. Ser.°   Advances in Chemistry Series
Advances in Enzymol.°   Advances in Enzymology and Related Subjects of Biochemistry
Advances mod. Biol.*   Advances in modern Biology (Usspechi Ssowremennoi Biologii)
Advances Protein Chem.*   Advances in Protein Chemistry
Afinidad   Afinidad. Barcelona
Akust. Z.   Akustische Zeitschrift (bis 1944)
Allgem. Wärmetech.°   Allgemeine Wärmetechnik
Am.   American Chemical Journal
A. M. A. Arch. Ind. Health°   A. M. A. Archives of Industrial Health (seit 1955)
A. M. A. Arch. ind. Hyg.   A. M. A. Archives of Industrial Hygiene and Occupational
  occupat. Med.*   Medicine (1951–1955)
A. M. A. Arch. Pathol.*   A. M. A. Archives of Pathology (seit 1951)
Am. Dyest. Rep.   American Dyestuff Reporter
Amer. Gas Assoc., Proc.   American Gas Association. Proceedings of the Annual
  annu. Convent.*   Convention (bis 1942 und seit 1951)
Amer. Gas Assoc., Proc.   American Gas Association. Proceedings of the Annual Meeting
  annu. Meeting*   (1942–1950)
Amer. ind. Hyg. Assoc. Quart.*   American Industrial Hygiene Association Quarterly
Amer. Inst. Mining metallurg.   American Institute of Mining and Metallurgical Engineers.
  Engr., techn. Publ.*   Technical Publications
Amer. J. Digest. Diseases*   American Journal of Digestive Diseases (seit 1938)
Amer. J. Digest. Diseases   American Journal of Digestive Diseases and Nutrition (bis 1938)
  Nutrit.*
Amer. J. Physics*   American Journal of Physics
Amer. Mineralogist*   American Mineralogist
Amer. Perfumer, Cosmet.,   American Perfumer. Cosmetics. Toilet Preparations (1936–1939)
  Toilet Preparat.*
                                   American Society for Testing Materials (ASTM) Bulletin s.
                                     ASTM Bull.
Am. Inst. Chem. Engrs.°   American Institute of Chemical Engineers
Am. J. Cancer   American Journal of Cancer (bis 1940)
Am. J. Clin. Med.°   American Journal of Clinical Medicine (bis 1924)
Am. J. Hyg.   American Journal of Hygiene
Am. J. med. Sci.   American Journal of Medical Sciences
Am. J. Pharm.   American Journal of Pharmacy (bis 1936)
Am. J. Physiol.   American Journal of Physiology
Am. J. publ. Health   American Journal of Public Health and the Nation's Health
Am. J. Sci.   American Journal of Science
Am. J. Vet. Research°   American Journal of Veterinary Research
Am. Paint J.   American Paint Journal
Am. Perfumer*   American Perfumer and Essential Oil Review
                                     (bis 1935 und seit 1940)
Am. Petr. Inst. Quart.   American Petroleum Institute Quarterly
Am. Soc.   Journal of the American Chemical Society

Am. Soc. Brewing Chemists, Proc.°	American Society of Brewing Chemists. Proceedings, Annual Meeting
An. Acad. Republicii Populare române, Ser. Mat., Fizică, Chim.*	Analele Academiei Republicii Populare Române. Seria: Matematică, Fizică, Chimie
Anal. Chem.	Analytical Chemistry (seit 1947)
Analyst	The Analyst. Cambridge
Analytica chim. Acta [Amsterdam]*	Analytica Chimica Acta [Amsterdam].
An. Asoc. quím. arg.	Anales de la Asociación Química Argentina
Anatom. Rec.*	Anatomical Record
An. Farm. Bioquím.*	Anales de Farmacia y Bioquímica. Buenos Aires
	Anales de Física y Química s. An. Soc. españ.
Ang. Ch.	Angewandte Chemie (seit 1932)
	Anilinfarben-Industrie (russ.) s. Anilinokr. Promyšl.
Anilinokr. Promyšl.	Anilinokrasočnaja Promyšlennost' (russ.). Anilinfarben-Industrie (bis 1935)
Ann. Acad. Sci. fenn.	Annales Academiae Scientiarum Fennicae
Ann. Acad. Sci. techn. Varsovie*	Annales de l'Académie des Sciences Techniques à Varsovie (Rocznik Academii Nauk Technicznych w Warszawie)
Ann. Chim. anal.	Annales de Chimie Analytique (1942–1946)
Ann. Chim. anal. appl.	Annales de Chimie Analytique et de Chimie Appliquée (bis 1941)
Ann. Chim. applic.	Annali di Chimica Applicata (bis 1950)
Ann. chim. et phys.°	Annales de chimie et de physique (bis 1914)
Ann. Chimica*	Annali di Chimica (seit 1950)
Ann. Falsificat. Fraudes*	Annales des Falsifications et des Fraudes
Ann. Fermentat.	Annales des Fermentations
Ann. Inst. Pasteur	Annales de l'Institut Pasteur
Ann. Leningrad State Boubnoff Univ., chem. Ser.*	Annals of the Leningrad State Boubnoff University. Chemical Series (bis 1938)
Ann. Leningrad State Univ., chem. Ser.*	Annals of the Leningrad State University. Chemical Series (seit 1938)
Ann. N. Y. Acad. Sci.	Annals of the New York Academy of Sciences
Ann. pharmac. franç.*	Annales Pharmaceutiques Françaises (seit 1943)
Ann. Physik	Annalen der Physik
Ann. Physique	Annales de Physique
Ann. Rep. Progr. Chem.	Annual Reports on the Progress of Chemistry
Ann. Repts. Soc. Chem. Ind. on Progr. Appl. Chem.°	Annual Reports of the Society of Chemical Industry on the Progress of Applied Chemistry (bis 1948)
Ann. Rev. Biochem.°	Annual Review of Biochemistry
Ann. Rev. phys. Chem.	Annual Review of Physical Chemistry
Ann. scient. Univ. Jassy	Annales Scientifiques de l'Université de Jassy (bis 1936)
Ann. sci. Univ. Jassy, Part. I bzw. Part. II*	Annales Scientifiques de l'Université de Jassy. Partie I: Mathématiques, Physique, Chimie. Partie II: Sciences Naturelles (1937–1939)
	Annales Societatis Chimicae Polonorum s. Roczniki Chem.
Ann. sci. Univ. Jassy, Sect. I bzw. Sect. II*	Annales Scientifiques de l'Université de Jassy. Section I: Mathématiques, Physique, Chimie. Section II: Sciences Naturelles (seit 1940)
Ann. Soc. scient. Bruxelles	Annales de la Société Scientifique de Bruxelles
Ann. Univ. Saraviensis*	Annales Universitatis Saraviensis
Annu. Rep. Progr. Rubber Technol.*	Annual Report on the Progress of Rubber Technology
Annu. Rep. Shionogi Res. Lab. [Osaka]*	Annual Reports of Shionogi Research Laboratory [Osaka]
Annu. Surv. Amer. Chem.*	Annual Survey of American Chemistry (bis 1935)
An. Soc. españ.	Anales de la Real Sociedad Española de Física y Química (1940–1947 Anales de Física y Química); seit 1948: Serie A – Física. Serie B – Química
An. Soc. quím. arg.	Anales de la Sociedad Química Argentina

Antibiotic Med. & Clin. Therapy° Antibiotic Medicine & Clinical Therapy
Anz. Akad. Krakau   Anzeiger der Akademie der Wissenschaften in Krakau, Mathe-
                                matisch-Naturwissenschaftliche Klasse
A.P.   Amerikanisches Patent (bei Priorität: Am.)
Appl. Mechanics Rws.°   Applied Mechanics Reviews
Apoth.-Ztg.   Apotheker-Zeitung (bis 1933 und seit 1949)
Appl. Sci. Res.°   Applied Scientific Research
Ar.   Archiv der Pharmazie
                                (und Berichte der Deutschen Pharmazeutischen Gesellschaft)
                                Arbeiten ... (russ.) s Trudy ...
Arb. Gesundh.-Amt   Arbeiten aus dem Reichsgesundheits-Amte (bis 1943)
Arb. staatl. Inst. exp. Therap. Arbeiten aus dem Staatlichen Institut für Experimentelle The-
  Forschungsinst. Chemotherap.   rapie und dem Forschungsinstitut für Chemotherapie zu
  Frankfurt a. M.*   Frankfurt a. M. (1938–1946)
Arb. staatl. Inst. exp. Therap. Arbeiten aus dem Staatlichen Institut für Experimentelle The-
  Georg Speyer-Hause Frank-   rapie und dem Georg Speyer-Hause zu Frankfurt a. M. (seit
  furt a. M.*   1947)
Arb. Staatsinst. exp. Therap.   Arbeiten aus dem Staatsinstitut für Experimentelle Therapie
  Georg Speyer-Hause Frank-   und dem Georg Speyer-Hause zu Frankfurt a. M. (bis 1937)
  furt a. M.*
Arch. Biochem.   Archives of Biochemistry and Biophysics (seit 1951)
Arch. Biochemistry*   Archives of Biochemistry (bis 1951)
                                Archives de Chimie ... (Zagreb) s. a. Arhiv ...
Arch. des Sci.*   Archives des Sciences (seit 1948)
Arch. Eisenhüttenwes.*   Archiv für das Eisenhüttenwesen (bis 1945 und seit 1948)
                                *Archiv für Experimentelle Pathologie und Pharmakologie
                                (Naunyn-Schmiedeberg) s. Ar. Pth.*
Arch. Farmacol. sperim.   Archivio di Farmacologia sperimentale e Scienze affini (seit 1943)
                                *Archiv für die gesamte Physiologie der Menschen und Tiere
                                s. Pflügers Arch. Physiol.*
Arch. ind. Hyg. occupat. Med.* Archives of IndustrialHygiene and Occupational Medicine (1950–
                                1951)
Arch. int. Pharmacod.   Archives internationales de Pharmacodynamie et de Thérapie
Arch. int. Physiol.*   Archives Internationales de Physiologie (bis 1943 und seit 1946)
Arch. Math. Naturvid.   Archiv for Mathematik og Naturvidenskab
Arch. Mikrobiol.   Archiv für Mikrobiologie
Arch. néerl. Sci. exactes   Archives Néerlandaises des Sciences Exactes et Naturelles,
                                Serie III A: Sciences Exactes (bis 1934)
Arch. Path.   Archives of Pathology (bis 1950)
Arch. Pharm. Chemi   Archiv for Pharmaci og Chemi. Kopenhagen
Arch. Rubbercultuur*   Archief voor de Rubbercultuur (seit 1948)
Arch. Rubbercultuur Nederl.-   Archief voor de Rubbercultuur in Nederlandsch-Indië (bis 1948)
  Indië*
Arch. Sci. phys. nat.   Archives des Sciences Physiques et Naturelles. Genf (bis 1947)
Arch. techn. Messen*   Archiv für Technisches Messen (bis 1943 und seit 1947)
Arh. Hem. Farm.   Arhiv za Hemiju i Farmaciju. Archives de Chimie et de Phar-
                                macie. Zagreb (bis 1937)
Arh. Hem. Tehn.   Arhiv za Hemiju i Tehnologiju. Archives de Chimie et de
                                Technologie. Zagreb (1938–1939)
Arhiv Kemiju*   Arhiv za Kemiju (Archives de Chimie) (seit 1946)
Arh. Kemiju Tehnol.*   Arhiv za Kemiju i Tehnologiju (Archives de Chimie et de Tech-
                                nologie). Zagreb (1939–1941)
Ark. Kemi   Arkiv för Kemi, Mineralogi och Geologi, seit 1949 Arkiv för Kemi
Ar. Pth.   (Naunyn-Schmiedebergs) Archiv für Experimentelle Patho-
                                logie und Pharmakologie
Arzneimittel-Forsch.*   Arzneimittel-Forschung
Arzneimittel-Forsch., Beih.*   Arzneimittel-Forschung. Beihefte
ASTM Bull.°   ASTM (American Society for Testing Materials) Bulletin
                                ATM, Archiv für Technisches Messen s. Arch. techn. Messen
Atomkernenergie°   Atomkernenergie

Atti Accad. naz. Lincei, Mem., Cl. Sci. fisiche, mat. natur., Sez. I bzw. Sez. II bzw. Sez. III* — Atti della Accademia Nazionale dei Lincei. Memorie. Classe di Scienze Fisiche, Matematiche e Naturali. Sezione I (Matematica, Meccanica, Astronomia, Geodesia e Geofisica). Sezione II (Fisica, Chimica, Geologia, Palaeontologia e Mineralogia). Sezione III (Scienze Biologiche) (seit 1946)

Atti Accad. naz. Lincei, Rend., Cl. Sci. fisiche, mat. natur.* — Atti della Accademia Nazionale dei Lincei. Rendiconti. Classe di Scienze Fisiche, Matematiche e Naturali (seit 1946)

Atti Accad. Sci. Torino, Cl. Sci. fisiche, mat. natur.* — Atti dell'Accademia delle Scienze di Torino. Classe di Scienze Fisiche, Matematiche e Naturali (seit 1945)

Atti Accad. Torino — Atti della Reale Accademia delle Scienze di Torino. Classe di Scienze Fisiche, Matematiche e Naturali (bis 1945)

Atti Congr. int. Chim., X. Cong., Roma, 1938* — Atti del Congresso Internazionale di Chimica. X. Congresso, Roma, 1938

Atti Congr. naz. Chim. ind. — Atti del Congresso Nazionale di Chimica Industriale

Atti Congr. naz. Chim. pura appl. Roma — Atti del Congresso Nazionale di Chimica Pura ed Applicata. Roma

Atti Ist. veneto — Atti del Reale Istituto Veneto di Scienze, Lettere ed Arti, Parte II: Classe die Scienze Matematiche e Naturali (bis 1941)

Atti Ist. Veneto Sci., Lettere Arti, Cl. Sci. fisiche, mat. natur.* — Atti dell'Istituto Veneto di Scienze, Lettere ed Arti. Classe di Scienze Matematiche e Naturali (seit 1949)

Atti Ist. Veneto Sci., Lettere Arti, Parte II (Sci. mat. natur.)* — Atti dell'Istituto Veneto di Scienze, Lettere ed Arti. Parte II (Scienze Matematiche e Naturali) (1942–1948)

Atti Reale Accad. Italia, Mem. Cl. Sci. fisiche, mat. natur.* — Atti della Reale Accademia d'Italia. Memorie della Classe di Scienze Fisiche, Matematiche e Naturali (1940–1944)

Atti Reale Accad. Italia, Rend. Cl. Sci. fisiche, mat. natur.* — Atti della Reale Accademia d'Italia. Rendiconti della Classe di Scienze Fisiche, Matematiche e Naturali (1940–1943)

Atti Reale Accad. naz. Lincei, Rend.* — Atti della Reale Accademia Nazionale dei Lincei, Rendiconti (bis 1939)

Austral. chem. Inst. J. Pr. — Australian Chemical Institute Journal and Proceedings (bis 1949)

Australian J. Chem.° — Australian Journal of Chemistry (seit 1952)

Austral. J. exp. Biol. med. Sci. — Australian Journal of Experimental Biology and Medical Science

Austral. J. Sci. — Australian Journal of Science

Austral. J. sci. Res., Ser. A bzw. Ser. B* — Australian Journal of Scientific Research. Series A. Physical Sciences. Series B. Biological Sciences

Austral. P. — Australisches Patent

Austral. Sci. Abstr. — Australian Science Abstracts, erscheint seit 1938 in Austral. J. Sci. als Supplement

Autogene Ind.* — Autogene Industrie (russ.). Awtogennoje Delo

Awtogennoje Delo s. Autogene Ind.

B. — Berichte der Deutschen Chemischen Gesellschaft; seit 1947 Chemische Berichte

Battelle Tech. Rev.° — Battelle Technical Review

Beih. „Angew. Chem." u. „Chemie-Ing.-Techn."* — Beihefte zu „Angewandte Chemie" und „Chemie-Ingenieur-Technik" (1949–1950)

Beih. Z. „Angew. Chem." Ausg. A bzw. Ausg. B.* — Beihefte zu der Zeitschrift „Angewandte Chemie". A: „Wissenschaftlicher Teil" und B: „Technisch-Wirtschaftlicher Teil" (1948)

Beihefte zu den Zeitschriften des Vereins Deutscher Chemiker. A: „Angewandte Chemie" und B: „Chemische Fabrik" s. Ang. Ch. bzw. Ch. Fab.

Beih. Z. Ver. dtsch. Chemiker, A: Chemie bzw. B: Chem. Techn.* — Beihefte zu der Zeitschrift des Vereins Deutscher Chemiker. A: „Die Chemie" und B: „Die Chemische Technik" (1942 bis 1948)

Beiträge zur Chemischen Physiologie und Pathologie s. B. Ph. P.

Beitr. Klin. Tuberkul.*	Beiträge zur Klinik der Tuberkulose und Spezifischen Tuberkulose-Forschung
Beitr. Physiol.	Beiträge zur Physiologie (bis 1934)
Belg. P.	Belgisches Patent
	Berichte der Akademie der Wissenschaften der UdSSR (russ.) s. Doklady Akad. S.S.S.R.
Ber. chem. Ges. Belgrad*	Berichte der Chemischen Gesellschaft Belgrad (Glassnik Chemisskog Druschtwa Beograd, seit 1940)
Ber. dtsch. bot. Ges.	Berichte der deutschen botanischen Gesellschaft
	Berichte der Deutschen Pharmazeutischen Gesellschaft s. Ar.
Ber. Ges. Kohlentech.	Berichte der Gesellschaft für Kohlentechnik (Dortmund-Eving)
Ber. Physiol.	Berichte über die Gesamte Physiologie und Experimentelle Pharmakologie = Berichte über die Gesamte Biologie, Abt. B
Ber. sächs. Akad.	Berichte über die Verhandlungen der Sächsischen Akademie der Wissenschaften zu Leipzig. Mathematisch-physische Klasse (bis 1942)
Ber. schweiz. bot. Ges.	Berichte der Schweizerischen Botanischen Gesellschaft
	Berichte der Ungarischen Pharmazeutischen Gesellschaft s. Mag. gyógysz. Társ. Ért.
Ber. Verh. sächs. Akad. Wiss. Leipzig, math.-naturwiss. Kl.*	Berichte über die Verhandlungen der Sächsischen Akademie der Wissenschaften zu Leipzig. Mathematisch-Naturwissenschaftliche Klasse (seit 1943)
	Betriebslaboratorium (russ.) s. Zavod. Labor.
Biochem. Biophys. Res. Commun.°	Biochemical and Biophysical Research Communications
Biochem. J.	Biochemical Journal
Biochem. Prepar.	Biochemical Preparations. New York
Biochim. biophysica Acta [Amsterdam]*	Biochimica et Biophysica Acta [Amsterdam]
Biochimija	Biochimija (russ.). Biochimia
Biol. Bull.*	Biological Bulletin
Biol. generalis [Wien]*	Biologia Generalis [Wien] (bis 1944 und seit 1947)
Biol. Zbl.	Biologisches Zentralblatt
BIOS Final Rep.	British Intelligence Objectives Subcommittee. Final Report
Bio. Z.	Biochemische Zeitschrift
Bitumen, Teere, Asphalte, Peche°	Bitumen, Teere, Asphalte, Peche und verwandte Stoffe
	Bjulleten Mosskowskogo Obschtschesstwa Isspytatelei Prirody s. Bull. soc. naturalistes Moscou
Bl.	Bulletin de la Société Chimique de France. Mémoires
Bl. Acad. Belgique	Académie Royale de Belgique: Bulletins de la Classe des Sciences
	Bulletin de l'Académie des Sciences de Russie s. Izv. ross. Akad.
Bl. Acad. polon.	Bulletin International de l'Académie Polonaise des Sciences et des Lettres, Classe des Sciences Mathématiques et Naturelles
Bl. agric. chem. Soc. Japan	Bulletin of the Agricultural Chemical Society of Japan (bis 1934)
Bl. am. Inst. Mining Eng.	Bulletin of the American Institute of Mining and Metallurgical Engineers (1919)
Bl. am. phys. Soc.	Bulletin of the American Physical Society
Bl. Assoc. Chimistes	Bulletin de l'Association des Chimistes. Paris (1935–1946)
Bl. Bur. Mines	Bureau of Mines: Bulletin. Washington
Bl. chem. Soc. Japan	Bulletin of the Chemical Society of Japan
Bl. Inst. Pin	Bulletin de l'Institut du Pin (bis 1937)
Bl. phys. chem. Res. Abstr. Tokyo	Bulletin of the Institute of Physical and Chemical Research, Abstracts. Tokyo (bis 1943)
Bl. Sci. pharmacol.	Bulletin des Sciences Pharmacologiques (bis 1942)
Bl. Soc. chim. Belg.	Bulletin de la Société Chimique de Belgique (bis 1944)
Bl. Soc. Chim. biol.	Bulletin de la Société de Chimie Biologique

Bl. Soc. Chim. ind.	Bulletin de la Société de Chimie Industrielle (bis 1934)
Bl. Soc. franç. Min.	Bulletin de la Société Française de Mineralogie (bis 1948)
Bl. Soc. ind. Mulh.	Bulletin de la Société Industrielle de Mulhouse
Bl. Trav. Pharm. Bordeaux	Bulletin des Travaux de la Société de Pharmacie de Bordeaux
Bl. Wagner Inst. Sci. Philad.	Bulletin of the Wagner Free Institute of Science (seit 1934). Philadelphia
Bodenk. Pflanzenernähr.	Bodenkunde und Pflanzenernährung (1936–1945)
Bol. inst. quím. univ. nal. auton. Mé.°	Boletin del instituto de química de la universidad nacional autonoma de México
Boll. chim. farm.	Bollettino chimico farmaceutico
Boll. sci. Fac. Chim. ind. Bologna*	Bollettino Scientifico della Facoltà di Chimica Industriale di Bologna (seit 1940–1943)
Boll. Soc. ital. Biol.	Bollettino della Società Italiana di Biologia sperimentale
Boll. soc. med.-chir. Pavia°	Bollettino della Società medico-chirurgica di Pavia
Bol. Soc. quím. Perú*	Boletin de la Sociedad Química del Perú
Bot. Zbl.*	Botanisches Zentralblatt (bis 1945)
B. Ph. P.	Beiträge zur Chemischen Physiologie und Pathologie
Brennstoffch.	Brennstoff-Chemie (bis 1943 und seit 1949)
Brit. chem. Abstr.°	British Chemical Abstracts (bis 1937)
Brit. Chem. Eng.°	British Chemical Engineering
Brit. chem. physiol. Abstr.*	British Chemical and Physiological Abstracts (1938–1944)
Brit. J. appl. Physics*	British Journal of Applied Physics
Brit. J. appl. Physics, Suppl.*	British Journal of Applied Physics. Supplement
Brit. J. Cancer*	British Journal of Cancer
Brit. J. exp. Path.	British Journal of Experimental Pathology
Brit. J. Ind. Med.°	British Journal of Industrial Medicine
Brit. J. Pharmacol. Chemo-therapy	British Journal of Pharmacology and Chemotherapy
Brit. J. Radiol.*	British Journal of Radiology
Brit. Med. Bull.°	British Medical Bulletin
Brit. med. J.	British medical Journal
Brit. Plastics*	British Plastics (seit 1945)
Brit. Plastics mould. Products Trader*	British Plastics and Moulded Products Trader (bis 1944)
Brookhaven Conf. Rept. Chem. Conf. Repts.°	Brookhaven Conference Report. Chemical Conference Reports
Brown Boveri Mitt.*	Brown Boveri Mitteilungen
Bulet.	Buletinul de Chimie Pură si Aplicată al Societății Române de Chimie (bis 1938)
Bulet. Cluj	Buletinul Societății de Științe din Cluj
Bulet. Soc. chim. România	Buletinul Societății de Chimie din România (bis 1938)
Bul. Laboratoarelor*	Buletinul Laboratoarelor
Bull. Acad. Sci. Armenian S.S.R.°	Bulletin of the Academy of Science of the Armenian S.S.R. (seit 1944) (russ.) Izvestiya Akademii Nauk Armyanskoi S.S.R.
	Bulletin . . . s. a. Bl. . . .
	Bulletin . . . (russ.) s. a. Izv. . . .
Bull. Acad. Sci. URSS, Cl. Sci. chim.*	Bulletin de l'Académie des Sciences de l'URSS, Classe des Sciences Chimiques (Iswesstija Akademii Nauk SSSR, Otdelenije Chimitschesskich Nauk, seit 1940)
Bull. Acad. Sci. URSS, Sér. chim.*	Bulletin de l'Académie des Sciences de l'URSS, Série Chimique (Iswesstija Akademii Nauk SSSR, Sserija Chimitschesskaja, 1936–1939)
Bull. Armenian Branch Acad. Sci. U.S.S.R.°	Bulletin of the Armenian Branch of the Academy of Sciences of the U.S.S.R. (bis 1944) (russ.) Izvestiya Armyanskogo Filiala Akademii Nauk S.S.S.R.
Bull. Assoc. Chimistes Sucr., Distill. Ind. agric. France Colonies*	Bulletin de l'Association des Chimistes de Sucrerie, de Distillerie et des Industries Agricoles de France et des Colonies (bis 1934)
Bull. Biol. Méd. exp. URSS*	Bulletin de Biologie et de Médecine Expérimentale de l'URSS

II*

Bull. Central Research Inst.,   Bulletin of the Central Research Institute, University of Travan-
   Univ. Travancore, Trivan-   core, Trivandrum. Series A (Physical Sciences). Series B
   drum, Ser. A bzw. Ser. B   (Mathematics). Series C (Natural Sciences)
   bzw. Ser. C°
Bull. fédération ind. chim.   Bulletin de la fédération des industries chimiques de Belgique
   Belg.°   (bis 1929)
Bull. geol. Soc. America*   Bulletin of the Geological Society of America
Bull. Inst. Chem. Research,   Bulletin of the Institute for Chemical Research, Kyoto Univer-
   Kyoto Univ.°   sity (Kyoto Daigaku Kagaku Kenkyûsho Hôkoku)
Bull. Inst. physic. chem. Res.*   Bulletin of the Institute of Physical and Chemical Research
     (Rikagaku-Kenkyū-Zyo Ihō, bis 1947)
Bull. Inst. physic. chem. Res.   Bulletin of the Institute of Physical and Chemical Research
   [Abstr.]*   (Abstracts) (bis 1943)
Bull. Inst. Pin Fac. Sci.   Bulletin de l'Institut du Pin de la Faculté des Sciences de
   Bordeaux*   Bordeaux (1938–1939)
Bull. Math. Biophys.°   Bulletin of Mathematical Biophysics
Bull. mens. inform. ITERG°   Bulletin mensuel d'information ITERG
Bull. mens. soc. linnéenne   Bulletin mensuel de la société linnéenne de Lyon
   Lyon°
Bull. Natl. Acad. Peiping°   Bulletin of the National Academy of Peiping (bis 1936)
Bull. Research Council Israel°   Bulletin of the Research Council of Israel
Bull. Research Inst. Food Sci.,   Bulletin of the Research Institute for Food Science, Kyoto
   Kyoto Univ.°   University (Kyoto Daigaku Shokuryô Kagaku Kenkyujo
     Hôkoku, seit 1950)
Bull. Soc. chim. belges*   Bulletin des Sociétés Chimiques Belges (seit 1945)
Bull. Soc. Chim. Biol.   Bulletin de la Société de Chimie Biologique
Bull. Soc. chim. France, Docu-   Bulletin de la Société Chimique de France. Documentation
   mentat.*   (1933–1945)
     Bulletin de la Société Chimique du Royaume de Yougoslavie s.
     Glasnik chem. Društva Jugosl.
Bull. Soc. franç. Minéralog.   Bulletin de la Société Française de Minéralogie et de Cristallo-
   Cristallogr.*   graphie (seit 1949)
Bull. soc. naturalistes Moscou° Bulletin de la société des naturalistes de Moscou (Bjulleten
     Mosskowskogo Obschtschesstwa Isspytatelei Prirody)
Bull. Soc. roy. Sci. Liège*   Bulletin de la Société Royale des Sciences de Liège
Bull. soc. sci. Bretagne°   Bulletin de la Société Scientifique de Bretagne
Bull. Virginia Polytechn.   Bulletin of the Virginian Polytechnic Institute
   Inst.*

     Bunseki Kagaku s. Japan Analyst
     Bureau of Mines: Bulletin. Washington s. Bl. Bur. Mines
Bur. Stand. J. Res.   Bureau of Standards. Journal of Research (bis 1934)

C.   Chemisches Zentralblatt
Calcutta med. J.*   Calcutta Medical Journal
Canad. Chem. Met.   Canadian Chemistry and Metallurgy (bis 1937)
Canad. Chem. Process Ind.   Canadian Chemistry and Process Industries (1938–1951)
Canad. chem. Processing*   Canadian Chemical Processing (seit 1951)
Canad. J. Chem.   Canadian Journal of Chemistry (seit 1951)
Canad. J. Physics   Canadian Journal of Physics (seit 1951)
Canad. J. Res.   Canadian Journal of Research (bis 1950)
Canad. J. Technol.*   Canadian Journal of Technology (seit 1951)
Canad. P.   Canadisches Patent
Cancer°   Cancer. A Journal of the American Cancer Society
Cancer Res.   Cancer Research
Can. Plastics°   Canadian Plastics
Caoutchouc gutta-percha°   Le Caoutchouc & la gutta-percha (bis 1939)
     Caoutchouc and Rubber (russ.) s. Kaučuk Rez.
Č. čsl. Lékárn.   Časopis Československého Lékárnictva (Zeitschrift der Tsche-
     choslowakischen Apothekerschaft, bis 1939)
Cellulosech.   Cellulosechemie (bis 1936 und 1940–1944)

Centre natl. recherche sci., Groupe franç. argiles, Compte rendu réunions études°	Centre national de la recherche scientifique, Groupe français des argiles, Compte rendu des réunions d'études
Cereal Chem.	Cereal Chemistry
Chalmers Tekn. Högskolas Handl.*	Chalmers Tekniska Högskolas Handlingar
Ch. Apparatur	Chemische Apparatur (bis 1943)
Chem. Abstr.	Chemical Abstracts
Chem. Age India°	Chemical Age of India
Chem. Age London	Chemical Age. London
Chem. Age N.Y.°	Chemical Age. New York
Chem.-Analyst	Chemist-Analyst
Chem. and Ind.	Chemistry and Industry
Chem. Apparatebau (russ.)	Chimitschesskoje Maschinosstrojenije (Chemischer Apparatebau, bis 1958 und 1939–1940)
Chem. Engng.*	Chemical Engineering with Chemical and Metallurgical Engineering (seit 1946)
Chem. Engng. News*	Chemical and Engineering News (seit 1943)
Chem. Engng. Progr.*	Chemical Engineering Progress
Chem. Eng. Progr., Monograph Ser.°	Chemical Engineering Progress. Monograph Series
Chem. Eng. Progr., Symposium Ser.°	Chemical Engineering Progress. Symposium Series
Chem. Eng. Sci.°	Chemical Engineering Science
Chem. Eng. (Tokyo)°	Chemical Engineering (Tokyo) (Kagaku Kikai)
Chem. High Polymers (Tokyo)°	Chemistry of High Polymers (Tokyo) (Kobunshi Kagaku)
Chemical Ind. [China]*	Chemical Industry [China]
Chemie-Ing.-Techn.*	Chemie-Ingenieur-Technik (seit 1949)
Chem. Industrie*	Chemische Industrie. Berlin (bis 1943/44)
Chem. Industrie*	Chemische Industrie. Düsseldorf (seit 1949)
Chem. Industries	Chemical Industries. New York (seit 1933)
	Chemical Journal . . . (russ.). s. a. Ž. . . .
	Chemical Journal. Serie B. Journal of Applied Chemistry (russ.) s. Ž. prikl. Chim.
Chem. Listy	Chemické Listy pro Vědu a Průmysl. Prag (Chemische Blätter für Wissenschaft und Industrie); seit 1951 Chemické Listy (Chemische Blätter)
Chem. Markets*	Chemical Markets (bis 1933)
Chem. met. Eng.	Chemical and Metallurgical Engineering (bis 1946)
Chem. N.	Chemical News and Journal of Industrial Science (1921–1932)
Chem. News°	The Chemical News and Journal of Physical Science (bis 1921)
Chem. Obzor	Chemický Obzor. Prag (Chemische Rundschau, bis 1950)
Chem. pharmac. Techniek*	Chemische en Pharmaceutische Techniek (seit 1946)
Chem. Process Engng.*	Chemical and Process Engineering (seit 1952)
Chem. Processing°	Chemical Processing
Chem. Products chem. News*	Chemical Products and the Chemical News
Chem. Průmysl*	Chemický Průmysl (Chemische Industrie, seit 1951)
Chem. Rdsch. Mitteleuropa Balkan*	Chemische Rundschau für Mitteleuropa und den Balkan (bis 1932)
Chem. Rdsch. [Solothurn]*	Chemische Rundschau [Solothurn] (seit 1949)
	Chemisches Journal. . . . (russ.) s.a. Ž. . . .
	Chemisches Journal. Serie A. Journal für Allgemeine Chemie (russ.) s. Ž. obšč. Chim.
	Chemisches Journal. Serie B. Journal für Physikalische Chemie (russ.) s. Ž. fiz. Chim.
	Chemisches Journal. Serie G. Fortschritte der Chemie s. Uspechi Chim.
	Chemisches Zentralblatt s. C.
Chem. Reviews	Chemical Reviews. Baltimore
	Chemical Society and Industry (russ.) s. Khim. Nauka i Prom.

Chemische Berichte s. B.
Chemische Blätter für Wissenschaft und Industrie s. Chem. Listy
Chemische Industrie (poln.) s. Przem. chem.
Chemische Industrie (russ.) s. Chim. Promyšl.
Chemische Industrie (tschech.) s. Chem. Prümysl
Chemische Nachrichten (jugosl.) s. Kemijski Vjestnik (1941–1945)
Chemische Nachrichten (tschech.) s. Chem. Zvesti
Chemische Rundschau (tschech.) s. Chem. Obzor

Chem. Specialties Mfrs. Assoc., Proc.°	Chemical Specialties Manufacturers Association, Proceedings
Chem. Techn.*	Chemische Technik. Berlin (seit 1949)
	Chemisch-Pharmazeutische Industrie (russ.) s. Chim.-farm. Promyšl.
Chem.-techn.Rdsch.[Solothurn]*	Chemisch-Technische Rundschau [Solothurn] (bis 1948)
Chem. Trade J.	Chemical Trade Journal and Chemical Engineer
Chem. Week°	Chemical Week (seit 1951)
Chem. Weekb.	Chemisch Weekblad
Chem. Zvesti	Chemické Zvesti (tschech.). Chemische Nachrichten
Ch. Fab.	Chemische Fabrik (bis 1941)
	Chimičeskij Žurnal, Serija A: Žurnal Obščej Chimii s. Ž. obšč. Chim.
	Chimičeskij Žurnal, Serija B: Žurnal Fizičeskoj Chimii s. Ž. fiz. Chim.
	Chimičeskij Žurnal, Serija B: Žurnal Prikladnoj Chimii s. Ž. prikl. Chim.
	Chimičeskij Žurnal, Serija G: Uspechi Chimii s. Uspechi Chim.
Chim. analytique*	Chimie Analytique (seit 1947)
Chim. et Ind.	Chimie et Industrie. Paris
Chim.-farm. Promyšl.	Chimiko-farmacevtičeskaja Promyšlennost' (russ.). Chemisch-Pharmazeutische Industrie (bis 1935)
Chimia	Chimia. Zürich
Chimica e Ind.	Chimica e L'Industria. Mailand (seit 1935)
	Chimica e Industria. São Paulo, s. Quím. Ind.
Chim. Promyšl.	Chimičeskaja Promyšlennost' (russ.). Chemische Industrie
Chin. J. Physiol.	Chinese Journal of Physiology
Ch. Tech.	Die Chemische Technik (seit 1942; 1943–1945: Chemische Technik. Vereinigt mit Chemische Apparatur)
Ch. Umschau Fette	Chemische Umschau auf dem Gebiete der Fette, Öle, Wachse und Harze (bis 1932)
Ch. Z.	Chemiker-Zeitung
Ciencia	Ciencia. Mexico
CIOS	Combined Intelligence Objectives Sub-Committee Report
Circulation°	Circulation. The Journal of the American Heart Association
Clin. Med.	Clinical Medicine (bis 1926 und seit 1940)
Cold Spring Harbor Sympos. quantitat. Biol.*	Cold Spring Harbor Symposia on Quantitative Biology
Collect. czechoslov. chem. Commun.*	Collection of Czechoslovak Chemical Communications (seit 1951)
Collect. Pap. Fac. Sci., Osaka Univ., Ser. C*	Collected Papers from the Faculty of Science, Osaka University. Series C, Chemistry
Collect. pharmac. suecica*	Collectanea Pharmaceutica Suecica
Collect. Trav. chim. Tchécosl.	Collection des Travaux Chimiques de Tchécoslovaquie (bis 1939 und 1947–1951)
Collect. Trav. chim. tchèques*	Collection des Travaux Chimiques Tchèques (1939)
Collegium	Collegium (Zeitschrift des Internationalen Vereins der Leder-Industrie-Chemiker). Darmstadt
	Colloid-Journal (russ.) s. Koll. Žurnal
Colloid Chem.*	Colloid Chemistry
Colloid J. (USSR) (Eng.Transl.)°	Colloid Journal (USSR) (engl. Übersetzg. von Kolloidnyj Žurnal)
Colloid Sympos. Monogr.*	Colloid Symposium Monograph (bis 1935)

Colloquiumsber. Inst. Gerberei-chem. Techn. Hochschule Darmstadt*	Colloquiumsberichte des Instituts für Gerbereichemie der Technischen Hochschule Darmstadt (bis 1949)
Combustibles	Combustibles, Zaragoza
Commun. Kamerlingh Onnes Lab. Univ. Leiden*	Communications from the Kamerlingh Onnes Laboratory of the University of Leiden (seit 1933)
Commun. physic. Lab. Univ. Leiden*	Communications from the Physical Laboratory of the University of Leiden (bis 1932)
Compt. rend. acad. bulgare sci.°	Comptes rendus de l'académie bulgare des sciences (Doklady Bolgarskoï Akademii Nauk)
Compt. rend. congr. intern. chim. ind., 23e Congr., Milan, 1950°	Comptes Rendus des Congres Internationaux de Chimie Industrielle, 23e Congres, Milan, 1950
	Comptes Rendus ... (russ.) s.a. Doklady ...
Congr. int. Quím. pura apl., IX Congr., Madrid 1934*	Congreso Internacional de Química Pura y Aplicada. IX Congreso, Madrid, Apr. 1934
Congr. int. techn. chim. Ind. agric., Ve Congr., Schéveningue, C. R.*	Congrès International Technique et Chimique des Industries Agricoles. Ve Congrès, Schéveningue. Comptes Rendus
Congr. int. techn. chim. Ind. agric., VIe Congr., Budapeșt, C. R.*	Congrès International Technique et Chimique des Industries Agricoles. VIe Congrès, Budapest. Comptes Rendus
Contr. Boyce Thompson Inst.*	Contributions from the Boyce Thompson Institute
Corrosion [Houston]*	Corrosion [Houston]
Corrosion, Prevent. & Control°	Corrosion, Prevention & Control
Corrosion Technol.°	Corrosion Technology
C. r.	Comptes Rendus Hebdomadaires des Séances de l'Académie des Sciences
C. r. Doklady	Comptes Rendus (Doklady) de l'Académie des Sciences de l'U.R.S.S. (1935–1947)
Croat. Chem. Acta°	Croatica Chemica Acta
C. r. Soc. Biol.	Comptes Rendus des Séances de la Société de Biologie et de ses Filiales (et Associées)
C. r. Soc. Phys. Genève	Compte Rendu des Séances de la Société de Physique et d'Histoire Naturelle de Genève
C. r. Trav. Carlsberg	Comptes Rendus des Travaux du Laboratoire Carlsberg
Curr. Sci.	Current Science. Bangalore
Dän. P.	Dänisches Patent
Danske Vid. Selsk. Skr.	Kongelige Danske Videnskabernes Selskabs Skrifter, Naturvidenskabelig og Mathematisk Afdeling (bis 1938)
Dansk Tidsskr. Farm.	Dansk Tidsskrift for Farmaci
	Denkikwagaku Kyookwai-shi s. J. electrochem. Assoc. Japan
	Department of the Interior, Bureau of Mines: Bulletin. Washington s. Bl. Bur. Mines
DAS.	Deutsche Auslegeschrift = noch nicht erteiltes DBP. (seit 1. 1. 1957). Die Nummer der DAS. und des später darauf erteilten DBP. sind identisch
DBP.	Deutsches Bundespatent (München, nach 1945, ab Nr. 800000)
DDRP.	Patent der Deutschen Demokratischen Republik (vom Ostberliner Patentamt erteilt)
Dechema Monogr.*	Dechema Monographien
Deut. Kautschuk-Ges. Vortragstagung, Hamburg, 1956°	Deutsche Kautschuk-Gesellschaft Vortragstagung, Hamburg, 1956
Dinglers polytechn. J.*	Dinglers Polytechnisches Journal (bis 1931)
Discuss. Faraday Soc.	Discussions of the Faraday Society
Dissertation Abstr.°	Dissertation Abstracts. A Guide to Dissertations and Monographs Available in Microform (seit 1952)
	Doklady ... s.a. Compt. rend. bzw. C. r.

Doklady Akad. S.S.S.R. Doklady Akademii Nauk S.S.S.R. (russ.). Comptes Rendus de l'Académie des Sciences de l'Union des Républiques Soviétiques Socialistes
Doklady Bolgarskoï Akademii Nauk s. Compt. rend. acad. bulgare sci.

Doklady ross. Akad. Doklady Rossijskoj Akademii Nauk (russ.) Comptes Rendus de l'Académie des Sciences de Russie

DRP. Deutsches Reichspatent (bis 1945)

Drug. Cosmet. Ind.* Drug and Cosmetic Industry

Dtsch. Apoth. Ztg. Deutsche Apotheker-Zeitung (1934–1945), seit 1950 Deutsche Apotheker-Zeitung Vereinigt mit Süddeutsche Apotheker-Zeitung

Dtsch. Arch. klin. Med.* Deutsches Archiv für Klinische Medizin

Dtsch. Elektrotechn.* Deutsche Elektrotechnik

Dtsch. Färber-Ztg.* Deutsche Färber-Zeitung (bis 1943)

Dtsch. Farben-Z.* Deutsche Farben-Zeitschrift (seit 1951)

Dtsch. Lebensmittel-Rdsch.* Deutsche Lebensmittel-Rundschau (seit 1936)

Dtsch. med. Wschr. Deutsche Medizinische Wochenschrift

Dtsch. Nahrungsmittel-Rdsch.* Deutsche Nahrungsmittel-Rundschau (bis 1935)

Dtsch. Parf.Ztg. Deutsche Parfümerie-Zeitung (bis 1943)

Dtsch. tierärztl. Wschr.* Deutsche Tierärztliche Wochenschrift

Dtsch. zahnärztl. Z.* Deutsche Zahnärztliche Zeitschrift

Dtsch. Z. ger. Med. Deutsche Zeitschrift für die gesamte gerichtliche Medizin

Dtsch. Zuckerind.* Deutsche Zuckerindustrie. Berlin (bis 1943)

Dyer Calico Printer Dyer and Calico Printer, Bleacher, Finisher and Textile Review (bis 1934)

Dyer Textile Printer Dyer, Textile Printer, Bleacher and Finisher (seit 1934)

Electr. Engng.* Electrical Engineering

Electr. Manufact.* Electrical Manufacturing

Elektrotechn. Z.* Elektrotechnische Zeitschrift

Endeavour* Endeavour

Eng. Engineering. London

Eng. Mining J. Engineering and Mining Journal

Eng. Mining Wd. Engineering and Mining World (bis 1931)

Engng. Boiler House Rev.* Engineering and Boiler House Review

Enzymol. Enzymologia. Holland

E.P. Englisches Patent

Erdöl u. Kohle* Erdöl und Kohle (seit 1948)

Erdöl Teer Erdöl und Teer (bis 1934)

Ergebn. Enzymf. Ergebnisse der Enzymforschung

Ergebn. exakt. Naturwiss. Ergebnisse der Exakten Naturwissenschaften

Ergebn. Hyg., Bakteriol., Im-munitätsforsch.exp.Therap.* Ergebnisse der Hygiene, Bakteriologie, Immunitätsforschung und Experimentellen Therapie

Ergebn. Physiol. Ergebnisse der Physiologie, Biologischen Chemie und Experimentellen Pharmakologie

Ergebn. Vitamin- Hormonf. Ergebnisse der Vitamin- und Hormonforschung (bis 1939)

Exp. Cell Res.* Experimental Cell Research

Experientia Experientia. Basel

Explosivstoffe° Explosivstoffe

Farben, Lacke, Anstrichstoffe* Farben, Lacke, Anstrichstoffe (bis 1950)

Farben-Ztg. Farben-Zeitung (bis 1943)

Farbe u. Lack* Farbe und Lack (bis 1943 und seit 1947)

Farmac. chilena* Farmacia Chilena

Farmac. Glasnik* Farmaceutski Glasnik. Zagreb (Pharmazeutische Berichte)

Farmaco (Pavia). Ed. sci.° Il Farmaco (Pavia). Edizione scientifica (seit 1953)

Farmac. Revy* Farmacevtisk Revy

Farmac. Ž. Chaŕkov Farmacevtičeskij Žurnal (Pharmazeutisches Journal). Chaŕkov (russ.)

Farm. sci. e tec. (Pavia)°	Il Farmaco scienza e tecnica (Pavia) (bis 1952)
Faserforsch. u. Textiltechn.*	Faserforschung und Textiltechnik
Federation Proc.	Federation Proceedings
Fermentf.	Fermentforschung (bis 1944)
Fettchem. Umschau*	Fettchemische Umschau (1933–1936)
Fette Seifen	Fette und Seifen (1936–1944)
Fette Seifen einschl. Anstrich-mittel*	Fette und Seifen einschließlich der Anstrichmittel (seit 1949)
FIAT Final Rep.	Field Information Agency, Technical, United States Group Control Council for Germany. Final Report
Finn. P.	Finnisches Patent
Finska Kemistsamf. Medd.	Finska Kemistsamfundets Meddelanden (Suomen Kemistiseuran Tiedonantoja)
	Fizičeskij Žurnal, Serija A: Žurnal Eksperimental'noj i Teoretičeskoj Fiziki s. Ž. eksp. teor. Fiz.
	Fizičeskij Žurnal, Serija B: Žurnal Techničeskoj Fiziki s. Ž. tech. Fiz.
Food*	Food
Food Engng.*	Food Engineering (seit 1951)
Food Ind.*	Food Industries (bis 1951)
Food Ind. Weekly*	Food Industries Weekly (bis 1939)
Food Manuf.	Food Manufacture (seit 1939 Food Manufacture, Incorporating Food Industries Weekly)
Food Packer*	Food Packer (seit 1944)
Food Res.	Food Research
Forsch. Gebiete Ingenieurwes. Ausg. A*	Forschung auf dem Gebiete des Ingenieurwesens, Ausgabe A
Forschungsber. Wirtsch. Verkehrsministeriums Nordrhein-Westfalen°	Forschungsberichte des Wirtschafts- und Verkehrsministeriums Nordrhein-Westfalen
	Fortschritte der Chemie (russ.) s. Uspechi Chim.
Fortschr. chem. Forsch.*	Fortschritte der Chemischen Forschung
Fortschr. Ch. org. Naturst.	Fortschritte der Chemie Organischer Naturstoffe
Fortschr. Ch. Phys.	Fortschritte der Chemie, Physik und Physikalischen Chemie (bis 1932)
Fortschr. gegenwärt. Biol.*	Fortschritte der gegenwärtigen Biologie (Usspechi Ssowremennoi Biologii, seit 1949)
Fortschr. Hochpolymeren-Forsch.	Fortschritte der Hochpolymeren-Forschung
Fortschr. Min.	Fortschritte der Mineralogie, Kristallographie und Petrographie (bis 1941)
Fortschr. Mineralog.*	Fortschritte der Mineralogie (seit 1947)
F. P.	Französisches Patent
Fr.	Zeitschrift für Analytische Chemie (begründet von C. R. FRESENIUS)
Frdl.	Fortschritte der Teerfarbenfabrikation und verwandter Industriezweige. Begonnen von P. FRIEDLÄNDER, fortgeführt von H. E. FIERZ-DAVID
Freiberger Forschungsh.	Freiberger Forschungshefte (seit 1954)
Fruit Prod. J.	Fruit Products Journal and American Vinegar Industry (1943 bis 1950 Fruit Products Journal and American Food Manufacturer)
Fuel	Fuel in Science and Practice (bis 1947)
G.	Gazzetta Chimica Italiana
Gas-Wasserfach	Gas- und Wasserfach (seit 1920)
Gas Wld.*	Gas World
Gas Wld., Coking Section (Supplement)*	Gas World, Coking Section (Supplement)

Gas Wld., Industrial Gas (Supplement)*	Gas World, Industrial Gas (Supplement)
Geneesk. Tijdschr. Nederl.-Indië°	Geneeskundig Tijdschrift voor Nederlandsch-Indië (bis 1942)
Gen. Electr. Rev.*	General Electric Review
Génie chim.°	Génie chimique
Geol. Soc. America, Mem.*	Geological Society of America. Memoirs
	Gesammelte Abhandlungen zur Kenntnis der Kohle s. Abh. Kenntnis Kohle
	Gigijena i Ssanitarija (russ.) s. Hyg. u. Sanitätswes.
Gesundheits-Ing.*	Gesundheits-Ingenieur
Gießerei verein. Gießerei-Z.*	Gießerei Vereinigt mit Gießerei-Zeitung (1931–1938)
Gießerei*	Gießerei (bis 1930 und seit 1951)
Giorn. Biol. appl.	Giornale di Biologia Applicata alla Industria Chimica ed Alimentare (bis 1935)
Giorn. Biol. ind.	Giornale di Biologia Industriale, Agraria ed Alimentare (1935–1938)
Giorn. Chim. ind. appl.	Giornale di Chimica Industriale ed Applicata (bis 1934)
Giorn. Farm. Chim.	Giornale di Farmacia, di Chimica e di Scienze Affini (bis 1936)
Glasnik chem. Društva Jugosl.	Glasnik Chemiskog Društva Kral'evine Jugoslavije [Bulletin de la Société Chimique du Royaume de Yougoslavie] (bis 1939)
	Glassnik Chemisskog Druschtwa Beograd (seit 1940) s. Ber. chem. Ges. Belgard
Glas- u. Hochvakuum-Tech.°	Glas- und Hochvakuum-Technik
Glastechn. Ber.*	Glastechnische Berichte
Glückauf	Glückauf (bis 1943 und seit 1948)
Gummi, Asbest, Kunststoffe°	Gummi, Asbest, Kunststoffe (seit 1961)
Gummi u. Asbest*	Gummi und Asbest (bis 1960)
Gummi-Ztg.*	Gummi-Zeitung (bis 1943)
Gummi-Ztg. u. Kautschuk*	Gummi-Zeitung und Kautschuk (1943–1944)
	Gyógyszerésztudományi Értesítö s. Acta pharmac. hung.

H.	HOPPE-SEYLERs Zeitschrift für Physiologische Chemie
Heidelberger Beitr. Mineralog. Petrogr.*	Heidelberger Beiträge zur Mineralogie und Petrographie
Helv.	Helvetica Chimica Acta
Helv. med. Acta*	Helvetica Medica Acta
Helv. med. Acta, Suppl.*	Helvetica Medica Acta, Supplementum
Helv. phys. Acta*	Helvetica Physica Acta
Helv. physiol. pharmacol. Acta*	Helvetica Physiologica et Pharmacologica Acta
Holl.P.	Holländisches Patent
	Hua Hsüeh Hsüeh Pao s. Acta Chim. Sinica
Holz	Holz
Holzforschung*	Holzforschung
Holz Roh- und Werkstoff*	Holz als Roh- und Werkstoff
Hung.P.	Ungarisches Patent
Hyg. u. Sanitätswes.*	Hygiene und Sanitätswesen (russ.). Gigijena i Ssanitarija
	Il Farmaco (Pavia). Edizione scientifica s. Farmaco (Pavia). Ed. sci.
	Il Farmaco scienza e tecnica s. Farm. sci. e tec. (Pavia)
Ind. agric. aliment.	Industries agricoles et alimentaires (seit 1947)
Ind. Chemist	Industrial Chemist and Chemical Manufacturer
Ind. chim. belge	Industrie Chimique Belge (seit 1930)
Ind. chimica	L'Industria Chimica. Il Notiziario Chimico-industriale (bis 1934)
Ind. chimique	L'Industrie Chimique
Ind. Corps gras	Industries des Corps Gras

Ind. eng. Chem.	Industrial and Engineering Chemistry. Industrial Edition, seit 1948 Industrial and Engineering Chemistry
Ind. eng. Chem. Anal.	Industrial and Engineering Chemistry. Analytical Edition (bis 1946)
Ind. eng. Chem. News	Industrial and Engineering Chemistry. News Edition (bis 1939)
Ind. Heating Engr.°	Industrial Heating Engineer and Conditioning and Ventilation
Indian Forest Rec.	Indian Forest Records. Chemistry
Indian J. Appl. Chem.°	Indian Journal of Applied Chemistry (seit 1957)
Indian J. Phys.	Indian Journal of Physics and Proceedings of the Indian Association for the Cultivation of Science
Indian Soap J.	Indian Soap Journal
India Rubber J.	India Rubber Journal (bis 1954)
India Rubber Wld.*	India Rubber World (bis 1954)
	Industrial and News Edition of the Journal of the Indian Chemical Society s. J. indian chem. Soc. News
	Industrie der Organischen Chemie s. Promyšl. org. Chim.
Ind. P.	Indisches Patent
Ind. Parfumerie*	Industrie de la Parfumerie
Ind. Plastiques	Industrie des Plastiques (bis 1948)
Ind. Plast. mod.*	Industrie des Plastiques Modernes (seit 1949)
Ingenieur-Arch.*	Ingenieur-Archiv
Inorg. Syntheses*	Inorganic Syntheses
Int. chem. Engng. Process Ind.*	International Chemical Engineering and Process Industries (bis 1952)
Interchem. Rev.°	Interchemical Review
	International Congress of Pure and Applied Chemistry s. Congr. int. Quím. pura apl. bzw. Proc. Intern. Congr. Pure and Appl. Chem.
Intern. Abstr. Surg.°	International Abstracts of Surgery (Supplement zu Surgery, Gynecol. Obstetr.)
Intern. J. Appl. Radiation Isotopes°	International Journal of Applied Radiation and Isotopes
International Plastics Engineering	International Plastics Engineering
Int. Sugar J.	International Sugar Journal
Iowa Coll. J.	Iowa State College Journal of Science
	Iswesstija Akademii Nauk SSSR s.a. Bull. Acad. Sci. URSS
	Iswesstija Akademii Nauk SSSR, Otdelenije Chimitschesskich Nauk s. Bull Acad. Sci. URSS, Cl. Sci. chim.
Ital. P.	Italienisches Patent
Izv. Akad. S.S.S.R.	Izvestija Akademii Nauk S.S.S.R. (russ.). Bulletin de l'Académie des Sciences de l'U.R.S.S. Classe des Sciences Mathématiques et Naturelles (bis 1935)
	Izvestija bzw. Iswesstija ... (russ.) s.a. Bl. ... bzw. Bull....
Izv. ross. Akad.	Izvestija Rossijskoj Akademii Nauk (russ.). Bulletin de l'Académie des Sciences de Russie
	Izvestiya Akademii Nauk Armyanskoĭ S.S.R. s. Bull. Acad. Sci. Armenian S.S.R.
	Izvestiya Armyanskogo Filiala Akademii Nauk S.S.S.R. s. Bull. Armenian Branch Acad. Sci. U.S.S.R.
Izv. Vysshik Uchebn. Zavedeniĭ Khim. i. Khim. Tekhnol.°	Izvestiya Vysshik Uchebnykh Zavedeniĭ, Khimia i Khimicheskaya Tekhnologiya (Bulletin of the Institution of Higher Education, Chemistry and Chemical Technology)
J.	(Liebig-Kopps) Jahresbericht über die Fortschritte der Chemie
	Jahresbericht über die Fortschritte der Tierchemie oder der Physiologischen und Pathologischen Chemie s. J. Th.
	Jahresbericht über die Neuerungen auf den Gebieten der Pharmakotherapie und Pharmazie s. Mercks Jber.
	(Jentgen's) *Kunstseide und Zellwolle s. Kunstsd. Zellw.*
	Journal... (russ.) s.a. Ž.....

J. acoust. Soc. America*	Journal of the Acoustical Society of America
J. agric. chem. Soc. Japan	Journal of the Agricultural Chemical Society of Japan. Abstracts (seit 1935)
J. agric. Sci.	Journal of agricultural Science
	Journal für allgemeine Chemie (russ.) s. Ž. obšč. Chim.
J. Allergy*	Journal of Allergy
	Journal of the All-Union Chemical Society named for D. I. Mendeleev s. Zh. Vses. Khim. Obshchestva im. D. I. Mendeleeva
	Journal of the American Chemical Society s. Am. Soc.
	Journal of the American Society of Lubrication Engineers s. Lubrication Eng.
J. Amer. Oil Chemists' Soc.*	Journal of the American Oil Chemists' Society (seit 1947)
J. am. Leather Chem. Assoc.	Journal of the American Leather Chemists' Association
J. am. med. Assoc.	Journal of the American Medical Association
J. am. pharm. Assoc.	Journal of the American Pharmaceutical Association, seit 1940 Practical Edition und Scientific Edition
J. analyt. Chem.*	Shurnal Analititschesskoi Chimii (russ.). Journal für Analytische Chemie (seit 1950)
J. analytic. Chem.*	Shurnal Analititschesskoi Chimii (russ.). Journal of Analytical Chemistry (bis 1949)
	Journal für Angewandte Chemie (russ.) s. Ž. prikl. Chim.
J. Antibiotics (Japan)°	Journal of Antibiotics (Japan) (seit 1948)
Japan Analyst°	Japan Analyst (Bunseki Kagaku)
Japan. J. Chem.°	Japanese Journal of Chemistry (bis 1929)
Japan. J. Physiol.°	The Japanese Journal of Physiology (Nippon Seirigaku Zasshi)
Jap. P.	Japanisches Patent
J. appl. Chem.	Journal of Applied Chemistry (seit 1951)
J. Appl. Chem. USSR (English Transl.)°	Journal of Applied Chemistry of the USSR (engl. Übersetzung von Zurnal Prikladnoj Chimii)
J. appl. Mechan.*	Journal of Applied Mechanics
J. appl. Physics	Journal of Applied Physics (seit 1937)
	Journal of Applied Physics (russ.) s. Ž. prikl. Fiz.
J. Appl. Polymer Sci.°	Journal of Applied Polymer Science
J. Assoc. agric. Chemists	Journal of the Association of Official Agricultural Chemists
J. Bacteriol.	Journal of Bacteriology. Baltimore
Jber. chem.-tech. Reichsanst.	Jahresbericht der Chemisch-technischen Reichsanstalt
J. Biochem. Tokyo	Journal of Biochemistry. Tokyo
J. biol. Chem.	Journal of Biological Chemistry. Baltimore
Jb. Radioakt. Elektr.	Jahrbuch der Radioaktivität und Elektronik, 1924–1945 vereinigt mit Physikalische Zeitschrift
J. Brit. Inst. Radio Engrs.°	Journal of the British Institution of Radio Engineers
J. Cancer Research°	Journal of Cancer Research (bis 1930)
J. cellular comparat. Physiol.*	Journal of Cellular and Comparative Physiology
J. chem. Educ.	Journal of Chemical Education
J. chem. Eng. China	Journal of Chemical Engineering. China
J. Chem. Eng. Data°	Journal of Chemical and Engineering Data
J. chem. Physics	Journal of Chemical Physics. New York
J. chem. Soc. Japan	Journal of the Chemical Society of Japan (Nippon Kwagaku Kwaishi; bis 1948)
J. chem. Soc. Japan, ind. Chem. Sect.*	Journal of the Chemical Society of Japan, Industrial Chemistry Section (Kōgyō Kagaku Zassi; seit 1948)
J. chem. Soc. Japan, pure Chem. Sect.*	Journal of the Chemical Society of Japan, Pure Chemistry Section (seit 1948; Nippon Kagaku Zassi)
	Journal of the Chemical Society. London, s. Soc.
J. chem. Soc. (London), Suppl. Issue*	Journal of the Chemical Society (London), Supplementary Issue
	Journal der Chemischen Industrie (russ.) s. Ž. chim. Promyšl.
	Journal de Chimie Appliquée (russ.) s. Ž. prikl. Chim.
	Journal de Chimie Générale (russ.) s. Ž. obšč. Chim.
J. Chim. phys.	Journal de Chimie Physique (1937–1938)

J. Chim. physique Physico-Chim. biol.*	Journal de Chimie Physique et de Physico-Chimie Biologique (seit 1939)
J. Chim. physique Rev. gén. Colloides*	Journal de Chimie Physique et Revue Générale des Colloides (bis 1936)
	Journal Chimique de l' Ukraïne, Partie Scientifique s. Ukr. chemič. Ž.
J. chin. chem. Soc.	Journal of the Chinese Chemical Society (bis 1951)
J. Chromatog.°	Journal of Chromatography (seit 1958)
J. clin. Invest.	Journal of Clinical Investigation
J. Colloid Sci.	Journal of Colloid Science
J. Coll. Sci. Univ. Tokyo	Journal of the College of Science, Imperial University of Tokyo
J. comparat. Pathol.* Therapeut.	Journal of Comparative Pathology and Therapeutics
J. Dairy Res.	Journal of Dairy Research. London
J. Dairy Sci.	Journal of Dairy Science
J. Dental Res.*	Journal of Dental Research
J. econ. Entomol.	Journal of Economic Entomology
J. electroch. Assoc. Japan	Journal of the Electrochemical Association of Japan (Denki-kwagaku Kyookwai-shi)
J. electrochem. Soc.*	Journal of the Electrochemical Society (seit 1948)
J. Elisha Mitchell sci. Soc.*	Journal of the Elisha Mitchell Scientific Society
J. exp. Biol.	Journal of experimental Biology
J. exp. Medicine	Journal of experimental Medicine
	Journal für Experimentelle und Theoretische Physik s. Ž. éksp. teor. Fiz.
J. Fac. Sci. Univ. Tokyo	Journal of the Faculty of Science, Imperial University of Tokyo
J. Franklin Inst.	Journal of the Franklin Institute
J. Gasbel.	Journal für Gasbeleuchtung und Verwandte Beleuchtungsarten sowie für Wasserversorgung (bis 1920)
J. Gen. Chem. USSR (Eng. Transl.)°	Journal of General Chemistry of the USSR (engl. Übersetzung von Žurnal Obščej Chimii)
	Journal of General Chemistry (russ.) s. Ž. obšč. Chim.
J. Gen. Microbiol.°	Journal of General Microbiology
J. gen. Physiol.	Journal of General Physiology. Baltimore
	Journal der Gummi-Industrie (russ.) s. Ž. rezin. Promyšl.
J. Immunol.	Journal of Immunology
J. Imp. Coll. Chem. Eng. Soc.°	Journal of the Imperial College Chemical Engineering Society
J. ind. eng. Chem.	Journal of Industrial and Engineering Chemistry (bis 1923)
J. ind. Hyg.	Journal of Industrial Hygiene and Toxicology (1936–1949)
J. indian chem. Soc.	Journal of the Indian Chemical Society (seit 1928)
J. indian chem. Soc. News	Journal of the Indian Chemical Society; Industrial and News Edition (bis 1957)
J. indian Inst. Sci.	Journal of the Indian Institute of Science, bis 1951 Section A und Section B
J. industrial Hyg.*	Journal of Industrial Hygiene (bis 1935)
J. infect. Diseases*	Journal of Infectious Diseases
	Journal of Inorganic Chemistry s. Zhur. Neorg. Khim.
J. Inorg. & Nuclear Chem.°	Journal of Inorganic & Nuclear Chemistry
J. Inst. Petroleum*	Journal of the Institute of Petroleum (seit 1939)
J. Inst. Petr. Technol.	Journal of the Institution of Petroleum Technologists (bis 1938)
J. Inst. Polytech. Osaka City Univ.°	Journal of the Institute of Polytechnics, Osaka City University
J. Labor. clin. Med.	Journal of Laboratory and Clinical Medicine
J. makromol. Ch.	Journal für makromolekulare Chemie (1943–1945)
J. math. Physics*	Journal of Mathematics and Physics
J. Mech. and Phys. Solids°	Journal of the Mechanics and Physics of Solids
J. Metals*	Journal of Metals (seit 1949)
J. nat. Cancer Inst.*	Journal of the National Cancer Institute
J. Nippon Oil Technologists Soc.°	Journal of the Nippon Oil Technologists Society (Nippon Yushi Gijitsu Kyo Kaishi)

J. of Hyg.*	Journal of Hygiene
J. Oil Colour Chemists' Assoc.*	Journal of the Oil and Colour Chemists' Association
J. opt. Soc. Am.	Journal of the Optical Society of America
J. org. Chem.	Journal of Organic Chemistry
J. Path. Bact.	Journal of Pathology and Bacteriology
J. Petroleum Technol.*	Journal of Petroleum Technology (seit 1949)
J. Pharmacol. exp. Therap.	Journal of Pharmacology and Experimental Therapeutics
J. Pharmacy Pharmacol.*	Journal of Pharmacy and Pharmacology (seit 1949)
J. Pharm. Belg.	Journal de Pharmacie de Belgique
J. Pharm. Chim.	Journal de Pharmacie et de Chimie (bis 1942)
J. pharm. Soc. Japan	Journal of the Pharmaceutical Society of Japan (Yakuga-kuzasshi)
	Journal of Physical Chemistry (russ.) s. Ž. fiz. Chim.
J. phys. Chem.	Journal of Physical Chemistry. Baltimore (bis 1946 und seit 1952)
J. physic. Colloid Chem.*	Journal of Physical and Colloid Chemistry (1947–1951)
J. Physics [Moskau]*	Journal of Physics [Moskau] (seit 1939)
	Journal für Physikalische Chemie (russ.) s. Ž. fiz. Chim. *engl. Übersetzung s. Russ. J. Phys. Chem. English Transl.*
J. Physiol.	Journal of Physiology. London
J. Phys. Rad.	Journal de Physique et le Radium. Paris
	Journal de Physique, Théorique et Appliquée, vereinigt mit Le Radium s. J. Phys. Rad.
J. phys. Soc. Japan	Journal of the Physical Society of Japan
J. Polymer Sci.	Journal of Polymer Science
J. pr.	Journal für Praktische Chemie (bis 1943)
J. Proc. Inst. Chemists (India)°	Journal and Proceedings of the Institution of Chemists (India) (etwa seit 1945)
J. Proc. Roy. Inst. Chem. G. Brit. Ireland°	Journal and Proceedings of the Royal Institute of Chemistry of Great Britain and Ireland (bis 1949)
J. Pr. Soc. N. S. Wales	Journal and Proceedings of the Royal Society of New South Wales
J. Pr. Soc. west. Austr.	Journal and Proceedings of the Royal Society of Western Australia (bis 1924)
J. Rech. Centre nat. Rech. sci.*	Journal des Recherches du Centre National de la Recherche Scientifique
J. Res. Bur. Stand.	Journal of Research of the National Bureau of Standards (seit 1934)
J. roy. tech. Coll.	Journal of the Royal Technical College. Glasgow
	Journal of the Rubber Industry (russ.) s. Ž. rezin. Promyšl. *Journal der Russischen Physikalisch-Chemischen Gesellschaft (russ.) s. Ж.*
J. Rubber Res. Inst. Malaya*	Journal of the Rubber Research Institute of Malaya
J. Sci. Food Agric.*	Journal of the Science of Food and Agriculture (seit 1950)
J. Sci. Hiroshima	Journal of Science of the Hiroshima University, Series A (Mathematics, Physics, Chemistry)
J. sci. Ind. Res. (India)°	Journal of Scientific and Industrial Research (India)
J. sci. Instruments*	Journal of Scientific Instruments (bis 1947 und seit 1950)
J. sci. Instruments Physics Ind.*	Journal of Scientific Instruments and of Physics in Industry (1948–1949)
J. sci. Instruments. Suppl.*	Journal of Scientific Instruments, Supplement
J. Sci. Res. Inst. [Tokyo]*	Journal of the Scientific Research Institute [Tokyo] (seit 1948)
J. Soc. chem. Ind.	Journal of the Society of Chemical Industry (bis 1922 und 1947–1950)
J. Soc. chem. Ind., Chem. and Ind.*	Journal of the Society of Chemical Industry. Chemistry and Industry (1923–1936)
J. Soc. Chem. Ind. Japan	Journal of the Society of Chemical Industry, Japan (bis 1947)
J. Soc. chem. Ind. Japan Spl.	Journal of the Society of Chemical Industry, Japan. Supplemental Binding (Kōgyō Kwagaku Zasshi, bis 1943)
J. Soc. chem. Ind., Trans. and Commun.*	Journal of the Society of Chemical Industry. Transactions and Communications (1937–1946)
J. Soc. Cosmetic Chemists°	Journal of the Society of Cosmetic Chemists
J. Soc. Dyers Col.	Journal of the Society of Dyers and Colourists

J. Soc. Leather Trades' Chemists* — Journal of the Society of Leather Trades' Chemists (seit 1948)

J. Soc. Rubber Ind. Japan — Journal of the Society of Rubber Industry of Japan (Nippon Gomu Kyôkaishi)

J. Soc. west. Australia — Journal of the Royal Society of Western Australia
Journal of Technical Physics (russ.) s. Ž. tech. Fiz.
Journal für Technische Physik (russ.) s. Ž. tech. Fiz.

J. Tennessee Acad. Sci.* — Journal of the Tennessee Academy of Science

J. Textile Inst.* — The Journal of the Textile Institute. Manchester

J. Textile Inst., Trans.* — Journal of the Textile Institute, Transactions (seit 1948)

J. Th. — Jahresbericht über die Fortschritte der Tierchemie oder der Physiologischen und Pathologischen Chemie

J. Tokyo chem. Soc. — Journal of the Tokyo Chemical Society (bis 1920). Tokyo Kwagaku Kwai Shi

J. Univ. Bomb. — Journal of the University of Bombay

J. Urol.° — Journal of Urology

J. Washington Acad. — Journal of the Washington Academy of Sciences

Kältetechnik* — Kältetechnik. Karlsruhe
Kagaku-Kenkyujo-Hokoku s. Rep. sci. Res. Inst.
Kagaku Kikai s. Chem. Eng. (Tokyo)

Kaučuk Rez. — Kaučuk i Rezina (russ.). Caoutchouc and Rubber (1937–1941)
engl. Übersetzung s. Soviet Rubber Technol.

Kautschuk — Kautschuk. Berlin
Kautschuk und Gummi (russ.) s. Kaučuk Rez.

Kautschuk u. Gummi* — Kautschuk und Gummi. Berlin. (Zusatz W. T. für den Teil: Wissenschaft und Technik für Kautschuk und kautschuk-ähnliche Kunststoffe; mit eigener Seitenzählung)
Kauchuk i Rezina s. Soviet Rubber Technol.

Kemijski Vjestnik* — Kemijski Vjestnik (jugosl.). Chemische Nachrichten (1941–1945)

Kem. Maanedsbl. nord. Handelsbl. kem. Ind.* — Kemisk Maanedsblad og Nordisk Handelsblad for Kemisk Industri

Kgl. danske Vidensk. Selsk., mat.-fysiske Medd.* — Kgl. Danske Videnskabernes Selskab. Matematisk-Fysiske Meddelelser

Kgl. Fysiograf. Sällskap. Lund, Förh.° — Kungliga Fysiografiska Sällskapets i Lund, Förhandlingar

Kgl. norske Vidensk. Selsk., Skr.* — Kgl. Norske Videnskabers Selskab. Skrifter

Khim. Nauka i Prom.° — Khimicheskaya Nauka i Promyshlennost (Chemical Science and Industry) (bis 1959)

Klepzigs Textil-Z. — Klepzigs Textil-Zeitschrift (1936–1943)

Klin. Wschr. — Klinische Wochenschrift
Kobunshi Kagaku s. Chem. High Polymers (Tokyo)
Kōgyō Kagaku Zassi s. J. chem. Soc. Japan, ind. Chem. Sect.

Kō. Kwa. Za. — Kōgyō Kwagaku Zasshi (japan.). Zeitschrift der Gesellschaft für Chemische Industrie (bis 1943)
Kōgyō Kwagaku Zasshi s. a. J. Soc. chem. Ind. Japan Spl.

Koll. Beih. — Kolloid-Beihefte (Ergänzungshefte zur Kolloid-Zeitschrift, 1931–1943)

Kolloidchem. Beih.* — Kolloidchemische Beihefte (bis 1931)
Kolloid-Journal (russ.) s. Koll. Žurnal

Kolloid-Z.* — Kolloid-Zeitschrift, zur Zeit Vereinigt mit Kolloid-Beiheften (seit 1943)

Koll. Z. — Kolloid-Zeitschrift (bis 1943)

Koll. Žurnal — Kolloidnyj Žurnal (russ.). Kolloid-Journal
engl. Übersetzung s. Colloid J. (USSR) (Eng. Transl.)
Kongelige ... s. a. Kgl.
Kongelige Danske Videnskabernes Selskabs Skrifter, Naturvidenskabelig og Mathematisk Afdeling, s. Danske Vid. Selsk. Skr.
Kongelige Norske Videnskabers Selskabs Forhandlinger, s. Norske Vid. Selsk. Forh.

Kon. Akad. Wetensch. Amsterdam, Proc.*   Koninklijke Akademie van Wetenschappen te Amsterdam, Proceedings (bis 1938)
Koninklijke Akademie van Wetenschappen te Amsterdam: Verslagen . . . s. Versl. Akad. Amsterdam

Kon. vlaamsche Acad. Wetensch., Letteren schoone Kunsten België, Kl. Wetensch., Versl. Meded.*   Koninklijke Vlaamsche Academie voor Wetenschappen, Letteren en Schoone Kunsten van België. Klasse der Wetenschappen. Verslagen en Mededeelingen (bis 1939)

Kungl. svenska Vetenskapsakad. Handl.*   Kungl. Svenska Vetenskapsakademiens Handlingar

Kunstdünger u. Leim*   Kunstdünger und Leim (1931–1938)
Kunstdünger- u. Leim-Ind.*   Kunstdünger- und Leim-Industrie (bis 1930)
Kunstsd.   Kunstseide (bis 1936)
Kunstsd. Zellw.   (Jentgen's) Kunstseide und Zellwolle (1937–1950)
Kunstst.   Kunststoffe (bis 1943 und seit 1946)
Kunststoffberater   Der Kunststoffberater
Kunststoffe – Plastics°   Kunststoffe – Plastics. Internationale Zeitschrift für das gesamte Kunststoffgebiet

Kunststoffe verein. Kunststoff-Techn. u. Anwend.*   Kunststoffe Vereinigt mit Kunststoff-Technik und -Anwendung (1943–1945)
Kunststoff-Rundschau°   Kunststoff-Rundschau
Kunststoff-Techn. u. Kunststoff-Anwend.*   Kunststoff-Technik und Kunststoff-Anwendung (1939–1943)

Kyoto Daigaku Kagaku Kenkyûsho Hôkoku s. Bull. Inst. Chem. Research, Kyoto Univ.
Kyoto Daigaku Shokuryô Kagaku Kenkyujo Hôkoku s. Bull. Research Inst. Food Sci., Kyoto Univ.

Labor. Praktika   Laboratornaja Praktika (russ.) La Pratique du Laboratoire
Lab. Practice°   Laboratory Practice
Lack- u. Farben-Chem. [Däniken]*   Lack- und Farben-Chemie [Däniken]
Lack- und Farben-Z.*   Lack- und Farben-Zeitschrift (bis 1944)
Lancet   Lancet. London
Landbouwkund. Tijdschr.*   Landbouwkundig Tijdschrift
Landolt-Börnst.   Landolt-Börnstein-Roth-Scheel: Physikalisch-Chemische Tabellen
Landwirtsch. Forsch.*   Landwirtschaftliche Forschung
La Pratique du Laboratoire s. Labor. Praktika
Legkaja Promyschlennosst s. Leicht-Ind.
Leicht-Ind.*   Leicht-Industrie (russ.). Legkaja Promyschlennosst
Liebigs *Annalen der Chemie s. A.*
Liebig-Kopps *Jahresbericht über die Fortschritte der Chemie s. J.*
Light Metals°   Light Metals
Lubrication Eng.°   Lubrication Engineering. Journal of the American Society of Lubrication Engineers
Lunds Univ. Årsskr.*   Lunds Universitets Årsskrift
L. V. St.   Landwirtschaftliche Versuchsstationen (bis 1938)

M.   Monatshefte für Chemie und Verwandte Teile Anderer Wissenschaften
Mag. chem. Folyóirat   Magyar Chemiai Folyóirat, seit 1949 Magyar Kemiai Folyóirat (Ungarische Zeitschrift für Chemie)
Mag. gyógysz. Társ. Ért.   Magyar Gyógyszerésztudományi Társaság Értesitöje (Berichte der Ungarischen Pharmazeutischen Gesellschaft, bis 1947)
Magyar kem. Lapja   Magyar kemikusok Lapja (Zeitschrift des Vereins Ungarischer Chemiker)
Makromolekulare Chem.*   Makromolekulare Chemie

Manuf. Chemist	Manufacturing Chemist and Pharmaceutical and Fine Chemical Trade Journal
	Mathematischer und Naturwissenschaftlicher Anzeiger der Ungarischen Akademie der Wissenschaften s. Mat. természettud. Értesitö
Materie plast.*	Materie Plastiche. Milano
	Mathematisk-Fysiske Meddelelser udgivne af det Kongelige Danske Videnskabernes Selskab s. Kgl. danske Vidensk. Selsk., mat.-fysiske Medd.
Matières grasses-Pètrole Dérivés*	Les Matières Grasses. — Le Pètrole et ses Dérivés
Mat. természettud. Értesitö	Matematikai és Természettudományi Értesitö. A Magyar Tudományos Akadémia III. Osztályának Folyóirata (Mathematischer und naturwissenschaftlicher Anzeiger der Ungarischen Akademie der Wissenschaften, bis 1943)
Mechan. Engng.*	Mechanical Engineering
Med. Ch. I. G.	Medizin und Chemie. Abhandlungen aus den Medizinisch-chemischen Forschungsstätten der I. G. Farbenindustrie AG. (bis 1942)
Medd. norsk farmac. Selsk.*	Meddelelser fra Norsk Farmaceutisk Selskap
Meded. Kon. vlaamsche Acad. Wetensch., Letteren schoone Kunsten België, Kl. Wetensch.*	Mededeelingen van de Koninklijke Vlaamsche Academie voor Wetenschappen, Letteren en Schoone Kunsten van België. Klasse der Wetenschappen (1940–1946)
Meded. vlaamsche chem. Vereen.*	Mededeelingen van de Vlaamsche Chemische Vereeniging (bis 1947)
Meded. vlaamse chem. Veren.*	Mededelingen van de Vlaamse Chemische Vereniging (seit 1947)
Medicine*	Medicine
Med. Klin.*	Medizinische Klinik (bis 1944 und seit 1946)
Med. Mschr.*	Medizinische Monatsschrift
Melliand Textilber.*	Melliand Textilberichte
Mém. Acad. Belg. 8°	Académie royale de Belgique, Classe des sciences: Mémoires. Collection in 8°
Mém. Acad. Inst. France	Mémoires de l'Académie des Sciences de l'Institut de France
Mem. Acad. Ital.	Reale Accademia d'Italia: Memorie della Classe di Scienze Fisiche, Matematiche e Naturali (bis 1939)
Mem. Coll. Agric. Kyoto	Memoirs of the College of Agriculture, Kyoto Imperial University, Chemical Series
Mem. Coll. Eng. Kyoto	Memoirs of the College of Engineering, Kyoto Imperial University
Mem. Coll. Eng. Kyushu	Memoirs of the College of Engineering, Kyushu Imperial University (bis 1932)
Mem. Coll. Sci. Kyoto	Memoirs of the College of Science, Kyoto Imperial University
Mem. Fac. Engng., Kyushu Imp. Univ.*	Memoirs of the Faculty of Engineering, Kyushu Imperial University (seit 1933)
Mem. Inst. Sci. and Ind. Research, Osaka Univ.°	Memoirs of the Institute of Scientific and Industrial Research, Osaka University
Mém. Poud.	Mémorial des Poudres (bis 1939 und seit 1948)
Mem. Pr. Manchester Soc.	Memoirs and Proceedings of the Manchester Literary and Philosophical Society
Mem. Reale Accad. naz. Lincei, Cl. Sci. fisiche, mat. natur.*	Memorie della Reale Accademia Nazionale dei Lincei, Classe di Scienze Fisiche, Matematiche e Naturali (bis 1938/39)
Mém. Serv. chim. État*	Mémorial des Services Chimiques de l'État
Mercks Jber.	E. MERCKS Jahresbericht über Neuerungen auf den Gebieten der Pharmakotherapie und Pharmazie
Metall u. Erz*	Metall und Erz (bis 1945)
Meteorol. Rdsch.*	Meteorologische Rundschau
Microchem. J.	Microchemical Journal
Microfilm Abst.°	Microfilm Abstracts. A Collection of Abstracts of Doctoral Dissertations and Monographs Available in Complete Form on Microfilm (bis 1951)
Mikrobiologija*	Mikrobiologija (russ.). Mikrobiologie

Mikroch.	Mikrochemie. Wien (bis 1938)
Mikroch. Acta	Mikrochimica Acta. Wien (bis 1938)
Mikrochem. verein. Mikrochim. Acta*	Mikrochemie Vereinigt mit Mikrochimica Acta (seit 1938)
Milchwirtsch. Forsch.*	Milchwirtschaftliche Forschungen (bis 1943)
	Mineralogische und Petrographische Mitteilungen s. Tschermaks mineralog. petrogr. Mitt.
Mines Mag.*	Mines Magazine
Mining Engng.*	Mining Engineering (seit 1949)
Mining Met.	Mining and Metallurgy (bis 1948)
Min. petrogr. Mitt.	Zeitschrift für Kristallographie, Mineralogie und Petrographie, Abt. B: Mineralogische und Petrographische Mitteilungen (1931–1943)
	Mitteilungen der Akademie der Wissenschaften der UdSSR (russ.) s. a. Nachr. Akad. Wiss. UdSSR
Mitt. chem. Forsch.-Inst. Wirtsch. Österreichs*	Mitteilungen des Chemischen Forschungsinstitutes der Wirtschaft Österreichs (seit 1942)
Mitt. Kohlenforsch.-Inst. Prag*	Mitteilungen des Kohlenforschungsinstituts in Prag (bis 1937)
Mitt. Lebensmittelunters. Hyg.	Mitteilungen aus dem Gebiete der Lebensmitteluntersuchung und Hygiene
	Mitteilungen der Russischen Akademie der Wissenschaften (russ.) s. Izv. ross. Akad.
Mitt. schles. Kohlenforschungs-inst. Kaiser-Wilhelm-Ges.°	Mitteilungen aus dem schlesischen Kohlenforschungsinstitut der Kaiser-Wilhelm-Gesellschaft (bis 1925)
Mitt. Vereinig. Großkessel-besitzer*	Mitteilungen der Vereinigung der Großkesselbesitzer
Modern Textiles Mag.°	Modern Textiles Magazine
Mod. Plastics	Modern Plastics (seit 1934)
Monath. Seide Kunstsd.	Monatshefte für Seide und Kunstseide (1933–1938)
Monogr. „Angew. Chem." u. „Chem.-Ing.-Techn."*	Monographien zu „Angewandte Chemie" und „Chemie-Ingenieur-Technik" (seit 1951)
Münch. med. Wschr.	Münchener Medizinische Wochenschrift
	Nachrichten (russ.) s. a. Izv. . . . .
Nachr. Akad. Göttingen	Nachrichten von der Akademie der Wissenschaften zu Göttingen. Mathematisch-physikalische Klasse (seit 1941)
	Nachrichten der Akademie der Wissenschaften der UdSSR, Abteilung Chemische Wissenschaften s. Bull. Acad. Sci. URSS, Cl. Sci. chim.
Nachr. Akad. Wiss. UdSSR*	Nachrichten der Akademie der Wissenschaften der UdSSR (russ.). Wesstnik Akademii Nauk SSSR
Nachr. Ges. Wiss. Göttingen	Nachrichten von der Gesellschaft der Wissenschaften zu Göttingen. Mathematisch-physikalische Klasse (bis 1940)
Nat. Bur. Standards (U.S.), Ann. Rept. Circ.°	National Bureau of Standards (U.S.), Annual Report. Circular
Nat. Bur. Standards (U.S.), Tech. News Bull.°	National Bureau of Standards (U.S.), Technical News Bulletin
Nat. Inst. Health Bull.*	National Institute of Health Bulletin
Nation. Petr. News	National Petroleum News
Natl. Nuclear Energy Ser., Div. I–VIII°	National Nuclear Energy Series, Division I–VIII
Nature	Nature. London
Naturforsch. Med. Dtschl. 1939–1946*	Naturforschung und Medizin in Deutschland 1939–1946 (für Deutschland bestimmte Ausgabe des FIAT Review of German Science)
Naturwiss.	Naturwissenschaften
	Naučno-techničeskij Otdel V.S.N.Ch.: Trudy Naučnogo Chimiko-jarmacevtičeskogo Instituta s. Trudy chim.-farm. Inst.
	NAUNYN-SCHMIEDEBERGS Archiv für Experimentelle Pathologie und Pharmakologie s. Ar. Pth.

Natuurwetensch. Tijdschr.*	Natuurwetenschappelijk Tijdschrift
N. Cim.	Nuovo Cimento
	Nederlandsche Akademie van Wetenschappen, Proceedings s.
	Proc., nederl. Akad. Wetensch.
Nederl. Tijdsch. Geneesk.	Nederlandsch Tijdschrift voor Geneeskunde
	Neftjanaja Promyschlennosst SSSR s. Petroleum-Ind. UdSSR
Neft. Chozjajstvo	Neftjanoe Chozjajstvo (russ.). Petroleum-Wirtschaft (bis 1940 und seit 1945)
Neues Jb. Mineralog., Abh.*	Neues Jahrbuch für Mineralogie, Abhandlungen (seit 1950)
Neues Jb. Mineral., ., Geol. Paläontol., Abh., Abt. A*	Neues Jahrbuch für Mineralogie, Geologie und Paläontologie. Abhandlungen (früher Beilagen-Bände). Abt. A. Mineralogie, Gesteinskunde (1943–1950)
Neues Jb. Mineralog., Geol. Paläontol., Beilage-Bd..Abh.] Abt. A*	Neues Jahrbuch für Mineralogie, Geologie, Paläontologie. Beilage-Bände (Abhandlungen). Abt. A (bis 1943)
Neue Verpackung°	Neue Verpackung
News Edit., Amer. chem. Soc.*	News Edition. American Chemical Society (1940–1942)
New York State agric. Exp. Stat., techn. Bull.*	New York State Agricultural Experiment Station. Technical Bulletin
Nichteisenmetalle*	Nichteisenmetalle (russ.). Zwetnyje Metally
Niederl. P.	Niederländisches Patent
	Nippon Gomu Kyôkaishi s. J. Soc. Rubber Ind. Japan
	Nippon Kagaku Zassi s. J. chem. Soc. Japan, pure Chem. Sect.
	Nippon Kwagaku Kwaishi s. J. chem. Soc. Japan
	Nippon Seirigaku Zasshi s. Japan. J. Physiol.
	Nippon-Suugaku-Buturigakkwai Kizi s. Pr. phys. math. Soc. Japan
	Nippon Yushi Gijitsu Kyo Kaishi s.J. Nippon Oil Technologists Soc.
Nitrocell.	Nitrocellulose (bis 1943 und seit 1952)
	Non-ferrous Metals (russ.) s. Nichteisenmetalle
Norske Vid. Selsk. Forh.	Kongelige Norske Videnskabernes Selskab. Forhandlinger
Norw. P.	Norwegisches Patent
Notiz. chim. ind.°	Il Notiziario chimico-industriale (bis 1928)
Nouv. de la Chim.*	Nouvelles de la Chimie (1935–1940)
Nova Acta Regiae Soc. Sci. Upsaliensis*	Nova Acta Regiae Societatis Scientiarum Upsaliensis
Nuclear Sci. Abstr.°	U. S. Atomic Energy Commission, Nuclear Science Abstracts
Nucleonics	Nucleonics. New York
Obst- u. Gemüse-Verwert.-Ind.*	Obst- und Gemüse-Verwertungs-Industrie (1934–1943)
Öle, Fette, Wachse*	Öle, Fette, Wachse, seit 1936 Öle, Fette, Wachse, Seife, Kosmetik
Öl-Fett-end.	Öl- und Fettindustrie. Wien
Öl Kohl	Öl und Kohle (bis 1934 und 1941–1945); von 1943–1945 in Gemeinschaft mit Brennstoff-Chemie
Öst. Chemiker-Ztg.	Österreichische Chemiker-Zeitung (bis 1942 und seit 1947)
Österr. Apotheker-Ztg.*	Österreichische Apotheker-Zeitung (seit 1947)
Österr. Ingr.-Arch.°	Österreichisches Ingenieur-Archiv
Österr. P.	Österreichisches Patent
Offic. Dig., Federation Paint & Varnish Production Clubs°	Official Digest, Federation of Paint & Varnish Production Clubs
Offic. Gaz., U. S. Pat. Office°	Official Gazette, United States Patent Office
Ohio J. Sci.*	Ohio Journal of Science
Oil Gas J.	Oil and Gas Journal
Oil Soap	Oil and Soap (bis 1946)
	Organic Chemical Industry (russ.) Promyšl. org. Chim.
Org. Reactions	Organic Reactions
Org. Synth.	Organic Syntheses. New York
Org. Synth., Coll. Vol.	Organic Synthesis, Collective Volume

Paintindia°   Paintindia
Paint Manufact.*   Paint Manufacture (seit 1939)
Paint Oil chem. Rev.   Paint, Oil and Chemical Review
Paint, Oil Colour J.*   Paint, Oil and Colour Journal (seit 1950)
Paint Technol.*   Paint Technology. Incorporating Synthetic and Applied
                                    Finishes
Paint Varnish Product.*   Paint and Varnish Production (seit 1949)
Paint Varnish Product. Manager*   Paint and Varnish Production Manager (bis 1949)
Paper Ind.   Paper Industry (bis 1938 und seit 1950)
Paper Ind. Paper Wld.*   Paper Industry and Paper World (1938–1949)
Paper Trade J.   Paper Trade Journal
Papier*   Das Papier
Papierf.   Papier-Fabrikant (bis 1943)
Papier-Ztg.*   Papier-Zeitung (bis 1945)
Parfümerie u. Kosmet.*   Parfümerie und Kosmetik (seit 1949)
                                    Patent der Deutschen Demokratischen Republik s. DDRP.
P. B. Rep.   Publication Board Report, United States Office of Technical
                                    Services, Department of Commerce
P. C. H.   Pharmazeutische Zentralhalle für Deutschland
Peintures   Peintures, Pigments, Vernis
Pensez Plastiques   Pensez Plastiques
Perfum. essent. Oil Rec.   Perfumery and Essential Oil Record
Periodica Polytech.°   Periodica Polytechnica
Petr.   Petroleum. Berlin (bis 1939)
Petroleum Engr.*   Petroleum Engineer
Petroleum-Ind. UdSSR*   Petroleum-Industrie der UdSSR (russ.). Neftjanaja Pro-
                                    myschlennosst SSSR (1940–1945)
                                    Petroleum-Industrie (russ.) s.a. Neft. Chozjajstvo
Petroleum [London]*   Petroleum [London]
Petroleum Refiner*   Petroleum Refiner (seit 1942)
Petrol. Processing°   Petroleum Processing
Petr. Technol.   Petroleum Technology (bis 1948)
                                    Petroleum-Wirtschaft (russ.) s. Neft. Chozjajstvo
Pflügers Arch. Physiol.   PFLÜGERS Archiv für die gesamte Physiologie der Menschen und
                                    Tiere
Pharmacia*   Pharmacia. Reval (bis 1940)
Pharmacol. Rev.*   Pharmacological Reviews (seit 1949)
                                    Pharmazeutisch.... s.a. Farm....
                                    Pharmazeutische Berichte. Zagreb, s. Farmac. Glasnik
Pharm. Acta Helv.   Pharmaceutica Acta Helvetiae
Pharmaz. Ztg. – Nachr.*   Pharmazeutische Zeitung – Nachrichten (seit 1951)
Pharm. Ber.   Pharmazeutische Berichte. Leverkusen, I. G. Farbenindustrie
                                    (bis 1939)
Pharm. Ind.°   Die Pharmazeutische Industrie
Pharm. J.   Pharmaceutical Journal (seit 1933)
                                    Pharmazeutisches Journal (russ.) s. Farmac. Ž. Charkov
                                    Pharmazeutische Nachrichten. Warschau, s. Wiadom. farm.
Pharm. Presse   Pharmazeutische Presse (bis 1938)
Pharm. Weekb.   Pharmaceutisch Weekblad (bis 1942 und seit 1945)
Pharm. Ztg.   Pharmazeutische Zeitung (bis 1937 und von 1947–1950)
                                    Pharmazeutische Zentralhalle für Deutschland s. P.C.H.
Ph. Ch.   Zeitschrift für Physikalische Chemie (von 1928–1943 geteilt in
                                    Abteilung A: Chemische Thermodynamik. Kinetik. Elektro-
                                    chemie. Eigenschaftslehre und Abteilung B: Chemie der
                                    Elementarprozesse. Aufbau der Materie; seit 1950 Zusatz N.F.)
Philips Res. Rep.*   Philips Research Reports
Philips' techn. Rdsch.*   Philips' Technische Rundschau
Phil. Mag.   Philosophical Magazine (seit 1945)
Philos. Mag. J. Sci.*   [London, Edinburgh and Dublin] Philosophical Magazine and
                                    Journal of Science (bis 1945)

Phil. Trans.	Philosophical Transactions of the Royal Society of London
Physica	Physica. Nederlandsch Tijdschrift voor Natuurkunde
	Physical Journal... (russ.) s.a. Ž.....
Physics	Physics. New York (bis 1937)
Physik. Bl.*	Physikalische Blätter
	Physikalisches Journal. Serie A. Journal für Experimentelle und Theoretische Physik (russ.) s. Ž. eksp. teor. Fiz.
	Physikalisches Journal. Serie B. Journal für Technische Physik (russ.) s. Ž. tech. Fiz.
Physik. Verhandl.°	Physikalische Verhandlungen (Beilage zu Physikalische Blätter)
Physiol. Rev.	Physiological Reviews. Baltimore
Phys. Rev.	Physical Review
Phys. Z.	Physikalische Zeitschrift. Leipzig
Phys. Z. Sowjet.	Physikalische Zeitschrift der Sowjetunion (bis 1938)
Plant Physiol.	Plant Physiology
Plaste u. Kautschuk°	Plaste und Kautschuk (seit 1957)
Plastica°	Plastica
Plastics*	Plastics. London
Plastics Inst. (London), Trans. and J.°	The (London) Plastics Institute, Transactions and Journal
Plastics Technol.°	Plastics Technology
Plast. Massy	Plastičeskie Massy (1932–1935)
Plasticheskie Massy°	Plasticheskie Massy (seit 1959)
	(engl. Übersetzung: Soviet Plastics)
Plastverarbeiter°	Der Plastverarbeiter
Poln. P.	Polnisches Patent
Polymer	Polymer
Polymer Bull.°	Polymer Bulletin (bis 1945)
Polymer Sci. USSR	Polymer Science USSR (engl. Übersetzung von Vysokomolekulyarnye Soedineniya)
Polytechn. Tijdschr., Uitg. A*	Polytechnisch Tijdschrift. Uitgave A (seit 1946)
Pr. Acad. Tokyo	Proceedings of the Imperial Academy. Tokyo
Pr. Akad. Amsterdam	Proceedings, Koninklijke Nederlandsche Akademie van Wetenschappen (1938–1940 und seit 1943)
Prakt. Chem. [Wien]*	Praktische Chemie [Wien]
Praktika Akad. Athenon*	Praktika tes Akademias Athenon
	La Pratique du Laboratoire (russ.) s. Labor. Praktika
Pr. am. Acad. Arts Sci.	Proceedings of the American Academy of Arts and Sciences
Pr. Cambridge phil. Soc.	Proceedings of the Cambridge Philosophical Society
Pr. chem. Soc.	Proceedings of the Chemical Society. London
Pr. Indiana Acad.	Proceedings of the Indiana Academy of Science
Pr. indian Acad.	Proceedings of the Indian Academy of Sciences
Pr. irish Acad.	Proceedings of the Royal Irish Academy
Pr. Leeds phil. lit. Soc.	Proceedings of the Leeds Philosophical and Literary Society, Scientific Section
Pr. nation. Acad. India	Proceedings of the National Academy of Sciences, India (seit 1936)
Pr. nation. Acad. USA	Proceedings of the National Academy of Sciences of the United States of America
Proc. Acad. Sci. U.S.S.R., Sect. Chem.°	Proceedings of the Academy of Science of the U.S.S.R., Section: Chemistry
Proc. Amer. philos. Soc.*	Proceedings of the American Philosophical Society
Proc. Amer. Soc. Testing Mater.*	Proceedings of the American Society for Testing Materials
	Proceedings of the Chemical Specialties Manufacturers Association s. Chem. Specialties Mfrs. Assoc., Proc.
Proc. Inst. Chemists (India)°	Proceedings of the Institution of Chemists (India) (bis etwa 1944)
Proc. Instn. mechan. Engr.*	Proceedings of the Institution of Mechanical Engineers (1923 bis 1938)

Proc. Inst. Rubber Ind.° — Proeedings of the Institution of Rubber Industry
Proc. int. Conf. bitum. Coal* — Proceedings of the International Conference on Bituminous Coal
Proc. Intern. Congr. Pure and Appl. Chem.° — Proceedings of the International Congress of Pure and Applied Chemistry
Proc. Intern. Congr. Pure and Appl. Chem., 11th Congr., London 1947° — Proceedings of the International Congress of Pure and Applied Chemistry. 11th Congress, London, July 17–24. 1947 (Vol. I–IV)
Proc. Intern. Congr. Pure and Appl. Chem., 12th Congr., New York 1951° — Proceedings of the International Congress of Pure and Applied Chemistry. 12th Congress, New York, Sept. 1951
Proc. Iowa Acad. Sci.* — Proceedings of the Iowa Academy of Science
Proc. Japan Acad.° — Proceedings of the Japan Academy (seit 1945)
Proc. N. Dakota Acad. Sci.° — Proceedings of the North Dakota Academy of Science
Proc., nederl. Akad. Wetensch.* — Proceedings, Nederlandsche Akademie van Wetenschappen (1940–1943)
Proc. Roy. Austral. chem. Inst.* — Proceedings of the Royal Australian Chemical Institute (seit 1951)
Proc. Rubber Technol. Conf.* — Proceedings of the Rubber Technology Conference
Proc. Rubber Technol. Conf., 2nd Conf. 1948 bzw. 3rd Conf., London, 1954° — Proceedings of the Rubber Technology Conference. 2nd Conference 1948 bzw. 3rd Conference, London, 1954
Proc. South Dakota Acad. Sci.* — Proceedings of the South Dakota Academy of Science
Promyšl. org. Chim. — Promyšlennost' Organičeskoj Chimii (russ.). Industrie der Organischen Chemie. Organic Chemical Industry (bis 1940)
Protopl. — Protoplasma
Pr. phys. math. Soc. Japan — Proceedings of the Physico-mathematical Society of Japan (Nippon Suugaku-Buturigakkwaí Kizi)
Pr. phys. Soc. London — Proceedings of the Physical Society. London
Pr. roy. Soc. — Proceedings of the Royal Society. London
Pr. roy. Soc. Edingburgh — Proceedings of the Royal Society of Edinburgh
Pr. Soc. exp. Biol. Med. — Proceedings of the Society for Experimental Biology and Medicine
— *Proceedings of the Technical Association of the Pulp and Paper Industry s. Tech. Assoc. Pulp Paper Ind.*
Przem. chem. — Przemẏsl Chemiczny (Chemische Industrie). Warschau
Publ. Am. Assoc. Advance Sci.° — Publication of the American Association for the Advancement of Science
Publ. Fac. Sci. Univ. Masaryk* — Publications de la Faculté des Sciences de l'Université Masaryk. Spisy vydávané Přírodovědeckou Fakultou Masarykovy University
Publ. Health Rep. — U. S. Public Health Service: Public Health Reports

Quart. J. Indian Chem. Soc.° — Quarterly Journal of the Indian Chemical Society (bis 1927)
Quart. J. Indian Inst. Sci.* — Quarterly Journal of the Indian Institute of Science
Quart. J. Pharm. Pharmacol. — Quarterly Journal of Pharmacy and Pharmacology (bis 1948)
Quart. Reviews — Quarterly Reviews. London
Quím. Ind. — Química e Industria. São Paulo (bis 1938 Chimica e Industria)

R. — Recueil des Travaux Chimiques des Pays-Bas
Rass. Chim.° — Rassegna Chimica
Rayon and Synthetic Textiles° — Rayon and Synthetic Textiles
Rayon Textile Monthly* — Rayon Textile Monthly (1936–1948)
— *Reale Accademia d'Italia: Memorie della Classe di Scienze Fisiche, Matematiche e Naturali s. Mem. Accad. Ital.*
Reale Ist. lombardo Sci. Lettere, Rend.* — Reale Istituto Lombardo di Scienze e Lettere. Rendiconti (bis 1944)
Refrigerating Engng.* — Refrigerating Engineering
— *Rekonstrukziju Textilnoi Promyschlennossti, Sa (russ.) s. Wiederaufbau d. Textil-Ind.*

Rend. Accad. Sci. fis. Napoli	Rendiconto dell' Accademia delle Scienze Fisiche e Matematiche. Napoli
Rend. Fac. Sci. Cagliari	Rendiconti del Seminario della Facoltà di Scienze della Università di Cagliari (seit 1945)
Rend. Ist. lomb.	Rendiconti dell' Istituto Lombardo di Scienze e Lettere. Classe di Scienze Matematiche e Naturali (seit 1944)
Rep. Government chem. ind. Res. Inst., Tokyo*	Reports of the Government Chemical Industrial Research Institute, Tokyo
Rep. Progr. appl. Chem.*	Reports on the Progress of Applied Chemistry (seit 1949)
Rep. Progr. Physics*	Reports on Progress in Physics
Rep. sci. Res. Inst.*	Reports of Scientific Research Institute (japan.). Kagaku-Kenkyujo-Hokoku (seit 1948)
Repts. Imp. Ind. Research Inst., Osaka Japan°	Reports of the Imperial Industrial Research Institute, Osaka, Japan
Repts. Inst. Chem. Research, Kyoto Univ.°	Reports of the Institute for Chemical Research, Kyoto University (bis 1949)
Research	Research. London
Research Correspondence°	Research Correspondence
Research Food Sci.°	The Research of Food Science (Japan). Shokuryo-Kagaku Kenkyu (bis 1950)
Resin Rev.°	Resin Review (seit 1961)
Rev. Asoc. bioquím. argent.*	Revista de la Asociación Bioquímica Argentina
Rev. can. biol.°	Revue Canadienne de Biologie
Rev. du Nickel*	Revue du Nickel. Paris
Rev. Fac. Cienc. quím.	Revista de la Facultad de Ciencias Químicas, Universidad Nacional de La Plata
Rev. Fac. Sci. Istanbul	Revue de la Faculté des Sciences de l'Université d'Istanbul
Rev. gén. Caoutch.	Revue Générale du Caoutchouc
Rev. gén. Colloides	Revue générale des Colloides (bis 1930)
Rev. gén. Mat. col.	Revue Générale des Matières Colorantes, du Blanchiment, de la Teinture, de l'Impression et des Apprêts (bis 1940)
Rev. gén. Mat. plast.	Revue Générale des Matières Plastiques
Rev. gén. Sci. pures appl.	Revue Générale des Sciences Pures et Appliquées
	Revue Générale de Teinture, Impression, Blanchiment, Apprêt et de Chimie Textile et Tinctoriale s. Tiba
Rev. Inst. franç. Pétrole Ann. Combustibles liquides*	Revue de l'Institut Français du Pétrole et Annales des Combustibles Liquides (seit 1946)
Rev. chim. (Bucharest)°	Revista de chimie (Bucharest)
Rev. mod. Physics	Reviews of Modern Physics
Rev. Plásticos*	Revista de Plásticos
Rev. Prod. chim.	Revue des Produits Chimiques
Rev. pure appl. Chem.*	Reviews of Pure and Applied Chemistry (seit 1951)
Rev. Quím. Farm.	Revista de Química e Farmácia. Rio de Janeiro
Rev. scient.	Revue Scientifique
Rev. sci. Instruments*	Review of Scientific Instruments
Reyon, Synthetica, Zellwolle*	Reyon, Synthetica, Zellwolle (seit 1951)
Reyon, Zellwolle andere Chemiefasern*	Reyon, Zellwolle und Andere Chemiefasern
Rheol. Acta°	Rheologica Acta
Ricerca sci.*	Ricerca Scientifica (seit 1948)
Ric. scient. Progr. tecn. Econ. naz.	Ricerca Scientifica ed il Progresso Tecnico nell'Economia Nazionale (bis 1940)
Ric. sci. Progr. tecn.*	Ricerca Scientifica ed il Progresso Tecnico (1941–1943)
Ric. sci. Ricostruzione*	Ricerca Scientifica e Ricostruzione (1945–1947)
	Rikagaku-Kenkyū-Zyo Ihō s. Bull. Inst. physic. chem. Res.
Riv. nuovo Cimento*	Rivista del Nuovo Cimento (bis 1948)
	Rocznik Academii Nauk Technicznych w Warszawie s. Ann. Acad. Sci. techn. Varsovie
Roczniki Chem.	Roczniki Chemji (Annales Societatis Chimicae Polonorum)

Roy. Austral. chem. Inst. J.   Royal Australian Chemical Institute Journal and Proceedings
  Proc.*   (1949–1950)
Rubber Age (London)*   Rubber Age (London) (bis 1944)
Rubber Age (N.Y.)°   The Rubber Age (New York)
Rubber Age Synthetics*   The Rubber Age and Synthetics (1944–1953)
Rubber Chem. Technol.   Rubber Chemistry and Technology
Rubber J.°   Rubber Journal (seit 1955)
Rubber J. and Intern. Plastics° Rubber Journal and International Plastics (seit 1957)
Rubber & Plastics Age°   The Rubber & Plastics Age
Rubber and Plastics Weekly   Rubber and Plastics Weekly
Rubber World°   Rubber World (seit 1954)
Russ. J. Phys. Chem. English   Russian Journal of Physical Chemistry (engl. Übersetzung von
  Transl.°   Žurnal Fizičeskoj Chimii)
Russ. P.   Russisches Patent

Sber. Akad. Wien   Sitzungsberichte der Akademie der Wissenschaften Wien.
                                 Mathematisch-naturwissenschaftliche Klasse (bis 1946/
                                 1947)
Sber. bayr. Akad.   Sitzungsberichte der Mathematisch-Naturwissenschaftlichen
                                 Abteilung der Bayerischen Akademie der Wissenschaften zu
                                 München (bis 1945)
Sber. Ges. Naturwiss. Marburg   Sitzungsberichte der Gesellschaft zur Beförderung der gesamten
                                 Naturwissenschaften zu Marburg (bis 1939)
Sber. Heidelb. Akad.   Sitzungsberichte der Heidelberger Akademie der Wissenschaften,
                                 Mathematisch-Naturwissenschaftliche Klasse
Sber. naturf. Ges. Rostock   Sitzungsberichte und Abhandlungen der Naturforschenden Ge-
                                 sellschaft zu Rostock (bis 1944)
Sber. phys.-med. Ges. Würz-   Sitzungsberichte der Physikalisch-Medizinischen Gesellschaft zu
  burg   Würzburg
Sber. preuß. Akad.   Sitzungsberichte der preußischen Akademie der Wissenschaften.
                                 Berlin, Physikalisch-mathematische Klasse (bis 1938)
S.-B. österr. Akad.Wiss., math.- Sitzungsberichte der Österreichischen Akademie der Wissen-
  naturwiss. Kl., Abt. II a bzw. schaften, Mathematisch-Naturwissenschaftliche Klasse.
  Abt. II b*   Abt. II a: Mathematik, Astronomie, Physik, Geophysik,
                                 Meteorologie und Technik. Abt. II b: Chemie (seit 1946/47)
Sbornik Stateĭ Obshcheĭ Khim.   Sbornik Stateĭ po Obshcheĭ Khimii, Akademiya Nauk S.S.S.R.
  Akad. Nauk S.S.S.R.°
S.-B. physik.-med. Soz.   Sitzungsberichte der Physikalisch-Medizinischen Sozietät zu
  Erlangen*   Erlangen
Scand. J. Clin. & Lab. Invest.° Scandinavian Journal of Clinical & Laboratory Investigation
School Sci. Rev.*   School Science Review
Schr. dtsch. Akad. Luftfahrt-   Schriften der Deutschen Akademie der Luftfahrtforschung (bis
  forsch.*   1942)
Schwed.P.   Schwedisches Patent
Schweiz. Apoth. Ztg.   Schweizerische Apotheker-Zeitung
Schweiz. Arch. angew. Wiss.   Schweizer Archiv für Angewandte Wissenschaft und Technik
  Techn.*
Schweiz. Bau-Ztg.*   Schweizerische Bauzeitung
Schweiz. med. Wschr.   Schweizerische medizinische Wochenschrift
Schweiz. Mschr. Zahnheilkunde   Schweizerische Monatsschrift für Zahnheilkunde
Schweiz. P.   Schweizer Patent
                                 Schweizerische Vereinigung von Färbereifachleuten, Fachorgan
                                 für Textilveredlung s. SVF Fachorgan Textilveredlung
Schweiz. Ver. Lack- u. Farben-   Schweizerische Vereinigung der Lack- und Farbenchemiker,
  chemiker, Bull.°   Bulletin (1952–1953)
Schweiz. Z. Obst- u.   Schweizerische Zeitschrift für Obst- und Weinbau
  Weinbau*
Sci.   Science. New York, seit 1951 Washington
Sci. American*   Scientific American
Sci. Culture   Science and Culture. Calcutta

Scient. J. roy. Coll. Sci.	Scientific Journal of the Royal College of Science. London
Scient. Pap. Bur. Stand.	Scientific Papers of the Bureau of Standards. Washington
Scient. Pap. Inst. phys. chem. Res.	Scientific Papers of the Institute of Physical and Chemical Research. Tokyo (bis 1948)
Scient. Pr. roy. Dublin Soc.	Scientific Proceedings of the Royal Dublin Society
Sci. Ind. photogr.*	Science et Industries Photographiques
Sci. Lubrication (London)°	Scientific Lubrication (London)
Sci. Papers Coll. Gen. Educ., Univ. Tokyo°	Scientific Papers of the College of General Education, University of Tokyo
Sci. pharm.	Scientia Pharmaceutica (Beilage, bis 1938 zu Pharmazeutische Presse, 1938–1943 zu Wiener Pharmazeutische Monatshefte, seit 1947 zu Österreichische Apotheker-Zeitung). Wien
Sci. Proc. Roy. Dublin Soc.°	Scientific Proceedings of the Royal Dublin Society
Sci. Progr.	Science Progress
Sci. Quart. nat. Univ. Peking*	Science Quarterly of the National University of Peking (bis 1935)
Sci. Rep. nat. Tsing Hua Univ., Ser. A*	Science Reports of the National Tsing Hua University, Series A: Mathematical, Physical and Engineering Sciences (seit 1937)
Sci. Rep. nat. Univ. Peking*	Science Reports of the National University of Peking (1936/37)
Sci. Rep. Tôhoku Univ.	Science Reports of the Tôhoku Imperial University
Sci. Repts. Research Insts. Tohoku Univ., Ser. A, B, C bzw. D°	The Science Reports of the Research Institutes, Tohoku University, Series A, B, C bzw. D
Seifen - Oele - Fette -Wachse*	Seifen - Oele - Fette -Wachse. Neue Folge der Seifensieder-Zeitung (seit 1948)
Seifens. Ztg.	Seifensieder-Zeitung (bis 1943)
Semana méd.	Semana médica
	Shokuryo-Kagaku Kenkyu s. Research Food Sci.
	Shurnal . . . (russ.) s. J. . . . bzw. Ž. . . .
	Shurnal Analititschesskoi Chimii (russ.) s. J. analyt. Chem. und J. analytic. Chem.
Siemens-Z.*	Siemens Zeitschrift
Silk and Rayon*	Silk and Rayon
Skand. Arch. Physiol.	Skandinavisches Archiv für Physiologie (bis 1940)
Skinner's Silk Rayon Rec.*	Skinner's Silk & Rayon Record
Soc.	Journal of the Chemical Society. London
Soc. Chim. România Secţ. Soc. române Ştiinţe, Bul. Chim. pură apl.*	Societatea de Chimie din România Secţiune a Societătii Române de Ştiinţe, Buletinul de Chimie Pură şi Aplicată (seit 1939)
Soc. Sci. fenn., Comment. physico-math.*	Societas Scientiarum Fennica. Commentationes Physico-Mathematicae
	Society of Plastics Engineers Journal s. SPE Journal
Soil Sci.	Soil Science. Baltimore
Soviet Rubber Technol.°	Soviet Rubber Technology (englische Übersetzung von Kauchuk i Rezina)
Spectrochim. Acta [Berlin]*	Spectrochimica Acta [Berlin] (bis 1946)
Spectrochim. Acta [London]*	Spectrochimica Acta [London] (seit 1950)
Spectrochim. Acta [Roma]*	Spectrochimica Acta [Roma] (1947–1949)
SPE Journal°	SPE (Society of Plastics Engineers) Journal
SPE (Soc. Plastics Engrs.) Tech. Papers°	SPE (Society of Plastics Engineers) Technical Papers
SPE (Soc. Plastics Engrs.) Trans.°	SPE (Society of Plastics Engineers) Transactions
	Spisy vydávané Přirodovědeckou Fakultou Masarykovy University s. Publ. Fac. Sci. Univ. Masaryk
	Ssintetitschesski Kautschuk s. Synthet. Kautschuk
Stärke*	Stärke
Stahl Eisen	Stahl und Eisen
Stain Technol.*	Stain Technology
Standesztg. dtsch. Apotheker*	Standeszeitung Deutscher Apotheker (1933–1934)
Südd. Apoth. Ztg.	Süddeutsche Apotheker-Zeitung (bis 1950)

Sugar	Sugar (Including Facts about Sugar and the Planter & Sugar Manufacturer) (seit 1941)
Sugar J.°	The Sugar Journal
Suomen Kem.	Suomen Kemistilehti (Acta Chemica Fennica)
	Suomen Kemistiseuran Tiedonantoja s. Finska Kemistsamf. Medd.
Suppl. nuovo Cimento*	Supplemento del Nuovo Cimento (seit 1949)
Surgery*	Surgery. St. Louis
Surgery, Gynecol. Obstetr.*	Surgery, Gynecology and Obstetrics (with International Abstracts of Surgery)
Svensk farm. Tidskr.	Svensk Farmaceutisk Tidskrift
Svensk kem. Tidskr.	Svensk Kemisk Tidskrift
Svensk Papperstidn.	Svensk Papperstidning
SVF Fachorgan Textilveredlung°	SVF (Schweizerische Vereinigung von Färbereifachleuten) Fachorgan für Textilveredlung
Synthet. Kautschuk*	Synthetischer Kautschuk (russ.) (Ssintetitschesski Kautschuk, bis 1936)
Tagungsberichte der Chemischen Gesellschaft in der DDR	Tagungsberichte der Chemischen Gesellschaft in der DDR
Tappi°	Tappi
Tech. Assoc. Pulp Paper Ind.°	Proceedings of the Technical Association of the Pulp and Paper Industry
Techn. Assoc. Pap.*	Technical Association Papers
Technik*	Technik
Techn. Mitt. Krupp*	Technische Mitteilungen Krupp (bis 1938)
Techn. Mitt. Krupp, Forschungsber.*	Technische Mitteilungen Krupp, Forschungsberichte (1938–1943)
Techn. Mitt. Krupp, techn. Ber.*	Technische Mitteilungen Krupp, Technische Berichte (1938–1943)
Technol. Repts. Osaka Univ.°	Technological Reports of the Osaka University
Techn. Physics USSR*	Technical Physics of the USSR (bis 1938)
Tech. Pap. Bur. Mines	U. S. Bureau of Mines: Technical Papers. Washington
Tetrahedron	Tetrahedron (seit 1957)
Tetrahedron Letters°	Tetrahedron Letters
Textile Ind.*	Textile Industries (seit 1947)
Textile Manufacturer*	Textile Manufacturer
Textile Res. J.*	Textile Research Journal (seit 1945)
Textile Res. J. Abstr.*	Textile Research Journal. Abstracts (1950–1951)
Textile Weekly*	The Textile Weekly
Textile Wld.*	Textile World
Textil-Praxis*	Textil-Praxis
Textil-Rdsch. [St. Gallen]*	Textil-Rundschau [St. Gallen]
Therap. Gegenw.	Therapie der Gegenwart
Tiba*	Revue Générale de Teinture, Impression, Blanchiment, Apprêt et de Chimie Textile et Tinctoriale (bis 1940 und seit 1948)
Tidsskr. Kjemi Bergv.	Tidsskrift för Kjemi og Bergvesen (bis 1940)
Tidsskr. Kjemi, Bergves. Metallurgi*	Tidsskrift för Kjemi, Bergvesen og Metallurgi (seit 1941)
Tôhoku J. exp. Med.	Tôhoku Journal of experimental Medicine
	Tokyo Kwagaku Kwai Shi s. J. Tokyo Chem. Soc.
Tonind.-Ztg.*	Tonindustrie-Zeitung (bis 1945)
Tonind.-Ztg. keram. Rdsch.*	Tonindustrie-Zeitung und Keramische Rundschau (seit 1949)
	Transactions... (russ.) s.a. Trudy....
Trans. am. electroch. Soc.	Transactions of the American Electrochemical Society (bis 1931)
Trans. Amer. Inst. chem. Engr.*	Transactions of the American Institute of Chemical Engineers (bis 1946)
Trans. Amer. Inst. Mining metallurg. Engr.*	Transactions of the American Institute of Mining and Metallurgical Engineers

Trans. Brit. ceram. Soc.°   Transactions of the British Ceramic Society (seit 1939)

Trans. Cambridge Phil. Soc.°   Transactions of the Cambridge Philosophical Society (bis 1928)

Trans. Conn. Acad. Arts Sci.°   Transactions of the Connecticut Academy of Arts and Sciences

Trans. electroch. Soc.   Transactions of the Electrochemical Society. New York (bis 1949)

Trans. Faraday Soc.   Transactions of the Faraday Society

Trans. Illinois State Acad. Sci.*   Transactions of the Illinois State Academy of Science

Trans. Inst. Marine Engr.*   Transactions of the Institute of Marine Engineers

Trans. Instn. chem. Engr.*   Transactions of the Institution of Chemical Engineers

Trans. Inst. Rubber Ind.   Transactions of the Institution of the Rubber Industry

Trans. Kirov's Inst. chem. Technol. Kazan*   Transactions of the Kirov's Institute for Chemical Technology of Kazan (russ.). Trudy Kasanskogo Chimiko-Technologitschesskogo Instituta im. Kirowa

Trans. opt. Soc.*   Transactions of the Optical Society. London (bis 1931)

Trans. roy. Soc. Canada   Transactions of the Royal Society of Canada

Trans. roy. Soc. Edinb.   Transactions of the Royal Society of Edinburgh

Transactions of the Royal Society (London), Philosophical s. Phil. Trans.

Trans. roy. Soc. New Zealand   Transactions and Proceedings of the Royal Society of New Zealand (seit 1952 Transactions of the Royal Society of New Zealand)

Transactions of the Scientific Chemical-Pharmaceutical Institute s. Trudy chim. farm. Inst.

Trans. sci. Inst. People's Commissar. heavy Ind. USSR, State Inst. appl. Chem.*   Transactions of the Scientific Institutes of the People's Commissariat for Heavy Industry USSR. State Institute of Applied Chemistry (russ.). Trudy Nautschnych Institutow NKTP SSSR. Gossudarstwennyi Institut Prikladnoi Chimii

Trans. Wisconsin Acad. Sci., Arts Letters*   Transactions of the Wisconsin Academy of Sciences, Arts and Letters

Travaux ... (russ.) s. a. Trudy ...

Trav. membres soc. chim. biol.°   Travaux des Membres de la Société de Chimie Biologique (bis 1943)

Trudy ... (russ.) s. a. Trans. ...

Trudy chim. farm. Inst.   Trudy Naučnogo Chimikofarmacevtičeskogo Instituta (russ.). Transactions of the Scientific Chemical-Pharmaceutical Institute (bis 1931)

Trudy Kasanskogo Chimiko-Technologitschesskogo Instituta im. Kirowa s. Trans. Kirov's Inst. chem. Technol. Kazan

Trudy Konf. Vysokomolekulyar. Soedineniyam, Akad. Nauk, SSSR, Otdel. Khim. i Fiz.-Mat. Nauk. 1st Conf. 1943 bzw. 2nd Conf. 1944/ 1945 bzw. 4th Conf. 1948°   Trudy Konferentsii po Vysokomolekulyarnym Soedineniyam (Transactions of the Conference on High Molecular Compounds), Akademija Nauk, Otdeleniya Khim. i Fiziko-Matematicheskikh Nauk. 1st Conference Sept. 6—9, 1943; 2nd Conference May 22—25, 1944. Published together in 1945; 4th Conference, 1948

Trudy Nautschnych Institutow NKTP SSSR. Gossudarstwennyi Institut Prikladnoi Chimii s. Trans. sci. Inst. People's Commissar. heavy Ind. USSR, State Inst. appl. Chem.

Trudy Sredneaziat. Gosudarst. Univ. im V. I. Lenina, Khim.°   Trudy Sredneaziatskogo Gosudarstvennogo Universiteta im. V. I. Lenina, Khimia

Trudy Voronezh. Gosudarst. Univ.°   Trudy Voronezhskogo Gosudarstvennogo Universiteta (Acta Universitatis Voronegiensis)

Tschechosl. P.   Tschechoslowakisches Patent

Tschermaks mineralog. petrogr. Mitt.*   Tschermaks Mineralogische und Petrographische Mitteilungen (bis 1930 und seit 1948)

Ukrain. chem. J.*   Ukrainisches Chemisches Journal (russ.). Ukrainski Chimitschesski Shurnal

Ukr. chemič. Ž.   Ukraïnskij Chemičnij Žurnal, Naukova Častina (ukr.). Journal Chimique de l'Ukraïne, Partie Scientifique (bis 1938)

Ungarisches Patent s. Hung. P.

Ungarische Zeitschrift für Chemie s. Mag. chem. Folyóirat

Univ. Kansas Sci. Bl.   University of Kansas Science Bulletin
Univ. São Paulo, Fac. Fil.   Universidade de São Paulo. Faculdade de Filosofia, Ciencias e
                                 Letras
Upsala Läkaref. Förh.   Upsala Läkareförenings Förhandlingar
                                 *U S. Atomic Energy Commission, Nuclear Science Abstracts
                                 s. Nuclear Sci. Abstr.*
                                 *U. S. Bureau of Mines: Technical Papers. Washington, s. Tech.
                                 Pap. Bur. Mines*
U. S. Dept. Agr., Bur. Agr.   United Staates Department of Agriculture, Agricultural
   and Ind. Chem.°   Research Administration, Bureau of Agricultural and
                                 Industrial Chemistry
U.S. Govt. Res. Rpt.°   U.S. Government Research Reports
U. S. naval med. Bull.*   United States Naval Medical Bulletin (bis 1949)
                                 *U. S. Office of Technical Services, Department of Commerce,
                                 Publication Board Report s. P.B. Rep.*
                                 U.S. Patent Office. Official Gazette s. Offic. Gaz., U.S. Pat. Office
                                 *U. S. Public Health Service: Public Health Reports s. Publ.
                                 Health Rep.*
Uspechi Chim.   [Chimičeskij Žurnal, Serija G] Uspechi Chimii (russ.). Fort-
                                 schritte der Chemie
                                 *Usspechi Ssowremennoi Biologii s. Advances mod. Biol. bzw.
                                 Fortschr. gegenwärt. Biol.*
                                 *Utschenyje Sapisski Mosskowskogo Gossudarstwennogo Uni-
                                 werssiteta s. Wiss. Ber. Moskauer staatl. Univ.*

Vakuum-Tech.°   Vakuum-Technik (seit 1954)
Vanderbilt News°   The Vanderbilt News (bis 1942 und seit 1947)
VDI-Forschungsh.*   VDI-Forschungshefte
Verfkroniek*   Verfkroniek
Verh. Akad. Amsterdam   Verhandelingen der Koninklijke Akademie van Wetenschappen
                                 te Amsterdam, Afdeeling Natuurkunde
Verhandlungsber. Kolloid-Ges.°   Verhandlungsberichte der Kolloid-Gesellschaft
Verh. dtsch. Ges. inn. Med.*   Verhandlungen der Deutschen Gesellschaft für Innere Medizin
                                 (bis 1940 und seit 1948)
Verh. dtsch. phys. Ges.   Verhandlungen der Deutschen Physikalischen Gesellschaft (bis
                                 1944)
Verh. Ges. dtsch. Naturf.   Verhandlungen der Gesellschaft Deutscher Naturforscher und
                                 Ärzte
Versl. Akad. Amsterdam   Verslag van de Gewone Vergadering der Afdeeling Natuur-
                                 kunde, Nederlandsche Akademie van Wetenschappen (bis
                                 1924: Koninklijke Akademie van Wetenschappen te Amster-
                                 dam: Verslagen . . .)
Versl. Meded. Akad. Amster-   Verslagen en Mededeelingen der Koninklijke Akademie van
   dam   Wetenschappen, Afdeeling Letterkunde. Amsterdam
Vorratspflege u. Lebensmittel-   Vorratspflege und Lebensmittelforschung (bis 1943)
   forsch.
Vysokomolekulyarnye   Vysokomolekulyarnye Soedineniya (russ.). High Molecular
   Soedineniya°   Weight Compounds

WADC (Wright Air Develop.   WADC (Wright Air Development Center) Technical Report
   Center) Tech. Rept.°
Wasser Gas   Wasser und Gas (bis 1934)
Weinbereit. Weinbau UdSSR*   Weinbereitung und Weinbau der UdSSR (russ.) (seit 1951)
                                 Winodelije i Winogradarstwo SSSR
Weingewinn. u. Rebenzucht   Weingewinnung und Rebenzucht der UdSSR (russ.) (bis 1950)
   UdSSR*   Winodelije i Winogradarstwo SSSR
Werkstoffe u. Korrosion*   Werkstoffe und Korrosion (seit 1950)
                                 Wesstnik Akademii Nauk SSSR s. Nachr. Akad. Wiss. UdSSR
Wiadom. farm.   Wiadomości Farmaceutyczne (Pharmazeutische Nachrichten).
                                 Warschau (bis 1939)

Wiederaufbau d. Textil-Ind.*	Wiederaufbau der Textil-Industrie (russ.). Sa Rekonstrukziju Textilnoi Promyschlennossti (bis 1935)
Wiener Chemiker-Ztg.*	Wiener Chemiker-Zeitung (1942–1946)
Wien. klin. Wschr.	Wiener Klinische Wochenschrift
Wien. med. Wschr.	Wiener Medizinische Wochenschrift (bis 1944 und seit 1946)
Wien. pharm. Wschr.	Wiener Pharmazeutische Wochenschrift (1938–1946)
	Winodelije i Winogradarstwo SSSR s. Weinbereit. Weinbau UdSSR bzw. Weingewinn. u. Rebenzucht UdSSR
Wiss. Abh. physik.-techn. Reichsanst.*	Wissenschaftliche Abhandlungen der Physikalisch-Technischen Reichsanstalt (bis 1942)
Wiss. Ber. Moskauer staat. Univ.*	Wissenschaftliche Berichte der Moskauer Staatlichen Universität (russ.). Utschenyje Sapisski Mosskowskogo Gossudarstwennogo Uniwerssiteta
Wiss. Kauko	I. G.-interner Bericht der Wissenschaftlichen Kautschukkommission
Wiss. Kuko	I. G.-interner Bericht der Wissenschaftlichen Kunststoffkommission
Wiss. Veröff. Siemens	Wissenschaftliche Veröffentlichungen aus dem Siemenskonzern bzw. (seit 1935) aus den Siemens-Werken (bis 1943)
Wiss. Z. Univ. Rostock, Math. Naturwiss. Reihe°	Wissenschaftliche Zeitschrift der Universität Rostock, Mathematisch-Naturwissenschaftliche Reihe
Wld. Paper Trade Rev.*	World's Paper Trade Review
Wld. Petroleum*	World Petroleum
Wochbl. Papierf.	Wochenblatt für Papierfabrikation (bis 1943 und seit 1947)
Wschr. Brau.	Wochenschrift für Brauerei (bis 1944)
	Wright Air Development Center, Technical Report s. WADC (Wright Air Develop. Center) Tech. Rept.
Yale J. Biol. Med.*	Yale Journal of Biology and Medicine
	Yakugakuzasshi s. J. pharm. Soc. Japan
	Zeitschrift ... (russ.) s. a. Ž. ...
	Zeitschrift für Analytische Chemie s. Fr.
Z.	Zeitschrift für Chemie
Ž. anal. Chim.	Žurnal Analitičeskoj Chimii
Z. ang. Ch.	Zeitschrift für Angewandte Chemie (bis 1931)
Z. angew. Entomol.*	Zeitschrift für Angewandte Entomologie, Berlin
Z. angew. Math. Mechan.*	Zeitschrift für Angewandte Mathematik und Mechanik
Z. angew. Math. Physik [Basel]*	Zeitschrift für Angewandte Mathematik und Physik [Basel]
Z. angew. Physik*	Zeitschrift für Angewandte Physik
Z. anorg. Ch.	Zeitschrift für Anorganische und Allgemeine Chemie (1943–1950 Zeitschrift für Anorganische Chemie)
Zavod. Labor.	Zavodskaja Laboratorija (russ.). Betriebslaboratorium
Z. Biol.	Zeitschrift für Biologie. München
Zbl. Arbeitsmed. Arbeitsschutz*	Zentralblatt für Arbeitsmedizin und Arbeitsschutz (seit 1951)
Zbl. Bakt. Parasitenk.	Zentralblatt für Bakteriologie, Parasitenkunde und Infektionskrankheiten (seit 1947 Zentralblatt für Bakteriologie, Parasitenkunde, Infektionskrankheiten und Hygiene)
Zbl. Gewerbehyg.	Zentralblatt für Gewerbehygiene und Unfallverhütung (bis 1943)
Zbl. Min.	Zentralblatt für Mineralogie, Geologie und Paläontologie
Z. Brauw.	Zeitschrift für das Gesamte Brauwesen (bis 1943)
	Zeitschrift für die Chemische Industrie s. Ž. chim. Promyšl.
Ž. chim. Promyšl.	Žurnal Chimičeskoj Promyšlennosti (russ.) (Zeitschrift für die Chemische Industrie, seit 1936)
Z. dtsch. Öl-Fettind.	Zeitschrift der Deutschen Öl- und Fettindustrie (bis 1926)
Ž. eksp. teor. Fiz.	[Fizičeskij Žurnal, Serija A] Žurnal Eksperimental'noj i Teoretičeskoj Fiziki (russ.). [Physikalisches Journal, Serie A]. Journal für Experimentelle und theoretische Physik.

Z. El. Ch.   Zeitschrift für Elektrochemie und Angewandte Physikalische
                                    Chemie (seit 1952 Zeitschrift für Elektrochemie, Berichte der
                                    Bunsengesellschaft für Physikalische Chemie)
Zellst. Pap.   Zellstoff und Papier (bis 1941)
Zement [Moskau]*   Zement (russ.) (bis 1939 und seit 1945). Moskau
Z. Erzbergbau Metallhüttenwes.*   Zeitschrift für Erzbergbau und Metallhüttenwesen (seit 1948)
Z. exp. Med.   Zeitschrift für die Gesamte Experimentelle Medizin
Z. exp. Path. Therap.   Zeitschrift für Experimentelle Pathologie und Therapie
Ž. fiz. Chim.   [Chimičeskij Žurnal, Serija B] Žurnal Fizičeskoj Chimii (russ.).
                                    Journal of Physical Chemistry
                                    engl. Übersetzung s. Russ. J. Phys. Chem. English Transl.
Z. ges. inn. Med. Grenzgebiete*   Zeitschrift für die Gesamte Innere Medizin und ihre Grenzgebiete
                                    Zeitschrift der Gesellschaft für Chemische Industrie (japan.) s.
                                    Kō. Kwa. Za.
                                    Zeitschrift der Gummi-Industrie (russ.) s. Ž. rezin. Promyšl.
Z. ges. Kälte-Ind.   Zeitschrift für die gesamte Kälte-Industrie (bis 1944)
Z. ges. Textil-Ind.°   Zeitschrift für die gesamte Textil-Industrie (bis 1936 und seit
                                    1952 mit Zusatz: vereinigt mit Klepzigs-Textilzeitschrift)
Zhur. Neorg. Khim.°   Zhurnal Neorganicheskoĭ Khimii (russ.). Journal of Inorganic
                                    Chemistry
Zh. Vses. Khim. Obshchestva   Zhurnal Vsesoyuznogo Khimicheskogo Obshchestva im. D. I.
   im. D. I. Mendeleeva°   Mendeleeva (Journal of the All-Union Chemical Society
                                    named for D. I. Mendeleev) (seit 1960)
Z. Hyg. Inf.-Kr.   Zeitschrift für Hygiene und Infektionskrankheiten
Z. Immunitätsf. Therap.   Zeitschrift für Immunitätsforschung und Experimentelle The-
                                    rapie
Z. Instrumentenkunde*   Zeitschrift für Instrumentenkunde (bis 1944)
Z. klin. Med.   Zeitschrift für Klinische Medizin
Z. kompr. flüss. Gase*   Zeitschrift für Komprimierte und Flüssige Gase (bis 1944)
Z. kompr. flüss. Gase Pressluft-   Zeitschrift für Komprimierte und Flüssige Gase sowie für die
   Ind.*   Pressluft-Industrie (1944)
Z. Kr.   Zeitschrift für Kristallographie, Kristallgeometrie, Kristall-
                                    physik, Kristallchemie
Z. Krebsf.   Zeitschrift für Krebsforschung
Z. Kr. Ref.   Zeitschrift für Kristallographie, Kristallgeometrie, Kristall-
                                    physik, Kristallchemie; Referatenteil
                                    Zeitschrift für Kristallographie, Mineralogie und Petrographie,
                                    Abt. B: Mineralogische und Petrographische Mitteilungen s.
                                    Min. petrogr. Mitt.
Z. Kr. Strukturber.   Zeitschrift für Kristallographie; Strukturbericht
Z. Lebensmittel-Unters. u.   Zeitschrift für Lebensmittel-Untersuchung und -Forschung (seit
   -Forsch.*   1943)
Z. med. Ch.   Zeitschrift für Medizinische Chemie (bis 1928)
Z. Metallkunde*   Zeitschrift für Metallkunde (bis 1944 und seit 1948)
Z. Naturf.   Zeitschrift für Naturforschung
Z. Naturwiss.   Zeitschrift für die Gesamte Naturwissenschaft (bis 1944)
Ž. obšč. Chim.   [Chimičeskij Žurnal, Serija A] Žurnal Obščej Chimii (russ.).
                                    Journal of General Chemistry
                                    engl. Übersetzung s. J. Gen. Chem. USSR (Eng. Transl.)
Z. Pflanzenernähr.   Zeitschrift für Pflanzenernährung, Düngung und Bodenkunde
                                    (bis 1936 und seit 1946)
Z. Phys.   Zeitschrift für Physik
                                    Zeitschrift für Physikalische Chemie s. Ph. Ch.
                                    Zeitschrift für Physiologische Chemie s. H.
Ž. prikl. Chim.   [Chimičeskij Žurnal, Serija B] Žurnal Prikladnoj Chimii (russ.).
                                    Journal of Applied Chemistry
                                    engl. Übersetzung s. J. Appl. Chem. USSR (English Transl.)
Ž. prikl. Fiz.   Žurnal Prikladnoj Fiziki (russ.). Journal of Applied Physics
Ž. rezin. Promyšl.   Žurnal Rezinovoj Promyšlennosti (russ.). Journal of the Rubber
                                    Industry (bis 1936)

Z. Schieß-Sprengstoffw.	Zeitschrift für das Gesamte Schieß- und Sprengstoffwesen (bis 1943)
Ž. tech. Fiz.	[Fizičeskij Žurnal, Serija B] Žurnal Techničeskoj Fiziki (russ.). [Physikalisches Journal, Serie B] Journal für Technische Physik
Z. tech. Phys.	Zeitschrift für Technische Physik (bis 1943)
	Zeitschrift für Technische Physik (russ.) s. Ž. tech. Fiz.
Z. Textilind.	Zeitschrift für die Gesamte Textilindustrie (bis 1936)
Z. Tierernähr.	Zeitschrift für Tierernährung und Futtermittelkunde (1938 bis 1944)
	Zeitschrift der Tschechoslowakischen Apothekerschaft s. Č. čsl. Lékárn.
Zucker-Beih.*	Zucker-Beihefte (Beilage zu „Zucker")
Z. Unters. Lebensm.	Zeitschrift für Untersuchung der Lebensmittel (1926–1943)
Z. Unters. Nahr.-Genußm.	Zeitschrift für Untersuchung der Nahrungs- und Genußmittel sowie der Gebrauchsgegenstände (bis 1925)
Z. Ver. dtsch. Ing.*	Zeitschrift des Vereins Deutscher Ingenieure
Z. Ver. dtsch. Ing., Beih. Verfahrenstechn.*	Zeitschrift des Vereins Deutscher Ingenieure. Beiheft Verfahrenstechnik (bis 1944)
Z. Verein dtsch. Zuckerind.	Zeitschrift des Vereins der Deutschen Zuckerindustrie (bis 1934)
Z. Vitaminf.	Zeitschrift für Vitaminforschung. Bern (bis 1946)
Z. Vitamin-, Hormon- u. Fermentforsch. [Wien]*	Zeitschrift für Vitamin-, Hormon- und Fermentforschung [Wien] (seit 1947)
Z. Wirtschaftsgr. Zuckerind.	Zeitschrift der Wirtschaftsgruppe Zuckerindustrie (1935–1944)
Z. wiss. Mikr.	Zeitschrift für Wissenschaftliche Mikroskopie und für Mikroskopische Technik
Z. wiss. Phot.	Zeitschrift für Wissenschaftliche Photographie, Photophysik und Photochemie
Zymol. Chim. Colloidi*	Zymologica e Chimica dei Colloidi (bis 1939)
Z. Zuckerind.*	Zeitschrift für die Zuckerindustrie (seit 1951)
Z. Zuckerind. Böhm.	Zeitschrift für Zuckerindustrie in Böhmen und Mähren (1940–1944)
Z. Zuckerind. Čsl.	Zeitschrift für die Zuckerindustrie der Čechoslovakischen Republik (bis 1939)
	Žurnal . . . (russ.) s. Ž. . . .
	Zwetnyje Metally (russ.) s. Nichteisenmetalle
Ж.	Žurnal Russkogo Fiziko-chimičeskogo Obščestva. Čast' Chimičeskaja (russ.). Journal der Russischen Physikalisch-Chemischen Gesellschaft. Chemischer Teil (bis 1930)

Abkürzungen
für den Text der präparativen Vorschriften und der Fußnoten[1]

Abb.	Abbildung
absol.	absolut
äther.	ätherisch
AG.	Aktiengesellschaft
AGFA	Aktiengesellschaft für Anilinfarbenfabrikation, Berlin (ab 1925 mit der I. G. Farb. verschmolzen)
alkal.	alkalisch
Amp.	Ampere
Anm.	Anmerkung
Anm.	Anmeldung (nur in Verbindung mit der Patentzugehörigkeit)
API	American Petroleum Institute
ASTM	American Society for Testing Materials
asymm.	asymmetrisch
at	technische Atmosphäre
At.-Gew.	Atomgewicht
atm	physikalische Atmosphäre
atü	Atmosphärenüberdruck
BASF	Badische Anilin- und Sodafabrik AG., Ludwigshafen/Rhein (bis 1925 und wieder ab 1953)
Bataafsche (Shell) Shell Develop.	N. V. Bataafsche Petroleum Mij., s'Gravenhage (Holland) Shell Development Co., San Francisco, Corporation of Delaware
ber.	berechnet
bez.	bezogen
bzw.	beziehungsweise
ca.	circa
cal	Calorien
CIBA	Chemische Industrie Basel, AG.
cm³	Kubikzentimeter
cycl.	cyclisch
D	Dichte
D_4^{20}	Dichte bei 20° bezogen auf Wasser von 4°
DAB	Deutsches Arznei-Buch
Degussa	Deutsche Gold- und Silberscheideanstalt vormals Roessler AG., Frankfurt a. M.
d. h.	das heißt
DK	Dielektrizitäts-Konstante
d. Th.	der Theorie
DuPont	E. I. DuPont de Nemours & Co., Wilmington 98 (USA)
E	Erstarrungspunkt
EMK	Elektromotorische Kraft
F	Schmelzpunkt
Farbf. Bayer	Farbenfabriken Bayer AG., vormals Friedrich Bayer & Co., Leverkusen-Elberfeld (bis 1925) Farbenfabriken Bayer AG., Leverkusen, Elberfeld, Dormagen und Uerdingen (ab 1953)

---

[1] In dem vorliegenden Bande beziehen sich alle Temperaturangaben auf Grad Celsius, falls nicht ausdrücklich anders vermerkt.

Farbw. Hoechst	Farbwerke Hoechst AG., vormals Meister Lucius & Brüning, Frankfurt/M.-Höchst (bis 1925 und wieder ab 1953)
g	Gramm
gem.	geminal
ges.	gesättigt
Gew., Gew.-%, Gew.-Tl.	Gewicht, Gewichtsprozent, Gewichtsteil
I.C.I.	Imperial Chemical Industries Ltd., Manchester 9
I. G. Farb.	I. G. Farbenindustrie AG., Frankfurt a.M. (1925–1945)
IUPAC	International Union of Pure and Applied Chemistry
i. Vak.	im Vakuum
k (k_s, k_b)	elektrolytische Dissoziationskonstanten, bei Ampholyten, Dissoziationskonstanten nach der klassischen Theorie
K (K_s, K_b)	elektrolytische Dissoziationskonstanten von Ampholyten nach der Zwitterionentheorie
kcal	Kilocalorie
kg	Kilogramm
KG.	Kommanditgesellschaft
konz.	konzentriert
korr.	korrigiert
Kp	Siedepunkt
Kp_{750}	Siedepunkt unter 750 Torr Druck
kW, kWh	Kilowatt, Kilowattstunde
l	Liter
m- (als Stellungsbezeichnung)	meta
m (als Konzentrationsangabe)	molar
M	Metall (in Formeln)
$[M]_\lambda^t$	molekulares Drehungsvermögen oder Molekularrotation
mg	Milligramm
Min.	Minute
Mitarbb.	Mitarbeiter
Mol.-Gew., Mol.-%, Mol.-Refr.	Molekulargewicht, Molprozent, Molekularrefraktion
n_λ^t	Brechungsindex
n (als Konzentrationsabgabe) n- (als Strukturbezeichnung)	normal
o-	ortho
opt.-akt.	optisch-aktiv
p-	para
P_H	negativer, dekadischer Logarithmus der Wasserstoffionen-Aktivität
prim.	primär
Prior.	Priorität
Priv.-Mitt.	Privatmitteilung
quart.	quartär
racem.	racemisch
s.	siehe
S.	Seite
s. a.	siehe auch
sek.	sekundär
Sek.	Sekunde
s. o.	siehe oben
spez.	spezifisch
Stde., Stdn.	Stunde, Stunden
stdg.	stündig
s. u.	siehe unten
Subl. p.	Sublimationspunkt
symm.	symmetrisch
Tab.	Tabelle
techn.	technisch
Temp.	Temperatur
tert.	tertiär

theor.	theoretisch
Tl., Tle., Tln.	Teil, Teile, Teilen
u. a.	und andere
u. dgl.	und dergleichen
unges.	ungesättigt
usw.	und so weiter
u. U.	unter Umständen
V	Volt
VDE	Verein Deutscher Elektroingenieure
VDI	Verein Deutscher Ingenieure
verd.	verdünnt
vgl.	vergleiche
vic.	vicinal
Vol., Vol.-%, Vol.-Tl.	Volumen, Volumenprozent, Volumenteil
W	Watt
wäßr.	wäßrig
Zers.	Zersetzung
Zers.p.	Zersetzungspunkt
∇	Erhitzung
$[\alpha]_\lambda^t$	spezifische Drehung
$\varnothing$	Durchmesser

Methoden
zur Herstellung und Umwandlung
makromolekularer Stoffe[1]

Teil 2

bearbeitet von

Dr. habil. Richard Wegler

Dr. Heinz Herlinger · Dr. Martin Hoffmann · Dr. Erich Istel

Dr. Heinrich Krimm · Dr. Erwin Müller · Dr. Heinrich Rinke

Dr. Robert Schmitz-Josten · Dr. Paul Schneider · Dr. Georg Spielberger

Farbenfabriken Bayer AG. Leverkusen, Dormagen und Uerdingen

Prof. Dr. Elfriede Husemann

Dipl.-Chem. Rudolf Werner

Institut für makromolekulare Chemie der Universität Freiburg/Brsg.

Prof. Dr. Werner Kern

Priv.-Doz. Dr. Rolf C. Schulz

Organisch-chemisches Institut der Universität Mainz

Mit 22 Abbildungen und 55 Tabellen

---

[1] Literatur berücksichtigt bis Anfang 1961, teilweise bis 1962.

Inhalt

A_2. Methoden zur Herstellung makromolekularer Stoffe durch Polykondensation und Polyaddition sowie durch Polymerisation
von cyclischen Monomeren mit Heteroatomen als Ringglieder . . . 1

I. Polycarbonsäureester (E. Müller) 1

a) Allgemeine Methoden zur Herstellung von Polyestern durch 2
   1. Schmelzkondensation 2
   2. azeotrope Kondensation 2
   3. Lösungskondensation 3
   4. kontinuierliche Dünnschichtveresterung 4

b) Herstellung von linearen Polyestern 4
   1. gesättigte Polyester 4
      α) aus einer Komponente 4
      β) aus zwei Komponenten 12
      γ) aus mehr als zwei Komponenten 21
      δ) mit artfremden, eingebauten Gruppen 23
      ε) Eigenschaften und Verwendung 24
   2. ungesättigte Polyester 30
      α) aus zwei Komponenten 30
      β) aus mehr als zwei Komponenten 34
      γ) Eigenschaften und Verwendung 34

c) Herstellung von verzweigten Polyestern 40
   1. gesättigte verzweigte Polyester 40
   2. ungesättigte verzweigte Polyester 41

d) Herstellung von verzweigten Polyestern unter Mitverwendung von ungesättigten
Monocarbonsäuren, insbesondere Fettsäuren und deren Derivaten 42
   1. durch das Einstufen- und Zweistufenverfahren 43
   2. Eigenschaften und Verwendung von verzweigten Polyestern 44

e) Bibliographie 46

II. Polycarbonate (H. Krimm) 48

a) Herstellung von Polycarbonaten 48
   1. durch Umesterung 48
      α) von Dialkyl- bzw. Diarylcarbonaten mit Dihydroxyverbindungen . . . 49
      β) von Bis-alkyl- bzw. -arylcarbonaten von Dihydroxyverbindungen mit Di-
hydroxyverbindungen 50
      γ) von Bis-alkyl- bzw. -arylcarbonaten von Dihydroxyverbindungen mit sich
selbst oder anderen Bis-alkyl- bzw. -arylcarbonaten von Dihydroxyverbindungen 51
      δ) vcn Bis-monocarbonsäureestern von Dihydroxyverbindungen mit Dialkyl-
bzw. Diarylcarbonaten 51

2. durch Phosgenierung 52

   α) ohne Isolierung von Zwischenprodukten 52

     α_1) in wäßrig-alkalischer Lösung 52

     α_2) in wasserfreiem Medium 53

   β) unter Isolierung der Bis-chlorameisensäureester von Dihydroxyverbindungen als Zwischenprodukte 53

3. durch Umsetzung von Dihydroxyverbindungen mit N,N′-Carbonyl-diimidazol 54

4. durch Polymerisation cyclischer Carbonate 54

b) Eigenschaften der Polycarbonate 55

III. Polyurethane (E. MÜLLER) 57

a) Herstellung durch Polyaddition 57

  1. Grundlagen des Verfahrens 57

  2. Herstellung von Isocyanat-Abspaltern und nicht flüchtigen Polyisocyanaten 61

  3. Herstellung von linearen Polyurethanen 71

  4. Herstellung von verzweigten oder vernetzten Polyurethanen 75

    α) Allgemeines 75

    β) Preßmassen 76

    γ) Lacke 77

    δ) Kautschukelastische Stoffe 79

    ε) Schaumstoffe 88

    ζ) Kleb- und Beschichtungsstoffe 92

  5. Herstellung von Urethangruppen enthaltenden makromolekularen Stoffen verschiedenster Art 94

b) Herstellung durch Polykondensation 95

c) Bibliographie 98

IV. Polyamide (H. RINKE u. E. ISTEL) 99

a) Herstellung durch Polykondensation von Aminocarbonsäuren 100

  1. Polyamide aus ω-Amino-carbonsäuren 105

  2. Polyamide aus funktionellen Derivaten der Aminocarbonsäuren 109

b) Herstellung durch Polymerisation von Lactamen 111

  1. Polymerisation von Lactamen mit weniger als 7 Ringgliedern 117

  2. Polymerisation von ε-Caprolactam 119

    α) Diskontinuierliche Polymerisation in Gegenwart von Wasser- bzw. Kettenabbrechern 119

    β) Kontinuierliche Polymerisation 125

    γ) Schnellpolymerisation in Gegenwart von Alkali unter Wasserausschluß . 127

  3. Polymerisation von Lactamen mit mehr als 7 Ringgliedern 130

  4. Polymerisation von Thiolactamen 131

  5. Polymere aus Anhydriden von N-Carboxy-α-amino-carbonsäuren 131

c) Herstellung durch Polykondensation von Dicarbonsäuren mit Diaminen oder deren funktionellen Derivaten 134

  1. Polyamide aus aliphatischen Dicarbonsäuren und Diaminen 135

  2. Polyamide aus funktionellen Derivaten von Dicarbonsäuren und Diaminen . 138

    α) aus Dicarbonsäureestern 138

    β) aus Bis-carbonsäurechloriden 139

γ) aus Dinitrilen 141
δ) aus Diisocyanaten 143
ε) aus acylierten Diaminen 144
3. Polyamide aus cycloaliphatischen Komponenten 144
4. Polyamide aus aromatischen Komponenten. 145
5. Polyamide aus disekundären Diaminen 147
6. Polyamide mit O- bzw. S-Heteroatomen 148
7. Polyamide mit N-Heteroatomen 150
8. Polyamide mit seitenständigen Gruppen 151
9. Mischpolyamide. 153
10. Lineare, verzweigt-kettige Polyamide 155
11. Vernetzte Polyamide 156
12. Mischpolykondensate, die neben Amidgruppen noch Ester- oder Urethangruppen enthalten. 157
13. Umsetzungen am Amidstickstoff von Polyamiden 158
α) mit Formaldehydderivaten 158
β) mit Isocyanaten 160
γ) mit Äthylenoxyd bzw. Styroloxyd 161

d) Methoden zur Herstellung von polyamidähnlichen Verbindungen 161
1. Methylen-polyamide. 161
2. Polyimide 162
3. Polyharnstoffe 165
4. Polythioharnstoffe 171
5. Polyurethane 172
6. Polyhydrazide und Poly-aminotriazole 172
7. Sulfonamid-polyamide und Polysulfonamide 175

e) Hinweise zum Abbau und zur Stabilisierung von Polyamiden 177

f) Physikalische und chemische Charakterisierung (Analytik) der Polyamide. . . 179
1. Verhalten gegen Lösungsmittel 179
2. Bestimmung der Lösungsviscosität 180
3. Bestimmung der Schmelzviscosität 182
4. Molekulargewichtsbestimmung 184
5. Molekulargewichtsverteilung 186
6. Endgruppenbestimmung 187
7. Hinweise auf das Verformen von Polyamiden 190

g) Bibliographie 191

V. Polyadditions- bzw. Polykondensationsprodukte von Carbonyl- und Thiocarbonylverbindungen 193

a) mit Phenolen (R. WEGLER u. H. HERLINGER) 193
1. Einteilung der Phenolharze 193
2. Sauer katalysierte Kondensation von Phenolen mit Carbonylverbindungen zu definierten, einheitlichen Verbindungen (Modellreaktionen) 195
α) mit Ketonen. 195
β) mit Aldehyden 197

3. Herstellung von Novolaken 201

  α) Novolake aus Phenolen mit Formaldehyd durch sauer katalysierte Kondensation 201

    α₁) Synthese von Novolak-Modellen 201

    α₂) Reaktionsmechanismus und Kinetik der sauer katalysierten Novolak-
    bildung 203

    α₃) Praktische Herstellung der Novolake 206

  β) Herstellung von speziellen Novolaken 209

    β₁) durch Kondensation von Phenolen mit Acetaldehyd, Acetylen und
    Vinyläthern 209

    β₂) durch Kondensation von Phenolen mit Furfurol 212

4. Härtung von Novolaken 213

5. Herstellung von Resolen 220

  α) Reaktionsmechanismus der Resolbildung 220

  β) Struktur und Reaktivität der Ausgangsphenole 221

  γ) Herstellung einkerniger Hydroxymethylphenole 223

  δ) Herstellung mehrkerniger Hydroxymethylphenole (Resole) 228

6. Umwandlung von Resolen 230

  α) Allgemeines über die Reaktionsmöglichkeiten der Hydroxymethylphenole 230

    α₁) sauer katalysierte Reaktionen 230

    α₂) basisch katalysierte Reaktionen 231

    α₃) „nichtkatalysierte" Reaktionen 231

  β) Veresterung mit Mineralsäuren 235

  γ) Sauer katalysierte Selbstkondensation der Resole 235

  δ) Säurehärtung der Resole 236

  ε) Verätherung, Plastifizierung und Elastifizierung von Resolen 240

    ε₁) Plastifizierung durch Verätherung an der Hydroxymethylgruppierung 240

    ε₂) Plastifizierung durch Veresterung an der Hydroxymethylgruppierung 242

    ε₃) Elastifizierung durch Verwendung von Phenolen mit elastischen
    Zwischengliedern 243

    ε₄) Verätherung von Phenolharzen an der phenolischen Hydroxygruppe 244

  ζ) Stickstoffhaltige Resole 247

  η) Basisch katalysierte Selbstkondensation der Hydroxymethylphenole . . 251

    η₁) Modellreaktionen 251

    η₂) Basisch katalysierte Novolakbildung 253

  ϑ) Thermische Selbstkondensation der Hydroxylmethylphenole (Eigenhärtung der Resole) 255

  ι) Umwandlung von Resolen mit ungesättigten Verbindungen 257

    ι₁) Allgemeines über die Reaktion der Resole mit ungesättigten Verbin-
    dungen 257

    ι₂) mit kautschukähnlichen Produkten 258

    ι₃) mit ungesättigten Ölen 259

    ι₄) mit ungesättigten Naturharzen 262

7. Phenolharze für spezielle Verwendungszwecke 263

  α) Gerbstoffe 263

  β) Ionenaustauscher 266

  γ) Elektronenaustauscher 272

8. Praktische Durchführung der Reaktionen 272

9. Bibliographie 291

b) mit aromatischen Aminen (R. Wegler) 292

   1. Kondensation von Anilin mit Formaldehyd 293

      α) in alkalischer, neutraler oder schwach saurer Lösung in der Kälte . . . 293

      β) in stärker saurer Lösung 293

      γ) in stark saurer Lösung in der Wärme 294

      δ) Kondensation unter Anwendung eines größeren Formaldehyd-Überschusses 296

      ε) Sonderfälle der Anilin-Formaldehyd-Kondensation 297

      ζ) Härtung der Anilin-Formaldehyd-Harze 298

   2. Kondensation von im Kern substituierten Arylaminen mit Formaldehyd . . 298

   3. Kondensation von am Stickstoff substituierten Arylaminen mit Formaldehyd 299

   4. Kondensation mit anderen Carbonylverbindungen als Formaldehyd 299

   5. Kondensation von Diaminen mit Carbonylverbindungen 299

   6. Praktische Durchführung der Kondensationen 300

c) mit Phenoläthern und aromatischen Kohlenwasserstoffen (R. Wegler) 302

   1. Herstellung der Kondensationsprodukte 302

   2. Abwandlung der Kondensationsprodukte 306

      α) Härtbarkeit 306

      β) Nachkondensation mit Phenolen und aromatischen Kohlenwasserstoffen sowie Mischkondensation von aromatischen Kohlenwasserstoffen mit Alkylphenolen 308

      γ) Nachkondensation und direkte Kondensation mit Sulfonsäureamiden und Ketonen 310

      δ) Nachkondensation und direkte Kondensation mit Alkoholen 310

      ε) Nachkondensation und direkte Kondensation mit Carbonsäuren 311

      ζ) Nachkondensation mit ungesättigten Verbindungen 312

      η) Nachkondensation mit gesättigten Carbonsäureestern 313

   3. Praktische Durchführung der Kondensationen 313

d) mit Harnstoffen, Melaminen, Urethanen, Carbonsäureamiden, Dicyandiamid, Guanidin, Sulfurylamid, Sulfonsäureamiden, Nitrilen, Ammoniak, aliphatischen Aminen und Phosphin (R. Wegler) 319

   1. Allgemeine Übersicht 319

   2. Polykondensationsprodukte des Harnstoffs mit Carbonylverbindungen . . . 320

      α) Allgemeines 320

      β) Umsetzung von Harnstoff mit Formaldehyd in saurer Lösung 321

      γ) Umsetzung von Harnstoff mit Formaldehyd in alkalischer Lösung . . . 329

      δ) Weiterkondensation reaktiver Harnstoff-Formaldehyd-Harze (Härtung) . 332

      ε) Abwandlung reaktionsfähiger Harnstoff-Formaldehyd-Harze 334

         ε_1) Verätherung mit niedermolekularen Alkoholen 334

         ε_2) Verätherung und Veresterung mit höhermolekularen Verbindungen . . 337

      ζ) Substituierte Harnstoff- und Thioharnstoff-Formaldehyd-Harze 338

      η) Kondensation von Formaldehyd mit Diharnstoffen 340

      ϑ) Kondensation von Harnstoffen mit anderen Carbonylverbindungen als Formaldehyd 341

      ι) Kondensation von Harnstoff mit Aldehyden und anderen kondensationsfähigen Verbindungen 342

         ι_1) Einkondensation von basischen Verbindungen 342

         ι_2) Einkondensation von sauren Verbindungen 344

         ι_3) Einkondensation von nicht ionogenen Verbindungen 345

      $\varkappa$) Praktische Durchführung der Kondensationen 346

3. Polyadditions- und Polykondensationsprodukte des Melamins sowie anderer
Aminoheterocyclen mit Aldehyden   357

   α) Allgemeines   357
   β) Umsetzung des Melamins mit Formaldehyd in alkalischer Lösung   358
   γ) Umsetzung des Melamins mit Formaldehyd in saurer Lösung   359
   δ) Weiterkondensation reaktiver Melamin-Formaldehyd-Harze (Härtung) .   360
   ε) Abwandlung reaktiver Melamin-Formaldehyd-Harze (Verätherung und
      Veresterung)   361
   ζ) Kondensation des Melamins mit anderen Aldehyden als Formaldehyd . .   363
   η) Kondensation des Melamins mit Aldehyden und anderen kondensations-
      fähigen Verbindungen   363
   ϑ) Kondensation von anderen Aminoheterocyclen mit Aldehyden   364
   ι) Praktische Durchführung der Kondensationen   365

4. Polyadditions- und Polykondensationsprodukte von Urethanen und Carbonsäureamiden mit Aldehyden   371

   α) Umsetzung von Carbonsäureamiden mit Formaldehyd   371
   β) Umsetzung von Urethanen mit Formaldehyd   373
   γ) Abwandlungen von Methylol-säureamiden oder -urethanen.   374
   δ) Kondensation mit anderen Aldehyden als Formaldehyd   376
   ε) Praktische Durchführung der Kondensationen   377

5. Polyadditions- und Polykondensationsprodukte des Dicyandiamids und Guanidins mit Aldehyden   382

   α) Allgemeines   382
   β) Kondensation in alkalischer, neutraler oder schwach saurer Lösung . . .   382
   γ) Kondensation in stark saurer Lösung   384
   δ) Kondensation mit Aldehyden und anderen kondensationsfähigen Ver-
      bindungen.   384
   ε) Praktische Durchführung der Kondensationen   385

6. Polyadditions- und Polykondensationsprodukte der Sulfonsäureamide und
des Sulfurylamids mit Aldehyden   388

   α) Kondensationsprodukte der Sulfonsäureamide   388
      α₁) durch Umsetzung in alkalischer Lösung   389
      α₂) durch Umsetzung in saurer Lösung   389
   β) Kondensationsprodukte des Sulfurylamids   390
   γ) Praktische Durchführung der Kondensationen   390

7. Polyadditions- und Polykondensationsprodukte von Nitrilen mit Aldehyden.   391

8. Polyadditions- und Polykondensationsprodukte von Ammoniak und aliphatischen Aminen mit Carbonylverbindungen   394

9. Umsetzungsprodukte von Phosphin mit Formaldehyd   400

10. Bibliographie   402

e) mit Carbonyl- und Thiocarbonylverbindungen oder mit anderen Verbindungen, die aktive Methylengruppen enthalten (R. WEGLER)   403

   1. Polyadditionsprodukte   403
      α) Zuckerbildung aus Formaldehyd   403
      β) Polymere Aldehyde und Ketone (Polyoxymethylene und ähnliche Verbin-
         dungen)   403
      γ) Polymere Thioaldehyde (Polythiomethylene und ähnliche Verbindungen).   410
      δ) Praktische Durchführung der Polyadditionen   412

   2. Polykondensationsprodukte   413
      α) Allgemeines   413
      β) Polykondensationsprodukte von Aldehyden mit Aldehyden   415

γ) Polykondensationsprodukte von Aldehyden mit Ketonen oder anderen Verbindungen mit aktiven Methylengruppen 416

γ_1) alkalische Kondensation 416

γ_2) saure Kondensation 420

δ) Polykondensationsprodukte von Ketonen mit Ketonen 421

ε) Praktische Durchführung der Kondensationen 421

VI. Polymerisations- und Polyadditionsprodukte von cyclischen Monomeren mit Heteroatomen als Ringglieder (R. WEGLER) 425

a) mit Sauerstoff als Ringglied 425

1. Allgemeine Übersicht 425

2. Polymerisation und Polyaddition von Monoepoxyden, die außer der Epoxydgruppe keine weitere reaktionsfähige Gruppe enthalten 426

α) Polymerisation 427

β) Polyaddition an 436

β_1) Alkohole und Phenole 436

β_2) Amine 440

β_3) Carbonsäuren und Carbonsäureanhydride 444

β_4) Carbonsäure- und Sulfonsäureamide 446

γ) Copolymerisation von Monoepoxyden mit Schwefeldioxyd oder Olefinen 446

δ) Praktische Durchführung der Polymerisationen bzw. Polyadditionen . . 447

3. Polyaddition und Polymerisation von Monoepoxyden, die außer der Epoxydgruppe noch eine weitere reaktionsfähige Gruppe enthalten 454

α) Höhermolekulare Produkte aus ungesättigten Monoepoxyden 454

β) Höhermolekulare Produkte aus Epichlorhydrin 454

β_1) durch primäre Polymerisation bzw. Polyaddition der Epoxydgruppe . 454

β_2) durch Substitution des Chlors unter Bildung von Polyepoxyden . . 454

β_3) unter Addition der Epoxydgruppe und Substitution des Chlors . . 454

$\alpha\alpha$) Umsetzung von Ammoniak, primären und sekundären aliphatischen Aminen mit Epichlorhydrin 455

$\beta\beta$) Umsetzung von aliphatischen Aminhydrochloriden und tertiären Aminen mit Epichlorhydrin 459

$\gamma\gamma$) Umsetzung von aromatischen Aminen mit Epichlorhydrin . . . 460

γ) Praktische Durchführung der Polyadditionen 460

4. Polyepoxyde (Epoxydharze) (unter Mitarbeit von R. SCHMITZ-JOSTEN) . . 462

α) Allgemeine Übersicht 462

β) Darstellung von Epoxydharzen 468

β_1) aus Polyphenolen und Epihalogenhydrinen 468

β_2) aus Polyalkoholen und Epihalogenhydrinen 475

β_3) aus Aminen und Epihalogenhydrinen 477

β_4) aus schwefelhaltigen Verbindungen und Epihalogenhydrinen 479

β_5) aus Polycarbonsäuren und Epihalogenhydrinen 480

β_6) aus Polyisocyanaten und Glycid 481

β_7) aus Carbonylverbindungen durch Kondensationsreaktionen 481

β_8) aus ungesättigten Verbindungen durch Epoxydierung 481

$\alpha\alpha$) Methodik 481

$\beta\beta$) Epoxydierung von ungesättigten Säuren, Säureanhydriden und Estern 484

$\gamma\gamma$) Epoxydierung von ungesättigten Aldehyden, Ketonen und deren Derivaten 489

$\delta\delta$) Epoxydierung von ungesättigten Äthern 490

$\varepsilon\varepsilon$) Epoxydierung von ungesättigten Amiden, Imiden und Hydraziden 491

$\zeta\zeta$) Epoxydierung von ungesättigten Kohlenwasserstoffen 492

β_9) aus ungesättigten Verbindungen über die Chlorhydrine 494

β_{10}) aus ungesättigten Monoepoxyden durch Polymerisation 495

β_{11}) aus Triazinderivaten und anderen heterocyclischen Verbindungen . . 497
β_{12}) Darstellung von halogen-, phosphor-, silicium-, titan- und zinnhaltigen
   Epoxydharzen 497
γ) Härtung von Epoxydharzen 499
   γ_1) Allgemeines 499
   γ_2) Härtung mit Polyphenolen, -thiolen und -alkoholen 503
   γ_3) Härtung mit Polycarbonsäuren 507
   γ_4) Härtung mit cyclischen Dicarbonsäureanhydriden 510
   γ_5) Härtung mit Aminen 516
   γ_6) Härtung mit basischen Polyamiden, Imidazolinen und Amiden . . . 523
   γ_7) Härtung mit phosphorhaltigen Verbindungen 528
   γ_8) Sonstige Härtungsmethoden 528
δ) Kombination von Epoxydharzen mit reaktiven Phenol-, Melamin- und
   Harnstoff-Formaldehyd-Harzen 532
ε) Kombination von Epoxydharzen mit Polyisocyanaten 534
ζ) Kombination von Epoxydharzen mit Naturharzsäuren und ungesättigten
   Carbonsäuren zu löslichen Lackharzen 535
η) Praktische Durchführung der Reaktionen 538
5. Polymerisation von höhergliedrigen sauerstoffhaltigen Ringsystemen 553
   α) Polymerisation des Trimethylenoxyds und seiner Derivate 553
   β) Polymerisation des Tetrahydrofurans und seiner Derivate 556
   γ) Polymerisation von cyclischen Acetalen 561
   δ) Polymerisation von Lactonen 563
   ε) Praktische Durchführung der Polymerisationen 563
6. Bibliographie 567

b) mit Schwefel als Ringglied 568

c) mit Stickstoff als Ringglied 568

1. Polymerisationsprodukte des Äthylenimins und seiner Substitutionsprodukte 568
2. Polymerisationsprodukte der höhergliedrigen cyclischen Amine (1,3-Alkylen-
   imine usw.) 575
3. Polymerisationsprodukte der Oxazolidine und Oxazolidone 575
4. Polymerisationsprodukte der Lactame 576
5. Praktische Durchführung der Polymerisationen 577

VII. Weitere Polyadditions- bzw. Polykondensationsprodukte 580

a) Polyäther und Polyacetale verschiedener Art, einschließlich ihrer
   Schwefelanalogen (R. WEGLER) 580

1. Vorbemerkungen 580
2. Polyäther und Polythioäther 580
3. Polyacetale und Polymercaptale 583
4. Praktische Durchführung der Polykondensationen bzw. Polyadditionen . . 586

b) Basische Polykondensationsprodukte verschiedener Art (R. WEGLER) . 587

c) Hochmolekulare aliphatische Polysulfide (Thioplaste) (G. SPIELBERGER) 591

1. aus aliphatischen Dihalogenverbindungen und ähnlich reagierenden Verbindungen mit Metallpolysulfiden 591
   α) Herstellung hochmolekularer Polysulfide 591
   β) Herstellung niedermolekularer Polysulfide 594
2. durch Polymerisation von cyclischen Polysulfiden 596
3. Vernetzung (Vulkanisation) der Thioplaste 597
4. Verschiedene höhermolekulare Produkte mit Sulfid- bzw. Polysulfidgruppen 598

d) Kondensation aromatischer Verbindungen unter Einbau von Schwefel zu öligen bzw. harzartigen Produkten (R. WEGLER) 600

   1. Vorbemerkungen 600

   2. Schwefelungsprodukte von Phenolen und ihre Abwandlung 601

   3. Schwefelungsprodukte aromatischer Basen 604

   4. Schwefelungsprodukte aromatischer Kohlenwasserstoffe 604

   5. Praktische Durchführung der Schwefelungsreaktionen 605

e) Polykondensationsprodukte aus Halogenalkyl- und Halogenacylverbindungen durch Friedel-Craftssche Reaktionen (R. WEGLER) 607

   1. Kondensationsprodukte aus Halogenmethylaromaten (Benzylhalogenidharze) 607

   2. Kondensationsprodukte aus aliphatischen Di- oder Polyhalogenverbindungen und Aromaten 611

   3. Kondensationsprodukte aus Acylchloriden 612

   4. Praktische Durchführung der Kondensationen 612

f) Polyadditionsprodukte aus Verbindungen mit Kohlenstoff-Kohlenstoff-Doppelbindungen (R. WEGLER) 614

   1. Polyadditionsprodukte durch Anlagerung von Verbindungen mit beweglichem Wasserstoff an Kohlenstoff-Kohlenstoff-Doppelbindungen 614

   2. Hochmolekulare Produkte durch Polyaddition von Acrolein mit sich selbst . 619

   3. Höhermolekulare Produkte aus Olefinen und Schwefel oder schwefelabgebenden Verbindungen 619

   4. Praktische Durchführung der Reaktionen 621

g) Höhermolekulare Produkte durch dehydrierende Pyrolyse sowie andere Verfahren, welche zu gleichartigen Produkten führen (R. WEGLER) . . 623

h) Höhermolekulare Produkte durch Zersetzung von Diazoalkanen (R. WEGLER) 629

i) Polycarbonsäureanhydride (R. WEGLER) 631

k) Furanharze (R. WEGLER) 633

l) Makromolekulare siliciumorganische Verbindungen . . . . . s. Bd. XIII/2

m) Polysaccharide . . . . s. Bd. XV

n) Polypeptide . . . . s. Bd. XV

B. Methoden zur Umwandlung von natürlichen und synthetischen makromolekularen Stoffen unter Erhaltung der makromolekularen Struktur 637

   I. Allgemeine Hinweise (W. KERN u. R. C. SCHULZ) 637

      a) Einleitung 637

      b) Zweck chemischer Umsetzungen an makromolekularen Stoffen 639

         1. Polymeranaloge Umsetzungen als Beweis für die makromolekulare Struktur 639

         2. Strukturaufklärung natürlicher und synthetischer makromolekularer Stoffe 640

         3. Quantitative Bestimmung der Grundbausteine und die Analyse makromolekularer Stoffe 641

4. Abwandlung bekannter und Synthese neuer makromolekularer Stoffe . . . 642

5. Synthese von Austauscherharzen 643

c) Die makromolekularen Reaktionspartner 644

d) Besonderheiten bei Umsetzungen mit Polymeren 645

1. Nichtabtrennbarkeit der Nebenprodukte 646

2. Unvollständiger Umsatz aus sterischen oder aus statistischen Gründen . . 647

3. Wechselwirkung benachbarter Gruppen und Vernetzung 648

4. Fraktionierungsprobleme 649

e) Allgemeine Gesichtspunkte für die Wahl der Reaktionsbedingungen 651

1. Modellreaktionen 651

2. Lösungsmittel 652

3. Trennungs- und Reinigungsmethoden 655

4. Analytische Probleme bei der Umsatzbestimmung 657

II. Umwandlung von Polymerisaten (P. SCHNEIDER) 661

a) Einleitung 661

b) Einführung von Alkylgruppen in 662

1. Copolymerisate aus Äthylen und Kohlenmonoxyd 662

2. Polystyrol 662

c) Einführung von Acylgruppen in 663

1. Polystyrol 663

2. Copolymerisate des Styrols 665

d) Einführung von Chlormethylgruppen in 665

1. Polystyrol 665

2. Copolymerisate des Styrols 666

e) Einführung von Halogen 667

1. Fluorierung von Polyäthylen 667

2. Chlorierung von 667

α) Polymerisaten aus Monovinylverbindungen 667

$α_1$) Hochdruckpolyäthylen 667

$α_2$) Niederdruckpolyäthylen 669

$α_3$) Copolymerisate des Äthylens 671

$α_4$) Polypropylen 671

$α_5$) Polyisobutylen 672

$α_6$) Polystyrol 672

$α_7$) Polyvinylchlorid 673

β) Polymerisaten und Copolymerisaten aus konjugierten Dienen 675

$β_1$) Polybutadien und Copolymerisate des Butadiens 675

$β_2$) Polyisopren und Copolymerisate des Isoprens 677

γ) anderen Polymerisaten 679

3. Bromierung von 680

α) Polystyrol 680

β) Copolymerisaten aus Styrol und Fumarsäuredinitril 680

γ) Polyvinylacetophenon 680

δ) Copolymerisaten aus Isobutylen und Isopren 680

4. Jodierung von Polystyrol 682

f) Einführung von Sulfonsäuregruppen in 682

1. Polystyrol 682

2. Polyinden und Polycumaron 684

3. Copolymerisate des Styrols 685
4. Polymerisate aus konjugierten Dienen 686

g) Einführung von Sulfochloridgruppen in 686
1. Polyolefine 686
2. Polymerisate aus konjugierten Dienen 689

h) Einführung von Nitrogruppen in 689
1. Polystyrol 689
2. Copolymerisate des Styrols 690

i) Umwandlung durch Hydrierung und Reduktion 691
1. Hydrierung 691
   α) von Polystyrol 691
   β) von Polymerisaten aus konjugierten Dienen 691
2. Reduktion funktioneller Gruppen 693
   α) von Keto- und Aldehydgruppen 693
   β) von Nitrilgruppen 694
   γ) von Säurechlorid- und Estergruppen 694
   δ) von Amid- und Imidgruppen 695
   ε) von Oximen und Hydrazonen 695
   ζ) von Nitrogruppen 696
   η) von Sulfochloridgruppen 697

k) Umwandlung durch Verseifung, Acidolyse und Aminolyse 697
1. Verseifung von Polyvinylestern 697
   α) Spaltung durch Basen 698
   β) Spaltung durch Acidolyse 700
   γ) Verseifung von Copolymerisaten des Vinylacetats 703
2. Verseifung von Polyallylestern 703
3. Verseifung von Polyvinylencarbonat 705
4. Verseifung von Polyvinylhydrochinondiacetat 705
5. Verseifung von Polyacryl- und Polymethacrylsäureestern 705
   α) Spaltung durch Basen 705
   β) Spaltung durch Acidolyse 707
6. Verseifung und Aminolyse von Polyacrylsäure- und Polymethacrylsäurenitril 708
   α) Verseifung und Aminolyse durch Basen 708
   β) Verseifung von Polyacrylnitril durch Säuren 710
7. Verseifung von Polyacryl- und Polymethacrylamid durch 711
   α) Basen 711
   β) Säuren 712
8. Verseifung und Aminolyse von Polyacrylsäureanhydrid und Copolymerisaten
   des Maleinsäureanhydrids 713
   α) Verseifung durch Wasser 713
   β) Aminolyse durch Ammoniak oder Hydroxylamin 713
   γ) Aminolyse durch aliphatische Amine 714
9. Verseifung von cyclischen Poly-N-vinyl-imiden und Poly-N-vinyl-carbamaten 714

l) Umwandlung von Hydroxygruppen 716
1. Verätherung von 716
   α) Polyvinylalkohol 716
   β) Polyvinylphenol 717

2. Acetalisierung und Ketalisierung von Polyvinylalkohol 717

   α) Acetalisierung 717

   β) Ketalisierung 723

3. Veresterung von 723

   α) Polyvinylalkohol mit 723

      $α_1$) anorganischen Säuren oder deren Derivaten 723

      $α_2$) organischen Säuren oder deren Derivaten 725

   β) Polyallylalkohol 728

4. Lactonisierung von 728

   α) Copolymerisaten des Maleinsäureanhydrids 728

   β) anderen Copolymerisaten 729

5. Xanthogenierung von Hydroxygruppen enthaltenden Polymerisaten 729

6. Cyanäthylierung von Polyvinylalkohol und Polyketonen 729

7. Reaktion von Polyvinylalkohol mit Thioharnstoff zu Polythiuroniumverbindungen 730

m) Umwandlung der Aldehydgruppe im Polyacrolein und Polymethacrolein . . . 730

1. Oxydation 731

2. Addition von Natriumhydrogensulfit an Polyacroleine 731

3. Bildung von Cyanhydrinen 731

4. Disproportionierung der Aldehydgruppe 732

5. Acetalisierung und Mercaptalisierung von Polyacroleinen 732

6. Bildung von Oximen und Hydrazonen 733

n) Umwandlung der Ketogruppe 734

1. Bildung von Cyanhydrinen 734

2. Bildung von Oximen 734

3. Bildung von Aminen 735

4. Bildung von Hydantoinen 735

5. Cyclisierung von Poly-methylvinylketon 735

o) Umwandlung von Carbonsäure- oder Anhydridgruppen durch Veresterung . . 735

1. Veresterung von Polyacrylsäure, Polymethacrylsäure und deren Anhydriden 735

2. Veresterung von Copolymerisaten des Maleinsäureanhydrids 736

p) Umwandlung von Estergruppen 737

1. Umesterung von 737

   α) Polyvinylestern 737

   β) Polymethacrylsäureestern 738

2. Aminolyse 738

3. Bildung von Hydraziden aus Polyacryl- und Polymethacrylsäureestern . . . 739

4. Bildung von Hydroxamsäuren aus Polyacrylsäureestern 740

q) Umwandlung und Substitution der Amidgruppen im Polyacryl- und Polymeth-
acrylsäureamid 740

1. Hofmannscher Abbau 741

2. Bildung von N-Hydroxymethylverbindungen 742

3. Sulfomethylierung 743

4. Aminomethylierung 743

5. Hydrazidbildung aus Polyacrylsäureamid 744

Berichtigungen zu Band XIV, Teil 2

Seite 159   Zeile 12 von oben: lies „S. 280" statt „S. 380".

Fußnoten: lies „[1] DBP. 905 …   statt „[1] DBP. 905 …
[2] A.P. 2430 …   A.P. 2430 …
[3] T. L. CAIRNS …"   T. L. CAIRNS …"

Seite 220   Fußnoten: lies „[3] L. LEDERER …   statt „[3] L. LEDERER …
O. MANASSE …   [4] O. MANASSE …
[4] K. HULTZSCH …"   [5] K. HULTZSCH …"

Seite 240   Zeile 20 von oben: lies „4-Methyl-2,6-bis-[hydroxymethyl]-phenols" statt „5-Methyl-1,3-bis-[hydroxymethyl]-phenols"

Seite 246   1. Formelbild: lies „$\xrightarrow{(CH_3O)_2SO_2}$" statt „$\xrightarrow[-H_2O]{CH_2OH}$"

Seite 281   Beispiel 27, Zeile 12 von oben: lies „Hochstickstoffhaltige Phenolharze" statt „Harze".

Seite 286   Beispiel 40, Zeile 11 von oben: lies „Prozenten nicht umgesetzten Phenols" statt „Prozenten umgesetzten Phenols".

Seite 372   Zeile 8 von unten: lies „Produkte[9,12,13]" statt „Produkte[9,10]".
Zeile 6 von unten: lies „Methylolpolyamide[10,11]" statt „Methylolpolyamide[11]".

Seite 381   Beispiel 15, Zeile 3: lies „0 bis —10°" statt „0 bis 10°".

Seite 480   Fußnote 4, Zeile 2: „C. **1958**, 5815" ist zu streichen.

Seite 515   Zeile 12 von oben: lies „Styrol[12–15]" statt „Styrol[12–16]".

Seite 612   Formel II: lies „$\left[-\!\!\left\langle\!\!\bigcirc\!\!\right\rangle\!\!-\!\!\overset{N-N}{\underset{O}{\bigcirc}}-\right]_n$" statt „$\left[-\!\!\left\langle\!\!\bigcirc\!\!\right\rangle\!\!-\!\!\overset{N=N}{\underset{O}{\bigcirc}}-\right]_n$"

Seite 626   Zeile 1 und 2 von oben: lies „1,4-Dimethyl-naphthalin[1,2]" statt „1,4-Dimethyl-naphthalin[1]".

Seite 765   Zeile 1 und 2 von oben: lies „Dimethyl-chlor-arsin" statt „Trimethyl-chlor-arsin".

Seite 794   Spalte 3, Zeile 6 von unten: lies „Abstr. **55**, 25357[h] (1961)" statt „Abstr. **55**, 25357[h] (1956)".

Seite 926   Formel: lies „5,61" statt „56,1".

Seite 933   rechte Hälfte des oberen Formelbildes:

lies: „$\overset{-CH_2}{\underset{CH_3}{\diagdown}}C=C\overset{CH_2-}{\underset{H}{\diagup}}$" statt „$\overset{-CH_2}{\underset{CH_3}{\diagdown}}C=CH\overset{CH_2-}{\underset{H}{\diagup}}$"

Seite 936   Zeile 3 von oben: lies „verschlechtern[6]" statt „verschlechtern[3]".
Zeile 7 von oben: lies „Polymerisationsgefäß[3]" statt „Polymerisationsgefäß[4]".
Fußnote 6: lies „April, 69 (1961)" statt „69 (1961)".

Seite 945   Zeile 10 von oben: lies „aus der Konstitutionsformel folgenden Mengenverhältnisse" statt „Mengen".

Seite 970   Spalte 2, Zeile 32 von oben: lies „Scherung" statt „Sicherung".

Seite 1067 Spalte 2, Zeile 4 von oben: lies „Dehnung" statt „Drehung".

r) Umwandlung der Chlormethylgruppe 744
   1. Aminierung von 744
      α) chlormethyliertem Polystyrol 744
      β) chlormethylierten Copolymerisaten des Styrols 744
   2. andere Umsetzungen 745
s) Umwandlung von Säurechloridgruppen im 747
   1. Polyacryl- und Polymethacrylsäurechlorid 747
      α) Reaktion mit Alkoholen, Ammoniak, Aminen oder Hydroxylamin 747
      β) Reaktion mit Diazomethan sowie mit Natriumazid 748
   2. sulfochlorierten Polyäthylen und Polyisobutylen 748
      α) Reaktion mit Aminen in Gegenwart von Wasser 748
      β) Reaktion mit wasserfreien Aminen 749
   3. Polyvinylsulfonsäurechlorid 749
   4. Polystyrolsulfonsäurechlorid 749
t) Umwandlung in quartäre Ammoniumverbindungen von 750
   1. Poly-vinylalkyl- und Poly-vinylarylsulfonaten 750
   2. Copolymerisaten aus Acrylnitril und Vinylchloracetat 751
   3. chlormethyliertem Polystyrol 751
   4. Epoxygruppen enthaltenden Polymerisaten 753
   5. Polyacrylsäure- und Polymethacrylsäureestern 754
   6. Poly-alkylvinylketonen 754
   7. Polyvinylpyridin 755
u) Umwandlung anderer funktioneller Gruppen 756
   1. von Epoxygruppen 756
   2. von Isocyanatgruppen 758
   3. der Aminogruppe im Poly-aminostyrol 759
v) Spezielle Methoden zur Umwandlung 760
   1. Dehalogenierung von 760
      α) Polyvinylhalogeniden 760
      β) Poly-α-halogen-acrylsäureestern 761
      γ) Poly-trifluor-chlor-äthylen 761
   2. Dehydrohalogenierung von Polyvinylchlorid 762
   3. Bildung von Lactamen 762
   4. Metallierung 763
   5. Anlagerungsreaktionen an ungesättigte Polymerisate 765
      α) Anlagerung von Halogenwasserstoff 765
      β) Anlagerung von Schwefeldioxyd 766
      γ) Anlagerung von Dirhodan 767
      δ) Epoxydierung bzw. Hydroxylierung von ungesättigten Polymerisaten . . 768
      ε) Anlagerung von Thiolen 769
      ζ) Anlagerung von Anhydriden und Estern ungesättigter Dicarbonsäuren
        sowie Hexachlorcyclopentadien. 771
      η) Anlagerung von Bromalkanen 772
   6. Isomerisierung der Doppelbindungen 772
   7. Cyclisierung von ungesättigten Polymerisaten. 773
   8. Einige Umsetzungen von Polyolefinen 774
      α) Nitrosierung 774
      β) Nitrierung 774
      γ) Reaktion mit Phosphortrichlorid und Arylphosphindichloriden 775
      δ) Anlagerung von ungesättigten Dicarbonsäuren 775

9. Hinweise zur Herstellung vernetzter Makromoleküle 776

α) Vernetzung von Polymerisaten aus Monovinylverbindungen 777

α_1) Polyäthylen und seine Chlorierungs- und Sulfochlorierungsprodukte . 777

α_2) chloriertes und sulfochloriertes Polypropylen 780

α_3) Polyisobutylen 780

α_4) Copolymerisate des Äthylens 781

α_5) Polyvinylalkohol 783

α_6) Polyvinylchlorid 783

α_7) Polyacrylsäureester 786

α_8) Epoxygruppen enthaltende Polymerisate 787

α_9) andere Polymerisate 790

β) Vernetzung von Polymerisaten und Copolymerisaten aus Divinylverbindungen (Vulkanisation) 796

β_1) Polymerisate und Copolymerisate des Butadiens 797

$\alpha\alpha$) Polybutadien mit stereospezifischer Struktur 797

$\beta\beta$) Copolymerisate des Butadiens mit Styrol (Buna S®) 798

$\gamma\gamma$) Copolymerisate des Butadiens mit Acrylnitril (Perbunan N®) . . 799

β_2) Polymerisate und Copolymerisate des Isoprens 800

$\alpha\alpha$) cis-1,4-Polyisopren 800

$\beta\beta$) Copolymerisate des Isoprens mit Isobutylen (Butylkautschuk) . . 801

β_3) Copolymerisate aus Äthylen, Propylen und Dicyclopentadien . . . 803

β_4) Poly-2-chlor-butadien-(1,3) 803

γ) Vernetzung makromolekularer Stoffe durch Belichten 804

10. Thermischer Abbau (Pyrolyse) 806

α) Reaktionsmechanismus 807

β) Methoden des thermischen Abbaus 809

γ) Beispiele für den thermischen Abbau von 809

γ_1) Polymerisaten, die keine oder nur geringe Mengen an Monomeren bilden 809

$\alpha\alpha$) Polyolefine 809

$\beta\beta$) Polyvinylchlorid 813

$\gamma\gamma$) Polyacrylnitril 813

$\delta\delta$) Polymerisate und Copolymerisate konjugierter Diene 814

γ_2) Polymerisaten, die Monomere in größerer Menge bilden 814

$\alpha\alpha$) Polyisobutylen 814

$\beta\beta$) Polyinden 815

$\gamma\gamma$) Polystyrol und Polymerisate aus substituierten Styrolen 815

$\delta\delta$) Polymethacrylnitril 815

$\varepsilon\varepsilon$) Poly-(methylen-malonsäuredinitril) (Polyvinylidencyanid) . . . 816

$\zeta\zeta$) Polymethacrylsäureester 816

$\eta\eta$) Poly-(trifluor-chlor-äthylen) 816

$\vartheta\vartheta$) Polytetrafluoräthylen 817

u) Polyisopren und Poly-2,3-dimethyl-butadien 817

γ_3) Copolymerisaten 818

w) Bibliographie 818

III. Umwandlung von Naturkautschuk (P. SCHNEIDER) 822

a) Eigenschaften und Reinigung des Naturkautschuks 822

b) Hydrierung 823

c) Halogenierung 824

1. Chlorierung 824

α) in Lösung 825

β) von Latex 828

2. Bromierung 829

3. Jodierung 829

d) Hydrohalogenierung 830

   1. Hydrofluorierung 830

   2. Hydrochlorierung 830

      α) in Lösung 831

      β) von Latex 832

   3. Hydrobromierung 834

   4. Hydrojodierung 834

e) Cyclisierung 834

f) Anlagerung von Mercaptanen und ähnlichen Verbindungen sowie Isomerisierung der Doppelbindungen 837

g) Anlagerung von Schwefeldioxyd 839

h) Spezielle Umsetzungen 840

   1. mit nitrosen Gasen 840

   2. mit Salpetersäure 840

   3. mit Schwefeltrioxyd und Chlorsulfonsäure 840

   4. mit unterchloriger Säure und deren Estern 841

   5. mit Dirhodan 841

   6. mit Formaldehyd und anderen Aldehyden 842

   7. mit aliphatischen Azocarbonsäureestern 842

   8. mit Tetranitromethan 843

   9. mit Bromalkanen 843

   10. mit Nitrosobenzol 843

   11. Hinweise zur Vernetzung (Vulkanisation) 843

   12. Pyrolyse und Abbau (Mastikation) 850

i) Pfropf- und Blockpolymerisate 853

   1. Pfropfpolymerisation in Lösung 854

   2. Pfropfpolymerisation von Latex 856

   3. Pfropf- und Blockpolymerisation mit festem Naturkautschuk 859

k) Bibliographie 861

IV. Umwandlung von Cellulose und Stärke (E. HUSEMANN u. R. WERNER) . 862

a) Einleitung 862

b) Umwandlung der Cellulose 863

   1. Isolierung, Reinigung und Eigenschaften 863

      α) Isolierung und Reinigung 863

      β) Reaktionsfähigkeit 864

      γ) Celluloselösungen 865

   2. Abbau der Cellulose unter weitgehender Erhaltung der makromolekularen Struktur 866

      α) Hydrolytischer Abbau 866

      β) Oxydativer Abbau 868

   3. Veresterung 868

      α) Allgemeines 868

β) Celluloseester anorganischer Säuren 868

   β_1) Salpetersäureester 868

   β_2) Schwefelsäureester 871

   β_3) Phosphorsäureester 872

γ) Celluloseester organischer Säuren 873

   γ_1) Allgemeines 873

   γ_2) Essigsäureester 874

   γ_3) Ameisensäureester und höhere Fettsäureester 877

   γ_4) Gemischte Fettsäureester 878

   γ_5) Celluloseester anderer Carbonsäuren und Sulfonsäuren 879

δ) Celluloseester der Kohlensäure und ihrer Derivate 881

   δ_1) Kohlensäure- und Monothiokohlensäureester 881

   δ_2) Dithiokohlensäureester (Xanthogenate) 882

   δ_3) Carbamidsäure- und Thiocarbamidsäureester (Urethane) 883

4. Verätherung 887

   α) Allgemeines 887

   β) Einfache Alkyläther 887

   γ) Aralkyl- und Aryläther 889

   δ) Alkyläther der Cellulose mit funktionellen Gruppen 890

      δ_1) Hydroxyalkyläther 890

      δ_2) Carboxyalkyläther 891

      δ_3) Addition von Olefinen an Cellulose 892

5. Sonstige Umsetzungen 894

6. Oxydation 898

c) Umwandlung der Stärke 899

1. Allgemeines und Isolierung 899

2. Eigenschaften 901

3. Abbau der Stärke unter weitgehender Erhaltung der makromolekularen Struktur 902

4. Veresterung 903

   α) Stärkeester anorganischer Säuren 903

      α_1) Salpetersäureester 903

      α_2) Schwefelsäureester 903

      α_3) Phosphorsäureester 904

   β) Stärkeester organischer Säuren 905

      β_1) Fettsäureester 905

      β_2) Stärkeester anderer Carbonsäuren und Sulfonsäuren 907

   γ) Stärkeester der Kohlensäure oder ihrer Derivate 908

      γ_1) Dithiokohlensäureester (Xanthogenate) 908

      γ_2) Carbamidsäureester (Urethane) 909

5. Verätherung 909

   α) Einfache Alkyläther 909

   β) Aralkyläther 911

   γ) Alkyläther mit funktionellen Gruppen 911

6. Sonstige Umsetzungen 913

7. Oxydation und Reduktion 914

   α) Oxydation 914

   β) Reduktion 914

d) Bibliographie 914

C. Hinweise zur Ermittlung der Struktur makromolekularer Stoffe   917

Einleitung 917

I. Hinweise zur Durchführung chemischer Analysen makromolekularer Stoffe (P. SCHNEIDER) 918

a) Vorbereitende Arbeiten zur Ausführung der Analyse 919

b) Qualitative Vorprüfungen 919

   1. Nachweis der Elemente Stickstoff, Schwefel, Phosphor, Chlor und Fluor durch Aufschluß mit Natrium oder Kalium 919

     α) Stickstoffnachweis 920

     β) Schwefelnachweis 920

     γ) Phosphornachweis 920

     δ) Chlornachweis 920

     ε) Fluornachweis 920

   2. Nachweis von Silicium durch Aufschluß mit Natriumperoxyd 920

   3. Bestimmung der Löslichkeit 921

   4. Pyrolyse 922

   5. Anfärbbarkeit 924

c) Quantitative Bestimmung von 924

   1. verseifbaren Gruppen (Verseifungszahl) 924

   2. Säuregruppen (Säurezahl) 926

   3. anderen funktionellen Gruppen 926

   4. Doppelbindungen 926

d) Bibliographie über die chemische Analyse makromolekularer Stoffe 928

   1. Kunststoffe 928

   2. Elastomere 929

   3. Fasern 929

   4. Lacke und Anstrichmittel 929

II. Hinweise zur Bestimmung von Struktureinzelheiten makromolekularer Stoffe (M. HOFFMANN) 931

a) Besprechung der Struktur von Polyisopren und ihrer analytischen Feststellung als Beispiel für die Strukturanalyse von makromolekularen Stoffen 931

   1. Definition und Abgrenzung der in Frage kommenden Struktureinzelheiten   931

     α) Gehalt an Doppelbindungen, Sauerstoff und anderen Fremdelementen, Stabilisatoren und Vulkanisationshilfsmitteln, Füllstoffen und Verunreinigungen 932

     β) cis-1,4- und trans-1,4-Konfiguration 932

     γ) Kopf-Schwanz- bzw. Kopf-Kopf- und Schwanz-Schwanz-Verknüpfung der addierten Isopreneinheiten 933

     δ) 1,2-Addition und 3,4-Addition; Taktizität 933

     ε) Verteilung der Strukturen α) bis δ) innerhalb eines Makromoleküls 934

     ζ) Verteilung der Strukturen α) bis δ) auf die verschiedenen Makromoleküle . 934

     η) Molgewicht und Molgewichtsverteilung 935

     ϑ) Langkettige Verzweigung und ihre Verteilung auf die verschiedenen Makromoleküle eines Polymerisates 935

     ι) Vernetzungsdichte 936

$\varkappa$) Wechselwirkung zwischen Füllstoff und Polyisopren 936

λ) Makroskopische Inhomogenität der Proben; Füllstoffverteilung 936

2. Bestimmung der Struktureinzelheiten von Polyisopren 936

   a) Gehalt an Doppelbindungen, Sauerstoff und Fremdelementen, Stabilisatoren, Vulkanisationshilfsmitteln und Füllstoff 936

   β) 1,4-Addition, *trans*-Konfiguration und *cis*-Konfiguration 937

   γ) 1,4-Addition, Kopf-Kopf- oder Kopf-Schwanz-Struktur 938

   δ) 1,2- oder 3,4-Addition; ataktische, syndiotaktische oder isotaktische Struktur 938

   ε) Verteilung der Strukturen a) bis δ) innerhalb eines Makromoleküls 939

   ζ) Verteilung der Strukturen a) bis δ) auf die verschiedenen Moleküle 939

   η) Mittleres Molgewicht, Molgewichtsverteilung 940

   ϑ) Mittlere Verzweigung, Verzweigungsverteilung 941

   ι) Dichte der Vernetzung bei vernetzten Polymerisaten oder vulkanisierten Proben 941

   $\varkappa$) Wechselwirkung des Füllstoffs mit dem Polyisopren 942

   λ) Makroskopische Inhomogenität der Proben; Füllstoffverteilung 942

b) Strukturanalyse von Polymerisaten unbekannter Natur; Übersicht über die Möglichkeiten zur Bestimmung von Struktureinzelheiten 942

   1. Struktur des Einzelmoleküls 944

     a) Nachweis einzelner Atome und Feststellung der chemischen Bruttozusammensetzung 944

       a_1) Quantitative Bestimmung der Elemente und damit der chemischen Bruttozusammensetzung 944

       a_2) Qualitative Bestimmung der Elemente 944

     β) Bindungsart, Anwesenheit und Aktivität von Atomgruppen 944

       β_1) Quantitative Ermittlung aller Atomgruppen bestimmter Art 944

       β_2) Ermittlung der Aktivität, das heißt der wirksamen Konzentration bestimmter Atomgruppen 945

       β_3) Qualitativer Nachweis bestimmter Atomgruppen 945

       β_4) Bindungszustand von Atomen und Atomgruppen 946

     γ) Atomabstände und Valenzwinkel, genaue sterische Struktur kurzer Kettenstücke von Fadenmolekülen, Lage einzelner Gruppen oder verschiedener Grundmoleküle zueinander 946

     δ) Lineare Struktur oder Verzweigung der Fadenmoleküle 948

       δ_1) Strukturelle Verzweigung, wie z.B. bei der 1,2-Addition der Diolefine oder in der Form von Estergruppen der Polyacrylsäureester 948

       δ_2) Kurzkettige Verzweigung, wie z.B. bei Hochdruckpolyäthylen . . . 948

       δ_3) Langkettige Verzweigung und Folgeverzweigung 948

     ε) Form und Symmetrie der gelösten Makromoleküle 948

       ε_1) Quantitative Bestimmung der Molekülform 948

       ε_2) Qualitative Bestimmung der Molekülform 949

     ζ) Größe, Knäuelung und innere Beweglichkeit der Makromoleküle 949

       ζ_1) Molekülgröße und Knäuelungsgrad 949

       ζ_2) Innere Beweglichkeit der Makromoleküle 950

     η) Molgewicht 950

       η_1) Absolute Bestimmungsmethoden 950

       η_2) Relative Bestimmungsmethoden und Methoden zur Abschätzung von Molgewichten 951

     ϑ) Wechselwirkung der Makromoleküle mit Lösungsmitteln, Solvatation . . 951

       ϑ_1) Die zweiten Virialkoeffizienten des osmotischen Druckes als Maß der Wechselwirkung von Gelöstem und Lösungsmittel 951

       ϑ_2) Solvatation, Hydratation 952

2. Struktur von Gemischen der Makromoleküle (Polymerisate und Polymerisatgemische)   952
   a) Zusammensetzung aus Molekülen verschiedener chemischer Konstitution . 952
       a_1) Gemische von chemisch verschiedenen Makromolekülen   952
       a_2) Gemische von Makromolekülen mit niedermolekularen Stoffen . . . 953
   β) Zusammensetzung aus Molekülen verschiedener physikalischer Struktur
       mit Ausnahme verschiedenen Molgewichts   953
       $β_1$) Gemische von Makromolekülen mit verschiedener Anordnung der
             Grundmoleküle   953
       $β_2$) Gemische von Makromolekülen mit verschiedenem Verzweigungsgrad   954
   γ) Zusammensetzung aus Molekülen verschiedenen Molgewichts   954
       $γ_1$) Molgewichtsverteilung   954
       $γ_2$) Uneinheitlichkeit als Maß für die Breite der Molgewichtsverteilung . . 955
3. Struktur übermolekularer Ordnungen und über Hauptvalenzen aufgebauter
   Netzwerke   955
   a) Molekulare Wechselwirkung von Makromolekülen miteinander ohne Bil-
       dung geordneter Strukturen; Glaszustand   955
       a_1) Assoziation und nichtionogene Dissoziation in Lösung und andere
             Wechselwirkungen mit Ausnahme der gehinderten Beweglichkeit der
             Ketten (Glaszustand)   955
       a_2) Behinderte Beweglichkeit der Moleküle (Glaszustand) 956
   β) Krystallisation und Orientierung von Makromolekülen   956
       $β_1$) Orientierung der Moleküle oder Molekülteile in weniger als drei Dimen-
             sionen   956
       $β_2$) Dreidimensionale Orientierung, Krystallinität 957
   γ) Netzwerkstruktur (beruhend auf Hauptvalenzbindungen)   958
   δ) Morphologische Struktur und Verteilungszustände in heterogenen Ge-
       mischen   958
       $δ_1$) Morphologische Strukturen und ihre Verteilung 958
       $δ_2$) Verteilungszustände in heterogenen Gemischen   959
       $δ_3$) Besondere Wechselwirkung der Komponenten in heterogenen Ge-
             mischen   959

III. Literatursammlung über Analysenmethoden und Analysenergebnisse,
     geordnet nach den mit den Methoden meßbaren Eigenschaften der Poly-
     meren und erweitert durch stichwortartige Inhaltsangabe der Ver-
     öffentlichungen (M. HOFFMANN)   960

Einleitung   960

Analyse allgemein   963

Analyse speziell   964

a) Radioaktivität und Masse von Isotopen, Masse und Ladung von Molekülbruchstücken   964
   1. Radioaktivität von Isotopen (radiochemische Analyse)   964
   2. Masse inaktiver Isotope (Einbau und Nachweis inaktiver Isotope) 965
   3. Masse und Ladung von Molekülbruchstücken (Massenspektrographie) . . .   966
b) Elektrische Eigenschaften der Moleküle   966
   1. Permanentes Dipolmoment, Quadrupolmoment, Polarisierbarkeit (Dielek-
      trizitätskonstante und ihre Dispersion, Verlustwinkel, Molpolarisation, Stark-
      Effekt) 966
   2. Ionisierbarkeit, Leitfähigkeit, Wanderungsgeschwindigkeit, Überführungs-
      zahl (Konduktometrie, Elektrophorese) 969
   3. Dissoziationskonstante, Ionenaktivität, Redoxpotential, Grenzflächenpoten-
      tial (p_H-Messung, Potentiometrie, Polarographie) 972

c) Magnetische Eigenschaften 974
  1. Diamagnetismus, Paramagnetismus 974
  2. Magnetooptische Eigenschaften 975

d) Elektromagnetische Eigenschaften und mikroskopisch sichtbare Struktur . . . 975
  1. Streuung von sichtbarem Licht 975
  2. Streuung von Licht anderer Wellenlänge und von Materiewellen (Röntgen-streuung, Röntgenkleinwinkelstreuung, Elektronen- und Neutronenbeugung) 980
  3. Absorption von sichtbarem und ultraviolettem Licht (Absorptionsspektro-skopie im Sichtbaren und Ultravioletten, ohne Ramanstreuung), Färbung (Kolorimetrie) 987
  4. Absorption von elektromagnetischer Strahlung anderer Wellenlänge, vor allem IR-Absorption (einschließlich Ramanspektren) 989
  5. Emission von Licht, Fluoreszenz, Phosphoreszenz 998
  6. Brechungsindex, Molrefraktion, Dispersion 998
  7. Doppelbrechung, Depolarisation (Strömungsdoppelbrechung; elektrische, magnetische und akustische Doppelbrechung; Doppelbrechung infolge Orien-tierung, Quellung und bei mechanischer Beanspruchung; Depolarisation des Streulichts) 999
  8. Drehung der Ebene des polarisierten Lichtes; bisher nicht erfaßte optische Eigenschaften 1001
  9. Mikroskopisch sichtbare Struktur (Mikroskopie, Polarisations-, und Elek-tronenmikroskopie) 1002

e) Kolligative Eigenschaften 1006
  1. Dampfdruck von Lösungen, Monomeren und Weichmachern (isotherme De-stillation) 1006
  2. Osmotischer Druck 1006
  3. Siedepunktserhöhung, Gefrierpunktserniedrigung (Ebullioskopie, Kryoskopie) 1010

f) Konzentrationen und Kräfte in Mischungen und Grenzflächen 1011
  1. Löslichkeit, Koeffizienten der Verteilung zwischen zwei Phasen, Verträglich-keit in Lösung und im Festkörper, Haftfestigkeit 1011
  2. Absorptionsfähigkeit, Quellungsgrad (Absorption von Dämpfen, Quellungs-messungen) 1020
  3. Adsorptionsfähigkeit, Grenzflächenaktivität, Oberflächenfilmbildung (Adsorp-tionsisothermen, Messung der Grenzflächenaktivität und der Kompressibilität von Oberflächenfilmen) 1023

g) Raumerfüllung und Beweglichkeit der Moleküle 1024
  1. Dichte, Ausdehnungskoeffizient, Kompressibilität, Gasdurchlässigkeit . . 1024
  2. Viscosität in Lösung und Schmelze 1030
  3. Koeffizienten der Diffusion und Sedimentation; Auflösungsgeschwindigkeit . 1046
  4. Wärmeleitfähigkeit 1049

h) Energieinhalt und Mischungswärme 1050
  1. Spezifische Wärme, Schmelzwärme, Verdampfungswärme, Thermoelastizität 1050
  2. Verbrennungs- und Reaktionswärme, Lösungs-, Quellungs- und Benetzungs-wärme 1051

i) Mechanische Eigenschaften der Festkörper 1053
  1. Festigkeit 1053
  2. Elastizität 1056
  3. Relaxation, Dämpfung, Hysterese, Elastoviscosität 1060

k) Chemische Reaktionsfähigkeit bei Aufbau, Umwandlung und Abbau der Poly-meren; chemische Bestimmung von Verunreinigungen und Zusätzen 1068

A₂. Methoden zur Herstellung makromolekularer Stoffe durch Polykondensation und Polyaddition sowie durch Polymerisation von cyclischen Monomeren mit Heteroatomen als Ringglieder

I. Polycarbonsäureester

bearbeitet von

Dr. Erwin Müller

Farbenfabriken Bayer AG., Leverkusen

Unter Polyestern werden in dem folgenden Kapitel makromolekulare Verbindungen verstanden, die aus niedermolekularen, polyfunktionellen Komponenten oder deren Derivaten erhalten werden und als kettenverknüpfendes Glied die Carbonsäureester- oder die Thiocarbonsäureestergruppe enthalten. Zu ihrer Herstellung dienen als Ausgangskomponenten Polyalkohole und Polycarbonsäuren[1] bzw. deren Derivate, wie Ester und Anhydride, oder Hydroxycarbonsäuren und deren innere Ester, die Lactone.

Ebenso wie bei der Esterbildung handelt es sich auch bei der Polyesterherstellung um eine Kondensationsreaktion, bei der Wasser, Alkohol oder flüchtige Säuren abgespalten werden und die daher normalerweise zu einem bestimmten Gleichgewicht führt. Die Einstellung des Gleichgewichts wird bekanntlich sowohl durch basische als auch durch saure Katalysatoren beschleunigt, ohne daß hierbei eine Änderung der Gleichgewichtslage erfolgt. Eine Verschiebung des Gleichgewichts tritt erst dann ein, wenn die bei der Veresterungsreaktion abgespaltene flüchtige Komponente aus dem System entfernt wird. Bei der Esterbildung wirkt sich diese Maßnahme in einer Steigerung der Ausbeute aus, wobei im Grenzfall die theoretische Ausbeute erreicht wird. Auf die Polyesterbildung übertragen wird hierdurch eine Steigerung des Kondensationsgrades und eine damit verbundene Erhöhung des Molekulargewichtes erzielt. Die nahezu restlose Entfernung der während der Veresterung abgespaltenen flüchtigen Komponenten erfolgt durch Vakuumbehandlung. Mit den normalen, in den Laboratorien üblichen Methoden lassen sich auf diese Weise Polyester bis zu einem *Durchschnittsmolekulargewicht* von etwa 15000 herstellen. Unter den Bedingungen der Molekulardestillation, die bei einem Vakuum von etwa 10^{-5} Torr arbeitet[2], oder durch azeotrope Destillation bei gewöhnlichem Druck[3] können unter Verwendung von Spezialapparaturen Produkte mit einem Durchschnittsmolekulargewicht von über 50000 erhalten werden. Es handelt sich hierbei natürlich immer um Durchschnittsmolekulargewichte von polymerhomologen Gemischen. Durch Fraktionierung dieser Gemische können auch Anteile von bedeutend höherem Molekulargewicht gewonnen werden[4].

---

[1] DRP. 318222 (1917), Farbf. Bayer, Erf.: F. Hoffmann; Frdl. **13**, 184.
  H. Mark u. G. S. Whitby, The Collected Papers of W. H. Carothers on High Polymeric Substances, Interscience Publ. Inc., New York 1940.
[2] W. H. Carothers u. J. W. Hill, Am. Soc. **54**, 1557 (1932).
[3] H. Batzer u. Mitarbb., Makromolekulare Chem. **7**, 82 (1951).
[4] H. Batzer, Makromolekulare Chem. **5**, 5 (1950).

Derartige hochmolekulare lineare Makromoleküle lassen sich aber nur bei Polyestern erzielen, die aus bifunktionellen Komponenten von höchster Reinheit aufgebaut sind. Schon durch die Mitverwendung geringer Mengen von mono- wie auch trifunktionellen Komponenten wird der hochmolekulare lineare Aufbau gestört. Während monofunktionelle Komponenten einen Kettenabbruch herbeiführen und damit zu Produkten von erheblich niedrigerem Durchschnittsmolekulargewicht führen, bewirken tri- und mehrfunktionelle Komponenten einen verzweigten Aufbau der Polyester. Derartige verzweigte Polyester gehen in einem späteren Stadium der Kondensation in verquallte, unlösliche Produkte mit Netzstruktur über.

a) Allgemeine Methoden zur Herstellung von Polyestern

1. Schmelzkondensation (Methode 1)

Das gebräuchlichste Verfahren zur Herstellung von Polyestern ist die thermische Veresterung der Ausgangskomponenten in der Schmelze. Man bezeichnet diese Art der Polyesterbildung als Schmelzkondensation. Sie verläuft bei Temperaturen von etwa 120–280°. Wenig oberhalb der Schmelztemperatur der zu veresternden Komponenten, wie z. B. der Polycarbonsäuren und Polyalkohole, beginnt die Abspaltung von Wasser, das durch Abdestillieren aus dem System entfernt wird. Apparativ wird die Kondensation im einfachsten Falle in einem mit absteigendem Kühler, Thermometer und Rührer versehenen Kolben vorgenommen (vgl. Abb. 1, S. 16). Sie kann in An- oder Abwesenheit von Katalysatoren verlaufen und wird unter Überleiten von inerten Gasen, wie Stickstoff, Kohlendioxyd oder Schwefeldioxyd, durchgeführt. Bei Verwendung von Schwefeldioxyd werden besonders helle Produkte erhalten[1]. Die bei der Schmelzkondensation abgespaltenen flüchtigen Komponenten werden gegen Ende der Kondensation, wie bereits oben erwähnt, im Vakuum bzw. Hochvakuum entfernt. Diese Maßnahme ist erforderlich, weil die letzten Spuren des bei der Veresterung entstandenen Wassers oft hartnäckig von der Kondensationsschmelze festgehalten werden. Daher sind auch zur restlosen Entfernung des Veresterungswassers verhältnismäßig hohe Kondensationstemperaturen erforderlich. Aus diesem Grunde ist die Schmelzkondensation nur dann anwendbar, wenn die Polycarbonsäuren und Polyalkohole eine genügende Thermostabilität aufweisen.

Verwendet man jedoch anstelle der Polycarbonsäuren deren Ester, so kann die Schmelzkondensation bei wesentlich niedrigeren Temperaturen durchgeführt werden. Besonders geeignet erweisen sich die Ester von niederen leicht flüchtigen Alkoholen wie Methyl-, Äthyl- oder Butylalkohol. Unter dem Einfluß von sauren oder basischen Katalysatoren tritt eine Umesterung[2] unter Abspaltung des leicht flüchtigen Alkohols ein[3].

2. Azeotrope Kondensation (Methode 2)

Die azeotrope Kondensation stellt eine Abwandlung der Schmelzkondensation dar und wird unter Zuhilfenahme von indifferenten, flüchtigen, wasserunlöslichen Lösungsmitteln ausgeführt. Sie dienen als *Schleppmittel* und haben die Aufgabe, das

---

[1] DBP.-Anm. N 881 (1950), Bataafsche (Shell), Erf.: R. C. Morris u. J. L. v. Winkle.
[2] W. H. Carothers u. F. J. van Natta, Am. Soc. **52**, 314 (1930).
[3] S. im Abschnitt Polycarbonsäureester aus zwei Komponenten, S. 12.

bei der Veresterung freiwerdende Wasser in Form eines azeotropen Gemisches aus dem Reaktionsmedium zu entfernen. Die Abtrennung des Wassers gelingt bei der azeotropen Kondensation bedeutend leichter als bei der Schmelzkondensation. Das hat zur Folge, daß die Veresterungsdauer wesentlich verkürzt und die Kondensation bei verhältnismäßig niedrigen Temperaturen durchgeführt werden kann. Die azeotrope Kondensation wird daher auch dann angewandt, wenn es sich um die Veresterung thermolabiler Verbindungen handelt. Sie kann in An- oder Abwesenheit von Katalysatoren durchgeführt werden. Als *Lösungs-* bzw. *Schleppmittel* eignen sich Benzol, Toluol, Xylol, Trichlormethan, Tetrachlormethan und andere. Apparativ verfährt man dabei vorteilhaft so (Abb. 2, S. 18), daß das zum Abtransport des Wassers angewandte Schleppmittel durch ein Kreislaufsystem immer wieder zurückgeführt wird. Im Gegensatz zu der Schmelzkondensation erreicht man bei der azeotropen Veresterung auch ohne Anlegen von Vakuum den gewünschten Kondensationsgrad.

3. Lösungskondensation[1] (Methode 3)

Zur Herstellung von linearen Polyestern von einem Durchschnittsmolekulargewicht über 50000 ist besonders die Lösungskondensation geeignet, die eine spezielle Ausführungsform der azeotropen Kondensation darstellt. Während sich letztere bei sehr hohen Konzentrationen vollzieht und das Lösungsmittel lediglich die Aufgabe hat, für einen möglichst schnellen Abtransport des Wassers zu sorgen, arbeitet man bei der Lösungskondensation mit einer etwa 20%igen Lösung der Ausgangskomponenten. Besonders bevorzugt werden hierbei hydrophobe Lösungsmittel wie Benzol, Toluol, Xylol, Chlorbenzol und andere. Ihre Aufgabe besteht nämlich nicht nur in einer möglichst raschen Abführung des Veresterungswassers, sondern sie schirmen gleichzeitig die entstandenen Esterbindungen mit einer hydrophoben Solvathülle ab. Hierdurch wird die esterspaltende Rückreaktion weitgehend unterdrückt. Durch die im Vergleich zur Schmelzkondensation geringere Viscosität der 20%igen Lösung gelingt es sehr leicht, das Wasser zu entfernen. Außerdem wird hierdurch ermöglicht, daß die endständigen, funktionellen Gruppen der Polyestermoleküle durch ihre größere Beweglichkeit in verdünnter Lösung leichter in Reaktion treten können.

Arbeitet man dagegen in zu großer Verdünnung ($< 1\%$), so entstehen relativ *niedermolekulare Polycarbonsäureester* und *vielgliedrige Ringlactone*[2].

Falls eine der Komponenten in dem angewandten Lösungsmittel unlöslich ist, kann man durch Vorkondensation des Reaktionsgemisches in der Schmelze bei 120° meist ein niedermolekulares, nunmehr der Lösungskondensation zugängliches Vorkondensat herstellen.

Die Lösungskondensation wird vorzugsweise in Gegenwart von sauren Katalysatoren, wie p-Toluolsulfonsäure, durchgeführt. Da die Veresterung unter den Bedingungen der Lösungskondensation bei verhältnismäßig niedriger Temperatur verläuft, die praktisch bei der Siedetemperatur des Lösungsmittels liegt, ist die Anwesenheit von Katalysatoren unbedingt erforderlich. Die niedrigen Veresterungstemperaturen machen die Lösungskondensation besonders für die Ver-

---

[1] H. Batzer, H. Holtschmidt, F. Wiloth u. B. Mohr, Makromolekulare Chem. **7**, 82 (1951).
[2] M. Stoll u. A. Rouvé, Helv. **17**, 1283, 1289 (1934); **18**, 1087 (1935).

1*

esterung thermolabiler Verbindungen geeignet. Sie arbeitet ebenso wie die azeotrope Kondensation bei Atmosphärendruck.

Apparativ verfährt man dabei derart (s. Abb. 3, S. 19), daß das Lösungsmittel im Rücklaufsystem durch eine Trockensäule von den letzten Spuren Wasser befreit wird[1]. Das ist eine wesentliche Voraussetzung zur Erzielung möglichst hoher Molekulargewichte.

4. Kontinuierliche Dünnschichtveresterung

Die kontinuierliche Dünnschichtveresterung ist dadurch gekennzeichnet, daß man die Ausgangskomponenten ununterbrochen durch eine mit Füllkörpern angefüllte Säule hindurchleitet, die auf die jeweilige Veresterungstemperatur geheizt wird. Hierbei erfolgt die Veresterung der Komponenten, die nunmehr in dünner Schicht auf der Oberfläche der Füllkörper zu einem Film ausgebreitet sind. Das entstehende Veresterungswasser wird durch einen Gegenstrom von Kohlendioxyd sofort aus der Reaktionszone entfernt. Das Verfahren umgeht die Erhitzung größerer Reaktionsmassen, wobei oft Überhitzungen unvermeidlich sind. Gleichzeitig werden durch die sofortige Abführung der flüchtigen Komponenten Nebenreaktionen vermieden, so daß im allgemeinen helle Produkte erhalten werden. Die Dünnschichtveresterung erweist sich als besonders geeignet zur Herstellung von mit Fettsäuren modifizierten Polyestern.

b) Herstellung von linearen Polyestern

1. Gesättigte Polyester

Ihrer Konstitution entsprechend teilt man die Polyester in lineare, geradkettig aufgebaute und verzweigte Gebilde ein. Sowohl die linearen als auch die verzweigten Polyester gliedern sich wiederum in die gesättigten und ungesättigten Typen und in solche, die außer der Estergruppe in untergeordnetem Maße auch noch andere kettenverknüpfende Glieder, wie beispielsweise die Carbonamidgruppe, enthalten. Außerdem seien noch die basischen Polyester erwähnt, die in der Kette tertiäre Stickstoffatome enthalten.

α) Gesättigte Polyester aus einer Komponente

Lineare Polyester entstehen durch thermische Veresterung von bifunktionellen Komponenten oder deren Derivaten. Die wichtigsten sind die Hydroxycarbonsäuren sowie deren innere Ester, die Lactone, die durch Polymerisation in Polyester übergeführt werden können. Sehr lange bekannt sind beispielsweise die polymeren Produkte aus *Milchsäure*[2]. *Glykolsäure* gibt ebenfalls ein Polykondensationsprodukt und läßt sich nach neueren Erkenntnissen unter Mitverwendung geringer Mengen Triphenylphosphit (als Stabilisator) und Antimon-(III)-oxyd oder Antimon-(III)-

---

[1] E. Thielepape, B. **66**, 1454 (1933).
[2] J. Gay-Lussac u. J. Pelouze, A. **7**, 40 (1833).
     F. Krafft u. W. A. Dyes, B. **28**, 2589 (1895).

halogenid zu einem linearen Polyester kondensieren[1]. Ebenso können aus *Hydroxypivalinsäure*

$$HO—H_2C—\underset{\underset{CH_3}{|}}{\overset{\overset{CH_3}{|}}{C}}—COOH$$

durch Schmelzkondensation hochmolekulare, lineare, faserbildende Produkte erhalten werden[2]. Katalytische Mengen von p h o s p h o r i g e r S ä u r e und T r i p h e n y l - p h o s p h i t beschleunigen diesen Vorgang. Von höheren Hydroxycarbonsäuren ist die *Ricinolsäure* zu erwähnen, die schon bei Raumtemperatur in ein Gemisch höhermolekularer Polyester übergeht[3], aus dem sie durch Verseifen wiedergewonnen werden kann.

Vorteilhaft für die Entstehung streng linearer hochmolekularer Gebilde ist eine günstige Entfernung der Hydroxy- und Carboxygruppe voneinander im Molekül, damit die Bildung cyclischer Gebilde, die durch Lactonringschluß entstehen können, verhindert wird. Diese Voraussetzung ist beispielsweise bei der *ω-Hydroxy-decansäure*[4] erfüllt, die bei 150–175° unter Wasserabspaltung in einen linearen Polyester übergeht, der als Endgruppen Hydroxy- und Carboxygruppen trägt. Je nach den Versuchsbedingungen entstehen hierbei Gebilde, die ein Durchschnittsmolekulargewicht bis zu 20000 aufweisen[5].

$$(x + 1) HO—(CH_2)_9—COOH \;\rightarrow\; HO—[—(CH_2)_9COO]_x—(CH_2)_9—COOH + x\, H_2O$$

Weniger einheitlich gestaltet sich der Reaktionsverlauf, wenn die Hydroxy- und Carboxygruppen nur durch vier oder fünf Methylengruppen voneinander getrennt sind, wie beispielsweise in der δ-Hydroxy-valeriansäure und in der ε-Hydroxy-capronsäure. In diesem Falle ist die Bildung von 6- bzw. 7-gliedrigen cyclischen Estern ermöglicht, so daß ein Gemisch von Polyestern und cyclischen Estern resultiert, das allerdings zum größten Teil aus Polyestern besteht[6].

Auch aromatische Carbonsäuren, die eine aliphatisch gebundene Hydroxygruppe enthalten, wie z. B.

$$HO—(CH_2)_x—O—\!\!\left\langle\!\!\bigcirc\!\!\right\rangle\!\!—COOH$$

sind für die Polyesterbildung geeignet[7]. Besonders erwähnt seien hier die Kondensationsprodukte aus *4-(β-Hydroxy-äthoxy)-benzoesäure*, die reckbar und verspinnbar sind und einen Schmelzpunkt von über 200° besitzen. Ersetzt man die 4-(β-Hydroxyäthoxy)-benzoesäure durch die *3-Chlor-4-(β-hydroxy-äthoxy)-benzoesäure*, so wird eine weitere Erhöhung des Schmelzpunktes auf etwa 285° erzielt[8].

---

[1] A. P. 2676945 (1950), DuPont, Erf.: N. A. Higgins; Chem. Abstr. **48**, 11111[a] (1954).
A. P. 2668162 (1952), DuPont, Erf.: C. E. Lowe; C. **1955**, 4243.
A. P. 2703316 (1951), DuPont, Erf.: A. K. Schneider; C. **1956**, 1170.
[2] A. P. 2658055 (1951), DuPont, Erf.: T. Alderson; Chem. Abstr. **48**, 3065[g] (1954).
[3] H. Meyer, Ar. **235**, 186 (1897).
[4] F. J. van Natta, J. W. Hill u. W. H. Carothers, Am. Soc. **56**, 455 (1934).
[5] W. H. Carothers u. F. J. van Natta, Am. Soc. **55**, 4714 (1933).
[6] W. H. Carothers, Chem. Reviews **8**, 353 (1931).
[7] E. P. 604985 (1945), I. C. I., Erf.: J. G. Cook, J. T. Dickson, A. R. Lowe u. J. R. Whinfield; Chem. Abstr. **43**, 1223[g] (1949).
[8] E. P. 716877, 719706 (1951), British Celanese Ltd., Erf.: J. Lincoln; Chem. Abstr. **49**, 14807[h,i] (1955).

Ebenso wie die aromatischen Carbonsäuren, die eine aliphatisch gebundene Hydroxygruppe enthalten, sind auch deren Ester für die Polyesterbildung geeignet. So läßt sich beispielsweise der Terephthalsäure-methyl-(β-hydroxy-äthyl)-ester

$$HO\text{---}CH_2\text{---}CH_2\text{---}OOC\text{---}\langle\!\!\bigcirc\!\!\rangle\text{---}COOCH_3$$

in Gegenwart katalytischer Mengen Natrium in das hochmolekulare *Poly-äthylenterephthalat* überführen.

Linearer Polyester aus ω-Hydroxy-decansäure[1] (Methode 1): 20 g der Säure werden in einem mit absteigendem Kühler versehenen Kölbchen $1\frac{1}{2}$ Stdn. unter Atmosphärendruck und Überleiten von Stickstoff auf 150–175° und dann 8 Stdn. lang auf 200° bei 1 Torr erhitzt. Man erhält ein wachsartiges Produkt vom F: 76°, das in Chloroform, Benzol, Aceton und Äthylacetat löslich ist.

Linearer Polyester aus 4-(β-Hydroxy-äthoxy)-benzoesäure[2] (Methode 1):

$$HO\text{---}CH_2\text{---}CH_2\text{---}O\text{---}\langle\!\!\bigcirc\!\!\rangle\text{---}COOH$$

4-(β-Hydroxy-äthoxy)-benzoesäure (durch Umsetzung des Natriumsalzes des p-Hydroxybenzoesäure-äthylesters mit Äthylenchlorhydrin und anschließende Verseifung des Esters erhalten) wird in einem mit absteigendem Kühler versehenen Kolben unter Durchleiten von sauerstofffreiem Stickstoff auf 200° erhitzt. Nach 1 Stde. steigert man die Temp. auf 250°. Bei einem Vak. von etwa 3 Torr hält man die Schmelze noch etwa 5 Stdn. bei dieser Temperatur. Nach dieser Zeit lassen sich aus der Schmelze Fäden ziehen, die kalt reckbar sind. Die erstarrte Schmelze, die verspinnbar ist, zeigt einen F: 200–210°.

Poly-äthylenterephthalat aus Terephthalsäure-methyl-(β-hydroxy-äthyl)-ester[3] (Methode 1): 25 Gew.-Tle. Terephthalsäure-methyl-(β-hydroxy-äthyl)-ester, 0,1 g Magnesiumspäne und eine Mischung von 3 Gew.-Tln. Methanol mit 0,0125 Gew.-Tln. Natrium werden zusammen in einem Kondensationsgefäß nach dem Verdrängen der Luft bei 90° unter Überleiten von Stickstoff geschmolzen. Anschließend wird auf 260–270° erhitzt und 1 Stde. bei dieser Temp. gehalten. Das hierbei abdestillierende Methanol wird in einem gut gekühlten Abscheider aufgefangen. Hierauf wird das Gefäß unter vermindertem Druck von 0,5 bis 0,2 Torr gesetzt und weitere 6 Stdn. unter Rühren erhitzt. Nach dieser Zeit erhält man eine äußerst hochviscose Schmelze, aus der sich lange, sehr gut verstreckbare Fäden von hervorragenden Festigkeitseigenschaften abziehen lassen. Die relative Viscosität der 0,5%igen Kresollösung des so erhaltenen Polyesters beträgt 1,375.

Polyester aus Hydroxypivalinsäure[4] (Methode 1): In einem mit absteigendem Kühler versehenen evakuierbaren Kölbchen werden unter Überleiten von Stickstoff 5 g reine Hydroxypivalinsäure (F: 124—125°), 0,05 g 85%ige phosphorige Säure und 0,025 g Triphenylphosphit 75 Stdn. bei Atmosphärendruck auf 155° erwärmt. Die Kondensation wird dann 17 Stdn. bei 218°/0,7 Torr, 74 Stdn. bei 255°/0,1 Torr und 26 Stdn. bei 275°/0,1 Torr weitergeführt. Das so erhaltene Polymere ist ein hartes, zähes Material, welches bei 220° erweicht und zwischen 233–248° schmilzt. Es läßt sich zu Fasern verspinnen.

Weitere Ausgangskomponenten zur Herstellung linearer Polyester liegen in den Dicarbonsäure-bis-[β-hydroxy-äthyl-estern] vor.

$$HO\text{---}CH_2\text{---}CH_2\text{---}OOC\text{---}R\text{---}COO\text{---}CH_2\text{---}CH_2\text{---}OH$$

[1] F. J. van Natta, J. W. Hill u. W. H. Carothers, Am. Soc. **56**, 455 (1934).
[2] E. P. 604985 (1945), I. C. I., Erf.: J. G. Cook, J. T. Dickson, A. R. Lowe u. J. R. Whinfield; Chem. Abstr. **43**, 1223[g] (1949).
[3] A. P. 2742494 (1952), Hercules Powder Co., Erf.: R. G. Mraz; C. **1957**, 5417.
[4] A. P. 2658055 (1951), DuPont, Erf.: T. Alderson; Chem. Abstr. **48**, 3065[g] (1954).

Sie werden entweder durch Umsetzung der Alkalisalze von Dicarbonsäuren mit zwei Mol Äthylenchlorhydrin[1] oder durch Veresterung der Dicarbonsäuren mit einem großen Überschuß an Glykol unter milden Bedingungen erhalten[2]. Bei schwerlöslichen Dicarbonsäuren sei auch auf die folgende Arbeitsweise hingewiesen[3]:

Man suspendiert die Säure in Wasser, setzt etwas Pyridin hinzu und leitet solange bei 100° Äthylenoxyd ein, bis eine klare Lösung entstanden ist. Der Dicarbonsäure-bis-[β-hydroxy-äthylester] krystallisiert beim Erkalten aus.

Beim Erhitzen der Dicarbonsäure-bis-[β-hydroxy-äthyl-ester] im Vakuum bei etwa 12 Torr erfolgt oberhalb 160° die Abspaltung von Äthylenglykol unter Bildung eines linearen Polyesters. Die Reaktion verläuft nach folgendem Schema:

$$x \; R \begin{cases} COO-CH_2-CH_2OH \\ COO-CH_2-CH_2OH \end{cases} \xrightarrow[\text{bis } 260°]{\text{über } 160°} H(OCH_2-CH_2-OOC-R-CO)_x-OCH_2-CH_2OH \; +$$

$$(x-1) \; HOCH_2-CH_2OH$$

Je nach der abdestillierten Glykolmenge erhält man nieder- und höhermolekulare Polyester, deren Molekulargewicht sich aus dem Hydroxylgehalt ergibt. Die Glykolabspaltung wird durch Oxyde und Salze von Elementen der 3. und 4. Gruppe des Periodensystems katalysiert[4].

Poly-äthylenterephthalat aus Terephthalsäurediglykolester[4] (Methode 1): 25,5 g Terephthalsäurediglykolester (F: 110,5°) werden in einem Gefäß, das mit Gaseinleitungsrohr, Rührer und absteigendem Luftkühler versehen ist, nach Zusatz von 0,005 g Aluminiumchlorid geschmolzen und unter Stickstoff langsam auf 250° erhitzt, bis die Glykolabspaltung beendet ist. Nach langsamer Drosselung des Stickstoffstroms wird der Druck innerhalb ½ Stde. auf 10 Torr reduziert, wobei eine weitere Menge Glykol abdestilliert. Man steigert unter intensivem Rühren die Temp. innerhalb einer weiteren ½ Stde. langsam auf 270–280° und hält die Schmelze schließlich ½ bis 1 Stde. auf dieser Temperatur. Während dieser Zeit wird die Masse in zunehmendem Maße dickflüssig. Nach insgesamt 2 Stdn. wird das Produkt durch ein am Boden des Reaktionsgefäßes befindliches Ventil mit Hilfe von Stickstoff ausgepreßt. Das gründlich getrocknete Kondensationsprodukt läßt sich zu Fäden verspinnen.

Durch Fraktionierung können die so erhaltenen hochmolekularen Polyester in Anteile von höherem und niederem Molekulargewicht zerlegt werden.

Fraktionierung hochmolekularer Polyester[5]: Der hochmolekulare Polyester wird in Benzol gelöst. Dann wird bei entsprechend erhöhter Temp. soviel Methanol als Fällungsmittel zugegeben, daß sich bei der Einstelltemp. die Hauptmenge des Polyesters als untere, höhermolekulare Schicht abscheidet. Die niedermolekularen Anteile bleiben in Lösung. Die obere Schicht mit den jeweils niedermolekularen Anteilen wird abgezogen, i. Vak. eingedampft, in Benzol gelöst und durch Ausfällen wiedergewonnen. (Das Filtrat wird jeweils bis zur Trockne eingedampft, um auch die eventuell gelösten oder suspendierten Teile zu erfassen.) Die höhermolekularen Rückstände werden in Benzol gelöst und die Fraktionierung wiederholt.

Das Molekulargewicht der so erhaltenen Fraktionen wird, da die Endgruppenbestimmung nur innerhalb eines Molekulargewichtsbereiches von etwa 1000–5000 hinreichend genau ist, entweder nach der osmotischen Methode[6] oder nach der Methode der Lichtstreuung bestimmt.

[1] E. P. 604 985 (1945), I. C. I., Erf.: J. G. COOK, J. T. DICKSON, A. R. LOWE u. J. R. WHINFIELD; Chem. Abstr. 43, 1223 g (1949).
[2] F. B. SHORLAND, Am. Soc. 57, 115 (1935).
[3] DBP. 905 736 (1949), I. C. I., Erf.: A. C. FARTHING; C. 1955, 11 688.
[4] A. P. 2578 660 (1949), DuPont, Erf.: L. A. AUSPOS u. J. B. DEMPSTER; Chem. Abstr. 46, 2339i (1952).
[5] H. BATZER, Makromolekulare Chem. 5, 66 (1950).
[6] H. BATZER, Makromolekulare Chem. 5, 81 (1950).

Die Polymerisation der cyclischen Ester der Hydroxycarbonsäuren, der Lactone, verläuft meistens bei erhöhter Temperatur, gegebenenfalls unter Mitverwendung von Katalysatoren. Als solche sind Säuren, Basen und auch Salze geeignet. Besonders wirksam erweisen sich Borfluorid, Eisen-(III)-chlorid, Zinn-(IV)-chlorid und andere. Nach neueren Erkenntnissen verlaufen derartige Polymerisationen, ähnlich wie es von den cyclischen Äthern (Tetrahydrofuran) bekannt ist, über oxoniumsalzartige Verbindungen[1]. In ihrer Polymerisationsneigung unterscheiden sich die mehrgliedrigen Lactone erheblich. Sie hängt in erster Linie von ihrer Ringgliederzahl ab. Sehr leicht polymerisieren die 6-gliedrigen Ringlactone wie z.B. *δ-Valerolacton*, das schon bei Raumtemperatur innerhalb von 29 Tagen ohne die Einwirkung eines Katalysators nahezu vollständig in ein wachsartiges Produkt übergeht. Bei erhöhter Temperatur wird der Polyester jedoch sehr leicht und praktisch quantitativ in δ-Valerolacton zurückverwandelt[2]. *γ-Butyrolacton* zeigt ohne Mitwirkung von Katalysatoren überhaupt keine Polymerisationstendenz. Ebenso verhält sich *ε-Caprolacton*, doch sind dessen Polymere vergleichsweise thermisch sehr stabil. Der thermische Abbau führt nicht zur Rückbildung des Monomeren, sondern es werden lediglich geringe Mengen der 14-gliedrigen dimeren Verbindung[3] erhalten neben großen Mengen von leichtflüchtigen sowie teerartigen Zersetzungsprodukten.

β-Propiolacton[4] und seine Substitutionsprodukte wie *α,α-Dimethyl-β-propiolacton*[5] oder *α,α-Bis-[chlormethyl]-β-propiolacton*[6] können ebenfalls durch Polymerisation in höhermolekulare Polyester übergeführt werden. Beim β-Propiolacton erfolgt die Polymerisation bei 150° schon im Laufe mehrerer Stunden. Bei Anwendung saurer oder basischer Katalysatoren kann sie mit **explosionsartiger** Heftigkeit verlaufen[4]. Die durch Polymerisation von β-Propiolacton entstandenen Polyestersäuren, deren Alkalisalze wasserlöslich sind, können ein Molekulargewicht von 500–1000 erreichen[7]. Sie enthalten als Endgruppen außer Carboxy- und Hydroxygruppen auch Vinylgruppierungen, die aus den (β-Hydroxy-äthyl)-endgruppen durch Wasserabspaltung entstanden sind:

$$(n+2) \; \begin{array}{c} CH_2-CH_2 \\ | \qquad | \\ O----CO \end{array} \xrightarrow{H_2O} R-COO-(CH_2-CH_2-COO)_n-CH_2-CH_2-COOH$$

$$R = -CH_2-CH_2-OH$$

$$R = -CH=CH_2$$

Der erhaltene Polyester unterliegt bei Temperaturen oberhalb 150° einer nach Art der Esterpyrolyse ablaufenden Spaltungsreaktion, die in guten Ausbeuten *Acrylsäure* liefert. Diese Reaktion läßt sich allgemein zur Herstellung substituierter Acrylsäuren benutzen, falls das verwendete Propiolacton noch ein Wasserstoffatom in α-Stellung trägt[8].

---

[1] H. MEERWEIN, Ang. Ch. **63**, 480 (1951).
    H. MEERWEIN, D. DELFS u. H. MORSCHEL, Ang. Ch. **72**, 927 (1960).
[2] W. H. CAROTHERS, Am. Soc. **54**, 761 (1932).
[3] F. J. VAN NATTA, J. W. HILL u. W. H. CAROTHERS, Am. Soc. **56**, 455 (1934).
[4] T. L. GRESHAM, J. E. JANSEN u. F. W. SHAVER, Am. Soc. **70**, 998 (1948).
    A.P. 2568635 (1950), Goodrich Co., Erf.: J. E. JANSEN u. W. L. BEEARS; C. **1953**, 2675.
[5] E.P. 766347 (1953), I.C.I., Erf.: R. J. W. REYNOLDS u. E. J. VICKERS; C. **1958**, 8512.
[6] A.P. 2853474 (1955) ≡ E.P. 775495 (1954), I.C.I., Erf.: R. J. W. REYNOLDS u. E. J. VICKERS;
    C. **1958**, 3177.
[7] G. MACHELL, Ind. Chemist **36**, 13 (1960).
[8] A.P. 2361036 (1941), Goodrich Co., Erf.: F. E. KUNG; Chem. Abstr. **39**, 2080³ (1945).

Die Polymerisationsneigung der Lactone wird weiterhin sehr stark durch Substituenten beeinflußt. Sie nimmt mit zunehmender Substitution ab, so daß unter Umständen keine Polymerisation mehr erfolgt.

Polyester aus Caprolacton[1]: Erhitzt man Caprolacton in einem verschlossenen Gefäß allmählich auf 150°, so erfolgt eine starke Zunahme der Viscosität, und nach 12 Stdn. ist eine helle, opake Masse entstanden. Unter Zusatz von etwas Kaliumcarbonat wird der gleiche Zustand schon nach 5 Stdn. erreicht. Der entstandene lineare Polyester läßt sich aus Äthanol umkristallisieren und schmilzt bei 53–55°. Er besitzt ein Molekulargewicht von 4000 und ist löslich in Äthylacetat, Aceton und Benzol, schwer löslich in Äthanol und Äther.

Die *Molekulargewichte* der durch Polymerisation von Lactonen erhaltenen Polyester unterscheiden sich sehr stark. Um Polyester von einem gewünschten Molekulargewicht und definierten Endgruppen zu erhalten, kann die Lactonpolymerisation in Gegenwart von mehrwertigen Alkoholen vorgenommen werden[2]. Bei Verwendung von Glykolen entstehen auf diese Weise lineare, Hydroxyendgruppen enthaltende Polyester. Die Reaktion verläuft im Falle des *Caprolactons* nach folgendem Schema:

$$2 \; \begin{matrix} CH_2-CH_2 \\ | \quad\quad | \\ CH_2 \quad CH_2 \\ | \quad\quad | \\ CH_2 \quad C{=}O \\ \diagdown_O \diagup \end{matrix} + HO-CH_2-CH_2-OH \rightarrow HO-(CH_2)_5-\overset{\overset{O}{\|}}{C}O-CH_2-CH_2-O\overset{\overset{O}{\|}}{C}-(CH_2)_5-OH$$

Mit abnehmender Glykolmenge werden höhermolekulare Polyester erhalten.

$$H \left[-O-(CH_2)_5-\overset{\overset{O}{\|}}{C}- \right]_x -O-CH_2-CH_2-O- \left[-\overset{\overset{O}{\|}}{C}-(CH_2)_5-O- \right]_x H$$

Wie aus der Formulierung ersichtlich ist, kann nunmehr jedes gewünschte Molekulargewicht von etwa 700–10000 durch die geeignete Wahl des Mengenverhältnisses Caprolacton : Glykol erreicht werden.

Die Umsetzungen werden in Gegenwart von organischen Zinn-[3], Blei- oder Manganverbindungen durchgeführt, wie z. B. Dibutylzinnoxyd, Blei-(II)-acetat oder Manganacetat, die in Mengen von 0,05–0,1% dem Reaktionsgemisch zugesetzt werden. Die Katalysatoren bewirken bei einer Reaktionstemperatur von etwa 170° einen raschen und quantitativen Ablauf der Reaktion und liefern helle Produkte, die für weitere Umsetzungen mit Diisocyanaten geeignet sind[4].

Ebenso wie die Lactone lassen sich auch Ketene in Gegenwart von Katalysatoren in lineare Polyester überführen. Während die Polymerisation von *Diketen*[5] mit Quecksilber-(II)-chlorid durchgeführt wird,

---

[1] F. J. van Natta, J. W. Hill u. W. H. Carothers, Am. Soc. **56**, 455 (1934).
[2] D. M. Young, F. Hostettler, L. C. Shriver u. R. W. McLaughlin, Division of Paint, Plastics and Printing Ink Chemistry, Atlantic City Meeting Sept. 1956, **16**, Nr. 2, S. 302, Symposium on Isocyanate Polymers.
[3] A.P. 2890208 (1956) Union Carbide Corp., Erf.: D. M. Young, F. Hostettler u. C. F. Horn; Chem. Abstr. **53**, 18546[h] (1959).
[4] DBP. 1100947 (1957), Union Carbide Corp., Erf.: D. M. Young u. F. Hostettler.
[5] J. Furukawa, T. Saegusa, N. Mise u. K. Kawasaki, Makromolekulare Chem. **39**, 243 (1960).

$$n \quad \begin{array}{c} CH_2=C\!\!-\!\!O \\ |\quad\quad | \\ CH_2\!\!-\!\!C\!\!=\!\!O \end{array} \quad \xrightarrow{HgCl_2} \quad (\!-\!O\!\!-\!\!\overset{\overset{\displaystyle CH_2}{\|}}{C}\!\!-\!\!CH_2\!\!-\!\!\underset{\underset{\displaystyle O}{\|}}{C}\!\!-\!)_n$$

läßt sich *Dimethylketen*[1] mit Triäthylaluminium polymerisieren.

$$4\,n \quad \begin{array}{c} H_3C \\ \diagdown \\ C\!\!=\!\!CO \\ \diagup \\ H_3C \end{array} \quad \xrightarrow{Al\,(C_2H_5)_3} \quad \left(\begin{array}{c} CH_3\ O \quad\quad\ \ \overset{\overset{\displaystyle H_3C\ \ \ CH_3}{\diagdown\ \diagup}}{C} \quad CH_3\ O \quad\quad \overset{\overset{\displaystyle H_3C\ \ \ CH_3}{\diagdown\ \diagup}}{C} \\ |\quad\ \| \quad\quad\ \| \quad\quad\ |\quad\ \| \quad\quad\ \| \\ -C\!\!-\!\!C\!\!-\!\!O\!\!-\!\!C\!\!-\!\!C\!\!-\!\!C\!\!-\!\!O\!\!-\!\!C- \\ |\quad\quad\quad\quad\quad\quad |\quad\quad\quad\quad\quad\quad \\ CH_3\quad\quad\quad\quad\quad CH_3 \end{array} \right)_n$$

Aus *Dimethylketen* und *Aceton* können in Anwesenheit von Butyllithium sogar Copolymerisate folgender Konstitution erhalten werden[2]:

$$\begin{array}{c} CH_3 \\ | \\ -C\!\!-\!\!O\!- \\ | \\ CH_3 \end{array} \left[\begin{array}{c} O\ \ CH_3\ CH_3 \\ \|\ \ |\quad\ | \\ -C\!\!-\!\!C\!\!-\!\!\ \ C\!\!-\!\!O\!- \\ \ \ |\quad\ | \\ \ \ CH_3\ CH_3 \end{array} \right]_n \begin{array}{c} O\ \ CH_3 \\ \|\ \ | \\ -C\!\!-\!\!C\!- \\ \ \ | \\ \ \ CH_3 \end{array}$$

Die Konstitution wurde u. a. dadurch bestätigt, daß bei der Reduktion des Polymerisates mit Lithiumaluminiumhydrid das folgende Glykol entstand:

$$\begin{array}{c} \ \ \ CH_3\ CH_3 \\ \ \ \ |\quad\ | \\ HO\!\!-\!\!C\!\!-\!\!\ \ C\!\!-\!\!CH_2OH \\ \ \ \ |\quad\ | \\ \ \ \ CH_3\ CH_3 \end{array}$$

Polyester aus Diketen[3]: In 100 cm³ trockenem Äther werden 1,7 g Quecksilber-(II)-chlorid gelöst. Zu der auf — 5° abgekühlten Lösung tropft man unter Rühren im Laufe von etwa 1¹/₂ Stdn. 21,8 g Diketen (Kp: 127–127,5°) ein. Man rührt noch 1 Stde. nach und läßt das Reaktionsgemisch über Nacht bei 0–20° stehen. Nun saugt man ab, wäscht mit verd. Salzsäure, Wasser und Methanol aus und trocknet i. Vak.; Ausbeute: 8,4 g (40% d.Th.).

Bei der Fraktionierung des Polyesters, der ein weißes Pulver darstellt, in Aceton und Dioxan werden 40% einer in Aceton löslichen Fraktion, 37% einer in Dioxan löslichen Fraktion und 23% einer unlöslichen Fraktion erhalten. Die in Dioxan lösliche Fraktion löst sich in Chloroform, Dimethylformamid und heißem Aceton und ist unlöslich in Benzol, Alkohol und Ameisensäure. Ihr Mol.-Gew. beträgt 1630 (kryoskopisch in Dioxan bestimmt).

Während die linearen Polyester aus Hydroxycarbonsäuren oder durch Polymerisation von Lactonen erhalten werden können, entstehen die entsprechenden Schwefelanalogen, die Polythioester, aus Mercaptocarbonsäuren oder Thiolactonen. So geht beispielsweise *Thioglykolsäure* bei 130–140° bei möglichst rascher Entfernung des Reaktionswassers in Polythioglykolid über[4].

$$n\ HS\!\!-\!\!CH_2\!\!-\!\!COOH \quad \rightarrow \quad H\!\!-\!\!(S\!\!-\!\!CH_2\!\!-\!\!CO)_n\!\!-\!\!OH + (n\!\!-\!\!1)H_2O$$

[1] G. NATTA, G. MAZZANTI, G. PREGAGLIA, M. BINAGHI u. M. PERALDO, Am. Soc. **82**, 4742 (1960).

[2] G. NATTA, G. MAZZANTI, G. PREGAGLIA u. M. BINAGHI, Am. Soc. **82**, 5511 (1960).

[3] J. FURUKAWA, T. SAEGUSA, N. MISE u. K. KAWASAKI, Makromolekulare Chem. **39**, 243 (1960).

[4] A. SCHÖBERL, Makromolekulare Chem. **37**, 64 (1960).

Ein eleganteres Verfahren zur Herstellung von Polythioglykolid besteht in der Polymerisation von *Dithioglykolid*.

$$n \quad \begin{array}{c} S \\ H_2C \qquad CO \\ | \qquad | \\ OC \qquad CH_2 \\ S \end{array} \quad \xrightarrow{H_2O} \quad H\text{---}(S\text{---}CH_2\text{---}CO)_{2\,n}\text{---}OH$$

Sie verläuft schon bei Raumtemperatur und wird, in indifferenten Lösungsmitteln wie Chloroform, Benzol oder Äther durchgeführt, durch primäre und sekundäre Amine, wie beispielsweise Piperidin, Diäthylamin, Cyclohexylamin und Benzylamin, ausgelöst. Die schwerlöslichen Polymerisate, die einen Schmelzpunkt von 130–170° besitzen, fallen sofort in fast quantitativer Ausbeute aus. Sie sind in Dimethylformamid, Dioxan oder Pyridin nur beschränkt löslich. Über die Struktur und die Molekulargrößen lassen sich noch keine genaueren Angaben machen.

Polythioglykolid durch Polymerisation von Dithioglykolid[1]: Eine Lösung von 2,96 g (20 mMol) Dithioglykolid in 50 cm³ Chloroform wird mit 0,028 g (0,31 mMol) Piperidin versetzt. Es entsteht sofort ein dicker, weißer Niederschlag, der abgesaugt und mit Petroläther gewaschen wird; Ausbeute: 2,4 g (81% d.Th.), F: 164–167°.

Ein weiteres Verfahren zur Herstellung von Polythioglykolid besteht in der Decarboxylierung von *Thioglykolsäure-S-carbonsäure-anhydrid* (2,4-Dioxo-1,3-oxathiophan), das aus Thioglykolsäure durch Einwirkung von Phosgen leicht zugänglich ist.

$$n \quad \begin{array}{c} O \\ O \\ S \\ O \end{array} \quad \xrightarrow{H_2O} \quad H\text{---}(S\text{---}CH_2\text{---}CO)_n\text{---}OH + n\,CO_2$$

Die Decarboxylierung erfolgt in Gegenwart von Spuren von Wasser oder in Gegenwart von Spuren von Initiatoren, wie beispielsweise Piperidin, Butylamin, Diäthylamin und Cyclohexylamin. Die Polymerisate fallen in fast quantitativer Ausbeute aus.

Polythioglykolid aus 2,4-Dioxo-1,3-oxathiophan[1]:

2,4-Dioxo-1,3-oxathiophan[1]: Eine Lösung von 200 g Phosgen in 50 cm³ Dioxan wird mit einer Lösung von 92 g Thioglykolsäure in 50 cm³ Dioxan versetzt. Das Gemisch läßt man 4 Tage bei Raumtemp. stehen, dann wird im Wasserstrahlvak. mehrere Stdn. auf 60° erwärmt und das schwach gelb gefärbte zurückbleibende Öl durch Zusatz von 100 cm³ Chloroform krystallin abgeschieden. Man saugt ab, wäscht mit dem gleichen Lösungsmittel aus und trocknet über Phosphorpentoxyd.

Polythioglykolid[1]: Das 2,4-Dioxo-1,3-oxathiophan wird in trockenem Dioxan oder Nitrobenzol gelöst und nach Zugabe geringer Mengen Wasser bzw. primärer, sekundärer oder tertiärer Amine mehrere Stunden in siedendem Wasserbad erhitzt. Die Abspaltung von Kohlendioxyd ist dabei quantitativ, und nach dem Abkühlen fällt das Polythioglykolid als weißes, amorphes Pulver aus. Es kann zur Reinigung aus Dioxan umgelöst werden.

Die festen Polymerisate aus Polythioglykolid können durch Erhitzen im Vakuum zu dem cyclischen, dimeren Thioester, dem Dithioglykolid, depolymerisiert werden. Durch Zinkoxyd oder Kobaltsalze wird die Spalttemperatur erniedrigt und die Ausbeute an Dithioglykolid erhöht.

Dithioglykolid: In einem Säbelkolben werden 4 g Polythioglykolid mit 0,2–0,3 g Kobalt-(II)-chlorid-hexahydrat innig vermischt und unter Stickstoff i. Vak. einer Ölpumpe auf 200–220° erhitzt. Das übersublimierte Dithioglykolid (1,5 g = 40% d.Th.) wird aus trockenem Tetrachlormethan umkrystallisiert; F: 96°.

---

[1] A. Schöberl, Makromolekulare Chem. **37**, 64 (1960).

β) Gesättigte Polyester aus zwei Komponenten

Für die Herstellung linearer Polyester aus zwei Komponenten sind die Glykole und die Dicarbonsäuren von großer präparativer Bedeutung. Die Veresterung, die in diesem Falle ebenfalls unter Wasserabspaltung verläuft, vollzieht sich in An- und Abwesenheit von Katalysatoren[1].

Als solche können neben den üblichen Veresterungskatalysatoren, wie Schwefelsäure oder p-Toluolsulfonsäure, Leicht- und Schwermetallsalze sowie Oxyde von Calcium, Strontium, Zink, Aluminium, Wismut, Eisen, Kobalt verwandt werden. Erwähnt seien Calciumchlorid, Strontiumchlorid, Zinkbromid, Aluminiumchlorid[2] sowie Blei-(II)-oxyd[3] und Quecksilber-(II)-oxyd. Als wirksam erweisen sich weiterhin folgende Metalle, die entweder als solche oder in Form ihrer Oxyde oder Salze in Mengen von höchstens etwa 0,05%, bezogen auf das Metallkation, der Veresterung zugesetzt werden[4].

Metall	zugesetzt als	Metall	zugesetzt als
Mn	Adipinat	Cd	Adipinat
Zn	Adipinat	Pb	(II)-Adipinat
Sb	(III)-Oxyd	Fe	Ferrum reductum
Co	(II)-Adipinat		

Auch Natriumhydrogensulfat[5] wird als Veresterungskatalysator empfohlen.

Als Baukomponenten sind die verschiedensten Glykole, wie *Äthylenglykol, Diäthylenglykol, 1,2-Propandiol, 1,10-Decandiol* u.a. und sowohl aliphatische als auch aromatische Dicarbonsäuren, sowie auch Gemische der einzelnen Komponenten geeignet.

$$(n+2) \ HO{-}(CH_2)_x{-}OH + (n+1) \ HOOC{-}(CH_2)_y{-}COOH \rightarrow$$
$$HO{-}(CH_2)_x{-}OOC{-}(CH_2)_y{-}CO{-}[O{-}(CH_2)_x{-}OOC{-}(CH_2)_y{-}CO]_n{-}O{-}(CH_2)_x{-}OH + (2n+2)H_2O$$

Anstelle der freien Säuren können auch deren Anhydride, Säurechloride und Ester eingesetzt werden. Bei Verwendung von Anhydriden sind als Katalysatoren Hydroxyde des Aluminiums, Bleis, Zinns und Antimons wirksam[6]. Die Umsetzung von Dicarbonsäureestern mit Glykolen verläuft, wie bereits erwähnt, unter Umesterung[7]. Besonders geeignet erweisen sich die Dicarbonsäureester von leicht flüchtigen Alkoholen wie Methyl-, Äthyl- oder Butylalkohol, die mit den Glykolen in Gegenwart von sauren oder basischen Katalysatoren unter Abspaltung des leicht flüchtigen Alkohols reagieren:

$$HO{-}(CH_2)_x{-}OH + ROOC{-}(CH_2)_y{-}COOR \rightarrow \text{Polyester} + 2 \ R{-}OH$$

Als saure Katalysatoren können Mineralsäuren, wie Salzsäure, Schwefelsäure und Phosphorsäure, angewandt werden. Besonders geeignet ist p-Toluolsulfonsäure.

---

[1] W. H. CAROTHERS u. G. A. ARVIN, Am. Soc. **51**, 2560 (1929).

[2] A.P. 2249950 (1938), Bell Telephone Laboratories Inc., Erf.: C. S. FULLER; Chem. Abstr. **35**, 7068[5] (1941).

[3] A.P. 2491660 (1947), DuPont, Erf.: W. F. GRESHAM; Chem. Abstr. **44**, 3025[f] (1950).

[4] DAS. 1039748 (1953) ≡ F.P. 1102786 (1954), Farbf. Bayer, Erf.: H. SCHULTHEIS, E. WINDEMUTH u. D. DELFS; C. **1957**, 3404.

[5] E.P. 687348 (1949), Standard Oil Development Co.; C. **1955**, 1185.

[6] DBP.-Anm. C 4201 (1951), Chemische Werke Hüls, Erf.: A. COENEN.

[7] W. H. CAROTHERS u. F. J. VAN NATTA, Am. Soc. **52**, 314 (1930).

An alkalischen Katalysatoren seien die Alkali- und Erdalkalimetalle[1] genannt, die auch in Form ihrer Alkoholate oder Hydride angewandt werden können. Auch Schwermetallsalze, wie Zink- oder Quecksilber-(II)-salze, oder Oxyde, wie Blei-(II)-oxyd, Quecksilber-(II)-oxyd, sowie Cerverbindungen beeinflussen die Kondensation katalytisch. Eine Ausnahmestellung nehmen die Phenylester der Polycarbonsäuren ein, die auch ohne Zugabe von Katalysatoren unter Abspaltung von Phenol umestern.

Man verwendet das Umesterungsverfahren insbesondere dann, wenn es sich um thermisch instabile Säuren wie *Kohlensäure*[2], *Oxalsäure*[3] und *Malonsäure* handelt, oder wenn infolge der Schwerlöslichkeit der Dicarbonsäuren, wie z.B. der *Terephthalsäure*, eine Veresterung über die freie Säure sehr erschwert ist.

Der Dimethylester stellt im letzteren Fall das geeignete Ausgangsmaterial dar. Je nach der angewandten Glykolmenge und den Reaktionsbedingungen erhält man niedermolekulare *Poly-äthylenterephthalate*[4] oder auch höhermolekulare, verspinnbare Produkte[5].

Zur Herstellung eines technisch hochwertigen *Poly-äthylenterephthalates* bedient man sich verschiedenartiger Katalysatoren. So arbeitet man beispielsweise zur Erzielung hochmolekularer Produkte mit Zusätzen von katalytischen Mengen Titan-(IV)-oxyd[6], Antimon-(III)-oxyd[7] oder Blei-(II)-oxyd[8]. Die gleichzeitige Anwesenheit von Antimon-(III)-oxyd oder Zinkacetat und eines Diketons, wie z.B. Benzil oder Furil[9], oder geringe Zusätze von Metallenolaten eines Diketons, wie z.B. Zinkacetylacetonat[10], bewirken eine wesentliche Verkürzung der Reaktionszeit. Zur Regelung des *Molekulargewichtes* werden Zusätze von 2-Naphthoesäure-methylester[11], Alkyl-2-naphthoesäure-methylestern sowie 2-Hydroxy-3-naphthoesäureestern bei der Kondensation empfohlen. Als Umesterungskatalysatoren von spezifischer Wirksamkeit sind Zinkborat[12], Lithiumhydrid[13] und organische Zinnverbindungen[14], wie Zinnformiat[15], sowie Lanthan und seine Salze mit schwachen oder flüchtigen organischen Säuren[16] geeignet.

[1] A.P. 2534028 (1948), DuPont, Erf.: E. F. Izard; C. **1952**, 4231.
   E.P. 578079 (1941), I. C. I., Erf.: J. R. Whinfield u. J. T. Dickson, Chem. Abstr. **41**, 1495[e] (1947).
[2] W. H. Carothers u. F. J. van Natta, Am. Soc. **52**, 314 (1930).
[3] W. H. Carothers, I. A. Arvin u. G. L. Dorough, Am. Soc. **52**, 3292 (1930).
[4] E.P. 731023 (1953), DuPont, Erf.: H. R. Billica; Chem. Abstr. **49**, 13293[e] (1955).
[5] A.P. 2647885 (1951), DuPont, Erf.: H. R. Billica; Chem. Abstr. **47**, 10278[d] (1953).
   A.P. 2643989 (1949), DuPont, Erf.: L. A. Auspos u. J. B. Dempster; Chem. Abstr. **47**, 9670[b] (1953).
   F.P. 1099655 (1954), Chemstrand Corp., Erf.: E. H. Sundbeck, W. K. Easley, J. B. Ballentine u. K. R. Lea; C. **1957**, 11755.
[6] F.P. 1165359 (1957), Hercules Powder Co., Erf.: O. York jr.; C. **1959**, 17478.
[7] A.P. 2647885 (1951), DuPont, Erf.: H. R. Billica; Chem. Abstr. **47**, 10278[d] (1953).
[8] A.P. 2534028 (1948), DuPont, Erf.: E. F. Izard; Chem. Abstr. **45**, 2225[b] (1951).
[9] Belg.P. 594762 (1960), Vereinigte Glanzstoff AG.
[10] DAS. 1108432 (1956), Chemstrand Corp., Erf.: W. K. Easley, J. K. Lawson u. J. B. Ballentine.
[11] A.P. 2758105 (1953), DuPont, Erf.: E. Palles u. W. R. Saner; C. **1958**, 7315.
[12] A.P. 2518283 (1948), DuPont, Erf.: E. F. Casassa; Chem. Abstr. **45**, 392[h] (1951).
[13] DAS. 1001252 (1953), DuPont, Erf.: H. R. Billica; C. **1957**, 10337.
[14] DAS. 1005947 (1955), Goodrich Co., Erf.: W. L. Beears, F. X. Werber, J. E. Jansen u. I. H. Gresham; C. **1957**, 12603.
[15] E.P. 791790 (1956), Chemstrand Corp., Erf.: P. H. Hebson u. B. Ballentine; Chem. Abstr. **52**, 19246[e] (1958).
[16] E.P. 819640 (1955), DuPont, Erf.: R. M. Cavanaugh u. J. B. Dempster; C. **1960**, 15223.

Auch Säurechloride werden als Ausgangskomponenten zur Herstellung von Polyestern herangezogen, wenn es sich um die Chloride solcher Dicarbonsäuren handelt, bei denen die Carboxygruppen unmittelbar an den Benzolkern gebunden sind, wie beispielsweise Terephthalsäuredichlorid[1] oder Isophthalsäuredichlorid[2]. Als Glykol ist für dieses Herstellungsverfahren insbesondere das *1,4-Butandiol* geeignet. Zur Modifizierung des Eigenschaftsbildes können auch Mischungen von 1,4-Butandiol mit wenig Dimercaptanen, wie beispielsweise *1,4-Butandithiol*[3], angewandt werden, wobei außer den Estergruppen auch Thioestergruppen entstehen.

Ersetzt man das 1,4-Butandiol durch *Diphenole*, so entstehen durch Umsetzung mit Terephthalsäure- oder Isophthalsäuredichlorid hochschmelzende Polyester, die ausschließlich aromatische Komponenten enthalten und sehr hydrolysenbeständig sind. Sie können daher leicht durch Umsetzung der löslichen Natriumsalze der Diphenole mit den aromatischen Säurechloriden in wäßrig-organischer Lösung erhalten werden, ohne daß hierbei ein hydrolytischer Abbau erfolgt. Aus *2,2-Bis-[4-hydroxy-phenyl]-propan* und einem Gemisch aus Terephthalsäure- und Isophthalsäuredichlorid resultiert ein hochschmelzender faserbildender Polyester (F: 280°)[4].

Neben den rein organischen Säurechloriden sind auch Alkanphosphonsäurechloride wie beispielsweise Äthan- oder Cyclohexanphosphonsäuredichlorid

$$R{-}P\!\!\begin{array}{c}\diagup Cl\\[-2pt]\diagdown Cl\end{array} \qquad R = \text{Alkyl, Cycloalkyl}$$
$$\overset{\shortmid\shortmid}{O}$$

zur Herstellung von Polyestern geeignet[5]. Als Hydroxyverbindungen werden in diesem Falle besonders Diphenole, wie Hydrochinon, 4,4'-Dihydroxy-biphenyl, Bis-[4-hydroxy-phenyl]-sulfon und andere, angewandt. Die hierbei entstehenden Polyester sind zähe, kautschukelastische Materialien, die schwer brennbar sind. Als Katalysator ist insbesondere Magnesiumchlorid geeignet. Aus Phosphorsäure-äthylester-dichlorid und Äthylenglykol entstehen Polyester, die in Wasser nicht hydrolisiert werden[6].

Ebenso wie die Säuren lassen sich auch die Glykole in Form ihrer Ester, wie beispielsweise den Glykolacetaten, mit Dicarbonsäuren unter Abspaltung von Essigsäure umestern.

$$H_3C{-}COO{-}(CH_2)_x{-}OOC{-}CH_3 + HOOC{-}(CH_2)_y{-}COOH \xrightarrow{\text{Katalysator}} \text{Polyester} + CH_3COOH$$

Diese Methode wird besonders dann mit Erfolg angewandt, wenn es sich um die Veresterung von phenolischen Hydroxygruppen mit Dicarbonsäuren handelt. Die Diphenole werden in Form ihrer Diacetate[7] eingesetzt, oder man geht von den freien Phenolen aus und nimmt die Veresterung in Gegenwart von Essigsäureanhydrid vor[8]. Als Katalysator ist Zink-(II)-acetat geeignet[7].

[1] DBP.-Anm. W 3920 (1950), Wingfoot Corp.
[2] E.P. 655377 (1948), Wingfoot Corp.; Chem. Abstr. **46**, 3799[e] (1952).
[3] E.P. 655271 (1948), Wingfoot Corp.
[4] W. M. EARECKSON, J. Polymer Sci., **40**, 399 (1959). A. CONIX, Ind. eng. Chem. **51**, 147 (1959).
[5] A.P. 2743258 (1952), Eastman Kodak Co., Erf.: H. W. COOVER; Chem. Abstr. **50**, 12533[c] (1956).
[6] I. P. VIVES, I. NAVECK u. I. PETIT, C. r. **249**, 922 (1959).
[7] F.P. 1163702 (1956), I.C.I.; C. **1960**, 11130.
[8] A.P. 2595343 (1948), Celanese Corp., Erf.: J. G. N. DREWITT u. J. LINCOLN; Chem. Abstr. **46**, 8895[f] (1952).

Neben den erwähnten Estern von Glykolen sind auch cyclische Ester insbesondere von aliphatischen Glykolen, wie beispielsweise deren Carbonate und Sulfite, für die Herstellung von Polyestern geeignet[1]. Bei der Kondensation mit Dicarbonsäuren erfolgt der Einbau des Glykols unter Ringöffnung und Abspaltung von Kohlendioxyd bzw. Schwefeldioxyd[1]. Besonders günstig verhalten sich die *Carbonate* des *Äthylenglykols* und *1,2-Propandiols*, die als 5-gliedrige Ringe nur in der monomeren Form vorliegen[2] und daher keine Polymerisationstendenz zeigen, während 6-gliedrige cyclische Verbindungen, wie Trimethylencarbonat[3] oder Äthylenoxalat[4], schon teilweise bei Raumtemperatur oder beim Erhitzen in höhermolekulare Polyester übergehen, die jedoch beim Erwärmen im Vakuum wieder in die cyclischen Monomeren zurückspalten. Schon beim Trimethylenoxalat[3], das einen 7-gliedrigen Ring bilden könnte, ist die Cyclisierungstendenz vollkommen zugunsten der linearen Polyesterbildung zurückgedrängt.

Auch die cyclischen Glykoläther, wie beispielsweise Tetrahydrofuran, lassen sich in Gegenwart von Veresterungskatalysatoren mit Dicarbonsäuren[5] oder deren Anhydriden[6] in Polyester überführen. Als Katalysatoren eignen sich bei Verwendung von Dicarbonsäuren u.a. Schwefelsäure, Zinkoxyd, Aluminiumoxyd, Zinkchlorid, Aluminiumchlorid und Borfluorid. Die Veresterung von Alkylenoxyden mit Dicarbonsäureanhydriden, die bei Anwesenheit von Spuren Wasser unter verhältnismäßig milden Bedingungen verläuft, vollzieht sich in Gegenwart von alkalischen Katalysatoren, wie beispielsweise Alkali- oder Erdalkalihydroxyd. Sie führt zu Polyestern, die ein ziemlich niedriges Molekulargewicht besitzen und daher vorwiegend als Weichmacher geeignet sind.

Dagegen lassen sich Epoxyde und Dicarbonsäureanhydride in Gegenwart von tertiären Aminen zu höhermolekularen, linearen Polyestern umsetzen[7]. Die Reaktion verläuft besonders glatt in Gegenwart von Lithiumchlorid. Aus *Phenoxypropenoxyd* und *Phthalsäureanhydrid* werden Produkte bis zu einem Durchschnittmolekulargewicht von 90000 erhalten[8]. Anstelle der Epoxyde können auch cyclische Carbonate von 1,2-Diolen verwandt werden, die bei der Reaktionstemperatur in das Epoxyd und Kohlendioxyd spalten[9].

Zur Erzielung möglichst *hoher Durchschnittsmolekulargewichte* ist es wesentlich, die Glykole und Dicarbonsäuren in äquivalentem Verhältnis einzusetzen. Hierbei werden Polyester erhalten, die als Endgruppen Hydroxy- und Carboxygruppen aufweisen. Wendet man dagegen eine Komponente im Überschuß an, so entstehen im

---

[1] F.P. 1099654 (1954), Chemstrand Corp., Erf.: G. E. Ham jr.; C. **1957**, 8371.
  DBP.-Anm. C 9298 (1954), Chemische Werke Hüls, Erf.: L. Bub, W. Franke u. R. Kraft.
  A.P. 2870124 (1953) ≡ F.P. 1116121 (1954), Chemstrand Corp., Erf.: G. E. Ham jr.; C. **1958**, 5524.
[2] D. Vorländer, A. **280**, 187 (1894).
  C. F. Allpress u. W. Maw, Soc. **125**, 2259 (1924).
[3] W. H. Carothers u. F. J. van Natta, Am. Soc. **52**, 314 (1930).
[4] W. H. Carothers, J. A. Arvin u. G. L. Dorough, Am. Soc. **52**, 3292 (1930).
[5] DBP. 886304 (1951), BASF, Erf.: F. Meyer u. H. Krzikalla; C. **1954**, 6826.
[6] A.P. 2779783 (1954), Firestone Tire & Rubber Co., Erf.: R. A. Hayes; Chem. Abstr. **51**, 7763^g (1957).
  A.P. 2811512 (1953), DuPont, Erf.: P. R. Austin u. O. L. Cass; Chem. Abstr. **52**, 2452^h (1958).
[7] R. F. Fischer, J. Polymer Sci. **44**, 155 (1960); Ind. eng. Chem. **52**, 321 (1960).
[8] E. Schwenk u. Mitarbb., Makromolekulare Chem. **51**, 53 (1962).
[9] W. J. Peppel, Ind. eng. Chem. **50**, 767 (1958).

Falle eines Säureüberschusses Polyester, die als Endgruppen im wesentlichen Carboxygruppen aufweisen. Vielfach arbeitet man mit einem Überschuß an Glykolen. Das hat zur Folge, daß im Extremfall die Endgruppen des Polyesters ausschließlich aus Hydroxygruppen bestehen. Aus dem Hydroxylgehalt läßt sich bei linearen Polyestern direkt das Durchschnittsmolekulargewicht errechnen. Es ist umso größer, je geringer der Hydroxylgehalt ist und umgekehrt. Da der Hydroxylgehalt eines Polyesters von der im Überschuß angewandten Glykolmenge abhängt, ist man in der Lage, durch Anwendung eines errechneten Überschusses einen linearen Polyester vom gewünschten Hydroxylgehalt bzw. Durchschnittsmolekulargewicht zu erhalten[1]. Das setzt allerdings voraus, daß bei Verwendung von bestimmten Glykolen, wie z.B. Äthylenglykol und 1,2-Propandiol, die Veresterung so durchgeführt wird, daß das Glykol durch Anwendung eines geeigneten Rücklaufsystems nicht teilweise mit den Wasserdämpfen übergeht. Derartige Produkte, die als Endgruppen ausschließlich Hydroxygruppen enthalten, sind besonders für die Umsetzung mit Diisocyanaten geeignet[2].

Poly-äthylenadipinat aus Glykol und Adipinsäure[1] (Methode 1): In einem Dreihalskolben von 4 *l* Inhalt werden unter Überleiten von Kohlendioxyd 1460 g Adipinsäure und 675 g Äthylenglykol erwärmt (Abb. 1). Bei einer Temp. von 130–140° unter Normaldruck setzt die Kondensation ein. Man heizt langsam höher, wobei das Reaktionswasser über die mit Raschigringen oder sonstigen Füllkörpern beschickte Kolonne abdestilliert. Hierbei muß man darauf achten, daß kein Glykol mitgeführt wird, was man durch Beobachtung des Thermometers am Kolonnenkopf, das nicht über 100° steigen darf, erkennt. Ein Teil des Destillates (mindestens die Hälfte) wird daher mittels des Regulierhahns am Kolonnenkopf als Rücklauf auf die Kolonne gegeben. Im Laufe einiger Stdn. wird der Kolbeninhalt dann bis auf 200° geheizt, wobei allmählich die Wasserabspaltung immer geringer wird und daher die Übergangstemp. auf 80–60° sinkt.

Nun wird vorteilhaft auf 150° abgekühlt und die Vorlage mit der Wasserstrahlpumpe verbunden. Der Druck wird dann allmählich so vermindert, daß die Destillation in normalen Grenzen verläuft und die Kolonne nicht staut. Nach etwa 1 Stde. ist das volle Wasserstrahlvak. erreicht, und nun steigert man die Kondensationstemp. wieder langsam auf 200°. Nach weiteren 5–8 Stdn. wird von einer Probe die Säurezahl bestimmt, die etwa 1 betragen soll. Falls sie höher liegt, kondensiert man bei der gleichen

Abb. 1. Apparatur zur Herstellung von Poly-äthylenadipinat (Methode 1)

1 = Reaktionsgefäß, 2 = Rührer, 3 = Destillationskolonne, 4 = Kolonnenkopf, 4a = Trennwand mit Loch für den Rücklauf, 5 = Regulierhahn für Rücklauf, 6 = Rückflußkühler, 7 = Destillatkühler, 8 = Saugflasche, 9 = Ent- bzw. Belüftungshahn, 10 = Thermometer

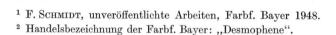

[1] F. Schmidt, unveröffentlichte Arbeiten, Farbf. Bayer 1948.
[2] Handelsbezeichnung der Farbf. Bayer: „Desmophene".

Temp. noch 1–2 Stdn. weiter. Man erhält ein wachsartiges Produkt vom F: 50°, das sich in Benzol, Aceton, Äthylacetat, Chloroform usw. löst. Die Hydroxylzahl beträgt 54, das entspricht einem Durchschnittsmolekulargewicht von 2075. Auf Grund des Glykol-Einsatzes berechnet sich eine Hydroxylzahl von 56.

Der so erhaltene lineare Polyester läßt sich durch Einwirkung von Titansäureestern in den vernetzten Zustand überführen[1].

Bestimmung der Hydroxylzahl nach der Acetylierungsmethode mit Essigsäureanhydrid-Pyridin[2]:

Herstellung der Acetylierungsflüssigkeit: 300 g analysenreines Essigsäureanhydrid (Merck) werden in 700 g Pyridin (Kp: 114,5°, 760 Torr) gelöst. Der Wassergehalt des Pyridins darf 0,5% nicht übersteigen. Die Lösung wird in einer braunen Flasche aufbewahrt. Nach mehrtägigem Stehen tritt eine Farbvertiefung ein, womit gleichzeitig eine Abnahme des Gehaltes an Essigsäureanhydrid verbunden ist. Dieser Fehler wird aber dadurch eliminiert, daß mit jeder Bestimmung gleichzeitig ein Blindversuch ausgeführt wird.

Einwaage: Reproduzierbare Ergebnisse erhält man, wenn die Einwaage zwischen 2,0 und 2,5 g liegt, wobei das Gewicht auf ± 10 mg genau zu bestimmen ist. Die Einwaage erfolgt in einer 100 cm³ fassenden Flüssigkeitsflasche aus normalem Glas mit eingeschliffenem Stöpsel. Es empfiehlt sich, keine Gummistopfen zu verwenden, weil sonst Verluste und Verfärbung eintreten.

Ausführung: Es werden für jede Bestimmung jeweils 3 Proben in Flüssigkeitsflaschen eingewogen und unter schwachem Erwärmen in je 10 cm³ Pyridin gelöst. Nach dem Abkühlen werden 10 cm³ der Acetylierungsflüssigkeit zugegeben, die Flaschen mit dem Schliffstöpsel fest verschlossen und Flaschenhals und Stöpsel mit einem Isolierband eng verbunden. Die Acetylierung erfolgt durch 70 Min. langes Erwärmen in einem auf 110° vorgewärmten elektrischen Ofen. Ein doppelt ausgeführter Blindversuch, der nur 10 cm³ Pyridin und 10 cm³ der Acetylierungsflüssigkeit enthält, wird unter den gleichen Bedingungen ebenso behandelt.

Nach dem Abkühlen des acetylierten Reaktionsgemisches werden aus einer Meßpipette 50 cm³ wäßr. 1 n Natronlauge in die Flüssigkeit gegeben (für den Blindversuch ebenso 50 cm³ 1 n Natronlauge). Das Einfüllen der Natronlauge erfolgt unter leichtem Schütteln, wobei sich unter schwacher Erwärmung eine feinteilige Dispersion bildet. Nach der Zugabe von 3 Tropfen einer 0,1%igen wäßr. Lösung von Nilblau-Standard wird die Flüssigkeit mit wäßr. 1 n Natronlauge bis zum Farbumschlag aus einer 10 cm³ fassenden Mikrobürette mit einer Einteilung von 0,01 bis 0,02 cm³ titriert. Der Farbumschlag erfolgt von blau nach rotviolett mit einem blauvioletten Zwischenton. Die austitrierte Probe bildet nach kurzem Stehen die blauviolette Farbe zurück.

Berechnung:

$$\text{Hydroxylzahl} = 56,1 \cdot f \cdot \frac{B - A}{E}$$

A = cm³ Natronlauge verbraucht für die eingewogene Probe
B = cm³ Natronlauge verbraucht für den Blindversuch
f = Faktor der Natronlauge
E = Gewicht der Probe in g

Zur Mittelwertbildung können nur solche Ergebnisse herangezogen werden, deren Hydroxylzahl um höchstens ± 2 schwankt. Wenn die Säurezahl des Polyesters größer ist als 1, so muß dieser Betrag zur Hydroxylzahl addiert werden.

Die *Säurezahl* gibt an, wieviel mg Kaliumhydroxyd zur Neutralisation der Säuregruppen in einem Gramm der Verbindung notwendig sind. Ihre Bestimmung erfolgt durch Titration der in einem Gemisch aus Benzol und Äthanol gelösten Probe mit 0,1 n wäßriger Natronlauge gegen Phenolphthalein.

Bestimmung der Säurezahl:

Ausführung: Es werden 2 bis 3 g der zu untersuchenden Substanz eingewogen, in 100 cm³ eines Gemisches aus gleichen Vol. Benzol und denaturiertem Äthanol gelöst und mit wäßriger

---

[1] F. Schmid, Ang. Ch. **64**, 536 (1952).
 S. a. ds. Bd., S. 29.
[2] A. Verley u. F. Bösing, B. **34**, 3354 (1901).

0,1 n Natronlauge aus einer 10 cm³ fassenden Mikrobürette mit einer Einteilung von 0,02 cm³ gegen Phenolphthalein titriert. Vorher muß der Alkaliverbrauch des Lösungsmittelgemisches für sich allein bestimmt werden.

Berechnung:
$$\text{Säurezahl} = 5{,}6 \cdot f \cdot \frac{A - B}{E}$$

A = cm³ 0,1 n Natronlauge verbraucht für die eingewogene Probe
B = cm³ 0,1 n Natronlauge verbraucht für den Blindversuch
f = Faktor der Natronlauge
E = Einwaage in g

Poly-äthylenadipinat aus Glykol und Adipinsäure[1] (Methode 2): Das Arbeiten i. Vak. und das Mitreißen von Glykol kann vermieden werden durch die zusätzliche Mitverwendung von Lösungsmitteln (Schleppmitteln) wie beispielsweise Benzol. Da in diesem Falle die Übergangstemp. von 80° nicht überschritten wird, kann man bei nicht zu schnellem Erwärmen auf den Rücklauf und damit auf die entsprechende Einrichtung des Kolonnenkopfes verzichten. Zwecks Trennung des Benzols von Wasser ist unterhalb des absteigenden Kühlers ein Trenngefäß nach Art einer Florentiner Flasche angebracht (s. Abb. 2), von wo aus das kondensierte Benzol (gegebenenfalls nach einer Trocknung) kontinuierlich in das Reaktionsgefäß zurückfließt. Es genügen etwa 70 bis 80 cm³ Benzol je nach der Größe des Dampfraums. Eine kleine Öffnung am oberen Ende des Trenngefäßes sorgt für den Druckausgleich nach außen. Der Fortschritt der Kondensation kann durch Messen des abgespaltenen Wassers verfolgt werden. Man heizt auch hier auf 130°, setzt den Rührer in Gang und füllt (durch den Thermometerstutzen am oberen Kolonnenende oder eine zusätzliche Öffnung) gerade soviel Benzol ein, wie zur Erzielung einer normalen Destillation nötig ist. Etwa eintretende Verluste werden dabei durch Nachsetzen einiger cm³ Benzol ausgeglichen. Es wird nach Maßgabe der Wasserabscheidung langsam auf 200° geheizt und diese Temp. solange gehalten, bis (bei einem Einsatz von 1460 g Adipinsäure und 675 g Glykol) 360 cm³ Wasser abgespalten sind und die Säurezahl 1 beträgt (Dauer: 18–20 Stdn.). Hydroxylzahl ber.: 56, gefunden: 55,5.

Poly-äthylenadipinat ist ein viscoses Öl, das zu einer wachsartigen Masse erstarrt, F: 50°.

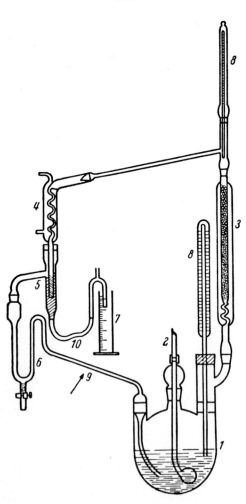

Abb. 2. Apparatur zur Herstellung von Poly-äthylenadipinat (Methode 2)

1 = Reaktionsgefäß, 2 = Rührer, 3 = Destillationskolonne, 4 = Kühler, 5 = Trenngefäß für Benzol und Wasser, 6 = Lösungsmittel-Syphon und Rückleitung zum Reaktionsgefäß, 7 = graduiertes Auffangsgefäß für Reaktionswasser, 8 = Thermometer, 9 = (hier ist es vorteilhaft, noch eine Trockenpatrone einzuschalten), 10 = Gummischlauch.

---

[1] F. Schmidt, unveröffentlichte Arbeiten, Farbf. Bayer 1948.

Poly-hexamethylensuccinat aus 1,6-Hexandiol und Bernsteinsäure[1] (Methode 3): 118,09 g (1 Mol) reines 1,6-Hexandiol und 118,17 g (1 Mol) reine Bernsteinsäure werden zusammen mit 3 g reiner p-Toluolsulfonsäure in einen 2 l fassenden Kolben gegeben. Zu dieser Mischung werden zunächst 400 cm³ reines Toluol hinzugefügt. Auf den Kolben wird nun die in Abb. 3 dargestellte Umlaufapparatur gesetzt. In der Trockenfritte, die mit Hilfe einer Drahtöse leicht herausgehoben und gewechselt werden kann, befindet sich Natronkalk.

Der Kolbeninhalt wird nun bis zum lebhaften Sieden des Toluols erhitzt. Die Hauptmenge des bei der Veresterung entstehenden Wassers spaltet sich in der ersten Stde. der Reaktion ab und kann durch den Wasserabscheider A abgelassen werden. Das noch mit Wasser ges. Lösungsmittel wird durch das Absorptionsgefäß B von den letzten Spuren Wasser befreit und läuft in den Kolben zurück. Während der Gesamtdauer der Kondensation muß der Natronkalk im Absorptionsgefäß 2–3 mal erneuert werden.

Nach 3–4 Stdn. beobachtet man eine Zunahme der Viscosität der Lösung, die sich rasch steigert, wobei die Lösung in starkes Schäumen gerät. In dem Maße, wie das Molekulargewicht des Polyesters wächst, läßt die Destillationsgeschwindigkeit des Toluols nach, so daß laufend von Zeit zu Zeit neues Lösungsmittel zugesetzt werden muß, damit eine lebhafte Destillation gewährleistet bleibt. Nach 20–24 Stdn. ist die Polykondensation beendet, und der Polyester kann zur

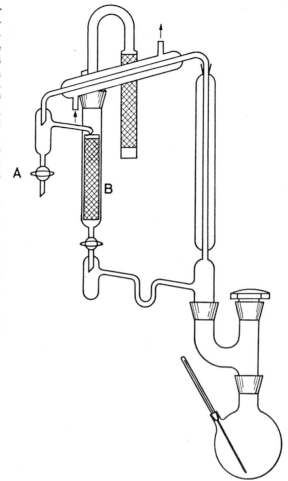

Abb. 3. Umlaufapparatur zur Herstellung von Poly-hexamethylensuccinat (Methode 3)

Entfernung des Katalysators mit Methanol ausgefällt werden. Das osmotische Molekulargewicht des so hergestellten Polyesters (Durchschnittsmolekulargewicht des unfraktionierten Esters) beträgt etwa 50–80000. Die höchsten Fraktionen erreichen ein Molekulargewicht von 150–200000. Das Produkt ist faserbildend; F: 108°.

Statt Toluol können auch Xylol, Benzol, Chlorbenzol usw. als Lösungs- bzw. Schleppmittel Verwendung finden.

Poly-äthylenphthalat aus Äthylenglykol und Phthalsäureanhydrid[2] (Methode 1): In einem 500-cm³-Dreihalskolben, der mit Rührer, Überleitungsrohr, Thermometer und Dreikugelaufsatz mit absteigendem Kühler versehen ist, werden 148 g Phthalsäureanhydrid und 76 g Äthylenglykol allmählich auf 160–170° erwärmt. Bei dieser Temp. setzt die Wasserabspaltung ein. Durch allmähliche Steigerung auf 220° erreicht man, daß das gesamte Wasser bei einer Übergangstemp. von 100° abdestilliert, ohne daß wesentliche Mengen Glykol mitgerissen werden. Fällt die Übergangstemp. auf 60–70° bei einer Innentemp. von 220°, so legt man zunächst schwaches Vak. an und

---

[1] H. HOLTSCHMIDT, Dissertation, Universität Freiburg 1951.
[2] E. MÜLLER, Arbeitsvorschrift.

reduziert den Druck in dem Maße, wie die letzten Wasserreste übergehen. Man kondensiert nun bei 220° weiter, bis die Säurezahl 3–5 beträgt, was nach etwa 8–10 Stdn. erreicht ist. Nun wird der Kolbeninhalt bei 150° auf Bleche ausgegossen. Nach dem Erkalten ist ein schwach gelbgefärbtes, sprödes Harz entstanden, das beim Erwärmen wieder weich wird. Es ist löslich in Chloroform, Aceton, Äthylacetat, unlöslich in Äthanol, Petroleum, Äther und Benzin. Die Hydroxlyzahl beträgt 35–40 ($= 1{,}06$–$1{,}21\%$ OH), das entspricht einem Durchschnittsmolekulargewicht von 3200–2800.

Poly-äthylenterephthalat aus Äthylenglykol und Terephthalsäuredimethylester[1] (Methode 1):

In einem mit Thermometer, Überleitungsrohr und absteigendem Kühler versehenen Kölbchen werden 30 g Terephthalsäuredimethylester und 15 g Äthylenglykol nach Zugabe von 5 cm³ einer $0{,}2\%$igen Natriummethylatlösung in Methanol unter Überleiten von Stickstoff auf 170° erwärmt. Nachdem das Methanol abdestilliert ist, steigert man die Temp. allmählich auf 280°. Nach einer weiteren Stde. wird Vak. angelegt und bei einem Druck von 0,5 Torr noch etwa 8 Stdn. bei der gleichen Temp. kondensiert, bis eine hochviscose Schmelze entstanden ist. Beim Erkalten erhält man ein zähes, hartes Material vom F: 256°, das kalt reckbar ist und sich aus der Schmelze zu Fasern verspinnen läßt, die um einige 100% ihrer ursprünglichen Länge gereckt werden können.

Polyester aus 1,4-Bis-[hydroxymethyl]-cyclohexan und Terephthalsäuredimethylester[2] (Methode 1):

19,4 g Terephthalsäuredimethylester (0,1 Mol) und 28,8 g 1,4-Bis-[hydroxymethyl]-cyclohexan (0,2 Mol), das 65–70% des *trans*-Isomeren enthält, werden nach Zugabe von 16 Tropfen einer $14{,}4\%$igen Lösung von $NaHTi(OC_4H_9)_6$ in n-Butanol unter Rühren auf 190–200° geheizt. Nachdem das Methanol abdestilliert ist, steigert man die Temp. auf 270°. Durch weiteres Erhitzen auf 300–310° bei 1 Torr ist die Kondensation nach etwa $1\frac{1}{2}$ Stdn. beendet. Man läßt die hochviscose Schmelze unter Stickstoff erkalten; das Kondensationsprodukt schmilzt bei 290–300° und läßt sich aus der Schmelze zu Fasern verspinnen.

Polyester aus 1,6-Hexandiol und Bis-[p-carbobutyloxy-phenyl]-sulfon[3] (Methode 1):

$$H_9C_4OOC-\langle\!\!\!\bigcirc\!\!\!\rangle-SO_2-\langle\!\!\!\bigcirc\!\!\!\rangle-COOC_4H_9$$

In einem mit absteigendem Kühler, Einleitungsrohr, Rührer und Thermometer versehenen Kolben wird unter Durchleiten von Stickstoff ein Gemisch von 84 g (0,2 Mol), Bis-[4-carbobutyloxy-phenyl]-sulfon und 36 g (0,3 Mol) 1,6-Hexandiol nach Zugabe von 0,1 g Natriumbutylat und Aluminium erwärmt. Man steigert die Temp. allmählich auf 200–210°, wobei der Butylalkohol abdestilliert. Bei einer weiteren Temperatursteigerung auf 280–285° (etwa 15–30 Min.) destilliert der Überschuß des 1,6-Hexandiols ab. Man unterbricht nun das Überleiten von Stickstoff und kondensiert bei einem Druck von 1 Torr zu Ende. Die Viscosität nimmt während dieser Kondensationsstufe stark zu, so daß die Rührgeschwindigkeit vermindert werden muß. Nach weiteren 30–40 Min. ist die Schmelze hochviscos, so daß die Kondensation abgebrochen werden muß. Beim langsamen Erkalten der Schmelze erhält man eine opake, krystalline Masse vom F: 270–280°, deren spez. Viscosität in einem Gemisch von 60 Tln. Phenol und 40 Tln. Tetrachloräthan 0,7–0,8 beträgt. Das Material läßt sich zu Fasern verspinnen.

Poly-tetramethylenisophthalat aus Isophthalylchlorid und 1,4-Butandiol[4] (Methode 1): In einem

mit Rührer, Thermometer, Überleitungs- und Ableitungsrohr versehenen Dreihalskolben werden 62,58 g Isophthalylchlorid und 28,06 g 1,4-Butandiol unter Durchleiten eines Stickstoffstroms zur Reaktion gebracht. Nach dem Zusammengeben der Komponenten steigt die Temp. auf etwa 40°.

[1] Zusammenfassung: J. R. Whinfield, Nature **158**, 930 (1946).
   D. V. N. Hardy, J. Soc. chem. Ind. **67**, 426 (1948).
   Silk and Rayon **20**, 1380 (1946); **21**, 534 (1947).
   E.P. 579462 (1943), J. T. Dickson; C. **1948** II (Ostberlin), 358.
   E.P. 578079 (1941), J. R. Whinfield u. J. T. Dickson; Chem. Abstr. **41**, 1495^e (1947).
[2] A.P. 2901466 (1955), Eastman Kodak Co., Erf.: C. J. Kibler u. J. G. Smith; Chem. Abstr. **54**, 1926^a (1960).
   Handelsname der Faser: Kodel®.
[3] F.P. 1079756 (1953), Eastman Kodak Co., Erf.: J. R. Caldwell.
[4] E.P. 655377 (1948), Wingfoot Corp.; Chem. Abstr. **46**, 3799^e (1952).

Sodann heizt man allmählich auf 218° und setzt die Kondensation etwa 35 Min. fort. Es entsteht eine klare Schmelze mit einer Schmelzviscosität von 2500 cP. Die Schmelze ist spinnbar; F: 140 bis 142°.

Polyester aus Hydrochinondiacetat und Adipinsäure[1] (Methode 1): 19,4 g Hydrochinondiacetat und 14,6 g Adipinsäure werden in einem langsamen Strom mit sauerstofffreiem Stickstoff 2 Stdn. auf 220–230° erhitzt. Anschließend wird bei einem Druck von 0,5 Torr die Temp. auf 230 bis 235° gesteigert. Nach beendeter Kondensation ist das Produkt fadenziehend und schmilzt bei 224–226°.

Poly-äthylenterephthalat aus Terephthalsäure und Glykolcarbonat[2] (Methode 1): 16,6 g Terephthalsäure und 8,8 g Glykolcarbonat werden unter Rückflußkühlung auf 240–250° erhitzt. Nach wenigen Stdn. beginnt die Reaktion unter lebhafter Entwicklung von Kohlendioxid. Danach wird am absteigenden Kühler bis zur Beendigung der Kohlendioxydentwicklung weiter erhitzt. Dann läßt man die Temp. langsam auf 270–280° ansteigen und hält 2 Stdn. bei dieser Temp., wobei Stickstoff eingeleitet wird. Anschließend kondensiert man noch 5 Stdn. bei 280°/2 Torr. Das erhaltene Polykondensationsprodukt schmilzt bei 254°.

Polyester aus Adipinsäure und Tetrahydrofuran[3]: Zu einem Gemisch von 160 g Adipinsäure, 15 g konz. Schwefelsäure und 5 g Zinkoxyd läßt man bei Siedetemp. allmählich 144 g Tetrahydrofuran zufließen und erhitzt das Gemisch noch mehrere Stdn. am Rückfluß, wobei man den Rücklauf über Natriumhydroxyd fließen läßt, um das entstandene Wasser zu entfernen. Nach dem Erkalten wird das Reaktionsgemisch mit Benzol verdünnt, mit Wasser neutral gewaschen, getrocknet und das Lösungsmittel i. Vak. abgedampft. Man erhält einen wachsartigen Polyester.

Poly-äthylensuccinat aus Bernsteinsäureanhydrid und Äthylenoxyd[4]: 100 g Bernsteinsäureanhydrid, 44 g Äthylenoxyd und 0,9 g einer 50%igen Natronlauge werden unter Rühren in einem Autoklaven bei 70° 17 Stdn. zur Reaktion gebracht. Nach dem Abkühlen erhält man ein wachsartiges Produkt; Säurezahl: 96.

γ) Gesättigte Polyester aus mehr als zwei Komponenten

Die bisher erwähnten Methoden befassen sich mit der Herstellung von Polyestern aus ein oder zwei Komponenten. Geht man nunmehr von Mischungen mehrerer zweiwertiger Alkohole und Dicarbonsäuren aus, so entstehen lineare Mischester. Die Variationsmöglichkeit ist, was die Zahl der einkondensierten Komponenten wie auch ihre Mengenverhältnisse anbetrifft, sehr groß. Es können sowohl Gemische von Glykolen als auch Gemische von verschiedenen Dicarbonsäuren oder beides angewandt werden. Methodisch unterscheidet sich die Herstellung der linearen, gesättigten Mischester nicht von den bisher erwähnten Verfahren. Es seien in diesem Zusammenhang die gebräuchlichsten für die Polyesterbildung geeigneten gesättigten Glykole und Säuren genannt:

Glykole:

Äthylenglykol	*1,6-Hexandiol*
Di-, Tri- und *Polyäthylenglykol*	*1,10-Decandiol*
1,2- und *1,3-Propandiol*	*1,12-Octadecandiol*
1,4-, 2,3-, 1,3-Butandiol	*2,2-Dimethyl-propandiol-(1,3)*
	Glycerinmonomethyläther

---

[1] A. P. 2595343 (1948), Celanese Corp., Erf.: J. G. N. DREWITT u. J. LINCOLN; Chem. Abstr. **46**, 8895[f] (1952).

[2] F. P. 1099654 (1954), Chemstrand Corp., Erf.: G. E. HAM jr.; C. **1957**, 8371.
DBP.-Anm. C 9298 (1954), Chemische Werke Hüls, Erf.: L. BUB, W. FRANKE u. R. KRAFT.

[3] DBP. 886304 (1951), BASF, Erf.: F. MEYER u. H. KRZIKALLA; C. **1954**, 6826.

[4] A. P. 2779783 (1954), Firestone Tire & Rubber Co., Erf.: R. A. HAYES; Chem. Abstr. **51**, 7763 (1957).

Dicarbonsäuren:

Kohlensäure (als Ester)	C_{11}- und C_{12}-*Dicarbonsäuren*
Oxalsäure (als Ester)	*Diglykolsäure*
Malonsäure (als Ester)	*Methylen-bis-thioglykolsäure*
Bernsteinsäure	γ,γ'-*Sulfo-dibuttersäure*
Glutarsäure	*Thiodibuttersäure*
Adipinsäure	*Phthalsäure*
Methyladipinsäure	*Isophthalsäure*
Sebacinsäure	*Terephthalsäure*

Dimerisationsprodukte langkettiger ungesättigter Fettsäuren[1].

Die so erhaltenen hydroxygruppenhaltigen, linearen Polyester, die durch Veresterung von zweiwertigen Alkoholen mit Dicarbonsäuren erhalten werden, tragen die Hydroxygruppen ausschließlich an ihren Enden. Verwendet man anstelle der Dicarbonsäuren aliphatische α-Hydroxy-dicarbonsäuren, wie beispielsweise Weinsäure, Äpfelsäure, a,a'-Dihydroxy-adipinsäure[2], oder aromatische Dicarbonsäuren, welche Hydroxygruppen in o-Stellung zu den Carboxygruppen enthalten, wie beispielsweise 2,5-Dihydroxy-terephthalsäure[3], so gelingt es auch Polyester herzustellen, die außer den endständigen Hydroxygruppen sekundäre Hydroxygruppen in der Kette tragen. Bei der Veresterung derartiger Hydroxydicarbonsäuren, die zweckmäßigerweise im Gemisch mit anderen Dicarbonsäuren eingesetzt werden, bleiben die den Carboxygruppen benachbarten Hydroxygruppen von der Veresterung verschont, da es sich hierbei um sekundäre Hydroxygruppen handelt, die durch Chelatisierung in ihrem Reaktionsvermögen bedeutend abgeschwächt sind. Unter schonenden Veresterungsbedingungen gelingt es daher, auch mit derartigen Hydroxycarbonsäuren und zweiwertigen Alkoholen streng linear aufgebaute Polyester zu erhalten. Bei Temperaturen über 150° werden jedoch auch diese sekundären Hydroxygruppen verestert, und es entstehen vernetzte Produkte. Derartige unter schonenden Bedingungen hergestellte sekundäre hydroxygruppenhaltige Polyester besitzen Molekulargewichte bis zu 40000 (viscosimetrisch nach H. Staudinger bestimmt). Sie geben zum Teil kalt verstreckbare Filme und Folien und sind löslich in den für Polyester gebräuchlichen Lösungsmitteln. Darüber hinaus stellen sie wertvolle Zwischenprodukte für weitere Vernetzungsreaktionen mit Isocyanaten, gegebenenfalls auch über Metallkomplexe, dar.

Polyester aus 1,6-Hexandiol, Bernsteinsäure und Weinsäure[2] (Methode 1): 177,3 g 1,6-Hexandiol (1,5 Mol), 161,2 g Bernsteinsäure (1,336 Mol), 20,12 g Weinsäure (0,134 Mol) und 3 g p-Toluolsulfonsäure werden nach dem Verfahren der Schmelzkondensation bei Temp. zwischen 90° und 130° verestert. Nach 3 Stdn. Kondensationsdauer wird Wasserstrahlvak. angelegt. Die Viscosität der Schmelze nimmt sehr rasch zu. Nach etwa 12 Stdn. wird die Kondensation bei 110° im Hochvak. zu Ende geführt. Man erhält nach einer gesamten Reaktionszeit von etwa 20 Stdn. eine hellgelbe, sehr zähe Schmelze, die nach 3–4 Stdn. zu einer festen weißen Masse erstarrt. Aus der Schmelze lassen sich Fäden ziehen, die auf die 5–6fache Länge verstreckbar sind. Der Polyester läßt sich gut zu einem Fell von der Konsistenz des Rohkautschuks auswalzen. Er ist löslich in chlorierten Kohlenwasserstoffen oder Dimethylformamid; (Hydroxylzahl: 56; Säurezahl: 4,8; Durchschnittsmolekulargewicht (ber. für reinen Poly-bernsteinsäure-1,6-hexandiol-ester) 15600. Der Polyester ist mit Isocyanaten sehr leicht vernetzbar.

Polyester aus 2,5-Dihydroxy-terephthalsäure und 1,6-Hexandiol[3] (Methode 1 und 2): 1 Mol 2,5-Dihydroxy-terephthalsäure wird mit 3 Mol 1,6-Hexandiol bei 180° verschmolzen. Nach

---

[1] Development Product Bulletin Nr. 61 A, Emery Industries Inc., Carew Tower, Cincinnati/Ohio.
[2] DBP. 950240 (1952), Farbf. Bayer, Erf.: H. HOLTSCHMIDT u. O. BAYER; C. **1957**, 4546.
[3] DBP. 900495 (1951), Vereinigte Glanzstoff-AG., Erf.: H. BATZER u. H. HOLTSCHMIDT; C. **1954**, 8484.

3 Stdn. wird das überschüssige 1,6-Hexandiol i. Vak. abdestilliert. Die Weiterkondensation erfolgt unter Zusatz von 2% p-Toluolsulfonsäure als Katalysator in o-Brom-toluol bei 130° unter vermindertem Druck. Anschließend wird aus Methanol umgefällt. Der erhaltene Polyester ist gelbbraun gefärbt. Aus seiner Schmelze lassen sich Fasern ziehen. Das Produkt ist löslich in m-Kresol, Benzylchlorid und o-Brom-toluol. Das Durchschnittsmolekulargewicht ist 11000 (viscosimetrisch in m-Kresol bestimmt).

δ) Gesättigte Polyester mit artfremden, eingebauten Gruppen

Führt man die Veresterung unter Mitverwendung von Diaminen aus, so treten die Aminogruppen mit den Carboxygruppen der Dicarbonsäuren in Reaktion und es entstehen nunmehr Polyester, die außer der Estergruppe auch die Carbonamidgruppe als kettenverknüpfendes Glied enthalten. Es können sowohl primäre als auch sekundäre Diamine angewandt werden. An primären Diaminen sind z. B. *1,6-Hexamethylen-*[1], *1,4-Tetramethylen-*, *Äthylendiamin*, an sekundären z. B. das *Piperazin*[2] geeignet. Auch Hydroxyamine wie *2-Amino-äthanol*, *N-(β-Hydroxy-äthyl)-anilin* u. a. lassen sich leicht einkondensieren. Der Einbau von Carbonamidgruppen ist auch durch die Mitverwendung von Aminocarbonsäuren oder von Lactamen, wie beispielsweise Caprolactam[3], möglich, das unter den Veresterungsbedingungen unter Ringöffnung in die Kette eingebaut wird. Die Mitverwendung von stickstoffhaltigen Komponenten bei der Kondensation, insbesondere solcher Verbindungen, die ein tertiär gebundenes Stickstoffatom enthalten, wie z. B. *N-Bis-[β-hydroxy-äthyl]-anilin*[4] oder *N-Bis-[β-hydroxy-äthyl]-benzolsulfonsäureamid*[5] bewirkt eine verbesserte Anfärbbarkeit der Polyester.

$$HO-H_2C-H_2C-N-CH_2-CH_2-OH \qquad\qquad HO-H_2C-H_2C-N-CH_2-CH_2-OH$$

Im Gegensatz zu den bisher geschilderten Verfahren, bei denen die Komponenten, welche artfremde Gruppen enthalten, vor der Kondensation zugesetzt werden, kann man auch so verfahren, daß man einen auskondensierten, hochmolekularen Polyester, wie beispielsweise Poly-äthylenterephthalat, nachträglich bei erhöhten Temperaturen mit stickstoffhaltigen Glykolen behandelt[6]. Infolge von Umesterungsvorgängen erfolgt dann teilweise ein Einbau der stickstoffhaltigen Komponenten, wobei ebenfalls leicht anfärbbare Produkte erhalten werden. Als besonders geeignet erweisen sich hierfür Glykole, wie beispielsweise *N-Methyl-bis-[β-hydroxy-äthyl]-amin*, *N-Bis-[β-hydroxy-äthyl]-benzylamin* und andere.

Säureamidgruppenhaltiger Polyester aus 1,6-Hexamethylendiamin, Glykol und Sebacinsäure[7] (Methode 1): Eine Mischung von 29,1 g 1,6-Hexamethylendiamin, 114,7 g Äthylenglykol (10%

[1] A.P. 2333639 (1940), DuPont, Erf.: R. E. Christ u. W. E. Hanford; Chem. Abstr. **38**, 2424⁵ (1944).
[2] T. Lieser u. Mitarbb., A. **556**, 114 (1944).
[3] W. H. Carothers u. J. W. Hill, Am. Soc. **54**, 1566 (1932).
[4] A.P. 2899408 (1954), Eastman Kodak Co., Erf.: J. R. Caldwell u. J. W. Wellman; Chem. Abstr. **53**, 22975ʰ (1959).
[5] A.P. 2925404 (1954), Eastman Kodak Co., Erf.: J. R. Caldwell u. J. W. Wellman.
[6] A.P. 2647104 (1951), DuPont, Erf.: J. C. Shivers; Chem. Abstr. **47**, 10897ᵉ (1953).
[7] A. P. 2333639 (1940), DuPont, Erf.: R. E. Christ u. W. E. Hanford; Chem. Abstr. **38**, 2424⁵ (1944).

Überschuß) und 396,7 g Sebacinsäure wird unter Überleiten von Stickstoff 2 Stdn. auf 150° erwärmt und die Temp. allmählich auf 250° gesteigert. Nachdem das gesamte Wasser abdestilliert ist, kondensiert man noch 6 Stdn. bei 200°/2 Torr. Das erhaltene Produkt ist ein zähes, wachsartiges Material.

Säureamidgruppenhaltiger Polyester aus Piperazin, Äthylenglykol und Adipinsäure[1] (Methode 1): In einem Rührkolben, der mit einem Thermometer, einem mit Raschiggringen gefüllten Dreikugelaufsatz und einem absteigenden Kühler ausgestattet ist, werden 1460 g (10 Mol) Adipinsäure, 589 g (9,5 Mol) Äthylenglykol und 291 g (1,5 Mol) Piperazin-hexahydrat eingewogen und unter einer Schutzgasatmosphäre von reinem Stickstoff erhitzt. Bei einer Temp. von 128° beginnt die Wasserabspaltung, die durch stetige Temperaturerhöhung bis 210° in Gang gehalten wird. Fällt die Übergangstemp. am Kopf des Dreikugelaufsatzes nach Erreichen von 210° der Reaktionsmischung unter 100°, was bei einer Säurezahl von etwa 60 der Fall ist, wird Vak. angelegt, bis 12 Torr erreicht sind, wobei darauf geachtet wird, daß kein Äthylenglykol abdestilliert. Nach einer Gesamtlaufzeit von etwa 35 Stdn. wird gekühlt und bei 120° auf ein Trockenblech gegossen. Das Polyesteramid erstarrt zu einer transparenten gelartigen Masse, die nach einigen Tagen zu einem festen Wachs kristallisiert, welches in Methylglykolätheracetat, Dimethylformamid, Benzol, Chlorbenzol, Methylenchlorid, Trichloräthylen löslich, in Äthylacetat und Aceton partiell löslich, in Methylalkohol, Äthylalkohol, Toluol und aliphatischen Kohlenwasserstoffen praktisch unlöslich ist. Die Säurezahl beträgt 2,9, die Hydroxylzahl 48,3.

Basischer Polyester aus Methyl-bis-[β-hydroxy-äthyl]-amin, Glykol und Adipinsäure (Methode 1): Ein Gemisch von 730 g Adipinsäure, 119 g Methyl-bis-[β-hydroxy-äthyl]-amin und 310 g Glykol wird unter Überleiten von Stickstoff unter den üblichen Bedingungen allmählich auf 210–220° erwärmt, wobei man darauf achtet, daß die Übergangstemp. nicht über 100° steigt. Nach 6 Stdn. ist die Säurezahl auf 36 gefallen. Man kondensiert nun noch 4½ Stdn. i. Vak. und erhält ein in der Kälte wachsartiges Produkt mit der Säurezahl 2,8 und der Hydroxylzahl 63. Der Polyester ist in Wasser unlöslich, geht aber auf Zusatz von verd. Essigsäure oder Salzsäure in Lösung.

Basischer Polyester aus Poly-äthylenterephthalat und Methyl-bis-[β-hydroxy-äthyl]-amin[2]: 1 g Poly-äthylenterephthalat wird in 10 g Diphenyläther, der 0,6 g Methyl-bis-[β-hydroxy-äthyl]-amin gelöst enthält, 2½ Min. auf 250° erwärmt. Man kühlt dann ab, wäscht mit Petroleum und Äther aus und filtriert. Nach mehrmaligem Waschen und Trocknen enthält das pulverförmige Polymere 0,42% Stickstoff und ist anfärbbar.

ε) Eigenschaften und Verwendung gesättigter Polyester

Die linearen, gesättigten Polyester sind zum Teil viscose Flüssigkeiten, wachsartige Produkte oder von harzartiger Beschaffenheit. Die wachsartigen Polyester zeigen im Röntgenbild kristalline Struktur[3]. Der Schmelzpunkt der wachs- und harzartigen Produkte liegt meist unter 120°. Die physikalischen Eigenschaften sind weitgehend von der Art der Baukomponenten und dem Molekulargewicht der Polyester abhängig. Produkte von wachsartiger Beschaffenheit werden erhalten bei Verwendung von Baukomponenten, die eine gerade Kohlenstoffatomzahl besitzen und keine Seitengruppen aufweisen, wie z. B. Äthylenglykol, 1,4-Butandiol Bernsteinsäure, Sebacinsäure und andere.

Komponenten mit ungerader Kohlenstoffatomzahl, wie 1,3-Propandiol, Pimelinsäure, oder solche, die Seitengruppen enthalten, wie 1,2-Propandiol, 1,3-Butandiol, Methyladipinsäure, sowie Glykole und Säuren, deren Kohlenstoffkette durch Heteroatome, wie beispielsweise Sauerstoff oder Schwefel unterbrochen ist, liefern bei Raumtemperatur flüssige Polyester.

---

[1] Arbeisvorschrift von E. WINDEMUTH, Farbf. Bayer 1942.
[2] A.P. 2647104 (1951), DuPont, Erf.: J. C. SHIVERS; Chem. Abstr. **47**, 10897^e (1953).
[3] C. S. FULLER, C. J. FROSCH u. N. R. PAPE, Am. Soc. **64**, 154 (1942).
  C. S. FULLER u. C. L. ERICKSON, Am. Soc. **59**, 344 (1937).
  C. S. FULLER u. C. J. FROSCH, Am. Soc. **61**, 2575 (1939).

Die auf Phthalsäurebasis aufgebauten Produkte besitzen harzartige oder glasähnliche Struktur.

Einen ebenso großen Einfluß wie die Baukomponenten übt das *Molekulargewicht* auf die Eigenschaften der Polyester aus. Während die niedermolekularen Kondensate leicht in Chloroform, Benzol, Aceton und Äthylacetat löslich sind, quellen die höhermolekularen Produkte erst an, bevor sie in Lösung gehen. Der Schmelzpunkt steigt an bis zu einem Molekulargewicht von etwa 1000, ändert sich aber zwischen einem Molekulargewicht von 1000–2500 nur wenig.

Die niedermolekularen Produkte sind wachsartig und brüchig, während die höhermolekularen Polyester hornartig und zäh sind. Wird ein Molekulargewicht von über 10000 erreicht, so besteht die Möglichkeit, daß sich der betreffende Polyester zu Fasern verspinnen läßt[1]. Derartige Fasern, die man beispielsweise durch Verspinnen von Poly-äthylensebacinat[2] erhält, sind kalt reckbar, werden hierbei durchsichtig und erreichen bei dem Streckvorgang ihre maximale Festigkeit.

Besonders hochwertige Fasern liefert das aus *Terephthalsäure* und *Äthylenglykol* erhaltene Poly-äthylenterephthalat[3], das unter der Handelsbezeichnung Terylen® (I.C.I.)[4] bekannt geworden ist. Es nimmt auch insofern eine Ausnahmestellung im Vergleich zu den übrigen Polyestern ein, als es einen sehr hohen Schmelzpunkt von 256° besitzt. Derartige hochschmelzende Polyester wurden bisher nur mit solchen aromatischen Dicarbonsäuren erhalten, in denen die Carboxygruppen direkt an den aromatischen Ring gebunden und symmetrisch angeordnet sind. Schon bei dem Ersatz der Terephthalsäure durch *Isophthalsäure* fällt der Schmelzpunkt des Polyäthylenkondensates auf 102–107°. Das gleiche beobachtet man, wenn man den Abstand der Carboxygruppen vom aromatischen Kern vergrößert, indem man die Terephthalsäure durch *1,4-Phenylen-diessigsäure* ersetzt. *Biphenyl-4,4'-dicarbonsäure* ergibt dagegen Polyester, die bei höheren Temperaturen schmelzen als die analogen Produkte auf Terephthalsäurebasis. Der Einbau von Zwischengliedern zwischen die beiden Arylreste[5] bewirkt, wie aus der folgenden Tab. 1 (S. 26) hervorgeht, wiederum eine Schmelzpunktserniedrigung, die besonders bei Verwendung von Zwischengliedern mit einer ungeraden Anzahl von Kohlenstoffatomen in Erscheinung tritt.

Eine Ausnahmestellung nimmt in dieser Reihe das *Bis-[4-carboxy-phenyl]-sulfon* ein,

$$\text{HOOC}\!-\!\langle\!\bigcirc\!\rangle\!-\!\text{SO}_2\!-\!\langle\!\bigcirc\!\rangle\!-\!\text{COOH}$$

das bei der Veresterung mit unverzweigten, zweiwertigen Alkoholen, wie beispielsweise *1,6-Hexandiol*, Polyester vom F: 230–240° liefert, die sich zu Fasern verspinnen lassen[6].

[1] W. H. CAROTHERS u. F. J. VAN NATTA, Am. Soc. **55**, 4714 (1933).

[2] H. MARK u. G. S. WHITBY, The Collected Papers of W. H. CAROTHERS on High Polymeric Substances, S. 20, Interscience Publ. Inc., New York 1940.

[3] E.P.578079 (1941), I.C.I., Erf.: J. R.WHINFIELD u. J.T. DICKSON; Chem. Abstr. **41**, 1495[e] (1947).

[4] Handelsbezeichnung der DuPont: Dacron®.
Handelsbezeichnung der Farbw. Hoechst: Trevira®.
Handelsbezeichnung der Vereinigten Glanzstoff AG.: Diolen®.

[5] E.P. 604073 (1945), I.C.I., Erf.: J. G. COOK, H. P. W. HUGGILL u. A. R. LOWE; Chem.Abstr. **43**, 7236[g] (1949).
E.P. 604074 (1945), I.C.I., Erf.: J. G. COOK, J. T. DICKSON, H. P. W. HUGGILL u. A. R. LOWE; Chem. Abstr. **43**, 7236[h] (1949).
E.P. 604075 (1945), I.C.I., Erf.: A. R. LOWE; Chem. Abstr. **43**, 7236[i] (1949).
E.P. 579462 (1943), I.C.I., Erf.: J. T. DICKSON; Chem. Abstr. **41**, 3128[b] (1947).
E.P. 588497 (1945), I.C.I., Erf.: J. G. COOK, J. T. DICKSON u. H. P. W. HUGGILL.

[6] F.P.1079756 (1953), Eastman Kodak Co., Erf.: J. R. CALDWELL.

Tab. 1. Schmelzpunkte von Polyestern des Äthylenglykols[1]

Säurekomponente	F [°C]
Biphenyl-4,4'-dicarbonsäure	346
Bis-[4-carboxy-phenyl]-methan	220
Bis-[4-carboxy-phenyl]-thioäther	190–200
Bis-[4-carboxy-phenyl]-äther	152
(4-Carboxy-phenylmethyl)-(4-carboxy-phenyl)-äther . .	212–216
Bis-[4-carboxy-phenyl]-äthan	220
Bis-[4-carboxy-phenyl]-butan	170
Bis-[4-carboxy-phenylmercapto]-äthan	190
Bis-[4-carboxy-phenoxy]-äthan	240
Bis-[4-carboxy-phenoxy]-propan	190
Bis-[4-carboxy-phenoxy]-butan	215
Bis-[4-carboxy-phenoxy]-pentan	150
Bis-[4-carboxy-phenoxy]-hexan	170

Ebenso wie der Ersatz der Terephthalsäure wirkt auch der Ersatz des Äthylenglykols durch andere Glykole schmelzpunkterniedrigend auf den Polyester. Besonders stark schmelzpunkterniedrigend sind die ungeradzahligen Diole. Aber auch seitliche Methylgruppen, wie beispielsweise im 1,2-Propandiol, bewirken einen ähnlichen Effekt. Seitenketten in dieser ataktischen Anordnung erschweren die Krystallisation und führen zu glasartigen Produkten. Werden dagegen zwei Methylgruppen so eingeführt, daß sie symmetrisch angeordnet sind, wie beispielsweise im *2,2-Dimethyl-propandiol-(1,3)*, so ist das Polymere krystallin und bildet Fasern.

amorph   bzw.   krystallin

Anstelle der rein aliphatischen Glykole sind auch solche mit aromatischen Ringsystemen wie z. B. das *Bis-[4-(β-hydroxy-äthoxy)-phenyl]-sulfon*[2]

und *1,4-Bis-[hydroxymethyl]-benzol*[3] oder solche mit cycloaliphatischen Ringsystemen wie z. B. das *1,4-Bis-[hydroxymethyl]-cyclohexan*[4], das sowohl in der *cis-* als auch in der *trans-*Form und als Isomerengemisch angewandt werden kann[5], heran-

gezogen worden. Letzteres läßt sich durch Umesterung mit Terephthalsäuredimethylester in einen hochmolekularen Polyester überführen, der verspinnbar ist und erst bei 290–300° schmilzt.

---

[1] R. HILL, Fasern aus synthetischen Polymeren, S. 155, Verlag Berliner Union, Stuttgart 1956.

[2] A.P. 2593411 (1949); 2614120 (1950), Eastman Kodak Co., Erf.: J. R. CALDWELL; Chem. Abstr. 47, 1188^h (1953); 48, 1440^b (1954).

[3] F.P. 1198731 (1957), Diamond-Alkali Co.

[4] A.P. 2901466 (1955), Eastman Kodak Co., Erf.: C. I. KIBLER u. J. G. SMITH; Chem. Abstr. 54, 1926^a (1960).

[5] Herstellungsvorschrift s. S. 20.

Bisher nahm man an, daß das Faserbildungsvermögen und der hohe Schmelzpunkt bei Polyestern an das Vorhandensein aromatischer Dicarbonsäuren mit p-Phenylengruppierung[1] gebunden sind. In den letzten Jahren konnten jedoch H. Batzer und Mitarb.[2] zeigen, daß auch hydroaromatische Polyester, die als Baukomponenten *trans-Hexahydrophthalsäure* oder auch *trans-Chinit* enthalten, Fasereigenschaften und einen relativ hohen Schmelzpunkt besitzen. Im Gegensatz hierzu sind die entsprechenden Polyester aus den isomeren *cis*-Verbindungen wachsartige Produkte ohne Faserbildungsvermögen. Die Veresterung der hydroaromatischen *trans*-Verbindungen muß daher bei solchen Temperaturen durchgeführt werden, bei denen noch keine Umlagerung in die *cis*-Verbindungen stattfindet. —

Reaktionen an Polyestern können zu einem Abbau oder Aufbau des Moleküls führen. Abbaureaktionen erfolgen leicht durch saure oder alkalische Hydrolyse, bei der die meisten Polyester in ihre Ausgangskomponenten gespalten werden. Die hydrolytische Spaltung verläuft bei solchen Polyestern besonders leicht, die aus kurzkettigen aliphatischen Komponenten aufgebaut sind, oder die Polycarbonsäuren mit einer hohen Dissoziationskonstante als Baukomponenten enthalten. Daher hydrolysieren die aus Oxalsäure und Bernsteinsäure erhaltenen Polyester verhältnismäßig leicht, während Polyadipinate oder Polycarbonate beständiger sind. Eine wesentlich höhere Hydrolysenbeständigkeit weisen solche Polyester auf, die aus langkettigen aliphatischen oder aromatischen[3] Komponenten aufgebaut sind und die daher hydrophobe Eigenschaften besitzen. Eine Sonderstellung nimmt das Poly-äthylenterephthalat ein, das auch noch durch die dichte Packung der Ketten (spez. Gew. 1,45) bedingt, weitgehend hydrolysenbeständig ist.

Neben dem hydrolytischen Abbau können Polyester auch durch Aminolyse gespalten werden. Bei der Einwirkung von Aminen auf Polyester wird die kettenverknüpfende Estergruppierung unter Kettenabbruch in eine Carbonsäureamidgruppe und in den dem Polyester zugrunde liegenden Alkohol übergeführt.

$$\sim\text{OOC}\sim\text{COO}\sim + \text{R}''{-}\text{NH}_2 \rightarrow \sim\text{OH} + \text{R}''\text{HN}{-}\text{OC}\sim\text{COO}\sim$$

Bei Verwendung von Ammoniak, primären oder sekundären Monoaminen erfolgt daher ein Abbau des Polyesters, während die Einwirkung von primären oder sekundären Diaminen einen partiellen Ersatz der Estergruppierungen durch Carbonamidgruppierungen zur Folge hat.

$$\sim\text{OOC}\sim\text{COO}\sim\text{OOC}\sim\text{COO}\sim + \text{H}_2\text{N}{-}\text{R}''{-}\text{NH}_2 \rightarrow$$

$$\sim\text{OOC}\sim\text{CO}{-}\text{NH}{-}\text{R}''{-}\text{NH}{-}\text{OC}\sim\text{COO}\sim + \text{HO}{-}\text{R}{-}\text{OH}$$

Die Aminolyse der Polyester verläuft im allgemeinen schnell, wenn die Polyester sauer oder alkalisch leicht verseifbar sind. Hydrolysenbeständige Polyester erweisen sich auch gegenüber Aminen und Diaminen als verhältnismäßig stabil.

[1] R. Hill u. E. E. Walker, J. Polymer Sci. **3**, 609 (1948).
    O. B. Edgar u. R. Hill, J. Polymer Sci. **8**, 1 (1952).
    E. F. Izard, J. Polymer Sci. **9**, 35 (1952).
[2] H. Batzer u. G. Fritz, Makromolekulare Chem. **11**, 85 (1953); **14**, 179 (1954).
[3] A.P. 2902469 (1956), General Electric Co., Erf.: C. A. Burkhard; Chem. Abstr. **53**, 23087[h] (1959).

Neben diesen Reaktionen sind auch solche Abbauvorgänge bekannt geworden, die unter **intramolekularer Kondensation** verlaufen. Sie wurden an Polyestern beobachtet, die als Baukomponenten solche Dicarbonsäuren enthalten, welche der Dieckmannschen Ringkondensation zugänglich sind. Unterwirft man nämlich solche Polyester, wie beispielsweise *Poly-hexamethylensuccinat*, den Bedingungen einer Claisenschen Esterkondensation, so zerfallen sie in monomere Spaltstücke völlig neuer Konstitution[1]. In etwa 60% Ausbeute entsteht ein Diol folgender Zusammensetzung:

$$HO-(CH_2)_6-OOC-CH \begin{array}{c} CO-CH_2 \\ \\ CH_2-CO \end{array} CH-COO-(CH_2)_6-OH$$

Die Ausbeute ist vom Molekulargewicht unabhängig. Eine ähnliche Reaktion läßt sich am *Poly-äthylenadipinat* durchführen und führt dort in mäßiger Ausbeute zum Cyclopentanon-(2)-monocarbonsäure-β-hydroxy-äthylester[2].

$$\begin{array}{cc} CH_2-CH_2 \\ | \quad\quad | \\ CH_2 \quad CH-COO-(CH_2)_2-OH \\ CO \end{array}$$

Auch monofunktionelle Alkohole können unter **Umesterung** eine Spaltung der Kette in niedermolekulare Bestandteile herbeiführen. So wird beispielsweise *Poly-äthylenterephthalat* bei der Behandlung mit überschüssigem Methanol unter Druck bei etwa 200° zu 95% in Dimethylterephthalat (bezogen auf die vorhandene Terephthalsäure) übergeführt[3]. Dieser Abbau wird durch die Anwesenheit von **Arylsulfonsäuren** beschleunigt.

Abschließend sei noch auf die **thermischen Abbaumöglichkeiten** von Polyestern hingewiesen. Beim Erhitzen auf etwa 250–300° treten in den meisten Fällen Zersetzungsreaktionen ein, die mit Gasentwicklung, Verfärbung und einer Erhöhung der Säurezahl verbunden sind. Die Zersetzungstemperaturen sind von der Konstitution des Polyesters abhängig. Untersuchungen, die an *Poly-terephthalsäureestern* unter Verwendung verschiedenartiger Glykole durchgeführt wurden, führten zu der Erkenntnis, daß die Methylengruppe in β-Stellung zum Sauerstoff der Carboxygruppe die thermisch labilste Stelle im Molekül darstellt[4].

$$\left(-O-\overset{\downarrow}{C}H_2-CH_2OOC-\langle\bigcirc\rangle-CO- \right)_n$$

Der Ersatz der beiden Wasserstoffatome in dieser Methylengruppe durch Methylgruppen hat eine beachtliche Steigerung der Thermostabilität zur Folge[4].

$$\left(-O-CH_2-\overset{\overset{CH_3}{|}}{\underset{\underset{CH_3}{|}}{C}}-CH_2OOC-\langle\bigcirc\rangle-CO- \right)_n$$

[1] H. Holtschmidt, Makromolekulare Chem. **13**, 141 (1954).
[2] H. Holtschmidt, Farbf. Bayer.
[3] DBP. 960008 (1955), Vereinigte Glanzstoff AG., Erf.: R. Lotz; C. **1957**, 11718.
[4] H. A. Pohl, Am. Soc. **73**, 5660 (1951).

Die Aufbaureaktionen der Polyester erfolgen durch Umsetzung der Endgruppen mit solchen polyfunktionellen Verbindungen, die in der Lage sind, mit Hydroxy- oder Carboxygruppen unter Kettenverknüpfung zu reagieren. Es ist natürlich hierbei erforderlich, daß man von Polyestern von mittlerem oder niederem Molekulargewicht ausgeht, die noch genügend reaktionsfähige Endgruppen enthalten. So reagieren Carboxygruppen enthaltende Polyester mit Alkylencarbonaten, wie z.B. Äthylencarbonat, unter Abspaltung von Kohlendioxyd und Bildung von β-Hydroxyäthylestern[1].

$$\text{Polyester}-COOH + \underset{H_2C-\!\!-\!\!CH_2}{\overset{\overset{\overset{O}{\|}}{\overset{C}{O \quad O}}}{|\qquad|}} \longrightarrow \text{Polyester}-COO-CH_2-CH_2-OH + CO_2$$

Man erhält auf diese Weise Produkte, die wenig oder keine Carboxygruppen enthalten. Da die linearen Polyester an jedem Kettenende eine reaktionsfähige Gruppe enthalten, stellen sie bifunktionelle Verbindungen dar, die in einfacher Weise mit anderen bifunktionellen Komponenten, wie beispielsweise den Diisocyanaten, unter Bildung von linearen, modifizierten Superpolyestern reagieren können (vgl. Kap. „Polyurethane", S. 75). Außer den Diisocyanaten können auch Harnstoff-Formaldehyd- (s. S. 337 f.), und Phenol-Formaldehyd- (s. S. 241) Kondensationsprodukte[2], sowie die Methyloläther des Melamins (s. S. 362) mit den Endgruppen von Polyestern in Reaktion treten. Da letztere mehr als zwei reaktionsfähige Stellen im Molekül aufweisen, besitzen deren Reaktionsprodukte mit linearen Polyestern Netzstruktur. Weiter zu erwähnen sind die carbonamidgruppenhaltigen Polyester, die insofern eine Sonderstellung einnehmen, als die in der Kette eingebauten Carbonamidgruppen sowohl mit Diisocyanaten als auch mit Formaldehyd reagieren können. Ein auf dieser Grundlage aufgebauter Kunststoff liegt im Vulcapren® vor[3] (vgl. S. 160).

Ebenso führt auch die Einwirkung von *Titansäureestern* [Ti (OR)$_4$] auf lineare Polyester zu vernetzten Materialien. Bei dieser Reaktion tritt eine Komplexbildung zwischen den Polyesterendgruppen und dem Titanester mit gegebenenfalls nachfolgender Umesterung ein[4].

[1] DAS. 1111824 (1955), Hudson Foam Plastics Corp., Erf.: C. L. Wilson.

[2] R. Wegler, Ang. Ch. **60**, 88 (1948).

[3] I.C.I.-Patente:
E. P. 574134 (1942), Erf.: D. H. Coffey, I. G. Cook u. W. H. Lake; Chem. Abstr. **42**, 6163^h (1948).
E.P. 581143 (1942), Erf.: J. M. Buist, D. A. Harper, W. F. Smith u. G. N. Welding; Chem. Abstr. **41**, 1888^h (1947).
E.P. 581144 (1943), Erf.: W. Furness, L. E. Perrins u. W. F. Smith; Chem. Abstr. **41**, 1888^i (1947).
E.P. 581146 (1943), Erf.: D. H. Coffey, W. F. Smith u. H. G. White; Chem. Abstr. **41**, 1888^i (1947).
E.P. 585083 (1945), Erf.: W. F. Smith u. H. G. White; Chem. Abstr. **41**, 4930^d (1947),
E.P. 585205 (1944), Erf.: D. A. Harper u. W. F. Smith; Chem. Abstr. **41**, 3982^e (1947).
S. a. D. A. Harper, W. F. Smith u. H. G. White, Proc. Rubber Technol. Conf., 2nd Conf. **1948**, 61.
A.P. 2422271 (1943), DuPont, Erf.: G. T. Vaala u. C. E. Frank; C. **1948** II (Ostberlin), 1358.

[4] F. Schmidt, Ang. Ch. **64**, 536 (1952).

2. Herstellung von ungesättigten Polyestern

a) aus zwei Komponenten

Verwendet man für die Polyesterherstellung Baukomponenten, von denen mindestens eine Komponente, entweder die Säure oder das Glykol, eine Doppelbindung enthält, so entstehen ungesättigte Polyester. Durch die Anwesenheit der Doppelbindung bedingt, zeichnen sich die ungesättigten Polyester durch eine besondere Reaktionsfähigkeit aus. Sie lassen sich, soweit es sich um den Einbau von aktiven Doppelbindungen handelt, polymerisieren, copolymerisieren und gehen bei der Einwirkung von Licht und Sauerstoff in unlösliche, vernetzte Produkte über. Aus diesem Grunde stellen sie wertvolle Ausgangsmaterialien für die Lack- und Kunststoffindustrie dar.

Die ungesättigten Polyester können, soweit sie aktive Doppelbindungen enthalten, nicht nur durch Polymerisations-, sondern auch durch Polyadditionsreaktionen in vernetzte unlösliche Produkte übergeführt werden. Als Addenden sind hierfür sowohl polyfunktionelle Hydroxyverbindungen, wie beispielsweise gesättigte oder ungesättigte hydroxygruppenhaltige Polyester[1], als auch ungesättigte carboxygruppenhaltige Verbindungen geeignet. Aus diesem Grunde lassen sich z.B. auch aus Maleinsäure durch die übliche Schmelzkondensation keine höhermolekularen, rein linearen Polyester herstellen. Diese sind alle mehr oder weniger verzweigt. Die Analyse ergibt auch ein Defizit an Doppelbindungen. Als ungesättigte carboxygruppenhaltige Verbindung sei insbesondere die *Dihydromuconsäure* erwähnt, die schon unter den normalen Veresterungsbedingungen, durch die Anlagerungstendenz der Doppelbindung bedingt, intermediär in ein Lacton übergeht, dessen Aufspaltung zu Verzweigungsstellen innerhalb der Polyesterkette führt.

Eine der wichtigsten für die Herstellung ungesättigter Polyester geeignete Komponente ist die *Maleinsäure* bzw. *Fumarsäure*. An ungesättigten Glykolen seien insbesondere das *Buten-(2)-diol-(1,4)* bzw. dessen *Bis-[β-hydroxy-äthyl]-äther*:

$$HO—CH_2—CH_2—O—CH_2—CH{=}CH—CH_2—O—CH_2—CH_2—OH$$

genannt. Von den *Poly-maleinsäureestern* ist bekannt, daß sie bei erhöhter Temperatur unter dem Einfluß von Sauerstoff, Hitze oder Licht unlöslich werden. Während man zunächst annahm, daß es sich hierbei um reine Oxydationsprozesse handele, stellte T. F. Bradley[2] fest, daß diese Veränderung auch dann eintritt, wenn ganz allgemein Molekülzentren in den Polyestern vorhanden sind, die ein Wachstum der Kette in allen Richtungen ermöglichen. Damit näherte man sich der Auffassung, den Vernetzungsvorgang auf eine Polymerisation zurückzuführen. H. L. Vincent[3] konnte dann den Beweis erbringen, daß die Vernetzungsreaktionen, die bei *Poly-malein-, -fumar-, -citracon-* und *-itaconsäureestern* beobachtet wurden, auch in Abwesenheit von Sauerstoff eintreten und auf die Anwesenheit der Doppelbindungen zurückzuführen sind. Sie vollziehen sich besonders leicht, wenn als Glykole äthergruppenhaltige Glykole, wie beispielsweise Di- oder Triäthylenglykol, verwandt werden[4]. So wandelt sich *Triäthylenglykolmaleinat* oder *-fumarat* unter dem Einfluß von

---

[1] DBP. 910124 (1951), Farbf. Bayer, Erf.: G. Nischk, E. Müller u. O. Bayer; C. **1955**, 9455.

[2] T. F. Bradley, Ind. eng. Chem. **29**, 440, 579 (1937).

[3] H. L. Vincent, Ind. eng. Chem. **29**, 1267 (1937).

[4] T. F. Bradley, E. L. Kropa u. W. B. Johnston, Ind. eng. Chem. **29**, 1270 (1937).

Hitze, ultraviolettem Licht und geringen Mengen Sauerstoff in einen unlöslichen Film um. Kobalt-(II)-salze beschleunigen, Inhibitoren, wie beispielsweise Hydrochinon, verzögern diese Reaktion. Oft genügt ein mehrstündiges Erhitzen der Komponenten auf etwa 200° ohne weiteren Zusatz, um die Vernetzung der genannten Polyester herbeizuführen. Ein Teil der Doppelbindungen reagiert dann, durch Additionspolymerisation bedingt, nach folgenden Schema:

$$—R—CH\!\!=\!\!CH—R—CH\!\!=\!\!CH—R—$$
$$\downarrow$$
$$|$$
$$—R—CH\!\!=\!\!CH—R—CH—CH—R—$$
$$|$$
$$—R—CH\!\!=\!\!CH—R—CH—CH—R—$$
$$|$$
$$—R—CH\!\!=\!\!CH—R—CH—CH—R—$$
$$|$$

$$R = —COO—CH_2—CH_2—O—CH_2—CH_2—OCO—$$

Durch eine weitere Anhäufung der Äthergruppen in der Glykolkomponente, was man durch Verwendung höherer Ätherglykole, wie beispielsweise *Hexa-* bis *Decaäthylenglykol* erreicht,

$$HO—(CH_2—CH_2—O)_n—H \quad n = 6 \text{ bis } 10$$

wird die Polymerisationstendenz noch erhöht.

Derartige Polyester, beispielsweise aus *Octaäthylenglykol* und *Maleinsäure* hergestellt, trocknen schon nach Zusatz von geringen Mengen Kobalt-(II)-salzen an der Luft. Da die Produkte infolge der vielen Äthergruppen auch wasserlöslich sind, handelt es sich um wasserlösliche, trocknende Öle[1].

Durch die Polymerisationsneigung der Malein- bzw. Fumarsäure, die schon während der Kondensation eintreten kann, ist die Herstellung rein linearer *Poly-malein-* bzw. *-fumarsäureester* außerordentlich erschwert. Da schon Spuren von Sauerstoff polymerisationsanregend wirken können, ist es erforderlich, die ungesättigten Polyester im indifferenten Gasstrom, zweckmäßig unter Überleiten von Kohlendioxyd herzustellen. Selbst unter dieser Voraussetzung finden unter den normalen Bedingungen der Schmelzkondensation bei der Herstellung von Poly-maleinsäureestern bei erhöhter Temperatur teilweise Umlagerungsreaktionen zu Poly-fumarsäureestern statt, die, durch ihre erhöhte Reaktionsfähigkeit bedingt, in verzweigte oder sogar vernetzte Polyester übergehen können.

Nach neueren Arbeiten von H. Batzer und Mitarb.[2] gelingt es jedoch, sowohl lineare *Poly-malein-* als auch *-fumarsäureester* herzustellen, die teilweise nach der Schmelz- und teilweise nach der Lösungskondensation erhalten werden können. Entscheidend für den linearen Aufbau ungesättigter Polyester ist, daß die Veresterung bei möglichst niedrigen Temperaturen durchgeführt wird. Zu diesem Zweck bedient man sich unter Umständen einer über mehrere Tage verlaufenden Vorkondensation unterhalb 100° und schließt dann bei etwas erhöhter Temperatur die Hauptkondensation in der Schmelze oder in Lösung an.

---

[1] DBP. 915685 (1941), Farbf. Bayer, Erf.: E. Müller, O. Bayer u. H. Gensel; C. **1955**, 1646.
[2] H. Batzer u. B. Mohr, Makromolekulare Chem. **8**, 217 (1952).

Als Strukturbeweis für den linearen Aufbau wurde die polymeranaloge Hydrierung des Poly-maleinsäure-1,6-hexandiol- oder -fumarsäure-1,6-hexandiol-esters zu dem entsprechenden Poly-bernsteinsäureester herangezogen:

$$\text{Poly-maleinsäure-} \xrightarrow{\ H_2\ } \text{Poly-bernsteinsäure-1,6-hexandiol-ester} \xleftarrow{\ H_2\ } \text{Poly-fumarsäure-}$$

Poly-maleinsäure-   Poly-fumarsäure-
1,6-hexandiol-ester $\rightleftharpoons$ ============ hv + Br ============ $\rightarrow$ 1,6-hexandiol-ester

die Umlagerung erfolgt mittels Brom bei
gleichzeitiger Lichteinwirkung

Unter noch milderen Bedingungen lassen sich mit Hilfe der Vor- und Lösungskondensation sogar Polyester der *Acetylendicarbonsäure* mit verschiedenen Diolen herstellen[1]. Die Veresterung erfolgt hierbei in Benzol (Lösungskonzentration 20–25%) unter Zuhilfenahme von 2,5% p-Toluolsulfonsäure, nachdem die Vorkondensation in Äther vorgenommen wurde.

An ungesättigten Säuren, die außer der Maleinsäure bzw. Fumarsäure für die Herstellung ungesättigter Polyester von Interesse sind, seien einige aus Maleinsäureanhydrid und Dienen nach Diels-Alder erhaltene ungesättigte Dicarbonsäuren, wie beispielsweise *Endomethylen-tetrahydrophthalsäure*[2], erwähnt. Weiterhin sei die *Hexachlor-endomethylen-tetrahydrophthalsäure*[3] genannt, die insbesondere zur Herstellung schwer entflammbarer Polyester geeignet ist. Diese Säuren werden wegen ihrer weniger aktiven Doppelbindungen jedoch vorzugsweise in Kombination mit Maleinsäure oder Fumarsäure angewandt und sind wertvolle Ausgangskomponenten zur Herstellung von Copolymerisaten aus ungesättigten Polyestern und Vinylverbindungen[4].

3,4,5,6,7,7-Hexachlor-3,6-endomethylen-1,2,3,6-tetrahydro-phthalsäure

Poly-diäthylenmaleinat aus Diäthylenglykol und Maleinsäureanhydrid[5] (Methode I): 106 g Diäthylenglykol (1 Mol) und 98 g Maleinsäureanhydrid (1 Mol) werden in üblicher Weise unter Überleiten von Kohlendioxyd und allmählicher Temperatursteigerung bis 220° verestert. Mit zunehmender Kondensationsdauer bei 220° nimmt die Viscosität der Schmelze laufend zu, obwohl kein Veresterungswasser mehr übergeht. Man unterbricht etwa 2 Stdn., nachdem das letzte Wasser übergegangen ist, und erhält ein schwach gelbgefärbtes viscoses Öl, das nach Zusatz von Dibenzoylperoxyd bei erhöhter Temp. durch Polymerisation in einen transparenten, gehärteten Kunststoff übergeht.

Beim Ersatz des Diäthylenglykols durch höhere Glykole, wie beispielsweise Octaäthylenglykol,

$$HO{-}(CH_2{-}CH_2{-}O{-})_8H$$

werden wasserlösliche Polyester mit trocknenden Eigenschaften erhalten.

---

[1] H. Batzer u. G. Weissenberger, Makromolekulare Chem. **12**, 1 (1954).
[2] K. Hamann, Ang. Ch. **62**, 325 (1950).
[3] Hooker Electrochemical Co., Niagara Falls/N.Y., Bulletin Nr. 40.
   A.P. 2 779 700 (1952), Hooker Electrochemical Co., Erf.: P. Robitschek u. C. T. Bean jr.; C. **1958**, 5228.
[4] S. unter Eigenschaften und Verwendung ungesättigter Polyester, S. 34.
[5] H. L. Vincent, Ind. eng. Chem. **29**, 1267 (1937).

Poly-octaäthylenmaleinat aus Octaäthylenglykol und Maleinsäureanhydrid[1] (Methode 1): Unter den oben genannten Bedingungen wird ein Gemisch von 370g Octaäthylenglykol (1 Mol) und 98 g Maleinsäureanhydrid (1 Mol) unter Zusatz von 3 cm³ konz. Salzsäure allmählich auf 210–220° erwärmt. Man kondensiert 4–5 Stdn. bei dieser Temp., wobei insgesamt etwa 15 cm³ Wasser abdestillieren. Nach dem Erkalten ist ein hochviscoses Öl entstanden, das sich in kaltem Wasser gut löst. Mit steigender Temp. nimmt die Löslichkeit ab (auftretende Trübung). Nach Zusatz von geringen Mengen Trocknungsbeschleuniger, wie Kobaltnaphthenat, auf eine Glasplatte aufgestrichen, entsteht ein vollkommen lufttrockener, hochelastischer Film, der auf Zusatz von Wasser quillt.

Das Octaäthylenglykol wird folgendermaßen erhalten: in 106 g Diäthylenglykol werden 0,1 g Natrium aufgelöst und bei 95–100° 264 g Äthylenoxyd eingeleitet. Es entsteht ein gelbrotes Öl.

Ungesättigte Polyester addieren je nach der Lage der Doppelbindung und der in Nachbarschaft befindlichen Substituenten mehr oder weniger leicht Halogen, insbesondere Brom und Jod. Durch die Arbeiten auf dem Gebiet der Fette bedingt, ist man dazu übergegangen, die Halogenaddition als Jodzahl anzugeben. Unter der Jodzahl versteht man die Gewichtsteile Jod, die von 100 g der ungesättigten Verbindung aufgenommen werden.

Bestimmung der Jodzahl nach H. P. Kaufmann und J. Baltes[2]:

Reagentien: Tetrachlormethan, reinst   Natriumbromid, p. a.
Kaliumjodidlösung, 10%ig   0,1 n Thiosulfatlösung
Brom, p. a.

Bromlösung: Man gibt zu 1000 Tln. Methanol (technisch, über gebranntem Kalk destilliert, oder „Kahlbaum") 120–150 Tle. bei 130° getrocknetes Natriumbromid (p. a.), dekantiert die Lösung und läßt aus einer Bürette 5,2 cm³ Brom (p. a.) zufließen.

In einem Erlenmeyerkolben von 250 cm³ Inhalt mit Glasstopfen (Jodzahlkolben) wird die zu untersuchende Substanz, wenn sie fest ist, mit einem Wägeröhrchen mit langem Stiel, wenn sie flüssig ist, in einem Mikrowägegläschen eingebracht und in 10 cm³ reinstem Tetrachlormethan gelöst. Von der Bromlösung wird nun soviel zugegeben, daß etwa 50% Brom im Überschuß vorhanden ist, wobei ein Teil des Natriumbromids ausfällt. Nach 30 Min. langem Stehen bei Zimmertemp. im Dunkeln fügt man 15 cm³ 10%ige Kaliumjodidlösung und 50 cm³ Wasser hinzu. Nun titriert man das dem überschüssigen Brom entsprechende Jod mit 0,1 n Thiosulfatlösung unter Zusatz von Stärke.

Auf stark ungesättigte Verbindungen läßt man die Bromlösung entweder 2 Stdn. einwirken oder bringt den Erlenmeyerkolben 30 Min. lang in ein Wasserbad von 40–50°. Nach dem Abkühlen wird die Titration, wie oben beschrieben, durchgeführt.

Zur genauen Feststellung des Titers läßt man 2 Blindversuche mitlaufen, von denen der eine zu Anfang und der andere am Ende der Reaktionszeit titriert wird. Der Mittelwert aus beiden Titrationen wird bei der Berechnung als Blindwertkorrektur verwendet.

Berechnung der Jodzahl:

Blindversuch: Verbrauch an 0,1 n Natriumthiosulfat = x (cm³)
Bestimmung: Verbrauch an 0,1 n Natriumthiosulfat = y (cm³)

Die der addierten Menge Brom entsprechende 0,1 n Natriumthiosulfatlösung = (x — y) cm³. 1 cm³ 0,1 n Natriumthiosulfat = 0,01269 g Jod. Berechnet auf die Einwaage (s) in g beträgt die Jodzahl:

$$Jodzahl = \frac{1,269 \cdot (x - y)}{s}$$

---

[1] DBP. 915685 (1941), Farbf. Bayer, Erf.: E. Müller, O. Bayer u. H. Gensel; C. **1955**, 1646.
[2] H. P. Kaufmann u. J. Baltes, B. **70**, 2541 (1937).
H. P. Kaufmann u. H. J. Heinz, Fette Seifen **51**, 258 (1944).
Vgl. a. ds. Handb., Bd. II, Kap. Analytische Bestimmung der wichtigsten funktionellen Atomgruppen und Verbindungsklassen, S. 305.

β) Ungesättigte Polyester aus mehr als zwei Komponenten

Von größerem technischen Interesse als die aus zwei Komponenten bestehenden ungesättigten Polyester sind solche, die außerdem noch weitere gesättigte Komponenten enthalten. Durch die Mitverwendung von gesättigten Dicarbonsäuren wird sowohl das Eigenschaftsbild der Polyester als auch ihre Verwendungsmöglichkeit erheblich erweitert. Außerdem werden die durch die ungesättigten Dicarbonsäuren bedingten Polymerisationsreaktionen zurückgedrängt und damit die technische Herstellung ungesättigter Polyester erleichtert. Insbesondere bei der Veresterung ungesättigter Glykole mit ungesättigten Dicarbonsäuren ist die Mitverwendung gesättigter Komponenten unbedingte Voraussetzung.

Als gesättigte Komponenten sind nahezu alle bereits erwähnten Dicarbonsäuren und Glykole geeignet. Besonders bevorzugt werden *Phthalsäure* und *Adipinsäure* angewandt. In Gegenwart gesättigter Komponenten lassen sich selbst ungesättigte Polyester aus ungesättigten Glykolen und ungesättigten Dicarbonsäuren, wie beispielsweise *Buten-2-diol-(1,4)* und *Maleinsäure*, herstellen. Ohne die Mitverwendung von gesättigten Komponenten tritt in diesem Falle schon im Anfangsstadium der Kondensation Vernetzung ein.

Bei Verwendung von *Buten-2-diol-(1,4)* als ungesättigte Glykolkomponente ist unter normalen Versuchsbedingungen die Bildung von *Dihydrofuran* vorherrschend. Die Dihydrofuranbildung läßt sich jedoch weitgehend zurückdrängen, wenn man als Veresterungskatalysator Borsäure verwendet[1] oder in Abwesenheit von Veresterungskatalysatoren die zu veresternde Säure zunächst aufschmilzt und dann das Butendiol in die Schmelze eintropft[2]. Hierdurch wird erreicht, daß sich das eingetropfte Butendiol sofort unter Veresterung in den Polyester einbaut. Die andere Möglichkeit zur Vermeidung der Ringschlußbildung während der Veresterung besteht in der Einwirkung von 2 Mol Äthylenoxyd auf Butendiol. Der hierbei entstehende *2-Buten-1,4-bis-[β-hydroxy-äthyläther]* kann in üblicher Weise verestert werden. Ein auf dieser Grundlage aufgebautes Verfahren ist zur Herstellung von synthetischen trocknenden Ölen[3] geeignet.

Schwerbrennbarer Polyester zur Copolymerisation mit Vinylverbindungen (Methode 1): In einen mit absteigendem Kühler, Rührer und Thermometer versehenen Kolben bringt man 52,8 g Äthylenglykol, 90 g Diäthylenglykol, 394,5 g 3,4,5,6,7,7-Hexachlor-3,6-endomethylen-1,2,3,6-tetrahydro-phthalsäure[4] und 70,8 g Maleinsäureanhydrid und heizt allmählich unter Überleiten von Kohlendioxyd auf 160–170°. Bei dieser Temp. destilliert das bei der Veresterung gebildete Wasser ab. Man setzt die Kondensation fort, bis eine Säurezahl von 55 erreicht ist. Sodann werden der Schmelze 3,6 g Tetrahydrofurfurylalkohol zugesetzt, und sobald eine Säurezahl von 45 erreicht ist, gießt man, nachdem die Schmelze abgekühlt ist, auf ein Blech. Man erhält ein schwach gelblich gefärbtes festes Harz, das unter 100° schmilzt, in den für Polyestern gebräuchlichen Lösungsmitteln löslich ist und einen Chlorgehalt von 38,4% aufweist.

γ) Eigenschaften und Verwendung ungesättigter Polyester

Die ungesättigten linearen Polyester sind zum Teil von wachsartiger Beschaffenheit und zum Teil viscose Öle. Wachsartige Produkte werden bei der Veresterung von *Fumarsäure* mit solchen Glykolen erhalten, die eine gerade Anzahl von Kohlen-

---

[1] DAS. 1014979 (1953), BASF, Erf.: N. v. KUTEPOW u. W. HIMMELE; C. **1958**, 9061.

[2] H. F. PIEPENBRINK, unveröffentlichte Arbeiten, Farbf. Bayer 1941.

[3] E. MÜLLER u. O. BAYER, unveröffentlichte Arbeiten, Farbf. Bayer 1941.

[4] Formelbild s. S. 32.

stoffatomen aufweisen, wie *Äthylenglykol, 1,4-Butandiol, 1,6-Hexandiol*, während *Poly-maleinsäureester* vorwiegend flüssig oder glasartig sind.

Bei der Mitverwendung von *Phthalsäure* als Baukomponente entstehen Produkte von harzartiger Beschaffenheit.

Die ungesättigten Polyester werden ebenso wie die gesättigten Polyester durch Hydrolyse in alkalischem oder saurem Milieu bei erhöhter Temperatur in die Komponenten gespalten. Im vernetzten Zustand sind sie jedoch verhältnismäßig stabil gegenüber hydrolytischen Einflüssen. Bei der Verwendung der ungesättigten Polyester wird daher immer in der Endphase der vernetzte Zustand angestrebt. Wie bereits erwähnt, kann diese Vernetzung im wesentlichen durch Oxydation, Polymerisation oder Copolymerisation erreicht werden. Die Materialeigenschaften der Endprodukte hängen sehr von dem Vernetzungsgrad ab, der wiederum durch die Menge der in den ungesättigten Polyestern einkondensierten ungesättigten Komponente bestimmt wird.

Im wesentlichen haben sich für die linearen ungesättigten Polyester zwei Anwendungsgebiete ergeben, von denen das erste mehr von wissenschaftlichem Interesse ist. Es besteht in der Behandlung von ungesättigten Polyestern, die verhältnismäßig wenig Maleinsäure enthalten, mit Peroxyden[1]. Behandelt man beispielsweise einen aus einem Gemisch von Äthylenglykol, 1,2-Propandiol, Bernsteinsäure bzw. Adipinsäure oder Sebacinsäure aufgebauten Polyester, der als ungesättigte Komponente etwa drei Molprozent Maleinsäure enthält, mit Dibenzoylperoxyd, so werden vernetzte Kunststoffe mit gummielastischen Eigenschaften erhalten, die man als *Paracone®* bezeichnet[2]. Die Kondensationsbedingungen sind dabei so gewählt, daß Polyester von einem Molekulargewicht von 10000–15000 entstehen. Nach dem Peroxydzusatz tritt dann oberhalb der Zersetzungstemperatur des Peroxyds die Polymerisation des Polyesters unter Vernetzung des gesamten Moleküls ein.

Von erheblich größerer technischer Bedeutung ist die Copolymerisation der ungesättigten Polyester mit polymerisationsfähigen Vinylverbindungen, insbesondere *Styrol*.

Die mehr oder weniger dünnflüssigen Lösungen der ungesättigten Polyester in Styrol gehen nach Zusatz von Radikalbildnern unter Wärmetönung in dreidimensionale glasklare Copolymerisate über[3].

Auf diese Weise entstehen hochvernetzte Produkte, die sich sowohl im Gießverfahren verarbeiten als auch unter sehr geringem Druck verpressen lassen und die insbesondere in der Kombination mit Glasfasern sehr gute mechanische Eigenschaften besitzen. Die Einsatzgebiete für diese neuartigen Kunststoffe, die in den Vereinigten

[1] W. O. BAKER, Am. Soc. **69**, 1125 (1947).
[2] B. S. BIGGS, R. H. ERICKSON u. C. S. FULLER, Ind. eng. Chem. **39**, 1090 (1947).
[3] Zur Struktur derartiger Polymerer:
    S. ds. Handb., Bd. XIV/1, Kap. Polymerisation des Styrols, S. 820.
    K. HAMANN u. Mitarbb., Makromolekulare Chem. **31**, 93 (1959) und frühere Arbeiten.

Staaten[1] entwickelt worden sind, sind außerordentlich vielseitig, zumal sich das Eigenschaftsbild dieser Produkte sowohl, was die Zusammensetzung des Polyesters, als auch, was die Wahl der Vinylkomponente und deren Mengenverhältnisse anbetrifft, erheblich abwandeln läßt.

So wird beispielsweise der Vernetzungsgrad der Copolymerisate durch die in den Polyester eingebaute Menge an ungesättigter Säure bestimmt. Als solche wird vorzugsweise die *Maleinsäure* oder die *Fumarsäure* angewandt. Mit der Veränderung des Vernetzungsgrades ändern sich bekanntlich auch die Materialeigenschaften. Sehr stark vernetzte Produkte sind spröde und besitzen eine niedrige Schlagbiegefestigkeit. Durch den Einbau langkettiger Glykole oder Säuren, wie z. B. *Isophthalsäure*[2] in den Polyester werden die Elastizität und die Schlagbiegefestigkeit wiederum erhöht. Die Mitverwendung von aromatischen Glykolen mit aliphatisch gebundenen Hydroxygruppen und hoher Symmetrie von folgender Konstitution[3]:

$$HO-H_2C-H_2C-O-\underset{\underset{CH_3}{|}}{\overset{\overset{CH_3}{|}}{C}}-O-CH_2-CH_2-OH$$

bringt eine beachtliche Erhöhung der Wärmestandfestigkeit der Polymerisate. Durch den Einbau von hochchlorierten Dicarbonsäuren, wie *Tetrachlorphthalsäure, 3,4,5,6,7,7-Hexachlor-3,6-endomethylen-1,2,3,6-tetrahydro-phthalsäure*[4], oder von chlorhaltigen Glykolen, wie beispielsweise *Glycerin-mono-(pentachlorphenyläther)*[5] (I), *Pentaerythrit-dichlorhydrin*[6] (II),

$$Cl_5C_6-O-CH_2-CHOH-CH_2OH \qquad \underset{ClH_2C}{\overset{ClH_2C}{>}}C\underset{CH_2OH}{\overset{CH_2OH}{<}}$$

I   II

[1] DBP. 967265 (1938), Ellis-Foster Co., Erf.: C. ELLIS; C. **1958**, 8772.
   A. MÜLLER, Kunstst. **43**, 440 (1953); Ch. Z. **78**, 242 (1954).
   A. L. SMITH, Ind. eng. Chem. **46**, 1613 (1954).
   E. E. PARKER u. E. W. MOFFETT, Ind. eng. Chem. **46**, 1615 (1954).
   J. BJORKSTEN, L. L. YAEGER u. J. E. HENNING, Ind. eng. Chem. **46**, 1632 (1954).
   R. K. WITT u. E. P. CIZEK, Ind. eng. Chem. **46**, 1635 (1954).
   T. E. BOOCKSTAHLER u. Mitarbb., Ind. eng. Chem. **46**, 1639 (1954).
   B. BERNDTSSON u. L. TURUNEN, Kunstst. **44**, 430 (1954); **46**, 9 (1956); **48**, 200 (1958).
   E. KUHR, Kunstst. **44**, 607 (1954).
   E. BOCK, Kunstst. **44**, 581 (1954).
   W. BEYER, Kunstst. **44**, 413 (1954).
   J. M. CHURCH u. C. BERENSON, Ind. eng. Chem. **47**, 2456 (1955).
   C. W. SWEITZER, F. LYNON u. T. W. GRABOWSKI, Ind. eng. Chem. **47**, 2380 (1955).
   J. W. CYWINSKI, Brit. Plastics **1957**, 449.
   P. MALTHA, Fette Seifen einschl. Anstrichmittel **59**, 163 (1957).
[2] A.P. 2904533 (1954), California Research Corp., Erf.: E. F. CARLSTON u. G. B. JOHNSON; Chem. Abstr. **54**, 5166e (1960).
[3] A.P. 2634251 (1949), Atlas Powder Co., Erf.: P. KASS; Chem. Abstr. **47**, 8414i (1953).
[4] A.P. 2779700–01 (1952); 2863794 (1957), Hooker Chemical Co., Erf.: P. ROBITSCHEK u. C. T. BEAN jr.; Chem. Abstr. **51**, 6221a (1957); **53**, 6686f (1959).
[5] DBP. 1026522 (1954), Farbf. Bayer, Erf.: G. NISCHK u. E. MÜLLER.
[6] Z. V. MICHAJLOVA, Z. N. SEDOV, E. B. PETRILENKOVA u. S. L. LIBINA, Plasticheskye Massy **1960**, 9.
   F.P. 1187766 (1957), Celanese Corp.

in die ungesättigten Polyester werden nach der Copolymerisation mit Vinylverbindungen schwer brennbare, vernetzte Produkte erhalten. Durch die Mitverwendung von Antimon-(III)-oxyd wird die Entflammbarkeit der Polymerisate noch vermindert. Die mechanischen Eigenschaften der Polymerisate werden wesentlich durch die Kombination der Baukomponenten des Polyesters beeinflußt.

Neben der Zusammensetzung des ungesättigten Polyesters bestimmen auch die angewandten Vinylkomponenten die Qualität des Copolymerisates. Als Vinylkomponenten sind vor allem *Styrol* und die Polyallylester, deren einfachster Vertreter das *Diallylphthalat* darstellt, geeignet. Aber auch andere Allylverbindungen, wie beispielsweise *Diglykolsäure-diallylester*[1] oder Allylcarbonate, finden Verwendung. Letztere können sowohl aus Glykolen, Phosgen und Allylalkohol, wie beispielsweise *Diäthylenglykol-bis-allylcarbonat*[2]:

$$H_2C=CH-H_2C-O-\underset{\overset{\|}{O}}{C}-O-H_2C-H_2C-O-CH_2-CH_2-O-\underset{\overset{\|}{O}}{C}-O-CH_2-CH=CH_2$$

als auch aus Allylestern von Hydroxycarbonsäuren und Phosgen (als Beispiel sei *Bis-[1-carballyloxy-äthyl]-carbonat*[3] genannt),

$$\begin{array}{c} H_3C-CH-COO-CH_2-CH=CH_2 \\ | \\ O \\ | \\ C=O \\ | \\ O \\ | \\ H_3C-CH-COO-CH_2-CH=CH_2 \end{array}$$

erhalten werden. Auch Allylester anorganischer Säuren wie *Diallyl-phenyl-phosphat*[4] seien erwähnt. Eine gewisse Sonderstellung nimmt das *Triallylcyanurat*[5] ein. Die zusätzliche Verwendung dieser Komponente liefert Produkte mit hoher Wärmestandfestigkeit.

Diese verschiedenartigen Allylkomponenten dienen zunächst als Lösungsmittel für den Polyester und nehmen dann nach Zusatz von Radikalbildnern an der Polymerisation teil. Normalerweise verwendet man in der Praxis Lösungen, die etwa aus 70 Tln. Polyester und 30 Tln. der Vinylkomponente bestehen. Diese Lösungen müssen wegen ihrer begrenzten Lagerfähigkeit (oft tritt schon nach längerem Stehen Polymerisation ein) mit Inhibitoren versehen werden.

---

[1] A.P. 2474686 (1947), Rohm & Haas Co., Erf.: H. T. Neher, E. H. Kroeker u. W. J. Croxall; Chem. Abstr. **43**, 7754[d] (1949).

[2] A.P. 2377221 (1942), Socony-Vacuum Oil Co., Erf.: A. W. Francis u. E. E. Reid; Chem. Abstr. **39**, 4093[1] (1945).
A.P. 2515132 (1944), Wingfoot Corp., Erf.: C. R. Milone; Chem. Abstr. **44**, 9730[i] (1950).
A.P. 2403113 (1942), Pittsburgh Plate Class Co., Erf.: I. E. Muskat u. F. Strain; Chem. Abstr. **40**, 5771[4] (1946).
E.P. 574606 (1946), Pittsburgh Plate Glass Co.; Chem. Abstr. **43**, 901[c] (1949).

[3] E.P. 586520 (1944), Pittsburgh Plate Glass Co.; Chem. Abstr. **41**, 6771[f] (1947).
A.P. 2370574 (1941), Pittsburgh Plate Glass Co., Erf.: I. E. Muskat u. F. Strain; Chem. Abstr. **39**, 4622[6] (1945).

[4] J. W. Underwood, India Rubber Wld. **117**, 621 (1948).
H. M. Day, India Rubber Wld. **127**, 230 (1952).

[5] H. M. Day u. D. G. Patterson, Mod. Plastics **29**, Nr. 11, 116 (1952).
Darstellung s. A.P. 2631148 (1951), United States Rubber Co., Erf.: R. G. Nelb; Chem. Abstr. **48**, 1448[a] (1954).

Für die Praxis hat sich besonders Hydrochinon bewährt[1]. Auch 4-tert.-Butyl-brenz-catechin sowie Chinon erweisen sich als geeignet. Geringe Mengen dieser Verbindungen, die sich zwischen 0,01–1%, bezogen auf die Gesamtmischung, bewegen, bewirken eine Haltbarkeit der Lösungen über mehrere Monate.

Nach Zusatz von Radikalbildnern, wie beispielsweise Peroxyden, tritt bei erhöhter Temperatur, sobald der Zersetzungspunkt des Peroxydes erreicht ist, die exotherm verlaufende Polymerisation ein. Durch die Verwendung von Peroxyden mit verschiedenartigem Zersetzungspunkt kann die Polymerisation bei verschiedenen Temperaturen durchgeführt werden. Sie verläuft bei Verwendung von Dibenzoylperoxyd bei etwa 70°. Andere Peroxyde, wie beispielsweise Di-tert.-butyl-peroxyd[2], spalten erst bei 100°. An weiteren Verbindungen, die für derartige Polymerisationen geeignet sind, seien u. a. die folgenden genannt: tert.-Butylhydroperoxyd, Cyclohexanonperoxyd, Dicumolperoxyd, Cumolhydroperoxyd, Bis-[4-chlor-benzoyl]-peroxyd, tert.-Butylperbenzoat, Dilauroylperoxyd und Di-tert.-butyl-perphthalat, Diacetylperoxyd, Succinylperoxyd, Perlaurinsäure, Methyläthylketon-peroxyd und Methylisobutylketon-peroxyd.

Die Polymerisation erfolgt bei Anwendung von[3] (bei °C)

Dibenzoylperoxyd	70
Bis-[2,4-dichlor-benzoyl]-peroxyd	60–70
Bis-[4-chlor-benzoyl]-peroxyd	70
Dilauroylperoxyd	60–70
Di-tert.-butylperoxyd	100
Methyläthylketon-hydroperoxyd	80
Methylisobutylketon-hydroperoxyd	70
Cyclohexanonperoxyd	90
Cumolhydroperoxyd	100
Tert.-butylhydroperoxyd (75%ig)	110
Tert.-butylperbenzoat	90

Die Zersetzungspunkte der Peroxyde können durch verschiedenartige Zusätze derart erniedrigt werden, daß die Polymerisation bei Raumtemperatur durchgeführt werden kann. Als solche sind außer Metallsalzen, wie beispielsweise Kobaltnaphthenaten[4], insbesondere tertiäre Amine[5] sowie auch Phosphine[6] geeignet. Als Amine sind besonders solche bevorzugt, die der aromatischen Reihe angehören, wie beispielsweise N,N-Dimethyl-anilin. Sie werden meistens nach der Peroxydzugabe

[1] W. Breitenbach, B. **71**, 1438 (1948).
     S. Q. Cohen, Am. Soc. **69**, 1057 (1947).
[2] F. H. Dickey u. Mitarbb., Ind. eng. Chem. **41**, 1673 (1949).
[3] J. Scheiber, Chemie und Technologie der künstlichen Harze, Bd. I, S. 579, Wissenschaftliche Verlagsgesellschaft mbH., Stuttgart 1961.
[4] E.P. 540168 (1938), American Cyanamid Co.; Chem. Abstr. **36**, 4228³ (1942).
     E.P. 629093 (1946), Libbey-Owens-Ford-Glass Co., Erf.: A. M. Howald u. J. K. Simons.
     A. E. Gabriel, Mod. Plastics **25**, Nr. 8, 145, 200 (1948).
     K. Meier u. K. Ohm, Farbe u. Lack **59**, 50 (1953).
[5] L. Horner, B. **86**, 1071 (1953); Farbe u. Lack **55**, 376 (1949).
     B. Berndtsson u. L. Turunen, Kunstst. **44**, 431 (1954).
     A.P. 2449299, 2480928 (1944), United States Rubber Co., Erf.: E. C. Hurdis; Chem. Abstr. **43**, 906ᵉ (1949); **44**, 872ᵇ (1950).
     A.P. 2452669 (1945), Cornell Aeronautical Laboratory, Erf.: M. M. Levine; Chem. Abstr. **43**, 1220ᶜ (1949).
[6] A.P. 2520601 (1947), M. M. Lee; Chem. Abstr. **44**, 11175ᵇ (1950).

in geringen Mengen der zu polymerisierenden Lösung zugesetzt, worauf die Lösung nach wenigen Minuten geliert. Eine andere Arbeitsweise besteht darin, daß man aromatische Amine mit zwei funktionellen Gruppen, wie beispielsweise *N,N-Bis-[β-hydroxy-äthyl]-anilin,* in den ungesättigten Polyester einkondensiert[1]. Mit derartigen modifizierten Polyestern erfolgt dann nach Zugabe von Peroxyden die Polymerisation schon bei Raumtemperatur.

Polymerisat aus einem linearen, ungesättigten Mischester und Styrol[2]: 70 g eines aus 876 g Adipinsäure, 888 g Phthalsäureanhydrid, 1176 g Maleinsäureanhydrid und 1590 g Glykol unter Überleiten von Kohlendioxyd nach dem Schmelzverfahren hergestellten Polyesters von der Hydroxylzahl 35 und der Säurezahl 20 werden in 30 g Styrol gelöst und nach Zusatz von 1 g Dibenzoylperoxyd bei 100° polymerisiert. Es entsteht ein klarer, transparenter, harter Kunststoff, der sowohl säure- und alkalifest als auch in organischen Lösungsmitteln unlöslich ist.

Die Polymerisation erfolgt bei Raumtemperatur.

Eine Lösung von 70 g des oben beschriebenen ungesättigten Polyesters in 30 g Styrol wird mit 4 g einer 50%igen Cyclohexanonperoxydaufschlämmung in Dibutylphthalat und 5 cm³ einer 10%igen Kobaltnaphthenatlösung in Styrol versetzt. Nach 10 Min. tritt bei Raumtemp. Gelierung ein, und nach weiteren 20 Min. ist ein harter Kunststoff entstanden.

Versetzt man 100 g der oben angegebenen Lösung von 70 g Polyester in 30 g Styrol mit 4 g einer 50%igen Dibenzoylperoxydpaste und 0,5 g N,N-Dimethyl-p-toluidin, so setzt nach etwa 3 Min. unter Wärmetönung der Härtungsvorgang ein.

Kalthärtendes Copolymerisat aus einem linearen, ungesättigten Mischester und Styrol[2]: 73 g Adipinsäure, 98 g Maleinsäureanhydrid, 74 g Phthalsäureanhydrid und 125 g Glykol werden unter den üblichen Kondensationsbedingungen soweit kondensiert, bis 50% des Wassers abdestilliert sind. Dann gibt man 7,5 g N,N-Bis-[β-hydroxy-äthyl]-anilin hinzu und kondensiert solange bei 200° Innentemp., bis kein Wasser mehr übergeht. Die restlichen Anteile Wasser werden i. Vak. bei 15 Torr und 200° abdestilliert. Man kühlt auf 160° und setzt dann 0,25 g Hydrochinon zu. Sobald die Temp. auf 110° gefallen ist, fügt man 140 g Styrol hinzu und rührt etwa 30 Min. nach. Die fertige Lösung versetzt man mit 2% Dibenzoylperoxyd und gießt in entsprechende Formen. Nach etwa 90 Min. ist die Polymerisation beendet, und die Gießkörper können entformt werden.

Die Einkondensation des N,N-Bis-[β-hydroxy-äthyl]-anilins in den Polyester kann auch zu Beginn der Veresterung vorgenommen werden, doch empfiehlt sich das obige Verfahren deshalb, weil die entsprechenden Polyester wesentlich heller gewonnen werden können. Die Harze sind klar und vor der Polymerisation in allen Lösungsmitteln löslich.

Bei den bisher beschriebenen Copolymerisationen verläuft die Polymerisation nach Zugabe der Radikalbildner nur bei Abwesenheit von Luftsauerstoff vollständig. Die mit Luftsauerstoff in Berührung stehenden Grenzflächen polymerisieren dagegen nur unvollkommen, so daß klebrige Oberflächen erhalten werden.

Man begegnet diesen Schwierigkeiten, indem man entweder in geschlossenen Formen bzw. mit Abdeckfolien arbeitet oder indem man der Lösung der ungesättigten Polyester in Styrol geringe Mengen an Paraffin zusetzt[3]. Diese werden bei fortschreitender Polymerisation ausgeschieden und bilden eine dünne, geschlossene Deckschicht, die die Luft ausschließt. Hierdurch wird eine Durchhärtung der Lackschicht ermöglicht.

Um ohne weitere Zusätze zu Produkten mit nichtklebender Oberfläche zu gelangen, die zur Herstellung von klebefreien Lacküberzügen geeignet sind, verwendet man zum

[1] DBP. 919431 (1951), Farbf. Bayer, Erf.: G. NISCHK, E. MÜLLER u. O. BAYER; C. **1955,** 9455.

[2] G. NISCHK, Laboratoriumsvorschrift, Farbf. Bayer 1951.

[3] DBP. 948816 (1951) ≡ F.P. 1061133 (1952), BASF, Erf.: H. FIKENTSCHER, W. NIESWANDT u. H. DISSELHOFF; C. **1955,** 4712.

E.P. 713332 (1951), Scott Bader & Co., Erf.: B. PARKYN u. E. BADER; Chem. Abstr. **49,** 4334ª (1955).

Aufbau der ungesättigten Polyester Glykole, die eine oder mehrere **Allyl**- oder **Benzyläthergruppierungen** im Molekül enthalten, wie z.B.:

$$CH_2{-}OH$$
$$|$$
$$CH_2{=}CH{-}CH_2{-}O{-}CH_2{-}\overset{|}{\underset{|}{C}}{-}CH_2{-}CH_3$$
$$CH_2{-}OH$$

1-Allyloxy-2,2-bis-[hydroxymethyl]-butan[1]

oder

1,3-Bis-[benzyloxy]-2,2-bis-[hydroxymethyl]-propan[2]

Ebenso sind auch alkenyl-substituierte aromatische Hydroxyverbindungen, wie z.B. *2,2-Bis-[4-(β-hydroxy-äthoxy)-3,5-dialkenyl-phenyl]-propan*[3]:

oder einfache Glykole, die zwei bis fünf Äthersauerstoffatome im Molekül enthalten, wie z.B. *Triäthylenglykol*[4] für den gleichen Zweck geeignet. Als ungesättigte Dicarbonsäuren werden auch für diese speziellen Glykole *Fumarsäure* oder *Maleinsäure* verwandt.

c) Herstellung von verzweigten Polyestern

1. Gesättigte verzweigte Polyester

Die linearen Polyester stellen nur einen Ausschnitt aus der Fülle von Produkten dar, die durch Reaktionen zwischen Polyalkoholen und Polycarbonsäuren gewonnen werden können. So wird z.B. durch die Mitverwendung von **drei**- und **mehrwertigen Alkoholen**, wie *Glycerin, 1,1,1-Tris-[hydroxymethyl]-propan, 2,4,6-Hexantriol* oder *Pentaerythrit* der rein lineare Aufbau gestört, und es entstehen verzweigte Polyester. Je größer der Anteil der trifunktionellen Komponenten und je höherfunktionell die Komponente ist, um so größer ist der Verzweigungsgrad. Überschreitet man bei derart stark verzweigten Polyestern einen bestimmten Kondensationsgrad, so gehen sie im Gegensatz zu den linearen, gesättigten Polyestern, bei denen sich das Ansteigen des Kondensationsgrades in der Ausbildung längerer Ketten äußert, unter Eigenvernetzung in vollkommen unlösliche, verquallte Produkte über.

Dieser Zustand wird besonders dann leicht erreicht, wenn man äquivalente oder nahezu äquivalente Mengen Polyalkohole und Polycarbonsäuren zur Veresterung bringt. Wendet man jedoch einen Überschuß beispielsweise eines trifunktionellen

[1] DAS. 1024654 (1955), Farbf. Bayer, Erf.: K. RAICHLE u. W. BIEDERMANN; C. **1958**, 13111.

[2] DBP. 1017786 (1956), Farbf. Bayer, Erf.: H. HOLTSCHMIDT, G. NISCHK, O. BAYER u. H. MECKBACH; C. **1958**, 13367.

[3] DBP. 1031965 (1956), Farbf. Bayer, Erf.: H. SCHNELL u. W. SCHULTE-HUERMANN; C. **1959**, 17515.

[4] DAS. 1054620 (1956), Farbf. Bayer, Erf.: G. NISCHK, E. MÜLLER u. G. MENNICKEN; C. **1959**, 16487.

Alkohols an, so wird die Kondensation infolge des vorzeitigen Verbrauchs der Säure beendet, bevor die Vernetzung des Moleküls eingetreten ist. Unter diesen Bedingungen werden verzweigte Polyester erhalten, die an sämtlichen Kettenenden Hydroxygruppen tragen. Derartige Produkte stellen wiederum polyfunktionelle Verbindungen dar, die für weitere Umsetzungen (beispielsweise mit Polyisocyanaten) geeignet sind. Ebenso wie die linearen sind auch diese verzweigten Polyester unter der Bezeichnung „Desmophene"[1] im Handel.

Eine gewisse Sonderstellung nehmen die *Phthalsäure* enthaltenden verzweigten Polyester ein, die wegen ihres harzartigen Charakters auch als Phthalatharze bezeichnet werden. Die einfachsten verzweigten Typen dieser Art sind aus *Glycerin, 1,1,1-Tris-[hydroxymethyl]-propan, 2,4,6-Hexantriol* oder *Pentaerythrit* und *Phthalsäure* aufgebaut[2]. Werden diese Komponenten in annähernd äquivalentem Verhältnis (Polyalkohol : Polycarbonsäure) angewandt, so ist es erforderlich, die Kondensation bei 170–175° zu unterbrechen, da die Weiterführung der Veresterung zu unlöslichen, blasigen, vernetzten Produkten führt. Dieser Teil der Kondensation, der mit einer Aushärtung verbunden ist, wird meist erst bei der Verarbeitung der Kondensationsprodukte bei erhöhter Temperatur vorgenommen.

Verzweigter hydroxygruppenhaltiger Polyester (Methode 1): Eine Mischung von 365 g Adipinsäure, 74 g Phthalsäureanhydrid und 535 g 1,1,1-Tris-[hydroxymethyl]-propan wird unter den üblichen Bedingungen auf 210–220° erwärmt. Sobald das Wasser abdestilliert und die Übergangstemp. auf 60–70° gefallen ist, legt man allmählich Vak. an und kondensiert bei 210–220° unter 10 Torr solange, bis die Säurezahl auf 1 oder 2 gefallen ist, was etwa 3–4 Stdn. in Anspruch nimmt. Man erhält ein viscoses Öl, das eine Hydroxylzahl von 250 (= 7,5% OH) und eine Säurezahl von 1 besitzt.

Verzweigter Polyester aus Phthalsäure und Pentaerythrit (Methode 1): 102 g Pentaerythrit und 168 g Phthalsäureanhydrid werden unter Durchleiten eines Stickstoffstromes und unter Abdestillieren des entstandenen Wassers 2 Stdn. auf 170° erhitzt. Das harzartige Kondensationsprodukt hat eine Säurezahl von 180–190 und einen Erweichungspunkt von 90–100°. Beim Einbrennen des Produktes ab 200° entstehen vollkommen vernetzte, unlösliche Filme

2. Ungesättigte, verzweigte Polyester

Da die verzweigten *Poly-phthalsäureester*, wie sie beispielsweise aus Glycerin und Phthalsäure erhalten werden, nur eine beschränkte Löslichkeit aufweisen und in den gebräuchlichen Lacklösungsmitteln unlöslich sind, hat man sich schon frühzeitig um eine Modifizierung dieser Produkte bemüht, durch die sowohl die physikalischen Eigenschaften als auch die Löslichkeiten erheblich beeinflußt werden. So führt die Mitverwendung von *Maleinsäure* zu ungesättigten, verzweigten Polyestern, die in Kombination mit Phthalsäure auch harzartigen Charakter besitzen. Die Maleinsäure bewirkt, in verzweigte Polyester eingebaut, infolge ihrer polymerisationsfähigen Doppelbindung eine zusätzliche Verzweigung. Das hat zur Folge, wie bereits bei den linearen ungesättigten Polyestern erwähnt, daß schon nach verhältnismäßig kurzer Kondensationsdauer eine starke Viscositätserhöhung zu beobachten ist, die nicht selten zu einer Gelierung der Polyester bei noch verhältnismäßig hoher Säurezahl führt.

---

[1] Handelsbezeichnung der Farbf. Bayer.
[2] R. H. KIENLE, Ind. eng. Chem. **22**, 590 (1930).
  W. SMITH, J. Soc. chem. Ind. **20**, 1075 (1901).
  R. H. KIENLE, P. A. VAN DER MENLEN u. P. E. PETKE, Am. Soc. **61**, 2258 (1939).
  R. W. TESS, R. D. HARLINE u. T. F. MIKA, Ind. eng. Chem. **49**, 374 (1957).

Die Maleinsäure kann nicht nur als solche, sondern auch in Form ihrer Additionsprodukte, die sie mit Diolefinen, Olefinen und Olefincarbonsäuren zu bilden vermag, in verzweigte Polyester eingebaut werden. Man kann dabei entweder so verfahren, daß zunächst die Additionsverbindungen hergestellt werden und dann erst die Veresterung vorgenommen wird, oder daß beide Vorgänge in einem Arbeitsgang durchgeführt werden.

Als Diolefine sind *Butadien*[1], *Isopren*[2], *Cyclopentadien*[3] oder Terpene, wie *α-Terpinen*[4], sowie *Kolophonium* und trocknende Öle mit konjungierten Doppelbindungen, wie *Holzöl* oder *Otticicaöl*, geeignet. Selbstverständlich können auch Mischungen der angeführten Komponenten angewandt werden. Darüber hinaus sind Verbindungen mit isolierten Doppelbindungen, wie beispielsweise *Leinöl*[5], ebenfalls der Umsetzung mit Maleinsäureanhydrid fähig. In manchen Fällen genügt schon die einfache olefinische Doppelbindung, wie sie beispielsweise im *Cyclohexen*[6], *Terpen*[7], *Dipenten*, *Terpinolen* oder in der *Ölsäure* vorliegt. Diese Produkte reagieren mit Maleinsäureanhydrid unter substituierender Addition unter Bildung ungesättigter Dicarbonsäuren, die ebenfalls für die Polyesterherstellung geeignet sind.

Verzweigter Polyester aus Glycerin und dem Anlagerungsprodukt von Maleinsäureanhydrid an Kolophonium und Terpinen[8] (Methode 1): 320 g eines Reaktionsproduktes, das aus gleichen Teilen Terpinen und Kolophonium durch 5 stdg. Erhitzen mit Maleinsäureanhydrid auf 150–200° hergestellt wurde, werden mit 283 g Leinölfettsäure und 128 g Glycerin 8 Stdn. unter Durchleiten von Kohlendioxyd oder Stickstoff unter Rühren auf 220–225° erhitzt. Das anfallende Produkt ist ein zähflüssiges Harz mit der Säurezahl 23.

Verzweigter Polyester aus Äthylenglykol und dem Additionsprodukt von Leinöl an Maleinsäureanhydrid[8] (Methode 1): 2160 g Leinöl werden mit 240 g Maleinsäureanhydrid in einem Autoklaven unter Stickstoff 1 Stde. auf 240° erhitzt und hierauf zur Entfernung nicht umgesetzten Maleinsäureanhydrids kurze Zeit im Hochvak. auf 240° erhitzt. Es werden 2360 g eines klaren, viscosen Reaktionsproduktes mit folgenden Kennzahlen erhalten: Säurezahl 50; Jodzahl: 142.

250 g dieses Kondensationsproduktes können mit 16 g Äthylenglykol durch Erhitzen auf 180° in üblicher Weise verestert werden.

d) Herstellung von verzweigten Polyestern unter Mitverwendung von ungesättigten Monocarbonsäuren, insbesondere Fettsäuren und deren Derivaten

Neben der *Maleinsäure* und ihren Additionsprodukten haben die Harz- und Fettsäuren als Baukomponenten zur Herstellung verzweigter Polyester eine große Bedeutung erlangt. Die Mitverwendung dieser Monocarbonsäuren führt bei der Kondensation zu einem Kettenabbruch. Sie bewirkt weiterhin eine Verbesserung

[1] Chem. Industries **65**, 932 (1949).
[2] A.P. 2251297 (1941), United Gas Improvement Co., Erf.: F. J. SODAY; Chem. Abstr. **35**, 7063⁹ (1941).
[3] E.P. 585496 (1945), I.C.I., Erf.: H. PLIMMER; Chem. Abstr. **41**, 4002ᵍ (1947).
  A.P. 2381969 (1940), Bakelite Corp., Erf.: W. R. CATLOW jr.; Chem. Abstr. **39**, 5125⁸ (1945).
[4] A.P. 1993030 (1933), E. G. Peterson; C. **1935** II, 445.
[5] A.P. 2188882 (1934); 2188883 (1936); 2188884 (1937), E. T. Clocker; C. **1940** II, 1081, 563.
  A.P. 2374381 (1943), Ellis Foster Co., Erf.: F. B. ROOT; Chem. Abstr. **39**, 5095⁴ (1945).
  E.P. 500348 (1937), Pinchin, Johnson & Co. Ltd., Erf.: E. A. BEVAN u. J. R. TERVET; Chem. Abstr. **33**, 5545⁹ (1939).
[6] DRP. 710949 (1932), Bataafsche (Shell); C. **1942** I, 108.
  K. ALDER u. Mitarbb., B. **76**, 31 (1943).
[7] A.P. 1993032/33 (1933), Hercules Powder Co., Erf.: E. G. PETERSON; C. **1935** II, 446.
[8] Arbeitsvorschrift von K. HAMANN, Stuttgart.

der *Löslichkeit* der Polyester, was für ihre Verwendung im Lacksektor sehr wesentlich ist. Die fettsäuremodifizierten Produkte, die auch unter der Bezeichnung Ölalkyde bekannt sind, sind für die Lacktechnik von großer Bedeutung[1]. Aus diesem Grunde hat man den Methoden zu ihrer Herstellung große Aufmerksamkeit gewidmet.

Je nach Verwendung gesättigter oder ungesättigter Fettsäuren mit trocknenden Eigenschaften, die auch in Form ihrer Glyceride eingesetzt werden können, entstehen Produkte mit verschiedenen Eigenschaften. Der Einbau von trocknenden, fetten Ölen ermöglicht beispielsweise die Herstellung von Ölalkyden mit trocknenden Eigenschaften.

Die wichtigsten natürlichen trocknenden und nichttrocknenden Öle zur Herstellung von Ölalkydharzen sind *Leinöl* und *Ricinusöl*. In den letzten Jahren hat auch *Sojaöl* zur Herstellung trocknender Produkte Bedeutung gewonnen, während *Otticica-* und *Isanoöl* nur selten verwendet werden. Besonders gute Trocknungseigenschaften werden dann erzielt, wenn man Säuren (oder deren Glyceride) verwendet, die ein konjugiertes System von Doppelbindungen besitzen, wie beispielsweise *Holzöl*. Soweit das konjugierte System nicht schon vorgebildet ist, gelingt es auch, Produkte mit isolierten Doppelbindungen wie beispielsweise Leinöl in Verbindungen mit konjugierten Systemen umzuwandeln. Diese Isomerisierung läßt sich unter dem Einfluß von Alkali durchführen[2].

1. Verzweigte Polyester durch das Einstufen- und Zweistufenverfahren

Für die Herstellung der Ölalkydharze gibt es im wesentlichen zwei Methoden: das Einstufenverfahren, bei dem Dicarbonsäuren, mehrwertige Alkohole und freie Fettsäuren in einer Stufe verestert werden, und das Zweistufenverfahren, bei dem zunächst das Monoglycerid durch Veresterung der freien Fettsäure mit dem Polyalkohol (Fettsäuremonoglyceridmethode) oder durch Umesterung eines Triglycerides mit dem Polyalkohol (Ölmonoglyceridmethode) hergestellt wird. Sodann erfolgt die weitere Veresterung des so erhaltenen Monoglycerids mit Dicarbonsäuren.

Die nach den beiden Verfahren hergestellten Ölalkydharze weisen selbst bei gleicher Zusammensetzung und gleichem Veresterungsgrad verschiedene Eigenschaften auf, die durch den unterschiedlichen Aufbau bedingt sind. Es ist also möglich, die *Eigenschaften* eines Ölalkydharzes, wie Löslichkeit, Viscosität, Filmeigenschaften, bei gleicher prozentualer Zusammensetzung der Komponenten nur durch die Variation des Verfahrens zu ändern. Die Ursache für dieses unterschiedliche Verhalten der nach beiden Verfahren hergestellten Produkte ist in dem verschiedenartigen Ablauf der Veresterungsreaktion zu suchen.

Bei dem Einstufenverfahren, also bei gleichzeitiger Veresterung von beispielsweise *Phthalsäureanhydrid*, Fettsäure und *Glycerin*, reagiert Phthalsäureanhydrid bis zu 150° mit den primären Hydroxygruppen des Glycerins unter Bildung

---

[1] J. E. SAYRE, Am. Paint J. **42**, Nr. 32, 80 (1958).
  A. L. SMITH u. Mitarbb., Ind. eng. Chem. **49**, 1903 (1957).
  E. F. CARLSTON u. Mitarbb., Ind. eng. Chem. **51**, 253 (1959).
  L. FLEITER, Fette Seifen einschl. Anstrichmittel **58**, 1081 (1956).
  E. G. BOBALEK, R. L. SAVAGE u. M. C. SCHROEDER, Ind. eng. Chem. **48**, 1956 (1956).
  Z. JEDLINSKI, Chem. Techn. **9**, Nr. 12, 710 (1957).
[2] T. F. BRADLEY u. D. RICHARDSON, Ind. eng. Chem. **34**, 237 (1942).
  S. B. RADLOVE u. Mitarbb., Ind. eng. Chem. **38**, 997 (1946).

des Phthalsäurehalbesters, der dann bevorzugt mit den primären Hydroxygruppen weiterreagiert. Mit der Abnahme der primären Hydroxygruppen verlangsamt sich diese Reaktion, und nun erfolgt die Veresterung der sekundären Hydroxygruppen mit der Fettsäure. Dieser Reaktionsmechanismus wurde erhärtet durch die Arbeiten von H. A. Goldsmith[1], der feststellte, daß Phthalsäureanhydrid oder Phthalsäuremonoester mit den freien Hydroxygruppen des Glycerins schneller reagieren als die Fettsäuren.

Bei Anwendung des Zweistufenverfahrens ergibt sich ein anderer Verlauf. Die Monoglyceride enthalten vorzugsweise die Fettsäuren an den primären Hydroxygruppen. Das Phthalsäureanhydrid findet also nur eine geringe Menge von primären Hydroxygruppen für die Veresterung vor. Nach der Beendigung der Additionsreaktion des Phthalsäureanhydrids zu Phthalsäurehalbester reagieren die verbleibenden primären und schließlich die sekundären Hydroxygruppen mit dem Phthalsäurehalbester. Es entstehen also nach dem Ein- und nach dem Zweistufenverfahren verschiedenartige Produkte, die schematisch in folgendem Bild dargestellt sind[2]:

Einstufenverfahren

Zweistufenverfahren

○—○—○ = Triol   ⬡ = Phthalsäurerest   ▢ = Fettsäurerest

Auf Grund der Versuche von H. A. Goldsmith[1] sollen die nach dem Zweistufenverfahren erhaltenen Produkte langsamer verestern und eine höhere Säurezahl besitzen. Die so erhaltenen Harze bleiben beim Trocknungsvorgang etwas klebriger und weicher.

2. Eigenschaften und Verwendung von verzweigten Polyestern

Die verzweigten Polyester haben wegen ihrer vielseitigen Verwendungsmöglichkeiten eine teilweise überragende technische Bedeutung erlangt. Schon die einfachen Typen, wie beispielsweise *Glycerinterephthalat*, besitzen, infolge ihrer Fähigkeit, bei erhöhter Temperatur zu härten, ein gewisses Interesse. Sie verhalten sich in dieser Beziehung den Phenol-Formaldehyd- bzw. den Harnstoff-Formaldehyd-Kon-

---

[1] DRP. 547517 (1927), I. G. Farb., Erf.: K. OTT, F. FRICK u. H. BERNARD; Frdl. **17**, 1960. H. A. GOLDSMITH, Ind. eng. Chem. **40**, 1205 (1948).

[2] K. HAMANN, Ang. Ch. **62**, 325 (1950).

densaten analog, wenngleich auch die Härtungsgeschwindigkeit sowie die erreichbaren Endhärten bedeutend geringer sind. Ihr Anwendungsbereich beschränkt sich auf die Herstellung von Preßmassen, Isolierstoffen und ofentrocknenden Lacken. Weiterhin finden die Kondensationsprodukte niederen und mittleren Molekulargewichtes wegen ihrer hellen, klaren Beschaffenheit auch als Weichmacher für Nitrocellulose sowie für Acetylcellulose Verwendung.

Die ungesättigten, verzweigten Polyester, die durch die Mitverwendung von *Maleinsäure* bzw. ihrer ungesättigten Additionsprodukte erhalten werden, unterscheiden sich von den gesättigten Produkten durch ein rascheres Härtungsvermögen in der Hitze. Beide Typen besitzen jedoch nur eine begrenzte Löslichkeit in organischen Verbindungen, die sich auf Aceton und gewisse höhere Ester beschränkt. Erst durch den Einbau von gesättigten oder ungesättigten *Fettsäuren* bzw. *Fetten* wird der Löslichkeitsbereich auch auf Alkohole, Kohlenwasserstoffe, Terpentinöl u.a. ausgedehnt und darüber hinaus eine ausgezeichnete Verträglichkeit mit Lackrohstoffen und Lacklösungsmitteln erzielt. Die Voraussetzung hierfür ist, daß das Harz einen Ölgehalt von etwa 30–70% aufweist. Während der Einbau gesättigter Fettsäuren bzw. der Ölsäure Produkte ergibt, die neben einer vielseitigen Löslichkeit lediglich eine Hitzehärtbarkeit aufweisen, zeigen die mit mehrfach ungesättigten Fettsäuren modifizierten Produkte neben einer ebenso guten Verträglichkeit mit Lösungsmitteln auch die Fähigkeit, autoxydativ zu trocknen. Hierbei findet unter Aufnahme von Sauerstoff eine Molekülvergrößerung statt, die primär über Peroxyde verläuft, und von der man bei der Verkochung des Leinöls zu Leinöl-Standöl Gebrauch macht. Die Trocknung ungesättigter, natürlicher oder modifizierter Öle wird bekanntlich durch geringe Zusätze von in organischen Lösungsmitteln löslichen Zink-, Blei- oder Manganverbindungen beschleunigt. Je nach der Art der ungesättigten Komponenten, wie *Holzöl, dehydratisiertes Ricinusöl* oder *Leinöl*, und deren Dosierung gelingt es, Produkte mit verschiedenartigem Trocknungsvermögen zu entwickeln. Die daraus erhaltenen Ölalkyde unterscheiden sich von den normalen Öllacken durch ihre bedeutend erhöhte Trocknungsgeschwindigkeit, eine sehr hohe Wasserfestigkeit und weiterhin durch eine erhöhte Haft-, Schlag- und Biegefestigkeit. Sie sind daher für die Lacktechnik von größter Bedeutung und finden u.a. auch auf dem Gebiet der Autolackierung, Metallbehandlung und als Drahtlacke eine ausgedehnte Verwendung.

Ein besonderes lacktechnisches Interesse beanspruchen auch die Kombinationen von verzweigten, ungesättigten, ölmodifizierten Polyestern mit polymerisationsfähigen Verbindungen, wie insbesondere *Styrol.* Anstelle des Styrols können auch andere polymerisierbare Verbindungen, wie *α-Methyl-styrol*[1], *Cyclopentadien*[2], *Furyläthylen*[3], sowie *Methacrylsäure* und *β-(α-Furyl)-acrylsäure*[4] verwandt werden.

Läßt man beispielsweise Styrol auf ungesättigte Ölalkydharze bei erhöhter Temperatur einwirken, so findet eine Reaktion statt, die teilweise in einer Eigenpolymerisation des Styrols und teilweise in einer Umsetzung mit den ungesättigten Fettsäuren des Öls besteht. Über den Ablauf dieser Reaktion bestehen verschiedene Ansichten. Als Primärreaktion ist eine Polymerisation des Styrols anzunehmen, wobei das Styrol-

[1] E.P. 621542 (1947), Dow Chemical Co.
[2] A.P. 2404836 (1943), Pittsburgh Plate Glass Co., Erf.: H. L. Gerhart u. L. M. Adams; Chem. Abstr. **40**, 6293[5] (1946).
    DRP. 713697 (1939), Chemische Werke Albert, Erf.: A. v. Putzer Reiybegg; C. **1942** I, 1688.
[3] A.P. 2401769 (1942), DuPont, Erf.: C. J. Mighton; Chem. Abstr. **40**, 4898[2] (1946).
[4] A.P. 2454294 (1944), DuPont, Erf.: J. C. Sauer; Chem. Abstr. **43**, 1995[e] (1949).

radikal der Fettsäure ein Wasserstoffatom entzieht. Wahrscheinlich handelt es sich hierbei um das Wasserstoffatom der Methylengruppe in Nachbarstellung zur Doppelbindung. Hierdurch wird die wachsende Polystyrolkette beendet und nunmehr ein Fettsäureradikal gebildet, das der Anfang einer neuen Polymerisationkette werden kann. Wird die Polymerisation des Styrols nicht rechtzeitig abgebremst, so entstehen Produkte, die Trübungserscheinungen aufweisen. Diese Trübungen sind bedingt durch die Unverträglichkeit des Polystyrols mit den Ölalkydharzen. Die Herstellung klarer, verträglicher Produkte hängt im wesentlichen von der Wahl der Reaktionsbedingungen ab. Eine weitere Voraussetzung hierfür ist, daß die Reaktion in einem Lösungsmittel durchgeführt wird. Als solche kommen sowohl Xylol als auch Benzin oder Terpene[1] in Frage. Weiterhin ist es erforderlich, daß das zur Umsetzung verwandte ungesättigte Harz neben einer bestimmten Mindestviscosität einen gewissen Mindestgehalt an konjugierten Doppelbindungen aufweist[2]. Praktisch arbeitet man in der Weise, daß das Styrol in die Lösung des ungesättigten Harzes bei möglichst hoher Temperatur eingetropft wird. Die Mengenverhältnisse sind dabei so gewählt, daß etwa 25% Ölalkydharz, 25% Styrol und 50% Lösungsmittel angewandt werden.

Die Kombination von Styrol mit Alkydharzen ändert die Eigenschaften der Ölalkydharze in der gleichen Richtung, wie es bei dem Übergang von den Ölen zu den Alkydalen der Fall ist. Neben einer starken Erhöhung der Trocknungsgeschwindigkeit ist vor allem die sehr hohe Filmhärte und Elastizität zu erwähnen. Auch die Wasserfestigkeit und Alkalifestigkeit ist gegenüber den Ölalkydharzen ausgezeichnet. Abschließend sei auch noch auf die erhöhte Lichtechtheit hingewiesen.

e) Bibliographie[3]

C. Ellis, The Chemistry of Synthetic Resins, Bd. II, Reinhold Publ. Corp., New York 1935.

C. S. Fuller u. C. J. Frosch, Further Investigation of the Chain Structure of linear Polyesters, J. phys. Chem. 43, 323 (1939).

H. Mark u. G. S. Whitby, Collected Papers of W. H. Carothers on High Polymeric Substances, Interscience Publ. Inc., New York 1940.

K. H. Meyer u. H. Mark, Hochpolymere Chemie, Akademische Verlagsgesellschaft Becker & Erler KG., Leipzig 1940.
    Bd. I, H. Mark, Allgemeine Grundlagen der hochpolymeren Chemie.
    Bd. II, K. H. Meyer, Die hochpolymeren Verbindungen.

R. L. Wakeman, The Chemistry of Commercial Plastics, Reinhold Publ. Corp., New York 1947.

K. H. Meyer, Natural and Synthetic High Polymers, 2. Aufl., Interscience Publ. Inc., New York 1950.

K. Hamann, Entwicklung der Polyester für das Lack- und Anstrichgebiet, Ang. Ch. 62, 325 (1950).

J. Bourry, Resines Alkydes-Polyesters, Dunod, Paris 1952.

G. F. D'Alelio, Kunststoff-Praktikum, C. Hanser Verlag, München 1952.

K. H. Meyer u. H. Mark, Makromolekulare Chemie, Akademische Verlagsgesellschaft Geest, R. Portig KG., Leipzig 1953.

R. A. Hudson, Production, Properties and Applications of the New British Polyethylenterephthalat Film, Brit. Plastics 26, 6 (1953).

---

[1] E.P. 580912 (1944), Lewis Berger & Sons Ltd., Erf.: L. E. Wakeford, D. H. Hewitt u. F. Armitage; Chem. Abstr. 41, 1470[b] (1947).
    E.P. 580913 (1946), Lewis Berger & Sons Ltd., Erf.: L. E. Wakeford, D. H. Hewitt u. R. R. Davidson; Chem. Abstr. 41, 1470[c] (1947).
[2] D. H. Hewitt u. F. Armitage, J. Oil Colour Chemists' Assoc. 29, 109 (1946).
[3] In chronologischer Anordnung.

F. Fourné, Synthetische Fasern, Konradin-Verlag, Stuttgart 1953.

L. E. Amborski u. D. W. Fliere, Physical Properties of Polyethylene Terephthalate films, Ind. eng. Chem. **45**, 2290 (1953).

R. W. Stafford u. J. F. Shay, Acid and alcoholic Components of Polyesters, Ind. eng. Chem. **46**, 1625 (1954).

P. Robitschek u. C. T. Bean, Flame resistant Polyesters from Hexachlorcyclopentadien, Ind. eng. Chem. **46**, 1628 (1954).

E. F. Izard, Scientific Success Story of Polyethylene Terephthalate, Chem. Engng. News **32**, 3724 (1954).

A. Sippel, Herstellung, Eigenschaften und Verwendung vollsynthetischer Fasern, Melliand Textilber. **35**, 481 (1954).

F. Held, „Terylene", Melliand Textilber. **35**, 483 (1954).

Mylar®, Rubber World **131**, 127 (1954).

H. Batzer, Über die chemische Voraussetzung für die Faserbildung, Ang. Ch. **67**, 556 (1955).

W. Beyer, Glasfaserverstärkte Kunststoffe, Carl Hanser Verlag, München 1955, 2. Folge 1959.

C. E. Schildknecht, Polymer Processes, Chemical Technology of Plastics, Resins, Rubbers, Adhesives and Fibers, (High Polymers, Bd. X), Interscience Publ. Inc., New York 1956.

R. Hill, Fasern aus synthetischen Polymeren, Verlag Berliner Union, Stuttgart 1956.

J. Bjorksten, H. Tovey, B. Harker, I. Henning (Research Laboratory Inc., Madison/Wisconsin), Polyesters and their Applications, Reinhold Publ. Corp., New York 1956.

G. Tewes, Polyester sowie polymere Ester mehrfunktioneller Esterkomponenten, Gummi u. Asbest **9**, 567, 606, 684 (1956).

H. Batzer, Einführung in die makromolekulare Chemie, Dr. A. Hüthig Verlag, Heidelberg-Frankfurt/Main (1958).

H. Wagner u. H. F. Sarx, Lackkunstharze, C. Hanser Verlag, München 1959.

G. Schulz, Die Kunststoffe, Carl Hanser Verlag, München 1959.

H. Staudinger, Die hochmolekularen organischen Verbindungen, Kautschuk und Cellulose, Verlag Springer, Berlin 1932 (Neudruck 1960).

J. Scheiber, Chemie und Technologie der künstlichen Harze, Wissenschaftliche Verlagsgesellschaft mbH., Stuttgart 1961.

R. E. Wilfong, Linear Polyesters, Polymer Sci. **54**, 385 (1961).

II. Polycarbonate

bearbeitet von

DR. HEINRICH KRIMM

Farbenfabriken Bayer AG., Uerdingen

Die Kohlensäure verhält sich hinsichtlich ihrer Säurefunktion wie eine bifunktionelle Carbonsäure. Sie ist aber, formal gesehen, nicht zu den Dicarbonsäuren, deren homologe Reihe mit der Oxalsäure beginnt, sondern zu den Hydroxycarbonsäuren zu rechnen. Diese ihre besondere Struktur, sowie ihre Unbeständigkeit im freien Zustand bringen es nun mit sich, daß nur wenige der im Kapitel „Polycarbonsäureester", S. 1, aufgezählten Darstellungsmethoden für Polyester zum Aufbau von Polycarbonaten[1] angewandt werden können. Andererseits gibt es wertvolle Methoden zur Herstellung von Polykohlensäureestern, die zum Aufbau von Polyestern der Polycarbonsäuren nicht anwendbar oder nicht gebräuchlich sind. Aus diesen Gründen sollen die wichtigsten Herstellungsmethoden der Polycarbonate in dem folgenden Abschnitt gesondert zusammengestellt werden.

a) Herstellung von Polycarbonaten

1. Herstellung von Polycarbonaten durch Umesterung

Die Umesterung von Kohlensäurediestern mit Dihydroxyverbindungen stellt die universellste Methode zur Herstellung von Polycarbonaten sowohl in der aliphatischen als auch in der aromatischen Reihe dar. Sie ist in den Fällen von besonderem Nutzen, in denen die entstehenden Polycarbonate zwar schmelzbar, aber in allen gebräuchlichen Lösungsmitteln bei Zimmertemperatur unlöslich sind.

Die Umesterung der Kohlensäureester zur Herstellung von Polycarbonaten wird ähnlich wie die üblichen Umesterungen von Polycarbonsäureestern ausgeführt. Hochmolekulare Produkte werden erhalten, wenn bei der Umesterung leicht flüchtige Alkohole oder Phenole abgespalten und durch Anwendung höherer Temperaturen und Anlegen von Vakuum aus dem Reaktionsgemisch entfernt werden. Falls die Siedepunkte der eingesetzten Komponenten genügend hoch liegen und hinreichend hohe Temperaturen, zumeist über 200° liegend, angewandt werden können, ist der Gebrauch von Umesterungskatalysatoren vielfach entbehrlich. Bei wesentlich milderen Bedingungen läßt sich mit Hilfe von Umesterungskatalysatoren arbeiten. Diese leiten die Umesterung oft schon bei Temperaturen von 100—150° ein. Unter den allgemein üblichen Umesterungskatalysatoren sind die basischen wirksamer als die sauren. Empfohlen werden Alkali- oder Erdalkalimetalle, deren Oxyde, Hydroxyde, Hydride, Amide, Alkoholate und Phenolate, ferner Alkali- oder Erdalkalisalze von organischen Säuren sowie basische Schwermetalloxyde, -hydroxyde oder -salze, wie z. B. von Zink, Quecksilber, Blei oder Antimon. Bei hohen Temperaturen können die stark basischen Umesterungskatalysatoren Abbau sowie Nebenreaktionen verursachen, die zu Verzweigungen und Vernetzungen führen können[1]. Vielfach ist

---

[1] H. SCHNELL (Ausführliche Abhandlung über die Polycarbonate), Ang. Ch. **68**, 633 (1956); Ind. eng. Chem. **51**, 157 (1959); Plastics Inst. (London), Trans. and J. **28**, 143 (1960).
W. F. CHRISTOPHER u. D. W. FOX, Polycarbonates, Reinhold Publ. Corp., New York 1962.

es deshalb zweckmäßig, die basischen Umesterungskatalysatoren gegen Ende der Umesterung durch Umsetzung mit geeigneten Neutralisierungsmitteln, wie z. B. Salzsäure[1], Toluolsulfonsäure, Dimethylsulfat, Benzoylchlorid, organischen Chlorameisensäureestern oder Benzylchlorid, unschädlich zu machen[2].

α) Umesterung von Dialkyl- bzw. Diarylcarbonaten mit Dihydroxyverbindungen

Ebenso wie die Arylester von Polycarbonsäuren lassen sich auch die Diarylcarbonate besonders leicht mit aliphatischen Dialkoholen umestern. Hierzu sind Katalysatoren häufig nicht erforderlich. Auch Dialkylcarbonate können in Gegenwart basischer Katalysatoren glatt mit aliphatischen Dihydroxyverbindungen umgesetzt werden[1-3]. Die Bildung von Polykondensationsprodukten ist dabei allerdings an gewisse konstitutionelle Voraussetzungen der aliphatischen Dialkohole gebunden. So müssen die alkoholischen Hydroxygruppen mindestens so weit voneinander entfernt sein, daß sich keine ringförmigen, 5- oder 6-gliedrigen Carbonate bilden können, d. h. 1,2- oder 1,3-Glykole sind zur Polycarbonatbildung durch Umesterung ungeeignet[4].

Die erreichbaren Molekulargewichte sind nicht hoch. Nur dann, wenn die basischen Katalysatoren neutralisiert werden, sind auch höhere Molekulargewichte zu erzielen[1,2].

Aromatische Polycarbonate sind in glatter Reaktion durch Umesterung von Diarylcarbonaten mit zweiwertigen Phenolen herzustellen[2,5]. Vielfach ist die Anwesenheit von basischen Umesterungskatalysatoren zweckmäßig. Auch hier sind in allen Fällen, in denen sich 5- oder 6-Ring-Carbonate bilden können, z. B. beim Brenzcatechin oder 1,8-Dihydroxy-naphthalin, Polykondensationsprodukte nicht die Hauptreaktionsprodukte[5].

Die Umsetzung von aromatischen Dihydroxyverbindungen mit Dialkylcarbonaten gelingt selbst in Gegenwart von basischen Katalysatoren nur sehr schwer und weicht häufig in Nebenreaktionen aus, wie Decarboxylierung und Ätherbildung.

Poly-hexamethylencarbonat:

Erstes Beispiel[3]: Ein Gemisch aus 12 g Diäthylcarbonat und 12 g Hexandiol-(1,6), dem ein kleines Stückchen Natrium zugesetzt worden ist, wird innerhalb 2 Stdn. von 130° auf 170° erhitzt. Dabei destillieren 86% der ber. Menge Äthanol ab. Der Rückstand wird nach Entfernen des Alkalis durch Auswaschen mit Wasser im Hochvak. erhitzt, bis das nicht umgesetzte Glykol abdestilliert ist. Der Destillationsrückstand (10 g = 67% der ber. Menge) erstarrt beim Abkühlen zu einer hornigen, zähen, krystallinen Masse vom F: 55–60°. Das Polycarbonat löst sich in Benzol, Aceton und Chloroform, unlöslich ist es in Äther und Äthanol. Das durchschnittliche Mol.-Gew. liegt bei 2800.

Zweites Beispiel[2]: Ein Gemisch von 40 Gew.-Tln. Hexandiol-(1,6), 42 Gew.-Tln. Diäthylcarbonat und 0,003 Gew.-Tln. Natriumäthylat wird $^1/_2$ Stde. unter Rühren und Rückfluß unter Überleiten von Stickstoff auf 100–130° erhitzt. Das abgespaltene Äthanol wird über eine Kolonne abdestilliert. Nach weiterem 3stdg. Rühren bei 200° unter 30 Torr wird das als Katalysator verwendete Natriumäthylat durch Einrühren von 0,1 Gew.-Tl. Chlorameisensäurephenylester neutralisiert. Die Kondensation wird innerhalb 3 Stdn. durch Erhitzen auf 250° unter 0,5 Torr zu Ende geführt. Das überschüssige Neutralisierungsmittel wird dabei abdestilliert. Die dickflüssige

[1] A.P. 2210817 (1940), DuPont, Erf.: W. R. PETERSON; Chem. Abstr. **35**, 235 (1941).

[2] DBP. 1031512 (1955), Farbf. Bayer, Erf.: H. SCHNELL u. G. FRITZ; C. **1959**, 16826.

[3] W. H. CAROTHERS u. F. J. VAN NATTA, Am. Soc. **52**, 314 (1930).

[4] Vgl. ds. Handb., Bd. VIII, Kap. Herstellung und Umwandlung von monomeren Kohlensäurederivaten, S. 107.

[5] C. A. BISCHOFF u. A. v. HEDENSTRÖM, B. **35**, 3431 (1902).

Schmelze erstarrt beim Abkühlen zu einer farblosen, hochmolekularen Substanz mit einem F von etwa 60°, die sich aus der Schmelze zu reckbaren Fäden und Filmen verarbeiten läßt.

Poly-p-phenylencarbonat[1]: 2,2 g Hydrochinon und 4,28 g Diphenylcarbonat werden 10 Min. am Steigrohr zum Sieden gebracht (Bad 300°, Flüssigkeit 250°). Das gebildete Phenol wird unter Atmosphärendruck bei 180—190°, unter 11 Torr bei 90° bis 125° abdestilliert. Der Rückstand (3,02 g, ber. 2,72 g) wird zur Entfernung von nicht umgesetztem Diphenylcarbonat mit Aceton ausgekocht. Er ist in allen gebräuchlichen Lösungsmitteln unlöslich und schmilzt oberhalb 320°.

Polycarbonat aus 2,2-Bis-[4-hydroxy-phenyl]-propan[2]: Ein Gemisch von 45,6 Gew.-Tln. 2,2-Bis-[4-hydroxy-phenyl]-propan, 47,1 Gew.-Tln. Diphenylcarbonat und 0,008 Gew.-Tln. Lithiumhydrid wird langsam bis auf 210° unter 20 Torr erhitzt, wobei die Hauptmenge des abgespaltenen Phenols abdestilliert. Dann wird der Druck auf 0,2 Torr ermäßigt und die Temp. während 1 Stde. auf 250° und während zweier weiterer Stdn. auf 280° erhöht. Gegen Ende der Kondensation wird der Katalysator durch Einrühren von 0,05 Gew.-Tln. Dimethylsulfat neutralisiert. Der Überschuß an Dimethylsulfat wird durch weiteres Erhitzen i. Vak. entfernt. Die zähviscose Schmelze erstarrt beim Abkühlen zu einem farblosen, elastischen Kunststoff, der bei etwa 240° erweicht.

Er löst sich leicht in Methylenchlorid, Chloroform, Dimethylformamid und Pyridin. Das viscosimetrisch ermittelte Durchschnittsmolekulargewicht liegt bei 30000. Der dielektrische Verlustwinkel tg δ beträgt bei 25° und 1000 Hz 10^{-3}, die DK 2,6. Die aus der Temperaturabhängigkeit der dielektrischen Werte ermittelte Einfriertemp. liegt bei 150°.

β) Umesterung von Bis-alkyl- bzw. -arylcarbonaten von Dihydroxyverbindungen mit Dihydroxyverbindungen

In analoger Weise wie bei der S. 49 erwähnten Methode lassen sich auch die Bis-alkyl- bzw. -arylkohlensäureester von aliphatischen oder aromatischen Dihydroxyverbindungen mit den gleichen oder verschiedenen Dihydroxyverbindungen umestern[2].

$$n\ R—O—CO—O—X—O—CO—O—R + n\ HO—Y—OH\ \rightarrow$$

$$R—(O—CO—O—X—O—CO—O—Y—)_n OH + (2\,n—1)\ R—OH$$

R = einwertiger Kohlenwasserstoffrest
X und Y = zweiwertiger Kohlenwasserstoffrest

Das im Abschnitt S. 49 Gesagte gilt sinngemäß auch hier.

Die Bis-alkyl- bzw. -arylcarbonate können nach bekannten Methoden (Zusammenstellung s. Literatur [3,4]) hergestellt werden. Der besondere Vorteil dieser Methode für die Herstellung von gemischten Polycarbonaten liegt darin, daß auch beim Einsatz von Mischungen aus Dihydroxyverbindungen unterschiedlichen Reaktionsvermögens in vielen Fällen regelmäßig aufgebaute Polycarbonate erhalten werden.

Polycarbonat aus 2,2-Bis-[4-hydroxy-phenyl]-propan[2]: Ein Gemisch von 550 Gew.-Tln. des Bis-phenylcarbonats des 2,2-Bis-[4-hydroxy-phenyl]-propans, 228 Gew.-Tln. 2,2-Bis-[4-hydroxy-phenyl]-propan und 0,015 Gew.-Tln. des Natriumsalzes des 2,2-Bis-[4-hydroxy-phenyl]-propans wird unter Rühren und Überleiten von Stickstoff i. Vak. langsam auf 200°/20 Torr erhitzt, wobei die Hauptmenge des Phenols abdestilliert. Durch weiteres 3stdg. allmähliches Erhitzen auf 280° unter 0,5 Torr wird eine zähviscose Schmelze erhalten. Das im Katalysator enthaltene Alkali wird durch Zugabe von 0,3 Gew.-Tln. Dimethylsulfat neutralisiert und der Überschuß daran i. Vak. entfernt. Beim Abkühlen wird ein hochmolekularer, zäher elastischer Kunststoff erhalten, der bei etwa 230° erweicht.

Das viscosimetrisch ermittelte Durchschnittsmolekulargewicht beträgt 23000.

---

[1] C. A. Bischoff u. A. v. Hedenström, B. **35**, 3431 (1902).

[2] DBP. 1031512 (1955), Farbf. Bayer, Erf.: H. Schnell u. G. Fritz; C. **1959**, 16826.

[3] W. H. Carothers u. F. J. van Natta, Am. Soc. **52**, 314 (1930).

[4] Ds. Handb., Bd. VIII, Kap. Herstellung und Umwandlung von monomeren Kohlensäurederivaten, S. 107.

γ) Doppelte Umesterung von Bis-alkyl- bzw. -arylcarbonaten von Dihydroxyverbindungen mit sich selbst oder anderen Bis-alkyl- bzw. -arylcarbonaten von Dihydroxyverbindungen

Beim Erhitzen auf wenig höhere Temperaturen, als bei den üblichen Umesterungen erforderlich sind, spalten die Bis-alkyl- bzw. -arylcarbonate von Dihydroxyverbindungen allein oder im Gemisch mit anderen Bis-alkyl- bzw. -arylcarbonaten von Dihydroxyverbindungen Dialkyl- bzw. Diarylcarbonat ab unter Bildung von hochmolekularen Polycarbonaten[1] nach folgendem Schema:

$$n\ R-O-CO-O-X-O-CO-O-R + n\ R'-O-CO-O-Y-O-CO-O-R'\ \rightarrow$$

$$R-(O-CO-O-X-O-CO-O-Y-)_n\ O-CO-O-R' + (2n-1)\ R-O-CO-O-R'$$

R und R' = einwertiger Kohlenwasserstoffrest
X und Y = zweiwertiger Kohlenwasserstoffrest

Polycarbonat aus 2,2-Bis-[4-hydroxy-phenyl]-propan[1]: Ein Gemisch von 46,8 Gew.-Tln. des Bis-phenylcarbonats des 2,2-Bis-[4-hydroxy-phenyl]-propans, 0,008 Gew.-Tln. Calciumhydrid und 0,008 Gew.-Tln. Natriumbenzoat wird unter Überleiten von Stickstoff und Rühren i. Vak. langsam auf 200° bei 0,2 Torr erhitzt, wobei das abgespaltene Diphenylcarbonat abdestilliert. Nach weiterem Erhitzen auf 280°/0,2 Torr wird der alkal. Katalysator durch Einrühren von 0,05 Gew.-Tln. Dimethylsulfat neutralisiert. Der Überschuß an Dimethylsulfat wird nun durch weiteres $^1/_2$stdg. Erhitzen auf 280°/0,2 Torr entfernt. Man erhält nach Abkühlen ein farbloses, hochmolekulares Polycarbonat, das bei etwa 230° erweicht.

Außer den erwähnten alkalischen Umesterungskatalysatoren sind bei der Selbstkondensation aliphatischer Dihydroxyverbindungen Alkoholate oder Komplexverbindungen von Metallen wie Titan und Zirkonium von besonderer Wirksamkeit[2].

Polycarbonat aus p-Xylylenglykol: 215 g p-Xylylenglykol-bis-butylcarbonat werden mit einer Lösung von 11 Tropfen Titan-(IV)-butylat in 15 cm³ n-Butanol versetzt und unter Überleiten von Wasserstoff in einem Ölbad von 265° erhitzt, während Dibutylcarbonat abdestilliert. Nach $1^1/_2$ Stdn. wird das Reaktionsgemisch noch $3^1/_2$ Stdn. unter einem Druck von 0,2–0,3 Torr gerührt. Das Polycarbonat krystallisiert nach Abkühlen sofort zu einer harten, weißen, porzellanartigen Masse vom F: 239°.

δ) Doppelte Umesterung von Bis-monocarbonsäureestern von Dihydroxyverbindungen und Dialkyl- bzw. Diarylcarbonaten

Umsetzungen dieser Art, die nach folgendem Schema verlaufen:

$$n\ R-CO-O-X-O-CO-R + n\ R'-O-CO-O-R'\ \rightarrow$$

$$R-CO-O-(X-O-CO-O-)_n\ R' + (2n-1)\ R-CO-O-R'$$

R und R' = einwertiger Kohlenwasserstoffrest
X = zweiwertiger Kohlenwasserstoffrest

sind in Gegenwart stark alkalischer Katalysatoren möglich, aber ohne jede praktische Bedeutung[3].

---

[1] DBP. 1020184 (1955), Farbf. Bayer, Erf.: H. SCHNELL u. G. FRITZ; C. **1958**, 10215.

[2] A.P. 2789509, 2789964, 2789968 (1953), Eastman Kodak Co., Erf.: D. D. REYNOLDS u. J. VAN DEN BERGHE; Chem. Abstr. **51**, 14809, 14808, 14795 (1957).

[3] DAS. 1067213 (1957), M. Sander.

4*

2. Herstellung von Polycarbonaten durch Phosgenierung

Die Phosgenierungsmethoden kommen vor allem für die in gebräuchlichen Lösungsmitteln löslichen Polycarbonattypen in Frage. Unlösliche Polycarbonate lassen sich zwar so ebenfalls herstellen. Es werden jedoch meistens uneinheitliche Produkte niedrigen Molekulargewichts erhalten. Da die Phosgenierungen im allgemeinen bei Temperaturen um Zimmertemperatur erfolgen, sind sie besonders schonend und überall dort unerläßlich, wo Umesterungsreaktionen wegen der thermischen Empfindlichkeit der herzustellenden Polycarbonate ausscheiden, oder wo es auf die Herstellung von besonders hochmolekularen Produkten ankommt.

a) Phosgenierung ohne Isolierung von Zwischenprodukten

a_1) *Phosgenierung in wäßrig-alkalischer Lösung*

Diese Methode gelingt nur mit aromatischen Dihydroxyverbindungen in befriedigender Weise. Mit aliphatischen Dihydroxyverbindungen allein werden nur ungenügende Umsätze und niedrige Durchschnittsmolekulargewichte erzielt. Sie stellt die wertvollste Phosgenierungsmethode dar, vor allem für die technische Herstellung von Polycarbonaten.

In die Lösung der aromatischen Dihydroxyverbindungen in überschüssiger Alkalilauge wird nach Zusatz von Lösungsmitteln für die herzustellenden Polycarbonate bei Temperaturen um Zimmertemperatur etwas mehr als die äquimolare Menge Phosgen eingeleitet. Die zunächst dünnflüssige Lösung niedermolekularen Polycarbonats wird im Laufe der weiteren Umsetzung gegebenenfalls bei höheren Temperaturen immer dickflüssiger. Die Umsetzungen sind dann beendet, wenn der gewünschte hochmolekulare Zustand erreicht und die aus Bis-chlorameisensäureestern bestehenden Endgruppen unter Abspaltung von Chlorwasserstoff und Kohlendioxyd verseift sind[1].

Zur Beschleunigung der Reaktion sowie zum Erzielen von hohen Kondensationsgraden ist die Anwesenheit von quartären Ammoniumbasen oder -salzen, wie z. B. von Triäthyl-benzyl-ammoniumhydroxyd bzw. -chlorid, oder tertiären Aminen, wie Triäthylamin oder Tributylamin, zweckmäßig[2].

Bei löslichen Polycarbonattypen sind so außerordentlich hohe Kondensationsgrade erreichbar. Niedrigere Kondensationsgrade lassen sich durch Verwendung von Kettenabbrechern, wie z. B. Phenol oder p-tert.-Butyl-phenol, einstellen.

Sind die herzustellenden Polycarbonate in Lösungsmitteln unlöslich oder geschieht die Phosgenierung in Abwesenheit von Lösungsmitteln, so werden in der Regel uneinheitlich aufgebaute Polycarbonate erhalten. Hohe Molekulargewichte sind auf diese Weise nur schwierig zu erzielen[3].

Polycarbonat aus 2,2-Bis-[4-hydroxy-phenyl]-pentan[1]: Zu einer Lösung von 256 g (1 Mol) 2,2-Bis-[4-hydroxy-phenyl]-pentan in 1640 g 10%iger Natronlauge (4,1 Mol) gibt man 500 cm³ Benzol und leitet bei 25° Innentemp. innerhalb 3 Stdn. unter Rühren 149 g (1,5 Mol) Phosgen ein. Man setzt das Rühren noch 1 Stde. fort, erwärmt dann langsam auf 50° und hält noch 1 Stde. lang diese Temperatur. Die wäßr. Schicht wird dann abgetrennt, die Polycarbonatlösung mit Benzol verdünnt, die durch emulgiertes Wasser milchig getrübte Benzollösung mit verd. Salzsäure neutral geschüttelt und azeotrop entwässert. Die wasserfreie Lösung wird abfiltriert und eingedampft. Man erhält so einen hochmolekularen, farblosen, zähen und elastischen Kunststoff mit

---

[1] DBP. 971790 (1953), Farbf. Bayer, Erf.: H. SCHNELL, L. BOTTENBRUCH u. H. KRIMM.
[2] DBP. 959497 (1955); 1046311 (1956), Farbf. Bayer, Erf.: L. BOTTENBRUCH u. H. SCHNELL.
[3] H. SCHNELL, Ausführliche Abhandlung über die Polycarbonate, Ang. Ch. **68**, 633 (1956).

einem Erweichungsintervall von 200–210°. Er ist in Benzol, Toluol, Methylenchlorid, Chloroform, Essigsäureäthylester und Butylacetat klar löslich.

Das aus Viscositätsmessungen bestimmte Durchschnittsmolekulargewicht beträgt 35 000.

a_2) *Phosgenierung in wasserfreiem Medium*

Diese Methode, nach der in der historischen Entwicklung überhaupt erstmals Polycarbonate hergestellt worden sind[1], wird wegen ihrer Kostspieligkeit nur in Ausnahmefällen Anwendung finden, so z. B. wenn es sich darum handelt, ein Phosgenierungsverfahren zur Herstellung von aliphatischen Polycarbonaten anzuwenden.

Hierzu wird Phosgen entweder in eine Lösung der Dihydroxyverbindung in einer indifferenten Base, z. B. in Pyridin, bzw. in einem inerten Lösungsmittel unter Zusatz einer indifferenten Base eingeleitet, oder es wird eine Lösung von Phosgen in einem geeigneten inerten Lösungsmittel, z. B. Chloroform oder Toluol, zu einer Lösung der Dihydroxyverbindung in einer indifferenten Base zugesetzt. Die Umsetzungen verlaufen auch noch weit unterhalb Zimmertemperatur sehr rasch.

Poly-m-phenylencarbonat[1]: In eine in Eis gekühlte Lösung von 30 g Resorcin in 250 g Pyridin wird unter Rühren 25 g Phosgen eingeleitet. Es scheidet sich eine gelatinöse, gelblich-rötliche Masse aus. Sie wird nach $1/_2$ Stde. in Wasser eingetragen, worin sich das Polycarbonat als amorphes, feines, weißes Pulver abscheidet. Es wird mit verd. Salzsäure und Wasser gewaschen und auf Ton getrocknet; F: 190° (Zers.). In den üblichen Lösungsmitteln ist es unlöslich.

Polycarbonat aus 1,1-Bis-[4-hydroxy-phenyl]-cyclohexan[2]: Zu einer Lösung von 28,65 Gew.-Tln. 1,1-Bis-[4-hydroxy-phenyl]-cyclohexan in 35 Gew.-Tln. absol. Pyridin gibt man unter Rühren bei 0° innerhalb $1^1/_2$ Stdn. 88,6 Gew.-Tle. einer 12,27%igen Lösung von Phosgen in Chloroform. Nach Zugabe von etwa $2/_3$ der Phosgenlösung verdünnt man das Reaktionsgemisch mit 150 Vol.-Tln. Methylenchlorid. Nach beendeter Zugabe und Verdünnen mit dem gleichen Vol. Methylenchlorid wird das Reaktionsgemisch mit Wasser und Natriumsulfatlösung ausgeschüttelt und über Natriumsulfat getrocknet. Der Lösungsmittelrückstand stellt eine harte, elastische, farblose Masse dar mit einem Erweichungsintervall von 200–215°.

Polycarbonat aus 2,2-Bis-[4-hydroxy-phenyl]-propan[3]: In die Lösung von 23 g (0,1 Mol) 2,2-Bis-[4-hydroxy-phenyl]-propan in 200 cm³ Pyridin wird unter starkem Rühren bei 25–35° Phosgen mit einer Geschwindigkeit von 1,0 g/Min. eingeleitet. Nach 7–8 Min. beginnt aus der Lösung Pyridinhydrochlorid auszufallen. Nach 10 Min. ist die theor. Menge Phosgen eingeleitet und eine deutliche Zunahme der Viscosität zu beobachten. Nach einer weiteren Min. (10% Überschuß an Phosgen) läßt sich das Reaktionsgemisch nicht mehr rühren. Das Polycarbonat kann durch Fällen mit Methanol oder einem anderen Lösungsmittel, das Pyridinhydrochlorid löst und Polycarbonat fällt, gewonnen werden. Die Ausbeute ist nahezu quantitativ, und das Polycarbonat hat eine Viscosität (intrinsic viscosity) von 0,5–1,5, gemessen in Dioxan bei 30°.

β) Phosgenierung unter Isolierung der Bis-chlorameisensäureester von Dihydroxyverbindungen als Zwischenprodukte

In allen Fällen, in denen eine Methode nach den auf S. 52f. beschriebenen Verfahren in Frage kommt, kann durch Einwirkung von überschüssigem Phosgen auf die Dihydroxyverbindung zweckmäßig in Gegenwart von indifferenten Basen zunächst der entsprechende Bis-chlorameisensäureester hergestellt, gegebenenfalls durch Destillieren oder Umkrystallisieren gereinigt und dann mit der gleichen oder einer anderen Dihydroxyverbindung in Gegenwart einer indifferenten Base umgesetzt werden[2]. Nach dieser Methode lassen sich auch rein aliphatische und vor allem unter definierten stöchiometrischen Bedingungen streng regelmäßig aufgebaute gemischte, z. B. aliphatisch-aromatische, Polycarbonate herstellen.

---

[1] A. EINHORN, A. **300**, 135 (1898); vgl. a. K. BIRNBAUM u. G. LURIE, B. **14**, 1753 (1881).

[2] DBP. 971790 (1953), Farbf. Bayer, Erf.: H. SCHNELL, L. BOTTENBRUCH u. H. KRIMM.

[3] W. F. CHRISTOPHER u. D. W. FOX, Polycarbonates, S. 16, Reinhold Publ. Corp., New York 1962.

Polycarbonat aus 2,2-Bis-[4-hydroxy-phenyl]-propan[1]: Zu einer Lösung von 11,77 g Bis-chlor-ameisensäureester des 2,2-Bis-[4-hydroxy-phenyl]-propans in 120 cm³ absol. Methylenchlorid gibt man tropfenweise unter Rühren bei 0° innerhalb 60 Min. eine Lösung von 7,60 g 2,2-Bis-[4-hydroxy-phenyl]-propan in 10,5 g absol. Pyridin und 120 g absol. Methylenchlorid. Nach mehrstündigem Rühren bei Zimmertemp. wird das Reaktionsgemisch mit Wasser und Natrium-sulfatlösung ausgeschüttelt und über Natriumsulfat getrocknet. Nach Verdampfen des Lösungs-mittels bleibt ein farbloser, elastischer Kunststoff mit einem Erweichungsintervall von 220–225° zurück. Er löst sich klar in Methylenchlorid, Chloroform, Dimethylformamid und Pyridin.

Bis-chlorameisensäureester des 1,4-Dimethylol-cyclohexans[2]: Durch ein Rohr mit Glasfritte wird Phosgen unter Rühren in die Suspension von 144 g (1 Mol) 1,4-Dimethylol-cyclohexan in 500 cm³ trockenem, destilliertem Äthylenchlorid eingeleitet, bis 280–300 g (2,8–3,0 Mol) auf-genommen sind. Die Temp. wird durch Kühlung unterhalb 40° gehalten. Das Rühren wird fortgesetzt, bis das Diol völlig in Lösung gegangen ist. Der abgespaltene Chlorwasserstoff wird über einen Kühler in einem mit fließendem Wasser beschickten Fänger absorbiert. Nach Beendi-gung der Reaktion wird das überschüssige Phosgen durch Einleiten von Luft, die mit konz. Schwefelsäure getrocknet ist, während mehrerer Stdn. entfernt. Das Einleiten ist 1 Stde. nachdem sich in den austretenden Gasen mit befeuchtetem Indikatorpapier keine saure Reaktion mehr nachweisen läßt, beendet. Das so erhaltene Reaktionsprodukt ist für die weitere Umsetzung zu hochmolekularen Polycarbonaten hinreichend rein.

Polycarbonat aus 1,4-Dimethylol-cyclohexan und 2,2-Bis-[4-hydroxy-phenyl]-propan[2]: Zu einer Lösung von 60 g (1,47 Mol) 98%igem Natriumhydroxyd und 10 g Benzyl-triäthyl-ammonium-chlorid in 800 cm³ Wasser werden 170 g (0,746 Mol) 2,2-Bis-[4-hydroxy-phenyl]-propan und 1 l Methylenchlorid gegeben. Eine Lösung von 195 g (0,73 Mol) Bis-chlorameisensäureester des 1,4-Dimethylol-cyclohexans in 340 cm³ Äthylenchlorid wird bei 18–20° unter Rühren und Kühlen mit Eiswasser zugesetzt. Nach 2 stdg. weiterem Rühren werden 2,5 l Methylenchlorid und 50 cm³ Essigsäure zugegeben. Das Polycarbonat wird mit 4,8 l Isopropylacetat gefällt, abfiltriert, mit 6 l Wasser verrührt, wieder abfiltriert, auf dem Filter mit Wasser gewaschen und schließlich i.Vak. bei 70° getrocknet; Ausbeute: 299 g (theor. 310 g); Eigenviscosität (inherent viscosity): 2,28.

3. Herstellung von Polycarbonaten durch Umsetzung von Dihydroxyverbindungen mit N,N′-Carbonyl-diimidazol

Reaktionsfähige substituierte Harnstoffe vom Typ des N,N′-Carbonyl-diimidazols können in Lösungsmitteln, wie Tetrahydrofuran, oder in der Schmelze mit aliphatischen oder aromatischen Dihydroxyverbindungen unter Abspaltung von Imidazol zu Polycarbonaten umgesetzt werden[3]. Gegenüber den übrigen Methoden zur Herstellung von Polycarbonaten weist diese Methode keinerlei Vorteile auf, zumal die Ausgangsstoffe aus Phosgen hergestellt werden müssen und außerordentlich hydrolyse-empfindlich sind. Hochmolekulare und thermostabile Polycarbonate lassen sich nach dieser Methode nicht herstellen.

4. Herstellung von Polycarbonaten durch Polymerisation cyclischer Carbonate

Ringförmige Carbonate mit sechs und mehr Ringgliedern können mit Hilfe basischer Katalysatoren bei Temperaturen von 130–200° zu linearen Polycarbonaten polymerisiert werden[4,5]. Enthalten die Ringe mehr als zehn Glieder, ist auch schon durch mehrstündiges Erhitzen auf etwa 200° in gewissem Umfange Polymerisation zu linearen Polycarbonaten möglich[5].

[1] DBP. 971790 (1953), Farbf. Bayer, Erf.: H. SCHNELL, L. BOTTENBRUCH u. H. KRIMM.
[2] Firmenschrift TDR Nr. XI–105 (Oktober 1961) der Eastman Chemical International AG. über „1,4-Cyclohexanedimethanol, Properties-Reactions", S. 10–11.
[3] H. A. STAAB, A. **609**, 75 (1957).
[4] W. H. CAROTHERS u. F. J. VAN NATTA, Am. Soc. **52**, 312 (1930).
[5] J. W. HILL u. W. H. CAROTHERS, Am. Soc. **55**, 5031 (1933).

Poly-trimethylencarbonat[1]: Monomeres Trimethylencarbonat (F: 47–48°) wird mit 0,1% Kaliumcarbonat gemischt, und die Mischung auf 130° erhitzt. Nach 10 Min. wird die Mischung hochviscos und nach 5 stdg. Erhitzen bildet sich beim Abkühlen eine glasige, farblose Masse.

b) Eigenschaften der Polycarbonate

Die Eigenschaften der Polycarbonate hängen in starkem Maße von ihrer Konstitution und ihrem Molekulargewicht ab.

Die Polycarbonate der aliphatischen Glykole sind dickflüssige Öle, wachsartig-weiche oder pulvrig-spröde bis hornartig-elastische Massen mit niedrigem Schmelzbereich etwa von 50—60°[2]. Bei genügend hohem Molekulargewicht bilden sie verstreckbare Filme und Fasern[3]. Im festen Zustand haben sie zumeist mikrokrystalline Struktur und liefern scharfe Röntgendiagramme[2].

Von völlig anderer Beschaffenheit sind die Polycarbonate der einfachen symmetrischen zweiwertigen Phenole, z.B. des Hydrochinons oder des 4,4′-Dihydroxy-biphenyls. Es sind in allen Lösungsmitteln unlösliche, krystalline, pulvrige Massen. Ihr Schmelzpunkt liegt meistens oberhalb ihrer Zersetzungstemperatur.

Die einfachen unsymmetrischen zweiwertigen Phenole geben relativ niedermolekulare, amorphe, lösliche und schmelzbare, spröde Harze. Ihre thermische Beständigkeit ist gering. Außerdem sind in der Patentliteratur zahlreiche gemischte Polycarbonate beschrieben, die teils aus Gemischen von Diolen hergestellt werden oder in denen Polycarbonatblöcke über andere Gruppierungen miteinander verknüpft sind.

Polycarbonate mit wertvollen Eigenschaften, die den Produkten Kunststoffcharakter verleihen, sind aus den Bis-[4-hydroxy-aryl]-alkanen oder auch analog aufgebauten symmetrischen zweiwertigen Phenolen zu erhalten[4]. Die Bis-[4-hydroxyaryl]-alkane von der allgemeinen Struktur

R und R′ = H oder Kohlenwasserstoffrest
R″ = H, Kohlenwasserstoffrest oder Halogen

sind durch Kondensation von Aldehyden oder Ketonen mit Phenolen leicht zugänglich.

Die daraus hergestellten Polycarbonate sind hochmolekulare, hochschmelzende, in vielen Lösungsmitteln lösliche, zähelastische, farblose Kunststoffe, die sich über ihre Lösungen oder durch thermoplastische Verformung verarbeiten lassen.

Abgesehen von dem unlöslichen Polycarbonat aus dem ersten Glied der homologen Reihe der Dihydroxydiphenylalkane, dem *Bis-[4-hydroxy-phenyl]-methan*, sind sie in Methylenchlorid, Chloroform, zum großen Teil aber auch in aromatischen Kohlenwasserstoffen, Estern und Ketonen löslich.

[1] W. H. Carothers u. F. J. van Natta, Am. Soc. **52**, 312 (1930).
[2] W. H. Carothers u. F. J. van Natta, Am. Soc. **52**, 314 (1930).
[3] A.P. 2210817 (1940), DuPont, Erf.: W. R. Peterson; Chem. Abstr. **35**, 235 (1941).
[4] H. Schnell, Ausführliche Abhandlung über die Polycarbonate, Ang. Ch. **68**, 633 (1956).

Die *Schmelzbereiche* der Polycarbonate aus Bis-[4-hydroxy-aryl]-alkanen liegen bei Temperaturen von 150–300°. Die Schmelzviscositäten sind auch bei beträchtlich über den Schmelzbereichen liegenden Temperaturen sehr groß.

Viele Polycarbonate dieser Art, besonders die symmetrisch gebauten, haben eine mehr oder minder ausgeprägte Neigung, in den krystallinen Zustand überzugehen, besonders dann, wenn schwach lösende oder quellende Lösungsmittel zugegen sind. Die weitgehend krystallinen Produkte geben scharfe Röntgendiagramme. Sie schmelzen höher und innerhalb engerer Schmelzintervalle. Ungeachtet dieser Krystallisationsneigung erstarren sie aus der Schmelze beim Abkühlen zu farblosen, klaren Festkörpern.

Eine wichtige Kenngröße der Polycarbonate aus Bis-[4-hydroxy-aryl]-alkanen ist die *Einfriertemperatur*. Sie liegt im Vergleich mit anderen hochmolekularen Stoffen, auch mit anderen Polyestern, wie Poly-äthylenterephthalat, sehr hoch, etwa im Bereich von 130–180°, je nach der Konstitution des Polycarbonats.

Die Polycarbonate sind ähnlich wie viele andere hochmolekulare Stoffe verstreckbar, wobei durch die Parallelrichtung der Molekülketten, kenntlich an der Erhöhung der *Doppelbrechung*, die Festigkeitseigenschaften verbessert werden.

Die *Molekulargewichte* der löslichen, symmetrisch gebauten Polycarbonate, die nach den üblichen Methoden der Viscositätsmessung oder der Bestimmung des osmotischen Druckes in verdünnten Lösungen ermittelt werden, liegen, falls optimale Eigenschaften zur Verwendung als Kunststoff gewährleistet sein sollen, zwischen 25 000 und 75 000. Höhere Molekulargewichte, die bis über 200 000 getrieben werden können, bedingen in Lösung hohe Viscosität bei geringem Festkörpergehalt und in der Schmelze unerwünscht hohe Schmelzviscosität.

Bei Abwesenheit von basischen oder sauren Verunreinigungen sind die Polycarbonate der Dihydroxydiarylalkane bis zu Temperaturen über 300° beständig. Bei höherer thermischer Beanspruchung macht sich der Abbau allmählich durch Kohlendioxydentwicklung bemerkbar.

Gegen Luft, Feuchtigkeit, Sonnen- oder UV-Licht sind die Polycarbonate der Dihydroxydiarylalkane sehr beständig.

Infolge ihres ausgeprägten hydrophoben Charakters liegt ihre Wasseraufnahme sehr niedrig.

Sie sind weiterhin beständig gegen Wasser, Neutralsalzlösungen, wäßrige Mineralsäuren bis zu hohen Konzentrationen, einschließlich Salpetersäure und Flußsäure, wäßrige organische Säuren, wäßrige Lösungen starker Oxydationsmittel und schwache wäßrige Alkalien. Sie besitzen beschränkte Beständigkeit gegen starke Alkalilaugen. Gegen Ammoniak und Amine dagegen sind sie unbeständig.

III. Polyurethane

bearbeitet von

Dr. Erwin Müller

Farbenfabriken Bayer AG., Leverkusen

Unter Polyurethanen versteht man Makromoleküle, in denen die Urethangruppierung ein wichtiges Bindeglied ist. Die technisch wichtigsten Polyurethane enthalten jedoch nicht, wie die Polyamide oder Polyester, die charakteristische Gruppe in großer Häufigkeit, sondern nur in untergeordnetem Maße. Die spezifischen Eigenschaften der Urethangruppe spielen daher besonders in den vernetzten, hochmolekularen Verbindungen keine entscheidende Rolle.

Polyurethane werden fast ausschließlich durch Addition von Di- oder Polyhydroxyverbindungen an Di- oder Polyisocyanate[1] hergestellt; die Anlagerung verläuft leicht und quantitativ. Die Herstellung durch Kondensationsreaktionen (s. S. 95) ist in der Praxis ohne Bedeutung.

Bei der Polyadditionsreaktion bilden sich aus den Isocyanatgruppen vielfach auch noch, beabsichtigt oder unbeabsichtigt, *Carbonamid-, Harnstoff-, Biuret-, Allophanat-* und *Isocyanuratstrukturen* aus. Man würde die Polyurethane daher korrekter als **Polyisocyanat-Addukte** bezeichnen.

a) Herstellung von Polyurethanen durch Polyaddition

1. Grundlagen des Verfahrens

Die Darstellung von Polyisocyanataddukten wurde im Jahre 1937 in dem sogenannten **Polyurethan-** oder **Diisocyanat-Polyadditionsverfahren**[2] von O. Bayer und Mitarbeitern im Werk Leverkusen der damaligen I. G. Farbenindustrie AG. aufgefunden und besteht in einer sinnvollen Übertragung der Chemie der Monoisocyanate auf polyfunktionelle Verbindungen.

Isocyanate reagieren bekanntlich mit nahezu allen Verbindungen, die reaktionsfähige Wasserstoffatome tragen, wie beispielsweise **Alkohole, Mercaptane, Amine, Amide, Urethane** u. a. Die Umsetzungen verlaufen unter **Wasserstoffverschiebung** nach folgendem Schema:

$$R-N=C=O + HX \rightarrow R-NH-CO-X$$

$$X = OR, SR, NH_2, NHR, NR_2, NH-CO-R, N\big\langle{}^{COR}_{COR}, HC\big\langle{}^{COOR}_{COOR} \quad \text{u. a.}$$

---

[1] Herstellung der Isocyanate s. ds. Handb. Bd. VIII, Kap. Kohlensäurederivate, S. 119.

[2] O. Bayer, Künstliche organische Hochpolymere, A. **549**, 286 (1941); Das Diisocyanat-Polyadditionsverfahren (Polyurethane), Ang. Ch. **59**, 257 (1947); Neuere Entwicklungen des Diisocyanat-Polyadditions-Verfahrens (Polyurethane), Farbe u. Lack **64**, Nr. 5, 235 (1958).

DRP. 728981 (1937), I. G. Farb., Erf.: O. Bayer, H. Rinke, W. Siefken, L. Orthner u. H. Schild; C. **1940** II, 1796.

A.P. 2284896 (1939), DuPont, Erf.: W. E. Hanford u. D. F. Holmes; Chem. Abstr. **36**, 6706⁹ (1942).

O. Bayer u. Mitarbb., Über neuartige hochelastische Stoffe Vulkollan®, Ang. Ch. **64**, 523 (1952).

Mit *Wasser* oder Carbonsäuren reagieren Isocyanate ebenfalls, wobei gleichzeitig Kohlendioxyd abgespalten wird:

$$2\,R\!-\!N\!=\!C\!=\!O + H_2O \;\rightarrow\; R\!-\!NH\!-\!CO\!-\!NH\!-\!R + CO_2$$

$$R\!-\!N\!=\!C\!=\!O + R'\!-\!COOH \;\rightarrow\; R\!-\!NH\!-\!CO\!-\!R' + CO_2$$

Damit ist eine Fülle von Additionsmöglichkeiten gegeben, unter denen die Addition von Polyhydroxyverbindungen an Di- und Polyisocyanate die größte Bedeutung besitzt.

Polyhydroxyverbindungen kann man auf vielfältige Weise herstellen. Ihre Umsetzungen mit Isocyanaten verlaufen unter starker Wärmetönung praktisch quantitativ und führen zu Produkten, die die *Urethangruppe* als *hydrophobes* Bindeglied enthalten.

Durch Addition von aliphatischen Glykolen an aliphatische Diisocyanate erhält man lineare Polyurethane bis zu einem Molekulargewicht von 12–15000[1].

$$HO\!-\!R\!-\!OH + OCN\!-\!R'\!-\!NCO + HO\!-\!R\!-\!OH + OCN\!-\!R'\!-\!NCO + HO\!-\!R\!-\!OH$$

$$\downarrow$$

$$-\!O\!-\!R\!-\!O\!-\!CO\!-\!NH\!-\!R'\!-\!NH\!-\!CO\!-\!O\!-\!R\!-\!O\!-\!CO\!-\!NH\!-\!R'\!-\!NH\!-\!CO\!-\!O\!-\!R\!-\!O\!-$$

Bildung linearer Polyurethane

Ersetzt man das Glykol durch einen drei- oder mehrwertigen Alkohol, so entstehen vernetzte Produkte. Durch Verwendung von Gemischen von zwei- und mehrwertigen Alkoholen lassen sich Materialien von verschiedenem Vernetzungsgrad herstellen.

Da der *Vernetzungsgrad* mitbestimmend für das Eigenschaftsbild hochmolekularer Produkte ist, gestattet das Polyadditionsverfahren, Stoffe mit gewünschten Eigenschaften aufzubauen. Diese werden weiterhin beeinflußt durch die Kettenlänge der Alkohole, sowie durch die Beschaffenheit der Diisocyanate. Man kann also je nach dem Vernetzungsgrad und je nach der Verwendung von aromatischen oder kurz- oder langkettigen aliphatischen Komponenten Stoffe mit beliebigen bzw. gewünschten Eigenschaften unter milden Reaktionsbedingungen aufbauen. Infolgedessen wurde dieses Verfahren auch sehr zutreffend als „*method for making tailormade plastics*" bezeichnet.

Damit sind prinzipiell folgende Aufbaumöglichkeiten gegeben:

○—○ = —OCO—NH-Gruppe

Linearer, elastischer Aufbau

[1] O. Bayer, A. **549**, 286 (1941); Ang. Ch. **59**, 257 (1947).
R. Hill, Fasern aus synthetischen Polymeren, S. 158, Verlag Berliner Union, Stuttgart 1956.
H. Hopff, A. Müller u. F. F. Wenger, Die Polyamide, Springer-Verlag, Berlin 1954.

○—○ = —OCO—NH-Gruppe
Elastische Vernetzung

Extrem starrer Aufbau

● = OH-Gruppe
○ = N=C=O-Gruppe
●—○ = —OCO—NH-Gruppe

Die Reaktionsfähigkeit der *Isocyanatgruppe* hängt weitgehend von dem organischen Rest ab, mit dem sie verbunden ist.

Über den Reaktionsverlauf der Umsetzung von Isocyanaten mit nucleophilen Agentien (z.B. Aminen, Alkoholen usw.) s. Originalliteratur[1]. Am reaktionsträgsten

---

[1] R. G. ARNOLD, J. A. NELSON u. J. J. VERBANC, Chem. Reviews **57**, 47 (1957).

M. E. BAILEY u. Mitarbb., Ind. eng. Chem. **48**, 794 (1956).

J. BURKUS u. C. F. ECKERT, Am. Soc. **80**, 5948 (1958).

M. KAPLAN, J. Chem. Eng. Data **6**, 272 (1961).

J. W. BAKER u. J. B. HOLDSWORTH, Soc. **1947**, 713.

S. a. Symposium on Isocyanate Polymers in Papers presented at the Atlantic City Meeting Sept. 1956, Division of Paint, Plastics, and Printing Ink Chemistry **16**, Nr. 3.

ist die an einem *tertiären aliphatischen* Kohlenstoffatom haftende Isocyanatgruppe. Die Reaktionsfähigkeit steigt an, wenn die Haftstelle ein *sekundäres* oder gar ein *primäres* Kohlenstoffatom ist. Noch erheblich reaktionsfähiger sind jedoch die Isocyanate der *aromatischen* Reihe. So ist I ein sehr träges und II ein sehr energisch reagierendes Diisocyanat. Die Kombination von beiden (III) besitzt daher zwei stark unterschiedliche reaktionsfähige Isocyanatgruppen, die abgestufte Additionsreaktionen ermöglichen.

$$O=C=N- \hspace{-0.3em} \langle \rangle \hspace{-0.3em} - \hspace{-0.3em} \langle \rangle \hspace{-0.3em} -N=C=O \hspace{2em} I$$

$$O=C=N- \hspace{-0.3em} \langle \rangle \hspace{-0.3em} - \hspace{-0.3em} \langle \rangle \hspace{-0.3em} -N=C=O \hspace{2em} II$$

$$O=C=N- \hspace{-0.3em} \langle \rangle \hspace{-0.3em} - \hspace{-0.3em} \langle \rangle \hspace{-0.3em} -N=C=O \hspace{2em} III$$

Wichtig ist vor allem, daß im Toluylen-2,4-diisocyanat die 4-ständige Isocyanatgruppe weit reaktionsfähiger als die 2-ständige ist.

Niedermolekulare Diisocyanate, die eine technische Bedeutung erlangt haben, sind[1]:

Hexamethylen-1,6-diisocyanat,	*Diphenylmethan-4,4'-diisocyanat*[2],
Phenylen-1,4-diisocyanat,	*Naphthylen-1,5-diisocyanat*[3]

und vor allem das Gemisch (80 : 20 bzw. 70 : 30 oder 65 : 35) von *Toluylen-2,4-* mit *Toluylen-2,6-diisocyanat* (Desmodur T®). Hierfür sind mehrere Gründe ausschlaggebend. Von allen aromatischen Diaminen ist das Toluylendiamin-Gemisch am billigsten zugänglich, leicht phosgenierbar, und das Diisocyanat-Gemisch ist als verhältnismäßig kleines Molekül gut destillativ zu reinigen.

Unter den aromatischen ist das *Naphthylen-1,5-diisocyanat* eines der reaktionsfähigsten Diisocyanate. Die Reaktionsgeschwindigkeit der verschiedenen Diisocyanate macht sich auch bei der Polyaddition bemerkbar und wird durch Katalysatoren außerordentlich beeinflußt. Dabei wirken Verbindungen mit *sauren* Eigenschaften, wie beispielsweise Salzsäure, oder Salzsäure abspaltende Mittel, wie Säurechloride und Carbaminsäurechloride, verzögernd[4]. Ebenso verhalten sich p-Toluolsulfonsäure, Borsäure und andere. Schon in geringeren Mengen zugesetzt, sind derartige saure Katalysatoren in der Lage, die in den meisten Fällen mehr oder weniger quantitativ verlaufende Polyaddition erheblich zu verzögern oder, wenn der Katalysator in hinreichender Menge angewandt wird, unvollständig verlaufen zu lassen. Oft bedient man sich geringer Mengen an verzögernd wirkenden Substanzen, die die Polyaddition wenig beeinflussen, aber andererseits unerwünschte Nebenreaktionen, die infolge der großen Reaktionsfähigkeit der Isocyanatgruppe eintreten

---

[1] Zusammenfassung: W. SIEFKEN, A. **562**, 75–136 (1949).
W. SIEFKEN in F. ULLMANN, Encyklopädie der technischen Chemie, 3. Aufl., Bd. IX, S. 1–14, Verlag Urban & Schwarzenberg, München–Berlin 1957.
[2] Handelsbezeichnung der Farbf. Bayer: Desmodur 44®.
[3] Handelsbezeichnung der Farbf. Bayer: Desmodur 15®.
[4] S. ds. Handb., Bd. VIII, Kap. Herstellung und Umwandlung von monomeren Kohlensäurederivaten, S. 129.
A.P. 2437867 (1946), DuPont, Erf.: J. J. VERBANC; Chem. Abstr. **42**, 4196[f] (1948).
A. P. 2476779 (1947), DuPont, Erf.: B. M. STURGIS; Chem. Abstr. **43**, 8732[c] (1949).

können, unterbinden. *Basische* Verbindungen[1] dagegen, insbesondere tertiäre Amine, wirken auf die Polyaddition beschleunigend. Hierfür sind Pyridin, Methylpyridin, N,N'-Dimethyl-piperazin, N,N-Dimethyl-benzylamin, N,N-Dimethyl-aminocyclohexan u.a. geeignet. Als besonders wirksam erweist sich das N,N'-Endoäthylen-piperazin[2].

Die tertiären Basen sind schon in kleinsten Mengen, die weit unter 1% liegen, wirksam. In größeren Dosierungen angewandt, können sie neben der Reaktionsbeschleunigung unter Umständen eine Polymerisation (Di- und Trimerisation) der Isocyanatgruppe auslösen, wobei ebenfalls der Aufbau des hochmolekularen Stoffes verändert werden kann. Besonders ist diese Möglichkeit auch bei dem katalytischen Einfluß von Metallsalzen gegeben, wie z.B. Eisen-(III)-chlorid, Zinkchlorid, Zinn-(II)-chlorid[3], Zinnisooctoat oder organischen Metallkomplexen wie Eisen- und Zinkacetylacetonat[3], Dibutylzinndilaurat[4] und Molybdänglykolat[5], die wegen ihrer Löslichkeit in organischen Stoffen den anorganischen Salzen vorzuziehen sind.

2. Herstellung von Isocyanat-Abspaltern und nicht flüchtigen Polyisocyanaten

Bei der Herstellung von Polyurethanen ist es unter Umständen wesentlich, Produkte zu besitzen, die erst bei erhöhter Temperatur wie Isocyanate reagieren. Daher wurden Isocyanate mit solchen Verbindungen umgesetzt, die bei erhöhter Temperatur unter Freilegung der Isocyanatgruppe wieder abgespalten werden. Man bezeichnet derartige Produkte als Isocyanat-Abspalter bzw. „*moderators*". Im Gegensatz zu den freien Diisocyanaten lassen sich mit solchen verkappten Diisocyanaten Mischungen mit hydroxygruppenhaltigen Substanzen bzw. Lösungsmitteln herstellen, ohne daß hierbei eine Reaktion erfolgt. Man ist also in der Lage, mit verkappten Polyisocyanaten lagerstabile Mischungen mit hydroxygruppenhaltigen Produkten, wie höhermolekularen Polyestern oder Polyäthern, herzustellen, die erst bei erhöhter Temperatur die gewünschten Isocyanatreaktionen geben. Sie sind sowohl zur Herstel-

---

[1] DBP. 919072 (1944), Dynamit AG., Erf.: E. Kuhr; C. **1955**, 3020.

J. W. Baker u. J. B. Holdsworth, Soc. **1947**, 713.

J. W. Baker u. J. Gaunt, Soc. **1949**, 9, 19, 24, 27.

DBP. 826641 (1949), Farbf. Bayer, Erf.: E. Windemuth; C. **1953**, 1254.

DBP. 848636 (1949), Farbf. Bayer, Erf.: H. Arledter u. H. F. Piepenbrink; C. **1953**, 1743.

J. Burkus u. C. E. Eckert, Am. Soc. **80**, 5948 (1958).

F. Hostettler u. E. F. Cox, Ind. eng. Chem. **52**, 609 (1960).

J. W. Britain u. P. G. Gemeinhardt, J. Appl. Polymer Sci. **4**, Nr. 11, 207 (1960).

[2] Handelsbezeichnung: Dabco®.

F.P. 1195990 (1958), Houdry, Erf.: M. Orchin.

W. E. Erner, A. Farkas u. P. W. Hill, Mod. Plastics **37**, 107, 187 (1960).

A. Farkas u. Mitarb., Ind. eng. Chem. **51**, 1299 (1959).

[3] DBP. 958774 (1953) ≡ F.P. 1106561 (1954), Farbf. Bayer, Erf.: E. Windemuth u. F. K. Brochhagen; C. **1957**, 3139.

DAS. 1121802 (1958), Mobay Chemical Co., Erf.: P. G. Gemeinhardt u. J. W. Britain.

[4] DBP. 1105607 (1960), Farbf. Bayer, Erf.: G. Loew u. G. Hörl.

[5] DBP. 1028773 (1956), Farbf. Bayer, Erf.: H. Ebneth, H. Schultheis u. H. Nordt; Chem. Abstr. **54**, 12666e (1960).

lung von kautschukelastischen Produkten über lagerfähige Zwischenstufen als auch zur Herstellung von Drahtlacken und auf dem Textilsektor von großer Bedeutung.

Der *Abspaltereffekt* kommt dadurch zustande, daß praktisch alle Addukte, die bei mäßig erhöhter Temperatur aus Isocyanaten entstehen, bei höheren Temperaturen wieder rückwärts zerfallen, wobei sich Gleichgewichte einstellen. Die Einstellung dieser Gleichgewichte wird durch Zusatz von tertiären Basen beschleunigt.

Thermisch am stabilsten sind solche Urethangruppen, die aus einem aliphatischen Isocyanat und einem primären Alkohol entstehen. Sie spalten ohne Katalysatorzusatz erst merklich bei etwa 230° auf. Urethane aus aromatischen Diisocyanaten und primären Alkoholen sind thermisch weniger stabil, und solche aus aromatischen Isocyanaten und Phenolen zerfallen bereits bei Temperaturen um 130° merklich. Die Spaltung erfolgt um so leichter, je saurer das Wasserstoffatom der Maskierungsgruppe ist.

Tab. 2. Geeignete Maskierungsgruppen nach abnehmender Stabilität
der Addukte geordnet

	Maskierungsgruppe			Maskierungsgruppe
1	prim. Alkohole	5		Phthalimid
2	Phenole	6		Imidazol
3	Caprolactam	7		Chlorwasserstoff
4	Acetessigester, Malonester, Acetylaceton	8		Cyanwasserstoff (Spalttemp. ~ 90°)

Auf Grund dieser Abstufungen ist es möglich, z. B. bei etwa 170° mit einem Phenolabspalter die Vernetzung einer Polyhydroxyverbindung, die primäre Hydroxygruppen enthält, durchzuführen, da die entstehenden Urethangruppen, wie bereits erwähnt, bei dieser Temperatur noch völlig stabil sind. Ganz allgemein kann man sagen, daß Isocyanataddukte umso thermoinstabiler werden, je acider die Wasserstoffatome der Addukte sind. Dies trifft nicht nur für die Urethan-, sondern auch für die Harnstoffgruppen zu. So beruht sogar eine gute Laboratoriumsmethode zur Herstellung von Alkylisocyanaten auf folgendem Zerfall[1]:

$$\begin{matrix} C_6H_5 \\ \\ C_6H_5 \end{matrix} \Big\rangle N\text{—}CO\text{—}NHR \quad \rightarrow \quad (C_6H_5)_2NH + R\text{—}NCO$$

In umgekehrter Richtung läßt sich die Reaktion überhaupt nicht durchführen. Die Herstellung dieses Harnstoffderivates muß daher über die Umsetzung des *Diphenylcarbaminsäurechlorids* mit dem *primären* Amin erfolgen.

Sehr leicht werden die *Cyanwasserstoff-Isocyanat-Addukte*[2] thermisch gespalten. Die Spalttemperatur liegt in diesem Falle unterhalb 100°.

$$R\text{—}NH\text{—}CO\text{—}CN \quad \rightarrow \quad R\text{—}N\text{=}C\text{=}O + HCN$$

Die technisch wichtigsten Isocyanatabspalter sind die *Phenylurethane*[3]:

$$O\text{=}C\text{=}N\text{—}R\text{—}N\text{=}C\text{=}O + 2\,C_6H_5OH \quad \rightleftharpoons \quad H_5C_6OOC\text{—}NH\text{—}R\text{—}NH\text{—}COOC_6H_5$$

[1] DRP. 748714 (1940), I. G. Farb., Erf.: L. STROHMENGER.

[2] S. PETERSEN, A. **562**, 205 (1949).

[3] DRP. 756058 (1940), I. G. Farb., Erf.: W. BUNGE, O. BAYER, S. PETERSEN u. G. SPIELBERGER; C. **1953**, 6774.

DBP. 946173 (1953), Farbf. Bayer, Erf.: W. BUNGE, K. H. MIELKE u. F. MÖLLER; C. **1957**, 7186.

Sie entstehen bei Temperaturen von etwa 100° und spalten, wie bereits erwähnt, oberhalb von 130° die Phenole unter Rückbildung der Isocyanatgruppe wieder ab. In Anwesenheit geringer Mengen von Salzen von tertiären Aminen mit organischen Säuren findet diese Rückspaltung schon bei erheblich niedrigeren Temperaturen[1] (etwa 110°) statt.

Die Herstellung der Isocyanatabspalter erfolgt, wie bereits erwähnt, bei Raumtemperatur oder vorzugsweise bei Temperaturen um 100°. Bei der Addition von Verbindungen mit reaktionsfähigen Methylengruppen, wie Malonester und Acetessigester, benötigt man katalytische Mengen von Natrium oder Natriumalkoholat. Die Additionen können in An- oder Abwesenheit von Lösungsmitteln durchgeführt werden.

Verkapptes Diisocyanat aus Hexamethylen-1,6-diisocyanat und Malonsäurediäthylester[2]:

$$H_5C_2OOC\diagdown \qquad\qquad\qquad \diagup COOC_2H_5$$
$$HC\text{—}OC\text{—}HN\text{—}(CH_2)_6\text{—}NH\text{—}CO\text{—}CH$$
$$H_5C_2OOC\diagup \qquad\qquad\qquad \diagdown COOC_2H_5$$

Man mischt 320 g Malonsäurediäthylester und 168 g Hexamethylen-1,6-diisocyanat in einer großen Porzellanschale. Nach Zugabe von einigen Natriumkörnchen oder besser noch von einer frisch bereiteten konz. Natriummethylatlösung erwärmt sich die Mischung spontan bis auf 90°. Nach Abklingen der Reaktion erstarrt der Ansatz zu einer fast vollkommen festen Masse. Zur Reinigung wird diese in einer Kugelmühle mit 700 cm³ Methanol vermahlen, abgesaugt und mit Äther abgedeckt; F: 121–123° nach dem Umkrystallisieren aus Methanol, Spalttemp. 130–140°.

Nach der gleichen Methode werden die *Acetylaceton-* und *Acetessigsäureäthylester-*Derivate erhalten (F: 142–144° bzw. 81–82°).

Die wasserlöslichen Addukte von *Natriumhydrogensulfit* an aliphatische Polyisocyanate[3] sind als Isocyanatabspalter für den Textilsektor von Interesse. Aus *Hexamethylen-1,6-diisocyanat* und Natriumhydrogensulfit wird z.B. das nachfolgende Additionsprodukt erhalten:

$$NaO_3S\text{—}OC\text{—}HN\text{—}(CH_2)_6\text{—}NH\text{—}CO\text{—}SO_3Na$$

Verkapptes Diisocyanat aus Hexamethylen-1,6-diisocyanat und Natriumhydrogensulfit[2]: Zu 4 *l* techn. 40%iger Natriumhydrogensulfitlösung gibt man 5 g Oleyl-sarkosid-natrium als Dispergiermittel und dann auf einmal 1 kg Hexamethylen-1,6-diisocyanat. Man verrührt die Komponenten bei Zimmertemp., wobei sich nach einigen Stdn. unter schwacher Erwärmung ein Niederschlag ausscheidet. Nach 8 Stdn. versetzt man mit 4 *l* kaltem Wasser, wobei sich der Niederschlag auflöst. Nach weiteren 12 Stdn. ist der Isocyanatgeruch verschwunden. Die gelbe Lösung wird auf 60° erhitzt, mit 1 kg Kaliumchlorid versetzt und von geringen Verunreinigungen heiß abfiltriert. Beim Abkühlen krystallisiert das schwerlösliche Kaliumsalz der Hydrogensulfitverbindung aus, das vorsichtig getrocknet wird. Die Ausbeute ist nahezu quantitativ. Das erhaltene Produkt ist salzhaltig.

Wasserlösliche Produkte erhält man auch, wenn man Phenole, Malonsäure- oder Acetessigsäure-Derivate verwendet, die ein tertiäres Stickstoffatom enthalten und ihre Additionsprodukte an Diisocyanate quaterniert[4].

Um feststellen zu können, ob bei einem verkappten Diisocyanat beim Erhitzen die Isocyanatgruppen zurückgebildet werden, erhitzt man das zu prüfende Addukt in Gegenwart von sek. Acetylcellulose (Cellit®), indem man beide Komponenten in einem Lösungsmittel löst, als Lack aufstreicht und bei erhöhter Temp. trocknet. Werden die Isocyanatgruppen zurückgebildet, so setzen sie sich mit den Hydroxygruppen der Cellulose unter Vernetzung um. Der Cellit®-Film wird dann in den gebräuchlichen Lösungsmitteln, wie Aceton und Pyridin, erst nur noch quellbar, dann unlöslich.

[1] DBP. 946173 (1953), Farbf. Bayer, Erf.: W. Bunge, K. H. Mielke u. F. Möller; C. **1957**, 7186.
[2] S. Petersen, A. **562**, 205 (1949).
[3] DBP. 859156 (1943), Farbf. Bayer, Erf.: S. Petersen; C. **1954**, 1351.
  DBP. 922711 (1943), Farbf. Bayer, Erf.: S. Petersen u. W. Kleist; C. **1957**, 11151.
[4] DBP. 1029151 (1956), Farbf. Bayer, Erf.: S. Petersen u. O. Bayer; C. **1960**, 2025.

Je nach den angewandten Mengenverhältnissen zwischen dem Diisocyanat und der Verkappungskomponente erhält man Produkte, in denen beide oder auch nur eine Isocyanatgruppe blockiert ist. Besonders geeignet hierfür ist das Toluylen-2,4-diisocyanat[1], da die 4-ständige Isocyanatgruppe weit reaktionsfähiger als die 2-ständige ist. Die Herstellung dieser sogenannten Monoaddukte[2], die noch eine freie Isocyanatgruppe enthalten, ist zur Erzielung einheitlicher Produkte an die Voraussetzung gebunden, daß man annähernd äquimolare Mengen des Diisocyanates und der Verkappungskomponente zur Reaktion bringt, die Umsetzung bei niederen Temperaturen ausführt und in Gegenwart von Lösungsmitteln arbeitet. Mit Hilfe der Monoaddukte lassen sich beispielsweise Additionsreaktionen unter milden Bedingungen mit der freien Isocyanatgruppe durchführen, während die verkappte erst bei erhöhter Temperatur in Reaktion tritt. Die Monoaddukte sind daher zur Durchführung von Stufenreaktionen geeignet, die u. a. für die Herstellung von kautschukelastischen Produkten von Interesse sind.

Verkappte Monoaddukte aus:

Diphenylmethan-4,4′-diisocyanat und Caprolactam[2]:

50 g Diphenylmethan-4,4′-diisocyanat (0,2 Mol) und 11,3 g ε-Caprolactam (0,1 Mol) werden in 400 cm³ Toluol gelöst. Etwa 1 Min. nachdem eine klare Lösung entstanden ist, erfolgt die Ausscheidung des Monoadduktes; Ausbeute: 22,3 g.

Diphenylmethan-4,4′-diisocyanat und tert.-Amylalkohol[2]: 0,15 Mol Diphenylmethan-4,4′-diisocyanat und 0,1 Mol tert.-Amylalkohol werden in 400 cm³ trockenem Toluol gelöst. Man kocht 5 Stdn. unter Rückfluß. Schon nach 1 Stde. beginnt die Ausscheidung des Monoadduktes; Ausbeute: 27% der Theorie.

Eine Sonderstellung nehmen die uretdiongruppenhaltigen Diisocyanate ein, in denen zwei der vier Isocyanatgruppen in verkappter Form vorliegen und die durch Dimerisation von Diisocyanaten in Gegenwart von *Pyridin* oder von *Phosphinen* erhalten werden können[3]. Besonders leicht läßt sich diese Dimerisation bei kernsubstituierten Phenylendiisocyanaten durchführen, bei denen die Reaktionsfähigkeit der beiden Isocyanatgruppen sehr unterschiedlich ist; die wichtigste Verbindung dieser Art ist das Toluylen-2,4-diisocyanat. Es geht durch Dimerisation in das *1,3-Bis-[4′-methyl-3′-isocyanato-phenyl]-uretdion*[4] über.

Desmodur TT® [4]

---

[1] Siehe S. 66.
[2] A.P. 2683729, 2698845 (1950); 2725385 (1952), Goodyear Tire & Rubber Co., Erf.: N. V. SEEGER u. T. G. MASTIN; Chem. Abstr. 49, 9035ᵃ, 10374ᶜ (1955); 50, 5329ᵍ (1956).
DBP. 896490 (1951), Wingfoot Corp., Erf.: T. G. MASTIN u. N. V. SEEGER.
DBP. 895902 (1950), Wingfoot Corp., Erf.: T. G. MASTIN u. N. V. SEEGER; C. 1954, 3336; vgl. DBP. 899038 (1950), Wingfoot Corp., Erf.: N. V. SEEGER u. T. G. MASTIN; C. 1954, 2498.
F.P. 1037360 (1950); 1037361 (1951), Wingfoot Corp., Erf.: N. V. SEEGER u. T. G. MASTIN.
[3] DRP.-Anm. J 74093 (1943), I. G. Farb., Erf.: K. TAUBE u. M. KONRAD.
[4] Handelsbezeichnung der Farbf. Bayer: Desmodur TT®.

Die Darstellung des *Uretdions* aus Toluylen-2,4-diisocyanat ist in ds. Handb., Bd. VIII, Kap. Kohlensäurederivate, S. 221, beschrieben.

Uretdiongruppenhaltige Diisocyanate verhalten sich bei der Polyaddition zunächst wie normale Diisocyanate, indem die freien Isocyanatgruppen in Reaktion treten. Erst bei Temperaturen über 130° erfolgt eine thermische Spaltung des Uretdionringes unter Rückbildung von zwei freien Isocyanatgruppen, die nunmehr zu weiteren Umsetzungen befähigt sind. Man kann so aus uretdiongruppenhaltigen Diisocyanaten und Polyhydroxyverbindungen unter Einhaltung bestimmter Mengenverhältnisse lagerfähige und verarbeitbare Polyadditionsprodukte herstellen, die dann erst bei höheren Temperaturen ohne Zugabe einer weiteren Komponente in den gewünschten Endzustand übergeführt werden. Die Vernetzung der uretdiongruppenhaltigen, primären Polyadditionsprodukte kann aber auch durch weiteren Zusatz von geeigneten polyfunktionellen Aminen oder Alkoholen bei erhöhter Temperatur bewirkt werden. Die *Spalttemperatur* des Uretdionringes wird durch Katalysatoren, wie z. B. tertiäre Basen oder organische Metallsalze, erniedrigt. Bei der gleichzeitigen Anwesenheit von polyfunktionellen Verbindungen und Katalysatoren verlaufen daher die Vernetzungsreaktionen leichter. Außerdem kann noch eine zusätzliche Vernetzung, durch Trimerisation der Isocyanatgruppen bedingt, stattfinden.

Diisocyanate mit einem gewissen Dampfdruck, wie beispielsweise Toluylendiisocyanat oder Hexamethylendiisocyanat, besitzen einen stechenden Geruch und reizen unter Umständen die Atmungsorgane[1]. Diese unangenehmen Eigenschaften fallen weg, wenn man die Diisocyanate in eine nichtflüchtige Form überführt, indem man sie in einem solchen Mengenverhältnis mit den Polyalkoholen zur Reaktion bringt, daß nach der Addition noch freie Isocyanatgruppen vorhanden sind.

Im einfachsten Falle verfährt man dabei so, daß man pro Hydroxygruppe des Polyalkohols eine Molekel Diisocyanat einwirken läßt[2]. Die dabei entstehenden Additionsprodukte sind nach folgendem Schema aufgebaut:

$$\text{HO} \underset{\text{1 Mol}}{\overset{A}{\rule{3cm}{0.4pt}}} \text{OH} + \text{OCN} \underset{\text{2 Mol}}{\overset{B}{\rule{3cm}{0.4pt}}} \text{NCO} \rightarrow$$

$$\text{OCN} \overset{B}{\rule{3cm}{0.4pt}} \text{NH—COO} \overset{A}{\rule{3cm}{0.4pt}} \text{OOC—NH} \overset{B}{\rule{3cm}{0.4pt}} \text{NCO}$$

Die Darstellung der Additionsprodukte kann in Abwesenheit von Lösungsmitteln erfolgen, indem man den Polyalkohol in das vorgelegte Diisocyanat eintropfen läßt. Hierbei entstehen keine vollkommen einheitlichen Produkte, sondern neben dem gewünschten Additionsprodukt sind immer noch geringe Mengen der Ausgangskomponenten sowie polymerhomologe Glieder vorhanden.

Spuren von unverändertem Diisocyanat können nach besonderen Verfahren entfernt werden, so daß man in der Lage ist, ein physiologisch einwandfreies Polyisocyanat herzustellen.

---

[1] H. EHRLICHER, Handbuch der gesamten Arbeitsmedizin, Bd. II, S. 357, Verlag Urban & Schwarzenberg, Berlin–München–Wien 1961.

[2] DBP. 909 186 (1942), Farbf. Bayer, Erf.: W. BUNGE u. O. BAYER; C. **1955**, 3262.
DBP. 870400 (1942), Farbf. Bayer, Erf.: W. BUNGE, O. BAYER u. O. MOTSCHMANN; C. **1953**, 6374.

Als Polyhydroxyverbindungen eignen sich gesättigte sowie auch ungesättigte Glykole, wie beispielsweise Buten-(2)-diol-(1,4). Bei der Verwendung von Buten-(2)-diol-(1,4) erhält man ungesättigte Polyisocyanate mit aliphatischer Doppelbindung[1].

Diisocyanat aus 1 Mol Buten-(2)-diol-(1,4) und 2 Mol Toluylen-2,4-diisocyanat[1]:

$$OCN-C_6H_3(CH_3)-NH-COO-H_2C-CH=CH-CH_2-OOC-HN-C_6H_3(CH_3)-NCO$$

In 348 g Toluylen-2,4-diisocyanat werden bei 85° unter gutem Rühren 88 g Buten-(2)-diol-(1,4) nach und nach eingetragen, wobei die Innentemp. auf etwa 100° ansteigt. Die Reaktion wird durch weiteres 1–2 stdg. Erhitzen auf 100–110° zu Ende geführt. Es hinterbleibt ein hellgelb gefärbtes, bei Raumtemp. weiches Harz, das 19,5% Isocyanatgruppen enthält und in niedrig siedenden Estern und Ketonen klar löslich ist.

Der Ersatz der Glykole durch trifunktionelle Alkohole, wie 1,1,1-Tris-[hydroxymethyl]-propan oder Hexantriol, führt zu Triisocyanaten. Das Additionsprodukt aus drei Mol Toluylendiisocyanat und einem Mol Tris-[hydroxymethyl]-propan[2] ist unter der Bezeichnung *Desmodur L*®[3] im Handel und findet zur Herstellung von Lacken großtechnische Anwendung.

$$H_3C-CH_2-C(CH_2OOC-HN-C_6H_3(CH_3)-NCO)_3$$

Als Polyhydroxyverbindungen, die sich zur Herstellung von nicht flüchtigen, Urethangruppen enthaltenden Polyisocyanaten eignen, sind neben den einfachen zwei- und mehrwertigen Alkoholen vor allem die hydroxygruppenhaltigen Polyester und Polyäther von großem Interesse. Aber auch andere Polyhydroxyverbindungen erwiesen sich als geeignet[4].

Ebenso wie die normalen Polyisocyanate können auch die Isocyanatgruppen der *urethangruppenhaltigen* Polyisocyanate mit Phenolen oder den übrigen oben erwähnten Komponenten verkappt werden. Derartige Produkte besitzen auch nach der Abspaltung der Verkappungskomponente einen sehr geringen Dampfdruck und weisen eine gute Verträglichkeit mit hydroxygruppenhaltigen Polyestern auf. Besonderes Interesse beansprucht in diesem Zusammenhang das Triphenylurethan des Triisocyanats aus einem Mol 1,1,1-Tris-[hydroxymethyl]-propan und drei Mol Toluylen-2,4-

[1] DBP. 899 192 (1944), Farbf. Bayer, Erf.: W. Bunge, O. Bayer u. E. Müller; C. 1954, 4501.
[2] DBP. 953 012 (1952) ≡ E.P. 742 501 (1953), Farbf. Bayer, Erf.: W. Bunge u. O. Bayer; C. 1956, 5698.
DBP. 1 090 196 (1959), Farbf. Bayer, Erf.: A. M. Gemassmer.
[3] Handelsbezeichnung der Farbf. Bayer.
[4] DRP. 756 058 (1940), I. G. Farb., Erf.: W. Bunge, O. Bayer, S. Petersen u. G. Spielberger; C. 1953, 6774.

diisocyanat, das *Desmodur AP®*[1], das bei 100° unter Phenolabspaltung wie das freie Triisocyanat (Desmodur L®) reagiert. Ein ähnliches Verhalten zeigen auch verkappte Diisocyanate, die durch Umsetzung von N-Hydroxyalkyl-phenylurethanen mit Diisocyanaten oder Di- oder Polycarbonsäurederivaten erhalten werden. Die Umsetzungen verlaufen nach folgendem Schema[2]:

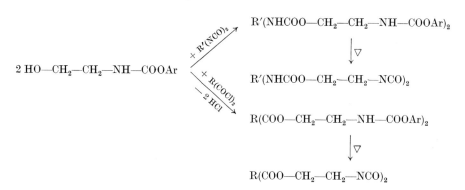

$$2\ HO—CH_2—CH_2—NH—COOAr$$

$$R'(NHCOO—CH_2—CH_2—NH—COOAr)_2$$

$$R'(NHCOO—CH_2—CH_2—NCO)_2$$

$$R(COO—CH_2—CH_2—NH—COOAr)_2$$

$$R(COO—CH_2—CH_2—NCO)_2$$

Triisocyanat aus 1 Mol 1,1,1-Tris-[hydroxymethyl]-propan und 3 Mol Toluylen-2,4-diisocyanat[3] (*Desmodur L®*; Formel s. S. 66): 402 g 1,1,1-Tris-[hydroxymethyl]-propan werden in einer Stickstoffatmosphäre langsam in eine auf 80° erwärmte Lösung von 1566 g Toluylen-2,4-diisocyanat in 730 g Essigester eingetragen; dann kocht man noch einige Stdn. unter Rückfluß. Man erhält eine farblose, klare 75%ige Lösung, die mit Polyhydroxyverbindungen, Polyaminen oder Polycarbonsäuren unter Bildung hochmolekularer Substanzen reagiert. Das 100%ige Produkt besitzt einen Isocyanatgehalt von 18,5–19%.

Triphenylurethan des Triisocyanates aus 1 Mol 1,1,1-Tris-[hydroxymethyl]-propan und 3 Mol Toluylen-2,4-diisocyanat (*Desmodur AP®*): 100 g der obigen 75%igen Lösung werden mit 32 g Phenol versetzt und 4 Stdn. am Rückflußkühler gekocht. Nach dem Abdampfen des Lösungsmittels bleibt das Phenylurethan als gelbes Harz zurück.

Diisocyanate vom Typ des Toluylen-2,4-diisocyanates, bei denen die Reaktionsgeschwindigkeit der beiden Isocyanatgruppen verschieden ist, lassen sich in Gegenwart von Katalysatoren unter Erhaltung der träger reagierenden Isocyanatgruppen nicht nur dimerisieren, sondern auch trimerisieren. Auf diese Weise können Triisocyanate mit einem Isocyanuratring erhalten werden. Im Gegensatz zu den uretdiongruppenhaltigen Diisocyanaten sind die isocyanuratgruppenhaltigen Isocyanate thermisch äußerst stabil.

Als Katalysatoren sind außer tertiären Aminen[4], wie beispielsweise *N-Methyl-bis-[2-dimethylamino-1,1,2-trimethyl-propyl]-amin, Alkylmorpholinen, Dimethylanilin*, auch tertiäre Phosphine, wie *Tri-n-butylphosphin*[5], oder auch *Natriumbenzoat*, das zweckmäßigerweise in Dimethylformamid gelöst angewandt wird, geeignet. Die Polymerisation kann durch die Wahl des Katalysators wie auch durch die angewandten Reaktionsbedingungen so gelenkt werden, daß sowohl die definierten Trimerisationsprodukte gemäß nachfolgender Umsetzung als auch höhermolekulare, isocyanurat-

[1] Handelsbezeichnung der Farbf. Bayer.
[2] DBP. 954917 (1953), Farbf. Bayer, Erf.: W. Bunge; C. **1957**, 9524.
[3] DBP. 953012 (1952) ≡ E.P. 742501 (1953), Farbf. Bayer, Erf.: W. Bunge u. O. Bayer; C. **1956**, 5698.
  DBP. 1090196 (1959), Farbf. Bayer, Erf.: A. M. Gemassmer.
  DBP. 946173 (1953), Farbf. Bayer, Erf.: W. Bunge, K. H. Mielke u. F. Möller; C. **1957**, 7186.
[4] DBP. 1013869 (1956), Farbf. Bayer, Erf.: E. Windemuth, W. Bunge u. O. Bayer; C. **1958**, 9349.
[5] A.P. 2801244 (1956), DuPont, Erf.: W. J. Balon; Chem. Abstr. **51**, 18016d (1957).

gruppenhaltige Polymerisationsprodukte erhalten werden. Bedeutend erleichtert werden derartige Polymerisationsreaktionen, wenn man die Polymerisation in Gegenwart von tertiären Basen bei gleichzeitiger Anwesenheit geringer Mengen

Carbamidsäureester[1] durchführt. Vor allem gelingt es auch unter diesen Voraussetzungen, nicht nur aromatische, sondern auch aliphatische und hydroaromatische Isocyanatgruppen, die mit tertiären Aminen allein nicht anzuregen sind, zu polymerisieren. Je nach dem Polymerisationsgrad sind die erhaltenen Polymerisate im organischen Lösungsmittel mehr oder weniger löslich. Bei sehr hohem Polymerisationsgrad können auch unlösliche Produkte erhalten werden. Nach Erreichen des gewünschten Polymerisationsgrades wird die Polymerisation durch Zugabe sauer wirkender Verbindungen, wie Carbonsäurechloriden, Carbonsäureanhydriden oder Sulfonsäuren, unterbrochen, womit gleichzeitig die Lagerstabilität der Produkte erzielt wird.

Triisocyanat durch Trimerisation von Toluylen-2,4-diisocyanat[2]: Zu 122 g Toluylen-2,4-diisocyanat werden 2 cm³ einer mit Natriumbenzoat ges. Dimethylformamidlösung unter Rühren bei Raumtemp. gegeben. Die Temp. steigt allmählich auf etwa 40°, und die Viscosität der Lösung nimmt zu. Nach etwa 12 Stdn. hat sich eine halbkrystalline Masse abgeschieden, die abgesaugt und mit Äther gewaschen wird. Nach dem Trocknen erhält man 62 g eines krystallisierten Produktes, das einen Isocyanatgehalt von 23% besitzt (ber.: 24,1%); Mol.-Gew.: gefunden 533, ber. 522.

Isocyanuratgruppenhaltiges Polymerisationsprodukt aus Toluylendiisocyanat[1]: Zu 250 g Toluylendiisocyanat, welches die Isomeren Toluylen-2,4- und Toluylen-2,6-diisocyanat im Gewichtsverhältnis 70 : 30 enthält, gelöst in 107 g Chlorbenzol, werden 5,8 g n-Butanol sowie 0,5 cm³ einer 10%igen Lösung von permethyliertem Diäthylentriamin in Chlorbenzol gegeben. Nach 1 stdg. Erhitzen zum Sieden ist ein Abfall des Isocyanatgehaltes noch nicht zu beobachten. Nach Zugabe von weiteren 0,5 cm³ 100%igem permethyliertem Diäthylentriamin kommt die Polymerisation in Gang. Nach weiteren 80 Min. wird ein Isocyanatwert von 18,8% gemessen, wobei gleichzeitig ein Temperaturabfall von 172° auf 159° bei ständigem Sieden zu verzeichnen ist.

Es ist ein höhermolekulares Polyisocyanat entstanden, das nach dem Abdampfen des Lösungsmittels als goldgelbes hartes Harz anfällt. Anstelle von n-Butanol kann die äquivalente Menge n-Octylalkohol mit dem gleichen Ergebnis verwendet werden. Wird dagegen ohne Zusatz eines Alkohols gearbeitet, so werden 13 Stdn. zur Erreichung des gleichen Polymerisationsgrades benötigt.

Die verschiedene Reaktionsgeschwindigkeit zweier Isocyanatgruppen in einem Diisocyanat ermöglicht es auch, Diisocyanate mit Wasser unter geeigneten Bedingungen so umzusetzen, daß die träger reagierende Isocyanatgruppe erhalten bleibt. Man bekommt auf diese Weise harnstoffgruppenhaltige Diisocyanate. Bei Verwendung

[1] DBP. 1013869 (1956), Farbf. Bayer, Erf.: E. WINDEMUTH, W. BUNGE u. O. BAYER; C. **1958**, 9349.

[2] A.P. 2801244 (1956), DuPont, Erf.: W. J. BALON; Chem. Abstr. **51**, 18016ᵈ (1957).

von Toluylen-2,4-diisocyanat entsteht beispielsweise *N,N′-Bis-[4-methyl-3-isocyanato-phenyl]-harnstoff*[1] nach folgender Reaktion:

$$2\ H_3C\!-\!\langle\ \rangle\!-\!NCO + H_2O \rightarrow CH_3\!-\!\langle\ \rangle\!-\!NH\!-\!CO\!-\!NH\!-\!\langle\ \rangle\!-\!CH_3 + CO_2$$

$$\quad\quad NCO \quad\quad\quad\quad\quad NCO \quad\quad\quad\quad\quad NCO$$

Zur Vermeidung von Polyharnstoffbildung ist es erforderlich, daß die Reaktion unter milden Bedingungen und mit der berechneten Wassermenge, zweckmäßigerweise in einem Lösungsmittel, durchgeführt wird. Die harnstoffgruppenhaltigen Diisocyanate sind im allgemeinen schwer löslich. Auf Grund ihrer Schwerlöslichkeit liefern sie ebenso wie die uretdiongruppenhaltigen Diisocyanate in Mischung mit Polyhydroxy-verbindungen bei Raumtemperatur lagerfähige Produkte, die erst bei erhöhter Temperatur in den vernetzten Zustand übergehen.

N,N′-Bis-[4-methyl-3-isocyanato-phenyl]-harnstoff[1]: 34,8 g (0,2 Mol) Toluylen-2,4-diisocyanat werden in 90 g Äthylacetat gelöst und unter gutem Rühren bei 20–25° auf einmal mit 1,8 g Wasser versetzt. Es tritt allmählich Gasentwicklung ein, und nach etwa 30 Min. beginnt sich ein Niederschlag auszuscheiden. Man rührt noch 18 Stdn. bei 20–25° weiter, saugt ab, wäscht mit Äthylacetat nach und trocknet; Ausbeute: 24,5 g, F: 176–179°, Isocyanatgehalt: ber. 26,1%; gefunden 25,85%.

Wird die Umsetzung von Diisocyanaten mit Wasser bei erhöhter Temperatur (70–100°) vorgenommen, so reagiert die entstandene Harnstoffgruppe sofort mit einer Isocyanatgruppe des im Überschuß vorhandenen Diisocyanates unter Bildung eines biuretgruppenhaltigen Triisocyanates[2].

$$\begin{array}{ccc} & O & & & & O \\ & \parallel & & & & \parallel \\ OCN\!-\!R\!-\!NH\!-\!C\!-\!NH\!-\!R\!-\!NCO + OCN\!-\!R\!-\!NCO & \rightarrow & OCN\!-\!R\!-\!N\!-\!C\!-\!NH\!-\!R\!-\!NCO \\ & & & & | \\ & & & & C\!=\!O \\ & & & & | \\ & & & & NH \\ & & & & | \\ & & & & R \\ & & & & | \\ & & & & NCO \end{array}$$

Im Gegensatz zu den harnstoffgruppenhaltigen Diisocyanaten sind die biuretgruppen-haltigen Triisocyanate der aromatischen Reihe Harze, die der aliphatischen Reihe viscose Öle, die sich in den gebräuchlichen Lösungsmitteln für Isocyanate gut lösen.

Biuretgruppenhaltiges Triisocyanat aus Hexamethylendiisocyanat und Wasser[2]: In 2560 g (15,2 Mol) Hexamethylendiisocyanat werden bei einer Temp. von 97–99° unter gutem Rühren 56 g (3,1 Mol) Wasser während 6 Stdn. eingetropft. Nach beendeter Kohlendioxydentwicklung steigert man, nachdem das Wasser eingetropft ist, die Temp. auf 130–140°, kühlt nach weiteren 3–4 Stdn. ab und saugt geringe Mengen entstandenen Polyharnstoffs ab. Die filtrierte Lösung wird nun im Dünnschichtverdampfer bei 0,2 Torr von noch vorhandenem Hexamethylendiiso-cyanat befreit. Der Rückstand ist ein viscoses, schwach gelb gefärbtes Öl mit einem Isocyanat-gehalt von 20,79%.

Außer den harnstoff- und biuretgruppenhaltigen Polyisocyanaten sind auch Carbodi-imidgruppen enthaltende Diisocyanate zugänglich geworden[3]. Sie entstehen beispiels-

[1] A.P. 2757184 (1953), DuPont, Erf.: R. L. PELLEY; C. **1957**, 3395.

[2] DBP. 1101394 (1958), Farbf. Bayer, Erf.: K. WAGNER.

[3] A.P. 2840589 (1957), DuPont, Erf.: K. C. SMELTZ; Chem. Abstr. **52**, 16290[f] (1958).

weise aus Toluylen-2,4-diisocyanat unter dem katalytischen Einfluß von 3-Methyl-1-äthyl-phospholin-1-oxyd in einer Petrolätherlösung bei 0–30°.

Bis-[4-methyl-3-isocyanato-phenyl]-carbodiimid

Aldazine und Ketazine reagieren ebenfalls mit Di- und Polyisocyanaten unter Bildung nicht flüchtiger Polyisocyanate[1]. Setzt man beispielsweise ein Mol Benzaldazin mit zwei Mol Toluylen-2,4-diisocyanat um, so verläuft die Reaktion nach folgendem Schema:

Wenn man weniger als zwei Mol des Diisocyanates je Mol Benzaldazin anwendet, gelangt man zu höhermolekularen Produkten.

Diisocyanat aus 1 Mol Benzaldazin und 2 Mol Toluylen-2,4-diisocyanat[1]: Eine Mischung von 208 g (1 Mol) Benzaldazin und 348 g (2 Mol) Toluylen-2,4-diisocyanat wird langsam erhitzt. Zunächst schmilzt das Benzaldazin, bis bei einer Innentemp. von etwa 110° eine exotherme Reaktion einsetzt. Durch Kühlung wird verhindert, daß die Temp. 150° übersteigt. Nach Abklingen der Reaktion wird noch 1 Stde. lang auf 120° erhitzt, wobei die Schmelze zunehmend viscoser wird. Nach dem Abkühlen erstarrt sie zu einem springharten, hellen Harz, welches in warmem Chlorbenzol und Toluol löslich ist. Der Isocyanatgehalt beträgt 15,1%.

Schwer flüchtige Triisocyanate können beispielsweise durch Umsetzung von 1-Chlor-2,4-dinitro-benzol mit 4-Nitro-phenol und nachfolgende Reduktion und Phosgenierung des primär entstehenden (4-Nitro-phenyl)-(2,4-dinitro-phenyl)-äthers erhalten werden[2].

Höhermolekulare, mehr als drei Isocyanatgruppen im Molekül enthaltende Polyisocyanate, sind durch Phosgenierung von Polyaminen, die durch saure Kondensation von Anilin mit Formaldehyd im Molverhältnis 4 : 2,5 bis 4 : 3,5 entstehen, zugänglich geworden[3].

---

[1] DBP. 1044405 (1958), Farbf. Bayer, Erf.: S. Petersen; C. **1960**, 7016.

[2] DBP. 1016698 (1956), DuPont, Erf.: W. V. Wirth u. S. E. Krahler; C. **1958**, 9073.

[3] DBP. 946138 (1951) ≡ F.P. 1038545, Wingfoot Corp., Erf.: N. V. Seeger u. E. E. Fauser; C. **1955**, 4226.

3. Herstellung von linearen Polyurethanen

Lineare Polyurethane können sowohl durch Kondensation als auch durch Polyaddition erhalten werden, doch kommt dem Polyadditionsverfahren die weitaus größere Bedeutung zu.

Die Polyaddition erfolgt schon beim Vermischen von Glykolen mit Diisocyanaten in exothermer Reaktion unter Bildung von hochmolekularen Polyurethanen[1]. Je nach den angewandten Mengenverhältnissen und Versuchsbedingungen kann man das *Molekulargewicht* der entsprechenden Produkte innerhalb gewisser Grenzen variieren. Zur Erzielung hoher Molekulargewichte, die bis etwa 14000–15000 ansteigen können, ist es erforderlich, die Glykole und Diisocyanate in äquivalentem Mengenverhältnis zur Reaktion zu bringen. Außerdem müssen die Ausgangskomponenten in reiner Form vorliegen und vollkommen frei sein von monofunktionellen, kettenabbrechenden Verbindungen. Die Reaktionsbedingungen müssen so gewählt werden, daß während der Umsetzung keine störenden Nebenreaktionen, die zu Verzweigungen der linearen Ketten führen können, auftreten. Derartige Verzweigungen sind beispielsweise durch die Reaktion der noch vorhandenen Isocyanatgruppen mit den schon gebildeten Urethangruppen möglich. Hierbei entstehen unter Wasserstoffverschiebung Kettenverzweigungen über substituierte Allophansäureester. Diese Reaktion wird besonders bei Verwendung von reaktionsfähigen aromatischen Diisocyanaten beobachtet (s. S. 81). Bei den träger reagierenden aliphatischen Diisocyanaten tritt sie viel stärker zurück.

Von den aliphatischen Polyurethanen ist das aus *1,4-Butandiol* und *Hexamethylendiisocyanat* erhaltene Polyadditionsprodukt von technischem Interesse. Es besitzt einen Schmelzpunkt von 184° und ist sowohl zur Herstellung von Fasern und Borsten als auch als Spritzgußmasse für Kunststoffe geeignet[2].

Der Ersatz des 1,4-Butandiols durch Glykole mit einer längeren Kohlenwasserstoffkette oder durch solche, bei denen die Kohlenwasserstoffkette durch Heteroatome, wie Sauerstoff oder Schwefel, unterbrochen ist, führt unter Verwendung des gleichen Diisocyanats zu niedriger schmelzenden Produkten. Ebenso verhalten sich auch verzweigte Glykole, die beispielsweise als Seitenketten Methylgruppen enthalten. Auch bei der Verwendung von aromatischen Verbindungen mit aliphatisch gebundenen Hydroxygruppen, wie beispielsweise *1,4-Bis-[γ-hydroxy-propyl]-benzol*, *1,4-Bis-[β-hydroxy-äthoxy]-benzol* und *2,2-Bis-[p-(β-hydroxy-äthoxy)-phenyl]-propan*, werden nach der Umsetzung mit Diisocyanaten fadenziehende Produkte erhalten. In der folgenden Tab. 3, S. 72, sind die Schmelzpunkte einiger Polyurethane angegeben.

Weiterhin können auch Dimercaptane mit Diisocyanaten unter Bildung von hochmolekularen Polythiourethanen reagieren[3]. Bei der Umsetzung von Glykolen, die ein tertiäres Stickstoffatom enthalten, mit Diisocyanaten werden basische Polyurethane erhalten, die in Säuren löslich sind. Als basische Glykole sind *N-Methyl-*

[1] DRP. 728981 (1937) ≡ F.P. 845917 (1938), I. G. Farb., Erf.: O. BAYER, H. RINKE, W. SIEFKEN, L. ORTHNER u. H. SCHILD; C. **1940** II, 1796.
[2] Handelsbezeichnung: Durethan U® der Farbf. Bayer.
[3] A.P. 2284637 (1938), DuPont, Erf.: W. E. CATLIN; Chem. Abstr. **36**, 6707[1] (1942).

Tab. 3. Schmelzpunkte einiger Polyurethane

Diisocyanat	Glykol	F [°C]
Tetramethylendiisocyanat	*1,4-Butandiol*	193
	1,10-Decandiol	171
	1,6-Hexandiol	180
Pentamethylendiisocyanat	*1,4-Butandiol*	159
Hexamethylendiisocyanat	*1,3-Propandiol*	167
	1,5-Pentandiol	151
	1,9-Nonandiol	147
	Diäthylenglykol	120
	Bis-[4-hydroxy-butyl]-äther	124
	1,4-Bis-[3-hydroxy-propyl]-benzol	158
	Bis-[2-hydroxy-äthyl]-thioäther	129–134
	Bis-[4-hydroxy-butyl]-thioäther	120–125

bis-[β-hydroxy-äthyl]-amin, N,N'-Dimethyl-N,N'-bis-[β-hydroxy-äthyl]-äthylendiamin[1] und auch *N,N'-Bis-[β-hydroxy-äthyl]-piperazin* geeignet[2].

Aus Äthylenglykol lassen sich unter den üblichen Bedingungen keine brauchbaren Polyurethane herstellen; die entstehenden Produkte zersetzen sich beim Schmelzen unter Gasentwicklung. Wird jedoch die Umsetzung in Dimethylsulfoxyd durchgeführt, so können auch aus Äthylenglykol und Diphenyl-methan-4,4'-diisocyanat hochmolekulare Produkte, die bei 200–250° schmelzen, erhalten werden[3]. Auch Glykole mit sekundären Alkoholgruppen erwiesen sich für die Faserherstellung als ungeeignet.

Außer den bisher erwähnten Zweikomponentensystemen kann man auch Mischungen von verschiedenen Glykolen mit Diisocyanaten zur Reaktion bringen. Die so entstehenden Mischurethane unterscheiden sich von den reinen Polyurethanen durch ihren niedrigeren Schmelzpunkt, größere *Weichheit* und bessere *Verträglichkeit* mit Weichmachern. Sie sind zur Herstellung von Filmen, Folien und als Lederaustauschstoff geeignet[4].

Die Polyaddition kann sowohl in der Schmelze als auch in einem Lösungsmittel vorgenommen werden. Welche Methode den Vorzug verdient, muß von Fall zu Fall entschieden werden. Das Schmelzverfahren erfordert Temperaturen, die eine homogene Schmelze gewährleisten. Das hat zur Folge, daß man unter Umständen gezwungen ist, bei verhältnismäßig hohen Temperaturen zu arbeiten. Auch muß die Reaktionstemperatur so gewählt werden, daß sich im Laufe der Reaktion das entstandene Polyadditionsprodukt nicht aus der Schmelze ausscheidet und dadurch einen vorzeitigen Kettenabbruch erleidet. In der Schmelze ist es auch während der Reaktionsdauer der Einwirkung von weiterem Isocyanat ausgesetzt, was unter Umständen zu Sekundärreaktionen führen kann. Normalerweise verfährt man derart,

---

[1] DDRP. 5379 (1942), VEB Film- und Chemiefaserwerk Agfa Wolfen, Erf.: P. Schlack; C. **1956**, 10817.

[2] DDRP. 5367 (1952), VEB Film- und Chemiefaserwerk Agfa Wolfen, Erf.: P. Schlack; C. **1956**, 10345.

[3] DBP. 1093086 (1958), DuPont, Erf.: D. J. Lyman.

[4] DRP.-Anm. J 70685 (1941), I. G. Farb., Erf.: M. Konrad u. H. Rinke.
　DRP.-Anm. J 76278 (1943), I. G. Farb., Erf.: W. Lehmann u. H. Rinke.

daß die vorher sorgfältig gereinigte und entwässerte Polyhydroxyverbindung vorgelegt und das Polyisocyanat unter Zuhilfenahme von Spezialapparaturen unter Rühren ohne Mitverwendung von Lösungsmitteln eingetragen wird (vgl. Abb. 4).

Die hierbei freiwerdende *Wärmemenge* ist von Fall zu Fall verschieden und muß unter Umständen abgeführt werden. Sie läßt sich auch durch die Geschwindigkeit der Isocyanatzugabe regulieren. Obwohl das Schmelzverfahren die gebräuchlichste Methode zur Herstellung von Polyadditionsprodukten ist, so lassen sich doch manchmal infolge der erforderlichen Temperatur und des exothermen Reaktionsverlaufes Nebenreaktionen, die auf Sekundärreaktionen der Isocyanatgruppe zurückzuführen sind, nicht ganz vermeiden. Legt man daher auf einen vollkommen einheitlichen Reaktionsablauf Wert, so ist anstelle des Schmelzverfahrens das Lösungsmittelverfahren vorzuziehen.

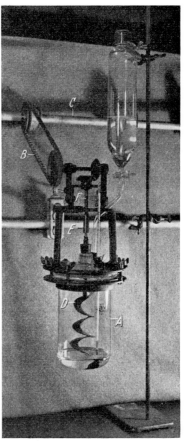

Polyurethan aus Hexamethylendiisocyanat und 1,4-Butandiol[1]:
Schmelzverfahren: In einem mit Spiralrührer, Tropftrichter (250 cm³), Thermometer und Kühler versehenen Jenaer® Becherglas mit aufgeschliffenem Deckel, das in einem Ölbad steht, werden 90 g reines 1,4-Butandiol auf 55° erhitzt. Alsdann werden unter Rühren insgesamt 163,5 g (etwa 157 cm³) reinstes Hexamethylendiisocyanat innerhalb 55 Min. nach folgendem Schema eingetragen, wobei jeweils die Temp. durch entsprechende Heizung des Ölbades eingestellt werden soll:

eingetragenes Hexamethylendiisocyanat [cm³]	Eintragungszeit [Min.]	Temperatur [°C]
20	12	93
40	24	124
60	36	146
80	43	162
100	50	175
120	53,5	186
140	54,5	195
157	55	202

Die Endtemp. von 202° fällt schnell wieder auf 195° und wird dort noch 15 Min. gehalten, ehe die entstandene, hochviscose Schmelze für weitere Zwecke eingesetzt werden kann. — Pro kg Polyurethan werden 208 cal frei.

Abb. 4. Apparatur für das Polyadditions-Schmelzverfahren

A = 1-*l*-Schliffbecher mit aufgeschliffenem Deckel; B = Keilriemen; C = Transmission; D = Spiralrührer aus V₂A®; E = Rührerachse; F = Vertikalachse des Rührwerks

Für die in Lösung durchgeführte Polyaddition kommen nur solche Lösungsmittel in Frage, die mit dem Isocyanat nicht reagieren. Besonders geeignet sind Kohlenwasserstoffe wie Benzol, Toluol, Xylol sowie Chlorbenzol, o-Dichlor-benzol. Eine wesentliche Voraussetzung ist, daß die Lösungsmittel vollkommen wasserfrei sind. Normalerweise wird die Polyaddition in Lösung in der Weise durchgeführt, daß man die hydroxygruppenhaltige Komponente im Lösungsmittel löst und dann bei der ge-

---

[1] Nach Versuchen von H. RINKE, Farbf. Bayer 1938.

wünschten Temperatur, gegebenenfalls bei dem Siedepunkt des Lösungsmittels, das Diisocyanat unter gutem Rühren eintropft. Das Lösungsmittel verhindert lokale Überhitzung und wirkt als Temperaturregler für die exotherm verlaufende Polyaddition. Auf diese Weise können Produkte von sehr hohem Molekulargewicht erhalten werden. Ein weiterer Vorteil besteht darin, daß sich das Polyadditionsprodukt oft vorzeitig infolge von Schwerlöslichkeit aus dem Lösungsmittel ausscheidet und damit nicht mehr der Gefahr von Sekundärreaktionen im Verlaufe der weiteren Polyaddition ausgesetzt ist. Trotz dieser Vorteile bedient man sich – vor allem der Einfachheit wegen – in der Praxis der Polyaddition in der Schmelze.

Polyurethan aus Hexamethylendiisocyanat und 1,4-Butandiol[1]:

Lösungsmittelverfahren: 84 g reinstes Hexamethylendiisocyanat, 45 g 1,4-Butandiol (Erstarrungspunkt mindestens 19,6°) und 250 g Chlorbenzol (wasserfrei destilliert) werden in einem 1-l-Kolben (Dreihalskolben mit Rührer, Kühler und Thermometer) in einem Ölbad vorsichtig zum Sieden gebracht.

Bei etwa 95° Innentemp. wird die anfangs trübe Reaktionsmischung plötzlich klar, die Temp. steigt dann ziemlich schnell an und kann unter Umständen die jeweilige Ölbadtemp. etwas übertreffen. Etwa 15 Min. nachdem die Lösung zum Sieden kam, zeigt sich eine zuerst nur schwache Trübung, die an einem blauen Rand an den Gefäßwänden erkenntlich wird. Bald trübt sich dann das Reaktionsmedium stärker, und das hochmolekulare Polyurethan scheidet sich sandförmig ab. Durch weiteres Erhitzen während 15 Min. wird die Reaktion vervollständigt.

Nach dem Abkühlen kann das Polyurethanpulver abgesaugt werden. Nimmt man das Absaugen während des Abkühlprozesses bei 100° vor, so kann man etwa 2–3% niedermolekulare Anteile, die sich aus der chlorbenzolhaltigen Mutterlauge durch Fällen mit Methanol isolieren lassen, entfernen.

Aus dem abgesaugten Polyurethankuchen beseitigt man das noch anhaftende Chlorbenzol am besten durch Wasserdampfdestillation. Es werden auf diese Weise 124 g (= 96%) weißes Polyurethanpulver erhalten, das unter dem Schmelzpunktmikroskop bei 181–183° schmilzt.

Eine weitere Methode zur Herstellung linearer Polyurethane besteht in der Polymerisation von siebengliedrigen cyclischen Urethanen[2]. Sie entstehen bei der Einwirkung von *Phosgen* auf beispielsweise *4-Amino-butanol-(1)* und gehen bei Temperaturen von 150–170° in hochmolekulare Produkte über, die ebenfalls zur Herstellung von Fasern und Spritzgußmassen geeignet sind.

$$x \begin{bmatrix} CH_2-CH_2-O \\ | \qquad\qquad\quad >CO \\ CH_2-CH_2-NH \end{bmatrix} \rightarrow -O(CH_2)_4NHCOO(CH_2)_4-NHCOO(CH_2)_4-N-$$

Ein aus dem Schmelzfluß durch Polyaddition von Hexamethylendiisocyanat mit 1,4-Butandiol hergestelltes lineares Polyurethan mit dem Molekulargewicht $\overline{M}_n = 10\,650$ wurde durch fraktionierte Fällung aus Phenol-Wasser (87,5% Phenol) mit Wasser bei 72° in 63 Fraktionen mit Molekulargewichten zwischen 2200 und 25 700 aufgeteilt[3].

---

[1] DRP. 728 981 (1937) ≡ F. P. 845 917 (1938), I. G. Farb., Erf.: O. Bayer, H. Rinke, W. Siefken, L. Orthner u. H. Schild; C. **1940** II, 1796.
Nach Versuchen von H. Rinke, Farbf. Bayer 1938.
[2] DBP. 880 654 (1952), Farbf. Bayer, Erf.: W. Hechelhammer; C. **1954**, 11 319.
[3] Nach Versuchen von H. Schnell, Farbf. Bayer 1948.

Wie die in Abb. 5 wiedergegebene integrale und Massenverteilungsfunktion zeigt, ist das untersuchte Polyurethan polymolekular. Die Verteilungsfunktion entspricht einer Flory-Schulz-Verteilung. Die Molekulargewichte wurden aus dem in m-Kresol bei 25° ermittelten Staudinger-Index nach der Gleichung

$$[\eta] = 8,33 \cdot 10^{-3} \cdot \overline{M}_n$$

errechnet.

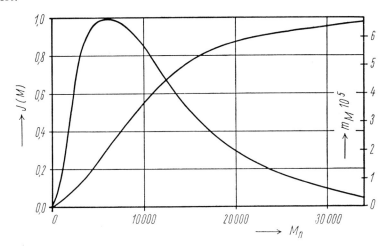

Abb. 5. Integrale und Massenverteilungsfunktion eines Polyurethans aus 1,4-Butandiol und Hexamethylendiisocyanat vom $\overline{M}_n = 10650$

4. Herstellung von verzweigten oder vernetzten Polyurethanen

α) Allgemeines

Bei Verwendung von Verbindungen, die mehr als zwei Hydroxygruppen im Molekül enthalten, entstehen bei der Reaktion mit Diisocyanaten (s. S. 77) vernetzte, unlösliche Produkte, die unschmelzbar und nicht mehr verarbeitbar sind. Für deren praktische Anwendung, die vor allem auf dem Gebiet der Lacke, Schaumstoffe und Preßmassen liegt, ist es daher erforderlich, die Addition von Polyisocyanaten vorwiegend während des Fertigungsprozesses vorzunehmen.

Die Umsetzung von *linearen*, Hydroxygruppen enthaltenden Polyestern oder Polyäthern mit Diisocyanaten führt zunächst unter Kettenverknüpfung zu vorwiegend linear aufgebauten Polyurethanen. Je nach den angewandten Mengenverhältnissen enthalten diese Polyadditionsprodukte bei Anwendung einer größeren Menge an Diisocyanat, als sich auf die Hydroxygruppen berechnet, als Endgruppen Isocyanatgruppen, oder bei Anwendung einer geringeren Menge an Diisocyanat Hydroxygruppen. Sowohl die isocyanatgruppenhaltigen, als auch die hydroxygruppenhaltigen Produkte können nach besonderen Verfahren (s. kautschukelastische Stoffe, S. 79) in *vernetzte* Produkte übergeführt werden. Beide Verbindungstypen stellen daher wertvolle Ausgangsmaterialien zur Herstellung von kautschukelastischen Schaumstoffen und Klebstoffen dar.

Bei der Umsetzung von *verzweigten* Hydroxyverbindungen mit Diisocyanaten ist der Vernetzungsgrad der entstehenden Produkte von dem Verzweigungsgrad der hydroxygruppenhaltigen Komponente abhängig. Er ist um so größer, je höher der

Verzweigungsgrad ist, und ist besonders hoch, wenn man beispielsweise stark verzweigte Gebilde mit Triisocyanaten zur Reaktion bringt. Es ist leicht einzusehen, daß der *Vernetzungsgrad* mitbestimmend für die Eigenschaften der Endprodukte ist. So sind beispielsweise stark vernetzte Materialien spröde, während mit abnehmendem Vernetzungsgrad weiche und bei ganz schwacher Vernetzung sogar hochelastische Produkte entstehen. Die folgende Tab. 4 bringt eine Zusammenstellung mehrerer Polyester („Desmophene")[1] mit verschiedenem Verzweigungsgrad und dessen Einfluß auf die Elastizität bzw. Härte der Reaktionsprodukte mit Diisocyanaten. Neben den Polyestern und den bereits erwähnten hydroxygruppenhaltigen Polyäthern können auch andere Polyhydroxyverbindungen für die Polyaddition herangezogen werden,

Tab. 4. Polyester nach abnehmendem Verzweigungsgrad geordnet

Desmophen[1]	Mol Phtalsäure	Mol Adipinsäure	Mol Triol[2]	Mol Äthylenglykol	Mol Butylenglykol	Kombination mit Diisocyanaten
800	0,5	2,5	4	—	—	hart
900	3	—	4	—	—	
1000	0,5	2,5	3	—	1	
1200	—	3	1	—	3	
2200	—	15	1	15[3]	—	
2000	—	10	—	11	—	
2100	—	14	—	15[3]	—	elastisch

wie beispielsweise hydroxygruppenhaltige Copolymerisate[4]. So erhält man durch Verseifung eines Copolymerisates, das aus 80% *Vinylchlorid* und 20% *Vinylacetat* aufgebaut ist, ein hydroxygruppenhaltiges Polymerisationsprodukt, das nach der Umsetzung mit Isocyanaten Lacküberzüge mit sehr guter Elastizität und großer Oberflächenhärte liefert. Ebenso lassen sich auch *Acrylester-Vinylchlorid-Copolymerisate* durch Umsetzung mit β-Hydroxy-äthylamin in hydroxygruppenhaltige Polymerisate überführen, die ebenfalls für die Polyaddition mit Diisocyanaten geeignet sind. Auch hydroxygruppenhaltige Phenolharze, die zur Erhöhung der Lichtechtheit noch hydriert werden können, sind in Kombination mit Polyisocyanaten beispielsweise zur Herstellung von Einbrennlacken geeignet. Ebenso sind auch Celluloseester oder -äther, wie *Acetylcellulose* oder *Benzylcellulose*, sofern sie noch einige Hydroxygruppen im Molekül enthalten, in der Lage, mit Polyisocyanaten unter Bildung von vernetzten, unlöslichen Filmen zu reagieren.

β) Preßmassen

Zur Herstellung von Preßmassen werden die verzweigten Polyester mit äquivalenten Mengen Polyisocyanaten vermischt. Außerdem gibt man noch größere Mengen von Füllstoffen, wie Holzmehl, zu und läßt die Addition unter Druck und Hitze vor sich gehen[5]. Oft setzt schon mehrere Stunden nach dem Vermischen der Kompo-

---

[1] Handelsbezeichnung der Farbf. Bayer.
[2] Triol: 1,1,1-Tris-[hydroxymethyl]-äthan, 1,1,1-Tris-[hydroxymethyl]-propan.
[3] Diäthylenglykol.
[4] DRP. 756058 (1940), I. G. Farb., Erf.: W. Bunge, O. Bayer, S. Petersen u. G. Spielberger; C. **1953**, 6774.
[5] DBP. 910221 (1940), Farbf. Bayer, Erf.: A. Höchtlen, O. Bayer, S. Petersen u. W. Bunge; C. **1954**, 11559.

nenten bei Raumtemperatur oder beim Vermischen auf der Walze eine Reaktion ein. Zur Erhöhung der Lagerfähigkeit der Mischung ist es daher in der Praxis zweckmäßig, langsam reagierende oder hochschmelzende Diisocyanate zu verwenden. Weit vorteilhafter sind aber verkappte Diisocyanate (s. S. 61), die erst bei höherer Temperatur unter Rückbildung der Isocyanatgruppen mit den verzweigten Polyestern zu reagieren vermögen. Besonders geeignet sind hierfür solche Diisocyanate, die durch Dimerisierung entstehen und die die Uretdiongruppe im Molekül enthalten, wie beispielsweise das dimere *Toluylendiisocyanat*[1] (s. S. 64). Beim Vermischen dieses Diisocyanates mit dem verzweigten Polyester können allenfalls die im Unterschuß vorhandenen Isocyanatgruppen mit den Hydroxygruppen reagieren. Aber selbst wenn bei längerem Lagern völlige Addition einträte, so würden nur untervernetzte und damit noch thermoplastische Addukte entstehen. Erst beim Erhitzen auf etwa 160° spaltet der Uretdionring unter Bildung zweier weiterer Isocyanatgruppen auf, die dann sofort mit den restlichen noch vorhandenen Hydroxygruppen unter vollständiger Vernetzung ausreagieren.

Die auf Polyester-Polyisocyanat-Basis hergestellten Preßmassen zeichnen sich durch eine hohe Alkalibeständigkeit, hohen elektrischen Widerstand und hohe Kriechstromfestigkeit aus.

Herstellung von Preßmassen[2]:

Beispiel 1:

Ausgangsmaterial: Polyester („Desmophen 800") aus 4 Mol 1,1,1-Tris-[hydroxymethyl]-propan, 2 Mol Adipinsäure, 0,5 Mol Phthalsäure (Hydroxylzahl 250, Säurezahl 1,5). Triisocyanat aus 1 Mol 1,1,1-Tris-[hydroxymethyl]-propan und 3 Mol Toluylen-2,4-diisocyanat, mit Phenol blockiert (s. S. 67).

100 Tle. des Polyesters werden mit 220 Tln. des blockierten Triisocyanates vermischt und dann mit 320 Tln. Holzmehl, 4 Tln. Zinkstearat, 1 Tl. Paraformaldehyd, 2 Tln. Hexamethylentetramin versetzt. (Paraformaldehyd und Hexamethylentetramin sind zum Abbinden des frei werdenden Phenols erforderlich.) Man mischt auf der Walze bei 120–130° und verpreßt bei 165–170°.

Beispiel 2:

Ausgangsmaterial: Polyester („Desmophen 900") aus 4 Mol 1,1,1-Tris-[hydroxymethyl]-propan und 3 Mol Phthalsäure und dimeres Toluylen-2,4-diisocyanat[1].

100 g des Polyesters werden mit 60 g des Diisocyanates vermischt und 100 g Holzmehl, 1 g Magnesiumoxyd und 1 g Zinkstearat hinzugefügt. Man walzt die Mischung bei 90–100° und verpreßt bei 165°.

γ) Lacke

Zur Herstellung von Lacken auf Polyester-Polyisocyanat-Basis[3] sind als Polyester vorwiegend die verzweigten, als Polyisocyanate die nahezu geruchlosen, urethangruppenhaltigen oder verkappten Isocyanate geeignet. Der Verzweigungsgrad der Polyester sowie die angewandte Isocyanatmenge sind mitbestimmend für die Eigenschaften des entstehenden Lackfilms. Stark *verzweigte* Polyester liefern mit Polyisocyanaten spröde Filme; mit abnehmendem Verzweigungsgrad entstehen elastischere Materialien (vgl. S. 76). Man kann jedoch auch aus stark verzweigten

---

[1] DRP.-Anm. J 74093 (1943), I. G. Farb., Erf.: K. Taube u. M. Konrad.

[2] DRP. 756058 (1940), I. G. Farbf., Erf.: W. Bunge, O. Bayer, S. Petersen u. G. Spielberger; C. **1953**, 6774.
  DBP. 946173 (1953), Farbf. Bayer, Erf.: W. Bunge, K. H. Mielke u. F. Möller; C. **1957**, 7186.

[3] R. Hebermehl, Farben, Lacke, Anstrichstoffe **2**, 123 (1948).

Polyestern verhältnismäßig elastische Filme erhalten, wenn man weniger Polyisocyanat verwendet, als den Hydroxygruppen des Polyesters entspricht. In diesem Falle werden nicht alle Hydroxygruppen des Polyesters umgesetzt; man erhält weitmaschigere Makromolekeln, so daß die Filme elastischer und dehnbarer werden.

Bei der Herstellung eines *Lackfilms* werden das Isocyanat und der Polyester in einem indifferenten Lösungsmittel gelöst und auf den zu lackierenden Gegenstand aufgetragen, wobei dann die Umsetzung stattfindet[1]. Bei Verwendung von Polyester-Polyisocyanaten verläuft diese Umsetzung bei Raumtemperatur, so daß derartige Lackansätze nur über wenige Stunden haltbar sind. Anders verhalten sich dagegen die *verkappten* Polyisocyanate (s. S. 61), mit denen man lagerfähige Mischungen herstellen kann, die jedoch erst bei höherer Temperatur unter Verflüchtigung der Spaltstücke mit dem Polyester unter Lackbildung zu reagieren vermögen. Sie werden vorzugsweise zur Herstellung von Drahtlacken verwandt. Als Lösungsmittel können im allgemeinen Ester und Ketone gebraucht werden, wobei aromatische Kohlenwasserstoffe als Verschnittmittel angewandt werden können. Wesentlich ist, daß die Lösungsmittel frei von Wasser, Hydroxy- und Carboxygruppen enthaltenden Verbindungen sind. Die Lackansätze lassen sich pigmentieren. Das *Pigmentbindevermögen* ist sehr groß. Die erhaltenen Lackfilme zeichnen sich durch große Fülle und Glanz, sehr gute Haftfestigkeit, hohe Oberflächenhärte und hervorragende elektrische Eigenschaften aus.

Lack auf Polyester-Polyisocyanat-Basis:

Ausgangsmaterial: Polyester („Desmophen 800") aus 2,5 Mol Adipinsäure, 0,5 Mol Phthalsäure, 4 Mol 1,1,1-Tris-[hydroxymethyl]-propan mit einer Hydroxylzahl 250, Säurezahl 1.

Polyisocyanat: 75%ige Lösung eines aus 1 Mol Tris-[hydroxymethyl]-propan und 3 Mol Toluylen-2,4-diisocyanat erhaltenen Polyisocyanats (Darstellung s. S. 67).

17,3 Vol.-Tle. des oben erwähnten Polyesters werden in einem Gemisch von 9,5 Vol.-Tln. Glykolmonomethylätheracetat, 9,4 Vol.-Tln. Butylacetat, 9,4 Vol.-Tln. Äthylacetat, 9,4 Vol.-Tln. Toluol und 3,5 Vol.-Tln. Nitrocellulose (10%ige Lösung in Äthylacetat) gelöst und mit 41,5 Vol.-Tln. der 75%igen Lösung des Polyisocyanates gut vermischt und aufgesprüht. Nach wenigen Stdn. ist die Durchhärtung beendet. Es ist ein klarer Lack entstanden mit vorzüglichen mechanischen Eigenschaften.

Lichtechter Einbrennlack auf Basis eines hydrierten hydroxygruppenhaltigen Phenol-Formaldehyd-Kondensationsproduktes mit einem Diisocyanat[1]: 100 Tle. eines aus 1 Mol Phenol und 0,8 Mol Formaldehyd und wenig Salzsäure als Katalysator hergestellten Kondensationsproduktes werden nach der katalytischen Hydrierung in 100 Tln. Cyclohexanon gelöst und bei 140° mit 55 Tln. Hexamethylendiisocyanat versetzt. Die Mischung wird 20 Min. auf 140° erhitzt. Nach dem Abkühlen und Verd. wird sie mit 400 Tln. Tetrahydrofuran versetzt. Diese Lacklösung ergibt nach dem Aufstreichen auf Blech nach 5–10 Min. langem Einbrennen bei 170° bis 180° sehr haftfeste, harte und lichtechte Überzüge.

Einbrennlack auf Polyester-Polyisocyanat-Basis mit verkapptem Polyisocyanat:

Ausgangsprodukte: Polyester I aus 2,5 Mol Adipinsäure, 2,5 Mol Diäthylenglykol, 0,1 Mol Tris-[hydroxymethyl]-propan mit der Hydroxylzahl 260, Säurezahl 1; Polyester II aus 3 Mol Adipinsäure, 1 Mol Tris-[hydroxyphenyl]-propan, 3 Mol 1,3-Butylenglykol mit der Hydroxylzahl 250, Säurezahl 1 („Desmophen 1200"); verkapptes Polyisocyanat aus 1 Mol Tris-[hydroxymethyl]-propan und 3 Mol Toluylen-2,4-diisocyanat (100%ig), mit Phenol verkappt[2] (s. S. 67).

---

[1] DRP. 756058 (1940), I. G. Farb., Erf.: W. Bunge, O. Bayer, S. Petersen u. G. Spielberger; C. **1953**, 6774.

DBP. 946173 (1953), Farbf. Bayer, Erf.: W. Bunge, K. H. Mielke u. F. Möller; C. **1957**, 7186.

[2] Desmodur AP®.

Eine Lösung von 12,85 g Polyester I, 8,55 g Polyester II, 18,6 g verkapptem Polyisocyanat (100%ig)[1] in 20 g Äthylacetat, 20 g Glykolmonomethylätheracetat und 20 g Toluol wird nach dem Verrühren auf Glasgewebe aufgebracht. Man brennt bei 140° ein und erhält einen einwandfreien Lacküberzug.

Einbrennlack auf Basis eines hydroxygruppenhaltigen Copolymerisates und eines verkappten Diisocyanates[1]: 100 Tle. eines teilweise verseiften Copolymerisates aus Vinylchlorid und Vinylacetat (80 : 20) mit einem Hydroxygruppengehalt von 1–2% und einem K-Wert[2] von 45 werden in 700 Tln. eines Lösungsmittelgemisches aus Estern, Ketonen und organischen Kohlenwasserstoffen unter Zusatz von 10 Tln. eines Adduktes aus 1 Mol Hexanmethylendiisocyanat und 2 Mol Acetessigester gelöst. Der Ansatz ist bei Zimmertemp. unbegrenzt haltbar. Beim Aufbringen auf Unterlagen erhält man nach 2maligem Spritzen und 1stdg. Einbrennen bei 120° eine Lackschicht von etwa 30–40 μ. Sie zeichnet sich durch Unlöslichkeit in Lösungsmitteln, gute Elastizität und große Oberflächenhärte aus. Der Lack ist besonders geeignet zum Ausrüsten von mechanisch stark beanspruchten Gegenständen.

Unlösliche Acetylcellulosefilme[1]:

Beispiel 1: Zu einer Lösung von 8 Tln. Acetylcellulose (54% Acetylgehalt) in 92 Tln. Glykolmonomethylätheracetat fügt man die heiße Lösung von 0,5 Tln. 3,3'-Dimethoxy-biphenyl-4,4'-diisocyanat in 3 Tln. Glykolmonomethylätheracetat. Nach guter Durchmischung wird die klare Lösung als Lack z. B. auf eine Metallfolie aufgestrichen und der lackierte Gegenstand bei 180° getrocknet. Es hat sich ein sehr fest haftender Film gebildet, der gegenüber einem normalen Acetylcellulose-Film eine wesentlich verringerte Löslichkeit in organischen Lösungsmitteln wie Aceton und Pyridin aufweist.

Beispiel 2: 100 Tle. einer 10%igen Lösung von Acetylcellulose (54% Acetylgehalt) in Aceton werden mit der warmen Lösung von 2 Tln. Hexamethylen-bis-phenylurethan in 7 Tln. Aceton versetzt. Bringt man die so erhaltene Lacklösung auf flexible Unterlagen, so entsteht nach kurzem Erwärmen auf 140° ein äußerst festhaftender unlöslicher Überzug.

δ) Kautschukelastische Stoffe

Kautschukelastische Stoffe werden erhalten, wenn lange unpolare Ketten in größeren Abständen chemisch miteinander verknüpft werden, so daß die Ketten beim Anlegen einer Spannung nicht aneinander abgleiten und bei Aufhebung der Spannung wieder in ihre ursprüngliche Form zurückkehren können. Die ersten praktischen Ergebnisse wurden unter Anwendung des Diisocyanat-Polyadditionsverfahrens mit ganz schwach verzweigten Polyestern erzielt, bei denen etwa nur jede fünfundzwanzigste Glykolmolekel (im Idealfall gedacht) durch einen dreiwertigen Alkohol ersetzt wird[3]. Beim Umsatz dieser Polyester mit Diisocyanaten wird nun nicht nur die Kette verlängert, sondern an der dritten Hydroxygruppe tritt außerdem eine geringe Vernetzung mit der entsprechenden Hydroxygruppe der Nachbarkette ein (*Vulkanisiereffekt*). Man erhält auf diese Weise kautschukelastische Stoffe („*I-Gummi*").

Bald stellte sich jedoch heraus, daß man nur dann zu wirklich hochwertigen gummielastischen Materialien gelangt, wenn man von rein linear aufgebauten Polyestern ausgeht, die keine Verzweigungsstellen im Molekül enthalten. Man verwendet daher hauptsächlich den *Glykol-Adipinsäure-Polyester* („Desmophen 2000"; Molekulargewicht etwa 2000; Darstellung s. S. 16).

Dieser Polyester, der eine Säurezahl von 1–2, eine Hydroxylzahl von 50–60 besitzt, stellt das geeignete Ausgangsmaterial für kautschukelastische Stoffe, wie sie unter der

---

[1] DRP. 756058 (1940), I. G. Farb., Erf.: W. Bunge, O. Bayer, S. Petersen u. G. Spielberger; C. **1953**, 6774.

[2] K-Wert vgl. ds. Handb., Bd. XIV/1, Kap. Allgemeines zur Polymerisation in Substanz und in Lösung, S. 83.

[3] DBP. 932633 (1943), Dynamit AG., Erf.: P. Pinten; C. **1956**, 2892.

Handelsbezeichnung Vulkollan® bekannt geworden sind, dar.[1] Für besonders kälte-
feste Typen wird er zuweilen auch in Mischung mit dem flüssigen *1,2-Propylenglykol-
Adipinsäure-Polyester* (Hydroxylzahl 40–50) angewandt.

Zur Herstellung kautschukelastischer Stoffe setzt man die linearen, sorgfältig entwässerten Polyester mit einem Überschuß an Diisocyanat um. Hierbei tritt (durch die
Wahl des Überschusses bedingt) eine Verknüpfung von zwei bis drei Polyesterketten
ein, und es entstehen Produkte, die an ihren Enden freie Isocyanatgruppen tragen,
z. B.

OCN—R—NH—CO—O——Polyester——O—CO—HN—R—NH—CO—O——Polyester——O—CO—NH—R—NCO

Isocyanat-Polyester-Additionsprodukt

Als Isocyanate haben sich für die Vulkollan®-Herstellung im allgemeinen sehr
reaktionsfähige Isocyanate, wie *Naphthylen-1,5-diisocyanat*, *Phenylen-1,4-diisocyanat*
und *Diphenyl-methan-4,4'-diisocyanat* besonders bewährt.

Die isocyanatgruppenhaltigen Polyester können nach drei verschiedenen Methoden
unter Kettenverlängerung und Vernetzung in hochwertige, kautschukelastische
Kunststoffe übergeführt werden. Es sind dies

die Wasservernetzung[1]   die Glykolvernetzung[2]   die Diaminvernetzung[2].

Bei der Einwirkung von Wasser tritt eine Verknüpfung der Isocyanatgruppen enthaltenden Polyesterketten über Harnstoffgruppen ein unter gleichzeitiger Abspaltung
von Kohlendioxyd.

O=C=N〜〜N=C=O   O=C=N〜〜N=C=O   O=C=N〜〜N=C=O

              +   +

          H—O—H $\downarrow$ $-2\,CO_2$ H—O—H

O=C=N〜〜NH————CO————NH〜〜NH————CO————NH〜〜N=C=O

(O=C=N〜〜N=C=O = Isocyanat-Polyester-Additionsprodukt)

Die Wasserstoffatome der Harnstoffgruppen reagieren nun mit den noch vorhandenen
Isocyanatgruppen unter Vernetzung des Moleküls über Biuretgruppierungen.

[1] O. BAYER u. Mitarbb., Ang. Ch. **62**, 57 (1950).
    DBP. 883347, 896413 (1944), Farbf. Bayer, Erf.: E. MÜLLER, S. PETERSEN u. O. BAYER;
    C. **1953**, 8227; **1954**, 2069.
    DBP. 872268 (1944), Farbf. Bayer, Erf.: O. BAYER, W. BUNGE, E. MÜLLER, S. PETERSEN,
    H. F. PIEPENBRINK u. E. WINDEMUTH; C. **1954**, 6365.
[2] E. MÜLLER, O. BAYER, S. PETERSEN, H. F. PIEPENBRINK, F. SCHMIDT u. E. WEINBRENNER,
    Ang. Ch. **64**, 523 (1952).
    DBP. 831772 (1949), Farbf. Bayer, Erf.: E. MÜLLER, H. F. PIEPENBRINK, F. SCHMIDT u.
    E. WEINBRENNER; C. **1952**, 6942.
    DBP. 838826 (1949), Farbf. Bayer, Erf.: E. MÜLLER; C. **1953**, 458.
    DBP. 838652 (1949), Farbf. Bayer, Erf.: F. SCHMIDT u. E. MÜLLER; C. **1953**, 459.
    DBP. 831604 (1949), Farbf. Bayer, Erf.: E. MÜLLER u. S. PETERSEN; C. **1952**, 7105.
    O. BAYER u. E. MÜLLER, Das Aufbauprinzip der Urethanelastomeren (Vulkollan®), Ang. Ch.
    72, 934 (1960).

$$—NH—CO—NH \sim \qquad —N—CO—NH \sim$$
$$+ \qquad\qquad |$$
$$\qquad\qquad C{=}O$$
$$\qquad\qquad |$$
$$N{=}C{=}O \qquad\qquad NH$$
$$\qquad\qquad \wr$$
$$\longrightarrow$$
$$N{=}C{=}O \qquad\qquad NH$$
$$\qquad\qquad |$$
$$+ \qquad\qquad C{=}O$$
$$\qquad\qquad |$$
$$—NH—CO—NH \sim \qquad —N—CO—NH \sim$$

„Harnstoff-Vernetzung" → Biuret-Struktur

Das bei der Wasservernetzung entstehende Kohlendioxyd wirkt sich unter Umständen bei der Verarbeitung des Vulkollans® störend aus. Hierdurch wird das Wasservernetzungsverfahren, obwohl es insbesondere bei Verwendung der reaktionsfähigen, sperrigen Diisocyanate zu hochwertigen Materialien führt, in seiner Anwendungsbreite eingeschränkt.

Von größerer technischer Bedeutung sind daher das Glykol- und das Diaminvernetzungsverfahren, bei denen die Vernetzungsreaktion ohne Abspaltung von Kohlendioxyd verläuft.

Bei dem Glykolvernetzungsverfahren wird das Isocyanat-Polyester-Additionsprodukt in einem solchen Mengenverhältnis mit Glykolen zur Reaktion gebracht, daß nach der Umsetzung noch freie Isocyanatgruppen vorhanden sind. Hierbei findet zunächst eine Verknüpfung der isocyanatgruppenhaltigen Polyester über Urethangruppen statt.

$$O{=}C{=}N \sim N{=}C{=}O \qquad O{=}C{=}N \sim N{=}C{=}O \qquad O{=}C{=}N \sim N{=}C{=}O$$
$$+ \qquad\qquad +$$
$$HO—R—OH \qquad\qquad HO—R—OH$$
$$(Glykol) \qquad\qquad (Glykol)$$

$$O{=}C{=}N \sim NH—COO—R—OOC—NH \sim NH—COO—R—OOC—NH \sim N{=}C{=}O$$

Die noch vorhandenen Isocyanatgruppen reagieren nun mit den Urethangruppen unter Vernetzung des Moleküls über Allophanatgruppierungen.

$$\qquad O \qquad\qquad\qquad O$$
$$\qquad \| \qquad\qquad\qquad \|$$
$$—O—C—NH \sim \qquad —O—C—N \sim$$
$$+ \qquad\qquad\qquad |$$
$$\qquad\qquad\qquad C{=}O$$
$$\qquad\qquad\qquad |$$
$$N{=}C{=}O \qquad\qquad\qquad NH$$
$$\qquad\qquad \wr$$
$$\longrightarrow$$
$$N{=}C{=}O \qquad\qquad\qquad NH$$
$$\qquad\qquad\qquad |$$
$$+ \qquad\qquad\qquad C{=}O$$
$$\qquad\qquad\qquad |$$
$$—O—C—NH \sim \qquad —O—C—N \sim$$
$$\qquad \| \qquad\qquad\qquad \|$$
$$\qquad O \qquad\qquad\qquad O$$

„Urethan-Vernetzung" → Allophanat-Struktur

Gleichzeitig können auch noch (insbesondere in Gegenwart von tertiären Basen), durch Trimerisation der freien Isocyanatgruppen bedingt, Vernetzungen über Isocyanuratgruppierungen eintreten.

$$\sim\text{N}=\text{C}=\text{O} \xrightarrow{3\ \text{Mol}}$$

Ebenso wie bei der Vernetzungsreaktion mittels Wasser, sind auch für das Glykol-vernetzungsverfahren *Naphthylen-1,5-diisocyanat*, *Phenylen-1,4-diisocyanat* und *Diphenylmethan-4,4′-diisocyanat* besonders geeignet. Als Glykole haben sich *1,4-Butandiol* sowie *Chinit* bewährt. Als weiteres Diisocyanat sei das 1,3-Bis-[4-methyl-3-isocyanato-phenyl]-uretdion genannt[1]. Setzt man höhermolekulare hydroxygruppen-haltige Verbindungen, beispielsweise Glykol-Adipinsäure-Polyester, wie oben beschrieben, mit einer größeren Menge an *1,3-Bis-[4-methyl-3-isocyanato-phenyl]-uretdion*[2], als zur Reaktion mit den Hydroxygruppen benötigt wird, um (bezogen auf die freien Isocyanatgruppen), so reagieren nach Zugabe von Polyalkoholen, wie beispielsweise *1,4-Butandiol*, zunächst die noch vorhandenen Isocyanatgruppen unter Kettenverlängerung. Sodann reagiert das 1,4-Butandiol mit den Uretdiongruppen unter Vernetzung des Moleküles über Allophansäureester. Die Reaktion verläuft nach folgendem Schema:

Zur Erzielung hochwertiger Materialeigenschaften ist die Kombination Diiso-cyanat-Vernetzungsmittel von wesentlicher Bedeutung. So entstehen beispielsweise bei Verwendung von *Diphenylmethan-4,4′-diisocyanat* und geeigneten aliphatischen Glykolen, die aromatische Ringsysteme enthalten, Produkte von hoher Härte und hoher Elastizität[3]. Derartige Glykole liegen im *1,4-Bis-[β-hydroxy-äthoxy]-benzol*[4] oder im *1,5-Bis-[β-hydroxy-äthyl]-naphthalin*[5] vor.

[1] DBP. 1014740 (1955), Farbf. Bayer, Erf.: E. MÜLLER; C. **1958**, 9075.
[2] Siehe S. 64.
[3] E. MÜLLER, Kunststoff. **50**, 437–441 (1960).
[4] DBP. 1029559 (1956), Farbf. Bayer, Erf.: E. MÜLLER; C. **1959**, 2630.
[5] DBP. 953115 (1953), Farbf. Bayer, Erf.: E. MÜLLER, O. BAYER u. S. PETERSEN; C. **1957**, 5717.

Bei der **Diaminvernetzung** wird der isocyanatgruppenhaltige Polyester mit Diaminen zur Reaktion gebracht[1].

$$O=C=N\sim\sim N=C=O \qquad O=C=N\sim\sim N=C=O \qquad O=C=N\sim\sim N=C=O$$
$$+ \qquad\qquad\qquad\qquad +$$
$$H_2N-R-NH_2 \qquad\qquad H_2N-R-NH_2$$

$$O=C=N\sim\sim NH-CO-NH-R-NH-CO-NH\sim\sim NH-CO-NH-R-NH-CO-NH\sim\sim N=C=O$$

Ebenso wie bei den vorhergehenden Vernetzungsmethoden werden auch hier die Mengenverhältnisse so gewählt, daß nach der Umsetzung des Diamins mit dem iso-cyanatgruppenhaltigen Polyester noch freie Isocyanatgruppen vorhanden sind, die ebenso wie bei der Wasservernetzung mit den Wasserstoffatomen der Harnstoff-gruppen unter Vernetzung des Moleküls reagieren. Die Diaminvernetzung gestattet es, das Reaktionsvermögen der angewandten Diisocyanate durch die Wahl entsprechen-der Diamine zu beeinflussen. Zur Erzielung guter Materialeigenschaften ist es er-forderlich, träge reagierende Diisocyanate mit stärker basischen Diaminen und reak-tionsfähige Diisocyanate mit schwach basischen Diaminen zu kombinieren[1]. Unter den zahlreichen Möglichkeiten haben sich die Kombinationen *Toluylen-2,4-diisocyanat/3,3'-Dichlor-benzidin* sowie *Toluylen-2,4-diisocyanat/Bis-[3-chlor-4-amino-phenyl]-methan* besonders bewährt[2].

Elastomere durch Wasservernetzung[3] (Kettenverlängerung über Harnstoff- und Vernetzung über Biuretgruppen): In einen mit Ankerrührer und Thermometer versehenen Jenaer® Becher mit aufgeschliffenem Deckel bringt man 200 g eines Glykol-Adipinsäure-Polyesters mit der Hydroxyl-zahl 50–60 (Darstellung s. S. 18) und entwässert unter Rühren bei 120–130°/12 Torr. Sobald keine Blasen mehr aus der Schmelze entweichen, was nach etwa 20–30 Min. der Fall ist, ist der Ester genügend wasserfrei. Man trägt nun bei Normaldruck 36 g Naphthylen-1,5-diisocyanat bei 130° in die Schmelze unter Rühren ein. Die Temp. fällt zunächst, steigt aber dann auf etwa 135–140° an, gleichzeitig steigt auch die Viscosität der zunächst gießbaren Schmelze. Nun läßt man die Schmelze auf 100–110° abkühlen, versieht den Schliffbecher mit einem Rückfluß-kühler und Tropftrichter und läßt bei 100–110° 1 cm³ Wasser eintropfen. Unter Kohlen-dioxydentwicklung nimmt die Viscosität der Schmelze rasch zu, und nach etwa 5–10 Min. ist ein bröckliges Material entstanden, das sich zu einem Fell auswalzen läßt, das, bei 150° verpreßt, ein hochelastisches Material mit sehr guten mechanischen Eigenschaften liefert.

Elastomere durch Diaminvernetzung (Kettenverlängerung über Harnstoff- und Vernetzung über Biuretgruppen): In 1000 g Glykol-Adipinsäure-Polyester mit der Hydroxylzahl 56 werden nach dem Entwässern bei 130° und 12 Torr 200 g Toluylen-2,4-diisocyanat eingerührt. Nach ein-getretener Addition ist die Temp. auf 142° angestiegen. Man hält die Schmelze noch ½ Stde. auf 130°, evakuiert kurz zur Entfernung der Luftblasen und rührt dann 135 g geschmolzenes Bis-[3-chlor-4-amino-phenyl]-methan ein. Nun gießt man sofort in Formen aus. Schon nach wenigen Min. beginnt die Verfestigung der Schmelze. Durch 24 stdg. Nachheizen der Formkörper auf 100° wird ein kautschukelastisches Material mit folgenden Eigenschaften erhalten:

Zugfestigkeit 234 [kg/cm²]	Weiterreißfestigkeit 37 [kg/cm]
Bruchdehnung 440 [%]	Stoßelastizität 31
Bleibende Dehnung 11 [%]	Shore-Härte A 84

---

[1] DBP. 872268 (1944), Farbf. Bayer, Erf.: O. BAYER, W. BUNGE, E. MÜLLER, S. PETERSEN, H. F. PIEPENBRINK u. E. WINDEMUTH; C. **1954**, 6365.

DBP. 838826 (1949), Farbf. Bayer, Erf.: E. MÜLLER; C. **1953**, 458.

DBP. 831604 (1949), Farbf. Bayer, Erf.: E. MÜLLER u. S. PETERSEN; C. **1952**, 7105.

[2] DBP. 953116 (1953), Farbf. Bayer, Erf.: E. MÜLLER; C. **1958**, 7308.

[3] O. BAYER, E. MÜLLER, S. PETERSEN, H. F. PIEPENBRINK u. E. WINDEMUTH, Ang. Ch. **62**, 57–66 (1950).

DBP. 883347, 896413 (1944), Farbf. Bayer, Erf.: E. MÜLLER, S. PETERSEN u. O. BAYER; C. **1953**, 8227; **1954**, 2069.

DBP. 872268 (1944), Farbf. Bayer, Erf.: O. BAYER, W. BUNGE, E. MÜLLER, S. PETERSEN, H. F. PIEPENBRINK u. E. WINDEMUTH; C. **1954**, 6365.

6*

Elastomere durch Glykolvernetzung[1] (Kettenverlängerung über Urethan- und Vernetzung über Allophanatgruppen):

[a] **Weicher Typ:** 1000 g Glykol-Adipinsäure-Polyester mit der Hydroxylzahl 56 werden in einem mit Rührer und Thermometer versehenen 2-*l*-Vakuumschliffbecher 1 Stde. bei 130° und 12 Torr entwässert. Dann trägt man unter Rühren bei 130° 180 g Naphthylen-1,5-diisocyanat ein, wobei die Temp. auf etwa 142° ansteigt. Man hält die Temp. etwa $1/2$ Stde. auf 130°, evakuiert kurz zur Entfernung der in der Schmelze noch vorhandenen Gasbläschen und rührt 20 g 1,4-Butandiol ein. Nunmehr gießt man die homogene Schmelze in vorbereitete Formen und führt die Polyaddition bei 100° zu Ende. Bereits nach 2–3 Min. tritt eine Viscositätserhöhung ein, die zu einem Gelieren der Schmelze führt. Nach etwa 20 Min. können die entstandenen Gießlinge entformt werden. Durch 24stdg. Nachheizen bei 100° erhalten sie ihre endgültigen Eigenschaften.

Zugfestigkeit 300 [kg/cm²]   Weiterreißfestigkeit 55 [kg/cm]
Bruchdehnung 659 [%]   Stoßelastizität 50
Bleibende Dehnung 15 [%]   Shore-Härte A 80

[b] **Harter Typ:** Werden unter den unter [a] angegebenen Reaktions- und Verarbeitungsbedingungen 1000 g Glykol-Adipinsäure-Polyester mit der Hydroxylzahl 56, 300 g Naphthylen-1,5-diisocyanat und 70 g 1,4-Butandiol umgesetzt, so entsteht ein Material mit den folgenden Eigenschaften:

Zugfestigkeit 300 [kg/cm²]   Weiterreißfestigkeit 70 [kg/cm]
Bruchdehnung 450 [%]   Stoßelastizität 45
Bleibende Dehnung 35 [%]   Shore-Härte A 93

Der Wassergehalt der als Ausgangskomponenten verwandten Polyester sowie der Isocyanatgehalt der daraus erhaltenen isocyanatgruppenhaltigen Polyester können nach folgenden Methoden bestimmt werden:

Wasserbestimmung: Die Wasserbestimmung im Polyester erfolgt nach einer modifizierten Methode mit Karl Fischers Reagens. Die Probe wird hierbei mit einer Lösung von Jod, Schwefeldioxyd und Pyridin in Methanol titriert, wobei ein Überschuß des Reagenses einen Umschlag von einem gelblichen Ton nach einer schwachbraunen Farbe hervorruft. K. Fischer[2] gibt hierfür folgende Bruttogleichung an:

$$2\,H_2O + J_2 + SO_2 \cdot C_5H_5N + 3\,C_5H_5N \;\rightarrow\; (C_5H_5N)_2 \cdot H_2SO_4 + 2\,C_5H_5N \cdot HJ$$

Zwei Mol Wasser entsprechen demnach der Reduktion von zwei Grammatomen Jod.

Herstellung des Reagenses zur Wasserbestimmung: 84 g Jod werden in 530 cm³ absol. Methanol gelöst. Nach der Zugabe von 265 g wasserfreiem Pyridin (Kp$_{760}$: 114,5°) werden 65 g gasförmiges Schwefeldioxyd innerhalb von 30 Min. bei Zimmertemp. eingeleitet. Das Reagens wird sofort nach der Herstellung in eine automatische Bürette gefüllt, die gegen das Eindringen von Feuchtigkeit durch ein Calciumchloridrohr geschützt wird. Die Flasche mit dem Reagens darf der Sonne nicht direkt ausgesetzt werden. Beim Stehen tritt eine Abnahme des Titers ein. Es ist deshalb empfehlenswert, wenigstens einmal am Tage das Reagens mit einer bekannten Menge an Wasser einzustellen.

Einstellung des Reagenses: 5 cm³ destilliertes Wasser werden im Meßkolben mit Methanol auf 250 cm³ verdünnt, so daß in einem cm³ Lösung 20 mg Wasser enthalten sind. Weil bei der Wasserbestimmung im Polyester die eingewogene Probe in 10 cm³ Methanol gelöst wird, ist zunächst der Verbrauch an Reagens für diese Menge zu ermitteln (etwa 0,5 cm³). Bei der Einstellung des Reagenses werden 10 cm³ Methanol und 1 cm³ des Methanol-Wasser-Gemisches austitriert, wobei der Mittelwert aus 3 Versuchen zu bilden ist. Unter Berücksichtigung des Wassergehaltes des Methanols kann das Vol. an Reagens berechnet werden, das einem mg Wasser entspricht.

---

[1] E. Müller, O. Bayer, S. Petersen, H. F. Piepenbrink, F. Schmidt u. E. Weinbrenner, Ang. Ch. **64**, 523–531 (1952).
DBP. 831772 (1949), Farbf. Bayer, Erf.: E. Müller, H. F. Piepenbrink, F. Schmidt u. E. Weinbrenner; C. **1952**, 6942.
DBP. 838652 (1949), Farbf. Bayer, Erf.: E. Schmidt u. E. Müller; C. **1953**, 459.
[2] K. Fischer, Ang. Ch. **48**, 394 (1935).

Einwaage und Ausführung der Wasserbestimmung: 2 bis 3 g Polyester werden in eine 100 cm³ fassende Enghalsflasche, die vorher mit 1 bis 2 cm³ des Reagenses ausgespült wurde, eingefüllt. Nach der Zugabe von 10 cm³ Methanol wird die Flasche bis zur Lösung leicht umgeschwenkt. Die Titration der Probe muß rasch erfolgen, weil sonst die Feuchtigkeit der Luft eine Störung hervorruft. Das aus der Bürette zulaufende Reagens hellt sich nach einem gelben Farbton auf. Ein geringer Überschuß bildet schließlich eine braune Farbe, die sofort nach gelb umschlägt, wenn wenig mundfeuchte Luft in die Flasche gepustet wird. Zum Erkennen des Endpunktes der Titration eignet sich vorzüglich die dead-stop-Methode[1].

Berechnung: Wenn für E g des Polyesters A cm³ verbraucht werden und 1 mg Wasser F cm³ Reagens beansprucht, so ist

$$\% \ H_2O = \frac{1}{10} \cdot \frac{A}{F \cdot E}$$

Isocyanatbestimmung[2]: Bei dieser Bestimmung wird der prozentuale Anteil der Isocyanatgruppen (% NCO) durch Reaktion mit einer Überschußmenge einer Lösung von Dibutylamin in Chlorbenzol ermittelt. Anstelle des Dibutylamins kann auch Diisobutylamin verwendet werden.

Herstellung der Dibutylaminlösung: 129 g (1 Mol) frisch destilliertes Dibutylamin werden in 871 g doppelt destilliertem und über Calciumchlorid getrocknetem Chlorbenzol gelöst und in einer braunen Flasche aufbewahrt. Der Amingehalt der Lösung ändert sich nur wenig beim Aufbewahren. Es ist aber zweckmäßig, wenigstens jede Woche einmal eine Gehaltsbestimmung durch Titration mit wäßr. 1 n Salzsäure unter Zusatz von Methanol auszuführen.

Einwaage und Ausführung der Isocyanatbestimmung: Die Einwaage erfolgt in einem 250 cm³ fassenden Erlenmeyer-Kolben und soll etwa 2,0 g betragen, wobei es genügt, das Gewicht der Probe bis auf ± 10 mg genau festzustellen.

Die eingewogene Probe wird mit 25 cm³ der Dibutylaminlösung versetzt. Die Reaktion setzt nach kurzem Umschwenken ein. Sobald die Flüssigkeit im Kolben klar wird, ist die Reaktion beendet, was etwa 2 Min. beansprucht. Nach der Zugabe von 2 bis 3 Tropfen einer 1%igen alkohol. Lösung von Bromphenolblau wird der Kolbeninhalt unter Umschwenken durch langsame Zugabe von 100 cm³ Methanol verd. und das überschüssige Dibutylamin mit wäßr. 1 n Salzsäure zurücktitriert, die aus einer 10 cm³ fassenden Mikrobürette mit einer Einteilung von 0,01 cm³ zugegeben wird. Der Indikatorumschlag erfolgt von blau nach gelb über eine grünliche Zwischenfarbe.

Berechnung:

A = cm³ 1 n Salzsäure für die eingewogene Probe verbraucht

B = cm³ 1 n Salzsaure für den Blindversuch verbraucht (für 10 cm³ bzw. 20 oder 25 cm³ Dibutylaminlösung)

f = Faktor der Salzsäure

E = Gewicht der Probe in Gramm

$$\% \ NCO = 4,2 \cdot f \cdot \frac{B - A}{E}$$

Die bisher als Ausgangskomponenten für die Vulkollan®-Herstellung beschriebenen isocyanatgruppenhaltigen Polyester sind, wie bereits erwähnt, durch die Anwesenheit der freien Isocyanatgruppen, die mit der Luftfeuchtigkeit reagieren können, nur beschränkt lagerfähig. Durch die Anwendung geeigneter Diisocyanat-Vernetzer-Kombinationen können allerdings auch trotz der Anwesenheit weniger freier Isocyanatgruppen weitgehend lagerfähige Produkte erhalten werden, die sich wie Thermoplaste verarbeiten lassen und durch Spritzen, Preßspritzen oder Extrudieren in Elastomere übergehen. Zur Herstellung derartiger Produkte, in denen sich die Makromolekeln in einem Grenzzustand (zwischen dem linearen und vernetzten Zustand) befinden, ist das *Diphenylmethan-4,4'-diisocyanat* gut geeignet. Ein

---

[1] C. D. McKinney jr. u. R. T. Hall, Ind. eng. Chem. Anal. **15**, 460 (1943).

  G. Wernimont u. F. J. Hopkinson, Ind. eng. Chem. Anal. **15**, 272 (1943).

[2] Nach G. Spielberger, A. **562**, 99 (1949).

auf dieser Grundlage entwickeltes Handelsprodukt liegt im „Texin"[1] vor[2]. Für die Herstellung lagerfähiger Vulkollan®-Typen, die sich ebenso wie natürlicher oder synthetischer Kautschuk verarbeiten lassen, ist es erforderlich, die Mengenverhältnisse zwischen Polyester, Diisocyanat und Vernetzungsmittel so zu wählen, daß nach der Vernetzung sämtliche Isocyanatgruppen verbraucht sind[3]. Man erhält auf diese Weise lagerfähige, konfektionierbare Zwischenprodukte, die als reaktionsfähige Endgruppen je nach der Art des angewandten Vernetzungsmittels Hydroxy- oder Aminogruppen tragen und die zu einem gewünschten Zeitpunkt nach dem Zugeben von weiterem Diisocyanat in den vernetzten Endzustand übergeführt werden können. Als Isocyanat eignet sich in diesem Fall besonders das dimere *Toluylen-2,4-diisocyanat*[4]. Außer letzterem haben sich auch harnstoffgruppenhaltige Diisocyanate vom Typ des *N,N'-Bis-[4-methyl-3-isocyanato-phenyl]-harnstoffs* für die Endvernetzung als brauchbar erwiesen[5].

Die Endvernetzung der thermoplastischen lagerfähigen Produkte kann nicht nur, wie bisher beschrieben, mit Diisocyanaten[6], sondern auch beispielsweise mit Schwefel oder Formaldehyd durchgeführt werden. Bei Verwendung von Schwefel ist es erforderlich, daß reaktionsfähige Doppelbindungen in die lagerfähigen Zwischenprodukte eingebaut sind. Das wird durch die Einkondensation ungesättigter Komponenten, wie beispielsweise *Maleinsäure* oder *Fumarsäure*, in den Polyester und nachfolgende Verlängerung des Polyesters mit Diisocyanaten erreicht[7]. Eine andere Methode besteht darin, daß man von gesättigten Polyestern ausgeht und diese im Gemisch mit ungesättigten Komponenten, wie beispielsweise *Butendiol* oder *Glycerinmonoallyläther*[8], mit Diisocyanaten in einem solchen Mengenverhältnis zur Reaktion bringt, daß lagerfähige Zwischenprodukte entstehen[9]. Die auf diese Weise erhaltenen, ungesättigten Polyadditionsprodukte können dann mit Schwefel in Gegenwart von Vulkanisationsbeschleunigern in den vernetzten Zustand übergeführt werden.

Soll die Endvernetzung der lagerfähigen, thermoplastischen Produkte mit Formaldehyd vorgenommen werden, so ist es erforderlich, isocyanatmodifizierte Polyester zu verwenden, die in der Kette mit Formaldehyd reagierende Gruppen, wie beispielsweise Carbonamidgruppen, enthalten. Zu diesem Zweck werden amidgruppenhaltige Polyester, die durch Veresterung von *Glykol*, *Adipinsäure* und beispielsweise *β-Hydroxyäthyl-amin* erhalten werden, mit Diisocyanaten zur Reaktion gebracht und in zweiter Phase mit Formaldehyd oder Formaldehyd abgebenden Mitteln unter Vernetzung in

---

[1] Handelsbezeichnung der Mobay Chemical Co.
[2] Chem. Engng. News **39**, 62 (1961).
[3] DBP. 838652 (1949), Farbf. Bayer, Erf.: F. Schmidt u. E. Müller; C. **1953**, 459.
[4] DBP. 952940 (1953), Farbf. Bayer, Erf.: H. Holtschmidt u. E. Müller; C. **1957**, 7803.
     DBP. 968566 (1954) ≡ E.P. 783564 (1955), Farbf. Bayer, Erf.: G. Nischk u. H. Holtschmidt; C. **1959**, 3665.
[5] DBP. 1008484 (1954), DuPont, Erf.: F. B. Hill jr.; C. **1957**, 13495.
[6] Vgl. hierzu auch N. V. Seeger u. Mitarbb., Ind. eng. Chem. **45**, 2538 (1953).
     A.P. 2625531/2, 2625535 (1950); 2725366 (1952); F.P. 1032926/7, 1043008 (1951), Wingfoot Corp., Erf.: N. V. Seeger u. T. G. Mastin; Chem. Abstr. **47**, 5158ᵉ, 5158ʰ (1953); **50**, 4546ʰ (1956); C. **1955**, 4718; **1954**, 4279; **1955**, 6870.
     E.P. 742457 (1953), Wingfoot Corp., Erf.: N. V. Seeger; C. **1956**, 13270.
[7] DBP. 863403 (1944), Farbf. Bayer, Erf.: E. Müller, O. Bayer u. H. F. Piepenbrink; C. **1953**, 4782.
[8] DAS. 1109363 (1956), DuPont, Erf.: D. B. Pattison.
     DAS. 1111818 (1956), DuPont, Erf.: E. I. Goldberg.
[9] DBP. 955995 (1953), Farbf. Bayer, Erf.: E. Müller, H. Holtschmidt u. O. Bayer; C. **1957**, 9528.

kautschukelastische Stoffe übergeführt. Derartige Produkte sind unter der Bezeichnung *Vulcapren*®[1] von der I.C.I. in den Handel gekommen. Sie finden zur Gewebeimprägnierung, sowie als Kleber und Lacke Verwendung.

Anstelle der Carbonamidgruppen können auch andere mit Formaldehyd reagierende Verbindungen, wie N,N-Bis-[hydroxyalkyl]-aryl-amine, z.B. *N,N-Bis-[β-hydroxyäthyl]-m-toluidin* über Urethangruppen in die Ketten eingebaut werden.

$$HO-H_2C-H_2C-N-CH_2-CH_2-OH$$

In Gegenwart katalytischer Mengen von Zinksalzen bewirkt der Formaldehyd eine Kernverknüpfung über Methylengruppen unter Vernetzung des Moleküls[2]. Auf dieser Basis können Produkte mit verbesserten mechanischen Eigenschaften erhalten werden.

Thermoplastische Produkte, die reaktionsfähige Methylengruppen enthalten, wie sie beispielsweise im *Diphenylmethan-4,4'-diisocyanat*[3] oder im *N,N-Bis-[β-hydroxyäthyl]-5,6,7,8-tetrahydro-naphthylamin-(2)*[4] vorliegen,

$$N{<}^{CH_2-CH_2-OH}_{CH_2-CH_2-OH}$$

können mit Peroxyden vernetzt werden. Besonders geeignet erweist sich hierfür das Dicumolperoxyd[5]. Die Mischungen besitzen eine gute Lagerfähigkeit.

Die bisher beschriebenen kautschukelastischen Produkte enthielten als höhermolekulare, lineare, hydroxygruppenhaltige Komponenten ausschließlich Polyester. Seit einiger Zeit gewinnen jedoch auch höhermolekulare, hydroxygruppenhaltige Polyäther als Ausgangskomponenten zur Herstellung elastischer Produkte Bedeutung. Derartige hydroxyendgruppenhaltige Polyäther liegen sowohl in den Äthylenoxyd-, Propylenoxyd- als auch in den Tetrahydrofuranpolymerisaten vor. Während die *Äthylenoxydpolymerisate* infolge ihres hydrophilen Charakters nur für spezielle Zwecke angewandt werden können, sind die höhermolekularen *Propylenoxyd-* und *Tetrahydro-*

---

[1] Patente der I.C.I.:

E.P. 574134 (1942), Erf.: D.H. COFFEY, J.G. COOK u. W.H. LAKE; Chem. Abstr. *42*,6163h (1948).

E.P. 581143 (1942), Erf.: W.F. SMITH, J.M. BUIST, D.A. HARPER u. G.N. WELDING; Chem. Abstr. *41*, 1888h (1947).

E.P. 581144 (1943), Erf.: W.F. FURNESS, W.F. SMITH u. L.E. PERRINS; Chem. Abstr. *41*, 1888i (1947).

E.P. 581146 (1943), Erf.: D.H. COFFEY, W.F. SMITH u. H.G. WHITE; Chem. Abstr. *41*, 1888i (1947).

E.P. 585083 (1945), Erf.: W.F. SMITH u. H.G. WHITE; Chem. Abstr. *41*, 4930d (1947).

E.P. 585205 (1944), Erf.: D.A. HARPER u. W.F. SMITH; Chem. Abstr. *41*, 3982e (1947).

S. a. D.A. HARPER, W.F. SMITH u. H.G. WHITE, Proc. Rubber Technol. Conf., 2nd Conf. 1948, 61–67.

A.P. 2422271 (1943), DuPont, Erf.: G.T. VAALA u. C.E. FRANK; C. **1948** II (Ostberlin), 1358.

[2] DBP. 1063375 (1958), Farbf. Bayer, Erf.: K. WAGNER, E. MÜLLER, H. HOLTSCHMIDT u. O. BAYER; C. **1960**, 11837.

[3] DBP. 1054235 (1956), General Tire & Rubber Co., Erf.: E.E. GRUBER u. O.C. KEPLINGER jr.; C. **1960**, 4370.

DBP. 1071948 (1958), Farbf. Bayer, Erf.: K.L. SCHMIDT, O. BAYER, E. MÜLLER u. J. PETER; C. **1960**, 13863.

[4] DBP. 1063374 (1957), Farbf. Bayer, Erf.: K.L. SCHMIDT, E. MÜLLER u.J. PETER; C. **1960**, 12180.

[5] DAS. 1054234 (1956), Firestone Tire & Rubber Co., Erf.: W.R. HAUSCH; C. **1959**, 16198.

furanpolymerisate, die bereits wasserunlöslich sind, von größerem Interesse. Insbesondere sind es die hydroxygruppenhaltigen Polymerisate des Tetrahydrofurans[1], die für die Herstellung hochwertiger elastischer Produkte geeignet sind[2]. Ihre Umsetzung mit Diisocyanaten verläuft der Reaktion von Polyestern mit Diisocyanaten sehr ähnlich, so daß sich im wesentlichen die auf Polyesterbasis gesammelten Erfahrungen auf die Tetrahydrofuranpolymerisate übertragen lassen. Die so entstehenden kautschukelastischen Produkte unterscheiden sich von den aus Polyestern erhältlichen Materialien durch ihre erhöhte *Verseifungsbeständigkeit* und ihre niedrigeren *Einfriertemperaturen*. Elastomere, die aus Tetrahydrofuranpolymerisaten aufgebaut sind, werden als Adiprene®[3] bezeichnet.

Elastomere mit ähnlichen Eigenschaften erhält man durch die Verwendung von Polythioäthern[4], die durch Kondensation von Thiodiäthylenglykol mit sich selbst oder mit Glykolen[5] in Gegenwart von sauren Katalysatoren[6] entstehen (s. S. 580f.). Derartige Produkte sind besonders quellbeständig.

ε) Schaumstoffe

Zur Herstellung von Schaumstoffen[7] bedient man sich des Kohlendioxyds, das bei der Umsetzung von Isocyanatgruppen mit Carboxygruppen oder mit Wasser nach folgenden Grundreaktionen entsteht:

$$R—NCO + HOOC—R' \rightarrow R—NH—CO—R' + CO_2$$
$$2\,R—NCO + H_2O \rightarrow R—NH—CO—NH—R + CO_2$$

Bei der Umsetzung von Dicarbonsäuren mit Diisocyanaten[8] führt diese Reaktion zu Polyamiden (s. a. S. 143), während durch Verkochen von Diisocyanaten mit Wasser Polyharnstoffe[9] (s. a. S. 170) erhalten werden.

---

[1] H. Meerwein, D. Delfs u. H. Morschel, Ang. Ch. **72**, 927 (1960).

[2] DBP. 974371 (1951), Farbf. Bayer, Erf.: E. Windemuth, H. Schnell u. O. Bayer.
E. P. 733624 (1952), I.C.I., Erf.: A. C. Basket, G. A. R. Matthews u. H. J. Spencer-Palmer; C. **1956**, 6258.
E. P. 731071 (1952), DuPont; Chem. Abstr. **49**, 15279^c (1955).
A. P. 2692874 (1952), DuPont, Erf.: E. O. Langerak; Chem. Abstr. **49**, 2772^a (1955).
A. P. 2692873 (1952), DuPont, Erf.: E. O. Langerak, L. J. Prucino u. W. R. Remington; Chem. Abstr. **49**, 2771^f (1955).
F. P. 1108786 (1954) ≡ DAS. 1008484 (1954), DuPont, Erf.: F. B. Hill jr.; C. **1957**, 13495.
Belg. P. 550103 (1956), DuPont.
A. P. 2734045 (1954), DuPont, Erf.: A. Nelson; Chem. Abstr. **50**, 8251^a (1956).
DBP. 1109363 (1956), DuPont, Erf.: D. B. Pattison.
DBP. 1111818 (1956), DuPont, Erf.: E. J. Goldberg.
DBP. 1100945 (1958), General Tire & Rubber Co., Erf.: D. C. Elmer.

[3] Handelsbezeichnung der Firma DuPont.
Über elastische Fasern auf dieser Basis s. H. Rinke, Chimia **16**, 93 (1962); Ang. Ch. **74**, 612 (1962). Lycra® (DuPont):
A. P. 2957852 (1955), DuPont, Erf.: P. E. Frankenburg u. A. K. Frazer.
A. P. 2929804 (1955), DuPont, Erf.: N. Steuber.
DBP. 1109363 (1956), DuPont, Erf.: D. B. Patisson.

[4] F. P. 1128561 (1954), DuPont, Erf.: F. B. Stilmar; C. **1960**, 10082.

[5] DBP. 1026072 (1956), Farbf. Bayer, Erf.: H. Holtschmidt, O. Bayer, G. Nischk u. E. Müller; C. **1959**, 10412.

[6] DBP. 1039232 (1956), Farbf. Bayer, Erf.: H. Holtschmidt; C. **1959**, 6973.

[7] Handelsbezeichnung der Farbf. Bayer: Moltopren®.

[8] Ital. P. 367704 (1940), I. G. Farb., Erf.: O. Bayer, H. Rinke u. W. Siefken; C. **1940** I, 2556. Vgl. a. ds. Bd., S. 143.

[9] Vgl. ds. Handb. Bd. VIII, Kap. Herstellung und Umwandlung dimerer und trimerer Kohlensäurederivate, S. 246.

Führt man die bekannten Reaktionen zum Aufbau von Makromolekülen aus Polyisocyanaten und höhermolekularen, hydroxygruppenhaltigen Verbindungen in Gegenwart von Wasser durch, so tritt, wie bereits im Kapitel über kautschuk-elastische Stoffe geschildert (s. S. 79), unter Kohlendioxydentwicklung eine Ver-knüpfung der Ketten über Harnstoffgruppen bei fortschreitender Vernetzung ein. Wird diese Reaktion nun unter solchen Bedingungen durchgeführt, daß das ent-stehende Kohlendioxyd aus dem während der Kondensation immer zäher werdenden Material nicht mehr entweichen kann, so dient es als Treibmittel und bewirkt auf diese Weise die Bildung von Schaumstoffen. Das Entstehen derartiger Schaumstoffe ist allerdings an die Voraussetzung gebunden, daß die gerüstbildenden, molekelaufbauen-den Reaktionen einerseits und die Kohlendioxyd liefernde Reaktion andererseits sorgfältig aufeinander abgestimmt sind, damit das treibende Gas weder vorzeitig ent-weicht noch durch das zu weit vernetzte Material eingeengt wird, was zu einem Zer-reißen des Schaumes führen kann.

Die gasliefernde Reaktion ist bei der Verwendung von hydroxygruppenhaltigen Verbindungen an die Anwesenheit von Wasser gebunden. Verwendet man jedoch anstelle der höhermolekularen, hydroxygruppenhaltigen Verbindungen carboxy-gruppenhaltige Polymerisations- oder Kondensationsprodukte, so ist die Mitverwen-dung des Wassers nicht unbedingt erforderlich, da nunmehr das Kohlendioxyd von der Carboxygruppe geliefert wird.

Auch durch die Mitverwendung niedrig siedender gesättigter fluorchlorierter Kohlenwasserstoffe bei der Verschäumung kann eine zusätzliche Treibwirkung erzielt werden[1].

Als höhermolekulare, hydroxygruppenhaltige Verbindungen sind ganz allgemein alle höhermolekularen Di- oder Polyhydroxyverbindungen geeignet[2]. In der Praxis bedient man sich hauptsächlich hydroxygruppenhaltiger Polyester und Poly-äther[3]. Als Polyester sind sowohl lineare als auch verzweigte Produkte geeignet, und als Polyäther werden vorwiegend die linearen, hydroxygruppenhaltigen *Propylen-oxydpolymerisate* verwandt, während die Äthylenoxydpolymerisate wegen ihres hydrophilen Charakters weniger interessant erscheinen.

Der lineare oder verzweigte Aufbau der Ausgangskomponenten wirkt sich auf den Vernetzungsgrad und damit auch auf die mechanischen Eigenschaften, wie beispiels-weise die *Härte* und *Elastizität* der Schäume, aus. Im Prinzip handelt es sich hierbei um die gleichen Gesetzmäßigkeiten, die bei anderen Einsatzgebieten der Isocyanat-kunststoffe beschrieben wurden (s. S. 76).

Auch der ester- oder ätherartige Aufbau der Schäume ist mitbestimmend für das Eigenschaftsbild. So besitzen die Schäume aus Polypropylenglykoläthern eine größere *Verseifungsbeständigkeit* als die Polyesterschäume. Sie unterscheiden sich von den letzteren weiterhin durch eine höhere Elastizität.

Die Methoden zur Herstellung von Schaumstoffen sind verschiedenartig. Bei der Verwendung von linearen Polyestern oder Polyäthern als Ausgangsmaterialien empfiehlt es sich, in erster Stufe die Umsetzung der entwässerten Produkte mit einem Überschuß an Diisocyanaten vorzunehmen. Die so erhaltenen isocyanatgruppenhal-

[1] DBP. 1045644 (1956), General Tire & Rubber Co., Erf.: C. B. FROST.
[2] DBP. 913474 (1941), Farbf. Bayer, Erf.: A. HÖCHTLEN u. W. DROSTE; C. **1954**, 11065. Vgl. a. F. K. BROCHHAGEN, Kunstst. **44**, 555 (1954).
[3] DBP. 974371 (1951), Farbf. Bayer, Erf.: E. WINDEMUTH, H. SCHNELL u. O. BAYER. A.P. 2726219 (1951), DuPont, Erf.: F. B. HILL jr.; Chem. Abstr. **50**, 6830e (1956).

tigen Produkte, die durch Zusatz geringer Mengen sauer reagierender Substanzen, wie *Salzsäure, p-Toluolsulfonsäure, Acetylchlorid, Phthaloylchlorid, Benzoylchlorid* u. a., stabilisiert werden können, sind beim Ausschluß von Feuchtigkeit längere Zeit lagerfähig und können zu einem späteren Zeitpunkt verschäumt werden[1]. Die schwach und insbesondere die stark verzweigten Polyester dagegen werden erst unmittelbar vor der Verschäumung mit einem Überschuß an Diisocyanat verrührt. Als Diisocyanat für die Herstellung von Schaumstoffen hat sich vor allem das *Toluylendiisocyanat* besonders bewährt. Es liegt meist als Isomerengemisch von etwa 80% Toluylen-2,4-diisocyanat und 20% Toluylen-2,6-diisocyanat vor. Neben dem Toluylendiisocyanat sind insbesondere noch *Phenylen-1,4-diisocyanat, Naphthylen-1,5-diisocyanat* und *Diphenylmethan-4,4'-diisocyanat* zur Herstellung hochwertiger Schaumstoffe geeignet.

Die Verschäumung kann sowohl bei Raumtemperatur als auch bei höherer Temperatur durchgeführt werden. Für die Verschäumung bei Raumtemperatur sind Zusätze von basischen Katalysatoren erforderlich[2]. Als solche sind besonders tertiäre Basen, wie *Dimethylaminocyclohexan* und *N,N-Dimethyl-benzylamin*, *N-Methyl-morpholin* und Umsetzungsprodukte von *Dialkyl-(β-hydroxy-äthyl)-amin* mit Monoisocyanaten und Veresterungsprodukte von *Dialkyl-(β-hydroxy-äthyl)-amin* mit Dicarbonsäuren geeignet[3].

Ein besonders hochwirksamer Beschleuniger liegt im Dabco® (N,N'-Endoäthylen-piperazin; s. S. 61) vor. Es werden auch solche tertiäre Basen empfohlen, die noch gleichzeitig mit Isocyanaten reagierende Gruppen enthalten und die somit in den Schaumstoff eingebaut werden können. Als Beispiele seien *Methyl-(β-hydroxy-äthyl)-amin* oder *Bis-[β-hydroxy-äthyl]-amin* genannt[4].

Der Einbau dieser Aktivatoren kann auch über den Polyester erfolgen, wobei tertiäre Amine mit zwei oder mehr funktionellen Gruppen geeignet sind, wie beispielsweise *Methyl-bis-[β-hydroxy-äthyl]-amin* oder *Tris-[β-hydroxy-äthyl]-amin*[5]. Auf diese Weise werden Schaumstoffe von sehr niedrigem spezifischem Gewicht erhalten. Neben den genannten Beschleunigern sind auch Salze von Dicarbonsäuren mit tertiären Aminen[6] als Katalysatoren brauchbar. An nichtbasischen Substanzen, die den Schaumprozeß katalytisch beeinflussen, seien lösliche Metallverbindungen, wie *Eisenpentacarbonyl, Nickeltetracarbonyl, Eisenacetylacetonat*[7]. *Zinn-(II)-(2-äthyl-hexoat), Dibutylzinndilaurat*[8], *Molybdänglykolat*[9] u. a. genannt.

Die Aktivatoren beeinflussen sowohl die Geschwindigkeit der Reaktion zwischen den Polyestern oder Polyäthern und dem Diisocyanat, die zum Molekülaufbau führt, als auch den eigentlichen Schaumprozeß. Die Geschwindigkeit der molekülaufbauenden Reaktion wird durch den Charakter der Hydroxygruppe bestimmt. Ihre Reaktionsfähigkeit mit Isocyanaten nimmt von den primären über die sekundären zu den

---

[1] DBP. 929507 (1951), Farbf. Bayer, Erf.: E. WINDEMUTH; Chem. Abstr. **52**, 3390[d] (1958).

DBP. 897014 (1951), Farbf. Bayer, Erf.: E. MÜLLER u. P. HOPPE; C. **1954**, 4280.

[2] DBP. 929507 (1951), Farbf. Bayer, Erf.: E. WINDEMUTH; Chem. Abstr. **52**, 3390[d] (1958).

[3] DBP. 950151 (1952), Farbf. Bayer, Erf.: E. MÜLLER u. P. HOPPE; C. **1957**, 3409.

[4] DBP. 955993 (1953), Farbf. Bayer, Erf.: E. MÜLLER u. F. K. BROCHHAGEN; C. **1958**, 14492.

[5] DBP. 926880 (1952), Farbf. Bayer, Erf.: E. MÜLLER u. P. HOPPE; C. **1956**, 1462.

[6] DBP. 962113 (1954), Farbf. Bayer, Erf.: F. K. BROCHHAGEN, A. HÖCHTLEN u. E. WEINBRENNER; C. **1957**, 3140.

[7] DBP. 958774 (1953), Farbf. Bayer, Erf.: E. WINDEMUTH u. F. K. BROCHHAGEN; C. **1958**, 7309.

[8] F.P. 1210366 (1958), Union Carbide Corp., Erf.: F. HOSTETTLER u. E. F. COX; Chem. Engng. News **37**, Nr. 16, 43 (1959).

DBP. 1105607 (1960), Farbf. Bayer, Erf.: G. LOEW u. G. HÖRL.

[9] DBP. 1028773 (1956), Farbf. Bayer, Erf.: H. EBNETH, H. SCHULTHEIS u. H. NORDT; C. **1959**, 4322.

tertiären Hydroxygruppen hin ab[1]. Daher benötigt man zur Verschäumung der Polypropylenglykoläther, die sekundäre Hydroxygruppen tragen, hochaktive Katalysatoren, damit die Verschäumung unter den üblichen Bedingungen durchgeführt werden kann. Hierfür ist eine Kombination von Zinn-(II)-octoat und Dabco® (s. S. 61) besonders geeignet.

Das für den Schaumprozeß erforderliche Wasser[2] wird zweckmäßigerweise im Gemisch mit Emulgatoren in das Reaktionsmedium eingebracht, da nur auf diese Weise eine rasche homogene Verteilung gewährleistet ist und eine gleichmäßige Porenstruktur erzielt wird. Als *Emulgatoren* sind beispielsweise sulfoniertes Ricinusöl, fettsaure Salze von sekundären oder tertiären aliphatischen, aromatisch-aliphatischen oder aromatischen Aminen – wie z.B. ölsaures Diäthylamin, stearinsaures Bis-(β-hydroxy-äthyl)-amin[3], Natrium-, Kalium-, Zink, Titan- und Zirkonsalze von Fettsäuren[4] und ebenso Alkoholate[5] drei- oder höherwertiger Metalle geeignet. Diese beeinflussen infolge ihrer verschiedenen Oberflächenspannung auch die Porenstruktur. So bewirkt beispielsweise die Mitverwendung von Siliconöl eine Porenvergrößerung[6].

Außer den hydroxygruppenhaltigen Polyestern können auch carboxygruppenhaltige Produkte angewandt werden[7]. Sie entstehen durch Addition von cyclischen Dicarbonsäureanhydriden an höhermolekulare, hydroxygruppenhaltige Polyester oder Polyäther und sind zur Herstellung von Hartschäumen geeignet. Die Verschäumung derartiger Additionsprodukte kann dann ohne die Mitverwendung von Wasser in Gegenwart von tertiären Basen erfolgen.

Bei der Anlagerung von ungesättigten Anhydriden – wie beispielsweise Maleinsäureanhydrid – an höhermolekulare, hydroxygruppenhaltige Verbindungen werden ungesättigte, Carboxyendgruppen enthaltende Additionsprodukte erhalten. Sie können einerseits mit Isocyanaten zur Reaktion gebracht und in Gegenwart von tertiären Basen verschäumt werden, sind aber auch andererseits in der Lage, mit polymerisationsfähigen Vinylverbindungen Copolymerisate zu liefern. Eine Kombination beider Verfahren führt zu Hartschaumstoffen mit geringem spezifischen Gewicht, die sich durch eine besonders hohe Wasserfestigkeit auszeichnen[8]. Man bringt zu diesem Zweck den ungesättigten, Carboxyendgruppen enthaltenden Polyester in Gegenwart von Vinylverbindungen, wie beispielsweise Styrol, mit Diisocyanaten in Anwesenheit eines Polymerisationsbeschleunigers, wie *Dibenzoylperoxyd* oder *Azodiisobuttersäure-dinitril*, und tertiären, Basen zur Reaktion. Die Schaumbildung ist in diesem Falle an die Voraussetzung gebunden, daß die Kohlendioxydentwicklung, die Ketten-

---

[1] Reaktionsgeschwindigkeiten von prim., sek. und tert. Alkoholen mit Isocyanaten:
   J. W. BAKER, J. GAUNT u. M. M. DAVIES, Soc. **1949**, 9.
   E. DYER, H. A. TAYLOR, S. J. MASON u. J. SAMSON, Am. Soc. **71**, 4106 (1949).
   S. EPHRAIM, A. E. WOODWARD u. R. B. MESROBIAN, Am. Soc. **80**, 1326 (1958).
   T. L. DAVIS u. J. M. C. FARNUM, Am. Soc. **56**, 883 (1934).
   F.P. 1195990 (1958), Houdry, Erf.: M. ORCHIN.
   W. E. ERNER, A. FARKAS u. P. W. HILL, Mod. Plastics **37**, 107, 187 (1960).
   A. FARKAS, G. A. MILLS, W. E. ERNER u. J. B. MAERKER, Ind. eng. Chem. **51**, 1299 (1959).
[2] DBP. 936113 (1942); 947833 (1943), Farbf. Bayer, Erf.: K. ZAUNBRECHER u. H. BARTH;
   C. **1956**, 10609; Chem. Abstr. **52**, 19239[d] (1958).
[3] DBP. 960855 (1954), Farbf. Bayer, Erf.: P. HOPPE u. F. BROCHHAGEN; C. **1958**, 2581.
[4] E.P. 729523 (1952), Wingfoot Corp.; C. **1956**, 9312.
[5] DBP. 964988 (1954), Farbf. Bayer, Erf.: F. SCHMIDT; C. **1958**, 3756.
[6] DBP. 955095 (1954), Ulmer Preßwerk, Erf.: F. ZWICK; C. **1957**, 7192.
[7] DBP. 962935 (1953), Farbf. Bayer, Erf.: G. NISCHK, W. BUNGE u. O. BAYER; C. **1957**, 14188.
[8] DBP. 945479 (1953), Farbf. Bayer, Erf.: G. NISCHK u. E. MÜLLER; Chem. Abstr. **52**, 16792[b] (1958).

verlängerung über Carbonamidgruppen und die Polymerisationsreaktion sorgfältig aufeinander abgestimmt sind. Zur Herstellung von Hartschaumstoffen mit hoher Wärmestandfestigkeit werden verzweigte Polyester verwandt, die noch ungesättigte, monomere, einbasische Fettsäuren, wie z.B. Ölsäure, einkondensiert enthalten[1]. Schwer entflammbare Schaumstoffe werden sowohl bei Verwendung von Phosphonsäuregruppen enthaltenden Polyestern[2] als auch Polyäthern[3] erhalten.

Neben den Polyestern und Polyäthern haben sich als Ausgangskomponenten zur Herstellung von Schaumstoffen auch Naturprodukte, wie *Ricinusöl*[4], *Tallöl* und *Kolophonium* als geeignet erwiesen.

Weiterhin sei auf Kondensationsprodukte von polyoxäthyliertem Anilin mit Formaldehyd hingewiesen, die als Ausgangskomponenten insbesondere zur Herstellung von Hartschäumen geeignet sind[5].

Halbelastischer Schaumstoff durch Verschäumung eines isocyanatgruppenhaltigen Polyesters mit Wasser[6]: 500 g eines Glykol-Adipinsäure-Polyesters mit der Hydroxylzahl 180 und der Säurezahl 1 werden nach Zusatz von 5 Tropfen konz. Salzsäure bei 111–120° eine Stde. i.Vak. entwässert. Den entwässerten Polyester läßt man allmählich unter Rühren in 250 g Toluylen-2,4-diisocyanat, das auf 80–90° vorgewärmt ist, einlaufen. Die Temp. soll hierbei 100° nicht übersteigen. Man heizt noch $1/_2$ Stde. bei der gleichen Temp. nach. Das Additionsprodukt ist ein hochviscoses, gelbes Öl, das bei Ausschluß von Feuchtigkeit mehrere Monate haltbar ist.

Zu 100 g des Additionsproduktes wird unter Rühren ein Gemisch von 1,5 g Dimethylaminocyclohexan, 2 g eines Emulgators und 2 g Wasser gegeben. Bei intensivem Rühren tritt nach etwa $1/_2$ Min. die Gasentwicklung ein. Je nach der gewünschten Porengröße unterbricht man nun das Rühren und gießt in Formenkästen aus. Nach etwa 1 Stde. kann entformt werden.

Es ist ein halbelastischer Schaum entstanden, der sich durch gute mechanische Eigenschaften auszeichnet. Homogene Schäume können jedoch nur auf maschinellem Wege mittels geeigneter Dosier- und Mischvorrichtungen erhalten werden[7].

ζ) Kleb- und Beschichtungsstoffe

Durch die große Reaktionsfähigkeit der Isocyanatgruppe, die sich sowohl in Additions- als auch in Polymerisationsreaktionen (Trimerisation) äußert, sind Polyisocyanate in der Lage, mit Grenzflächen eines oder verschiedenartiger Stoffe zu reagieren und sie somit zu verbinden. Die Polyisocyanate stellen daher wertvolle Klebstoffe dar[8]. Der Klebeeffekt kann durch die Überlagerung mehrerer Eigenschaften der Diisocyanate zustande kommen. Zum Teil können die Isocyanatgruppen mit dem auf den Grenzflächen immer vorhandenen Wasserfilm reagieren, oder Metalloberflächen sowie alkalische Glaswände können polymerisierend auf das Polyiso-

[1] DBP. 1097671 (1959), Farbf. Bayer, Erf.: G. Nischk, G. Braun u. P. Hoppe.

[2] DBP. 1106067 (1959), Farbf. Bayer, Erf.: G. Nischk u. G. Braun.

[3] DBP. 1106489 (1959), Farbf. Bayer, Erf.: V. Trescher, G. Braun u. K. Nordt.
DAS. 1120128 (1960), Farbf. Bayer, Erf.: H. Holtschmidt u. G. Braun.

[4] A.P. 2772245 (1952), Lockhead Aircraft Corp., Erf.: E. Simon, F.W.Thomas u. W.R.Burney, Chem. Abstr. **51**, 6221^g (1957).

[5] DBP. 1052680 (1957), Farbf. Bayer, Erf.: E. Müller, O. Bayer u. G. Braun; C. **1960**, 2024.
DBP. 1060140 (1957), Farbf. Bayer, Erf.: E. Müller u. O. Bayer; C. **1960**, 17296.

[6] DBP. 929507 (1951), Farbf. Bayer, Erf.: E. Windemuth; Chem. Abstr. **52**, 3390^d (1958).
DBP. 897014 (1951), Farbf. Bayer, Erf.: E. Müller u. P. Hoppe; C. **1954**, 4280.

[7] DBP. 901471 (1951), Farbf. Bayer, Erf.: P. Hoppe, E. Weinbrenner, C. Mühlhausen u. K. Breer.
F. K. Brochhagen, Kunstst. **51**, 246 (1961).
Brit. Plastics **31**, 542 (1958).

[8] DBP. 871831 (1940), Farbf. Bayer, Erf.: H. Kleiner, O. Bayer, R. Ecker u. K. Taube; C. **1953**, 6987.

cyanat einwirken. Alle diese Reaktionen verlaufen unter einer erheblichen Molekel-vergrößerung und führen zu einer Verklebung gleichartiger oder verschiedenartiger Stoffe.

Da außer der Verankerung der Grenzschichten die Beschaffenheit des bei der Ver-klebung entstehenden Zwischenfilms von ausschlaggebender Bedeutung ist, wendet man neben den Polyisocyanaten schon zum Teil vorpolymerisierte Polyisocyanate[1] an, die auch mit Polyestern kombiniert werden können. Durch die Kombination von Polyestern mit Polyisocyanaten lassen sich insbesondere die Elastizitäten der erzeugten Zwischenfilme weitgehend variieren, was für den Klebeeffekt von großer Bedeutung ist[2].

Anstelle der Polyester können auch isocyanatmodifizierte Polyester mit freien Hydroxygruppen verwandt werden. Ihre Umsetzungsprodukte mit Polyisocyanaten wie z.B. Desmodur L®[3] sind insbesondere für Gewebebeschichtungen geeignet[4].

Als Polyisocyanat ist das *Triisocyanat* des *Tris-[4-amino-phenyl]-methans* zu er-wähnen[5], das sich unter der Bezeichnung Desmodur R®[6] in Form einer Methylen-chloridlösung im Handel befindet.

Tris-[4-isocyanato-phenyl]-methan

Es ist hervorragend zum Verkleben von Kautschuk sowie von Kautschuk mit Metal-len, Holz und Textilien geeignet[7] und findet großtechnische Verwendung im Reifen-bau zum Verbinden von Kautschuk und Kunstseidenkord.

Die Lösungen des Tris-[4-isocyanato-phenyl]-methans sind violett gefärbt. Farblose und am Licht wenig verfärbende Kleber liegen in den Polyisocyanaten von Aryl-phosphorsäurederivaten vor[8], wie z.B. dem *Phosphorsäure-tris-[4-isocyanato-phenyl-ester]* oder dem *Thiophosphorsäure-tris-[4-isocyanato-phenylester]* vor.

---

[1] DBP. 872618 (1941), Farbf. Bayer, Erf.: H. KLEINER, H. HAVEKOS u. F. v. SPULAK; C. **1954**, 7572.

[2] DBP. 1012456 (1954), Farbf. Bayer, Erf.: E. WINDEMUTH u. H. GENSEL; C. **1958**, 7270.

[3] Siehe S. 66.

[4] DBP. 957294 (1953), Farbf. Bayer, Erf.: H. GENSEL, K. HINTZMANN, H. PFEFFER u. E. WINDE-MUTH; Chem. Abstr. **53**, 12698[b] (1959).

[5] Darstellung s. ds. Handb., Bd. VIII, Kap. Herstellung und Umwandlung von monomeren Kohlensäurederivaten, S. 122.

[6] Handelsbezeichnung der Farbf. Bayer.

[7] DBP. 885902 (1942), Farbf. Bayer, Erf.: S. PETERSEN, F. v. SPULAK u H. KLEINER; C. **1955**, 4260.

[8] Belg.P. 575407 (1958), Farbf. Bayer, Erf.: H. HOLTSCHMIDT.

Belg.P. 576226 (1958), Farbf. Bayer, Erf.: H. HOLTSCHMIDT, F. v. SPULAK, E. MÜLLER u. O. BAYER.

5. Herstellung von Urethangruppen enthaltenden makromolekularen Stoffen verschiedenster Art

Die Möglichkeiten, mit Hilfe von Diisocyanaten Molekülvergrößerungen durchzuführen, sind praktisch unbegrenzt. Aus der großen Zahl der Hydroxyverbindungen, die sich damit vernetzen lassen, seien u.a. genannt[1]: veresterte oder verätherte Cellulosederivate, teilweise verseiftes *Polyvinylacetat*, Copolymerisate aus *Methacrylsäure-(β-hydroxy-äthyl)-ester*, oxäthylierte Novolake, Harnstoff-Formaldehyd-Harze, Melaminharze, *Ricinusöl*, Alkydale u. dgl. mehr.

Selbst Polymerisate, wie *Polyvinylchlorid, Buna®*[2] u.a., die entweder infolge Radikaleinwirkung bei der Polymerisation oder infolge Autoxydation geringe Mengen Hydroxygruppen enthalten, werden mittels Diisocyanaten in höhermolekulare Produkte übergeführt. Durch Diisocyanatzusatz läßt sich auch die Viscosität der meisten Lacke erheblich steigern.

Hydroxygruppenhaltige Verbindungen lassen sich auch mit einem Überschuß an Diisocyanaten so umsetzen, daß nur eine Isocyanatgruppe reagiert. Man erhält dann, meist unter unwesentlicher Molekülvergrößerung, neue Polyisocyanate nach folgendem Schema[3]:

$$R{-}OH + OCN{-}R'{-}NCO \rightarrow R{-}OOC{-}NH{-}R'{-}NCO$$

Diese kann man nun entweder in *Abspalter* überführen oder in der bereits beschriebenen Weise weiter vernetzen. Man kann aber auch an die Isocyanatgruppen polymerisationsfähige monofunktionelle Verbindungen addieren, wie z. B. *Allylalkohol* oder *Propargylalkohol*, und erhält dadurch neuartige, polymerisationsfähige oder vulkanisierbare Materialien[4].

Weiterhin lassen sich isocyanatgruppenhaltige, polymerisationsfähige Vinylverbindungen wie z. B.

$$CH{=}CH_2$$

oder $CH_2{=}C{-}COO{-}CH_2{-}CH_2{-}N{=}C{=}O$

NCO

CH_3

3-Vinyl-phenylisocyanat

Methacrylsäure-β-isocyanato-äthylester[5]

herstellen, deren Copolymerisate für weitere Vernetzungsreaktionen geeignet sind.

Aus *Leinöl* werden nach dem Umestern mit Glycerin zum Diglycerid und anschließender Addition an ein Diisocyanat trocknende Öle erhalten, die nun vier trocknende Fettsäurereste enthalten und infolgedessen rascher trocknende und wasserfeste Lackfilme ergeben[6].

---

[1] DRP. 756058 (1940), I. G. Farb., Erf.: W. Bunge, O. Bayer, S. Petersen u. G. Spielberger; C. **1953**, 6774.
 DBP. 886652 (1940), Farbf. Bayer, Erf.: S. Petersen u. P. Schlack; C. **1954**, 1862.
 A.P. 2277083 (1942), DuPont, Erf.: G. L. Dorough; Chem. Abstr. **36**, 4630² (1942).
 A.P. 2339912 (1944), DuPont, Erf.: D. D. Coffman u. J. S. Reese; Chem. Abstr. **38**, 4140³ (1944).

[2] DBP. 871831 (1940), Farbf. Bayer, Erf.: H. Kleiner, O. Bayer, R. Ecker u. K. Taube; C. **1953**, 6987.

[3] Siehe S. 65.

[4] DBP. 899192 (1944), Farbf. Bayer, Erf.: W. Bunge, O. Bayer u. E. Müller; C. **1954**, 4501.

[5] DBP. 1018050 (1954), Farbf. Bayer, Erf.: H. Holtschmidt; C. **1958**, 13914.

[6] DRP. 738354 (1940), I. G. Farb., Erf.: W. Bunge, O. Bayer u. T. Cürten.

Herstellung von Urethanleinöl[1]: 434 g Lackleinöl, 28 g wasserfreies Glycerin und 2 g Leinölfettsäure werden in einer Stickstoffatmosphäre schnell auf 280° erhitzt und etwa 90 Min. bei dieser Temp. belassen. Hierbei entsteht durch Umesterung ein Produkt mit freien Hydroxygruppen. Nach dem Abkühlen auf 120° werden 59 g Toluylen-2,4-diisocyanat unter Rühren eingetropft. Man heizt noch 1 Stde. bei der gleichen Temp. nach und erhält nach dem Abkühlen ein klares, lösliches, hellfarbiges Öl, dessen Viscosität gegenüber dem Lackleinöl stark erhöht ist. Nach der Siccativierung zeigt es eine hervorragende An- und Durchtrocknung. Der entstehende Film besitzt hohen Glanz und eine sehr gute Wasserfestigkeit.

b) Herstellung von Polyurethanen durch Polykondensation

Polyurethane können auch nach den klassischen Kondensationsverfahren durch Umsetzung von Diaminen mit bifunktionellen Kohlensäurederivaten, wie z. B. Kohlensäureester-chloriden (Chlorameisensäureestern) oder gemischten Biskohlensäureestern erhalten werden. Bei Verwendung von Bis-chlorameisensäureestern wird die Umsetzung mit Diaminen in Gegenwart von Salzsäure bindenden Mitteln in wäßriger Lösung durchgeführt[2].

$$\text{ClOCO—(CH}_2\text{)}_n\text{—OCOCl} + \text{H}_2\text{N—(CH}_2\text{)}_m\text{—NH}_2 \xrightarrow{+\,2\,\text{NaOH}} \text{Polyurethan} + 2\,\text{NaCl} + 2\,\text{H}_2\text{O}$$

Als säurebindendes Mittel kann sowohl Natronlauge als auch ein Überschuß des betreffenden Amins verwandt werden. Liegen die Diamine als Dihydrochloride vor, so kann die Umsetzung im Gemisch mit Bis-chlorameisensäureestern unter Zugabe von wäßrigen Laugen erfolgen[3]. Die Diamine oder Bis-chlorameisensäureester können auch ganz oder teilweise durch die Chlorameisensäureester salzsaurer Aminoalkohole

$$\text{HCl, H}_2\text{N—(CH}_2\text{)}_x\text{—OCOCl}$$

ersetzt werden[4]. Verwendet man anstelle der primären sekundäre Diamine, wie beispielsweise *Piperazin*, so entstehen bei der Umsetzung mit Bis-chlorkohlensäureestern Polyurethane[5] vom Typ

die nur nach diesem Verfahren herstellbar sind. Sie nähern sich infolge des Fehlens von Wasserstoffbrücken in ihren Eigenschaften den Polyestern und besitzen eine bemerkenswerte Verseifungsbeständigkeit. Technisch sind diese N-alkylierten Polyurethane ohne Interesse.

Trifunktionelle Amine, die außer zwei primären Aminogruppen noch eine sekundäre enthalten, lassen sich mit Bis-chlorameisensäureestern zu basischen,

[1] DRP. 738354 (1940), I. G. Farb., Erf.: W. BUNGE, O. BAYER u. T. CÜRTEN.
[2] DBP. 912863 (1941), Farbw. Hoechst, Erf.: L. ORTHNER, G. WAGNER u. P. SCHLACK; C. **1955**, 230.
   DBP. 915868 (1944), Farbw. Hoechst, Erf.: M. COENEN u. P. SCHLACK; C. **1955**, 11125.
   A.P. 2660575 (1950), Celanese Corp., Erf.: W. D. JONES u. S. B. McFARLANE; Chem. Abstr. **48**, 4255c (1954).
   A.P. 2927098 (1956), DuPont, Erf.: E. J. GOLDBERG; Chem. Abstr. **54**, 14747f (1960).
   A.P. 2731446 (1953), DuPont, Erf.: E. L. WITTBECKER; Chem. Abstr. **50**, 11054e (1956).
   A.P. 2835654 (1954), DuPont, Erf.: A. S. CARTER u. M. L. ERNSBERGER; C. **1960**, 16614.
[3] DBP. 880653 (1950), BASF, Erf.: G. DAUMILLER; C. **1954**, 11319.
[4] DBP. 818580 (1949), Farbf. Bayer, Erf.: W. HECHELHAMMER u. M. COENEN; C. **1952**, 4068.
[5] A.P. 2731445 (1953), DuPont, Erf.: E. L. WITTBECKER; Chem. Abstr. **50**, 11054c (1956).

linearen Polyurethanen umsetzen[1], wenn man die Addition in Alkohol durchführt. Hierbei reagiert die sekundäre Aminogruppe nicht mit, und man erhält lineare Ketten, die noch NH-Gruppen enthalten und weiteren Reaktionen zugänglich sind.

Ein Nachteil gegenüber dem Polyadditionsverfahren besteht darin, daß die nach dem Kondensationsverfahren meist feinpulvrig erhaltenen hochmolekularen Produkte nur schwierig vollkommen von Elektrolyten befreit werden können und schwach gefärbt sind.

Eine besondere Arbeitsweise liegt in der Grenzflächenpolykondensation vor[2], die in Gegenwart eines mit Wasser nicht mischbaren, organischen Lösungsmittels vorgenommen wird. Beim Zusammentreffen der wäßrigen Lösung des Diamins und beispielsweise der benzolischen Lösung des Bis-chlorameisensäureesters entsteht an der Grenzfläche sofort ein dünner Film des Polyurethans. Um möglichst hochmolekulare Produkte zu erhalten, müssen reine Ausgangsmaterialien verwandt werden. Als Reaktionskomponenten sind sowohl aliphatische, alicyclische als auch aromatische Bis-chlorameisensäureester und aliphatische, alicyclische, cyclische, sekundäre und aromatische Diamine geeignet.

In der folgenden Tab. 5, S. 97, sind einige nach dem Verfahren der Grenzflächenpolykondensation erhaltene Polyurethane wiedergegeben.

Ein weiteres Kondensationsverfahren zur Herstellung von Polyurethanen, bei dem man im elektrolytfreien Medium arbeiten kann, besteht in der Umsetzung gemischter Carbonate wie beispielsweise *Hexamethylen-bis-äthylcarbonat*

$$H_5C_2O-\underset{\underset{O}{\|}}{C}-O-(CH_2)_6-O-\underset{\underset{O}{\|}}{C}-OC_2H_5$$

mit Diaminen[3]. Die Reaktion verläuft unter Abspaltung des leichtflüchtigen Äthylalkohols. Sie kann durch Zusätze von Metallalkoholaten beschleunigt werden.

Polyurethan aus 1,6-Diamino-hexan und Butandiol-1,4-bis-chlorameisensäureester[4]: Man kühlt eine Lösung von 36 g Hexamethylendiamin in 40 cm³ Wasser auf 50° ab und läßt unter schnellem Rühren aus einem Tropftrichter 22 g Butandiol-1,4-bis-chlorameisensäureester (erhältlich durch Umsetzung von 1,4-Butandiol mit Phosgen)[5] zutropfen, wobei das Kondensationsprodukt sich pulvrig abscheidet. Das Gemisch wird etwas erwärmt, dabei erfolgt sehr bald ein Temperaturanstieg auf etwa 80°, und die Masse ballt sich zusammen. Das erkaltete Gemisch wird abgesaugt, chlorfrei gewaschen und getrocknet. Man erhält ein flockiges, farbloses Produkt vom F: 180°.

Eine Variante dieses Verfahrens besteht in folgender Methode: Zu 22 g Butandiol-1,4-bis-chlorameisensäureester läßt man bei 5–10° unter schnellem Rühren eine Lösung von 13 g 1,6-Hexamethylendiamin und 50 cm³ Wasser und gleichzeitig eine Lösung von 8,4 g Natriumhydroxyd in 50 g Wasser zutropfen. Nachdem alles eingetropft ist, läßt man das Gemisch auf Raumtemp. kommen und erwärmt zum Schluß noch ¹/₂ Stde auf 60°. Das erkaltete Gemisch wird abgesaugt, chlorfrei gewaschen und getrocknet. Man erhält ein farbloses, flockiges Pulver vom F: 180°.

Basisches Polyurethan aus Diäthylentriamin und Butandiol-1,4-bis-chlorameisensäureester[6]: Die Lösungen von 103 g Diäthylentriamin und 79 g Pyridin in 4 l Alkohol und 215 g Butandiol-1,4-

[1] DBP. 851550 (1950), Farbf. Bayer, Erf.: W. LEHMANN u. H. RINKE; C. **1953**, 1409.
[2] E. L. WITTBECKER u. M. KATZ, J. Polymer Sci. **40**, 367 (1959).
   J. R. SCHAEFGEN, F. H. KOONTZ u. R. F. TIETZ, J. Polymer Sci. **40**, 377 (1959).
[3] DBP. 896718 (1941), Phrix Werke, Erf.: H. BOCK u. O. NEUMANN; C. **1954**, 2285.
[4] DBP. 912863 (1941), Farbw. Hoechst, Erf.: L. ORTHNER, G. WAGNER u. P. SCHLACK; C. **1955**, 230.
[5] DRP. 728981 (1937) ≡ F.P. 845917 (1938), I. G. Farb., Erf.: O. BAYER, H. RINKE, W. SIEFKEN, L. ORTHNER u. H. SCHILD; C. **1940** II, 1796.
[6] DBP. 851550 (1950), Farbf. Bayer, Erf.: W. LEHMANN u. H. RINKE; C. **1953**, 1409.

bis-chlorameisensäureester in 2 *l* Alkohol gibt man so schnell wie möglich eiskalt zusammen. Nach 3 Sek. setzt eine Trübung ein. Es scheidet sich das basische Polyurethan in Form des Hydrochlorids ab. Man saugt es nach 2 Stdn. ab, wäscht mit Alkohol und trocknet i. Vak. bei 90–100°.

Tab. 5. Polyurethane aus Äthylen-bis-chlorameisensäureestern[1]

$$\cdots - R - COO - CH_2 - CH_2OOC - \cdots$$

R	Diamin	Zeit [Stdn.]	F [°C]	Ausbeute [% d. Th.]
—HN—CH$_2$—CH$_2$—NH—	*Äthylendiamin*	1,0	225	70

—HN—CH—CH$_2$—CH$_2$—NH—
    |
   CH$_3$
	1,3-Diamino-butan	0,66	155	67

—HN—(CH$_2$)$_6$—NH—	*1,6-Diamino-hexan*	1,19	180	72

—HN—CH$_2$—CH$_2$—CH—CH$_2$—CH$_2$—CH$_2$—NH—
         |
       OCH$_3$
	1,6-Diamino-3-methoxy-hexan	0,88	170	85

—HN—(CH$_2$)$_3$—O—(CH$_2$)$_3$—NH—	*Bis-[3-amino-propyl]-äther*	0,73	125	65
—HN—(CH$_2$)$_2$—O—(CH$_2$)$_2$—O—(CH$_2$)$_2$—NH—	*1,2-Bis-[2-amino-äthoxy]-äthan*	1,32	190	42
—N◯N— (*Piperazin*-Ring)	*Piperazin*	1,6	245	85
CH$_3$-substituiertes Piperazin (*trans*), H$_3$C	*2,5-Dimethyl-piperazin*	1,13	180	92
—HN◯NH— (Cyclohexan, 1,3)	*1,3-Diamino-cyclohexan*	0,62	200	55
—HN◯NH— (Cyclohexan, 1,4)	*1,4-Diamino-cyclohexan*	0,59	250	85
—HN◯—CH$_2$—◯NH— mit CH$_3$ und H$_3$C	*Bis-[4-amino-3-methyl-phenyl]-methan*	1,0	215	99

[1] E. L. WITTBECKER u. M. KATZ, J. Polymer Sci. **40**, 367 (1959).
    J. R. SCHAEFGEN, F. H. KOONTZ u. R. F. TIETZ, J. Polymer Sci. **40**, 377 (1959).

Polyurethan aus 1,6-Diamino-hexan und Äthylen-bis-chlorameisensäureester durch Grenz-flächenpolykondensation[1]**:** In eine auf 5° abgekühlte Lösung von 5,8 g (0,05 Mol) 1,6-Di-amino-hexan, 10,6 g (0,1 Mol) Natriumcarbonat und 1,5 g Natriumlaurylsulfat in 150 cm³ Wasser läßt man unter gutem Rühren eine auf 10° abgekühlte Lösung von 9,35 g (0,05 Mol) Äthylen-bis-chlorameisensäureester in 125 cm³ Benzol rasch zufließen. Nach 5 Min. saugt man das Polyurethan ab; Ausbeute: 72%; F: 180°.

Die 0,5%ige Lösung des Polyurethans in m-Kresol hat bei 30° eine innere Viscosität von 1,19.

c) Bibliographie[2]

O. BAYER, Das Diisocyanat-Polyadditionsverfahren (Polyurethane), Ang. Ch. **59**, 257 (1947).

R. HEBERMEHL, Isocyanate als Lackrohstoffe, Farben, Lacke, Anstrichstoffe **2**, 123 (1948).

S. PETERSEN, Niedermolekulare Umsetzungsprodukte aliphatischer Diisocyanate, A. **562**, 205 (1948).

O. BAYER, E. MÜLLER, S. PETERSEN, H. F. PIEPENBRINK u. E. WINDEMUTH, Über neuartige hochelastische Stoffe Vulkollan®, Ang. Ch. **62**, 57 (1950).

A. HÖCHTLEN, Kunststoffe aus Polyurethanen, Kunstst. **40**, 221 (1950).

W. BRENSCHEDE, Krystallisation in synthetischen linearen Hochpolymeren, Z. El. Ch. **54**, 191 (1950).

E. MÜLLER, Kunststoffe auf Polyesterbasis, Kunstst. **41**, 13 (1951).

C. S. MARVEL u. C. H. JOUNG, The Effect of cis and trans Olefinic Groups on the properties of Polyurethans and Polyesters, Am. Soc. **73**, 1066 (1951).

E. MÜLLER, O. BAYER, S. PETERSEN, H. F. PIEPENBRINK, F. SCHMIDT u. E. WEINBRENNER, Über neuartige hochelastische Stoffe Vulkollan®, Ang. Ch. **64**, 523 (1952).

A. HÖCHTLEN, Fortschritte in der Chemie und Verarbeitung der Polyurethane, Kunstst. **42**, 303, (1952).

E. WEINBRENNER, Neue elastische Werkstoffe, S. 111–118, 307, 322, Verlag Pansegrau, Berlin-Wilmersdorf 1953.

R. HEBERMEHL, Polyurethane in der Lackindustrie, Schweiz. Ver. Lack- u. Farbenchemiker, Bull. **21**, 1 (1953).

J. BJORKSTEN, H. TORVEY u. H. L. DOLLARD jr., Polyurethane Resins, Mod. Plastics **31**, Nr. 8, 143, 228 (1954).

A. HÖCHTLEN, Chemische Vorgänge bei der Kunststoff-Verarbeitung, Kunstst. **44**, 533 (1954).

F. K. BROCHHAGEN, Neuere Erfahrungen bei der Herstellung von Schaumstoffen auf Poly-urethan-Basis, Kunstst. **44**, 555 (1954).

A. HÖCHTLEN, The Use of Isocyanates in the Plastics and Rubber Industries, Plastics Inst. (London), Trans. and J. **23**, 273 (1955).

R. HEBERMEHL, Desmophen/Desmodur®-Lacke, Farbe u. Lack **61**, 280 (1955).

C. B. REILLY u. M. ORCHIN, Preparation and Properties of Polyurethane Coatings, Ind. eng. Chem. **48**, 59 (1956).

R. HILL, Fasern aus synthetischen Polymeren, Verlag Berliner Union, Stuttgart 1956.

B. A. DOMBROW, Polyurethanes, Reinhold Publ., New York 1957.

J. H. SAUNDERS u. E. E. HARDY, Urethane Polymers, Encyclopedia of Chemical Technology, The Interscience Encyclopedia, Erg.-Bd. I, S. 888–908, New York 1957.

O. BAYER, Neue Entwicklungen des Diisocyanat-Polyadditionsverfahrens (Polyurethane), Farbe u. Lack **64**, Nr. 5, 235 (1958).

E. MÜLLER, Further Developments in the Vulkollan® Field, Rubber & Plastics Age **39**, Nr. 3, 195 (1958).

C. S. SCHOLLENBERGER, H. SCOTT, G. R. MOORE, Polyurethane v. c. a Virtually Crosslinked Elastomer, Rubber World **1958**, 549.

O. BAYER u. E. MÜLLER, Das Aufbauprinzip der Urethan-Elastomeren Vulkollan®, Ang. Ch. **72**, 934 (1960).

C. MÜLHAUSEN, Polyurethan-Elastomere, in S. BOSTRÖM: Kautschuk-Handbuch, Bd. II, S. 42–55, Verlag Berliner Union, Stuttgart 1960.

E. MÜLLER, Aufbaumöglichkeiten und Eigenschaften vernetzter Kunststoffe hoher Härte und hoher Elastizität, Kunstst. **50**, 437 (1960).

---

[1] E. L. WITTBECKER u. M. KATZ, J. Polymer Sci. **40**, 367 (1959).

 J. R. SCHAEFGEN, F. H. KOONTZ u. R. F. TIETZ, J. Polymer Sci. **40**, 377 (1959).

[2] Chronologisch angeordnet.

IV. Polyamide

bearbeitet von

Dr. Heinrich Rinke

und

Dr. Erich Istel

Farbenfabriken Bayer AG.,
Leverkusen und Dormagen

In dem folgenden Kapitel werden unter Polyamiden synthetische, hochmolekulare, vorwiegend lineare Verbindungen verstanden, bei denen alternierende Carbonamidgruppen die kettenbildenden Glieder darstellen. Im Prinzip sind diese Polymeren denen der Eiweißgruppe ähnlich, sie unterscheiden sich aber von diesen wesentlich dadurch, daß sich zwischen den Carbonamidgruppen in den meisten der hier beschriebenen Fälle mehrere Methylengruppen befinden, wodurch sie – im Gegensatz zu den Eiweißstoffen – schmelzbar werden. Durch diesen Umstand lassen sich Polyamide leicht in Fadenform überführen, die das interessante Phänomen der Kaltstreckbarkeit besitzen, wodurch die Polyamide in eine molekular-orientierte Form mit außerordentlichen Festigkeitseigenschaften übergeführt werden können. Solche Fäden besitzen die wichtige Eigenschaft, sich bei höheren Temperaturen in Luft oder in Wasserdampf durch Ausbildung von Wasserstoffbrücken zwischen benachbarten CO- und NH-Gruppen formbeständig fixieren zu lassen.

Die Entwicklung der Polyamide ist das wichtigste Ergebnis der Pionierarbeiten von W. H. Carothers, der 1929 mit systematischen Kondensationsuntersuchungen begann und damit die für die Darstellung polymerer Substanzen (Polyamide, Polyester u.a.) durch Polykondensationsreaktionen[1] notwendigen Grundlagen geschaffen hat.

Da es sich bei der Bildung der Polyamide um einen Kondensationsvorgang handelt, bei dem Wasser, Alkohol oder auch flüchtige Säuren abgespalten werden,

$$H_2N—R—NH_2 + HOOC—R'—COOH \rightleftharpoons —HN—R—NH—CO—R'—CO— + 2\,H_2O$$

oder

$$2\,H_2N—R—COOH \rightleftharpoons —HN—R—CO—NH—R—CO— + 2\,H_2O$$

ist die Einstellung bestimmter Gleichgewichtszustände zu erwarten. Diese stellen sich zwar durch Mitverwendung von Katalysatoren schneller ein, aber in ihrer Endlage werden sie kaum beeinflußt. Ähnlich wie bei der Bildung der Polyester tritt erst durch eine mehr oder weniger vollständige Entfernung der bei

---

[1] Zusammenfassungen der grundlegenden Untersuchungen von W. H. Carothers u. Mitarbb.:
H. Lederer, Über Faserstoffsynthesen, Kunststd. **1934**, 43.
H. Mark u. G. Whitby, High Polymers, Bd. I, Collected Papers of W. H. Carothers on High Polymeric Substances, Interscience Publ., New York 1940.
W. Scheele, Vom Ringschluß bis zur Nylonfaser, Koll. Z. **98**, 222 (1942).
E. K. Bolton, Ind. eng. Chem. **34**, 53 (1942).
S. a. R. Hill, Fasern aus synthetischen Polymeren. Verlag Berliner Union, Stuttgart 1956.

der Amidbildung abgespaltenen, flüchtigen Verbindungen eine Gleichgewichtsverschiebung ein, die eine Erhöhung des Kondensationsgrades (d. h. des Molekulargewichtes) bewirkt. Eine weitgehende Entfernung dieser flüchtigen Verbindungen kann durch eine Vakuumbehandlung erfolgen, wobei die Umwälzung des Polykondensates z. B. durch Rühren die gewünschte Entgasung wesentlich unterstützt. In vielen Fällen genügt aber auch schon das Durchleiten inerter Gase durch die Reaktionsmasse. Völliger Sauerstoffausschluß ist hierbei unerläßlich, da sich Polyamide im Schmelzzustand besonders leicht verfärben.

Für die Herstellung der linearen Polyamide werden bifunktionelle, niedermolekulare Ausgangsmaterialien wie Aminocarbonsäuren, Diamine und Dicarbonsäuren benötigt. Die große Mannigfaltigkeit der Umsetzungsmöglichkeiten wird noch dadurch gesteigert, daß an Stelle der praktisch besonders wichtigen Komponenten mit Amino- und Carboxygruppen auch funktionelle Derivate verwendbar sind, z. B. Acylverbindungen, insbesondere formylierte Aminoverbindungen und Urethane einwertiger Alkohole, ferner Ester, Nitrile, sowie ringförmige Amide (Lactame).

Alle diese Substanzen müssen in größter Reinheit vorliegen, wenn die Polykondensation nicht vorzeitig zum Stillstand kommen oder einen anderen Verlauf nehmen soll. Zur Erreichung hoher Molekulargewichte ist dafür zu sorgen, daß während der ganzen Reaktionsdauer die Reaktionsteilnehmer stets in den erforderlichen äquivalenten Mengen zugegen sind. Unkontrollierte Verluste an Ausgangsmaterialien dürfen also nicht eintreten.

Zusätze monofunktioneller Komponenten bewirken Kettenabbruch, wobei die Menge dieser Zusätze bestimmte, vorher gewünschte Kettenlängen einzustellen gestattet. Polyfunktionelle Zusätze, bei denen mehr als zwei reaktionsfähige Gruppen an einem Molekül hängen, führen unter Umständen schnell zu einer verzweigten oder sogar netzartigen Struktur der Hochpolymeren. Vernetzte Polyamide sind in der Regel unlöslich und unschmelzbar.

Unter Laboratoriumsbedingungen werden so Polyamide mit *Molekulargewichten* zwischen 10000 und 30000 erhalten, aus deren Schmelzen in den meisten Fällen kaltreckbare Fäden gezogen werden können.

Die wichtigsten Reaktionen, die zu Polyamiden führen, sind die folgenden:

   Polykondensation von Aminocarbonsäuren bzw. von deren Estern oder
      Acylderivaten,
   Polymerisation von Lactamen,
   Polykondensation von Diaminen mit Dicarbonsäuren bzw. funktionellen
      Derivaten oder Salzen von solchen,
   Polykondensation von N-Carboxy-α-amino-carbonsäure-anhydriden.

In diesem Kapitel werden weiterhin auch solche Darstellungsmethoden beschrieben, bei denen neben Amidbindungen auch noch andere funktionelle Gruppen (Ester-, Urethan-, Harnstoffgruppen) in gleicher oder nachgeschalteter Reaktion entstehen.

Ferner stehen die Polyharnstoffe, Polysulfonamide und Poly-aminotriazole in engem Zusammenhang mit den eigentlichen Polyamiden.

a) Polykondensation von Aminocarbonsäuren

Die Polykondensation von Aminocarbonsäuren, d. h. die Bildung langkettiger Polyamidmoleküle beim Erhitzen der Aminocarbonsäuren oberhalb ihrer Schmelzpunkte, ist praktisch nur bei Aminocarbonsäuren mit mehr als vier Methylengruppen zwischen den funktionellen Gruppen möglich. Bei kleineren Abständen zwischen den reaktiven Gruppen tritt Ringschluß ein. So geht das Glykokoll beim Erhitzen in das sechsgliedrige cyclische Diamid, das *2,5-Dioxo-piperazin*, über:

Dieses kann in Anwesenheit von Wasser bei 60–180° zum Teil in Polyglycin übergeführt werden, wobei ein Zusatz von Glycylglycin die Polykondensation beschleunigt. Wird Glykokoll in Anwesenheit wäßriger Salzsäure 24 Stunden auf 140° erhitzt, so bildet sich ebenfalls *Polyglycin* in etwa 50%iger Ausbeute[1].

Auch beim Erhitzen in bestimmten Lösungsmitteln, z.B. Glycerin, lassen sich Glykokoll[2] und andere α-Amino-carbonsäuren in *niedermolekulare* Peptide überführen, die jedoch infolge der ungenügenden Kettenlänge kein technisches Interesse besitzen. Über das instabile Ringsystem der N-Carboxy-α-amino-carbonsäureanhydride (S. 131) lassen sich dagegen relativ leicht sehr hochmolekulare, lösliche, aber nicht schmelzbare Polyamide (Polypeptide)[3] darstellen.

Das β-Alanin läßt sich durch Erhitzen nicht polykondensieren, da es unter Bildung von Acrylsäure leicht Ammoniak abspaltet. Dagegen läßt sich *Acrylamid* mit stark basischen Katalysatoren durch eine Art Kopf-Schwanz-Addition

$$n \ CH_2{=}CH{-}CO{-}NH_2 \ \rightarrow \ [{-}CH_2{-}CH_2{-}CO{-}NH{-}]_n$$

in ein hochschmelzendes, krystallisierendes Polyamid[5] überführen, aus dem durch Verseifung β-Alanin[4] erhalten werden kann. Derivate des β-Alanins, bei denen beide Wasserstoffatome am α-Kohlenstoffatom durch Alkylgruppen substituiert sind, lassen sich relativ leicht zu hochmolekularen, linearen Polyamiden polykondensieren. So bildet z.B. die *β-Amino-α,α-dimethyl-propionsäure* (Aminopivalinsäure) beim Er-

[1] A. B. MEGGY, Soc. **1956**, 1444.
[2] L. BALBINO u. D. FRASCIATTI, B. **33**, 2324 (1900); **34**, 1502 (1901).
  L. C. MAILLARD, C. r. **153**, 1079 (1911); A. ch. [9] **1**, 523 (1911).
[3] R. B. WOODWARD u. C. H. SCHRAMM, Am. Soc. **69**, 1551 (1947).
  C. H. BAMFORD, W. E. HANBY u. F. HAPPEY, Pr. roy. Soc. (A) **205**, 30 (1951).
  DBP. 815541 (1950), Courtaulds Ltd., Erf.: W. E. HANBY, S. G. WALEY u. J. WATSON;
    C. **1952**, 6463.
  W. E. HANBY, S. G. WALEY u. J. WATSON, Soc. **1950**, 3009.
  D. COLEMAN, Soc. **1950**, 3222.
  DBP. 926270 (1951), Courtaulds Ltd., Erf.: C. H. BAMFORD, W. E. HANBY u. F. HAPPEY;
    C. **1954**, 11090.
[4] A.P. 2749331 (1952), Hercules Powder Co., Erf.: D. S. BRESLOW; Chem. Abstr. **50**, 13510ª
    (1956).
[5] S.a. N. OGATA, Makromolekulare Chem. **40**, 55 (1960).
  D. S. BRESLOW, G. E. HULSE u. A. S. MATLACK, Am. Soc. **79**, 3760 (1957).

hitzen auf polyamidbildende Temperaturen ein lineares Polyamid, das zur Herstellung von Fasern geeignet ist[1]. *4-Amino-buttersäure*[2] und *5-Amino-valeriansäure*[3] gehen beim Erhitzen oberhalb ihrer Schmelzpunkte glatt in die fünf- bzw. sechsgliedrigen Lactame, das *Butyrolactam* (2-Pyrrolidon) bzw. das *Valerolactam* (2-Piperidon) über. Von diesen läßt sich nur das Butyrolactam unter bestimmten Bedingungen in Polyamide überführen (s. Abschnitt S. 110).

Das nächst höhere Glied der ω-Amino-carbonsäure-Reihe, die *6-Amino-capronsäure*, nimmt eine Übergangsstellung ein. Bei der thermischen Dehydratisierung tritt sowohl Cyclisierung zu Caprolactam als auch lineare Polykondensation ein. So erhielten S. Gabriel und T. Maas[4] beim Erhitzen von 6-Amino-capronsäure und anschließender Vakuumdestillation das 6-Caprolactam nur in einer Ausbeute von weniger als 50% der Theorie.

J. v. Braun[5] erzielte ähnliche Ergebnisse, er gewann das Caprolactam in einer Ausbeute von 20–30% der Theorie und stellte fest, daß es sich bei der zurückbleibenden Masse um ein Produkt handelte, das in seiner Bruttozusammensetzung mit dem Caprolactam übereinstimmte.

W. H. Carothers u. G. J. Berchet[6] bestätigten 1930 die Beobachtungen von S. Gabriel und T. Maas, sowie von J. v. Braun. W. H. Carothers und J. W. Hill[7] fanden später, daß bei der Kondensation von 6-Amino-capronsäure neben Caprolactam ein Polyamid mit höherem Molekulargewicht entstand, aus dessen Schmelze jedoch keine Fäden gezogen werden konnten. P. Schlack[8] konnte zeigen, daß auch das *Caprolactam* unter bestimmten Bedingungen polymerisiert werden kann. Da das Caprolactam technisch einfacher und in höherer Reinheit hergestellt werden kann als die 6-Amino-capronsäure, war diese Entdeckung von besonderer wirtschaftlicher und technischer Bedeutung[9].

Bei der Polykondensation der 6-Amino-capronsäure werden neben linearen Polyamidmolekülen auch Caprolactam und seine höheren Ringoligomeren, besonders das cyclische Dimere und Trimere des Caprolactams, gebildet.

Das *Gleichgewicht* zwischen den linearen Polyamidmolekülen und den cyclischen Amiden ist temperaturabhängig und verschiebt sich mit steigender Temperatur zugunsten des Lactams und seinen cyclischen Oligomeren. Bei 250° enthält das Gleichgewichtspolykondensat rund 90% lineares Polyamid. Durch Zusatz von *polaren* Substanzen wie z. B. Bis-[4-hydroxy-phenyl]-sulfon soll sich der Gleichgewichtsanteil der cyclischen Amide von 10–11% auf 7–8% zurückdrängen lassen[10]. Nach dem Erstarren und Zerkleinern der Schmelze können die cyclischen Verbindungen durch Extrak-

[1] E.P. 601123 (1945), Celanese House, Erf.: J. LINCOLN; Chem. Abstr. **42**, 7059[a] (1948).
    A.P. 2500317 (1946), American Celanese Corp., Erf.: J. LINCOLN; Chem. Abstr. **44**, 5382[b] (1950).
[2] S. GABRIEL, B. **22**, 3338 (1889).
[3] C. SCHOTTEN, B. **21**, 2240 (1888).
[4] S. GABRIEL u. T. MAAS, B. **32**, 1266 (1899).
[5] J. v. BRAUN, B. **40**, 1840 (1907).
[6] W. H. CAROTHERS u. G. J. BERCHET, Am. Soc. **52**, 5289 (1930).
[7] W. H. CAROTHERS u. J. W. HILL, Am. Soc. **54**, 1566 (1932).
[8] DRP. 748253 (1938), I. G. Farb., Erf.: P. SCHLACK; C. **1945** II, 212.
[9] Für die Bezeichnung der Polyamide aus einfachen ω-Amino-carbonsäuren hat sich die Nennung der Anzahl der Kohlenstoffatome des Grundmoleküls eingeführt. Das Polyamid aus Caprolactam heißt also Polyamid 6 (s. a. S. 134). Fäden aus Polyamid 6 heißen in Deutschland Perlon®.
[10] DDRP. 6270 (1948), W. Münch.

tion mit Wasser oder niederen Alkoholen abgetrennt werden. Der Hauptanteil des Extraktes besteht aus Caprolactam.

Das Gleichgewichtskondensat aus 6-Amino-capronsäure ist identisch mit dem Caprolactam-Gleichgewichtspolymerisat. Eine eingehendere Beschreibung dieses Polyamids erfolgt daher erst im Abschnitt über die Caprolactampolymerisation.

Während bei der Polykondensation der 6-Amino-capronsäure noch ein beträchtlicher Anteil niedermolekularer, cyclischer Verbindungen entsteht, bildet die *7-Amino-önanthsäure* beim Erhitzen praktisch ausschließlich Polyamid[1]. Der Schmelzpunkt dieses Polykondensates, das sowohl aus der freien 7-Amino-önanthsäure als auch aus dem *Önantholactam*[2] gewonnen wurde, liegt bei 233°. Das Polykondensat der *10-Amino-caprinsäure*, deren Dehydratisierung unter Stickstoff bei 250° leicht erfolgt[2], schmilzt bei 188°.

Von den Aminocarbonsäuren hat (abgesehen von der gelegentlichen Verwendung der 6-Amino-capronsäure als Polymerisationsbeschleuniger bei der Polymerisation des Caprolactams) bisher nur die 11-Amino-undecansäure technische Bedeutung für die Herstellung linearer Polyamide erlangt.

Die Polykondensation der *11-Amino-undecansäure* vollzieht sich ohne Schwierigkeiten beim Erhitzen oberhalb ihres Schmelzpunktes (185–186°) oder durch Erhitzen einer Lösung der 11-Amino-undecansäure in Xylol[3]. Der Schmelzpunkt des *Poly-11-undecansäureamids* liegt bei 190°.

Mit zunehmender Anzahl der Methylengruppen zwischen den funktionellen Gruppen der Aminocarbonsäuren fällt allgemein der *Schmelzpunkt* der gebildeten Polykondensate ab. So besitzt das durch Polykondensation des *17-Amino-heptadecansäure-äthylesters* gewonnene Polyamid[2] nur noch einen Schmelzpunkt von 147–150°.

Allerdings tritt ein Alternieren der Schmelzpunkte ein; die Polyamide mit gerader Zahl an Methylengruppen zwischen den Säureamidgruppen liegen mit ihren Schmelzpunkten höher als die mit ungerader Zahl, wie die nachstehende Tabelle[4] veranschaulicht:

Tab. 6. Schmelzpunkte von Polyamiden

Aminocarbonsäure	Zahl der CH$_2$-Gruppen zwischen den funktionellen Gruppen	F des Polyamids [°C]
4-Amino-buttersäure	3	260
6-Amino-capronsäure	5	223
7-Amino-önanthsäure	6	233
8-Amino-caprylsäure	7	200
9-Amino-pelargonsäure	8	209
10-Amino-caprinsäure	9	188
11-Amino-undecansäure	10	190
12-Amino-dodecansäure	11	179
17-Amino-heptadecansäure	16	147–150

---

[1] A. Manasse, B. **35**, 1367 (1902).
[2] D. D. Coffman u. Mitarbb., J. Polymer Sci. **3**, 85 (1948).
[3] M. R. Aélion, A. ch. [12] **3**, 5 (1948).
[4] K. Dachs u. E. Schwartz, Ang. Ch. **74**, 540 (1962). Die Schmelzpunkte wurden mit einem Penetrometer bestimmt nach O. B. Edgar u. R. Hill, J. Polymer Sci. **8**, 1 (1952); s.a. O. B. Edgar u. E. Ellery, Soc. **1952**, 2633.
G. Champetier u. J. P. Pied, Makromolekulare Chem. **44/46**, 66 (1961), fanden die gleichen Schmelzpunkte beim Verschwinden der Doppelbrechung.

Eine entsprechende Gesetzmäßigkeit, die auch bei Polyamiden aus Dicarbonsäuren und Diaminen, sowie bei Polyurethanen festgestellt wurde, dürfte auf die strukturell bedingte Möglichkeit der Ausbildung von Wasserstoffbrücken zwischen den Polyamidmolekülen zurückzuführen sein. Mit steigender Zahl der Methylengruppen zwischen den Amidgruppen der linearen Polyamidmoleküle werden die Abstände der Wasserstoffbrücken voneinander immer größer und damit die zwischenmolekularen Bindungskräfte immer schwächer, so daß die Schmelzpunkte der Polyamide abfallen und sich dem Schmelzpunkt des linearen Polyäthylens (etwa 130°) nähern.

Die Bildung linearer Polyamide ist nicht allein auf die thermische Wasserabspaltung der ω-Amino-carbonsäuren beschränkt, auch funktionelle Derivate der Amino-carbonsäuren lassen sich in hochmolekulare Polyamide umwandeln. Acylderivate von Aminocarbonsäuren, besonders die Formylamido-carbonsäuren[1], können durch Erhitzen polykondensiert werden, wobei die Bildung der linearen Polyamide mit der Bildung gasförmiger Reaktionsprodukte (Kohlenmonoxyd und Wasser) verbunden ist:

$$p\ HCONH-(CH_2)_x-COOH \;\rightarrow\; H[NH-(CH_2)_x-CO]_p\ OH + p\ CO + (p-1)\ H_2O$$

Eine weitere Möglichkeit zur Herstellung linearer Polyamide bietet die Umsetzung von Aminocarbonsäureamiden bzw. -nitrilen oder Hydroxycarbonsäure-nitrilen[2]. Die Reaktion der Aminosäurenitrile muß allerdings in der ersten Reaktionsstufe unter Zusatz eines Wasserüberschusses durchgeführt werden[3]. Summarisch verläuft die polyamidbildende Reaktion nach folgendem Reaktionsschema:

$$p\ NH_2-(CH_2)_x-CN + (p+1)\ H_2O \;\rightarrow\; H[NH-(CH_2)_x-CO]_p\ OH + p\ NH_3$$

Man kann zwei Reaktionswege in Betracht ziehen. Wahrscheinlich wird beim Erhitzen des Aminocarbonsäurenitrils mit einem Überschuß an Wasser zunächst das Aminosäureamid gebildet, das dann entweder mit den Aminogruppen anderer Moleküle unter Umamidierung reagiert oder bis zur Aminosäure hydrolysiert wird, die ihrerseits unter Wasserabspaltung polykondensiert.

Es wäre auch denkbar, daß durch Anlagerung von Aminogruppen an Nitrilgruppen zunächst substituierte Amidine entstehen, die dann durch hydrolytische Abspaltung von Ammoniak in Säureamidgruppen übergehen. Da das Wasser durch Hydrolyse und das Ammoniak durch Ammonolyse das Kettenwachstum hemmt, muß in der zweiten Phase der Umsetzung der Autoklav entspannt und das Wasser sowie das Ammoniak weitgehend entfernt werden. Vollständiger gelingt dies durch Evakuieren der Polyamidschmelze.

Aminoacetonitril[4] soll durch Erhitzen auf 120–140° in Gegenwart von Ton in ein polyamidartiges Polykondensat übergehen.

Auch primäre oder sekundäre Oxalate von polyamidbildenden Aminocarbonsäuren können als Ausgangsstoffe für die Herstellung linearer Polyamide dienen[5]. Da die Oxalate der Aminocarbonsäuren sich gut umkrystallisieren lassen, erhält man bei dieser Methode besonders reine Polykondensate. Darüberhinaus durchmischen

---

[1] DRP. 745388 (1938), I. G. Farb., Erf.: P. Schlack; C. **1946** I, 1799.

[2] DAS. 1108430 (1958), BASF, Erf.: H. Lautenschlager.

[3] A.P. 2245129 (1938), DuPont, Erf.: C. H. Greenewalt; Chem. Abstr. **35**, 6110[7] (1941).

[4] H. Hanafusa u. S. Akabori, Bl. chem. Soc. Japan **32**, 626 (1959).

[5] DBP. 914187 (1952), Phrix AG., Erf.: O. Moldenhauer, R. Zoller u. G. Trautmann; C. **1955**, 1647.

die bei der Polykondensation freiwerdenden Gase (Kohlenmonoxyd, Kohlendioxyd und Wasser) die Schmelze und setzen außerdem die Gefahr der oxydativen Schädigung durch Sauerstoffeinbrüche herab. Bei diesem Verfahren ist anschließend eine Nachkondensation zur Steigerung des Polymerisationsgrades durch Entspannen des Autoklaven und durch die Erhöhung der Polykondensationstemperatur bzw. durch das Evakuieren der Polyamidschmelze erforderlich.

Die thermische Dehydratisierung der *10-Amino-undecansäure*[1] ist schwerer durchführbar als die der *11-Amino-undecansäure*. Das gebildete Polykondensat schmilzt bereits bei 125–130°. Im Vergleich mit dem Schmelzpunkt des 10-Amino-caprinsäurepolykondensats (F: 175–177°) erscheint der Schmelzpunkt des Polyamids der 10-Amino-undecansäure stark erniedrigt. Offenbar werden infolge der unmittelbaren Nachbarschaft der Methylgruppen die Wasserstoffbindungen zwischen Amidgruppen der Polyamidketten durch sterische Hinderung erheblich geschwächt. Aus diesem Grunde ist auch die *Löslichkeit* des Polyamids der 10-Amino-undecansäure im Vergleich zum 11-Amino-undecansäure-polykondensat deutlich gesteigert, das Poly-10-undecansäureamid ist bereits in heißem Äthanol löslich.

Die Polykondensation von N-monoalkylierten Aminocarbonsäuren führt, da die Ausbildung von Wasserstoffbindungen zwischen den Polyamidketten nicht mehr möglich ist, zu niedrig schmelzenden Polyamiden mit geringer Schmelzviscosität. Das Poly-N-methyl-undecansäureamid (F: 60°) ist bereits in kaltem Äthanol löslich[1].

1. Polyamide aus ω-Amino-carbonsäuren

Die Polykondensation der polyamidbildenden Aminocarbonsäuren (mit mehr als fünf Methylengruppen) vollzieht sich am einfachsten beim Erhitzen der Aminocarbonsäuren *oberhalb* ihrer *Schmelztemperatur*. Es ist aber auch möglich, die Polykondensation bei Temperaturen durchzuführen, die *unterhalb* der *Schmelzpunkte* der entsprechenden Aminosäuren liegen, wobei W a s s e r zugesetzt wird, so daß zunächst eine konzentrierte Lösung der Aminosäure entsteht. Durch das Verdampfen des Wassers erstarrt das Reaktionsgemisch, die Polykondensationsreaktion schreitet in der festen Phase[2] weiter, bis nach mehreren Stunden Polyamide gebildet werden, die aus der Schmelze verspinnbar sind. Bei der Polykondensation der 6-*Amino-capronsäure* hat dieses Verfahren den Vorzug, daß infolge der niedrigen Reaktionstemperatur von 190° das temperaturabhängige Gleichgewicht zwischen linearem Polyamid und den niedermolekularen cyclischen Amiden (Caprolactam, Di- und Trimeres) weitgehend zugunsten der Bildung linearer Polyamidmoleküle verschoben wird. Die Polykondensation der 7-*Amino-önanthsäure*, der 9-*Amino-pelargonsäure* und der 11-*Amino-undecansäure*[3] verläuft in fester Phase mit genügender Geschwindigkeit nur in einem sehr engen Temperaturbereich von 5–20° unterhalb der Schmelzpunkte der Aminosäuren.

Da Polyamide bei höherer Temperatur sehr sauerstoffempfindlich sind, ist die Polykondensationsreaktion unter strengem S a u e r s t o f f a u s s c h l u ß durchzuführen. Die Aminocarbonsäuren müssen absolut frei von V e r u n r e i n i g u n g e n sein, da diese das Kettenwachstum – durch vorzeitige Bildung von Endgruppen – abzubrechen vermögen. Weiterhin wird der Polymerisationsgrad der Polyamidmoleküle bei der

---

[1] M. R. AÉLION, A. ch. [12] **3**, 5 (1948).

[2] DRP. 748023 (1939), I. G. Farb., Erf.: E. HUBERT u. H. LUDEWIG; C. **1945** II, 212.

[3] A. V. VOLOCHINA u. G. M. KUDRJAVCEV, Doklady Akad. S.S.S.R. **127**, 1221 (1959); Chem. Abstr. **54**, 282ᵉ (1960).

Kondensationsreaktion der Aminocarbonsäuren entscheidend durch die Konzentration des Wassers beeinflußt. Bei der Ausführung der Reaktion in einem geschlossenen Druckautoklaven ist es daher erforderlich, das gebildete Wasser durch Entspannen des Autoklaven zu entfernen. Dadurch verschiebt sich das Polykondensationsgleichgewicht zugunsten höherer Polymerisationsgrade:

$$H[HN—(CH_2)_x—CO]_aOH + H[HN—(CH_2)_x—CO]_bOH \;\rightleftharpoons\; H[HN—(CH_2)_x—CO]_{a+b}OH + H_2O$$

Durch Evakuieren der Polyamidschmelze oder beim Durchleiten völlig sauerstofffreier, inerter Gase wird das Kondensationswasser noch weitgehender entfernt. Die Nachkondensation kann zu sehr hochmolekularen Polyamiden führen, die infolge der hohen Zähflüssigkeit ihrer Schmelzen nicht mehr verarbeitet werden können. Zur Regulierung des Polymerisationsgrades können dem Reaktionsgemisch mono- oder bifunktionelle Verbindungen (Amine oder Carbonsäuren) zugesetzt werden, die durch Reaktion mit den Endgruppen der Polyamidketten deren Länge begrenzen. (Näheres über die Wirkung der Kettenabbrecher s. Abschnitt „Polymerisation von Caprolactam", S. 119). Auch die *Reaktionstemperatur* beeinflußt den Polykondensationsverlauf. Durch die Zersetzungsreaktionen sind jedoch der Steigerung der Polykondensationstemperatur Grenzen gesetzt. Günstig für die Polykondensation der Aminocarbonsäuren ist der Temperaturbereich von etwa 200–260°.

Polykondensation der 6-Amino-capronsäure im Schmelzfluß: 200 g reine 6-Amino-capronsäure werden in einem Glasgefäß von etwa 700 cm³ Inhalt (genaue Beschreibung s. Abschnitt Diskontinuierliche Polymerisation von Caprolactam, S. 119) unter Spülen mit sauerstofffreiem Stickstoff bei 220° aufgeschmolzen und anschließend unter einem schwachen Stickstoffüberdruck (etwa 50 cm Wassersäule) bei 260° polykondensiert. Das Kondensationswasser scheidet sich in einer kleinen, in der Stickstoffzuleitung eingebauten Vorlage ab. Nach einer Polykondensationsdauer von 30 bzw. 60 Min. läßt man die Polyamidschmelze unter dem schwachen Stickstoffdruck abkühlen. Beim Erstarren löst sich das Polykondensat glatt von der Glaswandung, wenn diese mit einem dünnen Siliconölfilm präpariert worden ist.

Bereits nach $^1/_2$ stdg. Polykondensation hat sich das Gleichgewichtskondensat gebildet, das, wie eingangs erwähnt, neben linearen Polyamidmolekülen etwa 11% Caprolactam und seine Ringoligomeren enthält:

Tab. 7. Polykondensation von 6-Amino-capronsäure im Schmelzfluß

Polykondensations-dauer [Min.]	% Methanolextrakt	relative Viscosität[1] des Polyamids	NH_2-	HOOC-
			Endgruppengehalte [mVal/g]	
30	11,7	2,08	0,082	0,080
60	11,4	2,30	0,071	0,064

Aus der Tabelle 7 ist zu entnehmen, daß das durch 1 stdg. Polykondensation gewonnene Polyamid ein höheres Molekulargewicht besitzt. Aus den Endgruppengehalten lassen sich die Durchschnittsmolekulargewichte (Zahlenmittelwerte) errechnen: nach einer Polykondensationsdauer von 30 Min. 12400, nach 60 Min. 14800. Aus den Schmelzen beider Polyamidprodukte können Fäden gezogen werden.

Das Polykondensat der 6-Amino-capronsäure, das mit dem Polymerisat aus 6-Caprolactam identisch ist, wird technisch für die Herstellung von Fäden und Kunststoffen in einem Molekulargewichtsbereich von etwa 10000–25000 hergestellt.

---

[1] Relative Viscosität der Lösung des Polyamids (10 g/*l*) in konz. Schwefelsäure (D = 1,84).

Wird die Polykondensation der 6-Amino-capronsäure nicht bei 260°, sondern bei 220° durchgeführt, so erhält man nach etwa drei Stunden eine Polyamidschmelze, die nur etwa 8% cyclische Verbindungen enthält. Noch niedriger ist der Gehalt an Lactam und seinen Ringoligomeren, wenn die Polykondensation bei 190°, also etwa 25° unterhalb der Schmelztemperatur des Polyamids, durchgeführt wird.

Polykondensation von 6-Amino-capronsäure bei 190° [1]: 100 g 6-Amino-capronsäure werden unter Zusatz von 10 cm³ Wasser unter Sauerstoffausschluß auf 190° erhitzt. Nach kurzem Schmelzen erstarrt die Masse. Bereits nach 8 stdg. Kondensation ist das Polyamid so hochpolymer, daß es sich verspinnen läßt. Das Fortschreiten der Polykondensationsreaktion wird durch die in Tab. 8 aufgeführten Analysenzahlen veranschaulicht.

Tab. 8. Polykondensation von 6-Amino-capronsäure bei 190°

Kondensationszeit [Stdn.]	relative Viscosität[2]	Wasserauszug[3] [g Verlust]
$^3/_4$	1,05	87,3
1	1,1	73,0
2	1,3	18,5
3	1,5	8,1
5	1,7	4,7
6	1,8	4,0
12	2,1	4,0
24	2,5	2,4
36	2,7	2,0
48	2,8	2,1

Bei der Polykondensationstemperatur von 190° stellt sich also ein Gleichgewichts-extraktwert (Lactam + Di- und Trimeres) von nur etwa 3–4% nach etwa 15-stündiger Polykondensation ein, der Polymerisationsgrad steigt innerhalb der unter-suchten Polykondensationsdauer laufend an.

Auch bei 180° ist die Polykondensation der *6-Amino-capronsäure* durchführbar, allerdings verläuft dann die Reaktion noch langsamer. Nach 24 stündiger Reak-tionsdauer[4] erhält man ein Polykondensat mit $[\eta] = 0{,}6–0{,}7$.

Einheitliche Polymerhomologe der *6-Amino-capronsäure* H[NH—(CH$_2$)$_5$—CO]$_n$OH lassen sich in guter Ausbeute nach der Anhydrid-Methode gewinnen: durch Umsetzung der Carbobenzoxyderivate der niederen Oligamide mit Chlorameisensäureäthyl-ester werden zunächst die gemischten Anhydride[5] hergestellt. Diese reagieren mit den Alkalisalzen oder Benzylestern von Oligamiden zu entsprechend höheren Olig-amiden der 6-Amino-capronsäure. Anschließend wird die Carbobenzoxy- bzw. die Benzylester-Gruppe hydrierend abgespalten. Die Schmelzpunkte der Oligamide der 6-Amino-capronsäure steigen von 198° (n = 2) auf 211–213° (n = 12, Molekular-gewicht 1376) an.

Aminocarbonsäuren mit mehr als sechs Kohlenstoffatomen können noch wesentlich leichter und schneller ohne Anwendung von Druck oder Vakuum in hochmolekulare Polyamide übergeführt werden.

[1] DRP. 748023 (1939), I. G. Farb., Erf.: E. HUBERT u. H. LUDEWIG; C. **1945** II, 212.
[2] Relative Viscosität der Lösung des Polyamids (10 g/l) in konz. Schwefelsäure (D = 1,84).
[3] Ermittelt durch Auskochen mit viel Wasser und Bestimmung des Gewichtsverlustes.
[4] DRP. 748023 (1939), I. G. Farb., Erf.: E. HUBERT u. H. LUDEWIG; C. **1945** II, 212.
[5] H. ZAHN u. D. HILDEBRAND, B. **90**, 320 (1957); **92**, 1963 (1959).

Polykondensation von 7-Amino-önanthsäure[1]: 7-Amino-önanthsäure (F: 195°) wird 30 Min. auf 250–260° unter Stickstoffatmosphäre erhitzt. Das gebildete Polyamid schmilzt bei 225° und enthält keine nachweisbare Menge des entsprechenden Lactams (Önantholactam).

Polykondensation der 10-Amino-caprinsäure[1]: 6 g 10-Amino-caprinsäure werden 2 Stdn. in einem Reagensglas in einer Stickstoffatmosphäre auf 255° erhitzt. Das Polykondensat bildet eine wasserklare, farblose Schmelze. Nach dem Erstarren schmilzt es bei 175–177°. Aus der Schmelze lassen sich Fäden ziehen.

Polykondensation der 11-Amino-undecansäure im Schmelzfluß[2]: Feingemahlene 11-Amino-undecansäure wird in einen mit einem Rührer ausgestatteten Kolben gebracht, der von reinem Stickstoff durchströmt wird. Beim Erhitzen des Kolbens auf 200–220° schmilzt der Inhalt zu einer hellen Flüssigkeit, aus der kurzzeitig Wasserdampf entweicht. Die Masse verliert allmählich ihr Fließvermögen. Die Dauer der Polykondensation hängt von dem zu erzielenden Molekulargewicht ab. Nach Beendigung der Polykondensation läßt man unter einem schwachen Stickstoffstrom abkühlen. Das Polyamid der 11-Amino-undecansäure schmilzt bei 185°.

Die Polykondensation der *11-Amino-undecansäure*[2,3] kann auch in einem Lösungsmittel, z. B. in Xylenol (Kp: 218–220°), durchgeführt werden. Die Polykondensation in Lösung ist besonders für reaktionskinetische Untersuchungen von Interesse, da sich das Reaktionsgemisch homogener erhitzen läßt und die Geschwindigkeit der Polykondensationsreaktion durch die Verdünnung herabgesetzt wird. Darüber hinaus sind die Molekülketten im Verlauf der Polykondensation beweglicher als bei der Polykondensation im Schmelzfluß, so daß das Molekulargewicht vom Beginn bis zum Ende der Reaktion regelmäßig ansteigt[3].

Die Polykondensation von *α-verzweigten* Aminocarbonsäuren ist offenbar schwieriger durchzuführen als die der thermostabileren normalen *ω*-Amino-carbonsäuren.

Polykondensation der β-Amino-α,α-dimethyl-propionsäure (Aminopivalinsäure)[4]: 2 Tle. Aminopivalinsäure, 5 Tle. m-Kresol und 1 Tl. Wasser werden in einem schwachen Wasserstoffstrom 200 Stdn. auf 190° erhitzt und die m-Kresol-Verluste durch entsprechende Zusätze ausgeglichen, so daß das Reaktionsgemisch homogen bleibt.

Das gebildete Polyamid der Aminopivalinsäure wird durch Zusatz von Aceton zu der m-Kresol-Lösung als weißes, amorphes Pulver ausgefällt. Es schmilzt bei 270°. Aus der Schmelze lassen sich beim Berühren mit einem Glasstab Fäden ziehen.

Auch *cycloaliphatische* Aminocarbonsäuren, z. B. das Gemisch aus *cis*- und *trans*-*4-Amino-cyclohexylessigsäure*[5] bzw. *-buttersäure*[6] lassen sich bei höheren Temperaturen in außergewöhnlich wärmebeständige Polyamide überführen, die sich in Dimethylformamid lösen. In analoger Weise läßt sich auch *Piperidin-4-carbonsäure*[7] – in Gemischen mit aliphatischen Aminocarbonsäuren – in hochschmelzende Polyamide überführen. *m-Aminomethyl-benzoesäure*[8] ergibt unter der Einwirkung sehr hoher Polykondensationstemperaturen ein zwischen 340 und 370° schmelzendes Polyamid, das außerordentlich temperaturbeständig ist.

---

[1] D. D. Coffman u. Mitarbb., J. Polymer Sci. **3**, 85 (1948).

[2] M. R. Aélion, A. ch. [12] **3**, 5 (1948).

[3] M. Genas, Rilsan®, Synthese und Eigenschaften, Ang. Ch. **74**, 535 (1962).

[4] E.P. 601123 (1946), Celanese House, Erf.: J. Lincoln; Chem. Abstr. **42**, 7059[a] (1948).
A.P. 2500317 (1946), American Celanese Corp., Erf.: J. Lincoln; Chem. Abstr. **44**, 5382[h] (1950).

[5] DAS. 1100951 (1955), National Distillers & Chemical Corp., Erf.: J. Kamlet.

[6] A.P. 2894025 (1955), DuPont, Erf.: A. W. Anderson u. W. J. Brehm; Chem. Abstr. **53**, 19922[i] (1959).

[7] A.P. 2952667 (1958), Eastman Kodak Co., Erf.: J. R. Caldwell.

[8] DAS. 1032531 (1954), California Research Corp., Erf.: E. F. Carlston, R. G. Lum u. J. C. Butler; Chem. Abstr. **54**, 25988[g] (1960).

2. Polyamide aus funktionellen Derivaten der Aminocarbonsäuren

Die Polykondensation der Aminocarbonsäureester verläuft unter ähnlichen Bedingungen wie die der freien Aminocarbonsäuren.

Polykondensation des 6-Amino-capronsäure-äthylesters[1]: 7,2 g 6-Amino-capronsäure-äthylester werden durch 4–5stdg. Erhitzen auf 170–180° unter Stickstoff polykondensiert. Der abgespaltene Äthylalkohol (1,5 g) entspricht 72% der Theorie. Anschließend wird das Polykondensat 18 Stdn. auf 220–240° unter vermindertem Druck erhitzt. Hierbei scheiden sich in der Vorlage 2 g ε-Caprolactam ab. Das hellfarbige Polykondensat schmilzt bei 205°. Bei 230° lassen sich Fäden ziehen, die nach dem Kaltstrecken eine gute Festigkeit besitzen.

Die *7-Amino-önanthsäure* läßt sich auch sehr gut über ihren *Isopropylester*[2] polykondensieren, wobei zuerst in Wasser bei Drucken zwischen 6 und 14 Atm und Temperaturen unter 280° unter Bildung eines Präpolymeren umgesetzt wird und in einer nächsten Stufe – nach Abdestillieren des Wassers und des gebildeten Alkohols bei Temperatur bis 200° – die Bildung des Polyamides zwischen 240 und 280° erfolgt.

Polykondensation des 17-Amino-heptadecansäure-äthylesters[1]: 5 g des Aminoesters werden unter Stickstoff 3 Stdn. auf 170–200° unter atmosphärischem Druck und anschließend 20 Stdn. auf 225–230° bei vermindertem Druck (1 Torr) erhitzt. Das resultierende Polykondensat schmilzt bei 147–150°. Es lassen sich aus der Schmelze Fäden ziehen, die nach dem Kaltstrecken eine Festigkeit von 1,4 g/den besitzen.

Aber auch die Acylderivate der Aminosäuren (z. B. Formylaminosäuren) sowie die Salze von Aminosäuren (z. B. Aminosäureoxalate) lassen sich, wie die nachstehenden Beispiele zeigen, wenn auch schwerer als die freien Aminocarbonsäuren, in Polyamide überführen.

Darstellung und Polykondensation von N-Formyl-6-amino-capronsäure[1]: 19,6 g 6-Amino-capronsäure und 30 g Ameisensäure werden 2 Stdn. unter Rückfluß zum Sieden erhitzt, anschließend wird die überschüssige Ameisensäure und das gebildete Wasser durch Erhitzen auf dem Dampfbade entfernt. Die N-Formyl-6-amino-capronsäure wird nach dem Erstarren aus Äthanol umkristallisiert; F: 114°; Ausbeute: 16 g (60% d. Th.).

10 g der reinen N-Formyl-6-amino-capronsäure werden unter folgenden Bedingungen polykondensiert: $^1/_2$ Stde. bei 218°, $^1/_2$ Stde. bei 255°, 1 Stde. bei 287° und 2 Stdn. bei 287° bei 20 Torr. Das Polymere ist faserbildend (F: 205–210°; $[\eta] = 0,94$).

Polykondensation des sekundären Oxalates der 6-Amino-capronsäure[3]: 1 kg 6-Amino-capronsäure-oxalat

$$HOOC\text{—}(CH_2)_5\text{—}\overset{\oplus}{N}H_3 \ \overset{\ominus}{O}OC\text{—}CO\overset{\ominus}{O} \ \overset{\oplus}{H}_3N\text{—}(CH_2)_5\text{—}COOH$$

wird im Autoklaven auf 275° erhitzt. Innerhalb der ersten 2 Stdn. steigt der Druck auf etwa 12 atü. Der Überdruck wird abgelassen und weitere 2 Stdn. erhitzt. Danach läßt man den Restdruck vollständig entweichen und hält die Schmelze 2 Stdn. auf 295°. Das farblose Polykondensat enthält 6,0% mit Wasser extrahierbare Bestandteile; $[\eta] = 0,74$ (1% in konz. Schwefelsäure). Die Schmelze kann bei 240° zu Fäden versponnen werden.

Zur Herstellung von Polyamiden aus Aminosäurenitrilen ist in der ersten Reaktionsstufe, die unter Druck durchgeführt werden muß, ein Wasserüberschuß erforderlich:

Poly-10-amino-caprinsäure-amid aus 10-Amino-caprinsäure-nitril[1,4]: 10 g 10-Amino-caprinsäure-nitril, 8 cm³ Phenol und 6,5 cm³ Wasser werden unter Sauerstoffausschluß in einem verschlossenen

---

[1] D. D. Coffman u. Mitarbb., J. Polymer Sci. **3**, 85 (1948).

[2] C. F. Horn u. Mitarbb., Zusammenfassendes Referat über Nylon 7, Ang. Ch. **74**, 531 (1962).

[3] DBP. 914187 (1951), Phrix AG., Erf.: O. Moldenhauer, R. Zoller u. G. Trautmann; C. **1955**, 1647.

[4] A.P. 2245129 (1938), DuPont, Erf.: C. H. Greenewalt; Chem. Abstr. **35**, 6110[7] (1941).

Rohr 32 Stdn. auf 215–225° erhitzt. Nach dem Öffnen des Rohres wird der Inhalt 1 Stde. auf 255° unter Stickstoff und anschließend 4 Stdn. unter vermindertem Druck (20 Torr) erhitzt, wodurch das gebildete Polyamid von Phenol befreit wird. Das farblose Polyamid der 10-Amino-caprinsäure schmilzt zu einer klaren, viscosen Flüssigkeit bei 188°; $[\eta] = 0,59$. Aus der Schmelze lassen sich Fäden ziehen.

Aus *Acrylsäureamid* läßt sich unter wasserfreien Bedingungen in Gegenwart stark basischer Katalysatoren[1] durch eine Additionsreaktion der Doppelbindung an ein Wasserstoffatom des Amidstickstoffs Poly-β-amino-propionsäureamid (Poly-β-alanin) herstellen. Dem Reaktionsgemisch werden 0,1 bis 0,2% Inhibitoren, wie Hydrochinon oder N-Phenyl-β-naphthylamin, zugesetzt, um die Neigung des ungesättigten Amids zur thermischen Polymerisation zurückzudrängen.

Poly-β-amino-propionsäureamid aus Acrylsäureamid[1]: Zu einer auf 100° erhitzten Lösung von 0,02 g N-Phenyl-β-naphthylamin in 100 g wasserfreiem Pyridin fügt man unter Rühren 10 g sublimiertes, pulverisiertes Acrylsäureamid. Sobald sich das Acrylsäureamid vollständig gelöst hat, wird eine Lösung von 0,1 g Natrium in 8 g tert.-Butanol hinzugefügt. Innerhalb von 3 Min. beginnt das Polymerisat auszufallen; zur Vervollständigung der Reaktion erhitzt man noch weitere 16 Stunden. Das fertige Polyamid wird dann abgesaugt, mit kochendem Wasser gewaschen und i. Vak. bei 80° getrocknet.

Das in Wasser unlösliche Polyamid löst sich in Ameisensäure sowie in den siedenden Lösungsmitteln Glycerin oder Phenol. Es schmilzt bei 340° unter Zersetzung. Eine 1%ige Lösung des Polyamids in reiner Ameisensäure hat die relative Viscosität 2,0.

Beim Verseifen des Polymerisats entsteht β-Alanin.

In ähnlicher Weise läßt sich auch Undecylensäureamid[2] durch einen Additionsvorgang in ein Polyamid überführen, das sowohl 11-Undecansäureamid- wie auch 10-Undecansäureamid-Einheiten enthält:

$$n\ CH_2{=}CH{-}(CH_2)_8{-}CO{-}NH_2 \quad \begin{array}{l} \nearrow\ -\!\!\left[HN{-}(CH_2)_{10}{-}CO \right]_n\!\!- \\[2em] \searrow\ -\!\!\left[\begin{array}{l} HN{-}CH{-}(CH_2)_8{-}CO \\ \quad\ \ | \\ \quad\ \ CH_3 \end{array} \right]_n\!\!- \end{array}$$

Polyundecansäureamid aus Undecylensäureamid: 183 Tle. Undecylensäureamid werden 10 Stdn. in Stickstoffatmosphäre auf 260° erhitzt. Aus der Schmelze können Fäden gezogen werden. Das hellgelbe, hornartige Polyamid schmilzt bei 180–200°. Es ist löslich in höheren prim. Alkoholen und besonders in Dimethylformamid und Dimethylsulfoxyd.

Beim Erhitzen von Hydroxycarbonsäurenitrilen, wie Äthylencyanhydrin oder δ-Hydroxy-valeronitril entstehen ebenfalls Polyamide, die jedoch uneinheitlich sind, wenn die Hydroxycarbonsäurenitrile unter Wasserausschluß in Gegenwart inerter Gase bei Drucken von ca. 100 at erhitzt werden. Durch Katalysatoren (Alkali- und Erdalkalimetalle, Oxyde, Schwermetallhalogenide oder freie Halogene) kann die Polymerisation beschleunigt werden[3].

Polymerisation von Äthylencyanhydrin: 80 Tle. frisch destilliertes Äthylencyanhydrin werden in einem Druckgefäß aus Edelstahl unter Luftausschluß bei einem Stickstoffdruck von 100 at 8 Stdn. bei 200° geschüttelt. Nach dem Abkühlen und Entspannen wird dem Druckgefäß eine schwach gefärbte Masse entnommen, aus der durch 8 stdg. Methanolextraktion etwa 50% nieder-

[1] A.P. 2749331 (1952), Hercules Powder Co., Erf.: D. S. Breslow; Chem. Abstr. **50**, 13510ᵃ (1956).

    D. S. Breslow, G. E. Hulse u. A. S. Matlack, Am. Soc. **79**, 3760 (1957).

[2] DAS. 1115924 (1958), H. Behncke.

[3] DAS. 1108430 (1958), BASF, Erf.: H. Lautenschlager.

polymere Anteile (Mol.-Gew. 260, Erweichungstemp. 55–60°) entfernt werden können. Das extrahierte Polyamid erweicht bei 327°. Durch mehrstündiges Kochen mit 50%iger Schwefelsäure wird es zu β-Amino-propionsäure hydrolysiert.

b) Polymerisation von Lactamen

Die Neigung der Lactame zur Bildung linearer Polyamide hängt von der Zahl der Ringatome ab sowie auch von der Art der Substituenten. Infolge der Ringspannung besteht bei den viergliedrigen Lactamen noch eine erhebliche Polymerisationsneigung. Das fünfgliedrige Butyrolactam ist nur in Gegenwart besonders wirksamer Katalysatoren polymerisationsfähig. Dagegen läßt sich das 2-Piperidon, dessen Polymerisation in einem Patent[1] beschrieben ist, nach Privatmitteilungen mehrerer Bearbeiter nicht in ein Polyamid überführen. Sieben- und mehrgliedrige Lactame gehen leicht und in verschiedener Weise in Polyamide über, wenn auch die Bildungstendenz mit zunehmender Kettenlänge wieder abnimmt, wie die folgende Zusammenstellung der Polymerisationsenthalpien zeigt[2]:

Monomeres	Enthalpie [kcal/Mol] Lactam (fl.) → Polymeres (fl.)
6-Caprolactam	3,2
7-Önantholactam	5,2
8-Capryllactam	9,6[3]
12-Lauryllactam	1,4[3]

Alkyl- und Arylsubstituenten, besonders am Stickstoff, verhindern die Polymerisationsfähigkeit der Lactame. Heteroatome im Lactamring üben eine unterschiedliche Wirkung aus[4].

Von den viergliedrigen β-Propio-lactamen (2-Azetidinone) läßt sich das schwer zugängliche einfachste Lactam durch Erhitzen über die Schmelztemperatur leicht in eine viscose[5] Masse überführen. Die nach neueren Arbeiten leicht zugänglichen C-alkylsubstituierten β-Lactame[6] polymerisieren in Gegenwart alkalischer Katalysatoren[7] (anionische Polymerisation) wesentlich leichter, wobei sehr hohe Molekulargewichte erreicht werden.

α,α-Diphenyl-β-propiolactam geht beim Erhitzen auf 200–210° in Gegenwart von Natrium[8] in ein Polyamid über, das bei 320° unverändert bleibt und sich nur in Phenol oder Benzylalkohol bei 160° löst.

Die Verarbeitung der meist nur unter Zersetzung schmelzenden β-alkylsubstituierten Propiolactame kann durch Zugabe von Phosphorsäure-N,N',N''-tris-dimethylamid[9] erleichtert werden.

---

[1] A.P. 2806841 (1953), Arnold, Hoffmann & Co., Erf.: C. E. Barnes, W. R. Nummy u. W. O. Ney; Chem. Abstr. **52**, 3405^g (1958).
[2] K. Dachs u. E. Schwartz, Ang. Ch. **74**, 540 (1962).
[3] Aus der Temperaturerhöhung bei adiabatischer alkalischer Schnellpolymerisation geschätzt.
[4] H. K. Hall, Am. Soc. **80**, 6404 (1958).
[5] R. W. Holley u. A. D. Holley, Am. Soc. **71**, 2121 (1949).
[6] R. Graf, B. **89**, 1071 (1956).
[7] R. Graf u. Mitarbb., Ang. Ch. **74**, 523 (1962).
[8] I. L. Knunjanz, Bull. Acad. Sci. URSS, Cl. Sci. chim. **1961**, 83.
[9] DBP. 1099727 (1959), Farbw. Hoechst, Erf.: G. Lohaus.

Das *Butyrolactam* (2-Pyrrolidon) läßt sich in Gegenwart basischer Katalysatoren (insbesondere metallisches Lithium) und unter der Coaktivatorwirkung der N-Acetylverbindungen der entsprechenden Aminosäuren[1], von Tetrachlormethan oder Dimethylol-chlor-silan[2] oder auch von Estern anorganischer Säuren, wie Dimethylsulfat, Diäthylsulfit, ebenso von Chloriden wie Phosphor-(V)-chlorid[3], Sulfonsäurechloriden[4] oder Friedel-Crafts-Katalysatoren[5] bei absoluten Wasserausschluß in das Poly-4-butyramid[6] überführen (aktivierte ionische Polymerisation). Dieses kann gegen thermischen Abbau[7] stabilisiert werden, wenn man das Polymere etwa 30 Minuten auf 250–270° unter Stickstoff erhitzt unter Entfernung flüchtiger Abbauprodukte (Monomere).

Das siebengliedrige Lactam der 6-Amino-capronsäure, das *ε-Caprolactam*, polymerisiert sehr leicht, wenn Protonen oder Hydroxylionen, Wasser, Alkohole, Carbonsäuren, Amine oder zahlreiche andere Verbindungen zugegen sind. Die Caprolactampolymerisation führt allerdings nicht zur vollständigen Bildung linearer Polyamidmoleküle, vielmehr stellen sich Gleichgewichtszustände ein (s. S. 102).

Das *ε-Caprolactam* wird großtechnisch in höchster Reinheit hergestellt[8,9]. Das technische Produkt erstarrt bei etwa 68–69° und enthält 0,05 bis 0,15% Wasser. Im geschmolzenen Zustande bleibt es bei Temperaturen dicht oberhalb seines Schmelzpunktes unter Sauerstoff- und Lichtausschluß mehrere Wochen praktisch unverändert[10].

---

[1] DAS. 1025140 (1954), General Aniline & Film Corp., Erf.: C. E. Barnes, W. O. Ney u. W. R. Nummy; C. **1958**, 13113.

[2] Belg. P. 577374 (1959), General Aniline & Film Corp., Erf.: D. Taber.

[3] DAS. 1062929 (1956), BASF, Erf.: W. Schmidt, H. Lautenschlager, H. Friederich u. K. Dachs.

[4] DAS. 1062930 (1956), BASF, Erf.: W. Schmidt u. H. Pohlemann.

[5] DAS. 1062931 (1956), BASF, Erf.: W. Schmidt.

[6] A.P. 2638463 (1951), Arnold, Hoffmann & Co., Erf.: W. O. Ney, W. R. Nummy u. C. E. Barnes; Chem. Abstr. **47**, 9624c (1953).
DAS. 1030022 (1954), General Aniline & Film Corp., Erf.: W. O. Ney u. M. Crowther; Chem. Abstr. **54**, 25976a (1960).
F.P. 1221498 (1958), Minnesota Mining & Manufacturing Co., Erf.: W. O. Ney.
Belg. P. 591853 (1960), BASF.
Über den Reaktionsmechanismus der alkalisch katalysierten 2-Pyrrolidon-Polymerisation s.a. H. Sekiguchi, Bl. **1960**, 1835.

[7] DAS. 1109879 (1958) Minnesota Mining & Manufacturing Co., Erf.: P. I. Roth u. A. R. Shultz.

[8] H. Klare, Technologie und Chemie der synthetischen Fasern aus Polyamiden, S. 38 ff., VEB-Verlag Technik, Berlin 1954.

[9] F. Ullmann, Encyklopädie der technischen Chemie, Bd. V, S. 68, Verlag Urban & Schwarzenberg, München-Berlin 1954.

[10] Reines Caprolactam reagiert in wäßr. Lösung praktisch neutral.
Zur Bestimmung basischer bzw. saurer Verunreinigungen wird die wäßr. Caprolactamlösung (elektrolyt- und kohlendioxydfreies Wasser!) mit 0,01n Säure (Indikator z.B. Bromkresolgrün) bzw. mit 0,01n Lauge (Indikator: Thymolphthalein) unter Berücksichtigung des Blindwertes titriert. Zur Erhöhung der Genauigkeit verfolgt man den Indikatorumschlag zweckmäßig photometrisch.
Flüchtige basische Verbindungen können auch gesondert bestimmt werden.
Da die Beständigkeit technischer Caprolactamsorten gegenüber Kaliumpermanganat in wäßr. Lösung oft unterschiedlich ist, verfolgt man zur Bestimmung der Permanganatzahl die zeitliche Farbveränderung durch Vergleich mit einer Testfarblösung (Kobaltnitrat, Kaliumdichromat). Hohe Permanganatzahlen entsprechen einer guten Permanganatresistenz.

Wird technisches Caprolactam jedoch in geschlossenen Glasgefäßen auf Temperaturen von 250–270° erhitzt, so kann bereits nach einigen Stunden die Bildung von linearem Polyamid beobachtet werden, die dann nach etwa 3–4 Tagen zu dem bereits erwähnten Gleichgewicht zwischen linearem Polyamid, dem Lactam und seinen cyclischen Oligomeren führt. Aus dem erkalteten Polymerisat können diese Ringamide durch Extraktion mit Wasser oder niedrigsiedenden Alkoholen entfernt werden.

Neben geringen Anteilen von linearen[1] Oligomeren enthalten technische Heißwasserextrakte etwa

76 % Caprolactam
12,5% cyclisches Di- und Trimeres
4,9% cyclisches Tetrameres
3,6% cyclisches Pentameres
sowie   3,0% cyclisches Hexameres und höhere Ringamide.

Die Trennung der Oligomeren gelingt durch fraktionierte Kurzwegsublimation und fraktionierte Krystallisation. Papierchromatographisch kann die Reinheit der Fraktionen überprüft und mit synthetisierten Ringoligomeren verglichen werden. In Methanolextrakten sind cyclische Oligomere bis zum Nonameren mit einem speziellen Lösungsmittelgemisch[2] nachgewiesen worden, und zwar sowohl bei in Anwesenheit von Wasser als auch unter Wasserausschluß mit Natrium hergestellten Gleichgewichtspolymerisaten.

Chemisch besonders stabil ist das bei etwa 350° schmelzende cyclische Dimere, das sich, im Gegensatz zum Caprolactam, nur schwer mit wäßrigen Alkalien oder Säuren zur 6-Amino-capronsäure hydrolysieren läßt. Die Schmelzpunkte der höheren Ringoligomeren liegen um etwa 100° niedriger. Bei Zusatz von Wasser gehen die Ringoligomeren bei Temperaturen über 200° – wenn auch langsamer als die linearen Oligomeren der 6-Amino-capronsäure – wieder in das Gleichgewichtspolymerisat über.

Bei der für die technische Verarbeitung des Polycaprolactams üblichen Temperaturspanne von 250–270° enthält das Gleichgewichtspolymerisat etwa 10–12% ε-Caprolactam und höhere Ringamide neben 90–88% linearem Polyamid. Vor der endgültigen Verarbeitung des Polycaprolactams ist zumeist eine weitgehende Entfernung des ε-Caprolactams und seiner cyclischen Oligomeren erforderlich. Neben der Extraktion des erkalteten, zerkleinerten Polymerisates mit Wasser oder niedrigsiedenden Alkoholen (Methanol, Äthanol) gelingt eine weitgehende Entfernung des Lactams (nicht aber seiner cyclischen Oligomeren) durch Evakuieren der Polyamidschmelze.

Auch ein kräftiger Stickstoffstrom, den man durch die Polyamidschmelze leitet, entfernt das ε-Caprolactam weitgehend. Um eine Verfärbung der Schmelze durch Oxydation zu verhüten, ist die Verwendung von reinstem Stickstoff erforderlich.

Entfernt man das ε-Caprolactam und seine cyclischen Oligomeren aus dem Gleichgewichtspolymerisat, so werden diese unter Polymerisationsbedingungen meistens innerhalb einiger Stunden wieder zurückgebildet. Dabei stellt sich das Gleichgewicht um so schneller ein, je höher der Wassergehalt der Polyamidschmelze ist. Wasser- und lactamarme Polycaprolactamschmelzen, die man z.B. durch intensives Evakuieren erhält, zeigen nur eine sehr langsame Lactamrückbildung.

---

[1] H. Zahn, J. Kunde u. G. Heidemann, Makromolekulare Chem. **93**, 220 (1961).
   H. Spoor u. H. Zahn, Fr. **168**, 190 (1959).
[2] M. Rothe, J. Polymer Sci. **30**, 227 (1958).

Von gleicher Bedeutung wie für die Rückbildung der Ringamide in Polycaprolactamschmelzen ist der Wassergehalt für die Polymerisation von Caprolactamansätzen. Allgemein setzt man daher dem Caprolactam bei der diskontinuierlichen Polymerisation im Druckautoklaven bis zu 10% Wasser zu. Bei der kontinuierlichen drucklosen Polymerisation ist in der Regel ein geringerer Wasserzusatz für den Polymerisationsprozeß ausreichend.

Außer Wasser können auch Stoffe wie 6-Amino-capronsäure, adipinsaures Hexamethylendiamin (AH-Salz) u.a. zur Beschleunigung der Polymerisationsreaktion zugesetzt werden. Während ein beliebiger Zusatz von reiner 6-Amino-capronsäure das entstehende Polymerisat nicht verändert, führt z.B. ein AH-Salzzusatz zu einem Mischpolyamid, das sich in seinen Eigenschaften, vor allem in Schmelzpunkt und Löslichkeit, bei höheren AH-Salzzusätzen merklich vom reinen Polycaprolactam unterscheidet.

Der Mechanismus und die Kinetik der durch Wasser ausgelösten Polymerisation des Caprolactams ist durch zahlreiche Arbeiten[1] weitgehend geklärt. Eingeleitet wird die Caprolactam-„Polymerisation" durch die Endgruppen bildende hydrolytische Spaltung des Caprolactams zu Aminocapronsäure:

$$NH-(CH_2)_5-CO + H_2O \;\rightleftharpoons\; H_2N-(CH_2)_5-COOH$$

Durch Polykondensationsreaktionen können höhere lineare Oligomere aufgebaut werden. Die vorherrschende Aufbaureaktion ist jedoch eine Polyadditionsreaktion, und zwar von Caprolactam an die NH_2- bzw. $NH_3^{\oplus}$-Endgruppen der wachsenden Polyamidmoleküle. Daneben finden zwischen den Polyamidmolekülen Umamidierungsreaktionen statt. Sowohl die Startreaktion (Hydrolyse des Caprolactams) als auch die Additionsreaktion und wahrscheinlich auch die Polykondensationsreaktion wird durch Carboxygruppen katalysiert.

Das gebildete Polycaprolactam besitzt kein einheitliches Molekulargewicht, es ist polymolekular (polydispers). Nach F. Wiloth[2] stellt sich bereits während der

[1] A. Matthes, Makromolekulare Chem. **5**, 197 (1950); **13**, 90 (1954).
  F. Wiloth, Makromolekulare Chem. **15**, 106 (1955).
  Über den Reaktionsmechanismus und die Kinetik der Polycaprolactambildung vgl. auch:
  F. Wiloth u. W. Dietrich, Kolloid-Z. **143**, 138 (1955).
  F. Wiloth, Kolloid-Z. **143**, 129 (1955); **144**, 58 (1955); **151**, 176 (1957).
  V. V. Korshak, Faserforsch. u. Textiltechn. **6**, 241 (1955).
  P. Hermans, J. appl. Chem. **5**, 493 (1955).
  P. F. van Velden u. Mitarbb., R. **74**, 1376 (1955).
  E. Barthell, Kolloid-Z. **149**, 34 (1956).
  P. H. Hermans, D. Heikens u. P. F. van Velden, J. Polymer Sci. **30**, 81 (1958).
  A. J. Staverman, C. A. Kruissink u. G. M. van der Want, J. Polymer Sci. **30**, 67 (1958).
  H. K. Reimschüssel, J. Polymer Sci. **41**, 457 (1959).
  F. Wiloth, Makromolekulare Chem. **30**, 189 (1959).
  N. Ogata, Makromolekulare Chem. **30**, 212 (1959).
  A. V. Tobolsky u. A. Eisenberg, Am. Soc. **81**, 2302 (1959).
  D. Heikens u. P. H. Hermans, J. Polymer Sci. **44**, 429 (1960).
  D. Heikens, P. H. Hermans u. G. M. van der Want, J. Polymer Sci. **44**, 437 (1960).
  C. A. Kruissink, Chem. Weekb. **56**, 141 (1960).
  K. G. Wyness, Makromolekulare Chem. **38**, 189 (1960).
  H. Mark, Makromolekulare Chem. **35**, 60 (1959).
[2] F. Wiloth, Makromolekulare Chem. **14**, 156 (1954).

Polymerisation eine Kettenlängenverteilung ein, die praktisch der Normalverteilung von Flory-Schulz entspricht.

Um das Kettenwachstum zu begrenzen, können dem Polymerisationsansatz sogenannte Stabilisatoren oder Kettenabbrecher zugefügt werden. Hierbei handelt es sich vorwiegend um monofunktionelle Verbindungen (Carbonsäuren oder primäre bzw. sekundäre Amine), die mit den Amino- bzw. Carboxygruppen der Polycaprolactam-Moleküle unter Bildung nicht reaktionsfähiger Kettenendgruppen reagieren. Derartige Kettenabbrecher können auch die Eigenschaften des Polykondensates wesentlich beeinflussen. So wird z. B. die Anfärbbarkeit von Polycaprolactamfäden mit sauren Farbstoffen entscheidend durch steigenden Gehalt an Aminoendgruppen verbessert[1,2]. Durch Carbonsäure-Kettenabbrecher werden die Aminoendgruppen acyliert, und die Anfärbbarkeit mit sauren Farbstoffen sinkt entsprechend ab.

Die Polymerisation des Caprolactams kann auch unter Ausschluß von Wasser bzw. wasserabspaltenden Verbindungen durchgeführt werden. So polymerisiert Caprolactam, dessen Wassergehalt unter 0,35 Molprozent liegt, beim Erhitzen in Gegenwart von Aminen und besonders von Carbonsäuren[3] sowie Ammoniumsalzen (z. B. Ammoniumchlorid, Pyridiniumfluoroborat[4]) oder durch salzsaure Salze von Carbonamiden (wie von Harnstoff, Caprolactam, Benzamid u. a.), wobei der Lactamumsatz sowie der Polymerisationsgrad gleichmäßig bis zu einem Gleichgewichtsstand anwächst[5].

Bei der hydrolytischen sowie der durch Anreger ausgelösten Polymerisation unter Wasserausschluß werden die Caprolactammoleküle schrittweise an die Ammoniumendgruppen addiert. Von M. Rothe[6] wurde daher vorgeschlagen, die Varianten der Lactampolymerisation unter dem Begriff der „kationischen Polymerisation" zusammenzufassen. Unterschiedlich sind dabei die Startreaktionen. In Gegenwart von Wasser wird die Polymerisation durch die Caprolactamhydrolyse eingeleitet, während bei der wasserfreien Polymerisation die Öffnung des Caprolactams durch Umamidierungsprozesse erfolgt.

Wasserfreies Caprolactam kann auch in Anwesenheit stark alkalischer Katalysatoren, wie z. B. von Alkalimetallen und -hydroxyden, Natrium-caprolactam, Alkalihydriden, Alkoholaten, Alkalicarbonaten, Alkalisalzen von instabilen Carbonsäuren (z. B. Natriumphenylacetat) und metallorganischen Verbindungen, polymerisiert werden. Diese allgemein als Schnellpolymerisation bezeichnete „anionische Polymerisation" unterscheidet sich grundsätzlich von der Polymerisation in Anwesenheit von Wasser. Während bei der „hydrolytischen Polymerisation" das Molekulargewicht langsam ansteigt, wird bei der alkalischen Schnellpolymerisation bereits nach wenigen Minuten ein hohes Molekulargewicht erreicht. Anschließend fällt jedoch das Molekulargewicht wieder stark ab und erreicht nach etwa 50 Stunden einen Gleichgewichtswert[7]. Dabei ist der Polymerisationsgrad innerhalb der ersten Stunde außerordentlich inkonstant und schlecht reproduzierbar. Bei Verwendung von Grignardverbindungen, z. B. Brom-magnesium-caprolactam[8], ist das Molekulargewichtsmaximum weniger

---

[1] DBP. 883204 (1950), DuPont, Erf.: F. K. Watson; C. 1954, 209.
[2] E. P. 756384 (1953), Perfogit; Chem. Abstr. 51, 7032ᵃ (1957).
[3] T. G. Majury, J. Polymer Sci. 31, 383 (1958).
[4] Belg. P. 575464/5 (1959), Algemene Kunstzijde Unie N.V.
[5] F. Wiloth, Makromolekulare Chem. 27, 37 (1958).
[6] M. Rothe u. Mitarbb., Faserforsch. u. Textiltechn. 12, 448 (1961).
[7] J. Králíček u. J. Šebenda, J. Polymer Sci. 30, 493 (1958).
[8] W. Griehl u. S. Schaaf, Makromolekulare Chem. 32, 170 (1959).

ausgeprägt. Neben dem Initiator (z. B. Natrium-caprolactam) kann auch ein Stabilisator (z. B. N-Acetyl-caprolactam) zugesetzt werden. Hierdurch kann der Polymerisationsverlauf völlig verändert werden, z. B. tritt bei einem äquivalenten Zusatz kein Molekulargewichtsmaximum auf[1].

Als Coaktivatoren oder Stabilisatoren können außer Imiden[2] auch Amide[3], Isocyanate[4], Carbodiimide oder Cyanamide[5], Acylaminocarbonsäureester[6], Anhydride, Ester oder Halogenide von Carbonsäuren[7], Guanidine, Amidine, Urethane, Isothioharnstoffe[8] u. a. verwendet werden.

Die Polymerisation kann auch in fester Phase[9] (unterhalb 200°) durchgeführt werden, wobei der Caprolactamgehalt im Gleichgewichtspolymerisat auf besonders niedrige Werte absinkt[10].

Die anionische Polymerisation der Lactame kann auch in unpolaren oder schwach polaren Lösungsmitteln (aliphatische und aromatische Kohlenwasserstoffe) weit unterhalb der Schmelzpunkte der entsprechenden Polyamide in Gegenwart der Natriumsalze der Lactame durchgeführt werden, wenn ein trockener Kohlendioxydstrom durch das Reaktionsgemisch geleitet wird[11]. Hierbei scheiden sich die Polyamide pulverförmig ab.

Die Polymerisation kann auch mit dem Katalysatorsystem Natrium-Lactam + N-Carboxy-lactam-natriumsalz durchgeführt werden. Reines N-Carboxy-lactamnatriumsalz löst die Polymerisation nicht aus, desgleichen Natrium-Lactam, wenn unter Kohlendioxydausschluß gearbeitet wird[11].

Das lineare Polycaprolactam bildet beim Erstarren eine harte, farblos-opake Masse, die sich mechanisch bearbeiten läßt. Bei niedrigen Polymerisationsgraden ist das Polycaprolactam bröckelig, mit wachsendem Polymerisationsgrad wird es zunehmend härter und zäher. Die Dichte des Polycaprolactams beträgt 1,14; der Schmelzpunkt ist, wie die nachfolgende Tabelle 9 (s. S. 117) zeigt, vom mittleren Molekulargewicht abhängig[12], aber in kleinerem Umfange auch vom Krystallisationsgrad.

Aus geschmolzenem Polycaprolactam lassen sich Fäden ziehen, wenn das *Molekulargewicht* (Zahlenmittelwert) größer als 3500 ist.

Für das technische Verspinnen des Polycaprolactams zu Fäden (Seide, Stapelfasern) und Borsten liegt die Molekulargewichtsgrenze zwischen etwa 10–25000, während für Kunststoffe höher mole-

---

[1] W. Griehl u. S. Schaaf, Makromolekulare Chem. **32**, 170 (1959).

[2] F.P. 1216331 (1958), J. Šebenda u. J. Králiček.
F.P. 1194451 (1957), Monsanto Chemical Co., Erf.: E. H. Mottus, R. M. Hedrick u. J. M. Buttler.

[3] Belg.P. 586832 (1960), Algemene Kunstzijde Unie N.V., Erf.: T. F. Corbin.

[4] E.P. 863859 (1957), Monsanto Chemical Co.

[5] DBP. 1067591 (1956), Farbf. Bayer AG., Erf.: H. Schnell u. G. Fritz; C. **1960**, 17633.

[6] Belg.P. 584168 (1959), Inventa AG.

[7] DDRP. 19839 (1958), A. Matthes, Erf.: K. Zimmermann u. R. Gläsmann.

[8] Belg.P. 592979 (1960), BASF, Erf.: K. Dachs, H. Brueggemann u. E. Boeck.

[9] DBP. 1067587 (1957), BASF, Erf.: E. Schwartz u. M. Paul; C. **1960**, 7703.

[10] Ausführliche Angaben über die anionische Polymerisation des Caprolactams:
O. Wichterle, J. Šebenda u. J. Králiček, Fortschr. Hochpolymeren-Forsch. **2**, 578 (1961).
S. Schaaf, Faserforsch. u. Textiltechn. **10**, 224 (1959).
O. Wichterle, Makromolekulare Chem. **35**, 174 (1960).
O. Wichterle, E. Šittler u. P. Čefelin, Collect. czechoslov. chem. Commun. **24**, 2356 (1959).
A. S. Spitalnyj u. M. A. Spitalnyj, Ž. obšč. Chim. **29**, 1285 (1959).
H. Yumoto u. N. Ogata, Bl. chem. Soc. Japan **31**, 907 (1958).

[11] S. Chrzczonowicz u. Mitarbb., Makromolekulare Chem. **38**, 159 (1960).

[12] H. Hopff, A. Müller u. F. Wenger, Die Polyamide, S. 15, Tab. 14, Springer-Verlag, Berlin-Göttingen-Heidelberg 1954.

Tab. 9. Abhängigkeit des Polycaprolactam-Schmelzpunktes vom Polymerisationsgrad

DP*	DM viscosimetrisch**	F [°C]
12	1325	188
16	1790	197
22	2490	201
24	2750	206
30	3380	209
48	5420	212
56	6370	213
96	10800	215
135	15200	216
195	22100	217

* DP = Durchschnittspolymerisationsgrad
** DM = Durchschnittsmolekulargewicht

kulare Polycaprolactamprodukte Verwendung finden. Aus Polycaprolactam hergestellte Formkörper zeichnen sich durch eine hohe Festigkeit aus. Fäden und Drähte erreichen nach dem Kaltstrecken eine Reißfestigkeit von 50–80 kg/mm². Die Scheuerfestigkeit ist hervorragend.

Polycaprolactam ist in den meisten unpolaren Lösungsmitteln unlöslich, dagegen löst es sich in zahlreichen polaren Lösungsmitteln, z.B. in konz. anorganischen Säuren (Schwefelsäure, Salzsäure) und in Phenolen, Kresolen und Xylenolen, Äthylenchlorhydrin, wäßr. Chloralhydratlösung und anderen. In hochsiedenden Alkoholen wie z.B. Benzylalkohol oder β-Phenyl-äthanol und in Glykolen ist Polycaprolactam ebenfalls löslich, doch fällt es beim Erkalten der Lösungen nach kurzer Zeit wieder aus. Ähnlich verhalten sich Formamid und Eisessig. Polycaprolactam mit niedrigem Mol.-Gew. ist bereits in siedendem, wasserhaltigem Äthanol löslich. Beim Erkalten der Lösungen fällt ein Teil des Polycaprolactams aus, nur sehr niederpolymere Anteile (Mol.-Gew. unter 1000) bleiben gelöst.

Wie bereits erwähnt, setzen Alkyl- bzw. Arylsubstituenten allgemein die Polymerisationsneigung der Lactame herab. Die fünf isomeren C-Methyl-caprolactame können unter den Bedingungen der hydrolytischen Caprolactampolymerisation noch in Polyamide übergeführt werden. Allerdings ist der Lactamumsatz im Gleichgewichtspolymerisat niedriger als beim Caprolactam. Diese Polyamide sind transparent und schmelzen niedriger als Polycaprolactam. *4-Äthyl-6-caprolactam* zeigt nur noch eine geringe Polymerisationsneigung, während 3,5-Dimethyl-6-caprolactam, 6-Isopropyl-6-caprolactam und N-Methyl-caprolactam nicht mehr polymerisieren[1].

Die Lactame der höheren ω-Aminocarbonsäuren lassen sich leicht in Polyamide überführen. Technische Bedeutung haben das *8-Capryllactam* und das *12-Dodecanolactam*[2] erlangt. Bei höhergliedrigen Lactamen nimmt die Polymerisationsneigung erheblich ab.

1. Polymerisation von Lactamen mit weniger als 7 Ringgliedern

β-Propiolactam (2-Azetidinon), das in schlechter Ausbeute aus β-Alanin-äthylester und Grignardreagens zugänglich ist, geht beim Erhitzen auf 180° schnell in eine viscose Schmelze[3] über (deren Eigenschaften aber noch unbekannt sind). Noch besser lassen sich β-Lactame – insbesondere die an Ringkohlenstoffatomen substituierten,

[1] A. Schäffler u. W. Ziegenbein, B. **88**, 1374 (1955).
W. Ziegenbein, A. Schäffler u. R. Kaufhold, B. **88**, 1906 (1955).
H. Yumoto, J. chem. Physics **29**, 1234 (1958).
[2] G. Wilke, Ang. Ch. **69**, 397 (1957).
[3] R. W. Holley u. A. D. Holley, Am. Soc. **71**, 2129 (1949).

$$NH_2-CH_2-CH_2-COOC_2H_5 \xrightarrow{C_2H_5MgBr} \left[\begin{array}{c} NH-CH_2-CH_2-COOC_2H_5 \\ | \\ Mg \\ | \\ Br \end{array} \right] \rightarrow \begin{array}{c} CH_2-C=O \\ |\quad\quad| \\ CH_2-NH \end{array}$$

die nach Arbeiten von R. Graf[1] leicht zugänglich sind – mit Hilfe der „anionischen Polymerisation"[2] unter absolutem Wasserausschluß bei niedrigen Temperaturen mit guten Ausbeuten in Polyamide überführen. Geeignete β-Lactame sind *4-Phenyl-azetidinon-(2)* und *4,4-Dimethyl-azetidinon-(2)*.

Da die „Polymerisation" exotherm verläuft, ist die Anwesenheit von Lösungsmitteln (wie Dimethylsulfoxyd oder Phosphorsäure-N,N′,N″-tris-dimethylamid), die gleichzeitig eine quellende Wirkung für das entstehende Polyamid haben, sehr günstig. Die Polykondensation verläuft am besten in Gegenwart von Pyrrolidon-Kalium (0,3–3 Mol.-%), das sich gut in dem Polymerisationsansatz löst. Durch Zusatz kleiner Mengen (0,1 Mol.-%) von Cokatalysatoren wie Oxalylpyrrolidon läßt sich der Polymerisationsgrad der Polyamide noch erheblich steigern.

Infolge der nicht genügenden thermischen Beständigkeit werden diese 3-Polyamide besser aus Lösungen – z.B. in methanolischem Calciumrhodanid – verformt. Im Gegensatz zu den normalen Polyamiden sollen nun zur Faserherstellung Molekulargewichte über 200 000 erforderlich sein. Bemerkenswert sind auch die hohen Schmelzpunkte: 4,4-Dimethyl-Polyamid 3 F: 296°; 4-Phenyl-Polyamid 3 F: 330°. Diese Eigenschaften sind anscheinend durch die Strukturelemente:

$$\begin{array}{c} CH_3 \\ | \\ -C-NH-C-CH_2- \\ \|\quad\quad\; | \\ O\quad\;\; CH_3 \end{array}$$

bedingt.

Cokatalysierte anionische Polymerisation von β,β-Dimethyl-propiolactam [4,4-Dimethylazetidinon-(2)]: Aus einer Lösung von 25 g 4,4-Dimethyl-azetidinon-(2) in 150 cm³ Dimethylsulfoxyd destilliert man zunächst 50 cm³ Lösungsmittel i.Vak. ab (zur Entfernung von Feuchtigkeitsspuren). Unter trockenem Stickstoff löst man 1 g Pyrrolidon-Kalium und 3 mg Oxalyl-di-pyrrolidon bei 20° in der Polymerisationslösung auf. Durch Kühlung hält man die Reaktionstemp. konstant bei 20°. Die Polymerisation wird nach 2–3 Stdn. beendet, indem man den gelartig erstarrten Ansatz in eine Lösung von 5 cm³ Eisessig in 300 cm³ Aceton einträgt. Nach Verrühren mit 300 cm³ Wasser wird abgesaugt und getrocknet; Ausbeute: etwa 20 g eines farblosen, pulverförmigen Polyamids; relative Viscosität 12–15 (0,1 g Substanz in 10 cm³ konz. Schwefelsäure bei 20°); Krystallitschmelzpunkt 296°.

Mischpolyamid aus β-Lactamen[3]: 1 Tl. β-Methyl-β-caprolactam und 9 Tle. β,β-Dimethyl-propiolactam und 50 Tle. Phosphorsäure-N,N′,N″-tris-dimethylamid werden gemischt. Durch die Mischung wird bei 100° und 15 Torr über Phosphorpentoxyd getrocknete Luft 1 Stde. lang durchgeleitet. Dann kühlt man auf Raumtemp. ab und löst im Ansatz 0,05 Tle. Natrium-pyrrolidon auf. Innerhalb einiger Stdn. bildet sich eine klare, sehr viscose Lösung des Mischpolymerisates. Nach Neutralisation des Katalysators kann die Lösung unmittelbar zur Herstellung von Formkörpern eingesetzt werden.

Die wasserfreie Polymerisation von fünfgliedrigen Lactamen, die sich vom 2-Pyrrolidon ableiten, wird durch Alkalikatalysatoren und Coaktivatoren ausgelöst.

[1] R. GRAF, B. **89**, 1071 (1956).
[2] R. GRAF u. Mitarbb., β-Lactame, Polymerisation und Verwendung als Faserrohstoffe. Ang. Ch. **74**, 523 (1962).
[3] DBP. 1099727 (1959), Farbw. Hoechst, Erf.: G. LOHAUS.

Polymerisation von 2-Pyrrolidon[1]: In einen 500 cm³ fassenden Kolben, der mit einem mechanischen Rührwerk, Thermometer, Tropftrichter, Heizmantel und einer zur Destillation geeigneten Kondensiervorrichtung ausgerüstet ist, werden 124 g 2-Pyrrolidon gegeben. Zwecks Trocknung wird i. Vak. kurz erhitzt. Das Vak. wird durch Einleiten von trockenem Stickstoff aufgehoben, und zum Rückstand gibt man nach dem Abkühlen auf 40° 300 cm³ über Natrium getrockneten Petroläther.

Die Mischung wird kräftig gerührt und mit 1,5 g reinem Kalium versetzt. Nachdem sich das Kalium vollständig in dem Pyrrolidon gelöst hat, wird 1 g Aktivator, und zwar Adipoyldipyrrolidon, in 5 cm³ trockenem Pyrrolidon gelöst und zugegeben. Die Polymerisation tritt augenblicklich ein. Der Petroläther wird von dem Polymeren abfiltriert oder abdestilliert und das Polymere in einem Mixgerät zweimal mit Wasser und dann einmal mit Aceton gerührt. Das endgültige trockene Polymere (44 g) bildet ein weißes Pulver von sehr geringer Teilchengröße. Bei Verwendung größerer Mengen von Kalium und Adipoyldipyrrolidon werden höhere Ausbeuten an Polymeren erzielt; F etwa 265°.

Das Polyamid läßt sich bei kurzzeitigem Aufschmelzen bei 270° verformen. Im Laboratorium benutzt man dazu aber besser 45%ige Lösungen in konz. Ameisensäure[2].

2. Polymerisation von ε-Caprolactam

a) Diskontinuierliche Polymerisation in Gegenwart von Wasser bzw. Kettenabbrechern

Wie bereits eingangs erwähnt, genügt der geringe Wassergehalt des technischen Caprolactams, um, wenn auch sehr langsam, die Polymerisationsreaktion auszulösen.

Polymerisation von technischem Caprolactam ohne Zusatz im Einschlußrohr: Ein dickwandiges Reagensglas aus Jenaer Glas® (Inhalt etwa 35 cm³) wird mit 15 g technischem Caprolactam beschickt und im Stickstoffvak. zugeschmolzen. Das technische Caprolactam hat nach der Methode von Karl Fischer[3] einen Wassergehalt von 0,12%, entsprechend etwa $1/130$ Mol bez. auf Caprolactam. Das Reagensglas wird in einem senkrecht stehenden Bombenofen oder in einer Salz- oder Metallschmelze auf 270° erhitzt. Nach der gewünschten Polymerisationszeit läßt man den Ofen erkalten und schlägt vorsichtig die Spitze des Reagensglases ab. Das Polymerisat löst sich beim Erstarren meist glatt von der Glaswand, wenn man das Reagensglas nach gründlicher Reinigung und Trocknung mit einem dünnen Siliconölfilm versieht. Die Zerkleinerung des Polymerisats gelingt z. B. mit einer kleinen Raspelmaschine.

In Abhängigkeit von der Polymerisationsdauer erhält man folgende Polycaprolactam-Produkte:

Tab. 10. Analytische Daten von Polycaprolactam in Abhängigkeit von der Polymerisationsdauer[4]

Polymerisations- dauer in Stdn.	% Methanol- Extrakt	relative Viscosität[5]
24	40,0	2,63
48	15,5	2,72
96	11,2	2,21

Erst nach etwa 4 Tagen hat sich das Gleichgewicht zwischen dem linearen Polycaprolactam und den Ringamiden eingestellt. Der mittlere Polymerisationsgrad des Polycaprolactams erreicht nach etwa 2 Tagen seinen Höchstwert.

---

[1] DAS. 1030022 (1954), General Aniline & Film Corp., Erf.: W. O. NEY u. M. CROWTHER; C. **1959**, 4983.

s. a. H. K. HALL, Am. Soc. **80**, 6409 (1958).

Belg. P. 582869 (1959), Chemstrand Corp., Erf.: W. B. BLACK u. B. A. MOREHEAD.

[2] K. DACHS u. E. SCHWARTZ, Ang. Ch. **74**, 540 (1962).

[3] K. FISCHER, Ang. Ch. **48**, 394 (1935).

[4] S.a. Tab. 8, S. 107.

[5] Relative Viscosität der Lösung des extrahierten, getrockneten Polycaprolactams in Kresol DAB 6, 1 g Polycaprolactam in 100 cm³ Lösung.

Wesentlich rascher läßt sich Polycaprolactam drucklos im Laboratorium mit geringem Aufwand herstellen, wenn man dem Caprolactam ε-Amino-capronsäure zusetzt.

Um farblose Polymerisate zu erhalten, ist auf peinlichen Sauerstoffausschluß zu achten. Hierfür eignet sich z. B. nachstehend beschriebene Apparatur:

Polymerisation von Caprolactam mit Zusatz von Aminocapronsäure: Als Polymerisationsgefäß (vgl. Abb. 6) dient eine röhrenförmige Schliffapparatur (a) von etwa 700 cm³ Inhalt. Die Größe ist so bemessen, daß 300 g Caprolactam polymerisiert werden können. Damit das Polymerisat nach dem Erkalten aus dem Glasrohr herausgleiten kann, darf sich der Durchmesser des Reaktionsgefäßes (a) nach oben nicht verjüngen. Das Polymerisat löst sich beim Erkalten glatt von der Glaswand ab, wenn das zuvor gründlich gereinigte Reaktionsgefäß mit einer etwa 1%igen Lösung von Siliconöl in Chloroform ausgespült und anschließend getrocknet wird.

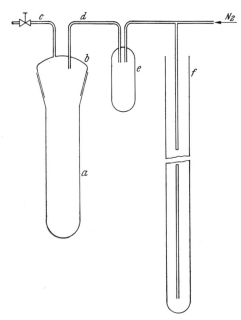

Abb. 6. Laborapparatur für die Caprolactampolymerisation (schematisch)

Sauerstoffeinbrüche während oder nach der Polymerisation müssen unbedingt vermieden werden, da das oxydativ geschädigte Polymerisat fest an der Glaswand haftet und das Glas beim Erkalten zersprengt.

Der Schliffaufsatz (b) enthält zwei Glasrohransätze (c, d), von denen (c) mit einem Hahn versehen ist.

Das Glasrohr (d) endet in einem kleinen Kondensationsgefäß (e) und ist zweckmäßig durch eine Gummiverbindung unterbrochen. Das Kondensationsgefäß ist an das Reduzierventil einer Stickstoffbombe angeschlossen. Durch eine Rohrverzweigung, die in ein etwa 1 m langes, mit Wasser gefülltes Glasrohr (f) eintaucht, kann die Apparatur unter einem schwachen Stickstoffüberdruck betrieben werden.

Zur Polymerisation wird das Reaktionsgefäß (a) mit dem Ansatzgemisch beschickt und auf etwa 80–90° erhitzt. Durch gründliches Spülen mit chemisch reinem Stickstoff (Sauerstoffgehalt unter 0,005%) wird die Apparatur sauerstofffrei gespült.

Durch Schließen des Hahnes am Glasrohr (c) setzt man die Apparatur unter einen schwachen Stickstoffdruck von etwa 50 cm Wassersäule und erhitzt in einem Heizbad auf die gewünschte Polymerisationstemperatur.

Nach der festgesetzten Polymerisationsdauer läßt man unter dem schwachen Stickstoffdruck abkühlen. Das feste Polycaprolactam kann aus dem Gefäß leicht entfernt werden. Es wird zerkleinert und analysiert.

Setzt man dem Caprolactam einen Stabilisator (Kettenabbrecher) zu, so sinkt der mittlere Polymerisationsgrad mit steigendem Kettenabbrechergehalt ab. Die Höhe des Kettenabbrecherzusatzes, die Polymerisationsbedingungen und die analytischen Kennzahlen der Polymerisate sind aus der nachstehenden Tabelle 11 zu entnehmen.

Tab. 11. Polycaprolactam, Reaktionsbedingungen und Analysenwerte

Ansatz: 240 g Caprolactam und 60 g 6-Amino-capronsäure; Kettenabbrecher: Benzoesäure
Außentemp.: 260°

Benzoesäure Zusatz in g	Polymeri-sationsdauer [Stdn.]	% Methanol-Extrakt	relative Viscosität[1]	Endgruppengehalt[2] [mVal/g]		Mol.-Gew.[3] (Zahlenmittelwert)
				—COOH	—NH$_2$	
18,3	5	21,4	1,32	0,385	0,0270	2600
7,32	5	14,8	1,52	0,215	0,0437	4650
3,66	8	10,9	1,80	0,134	0,0516	7450
1,90	8	12,1	2,17	0,0863	0,0672	11600
0,00	8	11,2	2,44	0,0685	0,0715	14600

Will man Polycaprolactamprodukte von höherem Polymerisationsgrad herstellen, so ist eine Entfernung des Wassers aus der Polycaprolactamschmelze erforderlich. Es gibt eine Reihe von Methoden, die es gestatten, das in der Polycaprolactamschmelze enthaltene Wasser mehr oder weniger vollständig zu entfernen. Je nach der Höhe des Wasserentzuges ist das darauffolgende, meist als Nachpolymerisation bezeichnete Kettenwachstum mehr oder weniger deutlich zu beobachten. Eine verhältnismäßig milde Nachpolymerisationsmethode ist das Überspülen mit trockenem, reinstem Stickstoff unter gleichzeitigem Rühren der Polycaprolactamschmelze. Wesentlich intensiver ist der Wasserentzug, wenn man trockenen Stickstoff durch die Polycaprolactamschmelze leitet, nachdem sich der Gleichgewichtszustand zwischen dem linearen Polyamid und den cyclischen Amiden eingestellt hat. Hierbei steigt bei einer Polycaprolactamschmelze, die keinen Kettenabbrecher enthält, der Polymerisationsgrad sehr stark an. Nach 16stündiger Stickstoffdurchspülung erreicht die relative Viscosität der 1%igen Lösung in Schwefelsäure einen Wert von etwa 7.

Dagegen steigt die Lösungsviscosität innerhalb weniger Stunden auf einen praktisch konstanten Endwert an, wenn man dem Polymerisationsansatz stabile und nicht zu leicht flüchtige Kettenabbrecher hinzufügt. Die Abbildung 7 veranschaulicht den Verlauf der Nachpolymerisation beim Durchleiten eines trockenen Stickstoffstromes durch eine stabilisierte und durch eine unstabilisierte Caprolactamschmelze. Als Stabilisator

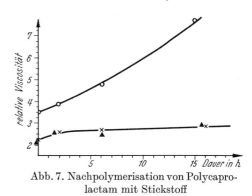

Abb. 7. Nachpolymerisation von Polycaprolactam mit Stickstoff

o Polyamid ohne Kettenabbrecher
x   „   mit   „   (Benzoesäure)
▲   „   „   „   (Stearylamin)

---

[1] Relative Viscosität der Lösungen von 1 g extraktfreiem Polycaprolactam in 100 cm^3 Lösung. Lösungsmittel: Kresol DAB 6.

[2] Über die Durchführung der Endgruppenbestimmung vgl. S. 187, Abschnitt Physikalische und chemische Charakterisierung der Polyamide.

[3] Zahlenmittelwert, aus dem Carboxygruppengehalt errechnet.

wurde eine Monocarbonsäure (Benzoesäure) bzw. ein Monoamin (Stearylamin) verwendet (Zusatz etwa $1/150$ Mol Kettenabbrecher pro Mol Caprolactam).

Für die Polymerisation und Nachpolymerisation kann die bereits beschriebene Glasapparatur (s. Abb. 6, S. 120) benutzt werden, nur ist ein drittes bis auf den Boden reichendes Glasrohr für die Stickstoffdurchspülung der Schmelze erforderlich. Um vor dem Erkalten das Glasrohr aus der Schmelze herausziehen zu können, darf es nicht mit dem Schliffaufsatz verschmolzen sein, vielmehr wird es durch einen im Aufsatz vorhandenen Rohransatz gesteckt und mit einem Gummischlauchstück befestigt.

Das Caprolactam wird zunächst, wie bereits beschrieben, mit 6-Amino-capronsäure und gegebenenfalls mit einem Kettenabbrecherzusatz 10 Stdn. bei 250° unter einem schwachen Stickstoffdruck polymerisiert. Durch einen gesteigerten 6-Amino-capronsäurezusatz läßt sich die Polymerisationsdauer entsprechend abkürzen. Die Stickstoffzuleitung zu dem bis auf den Boden des Polymerisationsgefäßes reichenden Glasrohr bleibt zunächst geschlossen. Sie wird erst nach der 10stdg. Polymerisation geöffnet und die Stickstoffzuleitung zum Glasrohr (d) abgeklemmt. Dann wird der Hahn am Glasrohr (c) geöffnet, so daß der trockene Stickstoff mit einem geringen Überdruck durch die Polycaprolactamschmelze geleitet werden kann. Nach der gewünschten Nachpolymerisationsdauer schließt man den Hahn am Glasrohr (c) und läßt, nachdem man das Glasrohr vorsichtig aus der Polycaprolactamschmelze gezogen hat, unter dem schwachen Stickstoffdruck erkalten. Man erhält praktisch farblose, blasige Polycaprolactamprodukte, die sich, je nach der Menge und der Art des Kettenabbrechers, sehr stark im Polymerisationsgrad und in den Endgruppengehalten unterscheiden können, wie die nachstehenden drei Beispiele veranschaulichen.

Nachpolymerisation einer Polycaprolactamschmelze ohne Kettenabbrecher mit Stickstoff:

Ansatz: 190 g Caprolactam   Außentemp.: 250°
              10 g 6-Amino-capronsäure

Wie Tab. 12 zeigt, steigt der Polymerisationsgrad von Polycaprolactamschmelzen, die keinen Kettenabbrecher enthalten, bei der Austrocknung mit Stickstoff sehr stark an.

Tab. 12. Nachpolymerisation einer Polycaprolactamschmelze

	Polymerisation 10 Stdn.	Nachpolymerisation		
		2 Stdn.	6 Stdn.	16 Stdn.
% Methanol-Extrakt	12,0	11,9	8,7	5,8
relative Viscosität (1%ige Lösung in Schwefelsäure)	3,44	3,85	4,75	7,55
Aminogruppengehalt (mVal/g) . . .	0,040	0,035	0,017	—
Carboxygruppengehalt (mVal/g) . .	0,040	0,030	0,019	—

Nachpolymerisation einer stabilisierten Polycaprolactamschmelze mit Stickstoff; Benzoesäure als Kettenabbrecher:

Ansatz: 190 g Caprolactam, 10 g 6-Aminocapronsäure, 1,4 g Benzoesäure; Temp.: 250°

Der Benzoesäurezusatz entspricht etwa $1/150$ Mol bez. auf das Caprolactam. Bei der Nachpolymerisation ist nach anfänglicher stärkerer Steigerung des Polymerisationsgrades nur noch ein schwacher Anstieg zu beobachten. Der Gehalt an Aminoendgruppen geht auf sehr kleine Werte zurück. Fast alle Aminoendgruppen liegen nach der langen Stickstoffbehandlung benzoyliert vor (s. Tab. 13, S. 123).

Verwendet man unter den gleichen Reaktionsbedingungen statt der Benzoesäure 3,18 g Stearylamin (= $1/150$ Mol des Caprolactams), so sind die Verhältnisse im Polykondensat genau umgekehrt: wenig Carboxyendgruppen neben einem verhältnismäßig hohen Gehalt an Aminoendgruppen.

Setzt man dem Caprolactam bei der Polymerisation sowohl ein Monoamin als auch eine Monocarbonsäure in äquivalenter Menge zu, so erhält man nach der Polymerisation und der Nachpolymerisation ein im Polymerisationsgrad gut stabilisiertes Polycaprolactam, das nur noch sehr geringe Gehalte an freien Carboxy- und Aminoendgruppen besitzt.

Tab. 13. Nachpolymerisation einer Polycaprolactamschmelze unter Zusatz eines Kettenabbrechers

	Polymerisation 10 Stdn.	Nachpolymerisation		
		2 Stdn.	6 Stdn.	16 Stdn.
% Methanol-Extrakt	11,0	6,4	3,2	3,4
relative Viscosität (1%ige Lösung in Schwefelsäure)	2,24	2,52	2,65	2,74
Aminogruppengehalt (mVal/g) . . .	0,029	0,014	0,011	0,006
Carboxygruppengehalt (mVal/g) . .	0,085	0,061	0,049	0,040

Auch in fester Phase ist die Nachpolymerisation[1] durchführbar. Erhitzt man fein verteiltes Polycaprolactam, das mit einem Zusatz von 0,1% Phosphorsäure polymerisiert worden ist, unter vermindertem Druck (5 Torr) 32 Stunden auf 190°, so steigt $[\eta]$ von 0,8 auf 2,4 an.

Für quantitative Untersuchungen der Caprolactampolymerisation in Gegenwart von Wasser, Stabilisatoren und Katalysatoren werden vorteilhaft geschlossene Glasröhren verwendet. Genügend reproduzierbare Werte erhält man nur unter größten Vorsichtsmaßregeln[2]. Neben der sorgfältigen Reinigung der Ausgangsmaterialien, der Reaktionsgefäße und des Stickstoffs muß bei konstanter Temperatur gearbeitet werden. Bei 220° erhielt F. Wiloth[2] in Anwesenheit von Wasser die in Tab. 14 aufgeführten Gleichgewichtspolymerisate mit sehr unterschiedlichen Polymerisationsgraden.

Tab. 14. Gleichgewichtseinstellung des Systems ε-Caprolactam-Wasser bei 220° in geschlossenen Rohren

K_1 = Gleichgewichtskonstante des Systems Caprolactam-Wasser-Aminocapronsäure
K_2 = Gleichgewichtskonstante der Endgruppenkondensation

Wassergehalt in Molen pro Mol Lactam	Lactam-gehalt in Mol.-%	Ringoligomeren-gehalt in Mol.-%	Polymerisations-grad (Zahlenmittelwert)	$Z_\eta \cdot 10^2$ *	$K_1 \cdot 10^3$	K_2
0,01	5,5	1,7	330	17,6	2,45	840
0,02	5,5	1,7	222	12,5	2,45	840
0,06	5,5	1,7	122	7,2	2,45	835
0,1	5,6	1,9	92	5,5	2,50	814
1	7,3	3,7	23,5	1,8	3,01	571
10	23,0	8,0	4,2	0,8	5,05	193
20	37,0	4,3	2,7	0,7	5,10	159

* Gemessen in einem Ostwald-Viscosimeter, Kapillarendurchmesser 0,42 mm in Ameisensäure von ca. 82% bei 20°; Konzentration 0,1% und kleiner.

Bis zu einem Wasserzusatz von 0,1 Mol/Mol Caprolactam (entsprechend etwa 1,6 Gewichtsprozent bezogen auf Caprolactam) beträgt der Gehalt an Caprolactam und cyclischen Oligomeren im Gleichgewichtspolymerisat bei 220° etwa 7,2–7,5%.

Bei Verwendung höherer Wasserzusätze und bei größeren Caprolactamansätzen ist die Verwendung eines Druckautoklaven zu empfehlen.

---

[1] Holl. P. 94 168 (1960), N. V. Onderzoekingsinstitut, Erf.: J. L. Voigt.
[2] F. Wiloth, Makromolekulare Chem. **27**, 37 (1958).

Polymerisation und Nachpolymerisation von ε-Caprolactam im Autoklaven unter Wasserzusatz: Bei der Polymerisation des Caprolactams in einem Druckautoklaven ist ein Zusatz von 6-Aminocapronsäure nicht erforderlich, wenn der Caprolactamschmelze Wasser zugesetzt wird.

Für Polymerisationsversuche ist z.B. nachstehend beschriebene, kleine Autoklavenanlage geeignet (Abb. 8).

Der Autoklav (c) und die Evakuierleitung (i) werden mit einem siedenden Gemisch von Biphenyl und Diphenyläther auf etwa 250° beheizt. Die Beheizung des Ansatzbehälters (a), der Füllleitung (b), der Entspannungsleitung (d) sowie der Vakuumvorlage (k) erfolgt zweckmäßig mit Warmwasser auf etwa 75–80°.

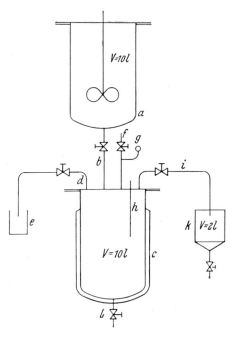

Abb. 8. Schema einer kleinen Autoklavenanlage

Die Apparatur besteht im wesentlichen aus folgenden Teilen: (V2A®-Stahl)

a = 10 l-Ansatzbehälter mit Rührwerk   g = Druckmanometer
b = Füllleitung   h = elektrisches Thermometer, Innentemperatur
c = 10 l-Autoklav, doppelwandig   i = Evakuierleitung
d = Entspannungsleitung   k = Vakuumvorlage
e = Wasservorlage   l = Bodenventil
f = Stickstoffzuleitung

Im Ansatzbehälter (a) wird das Caprolactam mit einem Wasserzusatz von etwa 1–5% aufgeschmolzen und, falls erforderlich, ein Stabilisator (Kettenabbrecher) zugesetzt.

Will man ein mattiertes, pigmentiertes oder gefärbtes Polycaprolactam herstellen, so können in die Caprolactamschmelze fein verteilte Pigmente, wie Titandioxyd oder Farbpigmente bzw. lösliche Farbstoffe, eingerührt werden.

Die Caprolactam-Ansatzschmelze wird in den durch gründliches Spülen mit sauerstofffreiem Stickstoff vorbehandelten Autoklav gefüllt, wobei der verdrängte Stickstoff durch die Leitung (d) über die Wasservorlage (e) entweicht. Nachdem sämtliche Ventile am Autoklaven geschlossen worden sind, wird der Autoklav auf 255° erhitzt, wobei sich, je nach der Höhe des Wasserzusatzes, ein Druck von einigen Atmosphären einstellt. Sollte bei höheren Wasserzusätzen der Druck zu hoch ansteigen, so kann durch ein geringes Öffnen des Ventils der Entspannungsleitung (d) der Autoklavendruck in der gewünschten Höhe eingestellt werden. Nach dem Erreichen der Polymerisationstemp. läßt man noch etwa 2 Stdn. unter Druck stehen und entspannt dann den Autoklaven vorsichtig über die Entspannungsleitung (d). Nach erfolgter Entspannung verbleibt die Polycaprolactamschmelze noch etwa 3–6 Stdn. bei geöffneter Entspannungsleitung (d), um das nach der weitgehenden Entfernung des Wassers eintretende Kettenwachstum (Nachpolymerisation) abzuwarten.

Anschließend wird die Entspannungsleitung (d) geschlossen und die Polycaprolactamschmelze mit Stickstoffdruck durch das Bodenventil (l) aus dem Autoklaven gedrückt. Bringt man unterhalb des Bodenventils (l) eine Zahnradpumpe an, so ist auch die Verformung der Polycaprolactamschmelze über eine Spinndüse zu Drähten, Bändchen und Fäden möglich. Dickere Formkörper müssen zur Abführung der Wärme dicht unterhalb der Spinndüse in Wasser eingebracht werden, während dünne Fäden bereits in der Luft erstarren und nach dem Auftragen einer Spinnpräparation direkt aufgewickelt werden können. (Über die Technologie der Polymerisation und Verarbeitung von Polycaprolactam s. Literatur[1].)

Wird die Polycaprolactamschmelze nicht evakuiert, so ist ein Zusatz eines Kettenabbrechers nicht unbedingt erforderlich, da das in der Polycaprolactamschmelze nach der Entspannung verbleibende Wasser durch Hydrolyse von Amidbindungen (Polykondensationsgleichgewicht) das Kettenwachstum begrenzt.

Soll eine Polycaprolactamschmelze nach der Polymerisation evakuiert werden, wodurch ein erheblicher Anteil des nicht polymerisierten Caprolactams entfernt wird, so richtet sich der Zusatz des Kettenabbrechers im wesentlichen nach der gewünschten Höhe des Polymerisationsgrades und nach der Evakuierdauer. Bei mehrstündigem Evakuieren ist durch die praktisch vollständige Entwässerung der Polycaprolactamschmelze ein hoher Kettenabbrecherzusatz erforderlich.

Bei höheren Kettenabbrecherzusätzen erhält man auch bei evakuierten Polycaprolactamschmelzen niedrigere Polymerisationsgrade. So beobachtete H. Ludewig[2] beim Evakuieren von Polycaprolactamschmelzen folgende, in Abhängigkeit vom Essigsäurezusatz sich einstellende relative Viscositätswerte (s. Tab. 15).

Tab. 15. Viscositätswerte von Caprolactamschmelzen

Essigsäurezusatz pro Mol Caprolactam	relative Viscosität[3]	Mittleres Mol.-Gew. des Polycaprolactams
$1/_{50}$ Mol	1,5	5600
$1/_{100}$ Mol	2,0	11300
$1/_{150}$ Mol	2,5	17000

β) Kontinuierliche Polymerisation von ε-Caprolactam

Caprolactam kann mit Zusätzen von Polymerisationsbeschleunigern (z.B. 6-Amino-capronsäure oder adipinsaures Hexamethylendiamin) auch kontinuierlich in beheizten Durchflußrohren (sogenannte VK-Rohre) drucklos polymerisiert werden[4]. Bei einigen Konstruktionen ist bereits ein kleiner Wasserzusatz von etwa 0,5–1% ausreichend. Die Polymerisationsdauer richtet sich im wesentlichen nach der Poly-

---

[1] H. KLARE, Technologie und Chemie der synthetischen Fasern aus Polyamiden, S. 38–50, VEB-Verlag Technik, Berlin 1954.
  H. HOPFF, A. MÜLLER u. F. WENGER, Die Polyamide, S. 15, Tab. 14, Springer-Verlag, Berlin-Göttingen-Heidelberg 1954.
  R. PUMMERER, Chemische Textilfasern, Filme und Folien, Abschnitt: Fasern aus Polyamiden, bearbeitet von P. SCHLACK u. K. KUNZ, Ferdinand Enke-Verlag, Stuttgart 1953.
[2] H. LUDEWIG, Chem. Techn. 4, 528 (1953).
[3] Relative Viscosität der Lösungen von 200 mg Polyamid in 20 cm³ konz. Schwefelsäure.
[4] H. LUDEWIG, Faserforsch. u. Textiltechn. 2, 341 (1951); Chem. Techn. 4, 523 (1952).
  A. SCHÄFFLER, Tagungsberichte der Chemischen Gesellschaft der DDR 4, 136 (1954).

merisationstemperatur, der Art und Höhe der Zusätze, sowie nach den konstruktiven Eigenarten der Apparatur. Der methodische Vorteil der kontinuierlichen Caprolactam-polymerisation liegt in der Gleichmäßigkeit der gebildeten Polyamidschmelze sowie in der einfachen Bedienung der Apparatur. Jedoch scheint nach Untersuchungen von W. Griehl[1] die Uneinheitlichkeit (Polymolekularität) der kontinuierlich hergestellten Polycaprolactamschmelzen größer als die der diskontinuierlich herge-stellten zu sein.

Das kontinuierlich hergestellte Gleichgewichtspolymerisat enthält etwa 8 bis 11% Caprolactam und cyclische Oligomere. Der Polymerisationsgrad kann ebenso wie bei der diskontinuierlichen Polymerisation durch Stabilisatorzusätze geregelt werden, jedoch sind bei den kontinuierlichen Ver-fahren meist keine hohen Kettenabbrecher-zusätze erforderlich, da das in der Poly-caprolactamschmelze verbleibende Wasser über das Amidgleichgewicht das Kettenwachs-tum weitgehend begrenzt.

Neben den einfachen, drucklos arbeitenden Rohren sind auch mehrstufige Apparaturen mit Druck- bzw. Vakuumstufen entwickelt worden. Bei der kontinuierlichen Druckpoly-merisation ist ein Zusatz von besonderen Polymerisationsbeschleunigern nicht erforder-lich, vielmehr reicht ein kleiner Wasser-zusatz (etwa 0,2–0,5%) aus.

Durch eine kontinuierliche Evakuierung der Polycaprolactamschmelze kann der Gehalt an cyclischen Amiden (vorwiegend Capro-lactam) von etwa 10% auf 2—3% herab-gesetzt werden. Da bei der Evakuierung der Polycaprolactamschmelze das Wasser entzogen wird, tritt eine Verschiebung des Polyamid-gleichgewichtes ein. Um das erneut einsetzende Kettenwachstum zu begrenzen, ist bei der kontinuierlichen Polymerisation des Capro-lactams im Vakuum ein verhältnismäßig hoher Kettenabbrecherzusatz erforderlich (etwa $1/140$ bis $1/250$ Mol einer Monocarbon-säure bzw. eines Monoamins).

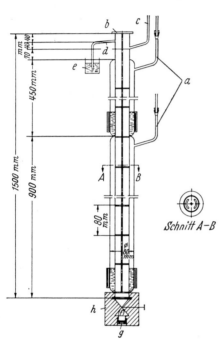

Abb. 9. Laboratoriumsapparatur zur konti-nuierlichen Polymerisation von Caprolactam

Kontinuierliche Polymerisation von Caprolactam im Laboratorium: Eine einfache Apparatur besteht im wesentlichen aus einer 1500 mm langen Röhre aus 1,5 mm dickem V2A®-Blech mit 40 mm lichter Weite, über die ein weiteres V2A®-Rohr mit 80 mm lichter Weite so angeschweißt wird, daß zwei getrennte Mantelräume entstehen, deren jeweilige Länge aus der Abb. 9 ersicht-lich ist.

An dem oberen Ende jedes Doppelmantelteiles sind kleine Rohre (a) angeschweißt, die über Korken mit Steigrohren aus Glas verbunden werden, um als Kühler für die Dämpfe der Heiz-flüssigkeit (Mischung von 26,5% Biphenyl und 73,5% Diphenyläther, Kp 256°) zu dienen. Die beiden Doppelmantelteile werden an ihren unteren Enden mit elektrischen Heizmanschetten umgeben, wobei für die untere Zone 800 Watt und für die obere 500 Watt erforderlich sind. Die notwendige Heizenergie dieser beiden Zonen wird am besten getrennt über Kleintransformatoren oder Widerstände geregelt.

[1] W. Griehl u. Mitarb., Faserforsch. u. Textiltechn. **6**, 260 (1955).

Wenn man auf die Möglichkeit, in den beiden Heizzonen mit verschiedenen Temp. zu arbeiten, verzichten will, kann man auch mit einer einzigen Heizzone arbeiten, die dann das ganze Rohr umgibt.

Das obere Ende des Rohres wird durch ein Schauglas (b) abgedeckt, das die Beobachtung der Schmelzoberfläche und der Dosierung der Caprolactamschmelze gestattet, die durch das isolierte Füllrohr (c) in das VK-Rohr gelangt, während durch das Rohr (d) der gebildete Wasserdampf entweichen kann. Um Sauerstoffeinbrüche zu vermeiden, taucht dieses Rohr in eine mit Wasser gefüllte Vorlage (e) ein.

Am unteren Ende des VK-Rohres wird ein Ventil (f) angeflanscht, das die Regulierung des Schmelzflusses gestattet. An die Austrittsöffnung des Ventils wird eine Spinndüse (g) aufgeschraubt, die in der Mitte eine Bohrung von etwa 2 mm besitzt. Ventil und Spinndüse sind von einem zweiteiligen Aluminiumblock (h) umschlossen, der mit einer Heizmanschette (etwa 200 Watt) umgeben ist. Mit Hilfe eines Widerstandes wird die Blocktemp. in die gewünschte Höhe (230—270°) reguliert.

Um die Durchmischung der Schmelze herabzusetzen, wird in das Rohr ein V2A®-Stab eingesetzt, an dem in Abständen von etwa 80 mm perforierte Scheiben befestigt sind. Zur Messung der Innentemp. bringt man im Rohr ein oder zwei elektrische Thermometer an, die Temp. im Spinnblock (h) läßt sich mit einem Quecksilberthermometer messen, das in eine Bohrung des Aluminiumblocks eingeführt wird.

Zum Schluß umwickelt man das ganze Rohr mit Glaswatte und Asbestband, um die Abstrahlungsverluste nach Möglichkeit zu verkleinern.

Die Verweilzeit der Schmelze (Polymerisationsdauer) im Rohr richtet sich bei der gegebenen Polymerisationstemp. von etwa 250° im wesentlichen nach Art und Höhe der Zusätze. Bei einem Zusatz von 1% 6-Amino-capronsäure und 1% Wasser zum Caprolactam sowie 0,1% Essigsäure als Stabilisator ist eine mittlere Verweilzeit von etwa 10–15 Stunden erforderlich.

γ) Schnellpolymerisation in Gegenwart von Alkali unter Wasserausschluß

Wie bereits auf S. 119 ausgeführt, läßt sich völlig trockenes und reines Caprolactam nur sehr langsam polymerisieren.

Werden jedoch der trockenen Caprolactamschmelze alkalische Reaktionsbeschleuniger, wie Alkalihydroxyde, Alkalicarbonate, Alkalialkoholate, Alkalicaprolactam, alkalisch reagierende Salze und auch starke organische Basen zugefügt, so setzt die Polymerisation spontan unter Aufsieden des Caprolactams ein. Hierbei stellt sich das bereits bei der Polymerisation des Caprolactams in Anwesenheit von Feuchtigkeit beschriebene Polymerisationsgleichgewicht zwischen linearem Polymerisat sowie Caprolactam und seinen cyclischen Oligomeren oft in wenigen Minuten ein. Da der alkalische Beschleuniger gleichzeitig auch Endgruppenbildner ist und damit das Kettenwachstum begrenzt, darf die zugesetzte Menge nicht zu groß sein. Bei einem Zusatz von $^1/_{200}$ Mol Natriumhydroxyd erhält man beispielsweise ein Polycaprolactam mit einer relativen Viscosität von 2,6 (1 g Polycaprolactam in 100 cm³ schwefelsaurer Lösung), die annähernd dem Polymerisationsgrad 200 entspricht[1].

Leitet man einen kräftigen, indifferenten und trockenen Gasstrom durch die Caprolactamschmelze, so ist, in Anwesenheit von alkalischen Auslösern, auch bei tieferen Temperaturen (z.B. 210–240°) die Schnellpolymerisation durchführbar, die nach etwa 7–40 Minuten abgeschlossen ist[2]. Der Inertgasstrom kann auch über die Schmelze unter gleichzeitigem Rühren geleitet werden.

---

[1] DBP. 906512 (1954), Bobingen AG. für Textilfaser, Erf.: E. HUBERT; C. **1954**, 5208.
[2] DBP. 904948 (1954), Bobingen AG. für Textilfaser; C. **1954**, 7556.

Aus den geschilderten Reaktionsbedingungen ist zu ersehen, daß das Wasser bei der alkalischen Schnellpolymerisation des Caprolactams als Inhibitor wirkt[1]. Trotzdem scheinen Wasserspuren für den Reaktionsablauf von entscheidender Bedeutung zu sein, da die Reaktion bei Abwesenheit von Wasserspuren erschwert anspringt[2].

Neben den bereits erwähnten alkalischen Umsetzungsauslösern sind auch Metalle der 2. und 3. Gruppe des Periodensystems (Aluminium, Beryllium, Magnesium, Zink) sowie metallorganische Verbindungen des Zinks und Lithiums in Kombination mit Aminosäuren oder Salzen aus Diaminen und Dicarbonsäuren vorgeschlagen worden. Auch Alkalihydride sind geeignet. Der Polymerisationsgrad des gebildeten Polycaprolactams ist um so höher und der Gehalt an extrahierbaren Verbindungen um so niedriger, je tiefer die Polymerisationstemperatur liegt.

Die Herstellung von Caprolactam-Schnellpolymerisaten im Laboratorium bereitet keine Schwierigkeiten, wenn hinreichend trockenes Caprolactam benutzt wird.

Schnellpolymerisation von ε-Caprolactam bei Siedetemperatur[3] mit Natriumhydroxyd: 300 g ε-Caprolactam werden in einem mit Rückflußkühler versehenen Glaskolben unter reinstem Stickstoff mit Hilfe eines auf 280° erhitzten Salzbades zum Sieden gebracht, so daß die Flüssigkeitstemp. 268 bis 270° beträgt. Dann trägt man im Laufe von 3 bis 4 Min. 0,6 g Natriumhydroxyd in mehreren Anteilen ein, wobei jeder Eintrag ein lebhaftes Sieden verursacht. Unter allmählicher Temperatursteigerung auf 274°, die man am besten durch eine entsprechende Temperatursteigerung des Heizbades unterstützt, wird die Flüssigkeit zunächst deutlich viscoser. Plötzlich hört die Siedeerscheinung fast vollständig auf, und die ganze Masse geht unter rascher Temperatursteigerung auf 295° in eine hochviscose Schmelze über, die man vorteilhafterweise, sobald die Temp. zu sinken beginnt, weiter verarbeitet. Insgesamt benötigt die Polymerisation vom Eintragen des ersten Natriumhydroxyds bis zum Absinken der Temp. 8 Minuten.

Um bei tieferer Temp. eine Polymerisation zu ermöglichen, ändert man die Apparatur so um, daß der ganze Vorgang bei Unterdruck durchgeführt werden kann, z.B. bei 710 Torr. Arbeitsweise und Umsetzungsablauf sind dann ganz analog wie bei normalem Druck. Das Salzbad wird auf 250° gebracht und der Unterdruck so eingestellt, daß das Lactam bei 230° gerade siedet. Dann erfolgt die Zugabe des Natriumhydroxyds bei vermindertem Druck und die Temperatursteigerung des Heizbades. Die Innentemp. steigt langsam – wobei die Flüssigkeit viscoser wird – auf 239° und von da an rasch auf 257°, wobei die Polymerisation zu Ende geht. Insgesamt benötigt die Polymerisation vom Eintragen des ersten Natriumhydroxyds bis zum Absinken der Temp. 14 Minuten.

Schnellpolymerisation von trockenem Caprolactam mit Lithiumhydrid[4]: Das Caprolactam wird zunächst 25 Stdn. bei 0,1 Torr und 50° getrocknet, wodurch der Wassergehalt auf 0,005% absinkt.

Jeweils 50 Tle. werden mit je 0,0176 Tln. (0,5 Mol.-%) gepulvertem Lithiumhydrid in einem Reaktionsgefäß unter Stickstoff auf 218°, 230° und 255° erhitzt. In Abhängigkeit von der Polymerisationstemp. und der Reaktionsdauer erhält man die in Tab. 16, S. 129, aufgeführten Polycaprolactamprodukte.

Auch die Alkali- und Erdalkalimetalle können zur Schnellpolymerisation des Caprolactams Verwendung finden[5], wobei zunächst das entsprechende N-Metallcaprolactam entsteht.

---

[1] O. Wichterle, Tagungsberichte der Chemischen Gesellschaft der DDR **4**, 160 (1954); Faserforsch. u. Textiltechn. **6**, 237 (1955).

[2] W. Griehl u. Mitarbb., Faserforsch. u. Textiltechn. **6**, 260 (1955).

[3] DBP. 906512 (1954), Bobingen AG. für Textilfaser, Erf.: E. Hubert; C. **1954**, 5208.

[4] DBP. 972455 (1953), DuPont, Erf.: H. R. Mighton; Chem. Abstr. **54**. 25868[b] (1960).

[5] A.P. 2251519 (1939), DuPont, Erf.: R. M. Joyce u. D. M. Ritter; Chem. Abstr. **35**, 7070[8] (1941).

Tab. 16. Analysenwerte von Polycaprolactamprodukten

Polymerisationstemp. [°C]	Reaktionsdauer	$[\eta]$	Wasserextrahierbares [%]
255	5 Min.	0,63	9,3
	30 Min.	1,29	9,1
	2 Stdn.	0,98	7,5
	7 Stdn.	0,84	7,2
230	9 Min.	2,22	6,6
	30 Min.	1,68	8,7
	2 Stdn.	1,45	8,2
	7 Stdn.	1,05	6,2
218	5 Min.	—	97,0
	20 Min.	2,48	14,0
	30 Min.	2,48	5,8
	2 Stdn.	1,66	5,6
	7 Stdn.	1,52	4,8

Polymerisation von Caprolactam nach Zusatz von Natrium[1]: 13,4 g ε-Caprolactam werden mit 0,012 g Natrium (etwa $^1/_{230}$ Mol pro Mol Caprolactam) in einem Reagensglas auf 5 Torr evakuiert und auf 120–150° erhitzt, bis die Reaktion des Natriums beendet ist. Dann wird das Reagensglas 45 Min. auf 240° erhitzt, wobei der Inhalt zähflüssig wird.

Das erhaltene Polycaprolactam ist hart, zäh und weiß; $[\eta] = 0,60$. Die Reaktion verläuft glatt in Gegenwart von wenigstens $^1/_{225}$ Mol Natrium pro Mol Caprolactam. Wird mehr als $^1/_{50}$ Mol zugesetzt, so werden die Polymerisate zu brüchig.

Durch Zugabe von Coaktivatoren wie Isocyanaten oder Carbodiimiden[2] läßt sich die mit Natrium ausgelöste Schnellpolymerisation schon bei relativ niedrigen Temperaturen außerordentlich beschleunigen. Es entstehen sehr hochmolekulare Polyamide.

Polymerisation von Caprolactam mit Natriummethylat und Phenylisocyanat[2]: 125 g ε-Caprolactam werden zusammen mit einer Natriummethylatlösung, die durch Auflösen von 0,046 g Natrium in 4 g Methanol erhalten wurde, unter Überleiten von Stickstoff aufgeschmolzen und im Vak. bei 130° etwa 10 g ε-Caprolactam abdestilliert, um das Methanol und restliche Spuren Feuchtigkeit zu entfernen. Man rührt dann in die 130° heiße Schmelze 0,48 g Phenylisocyanat ein. Nach etwa 10–15 Min. erhält man eine hochviscose Schmelze, die kurze Zeit später zu einem Block aus hochmolekularem, krystallinem Polyamid erstarrt, $[\eta] = 1,61$ (1% in Kresol). Verwendet man anstelle von Phenylisocyanat 0,67 g 1,6-Hexamethylendiisocyanat, so setzt die Polymerisation etwa 2–3 Min. nach Zugabe des Isocyanates ein. Das so erhaltene Polyamid ist in Phenol unlöslich.

Die anionische Polymerisation von Lactamen kann auch in unpolaren Lösungsmitteln, wie Hexan, Heptan, Benzol und dessen Homologen sowie in Lösungsmittelgemischen durch Natrium und trockenes Kohlendioxyd bei verhältnismäßig niedrigen Temperaturen ausgelöst werden. Das gebildete Polyamid fällt hierbei in Pulverform aus, wobei die Teilchengröße von der Polymerisationstemperatur und vom Lösungsmittel abhängt. Oberhalb 160° fällt das Polymerisat gekörnt an, wobei die Korngröße von den Rührbedingungen abhängt. Polycaprolactam bildet sich unter diesen Bedingungen oberhalb 110°. Ab 140° steigt die Polymerisationsgeschwindigkeit stark an. Der Polymerisationsgrad des unter diesen Bedingungen gebildeten Polycaprolactams erreicht mit zunehmender Polymerisationstemperatur bald ein Optimum und fällt mit zunehmendem Natriumzusatz. Unter gleichen Polymerisationsbedingungen ist infolge der geringeren Stabilität des achtgliedrigen Ringes beim

---

[1] A. P. 2 251 519 (1939), DuPont, Erf.: R. M. Joyce u. D. M. Ritter; Chem. Abstr. **35**, 7070[8] (1941).

[2] DBP. 1067591 (1956), Farbf. Bayer, Erf.: H. Schnell u. G. Fritz.

Önantholactam der Lactamumsatz größer. Die minimale Polymerisationstemperatur liegt bei nur 82°.

Polymerisation von ε-Caprolactam bzw. 7-Önantholactam in Lösung mit Natriumhydroxyd und Kohlendioxyd[1]:

Reinigung der Stoffe: *Caprolactam* wird mit 1% Natriumhydroxyd i. Vak. (Kp_8: 137°) destilliert, pulverisiert und im Vakuumexsiccator über Phosphorpentoxyd aufbewahrt. *Önantho-lactam*[2] wird durch fraktionierte Destillation gereinigt. Die Lösungsmittel (Hexan, Heptan oder Benzol) werden über Natrium destilliert, das Kohlendioxyd mit Schwefelsäure (konz.) und Phosphorpentoxyd getrocknet.

Polymerisationsapparatur: Es wird ein zylindrisches Glasgefäß verwendet, welches mit KPG-Rührer, Thermometer, Gaseinleitungsrohr und Kühler versehen ist. Die Beheizung wird mit einem Bad ($\pm 2°$) durchgeführt.

Polymerisation: 10 g Lactam werden in 40 g Lösungsmittel unter einem Kohlendioxyd-strom gelöst. Nachdem 10 g des Lösungsmittels abdestilliert sind, wird der absteigende Kühler durch einen Rückflußkühler ersetzt, der Kohlendioxydstrom unterbrochen und ein Stück Natrium eingeführt. Die exakte Menge Natrium wird durch Auspressen aus einer kalibrierten Glasröhre abgemessen. Nach Beendigung der Reaktion wird ein Kohlendioxydstrom von 40 cm³/Min. durch das Reaktionsgemisch geleitet. Danach wird der Kohlendioxydstrom und der Rührer abgestellt und das Reaktionsgefäß gekühlt. Der Polyamid-Niederschlag wird mit einer Glasfritte (G4) abfiltriert, mit 50 cm³ Petroläther gewaschen und unter vermindertem Druck bei 60° bis zur Gewichtskonstanz getrocknet. Die Polyamidausbeute wird durch Heißwasserextraktion bestimmt und der Poly-merisationsgrad durch Messung der Lösungsviscosität ermittelt. In Abhängigkeit von den Poly-merisationsbedingungen erhält man z.B. folgende Polyamidprodukte:

Tab. 17. Polymerisationsgrad (P) und Ausbeute bei der anionischen Lactam-polymerisation in Lösung[1]

Polymerisationsdauer: 40 Min.   Natriumzusatz: 0,33 g Atom/Mol Lactam.

Polymerisations-temp. [°C]	P Poly-caprolactam	Polyamidausbeute [%]	
		Poly-caprolactam	Poly-önantholactam
130	80	8	36
150	190	37	74
160	400	56	80

3. Polymerisation von Lactamen mit mehr als 7 Ringgliedern

Diese Polymerisation gelingt infolge der großen Ringspannung leicht[3] und führt zu monomerenfreien Produkten. Der Umsatz zum Polyamid ist nahezu quantitativ.

Polymerisation von 7-Önantholactam in Anwesenheit von Wasser[1]: 2 g des Lactams, das durch Beckmannsche Umlagerung aus Cycloheptanonoxim gewonnen wurde, werden mit 0,3 cm³ Wasser unter Ausschluß von Sauerstoff in einem geschlossenen Reagensglase 6 Stdn. auf 230° erhitzt. Anschließend wird das gebildete Polyamid weitere 3 Stdn. in einem Stickstoff-strom bei 230° und dann 30 Min. bei vermindertem Druck behandelt.

Das Polyamid der 7-Amino-heptansäure schmilzt bei 223°; $[\eta] = 1{,}22$ in m-Kresol.

Darstellung und Polymerisation von 8-Capryllactam[4]: 34 g Cyclooctanonoxim[2] werden tropfenweise zu 70 cm³ 96%iger Schwefelsäure bei 110–114° hinzugefügt. Das Reaktions-gemisch wird nach der Neutralisation mit Chloroform extrahiert. Nach dem Verdampfen des Chloroforms hinterbleiben 25,5 g des Lactams, das beim Abkühlen erstarrt; Kp_{7-8}: 150–151°.

---

[1] S. Chrzczonowicz u. Mitarbb., Makromolekulare Chem. **38**, 159 (1960).
[2] F. F. Blicke u. N. J. Doorenbois, Am. Soc. **76**, 2317 (1954).
   L. Ruzicka u. Mitarbb., Helv. **16**, 1323 (1933).
[3] K. Dachs u. E. Schwartz, Ang. Ch. **74**, 540 (1962).
[4] D. D. Coffman u. Mitarbb., J. Polymer Sci. **3**, 85 (1948).

2 g des Lactams der 8-Amino-octansäure und 0,75 cm^3 Wasser werden unter Sauerstoffausschluß in einem geschlossenen Reagensglas 5 Stdn. auf 240–250° erhitzt. Anschließend wird das Reagensglas geöffnet und das Erhitzen 2 Stdn. bei 255° in einem Stickstoffstrom fortgesetzt, zuletzt unter vermindertem Druck.

Das erstarrte Polyamid schmilzt bei 178°; [η] = 0,84.

Erhitzt man das Lactam der 8-Amino-octansäure mit einer kleinen Menge Natrium in einem evakuierten, geschlossenen Reagensglas auf 250°, so erhält man bereits nach 1 Stde. ein hartes, zähes und hellfarbiges Polyamid[1].

4. Polymerisation von Thiolactamen[2]

Ersetzt man den Sauerstoff von Lactamen durch Schwefel, z. B. durch Umsetzung mit Phosphorpentasulfid[3], so erhält man die entsprechenden, farblosen Thiolactame. Wie die sauerstoffhaltigen Lactame so lassen sich auch die Thiolactame mit zumindest 7 Ringgliedern beim Erhitzen auf 180–250° in Anwesenheit von Wasser oder Alkalimetallen in Polythioamide überführen. Die Polymerisationsgeschwindigkeit steigt bei den Thiolactamen mit zunehmender Ringgliederzahl. Während bei einem neungliedrigen Thiolactam in Anwesenheit von Natrium eine Polymerisationsdauer von 24 Stunden (bei Wasser 48 Stunden) erforderlich ist, benötigt ein achtgliedriges Thiolactam zur Polyamidbildung mehrere Tage bei gleicher Temperatur.

Der Zusatz von Reaktionsauslösern soll bei zumindest $^1/_{10}$ Mol Wasser oder $^1/_{100}$ Mol Natrium liegen. Bei der Verwendung von metallischem Natrium arbeitet man anfangs vorteilhaft nicht über 100–120°. Anschließend wird auf die gewünschte Polymerisationstemperatur erhitzt. Thiolactame mit mehr als 7 Ringgliedern neigen bei der Polymerisation weniger zur thermischen Zersetzung als Thiocaprolactam.

Polymerisation von ω-Thioönantholactam in Anwesenheit von Wasser: 1 Tl. ω-Thioönantholactam und 0,0125 Tle. Wasser werden unter Sauerstoffausschluß in einem Glasrohr eingeschmolzen und 7 Tage auf 180° erhitzt. Das erkaltete, rotbraune Polythioamid ist oberhalb Zimmertemp. thermoplastisch; F: 235°; [η] = 0,3.

Neben reinen Polythioamiden lassen sich auch Mischpolyamide mit den entsprechenden sauerstoffhaltigen Lactamen herstellen.

Copolymerisation von ε-Caprolactam und ε-Thio-caprolactam in Anwesenheit von Wasser: 8 Tle. ε-Caprolactam und 2 Tle. Thiocaprolactam werden mit 0,16 Tln. Wasser in einem evakuierten, geschlossenen Gefäß 120 Stdn. auf 180° erhitzt, wobei sich der Inhalt verfestigt. Anschließend wird das gebildete Mischpolyamid i. Vak. 3 Stdn. auf 220° erhitzt, um monomeres Lactam zu entfernen.

Das erkaltete, cremefarbige Mischpolyamid hat einen Schwefelgehalt von 2,75%; F: 207°; [η] = 0,85 (in m-Kresol).

5. Polymere aus Anhydriden von N-Carboxy-α-amino-carbonsäuren

α-Amino-carbonsäuren lassen sich bekanntlich nach den für Polyamide allgemein gültigen Polykondensationsverfahren nicht in Polymere überführen. Dagegen fanden H. Leuchs und W. Geiger[4] schon 1908, daß N-Carbonsäureanhydride von α-Aminocarbonsäuren[5] (Oxazolid-2,5-dione)

[1] A. P. 2251519 (1939), DuPont, Erf.: R. M. Joyce u. D. M. Ritter; Chem. Abstr. **35**, 7070^8 (1941).

[2] A. P. 2276164 (1940), DuPont, Erf.: N. L. Cox u. W. E. Hanford; Chem. Abstr. **36**, 4637^8 (1942).

[3] L. Ruzicka u. Mitarbb., Helv. **16**, 1323 (1933).

[4] H. Leuchs u. W. Geiger, B. **41**, 1721 (1908).

[5] Über Herstellung der N-Carbonsäureanhydride s. ds. Handb. Bd. VIII, Kap. Monomere Kohlensäurederivate, S. 112.

$$\underset{\overset{\displaystyle R}{|}}{H_2N-CH-COOH} \quad \xrightarrow[-HCl]{+COCl_2} \quad \underset{\substack{| \\ CO\text{------}O}}{\overset{\overset{\displaystyle R}{|}}{NH-CH-CO}} \quad \to \quad (-\underset{\overset{\displaystyle R}{|}}{NH-CH-CO}-)_n + CO_2$$

unter Abspaltung von Kohlendioxyd zu Polypeptiden polykondensiert werden können, wenn geeignete Reaktionsauslöser, z. B. Anilin, zugefügt werden. Diese Reaktion ist in der Folgezeit noch häufiger bearbeitet worden, erhielt aber erst 1947 einen wesentlichen Auftrieb, als R. B. Woodward u. C. H. Schramm[1] fanden, daß aus dem Gemisch von *Leucin-N-carbonsäureanhydrid* und *Phenyl-alanin-N-carbonsäureanhydrid* in nicht völlig getrocknetem Benzol nach längerem Stehen bei Zimmertemperatur hochpolymere Polypeptide entstehen.

Die Geschwindigkeit der Polypeptidbildung[2] ist von der Größe des Substituenten R des Anhydrides abhängig und ist bei der Polyglycinbildung im allgemeinen am größten.

Diese in Benzol noch löslichen Polypeptide lassen sich zu festen Folien vergießen. Ebenso kann man aus Lösungen hochpolymerer Polypeptide Fäden spinnen, deren Eigenschaften mit denen natürlicher faserförmiger Proteine (z. B. Naturseide) mancherlei Ähnlichkeit aufweisen. Je nach Wahl des Lösungsmittels[3] kann durch den Spinnprozeß die gefaltete (α) oder gestreckte (β) Molekülform erhalten werden. In Ameisensäure erhält man in jedem Falle die unlösliche β-Konfiguration. Glycerinhaltige Mischpolypeptidfäden liegen (ganz ähnlich der Naturseide) immer in der β-Form vor. Die $\alpha \to \beta$-Transformation läßt sich auch weitgehend durch Strecken in kochendem Wasser erzielen.

Zur Auslösung der Peptid-Polykondensation bedarf es eines ionischen Katalysators, um genügend hochpolymere Endprodukte zu erhalten. Neben Wasser sind Natriumhydroxyd[4], Natriumcarbonat, Kaliumacetat[5], Phenol, primäre und sekundäre Amine, z. B. Sarkosin-dimethylamid[6] geeignete Initiatoren, die am besten im Verhältnis 1:400 (Anreger: N-Carboxy-anhydrid) der Lösung der Aminocarbonsäure-N-carboxy-anhydride (in Benzol oder Nitrobenzol) zugefügt werden. Durch Variation der Katalysatormenge kann das Molekulargewicht der polymeren Endprodukte beeinflußt werden. Tertiäre Amine wie Pyridin ergeben nur niedermolekulare Endprodukte.

Aber nicht nur einfache, niedermolekulare Initiatoren vermögen die Polykondensationsreaktion der Aminosäure-N-carbonsäure-anhydride hervorzurufen, sondern auch Polysarkosin[7] oder Poly-N-benzyl-glycin, wobei interessante reaktionskinetische Beobachtungen[7] gemacht werden konnten. Initiiert man nämlich die Polymerisation mit einem niedermolekularen Amin, so tritt nach einer Wachstumsperiode (bei der etwa 7 bis 10 Einheiten polymerisiert sind) eine sprunghafte Steigerung der Wachstumsrate ein. Man führt diese Erscheinung auf den Übergang vom homogenen System

---

[1] R. B. Woodward u. C. H. Schramm, Am. Soc. **69**, 1551 (1947).

[2] K. Heyns, W. Walter u. H. F. Grützmacher, A. **609**, 209 (1957).

[3] C. H. Bamford, W. E. Hanby u. F. Happey, Pr. roy. Soc. (A) **205**, 30 (1951).

[4] M. Idelson u. E. R. Blout, Am. Soc. **80**, 2387 (1958).
S. a. G. D. Fasman u. E. R. Blout, Am. Soc. **82**, 2262 (1960).

[5] DBP. 815541 (1950), Courtaulds Ltd., Erf.: W. E. Hanby, S. G. Waley u. J. Watson; C. **1952**, 6463.
W. E. Hanby, S. G. Waley u. J. Watson, Soc. **1950**, 3009.

[6] DAS. 1045096 (1956) ≡ E.P. 781202, 781510 (1955), Courtaulds Ltd., Erf.: D. G. H. Ballard, C. H. Bamford u. F. J. Weymouth; C. **1959**, 2329.

[7] D. G. H. Ballard u. C. H. Bamford, Pr. roy. Soc. (A) **236**, 384 (1956).
S. a. D. G. H. Ballard u. Mitarbb., Makromolekulare Chem. **35**, 222 (1960).

zum heterogenen zurück, da die mit Polymerisat angereicherte Phase ein besseres Lösemittel für die Monomeren ist. Initiiert man jedoch mit einem polymeren Amid, z.B. mit Polysarkosin von einem Polymerisationsgrad von mindestens 10, so erreicht die Polymerisationsgeschwindigkeit eine Steigerung bis auf das 30fache einer mit einem niedermolekularen Amin initiierten Reaktion. Auf Grund dieser Tatsache lassen sich auch Wolle[1] oder Nylon®[2] mit N-Carbonsäureanhydriden modifizieren, um sie schrumpffest (Wolle) oder hydrophil (Nylon®) auszurüsten.

Auch Polymerisate aus Vinyl- oder Vinylidengruppen enthaltenden Verbindungen, die in Gegenwart von Ammoniak[3] polymerisiert worden sind, besitzen genügend freie Aminogruppen, um eine Aufpfropfung von N-Carboxy-anhydriden auf diesen Polymerisaten einzuleiten. Dadurch werden die ursprünglichen Eigenschaften der Ausgangspolymerisate wie Löslichkeit, thermisches Verhalten erheblich verändert.

Im allgemeinen geht der Auslösereaktion eine mehr oder weniger lange Induktionsperiode voraus, deren Schwankungen die Reproduzierbarkeit der Polykondensationsergebnisse erschweren. Nach D. Coleman[4] starten sehr kleine Mengen der Natrium- oder Kaliumsalze der meisten α-Amino-carbonsäuren (mit Ausnahme von Glykokoll und Cystin, deren Natriumsalze in Benzol völlig unlöslich sind!) die Polykondensationsreaktion in trockenen Lösungsmitteln sofort, wobei Polypeptide mit sehr hohen Molekulargewichten entstehen. Die Polykondensation kann meist schon bei Zimmertemperatur ausgeführt werden; Erwärmung z.B. auf dem Wasserbad erhöht die Reaktionsgeschwindigkeit, ohne die Endprodukte zu beeinflussen.

Die Lösungen derartiger Polypeptide in Benzol sind schon in relativ kleinen Konzentrationen (5%) hochviscos und erschweren so den Spinnvorgang. Durch die Zugabe von 5–20% Ameisensäure oder Methanol tritt aber eine starke Viscositätserniedrigung ein. In Methylenchlorid kann dagegen sehr viel mehr Polypeptid (25–30%) gelöst werden.

Die außerordentliche Empfindlichkeit der Aminosäure-N-carboxy-anhydride verlangt völlige Trockenheit der verwendeten Lösungsmittel und Geräte, um die Polykondensation in gewünschter Weise verlaufen zu lassen.

Darstellung eines Mischpolypeptides[4]: 9,42 g (0,06 Mol) *d,l*-Leucin-N-carbonsäureanhydrid (F: 58°) und 11,46 g (0,06 Mol) *d,l*-Phenyl-alanin-N-carbonsäureanhydrid (F: 127°) werden in 60 g Nitrobenzol aufgelöst. Nach Zugabe von 0,15 mMol Sarkosin-dimethylamid (in etwas Benzol gelöst) wird die Lösung 3 Tage bei 50° stehen gelassen. Nach dieser Zeit hat die Kohlendioxydentwicklung aufgehört, und die Polykondensation ist praktisch beendet. Durch Zugabe von Petroläther wird das Polypeptid ausgefällt und nach dem Absaugen mit Petroläther gewaschen und getrocknet.

Durch Einspinnen einer 15%igen Lösung des Mischpolypeptids in 90%iger Trichloressigsäure in Wasser von 20° werden Fäden erhalten, die in der gefalteten α-Form vorliegen. Werden diese Fäden anschließend kurze Zeit in Ameisensäure gelegt und bei 100° getrocknet, dann sind sie unlöslich in Benzol und zeigen die gestreckte β-Konfiguration.

Neben den nur in organischen Lösungsmitteln löslichen Polypeptiden lassen sich auch wasserlösliche[5] darstellen, die entweder Carboxygruppen (Polyglutaminsäure) oder Aminogruppen (Polylysin) tragen.

[1] E.P. 627910 (1949), Wolsey Ltd., Erf.: J. L. Bailey u. P. Alexander.
[2] A.P. 2592473 (1949), DuPont, Erf.: A. K. Schneider; Chem. Abstr. **46**, 6398ᶜ (1952).
[3] DAS. 1080776 (1956), Distillers Co. Ltd., Erf.: B. A. Ripley-Dugan.
[4] DBP. 926270 (1951), Courtaulds Ltd., Erf.: C. H. Bamford, W. E. Hanby u. F. Happey; C. **1956**, 7399.
[5] D. Coleman, Soc. **1950**, 3222.

c) Polykondensation von Dicarbonsäuren mit Diaminen
oder deren funktionellen Derivaten

Diese Gruppe von Polyamiden[1] basiert auf den klassischen Arbeiten von W. H. Carothers. Sie werden durch Kondensation von Diaminen und Dicarbonsäuren unter Wasserabspaltung erhalten. Der wichtigste hochmolekulare Vertreter dieser Reihe ist das Nylon®, zu dessen Herstellung *Adipinsäure* mit *Hexamethylendiamin* polykondensiert werden. Daneben sind, infolge der außerordentlichen Vielzahl der darstellbaren Dicarbonsäuren und Diamine, sehr viele Kombinationen hergestellt und beschrieben worden. –

Zum Aufbau hochmolekularer Polykondensate müssen kurzkettige bifunktionelle Komponenten vermieden werden, die wie Bernsteinsäure und Glutarsäure (Ausnahme s. S. 145) unter den Kondensationsbedingungen leicht zu Ringschlüssen neigen. Sie bilden mit Aminogruppen Imide, die als Kettenabbrecher ein weiteres Kettenwachstum verhindern.

$$CH_2-COOH \atop CH_2-COOH \quad + H_2N-R- \quad \rightarrow \quad {CH_2-CO \atop CH_2-CO}{\Large>}N-R-$$

Das gleiche gilt für die niederen Diamine, wie Äthylendiamin und Trimethylendiamin, bei denen sich leicht stickstoffhaltige Ringsysteme als blockierende Endgruppen bilden können.

Eine weitere Ausnahme bildet die *Dimethylmalonsäure*, die sich als Diphenylester mit Diaminen leicht in hochmolekulare Polyamide[2] überführen läßt.

Polyamide aus aliphatischen Ausgangsmaterialien geradzahliger Kettenlänge schmelzen höher als die benachbarten ungeradzahligen. Die Schmelzpunkte der Polyamide erniedrigen sich mit steigender CH_2-Gruppenzahl. In gleicher Weise wirken Alkylseitengruppen (s. S. 151).

Die Polykondensation eines Diamins mit einer Dicarbonsäure kann durch einfaches Zusammenschmelzen der Komponenten, die in höchster Reinheit vorliegen müssen, unter Stickstoff bei Temperaturen zwischen 180 und 300° bewirkt werden, wobei das bei der Kondensation entstandene Wasser abdestilliert wird. Man muß jedoch in jedem Falle darauf achten, daß die Kondensationstemperatur etwa 20° unterhalb des Zersetzungspunktes liegt. Allerdings erzielt man auf diese Weise nur selten ganz farblose Endprodukte. Bei empfindlichen Produkten ist es daher besser, in Lösungsmitteln zu arbeiten, im einfachsten Falle in Wasser, dessen letzte Reste aus der Schmelze durch Anlegen von Vakuum entfernt werden können. Da mit dem abdestillierten Wasser – je nach der Flüchtigkeit des Diamins –

---

[1] Zur raschen Bezeichnung einfacher, aliphatischer Polyamide hat sich ein Zahlensystem eingeführt, nach welchem die Anzahl der Kohlenstoffatome in den Kettengliedern zwischen den -NH-Gruppen angeführt wird, und zwar bei Kombinationen von verschieden langen Diaminen und Dicarbonsäuren jeweils die Zahl für den Diaminrest vor der für den Dicarbonsäurerest. Das Polyamid aus Hexamethylendiamin und Adipinsäure heißt daher Polyamid (oder Nylon®) 6.6, und das aus Hexamethylendiamin und Sebacinsäure Polyamid 6.10 (s. a. S.102).

Für Vergleiche verschiedener Polykondensate untereinander führt diese Bezeichnung allerdings leicht zu irrigen Ergebnissen. A. CANNEPIN, G. CHAMPETIER u. A. PARISOT befürworten daher, einerseits den Richtungssinn der Amidgruppen längs der Kette in Betracht zu ziehen und andererseits die Zahl der Methylengruppen zwischen den Amidgruppen zu zählen.

[2] S. B. SPECK, Am. Soc. **74**, 2876 (1952).

Tab. 18. Zusammenhang zwischen Schmelzpunkt und Zusammensetzung von
Polyamiden[1]

Polyamid aus		Bezeichnung	F
— Diamin	Carbonsäure	des Polyamids	des Polykondensats [°C]
Tetramethylen-	Adipinsäure	46	278
	Sebacinsäure	4.10	239
Pentamethylen-	Glutarsäure	55	198
	Adipinsäure	56	223
	Pimelinsäure	57	183
	Korksäure	58	202
	Azelainsäure	59	179
	Sebacinsäure	5.10	186
Hexamethylen-	Adipinsäure	66	265
	Pimelinsäure	67	228
	Korksäure	68	232
	Azelainsäure	69	226
	Sebacinsäure	6.10	223
Heptamethylen-	Adipinsäure	76	250
	Pimelinsäure	77	214
	Sebacinsäure	7.10	208
Octamethylen-	Adipinsäure	86	250
	Korksäure	88	225
	Sebacinsäure	8.10	210
Decamethylen-	Adipinsäure	10.6	236
	Korksäure	10.8	217
	Sebacinsäure	10.10	203

nicht unbeträchtliche Verluste daran eintreten können, ist es vorteilhaft, von
vornherein einen Überschuß an Diamin einzusetzen, der von Fall zu Fall durch eine
Probekondensation ermittelt werden muß. Bei Verwendung von Kohlendioxyd können
flüchtige Diamine als Carbonate, die weiter kondensieren, zurückgehalten werden.

In der Technik wird die Polykondensation in Wasser in Autoklaven ausgeführt,
wodurch die Bildung eines Vorkondensates ohne Aminverlust erreicht wird. Durch
langsames Ablassen des Wasserdampfes wird dann das Polykondensat erzeugt.

1. Polyamide aus aliphatischen Dicarbonsäuren und Diaminen

Polyamid aus 1,5-Pentamethylendiamin und Sebacinsäure[2] ohne Lösungsmittel: Man erhitzt
äquivalente Mengen von Pentamethylendiamin und Sebacinsäure in einem geschlossenen Glasgefäß mit Hilfe eines Ölbades eine Stde. auf 220–230°, wobei sich ein Polyamid mit niedrigem
Mol.-Gew. bildet. Dann wird der Druck auf 1 Torr erniedrigt und das niedrigmolekulare Polyamid weitere 3 Stdn. auf 230–240° erhitzt. Das homogene Reaktionsgemisch wird allmählich
zähflüssiger in dem Maße, wie das Mol.-Gew. ansteigt. Aus der Schmelze des Pentamethylen-
sebacinamides läßt sich beim Berühren mit einem Glasstab ein in der Kälte gut reckbarer Faden
abziehen. Die Schmelze erstarrt bei 186°.

---

[1] R. DACHS u. E. SCHWARTZ, Ang. Ch. **74**, 540 (1962). Die meisten Schmelzpunkte wurden mit
einem Penetrometer bestimmt nach O. B. EDGAR u. R. HILL, J. Polymer Sci. **8**, 1 (1952);
s. a. O. B. EDGAR u. E. ELLERY, Soc. **1952**, 2633.
[2] DRP. 749747 (1935), DuPont; C. **1946** I, 1799.

Die Entfernung des bei der Polykondensation entstehenden Wassers ist für die Geschwindigkeit der Polyamidbildung von wesentlichem Einfluß. Durch Einleiten von Kohlenoxysulfid[1] in die Polyamidschmelze, das schon mit Wasserspuren unter Kohlendioxyd- und Schwefelwasserstoffbildung reagiert, kann man sehr schnell hochmolekulare Polykondensate erhalten.

Da es schwierig ist, die Polyamidschmelzen ohne größere Verluste aus Glasgefäßen zu entfernen, ist es oft vorteilhaft, in einem inerten Verdünnungsmittel zu kondensieren. Dafür geeignet sind u. a. Xylenole, p-tert.-Butyl-phenol und das eutektische Gemisch von Biphenyl und Diphenyläther. Die Kondensation der Dämpfe unter Abscheidung des Kondensationswassers (evtl. mit Trocknungsmitteln) beschleunigt die Reaktion.

Polyamid aus 1,6-Hexamethylendiamin und Sebacinsäure in Xylenol[2]: Man erhitzt 26,4 Tle. 1,6-Hexamethylendiamin, 33,2 Tle. Adipinsäure und 60 Tle. technisches Xylenol (Kp: 218–223°) 7 Stdn. am Rückfluß zum Sieden. Dann wird das Polyamid durch Ausgießen unter Rühren in viel Äthanol als weißes, körniges Pulver abgeschieden, das bei 250° zu einer zähen, fadenziehenden Schmelze aufschmilzt.

Man kann aber auch gegen Ende der Polykondensation das Lösungsmittel durch Abdampfen im Vakuum[3] entfernen. Der Vorteil dieses Verfahrens ist, daß kein Verlust an Diaminen eintritt und die Bildung sekundärer Amine, die bei der Polykondensation in Wasser auftreten können, vermieden wird.

Da die primäre Reaktion in der Bildung eines Salzes aus dem Diamin und der Dicarbonsäure besteht, hat es sich oft als vorteilhaft erwiesen, zunächst diese Salze getrennt für sich herzustellen und erforderlichenfalls durch Umkrystallisation weiter zu reinigen. Am leichtesten erhält man die Salze in krystallisierter Form mit konstanter Zusammensetzung durch Vermischen äquimolekularer Mengen des Diamins und der Dicarbonsäure in einem Lösungsmittel, in dem das gebildete Salz schwer löslich ist. Die Salze sollen praktisch neutral sein, um bei der Polykondensation die Erreichung möglichst hoher Molekulargewichte zu ermöglichen. Je nach Art der Vermischung der in Lösungsmitteln gelösten Reaktionspartner (Diamin und Dicarbonsäure!) werden Salze etwas verschiedener Zusammensetzung erhalten. Das Diamin-Dicarbonsäure-Verhältnis kann leicht durch eine elektrometrische Messung bestimmt werden. Ein neutrales Salz aus Adipinsäure-Hexamethylendiamin entsteht nach folgender Vorschrift:

Adipinsäure-1,6-Hexamethylendiamin-Salz[4]: In einen 4-l-Dreihalskolben mit Thermometer, Rührer und zwei Tropftrichtern (0,5 und 1 l Inhalt), der in einem Wasserbad von 32° steht, gibt man 300 cm³ Methanol. Der eine der Tropftrichter wird mit einer Lösung von 139,2 g 1,6-Hexamethylendiamin in 245 cm³ Methanol und der andere mit einer Lösung von 177,0 g Adipinsäure in 800 cm³ Methanol beschickt.

Das Hexamethylendiamin soll einen Erstarrungspunkt von 40,70° und ein Neutralisationsäquivalent von höchstens 58,5 (bestimmt mit n/3 Schwefelsäure und Methylrot) haben. Die Adipinsäure soll den Schmelzpunkt 152° haben. Bei der Einwaage ist ein Wassergehalt der Adipinsäure von 1% anzusetzen.

Beide Lösungen läßt man unter gutem Rühren gleichmäßig innerhalb 10 Min. in den Kolben einlaufen. 2 Min. nach Beginn des Eintragens steigt die Innentemp. auf 43–46° und bleibt dabei bis zur Beendigung des Eintragens. Der Inhalt wird dann auf 8° abgekühlt, das ausgefallene Salz

[1] F.P. 892846 (1943), I.G. Farb.; C. 1948 I (Ostberlin), 177.
   S. a. V. V. KORSHAK u. Mitarbb., Vysokomolekulyarnye Soedineniya 1, 799 (1959).
[2] DRP. 749747 (1935), DuPont; C. 1946 I, 1799.
[3] F.P. 1201887 (1958), Snia Viscosa.
[4] Laborvorschrift von W. LEHMANN, Farbf. Bayer.

auf einer Nutsche abgesaugt und dreimal mit je 225 cm³ kaltem Methanol gewaschen. Das Salz wird dann i. Vak. bei 60° getrocknet; Ausbeute: 303,4 g (96% der Theorie).

Das Salz schmilzt bei 186–187° (wobei gleichzeitig die Amidierungsreaktion unter starker Wasserabspaltung beginnt).

Der p_H-Wert einer 9,5 gew.-%igen Lösung dieses Salzes in kohlendioxydfreiem Wasser (gemessen mit der Glaselektrode) soll 7,62 sein. Hat man unter den oben angegebenen Versuchsbedingungen 1% Überschuß an Adipinsäure eingesetzt, dann fällt der p_H-Wert des Salzes auf 7,51. Unter diesen Umständen empfiehlt es sich, das Salz in der folgenden Weise umzukrystallisieren:

300 g Salz werden in der siedenden Mischung von 450 cm³ Äthanol und 160 cm³ destilliertem Wasser gelöst. In die siedende Lösung gibt man langsam weitere 4 l Äthanol, dann wird auf 15° abgekühlt, das ausgefallene Salz abgesaugt und mit etwas kaltem Äthanol auf der Nutsche gewaschen; Ausbeute: 287 g = 94,4% der Theorie; Löslichkeit in Wasser bei 25° 0,4% und in absol. Äthanol bei 25° 0,02%.

Durch geeignete Auswahl von Alkoholen und Alkohol-Wasser-Mischungen lassen sich nach den angegebenen Methoden auch andere Diamin-Dicarbonsäure-Salze herstellen. In manchen Fällen können sich auch Salze mit stark abweichenden stöchiometrischen Zusammensetzungen bilden. So ergibt *Pimelinsäure*[1] auch mit einem Überschuß an *Tetramethylendiamin* ein schwerlösliches, saures Salz der Zusammensetzung 2 Mol Pimelinsäure : 1 Mol Tetramethylendiamin.

1,5-Pentamethylen-diammonium-sebacat[2]: In die Lösung von 510 g Sebacinsäure in 2350 cm³ Butanol werden 272 g (5% Überschuß) Pentamethylendiamin gegeben. Die Mischung wird am Rückflußkühler solange zum Sieden erhitzt, bis völlige Lösung eingetreten ist. Dann wird abgekühlt. Die sich abscheidenden Krystalle werden abgesaugt und mit Aceton gewaschen. Die Salzausbeute beträgt 94% der Theorie. Das Salz schmilzt bei 129°, es ist löslich in Wasser, Äthanol und heißem Butanol. Im Neutralzustand ist der p_H-Wert des Salzes 7,5.

Im Gegensatz zur Polykondensation des Caprolactams wird die Polykondensation des *Adipinsäure-Hexamethylendiamin-Salzes* mit viel Wasser durchgeführt, um die Reaktionsmasse genügend flüssig zu erhalten, bevor die Kondensationstemperatur (180°) erreicht wird. Man führt die Polykondensation unter diesen Bedingungen in einem Autoklaven in einer ersten Stufe so weit, daß der größte Teil des Salzes in die Amidstufe übergeführt wird. Dabei bildet sich ein noch niedermolekulares Polykondensat, das in dem Wasser bei 220–230° noch löslich ist. – In der zweiten Stufe wird die Temperatur des Reaktionsgefäßes allmählich bis auf 290° gesteigert.

Polyamid aus 1,6-Hexamethylen-adipamid[3]: In einen Autoklaven aus V2A®-Stahl wird folgende Mischung eingefüllt:

  1048   g Adipinsäure-Hexamethylendiamin-Salz (4 Mol),
  7,31 g Adipinsäure (0,05 Mol),
  5,86 g Hexamethylen-diammonium-acetat (0,025 Mol) und
  187 cm³ destilliertes Wasser.

Die Adipinsäure und das Hexamethylen-diammonium-acetat sind Viscositätsstabilisatoren. Das essigsaure Salz wird hergestellt, indem man zu einer am Rückfluß kochenden Lösung von 341 g Hexamethylendiamin in 2,5 l 98%igem Propanol und 67 cm³ Wasser die Lösung von 357 g Eisessig in 1 l 98%igem Propanol-(2) gibt. Nach dem Abkühlen werden 610 g (87,8% d. Th.) krystallisiertes Hexamethylen-diammonium-acetat (p_H = 7,58; F: 147–149°) erhalten.

Nach der Beschickung des Autoklaven wird die Luft durch Evakuieren entfernt und darauf sauerstofffreier Stickstoff eingefüllt. Dann wird in einem Ölbad von 250° solange geheizt, bis der Druck auf 19 at gestiegen ist. Durch vorsichtiges Öffnen des Ventils (wobei Wasser aus dem Autoklaven entweicht) wird dann der Druck zwischen 17,5 und 19 at gehalten und das Bad bis auf 290° hoch geheizt. Nach Erreichen dieser Temp. wird der Druck völlig abgelassen und zwar so, daß die Abnahme etwa 0,70 at/Min. beträgt. Dann wird noch 1 Stde. bei der gleichen

---

[1] F.P. 906004 (1943), BASF, Erf.: P. Schlack.
[2] D. D. Coffman u. Mitarbb., J. Polymer Sci. **2**, 306 (1947).
[3] Laborvorschrift, Farbf. Bayer.

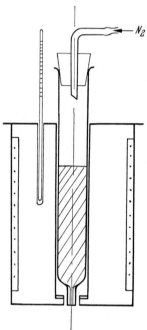

Temp. drucklos weiter geheizt. Der Autoklav wird dann abgekühlt, und das Polymere kann als weißer, zäher Kuchen entnommen werden. Es schmilzt im Kupferblock an der Luft bei 250° und in einem unter Stickstoff abgeschmolzenen Schmelzpunktsglas bei 264°; $[\eta] = 1{,}0 - 1{,}4$ (0,5% in m-Kresol).

Spinnversuch: Polymeres Hexamethylen-adipamid läßt sich leicht zu Fäden verspinnen, wenn man die Schmelze des Polyamides mit Hilfe von Stickstoffdruck durch eine geeignete Düsenöffnung preßt. Zu diesem Zwecke füllt man die in kleine Stückchen zerkleinerte Polyamidmenge in ein etwa 150 mm langes Glasrohr von 20 mm lichter Weite, an dessen unterem Ende eine 5–10 mm lange Kapillare mit 1 mm Bohrung angeschmolzen ist (s. Abb. 10). Das offene Ende des Glasrohres wird mit einem Gummistopfen mit einem Rohr für die Stickstoffzufuhr verschlossen. Da man die Polyamidschmelze mit einem kleinen Überdruck ausdrücken muß, sichert man den Gummistopfen am besten mit einer Drahtligatur. Dann stellt man dieses Rohr in einen elektrisch heizbaren Metallzylinder, dessen Bohrung nur wenig größer ist als der Außendurchmesser des Glasrohres. Dabei soll zu Beginn das untere Rohrende mit der Düse ganz in der Bohrung des Metallzylinders verschwinden. Nach genügendem Durchleiten von reinem Stickstoff schaltet man die elektrische Heizung an und heizt auf 290–295°. Sobald etwas von dem entstehenden Schmelzfluß in die Kapillare gedrungen ist, senkt man das Glasrohr so tief, daß die Düse mehrere Millimeter aus dem Heizblock herausragt. Durch Abkühlen, was man durch einen kleinen Luftstrom beschleunigen kann, bringt man die Schmelze in der Kapillare zur Erstarrung und dichtet auf diese Weise das Gefäß ab. Ohne weitere Stickstoffzufuhr wartet man nun das vollständige Aufschmelzen ab. In manchen Fällen ist es zur Vermeidung von Störungen des Spinnprozesses zweckmäßig, im Schmelzfluß vorhandene Gasblasen durch Anlegen eines schwachen Vakuums zu entfernen, dann gibt man etwas Stickstoffdruck auf die Apparatur und schmilzt mit einer kleinen Flamme vorsichtig die in der Kapillare erstarrte Masse auf. Danach zieht man das Glasrohr um einige Millimeter höher in den Heizblock hinein, damit die Düse nicht erneut wieder abgekühlt wird und zieht die austretende Schmelze als Faden mit Hilfe einer kleinen rotierenden Walze mit Geschwindigkeiten bis zu 200–300 m/Min. ab.

Nach dem Spinnen können die Fäden auf etwa das 4fache gestreckt werden. Die Fäden sind dann sehr fest, farblos und glänzend und haben ein seidenähnliches Aussehen. Sie reißen

Abb.10.Laborapparatur zum
Verspinnen von Polyamiden

unter einer Last von etwa 6 g/den[1] und dehnen sich dabei um etwa 20–25% aus.

2. Polyamide aus funktionellen Derivaten von Dicarbonsäuren und Diaminen

α) aus Dicarbonsäureestern

Zur Polyamidbildung sind neben den freien Dicarbonsäuren auch deren Ester (vor allem Arylester) geeignet. Die bei niedrigeren Temperaturen verlaufenden Umsetzungen von Dicarbonsäurediestern mit Diaminen sind in den Fällen von Vorteil, wo durch zu hohe Kondensationstemperaturen Zersetzungen der freien Dicarbonsäuren eintreten können oder wo diese zu schwer löslich und zu hochschmelzend sind (z. B. Terephthalsäure s. S. 146). Zum Beispiel sind gut schmelz- und spinnbare Poly-oxalsäureamide nur über die Oxalester zugänglich.

Die niederen aliphatischen Oxalester – am besten in Verdünnung mit trockenen Lösungsmitteln wie Äthanol oder Toluol – reagieren bereits ohne zusätzliche Wärme-

---

[1] Mit den (denier) wird die Fadenstärke bezeichnet. Wenn 9000 m Faden 1 g wiegen, dann ist dieser Faden 1 den stark. 15 den Nylon®-Strumpfseide hat einen Durchmesser von 0,0055 mm.

einwirkung unter Bildung eines Vorkondensates, das durch nicht zu langes Erhitzen unter Stickstoff auf Temperaturen, die nicht höher als 20–30° über dem Schmelzpunkt liegen sollen, in den hochpolymeren Zustand übergeführt wird. Bei aliphatischen Diaminen sollen die beiden Aminogruppen durch mindestens sechs Methylengruppen voneinander getrennt sein. Gut geeignet sind aliphatische Diamine mit einer oder zwei Methyl- oder Methoxygruppen[1] als Seitenketten. Besonders hochmolekulare Polyoxalsäureamide ($[\eta] < 1{,}0$) kann man erhalten, wenn man den aus sehr reinem (d.h. von Halbestern freiem) Oxalester und Diamin in Lösung erhältlichen Vorkondensaten vor dem endgültigen Auskondensieren 0,1–0,2% Arsen-(III)-oxyd oder Antimon-(III)-chlorid[2] zusetzt.

Polyamid aus 1,10-Decamethylendiamin und Dibutyloxalat[3]: Dibutyloxalat wird von sauren Bestandteilen am besten dadurch gereinigt, daß man es mit etwa 10% seines Gewichtes an Calciumhydroxyd unter wasserfreien Bedingungen über Nacht rührt. Nach dem Filtrieren wird i. Vak. destilliert; $Kp_{0{,}85}$: 84°.

In einen 250 cm³-Dreihalskolben mit Rührer, Stickstoffeinleitungsrohr und Calciumchloridrohr gibt man zu 17,23 g (0,1 Mol) 1,10-Decamethylendiamin (Kp_{12}: 139–141°; F: 60–61°) in 25 cm³ Toluol (über Natrium getrocknet) unter Stickstoffeinleiten und Rühren schnell 20,22 g (0,1 Mol) Dibutyloxalat und spült mit 15 cm³ trockenem Toluol nach. Das Gemisch erwärmt sich, und nach sehr kurzer Zeit scheidet sich ein weißes Vorkondensat ab; $[\eta] = 0{,}15$–$0{,}25$ (0,5% in Schwefelsäure). 2 Stdn. nach der Zugabe wird der Kolben in einem Heizbad auf 270° erhitzt, wobei man das Ende des Stickstoffeinleitungsrohres bis eben über die Flüssigkeitsoberfläche zieht. Das Toluol destilliert ab. Danach wird die Schmelze 1 Stde. bei 270° gehalten. Das zähe, weiße Polyoxamid schmilzt bei 240° und läßt sich zu Fäden verspinnen; $[\eta] = 0{,}6$–$0{,}7$ (0,5% in Schwefelsäure).

Erhitzt man dagegen das aus 1,10-Decamethylendiamin und Oxalsäure herstellbare Salz unter Polykondensationsbedingungen, dann erhält man ein bei 229° schmelzendes Polykondensat, das sich beim Aufschmelzen schnell verändert und dabei unschmelzbar wird.

β) aus Bis-carbonsäurechloriden

Die hohe Reaktionsfreudigkeit bifunktioneller Säurechloride mit bifunktionellen Diaminen, die ohne besondere Vorkehrungen nur zu verhältnismäßig niedrigmolekularen[4] Polyamiden führt, wurde in origineller Weise in einer sogenannten Grenzflächenpolykondensation[5] ausgenutzt. Dabei werden die Reaktionsteilnehmer in zwei miteinander nicht oder nur teilweise löslichen Flüssigkeiten gelöst. Die Polykondensation kann daher nur an den Trennungsflächen der beiden flüssigen Phasen vor sich gehen und so in einfacher Weise unter Kontrolle gehalten werden. Am einfachsten überschichtet man die Lösung eines Bis-acylchlorides in einem spezifisch schwereren organischen Lösungsmittel vorsichtig mit der wäßrigen Lösung eines Diamins. Der sich an der Trennungsfläche der beiden Flüssigkeiten in lebhafter Reaktion bildende dünne Film verhindert weiteres Zusammendiffundieren und damit die Reaktion. Erst wenn dieser Film durch vorsichtiges Hochziehen aus der Lösung entfernt wird, geht die Reaktion unter sofortiger Neubildung weiter, so daß sich dieser Vorgang leicht kontinuierlich gestalten läßt. Die genaue Einhaltung

---

[1] A.P. 2704282 (1952), DuPont, Erf.: G. S. STAMATOFF; Chem. Abstr. **49**, 9936[h] (1955).

[2] A.P. 2977340 (1958), DuPont, Erf.: S. D. BRUCK.

[3] A.P. 2558031 (1947), Celanese Corp. of America; Erf.: S. J. ALLEN u. J. G. N. DREWITT; Chem. Abstr. **45**, 9917[c] (1951).

s. a. Belg.P. 588999 (1960), I.C.I.

[4] A.P. 2130523 (1935), DuPont, Erf.: W. H. CAROTHERS; Chem. Abstr. **32**, 9498[1] (1938).

[5] E. L. WITTBECKER u. P. MORGAN, J. Polymer Sci. **40**, 289 (1959).

P. W. MORGAN u. S. L. KWOLEK, J. chem. Educ. **36**, 182, 530 (1959).

stöchiometrischer Verhältnisse ist nicht notwendig, lediglich die Konzentration der Reaktionsteilnehmer sollte konstant gehalten werden, um über einen längeren Zeitraum eine gleichmäßige Polykondensation zu erhalten. Obwohl die Grenzflächenpolykondensation im Gegensatz zur thermischen Gleichgewichtspolykondensation unter Bildung hoher Molekulargewichte (10000—40000) abläuft, lassen sich noch höhere Molekulargewichte einstellen, wenn man die beiden Komponentenlösungen im Augenblick ihrer gegenseitigen Berührung durch zusätzliche Maßnahmen noch in einen **strömenden Zustand**[1] bringt.

Ein im Laboratorium sehr einfach auszuführender Versuch, der sich auch für Vorlesungszwecke eignet (s. Abb. 11), ist im folgenden beschrieben.

Polyamid aus Sebacoylchlorid und Hexamethylendiamin[2]: In ein Becherglas von etwa 200 cm³ Inhalt gibt man die Lösung von 3 cm³ Sebacoylchlorid (frisch destilliert; $Kp_{0,5}$: 124°) in 100 cm³

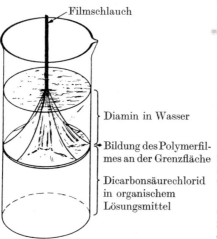

Filmschlauch

Diamin in Wasser

Bildung des Polymerfilmes an der Grenzfläche

Dicarbonsäurechlorid in organischem Lösungsmittel

Abb. 11. Grenzflächenpolykondensation

Tetrachlormethan oder Tetrachloräthylen. Darüber gießt man sehr vorsichtig (am besten mit Hilfe eines Tropftrichters, dessen Auslaufrohr zu einer nicht zu feinen Spitze ausgezogen wurde!) die Lösung von 4,4 g Hexamethylendiamin in 50 cm³ Wasser. Der sich an der Grenzfläche sofort bildende Film ist anfangs infolge der nicht zu kontrollierenden Oberflächenunruhe der beiden Lösungen etwas unregelmäßig. Mit Hilfe einer Pinzette schiebt man den Film vorsichtig bis zur Mitte der Grenzfläche und der daran klebende Film wird beim Herausnehmen der Pinzette hochgehoben, wobei sich kontinuierlich[3] neuer Film nachbildet, der wie ein stark gequollener Schlauch auf eine darüber befindliche Rolle aufgewickelt werden kann.

Nach gründlichem Waschen in 50%igem Äthanol oder Aceton und anschließend mit Wasser wird nach dem Trocknen das Polyamid erhalten, daß die gleichen physikalischen Eigenschaften[4] aufweist wie das nach der thermischen Polykondensation erhaltene Polyamid.

Das Verfahren ist hinsichtlich der Lösungsmittel, der Konzentration und der Durchführung (Abzugsgeschwindigkeit des Filmes) erheblich variabel[5] und erlaubt, auch solche Reaktionskomponenten zu verwenden, bei denen eine thermische Polykondensation schwierig oder sogar unmöglich ist. Mit Hilfe dieser Methode können auch Polyamide mit reaktionsfähigen Gruppen, z.B. Hydroxygruppen, oder mit Kohlenstoffmehrfachbindungen hergestellt werden.

Selbstverständlich kann man die beiden reaktionsfähigen Phasen auch durch intensives **Mischen** miteinander in Verbindung bringen. Die Reaktion verläuft dann an der Oberfläche kleiner Tröpfchen. Zur Durchführung dieser Reaktion eignen sich sehr gut handelsübliche Haushaltsmischgeräte.

[1] N. V. Mikhailov, V. I. Maiboroda, u. S. S. Nikolaeva, Vysokomolekulyarnye Soedineniya 2, 989 (1960).

[2] E. L. Wittbecker u. P. Morgan, J. Polymer Sci. 40, 289 (1959).
    P. W. Morgan u. S. L. Kwolek, J. chem. Educ. 36, 182, 530 (1959).

[3] s. Abb. 1 in P. W. Morgan u. S. L. Kwolek, J. chem. Educ. 36, 182 (1959).

[4] N. V. Mikhailov u. Mitarbb., Vysokomolekulyarnye Soedineniya 2, 1283 (1960).

[5] P. W. Morgan u. S. L. Kwolek, J. Polymer Sci. 40, 299 (1959).
    R. G. Beamann u. Mitarbb., J. Polymer Sci. 40, 329 (1959).
    M. Katz, J. Polymer Sci. 40, 337 (1959).
    V. E. Shashoua u. W. M. Eareckson, J. Polymer Sci. 40, 343 (1959).

Polyamid aus Terephthaloylchlorid und 1,4-Tetramethylendiamin[1]: In ein Gefäß aus nicht-rostendem Stahl von 8 *l* Inhalt gibt man die Lösung von 5,54 g (0,063 Mol) 1,4-Tetramethylen-diamin, 7,06 g (0,126 Mol) Kaliumhydroxyd in 4,5 *l* destilliertem Wasser. Die Lösung wird mit einem gut wirkenden Blattrührer kräftig durchgerührt. Dazu gibt man bei Zimmertemp. schnell die Lösung von 7,31 g (0,036 Mol) Terephthaloylchlorid in 1 *l* Methylenchlorid. Nach 10 Min. wird das feste Polykondensat abgesaugt, in destilliertem Wasser erhitzt um das adsorbierte Methylenchlorid zu entfernen, 2 mal mit kochendem Wasser gewaschen und bei 80° i. Vak. getrocknet; Ausbeute: 9,7 g (80% d. Th.); F: 436°; $[\eta] = 1{,}20$ (0,5% in Schwefelsäure).

Das Polyamid löst sich in Trifluoressigsäure und läßt sich aus solcher Lösung nach der Trocken-spinnmethode zu hoch krystallinen Fäden verspinnen, die nach Orientieren in Dampf sehr fest werden.

Weitere Beispiele mit Bis-carbonsäurechloriden s. S. 146, 150, mit Bis-sulfonsäure-chloriden S. 175.

Bei der Grenzflächenpolykondensation von aromatischen Diaminen mit aromati-schen Bis-carbonsäurechloriden, die über einen großen p_H-Bereich der wäßrigen Phase untersucht wurden[2], wurde gefunden, daß die im sauren Medium erhaltenen Polyamide die höchsten Molekulargewichte hatten.

γ) Polyamide aus Dinitrilen

Statt der Dicarbonsäuren kann man auch Dinitrile[3] mit Diaminen unter Druck in Gegenwart von Wasser direkt polykondensieren, wobei das Dinitril über die Diamid-stufe verseift wird, und dann eine Umamidierung eintritt. Zur Abkürzung des Ver-seifungsprozesses empfiehlt es sich in manchen Fällen, ein wasserlösliches Lösungs-mittel, z.B. Phenol, zuzusetzen. Die Hauptmenge des freiwerdenden Ammoniaks, der kettenabbrechend wirkt, kann am besten beim Abblasen des Wasserdampfes aus dem Autoklaven mit entfernt werden. Anschließend wird dann die Polykondensation durch Einleiten von Stickstoff in die Schmelze oder durch Evakuierung vollendet.

Polyamid aus 1,6-Hexamethylendiamin und 1,4-Dicyan-butan[3]: In einem Autoklaven werden 5,405 Tle. Hexamethylendiamin, 5,805 Tle. Adipinsäure-dinitril und 10,8 Tle. Wasser auf 210–215° 20 Stdn. erhitzt. Durch vorsichtiges Öffnen des Ventils hält man den Druck auf 25 at, so daß das Ammoniak neben wenig Wasserdampf entweichen kann. Zum Schluß wird der Auto-klav entspannt. Die Reste von Wasser und Ammoniak werden nach Erhitzen auf 255° durch Evakuierung des Autoklaven während 1 Stde. entfernt. Dann wird die Temp. während wei-terer 2 Stdn. auf 285° gesteigert, wobei das bisher noch relativ niedermolekulare Produkt zu einer zähen Schmelze weiterkondensiert, aus der kalt reckbare, feste Fäden gesponnen werden können.

In analoger Weise lassen sich natürlich auch Aminocarbonsäurenitrile[4] zu Polyamiden polykondensieren.

Dinitrile lassen sich mit Dicarbonsäuren auch in Polyamide überführen, wenn man sie unter Polykondensationsbedingungen in Gegenwart von Katalysatoren mit Wasserstoff[5] behandelt. Die dabei durch partielle Hydrierung entstehenden Amino-gruppen unterliegen der Umamidierung mit den gleichzeitig durch Verseifung der Ni-trilgruppen entstandenen Carbonamiden. Das Verfahren hat keine technische Be-deutung.

---

[1] V. E. Shashoua u. W. M. Eareckson, J. Polymer Sci. **40**, 343 (1959).

[2] L. B. Sokolov u. T. V. Kudim, Vysokomolekulyarnye Soedineniya **2**, 698 (1960).

[3] A.P. 2245129 (1941), DuPont, Erf.: C. H. Greenewalt; Chem. Abstr. **35**, 6110[7] (1941).

[4] Siehe Abschnitt Polyamide aus funktionellen Derivaten der Aminocarbonsäuren, S. 109.

[5] F.P. 879480 (1942), A. Skita u. W. Stühmer; C. **1943** II, 1319.

F.P. 893493 (1943), I. G. Farb.; C. **1948** I, 961.

Unter Anlagerung von Dialkoholen oder Diolefinen an Dinitrile – unter dem Einfluß starker Säuren – entstehen Polyamide, die aber bisher ohne praktische Bedeutung geblieben sind. Für di-tert.-Dialkohole[1] reicht dabei konzentrierte Ameisensäure aus, während zur Anlagerung von disekundären Dialkoholen[2] konzentrierte Schwefelsäure erforderlich ist. Di-tert.-Diolefine lagern sich besonders leicht an[3].

$$\text{NC—(CH}_2)_n\text{—CN} + \text{HO—(CH}_2)_x\text{—OH} \xrightarrow{\text{H}^{\oplus}}$$

$$\text{NC—(CH}_2)_n\text{—}\underset{\overset{||}{O}}{C}\text{—NH—}\left[\text{(CH}_2)_x\text{—NH—}\underset{\overset{||}{O}}{C}\text{—(CH}_2)_n\text{—}\underset{\overset{||}{O}}{C}\text{—NH}\right]_y\text{—(CH}_2)_x\text{—NH—}\underset{\overset{||}{O}}{C}\text{—(CH}_2)_n\text{—CN}$$

Die Reaktion lehnt sich an die schon früher bekannt gewordene Anlagerung einfacher tert.-Monoalkohole bzw. entsprechender Monoolefine an Nitrile an[4]. Bei der Anlagerung in Gegenwart von Schwefelsäure wird sowohl bei den Olefinen wie bei den Alkoholen als Zwischenprodukt ein *Schwefelsäureester* angenommen.

$$\text{R—CH=CH—R}' + \text{H}_2\text{SO}_4 \longrightarrow \text{R—CH}_2\text{—}\underset{\overset{|}{R'}}{CH}\text{—OSO}_3\text{H}$$

$$\text{R}''\text{—CN} + \text{R—CH}_2\text{—}\underset{\overset{|}{R'}}{CH}\text{—OSO}_3\text{H} \xrightarrow{\text{H}^{\oplus}} \text{R}''\text{—}\underset{\overset{|}{OSO_3H}}{C}\text{=N—}\underset{\overset{|}{R'}}{CH}\text{—CH}_2\text{—R} \xrightarrow{\text{H}_2\text{O}}$$

$$\text{R}''\text{—}\underset{\overset{||}{O}}{C}\text{—NH—}\underset{\overset{|}{R'}}{CH}\text{—CH}_2\text{—R}$$

Anlagerung von 1,10-Dimethyl-decandiol-(1,10) an Adipinsäuredinitril[2]: Eine Lösung von 1,08 g (0,01 Mol) Adipinsäuredinitril und 2,02 g (0,01 Mol) 1,10-Dimethyldecandiol-(1,10) wird unter Rühren zu 9,2 g konz. Schwefelsäure gegeben. Es tritt eine exotherme Reaktion ein. Das Gemisch läßt man zwei Tage bei Raumtemp. stehen. Die viscose Lösung wird hierauf in kaltes Wasser eingegossen, neutralisiert und das ausgefallene Polyamid mit Wasser gewaschen. Das Polyamid hat die Konsistenz eines Glaserkittes.

Unter Anwendung von *Terephthalsäuredinitril* statt Adipinsäuredinitril erhält man ein pulvriges Polyamid, das im Schmelzfluß zu Fasern ausgezogen werden kann.

Anlagerung von 2,11-Dimethyl-1,11-dodecadien an Adipinsäuredinitril[3]: Eine Mischung von 1,9 g 2,11-Dimethyl-1,11-dodecadien, 1,08 g Adipinsäuredinitril und 4,8 g 90%iger Ameisensäure wird während 5 Stdn. am Rückflußkühler zum Sieden erhitzt und anschließend in Eiswasser eingerührt, wobei 1,6 g Polyamid ausfallen. Das Polyaddukt ist löslich in Alkohol und kann durch Lösen in Alkohol und Wiederausfällen mit Wasser gereinigt werden. Das gereinigte Polymere erweicht bei 95—100°.

Di-tert. Alkohole ergeben etwa unter denselben Kondensationsbedingungen wie Diolefine eine glatte Anlagerung[1]. Im vorliegenden Falle kann so *2,11-Dimethyl-2,11-dodecandiol* benutzt werden.

---

[1] A.P. 2628218 (1949), DuPont, Erf.: E. E. MAGAT; Chem. Abstr. **47**, 5130[a] (1953).
[2] A.P. 2628216 (1949), DuPont, Erf.: E. E. MAGAT; Chem. Abstr. **47**, 5129[e] (1953).
[3] A.P. 2628219 (1949), DuPont, Erf.: E. E. MAGAT; Chem. Abstr. **47**, 5130[c] (1953).
[4] J. J. RITTER u. P. P. MINIERI, Am. Soc. **70**, 4045 (1948).
  J. J. RITTER u. J. KALISH, Am. Soc. **70**, 4048 (1948).
  J. J. RITTER u. R. LUSSKIN, Am. Soc. **72**, 5577 (1955).
  J. J. RITTER u. F. X. MURPHY, Am. Soc. **74**, 763 (1952).
  A.P. 2573673 (1950), J. J. Ritter; Chem. Abstr. **46**, 9584[h] (1952).

δ) Polyamide aus Diisocyanaten

Drucklos und unter milden Bedingungen kann man zu Polyamiden gelangen, wenn man Diisocyanate[1] auf Dicarbonsäuren einwirken läßt (vgl. a. ds. Handb., Bd. VIII, Kap. Funktionelle N-Derivate der Carboxygruppe, S. 651). Unter Kohlendioxydabspaltung geht die Umsetzung schon bei Temperaturen von 50–100° vor sich und wird zweckmäßig im Vakuum bei Schmelztemperatur beendet. Die Reaktion läßt sich auch in Lösungsmitteln durchführen.

Polyamid aus Nonan-1,9-dicarbonsäure und 1,6-Hexamethylendiisocyanat[1]: 21,6 g Nonan-1,9-dicarbonsäure werden in einem mit Rückflußkühler versehenen Kolben mit 16,7 g 1,6-Hexamethylendiisocyanat in 100 cm³ 1,2,4-Trichlor-benzol vorsichtig erhitzt. Schon bei etwa 50° findet eine sehr lebhafte Kohlendioxydabspaltung statt. Beim Nachlassen dieser Reaktion wird langsam bis zum Sieden erhitzt und einige Stdn. auf dieser Temp. gehalten. Die Kohlendioxydentwicklung kommt nach Abspaltung der berechneten Menge zum Stillstand. Das als Schmelze abgeschiedene Polyamid erstarrt beim Abkühlen und wird anschließend i. Vak. noch 1 Stde. auf 220° erhitzt. Das etwas gelbliche Polykondensat ist dann fadenziehend und schmilzt bei 192–193°.

Diese Reaktion hat besonders dann praktisches Interesse, wenn niedrig molekulare, verhältnismäßig empfindliche, lineare Polykondensate, z. B. Polyester-amide mit Hydroxy- bzw. Carboxyendgruppen rasch bis zur verspinnbaren Kondensationsstufe weiter verkettet werden sollen, oder wenn die Dicarbonsäuren bei der Polykondensation weiter verändert werden (z. B. Fumarsäure durch Addition). Auch Hydroxycarbonsäuren reagieren glatt mit Diisocyanaten und werden dabei in Polyamidurethane[2] übergeführt.

Polyamid-urethan aus 11-Hydroxy-undecansäure und 1,6-Hexamethylendiisocyanat: Werden 20,2 g 11-Hydroxy-undecansäure und 16,8 g 1,6-Hexamethylendiisocyanat vorsichtig unter Luftabschluß erhitzt, so beginnt schon bei 40° eine stetige Kohlendioxydabspaltung. Nachdem die Hauptmenge an Kohlendioxyd abgespalten worden ist, wird die Temp. auf 180–200° gebracht und dort 2–3 Stdn. belassen, dann wird bei der gleichen Temp. noch $1/_2$ Stde. evakuiert, wobei eine blasenfreie Schmelze, aus der leicht Fäden gezogen werden können, erhalten wird; F: 160°; $[\eta] = 0,53$ (1% in Schwefelsäure).

Statt der Diisocyanate lassen sich für diese Polykondensationen auch solche Verbindungen benutzen, die in der Hitze in Isocyanat und indifferente, flüchtige Anteile dissoziieren, z. B. die Polymethylen-bis-carbamidsäure-alkyl- oder -arylester.

Polyamid aus Octamethylen-N,N′-bis-[carbamidsäure-methylester] und Sebacinsäure[3]: 13 g Octamethylen-N,N′-bis-[carbamidsäure-methylester] und 10 g Sebacinsäure werden in 50 g Xylol 48 Stdn. am Rückfluß erhitzt. Unter Abspaltung von Kohlendioxyd und Methanol tritt Polykondensation ein. Das entstandene Polyamid (F: 197°) wird durch Eingießen der Xylollösung in Methanol als weißes Pulver isoliert. Aus der Schmelze lassen sich leicht Fäden ziehen.

Neuerdings wurde gefunden, daß Monoisocyanate mit Hilfe anionischer Katalysatoren in polaren Lösungsmitteln (Dimethylformamid) über eine Homopolymerisation bei tiefen Temperaturen in hochmolekulare N-substituierte Polyamide[4] mit interessanten Eigenschaften übergeführt werden können.

$$R-N=C=O \quad \rightarrow \quad \left[\begin{array}{c} O \\ \| \\ -N-C- \\ | \\ R \end{array} \right]_n$$

[1] Ital. P. 367 704 (1940), I. G. Farb., Erf.: O. BAYER, H. RINKE u. W. SIEFKEN; C. **1940** I, 2556.

[2] DRP.-Anm. I 66 118 (1939), I. G. Farb., Erf.: H. RINKE u. M. KONRAD.

[3] DRP. 753 158 (1938), I. G. Farb., Erf.: E. HUBERT, P. SCHLACK u. H. LUDEWIG.

[4] V. E. SHASHOUA, W. SWEENY u. R. F. TIETZ, Am. Soc. **82**, 866 (1960).

Der früher schon erwähnten Nomenklatur entsprechend, kann man diese als 1-Polyamide bezeichnen (Polyamide der hypothetischen N-substituierten Carbaminsäuren).

Polymerisation von n-Hexylisocyanat[1]: In einen absol. trockenen 250 cm³-Dreihalskolben, der mit einem Rührer, einem Tieftemperaturthermometer, einem Calciumchloridrohr und einem Stickstoffeinleitungsrohr und einem leicht zu durchbohrenden Gummistopfen versehen ist, werden 30 cm³ Dimethylformamid eingefüllt und auf — 58° (kurz oberhalb des Gefrierpunktes) abgekühlt. Dann werden 8 cm³ n-Hexylisocyanat (Kp: 162–163°) zugegeben. Mit der Nadel einer kleinen Injektionsspritze wird dann der Gummistopfen durchstochen und 4 cm³ einer Katalysatorlösung in einem Zeitraum von 2–3 Min. tropfenweise unter gutem Rühren und Aufrechterhaltung der Tieftemp. zugegeben.

Die Katalysatorlösung wird 1 Stde. vor der Durchführung des Versuches zubereitet, indem 10 Tropfen einer 50%igen Dispersion von Natrium in Xylol zu 50 cm³ Dimethylformamid unter ständigem Rühren gegeben werden.

Als Katalysator eignet sich auch eine gesättigte Lösung von Natriumcyanid in wasserfreiem Dimethylformamid.

Nach der Katalysatorzugabe beginnt sofort die Ausscheidung eines weißen, faserigen Festkörpers, der nach 15 Min. mit 50 cm³ Methanol versetzt und mit weiteren 300 cm³ Methanol gewaschen wird. Nach Trocknung i. Vak. bei 40° erhält man 85% d.Th. Hexyl-1-Polyamid; $[\eta] = 2,9$ (0,1% in Benzol); F: 195°. Aus Lösungen des Polyamides in Benzol oder Tetrachlormethan lassen sich klare Filme gießen.

In analoger Weise lassen sich sehr viele aliphatische wie auch aromatische Monoisocyanate in die entsprechenden 1-Polyamide überführen.

Die meisten dieser 1-Nylon-Verbindungen sind bei höheren Temperaturen instabil.

ε) Polyamide aus acylierten Diaminen

Auch N-Acyl-derivate der Diamine, z.B. *N,N'-Diformyl-hexamethylendiamin* lassen sich mit Dicarbonsäuren oft recht glatt in die Polyamide überführen. Die entstehende Ameisensäure wirkt dabei nicht störend. Auf diesem Wege ist es ebenfalls möglich, Polykondensationen drucklos durchzuführen.

Polyamid aus 1,8-Octamethylendiamin-diformiat und Adipinsäure[2]: 1 Mol Octamethylendiamin-diformiat wird mit 1,005 Mol Adipinsäure und 0,005 Mol Octamethylendiamin-diacetat zuerst bis zum klaren Fluß auf 200–230° erhitzt, dann steigert man die Temp. auf 240–260°, wobei dauernd ein Stickstoffstrom über die Schmelze geleitet wird. Die Masse wird dabei hochmolekular und fadenziehend.

3. Polyamide aus cycloaliphatischen Komponenten

Auch Diamine mit cycloaliphatischen Ringsystemen können in Polyamide übergeführt werden, z.B. *4,4'-Diamino-dicyclohexyl-methan*:

$$H_2N—\langle\ \rangle—CH_2—\langle\ \rangle—NH_2$$

Dieses Diamin entsteht durch Hydrierung des 4,4'-Diamino-diphenyl-methans als Gemisch von drei Isomeren[3]. Je nach den Hydrierungsbedingungen bilden sich Gemische, die bei 25° flüssig oder fest sind und aus denen durch Fraktionierung die reinen Isomeren gewonnen werden können. Das niedrig schmelzende Diamingemisch ergibt bei der Polykondensation mit Dicarbonsäuren klar durchsichtige Poly-

[1] V. E. SHASHOUA, W. SWEENY u. R. F. TIETZ, Am. Soc. **82**, 866 (1960).
[2] DRP. 755428 (1939), I. G. Farb.
[3] A. E. BARKDOLL, H. W. GRAY u. W. KIRK, Am. Soc. **73**, 741 (1951).

kondensate. Aus dem über 40° schmelzenden Isomeren lassen sich mit *Sebacinsäure*[1] Polyamide herstellen, die je nach der Zusammensetzung des Diamins zwischen 250 und 275° schmelzen. Bemerkenswert ist die Tatsache, daß *Glutarsäure*[2] (aus der mit keinem anderen Diamin hochschmelzende, spinnfähige Polyamide hergestellt werden können) – als einzige Dicarbonsäure – auch mit dem Isomerengemisch hochschmelzende Polykondensate ergibt.

Polyamid aus Glutarsäure und 4,4'-Diamino-dicyclohexyl-methan[2]: 17,5 Tle. des Glutarsäuresalzes des bei 25° festen Stereoisomeren des 4,4'-Diamino-dicyclohexyl-methans sowie 7,5 Tle. Glutarsäuresalz mit den flüssigen Diamin-Stereoisomeren werden in einem mit Stickstoff gut gespülten Autoklaven 1 Stde. auf 204° erhitzt, wobei der Druck auf 17 at steigt. Nach Entspannen des Autoklaven wird 2 Stdn. auf 282° erhitzt. Anschließend wird bei der gleichen Temp. noch 1 Stde. bis auf 5 Torr evakuiert.

Das Polyamid schmilzt bei 265–270°. Daraus hergestellte Fäden sind sehr steif und zeigen in kochendem Wasser nur geringe Neigung zum Schrumpfen.

Bei Polyamiden, die aus den Salzen von *cis-* bzw. *trans-1,3-Diamino-cyclohexan* und aliphatischen Dicarbonsäuren hergestellt waren, zeigte sich, daß das *trans*-Isomere[3] immer zu den höherschmelzenden, besser krystallisierenden und weniger löslichen Polyamiden führt.

Aus den Salzen der *cis-* bzw. *trans-Hexahydroterephthalsäure* und *Hexamethylendiamin*[4] bilden sich unter Polykondensationsbedingungen immer nur die hochschmelzenden Polyamide, die sich von der *trans*-Form ableiten.

Mischpolyamide aus Diaminen mit Methyl- bzw. Äthylseitenketten und Dicarbonsäuregemischen, an denen 15–50% *trans*-Hexahydroterephthalsäure[5] beteiligt ist, neigen wenig zur Krystallisation und bleiben glasklar.

4. Polyamide aus aromatischen Komponenten

Auch aromatische Verbindungen, bei denen die funktionellen Gruppen direkt an den Benzolkern gebunden sind, lassen sich, wenn auch schwieriger als die Verbindungen der aliphatischen Reihe, in Polyamide überführen. Die Schmelzpunkte dieser Polyamide liegen aber im allgemeinen so hoch, daß die direkte Polykondensation der aromatischen Reaktionspartner bei Schmelztemperaturen häufig nicht ohne Zersetzung des Polymeren möglich ist.

Dagegen lassen sich manche aromatischen Ausgangsstoffe gut mit aliphatischen oder cycloaliphatischen Komponenten kondensieren. Die geringe Reaktionsfähigkeit aromatischer Diamine (z.B. *m-Phenylendiamin*)[6] läßt sich mit geringen Mengen (0,02%) stark saurer Katalysatoren überwinden.

1,4-Naphthalin-dicarbonsäure[7] ist über die gut definierbaren Salze mit aliphatischen Diaminen bei Temperaturen bis 280° in Polyamide überführbar, die glasklar sind, und deren Schmelzen spinnbar sind.

[1] A.P. 2494563 (1947), DuPont, Erf.: W. KIRK, C. HUNDRED, R. S. SCHREIBER u. G. M. WHITMAN; Chem. Abstr. **44**, 4498[g] (1950).

[2] A.P. 2585163 (1950), DuPont, Erf.: D. C. PEASE u. C. T. HANDY; Chem. Abstr. **46**, 4246[c] (1952).

[3] T. M. FRUNZE, V. V. KORSHAK u. Z. V. ROMANOVA, Vysokomolekulyarnye Soedineniya **1**, 518 (1959); Chem. Abstr. **54**, 17948[b] (1960).

[4] T. M. FRUNZE, V. V. KORSHAK u. V. F. PETROVA, Vysokomolekulyarnye Soedineniya **1**, 349 (1959); Chem. Abstr. **54**, 7217[d] (1960).

[5] A.P. 2965616 (1957), Eastman Kodak Co., Erf.: J. R. CALDWELL u. R. GILKEY.

[6] E.P. 543843 (1939), DuPont; Chem. Abstr. **36**, 6170[2] (1942).

[7] DRP.-Anm. I 64744 (1939), I.G.Farb., Erf.: P. SCHLACK; C. **1953**, 5761.

Polyamide mit *Terephthalsäure* sind ebenfalls sehr hochschmelzend, da sie infolge des symmetrischen Molekülbaues hoch krystallin sind. Zur Herabsetzung der sehr hohen Polykondensationstemperatur ist in manchen Fällen der Zusatz von „Weich machern" (hydroxylierte Biphenyle), die mit den Reaktionspartnern nicht rea gieren, unter 275° schmelzen und oberhalb 300° sieden, von Nutzen. Infolge der Schwerlöslichkeit der Terephthalsäure führt man die Salzbildung in kochendem Wasser aus oder verwendet deren Ester (s. a. Beisp. S. 141).

Polyamid aus Terephthalsäure und 1,10-Decamethylendiamin[1]: Zur Anschlämmung von 83 g (0,5 Mol) Terephthalsäure in 160 cm³ Wasser gibt man 87,5 g (0,501 Mol) 1,10-Decamethylendiamin und kocht rückfließend. Durch weitere Zugabe von Wasser wird das sich bildende Diammoniumsalz vollständig in Lösung gebracht. Nach Zugabe von A-Kohle wird die Lösung in 2 l n-Propylalkohol filtriert, wobei das Salz sofort ausfällt und am besten durch nochmaliges Auflösen in heißem Wasser und erneutes Fällen in n-Propylalkohol gereinigt wird; F: 285–290°.

Vor der Polykondensation werden 80 g des Salzes zur Herabsetzung der Kondensationstemp. mit 20 g 4,4'-Dihydroxy-biphenyl und 10 g 2-Hydroxy-biphenyl gemischt und dann in einen Autoklaven gefüllt. Nach dreimaligem Spülen mit reinem Stickstoff wird 4 Stdn. auf 282° er hitzt. Nach Abkühlen läßt sich das „weichgemachte" Polyamid aus der Schmelze bei 272° zu Fäden verspinnen und strecken. Anschließend kann der Weichmacher mit heißem Alkohol extrahiert werden.

Ohne den Weichmacherzusatz wäre eine Polykondensationstemp. von über 385° erforderlich.

Polyamid aus Terephthalsäure-diphenylester und Bis-[4-amino-3-methyl-cyclohexyl]-methan[2]: Ein emailliertes Druckgefäß wird mit 313,3 g Bis-[4-amino-3-methyl-cyclohexyl]-methan und 421 g Terephthalsäure-diphenylester beschickt. Nach gutem Durchspülen mit sauerstofffreiem Stickstoff wird das Druckgefäß verschlossen und 1 Stde. auf 210° erhitzt. Der Autoklav wird dann geöffnet und weiter unter einem Stickstoffdruck von 1 Atm ¹/₂ Stde. bei 330° erhitzt, wobei das sich bei der Reaktion abspaltende Phenol abdestillieren kann. Zur Vervollständigung der Reaktion wird noch 1 Stde. bei 330° auf 5 Torr evakuiert. Das klar durchsichtige Polyamid schmilzt bei 300°.

Führt man dagegen zwischen die funktionellen Gruppen und den aromatischen Kern eine oder besser noch mehrere Methylengruppen ein, so lassen sich aus geeigneten Komponenten hochschmelzende und meistens auch spinnfähige Polyamide herstellen. Besonders ist dazu die *p-Phenylen-bis-β-propionsäure*[3] geeignet, aus der sich mit *1,6-Hexamethylendiamin* – über das bei 233–235° schmelzende Salz – ein thermisch und chemisch sehr beständiges Polyamid herstellen läßt. Polyamide aus der homo logen *p-Phenylen-bis-essigsäure* sind in der Hitze unbeständiger.

Von den aromatisch-aliphatischen Ausgangssubstanzen haben sich die para substituierten als am günstigsten[4] erwiesen. Ausgangsstoffe mit orthoständigen funk tionellen Gruppen führen infolge von Ringschlußreaktionen zu niedermolekularen, nicht verspinnbaren Polykondensaten[5].

Mit sekundären Diaminen (Piperazin) können dagegen hochmolekulare Poly amide mit o-Phthaloylchlorid erhalten werden, die sehr hoch schmelzen (über 300°), aber amorph sind und sich leicht in Chloroform oder Dimethylformamid lösen. Ihre Thermostabilität ist geringer als die der entsprechenden Polyterephthalamide.

Trotz des unsymmetrischen Molekülbaues ist das Polyamid, das aus *Isophthaloyl chlorid* (0,1 Mol in 300 Tln. Tetrahydrofuran) und *m-Phenylendiamin* (0,1 Mol in 300 Tln. Wasser und 0,2 Mol Natriumcarbonat)[6] durch kurzes Rühren erhalten werden

---

[1] A.P. 2752328 (1952), DuPont; Erf.: E. E. MAGAT; Chem. Abstr. **50**, 15095ᵈ (1956).

[2] A.P. 2516585 (1948), DuPont, Erf.: D. C. PEASE; Chem. Abstr. **45**, 6430ⁱ (1951).

[3] DBP. 865774 (1944), Bobingen AG., Erf.: P. SCHLACK. C. **1953**, 5761.

[4] T. M. FRUNZE, V. V. KORSHAK u. E. A. KRASNYANSKAYA, Vysokomolekulyarnye Soedineniya **1**, 495 (1959); Chem. Abstr. **54**, 17947ᵍ (1960).

[5] M. KATZ, J. Polymer Sci. **40**, 337 (1959).

[6] F.P. 1199460 (1958), DuPont, Erf.: H. W. HILL, S. L. KWOLECK u. P. W. MORGAN.

kann, sehr hochschmelzend. Aus Lösungen in Dimethylacetamid (mit 5% Lithium-chlorid)[1] können im Trockenspinnverfahren sehr thermostabile Fäden (F > 380°) erhalten werden, die nach längerem Lagern in Wasser durch Streckung in Dampf orientierbar sind.

Auch das *m-Xylylen-ω,ω'-diamin*[2] läßt sich mit Dicarbonsäuren leicht in hochmolekulare und hochschmelzende Polykondensate überführen, aus denen sich Fäden spinnen lassen.

Polyamid aus p-Phenylen-dipropionsäure und 1,10-Decamethylendiamin[3]: Zur Lösung von 20,4 g Decamethylendiamin in 100 g 95%igem Äthanol gibt man die heiße Lösung von 25 g p-Phenylen-dipropionsäure in 600 g 95%igem Äthanol. Nach wenigen Min. scheidet sich ein schwerer, weißer Niederschlag aus. Das krystalline Salz wird aus 95%igem Äthanol umkrystallisiert und schmilzt bei 189–190°; $[\eta] = 0,76$ (0,4% in m-Kresol).

24 g p-phenylen-dipropionsaures Decamethylendiamin werden mit 0,2 g Decamethylendiammonium-acetat und 50 cm³ Wasser gemischt und in einem Autoklaven erhitzt. Beim Aufheizen auf 305° steigt der Druck auf 17,6 atü und wird 1,5 Stdn. aufrecht erhalten, wobei man von Zeit zu Zeit den Überdruck abläßt. Dann wird langsam entspannt, während die Temp. auf 320° gestiegen ist. Anschließend wird noch 4 Stdn. auf 320–340° erhitzt. Aus dem bei 265° schmelzenden, thermostabilen Polyamid lassen sich sehr feste Fäden spinnen.

Das mit *Hexamethylendiamin* in analoger Weise erhältliche Polyamid schmilzt bei 290°. $[\eta] = 0,87$ (0,4% in m-Kresol).

Polyamid aus m-Xylylen-ω,ω'-diamin und Adipinsäure[2]: Aus der Lösung von 5,1 g (0,035 Mol.) Adipinsäure und 4,75 g (0,035 Mol) m-Xylylen-ω,ω'-diamin (Kp$_{11}$: 142°) in 55 cm³ Wasser wird das gebildete Salz durch Zugabe von 235 g Isopropanol ausgefällt und durch Absaugen abgetrennt. Das noch feuchte Salz wird dann in einem Glasgefäß unter Stickstoff langsam bis auf 260° erhitzt und dort 4 Stdn. belassen. Durch Evakuieren auf 0,01 bis 0,1 Torr bildet sich in einer halben Stde. das hochmolekulare und hochviscose Polyamid, daß sich leicht zu festen Fäden verspinnen läßt. Das Polymere, das gute Krystallisationseigenschaften besitzt, schmilzt bei 243°; Mol.-Gew.: 10000–12000.

5. Polyamide aus disekundären Diaminen

Disekundäre aliphatische Diamine lassen sich, wenn auch schwerer als die entsprechenden diprimären Diamine, mit Dicarbonsäuren in Polyamide[4] überführen. Um einen genügend hohen Polymerisationsgrad zu erreichen, ist die Dauer der Polykondensation – vor allem in der drucklosen Stufe – im allgemeinen länger anzusetzen. Geringe Mengen von Phosphorsäure[5] (0,05–0,15%) können einen günstigen katalytischen Effekt ausüben. Man muß außerdem sehr sorgfältig darauf achten, daß nur absolut saubere Reagentien Verwendung finden und diese in genau äquivalenten Mengen zur Reaktion kommen.

Infolge der Substitution am Amid-Stickstoff können sich in diesen Polyamiden keine Wasserstoffbrücken ausbilden. Die gegenseitige Beeinflussung der Molekülketten wird auch durch den Substituenten wesentlich verringert. Diese Polyamide sind daher sehr weich, lösen sich in einer ganzen Reihe von Lösungsmitteln und schmelzen relativ niedrig (vgl. auch S. 158).

---

[1] DAS. 1107399 (1958), DuPont, Erf.: L. F. BESTE, C. W. STEPHENS u. A. HILLS.

[2] DBP. 1040785 (1954), California Research Corp., Erf.: F. G. LUM, E. F. CARLSTON u. J. C. BUTLER; Chem. Abstr. **54**, 23355ᵉ (1960).

s. a. A.P. 2997463 (1957), California Research Corp., Erf.: F. G. LUM.

s. a. A.P. 2916475 (1956), Eastman Kodak Co., Erf.: J. R. CALDWELL u. R. GILKEY; Chem. Abstr. **54**, 6148ᶜ (1960).

s. a. E. F. CARLSTON, Ind. eng. Chem. **49**, 1239 (1957).

[3] DBP.-Anm. W 3922 (1950), Wingfoot Corp.

[4] B. S. BIGGS, C. J. FROSCH u. R. H. ERICKSON, Ind. eng. Chem. **38**, 1016 (1946).

[5] A.P. Ser.-Nr. 120817 (1949), DuPont, Erf.: L. F. SALISBURY.

10*

Bestimmte Kombinationen[1] von mono- und dialkylierten Diaminen ergeben Fäden mit ausgesprochen gummielastischem Charakter. Ein solches Mischpolyamid wird z.B. aus *Sebacinsäure* und dem Gemisch aus

40% *N,N'-Diisobutyl-hexamethylendiamin*
20% *N-Isobutyl-hexamethylendiamin*
40% *Hexamethylendiamin*

erhalten. Allerdings muß die Polykondensation bis zu recht hohen Molekulargewichten geführt werden, was nur mit reinsten Ausgangsmaterialien erreichbar ist.

Piperazin macht als sekundäre Diaminkomponente eine Ausnahme von den obigen Erkenntnissen, da es mit *Sebacinsäure* (am besten über das in Äthanol hergestellte, bei 167° schmelzende Piperazinium-sebacat) ein bei 160–170° schmelzendes Polyamid[2] ergibt. Die aus dem Schmelzfluß des Polyamides spinnbaren Fäden sind kalt streckbar. *2-Methyl-piperazin*[3] soll mit *Adipinsäure* ein erst bei 360° vollständig schmelzendes Polyamid ($[\eta] = 0{,}94$) ergeben.

Die Kaltstreckbarkeit und der verhältnismäßig hohe Schmelzpunkt der Polyamide aus Piperazin dürfte hauptsächlich auf eine hohe Krystallinität zurückzuführen sein.

6. Polyamide mit O- bzw. S-Heteroatomen

Im allgemeinen bedingen Heteroatome wie Sauerstoff oder Schwefel, die sich in den durch Amidbindungen verknüpften Polymethylenketten befinden, ein Absinken des *Schmelzpunktes*.

Die Kombination von O x a l s ä u r e e s t e r n mit D i a m i n o - ä t h e r n wie *Bis-[γ-amino-propyl]-äther* oder *1,4-Bis-[γ-amino-propoxy]-butan*[4] ermöglicht die Herstellung einiger thermisch sehr beständiger Poly-oxamide, die zudem noch eine bemerkenswert geringe Wasseraufnahme (die noch unter der des 6.6-Polyamides liegt) besitzen.

Äthergruppenhaltige Polyamide werden auch erhalten aus *Adipinsäure* und *1,6-Bis-[γ-amino-propoxy]-hexan* (Kp_{30}: 205–212°), dessen Salz mit *Adipinsäure* (F: 176°) durch Erhitzen das bei 196° schmelzende Polyamid[5, 6] ergibt. Das mit Diäthyloxalat erhältliche Polyamid schmilzt bei 246°.

Normalerweise erhöhen Äthersauerstoffatome die Hydrophilie sehr stark. So sind z.B. Fäden aus dem Polyamid des *1,2-Bis[γ-amino-äthoxy]-äthan* und *Adipinsäure*[7] in heißem Wasser löslich.

Hochschmelzende und dabei thermisch beständige Polyamide (Erweichungstemp. 266–271°) wurden aus *Bis-[5-amino-pentyl]-äther* und *Terephthalsäure*[8] erhalten. Man geht am besten von dem bei 234° schmelzenden Salz aus, das durch Erhitzen äquimolarer Mengen der Ausgangsmaterialien in Wasser bis zur Lösung und Ausfällen mit Äthanol hergestellt wird.

[1] E. L. WITTBECKER, R. C. HOUTZ u. W. W. WATKINS, Ind. eng. Chem. **40**, 875 (1948).
[2] T. LIESER u. H. GEHLEN, A. **556**, 114 (1944).
   P. J. FLORY u. Mitarbb., Am. Soc. **73**, 2532 (1951).
[3] E.P. 836127 (1956), Celanese Corp. of America.
[4] F.P. 881333 (1942), I. G. Farb., Erf.: P. SCHLACK; C. **1944**, 902.
[5] DBP. 913475 (1941), BASF, Erf.: H. HOPFF u. H. UFER; C. **1955**, 706.
[6] A.P. 2576959 (1951), Celanese Corp. of America; Erf.: G. B. MAY u. J. W. FISHER; Chem. Abstr. **46**, 5616^d (1952).
[7] E.P. 562370 (1944), I.C.I., Erf.: J. W. FISHER u. E. W. WHEATLEY; Chem. Abstr. **40**, 769^g (1946).
[8] E.P. 733002 (1953), I.C.I., Erf.: W. COSTAIN; Chem. Abstr. **49**, 16452^c (1955).

Bei tiefen Temperaturen flexible Polyamide werden durch Polykondensation von *trans-1,4-Cyclohexandicarbonsäure* mit Gemischen von Diamino-äthern und *1,4-Cyclohexan-bis-methylamin*[1] erhalten.

Ebenso wie aus sauerstoffhaltigen Diaminen lassen sich auch aus Dicarbonsäuren mit Äthergruppen, besonders aus solchen, die sich von Phenoläthern ableiten, Polyamide herstellen. Die bei aliphatischen Polyamiden auf den Einfluß der Äthergruppen zurückzuführende Flexibilitätserhöhung der Molekülketten scheint sich bei diesen aromatischen Ätherverbindungen nicht in gleichem Maße wiederzufinden. So läßt sich *p-Phenylen-bis-oxy-essigsäure*[2] über das in Wasser leicht herstellbare Hexamethylendiammonium-salz (F: 126–132°) unter üblichen Polykondensationsbedingungen leicht in das bei 220° schmelzende Polyamid überführen, aus dem sehr steife, hitze- und lichtbeständige Fasern erhalten werden können. Ähnliche Polyamide erhält man auch mit Diphenoxy-alkan-4,4'-dicarbonsäuren[3]

$$HOOC—\langle \rangle—O—(CH_2)_x—O—\langle \rangle—COOH$$

Tab. 19. Schmelzpunkte verschiedener Poly-hexamethylen-diphenoxy-alkan-4,4'-carbonamide

Zahl der Methylengruppen der Säurekompenente	F [°C]
3	225
4	282
5	210
6	230
10	195

Polyamid aus Diphenoxy-butan-4,4'-dicarbonsäure und 1,6-Hexamethylendiamin[3]: 80 Tle. des aus Hexamethylendiamin und Diphenoxy-butan-4,4'-dicarbonsäure hergestellten Salzes werden in Gegenwart von 10 Tln. Phenol, dem 0,04 Tle. 0,25 n Phosphorsäurelösung zugesetzt sind, in einem gut mit Stickstoff gespülten, evakuierten und dann geschlossenen Kessel 2 Stdn. auf 220° erhitzt. Anschließend wird drucklos 1 Stde. auf 282° erhitzt, wobei ein schwacher Stickstoffstrom durch die Schmelze geleitet wird. Aus dem Schmelzfluß lassen sich leicht kalt streckbare Fäden spinnen, die auch nach langer Bewitterung nur wenig in ihren Festigkeitseigenschaften nachgeben.

Nach Y. Hachihama u. J. Hayashi[4] lassen sich Polyamide auch aus solchen Dicarbonsäuren herstellen, bei denen der Äthersauerstoff einem Tetrahydrofuranring angehört.

$$HOOC—(CH_2)_2—\langle_O\rangle—(CH_2)_2—COOH$$

Tetrahydrofuran-2,5-dipropionsäure bildet mit Diaminen Salze, die bei 200–210° in m-Kresol unter Durchleiten von Stickstoff zu leicht spinnbaren Polyamiden kondensiert werden. Das *Poly-deca-methylen-tetrahydrofuran-2,5-dipropionsäure-amid* schmilzt bei 175–178°.

In einer ausführlichen Arbeit[5] über die Eignung einer Reihe von heterocyclischen Dicarbonsäuren für die Umsetzung mit Diaminen wurde nachgewiesen, daß man (auch mit Hilfe verschiedener Polykondensationsmethoden) nur relativ niedermole-

[1] A.P. 2939862 (1957), Eastman Kodak Co., Erf.: J. R. CALDWELL u. R. GILKEY.

[2] G. J. TYLER u. K. WHITTAKER, J. appl. Chem. **9**, 594 (1959).

[3] E.P. 691278 (1949), I.C.I., Erf.: J. T. DICKSON, E. ELLERY u. R. J. W. REYNOLDS; Chem. Abstr. **47**, 10240ᵃ (1953).

[4] Y. HACHIHAMA u. J. HAYASHI, Makromolekulare Chem. **13**, 201 (1954); s.a. Makromolekulare Chem. **17**, 43 (1955).

[5] H. HOPFF u. A. KRIEGER, Makromolekulare Chem. **47**, 92 (1961).

kulare Polyamide (Durchschnittspolymerisationsgrad unter 30) erhalten kann, die unter Hitzeeinwirkung instabil sind.

Polyamide mit Thioäthergruppen[1] sind allgemein thermisch empfindlicher als die Sauerstoffisologen. Das Thioäther-polyamid aus *Hexamethylendiamin* und *4-Thia-pimelinsäure*[2] schmilzt bei 203–205°.

Durch Oxydation mit Wasserstoffperoxyd in ameisensaurer oder essigsaurer Lösung gehen die Thio-polyamide leicht in die Sulfon-polyamide[2] über, deren Schmelz-punkte etwa 50° höher liegen als die der entsprechenden Thio-polyamide und die aus Sulfon-dicarbonsäuren direkt nicht zugänglich sind. Kurzzeitig erhitzt lassen sich diese Sulfon-polyamide verspinnen.

Oxydation eines Thio-polyamids zum Sulfon-polyamid[2]: In die Lösung von 50 Tln. des Poly-amides aus 4-Thia-pimelinsäure und Hexamethylendiamin in 500 Tln. 85%iger Ameisensäure werden langsam unter Rühren 90 Tle. 30%iges Wasserstoffperoxyd gegeben. Nach 3 stdg. Stehen bei 20° wird abgekühlt, worauf sich das Sulfon-polyamid als feiner, weißer Niederschlag abschei-det. Nach Verdünnen mit Wasser wird abgesaugt; F: 250–255°. $[\eta] = 0,48$.

Mit Hilfe der Grenzflächenpolykondensation lassen sich leicht Polyamide mit Sulfonylgruppen im Kettenaufbau herstellen.

Polysulfonamid aus 4,4'-Sulfonyl-dibenzoylchlorid und *trans*-2,5-Dimethyl-piperazin[3]: Zur Lösung von 1,57 g *trans*-2,5-Dimethyl-piperazin (0,0129 Mol) und 2,65 g Natriumcarbonat (0,025 Mol) in 200 cm³ destilliertem Wasser gibt man unter starkem Rühren die Lösung von 4,29 g 4.4'-Sulfonyl-dibenzoylchlorid[4] (0,0125 Mol) in 50 cm³ Methylenchlorid. Die Mischung wird 5 Min. stark gerührt und dann in 1 l destilliertes Wasser eingegossen und 1 Stde. gekocht, um Methylenchlorid und Salze zu entfernen. Nach Filtration, Waschen mit Wasser und an-schließend mit Methanol und Trocknen bei 60° i. Vak. werden 4,7 g (= 98%) Polysulfonamid erhalten; F: > 350°; $[\eta] = 3,13$ [0,5% in symm.-Tetrachloräthan/Phenol (40/60) bei 30°].

Das Polykondensat löst sich gut in Dimethylformamid und kann daraus zu Fäden versponnen werden.

7. Polyamide mit N-Heteroatomen

Basische Polyamide, in deren Polymerenketten noch zusätzliche Stickstoffatome eingebaut sind, sind ebenfalls herstellbar, jedoch ist die Gefahr der Vernetzung bei der Synthese wie auch beim Schmelzen sehr groß, wenn dieses Stickstoffatom noch ein Wasserstoffatom besitzt (s.a. S. 621, Beispiel 1).

Im allgemeinen lassen sich hochmolekulare, spinnbare, basische Polyamide mit sekundären Stickstoffatomen in der Polymethylenkette nur dann herstellen, wenn diese Stickstoffatome um wenigstens 5–6 Kohlenstoffatome von den Endgruppen ent-fernt sind, was z. B. im *1,16-Diamino-7,10-diaza-hexadecan*[5] der Fall ist.

Die große Reaktionsfähigkeit einer sekundären Aminogruppe wird aber behindert, wenn das dem Stickstoffatom direkt benachbarte Kohlenstoffatom eine Methyl-gruppe[6] trägt. Diprimäre Polyamine, die außerdem noch eine tertiäre Amino-gruppe enthalten, lassen sich dagegen ohne Schwierigkeit in Polyamide überführen, deren Schmelzen selbst bei 200° keine Vernetzungstendenz aufweisen, und die sich zu kalt reckbaren Fäden verspinnen lassen. Dazu gehört das *2-Dimethylamino-5-methyl-1,6-hexamethylen-diamin*[7].

---

[1] Über die Herstellung von Polyamiden mit S₃-Kettengliedern s. S. 599.

[2] E.P. 670177 (1949), British Celanese Ltd.; Chem. Abstr. **46**, 7822g (1952).

[3] C. W. STEPHENS, J. Polymer Sci. **40**, 359 (1959).

[4] Das Säurechlorid muß ganz rein sein und wird am besten aus Trichloräthylen umkrystallisiert und dann im Vakuum destilliert.

[5] E.P. 616443 (1946), British Celanese Ltd., Erf.: S. J. ALLEN, J. G. N. DREWITT u. F. BRYANS.

[6] S. Z. SZEWCZYK, A. ch. [12] **6**, 58 (1951).

[7] A.P. 2765294 (1953), DuPont, Erf.: D. C. ENGLAND; Chem. Abstr. **51**, 6179g (1957).

Als Dicarbonsäure-Komponenten eignen sich besonders die Oxalsäureester, die schon bei relativ niedrigen Temperaturen, vorteilhaft in absolut trockenen Lösungsmitteln, mit di-primär-sekundären, sowie di-primär-tertiären Polyaminen recht hochmolekulare Polyamide ergeben. Basische Polyamide sind in verdünnten Säuren löslich, haben eine größere Wasseraufnahmefähigkeit als normale Polyamide und sind leicht mit sauren Farbstoffen anfärbbar.

Basisches Polyamid aus Oxalsäure-diisopropylester und Bis-[γ-amino-propyl]-methylamin[1]: Man vermischt in trockenem Benzol gleiche Mol-Tle. Oxalsäure-diisopropylester und Bis-[γ-amino-propyl]-methylamin und erhitzt nach der anfänglichen Selbsterwärmung die Mischung im Stickstoffstrom allmählich unter Abdestillieren des Benzols auf 190°. Nach halbstdg. Erhitzen auf 190° steigert man die Temp. noch auf 200° und behält diese 2 Stdn. bei. Das nur ganz schwach bräunlich verfärbte Polyamid schmilzt bei 180° und läßt sich aus der Schmelze zu gut reckbaren, festen Fäden verspinnen. Das Polyamid löst sich schon in der Kälte in 1 n Essigsäure zu einer viscosen Lösung. Das eingetrocknete essigsaure Salz ist in Wasser wieder löslich und kann durch Ammoniak unverändert wieder abgeschieden werden.

Auch Dicarbonsäuren, welche sich von stickstoffhaltigen Heterocyclen ableiten, wurden eingehend auf ihre Eignung für Polyamide untersucht.

Zu diesem Zwecke können z.B. die *Isocinchomeronsäure* (I)[2] bzw. der *1-Methylpyrrolidin-2,5-di-β-propionsäurediäthylester* (II)[3]

entweder mit Diamin allein oder im Gemisch mit anderen Dicarbonsäuren in Polyamide übergeführt werden.

Im allgemeinen sollen diese Polyamide als Zusätze zu anderen (in der Hauptsache faserbildenden) Polyamiden Verwendung finden, um deren manchmal unzureichende Anfärbbarkeit zu verbessern.

Die Angaben über die Fähigkeiten dieser Verbindungen zur Bildung hochmolekularer Polyamide sind widersprechend[4].

8. Polyamide mit seitenständigen Gruppen

Ähnlich wie bei den Polyamiden aus C-Alkyl-lactamen (s. S. 117) und den N-Alkylpolyamiden (s. S. 147) bewirken seitenständige Gruppen in unsymmetrischer Anordnung an der Kohlenstoffkette eine Verminderung der Krystallisationsfähigkeit, wodurch der Schmelzpunkt absinkt und die Löslichkeit zunimmt. So ist beispielsweise das Polyamid aus *β-Methyl-adipinsäure* und *Hexamethylendiamin* weicher als das 6.6-Polyamid und schmilzt bei 185°. Bei völlig regelmäßiger Anordnung der Seitenketten (z.B. in dem Polyamid aus *α,α'-Dimethyl-adipinsäure* und Hexamethylendiamin) wird dagegen die Krystallisationsfähigkeit[5] nicht herabgesetzt.

[1] DBP. 929579 (1941), Bobingen AG., Erf.: P. Schlack; C. **1956**, 2893.
[2] E.P. 830799 (1957), Japanese Ministry of International Trade and Industry; Chem. Abstr. **54**, 20231[f] (1960).
[3] Y. Iwakura u. K. Hayashi, Makromolekulare Chem. **36**, 178 (1960).
[4] H. Hopff u. A. Krieger, Makromolekulare Chem. **47**, 93 (1961).
[5] J. H. Brewster, Am. Soc. **73**, 366 (1951).

In ähnlicher Weise ist auch die *α,α'-Diphenyl-adipinsäure*[1] für die Polyamidbildung geeignet, aus der z.B. mit *Hexamethylendiamin* sehr hochschmelzende, kalt streckbare, glasklare Polykondensate entstehen. Auch das Poly-oxamid mit *3-Methyl-hexamethylendiamin*[2] krystallisiert sehr gut und hat in mancher Beziehung bessere Eigenschaften als das 6.6-Polyamid.

Es lassen sich auch Polyamide herstellen, bei denen sich an der Kohlenstoffkette reaktionsfähige Seitengruppen, z.B. Hydroxygruppen, befinden. Um einwandfrei lineare, hochschmelzende Polyamide zu erhalten, sollte die Hydroxygruppe mindestens fünf Kohlenstoffatome von jeder reaktionsfähigen Gruppe entfernt sein. Es sind auch hochmolekulare, faserbildende, aber schwach vernetzte Polyamide aus *α,α'-Dihydroxy-adipinsäure*[3] mit *Hexamethylendiamin* herstellbar. Die dabei abgespaltene Wassermenge, die etwas größer ist als die berechnete Menge, läßt auf die Ausbildung von Äthergruppen zwischen den Hydroxygruppen verschiedener Ketten schließen. Durch längeres Erhitzen geht dieses Polyamid schließlich in eine völlig unlösliche Substanz über. Ähnliche Verhältnisse findet man bei dem Polyamid aus *9,10-Dihydroxy-octadecan-1,18-dicarbonsäure* und *Hexamethylendiamin*[4].

Optisch aktive aliphatische *α*-Hydroxy-dicarbonsäuren ergeben mit *Piperazin*[5] (in äquimolaren Verhältnissen im Vakuum von 20 Torr auf 120° erhitzt) hochschmelzende und hochkristalline Polyamide. Sie lassen sich durch Umfällen aus Dimethylformamidlösungen reinigen.

Bei Polyamiden mit seitlichen Hydroxygruppen ist der hydrophile Charakter wesentlich erhöht. Sie lösen sich in Schweizers Reagens. Durch Reaktion der Hydroxygruppen mit Diisocyanaten oder mit Bis-[hydroxymethyl]-harnstoff-dialkyl-äthern, etwa nach dem Kaltstrecken, lassen sich einige mechanische Eigenschaften, z.B. Steifheit und Zähigkeit, verändern.

Polyamid aus 5-Hydroxy-nonan-1,9-dicarbonsäure und 1,6-Hexamethylendiamin[6]: Das Salz aus Hexamethylendiamin und 5-Hydroxy-nonan-1,9-dicarbonsäure (aus 5-Oxo-nonan-1,9-dicarbonsäure-methylester) wird durch Vermischen äquimolarer Mengen der beiden Komponenten in absol. Äthanol hergestellt; F: 172–172,2°.

Eine Mischung dieses Salzes mit 2 Mol.-% Hexamethylendiamin als Viscositätsstabilisator wird in einem verschlossenen Rohr 1,5 Stdn. bei 235° unter reinem Stickstoff erhitzt. Die Polykondensation wird durch 3 stdg. Erhitzen unter Stickstoff bei 218° und Atmosphärendruck beendet. Das Polymere ist zäh und durchsichtig und kann aus der Schmelze leicht zu kalt-reckbaren Fäden versponnen werden; F: 160–165°.

Durch Acetalisierung seitlicher Hydroxygruppen, z.B. in der *Dimethylenschleimsäure*

$$\begin{array}{c} \diagup\!\mathrm{CH_2}\!\diagdown \\ \mathrm{O} \quad\;\; \mathrm{O} \\ | \qquad | \\ \mathrm{HOOC-CH-CH-CH-CH-COOH} \\ | \qquad | \\ \mathrm{O} \quad\;\; \mathrm{O} \\ \diagdown\!\mathrm{CH_2}\!\diagup \end{array}$$

[1] A.P. 2880196 (1955), National Distillers & Chemical Corp., Erf.: C. E. FRANK u. H. GREENBERG; Chem. Abstr. **53**, 13672[d] (1959).

A.P. 2953548 (1955), National Distillers & Chemical Corp., Erf.: S. SCHOTT u. H. GREENBERG.

[2] Chem. Week **78**, 54 (1956).

[3] G. BEAUVALET, C. r. **228**, 1866 (1949); s. a. A. ch. [12] **5**, 313 (1950).

[4] F.P. 1035940 (1951), A. Guillemonat; C. **1954**, 10076.

[5] A.P. 2959572 (1957), Monsanto Chemical Co., Erf.: J. A. BLANCHETTE.

[6] DDRP. 5012 (1940) ≡ A.P. 2279745 (1939), DuPont, Erf.: H. B. STEVENSON; C. **1949**, E 3172; Chem. Abstr. **36**, 5291[7] (1942).

läßt sich die Polykondensation mit *Hexamethylendiamin* (in Xylol) störungsfreier gestalten. Aus dem bei 185–195° schmelzenden Polykondensat[1] lassen sich Fäden spinnen, aus denen die Acetalgruppen durch vorsichtige Verseifung teilweise oder ganz unter Freilegung der Hydroxygruppen wieder entfernt werden können.

9. Mischpolyamide

Bei der großen Anzahl der jetzt bekannten Aminocarbonsäuren, Diamine und Dicarbonsäuren besteht die Möglichkeit, durch Polykondensation von mehr als einem für sich polyamidbildenden Stoff auch Stoffpaare verschiedenartigster Mischpolyamide darzustellen. Die Verteilung der verschiedenen Komponenten beim Aufbau der Polymerketten ist hierbei eine willkürliche, wenn die Komponenten der Polykondensation gemeinsam unterworfen werden.

Die Kristallisationsneigung der Mischpolyamide ist im allgemeinen geringer als bei den reinen Polyamiden. Als Folge davon wird die Löslichkeit erhöht, während Dichte und Schmelzpunkt absinken.

Geringe Mengen (etwa 5–10%) von linear polykondensierenden Fremdkomponenten beeinflussen den Charakter des in der Hauptmenge entstehenden Polyamides nicht grundlegend, können aber zur Erreichung bestimmter Effekte bei der Faserherstellung[2] von Bedeutung sein.

Das Mischpolyamid aus 90% *adipinsaurem Hexamethylendiamin* und 10% *ε-Caprolactam*, das im Autoklaven oder auch drucklos[3] in kontinuierlicher Weise (s. S. 125) bei 270° hergestellt werden kann, schmilzt bei 237°. Aus der Schmelze gesponnene und gestreckte Fäden sind weicher als solche aus 6- bzw. 6.6-Polyamid.

Dagegen besitzen Mischpolyamide aus rein aliphatischen Komponenten mit hohen Mischungsverhältnissen infolge der größeren Unordnung geringere Neigung zur Krystallisation, größeren plastischen Bereich und gute Löslichkeit in organischen Lösungsmitteln, besonders im Minimum der Schmelzpunktskurve (s. Abb. 12).

So ist das Mischpolykondensat aus *ε-Caprolactam* und *Hexamethylen-diammoniumadipinat* (60 : 40) gut in wasserhaltigen Alkoholen oder niedrig siedenden Chlorkohlenwasserstoffen löslich. Diese wertvolle Eigenschaft erschließt den Polyamiden verschiedene Anwendungsgebiete, z. B. das der Gießfolien und der Lacke. Die Weichheit und Geschmeidigkeit solcher Mischpolyamide läßt sich noch durch Weichmacherzusätze wie Benzolsulfonsäuremonomethylamid oder Dibenzylphenol erhöhen.

Die Mischpolykondensation dieser Substanzen wird im allgemeinen in der gleichen Weise wie bei den reinen Polyamiden ausgeführt.

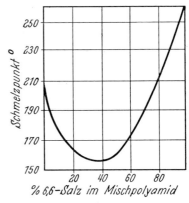

Abb. 12. Einfluß der Zusammensetzung des 6.6/6-Mischpolyamids auf den Schmelzpunkt

---

[1] E.P. 750822 (1953), British Nylon Spinners, Erf.: K. BUTLER u. D. R. LAWRANCE; Chem. Abstr. **50**, 14239[c] (1956).

[2] H. LUDEWIG, Faserforsch. u. Textiltechn. **6**, 277 (1955).

[3] DDRP. 7577 (1952), H. Ludewig.

Mischpolyamid aus ε-Caprolactam und adipinsaurem Hexamethylendiamin: Erhitzt man 3 Tle. ε-Caprolactam mit 2 Tln. adipinsaurem Hexamethylendiamin in einem Reagensglas unter Sauerstoffausschluß auf 240°, so erhält man nach etwa 3–4 Stdn. ein Mischpolyamid mit $[\eta] = 0,8$ (0,1% in Schwefelsäure). Dieses löst sich in Methyl- bzw. Äthylalkohol in der Siedehitze, insbesondere auf Zusatz von 10% Wasser.

Setzt man dem obigen Ansatz noch etwa 0,1 Molprozent freie Salzsäure[1] zu und erhitzt unter Kohlendioxyd 20 Stunden auf 210–220°, dann erhält man ein in Wasser vollständig lösliches Polykondensat, das nur sehr schwach sauer reagiert und aus dem sich der Säureanteil durch Dialyse nicht entfernen läßt.

Auch bifunktionelle Komponenten, die für sich allein sehr hochschmelzende und meistens nicht ohne thermische Zersetzung aufzuarbeitende Polyamide ergeben – wie die Terephthalsäure – lassen sich in ausgezeichneter Weise zur Mischpolyamidbildung heranziehen.

Mischpolyamid aus ε-Caprolactam und terephthalsaurem Hexamethylendiamin[2]: Ein Gemisch aus 10 Tln. ε-Caprolactam, 16,9 Tln. terephthalsaurem Hexamethylendiamin (+ 2 Mol Krystallwasser) und 12,5 Tln. Wasser wird in einem Autoklaven nach vorausgehendem Evakuieren zur Beseitigung des Sauerstoffs auf 250° erhitzt und 1 Stde. auf dieser Temp. gehalten. Dann läßt man den Druck vorsichtig ab und beendet die Kondensation durch 5 stdg. Erhitzen auf 270–275°. Das nach dem Erkalten als Block aus dem Autoklaven genommene Kondensationsprodukt ist ein harter, elfenbeinfarbiger Körper. Er schmilzt bei 248° und läßt sich aus der Schmelze zu Fäden verspinnen. Im Gegensatz zu Polycaprolactam ist dieses Mischpolyamid in 8n Schwefelsäure unlöslich.

Es gibt aber auch Fälle, in denen sich zwei verschiedene Dicarbonsäuren (z.B. Terephthalsäure und Adipinsäure oder Sebacinsäure und p-Phenylendipropionsäure) bei der Polykondensation mit bestimmten Diaminen gegenseitig vertreten können, so daß die Gitterstruktur nicht oder nur unwesentlich gestört wird (Isomorphie!)[3]. Es tritt dadurch keine Schmelzpunktsdepression ein, und die Löslichkeit dieser Mischpolyamide wird nicht verbessert.

Auch *p-Amino-benzoesäure*[4] läßt sich mit Dicarbonsäure-Diamin-Salzen (insbesondere Adipinsäure-Hexamethylendiamin-Salz) polykondensieren. Eigenartigerweise bewirken Aminobenzoesäure-Zusätze bis zu 20 Molprozent kaum eine Erniedrigung der *Schmelzpunkte* der Mischpolykondensate. Wahrscheinlich ist diese Tatsache weniger auf Isomorphieerscheinungen zurückzuführen als auf die Verteilung der p-Aminobenzoesäure im Polymeren. Diese ist nicht willkürlich, sondern – infolge der geringeren Reaktionsfähigkeit der aromatischen Aminogruppen – in einer Art Blockpolymeren-Struktur angeordnet. Das gleiche Verhalten zeigen auch Mischpolyamide, bei deren Aufbau neben ε-Caprolactam erhebliche Mengen von 4-Aminomethyl-cyclohexancarbonsäure[5] mitverwendet wurden.

Mischpolyamide werden auch durch Polykondensation von Dicarbonsäuren mit Diharnstoffdicarbonsäuren[6] vom Typ

$$HOOC-R_1-NH-CO-NH-R_2-NH-CO-NH-R_1-COOH$$

[1] DDRP. 4493 (1940), P. Möller u. H. J. Nicolai; s. a. DDRP. 4492 (1940), P. Möller u. H. J. Nicolai.

[2] DBP. 929151 (1939), Bobingen AG. für Spinnfaser, Erf.: P. Schlack; C. **1956**, 3456; eine Faser mit der im Beispiel dargestellten Zusammensetzung wird in der DDR unter dem Namen „Wetrelon" hergestellt.

[3] O. B. Edgar u. R. Hill, J. Polymer Sci. **8**, 1 (1952).
s. a. A. J. Yu u. R. D. Evans, Am. Soc. **81**, 5361 (1959); J. Polymer Sci. **42**, 249 (1960).

[4] E.P. 709924 (1951), British Celanese Ltd., Erf.: E. W. Wheatley u. J. W. Fisher; Chem. Abstr. **48**, 11073^f (1954).

[5] A.P. 2910457 (1956), Industrial Rayon Corp., Erf.: S. C. Temin u. M. Levine; Chem. Abstr. **54**, 1932^h (1960).

[6] DBP. 924535 (1944), Bobingen AG. für Spinnfaser, Erf.: P. Schlack; C. **1955**, 7351.

erhalten. Diese Reaktion, bei der sich in der Zwischenstufe wohl Isocyanate bilden, erlaubt eine drucklose Polykondensation. Die Diharnstoffdicarbonsäuren sind aus Aminocarbonsäuren und Diisocyanaten in wäßriger Phase in guter Ausbeute darstellbar[1].

Zu regelmäßiger aufgebauten Mischpolyamiden kann man entweder durch Polykondensation von bifunktionellen Ausgangsmaterialien, die schon vorgebildete Amidgruppen enthalten, gelangen (z. B. *Terephthaloyl-bis-[6-aminocapronsäure]* und *Hexamethylendiamin*) oder durch Zusammenschmelzen fertiger Polykondensate, z. B. aus *Adipinsäure-Hexamethylendiamin* einerseits und *Caprolactam* andererseits. Solche Mischungen haben nach kurzer Aufschmelzzeit noch eine ausgesprochene Neigung zur Krystallisation und geringe Löslichkeit. Bei länger dauerndem Erhitzen gehen

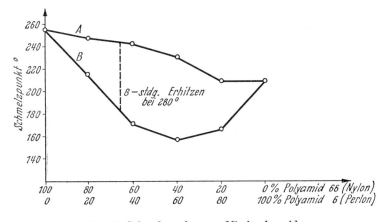

Abb. 13. Schmelzpunkte von Mischpolyamiden

aber diese Mischungen – infolge von Umamidierungsvorgängen[2], die bei höheren Schmelztemperaturen sehr rasch verlaufen können – in die ungeordneteren Polyamide über. Das obige Diagramm[3], Abb. 13, gibt die Schmelzpunkte von Gemischen aus Polyamid 66 und 6 (A) und Mischpolyamiden aus den gleichen Komponenten (B) wieder. Durch achtstündiges Erhitzen auf 280° geht z. B. ein Polyamidgemisch aus 66,6% polymerem *adipinsaurem Hexamethylendiamin* und 33,4% *Polycaprolactam* (Schmelzpunkt 250°) in das statistisch umgelagerte Mischpolyamid mit der gleichen Zusammensetzung, aber dem Schmelzpunkt 180°, über.

10. Lineare, verzweigt-kettige Polyamide

Verzweigte Polyamide, die sich noch weitgehend wie lineare Polyamide verhalten, lassen sich dadurch herstellen, daß man geringe Mengen von Polycarbonsäuren mit Aminocarbonsäuren oder deren Lactamen polykondensiert[4]. Günstige Ergebnisse werden z. B. erhalten, wenn man etwa 1 Molprozent oder weniger einer Tetra- oder Octa-carbonsäure (die durch Verseifen der Acrylnitrilanlagerungsprodukte an Cyclopentanon bzw. 4,4'-Diketo-bicyclohexyl erhalten werden können) mit einer

[1] Hexamethylen-diharnstoff-ω, ω'-dicapronsäure, F: 184–185°.
[2] C. W. Ayers, J. appl. Chem. 4, 444 (1954).
[3] S. J. Allen, J. Textile Inst. 44, 286 (1953).
[4] J. R. Schaefgen u. P. J. Flory, Am. Soc. 70, 2709 (1948).

Aminocarbonsäure kondensiert. Auch mit Polyacrylsäure[1] lassen sich noch verarbeitbare Polyamide herstellen. Aus der Schmelze dieser Polyamide lassen sich Fäden spinnen, die nach dem Erkalten noch gut streckbar sind. Die Schmelzpunkte entsprechen praktisch den normalen Polyamiden.

Wird der Anteil der Polycarbonsäure auf etwa 20% erhöht, so können Polyamide[2] erhalten werden, die sich leicht z.B. in Methylenchlorid/Methanol lösen, in Wasser quellen und als Alkalisalze in Wasser löslich sind.

Polyamid aus ε-Caprolactam und Butan-1,2,3,4-tetracarbonsäure[2]: 96 g ε-Caprolactam werden mit 24 g Butantetracarbonsäure unter Kohlendioxyd 20 Stdn. auf 220–230° erhitzt. Das schwach gelbliche, bei Zimmertemp. feste Polymerisat hat eine Säurezahl von 105–110 und ist trübe in einem Gemisch von Methylenchlorid/Methanol 1 : 1 löslich. Durch Auskochen mit Aceton kann es gereinigt werden. Es ist in methanolischer und wäßr. Kalilauge löslich, nach dem Verdunsten der Lösungsmittel entsteht aus der Lösung des Kalisalzes ein zusammenhängender Film.

Diese verzweigten Polyamide lassen sich bereits mit kleinen Mengen eines Diamins[3] (z.B. Hexamethylendiamin) vernetzen und werden dadurch unlöslich. Allerdings behalten Fäden in diesem vernetzten, unlöslichen Zustand bei Raumtemperatur die bekannten Eigenschaften normaler Polyamide, dagegen werden sie bei hohen Temperaturen gummielastisch.

11. Vernetzte Polyamide

Vernetzte Polyamide werden erhalten, indem man den Kondensationsansätzen aus Dicarbonsäuren und Diaminen geringe Mengen geeigneter polyfunktioneller, amidbildender Substanzen zufügt.

Als geeignete Komponenten haben sich für diese Zwecke geringe Zusätze (zwischen 0,3–1%) von *Benzol-1,3,5-tricarbonsäure*[4] oder von *Methylen-bis-caprolactam*[5] erwiesen. In ähnlicher Weise bewirkt auch der Zusatz von etwa 5% *γ-Oxo-pimelinsäure*[6] eine erhebliche Viscositätssteigerung der Polyamide. Höhere Zusätze von Polycarbonsäuren führen gewöhnlich schnell zu starken Vernetzungen.

Zu vernetzten, aber noch löslichen thermoplastischen Polyamiden gelangt man durch Polykondensation von den aus Sojabohnenöl technisch herstellbaren *Di-* und *Tri-linol-* bzw. *-linolensäuren* (Verhältnis Di- : Tri- etwa 1,5 : 1) mit *Äthylendiamin*[7]. Dabei wird die Reaktionsdauer so bemessen, daß sich der Polykondensationsgrad und das Ausmaß der dabei eintretenden Vernetzung nicht durch zu schnelle Erstarrung beim Abkühlen der Polyamidlösungen unangenehm bemerkbar macht.

Diese zähen Polyamide (Molekulargewicht zwischen 2000 und 15000) sind in Alkoholen löslich.

Polyamid aus Dilinolsäure und Äthylendiamin: In einen mit Rührer, Thermometer, Tropftrichter und Destillationsrohr versehenen Mehrhalskolben gibt man 158,2 g Dilinolsäure (Neutralisationsäquivalent 295,2). Unter Rühren und Evakuieren wird auf 120° geheizt, um alle Luft zu

---

[1] A.P. 2524045 (1946), Wingfoot Corp., Erf.: P. J. FLORY; C. **1951** II, 2393.

[2] DRP. 740460 (1939), I.G. Farb., Erf.: M. HAGEDORN; Chem. Abstr. **39**, 2293⁶ (1945).

[3] J. R. SCHAEFGEN u. P. J. FLORY, Am. Soc. **72**, 689 (1950).

[4] E.P. 750629 (1953), I.C.I., Erf.: W. COSTAIN, N. FLETCHER u. B. J. HABGOOD; C. **1957**, 2607.

[5] DBP. 907461 (1951), Dynamit AG. vorm. Alfred Nobel u. Co., Erf.: H. RATZ u. H. ELSNER. DAS. 1075314 (1957), BASF, Erf.: E. SCHWARTZ, M. PAUL, F. BECKE u. K. WICK. Herstellung der Dilactame s. DAS. 1024082 (1956), BASF, Erf.: F. BECKE u. K. WICK.

[6] E.P. 709705 (1950), I.C.I., Erf.: E. ELLERY, B. J. HABGOOD u. R. J. W. REYNOLDS; C. **1955**, 3748.

[7] J. C. COWAN, A. J. LEWIS u. L. B. FALKENBURG, Oil Soap **21**, 101 (1944). R. A. ANDERSON u. D. H. WHEELER, Am. Soc. **70**, 760 (1948). s. a. H. R. SCHWEIZER, Chem. Rdsch. [Solothurn] **10**, 92 (1957).

entfernen. Dann gibt man unter Einleiten von reinem Stickstoff 23 g 70%ige, wäßr. Äthylendiaminlösung innerhalb $1/4$ Stde. bei 120–130° zu. Anschließend wird die Temp. im Kolben
bis auf 200° erhöht und zwar derart, daß die Temp. des übergehenden Dampfes niemals 100°
übersteigt (um das Schäumen zu verhindern). Unter weiterem Einleiten von Stickstoff wird die
Mischung weitere 4 Stdn. bei 200° gehalten und anschließend noch 1 Stde. i. Vak. von 13 Torr.
Beim Abkühlen erstarrt das Polyamid zu einer gelblichen, sehr zähen Masse. In Abhängigkeit
vom Kondensationsgrad variieren die Schmelzpunkte zwischen 113 und 121°.

Die Aushärtung dieser noch löslichen Polyamide kann auch bei mäßiger Temperatur in Gegenwart von *Tris-[hydroxymethyl]-phenol*[1] erfolgen, wobei sich festhaftende,
flexible Überzüge mit hoher Beständigkeit bilden.

12. Mischpolykondensate, die neben Amidgruppen noch
Ester- oder Urethangruppen enthalten[2]

Es lassen sich auch solche Mischpolykondensate herstellen, die außer Carbamid-
bindungen noch Ester- oder Urethangruppen enthalten, jedoch ist zu beachten, daß
sich insbesondere bei lange dauernden Kondensationen durch thermische Umlagerungsvorgänge tiefgreifende Veränderungen im Charakter des fertigen Polykondensates einstellen können. Da durch gleichzeitige Kondensation von mehr als zwei
bifunktionellen Verbindungen, z. B. von einem Glykol, einem Diamin und einer
Dicarbonsäure leicht sehr uneinheitliche und teils miteinander wenig verträgliche
Polykondensate entstehen, ist es zweckmäßig, zuerst zwei der Komponenten miteinander zu kondensieren und das fertig gebildete Kondensat mit einer dritten Komponente weiter zu kondensieren. Auf diese Weise können z. B. Polyester mit Diaminen
(Polyäthylensebacat und 1,6-Hexamethylendiamin in gewünschten Verhältnissen)[3]
einer Aminolyse unter Polyester-Polyamid-Bildung unterworfen werden.
Übersichtlichere Polykondensate werden aber besser dadurch erhalten, daß man
von niedermolekularen Ausgangsmaterialien ausgeht, bei denen eine der Bindungsarten schon vorgebildet ist. Im Falle der Polyamid-Polyester-Bildung wird die schon
vorhandene, stabilere Amidbindung durch die nachfolgende Veresterung weniger
gestört[4].

**Polyamid-Polyester aus Terephthalsäure-diamid-N,N′-dicapronsäure-dimethylester und Äthylen-
glykol**[5]: 35 g Terephthalsäure-diamid-N,N′-dicapronsäure-dimethylester (F: 165°), 15 g Äthylenglykol und 0,2 g gelbes Blei-(II)-oxyd werden solange unter Rühren und Überleitung von Stickstoff auf 190–200° erhitzt, bis die Umesterung beendet ist. Dies dauert im allgemeinen etwa eine
$3/4$ Stunde. Dann wird das Reaktionsgemisch auf 230–240° gebracht und nach Erreichung dieser
Temp. langsam Vakuum angelegt, das allmählich auf 0,3–0,1 Torr gesteigert wird. Unter Rühren
wird $4^{1}/_{2}$ Stdn. weiterkondensiert. Das sehr gut zu kalt reckbaren Fäden verspinnbare Polykondensat schmilzt bei 213–216°; $\eta_{rel} = 1,75$ (0,5% in Kresol). Kondensiert man dagegen eine
Mischung von Terephthalsäuredimethylester, Aminocapronsäure und Äthylenglykol in beliebiger
Reihenfolge in einer oder zwei Stufen unter den Bedingungen der obigen Vorschrift, dann erhält
man ein Harz mit niedrigerem Schmelzpunkt.

Für die Umesterung aromatischer Diamid-dicarbonsäureester (z. B. aus p-Xylylen-
diamin und dem Säurechlorid des Terephthalsäure-monoisobutylesters mit aliphati-

---

[1] A.P. 2946759 (1958) Union Carbide Corp., Erf.: M. M. GALLANT u. N. R. LEGUE; Chem.
      Abstr. **54**, 25889^g (1960).

[2] S. hierzu im Kap. Gesättigte Polyester mit artfremden, eingebauten Gruppen, S. 23 f.

[3] V. V. KORSHAK u. Mitarbb., Bull. Acad. Sci. URSS, Cl. Sci. chim. **1958**, 217.

[4] T. M. CAAKSO u. D. D. REYNOLDS, Am. Soc. **82**, 3640 (1960).

[5] DBP. 959227 (1952), Farbf. Bayer, Erf.: M. COENEN, C. NAGEL u. W. HECHELHAMMER; Chem.
      Abstr. **53**, 3778^a (1959).

schen Glykolen[1] eignet sich als wirksamer Umesterungskatalysator die Lösung von 0,2 g Natrium in 100 cm³ Äthylalkohol und 3 cm³ Titan-tetrabutylester. Schon nach kurzem Erhitzen – auf 305° im Vakuum – wird ein hochmolekularer Polyamid-Polyester erhalten (F: 285°; $[\eta] = 0,86$).

In manchen Fällen gelingt es aber auch, entsprechende Carboxy- und Aminogruppen zuerst unter Salzbildung reagieren zu lassen, z.B. bei Dicarbonsäuren und Alkanolaminen[2], wobei sich je nach den eingesetzten Mengenverhältnissen saure oder neutrale Salze bilden können.

Saure Salze können allein weiter kondensiert werden, während das neutrale Salz noch mit einem weiteren Mol einer Dicarbonsäure umgesetzt werden muß. Der Vorteil des Verfahrens besteht in der Möglichkeit, über die Salzstufe durch Umkrystallisation zu einem hohen Reinheitsgrad der Ausgangsmaterialien zu kommen.

Polyamid-urethane sind zugänglich, wenn man amidgruppenhaltige Carbamidsäureester mit im Molekül gleichzeitig vorhandenen Hydroxygruppen einer Umesterung in Gegenwart von Katalysatoren wie Natriummethylat unterzieht.

$$CH_3—O—CO—NH—(CH_2)_5—COCl + H_2N—(CH_2)_4—OH \rightarrow$$

$$CH_3—O—CO—NH—(CH_2)_5—CO—NH—(CH_2)_4—OH$$

Polyamid-urethan[3]: N-Carboxymethyl-amino-capronsäure-chlorid, hergestellt aus der Säure und Thionylchlorid, läßt man in Benzollösung auf eine wäßr. Lösung von 4-Amino-butanol-(1) in Gegenwart von Alkali unter guter Kühlung einwirken. Der hierbei erhaltene Hydroxycarbonamid-carbamidsäureester kondensiert sich bei 140–180°, insbesondere in Gegenwart von Umsetzungskatalysatoren, z.B. $1/_{200}$ Mol Natriummethylat (bez. auf 1 Mol Urethan) mit sich selbst unter Abspaltung von Methanol. Die Reaktion kann mit oder ohne Lösungsmittel durchgeführt werden. Ein geeignetes Lösungsmittel ist o-Dichlorbenzol.

13. Umsetzungen am Amidstickstoff von Polyamiden[4]

a) mit Formaldehydderivaten[5]

Die im allgemeinen in üblichen Lösungsmitteln schwer löslichen Polyamide, Polyharnstoffe oder Polysulfonamide lassen sich durch Substitution mit Hydroxymethylgruppen am Amidstickstoff relativ leicht löslich machen. Bei Mischpolyamiden – vor allem wenn sie aus Diamino-äthern hergestellt wurden – werden diese Hydroxymethylpolyamide sogar wasserlöslich.

Da jedoch die Hydroxymethyl-polyamide chemisch weniger stabil sind[6], substituiert man am besten mit Formaldehyd in Gegenwart von Methanol und erhält auf diese Weise die befriedigend beständigen Methoxymethyl-polyamide. In analoger Weise erhält man bei Verwendung von Mercaptanen N-Alkylmercapto-methyl-polyamide.

$$\begin{array}{ccccc} | & & | & & | \\ NH + CH_2O & \rightarrow & N—CH_2OH & & N—CH_2OCH_3 \\ | & & | & + CH_3OH \rightarrow & | \\ C{=}O & & C{=}O & & C{=}O \\ | & & | & & | \end{array}$$

[1] A.P. 2956984 (1957), Eastman Kodak Co., Erf.: D. D. Reynolds u. J. L. R. Williams.
[2] F.P. 891397 (1941), Phrix Arbeitsgemeinschaft; C. 1947, 1346.
[3] DBP. 924538 (1939), Bobingen AG. für Spinnfaser, Erf.: P. Schlack; C. 1955, 6153.
[4] s.a. S. 371.
[5] s. hierzu auch Kap. Polyadditions- und Polykondensationsprodukte von Urethanen und Carbonsäureamiden mit Aldehyden, S. 377 ff.
[6] T. L. Cairns u. Mitarb., Am. Soc. 71, 651 (1959).

Zur Darstellung der Hydroxymethyl-polyamide mit Formaldehyd oder besser mit Paraformaldehyd löst man die Polyamide in Ameisensäure auf. Man kann aber auch in Gegenwart von Quellungsmitteln wie N-Methyl-pyrrolidon[1] arbeiten. Die Reaktion muß sehr sorgfältig überwacht werden, um Vernetzungen (über Methylenbrücken), die sich durch schnelle Viscositätszunahme der Lösungen zu erkennen geben, zu vermeiden. Die Reaktion läßt sich aber besser kontrollieren, wenn sie in inerten Medien wie Chloroform oder Dioxan in Gegenwart basischer Katalysatoren (Kaliumcarbonat) durchgeführt wird.

Fügt man der Lösung des Polyamides in 90%iger Ameisensäure noch Methanol und saure Katalysatoren, wie Oxalsäure oder Phosphorsäure[2] zu, dann erhält man bei Temperaturen zwischen 60 und 75° die beständigeren N-Methoxymethyl-polyamide (s. dazu Beispiel 12, S. 380). Ohne Lösungsmittel muß die Reaktionstemperatur auf 100–150° erhöht werden. Da dabei die Neigung zum Kettenabbau besteht, gibt man den Katalysator (Phosphorsäure) erst in das Reaktionsgemisch, wenn die gewünschte Temperatur erreicht worden ist.

Bei einem Substitutionsgrad von etwa 15% der vorhandenen Amidgruppen ähneln die Methoxymethyl-polyamide in ihrem plastischen Verhalten Mischpolyamiden, während höhere Substitutionsgrade elastische, niedriger schmelzende Produkte ergeben. Zur Erzielung einer ausreichenden Löslichkeit ist mindestens eine 20–50%ige Substitution der vorhandenen Stickstoffatome erforderlich, wodurch der Schmelzpunkt um 80 bis 150° absinkt (s. Tab. 20). Bezüglich der physikalischen Eigenschaften ähneln die N-Alkoxymethyl-derivate den N-Alkylpolyamiden (s. S. 147).

Tab. 20. Änderung einiger Eigenschaften von 6.6-Polyamid durch Einführung von Methoxymethylgruppen

Substitutionsgrad in % der substituierbaren Gruppen	% Löslichkeit in heißem 80%igem Äthanol	F [°C]
0	0	264
22	25	185
32	50	130

Beim Erhitzen von Polyamid-N-methoxymethyl-verbindungen in Gegenwart einer Säure wie Zitronensäure tritt Vernetzung und Unlöslichkeit durch Bildung von Methylen- oder Poly-oxymethylen-brücken ein. Der Verlust der Löslichkeit durch thermische Einwirkung tritt übrigens schon bei einer Substitution von nur 1% der Amidgruppen ein.

Auch in fertige Polyamidfasern lassen sich unter Erhaltung der Faserform Methoxymethylgruppen[3] einführen, wenn man unverstreckte Fasern mit wäßriger Oxalsäure imprägniert und nach dem Trocknen bei 90–130° mit einer Mischung von Formaldehyd- und Methanoldämpfen nachbehandelt. Man erhält auf diese Weise elastische Fasern.

1 DBP. 905786 (1942), Bobingen AG. für Textilfasern, Erf.: P. SCHLACK; C. **1954**, 9167.
   A. P. 2430908 (1944), DuPont, Erf.: T. L. CAIRNS; Chem. Abstr. **42**, 1744[j] (1948).
   T. L. CAIRNS u. Mitarbb., Am. Soc. **71**, 651 (1949).

Läßt man auf gestreckte Polyamidfasern (z. B. aus Poly-ε-caprolactam) mit einem Wassergehalt von höchstens 0,2% bei Temperaturen um 150° in Gegenwart von Stickstoff gasförmigen Formaldehyd[1] einwirken, bis etwa 15% aufgenommen sind, dann steigt der Erweichungspunkt der Fasern bis auf etwa 300°.

Die an sich chemisch weniger stabilen Hydroxymethyl-polyamide – insbesondere die völlig wasserlöslichen – lassen sich durch andere Vernetzer, z. B. Bis-[hydroxy-methyl]-harnstoff-diäthyläther[2] bei relativ niedrigen Temperaturen (100°) völlig unlöslich machen. Die Reaktion mit Formaldehyd oder Polyvinylformal läßt sich auch auf solche Polymere anwenden, die neben Carbonamidbindungen noch andere Bindeglieder (z. B. Harnstoff-, Urethan- oder Estergruppen[3]) enthalten. Dabei entstehen kautschukelastische Stoffe[3] (s. S. 29).

Butoxymethyläther eines Polyharnstoff-Polyamides[4]: In eine Lösung von 106 g eines Poly-harnstoff-Polyamides (Herstellung des Polykondensates s. S. 167) in 150 cm³ Wasser in einem mit Thermometer, Rührer und Wasserabscheider versehenen 2-l-Kolben werden 130 g 36,8%ige wäßr. Formaldehydlösung, 370 g n-Butanol und 74 g Xylol gegeben. Nach Einstellung des p_H-Wertes der Mischung auf 10 wird 30 Min. auf 80° erhitzt. Durch Zugabe von Phosphorsäure wird der p_H-Wert dann auf 7 eingestellt und weiter erhitzt, bis die Innentemp. 100° erreicht hat, wobei ein Azeotrop übergeht, mit dem das Wasser entfernt wird. Nachdem alles Wasser übergegangen ist, wird durch weiteren Phosphorsäurezusatz der p_H auf 5 eingestellt und weiter bis auf 110° erhitzt, wobei nochmals Reaktionswasser übergeht. Danach wird die Mischung mit Natrium-hydroxyd neutralisiert und i. Vak. konzentriert, wobei ein schwach gefärbtes Harz erhalten wird. Dieses Harz ist unbegrenzt in Äthanol oder Butanol löslich und läßt sich nach dem Imprägnieren von Fäden oder Geweben durch Erhitzen auf 135–150° unlöslich machen.

β) Umsetzung von Polyamiden mit Isocyanaten

Da Isocyanate sich auch an Carbonamidverbindungen anlagern, lassen sich auch Polyamide mit Diisocyanaten vernetzen. Für die Durchführung der Reaktion in der Schmelze bei Temperaturen um 180° werden wegen der hohen Zähigkeit heizbare Kneter oder Walzen benötigt.

Modifizierung eines Mischpolyamides (aus adipinsaurem Hexamethylendiamin und 6-Amino-capronsäure) mit Toluylen-2,4-diisocyanat[5]: 800 Tle. eines Mischpolyamides aus 60 Tln. adipin-saurem Hexamethylendiamin und 40 Tln. 6-Amino-capronsäure werden in einem Kneter bei 185° geschmolzen und in die Schmelze allmählich 30 Tle. Toluylen-2,4-diisocyanat eingeführt. Man knetet die Mischung 15 Min. lang gut durch und setzt hierauf 400 Tle. Benzolsulfonsäure-mono-methylamid als Plastifizierungsmittel zu und verknetet das Ganze zu einer einheitlichen Masse, aus der sich sehr schmiegsame, folienähnliche Platten pressen lassen.

---

[1] J. R. Lewis u. R. J. W. Reynolds, Chem. and Ind. **1951**, 958.

[2] E. P. 546786 (1941), DuPont, Erf.: D. D. Coffmann; Chem. Abstr. **37**, 4834[1] (1943).

[3] Patente der I. C. I.: E. P. 574134 (1942), Erf.: D. H. Coffey, J. G. Cook u. W. H. Lake; Chem. Abstr. **42**, 6163[h] (1948); E. P. 581143 (1942), Erf.: W. F. Smith, J. M. Buist, D. A. Harper u. G. N. Welding; Chem. Abstr. **41**, 1888[h] (1947); E. P. 581144 (1943). Erf.: W. F. Furness, W. F. Smith u. L. E. Perrings; Chem. Abstr. **41**, 1888[i] (1947); E. P. 581146 (1943), Erf.: D. H. Coffey, W. F. Smith u. H. G. White; Chem. Abstr. **41**, 1888[i] (1947); E. P. 585083 (1945), Erf.: W. F. Smith u. H. G. White; Chem. Abstr. **41**, 4930[d] (1947).
S. a. D. A. Harper, W. F. Smith u. H. G. White, Proc. Rubber Technol. Conf., 2nd Conf. **1948**, 61–67.
E. P. 585205 (1944), I. C. I., Erf.: D. A. Harper u. W. F. Smith; Chem. Abstr. **41**, 3982[e] (1947).
A. P. 2422271 (1943), DuPont, Erf.: G. T. Vaala u. C. E. Frank; C. **1948** II (Ostberlin), 1358.

[4] A. P. 2689239 (1952), Rohm & Haas Co., Philadelphia, Erf.: S. Melamed; Chem. Abstr. **49**, 11712[d] (1955).

[5] DRP. 750427 (1942), I. G. Farb.; C. **1947** (Ostberlin), 1250.

γ) Umsetzung von Polyamiden mit Äthylenoxyd bzw. Styroloxyd

Polyamide lassen sich mit Äthylenoxyd[1] umsetzen (s. a. S. 446). Das Äthylenoxyd lagert sich primär nur an relativ wenige Stellen der Polymerenketten an, bildet aber dann relativ lange Polyäthylenglykolverzweigungen aus. Ein 6.6-Polyamid, das mit 50% seines Gewichtes mit Äthylenoxyd substituiert wurde (16 Stunden bei 80° im V 2 A®-Autoklav), schmilzt bei 221° und ist sehr biegsam in einem relativ weiten Temperaturbereich. Bei noch stärkerer Einwirkung von Äthylenoxyd sind sogar wasserlösliche Polyamide erhältlich.

Mischpolyamide lassen sich auch mit *Glykolcarbonat* in Gegenwart von Kaliumcarbonat als Katalysator bei etwa 150° äthoxylieren.

Poly-äthylenoxyd-gepfropftes Mischpolyamid[2]: 20 g eines Mischpolyamides, das aus dem Gemisch der Salze aus Adipinsäure-Hexamethylendiamin, Sebacinsäure-Hexamethylendiamin sowie Caprolactam (jeweils gleiche Gewichtsteile!) hergestellt worden ist, werden in 100 g Äthylenglykolcarbonat unter Hinzufügung von 1 g Kaliumcarbonat 6 Stdn. auf 170–180° erhitzt. Nach dem Abkühlen wird der Brei mit etwas Wasser verdünnt und dann unter Zusatz von viel Alkohol ausgefällt. Das Polyamid hat durch die Behandlung 25% Äthylenoxyd aufgenommen. Es löst sich in Alkohol-Wasser (80 : 20). (Ein weiteres Beispiel s. S. 453.)

Im Gegensatz zum Äthylenoxyd lagert sich *Styroloxyd* nur einmal an eine CO—NH-Gruppe an. Die dadurch erhältlichen Polyamide, die etwa 30% der Theorie an Styroloxyd aufnehmen können, schmelzen nur wenig niedriger als das Ausgangsmaterial und sind erheblich hydrophober.

N-(2-Phenyl-2-hydroxy-äthyl)-Polyamid[3]: Zur Umsetzung wird getrocknetes Polyamidpulver mit Styroloxyd auf 170° (unter Stickstoff) so lange erhitzt, bis der gewünschte Substitutionsgrad erreicht ist. Beim Eingießen in Cyclohexan fällt das N-(2-Phenyl-2-hydroxy-äthyl)-Polyamid aus (F: 203° bei 25%iger Substitution). Die Wasseraufnahme dieses Polyamides ist um 50% kleiner als beim Ausgangsmaterial.

d) Methoden zur Herstellung von polyamidähnlichen Verbindungen

1. Methylen-polyamide

Aus ω,ω'-Dinitrilen und *Formaldehyd*[4] (die im Verhältnis 1 Mol Dinitril und 1 Mol Formaldehyd vorliegen sollen), lassen sich in Gegenwart starker Säuren, wie Schwefelsäure oder Toluolsulfonsäure, und etwas Wasser, Methylen-polyamide darstellen. Mit Formaldehyd bzw. α-Trioxymethylen erhält man Polyamide, die sich vom Methylen-diamin ableiten und folgendes Grundmolekül besitzen,

$$-\left[-\overset{\overset{\displaystyle O}{\|}}{C}-R-\overset{\overset{\displaystyle O}{\|}}{C}-NH-CH_2-NH-\right]_n-$$

wobei R aromatisch oder aliphatisch sein kann. Die Reaktion, die besonders bei Verwendung von *Formaldehyd* mit starker Wärmetönung verläuft, wird am besten

---

[1] H. C. Haas u. Mitarbb., J. Polymer Sci. **15**, 427 (1955).

[2] E. P. 773569 (1955), International Polaroid Corp., Erf.: H. C. Haas u. S. G. Cohen; C. **1958**, 7612.

[3] DAS. 1058732 (1956), Chemische Werke Hüls, Erf.: W. Ziegenbein u. F. Broich; C. **1960**, 14535.

[4] D. T. Mowry u. E. L. Ringwald, Am. Soc. **72**, 4439 (1950).
    E. E. Magat u. Mitarbb., Am. Soc. **73**, 1031 (1951); s. a. E. P. 677516 (1948), Monsanto Chemical Co., Erf.: D. T. Mowry; C. **1954**, 665.
    Vgl. a. S. 392f.

bei Temperaturen zwischen 20 und 40° ausgeführt, wobei die Benutzung von Verdünnungsmitteln, wie Ameisensäure, vorteilhaft ist. Die Konzentration der Reaktionsteilnehmer kann maximal 20% betragen, da sich sonst leicht unlösliche Polymerisate bilden. Im allgemeinen ist die Reaktion in wenigen Stunden beendet. Durch Eingießen der Reaktionslösung in Alkalien erhält man Polykondensate, die durch ihren hohen Schmelzpunkt auffallen (s. Beispiel 2, S. 393). In ganz analoger Weise kann man aus Dinitrilen, die in der Polymethylenkette noch eine Alkylaminogruppe besitzen, basische Methylen-polyamide[1] herstellen, die z.B. in Wasser oder in Säuren löslich sind.

Basische Methylen-polyamide entstehen auch durch Anlagerung von Diaminen, wie z.B. Piperazin, an Methylen-bis-acrylamid (s. S. 614 und Beispiel 1, S. 621).

Die Bildung der Methylen-polyamide erfolgt auch durch Einwirkung von Formaldehyd in Eisessig auf Dicarbonsäurediamide[2] oder auch durch Selbstkondensation von N,N′-Dimethylol-dicarbonsäurediamiden in saurer Lösung (vgl. S. 371f., 392). Ob die nach diesen drei Verfahren entstehenden Methylen-polyamide in ihrer Struktur identisch sind, konnte bisher noch nicht geklärt werden. Sie besitzen noch keine technische Bedeutung.

Durch Umsetzung von Dinitrilen oder Dicarbonsäurediamiden mit Formaldehyd in stark saurer, wasserfreier Lösung entstehen hochmolekulare, unlösliche Perhydrotriazine (s. S. 392 u. 393).

2. Polyimide

Unter bestimmten Voraussetzungen können sich aus Polycarbonsäuren oder deren Anhydriden und Diaminen auch lineare Imidstrukturen ausbilden, wenn durch sterische Verhältnisse der Polycarbonsäuren sowie mit einem genau ausbalancierten Verhältnis der Reaktionsteilnehmer eine Ringbildung innerhalb der Molekülkette (d.h. Imidbildung) wesentlich stärker als eine Kettenverzweigung begünstigt ist.

So reagieren je 1 Mol *Tricarballylsäure* (Propan-1,2,3-tricarbonsäure) und *1,10-Decamethylendiamin* beim Erhitzen auf 225° unter Bildung eines linearen, bei 94° schmelzenden Polymeren[3], das aus der Schmelze spinnbar ist und fünfgliedrige Imidringe in der Molekülkette besitzt:

$$HOOC{-}CH_2{-}\underset{\underset{CH_2{-}COOH}{|}}{CH}{-}COOH \; + \; H_2N(CH_2)_{10}\,NH_2 \; \rightarrow$$

$$-\left[OC{-}CH_2{-}\underset{\underset{CH_2{-}CO}{|}}{CH}{-}CO\right]{>}N{-}(CH_2)_{10}{-}NH{-}\Big]_n$$

Poly-1,10-decamethylen-tricarballyl-amid-imid[3]: Das Gemisch aus 8,8 g (0,05 Mol) Tricarballylsäure und 8,6 g (0,05 Mol) 1,10-Decamethylendiamin wird in einem gut mit Stickstoff gespülten und dann abgeschmolzenen Polymerisationsrohr 3 Stdn. auf 150° erhitzt. Die Temp. wird dann weitere 2 Stdn. auf 205° erhöht. Nach dem Abkühlen wird das Rohr geöffnet und mit einem

---

[1] A.P. 2537689 (1948), Monsanto Chemical Co., Erf.: D. T. MOWRY u. E. L. RINGWALD; Chem. Abstr. **45**, 3197[h] (1951).

[2] A. CANNEPIN, G. CHAMPETIER u. A. PARISOT, J. Polymer Sci. **8**, 35 (1952).

[3] A.P. 2421024 (1942), Bell Telephone Laboratories Inc., Erf.: C. J. FROSCH, Chem. Abstr. **41**, 5342[b] (1947).

Stopfen versehen, durch den ein zur Kapillare ausgezogenes Einleitungsrohr und ein weiteres Rohrstück (für Vakuumanschluß) führen. Das Polymerisationsrohr wird dann bei 1 Torr und Einleiten eines schwachen Stickstoffstromes 2 Stdn. auf 220° erhitzt. Das Polykondensat schmilzt bei 94°; $[\eta]$ etwa 0,5 (0,5% in m-Kresol). Aus der Schmelze können Fäden gesponnen werden.

Reine Polyimide lassen sich aus *Pyromellithsäureanhydrid*[1] (Benzol-1,2,4,5-tetracarbonsäure-anhydrid)

$$\left[-\!\!-N \underset{\displaystyle OC}{\overset{\displaystyle OC}{<}} \!\!\!\!\!\bigcirc\!\!\!\!\! \overset{\displaystyle CO}{\underset{\displaystyle CO}{>}} N\!\!-\!\!(CH_2)_x\!\!-\!\! \right]_n$$

und *1,9-Nonamethylendiamin* sowie *4,4-Dimethyl-1,7-heptamethylendiamin* herstellen. Diese Polyimide eignen sich infolge ihrer hohen Schmelzviscosität insbesondere bei hohen Temperaturen und ihrer erheblichen Zähigkeit hauptsächlich für Kunststoffzwecke. Das Polyimid aus *1,4-Bis-[5-amino-1,1-dimethyl-pentyl]-benzol* und *Pyromellithsäureanhydrid*[2] (über das in Alkohol hergestellte Salz), bei 197° polykondensiert,

$$\left[-\!\!-N \underset{\displaystyle OC}{\overset{\displaystyle OC}{<}} \!\!\!\!\!\bigcirc\!\!\!\!\! \overset{\displaystyle CO}{\underset{\displaystyle CO}{>}} N\!\!-\!\!(CH_2)_4\!\!-\!\!\underset{\displaystyle CH_3}{\overset{\displaystyle CH_3}{C}}\!\!-\!\!\bigcirc\!\!-\!\!\underset{\displaystyle CH_3}{\overset{\displaystyle CH_3}{C}}\!\!-\!\!(CH_2)_4\!\!-\!\! \right]_n$$

läßt sich aus der Schmelze leicht in Fasern überführen.

Poly-1,9-nonamethylen-pyromellithsäure-imid: Zu einer Lösung von 21,8 g (0,1 Mol) Pyromellithsäureanhydrid in 100 g absol. Methanol werden 15,8 g (0,1 Mol) 1,9-Nonamethylendiamin gegeben. Nach Verdampfen des Methanols auf dem Wasserbad bleibt ein Salz zurück, das nach Überführung in ein Polymerisationsrohr mit seitlich angesetztem Rohr unter Stickstoff zuerst 2 Stdn. auf 138° und anschließend weitere 2 Stdn. auf 325° erhitzt wird. Das Polyamid läßt sich bei 340° zu sehr zähen, biegsamen Filmen pressen; $[\eta] = 0,8$–$1,2$ (0,5% in m-Kresol).

Führt man die Polykondensation des Pyromellithsäureanhydrids mit Diaminen in Dimethylformamid oder Dimethylsulfoxyd bei niedrigeren Temperaturen durch, so tritt die eben beschriebene Bildung der fünfgliedrigen Imidringe noch nicht auf, und man erhält Lösungen linearer Polyamid-carbonsäuren, die sich zu Fäden verspinnen lassen. Diese sind alkalilöslich, lassen sich aber durch eine thermische Nachbehandlung in die Imidform überführen.

Poly-4,4′-diphenylmethan-pyromellithsäure-imid[3]**:** In einen 250-cm³-Dreihalskolben, der mit Rührer, Tropftrichter und Stickstoffeinleitungsrohr versehen ist, gibt man 9,91 g (0,05 Mol) 4,4′-Diamino-diphenylmethan und 10,91 g (0,05 Mol) Pyromellithsäureanhydrid (über Silicagel bei 220° bis 240° sublimiert!). Unter Rühren läßt man durch den Tropftrichter 83,3 g Dimethylformamid zufließen. Die Temp. steigt etwa um 5–10° an, und innerhalb einiger Stdn. entsteht eine viscose Lösung.

Nach Verdünnung dieser Lösung mit weiteren 83 g Dimethylformamid kann die jetzt 10,5%ige Lösung durch eine Mehrlochdüse in ein Wasserbad von Raumtemp. eingesponnen und mit 25 m/min aufgewickelt werden. Nach Trocknung hat dieser Faden eine Reißfestigkeit von 1,1 g/den bei 6,5% Dehnung; $[\eta] = 1,70$. Durch Erhitzen auf 300° während 5 Min.[4] wird die Imidbildung herbeigeführt und der Faden dadurch unlöslich. Die Imidbildung kann dadurch beschleunigt werden, daß die Lösung nach Verlassen der Mehrlochdüse in ein Essigsäureanhydridbad (oder

---

[1] A.P. 2710853 (1953), DuPont, Erf.: W. M. EDWARDS u. J. M. ROBINSON; Chem. Abstr. **50**, 5753[d] (1956).

[2] A.P. 2900369 (1955), DuPont, Erf.: W. M. EDWARDS u. J. M. ROBINSON; Chem. Abstr. **53**, 23076[h] (1959).

[3] Belg.P. 582597 (1959), DuPont, Erf.: W. M. EDWARDS.

[4] Belg.P. 589179 (1960), DuPont, Erf.: W. M. EDWARDS u. A. L. ENDRY.

auch in eine Lösung von 80% Essigsäureäthylester, 10% Pyridin und 10% Essigsäureanhydrid) gesponnen und dabei gleichzeitig durch mehrere Abzugsrollen auf das 1,5–2 fache gestreckt wird. Durch anschließendes, kurzzeitiges Erhitzen auf 300° werden sehr feste, unlösliche Fäden erhalten.

Zu linearen Polyimiden führt auch die Selbstkondensation der *Hexamethylen-bis-aminoessigsäure*[1]. Die Bindeglieder sind hierbei z. T. Dioxopiperazinringe.

$$HOOC—CH_2—NH—(CH_2)_6—NH—CH_2—COOH +$$

$$HOOC—CH_2—NH—(CH_2)_6—NH—CH_2—COOH \rightarrow$$

Das uneinheitliche Polymere läßt sich bei 255° zu streckbaren, aber sehr hydrophilen Fäden verspinnen.

Aus Bis-o-diaminophenyl-derivaten und Dicarbonsäuren lassen sich Poly-benz-imidazole[2] herstellen. So entsteht aus molaren Mengen von 3,3′-Diamino-benzidin und Sebacinsäure durch Erhitzen auf 265° das Poly-benzimidazol:

Es läßt sich bei 340–370° zu Filmen pressen; $[\eta] = 1,0$ (0,5% in m-Kresol).

Die aus aromatischen Dicarbonsäurediphenylestern[3] und aromatischen Tetra-aminen erhältlichen, thermostabilen Poly-benzimidazole schmelzen oberhalb 400° oder sind unschmelzbar. Sie sind in konzentrierter Schwefelsäure oder Ameisensäure ohne Abbau löslich, woraus steife und zähe Filme erhalten werden können; $[\eta] = 0,4–1,1$ (0,5% in Dimethylsulfoxyd).

Weiterhin lassen sich auch siliciumhaltige Dicarbonsäureester[4] mit Tetraminen in **Disiloxan-benzimidazol-polymere** überführen:

[1] J. W. Fisher, Chem. and Ind. **1952**, 244.

[2] DBP. 1038280 (1955), DuPont, Erf.: K. C. Brinker u. I. M. Robinson; Chem. Abstr. **53**, 18522[f] (1959).

[3] H. Vogel u. C. S. Marvel, J. Polymer Sci. **50**, 511 (1961).

[4] I. E. Mulvaney u. C. S. Marvel, J. Polymer Sci. **50**, 541 (1961).

Molare Mengen der beiden Komponenten werden bei 250° geschmolzen und 1–2 Stunden bei 0,1 Torr auf 300–350° erhitzt; F: 420–450°; $[\eta] = 0,49$ (0,08% in Dimethylsulfoxyd).

3. Polyharnstoffe

Polyharnstoffe können (ebenso wie die Polyurethane) sowohl durch Polykondensation als auch durch Polyaddition erhalten werden.

Polyharnstoffe schmelzen wesentlich höher als Polyamide und werden thermisch relativ leicht gespalten:

$$R—NH—CO—NH—R \;\rightleftharpoons\; R—NCO + H_2N—R$$

Bei der großen Reaktionsfähigkeit, die die Wasserstoffatome der Harnstoffgruppierung zeigen, kann die Isocyanatrückbildung Anlaß sowohl zur Neubildung von Harnstoffgruppen als auch zu Vernetzungsreaktionen (über Biuretgruppen) führen, die schon um 200° einsetzen und die erklären, warum in der Literatur die Schmelzpunktsangaben von Polyharnstoffen oft so stark differieren. Diese leichte Vernetzbarkeit der Polyharnstoffe ist der Grund, daß diese Verbindungen nicht die technische Bedeutung der Polyamide erlangt haben. Für die Herstellung gummielastischer Polyester[1] ist diese Eigenschaft dagegen von großer Bedeutung.

Die einfachste Darstellungsmethode für Polyharnstoffe besteht darin, daß man auf Diamine unter hohem Druck Kohlendioxyd bei Temperaturen zwischen 180 und 250° einwirken läßt[2]. Der Polymerisationsgrad der so erhaltenen Polyharnstoffe hängt im wesentlichen von der Höhe des Kohlendioxyddruckes ab. Einwandfrei spinnbare Polyharnstoffe werden nur dann erhalten, wenn der Kohlendioxyddruck zwischen 500 und 2000 at liegt. Die Polyharnstoffbildung ist von der Entfernung des bei der Reaktion entstehenden Wassers abhängig, wozu man entweder Phosphorpentoxyd (in getrenntem Gefäß) mit in das Reaktionsgefäß gibt, oder das Kohlendioxyd in kurzen Abständen aus dem Druckgefäß abläßt und mit trockenem Kohlendioxyd wieder auffüllt.

Polyharnstoff aus 1,6-Hexamethylendiamin und Kohlendioxyd[2]: 30 g Hexamethylendiamin werden in einem mit Silber ausgekleideten und mit Gasein- und -auslaßrohren versehenen Autoklaven eingeführt und dann mit trockenem Kohlendioxyd beschickt. Nach Aufheizen des Autoklaven auf 200° soll der Kohlendioxyddruck 500 at betragen. Durch Öffnen des Auslaßrohres läßt man dann pro Min. etwa 0,5 l Kohlendioxyd entweichen, wobei durch Zufuhr frischen, trockenen Kohlendioxyds der Druck von 500 at erhalten bleibt. Nach 7 Stdn. wird der Autoklav abgekühlt. Man entnimmt ihm 25 g eines weißen, in Kresol löslichen Polykondensates, das bei 300° schmilzt und aus der Schmelze zu Fäden gesponnen werden kann.

Aus Diaminen mit Äthergruppen lassen sich auf die gleiche Weise wesentlich niedriger schmelzende Polyharnstoffe herstellen (Polyharnstoff aus Bis-[γ-aminopropyl]-äther, F: 210°). Statt des Kohlendioxyds kann man auch Kohlensäureester[3] mit Diaminen zu den entsprechenden Polyharnstoffen umsetzen, jedoch läßt sich die Reaktion, die am besten in Lösungsmitteln wie Phenol oder Kresol unter Benutzung von *Kohlensäuredibutylester* oder *-diphenylester* ausgeführt wird, nicht so leicht unter Kontrolle halten. Wirklich hochmolekulare, lineare Polyharnstoffe

---

[1] s. S. 79 ff.
[2] E.P. 619275 (1946), I.C.I., Erf.: G. D. Buckley u. N. H. Ray; Chem. Abstr. **43**, 5639[i] (1949). A.P. 2709694 (1952), DuPont, Erf.: M. A. Dietrich u. H. W. Jacobsen; Chem. Abstr. **49**, 14333[a] (1955).
[3] DRP. 745684 (1935), I.G. Farb.; C. **1945** I, 120.

können nur dann erhalten werden, wenn auf ein Mol Diamin genau ein Mol Kohlensäure-
diester unter Stickstoff zur Einwirkung kommt. Dabei ist zu berücksichtigen, daß mit
dem abdestillierenden Alkohol geringe Mengen Kohlensäureester übergehen, die bei
der Einwaage berücksichtigt werden müssen. Als Diamine sind besonders solche geeignet, die eine Kohlenstoffkette von mindestens sieben Kohlenstoffatomen enthalten.
Wird die Kohlensäure in Form ihres Säurechlorides[1] (Phosgen) zur Einwirkung gebracht, so erfolgt die Reaktion so rasch, daß ebenfalls die Anwesenheit von indifferenten Lösungsmitteln wie Benzol erforderlich ist; die Anwesenheit von Säureacceptoren kann von Nutzen sein.

Polyharnstoff aus 1,10-Decamethylendiamin und Diphenylcarbonat[2]: Man erhitzt ein Gemisch
von 445 Tln. Decamethylendiamin, 555 Tln. Diphenylcarbonat und 1000 Tln. m-Kresol in
geschlossener Apparatur in Abwesenheit von Sauerstoff 2 Stdn. auf 210–225°. Dann destilliert
man das Kresol unter vermindertem Druck ab und erhitzt den Rückstand 2 Stdn. auf 250°. Der so
erhaltene Polyharnstoff ist fadenbildend; F: 210°.

Auch mit Hilfe der Grenzflächenpolykondensation sind Polyharnstoffe[3]
zugänglich. Zum Beispiel läßt sich aus *1,4-Piperazin-bis-carbonylchlorid* (in Chloroformlösung) und *1,6-Hexamethylendiamin* (in Wasser) bei starker Durchmischung
der krystalline Polyharnstoff

$$-\left[-HN-(CH_2)_6-NH-\overset{O}{\overset{\|}{C}}-N\bigcirc N-\overset{O}{\overset{\|}{C}}-\right]_n-$$

leicht herstellen; F: 265°; $[\eta] = 0,82$ (0,5% in m-Kresol). Da dieser Polyharnstoff
schon bei niedriger Temperatur entsteht, ist die alternierende Anordnung der aliphatischen und cycloaliphatischen Anteile dieses Polyharnstoffes gesichert.

Der über einen thermischen Polykondensationsvorgang aus *Piperazin, 1,6-Hexa-
methylendiamin* und *Harnstoff* zugängliche Polyharnstoff ist amorph; F: etwa 194°;
$[\eta] = 0,66$ (0,5% in m-Kresol). Wahrscheinlich sind Umlagerungsvorgänge, die zu
einer Art Blockpolymerenverteilung führen, der Grund für den niedrigeren Schmelzpunkt und die amorphe Struktur.

Diamine lassen sich auch durch Erhitzen mit Bis-urethanen[4] unter Abspaltung
von Alkohol in lineare Polyharnstoffe überführen. Hierfür eignen sich besonders die
Bis-arylurethane[4]. Derartige Umsetzungen werden zweckmäßigerweise ebenfalls in
einem Lösungsmittel wie Phenol, Kresol oder Hydroxybiphenyl in Abwesenheit von
Sauerstoff durchgeführt.

Polyharnstoff aus 1,10-Decamethylendiamin und 1,6-Hexamethylen-bis-äthylurethan[5]:

Herstellung des Hexamethylen-bis-äthylurethans [$C_2H_5OOCNH-(CH_2)_6-NHCOOC_2H_5$]:
Einer Lösung von 58 Tln. Hexamethylendiamin und 200 Tln. Äther werden gleichzeitig tropfenweise 130 Tle. Chlorameisensäureäthylester und 480 Tle. einer 10%igen wäßr. Natronlauge unter
starkem Rühren zugesetzt. Die Temp. wird unter 10° gehalten. Nach 15 Min. werden die Hexa-
methylen-bis-äthylurethan-Krystalle mit kaltem Wasser gewaschen und durch Umkrystallieren
aus Benzol-Petroläther gereinigt; F: 84°.

---

[1] A.P. 2816879 (1951), DuPont, Erf.: E. L. Wittbecker; Chem. Abstr. **52**, 9618ᵃ (1958).
[2] DRP. 745684 (1935), I. G. Farb.; C. **1945** I, 120.
[3] D. J. Lyman u. S. L. Jung, J. Polymer Sci. **40**, 407 (1959).
[4] A.P. 2181663 (1939), DuPont, Erf.: E. L. Martin; Chem. Abstr. **34**, 2105² (1940).
[5] A.P. 2568885 (1939), American Celanese Corp., Erf.: H. Dreyfus; Chem. Abstr. **46**, 1808ʰ
(1952).

Herstellung des Polyharnstoffs: 14,503 g des Diurethans werden zusammen mit 9,579 g Decamethylendiamin und 10 g m-Kresol in einem geschlossenen Gefäß 1 Stde. auf 200° und 4 Stdn. auf 235° erhitzt. Nach dem Abkühlen wird das Gefäß geöffnet und anschließend noch 2 Stdn. bei 235° unter einem Vak. von 5 Torr erhitzt.

Das polymere Produkt ist ein harter, zäher, opaker Stoff, der bei etwa 170° zu einer viscosen Flüssigkeit schmilzt; $[\eta] = 0,2$ (0,5% in m-Kresol). Er kann zu Fäden versponnen und zu klaren durchsichtigen Filmen vergossen werden und ist in den üblichen Lösungsmitteln unlöslich, jedoch löslich in Ameisensäure und Phenol.

Die Viscosität verdünnter Lösungen von Polyamiden mit ähnlicher Schmelzviscosität wie die Polyharnstoffe, ist deutlich höher ($[\eta]$ ca. 0,6), was gewisse Rückschlüsse auf die Molekülstruktur zuläßt.

Weiterhin lassen sich Polyharnstoffe dadurch herstellen, daß man Diamine mit Harnstoff[1] oder einem ω-Amino-alkylharnstoff[2] (mit mehr als sechs Kohlenstoffatomen in der Kette) unter Ammoniakabspaltung erhitzt. Geringe Zusätze von Anilin oder Monoacylalkylendiamin (wie Palmitoyl-nonamethylendiamin) erhöhen die Thermostabilität beträchtlich. Zu ähnlichen Ergebnissen führt auch die Reaktion von Diaminen mit Polymethylen-diharnstoffen[3], wobei man am besten – zumindest in der ersten Reaktionsphase – in Gegenwart von Lösungsmitteln (wie Wasser oder Phenol) erhitzt, um die Bildung von unerwünschten Biuretgruppen oder ähnlichen Gruppen, die bei der Polykondensation durch Zersetzung der Harnstoffgruppe entstehen können, nach Möglichkeit zu unterbinden.

Polykondensat aus ω-Amino-nonylharnstoff[2]: In einen mit Rührer, Gasein- und -abgangsrohr versehenen 0,5-l-Mehrhalskolben gibt man 100 g ω-Amino-nonylharnstoff (0,5 Mol) und 4 g Palmitoyl-nonamethylendiamin (0,01 Mol). Nach genügendem Durchleiten von Stickstoff wird unter Rühren langsam erhitzt. Bei 115° beginnt der Aminoharnstoff zu schmelzen, und bei weiterer Temperatursteigerung entweicht langsam Ammoniak. Um 170° verläuft die Gasentwicklung erheblich energischer, und die Masse erstarrt. Bei weiterer Temperaturerhöhung schmilzt das Reaktionsprodukt erneut bei 230° und wird zur Vervollständigung der Reaktion 3 Stdn. auf 250° i. Vak. (1–2 Torr) erhitzt. Aus der Schmelze, deren Viscosität sich bei längerem Erhitzen nur wenig ändert, lassen sich leicht in der Hitze reckbare Fäden[4] spinnen; F: 237°; $[\eta] = 0,79$ (1% in m-Kresol).

Der ω-Amino-nonylharnstoff wird durch Erhitzen molarer Mengen Diamin und Harnstoff in Wasser bei Temperaturen zwischen 80 und 130° erhalten.

In ähnlicher Weise kann man durch Kondensation von Harnstoff mit Polyamid-Vorkondensaten, die noch basische Stickstoffatome in der Molekelkette enthalten, basische Polyharnstoffpolyamide erhalten, die wasserlöslich sind.

Basisches, wasserlösliches Polyharnstoff-polyamid aus ε-Caprolactam, β,β′-Diamino-diäthylamin und Harnstoff[5]: In einem mit Kühler, Thermometer und Einleitungsrohr versehenen Kolben werden 56,5 g Caprolactam und 51,5 g β,β′-Diamino-diäthylamin 48 Stdn. auf 200–210° erhitzt, wobei ein langsamer Stickstoffstrom durch die Masse geführt wird. Nicht umgesetztes Amin wird anschließend durch Erhitzen auf 220° i. Vak. (30 Torr) abdestilliert. Es gehen dabei 32,1 g Destillat über, während im Kolben 74,6 g einer gelblichen, viscosen Flüssigkeit zurückbleiben. Nach der Titration besteht das Polyamid-Vorkondensat aus 2 Mol Caprolactam und 1 Mol β,β′-Diaminodiäthylamin.

---

[1] DBP. 896412 (1938), BASF, Erf.: O. v. Schickh, R. Bäumler u. F. Ebel; C. 1954, 4296.
A.P. 2653144 (1955), American Viscose Corp., Erf.: E. A. Wielicki; Chem. Abstr. 48, 10065[b] (1954).
DAS. 1113815 (1960), Toyo Koatsu Industries, Inc., Erf.: Y. Inaba, K. Miyake, K. Kimoto u. G. Kimura.

[2] F.P. 1207356 (1958), Toyo Koatsu Industries, Inc.

[3] E.P. 530267 (1938), DuPont; Chem. Abstr. 35, 8160[1] (1941).

[4] Poly-nonamethylenharnstoff = Urylon der Toyo Koatsu Industries, Inc., Firmenschrift vom Oktober 1959.

[5] A. P. 2689239, 2720508 (1952), Rohm & Haas Co., Philadelphia, Erf.: S. Melamed; Chem. Abstr. 49, 11712[d] (1955); 50, 2206[f] (1956).

Zur Überführung in das Polyharnstoff-polyamid werden 45 g des Polyamid-Vorkondensats in einem mit Kühler versehenen Rührkolben mit 21,6 g Harnstoff in einem Ölbad auf 100° erhitzt, bis alles klar durchsichtig geworden ist. Dann erhitzt man unter Rühren 2 Stdn. auf 130° und anschließend 2 Stdn. auf 160°. Wie die entwickelte Ammoniakmenge zeigt, sind 85% des Harnstoffes unter Bildung des Polykondensates in Reaktion getreten. Das Polykondensat ist eine schwach gelbliche, durchscheinende, spröde Substanz, die in Wasser löslich ist.

Eine andere Darstellungsweise für Polyharnstoffe macht von der Erkenntnis Gebrauch, daß bei der Einwirkung von Kohlenoxysulfid auf Diamine nur eine Aminogruppe unter Bildung eines Thiocarbamidsäurerestes reagiert, während die andere Aminogruppe mit dieser Säuregruppe ein Salz bildet, dessen Zusammensetzung aber komplexer ist als der nachfolgenden Formel entspricht:

$$H_2N-(CH_2)_n-NH_2 + COS \rightarrow H_3\overset{\oplus}{N}-(CH_2)_n-NH-\underset{\underset{O}{\|}}{C}-S^{\ominus}$$

Diese Salze lassen sich leicht reinigen. Beim Erhitzen spalten sie Schwefelwasserstoff ab unter Bildung linearer Polyharnstoffe[1]:

$$-\left[HN-(CH_2)_n-NH-\underset{\underset{O}{\|}}{C}\right]_x-$$

Um linear gebaute, gut schmelzbare und völlig schwefelfreie Polyharnstoffe zu erhalten, führt man die Erhitzung in zwei Stufen aus, wobei in der ersten Stufe bei verhältnismäßig niedriger Temperatur (80°) im Vakuum der Schwefelwasserstoff abgespalten wird. Daneben tritt noch – in geringem Ausmaß – ein Zerfall in Kohlenoxysulfid und Diamin ein; da beide Komponenten flüchtig sind, bleibt die notwendige Äquivalenz der reaktiven Gruppen erhalten. Es entstehen dabei niedermolekulare, noch nicht spinnbare, völlig schwefelfreie Produkte, die durch weiteres Erhitzen bis auf 180° einer weiteren Kondensation unterliegen. Wahrscheinlich werden in der ersten Reaktionsstufe neben den Harnstoffgruppen Isocyanatgruppen in der folgenden Weise gebildet:

$$H_2N-\left[-(CH_2)_n-NH-\underset{\underset{O}{\|}}{C}-NH-\right]_x-(CH_2)_n-N\overset{|}{H}-\underset{\underset{O}{\|}}{C}-SH \xrightarrow[-H_2S]{\triangledown}$$

$$H_2N-\left[-(CH_2)_n-NH-\underset{\underset{O}{\|}}{C}-NH-\right]_x-(CH_2)_n-N{=}C{=}O$$

die dann in der zweiten Stufe wiederum unter Harnstoffbildung reagieren.

Poly-decamethylen-harnstoff über die 10-Amino-decyl-thiocarbamidsäure[2]: Man löst 50 g Decamethylendiamin unter einer Stickstoffatmosphäre in 500 cm³ reinem Toluol und leitet in die Lösung unter Rühren reines Kohlenoxysulfid ein. Das gesamte Diamin ist nach etwa 30 Min. als Amino-thiocarbamidsäure abgeschieden. Nach halbstündigem Stehen wird diese unter einer Kohlenoxysulfid-Atmosphäre filtriert, auf dem Filter mit Toluol gewaschen und i. Vak. über Kieselsäuregel getrocknet; Ausbeute: 65 g (96,3%); F: 200–215° (unter Zers.).

---

[1] G. J. M. van der Kerk, H. G. J. Overmars u. G. M. van der Want, R. **74**, 1301 (1955). DBP. 922079 (1949), Nederlandsche Organisatie voor Toegepast-Natuurwetenschappelijk Onderzoek ten behoeve van Nijverheid, Handel en Verkeer, Den Haag, Erf.: G. J. M. van der Kerk; C. **1955**, 11722.

[2] DBP. 952946 (1952), Nederlandsche Organisatie voor Toegepast-Natuurwetenschappelijk Onderzoek ten behoeve van Nijverheid, Handel en Verkeer, Den Haag, Erf.: G. J. M. van der Kerk.

Zur Polykondensation werden 52 g der Amino-thiocarbamidsäure i.Vak. während 2 Stdn. auf 80° und danach noch 2 Stdn. auf 110° erwärmt. Danach ist das Produkt nahezu schwefelfrei und hat nach der Analyse die Zusammensetzung des Poly-decamethylen-harnstoffes, ist aber noch nicht faserbildend.

Erhitzt man dieses Produkt i.Vak. 2 Stdn. auf 150°, 16 Stdn. auf 180° und anschließend noch 4 Stdn. auf 200°, so erhält man 42,4 g Polykondensat (F: 235°). Aus der Schmelze lassen sich gut kalt-streckbare Fäden spinnen, die in kochender 10%iger Natronlauge oder Schwefelsäure beständig sind.

Zu kürzeren Reaktionszeiten bzw. niederen Polykondensationstemperaturen kann man gelangen, wenn man, zumindest im Endstadium der Reaktion, in einer Kohlenoxysulfid[1] enthaltenden Atmosphäre arbeitet. Die notwendigen Temperaturen liegen dann meistens unter 150° und führen nach 4–6 Stunden schon zu schmelzspinnbaren, nicht vernetzten Polyharnstoffen.

Auch die Polyaddition von Diaminen an Diisocyanate führt zu Polyharnstoffen[2], allerdings ist die Reaktionsfähigkeit der Isocyanatgruppe mit den schon gebildeten Harnstoffgruppen bei der direkten Einwirkung der Partner aufeinander derart störend, daß sich hauptsächlich verzweigte bzw. vernetzte, unschmelzbare Polyharnstoffe über Biuretgruppen

$$
\begin{array}{c}
\mathrm{-R-NH-CO-N-R-} \\
| \\
\mathrm{CO} \\
| \\
\mathrm{NH} \\
| \\
\mathrm{R} \\
|
\end{array}
$$

bilden. Jedoch läßt sich die Reaktion in Gegenwart hydroxygruppenhaltiger[3] Lösungsmittel[4] (tertiäre Alkohole, Kresol, mit denen die Diisocyanate nicht so schnell reagieren wie mit Diaminen) oder auch mit Hilfe der Grenzflächenpolykondensation[5] so leiten, daß hauptsächlich lineare Polyharnstoffe entstehen. Als Lösungsmittel für die Reaktion aromatischer Diisocyanate mit aromatischen Diaminen oder Piperazinen[6] eignet sich besonders Dimethylformamid, in dem 5% Lithiumchlorid gelöst sind. Die entstehenden Polyharnstoffe sind sehr hochschmelzend.

Polyharnstoff aus Diphenylmethan-4,4'-diisocyanat und 4,4'-Diamino-diphenylmethan[6]: In Dimethylformamid werden 5% Lithiumchlorid durch Rühren bei Zimmertemp. gelöst. Zu 109 g dieser Lösung gibt man 50 g (0,2 Mol) Diphenylmethan-4,4'-diisocyanat (F: 39,5°; Kp_{15}: 215–217°). Diese Lösung wird dann bei Zimmertemp. in eine solche aus 39,6 g (0,2 Mol) 4,4'-Diaminodiphenylmethan und 100 g Dimethylformamid (+ 5% Lithiumchlorid) unter starkem Rühren eingegossen. Das Reaktionsgemisch erwärmt sich und wird sehr viscos. Die 30%ige Lösung ist im Trockenspinnprozeß verspinnbar. Die Fäden können, nach guter Wässerung, in der Hitze gestreckt werden. Die Fasern zeigen nur geringe Krystallisation; $[\eta] = 0,76$ (in Dimethylformamid + 5% Lithiumchlorid).

---

[1] Belg.P. 551733 (1956), Nederlandsche Organisatie voor Toegepast-Natuurwetenschappelijk Onderzoek ten behoeve van Nijverheid, Handel en Verkeer, Den Haag.

[2] DRP. 728981 (1937), I.G. Farb., Erf.: O. Bayer, H. Rinke, W. Siefken, L. Orthner u. H. Schild; C. **1943** I, 2758.

[3] A.P. 2284896 (1939), DuPont, Erf.: W. E. Hanford u. D. F. Holmes; Chem. Abstr. **36**, 6709⁹ (1942);
s. a. DBP. 916444 (1943), I.G. Farb., Erf.: P. Schlack.

[4] A.P. 2292443 (1940), DuPont, Erf.: W. E. Hanford; Chem. Abstr. **37**, 706⁵ (1943).

[5] DBP. 920512 (1943), Bobingen AG. für Textilfasern, Erf.: P. Schlack; C. **1955**, 5458.

[6] A.P. 2888438 (1957), DuPont, Erf.: M. Katz; Chem. Abstr. **53**, 17582ᵇ (1959).
A.P. 2975157 (1957), DuPont, Erf.: M. Katz.

Vorwiegend lineare Polyharnstoffe erhält man auch, wenn man anstelle der stark basischen Diamine deren weniger basische Carbamate verwendet[1]. Bei dieser Umsetzung tritt die Harnstoffbildung erst allmählich ein, wobei sich unter Kohlendioxydentwicklung die hochmolekularen Produkte ausscheiden.

Poly-octamethylen-harnstoff aus 1,8-Octamethylendiamin, Kohlendioxyd und 1,8-Octamethylen-diisocyanat (Carbamatverfahren)[1]: In eine Lösung von 1,02 Mol Octamethylendiamin in 3 l Benzol wird bei 20° Kohlendioxyd bis zur Sättigung eingeleitet. Dann wird unter Rühren innerhalb von $^1/_2$ Stde. eine Lösung von 1 Mol Octamethylendiisocyanat in 1 l Benzol bei Zimmertemp. eingetropft. Dabei geht das quallig suspendierte Carbamat mit dem Diisocyanat in Lösung. Beim Erhitzen dieser Lösung spaltet sich zwischen 70 und 80° etwa 1 Mol Kohlendioxyd rasch ab unter Bildung des unlöslichen Polyharnstoffs. Nach 1 stdg. Sieden der Suspension wird der Polyharnstoff heiß abgesaugt und i. Vak. getrocknet. Aus der farblosen Schmelze des Polyharnstoffs (F: 240–242°) lassen sich gut Fäden spinnen, die kalt streckbar sind.

Auch durch Erhitzen von Diisocyanaten mit Wasser sind Polyharnstoffe erhältlich[2]. Die Reaktion erfordert längere Reaktionszeiten und muß bei Verwendung relativ niedrig siedender Diisocyanate in geschlossenen Gefäßen ausgeführt werden. Infolge der leichten Umsetzung der gebildeten Harnstoffgruppen mit Isocyanatgruppen entstehen aber sehr schnell vernetzte Produkte. In ganz ähnlicher Weise reagieren auch Bis-carbonsäureazide[3].

Ebenfalls in hydroxygruppenhaltigen Lösungsmitteln, bei anfänglich sehr niedrigen Temperaturen, lassen sich auch substituierte Diamine, die noch weitere reaktionsfähige Gruppen[4] wie Hydroxy-, Mercapto-, tertiäre Aminogruppen oder Sulfonsäuregruppen[5] enthalten, z. B. *1,3-Diamino-propanol-(2)* oder *N,N-Bis-[γ-amino-propyl]-methyl-amin*, mit Diisocyanaten in Polyharnstoffe überführen. Selbst Polyamine, die neben zwei primären Aminogruppen noch sekundäre Aminogruppen enthalten, z. B. *Bis-[γ-amino-propyl]-amin* oder *Spermin* (1,4-Bis-[γ-amino-propyl-amino]-butan), lassen sich in großer Verdünnung in niederen Alkoholen mit äquimolaren Mengen von Diisocyanaten in schmelzbare, in verdünnter Essigsäure leicht lösliche Polyharnstoffe[6] überführen. Sehr wahrscheinlich wird diese linear verlaufende Polyaddition durch die Tendenz der Alkoholmolekel, sich (unter Wärmetönung) an Aminogruppen anzulagern, erleichtert.

Linearer, basischer Polyharnstoff aus Bis-[γ-amino-propyl]-amin und Hexamethylen-1,6-diisocyanat[6]: In eine mit Eis-Kochsalz gekühlte Lösung von 131 g Bis-[γ-amino-propyl]-amin in 4,5 l Alkohol gibt man unter gutem Rühren innerhalb 1 Stde. die eiskalte, frisch hergestellte Lösung von 168 g Hexamethylen-1,6-diisocyanat in 3,5 l Äthanol. Nach 1 Stde. destilliert man von der klaren Lösung den Alkohol ab. Zurück bleiben 299 g basischer Polyharnstoff vom F: 114–117,5°; [η] = 0,70 (0,1% in m-Kresol). Das Polymere löst sich leicht in Äthanol oder verd. Essigsäure und kann mit Vernetzungsmitteln, z. B. Oxalsäureestern, Diisocyanaten und dgl. vernetzt werden.

Sulfonsaurer Polyharnstoff aus m-Phenylen-diisocyanat und 2,6-diamino-toluol-4-sulfonsaurem Natrium[5]: Man tropft zur Lösung von 14,9 g (0,066 Mol) 2,6-diamino-toluol-4-sulfonsaurem Natrium in 150 cm³ Formamid bei 10° unter Rühren innerhalb 30 Min. eine Lösung von 10,6 g (0,066 Mol) m-Phenylen-diisocyanat in 50 cm³ Dimethylformamid. Nach Eintragen der viscosen Reaktionslösung in 1,5 l Alkohol, dem 5 cm³ Diisobutylamin zugesetzt sind, wird das „poly-

[1] DBP. 838217 (1949), Farbf. Bayer, Erf.: W. Lehmann u. H. Rinke; C. **1952**, 6957.
[2] Siehe ds. Handb., Bd. VIII, Kap. Polymere Kohlensäurederivate, S. 246.
[3] T. Lieser u. H. Gehlen, A. **556**, 127 (1944); s. a. DBP. 869865 (1941), Vereinigte Glanzstoff AG., Erf.: H. Gehlen u. T. Lieser; C. **1953**, 6777.
[4] DBP. 920511 (1943), Bobingen AG. für Textilfasern, Erf.: P. Schlack; C. **1955**, 5458.
[5] DBP. 1067212 (1956), Farbf. Bayer, Erf.: W. Thoma, O. Bayer u. H. Rinke; C. **1960**, 11155.
[6] DBP. 851550 (1950), Farbf. Bayer, Erf.: W. Lehmann u. H. Rinke; C. **1953**, 1409.

harnstoffsulfonsaure" Salz in gut abzusaugender Form erhalten; $[\eta] = 0,56$ (1% in Wasser). Das Natriumsalz löst sich leicht in Wasser. Schon 1%ige Lösungen sind sehr viscos. Auf Zusatz von Mineralsäuren fällt die freie Polyharnstoffsulfonsäure gallertartig aus. Zur Abtrennung nieder-molekularer Anteile kann eine 2%ige wäßr. Lösung des polyharnstoffsulfonsauren Natriums bei p_H 9–10 in einer Hülle aus Cellulosehydratfolie gegen Wasser dialysiert werden (8 Stdn. bei Zimmertemp.). Die Viscosität einer 1%igen Lösung ist dann um 30% gestiegen.

Zu sehr ähnlichen Polyharnstoffsulfonsäuren kann man gelangen, wenn aromatische Diaminosulfonsäuren in wäßrig-alkoholischer Lösung mit Phosgen[1] behandelt werden.

Auch eiweißartige Produkte gehen bei der Behandlung mit Diisocyanaten in vernetzte Stoffe über. Aus *Casein* können beispielsweise durch Einwirkung von Diisocyanaten Preßmassen erhalten werden[2]. Von Bedeutung ist die Behandlung von Häuten mit Polyisocyanaten[3]. Hierbei wird eine sehr gute Gerbwirkung erzielt. Wahrscheinlich dringt das Isocyanat zunächst in die Haut ein und zersetzt sich hierbei durch die Feuchtigkeit teilweise unter Bildung eines Harnstoffisocyanates, das dann als Füllstoff unter Umständen noch mit den freien Aminogruppen der Haut-substanz reagieren kann, wobei eine Verknüpfung der Eiweißmolekel untereinander, also eine Vernetzung stattfindet.

4. Polythioharnstoffe

Es sind eine Reihe von Verfahren bekannt, nach denen man auch zu Polythioharn-stoffen gelangen kann. Im allgemeinen schmelzen diese Polythioharnstoffe niedriger als die entsprechenden Polyharnstoffe und sind meist leicht verfärbt. — Bei der einfachsten Darstellungsweise läßt man auf aliphatische oder aromatisch-alipha-tische Diamine Schwefelkohlenstoff einwirken, wobei sich zuerst ein dithio-carbamidsaures Salz des eingesetzten Diamines bildet:

$$H_2N—(CH_2)_n—NH_2 + CS_2 \rightarrow H_2N—(CH_2)_n—NH—CS—SH$$

Man kann dieses Salz, z. B. des Hexamethylendiamins, dadurch herstellen, daß man eine metha-nolische Lösung des Diamins in einen Überschuß von Schwefelkohlenstoff in Methanol bei 0° ein-tropft[4] und das sich abscheidende Salz nach mehreren Stdn. absaugt. – Durch Erhitzen[5] des luft-trockenen Salzes auf 170° unter Vakuum (1–2 Torr) bei gleichzeitigem Einleiten von Stickstoff wird unter Abspaltung von Schwefelwasserstoff ein schwach gelblich verfärbter, in Dimethyl-formamid oder Kresol löslicher Polythioharnstoff erhalten, aus dessen Schmelze kalt reckbare Fäden gesponnen werden können. Geringe Mengen von Schwefel wirken bei dieser Reaktion katalytisch[6], wobei die Temperaturen niedriger gehalten werden können.

Zu wesentlich höhermolekularen Polythioharnstoffen, die außerdem weniger Neigung zur Verfärbung zeigen, gelangt man, wenn man das dithiocarbamidsaure Salz aus Diamin und einem geringen Überschuß an Schwefelkohlenstoff in wäßriger Phase in Gegenwart von Emulgatoren herstellt. Das in Wasser schwer lösliche Salz wird dann durch Auswaschen von den Emulgatoren befreit und ohne Trock-nung in Gegenwart von Wasser der Polykondensation in einem Druckgefäß unter-worfen, wobei mit dem sich bildenden Wasserdampf der Schwefelwasserstoff ent-fernt wird.

[1] DBP. 1046309 (1954), CIBA, Erf.: R. Neher; Chem. Abstr. **54**, 19497[i] (1960).
[2] DRP.-Anm. I 72945 (1942), I. G. Farb., Erf.: S. Petersen u. O. Bayer.
[3] DBP. 853438 (1942), Farbf. Bayer, Erf.: H. Noerr u. G. Mauthe; C. **1953**, 3021.
[4] E. P. 534699 (1938), DuPont; Chem. Abstr. **36**, 1337[4] (1942).
[5] H. Staudinger u. G. Niessen, Makromolekulare Chem. **15**, 95 (1955).
[6] S. a. ds. Handb., Bd. IX, Kap. Schwefelhaltige Kohlensäurederivate, S. 885.

Poly-1,6-hexamethylen-thioharnstoff aus Hexamethylendiamin und Schwefelkohlenstoff unter Emulgatorzusatz[1]: In eine Lösung von 116 g Hexamethylendiamin und 0,25 g Triäthanolamin in 2000 cm³ Wasser gibt man unter Rühren innerhalb 1 Stde. bei 20–25° 81 g Schwefelkohlenstoff, der 1,45 g Ölsäure gelöst enthält, zu. Nach Zugabe des Schwefelkohlenstoffs wird das Rühren noch $^1/_2$ Stde. fortgesetzt. Der gebildete weiße Niederschlag wird abgesaugt und mehrere Male mit Wasser von 20° gewaschen, bis das Waschwasser rotes Lackmuspapier nicht mehr bläut.

Dann wird der Niederschlag in 2000 cm³ Wasser suspendiert und in einen Glasbehälter eingefüllt, der mit einem lose sitzenden Deckel bedeckt wird. Der ganze Behälter wird dann in einen Autoklaven eingesetzt und der Apparat so geheizt, daß sich ein Druck von 7 at bildet. Durch ein geeignetes Ventil entweicht dann während 3 Stdn. ein Gemisch von Wasserdampf und Schwefelkohlenstoff. Der auf diese Weise erhaltene Polythioharnstoff schmilzt bei etwa 220° nach vorherigem Erweichen und soll aus der Schmelze spinnbar sein.

Eine andere Darstellungsweise für Polythioharnstoffe[2] benutzt die direkte Umsetzung von Diestern der Trithiokohlensäure[3] (z. B. *Trithiokohlensäurediäthylester*) mit Diaminen, die bei relativ niedriger Temperatur (bis 135°) ausgeführt wird oder in Lösungsmitteln (wie Phenol) vor sich gehen kann.

$$n\,C_2H_5-S-\underset{\underset{S}{\|}}{C}-S-C_2H_5 + n\,H_2N-R-NH_2 \;\rightarrow\; [-R-NH-CS-NH-]_n + 2\,n\,C_2H_5-SH$$

Die im allgemeinen in kochendem Wasser ungenügenden thermoplastischen Eigenschaften der Polythioharnstoffe lassen sich durch eine Nachbehandlung mit Epichlorhydrin[4] wesentlich verbessern. Polythioharnstoff-Fäden werden zu diesem Zwecke bei 0 bis 10° mehrere Stunden in Epichlorhydrin getaucht und nach dem Abtrocknen auf das 2–3fache gestreckt (in Wasser bei 60°). Sie sind dann kochfest.

5. Polyurethane

Die Polyurethane sind in einem besonderen Kapitel abgehandelt (s. S. 71), da die Urethangruppe in erster Linie dazu dient, die hochmolekulare Endstufe von hydroxygruppenhaltigen Polyestern, Polyäthern usw. herbeizuführen. Infolgedessen ist auch meist die Urethangruppe nicht die häufigste Gruppierung in der Molekel.

Außerdem soll in dem Abschnitt Polyurethane das Verfahren der Polyaddition besonders hervorgehoben werden.

6. Polyhydrazide und Poly-aminotriazole

Hydrazin läßt sich als bifunktionelle Komponente mit Dicarbonsäuren für den Aufbau hochmolekularer Verbindungen benutzen, jedoch ist die Herstellung linearer Polyhydrazide infolge ihrer hohen Schmelzpunkte (um 300°) unter den üblichen Bedingungen der Polyamidbildung mit großen Schwierigkeiten verbunden.

Bei der eingehenden Bearbeitung dieses Gebietes wurde gefunden[5], daß die bei der Polyhydraziddarstellung auftretenden Komplikationen, die meistens eine Vernetzung und damit Unschmelzbarkeit der Polymeren hervorrufen, zu einem erheblichen Teil

---

[1] DBP. 805568 (1949), Courtaulds Ltd., Erf.: A. S. Carpenter u. D. L. Wilson; Chem. Abstr. **46**, 11776^d (1952).

[2] E. P. 534699 (1938), DuPont; Chem. Abstr. **36**, 1337⁴ (1942).

[3] Zur Herstellung der Trithiokohlensäure-diester s. ds. Handb., Bd. IX, Kap. Schwefelhaltige Kohlensäurederivate, S. 821.

[4] E.P. 717968 (1952), Courtaulds Ltd., Erf.: L. Rakowski, H. M. G. Williams u. D. L. Wilson; C. **1956**, 6277.

[5] K. Macura u. T. Lieser, A. **564**, 64 (1949).
   J. W. Fisher, J. appl. Chem. **4**, 212 (1954).

darauf zurückzuführen sind, daß sich in ungeregelter Weise Hydrazidendgruppen zum heterocyclischen Ringsystem zusammenlagern können und sich dabei neben den einfachen Hydrazidbindegliedern je nach den Reaktionsverhältnissen noch Oxdiazole, Triazole oder Aminotriazole bilden können[1].

$$
\left[\begin{array}{c} -R-C \overset{\displaystyle N-N}{\underset{\displaystyle O}{}} C- \end{array}\right]_n \qquad \left[\begin{array}{c} -R-C \overset{\displaystyle N-N}{\underset{\displaystyle NH}{}} C- \end{array}\right]_n \qquad \left[\begin{array}{c} -R-C \overset{\displaystyle N-N}{\underset{\displaystyle \underset{NH_2}{N}}{}} C- \end{array}\right]_n
$$

Polyoxdiazol   Polytriazol   Poly-aminotriazol

Wird die Polykondensation von Biscarbonsäurehydraziden oder Dicarbonsäuren und Hydrazin in Gegenwart eines Überschusses an Hydrazin (etwa 10%) ausgeführt, dann bilden sich in erster Linie die *Poly-alkylen-4-amino-1,2,4-triazole*, die gut schmelzbare und in den meisten Fällen auch spinnbare Polykondensate darstellen. Auch durch Erhitzen von Dinitrilen mit überschüssigem Hydrazin können Poly-aminotriazole erhalten werden.

Zur Begrenzung des Kondensationsgrades hat sich die Verwendung von kleinen Mengen Acetamid[2] als günstig erwiesen, das mit Hydrazidendgruppen unter Bildung eines inaktiven Triazolringes reagiert. Für geschmolzenes Poly-aminotriazol ist auch eine gesättigte Wasserdampfatmosphäre[3] als wirksamer Kettenabbrecher geeignet.

Nach den bisherigen Kenntnissen bilden sich aus Dihydraziden bzw. niedermolekularen Polyhydraziden und Hydrazin unter Austritt von Wasser über die Hydrazidinstufe (I) Dihydrotetrazine (II), die sich weiter unter Ringverengung in Aminotriazole (III) umlagern.

$$
\begin{array}{ccc}
H_2N-NH-CO-R-CO-NH-NH-CO-R- & \rightarrow & H_2N-NH-CO-R-C=N-NH-CO-R- \\
+ & & | \\
H_2N-NH_2 & & \quad\text{I}\quad NH-NH_2
\end{array}
$$

$$\downarrow$$

$$
H_2N-NH-CO-R-C \overset{N-N}{\underset{\underset{NH_2}{N}}{}} C-R- \quad\text{III}\quad \leftarrow \quad H_2N-NH-CO-R-C \overset{N-NH}{\underset{NH-N}{}} C-R- \quad\text{II}
$$

Die Polykondensation wird am besten in Gegenwart von Wasser in einem Autoklaven ausgeführt, wobei sich ein Zweistufenverfahren für die Herstellung gut schmelzbarer Polymerer als günstig erwiesen hat.

---

[1] K. MACURA u. T. LIESER, A. **564**, 64 (1949).
   J. W. FISHER, J. appl. Chem. **4**, 212 (1954).
[2] E. P. 682999 (1949), British Celanese Corp., Erf.: F. G. KLEINSCHROD u. J. W. FISHER; Chem. Abstr. **47**, 4132e (1953).
[3] A. P. 2476968 (1945), American Celanese Corp., Erf.: J. W. FISHER u. E. W. WHEATLEY; Chem. Abstr. **43**, 8740b (1949).

Poly-1,8-octamethylen-4'-amino-triazol[1]: 200 g Sebacinsäure und 150 g 60%iges Hydrazinhydrat werden in einem Autoklaven innerhalb 3–4 Stdn. auf 210° erhitzt und weitere 10 Stdn. bei dieser Temp. belassen. Nach dem Abkühlen erhält man ein etwa bei 260° schmelzendes Vorkondensat. Zur Herstellung eines spinnbaren Poly-aminotriazols werden 100 g dieses Vorkondensates mit 15 g 60%igem Hydrazinhydrat und 1,3 g Acetamid 5 Stdn. auf 260° erhitzt.

Das bei 258° schmelzende Polykondensat läßt sich gut zu Fäden verspinnen, die kalt streckbar sind und in vielen Eigenschaften große Ähnlichkeit mit solchen aus 6,6-Polyamid haben.

Ausgehend von Biscarbonsäurehydraziden kann man auch in einem Einstufenverfahren zu Poly-aminotriazolen gelangen.

Poly-1,8-octamethylen-4'-amino-triazol[2]: 20 g Sebacinsäuredihydrazid (0,087 Mol) und 5,0 g Hydrazinhydrat (0,1 Mol) werden in einen kleinen Edelstahlautoklaven (nach Spülen mit Stickstoff!), der sich in einem Ölbad befindet, innerhalb 3 Stdn. auf 260° erhitzt, anschließend weitere 2 Stdn. auf 270°. Der Druck steigt dabei auf etwa 50–60 atü an. In weiteren 3 Stdn. läßt man den Druck abfallen auf etwa 7 atü und kühlt ab; $[\eta] = 0,6$. Aus der Schmelze lassen sich leicht Fäden ziehen.

Bei Verwendung von Dicarbonsäuren mit kürzeren Methylenketten steigen die Schmelzpunkte der Poly-aminotriazole, gleichzeitig nimmt die Wasserempfindlichkeit zu. Das Poly-aminotriazol mit Glutarsäure ist wasserlöslich.

Da die Triazolringe einem hydrolytischen Angriff z. B. durch Salzsäure nicht unterliegen, ist es möglich, vernetzte und unschmelzbare Poly-aminotriazole (wie sie durch sekundäre Reaktionen unter Bildung von Amiden mit den Aminogruppen der Triazolringe entstehen können!) durch Erhitzen mit verdünnter Salzsäure oder mit Wasser unter Druck[3] wieder schmelz- und spinnbar zu machen. Poly-aminotriazole lösen sich in Ameisen- und Essigsäure sowie in Phenolen, Cyanhydrinen und Alkoholen mit mehreren Hydroxygruppen und können aus solchen Lösungen[4] versponnen werden. Durch Einwirkung von Formaldehyd oder Diisocyanaten[5] wird die Löslichkeit der Poly-aminotriazole vermindert.

Aus 3-Amino-1,2,4-triazol und aromatischen Diisocyanaten (Toluylen-2,4-diisocyanat) können Polykondensate[6] mit folgender Zusammensetzung erhalten werden:

Die Polykondensate sind in Dimethylformamid löslich.

---

[1] E. P. 682399 (1949), British Celanese Corp., Erf.: F. G. KLEINSCHROD u. J. W. FISHER; Chem. Abstr. **47**, 4132[b] (1953).
s. a. V. V. KORSHAK u. Mitarbb., Bull. Acad. Sci. USSR, Cl. Sci. chim. **1959**, Nr. 5, 952.

[2] A. P. 2512667 (1954), Celanese Corp. of America, Erf.: R. C. MONCRIEFF; Chem. Abstr. **44**, 10377[c] (1950).

[3] A. P. 2512624 (1945), American Celanese Corp., Erf.: J. W. FISHER, H. BATES u. E. W. WHEATHLEY; Chem. Abstr. **44**, 9732[c] (1950).

[4] A. P. 2512599 (1945), American Celanese Corp., Erf.: H. BATES, J. W. FISHER u. E. W. WHEATHLEY; Chem. Abstr. **44**, 9731[c] (1950).

[5] A. P. 2512634 (1949), American Celanese Corp., Erf.: J. W. FISHER u. E. W. WHEATHLEY; Chem. Abstr. **44**, 9735[e] (1950).

[6] A. P. 2824086 (1955), Eastman Kodak Co., Erf.: E. B. TOWNE, J. W. WELLMAN u. J. B. DICKEY; Chem. Abstr. **52**, 9656[b] (1958).

7. Sulfonamid-polyamide und Polysulfonamide

Für die Polyamidherstellung lassen sich auch solche Ausgangsstoffe mit amid-bildenden Endgruppen verwenden, die schon Sulfonamidgruppen enthalten. Bei aus-reichender Anzahl von Sulfonamidgruppen im Endprodukt neben den bei der Poly-kondensation sich bildenden Amidgruppen haben diese Sulfonamid-polyamide eine gute Alkalilöslichkeit[1], sie lassen sich bisweilen aus dem Schmelzfluß auch zu Fäden verspinnen, die in wäßrigem Alkali löslich sind.

Geeignete Diamine mit Sulfonamidgruppen lassen sich aus 2 Mol Diamin mit 1 Mol p-Benzol-bis-sulfonsäurechlorid nach Schotten-Baumann herstellen. In gleicher Weise kann man mit ω-Aminocarbonsäuren[2] Sulfonamidgruppen enthaltende Dicarbonsäuren erhalten, die mit Diaminen schmelz- und spinnbare Sulfonamid-polyamide ergeben.

Die Polykondensation wird entweder unter vorheriger Salzbildung oder durch Erhitzen der Reaktionspartner auf 200–220° nach den vorher beschriebenen Methoden ausgeführt.

Läßt man Bis-sulfochloride mit Diaminen unter Polykondensationsbedingungen in äquivalenten Mengen reagieren, gelangt man zu den Polysulfonamiden. Dazu lassen sich aromatische wie auch aliphatische Bis-sulfochloride verwenden, die mit Diaminen leicht reagieren. Die Reaktion verläuft bei guter Kühlung am günstigsten in Lösungsmitteln, z.B. in Wasser, Benzol[3] oder auch Dimethylformamid[4]. Die bei der Umsetzung frei werdende Salzsäure kann durch Diaminüberschuß sowie durch Alkalizusatz neutralisiert werden. Diäthylanilin[5] kann gleichzeitig als Verdünnungs-mittel wie auch als Salzsäureacceptor dienen. Im allgemeinen entstehen jedoch relativ niedrigmolekulare Produkte. Diese Polysulfonamide sind teilweise in wäßrigem Alkali löslich oder quellen. Unter den gleichen Versuchsbedingungen kann man aus gemisch-ten Sulfochloriden-Carbonsäurechloriden oder auch durch Mischung von Bis-sulfo-chloriden mit Bis-carbonsäurechloriden gemischte Polyamid-sulfonamide her-stellen.

Polysulfonamid aus n-Hexan-1,6-bis-sulfonsäurechlorid und 1,6-Hexamethylendiamin[2]: In ein Gemisch aus 28,3 g n-Hexan-1,6-bis-sulfonsäurechlorid (F: 83–84°) und 12 g Natriumcarbonat (gelöst in 40 cm³ Wasser) läßt man unter Rührung und Eiskühlung eine Lösung von 11,6 g 1,6-Hexamethylendiamin in 170 cm³ Benzol innerhalb 15 Min. eintropfen. Schon nach Zugabe der ersten Tropfen Diaminlösung beginnt die Ausscheidung eines festen Produktes. Zur Vollendung der Reaktion wird das Gemisch noch 1 Stde. auf 70° erwärmt, das Benzol von dem ausgeschie-denen Polykondensat abgegossen und dieses getrocknet. Nach kurzem Aufkochen mit Wasser wird abgesaugt, mit Wasser und anschließend mit Methanol nachgewaschen. Das erhaltene Poly-sulfonamid (30 g) ist ein weißes, amorphes Produkt; F: 188–190°; in Natronlauge ist es z.T. löslich.

Polysulfonamide mit hohem Molekulargewicht können leicht mit Hilfe der Grenzflächenpolykondensation[6] dargestellt werden (s.a. S. 139). Sie bilden sich bei Raumtemperatur rasch, wenn man die Lösung eines Bis-sulfochlorides in einem mit Wasser nicht mischbaren Lösungsmittel (trockenes Methylenchlorid, Chloro-form) in einer wäßrigen Diaminlösung emulgiert, die einen Säureacceptor enthält

[1] Belg.P. 444229 (1939), I.G. Farb.; Chem. Abstr. **39**, 649[8] (1945).
[2] A.P. 2223916 (1938), DuPont, Erf.: E. L. Martin; Chem. Abstr. **35**, 1904[1] (1941).
[3] DBP.-Anm. H 6599 (1950), B. Helferich u. A. Giltges.
[4] F.P. 903983 (1944), I.G. Farb. C. **1946** I, 557.
[5] A.P. 2321891 (1939), DuPont, Erf.: G. J. Berchet; Chem. Abstr. **37**, 6772[8] (1943).
[6] S. A. Sundet, W. A. Murphey u. S. B. Speck, J. Polymer Sci. **40**, 389 (1959).
   s. a. E.P. 875067–071 (1957), I.C.I., Erf.: R. A. Edington u. I. Goodman.

(z.B. Natriumcarbonat). Für das Erreichen höherer Molekulargewichte müssen die Ausgangsmaterialien sehr rein sein. Die günstigste Konzentration ist etwa 0,1 molar. In manchen Fällen ist Natriumhydrogencarbonat für diese Polykondensation geeigneter, da der p_H-Wert der Lösung auf die Verteilung des Diamins zwischen den beiden Phasen sowie auf die unerwünschte Hydrolyse des Sulfonylchlorides von großem Einfluß ist. Aliphatische diprimäre Diamine ergeben wesentlich höhere Molekulargewichte als aromatische Diamine.

Polysulfonamid aus Benzol-1,3-bis-sulfonsäurechlorid und 1,6-Hexamethylendiamin[1]: Zur Lösung von 0,026 Mol 1,6-Hexamethylendiamin, 0,05 Mol Natriumcarbonat und 2 g laurylsulfonsaurem Natrium in 200 cm³ Wasser, die sich in einem Haushaltsmixgerät befindet, gibt man unter starker Durchmischung die Lösung von 0,025 Mol Benzol-1,3-bis-sulfonsäurechlorid in 200 cm³ Methylenchlorid in etwa 3 Min. zu. Nach 15 Min. Rühren wird angesäuert und das Polysulfonamid durch Zusatz von 100 cm³ Äthanol koaguliert und dann abgesaugt. Nach Waschen mit Wasser und Aceton und Trocknen werden 5,0–5,4 g (68–73%) erhalten; F: 185–200°; $[\eta] = 1,50$ (0,5% in Dimethylformamid).

Außer in Natronlauge lösen sich die Polysulfonamide auch in Dimethylformamid oder Pyridin (auch in hohen Konzentrationen von 20–30%) und können aus solchen Lösungen verformt werden.

In jüngster Zeit sind vernetzte Polysulfonsäureamide[2], die durch mehrfache Sulfochlorierung des Polyäthylens und anschließende Kondensation mit aromatischen Aminen bzw. Diaminen entstehen, als Elastomere[3] von technischem Interesse (s. a. S. 686ff. u. S. 748).

Die Polysulfonamide, die in aufeinanderfolgenden Reaktionsstufen (ähnlich den Polypeptiden) entstehen, sind zum Teil bereits in Bd. IX dieses Handbuches, Kap. Funktionelle N-Derivate der Arylsulfonsäuren, S. 615, beschrieben.

Am einfachsten stellt man diese her, indem man ein Amin mit Nitrobenzolsulfochlorid nach Schotten-Baumann kondensiert, dann reduziert und wiederholte Male so verfährt. Derartige aromatische Polysulfonamide mit etwa 3 bis 6 Sulfonamidgruppen und freien Sulfonsäuregruppen in der Molekel sind hochwertige Gerbstoffe[4].

Bis-[(1,2-dichlor-benzol-4-sulfonyl)-3′-amino-6′-chlor-benzol-1′-sulfonyl]-benzidin-m,m′-disulfonsaures Natrium[5]:

---

[1] S. A. Sundet, W. A. Murphey u. S. B. Speck, J. Polymer Sci. **40**, 389 (1959).
s. a. E.P. 875067–071 (1957), I.C.I., Erf.: R. A. Edington u. I. Goodman.

[2] S. ds. Handb., Bd. IX, Kap. Sulfochlorierung nach C. F. Reed, S. 411.

[3] R. E. Brooks, D. E. Strain u. Mc. Alvey, India Rubber Wld. **128**, 791 (1953).
W. F. Busse u. M. A. Smook, India Rubber Wld. **128**, 350 (1953).

[4] DRP. 297187/8 (1915), CIBA; C. **1917** I, 836.
DRP. 319713 (1915); 320613 (1916), CIBA; C. **1920** II, 777; IV, 311.
DRP. 565461 (1929), I. G. Farb., Erf.: J. Huismann u. H. Schweitzer; C. **1933** II, 450.
DRP. 665476, 668577 (1935), I. G. Farb., Erf.: J. Huismann; Frdl. **25**, 1016, 1026.
DBP. 852694 (1940), Deutsche Hydrierwerke, Erf.: W.Hentrich u. E. Schirm; C. **1954**, 4265.
DBP. 877143 (1942), Deutsche Hydrierwerke; Chem. Abstr. **50**, 16851ᶜ (1956).

[5] DRP. 593053 (1930), I. G. Farb., Erf.: J. Huismann u. G. Mauthe; Frdl. **19**, 2351.

344 Gew.-Tle. Benzidin-m,m′-disulfonsäure werden schwach natriumcarbonatalkalisch in warmem Wasser gelöst und in Gegenwart von überschüssiger Kreide oder Natriumacetat bei 85–95° mit 640 Gew.-Tln. 4-Nitro-1-chlor-benzol-2-sulfonsäurechlorid (125% d. Th.) unter gutem Rühren zur Umsetzung gebracht. Man erhitzt noch einige Stdn. auf 100°, läßt abkühlen und saugt das Reaktionsprodukt ab. Es wird natriumcarbonatalkalisch in Lösung gebracht, die filtrierte Lösung mit verd. Schwefelsäure neutralisiert und einer Reduktion mit Eisenpulver unter Zusatz von wenig verd. Schwefelsäure unterworfen. Nach beendigter Reduktion wird die Reaktionsmischung natriumcarbonatalkalisch gemacht und die heiße Lösung vom Eisenschlamm abgesaugt. Aus der mit Salzsäure angesäuerten, nochmals heiß filtrierten Reduktionslösung krystallisiert die Bis-[4-amino-1-chlor-benzol-2-sulfonyl]-benzidin-m,m′-disulfonsäure aus. Die einem Grammol entsprechende Menge wird in etwa der 30fachen Menge Wasser (schwach natriumcarbonatalkalisch) heiß gelöst. Bei 85° setzt man dann unter gutem Rühren 200 Gew.-Tle. Kreide und 737 Gew.-Tle. 1,2-Dichlor-benzol-4-sulfonsäurechlorid (150% d. Th.) zu und erhitzt langsam auf 95°. Das Reaktionsprodukt scheidet sich dabei in Krustenform ab. Man erhitzt zum Schluß 30 Min. lang auf 100°, läßt erkalten, saugt den Niederschlag ab, schlämmt diesen mit verd. Salzsäure an und nutscht ab. Das Umsetzungsprodukt wird dann natriumcarbonatalkalisch in Lösung gebracht und aus noch alkalisch bleibender Lösung mit wenig Salzsäure ausgefällt. Die Substanz kann nötigenfalls durch Umlösen aus Wasser weiter gereinigt werden.

e) Hinweise zum Abbau und zur Stabilisierung von Polyamiden

In manchen Fällen erscheint es zweckmäßig, Polyamide aus Aminocarbonsäuren oder Dicarbonsäuren und Diaminen durch hydrolytische Reaktion wieder in ihre Ausgangsmaterialien zu spalten, insbesondere wenn es sich um die Aufarbeitung von Polyamidabfällen oder um analytische Fragen handelt.

Bei der vollständigen sauren oder alkalischen Hydrolyse der Polyamide werden die Ausgangssubstanzen praktisch vollständig zurückgebildet, allerdings ist die Hydrolysengeschwindigkeit in Abhängigkeit von der Struktur wie auch vom Kristallisationsgrad der Polyamide verschieden und erfordert in den meisten Fällen die Anwendung höherer Temperaturen (d.h. druckfeste Gefässe!).

Da die Polymerisation des Caprolactams in Anwesenheit von Wasser sowie die wasserfreie, alkalische Schnellpolymerisation zu Gleichgewichtspolymerisaten führen (in denen neben linearen Polyamidmolekülen auch Caprolactam und seine Ringoligomeren vorliegen), ist auch eine Umkehrung des Vorganges, also eine Depolymerisation möglich, wenn das Caprolactam ständig aus dem Gleichgewichtspolymerisat beseitigt wird, was beim Durchleiten von Wasserdampf durch eine Caprolactamschmelze erreicht werden kann.

Sehr rasch erfolgt die Depolymerisation des Caprolactams in Gegenwart von katalytisch wirkenden Mengen (1–2%) Alkalihydroxyd im Vakuum (20 Torr) bei 270–280° [1]. Größere Alkalizusätze bewirken die Bildung von basischen, aminartigen Zersetzungsprodukten, die nach der positiven Dimethylaminobenzaldehyd-Reaktion z.T. aus Pyrrolen bestehen dürften.

Die Hydrolyse von Polycaprolactam verläuft in Gegenwart einer aus gleichen Mengen Phosphorsäure und ε-Caprolactam erhältlichen Verbindung [2] bei höherer Temperatur recht glatt, und man erhält ein sehr reines ε-Caprolactam.

Hydrolyse von Polycaprolactam[2]: 20 g geschmolzenes ε-Caprolactam und 20 g Phosphorsäure (61–62% Phosphorpentoxyd) werden unter Rühren während 30 Min. bei 80° erhitzt. In einen Rundkolben einer Vakuumdestillationsanlage gibt man 150 g Polycaprolactam und 40 g der Lactam-Phosphorsäure-Verbindung und erhitzt i. Vak. auf 250°. Das Vak. von etwa 6–12 Torr wird so eingestellt, daß etwa 30 g ε-Caprolactam in der Stde. als Destillat übergehen.

---

[1] DDRP. 5310 (1950), Thüringisches Kunstfaserwerk, Erf.: R. Gabler.
[2] DAS. 1112520 (1958), Farbf. Bayer, Erf.: J. Weise.

Insgesamt werden 153 g ε-Caprolactam erhalten, was einer Ausbeute von 89% (unter Einbeziehung des Lactams der Phosphorverbindung) entspricht.

Nach Redestillation des ε-Caprolactams erhält man dieses in sehr reiner Form; Erstarrungstemp. 69,05°.

Durch Erhitzen in Wasser auf höhere Temperaturen (10 Stunden bei 150°) in Gegenwart stark saurer Ionenaustauscher[1], z.B. vom Polystyrolsulfonsäuretyp (Permutit RS), lassen sich Polyamide aus Aminocarbonsäuren leicht hydrolysieren. Die an den Austauscher gebundene Aminosäure wird durch Ammoniak wieder abgelöst.

Eine Reinigung von durch Hydrolyse zurückgewonnener 6-Amino-capronsäure kann über das Dinatriumsalz der 6-Amino-capronsäure-N-dithiocarbonsäure[2]

$$HS—CS—NH—(CH_2)_5—COOH$$

erfolgen. Dazu wird die wäßrige Lösung der 6-Amino-capronsäure in Gegenwart von Natronlauge mit Schwefelkohlenstoff behandelt. Das Salz der Dithiocarbonsäure wird bei 0° abfiltriert und die 6-Aminocapronsäure-N-dithiocarbonsäure durch Ansäuern mit Salzsäure gefällt und abgesaugt. Durch Zersetzen bei 20° wird die reine 6-Amino-capronsäure neben Schwefelkohlenstoff zurück erhalten.

Da die Ausgangsmaterialien, die für eine Depolymerisation in Frage kommen, in den meisten Fällen grobgeformte oder faserige Abfallpolyamide darstellen, ist es günstiger, diese Teile (im Verhältnis 1 : 1) mit einer Salzschmelze aus gleichen Teilen Kalium- und Natriumacetat unter Zusatz von 2% Natriumhydroxyd auf 250° zu erwärmen, wobei sich das Polyamid schnell verflüssigt[3]. Durch kontinuierliche Eingabe dieser Schmelze in eine flache, auf 10 Torr evakuierte und auf 320° erhitzte Röhre, die mit einer Vorlage verbunden ist, destilliert das abgespaltene Caprolactam mit einer Ausbeute von etwa 95% laufend über.

Die Polyamide aus Diaminen und Dicarbonsäuren lassen sich beim mehrstündigen Erhitzen mit 50%iger wäßriger Schwefelsäure auf 115–120° hydrolysieren, wobei die *Dicarbonsäuren* häufig in genügender Ausbeute direkt aus der Hydrolysatflüssigkeit erhalten werden können[4]. Nach Behandeln der Diaminsulfate mit Alkali isoliert man die reinen *Diamine* durch Destillation.

Durch Erhitzen in Gegenwart von Wasser unter Druck bei höheren Temperaturen (200–210°) lassen sich diese Polyamide auch depolymerisieren, wobei Produkte mit niedrigen Molekulargewichten gebildet werden, die gereinigt und erneut polykondensiert werden können[5]. Die Größe der bei dieser Depolymerisation erhaltenen Spaltstücke läßt sich übrigens durch Variation der Wassermenge und der Reaktionstemperatur in gewünschten Größenordnungen halten.

Auch durch Erhitzen dieser Polyamide mit äquivalenten Mengen Natriumhydroxyd in Propanol[6] auf 150–250° verläuft die Hydrolyse glatt. Dabei fällt die Dicarbonsäure als Natriumsalz aus, kann abfiltriert und anschließend aus wäßriger

---

[1] DAS. 1038052 (1955), Inventa AG., Erf.: C. Berter; Chem. Abstr. **54**, 25988[i] (1960).

[2] DDRP. 19226 (1958), J. Körösi.

[3] DDRP. 2693 (1943), K. Sickmann; C. **1954**, 10345.

[4] R. G. Bossert, R. C. Croft u. C. E. Boord, J. chem. Educ. **26**, 611 (1949).
   M. Clasper u. J. Haslan, Analyst **74**, 224 (1949).

[5] DBP. 910593 (1950), DuPont, Erf.: W. R. Peterson; C. **1955**, 706.
   H. Ludewig u. K. Froeber, Faserforsch. u. Textiltechn. **5**, 277 (1954).

[6] DAS. 1088063 (1958), BASF, Erf.: G. Wiest u. H. Stahl.

Lösung durch Ansäuern rein erhalten werden. Durch Abdampfen des Lösungsmittels hinterbleibt das Diamin, das durch Vakuumdestillation rein erhalten werden kann.

Polyamide können auch ohne hydrolytische Einflüsse durch Hitze, UV-Strahlen und Bewetterung einem Abbau unterliegen, wobei Spaltstücke verschiedenster Art entstehen. Durch Oxydation von Polycaprolactam wurde die Entstehung von Pyrrolidonkernen, ungesättigten sowie hydrophilen Verbindungen[1] nachgewiesen. Bei der Pyrolyse (gut getrockneter) Polyamide vom Dicarbonsäure-Diamin- wie auch Aminocarbonsäuretyp bei 310–380° wurde gefunden[2], daß Spuren von Wasser sowie des verwendeten Polymerisationskatalysators den Pyrolysemechanismus stark beeinflussen. Dabei wird eine Kohlendioxydabspaltung beobachtet.

Bei der Einwirkung von Luft, insbesondere bei erhöhter Temperatur ($> 140°$) treten Abbau, Verzweigungen und Vernetzungen[3] auf, die bis zur Unlöslichkeit und Unschmelzbarkeit führen. Durch Einwirkung von UV-Licht erfolgt gleichzeitig ein homolytischer Abbau an den C—N-Bindungen.

Die Abbaufähigkeit der Polyamide durch Sauerstoff, Temperatur- und Lichteinwirkung läßt sich in vielen Fällen durch geeignete Zusätze erheblich vermindern.

Besonders gegen Alterung durch thermische Einflüsse eignen sich Zusätze von wasserunlöslichen Kondensationsprodukten, die Derivate des p-Phenylendiamins enthalten (z.B. N,N'-Diphenyl-p-phenylendiamin)[4].

Die durch Lichteinwirkung hervorgerufene Schädigung der Polyamide läßt sich durch Salze des Mangans oder des Kupfers (Lactate, Acetate[5] oder nicht komplexe Phosphate[6]) oder auch durch Chromsalze [Chrom-(III)-fluorid-tetrahydrat] besonders in Gegenwart von Ruß[7] vermindern. Diese Zusätze werden vor der Polykondensation zugegeben.

Gegen Lichtschädigung wirkt auch die Mitverwendung von UV-Absorbentien wie 2-Hydroxy-benzophenon[8].

f) Physikalische und chemische Charakterisierung (Analytik) der Polyamide

1. Verhalten gegen Lösungsmittel

Für viele chemische Umsetzungen und technische Anwendungen[9] ist das Lösen der Polyamide in geeigneten Lösungsmitteln[10] erforderlich. Da der polare Charakter der Polyamide stark polare Lösungsmittel bedingt, ist die Zahl geeigneter Lösungsmittel sehr gering. Für die weniger gut krystallisierenden Mischpolyamide gibt es dagegen wesentlich mehr Lösungsmittel.

[1] W. Sbrolli u. T. Capaccioli, Chimica e Ind. **42**, 1325 (1960).
[2] S. Straus u. L. A. Well, J. Res. Bur. Stand. **60**, 39 (1958).
[3] S. R. Rafikov u. R. H. Sorokine, Vysokomolekulyarnye Soedineniya 3, 21 u. 56 (1961).
[4] Belg. P. 593321 (1960), Allied Chemical Corp.
  s.a. DAS. 1099725 (1959), BASF, Erf.: H. Pohlemann, H. Burkhardt, K. H. König, F. Schmidt, H. Biczysko u. H. Stahl.
[5] DAS. 1079790 (1952), Société Rhodiacéta Erf.: J. Chezard.
[6] DAS. 1107398 (1959), British Nylon Spinners, Erf.: T. R. White.
[7] Schweiz. P. 347979 (1957), Soc. de la Viscose Suisse, Erf.: W. Settele.
[8] Skinner's Silk Rayon Rec. **33**, 74 (1959).
[9] A. P. 2130948 (1937), DuPont, Erf.: W. H. Carothers, beschreibt das Spinnen von Polyamid 66 aus wasserfreien Phenol- oder Ameisensäurelösungen; Chem. Abstr. **32**, 9519[8] (1938).
[10] Vgl. H. Hopff, A. Müller u. F. Wenger, Die Polyamide, S. 176ff., Springer-Verlag, Berlin-Göttingen-Heidelberg 1951.

Polyamide des 66- und 6-Typs sind in der Kälte löslich in:

Konz. Mineralsäuren (H_2SO_4, H_3PO_4), HF, flüssigem SO_2[1]
Konz. organischen Säuren (Ameisensäure, halogenierte Essigsäuren!)
Aromatischen Hydroxyverbindungen (Phenole, Kresole)
Trihalogenierten Alkoholen und Aldehyden (Trifluoräthylalkohol, Kp: 74°; Trichloräthyl-
alkohol, Kp: 151°; Chloralhydrat)[2]
Gesättigten Lösungen alkohollöslicher Salze (Calciumchlorid bzw. Magnesiumchlorid in
Methanol)[3].
Lösungen von Chlorwasserstoffgas in Methanol können auch orientierte Polyamidfasern lösen.

Polyamide des 66- und 6-Types sind in der Wärme (120–180°) löslich in:

Konz. Essigsäure	Buten-(2)-diol-(1,4)	β-Phenyl-äthylalkohol
Formamid	Benzylalkohol[4]	Diäthylenglykol
		Äthylenchlorhydrin
		N-Acetyl-morpholin
		1,3-Dichlor-propanol-(2)[5]
		Dimethylsulfoxyd[6]

Diese in der Hitze hergestellten Lösungen gelieren beim Abkühlen.

Manche dieser Lösungsmittel, die für sich allein Polyamide vom 66- und 6-Typ nicht angreifen, können in Mischungen quellend oder sogar lösend wirken, wie z. B. Gemische von Methanol und Methylenchlorid oder Chloroform bzw. β-Phenyl-äthyl-alkohol und Propanol und Wasser. Die Anwesenheit von geringen Wassermengen ist oftmals lösungsfördernd, so löst sich z.B. das Mischpolyamid aus ungefähr äquivalenten Mengen Adipinsäure, Hexamethylendiamin und Caprolactam in 85%igem Methanol[7]. Unterhalb 40–50° werden diese Lösungen leicht gallertig, was aber durch Zusatz von chlorierten Kohlenwasserstoffen in vielen Fällen unterbunden werden kann.

In der Lösung von 5% Lithiumchlorid in Dimethylformamid[8] sind vor allem hochschmelzende Polyamide aus aromatischen Komponenten (z.B. aus Isophthal-säure und m-Phenylendiamin) in relativ hoher Konzentration (15–20%) bei Zimmer-temperatur löslich.

2. Bestimmung der Lösungsviscosität

Für die Charakterisierung der Polyamide ist die Bestimmung der Viscosität verdünnter Lösungen die einfachste und am meisten angewendete Methode[9], obwohl es sich nicht um eine absolute Methode handelt. In vielen Fällen genügt aber schon die Angabe der relativen Viscosität bei einer bestimmten Konzentration:

$$\eta_{rel} = \frac{\text{Durchlaufzeit der Lösung}}{\text{Durchlaufzeit des Lösungsmittels}}$$

[1] A. P. 2 919 257 (1956), DuPont, Erf.: N. Blake u. W. S. Shore; Chem. Abstr. **54**, 7229[d] (1960).
[2] A. Matthes, J. pr. **162**, 245 (1943).
[3] DRP. 737 950 (1939) I. G. Farb.; C. **1943** II, 2232.
[4] W. N. Dawydoff, Über die Löslichkeit und das Verhalten der Polycapronsäureamide in heißen primären Arylalkoholen und in Kresol, Faserforsch. u. Textiltechn. **4**, 412 (1933).
[5] E. P. 775 382 (1954), British Nylon Spinners Ltd., Erf.: M. V. Forward u. H. S. Davidson-Simpson; C. **1958**, 5841.
[6] A.P. 2 806 829 (1955), Chemstrand Corp., Erf.: D. B. Capps; Chem. Abstr. **52**, 796[c] (1958).
[7] A.P. 2 252 555 (1939), DuPont; Chem. Abstr. **35**, 7588[1] (1941).
[8] DAS. 1 107 399 (1958), DuPont, Erf.: L. F. Beste, C. W. Stephens u. A. Hills.
[9] F. Loepelmann, Faserforsch. u. Textiltechn. **3**, 58 (1952).

In den angelsächsischen Ländern findet man fast ausschließlich die Angabe der Inneren Viscosität (*intrinsic viscosity*) J oder Grundviscosität [η], die nach folgender Gleichung[1] errechnet wird:

$$J = [\eta] = \lim_{c \to 0} \frac{\ln \eta_{\text{rel}}}{c}$$

wobei c die Konzentration des Polymeren in g/100 ml Lösungsmittel[2] bedeutet.

Da [η] auf die Konzentration Null bezogen ist, setzt dieses die Messung einer Viscositätsreihe bis zu recht niedrigen Konzentrationen voraus. Man kann sich aber für Vergleiche mit einer Messung begnügen, wenn man die Konzentration nicht zu hoch wählt. Im allgemeinen dürfte 0,5 g/100 ml richtig sein.

Die Viscositätsmessungen können in Kresol, konzentrierter Schwefelsäure[3], konzentrierter Phosphorsäure[4] oder konzentrierter Ameisensäure[5] erfolgen.

Bestimmung der relativen Viscosität von Polyamiden in 0,5%iger Kresollösung: Es werden 500 $\pm$ 1 mg der trockenen Polyamid-Probe in einem 100-cm³-Meßkolben mit Schliffstopfen und weitem Hals eingewogen und mit etwa 60 cm³ Kresol[6] (DAB 6 oder auch reines m-Kresol) versetzt. Der verschlossene Kolben wird dann in einem heizbaren Schüttelgerät (am besten bei 80°) $1\,{}^{1}/_{2}$ bis 2 Stdn. geschüttelt, wobei völlige Lösung eingetreten sein muß. Danach wird der Meßkolben bis kurz unter die Marke aufgefüllt und 30 Min. im Wasserbad auf 20° temperiert. Danach wird der Kolben bis zur Eichmarke aufgefüllt.

Zur Messung wird zweckmäßig ein Viscosimeter nach A. R. Ubbelohde[7] mit soviel Meßlösung beschickt, daß sich der Meniskus zwischen den beiden eingeritzten Marken befindet. Nach 10 Min. langem Einhängen in einen Thermostaten von 25 $\pm$ 0,05° wird die Lösung mittels eines Gummiballes angesaugt und einmal durch die Kapillare laufen gelassen. Dann wird sie erneut angesaugt und zwar bis zum oberen Rand der sich oberhalb der Meßmarke befindlichen kugelartigen Erweiterung. Nun wird die Durchlaufzeit mit einer in $^{1}/_{10}$ Sek. geteilten Stoppuhr gemessen. Die Messung wird so oft wiederholt, bis die Werte innerhalb von $\pm$ 0,1 Sek. übereinstimmen.

Die Fehlergrenze dieser Bestimmung der relativen Viscosität ist etwa $\pm$ 0,5% genau.

Bei Viscositätsmessungen in reiner Ameisensäure tritt bei niedrigen Konzentrationen (unter 2%) ein plötzliches Ansteigen der [η]-Werte ein. Dieses ist auf den basischen Charakter der Amidgruppen in Ameisensäure zurückzuführen, die zu einem beträchtlichen Teil (bis zu 30%) mit den Lösungsmittelmolekülen reagieren[8]:

$$-\text{CONH}- + \text{HCOOH} \rightleftharpoons -\text{CONH}_2^{\oplus}- + \text{HCOO}^{\ominus}$$

Durch Zugabe von Gegenionen, z.B. Natriumformiat (0,5 Mol/l)[9], oder auch von genügenden Mengen Wasser kann dieser „polyelektrolytische" Effekt zurückgedrängt werden.

In konzentrierter Schwefelsäure werden diese Anomalien nicht beobachtet.

[1] W. D. Lansing u. E. O. Kraemer, Am. Soc. **57**, 1369 (1935).
   E. O. Kraemer, Ind. eng. Chem. **30**, 1200 (1938).
[2] In den Arbeiten der Staudingerschen Schule wird die Konzentration in g/l angegeben.
[3] A. Matthes, J. pr. **162**, 245 (1943).
[4] P. Schlack u. K. Kunz in R. Pummerer, Chemische Textilfasern, Filme und Folien, Verlag F. Enke, Stuttgart 1953.
[5] R. Bennewitz, Faserforsch. u. Textiltechn. **5**, 155 (1954).
[6] Das Kresol muß unter Stickstoff i. Vak. destilliert sein.
[7] Mit Kapillare II der Firma Schott u. Genossen, Mainz.
[8] J. R. Schaefgen und C. F. Trivisonno, Am. Soc. **73**, 4580 (1951); **74**, 2715 (1952).
[9] P. R. Saunders, 137th Meeting of the American Chemical Society, Abstract of Papers, Cleveland, 5.–14. April 1960.

3. Bestimmung der Schmelzviscosität

Da viele Polyamidsynthesen direkt zu den Schmelzen der Hochpolymeren führen und deren technische Verarbeitung ebenfalls aus dem Schmelzfluß erfolgt, ist es oft sehr wünschenswert, die Viscosität dieses Schmelzflusses für bestimmte Temperaturen oberhalb des Schmelzpunktes zu bestimmen. Es sind dafür in der Literatur verschiedene Angaben gemacht worden, wobei entweder die Durchflußgeschwindigkeit durch Kapillaren[1], die Strömung zwischen rotierenden, konzentrischen Zylindern (Couette-Prinzip) oder die Strömung um fallende Körper (Kugelfallmethode nach F. Höppler[2]) gemessen werden.

Neuerdings wurde auch ein Schmelzviscosimeter entwickelt, das mit Hilfe eines magnetostriktiven Schwingungssystems[3] die kontinuierliche Messung während des Polykondensationsvorganges gestattet.

Bei der Messung sind die Einhaltung konstanter Temperaturen, völliger Ausschluß von Luftsauerstoff und die restlose Entfernung von Gas- oder Luftbläschen in der Schmelze von größter Bedeutung.

Für die Messung der Schmelzviscosität hat sich besonders die Kugelfallmethode als geeignet erwiesen, da sich ein dazu benötigtes Gerät relativ leicht mit Laboratoriumsmitteln[4] erstellen läßt und die damit entwickelte Meßmethodik einfach ist und zu genügend übereinstimmenden Resultaten führt.

Gemäß den folgenden Abb. 14 (S. 183) und 15 (S. 184) besteht die eigentliche Meßstrecke aus einem 160 mm langen Rohr (12 mm lichte Weite), das 3 Markierungsringe im Abstand von 50 mm trägt. Das mehrere Schliffe tragende Meßrohr wird in einen langhalsigen Kolben (mit einem 1 l fassenden Kugelteil) so eingehängt, daß sich das untere Ende etwa 50 mm oberhalb der Heizflüssigkeit[5] befindet. Der Kolben wird in einen elektrischen Heizpilz für 1-l-Kolben mit einer Heizleistung von 300 Watt eingesetzt.

In den oberen Teil des Heizdoppelmantels ragt die Quecksilberkugel eines Kontaktthermometers, mit dem die dem Heizpilz zugeführte elektrische Energie über einen Ringkern-Feinregler[6] so geregelt wird, daß das Gesamt-Meßrohr dauernd von dem Dampf der Heizflüssigkeit umspült wird.

Zur besseren Isolierung setzt man die gesamte Glasapparatur, die vorteilhaft noch mit gekräuselter Aluminiumfolie umgeben ist, in einen mit Schlackenwolle gefüllten Eisenmantel[7]. In diesen Isoliermantel ist in Höhe des eigentlichen Meßrohres ein mit Glimmerplatten verschlossenes Fenster (20 × 200 mm) eingeschnitten. Analog dem Höppler-Prinzip wird der gesamte Apparat mit einer Neigung von 80° gegen die „Fensterseite" in einem geeigneten Stativ befestigt, damit die Kugeln an einer Wandseite abrollen können.

Von besonderer Bedeutung ist das sogenannte Kugelmagazin[8], das es ermöglicht, eine genügende Anzahl von 10 mm Kugellagerkugeln (Gewicht etwa 4,06–4,08 g) unterhalb der Schmelzoberfläche für mehrere Messungen vorrätig zu halten. Dieses Magazin (s. Abb. 15, S. 184) besteht aus einem stark gelochten Rohr (12 mm lichte Weite, Lochdurchmesser 6 mm) aus 0,5 mm VA®-

---

[1] P. J. FLORY, Am. Soc. **62**, 1057, 3032 (1940).
   T. G. FOX u. P. J. FLORY, Am. Soc. **70**, 2384 (1948).
[2] F. HÖPPLER, Z. tech. Phys. **14**, 165 (1933).
[3] K. SEIFERT, Plaste u. Kautschuk **8**, 237 (1961).
[4] Nach Angaben von Dr. G. NAWRATH, Farbf. Bayer, Werk Dormagen.
[5] Als Heizflüssigkeiten eignen sich insbesondere: Chinolin (Kp: 236°), Biphenylgemisch (Kp: 253°), α-Chlor-naphthalin (Kp: 263°), Glycerin (Kp: 290°).
[6] Ringkern-Feinregler Typ RFR lieferbar von der Firma Fr. Dienes, Mühlheim/Main.
[7] Zur leichteren Demontage besteht dieser Eisenmantel aus zwei Halbschalen, in die die mit etwas Wasserglas getränkte Schlackenwolle eingelegt wird. Nach genügender Trocknung des Wasserglases bleiben die von der Glasapparatur eingedrückten Konturen erhalten.
[8] Das Kugelmagazin wird an das im oberen Apparateteil befindliche Aufhängerohr (6) (Abb. 14, S. 183) mit Hilfe zweier Federrasten angehängt.

Blech, an dessen unterem Ende sich zwei kleine Federn mit Nippeln befinden, die das unfrei-
willige Herausfallen der sich im Rohr befindlichen Kugeln verhindern (s. Abb. 14). Durch leichten
Druck mit Hilfe eines dünnen Auslöserohres auf die oberste Kugel kann man die jeweils unterste
Kugel freigeben.

Bestimmung der Schmelzviscosität: Durch den Einfüllstutzen (9) werden in den fertig zusammengesetzten Apparat[1] 50–60 g Polyamid-Material[2] (am besten in Stückchen oder Schnitzelform!)
eingefüllt. Nach Verschließen des Einfüllstutzens (9) und des Verschlußrohres (11) wird die

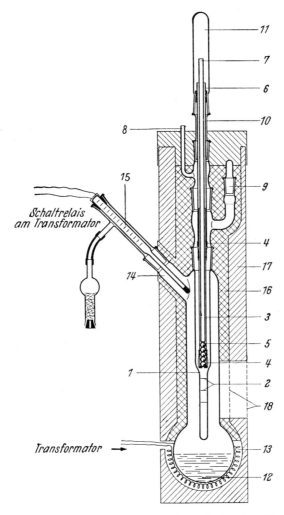

Abb. 14. Apparatur zur Messung der Schmelzviscosität (Verkleinerung 6 : 1)

1 = Schmelzrohr, 2 = Markierung, 3 = Kugelmagazin, 4 = Haltefedern (s. a. Abb. 15), 5 = Fallkugeln, 6 = Aufhängerohr für Kugelmagazin, 7 = Kugelauslöser, 8 = Spülstutzen, 9 = Einfüllstutzen, 10 = Doppelschliffverbinder,
11 = Verschlußrohr, 12 = Heizflüssigkeit, 13 = Heizpilz, 14 = Thermometer- und Gasauslaßstutzen, 15 = Kontaktthermometer, 16 = gekräuselte Aluminiumfolie, 17 = Eisenmantel mit Schlackenwolle, 18 = Glimmerschaugläser.

---

[1] Vor dem Zusammensetzen des Apparates wird das Schmelzrohr (1) mit einer Lösung von 0,1%
Siliconöl in Äther kurz ausgespült. Die Lösung wird dann ausgegossen und das Rohr zur Ver-
treibung des Äthers im Trockenschrank kurz erhitzt. Durch diese Präparation wird die Entfernung des abgekühlten Schmelzkuchens am Ende der Messung außerordentlich erleichtert.
[2] Bestimmte Polyamide, z.B. solche aus Caprolactam, müssen äußerst sorgfältig getrocknet
werden, da der Schmelzzustand stark vom Wassergehalt abhängig ist.

Apparatur durch abwechselndes Evakuieren und Füllen mit sauerstofffreiem, getrocknetem Stickstoff durch den Stutzen (8) gespült. Dieser Vorgang wird am besten 10 mal wiederholt. Nach der letzten Füllung mit Stickstoff wird das Verschlußrohr (11) schwach gelüftet, was am besten durch Einschieben eines dünnen Drahtes durchgeführt wird. Durch die Apparatur wird nun dauernd ein schwacher Stickstoffstrom (2 Blasen/Sek.) durchgeleitet.

Der Pilzhaubenheizer wird nun mit 220 Volt beheizt. Etwa 20 Min. nach Einschalten des Stromes erreicht die oberste Dampfzone der Heizflüssigkeit das Kontaktthermometer. Mit Hilfe des Ringkern-Feinreglers wird jetzt die Spannung so eingestellt, daß durch das Schaltspiel des Kontaktthermometers die oberste Dampfzone etwa in der Höhe der Thermometer-Quecksilberkugel gehalten wird. Während dieser Aufheizzeit ist das Polyamid-Material meistens geschmolzen, und das Kugelmagazinrohr mit etwa 5 Kugeln taucht ganz in den Schmelzfluß ein.

In manchen Fällen ist es zur Herstellung einer blasenfreien Schmelze günstig, das Aufschmelzen unter einem schwachen Vakuum (400 Torr) auszuführen. Weiterhin kann mehrfacher Wechsel von Vakuum und Normaldruck die Entfernung von Blasen beschleunigen. Ist die Schmelze blasenfrei, kann durch Lösen der untersten Kugel die Messung beginnen. Dazu öffnet man das Verschlußrohr (11) vollständig und stößt mit dem Kugelauslöserohr (7) vorsichtig die unterste Kugel heraus.

Infolge der Schrägstellung des Apparates läuft die Kugel an der Wandung des Meßrohres abwärts und erreicht bei mittleren Viscositätsgraden in etwa 2 Min. die oberste Meßmarke (2). Die Fallzeit der Kugel zwischen den Meßmarken wird mit Hilfe einer Stoppuhr gemessen. Durch Wiederholung der Messungen in bestimmten Zeitabständen lassen sich auch Viscositätsänderungen der betreffenden Polyamidschmelze mit genügender Genauigkeit ermitteln.

Die gemessenen Fallzeiten bewegen sich im allgemeinen zwischen 5 und 50 Min. (etw 300 bis 4000 Poise).

Abb. 15.
Kugelmagazin

4. Molekulargewichtsbestimmung[1]

Die Untersuchung des Zusammenhanges zwischen den Ergebnissen der Viscositätsmessungen (an verdünnten Lösungen) und dem Molekulargewicht M ist das Ziel vieler Untersuchungen gewesen. Sie beginnen mit der Erkenntnis von H. Staudinger, daß die Grundviscosität Z_η[2] oder $[\eta]$ (vgl. S. 181) in direkter Beziehung zur Moleküllänge steht und führte zu dem sogenannten Viscositätsgesetz[3]

$$Z_\eta = [\eta] = K \cdot M$$

in dem K eine Konstante bedeutet, die je nach Art des verwendeten Lösungsmittels etwas verschieden ist.

[1] Vgl. ds. Handb. Bd. III/1, Kap. Molekulargewichtsbestimmung an makromolekularen Stoffen, S. 371.

[2] $Z_\eta = \dfrac{\eta_{sp}}{c}$ ($\eta_{sp} = \eta_{rel} - 1$; $c = g/l$)

[3] H. Staudinger, Die hochmolekularen organischen Verbindungen, Verlag Springer, Berlin 1932.
H. Staudinger u. H. Jörder, J. pr. **160**, 187 (1942).
A. Matthes, Makromolekulare Chem. **5**, 165 (1950).
G. B. Taylor, Am. Soc. **69**, 635 (1947).
W. N. Dawydoff, Bestimmung des Molekulargewichts von Polyamiden, Schriftenreihe des Verlages Technik, Bd. 189, Beiheft 11 zur Zeitschrift: Chemische Technik, Verlag Technik, Berlin 1954.
G. V. Schulz u. Mitarbb., J. pr. **158**, 130 (1941); **161**, 161 (1943); Ph. Ch. (B) **52**, 1 (1942).
K. Edelmann, Faserforsch. u. Textiltechn. **5**, 326 (1954).
G. Bier, Makromolekulare Chem. **6**, 104 (1951).

Jedoch ergibt die eben angeführte Beziehung von H. Staudinger bei Makromolekülen nur einen Näherungswert, da es sich bei diesen Stoffen fast nie um einheitliche, sondern immer um polymerhomologe Makromoleküle handelt. Den Erfordernissen bei Polymerhomologen trägt das Potenzgesetz

$$[\eta] = K \cdot M^a$$

im allgemeinen besser Rechnung. Die für diese Gleichung gefundenen Konstanten sind in Tab. 21 zusammengestellt. Die Verwendung dieser Gleichung setzt Viscositätsmessungen in möglichst verdünnten Lösungen voraus.

Tab. 21. Konstanten zur Molekulargewichtsberechnung aus Viscositätsmessungen

Polyamid	Lösungsmittel	$K \cdot 10^2$	α	Literatur
Poly-aminocapronsäure	m-Kresol	0,73	1,0	[1,2]
Poly-aminocapronsäure	konz. H_2SO_4	12,0	0,67	[3]
Poly-aminocapronsäure	40%ige H_2SO_4	24,0	0,51	
Nylon 66	Ameisensäure	11,0	0,75	[4]

Die von G. V. Schulz[1] aufgestellte Gleichung zur Berechnung von Z_η aus Viscositätsmessungen bei höherer Konzentration ist auch für Polyamide in konzentrierter Schwefelsäure verwendbar.

$$Z_\eta = \frac{\dfrac{\eta_{sp}}{c}}{1 + K \cdot \eta_{sp}}$$

Auch die von F. Loepelmann[5] angegebene Methode zur rechnerischen Ermittlung von Z_η aus der gemessenen relativen Viscosität nach der Gleichung

$$Z_\eta = \frac{m}{c} \left(\sqrt[m]{\eta_{rel}} - 1 \right),$$

wobei für Polyamide in m-Kresol die Konstante m = 3 und c die Konzentration der Polyamidlösung in g/l bedeuten, kann zwar nur als annähernde Lösung für bestimmte Zwecke betrachtet werden, gibt aber in vielen Fällen befriedigende Resultate.

Molekulargewichte lassen sich auch nach anderen Methoden[6] bestimmen. Die osmotischen Bestimmungen ergeben aber bei den üblichen Molekulargewichten

[1] H. STAUDINGER u. H. JÖRDER, J. pr. **160**, 187 (1942).
  A. MATTHES, Makromolekulare Chem. **5**, 165 (1950).
  G. B. TAYLOR, Am. Soc. **69**, 635 (1947).
  W. N. DAWYDOFF, Bestimmung des Molekulargewichts von Polyamiden, Schriftenreihe des Verlages Technik, Bd. 189, Beiheft 11 zur Zeitschrift: Chemische Technik, Verlag Technik, Berlin 1954.
  G. V. SCHULZ u. Mitarbb., J. pr. **158**, 130 (1941); **161**, 161 (1943); Ph. Ch. (B) **52**, 1 (1942).
  K. EDELMANN, Faserforsch. u. Textiltechn. **5**, 326 (1954).
[2] H. STAUDINGER u. H. SCHNELL, Makromolekulare Chem. **1**, 44 (1947).
[3] A. MATTHES, J. pr. **162**, 245 (1943).
[4] G. B. TAYLOR, Am. Soc. **69**, 635 (1947).
  J. E. WALTZ u. G. B. TAYLOR, Anal. Chem. **19**, 448 (1947).
[5] F. LOEPELMANN, Faserforsch. u. Textiltechn. 3, 58 (1952).
  s. a. E. HEIM, Faserforsch. u. Textiltechn. **11**, 513 (1960).
[6] S. a. ds. Handb., Bd. III/1, Kap. Thermodynamische Methoden, S. 371.

der Polyamide keine zuverlässigen Werte. Die Methode der isothermen Destillation[1] erlaubt die Zahlenmittel des Molekulargewichtes von 1000 bis 150000 mit guter Genauigkeit zu bestimmen.

Auch die Lichtzerstreuungsmessungen, bei denen das Molekulargewicht als Mittelwert bestimmt wird, sind für die Untersuchung von Polyamiden geeignet, da noch Molekulargewichte bis hinunter zu 5000 gut erfaßt werden. Bis zur gleichen Größenordnung des Molekulargewichtes sind auch Messungen unter Benutzung der Ultrazentrifuge[2] geeignet.

Die Bestimmung der Endgruppen (s. S. 187) kann zur Molekulargewichtsbestimmung der Polyamide dienen. Dabei erweisen sich kolorimetrische und potentiometrische Methoden als nur für niedermolekulare Polyamide geeignet, während die konduktometrischen Methoden genauere Ergebnisse bei den höhermolekularen Polyamiden liefern.

Eine Auswertung der Versuchsergebnisse ist allerdings nur dann völlig exakt, wenn die Anzahl saurer und basischer Endgruppen übereinstimmt. In stabilisierten Polyamiden, bei denen ein Teil der Endgruppen blockiert wurde, muß man auf die Art des Stabilisators Rücksicht nehmen und bei der Bestimmung diejenige Endgruppe bevorzugen, die nicht substituiert wurde.

Bei Polyamiden aus Dicarbonsäuren und Diaminen, bei denen bei der Polykondensation z.B. die erste Komponente im Überschuß vorhanden war, kann man zur Berechnung des Molekulargewichts das Mittel aus den sauren und basischen Endgruppen nehmen, da sich in diesem Fall der Carboxywert um den gleichen Betrag erhöht, um den sich der Aminowert erniedrigt.

5. Molekulargewichtsverteilung

Zur Charakterisierung eines Polymeren ist außer der Angabe des bisher besprochenen mittleren Molekulargewichtes auch die Kenntnis der Molekulargewichtsverteilung erforderlich, da z.B. eine Reihe von technologischen Eigenschaften der Polyamide von dem Anteil an Molekülen mit kleinem Molekulargewicht stark abhängig sind.

Die Bestimmung der Molekulargewichtsverteilung[3] kann mit Hilfe der Fällungsfraktionierung bzw. durch Verteilung zwischen zwei miteinander nicht mischbaren Lösungsmitteln[4] oder durch Trübungstitration[5] erfolgen.

Von den Fraktionierungsmethoden scheint die Verteilung zwischen zwei miteinander nicht mischbaren Lösungsmitteln die beste zu sein, wenn auch der dafür notwendige zeitliche Aufwand beträchtlich ist. Nach G. B. Taylor[4] trennt sich die

---

[1] A. T. Williamson, Pr. roy. Soc. (A) **195**, 97 (1948/49).

[2] J. Hengstenberg, Sedimentation und Diffusion von Makromolekülen, in H. A. Stuart, Physik der Hochpolymeren, Bd. II, Springer-Verlag, Berlin-Göttingen-Heidelberg 1953.

[3] G. V. Schulz, Bestimmung der Molekulargewichtsverteilung durch Zerlegung in Fraktionen, in H. A. Stuart, Physik der Hochpolymeren, Bd. II, Springer-Verlag, Berlin-Göttingen-Heidelberg 1953.

[4] D. R. Morey u. J. W. Tamblyn, J. phys. Chem. **50**, 12 (1946).
    G. B. Taylor, Am. Soc. **69**, 638 (1947).
    W. Weltzien u. J. Juilfs, Die Kettenlängenverteilung von hochpolymeren Faserstoffen. Über die fraktionierte Fällung von Polyamiden, Forschungsber. Wirtsch. Verkehrsministeriums Nordrhein-Westfalen Nr. 64 (1954).
    s. a. J. Juilfs, Zur fraktionierten Fällung von Polyamiden, Kolloid-Z. **141**, 88 (1955).

[5] D. R. Morey u. J. W. Tamblyn, J. appl. Physics **16**, 419 (1945).
    A. Gordijenko, W. Griehl u. H. Sieber, Faserforsch. u. Textiltechn. **6**, 105 (1955).

Lösung eines Polyamides in einem Phenol-Wasser-Gemisch bei 70° (Phenol-Wasser-Gemische entmischen sich unterhalb 66°) in zwei Phasen, von denen jede Polymeres enthält. Und zwar sind die niedermolekularen Anteile in der wasserreicheren, oberen Phase.

Der Vorteil der Bestimmung der Molekulargewichtsverteilung mit Hilfe der Trübungstitration liegt in der raschen Durchführbarkeit. Auch die Tatsache, daß die Titration nur in sehr verdünnten (0,006%igen) Lösungen erfolgt – während die Fällungsfraktionierung aus praktischen Gründen in über 100 mal konzentrierteren Lösungen ausgeführt wird –, dürfte für die Richtigkeit der Aussagen von Bedeutung sein. Allerdings ist die Trübungstitration nur ein Relativverfahren, das zur Bestimmung wirklicher Molekulargewichte einer Eichung mit Fraktionen bekannter Molekulargewichte bedarf.

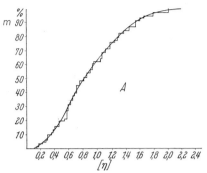

Abb. 16. Summenkurve der Molekulargewichtsverteilung (m) für Polyamid 6.6
$[\eta] =$ Grundviscosität

Die Molekulargewichtsverteilung eines Polyamides wird am besten graphisch dargestellt, indem man gegen den Polymerisationsgrad (P) oder die Grundviscosität $[\eta]$ der Einzelfraktionen (Abszisse!) die Summe oder auch die Einzelbeträge der Fraktionen als Funktion (Ordinate!) aufträgt. Man erhält dann die S-förmige Summenkurve A (Abb. 16) bzw. die ein Maximum besitzende differentielle Verteilungskurve B (Abb. 17).

In Abhängigkeit vom Polykondensationsverfahren beobachtet man verschiedene Molekulargewichtsverteilungen. Im Gleichgewichtszustand besitzt Polycaproamid z. B. eine sogenannte Normalverteilung[1], während bei den Schnellpolymerisaten z. T. sehr erhebliche Abweichungen[2] von der Normalverteilung auftreten.

Für Poly-caprolactam wurde beim Fraktionieren mit Phenol-Wassergemischen eine engere Verteilung[3] gefunden als bei Polyamid 6.6[4].

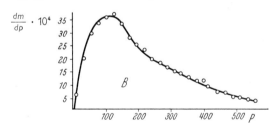

Abb. 17. Differentielle Molekulargewichtsverteilung
P = Polymerisationsgrad

6. Endgruppenbestimmung

Die Polyamidmoleküle enthalten in ihren Kettenenden freie Amino- bzw. Carboxygruppen, die sich durch Titration oder chemische Reaktion nachweisen und quantitativ bestimmen lassen. Während die durch Polykondensation von Aminocarbon-

---

[1] F. WILOTH, Makromolekulare Chem. **14**, 196 (1954).
[2] W. GRIEHL, Faserforsch. u. Textiltechn. **6**, 260 (1955).
[3] M. WATANABE, Chem. High Polymers (Tokyo) **6**, 216 (1949); Chem. Abstr. **47**, 1292 (1952).
[4] G. B. TAYLOR, Am. Soc. **69**, 638 (1947).

säuren oder Lactamen hergestellten Polyamidmoleküle Amino- und Carboxyendgruppen in etwa gleicher Anzahl enthalten, wird bei Polyamiden aus Dicarbonsäuren
und Diaminen das Verhältnis der Amino- zur Carboxyendgruppe maßgeblich durch
einen geringen Überschuß der einen oder der anderen bifunktionellen Verbindung
bestimmt. Mit steigendem Molekulargewicht sinkt der Endgruppengehalt der Polyamide entsprechend ab. Bei den technisch interessanten Molekulargewichten über
10 000 enthalten daher die Polyamide oft nur einige Hundertstel Milliäquivalente Endgruppen in einem Gramm. Werden die Polyamide mit besonderen Zusätzen hergestellt (Kettenabbrecher, polyfunktionelle Verzweigungszusätze u. a.), so werden die
Endgruppengehalte entsprechend beeinflußt.

Ferner können die Endgruppengehalte der Polyamide sich durch sekundäre Einflüsse verändern.
So beobachtet man z. B. bei der Lichtschädigung und bei der oxydativen Schädigung der
Polyamide neben einem Absinken des Polymerisationsgrades eine Zunahme des Carboxygruppen-
gehaltes und einen oft vollständigen Verlust an freien Aminoendgruppen, während eine hydrolytische Schädigung der Polyamidketten mit einer Steigerung beider Endgruppengehalte verbunden ist.

Für die Anfärbbarkeit mit sauren Farbstoffen sind die in den Polyamiden enthaltenen basischen
Gruppen von besonderer Bedeutung.

Die Titration der Polyamid-Endgruppen gestaltet sich besonders einfach, wenn das
zu untersuchende Polyamid in einem neutralen Lösungsmittel bzw. Lösungsmittelgemisch bei Raumtemperatur löslich ist. Eine derartige gute Löslichkeitseigenschaft
besitzen jedoch nur einige Mischpolyamide.

Titration der Amino- und Carboxyendgruppen eines Mischpolyamids[1]: Ein gut lösliches Mischpolyamid erhält man z. B. bei der Polykondensation von 40 Tln. adipinsaurem Hexamethylendiamin, 30 Tln. sebacinsaurem Hexamethylendiamin und 30 Tln. ε-Caprolactam.

Zur Titration werden 2 g des Mischpolyamids unter Rückfluß in 100 cm³ 72 gew.-%igem Äthanol
gelöst und nach dem Erkalten der Lösung mit 0,1 n Salzsäure bzw. 0,1 n Natronlauge potentiometrisch titriert.

Im sauren Bereich liegt der Wendepunkt der Titrationskurve bei etwa p_H 4,5. Im alkalischen
Bereich beobachtet man zwei Wendepunkte, wenn das Mischpolyamid mehr Carboxy- als Amino-
gruppen enthält, da in diesem Falle zunächst die freien Carboxyendgruppen und dann die
Ammoniumionen titriert werden. Durch einen Zusatz von Formaldehyd läßt sich der störende
Einfluß der Aminoendgruppen ausschalten.

Bei den in Alkoholen in der Kälte unlöslichen Polyamiden können die Aminoendgruppen in phenolhaltigen Lösungen durch Titration mit Salzsäure oder Überchlor-
säure bestimmt werden. Als Lösungsmittel verwendet man z. B. ein Gemisch von
Phenol, Äthanol und Wasser[1], Phenol und Glykol[2] oder m-Kresol und Eisessig[3]. Den
Äquivalenzpunkt bestimmt man potentiometrisch oder konduktometrisch.

Aminogruppentitration eines schwerlöslichen Polyamids[1]: 2 g Polyamid werden in 50 cm³
88%igem Phenol (über Kaliumcarbonat destilliert) gelöst und 25 cm³ Äthanol (95%ig) sowie 25 cm³
Wasser hinzugefügt. Die Titration wird potentiometrisch mit 0,1 n Salzsäure durchgeführt.
Daneben wird der Blindverbrauch des Lösungsmittelgemisches bestimmt und vom Gesamtver-
brauch abgezogen. Besondere Vorteile bietet die konduktometrische Titration, da hierbei wenige
Meßpunkte ausreichen und die Leitfähigkeit linear mit der Säurezugabe zunimmt. Nach dem
Erreichen des Äquivalenzpunktes steigt die Leitfähigkeit steil an, der Schnittpunkt beider Geraden
ist der Äquivalenzpunkt.

---

[1] G. B. Taylor, Am. Soc. **69**, 635 (1947).
   J. E. Waltz u. G. B. Taylor, Anal. Chem. **19**, 448 (1947).
[2] S. Basu, J. Polymer Sci. **5**, 735 (1950).
[3] W. Broser, Makromolekulare Chem. **2**, 248 (1955).

Diese von J. E. Walz und G. B. Taylor ausgearbeitete Methode der konduktometrischen Titration der Aminoendgruppen wurde von W. Schefer u. H. Hopff[1] bezüglich des Lösungsmittels (m-Kresol), der Titrierlösung (0,02 n äthylalkoholische Salzsäure) und des Leitfähigkeitsmeßgerätes[2] abgeändert. Die Substanzeinwaage soll bei einem Aminogruppengehalt von 0,05 mVal/g nicht unter 200 mg liegen.

Die Titration der Carboxygruppen schwerlöslicher Polyamide bereitet größere Schwierigkeiten, da phenolische Lösungen infolge ihrer Acidität ungeeignet sind. Von J. E. Walz und G. B. Taylor[3] wurde zur Carboxygruppentitration die 175° heiße Lösung des Polyamids in Benzylalkohol verwendet, wobei der Äquivalenzpunkt durch einen Indikator (Phenolphthalein) festgestellt wurde. Titrationslösung: n/10 Kalilauge in einem Gemisch aus 10% Methanol und 90% Benzylalkohol.

Da der Benzylalkohol auch nach sorgfältiger Reinigung in der Hitze etwas Benzoesäure bildet (bei 175° in einer Stunde 0,005 bis 0,02 mVal/100 cm³) ist jeweils eine unter den gleichen Bedingungen durchzuführende Titration des heißen Lösungsmittels zur Bestimmung des Blindverbrauchs erforderlich.

Von H. Schnell[4] wurde die Carboxygruppentitration einer übersättigten Lösung des Polyamids in einem Gemisch von β-Phenyl-äthylalkohol, Propanol und Wasser beschrieben. Der Äquivalenzpunkt ließ sich bei einem Mischindikatorzusatz (Phenolphthalein-Thymolblau) besonders exakt feststellen, da der Indikatorumschlag photometrisch verfolgt wurde.

Carboxygruppentitration: Etwa 100 mg Polycaprolactam werden in 3 cm³ siedendem β-Phenyläthylalkohol gelöst. Die heiße Lösung wird rasch mit 10 cm³ eines azeotropen Gemisches von Propanol-Wasser (71,7% Propanol, 28,3% Wasser, Kp: 88°) verdünnt. Das azeotrope Gemisch enthält bereits den Mischindikator (120 mg Phenolphthalein, 18 mg Thymolblau/l). Die Titration erfolgt aus einer Mikrobürette mit n/100 Natronlauge (carbonatfrei!).

Nach jeder Alkalizugabe wird die Lösung mit Hilfe einer Glaskapillare mit kohlendioxydfreiem Stickstoff durchmischt und anschließend der Photostrom gemessen. Im Äquivalenzpunkt ist die Photostromkurve geknickt.

Der Indikatorumschlag läßt sich wesentlich verschärfen, wenn der übersättigten Polyamidlösung Formaldehyd zugesetzt wird. Der Blindverbrauch des indikatorhaltigen Lösungsmittelgemisches muß bei der Carboxyendgruppen-Titration berücksichtigt werden.

In der übersättigten alkoholischen Lösung lassen sich die Carboxyendgruppen auch konduktometrisch bestimmen.

Konduktometrische Titration der Carboxyendgruppen von Polycaprolactam[1]: In einer genau abgemessenen Menge Benzylalkohol (etwa 30 cm³) werden etwa 200 mg Polycaprolactam bei 150° rasch gelöst, in Wasser abgekühlt, mit 5 cm³ 95%igem Äthanol versetzt und mit 0,02 n äthanolischer Natronlauge konduktometrisch titriert.

Die Möglichkeit, die Carboxyendgruppen durch Titration der übersättigten Polyamidlösungen zu bestimmen, ist jedoch auf wenige Polyamide beschränkt. Während das Polycaprolactam bei nicht zu hohem Molekulargewicht einige Minuten klar gelöst bleibt, trübt sich die Lösung des 11-Amino-undecansäure-Polykondensats bereits beim Erkalten.

Auch bei den aus adipinsaurem bzw. sebacinsaurem Hexamethylendiamin hergestellten Polykondensaten (Nylon 66, Nylon 610) ist diese Methode nicht anwendbar.

[1] W. Schefer u. H. Hopff, Textil-Rdsch. [St. Gallen] 10, 284 (1955).
[2] Konduktoskop Type E 165, Methrom AG., Herisau/Schweiz.
[3] G. B. Taylor, Am. Soc. 69, 635 (1947).
    J. E. Waltz u. G. B. Taylor, Anal. Chem. 19, 448 (1947).
[4] H. Schnell, Makromolekulare Chem. 2, 172 (1948).

Die Aminoendgruppen-Titration läßt sich auch *photometrisch* durchführen, wenn der Polyamidlösung (in Phenol-Methanol 80 : 20) ein geeigneter Indikator, z. B. Tropäolin, zugesetzt wird.

Neben der titrimetrischen Bestimmung können die Polyamid-Endgruppen durch eine Reihe von chemischen Reaktionen quantitativ bestimmt werden. Die Carboxyendgruppen werden z. B. mit Diazomethan verestert und der Methoxygehalt nach S. Zeisel bestimmt. Die Übereinstimmung mit den titrimetrischen Werten ist gut[1].

Nach H. Zahn und R. Rathgeber[2] lassen sich die Aminoendgruppen in Polycaprolactamfäden mit 2,4-Dinitro-fluorbenzol in Anwesenheit von Natriumhydrogencarbonat innerhalb von 8 Stunden bei 20° oder 3 Stunden bei 40° umsetzen. Die dinitrophenylierten Polycaprolactamfäden werden anschließend von überschüssigem Reagens befreit, in heißem Propargylalkohol gelöst und der Gehalt an Dinitrophenylgruppen photometrisch bestimmt.

Auch die von Polyamiden bei p_H 2,5 gebundene Säure (oder Farbstoff-Säure) läßt quantitative Rückschlüsse auf den Gehalt an basischen Gruppen zu[3].

7. Hinweise auf das Verformen von Polyamiden

Die linearen Polyamide sowie die meisten anderen polyamidähnlichen, linearen Hochpolymeren lassen sich im Bereich bestimmter Molekulargewichte aus dem Schmelzfluß oder auch aus Lösungsmitteln zu mehr oder weniger dünnen Fäden oder Drähten verspinnen (s. S. 138), die die Eigentümlichkeit haben, bei Zimmertemperatur streckbar zu sein, ohne in den ursprünglichen Zustand zurückzukehren.

Bei den krystallisierbaren Hochpolymeren lassen sich die Drähte auf das vier- bis fünffache ihrer ursprünglichen Länge ausstrecken, wobei der Übergang aus dem ungestreckten in den gestreckten Zustand nicht kontinuierlich, sondern ganz plötzlich in einer sog. Einschnürzone[4] erfolgt. In dieser Übergangsstelle werden die vorher regellos gelagerten krystallinen Bereiche – unter erheblicher Wärmetönung[5] – weitgehend orientiert, d. h. in Richtung der Faserachse parallelisiert. Die mechanischen Materialeigenschaften werden durch diesen Vorgang stark verbessert. Auch flache Gebilde, wie z. B. Folien, lassen sich in der geschilderten Weise behandeln.

Die durch das Verstrecken erreichte Molekülorientierung läßt sich durch Tempern der Formstücke in heißem Wasser oder Luft in eine endgültige Form bringen, wobei die in diesem Augenblick eingenommene räumliche Lage – durch Ausgleich innerer Spannungen und Übergang in die günstigste Anordnung der Nebenvalenzbindungen – fixiert wird. Die dazu notwendigen Temperaturen liegen je nach Einwirkungsdauer und Medium zwischen 100 und 225°. Nach dieser Temperaturbehandlung (*heat setting*) schrumpfen die Fasern in kochendem Wasser sehr viel weniger, insbesondere, wenn die Fäden unter starker Spannung[6] den höheren Temperaturen ausgesetzt werden.

---

[1] H. Staudinger u. H. Schnell, Makromolekulare Chem. **1**, 44 (1947).

[2] H. Zahn u. R. Rathgeber, Melliand Textilber. **34**, 749 (1953).

[3] E. Elöd u. H. G. Fröhlich, Melliand Textilber. **30**, 103 (1949); **32**, 445 (1951).

[4] H. A. Stuart, Die Physik der Hochpolymeren, Bd. III, Kap. 2, § 32, S. 355 und Bd. IV, Kap. 2, § 3c, S. 158, Springer-Verlag, Berlin-Göttingen-Heidelberg 1955.

[5] F. H. Müller, Kolloid-Z. **135**, 65, 188 (1954).
   K. Jäckel, Kolloid-Z. **137**, 130 (1954).
   I. Marshall u. A. B. Thomson, Nature **171**, 38 (1953); Pr. roy. Soc. (A) **221**, 541 (1954).

[6] DBP. 925675 (1944), Bobingen AG. für Textilfaser, Erf.: P. Schlack; C. **1955**, 10166.
   C. A. Litzler, Modern Textiles Mag. **35**, Nr. 2, 32 (1954).

In manchen Fällen wird das Verformen über den Schmelzfluß infolge der oberhalb des Polymerschmelzpunktes schnell abnehmenden Viscosität sehr behindert. In solchen Fällen können Hochtemperaturverdicker wie Tributylphosphit oder Triphenylphosphit[1], die in Mengen von 0,2–2% zugesetzt werden, eine erhebliche Verringerung der Fließgeschwindigkeit bewirken. Die gleiche Wirkung wird auch erzielt, wenn man die Polykondensation von Dicarbonsäuren mit Diaminen in Gegenwart von etwa 0,3 Mol.-% Trimesinsäure[2] vornimmt.

g) Bibliographie

1. Monographien[3]

H. MARK, Physical Chemistry of High Polymeric Systems, Bd. II, Interscience Publ., New York 1940.

H. MARK u. G. S. WHITBY, High Polymers, Bd. I, Collected Papers of W. H. CAROTHERS, Interscience Publ., New York 1940.

L. F. SALISBURY, Synthetic Polyamides, in R. HOUWINK, Elastomers and Plastomers, Bd. II, S. 313, Elsevier Publ., New York – Houston – Amsterdam 1949.

R. E. KIRK u. D. F. OTHMER, Encyclopedia of Chemical Technology, Bd. X, S. 916ff., Interscience Encyclopedia Inc., New York 1953.

P. SCHLACK u. K. KUNZ, Fasern aus Polyamiden, in R. PUMMERER, Chemische Textilfasern, Filme und Folien, Enke-Verlag, Stuttgart 1953.

H. A. STUART, Die Physik der Hochpolymeren, Bd. II, Das Makromolekül in Lösung, Springer-Verlag, Berlin-Göttingen-Heidelberg 1953.

W. N. DAWYDOFF, Bestimmung des Molekulargewichts von Polyamiden, Schriftenreihe des Verlages Technik, Bd. 189, Beiheft 11 zur Zeitschrift: Chemische Technik, Verlag Technik, Berlin 1954.

H. HOPFF, A. MÜLLER und F. WENGER, Die Polyamide, Springer-Verlag, Berlin-Göttingen-Heidelberg 1954.

H. KLARE, Technologie und Chemie der synthetischen Fasern aus Polyamiden, VEB-Verlag Technik, Berlin 1954.

F. ULLMANN, Encyklopädie der technischen Chemie, Bd. V, S. 322ff., Verlag Urban & Schwarzenberg, München-Berlin 1954.

R. HILL, Fasern aus synthetischen Polymeren, Verlag Berliner Union, Stuttgart 1956.

P. A. KOCH, Faserstoff-Tabellen I u. II, Z. ges. Textil-Ind. **59**, 777 (1957); **62**, 239 (1960).

W. SORENSON u. T. W. CAMPBELL, Preparative Methods of Polymer Chemistry, Interscience Publ., New York-London 1961.

2. Zusammenfassungen[3]

W. H. CAROTHERS u. J. W. HILL, Faserherstellung aus synthetischen Polykondensationsprodukten sowie deren Kaltverstreckung, Am. Soc. **54**, 1577 u. 1579 (1932).

E. K. BOLTON, Development of Nylon, Ind. eng. Chem. **34**, 53 (1942).

D. D. COFFMAN, G. J. BERCHET, W. R. PETERSON u. F. W. SPANAGEL, Polymeric Amides from Diamines and Dibasic Acids, J. Polymer Sci. **2**, 306 (1947).

D. D. COFFMAN, N. COX, E. MARTIN, W. E. MOCHEL u. F. VAN NATTA, Polymeric Amides from ω-Amino Acids, J. Polymer Sci. **3**, 85 (1948).

---

[1] A.P. 2959570 (1955), N. V. Onderzoekingsinstituut „Research", Erf.: J. C. F. KESSLER u. H. R. SPREEWER.

[2] DAS. 1037124 (1954), I.C.I., Erf.: W. COSTAIN, N. FLECHTER u. B. J. HABGOOD; Chem. Abstr. **54**, 17962[f] (1960).

[3] In chronologischer Anordnung.

H. Jentgen, Fabrikationsmethoden von Polyamidseide, Reyon, Synthetica, Zellwolle **29**, 9 (1951).

H. Klare, Die großtechnischen Verfahren zur Herstellung von Perlonseide, Faserforsch. u. Textiltechn. **2**, 1 (1951).

G. Loasby, The Development of the Synthetic Fibres, J. Textile Inst. **42**, 411 (1951).

H. Klare, Kritische Betrachtungen zur Herstellung von Perlon, Chem. Techn. **4**, 133 (1952).

G. Meacock, Production of Fibres from 6.6-, 6.10- and 6-Polyamides, in Proceedings of the Plastic and Polymer Group, Bd. VI (1954), S. 172, der Society of Chemical Industry (Symposium: The Chemistry and Physics of Synthetic Fibres, London, März 1954).

V. Polyadditions- bzw. Polykondensationsprodukten von Carbonyl- und Thiocarbonylverbindungen

a) Polyadditions- und Polykondensationsprodukte von Carbonylverbindungen mit Phenolen

bearbeitet von

Dr. habil. RICHARD WEGLER

und

Dr. HEINZ HERLINGER

Farbenfabriken Bayer AG., Leverkusen

Die Kondensation von Carbonylverbindungen mit Phenolen kann unter Ausbildung höhermolekularer Kondensationsprodukte zu Stoffen führen, die allgemein unter der Bezeichnung Phenolharze bekannt sind. Schon die Bezeichnung Harze deutet an, daß es sich dabei um strukturell uneinheitliche Substanzgemische handelt. Demgemäß ist auch die Untersuchung der Struktur der Harze ein Forschungsgebiet, das bis heute noch nicht abgeschlossen ist. Phenol und dessen partiell substituierte Derivate sind jedoch in der Lage, teils unter speziellen Reaktionsbedingungen, teils mit besonderen Carbonylverbindungen definierte, niedermolekulare Kondensationsprodukte zu liefern, deren Struktur häufig eindeutig durch unabhängige Synthesen gesichert werden konnte. Strukturell den Phenol-Aldehyd-Harzen verwandte Verbindungen entstehen, wenn anstelle der Carbonylverbindungen Vinyläther oder Acetylen eingesetzt werden.

Im folgenden sollen zunächst die definierten Primärkondensationsprodukte von Carbonylverbindungen mit Phenolen, ihre Struktur und Reaktivität, sowie Reaktionen der Phenole mit anderen Komponenten, wie Vinyläthern oder Acetylen, die zu gleichen Endprodukten führen, beschrieben werden. Anschließend an diese „Modellreaktionen" wird die technische Herstellung und Anwendung der Phenolharze beschrieben.

1. Einteilung der Phenolharze

Die Kondensation von Phenolen mit Carbonylverbindungen kann durch Säuren oder durch Basen katalysiert werden. Zwar entstehen dabei manchmal die gleichen Reaktionsprodukte, doch macht sich der in den beiden Fällen verschiedene Reaktionsablauf im allgemeinen auch in der Art der resultierenden Endprodukte bemerkbar. Demgemäß ist bei der Betrachtung der Reaktion von Phenolen und deren Derivaten strikt zwischen säure- und basenkatalysierten Reaktionen zu unterscheiden. Schon vor der Kenntnis der Reaktionen, die beispielsweise bei der Entstehung von Phenol-Formaldehyd-Harzen ablaufen, hat man die von L. H. Baekeland eingeführten Unterscheidungs- und Einteilungsprinzipien angewandt. Diese wurden bis heute beibehalten und beruhen auf den charakteristischen technologischen Eigenschaften der Phenolharze.

Man unterscheidet in erster Linie Novolake und Resole. *Novolake*, die vorwiegend durch säurekatalysierte Kondensation erhalten werden, sind lösliche, unverändert schmelzbare Phenolharze (durch Methylengruppen weitgehend linear verknüpfte

Phenole). Nur durch Zusatz von chemisch reaktionsfähigen Verbindungen, sogenannten Härtungsmitteln lassen sich die Novolake in unlösliche Harze überführen. Die durch Basenkatalyse hergestellten *Resole* (ein- und mehrkernige Hydroxymethylphenole) sind leicht löslich, reaktionsfähig und lassen sich durch Erhitzen härten. Dabei entstehen, geeignete Phenolkomponenten vorausgesetzt, höhermolekulare vernetzte Produkte, die nun praktisch nicht mehr erweichen und unlöslich sind, die sogenannten *Resite* (durch Methylengruppen vernetzte Phenole).

Resite nennt man auch die aus den Novolaken unter Zusatz von Härtungsmitteln, wie Formaldehyd, entstehenden unlöslichen, unschmelzbaren Massen. Diese Resite haben zwar ähnliche technologische Eigenschaften wie die durch Resolhärtung erhaltenen Produkte, jedoch ist der prozentuale Anteil der einzelnen Strukturelemente verschieden. Zwischen den Resolen und Resiten werden die *Resitole* eingeordnet. Hierbei handelt es sich um nur partiell auskondensierte Resole (Härze, die sowohl Hydroxymethyl-, Methylen- als auch Methylenäther-Gruppen enthalten).

Eine genaue Definition dieser Begriffe gab K. Hultzsch[1]:

Einteilung der Phenolharze nach K. HULTZSCH

Phenol + Formaldehyd

mit sauren Kond.-Mitteln   mit basischen Kond.-Mitteln

I. Nichthärtende Phenolharze	II. Härtbare Phenolharze	III. Gehärtete Phenolharze

Phenol : CH_2O = 1 : < 1

1. eigenhärtende Harze
reaktive bis hochreaktive, auch ölreaktive Harze

aus monofunktionellen Grundphenolen sowie aus einigen bifunktionellen Phenolen mit bestimmten Substituenten

novolakartige Harze

Novolake
löslich in einer Reihe organ. Lösemittel, schmelzbar; polykondensieren auch bei längerem Erhitzen nicht

Phenolalkohole
(vielf. krystallisiert)

+ Phenol im Überschuß (i.d. Hitze oder durch Säurewirkung)

Resole, hydroxymethylgruppenhaltige Phenolharze, löslich in einer Reihe org. Lösemittel, schmelzbar; polykondensieren beim Erwärmen

aus bifunktionellen Phenolen

resitolartige Harze

+ Härtungsmittel (z. B. Hexamethylentetramin)

aus bifunktionellen Phenolen mit bestimmten Substituenten, besonders durch Überhärtung

resitartige Harze

Resitole, Übergangsstufe zwischen Resolen und Resiten, quellbar in einer Reihe org. Lösemittel, erweichen in der Hitze und sind noch reaktionsfähig

aus hochaktiven, d.h. trifunktionellen Phenolen und tetrafunktionellen Biphenolen

Resite
völlig unlöslich und unquellbar in organ. Lösungsmitteln, in der Hitze nicht erweichend; zeichnen sich durch große Härte, mechanische und chemische Widerstandsfähigkeit aus

→ **2. indirekt härtende Harze**
Mischung von Phenol bzw. Phenolharz und Härtungsmittel

Die verschiedenen Gruppen und Arten von Phenolharzen unter Berücksichtigung physikalischer Merkmale und technologischer Gesichtspunkte

---

[1] K. HULTZSCH, Kunstst. **38**, 65 (1948).

2. Die sauer katalysierte Kondensation von Carbonylverbindungen mit Phenolen zu definierten, einheitlichen Verbindungen (Modellreaktionen)

Da das unsubstituierte Phenol gegenüber elektrophilen Agentien trifunktionell ist (Substitution in o-, o'- und p-Stellung), ist es zweckmäßig, für Modellreaktionen mit Carbonylverbindungen substituierte, d.h. niederfunktionelle Phenole zu nehmen. Wählt man das Phenol selbst, so empfehlen sich als Reaktionspartner Ketone, da diese mit Phenolen vorwiegend in p-Stellung kondensieren.

a) Die sauer katalysierte Kondensation von Phenolen mit Ketonen

Bei der Kondensation von Phenolen mit Ketonen in Gegenwart von starken Säuren entstehen praktisch ausschließlich Alkyliden-bis-phenole. So erhält man aus o-Kresol (I) und Aceton in Gegenwart von Salzsäure in guter Ausbeute *2,2-Bis-[4-hydroxy-3-methyl-phenyl]-propan* (II)[1].

Sowohl m- als auch p-Kresol kondensieren[2] nach Literaturangaben[1,3] mit Aceton in o-Stellung[1], doch ist die Ausbeute etwas geringer als beim o-Kresol[3]; letzteres reagiert in p-Stellung zur phenolischen Hydroxygruppe.

Die Versuche über die Kondensation des unsubstituierten Phenols mit Ketonen, wie Methyläthylketon oder Diäthylketon, gaben Aufschluß über den Reaktionsablauf. Wird z.B. das Kondensationsprodukt aus Methyläthylketon und Phenol, das *2,2-Bis-[4-hydroxy-phenyl]-butan* (V), im Vakuum destilliert, so erhält man u.a. in kleiner Menge p-Butenyl-phenol (III). (Vgl. Stabilität der Alkyliden-bis-phenole S. 197). Da dieses Produkt jedoch auch mit Phenol in saurer Lösung glatt zum 2,2-Bis-[4-hydroxy-phenyl]-butan kondensiert, kann der Reaktionsablauf nach folgendem Schema formuliert werden[3] (s. S. 196).

Es ist aber wahrscheinlich, daß das Bis-[4-hydroxy-phenyl]-butan (V) vorwiegend über die Stufe des Carbeniumions IV entsteht, ohne daß sich das Alkenylphenol vollständig ausbildet.

Aus zwei Mol *Phenol* und einem Mol *Aceton* erhält man in Gegenwart von Schwefelsäure glatt das *2,2-Bis-[4-hydroxy-phenyl]-propan*[4], ein wichtiges Zwischenprodukt für Epoxyharze, Lackharze und Polycarbonate. In neueren Patenten wurden insbesondere kontinuierliche Verfahren[5] und Reaktionsführungen beansprucht, die

---

[1] T. ZINKE u. W. GAEBEL, A. **388**, 299 (1912).

[2] DRP. 486768 (1926), Schering-Kahlbaum AG., Erf.: H. JORDAN; Frdl. **16**, 2885.
DRP. 494508, 499436 (1927), Schering-Kahlbaum AG., Erf.: W. SCHOELLER, H. JORDAN u. R. CLERC; Frdl. **16**, 2886, 2887.

[3] E. LEIBNITZ u. K. NAUMANN, Chem. Techn. **3**, 5 (1951).

[4] E.P. 395732 (1932), I. C. I., Erf.: R. GREENHALGH; C. **1934** I, 464.
A.P. 1978949 (1930), Rohm & Haas Co., Erf.: S. KOHN u. E. SCHUB; C. **1935** I, 3200.
A.P. 1986423 (1933), DuPont, Erf.: J. A. ARVIN; C. **1936** I, 1113.
A. DIANIN, B. **25**, Referate, 334 (1892).

[5] A.P. 2792429 (1953), Union Carbide Carbon Corp., Erf.: J. M. WHELAN jr.; Chem. Abstr. **52**, 1253ᶜ (1958).

13*

zu hohen Ausbeuten[1] und reinen Produkten[2,3] führen, so daß auch ihre Verwendung für die Polycarbonatherstellung[3] möglich ist.

Die saure Aktivierung der Ketone zur Kondensation mit Phenol kann durch Zusatz geringer Mengen SH-Verbindungen verstärkt werden. Schon Zusätze von 5% Schwefelwasserstoff[4] oder 0,1–0,5% Methylmercaptan, Mercaptocarbonsäuren[1,5] bzw.

---

[1] DAS. 1030836 (1953) ≡ A.P. 2730552/3 (1952), Bataafsche (Shell), Erf.: G. T. WILLIAMSON; C. 1957, 6899.

[2] A.P. 2791616 (1953); 2845464 (1954), Shell Develop., Erf.: D. B. LUTEN jr., Chem. Abstr. 51, 15572[b] (1957); 53, 300[a] (1959).

[3] DAS. 1027205 (1955), Farbf. Bayer, Erf.: K. H. MEYER u. H. SCHNELL; C. 1958, 12824.

[4] DBP. 905977 (1950), Dow Chemical Co., Erf.: R. P. PERKINS u. F. BRYNER; C. 1954, 5410.

[5] A.P. 2468982 (1946), Goodrich Co., Erf.: J. E. JANSEN; Chem. Abstr. 43, 5424[b] (1949).
  A.P. 2526545 (1948), Dow Chemical Co., Erf.: A. J. DIETZLER; C. 1951 II, 1510.
  F.P. 1082390 (1953), Bataafsche (Shell), Erf.: G. T. WILLIAMSON.
  DAS. 1041506 (1955) ≡ A.P. 2775620 (1954), Bataafsche (Shell), Erf.: G. T. WILLIAMSON; C. 1959, 3977.

β-Hydroxy-äthylmercaptan[1] erniedrigen die Kondensationstemperatur erheblich. Hierbei kann eine intermediäre Mercaptalisierung der Ketone angenommen werden. Außerdem ist die Reaktion schon in Gegenwart von nur 3–6% Chlorwasserstoff möglich.

Auch die Carbonylgruppierungen von Ketocarbonsäuren wie die des Acetessigsäureesters[2] oder der Lävulinsäure[3] kondensieren zu den entsprechenden Diphenylmethanen. Das Acetessigsäureester-Phenol-Reaktionsprodukt wird dabei in dem schwefelsauren Reaktionsmedium gleichzeitig zur freien Säure verseift[2].

Das Lävulinsäure-Phenol-Kondensationsprodukt („*Diphenylolsäure*") kann als Ausgangsmaterial zur Herstellung von Formaldehyd- oder Epichlorhydrin-Kondensaten verwendet werden[4]. Gemischte Ester von Diphenylolsäure und Fettsäuren mit Pentaerythrit sind als innere Weichmacher für Phenolharze brauchbar. Ester langkettiger Alkohole und der Diphenylolsäure sind ähnliche Weichmacher[5].

Von zahlreichen Bearbeitern wurden die verschiedensten Ketone mit Phenol sauer kondensiert. Einige Beispiele sind in der Tabelle 22, S. 198, wiedergegeben.

Die Alkyliden-bis-phenole können durch sauer oder alkalisch katalysierte Hydrolyse zu 4-substituierten Phenolen rückspalten[6]. Durch die thermisch ausgelöste Spaltung von Alkyliden-bis-phenolen entstehen 4-Alkenyl-phenole, z. B. aus 1,1-Bis-[4-hydroxyphenyl]-cyclohexan das 4-Cyclohexenyl-phenol, das bei der Destillation zu 4-Cyclohexyl-phenol und zu einem Harz disproportioniert[7]. Die Spaltung von Alkylidenbis-phenolen verläuft bei 170° in Gegenwart von Alkalien fast quantitativ zu Alkenylphenolen und Phenol[8]. Es ist denkbar, daß die verschlechterte Lichtechtheit von alkalihaltigen Novolaken auf der Entstehung von freiem Phenol nach einer der vorstehenden Reaktionen beruht. Ähnliche Disproportionierungsreaktionen verlaufen unter Isobutylenabspaltung bei der Lackverkochung von p-tert.-Butyl-phenol-Harzen in Gegenwart von Säuren ab, die schließlich ebenfalls zu einer Verringerung der Lichtechtheit führt.

Die Alkyliden-bis-phenole haben für die technische Herstellung von Phenolharzen eine große Bedeutung, da sie wertvolle polyfunktionelle Phenole darstellen, die zur Herstellung von lichtechten und öllöslichen Lacken geeignet sind. Oft werden die Alkyliden-bis-phenole in einer ersten Reaktionsstufe aus Ketonen und Phenolen hergestellt und dann ohne Isolierung alkalisch mit Formaldehyd in Resole übergeführt.

β) Die sauer katalysierte Kondensation von Phenolen mit Aldehyden

Während die sauer katalysierte Kondensation der Ketone mit Phenolen fast ausschließlich unter Entstehung von Diphenylmethanderivaten abläuft, sind bei Verwendung aromatischer und einiger spezieller aliphatischer Aldehyde die Carbinole isolierbar.

So konnte aus einem Benzaldehyd-Phenol-Harz *p-Hydroxy-benzhydrol* isoliert werden[9]; bei der sauer katalysierten Kondensation von Furfurol mit Phenol entsteht *(4-Hydroxy-phenyl)-2-furyl-carbinol*[10].

[1] F.P. 1234620 (1959), Feldmühle, Papier und Zellstoffwerke AG.
[2] A. J. Yu u. A. R. Day, J. org. Chem. **23**, 1004 (1958).
[3] S. C. Johnson & Son, Inc., Firmenschrift 1959.
[4] F.P. 1162621 (1956), S. C. Johnson & Son, Inc., Erf.: S. O. Greenlee.
[5] F.P. 1147338 (1956), S. C. Johnson & Son, Inc., Erf.: S. O. Greenlee; C. **1960**, 4365.
[6] A. Dianin, B. **25**, Referate, 334 (1892).
[7] J. v. Braun, A. **472**, 1 (1929).
[8] Belg.P. 593367, Farbf. Bayer, Erf.: H. Krimm u. H. Schnell.
[9] J. P. Lossew u. M. S. Akutin, Ž. prikl. Chim. **13**, 916 (1940); C. **1941** I, 1359.
[10] A. Porai-Koschitz, N. Kudryawzeff u. B. Maschkileison, Kunstst. **23**, 97 (1933).

Tab. 22. Alkyliden-bis-phenole durch saure Kondensation von Phenol mit Ketonen

Carbonylverbindung	Kondensationsprodukt	F [°C]	Literatur
Aceton	*2,2-Bis-[4-hydroxy-phenyl]-propan*	154–155	1–5
Methyläthylketon	*2,2-Bis-[4-hydroxy-phenyl]-butan*	125	6,7
Methylpropylketon	*2,2-Bis-[4-hydroxy-phenyl]-pentan*	—	8
Methylbutylketon	*2,2-Bis-[4-hydroxy-phenyl]-hexan*	$Kp_{0,5}$: 210	9
Methylamylketon	*2,2-Bis-[4-hydroxy-phenyl]-heptan*	harzig	10
Methylhexylketon	*2,2-Bis-[4-hydroxy-phenyl]-octan*	83,5	1
Methylheptylketon	*2,2-Bis-[4-hydroxy-phenyl]-nonan*	80–83*	11
Diäthylketon	*3,3-Bis-[4-hydroxy-phenyl]-pentan*	201	1,3
Dipropylketon	*4,4-Bis-[4-hydroxy-phenyl]-heptan*	70–71	1
Cyclopentanon	*1,1-Bis-[4-hydroxy-phenyl]-cyclopentan*	155–156	6
Cyclohexanon	*1,1-Bis-[4-hydroxy-phenyl]-cyclohexan*	186 (korr.)	6,10,12
Dekalon	*β,β-Bis-[4-hydroxy-phenyl]-dekalin*	180–181	11
Acetophenon	*1-Phenyl-1,1-bis-[4-hydroxy-phenyl]-äthan*	175	8,13
Propiophenon	*1-Phenyl-1,1-bis-[4-hydroxy-phenyl]-propan*	160	9
4-Methyl-acetophenon	*1,1-Bis-[4-hydroxy-phenyl]-1-(4-methyl-phenyl)-äthan*	133	3
Lävulinsäure	*3,3-Bis-[4-hydroxy-phenyl]-valeriansäure* (= „Diphenylolsäure")	167–172	14

* krystallisiert mit 0,5 Mol Toluol

[1] A. Dianin, B. **25**, Referate, 334 (1892).
[2] E.P. 395732 (1932), I.C.I., Erf.: R. Greenhalgh; C. **1934** I, 464.
A.P. 1978949 (1930), Rohm & Haas Co., Erf.: S. Kohn u. E. Schub; C. **1935** I, 3200.
A.P. 1986423 (1933), DuPont, Erf.: J. A. Arvin; C. **1936** I, 1113.
A.P. 2792429 (1953), Union Carbide Carbon Corp., Erf.: J. M. Whelan jr.; Chem. Abstr. **52**, 1253[c] (1958).
DAS. 1030836 (1953) ≡ A.P. 2730552/3 (1952), Bataafsche (Shell), Erf.: G. T. Williamson; C. **1957**, 6899.
A.P. 2845464 (1954), Shell Develop., Erf.: D. B. Luten jr.; Chem. Abstr. **53**, 300[a] (1959).
A.P. 2792616 (1953), Shell Develop., Erf.: D. B. Luten jr.; Chem. Abstr. **51**, 15572[b] (1957).
DAS. 1027205 (1955), Farbf. Bayer, Erf.: K. H. Meyer u. H. Schnell; C. **1958**, 12824.
A.P. 2191831 (1940), Erf.: R. P. Perkins; Chem. Abstr. **34**, 4395[1] (1940).
A.P. 1977627 (1934), I.C.I., Erf.: R. Greenhalgh; Chem. Abstr. **29**, 181[2] (1935).
A.P. 2775620 (1954), Shell Develop., Erf.: G. T. Williamson; Chem. Abstr. **51**, 6697[f] (1957).
[3] E. Leibnitz u. K. Naumann, Chem. Techn. 3, 5 (1951).
[4] DAS. 1035154 (1956), BASF, Erf.: T. Toepel u. J. Jahn; C. **1959**, 319.
[5] Belg.P. 583929 (1959), Farbf. Bayer, Erf.: H. Schnell u. K. H. Meyer.
[6] J. v. Braun, A. **472**, 1 (1929).
[7] T. Zinke u. J. Goldemann, A. **362**, 201 (1908).
[8] A. Müller, Ch. Z. **45**, 632 (1921).
[9] N. R. Campbell, Pr. roy. Soc. (B) **129**, 528 (1940).
[10] DBP. 905977 (1950; Am. Prior., 1941), Dow Chemical Co., Erf.: R. P. Perkins u. F. Bryner; C. **1954**, 5410.
[11] H. Schnell, Ang. Ch. **68**, 633 (1956).
[12] J. Schmidlin u. R. Lang, B. **43**, 2806 (1910).
[13] M. E. McGreal, V. Niederl u. J. B. Niederl, Am. Soc. **61**, 345 (1939).
[14] S. C. Johnson & Son, Inc., Firmenschrift 1959.

Aus der Reihe der Primärkondensationsprodukte der aliphatischen Aldehyde mit Phenolen erweisen sich besonders die Carbinole des *Chlorals* (I) als stabil[1,2], doch kann bei dieser Reaktion auch ein cyclisches Acetal (II) gebildet werden[1].

Im allgemeinen sind derartige cyclische Acetale relativ stabil, jedoch spaltet das aus p-Nitro-phenol und Formaldehyd erhältliche Acetal in konzentrierter Salzsäure zum *4-Nitro-2-chlormethyl-phenol* auf[3].

In Gegenwart elektrophil leicht substituierbarer Phenole entstehen dabei im sauren Medium Bis-[hydroxyphenyl]-methan-Derivate.

Die Isolierung der Primärkondensationsprodukte von Phenolen mit Aldehyden ist schwierig, da im sauren Medium mit Folgereaktionen zu rechnen ist.

Das *(p-Hydroxy-phenyl)-trichlormethyl-carbinol* (III) reagiert leicht mit Phenol in Essigsäure-Schwefelsäure zu dem entsprechenden Diphenylmethanderivat (IV)[4].

Hierbei kann primär keine Olefingruppe durch Wasserabspaltung entstehen. Die Reaktion erfolgt in diesem Falle eindeutig unter Protonierung des Carbinols, Ausbildung des Carbeniumions und elektrophile Substitution eines weiteren Phenolmoleküls in p-Stellung (vgl. S. 196).

Die saure Kondensation des Phenols mit wenig Formaldehyd liefert im allgemeinen sofort Harze mit Novolakeigenschaften. Bei monofunktionellen[5] oder gegen

---

[1] F. D. Chattaway, Soc. **1926**, 2720.
[2] M. P. Balfe u. W. C. Webber, Soc. **1942**, 718.
[3] Nicht veröffentlichte Versuche von R. Wegler u. E. Regel.
[4] H. Pauly u. H. Schanz, B. **56**, 979 (1923).
[5] E. Adler, H. v. Euler u. G. Gie, Ark. Kemi **16** A, 1 (1943).

elektrophile Agentien desaktivierten[1] Phenolen entstehen auch im sauren Medium definierte Endprodukte[2]. Aus p-Nitro-phenol und überschüssigem Formaldehyd erhält man das entsprechende cyclische Acetal[1], mit geringeren Formaldehydmengen das 2,2′-Dihydroxy-4,4′-dinitro-diphenylmethan.

In der Reihe der monofunktionellen Phenole, z. B. beim *4-Methyl-2-cyclohexyl-phenol* (V), konnten bei der Reaktion mit mehr als molaren Mengen Formaldehyd und milden Reaktionsbedingungen neben dem Diphenylmethanderivat (VII) und dem cyclischen Acetal, z. B. VIII, auch die entsprechenden Dibenzyläther, z. B. VI, isoliert werden[3].

Beim *2,4,6-Trimethyl-phenol*, dem Mesitol, tritt unter stark sauren Bedingungen mit Formaldehyd eine Diphenylmethanbildung in m-Stellung zur phenolischen Hydroxygruppe ein[4].

Es sei jedoch betont, daß die Kondensation der Aldehyde in m-Stellung eine Ausweichreaktion ist.

---

[1] W. Borsche u. A. D. Berkhout, A. **330**, 82 (1904).
[2] E. Ziegler u. J. Simmler, B. **74**, 1871 (1941).
[3] R. Wegler u. K. Faber, B. **82**, 327 (1949).
[4] S. R. Finn, N. J. L. Megson u. E. J. W. Whittacker, Chem. and Ind. **1950**, 849.
   R. Wegler u. E. Regel, Makromolekulare Chem. **9**, 1 (1953).

3. Herstellung von Novolaken

Die in den vorangehenden Kapiteln beschriebenen Alkyliden-bis-phenole sind die niederen Glieder der Novolake. Technische Novolake bestehen aus methylen- (bzw. alkyliden-)verknüpften Polyphenolen, mit einem durchschnittlichen Molekulargewicht von etwa 600–1500. Je höher der Kondensationsgrad liegt, um so höher ist der Erweichungspunkt (100–140°). Derartige Novolake weisen pro Molekül zahlreiche freie Kondensationsstellen an den Phenolkernen auf und können somit durch methylengruppenabgebende Komponenten zu Resiten vernetzt, d.h. gehärtet werden.

a) Novolake aus Phenolen mit Formaldehyd durch sauer katalysierte Kondensation

a_1) *Synthese von Novolak-Modellen*

Zur Strukturuntersuchung der Novolake wurden eine Reihe von Methoden zur Synthese der niedermolekularen Anfangskondensate entwickelt, die im folgenden Abschnitt kurz skizziert werden.

Die hohe Reaktivität der Hydroxybenzylhalogenide bzw. Hydroxybenzylpseudohalogenide macht diese Verbindungen hervorragend als Kernalkylierungsmittel geeignet, wobei mit Phenolen Bis-[hydroxyphenyl]-methane entstehen.

Das Phenol und seine niedersubstituierten Derivate weisen bei freien o- und p-Positionen eine Polyfunktionalität auf, die keine einfache Monosubstitution erwarten läßt. Aus diesem Grund sind gerade zur struktureinheitlichen Vollsynthese der einfachsten Diphenylmethane besondere Vorkehrungen zu treffen. Die prinzipiellen Reaktionsfolgen sind in einigen ausgewählten Beispielen angezeigt.

Bei Verwendung monofunktioneller Hydroxybenzylhalogenide und monofunktioneller bzw. p-substituierter (difunktioneller) Phenole erfolgt eine völlig übersichtliche Reaktion:

So entsteht aus 2-Hydroxy-3,5-dimethyl-benzylhalogeniden mit 2,4-Dimethylphenol das *Bis-[2-hydroxy-3,5-dimethyl-phenyl]-methan*[1]. Auch p-substituierte Phenole, wie p-Kresol, reagieren unter geeigneten Bedingungen weitgehend einheitlich, doch besteht bereits hier die Möglichkeit zur Alkylierung an beiden reaktiven o-Positionen, wobei dreikernige Novolakmodelle entstehen[1,2]. Die Acetoxymethylphenole kondensieren in Gegenwart von Aluminiumchlorid mit weiteren monofunktionellen Phenolen zu unsymmetrischen Diphenylmethanen, z.B. nach Literatur[3].

---

[1] E. Ziegler, I. Hontschik u. L. Milowiz, M. **78**, 334 (1948).

[2] K. Auwers u. E. Riek, B. **38**, 3302 (1905).

[3] A.P. 2733273 (1952), Dow Chemical Co., Erf.: R. H. Rigterink; Chem. Abstr. **50**, 13094ᵃ (1956).

Zur Reindarstellung von Bis-[2-hydroxy-phenyl]-methanen kann man sich auch die Tatsache zunutze machen, daß Xanthone alkalisch zu *o,o'-Dihydroxy-benzophenonen* (*Bis-[2-hydroxy-phenyl]-ketonen*) aufspalten[1], deren Carbonylgruppe man anschließend zur Methylengruppe reduziert[1]. Sämtliche isomeren Dihydroxydiphenylmethane wurden synthetisiert und charakterisiert[1,2].

Die Untersuchungen an orto-verknüpften Bis-[hydroxyphenyl]-methanen erfolgten im Hinblick auf die Strukturaufklärung von Novolaken, aber auch vor allem zur Entwicklung schnellhärtender Novolake. Sowohl die Gelierung als auch die Verharzung erfolgt bei o-verknüpften Novolaken mit maximaler Geschwindigkeit[3]. Durch die neueren Herstellungsmethoden von ,,o-reichen'' Novolaken mit Hilfe chelatbildender Katalysatoren konnte den an Novolakmodellen gefundenen Erkenntnissen eine gewisse praktische Bedeutung gesichert werden.

Unterscheiden sich die zwei reaktiven Stellen des Phenols in ihrer Lage zur phenolischen Hydroxygruppe wie bei o-monosubstituierten Phenolen, so besteht die Möglichkeit der Isomerenbildung. Noch unübersichtlicher wird der Reaktionsablauf mit Phenol, wo theoretisch bei Umsetzung mit monofunktionellen Benzylhalogeniden neben zwei zweikernigen Verbindungen zwei dreikernige und eine vierkernige Verbindung entstehen könnten.

Schließlich errechnen sich für ein m-substituiertes Phenol bereits bei der Reaktion mit ein bis drei Molekülen eines monofunktionellen Benzylhalogenids drei zweikernige, drei dreikernige und eine vierkernige Verbindung.

Die Zahl der möglichen Verbindungen nimmt mit Polyfunktionalität der verschieden substituierten Phenole enorm zu. Bereits bei sieben bis acht über Methylenbrücken verbundenen Phenolkernen sind 10–200000 Isomere möglich[4].

Die Synthese o-verknüpfter Diphenylmethane kann auch durch Verknüpfung von p-Chlor-phenolen bzw. p-chlorsubstituierten o-Hydroxy-diphenylmethanen mit Formaldehyd erfolgen; anschließend wird mit Raney-Nickel[5] oder Natrium in flüssigem Ammoniak[6] enthalogeniert.

Außer durch Kondensation von Hydroxybenzylhalogeniden und Phenolen können auch Resole selbst untereinander mit Essigsäure-Salzsäure zu mehrkernigen Diphenylmethanen umgesetzt werden[7]. Für die Kondensation von Resolen mit Phenolen wird mit gutem Erfolg Phosphoroxychlorid bei 30–40° angewendet[8].

Nach den genannten Methoden wurden auch sechs- und siebenkernige Novolake synthetisiert. Beispielsweise lieferte die Tetrakis-hydroxymethyl-verbindung des Bis-[4-hydroxy-phenyl]-methans (I) mit 2-Brom-4-methyl-phenol (II) einen sechskernigen Novolak (III), der mit Palladium-Wasserstoff enthalogeniert wurde (III, Br = H)[9].

[1] A.P. 2464207 (1944), Bakelite Corp., Erf.: H. L. BENDER, A. G. FARNHAM u. J. W. GUYER; Chem. Abstr. **43**, 4698e (1949).
[2] S. R. FINN, J. W. JAMES u. C. J. S. STANDEN, Chem. and Ind. **1954**, 188.
[3] H. L. BENDER, Mod. Plastics **30**, 136 (1953); **31**, 115, 200 (1954).
[4] S. H. HOLLINGDALE u. N. J. L. MEGSON, J. appl. Chem. **5**, 616 (1955).
[5] A. JENKINS, Soc. **1957**, 2729.
[6] W. J. BURKE, G. A. SHORT u. H. P. HIGGINBOTTOM, J. Polymer Sci. **43**, 49 (1960). W. J. BURKE u. Mitarbb., J. Polymer Sci. **22**, 477 (1956).
[7] M. KOEBNER, Ang. Ch. **46**, 251 (1933).
[8] G. ZIGEUNER u. M. WILHELMI, M. **90**, 361 (1959).
[9] A. C. DAVIES, B. T. HAYES u. R. F. HUNTER, J. appl. Chem. **7**, 521 (1957).

Polymerhomologe Reihen der p-Kresol-, p-tert.-Butyl-phenol- und Phenol-Formaldehyd-Kondensate mit 6–10 Phenolkernen konnten synthetisiert[1] und charakterisiert werden[2].

Auf ähnlichen Reaktionsfolgen beruht die gerichtete Synthese **vierkerniger cyclischer Novolake** (V), die auch bei der Resolhärtung p-substituierter Phenole entstehen, nämlich durch Ringschluß des stufenweise hergestellten vierkernigen Novolaks IV[3].

a_2) *Reaktionsmechanismus und Kinetik der sauer katalysierten Novolakbildung*

Die Kondensation des Formaldehyds mit Phenolen ist eine Reaktion zweiter Ordnung; die *Reaktionsgeschwindigkeit* ist im Bereich von p_H 1–4 proportional der Wasserstoffionenkonzentration und durchschreitet zwischen p_H 4 und 5 ein Minimum. Ab p_H 5 besteht eine Proportionalität zwischen der Reaktionsgeschwindigkeit und der Hydroxylionenkonzentration. Dies ist ein Zeichen dafür, daß die Reaktionen in den verschiedenen p_H-Bereichen nach verschiedenen Mechanismen ablaufen. Die Anlagerung des Hydroxymethylcarbeniumions[4] (I) an das Phenolmolekül ist der

[1] H. Kämmerer u. H. Lenz, Makromolekulare Chem. **27**, 162 (1958).
[2] H. Kämmerer u. W. Rausch, Makromolekulare Chem. **18**, 9 (1956).
  H. Kämmerer u. W. Rausch, Makromolekulare Chem. **24**, 152 (1957).
[3] B. T. Hayes u. R. F. Hunter, J. appl. Chem. **8**, 743 (1958).
[4] J. I. de Jong u. J. de Jonge, R. **72**, 497 (1953).

langsamste und damit geschwindigkeitsbestimmende Schritt (Gl. 2). Das nachstehende Reaktionsschema wurde ähnlich bereits früher skizziert[1].

$$CH_2=O + HA \; \rightleftharpoons \; \overset{\oplus}{C}H_2-O-H + A^{\ominus} \tag{1}$$

I

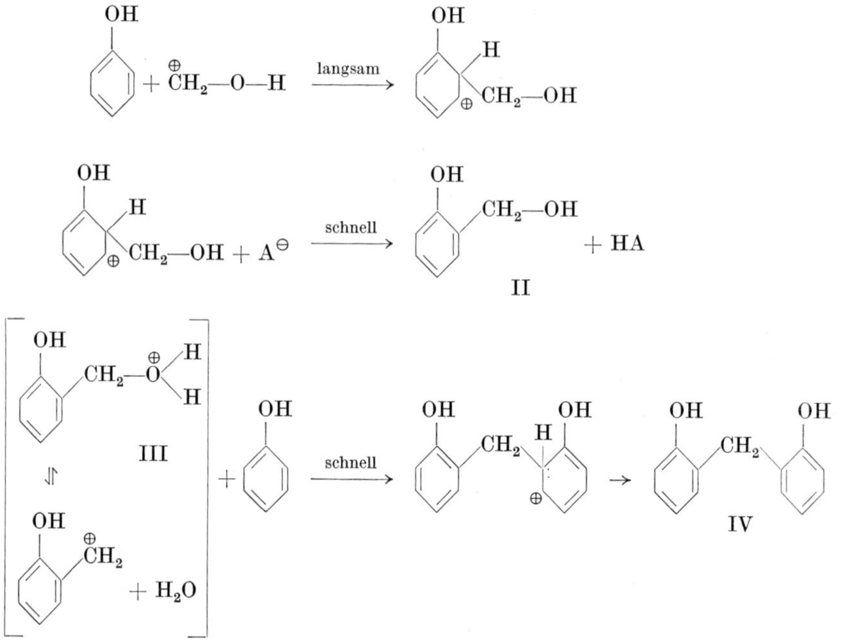

(2)

II (3)

III ... IV (4)

Die weitere Verharzung des hierbei entstehenden Hydroxybenzylalkohols (Hydroxymethyl-phenol, II) erfolgt über eine Protonierungsreaktion, wobei ein hydroxybenzylierendes Agens (III) entsteht, das mit weiterem Phenol zum Bis-[hydroxyphenyl]-methan (IV) reagiert (Gl. 4). (Vgl. Abschnitte „Sauer katalysierte Verätherung", S. 230 und „Veresterung der Resole", S. 235). Bedingt durch die Polyfunktionalität des Phenols (Reaktion in o-, o'- und p-Stellung) erfolgt im sauren Medium nach dem angegebenen Mechanismus eine rasche Verharzung zu den technisch wichtigen Novolaken.

Untersuchungen der Anlagerung von Formaldehyd an Phenol ergaben eine 2,4 mal höhere Reaktivität einer p-Position gegenüber einer o-Stellung[2]. Als wesentlichstes Ergebnis experimentell gut untersuchter Modellreaktionen[3] sei angeführt, daß beim zweiten Reaktionsschritt, der Kondensation von o-Hydroxymethyl-phenol mit Phenol, o,o'- und o,p'-Dihydroxy-diphenylmethan auf Grund der verschiedenen Reaktionsgeschwindigkeiten im Verhältnis 1:6,1 gebildet werden; p-Hydroxymethyl-phenol kondensiert mit einer p-Position eines Phenols 5,67 mal schneller als mit einer o-Position. Da o-Positionen im Phenol zweimal auftreten, sind die *relativen Reaktivitäten* bei der Umsetzung von o-Hydroxymethyl-phenol mit Phenol p : o = 12 : 1 und die des p-Hydroxymethyl-phenols p : o = 11,3 : 1.

[1] D. C. Pepper, Chem. and Ind. **60**, 866 (1941).
[2] L. M. Yeddanapalli, Chem. Age India **10**, 591 (1959).
[3] L. M. Yeddanapalli u. A. K. Kuriakose, J. sci. Ind. Research (India) **18** B, 467 (1959).

Die *Aktivierungsenergien* der Einzelschritte geben Aufschluß über deren Eintrittswahrscheinlichkeit.

Reaktionspartner Phenol und	Reaktionsprodukt	Aktivierungsenergie [kcal/Mol]
Formaldehyd	{ *o-Hydroxymethyl-phenol*	22,35
	{ *p-Hydroxymethyl-phenol*	19,08
o-Hydroxymethylphenol	{ *Bis-[2-hydroxy-phenyl]-methan*	22,88
	{ *o,p'-Dihydroxy-diphenylmethan*	18,60
p-Hydroxymethylphenol	{ *o,p'-Dihydroxy-diphenylmethan*	18,88
	{ *Bis-[4-hydroxy-phenyl]-methan*	17,35

Für die praktische Novolakherstellung sind die angegebenen Daten insofern von Bedeutung, als sie erkennen lassen, daß eine weitgehende o,o'-Verknüpfung von Phenolen mit Formaldehyd allein durch Säurekatalyse nicht zu erreichen ist.

Nach neueren Untersuchungen[1] ist das Verhältnis der Reaktionsgeschwindigkeit für die Additionsreaktion (Gl. 2, S. 204) und Kondensationsreaktion (Gl. 4) 1 : 42; vgl. Literatur[2].

Eine thermochemische Untersuchung der Reaktion zwischen Formaldehyd und Phenol[3] unter den technisch angewandten Molverhältnissen zeigt deutlich den Zusammenhang zwischen Aktivierungsenergie und Molverhältnis bei sauer und basisch katalysierten Reaktionen; die Aktivierungsenergie der Ammoniak-katalysierten Reaktion ist nahezu konstant und 20% niedriger als bei Alkalikatalyse.

Sauer katalysierte Kondensation

Molverhältnis Phenol/Formaldehyd	1 : 0,8	1 : 1,25	1 : 1,5	1 : 2
Aktivierungsenergie (kcal/Mol)	20	20,4	23,7	23,5

Basisch katalysierte Kondensation

Molverhältnis Phenol/Formaldehyd	1 : 0,8	1 : 1,25	1 : 1,5	1 : 2
Aktivierungsenergie (kcal/Mol)	16,9	17,5	18,5	18,2

Die *Wärmetönung*[3] beträgt für die Additionsreaktion 4,8 kcal/Mol, für die Kondensationsreaktion 18,7 kcal/Mol und somit für die Gesamtreaktion 23,5 kcal/Mol.

Sie ist – bei sonst gleichen Bedingungen – etwa doppelt so groß wie die der basisch katalysierten Reaktion. Dies wurde als Hinweis darauf gedeutet, daß bei der sauer katalysierten Umsetzung die Additions- und Kondensationsreaktion gleichzeitig nebeneinander erfolgen[4].

Die vorstehenden Betrachtungen sind für die beschriebenen Modellreaktionen gültig und geben einen gewissen Aufschluß über einzelne Reaktionsschritte. Einen

---

[1] L. M. YEDDANAPALLI, Chem. Age India **10**, 591 (1959).
[2] L. M. YEDDANAPALLI u. A. K. KURIAKOSE, J. sci. Ind. Research (India) **18** B, 467 (1959).
[3] O. VLK, Plaste u. Kautschuk **4**, 127 (1957).
[4] T. T. JONES, J. Soc. chem. Ind., Trans and Commun. **65**, 264 (1946).

wesentlichen Beitrag lieferte J. Reese[1] in einer Arbeit, die durch die nunmehr in Phenolharzuntersuchungen häufig angewandte Papierchromatographie auch Aufschluß über die effektive Substanzverteilung bei der unter technischen Bedingungen ablaufenden Novolakbildung gab.

Mit Hilfe *papierchromatographischer* Studien des Reaktionsablaufes bei der Novolakbildung konnten die durch saure Katalyse im System Phenol-Formaldehyd entstehenden Primärkondensate nachgewiesen werden[1]. Nach anfänglichem Auftreten der Resole o- und p-Hydroxymethyl-phenol sowie von o,p'- und p,p'-Dihydroxy-diphenylmethan enthält dieses Substanzgemisch bereits nach 20 Minuten neben o-Hydroxymethyl-phenol die drei isomeren Dihydroxydiphenylmethane, und es wird zusätzlich Bis-[4-hydroxy-benzyl]-äther nachweisbar[1]. Von besonderer Bedeutung ist das gegenüber der alkalischen Kondensation von Phenol mit Formaldehyd raschere Auftreten von polymeren Produkten. Die Verharzung erfolgt durch Reaktion der Hydroxymethyl-phenole (Phenolalkohole) untereinander, der Hydroxymethyl-phenole mit freiem Phenol und durch Kondensation des teilweise aus Resolen wieder abgespaltenen Formaldehyds. Bei einer Reihe von sauer katalysierten Kondensationen des Formaldehyds mit Phenolen, z.B. 1,3,4-Xylenol[2], konnte der Nachweis erbracht werden, daß auch hier intermediär Hydroxymethylverbindungen entstehen.

a_3) *Praktische Herstellung der Novolake*

Der Formaldehyd ist als billigste und reaktionsfähigste Carbonylverbindung eine ideale Komponente für die Herstellung von Polykondensationsprodukten mit Phenolen. Die aus Formaldehyd und Phenol durch saure Kondensation aufgebauten Novolake haben einen verhältnismäßig einheitlichen chemischen Aufbau. Sie sollen vorwiegend nicht vernetzte Kondensationsprodukte darstellen[3]. Zur Vermeidung von Vernetzungsreaktionen ist grundsätzlich bei trifunktionellen Phenolen, wie *Phenol* oder *m-Kresol*, nur ein Formaldehyd-Phenol-Verhältnis von maximal 0,8 : 1 anzuwenden; außerdem erfordern einige Phenole, z.B. *1,3,5-Xylenol*, bei der Novolakherstellung besonders sorgfältige Einhaltung bestimmter Arbeitsweisen (Beispiel 3, S. 273).

Die saure Kondensation eines Phenols mit Formaldehyd verläuft exotherm (s. S. 205) und wird meist in wäßriger Lösung ausgeführt, wobei der Aldehyd zweckmäßig in der Wärme langsam zur angesäuerten Phenollösung zugegeben wird. Das Vorlegen der Säure hat den Vorteil, daß die Reaktion sofort einsetzt.

Bei Anwendung von zuviel Formaldehyd entstehen bereits resitartig vernetzte Produkte, selbst wenn noch nicht das gesamte Phenol mit Formaldehyd in Reaktion getreten ist. Bei idealer Kondensation müßte ein Reaktionsprodukt aus einem Mol Formaldehyd und einem Mol Phenol ein Novolakharz ergeben, doch wird praktisch selten ein Molverhältnis von 0,75 : 1 überschritten, denn bereits bei wenig mehr Formaldehyd treten rasch unlösliche Produkte auf.

Phenole mit nur zwei reaktiven Kernstellen, wie o- bzw. *p-Alkyl-phenole*, liefern auch bei Formaldehydüberschuß keine unlöslichen Kondensationsprodukte. ,,Novolake" aus derartigen difunktionellen Phenolen können auch nicht mit Härtungsmitteln in die unlöslichen Resite übergeführt werden. Sie werden deshalb gelegentlich als Pseudonovolake bezeichnet (Beispiel 4, S. 274).

---

[1] J. REESE, Kunstst. **45**, 137 (1955).
[2] H. v. EULER u. S. KISPÉCZY, Ph. Ch. (A) **189**, 114 (1941).
[3] R. W. MARTIN, The Chemistry of Phenolic Resins, S. 108, J. Wiley & Sons, New York 1956.

Aus p-substituierten Alkylphenolen können aber auch neben polymerhomologen linearen Kondensationsprodukten Ringverbindungen, in denen drei und mehr Phenolreste über Methylen- und Methylenäthergruppen verbunden sind, entstehen[1].

Für die saure Novolakherstellung werden die verschiedensten Katalysatoren angegeben. Ein sehr wesentlicher Gesichtspunkt für die Auswahl des Katalysators ist die Beständigkeit des vorhandenen Gefäßmaterials sowie die leichte Entfernbarkeit des Katalysators aus dem Kondensationsprodukt, sei es durch Auswaschen oder Destillation.

Salzsäure (Beispiel 1, S. 272), Mischungen von Oxalsäure und Salzsäure oder auch Oxalsäure allein werden häufig als Kondensationsmittel verwendet (Beispiel 2, S. 273 und Beispiel 3, S. 273). Die Oxalsäure kann entweder durch Waschen entfernt oder durch Erhitzen im Vakuum bei 180° zerstört werden, während gleichzeitig überschüssiges Phenol abdestilliert. Durch ihre reduzierende Wirkung entstehen sehr helle, praktisch farblose Novolake, auch bei Verwendung von Acetaldehyd[2,3].

Die Katalysatorkombination Borsäure-Schwefelsäure soll die Herstellung nichtvernetzter Novolake mit hoher Schmelzviscosität gestatten[4].

Günstige Eigenschaften weist auch die Trichloressigsäure auf. Zur Herstellung von säurefreien Phenol-Formaldehyd-Kondensaten wird mit Trichloressigsäure bei 60–85° kondensiert und die Säure anschließend durch Erhitzen unter Überdruck auf 100–200° zersetzt[5], wobei sie in Chloroform und Kohlendioxyd zerfällt.

Die Verwendung von sauren Ionenaustauschern zur kontinuierlichen Novolakherstellung wurde in Patenten[6] beansprucht; desgleichen die p-Toluolsulfonsäure als Katalysator zur Herstellung von Novolaken aus Phenolen mit höheren Alkylresten[7].

Anstelle korrodierend wirkender Säuren wurde zur Herstellung von Bis-[hydroxyphenyl]-methanen die Verwendung von aktivierten Bleicherden vorgeschlagen[8].

Besonders reaktionsfähige Phenole, wie z. B. *Resorcin*, lassen sich auch ohne Katalysatoren mit Formaldehyd zu Novolaken kondensieren (Beispiel 5, S. 274). Konzentrierte alkoholische Novolaklösungen des Resorcins werden zusammen mit Formaldehyd, der hierbei ein raschwirkendes Härtungsmittel darstellt, für Schichtstoffe und Holzverleimungen verwendet (Beispiel 12, S. 276).

Novolake der verschiedensten Kondensationsgrade finden in Kombination mit Härtungsmitteln, z. B. Hexamethylentetramin oder anderen äquivalenten formaldehydabgebenden Mitteln, Anwendung zur Herstellung von Preßmassen. Eine Nachkondensation der Novolake mit Formaldehyd in alkalischer Lösung ergibt hydroxymethylgruppenhaltige Novolake.

Nun unterscheiden sich Hydroxymethylgruppen in o- und p-Stellungen zur phenolischen Hydroxygruppe in ihrer Reaktivität; desgleichen sind die o- und p-Positionen eines Phenols gegenüber formaldehydabgebenden Mitteln verschieden reaktionsfähig.

---

[1] K. HULTZSCH, Kunstst. **52**, 19 (1962).

[2] A.P. 2 142 076 (1935), Ellis-Foster Co., Erf.: J. B. RUST; Chem. Abstr. **33**, 2615[2] (1939).

[3] A.P. 2 142 078 (1936), Ellis-Foster Co., Erf.: J. B. RUST; Chem. Abstr. **33**, 2615[3] (1939).

[4] A.P. 2 855 382 (1956), Borden Co., Erf.: J. S. MITCHELL; Chem. Abstr. **53**, 1855[a] (1959).

[5] A.P. 2 811 508 (1955), Allied Chemical & Dye Co., Erf.: W. E. KLEINICKE; Chem. Abstr. **52**, 2458[d] (1958).

[6] DBP.-Anm. R 15348 (1954), Rütgerswerke AG., Erf.: H. SAUER u. A. F. TUSCH.
    Vgl. Belg. P. 542 283 (1953) ≡ Österr. P. 191 614 (1955), Rütgerswerke AG.; C. **1958**, 4043.

[7] F.P. 1 104 021 (1954), Distillers Co. Ltd., übertr. von: British Resin Products Ltd.; C. **1959**, 11 085.

[8] DAS. 1 051 864 (1953), Farbf. Bayer, Erf.: E. HERDIECKERHOFF u. W. SUTTER; C. **1960**, 15 576.

Um kurze Härtungszeiten zu erzielen, ist es also notwendig, Novolake herzustellen, die möglichst viel freie, hochreaktive p-Positionen enthalten; man war also von jeher bemüht, Novolake mit einem hohen Anteil an o,o′-Methylenbrücken zu erhalten. In stark saurem Medium (unterhalb p_H 0,5) wird Phenol mit Formaldehyd überwiegend in p,p′-Stellung verknüpft[1,2], bei p_H 0,5–1 erfolgt die Hauptkondensation in o,p′- neben p,p′-Stellung, und bei p_H 1–5 entsteht der höchste Anteil an o,o′-Verknüpfungen[1].

Für die Praxis ist die Möglichkeit der Herstellung „o-reicher" Novolake wegen ihrer besonderen technologischen Eigenschaften, z. B. kurze Härtungszeiten[3,4], Heißhärte und gute Oberflächeneigenschaften, von Bedeutung (Beispiel 6, S. 274).

Zur Herstellung von Novolaken mit einem hohen Anteil an o,o′-Verknüpfungen wird empfohlen, Phenol-Formaldehyd-Vorkondensate oberhalb 140° bei p_H 4–7 mit 0,5–2% Borsäure oder Salzen der Borsäure mit zweiwertigen Metallen, wie z.B. Calcium, Mangan oder Zink[5], zu behandeln. Bei Verwendung von Salzen organischer Säuren mit zweiwertigen Metallen, wie z.B. Zinkacetat[6], -formiat[6–8] oder -benzoat[6,8], oder Oxyden bzw. Hydroxyden[9] von Blei, Mangan, Kupfer, Chrom, Kobalt oder Cadmium erhält man aus Phenol und Formaldehyd Novolake mit noch größerer Härtungsgeschwindigkeit und besseren Oberflächeneigenschaften (Beispiel 6, S. 274).

Die o,o′-Verknüpfung bei mäßiger Wasserstoffionenkonzentration rührt sicher daher, daß die intermediär entstehenden Methylolphenole kurzzeitig durch Wasserstoffbrücken stabilisiert sind (vgl. Struktur der Hydroxymethyl-phenole, S. 227). Die zusätzliche Stabilisierung bei Anwendung zweiwertiger Metallkatalysatoren erfolgt durch Chelatbildung[6,10].

Die Anlagerung von Formaldehyd in o-Stellung wird besonders durch die Komplexbildung mit Zinkionen begünstigt, und zwar beträgt die Aktivierungsenergie für die mit Zink-(II)-ionen katalysierte Formaldehydanlagerung in o-Stellung 16,8 und in p-Stellung 22,9 kcal/Mol, d. h. die normalerweise reaktionsfähigere p-Stellung ist benachteiligt[11] (vgl. S. 205). Bei dieser Art von Katalyse reagiert auch o-Hydroxymethylphenol in der zweiten o-Stellung mit Formaldehyd zum 2,6-Bis-[hydroxymethyl]-phenol, einer Verbindung, die durch normale Säure- oder Basenkatalyse nie erhalten werden konnte.

Die selektive o,o′-Verknüpfung von Hydroxymethylphenolen mit Phenolen ist besonders bei hoher Phenolkonzentration – bei ca. 7 molarer Phenollösung – also unter technisch angewandten Bedingungen ausgeprägt. Aus dieser Tatsache ist zu entnehmen, daß die o-Verknüpfungen eng mit einer Solvatisierung des Zinkkomplexes durch das Phenol zusammenhängen.

[1] S. R. Finn u. J. W. G. Musty, J. Soc. chem. Ind. **69**, Suppl. **2**, 49 (1950).

[2] DAS. 1031312 (1954) ≡ F.P. 1111253 (1954), Union Carbide Corp., Erf.: A. G. Farnham u. F. P. Klosek; C. **1958**, 4327.

[3] H. L. Bender, Mod. Plastics **30**, 136 (1953).

[4] D. A. Fraser, R. W. Hall u. A. L. J. Raum, J. appl. Chem. **8**, 473 (1958).

[5] Belg.P. 581898 (1959), Monsanto Chemical Co., Erf.: R. M. Huck.

[6] DAS. 1022005 (1954), Distillers Co., Erf.: D. A. Fraser, R. W. Hall u. A.L.J. Raum; C. **1957**, 8661.

[7] DAS. 1027681 (1955), Distillers Co. Ltd., Erf.: A. L. J. Raum; C. **1958**, 12823.

[8] DAS. 1086432 (1958), Catalin Ltd., Erf.: J. E. S. Whitney u. P. F. Cartlidge.

[9] E.P. 760698 (1953), Distillers Co. Ltd., Erf.: D. A. Fraser, R. W. Hall u. A. L. J. Raum; C. **1958**, 8490.
  H. G. Peer, R. **79**, 825 (1960).

[10] D. A. Fraser, R. W. Hall u. A. L. J. Raum, J. appl. Chem. **7**, 676 (1957).
  L. M. Yeddanapalli u. A. K. Kuriakose, J. sci. Ind. Research (India) **18** B, 467 (1959).

[11] A. K. Kuriakose u. L. M. Yeddanapalli, J. sci. Ind. Research (India) **20** B, 418 (1961).

Auch bei m-substituierten Phenolen, wie *m-Kresol* oder *m-Äthyl-phenol*, entstehen bei Katalyse durch zweiwertige Metallionen Kondensate, die in o-Stellung zur phenolischen Hydroxygruppe verknüpft sind. Während m-Kresol bei einer derartigen Katalyse mit Formaldehyd überwiegend o,o′-Dikresyl-methan liefert, bilden sich bei normaler Säurekatalyse etwa gleiche Mengen der entsprechenden p,p′- oder o,p′-Dikresyl-methane.

Selbstverständlich entstehen aus p-substituierten Phenolen mit Formaldehyd ausschließlich o-verknüpfte Polymere. Die Molekulargewichte betragen hierbei 1600–3300. Für derartige Polymere konnten Methylenbrücken in o-Stellung zur Hydroxygruppe durch IR-Spektren nachgewiesen werden[1].

Anstelle von einkernigen Phenolen können auch definierte Dihydroxy-diphenyl-methane mit Formaldehyd zu Novolaken verarbeitet werden. So wurde beispielsweise *2,2-Bis-[4-hydroxy-phenyl]-propan* mit *Paraformaldehyd* bei 180–200° kondensiert[2]. Ein Vorkondensat aus Cyclohexanon und Phenol soll mit Formaldehyd-Salzsäure ein völlig geruchloses Harz liefern[3].

Mischungen verschiedener Phenole ergeben Novolake mit teilweise speziellen Eigenschaften. Durch Zugabe von Dichlorphenolen zu Phenol-Formaldehyd-Mischungen während der Novolakherstellung erhält man beispielsweise Harze, aus denen Platten von großer Härte hergestellt werden können[4].

Für die technische Weiterverarbeitung von Novolaken ist oft ein ganz bestimmter Erweichungspunkt erwünscht. Dies kann beispielsweise bei Verwendung von Phenolen, z.B. o-Kresol, in der Weise erreicht werden, daß man zu einer Mischung des Phenols und des Katalysators, z.B. von o-Kresol und Oxalsäure, nur in dem Maße Paraformaldehyd zugibt, wie dieser weiterreagiert[5]. Bei der Herstellung von Novolaken in Gegenwart von Alkali kann der Erweichungspunkt schon allein durch Änderung des Phenol-Formaldehyd-Verhältnisses von 42° bis 108° variiert werden[6,7]. Novolake mit noch höherem Erweichungspunkt weisen ein zu schlechtes Fließverhalten beim Preßvorgang auf; sie werden deshalb für diesen Zweck nicht angewandt. Über die Verätherung von Novolaken s. S. 253 und die basisch katalysierte Novolakherstellung s. S. 246.

β) Herstellung von speziellen Novolaken

β₁) *durch Kondensation von Phenolen mit Acetaldehyd, Acetylen und Vinyläthern*

Außer Formaldehyd, der zu methylenverknüpften Polyphenolen führt, wird auch Acetaldehyd zur Herstellung von Novolaken verwendet. In diesem Falle werden die Phenolmoleküle durch Äthylidenbrücken verknüpft. Eine wesentliche Eigenschaft dieser Acetaldehyd-Phenol-Kondensationsprodukte ist ihre erhöhte Löslichkeit in fetten Ölen im Vergleich zu methylenverknüpften Phenolen.

Die Kondensation von Acetaldehyd mit *Phenol, Kresol* oder *Xylenol* wird in wäßriger Salzsäure durchgeführt[8] (Beispiele 9, S. 275 u. 36, S. 285). Da diese Reaktion sehr exotherm ist, wird Tetrachlormethan als Verdünnungsmittel empfohlen[9]. Zu

[1] W. J. BURKE u. Mitarbb., J. Polymer Sci. **20**, 75 (1956).
[2] DRP. 525494 (1927), Bakelite Corp.; Frdl. **18**, 2348.
[3] DRP. 484739 (1926), I.G. Farb., Erf.: H. SEYDEL u. N. H. ROH; Frdl. **16**, 1982.
[4] A.P. 2814607 (1954), Olin Mathieson Chemical Corp., Erf.: G. M. WAGNER; Chem. Abstr. **52**, 4246ᵇ (1958).
[5] Belg.P. 574683 (1959), Koppers Co. Inc., Erf.: B. T. LARKIN u. W. E. S. CLAIR.
[6] DRP. 673828 (1933), F. Raschig GmbH.; Frdl. **23**, 1583.
[7] DRP. 668952 (1932), F. Raschig GmbH.; Frdl. **23**, 1582.
[8] DBP. 805717 (1948), E. Bisterfeld; C. **1951** II, 2667.
[9] DRP. 365286 (1920), Farbw. Hoechst, Erf.: A. STEINDORFF u. G. BALLE; Frdl. **14**, 1183.

beachten ist, daß die Kondensationsfähigkeit immerhin noch so groß ist, daß bei längerem Erhitzen in Gegenwart von Säuren mit überschüssigem Acetaldehyd auch resitartige, unlösliche Produkte entstehen können.

Ein novolakartiges Kondensationsprodukt aus *p-tert.-Butyl-phenol* und Acetaldehyd hat ein gewisses technisches Interesse erlangt[1]. Es besitzt ähnliche Eigenschaften wie das chemisch weitgehend gleichartig aufgebaute Reaktionsprodukt aus p-tert.-Butyl-phenol und Acetylen das als Klebrigmacher[1] für synthetische Hochpolymere aus Butadien-Styrol (Buna®) im Handel ist (Beispiel 10, S. 275).

Die Struktur und Konfiguration von Bis-[hydroxyphenyl]-methanen aus butylierten Phenolen wurde mit Hilfe von Infrarotspektren untersucht[2].

Die Anlagerung von Acetylen an aromatische Kohlenwasserstoffe wie Benzol, Toluol, Mesitylen u. ä. führt zu den gleichen Diaryläthanen[3], die auch bei Anwendung von Acetaldehyd entstehen würden. Acetylen ist also, geeignete Katalysatoren vorausgesetzt, ein Äquivalent des Acetaldehyds. Überträgt man diese Reaktion auf Phenole, so kann eine normale Vinylierung[4] oder, z. B. mit Cyclohexylamin[5] als Katalysator, eine Kernalkylierung stattfinden.

Dabei läuft die Reaktion oft gleich weiter zu harzartigen Kondensationsprodukten, doch konnten aus dem Reaktionsgemisch auch definierte *1,1-Bis-[4-hydroxyphenyl]-äthane* isoliert werden[6,7].

Auch mit Zinkacetat[8], Zinknaphthenat[9] oder Borfluorid-Phosphorsäure[5,7] erfolgen an Kresolen[5], Dihydroxybenzolen[7] oder Bis-[hydroxyphenyl]-methan[8] Kernalkylierungen, wobei teilweise auch Verharzung eintritt.

Das oben erwähnte, praktisch wichtige Acetylen-Phenol-Harz wird aus p-tert.-Butyl-phenol und Acetylen[5,10] hergestellt (Beispiel 11, S. 276).

---

[1] C. S. Marvel, R. J. Gender u. R. R. Chambers, J. Polymer Sci. **4**, 689 (1949).
[2] G. Smith, J. C. Ambelang u. G. W. Gottschalk, Ind. eng. Chem. **38**, 1166 (1946).
[3] J. S. Reichert u. J. A. Nieuwland, Am. Soc. **45**, 3090 (1923).
[4] A. V. Kalabina u. Mitarbb., Ž. obšč. Chim. **31**, 3222 (1961).
[5] DRP. 645112 (1932), I. G. Farb., Erf.: W. Reppe u. E. Keyssner; Frdl. **21**, 1703.
[6] V. L. Vajser u. A. M. Polikarpova, Doklady Akad. S.S.S.R. **97**, 671 (1954).
[7] V. L. Vajser u. A. M. Polikarpova, Doklady Akad. S.S.S.R. **108**, 469 (1956).
[8] DRP. 647036 (1933), I. G. Farb., Erf.: W. Reppe u. E. Keyssner; Frdl. **22**, 1559.
[9] W. E. Hanford u. D. L. Fuller, Ind. eng. Chem. **40**, 1171 (1948).
[10] A. P. 2337464 (1943), I. G. Farb., Erf.: O. Hecht, H. Prillwitz u. I. Dane; Chem. Abstr. **38**, 3512[7] (1944).
     J. W. Le Maistre u. R. B. Seymour, Am. Soc. **70**, 1776 (1948).
     G. Smith, J. C. Ambelang u. G. W. Gottschalk, Ind. eng. Chem. **38**, 1166 (1946).

Bei der Acetylenanlagerung an Alkylphenole wird mehr als 1 Mol Acetylen pro Mol Alkylphenol aufgenommen; es tritt vermutlich eine zusätzliche Vinylierung ein. Nach dem angegebenen Aufbau des Harzes ist es verständlich, daß die Acetylen-Phenol-Harze wie Novolake mit Hexamethylentetramin gehärtet werden können[1].

Statt Aldehyde, speziell Acetaldehyd, mit Phenolen in saurer oder alkalischer Lösung zu kondensieren, kann man auch bei höherer Temperatur Vinyläther unter dem Einfluß von Alkalikatalysatoren an den Phenolkern in o- bzw. p-Stellung zur phenolischen Hydroxygruppe anlagern[2]. Die Vinyläthergruppe verhält sich bei der Anlagerung hier vollständig analog wie die Carbonylgruppe eines Aldehyds. Mit diesen interessanten Anlagerungreaktionen ist man in der Lage, ausgehend von Monovinyläthern, zu gleichartig aufgebauten Harzen zu gelangen, wie man sie durch alkalische Kondensation von Phenol mit Acetaldehyd und nachträgliche Verätherung der Alkylolgruppe erhält (Beispiel 42 u. 44, S. 287).

Es ist verständlich, daß diese Harze bei weiterem Erhitzen Alkohol abspalten und zu Phenol-Acetaldehyd-Harzen aushärten.

Ausgehend von Divinyläthern längerkettiger Diole erhält man elastifizierte Harze, welche durch längere Zwischenglieder verbunden sind[2]. Derartige Harze können einer nachträglichen alkalischen Formaldehydkondensation zu neuen, reaktiven, teilweise in der Seitenkette verätherten Resolen unterworfen werden (Beispiel 43, S. 287).

Durch saure Kondensation von Phenolen mit Divinyläthern kann man direkt zu Novolaken gelangen. Als Kondensationsmittel genügen geringe Mengen einer organischen Sulfonsäure. Man hat bei dieser Kondensation den Vorteil, ohne Wasser und damit in homogener Lösung arbeiten zu können. p-tert.-Butyl-phenol ergibt in benzolischer Lösung mit Methylvinyläther unter saurer Katalyse bei milder Temperatur in einfacher Weise ein benzinlösliches Lackharz[3] (Beispiel 44, S. 287).

[1] DBP. 871512 (1952), BASF, Erf.: O. Hecht; C. **1953**, 6779.

[2] DBP. 870114 (1951), BASF, Erf.: H. Krzikalla u. F. Meyer; C. **1953**, 5422.

[3] A.P. 2515164 (1945), General Aniline & Film Corp., Erf.: D. Sargent; Chem. Abstr. **44**, 10376[f] (1950).

14*

β_2) *Herstellung von speziellen Novolaken durch Kondensation von Phenolen*
mit Furfurol

Furfurol ist bei geeigneter Rohstoffgrundlage ein billiges Rohmaterial für Kunststoffe[1] und gibt zudem den damit hergestellten Phenolharzen interessante anwendungstechnische Möglichkeiten. Beispielsweise zeigen novolakartige Harze aus Furfurol und Phenol einen bis kurz vor der Resitbildung gegenüber üblichen Novolaken verbesserten Fluß.

In mineralsaurer Lösung lassen sich aus Phenol und Furfurol nur bei sehr großem Phenolüberschuß noch lösliche Kondensationsprodukte fassen[2], da die Polymerisation des Furanrestes unter sauren Bedingungen leicht zu unlöslichen Harzen führt. Deshalb stellt man auch für Preßmassen geeignete Phenol-Furfurol-Harze von Novolakcharakter praktisch fast ausschließlich unter alkalischen Bedingungen her[3]. Hierbei wird die angewandte Furfurolmenge zweckmäßigerweise unterhalb 0,8 Mol pro Mol Phenol gehalten (Beispiel 28, S. 281). Außer einkernigen Phenolen werden auch Bis-[hydroxyphenyl]-methane mit Furfurol alkalisch polykondensiert[4].

Derartige Phenolharze können zusammen mit Paraformaldehyd, Hexamethylentetramin oder Hexakis-[hydroxymethyl]-melamin als wärmehärtende Preßpulver verwendet werden[5]. Die Kondensation kann zur Verhinderung der vorzeitigen Gelbildung mit Erdalkalihydroxyden[6] anstelle von Alkalihydroxyden durchgeführt werden; auch lineare Polyamine wie Diäthylentriamin u. ä. wurden als Katalysatoren beansprucht[7].

Phenolharze mit einem hohen Furfurolanteil zeigen eine gegenüber Phenol-Formaldehyd-Harzen verlängerte Aushärtungszeit. Der Zusammenhang zwischen Härtungstemperatur, Katalysatorart, dem p_H-Wert und dem Phenol-Furfurol-Verhältnis wurde näher untersucht[8], wobei festgestellt wurde, daß Härterkombinationen aus Borsäure und Hexamethylentetramin ähnliche Reaktionsgeschwindigkeiten ergeben wie Phenol-Formaldehyd-Harze mit vergleichbaren Eigenschaften. Zahlreiche Veröffentlichungen japanischer Autoren[9,10] befassen sich mit der Verwendung des Furfurols in Phenolharzen.

Furfurol liefert bei der Kondensation mit äquivalenten Mengen Phenol in Gegenwart von Ammoniak, Alkali- oder Erdalkalihydroxyden Kondensate, die in nichtpolaren organischen Lösungsmitteln löslich sind[9]. Die Kondensation des Furfurols mit Phenol wird durch Ammoniakkatalyse zu niedermolekularen Produkten mit geringem Stickstoffgehalt gelenkt[9], die in chinesischem Holzöl löslich sind[10]. Bei der basisch katalysierten Kondensation von Furfurol mit *Thymol* sind die Mono- und Dialkohole isolierbar; in Gegenwart von Säure erhält man das (*2-Hydroxy-6-methyl-3-isopropyl-phenyl)-furyl-(1)-carbinol*[11].

[1] E. A. REINECK, Mod. Plastics **29**, Nr. 10, 122 (1952).
[2] E. BECKMANN u. E. DEHN, Sber. preuß. Akad. **1918**, 1201; C. **1919** I, 440.
[3] A.P. 1969890 (1929), Economy Fuse & Manufacturing Co., Erf.: F. KURATH; C. **1935** I, 2451.
[4] E. PASQUARIELLO u. G. LEONARDI, Ann. Chimica **47**, 716 (1957).
[5] A.P. 2715114 (1952), Monsanto Chemical Co., Erf.: R.M.HUCK; Chem.Abstr. **50**, 7506[b] (1956).
[6] F.P. 1086806 (1953), N. V. Philips' Gloeilampenfabrieken; C. **1957**, 3405.
[7] DAS. 1000996 (1953), N. V. Philips' Gloeilampenfabrieken, Erf.: P. BOUMAN.
[8] L. H. BROWN u. D. D. WATSON, Ind. eng. Chem. **51**, 683 (1959).
[9] Y. HACHIHAMA, M. IMOTO u. T. KUWATA, J. chem. Soc. Japan **46**, 520, 808 (1943); Chem. Abstr. **43**, 5224[h], 5225[a] (1949).
[10] Y. HACHIHAMA, M. IMOTO u. T. KUWATA, J. chem. Soc. Japan **47**, 178, 359, 659, 824 (1944); Chem. Abstr. **43**, 5225[b], 5225[h], 5226[b], 5226[c] (1949).
[11] W. STRUBELL, J. pr. [4] **9**, 153 (1959).

Furfurol-Phenol-Primärkondensate werden in einer zweiten Stufe mit Formaldehyd kondensiert und können dann als wärmehärtende Klebstoffe für Sperrholz verwendet werden[1].

Schwer entflammbare Phenolharze entstehen aus *2,5-* bzw. *2,3-Dichlor-phenol* mit Furfurol[2]. Die Kondensation des Furfurols mit *2,2-Bis-[4-hydroxy-phenyl]-propan* (Bisphenol A) im alkalischen und sauren Medium wurde näher untersucht[3]. Bei Verwendung anderer spezieller Phenole, wie *3,5-Diisopropyl-phenol*, entstehen auch noch bei Anwendung von mehr als einen Mol Furfurol pro Mol Phenol in der Hitze lösliche und schmelzbare Produkte, die als Zusätze zu trocknenden Ölen geeignet sind[4]. Ein geringer Zusatz von Furfurol zu mit Koniferenharz modifizierten Phenol-Formaldehyd-Harzen vermindert die Viscosität und erleichtert die Wasserabtrennung bei der Kondensation[5].

4. Härtung von Novolaken

Da Novolake schmelzbare, methylenverknüpfte, polyfunktionelle Phenole sind, ist bei ihnen keine Eigenhärtung zu erwarten. Zu ihrer Härtung sind also andere, mindestens zweifach funktionelle Komponenten erforderlich, die in der Lage sind, mit Phenolen zu reagieren.

Grundsätzlich sind hierzu neben Formaldehyd zahlreiche Hydroxymethylverbindungen und formaldehydäquivalente Komponenten brauchbar. Novolake erfordern also eine „indirekte Härtung".

Bei der Verwendung von Phenolen und Novolaken in Preßmassen kann eine Aushärtung mit verschiedenen hydroxymethylgruppenhaltigen Komponenten erfolgen. In dieser Reaktion entsteht jedoch Wasser, das bei der hohen Härtungstemperatur zur Blasenbildung in den Preßkörpern führt. (Gegenmaßnahme: Druckanwendung und Holzmehl als hydrophiler Füllstoff.)

Die Härtung von Novolaken mit *Resolen* spielt praktisch nur bei Novolaken aus hochreaktiven mehrwertigen Phenolen, wie z.B. aus Resorcin (s. Beispiel 12, S. 276), eine Rolle[6] (vgl. Reaktionen der Resole an der Methylolgruppierung, S. 230). Anstelle fertiger Resole können auch Mischungen von Paraformaldehyd und Phenolen – letztere bilden zusammen Öle – zur Härtung von Novolaken eingesetzt werden[7].

Die an sich den Resolen nahestehenden Resitole sind in ihrer Reaktivität bereits so weit herabgesetzt, daß sie für eine Härtung von Novolaken praktisch nicht mehr in Frage kommen.

Für die Härtung von Novolaken sind stets solche Agentien von Vorteil, die möglichst keine flüchtigen Bestandteile, z.B. Wasser oder Alkohole, abspalten.

---

[1] A.P. 2861977 (1944), American Marietta Co., Erf.: G. F. BAXTER u. D. V. REDFERN; Chem. Abstr. **53**, 5762[b] (1959).

[2] F.P. 1138574 (1955), Olin Mathieson Chemical Co.; Erf.: E. C. SOULE, L. S. BURNETT u. G. M. WAGNER; C. **1959**, 13351.

[3] E. PASQUARIELLO u. G. LEONARDI, Ann. Chimica **47**, 716 (1957).

[4] A.P. 2732368 (1952), Hooker Elektrochemical Co., Erf.: A. F. SHEPARD; Chem. Abstr. **50**, 6838[e] (1956).

[5] A.P. 2806009 (1954), Hercules Powder Co., Erf.: I. R. LEWIS u. K. O. BLANCHARD; Chem. Abstr. **52**, 6839[h] (1958).

[6] F.P. 1010041 (1948), La Bakélite; C. **1953**, 9334.

[7] DRP. 475865 (1918), Chemische Werke K. Albert GmbH.; Frdl. **16**, 1989.
DRP. 484046 (1920), Chemische Werke K. Albert GmbH.; Frdl. **16**, 1987.

Die Härtung von Phenol-Formaldehyd-Harzen (nach K. Hultzsch[1])

Sammelbegriff für Kondensationsreaktionen, die von härtbaren Phenolharzen ihren Ausgang nehmen und bei denen Phenolkerne miteinander verknüpft bzw. vernetzt werden

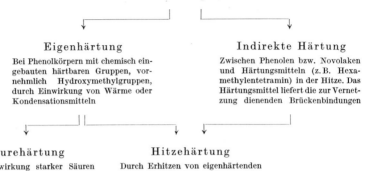

Eigenhärtung
Bei Phenolkörpern mit chemisch eingebauten härtbaren Gruppen, vornehmlich Hydroxymethylgruppen, durch Einwirkung von Wärme oder Kondensationsmitteln

Indirekte Härtung
Zwischen Phenolen bzw. Novolaken und Härtungsmitteln (z. B. Hexamethylentetramin) in der Hitze. Das Härtungsmittel liefert die zur Vernetzung dienenden Brückenbindungen

Säurehärtung
Durch Einwirkung starker Säuren (Härter) auf eigenhärtende Harze, gegebenenfalls auch bei Zimmertemp. Der Härter wirkt nur als Kondensationsmittel

Hitzehärtung
Durch Erhitzen von eigenhärtenden oder indirekt härtenden Harzen unter Durchschreiten mehrerer ineinander übergehender Phasen

Aushärtung
Endstation nach Übergang aller härtbaren Gruppen in praktisch stabile Methylenbrücken. Kennzeichen: verhältnismäßig einfacher Aufbau der Endprodukte

a) Vollhärtung
Vollzieht sich im Temperaturbereich bis etwa 180° durch Übergang aller härtbaren Gruppen bzw. des Härtungsmittels in Bindungen, die z. T. noch thermolabil sind

b) Überhärtung
Bei Temperaturen von etwa 180–200° und darüber durch Umwandlungsreaktionen der thermolabilen Bindungen. Allmählicher Übergang in die Verkrackung. Kennzeichen: vielseitige Aufbaumöglichkeiten der Endprodukte

Diese Bedingung erfüllen beispielsweise *3,9-Dialkenyl-spiro-bis-m-dioxane*, die mit Novolaken besonders zur Herstellung glasfaserverstärkter Kunststoffe geeignet sind[2]. In Gegenwart von Toluolsulfonsäure oder Schwefelsäure genügt hier eine Härtungszeit von fünf Minuten bei 150°.

Im Prinzip ist die Härtung von Novolaken überwiegend eine Vernetzung von methylenverknüpften Phenolen mit di- oder polyfunktionellen Alkylierungsmitteln. Eine wesentliche Rolle in der gesamten Phenol-Formaldehyd-Harzchemie spielen diejenigen Verbindungen, die in Methylencarbeniumionen überführbar sind; insbesondere solche, die Methylengruppierungen an protonierbare Heteroatome gebunden enthalten. So sind auch Hydroxybenzylalkohole, Aminobenzylalkohole, Hydroxy- und Aminobenzylamine sowie Dihydroxydibenzyläther und ähnliche Verbindungen in der Lage, nach Protonierung in Alkylierungsmittel überzugehen.

---

[1] K. Hultzsch, Kunstst. **38**, 65 (1948).
[2] A.P. 2915492, 2915499–501 (1956), Union Carbide Corp., Erf.: J. E. Wilson, R. K. Walton, H. R. Guest, J. T. Adams u. B. W. Kiff.

Die wesentlichsten dieser Verbindungstypen enthalten folgende Gruppierungen:

$$R_2N-CH_2-OH \qquad R_2N-CH_2-NR_2$$

OH
 CH_2-OH

OH OH
 CH_2-O-CH_2

CH_2-OH
H_2N

CH_2-NH
H_2N

Das praktisch weitaus wichtigste Härtungsmittel ist *Hexamethylentetramin*. Diese Verbindung kann als ein Methylenbisamin aufgefaßt werden.

Vor der Besprechung der Reaktionen des Hexamethylentetramins mit Phenolen ist eine allgemeine Betrachtung der Reaktivität von Methylencarbeniumverbindungen sinnvoll.

Der Formaldehyd führt in saurer Lösung mit Aminen zu dem Gleichgewichtssystem I–IV. Die Kondensation der nach I–IV formulierten Methylenverbindungen mit nucleophilen Partnern, beispielsweise Phenolen, verläuft in jedem Fall über das mesomere Imonium-Carbeniumion.

$$R_2N-H + CH_2O \rightleftharpoons (R_2N-CH_2-OH) \overset{R_2NH}{\rightleftharpoons} R_2N-CH_2-NR_2$$

I $\qquad$ II

$$\begin{bmatrix} R_2N-\overset{\oplus}{C}H_2 \longleftrightarrow R_2\overset{\oplus}{N}=CH_2 \end{bmatrix}$$

IV $\qquad$ III

$$\underset{}{\text{OH}} + \overset{\oplus}{C}H_2-NR_2 \xrightarrow{(HX)} \underset{}{\text{OH}} CH_2-NR_2 + H^{\oplus}$$

Für die Reaktion mit Phenolen oder die Novolakhärtung ist die Umsetzung mit dem System Ammoniak-Formaldehyd von Bedeutung. Hierbei erfolgt primär eine Reaktion zu Hydroxybenzylaminen. Vor der Beschreibung des Reaktionsverlaufes zwischen Phenolen und Hexamethylentetramin müssen noch die Reaktionsmöglichkeiten der Hydroxybenzylamine genannt werden.

Einfache Hydroxybenzylamine entstehen nach einer Mannich-Reaktion aus sekundären aliphatischen Aminen, Phenol und Formaldehyd (vgl. ds. Handb., Bd. XI/1, Kap. Herstellung von Aminen, S. 755; vgl. z.B. auch Literatur[1]).

---

[1] F. F. BLICKE u. F. J. McCARTY, J. org. Chem. **24**, 1061 (1959).
V. A. BOGOLJUBSKIJ, Ž. obšč. Chim. **30**, 3589 (1960).
H. A. BRUSON u. C. W. McMULLEN, Am. Soc. **63**, 270 (1941).

Eine niedermolekulare, auch technisch interessante Phenol-Mannichbase (V) erhält man aus je drei Mol Dimethylamin, Formaldehyd und einem Mol Phenol[1].

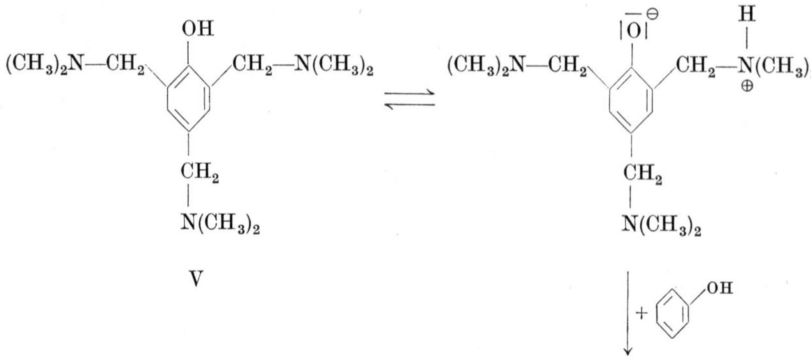

Resit bzw. Novolak

In geeigneten Lösungssystemen oder in Schmelzen sind für weitere Umsetzungen keine zusätzlichen Katalysatoren erforderlich, da auch das Phenol als Protondonator wirken kann und gerade in hochkonzentrierten Lösungen oder Schmelzen u.U. andere Säure-Basizitätsfolgen als in verdünnten wäßrigen Systemen vorliegen (vgl. Aminierung von Resolen S. 247). Das *2,4,6-Tris-[dimethylaminomethyl]-phenol* (V) geht beim Erhitzen mit Phenol in Novolake über. Auch ohne Phenolzusatz entsteht bei der Destillation ein Harz, wobei sich Bis-dimethylamino-methan abspaltet. Hier liegt also ein ähnlicher Reaktionstyp vor, wie bei der Selbstkondensation von zwei Mol Hydroxymethylphenol zum Bis-[hydroxyphenyl]-methan unter Eliminierung von Formaldehyd und Wasser.

Hydroxybenzylamine sind alkylierende Agentien und reagieren beispielsweise mit Mercaptanen[2] (vgl. Reaktionen der Resole mit Aminen S. 247). Beim gegenseitigen Austausch der Substituenten ist die Stabilität der Endprodukte maßgebend. So setzen sich Hydroxybenzylamine mit Phenolen bei saurer Katalyse unter Ausbildung von Dihydroxydiphenylmethanen um[3,4].

Die Hydroxybenzylamine aliphatischer Amine sind Basen; ihre Alkylierungsreaktionen können ohne Zusatz von Fremdkatalysatoren als basenkatalysierte Reaktionen aufgefaßt werden. Es ist sicher schwer zu entscheiden, ob eine innermolekulare Protonenübertragung zum Phenolat-Carbeniumion führt, oder ob intermolekular ein Phenol-Carbeniumion entsteht. In beiden Fällen entsteht ein Alkylierungsmittel; die thermische Abspaltung von Bis-dimethylamino-methan aus V spricht für die erste Deutung.

Einige Modellversuche mit niederfunktionellen Phenolen gaben Aufschluß über den Reaktionsablauf mit Hexamethylentetramin („Hexa"). So liefert das *2,4-Xylenol* (VI) mit Hexamethylentetramin das Dibenzylamin VII[4,5].

---

[1] Firmenschrift Rohm & Haas Co. 1958.
[2] A.P. 2831030 (1953), Universal Oil Products Co., Erf.: J. A. CHENICEK; Chem. Abstr. 52, 13292[a] (1958).
  A.P. 2322376 (1941), Texas Co., Erf.: R. F. McCLEARY u. S. M. ROBERTS; Chem. Abstr. 38, 482[d] (1944).
[3] A.P. 2839586 (1956), Union Carbide Corp., Erf.: H. E. FRITZ; Chem. Abstr. 53, 3158[a] (1959).
[4] A. ZINKE u. S. PUCHER, M. 79, 26 (1948).
[5] K. HULTZSCH, B. 82, 16 (1949).

VI → (Hexa) → VII

Selbst desaktivierte Phenole, wie *p-Nitro-phenol*, reagieren mit Hexamethylentetramin zu Dibenzylaminen[1].

Auch diese Dibenzylamine sind als potentielle Hydroxybenzylcarbeniumverbindungen alkylierende Agentien und liefern mit Phenolen Bis-[hydroxyphenyl]-methane.

Werden im Verlaufe der Phenol-Hexamethylentetramin-Kondensation stickstoffhaltige Harze gebildet, so verlieren diese bei höheren Temperaturen den Stickstoff in Form von Ammoniak fast vollständig; d.h. auch hier resultieren schließlich wieder die thermodynamisch stabilsten Bis-[hydroxyphenyl]-methan-Derivate, die Novolake.

Die Phenole bilden mit Hexamethylentetramin primäre Additionsverbindungen; beispielsweise erhält man aus p-tert.-Butyl-phenol oder Phenol 1 : 1-Addukte mit Hexamethylentetramin vom F: 132–134° bzw. 172–173°[2].

Phenole mit einer reaktiven p-Stellung, z.B. das *2,6-Xylenol* (VIII) ergeben mit Hexamethylentetramin Tribenzylamine IX bzw. primär deren Additionsprodukte mit Hexamethylentetramin. Die Trifunktionalität des Stickstoffs bedingt also weitere Reaktionsmöglichkeiten. Auch hier zeigt sich beim weiteren Umsatz mit 2,6-Xylenol die hydroxybenzylierende Wirkung der Hydroxybenzylamine in einer Verdrängungsreaktion zu X[3].

Allgemein erfolgen die Verdrängungsreaktionen unter Verschiebung des Gleichgewichts durch Anwendung eines Überschusses einer anderen nucleophilen Komponente. Bei Idealbedingungen erhält man schließlich die thermodynamisch stabilsten Endprodukte; dies sind bei Phenol-Formaldehyd-Reaktionspartnern stets die Bis-[hydroxyphenyl]-methanderivate.

Überträgt man die mit Hexamethylentetramin an o- und p-monofunktionellen Phenolen gewonnenen Ergebnisse auf das gleichzeitig in o- und p-Stellung

[1] J. C. DUFF u. E. J. BILLS, Soc. **1934**, 1305.
[2] A. ZINKE, F. HANUS u. H. PICHELMAYER, M. **78**, 311 (1948).
[3] A. ZINKE, G. ZIGEUNER u. G. WEISS, M. **80**, 160 (1949).

reaktive Phenol, so ist anzunehmen, daß bei der Herstellung hochstickstoffhaltiger Harze sekundäre und tertiäre Amine gebildet werden. Ein schematisches Bild für den Aufbau eines Phenol-Hexamethylentetramin-Primärkondensates wird etwa durch die Formel XI wiedergegeben[1].

Die Ausbildung tertiärer Tris-[hydroxybenzyl]-amine ist nicht auf p-Positionen beschränkt, sondern prinzipiell auch nach einer o-Aminomethylierung möglich, wie beim 2,4-Dimethyl-phenol gezeigt werden konnte[2]. Auch das Dibenzylamin XII geht beim Erhitzen mit freiem p-tert.-Butyl-phenol u.a. in das entsprechende Tribenzylamin-Phenoladdukt XIII über[3].

[1] A. Zinke, G. Zigeuner u. G. Weiss, M. **80**, 160 (1949).
[2] G. Zigeuner u. W. Schaden, M. **81**, 1017 (1950).
[3] G. Zigeuner u. T. Volker, M. **83**, 100 (1952).

Auch andere o-funktionelle Phenole, wie *3,4-Dimethyl-phenol*[1] oder *2,4-Dichlor-phenol*[2], reagieren mit Hexamethylentetramin unter Ausbildung von Methylenaminobrücken, die bei der thermischen Härtung in Diphenylmethanderivate übergehen (XIV)[3].

Daneben finden eine Reihe von Nebenreaktionen statt; so entstehen durch Dehydrierung Azomethine[2,4] der Formel XV und XVI, die auch für die starke Färbung der stickstoffhaltigen Harze verantwortlich sind.

Diese Azomethinbildung findet bevorzugt an den Kettenenden statt[4].

Eine Untersuchung des Molekulargewichts[4] des aus *p-tert.-Butyl-phenol* und Hexamethylentetramin bei 130° erhaltenen Harzes ergab, daß hier etwa fünf p-tert.-Butyl-phenol-Reste über Methylenaminogruppen miteinander verbunden sind. Beim weiteren Erhitzen bis 170° steigt das Molekulargewicht weiter an; ab 190° erfolgt eine Abnahme des Molgewichts und des Stickstoffgehaltes.

Kondensiert man direkt mit Phenol[4], so entsteht ein unlösliches vernetztes Produkt, das beim Erhitzen mit weiterem Phenol stickstofffrei wird. Bei einer Härtungstemperatur von etwa 170° konnten nach der Hydrolyse die über die entsprechenden Azomethine entstehenden o- und p-Hydroxy-benzaldehyde isoliert werden, jedoch keine Dialdehyde. Dies ist ein weiterer Hinweis darauf, daß die Azomethinbildung überwiegend an den Kettenenden durch Dehydrierung erfolgt.

Da es sich bei den Novolaken um methylenverknüpfte Phenole handelt, spielen sich bei der Härtung von Novolaken mit Hexamethylentetramin die gleichen Reaktionen wie bei den Phenolen selbst ab.

Zur Herstellung von Phenolharz-Artikeln kommen Phenolharzpreßmassen, das sind meist Mischungen von Novolaken mit Hexamethylentetramin, Füllstoffen, Katalysatoren, Pigmenten und Formenschmiermitteln, zur Anwendung (Beispiele 7 u. 8, S. 275). Um hohe Stückleistungen der Preßmaschinen zu erzielen, werden nach Möglichkeit raschhärtende Phenolharzkomponenten eingesetzt. Das sind diejenigen Novolake, die entweder hohe o-methylenverknüpfte Phenolanteile enthalten (vgl. S. 208) oder aus besonders reaktionsfähigen Phenolen, z.B. m-Kresol, hergestellt wurden. Die Härtung erfolgt etwa bei 150–190° und dauert einige Minuten. Eine

---

[1] A. ZINKE, G. ZIGEUNER u. G. WEISS, M. **80**, 148 (1949).
[2] A. ZINKE u. Mitarbb., M. **81**, 999 (1950).
[3] A. ZINKE u. E. ZIEGLER, B. **77**, 264 (1944).
[4] A. ZINKE u. Mitarbb., M. **81**, 1098 (1950).

thermochemische Untersuchung der Novolakhärtung mit Hexamethylentetramin ergab für die Bildungsenergie eines Knotenpunktes der Vernetzung 5,7 kcal/g-Mol[1]. Wie bei der Reaktion zwischen Formaldehyd und Phenolen, besteht auch bei der Hexamethylentetramin-Kondensation mit Phenolen eine Abhängigkeit von der Struktur der Phenole.

Die Novolak-Hexamethylentetramin-Härtung wird auch zur Herstellung von Hartpapieren, Schichtstoffen, Formsandbindemitteln und vor allem in der Elektroindustrie angewandt. Preßmassen, die gute elektrische Eigenschaften aufweisen, können auch ausgehend von einem Phenol-Acetylen-Harz durch Vermischen auf der Walze mit Hexamethylentetramin hergestellt werden[2].

Über die schwierig durchführbare Härtung von geschwefelten Phenolen siehe S. 601.

5. Herstellung von Resolen

a) Reaktionsmechanismus der Resolbildung

Resole sind im wesentlichen hydroxymethylgruppenhaltige Phenole, Dihydroxy-diphenylmethane und Dihydroxydibenzyläther. Sie sind je nach Kondensationsgrad und weiterer Substitution am Phenolkern wasser- bzw. alkohollöslich. In ihrer Eigenschaft als Hydroxybenzylalkohole sind sie zahlreichen weiteren Reaktionen zugänglich (vgl. Abschnitt „Umwandlung von Resolen", S. 230).

Die Synthese der Hydroxymethylphenole (Phenolalkohole) durch Formaldehydanlagerung an Phenole war der Ausgangspunkt[3] für die zahlreichen Untersuchungen über die Chemie der Resole.

Der erste Schritt der alkalisch katalysierten Resolbildung besteht in einer nucleophilen Addition des Phenolations (I) an den Formaldehyd (II).

Somit kann der Primärschritt der Resolbildung mit der Aldolbildung verglichen werden[4].

Entsprechend seinen drei reaktiven o-, o'- und p-Positionen ist das Phenol auch im alkalischen Bereich in der Lage, bis zu drei Molekeln Formaldehyd zu addieren. Zur besseren Übersicht des formalen Reaktionsablaufes ist im obenstehenden Schema nur die Reaktion mit einer o-Stellung formuliert.

---

[1] G. L. Sloninskij u. G. M. Kowarskaja, Plaste u. Kautschuk 4, 231 (1957).
[2] DBP. 871512 (1952), BASF, Erf.: O. Hecht; C. 1953, 6779.
[3] L. Lederer, J. pr. [2] 50, 233 (1894).
[4] O. Manasse, B. 35, 3844 (1902).
[5] K. Hultzsch, Ang. Ch. 60, 179 (1948).

Der Primäraddition des Formaldehyds kann nach neueren theoretischen Vorstellungen ein Gleichgewicht von Formaldehyd und Phenolat mit einem Phenoxymethylat vorgelagert sein, wobei das Hydroxymethylphenol aber stets durch direkte Addition des Formaldehyds an das Phenolation entsteht; als erstes faßbares Produkt wird in jedem Fall nur das thermodynamisch stabilere Hydroxymethylphenolat isoliert.

Bei Anwendung von Phenoläthern oder Phenolestern besteht keine Möglichkeit zur Ausbildung des Phenolations, deshalb erfolgt dort keine basisch katalysierte Formaldehydaddition.

β) Struktur und Reaktivität der Ausgangsphenole

Die Reaktivitäten der o- und p-Stellungen des Phenols unterscheiden sich bei der alkalischen Kondensation nicht wesentlich voneinander (vgl. dagegen die saure Kondensation S. 205). Die p-Stellung des Phenols ist etwas reaktionsfähiger als die o-Stellung; da jedoch die o-Stellung statistisch doppelt so häufig vorhanden ist,

Tab. 23. Relative Reaktivitäten und Aktivierungsenergien

	Geschwindigkeitskonstante $k \cdot 10^5 /$ reaktive Stelle	Aktivierungsenergie [kcal/Mol]
Phenol $+ HCHO \rightarrow$ o-Hydroxymethylphenol (OH, CH$_2$OH)	0,97	19,77
$\rightarrow$ p-Hydroxymethylphenol (OH, CH$_2$OH)	1,94	19,77
o-Hydroxymethylphenol (OH, CH$_2$OH) $\rightarrow$ 2,6-(OH, CH$_2$OH, CH$_2$OH)	0,55	25,10
$\rightarrow$ 2,4-(HOCH$_2$, OH, CH$_2$OH)	1,11	23,37
p-Hydroxymethylphenol (OH, CH$_2$OH) $\rightarrow$ (OH, CH$_2$OH, CH$_2$OH)	0,59	23,95

treten mehr o-Stellungen des Phenols in Reaktion[1]. Infolge dieser geringen Unterschiede in den Reaktivitäten ist die Synthese von definierten Phenolmonoalkoholen aus unsubstituierten Phenolen mit Schwierigkeiten verbunden. Dazu kommt noch, daß mit steigender Zahl der Hydroxymethylgruppen die Tendenz zu gegenseitigen Verätherungen und Kernkondensationen immer größer wird (vgl. Reaktionen der Resole an der Hydroxymethylgruppierung, S. 230); Phenol liefert daher leicht nebeneinander ein- und mehrkernige Hydroxymethylphenole.

Es war zu erwarten, daß sowohl Methyl- als auch Hydroxymethylgruppen am Phenol durch hyperkonjugative und induktive Wechselwirkung deren Reaktivität beeinflussen. Weiterhin war damit zu rechnen, daß sich je nach Art der angewandten Phenole sterische Effekte bemerkbar machen würden.

Zur Untersuchung dieser Fragen wurden zahlreiche *kinetische* Studien durchgeführt, die auf Grund der verschiedenen Arbeitsweisen jedoch meist nur einen qualitativen Vergleichswert besitzen.

Da sich die Reaktionsgeschwindigkeiten an den einzelnen Positionen des Phenols und der Mono- und Bis-hydroxymethyl-phenole nur sehr wenig unterscheiden, waren die kinetischen Untersuchungen über den Reaktionsverlauf der Resolbildung sehr kompliziert und nur mit Hilfe papierchromatographischer und spektroskopischer Methoden durchführbar. Trotzdem konnte unter Verwendung definierter Hydroxymethyl-phenole beim Umsatz mit Formaldehyd die Summe der Reaktionsgeschwindigkeiten in ihre Einzelschritte zerlegt werden[2].

In der Tabelle 23 (s. S. 221)[1] sind die relativen Reaktivitäten und Aktivierungsenergien für eine Modellreaktion mit 10-fachem Phenolüberschuß angegeben.

Der Grund für die Desaktivierung des Phenolations durch eine Hydroxymethylgruppierung dürfte auf deren elektronenanziehender Wirkung beruhen. Die von L. M. Yeddanapalli[1] gefundenen Ergebnisse stehen in Übereinstimmung mit der Theorie und auch mit früheren Untersuchungen[3].

Relative Reaktivitäten der o- und p-Positionen verschiedener Phenole gegenüber *Formaldehyd* bei der alkalisch katalysierten Reaktion nach M. M. Sprung[3]:

7,75	2,88	1,49	1,00	0,83

| 0,71 | 0,35 | 0,34 | 0,76 | 0,16 |

Zu ähnlichen Ergebnissen kam J. H. Freeman[2].

[1] L. M. Yeddanapalli, Chem. Age India **10**, 591 (1959).
[2] J. H. Freeman u. C. W. Lewis, Am. Soc. **76**, 2080 (1954).
[3] M. M. Sprung, Am. Soc. **63**, 334 (1941).

Aus der Reaktivität der Phenole gegenüber Formaldehyd können keine Schlüsse auf die Verharzungsgeschwindigkeit gezogen werden, da der zweite Reaktionsschritt, die Methylengruppenbildung, anderen Gesetzmäßigkeiten unterliegt.

Neben den kinetischen Untersuchungen, die dem Studium des Reaktionsablaufes galten, wurden zahlreiche empirische Untersuchungen über die *Verharzungsgeschwindigkeit* verschiedener Phenole mit basischen Katalysatoren durchgeführt[1]. So werden m-substituierte Phenole unter sonst gleichen Bedingungen mit Formaldehyd schneller verharzt als Phenol.

γ) Herstellung einkerniger Hydroxymethylphenole

Phenol reagiert mit Formaldehyd zu Mono-, Bis- und Tris-[hydroxymethyl]-phenolen. Der Reaktionsablauf erfolgt dabei stufenweise über die verschiedenen isomeren mono- und bis-substituierten Hydroxymethylphenole (s. S. 221), wo sich je nach den Reaktionsbedingungen Gleichgewichte einstellen. Beispielsweise entsteht bei einem Phenol-Formaldehyd-Verhältnis von 1:1,4 unter alkalischen Bedingungen ein Reaktionsgemisch aus 5–10% nichtumgesetztem Phenol, 10–15% *o-Hydroxymethyl-phenol*, 35–40% *p-Hydroxymethyl-phenol*, 30–35% *2,4-Bis-[hydroxymethyl]-phenol*, kein 2,6-Bis-[hydroxymethyl]-phenol und bereits 4–8% *2,4,6-Tris-[hydroxymethyl]-phenol*[2]. Diese Daten wurden durch vollständige Methylierung der Methylolphenole und Oxydation der Äther mit Kaliumpermanganat ermittelt. Beim Trocknen von ammoniakalisch kondensierten Phenol-Formaldehyd-Harzen konnte o-Hydroxymethyl-phenol und p-Hydroxymethyl-phenol aus einem Sublimat isoliert werden[3].

Verschiedene Autoren haben den Reaktionsablauf der Resolbildung untersucht und mit Hilfe der Papierchromatographie[4], Reaktionskinetik[5], Spektroskopie von Metallkomplexen[6] und Potentiometrie von Borkomplexen[7] gewisse Vorstellungen über die Reaktivität der Phenole und Hydroxymethylphenole entwickelt. Da jedoch häufig voneinander abweichende Konzentrations-, p_H-, Temperatur- und Molverhältnisse angewandt wurden, lassen sich die Ergebnisse nur unter Berücksichtigung der jeweiligen Bedingungen vergleichen.

Bei einer Zugabe von Hydroxymethylphenolen zu einer wäßr. Borsäurelösung erhöht sich deren Leitfähigkeit, und der p_H-Wert sinkt ab[8]. Diese Tatsache beruht auf der Entstehung komplexer Borsäuren. Da p-Hydroxymethylgruppen nicht zu einer p_H-Änderung beitragen, konnte hierauf eine Bestimmungsmethode des o-, p-Hydroxymethylgruppenverhältnisses aufgebaut werden[7]. In homogener wäßr. Lösung erfolgt im p_H-Bereich 5,50–5,80 bei 30–90° etwa 60% o-Substitution. Ähnliche Werte (52%) wurden durch Papierchromatographie ermittelt[9].

[1] E. L. HOLMES u. N. J. L. MEGSON, J. Soc. chem. Ind., Chem. and Ind. **52**, 415 T (1933).
 H. F. MÜLLER u. J. MÜLLER, Kunstst. **38**, 221 (1948).
 F. S. GRANGER, Ind. eng. Chem. **29**, 1305 (1937).
[2] G. R. SPRENGLING u. J. H. FREEMAN, Am. Soc. **82**, 1982 (1950); Chem. Engng. News **27**, 2924 (1949).
[3] J. W. RUDERMANN, J. Soc. chem. Ind., Trans. and Commun. **64**, 204 (1945).
[4] J. REESE, Kunstst. **45**, 137 (1955); Ang. Ch. **66**, 170 (1954).
 J. H. FREEMAN, Anal. Chem. **24**, 955, 2001 (1952).
[5] J. H. FREEMAN u. C. W. LEWIS, Am. Soc. **76**, 2080 (1954).
 L. M. YEDDANAPALLI, Chem. Age India **10**, 591 (1959).
 J. I. DE JONG u. J. DE JONGE, R. **72**, 427 (1953).
[6] J. I. DE JONG, R. DIJKSTRA u. J. DE JONGE, R. **75**, 1289 (1956).
[7] R. DIJKSTRA u. J. DE JONGE, R. **76**, 92 (1957).
[8] J. BÖESEKEN, J. H. GONGRIJP u. A. E. A. VAN RHIJN, R. **57**, 1356 (1938).
[9] H. G. PEER, Dissertation, Leyden 1956.

Phenol addiert in wäßr.-alkal. Lösung unterhalb 65° 3 Mol Formaldehyd unter Bildung der Salze des *2,4,6-Tris-[hydroxymethyl]-phenols*. Die Isolierung dieser Verbindungen gelingt besonders gut durch Zusatz niederer Alkohole, wobei, was sehr wesentlich ist, beispielsweise die Natrium- oder Bariumsalze des Tris-hydroxymethyl-phenols ausgefällt werden[1]. Die Ausbeuten betragen dabei bis 95% der Theorie. Auch das freie 2,4,6-Tris-hydroxymethyl-phenol ist nach vorsichtiger Neutralisation der Alkalisalze oder Erdalkalisalze mit Salzsäure, Schwefelsäure oder einer anderen, nichtoxydierenden Säure, durch Extraktion mit organischen Lösungsmitteln[2] oder durch Aufkonzentrieren der wäßr. Lösungen[3] isolierbar (Ausbeute 30–65%). (Beispiele 19 und 20, S. 278.)

Das 2,4,6-Tris-hydroxymethyl-phenol kommt als 70%ige wäßr. Lösung in den Handel[4] (vgl. auch Literatur[5]).

Eine Synthese wurde ausgehend von Salicylaldehyd über die Bischlormethylverbindung durchgeführt[6].

Die hohe Bildungstendenz des symmetrischen Tris-hydroxymethyl-phenols geht aus der Tatsache hervor, daß selbst unter Anwendung von nur 1 Mol Formaldehyd pro Mol Phenol noch nennenswerte Mengen dieser Verbindung entstehen[7]. Auch technische Resole, also durch etwas energischere Bedingungen gewonnene Kondensationsprodukte, enthalten Tris-hydroxymethyl-phenol, sowie nennenswerte Mengen von freiem Phenol[8,9]. Freies Phenol kann in acetonlöslichen Phenol-Formaldehyd-Harzen infrarotspektroskopisch auf 0,3% genau festgestellt werden[8].

p-Kresol wird bei der alkalisch katalysierten Formaldehydanlagerung zur 2,6-Bis-hydroxymethyl-Verbindung umgesetzt[10] (Beispiel 17, S. 277)[11].

Auch hier besteht die Möglichkeit zur Isolierung einer Mono-hydroxymethyl-Verbindung[12,13] (F: 105°[13]).

Die 4-substituierten 2,6-Bis-[hydroxymethyl]-phenole sind die am leichtesten rein herstellbaren Resole. Ihre Reindarstellung war ein wesentlicher Schritt beim Studium der Kondensationsreaktionen von Resolen; außerdem haben einige dieser Verbindungen für die Kautschukvulkanisation technische Bedeutung (vgl. Reaktion der Resole mit ungesättigten Verbindungen, S. 257).

---

[1] A.P. 2579329 (1949), General Electric Corp., Erf.: R. W. MARTIN; Chem. Abstr. **46**, 3328[b] (1952).

[2] DBP. 960463 (1952), Chemische Werke K. Albert GmbH., Erf.: J. REESE u. K. HULTZSCH; C. **1957**, 8941.

[3] E.P. 858780 (1958), Union Carbide Corp., Erf.: C. Y. MEYERS.

[4] Firmenschrift: Bakelite Co., Resins and Plastics, New York 1958.

[5] R. W. MARTIN, Am. Soc. **73**, 3952 (1951); **74**, 3024 (1952).
   A. T. CARPENTER u. R. F. HUNTER, J. appl. Chem. **1**, 217 (1951).
   A.P. 2889373 (1957), Union Carbide Corp., Erf.: C. Y. MEYERS.

[6] A. T. CARPENTER u. R. F. HUNTER, Soc. **1954**, 2731.

[7] J. REESE, Kunstst. **45**, 137 (1955).
   F. S. GRANGER, Ind. eng. Chem. **24**, 442 (1932).
   A. A. VANSHEIDT, Promyšl. org. Chim. **3**, 385 (1937).
   G. R. SPRENGLING u. J. H. FREEMAN, Am. Soc. **82**, 1982 (1950).

[8] J. J. SMITH, F. M. RUGG u. H. M. BOWMAN, Anal. Chem. **24**, 497 (1952).

[9] A. A. VANSHEIDT u. A. A. VASIL'EV, Ž. prikl. Chim. **19**, 7 (1946); Chem. Abstr. **40**, 6875[7] (1946).

[10] K. AUWERS, B. **40**, 2524 (1907).
   J. W. RUDERMAN, Ind. eng. Chem. Anal. **18**, 753 (1946).
   W. CARTON u. L. E. PERRINS, J. Oil Colour Chemists' Assoc. **30**, No. 324, 185 (1947).

[11] Nicht veröffentlichte Versuche von R. WEGLER.
   Vgl. F. ULLMANN u. K. BRITTNER, B. **42**, 2539 (1908).

[12] N. J. L. MEGSON u. W. A. WOOD, Nature **140**, 642 (1937).
   H. v. EULER, E. ADLER, G. EKLUND u. O. TORNGREN, Ark. Kemi **15**, Nr. 9, 1 (1942).

[13] O. MANASSE, B. **27**, 2409 (1894).

Tab. 24. 4-substituierte 2,6-Dimethylol-phenole

	R	F [°C]	Literatur
	CH$_3$	129–130	1
	C$_2$H$_5$	86	2,3
	C$_3$H$_7$	89	4
	iso—C$_3$H$_7$	125	2
	n—C$_4$H$_9$	67	5
	iso—C$_4$H$_9$	75	4
	tert.—C$_4$H$_9$	75	5,6
		107	2,6,7
		$\left\{\begin{array}{l}112\\120\end{array}\right.$	6,8 ⎫ 7
	Cl	160	8
	Br	155	8

Aus o-Kresol können außer dem *6-Methyl-2,4-bis-[hydroxymethyl]-phenol*[9] auch die beiden *6-Methyl-4-* bzw. *-2-hydroxymethyl-phenole*[10] dargestellt werden und aus m-Kresol das *3-Methyl-2,4,6-tris-[hydroxymethyl]-phenol*[11,12], außerdem drei *3-Methyl-2-(bzw.-4- und -6-)-hydroxymethyl-phenole*[12-15] und die *3-Methyl-2,4-(bzw.-2,6- und -4,6-)-bis-[hydroxymethyl]-phenole*[12,15].

---

[1] Nicht veröffentlichte Versuche von R. WEGLER (Beispiel 17, S. 277).
Vgl. F. ULLMANN u. K. BRITTNER, B. **42**, 2539 (1908).
[2] S. VAN DER MEER, R. **63**, 147 (1944).
[3] J. STRATING u. H. J. BACKER, R. **62**, 58 (1943).
[4] J. W. RUDERMANN, Am. Soc. **70**, 1662 (1948).
[5] F. HANUS u. E. FUCHS, J. pr. [2] **153**, 327 (1939).
[6] A. ZINKE, F. HANUS u. E. FUCHS, J. pr. [2] **152**, 126 (1939).
[7] E.P. 725 782 (1953), General Electric Co.; Chem. Abstr. **50**, 5030^g (1956).
[8] A.P. 2 809 999 (1955), General Aniline & Film Corp., Erf.: M. E. CHIDDIX, H. HESSE u. M. R. WILLIAMS; Chem. Abstr. **52**, 9208^b (1958).
[9] J. H. FREEMAN, Anal. Chem. **24**, 200, 955 (1952).
F. S. GRANGER, Ind. eng. Chem. **24**, 442 (1932).
F. HANUS, J. pr. [2] **158**, 245 (1941).
[10] F. HANUS, J. pr. [2] **155**, 317 (1940).
C. SCHOTTEN, B. **11**, 788 (1878).
L. LEDERER, J. pr. [2] **50**, 223 (1894).
S. R. FINN u. J. W. G. MUSTY, J. appl. Chem. **2**, 88 (1952).
[11] DBP. 960 463 (1952), Chemische Werke K. Albert GmbH., Erf.: J. REESE u. K. HULTZSCH; C. **1957**, 8941.
[12] J. REESE, B. **86**, 979 (1953).
[13] O. MANASSE, B. **27**, 2409 (1894).
[14] N. J. L. MEGSON u. A. A. DRUMMOND, J. Soc. chem. Ind., Chem. and Ind. **49**, 251 T (1930).
[15] H. KÄMMERER u. M. GROSSMAN, B. **86**, 1492 (1953).

Das 3-Methyl-2-hydroxymethyl-phenol konnte nicht nachgewiesen werden; die Kondensation erfolgt daher zuerst in 4- oder 6-, bzw. 4,6-Stellung[1].

Beim 3,5-Dimethyl-phenol, dem m-Xylenol, erfolgt in wäßrig-alkalischer Lösung die Addition des Formaldehyds in 4-Stellung[2], während man in alkoholischer Lösung in Gegenwart von Natriumalkoholat ausschließlich *3,5-Dimethyl-2,6-bis-[hydroxymethyl]-phenol* erhält[3]. Das m-Xylenol reagiert mit Formaldehyd sehr leicht[4,5].

Man benutzt diese Eigenschaft des m-Xylenols in begrenztem Maße, um aus methylolreichen, bei der Härtung zur Formaldehydabspaltung neigenden Resolen den Formaldehyd abzufangen[6].

Die Einführung der dritten Hydroxymethylgruppe erfolgt wesentlich langsamer[4], führt jedoch zum *3,5-Dimethyl-2,4,6-tris-[hydroxymethyl]-phenol*[7].

Die Neigung des Formaldehyds, bei Phenolen, die größere Reste in m-Stellung tragen, trotz freier reaktionsfähigerer p-Positionen manchmal in o-Stellung zu kondensieren, zeigt sich beim 2,3,5-Trichlor-phenol[8] und beim 3-Pentadecyl-phenol[9].

Eine große Anzahl von Hydroxymethylphenolen sowie die Phenolalkohole der Bis-hydroxyphenyl-methane und mehrwertiger Phenole sind in der Monographie von R. W. Martin[10] zusammengestellt; R_f-Werte und Daten der niedermolekularen Phenolformaldehydkondensate werden von J. Reese[11] und J. H. Freeman[12] angegeben.

Zur Einführung von Hydroxymethylgruppen in sterisch gehinderte Phenole, wie z. B. 2,6-Di-tert.-butyl-phenol, müssen unter Umständen spezielle Methoden, z. B.

---

[1] J. Reese, B. **86**, 979 (1953).

[2] K. Auwers, B. **40**, 2524 (1907).
A. Burawoy u. J. T. Chamberlain, Soc. **1949**, 624.

[3] S. R. Finn, G. J. Lewis u. N. J. L. Megson, J. Soc. chem. Ind. **69**, 129 (1950).

[4] R. W. Martin, Am. Soc. **73**, 3952 (1951).

[5] R. W. Martin, Division of Paint Varnish and Plastics Chemistry, Abstracts of Papers 118th Meeting (1950), S. 30.

[6] E. P. 587914 (1944), Shell Develop., Erf.: R. R. Whetstone; C. **1948** I (Ostberlin), 1362.

[7] DBP. 960463 (1952), Chemische Werke K. Albert GmbH., Erf.: J. Reese u. K. Hultzsch; C. **1957**, 8941.

[8] A. P. 2631169 (1950), General Aniline & Film Corp., Erf.: M. E. Chiddix u. M. R. Williams; Chem. Abstr. **48**, 2775[e] (1954).
E. P. 760341 (1953), I. C. I., Erf.: T. Leigh; Chem. Abstr. **51**, 12140[g] (1957).

[9] E. P. 634960 (1947), British Resin Products Ltd., Erf.: R. H. Jones u. J. K. M. Robson; Chem. Abstr. **44**, 6884[g] (1950).

[10] R. W. Martin, The Chemistry of Phenolic Resins, John Wiley & Sons, New York 1956.

[11] J. Reese, Ang. Ch. **66**, 170 (1954).

[12] J. H. Freeman, Anal. Chem. **24**, 955, 2001 (1952).

Katalyse mit tert.-Butylat in tert.-Butanol, angewandt werden[1]. Derartige Verbindungen, wie z.B. 4-Hydroxymethyl-2,6-di-tert.-butyl-phenol, wurden als Antioxydantien vorgeschlagen[1].

Die *o-Hydroxymethyl-phenole* sind durch Wasserstoffbrücken stabilisiert (I und II)[2]. Auch die Bis-[2-hydroxy-benzyl]-äther (III), deren Stickstoffanaloge und ähnliche Verbindungen, besitzen am Sauerstoff- bzw. Stickstoffatom Proton-Acceptoreigenschaften und haben infolge der inneren Salzbildung relativ hohe Schmelzpunkte.

I   II   III

Die hohe Alkalistabilität des o-Hydroxymethyl-phenols und die stabilisierende Wirkung von Calcium- und Bariumsalzen auf Trimethylolphenol ließen eine Komplexbildung vermuten. Tatsächlich führt ein Zusatz von Calciumhydroxyd oder Calciumoxyd in Methanol zu einer o-Monosubstitution des Phenols, wobei in einer Ausbeute von maximal 50% o-Hydroxymethyl-phenol entsteht[3].

Die erhöhte Ausbeute an o-Substitutionsprodukten bei Zugabe von Magnesium- und Calciumkatalysatoren (61% gegenüber 53% bei der unter sonstigen Bedingungen gleichen Alkalikatalyse), wurde auch im p_H-Bereich 8,5–10 bestätigt[4].

Auch im schwach sauren Medium fördern zweiwertige Metallsalze organischer Säuren, insbesondere Zink-, Cadmium- oder Magnesiumformiat, die Bildung von o-Hydroxymethyl-phenol[5].

Als Zwischenstufen werden auch hier cyclische Metallkomplexe[6] angenommen.

Bekanntlich weisen die p-Positionen der Phenole eine höhere Kondensationsfähigkeit auf als die o-Positionen. Vor der Kenntnis der neueren kinetischen Untersuchungen wurde diese Tatsache verschiedentlich durch präparative Untersuchungen erkannt[7]. Werden also „o-reiche" nichthärtbare Novolake mit Hilfe zweiwertiger Metallkatalysatoren hergestellt, so eignen sich die aus diesen, mit weiterem

[1] Belg. P. 593512 (1960), Shell Internationale Research Maatschappij N.V., Erf.: R. C. MORRIS u. A. L. ROCKLIN.

[2] K. HULTZSCH, Chemie der Phenolharze, S. 29 ff., Springer-Verlag, Berlin–Göttingen–Heidelberg 1950.

[3] E. P. 751845 (1951), Howards of Ilford Ltd., Erf.: G. C. H. CLARK, E. G. PEPPIATT, A. POOLE u. R. J. WICKER; Chem. Abstr. **51**, 4430^d (1957).

[4] H. G. PEER, Dissertation, Leyden 1956.

[5] DAS. 1027681 (1955), Distillers Co. Ltd., Erf.: A. L. J. RAUM; C. **1958**, 12823.

[6] H. G. PEER, R. **79**, 825 (1960).

[7] E. E. WALKER, Trans. Faraday Soc. **32**, 345 (1935).

Formaldehyd gewonnenen Resole zur Holzverleimung[1,2], da nunmehr die äußerst reaktionsfähigen p-Hydroxymethyl-gruppen für weitere Kondensationsreaktionen zur Verfügung stehen.

Eine allgemeine Stabilisierung von Hydroxymethylphenolen gegen weitere Kondensationsreaktionen erfolgt durch Anwendung eines 4–10fach molaren Überschusses an wäßrigem Formaldehyd bei p_H 7–9,5[2]. Wird nach der alkalikatalysierten Resolherstellung mit Borsäure auf p_H 7–8 eingestellt, so entstehen stabile, lagerfähige Resolharzlösungen[3].

Die präparative Isolierung und Reinigung von Hydroxymethylphenolen kann durch Überführung in die Trimethylsilylester, Feindestillation und anschließende Hydrolyse erfolgen[4]. Auf diese Weise konnten o-Hydroxymethyl-phenol, 2,4-Bis-[hydroxymethyl]-phenol und 2,4,6-Tris-[hydroxymethyl]-phenol rein erhalten werden.

2,6-Bis-[hydroxymethyl]-phenol, das bei der alkalikatalysierten Kondensation von Phenol mit Formaldehyd nicht nachgewiesen werden konnte, wurde auf verschiedenen anderen Wegen hergestellt, z.B. erhält man aus p-Chlor-phenol bei geeigneter Reaktionsführung 4-Chlor-2,6-bis-[hydroxymethyl]-phenol in 80%iger Ausbeute[5], das bei der Hydrierung in Gegenwart von Raney-Nickel und säurebindenden Mitteln zum 2,6-Bis-[hydroxymethyl]-phenol enthalogeniert wird[6].

In Gegenwart von Zinkacetat kann man am o-Hydroxymethyl-phenol eine weitere Hydroxymethylgruppe in o'-Stellung einführen[7].

δ) Herstellung mehrkerniger Hydroxymethylphenole (Resole)

Zur Herstellung der technisch verwendbaren Resole wird häufig nur bis zur Erreichung bestimmter physikalischer Eigenschaften wie z.B. einer bestimmten Viscosität oder Wasserlöslichkeit bzw. Wasserunlöslichkeit kondensiert. Rein empirisch sind zahlreiche Zusammenhänge zwischen Kondensationsgrad und technisch erwünschten physikalischen Eigenschaften zur reproduzierbaren Herstellung auch größerer Phenolharzansätze festgelegt worden[8].

Die Umsetzung von Phenolen zu Resolen kann mit den verschiedensten basischen Katalysatoren in wäßriger Lösung durchgeführt werden. Neben Alkali- und Erd-

---

[1] E.P. 773510, 773547 (1954), Distillers Co. Ltd., Erf.: D. A. Fraser, R. W. Hall u. A. L. J. Raum; C. **1958**, 8510.

[2] A.P. 2609352 (1951), DuPont, Erf.: H. M. Kvalnes; Chem. Abstr. **47**, 920[c] (1953).

[3] E.P. 733573 (1952), Union Carbide & Carbon Corp.

[4] A.P. 2804480 (1951), General Electric Co., Erf.: R.W. Martin; Chem. Abstr. **52**, 2071[h] (1958). R. W. Martin, Am. Soc. **74**, 3024, 4208 (1952).

[5] A.P. 2809999 (1955), General Aniline & Film Corp., Erf.: M. E. Chiddix, S. H. Hesse u. M. R. Williams; Chem. Abstr. **52**, 9208[b] (1958).

[6] DAS. 1010528 (1953), Chemische Werke K. Albert GmbH., Erf.: H. Kämmerer u. M. Grossmann; C. **1957**, 13483. H. Kämmerer, Ang. Ch. **70**, 390 (1958).

[7] A. K. Kuriakose u. L. M. Yeddanapalli, J. sci. Ind. Research (India) **20** B, 418 (1961).

[8] F. W. Hammesfahr u. Mitarbb., Mod. Plastics **33**, Nr. 6, 139 (1956).

alkalihydroxyden (Beispiel 21, S. 278) wird vor allem Ammoniak (Beispiele 26 u. 27, S. 280, 281) verwendet. Ammoniak, primäre oder sekundäre Amine werden jedoch u. U. in die Harze eingebaut. Die Ausbeute einer bestimmten Resolkomponente, z. B. von *Bis-[4-hydroxy-3,5-bis-hydroxymethyl-phenyl]-methan* ändert sich je nach Art des angewandten basischen Katalysators; so erhält man mit Bariumhydroxyd 70%, mit Natrium- und Magnesiumhydroxyd 45% Ausbeute[1] (vgl. auch Literatur[2]). Relative Verharzungsgeschwindigkeiten unter dem Einfluß verschiedener Katalysatoren wurden bestimmt[3].

Gut wasserlösliche Resole entstehen bei Anwendung eines mäßigen Formaldehydüberschusses (1 : 1,1–1,3) bei einer Kondensationstemperatur unterhalb 60° und einer hohen Alkalikonzentration. Derartige Resole sind weitgehend niedermolekular und enthalten freies Phenol. Mit steigender Reaktionstemperatur geht die Wasserlöslichkeit immer mehr verloren.

Bei etwas verschärften Reaktionsbedingungen entstehen Resole, die höhere Kondensationsprodukte enthalten, die also Methylenäther- und Methylengruppierungen neben den Hydroxymethylgruppierungen aufweisen, die sog. Resitole. Dazu wird absichtlich bei erhöhter Temperatur nachkondensiert. Das Harz soll jedoch löslich, schmelzbar und härtbar bleiben. Derartige höherkondensierte Resole finden nach vorheriger Neutralisation Verwendung für Preßharze und Schichtstoffe (Beispiel 23, S. 279).

Flüssige Resole mit besonders schwacher Verfärbung sollen durch Lithiumhydroxydkatalyse erhalten werden[4].

Farblose Resole entstehen bei der alkalischen Kondensation von Phenol mit Formaldehyd in Gegenwart von Phosphorigsäure-triphenylester[5].

Werden anstelle von Phenolen Alkylidenbisphenole vom Typ des 2,2-Bis-[4-hydroxy-phenyl]-propans mit Formaldehyd kondensiert, so entstehen Resole, die auf Grund des quartären Kohlenstoffatoms in p-Stellung zur phenolischen Hydroxygruppe besonders lichtecht sind[6] und harte, jedoch nicht für alle Verwendungszwecke genügend elastische Lackfilme ergeben (vgl. Beispiele 34 u. 35, S. 283, 284).

Eine wichtige Rolle spielen die nach dem Zweistufenverfahren hergestellten Resole[7]. Dazu wird zunächst aus einem Phenol mit Formaldehyd im Unterschuß (Molverhältnis 1 : 0,8) in einer basisch oder sauer katalysierten Reaktion ein Novolak hergestellt und anschließend mit einem Formaldehydüberschuß in den Novolak Hydroxymethylgruppen eingeführt. Die Härtbarkeit derartiger Produkte ist anfänglich verzögert[8], außerdem spalten sie beim Aushärten weniger Wasser ab als übliche Resole.

Sehr reaktionsfähige Resole werden aus „orthoreichen" Novolaken, das sind o-methylenverknüpfte Phenole, durch basisch katalysiertes Einkondensieren von Formaldehyd in p-Stellung zu den phenolischen Hydroxygruppen erhalten[9].

---

[1] S. Seto u. H. Horiuchi, J. chem. Soc. Japan, ind. Chem. Sect. **56**, 354 (1953); Chem. Abstr. **48**, 10546[h] (1954).

[2] F. Seebach, B. **73**, 1338 (1940).

[3] E. L. Holmes u. N. J. L. Megson, J. Soc. chem. Ind., Chem. and Ind. **52**, 415 T (1933).

[4] A.P. 2862910 (1955), Monsanto Chemical Co., Erf.: L. M. Higashi u. R. A. Jarvi; Chem. Abstr. **53**, 5761[d] (1959).

[5] A.P. 2816876 (1955), Monsanto Chemical Co., Erf.: L. M. Higashi; C. **1959**, 7976.

[6] DRP. 494778 (1921), Chemische Werke K. Albert GmbH.; Frdl. **16**, 1983.

[7] A.P. 2885386 (1954), Westinghouse Electric Corp., Erf.: C. J. Straka u. W. C. Weltman; Chem. Abstr. **53**, 14540[c] (1959).

[8] DRP. 424074 (1921), C. Kulas u. C. Pauling; Frdl. **15**, 1114.

[9] E.P. 773510, 773547, 773611 (1954), Distillers Co. Ltd., Erf.: D. A. Fraser, R. W. Hall u. A. L. J. Raum; C. **1958**, 8510; Chem. Abstr. **51**, 11765[h] (1957).

Zur Herstellung von Resolen mehrwertiger Phenole sind besondere Arbeitsbedingungen einzuhalten. Das hochreaktive Resorcin verharzt sehr leicht mit Formaldehyd. Um hiermit reine Hydroxymethylresorcine zu erhalten, kondensiert man in alkalischer Lösung bei 42° und kühlt rasch auf 5° ab, wobei die Hydroxymethylderivate des Resorcins auskristallisieren[1]. Eine genauere Untersuchung der Reaktionen des Systems Resorcin-Formaldehyd wurde durchgeführt[2].

6. Umwandlung von Resolen

a) Allgemeines über die Reaktionsmöglichkeiten der Hydroxymethylphenole

Eine kurze Betrachtung der Struktur von Hydroxymethylphenolen erklärt deren Reaktivität sowohl in sauren, als auch in basischen Reaktionsgemischen.

a_1) Sauer katalysierte Reaktionen

Hydroxymethylphenole weisen zwei Sauerstoffatome verschiedener Basizität auf. In saurer Lösung erfolgt eine Protonierung des Phenolalkohols (I) an der basischeren alkoholischen Hydroxygruppe zum Oxoniumion (II), aus dem unter Wasserabspaltung das Hydroxybenzylcarbeniumion (III) entstehen kann. Eine derartige Hydroxybenzylcarbeniumionenstruktur nimmt in der Chemie der sauer katalysierten Reaktionen der Phenolalkohole eine zentrale Schlüsselstellung ein.

Ist die Säure HX in hoher Konzentration vorhanden, so besteht, sofern keine freien Kernkondensationsstellen vorhanden sind, die Möglichkeit der Ausbildung des Hydroxybenzylesters (IV); beispielsweise erhält man mit Bromwasserstoffsäure eine Veresterung.

Sind außer den Säureanionen weitere nucleophile Komponenten im Reaktionsgemisch enthalten, so treten die Resole mit diesen als hydroxybenzylierende Agentien in Reaktion. Demgemäß ist bei der sauer katalysierten Reaktion, besonders auch auf Grund des hohen Alkylierungspotentials der Hydroxybenzylcarbeniumionen eine Reaktion mit Alkoholen, Aminen, Mercaptanen, Phenolen, aromatischen Aminen, Säureamiden usw. zu erwarten. Für die Hydroxybenzylaminbildung muß jedoch neben dem Ammoniumsalz des eingesetzten Amins genügend freies Amin vorhanden sein.

Y = —O-Alkyl, —NH-Alkyl, —N(Alkyl)$_2$, —S-Alkyl, —NH—CO—R, —NH-Aryl

---

[1] F.P. 1 189 191 (1957), Soc. des usines chimiques Rhône-Poulenc, Erf.: J. Le Bras u. C. Pinazzi.
[2] R. Dubrisay, Ind. Plastiques 1, 132 (1945).

Sowohl bei Phenolen, als auch bei aromatischen Aminen kann die Hydroxybenzylierung am Kern stattfinden.

Als hydroxybenzylierende Agentien kommen sämtliche Hydroxymethylphenoläquivalente in Frage, die durch eine Protonierung in reaktionsfähige Hydroxybenzylcarbeniumionen spaltbar sind; also z.B. Dihydroxydibenzyläther (Resitole), primäre, sekundäre und tertiäre Hydroxybenzylamine und andere. Selbstverständlich ist die Reaktivität der einzelnen Resoläquivalente verschieden groß.

α_2) *Basisch katalysierte Reaktionen*

Eine Betrachtung der allgemein bekannten zunehmenden Reaktionsfähigkeit in der Reihe p-Nitro-benzylchlorid, Benzylchlorid, p-Anisylchlorid läßt in Anlehnung an die σ-Substituentenkonstanten eine weitere Steigerung des Alkylierungspotentials beim Übergang vom

p-Anisylchlorid σ p—OCH$_3$ = — 0,268, σ p—OH = — 0,357, σ p—O$^\ominus$ = — 1,00

zum *p-Hydroxy-benzylchlorid* bzw. dessen Anion erwarten[1]. Der ausgeprägte reaktivitätssteigernde Einfluß der p-Phenolatgruppe führt zu der Annahme, daß bereits die, verglichen mit Halogenionen, ungünstigen Austrittseigenschaften des Hydroxyls ausreichen, um aus Resolen durch Basenkatalyse Alkylierungsmittel zu machen.

Selbstverständlich sind auch bei der basisch katalysierten Reaktion die bereits bei der sauer katalysierten Reaktion genannten nucleophilen Komponenten und Resoläquivalente anwendbar.

α_3) „*Nichtkatalysierte*" *Reaktionen*

Nun sind die Hydroxymethylphenole auf Grund der phenolischen Hydroxygruppe auch ohne Anwendung von Fremdkatalysatoren in der Lage, im Verlaufe der Reaktion mit basischen Komponenten in Hydroxymethylphenolate überzugehen, also auf Grund einer basisch katalysierten Reaktion mit nucleophilen Komponenten zu reagieren, oder sie können unter Abgabe eines Protons an die Benzylalkoholgruppierung als hydroxybenzylierende Agentien in Reaktion treten. Eine Berücksichtigung dieser Möglichkeiten, besonders aber auch der jeweils angewandten Bedingungen, Temperatur-, Gleichgewichtsverhältnisse und Basizitätsreihenfolgen, speziell auch für die oft nichtwäßrigen Systeme macht die Annahme von Reaktionsabläufen über Chinonmethidstrukturen nicht erforderlich.

Für die weitere Abhandlung der Reaktionen von Resolen, sowie die Einteilung der Reaktionstypen wurde von den vorstehenden Überlegungen ausgegangen. Die jeweils zuerst an Modellreaktionen gezeigten Reaktionsabläufe sind sinngemäß auch auf die komplexen Reaktionen zur Herstellung technologisch interessanter Produkte anzuwenden. Da für die praktische Verwendung auf besonderen Gebieten, z.B. Lackharze, Klebstoffe usw., keine Einteilung nach dem Reaktionstyp möglich ist, denn die gleichen technologischen Effekte sind meist nach verschiedenen Reaktionen erzielbar, wird bei der Besprechung der Anwendung von Resolharzen, bzw. ihrer Herstellung für die Spezialzwecke, die Einteilung nach dem Reaktionstyp durchbrochen.

---

[1] J. HINE, Reaktivität und Mechanismus, S. 71, Georg Thieme Verlag, Stuttgart 1960.
 H. H. JAFFÉ, Chem. Reviews **53**, 191 (1953).
 L. P. HAMMETT, Chem. Reviews **17**, 125 (1935).
 L. P. HAMMETT, Physical Organic Chemistry, McGraw-Hill, New York 1940.

Tab. 25. Veresterung von Resolen mit Mineralsäuren

Hydroxymethylphenol	R_4	Säure/Lösungsmittel	Ester	F [°O]	Literatur
HO—CH₂—⟨Ring: OH, CH₂—OH, R₄⟩	CH₃	HBr/Essigsäure	2-Hydroxy-5-methyl-1,3-bis-[brommethyl]-benzol	116–117	1
	CH₃	12n HCl	2-Hydroxy-5-methyl-1,3-bis-[chlormethyl]-benzol	87	2
	CH₃	HCl/HSCN	2-Hydroxy-5-methyl-1,3-bis-[rhodanmethyl]-benzol	132	3

¹ K. AUWERS, B. 40, 2524 (1907).
² E. ZIEGLER, B. 77, 731 (1944).
³ E. ZIEGLER u. H. LÜDDE, M. 79, 316 (1948).

Tab. 25. (1. Fortsetzung)

Hydroxymethylphenol	R$_4$	Säure/Lösungsmittel	Ester	F [°C]	Literatur
(Struktur: OH mit HO–CH$_2$, CH$_2$–OH, R$_4$) (Fortsetzung)	CH$_3$	HCl/HSCN	2-Hydroxy-5-methyl-3-rhodanmethyl-1-hydroxymethyl-benzol	86	1
	Cl	12n HCl	2-Hydroxy-5-chlor-1,3-bis-[chlormethyl]-benzol	92	2
	tert.–C$_4$H$_9$	12n HCl	4-Hydroxy-3,5-bis-[chlormethyl]-1-tert.-butyl-benzol († = –C(CH$_3$)$_3$)	82	2
	C$_6$H$_{11}$	HBr	4-Hydroxy-3,5-bis-[brommethyl]-1-cyclohexyl-benzol	81,8	3

[1] E. Ziegler u. H. Lüdde, M. **79**, 316 (1948).
[2] E. Ziegler, B. **77**, 731 (1944).
[3] F. Hanus u. E. Fuchs, J. pr. [2] **153**, 327 (1939).

Tab. 25. (2. Fortsetzung)

Hydroxymethylphenol		Säure/Lösungsmittel	Ester	F [°C]	Literatur
	R_4				
		HCl/Benzol	*2-Hydroxy-3,5-dimethyl-1-chlormethyl-benzol*	58	1
		HBr/Benzol	*4-Hydroxy-3,5-dimethyl-1-brommethyl-benzol*	103–105	2
		HCl	*2-Hydroxy-5-methyl-3-chlormethyl-azobenzol*	117,5	3

[1] K. FRIES u. K. KANN, A. 353, 335 (1907).
[2] K. FRIES u. E. BRANDES, A. 542, 48 (1939).
[3] E. ZIEGLER u. G. ZIGEUNER, M. 79, 42 (1948).

β) Veresterungen mit Mineralsäuren

Veresterungen von Resolen mit Mineralsäuren sind als elektrophile Substitutionen des hochreaktiven Hydroxybenzylcarbeniumions am Säureanion aufzufassen. Sie verlaufen demgemäß auch wesentlich leichter als die Veresterung von Mineralsäuren mit aliphatischen Alkoholen. Beispielsweise genügt häufig zur Herstellung von Hydroxybenzylchloriden einfaches Verrühren der Resole mit wäßriger Salzsäure. Die Überführung der Resole bzw. Resitole in die Benzylbromide kann zur Bestimmung der Hydroxymethyl- oder Dibenzyläthergruppierungen angewandt werden[1]. In der Tabelle 25 (S. 232 ff.) sind einige ausgewählte Beispiele zusammengestellt.

Die Hydroxybenzylhalogenide bzw. Hydroxybenzylpseudohalogenide wurden zur Aufklärung der Struktur von Phenolharzen und der Synthese definierter niedermolekularer oligomerer Phenolharz-Primärkondensate herangezogen; außerdem wurde ihr Auftreten bei der sauer katalysierten Phenol-Formaldehyd-Kondensation angenommen.

Hydroxybenzylhalogenide reagieren selbstverständlich mit Aminen, Alkoholen, Mercaptanen, Cyanid und Rhodanid. Auch die Ester der Resole mit organischen Carbonsäuren sind im alkalischen Bereich hydroxybenzylierende Agentien[2].

Einige difunktionelle, mehrkernige Brommethylresitole 4-substituierter Phenole sollen als Vulkanisationsmittel für Butylkautschuk Verwendung finden[3].

γ) Sauer katalysierte Selbstkondensation der Resole

Bei der Besprechung der Härtung von Novolaken (s. S. 213) wurde auf den Reaktionsverlauf über Hydroxybenzylcarbeniumionen verwiesen; letztere reagieren selbstverständlich auch mit den Hydroxymethylgruppen der Resole. Es ist also mit Kernkondensationsreaktionen und Verätherungsreaktionen zu rechnen.

Mit Methylenätherbrücken in Novolaken ist nur zu rechnen, wenn unter Verwendung von relativ viel Formaldehyd in mäßig saurer Lösung kondensiert wird, so daß nur jeweils ein Bruchteil der Hydroxymethylphenole in die Carbeniumionenform übergeht, dem ein großer Prozentsatz freies Hydroxymethylphenol gegenübersteht. Ein Überschuß an Formaldehyd führt im Falle höherfunktioneller Phenole (Phenol, m-Kresol, Bis-hydroxyphenyl-methan) zu Vernetzungen.

Die Ausbildung von Diphenylmethanen ist bei Verwendung von Phenolen, die durch raumerfüllende Alkylreste substituiert sind, gegenüber der Ätherbildung aus sterischen Gründen benachteiligt; infolgedessen kann man bei vorsichtiger Kondensation hier Novolake mit nennenswerten Mengen an Methyläthern erhalten. Eine Reihe von Modellreaktionen gibt Aufschluß über die relative Reaktivität der Resole.

Einige Primärprodukte der sauren Resolkondensation konnten neuerdings isoliert werden[4]. Das 4-Methyl-2-cyclohexyl-phenol liefert mit Formaldehyd und Schwefelsäure den entsprechenden Dibenzyläther (I), das Diphenylmethan (II) und ein cyclisches Acetal (III).

---

[1] H. S. Lilley u. D. W. Osmond, J. Soc. chem. Ind. **66**, 425 (1947).
[2] R. Barthel, B. **76**, 573 (1943).
[3] F. P. 1212867 (1957), Schenectady Varnish Co., Erf.: C. A. Braidwood.
[4] R. Wegler u. K. Faber, B. **82**, 327 (1949).

Nach Angaben von E. Imoto[1] betragen die *Aktivierungsenergien* für die sauer katalysierte Diphenylmethan- bzw. Ätherbildung aus Resolen 13,7 bzw. 27,4 kcal/Mol. Aus diesem Grund entstehen überwiegend Bis-hydroxyphenyl-methane, zumal eventuell entstehende Bis-hydroxy-benzyl-äther sauer leicht spaltbar sind.

δ) Säurehärtung der Resole[2]

Beim Erhitzen von o-Hydroxymethyl-phenol (Saligenin) (I) mit verdünnter Salzsäure entstehen vermutlich *Salireton* (II), *Dihydroxydibenzyläther* (III) und *o,o′-Dihydroxy-diphenylmethan* (IV); nach längerer Kondensationsdauer ist zusätzlich eine Dreikernverbindung nachweisbar.

Die Kondensation des p-Hydroxy-benzylalkohols (V) mit Phenol liefert *Bis-[4-hydroxy-phenyl]-methan* (VII), o,p′-Dihydroxy-m-hydroxymethyl-diphenylmethan (VI), sowie das Dreikernphenol (VIII).

[1] E. Imoto u. T. Kimura, J. chem. Soc. Japan, ind. Chem. Sect. **53**, 9 (1950); Chem. Abstr. **46**, 9883 (1952).

[2] J. Reese, Kunstst. **45**, 137 (1955).

Die gleichen Verbindungen können aber auch durch die saure Selbstkondensation von p-Hydroxy-benzylalkohol unter aufeinanderfolgender Formaldehydabspaltung und erneuter Anlagerung des Aldehyds entstehen.

Das o-Hydroxymethyl-phenol (IX) kondensiert sauer mit Phenol zu *o,p'-Dihydroxy-diphenylmethan* (X), dessen Hydroxymethylverbindung (XI), Bis-[2-hydroxyphenyl]-methan (XII) sowie zum Dreikernphenol (XIII).

In der technisch bedeutungsvollen Härtung von Resolen wird fast ausschließlich unter Bedingungen gearbeitet, bei denen die Resitstufe (über Methylengruppen vernetzte Phenole) erreicht wird. Die Eigenhärtung von Resolen wird in der Herstellung von Lackfilmen, Gießharzen und zu Verleimungen angewandt.

Die Reaktionsfähigkeit bzw. *Härtungsgeschwindigkeit* ist bei einem gegebenen Phenol weitgehend durch den Hydroxymethylgruppengehalt der Resole bestimmt. Hydroxymethylreiche Resole ergeben beispielsweise langsamer härtende Verleimungen, da bei der Säurehärtung erst unter Formaldehydabspaltung neue Kernkondensationsstellen gebildet werden müssen und eventuell zwischenzeitlich außerdem Benzyläther entstehen können, die erst nach Rückspaltung für Kernkondensationen zur Verfügung stehen. Sämtliche Reaktionen führen jedoch letztlich zur Resitstufe[1]. Das auf S. 237 gezeigte Schema gibt den Reaktionsablauf wieder.

Als Härtungskatalysatoren können alle starken Säuren[2] dienen, so z.B. Schwefelsäure[2,3], Toluolsulfonsäure und Phosphorsäure[2]. Latente, nur langsam säurebildende Härter sind z.B.Toluolsulfochlorid[4], Schwefelsäureester, chloressigsaure Salze[5] und Ester. Starke Säuren haben zwar eine hohe Katalysatorwirkung – ein Zusatz von 1–2% genügt – aber die Reihenfolge der Wirksamkeit der Säuren hängt auch von deren Löslichkeit |in den verschiedenen Resolen ab[5]. Die Härter werden dem Resol kurz vor Gebrauch zugesetzt und dann die Lösungen auf die Materialien aufgetragen.

Der Einfluß des p_H-Wertes auf die Härtung von Phenolharzen wurde untersucht[6].

Außer der Kenntnis des optimalen Härtungs-p_H-Wertes ist oft auch ein bestimmter p_H-Wert für die Lagerungsfähigkeit der Harze entscheidend; Resorcin-Formaldehydharze haben beispielsweise bei p_H 4,5–5,0 die geringste Reaktionsfähigkeit[7].

Resole werden bei der Gießharzherstellung meist mit der mild wirkenden, Wasser zurückhaltenden Milchsäure gehärtet, die hierbei auch chemisch in das Harz eingebaut wird (Beispiel 23, S. 279). Für säurehärtende Lacke werden z. T. direkt wasserlösliche Resole verwendet (Beispiel 21, S. 278).

Wird zur sauren Härtung von Resolen gleichzeitig eine gasbildende Komponente zugesetzt, z. B. Benzolsulfonsäure und Natriumhydrogencarbonat, so entstehen Phenolharzschaumstoffe[8]. Anstelle aromatischer Sulfonsäuren können auch Phosphatide, z. B. Glycerophosphorsäure, zusammen mit Natriumhydrogencarbonat verwendet werden[9]. Die resultierenden Schaumstoffe haben eine Dichte von 0,015–0,8, sind bis 130° stabil und weisen gute Säure- und Ölbeständigkeit auf[10].

Von der Möglichkeit zur sauer katalysierten Eigenhärtung von Resolen wird bei deren Verwendung in säurehärtenden Kitten Gebrauch gemacht. Resole in Mischungen mit Füllstoffen, wie Kieselgur, liefern beim Härten mit aromatischen Sulfonsäuren und konzentrierter Phosphorsäure säurefeste Kitte[11]. Resole aus 1 Mol Phenol und 1,4 Mol Formaldehyd können auch nachMischung mit Bariumsulfat durch p-Toluolsulfonsäurechlorid in der Kälte gehärtet werden[12]; andere Härterkombinationen bestehen aus p-chlormethyl-benzolsulfonsaurem Natrium und p-Toluolsulfochlorid[4]. Kitte, die auch zur Herstellung von Platten, Filtersteinen und Filterböden verwendet werden können, enthalten zusätzlich Äthylenchlorhydrin[13] oderChloralhydrat[14]. Eine weitere Ver-

[1] K. Hultzsch, Kunstst. 37, 205 (1947).
[2] F.P. 622369 (1926), Damard Lacquer Co.; C. 1928 II, 295.
     DRP.-Anm. R 2441 (1939), F. Raschig GmbH., Erf.: E. Dreher.
[3] DRP. 214194 (1909), Knoll & Co., Erf.: H. Lebach; Frdl. 10, 1345.
[4] DRP. 715163 (1937), I. G. Farb., Erf.: A. Brunner u. K. Dietz; C. 1942 I, (1945).
[5] A. Kraus, Lack- u. Farben-Z. 49, 52 (1944).
[6] G. E. Little u. K. W. Pepper, Brit. Plastics 19, 430 (1947).
[7] A. A. J. Sigtermans, Polytechn. Tijdschr., Uitg. A. 5, 370ᵃ (1950); Chem. Abstr. 44, 8157ᶜ (1950).
[8] A.P. 2446429 (1944), General Electric Co., Erf.: J. D. Nelson u. P. V. Steenstrup; Chem. Abstr. 42, 8524ᵍ (1948).
[9] A.P. 2772246 (1942), Lockheed Aircraft Corp., Erf.: E.Simon u. F.W.Thomas; Chem. Abstr. 51, 6228ᵉ (1957).
[10] F. Weissenfels, Kunstst. 51, 698 (1961).
[11] DRP.-Anm. R 2441 (1939), F. Raschig GmbH., Erf.: E. Dreher.
[12] DBP.-Anm. F 7636 (1945), Farbw. Hoechst, Erf.: K. Dietz.
[13] DBP. 865197 (1937), Farbw. Hoechst, Erf.: H. Greune, K. Dietz u. F. Privinsky; C. 1953, 4779.
[14] DBP. 908794 (1943), Farbw. Hoechst, Erf.: K. Dietz.

besserung der im Säurebau anwendbaren Harze erfolgt durch Verwendung des hochreaktiven 3,5-Xylenols[1], gegebenenfalls in Kombination mit Furfurol und Furfurylalkoholharzen[2]. Novolake, in denen die Benzolkerne vorwiegend in o-Stellung miteinander verknüpft sind (vgl. S. 208), gehen bei der Umsetzung mit Formaldehyd in Resole über, die viel p-Hydroxymethylgruppen enthalten; derartige Resole sind daher als raschhärtende Sperrholzkleber geeignet (Beispiel 22, S. 279)[3]. Bei Sperrholzverleimungen bewirkt ein Zusatz von Holzmehl und aktivem Aluminiumoxyd eine Herabsetzung der Preßtemperatur von 140° auf 100°[4]. Zur Härtung von Resolklebern werden aromatische Sulfonsäuren bei der Kaltverleimung eingesetzt[5]; auch ein Zusatz von Alkali- oder Erdalkaliphenolaten wirkt beschleunigend[6].

Der Zusammenhang zwischen Kondensationsgrad von säurehärtenden Phenolharzleimen und der Bindefestigkeit wurde untersucht[7]. Die hohe Reaktivität des Resorcins mit Resolen kann zur Herstellung von Klebern, jedoch auch von Gießharzen angewandt werden[8].

In einem Spezialverfahren kann Resorcin bereits trocken mit Paraformaldehyd unmittelbar vor dem Auftragen auf Textilmaterialien erhitzt und dann als Kleber auf Gummi verwendet werden[9].

Harze auf Resorcin-Basis finden breitere Anwendung zum Verkleben von Kautschuk mit Cord in der Reifenindustrie in Kombination mit Butadien-Vinylpyridin-Polymerisaten als Latices. Zu diesem Zweck wird Resorcin alkalisch mit Formaldehyd vernetzt und nach einiger Zeit zur Verklebung benutzt. Zweckmäßiger ist es jedoch, Resorcin in Gegenwart von Oxalsäure und weniger als molaren Mengen Formaldehyd zu einem noch wasserlöslichen Novolak zu kondensieren. Dieser kann dann nach Zugabe von weiterem Formaldehyd und Alkalischstellen sofort zur Kautschuk-Cord-Verklebung verwendet werden.

Acrylnitril-Butadien-Tieftemperaturpolymerisate liefern mit Resorcin in Gegenwart von Säuren Kondensate, die mit Formaldehyd oder mit Schwefel vulkanisierbar sind und gute Haftfestigkeit auf Cordgewebe aufweisen[10] (vgl. S. 801).

Butylkautschuk, ein Copolymerisat von Isobutylen mit maximal 3% Isopren, wird praktisch mit Resolen aus p-Alkyl-phenolen oder p-Chlor-m-xylenol[11] in Gegenwart von Zinn-(II)-chlorid, chloriertem Butylkautschuk o.ä. vulkanisiert. Ähnliche Produkte werden zur Verklebung von Poly-2-chlor-butadien verwendet.

Die Reaktivität der Resole mit Säureamiden macht sie als Kleber in Kombination mit Polyamiden geeignet. Dazu werden z.B. Metallfolien mit alkohollöslichen Resolen bestrichen und nach Zwischenlegen eines Polyamidfilms heiß verpreßt[12]. (Vgl. Reaktion der Resole mit Säureamiden, S. 250.)

Resolharze wurden auch als Formsandbinder in der Gießereiindustrie eingesetzt[13]; für diesen Zweck wurden auch Novolak-Hexamethylentetramin-Mischungen verwendet.

[1] DAS. 1021164 (1954) ≡ Österr. P. 196622 (1955), Farbw. Hoechst, Erf.: G. Lorentz-Andreae, K. Dietz u. H. Scherer; C. **1959**, 3989.

[2] DAS. 1083043 (1954), Farbw. Hoechst, Erf.: K. Dietz u. G. Lorentz.

[3] E.P. 773510, 773547, 773611 (1954), Distillers Co. Ltd., Erf.: D. A. Fraser, R. W. Hall u. A. L. J. Raum; C. **1958**, 8510; Chem. Abstr. **51**, 11765[h] (1957).

[4] DAS. 1046927 (1956), BASF, Erf.: O. H. Huchler u. H. Scheuermann.

[5] F.P. 1145603 (1956), Société industrielle de recherches et de fabrications, Erf.: J. Viguier; Chem. Abstr. **53**, 2310[h] (1959).

[6] A.P. 2736718 (1952), Norton Co., Erf.: C. S. Webber; Chem. Abstr. **50**, 9064[b] (1956).

[7] J. S. Sodhi, Holz Roh- und Werkstoff **14**, 303 (1956).

[8] A.P. 2614096 (1949), Borden Co., Erf.: R. J. Spaler; Chem. Abstr. **47**, 2544[f] (1953).

[9] A.P. 2746898 (1953), United States Rubber Co., Erf.: H. M. Buckwalter u. J. M. Almand; Chem. Abstr. **50**, 13495[d] (1956).

[10] F.P. 1100818 (1952) ≡ E.P. 743587 (1952), Dunlop Rubber Co., Ltd., Erf.: D. W. Lear; C. **1957**, 2374.

[11] DAS. 1122693 (1959), Goodyear Tire & Rubber Co.

[12] DBP.-Anm. C 10810 (1955), CIBA, Erf.: C. A. A. Rayner.

[13] K. Grassmann, Gießerei verein. Gießerei-Z. **30**, 246 (1943).

ε) Verätherung, Plastifizierung und Elastifizierung von Resolen

Die durch basisch katalysierte Kondensation gewonnenen Resole sind für eine Verwendung auf dem Lack- und Klebstoffsektor häufig zu spröde. Versuche, diese Sprödigkeit durch Zusatz von Weichmachern zu vermindern, führten infolge der geringen Verträglichkeit der Phenolharze zu keinem praktisch brauchbaren Ergebnis. Deshalb wurde eine Plastifizierung der Harze durch chemischen Einbau von weichmachenden Gruppen vorgenommen. Eine Plastifizierung wird im allgemeinen durch Verätherung oder Veresterung, sowie durch Umsetzung mit natürlichen, ungesättigten Ölen oder Harzen erreicht. Für eine Elastifizierung werden zweckmäßig Bis- oder Polyphenole eingesetzt, die durch elastische Zwischenglieder miteinander verbunden sind.

ε₁) *Plastifizierung durch Verätherung an der Hydroxymethylgruppierung*

Auf Grund der Tendenz zur Ausbildung von Hydroxybenzylcarbeniumionen werden Resole in sauer katalysierten Reaktionen relativ leicht mit Alkoholen veräthert oder mit Mercaptanen zu den entsprechenden Thioäthern umgesetzt[1]. Von der ersteren Reaktion wird weitgehend Gebrauch gemacht, um Resole zu modifizieren. Prinzipiell die gleichen Umätherungsreaktionen erfolgen mit Resitolen, d.h. mit Bishydroxybenzyl-ätherderivaten.

Die Verätherung der Resole kann auch im neutralen Medium ausgeführt werden. So entsteht bei der Umsetzung des *5-Methyl-1,3-bis-[hydroxymethyl]-phenols* mit Methanol bei 150° der entsprechende Dimethyläther[2].

Die Alkylierungsneigung der Resole unter basischer Katalyse kann ebenfalls zu ihrer Verätherung ausgenutzt werden.

Praktisch quantitativ verläuft die Methoxymethylierung des sterisch gehinderten *2,6-Di-tert.-butyl-phenols* (I) mit Formaldehyd-Methanol-Natronlauge bei 35–75° zu II[3]. Interessant ist hierbei der unterschiedliche Reaktionsverlauf in Methanol und Äthanol. In Äthanol entsteht das entsprechende Bis-[4-hydroxy-phenyl]-methan[4].

---

[1] J. W. RUDERMANN u. E. M. FETTES, Am. Soc. **71**, 2264 (1949).

[2] J. DE JONGE u. H. J. VAN DEN BERGH, R. **75**, 1214 (1950).

[3] DAS. 1 071 092 (1957), Farbf. Bayer, Erf.: R. SEYDEL u. R. STROH; Chem. Abstr. **54**, 21 829ᵉ (1960).
E.P. 814 278 (1957), Bataafsche (Shell).
A.P. 2 838 571 (1955), Ethyl Corp., Erf.: A. H. FILBEY; C. **1960**, 4026.

[4] M. S. KHARASH u. B. S. JOSHI, J. org. Chem. **22**, 1435 (1957).

Während normale Resole, also aus Phenolen und Formaldehyd durch basische Katalyse hergestellte Hydroxymethylphenole, in Wasser und Alkohol löslich sind, werden die Resoläther mit steigendem Verätherungsgrad und durch Einführung höherer Alkylreste zunehmend löslicher in Benzolkohlenwasserstoffen und mischbar mit natürlichen Harzen.

Da die Resole selbst reaktionsfähige aliphatische Alkohole darstellen, muß deren Selbstkondensation während der Verätherung durch Zusatz von viel Fremdalkohol vermieden werden. Praktisch benutzt man zur Verätherung vorwiegend n-Butyl-alkohol oder Isobutylalkohol (Beispiel 29, S. 281). Basische Resole, die durch Äthanolamin-Katalyse hergestellt wurden, also (β-Hydroxy-äthyl-amino)-benzyl-gruppen enthalten, veräthern mit Butanol langsamer als bei Anwendung von Säure-katalysatoren (Beispiel 38, S. 285).

Allgemein wird die Verätherung entweder bei 20° in stark saurer Lösung durch-geführt, oder es wird bei p_H 4–6 auf 100–120° erhitzt.

Das bei der Reaktion entstehende Wasser destilliert man bei technischen Verätherungen azeo-trop mit überschüssigem Alkohol und einer mit Wasser nicht mischbaren Schleppflüssigkeit kontinuierlich ab. Die Verätherungsreaktion läßt sich zweckmäßig durch die Menge des abge-spaltenen Wassers verfolgen; zusätzlich wird aber sicherheitshalber die Zunahme der Löslichkeit der Resoläther in aromatischen Kohlenwasserstoffen geprüft. Meistens werden hydroxymethyl-reiche Resole eingesetzt, die in einem großen Alkoholüberschuß nicht so leicht unter Ausbildung von Methylenbrücken zur Selbstkondensation neigen. Überhaupt ist es ein besonderes Kenn-zeichen der verätherten Resol-Lacke, daß sie weniger reaktionsfähig sind. Erst nach 1 stdg. Erhitzen auf 180° kondensieren sie zu unlöslichen Resiten. Unter praktischen Härtungsbedingungen bleibt jedoch ein Teil der Äthergruppen erhalten, und die höheren Alkoxyreste wirken als „innere Weichmacher" im eingebrannten Lack.

Diese innere Weichmachung kann durch Anwendung von langkettigen Polyhydr-oxyverbindungen noch wesentlich verstärkt werden[1].

Besonders elastische Einbrennlacke sollen durch Verätherung des Tris-hydroxy-methyl-phenols mit mehrwertigen Alkoholen, z.B. Äthylenglykol, Diäthylenglykol, teilverseiftem Polyvinylacetat, Sorbit oder Pentaerythrit, unter Zusatz von Phosphor-säure erhalten werden[2]. Als weitere Hydroxykomponente ist das Glycerin zu nennen[3]. In gleicher Weise eignen sich hydroxygruppenhaltige Polyäther[4]. Derartige Konden-sate gehen beim Einbrennen bei 150–170° in unlösliche, unschmelzbare, gegen Wasser, Alkalien und organische Lösungsmittel widerstandsfähige Lacke über[2].

Polyäther vom Molekulargewicht 800–1200, die aus 4-substituierten 2,6-Bis-hydr-oxymethyl-phenolen und Glykolen, z.B. 1,4-Butandiol, 1,3-Butylenglykol u.ä., erhal-ten werden, eignen sich, da sie in Benzin schwer löslich sind, als Weich- und Klebrig-macher für Butadien-Acrylnitril-Copolymerisate[5].

Hydroxygruppenhaltige Polyester, z.B. aus Adipinsäure und 1,1,1-Tris-[hydroxymethyl]-propan, ergeben bei der Verätherung mit Resolen ebenfalls elastische Phenol-Lackharze (Beispiel 30, S. 282). Da Resole oft in den elastifizierenden Hydro-xykomponenten nicht löslich sind, macht man von der Umätherung Gebrauch. Beispielsweise erhöht man die Löslichkeit eines Resols in einem Hydroxypolyester[6] oder in Ricinusöl durch Vorverätherung mit n-Butanol[6]. Anschließend wird unter

---

[1] A. GRETH, Farben, Lacke, Anstrichstoffe 3, 75 (1949).

[2] DAS. 1086889 (1957), Union Carbide Corp., Erf.: H. W. MACKINNEY u. C. Y. MEYERS.

[3] A.P. 2268946 (1940), W. Krumbhaar; Chem. Abstr. 36, 2963⁶ (1942).

[4] DBP.-Anm. p 18039 (1948), Farbf. Bayer, Erf.: R. WEGLER.

[5] DAS. 1121816 (1960), Phoenix Gummiwerke AG., Erf.: R. MEYER.

[6] DRP. 605917 (1931), Chemische Werke K. Albert GmbH.; Frdl. 21, 1584.

Abspaltung des Butylalkohols umgeäthert (Beispiele 30, S. 282, u. 35, S. 284). Beide Reaktionen können auch in einem Arbeitsgang ausgeführt werden. Eine partielle Kondensation der Resole zu resitolartigen Verbindungen erhöht ebenfalls die Löslichkeit in Ölen.

Gut in Resolen lösliche Komponenten, wie z. B. noch freie Hydroxygruppen enthaltende Polyester (Alkydharze) lassen sich auch mit allein nicht aushärtbaren Resolen, z. B. solchen aus p-tert.-Butyl-phenol, aushärten. Difunktionelle Hydroxyverbindungen, wie Monoglyceride von ungesättigten Fettsäuren[1], Poly-propylenglykoläther oder ähnliche, polare Gruppen enthaltende Verbindungen benötigen Bis-[4-hydroxy-phenyl]-propan, um direkt zu vernetzten Lackfilmen zu kondensieren[2].

Hydroxygruppenhaltige Polymere können infolge ihrer leicht möglichen Verätherung mit Resolen zur Verklebung herangezogen werden. Metall- oder Metall-Holz-Klebungen können z. B. so ausgeführt werden, daß man die Flächen mit einem Polyvinylacetalharz bestreicht und als Zwischenschicht ein Resol verwendet[3,4]. Selbstverständlich kann auch das Resol aufgestrichen und das Polyvinylacetalharz als Zwischenschicht verwendet werden. Die Herstellung elastischer Kleber für Schichtpapiere[5] und Leder-Gummi[6] kann auch durch Mischen eines Resols mit Polyvinylbutyral[5-7] erfolgen.

ε_2) Plastifizierung durch Veresterung an der Hydroxymethylgruppierung mit Carbonsäuren

Resole können auch mit Carbonsäuren modifiziert werden, da die Veresterung der Hydroxymethylgruppen vor deren Eigenverätherung abläuft. Diese Ester sind jedoch beim Erhitzen weniger stabil als die daraus z. T. entstehenden Resoläther.

Technisch wichtig sind die mit ungesättigten Fettsäuren[8] und Kolophonium kondensierten Resole. Ester aus Acrylsäure bzw. Methacrylsäure und Resolen wurden als härtbare und polymerisierbare Produkte beansprucht[9]. Resole des p-tert.-Butyl-phenols, mit ungesättigten Fettsäuren verestert, ergeben elastische Einbrennlacke.

Auch Carboxygruppen enthaltende Polyester (selbstverständlich können diese zusätzlich noch Hydroxygruppen enthalten) sind brauchbar (Beispiel 30, S. 282), so auch teilweise verseifter Polyacrylsäurebutylester.

Wird ein wasserlösliches, niedrig kondensiertes Resol eingesetzt und der teilverseifte *Polyacrylsäurebutylester* in Form seines ebenfalls wasserlöslichen Äthanolaminsalzes angewandt, so erhält man wässerlösliche Lackkombinationen (Beispiel 39, S. 285), aus denen beim Einbrennen, da alle Komponenten an der Vernetzung teil-

---

[1] A.P. 2088035 (1934), S. L. Saunders; Chem. Abstr. **31**, 6766[7] (1937).

[2] A.P. 2626249 (1947), H. Hönel u. H. Manzano; Chem. Abstr. **47**, 4106[e] (1953).

[3] DBP. 808476 (1948), Aero Research Ltd.; Chem. Abstr. **47**, 6186[f] (1953).

[4] A.P. 2499134 (1944), Rohm & Haas Co., Erf.: N. A. DE BRUYNE; Chem. Abstr. **44**, 7586 (1950).

[5] DAS. 1093443 (1955), N. V. Philips' Gloeilampenfabrieken, Erf.: T. C. ANALIST.

[6] E.P. 757901 (1953), I.C.I., Erf.: B. J. BALFE; C. **1958**, 4371.

[7] E.P. 601496 (1945), Bakelite Co., Erf.: E. E. BARTON u. A. M. JAMIESON.

[8] A.P. 2730511 (1953), General Mills Inc., Erf.: D. E. FLOYD; Chem. Abstr. **50**, 13474[d] (1956).
A.P. 2568119 (1950), Petrolite Corp. Ltd., Erf.: M. DE GROOTE u. B. KEISER; Chem. Abstr. **46**, 1297[f] (1952).

[9] DBP. 903864 (1939), Chemische Werke K. Albert GmbH., Erf.: A. v. PUTZER-REYBEGG; C. **1954**, 4739.

nehmen, hochelastische, völlig wasserunlösliche und lösungsmittelbeständige Lackschichten entstehen[1].

Selbst mit Resolen nicht verträgliche Butadien-Acrylnitril-Copolymerisate sind als Preßmassen verarbeitbar, sofern sie zusätzlich noch Carboxy-, Carbonsäureamid- oder Carbonylgruppen enthalten[2].

ε_3) *Elastifizierung durch Verwendung von Phenolen mit elastischen Zwischengliedern*

Die meisten elastifizierenden „inneren Weichmacher" verschlechtern, soweit sie nicht wie beispielsweise Polyvinylacetal selbst schwer verseifbar sind, die Alkali- und Säurestabilität der eingebrannten Lacke. Die Möglichkeit, Phenolharze mit Acrylnitril-Butadien-Copolymerisaten zu elastifizieren, bleibt auf härtbare Preßmassen beschränkt. Zur Elastifizierung wurden daher auch Polyphenole herangezogen, in denen die Phenolreste durch längere Paraffinketten miteinander verbunden sind.

Durch Anlagerung von Phenol in Gegenwart von Borfluorid an niedrigmolekulare Butadienpolymerisate oder abgebauten Kautschuk erhält man Polyphenole, die nach Umsetzung mit Formaldehyd elastifizierte Resole liefern. Diese sind leicht vernetzende Lackharze, die jedoch bisher nicht zum praktischen Einsatz gelangten, da die Herstellung genügend leichtlöslicher Vorkondensate schwierig ist.

Auch die Acylierung von Phenolen mit längerkettigen aliphatischen Dicarbonsäurechloriden und anschließende Reduktion der Ketogruppen unter Bildung von Alkylenbisphenolen führte zwar zu elastischen Formaldehydharzen[3], doch ist dieses Verfahren zu unwirtschaftlich.

Durch Kondensation von höher chlorierten Paraffinen (C_{15}–C_{20}) und Wachsen[4] mit Phenol in Gegenwart von Zinkchlorid erhält man Polyphenole, die nach Überführung in die Resole elastische, unverseifbare Einbrennlacke liefern (Beispiel 40, S. 286)[5]. Neben den Polyphenolen entstehen jedoch auch Mono- und Dialkylphenole, die eine schlechte Lösungsmittelbeständigkeit der eingebrannten Lacke verursachen.

Zweiwertige Phenole, wie z.B. *Resorcin*, lassen sich mit langkettigen, endständig dihalogenierten Äthern an je einer Hydroxygruppe veräthern. Die so erhältlichen Bisphenole kann man in üblicher Weise in Resole und Lackharzkombinationen überführen[6].

Aus den Früchten des Acajoubaumes wird ein Öl gewonnen, das zu etwa 10% aus einer Resorcinverbindung mit einer ungesättigten $C_{15}H_{27}$-Seitenkette[7] und zu

---

[1] H. Hönel, Ang. Ch. **65**, 327 (1953); ein diesbezügliches Produkt war 1945–46 von Farbf. Bayer im Handel.
  DBP.-Anm. 24181 (1948), Farbf. Bayer, Erf.: R. Wegler u. H. Kleiner.
[2] DBP. 950498 (1954), Farbf. Bayer, Erf.: D. Rosahl u. W. Graulich; C. **1957**, 3676.
[3] DRP. 870030 (1943), Dynamit AG., Erf.: H. Orth u. K. Raichle; C. **1955**, 225.
[4] F.P. 1142168 (1956), Comp. Française Thomson-Houston, Erf.: F. P. Florentine u. E. F. Fiedler; C. **1960**, 8029.
  W. R. Brookes, Ind. eng. Chem. **53**, 570 (1961).
  DAS. 1026071 (1954), H. Kölbel u. K. Wekua; C. **1959**, 3657.
[5] DBP.-Anm. p 18039 (1948), Farbf. Bayer, Erf.: R. Wegler.
  E.P. 558813 (1944), DuPont, Erf.: H. S. Rothrock; Chem. Abstr. **40**, 7700⁹ (1946).
[6] A.P. 2625530 (1949), Mississippi Valley Research Laboratories, Erf.: G. L. Doelling u. K. H. Adams; Chem. Abstr. **47**, 3613ᵇ (1953).
[7] V. J. Paul, N. T. Mathew, G. R. Mohan u. L. M. Yeddanapalli, Curr. Sci. **19**, 209 (1950); Chem. Abstr. **45**, 882ᵍ (1951).

16*

etwa 90% aus einer Salicylsäure mit demselben ungesättigten Alkylrest[1] besteht. Dieses *Cashewnußschalenöl* läßt sich decarboxylieren, und man erhält ein Phenol, in dem die ungesättigte Seitenkette metaständig ist. Resole aus diesem trifunktionellen Phenol sind benzinlöslich und härten zu unlöslichen, infolge innerer Weichmachung nicht spröden Lackfilmen. Über die Beteiligung der ungesättigten Seitenkette beim Einbrennen der Resole ist nur wenig bekannt. Die eingebrannten Lacke sind verhältnismäßig alkalifest, aber ziemlich dunkel gefärbt. Resole dieses m-Alkyl-phenols lassen sich leicht mit Kolophoniumestern und ungesättigten Ölen kombinieren und ergeben stark vernetzende Abwandlungsprodukte. Formaldehydharze des rohen Cashewnußschalenöles können zur Elastifizierung[2] von Preßmassen und Bremsbelägen herangezogen werden.

Auch andere Resole auf Phenolbasis werden in ähnlicher Weise mit Cashewnußschalenöl zur Herstellung von Drahtlacken elastifiziert[3].

Ausgehend von Cashewnußschalenöl läßt sich durch Anlagerung von Phenol an die Doppelbindung der in m-Stellung befindlichen ungesättigten Seitenkette ein Bisphenol darstellen, das ebenfalls als Grundlage für elastifizierte Resole und Polyepoxyde verwendet werden kann[4].

Die mitunter empfohlene Polymerisation von *Anacardöl* unter dem Einfluß von Phenolsulfonsäuren[5] dürfte wohl auch auf einer Anlagerung der Phenole an die olefinischen Doppelbindungen der Seitenkette beruhen. Hierdurch entstehen Polyphenole.

ε_4) Verätherung von Phenolharzen an der phenolischen Hydroxygruppe

Alle Phenol-Harzlacke weisen eine gewisse Alkaliempfindlichkeit auf, die ihre Verwendung einschränkt. Der Ersatz des Protons an der phenolischen Hydroxygruppe durch Carbonsäurereste brachte keine nennenswerte Verminderung dieser Alkaliempfindlichkeit. Auch die gegenüber Carbonsäurephenylestern wesentlich stabileren Sulfonsäureester von Resolen sind noch nicht ausreichend alkalistabil. Dagegen haben die relativ stabilen aliphatischen Phenoläther technisches Interesse erlangt. Besonders durch Verätherung mit niederen Alkylhalogeniden oder Schwefelsäureestern, z.B. Dimethyl-[6] oder Diäthylsulfat[7], erhält man stabile Äther von Resolen[6,8], deren Lacke gute Oberflächeneigenschaften und gute Flexibilität[7] aufweisen. Eine Reihe von 4-substituierten 2,6-Bis-[hydroxymethyl]-anisolen wurde beschrieben[9].

Anstelle von Formaldehydkondensaten einkerniger Phenole werden vorteilhaft Kondensationsprodukte des 2,2-Bis-[4-hydroxy-phenyl]-propans eingesetzt[10]. Die Verwendung derartiger polyfunktioneller Phenolderivate hat den Vorteil, daß bei

[1] A. E. Oates, Ind. Chemist **32**, Nr. 378, 322 (1956).

[2] A.P. 2551282 (1951), Congoleum-Nairn Inc., Erf.: L. B. Palmer u. R. W. Charlton; Chem. Abstr. **45**, 6857ᵃ (1951).

[3] DBP.-Anm. C 4501 (1951), W. Carstens, Erf.: J. Lebok.

[4] Irvington Varnish & Insulator Division, India Rubber Wld. **130**, 403 (1954).

[5] A.P. 2754283 (1952), Harvel Corp., Erf.: S. Caplan; Chem. Abstr. **50**, 15131ᶜ (1956).

[6] A.P. 2579330 (1951), General Electric Co., Erf.: R. W. Martin; Chem. Abstr. **46**, 3328ᵇ (1952).

[7] A.P. 2470130 (1945), Bakelite Corp., Erf.: H. L. Bender u. A. G. Farnham; Chem. Abstr. **43**, 5630 (1949).

[8] A.P. 2840542 (1955), Westinghouse Electric Corp., Erf.: J. H. Freeman u. L. E. Edelman; Chem. Abstr. **52**, 17812ᶠ (1958).

[9] E.P. 725782 (1953), General Electric Co.; C. **1956**, 8767.

[10] DAS. 1070763 (1951), Farbf. Bayer, Erf.: R. Wegler u. K. H. Mielke; C. **1960**, 8357.

der Resolherstellung keine niedermolekularen flüchtigen Lackbestandteile entstehen und daß die Kondensationsprodukte nach der Verätherung der phenolischen Hydroxygruppe mit anderen alkalisch unverseifbaren Filmbildnern, z. B. Polyvinylacetalen, verträglich sind.

Eine gleichzeitige Verätherung an der phenolischen Hydroxygruppe und an den Hydroxymethylgruppen führt zu Harzen, die mit Weichmachern und Polymerisaten gut verträglich sind[1, 2].

Auch die Alkalibeständigkeit und Elastizität von Epoxydharzen, auf der Basis verätherter Phenol-Formaldehyd-Kondensate, konnte verbessert werden[3].

Phenolharze, die an der phenolischen Hydroxygruppe längerkettige, nichtfunktionelle Reste tragen, können durch Umsetzung von Phenolharzen mit Alkylenoxyden und anschließende saure Verätherung der endständigen Alkoholgruppen erhalten werden[4].

Durch die Verätherung der phenolischen Hydroxygruppe von *Resolen* vermindert sich deren Reaktionsfähigkeit bei der thermischen Härtung. Deshalb werden zur Härtung 1–2% Säure zugesetzt. Als besonders zweckmäßig erwies sich die Verwendung von Phosphorsäure[1, 5] in Einbrennlacken, da sie zusätzlich auf Eisen als Unterlage korrosionsfeste Eisenphosphatüberzüge bildet (Beispiel 41, S. 286).

Mit größer werdenden Resten an der phenolischen Hydroxygruppe erfolgt die saure Härtung immer langsamer und unvollständiger. Die Grenze der für Lackzwecke brauchbaren Äther liegt schon bei den Äthyl- bzw. Allyläthern.

Lufttrocknende Resol-Harzlacke erhält man durch Einbau ungesättigter, zur Autoxydation neigender Reste. Zu diesem Zweck kann beispielsweise mit Allylhalogeniden[6, 7] oder Vinylhalogeniden[6, 7] veräthert werden. Die Herstellung des Trishydroxymethyl-phenolallyläthers (I) ist Gegenstand von Patenten[8, 9].

Der reine Äther (I) kann durch Hydrolyse des Trimethylsilylesters[10] gewonnen werden. Derartige Verbindungen stellen, wie z. B. auch das Phenoxybutenderivat (II), wertvolle Bindemittel für Schichtstoffe[9] und Ausgangsprodukte für alkalifeste, säurehärtende Lacke dar[9–11].

[1] DAS. 1 003 443 (1952), Farbf. Bayer, Erf.: R. WEGLER; C. **1957**, 9226.
[2] A.P. 2 606 929 (1951), General Electric Co., Erf.: R. W. MARTIN; Chem. Abstr. **47**, 1980^d (1953).
[3] DBP. 963 102 (1955), Chemische Werke K. Albert GmbH., Erf.: G. STIEGER u. K. H. KRISPIN; C. **1958**, 2881.
[4] A.P. 2 705 704 (1952), DuPont, Erf.: B. E. SORENSON; Chem. Abstr. **49**, 10637^f (1955).
[5] DRP.-Anm. C 1052 (1943), Chemische Werke K. Albert GmbH., Erf.: K. W. HERTHA.
[6] DRP. 352 003 (1920), Meilach Melamid; Frdl. **14**, 657.
[7] DRP. 436 445 (1921), A. Riebecksche Montanwerke AG.; Frdl. **15**, 1214.
[8] A.P. 2 579 330 (1951), General Electric Co., Erf.: R.W. MARTIN; Chem. Abstr. **46**, 3328^b (1952).
[9] F.P. 1 105 045 (1954), Comp. Française Thomson-Houston, Erf.: G. ALEXANDER; C. **1958**, 9921.
[10] A.P. 2 757 208 (1953), General Electric Co., Erf.: C.A. BURKHARD; Chem. Abstr. **51**, 2036^i (1957).
[11] DAS. 1 070 169 (1953) ≡ A.P. 2 636 875 (1952), General Electric Co., Erf.: R. W. MARTIN; C. **1954**, 7067.

Auch durch Formaldehydkondensation des Allylphenols und anschließende Verätherung der phenolischen Hydroxygruppe (III–V)[1] erhält man derartige Produkte.

Harzartige Kondensationsprodukte, die eine verbesserte Lichtechtheit aufweisen, erhält man aus dem Alkylierungsprodukt (VI) des *o,o'-Bis-[hydroxymethyl]-p-kresols* mit *Chloressigsäure*, das durch Erwärmen eine Selbstveresterung (zu VII) erleidet. Es resultieren Harze, die keine Säurezahl und eine Hydroxylzahl von 270–280 aufweisen[2].

Wie die Resole, so können auch Novolakharze durch eine Nachbehandlung mit Alkylierungsmitteln in lacktechnisch besser brauchbare Produkte mit schellackähnlichen Eigenschaften übergeführt werden. Beispielsweise liefern Phenol-Novolake mit Chloressigsäure Harze, die in schwachen Alkalien löslich sind[3,4]. Der Einbau von aliphatischen und aromatischen Carbonsäuregruppierungen kann durch gemeinsame alkalikatalysierte Kondensation von *Salicylsäure* und *p-Hydroxy-benzoesäure*[5–7] erfolgen, wobei weniger als ein Mol Formaldehyd pro Mol der phenolischen Komponente angewandt wird.

Die alkalikatalysierte Kondensation von Salicylsäure mit Formaldehyd verläuft nur langsam[4–7]. Salicylsäure kann auch zusammen mit Anisol[8], Salicylsäureester[9],

[1] A. P. 2707715 (1952), General Electric Co., Erf.: R. W. Martin; Chem. Abstr. **49**, 11298[d] (1955).

[2] DBP. 884109 (1943), Deutsche Hydrierwerke AG., Erf.: W. Gündel; C. **1954**, 895.

[3] DRP. 439962 (1920), I. G. Farb.; Frdl. **15**, 1219.

[4] DRP. 449276 (1920), I. G. Farb.; Frdl. **15**, 1220.

[5] DRP. 339495 (1919), Farbw. Hoechst; Frdl. **13**, 656.

[6] DRP. 357757 (1920), Farbw. Hoechst; Frdl. **14**, 1159.

[7] DRP. 386733 (1920), Farbw. Hoechst; Frdl. **14**, 1163.

[8] DRP. 710768 (1938), I. G. Farb., Erf.: W. Bunge, G. Spielberger u. O. Bayer; C. **1942** I, 116.

[9] DRP. 710553 (1937), I. G. Farb., Erf.: W. Bunge, G. Spielberger u. O. Bayer; C. **1942** I, 117.

o-Chlor-phenol[1] oder Naphthalin[2] zweckmäßig unter stark saurer Katalyse zu alkalilöslichen Harzen umgesetzt werden[3,4]. Salicylsäureharze finden als Tanninersatz oder als Gerbstoffzwischenprodukte Verwendung.

Durch eine etwa 70–90%ige Verätherung der phenolischen Hydroxygruppen eines Novolaks mit *α-Chlormethyl-naphthalin* wird das Harz in aromatischen Kohlenwasserstoffen und fetten Ölen löslich; sein Erweichungspunkt[5] erhöht sich um 30–35°. Die Modifizierung von Novolaken mit ungesättigten Kohlenwasserstoffen, z.B. Styrol, und anschließende Verätherung der phenolischen Hydroxygruppe wurde in einem Patent beansprucht[6].

Novolake, die in Butanol und Holzöl löslich sind, erhält man durch Kernsubstitution mit *Styrol* in Gegenwart von Borfluorid und anschließende Verätherung mit Diäthylsulfat[6].

Während die tert.-Butyl-phenol-Formaldehyd-Harze in Benzinkohlenwasserstoffen praktisch unlöslich sind, kann durch eine Alkoxylierung, insbesondere Propoxylierung, an der phenolischen Hydroxygruppe, eine vollkommene Benzinlöslichkeit erzielt werden[7].

ζ) Stickstoffhaltige Resole

In Übereinstimmung mit der sauer katalysierten Verätherung von Resolen erfolgt bei der Reaktion mit Aminen in Gegenwart von Aminhydrochloriden eine Aktivierung zur Hydroxybenzylcarbeniumstufe, und unter Aminierung entsteht das Hydroxybenzylamin[8,9].

Hydroxybenzylamine entstehen auch, wenn man anstatt der Resole *Bis-hydroxybenzyl-äther*, *Bis-hydroxybenzyl-amine* oder *Tris-hydroxybenzyl-amine* mit Aminen oder Aminhydrochloriden umsetzt[9,10]. Diese Reaktionen verlaufen prinzipiell analog, nur ist die Reaktionsfähigkeit der Äther und Amine geringer als die der freien Resole.

[1] DRP. 714819 (1939), I. G. Farb., Erf.: J. HUISMANN; C. **1942** I, 2463.
[2] DRP. 728980 (1938), I. G. Farb., Erf.: G. SPIELBERGER, O. BAYER u. W. BUNGE; C. **1943** I, 2758.
[3] DRP. 710768 (1938), I. G. Farb., Erf.: W. BUNGE, G. SPIELBERGER u. O. BAYER; C. **1942** I, 116.
[4] DRP. 710553 (1937), I. G. Farb., Erf.: W. BUNGE, O. BAYER u. G. SPIELBERGER; C. **1942** I, 117.
[5] S. N. USCHAKOW u. R. M. ROSINKAYA, Ž. prikl. Chim. 244 (1939); C. **1939**, 2974.
[6] E.P. 774583 (1954), Distillers Co. Ltd., Erf.: B. R. HOWE u. J. H. W. TURNER; C. **1958**, 9075.
[7] DAS. 1106066 (1951), Farbf. Bayer, Erf.: W. BUNGE, O. BAYER, E. KLAUKE u. H. HERTLEIN.
[8] K. FRIEDRICH u. H. KREUSCHNER, Ang. Ch. **72**, 780 (1960).
[9] G. ZIGEUNER u. H. WEICHSEL, M. **86**, 154 (1955).
[10] G. ZIGEUNER u. H. WEICHSEL, M. **85**, 457 (1954).

$$X = O, NH, N-CH_2 \cdots \qquad + = -C(CH_3)_3$$

Da die vorstehende Aminierungsreaktion auch mit **Ammoniak, aliphatischen** und **aromatischen Aminen** ohne zusätzliche Katalysatoren abläuft[1], kann in diesem Fall eine Beteiligung des Protons der phenolischen Hydroxygruppe angenommen werden. Dabei besteht einmal die Möglichkeit, daß die Aminierung nach dem Schema einer basenkatalysierten Reaktion analog der Verätherungsreaktion abläuft [a] (vgl. S. 231, 240), oder daß eine nucleophile Substitution am Hydroxybenzylalkohol bzw. dessen Anion durch das Amin erfolgt; gegebenenfalls unter Mitwirkung des durch Phenol protonierten Amins [b].

Neben der Reaktion der Resole mit dem Stickstoffatom ist bei Verwendung aromatischer Amine auch mit **Kernkondensationen** zu rechnen. Es entstehen hierbei gemischte Amino-hydroxy-diphenylmethane, die noch Hydroxymethylgruppierungen enthalten und hitzehärtbar sind (Beispiel 58, S. 291).

---

[1] A.P. 2585196 (1946), Union Carbide Corp., Erf.: R. K. Walton, Chem. Abstr. **46**, 4275[i] (1952).
M. Noda, J. org. Chem. **24**, 1209 (1959).
H. v. Euler u. N. Nyström, J. pr. [2] **159**, 121 (1941).

$$\text{HO–C}_6\text{H}_3(\text{CH}_2\text{OH})(\text{CH}_2\text{–OH}) \ + \ \text{C}_6\text{H}_5\text{NH}_2 \ \rightarrow \ \text{HO–C}_6\text{H}_3(\text{CH}_2\text{OH})(\text{CH}_2\text{–C}_6\text{H}_4\text{NH}_2) \ + \ \text{H}_2\text{O}$$

Nach einem Zusatz von *Hexamethylentetramin* sind die aminierten Resole in Gegenwart von Füllstoffen als Schnellpreßmassen verarbeitbar. Sie unterscheiden sich von den üblichen Resolen und Novolaken vor allem durch ihren amphoteren Charakter. Unter Anwendung von genügend Amin entstehen bei nicht zu hohem Kondensationsgrad Harze, die auf Grund des Amingehaltes in Säuren und auf Grund des Phenolanteils in Laugen löslich sind.

Ähnliche Harze erhält man bei der gemeinsamen Kondensation von Ammoniak oder Aminen mit Phenolen und *Formaldehyd*. Besonders die reaktionsfähigen zweiwertigen Phenole, wie *Resorcin* und *Brenzcatechin*, liefern bei der Kondensation mit Ammoniak, aliphatischen oder aromatischen Aminen und Formaldehyd wasserlösliche amphotere Harze, die als Gerbstoffe verwendet werden können[1] (Beispiele 13–16, S. 276, 277). (Vgl. Abschnitt „Gerbstoffe auf Phenolbasis", S. 263.)

Zur Herstellung von Ionenaustauschern wird die Aminierung von Resolen (Beispiel 57, S. 290) oder die gemeinsame Kondensation von Triäthylentetramin, Phenol und Formaldehyd durchgeführt (Beispiel 56, S. 290). (Vgl. Abschnitt „Ionenaustauscher", S. 266.)

Reaktionsprodukte von Ammoniak mit Phenolen und Formaldehyd schmelzen meist ziemlich hoch (innere Salzbildung und vernetzende Wirkung des trifunktionellen Ammoniaks). Der Stickstoffgehalt derartiger Harze schwankt stark mit der Menge des angewandten Ammoniaks und der Höhe der Kondensationstemperatur und beträgt zwischen 1,5 und 10%.

Die Reaktionen von Ammoniak mit Phenolen und Formaldehyd stellen im Grunde eine Kondensation von Hexamethylentetramin mit Phenolen dar, denn aus Formaldehyd und Ammoniak bildet sich sehr rasch Hexamethylentetramin; dabei werden 81 kcal/Mol Wärme frei[2]. Formaldehyd ist sogar in der Lage, mit Ammoniumchlorid unter Abspaltung von Salzsäure zu Hexamethylentetramin zu reagieren[3]. Es sind also alle die Reaktionen zu erwarten, die auch bei der Phenol-Hexamethylentetramin-Kondensation auftreten (vgl. S. 215 ff.).

Ein spezielles stickstoffhaltiges Phenolharz, das zur Herstellung flammwidriger, faserverstärkter Schichtstoffe geeignet ist, entsteht bei der gemeinsamen Kondensation von Dicyandiamid, Phenol (0,8–2 : 1) und Formaldehyd in Gegenwart von Triäthanolamin. Dieses Harz ist in wäßrigem Alkohol löslich und wird als Streichlösung zusammen mit Hexamethylentetramin aufgetragen und verpreßt[4].

Außer Hexamethylentetramin können auch aminobenzylierende Agentien mit nucleophilen Komponenten, wie Phenol, zur Reaktion gebracht werden. Auf dieser Reaktionsmöglichkeit beruht die Umsetzung von polymerem *Anhydro-(p-aminobenzylalkohol)* (I) mit *Phenolen* oder *Novolaken*.

Da sämtliche Reaktionen, die möglicherweise über Methylencarbeniumionen ablaufen, Gleichgewichtsreaktionen darstellen, ist die Umsetzung von Phenolen bzw. Novolaken mit polymerem Anhydro-(p-amino-benzylalkohol) erklärbar.

[1] DBP. 972250 (1951), Farbf. Bayer, Erf.: M. MEISTER u. G. MAUTHE; C. **1960**, 353.

[2] O. VLK, Plaste u. Kautschuk **4**, 127 (1957).

[3] F. SEEBACH, Ch. Z. **62**, 569 (1938).

[4] DAS. 1046305 (1957) ≡ A.P. 2824849 (1956), Westinghouse Electric Corp., Erf.: J.F. BOINEY; C. **1960**, 3715.

Ein härtbares Harz entsteht durch alkalische Kondensation von Phenol mit Formaldehyd zu einem Resol und Umsetzung mit *Anilin* nach vorhergehender Neutralisation (vgl. Beispiel 58, S. 291). Das Harz ist alkohollöslich und kann zwischen 150–180° bei der Herstellung von Schichtpapieren verarbeitet werden[1,2]; die gleichen Harze entstehen aus polymerem *Anhydro-(p-amino-benzylalkohol)* bzw. Anilin und *Formaldehyd*, gegebenenfalls zusammen mit *Furfurol*[1,2].

Sauer kondensierte Harze aus *o-Amino-diphenylamin* und *Formaldehyd* sind mit schmelzbaren Resorcin-resolen härtbar[3]. Resole oder Novolake in Mischung mit Formaldehyd und aromatischen Aminen liefern, wie auch die mit Formaldehyd, Phenol und aromatischen Aminen gemeinsam vorkondensierten Produkte[4], hitzehärtbare Harze.

Klebefreie Amin-Formaldehyd-Harze entstehen besonders bei der Kondensation von Resolen und Novolaken mit o-Toluidin in Gegenwart von Pyridinoxalat und niederen aliphatischen Alkoholen. Diese Mischharze sollen außerordentlich kurze Härtungszeiten aufweisen und können für Preßmassen und Schichtstoffe verwendet werden[5]. Allgemein sind also außer den Novolaken auch die Mischkondensate von Phenolen und aromatischen Aminen durch „Hexamethylentetramin" härtbar.

Auch Acylamide reagieren mit Resolen, wobei unter Wasseraustritt N-Acylhydroxy-benzylamine entstehen. So erhält man aus *4,6-Dimethyl-2-hydroxymethylphenol* und Urethan das entsprechende *Benzylurethan* (II); mit Harnstoff besteht auch die Möglichkeit eines Ringschlusses zu *Cumarazonen* (III)[6].

Die Umsetzung der *Leinölfettsäureamide* mit *2,6-Bis-[hydroxymethyl]-p-kresol* führt zu Lacken, die in Gegenwart von Kobalt-(II)-, Blei-(II)- oder Mangannaphthenat lufttrocknend sind oder bei 170° eingebrannt werden können (Beispiel 18, S. 277).

Resole kondensieren mit Harnstoff in Gegenwart von Benzolsulfonsäure zu Lacken[7], Preßmassen[8], Schichtstoffen[9] bzw. zusammen mit Harnstoff-Formaldehyd-Harzen unter Zusatz von festigkeitsverstärkenden Fasern zu phenolmodifizierten

---

[1] DRP. 673653 (1933), CIBA; Frdl. **25**, 1154.

[2] DBP. 883651 (1944), Bakelite GmbH., Erf.: K. HANNEMANN; C. **1954**, 208.

[3] A. P. 2432544 (1942), Koppers Co. Inc., Erf.: P. H. RHODES; Chem. Abstr. **42**, 2135[b] (1948).

[4] E. P. 433666 (1934), A. Nowak AG., Erf.: R. HESSEN u. K. A. SCHUCH; C. **1936**, 901.

[5] DDRP. 9980 (1953), R. Neumann; C. **1957**, 3405.

[6] N. NYSTRÖM, Kunststoff-Techn. u. Kunststoff-Anwend. **12**, 81 (1942).

[7] DRP.-Anm. R 2442 (1939), F. Raschig GmbH., Erf.: E. DREHER.

[8] DRP. 734671 (1937), I. G. Farb., Erf.: G. BALLE; C. **1943** II, 376.

[9] DAS. 1061070 (1953), T. Goldschmidt AG., Erf.: U. HOLTSCHMIDT u. K. SCHMIDT; C. **1960**, 2024.

Harnstoff-Formaldehyd-Preßmassen[1]. Die letztere Reaktion wird auch zur Herstellung von Lackharzen auf der Basis Formaldehyd-Harnstoff angewandt.

Die Mischkondensation mit Melamin wird bei p_H 10–12 durchgeführt. Derartige Harze können mit Hexamethylentetramin gehärtet werden[2]. Größere praktische Anwendung finden solche Mischkondensate als Schichtstoffe für Holz.

Auch andere polyfunktionelle Amide können mit polyfunktionellen Resolen ausgehärtet werden.

η) Basisch katalysierte Selbstkondensation der Hydroxymethylphenole

$η_1$) Modellreaktionen

Analog der langsam verlaufenden basenkatalysierten Verätherung der Hydroxymethylphenole mit aliphatischen Alkoholen erfolgt eine Reaktion der Hydroxymethylphenole untereinander; jedoch überwiegt in diesem Fall die C-Alkylierung am Hydroxymethylphenolat die Alkylierung der Benzylalkoholgruppe zum Bis-hydroxybenzyl-äther. Dies wirkt sich so aus, daß bei der Alkalibehandlung von Hydroxymethyl-phenolen[3,4] oder der alkalischen Kondensation von Phenolen mit Formaldehyd im Unterschuß Bis-hydroxyphenyl-methane bzw. deren Hydroxymethylverbindungen entstehen.

Ebenso wie die Hydroxymethylphenole[4,5] gehen auch die entsprechenden Dibenzyläther[4] beim Erhitzen mit wäßrigem Alkali in Diphenylmethane über.

---

[1] A.P. 2806826 (1954), DuPont, Erf.: E. N. SQUIRE; C. **1959**, 11747.

[2] A.P. 2826559 (1954), American Cyanamid Co., Erf.: J. H. UPDEGRAFF u. N. R. SEGRO; Chem. Abstr. **52**, 10652ᵃ (1958).

[3] K. HULTZSCH, Kunstst. **37**, 205 (1947).
    H. v. EULER u. Mitarbb., Ark. Kemi **15** A, Nr. 14, 1 (1942).
    K. AUWERS, B. **40**, 2524 (1902).
    J. REESE, Kunstst. **45**, 137 (1955).
    A. ZINKE u. E. ZIEGLER, B. **77**, 264 (1944).
    K. FRIES u. K. KANN, A. **353**, 350 (1902).
    E. ZIEGLER u. R. KOHLHAUSER, M. **79**, 92, 94 (1948).
    A. ZINKE, F. HANUS u. E. ZIEGLER, J. pr. [2] **152**, 126 (1939).
    F. HANUS u. E. FUCHS, J. pr. [2] **153**, 327 (1939).
    A. ZINKE u. E. ZIEGLER, B. **74**, 541 (1941).
    K. FRIES u. K. KANN, A. **353**, 350 (1902).

Die erste Phase bei der Umwandlung der Bis-hydroxybenzyl-äther in Diphenylmethane entspricht einer Umkehrung der Bildungsreaktion; anschließend erfolgt eine Diphenylmethanbildung zwischen zwei Hydroxymethylphenolen.

Es gelingt meist nicht, die Hydroxymethylphenole abzufangen, da bei der alkalischen Rückspaltung der Dibenzyläther die Bruchstücke I und II sofort miteinander reagieren, wobei unter Eliminierung von Formaldehyd das Bis-hydroxyphenylmethan resultiert. Deshalb enthalten bereits Resole, die bei etwa 60–80° durch mehrstündige Kondensation mit alkalischen Katalysatoren hergestellt wurden, durch Methylengruppen verbundene Mehrkernverbindungen.

Eine Untersuchung des Reaktionsverlaufes der alkalischen Resolumwandlung mit Hilfe der zweidimensionalen Papierchromatographie[1] gab Aufschluß über das unterschiedliche Verhalten der o- und p-Hydroxymethyl-phenole.

p-Hydroxymethyl-phenol (III) kondensiert alkalisch unter Abspaltung von Formaldehyd zum Bis-[4-hydroxy-phenyl]-methan (IV), wobei der hierbei resultierende Formaldehyd sowohl mit p-Hydroxymethyl-phenol zum *2,4-Bis-[hydroxymethyl]-phenol* (V) als auch mit *Bis-[4-hydroxy-phenyl]-methan* zur entsprechenden Monohydroxymethyl-Verbindung (VI) weiterreagieren kann.

In Gegenwart von *Phenol* erfolgt die alkalische Kernkondensation des p-Hydroxymethyl-phenols (VII) in p-Stellung des Phenols (VIII). Das Auftreten des o,p-Bis-[hydroxymethyl]-phenols (IX), das mit Phenol das gleiche Monohydroxymethyl-diphenylmethan (X) liefert wie Bis-[4-hydroxy-phenyl]-methan (VIII) mit Formaldehyd, zeigt deutlich den komplexen Reaktionsverlauf[1].

E. Ziegler[2] diskutiert die Untersuchungen, die über die alkalische Kondensation von Resolen durchgeführt wurden[3], und kommt zu dem Schluß, daß die basisch katalysierte Kondensation von Resolen zu Diphenylmethanderivaten nur unter Eliminierung von Wasser und

[1] J. Reese, Kunstst. **45**, 137 (1955).
[2] E. Ziegler u. G. Zigeuner, Kunstst. **39**, 191 (1949).
[3] F. Hanus, J. pr. [2] **155**, 317 (1940).
    E. Ziegler u. G. Zigeuner, M. **79**, 42 (1948).

Formaldehyd (und nicht von Wasser allein) abläuft; der abgespaltene Formaldehyd wird zur Bildung neuer Hydroxymethylgruppen verbraucht.

Das im alkalischen Medium sehr stabile o-Hydroxymethyl-phenol (XIII)[1] liefert beim Erhitzen in zehnprozentiger Natronlauge nur wenig o,p′-Dihydroxy-m′-hydroxy-methyl-diphenylmethan (XIV). An diesem Reaktionsverlauf ändert sich auch in Gegenwart von Phenol nichts.

E. Ziegler[2] fand bei seinen Untersuchungen über die Diazoniumspaltung von Resolen einen gewissen Zusammenhang zwischen der Stabilität der Hydroxymethylphenole gegen Diazoniumverbindungen und ihrer Neigung, durch alkalikatalysierte Selbstkondensation Diphenylmethane auszubilden[1].

Für die Praxis der Phenolharzherstellung ist sicher das Ergebnis dieser Untersuchungen von Bedeutung, daß Hydroxymethylphenole, die gegen Alkali relativ stabil sind, bei der Kondensation Produkte von Resolcharakter liefern, während in Alkali weniger stabile Hydroxymethylphenole unter Formaldehydabspaltung Methylengruppen ausbilden und so novolakähnliche Produkte geben[3].

η_2) *Basisch katalysierte Novolakbildung*

Aus dem vorangehenden Abschnitt ist ersichtlich, in welcher Weise Hydroxymethylphenole durch Selbstkondensation in Bis-hydroxyphenyl-methane übergehen. Prinzipiell ist mit dieser Reaktion bereits bei der Herstellung von Hydroxymethylphenolen und Resolen zu rechnen.

Ob bei der basischen Phenol-Formaldehyd-Kondensation R e s o l e oder direkt N o v o l a k e entstehen, hängt von den Molverhältnissen und den Arbeitsbedingungen ab. Die basisch katalysierte N o v o l a k herstellung[4,5] erfordert h ö h e r e Kondensationstemperaturen und einen Überschuß an Phenol[5,6]. Die entstehenden Novolake sind,

[1] E. Ziegler, B. **74**, 841 (1941).
[2] E. Ziegler u. G. Zigeuner, M. **79**, 42 (1948).
[3] E. Ziegler, Öst. Chemiker-Ztg. **49**, 92 (1948).
[4] A.P. 2 617 785 (1947), Union Carbide & Carbon Co., Erf.: E. G. K. Pritchett u. G. Barnett.
[5] E.P. 389 099 (1931), Bakelite Gesellschaft, Erf.: F. Seebach; C. **1933** I, 4051.
[6] R. Balló u. J. Gészy, Mag. chem. Folyóirat **63**, 351 (1957).

da sie z. T. über Tris-hydroxymethyl-phenol entstehen, stärker verzweigt, als entsprechende sauer kondensierte Harze[1]. Deshalb muß zur basisch katalysierten Novolakherstellung im Vergleich zur sauren Kondensation das Formaldehyd-Phenol-Verhältnis noch weiter verringert werden.

Zur Herstellung von Novolaken durch basische Katalyse werden zwei Mol Phenol mit etwa einem Mol Formaldehyd unter dem Einfluß von etwas Ammoniak oder Magnesiumoxyd o. ä. zur Reaktion gebracht, und das Resol wird, ohne vorher das Phenol abzudestillieren, einer Nachbehandlung bis 160° unterworfen, wobei sich durch Methylengruppen verknüpfte Kondensationsprodukte aus dem ursprünglich gebildeten Hydroxymethylphenol und restlichem Phenol bilden; erst zuletzt darf überschüssiges Phenol im Vakuum entfernt werden (Beispiel 24, S. 280).

Die Kondensation des Furfurols mit Phenol zu Novolaken wird ausschließlich basisch katalysiert durchgeführt; ihre Beschreibung erfolgt im Abschnitt „Spezielle Novolake", S. 212.

Schnellhärtende Harze entstehen bei Verwendung von *Phenol-Resorcin-Gemischen* (100 : 25 bis 100 : 45). Als Härtungsmittel werden in diesem Falle Resole oder Hexamethylentetramin verwendet[2].

Unter der Einwirkung von Diazoniumsalzen auf Hydroxymethylphenole, z. B. *6-Hydroxy-3,5-dimethyl-benzylalkohol*, in alkalischer Lösung erfolgt eine Kupplung unter Eliminierung von Formaldehyd[3].

Bei einer Auswahlmöglichkeit der Reaktion an o- oder p-ständigen Hydroxymethylgruppen (I) erfolgt bevorzugt eine p-Kupplung[4] (II), ähnlich der bevorzugten p-Kondensation von 4,6-Bis-[hydroxymethyl]-o-kresol im alkalischen Medium zum Diphenylmethan (III)[5].

Die Eliminierung einer o-Hydroxymethyl-Gruppe durch Diazoniumverbindungen erfolgt nur bei p-substituierten Resolen[6]; o-Hydroxymethyl-phenol (Saligenin) wird in p-Stellung angekuppelt[7]. Mit den hochreaktiven p-Nitro-benzoldiazoniumverbindungen erfolgt sogar eine Diphenylmethanspaltung[8].

[1] R. W. MARTIN, The Chemistry of Phenolic Resins, S. 108, J. Wiley & Sons, New York 1956.
[2] A.P. 2513274 (1947), Monsanto Chemical Co., Erf.: R. A. BARKHUFF jr.; Chem. Abstr. 44, 9725ᵍ (1950).
[3] E. ZIEGLER u. G. ZIGEUNER, M. 79, 42 (1948).
[4] E. ZIEGLER u. R. KOHLHAUSER, M. 79, 92 (1948).
[5] A. ZINKE, F. HANUS u. E. ZIEGLER, J. pr. [2] 152, 126 (1939).
[6] E. ZIEGLER, G. ZIGEUNER u. A. KAINZER, M. 80, 295 (1949).
[7] E. ZIEGLER u. G. ZIGEUNER, M. 79, 89 (1948).
[8] E. ZIEGLER u. G. ZIGEUNER, M. 79, 363 (1948).

ϑ) Thermische Selbstkondensation der Hydroxymethylphenole (Eigenhärtung der Resole)

Die im Abschnitt „Verätherung und Elastifizierung der Resole" (S. 240) genannten Verätherungsreaktionen von Resolen erfolgten im wesentlichen unter Anwendung von zusätzlichen alkoholischen Komponenten. Für die Verwendung von Resolen in Preß-massen, Kleb- und Schichtstoffen ist die leichte Verätherung der Hydroxymethyl-phenole untereinander von Bedeutung. Diese kann sowohl rein thermisch als auch durch saure oder alkalische Katalyse durchgeführt werden.

Als einfachstes Modell einer thermischen Kondensation sei die Entstehung des Bis-[2-hydroxy-3,5-dimethyl-benzyl]-äthers[1] genannt.

Auch o-Hydroxymethyl-phenol bildet beim Erhitzen auf 140° Bis-[2-hydroxy-benzyl]-äther[2].

Dibenzyläther werden beim Kochen mit Bromwasserstoffsäure zu Brommethylverbindungen gespalten, deren Bromgehalt ein Maß für die Zahl der Benzyläthergruppen ist (vgl. S. 230 ff.). Mit dieser „HBr-Methode" wurde die thermische Stabilität der Hydroxybenzyläther untersucht.

Die Polybenzylätherbildung wurde in weiteren zahlreichen Fällen studiert[1,3]. Auf Grund von Röntgenstrukturuntersuchungen und Schmelzpunktsvergleichen konnte aber auch aus o-Hydroxymethyl-p-kresol bereits innerhalb von 30 Minuten eine Diphenylmethanbildung bei 130° beobachtet werden[4].

Bis zu einer Temperatur von ca. 155° erfolgt beim p-tert.-Butyl-o,o'-bis-hydroxy-methyl-phenol im wesentlichen eine Polyätherbildung unter Wasserabspaltung. Es entstehen dabei Produkte mit mittleren Molekulargewichten um 1420, was einem Molekül mit 7 bis 8 ätherartig verknüpften Phenolbausteinen entspricht. Wird bei noch höheren Temperaturen gehärtet, so erfolgt eine grundlegende Änderung der Struktur der Polymeren. Die nach der „HBr-Methode" bestimmten Benzyläther-gruppierungen nehmen mit steigender Härtungstemperatur immer mehr ab; gleich-zeitig erfolgt eine Abspaltung von Formaldehyd unter Molekulargewichtsverminderung (bei 170–200°)[5].

---

[1] A. Zinke u. E. Ziegler, B. 74, 541 (1941).
[2] E. Ziegler u. K. Lercher, B. 74, 841 (1941).
[3] E. Ziegler u. R. Kohlhauser, M. 79, 92 (1948).
   H. Kämmerer, Makromolekulare Chem. 8, 98 (1952).
   H. v. Euler, E. Adler u. S. Tingstam, Ark. Kemi 15 A, Nr. 14, 1 (1941).
[4] N. J. L. Megson u. W. A. Wood, Nature 140, 642 (1937).
[5] A. Zinke, E. Ziegler u. J. Hontschik, M. 78, 317 (1948).
   E. Ziegler u. J. Hontschik, M. 78, 327 (1948).

Da technische Resole Gemische aus ein- und mehrkernigen Hydroxymethylphenolen darstellen, führt die thermische Härtung von Resolen zu sehr kompliziert zusammengesetzten vernetzten Produkten.

E. Ziegler[1] unterscheidet drei Phasen für die thermische Resolhärtung:

Erste Periode 125–155°: Molekulargewichtszunahme; konstante Bromwerte der HBr-Verseifungsprodukte; gleichartig gebaute Verbindungen, die sich nur durch ihren Polykondensationsgrad unterscheiden.

Zweite Periode 170–200°: Absinken des durchschnittlichen Molekulargewichtes; Änderung des Bauprinzips, Kettenbruchreaktionen.

Dritte Periode 215–230°: Anstieg des Molekulargewichtes.

Bei der zweiten Phase der thermischen Resolhärtung erfolgt eine Änderung des Bauprinzips der Polymeren. Gerade in der Deutung dieser Vorgänge unterscheiden sich die Ansichten einzelner Bearbeiter. Während A. Zinke[2] der Entstehung von Chinonmethiden beim Härtungsvorgang keine wesentliche Bedeutung zuschreibt, nehmen nach K. Hultzsch[3] die Chinonmethide eine wesentliche Stellung in der Phenolharzchemie ein. Zur Diskussion dieses Problems seien zunächst einige Tatsachen der thermischen Resolumwandlung angeführt.

Beim Erhitzen der Polybenzyläther auf Temperaturen über 170° erfolgt häufig ein **Kettenbruch.** Für die Dibenzyläther wurden verschiedene Spaltmöglichkeiten aufgefunden:

<hr />

[1] E. ZIEGLER u. J. HONTSCHIK, M. **78**, 327 (1948).

[2] A. ZINKE u. E. ZIEGLER, Fette, Seifen **52**, 588 (1950).

[3] K. HULTZSCH, Chemie der Phenolharze, Springer-Verlag, Berlin-Göttingen-Heidelberg 1950.
   K. HULTZSCH, B. **74**, 898 (1941).
   K. HULTZSCH, J. pr. [2] **159**, 155 (1941).

Bei der Spaltung in Phenoldialdehyde (I)[1,2], substituierte Phenolaldehyde (II)[3,4] und methylsubstituierte Phenole (III) werden zuerst langkettige, substituierte Phenolaldehyde gebildet, da der Kettenbruch sicher stufenweise erfolgt. Daß das phenolische Proton keine prinzipielle Rolle spielt, geht aus der Tatsache hervor, daß auch Phenolester[5] von Hydroxy-dibenzyläthern in gleicher Weise, wenn auch erst bei ca. 240°, disproportionieren.

Eine andersartige thermische Spaltmöglichkeit der Benzyläther besteht in der Ausbildung von Chinonmethiden. In neuerer Zeit ist es gelungen, durch Pyrolyse, jedoch erst bei 500–600°, unter vermindertem Stickstoffdruck präparativ brauchbare Mengen des o-Chinonmethids herzustellen[6].

Mit der Frage der Entstehung und der Natur der Chinonmethide haben sich bereits K. v. Auwers[7], A. Zinke[1] und in zahlreichen Arbeiten K. Hultzsch[8] und H. v. Euler[9] befaßt. Die Bildung von Chinonmethiden ist jedoch bei Arbeitstemperaturen bis 200° sehr wenig wahrscheinlich.

Bei der thermischen Umwandlung von Phenolharzen wurden auch freie Radikale mit Hilfe der Elektronenresonanzmethode nachgewiesen[10], ebenso beim Erhitzen von 2,6-Bis-[hydroxymethyl]-p-kresol[11] ab 220°. Vielleicht bringen gerade die Untersuchungen mit den modernen physikalischen Methoden neue Erkenntnisse über den sehr komplexen Mechanismus der thermischen Resolharzhärtung.

Neben den methylsubstituierten Phenolen, Kresolaldehyden und Phenoldialdehyden können bei der Härtung von Phenolharz-Modellsubstanzen auch eine Reihe weiterer Verbindungen gefaßt werden, so Bis-hydroxyphenyl-äthane und Dihydroxystilbene; wenngleich das Ausmaß dieser Reaktionen nicht sehr groß ist, können sie doch für die Molekülgröße von Einfluß sein. Die Entstehung der Bis-hydroxyphenyl-äthane und Dihydroxystilbene wurde auf die Dimerisierung und Trimerisierung von Chinonmethiden, Oxydo-Reduktionsvorgänge und Disproportionierungsreaktionen zurückgeführt[8,12].

ι) Umwandlung von Resolen mit ungesättigten Verbindungen

ι₁) *Allgemeines über die Reaktion der Resole mit ungesättigten Verbindungen*

Die o-Hydroxymethyl-phenole sind infolge ihrer Difunktionalität in der Lage, über die phenolische Hydroxygruppe und die Hydroxymethylgruppe mit ungesättigten Verbindungen unter Ringschluß zu reagieren. So entsteht beispielsweise aus dem

[1] A. Zinke, E. Ziegler u. J. Hontschitz, M. **78**, 317 (1948).
[2] A. Zinke u. Mitarbb., B. **74**, 205 (1941).
    R. Mayer-Pitsch u. H. Troger, Z. El. Ch. **47**, 60 (1941).
    F. Hanus, J. pr. [2] **158**, 245 (1941).
[3] E. Ziegler u. J. Hontschitz, M. **78**, 325 (1948).
[4] K. Hultzsch u. G. Schiemann, B. **75**, 363 (1942).
[5] A. Zinke u. E. Ziegler, B. **77**, 264 (1944).
[6] P. D. Gardner, H. Sarrafizadeh u. R. L. Brandon, Am. Soc. **81**, 5515 (1959).
[7] K. v. Auwers u. F. Baum, B. **29**, 2329 (1896).
[8] K. Hultzsch, Chemie der Phenolharze, Springer-Verlag, Berlin-Göttingen-Heidelberg 1950.
[9] H. v. Euler, E. Adler u. J. O. Cedwall, Ark. Kemi **14** A, Nr. 14, 1 (1941).
[10] L. A. Iganin u. Mitarbb., Vysokomolekulyarnye Soedineniya **2**, 1167 (1960).
[11] H. Herlinger u. H. G. Fitzky, nichtveröffentlichte Versuche, Farbf. Bayer 1961.
[12] E. Adler, H. v. Euler u. J. O. Cedwall, Ark. Kemi **15** A, Nr. 7, 1 (1942).
    K. Hultzsch, B. **74**, 898 (1941).

o-Hydroxymethyl-phenol (I) und Styrol (II) das *3-Phenyl-chroman* (III)[1-3]. Diese Reaktion ist von praktischer Bedeutung bei der Modifizierung von Resolen mit ungesättigten Ölen oder Harzen.

I   II   III

In gleicher Weise setzt sich *5-Methyl-2-hydroxymethyl-4-tert.-butyl-phenol* mit Öl-säuremethylester um[4]. Die Chromanringbildung ist eine innere Stabilisierung des Anlagerungsproduktes des Hydroxybenzylcarbeniumions am Olefin. Für eine Reaktion der Resole mit besonderen ungesättigten Verbindungen wurde auch eine Alkylierung in Allylstellung diskutiert (s. S. 259)[5].

Eine Umsetzung, allerdings ohne Chromanringbildung, tritt auch bei weniger reaktionsfähigen Bis-[2-hydroxy-benzyl]-äthern, sowie bei den halbreaktiven Formaldehydharzen aromatischer Kohlenwasserstoffe ein. Die letztgenannten Verbindungen lassen bei längerem Erhitzen mit ungesättigten Ölen Reaktionen erkennen, die sicher nicht auf Umesterungen beruhen. Eine Reaktionsdeutung im Sinne einer primären Entstehung von Hydroxybenzylcarbeniumionen für den Chromanringschluß ist daher naheliegend.

ι_2) *Umsetzung der Resole mit kautschukähnlichen Produkten*

Eine Reaktion unter Chromanringbildung wird auch für die Vulkanisation von Kautschuk (IV) mit Hydroxymethyl-phenolen (V) angenommen[5,6]. Die Vernetzung soll in diesem Fall durch das difunktionelle Resol über Benzylätherbrücken (VI) oder Methylenbrücken stattfinden.

IV   V   VI

Bei einer Vulkanisation mit Hilfe von Resolen werden bevorzugt solche Butadienpolymerisate eingesetzt, die zusätzlich durch Copolymerisation eingebaute Carboxy- und Hydroxygruppen enthalten und so eine sichere, jedoch andersartig verlaufende Vernetzung (s. S. 241 f.) gewährleisten. Zur Vulkanisation von Butadien-Acrylnitril-Copolymerisaten kann man auch direkt von äquivalenten Mischungen aus Novolaken und Hexamethylentetramin ausgehen[7]. Die Nitrilgruppen des Butadien-Acrylnitril-Copolymerisats bedingen eine erhöhte gegenseitige Verträglichkeit der Komponenten; vielleicht erfolgt auch eine zusätzliche Reaktion der alkylierenden Vulkanisationsmittel an der aktivierten α-Stellung der Nitrile. Über die Eigenschaften der durch Resole vulkanisierten Acrylnitril-Butadien-Polymerisate wurde ausführlich berichtet[8,9]. Besonders Butylkautschuk kann mit Resolen vulkanisiert werden[10].

[1] K. HULTZSCH, J. pr. [2] **153**, 275 (1941).
[2] DRP. 749307 (1943) ≡ F. P. 879199 (1942), Chemische Werke K. Albert GmbH., Erf.: K. HULTZSCH; C. **1943** II, 571.
[3] K. HULTZSCH, B. **74**, 898 (1941).
[4] G. R. SPRENGLING, Am. Soc. **74**, 2937 (1952).
[5] A. L. MILLER u. S. B. ROBISON, Rubber World **137**, 397 (1957).
[6] A. GRETH, Kunstst. **31**, 345 (1941).
[7] Rubber & Plastics Age **37**, 615 (1956).
[8] R. G. NEWBERG u. Mitarbb., Rubber Age (N.Y.) **62**, 533 (1948).
[9] A. F. SHEPARD u. J. BOINEY, Mod. Plastics **24**, 154 (1946).
[10] DAS. 1122693 (1959), Goodyear Tire & Rubber Co.

Nach anderen Untersuchungen soll auch eine Alkylierung der Allylstellung des *Polyisoprens* mit dem difunktionellen Resol eintreten. Selbstverständlich sind für diesen Zweck auch Resolderivate, wie z.B. Mannichbasen von Phenolen, Resolacetate[1], difunktionelle Resitole und deren Halogenide, brauchbar. Damit wäre die Vernetzung folgendermaßen zu formulieren[2-4]:

Als **Vulkanisationsmittel** auf Resolbasis[5] werden vor allem p-alkyl-substituierte o,o'-Bis-[hydroxymethyl]-phenole (Phenoldialkohole)[1,6], Tris-acyloxymethyl-phenole[7], sowie die Kombination von o,o'-Bis-[hydroxymethyl]-p-octyl-(bzw. p-tert.-Butyl)-phenol mit Stearinsäure[8] oder chlorierten Paraffinen in Gegenwart von **Katalysatoren**, wie z.B. Sulfonsäuren[6], Aluminium- oder Zinkchlorid[8,9], beansprucht. p-Alkyl-substituierte Phenoldialkohole haben vor allem auch wegen ihrer **Scorch-Sicherheit** als Vulkanisationsmittel für synthetische Kautschuke technisches Interesse[5,10]. Für die technische Vulkanisation werden 0,12 Mol eines difunktionellen Resols im Vergleich zu 0,17 Mol Schwefel pro Doppelbindung benötigt, um gleiche technologische Eigenschaften zu erzielen[10].

ι₃) Umsetzung der Resole mit ungesättigten Ölen

Ein großer Teil der Phenol-Formaldehyd-Harze, die auf dem Lacksektor zur Anwendung gelangen, wird mit lacktechnisch gebräuchlichen Stoffen kombiniert. Eine Einteilung der Phenolharzlacke nach ihrer Herstellung und Anwendung gab A. Greth[11] (s. S. 260).

Eine Verbesserung der Lackeigenschaften von Resolen läßt sich durch Kombination mit **lufttrocknenden Ölen** erzielen. Durch einen **Verkochungsprozeß** entsteht eine homogene Mischung unter chemischer Umwandlung der Resole, die teils Selbstkondensation eingehen, teils mit den ungesättigten Ölen in Reaktion treten. Für einen glatten Ablauf des Verkochungsprozesses ist eine gewisse Löslichkeit der Resole in den Ölen Vorbedingung, die durch Verwendung von Resolen substituierter Phenole oder partielle Verätherung (Beispiel 30, S. 282) der Resole erreicht werden kann (s. unten). Besonders die Reaktivität des ungesättigten Reaktionspartners ist von ausschlaggebender Bedeutung.

---

[1] A.P. 2649431 (1951), United States Rubber Co., Erf.: I. R. LITTLE; Chem. Abstr. **47**, 10888[i] (1953).

[2] S. VAN DER MEER, R. **63**, 147 (1944).

[3] S. VAN DER MEER, R. **63**, 157 (1944).

[4] S. VAN DER MEER, Dissertation, Universität Delft 1943; Ref. in Kunstst. **37**, 41 (1947).

[5] P. VIOHL, P. O. TAWNEY u. J. R. LITTLE, Chem. Engng. News **36**, Nr. 23, 36 (1958).

[6] DBP. 952302 (1954), United States Rubber Co., Erf.: P. F. GUNBERG; C. **1957**, 9234.

[7] A.P. 2649430 (1951), United States Rubber Co., Erf.: I. R. LITTLE; Chem. Abstr. **47**, 11798[a] (1953).

[8] DAS. 1013420 (1953) ≡ E.P. 733138 (1953), United States Rubber Co., Erf.: L. C. PETERSON u. H. J. BATTS; C. **1956**, 13567.

[9] DAS. 1013419 (1953) ≡ E.P. 733134 (1953), United States Rubber Co., Erf.: L. C. PETERSON u. H. J. BATTS; C. **1957**, 811.

[10] A. J. WILDSCHUT, Rubber Chem. Technol. **19**, 86 (1946).

[11] A. GRETH, Farben, Lacke, Anstrichstoffe **3**, 75 (1949).

17*

Einteilung der Phenolharze, die auf dem Lacksektor zur Anwendung gelangen (nach A. GRETH[1])

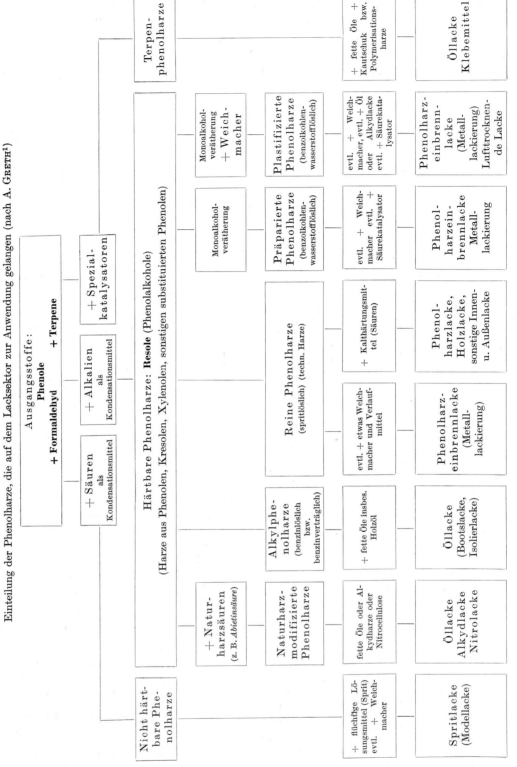

[1] A. GRETH, Farben, Lacke, Anstrichstoffe **3**, 75 (1949).

Die vorgeschlagenen Kombinationen zur Herstellung von Öllacken auf der Basis Phenolharze-Öle sind beinahe unübersehbar. Aus diesem Grund sei auf zusammenfassende Arbeiten verwiesen[1-3].

Resole weisen gegenüber Verbindungen, die konjugierte Doppelbindungen enthalten, eine höhere Reaktionsfähigkeit auf als gegenüber solchen, die lediglich isolierte Doppelbindungen enthalten. Die Reaktion der Resole mit Holzöl bzw. Leinöl läßt sich durch eine Abnahme der Dienzahl bzw. Jodzahl analytisch verfolgen[4]. Bei all diesen Umsetzungen nimmt auch die Zahl der phenolischen Hydroxygruppen ab (vgl. S. 258), was für die Alkalifestigkeit der hieraus resultierenden Lacke von Bedeutung ist.

Um öllösliche modifizierte Resole zu erhalten, darf nur von bifunktionellen Phenolen ausgegangen werden[2]. Von besonderer Bedeutung sind die aus p-substituierten Phenolen hergestellten und mit Ölen modifizierten Resole, die eventuell nach Mischung mit weiteren Fremdharzen eingebrannt werden können. Als Phenole eignen sich vor allem *p-tert.-Butyl-phenol, p-tert.-Amyl-phenol*[5], *1-Methyl-1-(p-hydroxy-phenyl)-cyclohexan*[6], ferner wird *p-Phenyl-phenol*[7] und *Thymol*[8], oder die Umsetzungsprodukte von Styrol[9] bzw. Dipenten[10] mit Phenol bzw. Kresol verwendet. Phenolharze aus p-tert.-Alkyl-phenolen weisen eine gute Lichtechtheit auf (Beispiel 31, S. 282). Über den Zusammenhang zwischen Substitutionsart eines Phenols bzw. Resols und dessen Farbstabilität, Alkalibeständigkeit, Härtbarkeit und Trocknungsfähigkeit siehe Literatur[11].

Praktisch erfolgt dieVerkochung der ungesättigten Öle mit p-Alkyl-phenol-Resolen durch langsames Eintragen der Resole in die auf 150° vorerhitzten Öle und anschließende Steigerung der Temperatur bis 250°. Nur bei Anwendung von Resolen aus Alkylphenolen mit kleinen Alkylresten ist der Zusatz eines Lösungsvermittlers, z.B. Cyclohexanol, notwendig. Möglicherweise erfolgt hierbei eine intermediäre Verätherung der Resole. Zur Herstellung geeigneter, ölkombinierbarer Resole wird mit 1,5 Mol und mehr Formaldehyd pro Mol des Phenols umgesetzt. Eine partielle Vorverätherung der Resole durch Erhitzen, d. h. Resitolbildung, vermindert das Schäumen bei der Ölverkochung. In der Praxis wird die Reaktion durch eine Kontrolle der Viscositätszunahme verfolgt. Resitole haben jedoch eine im Vergleich zu Resolen verminderte Ölreaktivität. Die Viscositätssteigerung wird bei der Verkochung durch die Reaktion des Resols mit dem Öl, sowie durch Dimerisierung und Polymerisation des Öls hervorgerufen.

Wegen der geringen Löslichkeit von Resolen in Holzölen werden phenolharzmodifizierte Ölfirnisse oft in einem Arbeitsgang durch Verkochen von Phenol oder Kresol mit *China-Holzöl* und *Formaldehyd* hergestellt[12]; zur Verwendung in Schichtstoffen

[1] J. SCHEIBER, Chemie u. Technologie der künstlichen Harze, 1. Aufl., Wissenschaftliche Verlagsgesellschaft mbH., Stuttgart 1942.
  R. N. SHREVE u. B. GOLDING, Ind. eng. Chem. **43**, 134 (1951).
[2] V. H. TURKINGTON u. J. ALLEN, Ind. eng. Chem. **33**, 966 (1941).
[3] K. HULTZSCH, Kunstst. **37**, 43 (1947).
  A. GRETH, Kunstst. **31**, 345 (1941).
  K. BUSER, Farben-Ztg. **45**, 148 (1940).
[4] R. S. SINGER, Kunstst. **33**, 233 (1943).
[5] DRP. 689054 (1934), Beckacite GmbH.
[6] A.P. 2162172 (1936), H. Reichhold Chemicals, Erf.: H. HÖNEL u. A. ZINKE; Chem. Abstr. **33**, 7435[7] (1939).
[7] A.P. 2017877 (1929), Bakelite Corp., Erf.: V. H. TURKINGTON u. W. H. BUTLER; C. **1931** I, 1528.
[8] DRP. 584858 (1929), H. Hönel; Frdl. **20**, 1759.
[9] DRP. 340989 (1919), Bakelite GmbH.; Frdl. **13**, 647.
[10] A. P. 2123898 (1935), H. Reichhold Chemicals, Erf.: H. HÖNEL u. A. ZINKE; Chem. Abstr. **32**, 7168[5] (1938).
[11] V. H. TURKINGTON u. J. ALLEN, Ind. eng. Chem. **33**, 966 (1941).
[12] A.P. 1680408 (1928), Westinghouse Electric Manufacturing Co., Erf.: A. L. BROWN; C. **1928** II, 2756.

und Lacken werden Phenol, Holzöl und Hexamethylentetramin in Gegenwart von Phosphorsäure verkocht. Die Verwendung von Lösungsmitteln wie Cyclohexanol[1,2], Butanol[3], Diisopropylcarbinol[4] oder Terpentinöl[5] und Katalysatoren, z. B. Jod[2], erleichtern die Verkochung, da hierbei die Reaktionen in homogener Phase ablaufen.

ι₄) Umsetzung von Resolen mit ungesättigten Naturharzen

Einige ungesättigte, natürlich vorkommende Harze, wie z. B. *Kolophonium*, liefern bei der Kondensation mit Resolen z. T. *Chromane*.

Im Verlauf der Umsetzung von monofunktionellen Resolen (II) mit ungesättigten Terpensäuren, wie Lävopinar- (I) und Abietinsäure (Kolophonium), entstehen Monocarbonsäuren vom Typ III. Unter Verwendung technischer Resole, die stets auch Hydroxymethylverbindungen des Dihydroxydiphenylmethans enthalten, erfolgt eine Verknüpfung von zwei Terpensäuren zu den zweibasigen *Methylen-bis-chromanen* (IV)[6].

Eine weitere Vernetzung tritt sicher auch unter Veresterung der Carboxylgruppen mit den Hydroxymethylgruppen ein.

Praktisch wird die Modifizierung der sauren Harze mit Resolen unter langsamer Temperatursteigerung zwischen 130 und 250° durchgeführt. Das *Kolophonium* ist bei vollreaktiven Resolen in einem 3–6fachen Gewichtsüberschuß vorzulegen und das Resol portionsweise zuzugeben. Vor weiterer Zugabe ist jeweils die Reaktion abzuwarten, was am Aufschäumen des Reaktionsgemisches erkenntlich ist. So können Kresol-Formaldehyd-Resole zur Veredelung von Kolophonium herangezogen werden[7] (Beispiel 33, S. 283). Die Verkochung von Phenolen, Formaldehyd und Kolophonium in Gegenwart von Ammoniak führt ohne Isolierung der Resole zu den gleichen öllöslichen Harzen[8]. Anstelle des Kolophoniums wird auch die sog. *Pyroabietinsäure* verwendet, die durch Erhitzen von Kolophonium auf 250° entsteht. Die Umwandlung des Kolophoniums wird hierbei mit Hilfe der spez. optischen Drehung verfolgt; anschließend erfolgt eine Modifizierung mit einem Resol aus 2,2-Bis-[4-hydroxy-phenyl]-propan und Formaldehyd bei 100–250°[9].

[1] DRP. 517445 (1929), Bakelite GmbH., Erf.: F. Seebach; Frdl. **17**, 1898.
[2] DRP. 533798 (1930), Bakelite GmbH., Erf.: F. Seebach; Frdl. **18**, 2304.
[3] DRP. 684225 (1932), Chemische Werke K. Albert GmbH.; Frdl. **24**, 1355.
[4] A. P. 2079633 (1937), DuPont, Erf.: H. S. Rothrock; Chem. Abstr. **31**, 4746[5] (1937).
[5] DRP. 554801 (1929), Bakelite GmbH., Erf.: F. Seebach; Frdl. **21**, 1592.
[6] A. Greth, Farben, Lacke, Anstrichstoffe, **3**, 75 (1949).
   P. O. Powers, Ind. eng. Chem. **36**, 1008 (1944).
   P. O. Powers, Ind. eng. Chem. **43**, 1770 (1951).
[7] DRP. 492592 (1924), Chemische Werke K. Albert GmbH.; Frdl. **16**, 2035.
[8] DRP. 410858 (1922), Bakelite GmbH., Erf.: R. Hessen; Frdl. **14**, 1496.
[9] Österr. P. 117856 (1929), Chemische Werke K. Albert GmbH.; C. **1930** II, 1291.

Auch *Cumaronharze* können mit Resolen aus p-tert.-Butyl-phenol modifiziert werden, wobei benzinlösliche Harze erhalten werden[1]. Schließlich ergeben auch *Kolophoniumester* durch Modifizierung mit p-tert.-Butyl-phenol-Resolen zusammen mit Holzölen oxydativ trocknende, benzinlösliche Lacke (Beispiel 32, S. 283); weniger benzinlösliche Produkte erhält man aus Phenolresolen und *Kolophoniumglycerinestern* (Beispiel 37, S. 285). Trocknende Öllacke resultieren aus Resolen des Dihydroxydiphenylmethans durch Umsetzung mit Kolophonium und Nachveresterung der Harzsäureanteile (Beispiel 34, S. 283). Gut verträglich mit Naturharzen sind auch die Resole der aus Paraldehyd und Kresol oder Phenol gewonnenen Alkylidenbisphenole (Beispiel 36, S. 285).

Ein wesentliches Ziel ist stets die Herstellung homogener Harzlösungen, die unter geeigneten Trocknungsbedingungen stabile Lackfilme ergeben. Hierfür bieten sich bei der großen Auswahl billiger Naturharze zahllose Kombinationen an, von denen nur wenige genannt werden konnten.

Die phenolmodifizierten Kolophoniumharze sollen keine freien Carboxygruppen mehr enthalten. Diese können z. B. durch nachträgliches Erhitzen mit mehrwertigen Alkoholen wie Glycerin bei 260–280° oder mit Pentaerythrit bzw. 1,1,1-Tris-[hydroxy-methyl]-propan bei noch höherer Temperatur verestert werden (Beispiel 34, S. 283)[2]. Durch Isocyanate kann die Säurezahl in einfachster Weise zum Verschwinden gebracht werden.

Anstelle einer nachträglichen Veresterung von Resol-Kolophonium-Kondensaten kann auch eine vorangehende Veresterung des Kolophoniums durchgeführt werden (Beispiel 37, S. 285). So wird ein Resol aus *1,1-Bis-[4-hydroxy-3-methyl-phenyl]-äthan* und Formaldehyd mit Kolopho-niumglycerinester bei 130° umgesetzt, wobei Harze für Öllacke entstehen[1].

7. Phenolharze für spezielle Verwendungszwecke

α) als Gerbstoffe

Für die Gerbung tierischer Häute eignen sich eine Reihe aromatischer Verbindungen, die bei mittlerem Molekulargewicht bestimmte anionisch oder kationisch funktionelle Gruppen aufweisen.

Aus der Reihe der Phenol-Aldehyd-Kondensationsprodukte sind solche, die eine begrenzte Zahl von Sulfonsäure- oder Ammoniumgruppen enthalten, von Bedeutung.

Zur Ermöglichung des Gerbungsvorganges im wäßrigen System mit Sulfon-säuregruppen enthaltenden Verbindungen ist ein ganz bestimmter Gehalt an Sulfonsäuregruppen notwendig. Ein zu großer Anteil von Sulfonsäuregruppen vermindert die eiweißfällende und -verknüpfende Wirkung. Der Einbau von Sulfon-säureresten in Phenolharze kann auf den verschiedensten Wegen erfolgen.

Die teilweise Sulfonierung von Novolaken darf nur so weit getrieben werden, daß die Reaktionsprodukte gerade wasserlöslich sind[3]. Auch die niedermolekularen Anteile von Novolaken, Bis-hydroxyphenyl-methan und ähnliche Diarylmethane wirken nach einer Sulfonierung gerbend auf tierische Häute ein[4].

Bei der gemeinsamen Kondensation von *Phenolsulfonsäuren* und Phenolen mit Aldehyden, besonders Formaldehyd, entstehen höhermolekulare aromatische Phenolsulfonsäuren mit Gerbstoffeigenschaften. Phenol bzw. Kresol wird mit Schwefelsäure bei 100–120° partiell sulfoniert und direkt bei 30° mit wäßrigem

---

[1] DRP. 563876 (1928), H. Hönel; Frdl. **18**, 2416.

[2] DRP. 645449, Chemische Werke K. Albert GmbH.; Frdl. **22**, 1532.

[3] DRP. 693923 (1935) ≡ E.P. 467998 (1935), I. G. Farb., Erf.: H. NOERR u. G. MAUTHE; C. **1937** II, 2780.

[4] DRP. 409984 (1915), BASF; Frdl. **14**, 582.

Formaldehyd kondensiert[1]. Ähnliche Gerbstoffe entstehen ausgehend von sulfoniertem β-Naphthol und Formaldehyd (Beispiel 46, S. 288).

Für die Herstellung von Gerbstoffen wurden auch die aus *Phenolsulfonsäuren*[2] oder *Kresolsulfonsäuren*[3] mit Formaldehyd ohne weiteren Zusatz von Phenol dargestellten Kondensationsprodukte vorgeschlagen.

Durch saure Kondensation von mehrwertigen Phenolen, wie *Brenzcatechin*, mit *Naphtholsulfonsäuren*, *Naphthol* und Formaldehyd erhält man Gerbstoffe, die in ihrer Gerbwirkung etwa sulfitiertem Quebrachoextrakt entsprechen[4] (Beispiel 45, S. 287).

Die Reihenfolge der Kondensation kann z.B. so ausgeführt werden, daß man zuerst die raktionsträgeren mehrkernigen aromatischen Sulfonsäuren mit Formaldehyd umsetzt und dann zweiwertige Phenole, wie Brenzcatechin, in einer zweiten Stufe einkondensiert[5].

Schon die Kondensationsprodukte der Naphthalinsulfonsäuren, Carbazolsulfonsäuren u.ä. mit Formaldehyd liefern ohne einkondensierte Phenole Lösungen, die Leim- und Gelatinelösungen fällen und auch, allerdings nur schwach, gerbend wirken[6]. Sie dienen als sog. Hilfsgerbstoffe, d.h. als Dispergiermittel für andere Gerbstoffe.

Bei der Umsetzung der *Resole* mit Natriumhydrogensulfit entstehen Benzylsulfonsäuren[7-9].

Auch auf diesem Wege werden wasserlösliche Polysäuren hergestellt, die als Gerbstoffe Verwendung finden. Diese Einführung der Methylensulfonsäuregruppe in aromatische Phenole ist im Grunde eine Veresterung des Hydroxybenzylalkohols; auch verschiedene andere Systeme, wie Äthylmalonester, wurden der Sulfomethylierungsreaktion unterworfen[10]. Sulfomethylierte Phenole kondensieren mit Phenolen, z.B. β-Naphthol, zu Diarylmethanen; sie sind also unter Umständen Alkylierungsmittel[7].

Anstelle einkerniger Phenole können auch *Bis-hydroxyphenyl-methane* mit Formaldehyd und Natriumhydrogensulfit[11] oder diese Verbindungen zusammen mit Ligninsulfonsäuren aus Sulfitablaugen[12] zu Gerbstoffen umgesetzt werden.

[1] DRP. 262558 (1911), E. Stiasny; Frdl. **12**, 584.

[2] DRP. 280233 (1912), BASF; C. **1915** I, 182.

[3] DAS. 1031799 (1957), Byk-Gulden Lomberg GmbH., Erf.: J. Gedeon u. K. Bolz; C. **1958**, 12772.

[4] DBP. 870268 (1942), Farbf. Bayer, Erf.: G. Mauthe, H. Hertlein, W. Hiltner u. F. Guthke; C. **1953**, 4633.

[5] DAS. 1048925 (1957), Farbf. Bayer, Erf.: H. Schultheis, G. Mauthe u. D. Delfs; C. **1960**, 353.

[6] DRP. 290965 (1913), BASF; Frdl. **13**, 697.

[7] E. A. Shearing u. S. Smiles, Soc. **1937**, 1348.

[8] B. O. Lindgren, Acta chem. scand. 3, 1011 (1949).

[9] B. O. Lindgren, Acta chem. scand. **4**, 1365 (1950).

[10] C. M. Suter, R. K. Bair u. F. G. Bordwell, J. org. Chem. **10**, 470 (1945).

[11] F.P. 853940 (1938), Comp. Nationale de Matières Colorantes (Etabl. Kuhlmann), Erf.: E. Tassel; C. **1940** II, 979.

[12] DRP. 675775 (1934), I. G. Farb.; Frdl. **25**, 1011.
    E.P. 465803 (1936) ≡ F.P. 794078 (1935), I. G. Farb.; C. **1936** I, 4387.

Bei Verwendung von *Bis-[4-hydroxy-phenyl]-sulfon* anstelle von Bis-[4-hydroxy-phenyl]-methan entstehen Gerbstoffe mit verbesserter Lichtechtheit. Die Kondensation mit Formaldehyd und Natriumhydrogensulfit wird in diesen Fällen alkalisch bei Temperaturen bis zu 150° durchgeführt[1] (Beispiel 52, S. 289).

$$HO-\langle\!\!\rangle-SO_2-\langle\!\!\rangle-OH + CH_2O + NaHSO_3 \xrightarrow{\text{NaOH}}$$

$$
\begin{array}{ccc}
NaO_3S-CH_2 & & CH_2-SO_3Na \\
HO-\langle\!\!\rangle-SO_2-\langle\!\!\rangle-OH \\
-CH_2 & & CH_2-
\end{array}
$$

Wird anstelle von Natriumhydrogensulfit N a t r i u m s u l f i t eingesetzt, so sinkt die Ausbeute etwas ab; eine Erhöhung der Sulfitkonzentration führt wieder zu guten Ausbeuten.

Das Bis-[4-hydroxy-phenyl]-sulfon läßt sich auch zusammen mit Naphthalinsulfonsäuren, Formaldehyd und Kresol zu Gerbstoffen kondensieren[2].

Mischungen des bei 80° sulfomethylierten Bis-hydroxyphenyl-methans mit Sulfomethyl-dihydroxy-diphenylsulfon, werden sauer zu Gerbstoffen kondensiert (Beispiel 49, S. 288).

Zur Herstellung von Gerbstoffen mit höherer Füllwirkung kann H a r n s t o f f mit Phenolsulfonsäuren und Formaldehyd zusammen kondensiert werden[3], wobei man die Sulfonsäuren durch Sulfonierung von Phenol, Resorcin, Kresol oder Salicylsäure in einer ersten Stufe des Verfahrens herstellt und ohne Isolierung weiterverarbeitet.

Die *4,4'-Dihydroxy-diphenylmethan-3,3'-disulfonsäure* oder das Sulfonierungsprodukt des 2,2-Bis-[4-hydroxy-phenyl]-propans ergeben zusammen mit einem H y d r o x y m e t h y l - h a r n s t o f f oder mit Harnstoff-Formaldehyd-Mischungen gute Gerbstoffe[4] (Beispiele 50 u. 51, S. 289).

Resorcin kann mit *Acrolein* bei 70° salzsauer zu einem Harz kondensiert werden, das durch Einwirkung von Natriumhydrogensulfit einen anionischen Gerbstoff liefert[5]. Wird das Vorkondensat weiter mit Resorcin oder Brenzcatechin nachkondensiert, so entsteht ein neutraler Gerbstoff; bei der Umsetzung mit Anilinhydrochlorid erhält man schließlich einen k a t i o n i s c h e n Gerbstoff (Beispiel 55, S. 290). Ähnliche wasserlösliche Produkte werden bei Verwendung von Crotonaldehyd erhalten[5].

A m p h o t e r e Gerbstoffe, also Phenol-Formaldehyd-Kondensate, die sowohl sauer als auch alkalisch löslich sind, erhält man durch alkalische oder saure Kondensation von Formaldehyd mit aliphatischen oder aromatischen A m i n e n und mehrwertigen Phenolen (Beispiele 13–16, S. 276f.)[6-8].

Resorcin liefert bereits mit Ammoniak und Formaldehyd säurelösliche Kondensationsprodukte, die gute Gerbstoffe darstellen[6].

[1] DRP. 696581 (1938), I. G. Farb., Erf.: H. Noerr, G. Mauthe, R. Bauer, H. Schütte u. F. Guthke; C. **1940** II, 374.
[2] DRP. 611671 (1930), Geigy AG.; Frdl. **20**, 1704.
[3] DRP. 493795 (1928), I. R. Geigy AG.; Frdl. **16**, 2176.
[4] DRP. 637732 (1933), I. G. Farb., Erf.: H. Schütte u. R. Alles; Frdl. **22**, 1499.
[5] DBP. 933784 (1952), Farbf. Bayer, Erf.: M. Meister; C. **1958**, 12865.
[6] DBP. 972250 (1951), Farbf. Bayer, Erf.: M. Meister u. G. Mauthe; C. **1960**, 353.
[7] DBP. 881347 (1951), Farbf. Bayer, Erf.: R. Meister u. G. Mauthe; C. **1953**, 6400.
[8] DBP. 872946 (1950), Farbf. Bayer, Erf.: R. Meister u. G. Mauthe; C. **1953**, 4633.

β) Phenolharze als Ionenaustauscher

Werden Säuregruppen enthaltende Phenole mit Carbonylverbindungen weitgehend auskondensiert, so entstehen wasserunlösliche Gele, die als Ionenaustauscher Verwendung finden. Als Säuregruppen kommen hauptsächlich Sulfonsäure- und Carbonsäuregruppen in Frage. Derartige Harze sind in der Lage, aus Lösungen Kationen aufzunehmen, z. B. Calciumionen zur Wasserenthärtung oder Kupferionen aus Spinnbädern. Auf einige zusammenfassende Arbeiten sei hingewiesen[1-4].

Für den praktischen Einsatz eines Ionenaustauscher-Harzes müssen eine Reihe von Bedingungen erfüllt sein[2,3]. Das Harz muß unlöslich, also vernetzt, jedoch noch schwach wasserquellbar sein[5], so daß noch ein Ionentransport möglich ist. Außerdem soll es möglichst viel Austauschergruppen enthalten, also eine hohe Austauschkapazität besitzen. Weiterhin muß es gegen die angewandten Agentien chemisch stabil sein, eine hohe Naßabriebfestigkeit und eine möglichst hohe mechanische Stabilität aufweisen.

Bereits einfache, nicht vernetzte Formaldehydharze aus Phenol, Brenzcatechin, Resorcin u. ä. besitzen Eigenschaften von Ionenaustauschern[6]. Für den praktischen Einsatz reicht jedoch die Acidität der phenolischen Hydroxygruppe in den meisten Fällen nicht aus, doch wurden Syntheseharze, die durch Kondensation von Phenol mit Formaldehyd bei großer Verdünnung hergestellt wurden, für diesen Zweck vorgeschlagen[7].

Die Sulfonierung von fein zerkleinerten Resiten führt zu uneinheitlichen Reaktionsprodukten, die an der Oberfläche übersulfoniert sind; doch erhält man aus schwach kondensierten Novolaken durch Ansulfonieren und weitere Vernetzung mit Formaldehyd brauchbare Ionenaustauscher. Die Abhängigkeit der Quellung und Austauschkapazität vom Vernetzungsgrad derartiger Produkte wurde untersucht[8].

Bei der gemeinsamen Umsetzung von *Phenol, Phenolsulfonsäuren* und *Formaldehyd* entstehen Harze, in denen nur ein Teil der Hydroxyphenylgruppierungen Sulfonsäurereste enthält. Durch den stufenweisen Ersatz des Phenols durch Phenolsulfonsäuren lassen sich Ionenaustauscher verschiedener Austauschkapazität herstellen[9].

Die direkte Kondensation von Phenolsulfonsäuren mit Formaldehyd kann sowohl in saurer[10] (Beispiel 47, S. 288) als auch in alkalischer Lösung erfolgen[11].

---

[1] F. HELFERICH, Ionenaustauscher, Bd. I, Verlag Chemie, Weinheim/Bergstr. 1959.

[2] E. R. GRIESSBACH, Ang. Ch., Beihefte Nr. 31 (1939).
E. R. GRIESSBACH, Chem. Techn. **9**, 12 (1957).
H. DEUEL u. H. HOSTETTLER, Experientia **6**, 445 (1950).
G. H. OSBORN, Synthetic Ion-Exchangers, Chapman & Hall Ltd., London 1955.

[3] G. KRÜGER, Ch. Z. **79**, 733, 768, 804 (1955).

[4] R. KUMIN, F. X. McGARVEY u. A. FARREN, Ind. eng. Chem. **48**, 540 (1956).

[5] E. SÉLÉGNY, Bl. [5] **1959**, 1275.

[6] B. A. ADAMS u. E. L. HOLMES, J. Soc. chem. Ind., Chem. and Ind. **54**, 1 (1935).
S. L. GUPTA, J. indian chem. Soc. **33**, 90 (1956).

[7] Belg. P. 590883 (1960), VEB Farbenfabrik Wolfen.

[8] A. A. VASIL'JEV u. A. A. VANSEJDT, Ž. prikl. Chim. **31**, 1075 (1958); Chem. Abstr. **52**, 18959^h (1958).

[9] F. P. 1080782 (1953), N. V. Centrale Suiker Mij., Erf.: L. J. KANTEBEEN.

[10] DRP. 747664 (1936), I. G. Farb., Erf.: H. WASSENEGGER u. K. JÄGER; C. **1945** II, 1280.
A. P. 2204539 (1940), I. G. Farb., Erf.: H. WASSENEGGER u. K. JÄGER; Chem. Abstr. **34**, 7049² (1940).

[11] F. P. 1099034 (1954), Centre National de la Recherche Scientifique, Erf.: G. MORALLI; C. **1957**, 3366.

Eigentlich sollten hierbei nichtvernetzte und damit lösliche Kondensationsprodukte entstehen. In **stark saurem** Medium ist jedoch der Formaldehyd in der Lage, die Sulfonsäuregruppen teilweise zu verdrängen, wodurch sich vernetzte und unlösliche Produkte bilden.

Außer den normalen Sulfonierungsprodukten des Phenols wurde auch *m-Phenolsulfonsäure* mit Formaldehyd (Molverhältnis 1 : 1,1) zu Ionenaustauscherharzen umgesetzt[1]. Durch Druckbehandlung der Harze während des Gelatinierungsprozesses gelingt die Herstellung homogener Ionenaustauschmembranen[2]. Zur Überführung der Kondensate in Perlform wird häufig mit einem Zusatz von oberflächenaktiven Stoffen gearbeitet.

Statt der üblicherweise angewandten sauren Kondensationsmittel wurden auch Eisen-(III)-, Aluminium-, Zinn-(IV)- und Kupfer-(II)-salze vorgeschlagen. Die hierbei erhältlichen Austauscher besitzen eine erhöhte Widerstandsfähigkeit gegen Peptisation[3].

Schließlich sei erwähnt, daß selbstverständlich auch andere Sulfonsäuregruppen enthaltende Verbindungen, die mit Formaldehyd allein oder in Kombination mit Phenolsulfonsäuren Polykondensate ergeben, z.B. *Acenaphthen-monosulfonsäuren*[4], zur Herstellung von Ionenaustauschern verwendet werden können. Zu dieser Ionenaustauscherklasse gehören auch die Naphthalinsulfonsäure-Formaldehyd-Harze[5].

Wie bei den Gerbstoffen (vgl. S. 264) besteht auch bei den Ionenaustauschern die Möglichkeit, Sulfonsäuregruppen in Form von Methylensulfonsäuregruppen einzubauen. Beispielsweise können fertige **Novolake sulfomethyliert** werden[6], wobei wasserunlösliche Produkte entstehen.

Aus niedermolekularen, leicht löslichen, ω-Sulfonsäuregruppen enthaltenden **Phenolharzen** entstehen bei der Vernetzung mit Formaldehyd, gegebenenfalls in Gegenwart weiterer Phenole, wasserlösliche, saure Phenolharze[7].

---

[1] M. J. Romankevic, Ukrain. chem. J. **25**, 366 (1959).

[2] M. J. Romankevic, Ukrain. chem. J. **24**, 325 (1958).

[3] Belg.P. 557931 (1957), VEB Farbenfabrik Wolfen.

[4] V. S. Titov, Plasticheskye Massy **4**, 15 (1959).
DRP. 747664 (1936), I. G. Farb., Erf.: H. Wassenegger u. K. Jäger; C. **1945** I, 1280.

[5] N. G. Polyanskii, V. J. Vyshereskoya, Y. M. Mish-Mishin, Vysokomolekulyarnye Soedineniya **1**, 1249 (1959).
DAS. 1052684 (1955), Farbf. Bayer; Erf.: H. Wassenegger; C. **1960**, 11061.

[6] DRP. 755119 (1936), I. G. Farb., Erf.: H. Wassenegger, R. Griessbach u. W. Sütterlin; C. **1953**, 7418.

[7] DRP. 734279 (1936), I. G. Farb., Erf.: H. Wassenegger, R. Griessbach u. W. Sütterlin; C. **1943** II, 2331.
DRP. 749553 (1939) $\equiv$ F. P. 838332, I. G. Farb., Erf.: H. Wassenegger, R. Griessbach u. E. Meier; C. **1939** II, 493.

Oft werden verschiedene Verfahren kombiniert und beispielsweise durch Nachbehandlung sulfomethylierter Phenole mit Schwefelsäure vernetzte Ionenaustauscher hergestellt[1] (Beispiel 48, S. 288). Neben der Kernsulfonierung erfolgt durch die Schwefelsäure eine Katalyse der Hydroxybenzylierung und damit Vernetzung. Austauscherharze erhält man auch durch Verwendung von Ligninen, die nach Kondensation mit Formaldehyd-Natriumhydrogensulfit oder Natriumsulfit bei 80° mit konzentrierter Schwefelsäure nachbehandelt werden[2].

Eine weitere Möglichkeit, Sulfonsäuregruppen in Phenolharze einzuführen, besteht im Einbau dieser Gruppen über die Aldehydkomponente. Die *Benzaldehyddisulfonsäure* kann beispielsweise mit *Phenolen* unter Zusatz von Formaldehyd kondensiert werden[3,4] (Beispiel 53, S. 289).

Bei der Kondensation *aliphatischer Aldehydsulfonsäuren* mit *Naphthalinsulfonsäure-Formaldehyd-Vorkondensaten* und *Phenol* entstehen Ionenaustauscher, die gleichzeitig aromatische und aliphatische Sulfonsäuren enthalten[5].

Ionenaustauscher, in denen ebenfalls ein Teil der Sulfonsäuregruppen an aliphatische Reste gebunden ist, resultieren bei der Umsetzung von *Acetaldehyddisulfonsäure*[6] mit *Phenolen* bzw. *Phenolsulfonsäuren* und Formaldehyd[7].

[1] DRP. 707360 (1937), I. G. Farb., Erf.: R. Griessbach u. H. Wassenegger; C. **1941** II, 3278.
[2] DRP. 736502 (1939), I. G. Farb., Erf.: A. Rieche u. G. Caro; C. **1943** II, 1302.
[3] BIOS Final Rep. **1169**, S. 13.
[4] DRP. 733679 (1937), I. G. Farb., Erf.: H. Wassenegger; C. **1943** II, 2331.
[5] DBP. 885161 (1953), Farbf. Bayer, Erf.: H. Passing u. D. Delfs; C. **1955**, 5914.
[6] DAS. 1024498 (1956), VEB Farbenfabrik Wolfen, Erf.: H. Seifert, H. J. Gründel, L. Spies u. H. Häder; C. **1959**, 4964.
[7] Belg. P. 582070 (1959), VEB Farbenfabrik Wolfen.

Ionenaustauscher, die durch gemeinsame Kondensation von Naphthalinsulfon-säuren, Formaldehyd, Phenol, Naphtholsulfonsäuren und dem Anlagerungsprodukt von Schwefeldioxyd an Crotonaldehyd erhalten werden, sollen besonders sauer-stoffest sein[1].

Zu hochmolekularen Polysäuren gelangt man ferner durch Anlagerung von Natriumhydrogensulfit an *o-Hydroxy-benzalketone* (zu I) und anschließende Ver-netzung mit Formaldehyd (II)[2].

Durch Einbau von Disulfimid- oder Carboxysulfimidgruppen in Kondensations-polymere erhält man ebenfalls saure Ionenaustauscher, die zur Durchführung kata-lytischer Reaktionen und zur Absorption von basischen Gasen und Dämpfen geeignet sind. Ein derartiges Harz ist beispielsweise durch Mischkondensation von *Bis-[2-chlor-1-hydroxy-phenyl-4-sulfonsäure]-imid*, Resorcin und Formaldehyd herstellbar[3]:

[1] DBP. 885161 (1953), Farbf. Bayer, Erf.: H. PASSING u. D. DELFS; C. **1955**, 5914.
[2] A.P. 2440669 (1944), American Cyanamid Co., Erf.: J. T. THURSTON; Chem. Abstr. **42**, 8525^g (1948).
[3] DDRP. 14852 (1955), VEB Farbenfabrik Wolfen, Erf.: F. RUNGE u. J. BEHRENDS; C. **1959**, 7249.

Schwach saure Kationenaustauscher entstehen auch durch Einbau von Carboxygruppen in Phenolharze, so z. B. durch Carboxymethylierung von Novolaken mit *Chloressigsäure* in alkalischem Medium[1].

Man kann auch Phenoläthercarbonsäuren, wie z. B. *Phenoxyessigsäure*[2], *Bis-carboxymethyl-resorcinäther*[2] und *β-Phenoxy-propionsäure*[3,4] in Austauscherharze einkondensieren (vgl. Abschnitt „Polykondensationsprodukte von Phenoläthern mit Carbonylverbindungen"; Beispiel 12, S. 317[5,6]). In Gegenwart von Schwefelsäure entsteht mit Formaldehyd, Anisol und Phenoxyessigsäure ein Mischkondensat, das bei Anwendung von einem Mol Formaldehyd auf ein Mol der aromatischen Komponente lösliche Harze mit einem Molgewicht von 600–1000 liefert, die mit weiterem Formaldehyd Polymere vom Resittyp[6] ergeben. Wird das Anisol durch Chlorphenol ersetzt, so können mechanisch stabile, quellfähige Harze erhalten werden, die eine große Kapazität für Metallkationen haben und gegenüber *Antibiotica*, wie Streptomycin, eine gewisse Selektivität aufweisen sollen[7].

Schließlich entstehen auch aus Phenolcarbonsäuren, wie z. B. aus *3,5-Dihydroxybenzoesäure* (Beispiel 54, S. 290) und aus *Phenolphthalein*[8] schwach saure Ionenaustauscher[9].

Zur Einführung von Carbonsäuregruppen in Formaldehyd-Phenol-Harze sind in Patenten eine Reihe weiterer Möglichkeiten beschrieben. So können beispielsweise *Aminosäuren*[10] oder *Monoamide* von *Dicarbonsäuren*[11] mit Formaldehyd und Phenol

---

[1] DBP. 871964 (1952), Farbf. Bayer, Erf.: H. Lauth; C. **1953**, 7672.

[2] E. P. 805322 (1955), Permutit Co. Ltd., Erf.: T. R. E. Kressman u. L. E. Holmes; C. **1960**, 7964.

[3] DAS. 1050539 (1956), VEB Farbenfabrik Wolfen, Erf.: F. Wolf u. M. Morgner; C. **1960**, 11420.

[4] DDRP. 12452 (1955), VEB Farbenfabrik Wolfen, Erf.: F. Wolf u. M. Morgner; C. **1957**, 10840.

[5] DBP. 871964 (1943), Farbf. Bayer, Erf.: H. Lauth; C. **1953**, 7672.

[6] A. A. Vanšejdt, Ž. prikl. Chim. **32**, 2698 (1959).

[7] A. A. Vanšejdt, Ž. prikl. Chim. **32**, 1142 (1959).

[8] A. P. 2480970 (1946), Rohm & Haas Co., Erf.: S. R. P. Rowland; Chem. Abstr. **44**, 872[i] (1950).

[9] BIOS Final Rep. **1169**, 13a.

[10] E. P. 590996 (1942), British Thomson Houston Co. Ltd.; Chem. Abstr. **42**, 792[a] (1948).

[11] E. P. 590884 (1942), British Thomson Houston Co. Ltd.; Chem. Abstr. **42**, 791[i] (1948).

umgesetzt werden. In diesen Fällen erfolgt der Einbau in die Harze analog der Aminierung von Phenolen und führt zu Verbindungen vom Typ III bzw. IV.

III

IV

Durch Umsetzung von p-Tosyl-tyrosin mit Formaldehyd, Überführung des Dialkohols in die Bis-chlormethyl-verbindung und saure Polykondensation mit weiterem p-Tosyl-tyrosin entsteht *Polymethylentyrosin*[1].

Die gemeinsame Kondensation von *p-Tosyl-L-tyrosin* mit *Phenol* und Formaldehyd in Essigsäure-Schwefelsäure führt zu optisch aktiven Ionenaustauschern[2].

Eine Reihe von Verbindungen mit komplexbildenden Gruppierungen kann durch Mischkondensation mit Formaldehyd und zusätzlichen harzbildenden Komponenten polykondensiert werden. *Resorcin-Formaldehyd-Harze*, die gleichzeitig Anthranilsäuregruppierungen enthalten, sind selektive Ionenaustauscher für Schwermetalle, insbesondere Zink[3]. Mit einem derartigen komplexbildenden Austauscher gelingt z.B. die Trennung von Kupfer und Zink aus den Lösungen ihrer Sulfate[4]. Als weitere komplexbildende Komponenten kommen *8-Hydroxy-chinolin*, *Salicylsäure* und *Kojisäure* in Frage[5]. Schließlich besitzen auch modifizierte Ionenaustauscher, die durch Cyanäthylierung fertiger Ionenaustauscher auf Phenol-Formaldehydbasis und anschließende Verseifung erhältlich sind, Austauschereigenschaften mit besonderer Selektivität gegenüber Schwermetallen (z.B. Zink, Kupfer, Blei, Molybdän, Eisen)[6]. Durch Iminierung von Resolen mit polyfunktionellen Aminen oder durch gemeinsame Kondensation von Phenolen mit Formaldehyd in Gegenwart eines Polyamins können Anionenaustauscherharze hergestellt werden. Zu diesem Zweck werden beispielsweise Hydroxymethylphenole[7] oder hydroxymethylgruppenhaltige Bis-hydroxyphenyl-methane[8,9] mit Triäthylentetramin auskondensiert (Beispiele 56 und 57, S. 290)[10]. Eine ausführliche Untersuchung über den Einfluß der

[1] F. MICHEEL u. S. THOMAS, B. **90**, 2909 (1957).
[2] A.P. 2750347 (1953), United States of America, Secretary of the Navy, Erf.: J. F. BUNNETT; Chem. Abstr. **50**, 12552^g (1956).
[3] E. JENCKEL u. H. v. LILLIN, Verhandlungsber. Kolloid-Ges. **17**, 159 (1956).
[4] D. COSTIAN, Rev. chim. (Bucharest) **11**, 408 (1960).
[5] R. V. DAVIS u. Mitarbb., J. appl. Chem. **9**, 368 (1959).
[6] DAS. 1050539 (1956), VEB Farbenfabrik Wolfen, Erf.: F. WOLF u. M. MORGNER; C. **1960**, 11420.
[7] A.P. 2585196 (1946), Union Carbide Corp., Erf.: R. K. WALTON; Chem. Abstr. **46**, 4275^i (1952).
[8] A.P. 2362086 (1941), Union Carbide Corp., Erf.: R. J. MYERS u. J. W. EASTES; Chem. Abstr. **39**, 2670^8 (1945).
[9] DAS. 1019086 (1954) ≡ F.P. 1124355 (1955), Farbf. Bayer, Erf.: C. BORESCH, W. HAGGE u. M. QUAEDFLIEG; C. **1957**, 10840.
[10] A.P. 2402384 (1944), Resinous Products & Chemical Co., Erf.: J.W. EASTES; C. **1947** I (Ostberlin), 907.

Struktur auf die Eigenschaften von Anionenaustauschern, die auf der Basis von Phenol-Aminophenol-Mischkondensaten hergestellt wurden, zeigte die Wichtigkeit der Hydrophylie der Makromoleküle für Austauschzwecke[1].

Spezielle Mercaptane, wie *Glutathion* oder *Coenzym A*, können mit Hilfe mercurierter Phenol-Formaldehyd-Harze[2] aus wäßrigen Lösungen extrahiert werden.

Harze zur Sauerstoffentfernung erhält man beispielsweise aus Brenzcatechin, Resorcin und Phenol oder aus m- und o-Phenylendiamin mit Phenol, 1,4-Dihydroxyanthrachinon[3] oder durch Kondensation von Pyrogallol mit Benzaldehyd-o-sulfonsäure[4].

γ) Phenolharze als Elektronenaustauscher

Über die Herstellung und Anwendung[5] von sogenannten Redoxharzen auf Phenol-Formaldehyd-Basis wurde verschiedentlich berichtet[6]. Die Wirkungsweise derartiger hochmolekularer Redoxsysteme beruht auf der Möglichkeit, Chinone bzw. Hydrochinone reversibel ineinander überzuführen. Hydrochinongruppierungen enthaltende Phenolharze sind durch gemeinsame alkalikatalysierte Kondensation von *Phenol, Hydrochinon* und **Formaldehyd** zu erhalten[6–8]; entsprechende hydrophile Präparate entstehen aus Hydrochinon, *p-Phenolsulfonsäure* und *Formaldehyd* (Molverhältnis 1 : 0,5 : 1,5)[6]. Auch Polyhydroxynaphthaline, z. B. 1,4,5,8-Tetrahydroxynaphthalin, Naphtholsulfonsäuren sowie Brenzcatechin u. ä., wurden als Ausgangsprodukte für Redoxharze vorgeschlagen[9]. Diese Harztypen werden jedoch im alkalischen Bereich bei Anwendung starker Oxydationsmittel irreversibel oxydiert. Nur *2-Hydroxy-anthrachinon* oder *Alizarin* liefern zusammen mit *Phenol* bzw. *Phenolsulfonsäure* und Formaldehyd stabile Redoxharze, die mit Natriumdithionit regeneriert werden können[10,11]. Eine Erhöhung der Quellbarkeit und damit der Diffusionsgeschwindigkeit erreicht man durch Einbau von Sulfonsäuregruppen[10].

8. Praktische Durchführung der Reaktionen

Beispiel 1

Novolake durch saure Kondensation von Phenol mit Formaldehyd[12]: 1880 g (20 Mol) Phenol werden bei 50° mit 50 cm³ konz. Salzsäure gemischt und nach dem Erwärmen auf 85° innerhalb von 2 Stdn. tropfenweise unter Rühren mit 1500 cm³ Formaldehyd (30%ig) versetzt. (Die Vorlage der starken Säure hat den Vorteil, daß die Reaktion unter allen Umständen sofort anspringt; es kann aber unbedenklich auch etwas weniger Salzsäure benutzt werden und diese von Anfang an mit der 5–6-fachen Menge an Formaldehyd verd. werden.) Zur Vervollständigung der Reaktion wird noch einige Stdn. bei 90–100° nachgerührt, bis der Geruch nach Formaldehyd verschwunden ist. Man läßt einige Zeit ruhig stehen, trennt dann die wäßr. Schicht von der in der Wärme

---

[1] E. Sélégny, Bl. [5] **1959**, 1275.

[2] H. T. Miles, E. R. Stadtman u. W. W. Kielley, Am. Soc. **76**, 4041 (1954).

[3] DBP. 972626 (1944), Farbf. Bayer, Erf.: H. Lauth; C. **1960**, 8640.

[4] H. P. Gregor u. M. Beltzer, J. Polymer Sci. **53**, 125 (1961).

[5] G. Manecke, C. Bahr u. C. Reich, Ang. Ch. **71**, 646 (1959).

[6] Vgl. ds. Hdb., Bd. I/1, Kap. Redoxharze, S. 605.

[7] V. Verplanck u. H. G. Cassidy, J. Polymer Sci. **19**, 307 (1956).

[8] A.P. 2703792 (1950), American Cyanamid Co., Erf.: E. L. Kropa u. R. P. Welcher; Chem. Abstr. **49**, 7780[b] (1955).

[9] A.P. 2927096 (1954), S. Soloway; Chem. Abstr. **54**, 16029[i] (1960).

[10] G. Manecke u. C. Bahr, Naturwiss. **44**, 260 (1957).

[11] DBP. 966889 (1953), B. Sansoni.

[12] Nicht veröffentlichte Versuche von R. Wegler.

zähflüssigen Harzschicht ab und wäscht letztere unter Rühren mit Wasser von etwa 90–100°. Der Rückstand wird bis etwa 170° Innentemp. bei 12–15 Torr ausdestilliert, wobei etwas Wasser und zuletzt restliches Phenol überdestillieren.

Rückstand: etwa 1940 g eines leicht gelblichen vollständig klaren Harzes vom Erweichungspunkt (Krämer-Sarnow-Nagel) 121°. Das Harz ist löslich in Alkoholen, niederen Estern und Ketonen sowie in verd. Alkalilauge.

Beispiel 2

Novolak mit Oxalsäure als Kondensationsmittel[1]: 1880 g Phenol werden auf 90° erhitzt und innerhalb von 2 Stdn. unter Rühren tropfenweise mit 1560 cm³ Formaldehydlösung (30%ig), in denen 50 g Oxalsäure gelöst sind, versetzt. Es wird noch etwa 8 Stdn. bei 90° nachkondensiert, bis aller Formaldehyd verbraucht ist. Ohne Rühren wird das Reaktionsgemisch auf etwa 40° abgekühlt und die wäßr. Schicht abgetrennt. Vorteilhaft ist es, nochmals mit etwa 300 cm³ heißem Wasser zu waschen. Wie im vorangehenden Beispiel wird bis 160° Innentemp. bei 15 Torr ausdestilliert.

Rückstand: 1968 g eines fast farblosen klaren Harzes vom Erweichungspunkt 124°.

Oxalsäure bietet als Kondensationsmittel gegenüber der Salzsäure den Vorteil der einfachen Ausdestillation, da evtl. noch im Harz verbliebene Oxalsäuremengen beim Erhitzen zerstört werden und durch ihre Reduktionswirkung das anfallende Harz sehr hell halten. Zweckmäßig ist sonst stets ein weitgehendes Auswaschen aller sauren Katalysatoren vor der Destillation. Schwefelsäure wirkt zwar viel weniger korrodierend bei techn. Prozessen, ihre Verwendung erfordert aber sehr sorgfältiges Neutralisieren und Auswaschen der Salze. Neben Oxalsäure wird techn. auch Maleinsäure[2] als Kondensationsmittel benutzt.

Alkylphenole mit größerem Alkylrest in o- oder p-Stellung brauchen wesentlich längere Kondensationszeiten als Phenol. Hier ist es zweckmäßig, bei der Novolakherstellung einen Formaldehydüberschuß zu benutzen, so daß kein Alkylphenol übrig bleibt, da dieses durch Destillation aus der Harzschmelze nur schwer zu entfernen ist. Die Reaktion wird hier vorteilhaft durch titrimetrische Verfolgung des Formaldehydverbrauches kontrolliert.

Für Darstellungen im größeren Maßstab ist Edelstahl, z. B. V4A extra®, als Gefäßmaterial brauchbar, doch darf auch dann nur mit sehr verd. Salzsäure gearbeitet werden. Bei Dauergebrauch muß auf Oxalsäure als Kondensationsmittel zurückgegriffen werden. Als Gefäßmaterial ist auch säurefeste Emaille geeignet; eine Ausdestillation muß aber unter sehr vorsichtiger Beheizung erfolgen. Selbst Kupferkessel sind bei Verwendung von wenig Oxalsäure als Kondensationsmittel anwendbar.

Das Ausgießen der Novolake geschieht am besten bei einer Temp., die etwa 20–30° über dem Erweichungspunkt liegt. Aus kleinen Reaktionsgefäßen im Laboratorium kann sehr häufig ein Harz nach längerem Kühlen in Kohlensäureschnee entfernt werden, da dann das Harz bei leichtem Stoß in kleine Anteile zerspringt. Selbst aus empfindlichen Glasapparaturen kann so ein Harz ziemlich leicht und vollständig entfernt werden.

Beispiel 3

Novolake aus 1,3,5-Xylenol (sym. Xylenol)[1]: Das höchst reaktionsfähige sym. Xylenol bietet bei der Darstellung eines Novolakes in saurer Lösung einige unerwartete Schwierigkeiten, wenn in gleicher Weise wie bei Phenol verfahren wird. Bei der Abdestillation des Xylenols tritt nämlich eine langsame Härtung zu unlöslichen Produkten ein. Die Ursache ist chemisch nicht genau geklärt; wahrscheinlich enthält das Reaktionsprodukt in geringer Menge reaktive Gruppen, die bei der Temperatur des Ausdestillierens in Reaktion treten und nun bei dem Mangel an freiem Xylenol Selbstvernetzung bewirken. Auch ganz geringe Mengen Formaldehyd können noch im Xylenol-Harz gelöst sein. Man kann diese Nachhärtungs-Reaktion vermeiden, indem man nach der üblichen Kondensation und Abtrennung des sauren Wassers entweder mehrfach mit heißem Wasser alle Säurespuren auswäscht oder zur Neutralisation etwas Triäthanolamin zugibt. Auffallend ist, daß auch fertige Novolake aus techn. reinem sym. Xylenol unter Zusatz von etwa 0,1% Zinkchlorid noch zu höherschmelzenden Produkten kondensiert werden können. Es ist deshalb zweckmäßig, von Anfang an die Novolakbildung in stark saurer Lösung bei 90–100° über die Zeit hinaus, welche der Formaldehydverbrauch anzeigt, zu erhitzen, um die Bildung dieser schwach reaktiven Gruppen zu unterdrücken. Oxalsäure zeigt sich hier auch wesentlich günstiger als Salzsäure, da sie die Gefahr der Nachkondensation weitgehend vermindert.

---

[1] Nicht veröffentlichte Versuche von R. WEGLER.
[2] FIAT Final Rep. **1077**, 36.

In 120 g symm. Xylenol werden 72 cm³ Formaldehyd (30%ig), die 3 g Oxalsäure gelöst enthalten, innerhalb 2 Stdn. unter gutem Rühren bei 85° eingetropft. Nachdem noch $^1/_2$ Stde. bei 85° nacherhitzt wurde, wird das Reaktionsgemisch so fest, daß weiteres Rühren unmöglich wird. Es ist noch etwas restlicher Formaldehyd vorhanden. Das Harz wird bei 100° langsam in 200 cm³ n-Butanol gelöst, von der wäßr. sauren Schicht abgetrennt, mehrmals mit Wasser und dazwischen mit Natriumhydrogencarbonat gewaschen. Die Lösung des Harzes in Butanol wird ohne weitere Trocknung bei 160° ohne Vak. und dann bis 180° Innentemp. bei 15 Torr ausdestilliert. Rückstand: Etwa 121 g vom Erweichungspunkt 104°.

Wird bei diesem Versuch nach der Kondensation die saure Wasserlösung abgegossen, aber das Harz nicht nachgewaschen, so erhält man ein höherschmelzendes Harz vom Erweichungspunkt 134°.

Beispiel 4

Novolak aus p-Phenyl-phenol[1]: Bei Verwendung von in wäßr. Formaldehyd schwerlöslichen und zudem hochschmelzenden Phenolen ist der Zusatz eines geeigneten Lösungsmittels bei der Harzherstellung notwendig.

945 g p-Phenyl-phenol, 378 g Formaldehyd (37,5%ig), 168 g Xylol und 3,74 g Oxalsäure sowie 1,0–1,5 g eines hochwirksamen Netzmittels wie z. B. Diisopropyl-naphthalinsulfonsäure (= Nekal BX® 100%ig) werden in einem 5-*l*-Kolben, der mit Rührer, Rückflußkühler und Thermometer versehen ist, solange auf 95–100° erhitzt, bis eine Probe der Xylollösung ein festes Harz enthält, was nach etwa 2 Stdn. der Fall ist. Unter Rühren werden nun Wasser und Xylol abdestilliert, wobei die Temp. zuletzt bis 155° gesteigert wird. Bei etwa 105–128° tritt eine exotherme Reaktion ein (Nachkondensation).

Ausbeute: 990–1025 g Harz vom Erweichungspunkt 85–128°.

Beispiel 5

Novolak aus Resorcin und Formaldehyd[2]: 250 g Resorcin werden in einem mit Rückflußkühler, Thermometer und Tropftrichter versehenen Dreihalskolben unter Rühren mit 62 g 30%igem Formaldehyd versetzt und unter Rühren in einem größeren Wasserbad langsam erwärmt. Bei einer Innentemp. von etwa 70° setzt langsam eine exotherme Reaktion ein, die durch mäßige Außenkühlung unter 100° gehalten wird. Nachdem $^1/_2$ Stde. erhitzt worden ist, werden langsam nach Maßgabe der exothermen Reaktion weitere 92 g 30%iger Formaldehyd zugetropft. Nach etwa 1 stdg. Erhitzen auf 100° (nachdem kein Geruch nach Formaldehyd mehr feststellbar ist) ist die Novolaklösung jetzt gebrauchsfähig und kann notfalls mit einer mehrfachen (5fachen) Wassermenge verd. werden. Größere Verdünnung ist nur nach alkal. Einstellung möglich, zur Verwendung für eine Kautschuk-Cord-Haftung wird vor der Formaldehydzugabe meist alkal. gemacht. Die alkal. Resorcinnovolak-Formaldehyd-Lösung ist aber bei 20° nur begrenzt haltbar.

In fester Form kann der Novolak durch Einengen i. Vak. bei 150°/30 Torr erhalten werden; Erweichungspunkt etwa 120°. Um voll auskondensierte Novolake zu erhalten, werden im oben ausgeführten Beispiel 0,5 g Oxalsäure zugefügt. Eine mit Oxalsäure erhitzte Novolaklösung neigt aber nach einiger Zeit zur Abscheidung eines im Wasser schwerlöslichen Niederschlags.

Beispiel 6

Novolak mit besonders kurzer Härtungszeit für Preßmassen[3]: Der hier schwach alkal. bei erhöhter Temp. hergestellte Novolak enthält vorwiegend o,o′-methylen-verknüpfte Phenole und ist mit Hexamethylentetramin besonders rasch härtbar.

949 g Phenol, 126,5 g Formaldehyd (37,5%ig) und 3,2 g Zinkoxyd werden $2^1/_2$ Stdn. unter Rückfluß erhitzt. Anschließend destilliert man solange Wasser über eine Kolonne ab, bis die Innentemp. 160° erreicht hat. Durch $^1/_2$ stdg. Erhitzen bei dieser Temp. wird die Novolakbildung beendet. Hierauf wird i. Vak. nicht einkondensiertes Phenol abdestilliert.

Ausbeute: 276 g Harz, das zu 60% die 2,2′-Verbindung enthält.

Nach Zugabe von 55 g Formaldehydlösung und 2,7 g Zinkoxyd wird die Kondensation in der oben angegebenen Weise wiederholt. Es entsteht ein Novolak mit einem Erweichungspunkt von etwa 85–90°. Seine Härtung mit Hexamethylentetramin erfolgt etwa 2 mal so rasch wie die üblicher Novolake.

---

[1] A. P. 2463501 (1944), Sherwin Williams Co., Erf.: J. A. Arvin; Chem. Abstr. **43**, 5228ᵉ (1949).

[2] A. P. 2385372 (1942) Pennsylvania Coal Products Co., Erf.: P. H. Rhodes; Chem. Abstr. **40**, 241⁵ (1946).

[3] A. P. 2475587 (1945), Bakelite Corp., Erf.: H. L. Bender u. A. G. Farnham; Chem. Abstr. **43**, 8207ʰ (1949).

Bei Anwendung von 988 g Phenol, 100 g Formaldehyd (p_H: 7,2) und 6 g Zinkoxyd erhält man nach 5 stdg. Kondensation bei 100–120° und Abdestillieren des Wassers und Phenols bis 155° (20 Torr) einen Novolak, der bei 89° erweicht; Ausbeute: 134 g.

Beispiel 7

Ansatz einer Preßmischung[1]: 42 g des Novolaks (Beispiel 6 S. 274), 6,7 g Hexamethylentetramin, 3,0 g Calciumoxyd, 1,5 g Stearinsäure und 41,8 g Holzmehl sowie etwa 5 g eines färbenden Pigmentes werden auf einem Kalander innig vermengt, wofür eine Temp. von etwa 100° ausreichend ist. Die Temp. richtet sich etwas nach dem Erweichungspunkt des Novolakes. Nach dem Zerkleinern der Preßmischung wird diese in Preßformen gefüllt und bei 180° einige Min. unter Druck gehärtet. Die Erhitzungszeit ist abhängig von der Durchheizungsgeschwindigkeit, also von der Schichtdicke der Preßplatte (s. Beispiel 8). ·

Beispiel 8

Härtung eines Novolaks mittels Hexamethylentetramin bei Preßmassen[2]: 60 g möglichst trockenes Holzmehl, 40 g Novolak aus Phenol (Beispiel 1 oder 2, S. 272 f.), 4,8–6 g Hexamethylentetramin, 0,5 g Zinkstearat und 0,5 g Magnesiumoxyd werden gut gemischt und hierauf durch Kalandrieren bei 100° weiter innig vereinigt. Anschließend wird die durch das Kalandrieren ankondensierte Masse fein gemahlen und bei 160° und einem Druck von 70 kg/cm² verpreßt. Die Erhitzungszeit beträgt etwa 1 Min. je 1 mm Schichtdicke der Preßplatte. Der Preßdruck muß bei ungünstigen Formen unter Umständen bis 500 kg/cm² erhöht werden.

Der Zusatz von Magnesiumoxyd übt eine katalytische Wirkung aus, zudem fängt das Oxyd aus dem Holzmehl entweichendes Wasser ab. Zinkstearat wirkt als Schmiermittel für die Preßformen. (Interessant ist ein Vorschlag, teilweise acetylierten Novolak für Preßmassen anzuwenden[3]. Bei der Verpressung entstehendes Ammoniak wird hier als Acetamid gebunden und weiter einkondensiert). Als Füllstoff können anstelle des Holzmehls auch Asbestfasern und Gesteinsmehl[4] verwendet werden. Es tritt aber hierbei ein Festigkeitsabfall der Preßmassen ein, doch wird die Wärme- und Säure- bzw. Chemikalienbeständigkeit erhöht. Besonders schlagbiegefeste Preßprodukte erhält man mit Baumwollfasern und Textilschnitzeln. Papier- und Textilbahnen[5] ergeben elektrisch und mechanisch hochwertige Schichtmaterialien[6]. Im letzteren Fall werden aber sehr häufig Resole als härtende Harze benutzt.

Beispiel 9

Novolak aus Phenol und Acetaldehyd[2]: In 188 g Phenol, 5 g konz. Salzsäure und 3 g Oxalsäure werden unter Rühren innerhalb von 45 Min. bei 96–99° 70 g Paraldehyd eingetropft. Anschließend kondensiert man ½ Stde. bei etwa 100° nach. Die Harzschmelze wird mehrmals mit kochendem Wasser verrührt, das Wasser abgetrennt und zuletzt wird bis 140° (16 Torr) ausdestilliert.

Ausbeute: Etwa 220 g eines klaren, rötlichen Harzes. Erweichungspunkt 122°.

Bei Anwendung von mehr Acetaldehyd bildet sich langsam ein unlösliches Produkt, doch ist die Gefahr einer Resitbildung sehr viel geringer als beim Formaldehyd.

Beispiel 10

Novolak aus p-tert.-Butyl-phenol und Acetaldehyd[7]: 75 g (0,5 Mol) p-tert.-Butyl-phenol, 30 g (0,68 Mol) Paraldehyd, 50 g Wasser, 5 g Oxalsäure sowie 15 g konz. Salzsäure werden unter Rühren am Rückflußkühler langsam auf 120° erhitzt. Nach 7 Stdn. gibt man noch 15 g Paraldehyd nach und sorgt dafür, daß die Temp. weitere 13 Stdn. auf etwa 120° bleibt. Das entstandene Harz wird mehrmals mit kochendem Wasser gewaschen und bis 150° i. Vak. erhitzt. Zuletzt wird noch ½ Stde. bei Normaldruck auf 220–230° nachgeheizt.

Das hier angeführte Harz dient in erster Linie als Klebrigmacher für Butadien-Styrol-Copolymerisate.

---

[1] A. P. 2475587 (1945), Bakelite Corp., Erf.: H. L. Bender u. A. G. Farnham; Chem. Abstr. **43**, 8207ʰ (1949).

[2] Nicht veröffentlichte Versuche von R. Wegler.

[3] A. P. 2101642 (1937), Bakelite Corp., Erf.: E. Elbel u. F. Seebach; C. **1938** I, 2962.

[4] A. P. 942809 (1907), L. H. Baekeland; Frdl. **10**, 1341.

[5] Schweiz. P. 136931 (1928), Bakelite Corp; C. **1930** II, 1454.

[6] A. P. 2185477 (1940), Catalin Co., Erf.: W. R. Thompson u. W. E. Flood; Chem. Abstr. **34**, 2964⁴ (1940).

S. a. Schichtstoffe: FIAT Final Rep. **433**, 28, 52 usw.

[7] C. S. Marvel, R. J. Gander u. R. R. Chambers, J. Polymer Sci. **4**, 689 (1949).

Beispiel 11

Novolakartiges Harz aus p-tert.-Butylphenol und Acetylen[1]: Vor Durchführung der Reaktion orientiere man sich über das Arbeiten mit Acetylen unter Druck[2].

In einen 2,7-*l*-Edelstahl-Autoklaven, der etwa 120 atü Druck aushält, werden 500 g (3,3 Mol) p-tert.-Butyl-phenol (F: 97°) eingefüllt, 43,8 g Zinknaphthenat, die 12% Zink enthalten, zugegeben und der Autoklav mit Stickstoff auf eine Druckkonstanz von 14 Atm. geprüft. Durch mehrmaliges Aufpressen und wieder Ablassen von Stickstoff wird der Autoklav sauerstofffrei (unter 0,5%) gespült. Nun wird während 1 Stde. auf 210° geheizt, Stickstoff bis zu einem Druck von 9,8 atü aufgepreßt und Acetylen bis zu einem Druck von 14 atü zugedrückt. Unter Rühren fällt der Druck rasch ab; es wird wiederholt Acetylen aufgepreßt (Vorsicht! Acetylengehalt des Druck-gases darf 30% nie übersteigen), bis eine abgelassene Probe des Harzes einen Tropfpunkt von 135° nach F. Ubbelohde[3] hat. Nun wird mit Stickstoff gut gespült und das Harz abgepreßt.

Ausbeute: 630–644 g, was etwa 1–1,5 Mol aufgenommenen Acetylens pro Mol Phenol ent-spricht.

Beispiel 12

Resorcin-Formaldehyd-Harz für Schichtstoffe und Holzverleimungen[4]: Resolartige Erzeugnisse aus Resorcin sind nur kurze Zeit haltbar, und besonders unter Anwendung von mehr als 1 Mol Formaldehyd treten rasch Vernetzungen ein. Andererseits ist oft eine frisch hergestellte Resorcin-Formaldehydlösung ungeeignet, da bis zum Verdunsten des Wassers beim Gebrauch zu lange Zeit vergeht. Man benutzt daher eine konz. alkoholische Novolaklösung, die vor Gebrauch nur mit relativ wenig Formaldehydlösung zu versetzen ist.

1 Mol Resorcin (= 110 g) und 0,5 Mol Formaldehydlösung (30%ig; 50 g) werden mit 1% Natriumhydroxyd (berechnet auf Resorcin) 10 Min. auf 70° erhitzt. Anschließend destilliert man kurze Zeit i. Vak. Wasser ab, bis die Innentemp. 50° erreicht hat. Der Rückstand wird mit etwas Äthylalkohol zu einer hochkonz. Lösung gelöst; der p_H-Wert soll 6,8 betragen.

Vor Gebrauch werden je 115 g Harz bzw. der entsprechenden Menge Harzlösung 100 cm³ Formaldehyd (30%ig) zugesetzt. Die Mischungen sind nur einige Stdn. haltbar.

Mischkondensationsprodukte aus Phenolen mit aliphatischen und aromatischen Aminen und Formaldehyd:

Beispiel 13

Gerbstoff durch alkalische Kondensation[5]: 110 g Resorcin, 330 g Wasser und 68 g wäßr. Äthylamin-lösung, 22–23 g Äthylamin enthaltend, werden bei 2° unter Eiskühlung rasch mit 100 cm³ Formal-dehyd (30%ig) von 0° versetzt. Unter Rühren steigt die Temp. bis 25°, und ein körniger Nieder-schlag fällt aus. Nach ½ stdg. Stehen bei 20° ist der Formaldehydgeruch verschwunden. Nun wird filtriert, der Niederschlag mit Wasser gewaschen und der feste Rückstand mit etwa 70 cm³ konz. Salzsäure, die mit gleichen Anteilen Wasser verd. ist, gelöst. Ein Säureüberschuß ist dabei zu vermeiden, da sonst Weiterkondensation eintritt. Das Reaktionsprodukt kann statt in Säure auch in Alkohol gelöst werden.

Die Kondensation kann von Anfang an direkt mit der dem Amin äquivalenten Menge Salzsäure durchgeführt werden. Das Produkt kann als sulfonsäurefreier Gerbstoff Verwendung finden.

Beispiel 14

Amphoterer Gerbstoff durch saure Kondensation[6]: 44 g Morpholin, 50 cm³ Wasser, 41 cm³ konz. Salzsäure und 110 g Resorcin werden bei schwach kongosaurer Reaktion mit 101 cm³ Formalde-

---

[1] A. O. Zoss, W. Hassford u. C. E. Schildknecht, Ind. eng. Chem. **41**, 73 (1949).
S. a. DRP. 642886, 645112 (1932); 647036 (1933), I. G. Farb., Erf.: W. Reppe u. E. Keyss-ner; Frdl. **21**, 1701, 1703; **22**, 1559.

[2] W. Reppe, Chemie und Technik der Acetylen-Druck-Reaktionen, Verlag Chemie, Weinheim/Bergstr. 1952.
Ferner: W. Reppe, Neue Entwicklungen auf dem Gebiet des Acetylens und Kohlenoxyds, Springer-Verlag, Berlin-Göttingen-Heidelberg 1949.
S. a. ds. Handb., Bd. V/2, Kap. Acetylene.

[3] D. Holde, Kohlenwasserstoffe und Fette, 7. Aufl., Springer-Verlag, Berlin 1933.

[4] Vgl. A.P. 2488428, 2495175 (1947), Westinghouse Electric Corp., Erf.: F. J. Nagel; Chem. Abstr. **44**, 1755ᵃ, 6678ᵃ (1950).

[5] DBP. 972250 (1951), Farbf. Bayer, Erf.: R. Meister u. G. Mauthe; C. **1960**, 353.

[6] DBP. 881347 (1951), Farbf. Bayer, Erf.: R. Meister u. G. Mauthe; C. **1953**, 6400.

hydlösung (30%ig) von 20° vermischt. Die Temp. steigt bis 90° an. Zur Vervollständigung der Reaktion wird noch 1 Stde. auf dem siedenden Wasserbad gerührt. Zuletzt liegt eine klare Lösung des Reaktionsproduktes in Wasser vor.

Beispiel 15

Amphoterer Gerbstoff durch saure Kondensation[1]: Eine unter 10° abgekühlte Lösung von 55 g Resorcin und 130 g Anilinchlorhydrat in 100 cm³ Wasser wird unter Eiskühlung mit 102 g Formaldehydlösung (30%ig) versetzt. Es ist ein Temperaturanstieg zu beobachten. Zum Schluß wird noch $^1/_2$ Stde. bei 95–100° gerührt. Das Kondensationsprodukt ist in Wasser löslich.

Beispiel 16

Resorcin-Ammoniak-Formaldehyd-Kondensationsprodukt, amphoterer Gerbstoff[2]: In die auf 5° abgekühlte Lösung von 110 g Resorcin, 330 cm³ Wasser und 34 cm³ konz. Ammoniumhydroxydlösung (D = 0,895) werden 105 cm³ Formaldehydlösung (30%ig), die unter 10° abgekühlt sind, unter Rühren bei Eiskühlung rasch eingegossen. Es bildet sich ein feinkörniger Niederschlag; die Temp. steigt bis gegen 65° an. Der Geruch nach Ammoniak ist verschwunden. Man rührt noch $^1/_2$ Stde. bei Raumtemp. und saugt ab. Der Rückstand wird zunächst mit Wasser gewaschen und dann mit wenig Wasser zu einem dicken Brei verrührt. Das Reaktionsprodukt löst sich sowohl in verd. Salzsäure als auch in Alkalihydroxyd; Ausbeute: 130 g. Die analoge Umsetzung mit 126 g Pyrogallol führt man in 500 cm³ Wasser aus.

Beispiel 17
4-Methyl-2,6-bis-[hydroxymethyl]-phenol[3,4]:

Apparatur: Rührkessel von 10 l Fassungsvermögen mit Rührer, Thermometer, Kühler und Tropftrichter. Der Kessel muß gut kühlbar sein.

Ansatz: 1080 g p-Kresol, frisch destilliert 2500 cm³ 30%ige Formaldehydlösung
500 g Natriumhydroxyd 2000 cm³ Wasser

Darstellung: Man löst das Natriumhydroxyd in Wasser und trägt p-Kresol in die heiße Lauge unter Rühren ein. Die Lösung kühlt man auf 20° ab und läßt die Formaldehydlösung unter Rühren und Kühlen bei dieser Temp. eintropfen. Nach etwa 12–14 Stdn. ist die homogene Lösung zu einem Krystallbrei erstarrt, der abgesaugt, mit gesättigter Kochsalzlösung einmal gewaschen und dann in 2000 cm³ Wasser gelöst wird. Beim Neutralisieren der Lösung mit (1 : 1) verd. Essigsäure scheidet sich das Bis-[hydroxymethyl]-p-kresol in Nadeln ab; F: 127–129°; Ausbeute: 1500 g (= 90% d.Th.).

Anmerkung: Das Rohprodukt kann aus Essigsäureäthylester umgelöst werden; F: 129–130°. Weitere Reinigung wird durch Umlösen aus wäßr. Methanol erreicht (F: 130°), hierbei treten jedoch große Verluste ein.

Beispiel 18

Umsetzung eines Resoles bzw. des 4-Methyl-2,6-bis-[hydroxymethyl]-phenols mit Säureamiden[5]: 84 g Bis-[hydroxymethyl]-p-kresol, 140 g des Amidgemisches der Leinölfettsäuren sowie 400 g Toluol werden 1 Stde. unter Rühren am Rückflußkühler erhitzt. Anschließend wird das gebildete Wasser mittels siedendem Toluol abgetrieben; entwässertes Toluol fließt in das Reaktionsgefäß zurück. Man erhitzt so lange, bis eine Probe beliebig mit Lackbenzin verdünnbar ist, was nach etwa 9 Stdn. der Fall ist. Die Lacklösung trocknet nach Zusatz der üblichen Kobalt-Blei-Mangan-naphthenat-Katalysatoren an der Luft oder ergibt beim Einbrennen bei 170° einen unlöslichen, harten elastischen Überzug.

[1] DBP. 872946 (1950), Farbf. Bayer, Erf.: R. MEISTER u. G. MAUTHE; C. **1953**, 4633.
[2] DBP. 972250 (1951), Farbf. Bayer, Erf.: R. MEISTER u. G. MAUTHE; C. **1960**, 353.
[3] F. ULLMANN u. K. BRITTNER, B. **42**, 2539 (1908), Vorschrift etwas abgeändert.
[4] Nicht veröffentlichte Versuche von R. WEGLER.
[5] DRP. 730648 (1939), I.G.Farb., Erf.: W. REPPE, O. HECHT u. W. GAUSS; C. **1943** I, 2247.

Beispiel 19

2,4,6-Tris-[hydroxymethyl]-phenolnatrium[1]: Zu 188 g (2 Mol) Phenol werden 90 g (2,25 Mol) Natriumhydroxyd, gelöst in 70 g Wasser, gegeben. Nach der Abkühlung gibt man zur krystallinisch erstarrten Masse 588 g (7,3 Mol) Formaldehydlösung (37,2% ig) und rührt gut durch. Die Temp. steigt rasch auf 45° und fällt dann langsam wieder auf Zimmertemp. ab; die Reaktionsmischung wird noch 15–20 Stdn. bei 20° gehalten. Anschließend wird i. Vak. Wasser abgetrieben, wobei die Innentemp. zuletzt 45° erreichen darf. Zur Reinigung gießt man die Natriumsalze in die mehrfache Menge Äthanol ein. Nach 3–4 Stdn. wird der entstehende Niederschlag des Tris-[hydroxymethyl]-phenolnatriums abfiltriert und vorsichtig i. Vak. getrocknet; Ausbeute: 335 g (= 81,3% d. Th.).

In ähnlicher Weise lassen sich auch die Bariumsalze, anscheinend aber nicht die Kaliumsalze des Tris-[hydroxymethyl]-phenols, darstellen. Die phenolische Hydroxygruppe läßt sich leicht veräthern. Die Hydroxymethylgruppen dieses Phenoläthers lassen sich in stark saurer Lösung mit n-Butanol bei etwa 110° ebenfalls noch veräthern. Durch Acetylierung des Tris-[hydroxymethyl]-phenols können destillierbare Ester hergestellt werden. Beschrieben sind auch verschiedene ungesättigte Äther und deren Kombination mit Polyvinylbutyral unter Zusatz von etwas Phosphorsäure.

Beispiel 20

2,4,6-Tris-[hydroxymethyl]-phenol[2]: 188 g Phenol werden in 160 g 50% ig. Natronlauge gelöst und bei 60° mit 550 g einer 30% igen wäßr. Formaldehydlösung kondensiert. Nach 2 Stdn. wird unter guter Kühlung mit konz. Salzsäure neutralisiert und die hellbraune wäßr. Lösung erschöpfend mit n-Butanol ausgeschüttelt. Die Butanollösungen werden für sich allein oder zusammen i. Vak. eingedampft. Aus den öligen Rückständen, die noch etwas Kochsalz enthalten, scheiden sich nach Verrühren mit wenig Essigsäureäthylester 180 g eines Krystallisates ab. Durch Umkrystallisieren aus einem Gemisch von 90% Methylacetat und 10% Methanol wird der Phenoltrialkohol (F: 91°) erhalten.

Zur Herstellung hydroxymethylgruppenreicher Resole in homogener wäßr. Phase, wobei die Löslichkeit lange Zeit erhalten bleibt, benutzt man statt der sonst üblichen 5% eine äquivalente Menge Natriumhydroxyd[3].

Resole besonders langer Lagerfähigkeit[4] sollen herstellbar sein, wenn je 1 Mol Phenol mit etwa 6 Mol Formaldehyd schwach alkalisch kondensiert wird und der Formaldehyd als hochkonz. 60% ige Lösung angewandt wird. Voraussetzung ist, daß diese Lösung durch Einleiten von gasförmigem Formaldehyd in Wasser von über 80° unter Vermeidung einer Abkühlung unter 80° hergestellt wird. Irgendwelche theor. Grundlagen dieser Reaktion sind nicht bekannt geworden.

Beispiel 21

Wasserlösliches Resol aus Phenol[5]: 4250 g Formaldehydlösung (20% ig) werden mit Calciumhydroxyd auf p_H: 8 eingestellt. Hierzu gibt man 2350 g Phenol, und unter Rühren bei 20° wird mit Calciumhydroxyd auf p_H: 9 eingestellt. Etwa 86 g Calciumoxyd sind erforderlich. Das Reaktionsgemisch wird nun $2^1/_2$ Stdn. bei 60° und $1^1/_2$ Stdn. bei 70° gerührt. Anschließend wird abgekühlt und bei 20° Kohlendioxyd eingeleitet. Vorteilhaft ist es, hierbei einen schwachen Überdruck anzuwenden. Es wird so lange Kohlendioxyd durchgeleitet, bis der p_H-Wert auf 6–6,5 gefallen ist. Nun läßt man einige Zeit bei 20° stehen, wobei sich das ausgeschiedene Calciumcarbonat absetzt. Dieses wird abfiltriert und mit wenig Wasser nachgewaschen. Filtrat und Waschwasser werden i. Vak. bis 56°/18 Torr eingeengt. Eine Innentemp. von > 60° ist unter allen Umständen zu vermeiden, da sonst rasch Weiterkondensation des Resoles eintritt. Für

[1] 'A. P. 2579329 (1949), General Electric Co., Erf.: R. W. MARTIN; Chem. Abstr. **46**, 3328[b] (1952).
   J. REESE, Ang. Ch. **64**, 399 (1952).
[2] DBP. 960463 (1952), Chemische Werke K. Albert GmbH., Erf.: H. REESE u. K. HULTZSCH; C. **1957**, 8941.
[3] F. P. 763580 (1934), A. Nowack AG.; Erf.: R. HESSEN; C. **1934** II, 1998.
   DRP. 157553 (1903), F. Henschke; Frdl. **7**, 607.
[4] A. P. 2609352 (1951), DuPont, Erf.: H. M. KVALNES; Chem. Abstr. **47**, 920[c] (1953).
[5] Nicht veröffentlichte Versuche von R. WEGLER.

viele Zwecke ist eine sorgfältige Entfernung des letzten Wassers, meist unter 5%, nicht notwendig. Ebenso stören geringe Phenolbeimengungen nicht. Für Kunststoffzwecke muß etwas höher erhitzt werden, um die letzten Phenolreste zu beseitigen. Diese würden beim Aushärten, besonders bei Anwendung hydroxymethylgruppenärmerer Resole begrenzend auf die Ausbildung hochmolekularer Kondensationsprodukte wirken.

Rückstand: 3418 g eines viscosen, etwas rötlichen Öles, das in Wasser im Verhältnis 1 : 2 bis 1 : 3 klar löslich ist. Bei kürzerer Kondensationszeit, z.B. 3 Stdn. bei 45°, wobei 2mal mit Calciumhydroxyd auf p_H: 9 nachgestellt wird, erhält man beliebig in Wasser lösliche Kondensationsprodukte.

Die Anwendung von Calciumhydroxyd als basischen Katalysator hat den Vorteil der leichten Entfernbarkeit auf Grund der Unlöslichkeit des Carbonates. In gleicher Weise kann auch Bariumhydroxyd eingesetzt werden. Dieses muß aber sehr sorgfältig mit Schwefelsäure in der Kälte unter Vermeidung jeden Säureüberschusses ausgefällt werden und ist mitunter schlecht filtrierbar.

Die Resolbildung im vorliegenden Fall nur durch Verbrauch des Formaldehyds, z.B. nach der Hyrogensulfitmethode, zu verfolgen, ist nicht ausreichend, da hierbei eine Weiterkondensation des Resols übersehen wird. Jedenfalls muß zusätzlich die Wasserlöslichkeit einer schwach angesäuerten Probe geprüft werden.

Das hier aufgeführte Resol dient zur Herstellung von säurehärtenden Schutzüberzügen.

Wird die Kondensation, unter sonst gleichen Bedingungen, mit 1,2–1,3 Mol Formaldehyd je Mol Phenol durchgeführt, so entsteht ein Resol, das speziell für die Holzverleimung geeignet ist. Als schnell wirkender Härter wird vor Gebrauch je nach der gewünschten Abbindezeit 1–5% konz. Salzsäure zugesetzt.

Für Schichtstoffe wird im allgemeinen das Harz etwas weiter kondensiert[1] oder aber nachträglich unter Zusatz von etwa 0,5% Oxalsäure durch Erhitzen auf 60° auf den gewünschten Kondensationsgrad gebracht.

Beispiel 22

Resol für Sperrholzleim[2]: 1500 g Phenol, 750 g Formaldehyd (36%) und 15 g Zinkacetat werden 90 Min. unter Rückfluß gekocht. Darauf wird das Wasser durch Erhitzen bis 160° und das Phenol bis 160° i.Vak. entfernt. 200 g dieses o-verknüpften Novolaks werden in 185 cm³ Wasser und 47,7 g Natriumhydroxyd unter Rühren und Erhitzen gelöst. Nach Abkühlung werden 161,7 g Formaldehyd (36,8%ig) zugegeben, langsam auf 60° erwärmt und 30 Min. bei dieser Temp. gehalten. Man erhält eine Resollösung von 290 cP. Diese Lösung ist ein ausgezeichneter Sperrholzkleber.

Beispiel 23

Resolharz für Gießharzzwecke[3]: In ein bei 20° hergestelltes Gemisch von 1000 g Phenol und 2500 cm³ Formaldehyd (30%ig) läßt man bei 60° innerhalb von $2^1/_4$ Stdn. 12 g Natriumhydroxyd, gelöst in 30 cm³ Wasser, unter gutem Rühren eintropfen. Es wird noch $3^1/_4$ Stdn. bei 62–63° Innentemp. weiterkondensiert. Anschließend destilliert man i.Vak. bei 25 Torr bis 68° Innentemp. alle flüchtigen Bestandteile ab. Nach dem Erwärmen auf 70° werden 120 g Milchsäure zugegeben und durch kurzes Erhitzen bis 90° i.Vak. weiteres Wasser und Phenol abdestilliert.

Rückstand: 1660 g eines hellen, hochviscosen Harzes.

Die Milchsäure dient zur Neutralisation und schwachen Ansäuerung des Resoles. Milchsaures Natrium ist im Resol gut löslich, und freie Milchsäure dient ebenso wie das Salz als nur langsam wasserabgebender Weichmacher. Zusätze von 5–10% Glycerin wirken in gleicher Weise bei der Aushärtung weichmachend und verhindernd auf die Ausbildung von Spannungs- und Schrumpfungsrissen.

In Formen gegossen kann das Produkt durch 2–3tägiges Erhitzen auf 80° zu einem außerordentlich festen Resit gehärtet werden, der je nach dem Wassergehalt ein milchiges bis opakes Aussehen hat.

---

[1] DRP. 340990 (1920), Bakelite GmbH., Erf.: R. Hessen; Frdl. **13**, 645.

[2] E.P. 773510 (1954), Distillers Co. Ltd., Erf.: D. A. Fraser, R. W. Hall u. A. L. J. Raum; C. **1958**, 8510.

[3] Nicht veröffentlichte Versuche von R. Wegler.
S. a. A.P. 1909786–9 (1930), Catalin Corp. of America, Erf.: O. Pantke; C. **1933** II, 2064.

Zur besseren Elastifizierung und als Härter kann statt Milchsäure auch Citronensäure und Glycerin[1] oder Glycerin und Phthalsäureanhydrid[1] bzw. ein entsprechender stark hydroxy-gruppenhaltiger Ester verwendet werden. Als Säuren dienen auch Essigsäure, Phosphorsäure oder Borsäure[2].

Als Gefäßmaterial für größere Ansätze ist Kupfer (nicht bei basischen Resolen!) und noch besser Nickel geeignet. Auch V4A extra® ist bei kurzen Reaktionszeiten ausreichend beständig.

Beispiel 24

Novolake durch alkalische Kondensation mit Nachkondensation[3]: 100 cm³ Formaldehyd (30%ig), 188 g Phenol und 1% Natriumhydroxyd bzw. die entsprechende Menge Calcium- oder Magnesiumoxyd werden unter Rühren langsam auf 80–90° erhitzt und 1 Stde. unter schwachem Rückfluß weiterkondensiert. Es wird so lange erhitzt, bis praktisch aller Formaldehyd verbraucht ist. Dann trennt man das Wasser durch Destillation unter normalem Druck über eine kleine Kolonne vom Kondensationsprodukt ab. Wenn eine Innentemp. von 120–130° erreicht worden ist, tritt eine deutlich exotherme Reaktion ein (Resolumwandlung). Die Heizung wird nun unterbrochen, bis die Reaktion abklingt, dann wird noch 1 Stde. auf 160° nachgeheizt. Zuletzt wird bei 165° Innentemp. i. Vak. restliches Phenol abdestilliert. Es entsteht ein bei 90–125° erweichendes, nicht mehr selbsthärtendes Harz mit den charakteristischen Eigenschaften eines Novolakes.

Statt wäßr. Formaldehyd kann man zur Novolakherstellung auch Paraformaldehyd oder Trioxymethylen[4] benutzen. Hierbei wird der polymere Aldehyd in das geschmolzene Phenol bei etwa 120° eingetragen. Als Katalysatoren werden neben 0,1% Zinkchlorid, Toluolsulfonsäurechlorid oder 1% Oxalsäure sowie Phosphorsäure besonders basische Katalysatoren wie Calcium- und Magnesiumoxyd[5] empfohlen. Vor der Abdestillation des Phenols ist stets zur Beendigung der Reaktion auf 160° zu erhitzen.

Mit Ammoniak dargestellte Resole können in gleicher Weise nacherhitzt werden, um einen Teil des für die Resitbildung abzuspaltenden Wassers vorher zu entfernen[6].

Beispiel 25

Stickstoffhaltiges Resol für Preßharze[7]: 94 g Phenol, 180 g Formaldehyd (30%ig), 11 g Ammoniak (24%ig) und 1,2 g Magnesiumoxyd werden unter Rühren 4 Stdn. auf 60° erhitzt. Das Fortschreiten der Kondensation kann z. B. durch Viscositätsmessungen einer 50%igen Lösung in Alkohol in einer Ostwald-Auslaufpipette verfolgt werden. Hierauf wird i. Vak. bis 65°/20–25 Torr alles Flüchtige abdestilliert. Es hinterbleibt ein in der Kälte festes Harz (130 g, Erweichungspunkt: 65°), welches als Preßpulver besonders für elektrisch hochwertige Preßteile anstelle des sonst üblichen Preßharzes aus Novolak und Hexamethylentetramin verwendet wird. Das Harz ist durch etwas Magnesiumsalz getrübt.

Beispiel 26

Stickstoffhaltiges Resol für Preßharze[7]: 94 g Phenol, 180 g Formaldehyd (30%ig) und 50 g konz. wäßr. Ammoniaklösung werden 4 Stdn. bei 60° gerührt. Der p_H-Wert beträgt zuletzt etwa 6,8–7. Es entstehen 2 Schichten, von denen die untere ein viscoses, gelbes Öl darstellt. Der Geruch nach Ammoniak ist verschwunden, doch ist noch restlicher Formaldehyd in Lösung. Das gesamte Reaktionsprodukt, Wasser und Öl, wird i. Vak. bis zuletzt auf 80° Innentemp./ 15 Torr eingeengt; Ausbeute: 126 g gelbes, klares Harz vom Erweichungspunkt 76°, löslich in heißem Butanol.

---

[1] A.P. 2035515 (1936), DuPont Viscoloid Co., Erf.: G. H. WILDER; Chem. Abstr. **30**, 3542⁶ (1936).
   E.P. 488183/4 (1936), Pollopas Patents Ltd. u. I.G.Farb.; C. **1938** II, 3325.

[2] E.P. 207792 (1923), Amalith, Erf.: A. L. DEUTSCH u. J. THORN; C. **1925** II, 354.

[3] FIAT Final Rep. **1077**, 16.
   S. a. DRP. 668952 (1932), F. Raschig GmbH.; Frdl. **13**, 1582.

[4] DRP. 310894, 388766 (1911), F. Pollak; Frdl. **13**, 643; Frdl. **14**, 1144.

[5] DRP. 556927 (1928), Bakelite GmbH., Erf.: E. ELBEL; Frdl. **17**, 1866.

[6] DRP. 673828 (1933), F. Raschig GmbH.; Frdl. **23**, 1583.

[7] Nicht veröffentlichte Versuche von R. WEGLER.

Beispiel 27

Resol mit Ammoniak als Katalysator für Lackzwecke[1]: 108 g eines Kresolgemisches, das etwa 40% m-Kresol und etwa 40% p-Kresol enthält, 210 g Formaldehyd (30%ig) und 6 g Ammoniak (24–25%ig) werden 3 Stdn. bei 60° unter Rühren kondensiert und hierauf i. Vak. bis 65°/20 Torr eingeengt.

Rückstand: 130 g eines bis 30° noch festen Harzes.

Das Harz wird mit derselben Menge n- oder Isobutanol verdünnt. Eine Verätherung des Resols mit nachfolgender Elastifizierung erfolgt in ähnlicher Weise wie im Beispiel 30 u. 31 (S. 282).

Die Resolherstellung mit Ammoniak bietet den Vorteil, daß der Katalysator hier nicht abgetrennt werden muß. Allerdings ist beim Modifizieren eine etwas längere Reaktionszeit in Kauf zu nehmen. Die Verätherung wird im vorliegenden Falle ohne Zusatz einer Säure durchgeführt. Die Ammoniakmenge kann gegenüber der oben verwendeten noch weiter erhöht werden.

Harze haben aber für Lackzwecke weniger Interesse. Statt Ammoniak lassen sich auch andere Amine benutzen. Besonders geeignet ist (β-Hydroxy-äthyl)-amin.

Beispiel 28

Phenol-Furfurol-Harz von Novolakcharakter durch alkalische Kondensation[1]: 188 g (2 Mol) Phenol werden mit 134 g frisch destilliertem Furfurol (1.4 Mol) vermischt und mit 5–6 g Natriumhydroxyd, die in 20 cm³ Äthanol und 10 cm³ Wasser gelöst sind, versetzt. Man destilliert an einer kleinen Kolonne unter Rühren etwa 30 g niedersiedende Substanz ab (Wasser/Alkohol). Nun wird unter Rückflußkühlung erhitzt, wobei eine Innentemp. von 130° erreicht wird. Langsam fällt die Temp. infolge erneuter Wasserabspaltung auf etwa 115° ab. Bei dieser Temp. rührt man langsam 2 Stdn. lang; dann destilliert man alle Bestandteile ab, die bei 16 Torr Druck bis zu einer Sumpftemp. von 120° übergehen.

Rückstand: 278 g eines dunklen schwarzbraunen Harzes vom Erweichungspunkt 135°.

Das Harz dient als Grundlage für Preßmassen, wobei Hexamethylentetramin als Härtungsmittel verwendet wird.

Beispiel 29

Resoldarstellung mit nachträglicher Verätherung der Hydroxymethylgruppen[1]: 846 g 9 Mol) Phenol und 1600 g Formaldehydlösung (30%ig) werden bei 20° vermischt und mit konz. Natronlauge unter Rühren auf p_H: 9,5–10 eingestellt. (Hierzu sind etwa 110 cm³ 38%ige Natronlauge erforderlich.) Man erwärmt auf 60° und kondensiert 4 Stdn. bei dieser Temperatur. Durch Titration mittels Natriumsulfit wird die Formaldehydabnahme verfolgt. Zum Schluß liegt eine etwa 1%ige Formaldehydlösung vor. Sie wird abgekühlt und mit etwa 5%iger Salzsäure unter gutem Rühren vorsichtig weitgehend neutralisiert; die Reaktionslösung darf aber nicht sauer werden und sollte etwa p_H: 7,2–7,5 haben. Anschließend werden Wasser und überschüssiges Phenol i. Vak. abdestilliert, wobei die Innentemp. zum Schluß höchstens 60° (bei 15 Torr) erreichen darf.

Rückstand: 1360 g zähfestes Harz.

Verätherung: Man gibt 1360 g n-Butanol und 125 g Toluol zu und rührt so lange bei 40°, bis alles in Lösung gegangen ist. Nach dem Abkühlen wird das ausgeschiedene Kochsalz abfiltriert und das Filtrat in 2 Hälften geteilt, die verschieden weit veräthert werden.

Die erste Hälfte wird, nach Zusatz von 450 g n-Butanol, mit einer konz. Lösung von Phosphorsäure in Äthylalkohol unter gutem Rühren auf p_H: 6 eingestellt und in einem Dreihalskolben mit aufgesetztem Veresterungsaufsatz unter Rühren bis zum Sieden erhitzt. Der Veresterungsaufsatz, der mit Butanol-Toluol 1 : 1 gefüllt ist, gestattet das Abtrennen des überdestillierenden Wassers und den Rücklauf des Lösungsmittels in das Reaktionsgefäß.

Nachdem etwa 72 cm³ Wasser überdestilliert sind, ist eine Probe der Reaktionslösung bei 20° mit 4 Tln. Xylol oder mit 1,4 Vol.-Tln. Waschbenzin verdünnbar, ohne daß eine Trübung eintritt. Vor der Verätherung war die Verdünnbarkeit nur 1 : 0,7 bzw. 1 : 0,4. Die Menge des abdestillierten Wassers gibt nur einen ungefähren Anhaltspunkt für das Fortschreiten der Reaktion, da das Resol anfangs stets noch wechselnde Mengen Wasser enthält. Man engt die Lösung i. Vak. bis auf 1310 g ein und filtriert nach 48 Stdn. bei 20° evtl. noch ausgefallene Salzspuren ab.

Die zweite Hälfte wird nach Zusatz von 450 g n-Butanol solange am Veresterungsaufsatz erhitzt, bis etwa 100 cm³ Wasser überdestilliert sind bzw. die Verträglichkeit mit Benzin 1 : 2,3 bzw. mit Xylol 1 : 21 erreicht hat. Auch diese Lösung wird i. Vak. auf 1310 g eingeengt.

Beide Lösungen ergeben beim Einbrennen während 1 Stde. bei 180° unlösliche, aber nicht so spröde Filmüberzüge wie das Ausgangsresol.

---

[1] Nicht veröffentlichte Versuche von R. WEGLER.

Beispiel 30

Elastifizierung eines mit n-Butanol verätherten Resols[1]: Darstellung des Polyesters[2]: 224 g 1,1,1-Tris-[hydroxy-methyl]-propan und 200 g Adipinsäure werden in einem V4A®-Rührkessel, der mit absteigendem Kühler und Thermometer versehen ist, unter Rühren und Überleiten von etwas Stickstoff solange auf 160° erhitzt, bis die Säurezahl unter 30 liegt. Nach etwa $5^1/_2$ Stdn. hat die Säurezahl (mg Kaliumhydroxyd je 1 g Substanz, titriert gegen 1 n Lauge in wäßr. alkoholischer Lösung mit Phenolphthalein als Indikator) 28,5 erreicht, und 48–49 cm³ Wasser sind überdestilliert. Der Rückstand, etwa 375 g, wird mit 125 g n-Butanol bei 50° zu einer 75%igen Lösung gelöst.

Elastifizierung des Resols: Diese Polyester-Butanol-Lösung läßt sich mit den vorerwähnten weitgehend verätherten Resolen (Beispiel 29, S. 281) in beliebigen Mengenverhältnissen vermischen; z. B. erhält man einen elastisch einbrennenden Lack, wenn man 4 Tle. der Resollösung mit 4 Tln. des Polyesters vermischt. Das Einbrennen des Gemisches erfordert etwas längere Reaktionszeiten als beim reinen Resol, d.h. mindestens 1 Stde. bei 180°.

Statt mit dem vorerwähnten Polyester kann man auch mit hydroxyhaltigen Polyvinylacetalen[3] elastifizieren.

Zur Verbesserung der Lichtechtheit können zusätzlich zum Resol bei der Verätherung mit n-Butanol Harnstoff-Formaldehyd-Harze zugesetzt werden[4].

Beispiel 31

Resol aus p-tert.-Butyl-phenol und seine Verkochung mit einem ungesättigten Öl[2]:

Resol: 300 g (2 Mol) p-tert.-Butyl-phenol werden mit 220 g Formaldehydlösung (30%ig) versetzt und in der Wärme bei 60° mit 5 g Natriumhydroxyd, gelöst in 20 cm³ Wasser, gegen Phenolphthalein alkal. gestellt. Unter Rühren wird 4 Stdn. auf 90° erhitzt und hierauf mit Phosphor- oder Essigsäure schwach sauer gestellt (p_H: 5,5–6). Kurze Zeit wird die viscose Harzlösung bei 60° zur guten Neutralisation durchgerührt; im Laboratoriumsmaßstab ist es zweckmäßig, zur Erleichterung des Rührens etwas Benzol zuzusetzen. Zum Schluß wird nochmals auf schwach saure Reaktion geprüft und die wäßr. Schicht noch warm abgetrennt. Es wird noch 3 mal mit heißem Wasser verrührt und das Wasser abgelassen. Damit die Schichten sich gut trennen, muß man bei mindestens 60° arbeiten oder kleine Mengen Äthanol zusetzen; noch besser wirken geringe Zusätze eines Rapidnetzers (< 1 g je 1 l Wasser). Das noch feuchte Harz oder die benzolische Harzlösung wird durch Erwärmen i. Vak. bis etwa 80° von Lösungsmittel und Wasser befreit. Der klare viscose Rückstand wird bei 90° so lange weiterkondensiert, bis eine Probe bei Zimmertemp. gerade fest wird. (Man kann auch von Anfang an das Resol länger kondensieren, muß aber dann stets das Waschen des Resols unter Zusatz eines Lösungsmittels vornehmen.)

In gleicher Weise wie p-tert.-Butyl-phenol läßt sich *p-Isoamyl-phenol* oder *β-Phenyl-äthyl-phenol* (aus Styrol und Phenol) kondensieren. *p-Cyclohexyl-phenol* erfordert etwa die $1^1/_2$ fache Kondensationszeit.

Verkochung mit Holzöl: In einem Mehrhalskolben mit absteigendem Kühler, Thermometer, Rührer und Gaseinleitungsrohr werden 100 g des p-tert.-Butyl-phenolharzes mit 200 bis 300 g Chinesischem Holzöl unter Überleiten von Stickstoff und Kohlendioxyd langsam auf 60–80° erhitzt, bis das Harz flüssig geworden ist, und nun unter Rühren langsam nach Maßgabe des Schäumens auf etwa 250° weiter erwärmt. Bei starkem Schäumen muß der weitausgreifende Rührer auf etwa 250° hochgezogen werden, so daß er vorwiegend an der Oberfläche rührt. Das ganze Reaktionsgefäß, also auch der obere Teil muß geheizt werden, da sonst die Schaumblasen infolge Viscositätssteigerung beim Abkühlen nicht genügend rasch zergehen. Man kann auch das Harz in kleinen Anteilen zu dem auf etwa 200° erhitzten Holzöl geben. Die lästige Schaumbildung kann in vielen Fällen durch Zugabe einiger Tropfen einer 10%igen Siliconlösung in Toluol weitgehend zurückgedrängt werden. Man erhitzt solange bei 240°, bis das Schäumen beendet ist. Zur Erzielung eines stärker viscosen Lackes wird noch vorsichtig bei 250° weiter erhitzt und durch kleine Proben, die mittels eines Glasstabes auf eine kalte Glasplatte aufgetropft werden, die fadenziehende Eigenschaft des Lacksudes verfolgt. Man kann die Viscosität steigern, bis sich bei 20° etwa 10–15 cm lange Ölfäden bilden lassen. Nun wird umgehend abgekühlt. Das Reaktionsprodukt läßt sich mit

---

[1] Die im FIAT Final Rep. **1077**, S. 15, angegebenen Verhältnisse lassen die glatte Darstellung eines Polyesters mit der Säurezahl 30 nicht zu.

[2] Nicht veröffentlichte Versuche von R. WEGLER.

[3] E.P. 601496 (1945), Bakelite Co., Erf.: E. E. BARTON u. A. M. JAMIESON.

[4] DBP. 865974 (1943), BASF, Erf.: H. SCHEUERMANN; C. **1953**, 5939.

Benzin verd. und in der Hitze bei 180° zu einem elastischen, wasserfesten Filmüberzug ein-brennen. Vorwiegend geeignet ist aber dieses Reaktionsprodukt zur Bildung eines an der Luft trocknenden Lackes. Hierzu werden etwa 1% eines Kobalt-, Blei- oder Mangannaphthenates zugesetzt.

Auch mit Hilfe von Formaldehyd und Ammoniak hergestellte Resole lassen sich mit Holzölen verkochen.

Bei schwerlöslichen Resolen ist ein Zusatz an Methylcyclohexanol, das wahrscheinlich an der Reaktion teilnimmt, empfohlen worden.

Resole aus Phenol, mit Formaldehyd und etwas Ammoniak dargestellt, können nur in Gegen-wart eines Lösungsvermittlers wie Methylcyclohexanol (gleiche Mengen wie Resol) mit Holzöl verkocht werden[1].

Beispiel 32

Mit Phenolharz modifizierter Kolophoniumester[2]:

Darstellung des Kolophoniumesters: 12400 g Kolophonium, 1300 g Pentaerythrit und 240 g Maleinsäureanhydrid werden in einem V4A®-Gefäß langsam geschmolzen. Aus Malein-säureanhydrid und Kolophonium entsteht durch Dienreaktion eine Tricarbonsäure, welche die Ausbildung höher molekularer Verbindungen bedingt. Auch die Lichtechtheit der Ester wird durch Maleinsäurezusatz verbessert. Nachdem die Schmelze etwa 100° erreicht hat, wird gerührt und unter Überleiten von Stickstoff innerhalb 9 Stdn. von 90 bis 290° erhitzt. Das freiwerdende Wasser destilliert mit einer geringen Menge eines flüchtigen Öles ab. Der Veresterungsgrad wird durch Bestimmung der Säurezahl verfolgt. Bei einer Säurezahl von etwa 29 sind etwa 720 cm³ Wasser und 180 cm³ Öl abdestilliert. Der entstandene helle Ester hat einen Erweichungspunkt von etwa 105°.

Umsetzung des Harzesters mit einem Resol aus p-tert.-Butyl-phenol: 1000 g des Harzesters werden bei etwa 150–160° unter langsamem Rühren in kleinen Anteilen mit etwa gleichen Tln. des zuvor beschriebenen p-tert.-Butyl-phenol-Formaldehyd-Harzes (Beispiel 31, S. 282) versetzt. Das Resol wird stets erst wieder zugegeben, wenn das Schäumen weitgehend beendet ist. Zum Schluß wird noch $^1/_2$ Stde. bei 180° nacherhitzt. Während der ganzen Reaktion wird das entstehende Wasser durch einen übergeleiteten Stickstoffstrom abdestilliert. Das Harz wird bei etwa 140° in flache Emailleschalen ausgegossen. Es ist in Benzin löslich und kann in der Wärme z. B. in Holzöl gelöst werden, wobei man hochwertige, oxydativ an der Luft trocknende Lacke erhält. Eine nachträgliche kurze Verkochung mit Holzöl bei 250° verbessert die Eigenschaften des Lackes.

Der Erweichungspunkt des modifizierten Harzes ist etwas abhängig vom Kondensationsgrad des Ausgangsphenols und von den Mengenverhältnissen der beiden Komponenten Resol und Kolophoniumester.

Beispiel 33

Modifizierung des o,o′-Bis-[hydroxymethyl]-p-kresol mit Kolophonium[3]: 100 g Kolophonium werden mit 10 g o,o′-Bis-[hydroxymethyl]-p-kresol 10 Stdn. auf 80–90° erhitzt. wobei langsam gerührt und das entstehende Wasser durch Überleiten von etwas Stickstoff abgetrieben wird. Langsam wird die Temp. auf etwa 150° gesteigert. Der Erweichungspunkt des Gemisches geht dabei von 60 bis 70° auf etwa 100–110°. Das Reaktionsprodukt ist nun sowohl in Alkohol als auch in Benzol löslich. Benzin löst das Harz nur in der Wärme. Durch eine Veresterung mit Glycerin bei 270° kann die Säurezahl erniedrigt werden.

Beispiel 34

Resol aus 2,2-Bis-[4-hydroxy-phenyl]-propan, seine Modifizierung mit Kolophonium und nachfolgende Veresterung[2]:

Resoldarstellung: 228 g (1 Mol) 2,2-Bis-[4-hydroxy-phenyl]-propan und 400 g Formal-dehyd (30%ig) werden bei 20° vermischt und 98 cm³ einer Natriumhydroxydlösung, die 33 g

---

[1] DRP. 554 801 (1929), Bakelite GmbH., Erf.: F. SEEBACH; Frdl. **21**, 1592.

[2] Nicht veröffentlichte Versuche von R. WEGLER.

[3] DRP. 492 592 (1924), Chemische Werke K. Albert GmbH.; Frdl. **16**, 2035.

Vgl. DRP. 474 787 (1923), Chemische Werke K. Albert GmbH.; Frdl. **16**, 2033.

Natriumhydroxyd je 100 cm³ Lösung enthält, innerhalb 5–10 Min. bei 20° zugetropft. Es liegt jetzt eine klare Lösung des 2,2-Bis-[4-hydroxy-phenyl]-propan vor. Unter Rühren heizt man innerhalb 1 Stde. auf 50° an und beläßt weitere 5 Stdn. bei dieser Temperatur. Nach dieser Zeit ist der Formaldehyd praktisch verbraucht (wovon man sich durch eine Titration der neutralisierten Lösung mittels Natriumsulfit und Rücktitration der Natronlauge überzeugt). Man kühlt nun schnell ab und stellt unter sehr intensivem Rühren mit 5%iger Salzsäure auf p_H: 5,5 ein. Dann verrührt man kurz mit 370 cm³ n-Butanol, gießt die wäßr. Lösung ab, wäscht aber nicht mit Wasser nach, da sich hydroxymethylgruppenreiche Kondensationsprodukte im Wasser lösen. Durch Evakuieren bis 70°/50 Torr erhält man 340 g eines festen Harzes.

Modifizierung mit Kolophonium: 360 g Kolophonium werden auf 145–148° erhitzt, und unter gutem Rühren läßt man 45 g des Resoles, gelöst in 22 g n-Butanol (filtriert), innerhalb $1\frac{1}{2}$ Stdn. zutropfen. Über einen absteigenden Kühler destillieren n-Butanol und Reaktionswasser ab. Das Überleiten von Stickstoff verhindert Dunkelfärbung durch Oxydation und erleichtert die Wasserentfernung. Zum Schluß wird noch 1 Stde. auf 160° erhitzt; Ausbeute: 392 g Harz, Säurezahl 140.

Veresterung mit 1,1,1-Tris-[hydroxymethyl]-propan: Zu dem Resol-Kolophonium-Produkt gibt man 48,4 g 1,1,1-Tris-hydroxymethyl-propan zu und erhitzt unter langsamer Temperatursteigerung bis 270°, wobei das freiwerdende Wasser über eine kleine Kolonne abgetrieben wird. Nach etwa 5–6 Stdn. ist die Säurezahl auf unter 20 gesunken. Das entstandene Reaktionsprodukt ist beschränkt in Benzin löslich, hat einen Erweichungspunkt von 145° und eignet sich besonders zur Herstellung von trocknenden Öllacken.

Beispiel 35

Resol aus 2,2-Bis-[4-hydroxy-phenyl]-propan und seine Modifizierung durch n-Butanol und Ricinusöl[1]: 456 g 2,2-Bis-[4-hydroxy-phenyl]-propan, 820 g Formaldehyd (30%ig) und 225 g Natriumhydroxydlösung (33%ig) werden bei 30–35° gemischt, wobei eine klare Lösung entsteht (notfalls noch wenig Natriumhydroxyd zusetzen). Zur Kondensation wird 5 Stdn. bei 50° und 1 Stde. bei 60° gerührt, bis praktisch aller Formaldehyd verbraucht ist. (Der Formaldehydverbrauch wird durch die bekannte Titration mit einer Natriumsulfitlösung verfolgt; vor der Zugabe der Natriumsulfitlösung ist stets gegen den verwendeten Indikator, z. B. Phenolphthalein, neutral zu stellen.) Hierauf wird zu der alkal. Kondensationslösung bei höchstens 25° unter gutem Rühren Salzsäure zugetropft, bis der p_H-Wert etwa 5,5 ist. Das Kondensationsprodukt fällt aus, und das Wasser wird abgegossen. Restliches Wasser wird i. Vak. bis 60° Innentemp. entfernt. Das Resol ist auch nach Beispiel 34 (S. 283) darstellbar. Rückstand: 685 g.

Verätherung mit n-Butanol und Ricinusöl[1]: 114 g des Rückstandes werden in 171 g n-Butanol gelöst und durch Filtration von Salzspuren befreit. Nach Zugabe von 100 g Ricinusöl und 150 g Xylol erhitzt man zum Sieden, wobei das entstehende Wasser mit überdestillierendem n-Butanol und Xylol abgetrieben wird. Das Erhitzen wird solange fortgesetzt, bis eine Probe bei 180°, während 1 Stde. eingebrannt, einen elastischen und vollständig klaren Lacküberzug ergibt. Während der Verätherung ist stets zu rühren. Der Fortgang der Verätherung kann durch das abgespaltene Wasser sowie durch eine kleine Probeentnahme verfolgt werden. Auf einer kalten Glasplatte wird nach einiger Zeit ein Tropfen der Reaktionsflüssigkeit nicht mehr durch Entmischung trübe. Der Endpunkt muß aber durch die oben erwähnte Einbrennprobe festgestellt werden. Zum Schluß wird filtriert und durch Einengen im Vak. auf die gewünschte Konzentration, z. B. 60%, gebracht.

In einzelnen Vorschriften wird als Säurekatalysator bei der Modifizierung Benzylchlorid[2] empfohlen.

Resole aus vollreaktiven, mehr als zwei funktionelle Stellen enthaltenden Phenolen wie z. B. dem obigen Bisphenol oder m-Kresol sind sehr gut geeignet, mit Alkydharzen elastisch einbrennende, vollständig unlöslich werdende Überzüge zu bilden. Besonders beim 2,2-Bis-[4-hydroxy-phenyl]-propan mit seinem löslich machenden Isopropylidenrest gelingt es, mit Kondensationsprodukten aus Phthalsäureanhydrid, Glycerin und Ricinusöl selbst ohne Zusatz von veräthernden Alkoholen eine Modifizierung zu erreichen. Sehr häufig wird hier in aromatischen Kohlenwasserstoffen gearbeitet[3].

---

[1] Nicht veröffentlichte Versuche von R. Wegler.

[2] BIOS Miscellaneous Rep. **115**, 16.

[3] A. P. 2613198 (1947), H. Hönel u. H. Manzano; Chem. Abstr. **47**, 1948^g (1953).

Beispiel 36

Alkylsubstituiertes Resol mit besonderer Verträglichkeit gegenüber Naturharzen[1]: Statt das 2,2-Bis-[4-hydroxy-phenyl]-propan einer alkalischen Formaldehyd-Kondensation zu unterziehen, kann man auch novolakartige Reaktionsprodukte, wie sie aus Phenol und Paraldehyd darstellbar sind, nachträglich alkal. mit Formaldehyd kondensieren. Man macht hier von der Eigenschaft des Paraldehyds bzw. Acetaldehyds Gebrauch, mit Phenol in saurer Lösung ebenso wie Aceton bevorzugt in p-Stellung zu kondensieren, wobei selbst unter Anwendung von mehr Acetaldehyd eine weitergehende Kondensation zu resitartigen Produkten nur langsam eintritt.

Ein geeignetes Vorkondensat läßt sich z. B. aus 940 g Phenol, 220 g Paraldehyd und 5 cm³ konz. Salzsäure durch 3stdg. Erhitzen auf 100° (siehe Beispiel 9, S. 275) erhalten. Die weitere Kondensation geschieht in alkal. Lösung mit Formaldehyd, wobei so viel Lauge zugegeben wird, daß alles in Lösung geht. Man mischt z. B. 560 g Novolak, 235 g Natronlauge (D = 1,2) und 405 g Formaldehyd (37%ig) bei 30°, läßt 2 Tage stehen, neutralisiert anschließend, fällt das Harz mit Salzsäure aus und trocknet im Vakuum. Die Kondensation mit Kolophonium und Glycerin wird ähnlich ausgeführt wie in den Beispielen 31 u. 32 (S. 282).

Beispiel 37

Modifizierung von Kolophoniumglycerinester mit einem aushärtbaren Resol[2]:

Darstellung des Resols: 94 g (1 Mol) Phenol werden mit 300 g Formaldehyd (30%ig) und 1,5 g Natronlauge (30%ig) gemischt, zum Sieden erhitzt und 20 Min. unter Rückfluß gekocht. Dann gibt man 4 g Milchsäure zu und entwässert bei 15 Torr bis zu einer Innentemp. von 50°. Es wird ein hydroxymethylgruppenreiches, nicht allzu rasch reagierendes Resol erhalten.

Umwandlung des Resols: 25 g des Resols werden in kleinen Anteilen in ein geschmolzenes Gemisch von 100 g Kolophoniumglycerinester mit der Säurezahl 17,5, 5 g Waschbenzin und 5 g Amylalkohol langsam unter gutem Rühren bei 110° eingetragen und 2 Stdn. bei etwa 110° weiterkondensiert. Hierauf wird die Temp. im Verlauf von ¹/₂–1 Stde. unter Abdestillation der Lösungsmittel auf 200° gesteigert und ¹/₂ Stde. bei 200° belassen. Man erhält 112 g eines Harzes mit der Säurezahl 15–16. Seine Löslichkeit in Benzin ist beschränkt, läßt sich aber durch Verkochen mit trocknenden Ölen verbessern.

Beispiel 38

Mit n-Butanol modifiziertes basisches Resol[3]: 114 g 2,2-Bis-[4-hydroxy-phenyl]-propan, 300 g n-Butanol, 30,5 g (β-Hydroxy-äthyl)-amin und 200 g Formaldehyd (30%ig) werden zum Sieden erhitzt, wobei das Wasser kontinuierlich abgetrieben wird, während n-Butanol zurückfließt. Während etwa 7 Stdn. werden 165 g Wasser abdestilliert. Zuletzt wird bis 70°/12 Torr evakuiert. Das zurückbleibende klebrige Weichharz ist in Benzol in der Kälte, in Benzin nur in der Wärme löslich. 1 g verbraucht 3,75 cm³ n/2 Salzsäure. Es dürfte hier ein mit n-Butanol modifiziertes basisches Resol vorliegen.

Beispiel 39

Wasserlöslicher Einbrennlack aus Resolen und wasserlöslichen Polymerisaten[4,5]:

Herstellung des Resols: Man mischt z. B. 2000 cm³ Formaldehyd (30%ig) mit 752 g Phenol, stellt mit Calciumhydroxyd sofort auf p_H: 9 ein und rührt 4 Stdn. bei 45°. Anschließend werden die Calciumionen bei 20° durch Einleiten von Kohlendioxyd ausgefällt. Man saugt das Calciumcarbonat ab und engt das Filtrat i. Vak. unterhalb 50° bis auf ein Gewicht von etwa 2500 g ein. Es liegt eine etwa 50%ige Resollösung vor.

Der wasserlösliche Polyester läßt sich wie folgt erhalten: 1 kg Polyacrylsäurebutylester vom K-Wert 20 wird in 1,2 kg Methanol gelöst. In diese Lösung gibt man unter Rühren 0,08 kg Natriumhydroxyd in 0,15 kg Wasser. Die alkal. Lösung muß klar bleiben, andernfalls

[1] DRP.-Anm. R 4127 (1944), Reichhold Chemicals Co., Erf.: E. F. Siegel; am 12. 5. 55 zurückgezogen.
S. a. A. P. 1623901 (1927); 1736757 (1929), Chemische Werke K. Albert GmbH.; Erf.: E. Fonrobert u. A. Amann; C. **1928** II, 1040; **1930** II, 997.
[2] DRP. 645449 (1929), Chemische Werke K. Albert GmbH.; Frdl. **22**, 1532.
[3] DRP. 973417 (1944), Chemische Werke K. Albert GmbH.; Erf.: J. Reese; C. **1960**, 14195.
[4] Nicht veröffentlichte Versuche von R. Wegler.
[5] DBP.-Anm. p 24181 (1948), Farbf. Bayer, Erf.: R. Wegler u. H. Kleiner.

wird noch etwas Methanol zugesetzt. Nach 2 stdg. Sieden unter Rückfluß wird das Methanol, zuletzt i. Vak., vollständig abdestilliert. Der Rückstand wird mit überschüssiger Essigsäure versetzt und die entstehende kautschukartige, aber leicht knetbare Masse mehrfach mit frischem Wasser durchgeknetet. Man erhält 1,34 kg einer etwa 60%igen wasserhaltigen, zähen Paste. Der Carboxygehalt beträgt (bezogen auf die Trockensubstanz) etwa 8,5%. Nun gibt man die dem Carboxygehalt entsprechende Menge (β-Hydroxy-äthyl)-amin (0,0975 kg) zu und füllt mit Wasser auf 2,24 kg auf. Es entsteht eine 40%ige viscose Lösung, die beliebig weiter mit Wasser verdünnbar ist.

Zu 1 kg dieser Polymerisatlösung werden 0,2 kg der 50%igen wäßr. Resolharzlösung gegeben. Diese Lösung brennt während 2 Stdn. bei 180° zu einem hochelastischen Lacküberzug ein. Für chemisch widerstandsfähigere Lacke benutzt man besser eine größere Resolmenge, z. B. 0,6 kg.

Beispiel 40

Elastischer Phenol-Formaldehyd-Harzlack mit chemisch eingebauten unverseifbaren Weichmachern[1]:

Darstellung des Ausgangsphenols: 2,2 kg hydrierte oder zwecks Beseitigung olefinischer Bestandteile mit konz. Schwefelsäure gewaschene Kohlenwasserstoffe aus der Fischer-Tropsch-Synthese vom Kp: 220–320° werden bei 60–80° im Licht chloriert, bis die Gewichtszunahme 810 g beträgt. In 258 g Phenol und 5 g Zinkstaub (oder die entsprechende Menge Zinkchlorid) werden, bei 135° beginnend, nach Maßgabe der Chlorwasserstoffentwicklung 768 g dieses Chlorierungsproduktes eingetropft und bis zur vollständig beendeten Chlorwasserstoffentwicklung auf etwa 180° erhitzt. Nach dem Abdestillieren des überschüssigen Phenols i. Vak. wird mit Wasser gewaschen. Das gewaschene Reaktionsprodukt kann direkt weiterverarbeitet werden oder zur Entfernung von geringen Mengen Kohlenwasserstoff und einigen Prozenten umgesetzten Phenols bis 180° bei 3 Torr ausdestilliert werden; Ausbeute: 796 g.

Resoldarstellung: 400 g dieses Kondensationsproduktes, 260 cm³ Formaldehyd, 160 cm³ Xylol und 40 cm³ n-Butanol werden etwa 5 Stdn. bei 90° gerührt, wobei innerhalb von 3 Stdn. der p_H-Wert 3 mal auf etwa 11 eingestellt wird. Es sind hierzu etwa 35 cm³ Natronlauge erforderlich. Nach der Kondensation wird vorsichtig in der Kälte auf p_H 5 eingestellt, mit Kochsalzlösung und Wasser gewaschen und restliches Wasser i. Vak. entfernt. Lackaufstriche aus diesem Kondensationsprodukt bilden beim Einbrennen während 1 Stde. bei 180° harte und hochelastische Überzüge.

Beispiel 41

Alkalifeste Lacke aus Resolen, die an der phenolischen Hydroxygruppe veräthert sind[2]: 470 g (5 Mol) Phenol, 600 g (7,5 Mol) Formaldehyd (37,5%ig) und 4,7 g Magnesiumoxyd werden 2 Stdn. bei 90° verrührt. Nach dem Abkühlen gibt man 200 g (5 Mol) Natriumhydroxyd, gelöst in 1500 cm³ Wasser, zu und läßt bei 60–80° unter gutem Rühren innerhalb von 2 Stdn. 848 g (5,5 Mol) Diäthylsulfat zutropfen. Zum Schluß werden nochmals 25 g Natriumhydroxyd als 40%ige Lösung zugetropft und 1 Stde. bei 75–85° nachgerührt. Hierbei wird die Äthylierung vervollständigt und restliches Diäthylsulfat zerstört. Man stellt mit Essigsäure schwach sauer und nimmt das Harz nach mehrmaligem Waschen mit warmem Wasser in n-Butanol auf. Dann wird i. Vak. bis 110°/15 Torr eingeengt, wobei etwa 500 g eines sehr stabilen äthylierten Harzes zurückbleiben. Eine 60%ige Lösung des Harzes ergibt nach Zusatz von 0,5% Diäthylsulfat (auf festes Harz berechnet) oder 3,5% Phosphorsäure durch Einbrennen während 1–2 Stdn. bei 180° chemisch widerstandsfähige Überzüge, die säure- und im Gegensatz zu Phenolharzen auch alkalifest sind.

2,2-Bis-[4-hydroxy-phenyl]-propan hat sich hier als Ausgangskomponente besonders bewährt[3]. Zweckmäßig wird etwas mehr Formaldehyd als üblich zur Kondensation angewandt. Da das Waschen des fertigen Produktes mit Wasser stets mit Verlusten verbunden ist, wird eine Lösung des verätherten Produktes in n-Butanol mit Kochsalzlösung gewaschen. Nach dem teilweisen Einengen wird die nun wasserfreie Lösung des Harzes in n-Butanol von ausgefallenen Salzspuren durch Filtration befreit. Bei Anwendung von Methyl- statt Äthyläthern kann der Phosphorsäurezusatz auf die Hälfte erniedrigt werden.

---

[1] Nichtveröffentlichte Versuche von R. Wegler.

[2] A.P. 2470130 (1945), Bakelite Corp., Erf.: H. L. Bender u. A. G. Farnham; Chem. Abstr. 43, 5630[i] (1949).

[3] DAS. 1070763 (1951), Farbf. Bayer, Erf.: R. Wegler u. K. Mielke; C. 1960, 8357.

Beispiel 42

Phenol und Isobutyl-vinyl-äther[1]: Man erwärmt eine Lösung von 70,5 g Phenol und 29 g Natriumphenolat in 50 g Xylol auf 140° und läßt 100 g Isobutyl-vinyl-äther so zutropfen, daß die Temp. nicht unter 140° sinkt. Danach wird noch einige Stdn. auf 140° erhitzt. Man destilliert i. Vak. die flüchtigen Bestandteile ab und erhält als Rückstand 150 g eines dickflüssigen, in Natronlauge klar löslichen Produktes. Beim Erhitzen auf über 180° härtet dieses Produkt zu einer unlöslichen und unschmelzbaren Masse aus.

Beispiel 43

Anlagerung von 1,4-Butandiol-divinyläther an Phenol[1]: Ein Gemisch aus 90 g Phenol, 4 g Natriumphenolat und 71 g 1,4-Butandiol-divinyläther wird 3 Stdn. auf 180–200° erhitzt. Nach Abdestillieren einer kleinen Menge nicht umgesetzten Divinyl-äthers und Phenols i. Vak. werden 145 g eines festen Kondensationsproduktes der Bruttoformel $C_{20}H_{26}O_4$ erhalten. Das Produkt ist in verd. Natronlauge klar löslich. Beim Erhitzen über 200° geht es in ein unlösliches und unschmelzbares Harz über.

Beispiel 44

Kondensation von p-tert.-Butyl-phenol mit Methyl-vinyl-äther in Gegenwart eines sauren Katalysators[2]: 75 g p-tert.-Butyl-phenol, 200 g Benzol und 0,75 g p-Toluolsulfonsäure werden bis zur Lösung erwärmt. Dann leitet man bei 35° unter Rühren 29 g Methyl-vinyl-äther gerade so schnell ein (etwa während 1 Stde.), daß die Temp. 40° nicht überschreitet. Anschließend gibt man 1 g Tris-[β-hydroxy-äthyl]-amin zu, um die Säure zu neutralisieren. Bei gewöhnlichem Druck werden nun Benzol, entstandenes Methanol und andere flüchtige Verbindungen abdestilliert. Wenn die Temp. der Harzlösung 230° erreicht hat, wird die Destillation abgebrochen und das Harz in flache Pfannen ausgegossen. Es ist ein leicht gelbliches, sprödes Harz entstanden, das in Aceton und Benzol leicht löslich ist. Die Ausbeute beträgt 72,3 g. Der Erweichungspunkt des Harzes liegt bei etwa 137° und der Tropfpunkt bei 144°, gemessen nach der Ubbelohde-Methode. Das Produkt kann als Klebrigmacher für synthetischen Kautschuk Verwendung finden.

Anwendung größerer Mengen von Methyl-vinyl-äther erhöht zwar die Harzausbeute, doch werden die Produkte dunkler. Statt Methyl-vinyl-äther können auch andere Vinyläther benutzt werden. Es wird in diesem Fall empfohlen, die Reaktionstemp. so zu wählen, daß sie über dem Kp des Vinyläthers liegt.

Beispiel 45

Saure gemischte Kondensationen von Brenzcatechin, Naphthalinsulfonsäuren und Formaldehyd[3] **(Gerbstoffe)**: 75 Gew.-Tle. Brenzcatechin werden mit 25 Gew.-Tln. roher β-Naphthalinsulfonsäure (erhalten durch mehrstündiges Erhitzen von 100 Gew.-Tln. Naphthalin mit 110 Gew.-Tln. Schwefelsäure-monohydrat auf 160–170°), 50 Gew.-Tln. Wasser und 40 Gew.-Tln. Formaldehyd (techn., 30%ig) 2 Stdn. am Rückflußkühler auf 100° erhitzt. Das wasserlösliche Kondensationsprodukt wird mit Ammoniak abgestumpft und mit Essigsäure auf p_H: 3,5 eingestellt. Auf Ziegenblöße wird bei schwach sauer geführter Gerbung, die am Ende p_H: 4,5 zeigt, ein tuchartig weiches, volles Leder erhalten, wie es mit pflanzlichen Gerbstoffen nicht erzielbar ist. Der Gerbstoff enthält, auf Trockensubstanz bezogen, 94% Reingerbstoff.

Ein ebenfalls gut wasserlösliches Kondensationsprodukt wird erhalten, wenn 100 Gew.-Tle. rohe Naphthalinsulfonsäure mit 100 Gew.-Tln. Brenzcatechin, 100 Gew.-Tln. Wasser und 70 Gew.-Tln. Formaldehyd (30%ig) 2 Stdn. am Rückflußkühler auf 100° erwärmt werden. Es wird ein im Griff noch milderes Leder erhalten.

256 Gew.-Tle. Naphthalin werden mit 256 Gew.-Tln. Schwefelsäure (98%ig) 5 Stdn. bei 160–165° unter Rühren sulfoniert. Nach dem Abkühlen auf 100° verd. man die Schmelze mit 115 Gew.-Tln. kaltem Wasser und läßt bei 80–85° 136 Tle. Formaldehyd (30%ig) langsam zufließen. Dann wird auf 100° aufgeheizt und etwa 15 Stdn. bis zum Verschwinden des Formaldehyds bei dieser

[1] DBP. 870114 (1951), BASF, Erf.: H. Krzikalla u. F. Meyer; C. **1953**, 5422.
[2] A. P. 2515164 (1945), General Aniline Film Corp., Erf.: D. Sargent; Chem. Abstr. **44**, 10376[f] (1950).
[3] DBP. 870268 (1942), Farbf. Bayer, Erf.: G. Mauthe, H. Hertlein, W. Hiltner u. F. Guthke; C. **1953**, 4632.

Temp. kondensiert. Das Kondensationsprodukt verd. man mit 530 Gew.-Tln. Wasser und fügt 430 Gew.-Tle. Brenzcatechin zu. Unter Rühren läßt man alsdann bei einer Temp. von 25° 227 Gew.-Tle. Formaldehyd (30%ig) langsam zutropfen, wobei die Temp. nicht über 50° steigen soll. Anschließend wird 3 Stdn. bei 50–55° kondensiert. Nach dem Abkühlen stumpft man mit 220 Gew.-Tln. Ammoniak (25%ig) ab und stellt mit Essigsäure schwach sauer ein.

Beispiel 46

Darstellung eines Gerbstoffes aus β-Naphtholsulfonsäure, Phenol und Formaldehyd[1]: 130 g β-Naphthol werden langsam mit 108 g konz. Schwefelsäure versetzt. Die Temp. wird so hoch gehalten, etwa bei 100°, daß ein langsames Rühren möglich ist. Zur vollständigen Sulfonierung wird noch 2 Stdn. bei 115° nachgerührt. Dann gibt man bei 95–98° zunächst 130 g Phenol und 100 g Wasser und nach kurzer Zeit 124 g Formaldehyd (30%ig) zu; das Reaktionsgemisch wird anschließend noch 4 Stdn. auf 98° erhitzt. Zuletzt liegt eine klare Lösung der Kondensationsprodukte in Wasser vor.

Zwecks Fertigstellung zum Gebrauch als Gerbstoff wird mit 103 cm³ Ammoniak (25%ig) abgestumpft und hierauf mit Eisessig auf die gewünschte Säurezahl eingestellt. Im vorliegenden Falle werden 30 g Eisessig und 3 g Citronensäure zugesetzt.

Beispiel 47

Austauscherharz durch Phenolsulfonsäure-Formaldehyd-Kondensation[2]: 175 g p-Phenolsulfonsäure werden mit 40 g Formaldehydlösung (30%ig) unter Rühren $1/2$ Stde. auf 105° erhitzt. Hierauf gibt man weitere 60 g Formaldehyd hinzu und hält die Temp. 10 Stdn. auf 90°. Es entsteht ein hartes, schwarzes, wasserbeständiges Harz, das gewaschen, getrocknet und zerkleinert wird. Die mittlere Kapazität bei der Beanspruchung durch hartes Wasser beträgt etwa 3,5% Calciumoxyd bei mittlerer Belastung (5–10 l je 1 l Austauscher und Stde.).

Beispiel 48

Austauscherharz aus Phenol-Formaldehyd-Natriumhydrogensulfit[3]: 2584 g geschmolzenes Phenol werden mit 1170 g Natriumhydrogensulfit und 1758 g Formaldehyd (30%ig) sowie 2400 g Wasser versetzt und bei 95–98° während 16 Stdn. kondensiert. Nach dem Abkühlen auf 65° wird die Mischung in 233 g Formaldehyd (30%ig) eingegossen, kurz vermischt und ohne Rühren weiterkondensiert. Nach etwa 2–3 Stdn. entsteht eine harte unlösliche Masse. Sie wird nach dem Erkalten zerkleinert und während 3 Tagen bei 80–90° getrocknet. Nach dem Zerkleinern auf die gewünschte Größe wird mit 150–200 g konz. Schwefelsäure verrührt, bis 100° und zuletzt 120° erhitzt, 2 Stdn. bei dieser Temp. gehalten, auf etwa 40° abgekühlt, die Säure abfiltriert, mit Wasser gewaschen, bis alle Schwefelsäure entfernt ist, und anschließend getrocknet. Bei der Nachbehandlung mit Schwefelsäure tritt teilweise Kondensation und teilweise Sulfonierung ein.

Beispiel 49

Gerbstoffe durch Kondensation von Formaldehyd-Hydrogensulfit-Verbindung mit Bis-[4-hydroxyphenyl]-sulfon sowie 2,2-Bis-[4-hydroxy-phenyl]-propan[4]:

[a] 720 g Bis-[4-hydroxy-phenyl]-sulfon, 330 g Natriumsulfit (wasserfrei), 1490 g Wasser und 460 g Formaldehydlösung (30%ig) werden vermischt und 30 Stdn. im Druckgefäß auf 150–155° erhitzt. Die Formaldehydlösung wird anfangs nur zur Hälfte eingesetzt, der Rest nach 12 Stdn. Als Kondensationskessel wird technisch ein ausgemauerter Kessel oder für kleinere Versuche ein emailliertes Druckgefäß benutzt (kein Eisen, da Verfärbung!).

[b] 280 g 2,2-Bis-[4-hydroxy-phenyl]-propan, 260 g Natriumsulfit, 910 g Wasser und 250 g Formaldehyd (30%ig) werden 8 Stdn. auf 80–90° erhitzt.

[c] Beide Lösungen [a] und [b] werden getrennt mit Aktivkohle behandelt, filtriert und vereinigt. Zur Einstellung als Gerbstoff werden 465 g Schwefelsäure (98%ig) und etwa 1500 g Glykolsäure (etwa 37%ig) zugeführt und auf 90–95° erhitzt, bis alles freie Schwefeldioxyd entfernt ist.

---

[1] DRP. 860061 (1941), Farbf. Bayer, Erf.: R. Bauer u. D. Delfs; C. **1953**, 3342.

[2] DRP. 747664 (1936), I. G. Farb., Erf.: H. Wassenegger u. K. Jäger; C. **1945**, I, 1280.

[3] BIOS Final Rep. **1169**, S. 12–14.
  DRP. 733679 (1937), I. G. Farb., Erf.: H. Wassenegger; C. **1943** II, 2331.

[4] BIOS Final Rep. **762**, 80.

Beispiel 50

Lichtechter Gerbstoff aus 2,2-Bis-[4-hydroxy-3-sulfo-phenyl]-propan, Harnstoff und Formaldehyd[1]: 388 g 2,2-Bis-[4-hydroxy-3-sulfo-phenyl]-propan werden mit 90 g Harnstoff in 325 g Wasser gelöst. Hierzu gibt man im Verlauf von 1 Stde. unter Rühren und Rückflußkühlung bei 45–50° eine Lösung von 200 g Formaldehyd (30%ig), verd. mit 150 g Wasser. Durch intensives Rühren trägt man dafür Sorge, daß die während des Zusatzes der Formaldehydlösung eintretende Abscheidung eines farblosen Reaktionsproduktes in Form einer möglichst feinen homogenen Dispersion erhalten wird[2]. Die schaumartige Masse wird noch mehrere Stdn. bei 35–40° und 12 Stdn. bei 20° weitergerührt, bis der Formaldehydgeruch verschwunden ist. Durch Erwärmen auf 60–90° geht die Masse nach einiger Zeit in eine klare, gelbbraune, viscose Lösung über, die man mit einer Lösung von 12 g krystallisierter Oxalsäure in 88 g Wasser versetzt und dann mit 35%iger Natronlauge auf die gewünschte Acidität einstellt.

Beispiel 51

Nachkondensation eines Hydroxymethylharnstoffes mit einer Phenolsulfonsäure (Gerbstoff)[1]: Eine Lösung von 90 g Harnstoff und 0,8 g Natriumhydroxyd in 300 g Formaldehydlösung (30%ig) wird bei 25–30° so lange sich selbst überlassen, bis der Formaldehyd weitgehend verbraucht ist. Dann wird mit 1 n Schwefelsäure vorsichtig neutralisiert und die Lösung unter gutem Rühren im Verlauf von $^3/_4$ Stdn. bei 45–50° zu 338 g 2,2-Bis-[4-hydroxy-3-sulfo-phenyl]-propan in 512 g Wasser gegeben. Weitere Aufarbeitung wie in Beispiel 50.

Beispiel 52

Gerbstoff aus Bis-[4-hydroxy-phenyl]-sulfon, Formaldehyd und Natriumsulfit[3]: Zu 500 g Bis-[4-hydroxy-phenyl]-sulfon, die in 1000 g Wasser angeschlämmt sind, gibt man 125 g wasserfreies Natriumsulfit, 250 g Formaldehyd (30%ig) sowie 100 g Natriumhydroxydlösung (32,5%ig). Das Ganze wird bei etwa 150° 24 Stdn. im Autoklaven erhitzt. Der angewandte Formaldehyd ist nach dieser Zeit praktisch verbraucht, ebenso das Sulfit. Das entstandene Reaktionsprodukt zeigt nach dem Ansäuern mit schwachen organischen Säuren genügende Löslichkeit und läßt sich mit Salzsäure sowie Schwefelsäure oder mit Neutralsalzen aussalzen. Das ausgesalzene Produkt löst sich wieder in Wasser.

Beispiel 53

Kationen-Austauscherharz durch Kondensation von Benzaldehyd-2,4-disulfonsäure mit Resorcin[4]: 550 g Resorcin, 480 g benzaldehyd-2,4-disulfonsaures Natrium und 10 g Natriumhydroxyd werden in 700 cm³ Wasser gelöst und 30 Min. gekocht. Hierauf wird die Lösung auf 25° abgekühlt und mit 800 g Formaldehydlösung (30%ig) versetzt. Die Mischung erwärmt sich langsam und erstarrt bei etwa 60° zu einer Gallerte. Diese wird bei 80° getrocknet und dann in Wasser eingetragen, wobei das Gel zerspringt. Nach Aussiebung der Anteile unter 0,5 mm und über 1,5 mm und Einstellung auf H⊕-Ionenaustausch belädt sich 1 l des Harzes (Schüttvolumen) beim Überleiten von Wasser mit 25° deutscher Härte mit 22 g Calciumoxyd.

---

[1] DRP. 637732 (1933), I. G. Farb., Erf.: H. SCHÜTTE u. R. ALLES; Frdl. 22, 1499.
[2] Bei dem zuerst ausfallenden Niederschlag dürfte es sich um ein Harnstoff-Formaldehyd-Harz handeln, das erst in der Hitze seine Methylengruppen zum Teil an das Phenol abgibt bzw. zum Teil diese ankondensiert:

[3] DRP. 696581 (1938), I. G. Farb., Erf.: H. NOERR, H. SCHÜTTE u. F. GUTHKE.
[4] DRP. 733679 (1937), I. G. Farb., Erf.: H. WASSENEGGER.

Beispiel 54

Kationen-Austauscherharz durch Resorcinmonocarbonsäure-Formaldehyd-Kondensation[1]:   Zu 300 g Natriumhydroxyd, gelöst in 2500 g Wasser, werden 1200 g 3,5-Resorcin-1-carbonsäure und 1130 g Formaldehyd (30%ig) gegeben und rasch umgerührt. Nach kurzer Zeit macht sich die Reaktion durch Temperaturerhöhung bemerkbar, und nach $^{1}/_{2}$–1 Stde. erstarrt das Ganze. Man erhitzt noch 1 Stde. auf 70°, kühlt dann auf 55° ab, zerkleinert die Masse und trocknet 3 Tage bei 80–90°, wonach die jetzt harten und festen Stücke gemahlen und gesiebt werden.

Beispiel 55

Gerbstoffe aus Resorcin-Acrolein-Novolak[2]:

Novolak: Eine auf 15° abgekühlte Lösung von 110 g (= 1 Mol) Resorcin in 100 cm³ Wasser wird mit 35 g (= 0,64 Mol) techn. Acrolein vermischt und dann bei 10° unter Eiskühlung mit 2 cm³ Salzsäure (1 : 1) unter Rühren versetzt. Die Temp. steigt rasch bis nahe 70°. Man erhitzt im Wasserbad langsam weiter; der scharfe Geruch verschwindet restlos, die homogene Lösung wird immer viscoser, um nach einigen Min. zu erstarren. Danach wird noch $^{1}/_{4}$ Stde. weiter erhitzt. Zur Weiterverarbeitung zerkleinert man das hochmolekulare, wasserunlösliche Produkt zweckmäßig in heißem Zustand.

Anlagerung von Natriumhydrogensulfit: Das so erhaltene unlösliche Produkt wird mit 50 g Natriumhydrogensulfit und 100 cm³ Wasser in einer Druckflasche im siedenden Wasserbad erhitzt. Der wäßr. Anteil wird zunächst vom unlöslichen Anteil vollständig gelartig aufgenommen; das Ganze sintert dann allmählich zusammen, verflüssigt sich und wird nach etwa 2 Stdn. vollständig homogen und dünnflüssig. Das Gemisch muß öfters durchgeschüttelt werden. Die Gesamterhitzungsdauer beträgt etwa 6–8 Stdn. Das erhaltene Produkt ist beliebig in Wasser löslich. Verwendet man gleicher Wassermenge noch weniger Hydrogensulfit, so ist es zweckmäßig, die Umsetzung bei 120–130° vorzunehmen.

Umsetzung mit einem Polyphenol: Das wasserunlösliche Vorprodukt wird mit 54 g Resorcin (bzw. 54 g Brenzcatechin oder 62 g Pyrogallol) unter Zusatz von 50 cm³ Wasser im siedenden Wasserbad verrührt. Der wäßr. Tl. wird vom unlöslichen Anteil zunächst vollständig gelartig aufgesogen; dann sintert das Ganze und verflüssigt sich schließlich. Nach 2 stdg. Erhitzen hat man eine ziemlich dünnflüssige Lösung, die in jedem Verhältnis mit Wasser mischbar ist. Zur Verwendung als Gerbstoff neutralisiert man die geringe Menge Mineralsäure mit Ammoniak.

Umsetzung mit dem Salz einer aromatischen Base: Das unlösliche Vorprodukt wird mit 64 g salzsaurem Anilin und 60 cm³ Wasser im siedenden Wasserbad verrührt. Nach Aufnahme des wäßr. Anteils durch das unlösliche Produkt schmilzt die Masse rasch zusammen und ist bald dünnflüssig und homogen. Nach 2 stdg. Erhitzen erhält man ein Produkt mit beliebiger Löslichkeit in Wasser. Ähnlich verläuft die Umsetzung z. B. mit 90 g α-Naphthylaminhydrochlorid unter Zugabe von 100 cm³ Wasser. Vor der Verwendung als Gerbstoff muß die als Katalysator benutzte Mineralsäure mit Ammoniak neutralisiert werden.

Beispiel 56

Basisches Austauscherharz aus Phenol, Triäthylentetramin und Formaldehyd[3]: 47 g Phenol und 216 g Formaldehyd (37%ig in Wasser) werden unter Kühlung bei 29° vermischt und langsam zu 73 g Triäthylentetramin gegeben. Augenblicklich tritt eine heftige Reaktion und Temperatursteigerung bis 100° ein. Das entstehende Gel wird 1 Stde. auf 95° und dann zur Trocknung 24 Stdn. auf 130° erhitzt. Dabei bilden sich 141 g eines harten Harzes, das zerkleinert, durch ein 20/40 Maschensieb gesiebt, mit 5%iger Natriumcarbonatlösung und anschließend mit Wasser gewaschen und erneut getrocknet wird. Seine Kapazität beträgt 279 mg je 1 g Austauscherharz.

Beispiel 57

Nachkondensation eines Resols aus 2,2-Bis-[4-hydroxy-phenyl]-propan mit Tetraäthylenpentamin oder Triäthylen-tetramin[4]:

[a] 57 g 2,2-Bis-[4-hydroxy-phenyl]-propan, 250 g Wasser und 8 g Natriumhydroxyd werden unter Rühren langsam mit 41 g einer wäßr. Formaldehydlösung (37%ig) bei 50° versetzt und

---

[1] BIOS Final Rep. **1169**, S. 13a.

[2] DBP. 916224 (1951), Farbf. Bayer, Erf.: M. MEISTER; C. **1955**, 1657.

[3] A.P. 2402384 (1944), Resinous Products & Chemical Co., Erf.: J. W. EASTES; C. **1947** I (Ostberlin), 907.

[4] A.P. 2362086 (1941), Resinous Products & Chemical Co., Erf.: R. J. MYERS u. J. W. EASTES; Chem. Abstr. **39**, 2670[8] (1945).

2 Stdn. bei dieser Temp. gehalten. Nach Abkühlen auf 20° werden 95 g Tetraäthylenpentamin zugegeben, wobei ein kräftige Reaktion einsetzt. Nach Abklingen der Reaktion fügt man 40 g Stärke in 100 g Wasser hinzu und erhitzt noch 2 Stdn. auf 95°. Nach weiterer Zugabe von 82 g wäßr. Formaldehyd (37%ig) wird das Gemisch während 16 Stdn. bei 120° getrocknet, zerkleinert, gesiebt, mit Natriumcarbonatlösung und Wasser gewaschen und wieder getrocknet.

[b] Ein ähnliches Produkt erhält man nach folgendem Verfahren[1]: 57 g 2,2-Bis-[4-hydroxy-phenyl]-propan, 150 g Wasser, 8 g Natriumhydroxyd und 40 g Formaldehyd (37%ig in Wasser) werden vermischt und 2 Stdn. auf 50–60° erhitzt, wobei eine klare Lösung entsteht. Bei 30° gibt man unter intensivem Kühlen 73 g Triäthylentetramin hinzu. Zuletzt wird auf 86° erhitzt, 80 g Formaldehydlösung (37%ig) zugegeben und 5 Stdn. auf 80° nacherhitzt. Das weiche, kautschukartige Gel wird 16 Stdn. bei 125–130° getrocknet, zerkleinert und gewaschen wie oben.

Beispiel 58

Nachkondensation eines Resols mit aromatischen Aminen[1]: 188 g Phenol, 160 g Formaldehyd (40%ig) und 4 g Natriumhydroxyd, in 100 cm³ Wasser gelöst, werden 40 Min. am Rückflußkühler gekocht. Dann neutralisiert man mit Oxalsäurelösung, fügt 93 g Anilin hinzu und erhitzt 2–3 Stdn. am Rückflußkühler. Nachdem geringe Reste unverbrauchtes Anilin mit Wasserdampf abgetrieben worden sind, wird die wäßr. Phase zum größten Tl. abgezogen und das Harz durch Erhitzen auf ungefähr 120° entwässert. Das auf diese Weise erhaltene Harz ist klar, bräunlich, springhart und hitzehärtbar. Es ist leicht löslich in Alkohol, Benzol-Alkohol und Aceton, unlöslich in Benzol. Erweichungspunkt 51–54°; Stickstoffgehalt 4,0%.

Zur Herstellung einer Schnellpreßmasse setzt man zur Beschleunigung der Härtung übliche Härtungsmittel zu. Beispielsweise läßt sich aus 15 g eines Gemenges aus organischen Faserstoffen und mineralischem Füllstoff, 5,7 g gemahlenem Harz, 0,2 g Formenschmiermittel und einem Gemisch aus 0,3 g Paraformaldehyd und 0,2 g Hexamethylentetramin ein Vorgemenge herstellen, das in üblicher Weise auf Heißwalzwerken zu einer Preßmasse verarbeitet werden kann. Aus dieser Preßmasse lassen sich bei einer Formtemp. von 160° und einem Druck von 150–200 kg/cm² Formteile pressen, die bei einer Wandstärke von 2–3 mm in höchstens 2 Min. so weit ausgehärtet sind, daß sie wie Preßlinge aus den gebräuchlichen Schnellpreßmassen auf reiner Phenolharzbasis heiß entformbar sind. Die Preßlinge sind von guter Wärmebeständigkeit und zeichnen sich gegenüber den reinen Phenoplasten durch bessere elektrische Eigenschaften aus.

9. Bibliographie[2]

O. Kausch, Handbuch der künstlichen plastischen Massen, 2. Aufl., J. F. Lehmanns Verlag, München-Berlin 1939.

J. Scheiber, Chemie und Technologie der künstlichen Harze, Wissenschaftliche Verlagsgesellschaft mbH., Stuttgart 1943.

R. Houwink, Grundriß der Kunststoff-Technologie, 2. Aufl., Akademische Verlagsgesellschaft, Leipzig 1944.

J. P. Mason u. J. F. Manning, The Technology of Plastics and Resins, D. van Nostrand Co., New York 1945.

T. S. Carswell, Phenoplasts, High Polymers, Bd. VII, Interscience Publ. Inc., New York-London 1947.

P. Monthéard u. J. Duclaux, Phénoplastes – Bakelites, Dunod, Paris 1947.

R. L. Wakeman, The Chemistry of Commercial Plastics, Reinhold Publ. Corp., New York 1947.

A. X. Schmidt u. C. A. Marlies, Principles of High-Polymer Theory and Practice, McGraw-Hill Book Co., Inc., New York 1948.

R. E. Burk u. O. Grummitt, High Molecular Weight Organic Compounds, Interscience Publ. Inc., New York 1949.

R. Houwink, Elastomers and Plastomers, Bd. II, Elsevier Publ. Co., New York 1949.

R. Houwink, Fundamentals of Synthetic Polymer Technology, Elsevier Publ. Co., New York 1949.

K. Hultzsch, Chemie der Phenolharze, Springer-Verlag, Berlin-Göttingen-Heidelberg 1950.

---

[1] DBP. 883651 (1944), Bakelite GmbH., Erf.: K. Hannemann; C. **1954**, 208.
S. a. DRP. 658485 (1932); 673653 (1933) CIBA; Frdl. **22**, 1586; **25**, 1154.
E.P. 433666 (1934), A. Nowack AG., Erf.: R. Hessen u. K. A. Schuch; C. **1936** I, 901.
[2] In chronologischer Anordnung.

19*

P. ROBITSCHEK u. A. LEWIN, Phenolic Resins, Their Chemistry and Technology, Iliffe & Sons Ltd., London 1950.
H. WAGNER u. F. SARX, Lackkunstharze, Carl Hanser Verlag, München 1950.
K. FABEL, Deutsches Jahrbuch für die Industrie der plastischen Massen, 1945–1950, Wilhelm Pansegrau Verlag, Berlin 1951.
R. S. MORRELL u. H. M. LANGTON, Synthetic Resins and Allied Plastics, 3. Aufl., Oxford University Press, London 1951.
G. F. D'ALELIO, Kunststoff-Praktikum, Carl Hanser Verlag, München 1952.
R. HOUWINK, Grundriß der Technologie der synthetischen Hochmolekularen, Akademische Verlagsgesellschaft, Leipzig 1952.
K. THINIUS, Hochpolymere, Fachbuchverlag GmbH., Leipzig 1952.
R. E. KIRK u. D. F. OTHMER, Encyclopedia of Chemical Technology, Bd. X, Interscience Encyclopedia Inc., New York 1953.
C. LÜTTGEN, Die Technologie der Klebstoffe, Wilhelm Pansegrau Verlag, Berlin 1953.
A. V. BLOM, Grundlagen der Anstrichswissenschaft, Verlag Birkhäuser, Basel 1954.
P. MORGAN, Glass Reinforced Plastics, Iliffe & Sons Ltd., London 1954.
R. HOUWINK, Chemie und Technologie der Kunststoffe, Bd. II: Herstellungsmethoden und Eigenschaften, 3. Aufl., Akademische Verlagsgesellschaft, Leipzig 1956.
R. W. MARTIN, The Chemistry of Phenolic Resins, John Wiley & Sons Inc., New York 1956.
C. E. SCHILDKNECHT, Polymer Processes, Interscience Publ., Inc., New York 1956.
N. J. L. MEGSON, Phenolic Resin Chemistry, Butterworths Scientific Publ., London 1958.
G. M. KLINE, Analytical Chemistry of Polymers, Interscience Publ., Inc., New York 1959.
W. R. SORENSON u. T. W. CAMPBELL, Preparative Methods of Polymer Chemistry, Interscience Publ., Inc., New York 1961.
F. ULLMANN, Encyclopädie der technischen Chemie, Bd. XIII, S. 453, Verlag Urban & Schwarzenberg, München–Berlin 1962.

b) Polykondensationsprodukte von aromatischen Aminen mit Carbonylverbindungen

bearbeitet von

Dr. habil. RICHARD WEGLER

Farbenfabriken Bayer AG., Leverkusen

Im Gegensatz zu den Kondensationsprodukten aliphatischer Amine mit Aldehyden haben Polykondensationsprodukte aromatischer Amine, speziell mit Formaldehyd, einige technische Bedeutung.

Anilin-Formaldehyd-Harze[1], bekannt seit 1884[2], sind Kunstharze mit auffallend guter Kriechstromfestigkeit, die zur Imprägnierung von Papieren in der Elektroisolierindustrie verwendet werden. Aromatische Diamine, wie z.B. das m-Phenylendiamin, bilden mit Formaldehyd unlösliche, vernetzte Massen, die als Anionenaustauscher[3] dienen. Kondensationsprodukte anderer Aldehyde mit aromatischen Aminen finden Verwendung als Alterungsschutzmittel[4] und Vulkanisationsbeschleuniger[5]. Anilin-Furfurol-Harze geben bei Mitverwendung polyfunktioneller Amine technisch interessante Verfestigungsmittel für Sandböden[6].

---

[1] K. FREY, Helv. **18**, 491 (1935).
[2] B. TOLLENS, B. **17**, 657 (1884).
[3] A. VAN ROYEN, in Elsevier's Polymer Series, R. HOUWINK, Elastomers and Plastomers, Their Chemistry Physics and Technology, Bd. II, S. 79, Elsevier Publ. Co., New York–Amsterdam–London–Brüssel 1949.
[4] DRP. 96762 (1894), Kalle & Co.; Frdl. **5**, 77.
  A.P. 1515642 (1923), B. F. Goodrich Co., Erf.: H. A. WINKELMANN u. H. GRAY; C. **1925** I, 1459.
  A.P. 1626784 (1924), Naugatuck Chemical Co., Erf.: S. M. CADWELL; C. **1927** II, 752.
  DRP. 564912 (1930), I. G. Farb., Erf.: E. RIETZ u. W. HOFFMANN; Frdl. **19**, 2920.
[5] DRP. 564913 (1930), I. G. Farb., Erf.: L. ORTHNER u. W. SIEFKEN; Frdl. **19**, 2921.
  S. a. BIOS Final Rep. **661**, Manufacture of Vulcanization Accelerators and Antioxydants.
[6] F. F. KRAVATH, Rubber & Plastics Age **37**, 50 (1956).

1. Kondensation von Anilin mit Formaldehyd

Der Verlauf der Kondensation von Anilin mit Formaldehyd ist zwar noch nicht in allen Einzelheiten geklärt, doch sind die wichtigsten Reaktionsstufen bekannt[1,2].

a) Kondensation in alkalischer, neutraler oder schwach saurer Lösung in der Kälte

In stark alkalischer Lösung entsteht aus *Formaldehyd* und überschüssigem *Anilin* vorwiegend Methylen-N,N'-bis-anilin[3].

In schwach basischer oder neutraler Lösung erhält man neben einem cyclischen Kondensationsprodukt (II) vorwiegend ein linear aufgebautes Polykondensat, das sogenannte Anhydro-formaldehyd-anilin (I)[1,4] (Beispiel 1a, S. 300).

$$C_6H_5-NH_2 + CH_2O \rightleftharpoons C_6H_5-NH-CH_2-\left[\begin{matrix} N-CH_2 \\ | \\ C_6H_5 \end{matrix}\right]_n -N-CH_2-NH-C_6H_5 + C_6H_5-N$$

I   II

Die Kondensation verläuft unter diesen Bedingungen ähnlich wie bei den aliphatischen Aminen (s. S. 394 ff.). Wiederum ist die leichte Gleichgewichtseinstellung charakteristisch. Die Kondensationsfähigkeit von *N-Methyl-anilin* mit Formaldehyd zur Methylenbisbase[5]

spricht für eine echte Kondensationsreaktion.

β) Kondensation in stärker saurer Lösung

In stärker saurer Lösung – es genügt eine dem Anilin noch nicht äquivalente Menge an starker Säure – tritt nun eine weitere Reaktion ein, nämlich Kondensation am aromatischen Kern. Dabei kann in wäßriger Lösung direkt diese Kondensation im Kern erfolgen (Beispiel 2, S. 300), ähnlich wie bei der Phenol-Formaldehyd-Kondensation; es können aber auch Anhydro-formaldehyd-anilin bzw. im einfachsten Fall Methylen-bis-anilin in der schon oft erwähnten Form einer anionoiden Verdrängungsreaktion (vgl. S. 327) umgelagert werden (Beispiel 1b, S. 300).

[1] K. FREY, Helv. **18**, 491 (1935).
[2] Über die Kinetik der Reaktion s. Y. OGATA, M. OKANO u. M. SUGAWARA, Am. Soc. **73**, 1715 (1951).
[3] C. EBERHARDT u. A. WELTER, B. **27**, 1805 (1894).
[4] B. TOLLENS, B. **17**, 657 (1884).
   DRP. 335984 (1917), C. C. Böhler; Frdl. **13**, 682.
   DRP. 452009, 453276 (1925), I. G. Farb., Erf.: W. HILDEBRAND; Frdl. **16**, 2008, 2010.
[5] E. FRÖHLICH, B. **40**, 762 (1907).

Die Reaktion kann auch über die Spaltprodukte Anilin und Formaldehyd verlaufen. Neben Säure begünstigen höhere *Temperaturen* die Kernkondensation bzw. die Umlagerung zu kernkondensierten Produkten. *Anilin-Formaldehyd-Harze*, wie sie üblicherweise für Preßmassen dargestellt werden[1] (Beispiel 2, S. 300), haben die Konstitution des sogenannten polymeren Anhydro-p-amino-benzylalkohols[2].

Gleichartige Kondensationsprodukte können auch durch Erhitzen des p-Aminobenzylalkohols unter Wasserabspaltung dargestellt werden[3].

Wenngleich die Methylengruppe im N-(p-Amino-benzyl)-anilin und im Anhydrop-amino-benzylalkohol wesentlich fester gebunden ist als im Methylen-bis-anilin und im Anhydro-formaldehyd-anilin (N,N-Acetale), so werden diese Verbindungen doch sowohl durch Phenole[4,5] als auch durch aromatische Amine[4,6] in der Hitze gespalten. Diese Abbaureaktionen werden durch Säuren beschleunigt.

Mit Phenolen erhält man N-(p-Hydroxy-benzyl)-aniline. Verbindungen vom Typ des Anhydro-p-amino-benzylalkohols stellen also reaktive Zwischenstufen dar, die etwa den Resitolen oder bei der Novolak-Hexa-Härtung den Bis-[hydroxybenzyl]-aminen entsprechen (vgl. Stickstoffhaltige Resole, S. 247 ff.).

Läßt man auf das thiocyansaure Salz des Anilins Formaldehyd einwirken, so erhält man selbsthärtende Produkte[7], die jedoch bislang ohne praktische Bedeutung sind. Die chemischen Reaktionen, die sich bei dieser Kondensation abspielen, sind nicht näher untersucht worden.

γ) Kondensation in stark saurer Lösung in der Wärme

Durch Zugabe von überschüssiger starker Säure zum Anhydro-p-amino-benzylalkohol tritt eine vollständige, irreversible Kernkondensation ein[4]. Diese

---

[1] DRP. 308 839 (1913), A. M. Nastukoff u. P. M. Croneberg; Frdl. **13**, 245.
DRP. 406 218 (1923) Chemische Fabrik Pharma; Frdl. **14**, 362.
DRP. 487 654 (1927); 496 981 (1929), P. Haller u. H. Kappeler; Frdl. **16**, 2013; **17**, 1892.
DRP. 559 324 (1928); 539 352, 561 157, 562 440 (1929); 562 518 (1931); 598 061 (1932), CIBA; Frdl. **18**, 2250,2350f., 2353; **19**, 3196; **21**, 1617.
E.P. 352 140 (1930) ≡ A.P. 1 812 749 (1929), British Thomson Houston Co. u. General Electric Co., Erf.: R. H. KIENLE u. W. J. SCHEIBER; C. **1931** II, 2536.
DRP. 598 444 (1930), AEG, Erf.: H. BURMEISTER; Frdl. **19**, 3195.
[2] DRP. 95 184, 95 600 (1894); 96 851 (1895), Kalle & Co.; Frdl. **4**, 52; **5**, 91.
[3] DRP. 96 762 (1894), Kalle & Co.; Frdl. **5**, 77.
[4] K. FREY, Helv. **18**, 491 (1935).
[5] Zur Spaltung von Anhydro-formaldehyd-anilin durch Phenole s. DRP. 565 634 (1929), CIBA; Frdl. **19**, 2997.
[6] DRP. 602 684 (1932), CIBA; Frdl. **20**, 1845.
[7] A.P. 2 563 838 (1947), Koppers Co., Erf.: W. H. HILL; Chem. Abstr. **46**, 4851[h] (1952).

vollständige Umlagerung zu reinen Kernkondensationsprodukten wird besonders durch längeres Erwärmen erreicht.

Wird die Kondensation von Anilin mit Formaldehyd von vornherein in stark saurer wäßriger Lösung durchgeführt (Beispiel 3, S. 301), so dürften sich direkt die Kernsubstitutionsprodukte bilden[1]. Daß eine direkte Kernkondensation möglich ist, zeigt die glatte Reaktion von N,N-Dimethyl-anilin mit Formaldehyd in stark saurer Lösung, wobei im einfachsten Falle Bis-[p-dimethylamino-phenyl]-methan entsteht. Anhydro-formaldehyd-anilin und Anhydro-p-aminobenzylalkohol sind also keine notwendigen Zwischenstufen bei der Kondensation, sondern sie bilden sich nur unter milderen Bedingungen. Bei genügender Aktivierung durch Säuren, besonders in der Wärme, lagern sie sich in die stabileren Kernsubstitutionsprodukte um.

Die Umsetzung von Arylaminen mit Formaldehyd zu Diamino-diaryl-methan-Derivaten zeigt eine gewisse Parallele zur Umsetzung von CH-aciden Verbindungen mit Formaldehyd und Arylaminen zu kernsubstituierten Arylaminen[2]. Bei der letztgenannten Reaktion konnte nachgewiesen werden, daß unter den üblichen Bedingungen primär Mannichbasen entstehen, die sich dann umlagern. Ist die Bildung der Mannichbase nicht möglich (N,N-Dimethyl-anilin), so erfolgt die Reaktion — wenn überhaupt — nur unter sehr viel energischeren Bedingungen.

Wie bei der Kondensation von Phenolen mit Aldehyden in saurer Lösung so darf man auch hier in wäßriger Lösung sehr reaktionsfähige Methylolverbindungen als mögliche Zwischenprodukte annehmen. Mit Benzaldehyd konnte die entsprechende Carbinolverbindung als Zwischenstufe festgestellt werden[3].

---

[1] DBP. 946138 (1951; Am. Prior., 1951) ≡ F.P. 1038545 (1951), Wingfoot Corp., Erf.: N. V. SEEGER u. E. E. FAUSER; C. **1955**, 4226.

[2] K. BODENDORF u. H. RAAF, A. **592**, 26 (1955).
J. THESING u. Mitarbb., B. **87**, 901, 1084 (1954); **88**, 1978 (1955).

[3] E. F. PRATT u. L. Q. GREEN, Am. Soc. **75**, 275 (1953).

In den Bis-aminophenyl-methan-Verbindungen sind unsubstituierte Methylen-brücken stabiler als alkylsubstituierte. So wird sowohl beim Erwärmen als auch bei der Umsetzung mit Diazoniumsalzen[1] die substituierte Methylenbrücke am leich-testen gespalten.

Bei der Umsetzung von Arylaminen mit Formaldehyd in saurer Lösung sind einige Nebenreaktionen zu erwarten. Die methylierende Wirkung des Formaldehyds ist zwar bis jetzt nicht ausdrücklich festgestellt worden, doch ist mit ihr zu rechnen. Der Eintritt der Carbonylverbindung, besonders des Formaldehyds, in o-Stellung zu einer Aminogruppe führt leicht zu Chinazolidinen[2]. Beim p-Toluidin ist diese Reaktion besonders ausgeprägt. Wenngleich der Chinazolidinringschluß von p-Tolui-din-hydrochlorid mit Formaldehyd vorwiegend in der Schmelze bei 90° vor sich geht, verdient diese Begrenzungsreaktion doch allgemeinere Beachtung (vgl. Bd. XI/2, Kap. Umwandlung von Aminen, S. 76).

$$H_3C-\langle\ \rangle-NH_2 + CH_2O \xrightarrow{H^{\oplus}} H_3C-\langle\ \rangle-NH-CH_2-\langle\ \rangle + CH_2O \xrightarrow{H^{\oplus}}$$

δ) Kondensation unter Anwendung eines größeren Formaldehyd-Überschusses

Läßt man Formaldehyd auf Anilin unter Bedingungen einwirken, bei denen schon eine Reaktion im Kern erfolgt (saure Lösung, Wärme), so bewirkt ein Überschuß an Formaldehyd langsam eine *Vernetzung* der Kondensationsprodukte, da ja Anilin dann gegenüber Formaldehyd mehr als difunktionell ist.

Für eine technische Verwendung finden wie bei allen Kunststoffen vorwiegend wenig vernetzte, noch verarbeitbare Produkte Anwendung. Es sind dies hier ausschließ-lich Harze vom Typ des Anhydro-p-amino-benzylalkohols (Beispiel 2, S. 300). Diese zeigen nun ein ganz unerwartetes Verhalten: Kondensationsprodukte von einem Mol Anilin mit mehr als einem Mol Formaldehyd erweisen sich häufig noch als *thermopla-stisch*[3], obwohl bei diesen Molverhältnissen eigentlich vernetzte Produkte zu erwar-ten wären. Die Kondensationsprodukte sind auch weitgehend unlöslich, wie es ver-netzten Produkten entspricht; bei Anwendung höherer *Temperatur* (180°) und unter *Druck* lassen sie sich aber trotzdem *verformen*. Die Tatsache, daß sie erneut verpreßt werden können, deutet darauf hin, daß einige Vernetzungsstellen thermoinstabil sind. Mit steigender Formaldehydmenge wird natürlich die Vernetzung größer und

---

[1] E. ZIEGLER u. G. SNATZKE, M. **84**, 610 (1953).

[2] R. v. WALTHER u. R. BAMBERG, J. pr. [2] **73**, 209 (1906).
A. EISNER u. E. C. WAGNER, Am. Soc. **56**, 1938 (1934).
J. K. SIMONS, Am. Soc. **59**, 518 (1937).

[3] DRP. 559324 (1928); 562440 (1929); 562518 (1931), CIBA; Frdl. **18**, 2250, 2353; **19**, 3196.
DRP. 487654 (1927); 496981 (1929), P. Haller u. H. Kappeler; Frdl. **16**, 2013; **17**, 1892.

damit werden Preßtemperatur und -druck unzulässig hoch. Praktisch sind aber noch aus 1,5 Mol Formaldehyd pro Mol Anilin hergestellte Produkte verpreßbar. Zweifellos wird nicht aller Formaldehyd in Form von Methylengruppen eingebaut. Der — wenn auch geringe — Sauerstoffgehalt der meisten Produkte deutet darauf hin, daß ein Teil in Form von Methylol- oder Äthergruppen vorliegt (s. Beispiel 4, S. 301); ferner sei an die Bildung von Chinazolidinen erinnert (vgl. S. 296). Genaue analytische Angaben über Zusammenhänge zwischen angewandtem und in Reaktion getretenem Formaldehyd sowie den sich damit ergebenden technologischen Eigenschaften fehlen noch. Im übrigen zeigen diese Kondensationsprodukte in mancher Hinsicht ein Verhalten, das dem der Resitole sehr ähnlich ist. Sie sind in organischen Lösungsmitteln unlöslich und nach dem Verpressen von sehr beachtlicher mechanischer Festigkeit. Auch der Übergang von kolophoniumartig spröden Kondensaten, die etwa den Novolaken entsprechen, bis hin zu denjenigen Produkten, die unter Anwendung von 1,5 Mol Formaldehyd entstehen und nur noch bei 200° und 150 kg/cm² verpreßbar sind, ist kontinuierlich und der Entstehung von Resiten ähnlich.

ε) Sonderfälle der Anilin-Formaldehyd-Kondensation

Im Gegensatz zu den oben gemachten Ausführungen sind in der Literatur[1] einzelne Versuche beschrieben, bei denen in stark saurer Lösung auch mit einem Überschuß (> 2 Mol) Formaldehyd lösliche Produkte entstehen. Nach eigenen Untersuchungen (s. Beispiel 4 a–e, S. 301) ist anzunehmen, daß sich hier zwei Effekte überschneiden. Einerseits wird durch den Zusatz von Säure katalytisch die Geschwindigkeit der Polykondensation, d.h. der Harzbildung aus Anilin und Formaldehyd, beschleunigt, wenn man die Konzentration der beiden Reaktionsteilnehmer dabei möglichst konstant hält. Andererseits aber kann besonders beim Zusatz von sehr viel wäßriger Säure die Konzentration an Anilin und Formaldehyd soweit absinken, daß innerhalb praktisch brauchbarer Zeiten (5 Stunden bei 80°) noch keine unlöslichen Produkte gebildet werden. Die entstehenden, als Hydrochloride noch in Wasser gelösten Kondensationsprodukte geben dann auch nach Zusatz von weiterer Salzsäure beim Erhitzen keine vollständig unlöslichen Produkte, da durch den Säurezusatz die Konzentration der Reaktionspartner weiter verringert wird. Wird aber zusätzlich zur Salzsäure weiterer Formaldehyd zugesetzt, so tritt sehr rasch Harzfällung ein. Bemerkenswert ist, daß man aus Anilinhydrochlorid und überschüssigem Formaldehyd, besonders bei kurzer Kondensationszeit, *sauerstoffhaltige Kondensationsprodukte* erhält. Wahrscheinlich entstehen Methylolverbindungen bzw. deren Äther oder Acetale.

Eine ähnliche Abhängigkeit der Geschwindigkeit der Polykondensation von der Konzentration der Reaktionsteilnehmer beobachtet man beim Erhitzen von Anilinhydrochlorid mit steigenden Mengen an 30%igem Formaldehyd. Dabei wird die Harzbildung zunächst beschleunigt, aber bei genügend großer Verdünnung des Anilinhydrochlorids durch Zugabe großer Formaldehydmengen kann selbst nach 2 Stdn. bei 80° die Niederschlagsbildung ausbleiben[2]. Durch Erhöhung der *Säurekonzentration* oder durch noch längeres Erhitzen tritt aber wieder die Bildung unlöslicher Kondensate ein (s. Beispiel 4c u. e, S. 301).

---

[1] K. Frey, Helv. **18**, 491 (1935).
[2] DRP. 598061 (1932), CIBA; Frdl. **21**, 1617.

ζ) Härtung der Anilin-Formaldehyd-Harze

Die Härtung nicht vernetzter Anilin-Formaldehyd-Harze ist mit *Paraformaldehyd* und *Hexamethylentetramin* möglich[1]. Wie schon erwähnt, ist aber die Anilinmolekel ohne Zusatz saurer Katalysatoren nicht in der Lage, im Kern zu kondensieren. Eine ausreichende Vernetzung bzw. Härtung wie bei den Novolaken tritt daher ohne Zusatz von Säure nicht ein. Auch *Furfurol*, ferner *Resole*[1] können zur Nachhärtung von Anilinharzen herangezogen werden. Die Endprodukte der mit Formaldehyd gehärteten Anilinharze sind verglichen mit den Resiten (vgl. S. 194) nur mäßig vernetzt, worauf auch ihre Löslichkeit in Äthylenchlorhydrin[2] hinweist. Man ist also für die Anwendung als Preßmassen stets auf vorvernetzte Produkte angewiesen und macht zur Verarbeitung von der Thermoplastizität Gebrauch, wobei aber zu beachten ist, daß auch die verpreßten Produkte stets noch etwas thermoplastisch sind. Die Preßlinge müssen daher vor dem Entformen abgekühlt werden; Schnellpreßmassen sind infolgedessen auf Anilinbasis nicht herstellbar.

Den Resolen entsprechende lösliche und zudem reaktionsfähige, also beim Erhitzen selbsthärtende Kondensationsprodukte sind bei den Anilin-Formaldehyd-Harzen bis jetzt nicht bekannt geworden. Zwar lassen sich aus Anilin und Formaldehyd in Gegenwart organischer Säuren (besonders Oxalsäure)[3] reaktionsfähige Zwischenprodukte herstellen[4], doch ist deren Reaktivität sehr begrenzt. Es ist nicht bekannt, ob der hier im Überschuß angewandte Formaldehyd methylol- oder ätherartig gebunden ist.

Füllmaterialien sind, anders als bei den Phenolpreßmassen, wenig gebräuchlich und verschlechtern zudem die guten elektrischen Eigenschaften. Für Schichtstoffe wird das sauer lösliche Harz (niedere Kondensationsstufe!) durch Ausfällen mit Alkali auf dem Papier oder Papierbrei niedergeschlagen[5] und dann mit diesem verpreßt.

Auf die Möglichkeit, über die basischen Gruppen mit anderen reaktionsfähigen Komponenten eine Vernetzung zu erzielen, macht ein Vorschlag[6] aufmerksam, wonach *reaktionsfähige Diacyl-diurethane*, wie z.B. das Diurethan der Adipinsäure, zugesetzt werden.

2. Kondensation von im Kern substituierten Arylaminen

Wie Anilin lassen sich auch im Kern alkylierte aromatische Amine noch mit Formaldehyd kondensieren. *m-Toluidin* reagiert auch in der zweiten und dritten Stufe der Kernkondensation rasch; aus o- und p-Toluidin kann man natürlich unter den üblichen Bedingungen der Kernkondensation keine unlöslichen Produkte erhalten, da die Amine unter diesen Bedingungen nur bifunktionell sind (über den Ringschluß von p-Toluidin mit Formaldehyd zum Chinazolidinderivat s. S. 296).

[1] DRP. 561157 (1929), CIBA; Frdl. **18**, 2351.

[2] DRP. 539352 (1929), CIBA; Frdl. **18**, 2350.

[3] DRP. 372855 (1920), Farbw. Hoechst, Erf.: K. DAIMLER; Frdl. **14**, 641.

[4] DRP. 598444 (1930), AEG, Erf.: H. BURMEISTER; Frdl. **19**, 3195.

[5] E.P. 352140 (1930) ≡ A.P. 1812749 (1929), British Thomson Houston Co. u. General Electric Co., Erf.: R. H. KIENLE u. W. J. SCHEIBER; C. **1931** II, 2536.

[6] A.P. 2675369 (1953), American Cyanamid Co., Erf.: P. H. SCRUTCHFIELD; Chem. Abstr. **48**, 9753[h] (1954).

3. Kondensation von am Stickstoff substituierten Arylaminen

Am Stickstoff alkylierte aromatische Amine lassen sich zwar in stark saurer Lösung mit Formaldehyd kondensieren, doch ist die Weiterkondensation so erschwert, daß keine hochmolekularen Produkte entstehen. Diphenylamin läßt sich ebenfalls mit Formaldehyd und auch mit Ketonen kondensieren[1].

4. Kondensation mit anderen Carbonylverbindungen als Formaldehyd

Die Umsetzung aromatischer Amine mit anderen Aldehyden als Formaldehyd wird leicht durch Nebenreaktionen wie Aldolisierung und Crotonisierung begrenzt (Bildung Ecksteinscher Basen[2], Chinaldinbildung aus Anilin und Acetaldehyd[3]), so daß man nur schwer höhermolekulare Kondensationsprodukte erhält. Bei den meisten Kondensationen verzichtet man auf eine Kernsubstitution der Arylamine durch die wenig reaktionsfähigen Aldehyde, wenigstens ist dies aus den Kondensationsbedingungen zu schließen, denn organische Säuren oder eine kleine Menge des Hydrochlorids dienen als Kondensationsmittel[4]; mitunter wird auch Zinkchlorid vorgeschlagen[4]. Kondensationsprodukte des Anilins mit *Acetaldehyd*[4,5], *Butyraldehyd*[6], *Crotonaldehyd*[5,7] (Beispiel 5, S. 301), *Aldol*[5,8] sowie mit *Benzaldehyd*[9] dienen als Vulkanisationsbeschleuniger[10]. Anilin-Furfurol-Harze[11] werden als härtbare Massen vorgeschlagen, wobei auch die Nachkondensation löslicher Anilin-Formaldehyd-Harze mit dem selbstverharzenden Furfurol erwähnt ist[11]. Als Alterungsschutzmittel in der Kautschukindustrie werden u.a. auch Kondensationsprodukte des *α-Naphthylamins* mit *Acetaldehyd, Aldol* usw. herangezogen[12].

5. Kondensation von aromatischen Diaminen mit Carbonylverbindungen

Kondensationsprodukte aromatischer Diamine mit Carbonylverbindungen, besonders mit Formaldehyd, finden Verwendung als Anionenaustauscher. Als Anionenaustauscher sind alle polyvalenten, hochmolekularen Basen brauchbar, die

---

[1] D. Craig, Am. Soc. **55**, 3723 (1933).

[2] F. Eckstein, B. **25**, 2029 (1892).
W. v. Miller u. J. Plöchl, B. **27**, 1296 (1894).
A. Eibner u. F. Peltzer, B. **33**, 3460 (1900).

[3] O. Doebner u. W. v. Miller, B. **16**, 2464 (1883).

[4] A.P. 1858577 (1926), Roessler & Hasslacher Chemical Co., Erf.: A. Cambron; C. **1932** II, 629·
A.P. 1627230 (1923), Naugatuck Chemical Co., Erf.: S. M. Cadwell; C. **1928** II, 1394.

[5] DRP. 372855 (1920), Farbw. Hoechst, Erf.: K. Daimler; Frdl. **14**, 641.

[6] A.P. 1908093 (1928), DuPont, Erf.: J. Williams; C. **1933** II, 626.

[7] DRP. 451734 (1925), I. G. Farb., Erf.: W. Kropp; Frdl. **15**, 1183.

[8] E.P. 333941 (1929), I. G. Farb., Erf.: A. Carpmael; C. **1931** II, 1203.

[9] DRP. 401726 (1922), H. Rauch; Frdl. **14**, 642.

[10] F. Lober in F. Ullmann, Encyklopädie der technischen Chemie, 3. Aufl., Bd. III, S. 163, Aldehyd-Amin-Kondensationsprodukte, Verlag Urban & Schwarzenberg, München–Berlin 1953.

[11] A.P. 1696490 (1921), P. Knapp; C. **1929** I, 2358.

[12] A.P. 1515642 (1923), B. F. Goodrich Co., Erf.: H. A. Winkelmann u. H. Gray; C. **1925** I, 1459.
A.P. 1626784 (1924), Naugatuck Chemical Co., Erf.: S. M. Cadwell; C. **1927** II, 752.
DRP. 564912 (1930), I. G. Farb., Erf.: E. Rietz u. W. Hoffmann; Frdl. **19**, 2920.
S. a. BIOS Final Rep. **661**, Manufacture of Vulcanization Accelerators and Antioxydants.

in der zu reinigenden Flüssigkeit beständig und unlöslich sind oder höchstens etwas quellen[1].

So können z.B. die schon erwähnten Anilin-Formaldehyd-Harze, soweit sie bis zur Säureunlöslichkeit kondensiert worden sind, als Anionenaustauscher dienen. Besonders geeignet sind aber Formaldehyd-Kondensationsprodukte des *m-Phenylendiamins*[2] (Beispiel 6, S. 301). Einmal liegt hier gegenüber den Anilinharzen der Gehalt an Austauschergruppen höher, zum anderen gibt dieses Amin besonders leicht unlösliche Kondensationsprodukte. Dem Bestreben, die Austauscherkapazität zu erhöhen und durch Einführung stärker basischer aliphatischer Aminogruppen auch schwächste Säuren zu binden, entspringen zahlreiche Vorschläge der nachträglichen oder gemeinsamen Kondensation des m-Phenylendiamins mit *aliphatischen Aminen*[3,4] (Beispiel 7, S. 302). Auch durch Nachbehandlung mit *Epichlorhydrin* und *aliphatischen tertiären Aminen* lassen sich m-Phenylendiamin-Formaldehyd-Harze in stärker basische Austauscherprodukte überführen[5] (Beispiel 8, S. 302). Eine nachträgliche Umsetzung der m-Phenylendiamin-Formaldehyd-Harze mit *Dicyandiamid* wird ebenfalls zur Verbesserung der Austauscherkapazität empfohlen[4].

6. Praktische Durchführung der Kondensation

Beispiel 1

Anhydro-formaldehyd-anilin und seine Umlagerung zum Anhydro-p-amino-benzylalkohol[6]:
[a] Anhydro-formaldehyd-anilin: 410 g 40%ige Formaldehydlösung (5,5 Mol) werden bei 60° in 1023 g Anilin (11 Mol) eingetragen. Die Temp. steigt unter Rühren rasch auf 70°; gleichzeitig trennt sich das Wasser ab, während das gebildete Anhydroformaldehydanilin-Harz in überschüssigem Anilin gelöst bleibt.
[b] Umlagerung zum Anhydro-p-amino-benzylalkohol: Unter gutem Rühren gibt man nun 50 cm³ konz. Salzsäure zu. Das Reaktionsgefäß wird durch Einstellen in kaltes Wasser so gekühlt, daß die Temp. auf 70° gehalten wird. Nach 1 Stde. wird die Reaktionslösung mit 500 cm³ 1 n Natriumcarbonatlösung versetzt. Aus dem schwach alkal. Reaktionsgemisch lassen sich mit Wasserdampf 252 g Anilin (2,7 Mol) abtreiben. Der Rückstand ist ein braunes, dickflüssiges Öl, das in der Kälte fest wird. In Benzol oder Chloroform ist es noch löslich. Das Harz enthält auf 8,3 Anilinreste 5 Methylengruppen.

Beispiel 2

Anilin-Formaldehyd-Kondensationsprodukt für Preßmassen[6]: In 800 cm³ verd. Salzsäure, die 36,5 g Chlorwasserstoff enthalten, werden 93 g (1 Mol) Anilin gelöst. Zu dieser etwa 25° warmen Lösung läßt man 97,5 cm³ einer 40%igen Formaldehydlösung (1,3 Mol) zufließen. Die anfangs

[1] DRP. 372855 (1920), Farbw. Hoechst, Erf.: K. DAIMLER; Frdl. **14**, 641.
B. A. ADAMS u. E. L. HOLMES, J. Soc. chem. Ind., Chem. and Ind. **54**, 1 T (1935).
R. GRIESSBACH, Beih. Z. Ver. dtsch. Chemiker Nr. **31** (1939); Ang. Ch. **52**, 215 (1939).
R. J. MYERS, J. W. EASTES u. F. J. MYERS, Ind. eng. Chem. **33**, 697 (1941).
R. J. MYERS, J. W. EASTES u. D. URQUHART, Ind. eng. Chem. **33**, 1270 (1941).
A. VAN ROYEN in Elsevier's Polymer Series, R. HOUWINK, Elastomers and Plastomers, Their Chemistry, Physics and Technology, Bd. II, S. 76, Elsevier Publ. Co., New York–Amsterdam–London–Brüssel 1949.
R. KUNIN, Ind. eng. Chem. **42**, 65 (1950).
H. DEUEL u. F. HOSTETTLER, Experientia **6**, 445 (1950).
Vgl. ds. Handb., Bd. I/1, Kap. Ionenaustauscher, S. 521 ff.
[2] A.P. 2106486 (1936), National Aluminate Co., Erf.: W. H. KIRKPATRICK; Chem. Abstr. **32**, 2662⁸ (1938).
[3] FIAT Final Rep. **715**, Ion Exchange, Coating and Plywood Resins usw., S. 27.
[4] DBP. 974941 (1936), Farbf. Bayer, Erf.: R. GRIESSBACH, E. MEIER u. H. WASSENEGGER.
[5] F.P. 820969 (1937); E. P. 489173 (1937), I. G. Farb.; C. **1938** I, 1676; **1939** I, 1667.
E.P. 619356 (1956), I.C.I., Erf.: J. R. MYLES u. W. J. LEVY; Chem. Abstr. **43**, 6338ⁱ (1949).
DBP. 878048 (1936), Farbf. Bayer; C. **1953**, 8729.
[6] K. FREY, Helv. **18**, 491 (1935).

fast farblose klare Lösung wird bald tiefrot und erwärmt sich auf 40°. Sie wird nach $^1/_2$ stdg. Reaktionsdauer in 5%ige Natronlauge, deren Menge etwas mehr als 1 Mol betragen soll, unter Rühren eingegossen. Sofort fällt ein feinflockiger, fleischfarbener Niederschlag aus, der abfiltriert und mit Wasser salzfrei gewaschen wird. Nach der zweckmäßig in einem Vakuumschrank bei 80° durchgeführten Trocknung erhält man eine hellgelbe unschmelzbare Masse, die sich leicht zu einem feinen Pulver mahlen läßt. Wird dieses in eine Preßform eingefüllt und bei 180–190° unter einem Druck von 150 atü verpreßt, dann erhält man durchscheinende, braune, hornartige Preßlinge von bemerkenswerter Festigkeit. Das getrocknete Harzpulver enthält etwa 3% Sauerstoff, der wahrscheinlich in ätherartiger Bindung vorliegt[1].

Beispiel 3

Anilin-Formaldehyd-Harz mit Methylenbrücken zwischen den aromatischen Kernen und freien primären Aminogruppen[1]: 93 g (1 Mol) Anilin, 200 g Wasser und 200 g konz. Salzsäure werden mit 160 g 30%igem Formaldehyd (1,6 Mol) 2 Stdn. bei 20° gerührt und anschließend 3 Stdn. auf 80° erhitzt. Im Gegensatz zu den Versuchen mit weniger Salzsäure ist die Harzlösung dunkler, und das wie im vorangehenden Beispiel ausgefällte Harz ist rötlich braun.

Bei Anwendung von nur 0,5–0,7 Mol Formaldehyd erhält man ölige Kondensationsprodukte, die sich größtenteils i. Hochvak. destillieren lassen und in der Hauptsache aus Diaminodiphenylmethan und höheren Kondensationsprodukten des gleichen Aufbauprinzips bestehen.

Beispiel 4

Weitere Beispiele zur Darstellung von Anilin-Formaldehyd-Harzen[1]:
[a] 93 g Anilin, 90 g konz. Salzsäure und 100 g Wasser ergeben bei 50° gerade noch eine klare Lösung. Hierzu gibt man innerhalb von 5 Min. 150 g 30%igen Formaldehyd, wobei sofort ein Harz ausfällt. Man erhitzt noch 2 Stdn. auf 80° und erhält ein Harz, das nach dem Neutralisieren, Filtrieren, Waschen und Trocknen bei 170° i. Vak. über Phosphorpentoxyd 11,5–11,8% Stickstoff und 2,7% Sauerstoff enthält.

[b] Verwendet man 300 g konz. Salzsäure und arbeitet man im übrigen wie unter [a] angegeben, so erhält man ein Harz mit einem Sauerstoffgehalt von 2%.

[c] Gleiche Mengen Anilin und Salzsäure wie bei [a] aber 960 cm³ Wasser. Auch nach 2 stdg. Erhitzen auf 80° ist die Reaktionslösung noch klar, gibt aber nach Zusatz von konz. Salzsäure sofort eine Fällung, die anfangs in heißem Wasser noch löslich ist, aber nach kurzer Zeit unlöslich wird. Stickstoffgehalt des Harzes 13,06–13,3%; Sauerstoffgehalt 2,25%.

[d] Ausführung wie bei [b], aber unter Zusatz von 760 cm³ Wasser (Gesamtvol. also wie bei [c]). Stickstoffgehalt 9,05%; Sauerstoffgehalt etwa 2%.

[e] Wie [c], aber nach $^1/_2$ Stde. setzt man weitere 250 g 30%igen Formaldehyd zu und erhitzt weiter auf 80°. Nach $2^1/_2$ Stdn. ist die Lösung immer noch klar, ein Zeichen dafür, wie wenig weit fortgeschritten die Kondensation infolge der starken Verdünnung ist. Bei weiterem Erhitzen fällt ein vollständig unlösliches, gummiartig vernetztes Produkt aus. Der Stickstoffgehalt beträgt nur 5,85%. Infolge des hohen Formaldehydüberschusses ist der Aldehyd zum Teil ätheroder acetalartig gebunden, worauf der Sauerstoffgehalt von fast 6% hinweist.

Beispiel 5

Anilin-Crotonaldehyd-Harz[2]: Zu 56 g Crotonaldehyd läßt man bei 50° unter Rühren langsam 60 g Anilin zutropfen und erwärmt dann noch 3 Stdn. auf 50°. Nachdem das Reaktionsgemisch etwa 12 Stdn. bei Zimmertemp. gestanden hat, werden abgespaltenes Wasser sowie andere, noch flüchtige Bestandteile durch Erhitzen i. Vak. bis 125° entfernt. Zurück bleibt ein bräunliches Harz mit einem Erweichungspunkt von etwa 83°. Dieser kann durch längeres Erhitzen des Harzes i. Vak. auf 110° erhöht werden.

Beispiel 6

m-Phenylendiamin-Formaldehyd-Harz[3]: 50 g frisch destilliertes reines m-Phenylendiamin werden in 500 g Wasser und 148 g konz. Salzsäure in der Wärme gelöst. Bei 70° werden nun möglichst rasch 100 g 40%iger Formaldehyd auf einen Guß zugegeben, wobei zu Anfang intensiv gerührt wird. Die Kondensation führt schnell zu einer festen unlöslichen Masse, die nach einigen Stdn. zerkleinert und bei 115° getrocknet wird. Es entsteht ein dunkles, fast schwarzes Harz, das nach dem Zerkleinern als Anionenaustauscher geeignet ist.

[1] Unveröffentlichte Versuche von R. WEGLER.
[2] DRP. 451734 (1925), I. G. Farb., Erf.: W. KROPP; Frdl. **15**, 1183.
[3] A. P. 2106486 (1936), National Aluminate Corp., Erf.: W. H. KIRKPATRICK; Chem. Abstr. **32**, 2662⁸ (1938).

Beispiel 7

Kondensationsprodukt aus m-Phenylendiamin, einem aliphatischen Polyamin und Formaldehyd[1] (Austauscher-Harz): 500 g destilliertes Wasser, 400 g m-Phenylendiamin, 225 g reine konz. Salzsäure und 210 g Eis werden bis zur Lösung des Diamins gerührt. Danach trägt man 60 g eines Amingemisches, das aus Triäthylentetramin und seinen Polymerhomologen besteht,weitere 150 g Salzsäure und 150 g Eis ein. Nach Zusatz von 150 g Wasser wird die Temp. auf 8–11° gehalten. In einem Guß werden nun 825 g 30%iger Formaldehyd, welche durch Zusatz von etwas Eis auf 2–3° abgekühlt sind, zugegeben. Die Mischung erwärmt sich innerhalb 2–3 Min. auf 35–50°. Bei 25° wird die vorher intensive Rührung abgestellt. Die Reaktionstemp. steigt noch bis etwa 65°, und rasch fällt ein festes Kondensationsprodukt aus. Nach einigen Stdn. wird dieses herausgebrochen, bei 80–90° getrocknet und auf eine Korngröße von 0,3–2 mm (Maschenweite des Siebes) zerkleinert. Ausbeute: 1200 cm³ (Austauscherharze werden nach dem Schüttvolumen gemessen).

Beispiel 8

Kondensationsprodukt aus m-Phenylendiamin und Formaldehyd, mit Epichlorhydrin und Trimethylamin nachbehandelt[2]: Zu der auf 0° abgekühlten Lösung von 30,9 g m-Phenylendiamin in 22,5 g 32%iger Salzsäure und 15 g Wasser gibt man 15 g Eis und hierauf in einem Guß 59 g 30%igen Formaldehyd, welche unter Zusatz von 15 g Eis ebenfalls auf 0° abgekühlt worden sind. Die intensive Rührung wird nach kurzer Zeit (1 Min.) abgestellt. Die Temp. steigt auf 60°, und nach 4–5 Min. erstarrt die Lösung zu einem festen Gel. Nachdem das Kondensationsprodukt noch etwa 15 Stdn. gestanden hat, wird das Harz zerkleinert, bei 70–80° getrocknet und weiter zerkleinert. Man gibt das noch heiße Harz in kaltes Wasser, wobei es zerfällt. Mit heißem Wasser und überschüssiger Natronlauge wird das Hydrochlorid in das freie Amin übergeführt, das abgetrennt, gut gewaschen, getrocknet und falls notwendig zerkleinert wird. Ausbeute: 45 g.

10 g dieses Harzes werden mit 10 g Epichlorhydrin 8 Stdn. auf 100° erhitzt. Dann filtriert man das Harz ab (zur Entfernung des überschüssigen Epichlorhydrins) und kocht es mit einer 30%igen Trimethylaminlösung 8 Stdn. unter Rückfluß. (Hierdurch wird das an das Phenylendiaminharz unter Aufspaltung der Epoxydgruppe angelagerte Epichlorhydrin in ein quartäres Salz übergeführt).

c) Polykondensationsprodukte von Phenoläthern und aromatischen Kohlenwasserstoffen mit Carbonylverbindungen

bearbeitet von

Dr. habil. RICHARD WEGLER

Farbenfabriken Bayer AG., Leverkusen

Von den Polykondensationsprodukten aromatischer Kohlenwasserstoffe bzw. Phenoläther mit Carbonylverbindungen sind nur die mit Formaldehyd von praktischem Interesse, da die anderen Carbonylverbindungen[3] weniger reaktionsfähig sind und auch unter den stark sauren Bedingungen der Umsetzung zum Teil Nebenreaktionen geben.

1. Herstellung der Kondensationsprodukte

Da in aromatischen Kohlenwasserstoffen die auflockernde Wirkung einer Hydroxygruppe auf o- oder p-ständige Wasserstoffatome fehlt und in Phenoläthern nur noch vermindert zutage tritt, erfordern diese Verbindungen, verglichen mit Phenolen, bei der Kondensation mit Carbonylverbindungen eine ungleich *höhere Säurekon-*

---

[1] FIAT Final Rep. **715**, Ion Exchange, Coating and Plywood Resins usw., S. 27.

[2] F.P. 820969 (1937), I. G. Farb.; C. **1938** I, 1676.

[3] Über die Kondensation von Benzaldehyd mit aromatischen Kohlenwasserstoffen s. DRP. 365541 (1920), Farbw. Hoechst; Frdl. **14**, 636.

zentration und *höhere Reaktionstemperaturen* (alkalisch läßt sich die Kondensation überhaupt nicht durchführen). Im Vergleich zur sauren Kondensation des Formaldehyds mit Phenolen, wobei der Formaldehyd, von wenigen Sonderfällen abgesehen, sich nur als Methylenbrücke einbaut (s. S. 201 ff.), führt die Kondensation mit den übrigen Aromaten entgegen früheren Annahmen[1] nicht nur zu Methylenverbindungen; diese Bindungsart ist sogar nur sehr schwierig ausschließlich zu erreichen.

Neuere Untersuchungen[2] haben gezeigt, daß mit abnehmender Reaktionsfähigkeit der Phenoläther und Kohlenwasserstoffe und unter milderen Kondensationsbedingungen, d.h. bei niederer Säurekonzentration, niederer Kondensationstemperatur und kurzer Kondensationszeit, und besonders unter Anwendung eines Formaldehydüberschusses, leicht und in guter Ausbeute Kondensate entstehen, in denen die Methylenbrücken zugunsten von *Äther-* und *Acetalbrücken* zurücktreten (Beispiele 1–6, S. 315f.).

$$> 2 \text{ Mol} \ \bigcirc + CH_2O \ \xrightarrow[\text{H}_2\text{SO}_4]{\text{viel konz.}} \ \left[\bigcirc\!-CH_2OH \right] \rightarrow \ \bigcirc\!-CH_2-\!\bigcirc$$

$$\bigcirc + > 1 \text{ Mol } CH_2O \ \xrightarrow[\text{H}_2\text{SO}_4]{\text{verd.}} \ \left[\bigcirc\!-CH_2OH \right] \rightarrow$$

$$\bigcirc\!-CH_2-O-\!\left[CH_2-\!\bigcirc\!-CH_2-O-\right]_n\!CH_2-\!\bigcirc$$
$$\text{I} \qquad n = 0 - 7$$

$$\bigcirc + > 2 \text{ Mol } CH_2O \ \xrightarrow[\text{H}_2\text{SO}_4]{\text{verd.}} \ \left[\bigcirc\!-CH_2OH \right] \rightarrow$$

$$\bigcirc\!-CH_2-\!\left[O-CH_2-O-CH_2-\!\bigcirc\!-CH_2-\right]_n\!O-CH_2-O-CH_2-\!\bigcirc$$
$$\text{II}$$

Bei den reaktionsträgeren aromatischen Kohlenwasserstoffen, wie *Benzol, Toluol* oder *o-* bzw. *p-Xylol*, bilden sich Methylenbrücken nur unter extremen Kondensationsbedingungen und unter Verwendung eines Überschusses an aromatischem Kohlenwasserstoff[3]. (Entsprechende Harze werden aber besser aus den Chlormethylaromaten unter Chlorwasserstoffabspaltung gewonnen[4], s. S. 607). Unter milderen Bedingungen erhält man fast ausschließlich methylenätherverknüpfte Kondensationsprodukte, selbst dann, wenn der aromatische Kohlenwasserstoff im Überschuß

---

[1] A. BAEYER, B. **5**, 1094 (1872); **7**, 1190 (1874).
  DRP. 207743 (1907), BASF; Frdl. **9**, 1123.
  DRP. 305575 (1917), Aktiengesellschaft für Anilin-Fabrikation; Frdl. **13**, 678.
  DRP. 349741 (1918), Farbf. Bayer; Frdl. **14**, 629.
  DRP. 406152 (1919); 407000 (1920), Farbw. Hoechst; Frdl. **14**, 627, 629.
[2] R. WEGLER, Ang. Ch. **60**, 88 (1948), dort weitere Literatur.
  S. a. entsprechende japanische Arbeiten gleichen Inhalts: M. IMOTO u. Mitarbb., Makromolekulare Chem. **43**, 189 (1961); dort weitere Literatur.
[3] S. dazu F. GLASER u. H. DAHMEN, Ch. Z. **81**, 822 (1957).
[4] DRP. 319799 (1917), Tetralin GmbH.; Frdl. **13**, 670.

angewandt wird. Die leichter reagierenden Kohlenwasserstoffe, wie *Naphthalin*, *Mesitylen* und *m-Xylol*, sowie die kondensationsfreudigeren Phenoläther, besonders *Resorcindimethyläther* und die *Monophenoläther* mit kleinen Alkyläthergruppen, zeigen dagegen eine größere Tendenz zur Bildung von Diarylmethan-Verbindungen[1].

Bei der Kondensation von Methylenbrenzkatechin mit überschüssigem Formaldehyd oder auch Acetaldehyd in konzentrierter Schwefelsäure soll sich in guter Ausbeute ein cyclisches (18-gliedriges) methylen-verknüpftes Kondensationsprodukt bilden[2].

Für praktisch alle aromatischen Kohlenwasserstoffe und Phenoläther läßt sich bei einem Molverhältnis Formaldehyd zu Aromat von 2 : 1 und einer Temperatur von 90–100° leicht durch Versuche die günstigste Säurekonzentration und Reaktionszeit finden, um Kondensationsprodukte mit Ätherbrücken zu erhalten. Kondensiert man sehr lange, so findet allmählich eine Umwandlung der Methylenäther in Diphenylmethan-Derivate statt. Als Nebenprodukte der Polyäther entstehen in geringer Menge cyclische Methylenäther und sehr wenig Ameisensäureester der Arylmethylol-Verbindungen (Ameisensäure entsteht durch Disproportionierung des Formaldehyds). Außerdem lassen sich stets geringe Mengen der Arylmethylol-Verbindungen isolieren.

Mit zunehmendem *Formaldehydüberschuß* treten neben den Ätherbrücken immer mehr *Acetalbrücken* auf. Viele aromatische Kohlenwasserstoffe können selbst mit einem vierfachen oder noch höheren Überschuß an Formaldehyd kondensiert werden, ohne daß die Gefahr einer Vernetzung allzu groß wird. Die Ursache liegt in der durch den Eintritt einer Methylolgruppe erschwerten weiteren Kondensation begründet. Hier finden sich dann fast ausschließlich Acetalbrücken. Äther und Acetale stehen in saurer Lösung in einem sich leicht einstellenden Gleichgewicht miteinander. Bei langer Kondensationszeit und bei zu hoher Säurekonzentration entstehen unter Anwendung eines Formaldehydüberschusses auch aus reaktionsträgeren aromatischen Kohlenwasserstoffen allmählich unlösliche vernetzte Massen. Beim Naphthalin bilden sich besonders leicht vernetzte Produkte; so erhält man selbst aus *Naphthalinsulfonsäure* mit Formaldehyd unter energischen Kondensationsbedingungen unlösliche Polykondensate, die als Kationenaustauscher von Interesse sind[3] (s. Beispiel 7, S. 316). Noch lösliche Vorstufen dieser Kondensationsprodukte[4] finden als einfache und billige Dispergatoren und Hilfsgerbstoffe technische Anwendung (s. Beispiel 8, S. 316).

Stets ist natürlich bei der Anwendung eines Formaldehydüberschusses die *Ausbildung löslicher hochmolekularer Produkte* begrenzt und dürfte bei etwa fünf bis sieben aneinanderkondensierten Aromaten ihr Ende finden, da selbst bei vorsichtiger Kondensation leicht teilweise vernetzte Produkte entstehen. Eine Ausnahme bilden die Tetraalkylbenzole, die nur bifunktionell sind und infolgedessen keine unlöslichen Kondensationsprodukte bilden können (Trialkyl- und Tetraalkylbenzole mit niederen Alkylresten kondensieren noch sehr leicht[5], Beispiel 6, 9 und 10, S. 316). Das erreichbare Molekulargewicht ist bei den übrigen Aromaten weitgehend abhängig von der Geschwindigkeit, mit der die dritte Molekel Formaldehyd im Vergleich zu den beiden ersten in den Aromaten eintritt. Beim Naphthalin scheinen die Geschwin-

---

[1] DAS. 1024236 (1953), BASF, Erf.: H. KRZIKALLA u. F. v. TAACK-TRAKRANEN; C. **1959**, 9062.

[2] T. GAROFANO u. A. OLIVERIO, Ann. Chimica **47** II, 896 (1957).

[3] DRP. 747664 (1936), I. G. Farb., Erf.: H. WASSENEGGER u. K. JAEGER; C. **1945** I, 1280.
DAS. 1052684 (1955), Farbf. Bayer, Erf.: H. WASSENEGGER; C. **1960**, 11061.

[4] DRP. 292531 (1913), BASF; Frdl. **12**, 600.

[5] DBP. 908072 (1942), Farbf. Bayer, Erf.: R. WEGLER u. F. LOBER; C. **1956**, 584.

digkeitsunterschiede besonders gering zu sein, weshalb hier leicht unlösliche und niedermolekulare Kondensationsprodukte entstehen.

Die meisten Formaldehyd-Kondensationsprodukte aromatischer Kohlenwasserstoffe und Phenoläther sind fast ausschließlich für die Lackindustrie von Interesse[1]. Einzelne Produkte dienen als Ionenaustauscher, so z.B. die polyquartären Kondensationsprodukte aus (β-Phenoxy-äthyl)-trimethyl-ammoniumchlorid oder (β-Hydroxy-γ-phenoxy-propyl)-trimethyl-ammoniumchlorid und Formaldehyd[2] (Beispiel 11, S. 316). Anstelle der quartären Ammoniumgruppen können auch tertiäre Aminogruppen in den Phenoläther eingebaut sein[2]. Anionenaustauscher entstehen ferner, wenn man aromatische Sulfoniumverbindungen[3,4], wie man sie z.B. durch Umsetzung von Thionylchlorid oder Schwefeldioxyd mit einem Phenoläther und aromatischen Kohlenwasserstoffen in Gegenwart von Friedel-Crafts-Katalysatoren erhält[3], mit Formaldehyd kondensiert. Vernetzte Kondensationsprodukte aus Phenoxyessigsäure, Aryläthern und Formaldehyd[5,6] (s. Beispiel 12, S. 317), aus Phenoxymethanphosphonsäure und Formaldehyd[7] oder aus Arylsulfonsäuren und Formaldehyd[8] dienen als Kationenaustauscher. Formaldehyd-Kondensationsprodukte von Aroxyalkylaminen, wie z.B.

$$n = 1 — 3$$

sind als Härtungskomponenten für Epoxydharze von Interesse[9]. Sauerstoffreiche Xylol-Formaldehyd-Harze sind auf Grund ihrer geringen Benzinlöslichkeit als Weichmacher für ölfesten Kautschuk[10] (Butadien-Acrylnitril-Copolymerisate) geeignet.

Eine gewisse Sonderstellung unter den hier zu behandelnden aromatischen Verbindungen nimmt *Thiophen* ein, da es auffallend leicht mit Formaldehyd reagiert[11]. Zur Durchführung der Kondensation genügen schon verdünnte Mineralsäuren (z.B. 2%ige Schwefelsäure) oder sogar organische Säuren. Über die Art der Brückenglieder der Thiophen-Formaldehyd-Kondensate ist nichts bekannt geworden, doch dürften hier wenigstens zum Teil ebenfalls Äthergruppierungen vorliegen, da diese Harze beim kräftigen Erhitzen in saurer Lösung zu resitartigen Produkten kondensieren[11]. Im

---

[1] H. Meckbach, Dtsch. Farben-Z. **5**, 1 (1951).
   F. Ullmann, Encyklopädie der technischen Chemie, 3. Aufl., Bd. VIII, S. 419ff., Verlag Urban & Schwarzenberg, München–Berlin 1957.
[2] Österr. P. 180043 (1953; DB. Prior., 1952), Farbf. Bayer, Erf.: K. Haagen; C. **1955**, 3219.
   DAS. 1031964 (1955), Farbf. Bayer, Erf.: K. Haagen; C. **1959**, 6250.
[3] A. P. 2713038 (1954), Stamicarbon N. V., Erf.: G. J. de Jong; Chem. Abstr. **50**, 3677h (1956).
[4] DBP. 953920 (1952) ≡ E. P. 737924 (1952), Der Niederländische Staat, vertreten durch De Directie van de Staatsmijnen in Limburg, Heerlen, Erf.: G. J. de Jong; C. **1956**, 8726.
[5] DBP. 915036 (1951), Farbf. Bayer, Erf.: K. Haagen; C. **1955**, 3982.
   A. A. Vansheidt, N. N. Kuznetsova u. K. P. Papukova, J. Appl. Chem. USSR (English Transl.) **32**, 2774 (1959).
[6] Über die Kondensation von Phenoxyessigsäure, Aryläthern und Formaldehyd zu löslichen Produkten s. DRP.-Anm. I 60667 (1938), I.G. Farb., Erf.: W. Bunge, G. Spielberger u. O. Bayer.
[7] E. N. Walsh, T. M. Beck u. A. D. F. Toy, Am. Soc. **78**, 4455 (1956).
[8] DRP. 747664 (1936), I.G. Farb., Erf.: H. Wassenegger u. K. Jaiger; C. **1945** I, 1280.
[9] F. P. 1274677 (1960), Farbf. Bayer, Erf.: R. Wegler, E. Regel u. K. Andres.
[10] DBP. 922670 (1952), Farbf. Bayer, Erf.: R. Wegler u. R. Ecker; C. **1955**, 6411.
[11] P. D. Caesar u. A. N. Sachanen, Ind. eng. Chem. **40**, 922 (1948).

Gegensatz zu den Novolaken sind die sogenannten Thiophen-Novolake mit Hexamethylentetramin, also alkalisch, nicht härtbar (Fehlen der Thiophenaktivierung in alkalischer Lösung, da im Gegensatz zum Phenol keine Möglichkeit zur Ausbildung eines durch Mesomerie reaktionsfähigen Anions vorliegt). Auch beim Thiophen entstehen bei Anwendung von überschüssigem Formaldehyd und längerer Kondensationsdauer direkt unlösliche Massen. Lösliche Harze sind aber leicht darstellbar, da die zwei α-Stellungen wesentlich leichter kondensieren als die β-Stellungen. Infolge seiner großen Kondensationsfähigkeit läßt sich Thiophen im Gegensatz zu aromatischen Kohlenwasserstoffen in weiten Grenzen gemeinsam mit Phenol zu einem Mischkondensat umsetzen, das nun alkalisch härtbar ist.

Die Säuren, die zur Kondensation von aromatischen Kohlenwasserstoffen mit Formaldehyd benutzt werden können, sind auf starke anorganische Säuren beschränkt. Nur Säuren mit erschwerter Anlagerungsfähigkeit ihres Anions, wie Schwefelsäure, sind in der Lage, Polykondensationsprodukte zu bilden, ohne eine Veresterung des Benzylalkohols zu bewirken (Näheres s. S. 313).

Die Kondensation von Aromaten mit Formaldehyd zu hochmolekularen Verbindungen verläuft, wie wir sahen, über die Stufe der entsprechenden Methylolverbindungen (vgl. S. 303). Von diesen Alkoholen direkt auszugehen, spielt nur eine Rolle beim Furfurylalkohol. Unter dem Einfluß von Säuren bildet dieser in exothermer Reaktion leicht höhermolekulare, Methylenbrücken enthaltende *Harze*, die z. T. technisch verwendet werden (s. Kapitel „Furanharze", S. 633 ff.).

2. Abwandlung der Kondensationsprodukte von aromatischen Kohlenwasserstoffen und Phenoläthern mit Formaldehyd[1]

α) Härtbarkeit

Die Kondensationsprodukte der aromatischen Kohlenwasserstoffe oder Phenoläther mit Formaldehyd, die Äther- und Acetal-Brücken und in geringer Menge Methylolgruppen enthalten, zeigen Reaktionen[1], wie sie in ähnlicher Weise den Bis-[hydroxybenzyl]-äthern in der ersten einfachen Härtungsstufe der Resole eigen sind (vgl. S. 236ff). Allerdings ist die Reaktionsfähigkeit der Acetal- und besonders der Äther-Brücken zwischen aromatischen Kohlenwasserstoffen oder Phenoläthern gegenüber den Bis-hydroxybenzyl-äthern stark vermindert. Im Gegensatz zu letzteren kondensieren sie beim Erhitzen bis 200° nicht unter sich weiter, härten also nicht. Die Abspaltung von Formaldehyd als Zeichen des Überganges einer Methylenätherbrücke in eine Methylenbrücke macht sich erst bemerkbar, wenn die Kondensationsprodukte in Gegenwart eines sauren Katalysators erhitzt werden.

Katalytisch wirksam sind alle starken Säuren, besonders aber solche mit guter Löslichkeit in den Kondensationsharzen. *Aromatische Sulfonsäuren*[2], wie Toluolsulfonsäure, wirken schon in einer Menge von 0,2 bis 0,5%. Auch saure Bleicherde[3] bewirkt eine Weiterkondensation. Jedoch tritt lediglich unter Verwendung von *Zinkchlorid* (0,1% genügen) beim Erhitzen auf 200—220° eine Härtung bis zur Bildung unlöslicher Massen ein (Beispiel 13, S. 317).

---

[1] R. Wegler, Ang. Ch. **60**, 88 (1948), dort weitere Literatur.
[2] E.P. 666 873 (1948), Dorman Long & Co., Erf.: W. Lunn, E. Rymer u. T. G. Woolhouse; C. **1953**, 5587.
[3] DBP. 906 146 (1943), Farbf. Bayer, Erf.: E. Himmen u. R. Wegler; C. **1954**, 8267.

Diese Selbsthärtung macht sich aber nur bemerkbar bei reaktiven Harzen, denen nicht zu reaktionsträge aromatische Verbindungen, wie z.B. m-Xylol, zu Grunde liegen. Die Selbsthärtung dieser reaktiven Harze, z.B. der Xylol-Formaldehyd-Harze (XF-Harze®) ist jedoch ohne technische Bedeutung, da die entstehenden resitartigen Produkte nur eine ungenügende Quervernetzung aufweisen und nicht hochmolekular sind.

Bei der Härtung werden Äther- oder Acetalbrücken in stabilere Methylenbrücken umgewandelt. Aus den Acetalgruppen freiwerdender *Formaldehyd* wirkt, genügend

sauerstoffreiches XF-Harz

sauerstofffreies XF-Harz

Säure und gute Reaktionsfähigkeit des Aromaten vorausgesetzt, *kernverknüpfend*, d.h. vernetzend. Durch Anwendung von geschlossenen Apparaturen kann ein vorzeitiges Entweichen des Formaldehyds verhindert werden.

Praktisch *unvernetzte acetalgruppenfreie Harze* lassen sich darstellen durch vorsichtiges Erhitzen der primären Kondensationsprodukte auf 150–180° in Gegenwart von Säurespuren unter Durchleiten von überhitztem Wasserdampf. Unter diesen Bedingungen tritt keine weitere Kondensation ein, es entweicht lediglich Formaldehyd[1].

---

[1] DBP. 1066026 (1958), Farbf. Bayer, Erf.: H. v. BRACHEL, G. NISCHK u. R. WEGLER; C. **1960**, 4041.

20*

β) Nachkondensation mit Phenolen und aromatischen Kohlenwasserstoffen sowie Mischkondensation von aromatischen Kohlenwasserstoffen mit Alkylphenolen

In vollständiger Parallele zu den Bis-hydroxybenzyl-äthern bzw. den teilgehärteten Resolen, die Äthergruppen enthalten, lassen sich auch die Kondensationsprodukte des Formaldehyds mit aromatischen Kohlenwasserstoffen, soweit sie Äther- und Acetalgruppen aufweisen, mit allen Verbindungen aufspaltend weiterkondensieren, die in der Lage sind, leicht mit Formaldehyd in saurer Lösung zu reagieren.

Mit Phenolen tritt die sogenannte Nachkondensation sehr glatt – meist schon bei 135° beginnend – als exotherme Reaktion ein[1]. Auch hier sind stets saure Katalysatoren notwendig; besonders bewährt hat sich eine kleine Menge, etwa 0,2%, des leicht löslichen und nur allmählich wirksam werdenden p-Toluolsulfonsäurechlorids. Harze mit Acetalgruppen kondensieren durch freiwerdenden Formaldehyd besonders rasch mit Phenolen; aber auch die Äthergruppen werden bis etwa 170° praktisch vollständig aufgespalten, und es bilden sich Arylmethylenphenole. Selbst in wäßriger Lösung bei 80° reagieren Xylol-Formaldehyd-Harze, falls größere Mengen Schwefelsäure zugegen sind, langsam mit Phenolen[2]. Allerdings ist es praktisch sehr schwierig, eine Kondensation in wäßriger Emulsion oder Suspension zu verfolgen oder gar >100° schmelzende Kondensationsprodukte zu erzielen bzw. diese von der Säure zu reinigen. Im folgenden wird deshalb nur die Nachkondensation von wasserfreien Harzen mit Phenolen in Gegenwart geringer Katalysatormengen besprochen. Bei der Darstellung einiger Gerbstoffe dürfte die erstere Reaktion eine gewisse Rolle spielen. Dort wird zum Teil Naphthalinsulfonsäure mit Formaldehyd kondensiert und anschließend in Gegenwart von Brenzcatechin unter weiterem Zusatz von Formaldehyd eine Mischkondensation angestrebt (s. Beispiel 45, S. 287).

Höhermolekulare, sauerstoffreiche Kondensate können mit *wenig Phenol* zu völlig vernetzten Produkten führen. Hiervon kann man Gebrauch machen bei der Herstellung von Einbrennlacken aus XF-Harzen. Die Nachkondensation dieser Harze mit wenig Phenol wird bei einer noch löslichen Zwischenstufe abgebrochen, in der noch genügend reaktionsfähige Äthergruppen vorhanden sind, die beim weiteren Erhitzen die Entstehung unlöslicher Lacke bewirken können (Beispiel 14, S. 317).

Wird bei der Nachkondensation der XF-Harze *Phenol im Überschuß* angewandt, so lassen sich – vor allem aus niedermolekularen, sauerstoffarmen XF-Harzen – novolakartige Harze erhalten, ohne daß eine Vernetzungsgefahr besteht. Als Brücken treten hier ausschließlich Methylengruppen auf. Überschüssiges Phenol wird nach der Kondensation im Vakuum abdestilliert. Solche nicht mehr selbst weiterhärtenden Harze werden am zweckmäßigsten und sichersten hergestellt, indem man zu vorgelegtem Phenol langsam nach Maßgabe der Reaktion XF-Harze zutropft. Jeweils erst nach beendeter Kondensation werden neue Anteile an XF-Harz zugegeben, bis der gewünschte Kondensationsgrad bzw. Erweichungspunkt erreicht ist.

---

[1] DBP. 942595 (1941), Farbf. Bayer, Erf.: R. Wegler, O. Bayer u. T. Cürten; C. **1958**, 866.
  DBP. 945189 (1941), Farbf. Bayer, Erf.: R. Wegler u. O. Bayer; C. **1958**, 12543.
  DBP. 875723 (1943), Farbf. Bayer, Erf.: R. Wegler; C. **1955**, 704.
  DBP. 918835, 908072 (1942), Farbf. Bayer, Erf.: R. Wegler u. F. Lober; C. **1955**, 3266; **1956**, 584.
[2] A. P. 2237634 (1937), Standard Oil Development Co., Delaware, Erf.: R. Rosen; Chem. Abstr. **35**, 4519[6] (1941).

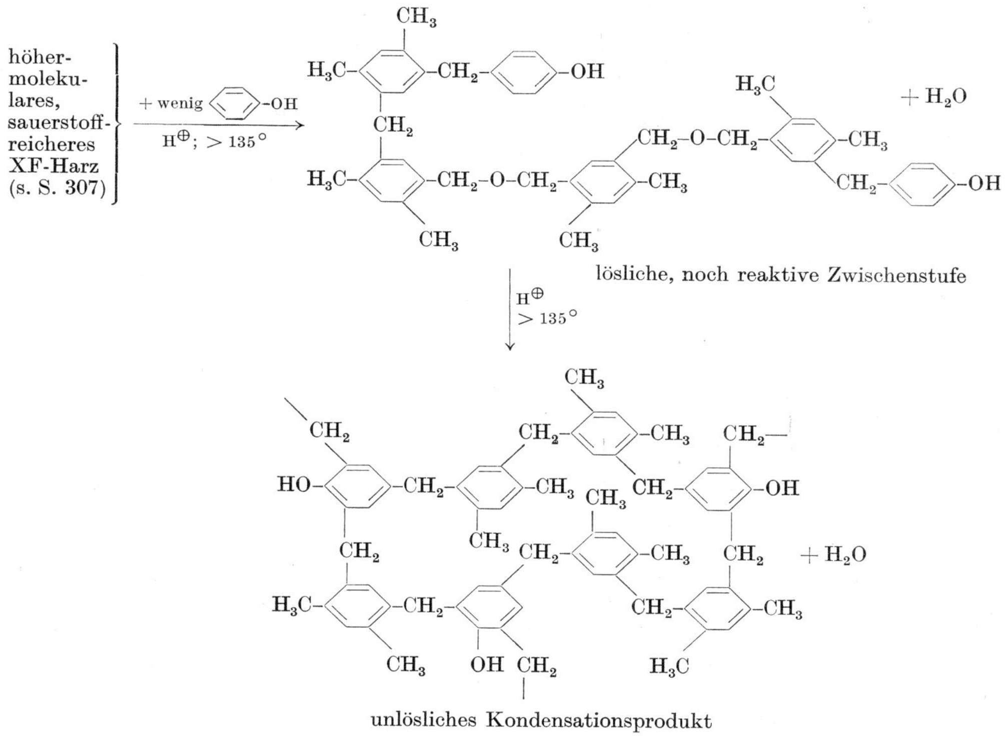

höher-
moleku-
lares,
sauerstoff-
reicheres
XF-Harz
(s. S. 307)

+ wenig ⟨◯⟩-OH
H⊕; > 135°

CH_3

H_3C- ⟨◯⟩ $-CH_2-$ ⟨◯⟩ $-OH$

CH_2

H_3C- ⟨◯⟩ $-CH_2-O-CH_2-$ ⟨◯⟩ $-CH_3$

CH_3 CH_3

H_3C- ⟨◯⟩

CH_2-O-CH_2- ⟨◯⟩ $-CH_3$

CH_2- ⟨◯⟩ $-OH$

$+ H_2O$

lösliche, noch reaktive Zwischenstufe

H⊕
> 135°

CH_3

CH_2 CH_2- ⟨◯⟩ $-CH_3$ CH_2-

$HO-$ ⟨◯⟩ $-CH_2-$ ⟨◯⟩ $-CH_3$ CH_3 CH_2- ⟨◯⟩ $-OH$

CH_2 CH_3 CH_2- ⟨◯⟩ $-CH_3$ CH_2

H_3C- ⟨◯⟩ $-CH_2-$ ⟨◯⟩ $-CH_3$ CH_2- ⟨◯⟩ $-CH_3$

CH_3 OH CH_2 H_3C

$+ H_2O$

unlösliches Kondensationsprodukt

Derartige novolakartige Kondensationsprodukte lassen sich natürlich mit Hexamethylentetramin zu Resiten härten, wobei letztere den Vorteil der verringerten Alkaliempfindlichkeit zeigen. Elektrisch sind diese Harze besonders hochwertig, da sie verhältnismäßig wenig Hydroxygruppen besitzen.

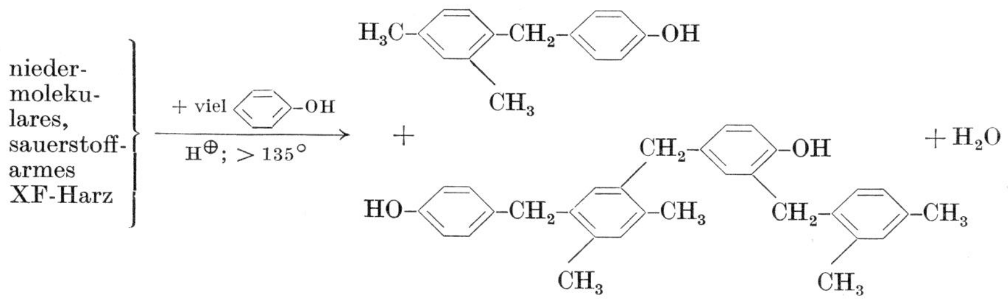

nieder-
moleku-
lares,
sauerstoff-
armes
XF-Harz

+ viel ⟨◯⟩-OH
H⊕; > 135°

H_3C- ⟨◯⟩ $-CH_2-$ ⟨◯⟩ $-OH$

CH_3

+

CH_2- ⟨◯⟩ $-OH$

$HO-$ ⟨◯⟩ $-CH_2-$ ⟨◯⟩ $-CH_3$ CH_2- ⟨◯⟩ $-CH_3$

CH_3 CH_3

$+ H_2O$

In gleicher Weise wie mit Phenol selbst lassen sich XF-Harze mit Phenolen, die nur noch *zwei kondensationsfähige Kernstellen* aufweisen, nachkondensieren. Hier können ohne Gefahr des Auftretens vernetzter Produkte beliebige Mischungsverhältnisse gewählt werden. Aus p-tert.-Butyl-phenol und XF-Harzen entstehen benzinlösliche, technisch interessante Lackharze (Beispiel 15, S. 318). Es ist jedoch zu beachten, daß bei derartigen Nachkondensationen mit p-tert.-Alkyl-phenolen der Alkylrest teilweise abgespalten wird, so daß vorteilhafter p-Cyclohexyl-phenol verwendet wird. Mit difunktionellen Phenolen kann Xylol auch direkt mit einem Formaldehyd-Überschuß kondensiert werden, wobei reaktive Harze vom XF-Typ entstehen[1]. Mit trifunktionellen Phenolen gelingt eine direkte gemeinsame Kondensation mit aromatischen Kohlenwasserstoffen und Formaldehyd nur äußerst schwer und nur unter Benutzung geringer Formaldehydmengen. Phenol kondensiert mit viel Formaldehyd sauer leicht unter Resitbildung, ohne daß nennenswerte Mengen an aromatischen Kohlenwasserstoffen ankondensiert werden (Ausnahme: Thiophen, s. S. 306). – Bei der Nachkondensation von XF-Harzen mit Novolaken oder Resolen, wobei letztere zweckmäßig vorher durch Verätherung löslicher und weniger rasch härtend gemacht werden, ist die Gefahr einer Vernetzung ebenfalls groß[2].

Statt mit den hochreaktionsfähigen Phenolen lassen sich XF-Harze auch mit aromatischen Kohlenwasserstoffen nachkondensieren[3]. So kann z.B. ein infolge seiner Äthergruppen in Benzin nicht lösliches XF-Harz durch Nachkondensation mit Isopropylxylol in ein festes, benzinlösliches Harz verwandelt werden. Die Kondensationsbedingungen sind bei Anwendung aromatischer Kohlenwasserstoffe viel energischer (Beispiel 16, S. 318) als unter Verwendung von Phenolen.

γ) Nachkondensation und direkte Kondensation mit Sulfonsäureamiden und Ketonen

Schwer verseifbare aromatische Sulfonsäureamide[4] und Ketone[5], die in saurer Lösung mit Formaldehyd keine unlöslichen Produkte bilden, können direkt gemeinsam mit aromatischen Kohlenwasserstoffen einer Formaldehydkondensation unterworfen werden, wobei praktisch verwendbare, mit Nitrocellulose verträgliche, nicht flüchtige Weichharze entstehen. Zur Nachkondensation können auch höherfunktionelle Disulfonsäureamide angewandt werden.

δ) Nachkondensation und direkte Kondensation mit Alkoholen

Alkohole[6] ergeben, wenngleich unter höheren Temperaturbedingungen als Phenole, beim Erhitzen mit XF-Harzen unter Umätherung und Abspaltung von Formaldehyd verhältnismäßig stabile Arylmethylen-alkyl-äther. Mit Methanol unter Druck erhält man noch ziemlich reaktionsfähige Methyl-benzyl-äther, die mit anderen Alko-

[1] DBP. 875724 (1941), Farbf. Bayer, Erf.: R. WEGLER u. T. CÜRTEN; C. **1954**, 895.

[2] DBP. 868349 (1943), Farbf. Bayer, Erf.: R. WEGLER u. T. CÜRTEN; C. **1953**, 6367.

[3] DBP. 815543 (1948), Farbf. Bayer, Erf.: R. WEGLER u. K. FABER; C. **1952**, 6295.
 S.a. M. IMOTO u. Mitarbb., Makromolekulare Chem. **43**, 189 (1961).

[4] DBP. 875723 (1943), Farbf. Bayer, Erf.: R. WEGLER; C. **1955**, 704.
 DBP. 914433 (1941), Farbf. Bayer, Erf.: R. WEGLER u. T. CÜRTEN; C. **1955**, 3020.

[5] DBP. 860274 (1943), Farbf. Bayer, Erf.: H. HOLZRICHTER, H. GERBER u. R. WEGLER; C. **1953**, 8727.

[6] DBP. 871646 (1941), Farbf. Bayer, Erf.: R. WEGLER; C. **1953**, 6982.

holen, z.B. mehrwertigen, umgeäthert werden können[1]. Mit mehrwertigen Alkoholen entstehen hochmolekulare Polyäther. Auch eine direkte Ätherbildung ist möglich, wenn aromatische Kohlenwasserstoffe in Gegenwart größerer Mengen an Alkoholen mit Formaldehyd kondensiert werden.

ε) Nachkondensation und direkte Kondensation mit Carbonsäuren

Carbonsäuren[2] führen bei der Nachkondensation mit XF-Harzen zu Carbonsäureestern der Arylmethylol-Verbindungen. Diese Carbonsäureester sind unter den Entstehungsbedingungen oft nicht ausreichend stabil (erleichterte Entstehung des reaktionsfähigen Carbeniumions $ArCH_2^{\oplus}$), so daß eine teilweise Kernkondensation, d.h. Selbsthärtung der XF-Harze, eintritt. Diese Reaktion macht sich besonders bemerkbar bei Anwendung energischer Kondensationsbedingungen und mit *Zinkchlorid* als Katalysator[3] (Beispiel 17, S. 318). Technisch macht man von der Veresterungsreaktion Gebrauch, um z.B. Kolophonium statt wie meist üblich mit Glycerin bei 270° mit XF-Harzen bei etwa 200–220° zu Harzen mit niederer Säurezahl zu verestern. Wird statt Kolophonium wenigstens teilweise eine Tricarbonsäure, entstanden durch Diensynthese von Maleinsäure mit Abietinsäure, eingesetzt, so entstehen sehr hochschmelzende wasserfeste Lackharze. Gerade bei dieser Reaktion spalten unter dem Einfluß von Zinkchlorid bei der notwendigen hohen Temperatur die sich bildenden Estergruppen langsam wieder auf, und das Harz wird zuletzt wieder sauer. Nachfolgende Veresterung mit mehrwertigen Alkoholen führt zu wertvollen, technisch verwendeten Esterharzen (Beispiel 17, S. 318).

Über die Wirkung der Maleinsäure bei der Härtung der XF-Harze s. S. 313.

Bei der Kondensation von XF-Harzen mit *Salicylsäure* (Beispiel 19, S. 318) tritt, wenigstens unter Anwendung eines Überschusses an reaktionsfähigen Äthergruppen des XF-Harzes, neben der Kernkondensation mit dem Phenolderivat auch rasch eine weitgehende Veresterung der Carboxygruppen ein. Bei weiterem Erhitzen werden aber die Salicylsäurebenzylestergruppen wieder gespalten unter Rückbildung der

[1] DAS. 1090862 (1957), Farbf. Bayer, Erf.: W. BONGARD, G. NISCHK u. O. BAYER; C. 1961, 14483.

[2] DBP. 863412 (1941), Farbf. Bayer, Erf.: R. WEGLER u. T. CÜRTEN; C. 1953, 8220.

[3] DBP. 815544 (1950), Farbf. Bayer, Erf.: R. WEGLER u. K. FABER; C. 1952, 4068.

freien Carboxygruppen (Ansteigen der Säurezahl und Löslichkeit in Alkali). Es entstehen so Kondensationsprodukte, in denen die Xylolmoleküle über Methylengruppen mit der Salicylsäure verknüpft sind. – Bei einem Überschuß von XF-Harz findet zusätzlich noch eine Eigenhärtung statt.

Bei der gemeinsamen Kondensation von aromatischen Kohlenwasserstoffen mit Formaldehyd und Carbonsäuren entstehen, besonders unter Anwendung eines Carbonsäureüberschusses, direkt teilweise Ester der Benzylalkoholderivate.

ζ) Nachkondensation mit ungesättigten Verbindungen

Als zusätzliche Reaktion, die eine Molekelvergrößerung bedingt, tritt bei der Veresterung mit Kolophonium eine chemisch noch nicht genau geklärte Umsetzung der reaktiven XF-Harze mit den Doppelbindungen des Kolophoniums ein (unter Anwendung von hydriertem Kolophonium bleibt dementsprechend die Reaktion bei niedrigschmelzenden Produkten stehen, da hier nur eine Veresterungsreaktion abläuft). Mit Olefinen und ungesättigten Ölen[1], wie z. B. Ricinenölen oder chinesischem Holzöl geben XF-Harze beim kurzen Erhitzen auf etwa 250–300° ebenfalls Kondensationsprodukte, die durch Reaktion an der Doppelbindung entstanden sein müssen, da die entsprechenden gesättigten Verbindungen unter diesen Bedingungen kaum eine Reaktionsfähigkeit aufweisen. Die Umsetzung von Kolophoniumestern mit XF-Harzen ist eine technisch ausgeführte Reaktion, die es gestattet, zu hochschmelzenden, wasserfesten und trotzdem gut löslichen Esterharzen zu gelangen (Beispiel 18,

---

[1] DBP. 817811 (1948), Farbf. Bayer, Erf.: R. Wegler u. H. Meckbach; C. **1952**, 5341.
DBP. 919363 (1942), Farbf. Bayer, Erf.: R. Wegler; C. **1955**, 6861.

S. 318). Wahrscheinlich tritt mit den ungesättigten Reaktionspartnern folgende Umsetzung ein:

$$XF\text{-Harze} + {>}C{=}C{<} \xrightarrow{\;>220°\;}$$

Bei der Selbsthärtung der XF-Harze bewirkt ein Zusatz von etwas Maleinsäure sowohl eine Erhöhung des Erweichungspunktes als auch eine Aufhellung des Harzes. Ebenso wie beim Kolophonium werden neben der Veresterung der Carboxygruppen Anlagerungen an die Doppelbindungen stattfinden (Beispiele 10 u. 17, S. 316 u. 318).

η) Nachkondensation mit gesättigten Carbonsäureestern

Gesättigte Ester reagieren, allerdings erst bei höheren Temperaturen, mit XF-Harzen langsam unter Umesterung[1].

$$XF\text{-Harz} + R\text{-COOR}' \xrightarrow{\;>200°\;} R\text{-COOCH}_2\text{-}\langle\rangle\text{-CH}_3 + R\text{-COOCH}_2\text{-}\langle\rangle\text{-CH}_3$$

3. Praktische Durchführung der Kondensationen[2]

Als Kondensationsmittel für die Umsetzung von aromatischen Kohlenwasserstoffen oder Phenoläthern mit Formaldehyd können alle starken anorganischen Säuren, die nicht oxydierend auf den Formaldehyd einwirken und die Methylolverbindungen nicht verestern, benutzt werden. Besonders geeignet ist *Schwefelsäure*[3]. Die Säurekonzentration kann in weiten Grenzen schwanken; zweckmäßig beginnt man bei neuen Versuchen mit etwa 30%iger Schwefelsäure bei einer Reaktionstemperatur von 100°. Intensives Rühren beschleunigt die Kondensation. *Salzsäure*[4] scheidet auch für Laboratoriumsversuche aus, da bei der notwendigen hohen Konzentration leicht Chlormethylverbindungen als Nebenprodukte entstehen. *Phosphorsäure* ist nur bei hochreaktionsfähigen Aromaten genügend wirksam. In manchen Fällen sollen aktivierte *Bentonit-Erden* als Kondensationsmittel brauchbar sein[5]. Der in älteren Arbeiten empfohlene Zusatz von *Essigsäure*[3,6] oder anderen organischen

---

[1] DBP. 871645 (1942), Farbf. Bayer, Erf.: R. WEGLER; C. **1954**, 663.

[2] R. WEGLER, Ang. Ch. **60**, 88 (1948).

[3] DRP. 349741 (1918), Farbf. Bayer; Frdl. **14**, 629.
DRP. 407000, 365541 (1920), Farbw. Hoechst; Frdl. **14**, 629, 636.
DRP. 305575 (1917), Aktiengesellschaft für Anilin-Fabrikation; Frdl. **13**, 678.
DRP. 747664 (1936), I.G. Farb., Erf.: H. WASSENEGGER u. K. JAIGER; C. **1945** I, 1280.

[4] DRP. 364042 (1920), Farbw. Hoechst; Frdl. **14**, 625.

[5] A. P. 2660572 (1950), Socony-Vacuum Oil Co., Erf.: C. F. FEASLEY; Chem. Abstr. **48**, 4250ʰ (1954).

[6] A. BAEYER, B. **5**, 1098 (1872).

Säuren[1] führt oft zu unerwünschten Nebenprodukten (Essigsäureester der Arylmethylolverbindungen). Analog erhält man durch Alkoholzusätze gemischte Äther[2].

Formaldehyd wird praktisch nur als wäßrige Lösung angewandt. Zur Beschleunigung der Reaktion kann selbst über 100° unter Druck gearbeitet werden, doch ist dann die Säurekonzentration entsprechend zu verringern. Die Verwendung von höherkonzentrierter Formaldehydlösung als 30%ig ist nur in geschlossenen Apparaturen, d.h. unter Anwendung von Druck empfehlenswert und gibt dann verbesserte Raumausbeuten.

Die Aufarbeitung der meist halbfesten, beim Naphthalin aber z.T. hochschmelzenden Harze geschieht fast stets durch Abtrennen der Säurelösung. Oft ist es zweckmäßig, nach beendeter Kondensation das entstandene Harz bei 50–60° in einem Lösungsmittel aufzunehmen. Nach vorherigem Verdünnen der kondensierenden Säure mit Wasser kann ohne Schwierigkeit eine höhere Lösungstemperatur angewandt werden. Bei höheren Temperaturen erhält man niedriger-viscose Lösungen und damit eine bessere Abtrennung der Säureschicht. Als Lösungsmittel wird, soweit möglich, der zur Kondensation benutzte Kohlenwasserstoff verwandt. Nach dem Abtrennen der Säure wäscht man ein- oder zweimal mit heißem Wasser, dem man zur besseren Trennung der Schichten etwas Natriumchlorid zugesetzt hat. Schlecht trennbare Emulsionen lassen sich vorteilhaft durch Zugabe von geringen Mengen (1 g/l) eines Rapid-Netzmittels, z.B. Nekal BX®, scheiden. Hartnäckige Emulsionen sind immer ein Zeichen für eine zu weit fortgeschrittene Kondensation. Es sind dann schwerlösliche, mitunter ansulfonierte, in den organischen Lösungsmitteln nur noch quellbare Teilchen entstanden, die zu fast unüberbrückbaren Trennschwierigkeiten führen. Bei der Wiederholung derartiger Versuche ist die Säurekonzentration zu erniedrigen. Die weitgehend neutrale Lösung des Kondensationsproduktes im aromatischen Kohlenwasserstoff wird durch Verrühren mit krystallwasser-freiem Natriumcarbonat getrocknet, nach einiger Zeit filtriert und durch Erhitzen bis etwa 180°/12 Torr zuletzt von allen Lösungsmitteln befreit. Niedere Kondensationsstufen sind oft im Hochvakuum destillierbar.

Die Nachkondensation von XF-Harzen, z.B. mit Phenol, wird unter Überleiten eines inerten Gases (Stickstoff oder besser Kohlendioxyd) vorgenommen, wobei über eine Kolonne abdestillierendes Wasser aufgefangen und gemessen wird. Es dient als Maß für das Fortschreiten der Kondensation. Verfolgung des Erweichungspunktes oder der Säurezahl, falls mit einer Säure nachkondensiert wird, muß zur Kontrolle parallel laufen. Alle Nachkondensationen, besonders natürlich die, welche anfangs in nicht homogener Phase verlaufen (mangelnde gegenseitige Löslichkeit der Reaktionspartner), müssen unter Rühren vorgenommen werden. Erstes Zeichen einer stattfindenden Kondensation bei ursprünglich fehlender gegenseitiger Löslichkeit ist das Auftreten einer homogenen Lösung (Tropfen muß auf kalter Glasplatte klar bleiben). Das Abfangen einer noch löslichen Zwischenstufe bei der Kondensation mit wenig Phenol bietet einige Schwierigkeiten, kann aber durch rasche Verfolgung des Erweichungspunktes erreicht werden. Eine spezielle Versuchsausführung gibt Beispiel 14 (S. 317) an. Bei allen Nachkondensationen, überhaupt bei allen Arbeiten mit höherschmelzenden Harzen ist es unerläßlich, daß bei einer Temperatur wesentlich über dem Erweichungspunkt des Harzes gearbeitet wird und daß die Reaktionsgefäße bis an den oberen Rand geheizt werden. Andernfalls kann das entstehende Reaktionswasser nicht

---

[1] DRP. 406152 (1919), Farbw. Hoechst; Frdl. 14, 627.
[2] DBP. 871645 (1942), Farbf. Bayer, Erf.: R. WEGLER; C. 1954, 663.

entweichen, und lästiges Schäumen tritt ein. Spuren eines Siliconöles unterdrücken eine Schaumbildung meist recht gut. Die angewandten Katalysatormengen sollen möglichst gering sein, da sonst leicht eine Dunkelfärbung eintritt. Als Gefäßmaterial ist Edelstahl V4A-extra® am vorteilhaftesten. Die fertigen Harze müssen bei einer Temperatur von 20–30° über ihrem Erweichungspunkt in flache Schalen ausgegossen werden. Einstellen der Reaktionsgefäße in festes Kohlendioxyd führt infolge innerer Spannungen zur Zerkleinerung der Harze, so daß sich Schäden an Glaskolben vermeiden lassen.

Hat die zur Nachkondensation verwandte Verbindung (z.B. Leinöl) wesentlich andere Löslichkeitseigenschaften als das zu modifizierende Harz (z.B. Toluol-Formaldehyd-Harz), so kann der Fortgang der Kondensation durch Kontrolle der Löslichkeitseigenschaften des Harzes verfolgt werden. Im hier angegebenen Beispiel wird das Reaktionsprodukt zunehmend in Benzin löslich und muß zuletzt, genügende Mengen an angewandtem Leinöl vorausgesetzt, beliebig mit Benzin verdünnbar sein.

Beispiel 1

Kondensation von m-Xylol mit Formaldehyd zu einem sauerstoffarmen Harz[1]: In 500 g 30%ige Formaldehydlösung werden unter Kühlen bei 20° 340 g konz. Schwefelsäure eingetragen. Diese Lösung läßt man unter gutem Rühren innerhalb von 5 Stdn. bei 90° in 530 g m-Xylol[2] eintropfen; anschließend rührt man noch 2 Tage auf dem kochenden Wasserbad. Die Aufarbeitung erfolgt wie im Beispiel 6 (S. 316) angegeben. Ausbeute: 540 g eines fast festen Harzes mit einem Sauerstoffgehalt von 2,5%.

Die hohe Schwefelsäurekonzentration, die stets geringe Formaldehydmenge und die lange Kondensationszeit bedingen bei dem reaktionsfähigen m-Xylol vorwiegend die Ausbildung von Methylenbrücken.

Beispiel 2

Kondensation von m-Xylol mit Formaldehyd zu einem sauerstoffreicheren Harz[1]: Man erhitzt 2160 g m-Xylol[2], 4000 g 30%igen Formaldehyd und 1040 cm³ konz. Schwefelsäure 18 Stdn. unter Rühren auf dem kochenden Wasserbad. Die Aufarbeitung ist die gleiche wie in Beispiel 6 (S. 316). Ausbeute: etwa 2200 g Harz mit einem Sauerstoffgehalt von 9,7%.

Beispiel 3

Kondensation von technischem Xylol mit Formaldehyd zu einem sauerstoffreichen Harz[1]: 2827 g techn. Xylol (Isomerengemisch), 3600 g 30%iger Formaldehyd und 584 cm³ konz. Schwefelsäure werden etwa 40 Stdn. auf dem kochenden Wasserbad gerührt (Aufarbeitung s. Beispiel 6, S. 316) Ausbeute: 2300 g mit einem Sauerstoffgehalt von 10,9% und einem Hydroxylgehalt von 1,5%.

Beispiel 4

Kondensation von Diphenyläther mit Formaldehyd[1]: Kondensationen mit dem 6fach kondensationsfähigen Diphenyläther müssen wegen der Gefahr einer Vernetzung bei Anwendung von viel Formaldehyd besonders vorsichtig durchgeführt werden. Auf eine vollständige Umsetzung ist hier zu verzichten.

680 g (4 Mol) Diphenyläther, 1100 cm³ 30%iger Formaldehyd (etwa 11,2 Mol) und 296 cm³ konz. Schwefelsäure werden 24 Stdn. auf dem kochenden Wasserbad gerührt; Ausbeute: 442 g eines sehr hellen, hochviscosen Kondensationsproduktes mit einem Sauerstoffgehalt von 19,6% und einem Hydroxylgehalt von 2,6%.

Beispiel 5

Kondensation von Anisol mit Formaldehyd[1]: 216 g Anisol, 200 cm³ 30%iger Formaldehyd und 8 cm³ konz. Schwefelsäure werden 30 Stdn. auf dem siedenden Wasserbad verrührt; Ausbeute: 236 g eines hochviscosen, hellen Harzes mit 16,4% Sauerstoff. Anwendung von 600 cm³ 30%igem Formaldehyd und 12 cm³ konz. Schwefelsäure ergibt 250 g Harz mit 18,5% Sauerstoff.

---

[1] Nicht veröffentlichte Versuche von R. WEGLER.

[2] Anstelle von reinem m-Xylol kann auch das Isomerengemisch angewandt werden, da praktisch nur das meta-Isomere reagiert.

Beispiel 6

Kondensation von Mesitylen mit Formaldehyd zu einem reaktiven Harz[1]: In 600 cm³ 30%igen Formaldehyd werden unter Kühlen 24 cm³ konz. Schwefelsäure eingerührt; anschließend setzt man 200 g Mesitylen zu. Das Gemisch wird nun unter intensivem Rühren 10–11 Stdn. bei etwa 97° Innentemp. (kochendes Wasserbad) kondensiert. Ein kleiner Tropfen des Reaktionsgemisches, auf eine kalte Glasplatte gebracht, zeigt durch seine Viscosität den Kondensationsgrad an; genauer läßt sich die Kondensation durch Titration des unverbrauchten Formaldehyds verfolgen, doch ergeben sich hier Schwierigkeiten, da die Kondensation vor der Probenentnahme zwecks Abtrennung der wäßr. Schicht kurze Zeit stillgesetzt werden muß. Bei höherer Viscosität wird die Schichtentrennung immer schwieriger. Nach beendeter Reaktion wird mit Wasser verd. und die Harzlösung in Benzol aufgenommen (hier lassen sich zum Schluß Benzol und Mesitylen destillativ trennen). Man trennt die wäßr. Phase ab und wäscht die Harzlösung 2mal mit heißem Wasser. Anschließend wird die Harzlösung über wasserfreiem Natriumcarbonat getrocknet, filtriert und bis 170°/12 Torr i. Vak. eingeengt. Ausbeute: 263 g eines halbfesten, hellen Harzes mit einem Sauerstoffgehalt von 14,4%.

Beispiel 7

Kationenaustauscher auf Naphthalinbasis[2]: 60 g Naphthalin werden durch 3stdg. Erhitzen mit 90 g konz. Schwefelsäure (Monohydrat) auf 140—150° sulfoniert. Nach dem Abkühlen auf 75° gibt man 90 g 30%igen Formaldehyd zu. Nach Beendigung der Reaktion wird das Produkt 20 Stdn. auf 90—100° erwärmt, wobei die Lösung zu einer festen Gallerte erstarrt, die getrocknet und zerkleinert wird.

Beispiel 8

Kondensation von Formaldehyd mit sulfoniertem Naphthalin zu einem löslichen Kondensationsprodukt[3], das als Dispergator und Hilfsgerbstoff dient: 10 g Naphthalin werden mit 12,5 g 98,5%iger Schwefelsäure so lange auf 130–140° erhitzt, bis die Sulfonierung beendet ist. Man kühlt alsdann auf etwa 80–90° ab, fügt unter kräftigem Rühren portionsweise 4 g 30%ige Formaldehydlösung bei 60° bis zuletzt 100° hinzu und hält bei dieser Temperatur. Nach einiger Zeit wird die Masse immer dicker, so daß sie sich gegen Ende der Reaktion nur noch sehr schwer rühren läßt. Man setzt deshalb so viel Wasser zu, daß gerade eine rührbare Masse entsteht und kondensiert so lange, bis der Formaldehydgeruch verschwunden ist. Dieses so erhaltene Produkt wird beim Erkalten fest und stellt eine harzige, wenig gefärbte, in kaltem Wasser leicht lösliche Masse dar.

Ähnliche Produkte lassen sich auch durch nachträgliche Sulfonierung eines Naphthalin-Formaldehyd-Harzes erhalten[3]. Es ist wichtig, daß das Naphthalinharz keine reaktiven Gruppen enthält, also mit wenig Formaldehyd und unter Einfluß von viel Säure hergestellt worden ist, sonst bilden sich beim Sulfonieren zum Teil unlösliche schwarze Massen.

Beispiel 9

Kondensation von Isopropylxylol mit Formaldehyd[1]: 298 g Isopropylxylol (Isomerengemisch, dargestellt durch Anlagerung von Propylen an techn. Xylol mit Borfluorid als Katalysator), 800 g 30%ige Formaldehydlösung und 720 g konz. Schwefelsäure werden 6 Stdn. auf dem kochenden Wasserbad erhitzt. Ausbeute: 340 g helles, festes Harz mit 8,17% Sauerstoff.

Beispiel 10

Nachkondensation des Isopropylxylol-Formaldehyd-Harzes mit Maleinsäureanhydrid[1]: 100 g des in Beispiel 9 beschriebenen Isopropylxylol-Formaldehyd-Kondensationsproduktes werden mit 15 g Maleinsäureanhydrid und 0,4 g p-Toluolsulfonsäurechlorid unter Überleiten von Kohlendioxyd etwa 4 Stdn. auf 180–240° erhitzt. Es spalten sich 1,8 cm³ Wasser und etwa 5 cm³ Öl ab. Es entsteht ein helles, in Benzin lösliches Harz, das sich auch mit Standöl beliebig verd. läßt und die Säurezahl 7 zeigt. Sein Erweichungspunkt liegt bei 97°.

Beispiel 11

Polyquartäres Salz aus Phenol, Epichlorhydrin, Trimethylamin und Formaldehyd[4]: Zu einer Lösung von 94 g Phenol in 94 g Epichlorhydrin läßt man im Verlauf von etwa 2 Stdn. 180 cm³

[1] Unveröffentlichte Versuche von R. WEGLER.
[2] DRP. 747664 (1936), I.G. Farb., Erf.: H. WASSENEGGER u. K. JAIGER; C. **1945** I, 1280.
[3] DRP. 292531 (1913), BASF; Frdl. **12**, 600.
[4] Österr. P. 180043 (1953; DB. Prior., 1952), Farbf. Bayer, Erf.: K. HAAGEN; C. **1955**, 3219.
   S. a. DAS. 1031964 (1955), Farbf. Bayer, Erf.: K. HAAGEN; C. **1959**, 6250.

einer wäßr. 37 Vol.-%igen Trimethylaminlösung bei 30–40° unter Rühren zutropfen und erhöht dann innerhalb weiterer 2 Stdn. die Temp. langsam auf 100°. Nunmehr werden 60 g Paraformaldehyd und nach etwa $^1/_2$stdg. Rühren 60 cm³ 70 Gew.-%ige Schwefelsäure zugegeben. Die Temp. steigt von 65 auf 98° und man erhält eine schwachgelbliche, klare, viscose Lösung, welche beim Erhitzen über Nacht bei etwa 90° zu einem klaren Gel erstarrt, das sich mit dem Messer schneiden läßt und bei 110° getrocknet wird. Nach dem Einquellen des zerkleinerten Harzes in Wasser und Überführen mit Natronlauge in die freie Base nehmen 100 cm³ des Harzes aus einer verd. wäßr. Salzsäurelösung 76 Millival Salzsäure auf (1 Millival = 1 cm³ 1 n HCl).

Beispiel 12

Kondensationsprodukt aus Phenoxyessigsäure, Diphenyläther und Formaldehyd[1]: 1805 g 84,2%ige feuchte Phenoxyessigsäure und 700 g 81,5%ige techn. p-Toluolsulfonsäure, die als Lösungsvermittler und Katalysator dient und nicht in die Austauschermolekel eingebaut wird, werden in 1300 g 30%iger Formaldehydlösung unter Rühren und Erhitzen zum Sieden gelöst. Nach etwa $^1/_4$stdg. Kochen unter Rückfluß werden 300 g Diphenyläther zugegeben und nach weiteren 15 Min. 230 g Formaldehydlösung. Man läßt die Lösung noch etwa $^1/_2$ Stde. kochen und trägt dann 400 g Paraformaldehyd ein. Das Reaktionsgemisch wird weiterhin zum Sieden erhitzt, wobei der Paraformaldehyd sich vollständig löst. Die langsam viscoser werdende Lösung wird nach weiterem $^1/_2$stdg. Kochen in einen konischen Behälter ausgegossen und im Wärmeschrank verschlossen auf 80–90° erhitzt. Nach 6 Stdn. ist sie zu einem festen, weißlich trüben Gel erstarrt. Dasselbe wird noch etwa 16 Stdn. verschlossen auf 120° erhitzt und hierauf offen 1 Tag bei 120° und 1 Tag bei 140° getrocknet. Ausbeute: etwa 2900 g.

Das so getrocknete Gel wird gemahlen, die Korngröße 0,5–2 mm ausgesiebt und in Wasser gequollen. 100 cm³ des gequollenen Austauschers werden in der oben angegebenen Weise abwechselnd mit Natronlauge und Schwefelsäure behandelt. Nach 76 maligem p_H-Wechsel wird der Austauscher an der Luft getrocknet und einer Siebanalyse unterzogen.

Beispiel 13

Härtung eines Xylol-Formaldehyd-Harzes[2]: 1000 g eines Xylol-Formaldehyd-Harzes mit einem Sauerstoffgehalt von 10,8% und 2 g Zinkchlorid, gelöst in 10 cm³ Äthanol, werden unter Rühren langsam auf 216° erhitzt. Innerhalb von 7 Stdn. werden unter Überleiten von etwas Kohlendioxyd 85 cm³ Wasser abdestilliert. Das ursprünglich flüssige Harz wird so in ein festes Harz mit einem Erweichungspunkt von etwa 90° umgewandelt. Bei weiterem Erhitzen steigt dieser noch um etwa 20° an; das Harz wird aber dann rasch schwer- und zuletzt unlöslich in organischen Lösungsmitteln.

Beispiel 14

Nachkondensation eines Xylol-Formaldehyd-Harzes mit Phenol[2]: Das nachfolgend beschriebene Verfahren ist besonders geeignet zur Durchführung größerer Ansätze und verbürgt infolge der kontinuierlichen Zugabe des reaktiven Harzes ein sicheres Handhaben der Reaktion. Die exotherm verlaufende Reaktion kann so unter Kontrolle gehalten werden, was besonders bei größeren Ansätzen oft Schwierigkeiten bereitet.

500 g Phenol, 1,2 g p-Toluolsulfonsäure und 200 g eines Xylol-Formaldehyd-Harzes mit einem Sauerstoffgehalt von 10,8% werden in einem Dreihalskolben mit Thermometer, Rührer, Gaseintrittsrohr und absteigendem Kühler während 2 Stdn. von 70 auf 150° erhitzt, wobei Kohlendioxyd übergeleitet wird. Das bei der Reaktion entstehende Wasser wird über eine Kolonne abdestilliert, um Phenol zurückzuhalten. Das Wasser wird aufgefangen und gemessen. Ist die Kondensation beendet, was am Stillstand der Wasserabspaltung zu beobachten ist, so werden weitere 650 g Xylol-Formaldehyd-Harz aus einem geheizten Tropftrichter langsam zugetropft, wobei die Temp. etwa 170–180° betragen soll. Von Zeit zu Zeit ist, jeweils nach Beendigung der Wasserabspaltung, der Erweichungspunkt zu kontrollieren. Während der Bestimmung des Erweichungspunktes kann ohne Gefahr einer Weiterhärtung erhitzt werden, da ja kein reaktives Harz im Überschuß vorhanden ist. Der Erweichungspunkt erreicht gegen Ende etwa 100–103°. Das entstandene Harz ist sehr hell und im Gegensatz zum Ausgangsharz z.B. in Butanol löslich. Durch Erhitzen i. Vak. kann es von Spuren Phenol befreit werden. Bei richtig geleiteter Kondensation und bei einem Erweichungspunkt von mindestens 100° ist aber kein freies Phenol mehr vorhanden. Eine weitere Zugabe von Xylol-Formaldehyd-Harz zum fertigen

[1] DBP. 915036 (1951), Farbf. Bayer, Erf.: K. HAAGEN; C. **1955**, 3982.
[2] Nicht veröffentlichte Versuche von R. WEGLER.

Harz darf nur noch unter kurzem Erhitzen erfolgen. Das Reaktionsprodukt stellt ein selbsthärtendes Harz dar. Zwecks Elastifizierung zur Verwendung als Lackharz kann es mit hydroxy- oder carboxygruppenhaltigen Alkydalen vermischt werden. Das Harz kann wie ein Novolak mit Hexamethylentetramin zu einem elektrisch hochwertigen, gegenüber einem üblichen Resit weniger alkaliempfindlichen Produkt gehärtet werden. Die besten Härtungsergebnisse erhält man, wenn das verwendete Xylol-Formaldehyd-Harz möglichst arm an niedermolekularen Anteilen ist, so daß Benzylphenole nur in geringem Maße entstehen können.

Beispiel 15

Kondensation eines Xylol-Formaldehyd-Harzes mit p-tert.-Butyl-phenol[1]: 290 g Xylol-Formaldehyd-Harz mit 11,5–12% Sauerstoff, 140 g p-tert.-Butyl-phenol und 0,3 g Toluolsulfonsäurechlorid oder 0,2 cm³ Borfluorid-Eisessig werden auf 150–155° erhitzt. Nach dem Abdestillieren von 20 cm³ Wasser wird kurze Zeit i. Vak erhitzt, wobei nochmals 2 cm³ Wasser und 1 g p-tert.-Butyl-phenol überdestillieren. Das helle, bei 107° erweichende Harz ist in Leinöl und Waschbenzin leicht löslich.

Beispiel 16

Nachkondensation eines Xylol-Formaldehyd-Harzes mit Isopropylxylol[2]: 500 g eines Xylol-Formaldehyd-Harzes mit etwa 12% Sauerstoff werden mit 750 g rohem Isopropylxylol (mit einem Gehalt von etwa 20% an höher alkyliertem Xylol) und 0,5 g Zinkchlorid unter Rühren auf 150° erhitzt. Man leitet einen langsamen Kohlendioxyd- oder Stickstoffstrom über die Reaktionsmischung und kondensiert abgespaltenes Wasser und evtl. trotz Anwendung einer Kolonne mitgerissenes Alkylxylol in einem absteigenden Kühler. Nach 1 Stde. steigert man die Temp. auf 160°, nach einer weiteren Stde. auf 170° und hält diese Temp. 1 Stde. konstant. Bis zu diesem Zeitpunkt haben sich insgesamt etwa 25 bis 30 cm³ Wasser abgespalten. Man läßt auf 100° abkühlen, macht den Katalysator durch Zugabe von 1 cm³ 20%iger Natronlauge unwirksam und destilliert i. Vak. bei einer Innentemp. von maximal 180° etwa 400 g nicht einkondensiertes Isopropylxylol ab. Das zurückbleibende Harz gießt man von den an der Gefäßwand haftenden Katalysatorrückständen ab. Man erhält etwa 700 g eines goldgelben, bei Zimmertemp. gerade noch langsam fließenden Harzes, das in Benzin in jedem Verhältnis löslich ist.

Beispiel 17

Kondensation eines Xylol-Formaldehyd-Harzes mit Kolophonium und Maleinsäure. Nachträgliche Veresterung mit Glycerin[3]: 600 g Kolophonium (Säurezahl 162), 240 g eines Xylol-Formaldehyd-Harzes mit einem Sauerstoffgehalt von 10,8% und 18 g Maleinsäure werden in Gegenwart von 1,2 g Zinkchlorid 4 Stdn. bei 210–215° kondensiert. Man erhält ein Harz mit einem Erweichungspunkt von 130° und einer Säurezahl von 112. Nach Zugabe von 57 g Glycerin wird 6 Stdn. bei 225–245° verestert. Man erhält ein hellbraunes Harz mit einem Erweichungspunkt von 139° und einer Säurezahl von 19. 1 g Harz löst sich in 3 g Testbenzin.

Beispiel 18

Kondensation eines Xylol-Formaldehyd-Harzes mit einem Kolophoniumester[3]: Eine Mischung von 650 g Kolophonium (Säurezahl 162) und 10 g Maleinsäure wird mit 68 g Glycerin bei 270° verestert. Wenn die Säurezahl auf 20 gefallen ist, werden 325 g eines Xylol-Formaldehyd-Harzes mit einem Sauerstoffgehalt von 10,8% und 0,9 g Zinkchlorid, die in 1 g Äthylalkohol gelöst sind, zugegeben und 7 Stdn. bei 170–220° kondensiert. Man erhält 970 g eines hellbraunen Harzes mit einem Erweichungspunkt von 143° und der Säurezahl 14. 1 g Harz löst sich in 2 g Testbenzin.

Beispiel 19

Kondensation eines Xylol-Formaldehyd-Harzes mit Salicylsäure[4]: 2,16 kg Xylol-Formaldehyd-Harz mit einem Sauerstoffgehalt von etwa 11–11,5% werden mit 1,29 kg Salicylsäure unter Erhitzen auf 100° vermischt. Dann gibt man 1,4 g Toluolsulfonsäure zu und erhitzt nun innerhalb von 5–6 Stdn. auf 160°, wobei unter Überleiten von Kohlendioxyd langsam gerührt wird. Etwa

---

[1] DBP. 942595 (1941), Farbf. Bayer, Erf.: R. WEGLER, O. BAYER u. T. CÜRTEN; C. **1958** I,866.
[2] DBP. 815543 (1948), Farbf. Bayer, Erf.: R. WEGLER u. K. FABER; C. **1952**, 6295.
[3] DBP. 815544 (1950), Farbf. Bayer, Erf.: R. WEGLER u. K. FABER; C. **1952**, 4068.
[4] Nicht veröffentlichte Versuche von R. WEGLER.

ab 107° macht sich die Entstehung von Reaktionswasser bemerkbar. Letzteres wird laufend über einen absteigenden Kühler abdestilliert. Etwa beim Erreichen von 160° Innentemp. wird die bei der Kondensation auftretende Wärme so groß, daß ohne weitere Wärmezufuhr eine Temperatursteigerung auf etwa 182° eintritt (bei zu raschem Hochheizen eines größeren Ansatzes kann eine noch stärkere Erwärmung eintreten, die aber unter allen Umständen zu vermeiden ist; deshalb langsam anheizen). Die Säurezahl weist anfangs ein Maximum auf, fällt dann rasch auf geringe Werte ab – aber nur bei vorsichtigem, langsamem Anheizen – um gegen Ende wieder anzusteigen (Spaltung der anfangs entstehenden Salicylsäurebenzylester zu methylenverknüpften Aromaten). Gegen Ende wird die Säurezahl konstant und fällt erst bei höherem Erhitzen infolge teilweiser Decarboxylierung ab. Die Säurezahl beträgt bei vorliegendem Ansatz bei 182° etwa 148; das Harz ist klar in verd. Natronlauge löslich. Die Wasserabspaltung beträgt etwa 410 cm³. Zusätzlich werden auch 20 cm³ flüchtiges Öl (Xylol, Tetramethyldiphenylmethan) überdestilliert. Das Harz zeigt einen Erweichungspunkt von etwa 124–130°.

d) Polyadditions- und Polykondensationsprodukte
von Carbonyl- und Thiocarbonylverbindungen mit Harnstoffen, Melaminen, Urethanen, Carbonsäureamiden, Dicyandiamid, Guanidin, Sulfurylamid, Sulfonsäureamiden, Nitrilen, Ammoniak, aliphatischen Aminen und Phosphin

bearbeitet von

Dr. habil. RICHARD WEGLER

Farbenfabriken Bayer AG., Leverkusen

1. Allgemeine Übersicht

Die Technik benutzt Kondensationsprodukte des Formaldehyds mit Harnstoff und Melamin in steigendem Maße als Kunststoffe, Schicht- und Klebstoffe, als nichtbrennende isolierende Schäume, als Lacke, ferner als Textilhilfsmittel für Knitterfestausrüstungen und Imprägnierungen sowie in der Papierindustrie. Dicyandiamid-Formaldehyd-Harze finden als Preßmassen nur in Kombination mit Harnstoff und Melamin bisweilen Verwendung. Sie spielen jedoch eine gewisse Rolle als Textilhilfsmittel und als Gerbstoffe. Formaldehyd-Kondensationsprodukte der Sulfonsäureamide sind ebenso wie die Kondensationsprodukte anderer Stickstoffverbindungen mit Formaldehyd praktisch bedeutungslos.

Die wichtigsten allgemeinen technologischen Eigenschaften der ausgehärteten Formaldehyd-Kondensationsprodukte mit den oben angeführten Komponenten, wie Harnstoff, Melamin usw., sind hohe Lichtechtheit, Farblosigkeit, Geruch- und Geschmacklosigkeit sowie Nichtbrennbarkeit. Bei den Harnstoffharzen ist der niedere Preis der wichtigste Grund für ihren Masseneinsatz. Die hierbei nicht voll befriedigende Widerstandsfähigkeit gegenüber heißem Wasser kann durch Zusatz von Melamin bei der Kondensation stark verbessert werden. Andere für eine praktische Verwendung wichtige Eigenschaften, wie Elastizität und Schlagbiegefestigkeit, können bei Lack- und Kunststoffen durch chemische Abwandlung reaktiver Vorkondensationsprodukte weitgehend den Bedürfnissen angepaßt werden. Die Möglichkeit, verschiedene Komponenten gemeinsam mit Aldehyden zur Reaktion zu bringen, erlaubt eine große Mannigfaltigkeit in den Endprodukten und eine weitere Anpassung an die verschiedensten Verwendungszwecke.

Gemeinsam ist allen Kondensationskomponenten, daß sie über ein *bewegliches Wasserstoffatom* am Stickstoff mit Aldehyden und Ketonen in Reaktion treten. Zur Herstellung höhermolekularer Verbindungen ist es notwendig, daß die Komponenten mindestens *bifunktionell* sind. Verhältnismäßig beständige Produkte entstehen nur, wenn die Aminogruppe an einen Acylrest oder wie im Melamin an eine polarisierte Kohlenstoff-Stickstoff-Doppelbindung gebunden ist. Die Umsetzungen der aromatischen Amine mit Carbonylverbindungen nehmen eine Sonderstellung ein, da hierbei nicht nur Kohlenstoff-Stickstoff- sondern Kohlenstoff-Kohlenstoff-Bindungen geknüpft werden. Diese Reaktionen sind daher in einem besonderen Abschnitt besprochen (s. S. 292 ff.).

Obwohl die obengenannten Kondensationen mit vielen Carbonylverbindungen durchgeführt werden können, wird praktisch fast ausschließlich der billige und reaktionsfähige Formaldehyd verwendet.

2. Polykondensationsprodukte des Harnstoffs mit Aldehyden

a) Allgemeines

Aufgrund der großen Bedeutung der Harnstoff-Formaldehyd-Harze werden diese besonders eingehend besprochen.

Obwohl die Kondensation des Harnstoffs mit Formaldehyd schon seit 1884 und die Kondensation in Gegenwart von Säure seit 1896 bekannt ist[1], wurde erst 1918 das erste wichtige Patent für eine technische Verwendung derartiger Harze angemeldet[2] und im folgenden hat dann F. Pollak (1920) technisch brauchbare Kondensationsverfahren angemeldet[3], wobei auch schon der Zusatz von Katalysatoren beschrieben ist. Verglichen mit den Phenol-Formaldehyd-Kondensationen hat man hier weniger Arbeit aufgewandt, um die Natur der Vor-, Zwischen- und Endprodukte dieser Harze aufzuklären. In den Jahren nach 1950 ist ein Teil des vorliegenden experimentellen Materials einer kritischen Nachprüfung unterzogen worden, und hierbei sind viele Unrichtigkeiten erkannt worden[4]. Die Aufklärung der Zwischenprodukte wurde erschwert durch ihre z. T. geringe Beständigkeit. Außerdem war es lange Zeit nicht möglich, heute als niedrigmolekular erkannte Kondensationsstufen genau zu analysieren, da geeignete Lösungsmittel zur Molekulargewichtsbestimmung fehlten; derartige Produkte wurden für hochmolekular gehalten und in ihrer Struktur falsch gedeutet.

Die Hauptschwierigkeit der Konstitutionsaufklärung besteht darin, daß die sehr leicht ablaufenden Reaktionen durch geringfügige Änderung der Wasser-

---

[1] B. Tollens, B. **17**, 659 (1884).
   C. Goldschmidt, B. **29**, 2438 (1896).
[2] DRP. 392183 (1918) ≡ A.P. 1355834 (1919), H. John; Frdl. **14**, 651.
[3] F. Pollak u. K. Ripper, Zur Geschichte des Pollopas, Ch. Z. **48**, 569 (1924).
[4] S. z.B. G. Zigeuner, Kunstst. **41**, 221 (1951); Fette Seifen einschl. Anstrichmittel **56**, 973 (1954); **57**, 14, 100 (1955).
   G. Zigeuner u. H. Berger, M. **83**, 1326 (1952).
   G. Zigeuner, K. Voglar u. R. Pitter, M. **85**, 1196 (1954).
   K. Wagner, Dissertation, Universität Freiburg 1954: Zur Konstitution der Harnstoff- und Thioharnstoff-Formaldehyd-Kondensate.
   H. Staudinger u. K. Wagner, Makromolekulare Chem. **12**, 168 (1954).
   H. Staudinger u. G. Niessen, Makromolekulare Chem. **15**, 75 (1955).
   G. Zigeuner u. R. Pitter, M. **86**, 57 (1955).
   G. Zigeuner, R. Pitter, H. Berger u. H. Rauch, M. **86**, 165 (1955).
   G. Zigeuner, R. Pitter u. H. Rauch, M. **86**, 173 (1955).
   H. Fahrenhorst, Kunstst. **45**, 43 (1955).
   G. Zigeuner u. W. Hoselmann, M. **87**, 406 (1956).
   R. H. Glauert, Ind. Chemist **33**, 392 (1957).
   Zusammenfassungen neuer Arbeiten erscheinen laufend in Rep. Progr. appl. Chem.

stoffionenkonzentration, der Temperatur und Zeit sowie des Mengenverhältnisses der Reaktionskomponenten und selbst durch Variation des Lösungsmittels zu sehr verschiedenartigen Endprodukten führen können. Hinzu kommt, daß diese in stark saurer Lösung und die Primärprodukte schon im schwach alkalischen Bereich wieder rückwärts gespalten werden können. Teilweise fallen während der Reaktion schwerlösliche, aber noch niedermolekulare Produkte vorzeitig aus und ändern so den Reaktionsablauf. Aus den meisten Patenten, die sich mit der Darstellung von Harnstoff-Formaldehyd-Harzen befassen, ist nicht ersichtlich, welche chemischen Reaktionen ablaufen.

Die Harnstoff- und Melamin-Formaldehyd-Harze sind auch im ausgehärteten Zustand sicher nicht besonders hochmolekular. Ähnlich den Polyamiden verdanken sie ihre guten mechanischen Eigenschaften im wesentlichen der Ausbildung von Wasserstoffbrücken, die durch Wasser noch begünstigt wird[1].

β) Umsetzung von Harnstoff mit Formaldehyd in saurer Lösung

Die Ansichten über den Reaktionsablauf der sauer katalysierten Harnstoff-Formaldehyd-Kondensation sind bis heute uneinheitlich. Als Zwischenprodukte werden oft monomere Verbindungen der Formel

$$H_2N-CO-N=CH_2 \quad \text{und} \quad H_2C=N-CO-N=CH_2$$

angenommen, die aus den primär sich bildenden Methylolverbindungen durch Wasserabspaltung entstehen sollen. Eine gelegentlich diskutierte ionische Polymerisation[2] dieser Verbindungen zu linearen Produkten (A bzw. B) oder zu Sechserringen erscheint heute unwahrscheinlich[3].

Es ist aber denkbar, daß Methylenharnstoff durch eine ionisch ablaufende Additionsreaktion zum Aufbau höhermolekularer Methylenharnstoffe beiträgt (vgl. Reaktionsschema S. 323f.):

$$H_2N-CO-N=CH_2 \xrightarrow{+H^{\oplus}} H_2N-CO-NH-CH_2^{\oplus} \xrightarrow{H_2N-CO-NH_2}$$

$$H_2N-CO-NH-CH_2-HN-CO-NH_2 + H^{\oplus}$$

---

[1] H. Fahrenhorst, Kunstst. **45**, 43 (1955).
[2] H. Scheibler, F. Trostler u. E. Scholz, Ang. Ch. **41**, 1305 (1928).
    S. a. G. Walter, Trans. Faraday Soc. **32**, 377 (1936); Koll. Z. **57**, 229 (1931).
    C. S. Marvel u. Mitarbb., Am. Soc. **68**, 1681 (1946).
    G. Widmer u. K. Frey in Elsevier's Polymer Series, R. Houwink, Elastomers and Plastomers, Their Chemistry, Physics and Technology, Bd. II, S. 93, Elsevier Publ. Co., New York-Amsterdam-London-Brüssel 1949.
[3] H. Staudinger u. K. Wagner, Makromolekulare Chem. **12**, 168 (1954).
    R. E. Vogel, Kunstst. **44**, 335 (1954).
    G. Zigeuner u. Mitarbb., M. **86**, 165 (1955).

Für einen Reaktionsverlauf über den eine N=C-Doppelbindung enthaltenden Methylenharnstoff schien zu sprechen, daß es bisher nicht gelungen ist, den *Trimethylharnstoff* mit Formaldehyd in saurer Lösung zu einem Methylen-bis-trimethylharnstoff zu kondensieren, obwohl die Anlagerung des Formaldehyds an diesen Harnstoff unter alkalischen Bedingungen zu einer allerdings wenig stabilen Methylolverbindung möglich ist[1]. Es ist aber nicht ausgeschlossen, daß unter geeigneten, noch nicht bekannten Reaktionsbedingungen auch die Methylenverknüpfung des Trimethylharnstoffs eintritt. Auch das alkalisch sehr leicht eine Methylolverbindung bildende *Phthalimid* läßt sich sauer mit Formaldehyd direkt nur außerordentlich schwer über eine Methylengruppe verknüpfen[1]; leichter bildet sich die Methylenbrücke beim Erhitzen von Methylol-phthalimid mit Phthalimid. Bei der Entstehung des Methylen-di-phthalimids ist aber die Zwischenbildung einer Verbindung mit der Gruppierung —N=CH$_2$ ausgeschlossen; hier kann die Verknüpfung nur durch eine echte Kondensationsreaktion eintreten. Das gleiche gilt für die Verknüpfung von drei *Äthylenthioharnstoff-Molekeln* über Methylenbrücken[2]. Der symmetrische *Dimethylharnstoff* reagiert mit Formaldehyd nicht nur in alkalischer sondern auch in saurer Lösung[1,3]. Auch hier kann eine Verknüpfung lediglich durch eine echte Kondensationsreaktion erfolgen. Auffallend ist, daß in saurer Lösung nicht die Entstehung eines an und für sich möglichen hochmolekularen linearen Kondensationsproduktes beobachtet wird, sondern nur die Bildung eines *achtringförmigen* Kondensationsproduktes[1,3] aus zwei Molekeln Dimethylharnstoff. Es ist durchaus möglich, daß auch bei der sauren Kondensation von unsubstituiertem Harnstoff ringförmige Kondensationsprodukte als Zwischenstufen eine Rolle spielen[4], wenngleich manche Autoren anderer Meinung sind[5]. (Zur Bildung ringförmiger Formaldehyd-Kondensationsprodukte, in denen Stickstoffatome über Methylenbrücken verknüpft sind, s. S. 339, 392 u. 397).

Bei der Reaktion von Harnstoff mit Formaldehyd in saurer Lösung dürften sich vorwiegend folgende Vorgänge abspielen: Das durch Anlagerung eines Protons an die polarisierte Formaldehydmolekel entstandene Carbeniumion (I) lagert sich an Harnstoff unter Bildung der Verbindungen (II) bzw. (III) an.

$$CH_2{=}O \leftrightarrow \overset{\oplus}{C}H_2{-}\overset{-}{\underset{|}{O}}|^{\ominus} \underset{-H^{\oplus}}{\overset{+H^{\oplus}}{\rightleftarrows}} \overset{\oplus}{C}H_2{-}\overset{-}{O}H$$

I

$$H_2N{-}\underset{\underset{O}{\|}}{C}{-}\overset{-}{N}H_2 + \overset{\oplus}{C}H_2{-}\overset{-}{O}H \rightleftarrows \left[H_2N{-}\underset{\underset{O}{\|}}{C}{-}\overset{\overset{H}{|}}{\underset{\underset{H}{|}}{N}}{-}CH_2\overset{-}{O}H \right]^{\oplus} \underset{+H^{\oplus}}{\overset{-H^{\oplus}}{\rightleftarrows}} H_2N{-}\underset{\underset{O}{\|}}{C}{-}\overset{\overset{H}{|}}{N}{-}CH_2\overset{-}{O}H$$

II   III

Daß man bei der üblichen Kondensation in saurer Lösung nur schwer Methylolharnstoffe nachweisen kann, hat seinen Grund in der sehr rasch verlaufenden weiteren Umsetzung der

[1] Beobachtungen von R. WEGLER (unveröffentlicht).
[2] H. STAUDINGER u. G. NIESSEN, Makromolekulare Chem. **11**, 81 (1953).
[3] H. KADOWAKI, Bl. chem. Soc. Japan **11**, 248 (1936); C. **1936** II, 3535.
[4] A. E. DIXON, Soc. **113**, 238 (1918).
   G. WALTER u. H. LUTWAK, Koll. Beih. **40**, 158 (1934).
[5] H. STAUDINGER u. K. WAGNER, Makromolekulare Chem. **12**, 168 (1954).
   G. ZIGEUNER u. Mitarbb. M. **86**, 165 (1955).

Methylolverbindungen[1]. Doch fand man neuerdings in Methylenharnstoffen, welche durch saure Kondensation in größerer Verdünnung bei Zimmertemperatur gewonnen wurden, noch Methylolgruppen[2,3]. Leichter können diese in den Reaktionsprodukten des etwas reaktionsträgeren Thioharnstoffs nachgewiesen werden[3]. Über die Stabilisierung der Methylolharnstoffe durch Bildung von Wasserstoffbrücken s. S. 330f.

In genügend saurer Lösung geht der Methylolharnstoff (III) durch Anlagerung eines Protons weitgehend in das Oxoniumion (IV) über (IV kann aber auch durch Protonenverschiebung direkt aus II entstehen), aus dem sich dann durch Wasserabspaltung das Carbeniumion (V) bildet:

$$H_2N-\underset{\underset{O}{\|}}{C}-NH-CH_2\overset{-}{O}H \; \underset{-H^\oplus}{\overset{+H^\oplus}{\rightleftharpoons}} \; H_2N-\underset{\underset{O}{\|}}{C}-NH-CH_2-\underset{\underset{H}{|}}{\overset{\oplus}{O}}H \; \underset{+H_2O}{\overset{-H_2O}{\rightleftharpoons}} \; H_2N-\underset{\underset{O}{\|}}{C}-NH-CH_2^\oplus$$

$$\text{III} \qquad\qquad\qquad \text{IV} \qquad\qquad\qquad \text{V}$$

$$-H_2O \;\Big\updownarrow\; +H_2O$$

$$H_2N-\underset{\underset{O\; H}{\|}}{C}-\overset{\oplus}{N}H-CH_2OH$$

$$\text{II}$$

$$H_2N-\underset{\underset{O}{\|}}{C}-\overset{-}{N}=CH_2 \; \underset{-H^\oplus}{\overset{+H^\oplus}{\rightleftharpoons}} \; H_2N-\underset{\underset{O\; H}{\|}}{C}-\overset{-}{\underset{|}{N}}-CH_2^\oplus$$

$$\text{VI} \qquad\qquad\qquad \text{V}$$

Wie das Formelschema zeigt, stehen in saurer Lösung die Verbindungen (II) bis (VI) im Gleichgewicht miteinander. Bestimmend für die Weiterreaktion ist das Carbeniumion (V). Was aus diesem entsteht, hängt von dem Mengenverhältnis der Reaktionspartner, dem p_H-Wert der Lösung und auch von der Temperatur ab.

Das Vorliegen größerer Mengen anlagerungsfähiger Verbindungen begrenzt die Ausbildung höhermolekularer Reaktionsprodukte. So erhält man in Gegenwart von viel Harnstoff (etwa achtfacher Überschuß) in nicht zu saurer Lösung *Methylendiharnstoff* (VII), da sich Harnstoff als nucleophile Verbindung an (V) anlagert:

$$H_2N-\underset{\underset{O}{\|}}{C}-NH-CH_2^\oplus + \underset{\underset{H}{|}}{|N}-\underset{\underset{O}{\|}}{C}-NH_2 \; \rightleftharpoons \; H_2N-\underset{\underset{O}{\|}}{C}-NH-CH_2-\overset{\oplus}{\underset{\underset{H}{|}}{N}}H-\underset{\underset{O}{\|}}{C}-NH_2 \; \rightleftharpoons$$

$$\text{V}$$

$$H_2N-\underset{\underset{O}{\|}}{C}-NH-CH_2-NH-\underset{\underset{O}{\|}}{C}-NH_2 + H^\oplus$$

$$\text{VII}$$

[1] E. BOIS DE CHESNE, Koll. Beih. **36**, 385 (1932).
   G. WALTER u. M. GEWING, Koll. Beih. **34**, 163 (1932).
   A. E. DIXON, Soc. **113**, 238 (1918).
[2] G. ZIGEUNER u. Mitarbb., M. **86**, 165 (1955).
[3] K. WAGNER, Dissertation, Universität Freiburg 1954: Zur Konstitution der Harnstoff- und Thioharnstoff-Formaldehyd-Kondensate.

Je nach dem ob das Carbeniumion (V) bei dieser Reaktion aus der Methylolverbindung (III) über (IV) oder über (VI) entstanden ist, wird man die Bildung des Methylendiharnstoffs (VII) als eine Kondensations- oder eine Additionsreaktion bezeichnen. Es ist heute noch nicht möglich zu entscheiden, welche dieser beiden Reaktionen bevorzugt (oder ausschließlich) abläuft.

Durch starke Säuren wird der Methylendiharnstoff in der Wärme wieder in die Ausgangskomponenten, bzw. sogar weiter in Harnstoff und Formaldehyd gespalten. Inwieweit bei dieser Spaltung, von der man bei der Analyse von Harnstoff-Formaldehyd-Harzen Gebrauch macht, eine anionoide Verdrängungsreaktion[1] (vgl. S. 327) eine Rolle spielt, ist noch nicht geklärt. Erwähnt sei, daß H. Kadowaki[2] unter bestimmten Bedingungen eine Spaltung zu Methylolharnstoff festgestellt hat. Daß sich in sehr stark saurer Lösung kein Methylendiharnstoff bildet, ist nicht verwunderlich, denn dann liegt ja das Gleichgewicht weitgehend auf der linken Seite, bzw. der Harnstoff bildet eine nichtanlagerungsfähige Ammoniumform.

Bei Anwendung eines Formaldehyd-Überschusses reichert sich die Methylolverbindung (III) an. Ist die Lösung nur schwach sauer, so wird nur ein Teil von (III) in (V) übergehen, und dieses trifft nun vorwiegend auf Methylolharnstoff. Aus (III) und (V) bildet sich die Anlagerungsverbindung (VIII), die sich unter Abspaltung eines Protons zum *Diharnstoffmethylenäther* (IX) stabilisiert.

$$H_2N{-}C{-}\overline{N}H{-}CH_2^{\oplus} + H\overline{O}{-}CH_2{-}\overline{N}H{-}C{-}NH_2 \rightleftharpoons H_2N{-}C{-}\overline{N}H{-}CH_2\overset{H}{\underset{\oplus}{-}O}{-}CH_2{-}\overline{N}H{-}C{-}NH_2$$

$$\underset{V}{\overset{O}{\|}} \qquad \underset{III}{\overset{O}{\|}} \qquad \overset{O}{\|} \qquad \underset{VIII}{\overset{O}{\|}}$$

$$-H^{\oplus} \Big\updownarrow +H^{\oplus}$$

$$H_2N{-}C{-}NH{-}CH_2{-}O{-}CH_2{-}NH{-}C{-}NH_2$$
$$\underset{IX}{\overset{O}{\|} \qquad\qquad\qquad\qquad \overset{O}{\|}}$$

Als Konkurrenzreaktion zur Bildung des Diharnstoffmethylenäthers (IX) könnte Anlagerung von (V) an die sek.-Amino-Gruppe der Methylolverbindung (III) eintreten, wobei aber zu beachten ist, daß die Bildung von am gleichen Stickstoffatom zweimal methylensubstituierten Harnstoffen weniger begünstigt ist.

Es ist verständlich, daß der Diharnstoffmethylenäther (IX) in stärker saurer Lösung wieder rückwärts über (VIII) in (V) und (III) gespalten wird und daß sich aus diesen Verbindungen – unter Formaldehydaustritt – der gegen Säure stabilere Methylendiharnstoff (VII) bildet.

Wird die Kondensation in saurer Lösung in Gegenwart größerer Mengen eines Alkohols durchgeführt, so erhält man vorwiegend den Harnstoffmethylenäther des zugesetzten Alkohols[3] (näheres s. S. 334).

---

[1] G. Zigeuner u. Mitarbb., M. **86**, 165 (1955).

[2] H. Kadowaki u. Y. Hashimoto, Repts. Imp. Ind. Research Inst., Osaka Japan **7**, Nr. 6 (1926); **13**, Nr. 6 (1932); **14**, Nr. 11 (1934); **16**, Nr. 6 (1935); Chem. Abstr. **20**, 3541 (1926); **30**, 7543^5 (1936).

[3] K. Wagner, Dissertation, Universität Freiburg 1954: Zur Konstitution der Harnstoff- und Thioharnstoff-Formaldehyd-Kondensate.

Bei Anwendung von viel Formaldehyd[1] bilden sich auch cyclische Äther und Acetale; sie entstehen bevorzugt in verdünnter Lösung (Verdünnungsprinzip). Vor allem bilden sich Urone:

$$O=C\begin{array}{c} N-CH_2OH \\ N-CH_2OH \end{array} \xrightarrow[-H_2O]{H^\oplus} O=C\begin{array}{c} N-CH_2 \\ N-CH_2 \end{array}O$$

Die in geringem Maße entstehenden asymmetrischen Dimethylolverbindungen können ebenfalls Ringschlußreaktionen eingehen.

$$H_2N-C-N\begin{array}{c} CH_2OH \\ CH_2OH \end{array} \xrightarrow{H^\oplus} H_2N-C-N\underset{C}{\overset{O}{\diamond}}N-C-NH_2$$

$$\downarrow + CH_2O$$

$$H_2N-C-N\begin{array}{c} CH_2-O \\ CH_2-O \end{array}CH_2$$

Ausgehend von dem durch saure Kondensation erhältlichen Methylendiharnstoff (VII) kann man durch nachträgliche alkalische und anschließend saure Kondensation mit Formaldehyd z.B. in Methanol zu Uronen gelangen, in denen sämtlicher Amidwasserstoff substituiert ist[1,2] (s. dazu Modifizierung von reaktiven Harnstoffharzen, S.336).

$$\left(\begin{array}{c} NH_2-C-NH \\ O \end{array}\right)_2 CH_2 + CH_2O + CH_3OH \rightarrow H_3COH_2C-N\underset{C}{\overset{O}{\diamond}}N-CH_2-N\underset{C}{\overset{O}{\diamond}}N-CH_2OCH_3$$

VII

Höhermolekulare Kondensationsprodukte bilden sich bevorzugt, wenn man etwa äquivalente Mengen Harnstoff und Formaldehyd in mäßig saurer Lösung in der Wärme aufeinander einwirken läßt. Ihre Bildung kommt durch eine schrittweise verlaufende Kondensation zustande: Zunächst entsteht in der beschriebenen Weise Methylendiharnstoff, an diesen lagert sich Formaldehyd an; über eine Methylolverbindung entsteht ein neues reaktionsfähiges Carbeniumion, an das sich nun wieder Harnstoff anlagert usw.[3]

Dem Reaktionsmechanismus einer Kondensation über Carbeniumionen widersprechen zur Zeit keine experimentellen Erfahrungen. Wahrscheinlich liegt er

[1] H. KADOWAKI, Bl. chem. Soc. Japan **11**, 248 (1936); C. **1936** II, 3535.
[2] G. ZIGEUNER u. K. VOGLAR, M. **83**, 1098 (1952).
[3] Zur Kinetik der Kondensationsreaktionen s.
    R. H. GLAUERT, Ind. Chemist **33**, 392 (1957).
    S. R. FINN u. J. W. G. MUSTY, Rep. Progr. appl. Chem. **37**, 778 (1952).
    G. WALTER u. H. LUTWAK, Koll. Beih. **40**, 158 (1934).

allen Reaktionen von Aldehyden oder Ketonen mit reaktionsfähigen Amino- oder Amidgruppen zu Grunde.

Als Endprodukte der Kondensation erhält man unter den obengenannten Bedingungen vorwiegend über Methylengruppen verknüpfte Polyharnstoffe mit ziemlich niederem Molekulargewicht[1-4]. Hochmolekulare methylenverknüpfte Harnstoffe bilden sich praktisch nicht, da schon die verhältnismäßig niedermolekularen Kondensationsstufen schwerlöslich sind und sich so der Weiterkondensation entziehen. Auch bei der sauren Kondensation des *Thioharnstoffs* mit *Formaldehyd* entstehen keine hochmolekularen Kondensationsprodukte[2,4-6].

Vernetzte Produkte entstehen, wenn längerkettige Kondensationsprodukte außer am Ende der Kette auch an anderen Stellen mit Formaldehyd reagieren und so eine Verknüpfung der einzelnen Ketten miteinander eintritt. Derartige Reaktionen sind aber selten, da sek.-Amino-Gruppen in saurer Lösung nur schwer reagieren[3]. Daß es sich bei den in saurer Lösung gewonnenen Harnstoff-Formaldehyd-Kondensaten um nur wenig vernetzte Produkte handelt, ergibt sich aus ihrer Löslichkeit, z. B. in wäßriger Lithiumjodid-Lösung[2,4], Dimethylformamid und zum Teil auch in Pyridin.

Wie H. Kadowaki[7] fand, entstehen über Methylengruppen verknüpfte Polyharnstoffe (bis zu fünf Harnstoffreste enthaltend) auch, wenn man eine Lösung von *Methylendiharnstoff* in Wasser unter Zusatz von etwas Mineralsäure stehen läßt:

$$n \, NH_2\text{—}CO\text{—}NH\text{—}CH_2\text{—}NH\text{—}CO\text{—}NH_2 \xrightarrow{\ H^{\oplus}\ }$$

$$NH_2\text{—}CO\text{—}NH\text{—}CH_2\text{—}[NH\text{—}CO\text{—}NH\text{—}CH_2]_{n-1}\text{—}NH\text{—}CO\text{—}NH_2 + n\text{—}1 \, NH_2\text{—}CO\text{—}NH_2$$

Diese Reaktion, die ausschließlich zu linear aufgebauten Polymethylenharnstoffen führen soll[3], wird eingeleitet durch die in stark saurer Lösung erfolgende Spaltung des Methylendiharnstoffs in Harnstoff und das Methylenharnstoffkation (V) (vgl. S. 323). Die Umwandlung kann aber auch, allerdings erst bei 180°, unter Ausschluß von Wasser vor sich gehen[3] (vgl. die verwandte Spaltung von N-Aminomethyl-amiden, die von H. Hellmann eingehend untersucht worden ist[8]).

Auch im alkalischen Bereich können Methylenharnstoffe noch eine langsame Umwandlung erleiden. Ganz allgemein muß auf die Reaktionsfähigkeit der Gruppierung

$$\text{—}\underset{|}{N}\text{—}CH_2\text{—}\underset{|}{N}\text{—}$$

aufmerksam gemacht werden. Zwar ist sie viel geringer als die der Gruppe

$$\text{—}\underset{|}{N}\text{—}CH_2OR \quad (R = H \text{ oder Alkyl})$$

[1] G. Zigeuner, Fette Seifen einschl. Anstrichmittel **57**, 100 (1955).
[2] H. Staudinger u. K. Wagner, Makromolekulare Chem. **12**, 168 (1954).
[3] G. Zigeuner u. Mitarbb., M. **86**, 165 (1955).
[4] K. Wagner, Dissertation, Universität Freiburg 1954: Zur Konstitution der Harnstoff- und Thioharnstoff-Formaldehyd-Kondensate.
[5] H. Staudinger u. G. Niessen, Makromolekulare Chem. **11**, 81 (1953).
[6] H. Staudinger u. G. Niessen, Makromolekulare Chem. **15**, 75 (1955).
[7] H. Kadowaki, Bl. chem. Soc. Japan **11**, 248 (1936); C. **1936** II, 3535.
[8] H. Hellmann, Ang. Ch. **69**, 463 (1957).

(die leicht ein Hydroxylion bzw. Alkoxylion abspaltet), aber die Reaktionsfähigkeit ist doch noch so groß, daß man unter energischen Bedingungen mit der anionoiden Abspaltung eines Harnstoffrestes rechnen muß. Diese anionoide Verdrängungsreaktion ist besonders dann zu beobachten, wenn die Methylengruppe eine neue stabilere Bindung eingehen kann. So konnte z.B. Zigeuner zeigen, daß Dimethylolharnstoff, Bis-[ureidomethyl]-äther und auch Methylendiharnstoff in Gegenwart von Phenolen gespalten werden[1].

$$NH_2-CO-NH-\overset{\oplus}{CH_2}-\overset{\ominus}{NH}-CO-NH_2 + \overset{\ominus}{\underset{CH_3}{\bigcirc\!\!\!\!\!\overset{\overset{\oplus}{OH}}{}}}CH_3 \rightarrow$$

$$NH_2-CO-NH-CH_2-\underset{CH_3}{\bigcirc\!\!\!\!\!\overset{OH}{}}CH_3 + NH_2-CO-NH_2$$

Diese Reaktionsfähigkeit der einfachen methylenverknüpften Harnstoffe erklärt die Tatsache, daß man derartige Verbindungen lange Zeit irrtümlich für ungesättigte Verbindungen mit der Gruppierung —N=CH$_2$ gehalten hat. Auf ihr beruht auch die Härtbarkeit von Novolaken durch Zusatz von sauer gewonnenen Harnstoff-Formaldehyd-Harzen[2]. Sauer gewonnene Harnstoff-Formaldehyd-Harze können durch Erhitzen mit Phenolsulfonsäuren zu wasserlöslichen Kondensationsprodukten umgewandelt werden.

Wenn nach dem Vorstehenden der Eindruck erweckt wird, als ob bei der sauren Kondensation von Harnstoff mit Formaldehyd alle Reaktionen aufgeklärt seien und in erster Linie – wenigstens beim Erwärmen – nur Kondensationsprodukte mit vorwiegend Methylenbrücken entstehen, so bedarf dieses Bild doch einer Korrektur; im folgenden sind daher noch einige Sonderfälle etwas eingehender besprochen.

In stark saurer Lösung (p$_H$: 1–2) tritt zwar beim Vermischen von molaren Mengen Harnstoff und Formaldehyd eine kräftige Wärmetönung ein, aber es fallen keine Kondensationsprodukte aus. Wahrscheinlich bilden sich zunächst niedermolekulare salzartige Produkte. Beim Verdünnen mit Wasser fallen sofort die üblichen schwerlöslichen Methylenharnstoffe aus[3]. Eine Kondensation zu höhermolekularen Verbindungen ist in stark saurer Lösung vermutlich behindert durch die Inanspruchnahme des einsamen Elektronenpaars am Stickstoff zur salzartigen Bindung von Säuren.

Wenig bekannt ist auch, daß Harnstoff in der Hitze bei über 80° mit mehr als 4$^1/_2$ Mol Formaldehyd (als 30%ige Lösung), bei p$_H$: < 3 vermischt, ein wasserlösliches Reaktionsprodukt gibt (Beispiel 1, S. 348). Beim gleichen Mischungsverhältnis von

[1] G. Zigeuner u. Mitarbb., M. **86**, 165 (1955).
  G. Zigeuner u. F. Hanus, M. **83**, 250 (1952).
  G. Zigeuner, Kunstst. **41**, 221 (1951).
  G. Zigeuner, W. Knierzinger u. K. Voglar, M. **82**, 847 (1951).
  S. a. Schweiz. P. 187701 (1935), CIBA; C. **1937** I, 5061.
[2] DRP. 652324 (1933), W. Kraus; C. **1938** I, 746.
[3] Beobachtungen von R. Wegler (nicht veröffentlicht).

Harnstoff und Formaldehyd erhält man bei tieferer Temperatur sehr rasch unlösliche Kondensationsprodukte; aber auch diese Ausfällungen gehen beim Erhitzen bei einem p_H-Wert von etwa 2–3 nach einiger Zeit in Lösung und bleiben dann auch kalt in Wasser gelöst[1,2]. Selbst im weniger sauren Bereich (p_H: 3–4), also unter Anwendung der üblichen Formaldehydlösung, die etwas Ameisensäure enthält, erhält man aus Harnstoff mit etwas mehr als drei Mol Formaldehyd wasserlösliche Kondensationsprodukte. Es handelt sich hier nicht um Methylolverbindungen vom einfachen Methylendiharnstoff, wie teilweise vermutet wird[3], denn letzterer ergibt alkalisch mit überschüssigem Formaldehyd weiterkondensiert nicht diese löslichen Verbindungen. Wahrscheinlich liegen in den wasserlöslichen Reaktionsprodukten Halbacetale von polymerem Formaldehyd, vielleicht auch teilweise Urone (s. S. 325) vor. Auffallend ist, daß eine titrimetrische Verfolgung des Formaldehydverbrauches mittels Natriumsulfit (vgl S. 347) erst nach etwa drei bis vier Stunden bei etwa 80–90° keine weitere Formaldehydabnahme mehr zeigt[1]. Das lösliche Produkt entsteht aber schon nach wenigen Minuten, es werden also bei längerer Kondensation zusätzliche festere Bindungen des Formaldehyds bewirkt. Der gesamte Formaldehydverbrauch ist wenig mehr als zwei Mol je ein Mol Harnstoff. Vorsichtig im Vakuum eingeengte Kondensate zeigen aber gewichtsmäßig einen sehr viel höheren Formaldehydgehalt; offenbar wird also bei der Titration labil gebundener Formaldehyd durch das Natriumsulfit abgespalten. Engt man bei über 45° ein, so werden die zuvor in wäßriger Lösung recht stabil erscheinenden Kondensationsprodukte unter Formaldehydabspaltung zunehmend schwerer löslich, ohne viscos zu werden. Diese schwerer löslichen Kondensationsprodukte gehen aber beim Erhitzen in Wasser wieder in Lösung und bleiben lange Zeit auch in der Kälte gelöst. Allmählich treten jedoch wieder Fällungen auf, die wenigstens teilweise aus schwerlöslichem Paraformaldehyd bestehen. Dies läßt vermuten, daß der Formaldehyd zum Teil halbacetalartig gebunden ist. Da es nicht gelingt, alkalisch weiteren Formaldehyd anzulagern – zumindest läßt sich titrimetrisch keine Formaldehydanlagerung nachweisen – ist anzunehmen, daß alle am Stickstoff stehenden Wasserstoffatome bereits substituiert sind. Die Abspaltung von labil gebundenem Formaldehyd aus diesen leicht wasserlöslichen Kondensationsprodukten beim Einengen scheint etwas vom p_H-Wert abzuhängen und etwa bei p_H: 5–6,5 am geringsten zu sein[1]. Neben halbacetalartiger Formaldehydbindung müssen auch lineare Formaldehydpolyacetale in Betracht gezogen werden. – Schon früher hat A. E. Dixon[4] gefunden, daß bei der Kondensation von Harnstoff mit Formaldehyd in saurer Lösung mit steigender Formaldehydmenge der Anteil an unlöslichen Kondensationsprodukten abnimmt; vollständig lösliche Produkte wurden jedoch von ihm nicht beobachtet.

Das verschiedene Verhalten der Kondensate, die mit überschüssigem Formaldehyd in saurer Lösung bei 20 bzw. 80° entstehen, macht es wahrscheinlich, daß sich in der Kälte die üblichen Methylenbrücken bilden, die beim Erhitzen in Gegenwart von

---

[1] Beobachtungen von R. WEGLER (nicht veröffentlicht).
[2] S. dazu a. DRP. 409847 (1922), BASF, Erf.: A. MITTASCH u. H. RAMSTETTER; Frdl. 14, 654. DRP. 535851 (1922), I. G. Farb., Erf.: A. MITTASCH u. H. RAMSTETTER; Frdl. 17, 1919.
[3] G. WIDMER u. K. FREY in Elsevier's Polymer Series, R. HOUWINK, Elastomers and Plastomers, Their Chemistry, Physics and Technology, Bd. II, S. 88, Elsevier Publ. Co., New York-Amsterdam-London-Brüssel 1949.
K. WAGNER, Dissertation, Universität Freiburg 1954: Zur Konstitution der Harnstoff- und Thioharnstoff-Formaldehyd-Kondensate.
[4] A. E. DIXON, Soc. 113, 238 (1918).

Säure wieder gespalten werden, und daß anschließend eine Kondensation unter Ausbildung hydrophiler Gruppen erfolgt. Die Verbindungen sind entsprechend ihrem hohen Formaldehydgehalt nur langsam unter Abspaltung von Formaldehyd härtend[1].

Zur Überformalisierung des Harnstoffs s.a. Literatur[2].

Die Kondensation des Harnstoffs mit viel Formaldehyd in saurer Lösung ist jedenfalls sehr viel mannigfaltiger hinsichtlich des strukturellen Aufbaues als allgemein angenommen wird und als aus kinetischen Messungen[3] innerhalb meist recht begrenzter Molverhältnisse geschlossen werden kann.

Ist schon bei der Kondensation in stark saurer Lösung unter Anwendung von viel Formaldehyd eine Tendenz festzustellen, letzteren nicht nur über Methylenbrücken in die Molekel einzubauen, so verstärkt sich diese in schwach saurer Lösung. Hier können bei vorsichtiger Kondensationsweise sogar noch methylolgruppenhaltige, reaktionsfähige Kondensationsprodukte erhalten werden[4]. Bei einem p_H-Wert von 5–5,5 werden selbst bei dreistündiger Kondensationszeit bei 60° unter Anwendung von nur 2,1 Mol Formaldehyd je Mol Harnstoff Kondensationsprodukte erhalten, die in ihrem Sauerstoffgehalt dem *Dimethylolharnstoff* nahekommen. Erst bei weiterer Verminderung des angewandten Formaldehyds auf etwa 1,6 Mol erniedrigt sich der Sauerstoffgehalt der Kondensationsprodukte wesentlich und läßt vermuten, daß die reaktiven Harze jetzt mehr Methylenäthergruppen enthalten. Selbst bei Anwendung molarer Mengen Formaldehyd und Harnstoff bei p_H: 5,5 enthalten die Kondensationsprodukte nicht nur Methylen-, sondern auch Methylenäther-Brücken. Erst bei einem p_H-Wert von 3,5 und einer Kondensationszeit von drei Stunden bei 60° tritt bei diesem Molverhältnis nur noch eine Verknüpfung über Methylengruppen ein[1].

Wie aus dem Vorangehenden ersichtlich ist, besteht ein fließender Übergang zwischen saurer und alkalischer Kondensation, wobei in erster Linie graduelle Unterschiede in der Beständigkeit der primär auftretenden Anlagerungsverbindungen, den Methylolharnstoffen, vorhanden sind.

γ) Umsetzung von Harnstoff mit Formaldehyd in alkalischer Lösung

Die Umsetzung von Harnstoffen mit Formaldehyd oder anderen Aldehyden im alkalischen Bereich bleibt bevorzugt auf der Stufe der Alkylolverbindungen stehen; daneben entstehen – vor allem beim Erwärmen – Methylenäther[5].

---

[1] Beobachtungen von R. WEGLER (nicht veröffentlicht).
[2] J. SCHEIBER, Chemie und Technologie der künstlichen Harze, Wissenschaftliche Verlagsgesellschaft, Stuttgart 1943.
A.P. 2512671/2 (1945), Borden Co., Erf.: EMIL E. NOVOTNY, G. K. VOGELSANG u. ERNEST E. NOVOTNY; Chem. Abstr. **44**, 11169ᵈ, 11168ᵍ (1950).
DBP. 915266 (1943), BASF, Erf.: H. SCHEUERMANN; C. **1955**, 2794.
G. WALTER u. H. LUTWAK, Koll. Beih. **40**, 158 (1934).
[3] R. H. GLAUERT, Ind. Chemist **33**, 392 (1957).
S. R. FINN u. J. W. G. MUSTY, Rep. Progr. appl. Chem. **37**, 778 (1952).
[4] K. WAGNER, Dissertation, Universität Freiburg 1954: Zur Konstitution der Harnstoff- und Thioharnstoff-Formaldehyd-Kondensate.
[5] G. ZIGEUNER, W. KNIERZINGER u. K. VOGLAR, M. **82**, 847 (1951).
G. ZIGEUNER, Fette Seifen einschl. Anstrichmittel **56**, 973 (1954); **57**, 14 (1954).
G. ZIGEUNER, K. VOGLAR u. R. PITTER, M. **85**, 1196 (1954).
G. ZIGEUNER u. R. PITTER, M. **86**, 57 (1955).

Über Methylenbrücken verknüpfte Harnstoffe bilden sich erst unter noch energischeren Bedingungen (s. S. 332 ff.).

Während *Mono-* und *Dimethylol-harnstoff* sich leicht darstellen lassen[1] (Beispiele 2
u. 3, S. 348), konnte die Entstehung von Tri- und Tetramethylolharnstoff bisher
nur indirekt nachgewiesen werden[2,3]. So hat H. Kadowaki[3] durch vorsichtige Umsetzung von vier Mol Formaldehyd pro Mol Harnstoff in alkalischer Lösung mit
nachfolgender saurer Verätherung durch Methanol eine destillierbare Verbindung (I)
dargestellt, in der alle Wasserstoffatome des Harnstoffs durch Formaldehyd substituiert sind, so daß als Zwischenprodukt Tetramethylolharnstoff angenommen
werden muß (Beispiel 4, S. 348). Zwei Methylolgruppen an einem Stickstoffatom
sind offenbar wenig stabil.

$$NH_2-\underset{\underset{O}{\|}}{C}-NH_2 + 4\,CH_2O \xrightarrow{Ba(OH)_2} \left[(HOCH_2)_2N-\underset{\underset{O}{\|}}{C}-N(CH_2OH)_2\right] \xrightarrow[(H^{\oplus})]{+2\,CH_3OH}$$

$$CH_3OCH_2-N \overset{\overset{\displaystyle O}{\overset{\|}{C}}}{\underset{\underset{\underset{O}{\diagdown\diagup}}{H_2C\quad CH_2}}{\diagup\diagdown}} N-CH_2OCH_3 + 3\,H_2O \qquad I$$

Lange haltbare Polymethylolharnstoff-Lösungen sollen entstehen[4], wenn man hochkon-
zentrierte, 60° warme Formaldehyd-Lösungen auf Harnstoff im Molverhältnis 6:1
einwirken läßt. Vielleicht handelt es sich dabei jedoch um ähnliche halbacetalartige
Kondensationsprodukte, wie sie bei der Überformalisierung in saurer Lösung erhalten
werden (vgl. S. 328).

Die Reaktion des Harnstoffs mit Formaldehyd im alkalischen Gebiet geht nicht
wie im sauren Bereich vom Aldehydkation (vgl. S. 322) aus, sondern die Kondensation nimmt hier ihren Ausgang vom *Harnstoffanion*, das sich unter dem Einfluß
der Hydroxylionen bildet und dann *Formaldehyd* anlagert. Wärme und starke
Alkalität drängen die inaktive Hydratform des Formaldehyds zurück[5].

$$H_2\bar{N}-CO-\bar{N}H_2 \underset{-OH^{\ominus}}{\overset{+OH^{\ominus}}{\rightleftarrows}} H_2O + H_2\bar{N}-CO-\underset{=}{\overset{\ominus}{N}}H \xrightarrow{+H_2\overset{\oplus}{C}-\overset{\ominus}{O}|} H_2N-CO-NH-CH_2-\overset{\ominus}{O}$$

$$\xrightarrow{+H^{\oplus}} NH_2-C\bar{O}-NH-CH_2OH \;\rightleftharpoons\; NH_2-\underset{\underset{H-O}{\overset{\|}{O}\diagdown\quad\diagup}}{C-NH}{\quad}CH_2$$

---

[1] A. Einhorn u. A. Hamburger, B. **41**, 24 (1908); A. **361**, 122 (1908).
[2] G. Zigeuner u. K. Voglar, M. **83**, 1098 (1952).
   J. I. de Jong, J. de Jonge u. H. A. K. Eden, R. **72**, 88 (1953).
[3] H. Kadowaki, Bl. chem. Soc. Japan **11**, 248 (1936); C. **1936** II, 3535.
   S. a. F. P. 1250183 (1950), Sumitomo Chemical Co.
[4] A.P. Re 23174 (1949), DuPont, Erf.: H. M. Kvalnes.
[5] G. A. Crowe u. C. C. Lynch, Am. Soc. **71**, 3731 (1949).

In alkalischer Lösung stabilisiert sich die entstehende Methylolverbindung durch Bildung einer Wasserstoffbrücke. Es ist verständlich, daß beim Eintritt weiterer Methylolgruppen in die gleiche Molekel diese Brückenbindungsmöglichkeit für weitere Methylolgruppen verringert wird. Mit steigender *Temperatur* und steigender *Wasserstoffionenkonzentration* nimmt die Stabilisierung durch Wasserstoffbrücken ebenfalls ab.

Die auch in alkalischer Lösung mögliche Verätherung der Methylolverbindungen erklärt sich aus der Sonderstellung der Methylolgruppe, in der das Kohlenstoffatom leicht positiviert ist. Ein Alkoholatanion (z. B. das Anion einer Methylolverbindung) lagert sich an dieses Kohlenstoffatom unter Abspaltung eines Hydroxylions und Ätherbildung an:

$$\overline{R}OH + OH^{\ominus} \;\rightleftharpoons\; \overline{RO}|^{\ominus} + HOH$$

$$
\begin{array}{c}
\text{H} \\
\text{R—C—N—CH}_2\text{—OH} \\
\underset{\substack{\delta^- \ \ \delta^+}}{\|} \\
\text{O}
\end{array}
\; +^{\ominus}|\overline{\text{OR}} \;\rightleftharpoons\;
\left[
\begin{array}{c}
\text{H} \\
\text{R—C—N—CH}_2\text{—OH} \\
\| \\
\text{O} \quad |\overline{\text{O—R}}
\end{array}
\right]^{\ominus}
\;\rightleftharpoons\;
\begin{array}{c}
\text{H} \\
\text{R—C—N—CH}_2\text{—}\overline{\text{OR}} + \text{OH}^{\ominus} \\
\| \\
\text{O}
\end{array}
$$

Für diesen Reaktionsverlauf spricht auch, daß die Verätherung von Methylolverbindungen in wasserfreier Lösung besonders glatt verläuft.

Obgleich bei der Reaktion von Harnstoff mit Formaldehyd in wäßrig alkalischer Lösung bei niedriger Temperatur keine Kondensation von Methylolharnstoff mit Harnstoff zu Methylendiharnstoff beobachtet worden ist[1], sondern nur die Bildung von Methylenäthern[1,2], ist bei zunehmender Wärmeeinwirkung, besonders bei methylolarmen Harnstoffharzen, die Entstehung von methylenverknüpften Harnstoffen wahrscheinlich. Ein Zusatz von sauren Härtungsmitteln begünstigt die Entstehung von Methylenbrücken (s. S. 332 ff.).

Die Mengenverhältnisse des bei der alkalischen Kondensation angewandten Formaldehyds sind von wesentlichem Einfluß auf die weitere Reaktionsfähigkeit und damit die Beständigkeit der Anlagerungsprodukte bzw. der ersten Kondensationsstufen. Harnstoff, der mit etwa 1,5 Mol Formaldehyd alkalisch kondensiert wurde, stellt als Methylolverbindung ein recht reaktionsfähiges Vorprodukt dar, da ungefähr jede eingetretene Methylolgruppe zur Weiterkondensation ein kondensationsfähiges Wasserstoffatom am Stickstoff zur Verfügung hat. Die Entstehung höhermolekularer methylenverknüpfter Kondensationsprodukte wird also relativ leicht eintreten und sich hierbei in exothermer Reaktion fast nur Wasser abspalten. Dagegen wird Harnstoff, der mit mehr als 2,5 Mol Formaldehyd alkalisch zur Reaktion gebracht wurde, stabilere Vorkondensate ergeben, da in der Hauptsache Dimethylolharnstoff und höher kondensierte Produkte, vorwiegend Methylenätherderivate, vorliegen, die zur Weiterkondensation nicht genügend aktive Wasserstoffatome vorfinden.

Bei einer alkalischen Weiterkondensation bilden sich aus methylolreichen Vorprodukten bevorzugt Methylenätherkondensate. Methylenbrücken können

---

[1] G. Zigeuner, Fette Seifen einschl. Anstrichmittel **57**, 14 (1955).
[2] G. Zigeuner, Kunstst. **41**, 221 (1951); Fette Seifen einschl. Anstrichmittel **56**, 973 (1954).
G. Zigeuner, W. Knierzinger u. K. Voglar, M. **82**, 847 (1951).
G. Zigeuner, K. Voglar u. R. Pitter, M. **85**, 1196 (1954).
G. Zigeuner u. R. Pitter, M. **86**, 57 (1955).
S. a. G. Zigeuner u. W. Hoselmann, M. **88**, 159 (1957).

sich nur schwer ausbilden, da vorher ein Teil des Formaldehyds wieder abgespalten werden muß; dieser Vorgang ist jedoch endotherm. Für die Herstellung von relativ stabilen, reaktionsfähigen Harnstoff-Formaldehyd-Vorkondensaten macht man von diesen Tatsachen Gebrauch. Vor der Endkondensation setzt man den Produkten etwas Harnstoff zu, wodurch auch das Auftreten von freiem Formaldehyd vermieden werden kann (Beispiel 5, S. 348).

Bei der Reaktion von Harnstoff mit Formaldehyd im alkalischen oder neutralen Bereich empfiehlt sich ein Zusatz von Pufferverbindungen, da sonst der p_H-Wert allmählich nach dem sauren Bereich verschoben wird; näheres s. S. 347 (s. a. Beispiel 8, S. 349).

Während die Isolierung von Kondensationsprodukten aus Harnstoff und Formaldehyd im sauren Bereich sehr einfach ist, da von wenigen Sonderfällen abgesehen (großer Formaldehydüberschuß oder starke Säure, s. S. 327ff.) in Wasser schwerlösliche Produkte entstehen, die durch einfache Filtration schon ziemlich wasserarm anfallen, ist bei der alkalisch beschleunigten Kondensation zur Gewinnung reaktionsfähiger Harze ein vorsichtiges Einengen der Reaktionslösung im Vakuum unterhalb 60° erforderlich (Beispiel 2, S. 348), da Methylolharnstoffe besonders in alkalischer Lösung im Gleichgewicht mit Harnstoff und Formaldehyd stehen (technische, reaktive Harnstoffharze riechen stets nach Formaldehyd; zur Titration mit Natriumsulfit s. S. 347). Zur Einengung größerer Ansätze empfiehlt sich eine kontinuierliche Konzentrierung im Dünnschichtverdampfer oder eine Sprühtrocknung. Stets ist darauf zu achten, daß in der Nähe des Neutralpunktes oder ganz schwach alkalisch gearbeitet wird. Selbst Äther der Methylolverbindungen werden mit Alkali wieder zu Methylolverbindungen bzw. weiter aufgespalten[1]. Mit Alkohol kann in alkalischer Lösung langsam eine Umätherung stattfinden.

Zur Herstellung löslicher Kondensationsprodukte ist vorgeschlagen worden, Harnstoff mit wenig Formaldehyd schwach alkalisch vorzukondensieren und dann mit einer größeren Menge Formaldehyd schwach sauer nachzubehandeln. Diese Produkte werden zur Erhöhung der Naßfestigkeit von Papier usw. empfohlen[2].

δ) Weiterkondensation reaktiver Harnstoff-Formaldehyd-Harze (Härtung)

Harnstoffharze mit guten technologischen Eigenschaften wie hoher mechanischer Festigkeit, Unlöslichkeit in Lösungsmitteln usw. erhält man erst durch Weiterkondensation der in alkalischer Lösung gewonnenen Methylolverbindungen und Methylenäther. Diese Weiterkondensation (Härtung), die zu stark vernetzten, unlöslichen *Polymethylenharnstoffen* führt, ist daher von großer technischer Bedeutung (vgl. Härtung der Resole zu Resiten S. 236ff.).

Je nach dem Verwendungszweck der entstehenden Harze erfolgt die Weiterkondensation in fast neutralem Gebiet bei Temperaturen bis etwa 140° während 10–60 Minuten, oder aber viel rascher unter Zusatz von Säuren. Diese werden oft als Härter bezeichnet. Hier herrschen einige sprachliche Ungenauigkeiten, da z.B. bei den Novolaken Hexamethylentetramin als Härtungsmittel bezeichnet wird, obwohl

---

[1] G. ZIGEUNER, Fette Seifen einschl. Anstrichmittel **56**, 973 (1954).
  G. ZIGEUNER u. R. PITTER, M. **86**, 57 (1955).
[2] A.P. 2729611 (1952), Borden Co., Erf.: L. C. CHESLEY jr. u. R. G. HART; Chem. Abstr. **50**, 5330[d] (1956).

dieses nicht katalytisch wirkt, sondern chemisch in die Reaktion eingreift (s. S. 213 ff.). Die Härter der Harnstoffharze sind dagegen nur katalytisch wirksam. Gibt man soviel Säure zu, daß der p_H-Wert etwa 2 ist, so kann die Aushärtung ohne jede äußere Wärmezufuhr erfolgen. Hiervon macht man Gebrauch bei sogenannten Kaltleimen[1] zur Holzverleimung. Für die Herstellung von Harzschäumen[2] werden vorwiegend wäßrige Lösungen der Vorkondensate unter starkem Rühren und unter Durchleiten von Luft mit der wäßrigen Lösung eines Schaummittels verschäumt und durch Zusatz von Säuren, wie Phosphorsäure, gehärtet. Zur Erzielung eines guten Schaumes sind zusätzlich oberflächenaktive Verbindungen erforderlich. Für Preßmassen werden aus Wirtschaftlichkeitsgründen bei der Härtung ebenfalls Katalysatoren benutzt. Hier setzt man vorwiegend sogenannte latente Härter ein, Verbindungen, die erst in der Hitze sauer reagieren. Als Beispiel seien angeführt: Natriumsalze von Halogencarbonsäuren[3], Chloressigsäureamid[4] (s. Beispiel 6, S. 349), Glycerindichlorhydrin[5] (Beispiel 7, S. 349), ferner Phosphorsäureester und Ammoniumchlorid. Letzteres hat den Vorteil, daß es überschüssigen Formaldehyd abfängt unter Bildung von Hexamethylentetramin; dieses bindet nur eine Molekel Chlorwasserstoff. Auch schwächere organische Säuren, die sich möglichst in die Härtungsprodukte einbauen sollen, wie z. B. Milchsäure oder Aminosäuren[6], werden häufig angewandt. Härter, welche in der Kälte nicht, in der Hitze aber stark wirksam sind, sind insbesondere Pyridinhydrochlorid und ähnliche Verbindungen. Über die Wirkungsweise dieser Härtungskatalysatoren siehe Literatur[7]. Besonders wasserfeste Preßmassen enthalten neben Harnstoff-Formaldehyd-Kondensationsprodukten auch solche des Melamins (s. Beispiel 7, S. 349).

Bei der Aushärtung für Preßmassen ist stets die Wasserabspaltung zu beachten; man setzt deshalb derartigen Produkten wasseraufnehmende, aktive Füllstoffe wie Cellulose zu[8] (Beispiele 7 u. 8, S. 349). Ohne Cellulosezusatz werden die Preßmassen rissig, und entweichendes Wasser zerstört den inneren Zusammenhalt. Stark hydrophile Aldehyde, wie z. B. Trimethylol-acetaldehyd, sollen auch ohne Füllmaterial spannungsfreie Härtungsprodukte ergeben[9]. Zusätze von Poly-alkoholen oder -äthern, wie Glycerin und Glycerindiäther, haben sich auf Grund ihrer wasserzurückhaltenden Wirkung bei der Herstellung von Gießharzen bewährt[10]. Sicher werden sie bei der Härtung wenigstens zum Teil chemisch eingebaut (s. S. 334 ff.). Auch durch gemeinsame Kondensation von Harnstoff, Formaldehyd und Hydroxygruppen enthaltenden Polyurethanen (erhältlich z. B. durch Erhitzen von Penta-

---

[1] G. HAGEN, Kunstst. **46**, 55 (1956).

[2] A.P. 2559891 (1947), Libbey-Owens Ford Glass Co., Erf.: L. S. MEYER; Chem. Abstr. **45**, 8815ᵃ (1951).
DBP. 800704 (1948), BASF, Erf.: H. SCHEUERMANN; C. **1951**, 3271.
DBP. 813598 (1950), BASF, Erf.: H. SCHEUERMANN u. J. LENZ; C. **1952**, 3579.
H. BAUMANN, Kunstst. **47**, 256 (1957); **48**, 362 (1958).

[3] DBP.-Anm. C 5007 (1951), Cassella, Erf.: H. REIN, J. RIEDMAIR u. O. HANSEN.

[4] DBP. 946086 (1940; Am. Prior., 1939), AEG., Erf.: G. F. D'ALELIO; C. **1957**, 3139.

[5] BIOS Final Rep. **926**, 7.

[6] DBP.-Anm. R 11818 (1953), Rütgerswerke AG., Erf.: W. METZGER u. H. MEIS.
s. a. DAS. 1012409 (1954) ≡ F.P. 1091498 (1954), M. J. Ringström, Erf.: G. A. WERLING; C. **1956**, 10606.

[7] I. J. GRUNTFEST u. E. M. YOUNG jr., Ind. eng. Chem. **48**, 107 (1956).

[8] Zur Umsetzung von Cellulose mit Methylolharnstoff s. R. STEELE u. L. E. GIDDINGS jr., Ind. eng. Chem. **48**, 110 (1956).

[9] DBP. 891449, 897480 (1944), Cassella, Erf.: K. KELLER; C. **1954**, 4501, 6843.

[10] A. P. 2678308 (1952), American Cyanamid Co., Erf.: T. J. SUEN; C. **1955**, 6866.

erythrit mit geringeren als äquivalenten Mengen Harnstoff) lassen sich leicht wasser-zurückhaltende, reaktive und zudem gut aushärtbare Harze gewinnen[1]. Nach einem Patent[2] soll der Nachteil der Wasserabspaltung dadurch vermindert werden, daß man von sauer vorkondensierten, aber noch niedermolekularen Produkten aus-geht und diese nach Einführung von Methylolgruppen härtet, wobei natürlich weniger Wasser abgespalten wird. Derartige Produkte sollen als Preßpulver ohne Zusatz von Cellulosefüllmaterial verwendbar sein. Für Textilausrüstungen sowie für Holzleime kann den Harnstoffharzen etwas Stärke zugesetzt werden[3].

Es ist wahrscheinlich, daß bei der Knitterfestausrüstung und der Herstellung von Appreturen[4] die Methylolgruppen der Harnstoffharze zum Teil mit den Hydroxy-gruppen der Cellulose oder der mitverwendeten Stärke reagieren.

Eine besondere Form der Aushärtung ist die Vernetzung mittels Kieselsäure-phenylester[5].

ε) Abwandlung reaktionsfähiger Harnstoff-Formaldehyd-Harze

Bei der sogenannten Modifizierung der Harnstoff-Formaldehyd-Harze werden methylolgruppenhaltige Vorkondensate veräthert oder auch verestert[6]. Beim anschließenden Härten wird nur ein Teil der Äther- bzw. Ester-gruppen wieder ab-gespalten; die restlichen Gruppen bewirken zusätzlich zur Verminderung der Ver-netzungsstellen eine Plastifizierung bzw. Elastifizierung des Harzes. Modifizierte Harnstoff- bzw. Melamin-Formaldehyd-Harze finden vor allem in der Lackindustrie (z. T. in Verbindung mit Epoxydharzen s. S. 532 ff.), als Preßmassen und als Textil-hilfsmittel Verwendung.

ε₁) *Verätherung mit niedermolekularen Alkoholen*

Die Verätherung[7] methylolgruppenhaltiger Vorkondensate mit niedermolekularen, meist primären Alkoholen wird vorwiegend in schwach saurem Gebiet (p_H: 4–6,5) bei erhöhter Temperatur durchgeführt (Beispiele 9, 10 u. 11, S. 350). Unter Anwendung starker Säuren kann man auch schon in wenigen Minuten bei 20° veräthern; man muß dann aber für eine rechtzeitige Neutralisation der Säure sorgen, da sonst rasch un-lösliche Produkte entstehen. Auf diese Weise sind zahlreiche definierte, meist kry-stallisierte Äther des *Mono-* und *Dimethylolharnstoffs* hergestellt worden. Die Ver-ätherung soll zu Beginn durch Spuren von Wasser begünstigt werden[8].

[1] DBP. 833855 (1950), Reichhold Chemie AG., Erf.: H. FAHRENHORST; C. **1952**, 7105.
[2] A.P. 2681902 (1950), Allied Chemical & Dye Corp., Erf.: F. B. ROSENBERGER; Chem. Abstr. **48**, 12467c (1954).
[3] DRP. 681818 (1933), I.G.Farb., Erf.: E. KOCH u. A. VOGT; C. **1939** II, 4619.
    A. PETZ, Kunstst. **43**, 103 (1953).
[4] L. DISERENS, Neue Verfahren in der Technik der chemischen Veredlung der Textilfasern, Bd. II, Teil 2, S. 81, Verlag Birkhäuser, Basel-Stuttgart 1953.
[5] DBP.-Anm. S 26574 (1951), Siemens-Schuckertwerke, Erf.: F. WEIGEL.
[6] Der Veresterung mit niedermolekularen Säuren kommt bisher keine Bedeutung zu.
[7] H. KADOWAKI, Bl. chem. Soc. Japan **11**, 248 (1936); C. **1936** II, 3535.
    H. GIBELLO, Peintures **18**, 130 (1943); Kunstst. **36**, 30 (1946).
    DRP. 535438 (1926), I. G. Farb., Erf.: M. LUTHER u. C. HEUCK; Frdl. **17**, 1916.
    DRP. 495790 (1925), I. G. Farb., Erf.: C. HEUCK; Frdl. **16**, 1965.
    s. a. DRP. 490012 (1925), I. G. Farb., Erf.: W. PUNGS u. K. EISENMANN; Frdl. **16**, 1963.
    DBP. 969364 (1941), Reichhold Chemie AG., Erf.: H. HÖNEL; C. **1960**, 11131.
    DRP. 741331 (1937), Chemische Werke Albert, Erf.: A. GRETH u. J. SCHÜPPEN; C. **1944** I, 1043.
[8] A.P. 2201927 (1937), DuPont, Erf.: B. E. SORENSON; Chem. Abstr. **34**, 6301² (1940).

Da Methyloläther häufig bei Verätherungen von technischen Harnstoffharzen in krystalliner Form anfallen, seien in Tab. 26 von den wichtigsten Äthern die Schmelzpunkte angegeben.

Tab. 26. Schmelzpunkte einiger Äther von Methylolharnstoffen

Äther		F [°C]
Methyläther	} des *Mono-methylol-harnstoffs*	91
Äthyläther		111
Dimethyläther		101
Diäthyläther		124
Di-n-butyläther	des *symm. Di-methylol-harn-stoffs*	95
Diisobutyläther		93
Diamyläther		84
Dibenzyläther		112
Dimethyläther des ω, ω'-Dimethylol-methylendiharnstoffs		240

Bemerkenswert ist, daß sich reaktionsfähige Methylolverbindungen, wie z.B. Dimethylolharnstoff (Beispiele 12 u. 13, S. 351), auch im alkalischen Bereich veräthern lassen[1] (vgl. S. 331); allerdings verläuft die Reaktion langsamer als in saurer Lösung. Führt man die Reaktion von Harnstoff mit Formaldehyd in Gegenwart von Alkali in alkoholischer Lösung durch, so entstehen neben den Methylolverbindungen auch die entsprechenden Äther[2].

Bei der technisch gebräuchlichen Verätherung von Harnstoffharzen benutzt man zur Beseitigung des Wassers fast stets eine Schleppflüssigkeit (Beispiel 11, S. 350). Bei Verwendung von mit Wasser nicht mischbaren Alkoholen werden diese selbst, im Überschuß angewandt, zu diesem Zweck benutzt. Äther des Methylalkohols stellt man entweder in der Kälte unter Zusatz von etwas Mineralsäure her, oder man destilliert bei schwächer saurer Reaktion laufend Methylalkohol und entstandenes Wasser ab, wobei andererseits weitgehend wasserfreier Methylalkohol zufließt.

Die mitunter vertretene Annahme, daß die während der Modifizierung, d.h. während des Erhitzens mit Alkoholen erfolgende Löslichkeitsverbesserung der Harnstoffharze z.B. gegenüber aromatischen Kohlenwasserstoffen auf einer Urethanbildung beruhe[3], kann nicht zutreffen, da sich einmal bei der Reaktion kein Ammoniak bildet und außerdem bei der Wahl geeigneter Alkohole und Harnstoffharze die Äther als wohldefinierte Verbindungen in fast quantitativer Ausbeute faßbar sind.

Bei Verätherungsreaktionen in der Wärme ist darauf zu achten, daß nicht in zu saurem Bereich gearbeitet wird und der Alkohol, mit dem veräthert werden soll, in mehrfachem Überschuß vorliegt, da sonst die Konkurrenzreaktion der Selbst-

---

[1] A.P. 2315745 (1940), DuPont, Erf.: B. E. Sorenson; Chem. Abstr. **37**, 5416[4] (1943).
  DBP. 895602 (1944), CIBA, Erf.: O. Albrecht, R. Sallmann u C. Gränacher; C. **1954**, 6135.
  G. Zigeuner u. R. Pitter, M. **86**, 57 (1955).
[2] Jap.P.-Anm. Bek. Nr. SHo 32–8413 (1955), Toyo Koatsu Kogyo K.K.
[3] J. Scheiber, Chemische Technologie der künstlichen Harze, Wissenschaftliche Verlagsgesellschaft, Stuttgart 1943.

kondensation der Methylolharnstoffe zu linearen oder cyclischen Methylenäthern in den Vordergrund tritt. Sehr methylolreiche Harnstoff-Formaldehyd-Harze können, wie H. Kadowaki[1] gezeigt hat, zu verhältnismäßig säure-stabilen und sogar destillierbaren Uronäthern (Beispiel 4, S. 348) veräthert werden[2].

Gemische von *Bis-methoxymethyl-uron* (I) mit Harnstoff (den man zweckmäßig bei der Härtung zur Bindung des überschüssigen Formaldehyds zusetzt) sind bei üblicher Temperatur beliebig haltbar, erst bei erhöhter Temperatur spaltet sich der Dimethyläther auf. Infolge der Uronbildung wird bei der Endkondensation weniger Wasser frei, was oft vorteilhaft ist. Um wasserunlösliche Gemische zu erhalten, wird häufig Polyvinylalkohol zugesetzt[3]. Auch *Methylharnstoff* bildet, ähnlich wie Harnstoff, bei alkalischer Formaldehyd-Anlagerung mit nachfolgender Behandlung durch Methanol-Salzsäure einen Uronäther[4].

Methyläther der einfachen Methylolharnstoffe sind in Wasser ähnlich gut löslich wie die Methylolharnstoffe selbst; sie sind jedoch schon merklich stabiler und finden daher in der Textilchemie und als Gerbstoffe[5] Anwendung. Die Äther höherer Alkohole sind in Wasser unlöslich und werden vorwiegend in Form ihrer alkoholischen Lösung als Lackharze[6] verwendet. Mit *Butylalkohol* verätherte Harnstoff-Formaldehyd-Harze lassen sich mit Kunstharzen, besonders Alkydharzen und Naturharzen sowie synthetischen Harzen, die nur in aromatischen Kohlenwasserstoffen löslich sind, kombinieren, so z.B. mit den unverseifbaren Kondensationsprodukten aromatischer Kohlenwasserstoffe mit Formaldehyd[7]. Diese Kombinationsfähigkeit wird zur Verbesserung der Wasserfestigkeit eingebrannter Harnstoffharze benutzt.

Zur Darstellung der Äther höhermolekularer Alkohole macht man oft (etwa vom Hexylalkohol ab) von einer Umätherung Gebrauch. Es werden zuerst die sich leichter bildenden Äthyläther der Methylolharnstoffe hergestellt und diese, die jetzt im Gegensatz zum Ausgangsharz in den höheren Alkoholen löslich sind, unter Weitererhitzen in schwach saurem Bereich mit dem höheren Alkohol umgeäthert, wobei man den freiwerdenden Äthylalkohol abdestilliert.

---

[1] H. Kadowaki, Bl. chem. Soc. Japan **11**, 248 (1936); C. **1936** II, 3535.

[2] G. Zigeuner, R. Pitter u. K. Voglar, M. **86**, 517 (1955).
A.P. 2452200 (1945), DuPont, Erf.: H. M. Kvalnes u. F. S. Chance; Chem. Abstr. **43**, 3167[a] (1949).

[3] A.P. 2373135 (1942), DuPont, Erf.: R. W. Maxwell; Chem. Abstr. **39**, 4495[1] (1945).

[4] G. Zigeuner u. R. Pitter, M. **86**, 524 (1955).

[5] A.P. 2322959 (1941), American Cyanamid Co., Erf.: H. J. West; Chem. Abstr. **38**, 278[1] (1944).

[6] Schweiz.P. 143717 (1929; DR. Prior., 1928), I.G. Farb.; C. **1931** II, 3164.

[7] DBP. 891124 (1942), Farbf. Bayer, Erf.: R. Wegler; C. **1954**, 2059.

Zur Herstellung von Harnstoffmethyloläthern ist es nicht unbedingt erforderlich, von den fertigen Methylolverbindungen auszugehen. Man kann auch dem Harnstoff-Formaldehyd-Gemisch direkt die betreffenden Alkohole zusetzen[1], allerdings sind die Ausbeuten dann etwas schlechter.

Von dieser Reaktion macht man praktischen Gebrauch bei der Herstellung von Lackharzen. Spezielle Verfahren benutzen statt wäßrigem Formaldehyd *Paraformaldehyd* und als Katalysator auch *Hexamethylentetramin*[2] (Beispiel 14, S. 351).

Monoäther des *Äthylenglykols* mit reaktiven Harnstoff- oder Melaminharzen[3] sind besonders gut wasserlöslich und finden teilweise als stabilere, wasserlösliche Harze Verwendung. Sie lassen sich auch durch Oxäthylierung der Methylolverbindungen darstellen[4] (vgl. S. 338), z.B.:

$$O=C\underset{NH-CH_2OH}{\overset{NH-CH_2OH}{<}} + 2\,H_2C\overline{\quad}CH_2 \xrightarrow[\text{(tert. Base)}]{100°} O=C\underset{NH-CH_2-O-CH_2-CH_2OH}{\overset{NH-CH_2-O-CH_2-CH_2OH}{<}}$$

Allyläther des *Dimethylolharnstoffs* sind als Polymerisationskomponenten für ungesättigte Polyesterharze empfohlen worden[5].

Das Härten der Methyloläther erfordert energischere Bedingungen als das der freien Methylolverbindungen; durch Zugabe von Säuren kann die Kondensation – ebenso wie bei diesen – beschleunigt werden. Von den Äthergruppen wird nur ein Teil in Form von Alkohol abgespalten[6]; der Rest bewirkt eine innere Weichmachung der Endkondensate. Eine teilweise Kondensation der Methyloläther kann schon bei ihrer Darstellung eintreten[7]. Die Härtbarkeit der Methyloläther nimmt mit steigender Menge des zur Methylolharnstoff-Herstellung angewandten Formaldehyds ab[1] (überschüssige, schwer abspaltbare Methylenäthergruppen, vielleicht auch in cyclischer Form als Urone vorliegend, sind die Ursache).

ε_2) *Verätherung und Veresterung mit höhermolekularen Verbindungen*

Elastifizierte Kondensationsprodukte des Harnstoffs mit Formaldehyd werden erhalten durch Verätherung bzw. Veresterung methylolgruppenhaltiger Vorkondensate mit Hydroxy- bzw. Carboxygruppen enthaltenden Kondensationsprodukten wie z.B. Polyäthern[8] oder Polyestern, wie sie u.a. aus *Adipinsäure* und *Tri-*

---

[1] K. WAGNER, Dissertation, Universität Freiburg 1954: Zur Konstitution der Harnstoff- und Thioharnstoff-Formaldehyd-Kondensate.

[2] DRP.-Anm. R 99892 (1937; Am. Prior., 1936), Resinous Products & Chemical Co., Erf.: O. R. LUDWIG.

[3] A.P. 2358276 (1941), Reichhold Chemicals Inc., Erf.: T. S. HODGINS, P. S. HEWETT u. A. G. HOVEY; Chem. Abstr. **39**, 1572[3] (1945).
T. S. HODGINS u. A. G. HOVEY, Ind. eng. Chem. **31**, 673 (1939).

[4] K. D. PETROW u. O. K. GOSSTEWA, Ž. obšč. Chim. **22**, 1822 (1952); C. **1955**, 4807.
DRP.-Anm. C 2356 (1941), Cassella, Erf.: K. KELLER.

[5] DBP. 962119 (1952) ≡ F.P. 1050929 (1952), Société Nobel Française, Paris, Erf.: P. A. TALET; C. **1955**, 1625.

[6] B. M. SHAW, J. Soc. chem. Ind. **66**, 147 (1947).

[7] H. FAHRENHORST, Kunstst. **45**, 219 (1955).

[8] DRP. 517430 (1928), I.G. Farb., Erf.: F. FRICK; Frdl. **17**, 1912.
DAS. 1049094 (1956), Farbf. Bayer, Erf.: K. WAGNER u. E. MÜLLER; C. **1960**, 4389.

methylolpropan oder *Glycerin*[1] bei nicht zu weitgehender Kondensation entstehen (s. Beispiel 15, S. 352). Ungesättigte Komponenten, z.B. die Monoglyceride der Leinölfettsäuren (Beispiel 16, S. 352) oder *Rizinusöl*, werden für die Darstellung von Lackharzen, speziell für Kombinationen mit ölmodifizierten Alkydharzen, verwendet. Ein interessanter Vorschlag, Harnstoffharze zu modifizieren, besteht in der Veresterung höhermolekularer Harnstoffmethylolverbindungen mit *Methacrylsäure* und anschließender Copolymerisation der entstehenden ungesättigten Ester mit *Methacrylsäureester*[2].

Bei der Herstellung einfacher Monoäther von Methylolharnstoffen wurde bereits auf die Möglichkeit hingewiesen, die Methylolverbindungen mit *Äthylenoxyd* umzusetzen (s. S. 337). Entsprechend kann man unter Verwendung von Polyepoxyden Polyäther erhalten und so Harnstoffharze elastifizieren[3] (vgl. S. 532ff.).

Fast ausnahmslos wird bei der Elastifizierung mit voverätherten (organophilen) Harnstoff-Formaldehyd-Harzen gearbeitet[4]. Dies ist notwendig, da der unverätherte Dimethylolharnstoff z.B. in Leinölsäure-monoglycerid so wenig löslich ist, daß trotz intensiven Rührens beim Versuch einer Verätherung mit dem Monoglycerid fast ausschließlich Kondensation des Harnstoffharzes mit sich selbst eintritt. Die Reaktion kann in einem Arbeitsgang durchgeführt werden, wenn man auf das reaktive Harnstoffharz Fettsäure-monoglyceride in Gegenwart von viel Äthylalkohol einwirken läßt. Es bildet sich zuerst der besser lösliche Methyloläthyläther, anschließend erfolgt beim Abdestillieren des Äthanols Umätherung.

Wahrscheinlich treten auch bei der Knitterfestmachung von Cellulosegeweben[5] durch Harnstoff-Formaldehyd-Harze sowie bei der gemeinsamen Verwendung dieser Harze mit *Stärke* in Holzleimen[6] wenigstens teilweise Verätherungen der Methylolharze mit den Hydroxygruppen des Substrats[7] ein; s. dagegen Literatur[8]. Zu bemerken ist noch, daß bei diesen Prozessen die Menge des *Härters* sowie die des Formaldehyds genau auf den Harnstoff abgestimmt sein müssen, da sich sonst beim Aushärten eine geruchlich sehr nachteilige Methylamin-Bildung bemerkbar macht (methylierende Wirkung des Formaldehyds in saurer Lösung, s. a. S. 343).

ζ) Substituierte Harnstoff- und Thioharnstoff-Formaldehyd-Harze

Kondensationsprodukte, bei denen der Harnstoff ganz oder teilweise durch substituierte Harnstoffe ersetzt ist[9], sind in großer Zahl bekannt; sie haben jedoch wegen des höheren Preises und der stark verminderten Kondensationsfähigkeit der substituierten Harnstoffe keine technische Bedeutung erlangt. Beim *Cyclohexylharnstoff*

---

[1] DRP. 526169 (1927), Jaroslaws Erste Glimmerwarenfabrik, Berlin; Frdl. **17**, 1953.

[2] DBP.-Anm. C 1056 (1941), Chemische Werke Albert, Erf.: A. GRETH u. A. V. PUTZER-REYBEGG.

[3] E.P. 700708 (1951) ≡ DBP. 888293 (1950), Chemische Werke Albert, Erf.: J. REESE; C. **1954**, 2066.

[4] A.P. 2541139 (1947), American Cyanamid Co., Erf.: H. J. WEST; Chem. Abstr. **45**, 5448ᵉ (1951).

[5] E. ABRAMS u. N. H. SHERWOOD, Am. Dyest. Rep. **43**, P 780 (1954).
A. HARTMANN, Melliand Textilber. **30**, 70 (1949).

[6] A. PETZ, Kunstst. **43**, 103 (1953).
A.P. 2629699 (1949), Stein, Hall & Co., Erf.: E. E. MOORE; Chem. Abstr. **48**, 6742ⁱ (1954).

[7] W. G. CAMERON u. T. H. MORTON, J. Soc. Dyers Col. **64**, 329 (1948).
D. D. GAGLIARDI u. A. C. NUESSLE, Am. Dyest. Rep. **39**, P 12 (1950).

[8] C. R. STOCK u. D. J. SALLEY, Textile Res. J. **19**, 41 (1949).

[9] Chem. Week **86**, Nr. 5, 97 (1960).

beispielsweise ist die Kondensationsfähigkeit schon so gering, daß in essigsaurer Lösung selbst beim Erhitzen mit mehr als zwei Mol Formaldehyd nur Ester der substituierten Methylolharnstoffe entstehen[1]. Erwähnt sei, daß cyclische Harnstoffe, wie z.B. N,N'-Äthylen-harnstoff, durch Einwirkung von Acetaldehyd in saurer Lösung in die entsprechenden N-Vinyl-Harnstoffe, z.B. N-Vinyl-N,N'-äthylen-harnstoff, überführt werden können[2].

Auch Thioharnstoff[3,4] reagiert mit Formaldehyd träger als Harnstoff; die Kondensationsprodukte sind aber weniger wasserempfindlich, so daß Thioharnstoff oft zur Herstellung gewisser Harnstoffharze als Zusatz empfohlen wird (Beispiel 8, S. 349). In Analogie zum Harnstoff bildet Thioharnstoff mit Formaldehyd in saurer Lösung schwerlösliche (in Dimethylformamid lösliche) niedrigmolekulare Methylenthioharnstoffe[4,5]. Anscheinend entstehen aus Thioharnstoff und Formaldehyd auch leicht Ringgebilde, wie aus dem zum Teil fehlenden *Kupferbindungsvermögen* der Kondensationsprodukte geschlossen worden ist[3]. Bei der Kondensation von Thioharnstoff mit Benzaldehyd sind Triazin-Verbindungen festgestellt worden[6]. Selbst für Härtungsprodukte aus Thioharnstoff-methylolverbindungen glaubt man, Ringstrukturen bewiesen zu haben[7]. In schwachsaurer Lösung bildet Thioharnstoff eine *N-Mono-* und *N,N'-Di-methylol*-Verbindung, die sich in stark alkalischer Lösung in die S-Methylol-Verbindungen des Isothioharnstoffs umlagern[8]. In schwach alkalischem Gebiet entstehen N- und S-Methylol-Verbindungen nebeneinander[9]:

$$\underset{\overset{\|}{S}}{NH_2-C-NH_2} + CH_2O \rightarrow \underset{\overset{\|}{S}}{NH_2-C-NH-CH_2OH} + \underset{\overset{|}{S-CH_2OH}}{NH_2-C=NH}$$

Bei der gemeinsamen Kondensation von Thioharnstoff und Formaldehyd mit sekundären Aminen[10] scheint sich unter milden Reaktionsbedingungen in erster Linie die *S-Dimethylaminomethyl*-Verbindung des *Isothioharnstoffs* zu bilden. Bei höherer Temperatur tritt eine Umlagerung zum *N-Dimethylaminomethyl-thioharnstoff* ein.

$$\underset{H_3C}{\overset{H_3C}{\diagdown}}NH + CH_2O + \underset{\overset{\|}{S}}{H_2N-C-NH_2} \rightarrow H_2N-\underset{\overset{|}{S-CH_2-N}\diagdown_{CH_3}^{CH_3}}{C=NH}$$

$$\overset{>100°}{\longrightarrow} \underset{\overset{\|}{S}}{H_2N-C-NH-CH_2-N}\diagup^{CH_3}_{\diagdown CH_3}$$

[1] Beobachtungen von R. WEGLER (nicht veröffentlicht).

[2] DAS. 1057126 (1957; Am. Prior., 1956), Rohm & Haas Co., Erf.: R. S. YOST.

[3] G. WALTER u. K. OESTERREICH, Koll. Beih. **34**, 115 (1932).

[4] K. WAGNER, Dissertation, Universität Freiburg 1954: Zur Konstitution der Harnstoff- und Thioharnstoff-Formaldehyd-Kondensate.

[5] DBP. 910336 (1951), H. Staudinger u. K. Wagner; C. **1956**, 5421.

[6] H. KRÄSSIG u. G. EGAR, Makromolekulare Chem. **18/19**, 195 (1956).

[7] H. STAUDINGER, H. KRÄSSIG u. G. WELZEL, Makromolekulare Chem. **20**, 1 (1956).

[8] F. POLLAK, Mod. Plastics **16**, Nr. 10, 45 (1939).

[9] J. LEMAITRE, G. SMETS u. R. HART, Bull. Soc. chim. belges **63**, 182 (1954).

[10] H. BÖHME, K. DIETZ u. K. D. LEIDREITER, Ar. **287**, 198 (1954).

22*

η) Kondensation von Formaldehyd mit Diharnstoffen

Unter Verwendung von Diharnstoffen mit längeren Zwischengliedern[1,2], wie z. B. *Hexamethylendiharnstoff*, erhält man relativ elastische Endkondensationsprodukte, doch haben sich diese wegen des hohen Preises technisch nicht durchsetzen können, zumal ein ähnlicher Effekt durch die Elastifizierung von Harnstoffharzen mittels Polyestern und Alkydharzen erzielt werden kann (vgl. S. 337 ff.). Die einfachen Diharnstoffe *Hydrazodicarbonamid*[3] und *Acetylendiharnstoff*[3,4] (Glyoxaldiurein) können mit viel Formaldehyd in alkalischer Lösung reaktionsfähige Tetramethylolverbindungen (I bzw. II) bilden (Beispiele 17 u. 18, S. 352f.). Derartige reaktive Harze geben sehr wasserfeste Endprodukte.

Glyoxaldiurein ist durch saure Kondensation von Glyoxal mit Harnstoff erhältlich[5] (Beispiel 18, S. 353).

Methylolverbindungen des Acetylendiharnstoffs lassen sich in der für Methylolharnstoffe üblichen Weise mit Alkoholen veräthern[6] (Beispiel 18, S. 353); sie sind in dieser Form für Textilausrüstungen von Interesse geworden[7]. Zusätze von Polyvinylalkohol ergeben etwas elastifizierte Produkte, welche für Imprägnierungen Bedeutung haben[8]. Durch Verätherung mit N-Methylol-gruppen enthaltenden höhermolekularen Polyäthern entstehen über Methylenätherbrücken Produkte, die zur Erhöhung der Naßreißfestigkeit von Papier und zur Papierverklebung geeignet sind[9].

Methylolverbindungen des Acetylendiharnstoffs lassen sich leicht dadurch verestern, daß man niedermolekulare Äther der Methylolverbindungen mit organischen Säuren erhitzt[10] (s. Beispiel 19, S. 353).

[1] F. P. 844364 (1938), I. G. Farb.; C. **1939** II, 3889.

A. P. 2145242 (1937), DuPont, Erf.: H. W. Arnold; Chem. Abstr. **33**, 3392⁴ (1939).

A. P. 2572256 (1948), Shell Develop., Erf.: P. J. Garner u. R. E. Bowman; Chem. Abstr. **46**, 775ᶜ (1952).

[2] S. a. F. P. 1128264 (1955), BASF; C. **1959**, 3650.

[3] Priv.-Mitt. E. Müller, Leverkusen.

[4] DBP. 859019 (1941), BASF, Erf.: J. Lintner u. H. Scheuermann; C. **1953**, 4779.

A. P. 2697714 (1952), Union Carbide & Carbon Corp., Erf.: H. G. Goodman; Chem. Abstr. **49**, 14035¹ (1955).

R. Lehmann, Chim. et Ind. **77**, 1385 (1957).

[5] F. P. 854959 (1939), I. G. Farb.; C. **1940** II, 1370.

H. Schiff, A. **189**, 157 (1877).

[6] DBP. 889224 (1942), BASF, Erf.: O. Leupin; C. **1954**, 4501.

F. P. 1128265 (1955), BASF; C. **1959**, 4309.

[7] L. Diserens, Neue Verfahren in der Technik der chemischen Veredlung der Textilfasern, Bd. II, Tl. 2, S. 100, Verlag Birkhäuser, Basel–Stuttgart 1953.

A. Hartmann, Melliand Textilber. **30**, 70 (1949).

[8] F. P. 898259, 900742 (1943) ≡ DRP.-Anm. I 73106 (1942), I. G. Farb.; C. **1946** I, 1324, 1497.

[9] DAS. 1059178 (1956), Farbf. Bayer, Erf.: K. Wagner; C. **1960**, 4389.

[10] DAS. 1061324 (1957), BASF, Erf.: H. Scheuermann u. A. Woerner; C. **1959**, 15220.

Neuerdings sind auch Diharnstoffe, die als Brückenglieder quartäre Ammonium-gruppen[1] (III) oder längerkettige Alkylcarbonamid-gruppen[2] (IV) enthalten, in Methylolverbindungen überführt worden. Die Produkte sollen zur Textilausrüstung Verwendung finden.

$$
\begin{array}{ccc}
& CH_3 & \\
& \overset{\oplus}{|} & \\
NH-CH_2-CH_2-N-CH_2-CH_2-NH & & \\
| & | & | \\
CO & CH_3 & CO \\
| & & | \\
NH_2 & CH_3-SO_4^{\ominus} & NH_2 \\
& III &
\end{array}
\qquad
\begin{array}{cccc}
NH-CH_2-CH_2-N-CH_2-CH_2-NH \\
| \quad\quad | \quad\quad | \\
CO \quad\quad CO \quad\quad CO \\
| \quad\quad | \quad\quad | \\
NH_2 \quad C_{17}H_{35} \quad NH_2 \\
IV
\end{array}
$$

ϑ) Kondensation von Harnstoffen mit anderen Carbonyl-verbindungen als Formaldehyd

Die Kondensationsprodukte von Harnstoffen mit anderen Aldehyden als Formaldehyd haben aus den verschiedensten Gründen keine größere technische Bedeutung erlangt.

Durch Anlagerung von Harnstoff an *Glyoxal* in Gegenwart von Alkali (über die Umsetzung in saurer Lösung s. S. 340) erhält man Carbinole, die als solche härtbar sind oder auch mit Formaldehyd zu noch reaktionsfähigeren Methylolverbindungen weiterkondensiert werden können[3].

$$
OHC-CHO + NH_2-\overset{\overset{\displaystyle O}{||}}{C}-NH_2 \rightarrow
\begin{array}{c}
OH \\
| \\
CH-NH \\
| \quad\quad\quad \diagdown \\
CH-NH \quad\; C=O \\
| \quad\quad\quad \diagup \\
OH
\end{array}
\xrightarrow{+\,2\,CH_2O}
\begin{array}{c}
OH \quad CH_2OH \\
| \quad\quad | \\
CH-N \\
| \quad\quad\quad \diagdown \\
CH-N \quad\; C=O \\
| \quad\quad\quad \diagup \\
OH \quad CH_2OH
\end{array}
$$

Die Carbinole, die aus N-mono-[4] und N,N'-disubstituierten[5] Harnstoffen und Glyoxal entstehen, eignen sich wegen ihrer geringeren Reaktionsfähigkeit weniger zur Herstellung hochmolekularer Harze.

Ein gewisses Interesse haben auch *Acrolein*[6] (Beispiel 20, S. 353) und *Furfurol*[7] gefunden. Aus letzteren entstehen aber keine farblosen Harze, so daß ein wesentlicher Vorteil der Harnstoffharze verlorengeht. Kondensiert man Acrolein in stark

[1] DAS. 1121043 (1956), Farbw. Hoechst, Erf.: K. Horst, F. Linke, L. Orthner, K. Waldmann u. H. Wellens.

[2] DAS. 1117307 (1956), Farbw. Hoechst, Erf.: K. Horst, H. Wellens u. L. Orthner.

[3] DBP. 910475 (1951), BASF, Erf.: H. Scheuermann, B. v. Reibnitz u. A. Werner; C. 1955, 702.
S. a. DAS. 1008705 (1955), Phrix-Werke, Erf.: J. König; Chem. Abstr. 54, 2777b (1960).

[4] DBP. 962795 (1955), BASF, Erf.: A. Woerner u. W. Rümens; C. 1957, 9778.

[5] DBP. 968904 (1955), BASF, Erf.: F. Kohler u. J. Brandeis; C. 1958, 12247.

[6] DRP. 554552 (1925), CIBA; Frdl. 18, 2408.
DRP. 733099 (1938), Röhm & Haas GmbH., Erf.: F. Köhler; C. 1943 II, 377.
F. P. 881665 (1942), Röhm & Haas GmbH.; C. 1944 I, 607.
DBP. 833707 (1949), Degussa, Erf.: F. Köhler; C. 1952, 6450.

[7] Schweiz. P. 131597 (1927) ≡ E. P. 293872 (1928); Schweiz. P. 133707–18 (1927), H. Kappeler;
C. 1929 I, 310; 1930 I, 903, 1058.
DRP. 507419 (1928), H. Kappeler; Frdl. 17, 1933.
A. Mangini, Boll. sci. Fac. Chim. ind. Bologna 1940, Jan./Febr., 29; C. 1940 I, 2074.
A. P. 1827824 (1924), J. Stogdell Stokes, Erf.: Emil E. Novotny u. W. W. Johnson;
C. 1932 I, 1010.

alkalischer Lösung mit Harnstoff, so lagert sich z. Tl. Wasser an die reaktionsfähige α,β-Doppelbindung an. Dagegen sind die in schwach alkalischer oder in schwach saurer Lösung entstehenden reaktionsfähigen Harze[1] noch polymerisierbar. *Acetaldehyd* kann mit Formaldehyd nicht konkurrieren, weil er zur Selbstkondensation neigt, eine verringerte Reaktionsfähigkeit gegenüber Harnstoff besitzt und seine Anlagerungsprodukte in Wasser schlechter löslich sind. Bei der alkalischen Kondensation erhält man aus Acetaldehyd Äthylolharnstoffe (Beispiel 21, S. 353). Über die Kondensation von Harnstoff mit *Chloral* s. Literatur[2]. Interessant ist auch die Verwendung von *Thioformaldehyd*, wobei man von Formaldehyd ausgeht und diesen in alkalischer Lösung zusammen mit Ammoniumsulfid sowie teilweise mit Schwefel auf Harnstoff einwirken läßt (sauer bildet sich der sehr beständige Trithioformaldehyd). Die alkalisch gewonnenen Kondensationsprodukte enthalten Schwefel, wahrscheinlich als Mercapto- oder Disulfid-Gruppen gebunden, und auch die Endkondensate sind noch schwefelhaltig; sie sollen sich durch verbesserte Wasserfestigkeit und Elastizität auszeichnen[3]. Ketone, wie z. B. *Aceton*, sollen mit Harnstoff in alkalischer Lösung überhaupt nicht reagieren[4], weil die Eigenkondensation überwiegt. Wohl aber reagieren sie mit Harnstoff im sauren Bereich[5], wobei krystallisierte Kondensationsprodukte entstehen, die aber erst über 150° langsam verharzen[6]. Zur besseren Härtung können derartige Vorkondensate zusätzlich mit Formaldehyd in Gegenwart von Magnesiumpulver nachkondensiert werden[7].

ι) Kondensation von Harnstoff mit Aldehyden und anderen kondensationsfähigen Verbindungen

ι₁) *Einkondensation von basischen Verbindungen*

Durch gemeinsame Kondensation von Harnstoff mit Aldehyden und *Ammoniak* oder einfachen sekundären Aminen[8] (Beispiel 22, S. 354), vornehmlich aber durch Kondensation mit primären Aminen oder Polyaminen mit wenigstens zwei primären Aminogruppen[9] (Beispiel 23, S. 354) oder durch Einkondensation anderer Verbindungen[10], wie *Dicyandiamid, Guanidin* und deren Abkömmlingen entstehen basische Kondensationsprodukte des Harnstoffs.

[1] DRP. 733 099 (1938), Röhm & Haas GmbH., Erf.: F. Köhler; C. **1943** II, 377.
S. a. F. P. 881 665 (1942), Röhm & Haas GmbH.; C. **1944** I, 607.
DBP. 833 707 (1949), Degussa, Erf.: F. Köhler; C. **1952**, 6450.
[2] F. D. Chattaway u. E. J. F. James, Pr. roy. Soc. (A) **134**, 372 (1932).
[3] DRP. 587 643 (1928), 588 879 (1929), Pfenning-Schumacher-Werke GmbH.; Frdl. **20**, 1835, 1838.
[4] A. M. Paquin, Kunstst. **37**, 25 (1947).
[5] A. Weinschenk, B. **34**, 2185 (1901).
[6] DRP. 506 963 (1926), I. G. Farb., Erf.: M. Paquin; Frdl. **17**, 1936.
[7] DRP. 510 428 (1927), I. G. Farb., Erf.: M. Paquin; Frdl. **17**, 1940.
[8] A. P. 2 605 253 (1950), Rohm & Haas Co., Erf.: R. W. Auten u. V. C. Meunier; C. **1954**, 5884.
A. Einhorn u. Mitarbb., A. **361**, 139 (1908).
[9] A. P. 2 668 155 (1950), DuPont, Erf.: W. R. McClellan; Chem. Abstr. **48**, 6743[d] (1954).
A. P. 2 691 638 (1952), DuPont, Erf.: H. M. Kvalnes u. L. T. Sherwood jr.; Chem. Abstr. **49**, 1369[h] (1955).
A. P. 2 683 134 (1951), Allied Chemical & Dye Corp., Erf.: J. B. Davidson u. E. J. Romatowsky; Chem. Abstr. **48**, 11113[g] (1954).
E. P. 753 142, 755 477 (1954; Am. Prior., 1953), Hercules Powder Co.; C. **1957**, 8389, 12044.
[10] DRP. 671 704 (1934), F. Hassler; C. **1939** I, 3836.
D. G. Patterson, E. B. Detwiler u. T. J. Suen, Mod. Plastics **29**, Nr. 7, 151 (1952).

Die Hauptbedeutung dieser basischen Harnstoffharze liegt in ihrer Verwendung zur Ver besserung der Naßfestigkeit von Papier. Dem Papierbrei in Mengen bis zu etwa 5% zugesetzt, ziehen derartige Harze, ebenso wie die entsprechenden Melaminkondensationsprodukte, gut auf. Geringe Zusätze an polyvalenten Anionen (Sulfationen) verbessern die Wirkung, größere Zusätze üben eine schädliche, fällende Wirkung aus. Das charakteristische Merkmal auch dieser basischen Harze ist ihre Härtbarkeit in der Hitze, besonders in schwachsaurer Lösung. Auf diese Weise können sie, auf dem Papier niedergeschlagen, beim Trocknen in unlösliche Form gebracht werden. Bei der Lederherstellung können derartige Produkte zur Fällung saurer Gerbstoffe im Leder dienen.

Vernetzte basische Harnstoffharze werden auch als Anionenaustauscher verwendet[1].

Die Kondensation wird in alkalischer, neutraler oder höchstens schwach saurer Lösung durchgeführt (s. Beispiele 22 u. 23, S. 354). In stark saurer Lösung sind N-Aminomethyl-harnstoffe nicht beständig; der Aminrest spaltet sich ab. Das zurückbleibende Carbeniumion reagiert dann z.B. mit Harnstoff unter Bildung von *Methylendiharnstoff*.

$$NH_2\!-\!\underset{\underset{O}{\|}}{C}\!-\!NH\!-\!CH_2\!-\!N(CH_3)_2 + H^\oplus \;\rightleftharpoons\; \left[NH_2\!-\!\underset{\underset{O}{\|}}{C}\!-\!NH\!-\!CH_2\!-\!\overset{H}{N}(CH_3)_2 \right]^\oplus \;\rightleftharpoons$$

$$NH(CH_3)_2 + NH_2\!-\!\underset{\underset{O}{\|}}{C}\!-\!NH\!-\!CH_2^\oplus$$

$$NH_2\!-\!\underset{\underset{O}{\|}}{C}\!-\!NH\!-\!CH_2^\oplus + NH_2\!-\!\underset{\underset{O}{\|}}{C}\!-\!NH_2 \;\rightarrow\; NH_2\!-\!\underset{\underset{O}{\|}}{C}\!-\!NH\!-\!CH_2\!-\!NH\!-\!\underset{\underset{O}{\|}}{C}\!-\!NH_2 + H^\oplus$$

(Vgl. die Beständigkeit von N-Methylol- und N-Alkylol-harnstoffen in stark saurer Lösung, S. 326 f.).

Beim Härten der basischen Harnstoff-Formaldehyd-Harze durch Erhitzen (s. Beispiel 23, S. 354) werden ebenfalls Aminogruppen abgespalten.

Kondensiert man in saurer Lösung, bzw. wird der Harnstoff mit dem Amin in Form seines Salzes kondensiert, so können durch den Formaldehyd zusätzlich Methylierungen eintreten[2].

Die methylierende Wirkung des Formaldehyds macht sich bei Anwendung sehr methylolreicher Harnstoffharze, wenn zusätzlich etwas Ammoniumsalz zugegen ist, wie es durch teilweise Verseifung des Harnstoffs entstanden sein kann, in der Textilausrüstung durch den unangenehmen Geruch nach methylierten Basen sehr nachteilig bemerkbar. Hohe Temperaturen beim Kondensieren und Auskondensieren scheinen die methylierende Wirkung des Formaldehyds ebenso zu begünstigen wie eine Aushärtung in der Nähe des Neutralpunktes[3].

Bei der Kondensation von Harnstoff[4, 5] oder Thioharnstoff[6] mit primären Aminen und etwa zwei Mol Formaldehyd entstehen leicht cyclische Verbindungen, zum Teil schon bei kurzem Erhitzen der Komponenten in wäßriger Lösung[4].

---

[1] D. G. PATTERSON, E. B. DETWILER u. T. J. SUEN, Mod. Plastics **29**, Nr. 7, 151 (1952).
[2] A.P. 2729617 (1952), Allied Chemical & Dye Corp., Erf.: J. B. DAVIDSON u. E. J. ROMATOWSKI; Chem. Abstr. **50**, 14228[f] (1956).
[3] L. DISERENS, Neue Verfahren in der Technik der chemischen Veredlung der Textilfasern, Bd. II, Tl. 2, S. 93, Verlag Birkhäuser, Basel-Stuttgart 1953.
[4] Beobachtungen von R. WEGLER (nicht veröffentlicht).
[5] A.P. 2641584 (1951), DuPont, Erf.: T. A. MARTONE jr.; Chem. Abstr. **47**, 7827[g] (1953).
[6] M. PAQUIN, Ang. Ch. **60**, 267 (1948).

$$H_2N-\underset{\underset{O}{\|}}{C}-NH_2 + 2\,CH_2O + CH_3NH_2 \;\rightarrow\; O=C \Big\langle \begin{matrix} NH-CH_2 \\ NH-CH_2 \end{matrix} \Big\rangle N-CH_3$$

$$\downarrow +2\,CH_2O\;(OH^{\ominus})$$

$$O=C \Big\langle \begin{matrix} \overset{CH_2OH}{\underset{|}{N}}-CH_2 \\ \underset{\underset{CH_2OH}{|}}{N}-CH_2 \end{matrix} \Big\rangle N-CH_3$$

Diese sind etwas stabiler als die offenkettigen Verbindungen, werden aber in stark saurer Lösung ebenfalls gespalten. In Form ihrer Methylolverbindungen eignen sich derartige Produkte als stabilisierte reaktionsfähige Harnstoffharze zusammen mit Stärke als Klebstoffe.

Die Variationen zur Erzeugung basischer Harze sind sehr mannigfach[1]; so kann man z. B. auch Hydroxyamine, wie *Äthanolamin*, mit Harnstoffen und Formaldehyd kondensieren, wobei die Hydroxyamine mit den Methylolgruppen unter Ätherbildung reagieren können[1].

Eine weitere Möglichkeit zur Herstellung basischer Harnstoff-Formaldehyd-Harze besteht darin, daß man als Ausgangskomponente Diharnstoffe mit eingebauten basischen Gruppen verwendet (s. hierzu S. 341).

Über die gemeinsame Kondensation von Thioharnstoff mit Formaldehyd und sekundären Aminen s. S. 339.

ι_2) *Einkondensation von sauren Verbindungen*

Durch Kondensation von Harnstoff mit Aldehyden und sauren, mit Aldehyden reagierenden Verbindungen, lassen sich vielseitig verwendbare Produkte herstellen[1].

So kann z.B. *Harnstoff* mit *Formaldehyd* und *Natriumsulfit* kondensiert werden (Beispiele 21, 24–27, S. 353 ff.; vgl. a. S. 743). (Diese Kondensationsmöglichkeit verursacht eine gewisse Schwierigkeit der Formaldehydtitration mittels Natriumsulfit bei der Kondensation von Harnstoff mit Formaldehyd; die Titration liefert nur in der Kälte und bei schneller Ausführung einigermaßen genaue Werte). Zur Herstellung derartiger Harze wird das Gemisch erst alkalisch oder neutral vorkondensiert und anschließend schwachsauer nacherhitzt[2,3]. Man kann aber auch zuerst die Methylolverbindung herstellen und diese dann schwach sauer mit Natriumhydrogensulfit kondensieren[4]. Selbst wasserunlösliche Harnstoff-Formaldehyd-Harze lassen sich noch durch nachträgliches Erhitzen mit Natriumsulfitlösung in lösliche, Methylensulfonsäure-Gruppen enthaltende Harze umwandeln[5] (Beispiel 26, S. 355). Durch Variation der Mengenver-

---

[1] D. G. Patterson, E. B. Detwiler u. T. J. Suen, Mod. Plastics **29**, Nr. 7, 151 (1952).
[2] DBP. 911436 (1943), BASF, Erf.: H. Scheuermann u. J. Lenz; C. **1954**, 10828.
[3] DBP. 889225 (1942), BASF, Erf.: H. Scheuermann u. J. Lenz; C. **1954**, 235.
[4] A.P. 2407599 (1946), Resinous Products & Chemical Co., Erf.: R. W. Auten u. J. L. Rainey; Chem. Abstr. **41**, 623^g (1947).
   DBP. 968737 (1950), Böhme Fettchemie GmbH., Erf.: R. W. Auten u. J. L. Rainey; C. **1960**, 10083.
[5] DBP. 904108 (1944), BASF, Erf.: U. Ostwald, J. Lenz u. H. Scheuermann; C. **1956**, 318.

hältnisse von Harnstoff, Formaldehyd und Hydrogensulfit und durch Änderung des Kondensationsgrades kann man die Löslichkeit weitgehend dem Verwendungszweck anpassen. Mit fortschreitender Kondensation erhält man verhältnismäßig hochviscose, aber doch noch wasserlösliche Kondensationsprodukte, die als Klebstoffe[1] (s. Beispiele 24 u. 26, S. 354f.), Ionenaustauscher[2] und zur Verbesserung der Naßfestigkeit von Papier[3] (Beispiele 21, 25 u. 27, S. 353 f.) verwendet werden. Zur besseren Fixierung erfordern diese sauren Harze im Gegensatz zu den basischen eine Nachbehandlung mit Salzen mehrwertiger Metalle, z.B. mit *Aluminiumsulfat*[3].

Läßt man Natriumhydrogensulfit auf Harnstoff-Formaldehyd-Harze einwirken, die zuvor mit höheren Fettalkoholen[4] umgesetzt wurden, so kann man anionenaktive Netz- oder Emulgiermittel erhalten. Hierbei lassen sich wiederum durch wechselndes Verhältnis von höherem Alkohol und Sulfit sowie durch verschiedenen Kondensationsgrad die Eigenschaften der erhaltenen Produkte in weiten Grenzen variieren.

Saure Gruppen enthaltende Harze sind auch durch Kondensation von Harnstoff und Formaldehyd mit Sulfamidsäure[5], Phenolsulfonsäuren[6] oder Amino-[7] bzw. Amido-[8] carbonsäuren hergestellt worden (Beispiel 28, S. 356).

Zur Herstellung saurer oder basischer Harnstoffharze können statt Formaldehyd auch andere Aldehyde, wie z.B. der noch genügend reaktionsfähige *Acetaldehyd*, Anwendung finden[9] (s. Beispiele 21 u. 29, S. 353 u. 356). Die Darstellung der entsprechenden Alkylolharnstoffe und besonders deren weitere Kondensation mit Natriumhydrogensulfit erfordern aber energischere Temperaturbedingungen. Bei der Herstellung von sauren Harzen unter Verwendung von Acetaldehyd muß immer mit Nebenreaktionen, wie Cannizzaro-Reaktion, Aldolbildung usw., gerechnet werden.

Eine in ihrem Verlauf nicht ganz aufgeklärte Reaktion ist die Umsetzung von *Acrylsäure* oder *Methacrylsäure* mit *Harnstoff*[10]. Die entstehenden Produkte lassen sich mit Formaldehyd in der üblichen Weise weiterkondensieren[11].

ι_3) *Einkondensation von nicht ionogenen Verbindungen*

Für manche Zwecke werden in Harnstoff-Formaldehyd-Harze nichtionogene Verbindungen einkondensiert. Zur Nachkondensation mit z.B. Phenolen kann man nicht nur von Methylolharnstoffen und Harnstoffmethyläthern ausgehen, sondern

[1] DBP. 889225 (1942); 911436 (1943), BASF, Erf.: H. Scheuermann u. J. Lenz; C. **1954**, 235, 10828.

[2] DBP. 968737 (1950), Böhme Fettchemie GmbH., Erf.: R. W. Auten u. J. L. Rainey; C. **1960**, 10083.

[3] D. G. Patterson, E. B. Detwiler u. T. J. Suen, Mod. Plastics **29**, Nr. 7, 151 (1952).

[4] A.P. 2486459 (1946), Rohm & Haas Co., Erf.: L. H. Bock u. J. L. Rainey; Chem. Abstr. **44**, 1731c (1950).

[5] DBP.-Anm. p 14351 (1948), Licentia Patent-Verwaltungs-GmbH., Erf.: G. F. D'Alelio.

[6] DRP. 741295 (1938), Chemische Fabrik v. Heyden, Erf.: H. Böhler; C. **1944** I, 1063.
   S. a. Ital.P. 346364 (1936; DR. Prior., 1935), I.G. Farb., Erf.: E. Stiasny; C. **1937** II, 3851.

[7] A.P. 2601666 (1949), Monsanto Chemical Co., Erf.: G. E. Niles; Chem. Abstr. **46**, 10682e (1952). DBP. 865975 (1939); 915867 (1940); s.a. 898812 (1940), BASF, Erf.: H. Scheuermann.

[8] DBP.-Anm. p 14339 (1948), Licentia Patent-Verwaltungs-GmbH., Erf.: G. F. D'Alelio.

[9] DRP. 730337 (1939), I.G. Farb., Erf.: H. Krzikalla u. R. Armbruster; C. **1943** I, 2445.
   DRP. 745099 (1939), I. G. Farb., Erf.: H. Scheuermann; C. **1944** I, 1357.

[10] DBP. 929278 (1944), Röhm & Haas GmbH., Erf.: F. Köhler; C. **1956**, 2040.

[11] DBP. 930778 (1944), Röhm & Haas GmbH., Erf.: F. Köhler; C. **1956**, 2041.

auch methylenverknüpfte Harnstoff-Formaldehyd-Harze einsetzen. Hierbei werden die Harnstoffharze in der Hitze an der Methylengruppe wieder aufgespalten[1] (anionoide Verdrängungsreaktion, s. S. 327). Bei sehr energischem Erhitzen bildet sich Harnstoff zurück und man erhält die stabileren Phenol-Formaldehydkondensate. Bei derartigen Kondensationen sind beliebige Zwischenstufen abfangbar. In ähnlicher Weise, wie Methylolharnstoffe mit Phenolen unter Wasseraustritt reagieren können, lassen sich umgekehrt auch Resole mit Harnstoff kondensieren[2]; damit sich gemischte Harnstoff-Phenol-Kondensationsprodukte bilden, darf die Reaktion nur in schwachsaurer Lösung und unter nicht zu energischen Bedingungen durchgeführt werden.

Erwähnt sei auch die Umsetzung von Harnstoff-Formaldehyd-Harzen mit *Melamin*[3] und mit Diharnstoffen[4], die eine längere Kette von Zwischengliedern tragen und so eine Elastifizierung bewirken. Glatt verläuft auch die Kondensation mit Fettsäureamiden[5]. Polyacrylsäureamide können mit *Dimethylolharnstoff* zu hochmolekularen vernetzten Kunststoffen umgesetzt werden[6]. Setzt man methylolreichen Harnstoffharzen Aralkylsulfonamide zu, so entstehen besonders gut fließende Preßpulver[7].

Selbst reaktionsträge Kondensationspartner, wie z.B. Furanverbindungen, lassen sich mit Methylolharnstoffen noch kondensieren, wenn in stark saurer Lösung — meist Schwefelsäure — erhitzt wird[8] (Beispiel 30, S. 356). Durch gemeinsame Kondensation von *Harnstoff* und *Malonester* mit *Formaldehyd* erhält man Harze, die den Weichmacher chemisch eingebaut enthalten[9].

Zur Herstellung hydrophober Überzüge werden Harnstoffharze zusammen mit Salzen des Zirkons, Titans und einem Organopolysiloxan erhitzt[10].

Über die Kondensation von Harnstoff-Formaldehyd-Harzen mit Tri-methylolphosphinoxyd und ähnlichen Verbindungen s. S. 401.

ϰ) Praktische Durchführung der Kondensationen

Als Lösungsmittel für die Harnstoff-Formaldehyd-Kondensationen wird fast stets Wasser benutzt. Bei Verwendung von Paraformaldehyd kann als Lösungsmittel z.B. Glykolmonomethyläther genommen werden[11]. Zur Darstellung von Harzen für Lackzwecke können Kondensationen in Alkoholen oder unter Zusatz von Alkoholen durchgeführt werden.

---

[1] G. ZIGEUNER, M. **82**, 175 (1951).

[2] DBP. 865974 (1943), BASF, Erf.: H. SCHEUERMANN; C. **1953**, 5939.

[3] DBP.-Anm. p 14342 (1948), Licentia-Patent-Verwaltungs-GmbH., Erf.: G. F. D'ALELIO.

[4] A.P. 2572256 (1948), Shell Develop., Erf.: P. J. GARNER u. R. E. BOWMAN; Chem. Abstr. **46**, 775c (1952).

[5] DBP. 929577 (1951) ≡ F. P. 1043860 (1951), N. V. Philip's Gloeilampenfabrieken, Erf.: H. A. K. EDEN; C. **1955**, 2545.

[6] DBP. 947338 (1936), BASF.

[7] DBP. 928976 (1942; Am. Prior., 1941), AEG, Erf.: G. F. D'ALELIO; C. **1956**, 6255.

[8] DBP. 887815 (1951), Phrix-Werke AG., Erf.: O. MOLDENHAUER, W. IRION u. H. O. MARWITZ; C. **1954**, 4963.

[9] DBP. 928975 (1941; Am. Prior., 1940), AEG, Erf.: G. F. D'ALELIO; C. **1956**, 6255.

[10] A.P. 2757152 (1952), General Electric Co., Erf.: M. M. SOLOMON; C. **1957**, 8101.

[11] DRP. 490012 (1925), I. G. Farb., Erf.: W. PUNGS u. K. EISENMANN; Frdl. **16**, 1963.

Die Mengen des bei einer Kondensation anzuwendenden Formaldehyds werden weitgehend vom Verwendungszweck bestimmt. Sauer entstehen schon bei etwa 0,6 Mol Formaldehyd pro Mol Harnstoff schwerlösliche, aber niedrigmolekulare Kondensationsprodukte. In schwachsaurem Bereich können selbst bei größerem Formaldehydgehalt über einen längeren Zeitraum hinweg noch leicht schmelzbare Reaktionsprodukte erhalten werden. Zur Herstellung von reaktiven Harzen wird man in alkalischer Lösung praktisch nur wenig über zwei Mol Formaldehyd hinausgehen; die höchsten Formaldehydmengen werden zur Herstellung von Lackharzen angewandt. Für Preßmassen und für Leime liegt ein Optimum bei etwa 1,5 Mol Formaldehyd pro Mol Harnstoff.

Als Katalysatoren für die saure Kondensation sind beliebige Säuren anwendbar[1], doch bevorzugt man praktisch wenig korrodierende Säuren, wie *Phosphorsäure*. Für präparative Zwecke in Glasgefäßen ist die flüchtige *Salzsäure* am geeignetsten. Zur Kondensation in schwach saurer Lösung werden primäre und sekundäre Alkaliphosphate als Katalysatoren empfohlen[2]. Bei der alkalischen Kondensation kann man ebenfalls alle basisch reagierenden Verbindungen anwenden, nur müssen sie wenigstens etwas in Wasser löslich sein. Oft arbeitet man unter Verwendung von etwas *Ammoniak*, wobei das entstehende Hexamethylentetramin eine schwache Basizität aufrecht hält. Ebenso sind auch geringe Mengen eines tertiären Amins brauchbar. Bei Verwendung von primären oder sekundären Aminen ist zu beachten, daß diese einkondensiert werden (vgl. S. 342 f.). Werden Alkalihydroxyde benutzt, so empfiehlt es sich, möglichst unterhalb p_H: 9–10 zu kondensieren, da andernfalls, besonders in der Wärme, der Formaldehyd teilweise durch Cannizzaro-Reaktion verbraucht wird. Vereinzelt wird in letzter Zeit auf eine Beschleunigung der Harnstoff-Formaldehyd-Kondensation durch Metallionen hingewiesen[3], ohne daß dafür eine befriedigende Erklärung gegeben werden kann. (Vgl. die Beschleunigung der Melamin-Formaldehyd-Kondensation durch Metallionen[4].)

Der Reaktionsablauf wird, sowohl bei saurer als auch bei alkalischer Reaktion, zweckmäßig durch eine titrimetrische Bestimmung des unverbrauchten Formaldehyds mittels Natriumsulfit oder Hydroxylamin-hydrochlorid in der Kälte kontrolliert[5]. Dabei ist darauf zu achten, daß die Titration bei Vorliegen von Methylolverbindungen bei möglichst tiefer Temperatur (10–15°) und möglichst rasch durchgeführt wird, da diese in Gegenwart von Alkali oder Säure langsam wieder Formaldehyd abspalten bzw. mit Natriumsulfit unter Bildung von Methylensulfonsäuregruppen reagieren (vgl. S. 344 u. 743). Mit Fehlern von $\pm 5\%$ muß aber bei Kontrolle eines methylolreichen Kondensates trotzdem gerechnet werden, doch ist diese Genauigkeit für praktische Zwecke ausreichend. Bei sauer beschleunigten Kondensationen ist oft durch die Menge des ausgefallenen unlöslichen Harnstoffkondensates eine weitere Kontrolle gegeben.

Die Kondensationsgeschwindigkeiten sind in saurer Lösung bei p_H: 2–3 und etwa 30–40° so groß, daß in wenigen Minuten unlösliche Kondensationsprodukte

[1] DRP. 409847 (1922), BASF, Erf.: A. MITTASCH u. H. RAMSTETTER; Frdl. **14**, 654.
DRP. 535851 (1922), I. G. Farb., Erf.: A. MITTASCH u. H. RAMSTETTER; Frdl. **17**, 1919.
[2] DRP. 537611 (1926), I. G. Farb., Erf.: M. LUTHER u. C. HEUCK; Frdl. **17**, 1918.
[3] R. KVĚTOŇ, Chem. Listy **51**, 739 (1957); Chem. Abstr. **51**, 12620g (1957).
[4] DAS. 1028335 (1956), Süddeutsche Kalkstickstoff-Werke AG., Erf.: H. MICHAUD, F. KAESS, E. VOGEL u. E. DOCHLEMANN; C. **1959**, 7648.
H. MICHAUD, Kunstst. **47**, 686 (1957).
[5] G. F. D'ALELIO, Kunststoff-Praktikum, S. 171 f., Carl Hanser Verlag, München 1952.

ausfallen. Im alkalischen Bereich genügen bei p_H: 8–9 und 50–60° etwa 10–15 Min. zur weitgehenden Beendigung der Anlagerung.

Beispiel 1

Darstellung eines in Wasser beliebig löslichen Harnstoff-Formaldehyd-Harzes unter Anwendung von überschüssigem Formaldehyd in saurer Lösung[1]: 930 g 30%iger Formaldehyd werden mit konz. Salzsäure auf p_H: 2 eingestellt, auf 90° erhitzt und hierauf unter Rühren mit 120 g Harnstoff versetzt. Wird der Harnstoff nicht in die vorerwärmte Lösung gegeben, so fällt rasch ein Niederschlag aus, der aber bei längerem Erwärmen, wobei evtl. nochmals etwas angesäuert werden muß, wieder in Lösung geht. Man erhitzt $1/_2$ Stde. auf 60°, neutralisiert mit wenig Natriumhydroxyd und engt die wäßr. Lösung bei 15–20 Torr und bis zu 60° Innentemp. ein. Es hinterbleiben etwa 225 g eines hochviscosen, wasserklaren Kondensationsproduktes, das in Wasser beliebig löslich ist.

Beispiel 2

Monomethylolharnstoff[2]: 60 g (1 Mol) Harnstoff werden in etwa der gleichen Menge Wasser gelöst und mit 1 g fein pulverisiertem Bariumhydroxyd versetzt. Bei einer Temp. von 3–5° läßt man unter Rühren innerhalb von 1–2 Stdn. 100 g 30%ige Formaldehydlösung zutropfen. Sobald praktisch aller Formaldehyd verbraucht ist, wird bei 20° Kohlendioxyd eingeleitet (p_H-Wert sowie Vollständigkeit der Bariumcarbonatfällung kontrollieren) und anschließend vom ausgefallenen Bariumcarbonat abfiltriert. Aus dem Filtrat destilliert man i. Vak. bei möglichst tiefer Temp. (40° Innentemp.) das Wasser ab und krystallisiert das eingeengte rohe Produkt (etwa 86 g) aus Alkohol um, F: 111° (keine zu großen Mengen in einem Ansatz umkrystallisieren und nicht zu lange erwärmen, da sonst Verätherung eintritt).

Beispiel 3

Dimethylolharnstoff[3]: 60 g Harnstoff und 210 g 30%ige Formaldehydlösung (letztere zuvor mit Natronlauge auf p_H: 8 eingestellt) werden bei −10° vermischt und mit 0,8 g primärem Natriumphosphat versetzt. Nach mehrstdg. Stehen bei −10° scheidet sich Dimethylolharnstoff ab. Die Umsetzung ist nach etwa 1 Tag beendet. Läßt man den Ansatz zu lange stehen, so geht die Reaktion weiter[4]. Man filtriert bei möglichst tiefer Temp. ab und krystallisiert aus Alkohol um, F: 126° (Zers.).

Beispiel 4

Dimethyläther des N,N′-Dimethylol-urons[5]: 5 g Bariumhydroxyd und 60 g Harnstoff werden mit 320 cm³ 38%iger Formaldehydlösung im siedenden Wasserbad 10 Min. unter Rühren erhitzt. Anschließend engt man die Reaktionslösung i. Vak. bei etwa 40° ein. Es entsteht eine leicht viscose Flüssigkeit, die in etwa 1 l Methanol gelöst und hierauf mit 6 cm³ konz. Salzsäure angesäuert wird. Nach 15 Min. wird bei Zimmertemp. mit Bariumhydroxyd neutralisiert, filtriert und das Filtrat i. Vak. eingeengt. Der Rückstand wird mit Äther ausgezogen und der Ätherextrakt destilliert. Rohausbeute: 126 g; $Kp_{0,1}$: 82–83°.

Beispiel 5

Herstellung eines Harnstoff-Formaldehyd-Holzleims durch alkalische Kondensation[6]: 126 g 37%ige Formaldehydlösung werden mit 3n Natronlauge neutralisiert und hierauf mit 60 g Paraformaldehyd sowie 120 g Harnstoff versetzt (die Verwendung von Paraformaldehyd erspart ein allzu zeitraubendes Einengen des fertigen Kondensates). Das Reaktionsgemisch wird mit etwas Natronlauge auf p_H: 8 eingestellt und hierauf bei 95° erhitzt, wobei der p_H-Wert auf etwa 6,8–7 fällt. Durch Zugabe von etwas Natriumhydroxyd stellt man wieder auf p_H: 8 ein und erhitzt nochmals 10 Minuten. Anschließend wird mit 3 molarer Phosphorsäure vorsichtig auf p_H: 5,8 eingestellt und solange sauer kondensiert, bis die Viscosität (gemessen in einer Aus-

---

[1] Unveröffentlichter Versuch von R. WEGLER.

[2] A. EINHORN u. A. HAMBURGER, B. **41**, 24 (1908).

[3] In Anlehnung an DRP. 504 863 (1928), Pollopas Ltd.; Frdl. **16**, 274.

[4] M. VAN LAER, Bl. Soc. chim. Belg. **28**, 381 (1919); C. **1923** I, 901.

[5] H. KADOWAKI, Bl. chem. Soc. Japan **11**, 248 (1936); C. **1936** II, 3535.

[6] DBP. 939 647 (1951), T. Goldschmidt AG., Erf.: K. SCHMIDT u. H. VELDE; C. **1957**, 4291.

laufpipette) etwa den 2,5fachen Betrag erreicht hat. Dies ist nach etwa 45 Min. der Fall. Die Harzlösung wird, um eine weitere Kondensation zu verhindern, erneut schwach alkal. gestellt (p_H: 7–8) und abgekühlt. Um einen besonders gut härtenden Holzleim zu erhalten, behandelt man die Lösung wie folgt weiter: 100 g Harzlösung werden mit 6–8 g konz. Ammoniak (25%ig), 2–3 g Harnstoff (zur Bindung des bei der Härtung freiwerdenden Formaldehyds), 0,1–0,5 g chloressigsaurem Ammonium und 0,5 g chloressigsaurem Natrium versetzt. Nach kurzem Stehen stellt sich ein p_H-Wert von 6,9–7,2 ein. Die Harzlösung ist als hitzehärtender Kleber für Papier sowie besonders zur Herstellung von Sperrholz geeignet. Beim Erhitzen beginnt die Hydrolyse der chloressigsauren Salze, und dadurch entsteht eine schwach saure Reaktion, welche die Härtung beschleunigt. Ammoniak aus dem chloressigsauren Ammonium wird vom teilweise freiwerdenden Formaldehyd gebunden. Aus 4 Molekeln Ammoniak entsteht 1 Molekel Hexamethylentetramin (einsäurig), wodurch ebenfalls der p_H-Wert nach dem sauren Bereich verschoben wird. In der Praxis erfolgt die Holzverleimung unter Druck und unter Verwendung des vorerwähnten schwachen Härters bei erhöhter Temperatur (90–110°).

Zur Verbesserung der Elastizität kann Polyvinylacetat mitverwendet werden[1].

Stabile, methylolreiche Harnstoff-Formaldehyd-Harze lassen sich aus hochkonzentrierten[2], etwa 60%igen Formaldehydlösungen bei p_H: 8–9 herstellen, falls die Formaldehydlösung von Beginn an auf 60° gehalten wird[3]. Besonders wesentlich scheint ein Molverhältnis von Harnstoff:Formaldehyd von 1:6 zu sein.

Über eine kontinuierliche Herstellung von Harnstoff-Formaldehyd-Harzen s. Literatur [4].

Beispiel 6

Aushärtung von rohem Dimethylolharnstoff (Gießharz)[5]: Roher Dimethylolharnstoff wird mit etwa 10% Harnstoff vermischt, um den bei der Kondensation freiwerdenden Formaldehyd zu binden. Ein Zusatz von 5–10% Thioharnstoff ergibt eine Herabsetzung der Schmelztemperatur. Das Gemisch wird in ein auf etwa 105° angeheiztes Gefäß eingetragen, wobei die gesamte Masse möglichst rasch zum Schmelzen kommen soll. Die weitgehend klare Schmelze, die schon etwas Wasser und ein wenig Formaldehyd abspaltet, wird mit 0,4 g Chloressigsäureamid vermischt. Rasch tritt eine Verdickung der Schmelze ein, und das Produkt wird zunehmend hornartig und unlöslich. Das feste Gießharz zeigt aber nach einiger Zeit Spannungen und Rißbildung.

Beispiel 7

Harnstoff-Melamin-Formaldehyd-Harz für Preßmassen[6]: 210 g 30%ige Formaldehyd-Lösung vom p_H-Wert 7 werden mit 60 g Harnstoff und 21 g Melamin vermischt und unter Rühren innerhalb 1 Stde. auf 80° erhitzt. Nachdem man diese Temp. etwa 5–10 Min. konstant gehalten hat, kühlt man innerhalb 1/2 Stde. wieder auf 40° ab. Bei dieser Temp. wird i. Vak. auf 200 g eingeengt. Als latenter Härter wird etwa 1% Glycerindichlorhydrin zugesetzt. Die Harzlösung wird hierauf mit etwa 55 g Cellulosefasern im Kneter vermischt und i. Vak. unterhalb 60° getrocknet; anschließend wird fein vermahlen. Das Preßpulver kann bei 120–150° verpreßt werden. Statt Cellulosefasern können auch Papierbahnen mit dem reaktionsfähigen Harz getränkt werden.

Beispiel 8

Harnstoff-Thioharnstoff-Formaldehyd-Kondensationsprodukt für Preßmassen[5]: Für die Herstellung von Preßmassen werden 45 g Harnstoff und 15 g Thioharnstoff mit 150 g 30%igem Formaldehyd und etwa 4,5 g 25%igem Ammoniak 60 Min. bei 80–90° kondensiert. Hierbei

[1] A.P. 2592510 (1950), American Cyanamid Co., Erf.: G. Casebolt; Chem. Abstr. **46**, 6435ᶜ (1952).

[2] A.P. 2321544 (1940), DuPont, Erf.: H. R. Dittmar u. D. E. Strain; Chem. Abstr. **37**, 6908⁹ (1943).

[3] A.P. Re 23174 (1949) / A.P. 2467212 (1947), DuPont, Erf.: H. M. Kvalnes.

[4] DAS. 1018222 (1954) ≡ F.P. 1104018 (1954), Spumalit-Anstalt, Erf.: O. V. Rhäzüns; C. **1957**, 13193.

[5] In Anlehnung an DBP. 946086 (1940; Am. Prior., 1939), AEG, Erf.: G. F. D'Alelio; C. **1957**, 3139.

[6] BIOS Final Rep. **926**, 7.

fällt der p_H-Wert, der nach dem Ammoniakzusatz 7 betrug, auf etwa 5 ab. Die Lösung wird mit etwa 70 g feinst pulverisierter Cellulose oder auch Holzmehl unter Zusatz von 1% Zinkstearat im Kneter gemischt und das Mischungsprodukt i. Vak. bei maximal 70° getrocknet, bis es gut pulverisierbar ist. Das möglichst fein gemahlene Produkt dient als Grundlage für Preß-massen. Der Zusatz der Cellulose gibt den Preßmassen Festigkeit und dient zur Aufnahme von etwas Wasser, so daß das unter Druck ausgehärtete Reaktionsprodukt eine opalescente Masse darstellt.

Weitere Vorschriften s. Literatur[1].

Beispiel 9

Dimethyläther des Dimethylolharnstoffs (durch saure Verätherung)[2]: Zu 50 g Dimethylol-harnstoff, gelöst in etwa 100 g Methanol, gibt man 0,25 g n Salzsäure, so daß deutlich saure Reaktion herrscht. Die Lösung wird 5–10 Min. zum Sieden erhitzt, umgehend abgekühlt, mit Natriumhydrogencarbonat neutralisiert und das Natriumchlorid in der Hitze abfiltriert. Beim Abkühlen scheidet sich nach kurzer Zeit der Dimethyläther des Dimethylolharnstoffs in krystallisierter Form ab. Die Ausbeute läßt sich verbessern, wenn i. Vak. etwas Methanol und Wasser abdestilliert werden. Der Dimethyläther schmilzt bei 100–102° und läßt sich aus Methanol umkrystallisieren.

In Wasser ist die Verbindung leicht löslich und erheblich stabiler als Dimethylolharnstoff. In der Textilchemie wird der Äther ähnlich wie Dimethylolharnstoff benutzt, er erfordert aber zur Aushärtung energischere Bedingungen.

Beispiel 10

Sauer mit n-Butanol veräthertes Harnstoff-Formaldehyd-Harz[3]: In 219 g 37%iger Form-aldehydlösung (2,7 Mol Aldehyd) löst man 0,2 g festes Natriumhydroxyd, gibt dann 60 g (1 Mol) Harnstoff zu und erhitzt das Gemisch 1 Stde. auf 85°. Während dieser Zeit und der anschließenden Entwässerung ist der p_H-Wert auf 8–10 zu halten. Das gesamte Wasser wird bei 660 Torr abdestilliert; die Innentemp. steigt am Ende auf 55–60°. Der Rückstand ist eine sirupartige Masse, die noch nicht in Butanol löslich ist, sich jedoch leicht mit diesem emulgieren läßt. Er wird mit 225 g n-Butanol, in dem 1 g 75%ige Phosphorsäure gelöst ist, ver-setzt, wodurch der p_H-Wert des Gemisches auf 5–6 gebracht wird. Dann erhitzt man die Masse unter stetem Rühren solange auf 90–95°, bis eine klare Lösung entsteht und die Verätherung der Methylolgruppen des Harzes soweit fortgeschritten ist, daß das ursprüngliche hydrophile Harz hydrophob geworden ist und die gewünschte Löslichkeit in Kohlenwasserstoffen besitzt (vorteil-haft Apparatur in Beispiel 11, S. 351, benutzen). Schließlich werden der überschüssige Alkohol und die geringe, infolge der Verätherung gebildete Wassermenge i. Vak. abdestilliert, bis der gewünschte Feststoffgehalt erreicht ist. Das so gewonnene Harz ist klar und farblos und stellt einen ausgezeich-neten Lack-Grundstoff dar. Der abdestillierte Alkohol kann ohne Reinigung bei dem nächsten Ansatz wieder verwendet werden.

Beispiel 11

Sauer mit Isobutanol veräthertes Harnstoff-Formaldehyd-Harz[4]: 90 g Harnstoff, 375 g 30%ige Formaldehyd-Lösung und 750 g Isobutanol werden unter Rühren mit Natronlauge auf p_H: 8,9–9 eingestellt, 1 Stde. bei 65° kondensiert und hierauf vorsichtig mit verd. Phosphor-säure auf p_H: 4–5 gebracht. Mittels eines Veresterungsaufsatzes, der eine Abtrennung des Wassers gestattet, wird unter Rühren laufend Isobutanol und Wasser abdestilliert (s. Abb. 18, S. 351). Das vom Wasser abgetrennte Isobutanol fließt in das Reaktionsgefäß zurück. Es ist darauf zu achten, daß vor Beginn der Destillation der Veresterungsaufsatz mit Toluol gefüllt ist, und daß zwecks guter Abtrennung des Wassers die Vorlage gekühlt ist. Es wird solange Wasser abdestilliert, bis sich nur noch sehr kleine Wassertröpfchen im Veresterungsaufsatz

---

[1] Österr. P. 103910 (1925), F. Pollak, Erf.: K. Ripper; C. **1927** I, 1754.

[2] In Anlehnung an DRP. 535438 (1926), I. G. Farb., Erf.: M. Luther u. C. Heuck; Frdl. **17**, 1916.

[3] DBP.-Anm. R 3807 (1950), Reichhold Chemicals Inc., Erf.: E. F. Siegel.
  S. a. A.P. 2377422 (1941), Reichhold Chemicals Inc., Erf.: T. S. Hodgins u. P. S. Hewett; Chem. Abstr. **39**, 3695[8] (1945).

[4] Unveröffentlichter Versuch von R. Wegler.

abscheiden. Es ist zweckmäßig, während der Verätherung den p_H-Wert zu kontrollieren. Zum Schluß wird i. Vak. auf 520 g eingeengt, so daß die Lösung etwa 60%ig ist, und anschließend von einer geringen Menge Ammoniumphosphat abfiltriert. Die Lösung ist farblos und läßt sich bei 140° in wenigen Min. zu einem harten, wasserfesten Überzug vernetzen. Sie dient als Grundlage für Lackharze, besonders in Kombination mit Nitrocelluloselacken.

Wird die Verätherung nach der obigen Vorschrift nicht bis zum Ende durchgeführt, so entsteht eine Lacklösung, die wesentlich rascher härtet, aber mit anderen organischen Filmbildnern wie Alkydharzen schlechter verträglich ist.

Wird anstelle von Isobutanol n-Butanol genommen, so verläuft die Verätherung in gleicher Weise, nur scheidet sich beim Einengen oft der gut krystallisierende n-Butyläther des Dimethylolharnstoffs ab.

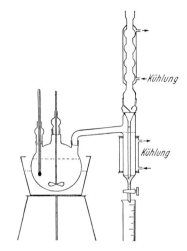

Abb. 18. Reaktionsapparatur mit Veresterungsaufsatz für Rücklauf und Phasentrennung

Beispiel 12

Dimethyläther des Dimethylolharnstoffs (durch alkalische Verätherung)[1]: Zu einer Lösung von 7 g Natriumhydroxyd in 500 g Methanol gibt man 195 g Paraformaldehyd und erwärmt schwach. Sobald alles in Lösung gegangen ist, fügt man bei 20° 225 g Harnstoff zu und läßt 3 Tage bei Raumtemp. stehen. Aus der vollständig klaren Lösung setzt sich beim Abdampfen des Alkohols der Dimethyläther des Dimethylolharnstoffs als Krystallbrei ab; F: 101°.

Beispiel 13

Diisobutyläther des Dimethylolharnstoffs (durch alkalische Verätherung)[1]: Eine Mischung von 40 g trockenem Dimethylolharnstoff, 200 g Isobutanol und 1 g Natriumhydroxyd wird auf maximal 75° erhitzt, bis sich der Dimethylolharnstoff löst. Das Reaktionsprodukt wird filtriert und das Filtrat bis zur Krystallisation eingeengt. Die Krystalle werden 2 mal mit heißem Wasser gewaschen und dann aus Diäthyläther umkrystallisiert; F: 80–83° (12,4% Stickstoff).

Beispiel 14

Direkte Darstellung eines mit Butanol verätherten Harnstoff-Formaldehyd-Harzes:

In wäßriger Lösung[2]: 90 g Harnstoff, 375 g 30%iger Formaldehyd (p_H: 4–5) und 750 g Isobutanol werden 10 Min. unter Rückfluß gekocht. Dann destilliert man azeotrop solange Wasser ab, bis die Kondensation und anschließende Verätherung beendet ist. Zuletzt wird i. Vak. bis auf 540 g eingeengt und die Reaktionslösung nach einigem Stehen bei 20° von einer geringen Menge eines ausgeschiedenen Niederschlages abfiltriert.

In wasserfreier Lösung[3]: 600 g n-Butanol und 400 g Paraformaldehyd werden nach Zusatz von 8 g Hexamethylentetramin unter Rückfluß erhitzt, bis eine klare Lösung entsteht. Dann gibt man 320 g Harnstoff zu und erhitzt innerhalb von etwa 15 Min. auf 80–90°. Zunächst geht der Harnstoff in Lösung; nach kurzer Zeit tritt eine Trübung auf, die aber nach weiteren 5 Min. bei 90–95° wieder verschwindet. Man erhitzt weiter (in etwa 10 Min.) auf 100–103° und kocht 15–30 Min. unter Rückfluß. Alsdann gibt man 0,8 g Ameisensäure zu und destilliert unter Erhöhung der Temp. das Reaktionswasser mit etwas n-Butanol ab. Das im Destillat vom Wasser abgetrennte n-Butanol wird wieder zum Reaktionsgemisch hinzugefügt. Wenn 190 g Wasser abdestilliert sind, ist die Umsetzung beendet. 1 cm³ des Reaktionsproduktes löst sich dann in etwa 7–8 cm³ Xylol. Die erhaltene klare, nötigenfalls kalt filtrierte Harzlösung ist etwa 56%ig und lange Zeit beständig; sie ist mit Alkoholen und niederen Estern unbeschränkt, mit aromatischen Kohlenwasserstoffen nur z. T. mischbar.

[1] A.P. 2315745 (1940), DuPont, Erf.: B. E. Sorenson; Chem. Abstr. **37**, 5416⁴ (1943).
[2] Unveröffentlichter Versuch von R. Wegler.
[3] DRP.-Anm. R 99892 (1937; Am. Prior., 1936), Resinous Products & Chemical Co., Erf.: O. R. Ludwig.

Beispiel 15

Mit Butanol veräthertes und mit einem Polyester elastifiziertes Harnstoff-Formaldehyd-Harz[1]:
Darstellung des Polyesters: 100 g Adipinsäure und 112 g Trimethylolpropan werden
unter Rühren und Überleiten eines schwachen Stickstoff-Stromes auf 160° erhitzt. Das Wasser
destilliert durch eine kleine Kolonne ab. Das Erhitzen wird solange fortgesetzt, bis die Säurezahl
des Esters (mg KOH je g Ester, titriert in alkohol. Lösung mit n Lauge gegen Phenolphthalein)
etwa 30 beträgt. Zu langes Erhitzen führt zu viscosen und zuletzt gummielastischen, unlöslichen,
unbrauchbaren Massen. Der Polyester von der Säurezahl etwa 30 wird mit n-Butanol zu einer
75%igen Lösung verd. und wie anschließend beschrieben, verwendet.

Darstellung des Harzes: 640 g Harnstoff, 90 g 25%ige Ammoniaklösung, 1850 g 40%iger
Formaldehyd sowie 2800 g n-Butanol werden 1 Stde. auf 95° erhitzt. Anschließend wird das
Wasser bei etwa 300 Torr weitgehend abdestilliert, wobei wie in Beispiel 11 (S. 351) ein Veresterungsaufsatz mit kontinuierlichem Rückfluß des Butanols verwendet wird. Zu der zurückbleibenden Harzlösung gibt man 1775 g der 75%igen Lösung des Polyesters in Butanol; dann
wird unter Rühren bei Normaldruck weiter Wasser abdestilliert. Hierbei tritt, bedingt durch die
im Ester noch vorhandenen Carboxygruppen und die dadurch hervorgerufene schwachsaure Reaktion, weitere Verätherung der Methylolgruppen mit n-Butanol bzw. Veresterung mit den
Carboxygruppen ein. Teilweise werden schon gebildete Butyläthergruppen in einer Sekundär-
reaktion durch die Hydroxygruppen des Polyesters umgeäthert. Nachdem die Wasserabspaltung
beendet ist, wird das Butanol i. Vak. abdestilliert, bis der Rückstand 4100 g beträgt. Diese Lacklösung läßt sich innerhalb 1 Stde. bei 140° zu einem hochelastischen, farblosen, wasserfesten,
harten Film einbrennen.

Beispiel 16

Mit Butanol veräthertes und mit einem Leinölsäureglycerid elastifiziertes Harnstoff-Formaldehyd-Harz[2]:
Darstellung des Leinölsäure-glycerids: Etwa 880 g techn. reines Lack-Leinöl werden
mit 184 g Glycerin (oder auch mit 2 Mol Trimethylolpropan) unter Überleiten von etwas Kohlendioxyd solange auf 270° erhitzt, bis eine erkaltete Probe klar bleibt und in Alkohol beliebig löslich
ist. Es liegt nun ein Gemisch von Glyceriden der Säuren des Leinöls vor, das im Durchschnitt
einem Monoglycerid entspricht.

Darstellung des Harzes: 250 g Leinölsäureglycerid, 600 g n-Butanol und 250 g Dimethylolharnstoff (Rohprodukt) (anstelle von n-Butanol und Dimethylolharnstoff kann man
auch das vom Wasser weitgehend befreite alkal. Vorkondensat aus Beispiel 11, S. 350 einsetzen)
werden unter Rühren gelöst, mit wenig Phosphorsäure auf p_H: 5,5 eingestellt und hierauf unter
Rühren auf 90° erhitzt. Nach etwa 15 bis 20 Min. liegt eine klare Lösung vor. Unter Abtreiben
des entstandenen Reaktionswassers (Veresterungsaufsatz) wird noch 1–2 Stdn. weitererhitzt und
anschließend die Lösung anfangs ohne Vak., später unter etwas vermindertem Druck, eingeengt,
bis etwa 300 g Butanol abdestilliert sind. Hierauf wird in der Kälte (falls noch notwendig) auf
etwa p_H: 6–6,5 eingestellt und nach einigem Stehen filtriert.

Das Produkt ist mit Leinöl-modifizierten Polyestern, den sogenannten Alkydalen vermischbar,
außerdem kann es, ebenso wie das in Beispiel 11 beschriebene Lackharz, zusammen mit nitro-
cellulosehaltigen Lacken durch Erhitzen unlöslich gemacht werden. Im Gemisch mit Alkydal-
lacken, aber auch in der vorliegenden Form, kann eine Filmbildung an der Luft selbst bei 20° durch
die übliche Trocknungsbeschleunigung mittels löslicher Kobalt-Blei-Mangan-Salze erzielt werden.

Beispiel 17

Tetramethylolverbindung des Hydrazodicarbonsäureamids[3]: In 440 g 30%igen Formaldehyd,
die mit 3,5 g Triäthanolamin schwach alkal. gestellt worden sind, werden 118 g Hydrazodicarbonsäureamid unter Rühren eingetragen. Man erwärmt langsam auf 80°; bei etwa
60° entsteht eine klare Lösung. Nachdem etwa 10 Min. auf 80° erwärmt worden ist, wird abgekühlt
und die Lösung i. Vak. eingeengt. Der Rückstand stellt ein viscoses Öl dar, das beim Erkalten
erstarrt. Es schmilzt, aus Wasser umkrystallisiert, bei 149°; Ausbeute: 136 g.

[1] BIOS Miscellaneous Rep. **115**, 10.
[2] In Anlehnung an DRP. 588426 (1932), I. G. Farb., Erf.: K. EISENMANN, E. SCHOLZ u. K. WOLF; Frdl. **20**, 1842.
[3] Priv.-Mitt. von E. MÜLLER, Leverkusen.

Beispiel 18

Herstellung und Verätherung von Tetramethylol-acetylendiharnstoff:

Acetylen-diharnstoff[1]: 100 g wäßr. 29%ige Glyoxallösung und 66 g Harnstoff werden mit 1–2 cm³ konz. Salzsäure versetzt. Man erwärmt die Lösung auf 70 bis 80°. Sie trübt sich nach kurzer Zeit und erstarrt zu einem Brei farbloser Krystalle, die aus sehr viel Wasser umkrystallisiert werden können. Ausbeute: 42 g, bis 360° nicht schmelzend.

Tetramethylol-acetylendiharnstoff[2]: In ein Gemisch von 3100 Tln. einer 30%igen wäßr. Formaldehydlösung, 2000 Tln. Wasser und 10 Tln. Calciumhydroxyd trägt man unter Rühren 1000 Tle. Acetylendiharnstoff ein. Man erhitzt das Gemisch auf 50°, bis sich der Acetylen-diharnstoff eben vollständig gelöst hat, was nach 5–10 Min. der Fall ist. Hierauf leitet man Kohlendioxyd bis zur Sättigung ein, filtriert dann das ausgefallene Calciumcarbonat ab und engt das klare Filtrat bei vermindertem Druck bis zu einem Trockengehalt von etwa 70–90% ein. Versetzt man nun den Rückstand mit etwa 2000 Tln. Methanol, so scheidet sich sofort ein dicker Krystallbrei aus. Dieser wird nach mehrstdg. Stehen abgesaugt und in einem Strom warmer Luft getrocknet. Man erhält auf diese Weise etwa 1200 Tle. der Tetramethylolverbindung des Acetylendiharnstoffs; F: 137°.

Eine weniger reine Tetramethylolverbindung wird auf folgende Weise erhalten[3]: 71 g Acetylendiharnstoff, 330 g 30%ige Formaldehydlösung und 3 g Natriumcarbonat werden unter Rühren auf 70–80° erwärmt. Hierbei bildet sich eine klare Lösung, die i. Vak. bei möglichst tiefer Temp. eingeengt wird (Badtemp. nicht über 70°). Das zurückbleibende Rohprodukt ist ein viscoses Öl.

Verätherung des Tetramethylol-acetylendiharnstoffs mit Methanol[3]: Die nach der zweiten Vorschrift dargestellte ölige Tetramethylolverbindung wird in 300–400 cm³ Methanol gelöst und bei Zimmertemp. unter Rühren mit 7 cm³ konz. Salzsäure versetzt. Unter Selbsterwärmung tritt die Verätherung ein. Nach 15–20 Min. wird mit Natriumcarbonatlösung neutralisiert und i. Vak. eingeengt. Der Rückstand ergibt, aus Methanol umkrystallisiert, den Tetramethyläther; F: 118°.

Beispiel 19

Stearinsäureester des Tetramethylol-acetylendiharnstoffs[4]: 318 g des Tetramethyläthers des Tetramethylol-acetylendiharnstoffs werden mit 284 g Stearinsäure bei einem Druck von 10–12 Torr langsam auf 180° erhitzt. Innerhalb von 5 Stdn. wird die Temp. auf 200° erhöht. Dabei destillieren etwa 35 g Methanol ab. Nach dem Erkalten erhält man ein gelbes, wachsartiges Produkt. Es ist schmelzbar und in vielen organischen Lösungsmitteln vollkommen löslich und eignet sich vorzüglich zum Hydrophobieren von Geweben. Die Ausbeute beträgt 552 g; die Säurezahl 8,8.

Beispiel 20

Harnstoff-Acrolein-Kondensationsprodukt[5]: 6 g Harnstoff, 3 g Wasser, 0,2 g 10%ige Natronlauge und 5,6 g Acrolein werden 1 Stde. auf 40° erwärmt. Es entsteht ein hellgelber Sirup, der mit Säuren aushärtet. Kondensiert man anfangs in Gegenwart von etwas Essigsäure, so entsteht ein dicker Sirup, der ebenso wie die alkal. gewonnenen Vorkondensate bei genügender Acroleinmenge zu unlöslichen Massen aushärtbar ist.

Beispiel 21

Harnstoff-Acetaldehyd-Natriumhydrogensulfit-Kondensationsprodukt[6]: 107 g frisch destillierter Acetaldehyd, gelöst in 100 g Wasser, werden bei 10° mit 10%iger Natriumcarbonatlösung auf p_H: 7,2–8 eingestellt. Hierzu gibt man 66 g Harnstoff und erhitzt das Gemisch im Autoklaven unter Rühren 1 Stde. auf 75–82°. Der gebildete Niederschlag wird abfiltriert und mit Wasser gewaschen. Er besteht aus der Äthylolverbindung des Harnstoffs und ist in Wasser weitgehend unlöslich (unter 0,5% bei 100°).

[1] H. Schiff, A. **189**, 157 (1877).
[2] DBP. 859019 (1941), BASF, Erf.: J. Lintner u. H. Scheuermann; C. **1953**, 4779.
[3] Vorschrift von E. Müller, Leverkusen.
[4] DAS. 1061324 (1957), BASF, Erf.: H. Scheuermann u. A. Woerner; C. **1959**, 15220.
[5] DRP. 554552 (1925), CIBA; Frdl. **18**, 2408.
[6] DBP. 968737 (1950), Rohm & Haas Co., Erf.: R. W. Auten u. J. L. Rainey; C. **1960**, 10083.
    A.P. 2407599 (1946), Resinous Products & Chemical Co., Erf.: R. W. Auten u. J. L. Rainey; Chem. Abstr. **41**, 623ᵍ (1947).

Zu 140 g destilliertem Wasser gibt man 6,4 g Natriumpyrosulfit und 50 g des Äthylolharnstoffes. Nach Einstellung des p_H-Wertes auf 4,2–5 wird in einem Rundkolben zum Sieden erhitzt, wobei der Rückflußkühler von einer Solelösung von –5 bis 0° durchflossen wird. Der Äthylolharnstoff löst sich rasch in der Hydrogensulfitlösung. Es wird so lange erhitzt, bis eine Probe beim Verdünnen mit der 20fachen Menge Wasser klar bleibt. Die hierzu erforderliche Reaktionszeit beträgt etwa 10 Min. bei p_H: 6–7. Zuletzt wird zur Stabilisierung mit etwas Natriumcarbonatlösung auf p_H: 7–8 eingestellt.

Die klare wäßr. Lösung läßt sich nach dem Ansäuern auf p_H: 3,5 bei etwa 125° zu harten Überzügen auskondensieren. Das auch in relativ hochkonz. Zustand noch wasserlösliche Harz wird zur Imprägnierung von Papier verwendet.

Allgemein werden zur Herstellung derartiger Harze 1–2 Mol Aldehyd je Aminogruppe angewandt, jedoch ist die Menge an Sulfit begrenzt auf etwa 0,4 Mol. Mit größeren Sulfitmengen entstehen zu wasserlösliche Produkte; zur Fällung im Papierbrei werden meist Aluminiumsalze mitverwendet[1].

Beispiel 22

Harnstoff-Dimethylamin-Formaldehyd-Harz[2]: In einen 5 l Dreihalskolben mit Rührer, Thermometer und Rückflußkühler mit Wasserabtrennvorrichtung gibt man 2870 g 36,6%ige Formaldehydlösung (35 Mol) und 504 g 25%ige Dimethylaminlösung (2,8 Mol). Man stellt mit 230 cm³ 37%iger Salzsäure auf p_H: 7,6 ein und fügt 840 g (14 Mol) Harnstoff zu. Das Ganze wird etwa 15 Min. auf 80° erhitzt und dann 30 Min. unter Rückfluß gekocht. Man stellt mit Salzsäure schwachsauer (p_H = 6,5) und destilliert kontinuierlich 1070 cm³ Wasser ab. Anschließend wird die Temp. auf 90–92° erniedrigt. Während der Destillation fällt der p_H-Wert auf 5,3, und die Viscosität steigt an. Nach Einstellen des p_H-Wertes auf 5,8 wird weitere $5^1/_2$ Stdn. auf 90–95° erhitzt. Nach dem Abkühlen zeigt das Reaktionsprodukt eine Viscosität von 4,7 Poise (25°). Nach dem Neutralisieren wird filtriert. Die kalte Lösung ist haltbar und beliebig mit Wasser verdünnbar. Sie findet Verwendung zur Verbesserung der Naßfestigkeit von Papier, indem ein mit der Lösung getränkter Papierbrei auf über 100° erhitzt wird, wodurch das Kondensationsprodukt unlöslich wird.

Beispiel 23

Harnstoff-Diäthylentriamin-Formaldehyd-Harz[3]: In einen 1 l Dreihalskolben, der mit Thermometer, Rührer und Rückflußkühler versehen ist, werden 20,6 g Diäthylentriamin zu 295 g methanolfreiem, 51%igem Formaldehyd gegeben. Man fügt soviel konz. Salzsäure zu, daß der p_H-Wert etwas mehr als 7,8 beträgt, gibt 120 g Harnstoff zu und stellt dann den p_H-Wert mit 25%iger Natronlauge auf etwas mehr als 7 ein. Dann erhitzt man das Gemisch innerhalb von 20 Min. auf 95°. Ist diese Temp. erreicht, so wird mit 90%iger Ameisensäure auf p_H: 4,2 eingestellt und die Temp. 5 Min. konstant gehalten. Der p_H-Wert steigt dabei auf 6,2 an; er wird erneut mit 90%iger Ameisensäure auf 4,0 erniedrigt, steigt aber im Verlauf von 20 Min. wieder an auf 5,2. Bei diesem p_H-Wert wird das Gemisch bei 95° kondensiert bis zur Viscosität L — M (Gardner-Holdt[4]). Die Kondensation wird dann ohne Erhitzen fortgesetzt, bis zur Viscosität V; dabei sinkt die Temp. auf 75°. Das entstandene Harz wird mit 25%iger Natronlauge auf p_H: 7,2 eingestellt und mit Wasser zu einer 43,3%igen Lösung verdünnt.

Es dient zur Verbesserung der Naßfestigkeit von Papier.

Beispiel 24

Harnstoff-Formaldehyd-Natriumhydrogensulfit-Kondensationsprodukt für Klebezwecke[5]: 650 g 30%ige Formaldehydlösung vom p_H: 7 werden mit 150 g Harnstoff unter Rühren zum Sieden erhitzt. Zu Beginn des Siedens stellt man mit 10%iger Essigsäure auf p_H: 4,7 ein und kocht dann $^1/_2$ Stde. unter Rückfluß. Dann gibt man 156 g Natriumhydrogensulfit zu der klaren Lösung, kocht weitere 30 Min. und nach Zugabe von 50 g Harnstoff nochmals 1 Stunde. Anschließend

---

[1] E.P. 595367 (1944), Resinous Products & Chemical Co.

[2] A.P. 2605253 (1950), Rohm & Haas Co., Erf.: R. W. AUTEN u. V. C. MEUNIER; C. **1954**, 5884.

[3] A.P. 2683134 (1951), Allied Chemical & Dye Corp., Erf.: J. B. DAVIDSON u. E. J. ROMATOWSKI; Chem. Abstr. **48**, 11113^g (1954).

[4] Zur Viscositätsmessung nach Gardner-Holdt s. Paint and Varnish Manufacture Association Circular Nr. **128** (1921).

[5] DBP. 889225 (1942), BASF, Erf.: H. SCHEUERMANN u. J. LENZ; C. **1954**, 235.
  DBP. 888169 (1939), BASF, Erf.: H. SCHEUERMANN.

wird mit Natronlauge neutralisiert und das Reaktionsprodukt i. Vak. bis zur gewünschten Konzentration und Viscosität eingeengt.

Man kann ebensogut Harnstoff, Formaldehyd und Hydrogensulfit erst gemeinsam bei p_H: 7–7,5 kondensieren und dann schwach sauer weiter erhitzen.

Über ähnliche Kondensationen unter Zusatz von Säureamiden, *Anilin* oder Phenolen siehe Literatur [1].

Beispiel 25

Harnstoff-Formaldehyd-Natriumhydrogensulfit-Kondensationsprodukt zur Verbesserung der Naßfestigkeit von Papier[2]: Eine Mischung von 150 g (2,5 Mol) Harnstoff und 445,5 g 37%igem Formaldehyd (5,5 Mol) wird gerührt und unter Rückfluß auf 80° erhitzt. Die Formaldehydlösung wird vor der Verwendung mit 10%iger Natriumcarbonatlösung auf p_H: 7–8 eingestellt. Das Erhitzen der Reaktionslösung wird so reguliert, daß trotz exothermer Reaktion die Temp. nicht über 80° ansteigt. Hierbei entsteht vorwiegend Dimethylolharnstoff. Nach etwa 15 Min. werden 47,5 g (0,25 Mol) wasserfreies Natriumpyrosulfit ($Na_2S_2O_5$) zugefügt, und das Erhitzen wird fortgesetzt. Nach einiger Zeit stellt man den p_H-Wert mit 50%iger Ameisensäure unter Rühren vorsichtig auf 5,4–6 ein. Während des weiteren Erhitzens wird der p_H-Wert konstant gehalten. Zuletzt kocht man noch kurze Zeit unter Rückfluß, wodurch die Viscosität zunimmt. Das abgekühlte Reaktionsgemisch kann beliebig mit Wasser verd. werden. Das Erhitzen vor dem Verdünnen kann längere Zeit fortgesetzt werden, ohne daß die Löslichkeit merklich abnimmt. Für praktische Zwecke kann z.B. so lange erhitzt werden, bis eine 50%ige Lösung eine Viscosität von 4 Poise erreicht. Zum Schluß muß das Kondensationsprodukt mit etwa 10%iger wäßr. Natriumcarbonatlösung zur Stabilisierung auf p_H: 7–8 eingestellt werden.

Das so entstandene wasserlösliche Kondensationsprodukt ist für eine Verwendung im Holländer zwecks Herstellung von Papieren höherer Naßfestigkeit geeignet; es härtet beim Trocknen über 100°.

Beispiel 26

Umwandlung eines Harnstoff-Formaldehyd-Gels mittels Natriumhydrogensulfit in ein wasserlösliches Produkt[3]: 77 g einer 30%igen Formaldehydlösung werden mit 1 n Natriumcarbonatlösung neutralisiert und auf 80° erwärmt. Nach Zugabe von 21 g Harnstoff erhitzt man den Ansatz 30 Min. lang auf 90–95°. Dann stellt man mit 1 n Oxalsäure auf p_H: 4 ein und erhitzt noch mehrere Stdn. auf 90–95°.

Zur weitgehenden Überführung der Lösung in den Gelzustand kann man sie entweder abkühlen oder durch Destillation einen Tl. des Wassers entfernen. Im letzteren Fall wird die Destillation solange fortgesetzt, bis die Viscosität der Masse schnell ansteigt und ein eingetauchter Glasstab beim Herausziehen Fäden zieht. Beim Abkühlen geht die Masse in wenigen Minuten in den Gelzustand über. Sie wird alsdann mit etwas Wasser angerührt. Ein Gramm der gequollenen Masse enthält je nach den Herstellungsbedingungen 0,4–0,5 g Trockensubstanz.

Zur Überführung des wasserunlöslichen Harzes in die wasserlösliche Form gibt man soviel Natronlauge und Wasser zu, daß der p_H-Wert 7,5–8 und der Trockengehalt der Aufschwemmung 40% beträgt. Dann erhitzt man den Ansatz auf 90–95°, gibt 15 g einer Lösung hinzu, die 6 g Natriumhydrogensulfit und 0,1 g Natriumsulfit enthält und außerdem 1,1 cm³ n Natronlauge. Die Zugabe von Natronlauge wird noch mehrfach wiederholt, wobei die Temp. während der ganzen Reaktionsdauer auf 90–95° gehalten wird. Zum Schluß wird der Ansatz auf p_H: 7,5 eingestellt. Die erhaltene dicke Lösung kann entweder direkt zum Präparieren von Papier benutzt oder völlig zur Trockne eingedampft werden. Die erhaltenen Klebstoffe behalten über längere Zeiträume hinaus ihre Löslichkeit.

Beispiel 27

Harnstoff-Melamin-Formaldehyd-Natriumsulfit-Kondensationsprodukt[2,4]: Man stellt 254 g 37%ige wäßr. Formaldehydlösung mit Natriumcarbonatlösung auf p_H: 5,8–6,2 ein, fügt 30 g

[1] DBP. 911436 (1943), BASF, Erf.: H. Scheuermann u. J. Lenz; C. **1954**, 10828.
[2] DBP. 968737 (1950), Rohm & Haas Co., Erf.: R. W. Auten u. J. L. Rainey; C. **1960**, 10083.
[3] DBP. 904108 (1944), BASF, Erf.: U. Ostwald, J. Lenz u. H. Scheuermann; C. **1956**, 318.
[4] A. P. 2407599 (1946), Resinous Products & Chemical Co., Erf.: R. W. Auten u. J. L. Rainey; Chem. Abstr. **41**, 623^g (1947).
S. a. DBP. 889225 (1942), BASF, Erf.: H. Scheuermann u. J. Lenz; C. **1954**, 235.

23*

Harnstoff und 63 g Melamin hinzu und erhitzt die Mischung unter Rühren auf 80°. Sobald eine klare Lösung entstanden ist, wird auf p_H: 7–7,5 eingestellt und noch 10 Min. auf 80–85° erhitzt. Nach Zugabe von 44,1 g Natriumsulfit steigt der p_H-Wert auf 9. Man erhitzt noch 1 Stde. unter Rühren auf 80–85° und gibt dann soviel 50%ige Ameisensäure zu, daß der p_H-Wert 7,8–8,2 beträgt. Das Erhitzen und Rühren bei 80–85° wird fortgesetzt, bis sich die Viscosität auf 0,5 Poise erhöht hat und keine Fällung eintritt, wenn 1 Tl. mit 20 Tln. Wasser verd. wird.

Beispiel 28

Harnstoff-Formaldehyd-Aminoessigsäure-Kondensationsprodukt[1,2]: 60 g Harnstoff (1 Mol) und 250 g 30%iger Formaldehyd (etwa $2^1/_2$ Mol) werden vermischt und mit Natriumcarbonat auf p_H: 7,5–7,9 eingestellt. Anschließend erhitzt man 1 Stde. auf 60–65° und gibt dann 15 g Aminoessigsäure und 20 g 30%igen Formaldehyd zu. Die Kondensation tritt sehr rasch ein. Nach kurzem Stehen wird die Lösung i. Vak. bei zuletzt höchstens 55° eingeengt, bis man einen Festgehalt von 60% erreicht hat. Die konz. Lösung wird mit verd. Schwefelsäure auf p_H: 5 eingestellt und bei 95° solange erhitzt, bis die gewünschte Viscosität erreicht ist. Zur Stabilisierung stellt man am Schluß erneut auf p_H: 7,5–8 ein.

Beispiel 29

Kondensation eines reaktionsfähigen Harnstoff-Formaldehyd-Harzes mit Ammoniumsulfat und Acetaldehyd[3]: In 200 g einer 30%igen wäßr. Formaldehydlösung vom p_H-Wert 8,1 rührt man 15 g Harnstoff ein und erhitzt $^1/_2$ Stde. auf 45°. Zu der erkalteten Lösung gibt man 66 g Ammoniumsulfat und 30 g Acetaldehyd, rührt 48 Stdn. bei 20° und stellt dann auf p_H: 5–6 ein. Die Kondensationslösung dient zum Fixieren bzw. Fällen von Gerbstoffen oder Farbstoffen mit sauren Gruppen.

Beispiel 30

Nachkondensation von Dimethylolharnstoff mit Furancarbonsäureester[4]:

500 cm³ konz. Schwefelsäure werden bei 0 bis –10° tropfenweise mit 145 g Brenzschleimsäuremethylester versetzt. In diese Lösung läßt man bei der gleichen Temp. 69 g Dimethylolharnstoff in 320 cm³ Eisessig unter Rühren eintropfen. Man rührt noch $^1/_2$ Stde. bei 0 bis –10° nach, gießt dann auf Eis und saugt den ausgefallenen Niederschlag ab. Ausbeute: 175 g = 91%. Durch Umkrystallisieren aus einem Methanol-Benzol-Gemisch wird reiner *N,N'-Bis-[5-carbomethoxy-furfuryl-(2)]-harnstoff* erhalten. F: 187°.

Beispiel 31

Kondensation von Harnstoff und Malonester mit Formaldehyd[5]: 57 g Harnstoff, 7,6 g 28%ige Ammoniak-Lösung, 161 g 37%ige wäßr. Formaldehyd-Lösung, 0,04 g Natriumhydroxyd, gelöst in 10 g Wasser, und 8 g Malonsäurediäthylester, werden gemischt und 30 Min. lang am Rückfluß-

[1] A. P. 2 601 666 (1949), Monsanto Chemical Co., Erf.: G. NILES; Chem. Abstr. **46**, 10 682^e (1952).

[2] s. a. DBP. 865975 (1939), BASF, Erf.: H. SCHEUERMANN.

[3] DRP. 745099 (1939), I. G. Farb., Erf.: H. SCHEUERMANN; C. **1944** I, 1357.

[4] DBP. 887815 (1951), Phrix-Werke AG., Erf.: O. MOLDENHAUER, W. IRION u. H. O. MARWITZ; C. **1954**, 4963.

   O. MOLDENHAUER, W. IRION u. H. MARWITZ, A. **583**, 37 (1953).

[5] DBP. 928975 (1941; Am. Prior., 1940), AEG, Erf.: G. F. D'ALELIO; C. **1956**, 6255.

kühler erhitzt. Dann fügt man 0,02 g Salzsäure als Härtungsmittel hinzu (anstelle der Salzsäure läßt sich auch Citronensäure oder Phthalsäureanhydrid als Härtungsmittel verwenden). Das noch flüssige Kondensationsprodukt kann direkt für Preßzwecke verwendet werden. Hierzu wird die harzartige Masse mit 70 g zerkleinerter Cellulose und 0,04 g Zinkstearat vermischt, danach bei 50° getrocknet, gemahlen, gesiebt und bei etwa 130° während einer Zeit von 3 Min. zu Formkörpern verpreßt.

3. Polyadditions- und Polykondensationsprodukte des Melamins sowie anderer Aminoheterocyclen mit Aldehyden

a) Allgemeines

Neben dem Harnstoff spielt seit 1935 das Melamin in Form seiner Kondensationsprodukte mit *Formaldehyd* technisch eine wichtige Rolle[1]. Melamin-Formaldehyd-Kondensationsprodukte zeichnen sich durch gute Wasserfestigkeit und Temperaturbeständigkeit aus, so daß sie zur Herstellung von Preßmassen und Schichtstoffen (zur Verkleidung von Holzkonstruktionen) geeignet sind. Meist werden für diese Zwecke allerdings keine reinen Melaminharze, sondern – aus Preisgründen – Melamin-Harnstoff-Harze verwendet; schon Anteile von 20–30% Melamin in Harnstoffharzen ergeben eine wesentlich erhöhte und ausreichende Heißwasserbeständigkeit. Auf Grund ihrer guten Wasserfestigkeit eignen sich Melaminharze auch als Holzleime[2]. Außerdem finden Melamin-Formaldehyd-Harze Anwendung in der Textilausrüstung zur Knitterfestmachung von Cellulosegeweben[3], zur Krumpfverminderung der Wolle und für Mattierungen; ferner dienen sie zur Verbesserung der Naßfestigkeit von Papieren[4]. In Kombination mit Phosphorsäure, besonders Pyrophosphorsäure, werden Melaminharze in zunehmendem Maße zur Flammfestausrüstung von Textilgewebe benutzt[5]. Auch für Harzgerbungen[6] finden Melamin-Formaldehyd-Kondensationsprodukte zunehmendes Interesse.

Neben dem Melamin spielen andere cyclische Verbindungen wie z. B. das Mono- oder Diamid der Cyanursäure oder die Barbitursäure als kondensationsfähige Komponenten keine Rolle.

---

[1] DRP. 647303 (1935), Henkel & Cie. GmbH., Erf.: W. HENTRICH u. R. KÖHLER; Frdl. **23**, 1717.
F. P. 811804 (1936) ≡ E. P. 466096 (1935) ≡ Ind.P. 23232 (1936), CIBA; C. **1937** I, 5062.
DRP.-Anm. D 74875 (1937), Henkel & Cie. GmbH., Erf.: W. HENTRICH u. R. KÖHLER.
R. KÖHLER, Kunststoff-Techn. u. Kunststoff-Anwend. **11**, 1 (1941).
T. S. HODGINS u. Mitarbb., Ind. eng. Chem. **33**, 769 (1941).
F. KLEMA, Mitt. chem. Forsch.-Inst. Wirtsch. Österreichs **8**, 152 (1954).
F. KLEMA, Chem. Rdsch. [Solothurn] **8**, 18 (1955).
H. P. WOHNSIEDLER, I. H. UPDEGRAFF u. R. H. HUNT jr., Ind. eng. Chem. **48**, 82 (1956).
B. BANN u. S. A. MILLER, Chem. Reviews **58**, 131 (1958).
[2] Schweiz.P. 211307 (1935), CIBA; C. **1941** I, 2621.
DRP. 721240 (1940), Henkel & Cie. GmbH., Erf.: R. KÖHLER; C. **1942** II, 1087.
[3] Schweiz.P. 197255 (1935) ≡ E. P. 466015 (1935), CIBA; C. **1937** II, 3553.
DRP. 702449 (1935) ≡ E. P. 458877 (1935), I.G. Farb., Erf.: K. KELLER; C. **1937** I, 4178.
E. ABRAMS u. N. H. SHERWOOD, Am. Dyest. Rep. **43**, 780 (1954).
[4] H. WILFINGER, Ang. Ch. **62**, 405 (1950); dort weitere Literatur.
[5] A. P. 2781281 (1955), CIBA, Erf.: A. BERGER; Chem. Abstr. **51**, 9180[d] (1957).
[6] A. KÜNTZEL, Colloquiumsber. Inst. Gerbereichem. Techn. Hochschule Darmstadt, Heft **5**, 3 (1949).
A. P. 2316740/1 (1942); 2522666 (1946), American Cyanamid Co., Erf.: W. O. DAWSON; Chem. Abstr. **37**, 5888[1] (1943); **45**, 3632[i] (1951).

β) Umsetzung des Melamins mit Formaldehyd in alkalischer Lösung

Melamin setzt sich mit Formaldehyd im alkalischen Bereich ähnlich wie Harnstoff vorwiegend zu Methylolverbindungen um. Unter Anwendung von mehr als sechs Mol Formaldehyd läßt sich besonders leicht das relativ beständige *Hexamethylolmelamin* darstellen, falls man die Temperatur nicht zu hoch wählt[1,2] (Beispiel 1, S. 365).

Trimethylolmelamin ist als chemisch einheitliche Verbindung selbst unter vorsichtigen Kondensationsbedingungen nur schwer darstellbar[3,4]. Es besitzt keinen genauen Schmelzpunkt, da bei erhöhter Temperatur auf Grund der noch vorhandenen kondensationsfähigen NH-Gruppen leicht eine Weiterkondensation eintritt. Bei höherer Temperatur entstehen auch bei alkalischer Kondensation vorwiegend harzartige Kondensationsprodukte[5]. Die Methylolverbindungen des Melamins sind bei p_H: 8–9 am stabilsten.

Im Gegensatz zum Harnstoff kann die Kondensation beim Melamin in alkalischer Lösung ziemlich genau durch die titrimetrische Bestimmung des unverbrauchten Formaldehyds mittels Natriumsulfit verfolgt werden, da die Methylolmelamine gegen Natriumsulfitlösung bei Zimmertemperatur recht beständig sind. Rein äußerlich macht sich bei der alkalischen Kondensation der Eintritt der Methylolgruppen bemerkbar durch die sukzessive Auflösung des Melamins. Bei fortschreitender Reaktion, besonders bei höherer Temperatur ($>60°$) wird allerdings das Reaktionsprodukt langsam wieder schwerer löslich in Wasser, bzw. es läßt sich nur mit geringeren Wassermengen vermischen (Beispiele 3 u. 4, S. 366). Diese abnehmende Wasserlöslichkeit ist durch die Umwandlung niedrigmolekularer Polymethylol-Verbindungen des Melamins in höhermolekulare Methylenäther[2] bedingt. Teilweise mögen auch schon Methylenbrücken auftreten.

---

[1] R. Köhler, Koll. Z. **103**, 138 (1943).
   Schweiz. P. 197486 (1935) ≡ Österr. P. 150002 (1936), CIBA; C. **1937** II, 2755.
   H. P. Wohnsiedler, Ind. eng. Chem. **44**, 2679 (1952).
[2] A. Gams, G. Widmer u. W. Fisch, Helv. **24**, 302 E (1941).
[3] T. S. Hodgins u. Mitarbb., Ind. eng. Chem. **33**, 769 (1941).
[4] J. K. Dixon, N. T. Woodberry u. G. W. Costa, Am. Soc. **69**, 599 (1947).
[5] DAS. 1024235 (1956), Süddeutsche Kalkstickstoff-Werke AG., Erf.: E. Doehlemann, H. Michaud u. H. Rostock; C. **1959**, 7648.

In neuerer Zeit wird der Einfluß von Kationen auf die Kondensation des Melamins mit Formaldehyd diskutiert[1]. Diese Untersuchungen zeigen, daß bestimmte Kationen, wie Aluminium- oder Eisen-ionen, Formaldehyd disproportionieren, wodurch der p_H-Wert geändert wird. Anscheinend tritt nur über diesen Umweg eine Beeinflussung der Kondensationsgeschwindigkeit bzw. der Stabilität fertiger Harzlösungen ein. Auch vermehrter Luftzutritt soll aus ähnlichen Gründen von Einfluß sein.

γ) Umsetzung des Melamins mit Formaldehyd in saurer Lösung

Beim Melamin gelingt es, durch Kondensation mit Formaldehyd in mineralsaurer Lösung in der Kälte *Hexamethylolmelamin* in besonders reiner Form darzustellen[2] (Beispiel 2, S. 365), womit die Zwischenbildung dieser Verbindung bei der sauren Formaldehydkondensation bewiesen sein dürfte. Wird Melamin mit Formaldehyd in Gegenwart von Alkoholen im sauren Bereich kondensiert, so lassen sich glatt die entsprechenden *Methyloläther* der zugesetzten Alkohole isolieren (vgl. S. 361).

Wird die Umsetzung von Melamin mit Formaldehyd in saurer Lösung in der Hitze durchgeführt, so wird – falls das Molverhältnis von Formaldehyd zu Melamin nicht allzu hoch ist – die Methylolstufe meist rasch durchlaufen, und man erhält zum Schluß in Wasser schwerlösliche Kondensationsprodukte[3], in denen die Melaminmolekeln weitgehend über Methylengruppen miteinander verknüpft sind.

Bei der Kondensation von Harnstoff mit Formaldehyd wurde darauf aufmerksam gemacht (S. 327ff.), daß in mäßig saurer Lösung bei p_H: ~ 3 unter Anwendung einer größeren Formaldehydmenge (mehr als 4,5 Mol) eigenartigerweise leicht wasserlösliche Kondensationsprodukte entstehen; ebenso erhält man bei der Kondensation in stärker saurer Lösung auch unter Anwendung einer sonst zur Härtung günstigen Formaldehydmenge keine wasserunlöslichen Kondensationsprodukte. In etwas weniger ausgeprägter Form kann man diese Anomalien auch bei der Kondensation des Melamins mit Formaldehyd beobachten[4].

So liegt der merkwürdige Fall vor, daß z.B. bei Anwendung von 3 cm³ konz. Salzsäure je 1 Mol Melamin (126 g) und bei Einsatz von 6 Mol Formaldehyd, wie zu erwarten, rasch unlösliche und auch beim Erhitzen unlöslich bleibende Harze entstehen, aber bei Anwendung von 50 g konz. Salzsäure nach kurzer Zeit in Wasser klarlösliche Kondensationsprodukte entstehen. Auch noch größere Mengen an starken Säuren, wie etwa 150 g konz. Salzsäure, ergeben wasserlösliche Kondensate. Bei weiterer Steigerung der Säuremenge wird aber die lösliche Stufe rasch durchschritten, und unlösliche Harze fallen aus, doch lösen sich diese anfangs beim Verdünnen mit Wasser wieder auf. Dieselben Fällungen treten auch beim Zusatz von Salzen ein[5]. Besonders fällend wirken Salze mehrbasischer Säuren wie z.B. *Natriumsulfat*. Es ist sicher, daß die bei der Kondensation mit viel Salzsäure rasch entstehenden Gele zunächst nur auf Grund dieser fällenden Wirkung (Aussalzung) entstehen. Die bei weiterem Erhitzen auftretenden irreversiblen Fällungen sind jedoch wahrscheinlich die Folge einer fortschreitenden Kondensation. Werden die stark sauren wäßr. Lösungen neutralisiert, so entstehen ebenfalls Fällungen, die aber nach Zusatz von etwas Säure wieder in Lösung gehen. Abfiltrierte Fällungen oder i. Vak. eingeengte, ursprünglich wasserlösliche saure Reaktionsprodukte sind unlöslich in Wasser. Nach Zusatz von überschüssigem Formaldehyd tritt wieder Lösung ein. Dies zeigt, daß das ganze Reaktionssystem, unter Einschluß des Formaldehyds, in einem *Gleichgewicht* steht.

[1] H. MICHAUD, Kunstst. **47**, 686 (1957).
  DAS. 1028335 (1956), Süddeutsche Kalkstickstoff-Werke, Erf.: H. MICHAUD, F. KAESS u. E. VOGEL; C. **1959**, 7648.
[2] A. GAMS, G. WIDMER u. W. FISCH, Helv. **24**, 316 E (1941).
  S. a. E.P. 468677 (1937), CIBA; C. **1937** II, 2755.
[3] Schweiz.P. 197254 (1935), CIBA; C. **1938** II, 4335.
[4] A.P. 2345543 (1942), American Cyanamid Co., Erf.: H. P. WOHNSIEDLER u. W. M. THOMAS; Chem. Abstr. **38**, 4344⁹ (1944).
  A.P. 2394009 (1943), American Cyanamid Co., Erf.: J. D. POLLARD; Chem. Abstr. **40**, 2627⁵ (1946).
[5] Beobachtungen von R. WEGLER (nicht veröffentlicht).

Welcher Art diese Sonderfälle der sauren Melamin-Formaldehyd-Kondensation sind, ist bis jetzt noch nicht geklärt worden. Möglicherweise findet hier eine **Umwandlung** des Melamins in ein stärker basisches, **salzbildendes Produkt** statt. Dafür spricht, daß der Formaldehyd so langsam und zudem unvollständig für die Kondensation verbraucht wird. Aber auch die Art der **Formaldehydbindung** scheint nicht die sonst im sauren Bereich übliche Methylenbindung zu sein. Die Anwendung von viel Formaldehyd, etwa 12 Mol je 1 Mol Melamin, ergibt nämlich besonders leicht Kondensationsprodukte, die in einem weiten Temperatur- und Zeitbereich löslich und beständig sind, obwohl, nach einer **Hydrogensulfit-Titration** des Formaldehyds zu urteilen, nur etwa 4 Mol Formaldehyd verbraucht werden (Beispiel 5, S. 366) (es ist aber sehr wahrscheinlich, daß durch diese Formaldehydbestimmung labil gebundener Formaldehyd mit erfaßt wird). Der in saurer Lösung zur Kondensation verbrauchte Formaldehyd ist nur in engen Grenzen von der angewandten Formaldehydmenge abhängig. Er beträgt bei Anwendung von 3,5 Mol Formaldehyd je 1 Mol Melamin nur wenig mehr als 2 Mol bis zur Entstehung eines löslichen Kondensationsproduktes (Beispiel 6, S. 366). Werden nur 2 Mol Formaldehyd eingesetzt, so entsteht überhaupt kein lösliches Reaktionsprodukt mehr[1]. Die die leichte Wasserlöslichkeit bedingende Bindungsart des Formaldehyds (Halbacetalbindung?) scheint also nur in Gegenwart von überschüssigem freiem Formaldehyd beständig zu sein; bei der Einengung i. Vak. entstehen in Übereinstimmung damit unlösliche Produkte.

Lösliche Kondensationsprodukte erhält man auch aus Hexamethylolmelamin durch Zusatz von $^1/_2$–1 Mol Salzsäure (Beispiel 7, S. 367). Offenbar wird unter dem Einfluß der Säure aus der Methylolverbindung der Formaldehyd zum Teil wieder abgespalten, und nur etwa $2^1/_2$ Mol bleiben stabiler gebunden. Auch hier entstehen beim Einengen i. Vak. unlösliche Produkte.

δ) Weiterkondensation reaktiver Melamin-Formaldehyd-Harze (Härtung)

Die Härtung der durch Umsetzung von Melamin mit Formaldehyd in alkalischer, seltener in saurer Lösung gewonnenen Vorkondensate erfolgt analog wie die der Harnstoff-Formaldehyd-Harze[2] (s. S. 332 ff.). Der genaue Aufbau der gehärteten Melamin-Formaldehyd-Harze[3] ist ebensowenig in allen Einzelheiten geklärt wie der der entsprechenden Harnstoffharze. Methylolreiche Anlagerungsprodukte des Melamins scheinen beim Aushärten relativ stabile Kondensationsprodukte mit *Ätherbrücken* zu bilden[4], wobei Härtungsprodukte bis zum Molgewicht 3000 noch in Pyridin löslich sind[5].

Wie bei den Harnstoffharzen, so ist es auch bei den Melaminharzen vorteilhaft, für **Preßmassen** solche Vorkondensationsprodukte einzusetzen, die schon so weit kondensiert sind, daß sie zwar noch schmelzbar und fließend sind, aber möglichst keinen Formaldehyd und auch nicht allzu viel Wasser bei der Härtung mehr abspalten. Die günstigste Formaldehydmenge für schnellhärtende Kondensationsprodukte liegt bei etwa 2,8–3,5 Mol Formaldehyd pro Mol Melamin. Bei der Herstellung von Melamin-**Gießharzen** (deren praktische Bedeutung gering ist) ist auf eine vorsichtige langsame Wasserabspaltung während des Härtungsvorganges zu achten. Wasser als Weichmacher wird absichtlich zurückgehalten durch Anwendung hydrophiler Aldehyde wie z.B. *Trimethylol-acetaldehyd*[6] (Beispiele 8 u. 9, S. 367). Zum gleichen Zweck können auch noch *Glykole*[6] oder *Glykoläther*[7] den zu härtenden Produkten zugesetzt werden

---

[1] A.P. 2345543 (1942), American Cyanamid Co., Erf.: H. P. Wohnsiedler u. W. M. Thomas; Chem. Abstr. **38**, 4344⁹ (1944).

[2] DRP. 745682 (1935; Schweiz. Prior., 1935) ≡ E.P. 480316 (1936), CIBA; C. **1938** II, 640.

[3] H. P. Wohnsiedler, Ind. eng. Chem. **45**, 2307 (1953).

[4] A. Gams, G. Widmer u. W. Fisch, Helv. **24**, 315 E (1941).

[5] R. Köhler, Koll. Z. **103**, 138 (1943).

[6] DBP. 891449, 897480 (1944), Cassella, Erf.: K. Keller; C. **1954**, 4501, 6843.

[7] DBP. 893261 (1938), Deutsche Hydrierwerke AG., Erf.: R. Endres; C. **1954**, 4956.

(Beispiel 9, S. 367). Die Härtung erfolgt im allgemeinen bei Preßmassen und Gießharzen bei etwa p_H: 3,5–5. Auch als Gerbstoffe zur Herstellung von weißem Leder finden Vorkondensate Verwendung, deren Formaldehydgehalt etwa dem des Trimethylolmelamins entspricht[1].

ε) Abwandlung reaktiver Melamin-Formaldehyd-Harze (Verätherung und Veresterung)

Die Abwandlung von Melamin-Formaldehyd-Harzen z.B. durch Verätherung der Methylolverbindungen des Melamins[2] mit niederen Alkoholen läßt sich meist noch leichter durchführen als beim Dimethylolharnstoff, und die Verätherungsprodukte zeichnen sich auch teilweise durch gute Krystallisationsfähigkeit aus. Die Verätherung kann in stark saurer Lösung bei Zimmertemperatur durchgeführt werden, wobei meist eine Reaktionszeit von wenigen Minuten ausreicht (Beispiele 10, 11 u. 12, S. 368). Meist wird die Verätherung jedoch – ebenso wie bei den Harnstoffharzen – bei p_H: 5–6 beim Siedepunkt des angewandten Alkohols (Beispiel 13, S. 368) und unter azeotroper Wasserentfernung (Beispiel 14, S. 368) durchgeführt. Da die polyfunktionellen Methylolmelamin-Harze sehr leicht vernetzen, erfordert die Verätherung größerer Ansätze besondere Aufmerksamkeit und Maßnahmen: Es empfiehlt sich, bei etwas tieferem p_H-Wert (4,5–5) das feste Melaminharz mit dem überschüssigen Alkohol nur solange unter Rühren zu erhitzen, bis gerade alles gelöst ist, dann aber sofort etwas Natriumhydroxydlösung zuzugeben, bis der p_H-Wert fast 7 erreicht hat, und erst dann das Wasser überzutreiben[3]. Veräthert man bei p_H: 9, z.B. mit n-Butanol, so verläuft die Umsetzung nicht vollständig. Nach etwa 20 Min. wird keine nennenswerte Wasserabspaltung mehr beobachtet. Auch wenn man nun auf p_H: 6–7 einstellt, bleibt die Verätherung unvollständig. Zu beachten ist, daß bei allen Verätherungen methylolreicher Melaminharze stets nennenswerte Mengen an Formaldehyd abgespalten werden. Besonders in alkalischer Lösung ist dies zu beobachten[3].

Unter Anwendung eines größeren Überschusses an Glykolen, wie z.B. *Diäthylenglykol* erhält man aus alkalisch kondensierten Melamin-Formaldehyd-Harzen wasserlösliche, verhältnismäßig stabile Polyäther[4].

---

[1] A.P. 2316740/1 (1942), American Cyanamid Co., Erf.: W. O. Dawson; Chem. Abstr. **37**, 5888[1] (1943).

[2] Schweiz.P. 198970 (1935); 211306 (1936), CIBA; C. **1939** I, 1080; **1941** I, 2597.
Schweiz.P. 202548 (1936) ≡ A.P. 2197357 (1937), CIBA, Erf.: G. Widmer u. W. Fisch; Chem. Abstr. **34**, 5569[5] (1940).
E.P. 533998 (1939), American Cyanamid Co., Erf.: H. J. West; Chem. Abstr. **36**, 1113[2] (1942).
E.P. 534326 (1940) ≡ A.P. 2259980 (1939), American Cyanamid Co., Erf.: H. J. West u. R. E. Layman jr.; Chem. Abstr. **36**, 920[9] (1942).
DBP. 909043 (1942; Schweiz. Prior., 1942), CIBA, Erf.: G. Widmer; C. **1955**, 935.
A.P. 2529856 (1944), American Cyanamid Co., Erf.: H. J. West u. W. T. Watt; Chem. Abstr. **45**, 2714c (1951).
A.P. 2537131 (1947), American Cyanamid Co., Erf.: A. J. Grossman; Chem. Abstr. **45**, 3650[i] (1951).
A. Gams, G. Widmer u. W. Fisch, Helv. **24**, 317 E (1941).
T. S. Hodgins u. Mitarbb., Ind. eng. Chem. **33**, 771 (1941).
H. P. Wohnsiedler, Ind. eng. Chem. **44**, 2679 (1952).
E. R. Atkinson u. A. H. Bump, Ind. eng. Chem. **44**, 333 (1952).
F. Engelhardt, K. D. Ledwoch u. C. Schwengers, Kunststoff-Rundschau **7**, 433 (1960).

[3] Nicht veröffentlichte Versuche von R. Wegler.

[4] A.P. 2358276 (1941), Reichhold Chemicals Inc., Erf.: T. S. Hodgins, P. S. Hewett u. A. G. Hovey; Chem. Abstr. **39**, 1572[3] (1945).

Äther höherer Alkohole werden analog wie bei den Harnstoffharzen durch Um-ätherung gewonnen[1] (Beispiel 15, S. 369), vor allem dann, wenn das Methylol-melamin selbst in dem betreffenden Alkohol kaum löslich ist, wohl aber z. B. dessen Methyl- oder Äthyläther. Eine wichtige Anwendung ist die Herstellung von Äthern der Fettsäuremonoglyceride (Beispiel 16, S. 369), z. B. von Monoglyceriden der Säuren des Leinöls[2]. Auch Ester höherer Fettsäuren, wie z. B. der Leinölsäure, lassen sich am einfachsten durch Erhitzen der Methyl- oder Butyläther der Methylol-melamine mit den Fettsäuren unter Abdestillation des freiwerdenden Alkohols dar-stellen[3] (Beispiel 17, S. 369). Auch zur weiteren Elastifizierung mit Hydroxy- oder Carboxygruppen enthaltenden Polyestern werden vornehmlich die Butyläther von Polymethylolmelaminen herangezogen[4].

Bei der Elastifizierung von Melamin-Formaldehyd-Harzen mit teilweise durch Butyraldehyd acetalisiertem *Polyvinylalkohol*[5] dürfte beim Auskondensieren wenig-stens z. T. ebenfalls eine gegenseitige Verätherung eintreten. Auch *Polysiloxane* mit noch freien Hydroxygruppen lassen sich mit Melamin-Formaldehyd-Harzen kombinieren[6].

Während die Äther aus Butanol oder ungesättigten Fettsäureglyceriden mit Methylolmelamin fast ausschließlich für die Lackindustrie[7] von Bedeutung sind, findet der *Hexamethylolmelamin-hexamethyläther* infolge seiner Wasserlöslichkeit und der gegenüber der Methylolverbindung erhöhten Lagerfähigkeit in der Textilchemie Anwendung[8]. Äther ungesättigter Alkohole, wie z. B. des *Allylalkohols*[9,10] oder des *Glykol-monoallyläthers*[11], finden als lichtechte, oxydativ an der Luft trocknende oder polymerisierbare Komponenten technische Verwendung (Beispiel 11, S. 368).

---

[1] A. Gams, G. Widmer u. W. Fisch, Helv. **24**, 317 E (1941).
  F. Engelhardt, K. D. Ledwoch u. C. Schwengers, Kunststoff-Rundschau **7**, 433 (1960).
[2] DBP. 875411 (1940; Schweiz. Prior., 1939) ≡ F. P. 867109 (1940), CIBA, Erf.: G. Widmer, T. Sutter u. W. Fisch; C. **1942** I, 2828.
  E. P. 534326 (1940) ≡ A. P. 2259980 (1939), American Cyanamid Co., Erf.: H. J. West u. R. E. Layman jr.; Chem. Abstr. **36**, 920[9] (1942).
  A. P. 2448338 (1945), CIBA, Erf.: G. Widmer u. W. Fisch; Chem. Abstr. **43**, 441[i] (1949).
[3] DBP. 907132 (1942), CIBA, Erf.: G. Widmer, W. Fisch u. T. Sutter.
[4] F. P. 1125478 (1955) ≡ E. P. 771549 (1955), DuPont, Erf.: A. N. Walus; C. **1958**, 6683.
  DAS. 1015165 (1955), Atlas Powder Co., Erf.: J. C. Bacon; C. **1958**, 11962.
[5] F. P. 1075709 (1953) ≡ A. P. 2697086 (1952), CIBA, Erf.: R. Lindenfelser u. M. K. Kilthau; C. **1955**, 8513.
[6] A. P. 2731438 (1954), American Cyanamid Co., Erf.: M. K. Layman; Chem. Abstr. **50**, 8247[i] (1956).
[7] DRP. 752582 (1935; Schweiz. Prior., 1935), CIBA.
  DRP. 751600 (1939; Schweiz. Prior., 1939), CIBA, Erf.: G. Widmer, W. Kraus u. E. Hochuli.
  DRP. 748829 (1939), I. G. Farb., Erf.: H. Bernard, W. Kneip, W. Zerweck u. K. Keller.
  F. P. 887510 u. 888467 (1942; DR. Prior., 1941), I. G. Farb.; C. **1944** II, 482, 170.
  R. Colombet, Ind. Plast. mod. **6**, Nr. 6, 41 (1954).
[8] DBP.-Anm. C 1352 (1936) ≡ Schweiz. P. 202548 (1936), CIBA, Erf.: G. Widmer u. W. Fisch.
  A. P. 2529856 (1944), American Cyanamid Co., Erf.: H. J. West u. W. T. Watt; Chem. Abstr. **45**, 2714[c] (1951).
[9] E. R. Atkinson u. A. H. Bump, Ind. eng. Chem. **44**, 333 (1952).
[10] G. Widmer, Schweiz. Arch. angew. Wiss. Techn. **20**, Nr. 11, 345 (1954).
[11] DAS. 1122255 (1959), CIBA, Erf.: P. Zuppinger u. G. Widmer.

Besonders die *Pentamethylolmelamin-allyläther* sind in Kombination mit trocknenden Ölen, wobei mit Sojaölsäure modifiziert wird, als lufttrocknende Lacke in Anwendung[1] (mit Peroxyden tritt keine Polymerisation ein). Mitunter wird eine Verätherung und eine Kondensation mit einer zweiten Komponente wie z.B. Dicyclopentadien gemeinsam vollzogen. Als Weichmacher für Kunstseiden werden Kondensationsprodukte des *Hexamethylolmelamin-hexamethyläthers* mit *Stearinsäure* und *Triäthanolamin* vorgeschlagen. Es entstehen basische, als Hydrochloride wasserlösliche Produkte[2].

ζ) Kondensation des Melamins mit anderen Aldehyden als Formaldehyd

Neben Formaldehyd spielen andere Aldehyde für die Kondensation mit Melamin keine Rolle, wenngleich ihre Verwendung mehrfach unter Patentschutz gestellt worden ist[3]; angeführt sind *Acetaldehyd, Trimethylolacetaldehyd* (s. S. 360 u. Beispiele 8 u. 9, S. 367), *Acrolein, Benzaldehyd, Furfurol, Glyoxal, Phthalaldehyd* und *Terephthalaldehyd*.

η) Kondensation des Melamins mit Aldehyden und anderen kondensationsfähigen Verbindungen

Die Kondensation des Melamins mit Formaldehyd zusammen mit anderen kondensationsfähigen Verbindungen[4], wie *Phenolen, Harnstoff[5], Thioharnstoff[6], Sulfonamiden[7]* usw. für Preßmassen, Lacke oder Leime oder mit *Salzen der schwefligen Säure[8,9]* (Beispiele 18 u. 19, S. 370) oder mit *Aminosäuren[10]* (Beispiel 20, S. 370) für wasserlösliche Klebstoffe bzw. zur Verbesserung der Naßfestigkeit von Papieren[8], bietet gegenüber den Harnstoffharzen nichts prinzipiell Neues, weshalb auf die eingehende Besprechung bei den Harnstoffharzen (s. S. 342ff.) verwiesen sei.

Zur Herstellung von basischen Melamin-Formaldehyd-Harzen kann man analog wie bei den Harnstoff-Formaldehyd-Harzen Amine mit einkondensieren[11]. Unter Verwendung von *Äthanolamin* erhält man reaktive, lagerfähige, basische Harze, welche

[1] G. WIDMER, Schweiz. Arch. angew. Wiss. Techn. **20**, Nr. 11. 345 (1954).
[2] DBP. 956990 (1952) ≡ Schweiz.P. 301453 (1951), CIBA, Erf.: O. ALBRECHT u. A. HIESTAND; C. **1955**, 8043.
[3] E.P. 468746 (1935), CIBA, Erf.: A. G. BLOXAM; C. **1937** II, 2755.
   DBP. 918780 (1949), Laboratorium für angewandte Chemie Dr. Franz Köhler, Erf.: F. KÖHLER; C. **1955**, 3502.
[4] A.P. 2740736–38 (1954), Monsanto Chemical Co., Erf.: C. ELMER, T. ANAS u. S. H. RIDER; Chem. Abstr. **50**, 9062^d (1956).
   DBP. 945279 (1953), BASF, Erf.: F. MEYER u. W. RITTER; C. **1957**, 9785.
[5] DBP.-Anm. p 14342 (1948), G. F. D'Alelio.
[6] DAS. 1025141 (1956; Schweiz. Prior., 1955) ≡ A.P. 2839484 (1956), CIBA, Erf.: A. RENNER; C. **1959**, 13652.
[7] E.P. 769344 (1954) ≡ A.P. 2809954 (1954), Switzer Brothers Inc., Erf.: Z. KAZENAS; C. **1959**, 7648.
[8] E.P. 611244 (1946), Monsanto Chemical Co.
[9] DBP. 883652 (1942), BASF, Erf.: H. SCHEUERMANN u. J. LENZ; C. **1954**, 235.
   DBP.-Anm. B 14843 (1951), BASF, Erf.: R. ALLES.
   S. a. F.P. 974657 (1948), American Cyanamid Co.; C. **1953**, 2846.
[10] E.P. 628818 (1946); A.P. 2550638 (1945), American Cyanamid Co., Erf.: W. O. DAWSON; Chem. Abstr. **44**, 6200^d (1950); **45**, 6864^f (1952).
[11] A.P. 2769796, 2769799 (1953); 2769800 (1955), American Cyanamid Co., Erf.: T. J. SUEN u. Y. JEN; Chem. Abstr. **51**, 18705^d (1957); **52**, 3409^e (1958).

für Appreturen oder zum Animalisieren verwendet werden können[1] (Beispiel 21, S. 370).

Ob bei der Flammfestausrüstung von Textilien, bei der Methylolmelamine mit Pyrophosphorsäure gemeinsam auf der Faser fixiert werden[2], Mischkondensationen eintreten, ist ungewiß.

Ähnlich wie Harnstoff beim Erhitzen mit α,β-ungesättigten Säuren reagiert, wobei eine Acylierung eintreten soll, kann auch Melamin bei etwa 150–160° mit *Acrylsäure* zur Umsetzung gebracht werden; dabei entstehen teilweise wasserlösliche Kondensationsprodukte[3] (die Wasserlöslichkeit der Reaktionsprodukte spricht aber mehr für eine Anlagerung des Melamins an die Doppelbindung der Säure). Die entstehenden Kondensationsprodukte lassen sich mit Formaldehyd weiter kondensieren[4]. Wird Melamin mit *Acrylnitril* und *Formaldehyd* in stark saurer Lösung umgesetzt, so entstehen polymerisierbare Harze[5]. Auch *Methylolmelamine* können mit *Acrylnitril* oder *Acrylamid* zu polymerisierbaren Produkten kondensiert werden[6] (Beispiel 22, S. 371).

ϑ) Kondensation von anderen Aminoheterocyclen mit Aldehyden

Statt Melamin werden oft andere weniger glatt darstellbare Amide oder Hydrazide der Cyanursäure als Kondensationskomponente empfohlen, ohne daß sie aber bis heute eine Bedeutung erlangt hätten. Ein gewisses theoretisches Interesse verdienen Cyanursäurehydrazide, da mit ihrer Hilfe leicht basische Kondensationsprodukte hergestellt werden können[7]. Infolge der leichten Kondensationsfähigkeit der Hydrazingruppe kann hier auch ohne Schwierigkeit Acetaldehyd als Carbonylkomponente Anwendung finden. *Guanylmelamine* reagieren ebenfalls sehr leicht mit Aldehyden[8]. Aminoheterocyclen mit ungesättigten Seitenketten, wie z.B. *N,N-Diallyl-melamin*, bieten die Möglichkeit, Formaldehyd-Kondensationsprodukte darzustellen, welche zusätzlich noch polymerisationsfähige Doppelbindungen aufweisen[9]. Umgekehrt kann man auch zuerst die ungesättigten Aminoheterocyclen, wie z.B. Acryloguanamin, polymerisieren und anschließend die primären Aminogruppen mit Aldehyden umsetzen[10]. (Zur Verätherung von Methylolamino-triazinen mit ungesättigten Alkoholen s.

---

[1] F.P. 880189 (1942; DR. Prior., 1941), I.G. Farb., Erf.: K. KELLER u. W. ZERWECK; C. **1944** I, 1346.

[2] A.P. 2781281 (1955), CIBA, Erf.: A. BERGER; Chem. Abstr. **51**, 9180[d] (1957).

[3] DBP. 930779 (1944), Röhm & Haas GmbH., Erf.: F. KÖHLER; C. **1956**, 1748.

[4] DBP. 933229 (1944), Röhm & Haas GmbH., Erf.: F. KÖHLER; C. **1956**, 8497.

[5] DAS. 1004185 (1953) ≡ F.P. 1090820 (1953), CIBA, Erf.: D. PORRET u. E. LEUMANN; C. **1957**, 6910.

[6] DAS. 1005270 (1953; Schweiz. Prior., 1952 u. 1953) ≡ F.P. 1090020 (1953), CIBA, Erf.: R. SALLMANN, A. MAEDER, D. PORRET, E. LEUMANN u. O. ALBRECHT; C. **1957**, 5715.

[7] DRP. 680707 (1936) ≡ F.P. 817539 (1937), I.G. Farb., Erf.: W. ZERWECK u. K. KELLER; C. **1938** I, 956.

[8] DBP. 946805 (1952; Schweiz. Prior., 1951 u. 1952) ≡ E.P. 730018 (1952), CIBA, Erf.: O. ALBRECHT; C. **1956**, 7948.

[9] Firmenschrift der American Cyanamid Co., New Product Bulletin Nr. 26, Coll. Vol. III, N,N-Diallyl-melamine, S. 107.

[10] A.P. 2689238 (1952), American Cyanamid Co., Erf.: W. M. THOMAS; Chem. Abstr. **49**, 668[b] (1955).
Über polymerisierbare Aminoheterocyclen vom Melamintyp s. a. G. F. D'ALELIO u. L. X. MALLAVARAPU, Makromolekulare Chem. **38**, 56 (1960).

S. 362). Erwähnt seien auch die Kondensationsprodukte des *Guanamins*[1], des *Amino-isomelamins*[2], der *Bis-aminotriazine*[3] und der Amino- und Hydrazino-pyrimidine und -chinazoline[4]. Speziell *Benzoguanamin-Formaldehyd-Harze* sollen beim Aushärten von ungesättigten Polyestern das Auftreten von Rissen verhindern[5]. Aus *Bis-guanaminen* mit längeren, Ketogruppen enthaltenden Brücken lassen sich mit Formaldehyd hochvernetzte, aber relativ elastische Harze erhalten[6].

Eine weitere Möglichkeit, zu Kondensationsprodukten mit elastischen Zwischengliedern zu gelangen, besteht in der Umsetzung von *Cyanurchlorid* oder z.B. *2-Chlor-4,6-diamino-1,3,5-triazin* mit z.B. *Äthylendiamin* oder längerkettigen Diaminen wie *Hexamethylendiamin* zusammen mit Ammoniak. Auf diese Weise entstehen Verbindungen, in denen die einzelnen Triazinringe teilweise über längere Brückenglieder verknüpft sind[7]. Derartige polyfunktionelle Verbindungen lassen sich leicht mit Formaldehyd in Polymethylolverbindungen umwandeln, wobei aber diese Anlagerungsreaktion wegen der Vernetzungsgefahr nur in der Kälte durchgeführt werden darf. In der Hitze entstehen rasch vollständig unlösliche Produkte[8]. Praktische Anwendung haben aber diese Kondensationsprodukte wegen ihrer zu teueren Ausgangsbasis bis jetzt nicht gefunden.

Erwähnt seien auch die Kondensationsprodukte von Aldehyden mit Aminen von fünfgliedrigen Heterocyclen, wie z.B. mit Guanazol[9], Phenylguanazol[9–11] und Diaminopyrazol[11].

ι) Praktische Durchführung der Kondensationen

Beispiel 1

Hexamethylolmelamin durch Anlagerung in alkal. Lösung[12]: 126 g Melamin und 800 g 30%iger Formaldehyd werden bei p_H: 8 etwa 10 Min. unter Rühren auf 90° erhitzt, wobei das Melamin vollständig in Lösung geht. Das Kondensationsgemisch wird mit demselben Vol. Äthanol verd. und abgekühlt, wobei eine körnige Masse ausfällt. Nach dem Absaugen trocknet man i. Vak. bei höchstens 40–50°. Die Ausbeute ist fast vollständig; der Methylolgehalt des Kondensationsproduktes entspricht aber nicht ganz 6 Mol Formaldehyd.

Beispiel 2

Hexamethylolmelamin durch vorsichtige saure Anlagerung (reineres Produkt)[12]: 1,26 g Melamin, 20 cm³ 30%iger Formaldehyd und 1 cm³ konz. Salzsäure werden bei 20° geschüttelt. Nach etwa 3–4 Stdn. tritt Lösung ein, worauf schwach alkal. gestellt wird. Nach kurzer Zeit fällt das Hexamethylolmelamin in Form von Nadeln aus. Es kann aus heißem Wasser umkristallisiert werden. Das Krystallisat enthält noch Krystallwasser. Ein exakter Schmelzpunkt läßt sich nicht bestimmen, da die Schmelztemp. über der Zersetzungstemp. liegt.

[1] F. P. GRIMSHAW, J. Oil Colour Chemists' Assoc. **40**, 1060 (1957).
  A.P. 2900367 (1956), American Cyanamid Co., Erf.: T. J. SUEN u. Y. JEN; Chem. Abstr. **53**, 20804ᵃ (1959).
[2] Schweiz.P. 316742 (1953), CIBA, Erf.: J. J. ROEMER u. D. W. KAISER; C. **1957**, 10882.
[3] DAS. 1013072 (1953; Am. Prior., 1952), Rohm & Haas Co., Erf.: P. LaROCHE DE BENNEVILLE u. V. C. MEUNIER; C. **1958**, 11089.
[4] DRP. 667542, 669188, 673588 (1936), I.G. Farb., Erf.: W. ZERWECK u. K. KELLER; Frdl. **25**, 1186, 1188, 1192.
[5] A.P. 2809951 (1953), American Cyanamid Co., Erf.: A. A. VARELA; Chem. Abstr. **52**, 3401ᵉ (1958).
[6] A.P. 2665260 (1946), Allied Chemical & Dye Corp., Erf.: J. K. SIMONS; Chem. Abstr. **48**, 4882ᵍ (1954).
[7] A.P. 2544071 (1947), American Cyanamid Co., Erf.: J. R. DUDLEY; Chem. Abstr. **45**, 7157ᶠ (1951).
[8] A.P. 2524727 (1947), American Cyanamid Co., Erf.: J. R. DUDLEY; Chem. Abstr. **45**, 906ᵍ (1951).
[9] DRP. 669807 (1936), I.G. Farb., Erf.: W. ZERWECK u. K. KELLER; Frdl. **25**, 1183.
[10] E.P. 501407 (1937), I.G. Farb.; C. **1939** II, 243.
[11] DRP. 679341 (1937) ≡ F.P. 830124 (1937), I.G. Farb., Erf.: K. KELLER u. W. ZERWECK; C. **1938** II, 4324.
[12] A. GAMS, G. WIDMER u. W. FISCH, Helv. **24**, 315 E (1941).

Beispiel 3

Melamin-Formaldehyd-Harz für Preßmassen (durch alkal. Kondensation)[1]: Zu 335 g 30%igem Formaldehyd, die mit etwas Natronlauge auf p_H: 8,5 eingestellt sind, gibt man nach raschem Erwärmen auf 70° unter gutem Rühren 126 g Melamin. Letzteres löst sich sehr rasch. Bei 80° wird weiter kondensiert, wobei nach etwa $4^1/_2$ Stdn. eine auf 20° abgekühlte Probe beim Verdünnen mit Wasser ein Harz abscheidet. Nach 6 stdg. Erhitzen entmischt sich der Reaktionsansatz in ein zähflüssiges Harz und eine wäßr. Schicht. Er wird noch weitere 2 Stdn., also zusammen 8 Stdn. erhitzt, mit verd. Essigsäure vorsichtig neutralisiert und i. Vak. unterhalb 60° eingeengt. Es hinterbleibt ein zähfestes, fast hartes Harz, das besonders für Preßmassen geeignet ist.

Beispiel 4

Melamin-Formaldehyd-Harz für Holzleimzwecke[2]: 126 g Melamin werden mit 330 g 30%igem Formaldehyd vermischt und auf p_H: 7,2 eingestellt. Durch Erhitzen auf 80° tritt nach kurzer Zeit Auflösung ein. Es wird so lange (etwa 30 Min.) weitererhitzt, bis eine abgekühlte Probe, mit der 3fachen Menge Wasser verd., eine Trübung durch abgeschiedenes Harz ergibt. Umgehend wird abgekühlt und i. Vak. in möglichst dünner Schicht oder techn. durch Zerstäubung in einen luftverd. Raum getrocknet. Das trockene Pulver ist in Wasser löslich und relativ lange lagerfähig.

200 g des Melaminharzes werden in 90 g Wasser gelöst und mit 0,5 g Ammoniumchlorid versetzt. Die dicke streichfähige Mischung dient zum Verleimen von Sperrholzplatten, wobei etwa 150–200 g Leim je m² Holz verwendet werden. Der erforderliche Druck ist etwa 4 kg/cm² und die Härtungszeit 3–6 Stdn. bei 80–90°. Bei Anwendung stärkerer Säuren (Toluolsulfonsäure) kann auch kalt verleimt werden. Die Verleimungen sind gegen kochendes Wasser beständig.

Der Harzleim kann mit Stärke im Verhältnis 1 : 1 gestreckt werden, doch sind die Verleimungen dann weniger wasserbeständig.

Beispiel 5

Stark saure Kondensation von Melamin mit viel Formaldehyd[3]: 126 g Melamin, 400 g Wasser, 100 g konz. Salzsäure und 1200 g 30%ige Formaldehydlösung werden bei 90° solange erhitzt, bis sich eine klare Lösung bildet. Der Formaldehydverbrauch beträgt etwa 2,1–2,2 Mol (Bestimmung mittels Sulfitmethode; vgl. S. 347). Die klare Lösung kann im Gegensatz zum Beispiel 6 noch 15 Stdn. auf 90° erhitzt werden, ohne daß ein unlösliches Produkt entsteht. Sie wird aber bei weiterem Erhitzen zunehmend viscoser und erstarrt in der Kälte zu einer klaren Gallerte, die sich aber beim Erhitzen wieder verflüssigt und sich in Wasser löst. Nach 15 Stdn. sind etwa 4 Mol Formaldehyd fest gebunden. Gibt man nun konz. Salzsäure zu, so tritt eine Fällung auf, die sich auch beim Verdünnen mit Wasser nicht mehr vollständig löst. Auch Natriumchlorid bewirkt eine Ausflockung. Bei vorsichtigem Zusatz von etwas Alkali tritt ebenfalls eine Fällung ein, jedoch sind die durch Aussalzung bzw. Alkalizusatz erzielten Fällungen bei vorsichtigem Säurezusatz und weiterer Verdünnung wieder löslich. Nach etwa 20 Tagen wird das bei 20° gehaltene klare Gel auch in der Hitze deutlich schwerer löslich.

Kondensiert man aber im ganzen statt 15 Stdn. nur 4 Stdn. bei 90°, so erhält man sehr haltbare Lösungen.

Beispiel 6

Kationaktives Melamin-Formaldehyd-Harz durch Kondensation in stark saurer Lösung[3]: 126 g Melamin, 1250 cm³ Wasser, 100 g konz. Salzsäure und 350 g 30%iger Formaldehyd werden unter Rühren 45 Min. auf 90° erhitzt (rasch aufheizen). Es entsteht eine klare, ganz schwach fluoreszierende Lösung. Von den eingesetzten $3^1/_2$ Mol Formaldehyd sind zu diesem Zeitpunkt etwa $2^1/_2$ Mol so fest gebunden, daß sie durch eine Umsetzung mit Natriumsulfit und anschließende Titration der Natronlauge nicht nachgewiesen werden können. Wird noch etwa $1^1/_2$ Stdn. weiter erhitzt, so tritt Gelbildung ein. Eine weitere Formaldehydabnahme läßt sich durch die oben erwähnte Formaldehydbestimmung nicht feststellen.

---

[1] A. Gams, G. Widmer u. W. Fisch, Helv. **24**, 309 E (1941).
[2] DBP. 876732 (1936) ≡ Schweiz.P. 201007 (1936) ≡ F.P. 824530 (1937), CIBA, Erf.: G. Widmer u. W. Fisch; C. **1938** I, 4748.
[3] Nicht veröffentlichter Versuch von R. Wegler.

Beispiel 7

Kationaktives Melamin-Formaldehyd-Harz aus Hexamethylolmelamin[1]: 1 Mol Melamin und 600 g 30%ige Formaldehydlösung werden bei p_H: 8 unter Rühren bis zur Lösung erhitzt, anschließend 10 Min. bei 60° gehalten, filtriert und i. Vak. eingeengt. Das entstehende Kondensationsprodukt, das in der Hauptsache aus Hexamethylolmelamin besteht, wird zu einer 15%igen Lösung in Wasser gelöst. Nun gibt man pro Mol Hexamethylolmelamin 1 Mol konz. Salzsäure zu und erhitzt auf 50°. Nach etwa 4 Stdn. ist die anfangs eintretende Formaldehydabspaltung (titrimetrische Verfolgung mittels Natriumsulfit) beendet, und etwa $2^1/_2$ Mol Formaldehyd sind chemisch gebunden. Die Lösung des Kondensationsproduktes in Wasser ist nun schwach opalescent und läßt sich beliebig weiter verdünnen.

Die Angaben, daß ein Trimethylolmelaminharz unter denselben Bedingungen ebenfalls $2^1/_2$ Mol Formaldehyd festhält, lassen sich nicht bestätigen[2] und stehen auch im Widerspruch zu den im Patent nachfolgenden Angaben, daß bei der direkten Kondensation von Melamin mit Formaldehyd in saurer Lösung die Menge des im Kondensationsprodukt gebundenen Formaldehyds abhängig ist vom Mengenverhältnis der Ausgangskomponenten (s. a. Beispiele 5 u. 6, S. 366).

Beispiel 8

Melamin-Trimethylolacetaldehyd-Gießharz[3]: 25,2 g Melamin ($^2/_{10}$ Mol) werden zusammen mit 35 g Wasser, 94 g Trimethylol-acetaldehyd ($^7/_{10}$ Mol) und 3 g 2n Natriumcarbonatlösung unter Rühren auf etwa 70° erhitzt, bis eine klare Lösung entstanden ist. Man steigert innerhalb kurzer Zeit die Temp. bis auf 85°, hält noch einige Min. bei dieser Temp. und rührt dann noch 1 g 2n Natriumcarbonatlösung ein. Man erhält ein wasserklares, farbloses Harz von Sirup-Konsistenz, das in diesem Zustande sehr lange haltbar ist.

Zur weiteren Verarbeitung mischt man 100 g dieses flüssigen Harzes oder eine entsprechende Menge des i. Vak. entwässerten Harzes mit etwa 1 g Ameisensäure oder 1,5 g 10n Salzsäure und gießt in Formen. Läßt man den Härtungsprozeß langsam bei gewöhnlicher oder nur wenig erhöhter Temp. vor sich gehen, dann erhält man wasserhelle, durchsichtige Gläser. Beschleunigt man die Härtung durch Erhitzen auf etwa 80°, so entstehen opal durchscheinende oder milchweiße Formstücke von guter Härte und sehr großer Beständigkeit, die auch nach langer Zeit keine Risse und Sprünge zeigen.

Beispiel 9

Melamin-Trimethylolacetaldehyd-Äthylenglykol-Kondensationsprodukt[4]: Ein Gemisch aus 31,5 g Melamin, 46 g Äthylenglykol, 117 g Trimethylol-acetaldehyd (mit 14% Wassergehalt) und 90 g Wasser wird kurz verrührt und mit 2n Natriumcarbonatlösung auf p_H: 8 eingestellt. Dann destilliert man innerhalb von etwa 30 Min. 45 g Wasser mittels Toluol ab (s. dazu Beispiel 14, S. 368), wobei die Destillationstemp. von 97° bis 103° steigt; während der Destillation wird durch Zugabe von Natriumcarbonatlösung das Reaktionsgemisch alkal. gehalten. Die viscose Lösung wird durch Filtration vollständig geklärt und am Ende auf p_H: 8,5 eingestellt; sie ist in diesem Zustand sehr lange unverändert haltbar. Die Härtung der eingeengten Gießharzlösung zu glänzenden und vollständig durchsichtigen Formstücken erzielt man durch Zusatz von etwa 1% Ameisensäure. Bei gewöhnlicher Temp. dauert die Durchhärtung mehrere Tage. Die Härtungszeit kann auch auf wenige Min. abgekürzt werden, z. B. durch Eintauchen der Formen in ein Wasserbad von 90–95°. Die erhaltenen farblosen Formstücke bleiben beim Lagern an der Luft vollkommen rißfrei.

Ersetzt man von den $^3/_4$ Mol Trimethylolacetaldehyd $^1/_4$ Mol durch $^2/_4$ bis $^5/_4$ Mol Formaldehyd (in Form einer 37%igen neutralisierten wäßr. Lösung) und destilliert so lange, bis eine Innentemp. von 106–110° erreicht ist, so erhält man Gießharze, die bei langsamer Härtung farblose, klar durchsichtige und stark lichtbrechende Produkte ergeben und die ebenfalls beim Lagern ohne Sprünge bleiben.

Anstelle des hier verwendeten Äthylenglykols können mit ähnlichem Erfolg auch 1,3- oder 1,4-Butylenglykol oder Glycerin genommen werden.

---

[1] In Anlehnung an A.P. 2345543 (1942), American Cyanamid Co., Erf.: H. P. WOHNSIEDLER u. W. M. THOMAS; Chem. Abstr. **38**, 4344[9] (1944).

[2] Unveröffentlichte Beobachtung von R. WEGLER.

[3] DBP. 891449 (1944), Cassella, Erf.: K. KELLER; C. **1954**, 4501.

[4] DBP. 897480 (1944), Cassella, Erf.: K. KELLER; C. **1954**, 6843.

Beispiel 10

Hexamethylolmelamin-hexamethyläther[1]: 3,24 g Hexamethylolmelamin werden in 20 cm³ Methanol gegeben und unter Rühren mit 1 cm³ konz. Salzsäure versetzt. Nach 1–2 Min. bildet sich eine klare Lösung. Nach weiteren 8 Min. neutralisiert man mit Natriumhydrogencarbonat, filtriert und engt i. Vak. ein. Den krystallisierten Rückstand nimmt man in Benzol auf; dann filtriert man vom Natriumchlorid ab und bringt den Hexamethyläther durch Abkühlen zur Krystallisation; F: etwa 46°. In kaltem Wasser ist der Äther löslich; bei erhöhter Temp. sinkt die Löslichkeit (charakteristisch für Polyäther, die angelagertes Wasser bei höherer Temperatur wieder abgeben, während sie in der Kälte durch diese Hydratisierung leicht löslich sind; siehe Polyäthylenoxyde, S. 429). Der Äther ist sehr stabil und kann im Hochvak. sogar destilliert werden; $Kp_{0,02}$: 180°.

Die Verätherung kann auch so ausgeführt werden, daß man 200 g Methanol, 100 g trockenes Hexamethylolmelamin und 0,25 g Oxalsäure 15–60 Min. unter Rückfluß erhitzt[2].

Beispiel 11

Methylolmelaminallyläther[3]: 85 g (0,66 Mol) Melamin und 246 g 36,7%ige Formaldehydlösung (3 Mol) werden 10 Min. zwischen 70 und 85° gerührt, wobei laufend soviel 2n Natronlauge zutropft, daß der p_H-Wert 9 konstant bleibt. Die bald klar werdende Lösung wird abgekühlt. Vor dem Erstarren gibt man 400 g (6,9 Mol) Allylalkohol zu. Sobald die Temp. auf 30° gefallen ist, setzt man 38,5 g 85%ige Phosphorsäure (0,33 Mol) zu und veräthert 15 Min. bei 44°. Die entstehende klare Lösung wird auf 15° abgekühlt und mit 69 g einer 40%igen Natronlauge versetzt. Ausgefallenes Natriumphosphat wird abfiltriert, das Filtrat durch Abkühlen auf 0° von weiterem ausgefallenem Salz befreit und die nun klare Lösung nochmals auf den p_H-Wert kontrolliert. Er soll etwa 9–10 betragen. Beim Einrühren der Lösung in viel Wasser fällt ein weiches Harz aus, das mehrmals in der Wärme mit etwas Wasser durchgeknetet wird. Es hinterbleiben 150 g Harz, die in Form einer Lösung, z. B. in Chloroform, nach Zusatz von etwas Kobaltnaphthenat an der Luft trocknende Filme ergeben.

Beispiel 12

Alkal. Kondensation des Melamins mit Formaldehyd und anschließende Verätherung mit n-Butanol in stark saurer Lösung[4]: 126 g Melamin werden mit 600 g 30%igem Formaldehyd vermischt, mit Natronlauge auf p_H: 7 eingestellt und so lange auf 90° erhitzt, bis eine Probe mit der doppelten Menge Wasser verd. eine Harzfällung gibt. Dann destilliert man i. Vak. 260 g Wasser ab. Die auf 60° abgekühlte Lösung wird zu 800 g n-Butanol und 100 g konz. Salzsäure gegeben und ½ Stde. bei 40° gehalten. Anschließend gibt man unter Rühren 50 g Natriumcarbonat und 15 g Natriumchlorid zu und engt die abgetrennte butanolische Schicht i. Vak. auf die gewünschte Konzentration ein.

Beispiel 13

Wasserlöslicher Methylolmelamin-methyläther[2]: 810 g 37%iger Formaldehyd, die mit etwas Natronlauge auf p_H: 7–8 eingestellt sind, werden mit 378 g Melamin versetzt. Man erhitzt das Gemisch auf 70°, bis eine klare Lösung entsteht. Dann gibt man 1800 g Methanol hinzu, säuert mit etwas Oxalsäure (etwa 2 g) schwach an, kocht einige Min. unter Rückfluß, läßt abkühlen, stellt auf p_H: 8 ein, filtriert und engt i. Vak. ein. Der Rückstand ist beliebig in Wasser löslich.

Beispiel 14

Mit n-Butanol verätnertes Melamin-Formaldehyd-Kondensationsprodukt in direkter Darstellung[5]: 126 g Melamin, 400 g 30%iger Formaldehyd und 500 g n-Butanol werden innerhalb von 30 Min. unter Rühren zum Sieden erhitzt und etwa 20 Min. unter Rückfluß gekocht. Hierauf werden

---

[1] A. Gams, G. Widmer u. W. Fisch, Helv. **24**, 317 E (1941).

[2] A.P. 2529856 (1944), American Cyanamid Co., Erf.: H. J. West u. W. T. Watt; Chem. Abstr. **45**, 2714ᶜ (1951).

[3] E. R. Atkinson u. A. H. Bump, Ind. eng. Chem. **44**, 333 (1952).

[4] DBP. 875411 (1940; Schweiz. Prior., 1939) ≡ F.P. 867109 (1940), CIBA, Erf.: G. Widmer, T. Suttner u. W. Fisch; C. **1942** I, 2828.

[5] Beobachtungen von R. Wegler (nicht veröffentlicht).

unter Verwendung eines Veresterungsaufsatzes (vgl. S.351), dessen Vorlage mit Toluol gefüllt ist, Wasser und n-Butanol abgetrieben, wobei das vom Wasser abgetrennte n-Butanol laufend in das Reaktionsgefäß zurückfließt. Wenn sich praktisch kein Wasser mehr abscheidet, destilliert man das n-Butanol i. Vak. ab bzw. engt bis zur gewünschten Konzentration ein. Nach 1 tägigem Stehen bei 20° wird die Lösung filtriert.

Das so erhältliche Lackharz ist in fast allen organischen Lösungsmitteln löslich. Neben n-Butanol eignet sich besonders Isobutanol zur Darstellung von Lacken.

Zur Darstellung elastischer Einbrennlacke ist es vorteilhaft, kurze Zeit nachdem die Hauptmenge des Wassers abdestilliert ist, einen hydroxy- oder carboxygruppenhaltigen Polyester oder ein Fettsäuremonoglycerid in einer Menge zuzusetzen, die etwa dem butoxylierten Harz entspricht, und dann das Abtreiben des Wassers fortzusetzen (s. elastifiziertes Harnstoff-Formaldehyd-Harz, Beispiel 15, S. 352).

Beispiel 15

Umätherung des Hexamethylolmelamin-hexamethyläthers mit n-Butanol[1]: 1 g des Hexamethyläthers wird in 5 cm³ n-Butanol gelöst und unter Zusatz eines Tropfens konz. Salzsäure 2 Stdn. auf 60° erhitzt. Nach dem Einengen i. Vak. hinterbleibt ein butoxyliertes Kondensationsprodukt.

Beispiel 16

Alkydharzverträgliches, ölmodifiziertes Melamin-Formaldehyd-Harz[2]: 100 g Monoglycerid der Leinölfettsäuren[3] (Herstellung s. ölmodifizierte Harnstoff-Formaldehyd-Harze, S. 352, Beispiel 16), 140 g Äthylalkohol, 100 g Toluol und 64 g Hexamethylolmelamin werden unter Rühren langsam mit 20 g konz. Salzsäure versetzt. Nach etwa 1 stdg. Rühren bei 20–25° ist eine klare Lösung entstanden. Man rührt noch weitere 16 Stdn. bei 20° und neutralisiert dann mit Calciumcarbonat. Nach Zusatz von weiteren 100 g Toluol wird filtriert, das Filtrat 2 mal mit 200 g Wasser salzfrei gewaschen und das Toluol i. Vak. abdestilliert. Es hinterbleibt ein dickflüssiges, helles Harz, das in aromatischen Kohlenwasserstoffen, nicht aber in Benzin löslich ist. Wahrscheinlich handelt es sich um Gemische aus Äthyl- und Glyceridäthern des Hexamethylolmelamins, bei denen noch ein Teil der Hydroxygruppen des Glyceridrestes unveräthert ist.

Durch Zusatz von 2–3% Phthalsäureanhydrid zu einer 60%igen Lösung in Toluol wird beim Erhitzen auf 80–90° eine teilweise Umätherung erzielt, und Äthylalkohol destilliert ab. Nachdem das Produkt in Benzin löslich geworden ist, wird die Umätherung unterbrochen. Durch diese weitere Umätherung ist zwar die Löslichkeit verbessert, aber die Fähigkeit, in der Hitze einzubrennen, beträchtlich verringert worden. Bei Anwendung von weniger Fettsäuremonoglycerid, meist genügt ⅓ der oben angewandten Menge, erhält man genügend rasch einbrennende Lacklösungen.

Beispiel 17

Leinölsäureester des Hexamethylolmelamins[4] · 125 g Hexamethylolmelamin-butyläther werden mit 150 g gereinigter Leinölsäure, 1 cm³ 50%iger unterphosphoriger Säure sowie 0,5 cm³ Triäthanolamin versetzt und unter einem Druck von etwa 25 Torr im Rundkolben mit absteigendem Kühler und Vorlage erhitzt. Bei 70° beträgt die Säurezahl der Mischung 110. Beim weiteren Erwärmen auf etwa 100° beginnt ein lebhaftes Kochen, und der abgespaltene Butylalkohol destilliert über. Unter langsamer Steigerung der Temp. auf 165° innerhalb 2 Stdn. sinkt die Säurezahl auf 34. Unter weiterer Steigerung der Temp. gegen 200° innerhalb 2½ Stdn. geht die Säurezahl auf 11 zurück. Das Produkt ist nun hochviscos und hat lufttrocknende Eigenschaften. Der stark fadenziehende, klare, bräunlich gelb gefärbte Balsam hat eine Verseifungszahl = 133 und eine Esterzahl = 122. Er stellt den techn. reinen Ester der Leinölsäure mit Hexamethylolmelamin dar. Während der Reaktion wurden insgesamt 54 cm³ Butylalkohol zurückerhalten. Der neue Ester, der in den gebräuchlichen Lacklösungsmitteln löslich ist, trocknet in dünner Schicht an der Luft zu einem zähen, elastischen Film.

Der als Ausgangsstoff dienende *Butyläther* des *Hexamethylolmelamins* wird beispielsweise wie folgt hergestellt[4]: 324 g fein gepulvertes Hexamethylolmelamin werden in 2000 cm³ n-Butanol,

[1] A. GAMS, G. WIDMER u. W. FISCH, Helv. **24**, 318 E (1941).
[2] DBP. 875411 (1940; Schweiz. Prior., 1939) ≡ F. P. 867109 (1940), CIBA, Erf.: G. WIDMER, T. SUTTER u. W. FISCH; C. **1942** I, 2828.
[3] DBP.-Anm. B 436 (1949; Am. Prior., 1946), Baker Castor Oil Co., Erf.: I. M. COLBETH.
[4] DBP. 907132 (1942), CIBA, Erf.: G. WIDMER, W. FISCH u. T. SUTTER.

das 100 cm³ konz. Salzsäure enthält, unter Rühren bei Zimmertemp. gelöst, was etwa 60 Min. beansprucht. Nach weiteren 20 Min. wird die Lösung unter gutem Rühren mit etwa 160 g krystall-wasserfreiem Natriumcarbonat neutralisiert und dann filtriert. Die wasserhelle Lösung dampft man i. Vak. ein, bis kein n-Butanol mehr übergeht. Man erhält einen klaren, fast wasserhellen Sirup.

Beispiel 18

Gemeinsame Kondensation von Melamin mit Formaldehyd und Natriumhydrogensulfit[1]: 63 g Melanin, 150 g 30%iger, auf p_H: 7 eingestellter Formaldehyd sowie 52 g Natriumhydrogen-sulfit werden unter Rühren zum Sieden erhitzt. Hierauf stellt man mit etwa 6,5 g 5%iger Ameisensäure auf p_H: 6 ein und rührt 20 Min. weiter. Dann neutralisiert man und läßt erkalten. Die entstandene Harzlösung ist bei Zimmertemp. mit Wasser zu einer klaren Lösung verdünnbar und z. B. für Klebzwecke geeignet. (Bei p_H: 2–3 in der Hitze tritt Kondensation zu unlöslichen Produkten ein).

Beispiel 19

Nachträgliche Umsetzung eines Melamin-Formaldehyd-Kondensationsproduktes mit Natrium-hydrogensulfit[2]: 126 g Melamin, 250 g Wasser, 300 g 30%iger Formaldehyd und 20 g 50%ige Natronlauge werden 4 Stdn. bei 20–25° gerührt. Das dicke, breiartige Reaktionsgemisch wird mit 83 g Natriumhydrogensulfit und 150 g Wasser versetzt und 1 Stde. unter Rühren auf 80° sowie weitere 2 Stdn. auf 90° erhitzt. Nach dem Erkalten ist das Produkt in Wasser beliebig löslich. Zur weiteren Verwendung und Stabilisierung stellt man es auf p_H: 7 ein.

Beispiel 20

Kondensationsprodukt aus Melamin, Formaldehyd und Aminoessigsäure[3]: 126 g Melamin werden mit 400 g 30%igem Formaldehyd vom p_H: 8,2 solange auf 80° erhitzt, bis alles gelöst ist. Nach-dem man rasch zum Sieden erhitzt hat, gibt man 200 g einer Lösung, die auf 150 g Amino-essigsäure 244 g 20%ige Natronlauge und 200 g Wasser enthält, hinzu und erhitzt, weitere 5 Min. zum Sieden. Während des Erkaltens versetzt man das zunehmend wieder viscoser werdende Reaktionsprodukt allmählich mit 500 cm³ Wasser und neutralisiert mit etwa 20%iger Natronlauge. Das erhaltene Kondensationsprodukt ist in der Wärme eine hochviscose Lösung, die in der Kälte zu einem Gel erstarrt. In viel Wasser ist es klar löslich; durch Säure oder auch durch Aluminiumsulfat kann es ausgefällt werden. Stark sauer tritt Weiterkondensation zu un-löslichen Produkten ein. Auch dieses Produkt dient ebenso wie die sulfogruppenhaltigen Kon-densationsprodukte zur Naßfestverbesserung von Papier sowie auch zur Füllgerbung von Leder.

Beispiel 21

Basisches Harz aus Melamin, Formaldehyd und Äthanolamin[4]: 126 g Melamin (1 Mol) werden in 243 g neutralisiertem 37 % igem Formaldehyd (3 Mol) unter Zusatz von 0,5 g Magnesiumcar-bonat bei 70–75° gelöst. In die Lösung läßt man bei 70° 65 g 94%iges Äthanolamin (1 Mol) inner-halb 15 Min. einlaufen, wobei man die Temp. bei 70–75° hält. Nachdem das Äthanolamin zugegeben ist, kühlt man auf 55° ab, läßt weitere 81 g neutralisierten 37%igen Formaldehyd bei 55–75° ein-laufen, hält die Temp. noch 20 Min. bei 75°, kühlt wieder auf 50° und filtriert von etwa vor-handenen Verunreinigungen ab. Man erhält 510 g einer viscosen, farblosen Lösung des Konden-sationsproduktes, das sich durch eine sehr gute Lagerbeständigkeit auszeichnet. Die Lösung bleibt sehr lange flüssig und klar, sie kann beliebig mit Wasser verd. werden und gestattet eine sehr bequeme Handhabung bei der Verwendung zum Appretieren von Textilien.

Entwässert man die viscose Lösung i. Vak., zuletzt bei gewöhnlichem Druck, wobei man die Temp. bis auf 105° steigen läßt, so erhält man ein hellgelbes, klares, bei gewöhnlicher Temp. hartes, wasserlösliches Harz.

Kondensiert man anstatt mit Äthanolamin mit der entsprechenden Menge *Bis-[β-hydroxy-äthyl]-amin*, so erhält man ebenfalls ein gutes Appreturmittel für Textilmaterialien.

---

[1] DBP. 883652 (1942), BASF, Erf.: H. SCHEUERMANN u. J. LENZ; C. **1954**, 235.
[2] DBP.-Anm. B 14843 (1951), BASF, Erf.: R. ALLES.
[3] DBP. 888169 (1939), BASF, Erf.: H. SCHEUERMANN.
[4] DRP.-Anm. C 2365 (1941) ≡ F.P. 880189 (1942), Cassella, Erf.: K. Keller u. W. ZERWECK; C. **1944** I, 1346.

Beispiel 22

Trimethylolmelamin-Acrylnitril-Kondensationsprodukt[1]: In 150 cm³ 93%ige Schwefelsäure werden bei 0–10° unter raschem Rühren in gleichen Anteilen 21,6 g Trimethylolmelamin und 17 g Acrylnitril eingetragen. Wenn nach beendeter Zugabe keine Temperatursteigerung mehr zu beobachten ist, wird die Eiskühlung entfernt und die Mischung 2 Stdn. bei Raumtemp. weitergerührt. Die klare Lösung wird anschließend auf Eis gegossen und das Reaktionsgemisch durch Zugabe von festem Natriumcarbonat neutralisiert und dann schwach alkal. gestellt. Man schüttelt die wäßr. Lösung mit n-Butanol und trocknet den Auszug über Natriumsulfat. Nach dem Abdestillieren des n-Butanols i. Vak. erhält man 27 g einer schwach gelben, festen Substanz, die sich in Alkohol-Wasser-Gemischen klar löst.

4. Polyadditions- und Polykondensationsprodukte von Urethanen und Carbonsäureamiden mit Aldehyden

Säureamide und Urethane reagieren besonders mit Formaldehyd recht glatt. Die Umsetzungen dürften weitgehend analog verlaufen wie die mit Harnstoff (s. S. 320 ff.).

a) Umsetzung von Carbonsäureamiden mit Formaldehyd

Säureamide lassen sich bevorzugt in alkalischer Lösung in N-Monomethylol-verbindungen überführen[2,3] (Beispiel 1, S. 377). Aber auch im sauren Bereich ist eine Hydroxymethylierung möglich[2]. In alkalischer Lösung wandeln sich die Methylol-amide langsam in Bis-acylaminomethyl-äther um[4]. Durch Einwirkung von Mineralsäuren erhält man Methylen-bis-acylamide[2,3] (vgl. S. 391f.). Diese Verbindungen entstehen direkt, wenn man Säureamide mit Formaldehyd in mineralsaurer Lösung kondensiert[2,3]. Werden Säureamide mit Formaldehyd in Gegenwart eines großen Salzsäureüberschusses kondensiert, so werden die primär entstehenden Methylolverbindungen bzw. die Methylenbisamide durch die Salzsäure sofort in die entsprechenden Chlormethylverbindungen umgewandelt[5,6]. Auch die Kondensation von Amiden mit Bis-chlormethyl-äther ist bekannt[7] (Beispiel 6, S. 378).

Die Umsetzung der N-Monomethylol-amide mit einer zweiten Molekel Formaldehyd gelingt im allgemeinen nicht[4,8]; infolgedessen lassen sich aus Dicarbonsäureamiden und Formaldehyd keine vernetzten Produkte darstellen. Unlösliche Kondensationsprodukte entstehen aus *Acetessigsäureamid* mit Formaldehyd, da hier zusätzlich die Methylengruppe an der Kondensation teilnimmt[9].

Die einzelnen Carbonsäureamide sind in ihrer Kondensationsfähigkeit sehr verschieden, wobei sich Gesetzmäßigkeiten bis heute nicht mit Sicherheit erkennen lassen. Obwohl das aromatische Benzoesäureamid etwa 3–4mal rascher mit Form-

---

[1] DAS. 1009806 (1953; Schweiz. Prior., 1952) ≡ F.P. 1090820 (1953), CIBA, Erf.: R. SALLMANN, A. MAEDER, D. PORRET, E. LEUMANN u. O. ALBRECHT; C. **1957**, 6910.

[2] A. EINHORN u. Mitarbb., A. **343**, 207 (1905).

[3] A. EINHORN u. Mitarbb., A. **361**, 113 (1908).

[4] G. ZIGEUNER, Kunstst. **41**, 221 (1951).

[5] DBP. 891258 (1942), Farbw. Hoechst, Erf.: L. ORTHNER, A. HARTMANN, J. SCHNEIDERS, H. WAGNER u. H. HAUSSMANN; C. **1955**, 10861.

[6] DBP. 913777 (1939), Dehydag, Erf.: H. J. ENGELBRECHT; C. **1955**, 231.

[7] DRP.-Anm. C 1378 (1941; Schweiz. Prior., 1940), CIBA, Erf.: C. GRÄNACHER u. R. SALLMANN.

[8] Nach A. EINHORN u. Mitarbb., A. **361**, 119 u. 156 (1908), sollen Benzamid und Camphercarbonsäureamid eine Dimethylol-Verbindung geben.

[9] DBP. 883348 (1944), Farbf. Bayer, Erf.: M. COENEN u. K. HAMANN; C. **1953**, 9012.

24*

aldehyd reagieren soll als Acetamid[1], konnte Isophthalsäurediamid nicht mit Formaldehyd zur Reaktion gebracht werden[2]. Die Dimethylolverbindung des *Terephthalsäurediamids* soll eine außerordentlich stabile, nicht mehr kondensationsfähige Verbindung darstellen[2]. Dagegen läßt sich Methylolphthalimid durch Erhitzen mit Phthalimid auf 150° glatt in das *Methylen-bis-phthalimid* überführen[3] (die Ergebnisse einzelner Autoren sind aber infolge wechselnder Kondensationsbedingungen kaum vergleichbar). Die Kondensation der trifunktionellen *Cyanursäure* mit Formaldehyd[4] ist interessant im Hinblick auf die Umsetzung von Imidgruppen; es findet eine echte Kondensation unter Harzbildung statt.

Durch Erhitzen in stark saurer, wasserfreier Lösung unter azeotroper Wasserabführung können Säureamide mit Formaldehyd zu Perhydrotriazinen kondensiert werden[5]. Derartige cyclische Kondensationsprodukte kann man allerdings einfacher und mit besserer Ausbeute durch Umsetzung des Formaldehyds mit Nitrilen erhalten (s. S. 392).

Im Gegensatz zu den Diamiden können Verbindungen mit einer Vielzahl von Amidgruppen, wie z.B. *Polyacrylsäureamid*[6] oder *Poly-p-vinyl-benzamid*[7] oder auch lineare Polyamide[8] mit Formaldehyd unter Bildung vernetzter Produkte reagieren (s. dazu S. 158ff.). Die löslichen, nur beschränkt haltbaren Methylolverbindungen der linearen Polyamide werden meist durch Umsetzung mit Formaldehyd in alkalischer Lösung dargestellt[9] (Beispiel 2, S. 377). Aber auch in Gegenwart von Ameisensäure entstehen bei nicht zu langer Reaktionszeit noch Methylolpolyamide[9] (Beispiel 3, S. 377). Diese spalten beim Erwärmen oder auch unter dem katalytischen Einfluß von Säuren oder Alkali leicht Formaldehyd ab unter Bildung vernetzter Produkte[9,10]. Wird die Hydroxymethylierung der Polyamide in saurer Lösung in Gegenwart von Alkoholen durchgeführt, so erhält man die Äther der Methylolpolyamide[11] (s. dazu a. S. 374ff.). Durch gemeinsame Kondensation von Polyamiden mit Formaldehyd und anderen mit Aldehyden kondensierbaren Verbindungen lassen sich den mannigfaltigsten Verwendungszwecken angepaßte Produkte herstellen (näheres s. S. 374ff.).

Verbindungen mit einer Vielzahl von Methylolamidgruppen lassen sich auch dadurch herstellen, daß man die Methylolverbindung eines ungesättigten Carbonsäureamids

---

[1] G. A. Crowe jr. u. C. C. Lynch, Am. Soc. **72**, 3622 (1950).

[2] G. Walter u. E. Storfer, Koll. Beih. **37**, 378 (1933).

[3] Beobachtungen von R. Wegler (nicht veröffentlicht).

[4] DBP. 924241 (1943), Degussa, Erf.: H. Schmidt; C. **1955**, 6866.

[5] DRP.-Anm. I 72721 (1942), I. G. Farb., Erf.: R. Wegler u. A. Ballauf.

[6] DRP.-Anm. C 2504 (1942), Cassella, Erf.: W. Zerweck u. W. Kunze.
DAS. 1005730 (1955), BASF, Erf.: H. Fikentscher, H. Wilhelm u. K. Dachs; C. **1958**, 13113.
s. a. R. M. Christenson u. D. P. Hart, Ind. eng. Chem. **53**, 459 (1961).

[7] A.P. 2650210 (1950), Distillers Co., Erf.: J. N. Milne, D. Faulkner u. C. E. Hollis; C. **1954**, 8456.

[8] DBP. 910222 (1943), Bobingen AG. für Textil-Faser, Erf.: P. Schlack; C. **1954**, 10114.

[9] T. L. Cairns u. Mitarbb., Am. Soc. **71**, 651, 655 (1949).

[10] A.P. 2430875 (1944), DuPont, Erf.: A. T. Hallowell, H. D. Foster u. A.W. Larchar; Chem. Abstr. **42**, 1763[f] (1948).
S. a. A.P. 2430866/7 (1944), DuPont, Erf.: H. D. Foster u. A. W. Larchar; Chem. Abstr. **42**, 1763[d,e] (1948).

[11] A.P. 2430860, 2430907 (1944), DuPont, Erf.: T. L. Cairns; Chem. Abstr. **42**, 1744[d,g] (1948).

[12] A.P. 2441057 (1944), DuPont, Erf.: T. L. Cairns; Chem. Abstr. **42**, 5273[d] (1948).

[13] DBP. 917573 (1943), Bobingen AG. für Textil-Faser, Erf.: P. Schlack u. K. Kunz; C. **1955**, 3983.

(Acrylsäure-, Methacrylsäure- und Sorbinsäureamid oder auch Fumarsäurediamid) als Polymerisationskomponente verwendet[1]. Polymerisate aus diesen Monomeren können durch Erhitzen vernetzt werden. Die Darstellung des *Acryl-* bzw. *Methacryl-säure-methylolamides* gelingt infolge der Additionsneigung der Doppelbindung nur gut in nicht-ionisierenden Lösungsmitteln, wie z.B. Tetrachlormethan, wobei der Formaldehyd als Paraformaldehyd eingesetzt wird[2] (Beispiel 4, S. 378). Vorteilhaft ist es, statt der Methylolverbindungen deren Äther mit niederen aliphatischen Alkoholen[3], besonders die wasserlöslichen **Methyläther** anzuwenden (s. Beispiel 5, S. 378). Diese Äther sind wesentlich stabiler, so daß die Polymerisate leichter ohne Vernetzung verarbeitbar sind; trotzdem härten sie unter energischen Bedingungen in gleicher Weise wie die Methylolverbindungen durch Polykondensation aus (Verwendung im Pigmentdruck-Verfahren[4]).

β) Umsetzung von Urethanen mit Formaldehyd

Bei der Umsetzung von Urethanen (Carbamidsäureestern) mit Formaldehyd in alkalischer Lösung bilden sich bevorzugt *Methylolverbindungen*[5] (Beispiele 7, 8 u. 9, S. 379), die durch Erhitzen in saurer Lösung in höhermolekulare Produkte überführt werden können[6]. Methylolverbindungen entstehen auch in saurer Lösung, wenn die Reaktion mit wenig Formaldehyd in der Kälte durchgeführt wird[7]; in der Wärme erhält man unter diesen Bedingungen bevorzugt die meist gut krystallisierenden *Methylen-bis-urethane*[7,8]. Aus äquivalenten Mengen Urethan und Formaldehyd bilden sich beim Erwärmen in saurer Lösung vorwiegend viscose, nicht destillierbare, höhermolekulare Kondensationsprodukte[9,10] (Beispiel 10, S. 379). Daneben entstehen **Perhydro-triazinderivate**[11] und nicht, wie früher[12] irrtümlich angenommen wurde, Vierring-Verbindungen.

$$3\ NH_2\!\!-\!\!COOR + 3\ CH_2O \xrightarrow{\ H^{\oplus}\ }
\begin{array}{c} ROOC\!\!-\!\!N \underset{H_2C}{\overset{CH_2}{\diagup\diagdown}} N\!\!-\!\!COOR \\ CH_2 \\ N \\ COOR \end{array} + 3\ H_2O$$

[1] F. P. 827059 (1937; DR. Prior., 1936), I. G. Farb.; C. **1938** II, 2036.
  A. P. 2680110 (1952), American Cyanamid Co., Erf.: G. A. Loughran, J. R. Dudley u. E. L. Kropa; Chem. Abstr. **48**, 12466[f] (1954).
[2] H. Feuer u. U. E. Lynch, Am. Soc. **75**, 5027 (1953).
  A. P. 2760977 (1953), Research Corp., Erf.: H. Feuer u. U. L. Hart; Chem. Abstr. **51**, 2851[f] (1957).
[3] DAS. 1002326 (1954), Farbf. Bayer, Erf.: E. Müller u. H. Holtschmidt; C. **1957**, 10347.
[4] DAS. 1011850 (1956), Farbf. Bayer, Erf.: W. Graulich, A. Schmitz, W. Berlenbach u. E. Müller; C. **1958**, 2314.
[5] A. Einhorn u. Mitarbb., A. **361**, 113 (1908).
[6] DRP. 708440 (1936), I. G. Farb., Erf.: A. Weihe u. K. Billig; C. **1941** II, 3252.
[7] F. P. 1030430 (1951), Société Anonyme des Manufactures des Glaces et Produits Chimiques de Saint-Gobain, Chauney & Cirey, Erf.: M. J. Viard; Chem. Abstr. **52**, 14667[f] (1958).
[8] M. Conrad u. K. Hock, B. **36**, 2206 (1903).
[9] DRP. 702503 (1935); 717168 (1936), Deutsche Celluloid-Fabrik, Eilenburg, Erf.: A. Weihe; C. **1941** I, 2459; **1942** I, 3045.
[10] H. Wagner u. H. F. Sarx, Lackkunstharze, 4. Aufl., S. 67, Carl Hanser Verlag, München 1959.
[11] M. Giua u. G. Racciu, Atti Accad. Torino **64**, 300 (1928–29); C. **1930** I, 40.
[12] C. A. Bischoff u. F. Reinfeld, B. **36**, 39 (1903).

Diese Perhydrotriazine lassen sich, ähnlich wie Hexamethylentetramin, unter Aufspaltung mit Phenolen kondensieren[1]. Aus 2,4-Xylenol erhält man unter milden Bedingungen *N,N-Bis-[2-hydroxy-3,5-dimethyl-benzyl]-urethan*; unter energischeren Bedingungen entsteht dagegen *Bis-[2-hydroxy-3,5-dimethyl-phenyl]-methan* (vgl. Härtung der Phenolharze mittels Hexamethylentetramin S. 215).

Formaldehyd-Harze von Monourethanen haben als schwer verseifbare Weichharze technische Bedeutung erlangt[2]; speziell für Nitrocelluloselacke dienen sie infolge ihrer sehr geringen Flüchtigkeit als *gelierende Weichmacher*. Urethane mit größeren Alkoholresten haben sich dabei als besonders günstig hinsichtlich der technologischen Eigenschaften der Kondensationsprodukte erwiesen.

Aus Diurethanen längerkettiger Glykole lassen sich über eine alkalische Vorkondensationsstufe hinweg verhältnismäßig elastische Härtungsprodukte aufbauen[3] (Beispiel 9, S. 379). Trotzdem haben derartige Harze bis heute keine technische Bedeutung erlangt, da sie preislich nicht mit den sich ähnlich verhaltenden elastifizierten Harnstoff-Formaldehyd-Harzen konkurrieren können trotz der vereinfachten Darstellung solcher Diurethane durch Erhitzen von zweiwertigen Alkoholen mit Harnstoff[4]. Sind die Diurethane an den beiden Stickstoffatomen monoalkyliert, so erhält man höhermolekulare Weichharze. Diurethane aus Äthylendiamin liefern bevorzugt cyclische Kondensationsprodukte[5].

$$ROOC—NH—CH_2—CH_2—NH—COOR + CH_2O \rightarrow \quad \begin{matrix} & \overset{CH_2}{\diagup \diagdown} & \\ ROOC—N & & N—COOR \\ | & & | \\ CH_2 & —— & CH_2 \end{matrix} \quad + H_2O$$

Aus Urethanen, die noch freie Hydroxygruppen enthalten, lassen sich bei saurer Formaldehyd-Kondensation Produkte mit einer zusätzlichen Acetalverknüpfung gewinnen[5].

Kondensiert man lineare Polyurethane in schwach saurer Lösung in der Wärme mit Formaldehyd, so entstehen Produkte, die wesentlich weicher sind als das Ausgangsmaterial[6].

γ) Abwandlungen von Methylol-säureamiden oder -urethanen

Allgemein ist die chemische Reaktionsfähigkeit von Methylolsäureamiden und -urethanen ganz ähnlich der von Methylolharnstoffen. So lassen sie sich mit Alkoholen in Gegenwart von etwas Säure leicht veräthern (Beispiele 1, 5, 7, 9 u. 11, S. 377 ff.). Die Säureamid-methyloläther niederer Alkohole sind im Vakuum sogar destillierbar.

Zur Verätherung von Methylol-polyamiden (s. dazu auch S. 158f.) ist ein großer Alkoholüberschuß notwendig, um eine Selbstkondensation unter Vernetzung

---

[1] G. Zigeuner u. H. Berger, M. **83**, 1326 (1952).

[2] DRP. 702503 (1935), Deutsche Celluloid-Fabrik, Eilenburg, Erf.: A.Weihe; C. **1941** I, 2459.

[3] F.P. 818574 (1937; DR. Prior., 1936 u. 1937), I.G. Farb.; C. **1938** I, 196.
   DRP. 695636 (1935), I.G. Farb., Erf.: A. Weihe; C. **1940** II, 3413.
   A.P. 2774746 (1954) ≡ E.P. 774749 (1955), Rohm & Haas Co., Erf.: J.P.Shelley; C. **1958**, 9360.

[4] DBP. 852450 (1949), s.a. DBP. 856221 (1950), BASF, Erf.: H. Krzikalla u. T. Poepel; C. **1953**, 3322; **1954**, 6602.
   s. a. DBP. 833855 (1950), Reichhold-Chemie AG., Erf.: H. Fahrenhorst; C. **1952**, 7105.

[5] F. P. 1030430 (1951), Société Anonyme des Manufactures des Glaces et Produits Chimiques de Saint Gobain, Chauny & Cirey, Erf.: M. J. Viard; Chem. Abstr. **52**, 14667[f] (1958).

[6] DRP.-Anm. I 72093 (1942), I.G. Farb., Erf.: W. Lehmann u. H. Rinke.

zu unterdrücken[1] (Beispiel 12, S. 380); selbst die Polyäther können noch vernetzen, wenn sie genügend hoch erhitzt werden. Alkyläther von Methylolpolyamiden lassen sich auch direkt darstellen, indem man Polyamide mit Formaldehyd in alkoholischer Lösung erhitzt[1] (Beispiel 13, S. 380). In analoger Weise können auch die Polymerisate ungesättigter Amide in die Methyloläther überführt werden[2]. Im Gegensatz zu den Methylolpolyamiden sind die entsprechenden Alkyläther gut löslich in Alkoholen und Estern sowie niederen Ketonen und ergeben haltbare Lösungen mit mannigfacher Anwendungsmöglichkeit als hitzehärtbare Lack- und Klebstoffe[3]. Als Härtungs-katalysatoren werden vorwiegend organische Säuren, wie *Maleinsäure*, verwendet. Setzt man *m-Kresol* zu, so treten in der Hitze mit diesem leicht gemischte Konden-sationen ein, und unter Anpassung der Kresolmenge an den Gehalt an Äthergruppen kann man Einbrennlacke erhalten, die im Endzustand eine chemische Modifikation eines Resites mit einem Polyamid darstellen[4].

Durch Umsetzung von Polyamiden mit *Formaldehyd* und *Allylalkohol* erhält man ungesättigte Polyäther, die sich polymerisieren und vulkanisieren lassen[5]. Polyamide können auch mit Formaldehyd und Hydroxysäuren (wie z.B. Milchsäure) als alkoholische Komponenten kondensiert werden[6]. Die Alkalisalze der entstehenden *Polyamidäthercarbonsäuren* sind in Wasser leicht löslich. Umsetzungsprodukte von Methylolpolyamiden mit Epoxyharzen sollen zur Herstellung von Glasfaserschicht-stoffen verwendet werden[7].

Methylolamide höherer Fettsäuren, speziell der Stearinsäure, dienen zur Hydrophobierung von Cellulosefasern[8]. Beim Erhitzen der Cellulose mit den Methylolamiden findet eine Verätherung der *Cellulose* statt. Quartäre Salze des Pyridins, aus *Pyridinhydrochlorid* mit *Formaldehyd* und Säureamiden (oder auch Alkoholen) darstellbar, reagieren in analoger Weise und finden technische Anwendung[9].

Besonders leicht ist eine Verätherung von Methylol-polyamiden mit Mercap-tanen zu den entsprechenden Thioäthern[1] durchführbar. Zu diesen Thioäthern gelangt man auch durch Umätherung der Sauerstoffäther mit Mercaptanen[1] (Bei-spiel 14, S. 381). Die entsprechenden Isothioharnstoffe werden erhalten, wenn man die Sauerstoffäther anstatt mit Mercaptanen mit Thioharnstoffen umsetzt. Durch Verseifung entstehen aus den Isothioharnstoffen die freien Thiole, die Schwefelanaloga

[1] T. L. CAIRNS u. Mitarbb., Am. Soc. **71**, 651, 655 (1949).
[2] DAS. 1 054 710 (1956), BASF, Erf.: H. FIKENTSCHER, H. WILHELM, K. BRONSTERT u. E. PEN-NING; C. **1960**, 10420.
  R. M. CHRISTENSON u. D. P. HART, Ind. eng. Chem. **53**, 459 (1961).
[3] A.P. 2 430 933 (1944), DuPont, Erf.: F. W. HOOVER; Chem. Abstr. **42**, 1760[g] (1948).
[4] A.P. 2 430 950 (1944), DuPont, Erf.: H. S. ROTHROCK; Chem. Abstr. **42**, 1761[a] (1948).
[5] A.P. 2 430 860 u. 2 430 907 (1944), DuPont, Erf.: T. L. CAIRNS; Chem. Abstr. **42**, 1744[d] (1948).
  E.P. 604 902 (1945), I.C.I.; Chem. Abstr. **43**, 1221[b] (1949).
[6] A.P. 2 430 907 (1944), DuPont, Erf.: T. L. CAIRNS; Chem. Abstr. **42**, 1744[g] (1948).
[7] K. N. VLASOVA u. Mitarbb., Plasticheskye Massy **1961**, Nr. 2, 17.
[8] D. G. PATTERSON, E. B. DETWILER u. T. J. SUEN, Mod. Plastics **29**, Nr. 7, 151 (1952).
[9] H. A. SCHUYTEN u. Mitarbb., Textile Res. J. **18**, 408 (1948).

der Methylol-polyamide, die leicht oxydativ unter Ausbildung von Disulfidbrücken vernetzen[1].

Unterwirft man die Polymerisate ungesättigter Amide, wie z. B. Polymethacrylamid, einer Mannich-Kondensation[2], so entstehen Polyamine, die in der Textilindustrie Verwendung finden. Anstelle der Polymerisate kann man auch die ungesättigten monomeren Amide mit Formaldehyd und sekundären Aminen umsetzen[3] und dann die so erhaltenen Mannichbasen polymerisieren[4]. Makromolekulare quartäre Ammoniumverbindungen entstehen, wenn man die Mannichbasen vor der Polymerisation quaterniert[5].

Beliebig wasserlösliche Produkte erhält man aus Polyacrylamid durch Umsetzung mit Formaldehyd und Natriumhydrogensulfit. Dabei kann man entweder zuerst bei p_H: 10–10,5 und 45–50° aus dem Polyamid Methylolverbindungen herstellen und diese dann anschließend bei 50° mit Natriumhydrogensulfit umsetzen[6,7]. Man kann aber auch zuerst Formaldehyd auf Natriumhydrogensulfit einwirken lassen und dann das Polyamid zugeben[7].

Methylolverbindungen von Diamiden oder Diurethanen (Beispiel 1, S. 377 bzw. 9, S. 379) können wie alle reaktionsfähigen Polymethylol-Verbindungen zur Vernetzung geeigneter Kondensationsprodukte herangezogen werden[8]. So können z. B. *Novolake* mit *N,N'-Dimethylol-dicarbonsäurediamiden* ausgehärtet werden[9], wobei sich die Dicarbonsäurediamidgruppe über Methylenbrücken als elastifizierendes Zwischenglied einbaut. Eine praktische Bedeutung hat diese Reaktion nicht erlangt, da elastifizierte Phenolharze auf andere Weise einfacher zu erhalten sind (s. S. 240 ff.).

Bei der Kondensation von Methylolsäureamiden mit wenig reaktionsfähigen Verbindungen können sehr energische Kondensationsbedingungen angewandt werden, wie die Kondensation von *N-Methylol-benzoesäureamid* oder *N,N'-Dimethylol-oxalsäurediamid* (Beispiel 15, S. 381) mit *Furancarbonsäureestern* unter dem Einfluß von konzentrierter kalter Schwefelsäure zeigt[10].

δ) Kondensation mit anderen Aldehyden als Formaldehyd

Außer Formaldehyd hat man auch andere Aldehyde mit Carbonsäureamiden bzw. Urethanen umgesetzt, doch entstehen mit diesen fast ausschließlich niedermolekulare Alkylidenbisverbindungen[11,12]. Zur Herstellung von Polykondensations-

[1] A. P. 2430859 (1944), DuPont, Erf.: T. L. CAIRNS; Chem. Abstr. **42**, 1744[b] (1948).

[2] A. P. 2328901 (1939), Röhm & Haas GmbH., Erf.: O. GRIMM u. H. RAUCH; Chem. Abstr. **38**, 1125[8] (1944).

[3] DAS. 1102157 (1954), Farbf. Bayer, Erf.: E. MÜLLER; C. **1961**, 17388.

[4] DAS. 1102404 (1958), Farbf. Bayer, Erf.: K. DINGES, E. MÜLLER u. W. GRAULICH.

[5] DAS. 1111825 (1959), BASF, Erf.: H. WILHELM, E. PENNING, D. BRÜNING u. F. POSCHMANN.

[6] E. P. 738047 (1953; Am. Prior., 1952), American Cyanamid Co., Erf.: T. J. SUEN u. A. M. SCHILLER; C. **1957**, 6004.

[7] A. M. SCHILLER u. T. J. SUEN, Ind. eng. Chem. **48**, 2132 (1956).

[8] Zur Vernetzung von Cellulosefilmen mit N,N'-Bis-methoxymethyl-adipinsäurediamid s. DAS. 1006612 (1952), AGFA Leverkusen, Erf.: H. KLOCKGETHER, A. OSSENBRUNNER u. E. MÜLLER; C. **1958**, 4638.

[9] DRP. 749508 (1940), Farbf. Bayer, Erf.: R. WEGLER, O. BAYER u. A. HÖCHTLEN.

[10] O. MOLDENHAUER, W. IRION u. H. MARWITZ, A. **583**, 37 (1953). G. B. MARINI, G. **69**, 340 (1939).

[11] DBP. 907347 (1942), Farbw. Hoechst, Erf.: A. WEIHE.

[12] s. a. DBP. 1058042 (1954) ≡ F. P. 1128263 (1955), BASF, Erf.: F. KOHLER u. B. v. REIBNITZ; C. **1959**, 1606.

produkten haben bis jetzt nur *Dialdehyde*[1], *Acrolein*[2], *α-Alkyl-acroleine*[3] und zum Teil *Crotonaldehyd*[2,4] eine gewisse präparative Anwendung gefunden (Beispiele 16 u. 17, S. 381 f.), wobei es wahrscheinlich ist, daß die Harzbildung bei der Umsetzung von ungesättigten Aldehyden mit einfachen Monourethanen auf einem teilweisen Mitreagieren der Doppelbindung beruht[2]. Aus D i u r e t h a n e n erhält man mit diesen ungesättigten Aldehyden bei schwach saurer Reaktion härtbare Kondensationsprodukte[4] (Beispiel 17, S. 381). Es ist anzunehmen, daß die Aldehyde in schwach saurem Milieu zu N-Alkylol-urethanen[5] kondensieren und daß deren Weiterreaktion die Härtbarkeit bedingt. Zum Teil werden die Kondensationen von U r e t h a n e n mit *Acrolein* gemeinsam mit *Harnstoff* durchgeführt[6]. In gleicher Weise ist auch eine Mitverwendung von S u l f o n s ä u r e a m i d e n vorgeschlagen worden[7].

ε) Praktische Durchführung der Kondensationen

B e i s p i e l 1

N,N′-Bis-methoxymethyl-adipinsäurediamid[8]:

N,N′-D i m e t h y l o l - a d i p i n s ä u r e d i a m i d : In 1000 g 30%igen Formaldehyd, die mit 600 cm³ Wasser verd. sind, werden 8–10 g Kaliumcarbonat und 432 g Adipinsäurediamid eingetragen. Die Lösung muß deutlich alkal. reagieren, andernfalls ist sofort noch etwas Kaliumcarbonat nachzusetzen. Beim Erwärmen auf 70–80° unter Rühren geht das Adipinsäurediamid in Lösung. Die noch heiße Lösung wird mit etwas Aktivkohle geklärt, filtriert und zur Abscheidung der Dimethylolverbindung abgekühlt; Ausbeute an Rohprodukt 600 g, F: 154–158°.

N,N′-B i s - m e t h o x y m e t h y l - a d i p i n s ä u r e d i a m i d : In 2 *l* Methanol werden 600 g der i. Vak. getrockneten rohen Dimethylolverbindung unter Rühren suspendiert und etwa 60 cm³ konz. Salzsäure hinzugefügt. Beim Erwärmen auf 60° bildet sich in etwa 10 Min. eine klare Lösung. Man neutralisiert die Salzsäure mit Natriumhydrogencarbonat, versetzt die Lösung mit etwas Aktivkohle und saugt möglichst heiß ab. (Filterrückstand mit heißem Methanol nachwaschen). Beim Erkalten krystallisiert der Dimethyläther aus; Ausbeute: etwa 410 g, F: 120–121°.

B e i s p i e l 2

Polymethylol-Verbindung des Polyamids aus 1,6-Hexamethylen-diamin und Adipinsäure (alkal. Kondensation)[9]: Eine Mischung von 100 g des Polyamids (pulverisiert auf eine Maschengröße von 20; zur Herstellung s. S. 136 u. 137), 100 g Paraformaldehyd und 300 g Pyridin wird in ein 1-*l*-Rohr aus Edelstahl gefüllt, das eine Schüttel- oder Rührvorrichtung besitzt. Man erhitzt auf 130–135°, hält 30 Min. lang auf dieser Temp. und kühlt dann schnell auf Zimmertemp. ab. Die entstehende sirupöse Lösung wird filtriert, das Kondensationsprodukt mit Wasser ausgefällt und durch mechanische Bearbeitung in einem Strom kalten Wassers vom Lösungsmittel und vom Formaldehyd befreit. Das Produkt wird in Form dünner Blättchen luftgetrocknet.

Analyse: CH_2O : 12,6%; 55% der Amidgruppen haben also mit Formaldehyd reagiert.

B e i s p i e l 3

Polymethylol-Verbindung des Polyamids aus 1,6-Hexamethylen-diamin und Adipinsäure (saure Kondensation)[9]: Eine Lösung von 60 g (0,265 Mol) des Polyamids (= „Polyamid 66"; Herstellung

---

[1] E.P. 723626 (1951) ≡ F.P. 1052577 (1952), Distillers Co. Ltd., Erf.: C. E. HOLLIS, D. FAULKNER u. L. S. ABBOTT; C. **1955**, 1393.

[2] DBP. 907347 (1942), Farbw. Hoechst, Erf.: A. WEIHE.

[3] (sauer kondensiert) DBP. 929506 (1941), Degussa, Erf.: F. KÖHLER; C. **1956**, 1748; (alkal. kondensiert) DBP. 928251 (1941), Degussa, Erf.: F. KÖHLER; C. **1955**, 11105.

[4] DBP. 896266 (1941), Farbw. Hoechst, Erf.: A. WEIHE; C. **1954**, 3807.

[5] Zur Entstehung von Alkylolurethanen s. DBP.-Anm. S 26610 (1951) ≡ Schweiz. P. 299701 (1951), Société Anonyme des Manufactures des Glaces et Produits Chimiques de Saint-Gobain, Chauney & Cirey, Erf.: M. J. VIARD.

[6] DBP. 931257 (1941), Degussa, Erf.: F. KÖHLER; C. **1956**, 8224.

[7] DBP. 932698 u. 934015 (1941), Degussa, Erf.: F. KÖHLER; C. **1956**, 2893.

[8] Priv.-Mitt. E. MÜLLER, Leverkusen.

[9] T. L. CAIRNS u. Mitarbb., Am. Soc. **71**, 651 (1949).

s. S. 136 u. 137) in 210 g 90%iger Ameisensäure wird durch 1–2 stdg. Rühren bei 60° dargestellt. (Setzt man das Polyamid länger der warmen Ameisensäure aus, so besteht die Gefahr, daß eine stufenweise Hydrolyse des Amids eintritt). Zu dieser Polyamidlösung läßt man bei 60° innerhalb von 8 Min. eine Lösung von 60 g (2 Mol) Paraformaldehyd in 110 cm³ Wasser zutropfen. Der Zusatz muß anfangs vorsichtig erfolgen, da sich sonst das Polyamid abscheidet. 12 Min. später werden 50 cm³ Wasser von 60° hinzugefügt und nach weiteren 15 Min. wird die Lösung in eine Mischung von 500 cm³ Wasser und 500 cm³ Aceton gegossen. Zu der entstehenden dünnen trüben Lösung werden innerhalb von 40 Min. 1500 cm³ Wasser hinzugefügt, so daß die Methylol-Verbindung als körniges Pulver ausfällt. Das ausgefallene Produkt wird mehrere Male mit Wasser, dann mit wäßr. Ammoniak, Wasser und schließlich mit Aceton gewaschen.

Analyse: CH_2O : 5,9%. In 23% der Amidgruppen ist also eine Methylolgruppe eingetreten.

Die Verwendung einer techn. Formaldehydlösung in der oben beschriebenen Darstellung ergibt ein N-Methylol-polyamid, das zusätzlich einige Prozente an Methoxymethylgruppen enthält, die durch Verätherung mit Methanol, das in dem gewöhnlichen Handelsprodukt enthalten ist, entstehen.

Beispiel 4

N-Methylol-methacrylamid[1]: 42,5 g (0,5 Mol) Methacrylamid, 15,0 g (0,5 Mol) Paraformaldehyd und 600 cm³ trockenes Tetrachlormethan werden in einem Dreihalskolben, der mit Rührer, Thermometer und Calciumchloridrohr ausgestattet ist, gerührt. Man stellt die Mischung mit etwas kolloidalem Natrium in Xylol (auch Natriumamid oder Natriummethylat ist brauchbar) basisch und rührt 30 Min. bei 50°. Es bildet sich ein Öl, das durch eine Glassinternutsche filtriert wird. Anschließend wird das Öl gut gekühlt, wobei es erstarrt. Es läßt sich aus Äthylacetat um- krystallisieren und fällt beim Abkühlen aus. Ausbeute: 70%; F: 53,5–54° (nach 2 maligem Um- krystallisieren).

Beispiel 5

N-Methoxymethyl-methacrylamid[2]: 212 g Methacrylsäureamid werden in 3 l Tetrachlorme- than, in dem 2 g Hydrochinon gelöst sind, eingetragen und mit 76 g Paraformaldehyd versetzt. In das Gemisch gibt man zur Einleitung der Reaktion 16 g Natriummethylat, so daß deutlich alkal. Reaktion besteht. Man erwärmt nun ½ Stde. auf 55°, wobei das Methacrylsäureamid allmählich verschwindet und sich die entstehende Methylolverbindung als ölige Schicht auf dem Tetrachlormethan abscheidet. Bei 40° zieht man das Tetrachlormethan ab und nimmt das ausgeschiedene Öl (obere Schicht) in Methanol auf, das vorher durch Einleiten von Chlorwasser- stoff auf p_H: 2 eingestellt war. Falls der p_H-Wert auf 3 ansteigt, wird nochmals etwas Chlorwas- serstoff eingeleitet. Die Temp. steigt infolge der Verätherung auf 40–45° an. Man beläßt die Reaktionslösung ½ Stde. bei dieser Temp., neutralisiert dann mit Natriumhydrogencarbonat und filtriert die Lösung. Das Methanol wird i. Vak. abdestilliert und der Rückstand im Hochvak. destilliert. Ausbeute: 250 g (78% d. Th.); $Kp_{0,8}$: 86°.

Der Methyläther wird zur Stabilisierung mit etwas Kupferpulver versetzt.

In analoger Weise sind auch der *Propyläther* ($Kp_{0,9}$: 113°), der *Butyläther* ($Kp_{0,6}$: 118°) und der *Äther* des *Glykolmonomethyläthers* ($Kp_{0,7}$: 118°) dargestellt worden.

Im Vergleich zu den Methacrylsäureamid-methyloläthern zeichnen sich die ent- sprechenden Acrylsäureamid-derivate durch eine größere Neigung zur Anlagerung von Chlorwasserstoff aus, weshalb die Ausbeute bei der Verätherung geringer ist.

Beispiel 6

Kondensationsprodukt aus 1,3-Bis-[stearoylamino]-benzol und Bis-[chlormethyl]-äther[3]: 50 g 1,3-Bis-[stearoylamino]-benzol werden mit 75 cm³ Bis-[chlormethyl]-äther unter Rühren 2 Stdn. lang auf 100–105° erhitzt, worauf die Entwicklung von Chlorwasserstoff beendigt ist. Nach dem Abdestillieren des überschüssigen Äthers bleibt das Kondensationsprodukt als dickflüssige Masse zurück, die sehr reaktionsfähige Halogenatome enthält; Ausbeute: 77 g.

---

[1] A.P. 2760977 (1953), Research Corp., Erf.: H. FEUER u. U. L. HART; Chem. Abstr. **51**, 2851[f] (1957).

  H. FEUER u. U. E. LYNCH, Am. Soc. **75**, 5028 (1953).

[2] In Anlehnung an DAS. 1002326 (1954), Farbf. Bayer, Erf.: E. MÜLLER u. H. HOLTSCHMIDT; C. **1957**, 10347.

[3] DBP.-Anm. C 1378 (1941), CIBA, Erf.: C. GRÄNACHER u. R. SALLMANN.

Beispiel 7

N-Methylol-carbamidsäure-äthylester und dessen Verätherung mit Methanol in stark saurer Lösung[1]: Zu 178 g Carbamidsäureäthylester gibt man 220 g 30%igen Formaldehyd, die zuvor mit etwas Natriumcarbonat auf p_H: 8 eingestellt worden sind; dann erwärmt man unter Rühren auf 70–80°. Nach kurzer Zeit entsteht eine klare Lösung. Man erhitzt weitere 15 Min. und engt dann i. Vak. ein, wobei 220 g eines viscosen Öles zurückbleiben. Dieses wird in 400–500 cm³ Methanol gelöst und mit 5 cm³ konz. Salzsäure stark sauer gestellt. Unter Temperaturanstieg auf 30–35° tritt Verätherung ein. Nach etwa 10 Min. wird neutralisiert, i.Vak. eingeengt und der Methoxymethyl-carbamidsäure-äthylester i.Vak. destilliert; Kp_{14}: 90–92°. Beim Erhitzen einer sauren Lösung dieses Methyläthers tritt unter Abspaltung von Methanol Kondensation zu einem harten Produkt ein.

Beispiel 8

N-Methylol-carbamidsäure-glykolester ($HOCH_2$—NH—COO—CH_2—CH_2OH)[2]: In eine auf 10° gekühlte Mischung aus 105 g (1 Mol) unsubstituiertem Mono-urethan des Äthylenglykols und 100 cm³ 30,6%iger Formaldehydlösung (1 Mol) werden 6 cm³ Salzsäure von 22° Bé (D=1,19) gegossen. Durch entsprechende Kühlung wird dafür gesorgt, daß die Temp. zwischen 20–25° bleibt. Sobald die Reaktion nachläßt, wird die Mischung 12 Stdn. bei Zimmertemp. stehenge-lassen. Man erhält eine homogene Flüssigkeit, die 0,5 g freien Aldehyd enthält (Titrieren!). Nach dem Abdestillieren des Wassers i. Vak. in der Kälte bleibt das Methylolurethan als dick-flüssiges Öl zurück; Ausbeute 134 g. Diese Verbindung ist in Wasser und Alkohol löslich, in Benzol unlöslich. Sie ist in der Kälte sowohl in trockenem Zustand als auch in wäßr. Lösung beständig.

Beispiel 9

Kondensation des 1,4-Butylenglykol-bis-carbamidsäureesters mit Formaldehyd zur Dimethylol-verbindung und deren Verätherung mit Methylalkohol [H_3CO—CH_2–NH—COO–$(CH_2)_4$–OOC–NH––CH_2–OCH_3][1]: 176 g 1,4-Butylenglykol-bis-carbamidsäureester (aus dem Bis-chlorameisensäure-ester des 1,4-Butylenglykols mit Ammoniak erhältlich) werden in 220 cm³ 30%ige Formaldehyd-lösung eingetragen und sofort mit Natriumcarbonatlösung auf p_H: 8 gebracht. Nach kurzem Er-wärmen auf 70–80° entsteht eine klare Lösung, die noch 10 Min. erwärmt und anschließend i.Vak. eingeengt wird.

Nachdem praktisch alles Wasser abdestilliert ist, setzt man 400 cm³ Methanol zu und leitet bei 20° unter Rühren Chlorwasserstoff bis zur deutlich kongosauren Reaktion ein. Innerhalb weniger Min. entsteht eine klare Lösung. Nach 15 Min. wird mit Natriummethylat neutralisiert, vom Natriumchlorid abfiltriert und das Methanol i. Vak. abdestilliert. Als Rückstand bleibt ein vis-coses Öl, das in Wasser sowie in Dichlormethan löslich ist; Ausbeute: 245 g.

Der entsprechende *Äthyläther*, der in gleicher Weise hergestellt wird, schmilzt, aus Methanol umkristallisiert, bei 76–78°. Mit Säure entstehen in der Wärme aus beiden Produkten unlösliche Harze.

Über die Anwendung von Paraformaldehyd statt wäßriger Formaldehydlösung siehe die Literatur[3].

Beispiel 10

Saure Kondensation von Carbamidsäurebutylester mit Formaldehyd[4]: 220 g Carbamidsäure-butylester, 150 cm³ 15%ige Formaldehydlösung und 4 g 85%ige Phosphorsäure werden 11 Stdn. auf 100–120° erhitzt. Dann kühlt man etwas ab, gibt 160 cm³ 30%ige Formaldehydlösung zu und erhitzt nochmals 11 Stdn. auf etwa 120°. Anschließend werden der überschüssige Formaldehyd sowie geringe Mengen Butylcarbonat bei 20 Torr und 136–138° abdestilliert. Das Rohprodukt wird mit Natriumcarbonatlösung gewaschen, bei 145–150° getrocknet, mit Aktivkohle und Kiesel-gur verrührt und filtriert. Ausbeute: 220 g eines hellgelben Öls der Viscosität 70–200 Poise.

---

[1] DBP.-Anm. F 8747 (1952), Farbf. Bayer, Erf.: H. Klockgehter u. E. Müller.

[2] F.P. 1 030 430 (1951), Société Anonyme des Manufactures des Glaces et Produits Chimiques de Saint-Gobain, Chauney & Cirey, Erf.: M. J. Viard; Chem. Abstr. **52**, 14667[f] (1958).

[3] DBP. 895378 (1936), Farbw. Hoechst; C. **1954**, 1610.

[4] BIOS Final Rep. **1651**, 98.

Beispiel 11

Bis-methoxymethyl-Verbindung des Methylen-bis-N,N′-carbamidsäureäthylesters[1]:

$$\begin{array}{c} H_3COH_2C \\ H_5C_2OOC \end{array} N-CH_2-N \begin{array}{c} CH_2OCH_3 \\ COOC_2H_5 \end{array}$$

190 g (1 Mol) Methylen-bis-N,N′-carbamidsäureäthylester werden in 200 cm³ einer natriumcarbonatalkal., 30%igen Formaldehydlösung eingetragen, dann erwärmt man allmählich auf 70–80°, bis alles in Lösung gegangen ist. Man kondensiert noch weitere 10 Min. bei der gleichen Temp. und dampft i. Vak. ein. Es bleiben 222 g eines hochviscosen Öles zurück, die in 500 cm³ Methanol suspendiert werden. Nach Zugabe von 20 cm³ konz. Salzsäure tritt eine Temperaturerhöhung von 30–40° ein. Man neutralisiert nach etwa 15 Min. mit Natriumhydrogencarbonat und arbeitet in bekannter Weise auf; Ausbeute: 207 g; Kp$_2$: 147°.

Beispiel 12

Methyläther der Polymethylol-Verbindung des Polyamids aus 1,6-Hexamethylen-diamin und Adipinsäure (dargestellt nach der Lösungsmethode)[2]: Eine Lösung von 60 g des Polyamids in 180 g 90%iger Ameisensäure wird durch Rühren bei 60° hergestellt (vgl. Beispiel 3, S. 377.) Dazu gibt man eine Lösung von 60 g Paraformaldehyd in 60 g Methanol, die ebenfalls auf 60° erhitzt ist. (Solche Lösungen werden am günstigsten durch Erwärmen einer Suspension von Paraformaldehyd in Methanol auf 60° hergestellt, worauf eine Spur festes Natrium- oder Kaliumhydroxyd zugefügt wird. Unter diesen Bedingungen lösen sich die meisten Proben von Paraformaldehyd sehr schnell und geben vollkommen klare Lösungen. Solch eine Lösung enthält zweifellos einen großen Anteil des Aldehyds in Form des Halbacetals CH$_3$O—CH$_2$OH gebunden.) In der ersten Min. muß die Aldehydlösung sehr langsam zugegeben werden, da sonst das Polyamid ausfällt; man kann aber so rasch zufügen, daß die Zugabe nach 3 Min. beendet ist. 10 Min. nach Beginn der Aldehydzugabe werden schnell 60 g Methanol zugesetzt, dann hält man das Reaktionsgemisch noch 20 Min. auf 60°. Die Lösung wird anschließend in 1700 cm³ Aceton-Wasser (gleiche Volumenanteile) geschüttet und langsam mit wäßr. Ammoniak versetzt. Der Methyläther fällt in Form feiner weißer Körner aus.

Analyse: CH$_3$O : 7,13% nach Zeisel
CH$_2$O : 1,4 % nach der Sulfitmethode

In 36% der Amidgruppen ist also ein Wasserstoffatom durch die Methoxymethyl- bzw. Methylolgruppe ersetzt.

Statt der 90%igen Ameisensäure kann man auch eine wasserfreie Ameisensäure-Essigsäure-Mischung (dargestellt durch Zugabe von soviel Essigsäureanhydrid zu 90%iger Ameisensäure, daß alles vorhandene Wasser gebunden wird) verwenden; man erhält dann ein Produkt, in dem 46% aller Amidgruppen am Stickstoffatom substituiert sind.

Analyse: CH$_3$O : 9,94% nach Zeisel
CH$_2$O : 0,30% nach der Sulfitmethode

Beispiel 13

Methyläther der Polymethylol-Verbindung des Polyamids aus 1,6-Hexamethylen-diamin und Adipinsäure (dargestellt nach der direkten Methode)[2]: In einen vernickelten Autoklaven von 5 l Inhalt, ausgestattet mit einem wirksamen Ankerrührer, werden 1000 g des Polyamids (pulverisiert auf eine Maschengröße von 16), 1000 g Paraformaldehyd, 30 g Wasser und 1500 g Methanol gegeben. Man erhitzt die Mischung auf 140° und preßt eine Lösung von 20 cm³ 85%iger Phosphorsäure in 50 g Methanol mittels komprimiertem Stickstoff ein. Das Reaktionsgemisch wird 8 Min. lang auf 140° gehalten und dann sehr schnell in eine Lösung von 1600 cm³ Methanol, 400 cm³ Wasser und ausreichend Ammoniak, um den Phosphorsäurekatalysator zu neutralisieren, gegossen. Die daraus entstehende Lösung wird von fremden Substanzen und einer Spur nicht umgesetzten Polyamids durch Filtration über Diatomeenerde befreit. Man gießt das klare Filtrat in Wasser; dabei fällt das Polymere aus. Es wird vom Lösungsmittel und Aldehyd durch Bearbeiten mit Wasser in einem Kneter befreit. Schließlich wird durch Behandlung mit 1%iger Natronlauge bei 40° während 15 Min. die restliche N-Methylolverbindung entfernt, wobei das Polymere in feine Körnchen zerfällt; Ausbeute: 980 g.

---

[1] DBP.-Anm. F 8747 (1952), Farbf. Bayer, Erf.: H. KLOCKGETHER u. E. MÜLLER.
[2] T. L. CAIRNS u. Mitarbb., Am. Soc. **71**, 651 (1949).

Analyse nach Zeisel: 10,53% CH_3O. Die Amidsubstitution bezogen auf Methoxymethylgruppen beträgt demnach 45%.

Enthält das zur Umsetzung verwandte Reaktionsgemisch 300 g Wasser statt 30 g, so erhält man ein niedriger substituiertes Produkt (CH_3O : 7,8%).

Diese direkte Synthese von N-Alkoxymethyl-polyamiden hat einen weiten Anwendungsbereich. Die günstigste Temp. ist im allgemeinen für jede Polyamid-Alkohol-Kombination verschieden.

Beispiel 14

Octadecylthioäther der Polymethylol-Verbindung des Polyamids aus 1,6-Hexamethylen-diamin und Adipinsäure[1]: Aus 20 g eines nach den Beispielen 12 oder 13 dargestellten Methyläthers (CH_3O = 9,72 %), 19 g rohem Octadecylmercaptan und 100 cm³ absol. Alkohol wird bei 60—65° eine Lösung dargestellt (das rohe Mercaptan enthält ungefähr 85% Octadecylmercaptan (0,066 Mol)). Man fügt 1 cm³ konz. Salzsäure gelöst in einigen cm³ absol. Alkohol hinzu. Nach 2 Stdn. wird das Polymere bei 60° durch Zugabe von Aceton als körniges Pulver ausgefällt. Nach gründlichem Waschen mit Aceton wird es an der Luft und schließlich über Phosphorpentoxyd getrocknet.

Analyse: S: 3,72; 3,87%; CH_3O : 1,20; 1,16%.

Beispiel 15

Kondensation von N,N′-Dimethylol-oxalsäurediamid mit Brenzschleimsäuremethylester[2]:

$$HOCH_2—NH—CO—CO—NH—CH_2OH + 2 \; \underset{O}{\boxed{}}—COOCH_3 \xrightarrow[- 2 H_2O]{H^{\oplus}}$$

$$CH_3OOC—\underset{O}{\boxed{}}—CH_2—NH—CO—CO—NH—CH_2—\underset{O}{\boxed{}}—COOCH_3$$

Zu 550 cm³ konz. Schwefelsäure gibt man bei 0 bis —10° unter Rühren 126 g Brenzschleimsäuremethylester und dann langsam 85 g Dimethylol-oxamid. Das Gemisch wird 30 Min. bei 0 bis 10° gerührt, 4 Stdn. stehen gelassen und anschließend auf viel Eis gegossen. Das N,N′-Bis-[5-carbomethoxy-furfuryl-(2)]-oxalsäurediamid wird abgesaugt und aus Eisessig umkristallisiert; Ausbeute 160 g (88% d.Th.); F: 182,5°.

Beispiel 16

Carbamidsäureäthylester und Acrolein sauer kondensiert[3]: 178 g Carbamidsäureäthylester werden mit 132 g Acrolein, 132 g Wasser und 40 g 1%iger Phosphorsäure gemischt und 5 Stdn. unter Rückfluß gekocht. Die zunächst klare Lösung trübt sich bald. Nach etwa 3 Stdn. ist das Reaktionsgemisch milchig-weiß, und es beginnen sich ölige Tröpfchen abzuscheiden. Nach 5 stdg. Kochen läßt man abkühlen. Es bilden sich 2 Schichten; nach dem Abtrennen der oberen wäßr. Schicht wird die untere bei 25 Torr und bei einer Badtemp. von 80—120° von flüchtigen Anteilen befreit und dann noch heiß aus dem Reaktionsgefäß entfernt. Das praktisch geruchlose, fast farblose Harz ist bei 0° spröde und kann bei dieser Temp. zerkleinert werden. Bei Zimmertemp. ist das Harz weich und fadenziehend. Es löst sich in Alkoholen, Estern, Ketonen, Glykoläthern, aromatischen Kohlenwasserstoffen und aliphatischen Chlorkohlenwasserstoffen; in aliphatischen Kohlenwasserstoffen ist es unlöslich.

Nach 11 monatigem Stehen im verschlossenen Gefäß ist das Harz springhart geworden und hat einen Erweichungspunkt von 88° nach Kraemer-Sarnow. Die Löslichkeitseigenschaften sind unverändert. Das Harz ist mit Celluloseestern und -äthern verträglich, ebenso mit zahlreichen anderen Lackrohstoffen.

Beispiel 17

Kondensation des 1,3-Butylenglykol-bis-carbamidsäureesters mit Crotonaldehyd in neutraler bis schwachsaurer Lösung[4]: Man mischt 176 g des 1,3-Butylenglykol-bis-carbamidsäureesters in einem mit Rückflußkühler versehenen Kolben mit 200 g Wasser und 145 g Crotonaldehyd (frisch

---

[1] T. L. Cairns, H. W. Gray, A. K. Schneider u. R. S. Schreiber, Am. Soc. **71**, 655 (1949).

[2] O. Moldenhauer, W. Irion u. H. Marwitz, A. **583**, 42 (1953); s.a. DBP. 887815 (1951), Phrix-Werke AG., Erf.: O. Moldenhauer, W. Irion u. H. O. Marwitz; C. **1954**, 4963.

[3] DBP. 907347 (1942), Farbw. Hoechst, Erf.: A. Weihe.

[4] DBP. 896266 (1941), Farbw. Hoechst, Erf.: A. Weihe; C. **1954**, 3807.

destilliert) und erhitzt die Mischung zum Sieden. 1 Stde. nach Beginn des Siedens gibt man 10 cm³ einer 1%igen Phosphorsäurelösung zu und kocht weitere 15 Stunden. Nach dem Abkühlen hat sich das Kondensationsprodukt als weiche, fadenziehende Masse am Boden des Reaktionsgefäßes abgeschieden. Es wird von der wäßr. Schicht getrennt und zur Entfernung einer geringen Menge überschüssigen Crotonaldehyds der Wasserdampfdestillation unterworfen. Nach dem Abgießen des Wassers wird das Produkt bei 6 Torr zuerst auf dem Wasserbad und anschließend $1^1/_2$ Stdn. in einem Ölbad von 120–130° erhitzt.

Man erhält ein bräunliches, springhartes Harz, dessen Erweichungspunkt nach Kraemer-Sarnow 112–115° beträgt. Es löst sich in Alkoholen, Estern und Ketonen. Die Lösungen hinterlassen beim Eintrocknen einen harten, klebfreien Film, der Ähnlichkeit hat mit einem Anstrich aus Schellack. Durch $^1/_2$ stdg. Erhitzen auf 160° wird der Film unlöslich und äußerst kratzfest.

Unterbricht man die Operation nach der Entwässerung, also vor der Vakuumerhitzung im Ölbad, so erhält man einen zähen Harzbalsam, dessen Lösungen beim Eintrocknen weiche und stark klebende Filme hinterlassen. Diese Filme sind ebenso härtbar wie die aus dem oben beschriebenen, weiter kondensierten Produkt.

Die beschriebenen Harze lassen sich mit Nitrocelluloselacken kombinieren.

5. Polyadditions- und Polykondensationsprodukte des Dicyandiamids und Guanidins mit Aldehyden

α) Allgemeines

Die Umsetzungsprodukte des Dicyandiamids mit Formaldehyd haben bisher nur eine geringe technische Bedeutung. Trotz ihres niedrigen Preises kommen sie für Preßmassen und Austauscherharze kaum in Frage, da eine Aushärtung zu vernetzten wasserfesten Produkten nicht im gleichen Maße möglich ist wie beim Harnstoff bzw. Melamin. Hinzu kommt, daß selbst auskondensierte Produkte sehr säureempfindlich sind. Bis in die jüngste Zeit werden aber die Versuche, Dicyandiamid-Harze in die Kunststoffindustrie einzuführen, intensiv fortgesetzt. Von einiger Bedeutung sind die Dicyandiamid-Formaldehyd-Harze infolge ihrer Basizität, die durch Einkondensation von Ammoniak oder Mono- und Diaminen noch verstärkt werden kann, in der Textilchemie zur Nachbehandlung von Färbungen mit sulfonsäuregruppenhaltigen Farbstoffen. In der Lederindustrie dienen sie als Gerbstoffe und zur Fixierung von Gerbstoffen im Leder. Hier wird zum Teil auch ihre Eigenschaft ausgenutzt, in höhermolekularer Form in der Haut mit mehrwertigen Säuren schwerlösliche Niederschläge zu geben. Die Kondensationsprodukte des Guanidins haben ähnliche Eigenschaften[1].

β) Umsetzung in alkalischer, neutraler oder schwach saurer Lösung

Die Konstitution der Formaldehyd-Dicyandiamid-Kondensationsprodukte ist noch weitgehend ungeklärt; selbst die Frage, wieviel Formaldehyd maximal mit einem Mol Dicyandiamid reagieren kann, ist noch offen[2]. Es ist sehr wahrscheinlich, daß sich unter alkalischen Bedingungen zuerst verschiedene wasserlösliche Methylolverbindungen bilden. Lange Zeit war nur eine *Monomethylolverbindung* des *Dicyandiamids* bekannt[3] (Beispiel 1, S. 385). Erst 1952 wurde auch eine krystallisierte

[1] A.P. 1780636 (1925), DuPont, Erf.: C. M. STINE; C. **1931** I, 369.

[2] E. QUENDT, Dissertation, TH Darmstadt 1952.

[3] F. POHL, J. pr. [2] **77**, 533 (1908).
   A.P. 2515143 (1948), American Cyanamid Co., Erf.: J. STUDENY; Chem. Abstr. **44**, 8946ʰ (1950).

Dimethylolverbindung aufgefunden[1] (Beispiel 2, S. 386), die jedoch leicht wieder eine Molekel Formaldehyd verliert, so daß eine Umkrystallisation nur aus Alkohol in der Kälte möglich ist. Die bei höherer Temperatur (95–100°) aus 1 Mol Dicyandiamid und 1–2,5 Mol Formaldehyd in alkalischer oder neutraler Lösung durch längeres Erhitzen gewonnenen Kondensate sind harzartige, in Wasser schwer lösliche Produkte, die in der Hitze auch ohne Säurezusatz weiterkondensieren[2] (Beispiel 3, S. 386). Produkte mit einer besseren Wasserfestigkeit, die daher als Preßmassen geeigneter sind, sollen entstehen, wenn man auf 1 Mol Dicyandiamid etwa 2,75–3,25 Mol Formaldehyd einsetzt[3] (Beispiel 4, S. 386). Lösliche Kondensationsprodukte aus Dicyandiamid und Formaldehyd sind zur Erhöhung der Anfärbbarkeit von synthetischen Fasern mit sauren Farbstoffen empfohlen worden[4].

Die Kondensationsreaktionen mit Dicyandiamid werden auch dadurch unübersichtlich, daß Dicyandiamid unter den Bedingungen der Kondensation leicht verändert wird, z. B. zu Guanylharnstoff. Während das reine Dicyandiamid sich gegen Wasser bei etwa 90° als sehr beständig erweist, wird eine schwach alkalische oder anfangs neutrale Dicyandiamid-Formaldehyd-Lösung in der Wärme rasch zunehmend alkalischer. Möglicherweise wird eine tautomere Form des Dicyandiamids durch Anlagerung von Formaldehyd zu einer Methylolverbindung laufend aus dem Gleichgewicht entfernt, so daß zum Schluß das ganze Dicyandiamid als besonders leicht hydrolysierende Methylolverbindung einer tautomeren Form vorliegt. Bei der Hydrolyse kann basischer *Guanylharnstoff* entstehen. Zum Teil wird auch angenommen, daß eine saure NH-Gruppe durch Anlagerung von Formaldehyd verschwindet[5].

Unter Anwendung von mehr als $3^{1}/_{2}$ Mol Formaldehyd tritt alkalisch in der Wärme eine merkwürdige Erscheinung ein[6]: Bei über 60° geht das Dicyandiamid in Lösung, und die bekannte lösliche erste Stufe der Formaldehyd-Anlagerung entsteht. In der Folgezeit wird weiter Formaldehyd verbraucht, wobei das Reaktionsprodukt seine Wasserlöslichkeit wieder verliert, d. h. die Reaktionslösung läßt sich nach dem Abkühlen nicht mehr mit beliebigen Mengen Wasser verdünnen, ohne daß eine Harzabscheidung eintritt. Bei weiterem Erhitzen entsteht aber wieder ein in jedem Verhältnis mit Wasser mischbares Reaktionsprodukt, das als Gerbstoff empfohlen wird[7] (Beispiel 5, S. 386). Mit steigendem Aldehydverbrauch steigt der p_H-Wert beträchtlich. Ob es sich bei diesem wasserlöslichen Kondensationsprodukt um **Halbacetale von Methylolverbindungen** handelt, wie die entsprechende Patentschrift[6] es annimmt, oder aber um lösliche **Polymethylolverbindungen**

[1] R. Květoň, Chem. Listy **46**, 632 (1952); Chem. Abstr. **47**, 8020[f] (1953).
    s. a. R. Květoň, F. Hanousek u. M. Králová, Chem. Listy **46**, 739 (1952); Chem. Abstr. **47**, 12259[h] (1953).
[2] Schweiz. P. 138323 (1928; Österr. Prior., 1927), K. Ripper; C. **1930** II, 1618.
    DRP. 530732 (1930), K. Ripper; Frdl. **18**, 2382.
[3] A. P. 2149672 (1937), A. R. Frank, H. H. Franck, K. Zieke u. E. Hey; Chem. Abstr. **33**, 4347[1] (1939).
[4] A. P. 2458397 (1944), Courtaulds Ltd., Erf.: J. H. MacGregor; Chem. Abstr. **43**, 2442[h] (1949).
    A. P. 2462428 (1944), CIBA, Erf.: H. Roesti; Chem. Abstr. **43**, 4440[g] (1949).
[5] E. Quendt, Dissertation, TH Darmstadt 1952.
[6] A. P. 2567238 (1949), Jacques Wolf & Co., Erf.: L. Sellet u. W. O. Dawson; Chem. Abstr. **45**, 10676[f] (1951).
[7] A. P. 2637622 (1950), Jacques Wolf & Co., Erf.: W. O. Dawson u. L. Sellet; Chem. Abstr. **47**, 9042[b] (1953).

des Guanylharnstoffs, ist noch nicht entschieden. Während der schwer löslichen Zwischenstufe ein Formaldehydverbrauch von etwa zwei Mol entspricht, sind in dem wasserlöslichen Endprodukt etwa 3,1 Mol Formaldehyd enthalten. Nach einer anderen Patentschrift[1] soll Dicyandiamid mit vier Mol Formaldehyd in Gegenwart von Natriumborat eine wasserlösliche Tetramethylol-Verbindung bilden (s. Beispiel 8, S. 387). Auch bei der Kondensation von *Dicyandiamid* mit $3^1/_2$ Mol *Formaldehyd* unter Zusatz von etwa $^1/_2$ Mol *Borsäure* entstehen wasserlösliche Reaktionsprodukte, welche als Gerbstoffe empfohlen werden[2].

Technisch sehr einfach und billig sind auch Kondensationen des *Dicyandiamids* mit *Paraformaldehyd* durchzuführen[3] (Beispiel 6, S. 387), weil hier die Kondensationsprodukte direkt in fester Form anfallen und so das Einengen wegfällt. Zur Gewinnung von Harzgerbstoffen wird die Kondensation so weit getrieben, bis eine Probe in Wasser trüb, in einer Lösung des Natriumsalzes eines Naphthalinsulfonsäure-Formaldehyd-Harzes dagegen klar löslich ist[3].

γ) Kondensationen in stark saurer Lösung

Die Reaktionen des Dicyandiamids mit Formaldehyd in stark saurer Lösung[4] werden überlagert von einer teilweisen Verseifung des Dicyandiamids und der methylierenden Wirkung des Formaldehyds auf entstehendes Ammoniak bzw. Ammoniumchlorid, wobei in nennenswerter Menge methylierte Amine entstehen. Sicher wird ein Teil des Ammoniaks oder der Amine in das Kondensationsprodukt eingebaut; dafür spricht auch, daß durch saure Kondensation gewonnene Produkte eine ähnlich stark fällende Wirkung auf saure Farbstoffe ausüben[5] (Beispiel 7, S. 387), wie die unter Zusatz von Ammoniumchlorid oder Aminsalzen in neutraler oder schwach saurer Lösung dargestellten Harze (s. dazu S. 385). Die Reaktionsprodukte sind auf Grund ihres Salzcharakters auch leicht in Wasser löslich[4].

δ) Kondensation mit Aldehyden und anderen kondensationsfähigen Verbindungen

Kondensiert man Dicyandiamid mit Formaldehyd unter geeigneten Bedingungen in Gegenwart von Alkoholen, so tritt eine Verätherung der entstehenden Methylolgruppen ein[1] (Beispiel 8, S. 387). Definierte krystallisierte Methyläther lassen sich aus Mono- und Dimethylol-dicyanamid herstellen[6] (Beispiel 9, S. 387).

---

[1] A.P. 2690434 (1951), Jacques Wolf & Co., Erf.: L. SELLET u. W. O. DAWSON; Chem. Abstr. **49**, 1370ª (1955).

[2] E.P. 747183 (1953), Jacques Wolf & Co., Erf.: W. O. DAWSON u. L. SELLET; C. **1957**, 5129.

[3] DAS. 1010735 (1954), Farbf. Bayer, Erf.: B. ZORN u. G. MAUTHE; C. **1958**, 10216.
   s. a. DAS. 1047424 (1955) ≡ F.P. 1132426 (1955), Farbf. Bayer, Erf.: B. ZORN u. G. MAUTHE; C. **1958**, 7008.

[4] DRP. 323665, 325647 (1919), H. Wallasch; Frdl. **13**, 661, 662.

[5] DBP. 833708 (1949), Farbf. Bayer, Erf.: K. TAUBE, W. BENADE u. O. WEBER; C. **1952**, 6142.

[6] R. KVĚTOŇ, Chem. Listy **46**, 632 (1952); Chem. Abstr. **47**, 8020ᶠ (1953).
   R. KVĚTOŇ, F. HANOUSEK u. M. KRÁLOVÁ, Chem. Listy **46**, 739 (1952); Chem. Abstr. **47**, 12259ʰ (1953).

Ähnlich wie Harnstoff läßt sich auch *Dicyandiamid* mit *Formaldehyd* und *Natriumhydrogensulfit* zu anionaktiven Harzen kondensieren. Die Reaktion wird mit einem Überschuß an Formaldehyd (4–5 Mol) während fünf Stunden bei 100° durchgeführt[1]. Bekannt ist auch die gemeinsame Kondensation von Dicyandiamid mit Formaldehyd und Carbonsäuren[2].

Setzt man Dicyandiamid mit Formaldehyd in Gegenwart von größeren Mengen Ammoniumchlorid oder besser noch aliphatischen Polyaminhydrochloriden um, so erhält man wasserlösliche, stark basische Produkte, die zur Erhöhung der Naßechtheit von substantiven Färbungen dienen[3] (Beispiele 10 u. 11, S. 387). Von Interesse sind auch die Kondensationsprodukte von Dicyandiamid, Formaldehyd und aromatischen Aminen[4].

Da Dicyandiamid-Formaldehyd-Kondensationsprodukte nur eine verhältnismäßig geringe Wasserfestigkeit aufweisen, empfiehlt sich für manche Zwecke, vor allem für Preßmassen, eine Mischkondensation mit geeigneten anderen Verbindungen, wie z.B. *Phenol*[5] oder *Melamin*[6]. Mischkondensate aus Dicyandiamid-Formaldehyd-Harzen und *Phenolresolen* sollen lichtechte und chemikalienfeste Lacke ergeben[7].

Erwähnt sei auch die Kondensation von Dicyandiamid mit Formaldehyd und Ketonen[8].

ε) Praktische Durchführung der Kondensationen

Beispiel 1

Monomethylol-dicyandiamid[9]: 840 g (10 Mol) Dicyandiamid und 1000 g 30%ige Formaldehydlösung (10 Mol) werden unter Rühren auf höchstens 75–80° erhitzt. Sobald eine klare Lösung vorliegt, wird rasch abgekühlt, wobei die Reaktionsmasse erstarrt. Das ausgeschiedene Produkt

---

[1] DBP.-Anm. B 22034 (1952), Böhme Fettchemie, Erf.: R. HEYDEN.
  DAS. 1000563 (1952), Böhme Fettchemie, Erf.: R. HEYDEN, F. SCHMITT u. J. PLAPPER.
[2] DAS. 1040236 (1953; Am. Prior., 1952) ≡ E.P. 762774 (1953), L. Sellet; C. **1958**, 11123.
[3] DRP. 671704 (1934), F. Hassler; Frdl. **24**, 1227.
  DRP. 751174, 763183 (1937), I. G. Farb., Erf.: S. PETERSEN; C. **1953**, 1724, 7183.
  A.P. 2405863 (1943), I. R. Geigy AG., Erf.: J. TREBOUX; Chem. Abstr. **40**, 6827[4] (1946).
  Schweiz. P. 258276, 263482 (1944), Sandoz AG.; Chem. Abstr. **44**, 1715[i], 6651[h] (1950).
  A.P. 2440988 (1945), I. R. Geigy AG., Erf.: J. TREBOUX u. R. BELLVILA; Chem. Abstr. **42**, 6166[b] (1948).
  DBP. 907164 (1951) ≡ Schweiz. P. 292383 (1950), CIBA, Erf.: O. ALBRECHT u. A. HIESTAND; C. **1954**, 6836.
  DBP. 912019 (1951), CIBA, Erf.: A. HIESTAND u. O. ALBRECHT; C. **1955**, 221.
[4] A.P. 2497073/4 (1947), American Cyanamid Co., Erf. J. R. DUDLEY u. J. A. ANTHES; Chem. Abstr. **44**, 3740[h], 3741[a] (1950).
  A.P. 2427512 (1943), Monsanto Chemical Co., Erf.: M. J. SCOTT; Chem. Abstr. **42**, 413[e] (1948).
[5] Schweiz. P. 141794–6 (1928; Österr. Prior., 1927), K. Ripper; C. **1931** I, 2811.
  DRP. 740863 (1938) ≡ F.P. 869600 (1941), A. Nowack AG. u. R. Hessen, Erf.: R. HESSEN; C. **1942** II, 598.
  DRP. 722961 (1938); 694824 (1938) ≡ F.P. 850333 (1939), Bayrische Stickstoffwerke, Erf.: H. H. FRANK u. E. HEY; C. **1942** II, 2092; **1940** I, 2866.
[6] A.P. 2286228 (1939); 2336370 (1940), American Cyanamid Co., Erf.: K. E. RIPPER; Chem. Abstr. **36**, 7189[6] (1942); **38**, 3056[7] (1944).
[7] DBP. 903368 (1951), Chemische Werke Albert, Erf.: H. STARCK; C. **1954**, 5635.
[8] A.P. 2517824 (1946), American Cyanamid Co., Erf.: A. J. APPELQUEST; Chem. Abstr. **44**, 10375[g] (1950).
  A.P. 2541184 (1948), Sun Chemical Corp., Erf.: R. C. ACKERMAN; Chem. Abstr. **45**, 4056[i] (1951).
[9] In Anlehnung an A.P. 2515143 (1948), American Cyanamid Co., Erf.: J. STUDENY; Chem. Abstr. **44**, 8946[h] (1950).

wird möglichst scharf abgesaugt und an der Luft in flachen Schalen getrocknet. Die letzten Wasserreste beseitigt man im Vakuumtrockenschrank. Man erhält 1110 g Monomethylol-dicyandiamid, das in Wasser leicht löslich ist (etwa 25 g in 100 g Wasser bei 25°); F: 118°. Nach dem Umkrystallisieren aus wasserfreiem Methanol[1] F: 122–123°.

(Es ist zu beachten, daß während der Kondensation anfangs neutrale, dann alkal. Reaktion herrscht).

Beispiel 2

Dimethylol-dicyandiamid[1]: Ein Gemisch von 30,5 g Paraformaldehyd (1 Mol) und 50 cm^3 Wasser wird durch Zugabe von 1,5 cm^3 0,1%iger Natronlauge neutralisiert (p_H: 7) und solange erwärmt, bis der Paraformaldehyd gelöst ist. Dann gibt man 42 g (0,5 Mol) umkrystallisiertes Dicyandiamid zu und erhitzt auf 80°. Wenn alles Dicyandiamid gelöst ist, erhitzt man noch 10 Min. nach. Die filtrierte Lösung scheidet glänzende Krystalle aus. Nach Abtrennung der Mutterlauge und Trocknung bei Zimmertemp. werden 62 g (86%) krystallines Dimethylol-dicyandiamid vom F: 108–109° erhalten.

Dieses ist beim Umkrystallisieren noch empfindlicher als die Monomethylolverbindung. Nach 2–3maligem Umkrystallisieren aus Wasser bei 40° erhält man nur das Monomethylolderivat. Zur Analyse wurde die Dimethylolverbindung 2 mal aus kaltem, wasserfreiem Methylalkohol umkrystallisiert und im Exsiccator über wasserfreiem Calciumchlorid getrocknet; F: 112–113°.

Beispiel 3

Kondensation von Dicyandiamid mit 1,5 Mol Formaldehyd in alkal. Lösung zu einem hydrophoben Harz[2]: 84 g Dicyandiamid und 150 g 30%iger Formaldehyd werden mit 20 cm^3 n/10 Natronlauge versetzt und $^3/_4$ Stde. gekocht. Beim Abkühlen scheidet sich eine zähe, feste Masse aus. Das Wasser wird i. Vak. abdestilliert; der Rückstand kann durch Erhitzen gehärtet werden, besonders leicht nach Zusatz von etwas Milchsäure.

Beispiel 4

Kondensation von Dicyandiamid mit 3 Mol Formaldehyd in alkal. Lösung zu einem hydrophoben Harz[3]: 168 g Dicyandiamid (2 Mol) werden mit 450 cm^3 40%iger Formaldehydlösung (6 Mol) unter Rühren 2$^1/_2$ Stdn. auf 80° erhitzt, wobei sich eine klare Gallerte bildet. Die Masse wird bei < 100° gut getrocknet, bis eine Probe unter der Presse bei 140° aushärtet. Dann pulverisiert man das Produkt sehr fein, wäscht mit Wasser die niedermolekularen löslichen Bestandteile heraus und trocknet erneut i. Vak. bei 20°. Das so erhaltene Pulver läßt sich bei 140° zu klaren, farblosen Stücken verpressen. Zusätze an Cellulose sind ähnlich wie bei Harnstoffharzen zur Bindung des Reaktionswassers empfehlenswert[4].

Beispiel 5

Kondensation von Dicyandiamid mit Formaldehyd in alkal. Lösung zu einem in Wasser beliebig löslichen Reaktionsprodukt[5]: In einem Dreihalskolben mit Rührer, Kühler und Thermometer wird ein Gemisch aus 84 g (1 Mol) Dicyandiamid und 400 g 30%igem Formaldehyd (4 Mol) unter Zusatz von etwas Natronlauge auf p_H: 9 eingestellt. Dann wird unter Rühren auf 95° erhitzt (titrimetrische Bestimmung mittels Natriumsulfit; vgl. S. 347). Nach kurzer Zeit (etwa $^1/_2$ Stde.) entsteht eine klare Lösung, wobei etwa 1 Mol Formaldehyd verbraucht ist. Bei weiterem Erhitzen wird das Reaktionsprodukt zunehmend schwerer löslich, was das Ausflocken einer auf 15° abgekühlten Probe sowie die stark nachlassende Verdünnbarkeit mit kaltem Wasser zeigt. Das Minimum der Löslichkeit ist nach etwa $^3/_4$ bis 1 Stde. erreicht (bei höherer Temp. rascher). Bis dahin sind etwa 2 Mol Formaldehyd verbraucht worden. Bei weiterem Erhitzen wird die Löslichkeit wieder besser, und nach etwa 3–4 Stdn. ist das Reaktionsprodukt beliebig mit Wasser verdünnbar. Längeres Erhitzen gibt keine deutliche Änderung der Löslichkeit mehr. Der p_H-Wert stellt sich während des Versuches auf etwa 10 ein.

---

[1] R. KVĚTOŇ, Chem. Listy **46**, 632 (1952); Chem. Abstr. **47**, 8020^f (1953).

[2] DRP. 530732 (1930), K. Ripper; Frdl. **18**, 2382.

[3] A.P. 2149672 (1937), A. R. Frank, H. H. Franck, K. Zieke u. E. Hey; Chem. Abstr. **33**, 4347^1 (1939).

[4] Schweiz.P. 138323 u. 141794–6 (1928; DR.Prior.,1927); Österr.P. 141498 (1932); A.P. 2060122 (1931), K. Ripper; C. **1930** II, 1618; **1931** I, 2811; **1935** II, 1267; Chem. Abstr. **31**, 480^5 (1937).

[5] A.P. 2567238 (1949), Jacques Wolf & Co., Erf.: L. SELLET u. W. O. DAWSON; Chem. Abstr. **45**, 10676^f (1951).

Beispiel 6

Kondensation von Dicyandiamid mit Paraformaldehyd[1]: Man erwärmt ein Gemisch von 84 Tln. Dicyandiamid und 60 Tln. Paraformaldehyd. Bei etwa 80° wird die Masse flüssig. Nun wird unter lebhaftem Rühren solange auf 100–110° erhitzt, bis eine Probe mit warmem Wasser eine dicke, milchige Suspension liefert. Durch Zusatz einer Lösung des Natriumsalzes eines Naphthalinsulfonsäure-Formaldehyd-Harzes erhält man eine klare Lösung. Mit Säuren ist das Harz wieder fällbar.

Beispiel 7

Kondensation von Dicyandiamid mit Formaldehyd in stark saurer Lösung[2]: Zu 84 g Dicyandiamid gibt man 200 cm³ destilliertes Wasser und soviel konz. Salzsäure, wie 18,2 g Chlorwasserstoff entsprechen. Diese saure Lösung wird mit 100 g 30%igem Formaldehyd zum Sieden erhitzt. Dabei wird die Lösung neutral, es tritt also teilweise Verseifung und Bildung von Ammoniumchlorid ein (letzteres kann man auch von Anfang an zugeben, dann erübrigt sich ein Zusatz von Salzsäure). Das wasserlösliche Kondensationsprodukt wird über Aktivkohle filtriert und bei 40° i. Vak. eingeengt. Den Rückstand erhitzt man zur Nachkondensation noch 3 Stdn. auf 150°. Es entsteht ein pulverisierbares, festes Kondensationsprodukt, das in Wasser löslich ist, aber nach Zusatz von Alkali ausfällt (nur das Salz ist löslich). Mit sulfonsäuregruppenhaltigen Gerbstoffen sowie sulfonsäuregruppenhaltigen Farbstoffen erhält man Fällungen, die in Wasser unlöslich sind.

Beispiel 8

Kondensation von Dicyandiamid mit Formaldehyd und Methanol[3]: 168 g (2 Mol) Dicyandiamid, 3,6 g Borax und 600 g einer Methylalkohol-Formaldehydlösung, welche 40% Formaldehyd, 53% Methanol und 7% Wasser enthält, werden 4 Stdn. auf 83° erhitzt. Hierbei bildet sich wahrscheinlich die leicht wasserlösliche Tetramethylolverbindung des Dicyandiamids (die Konstitution ist nicht bewiesen). Das Reaktionsgemisch, das einen p_H-Wert von 8,8 aufweist, wird mit Essigsäure (etwa 12 g) auf p_H: 6,8 eingestellt und dann auf 83° erhitzt. Am Ende der Reaktionszeit läßt sich die Lösung beliebig mit Alkohol verdünnen; beim Zusatz eines gleichen Vol. an 5%iger Salzlösung tritt keine Fällung ein. Das Reaktionsprodukt ist wahrscheinlich das Tetramethoxymethyl-dicyandiamid.

Wird in dem vorliegenden Beispiel der Methylalkohol durch eine äquimolekulare Menge Butylalkohol ersetzt, so ist das Reaktionsprodukt außer in Alkohol auch in aromatischen Kohlenwasserstoffen löslich.

Beispiel 9

Monomethoxymethyl-dicyandiamid[4]: 1,14 g rohes Methylol-dicyandiamid (F: 121°) werden mit 10 cm³ Methanol und 0,3 cm³ konz. Salzsäure 10 Min. bei 16° und 5 Min. bei 30° stark geschüttelt. Die entstandene Lösung wird mit Natriumcarbonat neutralisiert und filtriert. Nach dem Abdampfen des Methanols bei Zimmertemp. wird der Rest i. Vak. über konz. Schwefelsäure getrocknet. Man erhält 1,4 g einer weißen, mit Natriumchlorid verunreinigten Substanz vom F: 126–128°. Diese wird einmal aus Amylalkohol und 2 mal aus Methanol umkristallisiert. Nach dem Trocknen i. Vak. über Phosphorpentoxyd schmilzt sie bei 144°.

Beispiel 10

Kondensation von Dicyandiamid mit Formaldehyd und Ammoniumchlorid[5]: 30 g Dicyandiamid, 40 g 40%iger Formaldehyd, 60 g Wasser und 30 g Ammoniumchlorid werden 2 Stdn. auf 95–100° erhitzt. Das entstehende Kondensationsprodukt dient zur Nachbehandlung von Färbungen mit substantiven Farbstoffen.

Beispiel 11

Kondensation von Dicyandiamid mit Formaldehyd und Äthylendiamin-dihydrochlorid[6]: Ein Gemisch von 533 g Äthylendiamin-dihydrochlorid und 673 g Dicyandiamid wird innerhalb von etwa 2 Stdn. in kleinen Anteilen unter Rühren in einen Kolben eingetragen, der in ein Heizbad von 250–255° eintaucht. Dabei entsteht eine leicht rührbare Schmelze. Man rührt

---

[1] DAS. 1010735 (1954), Farbf. Bayer, Erf.: B. ZORN u. G. MAUTHE; C. **1958**, 10216.

[2] DBP. 833708 (1949), Farbf. Bayer, Erf.: K. TAUBE, W. BENADE u. O. WEBER; C. **1952**, 6142.

[3] A. P. 2690434 (1951), Jacques Wolf & Co., Erf.: L. SELLET u. W. O. DAWSON; Chem. Abstr. **49**, 1370ᵃ (1955).

[4] R. KVĚTOŇ, Chem. Listy **46**, 632 (1952); Chem. Abstr. **47**, 8020ᶠ (1953).

[5] DRP. 671704 (1934), F. Hassler; Frdl. **24**, 1227.

[6] DBP. 912019 (1951), CIBA, Erf.: O. ALBRECHT u. A. HIESTAND; C. **1955**, 221.

25*

1 Stde. bei einer Innentemp. von 250–255° nach. Beim Eintragen der Mischung und beim Nachrühren wird Ammoniak abgespalten. Anschließend wird die Innentemp. auf etwa 155° gesenkt, worauf man 147 g Eisessig innerhalb von etwa 5 Min. einfließen läßt. Durch weiteres Kühlen senkt man die Innentemp. auf etwa 115° und trägt 107 g Paraformaldehyd in etwa 15 Min. ein. Dann läßt man die Innentemp. auf 100° sinken und fügt 363 g 37%ige wäßr. Formaldehydlösung innerhalb von etwa 5 Min. hinzu. Nun erhitzt man etwa 10–15 Min. in einem siedenden Wasserbad, wobei eine Verdickung der Reaktionsmischung eintritt, läßt 600 g Wasser von etwa 90° zufließen und erhitzt weiter während insgesamt 2 Stdn. in dem siedenden Wasserbad. Dabei entsteht nach etwa 20 Min. eine klare Lösung. Man senkt die Innentemp. auf etwa 50°, neutralisiert durch Zusatz von Natriumhydrogencarbonat und trocknet das Reaktionsprodukt bei 50–60° unter vermindertem Druck. Man erhält einen annähernd farblosen, festen Rückstand, welcher in kochendem Wasser klar löslich ist.

6. Polyadditions- und Polykondensationsprodukte der Sulfonsäureamide und des Sulfurylamids mit Aldehyden

α) Kondensationsprodukte der Sulfonsäureamide

Die *Formaldehyd*-Kondensationsprodukte der Sulfonsäureamide sind verseifungsbeständiger als die der Carbonsäureamide. Die Sulfonsäureamidgruppe bewirkt zudem eine hohe Verträglichkeit mit *Nitrocellulose*[1,2] und in vielen Fällen selbst mit *Acetylcellulose*[3] und *Polyvinylacetat*. Die Löslichkeit[4] der Harze ist meist gut in Ketonen, Estern, aromatischen Kohlenwasserstoffen, zum Teil auch in Alkoholen; in Benzin lösen sie sich nur, wenn sie größere Alkylreste enthalten. Gut ist auch die Lichtbeständigkeit derartiger Harze[1,5]. Dagegen ist die Beständigkeit gegenüber hohen Temperaturen nicht immer ausreichend; zumeist tritt über 160° langsam Dunkelfärbung ein.

Im Unterschied zu den Carbonsäureamiden (s. S. 371) können Sulfonsäureamide stabile N,N-Dimethylol-Verbindungen bilden[6]. Vernetzbare Produkte können aus Di-sulfonamiden[5–9] (Beispiel 2, S. 390) oder aus Sulfonamiden mit anderen kondensationsfähigen Gruppen[7,9–11] entstehen. Aliphatische Sulfonsäureamide[12] verhalten sich ganz ähnlich wie die aromatischen. Verbindungen mit einer Vielzahl von Sulfonamidgruppen lassen sich leicht durch Polymerisation von Vinylsulfonsäureamid darstellen[13].

---

[1] A.P. 1762513 (1927), H. A. Gardner; C. **1930** II, 1117.

[2] A.P. 2187199 (1935), Monsanto Chemical Co., Erf.: H. A. GARDNER u. A. KIRKPATRICK; C. **1940** II, 275.

[3] E.P. 317456 (1929), British Celanese Ltd.; C. **1931** I, 2123.
T. S. CARSWELL, Ind. eng. Chem. **21**, 1176 (1929).

[4] DRP. 359676, 369644 (1919), Farbw. Hoechst; Frdl. **14**, 638, 639.
DRP. 376473 (1921), Farbw. Hoechst, Erf.: A. STEINDORFF u. G. BALLE; Frdl. **14**, 640.
G. WALTER u. A. GLÜCK, Koll. Beih. **37**, 343 (1933).

[5] DBP. 909994 (1938), Deutsche Hydrierwerke AG.; C. **1955**, 231.

[6] G. WALTER u. H. ENGELBERG, Koll. Beih. **40**, 29 (1934).

[7] DRP. 569021 (1930) ≡ E.P. 359522 (1930), Vereinigte Chemische Fabriken Kreidl, Heller & Co., Erf.: G. WALTER; Frdl. **19**, 3270.

[8] G. WALTER u. H. LUTWAK, Koll. Beih. **37**, 385 (1933).

[9] G. WALTER, Trans. Faraday Soc. **32**, 402 (1936).

[10] G. WALTER u. E. STORFER, Koll. Beih. **37**, 378 (1933).

[11] G. WALTER u. H. POLLAK, Koll. Beih. **40**, 1 (1934).

[12] A.P. 2160196 (1937), Resinous Products & Chemical Co., Erf.: H. A. BRUSON u. J. W. EASTES; Chem. Abstr. **33**, 7434[7] (1939).

[13] S. ds. Handb., Bd. XIV/1, Kap. Spezielle Polymerisationsverfahren, S. 1106.

a_1) durch Umsetzung in alkalischer Lösung

Bei der Einwirkung von Formaldehyd auf Sulfonamide im alkalischen Bereich erhält man vorwiegend N-Mono- und N,N-Dimethylol-Verbindungen[1-3]. Diese oft krystallinen Verbindungen (Beispiel 1, S. 390) können durch Erhitzen in schwachsaurer Lösung gehärtet werden[4].

a_2) durch Umsetzung in saurer Lösung

In saurer Lösung[2,5-7] bilden sich, falls kein Formaldehydüberschuß angewandt wird, direkt methylenverknüpfte Kondensationsprodukte (Beispiel 3, S. 391). Auch hier verläuft die Reaktion über die Zwischenstufe der Methylolverbindung[2].

Die Neigung der einfachen Sulfonsäureamide, sauer mit Formaldehyd zu höhermolekularen Produkten zu kondensieren, ist wenig ausgeprägt; man erhält nur verhältnismäßig niedermolekulare Verbindungen. Die Ausbildung höhermolekularer, linearer Polykondensate wird zum Teil begrenzt durch die Bildung von ringförmigen Kondensationsprodukten[2,5,6,8].

$$3\ C_6H_5{-}SO_2NH_2 + 3\ CH_2O \xrightarrow{H^{\oplus}} \qquad + 3\ H_2O$$

Aus der Tatsache, daß die Harzschmelzen bei längerem Erhitzen eine Veränderung erleiden[9], darf man wohl folgern, daß dabei eine chemische Umwandlung der Ringprodukte eintritt, in ähnlicher Weise, wie sich Methylenharnstoffe beim Erhitzen zu höhermolekularen Produkten kondensieren.

Die große Beständigkeit der Sulfonsäureamidgruppe in stark saurer Lösung gestattet eine gemeinsame Kondensation auch mit solchen Verbindungen, die nur in stark saurem Bereich mit Formaldehyd reagieren, z.B. mit aromatischen Kohlenwasserstoffen wie *Xylol*[10] (Beispiel 4, S. 391). Auf diese Weise können wasserfeste Weichharze dargestellt werden, die bei niederem Molekulargewicht und heller Farbe eine gute Verträglichkeit z.B. mit Nitrocelluloselacken aufweisen und die mit Benzin verdünnbar sind.

Über die Kondensation von Sulfonsäureamiden mit anderen Aldehyden als Formaldehyd siehe Literatur[11].

---

[1] DRP. 403718 (1922), Chemische Fabrik v. Heyden, Erf.: R. Feibelmann; Frdl. **14**, 407.

[2] E. Hug, Bl. [5] **1**, 990 (1934).

[3] G. Walter u. H. Engelberg, Koll. Beih. **40**, 29 (1934).

[4] A.P. 2609356 (1949), Aktiebolaget Bofors, Erf.: E. B. Bengtsson; Chem. Abstr. **47**, 347^a (1953).

[5] A. Magnus-Levy, B. **26**, 2148 (1893).

[6] G. Walter u. A. Glück, Koll. Beih. **37**, 343 (1933).

[7] E.P. 349956 (1929; Am. Prior., 1928), Monsanto Chemical Co., Erf.: A. L. Rispler, M. Luthy u. F. E. Schilling; C. **1931** II, 1937.

[8] W. Scheele, M. Fredenhagen u. T. Timm, Kunstst. **39**, 109 (1949).

[9] E.P. 338024 (1929), British Celanese Ltd.; C. **1932** II, 2547.

[10] DBP. 914433 (1941) ≡ F.P. 882147 (1942), Farbf. Bayer, Erf.: R. Wegler u. T. Cürten; C. **1955**, 3020.

[11] E.P. 340101/2 (1929), British Celanese Ltd.; C. **1931** II, 136/7.
G. Walter u. H. Pollak, Koll. Beih. **40**, 1 (1934).

β) Kondensationsprodukte des Sulfurylamids

Sulfurylamid läßt sich, ähnlich wie Harnstoff, leicht mit Aldehyden kondensieren. Sulfurylamid-Formaldehyd-Harze sind für die Textilausrüstung als nicht brennende Überzüge vorgeschlagen worden[1]. Eine praktische Verwendung ist jedoch ausgeschlossen, da sich aus Sulfurylamid und Formaldehyd in saurer Lösung leicht eine ringförmige Verbindung bildet[2], die eine ähnliche Struktur wie Hexamethylentetramin hat, aber *hochgiftig*[3] ist (etwa fünffach so giftig wie Strychnin).

$$2\ NH_2SO_2NH_2 + 4\ CH_2O \xrightarrow{(HCl)} 4\ H_2O\ + \qquad\qquad F: 255\text{–}260°$$

Die Kondensation von Sulfurylamid mit *Formaldehyd* und *Ammoniak* bzw. **Aminen** führt bei niederer Temperatur zu krystallisierten, ringförmigen Verbindungen[2,4], die für Kunststoffzwecke ohne Interesse sind. Bei höherer Temperatur ($>50°$) erhält man aus Sulfurylamid, *Formaldehyd* und **primären Aminen** harzartige Produkte, die wenigstens teilweise aus linearen Polykondensaten bestehen dürften[5].

γ) Praktische Durchführung der Kondensationen

Beispiel 1

N-Methylol-p-toluolsulfonsäureamid (durch alkal. Kondensation)[6]: 17,1 g p-Toluolsulfonsäureamid werden in 250 cm³ kochendem Wasser gelöst, mit 7,7 cm³ 40%iger Formaldehydlösung versetzt und mit etwas Natriumcarbonat auf p_H: 9 eingestellt. Nach einigen Min. entsteht eine Trübung, und nach dem Abkühlen krystallisiert die Methylolverbindung aus; Rohausbeute: 90–95% d. Theorie; F: 137° (aus Methanol).

Das in entsprechender Weise darstellbare *N-Methylol-benzolsulfonsäureamid*[7] schmilzt bei 125°.

Beispiel 2

Benzol-m-bis-sulfonsäureamid alkal. mit Formaldehyd kondensiert[8]: 230 g Benzol-m-bis-[sulfonsäureamid] werden mit 220 g 30%iger Formaldehydlösung vermischt und umgehend auf p_H: 8 eingestellt. Beim Erhitzen zum Sieden tritt nach kurzer Zeit Lösung ein. Man erhitzt noch weitere 15 Minuten. Langsam scheidet sich ein in der Kälte in Wasser unlösliches, farbloses, zähes Kondensationsprodukt ab. Man stellt in der Kälte mit Ameisensäure auf p_H: 6,5 ein, knetet das Produkt mit dem schwachsauren Wasser etwas durch und gießt die wäßr. Lösung ab. Das Kondensationsprodukt, das durch Erwärmen bis 50° i. Vak. getrocknet wird, ist in Alkohol und Aceton löslich, wird aber bei längerem Erhitzen auf über 100° zunehmend unlöslicher.

---

[1] DBP. 904524 (1944), Farbw. Hoechst, Erf.: W. Gutmann u. F. Herbst; C. **1954**, 8943.
   F.P. 1109922 (1954) ≡ E.P. 761985 (1953), Bradford Dyers' Association Ltd. u. Albright & Wilson Ltd., Erf.: J. G. Evans, G. Landells, J. R. W. Perfect, B. Topley u. H. Coates; C. **1958**, 11089.
[2] S. ds. Handb., Bd. XI/2, Kap. Herstellung und Umwandlung von Stickstoff-Schwefel-Verbindungen, S. 728.
[3] G. Hecht u. H. Henecka, Ang. Ch. **61**, 365 (1949).
[4] A. M. Paquin, Ang. Ch. **60**, 316 (1948).
   H. Stetter, Ang. Ch. **66**, 228 (1954).
[5] DBP. 831248 (1943), Farbw. Hoechst, Erf.: M. Paquin; C. **1952**, 6616.
[6] E. Hug, Bl. [5] **1**, 990 (1934).
[7] DRP. 403718 (1922), Chemische Fabrik v. Heyden, Erf.: R. Feibelmann; Frdl. **14**, 407.
[8] In Anlehnung an DRP. 569021 (1930; Österr. Prior., 1929), Vereinigte Chemische Fabriken Kreidl, Heller & Co., Erf.: G. Walter; Frdl. **19**, 3270.

Man kann die Kondensation auch von Anfang an schwachsauer durchführen, muß dann aber hinsichtlich der Kondensationszeit sehr viel vorsichtiger sein, um noch lösliche Zwischenprodukte zu erhalten. Mit stärkeren Säuren entstehen rasch unlösliche Fällungen.

Mit Sulfamidobenzoesäureamid werden bei alkalischer Vorkondensation ähnliche Ergebnisse wie mit Benzol-bis-sulfonsäureamid erhalten.

Beispiel 3

p-Toluolsulfonsäureamid sauer mit Formaldehyd kondensiert[1]: Ein Gemisch aus 171 g p-Toluolsulfonsäureamid und 110 g 30%igem Formaldehyd wird, falls notwendig, mit etwas Ameisensäure auf p_H: 4 eingestellt und 1 Stde. unter Rückfluß gekocht. Es scheidet sich ein in der Hitze noch flüssiges Kondensationsprodukt ab, das zur weiteren Nachkondensation i. Vak. vom Wasser befreit wird und bei 120–130° unter etwas vermindertem Druck solange erhitzt wird, bis ein hartes, fast farbloses Kondensationsprodukt entstanden ist. Das Harz ist löslich in Alkohol, Aceton und Estern und kann Verwendung finden für Nitrocelluloselacke sowie acetylcellulosehaltige Produkte und als Schellackersatz.

Beispiel 4

Benzolsulfonsäureamid, Xylol und Formaldehyd sauer kondensiert[2]: 2160 g Xylol (Isomerengemisch des techn. reinen Xylols), 360 g Benzolsulfonsäureamid und 4700 g 30%iger Formaldehyd werden mit 7300 cm³ 78%iger Schwefelsäure (D: 1,71) in einem geschlossenen, verbleiten Kessel unter gutem Rühren 6 Stdn. (ohne Anheizzeit) auf 118° erhitzt. (Auf die Verwendung einer geschlossenen Apparatur kann man verzichten, wenn man die Schwefelsäuremenge um 15% erhöht und 10 Stdn. bei 96–98° kondensiert). Das Kondensationsgemisch wird bei etwa 80° mit etwas Wasser verd., das Harz in Xylol aufgenommen und von der wäßr.-sauren Lösung abgetrennt. Die Xylollösung wird mehrmals mit heißem Wasser gewaschen, um die letzten Säurespuren zu entfernen. Lassen sich die Schichten schlecht trennen, so setzt man eine Spur eines guten Netzmittels zu (z. B. Nekal BX®). Bei zu langer Kondensation bilden sich durch Entstehung von etwas sulfoniertem Harz sowie durch Quellkörper fast untrennbare Harzemulsionen, die zu verwerfen sind. Die Xylollösung wird über Natriumsulfat und etwas Bleicherde getrocknet und blank filtriert. Auf die sorgfältige Filtration ist Wert zu legen, da Spuren von Bleicherde beim Erhitzen eine nachträgliche teilweise Zers. des Kondensationsproduktes bewirken können. Das Xylol wird unter leicht vermindertem Druck abdestilliert und die Harzlösung zuletzt bei Kp_{11}: 145° von flüchtigen Bestandteilen befreit. Es hinterbleiben 2,4 kg eines schwach gelblichen, bei Zimmertemp. kaum mehr fließenden Harzes mit einem Sauerstoffgehalt von 12% und einem Schwefelgehalt von 2,6%. Das Benzolsulfonsäureamid ist zu etwa 90% einkondensiert und läßt sich durch Waschen einer Harzlösung mit verd. Natronlauge in der Wärme nicht entfernen. Das Kondensationsprodukt dient besonders zur Verwendung in Nitrocelluloselacken.

7. Polyadditions- und Polykondensationsprodukte von Nitrilen mit Aldehyden

Bei der Umsetzung von Nitrilen mit Aldehyden entstehen die gleichen Verbindungstypen wie bei der Umsetzung von Carbonsäureamiden mit Aldehyden (vgl. S. 371 ff.), doch sind die Ausbeuten wesentlich besser (vgl. Kap. „Herstellung von Polyamiden" S. 158).

Läßt man auf Nitrile Trioxymethylen in Gegenwart von 80%iger Schwefelsäure bei etwa 30° einwirken, so erhält man Methylen-bis-acylamide (Beispiel 1, S. 393) in oft über 90%iger Ausbeute[3].

$$2\ R\!-\!CN + CH_2O \xrightarrow[\ 30°\ ]{+\ 80\%ige\ H_2SO_4} R\!-\!CO\!-\!NH\!-\!CH_2\!-\!NH\!-\!CO\!-\!R$$

---

[1] In Anlehnung an die folgenden Patente: DRP. 359676 (1919), Farbw. Hoechst; Frdl. **14**, 638.

[2] In Anlehnung an DBP. 914433 (1941), Farbf. Bayer, Erf.: R. WEGLER u. T. CÜRTEN; C. **1955**, 3020.

[3] E. HEPP u. G. SPIESS, B. **9**, 1424 (1876); **10**, 1649 (1877).
H. THIESING, J. pr. [2] **44**, 570 (1891).
E. E. MAGAT u. Mitarb., Am. Soc. **73**, 1028 (1951).

Die Reaktion kann auch mit anderen Aldehyden durchgeführt werden, allerdings sind die Ausbeuten dann nicht so hoch. Säureamide scheinen keine Zwischenprodukte bei dieser Reaktion zu sein, da sie sich unter den genannten Bedingungen weder genügend rasch bilden noch in so guter Ausbeute mit Aldehyden reagieren. Bemerkenswert ist, daß man aus einem N-Methylol-carbonsäureamid und dem Nitril einer anderen Carbonsäure gemischte Methylen-bis-acylamide in befriedigender Ausbeute erhält[1]. Von den Methylen-bis-acylamiden hat besonders das aus *Formaldehyd* und *Acrylnitril* entstehende *Methylen-bis-acrylsäureamid*[2] (Beispiel 1, S. 393) technische Verwendung gefunden, da es sowohl zu vernetzten Produkten polymerisierbar ist (s. ds. Handb., Bd. XIV/1, Kap. Allgemeines zur Polymerisation in Substanz und in Lösung, S. 33), als auch eine geeignete Komponente für Polyadditionen darstellt (s. S. 614).

Die Umsetzung von *Formaldehyd* mit Dicarbonsäurenitrilen in 80%iger Schwefelsäure führt, wie zu erwarten, zu hochmolekularen Polyamiden, in denen die den Dinitrilen entsprechenden Diamide durch Methylengruppen miteinander verknüpft sind[3] (s. Beispiel 2, S. 393 u. S. 161f.). Sogar das *Dinitril* der *Terephthalsäure* setzt sich glatt mit *Formaldehyd* in dieser Weise um. Diese Methylen-polyamide, die nicht so hydrolysebeständig wie die üblichen Polyamide sind, entstehen auch, wenn man die *Dimethylolverbindung* eines *Bis-carbonsäureamids* mit der äquivalenten Menge eines *Dinitrils* unter ähnlichen Bedingungen umsetzt (Beispiel 3, S. 393)[1]. Sie entstehen ferner bei der Selbstkondensation von Dimethylol-bis-carbonsäureamiden. Auch wenn man diese Selbstkondensation in Gegenwart von 96%iger Schwefelsäure durchführt, werden nicht beide Wasserstoffatome einer Amidgruppe durch Methylengruppen substituiert.

Wie R. Wegler und A. Ballauf[4] schon 1942 fanden, nimmt die Umsetzung von Nitrilen mit Trioxymethylen oder Paraformaldehyd in stark saurer, aber wasserfreier Lösung einen anderen Verlauf; man erhält *Triacyl-perhydrotriazine* (Beispiel 4, S. 393). Aus Dicarbonsäurenitrilen entstehen höhermolekulare, unlösliche Perhydrotriazine.

$$3 \ R\text{—}CN + 3 \ CH_2O \xrightarrow{H^{\oplus}}$$

In chlorierten Kohlenwasserstoffen, wie Tetrachlormethan oder Chlorbenzol, als Lösungsmittel verläuft diese Reaktion besonders gut[5] (Beispiel 5, S. 394). Mit Paraformaldehyd sind die Ausbeuten oft abhängig von der Art seiner Darstellung[6].

---

[1] E. E. MAGAT u. L. F. SALISBURY, Am. Soc. **73**, 1035 (1951).

[2] E. E. MAGAT u. Mitarbb., Am. Soc. **73**, 1028 (1951).

[3] E. E. MAGAT u. Mitarbb., Am. Soc. **73**, 1031 (1951).
   H. FEUER u. S. M. PIER, Am. Soc. **76**, 105 (1954).
   A.P. 2537689 (1948), Monsanto Chemical Co., Erf.: D. T. MOWRY u. E. L. RINGWALD; Chem. Abstr. **45**, 3197[h] (1951).

[4] DBP. 859170 (1942), Farbf. Bayer, Erf.: R. WEGLER u. A. BALLAUF; C. **1953**, 3150.
   R. WEGLER u. A. BALLAUF, B. **81**, 527 (1948).
   S.a. M. A. GRADSTEN u. M. W. POLLOCK, Am. Soc. **70**, 3079 (1948).

[5] W. D. EMMONS u. Mitarbb., Am. Soc. **74**, 5524 (1952).

[6] Eigene Versuche mit A. BALLAUF.

Das aus Acrylnitril mit Formaldehyd gut darstellbare *Triacryloyl-perhydrotriazin* hat eine gewisse technische Bedeutung erlangt als vernetzende Komponente bei Polymerisationen (s. ds. Handb., Bd. XIV/1, Kap. Allgemeines zur Polymerisation in Substanz und in Lösung, S. 33) sowie als trifunktionelle Komponente bei Polyadditionen (s. S. 615).

Triacyl-perhydrotriazine lassen sich auch durch Kondensation von Carbonsäureamiden mit Formaldehyd erhalten, jedoch sind die Ausbeuten dann wesentlich schlechter (s. S. 372). Primär entsteht wahrscheinlich das N-Methylen-acrylamid, das sich trimerisiert:

$$CH_2{=}CH{-}CN + H{-}C\diagdown\begin{smallmatrix}O\\H\end{smallmatrix} \rightarrow CH_2{=}CH{-}CO{-}N{=}CH_2$$

Beispiel 1

Methylen-bis-acrylamid[1]: $H_2C{=}HC{-}CO{-}NH{-}CH_2{-}NH{-}CO{-}CH{=}CH_2$

In einem 500-cm³-Dreihalskolben mit Rührer, Kühler, Thermometer und Tropftrichter werden 150 cm³ (2,1 Mol) Acrylnitril (stabilisiert mit etwas Kupfersalz) bei 20° unter Rühren tropfenweise (60 Tropfen/Min.) mit einer Schwefelsäure-Formaldehyd-Lösung aus 106 cm³ konz. Schwefelsäure und 50 cm³ 37%iger Formaldehydlösung (0,68 Mol) versetzt. Durch Kühlen hält man die Reaktion bei 40–45°. Nach etwa 1¹/₂ Stdn. ist die Lösung zugetropft, und unter langsamem Fallen der Temp. auf 30° wird noch 2,5 Stdn. weitergerührt. Man gießt das Reaktionsgemisch auf 500 g Eis, neutralisiert die Lösung mit gepulvertem Calciumcarbonat und gibt nochmals 500 g Eis zu. Man saugt ab, rührt den Filterrückstand mit 1200 cm³ 50%igem Äthanol an, filtriert erneut und engt die vereinten Filtrate i. Vak. bei etwa 15 Torr und höchstens 65° ein. Anschließend trocknet man das Methylen-bis-acrylamid im Vakuumexsiccator. Ausbeute an Rohprodukt: 90,5 g = 86% d. Th.; durch Umkristallisieren aus einem Gemisch von etwa 300 cm³ heißem Aceton mit 75 g Wasser erhält man 71 g reine Verbindung; F: 185° (unter Polymerisation).

Beispiel 2

Methylenverknüpftes Polyamid aus 1,7-Dicyan-heptan und Trioxymethylen[2]: In einen mit Rührer und Tropftrichter versehenen 2-l-Kolben werden 75,0 g (0,5 Mol) 1,7-Dicyan-heptan, 15,4 g (0,171 Mol) α-Trioxymethylen und 600 cm³ 98%ige Ameisensäure gegeben. Nachdem diese Lösung auf 5° abgekühlt worden ist, werden 200 g (2,0 Mol) konz. Schwefelsäure unter Rühren und weiterem Kühlen innerhalb 15 Min. zugegeben.

Die Lösung wird dann 3¹/₂ Stdn. bei 26–28° gerührt. Durch Eingießen unter starkem Rühren in 4 l Eiswasser wird das sich abscheidende weiße Pulver des Polykondensates abgesaugt und nacheinander mit Wasser, verd. Natriumcarbonatlösung, Wasser und Äthanol gewaschen.

Nach Trocknung i. Vak. bei 70° werden 91 g (92% d. Th.) eines weißen Pulvers erhalten; F: 240–242°; $[\eta] = 0,64$ (1% in 90%iger Phenollösung).

Beispiel 3

Methylenverknüpftes Polyamid aus N,N′-Dimethylol-adipinsäurediamid und Adipinsäuredinitril[3]:

$HOH_2C{-}HN{-}CO{-}(CH_2)_4{-}CO{-}NH{-}[{-}CH_2{-}NH{-}CO{-}(CH_2)_4{-}CO{-}NH{-}]_n{-}CH_2{-}NH{-}CO{-}(CH_2)_4{-}CO{-}NH{-}CH_2OH$

Eine Mischung von N,N′-Dimethylol-adipinsäurediamid (14,1 g = 0,069 Mol) und Adipinsäuredinitril (5,8 g = 0,054 Mol) wird unter Rühren langsam zu einem Gemisch von 20 cm³ 96%iger Schwefelsäure und 54 cm³ 90%iger Ameisensäure gegeben; die Temp. wird 1 Stde. auf 30° gehalten. Anschließend gießt man die Lösung auf Eis. Das Polyamid fällt als weißes Pulver aus. Es wird abfiltriert, 2 mal mit Wasser säurefrei gewaschen und anschließend noch 2 mal mit Natriumcarbonat und Wasser gewaschen; Ausbeute: 13,8 g (69% d. Th.).

Beispiel 4

1,3,5-Triacryloyl-perhydrotriazin aus Acrylnitril und Formaldehyd[4]: Zu einer Mischung von 530 g Acrylnitril (stabilisiert mit 0,2% Hydrochinon), 100 g Essigsäureanhydrid und 330 g

[1] E. E. MAGAT u. Mitarbb., Am. Soc. **73**, 1028 (1951).
[2] D. T. MOWRY u. E. L. RINGWALD, Am. Soc. **72**, 4439 (1950).
    E. E. MAGAT u. Mitarbb., Am. Soc. **73**, 1031 (1951); s. a. E. P. 677516 (1948), Monsanto Chemical Co., Erf.: D. T. MOWRY; C. **1954**, 665.
[3] E. E. MAGAT u. L. F. SALISBURY, Am. Soc. **73**, 1035 (1951).
[4] In Anlehnung an DBP. 859170 (1942), Farbf. Bayer, Erf.: R. WEGLER u. A. BALLAUF; C. **1953**, 3150.
    R. WEGLER u. A. BALLAUF, B. **81**, 527 (1948).

möglichst wasserfreiem Paraformaldehyd oder Trioxymethylen läßt man unter gutem Rühren sehr langsam 10 g konz. Schwefelsäure, die zweckmäßigerweise mit etwa 10 g Essigsäureanhydrid verd. sind, zutropfen. Die Temp. steigt rasch an und wird durch Kühlung auf 70–80° gehalten. Der Paraformaldehyd geht allmählich in Lösung, und nach etwa 3 Stdn. bei 70–80° beginnt die Perhydrotriazinverbindung auszukristallisieren. Man läßt erkalten, gießt das etwa 20° warme Reaktionsgemisch auf etwa 200 g Eis und 300 g Wasser und rührt bis zur Zers. des Essigsäureanhydrids. Das krystalline Perhydrotriazin wird abgesaugt, mit etwas kaltem Wasser gewaschen und aus heißem Wasser umkrystallisiert. Zu langes Erhitzen größerer Mengen ist zu vermeiden, und außerdem muß das Wasser durch etwas Essigsäure schwach sauer gehalten werden, da sonst die Gefahr der Wasseranlagerung besteht. Man erhält etwa 500 g (60%) 1,3,5-Triacryloyl-perhydrotriazin in Form spießförmiger Krystalle; F: 165° (unter Polymerisation).

In wäßr. Lösung lagern sich Ammoniak (1 Molekel pro 2 Doppelbindungen) und Äthylendiamin ($^1/_2$–1 Aminogruppe pro Doppelbindung) rasch zu unlöslichen basischen Verbindungen an. Durch teilweisen Ersatz des Ammoniaks bzw. Äthylendiamins durch z.B. Dimethylamin lassen sich in steigendem Maße quellbare bzw. bei ausschließlicher Verwendung von Dimethylamin in Wasser lösliche Verbindungen erhalten. Acetate oder andere Salze der organischen Basen lagern sich bei gewöhnlicher Temp. nicht an die $α,β$-Doppelbindung an. Man kann also Lösungen der beiden Komponenten (Triacryloyl-perhydrotriazin und Aminsalz) herstellen, die bei Zimmertemp. stabil sind, aus denen sich jedoch beim Kochen durch Abtreiben der Essigsäure unlösliche Produkte bilden. Beim Erhitzen des Triacryloyl-perhydrotriazins mit wäßr. Natriumsulfid-Lösung scheidet sich sofort ein völlig vernetzter Thioäther ab.

Beispiel 5

1,3,5-Tris-[p-chlor-benzoyl]-perhydrotriazin aus p-Chlor-benzonitril und Formaldehyd[1]: 17,2 g p-Chlor-benzonitril, gelöst in 50 cm³ Tetrachlormethan, werden mit 0,65 g konz. Schwefelsäure versetzt. Hierzu gibt man beim Kp des Tetrachlormethans unter Rühren in kleinen Anteilen während 20 Min. 17,2 g p-Chlor-benzonitril und 7,5 g Trioxan in 50 cm³ Tetrachlormethan und kocht zum Schluß noch 75 Min. unter Rückfluß. Man kühlt die klare Lösung auf —15° und filtriert das leicht gelbe Produkt ab; Ausbeute: 40,8 g (98% d.Th.); F: 208–213° (nach dem Umkrystallisieren aus Tetrachlormethan und Äther F: 216–217°).

8. Polyadditions- und Polykondensationsprodukte von Ammoniak und aliphatischen Aminen mit Carbonylverbindungen

Hochmolekulare Umsetzungsprodukte aliphatischer Amine[2] mit Aldehyden und Ketonen haben infolge ihrer mangelnden Beständigkeit gegenüber hydrolytischen Einflüssen weder als Lackkunstharze oder Preßmassen (besonders wegen ihres stark basischen Charakters) noch als Ionenaustauscher Bedeutung erlangt. Wohl aber sind stabilere Mischkondensationsprodukte mit *Harnstoff*, *Dicyandiamid* oder *aromatischen Aminen* und *Formaldehyd* als Polybasen für die Nachbehandlung von sauren Farbstoffen oder zur Fixierung von Gerbstoffen, mit denen sie in Wasser schwerlösliche Fällungen geben, oder als unlösliche Anionenaustauscher von einigem Interesse. Derartige Verbindungen werden aber jeweils bei der Komponente besprochen, die mit Formaldehyd die stabilere Bindung eingeht, also beim Phenol, Melamin, Dicyandiamid usw. Niedrigermolekulare Kondensationsprodukte aliphatischer Amine mit vorwiegend aliphatischen Aldehyden oder Ketonen finden in der Gummiindustrie als Vulkanisationsbeschleuniger Verwendung.

Der chemische Ablauf der Kondensation zwischen Carbonylverbindungen und aliphatischen Aminen ist weitgehend analog der Harnstoff-Formaldehyd-Kondensation, nur verläuft er sehr viel leichter sowohl im Hinblick auf die Bildung als auch den möglichen Zerfall in die Ausgangskomponenten (s. Formelschema S. 395). Bei

---

[1] W. D. Emmons u. Mitarbb., Am. Soc. **74**, 5524 (1952).

[2] Umsetzung aromatischer Amine mit Carbonylverbindungen s. S. 292 ff.

Carbonylverbindungen, die in alkalischer Lösung zur Selbstkondensation neigen, sind die Reaktionen verwickelter.

Der Kondensationsvorgang[1] wird am einfachsten an sekundären Aminen betrachtet, da diese in ihrer Kondensationsfähigkeit begrenzter sind. Sie bilden mit Carbonylverbindungen über sehr instabile Methylolamine (N,O-Halbacetale, I) hinweg (nur bei höheren Aldehyden und Ketonen sind diese etwas beständiger) die Alkyliden-bis-amine (N,N-Acetale, II). Ein Katalysator ist für diese Gleichgewichtsreaktionen nicht erforderlich. Da im Gegensatz zur Harnstoff- oder Säureamidgruppierung das einsame Elektronenpaar des Aminstickstoffs nicht durch Mesomerie beansprucht wird, verläuft die Anlagerung besonders glatt. In stark saurer wäßriger Lösung verläuft die Reaktion leicht in umgekehrter Richtung (salzartige Bindung des Stickstoffs). Bei Verwendung von Formaldehyd in saurer Lösung hat man außerdem in starkem Maße mit dessen methylierender Wirkung zu rechnen, was bei Polykondensationen zur Molekelbegrenzung führen kann. So entstehen z.B. aus *Ammoniak*, *Crotonaldehyd* und *Formaldehyd* in schwach saurer Lösung am Stickstoff methylierte Basen (Beispiel 1, S. 400), die zur Papierverfestigung dienen[2].

$$(R)_2\overline{N}H + \left[CH_2O \ \longleftrightarrow \ \overset{\oplus}{C}H_2 - \overset{\ominus}{\underline{O}}| \right] \ \rightleftarrows \ (R)_2\overset{}{N} - CH_2 - \overset{}{\underline{O}}| \ \rightleftarrows \ (R)_2\overline{N} - CH_2\overline{O}H$$
$$\text{I}$$

$$\left[(R)_2\overline{N} - CH_2\overline{O}H \ \rightleftarrows \ OH^{\ominus} + (R)_2\overline{N} - CH_2^{\oplus} \right] + (R)_2\overline{N}H \ \rightleftarrows \ (R)_2\overline{N} - CH_2 - \overline{N}(R)_2 + H_2O$$
$$\text{II}$$

$$(R)_2\overline{N} - CH_2 - \overline{N}(R)_2 + H_2O + 2\,HCl \ \rightleftarrows \ \left[(R)_2\overset{H}{\underset{}{N}} - CH_2\overline{O}H \right]^{\oplus} Cl^{\ominus} + \left[(R)_2\overset{H}{\underset{}{N}}H \right]^{\oplus} Cl^{\ominus}$$

$$\left[(R)_2\overset{H}{\underset{}{N}}H \right]^{\oplus} Cl^{\ominus} + CH_2O$$

N-Methylol-dialkylamine (I) sind als N,O-Halbacetale ähnlich labil wie O-Halbacetale von Aldehyden (III). In entsprechender Weise zeigen Dialkylaminomethyl-alkyl-äther (N,O-Acetale, IV) – aus sekundären Aminen in alkoholischer Lösung in Gegenwart von Kaliumcarbonat mit Formaldehyd oder Benzaldehyd erhältlich[3] – eine ähnliche Beständigkeit wie die Acetale (V). In Analogie zu den Acetalen lassen sich auch die Verbindungen vom Typ IV umäthern[4].

$$\begin{array}{ccc} RO-CH_2OH & (R)_2N-CH_2-OR & RO-CH_2-OR \\ \text{III} & \text{IV} & \text{V} \end{array}$$

Primäre Amine bilden mit Carbonylverbindungen nur Alkyliden-bis-amine, wenn sie in größerem Überschuß eingesetzt werden. Bei äquivalenten Mengen der Reaktionspartner entstehen leicht verschieden stabile Schiffsche Basen (VIII)[5].

[1] Vgl. ds. Handb., Bd. XI/2, Kap. Umwandlung von primären und sekundären Aminen, S. 73f.
[2] DRP. 688302 (1938), I. G. Farb., Erf.: H. Krzikalla u. R. Armbruster; Chem. Abstr. **35**, 3845[7] (1941).
[3] C. M. McLeod u. G. M. Robinson, Soc. **119**, 1470 (1921).
A. T. Stewart jr. u. C. R. Hauser, Am. Soc. **77**, 1098 (1955).
[4] K. G. Mizuch u. R. A. Lapina, Ž. obšč. Chim. **23**, 1512 (1953); Chem. Abstr. **48**, 11320[g] (1954).
[5] H. v. Euler, H. Hasselquist u. O. Ceder, Ark. Kemi **6**, 287 (1954).

Diese ungesättigten Verbindungen können Amine anlagern zu den Alkyliden-bis-aminen, aber auch umgekehrt leicht aus letzteren durch Erhitzen unter Abspaltung der primären Amine entstehen. Bei niederen Aldehyden, besonders beim Form-aldehyd, sind die Schiffschen Basen so instabil, daß sie sich direkt weiter zu höher-molekularen Verbindungen umsetzen[1]. Aus der Methylol- bzw. Alkylolverbindung (VI) entsteht also das hochmolekulare Kondensationsprodukt (X) bzw. (XI) entweder unter Wasserabspaltung in Form einer echten Polykondensation oder aber unter Zwischenbildung der Schiffschen Base (VIII) durch eine Ionenpolymerisation. Diese Ionenpolymerisation beginnt und endet mit der Anlagerung einer geringen Menge Amin (X), Wasser (XI) oder auch Alkohol. Als Ausweichreaktion kann sowohl aus VI als auch aus VIII ein cyclisches Reaktionsprodukt[2] (IX) entstehen. Bei sekundären Aminen fällt die Möglichkeit der Reaktion über VIII weg, so daß also nur eine echte Kondensation möglich ist.

Da alle Vor- und Zwischenprodukte in oft sehr rasch einstellbarem Gleichgewicht stehen, ist ihr Auftreten weitgehend von den Reaktionsbedingungen abhängig (Tem-peratur, Lösungsmittel, Konzentration der Reaktionsteilnehmer)[3]. Die Frage, ob eine echte Polymerisation oder Polykondensation vorliegt, erübrigt sich weitgehend, da

---

[1] S. J. ANGYAL, D. R. PENMAN u. G. P. WARWICK, Soc. **1953**, 1742.
[2] P. DUDEN u. M. SCHARFF, A. **288**, 218 (1895).
[3] H. KRÄSSIG, Makromolekulare Chem. **17**, 77 (1955).
  H. KRÄSSIG u. G. GREBER, Makromolekulare Chem. **17**, 131 (1955).
  H. KRÄSSIG u. G. GREBER, Makromolekulare Chem. **17**, 158 (1955).

die Ionenpolymerisation in wäßriger Lösung über die gleichen ionischen Zwischenstufen verläuft wie die Polykondensation, wenn man von den niedersten Zwischenstufen – Methylolamin und Schiffsche Base – absieht. Beide Verbindungstypen – Methylolamin und Schiffsche Base – konnten bisher bei der Kondensation von aliphatischen Aminen mit Formaldehyd nicht nachgewiesen werden. Vor kurzem sind aber Schiffsche Basen aus aliphatischen Aminen und Formaldehyd durch Spaltung der entsprechenden Perhydrotriazine (IX) bei hohen Temperaturen erhalten worden[1]. N-Methyl-methylen-imin soll bereits bei —35° polymerisieren. Neuerdings wird auch berichtet, daß eine Schiffsche Base aus Formaldehyd und O-Acetyl-äthanolamin beim Kochen der Komponenten in Benzol unter Zusatz von Salzsäure und unter azeotroper Entfernung des Wassers entsteht[2]. Die Schiffsche Base aus Formaldehyd und Äthanolamin, die auf ähnliche Weise erhalten werden kann, soll im Gleichgewicht stehen mit ihrem Dimeren, dem 1,3-Bis-hydroxyäthyl-tetrahydro-1,3-diazetidin.

Aromatische Aldehyde bilden sowohl mit Ammoniak als auch mit primären Aminen fast ausschließlich niedrigmolekulare, meist wohldefinierte Verbindungen, die hier ohne Interesse sind. Trimerisation ist hier wie bei allen Schiffschen Basen möglich und beschränkt eine Polykondensation.

Niedere aliphatische Diamine wie Äthylen- und Trimethylendiamin und deren N,N'-Dialkyl-Verbindungen bilden mit äquivalenten Mengen Formaldehyd leicht cyclische N,N-Acetale, z.B. Imidazolidin und Hexahydropyrimidin[3,4]. In Abwesenheit von Lösungsmitteln bilden sich z.T. auch deren cyclische Dimere; so entsteht z.B. aus N,N'-Dimethyl-äthylendiamin neben dem N,N'-Dimethyl-imidazolidin das dimere N,N',N'',N'''-Tetramethyl-1,3,6,8-tetraaza-cyclodecan[4]. Mit mehr Formaldehyd (Molverhältnis 1:2) bilden sich noch höhergliedrige Ringsysteme[4], z.B. erhält man aus Trimethylendiamin und Formaldehyd einen 16-gliedrigen Ring, in dem vier Hexahydropyrimidinringe über Methylenbrücken miteinander verknüpft sind.

Charakteristisch ist selbst für diese cyclischen Kondensationsprodukte ihre leichte Spaltbarkeit durch Phenole unter Ausbildung von Hydroxybenzylamin-Derivaten bzw. von Methylen-bis-phenolen.

Höhere aliphatische di-primäre Diamine bilden mit Formaldehyd leicht

[1] A.P. 2729679 (1951); 2729680 (1952), DuPont, Erf.: J. L. ANDERSON; Chem. Abstr. 50, 12097[d,f] (1956).
[2] K. D. PETROV, E. S. LAGUCHEVA u. V. J. PUKHOVA, Ž. obšč. Chim. 23, 1771 (1953).
[3] C. A. BISCHOFF, B. 31, 3254 (1898).
   C. A. BISCHOFF u. F. REINFELD, B. 36, 35 (1903).
[4] H. KRÄSSIG, Makromolekulare Chem. 17, 77 (1955).

hochmolekulare, teilweise vernetzte und daher unlösliche Kondensationsprodukte[1-3], bei denen es sich wahrscheinlich um polymere Bis-azomethine handelt[1] (Beispiel 2, S. 400). (Auch *Hydrazin*[4] reagiert mit *Formaldehyd* unter Bildung hochmolekularer Verbindungen). Die aus molaren Mengen bzw. mit wenig mehr Formaldehyd entstehenden unlöslichen Kondensationsprodukte lassen sich aber schon durch Kochen mit einem größeren Formaldehydüberschuß glatt wieder in lösliche Reaktionsprodukte aufspalten[3] (Beispiel 2, S. 400) (ein Zeichen für die leichte Gleichgewichtseinstellung). Es wird angenommen, daß die löslichen Kondensationsprodukte Methylolamine darstellen. Auch Kondensationsprodukte anderer Aldehyde wie z.B. des *Crotonaldehyds* mit *Hexamethylendiamin* lassen sich durch Formaldehyd in gleicher Weise aufspalten[3] (Beispiel 3, S. 400). Durch Zusatz von Säure soll in den unlöslichen Kondensaten in der Hitze eine Aufspaltung an der Methylenbrücke erfolgen unter Bildung der entsprechenden monomeren N,N'-Bis-methylen-diamine[1]. Da diese aber nicht krystallin erhalten wurden, sind die Ergebnisse mit einer gewissen Vorsicht zu betrachten. Mit Alkali werden die Bis-azomethine wieder in unlösliche Polymere verwandelt.

Aromatische Dialdehyde wie Terephthalaldehyd bilden mit Polymethylendiaminen [H_2N—$(CH_2)_n$—NH_2, n = 2,3,4,6,10] relativ niedermolekulare, lineare Polyazomethine[5,6]. Diese Schiffschen Basen sind, obwohl unvernetzt, schwer löslich. Mit Ätherdiaminen (z.B. Bis-[γ-Amino-propyl]-äther) entstehen dagegen leicht lösliche, vielgliedrige cyclische Schiffsche Basen (2 Molekel Diamin + 2 Molekel Terephthalaldehyd)[5]. Verwendet man anstelle von Terephthalaldehyd aromatische Ätherdialdehyde wie z.B. *Triäthylenglykol-bis-[4-formyl-phenyläther]*, so sind die Verhältnisse analog[5]. Kondensiert man äquivalente Mengen *2,4-Dihydroxy-isophthalaldehyd* und *Äthylendiamin* bei 50° in Alkohol, so erhält man hochmolekulare amorphe Verbindungen, die bei über 300° schmelzen und wegen ihres Komplexbindungsvermögens von Metallen (ähnlich wie Salicylaldehyd-Diamin-Kondensate[7]) von Interesse sind[8].

Das Charakteristischste aller Amin-Formaldehyd-Kondensationsprodukte ist ihre leichte Spaltbarkeit und Umwandlungsfähigkeit. Durch Erwärmen mit viel Säure oder Alkali können sie bis zu den Ausgangskomponenten hydrolysiert werden. Die cyclischen Schiffschen Basen aus Terephthalaldehyd und aliphatischen Diaminen mit Heteroatomen in der Kette (z.B. Bis-[γ-amino-propyl]-äther) spalten sich schon beim Erwärmen auf und gehen in höhermolekulare, wohl lineare Polykondensate über. Doch stehen diese in Lösung mit den cyclischen Ausgangsprodukten im Gleichgewicht[5,9].

Interessant ist auch die Spaltbarkeit von Methylendiaminen durch Chlor zu den bis dahin unbekannten Chlormethylaminen[10].

$$(R)_2NCH_2N(R)_2 + Cl_2 \rightarrow (R)_2NCH_2Cl + (R)_2NCl$$

[1] H. Krässig, Makromolekulare Chem. **8**, 208 (1952); **17**, 77 (1955).
[2] K. Thinius, Chem. Techn. **5**, 279 (1953).
[3] DBP. 865206 (1940), BASF, Erf.: R. Kern; C. **1953**, 6154.
[4] G. Pulvermacher, B. **26**, 2360 (1893).
[5] H. Krässig u. G. Greber, Makromolekulare Chem. **17**, 131, 158 (1955).
[6] V. V. Korshak u. S. V. Vinogradova, Bull. Acad. Sci. URSS, Cl. Sci. chim. **1955**, Nr. 5, 925; Chem. Abstr. **50**, 9325[f] (1956).
[7] P. Pfeiffer u. Mitarbb., A. **503**, 84 (1933); J. pr. [2] **149**, 217 (1937). H. J. Bielig u. E. Bayer, A. **580**, 135 (1953).
[8] R. Kuhn u. H. A. Staab, B. **87**, 272 (1954).
[9] H. Krässig u. G. Greber, Makromolekulare Chem. **11**, 231 (1953).
[10] DBP. 951269 (1954), Farbw. Hoechst, Erf.: H. Böhme u. E. Mundlos; C. **1957**, 10335.

Aldehyde oder Ketone mit einer kondensationsfähigen Methylengruppe geben, wie schon erwähnt, sowohl mit Ammoniak als auch mit Aminen infolge Selbstkondensation der Aldehyde zu ungesättigten Verbindungen und Anlagerung der Aminogruppe an die Doppelbindung teilweise andersartige Kondensationsprodukte (Pyridin-Derivate). Aus Crotonaldehyd und Ammoniak entsteht *Tricrotonylidentetramin*[1], das als Kautschukbeschleuniger Anwendung findet[2] (Beispiel 4, S. 400).

$$3\ CH_3\!-\!CH\!=\!CH\!-\!CHO + 4\,NH_3\ \rightarrow$$

Die Bedingungen, unter denen sich hier höhermolekulare Verbindungen ausbilden, sind nicht klar übersehbar, doch scheinen höhere Aldehydmengen zu harzartigen Kondensationsprodukten zu führen. *Methylamin*, das mit Formaldehyd ein cyclisches, wohldefiniertes Kondensationsprodukt ergibt, bildet mit *Acrolein* ein hochmolekulares, wahrscheinlich vernetztes Produkt[3]. Zu beachten ist auch, daß Aldimine, die eine kondensationsfähige Methylengruppe besitzen, nach Art einer Aldolreaktion mit sich selbst reagieren können[4].

$$CH_3\!-\!CH\!=\!N\!-\!C_6H_5 + CH_3\!-\!CH\!=\!N\!-\!C_6H_5$$

$$CH_3\!-\!CH\!-\!CH_2\!-\!CH\!=\!N\!-\!C_6H_5$$
$$|$$
$$NH\!-\!C_6H_5$$

$$CH_3\!-\!CH\!-\!CH\!=\!CH\!-\!NH\!-\!C_6H_5$$
$$|$$
$$NH\!-\!C_6H_5$$

An Stelle der Kohlenstoff-Sauerstoff-Doppelbindung übernimmt hier die Kohlenstoff-Stickstoff-Doppelbindung die Rolle der polarisierbaren, additionsfähigen Bindung. Wie Acetaldehyd über Aldol in Crotonaldehyd übergehen kann, können Schiffsche Basen beim Erhitzen unter Aminabspaltung weiterkondensieren[5].

$$2\ R\!-\!CH_2\!-\!CH\!=\!N\!-\!R'\ \rightarrow\ R\!-\!CH_2\!-\!CH\!=\!C\!-\!CH\!=\!N\!-\!R' + R'\!-\!NH_2$$
$$|$$
$$R$$

Bei längerem Erhitzen sollen durch Polymerisation höhermolekulare Harze entstehen[6].

[1] M. DELÉPINE, C. r. **216**, 697, 785 (1943).
   FIAT Final Rep. Nr. **1018**, Kautschukbeschleuniger, I. G. Farb. 1947.
[2] DRP. 551805, 560394 (1929), I. G. Farb., Erf.: T. WEIGEL; Frdl. **19**, 2912/3.
[3] P. SILBERRAD, Gummi-Ztg. **25**, 1958 (1911).
[4] W. v. MILLER u. J. PLÖCHL, B. **25**, 2020 (1892); **27**, 1296 (1894).
   F. ECKSTEIN, B. **25**, 2029 (1892).
   A. EIBNER u. F. PELTZER, B. **33**, 3460 (1900).
   R. TIOLLAIS u. H. GUILLERM, Bl. [5] **20**, 937 (1953).
[5] W. S. EMERSON, S. M. HESS u. F. C. UHLE, Am. Soc. **63**, 872 (1941).
[6] A. EIBNER u. E. KOCH, Ang. Ch. **39**, 1514 (1926).

Polyamino-polycarbonsäuren lassen sich durch Kondensation von Polyaminen (erhältlich z. B. aus 1,2-Dichlor-äthan und Ammoniak) mit Formaldehyd und Alkalicyanid und anschließender Verseifung der entstandenen Cyanmethylgruppen gewinnen[1]. Derartige Polyamino-polycarbonsäuren haben auf Grund ihrer *Chelatbildung* Interesse zur Bindung von Schwermetallen.

Beispiel 1

Kondensation von Ammoniumchlorid mit Formaldehyd und Crotonaldehyd[2]: 53 Tle. Ammoniumchlorid, 230 Tle. 40%ige wäßr. Formaldehydlösung und 70 Tle. Crotonaldehyd werden 4 Stdn. lang unter Rückfluß zum Sieden erhitzt. Man erhält eine hellbraune Lösung, die zum Fixieren von Gerbstoffen oder Farbstoffen verwendet werden kann.

Beispiel 2

Kondensation von 1,6-Hexamethylendiamin und Formaldehyd[3]: Zu 812 g Hexamethylendiamin und 7300 g Wasser läßt man unter Rühren bei gewöhnlicher Temp. 1400 g 30%ige wäßr. Formaldehydlösung fließen. Das gebildete weiße, unlösliche Kondensationsprodukt wird abgesaugt, mit Wasser gewaschen, scharf abgepreßt, bei 80–100° i. Vak. getrocknet und gemahlen. Es ist farblos, sehr voluminös, elastisch und praktisch in allen Lösungsmitteln unlöslich. Wird es 4–6 Stdn. lang mit der 3fachen Gewichtsmenge 30%iger Formaldehydlösung zum Sieden erhitzt, so entsteht eine klare Lösung.

Beispiel 3

1,6-Hexamethylendiamin-Crotonaldehyd-Formaldehyd-Kondensationsprodukt, mit Formaldehyd und Butanol nachbehandelt[3]: 70 g Crotonaldehyd werden mit 130 g 30%iger wäßr. Formaldehydlösung gemischt. Diese Lösung gibt man allmählich zu einer Lösung von 116 g 1,6-Hexamethylendiamin in 900 g Wasser. Es fällt eine stark gequollene Masse aus, die man abschleudert oder abpreßt, bis das Gewicht 400 g beträgt. Dann wird das Produkt zerkleinert und mit 1600 g 30%iger Formaldehydlösung zum Sieden erhitzt. Hierauf gibt man 600 g n-Butanol zu und erhitzt weiter zum Sieden. Nach 2–4 Stdn. ist das Produkt in n-Butanol löslich geworden; (wahrscheinlich infolge Verätherung). Man trennt die untere, aus Wasser und überschüssigem Formaldehyd bestehende Schicht ab.

Beispiel 4

Tricrotonylidentetramin[4]: In einem 1-l-Autoklaven werden 140 g 20%iges wäßr. Ammoniak vorgelegt und unter Kühlung mittels Wasser 56 g Crotonaldehyd so langsam zugegeben, daß die Temp. nicht über 23° ansteigt. Nachdem 4 Stdn. unter Atmosphärendruck gerührt wurde, wird der Autoklav verschlossen und 12 Stdn. auf 80–85° erhitzt, wobei der Druck $2^{1}/_{2}$ Atm. erreicht. Nach Beendigung der Reaktion wird überschüssiges Ammoniak abgelassen, der Rückstand auf 95° erhitzt und restliches Wasser i. Vak. entfernt. Der feste, harte Rückstand von Tricrotonylidentetramin kann aus Wasser umkristallisiert werden. Er schmilzt mit 6 Mol Krystallwasser bei 96°, wasserfrei bei 102°; Kp$_4$: 146–147°; Ausbeute: 93%.

9. Umsetzungsprodukte von Phosphin mit Formaldehyd

Die Umsetzung von Phosphin mit Aldehyden und Halogenwasserstoff ist lange bekannt[5]. Technisches Interesse hat in den letzten Jahren das *Tetramethylolphospho-*

---

[1] E. P. 727465 (1951), Dow Chemical Co., Erf.: F. C. BERSWORTH; C. **1956**, 9577.

[2] DRP. 688302 (1938) ≡ Belg. P. 431848 (1938), I. G. Farb., Erf.: H. KRZIKALLA u. R. ARMBRUSTER; C. **1940** I, 2595.

[3] DBP. 865206 (1940), BASF, Erf.: R. KERN; C. **1953**, 6154.

[4] FIAT Final Rep. Nr. **1018**, Kautschukbeschleuniger, I. G. Farb. 1947.

[5] A. DE GIRARD, A. ch. [6] **2**, 5 (1884).
  J. MESSINGER u. C. ENGELS, B. **21**, 326 (1888).

niumchlorid $P(CH_2OH)_4Cl$ erlangt[1-3]. Diese Verbindung dient zur Nachbehandlung von Textilien, wobei eine hohe Flammschutzfestigkeit[2,3] erreicht wird. Für eine chemische Reaktion mit der Cellulose spricht die Tatsache der Waschbeständigkeit derartiger Imprägnierungen. Die besten Effekte erhält man allerdings, wenn gleichzeitig wasserlösliche Harnstoff- oder Melaminharze mit verwendet werden[4].

Die Kondensation von Tetramethylolphosphoniumchlorid mit Harnstoffen, Phenolen oder Aminen ist noch zu wenig untersucht, um genaue Angaben über den Reaktionsablauf zu machen[2]. Amine, aber auch Säuren wirken auf diese Kondensationen katalytisch. Während der Kondensation spaltet sich Chlorwasserstoff ab, so daß die Reaktionsprodukte fast halogenfrei sind. Vielleicht ist Trimethylolphosphinoxyd Zwischenprodukt. Das Phosphinoxyd bildet sich aus dem quartären Salz in alkalischer Lösung leicht unter Abspaltung von Formaldehyd und Wasserstoff:

$$[(HOCH_2)_4P]^{\oplus}Cl^{\ominus} + OH^{\ominus} \rightarrow (HOCH_2)_3P{=}O + CH_2O + H_2 + Cl^{\ominus}$$

Trimethylolphosphinoxyd könnte dann die schon bei 20° leicht verlaufende Kondensation mit Aminen oder die bei 100° ablaufende mit Harnstoffen oder Phenolen bzw. deren Formaldehydharzen eingehen[2].

Tetramethylolphosphoniumchlorid bzw. *Trimethylolphosphinoxyd* lassen sich auch mit anderen reaktionsfähigen Komponenten, wie *Dicyandiamid*[5], *Äthylenimin*[6], Glykolen oder hydroxygruppenhaltigen Estern[7], im letzten Falle unter dem Einfluß von Natriummethylat und etwas Magnesium, kondensieren.

---

[1] A. Hoffman, Am. Soc. **43**, 1684 (1921).
  F.P. 1011978 (1952), Société Anonyme des Manufactures des Glaces et Produits Chimiques de Saint-Gobain, Chauny & Cirey; C. **1954**, 8220.
  Chem. Age London **71**, 23 (1954).
  W. A. Reeves, F. F. Flynn u. J. D. Guthrie, Am. Soc. **77**, 3923 (1955).
[2] W. A. Reeves u. J. D. Guthrie, Ind. eng. Chem. **48**, 64 (1956).
[3] W. A. Reeves u. J. D. Guthrie, Textile Wld. **104**, 101 (1954); Textile Weekly **53**, 1618 (1954).
  DAS. 1044078 (1956), Farbw. Hoechst, Erf.: M. Reuter; C. **1959**, 5998.
[4] Belg. P. 537123 (1955; Am. Prior., 1954) ≡ F. P. 1138279 (1955), Albright & Wilson Ltd., Erf.: W. A. Reeves, J. D. Guthrie u. J. Warren; C. **1959**, 1315.
  F.P. 1078709 (1953; Am. Prior., 1952) ≡ E.P. 740269 (1953), Albright & Wilson Ltd., Erf.: W. A. Reeves u. J. D. Guthrie; C. **1956**, 8768.
[5] DAS. 1045098 (1954) ≡ E.P. 761985 (1953), Bradford Dyers' Association Ltd. u. Albright & Wilson Ltd., Erf.: J. G. Evans, G. Landells, J. R. W. Perfect, B. Topley u. H. Coates; C. **1958**, 11089.
[6] Belg. P. 533447 (1954; Am. Prior., 1953) ≡ E.P. 764313 (1954), Albright & Wilson Ltd.; C. **1958**, 3173.
[7] Belg. P. 533446 (1954; Am. Prior., 1953), Albright & Wilson Ltd.
  DAS. 1062922 (1954) ≡ E.P. 764312 (1954), Bradford Dyers' Association Ltd. u. Albright & Wilson Ltd., Erf.: J. G. Evans, G. Landells, J. R. W. Perfect, B. Topley, H. Coates, W. A. Reeves u. J. D. Guthrie; C. **1958**, 6685.

Mit Säuren tritt ebenfalls Kondensation ein, so z.B. mit dem Dienaddukt von Hexachlorcyclopentadien an Maleinsäure[1].

Als Flammschutzmittel werden auch Polykondensate empfohlen, die durch Erhitzen von Phosphonsäurediamiden unter Stickstoff auf 150–400° entstehen.

$$\begin{array}{c} NH_2 \\ | \\ R-P-NH_2 \\ \| \\ O \end{array} \rightarrow \begin{array}{c} NH_2 \\ | \\ R-P-NH- \\ \| \\ O \end{array} \left[\begin{array}{c} R \\ | \\ -P-NH- \\ \| \\ O \end{array} \right]_n \begin{array}{c} R \\ | \\ -P-NH_2 \\ \| \\ O \end{array} + (n+1)\, NH_3$$

Diese schwerlöslichen Polyphosphonsäureamide sind noch löslich in Dimethylformamid und Dimethylacetamid[2].

10. Bibliographie[3]

C. Ellis, The Chemistry of Synthetic Resins, Bd. I, Reinhold Publ. Co., New York 1935.

J. J. Matiello, Protective and Decorative Coatings, Bd. I, John Wiley & Sons, Inc., New York 1941.

J. Scheiber, Chemie und Technologie der künstlichen Harze, Wissenschaftliche Verlagsgesellschaft mbH., Stuttgart 1943.

R. L. Wakeman, The Chemistry of Commercial Plastics, Reinhold Publ. Corp., New York 1947.

R. Houwink, Elastomers and Plastomers, Their Chemistry, Physics and Technology, Bd. II, Elsevier Publ. Co., Inc., New York–Amsterdam–London–Brüssel 1949.

F. Weiss, Die Verwendung der Kunststoffe in der Textilveredlung, Springer-Verlag, Wien 1949.

C.P.Vale, Aminoplastics, Cleaver-Hume Press Ltd., Interscience Publ. Inc., New York–London 1950.

K. Fabel, Deutsches Jahrbuch für die Industrie der plastischen Massen 1945/50, Wilhelm Pansegrau-Verlag der Westl. Berliner Verlagsgesellschaft Heenemann KG., Berlin-Wilmersdorf 1951.

R. S. Morrell, Synthetic Resins and allied Plastics, 3. Aufl., Geoffrey Cumberlege Oxford, University Press, London – New York – Toronto 1951.

P. Talet, Aminoplastes, 2. Aufl., Dunod, Paris 1951.

G. F. D'Alelio, Kunststoffpraktikum, Carl Hanser-Verlag, München 1952.

K. Thinius, Analytische Chemie der Plaste (Kunststoff-Analyse), Springer-Verlag, Berlin–Göttingen–Heidelberg 1952.

Technical Date on Plastics, Manufacturing Chemist's Association, Washington 1952.

K. Michsch, Taschenbuch der Kitte und Klebstoffe, Wissenschaftliche Verlagsgesellschaft m.b.H., Stuttgart 1952.

K. Fabel, Deutsches Jahrbuch für die Industrie der plastischen Massen 1951/52, Wilhelm Pansegrau-Verlag der Westl. Berliner Verlagsgesellschaft Heenemann KG., Berlin-Wilmersdorf 1953.

K. H. Meyer u. H. Mark, Makromolekulare Chemie, 3. Aufl., Akademische Verlagsgesellschaft Geest & Portig KG., Leipzig 1953.

F. Ullmann, Encyklopädie der technischen Chemie, 3. Aufl., Bd. III, S. 475 ff., Verlag Urban & Schwarzenberg, München–Berlin 1953.

E. J. Barg, Technologie der synthetisch-plastischen Massen, Technisch-wissenschaftlicher Staatsverlag für chemische Literatur, Leningrad 1954.

H. F. Payne, Organic Coating Technology, Bd. I, Oils, Resins, Varnishes and Polymers, John Wiley & Sons Inc., New York; Chapman & Hall Ltd., London 1954.

C. E. Schildknecht, Polymer Processes, Chemical Technology of Plastics, Resins, Rubbers, Adhesives and Fibers, Bd. X, Interscience Publ. Inc. New York; Interscience Publ. Ltd. London 1956.

H. Wagner u. H. F. Sarx, Lackkunstharze, 4. Aufl., Carl Hanser-Verlag, München 1959.

W. R. Sorenson u. T. W. Campbell, Preparative Methods of Polymer Chemistry, Interscience Publ., Inc., New York; Interscience Publ. Ltd., London 1961.

---

[1] W. A. Reeves u. J. D. Guthrie, Ind. eng. Chem. **48**, 64 (1956).

[2] A.P. 2666750 (1951), Eastman Kodak Co., Erf.: J. B. Dickey u. H. W. Coover jr.; Chem. Abstr. **48**, 10380ᵃ (1954).

[3] chronologisch geordnet.

e) Polyadditions- und Polykondensationsprodukte von Carbonyl- und Thiocarbonylverbindungen mit sich selbst oder mit anderen Verbindungen, die aktive Methylengruppen enthalten

bearbeitet von

Dr. habil. Richard Wegler

Farbenfabriken Bayer AG., Leverkusen

1. Polyadditionsprodukte von Carbonyl- und Thiocarbonylverbindungen

α) Zuckerbildung aus Formaldehyd

Die Selbst-,,Kondensation" des Formaldehyds in wäßrig-alkalischer Lösung führt zu zuckerartigen Verbindungen[1,2]. Der Chemismus dieser Reaktion[3] ist bis heute noch nicht restlos geklärt, insbesondere fehlt eine befriedigende Deutung des ersten Schrittes, der Glykolaldehydbildung; die nächsten Zwischenprodukte sind Glycerinaldehyd und Dihydroxyaceton[4]. Als Katalysatoren dienen Alkali- und Erdalkalihydroxyde. Da jedoch auch das Kation für die katalytische Wirksamkeit von Bedeutung ist[5], kann es sich nicht um eine reine Hydroxylionenkatalyse handeln[3]. Thalliumhydroxyd[3,6] und Blei-(II)-oxyd[7] sind wirksame Katalysatoren, mit denen man auch in homogener Lösung arbeiten kann[6]. Während der Kondensation werden Katalysatoren erzeugt, die eine Autokatalyse bewirken[3,6,8]. Auffallend ist, daß verdünnte Formaldehydlösungen rascher ,,kondensieren" als konzentrierte[5]. In konzentrierten Lösungen überwiegt mit starken Alkalien die Cannizzaro-Reaktion[3]. Bei der Hydrierung von Reaktionsprodukten, die mittels Blei-(II)-oxyd erhalten werden, fallen neben Erythrit nennenswerte Mengen Glykol und Glycerin an[7].

β) Polymere Aldehyde und Ketone (Polyoxymethylene und ähnliche Verbindungen)

Höhermolekulare polymere Aldehyde[9], die durch Polyaddition der Carbonylgruppe entstehen, sind lange bekannt. Besonders Polymere des *Formaldehyds* sind in

---

[1] M. A. Boutlerow, C.r. 53, 145 (1861).

[2] B. Tollens, B. 15, 1632 (1882); 16, 917 (1883).
O. Loew, B. 20, 141 (1887); 21, 270 (1888).

[3] E. Pfeil u. G. Schroth, B. 85, 293 (1952).

[4] E. Pfeil u. H. Ruckert, A. 641, 121 (1961).

[5] H. Euler u. A. Euler, B. 39, 39 (1906).

[6] E. Pfeil, B. 84, 229 (1951).

[7] K. H. Krüger, Wiss. Z. Univ. Rostock, Math. Naturwiss. Reihe 2, 324 (1952/53).

[8] H. Schmalfuss, Bio. Z. 185, 70 (1927).
A. Kusin, B. 68, 619, 1494, 2169 (1935); 69, 1041 (1936).
W. Langenbeck, Naturwiss. 30, 30 (1942); Ang. Ch. 61, 186 (1949).
W. Langenbeck, Tagungsberichte der Chemischen Gesellschaft in der DDR (1954), S. 119.

[9] S. a. ds. Handb. Bd. VII/1, Kap. Umwandlung von Aldehyden, S. 428 ff.

großer Zahl dargestellt worden[1]. Es ist sehr wahrscheinlich, daß sich die verschiedenen isomeren Polyoxymethylene lediglich durch das Molekulargewicht bzw. die Molekulargewichtsverteilung, durch die Endgruppen und durch beigemengte Verunreinigungen, wie z. B. Katalysatoren, unterscheiden. Letztere können die Thermostabilität der Polyoxymethylene außerordentlich stark herabsetzen. Die auffallendste Eigenschaft der hochmolekularen Polyoxymethylene ist ihre geringe Löslichkeit in Wasser, was besonders bemerkenswert ist im Hinblick auf die gute Wasserlöslichkeit hochmolekularer Polyäthylenoxyde (s. S. 429).

Die Polymerisation des Formaldehyds verläuft wahrscheinlich nach einem ionischen Mechanismus[2]. Die primäre Reaktion besteht darin, daß sich ein Proton (Gleichung 1) bzw. ein Hydroxylion oder ein anderes Anion (Gleichung 2) an die polarisierte Doppelbindung des Formaldehyds anlagert; Kettenabbruch erfolgt dann durch Anlagerung eines Anions bzw. Kations.

(1)
$$\overset{\oplus}{C}H_2\text{---}\overset{\ominus}{O}| + H^{\oplus} \;\rightleftharpoons\; \overset{\oplus}{C}H_2OH$$

$$HOH_2C^{\oplus} + n\,CH_2O \;\rightleftharpoons\; HOH_2C\text{---}(O\text{---}CH_2)_{n-1}\text{---}O\overset{\oplus}{C}H_2 \xrightarrow{\;+OH^{\ominus}\;}$$

$$HOH_2C\text{---}(O\text{---}CH_2)_{n-1}\text{---}OCH_2OH$$

(2)
$$\overset{\oplus}{C}H_2\text{---}\overset{\ominus}{O}| + OH^{\ominus} \;\rightleftharpoons\; HOH_2C\text{---}\overline{O}|^{\ominus}$$

$$HOH_2C\text{---}\overline{O}|^{\ominus} + n\,CH_2O \;\rightleftharpoons\; HOH_2C\text{---}O\text{---}(CH_2\text{---}O)_{n-1}\text{---}CH_2\overline{O}|^{\ominus} \xrightarrow{\;+H^{\oplus}\;}$$

$$HOH_2C\text{---}O\text{---}(CH_2\text{---}O)_{n-1}\text{---}CH_2OH$$

Es ist verständlich, daß die Menge der die Reaktion startenden bzw. sie begrenzenden Ionen weitgehend die Kettenlänge der Polymeren bestimmt. Deshalb sind auch bei Anwendung von wasserhaltigem oder alkoholischem Formaldehyd nur verhältnismäßig niedermolekulare Produkte zu erwarten.

Niedere Polymere bilden sich beim Formaldehyd besonders leicht und in verhältnismäßig guter Ausbeute schon in wäßriger Lösung bei gewöhnlicher Temperatur, wobei aber stets ein Gleichgewicht mit dem Monomeren besteht. Nach dem Entwässern einer mit Aceton versetzten wäßrigen Formaldehydlösung mit Natriumsulfat lassen sich mit Petroläther Polyoxymethylene mit freien Hydroxy-endgruppen ausfällen[3]. In der Wärme oder unter dem Einfluß von Säure oder Alkali spalten derartige Polyoxymethylene leicht wieder auf. (Die in der neueren Literatur im allgemeinen für diese Verbindungsklasse übliche Bezeichnung Polyoxymethylenglykole

[1] A. Kekulé, B. **25**, 2435 (1892).
  D. L. Hammick u. A. R. Boeree, Soc. **121**, 2738 (1922).
  H. Staudinger, Die hochmolekularen organischen Verbindungen, S. 227, Verlag Springer, Berlin 1932.
  J. F. Walker, Formaldehyde, American Chemical Society Monograph Series, 2. Aufl., S. 114ff., Reinhold Publishing Corp., New York 1953.
[2] C. E. Schweitzer, R. N. MacDonald u. J. O. Punderson, J. Appl. Polymer Sci. **1**, Nr. 2, 158 (1959).
[3] Belg. P. 570884 (1957), DuPont, Erf.: N. Brown, W. P. Langsdorf u. C. E. Schweitzer.

ist wenig glücklich, da an den Enden keine alkoholischen sondern Halbacetal-Hydroxygruppen stehen; sinnvoller ist die auch schon anzutreffende Bezeichnung ω,ω'-Dihydroxy-polyoxymethylene).

Höhere Polymere liegen im sogenannten *Paraformaldehyd* vor, der aus konzentrierten wäßrigen Formaldehydlösungen durch Einengen im Vakuum[1] oder durch Einwirkung von Säuren[2] oder Basen[3] entsteht. Die Oligomeren mit freien Hydroxygruppen an den Enden sind sowohl thermisch als auch gegenüber Säuren und Alkalien ziemlich instabil. Recht beständig sind dagegen die entsprechenden Dimethyläther, die man am einfachsten durch Erhitzen von Paraformaldehyd mit wenig Methanol in Gegenwart einer starken Säure erhält[4] (Beispiel 1, S. 412). Auch aus Methylal und Formaldehyd lassen sich Polyoxymethylendimethyläther herstellen[5]. Durch Säuren kann man diese ,,Äther'' genau wie andere echte Acetale aufspalten[6]. ω,ω'-Dihydroxy-polyoxymethylene lassen sich mit Essigsäureanhydrid auch verestern, wodurch ebenfalls stabile Produkte entstehen[7].

Die Darstellung von hochmolekularen Polyoxymethylenen erfordert besondere Maßnahmen. Der verwendete Formaldehyd muß von höchster Reinheit sein, vor allem frei von Hydroxyverbindungen, wie Wasser und Alkohol. Für die Darstellung von reinem Formaldehyd sind zahlreiche spezielle Verfahren entwickelt worden. Meist wird schon möglichst hochmolekulares Polyoxymethylen – sogenanntes α-*Polyoxymethylen* – pyrolysiert und der gasförmige Formaldehyd durch Kühlung auf $-15°$ in vielen hintereinander geschalteten Kühlsystemen vom Wasser durch Vorpolymerisation befreit[8]. Auch durch Pyrolyse von *Formaldehydhalbacetalen* hochsiedender Alkohole läßt sich reiner Formaldehyd gewinnen[9]. Eine weitere Methode besteht darin, daß man wäßrigen Formaldehyd unter erhöhtem Druck destilliert, die Dämpfe erhitzt (mit steigender Temperatur verschiebt sich das Gleichgewicht zwischen Formaldehydhydrat und Formaldehyd + Wasser zugunsten des freien Formaldehyds) und dann bei niederem Druck und niederer Temperatur fraktioniert kondensiert[10]. Eine völlige Entwässerung des so vorgereinigten Formaldehyds läßt sich auch hier durch eine fraktionierte Vorpolymerisation erreichen (Bildung von Oligomeren), bei der das restliche Wasser praktisch zum Kettenstart und -abbruch verbraucht wird.

[1] M. DELÉPINE, C.r. **124**, 1526 (1897).
   J. F. WALKER, Formaldehyde, American Chemical Society Monograph Series, 2. Aufl., S. 119 ff., Reinhold Publishing Corp., New York 1953.
[2] H. STAUDINGER, Die hochmolekularen organischen Verbindungen, S. 242, Verlag Springer, Berlin 1932.
   E.P. 342668 (1929) $\equiv$ F.P. 682115 (1929), W. Schilt; C. **1930** II, 2987.
[3] C. MANNICH, B. **52**, 160 (1919).
[4] H. STAUDINGER u. Mitarbb., A. **474**, 205 ff. (1929).
   A.P. 2512950 (1944), DuPont, Erf.: T. E. LONDERGAN; Chem. Abstr. **44**, 10731[d] (1950).
[5] A.P. 2449469 (1944), DuPont, Erf.: W. F. GRESHAM u. R. E. BROOKS; Chem. Abstr. **43**, 1051[h] (1949).
[6] J. LÖBERING u. A. FLEISCHMANN, B. **70**, 1713 (1937).
   J. LÖBERING u. V. RANK, B. **70**, 2331 (1937).
[7] M. DESCUDÉ, A. ch. [7] **29**, 509 (1903).
   H. STAUDINGER u. M. LÜTHY, Helv. **8**, 41 (1925).
[8] E.P. 753299 (1954); A.P. 2768994 (1954), DuPont, Erf.: R. N. MacDONALD; C. **1957**, 12339; Chem. Abstr. **51**, 2324[a] (1957).
[9] A.P. 2848500 (1957), DuPont, Erf.: D. L. FUNCK; Chem. Abstr. **53**, 3062[c] (1959).
[10] A.P. 2790755 (1953), DuPont, Erf.: J. F. WALKER; Chem. Abstr. **51**, 12453[h] (1957).

Zur Polymerisation des hochgereinigten Formaldehyds wird nur die Suspensionspolymerisation empfohlen[1] (Beispiel 2, S. 412), ein Verfahren, das schon in den 20er Jahren von H. Staudinger[2] zur Darstellung hochmolekularer Polyoxymethylene durchgeführt wurde. Viele der damals von H. Staudinger dargestellten Produkte sind praktisch die gleichen, die heute für Kunststoffzwecke von Interesse sind. Zur Charakterisierung der technisch interessanten Durchschnittsmolekulargewichte kannte man jedoch damals keine nicht-abbauend wirkenden Lösungsmittel, so daß man die zur Herstellung von Kunststoffen optimalsten Molekulargewichtsbereiche von 25000–50000 mit erhöhter Thermostabilität und guten Fließeigenschaften der Produkte nicht charakterisieren konnte. Als Kunststoffe waren die Polyoxymethylene daher lange ohne Bedeutung.

Die Polymerisation des Formaldehyds zu Polyoxymethylenen mit technisch interessanten Molekulargewichten[3] wird meist in Kohlenwasserstoffen, wie z. B. Pentan oder Dekalin, durch Einleiten des reinen Formaldehyds bei −25° bis +20° unter gutem Rühren und unter einer Stickstoffatmosphäre durchgeführt[1, 4–9]. Nach einem speziellen Verfahren läßt man nur einen Teil des Formaldehyds (etwa 20%) in dem inerten Lösungsmittel polymerisieren, dann filtriert man und leitet den restlichen Formaldehyd in das so gereinigte Lösungsmittel ein[7]. Mit zunehmender Temperatur und Konzentration der Lösung nimmt das Molekulargewicht der Polyoxymethylene im allgemeinen ab. In 20–50%igen Lösungen erfolgt eine Polymerisation meist schon ohne Zugabe eines Katalysators in kurzer Zeit (Beispiel 2, S. 412); wahrscheinlich wirken Spuren Ameisensäure, die fast immer anwesend sind, katalytisch. Meist wird die Polymerisation mit geringen Mengen tertiärer Amine als Katalysatoren durchgeführt (0,3 bis 0,005 Molprozent)[2, 4, 7]. Primäre und sekundäre Amine sollen die Entstehung hochmolekularer Produkte nicht stören[1, 8, 9]. Geeignet substituierte tertiäre Amine, wie 2-Dimethylaminomethyl-4-methyl-5-dimethylamino-phenol oder N-Dimethylaminomethyl-malonsäurediamid, werden dabei in die Polyoxymethylene eingebaut und verleihen diesen eine geringfügig erhöhte Thermostabilität, die jedoch für eine Verarbeitung im Spritzguß nicht ausreichend ist[10]. Bei der Acetylierung werden diese Stabilisatoren entfernt bzw. durch ihre Acetylierung unwirksam. Auch zahlreiche andere Verbindungen sind als Beschleuniger empfohlen worden, z.B. quartäre Ammonium- und Phosphoniumsalze[11], Phosphine, Arsine, Stibine[12], Metallhydride, Metallcarbonyle[13] und organische Metallverbindungen aller Art[6], wie Alkylme-

---

[1] A. P. 2768994 (1954), DuPont, Erf.: R. N. MacDonald; Chem. Abstr. 51, 2324ᵃ (1957).

[2] H. Staudinger, Die hochmolekularen organischen Verbindungen, S. 285ff., Verlag Springer, Berlin 1932.

[3] Zusammenfassung: W. Kern u. Mitarbb., Ang. Ch. 73, 177 (1961).

[4] E. P. 753299 (1954), DuPont, Erf.: R. N. MacDonald; C. 1957, 12339.

[5] E. P. 744336 (1952), DuPont, Erf.: M. F. Becholt u. R. N. MacDonald; Chem. Abstr. 50, 12531ᵈ (1956).

[6] A.P. 2848437 (1954), DuPont, Erf.: W. P. Langsdorf jr. u. G. S. Stamatoff; Chem. Abstr. 52, 17797ᶠ (1958).

[7] E. P. 742097 (1952), DuPont, Erf.: R. N. MacDonald; Chem. Abstr. 50, 11053ᵍ (1956).

[8] E.P. 748836 (1952), DuPont; Chem. Abstr. 50, 13504ᵃ (1956).

[9] F. Walker, Am. Soc. 55, 2821 (1933).

[10] DAS. 1113816 (1958), Farbw. Hoechst, Erf.: H. D. Hermann u. E. Fischer.

[11] Belg. P. 556299 (1957), DuPont.

[12] E. P. 742135 (1953), DuPont; Chem. Abstr. 50, 11054ᵃ (1956).

[13] DBP. 962116 (1955) ≡ A.P. 2734889 (1954), DuPont, Erf.: F. C. Starr jr.; C. 1957, 3138.

tallverbindungen, Grignardverbindungen, Alkoholate und Mercaptide, Borsäure-tris-amide[1], alkylsubstituierte Harnstoffe und Thioharnstoffe[2], N-Methylolverbindungen sowie ihre Äther und Thioäther[3], Tetramethylthiuramdisulfid[4] und kolloidaler, monokliner Schwefel[5]. Auch Redoxsysteme[6], z.B. auf Basis von Dibenzoylperoxyd und einem tertiären Amin, sind als Katalysatoren empfohlen worden. Polyoxymethylene mit hohem Molekulargewicht und hoher Krystallinität lassen sich auch in Abwesenheit von Lösungsmitteln mit aktiviertem Aluminium[7] oder Aluminiumoxyd[8] im Wirbelbett darstellen. Oft wird die Polymerisation in Gegenwart von Dispersionsmitteln durchgeführt; geeignet ist z.B. ein mit Ölsäure vollständig veresterter Polyglykoläther[9].

Neuerdings ist es mit Hilfe von Zinn-(II)-verbindungen, z.B. von Zinn-(II)-salzen organischer Carbonsäuren, gelungen, auch wasserhaltigen Formaldehyd zu sehr hochmolekularen krystallinen Polyoxymethylenen zu polymerisieren[10]. Offenbar liegt hier ein andersartiger Polymerisationsmechanismus vor.

Die thermische Stabilität dieser hochmolekularen, technisch interessanten Polyoxymethylene wird durch Veresterung mit Essigsäureanhydrid in Pyridin bei 130° wesentlich verbessert (Beispiel 3, S. 412), eine Methode, die schon von H. Staudinger und Mitarbeitern zur Endgruppenstabilisierung von Polyoxymethylenen verwendet wurde und zu sehr beständigen Produkten führte[11]. So beträgt der Gewichtsverlust eines Films bei 202° vor der Veresterung 2,3% je Minute und nach der Veresterung 0,1%. Zur Verminderung des Abbaues bei der Acetylierung durch Spuren von freier Essigsäure wird ein Zusatz von Carbodiimiden empfohlen[12]. Eine geringere Beständigkeit weisen Polyoxymethylene auf, deren Halbacetalendgruppen mit Isocyanaten stabilisiert sind[13]. Die Beständigkeit ist wesentlich besser, wenn Copolymere des Trioxans mit cyclischen Äthern, wie Äthylenoxyd oder 1,3-Dioxolan (vgl. S. 408), mit Diisocyanaten über ihre alkoholischen Hydroxygruppen verestert werden[14]. Eine quantitative Verätherung, die zu noch stabileren Produkten führt, gelingt durch thermische Nachbehandlung von unvollständig verätherten Polyoxymethylenen, indem man bei erhöhter Temperatur nicht verätherte oder nur halbseitig verätherte Polyoxymethylenketten depolymerisiert[15]. Veräthert man Polyoxymethylene z.B. mit Formaldehyddimethylacetal und sauren Katalysatoren, so be-

[1] DAS. 1108435 (1958), Farbw. Hoechst, Erf.: K. Weissermel u. H. D. Hermann.
[2] Belg. P. 588018 (1960), Farbf. Bayer, Erf.: H. Kritzler u. K. Wagner.
[3] Belg. P. 590149 (1960), Farbf. Bayer, Erf.: H. Kritzler u. K. Wagner.
[4] DAS. 1089171 (1958), Degussa, Erf.: J. Behrends.
[5] Belg. P. 586230 (1959), Degussa.
[6] DAS. 1108434 (1957), Degussa, Erf.: O. Schweitzer u. W. Querfurth.
[7] Belg. P. 579267 (1959), Farbf. Bayer, Erf.: K. Wagner.
[8] DAS. 1109890 (1958), Farbf. Bayer, Erf.: K. Wagner.
[9] A.P. 2768994 (1954), DuPont, Erf.: R. N. MacDonald; Chem. Abstr. 51, 2324ª (1957).
[10] Belg. P. 608221 (1961), Farbf. Bayer, Erf.: K. Wagner.
[11] H. Staudinger, Die hochmolekularen organischen Verbindungen, S. 277, Verlag Springer, Berlin 1932.
[12] Belg. P. 586592 (1960; DB. Prior., 1959), Farbf. Bayer, Erf.: K. Wagner u. H. Kritzler.
[13] DAS. 1092002 (1958), Farbf. Bayer, Erf.: K. Wagner u. H. Hertlein.
    F.P. 1236739 (1959), Celanese Corp., Erf.: G. W. Polly jr.
[14] F.P. 1221148 (1959; Am. Prior., 1958), Celanese Corp., Erf.: C. T. Walling, F. Brown, K. W. Bartz u. G. W. Polly.
[15] Belg.P. 604881 (1961; F. Prior., 1960), Celanese Corp.

trägt der verätherte Anteil meist nicht mehr als 50–60% [1]. Auch die Verätherung mit Orthoestern von Carbonsäuren[2] oder mit Chlormethyl-methyl-äther[3] verläuft nicht quantitativ. Erst wenn die nichtstabilisierten Anteile durch Depolymerisation zerstört worden sind, erhält man Produkte, die – besonders nach einer weiteren Stabilisierung mit Antioxydantien und Wärmestabilisatoren – in ihrer thermischen Beständigkeit den acetylierten Polyoxymethylenen meist überlegen sind[4].

Interessant ist, daß die Polymerisation des Formaldehyds zu hochmolekularen Polyoxymethylenen auch so durchgeführt werden kann, daß direkt – d.h. in einem Arbeitsgang – an den Kettenenden stabilisierte Polymerisate entstehen. Zu diesem Zweck wird wasserfreier, hochgereinigter Formaldehyd in reinstem Essigsäureanhydrid oder in Alkylierungsmitteln, wie z.B. Orthoameisensäureäthylester, polymerisiert[5]. In Gegenwart von Zinn-(II)-verbindungen läßt sich die Polymerisation auch mit wasserhaltigem Formaldehyd durchführen, wobei Polymerisate mit einem Molekulargewicht von 90000–150000 erhalten werden[6]. Durch Nacherhitzen in Gegenwart geeigneter Katalysatoren tritt dann eine vollständige Veresterung bzw. Verätherung ein. – Bei der Polymerisation von *Trioxan*[7] in reaktionsfähigen Äthern (z.B. Dibenzyläther) oder Acetalen (z.B. Dimethylformal) ist versucht worden, über Kettenstart-, Kettenabbruch- und Übertragungsreaktionen durch das Lösungsmittel quantitativ stabile Endgruppen in die Polymerisate einzuführen[8]. Wird die Polymerisation des Trioxan in Gegenwart von 1,3-Dioxolan, 1,3-Dioxan, Äthylenoxyd oder geeigneten monomeren Vinylverbindungen mit Lewissäuren als Katalysatoren durchgeführt, so entstehen Copolymerisate, die beim thermischen Abbau solange abgebaut werden, bis sich an beiden Enden des Polymerenmoleküls ein Comonomerenbaustein befindet[8,9].

Die an den Kettenenden stabilisierten hochmolekularen Polyoxymethylene lassen sich bei 180–200° zu wertvollen Kunststoffen verpressen und verspritzen[10]. Erhöht wird die Stabilität der Polymerisate noch durch Stabilisatoren wie Phenole[11],

[1] Belg. P. 570884 (1858), DuPont.
[2] Belg.P. 583593 (1959; DB. Prior., 1958), Farbf. Bayer, Erf.: K. Heller, J. Nentwig u. H. Schnell.
[3] DAS.1091750 (1958), BASF, Erf.: E. Kühn, G. Louis, E. Penning, R. Senninger u. H. Wilhelm.
[4] Belg. P. 604881 (1961; F. Prior., 1960), Celanese Corp.
[5] Belg.P. 590243 (1960), Farbf. Bayer, Erf.: K. Wagner u. H. Kritzler.
[6] Belg.P. 608622 (1961), Farbf. Bayer, Erf.: K. Wagner.
[7] A.P. 2795571 (1953), DuPont, Erf.: A. K. Schneider; Chem. Abstr. **51**, 18699^e (1957).
    A.P. 2947727/8 (1957), Celanese Corp., Erf.: K. W. Bartz; Chem. Abstr. **54**, 25976^i (1960).
    A.P. 2951059 (1958), Celanese Corp., Erf.: O. H. Axtell jr. u. C. M. Clarke.
    A.P. 2989509 (1958), Celanese Corp., Erf.: D. E. Hudgin u. F. M. Berardinelli.
    A.P. 2989510 (1958), Celanese Corp., Erf.: G. J. Bruni.
    Belg.P. 585980 (1959; DB. Prior., 1958 u. 1959), Farbw. Hoechst.
    Belg.P. 592599 (1960; E. Prior., 1959 u. 1960), British Industrial Plastics Ltd.
[8] W. Kern u. Mitarbb., Ang. Ch. **73**, 177 (1961).
[9] F.P. 1221148 (1959; Am. Prior., 1958), Celanese Corp., Erf.: C. T. Walling, F. Brown, K. W. Bartz u. G. W. Polly.
[10] Mod. Plastics **35**, Nr. 4, 153 (1957).
    C. E. Schweitzer, R. N. MacDonald u. J. O. Punderson, J. Appl. Polymer Sci. **1**, 158 (1959).
    DuPont Magazine **52**, Nr. 6, S. 2 (1958/59), Firmenschrift.
    W. H. Linton, Plastics Inst. (London), Trans. and J. **28**, 131 (1960).
    G. F. C. Barrett, Plastics **25**, Nr. 270, 136 (1960).
    W. R. Reinbacher, Gummi, Asbest, Kunststoffe **14**, 332 (1961).
[11] DAS. 1082404 (1957), DuPont, Erf.: R. D. Kralovec u. P. N. Richardson.

aromatische Amine[1], Carbonsäureamide[2,3], Sulfonsäureamide[4], Hydrazine[5], Hydrazide[5], Hydrazone[6], Harnstoffe[7], Thioharnstoffe[7], Urethane[1], Thiuramsulfid-Derivate[1], 2,5-Dimercapto-1,3,4-thiadiazol-Derivate[8] und durch zweiwertige Mangan- und Kupfersalze von organischen Carbonsäuren[9]. Neuerdings wird vorgeschlagen, derartige zusätzlich stabilisierte Polyoxymethylene mittels geeigneter Di- und Polyvinylverbindungen, wie z.B. Methylen-bis-acrylamid, unter Einwirkung energiereicher Strahlen zu vernetzen[10].

Von theoretischem Interesse ist auch die Polymerisation von festem und flüssigem Formaldehyd durch ionisierende Strahlen bei −75 bis −195°[11].

Bereits beim *Acetaldehyd* ist die Polymerisationstendenz erheblich geringer. Da er in alkalischer Lösung sehr leicht die Aldolkondensation eingeht (s. S. 413f.) und sich unter dem Einfluß von Mineralsäuren leicht das cyclische Trimere des Acetaldehyds, der Paraldehyd, bildet, ist die reine Polyaddition der Carbonyldoppelbindung nur im annähernd neutralen Bereich möglich (s.a. ds. Handb. Bd. VII/1, Kap. Umwandlung von Aldehyden, S. 428ff.).

Die Polymerisation des Acetaldehyds zu hochmolekularen linearen Produkten

$$\begin{array}{c}\text{—CH—O—}\left[\text{CH—O}\right]\text{—CH—O—}\\|\qquad\quad|\qquad\quad|\\\text{CH}_3\qquad\left[\text{CH}_3\right]_n\;\text{CH}_3\end{array}$$

mit kautschukähnlichen Eigenschaften gelingt durch Abkühlung des Monomeren beim Erstarrungspunkt[12] (−123,3°) in Gegenwart von Peroxyden[13]. Aber schon ab 40° tritt wieder ein langsamer Zerfall in Acetaldehyd ein[14]. Inzwischen ist es auch gelungen, flüssigen Acetaldehyd bei −60° bis −80° mittels calciniertem Aluminiumoxyd[15] (s. Beispiel 4, S. 413), Kieselgel[16], Thoriumoxyd[17] oder Ammoniumperoxydisulfat[18] zu hochmolekularen Produkten zu polymerisieren. Die auf diese Weise hergestellten Polyacetaldehyde haben alle eine amorphe Struktur. Krystalline, isotaktische Polymerisate sind neuerdings aus Acetaldehyd und anderen aliphatischen Aldehyden

[1] Belg.P. 591578 (1960), Farbf. Bayer, Erf.: K. Wagner, H. Scheurlen u. H. Kritzler.

[2] DAS. 1066739 (1957), DuPont, Erf.: R. Alsup u. P. E. Lindvig.

[3] DAS. 1104695 (1958), Farbw. Hoechst, Erf.: H. D. Hermann u. E. Fischer.

[4] DAS. 1083048 (1958), Farbw. Hoechst, Erf.: H. D. Hermann u. E. Fischer.

[5] A.P. 2810708 (1952), DuPont, Erf.: M. A. Kubico, R. N. MacDonald, R. L. Stearns u. F. A. Wolff; Chem. Abstr. **52**, 798^d (1958).

[6] DAS. 1105161 (1959), BASF, Erf.: W. Hellmayr u. A. Hrubesch.

[7] A.P. 2893972 (1956), DuPont, Erf.: M. A. Kubico u. R. N. MacDonald; Chem. Abstr. **53**, 18546^d (1959).

[8] DAS. 1076363 (1958), BASF, Erf.: G. Louis, E. Penning, H. Pohlemann u. H. Wilhelm.

[9] DAS. 1098713 (1959), BASF, Erf.: W. Runkel u. E. Becker.

[10] DAS. 1089969 (1958), DuPont, Erf.: L. R. Melby.

[11] C. Chachaty, M. Magat u. L. ter Minassian, J. Polymer Sci. **48**, 139 (1960).
    Y. Tsuda, J. Polymer Sci. **49**, 369 (1961).

[12] M. Letort, C.r. **202**, 767 (1936).
    M. W. Travers, Trans. Faraday Soc. **32**, 246 (1936).
    F. A. Bovey u. R. C. Wands, J. Polymer Sci. **14**, 113 (1954).

[13] DBP. 933785 (1951) ≡ F.P. 1020456 (1950), Société Française Duco, Erf.: M. Letort u. J. Pétry; C. **1954**, 4276.
    M. Letort u. P. Mathis, C.r. **241**, 651 (1955).

[14] G. Delzenne u. G. Smets, Makromolekulare Chem. **18/19**, 82ff. (1956).

[15] J. Furukawa, J. Polymer Sci. **36**, 546 (1959).
    J. Furukawa u. Mitarbb., Makromolekulare Chem. **33**, 32 (1959).

[16] DAS. 1106075 (1958), Consortium für elektrochemische Industrie, Erf.: J. Smidt u. J. Sedlmeier.

[17] L. Alexandru u. M. Coman, Rev. chim. (Bucharest) **11**, 298 (1960).

[18] M. Letort u. P. Mathis, C.r. **249**, 274 (1959).

mit Organometallverbindungen[1–5] (z.B. mit Triäthylaluminium und Butyllithium), mit Metallhydriden[4] und mit Lewissäuren[2, 3] hergestellt worden[6]. Auch Gemische aliphatischer Aldehyde, inklusive solche mit Formaldehyd, lassen sich mit diesen Katalysatoren polymerisieren[3, 4]. Stereoblockpolymere des Acetaldehyds, die aus amorphen und krystallinen Anteilen bestehen, werden erhalten, wenn man als Katalysator eine Kombination von Aluminiumoxyd mit Diäthylzink verwendet[7].

Es wird berichtet, daß sich aliphatische Aldehyde, z.B. Butyraldehyd, auch in Abwesenheit von Katalysatoren bei Raumtemperatur polymerisieren lassen, wenn man genügend hohe Drucke (5000–6000 atü) anwendet[8]. Die Polymerisation des *Chlorals* kann nicht nur mit Säuren[9], sondern auch, da eine Aldolkondensation nicht möglich ist, mit tertiären Aminen[10] als Katalysatoren durchgeführt werden. Besonders leicht entsteht das cyclische Trimere[11]. Lineare Copolymerisate[12] des *Trifluoracetaldehyds* mit Formaldehyd bilden sich aus hochgereinigtem, gasförmigem Formaldehyd und Trifluoracetaldehyd in Gegenwart von quartären Ammonium-verbindungen z.B. in Toluol bei −35°.

Die Polymerisation von *Glyoxal* und anderen aliphatischen Dialdehyden führt, wie zu erwarten, zu unlöslichen Produkten[13]. Dagegen sollen aus aromatischen Dial-dehyden, wie *Terephthaldialdehyd*, mit katalytischen Mengen Aluminiumäthylat lösliche hochmolekulare Polymerisate entstehen (Mol.-Gew. 100000 bis 120000)[14].

Neuerdings soll es auch gelungen sein, *Aceton* mit metallischem Magnesium an tief-gekühlten Flächen zu polymerisieren[15].

γ) Polymere Thioaldehyde (Polythiomethylene und ähnliche Verbindungen)

Wesentlich leichter als Aldehyde polymerisieren Thioaldehyde; ja, es ist zweifel-haft, ob monomere Thioaldehyde überhaupt jemals isoliert worden sind.

In stark saurer Lösung bilden sich bevorzugt die cyclischen Trimeren:

$$
\begin{array}{c}
\text{S} \\
\text{R—HC} \quad \text{CH—R} \\
| \qquad | \\
\text{S} \qquad \text{S} \\
\text{CH} \\
| \\
\text{R}
\end{array}
$$

[1] J. Furukawa u. Mitarbb., Makromolekulare Chem. **37**, 149 (1960).
[2] G. Natta u. Mitarbb., Makromolekulare Chem. **37**, 156 (1960); Ang. Ch. **72**, 756 (1960).
[3] Belg.P. 596750 (1960), Montecatini, Erf.: G. Natta, G. Mazzanti u. P. Chini.
[4] Belg.P. 597373 (1960), Montecatini, Erf.: G. Natta, P. Chini, G. Mazzanti u. A. Brizi.
[5] J. Furukawa, T. Saegusa u. H. Fujii, Makromolekulare Chem. **44/46**, 398 (1961).
[6] S. a. O. Vogl, J. Polymer Sci. **46**, 261 (1960).
   J. C. Bevington, Chem. and Ind. **1961**, 2025.
[7] H. Fujii u. Mitarbb., Makromolekulare Chem. **40**, 226 (1960).
[8] V. M. Zhulin u. M. G. Gonikberg, Vysokomolekulyarnye Soedineniya 3, 262 (1961).
[9] DRP. 170534 (1904), S. Gärtner; Frdl. **8**, 1126.
[10] DRP. 165984 (1903), S. Gärtner; Frdl. **8**, 1127.
   J. Boeseken u. A. Schimmel, R. **32**, 112 (1913).
[11] F. D. Chattaway u. E. G. Kellett, Soc. **1928**, 2710.
[12] A.P. 2828287 (1955), DuPont, Erf.: T. L. Cairns, E.T. Cline u. P. J. Graham; Chem. Abstr. **52**, 10641d (1958).
[13] C. Harries u. P. Temme, B. **40**, 165 (1907).
[14] Y. V. Mitin u. Mitarbb., Vysokomolekulyarnye Soedineniya 2, 716 (1960).
[15] V. A. Kargin u. Mitarbb., Doklady Akad. S.S.S.R. **134**, 1098 (1960).

Diese symm.-Trithiane sind ausführlich in diesem Handbuch Bd. IX, Kap. Herstellung und Umwandlung von Thioaldehyden und Thioketonen, S. 699 ff., beschrieben.

Läßt man Schwefelwasserstoff auf schwach saure, neutrale oder schwach alkalische Formaldehydlösungen einwirken, so entstehen lineare Polythiomethylene

$$HS—(CH_2—S)_n—CH_2—SH$$

von unbekanntem Molekulargewicht, die an den Enden Mercaptogruppen tragen[1,2]. (Noch lösliche, niedere Glieder dieser Reihe, wie z.B. Bis-[mercaptomethyl]-sulfid und 1,5-Dimercapto-2,4-dithia-pentan, konnten in Form von Derivaten aus dem Reaktionsgemisch isoliert und identifiziert werden[1]). Versetzt man diese linearen Polythiomethylene in der Kälte mit wenig konzentrierter Säure, so spalten sich geringe Mengen Schwefelwasserstoff ab[3]. Ob sich dabei höhermolekulare Polythiomethylene oder – wie es in der Originalliteratur angenommen wird – cyclische polymere Thioformaldehyde der Formel

$$(CH_2S)_x$$

bilden, läßt sich nach den experimentellen Angaben nicht mit Sicherheit entscheiden. Beim Erhitzen entsteht aus den linearen Polythiomethylenen das cyclische Trimere, der *Trithioformaldehyd*[3]. Ein polymerer Thioformaldehyd der Zusammensetzung $(CH_2S)_x$ soll nach A. Wohl auch bei zehnstündigem Einleiten von Schwefelwasserstoff in eine siedende, mit Ammoniak übersättigte Lösung von Hexamethylentetramin entstehen[4].

Erwähnt sei noch, daß durch Einwirkung von Ammoniumsulfid oder Ammoniumhydrogensulfid auf Formaldehyd verhältnismäßig niedermolekulare Produkte entstehen, die außer Schwefel noch Stickstoff enthalten[5].

Ebenso wie Formaldehyd lassen sich auch höhere Aldehyde, wie Acetaldehyd[1,6], Benzaldehyd[7], Anisaldehyd[7] und andere[3] durch geeignete Einwirkung von Schwefelwasserstoff in polymere Thioaldehyde überführen.

Höhermolekulare Polythioaldehyde entstehen auch bei der Umsetzung von geminalen Dihalogeniden, wie z.B. Dijodmethan[8] oder Benzalchlorid[9], mit Alkalisulfiden.

Läßt man auf Formaldehyd in wäßriger oder alkoholischer Lösung bei Zimmertemperatur oder in der Hitze Alkali- oder Ammoniumpolysulfide einwirken, so

---

[1] E. BAUMANN, B. **23**, 60, 1869 (1890).
[2] S. a. DBP. 820000 (1949), Zeppelin Chemie Konstanz, Erf.: H. v. ZEPPELIN; C. **1952**, 4057.
   S. a. T. KAWANO, J. Soc. Rubber Ind. Japan **12**, 9, 252 (1939); Chem. Abstr. **33**, 9717[9] (1939); **34**, 6482[8] (1940).
[3] E. FROMM u. M. SOFFNER, B. **57**, 371 (1924).
[4] A. WOHL, B. **19**, 2344 (1886).
[5] M. DELÉPINE, A. ch. [7] **15**, 570 (1898).
   C. G. LE FÈVRE u. R. J. W. LE FÈVRE, Soc. **1932**, 1142.
   S. a. A.P. 2050204 (1933), Wingfoot Corp., Erf.: W. P. TER HORST; Chem. Abstr. **30**, 6695[7] (1936).
   A.P. 2084011 (1935), Wingfoot Corp., Erf.: J. TEPPEMA; Chem. Abstr. **31**, 5620[8] (1937).
[6] H. WEIDENBUSCH, A. **66**, 158 (1848).
   H. KLINGER, B. **11**, 1023 (1878).
[7] E. BAUMANN u. E. FROMM, B. **24**, 1431, 1441 (1891).
[8] A. HUSEMANN, A. **126**, 293 (1863).
[9] J. H. WOOD u. R. W. BOST, Am. Soc. **59**, 1011 (1937).

entstehen kautschukartige Produkte, in denen Methylengruppen nicht über Sulfid-sondern über Polysulfidbrücken miteinander verbunden sind[1-5].

$$HS—CH_2—S_x—(CH_2—S_x)_n—CH_2—SH$$

Die Ausbeute soll wesentlich erhöht werden, wenn man während der Reaktion einen schwachen Kohlendioxydstrom durchleitet[4] (s. Beispiel 5, S. 413). Anstelle von Formaldehyd kann auch Dichlormethan[2,3] oder ein Gemisch aus Formaldehyd und Dichlormethan[1], 1,2-Dichloräthan[1] oder Acetaldehyd[6] eingesetzt werden. Beim Lagern werden diese kautschukelastischen Produkte infolge sich abscheidenden Schwefels spröde[5].

δ) Praktische Durchführung der Polyadditionen

Beispiel 1:

Polyoxymethylen-dimethyläther[7]: Man erhitzt 117 g Paraformaldehyd und 50 g Methanol in einem Rundkolben, der mit Rührer, Rückflußkühler und Thermometer versehen ist, auf 70–80° und gibt bei dieser Temp. 0,1 g Natriumhydroxyd in Form einer gesättigten Methanollösung zu. Nach etwa 15 Min. hat sich aller Paraformaldehyd gelöst (z. T. durch Depolymerisation). Nun werden 24 cm³ (44 g) 96%ige Schwefelsäure so rasch zugetropft, daß die Temp. auf etwa 80° gehalten wird. Man läßt dann noch 16 Stdn. bei 20° stehen, wobei allmählich eine Kristallisation eintritt. Das zerkleinerte Reaktionsprodukt wird in 350 cm³ einer 15%igen Natronlauge eingetragen und 3 Stdn. bei 60° gerührt. Anschließend wird filtriert, mit Wasser neutral gewaschen und der Rückstand getrocknet; Ausbeute: 86,4 g (78%, ber. auf Formaldehyd); F: 145–165°.

Beispiel 2:

Polymerisation von Formaldehyd zu einem hochmolekularen Polyoxymethylen[8]: Man depolymerisiert 69 g α-Polyoxymethylen durch Erhitzen in einem hochsiedenden Lösungsmittel während 100 Min. und leitet den entstehenden monomeren Formaldehyd im Stickstoffstrom durch zwei auf –15° gekühlte Fallen. Hinter diesen Kühlgefäßen befindet sich das eigentliche Reaktionsgefäß, das ein Gemisch aus 523 g Decahydronaphthalin und 5 g eines mit Ölsäure vollständig veresterten Polyglykoläthers vom Molekulargewicht 400 enthält und auf – 30° gekühlt ist. Sobald der Formaldehyd in diese Lösung eintritt, beginnt die Polymerisation. Man erhält einen dicken Brei, der noch 30 Min. bei – 30° nachgerührt und dann filtriert wird. Der Filterrückstand wird mit Äther gewaschen, an der Luft und anschließend i. Vak. getrocknet; Ausbeute: 60 g. Die intrinsic viscosity – gemessen in p-Chlor-phenol – beträgt 1,66.

Beispiel 3:

Veresterung eines hochmolekularen Polyoxymethylens mit Essigsäureanhydrid[9]: In einen Dreihalskolben, der 100 cm³ Essigsäureanhydrid und 20 cm³ Pyridin enthält, gibt man 5 g eines Polyoxymethylens mit der Viscositätszahl 1,5 (gemessen in Dimethylformamid). Man erhitzt das Gemisch unter Rühren und unter Durchleiten eines langsamen Stickstoffstromes 1 Stde. auf 130°, kühlt dann ab und filtriert. Das Produkt wird einmal mit Aceton und mehrmals mit Methanol gewaschen und anschließend i. Vak. bei 60° mehrere Stdn. getrocknet. Weder das Gewicht noch die Viscositätszahl des Polymeren haben sich während der Veresterung verändert. Dieses Verfahren ist auf alle Polyoxymethylene unabhängig vom Mol.-Gew. anwendbar.

---

[1] A.P. 2039206 (1928), J. Baer; Chem. Abstr. **30**, 4359⁹ (1936).

[2] A.P. 2206641 (1930), J. C. Patrick; Chem. Abstr. **34**, 7484⁶ (1940).

[3] A.P. 2255228 (1930), J. C. Patrick; Chem. Abstr. **36**, 198⁹ (1942).

[4] A.P. 2429859 (1945), DuPont, Erf.: J. F. WALKER; Chem. Abstr. **42**, 791ᵈ (1948).

[5] T. KOHNO, J. Soc. Rubber Ind. Japan **14**, 436 (1941); Chem. Abstr. **42**, 7086ᵍ (1948).

[6] A.P. 1964725 (1929), Ellis-Foster Co., übertr. von C. ELLIS; C. **1935** II, 2457.

[7] A.P. 2512950 (1944), DuPont, Erf.: T. E. LONDERGAN; Chem. Abstr. **44**, 10731ᵈ (1950).

[8] A.P. 2768994 (1954), DuPont, Erf.: R. N. MACDONALD; Chem. Abstr. **51**, 2324ᵃ (1957).

[9] F. P. 1131939 (1955) ≡ E. P. 770717 (1955). DuPont; C. **1959**, 6312.

Beispiel 4:

Polymerisation von Acetaldehyd zu einem hochmolekularen linearen Produkt[1]: In eine Destillationsvorlage gibt man 5 g granuliertes Aluminiumoxyd (Siebgröße: 8–14 Maschen pro cm²), die zuvor durch 15 stdg. Erhitzen auf 500–600° entwässert wurden. In diese Vorlage, die durch Trockeneis auf −70° bis −68° gekühlt wird, destilliert man innerhalb von 1,5 Stdn. i. Vak. (3 Torr) 15 cm³ Acetaldehyd, die durch Depolymerisation von Paraldehyd gewonnen wurden. Der flüssige Acetaldehyd wird bald viscos; nach 30–40 Stdn. geliert er. Nach 65 Stdn. wird das Polymerisat mit Aceton extrahiert, mit Wasser ausgefällt und i. Vak. bei Raumtemp. getrocknet. Man erhält 7,3 g eines weißen, elastischen Materials, dessen Viscositätszahl bei 27,6° in Methyläthylketon 2,4 (dl/g) beträgt. Nach Staudinger berechnet sich daraus ein Mol.-Gew. von ca. $4 \cdot 10^5$.

Beispiel 5:

Einwirkung von Formaldehyd auf Alkalipolysulfid[2]: Eine Lösung von 126 g (∼3 Mol) Natriumhydroxyd in 450 cm³ Wasser wird mit 160 g (5 Grammatome) Schwefel solange erhitzt, bis alles gelöst ist. Nach dem Abkühlen auf 30° gibt man 81 cm³ 37%ige Formaldehydlösung zu, rührt 1 Stde. bei 20° und leitet dann Kohlendioxid durch das Reaktionsgemisch, bis die Fällung vollständig ist. Man erhält 130 g einer kautschukähnlichen Masse, die mit heißem Wasser, 10%iger Essigsäure und zuletzt wieder mit Wasser gewaschen wird. Das Produkt enthält ungefähr 5% Wasser. Nach dem Trocknen beträgt der Schwefelgehalt des Reaktionsproduktes 89,1% [ber. für $(CH_2S_4)_n$: 90,1% Schwefel].

2. Polykondensationsprodukte von Carbonyl- und Thiocarbonylverbindungen

α) Allgemeines

Fast alle Aldehyde und Ketone mit einer Methylengruppe in Nachbarstellung zur Carbonylgruppe sind befähigt, mit sich selbst zu kondensieren (Knoevenagel-Kondensation). Die erste Stufe der Reaktion, die beim Acetaldehyd schon lange bekannt ist[3], führt sowohl in alkalischer als auch in saurer Lösung zu einem **Aldehyd-** bzw. **Ketonalkohol** (Aldolkondensation[4]; s. dazu ds. Handb. Bd. VII/1, Kap. Herstellung von Aldehyden, S. 76 ff. u. Literatur[5]). Es ist wahrscheinlich, daß unter dem Einfluß **alkalischer** Katalysatoren zunächst ein Proton aus einer reaktionsfähigen Methylengruppe abgelöst wird. Das entstehende Carbeniation lagert sich dann mit seinem freien Elektronenpaar in die Oktettlücke einer polarisierten Carbonylgruppe ein, und das Proton tritt an das Sauerstoffatom, z. B.:

---

[1] J. Furukawa u. Mitarbb., J. Polymer Sci. **36**, 546 (1959).

[2] A. P. 2 429 859 (1945), DuPont, Erf.: J. F. Walker; Chem. Abstr. **42**, 791ᵈ (1948).

[3] A. Wurtz, C. r. **74**, 1361 (1872).

[4] Zwar handelt es sich bei der Aldolkondensation um eine Additionsreaktion, doch hat sich der Begriff Aldolkondensation so allgemein eingebürgert, daß er im folgenden ebenfalls benutzt wird.

[5] V. Franzen, Ch. Z. **80**, 446 (1956).

Die sauer beschleunigte Anlagerungsreaktion[1], von der aber zur Darstellung höhermolekularer Produkte kaum Gebrauch gemacht wird, da meist dunkle und außerdem niedermolekulare Produkte entstehen, dürfte in erster Linie auf eine Aktivierung der Carbonylgruppe durch Protonanlagerung zurückzuführen sein.

Der weitere Verlauf der Knoevenagel-Kondensation ist uneinheitlich. Bereits der einfache *Acetaldehyd* ergibt unter Bedingungen, die zur Wasserabspaltung führen, mehrere Reaktionsprodukte. Neben den ungesättigten Aldehyden Crotonaldehyd, Hexadienal usw.[2] finden sich noch Aldehyde, in denen nicht alle Hydroxygruppen abgespalten sind. Daneben können verzweigte[3] und auch cyclische[4] Produkte entstehen.

Der Reaktionsverlauf ist sowohl von der Art der Carbonylverbindung als auch von den Reaktionsbedingungen abhängig. In Gegenwart von Wasser bestehen Gleichgewichte zwischen der Ausgangscarbonylverbindung und den Kondensationsprodukten: die Wasserabspaltung kann in Gegenwart von alkalischen Katalysatoren rückläufig sein[5]; falls in alkoholischer Lösung gearbeitet wird, können sich Alkohole an die ungesättigten Carbonylverbindungen addieren[6]. In alkalischer Lösung kann außerdem eine Disproportionierung nach Cannizzaro eintreten, besonders leicht dann, wenn eine der beiden Reaktionskomponenten Formaldehyd ist. Bei Kondensationen mit *Formaldehyd* ist damit zu rechnen, daß die sich bildenden Methylolverbindungen mit aktiven Methylengruppen weiterreagieren oder daß die aus ihnen durch Wasserabspaltung entstehenden Vinylverbindungen neben einer Michael-Addition eine Ionen- oder – bei besonders aktiven Vinylverbindungen – Radikalpolymerisation eingehen (s. Kondensation von Formaldehyd mit Ketonen S.416ff.). Wird in neutralem oder gar saurem Bereich kondensiert, so tritt leicht Verätherung bzw. Acetalbildung ein, die häufig zu cyclischen Produkten führt[7] (s. a. S. 417). Aber auch in alkalischer Lösung sind Äther- bzw. Acetalbildungen häufiger, als man gemeinhin annimmt[8]. So entstehen bei der Umsetzung von *Acetophenon* mit *Formaldehyd* in alkalischer Methanollösung die Methyläther der Methylolverbindungen[9]. Diese Vielfalt der Reaktionsmöglichkeiten erschwert eine Übersicht und sichere Reaktionslenkung außerordentlich. In zahlreichen Patenten sind einzelne dieser Reaktionen bevorzugt ausgenutzt, um Kondensationsprodukte mit bestimmten, technisch erwünschten Eigenschaften zu erhalten.

Als Katalysatoren für die Knoevenagel-Kondensation sind fast alle alkalisch reagierenden Verbindungen vorgeschlagen worden. Neben den am häufigsten benutzten Alkali- und Erdalkalihydroxyden finden auch Alkalicarbonate und -alkoholate sowie alkalisch reagierende Salze der Borsäure, Phosphorsäure und schwefligen Säure Verwendung. Zur Darstellung bestimmter Polyenale haben sich die Salze sekundärer

[1] A. WURTZ, Bl. [2] **17**, 436 (1872).
[2] R. KUHN u. M. HOFFER, B. **63**, 2164 (1930); **64**, 1977 (1931).
[3] M.M.T. PLANT, Soc. **1938**, 536.
[4] E. A. SCHILOW, Ž. prikl. Chim. **8**, 93 (1935); C. **1935** II, 2879.
[5] W. LANGENBECK u. R. SAUERBIER, B. **70**, 1540 (1937).
[6] R. KUHN u. C. GRUNDMANN, B. **71**, 2274 (1938).
[7] E.P. 796 575 (1956), Shawinigan Chemicals Ltd., Erf.: H. S. JOHNSON; Chem. Abstr. **53**, 1386^e (1959).
[8] G. MORGAN, N. J. L. MEGSON u. K. W. PEPPER, Chem. and Ind. **57**, 885 (1938).
   S. OLSEN, B. **88**, 205 (1955).
   J. L. E. ERICKSON u. G. N. GRAMMER, Am. Soc. **80**, 5466 (1958).
[9] L. G. HEERINGA u. M. G. J. BEETS, R. **76**, 213 (1957).

Amine, wie des Piperidins, mit organischen Säuren[1] bewährt. Auch basische und saure Ionenaustauscher sind brauchbar[2]. Auffallend ist die gute katalytische Wirkung primärer Amine auf die Aldolkondensation[3].

Während die erste Stufe der Reaktion, die Anlagerung, vorwiegend bei Temperaturen unter 100° durchgeführt wird, erfordert die eigentliche Kondensationsreaktion zu hochmolekularen, technisch verwertbaren Produkten Temperaturen bis zu 220°. Diese Nachkondensation kann alkalisch, rein thermisch oder auch sauer durchgeführt werden.

β) Polykondensationsprodukte von Aldehyden mit Aldehyden

Die Umsetzung des *Formaldehyds* mit anderen aliphatischen Aldehyden führt bekanntlich zu niedermolekularen, definierten Polyalkoholen[4]. Dagegen haben die Eigenkondensate des *Acetaldehyds*[5,6] bzw. *Crotonaldehyds*[6,7] technische Bedeutung als Schellackersatz erlangt. Die in alkalischer Lösung bei niederen Temperaturen zunächst erhältlichen gelbbraunen Reaktionsprodukte genügen den technischen Anforderungen noch nicht; sie müssen zur Molekelvergrößerung einer alkalischen[8] oder rein thermischen[9] Nachkondensation unter Abtrennung der niedrig siedenden Verbindungen unterzogen werden (Beispiel 1, S. 421). Mitunter werden spezielle Katalysatoren, wie Aluminiumhydroxyd, zugesetzt. Mit Wasser und Alkalien lassen sich während der Kondensation entstandene lösliche saure Bestandteile entfernen[10]. Die dunkle Farbe der Kondensate kann durch Oxydation zu alkalilöslichen Carboxyverbindungen[11], die als boraxlösliche Schellackersatzprodukte interessant sind, weitgehend beseitigt werden. Zur Modifizierung der Acetaldehydharze sind Veresterungen mit sauren Naturharzen oder Fettsäuren durchgeführt worden[12].

Statt vom Acetaldehyd selbst kann man auch vom ersten Zwischenprodukt der Reaktion, dem *Aldol*, ausgehen und dieses z. B. in Gegenwart von sekundären Aminen

[1] R. KUHN, W. BADSTÜBNER u. C. GRUNDMANN, B. **69**, 98 (1936).
[2] M. J. ASTLE u. J. A. ZASLOWSKY, Ind. eng. Chem. **44**, 2867 (1952).
 G. DURR, A. ch. [13] **1**, 84 ff. (1956).
[3] A. M. PAQUIN, B. **82**, 316 (1949). Der Autor nimmt an, daß der eigentliche Katalysator ein Salz des primären Amins ist, das sich aus den in techn. Aldehyden stets vorhandenen Säurespuren bildet.
[4] S. ds. Handb. Bd. VII/1, Kap. Herstellung von Aldehyden, S. 89 ff.
[5] H. HAMMARSTEN, A. **421**, 293 (1920).
[6] DRP. 317731 (1917), Farbf. Bayer; Frdl. **13**, 668.
 E. P. 470280 (1936/7), I.G. Farb., Erf.: W. FRANKENBURGER, H. HAMMERSCHMID u. G. ROESSLER; C. **1938** I, 2072.
[7] E. P. 461827 (1935), I.G. Farb.; C. **1937** I, 4697.
[8] DRP. 381720 (1920), Consortium für Elektrochemische Industrie GmbH., Erf.: H. DEUTSCH u. W. O. HERRMANN; Frdl. **14**, 1189.
[9] CIOS **XXIX**, 63 (P.B.Rep. **949**).
[10] T. EKECRANTZ, Ark. Kemi **4**, Nr. 27, 1 (1912); C. **1912** II, 1193.
 DRP. 393645 (1921), Consortium für Elektrochemische Industrie GmbH., Erf.: H. DEUTSCH u. W. O. HERRMANN; Frdl. **14**, 1192.
[11] DRP. 395053 (1921), Consortium für Elektrochemische Industrie GmbH., Erf.: H. DEUTSCH u. W. O. HERRMANN; C. **1924** II, 1138.
 DRP. 448427 (1924), I.G. Farb., Erf.: M. PAQUIN, A. VOSS u. H. WOHLERS; Frdl. **15**, 1180.
[12] DRP. 372103 (1921), Elektrizitätswerk Lonza AG.; Frdl. **14**, 1195.
 DRP. 422538, 433853 (1922), Consortium für Elektrochemische Industrie GmbH., Erf.: H. DEUTSCH, W. HAEHNEL u. W. O. HERRMANN; Frdl. **15**, 1228, 1230.

weiterkondensieren[1]. Auch hier entstehen genügend hochschmelzende, aber noch alkohollösliche und mit Nitrocellulose verträgliche Harze erst beim Nacherhitzen auf 190° (Beispiel 2, S. 422).

Zur Herstellung höhermolekularer Produkte, die reich an Hydroxy-, Carboxy- und Lactongruppen sind, wird empfohlen, aliphatische Aldehyde in Gegenwart von viel Alkali zu kondensieren[2].

Bemerkenswert ist, daß *α,β-ungesättigte Aldehyde* nicht in *α*- sondern in *γ*-Stellung kondensieren[3]. Infolgedessen ist beim Acrolein eine Knoevenagel-Kondensation nicht möglich; trotzdem verharzt dieser Aldehyd beim Zusatz von etwas Alkalihydroxyd in stark exothermer Reaktion[4]. Wahrscheinlich entsteht zunächst durch Wasser- anlagerung eine Spur β-Hydroxy-propionaldehyd, der dann mit einer zweiten Molekel Acrolein eine Aldolkondensation eingehen kann. Die hierdurch neu entstehende Hydroxygruppe kann sich wiederum an die Doppelbindung einer weiteren Molekel Acrolein anlagern, wodurch ein β-Alkoxy-propionaldehyd entsteht, der wieder zur Aldolkondensation mit Acrolein befähigt ist. Durch wechselseitige Fortsetzung dieser Reaktion entstehen hochmolekulare Produkte (s. a. den Abschnitt: Polyaddi- tionsprodukte von Verbindungen mit Kohlenstoff-Kohlenstoff-Doppelbindungen, S. 619).

Bekannt ist auch die Kondensation von aliphatischen Aldehyden mit Furfurol zu harzartigen Produkten[5].

γ) Polykondensationsprodukte von Aldehyden mit Ketonen oder anderen Verbindungen mit aktiven Methylengruppen

γ₁) *alkalische Kondensation*

Von praktischer Bedeutung sind bisher nur die Kondensationsprodukte von Ketonen, wie Aceton, Methyläthylketon, Cyclohexanon und Acetophenon, mit *Form- aldehyd*. Kondensationsprodukte von *Acetaldehyd*[6,7] oder *Crotonaldehyd*[7] mit Aceton wurden zwar wiederholt im Hinblick auf ihre trocknenden Eigenschaften untersucht[7], doch erhielt man stets nur harzartig spröde Produkte, die technisch ohne Interesse sind. Höhere Aldehyde, insbesondere aromatische Aldehyde, verharzen mit höheren Ketonen nur schwer[8].

Bei der alkalischen Kondensation von Ketonen mit Formaldehyd[9], die zuerst von B. Tollens durchgeführt wurde[10], entstehen zunächst, ebenso wie in saurer Lösung,

---

[1] DBP. 899554 (1936), BASF, Erf.: K. SAURWEIN; C. **1954**, 4956.

[2] DRP. 752482 (1941), Dr. Alexander Wacker, Gesellschaft für elektrochemische Industrie GmbH., Erf.: H. ANSELM u. E. NICKL; C. **1953**, 6569.

[3] R. KUHN, W. BADSTÜBNER u. C. GRUNDMANN, B. **69**, 98 (1936).

[4] H. SCHULZ u. H. WAGNER, Ang. Ch. **62**, 112 (1950).

[5] A. P. 1873599 (1930), CIBA, Erf.: H. KAPPELER; Chem. Abstr. **26**, 6081 (1932); S. a. DAS. 1048413 (1956), Farbw. Hoechst, Erf.: K. DIETZ u. G. LORENTZ; C. **1960**, 4042.

[6] L. CLAISEN, B. **25**, 3165 (1892).

[7] H. ALBERS, Reichsamt für Wirtschaftsausbau, Prüf.-Nr. 99, S. 15, Berlin 1940, s. a. P. B.-Rep. Nr. **52002**.

[8] DRP. 403646 (1922), BASF, Erf.: K. SEYDEL; Frdl. **14**, 1181. W. HERZOG u. J. KREIDL, Ang. Ch. **35**, 465, 641 (1922); **36**, 471 (1923); Ch. Z. **49**, 119 (1925).

[9] J. E. DUBOIS u. R. LUFT. C. r. **238**, 485 (1954). S. a. C. MANNICH u. W. BROSE, B. **55**, 3155 (1922).

[10] B. TOLLENS u. P. WIGAND, A. **265**, 340 (1891). M. APEL u. B. TOLLENS, B. **27**, 1089 (1894); A. **289**, 46 (1896).

Methylolverbindungen. Eingehend untersucht wurden die niederen Umsetzungsprodukte von Formaldehyd mit Aceton[1-3] und mit Methyläthylketon[1,2].

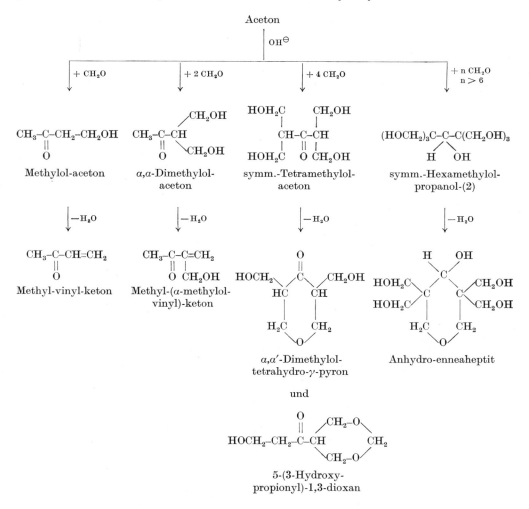

Während mit 1–2 Mol *Formaldehyd* je Mol *Aceton* in der Hitze schnell härtende Produkte entstehen (Beispiel 3a, S. 422), bilden sich mit mehr Formaldehyd (Beispiel 3b u. c, S. 422) zunehmend methylolreichere Produkte, die zum Teil unter Abspaltung von Wasser in cyclische Acetale bzw. Äther[2-4] übergehen und deren Fähigkeit zur Bildung hochmolekularer Produkte immer geringer wird. Bei Anwendung von mindestens einem Äquivalent einer Base soll die Ausbildung von Ätherbrücken unterbleiben[5].

[1] J. T. HAYS, G. F. HAGER, H. M. ENGELMANN u. H. M. SPURLIN, Am. Soc. **73**, 5369 (1951).
[2] G. MORGAN, N. J. L. MEGSON u. K. W. PEPPER, Chem. and Ind. **57**, 885 (1938).
[3] S. OLSEN, B. **88**, 205 (1955).
[4] Über die Acetalbildung aus Acetophenon und Formaldehyd s. M. N. TILITSCHENKO u. R. M. BUSUNOWA, Ž. prikl. Chim. **27**, 77 (1954); Referat s. Plaste u. Kautschuk **1**, 168 (1954).
[5] DBP. 881338 (1951), Rheinpreußen AG., Erf.: W. GRIMME u. J. WÖLLNER; C. **1954**, 2269.

3-Keto-butanol (Methylol-aceton)[1–3] und 2-Hydroxymethyl-3-keto-butanol[4] (Dimethylol-aceton), die bei der vorsichtigen alkalischen Kondensation von Aceton mit wenig Formaldehyd isolierbar sind, spalten beim Erhitzen leicht eine Molekel Wasser ab unter Bildung der entsprechenden leicht polymerisierbaren Vinylketone[3,5]. Es ist daher anzunehmen, daß der Aufbau der hochmolekularen Produkte aus niederen Ketonen und Formaldehyd wenigstens z. T. über die Stufe dieser Vinylketone verläuft[3]. Aber auch mit der Möglichkeit einer echten Kondensationsreaktion der Methylolverbindung ist zu rechnen. Im Endeffekt können dabei die gleichen Produkte wie bei der Vinylpolymerisation entstehen.

$$n\ CH_3\!-\!CO\!-\!CH_2\!-\!CH_2OH \xrightarrow{+OH^{\ominus}} \underset{\substack{| \\ CO \\ | \\ CH_3}}{CH_2\!-\!CH_2\!-}\left[\underset{\substack{| \\ CO \\ | \\ CH_3}}{CH\!-\!CH_2\!-}\right]_{n-2}\!\!\underset{\substack{| \\ CO \\ | \\ CH_3}}{CH\!-\!CH_2OH} + (n\text{-}1)\ H_2O$$

Die Kondensation niederer Ketone mit Formaldehyd zu Harzen wird vorteilhaft in zwei Stufen durchgeführt. Die erste Stufe der Reaktion, die Darstellung der meist wasserlöslichen Anlagerungsprodukte, wird am besten bei p_H: 9–10 durchgeführt. Setzt man als Base Natriumhydroxyd zu, so entstehen leicht direkt unlösliche, uneinheitliche und oft auch gefärbte Produkte[6]. Es ist daher vorteilhafter, die Reaktion in Gegenwart von Natriumcarbonat, Natriumphosphat oder Calciumhydroxyd durchzuführen[1,7]. Mit Calciumhydroxyd, das wegen seiner beschränkten Löslichkeit (verminderte Gefahr der Überdosierung) und seiner leichten Entfernbarkeit als Carbonat oder Sulfat besonders zu empfehlen ist, lassen sich aus Aceton oder Methyläthylketon und Formaldehyd fast farblose Anlagerungsprodukte darstellen (Beispiele 3 b, 3 c u. 4, S. 422 f.). Bei allen Kondensationen mit viel Formaldehyd in alkalischer Lösung sollte der p_H-Wert laufend kontrolliert werden, da durch Cannizzaro-Reaktion des Formaldehyds stets Alkali verbraucht wird. Im allgemeinen verwendet man für die Umsetzung 30%igen wäßrigen Formaldehyd; durch Zusatz von Formamid wird die Reaktionszeit verkürzt[8].

Die Nachkondensation der in der ersten Reaktionsstufe entstehenden Anlagerungsprodukte wird meist in schwach alkalischer Lösung in der Hitze durchgeführt[2], sie kann jedoch auch neutral oder sauer[9] vorgenommen werden.

Während man aus *Aceton* und etwa 1–2 Mol Formaldehyd unlösliche Kondensationsprodukte darstellen kann, die als härtende Kunststoffe Interesse besitzen, lassen sich aus höheren Ketonen, besonders aus solchen mit nur einer Methylen- oder

[1] DRP. 223207 (1909), Farbf. Bayer, Erf.: G. MERLING u. H. KÖHLER; Frdl. **10**, 1007.
[2] A. MÜLLER, B. **54**, 1142 (1921).
[3] G. MORGAN, N. J. L. MEGSON u. K. W. PEPPER, Chem. and Ind. **57**, 885 (1938).
[4] DRP. 544887 (1930), I.G. Farb., Erf.: W. FLEMMING u. H. D. v. D. HORST; Frdl. **18**, 216.
[5] s. a. DBP. 965402 (1953), Rheinpreußen AG., Erf.: W. GRIMME u. J. WÖLLNER; C. **1957**, 13811.
[6] Österr. P. 96433 (1919); 98669 (1920), K. Stockert u. W. Traxl; C. **1925** I, 2472.
    Schweiz. P. 149429 (1930), J. Baer u. G. Baer; C. **1932** I, 3505.
[7] A.P. 1514508/9 (1922), C. Ellis; C. **1925** I, 1138.
    E.P. 404317 (1932), Chemical Research Laboratory, Erf.: G. T. MORGAN u. E. L. HOLMES; C. **1934** II, 1032.
[8] DBP. 967825 (1952), Rheinpreußen AG., Erf.: W. GRIMME u. J. WÖLLNER; C. **1958**, 10781.
[9] DBP. 890866 (1941), Rheinpreußen AG., Erf.: H. WIEDMANN, W. GRIMME u. F. JOSTEN; C. **1954**, 8452.
    A.P. 2191802 (1937), E. E. Novotny u. G. K. Vogelsang; Chem. Abstr. **34**, 4487[8] (1940).

Methylgruppe, wie *Acetophenon*, lichtechte Lackharze darstellen[1] (Beispiel 5a u. b, S. 423). Diese Harze sind in trocknenden Ölen, wie Leinöl, direkt löslich, wenn man verhältnismäßig wenig Formaldehyd anwendet[2] (Methylenbrücken statt Methylolgruppen). Besonders helle Produkte erhält man durch eine Nachhydrierung[3], durch die außerdem die Löslichkeit in trocknenden Ölen verbessert wird. Auch aus cycloaliphatischen Ketonen, wie *Cyclohexanon*, lassen sich mit Formaldehyd lichtechte Lackharze gewinnen[4]. Zur Darstellung dieser Produkte, die meist eine recht universelle Löslichkeit zeigen, werden die bei niederen Temperaturen in alkalischer Lösung entstehenden Vorkondensate zweckmäßig einer Nachkondensation im Vakuum bei 180–250° unterzogen. Über den Reaktionsverlauf der Cyclohexanon-Formaldehyd-Kondensation in Abhängigkeit von den Reaktionsbedingungen s. die Literatur[5].

Methylolreiche Keton-Formaldehyd-Harze lassen sich mit den verschiedensten mit Formaldehyd kondensierbaren Verbindungen kombinieren. So sind z. B. *Aceton-Formaldehyd-Harze* nachträglich mit Phenolen und Phenol-Formaldehyd-Kondensationsprodukten umgesetzt worden[6]. Man kann aber auch bei der Kondensation von Ketonen mit Formaldehyd von vornherein Phenole zusetzen[7]. Auch die gemeinsame Kondensation von *Aceton* und *Formaldehyd* mit *Ammoniak* oder *Aminen* ist bekannt[8]. Ohne praktische Bedeutung ist die Veresterung von Methylolketonen mit natürlichen oder synthetischen Harzsäuren[9] durch Erhitzen auf 120–160°. Hochschmelzende Harze entstehen durch Erhitzen der ungesättigten, noch Methylolgruppen enthaltenden *Keton-Formaldehyd*-Kondensationsprodukte mit *ungesättigten Dicarbonsäuren*, wie z. B. Fumarsäure[10].

Außer Formaldehyd ist vor allem noch *Furfurol* zur Kondensation mit Ketonen herangezogen worden. Auch hierbei wird meist in alkalischer Lösung vorkondensiert[11]. Eine stark saure Nachhärtung ist bei der Aceton-Furfurol-Kondensation besonders wirksam und führt zu unlöslichen Produkten. Wahrscheinlich handelt es sich aber hierbei in erster Linie um eine Säureverharzung des Furanringes (s. Abschnitt Furanharze S. 633 ff.). Die Furfurol-Keton-Harze sind meist dunkel

---

[1] DRP. 402996 (1921), AGFA; Frdl. **14**, 1181.
 DBP. 892975 (1940), Chemische Werke Hüls AG., Erf.: W. DIETRICH u. H. RATH; C. **1954**, 10598.
[2] DBP. 897484 (1941), Farbf. Bayer, Erf.: W. GEILENKIRCHEN u. K. HAMANN; C. **1954**, 3578.
[3] DBP. 907348 (1940), Farbf. Bayer, Erf.: K. HAMANN; C. **1954**, 9153.
[4] DRP. 339107 (1918), BASF; Frdl. **13**, 678.
 C. MANNICH u. W. BROSE, B. **56**, 833 (1923).
 H. GAULT u. E. STECKL, C. r. **207**, 475 (1938).
 Schweiz. P. 149429 (1930), J. Baer u. G. Baer; C. **1932** I, 3505.
[5] M. N. TILITSCHENKO u. L. V. ZYKOWA, Ž. prikl. Chim. **25**, 64 (1952); Chem. Abstr. **46**, 5881e (1952).
[6] A. P. 2191802 (1937), E. E. Novotny u. G. K. Vogelsang; Chem. Abstr. **34**, 4487⁸ (1940).
 A. P. 2629703, 2634249 (1948), Borden Co., Erf.: G. K. VOGELSANG; Chem. Abstr. **47**, 6183a 8415b (1953).
[7] DRP. 407668 (1922), BASF, Erf.: O. SCHMIDT u. K. SEYDEL; Frdl. **14**, 1182.
[8] F. P. 968738, 969161 (1948), Bakelite Corp., Erf.: C. F. SCHRIMPE; C. **1951**, 2369.
[9] E. P. 733068 (1952), L. Bolgar.
[10] DAS. 1066020 (1957), Rheinpreußen AG., Erf.: F. JOSTEN; C. **1960**, 12178.
[11] G. MEUNIER, Matières grasses-Pétrole Dérivés **9**, 4516 (1916); Chem. Abstr. **10**, 2805 (1916).
 A. P. 1584144 (1925), Cutler-Hammer Manufacturing Co., Erf.: L. T. RICHARDSON; C. **1926** II, 1206.
 A. P. 2363829 (1942), Harvel Research Corp., Erf.: S. CAPLAN u. M. T. HARVEY; Chem. Abstr. **39**, 3697⁵ (1945).
 A. P. 2600403 (1950), Harvel Research Corp., Erf.: M. T. HARVEY; Chem. Abstr. **46**, 10690g (1952).

gefärbt, besonders nach der Säurehärtung. Alkalisch gewonnene Vorkondensate, die bei vorsichtiger Temperaturführung auch in heller Farbe erhältlich sein sollen, sind mit Acetylcellulose verträglich[1].

Ketocarbonsäureester, wie Acetessigester, lassen sich an ihrer besonders reaktionsfähigen Methylengruppe selbst noch mit *höheren aliphatischen Aldehyden* kondensieren[2]. Unter Anwendung von Di- und Triestern der Acetessigsäure, z. B. mit Butandiol oder Butantriol, erhält man mit fast allen Aldehyden harzartige Kondensationsprodukte (Beispiele 6 u. 7, S. 423). Anscheinend aber wird mit diesen höheren Aldehyden (Crotonaldehyd, Butyraldehyd, Zimtaldehyd, Furfurol usw.) und Piperidin als Katalysator stets eine Methylengruppe nur einmal substituiert, da unlösliche Kondensationsprodukte nur sehr schwer zu gewinnen sind. Es wird angenommen, daß die Harzbildung über ungesättigte Zwischenverbindungen mit nachfolgender Michael-Addition verläuft.

Die Kondensation von Formaldehyd mit geeigneten *Alkylarylsulfonen* führt unter alkalischen Bedingungen in indifferenten Lösungsmitteln zu säure- und alkalifesten Kunststoffen[3]. Aus Formaldehyd und *1,4-Bis-cyanmethyl-benzol* erhält man in Gegenwart von Natriumalkoholat vernetzte Produkte, die nach der Verseifung als Kationenaustauscher Verwendung finden können[4]. Polykondensationsprodukte aus *Terephthaldialdehyd* und 1,4-Bis-cyanmethyl-benzol sollen extrem hitzebeständig sein[5]:

Die Umsetzung von Aldehyden mit anderen Verbindungen, die aktive Methyl- oder Methylengruppen enthalten, wie α-Picolin[6] oder 1,4-Dicyan-buten[7], ist bisher ohne Interesse für die Darstellung hochmolekularer Produkte.

γ₂) *saure Kondensation von Aldehyden mit Ketonen*

Kondensationen von Aldehyden mit Ketonen im sauren Bereich führen meist zu dunklen und niedermolekularen Produkten, so daß diese Reaktionen hier nur kurz erwähnt werden. Unter Verwendung von Formaldehyd lassen sich auch cyclische Acetale, die die Polyaddition bzw. Polykondensation abbrechen, isolieren[8]. Im Gegensatz zur alkalischen Kondensation von Formaldehyd mit *Aceton* nach B. Tollens[9] findet bei der Kondensation in Eisessig-Schwefelsäure selbst

---

[1] A.P.1902256(1928) ≡ E.P.307289(1929), British Celanese Co., Erf.: W.H.Moss; C. **1929** I, 3152.
[2] H. UELZMANN, Kunstst. **43**, 175 (1953).
  DBP. 910594 (1953); 912630 (1951), BASF, Erf.: H. UELZMANN; C. **1955**, 705, 5915.
[3] F. P. 969205 (1948), British Resin Products Ltd., Erf.: H. C. BROOME, E. M. EVANS u. H. T. HOOKWAY; C. **1951** I, 2514.
[4] W. FUNKE, Ang. Ch. **72**, 750 (1960).
[5] R. W. LENZ u. C. E. HANDLOVITS, J. org. Chem. **25**, 813 (1960).
[6] E. PROFFT, Chem. Techn. **7**, 511 (1955).
[7] A.P. 2462407 (1948), DuPont, Erf.: C. M. LANGKAMMERER; Chem. Abstr. **43**, 3847ⁱ (1949).
[8] S. OLSEN, Acta chem. scand. **7**, 1364 (1953); B. **88**, 205 (1955).
  Eigene nicht veröffentlichte Versuche.
[9] B. TOLLENS u. P. WIGAND, A. **265**, 340 (1891).
  M. APEL u. B. TOLLENS, B. **27**, 1089 (1894); A. **289**, 46 (1896).
  S. a. C. MANNICH u. W. BROSE, B. **55**, 3155 (1922).

mit einem großen Überschuß an Formaldehyd keine Reduktion der Carbonylgruppe statt[1]. Mit Hilfe dieser Arbeitsweise gelang zum ersten Mal die Darstellung der An-hydro-enneaheptose[1]

$$
\begin{array}{c}
O \\
\parallel \\
\text{HO—H}_2\text{C} \diagdown \quad \text{C} \quad \diagup \text{CH}_2\text{—OH} \\
\quad\quad\quad \text{C} \quad\quad \text{C} \\
\text{HO—H}_2\text{C} \diagup \mid \quad\quad \mid \diagdown \text{CH}_2\text{—OH} \\
\quad\quad \text{H}_2\text{C} \quad\quad \text{CH}_2 \\
\diagdown \quad \diagup \\
O
\end{array}
$$

Bei der Kondensation von Formaldehyd mit *Methyläthylketon* in Eisessig-Schwefel-säure wird dagegen die Ketogruppe reduziert und die entstehende Hydroxygruppe acetalisiert[2].

Interessant ist, daß bei der alkalischen Kondensation von Methyläthylketon mit Benzaldehyd zuerst die Methylgruppe des Ketons reagiert, während bei der sauren Kondensation die Methylengruppe bevorzugt in Reaktion tritt[3].

Erwähnt sei hier noch die Kondensation von *Polyvinylacetophenon* mit *aromatischen Aldehyden* in Eisessig-Schwefelsäure zu lichtempfindlichen Polychalkonen[4].

δ) Polykondensationsprodukte von Ketonen mit Ketonen

Die Kondensation von Ketonen mit sich selbst wird ausschließlich in Gegenwart alkalischer Katalysatoren durchgeführt, da saure Kondensationsmittel wenig wirksam sind und man mit ihnen außerdem dunkle Reaktionsprodukte erhält. Bei niederen Ketonen, wie *Aceton*, kann in siedenden Alkoholen als Lösungsmittel gearbeitet werden, dagegen ist bei den reaktionsträgeren höheren Ketonen meist ein Arbeiten unter Druck erforderlich.

Ebenso wie die Formaldehyd-Kondensationsprodukte des Acetophenons und Cyclohexanons (vgl. S. 419) sind die Kondensationsprodukte des *Cyclohexanons* mit sich selbst[5] oder mit seinen Alkylderivaten[6] (verbesserte Öllöslichkeit) für Lack-zwecke von technischer Bedeutung (Beispiel 8, S. 424). Sie besitzen nur einen sehr geringen Gehalt an Hydroxygruppen und sind verhältnismäßig niedrigmolekular. Eine Molekelvergrößerung kann durch eine nachträgliche Behandlung mit Formaldehyd erreicht werden.

ε) Praktische Durchführung der Kondensationen

Beispiel 1:

Techn. Acetaldehydharz[7] (Schellackersatz): In ein Gemisch aus 168 cm³ 2n Natronlauge und 170 cm³ Wasser läßt man nach Verdrängung der Luft durch Stickstoff unter Kühlen und intensivem

---

[1] S. OLSEN, B. **88**, 205 (1955).
[2] J. WÖLLNER, B. **93**, 888 (1960).
[3] M. STILES, D. WOLF u. G. V. HUDSON, Am. Soc. **81**, 628 (1959).
[4] DAS. 1042231 u. 1052688 (1952) ≡ A.P. 2716097 (1951), Eastman Kodak Co., Erf.: C. C. UNRUH u. C. F. H. ALLEN; C. **1957**, 1575.
[5] DRP. 357091 (1920), BASF, Erf.: O. SCHMIDT u. K. SEYDEL; Frdl. **14**, 659.
DRP. 337993 (1919), BASF; Frdl. **13**, 677.
[6] DRP. 511092 (1925), I.G. Farb., Erf.: O. SCHMIDT, K. SEYDEL u. N. H. ROH; Frdl. **16**, 2094.
[7] CIOS **XXIX**, 62 (≡ P.B.Rep. **949**, S. 63).

Rühren innerhalb von etwa 4 Stdn. 750 g Acetaldehyd eintropfen, wobei die Innentemp. ca. 40° betragen soll. Nach Zusatz von weiteren 66 cm³ 2 n Natronlauge wird etwa 3 Stdn. unter Rückfluß erhitzt. Dann läßt man erkalten, säuert mit etwa 154 cm³ 3 n Schwefelsäure an, läßt zur Abtrennung des Wassers einige Zeit stehen, saugt die Natriumsulfatlösung ab und wäscht den Rückstand einige Male mit etwa 560 cm³ heißem Wasser aus. Das weiche, harzartige Kondensat wird zur weiteren Aushärtung bei 200 Torr solange auf 200° erhitzt (etwa 3 Stdn.), bis die flüchtigen Bestandteile abdestilliert sind und der Rückstand bei etwa 83° erweicht.

Zur Verwendung als Schellackersatz ist eine weitere Nachbehandlung zusammen mit einem Weichmacher erforderlich. Man fügt etwa 20% Phthalsäuredibutylester zu und erhitzt langsam auf 235°, wobei wiederum evakuiert wird. Man erhält so ein Harz, das bei 90° erweicht.

Beispiel 2:

Harz aus Acetaldol[1]: Eine Mischung aus 1160 g Acetaldol, 330 g Wasser und 15 g Diäthylamin wird 4 Stdn. lang am Rückflußkühler gekocht. Anschließend wird unter langsamem Erhitzen das entstandene Wasser abdestilliert; mit dem Wasser übergehende, tiefsiedende Öle werden abgetrennt und in das Reaktionsgefäß zurückgegeben. Wenn die Temp. 180° erreicht hat, wird das Reaktionsgemisch noch etwa 7 Stdn. bei dieser Temp. gehalten und dann für kurze Zeit auf 190° erhitzt. Dabei entfernt man die letzten Wasserreste i.Vak.; mit dem Wasser gehen noch etwa 40 g Öl über. Nach dem Erkalten erhält man 876 g eines springharten Harzes, das sich leicht zerkleinern läßt und spritlöslich sowie gut verträglich mit Nitrocellulose ist.

Eine Lösung dieses Harzes in einer handelsüblichen 10%igen Lösung von Nitrocellulose in einem Gemisch von Butylacetat, Butanol, Toluol und Xylol gibt nach der Verdünnung mit Äthanol, wie sie bei Schnellpolituren üblich ist, ausgezeichnete Polituren.

Beispiel 3:

Alkal. Kondensationen von Aceton mit Formaldehyd in verschiedenen Mengenverhältnissen:

[a] *1 Mol Aceton + 1,66 Mol Formaldehyd[2]:* 348 g (6 Mol) Aceton werden bei 20° mit 1000 cm³ 30%iger Formaldehydlösung (10 Mol) und 20 g Kaliumcarbonat, gelöst in 35 cm³ Wasser, stehengelassen, bis der Geruch nach Formaldehyd verschwunden ist. Dies ist nach etwa 26 Stdn. der Fall. Dann stellt man mit etwa 18–19 cm³ konz. Salzsäure unter Rühren vorsichtig auf p_H: 7 ein, destilliert restliches Aceton sowie Wasser i. Vak. ab, erhitzt den Rückstand unter 15 Torr auf 75° Innentemp. und saugt das flüssige Reaktionsprodukt durch eine Glassinternutsche ab. Man erhält 530 g eines schwach gelblichen, viscosen Öles mit einem Sauerstoffgehalt von etwa 40% und einem Hydroxylgehalt von 23,8%. (Dimethylolaceton hat einen Sauerstoffgehalt von 40,7% und einen Hydroxylgehalt von 28,8%.)

[b] *1 Mol Aceton + 6 Mol Formaldehyd[3]:* 58 g Aceton (1 Mol) und 600 g 30%iger Formaldehyd (6 Mol) werden in Gegenwart von 42,8 g 95%igem Calciumhydroxyd und 580 cm³ Wasser nach der in Beispiel 4 beschriebenen Weise umgesetzt. Nach einer Vorkondensation von 5 Stdn. bei 23° erwärmt man 1 Stde. auf 28° und weitere 3 Stdn. auf 35°. Anschließend wird mit 50%iger Schwefelsäure auf p_H: 3 angesäuert und, wie in Beispiel 4 beschrieben, aufgearbeitet. Man erhält 165 g eines Sirups mit einem Hydroxylgehalt von 34,9%.

[c] *1 Mol Aceton + 8 Mol Formaldehyd + Butanol[2]:* 174 g (3 Mol) Aceton, 2400 cm³ 30%iger Formaldehyd (24 Mol) und 174 g Butanol werden mit etwa 4 g Calciumoxyd, aufgeschlämmt in wenig Wasser, bei 20° auf p_H: 10 eingestellt und 5 Stdn. bei 50° gerührt; dann gibt man erneut 4 g Calciumoxyd zu. Nach einer Gesamtkondensationszeit von 6 Stdn. entnimmt man 300 g Reaktionslösung, fällt die Hauptmenge des Katalysators durch Einleiten von Kohlendioxyd bei 30° aus und filtriert ab. Das Filtrat wird i. Vak., wie im Beispiel 3a beschrieben, aufgearbeitet. Ausbeute: 62 g; dies entspricht einer Gesamtausbeute von etwa 550 g. Sauerstoffgehalt: 46,5%; Hydroxylgehalt: 28,7–29%.

Eine zweite Probe wird nach insgesamt 10 Stdn. entnommen, nachdem eine Stde. vorher durch Zusatz von etwa 3–4 g Calciumoxyd die Reaktionslösung erneut auf p_H: 10 eingestellt worden ist. Ausbeute: 60 g (entspricht einer Gesamtausbeute von etwa 625 g). Sauerstoffgehalt: 46,2%; Hydroxylgehalt: 29–29,3%.

---

[1] DBP. 899554 (1936), BASF, Erf.: K. SAURWEIN; C. **1954**, 4956.
[2] Eigene unveröffentlichte Versuche.
[3] DBP. 881338 (1951), Rheinpreußen AG., Erf.: W. GRIMME u. J. WÖLLNER; C. **1954**, 2269.

Beispiel 4:

Kondensation von Methyläthylketon mit Formaldehyd[1]: Zu einer kräftig gerührten Aufschlämmung von 42,8 g 95%igem Calciumhydroxyd (0,55 Mol) in 650 cm³ Wasser gibt man im Verlauf von 15 Min. eine Mischung aus 72 g Methyläthylketon (1 Mol) und 500 g 30%iger Formaldehydlösung (5 Mol). Man hält die Temp. während der ersten 4½ Stdn. auf 23°. Dann steigert man die Temp. auf 28° und läßt eine weitere Stde. reagieren. Anschließend wird noch solange bei 35° gerührt, bis mindestens 0,45 Mol Calciumhydroxyd in Calciumformiat verwandelt sind, was nach etwa 1½ bis 2 Stdn. der Fall ist. (Die Abnahme des Calciumhydroxydgehalts wird laufend durch Titration der Reaktionsmischung verfolgt.) Dann wird soviel 50%ige Schwefelsäure zugegeben, daß der p_H-Wert der Flüssigkeit etwa 3,5–4,0 beträgt.

Nach dem Abnutschen des Calciumsulfats wird die wasserhelle Lösung i. Vak. eingedampft, wobei sich noch Calciumsalze abscheiden. Nach dem restlosen Verdampfen des Wassers wird der dickflüssige Rückstand durch ein geheiztes Druckfilter abgesaugt. Man erhält etwa 150 g eines wasserhellen, dickflüssigen Polyalkohols mit einem Hydroxylgehalt von 33,4% (aus der angewandten Formaldehydmenge würden sich 38,3% berechnen). Er weist jedoch noch einen Calciumgehalt von etwa 0,1% auf. Zur Erzielung eines vollkommen calciumfreien Produktes kann man das Calcium nach dem Abtrennen des Calciumsulfates mit der berechneten Menge Oxalsäure ausfällen.

Beispiel 5:

Kondensationen von Acetophenon mit Formaldehyd[2]:

[a] 67 g Acetophenon, 90 cm³ 30%iger Formaldehyd und 4 g Kaliumhydroxyd, gelöst in wenig Wasser, werden intensiv bei 95° gerührt. Nach 8 Stdn. gibt man nochmals 2 g Kaliumhydroxyd zu und kondensiert weitere 7 Stdn. bei 95°. Nach dem Abkühlen der Reaktionslösung nimmt man das Reaktionsprodukt in Äther oder Benzol auf, wäscht mehrmals mit Wasser und destilliert bis zu einer Sumpftemp. von 150° alle bei 15 Torr flüchtigen Bestandteile ab. Man erhält 75 g eines hellen festen Harzes; Erweichungspunkt 60°, Sauerstoffgehalt 16,2%, Hydroxylgehalt 3,5%.

Nachkondensation: Das Harz wird 3 Stdn. unter Überleiten von Kohlendioxyd auf 200° erhitzt, wobei der Erweichungspunkt etwas ansteigt.

[b] Zu 1200 g Acetophenon gibt man nach Zusatz von 240 g 50%iger Kalilauge und 400 g Methanol unter lebhaftem Rühren innerhalb von 2 Stdn. 1000 g 30%ige Formaldehydlösung. Man steigert dabei die Temp. auf etwa 90° und hält das Gemisch etwa 10 Stdn. bei dieser Temp. Anschließend wird mit Schwefelsäure angesäuert und das entstandene Kondensationsprodukt mit heißem Wasser gewaschen, geschmolzen und i. Vak. entwässert. Man erhält 1290 g eines harten, durchsichtigen Harzes mit einem Erweichungspunkt von 81° und einem Mol.-Gew. von etwa 570.

Beispiel 6:

Kondensation von Butantriol-(1,2,4)-tris-acetessigsäureester mit Crotonaldehyd[3]: 358 g Butantriol-(1,2,4)-tris-acetessigsäureester [dargestellt durch Umesterung von Acetessigester mit Butantriol-(1,2,4) bei 130–200°] werden mit 70 g Crotonaldehyd und einer geringen Menge Piperidin vermischt. Die Masse erwärmt sich, und nach etwa 30 bis 40 Min. erhält man ein hellgelbes, kolophoniumartiges Harz, das nach etwa 3 Stdn. hart wird. Es ist in den meisten gebräuchlichen Lösungsmitteln praktisch unlöslich. In Dimethylformamid löst es sich in der Siedehitze.

Führt man die Kondensation mit größeren Mengen Crotonaldehyd durch, so entstehen löslichere Produkte. So erhält man z. B. aus 358 g Butantriol-tris-acetessigsäureester und 140 g Crotonaldehyd ein Harz, welches erst nach 24 Stdn. fest wird und in Aceton in der Siedehitze löslich ist. Bei Anwendung von 210 g Crotonaldehyd entsteht ein zähes Öl, das sich in Aceton gut löst und nach 3 Tagen noch weich ist.

Beispiel 7:

Kondensation von Butandiol-(1,3)-bis-acetessigsäureester mit Butyraldehyd[3]: Ein Gemisch aus 258 g Butandiol-(1,3)-bis-acetessigsäureester und 72 g Butyraldehyd wird mit etwa 1,5 g Piperidin versetzt. Man erhält ein zähes, klebriges Harz, welches sich zu Filmen ausstreichen läßt, die nach mehreren Tagen härten.

[1] DBP. 881338 (1951), Rheinpreußen AG., Erf.: W. GRIMME u. J. WÖLLNER; C. **1954**, 2269.

[2] In Anlehnung an DRP. 402996 (1921), AGFA; Frdl. **14**, 1181.

DBP. 892975 (1940), Chemische Werke Hüls AG., Erf.: W. DIETRICH u. H. RATH; C. **1954**, 10598.

[3] DBP. 910594 (1951), BASF, Erf.: H. UELZMANN; C. **1955**, 705.

Beispiel 8:

Kondensation eines Cyclohexanon-Methylcyclohexanon-Gemisches[1]: 1350 g Methanol und 400 g Natriumhydroxyd (eisenfrei) werden in einem Edelstahldruckgefäß (V4A®) nach Verdrängung der Luft durch Stickstoff bei etwa 60° mit einem Gemisch von 2140 g Cyclohexanon und Methylcyclohexanonen (Verh. 7 : 3) versetzt und bei 80° gerührt. Nach kurzer Zeit tritt eine Selbsterwärmung auf 115° ein, wobei der Druck auf etwa 2½ atü ansteigt. Man rührt noch etwa 18 Stdn. bei 115° weiter, destilliert dann das Methanol ab, gibt nach kurzer Zeit 1000 g Wasser hinzu und destilliert weiter, bis zuletzt bei 120° Innentemp. ein Gemisch aus Wasser, etwas Cyclohexanol und geringen Mengen unverbrauchtem Cyclohexanon übergeht. Nach dem Abkühlen gibt man 3800 g Xylol zu, rührt einige Zeit zur Lösung des Harzes durch und trennt dann die Xylolschicht ab. Zur Neutralisation gibt man 18 g konz. Schwefelsäure, verd. mit 1 l Wasser, zu, rührt intensiv durch, trennt die Säurelösung ab, wäscht noch 3 mal mit warmem Wasser bei etwa 70° und zuletzt noch mit destilliertem Wasser. Jede Spur Säure muß entfernt werden, da sonst das Endkondensationsprodukt dunkel wird. Nach dem Abdampfen aller flüchtigen Bestandteile, zuletzt bei 15 Torr und 140° Sumpfphasentemp., erhält man 1700–1750 g eines hellen festen Harzes, das bei etwa 90–95° erweicht, einen Sauerstoffgehalt von 13,4 und einen Hydroxylgehalt von 3,3% aufweist.

---

[1] BIOS Miscellaneous Rep. Nr. **115**, s. a. BIOS Final Rep. Nr. **1243.**

VI. Polymerisations- und Polyadditionsprodukte von cyclischen Monomeren mit Heteroatomen als Ringglieder

bearbeitet von

Dr. habil. Richard Wegler

Farbenfabriken Bayer AG., Leverkusen

a) Polymerisations- und Polyadditionsprodukte von cyclischen Monomeren mit Sauerstoff als Ringglied

1. Allgemeine Übersicht

Epoxydverbindungen[1], wie Äthylenoxyd oder Propylenoxyd, ferner höhere cyclische Äther, wie Tetrahydrofuran, werden unter geeigneten Bedingungen aufgespalten und gehen in lineare Verbindungen über (vgl. Äthylenimin, S. 568 und Äthylensulfid, S. 568). Derartige Aufspaltungen können – besonders beim Äthylenoxyd und beim Tetrahydrofuran – nach Art einer Ionenpolymerisation direkt zu hochmolekularen Produkten führen. Diese Polymerisation ist wesentlich leichter regelbar, als eine durch Radikale ausgelöste Polymerisation. Vor allem bei den 1,2-Alkylenoxyden lassen sich meist beliebige Zwischenstufen isolieren, bei denen pro Mol der die Polymerisation beginnenden und sie begrenzenden katalytisch wirksamen Verbindung fast beliebig viele Molekeln des heterocyclischen Ringes, z.B. des Äthylenoxyds, in Reaktion getreten sind, und jedes dieser Reaktionsprodukte kann nun erneut weitere Molekeln des Monomeren, z.B. des Äthylenoxyds, anlagern. Im Gegensatz zur Radikalpolymerisation ist eine derartige Ionenpolymerisation also stets an beliebiger Stelle unterbrechbar. Sehr häufig wird die stufenweise Anlagerung von Epoxyden an Alkohole, Phenole, Carbonsäuren usw. benutzt, um Polyadditionsprodukte eines ganz bestimmten mittleren Molekulargewichts zu erhalten.

Polyadditionsprodukte von 1,2-Alkylenoxyden haben große technische Bedeutung[2]. Anlagerungsprodukte des Äthylenoxyds an höhermolekulare Alkohole oder Phenole mit einem größeren Alkylrest sind wichtige Textilhilfsmittel[3], die sowohl als nicht ionoide Wasch-

---

[1] Zur Herstellung von Monoepoxyden siehe:
ds. Handb. Bd. VI/2.
P. P. McClellan, Ind. eng. Chem. **42**, 2402 (1950).
J. Bigeon, Ind. chimique **40**, 221 (1953).
P. W. Sherwood, Petroleum [London] **19**, 203 (1956).

[2] R. F. Messing, Chem. Industries **67**, 41 (1950).
A. M. Paquin, Epoxydverbindungen und Epoxydharze, Springer-Verlag, Berlin–Göttingen–Heidelberg 1958.
N. Schönfeldt, Oberflächenaktive Anlagerungsprodukte des Äthylenoxyds, Wissenschaftliche Verlagsgesellschaft mbH., Stuttgart 1959.
Firmenschrift der Jefferson Chemical Co., Houston/Texas: The Preparation of Nonionic and other Surface Active Agents Based on Ethylene Oxide.
F. Ullmann, Encyklopädie der technischen Chemie, 3. Aufl., Bd. XIV, Kap. Polyäther und Polyacetale, Verlag Urban & Schwarzenberg, München-Berlin, im Druck.

[3] W. Kling, Ang. Ch. **65**, 201 (1953).

mittel als auch für Emulgierzwecke ausgedehnte Verwendung finden. Hochmolekulare Poly-äthylenglykoläther (sog. Oxydwachse) oder Äthylenoxyd-Additionsprodukte an mehrwertige Alkohole[1], wie z. B. Glycerin, finden techn. Verwendung als wasserlösliche Wachse[2], als Dispergiermittel[3], als Egalisiermittel[4] sowie als Schlichtemittel[5] und als Antistatica[6,7] in der Textilindustrie. Infolge der mit ansteigender Temp. abfallenden Löslichkeit oxäthylierter Fettalkohole oder Alkylphenole in Wasser (vgl. S. 439) finden entsprechende Produkte in der Gummiindustrie praktische Anwendung. Beim Erwärmen eines Kautschuklatex, der mit derartigen Oxäthylierungsprodukten emulgiert ist, fällt der Kautschuk aus[8]. Oxäthylierte Cellulosen[9] sind gebräuchliche Verdickungs- und Schlichtemittel. Verhältnismäßig niedermolekulare Polymerisate des *Propylenoxyds* dienen als Polyätherglykole zur Darstellung schwer verseifbarer Polyurethanschäume; das gleiche gilt für Polymerisate aus *1,2-* bzw. *2,3-Butylenoxyd, Styroloxyd* und *Epichlorhydrin*[10]. Polypropoxylierte Verbindungen mannigfaltigster Art werden für die Brechung von Petroleumemulsionen empfohlen[11]. Polyglykoläther, die teilweise Thioäthergruppen enthalten (infolge ihrer Herstellung aus Alkylenoxyden und -sulfiden oder aus Bis-[β-hydroxy-alkyl]-sulfiden), sind als Schmiermittel[12] geeignet. Basische Epoxydverbindungen bzw. deren Additionsprodukte sind von Bedeutung für die Textil- und Papierindustrie sowie als Austauscherharze[13]. Polyepoxyde haben sich zu wichtigen Großprodukten der Lack- und Kunststoffindustrie entwickelt (s. S. 462 ff.).

2. Polymerisation und Polyaddition von Monoepoxyden, die außer der Epoxydgruppe keine weitere reaktionsfähige Gruppe enthalten

Die im Folgenden vorgenommene Unterteilung des Abschnittes in Polymerisationen und Polyadditionen entspricht nicht der strengen, auf der Reaktionskinetik fußenden Definition (vgl. ds. Handb. Bd. XIV/1, S. 6 ff.). Von Polymerisation wird im vorliegenden Abschnitt vielmehr immer dann gesprochen, wenn das Poly-alkylenoxyd aus dem monomeren Alkylenoxyd durch Zugabe von nur katalytischen Mengen eines Aktivators entsteht. Werden dagegen die Alkylenoxyde an größere Mengen additionsfähiger Verbindungen, wie Alkohole, Amine, Carbonsäuren usw. polyaddiert, so sind die Reaktionen im Abschnitt Polyadditionen (S. 436ff.) besprochen.

[1] DRP. 544921, 628715 (1930), I. G. Farb., Erf.: O. SCHMIDT u. E. MEYER; C. **1932** I, 3349; Frdl. **23**, 1219.

[2] BIOS Final Rep. **1625** (1947), Item 22 (London).

[3] DRP. 534326 (1929) ≡ F. P. 706105 (1930), I. G. Farb., Erf.: L. KOLLEK; C. **1931** II, 1726.

[4] DBP.-Anm. B 15087 (1951), Böhme Fettchemie, Erf.: H. MARKERT.

[5] DBP.-Anm. p 6537 (1948), O. Hansen.

[6] DBP.-Anm. F 1429 (1950), Farbf. Bayer, Erf.: H. GENSEL u. H. SCHNELL.

[7] DBP.-Anm. F 6808 (1951), Farbf. Bayer, Erf.: H. GENSEL, H. SCHNELL u. K. HINTZMANN.

[8] DAS. 1018615 (1953) ≡ E.P. 757310 (1952) ≡ F.P. 1076434 (1953), Oxirane Ltd., Erf.: A. J. LOWE, D. BUTLER u. E. G. COCKHAIN; C. **1950/54**, Sonderband 3, 2152.

[9] DRP. 363192 (1920), Farbf. Bayer, Erf.: E. HUBERT; C. **1923** II, 276.
   DRP. 523434 (1929), I. G. Farb., Erf.: M. HAGEDORN u. H. GENSEL; Frdl. **17**, 1463.
   A.P. 1941276–8 (1930), C. F. Burgess Laboratories, Erf.: A. W. SCHORGER; C. **1935** I, 1151.

[10] Chem. Engng. News **34**, 4426 (1956).

[11] A. P. 2626901–929 (1951), Petrolite Corp., Erf.: M. DE GROOTE; Chem. Abstr. **47**, 5106^{b}–5107^{d} (1953).

[12] A.P. 2484369/70 (1946), Shell Develop., Erf.: S. A. BALLARD, R. C. MORRIS u. J. L. VAN WINKLE; Chem. Abstr. **44**, 1255^{h}, 1256^{a} (1950).

[13] G. KRÜGER, Ch. Z. **79**, 733, 768, 804 (1955).

α) Polymerisation

Die leichte Aufspaltbarkeit des Äthylenoxyds und seiner Derivate ist auf den polaren Charakter und die hohe Ringspannung dieser Verbindungen zurückzuführen[1]. Alle Aufspaltungsreaktionen werden durch ebenfalls polare Verbindungen bewirkt und verlaufen nach einem ionischen Mechanismus. Da sowohl starke Säuren als auch starke Basen aufspaltend wirken, muß man zwei verschiedene Stellen des Angriffs am Äthylenoxyd annehmen: den elektronegativen Sauerstoff und die benachbarten positivierten Kohlenstoffatome. Elektrophile Reaktionspartner, wie Protonen, greifen am Sauerstoff, Hydroxylionen oder andere nucleophile Reste dagegen am Kohlenstoff an. Dazwischen mag es nicht sicher entscheidbare Grenzfälle geben. Charakteristisch ist, daß die Aufspaltung eine Gleichgewichtsreaktion ist, wobei aber das Gleichgewicht oft extrem weit auf der einen oder anderen Seite liegen kann.

Läßt man das Salz einer starken Säure mit einer starken Base, wie z. B. Kaliumchlorid, auf Äthylenoxyd einwirken, so liegt das Reaktionsgleichgewicht im allgemeinen soweit auf der Seite des Ausgangsmaterials, daß präparativ keine Aufspaltung des Äthylenoxyds mehr zu beobachten ist; immerhin findet aber in wäßriger Lösung die Bildung von Äthylenchlorhydrin in einem solchen Umfang statt, daß die Lösung deutlich alkalisch reagiert[2]. Läßt man Salze starker Säuren mit schwachen Basen oder schwacher Säuren mit starken Basen einwirken, so verschiebt sich das Gleichgewicht zugunsten der nicht-cyclischen Verbindungen[3] (deshalb können z. B. epoxydhaltige Verbindungen nicht mit Calciumchlorid getrocknet werden).

[1] S. a. ds. Handb. Bd. VI/2, Kap. Umwandlung cyclischer Äther.
   S. WINSTEIN u. R. B. HENDERSON, Heterocyclic Compounds, Bd. I., S. 22 ff., Herausgeber R. C. ELDERFIELD, J. Wiley & Sons, New York, Chapman & Hall Ltd., London 1950.
   R. E. PARKER u. N. S. ISAACS, Chem. Reviews 59, 737 (1959).
[2] J. N. BRÖNSTED, M. KILPATRICK u. M. KILPATRICK, Am. Soc. 51, 428 (1929).
[3] W. C. J. ROSS, Soc. 1950, 2257.

Von den Verbindungen, die eine Aufspaltung des Äthylenoxydringes bewirken, sind als Polymerisationskatalysatoren nur diejenigen geeignet, bei denen die Gegenionen An$^{\ominus}$ bzw. Ka$^{\oplus}$ eine geringere Neigung haben, sich an die Ionen Ia bzw. Ib zu addieren, als das betreffende 1,2-Alkylenoxyd, denn nur dann kommt es nicht sofort zum Kettenabbruch (unter Bildung der Glykolderivate IIIa bzw. IIIb), sondern zur Polymerisation.

Ob bei der Aufspaltung der Alkylenoxyde nieder- oder höhermolekulare Produkte entstehen, hängt aber nicht nur von der Art der zugesetzten Verbindung und der Art des Alkylenoxyds ab, sondern vielfach auch von dem Mengenverhältnis der zugesetzten Verbindung zum Alkylenoxyd. Läßt man beispielsweise katalytische Mengen eines Alkalihydroxyds oder eines Alkalialkoholats auf Äthylenoxyd einwirken[1], so erhält man lineare Polyglykoläther mit einem Molekulargewicht über 1000. (Höhergliedrige cyclische Äther dürften sich entgegen früheren Annahmen[2] nicht bilden.) Ist bei der Aufspaltung von Äthylenoxyd durch alkalische Katalysatoren jedoch ein Alkohol ROH stets in großem Überschuß zugegen, so bleibt die Reaktion weitgehend bei einer 1 : 1-Anlagerung des Äthylenoxyds an den Alkohol ROH stehen, denn dann ist ja die Konzentration des Ausgangsalkoholatanions RO$^{\ominus}$ ungleich höher als die der sekundär gebildeten Alkoholatanionen Ib, IIb ... usw. Natürlich spielt aber außer der Konzentration der Anionen auch ihre Nucleophilie[3] eine Rolle. (Näheres über die Polyaddition von Äthylenoxyd an Alkohole, Phenole und Wasser s. S. 436 ff.)

Die Polymerisation des Äthylen- und Propylenoxyds zu höhermolekularen Polyäthern verläuft praktisch quantitativ, wenn man das Alkylenoxyd bei 120–130° in eine Suspension von pulverisiertem Kaliumhydroxyd einleitet; als Dispersionsmittel wird vorteilhaft ein Polyglykoläther verwendet[4]. Die Polymerisation mit festem Kaliumhydroxyd kann auch ohne Verdünnungsmittel durchgeführt werden[5]: Polymerisiert man unter Normaldruck bei nur wenig erhöhter Temperatur ($\sim$35°)[6], so erhält man aus *l*- und aus *d,l-Propylenoxyd* Polyäther vom Molekulargewicht 3–5000 (der Polyäther aus *l*-Propylenoxyd ist krystallin und optisch aktiv); wird die Polymerisation dagegen unter Druck (7–20 atü) und bei Tempera-

---

[1] A. Wurtz, Bl. [2] **29**, 529 (1878).

S. a. H. Staudinger, Die hochmolekularen organischen Verbindungen, S. 287 ff., Springer Verlag, Berlin 1932.

H. Staudinger u. H. Lohmann, A. **505**, 41 (1933).

S. Perry u. H. Hibbert, Am. Soc. **62**, 2599 (1940).

W. B. Satkowski u. C. G. Hsu, Ind. eng. Chem. **49**, 1875 (1957).

G. Gee u. Mitarbb., Soc. **1959**, 1338, 1345; **1961**, 4298.

[2] E. Roithner, M. **15**, 679 (1894).

H. Hibbert u. S. Z. Perry, Canad. J. Res. **8**, 102 (1933); C. **1933** I, 3553.

[3] Zur Nucleophilie von Verbindungen s. J. Hine, Reaktivität und Mechanismus in der organischen Chemie, Georg Thieme Verlag, Stuttgart 1960.

[4] DRP. 616428 (1932), I. G. Farb.; Frdl. **21**, 121 (1934).

S. dazu a. BIOS Final Rep. **1625** (1947), Item 22 (London).

A. P. 2425845 (1945), Carbide & Carbon Corp., Erf.: W. J. Toussaint u. H. R. Fife; Chem. Abstr. **42**, 207^a (1948).

M. K. Gluzman, B. J. Dasherskaija u. V. M. Bodnya, Vysokomolekulyarnye Soedineniya 2, 1832 (1960).

[5] DRP. 597496 (1929), I. G. Farb., Erf.: F. Webel; Frdl. **19**, 383.

[6] L. E. S. Pierre u. C. C. Price, Am. Soc. **78**, 3432 (1956).

C. C. Price u. M. Osgan, Am. Soc. **78**, 4787 (1956).

E. P. 859257 (1957; Am. Prior., 1956), General Tire & Rubber Co., Erf.: C. C. Price u. L. E. S. Pierre.

turen von ~100° durchgeführt, so sollen aus *Äthylenoxyd* Polyäther vom Molekulargewicht über 20000 entstehen[1] (zur Bestimmung der Molekulargewichte hochmolekularer Polyalkylenoxyde s. die Literatur[2]). Die durch alkalische Polymerisation
von *Propylenoxyd* hergestellten Polyäther haben als Endgruppen nicht nur Hydroxygruppen, sondern auch Allyläther- und Propenyläthergruppen[3,4]; diese scheinen
auf eine Umlagerung von Propylenoxyd in Allylalkohol zurückzuführen zu sein[4].
Auch *Styroloxyd*[5] und *1,1,1-Trifluor-2,3-butylenoxyd*[6] sind mit Alkalihydroxyden
polymerisiert worden.

Polyäthylenoxyde, die bis zu einem Molekulargewicht von ca. 600 viscose
Flüssigkeiten und darüber hinaus wachsartig sind, lassen sich mit Wasser bei Raumtemperatur in jedem Verhältnis mischen[7] infolge der endständigen Hydroxygruppe
und der Hydratisierung der Äthersauerstoffatome (Oxoniumhydroxyd-Bildung). Mit
zunehmender Kohlenstoffzahl der monomeren Alkylenoxyde nimmt die Löslichkeit
der Polyalkylenoxyde in Wasser ab und in organischen Lösungsmitteln zu, was
zum Teil auf einer prozentualen Verminderung der Sauerstoffatome, zum Teil aber
auf einer sterischen Abschirmung der Sauerstoffatome durch die Alkylgruppen beruht.
So sind beispielsweise Polypropylenoxyde mit einem Molekulargewicht über 1000 in
Wasser praktisch unlöslich, da sich bei ihnen der hydrophile Einfluß der endständigen
Hydroxygruppe schon nicht mehr bemerkbar macht. Bemerkenswert ist, daß mit
steigender Temperatur die Löslichkeit der Polyalkylenoxyde in Wasser sinkt, da die
Hydratisierung zurückgeht (vgl. S. 439).

Im Unterschied zu den Alkalihydroxyden vermögen Beryllium- und Magnesiumhydroxyd *Äthylenoxyd* bis zu Molekulargewichten von 500000 zu polymerisieren[8] (s. Beispiel 1, S. 448). Aus *Propylenoxyd* erhält man dagegen mit diesen
Katalysatoren nur geringe Mengen öliger Polymerisate[8]. Krystalline Polyäther mit
Molekulargewichten von einigen Millionen entstehen aus *Äthylenoxyd* mit Erdalkali-
carbonaten, insbesondere Strontiumcarbonat, als Katalysatoren[9,10]. Die Polymerisation wird mit sehr reinen, aber nicht absolut trockenen Carbonaten bei
70–110° in einem inerten Lösungsmittel durchgeführt[9] (s. Beispiel 2, S. 449). Auch
diese extrem hochmolekularen Polyäthylenoxyde sind mit Wasser bei Zimmertemperatur in jedem Verhältnis mischbar[11]; sie lösen sich außerdem in Chlorkohlenwasserstoffen und Acetonitril, wenig in aromatischen Kohlenwasserstoffen und kaum

[1] A. P. 2923690 (1957), Jefferson Chemical Co., Erf.: W. C. BEDOIT.
[2] H. STAUDINGER u. H. LOHMANN, A. **505**, 41 (1933); B. **68**, 2313 (1935).
   F. E. BAILEY, J. L. KUCERA u. L. G. IMHOF, J. Polymer Sci. **32**, 517 (1958).
   P. E. EBERT u. C. C. PRICE, J. Polymer Sci. **34**, 157 (1959).
[3] L. E. S. PIERRE u. C. C. PRICE, Am. Soc. **78**, 3432 (1956).
   E. P. 859257 (1957; Am. Prior., 1956), General Tire & Rubber Co., Erf.: C. C. PRICE u. L. E. S.
     PIERRE.
   G. J. DEGE, R. L. HARRIS u. J. S. MACKENZIE, Am. Soc. **81**, 3374 (1959).
[4] D. M. SIMONS u. J. J. VERBANC, J. Polymer Sci. **44**, 303 (1960).
[5] DAS. 1066025 (1955), Degussa, Erf.: H. KUHN u. H. ZAHNER; C. **1960**, 5662.
     s. a. A. P. 2641614 (1951), Dow Chemical Co., Erf.: E. C. BRITTON u. P. S. PETRIE; C. **1955**, 8980.
[6] F. B. JONES u. Mitarbb., J. Polymer Sci. **26**, 81 (1957).
[7] H. STAUDINGER u. O. SCHWEITZER, B. **62**, 2395 (1929).
[8] O. V. KRYLOV u. Y. E. SINYAK, Vysokomolekulyarnye Soedineniya **3**, 898 (1961).
[9] Österr. P. 199877, 209569 (1957; Am. Prior., 1956), Union Carbide Corp.; C. **1959**, 8338.
   F. N. HILL, F. E. BAILEY u. J. T. FITZPATRICK, Ind. eng. Chem. **50**, 5 (1958).
[10] H. STAUDINGER u. H. LOHMANN, A. **505**, 41 (1933).
[11] F. E. BAILEY jr., G. M. POWELL u. K. L. SMITH, Ind. eng. Chem. **50**, 8 (1958).

in Äther oder Benzin. Die Produkte sind thermoplastisch[1]. Polyäthylenoxyde mit ähnlichen Eigenschaften sollen auch durch Polymerisation mit Erdalkalisulfaten zu erhalten sein[2].

Mit Erdalkalialkoholaten[3] sowie Alkoholaten der drei- und vierwertigen Metalle[4,5] erhält man keine so hochmolekularen Produkte; außerdem sind bei Verwendung von Alkoholaten der drei- und vierwertigen Metalle die Ausbeuten mäßig; eine Ausnahme bildet die Polymerisation von *Propylenoxyd* mit Eisen-(III)-alkoholaten, die in guter Ausbeute zu hochmolekularen Produkten führt[6] (vgl. Polymerisation von Propylenoxyd mit anderen Eisen-(III)-katalysatoren).

Wirksamer als die genannten Metallalkoholate selbst sind Gemische aus Alkoholaten und Friedel-Crafts-Katalysatoren. Besonders bewährt hat sich das System Aluminiumisopropylat + Zinkchlorid. *Äthylenoxyd* kann durch 144stündiges Erwärmen mit diesem Katalysator ohne Lösungsmittel auf 30° in 85%iger Ausbeute zu einem hochmolekularen Polyäther vom Molekulargewicht ca. 450 000 polymerisiert werden[5] (s. Beispiel 3, S. 449). Der Polyäther enthält pro Molekül eine Doppelbindung[5]; auch Hydroxygruppen konnten nachgewiesen werden[7]. Erhitzt man *Propylenoxyd* mit diesem Katalysator (Verhältnis der beiden Katalysatorkomponenten 1:1) einen Tag auf 80°, so entsteht hochmolekulares Polypropylenoxyd in einer Ausbeute von 98%, und zwar sind ca. 15% des Polymeren krystallin und 85% amorph[8]. Aus *Phenylglycidäther* (γ-Phenoxy-propylenoxyd) erhält man durch 28tägiges Erhitzen auf 80° 33% krystallinen und 41% amorphen Polyäther[9].

Die Darstellung krystalliner Polymerisate aus optisch inaktiven 1,2-Alkylenoxyden mit einem asymmetrischen Kohlenstoffatom im Dreiring gelang erstmals M. E. Pruitt u. Mitarbb., als sie *d,l-Propylenoxyd* mit Hilfe von Eisen-(III)-katalysatoren, wie Eisen-(III)-chlorid-hexahydrat, Eisen-(III)-hydroxyd (Beispiel 4, S. 449) und vor allem mit einem Eisen-(III)-chlorid-Propylenoxyd-Katalysator (Beispiel 5, S. 449) polymerisierten[10]. Mit dem zuletzt genannten Katalysator, dessen Herstellung aus Eisen-(III)-chlorid, Äther und Propylenoxyd in gleicher Weise erfolgt wie die der

[1] K. L. Smith u. R. van Cleve, Ind. eng. Chem. **50**, 12 (1958).
[2] A.P. 2 917 470 (1958), Dow Chemical Co., Erf.: W. L. Bressler u. A. E. Gurgiolo.
[3] A. P. 2 866 761 (1957), Union Carbide Corp., Erf.: F. N. Hill u. J. T. Fitzpatrick; Chem. Abstr. **53**, 6689[c] (1959).
  Belg. P. 557 833 (1957; Am. Prior., 1956), Union Carbide Corp., Erf.: F. N. Hill, J. T. Fitzpatrick u. F. E. Bailey.
[4] E. P. 785 053 (1955), Petrochemicals Ltd., Erf.: E. T. Borrows u. D. G. Stewart; C. **1959**, 5302.
  E. P. 799 955 (1955), Petrochemicals Ltd., Erf.: D. G. Stewart; C. **1959**, 10 411.
  A. P. 2 956 959 (1958), Phillips Petroleum Co., Erf.: C. V. Detter.
  M. Osgan u. C. C. Price, J. Polymer Sci. **34**, 153 (1959).
[5] R. A. Miller u. C. C. Price, J. Polymer Sci. **34**, 161 (1959).
[6] A. P. 2 844 545 (1956); 2 873 258 (1957), Dow Chemical Co., Erf.: A. B. Borkovec; Chem. Abstr. **52**, 21 232[b] (1958); **53**, 8709[b] (1959).
  A. P. 2 861 962 (1957), Dow Chemical Co., Erf.: A. B. Borkovec u. L. Jackson; Chem. Abstr. **53**, 4819[b] (1959).
[7] P. E. Ebert u. C. C. Price, J. Polymer Sci. **46**, 455 (1960).
[8] M. Osgan u. C. C. Price, J. Polymer Sci. **34**, 153 (1959).
  s. a. Belg. P. 566 583 (1958; Am. Prior., 1957), General Tire & Rubber Co., Erf.: C. C. Price.
[9] A. Noshay u. C. C. Price, J. Polymer Sci. **34**, 165 (1959).
[10] A. P. 2 706 181, 2 706 189 (1952), Dow Chemical Co., Erf.: M. E. Pruitt u. J. M. Baggett; Chem. Abstr. **49**, 9325[f], 9326[a] (1955).
  A.P. 2 706 182 (1952), Dow Chemical Co., Erf.: M. E. Pruitt, J. M. Baggett, R. J. Bloomfield u. J. H. Templeton; Chem. Abstr. **49**, 9325[i] (1955).

Triäthyloxoniumsalze aus Eisen-(III)-chlorid, Äther und 1,2-Alkylenoxyden[1], erhält man bei 88stündigem Erhitzen auf 80° in 94%iger Ausbeute ein gummiartiges Polymeres, das zu 73% aus einem amorphen und zu 27% aus einem krystallinen Polyäther (F: 70°, Mol.-Gew. 135000) besteht[2]. Polymerisiert man *l*-*Propylenoxyd* mit diesem Katalysator unter den gleichen Bedingungen, so erhält man ebenfalls ein Polymerisat, das aus einem amorphen (Ausbeute 28%) und einem krystallinen (Ausbeute 25%) Anteil besteht[3,4]. Das aus *l*-Propylenoxyd gewonnene krystalline Polypropylenoxyd hat denselben Schmelzpunkt, das gleiche Molekulargewicht und das gleiche Röntgendiagramm wie das aus dem Racemat erhaltene krystalline Produkt; es unterscheidet sich von diesem nur dadurch, daß es optisch aktiv ist. C. C. Price schließt daraus, daß das krystalline, optisch inaktive Produkt aus einem Gemisch von Makromolekülen besteht, von denen jedes entweder nur asymmetrische Kohlenstoffatome mit *l*- oder nur solche mit *d*-Konfiguration enthält[5]; das heißt also, die Moleküle des krystallinen Produktes sind *isotaktisch*, der Katalysator hat die Wachstumsreaktion stereospezifisch gelenkt[6]. – Bei einem unregelmäßigen Aufbau aus *d*- und *l*-Formen wären keine krystallinen, sondern nur flüssige oder amorphe Produkte zu erwarten. — Die Ausbeute an isotaktischen Polymeren wird durch geringe Mengen Wasser als Cokatalysator erhöht[7].

Durch den Eisen-(III)-chlorid-Propylenoxyd-Katalysator konnten auch *Epichlorhydrin* und *Epifluorhydrin*, dagegen nicht Epijodhydrin, isotaktisch polymerisiert werden[8].

Außer den genannten Eisen-(III)-katalysatoren und dem Aluminiumisopropylat-Zinkchlorid-Katalysator gibt es noch andere Katalysatoren, die 1,2-Alkylenoxyde stereospezifisch zu polymerisieren vermögen, z.B. Aluminiumalkyle und vor allem Kombinationen von Aluminiumalkylen mit Wasser oder chelatbildenden Reagentien. Näheres hierzu ist bei den betreffenden Katalysatoren zu finden (s. S. 434 u. 435).

C. C. Price nimmt an, daß die Entstehung eines amorphen (ataktischen) und eines krystallinen (isotaktischen) Polyäthers auf zwei verschiedene Polymerisationsreaktionen zurückzuführen ist, von denen die erste mit gelöstem Katalysator erfolgt, während sich die zweite an der festen Katalysatoroberfläche abspielt[4] (s.jedoch Literatur[7]). Da es eine große Anzahl stereospezifischer Katalysatoren gibt, glaubt er,

[1] s. H. MEERWEIN u. Mitarbb., J. pr. [2] **147**, 257 (1937); **154**, 83 (1939).

[2] A. P. 2706181, 2706189 (1952), Dow Chemical Co., Erf.: M. E. PRUITT u. J. M. BAGGETT; Chem. Abstr. **49**, 9325[f], 9326[a] (1955).

[3] C. C. PRICE u. Mitarbb., Am. Soc. **78**, 690 (1956).

[4] C. C. PRICE u. M. OSGAN, Am. Soc. **78**, 4787 (1956).

[5] Über die Krystallstruktur von Polypropylenoxyd s.
   E. STANLEY u. M. LITT, J. Polymer Sci. **43**, 453 (1960).
   G. NATTA, P. CORRADINI u. G. DALL'ASTA, Atti Accad. naz. Lincei, Rend., Cl. Sci. fisiche, mat. natur. **20**, 408 (1956).

[6] Die stereospezifische Polymerisation zu isotaktischen Makromolekülen wurde zuerst von G. NATTA mit unsymmetrischen Olefinen durchgeführt; s. dazu ds. Handb. Bd. XIV/1, Kap. Allgemeines zur Polymerisation von Vinyl- und Divinylverbindungen, S. 121 ff.

[7] R. O. COLCLOUGH u. Mitarbb., J. Polymer Sci. **34**, 171 (1959).

[8] A. P. 2871219 (1955), Dow Chemical Co., Erf.: J. M. BAGGETT u. M. E. PRUITT; Chem. Abstr. **53**, 8708[c] (1959).
   S. ISHIDA u. S. MURAHASHI, J. Polymer Sci. **40**, 571 (1959).
   S. ISHIDA, Ang. Ch. **72**, 791 (1960).

daß die Rolle der Oberfläche keine streng spezifische ist; sie soll vielmehr nur bewirken, daß die räumliche Anordnung der Atomgruppen am wachsenden Kettenende so ist, daß nur eines der beiden enantiomeren Monomeren sich diesem Kettenende genügend nähern kann[1].

Der Mechanismus der Polymerisation von 1,2-Alkylenoxyden mit den genannten Eisen-(III)-katalysatoren ist noch nicht vollkommen geklärt. Bemerkenswert ist, daß im Gegensatz zum Tetrahydrofuran bei den Alkylenoxyden die Polymerisation auch mit Eisen-(III)-chlorid in Abwesenheit von Cokatalysatoren glatt verläuft. Zur Erklärung der stereospezifischen Polymerisation wird ein koordinativer Mechanismus angenommen[2] (vgl. den koordinativen Mechanismus für die stereospezifische Polymerisation von Olefinen in ds. Handb., Bd. XIV/1, Kap. Allgemeines zur Polymerisation in Substanz und in Lösung, S. 127). Im Gegensatz zum Tetrahydrofuran, bei dem wohl alle Autoren die Meinung vertreten, daß die durch Säuren beschleunigten Polymerisationen in allen Fällen über Carbeniumionen verlaufen (vgl. S. 556 ff.), wird dies bei den 1,2-Alkylenoxyden von manchen Forschern angezweifelt[3].

Eisen-(III)-katalysatoren, die zur Polymerisation von Propylenoxyd und Epichlorhydrin hervorragend geeignet sind, polymerisieren *Äthylenoxyd* nur unbefriedigend. So erhält man beispielsweise aus Äthylenoxyd und Eisen-(III)-chlorid bei 6 tägigem Erhitzen auf 80° Polyäthylenoxyd nur in einer Ausbeute von 22% (Mol.-Gew. ~10000)[4], und aus *Styroloxyd* entsteht unter ähnlichen Bedingungen ein hochviscoses, niedermolekulares Öl (60% Ausbeute)[4].

Außer Eisen-(III)-chlorid sind auch andere Friedel-Crafts-Katalysatoren zur Polymerisation von Alkylenoxyden herangezogen worden. Die Wirksamkeit der einzelnen Halogenide ist sehr verschieden, außerdem ist sie stark abhängig von der Art des Epoxyds [vgl. den vorangehenden Abschnitt über die polymerisierende Wirkung von Eisen-(III)-chlorid] und in geringerem Maße von den Reaktionsbedingungen. Die meisten Metall- und Nichtmetallhalogenide lagern sich an viele Alkylenoxyde an unter bevorzugter Bildung der entsprechenden einfachen Halogenhydrin-Derivate[5]; höhermolekulare Produkte entstehen im allgemeinen unter ihrer Einwirkung nicht oder nur in sehr geringen Ausbeuten. Zu diesen Halogeniden, die nicht oder nur in speziellen Fällen brauchbar sind, gehören z. B. Aluminiumchlorid und Zinkchlorid[3,4,6]. Ganz allgemein läßt sich sagen, daß, abgesehen von der Polymerisation des Propylenoxyds mit Eisen-(III)-chlorid, alle bisher untersuchten Friedel-Crafts-Katalysatoren Alkylenoxyde nur zu relativ niedermolekularen Produkten zu polymerisieren vermögen. Nach dem Eisen-(III)-chlorid sind Antimon-(V)-chlorid, Zinn-(IV)-chlorid und Borfluorid die brauchbarsten Halogenide (s. Tab. 27, S. 433). Weitere Metall- und Nichtmetallhalogenide, die auf ihre katalytische Brauchbarkeit hin

[1] M. Osgan u. C. C. Price, J. Polymer Sci. 34, 153 (1959).

[2] N. G. Gaylord u. H. F. Mark, Polymer Reviews, Bd. II, S. 305 ff. u. 527, Interscience Publ., New York 1959.

[3] A. M. Eastham, Fortschr. Hochpolymeren-Forsch. 2, 18 (1960).

[4] R. O. Colclough u. Mitarbb., J. Polymer Sci. 34, 171 (1959).

[5] Durch Hydrolyse dieser Metallalkoholate, wie z. B. Al(O—CH₂—CH₂Cl)₃, lassen sich hochdisperse Metallhydroxyd-Suspensionen erhalten; s. DRP. 582682, 588965 (1931), I. G. Farb., Erf.: W. Ziese u. K. Pfaff; C. 1934 II, 3289; 1935 I, 761.

[6] H. Meerwein, D. Delfs u. H. Morschel, Ang. Ch. 72, 927 (1960).
   P. E. Ebert u. C. C. Price, J. Polymer Sci. 46, 455 (1960).

untersucht wurden, sind z.B. BCl_3[1], $TiCl_4$[1], $ZrCl_4$[1], $SbCl_3$[1], PF_5[2]. Als Nebenprodukte entstehen bei der Polymerisation von 1,2-Alkylenoxyden mit sauren Katalysatoren häufig Dioxanderivate (= dimere Alkylenoxyde)[3-6] und Dioxolanderivate[3-5] (= cyclische Acetale der durch Umlagerung aus den Alkylenoxyden entstehenden Aldehyde).

Tab. 27. Polymerisation von 1,2-Alkylenoxyden mit Friedel-Crafts-Katalysatoren

Katalysator	1,2-Alkylenoxyd	Reaktions-bedingungen	Reaktionsprodukt	Literatur
$FeCl_3$	*1,1,1-Trifluor-2,3-butylenoxyd*	63 Stdn., 90°	Polyäther mit der Viscositätszahl 0,024; Ausbeute 91%	7
$SbCl_5$	*Äthylenoxyd*	6 Stdn., 70°	Polyäther vom Mol.-Gew. ∼ 10000; Ausbeute 70%	1
$SbCl_5$	*Styroloxyd*	3 Tage, 80°	niedermolekularer Polyäther, Ausbeute 57%	1
$SnCl_4$	*Äthylenoxyd*	in Äthylen-chlorid-Lösung bei 20°	Polyäther vom Mol.-Gew. ∼ 5000, + Dioxan + 2-Methyldioxolan	3, s.a. 1,8
$SnCl_4$	*Cyclohexenoxyd*	ca. 1½ Stdn. bei 70°	transparentes Harz; Ausbeute fast quantitativ	9, s. Beispiel 6 S. 450
BF_3	*Äthylenoxyd*	in Äthylen-chlorid-Lösung bei 20°	Polyäther vom Mol.-Gew. ∼ 800, + Dioxan + 2-Methyldioxolan	4,10 s.a. 11
BF_3	*Styroloxyd*	4 Min. in Pentan-Lösung bei −29°	Polyäther vom Mol.-Gew. 400–700	12
BF_3	*Epichlorhydrin*	in Tetrachlor-methan-Lösung	zähes Harz	13

[1] R. O. COLCLOUGH u. Mitarbb., J. Polymer Sci. **34**, 171 (1959).
[2] A. P. 2856370 (1953), DuPont, Erf.: E. L. MUETTERTIES; Chem. Abstr. **53**, 2683^h (1959).
[3] D. J. WORSFOLD u. A. M. EASTHAM, Am. Soc. **79**, 897 (1957).
[4] D. J. WORSFOLD u. A. M. EASTHAM, Am. Soc. **79**, 900 (1957).
[5] R. K. SUMMERBELL u. M. J. KLAND-ENGLISH, Am. Soc. **77**, 5095 (1955).
[6] DRP. 597496 (1929), I.G. Farb., Erf.: F. WEBEL; Frdl. **19**, 383.
[7] F. B. JONES u. Mitarbb., J. Polymer Sci. **26**, 81 (1957).
[8] H. STAUDINGER u. O. SCHWEITZER, B. **62**, 2395 (1929).
[9] A. P. 2054099 (1935), DuPont, Erf.: H. S. ROTHROCK; C. **1937** I, 210.
[10] G. A. LATREMOUILLE, G. T. MERRALL u. A. M. EASTHAM, Am. Soc. **82**, 120 (1960).
F. G. A. STONE u. H. J. EMELÉUS, Soc. **1950**, 2755.
[11] G. T. MERRALL, G. A. LATREMOUILLE u. A. M. EASTHAM, Canad. J. Chem. **38**, 1967 (1960).
[12] A. P. 2792375 (1953), Standard Oil Co., Cleveland/Ohio, Erf.: J. D. BARTLESON; Chem. Abstr. **51**, 12 545^f (1957).
[13] E. P. 477843 (1936), I.G. Farb.; C. **1938** II, 194.

Borfluorid-ätherat polymerisiert *Glycidäther*[1] in guten Ausbeuten zu niedermolekularen Polyäthern[2,3] (Mol.-Gew. < 1000; s. Beispiel 7, S. 450). Während die polymeren Methylglycidäther noch wasserlöslich sind, sind die entsprechenden Decylglycidäther öllöslich und haben als Schmiermittelzusätze Interesse gefunden[2]. Auch *Tetramethyläthylenoxyd*[4] und *Epichlorhydrin*[3] sind durch Borfluorid-ätherat in guten Ausbeuten polymerisiert worden.

Protonensäuren scheinen nach den bisher vorliegenden experimentellen Ergebnissen keine geeigneten Katalysatoren für die Polymerisation von 1,2-Alkylenoxyden zu sein (vgl. dagegen die Polymerisation von Tetrahydrofuran mit komplexen anorganischen Säuren, S. 558). Im allgemeinen lagern sie sich an die 1,2-Alkylenoxyde an unter Bildung der einfachen 1:1-Additionsprodukte[5]. Phosphorsäure soll allerdings bis zu zehn Moleküle Alkylenoxyd pro Hydroxygruppe addieren können[6]. Über die Einwirkung von Flußsäure auf Epichlorhydrin s. die Literatur[7]. Durch Natriumhydrogensulfat wird Äthylenoxyd bei 120° zu Dioxan dimerisiert[8].

Schon lange bekannt ist die Polymerisation von 1,2-Alkylenoxyden durch Festkatalysatoren mit aktiver Oberfläche, wie Kieselgur oder Fullererde[9], die beim Äthylenoxyd zu viscosen Flüssigkeiten, beim Cyclohexenoxyd dagegen zu Harzen führt.

Zinn-(II)-, Kobalt-(II)- und Mangan-(II)-salze organischer Carbonsäuren, wie z. B. Kobalt-(II)-naphthenat und Zinn-(II)-oleat sollen sich besonders zur Polymerisation des *Propylenoxyds* zu hochmolekularen isotaktischen Polyäthern eignen[10]. Die Polymerisation vollzieht sich bei 1–2tägigem Erhitzen auf ca. 80°.

---

[1] Zur Darstellung der Glycidäther:
S. ds. Handb. Bd. VI/2, Kap. Herstellung 3-gliedriger cyclischer Äther.
A. P. 2314039 (1940), Shell Develop., Erf.: T. W. EVANS, K. E. MARPLE u. E. C. SHOKAL; Chem. Abstr. 37[9] (1943).
A. P. 2743285 (1951), Union Carbide & Carbon Corp., Erf.: B. G. WILKES u. A. B. STEELE; Chem. Abstr. 51, 1283[e] (1957).

[2] DBP. 896415 (1950; Am. Prior., 1946), Bataafsche (Shell), Erf.: S. A. BALLARD, R. C. MORRIS u. J. L. VAN WINKLE; C. 1954, 3378.

[3] Epichlorhydrin, Firmenschrift der Shell Chemical Corp., 1949.

[4] A. P. 2455912 (1947), DuPont, Erf.: T. L. CAIRNS u. R. M. JOYCE jr.; Chem. Abstr. 43, 2038[f] (1949).

[5] S. d. Handb. Bd. VI/2, Kap. Umwandlung von 3-gliedrigen cyclischen Äthern.

[6] A. P. 2830069 (1953), Esso Research and Engineering Co., Erf.: P. V. SMITH jr.; Chem. Abstr. 52, 12385[l] (1958).
S. a. Belg. P. 604373 (1961), Union Carbide Corp.

[7] E. PATERNÒ u. V. OLIVERI, G. 24 I, 305 (1894); Soc. 66 I, 486 (1894).
E. PATERNÒ, G. 24 II, 541 (1894); Soc. 68 I, 408 (1895).
F. SWARTS, Mémoires couronnés et autres Mémoires publiés par l'Académie royale de Belgique 61, 645 (1901); C. 1903 I, 12.

[8] DRP. 597496 (1929), I.G. Farb., Erf.: F. WEBEL; Frdl. 19, 383.

[9] A. P. 2121695 (1936), I.C.I., Erf.: R. HILL; Chem. Abstr. 32, 6365[4] (1938).
A. P. 2187006 (1937), DuPont, Erf.: A. M. ALVARADO u. H. S. HOLT; Chem. Abstr. 34, 3405[4] (1940).
E. P. 487652 (1937), British Celanese Ltd.; C. 1939 I, 1255.
DAS. 1049103 (1957), Farbf. Bayer, Erf.: G. SCRIBA u. W. GRAULICH; C. 1959, 11420.

[10] Belg. P. 579395 (1959; Am. Prior., 1958), Dow Chemical Co., Erf.: A. E. GURGIOLO.
A. P. 2911377 (1958), Dow Chemical Co., Erf.: A. E. GURGIOLO u. H. D. LEDBETTER.
S. dazu a. A. P. 2934505 (1958), Dow Chemical Co., Erf.: A. E. GURGIOLO.

In neuerer Zeit sind auch Metallalkyle, vor allem Aluminiumtrialkyle sowie Magnesium- und Zinkdialkyle, zur Polymerisation von 1,2-Alkylenoxyden herangezogen worden[1,2]. Die entstehenden Polyäther zeichnen sich vielfach durch ein hohes Molekulargewicht aus und sind z.T. auch isotaktisch; allerdings sind die Ausbeuten teilweise mäßig. Bessere Ergebnisse werden erzielt, wenn man den Metallalkylen Cokatalysatoren, wie Metallhalogenide[2,3], Metalloxyde[4-7], Sauerstoff[8], Wasser[8-12], Alkohole[8], Chelate[13] oder chelatbildende Verbindungen[9-11], wie Acetylaceton, zusetzt. Insbesondere der Aluminiumalkyl-Wasser-Acetylaceton-Katalysator polymerisiert *Äthylenoxyd* und seine Monosubstitutionsprodukte in guten Ausbeuten zu sehr hochmolekularen Produkten[10] (Mol.-Gew. bis über 1000000). Bemerkenswert ist, daß mit diesem Katalysator hochmolekulare isotaktische Polyäther aus *Styroloxyd*, *Butadienmonoxyd* und *Epibromhydrin* erhalten werden[10]. Symmetrisch disubstituierte Epoxyde, wie *cis*- und *trans-2-Butylen-oxyd*, können in guten Ausbeuten zu krystallinen, diisotaktischen Produkten polymerisiert werden[6].

Die Copolymerisation der Alkylenoxyde untereinander ist mit fast allen Katalysatoren durchgeführt worden, die im Vorangehenden beschrieben wurden; s. insbesondere die Literatur[14]. Die Copolymerisation mit Alkylensulfiden führt zu Polyäthern, in denen die Sauerstoffatome teilweise durch Schwefel ersetzt sind[15]. Produkte mit ähnlichen Eigenschaften entstehen auch durch Polykondensation von Bis-[β-hydroxy-alkyl]-sulfiden (s. S. 580f.). Über die Copolymerisation mit Tetrahydrofuran s. S. 560.

---

[1] E.P. 793065 (1955), Petrochemicals Ltd., Erf.: D. G. STEWART u. E. T. BORROWS; C. **1959**, 7978.

A.P. 2870100 (1956), Shell Develop., Erf.: D. G. STEWART, D. Y. WADDAN u. E. T. BORROWS; Chem. Abstr. **53**, 5756ᶜ (1959).

G. NATTA, P. CORRADINI u. G. DALL'ASTA, Atti Accad. naz. Lincei, Rend., Cl. Sci. fisiche, mat. natur. **20**, 408 (1956); Chem. Abstr. **50**, 16279ʰ (1956).

P. E. EBERT u. C. C. PRICE, J. Polymer Sci. **34**, 157 (1959).

R. A. MILLER u. C. C. PRICE, J. Polymer Sci. **34**, 161 (1959).

[2] S. KAMBARA u. M. HATANO, J. Polymer Sci. **27**, 584 (1958).

[3] E.P. 876648 (1959), Petrochemicals Ltd., Erf.: F. H. NEWTH u. D. Y. WADDAN.

[4] J. FURUKAWA u. Mitarbb., Makromolekulare Chem. **36**, 25 (1960).

[5] J. FURUKAWA u. Mitarbb., J. Polymer Sci. **36**, 541 (1959).

[6] J. FURUKAWA, Ang. Ch. **72**, 924 (1960).

[7] K. OKAZAKI, Makromolekulare Chem. **43**, 84 (1961).

[8] F.P. 1248137 (1959; Jap. Prior., 1958), General Tire & Rubber Co., Zaidanhojin u. Nihon Kagaku Senikenkyusho.

J. FURUKAWA u. Mitarbb., Makromolekulare Chem. **32**, 90 (1959).

R. SAKATA u. Mitarbb., Makromolekulare Chem. **40**, 64 (1960).

[9] Belg.P. 579074 (1959; Am. Prior., 1958), Hercules Powder Co., Erf.: A. E. ROBINSON u. E. J. VANDENBERG.

[10] E. J. VANDENBERG, J. Polymer Sci. **47**, 486 (1960).

[11] E. J. VANDENBERG, J. Polymer Sci. **47**, 489 (1960).

[12] R. O. COLCLOUGH, G. GEE u. A. H. JAGGER, J. Polymer Sci. **48**, 273 (1960).

[13] S. KAMBARA, M. HATANO u. K. SAKAGUCHI, J. Polymer Sci. **51**, S7 (1961).

[14] R. HART, Ind. chim. belge **22**, 39 (1957).

N. G. GAYLORD, SPE Journal **14**, Nr. 1, 31 (1958).

F. E. BAILEY u. H. G. FRANCE, J. Polymer Sci. **45**, 243 (1960).

[15] A. P. 2484370 (1946), Shell Develop., Erf.: S. A. BALLARD, R. C. MORRIS u. J. L. VAN WINKLE; Chem. Abstr. **44**, 1256ᵃ (1950).

Zur Molekülgestalt und Krystallstruktur der Polyalkylenoxyde s. die Literatur[1]. Alle Polyäther werden an der Luft unter Belichtung langsam abgebaut, wobei intermediär Peroxyde entstehen. Dieser oxydative Abbau (sog. Kreiden von Lacken, die Polyäther enthalten) kann durch Zugabe von Antioxydantien auf Basis von Phenolen und aromatischen Aminen weitgehend verhindert werden[2]. Über die Pyrolyse von Polyäthylenoxyd[3] und von Polypropylenoxyd in Gegenwart von p-Toluolsulfonsäure[4] s. die Originalliteratur.

β) Polyaddition von Monoepoxyden,
die außer der Epoxydgruppe keine weitere reaktionsfähige
Gruppe enthalten

Die Polyadditionen des Äthylenoxyds an geeignete reaktionsfähige Verbindungen[5] können sowohl durch saure als auch durch alkalische Zusätze katalysiert werden. Voraussetzung für die katalytische Brauchbarkeit einer Verbindung ist, daß sie nicht durch einfache 1:1-Anlagerung an Äthylenoxyd verbraucht wird. Alkalische Katalysatoren scheinen allgemein den Vorteil zu haben, daß sie unter weitgehender Vermeidung von Nebenreaktionen in kleinster Menge wirksam sind. Es besteht Grund zu der Annahme, daß die durch alkalische bzw. saure Katalyse erhaltenen Polyadditionsprodukte nicht vollständig identisch sind. Wahrscheinlich bilden sich sauer zusätzlich Acetal- bzw. Ketalgruppierungen (vgl. S. 438f.).

β$_1$) *Polyaddition von Monoepoxyden an Alkohole und Phenole*

Wie bereits auf S. 428 ausgeführt wurde, erhält man bei der Einwirkung von großen Mengen Äthylenoxyd auf wenig Alkohol in Gegenwart von basischen Katalysatoren, wie z. B. Natriumalkoholat, Polyäthylenglykoläther. Die benötigte Katalysatormenge ist gering (etwa 0,1% Alkoholat berechnet auf den Alkohol). Da jedoch, wie wir sahen, jedes im Verlauf der Oxäthylierung entstehende Alkoholatanion (I b, II b .. usw., s. S. 427) dieselbe Wahrscheinlichkeit hat, sich an Äthylenoxyd zu addieren wie das Anion des Ausgangsalkohols (vorausgesetzt, daß die Nucleophilie

---

[1] H. STAUDINGER u. H. LOHMANN, A. **505**, 41 (1933).
    E. SAUTER, Ph. Ch. (B) **21**, 161 (1933).
    H. STAUDINGER, M. STAUDINGER u. E. SAUTER, Ph. Ch. (B) **37**, 403 (1937).
    A. KAWASAKI u. Mitarbb., Polymer **1**, 315 (1960).
[2] A. P. 2706189 (1952), Dow Chemical Co., Erf.: M. E. PRUITT, L. JACKSON u. J. M. BAGGETT; Chem. Abstr. **49**, 9326ᵃ (1955).
    DAS. 1069873, 1082733 (1957; Am. Prior., 1956), Union Carbide Corp., Erf.: K. L. SMITH.
    S. a. C. W. McGARY jr., J. Polymer Sci. **46**, 51 (1960).
[3] H. STAUDINGER u. O. SCHWEITZER, B. **62**, 2395 (1929).
[4] A. NOSHAY u. C. C. PRICE, J. org. Chem. **23**, 647 (1958).
[5] Die Herstellung, Eigenschaften und Anwendung der Polyadditionsprodukte von Äthylenoxyd an Verbindungen mit beweglichem Wasserstoff werden, soweit es sich um oberflächenaktive Verbindungen handelt, ausführlich beschrieben von N. SCHÖNFELDT in Oberflächenaktive Anlagerungsprodukte des Äthylenoxyds, Wissenschaftliche Verlagsgesellschaft mbH., Stuttgart 1959.
    S. a. F. ULLMANN, Encyklopädie der technischen Chemie, 3. Aufl., Bd. XIV, Kap. Polyäther und Polyacetale, Verlag Urban & Schwarzenberg, München-Berlin, im Druck.
    Firmenschrift der Jefferson Chemical Co., Houston/Texas: The Preparation of Nonionic and other Surface Active Agents Based on Ethylene Oxide.

der Anionen etwa gleich ist), ist es verständlich, daß die Oxäthylierungsprodukte keine einheitlichen Molekulargewichte aufweisen[1]. Die *Durchschnittsmolekulargewichte* sind bei annähernd gleicher Nucleophilie der Alkoholatanionen nur abhängig vom Mengenverhältnis des angewandten Alkohols zum Äthylenoxyd. Läßt man also Äthylenoxyd in Gegenwart von alkalischen Katalysatoren auf nur wenig Alkohol (oder wenig Wasser) einwirken, so entstehen sehr hochmolekulare Polyglykoläther (sog. Äthylenoxydwachse). Nimmt man weniger Äthylenoxyd, so erhält man Polyglykoläther von niederem Durchschnittsmolekulargewicht; durch erneute Zugabe von Äthylenoxyd kann das Molekulargewicht weiter erhöht werden (stufenweise Oxäthylierung, Beispiel 8, S. 450).

Daß das Durchschnittsmolekulargewicht nur abhängig ist vom Mengenverhältnis Alkohol zu Äthylenoxyd, trifft natürlich, wie bereits oben erwähnt wurde, nur dann zu, wenn das Anion des Ausgangsalkohols praktisch die gleiche Nucleophilie zeigt wie die als Zwischenprodukte entstehenden Alkoholatanionen. Ist dagegen z.B. das Anion des Ausgangsalkohols $RO^{\ominus}$ wesentlich nucleophiler als die Alkoholationen I b, II b usw., so lagert sich – wenigstens zunächst – das Äthylenoxyd nur an ROH an. Erst wenn der Ausgangsalkohol weitgehend unter Bildung des einfachen Monoäthers verbraucht ist, findet eine Anlagerung des Äthylenoxyds an diesen Monoäther statt. Dieser Fall liegt z.B. bei der Oxäthylierung von Phenolen[2,3] (s. Beispiel 9, S. 451) oder Phenolharzen vor[4] (zur Theorie der Anlagerung s. Literatur[5]).

Auch sterische Verhältnisse machen sich bei der Oxäthylierung stark bemerkbar, da sie die Nucleophilie der Alkoholatanionen sehr beeinflussen. So reagiert eine tertiäre Hydroxygruppe schwerer als eine sekundäre und diese schwerer als eine primäre. Daher setzt sich ein monooxäthylierter tertiärer Alkohol leichter an der neuentstandenen primären Hydroxygruppe um, so daß die Reaktion auch in Gegenwart größerer Mengen Alkohol leicht unter Bildung hochmolekularer Produkte verläuft.

Die Variationsmöglichkeiten der alkalisch beschleunigten Alkylenoxyd-Polyaddition an Alkohole sind sehr groß. Neben einfachen ein- und mehrwertigen Alkoholen[3,6] können fast beliebige hydroxygruppenhaltige Verbindungen, wie z.B.

---

[1] Zur Molekulargewichtsverteilung und zur Kinetik der Reaktion s.:
P. J. Flory, Am. Soc. **62**, 1561 (1940).
W. B. Satkowski u. C. G. Hsu, Ind. eng. Chem. **49**, 1875 (1957).
G. Gee u. Mitarbb., Soc. **1959**, 1338, 1345.
N. Schönfeldt, Oberflächenaktive Anlagerungsprodukte des Äthylenoxyds, S. 30, Wissenschaftliche Verlagsgesellschaft mbH., Stuttgart 1959.

[2] DRP. 519730 (1925), I. G. Farb., Erf.: O. Loehr; Frdl. **17**, 560.
DRP. 767842 (1935), I. G. Farb.; C. **1954**, 8250.
A.P. 2499360, 2499364 (1947), Petrolite Corp., Ltd. Erf.: M. De Groote u. B. Keiser; Chem. Abstr. **44**, 5153^{e,h} (1950).
DBP. 969265 (1954; Schweiz. Prior., 1953), CIBA, Erf.: P. Bernoulli u. A. Gross; C. **1960**, 2384.

[3] DAS. 1117097 (1952; E. Prior., 1951), Oxirane Ltd., Erf.: A. J. Lowe u. D. Butler.

[4] DRP. 634003 (1932) ≡ Österr. P. 139855 (1933), I. G. Farb., Erf.: G. Balle; C. **1935** I, 2450.

[5] F. Patat u. B. Wojtech, Makromolekulare Chem. **37**, 1 (1960).
F. Patat, Öst. Chemiker-Ztg. **61**, 185 (1960).

[6] DRP. 605973 (1930), I. G. Farb., Erf.: C. Schöller u. M. Wittwer; Frdl. **21**, 1263.

Ölsäuremono- und *-diglyceride*[1] sowie *Cellulose*[2-8] (Beispiel 10, S. 451) und *Stärke*[2,5,6,8] oxalkyliert werden. Zur Vermeidung einer stärkeren Verfärbung der Oxäthylierungs- produkte wird empfohlen, vor Beginn der Umsetzung geringe Mengen eines Oxy- dationsinhibitors zuzusetzen[9]. Als Katalysatoren sind auch tertiäre Amine[1] und quartäre Ammoniumbasen[10] geeignet. Während die übliche alkalische Oxäthylierung von Alkoholen meist Temperaturen von 100–200° erfordert (s. Beispiel 8, S. 450), wirken quartäre Ammoniumbasen schon ab 60° katalysierend[10]. Selbst das alkalisch etwas schwieriger sich addierende Propylenoxyd läßt sich damit glatt anlagern. Zur praktischen Durchführung der alkalischen Oxäthylierung von Alkoholen und Phenolen s.a. S. 448.

Die Oxalkylierung von Alkoholen und Phenolen kann auch durch saure Kata- lysatoren, wie Borfluorid[11] oder saure Erden[12], katalysiert werden. Die erfor- derliche Reaktionstemperatur liegt bei 30–80° statt 180–200° bei der alkalischen Katalyse; außerdem sind die entstehenden Polyadditionsprodukte meist weniger gefärbt. Ein Nachteil der sauer katalysierten Polyaddition ist aber, daß unerwünschte Nebenreaktionen eintreten, so daß die entstehenden Produkte weniger einheit- lich sind. Dies zeigt sowohl das IR-Spektrum als auch der unscharfe Trübungspunkt. Während z.B. das durch alkalische Katalyse (Zusatz von 0,3% Natrium, Tempera- tur: 180°) gewonnene wasserlösliche Oxäthylierungsprodukt aus *Oleylalkohol* und 17,5 Mol *Äthylenoxyd* einen scharfen Trübungspunkt von 93° zeigt, hat das unter Zusatz von 0,1–0,3% Borfluorid-ätherat bei 35–45° entstehende gleich hoch oxäthy- lierte Produkt einen tieferliegenden und unscharfen Trübungspunkt von 40–55°[13] (über Trübungspunkt s. S. 439). In Gegenwart von sauren Katalysatoren lagern sich die Alkylenoxyde z.T. in Aldehyde bzw. Ketone um, aus denen dann Acetale entstehen[14]

[1] DRP. 605973 (1930), I. G. Farb., Erf.: C. Schöller u. M. Wittwer; Frdl. **21**, 1263.
[2] DRP. 535849 (1929), I. G. Farb., Erf.: O. Ernst, K. Sponsel, H. Krauss u. G. Balle; Frdl. **18**, 1957.
[3] DRP. 363192 (1920), I. G. Farb., Erf.: E. Hubert; C. **1923** II, 276.
   A. P. 1914172 (1930), Burgess Laboratories, Erf.: A. W. Schorger; C. **1934** I, 1420.
[4] I. Jullander, Ind. eng. Chem. **49**, 364 (1957).
[5] DRP. 550428 (1929), Farbf. Bayer, Erf.: M. Hagedorn, W. Ziese, B. Reyle u. R. Bauer; Frdl. **19**, 583.
[6] A. P. 1941276–8 (1930), Burgess Laboratories, Erf.: A. W. Schorger; C. **1935** I, 1151.
[7] Zur Oxalkylierung von Cellulose, die wegen ihrer Unlöslichkeit in inerten organischen Lösungs- mitteln nicht in üblicher Weise mit Alkylenoxyden oxalkyliert werden kann, wird auch das folgende Zweistufenverfahren empfohlen: Man oxalkyliert zunächst die Cellulose in Gegen- wart eines basischen Katalysators mit einer solchen Menge Alkylencarbonat, daß ein flüssiges Reaktionsgemisch entsteht. Dann wird in der zweiten Stufe mit einem Alkylenoxyd in üblicher Weise weiter oxalkyliert; s. A. P. 2854447 (1953), Petrolite Corp., Erf.: L. T. Mon- son u. W. J. Dickson; Chem. Abstr. **53**, 8627ᶜ (1959).
[8] Zur Oxalkylierung von Cellulose u. Stärke s. a. ds. Bd. S. 890f. u. 911.
[9] DAS. 1090433 (1958), Farbw. Hoechst, Erf.: W. Seidel u. W. Knoblauch.
[10] A.P. 2716137 (1952), Wyandotte Chemical Corp., Erf.: J.T. Patton; Chem. Abstr. **50**, 8713ʰ (1956).
[11] A. P. 2293868 (1939), Carbide & Carbon Chemicals Corp., Erf.: W. J. Toussaint; Chem. Abstr. **37**, 1016⁵ (1943).
   E. P. 767851 (1954), Union Carbide & Carbon Corp., Erf.: C. A. Carter; C. **1959**, 15189.
   G. T. Merrall, G. A. Latremouille u. A. M. Eastham, Canad. J. Chem. **38**, 1967 (1960).
[12] A. P. 1996003 (1931; DR. Prior. 1930) ≡ E. P. 354357 (1930), I. G. Farb., Erf.: H. Dehnert u. W. Krey; C. **1931** II, 2657.
   DAS. 1049103 (1957), Farbf. Bayer, Erf.: G. Scriba u. W. Graulich; C. **1959**, 11420.
[13] Eigene, unveröffentlichte Versuche.
[14] H. F. Drew u. J. R. Schaeffer, Ind. eng. Chem. **50**, 1253 (1958).

(vgl. a. S. 433). Die Bildung von Acetalen wurde vom Verfasser z.B. bei der Propoxylierung von Alkoholen beobachtet. Weiter können sich Dioxan oder dessen Derivate bilden[1], jedoch ist mit deren Entstehung erfahrungsgemäß nicht zu rechnen, solange noch größere Mengen an Hydroxyverbindungen vorliegen. Durch Nebenreaktionen entstehendes Wasser bewirkt die Bildung reiner Polyglykoläther. Bei der Anlagerung von Epichlorhydrin an Äthylenchlorhydrin unter dem Einfluß von Borfluorid bleibt die Reaktion seltsamerweise schon nach Aufnahme von drei Mol Epichlorhydrin stehen[2].

Alkylphenole mit einem großen Alkylrest lösen mit steigendem Oxäthylierungsgrad zunehmende Mengen an Wasser (s. Beispiel 9, S. 451). Dieses Gebiet der *Löslichkeit* von *Wasser* im *Oxäthylierungsprodukt* ist für Wasser-in-Öl-Emulsionen besonders wichtig. Mit zunehmendem Oxäthylierungsgrad wird das Reaktionsprodukt dann bald kalt beliebig mit Wasser verdünnbar, fällt aber beim Erhitzen wieder aus (Beispiel 9, S. 451). Die Temperatur, bei der Trübung eintritt, wird als *Trübungspunkt* bezeichnet und ist für die Verfolgung einer Oxäthylierung speziell zur Herstellung von gut wasserlöslichen Waschmitteln besonders kennzeichnend und auch leicht bestimmbar. Mit noch weiter ansteigendem Oxäthylierungsgrad steigt der Trübungspunkt ebenfalls an und ist bei nicht zu geringer Verdünnung (über 1 : 10 mit Wasser verdünnt) praktisch auch unabhängig von der Konzentration, was seine Bestimmung sehr erleichtert (Beispiel 9, S. 451). Oxäthylierungsprodukte sind wasserlöslich auf Grund einer Hydratisierung der endständigen Hydroxygruppe, besonders aber der Sauerstoffatome der Polyätherkette. Bei höherer Temperatur wird das angelagerte Wasser z.T. wieder abgespalten, und die Löslichkeit fällt ab. Erst bei weiterer Oxäthylierung erhält man Produkte, die selbst in kochendem Wasser noch beliebig löslich sind, evtl. aber auf Zusatz von Alkalihydroxyden oder Salzen ausfallen. Mit steigendem Oxäthylierungsgrad nimmt natürlich die *Löslichkeit* in aliphatischen Kohlenwasserstoffen ab, was ebenfalls, speziell zur Herstellung von Wasser-in-Öl-Emulgatoren, von praktischer Bedeutung ist. Durch Wahl des Oxäthylierungsgrades, angepaßt an die Größe und die Art des hydrophoben Restes, hat man es in der Hand, *Wasser-in-Öl-* oder *Öl-in-Wasser-Emulgatoren*, allgemein Emulgierungsmittel und Waschmittel, herzustellen (Beispiel 9, S. 451). Mitunter wird eine Oxäthylierung nicht bis zur Wasserlöslichkeit durchgeführt, sondern diese zuletzt durch Bildung eines sauren Schwefelsäureesters erreicht[3]. Siehe auch das Kapitel Emulgieren, Emulgatoren in ds. Handb. Bd. I/2, S. 97 ff.

Die Addition von unsymmetrischen Epoxyden[4] an Alkohole und Phenole, die praktisch in analoger Weise durchgeführt wird wie die des Äthylenoxyds, kann auf

---

[1] A. P. 2293868 (1939), Carbide & Carbon Chemicals Corp., Erf.: W. J. Toussaint; Chem. Abstr. **37**, 1016[5] (1943).
G. T. Merrall, G. A. Latremouille u. A. M. Eastham, Canad. J. Chem. **38**, 1967 (1960).
H. F. Drew u. J. R. Schaeffer, Ind. eng. Chem. **50**, 1253 (1958).

[2] F. P. 1055569 (1952), Société Anonyme des Manufactures des Glaces et Produits Chimiques de Saint-Gobain, Chauny & Cirey; C. **1956**, 8786.

[3] DRP. 705357 (1930), I. G. Farb., Erf.: H. Ulrich u. K. Saurwein; Frdl. **25**, 878.

[4] A. P. 2677700 (1951), Wyandotte Chemical Corp., Erf.: D. R. Jackson u. L. G. Lundsted; Chem. Abstr. **48**, 9727[g] (1954).
DAS. 1070829 (1953), Dow Chemical Co., Erf.: E. C. Britton u. P. S. Petrie.
DAS. 1049103 (1957), Farbf. Bayer, Erf.: G. Scriba u. W. Graulich; C. **1959**, 11420.
M. F. Sorokin u. L. G. Shode, Vysokomolekulyarnye Soedineniya **1**, 1487 (1959).

zweierlei Weise erfolgen[1]: Bei der alkalisch (anionisch) katalysierten Anlagerung wird der Epoxydring bevorzugt zwischen dem Sauerstoffatom und dem Kohlenstoffatom mit der geringeren Elektronendichte aufgespalten, so daß beispielsweise aus Propylenoxyd in erster Stufe bevorzugt der sekundäre Alkohol I entsteht[2,3]. Da dieser sekundäre Alkohol wesentlich langsamer Propylenoxyd addiert als ein primärer Ausgangsalkohol, besteht hier im Gegensatz zur Oxäthylierung die Möglichkeit, das Monoanlagerungsprodukt in verhältnismäßig guter Ausbeute zu fassen[2]. Bei der durch Säuren katalysierten Anlagerung erfolgt die Aufspaltung des Epoxydringes so, daß als Zwischenprodukt ein möglichst stabiles Carbeniumion entsteht, d.h. aus Propylenoxyd bildet sich in erster Stufe bevorzugt der primäre Alkohol II.

$$
H_3C-CH-CH_2 + ROH \quad
\begin{array}{c}
RO^{\ominus} \\
\nearrow \\
\searrow \\
H^{\oplus}
\end{array}
\quad
\begin{array}{l}
H_3C-CH-CH_2-OR \\
\qquad\quad | \\
\qquad\quad OH \qquad\qquad I \\
\\
H_3C-CH-CH_2OH + H_3C-CH-CH_2-OR \\
\quad\ \ | \qquad\qquad\qquad\qquad | \\
\quad\ \ OR \qquad\qquad\qquad\quad OH \\
\qquad II \qquad\qquad\qquad\qquad I
\end{array}
$$

Aus Isobutylenoxyd entstehen bei der durch Säure katalysierten Addition die primären Alkohole sogar ausschließlich[4]. Werden die Anlagerungen in Abwesenheit von Katalysatoren bei wesentlich höheren Temperaturen durchgeführt, so läßt sich kaum voraussehen, welchen Verlauf die Reaktionen nehmen.

β_2) *Polyaddition von Monoepoxyden an Amine*

Bei der Einwirkung von Äthylenoxyd auf Ammoniak, primäre und sekundäre Amine entstehen zunächst Äthanolamine[5]. Die Reaktion, die durch Wasser beschleunigt werden kann[6], wird durch eine Anlagerung des nucleophilen Stickstoffs an eine positivierte Methylengruppe ausgelöst:

$$
H_2C-CH_2 \xrightarrow{\ +N\begin{smallmatrix}R\\R\\H\end{smallmatrix}\ } CH_2-CH_2-N\begin{smallmatrix}R\\R\\H\end{smallmatrix} \rightarrow HO-CH_2-CH_2-N(R)_2
$$

Nach Ersatz aller Wasserstoffatome am Stickstoff – z.T. auch schon vorher (s.u.) – werden die neuentstandenen Hydroxygruppen oxäthyliert. Diese letztere Reaktion bietet gegenüber der schon besprochenen allgemeinen Oxäthylierung von Alkoholen nichts prinzipiell Neues. Falls das Amin genügend basisch ist, kann dieses selbst die

[1] Zur Öffnung des Epoxydringes unter dem Einfluß von Säuren u. Basen s. S. 427 u. ds. Handb. Bd. VI/2, Kap. Umwandlung 3-gliedriger cyclischer Äther.
S. a. H. C. CHITWOOD u. B. T. FREURE, Am. Soc.**68**, 680 (1946).
L. SHECHTER u. J. WYNSTRA, Ind. eng. Chem. **48**, 86 (1956).
A. A. PETROV, Chem. Techn. **6**, 639 (1954).
[2] H. A. PECORINI u. J. T. BANCHERO, Ind. eng. Chem. **48**, 1287 (1956).
[3] G. GEE u. Mitarbb., Soc. **1961**, 4298.
[4] A. P. 1968032 (1931), Shell Develop., Erf.: K. R. EDLUND; C. **1935** I, 1935.
[5] S. dazu ds. Handb. Bd. XI/1, Kap. Herstellung von Aminen, S. 311ff.
Zur Polyoxäthylierung von Aminen s. a. N. SCHÖNFELDT, Oberflächenaktive Anlagerungsprodukte des Äthylenoxyds, Wissenschaftliche Verlagsgesellschaft mbH., Stuttgart 1959.
[6] S. dazu ds. Handb.Bd. XI/1, Kap. Herstellung von Aminen, S. 312f.

weitere Oxäthylierung katalysieren, anderenfalls ist der Zusatz einer geringen Menge Natrium oder Alkalihydroxyd erforderlich, um den Aminoalkohol in das Alkoholatanion überzuführen.

Die Oxäthylierung von Ammoniak zum Mono-, Di- und Triäthanolamin ist ohne Schwierigkeit selbst in Gegenwart von größeren Mengen Wasser möglich und wird so auch praktisch durchgeführt[1]. Die weitere Oxäthylierung des Triäthanolamins an den alkoholischen Hydroxygruppen erfolgt jedoch in Abwesenheit von Wasser[2] (Beispiel 11, S. 451).

Allgemein addieren niedermolekulare primäre Amine ein oder zwei Mol Äthylenoxyd schon bei wenig erhöhter Temperatur; hierbei kann auf den Zusatz von Katalysatoren verzichtet werden[3]. Fast alle primären Amine mit endständiger Aminogruppe sind in der Lage, beide Wasserstoffatome an Äthylenoxyd anzulagern, doch tritt nach Anlagerung eines Äthylenoxyds die neu entstandene primäre Hydroxygruppe mit der sekundären Aminogruppe in Konkurrenz, und eine weitere Oxäthylierung findet mitunter bevorzugt an der Hydroxygruppe statt. Dieser Vorgang macht sich hauptsächlich bei Aminen mit größeren Alkylresten an der Aminogruppe bemerkbar. In solchen Sonderfällen kann die Oxäthylierung aus sterischen Gründen an der Hydroxygruppe sogar schneller verlaufen als an der primären Aminogruppe. Bei der Oxäthylierung sekundärer Amine mit größeren Alkyl- oder Arylresten am Stickstoff tritt daher oft trotz Aminüberschuß die Bildung höhermolekularer Polyadditionsprodukte auf[4], da gebildetes Oxäthylamin leichter weiter oxäthyliert wird. Fettamine[5] mit einer endständigen primären Aminogruppe reagieren leichter mit Äthylenoxyd, d. h. schon etwa ab 60°, als die entsprechenden Fettalkohole, bei denen meist Temperaturen von mindestens 180° erforderlich sind. – Glatt verläuft auch die Oxalkylierung von *Äthylenimin*[6].

Unter dem Einfluß von etwas Säure addieren auch sterisch behinderte Amine, welche ohne Katalysator oder unter dem Einfluß von alkalischen Katalysatoren kein Äthylenoxyd anlagern, glatt ein Mol Äthylenoxyd[7,8], z.B. kann so Dicyclohexylamin leicht und in sehr guter Ausbeute in *N,N-Dicyclohexyl-äthanolamin* übergeführt werden[7]. Auch primäre Amine mit einer in α-Stellung verzweigten Kohlenstoffkette sind auf diese Weise glatt oxäthylierbar. In Gegenwart einer Spur Chlorwasserstoff oder unter Zusatz konzentrierter Salzsäure (etwa 0,1%) verläuft die Addition schon bei Temperaturen unter 100° ausreichend schnell[7]. Die weitere Oxäthylierung derartiger sterisch behinderter Amine, jetzt also an der alkoholischen Hydroxygruppe erfolgend, geschieht wieder unter Zusatz alkalischer Katalysatoren[7,8] (s. Beispiel 12, S. 452).

[1] L. KNORR, B. **30**, 909 (1897).
   DRP. 535049 (1927), I. G. Farb., Erf.: H. ULRICH; Frdl. **18**, 346.
   BIOS Final Rep. **1059** (1947).
[2] DBP.-Anm. F 6872 (1951), Farbf. Bayer, Erf.: H. SCHNELL.
[3] DRP. 562713 (1926), I. G. Farb., Erf.: O. SCHMIDT, K. SEYDEL u. E. MEYER; Frdl. **18**, 349.
   DRP. 552268 (1930), I. G. Farb., Erf.: W. HENTRICH u. H. KEPPLER; Frdl. **19**, 2329.
   DRP. 667744 (1930), I. G. Farb., Erf.: C. SCHÖLLER u. M. WITTWER; Frdl. **23**, 1233.
[4] E. S. NARRACOTT, Brit. Plastics **26**, 120 (1953).
   H. HIBBERT u. S. Z. PERRY, Canad. J. Res. **8**, 102 (1933).
[5] F. P. 809360 (1936), I. G. Farb.; C. **1937** II, 1666.
[6] A. FUNKE u. G. BENOIT, Bl. [5] **20**, 1021 (1953).
[7] Eigene nicht veröffentlichte Versuche.
[8] DBP. 952981 (1954; Am. Prior., 1953); A. P. 2871266 (1957), Rohm & Haas Co., Erf.: G. C. RILEY; C. **1958**, 1729; Chem. Abstr. **53**, 13054[b] (1959).

Auch basische Säureamide, z.B. aus Diäthylentriamin und Ölsäure (Molverhältnis 1:1), sind in Gegenwart von etwas Borfluorid-ätherat (0,3%) bei niederen Temperaturen (80–100°) oxäthylierbar[1].

Eine interessante Variation zur Darstellung von basischen Polyäthern mit endständiger Alkoxygruppe ist die Umsetzung von Sulfonsäureestern oxäthylierter, höherer Alkohole mit Aminen bei 180° [2].

$$\text{Alkyl—OH} + n\,H_2C\overset{\displaystyle O}{\diagdown\diagup}CH_2 \rightarrow \text{Alkyl—}(O\text{—}CH_2\text{—}CH_2)_{n-1}\text{—}O\text{—}CH_2\text{—}CH_2OH \xrightarrow{\ ClSO_3H\ }$$

$$\text{Alkyl—}(O\text{—}CH_2\text{—}CH_2)_{n-1}\text{—}O\text{—}CH_2\text{—}CH_2\text{—}O\text{—}SO_3H \xrightarrow{+NH_2R}$$

$$\text{Alkyl—}(O\text{—}CH_2\text{—}CH_2)_{n-1}\text{—}O\text{—}CH_2\text{—}CH_2\text{—}NH\text{—}R$$

Erwähnt sei, daß Phosphine[3] und Diboran[4] in gleicher Weise wie Amine Äthylenoxyd anlagern, wobei ebenfalls der nucleophile Charakter der Addenden maßgebend ist.

Reine wasserfreie tertiäre Amine, besonders solche mit größeren Alkylresten, reagieren im allgemeinen nicht mit Epoxydgruppen. So ist z.B. Propyl-bis-[2,3-epoxy-propyl]-amin ohne Veränderung im Vakuum destillierbar[5]. Zur Bildung von Additionsprodukten[6] kommt es im allgemeinen nur in Gegenwart einer geringen Menge Wasser oder Alkohol. Sehr wahrscheinlich bildet sich zunächst das Zwitterion I:

$$(R)_3N + H_2C\overset{\displaystyle O}{\diagdown\diagup}CH_2 \rightarrow (R)_3\overset{\oplus}{N}\text{—}CH_2\text{—}CH_2\text{—}\overset{\ominus}{O}$$
$$I$$

Über den weiteren Verlauf der Reaktion gehen die Ansichten auseinander. Während einige Autoren[7] annehmen, daß dieses Zwitterion am anionischen Sauerstoff Alkylenoxyd addiert unter Bildung eines stickstoffhaltigen Polyadditionsproduktes II (Gleichung 1)

$$(1) \quad (R)_3\overset{\oplus}{N}\text{—}CH_2\text{—}CH_2\text{—}\overset{\ominus}{O} \xrightarrow{+n\,H_2C\overset{O}{\diagdown\diagup}CH_2} (R)_3\overset{\oplus}{N}\text{—}(CH_2\text{—}CH_2\text{—}O)_n\text{—}CH_2\text{—}CH_2\text{—}\overset{\ominus}{O}$$
$$I \hspace{6cm} II$$

vertreten andere[8] die Ansicht, daß das Zwitterion nicht mit Alkylenoxyd, sondern mit dem zugesetzten Wasser oder Alkohol unter Entnahme eines Protons reagiert

---

[1] A. P. 2 681 354 (1950), NOPCO Chemical Co., Erf.: M. J. Kelley u. J. Levy; Chem. Abstr. **48**, 9728^d (1954).

[2] DBP.-Anm. B 1743 (1950) ≡ F.P. 1 031 146 (1951), BASF, Erf.: K. Messner, R. Schnabel u. C. Schöller; C. **1956**, 1452.

[3] I. L. Knunyants u. R. N. Sterlin, C. r. Doklady **56**, 49 (1947); Chem. Abstr. **42**, 519^g (1948).

[4] F. G. A. Stone u. H. J. Emeléus, Soc. **1950**, 2755.

[5] A.P. 2 891 970 (1955), Farbf. Bayer, Erf.: G. Frank, R. Wegler u. W. Krauss.

[6] DRP. 646 339 (1937) ≡ F. P. 806 819 (1936), I. G. Farb., Erf.: H. Ulrich u. E. Plötz; C. **1937** I, 3225.
A. P. 2 153 591 (1937), Merck & Co., Erf.: G. Roeder; Chem. Abstr. **33**, 5415^7 (1939).
H. Staudinger u. O. Schweitzer, B. **62**, 2395 (1929).
Zur Mono-oxalkylierung tert. Amine s. ds. Handb. Bd. XI/2, Kap. Herstellung von Aminen, S. 610f.

[7] E. S. Narracott, Brit. Plastics **26**, 120 (1953);

[8] L. Shechter u. J. Wynstra, Ind. eng. Chem. **48**, 86 (1956).
S. a. S. H. Langer u. I. N. Elbling, Division of Paint, Plastics and Printing Ink Chemistry, Atlantic City Meeting Sept. 1956, Bd. **16**, Nr. 2, Paper 13.

und daß dann das zurückbleibende Hydroxyl- bzw. Alkoholation Alkylenoxyd addiert unter Entstehung eines **stickstoffreien** Polyadditionsproduktes III (Gleichung 2):

(2)
$$(R)_3\overset{\oplus}{N}-CH_2-CH_2-\overset{\ominus}{O} \xrightarrow{\ +HOR'\ } (R)_3\overset{\oplus}{N}-CH_2-CH_2-OH + R'O^{\ominus}$$

$$R'O^{\ominus} \xrightarrow{\ +n\,H_2C-CH_2\ \ \atop \diagup O \diagdown} RO-(CH_2-CH_2-O)_{n-1}-CH_2-CH_2-\overset{\ominus}{O}$$
III

Es ist auch möglich, daß beide Reaktionen nebeneinander ablaufen. Der **Abbruch** der Polyadditionskette (nach 1 oder 2) dürfte in der Hauptsache durch Addition eines Protons erfolgen. Bei der Polymerisation von Phenylglycidäther mit Triäthylamin wurde die Abspaltung einer kleinen Menge Äthylen beobachtet[1], was für die folgende Abbruchsreaktion spricht:

$$\begin{array}{c} H_5C_2 \\ H_5C_2-\overset{\oplus}{N}- \\ H_5C_2 \end{array} \Big[-CH_2-\underset{\underset{R}{|}}{CH}-O-\Big]_n-CH_2-\underset{\underset{R}{|}}{CH}-O^{\ominus} \rightarrow C_2H_4 + \begin{array}{c} H_5C_2 \\ N- \\ H_5C_2 \end{array} \Big[-CH_2-\underset{\underset{R}{|}}{CH}-O-\Big]_n-CH_2-\underset{\underset{R}{|}}{CH}-OH$$

$$R = CH_2-O-C_6H_5 \qquad n = 0, 1, 2 \ldots$$

Läßt man Äthylenoxyd auf geeignete hochmolekulare **tertiäre Polyamine** in Gegenwart von Alkoholen einwirken, so entstehen stark basische Anionenaustauscher[2]:

$$\begin{bmatrix} -R & R & R- \\ | & | & | \\ CH_2 & CH_2 & CH_2 \\ | & | & | \\ N(CH_3)_2 & N(CH_3)_2 & N(CH_3)_2 \end{bmatrix}_n + H_2C \overset{\diagup O \diagdown}{} CH_2 + R'OH \rightarrow$$

$$\begin{bmatrix} -R & R & R- \\ | & | & | \\ CH_2 & CH_2 & CH_2 \\ | & | & | \\ N(CH_3)_2 & N(CH_3)_2 & N(CH_3)_2 \\ | & | & | \\ CH_2-CH_2OH & CH_2-CH_2-OH & CH_2-CH_2-OH \end{bmatrix}_n \begin{array}{l} 3\,n\,\oplus \\[2em] 3\,n\,R'O^{\ominus} \end{array}$$

$$R = -CH-CH_2- \atop \underset{C_6H_4}{|}$$

$$R' = CH_3$$

Da die Anlagerung der tertiären Amine an Alkylenoxyde primär am einsamen Elektronenpaar des Stickstoffatoms erfolgt, ist es verständlich, daß die Anlagerung um so glatter verläuft, je **nucleophiler** das Amin ist, d. h. je größer seine Basizität und je geringer die sterische Abschirmung des einsamen Elektronenpaars ist. So lagern z. B. N,N-Dimethyl-alkylamine leicht Alkylenoxyde an, nicht dagegen N,N-Dimethyl-anilin. Schon Triäthylamin ist weniger additionsfreudig als Trimethylamin, dagegen addieren die N-Alkyl-derivate des Piperidins Alkylenoxyde leicht; s. dazu die Literatur[3].

---

[1] E. S. NARRACOTT, Brit. Plastics **26**, 120 (1953).
[2] DAS. 1 032 534 (1952) ≡ A. P. 2 689 833 (1951), Rohm & Haas Co., Erf.: J. C. H. HWA; C. **1956**, 1748.
[3] A. DAMUSIS, Division of Paint, Plastics and Printing Ink Chemistry, Atlantic City Meeting Sept. 1956, Bd. **16**, Nr. 2, Paper 24.
  S. H. LANGER u. I. N. ELBLING, Division of Paint, Plastics and Printing Ink Chemistry, Atlantic City Meeting Sept. 1956, Bd. **16**, Nr. 2, Paper 13.

Salze tertiärer Amine reagieren ebenfalls noch mit Äthylenoxyd[1]. Der erste Schritt ist möglicherweise eine Anlagerung der Säure an das Äthylenoxyd. Im Falle der Anwendung eines Hydrochlorids würden Äthylenchlorhydrin und tertiäres Amin entstehen. Bei stärkerem Erhitzen reagiert dann das Äthylenchlorhydrin mit dem tertiären Amin unter Entstehung eines quartären Salzes, das unter dem Einfluß der tertiären Base Äthylenoxyd an die Hydroxygruppe unter Polyoxäthylierung anlagert:

$$\left[\begin{array}{c}(R)_3N \\ H\end{array}\right]^{\oplus} An^{\ominus} + H_2C\!\!-\!\!\!CH_2 \;\rightleftharpoons\; (R)_3N + HO\!-\!CH_2\!-\!CH_2\!-\!An$$
$$\text{(Epoxid O)}$$

$$HO\!-\!CH_2\!-\!CH_2\!-\!An + N(R)_3 \;\rightarrow\; [HO\!-\!H_2C\!-\!CH_2\!-\!N(R)_3]^{\oplus} An^{\ominus} \xrightarrow{+\, n\, H_2C\text{—}CH_2 \;\; O}$$

$$[HOCH_2\!-\!CH_2\!-\!(CH_2\!-\!CH_2\!-\!O)_n\!-\!N(R)_3]^{\oplus} An^{\ominus}$$

Möglicherweise reagieren aber Salze tertiärer Amine, welche stets etwas in Amin und Säure dissoziiert sind, auch zuerst mit der tertiären Aminogruppe in der schon früher formulierten Weise (s. Gleichung 1, S. 442), und das entstehende Zwitterion stabilisiert sich durch Anlagerung der Säure zum quartären Salz:

$$(R)_3N\,|\, + n\, H_2C\!\!-\!\!CH_2 \;\rightarrow\; (R)_3\overset{\oplus}{N}\!-\!(CH_2\!-\!CH_2\!-\!O)_{n-1}\!-\!CH_2\!-\!CH_2\!-\!\overset{\ominus}{O}\,| \;\xrightarrow{+\, HCl}$$

$$[(R)_3N\!-\!(CH_2\!-\!CH_2\!-\!O)_{n-1}\!-\!CH_2\!-\!CH_2OH]^{\oplus} Cl^{\ominus}$$

Für diesen Reaktionsweg spricht die Tatsache, daß die Umsetzung zwischen Hydrochloriden einfacher tertiärer Amine und Äthylenoxyd in Methanol selbst schon bei 20° quantitativ verläuft[2]. Diese Reaktion ist besonders wahrscheinlich bei der Oxäthylierung von Carbonaten[3] sowie Salzen schwacher organischer Säuren von stark basischen, niederen tertiären Alkylaminen.

Auf der Umsetzung von Salzen tertiärer Amine mit Alkylenoxyden beruht die Titration von Epoxydgruppen mit einer Pyridinhydrochlorid-Lösung bei etwa 100° (s. Beispiel 13, S. 452).

β₃) Polyaddition von Monoepoxyden an Carbonsäuren und Carbonsäureanhydride

Carbonsäuren lassen sich ohne Katalysator durch Einleiten von Äthylenoxyd verestern, doch ist nach Verbrauch der Säure, also nach Entstehung des Glykolhalbesters, der Zusatz von etwas Alkali zur weiteren Oxäthylierung notwendig[4] (s. Beispiel 14, S. 452). Läßt man dagegen eine Carbonsäure direkt auf überschüssiges Äthylenoxyd einwirken, so können auch in saurer Lösung Ester des Poly-

---

[1] Die Bildung von 1:1-Additionsprodukten ist in diesem Handb. Bd. XI/2, Kap. Herstellung von quartären Ammoniumverbindungen, S. 610, beschrieben.

[2] Eigene Versuche mit E. REGEL.

[3] E. P. 379260 (1932), F. Körner; C. **1933** II, 910.

[4] DRP. 694178 (1930), I. G. Farb., Erf.: C. SCHÖLLER u. M. WITTWER; Frdl. **24**, 1083.
DBP.-Anm. p 29684 (1948; Schweiz. Prior., 1944 u. 1945), CIBA, Erf.: O. ALBRECHT.
E.P. 670153 (1952), Société Carbochimique; Chem. Abstr. **46**, 8363[b] (1952).
Schweiz. P. 248686 (1944); 244048 (1947); E.P. 599280 (1948), CIBA; Chem. Abstr. **43**, 7727[b], 6652[g] (1949); **42**, 5694[i] (1948).

äthylenglykols entstehen[1,2]. Hier verläuft also neben der Bildung des Glykol-halbesters die Äthylenoxyd-Polyaddition als konkurrierende Reaktion. Eine Poly-oxäthylierung von Carbonsäuren ist auch unter Zusatz einer Spur (0,1–0,3%) Bor-fluorid-ätherat bei 30–50° möglich.

Monofettsäureester von Polyalkylenglykolen finden mannigfache Verwendung als Textilhilfsmittel, Reinigungs- und Netzmittel, Emulgatoren und Weichmacher für Kunstseide, ferner in der Lebensmittelindustrie (zusammenfassende Übersicht s. Literatur[3]).

Hochmolekulare Polycarbonsäuren, wie *Polyacrylsäure*, lassen sich infolge der bevorzugten Reaktionsfähigkeit der Carboxygruppe selbst in 10%iger wäßriger Lösung in Gegenwart von 5–10 Mol.-% Natronlauge oxäthylieren. Die Reaktion dauert bei Raumtemperatur mehrere Wochen[4], bei 80–100° ist sie in einigen Stunden beendet[5]. Während Polyacrylsäure bei Überschreitung eines p_H-Wertes von 6–8 zu Vernetzungsreaktionen neigt, läßt sich *Polymethacrylsäure* unter diesen Bedingungen glatt polyoxäthylieren[6].

Mit Carbonsäureanhydriden, wie Phthalsäureanhydrid oder Maleinsäureanhydrid, sind die Verhältnisse ganz ähnlich[2]. Zum glatten Reaktionsstart ist etwas Wasser, Alkohol oder eine geringe Menge der Carbonsäure notwendig, da stets die Carboxygruppe mit dem Äthylenoxyd reagiert. Als Reaktionstemperatur genügen 150–170°. Wird das Äthylenoxyd in das Anhydrid eingeleitet, so wechseln die Bau-steine Glykol und Säure regelmäßig ab, da sich ein Anhydrid immer rascher an eine entstandene Hydroxygruppe anlagern wird als Äthylenoxyd, d.h. es entstehen Polyester[7] (vgl. S. 15).

[1] DRP. 561 626 (1927), I. G. Farb.; Erf.: O. SCHMIDT u. E. MEYER; Frdl. **19**, 3287.
   DRP. 542 617 (1927); 544 288 (1928), I. G. Farb., Erf.: F. WEBEL; Frdl. **18**, 2283, 340.
[2] A. WURTZ, A. ch. [3] **69**, 334 (1863).
[3] R. SCHNEIDER, Fette Seifen einschl. Anstrichmittel **58**, 549 (1956).
   N. SCHÖNFELDT, Oberflächenaktive Anlagerungsprodukte des Äthylenoxyds, S. 36ff., Wissen-schaftliche Verlagsgesellschaft mbH., Stuttgart 1959.
[4] DBP. 926 725 (1953), Farbf. Bayer, Erf.: R. SCHMITZ-JOSTEN u. W. KASS; C. **1955**, 7325.
[5] DBP.-Anm. F 12 976 (1953), Farbf. Bayer, Erf.: R. SCHMITZ-JOSTEN.
[6] Priv.-Mitt. R. SCHMITZ-JOSTEN, Leverkusen.
[7] A. P. 2 779 783, 2 822 350 (1954), Firestone Tire & Rubber Co., Erf.: R. A. HAYES; Chem. Abstr. **51**, 7763[g] (1957); **52**, 9660[a] (1958).
   E. P. 500 300 (1937), Henkel & Cie. GmbH.; C. **1939** II, 2590.
   R. F. FISCHER, J. Polymer Sci. **44**, 155 (1960); Ind. eng. Chem. **52**, 321 (1960).

Die Einwirkung von Säureanhydrid auf überschüssiges Äthylenoxyd kann dagegen zu einer Bildung von Polyglykoläthern und deren Veresterungsprodukten führen.

Als Katalysatoren für die Additionsreaktion werden vor allem tertiäre Amine und Alkalihydroxyde empfohlen[1].

Die Umsetzung von cyclischen Säureanhydriden mit Äthylenoxydderivaten spielt eine große Rolle bei der Härtung von Epoxydharzen (s. S. 510 ff.).

β_4) *Polyaddition von Monoepoxyden an Carbonsäure- und Sulfonsäureamide*

Sulfonsäure- und Carbonsäureamide sind ähnlich wie Amine glatt oxäthylierbar[2]; hierbei wird meist nur ein Wasserstoffatom der Amidgruppe substituiert, da die entstehende Hydroxygruppe rascher mit Äthylenoxyd reagiert als das zweite Wasserstoffatom der Amidgruppe.

Die Oxäthylierung von Säureamiden erfolgt bevorzugt unter der Einwirkung alkalischer Katalysatoren. Meist löst man geringe Mengen Natrium im Säureamid und leitet bei 140–180° Äthylenoxyd ein. Aber auch unter dem Einfluß von Borfluorid ist bei Temperaturen unter 100° eine Oxäthylierung durchführbar, doch verläuft sie meist weniger glatt.

Auch Polyamide, synthetische[3] wie natürliche[4] (Wolle, Seide, Casein), addieren noch Äthylen- bzw. Propylenoxyd (Beispiele 15 u. 16, S. 453). S. hierzu a. S. 161.

Harnstoff ist leichter oxäthylierbar als Carbonsäureamide, doch treten bei der Umsetzung sekundäre Reaktionen ein, indem Oxäthylierungsprodukte mit unverändertem Harnstoff Urethane und Ammoniak bilden[5].

γ) Copolymerisation von Monoepoxyden mit Schwefeldioxyd oder Olefinen

Läßt man auf die oxoniumsalzartige Anlagerungsverbindung von *Schwefeldioxyd* an *Äthylenoxyd* unter milden Bedingungen (0°) etwas tertiäres Amin einwirken, so entstehen hochmolekulare Verbindungen, die als Copolymerisate von Äthylenoxyd mit Schwefeldioxyd angesehen werden können[6] (Beispiel 17a, S. 453).

$$n \quad \begin{matrix} CH_2 \\ | \\ CH_2 \end{matrix}\!\!\diagdown\!\!O\!\rightarrow\!S\!\!\diagup\!\!\begin{matrix}O\\ \\ O\end{matrix} \quad \xrightarrow{(R)_3N} \quad -CH_2-CH_2-O-\underset{\underset{O}{\downarrow}}{S}-O-CH_2-CH_2-O-\underset{\underset{O}{\downarrow}}{S}-O-CH_2-CH_2-O-$$

[1] R. F. Fischer, J. Polymer Sci. **44**, 155 (1960).
   A. P. 2779783 (1954), Firestone Tire & Rubber Co., Erf.: R. A. Hayes; Chem. Abstr. **51**, 7763^g (1957).
[2] DRP. 667744 (1930), I. G. Farb., Erf.: C. Schöller u. M. Wittwer; Frdl. **23**, 1233.
   DRP. 738703 (1938) ≡ F. P. 880118 (1942), I. G. Farb., Erf.: L. Orthner, H. Schild, G. Balle u. W. Langbein; C. **1943** II, 1248.
[3] DBP. 913957 (1951), BASF, Erf.: W. Münster; C. **1955**, 8277.
   DBP. 925130 (1952), Farbf. Bayer, Erf.: R. Stroh u. J. Ebersberger; C. **1955**, 8058.
[4] F. P. 794750 (1935) ≡ DRP. 742373 (1934), Aceta GmbH.; C. **1936** II, 2019.
[5] A. M. Paquin, Kunstst. **37**, 165 (1947).
[6] DBP. 888770 (1950; F. Prior., 1948) ≡ Schweiz. P. 284070 (1949), Société Anonyme des Manufactures des Glaces et Produits Chimiques de Saint-Gobain, Chauny & Cirey, Erf.: M. J. Viard; C. **1953**, 4294.
   M. Viard u. P. Piganiol, Compt. rend. congr. intern. chim. ind., 23e Congr., Milan, **1950**, 233 (Sonderheft von Chim. et Ind.).

Ob die Formulierung als Sulfite richtig ist, sei hier nicht entschieden, doch spricht die Hydrolyse unter Entstehung von Schwefeldioxyd dafür. Zur Darstellung dieser Hochmolekularen kann auch Schwefeldioxyd in das in der Kälte beständige Gemisch von schwachen tertiären Basen (N,N-Diäthyl-anilin) mit viel Äthylenoxyd bei 0° eingeleitet werden (Beispiel 17b, S. 453).

Mit ein Mol tertiärer Base pro Mol Äthylenoxyd und Schwefeldioxyd entsteht ein einfaches, lineares, betainartiges Additionsprodukt[1].

$$\begin{array}{c} H_2C \\ | \quad \rangle O \rightarrow S \begin{array}{c} \nearrow O \\ \searrow O \end{array} \\ H_2C \end{array} + (R)_3N \;\rightarrow\; (R)_3\overset{\oplus}{N}-CH_2-CH_2-O-SO_2^{\ominus}$$

Die Auffindung des 1:1:1-Anlagerungsproduktes macht auch in den Polyadditionsprodukten als Kettenanfang eine quartäre Ammoniumgruppe und als Ende einen sauren Schwefligsäureester-Rest wahrscheinlich.

Ein theoretisch noch ganz unerforschtes Gebiet ist die Copolymerisation von Äthylenoxyd mit Olefinen in Gegenwart von radikalbildenden Katalysatoren. *Äthylen* gibt mit Äthylenoxyd unter dem Einfluß von Benzalazin bei 225° und 400–500 atü ein wachsartiges Copolymerisat[2]. Auch *Vinylidenchlorid* ist einer Copolymerisation mit Äthylenoxyd oder auch Propylenoxyd fähig; die Polymerisation wird in wäßriger Emulsion mit Peroxydisulfat bei 55° durchgeführt[3]. Dagegen läßt sich Vinylidenfluorid nicht mit Äthylenoxyd copolymerisieren, wohl aber *Perfluorpropen* und *Trifluoräthylen*[4]. Radikalische Polymerisationen von Alkylenoxyden allein sind bis jetzt nicht bekannt geworden. Neuerdings werden Alkylenoxyde und Olefine auch mit Hilfe von Friedel-Crafts-Katalysatoren copolymerisiert[5]. Eine Variante dieses Verfahrens besteht darin, daß man diese Copolymerisation in Gegenwart von Acetalen durchführt, wobei diese in das Polymerisat eingebaut werden[6].

δ) Praktische Durchführung der Polymerisation bzw. Polyaddition

Für eine Oxäthylierung im kleineren Maßstabe bis zu etwa 10 kg benutzt man zylindrische, verhältnismäßig hohe Einleitungsgefäße, bei denen von unten durch eine Glasfritte Äthylenoxyd eingeleitet und die Flüssigkeit durch den aufsteigenden Gasstrom durchgemischt wird. *Sauerstoff* ist vor Einpressen des Äthylenoxyds durch Stickstoff zu verdrängen[7], da Luft mit einem Gehalt von über 3% Äthylenoxyd **explosionsfähig** ist. Das Einleiten des Äthylenoxyds wird so geregelt, daß oben praktisch kein Äthylenoxyd entweicht. Zur besseren Durchmischung und zur Verhinderung einer oxydativen Dunkelfärbung kann etwas Stickstoff mit eingeleitet werden. Die *Reaktionstemperatur* richtet sich nach der zu oxäthylierenden Verbindung und etwas nach der Menge des Katalysators. Sie soll nicht zu hoch gewählt werden, da sonst starke Verfärbung eintritt. Eine geringe Dunkelfärbung (Acetaldehydharze) läßt sich nicht ganz vermeiden. Neben der Reaktionsfähigkeit der zu oxäthylierenden Ver-

---

[1] Eigene nicht veröffentlichte Versuche mit A. BALLAUF u. D. GLABISCH.

[2] A.P. 2516960 (1948), DuPont, Erf.: D. D. COFFMAN; Chem. Abstr. 45, 1814ʰ (1951).

[3] A.P. 2556048 (1947), Dow Chemical Co., Erf.: G. W. STANTON u. C. E. LOWRY; Chem. Abstr. 45, 7819ʰ (1951).

[4] M. HAUPTSCHEIN u. J. M. LESSER, Am. Soc. 78, 676 (1956).

[5] DAS. 1083055 (1958), Farbf. Bayer, Erf.: R. MERTEN.

[6] DAS. 1114325 (1958), Farbf. Bayer, Erf.: R. MERTEN u. K. WAGNER.

[7] BIOS Final Rep. 1625 (1947), Item 22 (London).

bindung spielt mitunter deren Lösungsvermögen für Äthylenoxyd eine Rolle. Schlecht lösende höhere Fettalkohole lassen sich meist erst nach einiger Zeit, wenn schon teilweise Polyäther vorliegen, leicht oxäthylieren. Äthylenoxyd darf erst bei Temperaturen von über 150° eingeleitet werden, da sonst die Gefahr besteht, daß sich eine konzentrierte Äthylenoxydlösung bildet, die bei größeren Ansätzen eine plötzliche, heftige Reaktion auslösen kann. Die Oxäthylierung wird bei kleineren Ansätzen bis zum Kilogramm-Maßstab am sichersten verfolgt durch Wiegen des Reaktionsgefäßes samt Inhalt. (Zuvor ist kurze Zeit bei höherer Temperatur Stickstoff durch die Reaktionslösung zu leiten, um evtl. gelöstes Äthylenoxyd zu entfernen.) Neben der Kontrolle der Gewichtszunahme sind Löslichkeitsbestimmungen bei der Oxäthylierung wasserunlöslicher Alkohole, Alkylphenole, Amine oder Carbonsäuren zweckmäßig (s. Beispiel 9, S. 451).

Bei der Oxäthylierung von Hydroxyverbindungen dient meist eine geringe Menge Alkalialkoholat bzw.-phenolat als Katalysator, die durch Erhitzen der Hydroxyverbindung mit einer entsprechenden Menge Natrium (etwa 0,1%) unter Ausschluß von Feuchtigkeit hergestellt wird, oder es wird die entsprechende Menge Natriummethylat zugegeben und dann bei über 150° das Methanol abdestilliert. Es kann aber auch etwas konzentrierte Natriumhydroxydlösung dem Alkohol zugesetzt werden, doch müssen dann durch längeres Erhitzen auf 180° Wasserspuren abgetrieben werden, da andernfalls auch einfache Polyäthylenglykoläther entstehen. In die Lösung des Alkalialkoholats in Alkohol wird durch eine Fritte bei über 160° Äthylenoxyd drucklos eingeleitet. Durch geeignete Vorschaltung geräumiger, leerer Waschflaschen ist dafür Sorge zu tragen, daß keine Reaktionsflüssigkeit mit Katalysator in das Äthylenoxyd-Vorratsgefäß zurücksteigen kann (*Explosionsgefahr*)[1]. Bei größeren Ansätzen wird in geschlossenen Niederdruckapparaturen gearbeitet, und es kann in kleinen Mengen flüssiges Äthylenoxyd eingepreßt werden, wobei die weitere Zugabe stets nur in dem Maße erfolgen darf, in dem das Äthylenoxyd verbraucht wird (Druckabfall bei geschlossenem Reaktionsgefäß). Nie größere Mengen flüssigen Äthylenoxyds mit *Alkalialkoholat* im Autoklaven zusammenbringen, da dann die Reaktion einen *explosionsartigen* Verlauf nimmt! (22 kcal Polymerisationswärme je Mol Äthylenoxyd).

Von der Anwendung des Äthylenoxyds in Form einer Lösung, z. B. in Dioxan[2], macht man nur selten Gebrauch. Doch lassen sich hochschmelzende Produkte, wie Polyamide, am besten in etwas Dioxan als Quellmittel oxäthylieren[3] (Beispiel 15, S. 453).

Beispiel 1

Polymerisation von Äthylenoxyd mit Magnesiumhydroxyd:[4] Zu 1 g Magnesiumhydroxyd (Oberfläche 63 m² pro g), das sich in einer gläsernen Ampulle unter Hochvak. befindet, werden unter Kühlung mit flüssigem Stickstoff 20 cm³ Benzol und 20 cm³ Äthylenoxyd gegeben. Die zugeschmolzene Ampulle wird 20 Stdn. auf 75° erwärmt, dann abgekühlt und geöffnet. Man löst den Inhalt in Alkohol, filtriert heiß, engt das Filtrat ein und fällt das Polymere mit n-Hexan aus. Die Ausbeute beträgt 65–70%, das mittlere Mol.-Gew. 500000.

---

[1] Über die Gefahren beim Umgang mit Äthylenoxyd, das auch biologisch nicht indifferent ist (wäßr. Lösungen erzeugen auf der Haut Blasen), s.a. Firmenschrift „Äthylenoxyd" der Chemischen Fabrik Holten GmbH., Juni 1957 u. ds. Handb. Bd. VI/2, Kap. Herstellung 3-gliedriger cyclischer Äther.

[2] F. P. 750520 (1933), I. G. Farb.; C. **1933** II, 3342.

[3] DBP. 913957 (1951), BASF, Erf.: W. Münster; C. **1955**, 8277.

[4] O. V. Krylov u. Y. E. Sinyak, Vysokomolekulyarnye Soedineniya **3**, 898 (1961).

Beispiel 2

Polymerisation von Äthylenoxyd mit Strontiumcarbonat:
Herstellung des Strontiumcarbonats[1]: Unter die Oberfläche einer 22%igen wäßr. Lösung von reinem Strontiumhydroxyd leitet man bei 90° einen Kohlendioxydstrom. Das ausgefallene Strontiumcarbonat wird mit destilliertem Wasser gewaschen und so weit getrocknet, daß sein Wassergehalt 0,5–1% beträgt.

Polymerisation[2]: 15 g Äthylenoxyd, die durch Destillation über Drierite® von Wasser und durch Destillation über Ascarite® von Kohlendioxyd befreit wurden, werden in einer Stickstoffatmosphäre zusammen mit 15 g Anisol und 0,45 g Strontiumcarbonat in ein Glasrohr eingeschlossen und 16 Stdn. unter mäßigem Schütteln auf 93° erhitzt. Man erhält in praktisch quantitativer Ausbeute ein Polyäthylenoxyd von der reduzierten Viscosität 4,8.

Beispiel 3

Polymerisation von Äthylenoxyd mit Aluminiumisopropylat-Zinkchlorid[3]: Zu flüssigem Äthylenoxyd, das sich in einem mit Trockeneis-Aceton gekühlten Bombenrohr befindet, gibt man 0,66 Gew.-% Aluminiumisopropylat und 0,36 Gew.-% Zinkchlorid. Das zugeschmolzene Rohr wird 144 Stdn. auf 30° erwärmt, dann in Trockeneis-Aceton abgekühlt und geöffnet. Man löst das Polymere in etwa dem 10fachen Vol. Benzol, filtriert und gibt das 2,5fache Vol. an kaltem Äther hinzu. Das Polymere fällt über Nacht aus; es wird abgesaugt, nochmals in Benzol gelöst, filtriert und durch Gefriertrocknung isoliert. Man erhält das Polymere mit der Viscositätszahl 2,1 in 85%iger Ausbeute.

Beispiel 4

Polymerisation von Propylenoxyd mit Eisen-(III)-hydroxyd[4]: Der Eisen-(III)-hydroxyd-Katalysator wird hergestellt durch Fällen einer wäßr. Eisen-(III)-chlorid-Lösung mit der äquivalenten Menge Ammoniaklösung. Der Niederschlag wird abfiltriert, mit Aceton gewaschen und i. Vak. unter schwachem Erwärmen getrocknet (Gewichtsverlust 13,5%). Sein Eisengehalt beträgt 60,6%.

50 g flüssiges Propylenoxyd werden mit 1 g dieses Katalysators im geschlossenen Reaktionsgefäß unter Rühren 160 Stdn. auf 80° erhitzt. Es bildet sich ein braunes, festes, kautschukähnliches Polymeres, das in heißem Aceton gelöst und mit so viel konz. Salzsäure versetzt wird, wie zur Umwandlung des Eisen-(III)-hydroxyds in lösliches Eisen-(III)-chlorid notwendig ist. Die Lösung wird nun auf —20° abgekühlt, wobei ein Teil des Polymeren sich in fester Form abscheidet und durch Filtration abgetrennt wird. Nach zweimaligem Umkristallisieren aus Aceton erhält man das Produkt als feste weiße Masse; F: ~ 50°, D: 1,03, Molekulargewicht über 100000. Die Ausbeute an festen Polymeren beträgt 26,9%; insgesamt werden 98% des eingesetzten Propylenoxyds polymerisiert, doch ist der Hauptanteil flüssig.

Beispiel 5

Polymerisation von Propylenoxyd mit einem Eisen-(III)-chlorid-Propylenoxyd-Katalysator[5]: 10 g Eisen-(III)-chlorid (wasserfrei) werden in 50 g Diäthyläther verteilt und langsam bei < 60° mit 10 g flüssigem Propylenoxyd versetzt. Nach beendeter Reaktion werden i. Vak. in der Wärme alle flüchtigen Bestandteile abgetrieben.

Der halbfeste braune Katalysator wird in einem Autoklaven mit Glaseinsatz mit 1000 g flüssigem Propylenoxyd versetzt. Man erhitzt die Mischung 88 Stdn. unter Rühren auf 80° und erhält 940 g einer braunen kautschukähnlichen Masse. Die Aufarbeitung geschieht wie in Beispiel 4 beschrieben. Aus der —20° kalten Lösung scheidet sich das Polymere z. T. krystallin ab; es wird 2mal aus Aceton umkristallisiert; Ausbeute: 250 g; F: 70°; Molekulargewicht: 135000. Das krystalline Polymere ist u.a. löslich in heißem Methanol, Äthanol, Dioxan, Benzol, Toluol, Tetrachlormethan, Tetrahydrofuran und Methyläthylketon. In Äther und Äthylacetat quillt es nur, während es in Dimethylformamid oder Monoäthanolamin unlöslich ist. Eine 4%ige Benzollösung hat bei 18° eine Viscosität von 14,8 Centistokes entsprechend einer spez. Viscosität von 19,4.

---

[1] F. N. HILL, F. E. BAILEY u. J. T. FITZPATRICK, Ind. eng. Chem. **50**, 5 (1958).

[2] Österr. P. 209569 (1957; Am. Prior., 1956), Union Carbide Corp.

[3] R. A. MILLER u. C. C. PRICE, J. Polymer Sci. **34**, 161 (1959).

[4] A.P. 2706182 (1952), Dow Chemical Co., Erf.: M. E. PRUITT, J. M. BAGGETT, R. J. BLOOMFIELD u. J. H. TEMPLETON; Chem. Abstr. **49**, 9325[i] (1955).

[5] A.P. 2706189 (1952), Dow Chemical Co., Erf.: M. E. PRUITT u. J. M. BAGGETT; Chem. Abstr. **49**, 9326[a] (1955).

Beispiel 6

Polymerisation von Cyclohexenoxyd mit Zinn-(IV)-chlorid[1]: 150 g Cyclohexenoxyd, die sich in einem 500 cm³-Kolben mit Rührer, Tropftrichter, Thermometer und Rückflußkühler befinden, werden unter starkem Rühren und Kühlen mit Eis tropfenweise mit 18 g Zinn-(IV)-chlorid versetzt, wobei die Temp. langsam bis 70° ansteigt. Nach beendeter Zugabe rührt man das Reaktionsgemisch, das allmählich viscoser wird, noch eine Stde. bei 70°. Dann wird die heiße Reaktionsmischung unter starkem Rühren in ein siedendes Gemisch von Äthylalkohol und etwas konz. Salzsäure eingerührt. Das polymerisierte Cyclohexenoxyd trennt sich hierbei ab. Man rührt noch einige Zeit nach, trennt dann den Alkohol ab und rührt das Polymerisat noch einige Male mit heißem Alkohol. Anschließend wird i. Vak. bei 100° getrocknet. Das Reaktionsprodukt, das in nahezu quantitativer Ausbeute erhalten wird, ist ein hell gefärbtes, durchsichtiges, sprödes Harz. Es ist löslich in Toluol, Methylacetat, chinesischem Holzöl, aliphatischen Kohlenwasserstoffen und heißem Paraffin, unlöslich in Alkohol, Aceton und β-Äthoxy-äthanol. Mit Nitrocellulose ist es verträglich.

Beispiel 7

Polymerisation von Glycidalkyläthern mit Borfluorid-ätherat[2]:

[a] 100 g Glycidmethyläther, 24,2 g Borfluorid-ätherat und 200 g Hexan werden 3 Stdn. unter Rückfluß erhitzt, wobei die Rückflußtemp. etwa 70° beträgt. Das Reaktionsprodukt ist ein mit Wasser mischbares Öl, das folgende Eigenschaften hat: Molekulargewicht 360; SAE-Zahl[3] 30; Viscosität bei 37,7° 154,5 Centistokes, bei 98,8° 9,79 Centistokes.

[b] 100 g Glycidäthyläther werden mit 6,4 g Borfluorid-ätherat und 200 g Hexan 3 Stdn. unter Rückfluß erhitzt, wobei die Rückflußtemp. etwa 30° beträgt. Man erhält das Polymere in etwa 95,6%iger Ausbeute. Das mit Wasser gewaschene und dann getrocknete Produkt hat folgende Eigenschaften: Molekulargewicht 900; Viscosität bei 37,7° 108,7 Centistokes, bei 98,8° 12,01 Centistokes; Viscositätsindex 107, SAE-Zahl[3] 30.

Beispiel 8

Oxäthylierung von 1,1,1-Tris-hydroxymethyl-propan[4]:

Oxäthylierung in einem Arbeitsgang: 50 g i. Vak. frisch destilliertes 1,1,1-Tris-hydroxymethyl-propan werden mit 0,1 g Natrium versetzt und nach Verdrängen der Luft durch ein indifferentes Gas erwärmt, bis das Natrium gelöst ist. Bei 180–190° werden nun unter heftigem Rühren 1550 g Äthylenoxyd ohne Anwendung von Überdruck in dem Maß eingeleitet, wie sie aufgenommen werden. Man erhält ein viscoses Öl, das beim Abkühlen zu einem weichen Wachs erstarrt. Es ist in heißem und kaltem Wasser leicht löslich, schmilzt bei etwa 45° und enthält 32 Mol Äthylenoxyd pro Alkoholgruppe des 1,1,1-Tris-hydroxymethyl-propans. Auf Grund der Analyse enthält das Wachs 1,2% freie Hydroxygruppen.

Stufenweise Oxäthylierung: 134 g 1,1,1-Tris-hydroxymethyl-propan werden, wie im oberen Beispiel beschrieben, unter Zusatz von 0,1 g Natrium zunächst mit 1400 g Äthylenoxyd umgesetzt. Die nach dem Abkühlen erhaltene Paste ist in heißem und kaltem Wasser löslich, enthält 10,5 Mol Äthylenoxyd pro Alkoholgruppe des 1,1,1-Tris-hydroxymethyl-propans und 3,35% freie Hydroxygruppen.

Anschließend werden 100 g dieses Vorproduktes nach Zusatz von 0,2 g Natrium, wie im obigen Beispiel beschrieben, noch mit 300 g Äthylenoxyd umgesetzt. Das entstandene viscose Öl erstarrt beim Abkühlen zu einem paraffinartigen Wachs, das bei 50–52° schmilzt und in heißem und kaltem Wasser löslich ist. Es enthält 45 Mol Äthylenoxyd pro Alkoholgruppe des 1,1,1-Tris-hydroxymethyl-propans und 0,88% freie Hydroxygruppen.

50 g dieses Wachses vom F: 50–52° werden nach Zusatz von 0,4 g Natrium, wie im obigen Beispiel beschrieben, mit weiteren 170 g Äthylenoxyd umgesetzt. Das entstandene viscose Öl erstarrt beim Abkühlen zu einem hartparaffinartigen Wachs, das bei 63–65° schmilzt und in heißem und kaltem Wasser löslich ist. Die wäßrigen Lösungen sind viscos. Das Wachs enthält 200 Mol Äthylenoxyd pro Alkoholgruppe des 1,1,1-Tris-hydroxymethyl-propans und 0,5% freie Hydroxygruppen.

Derartige Wachse lassen sich mit etwas Hydrogenperoxyd bei 90° bleichen[5].

---

[1] A. P. 2054099 (1935), DuPont, Erf.: H. S. ROTHROCK; C. **1937** I, 210.

[2] DBP. 896415 (1950; Am Prior., 1946), Bataafsche (Shell), Erf.: S. A. BALLARD, R. C. MORRIS u. J. L. VAN WINKLE; C. **1954**, 3378.

[3] Zur Bestimmung der Säurezahl s. ds. Bd., Kap. Polycarbonsäureester, S. 17 f.

[4] E. P. 690355 (1951) ≡ DBP. 950548 (1950), Farbf. Bayer, Erf.: H. SCHNELL; C. **1954**, 8480.

[5] BIOS Final Rep. **1625** (1947), Item 22 (London).

Beispiel 9

Oxäthylierung von p-Isododecyl-phenol mit alkalischem Katalysator[1]: In 262 g (1 Mol) p-Isododecyl-phenol ($Kp_{0,2}$: 165°), die sich in einem Einleitungsgefäß mit Fritte und Thermometer befinden, wird bei 180° 1 g Natrium gelöst. Man leitet bei 170–180° Äthylenoxyd ein und entnimmt dann Proben wie folgt:

1. Probe   nach Zunahme von 176 g = 4 Mol Äthylenoxyd
     1 g ist mit 0,0 cm³ Wasser verdünnbar
     1 g ist mit > 20 cm³ Waschbenzin verdünnbar
2. Probe   nach Zunahme von 260 g = etwa 6 Mol Äthylenoxyd
     1 g ist mit 1,0 cm³ Wasser verdünnbar
3. Probe   nach Zunahme von 348 g = etwa 8 Mol Äthylenoxyd
     1 g ist mit 3,0 cm³ Wasser verdünnbar
     1 g ist mit 18 cm³ Waschbenzin verdünnbar
4. Probe   nach Zunahme von 478 g = etwa 11 Mol Äthylenoxyd
     1 g ist mit > 100 cm³ Wasser verdünnbar
     1 g ist mit 1 cm³ Waschbenzin verdünnbar
     1 g mit 1 : 5, 1 : 10, 1 : 20 Wasser verdünnt, ergibt einen Trübungspunkt von 55°.
5. Probe   nach Zunahme von 520 g = etwa 12 Mol Äthylenoxyd
     1 g ist mit > 100 cm³ Wasser verdünnbar
     1 g mit 1 : 5, 1 : 10, 1 : 20 Wasser verdünnt, ergibt einen Trübungspunkt von 66°.
6. Probe   nach Zunahme von 642 g = etwa 14,5 Mol Äthylenoxyd
     1 g ist mit > 100 cm³ Wasser verdünnbar
     1 g mit 1 : 5, 1 : 10, 1 : 20 Wasser verdünnt, ergibt einen Trübungspunkt von 89°.
7. Probe   nach Zunahme von 727 g = 16,5 Mol Äthylenoxyd
     1 g ist mit > 100 cm³ Wasser verdünnbar
     1 g ist mit 0,0 cm³ Waschbenzin verdünnbar
     1 g mit 1 : 5, 1 : 10, 1 : 20 Wasser verdünnt, ergibt einen Trübungspunkt von 97°.

Das Reaktionsprodukt ist zum Schluß ein helles, leicht schmelzbares Wachs.

Beispiel 10

Oxäthylierung von Cellulose[2]: 200 g Cellulose, z.B. Baumwollinters, Filterpapier oder Zellstoffplatten, werden mit 18%iger Natronlauge getränkt und nach 2 Stdn. scharf abgepreßt. Der gewogene, noch feuchte Preßkuchen wird durch eine etwa 12stdg. Behandlung in einem Kneter zu einer homogenen Fasermasse zerrissen, welche in ein weites, rotierendes Rohr gefüllt wird, durch dessen durchbohrte Achse man Äthylenoxyd leitet. (Die Apparatur kann z.B. aus einem an beiden Enden mit Korken verschlossenen Glaszylinder bestehen. Als Achse wird ein dünneres Glasrohr mit Löchern verwendet.) Während der Einwirkung des Äthylenoxydes wird das rotierende Rohr durch herabrieselndes Wasser gekühlt. Durch Kontrolle der Gewichtszunahme wird der gewünschte Oxäthylierungsgrad eingestellt. Nach Aufnahme von 1–1$^{1}/_{2}$ Molekeln Äthylenoxyd pro Glucoseeinheit wird die Cellulose in verd. Laugen löslich, nach Aufnahme von 3 Molekeln auch in Methylalkohol, und nun wird sie auch aus wäßr. Lösung durch Säuren nicht mehr ausgefällt.

Beispiel 11

Oxäthylierung von Triäthanolamin[3]: In 120 g Triäthanolamin werden unter Stickstoff 0,8 g Natrium eingetragen und unter Rühren und Erwärmen in Lösung gebracht. Nun werden unter heftigem Rühren bei 180–190° 940 g Äthylenoxyd in dem Maße eingeleitet, wie sie aufgenommen werden. In 4 Stdn. erhält man 1060 g eines viscosen Öles, das mit Wasser und organischen Lösungsmitteln, ausgenommen aliphatische Kohlenwasserstoffe, mischbar ist. Eine 10%ige Lösung in Wasser zeigt den p_H-Wert 8,4. In Methylalkohol gegen Bromphenolblau mit n/10 Salzsäure titriert, verbraucht 1 g Öl 7,2 cm³ n/10 Salzsäure, dies entspricht einem Molekulargewicht von 1280. (Aus 50 g Triäthanolamin und 1630 g Äthylenoxyd erhält man ein bei 53–55° schmelzendes Wachs.)

125 g des in der angegebenen Weise hergestellten Öles werden mit 100 g Äthylenchlorhydrin versetzt und bei 180° unter Rückfluß gerührt, bis das Öl neutral reagiert. Anschließend wird das überschüssige Äthylenchlorhydrin i. Vak. abdestilliert. Man erhält eine viscose Flüssigkeit von neutraler Reaktion, die die auf das Quaternierungsprodukt berechnete Menge Chlor enthält und zur antistatischen Präparation von natürlichen und synthetischen Fasern verwendet werden kann.

---

[1] Eigene nicht veröffentlichte Versuche.
[2] Priv.-Mitt. A. BALLAUF, Leverkusen; s.a. S. 890f. u. 911.
[3] DBP.-Anm. F 6872 (1951), Farbf. Bayer, Erf.: H. SCHNELL.

Beispiel 12

Oxäthylierung von tert.-Octadecylamin[1]:

Herstellung von N-(β-Hydroxy-äthyl)-tert.-octadecyl-amin: In einem Reaktionsgefäß, das mit einem Rührer, Thermometer und Gaseinleitungsrohr versehen ist, werden 286 Tle. techn. tert.-Octadecylamin, das zur Hauptsache aus C_{18}-Aminen und einigen höheren tert.-Alkylaminen besteht, mit 28,6 Tln. 35%iger Salzsäure vermischt. In das unter Rühren auf 90° erwärmte Gemisch leitet man 44 Tle. Äthylenoxyd ein, wobei die Temp. zwischen 90–94° und der Druck zwischen 0,07–0,35 atü zu halten ist. Anschließend entfernt man das Wasser i. Vak. und gibt ungefähr 200 Tle. einer 5%igen Natronlauge zu. Nach dem Entfernen der wäßr. Schicht werden erneut 200 Tle. 5%iger Natronlauge zugegeben und dann die Schichten getrennt. Das gewaschene Öl wird durch leichtes Evakuieren von den flüchtigen Bestandteilen befreit und dann filtriert. Man erhält 330 Tle. eines klaren roten Öles mit einem Neutralisationsäquivalent von 326 [der ber. Wert für N-(β-Hydroxy-äthyl)-tert.-octadecyl-amin ist 330].

Polyoxäthylierung von N-(β-Hydroxy-äthyl)-tert.-octadecyl-amin: 99 Tle. des erhaltenen Öles werden mit 0,3 Tln. Kaliumhydroxyd versetzt; dann werden innerhalb von 4 Stdn. bei 160–170° und 0,07–0,35 atü 132 Tle. Äthylenoxyd eingeleitet. Das Reaktionsgemisch wird mit 1,3 Tln. 20%iger Schwefelsäure behandelt, von flüchtigen Bestandteilen befreit und filtriert. Das Endprodukt ist ein klares rotes Öl von der Zusammensetzung:

$$\text{tert.-}C_{18}H_{37}\text{—NH—}(CH_2\text{—}CH_2\text{—}O)_{10}\text{—}CH_2\text{—}CH_2OH.$$

Es ist in Wasser löslich und bildet oberflächenaktive Lösungen.

Beispiel 13

Quantitative Bestimmung der Epoxydgruppe: Die gebräuchlichste quantitative Bestimmung der Epoxydgruppe (s. dazu auch ds. Handb. Bd. II, Kap. Analytische Bestimmung der wichtigsten funktionellen Atomgruppen und Verbindungsklassen, S. 429) beruht auf der Addition von Halogenwasserstoff an die Epoxydgruppe unter Bildung des entsprechenden Halogenhydrins (1 Mol Halogenwasserstoff ist einer Epoxydgruppe äquivalent). Der Überschuß an Halogenwasserstoff wird mit Natronlauge zurücktitriert. Die Endpunktsbestimmung erfolgt in den meisten Fällen mit Phenolphthalein als Indikator, bei sehr genauen Bestimmungen bzw. bei gefärbten Lösungen potentiometrisch.

Eine Probe des epoxydhaltigen Produktes wird mit überschüssiger 0,2 n Pyridinhydrochloridlösung (hergestellt aus ca. 16 cm³ konz. reiner Salzsäure, mit reinem Pyridin auf 1 l aufgefüllt) 20 Min. unter Rückfluß (116°) gekocht. Nach dem Abkühlen wird die überschüssige Salzsäure mit 0,1 n Natronlauge gegen Phenolphthalein als Indikator zurücktitriert[2].

Am Beispiel des Phenoxypropylenoxyds wurde festgestellt[3], daß bei einstündiger Einwirkung eines größeren Überschusses (bis fünffach) einer 1 n Pyridin/Pyridinhydrochloridlösung bei 60° genauere Ergebnisse erhalten werden als beim Arbeiten mit einer 0,2 n Lösung 20 Min. bei 116°.

A. M. Paquin[4] diskutiert anhand von Literaturbeispielen Fehlerquellen bei der Halogenwasserstoffmethode, gibt verbesserte Verfahren an und weist auf einige andere Bestimmungsmethoden hin.

Beispiel 14

Oxäthylierung von Stearinsäure[5]: Man erhitzt 400 Tle. Stearinsäure und 15,1 Tle. feingemahlenes Natriumacetat in einem druckfesten Gefäß unter Rühren auf 150° und preßt 247,5 Tle. Äthylenoxyd bei 150–155° in der Weise in das Reaktionsgefäß ein, daß der Druck nicht über 6–10 atü

---

[1] A. P. 2871266 (1957), Rohm & Haas Co., Erf.: G. C. Riley; Chem. Abstr. **53**, 13054ᵇ (1959).
[2] A. P. 2585115 (1945), Devoe & Raynolds, Erf.: S. O. Greenlee; Chem. Abstr. **46**, 4854ᵃ (1952).
[3] Eigene nicht veröffentlichte Versuche.
[4] A. M. Paquin, Epoxydverbindungen und Epoxydharze, S. 751, Springer-Verlag, Berlin-Göttingen-Heidelberg 1958.
[5] DBP.-Anm. p 29684 (1948), CIBA.

steigt. Es ist zweckmäßig, die Reaktionswärme durch Kühlen abzuleiten. Wenn der Überdruck verschwunden ist, rührt man noch etwa 1 Stde. bei der angegebenen Temp. nach. Das Reaktionsprodukt ist eine kaum gefärbte feste Masse, die beim Verrühren mit Wasser von 40–50° zuerst eine Paste bildet und bei weiterem Zusatz von 40–50° warmem Wasser eine opaleszierende Lösung liefert.

Beispiel 15

Oxäthylierung eines Polyamids in Gegenwart eines Quellungsmittels[1]: In einen Autoklaven werden 100 g eines Polyamids aus 60% adipinsaurem Hexamethylendiamin und 40% ε-Caprolactam, das in einer Korngröße von 2–4 mm vorliegt, 500 g Dioxan und 500 g Äthylenoxyd eingefüllt und bei Raumtemp. 2 Tage gerührt. Dann wird der Autoklav auf 130–140° aufgeheizt, wobei der Druck auf 12 atm steigt. Die beginnende Reaktion ersieht man am einsetzenden Druckabfall. Im Verlauf von 8 Stdn. werden noch weitere 800 g Äthylenoxyd eingepreßt, wobei die Temperatur auf 130–160° gehalten wird. Dann wird so lange weitergerührt, bis kein Druckabfall mehr zu beobachten ist. Nach Abkühlung erhält man ein gleichmäßiges, gallertartiges Produkt, das nach Zerkleinerung im Vakuumtrockenschrank von Dioxan befreit wird. Es ist wasserlöslich und stellt ein Schlichtemittel für Kunstfasern dar.

Beispiel 16

Behandlung von Wolle und Naturseide mit Propylenoxyd[2]:

Wolle und Propylenoxydlösung: Zephirwolle wird im Flottenverhältnis 1 : 40 bei 40° 8 Stdn. mit einer 1%igen Lösung von Propylenoxyd in Wasser behandelt. Die Wolle ist, von einer ganz leichten Vergilbung abgesehen, äußerlich unverändert. Sie zeigt jedoch, besonders in neutralem oder schwach saurem Färbebad, eine wesentlich stärkere Affinität zu sauren Farbstoffen als ein Vergleichsmuster, das in gleicher Weise mit Wasser allein behandelt wurde. Setzt man der Propylenoxydlösung noch 2% Triäthylamin, bezogen auf die Wolle, zu, so sind die Färbungen noch tiefer. Die Affinität zu basischen Farbstoffen geht in gleicher Reihenfolge zurück.

Wolle und Propylenoxyddampf: Wolle wird in einem geschlossenen Gefäß von 100 cm³ Inhalt, bezogen auf 1 g Wolle, in angefeuchtetem Zustand 8 Stdn. lang im Propylenoxyddampf (25% vom Wollgewicht) auf 50° erwärmt. Die oxpropylierte Wolle verhält sich, besonders neutral ziehenden Farbstoffen gegenüber, ähnlich wie die nach dem obigen Beispiel behandelte Wolle. Die Trocken- und Naßfestigkeit des Garnes ändert sich bei der Behandlung nicht.

Naturseide und Äthylenoxyd-Luft-Gemisch: Unbeschwerte Naturseide wird in der gleichen Weise wie die Wolle im vorangehenden Beispiel 8 Stdn. lang in einer ein Äthylenoxyd-Luft-Gemisch enthaltenden Kammer auf 40° erwärmt. Die Affinität der behandelten Seide zu sauren Farbstoffen ist nennenswert gesteigert. Äußerlich ist die Seide unverändert geblieben.

Beispiel 17

Copolymerisation von Äthylenoxyd mit Schwefeldioxyd[3]:

[a] Zu 500 g der Oxoniumverbindung aus Äthylenoxyd und Schwefeldioxyd gibt man 20 g Pyridin und hält das Reaktionsgemisch 30 Stdn. zwischen 0 und 5°. Man erhält 490 g viscoses Copolymerisat (Ausbeute 98% d.Th.).

[b] In eine Mischung von 920 g Äthylenoxyd und 40 g Diäthylanilin leitet man bei 0–10° 1340 g gasförmiges Schwefeldioxyd ein. Die Lösung wird 30–40 Stdn. lang auf 0–10° gehalten, wobei das anfänglich dünnflüssige Produkt mehr und mehr dickflüssig wird. Das Ende der Reaktion erkennt man an dem Verschwinden des Geruches nach Schwefeldioxyd. Man erhält 2260 g Copolymerisat (Ausbeute > 90% d.Th.).

Aus Sicherheitsgründen dürfte es zweckmäßiger sein, den Ansatz mengenmäßig auf $^1/_{10}$ zu reduzieren oder die Arbeitsweise so abzuändern, daß man das Gemisch aus Äthylenoxyd und Schwefeldioxyd langsam zu dem tertiären Amin hinzugibt. In jedem Fall muß Wasser ferngehalten werden.

---

[1] DBP. 913957 (1951), BASF, Erf.: W. Münster; C. **1955**, 8277; s.a. S. 161.
[2] F. P. 794750 (1935) ≡ DRP. 742373 (1934), Aceta GmbH.; C. **1936** II, 2019.
[3] Schweiz. P. 284070 (1949) ≡ DBP. 888770 (1950; F. Prior., 1948), Société Anonyme des Manufactures des Glaces et Produits Chimiques de Saint-Gobain, Chauny & Cirey, Erf.: M. J. Viard; C. **1953**, 4294.

3. Polyaddition und Polymerisation von Monoepoxyden, die außer der Epoxydgruppe noch eine weitere reaktionsfähige Gruppe enthalten

α) Höhermolekulare Produkte aus ungesättigten Monoepoxyden

Monoepoxyde mit polymerisationsfähiger Doppelbindung, wie z.B. der *2,3-Epoxy-buttersäure-allylester*, lassen sich zunächst in üblicher Weise unter Öffnung des Epoxydringes in höhermolekulare Produkte überführen, die dann durch eine anschließende radikalische Polymerisation vernetzt werden können[1]. Andererseits lassen sich aus derartigen Monoepoxyden auch zuerst durch radikalische Polymerisation Polyepoxyde herstellen (s. S. 495f.), die dann in der für Polyepoxyde üblichen Weise noch weiter umgewandelt werden können.

β) Höhermolekulare Produkte aus Epichlorhydrin

β₁) *durch primäre Polymerisation bzw. Polyaddition der Epoxydgruppe*

Epichlorhydrin[2] läßt sich in der für Epoxyde üblichen Weise polymerisieren und an Wasser, Alkohole oder Säuren zu höhermolekularen Produkten anlagern, ohne daß die Chlormethylgruppe dabei verändert wird. Diese Reaktionen sind daher zusammen mit den Reaktionen der Monoepoxyde ohne weitere funktionelle Gruppen besprochen (s. S. 426ff.). Da die Polyepichlorhydrine an den Enden Hydroxygruppen und als Seitenketten Chlormethylgruppen tragen, sind sie recht reaktionsfähige Verbindungen[3].

β₂) *durch Substitution des Chlors unter Bildung von Polyepoxyden*

Die Umsetzung von Epichlorhydrin mit polyfunktionellen Alkoholen, Phenolen, Aminen usw. zu Polyepoxyden und deren weitere Umwandlung durch Umsetzung der Epoxydgruppen ist – soweit die Reaktion streng stufenweise, d.h. unter Isolierung der Polyepoxyde, verläuft – im Abschnitt „Polyepoxyde", S. 462ff. beschrieben.

β₃) *unter Addition der Epoxydgruppe und Substitution des Chlors*

Im folgenden werden Reaktionen des Epichlorhydrins behandelt, bei denen Mono- und Polyamine sowohl den Epoxydring öffnen als auch mit dem Chloratom reagieren. Soweit auch hierbei stabile Diepoxyde oder leicht in solche überführbare basische Dichlorhydrine entstehen, werden diese zwar erwähnt, aber aus Zweckmäßigkeitsgründen eingehender ebenfalls erst bei den Polyepoxyden (S. 462ff.) behandelt.

Erschwerend für eine sichere Deutung des Reaktionsablaufes zwischen Aminen und Epichlorhydrin ist die Tatsache, daß in älteren Arbeiten und besonders in der Patentliteratur keine genauen Untersuchungen über den chemischen Aufbau der Reaktionsprodukte zu finden sind. Insbesondere fehlt jegliche Angabe über den Epoxydgehalt der Zwischen- und Endprodukte. Viele der Reaktionen des Epichlorhydrins sind

[1] A. P. 2680109 (1947), Columbia-Southern Chemical Corp., Erf.: H. C. Stevens u. F. E. Kung; Chem. Abstr. **48**, 12465[g] (1954).

[2] Epichlorhydrin, Firmenschrift der Shell Chemical Co., 1949.
Zur Toxizität von Epichlorhydrin vgl. J. C. Gage, Brit. J. Ind. Med. **16**, Nr. 1, 11 (1959).

[3] Chem. Engng. News **34**, 4426 (1956).

damit in ihrem Ausmaß und in ihrer Reihenfolge sehr unsicher. Schon die sichere Beantwortung der Frage, ob im Epichlorhydrin das Halogen oder die Epoxydgruppe rascher mit einer Aminogruppe reagiert, steht noch aus (s. unten).

Lösliche Umsetzungsprodukte des Epichlorhydrins (und des Glycerindichlorhydrins) mit Ammoniak oder Polyaminen haben praktische Anwendung als Textilhilfsmittel gefunden[1], so z.B. zur Nachbehandlung von Färbungen mit sauren substantiven Farbstoffen auf Cellulose zwecks Verbesserung der Waschechtheit[2] und im Zeugdruck als Pigmentbindemittel[3], ferner als Zusatz zu Papier zur Verbesserung der Naßfestigkeit[4]. Unlösliche Umsetzungsprodukte mit Ammoniak oder Polyaminen sind als basische Austauscherharze von Bedeutung[5].

αα) Umsetzung von Ammoniak, primären und sekundären aliphatischen Aminen
mit Epichlorhydrin

Läßt man auf sekundäre aliphatische Monoamine unter milden Bedingungen äquimolare Mengen Epichlorhydrin einwirken, so entsteht in guter Ausbeute das *Amino-chlorhydrin*[6] I (mit einem Überschuß an Amin erfolgen Sekundärreaktionen, s. S. 456ff.). Von den beiden Reaktionsmöglichkeiten nach Gleichung (1) oder Gleichung (2) scheint also bevorzugt (1) einzutreten:

$$(1) \quad (R)_2NH + H_2C\overset{}{\underset{O}{\diagdown\diagup}}CH-CH_2-Cl \rightarrow (R)_2N-CH_2-\underset{OH}{CH}-\underset{Cl}{CH_2}$$
$$I$$

$$(2) \quad (R)_2NH + Cl-CH_2-CH\overset{}{\underset{O}{\diagdown\diagup}}CH_2 \rightarrow \left[(R)_2\underset{H}{\overset{}{N}}-CH_2-CH\overset{}{\underset{O}{\diagdown\diagup}}CH_2\right]^{\oplus}Cl^{\ominus}$$
$$Ia$$

[1] DRP. 639670 (1934), DuPont; Frdl. **23**, 1169.
   A. P. 1977250–53 (1933), DuPont, Erf.: O. STALLMANN; C. **1935** I, 1619, 1620, 2603.
[2] F. P. 805742 (1936) ≡ DRP. 743563 (1935), Sandoz AG.; C. **1937** I, 1555.
[3] DBP. 944847 (1952) ≡ F. P. 64723 (1953), Farbf. Bayer, Erf.: W. LEHMANN, F. MÜNZ, O. BAYER u. H. KLEINER; C. **1958**, 1184.
   DBP. 936328 (1954), Farbf. Bayer, Erf.: W. LEHMANN, O. BAYER, W. KASS u. W. GRAULICH; C. **1956**, 7388.
   DAS. 1045973 (1955), Farbf. Bayer, Erf.: W. GRAULICH, W. LEHMANN, O. BAYER, W. KASS u. W. BERLENBACH; C. **1959**, 13643.
[4] A.P. 2595935 (1946), American Cyanamid Co., Erf.: J. H. DANIEL jr. u. C. G. LANDES; Chem. Abstr. **46**, 6834[b] (1952).
   F. P. 1093048 (1953), Farbf. Bayer, Erf.: F. MÜNZ, A. BALLAUF u. W. LEHMANN; C. **1958**, 2901.
   A.P. 2926116 (1957) ≡ E.P. 865727 (1958), Hercules Powder Co., Erf.: G. I. KEIM; Chem. Abstr. **54**, 20204[c] (1960).
[5] DRP.-Anm. K 4384 (1942), Kalle & Co., Erf.: J. VOSS u. W. NEUGEBAUER.
   DRP.-Anm. K 4385 (1942), Kalle & Co., Erf.: J. VOSS.
   DDRP. 5104 (1942), VEB Farbenfabrik Wolfen; C. **1956**, 6215.
   A. P. 2469683, 2469692 (1945), American Cyanamid Co., Erf.: J. R. DUDLEY u. L. A. LUNDBERG; Chem. Abstr. **43**, 5518[a], 6339[d] (1949).
   A.P. 2515142, 2586882 (1947), American Cyanamid Co., Erf.: G. R. STROH; Chem. Abstr. **44**, 9591[c] (1950); **46**, 5227[h] (1952).
   A.P. 2586770 (1947), American Cyanamid Co., Erf.: A. V. ALM; Chem. Abstr. **46**, 5226[f] (1952).
   DBP.-Anm. F 2575 (1950), Farbf. Bayer, Erf.: H. LAUTH.
   G. KRÜGER, Ch. Z. **79**, 733, 768, 804 (1955).
[6] E. P. 267169 (1925), I. G. Farb.; C. **1929** I, 1967.
   R. ROTHSTEIN u. K. BINOVIC, C. r. **236**, 1050 (1953).
   S. dazu auch A. P. 2046720 (1933), Girdler Corp., Erf.: R. R. BOTTOMS; C. **1936** II, 2228 u. ds. Handb. Bd. XI/1, Kap. Herstellung von Aminen, S. 323.

Aber diese Schlußfolgerung ist anfechtbar, denn I könnte auch aus Ia in einer leicht verlaufenden Folgereaktion (Gleichung 3) entstanden sein:

$$(3)\quad \left[\begin{array}{c}(R)_2N-CH_2-CH-CH_2 \\ | \qquad \diagdown O \diagup \\ H\end{array}\right]^{\oplus} Cl^{\ominus} \;\rightleftharpoons\; \begin{array}{c}(R)_2N-CH_2-CH-CH_2 \\ | \quad | \\ OH \quad Cl\end{array}$$

Die Gleichgewichtsreaktion (3), d. h. die Umsetzung eines Aminhydrochlorids mit einer Epoxydgruppe, verläuft ja rasch und liegt bei einem schwach basischen Amin weitgehend auf der rechten Seite (s. Titration der Epoxydgruppe mittels Pyridinhydrochlorid und Rücktitration des nicht angelagerten Chlorwasserstoffs, S. 444 und 452).

Die *Amino-chlorhydrine* I verwandeln sich beim Stehen allmählich in polyquartäre Ammoniumsalze, und zwar umso leichter, je höher die Reaktionstemperatur und je kleiner die Substituenten am Stickstoff sind[1].

Mit verdünnter Alkalihydroxydlösung entstehen schon in der Kälte nach Gleichung (4) die entsprechenden basischen Epoxyde (II)[2]. Diese sind fast stets haltbar und auch ohne Zersetzung im Vakuum destillierbar (vgl. S. 442). Eine Ausnahme macht das *Dimethylaminopropylenoxyd*, das nur unter sorgfältigstem Feuchtigkeitsausschluß in der Kälte stabil ist.

$$(4)\qquad \begin{array}{c}(R)_2N-CH_2-CH-CH_2 \\ | \quad | \\ OH \quad Cl\end{array} + NaOH \;\rightarrow\; \begin{array}{c}(R)_2N-CH_2-CH-CH_2 \\ \diagdown O \diagup \\ II\end{array} + NaCl$$

Die Umwandlung der basischen Monoepoxyde II in höhermolekulare Produkte hat bislang noch wenig Interesse gefunden. Bekannt ist die **Copolymerisation mit anderen Epoxyden in Gegenwart von Borfluorid-ätherat**[3]. Von technischer Bedeutung sind dagegen die entsprechenden **Diepoxyde aus sekundären Diaminen oder primären Monoaminen.** Ihre Herstellung und Umwandlung in hochmolekulare Produkte ist im Abschnitt „Polyepoxyde", S. 462ff., beschrieben.

Nimmt man anstelle der Alkalihydroxydlösung einen größeren Aminüberschuß, so können sich nach Gleichung (5) ebenfalls die basischen Epoxyde II bilden.

$$(5)\quad \begin{array}{c}(R)_2N-CH_2-CH-CH_2 \\ | \quad | \\ OH \quad Cl\end{array} + (R)_2NH \;\rightleftharpoons\; \begin{array}{c}(R)_2N-CH_2-CH-CH_2 \\ \diagdown O \diagup \\ II\end{array} + \left[(R)_2NH_2\right]^{\oplus} Cl^{\ominus}$$

Zur Darstellung der Epoxyde II ist diese Arbeitsweise jedoch nicht geeignet, da das Amin leicht mit der Epoxydgruppe weiterreagiert unter Bildung von 1,3-Bisdialkylamino-propanolen-(2)[4]:

$$\begin{array}{c}(R)_2N-CH_2-CH-CH_2 \\ \diagdown O \diagup\end{array} + HN(R)_2 \;\rightarrow\; \begin{array}{c}(R)_2N-CH_2-CH-CH_2-N(R)_2 \\ | \\ OH\end{array}$$

---

[1] Priv.-Mitt. G. Frank, Leverkusen.
[2] DRP. 473219 (1926), I. G. Farb., Erf.: O. Eisleb; Frdl. **16**, 2836.
   N. S. Drosdow u. O. M. Tschernzow, Ž. obšč. Chim. **4**, 969 (1934); C. **1936** I, 42.
   H. Gilman u. Mitarbb., Am. Soc. **68**, 1291 (1946).
   A. P. 2520093 (1946), Sharples Chemical Inc., Erf.: W. D. Gross; Chem. Abstr. **44**, 10731[f] (1950).
[3] A. P. 2498195 (1946), Shell Develop., Erf.: S. A. Ballard, R. C. Morris u. J. L. van Winkle; Chem. Abstr. **44**, 6112[a] (1950).
[4] Siehe ds. Handb. Bd. XI/1, Kap. Herstellung von Aminen, S. 323f.

Basische Monoepoxyde anderer Konstitution kann man ausgehend von α-Halogen-aldehyden durch Behandlung mit sekundären Aminen erhalten[1]. Irgendwelche praktische Bedeutung hat diese Darstellungsmethode jedoch bis jetzt nicht erlangt.

$$R-\underset{\underset{Cl}{|}}{CH}-\underset{\underset{O}{||}}{CH} + (R)_2NH \;\rightarrow\; R-\underset{\underset{Cl}{|}}{CH}-\underset{\underset{OH}{|}}{CH}-N(R)_2 \;\rightarrow\; R-\overset{O}{\overbrace{CH-CH}}-N(R)_2$$

Höhermolekulare, lineare 1,3-Bis-amino-propanole entstehen, wenn man 1 Mol eines di-sekundären Diamins mit 1 Mol Epichlorhydrin in Gegenwart von 1 Mol Alkalihydroxyd umsetzt[2]:

$$HN \sim\!\!\!\sim\!\!\!\sim NH + H_2C-CH-CH_2-Cl \xrightarrow{+\,NaOH}$$
$$\underset{\underset{R}{|}}{} \quad \underset{\underset{R}{|}}{} \qquad \overset{O}{\overbrace{}}$$

$$\sim\!\!\!\sim N-CH_2-\underset{\underset{OH}{|}}{CH}-CH_2-\underset{\underset{R}{|}}{N}\sim\!\!\!\sim N-CH_2-\underset{\underset{OH}{|}}{CH}-CH_2-\underset{\underset{R}{|}}{N}\sim\!\!\!\sim$$

Ohne Zusatz von Alkalihydroxyd entstehen diese Poly-(1,3-bis-amino-propanole) erst bei wesentlich höherer Temperatur.

Komplizierter wird der Reaktionsverlauf, wenn man Epichlorhydrin auf basische Verbindungen einwirken läßt, die mehr als zwei reaktive Wasserstoffatome am Stickstoff enthalten, wie z.B. Ammoniak, primäre Diamine oder besonders Polyamine. Die primär entstehenden basischen Chlorhydrine (z.B. I) sind zweifellos ebenso wie die daraus mit Alkalihydroxyden sich bildenden basischen Epoxyde (z.B. II)

$$NH_3 + 2\,H_2C-CH-CH_2Cl \;\rightarrow\;$$

$$HN\left(\underset{\underset{OH}{|}}{CH_2-CH-CH_2Cl}\right)_2 \xrightarrow{+2\,NaOH} HN\left(CH_2-\overset{O}{\overbrace{CH-CH_2}}\right)_2$$
$$\qquad\qquad\text{I} \qquad\qquad\qquad\qquad\qquad \text{II}$$

schon oberhalb von 0° unbeständig[3], da sie noch Wasserstoff am Stickstoff tragen, der mit der Chlormethyl- bzw. Epoxydgruppe leicht weiterreagiert. Es ist daher sicherlich nicht richtig, wenn in der Literatur[4] vereinzelt die Verbindungen I und II als Reaktionsendprodukte genannt werden, vor allem dann nicht, wenn die Reaktion bei höherer Temperatur und über längere Zeiträume durchgeführt wird (s. dagegen die Umsetzung mit aromatischen Aminen, S. 460). Unter diesen Bedingungen bilden sich nämlich höhermolekulare Produkte, die eine Vielzahl funktioneller Gruppen enthalten: primäre, sekundäre und tertiäre Aminogruppen, quartäre Ammoniumgruppen, γ-Chlor-β-hydroxy-n-propyl-Gruppen und Epoxydgruppen.

Die Eigenschaften der entstehenden Produkte (mittleres Molekulargewicht, Grad der Verzweigung oder sogar Vernetzung) sind in großem Maße von den Reaktions-

---

[1] A. KIRRMANN u. R. MUTHS, C. r. **238**, 906 (1954).

[2] DBP. 850811 (1950), Courtaulds Ltd., Erf.: A. S. CARPENTER, S. COLDFIELD u. E. R. WALLSGROVE; C. **1954**, 1629.

[3] A. P. 2046720 (1933), Girdler Corp., Erf.: R. R. BOTTOMS; C. **1936** II, 2228.

[4] DRP. 639670 (1934), DuPont; Frdl. **23**, 1169.
   A. P. 1977250–53 (1933), DuPont, Erf.: O. STALLMANN; C. **1935** I, 1619, 1620, 2603.

bedingungen abhängig[1] (s. Beispiele 1–5, S. 460f.). Nicht nur die Art der *basischen Komponente*, das *Molverhältnis* der *Reaktionspartner*[1-3], die *Reaktionstemperatur*[4,5], die Menge und die Art des größtenteils verwendeten Lösungsmittels bestimmen den Reaktionsablauf, sondern auch die Art und Weise, wie die Reaktionskomponenten zusammengegeben werden. Da die Reaktion unter großer *Wärmeentwicklung* erfolgt, wird die eine Komponente meist langsam zur anderen zugegeben; dabei ist entscheidend, welche Komponente vorgelegt wird. Hydroxygruppenhaltige Lösungsmittel können zudem teilweise mit den Epoxydgruppen reagieren, z. B. führt die Anlagerung von Wasser zu Glykolen und damit zum Kettenabbruch[6]. Von ausschlaggebender Wichtigkeit ist außerdem die *Basizität* der *Reaktionslösung*; je basischer die Lösung ist, umso schneller und vollständiger reagieren die beiden reaktionsfähigen Gruppen des Epichlorhydrins[1]. Es muß dabei bedacht werden, daß die Basizität durch die während der Reaktion erfolgende Hydrochloridbildung (Umsetzung der Chlormethylgruppe mit Aminogruppen) langsam abnimmt. Manchmal setzt man zur vollständigen Umsetzung Alkalien zu. Dies führt in konzentrierter Lösung selbst bei niederen Temperaturen fast immer schnell zur Vernetzung[4,7] (s. Beispiel 3, S. 461). Umgekehrt wird die Bildung hochmolekularer Produkte im sauren Milieu verlangsamt, bei Zimmertemperatur oder wenig erhöhter Temperatur sogar fast ganz abgestoppt[1] (s. Beispiel 1, S. 460). Diese sauer eingestellten Produkte reagieren jedoch bei Anwendung von höheren Temperaturen (100° und darüber) weiter unter Vernetzung.

Es ist auf Grund dieser vielfältigen Abhängigkeit der Reaktion keineswegs verwunderlich, wenn trotz Einsatz gleicher Komponenten z. T. vollkommen andersartige Endprodukte entstehen, wie es in der Literatur häufig berichtet wird. So kann beispielsweise die Umsetzung von *Ammoniak* mit *Epichlorhydrin* zu vollkommen löslichen Kondensationsprodukten führen (Beispiel 2, S. 461), die auch im trockenen Zustand selbst bei 100° und darüber, bzw. bei Alkalizusatz, ihre Löslichkeit nicht verlieren[8-10]. Unter anderen Versuchsbedingungen können dagegen unlösliche, d. h. vernetzte Produkte entstehen[8]. Noch lösliche Zwischenstufen kann man umso leichter fassen, je größer die Verdünnung und je niedriger die angewandte Temperatur ist[1-3,6]. Umgekehrt erhält man sehr schnell vernetzte Polymere, wenn man bei hoher Temperatur und hoher Konzentration arbeitet[1,4].

Zur Erzielung einer längeren Lagerfähigkeit werden die Lösungen der selbstvernetzenden Polymeren stark mit Wasser verdünnt oder stark angesäuert (Beispiel 1, S. 460). Die dabei zugesetzten Säuren, die bei Raumtemperatur weitgehend die

---

[1] DAS. 1010736 (1952), Farbf. Bayer, Erf.: W. Lehmann u. O. Bayer; C. **1958**, 10817.

[2] DRP. 731030 (1939), I. G. Farb., Erf.: W. Bock u. W. Tischbein; C. **1943** I, 2451.

[3] A. P. 2595935 (1946), American Cyanamid Co., Erf.: J. H. Daniel jr. u. C. G. Landes; Chem. Abstr. **46**, 6834[b] (1952).

[4] DRP.-Anm. K 4384 (1942), Kalle & Co., Erf.: J. Voss u. W. Neugebauer.
DRP.-Anm. K 4385 (1942), Kalle & Co., Erf.: J. Voss.

[5] DDRP. 5104 (1942), VEB Farbenfabrik Wolfen; C. **1956**, 6215.

[6] DRP.-Anm. B 6595 (1941), BASF, Erf.: R. Armbruster, A. Hartmann u. H. Loewe.

[7] A. P. 2469683 (1945), American Cyanamid Co., Erf.: J. R. Dudley u. L. A. Lundberg; Chem. Abstr. **43**, 5518[a] (1949).
A. P. 2046720 (1933), Girdler Corp., Erf.: R. R. Bottoms; Chem. Abstr. **30**, 5590[2] (1936).

[8] L. Darmstaedter, A. **148**, 124 (1868).

[9] DRP. 639670 (1934), DuPont; Frdl. **23**, 1169.

[10] A. P. 1977253 (1933), DuPont, Erf.: O. Stallmann; C. **1935** I, 2603.

Weiterreaktion der Chlormethyl- und Epoxydgruppen mit den im Kondensationsprodukt noch vorhandenen reaktiven Wasserstoffatomen der Base verhindern, reagieren je nach Menge, Temperatur und Stärke mehr oder weniger schnell mit den Epoxydgruppen, was sich deutlich durch eine Erhöhung des anfänglich eingestellten p_H-Wertes bemerkbar macht. Durch diese Reaktion bilden sich bei Anwendung von Halogenwasserstoffsäuren zusätzlich Chlormethylgruppen, bei anderen Säuren Ester, alles Gruppen, die bei höheren Temperaturen ebenso wie die zuerst vorhandenen Epoxydgruppen mit den im Kondensationsprodukt noch vorhandenen primären oder sekundären Aminogruppen zu reagieren vermögen.

Außerdem können die zuletzt genannten reaktionsfähigen Zwischenstufen mit solchen organischen Verbindungen umgesetzt werden, die mit den noch vorhandenen reaktiven Gruppen (Amino-, Epoxyd- oder Chlormethylgruppen) reagieren können (z. B. Carbonsäuren, Eiweißstoffe, Polyamide, Polyacrylsäure usw.[1]).

Glycerindichlorhydrin[2-4] verhält sich in seinen Reaktionen gegenüber Ammoniak ganz ähnlich wie Epichlorhydrin, wahrscheinlich reagiert es über die Epichlorhydrinstufe. Hier lassen sich neben unlöslichen Reaktionsprodukten, die mit etwa 4%iger Ammoniaklösung entstehen, auch lösliche Umsetzungsprodukte erhalten, wenn man verdünntere Ammoniaklösungen anwendet[3] (Beispiel 6, S. 461).

$\beta\beta$) Umsetzung von aliphatischen Aminhydrochloriden und tertiären Aminen mit Epichlorhydrin

Auch die Salze von aliphatischen Aminen mit starken Säuren können mit Epichlorhydrin zu Amino-chlorhydrinen bzw. deren Salzen umgesetzt werden[5] (vgl. S. 444), z.B.:

$$[H_3N-CH_2-CH_2-NH_3]^{2\oplus} \, 2\,Cl^\ominus + 2\,H_2C\!\!-\!\!\!-\!\!\!-\!\!CH-CH_2Cl \;\rightleftharpoons$$
$$\underset{O}{\diagdown\diagup}$$

$$H_2N-CH_2-CH_2-NH_2 + 2\,ClH_2C\underset{\underset{OH}{|}}{-}CH-CH_2Cl \;\rightarrow$$

$$ClH_2C\underset{\underset{OH}{|}}{-}CH-CH_2-\overset{\oplus}{H_2N}-CH_2-CH_2-\overset{\oplus}{N}H_2-CH_2-CH\underset{\underset{OH}{|}}{-}CH_2Cl$$
$$\qquad\qquad\qquad\qquad Cl^\ominus \qquad\qquad Cl^\ominus$$

Die im vorliegenden Beispiel entstandene Verbindung kann mit weiterem Epichlorhydrin in analoger Weise weiterreagieren (s. Beispiel 7, S. 462). Ob sich bei der Reaktion primär wirklich die Säure an die Epoxydgruppe addiert oder nur das Proton, sei hier nicht näher diskutiert.

---

[1] A. P. 2479480 (1946), American Cyanamid Co., Erf.: J. R. DUDLEY; Chem. Abstr. **44**, 7572[f] (1950).

[2] Schweiz. P. 170085 (1931) ≡ F. P. 739699 (1932), L. Lilienfeld; C. **1933** II, 1443.

[3] A. CLAUS, A. **168**, 29 (1873).

[4] A. P. 2469693 (1945), American Cyanamid Co., Erf.: L. A. LUNDBERG; Chem. Abstr. **43**, 6339[a] (1949).

[5] F. P. 800334 (1935) ≡ DRP. 691970 (1934), Aceta GmbH.; C. **1937** I, 240.

Erwähnt sei, daß auch tertiäre Amine noch mit Epichlorhydrin zu reagieren vermögen; diese Umsetzung, die wesentlich langsamer verläuft als die mit primären oder sekundären Aminogruppen, führt zu quartären Ammoniumverbindungen[1]:

$$(R)_3N + ClH_2C-CH-CH_2 \rightarrow$$

$$\left[(R)_3N-CH_2-CH-CH_2\right]^{\oplus} Cl^{\ominus} + \left[(R)_3N-CH_2-CH-CH_2-N(R)_3\right]^{2\oplus} 2\,Cl^{\ominus}$$

$\gamma\gamma$) Umsetzung von aromatischen Aminen mit Epichlorhydrin

Im Gegensatz zu den stärker basischen aliphatischen Aminen (s. S. 455f.) liefern primäre aromatische Amine mit Epichlorhydrin erst beim Erhitzen höhermolekulare Produkte. Bei mäßiger Temperatur bildet sich z.B. aus 1 Mol *p-Toluidin* und 1 Mol Epichlorhydrin fast quantitativ *γ-Chlor-β-hydroxy-n-propyl-toluidin*[2]. Dieses Chlorhydrin geht bei Anwendung von Alkalihydroxyd oder einem weiteren Mol Anilin in die zugehörige Epoxydverbindung über:

Beim Erhitzen wandelt sich das basische Epoxyd rasch in ein lineares Polyadditionsprodukt um[3] (Beispiel 8, S. 462).

Zur Herstellung von Polyepoxyden aus aromatischen Aminen s. S. 477 ff.

γ) Praktische Durchführung der Polyadditionen

Beispiel 1:

Lösliches Umsetzungsprodukt aus Epichlorhydrin und γ,γ′-Diamino-dipropyläther[4]: 92 g (1 Mol) Epichlorhydrin werden auf einmal zu einer Lösung von 79,2 g ($^3/_5$ Mol) γ,γ′-Diamino-dipropyläther (durch Anlagerung von 2 Mol Acrylnitril an 1 Mol Wasser und nachfolgende Hydrierung erhältlich) in 500 cm³ Wasser gegeben und unter Rühren schnell auf 75° erhitzt. Nach ungefähr 6 Stdn. ist die Viscosität auf 240 cP angestiegen. Zur Unterbrechung der Kondensation gibt man 40 cm³ konz. Salzsäure hinzu.

---

[1] M. E. REBOUL, C. r. **93**, 423 (1881).
E. SCHMIDT, A. **337**, 116 (1904).
[2] P. COHN u. P. FRIEDLÄNDER, B. **37**, 3034 (1904).
[3] E. P. 675665 (1950), Courtaulds Ltd., Erf.: A. S. CARPENTER, S. COLDFIELD u. E. R. WALLSGROVE; Chem. Abstr. **46**, 10691ᵃ (1952).
s. a. F. ZETZSCHE u. F. AESCHLIMANN, Helv. **9**, 713 (1926).
[4] DAS. 1010736 (1952), Farbf. Bayer, Erf.: W. LEHMANN u. O. BAYER; C. **1958**, 10817.

Beispiel 2:

Wasserlösliches Umsetzungsprodukt aus Epichlorhydrin und Ammoniak[1]: Eine Lösung von 92 g Epichlorhydrin in 750 cm³ Äthylalkohol wird unter Rühren 20–30 Stdn. lang auf 60–70° erhitzt, während ein langsamer Strom von trockenem Ammoniak über die Oberfläche streicht. Man filtriert das ausgeschiedene Ammoniumchlorid ab und behandelt das Filtrat bei 65–70° mit einer 10%igen alkoholischen Natriumhydroxydlösung, bis deutliche Alkalität gegen Thymolphthalein auftritt. Dann wird etwa die Hälfte des Alkohols abdestilliert, wobei auch das überschüssige Ammoniak entweicht. Nach dem Abkühlen auf 20° wird von Natriumchlorid abfiltriert und das Filtrat eingeengt, wobei zuletzt evakuiert und bis 100° erhitzt wird. Der Rückstand, der in Wasser löslich ist, besteht wahrscheinlich aus einem z.T. weiterkondensierten Bis-[2,3-epoxypropyl]-amin.

Beispiel 3:

Unlösliches Reaktionsprodukt aus Epichlorhydrin und Tetraäthylenpentamin[2]: 1890 g (10 Mol) Tetraäthylenpentamin und 5500 g Wasser werden bei 3° unter Rühren innerhalb 1 Stde. mit 2776 g (30 Mol)Epichlorhydrin versetzt. Zuletzt wird noch $1^1/_2$ Stdn. bei 10° belassen und anschließend $^3/_4$ Stdn. auf etwa 20° erwärmt. Dann gibt man 200 g (5 Mol) Natriumhydroxyd, gelöst in 1000 cm³ Wasser, zu und erhitzt die Reaktionslösung auf etwa 100°, wobei etwa nach 5 Min. Erstarrung zu einem Gel eintritt. Dieses wird nach einiger Zeit zerkleinert und 17–18 Stdn. bei 95–100° getrocknet und mit Wasser salzfrei gewaschen. Zur Verwendung als Austauscherharz wird es auf die notwendige Korngröße gebracht.

Beispiel 4:

Wasserlösliches Umsetzungsprodukt aus Epichlorhydrin und Tetraäthylenpentamin[3]: Eine Lösung von 1701 g (9 Mol) Tetraäthylenpentamin in 1800 g Wasser wird bei 20° während $1^1/_2$ Stdn. unter guter Kühlung mit 832,5 g (9 Mol) Epichlorhydrin versetzt. Nachdem alles Epichlorhydrin eingetropft ist, läßt man das Reaktionsgemisch sich so erwärmen, daß nach 2 Stdn. eine Maximaltemp. von etwa 50° erreicht wird. Nach weiteren $1^1/_2$ Stdn. fällt die Temp. auf 43°. Anschließend erhitzt man 4 Stdn. auf 95°. Nach dem Abkühlen erhält man einen rötlich gefärbten, viscosen Sirup. 479 g dieses Sirups enthalten 280 g festes Harz.

Beispiel 5:

Umsetzung von Epichlorhydrin mit Äthylendiamin zu einem noch reaktionsfähigen Produkt[4]: Eine Lösung von 92 g (1 Mol) Epichlorhydrin in 25 g Methanol wird bei 40–42° unter Rühren langsam mit 40 g einer 73%igen wäßr. Äthylendiaminlösung ($^1/_2$ Mol) versetzt. Man läßt die Temp. auf 60° ansteigen und rührt noch einige Zeit nach. Es entsteht eine klare, gelbliche viscose Lösung, die sich ohne irreversible Änderung der Eigenschaften höchstens bis 70° i. Vak. einengen läßt. Engt man auf etwa 130 g ein, so hinterbleibt ein zähes gelbliches Harz, das allmählich fest und in allen Lösungsmitteln unlöslich wird.

Beispiel 6:

Wasserlösliches Reaktionsprodukt aus Glycerindichlorhydrin und Ammoniak[1]: 400 g Glycerindichlorhydrin werden mit 3200 cm³ 96%igem Äthanol auf 60–70° erhitzt. Man leitet unter Rühren während 20–30 Stdn. einen langsamen Strom von Ammoniak über die Oberfläche, bis eine Gewichtszunahme von 200 g erfolgt ist. Dann setzt man 840 cm³ einer 10%igen alkoholischen Natriumhydroxydlösung zu, rührt kurze Zeit, filtriert und engt das Filtrat i.Vak. bis zu einem Rückstand von 1000 g ein. Nach dem Abkühlen wird erneut filtriert und weiter eingeengt. Es hinterbleibt eine halbfeste, zähe, in Wasser lösliche Masse.

Statt Ammoniak können auch primäre Amine benutzt werden.

[1] DRP. 639670 (1934), DuPont; Frdl. **23**, 1169.
  S. a. A. P. 1977250/51 (1933), DuPont, Erf.: O. STALLMANN; C. **1935** I, 1619, 2603.
[2] A. P. 2469683 (1945), American Cyanamid Co., Erf.: J.R.DUDLEY u. L.A.LUNDBERG; Chem. Abstr. **43**, 5518ª (1949).
[3] A. P. 2479480 (1946), American Cyanamid Co., Erf.: J. R. DUDLEY; Chem. Abstr. **44**, 7572^f (1950).
[4] DRP. 731030 (1939), I. G. Farb., Erf.: W. BOCK u. W. TISCHBEIN; C. **1943** I, 2451.

Beispiel 7:

Wasserlösliches Umsetzungsprodukt aus Epichlorhydrin und Äthylendiamin-dihydrochlorid[1]:
Eine Lösung von 13,3 g (0,1 Mol) Äthylendiamin-dihydrochlorid in 50 g Wasser wird mit 55,5 g
(0,6 Mol) Epichlorhydrin 16 Stdn. bei Zimmertemp. gerührt. Man erhält eine farblose,
schwach alkal. reagierende Lösung, die kein Epichlorhydrin mehr enthält.

Beispiel 8:

Polykondensationsprodukt aus Epichlorhydrin und Anilin[2]: Ein Gemisch aus 18,6 g Anilin
(0,2 Mol), 18,5 g Epichlorhydrin (0,2 Mol), 11,9 g Natriumcarbonat (0,112 Mol), 30 g Wasser und
32 g Alkohol wird auf dem Wasserbad $5^1/_2$ Stdn. intensiv gerührt. Die Mischung, die sich in
2 Schichten trennt, wird in einen großen Überschuß an kaltem Wasser eingegossen, wobei ein
festes Produkt ausfällt. Es wird abgetrennt, in verd. Salzsäure gelöst, mit Natronlauge ausgefällt, mit Wasser gewaschen und getrocknet; Erweichungspunkt $\sim 110°$.

4. Polyepoxyde (Epoxydharze)

unter Mitarbeit von

Dr. Robert Schmitz-Josten

Farbenfabriken Bayer AG., Leverkusen

α) Allgemeine Übersicht

Polyepoxyde, wegen ihres chemisch nicht einheitlichen Charakters allgemein als
Epoxydharze bezeichnet, finden etwa ab 1946 großtechnische Verwendung[3]. Die Entwicklung ist zur Zeit noch in vollem Fluß, da laufend sowohl neue Epoxyd- als auch
neue Härtungskomponenten für die verschiedensten Zwecke dargestellt werden.
Dementsprechend ist auch die Literatur über Epoxydharze fast unübersehbar geworden. Eine Reihe von Übersichtsreferaten[4,5], eine Patentzusammenstellung[3,6]
und einige Monographien (s. S. 567) erleichtern die Übersicht.

---

[1] F. P. 800334 (1935) ≡ DRP. 691970 (1934), Aceta GmbH.; C. **1937** I, 240.

[2] E. P. 675665 (1950), Courtaulds Ltd., Erf.: A. S. Carpenter, S. Coldfield u. E. R. Wallsgrove; Chem. Abstr. **46**, 10691ᵃ (1952).

[3] Grundlegende Patente:
DRP. 676117 (1934), I. G. Farb., Erf.: P. Schlack; C. **1940** I, 807.
Schweiz. P. 211116 (1938) ≡ DRP. 749512 (1938) ≡ E. P. 518057 (1938), Gebrüder De Trey
AG., Erf.: P. Castan; C. **1941** I, 831.
A. P. 2456408 (1943); 2285115, 2592560 (1945); 2542664 (1946), Devoe & Raynolds Co.,
Erf.: S. O. Greenlee; Chem. Abstr. **43**, 1996ᶜ (1949); **46**, 4854ᵃ, 6434ᵈ (1952); **45**, 4466ᵍ
(1951).
A. P. 2444333 (1944; Schweiz. Prior., 1943), De Trey Frères S. A., Erf.: P. Castan; Chem.
Abstr. **42**, 6581ᶜ (1948).

[4] Herstellung von Epoxydharzen:
J. Schrade, Kunstst. **43**, 266 (1953).
R. N. Wheeler, J. Oil Colour Chemists' Assoc. **36**, 305 (1953).
E. C. Dearborn u. Mitarbb., Ind. eng. Chem. **45**, 2715 (1953).
P. Bruin, Kunstst. **45**, 383 (1955).
W. Förster, Kunststoff-Rundschau 3, 43 (1956).
J. H. W. Turner, Paint Manufact. **26**, 157 (1956).
A. M. Paquin, Kunststoff-Rundschau 4, 147; **5**, 191; **6**, 234; **7**, 287 (1958).
W. S. Penn, Rubber and Plastics Weekly **142**, 202, 230, 266, 331, 364, 400, 498, 539, 574.
(1942).

Fortsetzung s. S. 463

Allen Polyadditionsprodukten gemeinsam ist der geringe *Schwund* bei der *Aushärtung*; bei den Epoxyden ist er von allen praktisch verwendeten Harzen am geringsten[1]. Infolgedessen eignen sich die Epoxydharze hervorragend zur Herstellung genauer Gießlinge, besonders im Werkzeug-, Formen- und Lehrenbau[2]. Da die meisten Epoxydharze außerdem eine hohe Adhäsion und Kohäsion zeigen, dienen sie als *Klebstoffe* und *Kitte* für die verschiedensten Materialien[3], beson-

Fortsetzung von S. 462

Härtung von Epoxydharzen:
V. Sussmann, Mod. Plastics **32**, Nr. 8, 164, 166, 245 (1955).
P. Bruin, Kunstst. **45**, 335 (1955).
L. Korfhage, Dtsch. Farben-Z. **9**, 463 (1955).
E. S. Narracott, Brit. Plastics **26**, Nr. 287, 120 (1953); **28**, Nr. 6, 253 (1955).
L. Shechter u. Y. Wynstra, Ind. eng. Chem. **48**, 86 (1956).
E. G. Shur, Mod. Plastics **33**, Nr. 8, 174, 274 (1956).
G. H. Ott u. H. Zumstein, J. Oil Colour Chemists' Assoc. **39**, 331 (1956).
R. N. Wheeler, J. Oil Colour Chemists' Assoc. **39**, 346 (1956).
Ind. eng. Chem. **48**, 1769 (1956), hier Zusammenfassung aller Arbeiten des Jahres 1955.

Anwendung von Epoxydharzen:
K. Frey, Chimia **8**, 1 (1954).
E. S. Narracott, Chem. Rdsch. [Solothurn] **7**, 248 (1954).
T. R. Hopper, Paint Oil chem. Rev. **117**, Nr. 14, 15 (1954).
J. R. Charlton, Mod. Plastics **32**, Nr. 1, 155 (1954); Can. Plastics Dez. **1955**, 31; Chem. Abstr. **48**, 13272^g (1954).
Pensez Plastiques **2**, Nr. 11, 1, 3 (1955); Kunststoff-Rundschau **2**, 308 (1955).
J. Formo u. L. Bolstad, Mod. Plastics **32**, Nr. 11, 99 (1955).
L. Korfhage, Fette Seifen einschl. Anstrichmittel **57**, 696 (1955).
Rubber & Plastics Age **37**, 287 (1956).
A. G. North, J. Oil Colour Chemists' Assoc. **39**, 318 (1956).
C. V. Wittenwyler, Chem. Engng. Progr. **52**, 53 (1956).
E. S. Paice, Chem. and Ind. **1957**, 674.
H. Jahn, Plaste u. Kautschuk **4**, 430 (1957).
T. Hirschi, Schweiz. Arch. angew. Wiss. Techn. **23**, 318 (1957).
P. A. Dunn, Light Metals **20**, 389 (1957).
K. Meyerhans, Kunstst. **50**, 38 (1960).
P. A. Dunn, Adhesives & Resins **8**, 25 (1960).
Kunststoffberater **6**, 486 (1961).
[5] Papers presented at the Atlantic City Meeting Sept. 1959, Bd. **19**, Nr. 2.
Symposium über Polyadditionsprodukte und ihre praktische Anwendung, Chimia **16**, 57 (1962).
[6] G. Tewes, Kunststoff-Rundschau **4**, 41, 87, 143 (1957).

---

[1] R. B. Seymour u. R. H. Steiner, Chem. Engng. **61**, Nr. 4, 244 (1954).
H. L. Parry u. H. A. Mackay, SPE Journal **14**, Nr. 7, 22 (1958).
[2] K. Meyerhans, Plastics **20**, Nr. 210, 27, 34 (1955).
A. L. Donaldson u. R. B. Velleu, Mod. Plastics **35**, Nr. 2, 133 (1957).
H. Jahn, Plaste u. Kautschuk **4**, 457 (1957).
R. Voss, SPE (Soc. Plastics Engrs.) Tech. Papers **4**, 266 (1958).
R. T. O'Connor, SPE (Soc. Plastics Engrs.) Tech. Papers **4**, 677 (1958).
F. K. Trietsch, Plastverarbeiter **12**, Nr. 4, 141 (1961).
[3] A.P. 2528932 (1949), Shell Develop., Erf.: Q. T. Wiles u. H. A. Newey; Chem. Abstr. **45**, 1816^g (1951).
DAS. 1121755 (1959; Am. Prior., 1958), Koppers Co., Erf.: W. E. S. Clair u. R. H. Moult.
A. J. Staverman in N. A. de Bruyne u. R. Houwink, Adhesion and Adhesives, S. 9, Elsevier Publ. Co., New York 1951.
W. Schäfer u. H. Jahn, Plaste u. Kautschuk **2**, 52 (1955).
R. M. McClintock u. M. J. Hiza, Mod. Plastics **35**, Nr. 10, 172, 176, 237 (1958).
Symposium on Adhesives for Structural Applications, J. Appl. Polymer Sci. **6**, 155, 161, 166, 176, 184, 193, 221 (1962).

ders aber für Leichtmetalle[1], weshalb sie in steigendem Umfang im Automobil-[2] und Flugzeug-
bau[3] verwendet werden. Neben den polaren Gruppen der Epoxydharze – meist Hydroxygruppen[4],
die zur Bildung von Wasserstoffbrücken befähigt sind[5] – mögen auch Epoxydgruppen dabei eine
besondere Rolle spielen, da diese die Fähigkeit haben, mit den Oxydoberflächen der Metalle
chemisch zu reagieren. Die Ursachen für gute Hafteigenschaften sind aber sehr komplexer Natur
und noch nicht ausreichend geklärt[6], da durchaus nicht alle Epoxyde sehr gute Hafteigenschaften
aufweisen (s. z.B. die basischen Epoxydharze S. 477). Mischungen von Epoxydharzen mit Metallpulvern, wie *Aluminium*, sind als metallähnliche Metallkleber im Handel[7]. Selbst auf Polyäthylen[8], Teflon[9] und ähnlichen Kunststoffen[10] erhält man mit Epoxydharzen haftende Überzüge.
Da die Aushärtung der Epoxydharze ohne Abspaltung von Wasser oder einer anderen Verbindung
verläuft, kann die Verklebung ohne Druck erfolgen.

Auch zur Herstellung von *glasfaserverstärkten Kunststoffen* werden Epoxydharze infolge
ihrer hohen Adhäsion an Glas immer mehr eingesetzt[11]. Bei *Sicherheitsglas* verbessern Epoxydharze die Haftvermittlung zwischen Glas und Kunststoff[12]. Zur Herstellung von *Preßmassen*[13]
und *Schichtstoffen*[14], u.a. auch für die Bauindustrie und zur Herstellung leichter Rohre für
die Flugzeugindustrie[15], eignen sich Epoxydharze wegen ihrer guten Hafteigenschaften bei
guten mechanischen Eigenschaften ganz besonders[16]. Die Entwicklung besonders *wärme-*

[1] Schweiz. P. 251647 (1945), CIBA; Chem. Abstr. **44**, 376[d] (1950).
   Schweiz. P. 262479/80 (1946), CIBA; C. **1954**, 5923.
   S. Firmenprospekt der CIBA über Metallkleber Araldit®.
   H. Pfenninger, Prakt. Chem. [Wien] **11**, 300 (1960).
   E. D. Gardner u. R. W. Flournoy, Adhesives Age **4**, Nr. 1, 20 (1961).
[2] A.P. 2965930 (1957), Union Carbide Corp., Erf.: M. N. Paul.
   D. E. Peerman u. D. E. Floyd, SPE Journal **16**, 717 (1960).
[3] W. Bandaruk, SPE Journal **12**, Nr. 8, 20 (1956).
[4] N. A. de Bruyne, J. appl. Chem. **6**, 303 (1956).
   J. Glazer, J. Polymer Sci. **13**, 355 (1954).
[5] K. Theile u. P. Colomb, Chimia **9**, 104 (1955); Fette Seifen einschl. Anstrichmittel **57**, 686
   (1955).
[6] H. Alter u. W. Soller, Ind. eng. Chem. **50**, 922 (1958).
[7] A. P. 2528933 (1949), Shell Develop., Erf.: Q. T. Wiles; Chem. Abstr. **45**, 1817[a] (1951).
   A.P. 2915490 (1956), Shell Develop., Erf.: F. C. Hopper u. M. Naps; Chem. Abstr. **54**, 7238[f]
   (1960).
   Als Metall-Lotersatz: DAS. 1112236 (1960; Am. Prior., 1959), General Mills, Erf.: H. B.
   Arnold.
[8] Belg.P. 556094 (1957; Am. Prior., 1956), Plax Corp.
[9] H. W. Arnold, Adhesives Age **4**, Nr. 2, 34 (1961).
[10] J. Eilers, Kunstst. **51**, 611 (1961).
[11] DAS. 1036518 (1956), Henkel & Cie. GmbH., Erf.: H. Pietsch; C. **1959**, 11087.
   I. Silver u. H. B. Atkinson jr., Mod. Plastics **28**, Nr. 3, 113 (1950).
   D. W. Elam u. F. C. Hopper, Mod. Plastics **32**, Nr. 2, 141 (1954).
   Chem. Engng. News **34**, 872 (1956).
   A. L. Donaldson u. R. B. Velleu, Mod. Plastics **35**, Nr. 2, 133 (1957).
   L. Blumental, Ind. Plast. mod. **11**, Nr. 9, 72 (1959).
   Plastverarbeiter **13**, 26, 74 (1962).
[12] A.P. 2789932 (1952), Bjorksten Research Laboratories, Erf.: L. L. Yaeger; Chem. Abstr. **51**,
   17130[h] (1957).
   DAS. 1024919 (1955; Am. Prior., 1954), Owens-Corning Fiberglas Corp., Erf.: T. J. Collier;
   C. **1958**, 13936.
[13] W. J. Dewar, SPE (Soc. Plastics Engrs.) Tech. Papers **4**, 869 (1958).
[14] B. E. Godard, P. A. Thomas u. J. G. Welch, SPE Journal **13**, Nr. 5, 26 (1957).
   C. D. Doyle, Mod. Plastics **37**, Nr. 3, 143 (1959).
[15] W. E. Ponemon, Mod. Plastics **34**, Nr. 3, 139 (1956).
[16] F. R. O'Brien, S. Oglesby u. P. C. Covington, Mod. Plastics **33**, Nr. 12, 158 (1956).
   J. E. Carey u. F. C. Hopper, SPE (Soc. Plastics Engrs.) Tech. Papers **4**, 123 (1958).
   R. O. Menard u. W. W. Cooper, SPE Journal **16**, 277 (1960).
   Y. Siegwart, Chimia **12**, 543 (1961).

fester[1-3] und *alterungsbeständiger*[2,4] Epoxydharze hat beispielsweise im *Raketenbau*[5] und in der *Elektrotechnik*[6] zu Fortschritten geführt. Ihre günstigen *thermischen* und *elektrischen* Eigenschaften[7] erlauben ihre Verwendung als *Vergußmassen*[8], *Isoliermaterial* für elektrische Apparate[9] und als *Drahtlacke*[10]. Zusammen mit Phenolharzen lassen sich optimale Eigenschaften bei *Schleifkörpern* erzielen, wobei Adhäsion und Kohäsion gleich wichtig sind[11]. In *Butadien-Copolymerisate* eingearbeitet, sollen Epoxydharze besondere technische Effekte wie hohe Festigkeit und Härte bewirken[12]. Mischungen aus *Polyvinylchlorid* und epoxydierten Ölen besitzen vorzügliche Klebeeigenschaften auf Stahl und Glasoberflächen[13]. Polyvinylchlorid-Pasten können anstelle der üblichen Weichmacher Epoxydharze enthalten, welche mit flüssigen Anhydridgemischen[14] oder mit Polyaminen[15] gehärtet werden.

Auf dem Gebiet des *Oberflächenschutzes* sind Epoxydlacke wegen ihrer chemischen Resistenz bei optimaler Haftung von großer Bedeutung. Kombinationen mit *Phenol-* oder *Melamin-Formaldehyd-Harzen* finden breite Anwendung. Geeignete Härtungskomponenten ermöglichen die Herstellung von lösungsmittelfreien, kalt- und heißhärtenden Überzügen[16]. Epoxydharz-Emulsions-

---

[1] R. O. MENARD u. W. W. COOPER, SPE Journal **16**, 277 (1960).
F. R. O'BRIEN, S. OGLESBY u. P. C. COVINGTON, Mod. Plastics **33**, Nr. 12, 158 (1956).
J. E. CAREY u. F. C. HOPPER, SPE (Soc. Plastics Engrs.) Tech. Papers **4**, 123 (1958).

[2] P. NOWAK, Kunstst. **51**, 480 (1961).

[3] D. E. KLINE, J. Polymer Sci. **47**, 237 (1960).
V. E. YARSLEY, Kunststoff-Rundschau **8**, 165 (1961).
G. F. L. EHLERS, Polymer **1**, 304 (1960).

[4] W. EICHENBERGER, Kunststoffe-Plastics **7**, 5 (1960).

[5] M. BORNENGO, Materie plast. **27**, 854 (1961); **28**, 189 (1962).
M. HAGEDORN, Kunstst. **51**, 709, 771 (1961).

[6] W. SCHÄFER u. H. JAHN, Dtsch. Elektrotechn., Beilage: Elektrofertigung **10**, Nr. 10, 73 (1956).
W. E. WEBER, SPE Journal **14**, Nr. 3, 49 (1958).
H. DAVIES, Plastics **24**, 505 (1959).

[7] J. DELMONTE u. K. CRESSEY, SPE Journal **14**, Nr. 11, 29 (1958).
J. DELMONTE, J. Appl. Polymer Sci. **2**, 108 (1959).

[8] A. F. RINGWOOD, SPE Journal **16**, 93 (1960).
Kunststoffberater **5**, 431 (1960).
G. MENSCHING, Plaste u. Kautschuk **8**, 179 (1961).

[9] G. J. POWELL u. R. E. STOLTON, Brit. Plastics **32**, 380 (1959).

[10] J. MLEZIVA u. Mitarbb., Plaste u. Kautschuk **5**, 283 (1958).

[11] DBP.-Anm. U 2697 (1954; Am. Prior., 1953), Union Carbide & Carbon Corp., Erf.: R. S. DANIELS u. A. J. MOSTELLO.
DAS. 1111386 (1958), Schering AG., Erf.: H. BRUNGRABER.

[12] F.P. 1082895 (1953; Am. Prior., 1952), Bataafsche (Shell), Erf.: M. NAPS, T. F. MIKA u. R. D. SULLIVAN; C. **1957**, 2374.
F.P. 1149324 (1956; Am. Prior., 1955), Minnesota Mining & Manufacturing Co., Erf.: W. C. O'LEARY u. R. A. FRIGSTAD.

[13] P. P. HOPF u. B. D. SULLY, J. Polymer Sci. **48**, 367 (1960).

[14] DAS. 1074261 (1958; Schweiz. Prior., 1957), CIBA, Erf.: W. FISCH, R. HILTPOLD u. H. BATZER.

[15] E.P. 777052 (1953), Dunlop Rubber Co. Ltd., Erf.: W. H. HOGG u. G. BERTRAM; C. **1958**, 1995.

[16] DAS. 1117871 (1960; Holl. Prior., 1959), Shell Internationale Research Mij., Erf.: J. J. ZONSVELD u. G. R. EDWARDS.
Corrosion [Houston] **12**, 187ᵗ (1956).
G. H. OTT u. H. ZUMSTEIN, J. Oil Colour Chemists' Assoc. **39**, 331 (1956).
G. NEDEY, Peintures **33**, 907 (1957).
J. ROGERS, Corrosion, Prevent. & Control **5**, 53 (1958).
H. W. HOWARD, Mod. Plastics **36**, Nr. 11, 85 (1959).
T. HIRSCHI, Paintindia **10**, 123 (1960).
R. G. FORTENER, Corrosion [Houston] **17**, Nr. 9, 9 (1961).
H. WARSON, Paint Manufact. **31**, 13 (1961).
W. BRUSHWELL, Am. Paint J. **46**, Nr. 11, 44; Nr. 18, 77 (1961).
J. J. ZONSVELD, Chimia **16**, 76 (1962).

lacke (vgl. auch S. 496) sind hauptsächlich als Grundierungen geeignet[1]. Mit ungesättigten Fettsäuren lassen sich hochwertige alkydharz-ähnliche Lackkomponenten erhalten (vgl. S. 535). Auch als chemisch resistentes Beschichtungs- und Reparaturmaterial für *Beton*-Fußböden und -Rohre[2] sowie als *Säurekitt*[3] werden Epoxydharze häufig verwendet. Kombinationen von Epoxydharzen mit Teerprodukten, wie Bitumen und Asphalt, finden ebenfalls steigende Anwendung im Korrosionsschutz[4] und im Straßenbau[5].

Epoxyde mit vorwiegend längerem Fettsäurerest finden außer ihrer eigentlichen Verwendung als Kunststoffe auch Anwendung als *Weichmacher* und *Stabilisatoren* für Polyvinylchlorid[6] (vgl. S. 485), Polyäthylen[7], Polyvinylacetat und dessen Copolymerisate[8,9], Acetylcellulose[10] und andere Kunststoffe, sowie als Stabilisatoren und Detergents in Hochdruckschmierölen[11].

[1] J. M. Thomas, Am. Paint J. **42**, Nr. 36, 44 (1958).
  C. K. Thorstad, Mod. Plastics **36**, Nr. 11, 83 (1959).
[2] H. R. Touchin, Corrosion Technol. **6**, 227 (1959).
  P. A. Dunn, Rubber & Plastics Age **42**, 200 (1961).
  T. Hirschi, Schweiz. Arch. angew. Wiss. Techn. **23**, 318 (1957).
  H. Niemann, Kunstst. **51**, 400 (1961).
  DAS. 1118080 (1958), Farbw. Hoechst, Erf.: K. Dietz, G. Lorentz u. R. Stroh.
[3] K. Dietz u. G. Lorentz, Chemie-Ing.-Techn. **27**, 596 (1955).
[4] M. Herzberg, Peintures **35**, 383 (1959).
  D. A. Shingleton, Chem. Process Engng. **42**, 530 (1961).
[5] Belg. P. 567810 (1958; Am. Prior., 1957), Bataafsche (Shell), Erf.: H. T. F. Bradley, H. J. Sommer u. H. A. Newey.
  A.P. 2956034 (1958) ≡ F.P. 1217071 (1958), Bataafsche (Shell), Erf.: W. C. Simpson.
  Belg. P. 589154 (1960; Am. Prior., 1959), Shell Internationale Research Mij., Erf.: T. F. Bradley.
  Belg. P. 590711 (1960; Am. Prior., 1959), Shell Internationale Research Mij., Erf.: C. V. Wittenwyler.
[6] F.P. 1070351 (1953) ≡ DBP. 975394 (1952), Henkel & Cie. GmbH.; C. **1956**, 7095.
  DAS. 1001979 (1955; Am. Prior. 1954), Rohm & Haas Co., Erf.: S. P. Rowland u. R. G. White; C. **1957**, 11162.
  A. P. 2595619 (1949; Holl. Prior., 1948), Shell Develop., Erf.: H. T. Voorthuis; Chem. Abstr. **46**, 8417^g (1952).
  A. P. 2590059 (1949), Shell Develop., Erf.: De Loss E. Winkler; Chem. Abstr. **46**, 7366^i (1952).
  A. P. 2585506 (1948), Shell Develop., Erf.: E. C. Shokal, De Loss E. Winkler u. P. A. Devlin; Chem. Abstr. **46**, 4856^d (1952).
  A.P. 2564194/5 (1951; Holl. Prior., 1946), Shell Develop., Erf.: W. L. J. de Nie u. H. T. Voorthuis; Chem. Abstr. **45**, 9918^b (1951).
  A.P. 2559333 (1949), Shell Develop., Erf.: F. M. Abell; Chem. Abstr. **45**, 9307^a (1951).
  A. P. 2530353 (1949), Dow Chemical Co., Erf.: C. B. Havens; Chem. Abstr. **45**, 2718^c (1951).
  F. P. Greenspan u. R. J. Gall, Ind. eng. Chem. **45**, 2722 (1953); s. dort ältere Literatur; J. Amer. Oil Chemists' Soc. **33**, 391 (1956).
  L. P. Witnauer u. Mitarbb., Ind. eng. Chem. **47**, 2304 (1955).
  T. C. Moorshead, Plastics **22**, 343 (1957).
  D. E. Winkler, Ind. eng. Chem. **50**, 863 (1958).
  R. M. Brice u. W. M. Budde, Ind. eng. Chem. **50**, 868 (1958).
  A. Merz, Kunststoffe-Plastics **6**, 169 (1959).
  S. Fath, Mod. Plastics **37**, Nr. 8, 135, 203 (1960).
  Resin Review, Firmenschrift der Rohm & Haas Co., **11**, Nr. 2, 20 (1961)
  F. C. Magne, R. R. Mod u. E. L. Skau, J. Amer. Oil Chemists' Soc. **38**, 291, 294 (1961).
  Zum Wirkungsmechanismus der verschiedenen PVC-Stabilisatoren s. G. M. Dyson, J. A. Horrocks u. A. M. Fernley, Plastics **26**, Nr. 288, 124 (1961).
[7] DAS. 1026953 (1955), Farbw. Hoechst, Erf.: W. Sommer, E. Stärk u. E. Grams; C. **1959**, 9412.
[8] L. S. Silbert u. W. S. Port, J. Amer. Oil Chemists' Soc. **34**, 9 (1957).
[9] Belg. P. 597306 (1960; Am. Prior., 1960), Food Machinery & Chemical Corp.
[10] A.P. 2710845 (1952), Hercules Powder Co., Erf.: M. S. Thompson; Chem. Abstr. **49**, 15285^h (1955).
[11] A.P. 2900342 (1956), Pure Oil Co., Erf.: A. A. Manteuffel, G. R. Cook u. W. W. Cortiss; Chem. Abstr. **53**, 22895^b (1959).
  DAS. 1074185 (1958), Farbf. Bayer, Erf.: E. Roos, F. Lober u. W. Lohmar; C. **1960**, 12892.

Auch auf dem *Textilgebiet* liegen erfolgversprechende Versuche zum Einsatz von Epoxydharzen vor. So läßt sich durch sie die *Knitterfestigkeit* sowie das **Einlaufen von nassem Cellulosematerial** verbessern[1]. Auch Acetylcellulose[2], Wolle[3], Kollagen[4], Polyamide und -urethane[5] können durch Umsetzung mit Polyepoxyden modifiziert werden[6]. Durch Einwirkung von aminogruppenhaltigen Epoxyden auf Textilfasern kann die Anfärbbarkeit erhöht werden[7,8] (vgl. auch S. 455, 495). Für die Herstellung von nicht gewebten Textilien (*non woven fabrics*) werden Epoxydharze als Bindemittel eingesetzt[9]. Beim *Papier* bewirkt ein Zusatz von Epoxydharzen eine Erhöhung der Naßfestigkeit; die Epoxydharze können hierbei in wäßr. Lösung[10] oder in wäßr. Emulsion angewandt werden (vgl. S.496)[11]. Durch Erhitzen von wäßr. Epoxydharz-Dispersionen in Gegenwart von Härtern und Treibmitteln lassen sich *Schaumstoffe* herstellen[12]. Auch durch Zusatz von Korkpulver können Epoxydharze mit niedrigem Raumgewicht hergestellt werden[13]. In der *Photoindustrie* dienen Epoxydharze als Klebstoffe, z. B. für Linsen[14], sowie als Härtungsmittel für photographische Gelatineschichten[15].

---

[1] A.P. 2752269 (1951), Shell Develop., Erf.: F. E. Condo u. C. W. Schroeder; Chem. Abstr. **50**, 13468[b] (1956).
E. W. Jones u. J. A. Rayburn, J. Appl. Polymer Sci. **5**, 714 (1961).
DAS. 1016449 (1954; Am. Prior., 1953) ≡ F.P. 1116459 (1954); DAS. 1105376 (1954; Am. Prior., 1953), Bataafsche (Shell), Erf.: C. W. Schroeder; C. **1958**, 4945.
A.P. 2886473 (1955), Shell Develop., Erf.: C. W. Schroeder; Chem. Abstr. **53**, 15591[f] (1959).
C. W. Schroeder u. F. E. Condo, Textile Res. J. **27**, 135 (1957).
J. B. McKelvey u. Mitarbb., J. Polymer Sci. **51**, 209 (1961).

[2] DAS. 1076358 (1954; Am. Prior., 1953) ≡ E.P. 770014 (1954), Bataafsche (Shell), Erf.: F. E. Condo; C. **1957**, 13212.

[3] DAS. 1009590 (1955), Böhme Fettchemie GmbH., Erf.: A. Rapp; C. **1958**, 2019.
A.P. 2886472 (1956), Shell Develop., Erf.: F. E. Condo u. C. W. Schroeder; Chem. Abstr. **53**, 15591[c] (1959).

[4] R. L. Sykes, Chem. and Ind. **1959**, 700.

[5] DAS. 1027398 (1955), Farbf. Bayer, Erf.: W. Hechelhammer u. H. Streib; C. **1959**, 17507.

[6] S. hierzu auch Kap. Umwandlung makromolekularer Stoffe, S. 637 ff.

[7] E.P. 795356 (1955), Courtaulds Ltd., Erf.: F. Reeder; C. **1959**, 8006.
G. Champetier, G. Montégudet u. J. Petit, C. r. **240**, 1896 (1955).
G. Montégudet, Peintures **34**, 311 (1958).

[8] S. hierzu auch E.P. 731545 (1952), Distillers Co. Ltd., Erf.: D. Cleverdon; C. **1957**, 3698.

[9] F.P. 1225966 (1959; Am. Prior., 1958), Rohm & Haas Co., Erf.: V. J. Moser u. B. B. Kine.
Belg.P. 590799 (1960; Am. Prior., 1959), Rohm & Haas Co., Erf.: V. J. Moser.

[10] A.P. 2993915 (1959), Rohm & Haas Co., Erf.: L. S. Luskin.

[11] Belg.P. 541693 (1955; Am. Prior., 1954), Bataafsche (Shell).
A.P. 2872428 (1955), Shell Develop., Erf.: C. W. Schroeder; Chem. Abstr. **53**, 8654[i] (1959).
F.P. 1155148 (1956; Am. Prior., 1955), Bataafsche (Shell), Erf.: C. W. Schroeder.

[12] DAS. 1080774 (1958), BASF, Erf.: R. Petri, H. Reinhard u. L. Keller.
DAS. 1088710, 1102390, 1110408 (1959), BASF, Erf.: L. Keller, H. Reinhard u. R. Petri.
Schaumstoffe auf Epoxydharz-Basis aus organischer Lösung:
DBP. 955902 (1952) ≡ F.P. 1068780 (1952; Am. Prior., 1951), Bataafsche (Shell), Erf.: H. L. Parry u. B. O. Blackburn; C. **1956**, 14467.
E.P. 783956 (1953), Aero Research Ltd. u. J. B. D. Mackenzie; C. **1959**, 320.
A.P. 2936294 (1957), United States Rubber Co., Erf.: R.C.Kohrn; Chem. Abstr. **54**, 19022[b] (1960).
Belg.P. 592986 (1960; Am. Prior., 1959), Shell Internationale Research Mij., Erf.: J. E. Carey u. P. D. Jones.
DAS. 1126607 (1960) ≡ Belg.P. 599777 (1961), Farbf. Bayer, Erf.: K. Andres, K. Lang u. R. Merten.
W. H. Nickerson, SPE (Soc. Plastics Engrs.) Tech. Papers **4**, 862 (1958).
K. D. Cressy, SPE Journal **16**, 557 (1960).
Epofoam Resins®, Firmenschrift der Shell Chemical Cie.

[13] A.P. 2904524 (1957), Armstrong Cork Co., Erf.: G. L. Baumgartner jr.; Chem. Abstr. **54**, 1921[e] (1960).

[14] K. Maasz, Plaste u. Kautschuk **3**, 130 (1956).
M. Petronio, H. Gisser u. A.W.Forbriger jr., Thiokol, Firmenschrift, Adhesives Age, Jan.1959.

[15] DAS. 1086998 (1958), AGFA AG., Erf.: H. Klockgether, W. Himmelmann u. O. Wahl.
DAS. 1095113 (1958), AGFA AG., Erf.: W. Himmelmann u. O. Wahl.
DAS. 1091322, 1113807 (1959), VEB Filmfabrik AGFA Wolfen, Erf.: E. J. Birr u. W.Walther.

30*

Im Prinzip lassen sich alle Polyepoxyde als Ausgangsmaterialien zur Darstellung von Kunststoffen verwenden. Neben guten technologischen Eigenschaften sind mäßiger Preis und physiologische Unbedenklichkeit[1] jedoch wichtige allgemeine Vorbedingungen für einen praktischen Einsatz. Für viele Zwecke des Oberflächenschutzes spielen Lichtechtheit und Hydrolysenbeständigkeit eine große Rolle; aber auch gute Löslichkeit in allgemein gebräuchlichen Lösungsmitteln und Verträglichkeit der Epoxydharze mit anderen Filmbildnern sind wesentlich. Für Gießharze sind nur flüssige Epoxydharz-Härter-Gemische brauchbar.

β) Darstellung von Epoxydharzen

β₁) Epoxydharze aus Polyphenolen und Epihalogenhydrinen

Nur wenige Epoxydharze sind bisher technisch leicht zugänglich. Die wichtigsten werden aus Diphenolen und *Epichlorhydrin* in alkalischer Lösung hergestellt[2,3]. Anstelle von Epichlorhydrin können auch z. B. *Glycerindichlorhydrin, 2,3-Dichlor-butanol-(1)* und *1,2-Dichlor-butanol-(3)* eingesetzt werden[4], wobei aber die doppelte Alkalimenge erforderlich ist. Meist legt man eine Lösung des Diphenols in Epichlorhydrin vor und läßt zwischen etwa 50–100° die den phenolischen Hydroxygruppen äquivalente Menge einer wäßrigen Alkalihydroxydlösung zutropfen. Beim Arbeiten in wäßriger Lösung wirkt sich ein Zusatz von Lösungsvermittlern, wie niederen aliphatischen Ketonen oder vor allem sekundären Alkoholen[3], günstig aus. Auch tert.-Butanol ist geeignet[5]. Die Umsetzung kann aber auch in wasserfreier Lösung durchgeführt werden[6]. Interessant ist der Vorschlag, das Alkalihydroxyd durch stark basische Austauscher zu ersetzen[7]. Die Darstellung von Epoxydharzen in größerem Maßstabe wird häufig kontinuierlich durchgeführt[8].

Unter den Diphenolen spielt das aus 2 Mol Phenol und 1 Mol Aceton leicht zugängliche 2,2-Bis-[p-hydroxy-phenyl]-propan (I), das sogenannte *Dian* oder *Bisphenol A*, die größte Rolle. Epoxyde auf dieser Basis und ihre Polyadditionen an

---

[1] Besonders die niedrigmolekularen Mono- und Polyepoxyde können Dermatosen hervorrufen:
C. H. HINE u. Mitarbb., A. M. A. Arch. Ind. Health **14**, 250 (1956).
E. N. DORMAN, SPE Journal **13**, Nr. 8, 25 (1957).

[2] Schweiz. P. 211116 (1938), Gebrüder De Trey AG.; Chem. Abstr. **36**, 3585[7] (1942).
A. P. 2444333 (1944; Schweiz. Prior., 1943); De Trey Frères S. A., Erf.: P. CASTAN; C. **1949** I, 646.
A. P. 2553718 (1949); 2575558 (1948), Shell Develop., Erf.: H. A. NEWEY u. E. C. SHOKAL; Chem. Abstr. **45**, 7380[d] (1951); **46**, 1303[c] (1952).
A. P. 2521911 (1946); 2558949 (1945); 2582985, 2615007 (1950); 2615008 (1951), Devoe & Raynolds Co., Erf.: S. O. GREENLEE; Chem. Abstr. **45**, 1380[c], 8811[a] (1951); **46**, 4275[e] (1952); **49**, 10637[a,c] (1955).
A. P. 2665266 (1952), Harvel Corp., Erf.: D. WASSERMAN; Chem. Abstr. **48**, 4880[i] (1954).
G. H. OTT u. H. ZUMSTEIN, J. Oil Colour Chemists' Assoc. **39**, 331 (1956).
DAS. 1016273 (1954; Am. Prior., 1953) ≡ F. P. 1113842 (1954) ≡ E. P. 753193 (1954), Bataafsche (Shell), Erf.: J. M. GOPPEL; C. **1958**, 571.

[3] DAS. 1022793 (1956; Am. Prior., 1955), Bataafsche (Shell), Erf.: L. H. GRIFFIN u. J. H. LONG; C. **1958**, 13111.

[4] DAS. 1046880 (1956), VEB Chemische Werke Buna, Erf.: A. LORENZ u. H. DEHNERT; C. **1960**, 6339.

[5] Eigene unveröffentlichte Versuche.

[6] DAS. 1081666 (1956), Bergwerksverband GmbH., Erf.: J. BERGMANN, O. GROSSKINSKY u. W. THÜRAUF; C. **1960**, 17296.

[7] Belg. P. 554639 (1957), Solvay & Cie.
DAS. 1120140; 1133735 (1959), Henkel & Cie. GmbH., Erf.: M. BUDNOWSKI u. M. DOHR.

[8] DAS. 1091749 (1956; Am. Prior., 1955), Bataafsche (Shell), Erf.: P. PEZZAGLIA.
E. P. 849036; 880423 (1958; Am. Prior., 1957); F. P. 1192342 (1957; Holl. Prior., 1956), Bataafsche (Shell).

Amine unter Entstehung unlöslicher Produkte wurden erstmalig 1934 von P. Schlack in einem Patent der I. G. Farb. beschrieben[1].

Ob die Umsetzung der Phenole mit dem Epichlorhydrin immer entsprechend dem folgenden Schema verläuft, ist nicht sicher; unter Umständen wird auch eine Reaktion der phenolischen Hydroxygruppe mit der Chlormethylgruppe in Betracht zu ziehen sein (vgl. S. 455).

Die Bildung des Epoxydringes unter dem Einfluß von Alkalihydroxyd ist streng genommen eine *Gleichgewichtsreaktion*, wobei allerdings das Gleichgewicht weitgehend auf der Epoxydseite liegt[2]. Unter Ausnutzung dieser Gleichgewichtsreaktion ist es möglich, mit einem Unterschuß an Natronlauge[3] eine quantitative Anlagerung des Bisphenols (I) an das Epichlorhydrin zu erzielen. Mit katalytischen Mengen einer Lithiumverbindung[4] oder einer quartären Ammoniumverbindung[5] ist es in wasserfreiem Medium sogar möglich, die Bis-chlorhydrin-Stufe zu fassen, das überschüssige Epichlorhydrin zusammen mit durch „Umepoxydierung" gebildetem Glycerindichlorhydrin abzudestillieren und anschließend den Rückstand mit der berechneten Menge Alkali in das Diepoxyd überzuführen. Hierdurch wird eine wesentliche Ersparnis an Epichlorhydrin erzielt. Charakteristisch für die durch alkalische Katalyse hergestellten Epoxyde aus Phenolen und Epichlorhydrin ist, daß in diesen Verbindungen ausschließlich die primäre Hydroxygruppe des Glycerinderivats veräthert ist (vgl. dagegen die Herstellung von Polyepoxyden aus mehrwertigen Alkoholen mit Epichlorhydrin in saurer Lösung, S. 475).

Ein annähernd reines Diepoxyd der oben angegebenen Formel (II) entsteht nur, wenn man einen großen Epichlorhydrin-Überschuß anwendet[6] (etwa fünf Mol Epichlor-

[1] DRP. 676117 (1934), I. G. Farb., Erf.: P. Schlack; C. **1940** I, 807.

[2] V. Šupler, M. Lidařik u. J. Kincl, Chem. Listy **50**, 916 (1956); Chem. Abstr. **50**, 11709g (1956). S. a. W. Bradley, J. Forrest u. O. Stephenson, Soc. **1951**, 1589.

[3] A. P. 2943095 (1955), Union Carbide Corp., Erf.: A. G. Farnham, L. Shechter u. J. Wynstra. DAS. 1116397 (1956; Am. Prior., 1955), Bataafsche (Shell), Erf.: P. Pezzaglia. DAS. 1122260 (1957), Gesellschaft für Teerverwertung mbH., Erf.: H. Wille, L. Rappen u. K. Jellinek.

[4] E. P. 868861 (1958; Am. Prior., 1957), Union Carbide Corp., Erf.: N. H. Reinking.

[5] A. P. 2943096 (1957) ≡ DAS. 1103580 (1958), Union Carbide Corp., Erf.: N. H. Reinking.

[6] A. P. 2841595 (1955), Shell Develop., Erf.: P. Pezzaglia; Chem. Abstr. **52**, 16297f (1958). S. a. A. P. 2467171 (1948), Shell Develop., Erf.: E. G. G. Werner u. E. Farenhorst; Chem. Abstr. **43**, 5421h (1949).

hydrin pro phenolische Hydroxygruppe); die Verbindung kann anschließend im Vakuum destilliert werden (Beispiel 1, S. 538). Mit abnehmendem Epichlorhydrin-Überschuß erhält man Gemische von Äthern, die hauptsächlich der folgenden Formel entsprechen:

$$
H_2C\!-\!CH\!-\!CH_2\!-\!\left[O\!-\!\underset{\underset{CH_3}{|}}{\overset{\overset{CH_3}{|}}{C}}\!-\!O\!-\!CH_2\!-\!CH\!-\!CH_2\right]_n\!-\!O\!-\!\underset{\underset{CH_3}{|}}{\overset{\overset{CH_3}{|}}{C}}\!-\!O\!-\!CH_2\!-\!CH\!-\!CH_2
$$

Das *Durchschnittsmolekulargewicht* wird mit abnehmendem Epichlorhydrin-Überschuß immer größer[1] (Beispiele 2, 4 u. 7, S. 538 ff.), bis man schließlich beim Molverhältnis 1:1 hochmolekulare lineare Polyäther erhält, die praktisch frei von Epoxydgruppen sind[2] (Beispiel 3, S. 539). Die in der Praxis am häufigsten verwendeten Epoxydharze aus 2,2-Bis-[p-hydroxy-phenyl]-propan weisen Molekulargewichte zwischen 450 und 4000 auf[3]. (Das reine Diepoxyd der Formel II, S. 469, hat das Molekulargewicht 340.) Die Erweichungspunkte, die mit steigendem n ansteigen, liegen zwischen 30 und 155° (s. Beispiel 2, S. 538).

Außer den Mengenverhältnissen spielen auch *Temperatur* und *Alkalität* des Reaktionsgemisches eine Rolle bei der Umsetzung. Höhere Reaktionstemperaturen oder längeres Nacherhitzen der Epoxydharze über 100° bewirken sekundäre Umsetzungen. So kann z. B. die Epoxydgruppe in Gegenwart von *Wasser* zum Glykol aufgespalten werden, letzteres kann sich an weiteres Epoxyd anlagern und so zu einer Molekelvergrößerung führen. Man kann diesen Nebenreaktionen entgegenwirken, wenn man festes Alkalihydroxyd verwendet oder das Wasser durch azeotrope Destillation mit Epichlorhydrin aus der Reaktionsmischung entfernt[4]. *Kinetische* Untersuchungen haben gezeigt, daß bei Reaktionstemperaturen von 100° die Anlagerung des Epichlorhydrins an das Bisphenol in weniger als einer Minute vollzogen ist, und daß überschüssiges Epichlorhydrin in langsamerer Reaktion in Polyglycerin übergeht[5]. Die in der Technik verwendeten Epoxydharze enthalten mit Ausnahme der niedermolekularsten Typen freie Hydroxygruppen. Aus diesem Grunde können sie durch längeres Erhitzen auf 150–180° in höhermolekulare Epoxydharze übergeführt werden. Für manche technischen Epoxydharze ist ein geringerer Epoxydgehalt bei höherem Molekulargewicht erwünscht. Eine Molekelvergrößerung der Epoxydharze kann auch durch Dimerisation von Epoxydgruppen zu Dioxanringen erfolgen[6]. Diese durch Alkali oder auch Borfluorid ausgelöste cyclische Ätherbildung findet jedoch nur dann in nennenswertem Umfang statt, wenn keine Hydroxygruppen zur Bildung offener Äther zur Verfügung stehen.

[1] A.P. 2615007 (1950); 2615008 (1951), Devoe & Raynolds Co., Erf.: S. O. GREENLEE; Chem. Abstr. **49**, 10637[a,c] (1955).
   DAS. 1022793 (1956; Am. Prior., 1955), Bataafsche (Shell), Erf.: L. H. GRIFFIN u. J. H. LONG; C. **1958**, 13111.
[2] A.P. 2602075 (1949), Courtaulds Ltd., Erf.: A. S. CARPENTER, F. REEDER u. E. R. WALLSGROVE; Chem. Abstr. **47**, 2539[e] (1953).
[3] S. z. B. Firmenprospekt der Shell über Epikote®.
[4] DAS. 1016273 (1954; Am. Prior., 1953) ≡ F.P. 1113842 (1954) ≡ E.P. 753193 (1954), Bataafsche (Shell), Erf.: J. M. GOPPEL; C. **1958**, 571.
[5] W. FISCH, Chimia **16**, 66 (1962).
[6] K. THEILE u. P. COLOMB, Chimia **9**, 104 (1955); Fette Seifen einschl. Anstrichmittel **57**, 686 (1955).

$$2 \ H_2C\underset{\diagdown O \diagup}{-}CH-CH_2-O-R-O-CH_2-HC\underset{\diagdown O \diagup}{-}CH_2 \ \xrightarrow{OH^{\ominus}}$$

$$H_2C\underset{\diagdown O \diagup}{-}CH-CH_2-O-R-O-CH_2-HC\underset{\diagdown CH_2 \diagup}{\overset{CH_2}{\diagup \quad \diagdown}}O$$

$$O \qquad CH-CH_2-O-R-O-CH_2-HC\underset{\diagdown O \diagup}{-}CH_2$$

Bei der Aufarbeitung der Epoxydharze[1] ist am Ende auf eine vollständige Entfernung aller Alkalispuren zu achten, da sonst leicht die oben genannten sekundären Umsetzungen stattfinden, die eine mangelnde Haltbarkeit der Harze bewirken. Das Auswaschen von Alkali mittels Säure ist nur bei tiefer Temperatur und bei Verwendung schwacher Säuren möglich, da sonst leicht eine Anlagerung der Säuren an die Epoxydgruppe stattfindet. Deshalb ist die Verwendung von Pufferlösungen sehr zu empfehlen[2].

Die Epoxydgruppenbestimmung der Harze kann IR-spektroskopisch oder durch Anlagerung von Chlorwasserstoff an die Epoxydgruppen in Pyridin- oder Dioxanlösung geschehen, wobei der nicht verbrauchte Chlorwasserstoff mit Alkalihydroxydlösung gegen Phenolphthalein zurücktitriert wird[3,4] (s. Beispiele 13, S. 452 u. 14, S. 543). Die *Epoxydzahl* (Epoxydwert) gibt die Epoxydäquivalente in 100 g Substanz an, während mit dem *Epoxydäquivalent* die ein Epoxydäquivalent enthaltende Harzmenge bezeichnet wird. Der Quotient 100 : Epoxydzahl entspricht dem Epoxydäquivalent. Der Prozentgehalt an Epoxydsauerstoff wird seltener zur Kennzeichnung des Epoxydgruppengehaltes angegeben. Für eine nachträgliche Veresterung der Epoxydharze (s. S. 535ff.) ist die *Hydroxylzahl* von Bedeutung. Sie kann IR-spektroskopisch oder durch Reaktion mit Acetylchlorid oder Lithiumaluminiumhydrid ermittelt werden[3,4]. Meist wird sie jedoch aus der *Veresterungszahl* berechnet, wobei pro Epoxydgruppe zwei Hydroxygruppen abgezogen werden müssen[5]. Weitere wichtige Kennzahlen für Epoxydharze sind noch der *Erweichungspunkt* bzw. die *Viscosität* und das meist ebullioskopisch bestimmte Molgewicht (s. Beispiel 2, S. 539).

Aus *Resorcin* und *Hydrochinon* lassen sich leichter destillierbare Diepoxyde darstellen[6] (Beispiel 9, S. 542). Sterisch gehinderte Phenole, wie *2-tert.- Butyl-hydrochinon* oder *2,5-Di-tert.-butyl-hydrochinon*, können nur in wasserfreiem Medium in die Diglycidäther übergeführt werden[7]; in Gegenwart von Wasser entsteht aus 2-tert.-Butyl-hydrochinon bevorzugt der Monoglycidäther[8]. Diese Glycid-

[1] A.P. 2824855 (1954), Freeman Chemical Corp., Erf.: S. E. FREEMAN u. G. W. GOTTSCHALK; Chem. Abstr. **52**, 9661[i] (1958).
DAS. 1116398 (1958; E. Prior., 1957), Bataafsche (Shell), Erf.: E. LELYVELD u. G. LAWTON.
DAS. 1112528 (1959; Am. Prior., 1958), Koppers Co., Erf.: W. E. S. CLAIR u. B. T. LARKIN.
E.P. 875140 (1960; DB. Prior., 1959), Shell International Research Mij.
[2] DAS. 1022793 (1956; Am. Prior., 1955), Bataafsche (Shell), Erf.: L. H. GRIFFIN u. J. H. LONG; C. **1958**, 13111.
[3] A.M. PAQUIN, Epoxydverbindungen und Epoxydharze, S. 749ff., Springer-Verlag Berlin–Göttingen Heidelberg 1958.
[4] H. LEE u. K. NEVILLE, Epoxy Resins, Their Applications and Technology, S. 21ff., McGraw-Hill Book Co., New York–Toronto–London 1957.
[5] A. BRING u. F. KADLECEK, Plaste u. Kautschuk **5**, 43 (1958).
[6] A.P. 2444333 (1944; Schweiz. Prior., 1943), De Trey Frères S. A., Erf.: P. CASTAN; C. **1949** I, 646.
E. G. G. WERNER u. E. FARENHORST, R. **67**, 438 (1948).
A.P. 2467171 (1948), Shell Develop., Erf.: E. G. G. WERNER u. E. FARENHORST; Chem. Abstr. **43**, 5421[h] (1949).
W. E. S. CLAIR u. R. H. MOULT, Ind. eng. Chem. **50**, 908 (1958).
[7] A.P. 2739160 (1952), Eastman Kodak Co., Erf.: A. BELL u. W. V. McCONNELL; C. **1957**, 6293.
[8] A.P. 2758119 (1953), Eastman Kodak Co., Erf.: A. BELL; Chem. Abstr. **51**, 2861[e] (1957).

äther sind nur als Stabilisatoren für Polyvinylchlorid von Interesse. *4,4'-Dihydroxy-diphenylsulfon-* und *4,4'-Dihydroxy-diphenyl-diglycidäther* dürften wegen ihres hohen Schmelzpunktes nur in Kombination mit anderen Harzen technisches Interesse finden[1]. Auch Diphenole mit drei oder mehr Benzolringen, wie z. B. das *Bis-[4-(p-hydroxy-benzyl)-phenyl]-methan*[2], sowie Kondensationsprodukte aus Xylylen-dichlorid mit Phenol[3] oder 2,2-Bis-[p-hydroxy-phenyl]-propan[4] wurden als Ausgangskomponenten vorgeschlagen. Diglycidäther aus Diphenolen[5] können durch die Einführung von langkettigen Alkylgruppen[6], Allylgruppen[7] sowie von Methoxygruppen[8] in die Grundtypen modifiziert werden.

Auch eine Reihe von Tri- und Tetraphenolen wurde zur Darstellung von Epoxydharzen eingesetzt. Der Tris-[p-hydroxy-phenyl]-methan-triglycidäther[9] und ähnliche Verbindungen sind wegen mangelnder Lichtechtheit ohne Bedeutung. Die Kondensationsprodukte aus Phenol oder Kresol mit Acrolein[10, 11] oder Crotonaldehyd[11], aus Phenol und Dialdehyden[9, 12], aliphatischen[13] oder aromatischen[14] Diketonen oder Halogenketonen, wie Dichloraceton[15], oder Polyhydroxycarbonylverbindungen, wie Glycerinaldehyd[16], werden zur Herstellung besonders wärmestandfester Epoxydharze empfohlen. Die Lichtechtheit der Dialdehyd-Kondensationsprodukte kann durch Ersatz des Phenols durch o-Kresol verbessert werden[17].

Von praktischer Bedeutung sind höherfunktionelle Epoxydharze aus Novolaken[18], zu deren Darstellung statt Epichlorhydrin auch *3-Chlor-1,2-epoxy-butan* verwendet

---

[1] A.P. 2765322 (1953), Rohm & Haas Co., Erf.: E. M. BEAVERS; Chem. Abstr. **51**, 5119ᵍ (1957).
    A. P. 2698315 (1952), Devoe & Raynolds Co., Erf.: S. O. GREENLEE; Chem. Abstr. **49**, 7890ᵈ (1955).

[2] E.P. 789392 (1955) ≡ A.P. 2986550 (1956), Bakelite Ltd., Erf.: A. C. DAVIS u. R. F. HUNTER; Chem. Abstr. **52**, 11471ᵇ (1958).

[3] DAS. 1126617; 1131018 (1958), BASF, Erf.: K. DEMMLER u. K. MERKEL.

[4] DAS. 1097677 (1956), Bergwerksverband GmbH., Erf.: J. BERGMANN, O. GROSSKINSKY u. W. THÜRAUF.

[5] Ältere Literatur ist zusammengefaßt bei: A. M. PAQUIN, Epoxydverbindungen und Epoxydharze, S. 256ff., Springer-Verlag, Berlin–Göttingen–Heidelberg 1958.

[6] A.P. 2900364 (1955), Minnesota Mining & Manufacturing Co., Erf.: D. WASSERMAN; Chem. Abstr. **54**, 4041ᶜ (1960).
    F. V. MORRIS, G. F. BECHTLE u. T. J. BYERLEY, J. Amer. Oil Chemists' Soc. **37**, 646 (1960).

[7] A.P. 2967161 (1956), Pittsburgh Plate Glass Co., Erf.: D. P. HART.

[8] Österr. P. 214150 (1959; Schweiz. Prior., 1958) ≡ DAS. 1129289 (1958), Inventa AG. für Forschung und Patentverwertung, Erf.: W. GRIEHL u. H. LÜCKERT.

[9] E. C. DEARBORN u. Mitarbb., Ind. eng. Chem. **45**, 2715 (1953).

[10] J. WYNSTRA u. Mitarbb., Mod. Plastics **37**, Nr. 9, 131 (1960).

[11] DAS. 1030021 (1955; Am. Prior., 1954), Union Carbide Corp., Erf.: A. G. FARNHAM; C. **1959**, 4321.

[12] DBP. 956988 (1955; Am. Prior., 1954), Bataafsche (Shell), Erf.: C. G. SCHWARZER, R. T. HOLM u. C. W. SMITH; C. **1958**, 7275.
    Technical Bulletin SC 58 über Epon 1031® der Shell Chemical Corp.

[13] A.P. 2857362 (1953), United States Testing Co., Erf.: R. G. SHEPHERD jr. u. E. C. DEARBORN; Chem. Abstr. **53**, 2686ᵃ (1959).

[14] Belg. P. 576136 (1959), Bataafsche (Shell).

[15] A.P. 2965611 (1958), Shell Oil Co., Erf.: C. G. SCHWARZER.

[16] F.P. 1230839 (1959; Holl. Prior., 1958), Shell Internationale Research Mij., Erf.: C. G. SCHWARZER u. P. H. WILLIAMS.

[17] E.P. 859456 (1959; Am. Prior., 1958), Bataafsche (Shell).

[18] DBP.-Anm. K 10076 (1951; Am. Prior., 1950) ≡ F.P. 1066034 (1951); K 10077 (1952); K 10080, K 10082 (1951; Am. Prior., 1950), Koppers Co., Erf.: G. F. D'ALELIO; C. **1955**, 8749.

Fortsetzung s. S. 473

werden kann[1]. Sie vereinigen die Thermostabilität der Phenolharze mit den Vorteilen der Epoxydharze[2]. Besonders hochfunktionelle Epoxydharze erhält man aus R e s o r - c i n - N o v o l a k e n [3]. Bei Epoxydharzen aus Resorcin-Aceton-Kondensationsprodukten ist der Epoxydgehalt geringer als berechnet, was auf die Bildung von Sauerstoffheterocyclen zurückgeführt wird[4]. Auch s u b s t i t u i e r t e N o v o l a k e, wobei die Substituenten größtenteils Alkylreste sind und zur Verbesserung der Löslichkeit dienen, sind als Ausgangsphenole für Epoxydharze patentiert[5]. Von praktischem Interesse sind auch die Epoxydharze aus niederen M e t h y l o l p h e n o l e n [6] und R e s o l e n [7] (in älteren Arbeiten[8] wurde der Epoxydcharakter der Umsetzungsprodukte von Resolen mit Epichlorhydrin nicht erkannt). Polyphenole, wie sie z. B. durch Kondensation von Methylolharnstoffen oder Methylolmelamin mit Phenolen zugänglich sind[9], sowie Kondensationsprodukte aus Xylol-Formaldehyd-Harzen und Phenolen[10] sind ebenfalls mit Epichlorhydrin in Epoxydharze umgewandelt worden. Phenolcarbonsäuren führen

Fortsetzung von S. 472

E. P. 746824 (1952), I.C.I., Erf.: N. W. Hanson u. R. M. Ringwald; Chem. Abstr. 50, 12553[i] (1956).

A. P. 2716099 (1952), Shell Develop, Erf.: T. F. Bradley u. H. A. Newey; Chem. Abstr. 49, 16526[a] (1955).

A. P. 2844553 (1953), Sherwin-Williams Co., Erf.: R. S. Taylor u. L. N. Whitehill; Chem. Abstr. 52, 15966[g] (1958).

DAS. 1088711 (1954; Am. Prior., 1953), Bataafsche (Shell), Erf.: T. F. Bradley.

J. H. W. Turner, Paint Manufact. 26, 157 (1956).

DAS. 1128667 (1957) ≡ E. P. 799629 (1957), Koppers Co., Erf.: W. E. S. Clair; C. 1960, 2702.

Belg. P. 599388 (1961; DB. Prior., 1960), Dynamit Nobel AG.

[1] A. P. 2829124 (1955), Borden Co., Erf.: A. Napravnik u. D. J. Lieb; Chem. Abstr. 52, 11470[c] (1958).

[2] D. D. Applegath, R. F. Helmreich u. G. A. Sweeney, SPE Journal 15, 38 (1959).
J. A. Banks, P. Bosworth u. P. H. R. B. Lemon, Brit. Plastics 33, 571 (1960).
A. M. Partansky u. P. G. Schrader, Division of Paint, Plastics and Printing Ink Chemistry, Atlantic City Meeting Sept. 1956, Paper 17.

[3] W. E. S. Clair u. R. H. Moult, Ind. eng. Chem. 50, 908 (1958).
Belg. P. 574680 (1959; Am. Prior., 1958), Koppers Co., Erf.: W. E. S. Clair u. R. H. Moult.

[4] C. L. Segal u. J. B. Rust, Ind. eng. Chem. 52, 324 (1960).
Vgl. Atlantic City Meeting Sept. 1959, 19, Nr. 2, S. 184; Abstracts of Papers, 136th Meeting of the American Chemical Society 1959, S. 8 Q.

[5] DAS. 1026956 (1954; E. Prior., 1953) ≡ Österr. P. 187308 (1954), CIBA, Erf.: J. B. D. Mackenzie; C. 1957, 4833.
Belg. P. 604516 (1961; E. Prior., 1960), CIBA.
DBP. 964986 (1955; E. Prior., 1954), Distillers Co. Ltd., Erf.: B. R. Howe u. J. H. W. Turner; C. 1959, 9410.
J. M. Leziva, M. Lidařik u. S. Stary, Plaste u. Kautschuk 4, 171 (1961).

[6] DBP.-Anm. C 4392 (1951), Chemische Werke Albert, Erf.: K. Hultzsch u. J. Reese.
Belg. P. 590117 (1960; Schweiz. Prior., 1959), Inventa AG. für Forschung u. Patentverwaltung.

[7] F. P. 1074043, 1074054 (1953; E. Prior., 1952), British Resin Products Ltd.; C. 1956, 8763, 9587.
E. P. 785930 (1953), British Resin Products Ltd., Erf.: J. E. S. Whitney u. B. W. Brook; Chem. Abstr. 52, 7779[g] (1958).
M. G. Ivinson, B. R. Howe u. F. M. Karpfen, J. appl. Chem. 7, 118 (1957).

[8] DRP. 576177 (1930), L. Blumer; Frdl. 20, 1761.

[9] F. P. 1078381 (1952) ≡ DBP. 899195 (1951), Cassella Farbwerke, Erf.: A. M. Paquin.
F. P. 1079957 (1953) ≡ DAS. 1039745 (1952), Cassella Farbwerke, Erf.: A. M. Paquin; C. 1960, 6340.
A. M. Paquin, Epoxydverbindungen und Epoxydharze, S. 134ff., Springer-Verlag, Berlin–Göttingen–Heidelberg 1958.

[10] Belg. P. 575618 (1959), Koninklijke Zwavelzuurfabrieken v/h Ketjen N. V.

zu Diglycidderivaten mit Ester- und Ätherbindungen[1]. Ihre Umsetzung mit Epichlorhydrin kann auch in Gegenwart von Ionenaustauschern[2] durchgeführt werden. Auch niedermolekulare Polycarbonate, welche endständige Phenolgruppen tragen, sind in Epoxydharze übergeführt worden[3]. Bei der Umsetzung von Phenolphthalein, Phenolmalein oder Phenolsuccein mit Epichlorhydrin im alkalischen Milieu entstehen Diglycidderivate, welche eine Ester- und eine Ätherbindung sowie einen chinoiden Kern enthalten[4].

Das Problem der Elastifizierung der Epoxydharze auf Phenolbasis kann durch Einbau von langkettigen Zwischengliedern zwischen die funktionellen Gruppen der Härter (s. S. 499 ff.) oder der Epoxydharze gelöst werden. Eine praktisch ausgenutzte Synthese eines elastischen Epoxydharzes geht von *Cashew-Nußschalenöl* aus, welches nach der Destillation ein Gemisch von Phenolen darstellt, die in m-Stellung ungesättigte, langkettige Alkylgruppen tragen (vgl. S. 505). An die Doppelbindungen dieser Seitenketten wird unter dem Einfluß von Borfluorid nochmals Phenol angelagert.

[1] DAS. 1034357 (1956), Henkel & Cie. GmbH., Erf.: H. PIETSCH u. R. KÖHLER; C. **1959**, 6966.
DBP. 964989 (1954) ≡ Österr. P. 188105 (1954), Chemische Werke Albert, Erf.: J. REESE; C. **1957**, 6909.
A. P. 2933472 (1956), S. C. Johnson & Son, Inc., Erf.: A. R. BADER; Chem. Abstr. **54**, 14784[a] (1960).
F. P. 1249559 (1960; Schweiz. Prior., 1959), Inventa AG. für Forschung u. Patentverwaltung.
[2] Belg. P. 591813 (1960; DB. Prior., 1959), Henkel & Cie. GmbH.
[3] DAS. 1108433 (1958), Farbf. Bayer, Erf.: H. SCHNELL u. H. KRIMM.
[4] Belg. P. 584202/204 (1959; Am. Prior., 1958), E. S. Lo.
E. S. Lo, Ind. eng. Chem. **52**, 319 (1960).
Atlantic City Meeting 1959, **19**, Nr. 2, S. 149; Abstracts of Papers, 136th Meeting of the American Chemical Society 1959, S. 6 Q.

Die so entstehenden Di- oder Triphenole können in bekannter Weise mit Epichlorhydrin in Epoxydharze umgewandelt werden[1] (Beispiel 10, S. 542). Andere langkettige Polymethylendiphenole können durch Kondensation von langkettigen Diolen oder Dihalogenverbindungen mit Phenol in Gegenwart von Friedel-Crafts-Katalysatoren hergestellt werden[2]. Auch sogenannte „verlängerte Diphenole" sind zur Herstellung von elastifizierten Epoxydharzen herangezogen worden. Man erhält sie durch Anlagerung eines Unterschusses von aliphatischen Epoxydharzen oder von Dihalogenverbindungen, wie 1,4-Dibrom-butan oder Bis-[γ-chlor-butyl]-äther, an Diphenole und anschließende Epoxydierung der restlichen Phenolgruppen (s. Beispiel 11, S. 542)[3].

β₂) *Epoxydharze aus Polyalkoholen und Epihalogenhydrinen*

Aliphatische Epoxydharze sind als elastifizierende Zusätze zu anderen Epoxydharzen von Bedeutung[4]. Durch Anlagerung von zwei Mol eines aliphatischen Diepoxyds an ein Mol eines höhermolekularen Diphenols lassen sich elastifizierte Epoxydharze herstellen[5]. Ebenso wie Monoepoxyde[6,7] dienen sie als flüssige *aktive Verdünner*[8,9] (vgl. S. 500).

Die Verätherung mehrwertiger Alkohole mit *Epichlorhydrin* erfolgt meist in Gegenwart von starken Säuren[8], von Zinn-(IV)-chlorid oder insbesondere von Borfluorid[5,8-10] (Beispiele 12–14, S. 543). Im Gegensatz zur alkalischen Verätherung von Phenolen mit Epichlorhydrin (vgl. S. 468) erhält man nicht nur Verbindungen,

[1] A. P. 2665266 (1952), Harvel Corp., Erf.: D. WASSERMAN; Chem. Abstr. **48**, 4880ʲ (1954).
   A. P. 3010921 (1960), S. O. Greenlee.
   S. S. STIVALA u. W. J. POWERS, Ind. eng. Chem. **50**, 935 (1958).
   A.P. 2891026 (1955), Minnesota Mining & Manufacturing Co., Erf.: D. WASSERMAN; Chem. Abstr. **54**, 6155ᵉ (1960).
[2] A.P. 2321620 (1940), DuPont, Erf.: B. C. PRATT; Chem. Abstr. **37**, 6814¹ (1943).
[3] A.P. 2592560 (1945); 2668805 (1952), Devoe & Raynolds Co., Erf.: S. O. GREENLEE; Chem. Abstr. **46**, 6434ᵈ (1952); **48**, 6738ʰ (1954).
   DAS. 1104696 (1958), Farbf. Bayer, Erf.: G. FRANK, K. BODENBENNER, R. WEGLER u. K. ANDRES.
[4] DAS. 1092077 (1959), Licentia Patent-Verwaltungs-GmbH., Erf.: P. NOWAK u. E. F. WEBER.
   DAS. 1115921 (1959), Licentia Patent-Verwaltungs-GmbH., Erf.: P. NOWAK, E. F. WEBER u. W. BUSCH.
   Chem. Engng. News **38**, Nr. 39, 106 (1960).
   R. F. HELMREICH u. L. D. HARRY, SPE Journal **17**, 583 (1961).
[5] A.P. 2510886 (1946), Devoe & Raynolds Co., Erf.: S. O. GREENLEE; Chem. Abstr. **44**, 10376ᵇ (1950).
[6] A.P. 2528932 (1949), Shell Develop., Erf.: Q. T. WILES u. H. A. NEWEY; Chem. Abstr. **45**, 1816ᵍ (1951).
[7] A. P. 2528934 (1949), Shell Develop., Erf.: Q. T. WILES; Chem. Abstr. **45**, 1817ᵃ (1951).
[8] A.P. 2512996 (1947), Devoe & Raynolds Co., Erf.: C. E. BIXLER; Chem. Abstr. **44**, 9736ᵈ (1950).
[9] A.P. 2592560 (1945), Devoe & Raynolds Co., Erf.: S. O. GREENLEE; Chem. Abstr. **46**, 6434ᵈ (1952).
[10] A.P. 2792381 (1954), Shell Develop., Erf.: E. C. SHOKAL u. H. P. WALLINGFORD; Chem. Abstr. **51**, 15173ᵍ (1957).
   A.P. 2538072, 2581464 (1947), Devoe & Raynolds Co., Erf.: J. D. ZECH; Chem. Abstr. **45**, 5177ᶠ (1951); **46**, 8672ᵇ (1952).
   A. P. 2668807 (1952), Devoe & Raynolds Co., Erf.: S. O. GREENLEE; Chem. Abstr. **48**, 6739ᶜ (1954).
   A.P. 2500600 (1948), Shell Develop., Erf.: T. F. BRADLEY; Chem. Abstr. **44**, 11170ᶠ (1950).
   Belg. P. 611887 (1961; DB. Prior., 1960 u. 1961), Farbf. Bayer, Erf.: H. KIRSCHNEK u. M. QUAEDVLIEG.

in denen die primäre Hydroxygruppe des Glycerinmonochlorhydrins veräthert ist (I), sondern daneben entstehen auch, wenngleich in untergeordnetem Maße, isomere Äther (II)[1], deren primäre Hydroxygruppe mit Epichlorhydrin praktisch ebenso rasch reagiert wie diejenigen des eingesetzten Glykols. Auf diese Weise entstehen höhermolekulare Äther, z.B. III. Während man bei der Herstellung von Glycidäthern einwertiger Alkohole, wie z.B. von *Allylglycidäther*[2], die Bildung der höhermolekularen Äther durch Verwendung eines Alkoholüberschusses zurückdrängen kann, ist zur Darstellung der meist nicht mehr destillierbaren Diepoxyde aus Glykolen ein Epichlorhydrinüberschuß erforderlich, wobei die Bildung höhermolekularer Produkte in Kauf genommen werden muß.

$$HO—(CH_2)_n—OH + ClH_2C—HC\underset{\diagdown O \diagup}{——}CH_2$$

$$+ \;\Big|\; H^{\oplus}$$

$$ClH_2C—\underset{\underset{OH}{|}}{CH}—CH_2—O—(CH_2)_n—O—CH_2—\underset{\underset{OH}{|}}{CH}—CH_2Cl \qquad + \qquad ClH_2C—\underset{\underset{CH_2OH}{|}}{CH}—O—(CH_2)_n—O—CH_2—\underset{\underset{OH}{|}}{CH}—CH_2Cl$$

I $\quad —2\,HCl \;\Big|\; +2\,NaOH$ II $\quad —HCl \;\Big|\; +NaOH$

$$H_2C\underset{\diagdown O \diagup}{——}CH—CH_2—O—(CH_2)_n—O—CH_2—HC\underset{\diagdown O \diagup}{——}CH_2 \qquad ClH_2C—\underset{\underset{CH_2OH}{|}}{CH}—O—(CH_2)_n—O—CH_2—HC\underset{\diagdown O \diagup}{——}CH_2$$

Diepoxyd   chlorhaltiges Monoepoxyd

$+ Epichlorhydrin \;\Big|\;$ $\underset{|}{OH}$

$$ClCH_2—\underset{\underset{CH_2—O—CH_2—HC\underset{\diagdown O \diagup}{——}CH_2}{|}}{CH}—O—(CH_2)_n—O—CH_2—HC\underset{\diagdown O \diagup}{——}CH_2 \xleftarrow{+NaOH} ClCH_2—\underset{\underset{CH_2—O—CH_2—CH—CH_2Cl}{|}}{CH}—O—(CH_2)_n—O—CH_2—CH—CH_2Cl$$

chlorhaltiges Diepoxyd   III   OH

Wie das Formelbild zeigt, sind die aliphatischen Epoxyde deshalb im allgemeinen chlorhaltig[3,4] (Beispiel 14, S. 543), da nur die α-Chlorhydrine unter milden Bedingungen Chlorwasserstoff abspalten. Durch stufenweise Zugabe des Epichlorhydrins kann der Chlorgehalt herabgesetzt werden[5].

Die Überführung der Chlorhydrine in die Epoxyde muß sehr vorsichtig in der Kälte geschehen, damit die entstehenden, ziemlich wasserlöslichen Epoxyde in alkalischer Lösung nicht unter Wasseranlagerung in Glykole verwandelt werden[2]. Die Anwendung

---

[1] Über den Einfluß der Reaktionsbedingungen auf die Bildung der isomeren Äther II ist nichts bekannt. Bei der Anlagerung von Säurechloriden an Glycid begünstigt eine Temperaturerhöhung die Bildung von β-Chlorhydrinen: L. Smith, Acta chem. scand. **4**, 1375 (1950).

[2] A.P. 2314039 (1940), Shell Develop., Erf.: T. W. Evans, K. E. Marple u. E. C. Shokal; Chem. Abstr. **37**, 5166⁹ (1943).

[3] A.P. 2538072 (1947), Devoe & Raynolds Co., Erf.: J. D. Zech; Chem. Abstr. **45**, 5177ᶠ (1951).

[4] A.P. 2581464 (1947), Devoe & Raynolds Co., Erf.: J. D. Zech; Chem. Abstr. **46**, 8672ᵇ (1952).

[5] DBP. 960185 (1955), BASF, Erf.: F. Meyer u. K. Demmler; C. **1957**, 12009.

eines mit Epoxyden nicht reagierenden Lösungsmittels, das zudem mit Wasser nicht mischbar ist, bringt Vorteile, da gebildete Epoxydverbindungen der wäßrig-alkalischen Lösung entzogen werden[1]. Auf diese Weise kann der destillierbare *Diglycidäther* des *Äthylenglykols* hergestellt werden[1] (Beispiel 12, S. 543). Besonders glatt läßt sich der Epoxydringschluß mit feinpulverisiertem Alkalialuminat, -zinkat oder -silicat in wasserfreien Lösungsmitteln durchführen[2]. Nach dieser Arbeitsweise kann man auch die Glycidäther dreiwertiger Alkohole gut darstellen (Beispiel 14, S. 543).

Läßt man *Epichlorhydrin* in Gegenwart von Alkalien auf Di- oder Polyalkohole einwirken, so erhält man direkt Di- bzw. Polyepoxyde[3-5] (vgl. Herstellung aromatischer Epoxyde S. 468). Allerdings haben die so gewonnenen Produkte nach eigenen Erfahrungen andere Eigenschaften als die nach dem Zweistufenverfahren hergestellten (über den Reaktionsmechanismus der Aufspaltung von unsymmetrischen Epoxyden durch Säuren bzw. Basen s. S. 439f.). Sie sind sehr chlorarm, enthalten aber viele Hydroxygruppen.

Außer den einfachen aliphatischen Polyalkoholen sind auch Acetylenglykole[6], hydroaromatische[7] und araliphatische Glykole, wie Tetramethyl-1,4-bis-[hydroxymethyl]-benzol[8] oder oxäthylierte Diphenole[9], sowie durch alkalische Kondensation gewonnene Aceton-Formaldehyd-Harze[10] in Epoxydharze überführt worden.

Bei allen Arbeiten mit niedermolekularen, flüchtigen aliphatischen Epoxyden ist zu beachten, daß diese physiologisch nicht unbedenklich sind.

β_3) *Epoxydharze aus Aminen und Epihalogenhydrinen*

Primäre Monoamine oder sekundäre Diamine lassen sich mit überschüssigem *Epichlorhydrin* in Diepoxyde überführen (Beispiel 15, S. 544; s.a. ds. Handb. Bd. XI/1, Kap. Herstellung von Aminen, S. 323f.), z.B.

$$R\text{---}NH_2 \xrightarrow{\substack{+>2\,ClCH_2\text{---}HC\text{---}CH_2 \\ \diagdown O \diagup}} R\text{---}N(CH_2\text{---}CH\text{---}CH_2)_2 \xrightarrow[-2\,HCl]{+2\,NaOH} R\text{---}N(CH_2\text{---}HC\text{---}CH_2)_2$$

$$\underset{\quad\;\;\; OH \;\; Cl}{}$$

$$R = C_3H_7 \quad \text{oder} \quad C_6H_5$$

---

[1] S. G. KOHEN u. H. C. HAAS, Am. Soc. **75**, 1733 (1953).
 DAS. 1022207 (1954), BASF, Erf.: F. MEYER u. K. DEMMLER; C. **1958**, 12821.
[2] A. P. 2538072 (1947), Devoe & Raynolds Co., Erf.: J. D. ZECH; Chem. Abstr. **45**, 5177[f] (1951).
 A. P. 2581464 (1947), Devoe & Raynolds Co., Erf.: J. D. ZECH; Chem. Abstr. **46**, 8672[b] (1952).
[3] F.P. 1097112 (1954; Schweiz. Prior., 1953), CIBA; C. **1958**, 571.
[4] A.P. 2792381 (1954), Shell Develop., Erf.: E.C. SHOKAL u. H. P. WALLINGFORD; Chem. Abstr. **51**, 15173[g] (1957).
[5] Belg.P. 603319 (1961), Devoe & Raynolds Co., Erf.: H. P. PRICE.
[6] DAS. 1059441 (1955; Am. Prior., 1954), Bataafsche (Shell), Erf.: E. C. SHOKAL u. H. P. WALLINGFORD.
[7] Belg.P. 588683 (1960; Schweiz. Prior., 1959); 599011 (1961; E. Prior., 1960), CIBA.
[8] A.P. 2914507 (1955), Shell Develop., Erf.: R. W. MARTIN; Chem. Abstr. **54**, 2814[g] (1960).
 F.P. 1213100 (1958; Am. Prior., 1957), Pittsburgh Plate Glass Co., Erf.: M. WISMER, R. M. CHRISTENSON u. A. N. SALEM.
[9] DAS. 1004376 (1955), BASF, Erf.: F. MEYER u. A. PALM; C. **1957**, 9230.
[10] DAS. 1016449 (1954; Am. Prior., 1953) = F.P. 1116459 (1954), Bataafsche (Shell), Erf.: C. W. SCHROEDER; C. **1958**, 4945.

oder

$$+ > 2 \; ClCH_2\text{---}HC\text{----}CH_2$$

HN-⟨⟩-CH₂-⟨⟩-NH ⟶ CH₂-CH-CH₂-N-⟨⟩-CH₂-⟨⟩-N-CH₂-CH-CH
| | | | | | |
CH₃   CH₃   Cl OH   CH₃   CH₃   OH Cl

$$\xrightarrow[-\,2\,HCl]{+\,2\,NaOH}$$ H₂C----CH-CH₂-N-⟨⟩-CH₂-⟨⟩-N-CH₂-HC----CH₂
          \O/ | | \O/
                          CH₃   CH₃

Technisch brauchbare Epoxydharze erhält man vorwiegend aus den schwach basischen aromatischen Aminen[1,2]. Infolge ihrer geringen Basizität besteht keine Gefahr einer nachträglichen Polymerisation in Gegenwart von Wasser oder hydroxygruppenhaltiger Verbindungen.

Der Vorteil der basischen Epoxyde gegenüber solchen auf 2,2-Bis-[p-hydroxy-phenyl]-propan-Basis liegt einmal in ihrer recht einfachen Darstellung; wenn man einen Überschuß an Epichlorhydrin nimmt, erhält man fast reine Diepoxyde in sehr guter Ausbeute. Zum anderen sind diese niedrigmolekularen basischen Diepoxyde durchweg flüssig, was ihre Verarbeitung als Gießharze für Werkzeugformen usw. sehr erleichtert, da ihre kalthärtenden Mischungen mit Aminhärtern bei Raumtemperatur flüssig sind, eine längere Verarbeitungszeit, eine geringere Wärmeentwicklung und dadurch auch einen geringeren Wärmeschrumpf aufweisen als die konventionellen Epoxydharze auf Diphenolbasis. Hierdurch ist auch die Herstellung größerer Formstücke möglich. In der Elektrotechnik werden basische Epoxydharze wegen ihrer günstigeren *elektrischen* Eigenschaften in steigendem Umfang eingesetzt.

Die Darstellung der basischen Epoxydharze erfolgt unter den für eine N-Alkylierung aromatischer Amine üblichen Bedingungen, wobei mit größter Wahrscheinlichkeit in der ersten Stufe nur die Epoxydgruppe mit der Aminogruppe reagiert unter Entstehung von basischen Chlorhydrinen (vgl. S. 455). In einer anschließenden Reaktion wird unter Zusatz von Alkalihydroxydlösungen das Epoxyd gebildet (s. Beispiele 15, 16 u. 18, S. 544 u. 546). Bemerkenswert ist, daß sich die Diepoxyde aus primären Monoaminen in guter Ausbeute destillieren lassen (zur Beständigkeit basischer Epoxyde mit tertiärer Aminogruppe s. S. 456).

Auch primäre aromatische Diamine, wie z. B. *Bis-[4-amino-phenyl]-methan*, können zur Darstellung von basischen Epoxyden herangezogen werden[1]. In diesem Fall läßt sich leicht ein Tetraepoxyd gewinnen, das für starke Vernetzungen zu empfehlen ist. Die Umsetzung verläuft also ähnlich wie bei der Darstellung von Phenylglycidäthern, d. h. es entstehen fast ausschließlich 1,2-Chlorhydrine (s. dagegen Literatur[3]).

---

[1] DAS. 1011618, 1132148 (1954), Farbf. Bayer, Erf.: G. FRANK, R. WEGLER u. W. KRAUSS; C. **1958**, 10514.

[2] A. P. 2951822 (1956), Union Carbide Corp., Erf.: N. H. REINKING.
   Belg. P. 576808 (1959; Am. Prior., 1958), Merck & Co., Inc., Erf.: H. C. REYNOLDS, R. C. O'NEILL u. J. D. GARBER.
   Lekutherm X 50® u. Lekutherm X 60®, Handelsprodukte der Farbf. Bayer.
   S. a. I. T. STRUKOW, Chim.-farm. Promyšl. **2**, 11 (1934); C. **1935** I, 2806.
   R. F. HOMER, Soc. **1950**, 3690.

[3] A. P. 2150001 (1937), General Aniline, Erf.: H. LANGE; Chem. Abstr. **33**, 4437³ (1939).

Aminophenole lassen sich in Gegenwart von Lithiumkatalysatoren mit Epichlorhydrin in guten Ausbeuten zu Trihalogenhydrinen umsetzen, welche dann in üblicher Weise in die Triepoxyde überführt werden können[1].

Auch cyclische Diamine, wie Piperazin oder Bipiperidyl[2], sind zu basischen Epoxyden umgesetzt worden.

Instabile basische Epoxyde, die noch freie NH-Gruppen enthalten, sind auf S. 457 ff. beschrieben.

β_4) Epoxydharze aus schwefelhaltigen Verbindungen und Epihalogenhydrinen

In analoger Weise wie Diphenole (s. S. 468ff.) werden auch Dithiophenole[3] und Dimercaptane[4], z. B. *Bis-mercaptomethyl-benzol*[5], mit *Epichlorhydrin* zu Diepoxyden umgesetzt (s. Beispiel 19, S. 546). Wegen des höheren Preises der Ausgangsverbindungen sind diese schwefelhaltigen Diepoxyde jedoch bisher ohne Bedeutung. Aus Epichlorhydrin und Natriumsulfid läßt sich das *Bis-[2,3-epoxy-propyl]-sulfid* (Vorsicht!) herstellen, das mit Polyaminen zu einem basischen Austauscherharz gehärtet werden kann[6].

Sulfonsäureamide und -hydrazide lassen sich ebenfalls mit *Epichlorhydrin* in Epoxyde überführen[7]. Wie eingehende Versuche zeigten[8], bilden jedoch am Stickstoff unsubstituierte Sulfonamide, wie Toluolsulfonsäureamid oder Benzolsulfonsäureamid, nur bei mäßiger Temperatur und unter Anwendung eines größeren Epichlorhydrinüberschusses epoxydhaltige Produkte, die aber nicht zu technisch brauchbaren Produkten gehärtet werden können. Wahrscheinlich stabilisieren sich die primär entstehenden Epoxyde leicht unter Bildung epoxydfreier bzw. epoxydarmer cyclischer oder linearer Verbindungen:

$$R\text{–}SO_2\text{–}NH\text{–}CH_2\text{–}HC\text{——}CH_2 \; \rightarrow$$
$$\underset{O}{\diagdown}$$

$$R\text{–}SO_2\text{–}N \underset{CH_2\text{–}CHOH\text{–}CH_2}{\overset{CH_2\text{–}CHOH\text{–}CH_2}{\diagup\diagdown}} N\text{–}SO_2\text{–}R \; + \; R\text{–}SO_2\text{–}NH\text{–}CH_2\text{–}CHOH\text{–}CH_2\text{–}N\text{–}CH_2\text{–}HC\text{——}CH_2$$
$$\underset{SO_2\text{—}R}{|} \quad \underset{O}{\diagdown}$$

---

[1] A.P. 2951825 (1958) ≡ F.P. 1221211 (1959), Union Carbide Corp., Erf.: N. H. REINKING, B. P. BARTH u. F. J. CASTNER.

[2] A.P. 2963482 (1957), Eli Lilly & Co., Erf.: J. E. COCHRAN jr., K. GERZON u. J. MILLS.
A.P. 2963483 (1958), Union Carbide Corp., Erf.: D. L. HEYWOOD.

[3] DAS. 1006618 (1953), Cassella Farbwerke, Erf.: W. ZERWECK u. W. HECHTENBERG; C. **1958**, 2881.

[4] A. P. 2731437 (1953) ≡ F.P. 1103591 (1954), Union Carbide & Carbon Corp., Erf.: H. L. BENDER, A. G. FARNHAM u. J. W. GUYER; C. **1958**, 4043.
DAS. 1027403 (1954); 1050064 (1955) ≡ F.P. 1151466 (1955), Henkel & Cie. GmbH., Erf.: H. PIETSCH u. R. KÖHLER; C. **1958**, 12544.

[5] DBP. 971835 (1953), Farbw. Hoechst, Erf.: L. ORTHNER, K. HORST u. R. BOLLINGER.

[6] A. P. 2469684 (1946), American Cyanamid Co., Erf.: J. R. DUDLEY; Chem. Abstr. **43**, 5518[b] (1949).

[7] DBP. 810814 (1949); 865209 (1950), Dynamit AG., Erf.: E. KUHR; C. **1953**, 4612; **1954**, 235.
A.P. 2671771 (1948), Allied Chemical & Dye Corp., Erf.: J. K. SIMONS; Chem. Abstr. **48**, 9112[c] (1954).
A.P. 2643244 (1948), Libbey-Owens-Ford Glass Co., Erf.: J. K. SIMONS; Chem. Abstr. **47**, 9666[f] (1953).

[8] M. COHEN, Ind. eng. Chem. **47**, 2095 (1955).

Am Stickstoffatom monosubstituierte Sulfonsäureamide, wie *Toluol-2,4-bis-sulfon-säuremethylamid*[1] und *N,N'-Bis-methansulfonyl-hexamethylendiamin*[2], lassen sich dagegen im allgemeinen glatt in härtbare Diepoxyde überführen (Beispiel 20, S. 547). Eine Ausnahme bilden Sulfonsäureamide aus Äthylendiamin, die mit *Epichlorhydrin* bevorzugt epoxydarme Produkte liefern[2].

Durch Umsetzung von Mono- und Bis-sulfonsäurechloriden mit Glycid können Sulfonsäure-2,3-epoxypropylester gewonnen werden[3]. Sie dienen als Weichmacher mit bakteriziden Eigenschafen.

β₅) *Epoxydharze aus Polycarbonsäuren und Epihalogenhydrinen*

Epoxydharze aus Dicarbonsäuren sind auf mannigfache Weise zugänglich, so z.B. durch Umsetzung der Alkalisalze von Dicarbonsäuren (quartäre Ammoniumverbindungen wirken beschleunigend)[4] mit *Epichlorhydrin* oder auch *Glycerindichlorhydrin* (Beispiele 22 u. 23, S. 547) oder durch Veresterung der freien Säuren[5] mit Epichlorhydrin in Gegenwart tertiärer Amine, quartärer Ammoniumsalze oder Ionenaustauscher[6] sowie durch Veresterung von Biscarbonsäurechloriden[7] mit *Glycid* in Gegenwart stark basischer tertiärer Amine (Beispiel 24, S. 547). Auch Polyester mit Carboxyendgruppen lassen sich in Glycidester überführen[8]. Aus Hydroxysäuren, wie Glykolsäure, wurden *Epoxy-äther-ester* hergestellt[9]. Nachteilig ist jedoch die leichte Verseifbarkeit der gehärteten Harze aus Polyglycidestern[10]. Einiges Interesse haben Gemische von *Phthalsäurediglycidester* mit *Maleinsäureanhydrid* und *Styrol* in Form ihrer Polymerisate gefunden, wobei die Epoxydgruppe mit zur Molekülvergrößerung herangezogen wird[11].

[1] DBP. 810814 (1949), Dynamit AG., Erf.: E. Kuhr; C. **1953**, 4612.

[2] M. Cohen, Ind. eng. Chem. **47**, 2095 (1955).

[3] A.P. 2755290 (1953), Shell Develop., Erf.: A. C. Mueller; Chem. Abstr. **51**, 4432ᵉ (1957).
  DBP. 935433 (1953), Henkel & Cie. GmbH., Erf.: R. Köhler u. H. Pietsch; C. **1956**, 11290.

[4] DAS. 1030325 (1952), Henkel & Cie. GmbH., Erf.: B. Raecke, H. Pietsch u. R. Köhler; C. **1960**, 3696; **1958**, 5815.
  A.P. 2895947 (1954), Shell Develop., Erf.: E. C. Shokal, W. Creek u. A. C. Mueller; Chem. Abstr. **53**, 18547ᶠ (1959).
  Kontinuierliches Verfahren: DAS. 1081013 (1956), Henkel & Cie. GmbH., Erf.: R. Köhler u. H. Pietsch.
  A.P. 2940986 (1957), Shell Oil Co., Erf.: H. A. Newey; Chem. Abstr. **54**, 21856ᶠ (1960).
  F.P. 1201516 (1958; Am. Prior., 1958), American Cyanamid Co., Erf.: J. C. Petropoulos u. A.T. Coscia.
  DAS. 1086687 (1958), Bergwerksverband GmbH., Erf.: O. Grosskinsky u. W. Thürauf.
  DAS. 1103579 (1959), Henkel & Cie. GmbH., Erf.: M. Budnowski, E. Lieske u. M. Dohr.
  Belg.P. 586062 (1959; Am. Prior., 1958) ≡ F.P. 1244675 (1959), Shell International Research Mij., Erf.: R. K. June u. J. C. Rapean.
  G. Maerker, J. F. Carmichael u. W. S. Port, J. org. Chem. **26**, 2681 (1961).
  G. Maerker, E. J. Saggese u. W. S. Port, J. Amer. Oil Chemists' Soc. **38**, 194 (1961).

[5] F.P. 1123634 (1955; Am. Prior., 1954), Bataafsche (Shell); C. **1958**, 6686.
  DAS. 1033204 (1954) ≡ F.P. 1113682 (1954), Bataafsche (Shell), Erf.: A. C. Mueller; C. **1958**, 4042.

[6] Belg.P. 588009 (1960; DB. Prior., 1959), Henkel & Cie. GmbH.

[7] DBP.-Anm. H 13896 (1952), Henkel & Cie. GmbH., Erf.: B. Raecke, R. Köhler u. H. Pietsch.

[8] DAS. 1030824 (1952), Henkel & Cie. GmbH., Erf.: B. Raecke, H. Pietsch u. R. Köhler; C. **1959**, 4303.

[9] A.P. 2925426 (1955), Shell Develop., Erf.: C. W. Schroeder; Chem. Abstr. **54**, 16465ᵈ (1960).

[10] DBP. 968500 (1952), Henkel & Cie. GmbH., Erf.: B. Raecke, R. Köhler u. H. Pietsch.

[11] F.P. 1083180 (1953; Am. Prior., 1952) ≡ E.P. 729883 (1953), American Cyanamid Co., Erf.: I. H. Updegraff; C. **1956**, 12138.

Epoxydhaltige Kohlensäureester aus *Glycid* und *Chlorameisensäureester* oder *Glykol-bis-chlorameisensäureester* sind als Polyvinylchlorid-Stabilisatoren bzw. als Textilhilfsmittel vorgeschlagen worden[1]. Aus *N-Glycidyl-phthalimid* und ähnlichen Verbindungen lassen sich nur durch höherfunktionelle Härter brauchbare Epoxydharze herstellen[2].

β_6) Epoxydharze aus Polyisocyanaten und Glycid

Eine der ältesten Reaktionen zur Darstellung von Di- und Polyepoxyden beruht auf der Umsetzung von Di- und Polyisocyanaten mit *Glycid*[3]. Auch Polyurethane mit Isocyanat-endgruppen sind mit Glycid umgesetzt worden[4].

β_7) Epoxydharze aus Carbonylverbindungen durch Kondensationsreaktionen

Führt man die Darzens'sche Glycidester-Synthese[5] mit Dicarbonylverbindungen[6] oder mit Bis-[α-halogen-fettsäureamiden][7] durch, so erhält man Bis-glycidsäurederivate. Anstelle der α-Halogenfettsäureester können auch α-Halogenketone oder Benzylhalogenide eingesetzt werden[5]. Höhermolekulare Monoglycidsäureester werden als Weichmacher empfohlen[8].

Durch Kondensation von Glycidaldehyd mit Chloressigester erhält man *2,3,4,5-Diepoxy-pentansäure-äthylester*[9,10]. Aus Glycidaldehyd und Diaminen entstehen Diepoxy-azomethine[9,11], während durch Anlagerung von Glycidaldehyd an Ketene die reaktionsfähigen Epoxy-β-lactone erhalten werden können[12], vgl. auch Literatur[9]. Durch Hydrierung von Mono- und Diepoxy-aldehyden sollen die entsprechenden Epoxyalkohole zugänglich sein[13].

β_8) Epoxydharze aus ungesättigten Verbindungen durch Epoxydierung

$\alpha\alpha$) Methodik

Eine präparativ und technisch wichtige Methode zur Darstellung von Epoxyden besteht in der Umsetzung von ungesättigten Verbindungen aller Art mit

---

[1] F.P. 1132036 (1955; Am. Prior., 1954), Bataafsche (Shell), Erf.: A.C. Mueller u. E.C. Shokal; C. **1959**, 2966.

[2] A.P. 2999836 (1959), DuPont, Erf.: R. E. Ludwig.

[3] DBP. 862888 (1941), BASF, Erf.: L. Jakob, G. v. Rosenberg, O. Roser u. O. Bayer; C. **1953**, 2698.
A. A. Berlin u. A. K. Dabagova, Vysokomolekulyarnye Soedineniya **1**, 946 (1959).

[4] A.P. 2830038 (1957), DuPont, Erf.: D. B. Pattison; Chem. Abstr. **52**, 12444[h] (1958).

[5] Vgl. ds. Handb. Bd. VI/2, Kap. Herstellung 3 gliedriger cyclischer Äther; Bd. VIII, Kap. Herstellung und Umwandlung von Carbonsäureestern, S. 513 u. Bd. VII/1, Kap. Herstellung von Aldehyden, S. 326.

[6] DBP. 955947 (1952), Cassella Farbwerke, Erf.: W. Zerweck, W. Kunze u. G. Kölling; C. **1957**, 6905.

[7] DAS. 1077663 (1958), Farbw. Hoechst, Erf.: L. Orthner, K. Brodersen u. E. Schmidt; C. **1960**, 17616.

[8] DAS. 1051839 (1957), Chemische Werke Hüls AG., Erf.: G. Bankwitz; C. **1959**, 14879.

[9] P. H. Williams u. Mitarbb., Am. Soc. **82**, 4883 (1960).

[10] A.P. 2980707 (1958), Shell Oil Co., Erf.: P. H. Williams u. W. J. Sullivan.

[11] A.P. 2953579 (1958), Shell Oil Co., Erf.: P. H. Williams, G. B. Payne u. P. R. van Ess.

[12] A.P. 2940982 (1958), Shell Oil Co., Erf.: W. J. Sullivan; Chem. Abstr. **54**, 21128 (1960).

[13] Belg. P. 592212 (1960; Am. Prior., 1959) = DAS. 1124934 (1960), Shell Internationale Research Mij., Erf.: G. E. Payne u. W. J. Sullivan.

Persäuren (s. a. allgemeine Literatur[1]). Außer *Peressigsäure* wurden auch Perameisensäure[1,2], Perchloressigsäure[3], Pertrifluoressigsäure[4], Perbuttersäure[3], Percaprylsäure[3], Benzopersäure[3], Di-per-adipinsäure[3], Di-per-sebacinsäure[3], Perpelargonsäure[5], Percyclohexancarbonsäure[5], Phthalomonopersäure[6] und Monoperbernsteinsäure[7] eingesetzt. Die Persäuren können mit Netzmitteln[8], Kohlehydraten[9], Pyridin-2,6-dicarbonsäure, Polyphosphaten und anderen Komplexbildnern stabilisiert werden. Durch Umsetzung des Harnstoff-Hydrogenperoxyd-Adduktes mit Essigsäure soll Peressigsäure auf gefahrlose Weise gewonnen werden können[10]. Die bei der Epoxydierung entstehende Essigsäure kann durch Destillation[11], evtl. als Azeotrop mit den Ausgangsolefinen[12], oder durch Auswaschen mit Wasser entfernt werden. Schwerlösliche Dicarbonsäuren werden durch Filtration abgetrennt.

Die Oxydation wird im allgemeinen mit verdünnter Peressigsäure durchgeführt. Wurde die Peressigsäure aus Eisessig und wäßrigem Hydrogenperoxyd in Gegenwart von Mineralsäuren als Katalysatoren hergestellt, so fügt man bei der Herstellung von besonders säureempfindlichen Epoxyden oft einen Puffer[2,13] zu, da in stark saurer Lösung der Epoxydring leicht unter Bildung eines Glykols oder Glykolesters geöffnet wird. Da höhere Temperaturen ebenfalls die Hydroxylierung begünstigen, wählt man zur Epoxydierung möglichst niedere Temperaturen. Bei technischen, auch kontinuierlich durchgeführten Epoxydierungen werden die Persäuren vielfach in statu nascendi (*„Becco-Verfahren"*) angewandt; zur Beschleunigung der Persäure-Bildung setzt man saure Katalysatoren, wie Schwefelsäure, Sulfonsäuren, Phosphorsäure (Beispiel 25,

[1] Vgl. a. ds. Handb. Bd. VI/2, Kap. Herstellung von 3 gliedrigen cyclischen Äthern.
   B. PHILLIPS u. D. L. MacPEEK in R. E. KIRK u. D. F. OTHMER, Encyclopedia of Chemical Technology, Erg.-Bd. I, S. 622–642, The Interscience Encyclopedia Inc., New York 1957.
   J. G. WALLACE, Hydrogen Peroxide in Organic Chemistry, DuPont, Wilmington o. J.
   D. SWERN, Chem. Reviews **45**, 1 (1949); Org. Reactions **VII**, 378 ff. (1953).
   Chem. Engng. News **34**, 2064 (1956).
   Chem. Engng. Progr. **52**, Nr. 5, 64, 80 (1956).
   B. PHILLIPS, P. S. STARCHER u. B. D. ASH, J. org. Chem. **23**, 1823 (1959).
   H. BATZER u. E. NIKLES, Chimia **16**, 61 (1962).
   Epoxydation and Hydroxylation with Hydrogen Peroxyd and Peracetic Acid, Firmenschrift der Becco Chemical Division, Food Machinery & Chemical Corp., März 1952.
   Peracetic Acid and Derivatives, Firmenschrift der Union Carbide Chemical Co. 1957.
   Hydrogen Peroxide in Epoxydation and Hydroxylation Reactions, Firmenschrift der Shell Chemical Corp.
   Epoxydierung u. Hydroxylierung mit organischen Persäuren, Firmenschrift der DuPont.
   Firmenschrift der Allied Chemical & Dye Co., Solvay Proc. Div.
[2] A.P. 2838524 (1955), DuPont, Erf.: J. D. C. WILSON II; Chem. Abstr. **52**, 20195[b] (1958).
[3] Zur Herstellung der Säure s. DAS. 1048569 (1952), Farbf. Bayer, Erf.: H. KRIMM; C. **1959**, 17470.
[4] Zur Epoxydierung von Verbindungen mit wenig reaktiven Doppelbindungen, wie z. B. Acrylestern, s. W. D. EMMONS u. A. S. PAGANO, Am. Soc. **77**, 89 (1955).
[5] Belg. P. 585341 (1959; Am. Prior., 1958) ≡ E. P. 877632 (1959), Food Machinery & Chemical Corp., Erf.: W. H. McKELLIN u. S. M. LINDER.
[6] DAS. 1111399 (1960), Phoenix Gummiwerke AG., Erf.: R. MEYER.
[7] DAS. 1084712 (1957), Dehydag Deutsche Hydrierwerke GmbH., Erf.: G. DIECKELMANN.
[8] DAS. 1119841 (1959), Chemische Fabrik Grünau GmbH., Erf.: P. NEY.
[9] DAS. 1075614 (1958), Dehydag Deutsche Hydrierwerke GmbH., Erf.: G. DIECKELMANN; C. **1960**, 16955.
[10] Belg. P. 601327 (1961) ≡ DAS. 1120442 (1960), Rütgerswerke AG., Erf.: J. ALTPETER.
[11] F.P. 1218302 (1959; DB. Prior., 1958), Wacker-Chemie GmbH.
[12] DAS. 1083797 (1958), Chemische Werke Hüls AG., Erf.: A. MELSTER.
[13] DAS. 1015782 (1956), Farbf. Bayer, Erf.: H. KRIMM u. H. SCHNELL; C. **1958**, 12246.

S. 548) oder saure Ionenaustauscher (Beispiel 26, S. 548) zu[1]. Die Epoxydierung läßt sich auch mit Hydrogenperoxyd und geeigneten anorganischen Säuren, wie Wolframsäure, Perwolframsäure und Perphosphormolybdänsäure, ohne Zusatz organischer Säuren durchführen[2]. Bei der Epoxydierung mit wasserfreien Persäuren in inerten Lösungsmitteln[3] wird eine Öffnung des Epoxydringes zwar weitgehend vermieden, jedoch hat diese Arbeitsweise den Nachteil, daß sie sehr kostspielig ist. Von großer wirtschaftlicher Bedeutung sind die *Aldehyd-monoperacylate*, die durch teilweise Autoxydation von Aldehyden bei tiefen Temperaturen entstehen[4], und die entweder zu Persäuren aufgespalten[5] oder als solche für Epoxydierungen eingesetzt werden können[6].

[1] A.P. 2801253 (1953) ≡ DBP. 968643 (1953), Food Machinery & Chemical Corp., Erf.: F. P. GREENSPAN u. R. J. GALL; Chem. Abstr. **51**, 14296[d] (1957).
DAS. 1024514 (1954; Am. Prior., 1953) ≡ E.P. 776757 (1954), DuPont, Erf.: A.T. HAWKINSON, W. R. SCHMITZ u. A. A. D'ADDIECO; C. **1958**, 4624.
A.P. 2997484 (1954), Rohm & Haas Co., Erf.: E. M. BEAVERS, S. P. ROWLAND u. R. G. WHITE.
A.P. 2919283 (1954) ≡ DAS. 1065831 (1955) ≡ Belg. P. 541953 (1955) ≡ F. P. 1132216 (1955), Food Machinery & Chemical Corp., Erf.: F. P. GREENSPAN u. R. J. GALL; C. **1959**, 2970.
DAS. 1070183 (1956; Am. Prior., 1955) ≡ F.P. 1150846 (1956), S. C. Johnson & Son, Inc., Erf.: J. W. PEARCE; C. **1959**, 2612.
DAS. 1084712 (1957), Dehydag Deutsche Hydrierwerke GmbH., Erf.: G. DIECKELMANN.
Belg. P. 595129 (1960), Food Machinery & Chemical Corp., Erf.: H. K. LATOURETTE u. H. M. CASTRANTAS.
F. P. GREENSPAN u. R. J. GALL, J. Amer. Oil Chemists' Soc. **33**, 391 (1956).
R. J. GALL u. F. P. GREENSPAN, J. Amer. Oil Chemists' Soc. **34**, 161 (1957).
S. O. GREENLEE, J. W. PEARCE u. J. KAWA, Ind. eng. Chem. **49**, 1085 (1957).
A. F. CHADWICK u. Mitarbb., J. Amer. Oil Chemists' Soc. **35**, 355 (1958).
W. WOOD u. J. TERMINI, J. Amer. Oil Chemists' Soc. **35**, 331 (1958).
Chem. Engng. News **38**, Nr. 6, 48 (1960).
Katalytische Wirkung von hydratwasserhaltigem Aluminiumoxyd und anderen Metalloxyden: DAS. 1082263 (1958), Henkel & Cie. GmbH., Erf.: W. STEIN u. R. BROCKMANN; C. **1960**, 17630.
F.P. 1216374 (1958), Manufacture de Rueil, Erf.: V. G. AUSTERWEIL.
[2] DAS. 1048270 (1954; Am. Prior., 1953) ≡ F.P. 1107517 (1954), Bataafsche (Shell), Erf.: C. W. SMITH u. G. B. PAYNE; C. **1957**, 535.
A.P. 2833787 (1955), Shell Develop., Erf.: G. J. CARLSON, J. R. SKINNER, C. W. SMITH u. C. H. WILCOXEN jr.; Chem. Abstr. **52**, 16367[d] (1958).
A.P. 2833788 (1955), Shell Develop., Erf.: J.R.SKINNER, C.H.WILCOXEN jr. u. G.J.CARLSON; Chem. Abstr. **52**, 16367[f] (1958).
A.P. 2870171 (1956), Shell Develop., Erf.: C. M. GABLE; Chem. Abstr. **53**, 10250 (1959).
F.P. 1201458 (1957; Am. Prior., 1956), Columbia-Southern Chemical Corp., Erf.: A. J. KAMAN.
[3] E.P. 858793 (1959; Am. Prior., 1958), Union Carbide Corp., Erf.: B. PHILLIPS u. P. S. STARCHER.
[4] DRP. 730116 (1943), Dr. A. Wacker Gesellschaft für elektrochemische Industrie mbH., Erf.: A. KRUG u. J. SIXT; C. **1943** II, 775.
F.P. 1250708 (1959; Am. Prior., 1958), Union Carbide Corp., Erf.: L. E. HILBERT.
[5] F.P. 1249073 (1960; DB. Prior., 1959), Wacker-Chemie GmbH.
A.P. 2833813 (1952), DuPont, Erf.: J. G. WALLACE; Chem. Abstr. **52**, 14658[c] (1958).
F.P. 1210060 (1958; Am. Prior., 1957), Celanese Corp. of America, Erf.: A. F. MAC LEAN, A. L. STANTZENBERGER, S. D. COOLEY u. W. E. TAYLOR.
Chem. Weekb. **87**, Nr. 1, 44, 59 (1960).
[6] DAS. 1019307 (1953; Am. Prior., 1952) ≡ E.P. 735974 (1953), Union Carbide Corp., Erf.: B. PHILLIPS u. P. S. STARCHER; C. **1956**, 11073.
DAS. 1117581 (1958) ≡ E.P. 820461 (1957), Distillers Co., Ltd., Erf.: J. B. WILLIAMSON.
Chem. Engng. Progr. **52**, Nr. 5, 64 (1956).
S. a. ds. Handb. Bd. VI/2, Kap. Herstellung 3-gliedriger cyclischer Äther.

Die Epoxydierung von Olefinen mit Persäuren verläuft *stereospezifisch* im Gegensatz zu der Chlorhydrinmethode[1]. Über die Geschwindigkeit der Reaktion von Olefinen mit Persäuren in Abhängigkeit von ihrer Konstitution s. ds. Handb. Bd. VI/2, Kap. Herstellung von 3-gliedrigen cyclischen Äthern.

Auch die alkalische Epoxydierung von konjugiert-ungesättigten Verbindungen eröffnet zahlreiche synthetische Möglichkeiten zum Aufbau von Polyepoxyden. Diese von E. Weitz[2] bei konjugiert-ungesättigten Ketonen gefundene Methode[3] läßt sich durch Zusatz von Magnesiumchlorid verbessern[4]. Der Reaktionsverlauf ist von der Konstitution der verwendeten Ketone abhängig[5]. Anstelle von *Hydrogenperoxyd* kann auch tert.-Butylhydroperoxyd verwendet werden[6]. Auch konjugiert-ungesättigte Aldehyde, wie Acrolein[7], Zimtaldehyd[8], oder α,β-ungesättigte Ester[9], sind nach dieser Methode epoxydierbar. Besonders der *Glycidaldehyd* ist zum Aufbau von Polyepoxyden verwendet worden (vgl. S. 481). Die Umsetzung von Acrylnitril und seinen Homologen mit Hydrogenperoxyd im schwach alkalischen bis neutralen p_H-Bereich führt zu *Glycidamid*[10] und seinen Derivaten[11]. In diesem Zusammenhang sei die Epoxydierung von Olefinen mit Hydrogenperoxyd in Gegenwart von Nitrilen erwähnt, wobei als epoxydierendes Agens die intermediär gebildeten *Peroxycarbonsäureimide* R—C—OOH angenommen werden[12].

$$\underset{\text{NH}}{\overset{\|}{\text{}}}$$

ββ) Epoxydierung von ungesättigten Säuren, Säureanhydriden und Estern

Die Epoxydierung von ungesättigten Fettsäuren oder von Fettsäuregemischen ist wiederholt beschrieben worden[13]. In der Linolensäure (*cis, cis, cis*-9,12,15-Octadecatriensäure) werden alle drei Doppelbindungen durch Peressigsäure epoxydiert[14]. Dreifachbindungen, wie sie in der Isansäure vorliegen, werden nicht angegriffen[15]. *Glycidsäure* wird aus Acrolein in guter Ausbeute über den Glycidaldehyd hergestellt[16]. Bei der Epoxydierung von Säureanhydriden, wie Tetrahydrophthalsäureanhy-

[1] H. Hopff u. H. Hoffmann, Helv. **40**, 1585 (1957).
   H. Batzer u. E. Nikles, Chimia **16**, 61 (1962).
   S. jedoch N. S. Crossley u. Mitarbb., Tetrahedron Letters **1961**, 398.
[2] E. Weitz u. A. Scheffer, B. **54**, 2327 (1921).
[3] S. a. ds. Handb. Bd. VI/2, Kap. Herstellung 3-gliedriger cyclischer Äther.
[4] J. Nichols u. E. Schipper, Am. Soc. **80**, 5711 (1958).
[5] G. B. Payne, J. org. Chem. **24**, 1830 (1959).
   H. O. House u. R. S. Ro, Am. Soc. **80**, 2428 (1958).
   I. G. Tishchenko, A. A. Akhrem u. I. N. Nazarov, Ž. obšč. Chim. **29**, 809 (1959).
[6] N. C. Yang u. R. A. Finnegan, Am. Soc. **80**, 5845 (1958).
[7] G. B. Payne, Am. Soc. **80**, 6461 (1958).
[8] G. B. Payne, J. org. Chem. **25**, 275 (1960).
[9] G. B. Payne, J. org. Chem. **24**, 2048 (1959).
[10] G. B. Payne u. P. H. Williams, J. org. Chem. **26**, 651 (1961).
[11] G. B. Payne, J. org. Chem. **26**, 663 (1961).
[12] G. B. Payne, P. H. Deming u. P. H. Williams, J. org. Chem. **26**, 659 (1961).
[13] T. W. Findley, D. Swern u. J. T. Scanlan, Am. Soc. **67**, 412 (1945).
   A.P. 2774774 (1954), Food Machinery & Chemical Corp., Erf.: F. P. Greenspan u. R. J. Gall; Chem. Abstr. **51**, 4740^d (1957).
   DAS. 1025860 (1955; Am. Prior., 1954) ≡ E.P. 769127 (1955), Food Machinery & Chemical Corp.; C. **1958**, 2276.
[14] D. Swern u. W. E. Parker, J. org. Chem. **22**, 583 (1957).
[15] A. Jennen u. F. Everaerts, C. r. **251**, 91 (1960).
[16] G. B. Payne u. P. R. van Ess, J. org. Chem. **26**, 2984 (1961).

drid[1], Endomethylen-tetrahydrophthalsäureanhydrid[2], sowie von Alkenylbernstein-säureanhydriden[3] entstehen ebenfalls Verbindungen, welche neben der Epoxydgruppe eine die Härtung bewirkende Gruppe (Säure- bzw. Säureanhydridgruppe) im gleichen Molekül aufweisen. Das Epoxyd des 3,6-Endoxa-*cis*-exo-Δ^4-tetrahydro-phthalsäure-anhydrids ist infolge sterischer Hinderung besonders stabil[4]. Auch das Diels-Alder-Addukt aus Eläostearinsäureester und Maleinsäureanhydrid ist epoxydiert worden[5].

Besonders umfangreich ist die Literatur über die Epoxydierung von ungesättigten Glyceriden (sogenannten **fetten Ölen**)[6]. Man hat die entstehenden Verbindungen, wie z. B. epoxydiertes Sojabohnenöl (s. Beispiel 25, S. 548), zur Elastifizierung der Diglycidäther des 2,2-Bis-[p-hydroxy-phenyl]-propans vorgeschlagen[7]. Auch ihre Härtung ist beschrieben[8]. Sie dienen jedoch hauptsächlich als *Weichmacher* und *Stabilisatoren* für Polyvinylchlorid (s. S. 466). Die mit Peressigsäure in Gegenwart von Schwefelsäure „in situ" hergestellten epoxydierten Öle lassen sich durch eine Nach-behandlung mit festem Alkali von esterartig gebundener Schwefelsäure befreien[9]. Durch Umesterung können sie weiter modifiziert werden[10]. Partiell epoxydierte fette

[1] A. P. 2794028 (1953), Union Carbide & Carbon Corp., Erf.: B. PHILLIPS u. P. S. STARCHER; Chem. Abstr. **51**, 16555^d (1957).

[2] Belg. P. 541032 (1955; Am. Prior., 1954) $\equiv$ F. P. 1135940 (1955), Union Carbide & Carbon Corp.; Erf.: B. PHILLIPS u. P. S. STARCHER; C. **1959**, 2620.

[3] A. P. 2806860 (1955), Union Carbide & Carbon Corp., Erf.: B. PHILLIPS, P. S. STARCHER u. D. L. HEYWOOD; Chem. Abstr. **52**, 9199^i (1958).

[4] J. K. JUR'EV u. N. S. ZEFIROV, Ž. obšč. Chim. **31**, 840 (1961).

[5] A. P. 2865931 (1953), United States of America, Secretary of Agriculture, Erf.: C. H. MACK u. W. G. BICKFORD; Chem. Abstr. **53**, 9247^c (1959).

[6] DAS. 1024514 (1954; Am. Prior., 1953) $\equiv$ E. P. 776757 (1954), DuPont, Erf.: A. T. HAWKIN-SON, W. R. SCHMITZ u. A. A. D'ADDIECO; C. **1958**, 4624.
    A. P. 2801253 (1953) $\equiv$ DBP. 968643 (1953) $\equiv$ E. P. 739609 (1953); Belg. P. 536743 (1955; Am. Prior., 1954), Food Machinery & Chemical Corp.; C. **1956**, 8768.
    Belg. P. 541953 (1955; Am. Prior., 1954) $\equiv$ DAS. 1065831 (1955); DAS. 1030347 (1954), Food Machinery & Chemical Corp., Erf.: F. P. GREENSPAN u. R. J. GALL; C. **1959**, 2970; C. **1959**, 13015.
    DAS. 1001978 (1955; Am. Prior., 1954), Rohm & Haas Co., Erf.: S. P. ROWLAND u. R. G. WHITE; C. **1957**, 10346.
    DAS. 1042565 (1955; Am. Prior., 1954) $\equiv$ F. P. 1118945 (1955), Rohm & Haas Co., Erf.: E. M. BEAVERS, J. E. KOROLY u. S. P. ROWLAND; C. **1958**, 8476.
    A. P. 2895966 (1954) $\equiv$ E. P. 775326 (1955), United States of America, Secretary of Agricul-ture, Erf.: W. C. AULT u. R. O. FEUGE; Chem. Abstr. **53**, 23074^d (1959).
    A. P. 2997484 (1954), Rohm & Haas Co., Erf.: E. M. BEAVERS, S. P. ROWLAND u. R. G. WHITE.
    Belg. P. 542672 (1955; Holl. Prior., 1954), N. V. Koninklijke Stearine Kaarsenfabrieken.
    R. J. GALL u. F. P. GREENSPAN, Ind. eng. Chem. **47**, 147 (1955); J. Amer. Oil Chemists' Soc. **34**, 161 (1957).
    A. F. CHADWICK u. Mitarbb., J. Amer. Oil Chemists' Soc. **35**, 355 (1958).
    P. J. GORRINDO, Chim. et Ind. **85**, 907 (1961).

[7] F. P. 1074992 (1953) $\equiv$ A. P. 2682514 (1952), Bataafsche (Shell), Erf.: H. A. NEWEY; C. **1956**, 2892.
    L. L. GELB u. Mitarbb., J. Amer. Oil Chemists' Soc. **37**, 81 (1960).

[8] L. L. GELB u. Mitarbb., J. Amer. Oil Chemists' Soc. **36**, 283 (1959).
    DBP. 969930 (1954), Henkel & Cie. GmbH., Erf.: G. DIECKELMANN u. R. HEYDEN; C. **1959**, 4324.

[9] DAS. 1087121 (1958; Am. Prior., 1957), Food Machinery & Chemical Corp., Erf.: R. J. GALL, F. P. GREENSPAN u. M. C. DALY.

[10] A. P. 2978463 (1956), Swift & Co., Erf.: F. E. KUESTER u. T. W. FINDLEY.
    Vgl. a. Chem. Engng. News **39**, Nr. 35, 35 (1961).

Öle[1] werden durch Hydrierung in ihren Eigenschaften verbessert[2]. Auch zahlreiche andere ungesättigte Ester von Mono- und Polycarbonsäuren sind epoxydiert worden. Als Weichmacher und Stabilisatoren für Polyvinylchlorid eignen sich u.a. epoxydierte Veresterungsprodukte von natürlichen Fettsäuren mit ein- und mehrwertigen Alkoholen aller Art[3], epoxydierte Ester der Tetrahydrophthalsäure[4] und der 3,6-Endoalkylen-tetrahydrophthalsäuren[5,6]. Besonders wichtig sind in letzter Zeit die Diepoxyde vom Typ I geworden, da sich diese nicht nur als Stabilisatoren für halogenhaltige Kunststoffe eignen[7], sondern auch die Herstellung von Überzügen[8] und Kunststoffen gestatten[9]. Die durch Diels-Alder-Reaktion von Butadien und Crotonaldehyd 'oder Acrolein leicht zugänglichen Δ^3-Tetrahydrobenzaldehydderivate werden nach Tischtschenko in die Ester umgelagert und anschließend mit Persäuren epoxydiert (s. Beispiel 27, S.548). Weitere Epoxyde, die ebenfalls Epoxycyclohexanringe enthalten und ähnliche Eigenschaften besitzen, sind in Tabelle 28, S. 487 aufgeführt; s.a. Literatur[10].

[1] DAS. 1046033 (1955; Am. Prior., 1954) ≡ E.P. 765903 (1955); Belg. P. 542386 (1955; Am. Prior., 1954), Food Machinery & Chemical Corp.; C. **1959**, 1283.

[2] F.P. 1103847 (1954; Am. Prior., 1953) ≡ DBP. 957756 (1954), Rohm & Haas Co., Erf.: S. P. Rowland u. R. F. Conyne; C. **1957**, 10630.

[3] A.P. 2786039; 2889338 (1955), Monsanto Chemical Co., Erf.: J. Dazzi; Chem. Abstr. **51**, 11761[h] (1957); **53**, 16593[g] (1959).
    E. J. Hensch u. A. G. Wilbur, Ind. eng. Chem. **50**, 871 (1958).
    L. L. Placek, F. C. Magne u. W. G. Bickford, J. Amer. Oil Chemists' Soc. **36**, 651 (1959).

[4] F.P. Greenspan u. R. J. Gall, Ind. eng. Chem. **50**, 865 (1958).
    A.P. 2794030 (1955), Union Carbide & Carbon Corp., Erf.: B. Phillips u. P. S. Starcher; Chem. Abstr. **51**, 16556[a] (1957).

[5] F.P. 1195240/41 (1957; Am. Prior., 1956), Rohm & Haas Co., Erf.: S. P. Rowland u. E. M. Beavers.

[6] F.P. 1136434 (1955; Am. Prior., 1954), Velsicol Chemical Corp., Erf.: M. Kleiman; C. **1960**, 15236.

[7] E.P. 793595 (1956; Am. Prior., 1955), Union Carbide Corp.
    E.P. 801700–01 (1956; Am. Prior., 1955), A.P. 2862904 (1955) ≡ E.P. 801702 (1956), Union Carbide Corp., Erf.: D. H. Mullins; Chem. Abstr. **53**, 4814[b,c] (1959).

[8] C. W. McGary jr., C. T. Patrick jr. u. R. Stickle jr., Ind. eng. Chem. **52**, 318 (1960).

[9] DBP. 964595 (1954; Am. Prior., 1953) ≡ F.P. 1111099 (1954), Union Carbide & Carbon Corp., Erf.: F. C. Frostick jr. u. B. Phillips; C. **1958**, 4636.
    H. J. Sanders, Ind. eng. Chem. **50**, 854 (1958).
    R. v. Cleve u. D. H. Mullins, Ind. eng. Chem. **50**, 873 (1958).
    Epoxyd 201®, Firmenschrift 1959 F–40505 A der Union Carbide Chemicals Co.
    D. R. Beasley, SPE Journal **15**, 289 (1959).
    G. A. Trigaux, Mod. Plastics **38**, Nr. 1, 147 (1960).

[10] H. Batzer u. E. Nikles, Chimia **16**, 59 (1962).

Tab. 28. Epoxydierung von ungesättigten Mono- und Polycarbonsäureestern sowie Polymerisation von ungesättigten Epoxycarbonsäureestern

Säurekomponente	Alkoholkomponente	Literatur		
		A	B	C
Undecensäure, Ölsäure, Fettsäuregemische	Vinylalkohol, Allylalkohol		1,2	2,3
Dienfettsäuren, z. B. Linolsäure	Vinylalkohol, Allylalkohol		4	
Ölsäure, Linolsäure	3-Cyclohexenyl-methanol und Homologe	5		
Ölsäure, Undecensäure, Crotonsäure, Tallsäure	3,3-Bis-hydroxymethyl-cyclohexen-(1)	6		
Acrylsäure, Crotonsäure usw., Vinylessigsäure	3,3-Bis-hydroxymethyl-cyclohexen-(1) usw.			7
Acrylsäure, Crotonsäure u. a.	Allylalkohol, Crotylalkohol, 3-Cyclohexenyl-methanol, Dehydronorborneol (Vinylalkohol)	8	9,10	10,11
1-Carboxy-allylalkohol	Allylalkohol		12	13
Cyclohexen-3-carbonsäure	Allylalkohol, Vinylalkohol		14	15
	3-Cyclohexenyl-methanol	16		
	3-Cyclohexenol	17		

A = vollständige Epoxydierung
B = unvollständige Epoxydierung
C = Homo- u. Copolymerisation von ungesättigten Epoxycarbonsäureestern

[1] DAS. 1068249 (1955; Am. Prior., 1954) ≡ F.P. 1125497 (1955), Union Carbide Corp., Erf.: B. Phillips u. F. C. Frostick jr.; C. **1958**, 14184.

[2] Belg. P. 549639 (1956; Am. Prior., 1955), Food Machinery & Chemical Corp.

[3] DAS. 1025148 (1955) ≡ F.P. 1145203 (1955; Am. Prior., 1954), Union Carbide & Carbon Corp., Erf.: J. R. Kilsheimer u. B. R. Thompson; C. **1960**, 8701.

[4] DAS. 1067803 (1955) ≡ A.P. 2779771 (1954), Union Carbide Corp., Erf.: B. Phillips u. F. C. Frostick jr.; C. **1958**, 6403.

[5] DAS. 1067809 (1955) ≡ A.P. 2786066/67 (1954), Union Carbide & Carbon Corp., Erf.: F. C. Frostick jr. u. B. Phillips; C. **1959**, 2299.

[6] DAS. 1085872 (1958; Am. Prior., 1957), Union Carbide Corp., Erf.: B. Phillips u. F. C. Frostick jr.

[7] A.P. 2953550 (1957), Union Carbide Corp., Erf.: F. C. Frostick jr. u. B. Phillips.

[8] A.P. 2969377 (1957), Union Carbide Corp., Erf.: B. Phillips, P. S. Starcher u. D. L. MacPeek.

[9] A.P. 2794029 (1953), Union Carbide & Carbon Corp., Erf.: B. Phillips u. P. S. Starcher. A.P. 2927931 (1957) ≡ DAS. 1117564 (1958), Union Carbide Corp., Erf.: B. Phillips, P. S. Starcher u. D. L. MacPeek; Chem. Abstr. **54**, 12158[b] (1960).

[10] Belg. P. 585306 (1959; Am. Prior., 1958), Rohm & Haas Co., Erf.: E. M. Beavers u. J. L. O'Brien.

[11] DAS. 1063808 (1958; Am. Prior., 1957), Union Carbide Corp., Erf.: J. R. Kilsheimer u. R. Stickle jr.

[12] DAS. 1067804 (1956) ≡ A.P. 2786068 (1955), Union Carbide & Carbon Corp., Erf.: F. C. Frostick jr. u. B. Phillips; Chem. Abstr. **51**, 13928[i] (1957).

[13] DAS. 1092203 (1957; Am. Prior., 1956), Union Carbide Corp., Erf.: J. R. Kilsheimer.

[14] A.P. 2794812 (1953) ≡ DAS. 1013283 (1954), Union Carbide & Carbon Corp., Erf.: B. Phillips u. P. S. Starcher; Chem. Abstr. **51**, 16555[f] (1957).

[15] DAS. 1061517 (1956; Am. Prior., 1955), Union Carbide Corp., Erf.: R. Stickle jr., J. R. Kilsheimer u. B. R. Thompson.

[16] DRP. 964595 (1954) ≡ A.P. 2716123 (1953), Union Carbide & Carbon Corp., Erf.: F. C. Frostick jr. u. B. Phillips; Chem. Abstr. **50**, 7852[f] (1956).

[17] Belg. P. 595390 (1960; E. Prior., 1959), CIBA.

Tab. 28. (Fortsetzung)

Säurekomponente	Alkoholkomponente	Literatur		
		A	B	C
Cyclohexen-3-carbonsäure	Glykole aller Art	1,2		
	Alkantriole	3		
Chlorcyclohexencarbonsäure	Chlorcyclohexenylmethanol	4		
ungesättigte Dicarbonsäuren wie Tetrahydrophthalsäure, Eicosa- diensäure, dimere Fettsäuren	Alkohole mit endständiger Dop- pelbindung, z. B. Allylalkohol	5	6	
Tetrahydrophthalsäure, Endo- methylen-tetrahydrophthalsäure	Oleylalkohol	7		
Terephthalsäure	Allylalkohol	8		
ungesättigte und gesättigte Di- carbonsäuren, wie Maleinsäure und Adipinsäure	Alkohole mit nicht endständiger Doppelbindung wie Crotyl- alkohol	9		
	3-Cyclohexenyl-methanol	10,11		
	3-Cyclohexenol	12		
Essigsäure, Adipinsäure, Phthal- säure u. a.	2-Äthyl-hexen-(2)-ol-(1) usw.	13		
Adipinsäure	höhere Alkohole, wie Oleylalkohol	14		
Kohlensäure, Dicarbonsäuren	Dehydronorborneol	15		
Kohlensäure, 2,2-Bis-[p-hydroxy- phenyl]-propan-bis-kohlensäure- halbester, Dicarbonsäuren	3-Cyclohexenyl-methanol	16		
	Dihydrodicyclopentadienol	17		

A = vollständige Epoxydierung
B = unvollständige Epoxydierung
C = Homo- u. Copolymerisation von ungesättigten Epoxycarbonsäureestern

[1] A.P. 2745847 (1953), Union Carbide & Carbon Corp., Erf.: B. PHILLIPS u. P. S. STARCHER; Chem. Abstr. **51**, 1259^g (1957).
[2] A.P. 2853498/99 (1953), Union Carbide Corp., Erf.: B. PHILLIPS u. P. S. STARCHER; Chem. Abstr. **53**, 16025^g, 16026^a (1959).
[3] A.P. 2857402 (1956) = DAS. 1069619 (1957, Union Carbide Corp., Erf.: B. PHILLIPS u. P. S. STARCHER; C. **1960**, 12858.
[4] A.P. 2874167 (1957), Union Carbide Corp., Erf.: H. R. GUEST u. H. A. STANSBURY; Chem. Abstr. **53**, 18058^b (1959).
[5] A.P. 2870170 (1953), Shell Develop., Erf.: G. B. PAYNE u. C. W. SMITH; Chem. Abstr. **54**, 1543^a (1960).
[6] DAS. 1074580 (1955) ≡ A.P. 2783250 (1954), Bataafsche (Shell), Erf.: G. B. PAYNE u. C. W. SMITH; Chem. Abstr. **51**, 12546^h (1957).
[7] DAS. 1031786 (1954) ≡ F.P. 1117985 (1955), Dehydag Deutsche Hydrierwerke GmbH., Erf.: W. GÜNDEL u. G. DIECKELMANN; C. **1957**, 13195.
[8] DAS. 1082263 (1958), Henkel & Cie. GmbH., Erf.: W. STEIN u. R. BROCKMANN; C. **1960**, 17630.
[9] A.P. 2761870 (1954), Shell Develop., Erf.: G.B. PAYNE u. C.W. SMITH; Chem. Abstr. **51**, 763^i (1957).
[10] A.P. 2750395 (1954), Union Carbide & Carbon Corp., Erf.: B. PHILLIPS u. P. S. STARCHER; Chem. Abstr. **51**, 476^d (1957).
[11] A.P. 2863881 (1954), Union Carbide Corp., Erf.: B. PHILLIPS u. P. S. STARCHER; Chem. Abstr. **53**, 9247^a (1959).
[12] Belg. P. 595390 (1960; E. Prior., 1959), CIBA.
[13] DAS. 1093363 (1957), Chemische Werke Hüls AG., Erf.: G. BANKWITZ.
[14] A.P. 2771472 (1954), Rohm & Haas Co., Erf.: A. W. RITTER jr. u. S. P. ROWLAND; Chem. Abstr. **51**, 4047^h (1957).
[15] Belg.P. 598447, 597224 (1960; E. Prior., 1959), CIBA.
[16] Belg.P. 588338 (1960; Schweiz. Prior., 1959), CIBA.
[17] Belg.P. 598794 (1961; Schweiz. Prior., 1960); 602175 (1961; E. Prior., 1960), CIBA.

Durch selektive Epoxydierung ist eine Reihe von Epoxyfettsäure-allyl- und -vinyl-estern hergestellt worden, welche durch Homo- und Copolymerisation in Polyepoxyde überführt werden können (vgl. S. 495)[1]. Vinyloleat wird beispielsweise an der Oleatdoppelbindung 220mal rascher epoxydiert als an der Vinylgruppe[2]. Solche polymerisierbaren epoxydgruppenhaltigen Ester sind ebenfalls in Tabelle 28 aufgeführt.

Bei der Epoxydierung von Crotonsäureestern erhält man Epoxybuttersäureester[3], welche sich unter milden Bedingungen mit ungesättigten oder mehrwertigen Alkoholen umestern lassen sollen[4].

Auch hochmolekulare Polyester und Alkydharze, in denen eine oder beide Komponenten ungesättigt sein können, sind mit Persäuren epoxydiert worden[5,6]. Epoxy-tetrahydrophthalsäurepolyester geben beim Erhitzen mit ungesättigten Säuren flexible unlösliche Überzüge[7], wobei die Vernetzung durch Veresterung, Ätherbildung und Polymerisation der restlichen Doppelbindungen bewirkt wird. Weitere Härtungsverfahren für Epoxypolyester s. Literatur[8].

γγ) Epoxydierung von ungesättigten Aldehyden,
Ketonen und deren Derivaten

Während bei der Einwirkung von Persäuren auf α,β-ungesättigte Aldehyde, Ketone und nicht-cyclische Acetale meist keine Epoxyde entstehen[9], lassen sich die stabileren Aldehyd-acylale und cyclischen Acetale in die entsprechenden Epoxyde überführen[10]. Di- und Triepoxyde entstehen beispielsweise aus Diallyliden-pentaerythrit[11], Dicrotyliden-pentaerythrit oder Triallyliden-sorbit[12], jedoch scheint in vielen Fällen die Chlorhydrinmethode (vgl. Abschnitt β_9, S. 494) vorteilhafter zu sein[13]. Eine weitere

---

[1] F. C. FROSTICK jr., B. PHILLIPS u. P. S. STARCHER, Am. Soc. **81**, 3350 (1959).

[2] L. S. SILBERT u. Mitarbb., J. Polymer Sci. **21**, 161 (1956).

[3] D. L. MacPEEK, P. S. STARCHER u. B. PHILLIPS, Am. Soc. **81**, 680 (1959).
R. RAMBAUD u. M. VESSIÈRE, Bl. **1960**, 1114.

[4] P. S. STARCHER, F. C. FROSTICK jr. u. B. PHILLIPS, J. org. Chem. **25**, 1420 (1960).

[5] Belg.P. 540982 (1955; Am. Prior., 1954) ≡ E.P. 786116 (1955), Bataafsche (Shell), Erf.: E. C. SHOKAL; C. **1959**, 11082.
DAS. 1070183 (1956; Am. Prior., 1955), S. C. Johnson & Son, Inc., Erf.: J. W. PEARCE.
A.P. 2967840 (1956), 2969336 (1957), Union Carbide Corp., Erf.: B. PHILLIPS u. P. S. STARCHER.
F.P. 1149569 (1956; Am. Prior., 1955), S. C. Johnson & Son, Inc., Erf.: S. O. GREENLEE; C. **1960**, 4041.
A.P. 2928805 (1957), Armstrong Cork Co., Erf.: R. H. REIFF; Chem. Abstr. **54**, 13728^g (1960).

[6] J. W. PEARCE u. J. KAWA, J. Amer. Oil Chemists' Soc. **34**, 57 (1957).
DBP. 974868 (1954), Farbf. Bayer, Erf.: H. KRIMM u. H. SCHNELL.

[7] S. O. GREENLEE, J. W. PEARCE u. J. KAWA, Ind. eng. Chem. **49**, 1085 (1957).

[8] A.P. 2847393/4; 2850475 (1955), S. C. Johnson & Son, Inc., Erf.: S. O. GREENLEE; Chem. Abstr. **53**, 2687^{b,f}, 1833^h (1959).

[9] S. ds. Handb. Bd. VI/2, Kap. Herstellung 3-gliedriger cyclischer Äther.
H. M. WALTON, J. org. Chem. **22**, 1161 (1957).
G. B. PAYNE u. P. H. WILLIAMS, J. org. Chem. **24**, 284 (1959).

[10] A.P. 2891969 (1957), Union Carbide Corp., Erf.: B. PHILLIPS u. D. L. HEYWOOD; Chem. Abstr. **54**, 1542^g (1960).
D. L. HEYWOOD u. B. PHILLIPS, J. org. Chem. **25**, 1699 (1960).

[11] Herstellung: vgl. H. SCHULZ u. H. WAGNER, Ang. Ch. **62**, 105 (1950).
DAS. 1092654 (1958; Am. Prior., 1957), Union Carbide Corp., Erf.: H. R. GUEST, B. W. KIFF u. C. B. HALSTEAD.

[12] A.P. 2895962 (1956), Shell Develop., Erf.: R. F. FISCHER; Chem. Abstr. **53**, 20088^f (1959).

[13] R. F. FISCHER u. C. W. SMITH, J. org. Chem. **25**, 319 (1960).

Möglichkeit besteht in der alkalischen Epoxydierung von α,β-ungesättigten Carbonylverbindungen (vgl. S. 484)[1].

Steht die Doppelbindung in den Carbonylverbindungen oder ihren Derivaten nicht in α,β-Stellung, so lassen sie sich in üblicher Weise mit Persäuren oxydieren. Zur Herstellung von Kunststoffen wurden vor allem solche Acetale[2], Ketale und Halbacetalester[3] epoxydiert, die Cyclohexenringe als ungesättigte Gruppen enthalten.

$\delta\delta$) Epoxydierung von ungesättigten Äthern

Eine technisch durchgeführte Darstellung von Epoxydharzen beruht auf der Epoxydierung von *o-Allyl-phenol-allyläthern*[4]:

Ein anderes Verfahren geht vom Glycidäther des o-Allyl-phenols aus[5]. Auch die durch saure Kondensation von Phenolen mit Butadien entstehenden Gemische, welche Mono- und Polycrotyl-phenyl-crotyläther enthalten, sind epoxydiert worden[6]. Freie phenolische Gruppen können durch nachträgliche Umsetzung mit Epihalogenhydrinen veräthert werden. Über die Eigenschaften einer Reihe solcher Epoxydharze berichtet D. Aelony[7]. Die durch Umsetzung von Bis-chlormethyl-benzolen oder Dichlordurol mit Allylalkohol zugänglichen *Bis-[allyloxymethyl]-benzole* sind ebenfalls epoxydiert worden[8]. Epoxysulfone[9] erhält man aus ungesättigten Thioäthern.

[1] I. N. Nazarov u. A. A. Akhrem, Bull. Acad. Sci. URSS, Cl. Sci. chim. **1956**, 1457; Chem. Abstr. **51**, 8660[g] (1957).
   A.P. 2890200 (1956); 3012044 (1957), Dow Chemical Co., Erf.: R. L. Hudson; Chem. Abstr. **53**, 17578[d] (1959).

[2] Belg. P. 580905, 584818 (1959; Schweiz. Prior., 1958); 594866 (1960; Schweiz. Prior., 1959); 595150 (1960; Schweiz. Prior., 1959 u. 1960); 596269 (1960; Schweiz. Prior., 1959); 601881, 604519 (1960; Schweiz. Prior. 1960); 603353, 604733 (1960), CIBA.
   DAS. 1091112 (1959; Schweiz. Prior., 1958), CIBA, Erf.: H. Batzer u. E. Nikles.

[3] A.P. 2917521 (1957), Union Carbide Corp., Erf.: B. Phillips u. D. L. Heywood; Chem. Abstr. **54**, 7590[h] (1960).
   Halbacetalester mit der Epoxydgruppe in einer aliphatischen Seitenkette sind beschrieben in:
   A.P. 2883396 (1957), Union Carbide Corp., Erf.: B. Phillips u. D. L. Heywood; Chem. Abstr. **54**, 1542[i] (1960).

[4] DAS. 1109887 (1957) ≡ A.P. 2965607/8 (1956), Bataafsche (Shell), Erf.: R. W. Martin, C. E. Pannel, C. G. Schwarzer u. W. Creek.

[5] Belg. P. 562052 (1957; Am. Prior., 1956), General Mills Inc., Erf.: D. Aelony, D. Aelony u. H. A. Wittcoff.

[6] Belg. P. 592617 (1960; Schweiz. Prior., 1959), CIBA.

[7] D. Aelony, Atlantic City Meeting, Sept. 1959, **19**, Nr. 2, Paper 22; Abstracts of Papers, 136th Meeting of the American Chemical Society 1959, S. 7 Q.
   D. Aelony, J. Appl. Polymer Sci. **4**, 141 (1960).

[8] A.P. 2874150 (1956), Pittsburgh Plate Glass Co., Erf.: R. M. Christenson u. J. J. Jaruzelski.

[9] A. P. 3018259, 3019202/3 (1960), Union Carbide Corp.

Diepoxyde sind auch aus Dicyclopentenyläther[1], Cyclopentenyl- und Cyclohexenyl-allyl-äther[2], Verätherungsprodukten von Cyclohexenylmethanol mit Glykolen[3] und mit ungesättigten Alkoholen[4] hergestellt worden. Auch die Anlagerungsprodukte von Wasser, Glykolen oder Allylalkohol an Dicyclopentadien sind für die Herstellung von Epoxydharzen von Bedeutung[5]. Durch partielle Epoxydierung werden Monomere für die radikalische Copolymerisation erhalten[4,6].

$\varepsilon\varepsilon$) Epoxydierung von ungesättigten Amiden, Imiden und Hydraziden

Diepoxyde können durch Epoxydierung von *N,N'-Diallyl-bis-carbonsäureamiden* oder *N,N-Diallyl-amiden* von *Monocarbonsäuren* hergestellt werden[7]. Durch Epoxydierung von Diamiden höherer ungesättigter Fettsäuren, z. B. Äthylen-bis-sojafettsäure-amid, werden Rohstoffe für elastische Überzüge hergestellt[8]. H. Batzer u. Mitarb. haben durch partielle Hydrierung von $\varDelta^3$-Tetrahydrobenzonitril oder von Schiffschen Basen des $\varDelta^3$-Tetrahydrobenzaldehyds mit Diaminen eine Reihe von Derivaten des $\varDelta^3$-Tetrahydrobenzylamins dargestellt, welche mit Mono- oder Dicarbonsäuren bzw. mit Sulfonsäurechloriden acyliert und anschließend epoxydiert wurden[9]. Auch stickstoffhaltige Derivate der $\varDelta^4$-Tetrahydrophthalsäure, wie das Imid, Diamid und Dinitril sind epoxydiert worden[10,11].

Für Polymerisationszwecke geeignet ist das *N-2,3-Epoxy-isobutyl-maleinimid*, welches durch partielle Epoxydierung von N-Methallyl-maleinimid hergestellt werden kann[12]. Auch *Epoxyfettsäurehydrazide* sind hergestellt worden[13].

---

[1] DAS. 1 024 963 (1955) ≡ A. P. 2 739 161 (1954), Velsicol Chemical Corp., Erf.: A. W. Carlson; C. **1957**, 7791.

Belg. P. 563 322–26 (1957), Union Carbide Corp., Erf.: B. Phillips, P. S. Starcher, C. W. McGary jr. u. C. T. Patrick jr.

A. P. 2 973 373 (1956), Union Carbide Corp., Erf.: B. Phillips u. P. S. Starcher.

Belg. P. 564 172 (1958; Am. Prior., 1957), Union Carbide Corp., Erf.: B. Phillips, P. S. Starcher, C. W. McGary jr. u. C. T. Patrick jr.

[2] A. P. 2 925 403 (1956), Shell Oil Co., Erf.: E. C. Shokal; Chem. Abstr. **54**, 15273ᵃ (1960).

[3] A. P. 2 848 426 (1956), Shell Develop., Erf.: H. A. Newey; Chem. Abstr. **53**, 768ᵃ (1959).

[4] A. P. 2 863 925 (1956), Union Carbide Corp., Erf.: P. S. Starcher; Chem. Abstr. **53**, 9102ʰ (1959).

[5] A. P. 2 623 023 (1951), Rohm & Haas Co., Erf.: J. E. Koroly; Chem. Abstr. **47**, 3033ʰ (1953).

DAS. 1 127 594 (1960; Am. Prior., 1959), Rohm & Haas Co., Erf.: J. L. O'Brien u. C. A. Lane.

Belg. P. 600 457, 602 740, 603 354/5 (1961; Schweiz. Prior., 1960), CIBA.

[6] Belg. P. 562 911 (1957), Union Carbide Corp.

[7] A. P. 2 730 531 (1953), Shell Develop., Erf.: G. B. Payne u. C. W. Smith; Chem. Abstr. **50**, 13081ⁱ (1956).

[8] DAS. 1 052 976, 1 106 494 (1955), Farbw. Hoechst, Erf.: L. Orthner u. E. G. Fuchs.

A. P. 2 975 149 (1959), United States of America, Secretary of Agriculture, Erf.: W. S. Port, L. L. Gelb u. W. C. Ault.

L. L. Gelb u. Mitarbb., Atlantic City Meeting, Sept. 1959, **19**, Nr. 2, S. 198; Abstracts of Papers, 136ᵗʰ Meeting of the American Chemical Society 1959, S. 8 Q.

Belg. P. 589 495 (1960; Am. Prior., 1959), Rohm & Haas Co., Erf.: J. O'Neil van Hook.

[9] DAS. 1 087 594 ≡ A. P. 2 988 554 (1959; Schweiz. Prior., 1958), CIBA, Erf.: H. Batzer u. E. Nikles.

Belg. P. 581 355 (1959; Schweiz. Prior., 1958), CIBA.

[10] Belg. P. 541 032 (1955; Am. Prior., 1954) ≡ F. P. 1 135 940 (1955), Union Carbide & Carbon Corp., Erf.: B. Phillips u. P. S. Starcher; C. **1959**, 2620.

[11] A. P. 2 894 959, 2 897 208 (1956), Union Carbide Corp., Erf.: B. Phillips u. P. S. Starcher; Chem. Abstr. **54**, 1362ᵇ,ᵈ (1960).

[12] A. P. 2 972 619 (1957), Union Carbide Corp., Erf.: D. M. Young.

[13] A. P. 2 892 848 (1955), Swift & Co., Erf.: T. W. Findley; Chem. Abstr. **53**, 20088ᵈ (1959).

ζζ) Epoxydierung von ungesättigten Kohlenwasserstoffen

Bei der Einwirkung von Persäuren auf konjugiert ungesättigte Kohlenwasserstoffe, wie *Butadien, Isopren* oder *Piperylen*, werden die entsprechenden Diepoxyde nur in schlechten Ausbeuten erhalten (vgl. ds. Handb., Bd. VI/2, Kap. Herstellung 3-gliedriger cyclischer Äther). *1,2,3,4-Diepoxy-butan* wird neuerdings aus 1,4-Dichlor-buten-(2) über das 1,4-Dichlor-2,3-epoxy-butan technisch dargestellt[1] (vgl. a. S. 494).

Die **Di-** und **Trimeren** von konjugiert ungesättigten Kohlenwasserstoffen lassen sich dagegen in üblicher Weise glatt mit Persäuren oxydieren; hergestellt wurden z. B. das *4-Vinyl-cyclohexen-dioxyd*[2,3], das *Dipenten-dioxyd* (Epoxyd 269®)[3], das *Cyclooctadien-(1,5)-dioxyd*[3,4], das *Cyclododecatrien-dioxyd*[5] sowie die stereoisomeren *1,5,9-Cyclododecatrien-monoxyde*[6]. Das *endo-Dicyclopentadien-dioxyd* (Epoxyd 207®)[3] hat trotz seines hohen Schmelzpunktes von 184° für sehr wärmefeste Härtungs-produkte Bedeutung erlangt[7]. Auch das *exo-Dicyclopentadien*[8], ferner die Tri- und Tetrameren des Cyclopentadiens und der Alkylcyclopentadiene[9] sowie deren Addukte an ungesättigte Mono- und Dicarbonsäureester[10] sind epoxydiert worden.

Ausgehend von 2,2-Bis-[p-hydroxy-phenyl]-propan oder von Novolaken lassen sich **zweikernige Diepoxyde** herstellen[11], z. B.:

$$R = -C(CH_3)_2-$$

Auch aromatische Verbindungen mit ungesättigten Seitenketten sind in die Di-epoxyde überführt worden, z. B. *Divinylbenzol*[12] (Monoepoxydierung s. S. 496), *Diallyl-benzol*[13], *Dicyclohexenylbenzol*[13] und *Polybutenylbenzol*[14].

---

[1] DAS. 1043312 (1955; Am. Prior., 1954) ≡ F.P. 1133554 (1955), Union Carbide Corp., Erf.: P. S. Starcher, D. L. MacPeek u. B. Phillips; C. **1959**, 2970.
   F.P. 1132991 (1955), Union Carbide & Carbon Corp., Erf.: B. Phillips u. P. S. Starcher; C. **1959**, 2288.
[2] A.P. 2948688 (1957), Union Carbide Corp., Erf.: H. L. Bender u. B. Phillips. Chem. Processing **19**, 32 (1956).
[3] Firmenschrift der Union Carbide Chemical Corp. 1959.
[4] Belg. P. 549916 (1956; Am. Prior., 1955) ≡ DAS. 1029823 (1956), Union Carbide & Carbon Corp., Erf.: F. C. Frostick jr. u. B. Phillips; C. **1959**, 3662.
[5] Belg. P. 602087 (1961; F. Prior., 1960), Société des Usines Chimiques Rhône-Poulenc.
[6] Belg. P. 567041 (1958) ≡ DAS. 1058987 (1957), Studiengesellschaft Kohle mbH., Erf.: G. Wilke.
   A.P. 2978464 (1959), Esso Research & Engineering Co., Erf.: H. K. Wiese u. S. B. Lippincott.
[7] A.P. 2962469 (1957), Union Carbide Corp., Erf.: B. Phillips, C. W. McGary u. C. T. Patrick.
[8] A.P. 2985667 (1958), Union Carbide Corp., Erf.: S. W. Tinsley u. P. S. Starcher.
[9] Schweiz. P. 342207 (1955; Am. Prior., 1954), Food Machinery & Chemical Corp., Erf.: F. P. Greenspan u. R. E. Light jr.
[10] F.P. 1235576 (1959; Am. Prior., 1958), Esso Research & Engineering Co., Erf.: J. P. Thorn, W. A. Dimler jr. u. J. A. Gallagher.
[11] DAS. 1099733 (1952) ≡ F.P. 1088704 (1953), Henkel & Cie. GmbH.; C. **1957**, 5129.
[12] A.P. 2918444; 2924580 (1957), Union Carbide Corp., Erf.: B. Phillips, C. W. McGary jr. u. C. T. Patrick jr.; Chem. Abstr. **54**, 19023ᵉ, 11578ᶠ (1960).
[13] DAS. 1109888 (1957; Am. Prior., 1956), Bataafsche (Shell), Erf.: R. W. Martin u. R. T. Holm.
[14] F. P. 1266904 (1960; Schweiz. Prior., 1959), CIBA.

Eine neuerdings zu technischer Bedeutung gelangte Methode ist die Epoxydierung von **niedrigmolekularem Polybutadien**[1-3] (s. Beispiel 28, S. 549). Aus dem Infrarotspektrum schließen C. G. Fitzgerald u. Mitarbeiter[2], daß in der Kette die *cis*-Doppelbindungen nur teilweise, die *trans*-Doppelbindungen dagegen vollständig epoxydiert werden, während die Doppelbindungen der Seitenketten überhaupt nicht angegriffen werden. In Übereinstimmung mit dieser Ansicht steht die Deutung des Infrarotspektrums durch I. M. Kolthoff u. Mitarbeiter[4]; dagegen sind andere Autoren[5] ebenfalls auf Grund des Infrarotspektrums der Auffassung, daß vorwiegend die Doppelbindungen der Seitenketten epoxydiert werden. Eine Vernetzung dieser Polyepoxyde kann durch Erhitzen mit gesättigten oder ungesättigten Di- und Monocarbonsäuren sowie mit ungesättigten Polycarbonsäureestern erreicht werden[5,6]. Die Doppelbindungen der ungesättigten Säuren scheinen beim Erhitzen durch Polymerisation zur Vernetzung beizutragen. Copolymerisate des *Butadiens* mit z. B. *Acrylnitril, Styrol* oder anderen geeigneten Monomeren sind ebenfalls epoxydierbar und erlauben eine breite Variation der Eigenschaften der daraus hergestellten Epoxyde[7]. Auch die Epoxydierung von Copolymerisaten des *Allens* mit Monoolefinen[8] sowie von Polycyclopentadien und Homologen ist beschrieben[9].

[1] Vgl. a. Kap. Umwandlung synthetischer Polymerer, S. 768.

DAS. 1040794 (1955; Am. Prior., 1954) ≡ F.P. 1127315 (1955), Food Machinery & Chemical Corp., Erf.: F. P. Greenspan u. R. E. Light jr.; C. **1958**, 5521.

DAS. 1111398 (1960; Am. Prior., 1959), Food Machinery & Chemical Corp., Erf.: F. P. Greenspan u. A. E. Pepe.

S. O. Greenlee, J. W. Pearce u. J. Kawa, Division of Paint, Plastics and Printing Ink Chemistry, Atlantic City Meeting Sept. 1956, Paper 19.

[2] C. G. Fitzgerald u. Mitarbb., SPE Journal **13**, Nr. 1, 22 (1957).

[3] C. E. Wheelock, Ind. eng. Chem. **50**, 299 (1958).

Chem. Engng. News **38**, Nr. 6, 50 (1960).

Firmenschrift Nr. 1 (1960) der Food Machinery & Chemical Corp. über Oxirone®.

[4] I. M. Kolthoff, T. S. Lee u. M. A. Mairs, J. Polymer Sci. **2**, 199, 206 (1947).

[5] S. O. Greenlee, J. W. Pearce u. J. Kawa, Ind. eng. Chem. **49**, 1085 (1957).

[6] Belg.P. 549058 (1956) ≡ A.P. 2875178 (1956), Food Machinery & Chemical Corp., Erf.: F. P. Greenspan u. R. E. Light jr.; Chem. Abstr. **53**, 12751[f] (1959).

Belg.P. 598573 (1960; Am. Prior., 1960), Food Machinery & Chemical Corp., Erf.: G. Nowlin, C. A. Heiberger u. M. H. Reich.

C. A. Heiberger, M. H. Reich, C. W. Johnston u. G. Nowlin, Atlantic City Meeting Sept. 1959, **19**, Nr. 2, Paper 14, S. 94; Abstracts of Papers, 136th Meeting of the American Chemical Society 1959, S. 4 Q.

C. W. Johnston u. F. P. Greenspan, Mod. Plastics **38**, Nr. 8, 135, 198 (1961).

[7] A.P. 2745822 (1953), Carlisle Chemical Works, Inc., Erf.: G. P. Mack; Chem. Abstr. **50**, 13463[h] (1956).

A.P. 2921947 (1955), Glidden Co., Erf.: R. L. Millar u. S. B. Radlove; Chem. Abstr. **54**, 9322[d] (1960).

DAS. 1038283 (1955; Am. Prior., 1954) ≡ Belg.P. 541580 (1954) ≡ E.P. 774765 (1955), Food Machinery & Chemical Corp., Erf.: F. P. Greenspan u. R. E. Light jr.; C. **1959**, 13964.

A.P. 2842513 (1955), Esso Research & Engineering Co., Erf.: W. P. Fitzgerald u. P. V. Smith jr.; Chem. Abstr. **52**, 16787[b] (1958).

DAS. 1113824 (1959; Am. Prior., 1958), Bataafsche (Shell), Erf.: E. Bergmann u. R. C. Morris.

DAS. 1111399 (1960), Phoenix Gummiwerke AG., Erf.: R. Meyer.

[8] Belg.P. 588781 (1960; Am. Prior., 1959), DuPont, Erf.: S. Tocker.

[9] A.P. 2833747 (1954), Food Machinery & Chemical Corp., Erf.: F. P. Greenspan u. R. E. Light jr.; Chem. Abstr. **52**, 17800[d] (1958).

β_9) *Epoxydharze aus ungesättigten Verbindungen über die Chlorhydrine*

Von den weiteren Möglichkeiten, Epoxydharze herzustellen, verdient noch die klassische Methode der Epoxydbildung durch Hypochlorit-Anlagerung an Olefine, wie z. B. *Diallyläther* oder *Vinylcyclohexen*, mit nachfolgender Epoxydbildung durch Chlorwasserstoffabspaltung Erwähnung[1,2]. Anstelle von unterchloriger Säure kann auch tert.-Butylhypochlorit verwendet werden[3,4]. Die Chlorwasserstoffabspaltung[5] kann mit Alkalihydroxyden in wäßrig-alkoholischer Lösung[6] oder in Gegenwart von Dimethylsulfoxyd[7] durchgeführt werden; auch basische Ionenaustauscher sind geeignet[4].

Für die technische Synthese von *1,2,3,4-Diepoxy-butan* (Butadiendioxyd) aus 1,4-Dichlor-buten-(2) sind mehrere Wege möglich: 1,4-Dichlor-buten-(2) wird durch unterchlorige Säure und anschließende Behandlung mit Kalkmilch[8] (oder durch Oxydation mit Persäuren, s. S. 492) in das 1,4-Dichlor-2,3-epoxy-butan übergeführt. Durch Anlagerung von Wasser erhält man das 1,4-Dichlor-2,3-butandiol, welches durch Abspaltung von Chlorwasserstoff in Butadiendioxyd übergeht[9]. Man kann das 1,4-Dichlor-2,3-butandiol auch durch direkte Hydroxylierung von 1,4-Dichlor-buten-(2) darstellen[10]. Durch Behandlung von *l*(–)-2,3-Dichlor-butandiol-(1,4) mit Alkali erhält man *d*(–)-*Butadiendioxyd*, welches weniger toxisch sein soll als die Racemverbindung[11]. Bei der Dehydrohalogenierung des höherschmelzenden Stereoisomeren des 1,2-Dichlor-3,4-butandiols entsteht das *1-Chlor-2,3-epoxy-4-hydroxybutan*[12], während das 1,2-Dichlor-3,4-epoxy-butan[13] in das polymerisationsfähige *2-Chlor-3,4-epoxy-buten-(1)* übergeht[14].

Durch Dehydrohalogenierung von Chlorhydrinen haben H. Hopff u. Mitarbb.[15] eine große Zahl von aromatischen und heterocyclischen Mono-, Di- und Triepoxyden

---

[1] A.P. 2500016 (1948; Canad. Prior., 1947), Canadian Industries Ltd., Erf.: O. C. W. Allenby; Chem. Abstr. **44**, 6433^f (1950).
    E.P. 672935 (1949; Canad. Prior., 1948),), Canadian Industries Ltd.; Chem. Abstr. **44**, 3871^h (1953).
    A.P. 2765296 (1950), Columbia-Southern Chemical Corp., Erf.: F. Strain; Chem. Abstr. **51**, 4059^h (1957).
    DBP. 956678 (1955), Chemische Werke Hüls AG., Erf.: H. G. Eggert, W. Dietrich u. H. Rath; C. **1958**, 2275.
[2] A.P. 2555500 (1949; Canad. Prior., 1948), Canadian Industries Ltd., Erf.: F. R. Morehouse u. W. J. Hornibrook; Chem. Abstr. **45**, 8812^f (1951).
    H. Batzer u. E. Nikles, Chimia **16**, 64 (1962).
[3] Belg. P. 538330 (1955; Am. Prior., 1954) ≡ E. P. 774946 (1955), Rohm & Haas Co.; C. **1958**, 2871.
[4] DAS. 1027655 (1955) ≡ A. P. 2756242 (1954), Rohm & Haas Co., Erf.: E. F. Riener; C. **1957**, 9528.
[5] Vgl. hierzu auch die Ausführungen auf S. 476.
[6] DAS. 1035638 (1954), Farbw. Hoechst, Erf.: R. Sartorius; C. **1959**, 4966.
[7] A.P. 2965652 (1958), Monsanto Chemical Co., Erf.: Van R. Gaertner.
[8] DBP. 906452 (1941), BASF, Erf.: H. Krzikalla; C. **1954**, 10099.
[9] DAS. 1043312 (1955; Am. Prior., 1954) ≡ F.P. 1133554 (1955), Union Carbide & Carbon Corp., Erf.: P. S. Starcher, D. L. MacPeek u. B. Phillips; C. **1959**, 2970.
[10] W. Reppe u. Mitarbb., A. **596**, 141 (1955).
[11] DAS. 1093345 (1959; Dän. Prior., 1958), Løvens kemiske Fabrik ved. A. Kongsted, Erf.: P. W. Feit.
[12] DAS. 1082587 (1958; E. Prior., 1957), Distillers Co., Erf.: E. G. E. Hawkins.
[13] DAS. 1091098 (1958; E. Prior., 1957), Distillers Co., Erf.: E. G. E. Hawkins.
[14] DAS. 1107658 (1958; E. Prior., 1957), Distillers Co., Erf.: E. G. E. Hawkins.
[15] DAS. 1079614 (1958; Schweiz. Prior., 1957); A.P. 2887465 (1958; Schweiz. Prior., 1957), I. R. Geigy AG., Erf.: H. Hopff; C. **1960**, 14870; Chem. Abstr. **53**, 15640^b (1959).
    H. Hopff, P. Jaeger u. H. H. Kuhn, Chimia **11**, 98 (1957).
    H. Hopff u. P. Jaeger, Helv. **40**, 274 (1957).
    H. Hopff u. H. Keller, Helv. **42**, 2457 (1959).
    H. Hopff u. R. Wandeler. Chimia **16**, 86 (1962).

rein dargestellt und ihre Eigenschaften untersucht, z.B. *1,4-Bis-epoxyäthyl-benzol*, *1,3,5-Tris-epoxyäthyl-benzol*, *Bis-[4-epoxyäthyl-phenyl]-sulfid*, *Bis-[4-epoxyäthyl-phenyl]-sulfon*, *2,6-Bis-epoxyäthyl-diphenylenoxyd*, *2,6-Bis-epoxyäthyl-thianthron* und *3,6-Bis-epoxyäthyl-dibenzofuran*.

Nur wenige der auf diese Weise hergestellten Epoxydharze haben praktische Bedeutung erlangt.

β_{10}) *Epoxydharze aus ungesättigten Monoepoxyden durch Polymerisation*

Ein Sonderfall ist die Herstellung von epoxydgruppenhaltigen Hochpolymeren durch Polymerisation ungesättigter Monoepoxyde, z.B. von *Acryl-* oder *Methacrylsäureestern* des *Glycids*[1] (Beispiele 29 u. 30, S. 549). Andere polymerisierbare Verbindungen können mit eingebaut werden[2]. Unter Zusatz von etwas *Divinylbenzol* erhält man schon bei der Polymerisation vernetzte Produkte, die sich mit Aminen zu vollständig unlöslichen Anlagerungsprodukten umsetzen und als Ionenaustauscherharze dienen[3]. Copolymerisate des *Acrylnitrils* mit etwas *Methacrylsäureglycidester* ergeben nach der Anlagerung von Aminen basische Polymerisate, die mit sauren Farbstoffen anfärbbar sind[4]. *Epoxyfettsäure-allyl-* oder *-vinylester* können mit *Vinylchlorid* ebenfalls einer radikalischen Copolymerisation unterworfen werden[5]. Auch aus *Allylglycidäthern* lassen sich epoxydreiche Polymerisate[6] herstellen. Ein Copolymerisat aus *Vinylacetat* oder *Vinylchlorid* und *Allylglycidäther* kann mit Salzen tertiärer Amine zu wasserlöslichen polyquartären Produkten umgesetzt werden[7] (Beispiel 31, S. 550). Hochmolekulare Polyepoxyde sind u.a. noch erhalten worden durch Polymerisation von *Phthalsäure-glycid-allyl-ester*[8] (Beispiel 32, S. 550), *(2,2-Bis-[p-hydroxy-phenyl]-propan)-glycid-allyl-äther*[8] (Beispiel 33, S. 550), *2,3-Epoxy-butter-*

---

[1] A.P. 2524432 (1945), DuPont, Erf.: G. L. Dorough; Chem. Abstr. **45**, 2018^c (1951).
A.P. 2556075 (1948), American Cyanamid Co., Erf.: J. G. Erickson; Chem. Abstr. **45**, 7377^e (1951).
DAS. 1033204 (1954; Am. Prior., 1953) ≡ F.P. 1113682 (1954), Bataafsche (Shell), Erf.: A. C. Mueller; C. **1958**, 4042.
A. P. 2949445 (1958), DuPont, Erf.: J. Blake.

[2] A. P. 2470324 (1944), Distillers Co., Erf.: J. J. P. Staudinger, D. Faulkner u. M. D. Cooke; Chem. Abstr. **43**, 6866^d (1949).
DBP. 957884 (1953; Am. Prior., 1952), American Cyanamid Co., Erf.: W. M. Thomas.
A.P. 2839430/1 (1955), DuPont, Erf.: R. W. Rimmer; Chem. Abstr. **52**, 15920^{f,h} (1958).
Belg.P. 557751/2 (1957), I.C.I.
J. A. Simms, Atlantic City Meeting, Sept. 1959, **19**, Nr. 2, Paper 19, S. 138; Abstracts of Papers, 136th Meeting of the American Chemical Society 1959, S. 6 Q.; J. Appl. Polymer Sci. **5**, Nr. 13, 58 (1961).

[3] A.P. 2630427–9 (1951), Rohm & Haas Co., Erf.: J. C. H. Hwa; Chem. Abstr. **47**, 6071^{f-h} (1953).

[4] E.P. 721688 (1952; Am. Prior., 1951), American Cyanamid Co., Erf.: W.M.Thomas; C. **1956**, 4007.
Y. Iwakura, T. Kurosaki u. N. Nakabayashi, Makromolekulare Chem. **44/46**, 570 (1961).

[5] Solche durch partielle Epoxydierung zugänglichen ungesättigten Epoxyester sind in Tabelle 28, S. 487f. vermerkt.

[6] A.P. 2687405 (1950); 2788339 (1954), DuPont, Erf.: H. S. Rothrock u. W. K. Wilkinson; Chem. Abstr. **49**, 2115^i (1955); **51**, 17198^g (1957).
A.P. 2839514 (1950), Shell Develop., Erf.: E. C. Shokal, W. Creek, P. A. Devlin u. D. L. E. Winkler; Chem. Abstr. **52**, 19245^f (1958).

[7] A. P. 2676166 (1952), DuPont, Erf.: V. J. Webers; Chem. Abstr. **48**, 9073^c (1954).
A. P. 2562897 (1950), DuPont, Erf.: E. K. Ellingboe; Chem. Abstr. **45**, 10672^i (1951).
A. P. 2589237 (1950), DuPont, Erf.: E. K. Ellingboe.
DAS. 1018306 (1955; Am. Prior., 1954), DuPont, Erf.: C. Weaver; C. **1958**, 11415.

[8] DBP. 961659 (1950; Am. Prior., 1946), Bataafsche (Shell), Erf.: E. C. Shokal, L. N.Whitehill u. C. V. Wittenwyler; C. **1959**, 13333.

säure-allyl-ester[1], *Vinyl-epoxyäthyl-benzol*[2,3], *3,4-Epoxy-cyclopenten-(1)*[4], *2,3-Epoxy-cyclopentyl-allyl-äther*[5], *Vinylcyclohexen-monoepoxyd*[6], *Kohlensäure-glycid-allyl-ester*[7] sowie (*2-Vinyloxy-äthyl*)-*glycid-äther*[8]. Die Umsetzung von Diepoxyden mit einem Mol Allylalkohol führt zu ungesättigten Monoepoxyden, die für eine Copolymerisation mit Styrol empfohlen werden[9]. Auch die Copolymerisation von Epoxy-vinyl-monomeren in Emulsion ist beschrieben[10]. Als polymerisierbares Dien-epoxyd sei noch das *1,2-Dimethylen-4,5-cyclohexenoxyd* angeführt[11].

Eine interessante Variante ist der intramolekulare Einbau von Härter-gruppen. Solche Epoxydharze werden durch Erhitzen, evtl. unter Zusatz von Beschleunigern, ausgehärtet. So gehen Copolymerisate aus *Styrol, Glycidylmethacrylat* und *Methacrylsäure* beim Erhitzen auf 100–150° in den unlöslichen Zustand über[12]. Ähnliche Effekte werden durch Copolymerisation mit solchen Monomeren erreicht, welche quartäre Ammoniumgruppen[13] oder tertiäre Aminogruppen[14] enthalten. Die Aushärtung von Epoxyden unter gleichzeitiger Radikalpolymerisation wird auf S. 515 behandelt.

Weitere Umsetzungen an epoxydgruppenhaltigen Hochpolymeren sind im Kapitel „Umwandlung von Polymerisaten", S. 756 ff. beschrieben.

Zur Copolymerisation von *Äthylen*- bzw. *Propylenoxyd* mit Vinylverbindungen s. S. 446 ff.

---

[1] A. P. 2680109 (1947), Columbia-Southern Chemical Corp., Erf.: H. C. Stevens u. F. E. Kung; Chem. Abstr. **49**, 12465[g] (1955).

[2] A. P. 2768182 (1955), DuPont, Erf.: R. E. Burk u. G. E. Inskeep; Chem. Abstr. **51**, 7410[h] (1957).

[3] A. P. 2807599 (1955), DuPont, Erf.: R. E. Burk u. G. E. Inskeep; Chem. Abstr. **52**, 2455[e] (1958).

[4] DAS. 1069145 (1956); F. P. 1182400 (1957; Am. Prior., 1957), Columbia-Southern Chemical Corp., Erf.: M. Korach.
   M. Korach, D. R. Nielsen u. W. H. Rideout, Am. Soc. **82**, 4328 (1960).

[5] E. P. 877879 (1959; Am. Prior., 1958), Union Carbide Corp.

[6] A. P. 2765296 (1950), Columbia-Southern Chemical Corp., Erf.: F. Strain; Chem. Abstr. **51**, 4059[h] (1957).

[7] F. P. 1132036 (1955 ≡ A. P. 2795572 (1954), Shell Develop., Erf.: A. C. Mueller u. E. C. Shokal; Chem. Abstr. **51**, 13463[i] (1957).

[8] DAS. 1075594 (1957; Am. Prior., 1956), Rohm & Haas Co., Erf.: G. C. Murdoch u. H. J. Schneider.
   DAS. 1077873 (1957; A. P. 3000690 (1956), Rohm & Haas Co., Erf.: G. C. Murdoch.

[9] F. P. 1117535 (1954; Am. Prior., 1953), Bataafsche (Shell), Erf.: E. C. Shokal u. R. W. H. Tess; C. **1958**, 9920.

[10] A. P. 2895929 (1955), Bradley & Vrooman Co., Erf.: M. Yusem; Chem. Abstr. **53**, 20839[d] (1959).
   DAS. 1076371 (1959), BASF, Erf.: H. Fikentscher, H. Wilhelm u. H. Bolte; C. **1960**, 16951.

[11] W. J. Bailey u. C. E. Knox, J. org. Chem. **25**, 511 (1960).

[12] A. P. 2604463 (1951), Canadian Industries Ltd., Erf.: J. A. Bilton u. G. H. Segall; Chem. Abstr. **47**, 12885[c] (1953).

[13] DAS. 1053783 u. 1060855 (1954; Schweiz. Prior., 1953 u. 1954) ≡ F. P. 1112997 (1954), CIBA, Erf.: A. Maeder; C. **1958**, 5230.
   DAS. 1077207 (1954; Schweiz. Prior., 1953 u. 1954), CIBA, Erf.: A. Maeder u. O. Albrecht; C. **1960**, 17322.
   DAS. 1097685 (1956; Am. Prior., 1955), DuPont, Erf.: R. W. Upson u. V. J. Webers.

[14] A. P. 2910459 (1955), DuPont, Erf.: H. S. Rothrock u. C. W. Tullock; Chem. Abstr. **54**, 4057[f] (1960).

β_{11}) *Epoxydharze aus Triazinderivaten und anderen heterocyclischen Verbindungen*

Setzt man *Cyanursäure* mit *Epichlorhydrin* in Gegenwart einer geringen Menge einer quartären Ammoniumbase als Katalysator um (s. Beispiel 21, S. 547), so entstehen Produkte, die bei der Behandlung mit festem Natriumhydroxyd in chlorhaltige Epoxydharze übergehen[1] (vgl. die Umsetzung von Alkoholen mit Epichlorhydrin, S. 477). Epoxydharze mit hohem Chlorgehalt erhält man, wenn Epichlorhydrin in Gegenwart von pulverisiertem, wasserfreiem Natriumcarbonat auf Cyanursäure einwirkt[2]. Läßt man die Umsetzung dagegen in wäßrig-alkalischer Lösung vor sich gehen, so erhält man anstelle der Epoxyde Glycerinester[3]. Nahezu reiner Cyanursäuretriglycidester entsteht, wenn man *Cyanursäurechlorid*, z.B. in Chloroform gelöst, bei 0–5° in alkalischer Lösung mit *Glycid* reagieren läßt[4,5]. Auch durch Umsetzung von *Cyanursäurechlorid* mit *Glycerinmonochlorhydrin* in Dioxan unter Zusatz von pulverisiertem Alkalihydroxyd bei 35° läßt sich das Triepoxyd darstellen[5,6], jedoch sind die Ausbeuten unbefriedigend. Die Härtung der Cyanursäureglycidester verläuft glatt, wobei sehr wärmebeständige Kunststoffe entstehen[6].

Durch Epoxydierung von N,N',N''-Triacryloyl-perhydrotriazin oder seinen Addukten an ungesättigte Alkohole sind wasserlösliche Triepoxyde gewonnen worden[7]. Ein Hexaepoxyd entsteht durch Umätherung von Hexakis-methoxymethyl-melamin mit Glycerinmonochlorhydrin und anschließende Chlorwasserstoffabspaltung[8].

Cyclische Epoxyacetale sind aus 2,3-Dihydrofuran- oder -pyranderivaten auf verschiedenen Wegen zugänglich[9]. So kann man beispielsweise durch Anlagerung von Allylalkohol an 2,3-Dihydro-pyran-2-carbonsäure-allylester und anschließende Einwirkung von Peressigsäure den polymerisierbaren *6-(2,3-Epoxy-propyloxy)-tetrahydropyran-2-carbonsäure-allylester* und auch die entsprechende Diepoxyverbindung herstellen[10] (vgl. auch S. 489). Durch alkalische Anlagerung von Epichlorhydrin an 2,4,4-Trimethyl-7,2',4'-trihydroxy-flavan erhält man ein Triepoxyd, welches sich nach der Härtung durch eine hohe Wärmestandfestigkeit auszeichnet[11].

β_{12}) *Darstellung von halogen-, phosphor-, silicium-, titan- und zinnhaltigen Epoxydharzen*

Halogen- und phosphorhaltige Epoxydharze sind vor allem für die Herstellung von schwerentflammbaren Kunststoffen von Interesse[12].

---

[1] A.P. 2809942 (1956); 2864805 (1955), Devoe & Raynolds Co., Erf.: H. G. Cooke jr.; Chem. Abstr. **52**, 19244[e] (1958); **53**, 6688[h] (1959).

[2] DAS. 1045099 (1957), CIBA, Erf.: W. Hofmann u. P. Zuppinger.

[3] DBP.-Anm. C 6241 (1952), Cassella, Erf.: A. M. Paquin.

[4] A.P. 2741607 (1954), Shell Develop., Erf.: T. F. Bradley u. A. C. Mueller; C. **1957**, 557.

[5] A. Wende u. H. Priebe, Plaste u. Kautschuk **4**, 451 (1957).
DAS. 1105875 (1957), Deutsche Akademie der Wissenschaften zu Berlin, Erf.: A. Wende u. H. Priebe.
DAS. 1067823 (1955), Henkel & Cie. GmbH., Erf.: H. Pietsch u. R. Köhler; C. **1960**, 4675.

[6] DAS. 1040787 (1954; Am. Prior., 1953) ≡ E. P. 755468 ≡ F.P. 1107708 (1954), American Cyanamid Co., Erf.: H. P. Wohnsiedler u. C. J. Ammondson; C. **1957**, 1810.

[7] Belg.P. 595149 (1960; Schweiz. Prior., 1959), CIBA.

[8] Belg.P. 569656 ≡ DAS. 1133550 (1958; Schweiz. Prior., 1957), CIBA.

[9] A. Wende u. W. Moebes, Plaste u. Kautschuk **5**, 247 (1958).

[10] A.P. 2870166 (1957), Union Carbide Corp., Erf.: D. G. Kubler; Chem. Abstr. **53**, 16159[c] (1959).

[11] DAS. 1053781 (1957; Holl. Prior., 1956), Bataafsche (Shell), Erf.: P. Bruin.
DAS. 1119294 (1957; Holl. Prior., 1956), Bataafsche (Shell), Erf.: P. Bruin u. A. Klootwijk.

[12] P. W. Sherwood, Fette, Seifen einschl. Anstrichmittel **64**, 118 (1962).

Halogenhaltige Epoxydharze sind z. B. dargestellt worden durch Umsetzung von Epichlorhydrin mit chloriertem 2,2-Bis-[p-hydroxy-phenyl]-propan[1] oder mit chlorhaltigen Polyalkoholen[2]. Die nachträgliche Kernbromierung von Polyglycidäthern des 2,2-Bis-[p-hydroxy-phenyl]-propans oder von Novolaken ist ebenfalls bekannt[3].

Ein anderer Weg zur Herstellung chlorhaltiger Epoxydharze[4] besteht in der Diels-Alder-Addition von Hexachlorcyclopentadien an ungesättigte Diepoxyde, wie z. B an den Diglycidäther des 2-Buten-diol-(1,4) oder des 3,3-Bis-hydroxymethyl-cyclo-hexen-(1)[5]. Auch durch Polymerisation von *2-Chlor-3,4-epoxy-buten-(1)*[6] oder seinen Homologen[7] sind halogenhaltige Epoxydharze zugänglich.

Häufig werden den Epoxydharzen zur Erhöhung des Chlorgehalts hochchlorierte Monoepoxyde zugesetzt, wie sie beispielsweise durch Anlagerung von Hexachlor-cyclopentadien an Allylglycidäther[8] oder an 3,4-Epoxy-buten-(1)[9] erhalten werden können. Auch Kondensationsprodukte aus Pentachlorphenol und Epichlorhydrin wurden für den gleichen Zweck eingesetzt[10].

Phosphorhaltige Epoxydharze sind dargestellt worden durch Veresterung von hydroxygruppenhaltigen Epoxyden mit den Halogeniden der Phosphorsäure, der Phosphonsäuren, Phosphinsäuren und anderen Säuren des Phosphors[11,12] oder durch Umsetzung von Epihalogenhydrinen mit Dialkyl- und Trialkylphosphiten[13], Tris-hydroxymethyl-phosphinoxyd[14,15] oder mit Phosphorsäureamiden[16]. Ein anderer Weg besteht in der Epoxydierung von ungesättigten Phosphorsäureestern[12,17]. Neuerdings wurde auch die radikalische Telomerisierung von ungesättigten Epoxyden, wie Allyl-glycidäther, mit Dialkylphosphiten, beschrieben[4]. Die Härtung von Epoxydharzen mit phosphorhaltigen Verbindungen wird auf S. 528 behandelt.

[1] DAS. 1034356 (1956) ≡ Belg. P. 559695 (1957), Deutsche Solvay-Werke GmbH., Erf.: G. FAERBER; C. 1959, 6312.
   F. P. 1216284 (1958; Am. Prior., 1957), Pittsburgh Plate Glass Co., Erf.: M. WISMER.
   R. A. CASS u. E. T. REAVILLE, Atlantic City Meeting, Sept. 1959, 19, Nr. 2, S. 77; Abstracts of Papers, 136th Meeting of the American Chemical Society, 1959, S. 3 Q.
[2] A. P. 2951829 (1956); 2951854 (1957), General Aniline & Film Corp., Erf.: M. E. CHIDDIX u. R. W. WYNN.
[3] Chem. Engng. News 38, Nr. 49, 58 (1960).
   Belg. P. 592576 (1960; E. Prior., 1959), P. Spence & Sons Ltd.
[4] D. PORRET u. E. LEUMANN, Chimia 16, 72 (1962).
[5] DAS. 1094253 (1959; Schweiz. Prior., 1958), CIBA, Erf.: D. PORRET, W. FISCH u. O. ERNST.
[6] DAS. 1107658 (1958; E. Prior., 1957), Distillers Co. Ltd., Erf.: E. G. E. HAWKINS.
[7] A. P. 2907774 (1957), Union Carbide Corp., Erf.: D. L. MACPEEK; Chem. Abstr. 54, 2355^i (1960).
[8] A. P. 2834790, 2839496 (1956), Dow Chemical Co., Erf.: W. L. BRESSLER u. J. C. SMITH; Chem. Abstr. 52, 15961^d, 15963^i (1958).
[9] A. P. 2616899 (1951), United States Rubber Co., Erf.: E. C. LADD; Chem. Abstr. 48, 7629^f (1954).
[10] DAS. 1002945 (1955); 1048694 (1956), Deutsche Solvay-Werke GmbH., Erf.: G. FAERBER; C. 1957, 10889; 1959, 16176.
[11] DAS. 1113826 (1958), Farbw. Hoechst, Erf.: O. MAUZ, F. ROCHLITZ u. D. SCHLEEDE.
[12] A. P. 2856369 (1953), Shell Develop., Erf.: C. W. SMITH, G. B. PAYNE u. E. C. SHOKAL; Chem. Abstr. 53, 2686^i (1959).
[13] A. P. 2627521 (1950), Eastman Kodak Co., Erf.: W. COOVER; Chem. Abstr. 48, 1417^i (1954).
[14] DAS. 1056835 (1956; Am. Prior., 1955), Albright & Wilson Ltd., Erf.: W. A. REEVES, J. D. GUTHRIE u. A. L. BULLOCK; C. 1960, 11156.
[15] Chem. Engng. News 38, Nr. 5, 36 (1960).
[16] A. P. 2939849 (1958), United States of America, Secretary of Agriculture, Erf.: J. G. FRICK jr. u. R. L. ARCENEAUX.
[17] A. P. 2770610 (1952), Monsanto Chemical Co., Erf.: E. E. HARDY u. T. REETZ; Chem. Abstr. 51, 7401^e (1957).

Der Gedanke, die Thermostabilität der organischen Siliciumverbindungen mit der guten Chemikalienbeständigkeit der Epoxydharze zu kombinieren, hat zur Darstellung von zahlreichen siliciumhaltigen Epoxydharzen geführt[1]. Die Darstellung erfolgte zum Teil ebenfalls nach den üblichen Methoden, also z. B. durch Umsetzung von Epichlorhydrin mit Siliciumverbindungen, die alkoholische oder phenolische Hydroxygruppen enthalten[2-4], oder durch Epoxydierung von ungesättigten Siliciumverbindungen mit Persäuren[2,4,5]. Andere Wege zu diesen Produkten bestehen in der Umesterung von Alkoxysilanen (Kieselsäureestern) mit Glycid[6,7] oder in der Anlagerung von SiH-Gruppen enthaltenden Verbindungen an ungesättigte Epoxyde[2,4,8].

Über die Härtung von Polyepoxyden mit siliciumhaltigen Härtern s. Abschnitt „Härtung von Epoxydharzen", S. 531 f.

Auch titan-[9] und zinnhaltige[10] Mono- und Polyepoxyde sind dargestellt worden.

γ) Härtung von Epoxydharzen

γ₁) *Allgemeines*

Alle im vorangehenden Abschnitt beschriebenen Polyepoxyde können den Polyadditionen unterworfen werden, welche beim Äthylen- und Propylenoxyd schon beschrieben worden sind[11] (s. S. 426 ff.). Die sich an die Epoxydgruppen anlagernden Verbindungen werden, da sie Epoxydharze in härtere Reaktionsprodukte überführen, kurz als Härter bezeichnet. Ausgehend von reinen Diepoxyden erhält man unter Anwendung von difunktionellen Anlagerungskomponenten im Idealfall linear aufgebaute hochmolekulare Polyadditionsprodukte. Dieser Idealfall läßt sich allerdings selbst mit reinen Diepoxyden kaum verwirklichen, da bei der Aufspaltung der Epoxydgruppe eine sekundäre Hydroxygruppe entsteht, welche ebenfalls, wenn auch in geringem Ausmaße, mit einer Epoxydgruppe reagieren kann. Außerdem stören Nebenreaktionen anderer Art den rein linearen Additionsverlauf. Die Umsetzung mit trifunktionellen Addenden führt zu vernetzten Produkten.

Durch Verwendung der Härter im Unterschuß lassen sich noch lösliche, modifizierte Epoxydharze mit höherem Molekulargewicht aufbauen, welche in einer zweiten Stufe

[1] A.P. 2730532 (1953), Shell Develop., Erf.: R. W. MARTIN; Chem. Abstr. **50**, 12108g (1956). Belg.P. 560835 (1957), Westinghouse Electric Corp., Erf.: D. A. ROGERS jr. u. D. W. LEWIS.

[2] DAS. 1061321 (1957; Am. Prior., 1956), Dow Corning Corp., Erf.: E. P. PLUEDDEMANN; C. **1960**, 3059.

[3] R. G. NEVILLE, J. org. Chem. **25**, 1063 (1960); **26**, 3031 (1961).

[4] E. P. PLUEDDEMANN u. G. FANGER, Am. Soc. **81**, 2632 (1958).

[5] A. WENDE u. A. GESIERICH, Plaste u. Kautschuk **6**, 301 (1961); **8**, 399 (1961).

[6] DAS. 1069625 (1958; Tschechosl. Prior., 1957), Deutsche Akademie der Wissenschaften zu Berlin, Erf.: A. WENDE u. H. PRIEBE; C. **1960**, 8986.

[7] Zur Umsetzung von Acyloxysilanen mit Glycid s. K. A. ANDRIANOV u. B. P. DUBROVINA, Doklady Akad. S.S.S.R. **108**, 83 (1956).

[8] DAS. 1115929 (1958; Am. Prior., 1957), Union Carbide Corp., Erf.: D. L. BAILEY. A.P. 2883397 (1957), Union Carbide Corp., Erf.: D. L. BAILEY; Chem. Abstr. **53**, 16963h (1959). E. P. PLUEDDEMANN, Division of Paint, Plastics and Printing Ink Chem., Chicago Meeting Sept. 1958, **18**, Nr. 2, S. 20.

[9] DAS. 1105612 (1959), Licentia Patent-Verwaltung GmbH., Erf.: P. NOWAK u. E. F. WEBER. DAS. 1079323 (1956; Schweiz. Prior., 1956) ≡ Österr.P. 205237 (1957), Maschinenfabrik Oerlikon, Erf.: C. CAFLISCH u. F. KNAPP; C. **1960**, 6678.

[10] DAS. 1116666 (1957; Am. Prior., 1956), Metal & Thermit Corp., Erf.: G. P. MACK. Russ.P. 138621/2 (1960), A. Wende.

[11] Über den Mechanismus von Epoxydreaktionen s. R. E. PARKER u. N. S. ISAACS, Chem. Reviews **59**, 737 (1959).

durch stöchiometrische Härtermengen ausgehärtet werden können[1]. Da jedoch kein prinzipieller Unterschied gegenüber der einstufigen Härtung besteht, werden solche Reaktionen nicht bei der Herstellung von Epoxydharzen, sondern bei der Besprechung der verschiedenen Härter erwähnt.

Während die Herstellung von Kunststoffen ohne Lösungsmittel durchgeführt wird, können bei Verklebungen oder Beschichtungen Lösungsmittel verwandt werden, welche jedoch vor der endgültigen Aushärtung verdunsten sollen. Oft werden anstelle von Lösungsmitteln zur Viscositätserniedrigung von höhermolekularen Epoxydharzen sogenannte reaktive Verdünnungsmittel benutzt, das sind niedrigviscose Mono- oder auch Diepoxyde, welche chemisch an der Härtungsreaktion teilnehmen; jedoch werden bei Verwendung von Monoepoxyden oft die physikalischen Eigenschaften der Harze bei höheren Temperaturen beeinträchtigt[2]. Verwendet werden: Glycid-äther von aliphatischen und araliphatischen Mono- und Polyalkoholen[3,4], Allyl-[3,5] und Methallylglycidäther[6], Phenylglycidäther und dessen Alkylierungsprodukte[7] sowie besonders epoxydierte Kohlenwasserstoffe, wie Styroloxyd[8], Vinylcyclohexen-dioxyd[9], Limonendioxyd[10], Octenoxyd[11] und epoxydierte Terpene[12]. Es gibt aber auch epoxydgruppenfreie reaktive Verdünner, wie die durch kationische Polymeri-sation von Methylvinyläther in Gegenwart von Acetaldehyd-dimethylacetal zugäng-lichen Polymethoxyacetale[13] oder das in letzter Zeit verwendete Triphenyl-phosphit[2,14], welches u.a. durch Umesterungsreaktionen in den Härtungsvorgang eingreift.

Neben der Härtung der Polyepoxyde mit äquivalenten Mengen Härtern wird in geringem Ausmaße auch die katalytische Härtung der Epoxydharze ausgenutzt (vgl. S. 516 u. S. 528).

Läßt man äquivalente Mengen eines Härters, z. B. eines Polyamins, auf Epoxydharze einwirken, so kann nebenher auch eine katalytische Härtung eintreten. Das Ausmaß

[1] P. BRUIN, Kunstst. 45, 383 (1955).
[2] C. A. MAY u. A. C. NIXON, Ind. eng. Chem. 53, 303 (1961).
   H. L. THOMAS, Atlantic City Meeting 1959, 19, Nr. 2, Paper 29, S. 219; Abstracts of Papers, 136th Meeting of the American Chemical Society 1959, S. 10 Q.
[3] H. JAHN, Plaste u. Kautschuk 6, 583 (1959).
[4] A.P. 2743285 (1951), Union Carbide & Carbon Corp., Erf.: B. G. WILKES jr. u. A. B. STEELE; Chem. Abstr. 51, 1283e (1957).
[5] I. SILVER u. H. B. ATKINSON, Mod. Plastics 28, Nr. 3, 113 (1950).
[6] DAS. 1057784 (1958), VEB Leuna-Werke, Erf.: K. BUSER u. W. HEIDINGER; C. 1960, 318.
[7] E.P. 824302 (1956; Am. Prior., 1955), British Resin Products Ltd.; Chem. Abstr. 54, 7238d (1960).
[8] L. SHECHTER u. Mitarbb., Ind. eng. Chem. 49, 1107 (1957).
[9] DAS. 1101756 (1959; Am. Prior., 1958), Union Carbide Corp., Erf.: J. S. FRY.
   D. R. BEASLEY, SPE Journal 15, 289 (1959).
[10] Belg.P. 598614 (1960; Am. Prior., 1960), Food Machinery & Chemical Corp., Erf.: F. P. GREENSPAN.
[11] Food Machinery & Chemical Corp., Firmenschrift (1960), Nr. 41, 7 Seiten.
[12] Heyden Chemical Division, Mod. Plastics 39, Nr. 1, 76 (1961).
[13] DAS. 1060591 (1957; Am. Prior., 1956), General Aniline & Film Corp., Erf.: R. STECKLER u. J. WERNER; C. 1959, 16172.
[14] H. D. BARNSTORFF u. Mitarbb., SPE Journal 15, 873 (1959).
   DAS. 1106493 (1959; Am. Prior., 1958), Devoe & Raynolds Co., Erf.: W. F. MCWHORTER, J. E. KUHN u. H. C. KLASSEN.
   F.P. 1232646 (1959; Am. Prior., 1958), Shell Internationale Research Mij. Erf.: F. C. HOPPER.
   H. D. BARNSTORFF, D. P. AMES u. D. H. CHADWICK, Atlantic City Meeting 1959, 19, Nr. 2, Paper 23, S. 178; Abstracts of Papers, 136th Meeting of the American Chemical Society 1959, S. 7 Q.

der möglichen Reaktionen ist beim Härten von Epoxydharzen zu vielfältig, um im einzelnen genau verfolgbar zu sein. Modellreaktionen mit einfachen Monoepoxyden führten zu einer eingehenderen Kenntnis der einzelnen Reaktionsabläufe[1]. Dabei ist zu beachten, daß die Reaktionsfähigkeit der Epoxydgruppen sowohl von benachbarten Substituenten als auch vom Reaktionspartner abhängt[2]. So reagiert z. B. Styroloxyd sehr viel leichter mit Caprylsäure als Phenylglycidäther; durch Zugabe einer katalytischen Menge eines tertiären Amins wird jedoch die erste Umsetzung nur leicht, die zweite dagegen stark beschleunigt. Während bei der Umsetzung von Styroloxyd mit Caprylsäure das Styroloxyd schneller verbraucht wird als die Säure, nimmt bei der Reaktion von Phenylglycidäther mit Caprylsäure die Konzentration beider Komponenten im gleichen Maße ab (über eine theoretisch mögliche qualitative Deutung s. Literatur[2]). Für einzelne Epoxyde mit verschiedenartigen benachbarten Gruppen wurden auf Grund experimenteller Ergebnisse Reihen aufgestellt, in denen die anlagerungsfähigen Verbindungen, wie Alkohole, Phenole, Carbonsäuren usw., mit abnehmender Leichtigkeit der Addition an das betreffende Epoxyd geordnet wurden; dabei zeigte sich deutlich, daß die Reihenfolge p_H-abhängig sein kann[2].

Epoxydharze und Härter müssen in ihrer Reaktionsfähigkeit aufeinander abgestimmt werden, damit eine bestimmte Gebrauchsdauer des einmal angesetzten Reaktionsgemisches gewährleistet ist. Latente Katalysatoren erhält man durch Einbetten von aktiven Katalysatoren in ein inaktives Material, z. B. Wachs, welches beim Erhitzen schmilzt und den Katalysator langsam in Freiheit setzt[3]. Auf andere Möglichkeiten wird bei Besprechung der einzelnen Härter näher eingegangen.

Die Herstellung von elastischen Kunststoffen aus Epoxydharzen kann durch Einbau von elastifizierenden aliphatischen Zwischenketten in die Epoxydharze oder in die Härter erfolgen. Dagegen sind die meisten in der Kunststoffindustrie üblichen Weichmacher, wie Dibutylphthalat, mit gehärteten Epoxydharzen unverträglich, so daß neue verträgliche Weichmacher entwickelt werden mußten[4].

Geringe Mengen von fetten Ölen oder höheren Paraffinkohlenwasserstoffen werden bei Epoxydlacken als Verlaufmittel eingesetzt[5]. Meist werden jedoch Weichmacher verwendet, welche an der Härtungsreaktion teilnehmen[6], wie z. B. Stearylglycidäther[7], 9,10-Epoxy-stearinsäureester von Ätheralkoholen[8], langkettige Amine sowie Olefinoxyde mit 8–18 C-Atomen[9], Carbonsäuren[10] und Mercaptane[6]. Als Beispiele für hoch-

[1] L. SHECHTER u. J. WYNSTRA, Ind. eng. Chem. **48**, 86 (1956).
G. KANNEBLEY, Kunstst. **47**, 693 (1957).
S. a. C. E. FEAZEL u. E. A. VERCHOT, J. Polymer Sci. **25**, 351 (1957).
R. W. WARFIELD u. M. C. PETREE, SPE (Soc. Plastics Engrs.) Trans. **1**, Nr. 1, 3 (1961); Atlantic City Meeting 1959, **19**, Nr. 2, Paper, S. 119; Abstracts of Papers, 136th Meeting of the American Chemical Society 1959, S. 5 Q.
H. C. ANDERSON, Anal. Chem. **32**, 1592 (1960).
[2] L. SHECHTER, J. WYNSTRA u. R. P. KURKJY, Ind. eng. Chem. **49**, 1107 (1957).
[3] H. B. WAGNER, J. Polymer Sci. **26**, 329 (1957).
E. P. 846380 (1958; Am. Prior., 1957), Union Carbide Corp.
Belg. P. 585824 (1959), Shell Internationale Research Mij.
Verwendung von Molekularsieben: Chem. Engng. News **39**, Nr. 44, 80 (1961).
[4] J. J. ZONSVELD, Chimia **16**, 76 (1962).
[5] A. P. 2794007 (1952), Sherwin-Williams Co., Erf.: R. S. TAYLOR; Chem. Abstr. **51**, 13420^b (1957).
[6] A. P. 2915485 (1955), Shell Develop., Erf.: E. C. SHOKAL.
[7] DAS. 1047423 (1957), Beck & Co. GmbH., Erf.: H. J. BECK u. H. ECKMANS; C. **1959**, 16492.
[8] A. P. 2972589 (1956), Food Machinery & Chemical Corp., Erf.: R. STECKLER.
[9] Chem. Processing **19**, Nr. 6, 32 (1956).
[10] DAS. 1012068 (1955), Chemische Werke Albert, Erf.: F. SCHLENKER; C. **1958**, 2580.

molekulare Weichmacher seien das Polyvinylacetal[1] und das (beschränkt verträgliche) Polyvinylacetat[2] erwähnt. Epoxydharze, welche mit Hexachlor-endomethylen-tetrahydrophthalsäureanhydrid (vgl. S. 514) gehärtet werden, können zur Erhöhung der *Flammfestigkeit* mit großen Mengen an chlorierten Biphenylderivaten gestreckt werden[3]. Als flammwidrige Weichmacher sind ferner (Thio-)Phosphorsäureester des Hexachlor-endomethylen-cyclohexenols geeignet[4]. Auch Mischungen aus Epoxydharzen und chlorierten Thermoplasten sind bekannt geworden[5].

Ein Problem ist die Abführung der bei der Härtung auftretenden Reaktionswärme, die je nach den verwendeten Härtern 22–26 kcal pro Epoxydgruppe beträgt[6]. Besonders bei der Herstellung von großen füllstofffreien Gießlingen kann durch die Temperaturerhöhung eine Volumveränderung von 3–5% eintreten, welche beim Abkühlen zu einer unerwünschten Schrumpfung und damit zu Spannungen im Gießling führt[7]. Man kann die Reaktionswärme leichter abführen, wenn man die Härtung in Stahlformen durchführt[8]. Bei Verwendung von Füllstoffen ist der Wärmeschrumpf wesentlich geringer. Besonders durch Zusatz von Metallpulvern[9], welche auch durch Zersetzung von Metallcarbonylen in den Polyepoxyden erzeugt werden können[10], oder von Metallfasern[11], wie z.B. Aluminiumwolle[12], werden sowohl die Wärmeleitfähigkeit als auch die mechanischen Eigenschaften der ausgehärteten Harze verbessert. Als Füllstoffe werden u. a. Quarzmehl[13], Kreide, Kaolin[14], Bentonit[15], Asbest, Antimon-(III)-oxyd[16] und auch organische Stoffe, wie gemahlene Kautschukvulkanisate[17] empfohlen[18]. Die Form und die Korngrößenverteilung der Füllstoffe ist von großem Einfluß auf die mechanischen Eigenschaften der Härtungsprodukte. Blättchenförmige Füllstoffe können zur Herstellung von Formkörpern und Verklebungen mit Zellstruktur verwendet werden[19]. Zur Herstellung von Beschichtungen nach dem Fließbett-[20] oder Tauchverfahren[21] werden thixotropieerzeugende Füllstoffe wie Bentonit oder Tetraalkyl-ammonium-Bentonit[21] eingesetzt.

[1] A.P. 2713567 (1952), Shell Develop., Erf.: J. R. Scheibli; Chem. Abstr. **49**, 14344ᵃ (1955).
[2] DBP. 945658 (1951) ≡ A.P. 2602785 (1950), Shell Develop., Erf.: Q.T. Wiles u. D.W. Elam; Chem. Abstr. **46**, 9891ᵈ (1952).
[3] E.P. 773655 (1955; Am. Prior., 1954), General Electric Co.; C. **1959**, 7978.
[4] A.P. 2767206 (1953), Shell Develop., Erf.: R. R. Whetstone u. C.A. May; Chem. Abstr. **51**, 3914ʰ (1957).
[5] Omamid®, Handelsprodukt der Firma Olin Mathieson; besonders zäh und schußfest.
[6] C. H. Kluthe u. W. Viehmann, J. Appl. Polymer Sci. **5**, Nr. 13, 86 (1961).
[7] Zur Messung der inneren Spannungen bei Gießharzen s. R. N. Sampson u. J. P. Lesnick, SPE Journal **14**, Nr. 8, 33 (1958).
[8] B. W. Nelson, E. J. Morrisey u. S. D. Marcey, SPE Journal **17**, 257 (1961).
[9] DAS. 1072384 (1956; Am. Prior., 1955), Chemical Development Corp., Erf.: A.M. Creighton jr. H. L. Parry u. R. W. Hewitt, Ind. eng. Chem. **49**, 1103 (1957).
[10] A.P. 2956039 (1956), Union Carbide Corp., Erf.: L. J. Novak u. J. G. McCallum. E.P. 740346 (1952; DB. Prior., 1951), Chemische Werke Albert.
[11] Belg. P. 546492 (1956), Union Carbide & Carbon Corp. A.P. Mazzucchelli, SPE Journal **14**, Nr. 9, 31 (1958). R. T. O'Connor u. H. J. White, SPE Journal **16**, Nr. 4, 385 (1960).
[12] Rubber J. and Intern. Plastics **140**, Nr. 7, 246 (1961). International Plastics Engineering **1**, Nr. 1, 36 (1961). D. Akins, R. Forester u. F. Holtby, Rubber & Plastics Age **42**, 1086 (1961).
[13] A. Rost, Kunstst. **52**, 61 (1962).
[14] Belg. P. 581697 (1959; Schweiz. Prior., 1958), CIBA.
[15] F.P. 1129497 (1955; Holl. Prior., 1954) ≡ Österr. P. 192615 (1955), N. V. Philips' Gloeilampenfabrieken; C. **1958**, 10794.
[16] A.P. 2885380 (1955), Western Electric Co., Erf.: V. D. Elarde; Chem. Abstr. **53**, 17569ᶠ (1959).
[17] DAS. 1089545 (1956), Henkel & Cie. GmbH., Erf.: H. Pietsch u. W. Clas.
[18] DAS. 1120134 (1959); 1129694 (1960), Siemens-Schuckertwerke, Erf.: F. Weigel.
[19] DAS. 1108834 (1959), Licentia Patent-Verwaltungs-GmbH., Erf.: K. Herzfeld.
[20] Belg.P. 593985 (1960; Am. Prior., 1959), Bataafsche (Shell), Erf.: J. P. Manasia u. G. R. Somerville. F. L. Hate, Rubber and Plastics Weekly **141**, 674 (1961).
[21] F.P. 1213081 (1958), Minnesota Mining & Manufacturing Co.

γ_2) *Härtung von Epoxydharzen mit Polyphenolen,*
-thiolen und -alkoholen

Die Anlagerung von Diphenolen an Epoxydharze verläuft am übersichtlichsten in alkalischem Medium. Als Reaktionsprodukte entstehen fast ausschließlich Phenoläther mit freien sekundären Hydroxygruppen; diese reagieren solange nicht mit Epoxydgruppen, wie noch freie phenolische Hydroxygruppen vorliegen. Erst ab etwa 180° ist nachträglich eine Beteiligung der vorhandenen oder neu entstandenen sekundären Hydroxygruppen an der Molekelvergrößerung zu erwarten[1]. Als basische Katalysatoren werden Alkalihydroxyde, Alkalialkoholate oder -phenolate und tertiäre Amine verwendet, doch verläuft die Härtung auch in Gegenwart dieser Verbindungen erst bei erhöhter Temperatur ($>180°$)[2].

Ein vereinfachtes Schema zeigt die Reaktion eines reinen Diepoxyds mit einem Diphenol in verschiedenen Mengenverhältnissen.

[a] 2 Mol Diphenol + 1 Mol Diepoxyd

höhermolekulares Diphenol

[b] 2 n Mol Diphenol + 2 n Mol Diepoxyd →

hochmolekularer linearer Polyäther
evtl. mit geringem Epoxydgehalt

[c] 1 Mol Diphenol + 2 Mol Diepoxyd →

höhermolekulares Epoxydharz

Die durch basenkatalysierte Addition von Diphenolen an niedrigmolekulare Epoxydharze hergestellten höhermolekularen Epoxydharze der Gleichung [c] weichen in ihren Eigenschaften nur wenig von den Epoxydharzen gleichen Molekulargewichtes ab, welche durch direkte alkalische Kondensation von Diphenolen mit Epichlorhydrin hergestellt wurden[2] (vgl. Formel auf S. 470). Sie können durch Erhitzen mit

---

[1] L. Shechter u. J. Wynstra, Ind. eng. Chem. **48**, 86 (1956).
  D. R. Boyd u. E. R. Marle, Soc. **105**, 2117 (1914).
  E. Patat, E. Cremer u. O. Bobleter, J. Polymer Sci. **12**, 489 (1954).
[2] A.P. 2510886 (1946), Devoe & Raynolds Co., Erf.: S. O. Greenlee; Chem. Abstr. **44**, 10376[b] (1950).
  M. Lidařik, Kunststoffe-Plastics **6**, 6, 16 (1959).

stöchiometrischen Mengen Diphenol, mit anderen Härtern oder durch katalytische Härtung in den unlöslichen Zustand übergeführt werden. Die zweistufige Herstellung höhermolekularer Epoxydharze bietet Vorteile wegen der leichteren Handhabung und Reinigung der Zwischenprodukte[1]. Die Verwendung von katalytischen Mengen Lithiumchlorid oder anderen Lithiumsalzen soll bei solchen Polyadditionen eine bessere Reproduzierbarkeit ergeben, da ihre Wirkung unabhängig vom Chlorgehalt des verwendeten Epoxydharzes ist[2].

selbst vernetztes Endprodukt

Es ist verständlich, daß unter Anwendung von Polyphenolen, wie sie die Novolake darstellen, leicht eine Vernetzung eintritt[3]. Stärker saure und daher reaktionsfähigere Härter sind die Resorcin-Formaldehyd-Harze[4]. Infolge der geringen Reaktionsfähigkeit von Epoxyden mit phenolischen Hydroxygruppen sind Gemische bzw. Lösungen von Polyphenolen und Epoxydharzen als nur in der Hitze härtende

[1] A.P. 2945004 (1956), Devoe & Raynolds Co., Erf.: S. O. Greenlee.
[2] DAS. 1128984 (1960; Am. Prior., 1959) ≡ Belg.P. 586968 (1960); DAS. 1031019 (1960) ≡ Belg.P. 586967 (1960; Am. Prior., 1959), CIBA, Erf.: O. L. Nikles.
[3] E.P. 768125 (1953), Shell Refining & Marketing Co. Ltd., Erf.: E. S. Narracott; C. 1959, 320. DAS. 1046877 (1957; Holl. Prior. 1956), Bataafsche (Shell), Erf.: P. Bruin; C. 1959, 13019.
   A.P. 2927094 (1957), Phillips Petroleum Co., Erf.: C. E. Wheelock; Chem. Abstr. 54, 13729[h] (1960).
   Belg.P. 585764 (1959; Schweiz. Prior., 1958), CIBA.
[4] Belg.P. 552113 (1956; Holl. Prior., 1955) ≡ DAS. 1040235 (1958), Bataafsche (Shell), Erf.: P. Bruin u. H. A. Oosterhof.
   M. S. Akutin, J. M. Gurman u. M. A. Stal'nova, Plasticheskie Massy 1960, Nr. 5, 10.

lagerfähige Klebeharze[1] und Schichtpreßstoffe[2] vorgeschlagen worden. Auch Polycarbonate mit endständigen Phenolgruppen wurden eingesetzt[3].

Bei der schon bei 20° verlaufenden sauren Katalyse treten im Gegensatz zur alkalischen Katalyse beide möglichen Isomeren auf[4] (vgl. Anlagerung von Propylenoxyd an Alkohole unter dem Einfluß verschiedener Katalysatoren, S. 439f.). Unter dem Einfluß saurer Katalysatoren, wie Borfluorid oder Zinn-(IV)-chlorid, werden auch die entstehenden primären und selbst sekundären Hydroxygruppen an die Epoxydgruppen angelagert, jedoch verläuft die Härtung zu rasch und damit in unkontrollierbarer Weise. Verringert man die Katalysatormenge (auf 0,01–0,05%), so erhält man unvollständig ausgehärtete Produkte von geringer mechanischer Festigkeit.

Alle technisch einfach darstellbaren Diphenole[5, 6] und auch *Cyanursäure*[7] sind zur Härtung von Epoxydharzen in der Patentliteratur erwähnt. Diphenole mit längeren aliphatischen Zwischenketten dienen als elastifizierende Härter[8], so z.B. Diphenole, welche durch Phenolanlagerung an ungesättigte Öle[9] erhalten werden. Auch durch Umsetzung von Diphenolen mit weniger als äquimolaren Mengen Dihalogenalkanen oder längerkettigen Dicarbonsäuren[5, 8] lassen sich elastifizierende Diphenole herstellen.

Auch in Kombination mit Diaminen werden Diphenole als Härtungskomponenten empfohlen[10]. *Hexamethylentetramin*[11] wirkt erst bei starker Erwärmung, wobei es allerdings auch mit den Phenolen reagiert (vgl. S. 217 ff.); Metallen, wie *Aluminium*, dürfte dabei eine geringe katalytische Wirkung zukommen[12].

Dimercaptane kommen in ihrer Reaktionsfähigkeit gegenüber Epoxyden den Phenolen am nächsten[13]. Praktische Verwendung finden flüssige höhermolekulare

[1] DAS. 1010217 (1956), P. Lechler, Erf.: F. Dilger; C. **1959**, 1661.

[2] M. S. Akutin, J. M. Gurman u. M. A. Stal'nova, Plasticheskie Massy **1960**, Nr. 5, 10.

T. M. Lukovenko, P. Z. Li u. M. S. Akutin, Plasticheskie Massy **1959**, Nr. 1, 26.

[3] DAS. 1113085 (1960), Farbf. Bayer, Erf.: H. Schnell u. H. Krimm.

[4] L. Shechter u. J. Wynstra, Ind. eng. Chem. **48**, 86 (1956).

H. C. Chitwood u. B. T. Freure, Am. Soc. **68**, 680 (1946).

[5] A.P. 2592560 (1945), Devoe & Raynolds Co., Erf.: S. O. Greenlee; Chem. Abstr. **46**, 6434^d (1952).

[6] A.P. 2503726 (1944); 2510885/6 (1946), Devoe & Raynolds Co., Erf.: S. O. Greenlee; Chem. Abstr. **44**, 5910^c, 10375^i, 10376^b (1950).

A.P. 2512996 (1947), Devoe & Raynolds Co., Erf.: C. E. Bixler; Chem. Abstr. **44**, 9736^d (1950).

DAS. 1096037 (1958) ≡ A.P. 2890195 (1957), Union Carbide Corp., Erf.: B. Phillips, P. S. Starcher, C. W. McGary jr. u. C. T. Patrick jr.; Chem. Abstr. **53**, 18553^e (1959).

Belg. P. 591912 (1960; Holl. Prior., 1959), Shell Internationale Research Mij.

[7] Schweiz. P. 251647 (1945), CIBA; Chem. Abstr. **44**, 376^d (1950).

Stufenweise Härtung: A. P. 2947725 (1957) ≡ DAS. 1129287 (1958), Devoe & Raynolds Co., Erf.: H. G. Cooke.

[8] A. P. 2668805/7 (1952), Devoe & Raynolds Co., Erf.: S. O. Greenlee; Chem. Abstr. **48**, 6739^c (1954).

[9] A.P. 2502145, 2542664 (1946), Devoe & Raynolds Co., Erf.: S. O. Greenlee; Chem. Abstr. **44**, 5614^g (1950); **45**, 4466^g (1951).

[10] A. P. 2510885 (1946), Devoe & Raynolds Co., Erf.: S. O. Greenlee; Chem. Abstr. **44**, 10375^i (1950).

[11] E.P. 768125 (1953), Shell Refining & Marketing Co., Ltd., Erf.: E. S. Narracott; C. **1959**, 320.

[12] Schweiz. P. 262480 (1946), CIBA; C. **1951** II, 477.

[13] F.P. 1080866 (1953; Am. Prior., 1952), Union Carbide & Carbon Corp., Erf.: H. L. Bender, A. G. Farnham u. J. W. Guyer.

Polythioäther[1,2], sogenannte *Thiokole®* (vgl. S. 591), welche freie Mercaptangruppen enthalten. Sie dienen zur Darstellung elastischer, chemisch sehr widerstandsfähiger Härtungsprodukte, welche im Oberflächenschutz Anwendung finden[1,3,4]. Beschleunigt wird die Härtung durch basische oder saure Katalysatoren[4]. Ferner können Dithiocarbamate und andere Vulkanisationsbeschleuniger für Thiokole®, auch in Gegenwart von Zinkoxyd, eingesetzt werden, welche außerdem noch die Anlagerung der Mercaptangruppen an das Epoxydharz beschleunigen sollen[5]. Durch Einwirkung von überschüssigem Schwefelwasserstoff oder Dimercaptanen auf Epoxydharze können ebenfalls höhermolekulare, Mercaptangruppen enthaltende Härtungskomponenten hergestellt werden[6]. Auch Mercaptane, welche zusätzlich noch andere mit Epoxyden reagierende Gruppierungen, wie z. B. die Carboxygruppe aufweisen, können als Härtungskomponenten dienen[7].

Trotz der Vielzahl der zur Verfügung stehenden **mehrwertigen Alkohole** sind diese als Härtungskomponenten für Epoxydharze wegen ihrer geringen Reaktionsfähigkeit bis heute praktisch ohne Bedeutung geblieben[8], jedoch werden sie häufig zur Herstellung von modifizierten Epoxydharzen eingesetzt. Zur Anlagerung müssen hier ebenfalls saure oder basische Katalysatoren zugesetzt werden[9]. Höhermolekulare Polyalkohole, wie z. B. **Polyglykoläther**, sind ebenfalls zur Umsetzung mit Polyepoxyden herangezogen worden[10], jedoch haben die Endprodukte keine Kunststoffeigenschaften. Auch die Anlagerung von **hydroxygruppenhaltigen Polyestern**[11] und Ricinusöl[12] sowie die Härtung ist beschrieben.

Über die Kombination von Epoxydharzen mit methylolgruppenhaltigen reaktiven Phenol-, Melamin- und Harnstoffharzen vgl. S. 532.

---

[1] K. R. CRANKER u. A. J. BRESLAU, Ind. eng. Chem. **48**, 98 (1956).
[2] F. KIRCHHOF, Gummi u. Asbest **9**, 552 (1956).
   DAS. 1091745 (1958; E. Prior., 1957), Leicester, Lovell & Co. Ltd., Erf.: R. McDOWALL u. J. S. KING.
   Firmenschrift der Thiokol Chemical Corp. (1959).
   O. L. PETROV u. A. D. KURMAEV, Plasticheskie Massy **1961**, Nr. 1, 46.
[3] A. J. BRESLAU, Division of Paint, Plastics and Printing Ink Chemistry, Atlantic City Meeting Sept. 1956, Paper 21.
   W. A. HENSON u. Mitarbb., Division of Paint, Plastics and Printing Ink Chemistry, Atlantic City Meeting Sept. 1956, Paper 18.
[4] A. P. 2789958 (1951), Thiokol Chemical Corp., Erf.: E. M. FETTES u. J. A. GANNON; Chem. Abstr. **51**, 17239[f] (1957).
[5] F. P. 1133274 (1955; Am. Prior., 1955), Western Electric Co., Erf.: J. B. HOWARD.
   A. P. 2871217 (1956), Bell Telephone Laboratories, Inc., Erf.: J. B. HOWARD; Chem. Abstr. **53**, 7673[b] (1959).
[6] DAS. 1007064 (1952; Am. Prior., 1951), Bataafsche (Shell), Erf.: A. C. MUELLER, P. A. DEVLIN u. E. C. SHOKAL; C. **1956**, 8224.
[7] F. P. 1132035 (1955; Am. Prior., 1954), Bataafsche (Shell) Erf.: C. W. SCHROEDER.
[8] A. P. 2731444 (1952), Devoe & Raynolds Co., Erf.: S. O. GREENLEE; Chem. Abstr. **50**, 6837[h] (1956).
[9] A. P. 2914490 (1957), Phillips Petroleum Co., Erf.: C. E. WHEELOCK; Chem. Abstr. **54**, 6193[f] (1960).
   A. P. 2928810 (1957), Devoe & Raynolds Co., Erf.: W. J. BELANGER; Chem. Abstr. **54**, 13729[b] (1960).
[10] E. P. 793915 (1956; Am. Prior., 1955), Union Carbide Corp.; C. **1959**, 10114.
   A. P. 2897163 (1956), Union Carbide Corp., Erf.: J. W. CLARK u. A. E. WINSLOW; Chem. Abstr. **53**, 19451[a] (1959).
[11] A. P. 2944996 (1956), Thiokol Chemical Corp., Erf.: M. B. BERENBAUM; Chem. Abstr. **54**, 26010[i] (1960).
   DDRP. 16822 (1956), K. Buser u. W. Heidinger; C. **1960**, 6678.
[12] F. P. 1112513 (1954; Am. Prior. 1953), Bataafsche (Shell), Erf.: C. A. MAY.

γ_3) *Härtung von Epoxydharzen mit Polycarbonsäuren*

Die Anlagerung von Di- und Polycarbonsäuren an Epoxydharze[1] ist nur von untergeordneter praktischer Bedeutung. Zwar erfolgt sie leichter als die der Alkohole und Phenole, aber zur Darstellung von Gießharzen oder Schichtstoffen verläuft sie noch zu langsam und erfordert hohe Härtungstemperaturen. So muß man beispielsweise ein äquimolares unkatalysiertes Gemisch aus *Adipinsäure* und einem Diepoxyd aus 2,2-Bis-[p-hydroxy-phenyl]-propan vom Epoxydäquivalent 290 2–4 Stunden auf 150° erhitzen, um alle Epoxydgruppen umzusetzen. Aus Diepoxyden erhält man in diesem Temperaturbereich nur mit höherfunktionellen Carbonsäuren vernetzte Produkte.

Läßt man einen Überschuß eines difunktionellen Epoxydharzes auf Dicarbonsäuren einwirken, so erhält man höhermolekulare Diepoxyde, die dann in einer zweiten Stufe endgültig ausgehärtet werden können, z.B. durch Reaktion der entstandenen sekundären Hydroxygruppen mit den Epoxydgruppen[2]:

primäres Härtungsprodukt

Nacherhitzen > 200°

Bei Verwendung eines Unterschusses an Epoxydharz besteht ebenfalls die Möglichkeit einer stufenweisen Härtung, wobei zuerst alle Epoxydgruppen mit den Carboxygruppen reagieren und über 200° eine Veresterung der Hydroxygruppen mit den restlichen Carbonsäuregruppen eintritt (vgl. Reaktionsschema S. 508).

In der Praxis verlaufen solche Härtungsreaktionen aber nicht einheitlich und sind vor allem von der Temperatur, vom Katalysator und der Konstitution der Reaktionspartner abhängig.

---

[1] A.P. 2500449 (1948), Shell Develop., Erf.: T. F. Bradley; Chem. Abstr. **44**, 5388^g (1950).
A.P. 2893965/8, 2893974 (1956), S. C. Johnson & Son, Inc., Erf.: S. O. Greenlee.
A.P. 2977338 (1958), American Cyanamid Co., Erf.: J. C. Petropoulos.
DAS. 1112521 (1959; Am. Prior., 1958), Indiana University Foundation, Erf.: M. Carmack, D. Shew u. L. M. Weinstock.
[2] F.P. 1182172 (1957; Am. Prior., 1956) ≡ E.P. 819194 (1957), Bataafsche (Shell), Erf.: H. A. Newey; Chem. Abstr. **54**, 11568^i (1960).

$$2 \text{ HO}-\underset{\underset{\text{O}}{\|}}{\text{C}}-\text{R}'-\underset{\underset{\text{O}}{\|}}{\text{C}}-\text{OH} + \text{H}_2\text{C}-\text{CH}-\text{CH}_2-\text{R}-\text{CH}_2-\text{HC}-\text{CH}_2 \rightarrow$$

$$\text{HO}-\underset{\underset{\text{O}}{\|}}{\text{C}}-\text{R}'-\underset{\underset{\text{O}}{\|}}{\text{C}}-\text{O}-\text{CH}_2-\underset{\underset{\text{OH}}{|}}{\text{CH}}-\text{CH}_2-\text{R}-\text{CH}_2-\underset{\underset{\text{OH}}{|}}{\text{CH}}-\text{CH}_2-\text{O}-\underset{\underset{\text{O}}{\|}}{\text{C}}-\text{R}'-\underset{\underset{\text{O}}{\|}}{\text{C}}-\text{OH}$$

primäres Härtungsprodukt

Nacherhitzen > 200°
—H₂O

$$\text{HO}-\underset{\underset{\text{O}}{\|}}{\text{C}}-\text{R}'-\underset{\underset{\text{O}}{\|}}{\text{C}}-\text{O}-\text{CH}_2-\underset{\underset{\text{O}}{|}}{\text{CH}}-\text{CH}_2-\text{R}-\text{CH}_2-\underset{\underset{\text{OH}}{|}}{\text{CH}}-\text{CH}_2-\text{O}-\underset{\underset{\text{O}}{\|}}{\text{C}}-\text{R}'-\underset{\underset{\text{O}}{\|}}{\text{C}}-\text{OH}$$

$$\text{O}=\underset{\underset{\text{O}}{\|}}{\text{C}}-\text{R}'-\underset{\underset{\text{OH}}{|}}{\text{C}}-\text{O}-\text{CH}_2-\text{CH}-\text{CH}_2-\text{R}-\text{CH}_2-\underset{\underset{\text{O}}{|}}{\text{CH}}-\text{CH}_2-\text{O}-\underset{\underset{\text{O}}{\|}}{\text{C}}-\text{R}'-\underset{\underset{\text{O}}{\|}}{\text{C}}-\text{OH}$$

$$\text{HO}-\underset{\underset{\text{O}}{\|}}{\text{C}}-\text{R}'-\underset{\underset{\text{O}}{\|}}{\text{C}}-\text{O}-\text{CH}_2-\underset{\underset{\text{OH}}{|}}{\text{CH}}-\text{CH}_2-\text{R}-\text{CH}_2-\underset{\underset{\text{OH}}{|}}{\text{CH}}-\text{CH}_2-\text{O}-\underset{\underset{\text{O}}{\|}}{\text{C}}-\text{R}'-\text{C}=\text{O}$$

Wie Modellversuche mit äquivalenten Mengen monofunktioneller Reaktionspartner zeigten[1], werden bei der unkatalysierten Reaktion (8 Stunden bei 200°) etwa zwei Drittel der Epoxydgruppen an Carboxygruppen angelagert, während der Rest der Epoxyd- und Carboxygruppen durch Verätherung bzw. Veresterung mit den entstehenden sekundären Hydroxygruppen verbraucht wird. Sind von Anfang an schon Hydroxygruppen vorhanden, so wird die Epoxyd-Carboxy-Reaktion noch mehr benachteiligt, was im Prinzip auch für die unkatalysierte Härtung von hydroxygruppenhaltigen Epoxydharzen mit Dicarbonsäuren sowie für die bei tieferen Temperaturen durchgeführte säurekatalysierte Härtung zutrifft. Ferner ist in der Praxis noch mit einer Anlagerung des bei der Veresterung gebildeten Wassers an die Epoxydgruppen zu rechnen.

Verwendet man dagegen basische Katalysatoren, wie Kaliumhydroxyd oder Natriumacetat (4 Stunden bei 125°), Benzyldimethylamin oder Benzyltrimethylammoniumhydroxyd (4 Stunden bei 100°), so werden selbst bei Verwendung eines Epoxydüberschusses zunächst nur die Carboxygruppen (in Form ihrer Anionen) angelagert. Der nach der Anlagerung der Carboxygruppen wieder regenerierte Katalysator bewirkt dann eine schneller verlaufende Anlagerung der restlichen Epoxydgruppen an die Hydroxygruppen. Liegen Härtungsgemische mit Carboxygruppen sowie phenolischen und alkoholischen Hydroxygruppen vor, so reagieren in Gegenwart von basischen Katalysatoren entsprechend ihrer verschiedenen Acidität zuerst die Carboxygruppen, dann die phenolischen und zuletzt die alkoholischen Hydroxygruppen. Geeignete Katalysatoren für diese Reaktionen sind ferner Aminsalze von Fettsäuren[2] und Zinn-(II)-octoat[3].

---

[1] L. Shechter, J. Wynstra u. R. P. Kurkjy, Ind. eng. Chem. **49**, 1107 (1957); Division of Paint, Plastics and Printing Ink Chemistry, Atlantic City Meeting Sept. 1956, Paper 14.
L. Shechter u. J. Wynstra, Ind. eng. Chem. **48**, 86 (1956).
[2] A.P. 2681901 (1951), Shell Develop., Erf.: Q. T. Wiles u. D. W. Elam; Chem. Abstr. **48**, 12464ᵉ (1954).
A.P. 2637716 (1949; Schweiz. Prior., 1948), CIBA, Erf.: G. H. Ott; Chem. Abstr. **47**, 10900ᵉ (1953).
DAS. 1058253 (1957), VEB Leuna-Werke, Erf.: K. Buser u. W. Heidinger; C. **1959**, 13951.
[3] Chem. Engng. News **38**, Nr. 43, 58 (1960).
C. W. McGary jr. u. C. T. Patrick jr., SPE (Soc. Plastics Engrs.) Trans. **1**, Nr. 3, 143 (1961).

Die mechanischen Eigenschaften der Härtungsprodukte hängen in hohem Maße von der Art der zur Härtung verwendeten Carbonsäure ab. Mit Oxalsäure entstehen sehr harte und lichtechte Produkte, die zur Metallverklebung vorgeschlagen worden sind (Beispiel 5, S. 540). Adipinsäure nimmt eine Mittelstellung ein; meist wird sie zusammen mit einer geringen Menge eines Polyamins als Katalysator eingesetzt[1] Zwischenstufen der Härtung können abgefangen werden[2] (Beispiel 6, S. 540). Mit Polycarbonsäuren wie Zitronensäure[3] oder Polyacrylsäure[4] erhält man hochvernetzte Produkte. Durch Zugabe von Aconitsäure bei der Härtung mit Polycarbonsäuren werden Schaumstoffe gebildet[5].

Elastifizierte Epoxydharze erhält man durch Anlagerung von Diepoxyden an dimerisierte, ungesättigte Fettsäuren, wie z. B. *Dilinolensäure*. Die entstehenden epoxydhaltigen Produkte können dann mit härtbaren Harnstoff-Formaldehyd-Harzen zu elastischen Lacken[6] (Beispiel 34, S. 551) ausgehärtet werden. In gleicher Weise können carboxygruppenhaltige Di- oder Polyamide, wie sie aus Polyaminen mit überschüssigen dimeren ungesättigten Fettsäuren entstehen, als Härtungskomponenten für Epoxydharze dienen (vgl. auch Abschnitt γ_6, S. 525). Auch carboxygruppenhaltige Polyester aus längerkettigen Dicarbonsäuren und Diolen sind zum Aufbau höhermolekularer Epoxydharze[7] sowie als elastifizierende Härtungskomponenten vorgeschlagen worden[8,9]. Bei Verwendung von Polyestern mit niedriger Säurezahl bewirkt ein Zusatz von Metalloxyden, wie Bleiglätte oder Mangan-(II)-oxyd, eine bessere Durchhärtung[10]. Entsprechende Polyester aus Phthalsäureanhydrid und Äthylenglykol[11] oder Glycerin[12] bewirken nur eine geringe Elastifizierung.

Copolymerisate aus *Acrylsäure* und anderen Vinylmonomeren, wie *Styrol* und *Acrylsäureester*, sind als Modifiziermittel[13] und als Härtungskomponenten für Epoxydharze vorgeschlagen worden[4,14]. Erwähnt sei in diesem Zusammenhang die Verwendung von Epoxydharzen als Vulkanisiermittel für carboxygruppenhaltige Butadienpolymerisate[15], Acrylharze[16], sulfochloriertes Polyäthylen (Hypalon®)[17] oder für

[1] A. P. 2637716 (1949; Schweiz. Prior., 1948), CIBA, Erf.: G. H. Ott; Chem. Abstr. **47**, 10900ᵉ (1953).
   DAS. 1058253 (1957), VEB Leuna-Werke, Erf.: K. Buser u. W. Heidinger; C. **1959**, 13951.
[2] E. P. 691543 (1950; Am. Prior., 1949), Bataafsche (Shell); C. **1954**, 2717.
[3] A. P. 2569920 (1949), DuPont, Erf.: A. C. Buck u. J. F. Conlon; Chem. Abstr. **46**, 699ᵉ (1952).
[4] DBP.-Anm. K 10081 (1951; Am. Prior., 1950), Koppers Co., Erf.: G. F. D'Alelio.
   A. P. 2662870 (1952), Canadian Industries Ltd., Erf.: O. C. W. Allenby; Chem. Abstr. **48**, 6739ᵃ (1954).
[5] A. P. 2623023 (1951), Rohm & Haas Co., Erf.: J. E. Koroly; Chem. Abstr. **47**, 3033ʰ (1953).
[6] E. P. 758146 (1954; Am. Prior., 1953), Devoe & Raynolds Co.; C. **1957**, 7801.
[7] R. Reichherzer u. R. Rosner, Öst. Chemiker-Ztg. **57**, Nr. 9, 126 (1956).
[8] DBP. 863411 (1950) ≡ Österr. P. 171730 (1950), CIBA, Erf.: W. Fisch; C. **1953**, 1891.
[9] J. Wynstra, SPE Journal **17**, 481 (1961).
[10] DAS. 1054705 (1958), VEB Leuna-Werke, Erf.: K. Buser u. W. Heidinger; C. **1960**, 318.
[11] A. P. 2683131 (1951), General Electric Co., Erf.: W. E. Cass; Chem. Abstr. **48**, 11842ᵈ (1954).
[12] DAS. 1040783 (1957), Henkel & Cie. GmbH., Erf.: H. Pietsch u. R. Köhler; C. **1959**, 10411.
[13] DAS. 1055726 (1956), Röhm & Haas GmbH., Erf.: E. Seifert u. D. Seip; C. **1959**, 13013.
[14] E. P. 773206 (1954; Am. Prior., 1953) ≡ F. P. 1107708 (1954), American Cyanamid Co., Erf.: H. P. Wohnsiedler u. C. J. Ammondson; C. **1957**, 1810.
   Belg. P. 560181 (1957; Am. Prior. 1956), Rohm & Haas Co., Erf.: M. D. Hurwitz.
   A. P. 2949438 (1957), Devoe & Raynolds Co., Erf.: D. D. Hicks; Chem. Abstr. **54**, 25890ᵉ (1960).
   DAS. 1100962 (1959; Am. Prior., 1958), Union Carbide Corp., Erf.: R. Stickle jr.
   J. D. Murdock u. G. H. Segall, Ind. eng. Chem. **53**, 6, 465 (1961).
[15] DAS. 1054699 (1957), E. Elöd, Erf.: E. Elöd, K. Lotterhos u. H. Jörder; C. **1960**, 1351.
[16] Rev. Prod. chim. **64**, 537 (1961).
[17] W. Koblizek, Kautschuk u. Gummi **14**, 308 (1961).

Anlagerungsprodukte von Maleinsäureanhydrid an Kautschuk[1] oder Äthylen-Propylen-Copolymerisate[2].

Harte, unlösliche und unschmelzbare Harze entstehen, wenn man Epoxydharze mit β-Aryl-acrylsäuren verestert und die so gewonnenen Produkte mit Vinylverbindungen, z.B. *Styrol*, in Gegenwart von Peroxydkatalysatoren erhitzt[3]. Setzt man dagegen Epoxydharze mit Leinölfettsäuren um, so erhält man lösliche, oxydativ trocknende Lackharze, die wegen ihrer technischen Bedeutung gesondert besprochen werden (s. S. 535).

Erwähnt sei auch die Möglichkeit, Epoxyde herzustellen, bei denen die härtende Carboxygruppe gleich in die Molekel eingebaut ist, z.B. durch einseitige Verätherung von Diphenolen oder Novolaken[4] mit Chloressigsäure und anschließende Verätherung der zweiten Hydroxygruppe mit *Epichlorhydrin*[5].

γ_4) *Härtung von Epoxydharzen mit cyclischen Dicarbonsäureanhydriden*

Im Gegensatz zu den Dicarbonsäuren sind cyclische Anhydride geeigneter Dicarbonsäuren von größter praktischer Bedeutung als Härter für Epoxydharze[6,7] sowohl zur Herstellung von Gießharzen, Schichtstoffen als auch z. T. im Oberflächenschutz.

Zum Unterschied von der Umsetzung der Diepoxyde mit Dicarbonsäuren entstehen mit Dicarbonsäureanhydriden über 100° leicht direkt vernetzte Produkte (Beispiele 7 u. 8, S. 540 f.); außerdem spaltet sich bei der Vernetzung kein Wasser ab, so daß derartige Reaktionen speziell auch für Metallverklebungen geeignet sind[6]. Jede Epoxydgruppe verbraucht eine Dicarbonsäureanhydridgruppe, so daß unter Anwendung von zwei Mol Säureanhydrid auf je ein Mol des Diepoxyds theoretisch optimale Vernetzung eintritt. Zum Reaktionsverlauf und zur Struktur der gehärteten Harze s. Literatur[8]. Weniger stark vernetzte Produkte entstehen, wenn man dem Reaktionsgemisch Monoepoxyde oder Monocarbonsäuren zusetzt.

Nimmt man bei der Härtung von Epoxydharzen mit Dicarbonsäureanhydriden größere Epoxydmengen als dem Molverhältnis 1 : 2 entspricht, so nimmt die Reaktion mit zunehmendem Epoxydgehalt immer mehr den Charakter einer Epoxydpolymerisation an, d.h. es lagern sich stets größere Mengen des Epoxyds unter Aufspaltung aneinander zu Polyäthern. Auch hierbei findet eine starke Vernetzung statt.

[1] P. COMPAGNON u. O. BONNET, Rubber Chem. Technol. **19**, 319 (1946).
   C. PINAZZI u. Mitarbb., Rev. gén. Caoutch. **39**, 600 (1962).
[2] Belg. P. 598 103 (1960; Holl. Prior., 1959), Shell Internationale Research Mij.
[3] DAS. 1 008 910 (1955), Farbf. Bayer, Erf.: E. EIMERS u. H. SCHIRMER; C. **1958**, 3463.
[4] F.P. 1 131 389 (1955; DB. Prior., 1954), RCI-Beckacite, übertr. von Reichhold Chemie AG.; C. **1958**, 14 460.
[5] DBP. 964 989 (1954) ≡ Österr. P. 188 105 (1954), Chemische Werke Albert, Erf.: J. REESE; C. **1957**, 6909.
[6] Schweiz. P. 251 647 (1945), 262 479 (1946) ≡ Norw. P. 76 147 (1947), CIBA; Chem. Abstr. **44**, 376^d (1950); C. **1951** II, 477.
[7] A.P. 2 324 483 (1942; Schweiz. Prior., 1938) ≡ DRP. 749 512 (1938), P. Castan; Chem. Abstr. **38**, 185^4 (1944).
   DBP.-Anm. H 9989 (1951), Henkel & Cie. GmbH.; Erf.: R. KÖHLER u. H. PIETSCH.
   L. SHECHTER u. J. WYNSTRA, Ind. eng. Chem. **48**, 86 (1956).
   G. R. SOMERVILLE u. D. S. HERR, Ind. eng. Chem. **49**, 1080 (1957).
[8] W. FISCH, W. HOFMANN u. J. KOSKIKALLIO, J. appl. Chem. **6**, 429 (1956).
   Atlantic City Meeting 1959, **19**, Nr. 2, S. 129, Paper 18; Abstracts of Papers, 136th Meeting of the American Chemical Society 1959, S. 5 Q.
   W. FISCH u. W. HOFMANN, Makromolekulare Chem. **44–46**, 8 (1961).
   W. FISCH u. W. HOFMANN, J. Polymer. Sci. **12**, 497 (1954).

Diese Polymerisation tritt jedoch nur langsam und erst bei höherer Temperatur ein. Bei vorsichtigerem Erhitzen können aus etwa acht Mol Diepoxyd und zwei Mol Phthalsäureanhydrid noch lösliche, stabile epoxydhaltige Vorstufen erhalten werden[1].

$n = 1, 2, 3 \ldots$

Eingeleitet werden die Härtungsreaktionen durch Hydroxygruppen, die in technischen Diepoxyden stets vorhanden sind. Diese lagern sich an die Anhydridgruppe unter Bildung von sauren Monoestern[2] an. Die Carboxygruppen der Monoester reagieren dann mit Epoxydgruppen, wobei sich neue Hydroxygruppen bilden, die sowohl mit dem Anhydrid als auch zum Teil unter Ätherbildung mit Epoxydgruppen reagieren[3].

Reine hydroxygruppenfreie Epoxyde reagieren mit reinem Phthalsäureanhydrid bis 180° nicht[4]. Bei der Härtung reiner Komponenten, die aber für die Praxis ohne Interesse ist, muß man daher zum Reaktionsstart Alkohole[5] oder Carbonsäuren[2] zusetzen.

[1] DAS. 1050050 (1956) ≡ F.P. 1130275 (1955) ≡ Österr. P. 195112 (1956), Société Anonyme des Manufactures des Glaces et Produits Chimiques de Saint-Gobain, Chauny & Cirey, Erf.: J. Testard; C. 1958, 14425.
[2] E. C. Dearborn, R. M. Fuoss u. A. F. White, J. Polymer Sci. 16, 201 (1955).
[3] W. Fisch u. W. Hofmann, J. Polymer. Sci. 12, 497 (1954).
[4] L. Shechter u. J. Wynstra, Ind. eng. Chem. 48, 86 (1956).
[5] Belg. P. 543855 (1955; Holl. Prior., 1954) ≡ F.P. 1143304 (1955), Bataafsche (Shell); C. 1959, 6312.

Infolge der gleichzeitig verlaufenden Verätherung von Epoxydgruppen durch Hydroxygruppen benötigt man zur Härtung etwas weniger als zwei Mol Anhydrid pro Mol Diepoxyd. Unter Anwendung einer größeren Anhydridmenge wird die Verätherung weitgehend zurückgedrängt[1]. Wird die Härtung in Gegenwart von tertiären Aminen als Katalysatoren durchgeführt, so scheint die Verätherung ebenfalls zu unterbleiben, so daß man nur etwa äquivalente Mengen an Säureanhydrid und Epoxyd benötigt. Für jedes Epoxydharz ist die zur Erzielung optimaler technischer Effekte notwendige Anhydridmenge empirisch zu bestimmen. Bei der Anhydridhärtung bestehen ebenso wie bei der Säurehärtung große Unterschiede in der Reaktionsfähigkeit der Polyepoxydverbindungen. Besonders reaktionsfähig sind die auf S. 486 erwähnten Cyclohexenoxydderivate, die Polyepoxybutadiene[2] (vgl. S. 493) sowie die basischen Epoxyde[1] (Beispiele 16 u. 18, S. 544 ff.).

Als Katalysatoren für die Härtung von Epoxydharzen mit Carbonsäureanhydriden sind außer tertiären Aminen[3,4] und tertiäre Aminogruppen enthaltenden Copolymerisaten[5] auch Phosphine, Stibine und Bismutine geeignet[6]. Sehr günstig ist auch ein Zusatz von basischen Epoxydharzen, die chemisch an der Reaktion teilnehmen[7]. Auch quartäre Ammoniumsalze, wie *Benzyltrimethylammoniumchlorid*[8] oder *-acetat*[9], werden empfohlen. Bereits bei Zimmertemperatur lassen sich Epoxydharze mit Säureanhydriden härten, wenn man 0,01–10% eines Adduktes von Borfluorid an Phenole oder Amine als Aktivator zusetzt[10]. Als weitere beschleunigende und gleichzeitig modifizierende Zusätze werden Verbindungen mit reaktivem Wasserstoff empfohlen, wie *Phenole*[9,11], *Alkohole*[12,13] und *Amide* von *Carbon-* und *Sulfonsäuren*[14]. Besonders wirksam sollen *Thiodiglykol*[15], *Thiokole*[16], *Mercaptobenzthiazol*[16], *Tetraäthylthiuramdisulfid*[16] und *Sulfoxyde*[17] sein.

---

[1] Eigene Versuche.

[2] C. A. HEIBERG u. Mitarbb., Atlantic City Meeting, Sept. 1959, **19**, Nr. 2, Paper 14, S. 94; Abstracts of Papers, 136th Meeting of the American Chemical Society 1959, S. 4 Q.

[3] L. SHECHTER u. J. WYNSTRA, Ind. eng. Chem. **48**, 86 (1956).

[4] E. P. 777621 (1955; Am. Prior., 1954), British Resin Products Ltd.; C. **1958**, 6062.
DAS. 1046876 (1956); Am. Prior., 1955), Bataafsche (Shell), Erf.: H. A. NEWEY; C. **1959**, 13333.
E. C. DEARBORN u. Mitarbb., Ind. eng. Chem. **45**, 2715 (1953).
K. CRESSY u. J. DELMONTE, Atlantic City Meeting 1959, **19**, Nr. 2, Paper 30, S. 228; Abstracts of Papers, 136th Meeting of the American Chemical Society 1959, S. 10 Q.

[5] DAS. 1120133 (1960; Schweiz. Prior., 1959), CIBA, Erf.: O. ERNST, A. DEFLORIN u. A. MAEDER.

[6] A. P. 2768153 (1955), Shell Develop., Erf.: E. C. SHOKAL; Chem. Abstr. **51**, 4057ᵃ (1957).

[7] DAS. 1032528 (1955; 1098199 (1958), Farbf. Bayer, Erf.: R. WEGLER u. G. FRANK; C. **1959**, 2301.

[8] DAS. 1100278 (1957) ≡ A. P. 2928794 (1956), Devoe & Raynolds Co., Erf.: W. J. BELANGER u. H. G. COOKE jr.; Chem. Abstr. **54**, 23431ᵇ (1960).

[9] DAS. 1109367 (1958; Am. Prior., 1957), Devoe & Raynolds Co., Erf.: D. D. HICKS.

[10] A. P. 2839495 (1955), Shell Develop., Erf.: J. E. CAREY; Chem. Abstr. **52**, 21236ʰ (1958).
G. F. L. EHLERS, Polymer **1**, 304 (1960).

[11] DAS. 1060138 (1957; Am. Prior., 1956), Devoe & Raynolds Co., Erf.: W. J. BELANGER, J. E. MASTERS u. D. D. HICKS; C. **1960**, 4370.

[12] A. P. 2944035 (1955), Minnesota Mining & Manufacturing Co., Erf.: R. L. WEAR; Chem. Abstr. **54**, 21852ᵇ (1960).

[13] Belg. P. 543855 (1955; Holl. Prior., 1954) ≡ F. P. 1143304 (1955), Bataafsche (Shell); C. **1959**, 6312.

[14] A. P. 2955101 (1956; Holl. Prior., 1955) ≡ Belg. P. 550175 (1956), Bataafsche (Shell), Erf.: P. BRUIN u. J. J. ZONSVELD; C. **1960**, 15239.

[15] DAS. 1076364 (1955) ≡ F. P. 1163595 (1956), Farbw. Hoechst, Erf.: D. SCHLEEDE u. G. SCHULZ; C. **1959**, 13019.

[16] DAS. 1049092 (1955; Am. Prior., 1954) ≡ E. P. 792995 (1955), Minnesota Mining & Manufacturing Co., Erf.: J. G. SIMON u. R. F. TAYLOR; C. **1959**, 9745.

[17] Belg. P. 550175 (1956), Bataafsche (Shell); C. **1960**, 15239.

Das wichtigste Härtungsmittel unter den Anhydriden ist das *Phthalsäureanhydrid* (s. Beispiele 7 u. 8, S. 540f.), das sehr wärmestandfeste Härtungsprodukte liefert[1]. Zur Herstellung maßgenauer Gießharze ist allerdings sein relativ hoher Schmelzpunkt nachteilig, weshalb für diesen Zweck eutektische Gemische mit niedriger schmelzenden Anhydriden empfohlen werden[2] (zur Verringerung des Schwundes muß bei möglichst tiefer Temperatur gehärtet werden). Speziell für die Verklebung von Metallen sind schwach basische Zusätze, wie *Dicyandiamid* oder *Diphenylguanidin*, die in der Wärme an der Härtung teilnehmen, empfehlenswert[3]. Durch schonende Acetylierung hydroxygruppenhaltiger Epoxydharze wird deren Verträglichkeit mit *Polyvinylacetat* erhöht, wobei die Epoxydgruppen kaum angegriffen werden sollen[4]. Ein hoher Hydroxygruppengehalt der Epoxydharze scheint die Metallverklebung günstig zu beeinflussen[5], dagegen vermindert er die Wärmestandfestigkeit der Härtungsprodukte.

Von den zahlreichen anderen technisch verhältnismäßig einfach darstellbaren cyclischen Dicarbonsäureanhydriden spielt noch das *cis-Hexahydrophthalsäureanhydrid* eine größere Rolle[6], da es niedrig schmilzt und sich in Epoxydharzen gut löst. Es eignet sich vor allem zur Härtung von basischen Epoxydharzen[7] (s. Beispiele 16 u. 18, S. 544 ff.), für die Phthalsäureanhydrid nicht brauchbar ist, da dieses wesentlich schneller reagiert und außerdem höher schmilzt, so daß infolge der erforderlichen hohen Anfangstemperatur die Härtung unter zu starker Erwärmung verläuft. Als langsam härtende Anhydride finden auch die Diels-Alder-Addukte von Maleinsäureanhydrid an Butadien (= Tetrahydrophthalsäureanhydrid) und an Cyclopentadiene Verwendung[8]. Als elastifizierende Härter dienen die Addukte von Maleinsäureanhydrid an Eläostearinsäure und andere natürliche Fettsäuren und Glyceride[9,10] sowie das flüssige Dodecenylbernsteinsäureanhydrid[6,11]. Auch Maleinsäureanhydrid-Addukte an Dipenten, Terpinen[10,12] sowie an Abietinsäure[13] werden empfohlen. Mit dem bei 184° schmelzenden Dicyclopentadiendioxyd läßt sich Maleinsäureanhydrid zu einer bei Raumtemperatur flüssigen Mischung vereinigen, welche zu hochtemperaturfesten Kunststoffen ausgehärtet werden kann[14]. Andere technisch interessante Dicarbonsäure-

---

[1] Vgl. hierzu auch DAS. 1110861 (1957), Deutsche Solvay-Werke GmbH., Erf.: G. Faerber.

[2] DBP. 972786 (1954; Schweiz. Prior., 1953) ≡ F.P. 1114888 (1954), CIBA, Erf.: K. Frey, O. Ernst u. W. Fisch; C. **1957**, 11734.
   A.P. 2934520 (1954), Aries Laboratories, Inc., Erf.: G. Mayurnik; Chem. Abstr. **54**, 14784g (1960).

[3] Schweiz. P. 251647 (1945); 262479 (1946), CIBA; Chem. Abstr. **44**, 376d (1950); C. **1954**, 5923.

[4] F.P. 1075764 (1953) ≡ A.P. 2728781 (1952), Bataafsche (Shell), Erf.: E. C. Shokal u. C. A. May; C. **1956**, 13850.

[5] N. A. de Bruyne, J. appl. Chem. **6**, 303 (1956).

[6] H. K. Weiss, Ind. eng. Chem. **49**, 1089 (1957).
   Z. B. Lekutherm Härter H®, Handelsprodukt der Farbf. Bayer.

[7] DAS. 1019083 (1956), Farbf. Bayer, Erf.: G. Frank, R. Kubens u. R. Wegler; C. **1959**, 3663.
   Lekutherm X®- u. Lekutherm E®-Typen der Farbf. Bayer.

[8] A.P. 2967843 (1956), Furane Plastics Inc., Erf.: J. Delmonte u. F. N. Hirosawa.
   DAS. 1074261 (1958; Schweiz. Prior., 1957), CIBA, Erf.: W. Fisch, R. Hiltpold u. H. Batzer.

[9] A.P. 2858323 (1956), Shell Develop., Erf.: C. W. Smith; Chem. Abstr. **53**, 6091e (1959).
   A.P. 2967837 (1958), Tung Research & Development League, Erf.: J. Greenfield.

[10] DAS. 1057783 (1957; Am. Prior., 1956), Devoe & Raynolds Co., Erf.: D. D. Hicks, J. E. Masters u. W. J. Belanger; C. **1960**, 3058.

[11] Allied Chemical Corp., National Aniline Division Technical Bulletin 1–8 R, Firmenschrift, 29 S.

[12] A. P. 2324483 (1942; Schweiz. Prior., 1938), P. Castan; Chem. Abstr. **38**, 185l (1944).
   DAS. 1045650 (1957), Henkel & Cie. GmbH., Erf.: H. Pietsch, R. Köhler u. W. Stein; C. **1959**, 10410.

[13] A.P. 2947711 (1955), Devoe & Raynolds Co., Erf.: H. G. Cooke jr. u. J. E. Masters.

[14] Union Carbide Chemical Co., Firmenschrift, 6 S. (1960).

anhydride[1] sind u. a. Bernsteinsäureanhydrid[2], Methylbernsteinsäure-
anhydrid[3,4] und halogenhaltige Anhydride, wie Dichlormaleinsäureanhy-
drid[5,6], chlorierte Phthalsäureanhydride[6], 3,4,5,6-Tetrachlor-7,7-difluor-
3,6-endomethylen-tetrahydrophthalsäureanhydrid[7] sowie besonders das
aus Hexachlorcyclopentadien und Maleinsäureanhydrid herstellbare *Hexachlor-
endomethylen-tetrahydrophthalsäureanhydrid*[8] (= HET-Säureanhydrid). Dieses wird
zur Herstellung schwer entzündbarer Härtungsprodukte eingesetzt. Sein hoher
Schmelzpunkt von 239° kann durch Verwendung von eutektischen Mischungen mit
anderen Anhydriden[9,10] stark gesenkt werden.

Auch das Trimellithsäureanhydrid ist als Epoxydharz-Härter vorgeschlagen
worden[11]. Mit Tetracarbonsäure-dianhydriden erhält man infolge stärkerer
Vernetzung Produkte von erhöhter Wärmestandfestigkeit; erwähnt seien die Anhydride der 1,2,3,4-Butan-tetracarbonsäure[12], der 1,2,3,4-Cyclopentan-tetracarbon-
säure[13], das Addukt aus zwei Mol Maleinsäureanhydrid und einem Mol 2,5-Dimethyl-
1,5-hexadien-3-in[14] und besonders das bei 286° schmelzende *Pyromellithsäuredian-
hydrid*[15,16], bei dem sich ein Zusatz von Maleinsäureanhydrid[16,17] oder von HET-
Säureanhydrid und Phthalsäureanhydrid günstig auswirkt[10]. Auch höhermolekulare cyclische Anhydride, wie sie durch Copolymerisation von Maleinsäure-,
Itaconsäure- oder Tetrahydrophthalsäureanhydrid mit Styrol oder Vinyläthern entstehen, wurden als Härter vorgeschlagen[18]. Durch Modifizierung von Pyromellith-

[1] F. W. Michelotti, C. J. Knuth u. A. Bavley, J. Chem. Eng. Data **4**, 79 (1959).
[2] Allied Chemical Corp. National Aniline Division Technical Bulletin 1–11, Firmenschrift, 39 S.
[3] A. P. 2938014 (1957), Chas. Pfizer & Co., Erf.: A. Bavley, C. J. Knuth u. F. W. Michelotti.
[4] Chem. Engng. News **36**, Nr. 6, 19 (1958).
[5] A. P. 2969334 (1958), Food Machinery & Chemical Corp., Erf.: R. Steckler.
[6] A. P. 2935492 (1956), Shell Oil Co., Erf.: H. A. Newey; Chem. Abstr. **54**, 19023e (1960).
[7] A. P. 2833681 (1956), Hooker Electrochemical Co., Erf.: S. J. Nelson, J. S. Sconce u. P. Robi-
     tschek; Chem. Abstr. **52**, 21235e (1958).
[8] A. P. 2840540 (1954), General Electric Co., Erf.: J. Rosenberg u. M. A. Graff; Chem. Abstr.
     54, 11579b (1960).
     DAS. 1130308 (1955; Am. Prior., 1954), Comp. Française Thomson-Houston, Erf.: J. Rosen-
     berg.
     A. P. 2992196 (1958), Hooker Chemical Corp., Erf.: C. S. Ilardo, C. T. Bean u. P. Robitschek.
     DAS. 1113451 (1960; Am. Prior. 1959), Hooker Chemical Corp., Erf.: W. F. Zimmer, R. A. Bow-
     man u. A. F. Shepard.
     H. Rudoff u. A. J. Rzeszotarski, SPE Journal **12**, Nr. 2, 31 (1956).
     P. Robitschek u. S. J. Nelson, Ind. eng. Chem. **48**, 1951 (1956).
     J. Remond, Rev. Prod. Chim. **63**, 596 (1960).
[9] DAS. 1069870 (1958; Schweiz. Prior., 1957 u. 1958), CIBA, Erf.: O. Ernst; C. **1960**, 8701.
     C. S. Ilardo u. B. O. Schoepfle, SPE Journal **16**, 953 (1960).
[10] DAS. 1091326 (1956; Am. Prior., 1955) ≡ E. P. 788437 (1956), General Electric Co., Erf.:
     J. Rosenberg; C. **1959**, 320.
[11] DAS. 1112831 (1960; Am. Prior., 1959), Standard Oil Co., Chicago/Ill., Erf.: M. M. Garvey.
[12] A. P. 2965610 (1958), Shell Oil Co., Erf.: H. A. Newey.
[13] DAS. 1132719 (1962) ≡ Belg. P. 592221 (1960; Am. Prior., 1959), Velsicol Chemical Corp.,
     Erf.: A. W. Carlson u. G. C. Schweiker.
[14] A. P. 2871221 (1954), United States Testing Co., Inc., Erf.: R. G. Shepherd jr. u. E. C. Dear-
     born; Chem. Abstr. **53**, 12743g (1959).
[15] R. B. Feild u. C. F. Robinson, Ind. eng. Chem. **49**, 369 (1957).
[16] DAS. 1099731 (1958; Am. Prior., 1957), DuPont, Erf.: T. J. Hyde.
     Firmenschrift der DuPont (1955).
[17] A. P. 2948705 (1956), DuPont, Erf.: C. F. Robinson; Chem. Abstr. **54**, 25986g (1960).
[18] DAS. 1033407 (1957), BASF, Erf.: F. Meyer u. H. Gölz; C. **1959**, 3313.
     DAS. 1099730 (1958), Gesellschaft für Teerverwertung mbH., Erf.: H. Wille u. K. Jellinek.

säureanhydrid mit Alkoholen[1-3] und Glykolen[2,4,5] während oder vor der Härtung werden Produkte mit besserer Löslichkeit erhalten, welche sich zur Herstellung von hochtemperaturfesten Gießharzen, Schichtstoffen usw. eignen[5]. Auch zur Modifizierung anderer Anhydrid-Epoxyd-Kombinationen werden Polyalkohole empfohlen, z. B. Dipropylenglykol[6], Polypropylenglykol[7], Vorkondensate aus Epoxydharzen und Glykolen[8,9] sowie hydroxygruppenhaltige Copolymerisate[10].

Neuerdings wurde eine Beschleunigung der Vinylpolymerisation durch Epoxyde festgestellt, wobei **Pfropfpolymerisation** eintreten kann[11]. Bei der Kombination beider Reaktionen kann die Vinylpolymerisation durch Erhitzen, meist unter Verwendung radikalbildender Katalysatoren, die Epoxydhärtung mit gesättigten Dicarbonsäuren oder deren Anhydriden oder mit Aminen durchgeführt werden[12-15] (s. Beispiel 35, S. 551). Als Vinylkomponenten werden z. B. *Styrol*[12-16], *Diallylphthalat*[12,13], *Triallylcyanurat*[16,17] oder *Methacrylsäureester* verwendet[18]. Solche Härtungsprodukte sollen sehr verseifungsfest und das polymerisierte Monomere (Styrol) so in das gehärtete Epoxydharz eingebaut sein, daß kein Polystyrol nachgewiesen werden kann[15]. Die Härtungsprodukte sind jedoch sehr spröde und nur innerhalb eng begrenzter Mischungsverhältnisse homogen[19].

Eine stärkere Vernetzung wird durch Copolymerisation der Vinylmonomeren mit solchen Verbindungen erreicht, welche gleichzeitig als Epoxydharzhärter dienen können oder selbst Epoxydgruppen enthalten, wie *Acrylsäure*[18,20], *Fumarsäure*[17],

[1] DAS. 1091746 (1958) ≡ Belg.P. 569095 (1958), DuPont, Erf.: T. J. HYDE.

[2] DAS. 1099164 (1958; Am. Prior., 1957), DuPont, Erf.: T. J. HYDE.

[3] DAS. 1115014 (1959), Bergwerksverband GmbH., Erf.: W. THÜRAUF.

[4] Belg.P. 585234 (1959; Am. Prior., 1958 u. 1959), DuPont, Erf.: T. J. HYDE.

[5] T. J. HYDE, Atlantic City Meeting 1959, Vol. **19**, Nr. 2, S. 85, Paper 13; Abstracts of Papers 136th Meeting of the American Chemical Society 1959, S. 4 Q.

[6] DAS. 1082403 (1957; Am. Prior., 1956), Devoe & Raynolds Co., Erf.: W. J. BELANGER u. J. E. MASTERS; C. **1960**, 17295.

[7] DAS. 1096600 (1956; Am. Prior., 1955), Minnesota Mining & Manufacturing Co., Erf.: J. N. S. KWONG.

[8] A.P. 2801232 (1953), American Cyanamid Co., Erf.: T. J. SUEN u. G. H. HICKS; Chem. Abstr. **51**, 18700[b] (1957).

[9] DAS. 1078718 (1959); Am. Prior., 1958), W. R. Grace & Co., Erf.: R. J. HABERLIN; C. **1960**, 12559.

[10] DAS. 1112829 (1958) ≡ A.P. 2908663 (1957), Devoe & Raynolds Co., Erf.: J. E. MASTERS; Chem. Abstr. **54**, 1895[g] (1960).

[11] E. BEHNKE, Kunststoff-Rundschau **6**, 217 (1959). A. P. 3028319 (1959), Interchemical Corp., Erf.: N. G. GAYLORD.

[12] DBP. 970975 (1954) ≡ F.P. 1127287 (1955), BASF, Erf.: F. MEYER u. K. DEMMLER; C. **1957**, 12349.

[13] Belg.P. 541064 (1955; Holl. Prior., 1954) ≡ F.P. 1135967 (1955) Bataafsche (Shell); C. **1959**, 5969.

[14] DAS. 1054703 (1954) ≡ F.P. 1131761 (1955), BASF, Erf.: W. KUNZER u. F. MEYER; C. **1958**, 12544.

[15] DBP.-Anm. N 10419 (1955) ≡ A.P. 2939859 (1955), Bataafsche (Shell), Erf.: G. E. RUMSCHEIDT, P. BRUIN u. F. H. SINNEMA; Chem. Abstr. **54**, 16920[g] (1960).

[16] DAS. 1067211 (1953) ≡ A.P. 2707177 (1952), General Electric Co., Erf.: R. W. FINHOLT u. R. A. SKIFF; C. **1956**, 6255.

[17] DAS. 1068889 (1958), Siemens & Halske AG., Erf.: W. MERTENS; C. **1960**, 7283.

[18] DAS. 1098196 (1959; Am. Prior., 1958), Rohm & Haas Co., Erf.: E. R. LANG u. R. L. KELSO.

[19] Eigene Versuche mit K. BODENBENNER.

[20] A.P. 2824851 (1953), Minnesota Mining & Manufacturing Co., Erf.: M. W. HALL; Chem. Abstr. **52**, 8621[a] (1958).

Monoallylitaconat[1], *Maleinsäureanhydrid*[2,3], *Vinylpyridin*[4], *Glycidylmethacrylat*[5] sowie die auf S. 493 beschriebenen Epoxypolybutadiene.[3] Besonders vorteilhaft sollen Kombinationen aus Epoxydharzen, Styrol und ungesättigten Polyestern sein, welche durch ihre freien Carboxy- oder Hydroxyendgruppen eine Verbindung mit dem Epoxydharz bewirken[6]. Man kann die Aushärtung solcher Verbundpolymerisate in einer oder mehreren Stufen durchführen, wobei die in der ersten Stufe nicht beteiligten Komponenten als aktive Verdünnungsmittel dienen[7].

γ_5) *Härtung von Epoxydharzen mit Aminen*

Die wichtigsten Härter für Epoxydharze sind die Amine[8].

Mit tertiären Aminen ist nur eine katalytische Härtung möglich[9], die energischere Bedingungen erfordert als die weiter unten beschriebene Härtung mit äquivalenten Mengen primärer oder sekundärer Polyamine.

Die katalytische Härtung mit Aminen wird stark durch Hydroxygruppen, vor allem phenolische, beschleunigt[10]. Tertiäre Amine bewirken eine Härtung überhaupt nur in Gegenwart von Hydroxygruppen[11]; diese sind aber in technischen Epoxydharzen stets in ausreichender Menge vorhanden. Neben einer Polyaddition der Epoxydgruppen an Hydroxygruppen analog Gleichung (2), S. 443, findet wohl auch eine Polyaddition an das tertiäre Amin statt, vgl. Gleichung (1), S. 442. Bemerkenswert ist, daß die basisch katalysierte Addition von Epoxydgruppen an Alkohole in erster Stufe fast ausschließlich zu dem Isomeren mit freier sekundärer und verätherter primärer Hydroxygruppe führt.

Die katalytische Wirksamkeit der Amine ist nicht nur von ihrer Basizität, sondern auch von sterischen Faktoren abhängig[10,12]. Nur aliphatische oder aralipha-

---

[1] A.P. 2975148 (1958), General Electric Co., Erf.: R. A. Skiff.

[2] A.P. 2848433 (1953), Aries Laboratories Inc., Erf.: F. R. Eirich.

[3] Belg. P. 594234 (1960; Am. Prior., 1959), Food Machinery & Chemical Corp., Erf.: M. H. Reich u. G. Nowlin.
A.P. 3028370 (1957), Phillips Petroleum Co., Erf.: C. E. Whelock.

[4] E.P. 846706 (1956), Yarsley Research Laboratories Ltd., Erf.: W. G. Barb.

[5] DAS. 1098196 (1959; Am. Prior., 1958), Rohm & Haas Co., Erf.: E. R. Lang u. R. L. Kelso.

[6] DBP. 970557 (1953; E. Prior., 1952) ≡ Österr. P. 181962 (1953), CIBA, Erf.: C. A. A. Rayner u. J. B. D. Mackenzie; C. **1956**, 3711.
E.P. 789297 (1954), Bakelite Ltd., Erf.: G. Barnett u. K. D. Drakeley; C. **1959**, 5638.
F.P. 1142995 (1955; DB. Prior., 1954), BASF.
E.P. 794541 (1956; Am. Prior., 1955), Westinghouse Electric International Co.
DAS. 1074260 (1956), Chemische Werke Hüls AG., Erf.: W. Gumlich, P. Kränzlein u. R. Kraft.
A.P. 2965602 (1957), Devoe & Raynolds Co., Erf.: D. D. Hicks.
P. V. Molotkov u. T. A. Lykova, Plasticheskie Massy **1960**, Nr. 12, 16.

[7] Belg. P. 598098/9; F.P. 1248212 (1960; Am. Prior., 1959), Devoe & Raynolds Co., Erf.: J. E. Masters u. Mitarbeiter.

[8] A.P. 2444333 (1944; Schweiz. Prior., 1943), De Trey Frères S. A., Erf.: P. Castan; C. **1949** I, 646.

[9] A.P. 2553718 (1949); 2575558 (1948); 2642412 (1951), Shell Develop., Erf.: H. A. Newey u. E. C. Shokal; Chem. Abstr. **45**, 7380^d (1951); **46**, 1303^c (1952); **47**, 9056^h (1953).

[10] L. Shechter, J. Wynstra u. R. P. Kurkjy, Ind. eng. Chem. **48**, 94 (1956).

[11] E. S. Narracott, Brit. Plastics **26**, 120 (1953).
H. Hibbert u. S. Z. Perry, Canad. J. Res. **8**, 102 (1933).

[12] S. H. Langer u. I. N. Elbling, Division of Paint, Plastics and Printing Ink Chemistry, Atlantic City Meeting Sept. 1956, Paper 13.
A. Damusis, Division of Paint, Plastics and Printing Ink Chemistry, Atlantic City Meeting Sept. 1956, Paper 24.
E. S. Narracott, Brit. Plastics **26**, 120 (1953).

tische tertiäre Amine mit zwei Methylgruppen am Stickstoff wie z.B. *Benzyl-dimethyl-amin* sowie N-Alkyl-piperidine wirken stark katalytisch. Die bei der Anlagerung eines sekundären Amins mit größeren Alkylgruppen an ein Epoxydharz entstehenden tertiären Amine sind wohl nur in speziellen Fällen[1], wie z.B. beim Piperidin[2], katalytisch wirksam.

Aliphatische Polyamine mit vorwiegend oder ausschließlich tertiären Aminogruppen[3], wie z.B. *Pentamethyl-diäthylentriamin* sollen mit Epoxydharzen gut härtende wasserfeste Lacküberzüge geben. Auch *1,3-Bis-dimethylamino-butan* wird viel verwendet. Oft werden die Amine in Form ihrer fettsauren Salze angewandt[4,5]. *2,4,6-Tris-[dimethylaminomethyl]-phenol* wird sowohl als freies Amin[6] als auch in Form seines Acetates[4] verwendet. Es wirkt durch seine Amino- und Phenolgruppen beschleunigend und wird bei der Härtung mit eingebaut. In vielen Fällen besitzen polymerisierbare tertiäre Amine, z.B. Acrylsäure-(β-diäthylamino-propyl-amid)[7] oder daraus hergestellte Copolymerisate[7], gewisse anwendungstechnische Vorteile, z.B. bei der Verwendung von Epoxydharzen als Haftvermittler zwischen Metallen und Acrylharzen[8]. Auch *Poly-2 (bzw. -4)-methyl-5-vinyl-pyridin* und ähnliche Verbindungen mit reaktivem Wasserstoff in der Methylgruppe sind als Härter für Epoxydharze beschrieben[9].

Wesentlich leichter, z.T. schon bei Zimmertemperatur, verläuft die Epoxydharz-Härtung durch Anlagerung äquivalenter Mengen von Aminen, welche mindenstens zwei reaktionsfähige Wasserstoffatome in der Molekel besitzen. Obwohl diese Härtungsmethode schon seit 1934 bekannt ist[10], begann die technische Ausnutzung dieser Reaktion in größerem Maße erst etwa ein Jahrzehnt später. Heute finden amingehärtete Epoxyde vor allem Verwendung als Gießharze aller Art im Bausektor, für Beschichtungen im Oberflächenschutz und daneben auch als Anionenaustauscher[11] und als Mittel zur Verbesserung der Naßfestigkeit von Papieren. Die Umsetzung von Polyaminen mit *Epichlorhydrin* zu Textilhilfsmitteln[12] und basischen Austauscherharzen werden in einem Sonderabschnitt besprochen, da bei diesen

[1] DDRP. 19578 (1957), K. Buser u. F. Andreas.
[2] H. Lee u. K. Neville, Epoxy Resins, Their Applications and Technology, S. 55 u. 90, McGraw-Hill Book Co., Inc., New York–Toronto–London 1957.
[3] G. H. Ott u. H. Zumstein, J. Oil Colour Chemists' Assoc. **39**, 331 (1956).
DAS. 1092029 (1957; Am. Prior., 1956), Union Carbide Corp., Erf.: H. A. Stansbury jr. u. H. R. Guest.
DBP. 966281 (1955; Schweiz. Prior., 1954) ≡ F.P. 1135818 (1955), CIBA, Erf.: G. H. Ott, A. Marxer, H. Zumstein u. K. Brugger; C. **1958**, 1439.
DAS. 1032920 (1956), VEB Leuna-Werke, Erf.: W. Heidinger u. H. Schade; C. **1959**, 5642.
[4] A.P. 2681901 (1951), Shell Develop., Erf.: Q. T. Wiles u. D. W. Elam; Chem. Abstr. **48**, 12464^e (1954).
[5] A.P. 2640037 (1951), Shell Develop., Erf.: H. L. Parry u. Q. T. Wiles; Chem. Abstr. **47**, 8413^b (1953).
[6] Belg.P. 561256 (1957; Schweiz. Prior., 1956), CIBA; Mod. Plastics **33**, 248 (1955).
[7] DAS. 1085667, 1106492 (1958; Schweiz. Prior., 1957), CIBA, Erf.: A. Maeder, W. Fisch, O. Ernst u. H. Zumstein.
[8] A.P. 2940872 (1957), Rohm & Haas Co., Erf.: S. Gusman u. S. Melamed; Chem. Abstr. **54**, 18987^h (1960).
[9] A.P. 2860120 (1954), Phillips Petroleum Co., Erf.: J. E. Pritchard u. P. J. Canterino; Chem. Abstr. **53**, 4814^h (1959).
[10] DRP. 676117 (1934), I. G. Farb., Erf.: P. Schlack; C. **1940** I, 807.
[11] A.P. 2469684 (1946), American Cyanamid Co., Erf.: J. R. Dudley; Chem. Abstr. **43**, 5518^b (1949).
[12] DAS. 1131404 (1958), Farbw. Hoechst, Erf.: L. Orthner u. Mitarbeiter.

Reaktionen Epoxydverbindungen zwar intermediär auftreten, jedoch nicht isoliert werden (vgl. S. 455 ff.).

Primäre Monoamine sind im allgemeinen nur als aktive Verdünner geeignet[1], da bei der Härtung vorwiegend lösliche Produkte entstehen, die außerdem noch verhältnismäßig niedermolekular sind, weil das entstehende sekundäre Amin aus sterischen Gründen nicht so reaktionsfähig ist wie das primäre. Eine gute Durchhärtung erhält man jedoch, wenn außer einer primären Aminogruppe noch eine andere reaktive Gruppe in der Molekel vorliegt wie bei primären Hydroxy-aminen[2] oder bei Diaminen, welche neben der primären noch eine katalytisch wirksame tertiäre Aminogruppe enthalten, wie z. B. im 3-Amino-1-dimethylamino-propan[3]. Bei Epoxydharzen mit mehr als zwei Epoxydgruppen in der Molekel, z. B. bei Novolakglycidäthern, wird auch mit primären Monoaminen eine gute Durchhärtung erzielt[4].

Die am häufigsten benutzten Härtungskomponenten sind diprimäre Diamine und höhere Polyamine[5]. Äthylendiamin scheidet vor allem wegen seines hohen Dampfdruckes aus. Technisch brauchbar sind weniger hygroskopische und höhersiedende Diamine, wie z. B. *2,4-Diamino-2-methyl-pentan*[6] (s. Beispiel 2, S. 538). Bevorzugt verwendet wird *Triäthylentetramin*[7], das nicht nur einen geringeren Dampfdruck besitzt, sondern auch höherfunktionell ist (s. Beispiele 10, 17 u. 18, S. 542 ff.). Mit cycloaliphatischen Di- und Polyaminen[8,9] wie Bis-[p-amino-cyclohexyl]-methan[9] erhält man Produkte, die eine verbesserte Wärmestandfestigkeit und Wasserfestigkeit zeigen. Die Reaktionsgeschwindigkeit[10] kann durch Einführung von Methylgruppen in α-Stellung zur Aminogruppe herabgesetzt werden[11] (so z. B. Bis-

[1] E. P. 874754 (1958), Bakelite Ltd., Erf.: R. N. Lewis u. W. R. McIver Hunter.

[2] Belg. P. 570689 (1958; Schweiz. Prior., 1957) ≡ DAS. 1128656 (1958), CIBA, Erf.: R. Hiltpold, W. Fisch u. P. Speiser.

[3] A. P. 2642412 (1951), Shell Develop., Erf.: H. A. Newey u. E. C. Shokal; Chem. Abstr. **47**, 9056^h (1953).

[4] E. P. 799717, 806196 (1956), Distillers Co. Ltd., Erf.: J. H. W. Turner; C. **1959**, 12710; **1960**, 14534.
   J. D. Bassin, Atlantic City Meeting 1959, **19**, Nr. 2, S. 233, Paper 31; Abstracts of Papers 136th Meeting of the American Chemical Society 1959, S. 11 Q.

[5] G. H. Ott u. H. Zumstein, J. Oil Colour Chemists' Assoc. **39**, 331 (1956).
   Belg. P. 604625 (1961; DB. Prior., 1960), Farbw. Hoechst.
   E. S. Narracott, Brit. Plastics **26**, 120 (1953).
   L. Shechter, J. Wynstra u. R. P. Kurkjy, Ind. eng. Chem. **48**, 94 (1956).

[6] A. P. 2500600 (1948), Shell Develop., Erf.: T. F. Bradley; Chem. Abstr. **44**, 11170^f (1950).

[7] A. P. 2585115 (1945); 2865886 (1952), Devoe & Raynolds Co., Erf.: S. O. Greenlee; Chem. Abstr. **46**, 4854^a (1952); **53**, 5756^e (1959).

[8] DAS. 1006101 (1955), BASF, Erf.: O. Lissner u. H. Scholz; C. **1957**, 11445.
   DAS. 1024078 (1956; Am. Prior., 1955) ≡ F. P. 1154298 (1956); 1036253 (1956; Am. Prior., 1955), DuPont, Erf.: R. A. Smiley; C. **1959**, 3638; Chem. Abstr. **54**, 17295^c (1960).
   A. P. 2897179 (1956), Union Carbide Corp., Erf.: L. Shechter, J. Wynstra u. N. H. Reinking; Chem. Abstr. **53**, 20909^b (1959).
   DAS. 1006991/2, 1009808 (1954), BASF, Erf.: O. Lissner, K. Demmler u. F. Meyer; C. **1958**, 2578, 2878, 7611.
   DAS. 1019461 (1955), BASF, Erf.: O. Lissner u. O. Stichnoth; C. **1958**, 10216.

[9] A. P. 2817644 (1955), Shell Develop., Erf.: E. C. Shokal u. H. A. Newey; Chem. Abstr. **52**, 5036^a (1958).

[10] Zum Vergleich der Härtungsgeschwindigkeit verschiedener Amine s. G. R. Edwards, Brit. Plastics **33**, Nr. 5, 203 (1960).

[11] DAS. 1100948 (1956), BASF, Erf.: K. Demmler, O. Lissner, F. Meyer, A. Palm u. O. Stichnoth.
   DAS. 1122195 (1956), BASF, Erf.: K. Demmler, O. Lissner u. F. Meyer.

[4-amino-3-methyl-cyclohexyl]-methan). Auch m-Xylylendiamin und andere araliphatische Diamine[1] sowie Piperazinderivate[2] wie z.B. das sehr reaktionsfähige N-(β-Amino-äthyl)-piperazin[3] sind als Härter vorgeschlagen worden.

Kinetische Untersuchungen[4] haben ergeben, daß die Reaktion zwischen Epoxyden und Aminen durch solche Verbindungen katalysiert wird, welche zur Ausbildung von Wasserstoffbrücken befähigt sind, wie Wasser[5], Alkohole[6], Phenole[5, 7], Mercaptane[8], Carbonsäuren[9], Carbonamide und Sulfonamide mit freiem Amidwasserstoff[9, 12]. AuchHalogenionen[5] sowie Epichlorhydrin[10] beschleunigen die Umsetzung. Auch durch Variation des Lösungsmittels kann die Reaktionsgeschwindigkeit beeinflußt werden[5]. So bewirken Nitrile[11], Ketone, Ester und andere elektronenanziehende Gruppen eine Verzögerung[12]. Die Untersuchungen zeigten, daß die Umsetzung zwischen Aminen und Epoxyden eine trimolekulare Reaktion ist, und daß unter völligem Ausschluß von Wasser und den anderen oben genannten Katalysatoren in unpolaren Lösungsmitteln keine Reaktion stattfindet[9].

Die günstigsten Mengenverhältnisse bei der Härtung von Epoxydharzen mit Aminen müssen weitgehend empirisch bestimmt werden. Die Zahl der am Stickstoff stehenden anlagerungsfähigen Wasserstoffatome gibt nur einen ungefähren Anhaltspunkt, da sekundäre Amine durch sterische Behinderung oft nur langsam und recht unvollständig mit Epoxydgruppen reagieren. Aus diesem Grunde ist es auch oft unerläßlich, daß die Amin-Epoxyd-Mischungen[13] zur Erzielung einer vollständigen Aushärtung nacherhitzt werden, oder daß von vornherein in der Wärme gearbeitet wird. So erhält man z.B. bei der Verklebung von Metallen in der Kälte keine optimalen Festigkeitswerte[14]. Geringe Abweichungen von der optimalen Aminmenge, z.B. durch Verdampfungsverluste bei der Härtung, machen sich in den

[1] Belg.P. 583374 (1959; Schweiz. Prior., 1958), CIBA.

[2] DAS. 1086236 (1956; Am. Prior., 1955) ≡ E.P. 792115 (1956) ≡ F.P. 1154297 (1956), DuPont, Erf.: R. A. Smiley; C. **1959**, 3638.
   Belg.P. 552172 (1956; Am. Prior., 1955) ≡ DAS. 1038278 (1956), DuPont, Erf.: R. A. Smiley u. J. D. Tice; C. **1959**, 10743.

[3] DAS. 1106071 (1959) ≡ A.P. 2965609 (1958), Bataafsche (Shell), Erf.: H. A. Newey.

[4] L. I. Golubenkova u. Mitarbb., Vysokomolekulyarnye Soedineniya **1**, Nr. 1, 103 (1959).
   A. Damusis, Division of Paint, Plastics and Printing Ink Chemistry, Atlantic City Meeting Sept. 1956, Paper 24.

[5] L. Shechter, J. Wynstra u. R. P. Kurkjy, Ind. eng. Chem. **48**, 94 (1956).

[6] DAS. 1041687 (1953; Am. Prior., 1952) ≡ E.P. 730505 (1953), Bataafsche (Shell), Erf.: E. C. Shokal u. C. A. May; Chem. Abstr. **50**, 5758ᵉ (1956).
   E. S. Narracott, Brit. Plastics **26**, 120 (1953).

[7] S. a. A.P. 2974121 (1960), A. Gusmer, Inc., Erf.: G. A. Salensky.

[8] A.P. 2933473 (1956), General Electric Co., Erf.: J. V. Schmitz.

[9] I. T. Smith, Polymer **2**, Nr. 1, 95 (1961).
   Belg. P. 606055 (1961; E. Prior., 1960), Shell International Research Mij., Erf.: N.V. Waarvan.

[10] Holl.P.-Anm. 206342 (1956), Bataafsche (Shell), Erf.: P. Bruin u. F. H. Sinnema.

[11] A.P. 2548447 (1950), Shell Develop., Erf., Erf.: E. C. Shokal u. A. C. Mueller; Chem. Abstr. **45**, 6429ᵃ (1951).

[12] L. J. Gough u. I. T. Smith, J. Oil Colour Chemists' Assoc. **43**, 409 (1960).

[13] Zur Kontrolle der Homogenität und des Härtungsverlaufs von Amin-Epoxyd-Mischungen durch Zusatz von Farbstoffen s. DAS. 1113776 (1959; Am. Prior., 1958), Clifford James Warnsdorfer jr., Erf.: C. J. Warnsdorfer jr.

[14] Schweiz.P. 262479 (1946) ≡ Norw.P. 76147 (1947); 262480 (1946), CIBA; C. **1951** II, 477.
   A.P. 2528932 (1949), Shell Develop., Erf.: Q. T. Wiles u. H. A. Newey; Chem. Abstr. **45**, 1816ᵍ (1951).
   A.P. 2553718 (1949); 2575558 (1948), Shell Develop., Erf.: H. A. Newey u. E. C. Shokal; Chem. Abstr. **45**, 7380ᵃ (1951); **46**, 1303ᶜ (1952).

mechanischen und elektrischen Eigenschaften der gehärteten Produkte unangenehm bemerkbar. Durch Verwendung von Polyaminen höherer Funktionalität[1] oder von Epoxydharzen mit mehr als zwei Epoxydgruppen in der Molekel[2] wird der Spielraum in der Dosierung größer.

Die Härtung epoxydreicher Harze mit stark basischen Polyaminen, wie *Triäthylentetramin*, verläuft meist unter starker Erwärmung; infolgedessen ist sie in ihrer technischen Anwendbarkeit beschränkt. Für die Metallverklebung mit ihren kleinen Mengen an Epoxydharz und Härter spielt die *Wärmeentwicklung* keine Rolle, wohl aber ist hier ebenso wie auch im Formenbau die „Topfzeit" des Epoxyd-Härter-Gemisches von ausschlaggebender Bedeutung. Auch kleinere Formstücke lassen sich ohne weiteres herstellen, vor allem wenn man die Harzgemische noch mit Füllstoffen, wie z. B. Quarzmehl, verdünnt. Zur Herstellung größerer Formstücke empfiehlt sich schichtweises Auftragen des Epoxyd-Härter-Gemisches, da dann die Wärmeabfuhr keine Schwierigkeiten bereitet.

Eine Verringerung des Temperaturanstiegs läßt sich auch durch eine stufenweise Härtung erreichen, d. h. man setzt das Amin zunächst nur mit einem Teil des Epoxydharzes um, und erst nach Ablauf der mäßigen Wärmeentwicklung mischt man das restliche Epoxydharz unter[3] (Beispiel 4, S. 539). Nachteilig bei dieser Arbeitsweise ist, daß die Vorhärtungsprodukte meist eine geringe Haltbarkeit und außerdem eine hohe Viscosität besitzen. Die Verarbeitbarkeit der Vorhärtungsprodukte kann durch Verdünnen mit flüssigen Monoepoxyden oder aliphatischen Diepoxyden verbessert werden[4]. Besonders reaktive Epoxydharz-Amin-Kombinationen für Lackzwecke werden in speziellen Mischvorrichtungen kontinuierlich gemischt und aufgespritzt[5].

Für die Verwendung der Harze zum Oberflächenschutz kann die Haltbarkeit des Gemisches auch durch stärkeres Verdünnen verlängert werden. Durch Umsetzung der Polyamine mit Ketonen erhält man hydrolysierbare *Polyimine* mit stark reduzierter Reaktionsfähigkeit[6]. Die Härtungsgeschwindigkeit kann dann durch Zusatz von etwas Wasser eingestellt werden, oder dies geschieht in dünner Schicht unter dem Einfluß der Luftfeuchtigkeit[7]. Zur Verzögerung der Umsetzung besonders reaktiver Epoxydharze mit aliphatischen Polyaminen werden für Lackzwecke häufig auch die Salze der Amine mit Carbonsäuren herangezogen[8], wobei Alkohole als Lösungsmittel benutzt werden (s. Beispiel 6, S. 540). Der geschwindigkeitsbestimmende Schritt ist

---

[1] H. LEE u. K. NEVILLE, Epoxy Resins, their Applications and Technology, S. 64, McGraw-Hill Book Co., Inc., New York–Toronto–London 1957.

[2] J. D. BASSIN, Atlantic City Meeting 1959, Vol. **19**, Nr. 2, S. 233, Paper 31; Abstracts of Papers (Am. Chem. Soc.), 136th Meeting 1959, S. 11 Q.

[3] A.P. 2651589 (1949) ≡ DBP.-Anm. N 3020 (1950), Shell Develop., Erf.: E. C. SHOKAL, H. A. NEWEY u. T. F. BRADLEY; Chem. Abstr. **48**, 1072c (1954).
   DAS. 1006152 (1954), Chemische Werke Albert, Erf.: J. REESE; C. **1957**, 12023.
   E.P. 779566 (1955; DB. Prior., 1954), Chemische Werke Albert; C. **1958**, 11089.
   J. J. ZONSVELD, Farbe u. Lack **60**, 431 (1954).
   J. J. ZONSVELD, J. Oil Colour Chemists' Assoc. **37**, 414, 670 (1954).
   P. BRUIN, Kunstst. **45**, 383 (1955).

[4] A.P. 2967172 (1955), Glidden Co., Erf.: E. D. HOOD.

[5] J. J. ZONSVELD, Chimia **16**, 82 (1962).

[6] DAS. 1010677 (1954), Farbf. Bayer, Erf.: R. HEBERMEHL u. H.-W. KRAUSS; C. **1958**, 5224.

[7] Belg. P. 599022 (1961; Am. Prior., 1960), Rohm & Haas Co., Erf.: H. L. GREENWALD u. W. D. EMMONS.

[8] A. P. 2640037 (1951), Shell Develop., Erf.: H. L. PARRY u. Q. T. WILES; Chem. Abstr. **47**, 8413c (1953).
   A.P. 2681901 (1951), Shell Develop., Erf.: Q. T. WILES u. D. W. ELAM; Chem. Abstr. **48**, 12464e (1954).

hier wohl die Anlagerung der Carboxygruppen an die Epoxydgruppe, wonach dann die Aminhärtung einsetzen kann[1].

Eine weitere Möglichkeit, die Reaktionsfähigkeit der niedermolekularen aliphatischen Polyamine herabzusetzen und gleichzeitig ihre Flüchtigkeit und Reizwirkung[2] zu senken, besteht in ihrer Umsetzung mit geeigneten Komponenten. Man kann die Polyamine mit Polyhalogenverbindungen wie Bis-[ω-chlor-butyl]-äther (s. Beispiel 8, S. 541) oder mit Polyhalogenhydrinen[4] umsetzen oder an ungesättigte Verbindungen wie Butadiensulfon[5] oder Acrylnitril[6] anlagern; im letzteren Fall sind allerdings die technologischen Eigenschaften der Endprodukte nicht ganz befriedigend. Durch Oxäthylierung oder durch Anlagerung höherer Monoepoxyde[7] erhält man Härtungsprodukte mit einer verringerten Wasserfestigkeit. Hydroxygruppen enthaltende Amine, die als Härter verwendet werden, entstehen auch durch Polyaddition von Äthylenimin an Polyepoxyde[8]. Die durch Hydrierung von cyanäthylierten Glykolen hergestellten *Ätheramine* ergeben besonders schlagzähe Härtungsprodukte[3] (Beispiel 16, S. 544). Auch durch saure Kernverknüpfung von γ-Amino-propyl-phenyl-äther mit Formaldehyd erhält man Ätheramine mit hervorragenden Eigenschaften[9] (s. Beispiel 17, S. 545). Durch Kondensation von Phenol mit Formaldehyd und aliphatischen Polyaminen, wie Diäthylentriamin, lassen sich nichtflüchtige, aber noch flüssige Härter gewinnen. Damit hergestellte Lacküberzüge geben keine Trübung durch Wasseraufnahme wie die mit den Ausgangsaminen hergestellten Produkte[10]. Auch die Reaktionsprodukte von Polyaminen mit Furfurol-Keton-Kondensaten[11] oder mit Furylmethacrolein[12] sind als Aminhärter vorgeschlagen worden. Mäßig reaktive Härter sind ferner die hydrierten Kondensationsprodukte des Acet-

[1] A. Bondi u. H. L. Parry, Abstracts of Papers, 128th Meeting of the American Chemical Society 1955, S. 16 P.
Über die Kombination von aromatischen Polyaminen mit Dicarbonsäuren s. S. 523.
[2] Auftreten von Dermatitisfällen: L. B. Bourne, Chem. and Ind. **1957**, 578.
[3] DAS. 1102391 (1958), Farbf. Bayer, Erf.: R. Wegler, K. Bodenbenner, K. Andres u. F. Blomeyer.
Lekutherm-Härter T$_1$ u. T$_2$®, Handelsprodukte der Farbf. Bayer.
[4] DAS. 1114635 (1957) = A. P. 2921050 (1956), Devoe & Raynolds Co., Erf.: W. J. Belanger; Chem. Abstr. **54**, 21854^i (1960).
[5] Belg. P. 585855 (1959; Am. Prior., 1958), Shell Internationale Research Mij., Erf.: H. A. Newey.
[6] F. P. 1100182 (1954) = A. P. 2753323 (1953), Union Carbide & Carbon Corp., Erf.: A. G. Farnham; C. **1957**, 10079.
[7] DAS. 1022004 (1956; Am. Prior., 1955), Union Carbide Corp., Erf.: V. Auerbach u. A. K. Ingberman; C. **1958**, 11674.
A. K. Ingberman u. R. K. Walton, J. Polymer Sci. **28**, 468 (1958); Ind. eng. Chem. **49**, 1105 (1957).
C. Pitt u. M. N. Paul, Abstracts of Papers, 130th Meeting of the American Chemical Society 1956, S. 6 P.
[8] Belg. P. 556094 (1957; Am. Prior., 1956), Plax Corp., Erf.: J. Pinsky, A. E. Adakonis u. A. R. Nielsen.
Belg. P. 569729 (1958) = A. P. 2836319 (1957); 569731 (1958) = A. P. 2836318 (1957), Sidaplax S. A., Erf.: J. Pinsky, A. E. Adakonis u. A. R. Nielsen; Chem. Abstr. **52**, 19240^b, 19239^i (1958).
[9] F. P. 1274677 (1960; DB. Prior., 1959), Farbf. Bayer, Erf.: R. Wegler, E. Regel u. K. Andres.
[10] E. P. 789475 (1955), Bakelite Ltd., Erf.: G. Barnett u. K. D. Drakeley; C. **1959**, 13956.
E. P. 868892 (1958), Bakelite Ltd., Erf.: E. J. Bloxham, R. N. Lewis u. G. E. K. Pritchett.
Belg. P. 579342 (1959; E. Prior., 1958), CIBA.
[11] A. P. 2839487/8 (1954); 2839481 (1958), Harvel Research Corp., Erf.: P. L. Rosamilia u. M. T. Harvey; Chem. Abstr. **53**, 4797^d (1959); **52**, 21250^e, 15138^c (1958).
[12] DAS. 1110407 (1959), Farbw. Hoechst, Erf.: G. Lorentz u. C. Heuck.

essigesters mit Di- und Polyaminen[1] und die Umsetzungsprodukte von aliphatischen Polyaminen mit Schwefelkohlenstoff oder Di-senfölen[2]. Die durch Kondensation von aliphatischen Polyaminen mit Carbonsäuren entstehenden basischen Polyamide werden auf S. 523 besprochen.

Der Wärmestau bei der Aminhärtung von Epoxydharzen läßt sich auch dadurch vermeiden, daß man Epoxyde einsetzt, welche mit Aminen langsamer reagieren als solche auf 2,2-Bis-[p-hydroxy-phenyl]-propan-Basis. Derartige Epoxyde[3] sind z.B. basische Epoxydharze[4] (s. Beispiele 16, 17 u. 18, S. 544 ff.), Bis-cyclohexenoxyde[5] (vom Typ I, S. 486) und Epoxypolybutadiene[6] (vgl. S. 493). Die Möglichkeit, durch Verwendung von höhermolekularen Epoxydharzen mit geringerem Epoxydgehalt die Wärmeentwicklung herabzusetzen, ist natürlich durch ihre höhere Viscosität und durch den niedrigeren Vernetzungsgrad der Härtungsprodukte begrenzt.

Höhere Wärmestandfestigkeiten als bei Verwendung von aliphatischen Aminen und eine bessere Chemikalienbeständigkeit als bei der Anhydridhärtung erreicht man unter Anwendung der weniger reaktionsfreudigen aromatischen Amine, wie z.B. Bis-[4-amino-phenyl]-methan[7], -sulfon[8], -äther[9], 2,6-Diamino-pyridin[10] und besonders *m-Phenylendiamin*[11] sowie dessen bei Raumtemperatur flüssigen Gemischen mit anderen aromatischen Diaminen[12]. Epoxydgruppenhaltige Vorkondensate aus aromatischen Polyaminen und Epoxydharzen können mit aliphatischen Polyaminen

[1] DAS. 1025884 (1955), Henkel & Cie. GmbH., Erf.: W. J. Kaiser; C. **1958**, 14183.

[2] A. P. 2957844 (1958), Monsanto Chemical Co., Erf.: G. L. Wesp.

[3] Modellversuche zeigten, daß auch Styroloxyd mit Aminen wesentlich langsamer reagiert als Phenylglycidäther:
L. Shechter, J. Wynstra u. R. P. Kurkjy, Division of Paint, Plastics and Printing Ink Chemistry, Atlantic City Meeting Sept. 1956, Paper 14; Ind. eng. Chem. **49**, 1107 (1957).

[4] DAS. 1132148 (1954); DAS. 1011618 (1954), Farbf. Bayer, Erf.: G. Frank, R. Wegler u. W. Krauss; C. **1958**, 10514.
DAS. 1071333 (1957), Farbf. Bayer, Erf.: K. Andres, R. Wegler u. G. Frank; C. **1960**, 15239. Lekutherm E®-Typen der Farbf. Bayer.

[5] A. P. 2917469 (1957), Union Carbide Corp., Erf.: B. Phillips, F. C. Frostick jr., C. W. McGary jr. u. C. T. Patrick jr.; Chem. Abstr. **54**, 20319[i] (1960).

[6] C. A. Heiberger, M. H. Reich, C. W. Johnson u. G. Nowlin, Atlantic City Meeting Sept. 1959, **19**, Nr. 2, S. 94, Paper 14; Abstracts of Papers, 136th Meeting of the American Chemical Society 1959, S. 4 Q.

[7] A. P. 2773048 (1952), Minneapolis-Honeywell Regulator Co., Erf.: J. L. Formo, L. H. Le Gault, L. L. Bolstad u. A. D. Sinning; Chem. Abstr. **51**, 4759[h] (1957).
A. P. 2866768 (1955), Minneapolis-Honeywell Regulator Co., Erf.: L. L. Bolstad; Chem. Abstr. **53**, 6689[f] (1959).
A. P. 2849417 (1956), Minneapolis-Honeywell Regulator Co., Erf.: T. Tsang; Chem. Abstr. **53**, 1858[i] (1959).
DAS. 1061067 (1957; Schweiz. Prior., 1956 u. 1957), CIBA, Erf.: J. B. D. Mackenzie, W. Fisch u. A. Renner; C. **1960**, 4371.

[8] E. P. 826534 (1957; Am. Prior., 1956), Bataafsche (Shell); Chem. Abstr. **54**, 12653[c] (1960).
DAS. 1106072 (1958), Schering AG., Erf.: E. Griebsch u. H. Hilgert.
W. H. C. Rueggeberg u. Mitarbb., Mod. Plastics **35**, Nr. 6, 154 (1958).
F. E. Pschorr, Corrosion **17**, Nr. 11, 104 (1961).

[9] A. P. 2899407 (1956), Universal Oil Products Co., Erf.: H. A. Cyba; Chem. Abstr. **53**, 23085[d] (1959).

[10] A. P. 2824082 (1955), Shell Develop., Erf.: H. A. Newey; Chem. Abstr. **52**, 8620[g] (1958).

[11] A. P. 2801229 (1953), Bataafsche (Shell), Erf.: R. L. De Hoff u. H. L. Parry; Chem. Abstr. **51**, 14320[e] (1957).

[12] A. P. 2853467 (1956), General Aniline & Film Corp., Erf.: A. Bloom u. E. V. Welch; Chem. Abstr. **53**, 1834[e] (1959).
F. P. 1220676 (1959; Am. Prior., 1958), International Business Machines Corp., Erf.: T. E. Battaglini.

kalt gehärtet werden[1]. Man kann auch die aromatischen Polyamine durch Zugabe von *N-Alkyl-pyrrolidon*[2] oder durch Anlagerung kleiner Mengen von *Monoepoxyden*[3], *Allylglycidäther*[4], *Styrol*[5], *Trimethylol-phenol-allyläther*[6] oder durch partielle Hydrierung[7] verflüssigen. Höhermolekulare Polyamine, wie sie durch Kondensation aromatischer Amine mit Formaldehyd entstehen, wurden ebenfalls als reaktionsträge Härtungskomponenten vorgeschlagen[8]. Ihr hoher Erweichungspunkt dürfte einer allgemeinen Verwendbarkeit im Wege stehen. Setzt man diesen aromatischen Polyaminen Dicarbonsäuren zu, so erhält man Härter, deren Wirksamkeit bei Raumtemperatur die der aliphatischen Amine erreichen soll[9].

Während das *n-Dodecyl-diäthylentriamin* als plastifizierender Härter für Epoxydharze verwendet wird[10], besitzen elastifizierende Aminhärter meist längere Alkylreste zwischen den Aminogruppen, wie z.B. das *2-n-Octyl-undecylen-diamin-(1,11)*[11] oder Hydrierungsprodukte von langkettigen Dinitrilen[12] oder von Aminonitrilen[13].

Zur Herstellung elastifizierter Epoxydharze kann man auch von epoxydierten fetten Ölen ausgehen und diese mit z.B. Triäthylentetramin härten[14].

Zur Härtung von Epoxydharzen mit Aminen unter Zusatz von radikalisch polymerisierenden Verbindungen vgl. S. 515.

γ_6) Härtung von Epoxydharzen mit basischen Polyamiden, Imidazolinen und Amiden

Basische Polyamide (Formel I, S. 524), wie sie durch Kondensation von einfachen aliphatischen Polyaminen, wie z.B. Triäthylentetramin, mit dimerisierten ungesättigten Fettsäuren entstehen, haben eine große praktische Bedeutung zur Herstellung elastifizierter Epoxydharze gewonnen[15].

[1] DAS. 1024708 (1955) ≡ F.P. 1117822 (1955; Holl. Prior., 1954), Bataafsche (Shell), Erf.: P. Bruin u. H. A. Oosterhof; C. **1958**, 4940.

[2] DAS. 1034855 (1956), General Aniline & Film Corp., Erf.: R. Steckler, F. A. Hessel u. J. Werner; C. **1959**, 5315.

[3] DAS. 1041688 (1956; Am. Prior., 1955), Bataafsche (Shell), Erf.: R. L. De Hoff u. H. L. Parry; C. **1959**, 12711.
DAS. 1092194 (1957; Am. Prior., 1956), Union Carbide Corp., Erf.: A. K. Ingberman.

[4] DAS. 1122702 (1959; Österr. Prior., 1959), Micafil AG., Erf.: R. Schmid.

[5] A.P. 2926156 (1954), Aries Laboratories, Inc., Erf.: G. Mayurnik; Chem. Abstr. **54**, 16 016^h (1960).

[6] A.P. 2904530 (1956), General Aniline & Film Corp., Erf.: R. Steckler, G. Robinson u. P. Zimiles; Chem. Abstr. **54**, 1923^i (1960).

[7] A.P. 2817644 (1955), Shell Develop, Erf.: E. C. Shokal u. H. A. Newey; Chem. Abstr. **52**, 5036^a (1958).

[8] A.P. 2511913 (1946), Devoe & Raynolds Co., Erf.: S. O. Greenlee; Chem. Abstr. **44**, 8696^d (1950).
DAS. 1038752 (1957; Schweiz. Prior., 1956), CIBA, Erf.: J. H. van der Neut u. A. Renner; C. **1959**, 10413.

[9] DAS. 1041244 (1957), Deutsche Solvay-Werke GmbH., Erf.: G. Faerber; C. **1959**, 9415.

[10] ODT® (Handelsprodukt der Monsanto Chemical Co.).

[11] Belg. P. 598735 (1960), BASF, Erf.: H. Pohlemann u. O. Lissner.

[12] DBP. 863411 (1950; Schweiz. Prior., 1949 u. 1950) ≡ Österr. P. 171730 (1950), CIBA, Erf.: W. Fisch; C. **1953**, 1891.
DAS. 1076365 (1957), Farbf. Bayer, Erf.: K. Bodenbenner, R. Wegler u. R. Kubens.

[13] Belg. P. 597046 (1960; Am. Prior., 1959), General Mills, Inc., Erf.: E. R. Rogier.

[14] DAS. 1004378 (1954), Farbw. Hoechst, Erf.: L. Orthner, K. Horst u. H. Wellens; C. **1958**, 12832.

[15] F.P. 1075563 (1953) ≡ DBP. 972757 (1953) ≡ A.P. 2705223 (1952) ≡ E.P. 726570 (1953), General Mills, Inc., Erf.: M. M. Renfrew u. H. Wittcoff; C. **1956**, 9586.
A.P. 2852477 (1955), Johnson & Son, Erf.: S. O. Greenlee; Chem. Abstr. **53**, 2694^c (1959).
Northwestern Club, Paint Oil chem. Rev. **116**, 72 (1953).
M. M. Renfrew u. Mitarbb., Ind. eng. Chem. **46**, 2226 (1954).

Fortsetzung s. S. 524

$$
\begin{array}{ccc}
\text{COOH} & \text{COOH} & \\
| & | & \\
(CH_2)_7 & (CH_2)_7 & \\
| & | & \\
CH & CH & \\
\| & \| & \\
CH & CH & \\
| & | & \quad+\quad \\
CH_2 & CH & \\
| & \| & \\
CH & CH & \\
\| & | & \\
CH & (CH_2)_5 & \\
| & | & \\
(CH_2)_4 & CH_3 & \\
| & & \\
CH_3 & & \\
\end{array}
$$

9,12-Linol-säure   9,11-Linolsäure (isomerisiert)

$\xrightarrow{\text{Diels-Alder Reaktion}}$

COOH
|
$(CH_2)_7$
|
[Ring]—$(CH_2)_7$—COOH
[Ring]—CH_2—CH=CH—$(CH_2)_4$—CH_3
|
$(CH_2)_5$
|
CH_3

dimere Linolsäure

$\Big| + NH_2-(CH_2-CH_2-NH)_2-CH_2-CH_2-NH_2$

$\downarrow$

O
‖
C—NH—$(CH_2-CH_2-NH)_2-CH_2-CH_2-NH_2$
|
$(CH_2)_7$
| O
[Ring]—$(CH_2)_7$—‖C—NH—$(CH_2-CH_2-NH)_2-CH_2-CH_2-NH_2$
[Ring]—CH_2—CH=CH—$(CH_2)_4$—CH_3
|
$(CH_2)_5$ I
|
CH_3 $\xrightarrow{-H_2O}$

CH_2—CH_2—NH—CH_2—CH_2—NH_2
|
N—CH_2
| |
C CH_2
 \N/
|
$(CH_2)_7$ CH_2—CH_2—NH—CH_2—CH_2—NH_2
| |
[Ring]—$(CH_2)_7$—C   N—CH_2
                     | |
                   \N/ CH_2
[Ring]—CH_2—CH=CH—$(CH_2)_4$—CH_3
|
$(CH_2)_5$ II
|
CH_3

Fortsetzung von S. 523

D. E. Peerman, W. Tolberg u. D. E. Floyd, Division of Paint, Plastics and Printing Ink Chemistry, Atlantic City Meeting Sept. 1956, Paper 20; Ind. eng. Chem. **49**, 1091 (1957).

H. W. Keenan, J. Oil Colour Chemists' Assoc. **39**, 299 (1956).

D. E. Floyd, W. J. Ward u. W. L. Minarik, Mod. Plastics **33**, Nr. 10, 238 (1956).

H. R. Schweizer, Chem. Rdsch. [Solothurn] **10**, 92 (1957).

H. Wittcoff, Am. Paint J. **42**, Nr. 6, 90 (1957).

Firmenprospekte über Polyamidharze der General Mills, Inc.:
  Polyamide Resins, 11–1–2 (1954);
  Thermosetting Compositions Based on Polyamide
    Resin 100 and Epoxy Resin 11–4–2 (1954)
  Thermosetting Compositions Based on Polyamide
    Resin 115 and Epoxy Resin 11–6–2 (1954).
  Versamid Technical Bulletin 11–A, General Mills, Inc., Chemical Division, Kankakee/Illinois.

Derartige dimerisierte Säuren enthalten neben geringen Mengen monomerer Fettsäuren noch etwa 10% trimere Säuren[1,2]. Die langen Fettreste verleihen den Härtungsprodukten sowohl elastische als auch hydrophobe Eigenschaften.

Zur Herstellung[3] dieser basischen Amide (Versamid®-Marken) kann das Molverhältnis von Dicarbonsäure, vornehmlich dimerer Fettsäure, zu primärem Di- oder Polyamin in weiten Grenzen variiert werden. Ein größerer Überschuß von z.B. Äthylendiamin und besonders Diäthylentriamin oder Triäthylentetramin führt zu niedermolekularen, stark basischen Amiden von Weichharzcharakter. Diese geben mit Epoxydharzen schon bei Zimmertemperatur langsam härtende Überzüge, welche sich beim Erhitzen in elastische, harte Lackfilme verwandeln (Beispiel 36, S. 551). Gegenüber Triäthylentetramin haben sie außer der elastifizierenden Wirkung den Vorzug, daß ihre Gemische mit Epoxydharzen eine größere Topfzeit haben und daß sie selbst weniger flüchtig und physiologisch unbedenklicher sind (z.T. enthalten diese Polyamidharze einen geringen Anteil an Imidazolin-Verbindungen[4], s. Formel II, S. 524). In dem Maße, in dem man bei der Herstellung der Versamide® den Überschuß an Polyamin verringert, werden die Amidharze zunehmend schwerlöslicher und höher schmelzend und vor allem reaktionsträger, da der Gehalt an Aminogruppen abnimmt und der Carboxygruppengehalt zunimmt[5]. Zur Härtungsbeschleunigung[6] können Phenole[7], Polyamine[5,8] und tertiäre Amine[9] (insbesondere *2,4,6-Tris-[dimethyl-amino-methyl]-phenol*)[10] mitverwendet werden. Ebenso wie bei den niederen Polyaminen (vgl. S. 520) wird die Reaktionsgeschwindigkeit durch Anlagerung von Ketonen herabgesetzt[11]. Durch Salzbildung mit z.B. Ameisensäure können Polyamid-Epoxydharz-Mischungen stabilisiert und in wäßrige Emulsionen übergeführt werden[12]. Die Polyamide lassen sich in der üblichen Weise modifizieren, beispielsweise durch Anlagerung von Monoepoxyden[13], durch Verdünnung mit α,β-unge-

[1] Vgl. z.B. A.P. 2379413 (1940), American Cyanamid Co., Erf.: T.F. BRADLEY; Chem. Abstr. **39**, 5126[6] (1945).
A.P. 2955121 (1959), Emery Industries, Inc., Erf.: L.D. MYERS, C.G. GOEBEL u. F.O. BARRETT.

[2] Zur Verwendung von Destillationsrückständen höherer Fettsäuren s. A.P. 2824078 (1954), Dearborn Chemicals Co., Erf.: C. MELLICK; Chem. Abstr. **52**, 21164[a] (1958).

[3] A.P. 2450940 (1944), United States of America, Secretary of Agriculture, Erf.: J.C. COWAN, L.B. FALKENBURG, H.M. TEETER u. P.S. SKELL; Chem. Abstr. **43**, 440[c] (1949).
A.P. 2663649 (1952), T.F. Washburn Co., Erf.: W.B. WINKLER; Chem. Abstr. **48**, 5524[d] (1954).

[4] D.E. PEERMAN, W. TOLBERG u. H. WITTCOFF, Am. Soc. **76**, 6085 (1954).

[5] DBP. 972757 (1953) ≡ A.P. 2705223 (1952), General Mills, Inc., Erf.: M.M. RENFREW u. H. WITTCOFF; Chem. Abstr. **50**, 2206[i] (1956).

[6] H. ZUMSTEIN, Fette Seifen einschl. Anstrichmittel **60**, 547 (1958).

[7] Belg. P. 577625 (1959; Holl. Prior., 1958), Bataafsche (Shell).

[8] A.P. 2930773 (1956), General Mills, Inc., Erf.: M.M. RENFREW u. D.E. PEERMAN; Chem. Abstr. **54**, 16016[f] (1960).

[9] DAS. 1100276 (1958; Schweiz. Prior., 1957) ≡ Österr. P. 207120 (1958), CIBA, Erf.: O. ERNST; C. **1960**, 14535.

[10] DAS. 1043629 (1957; Schweiz. Prior., 1956), CIBA, Erf.: H. ZUMSTEIN; C. **1959**, 12395.

[11] DAS. 1063801 (1957), Henkel & Cie. GmbH., Erf.: H. PIETSCH; C. **1960**, 9396.

[12] A.P. 2811495 (1952), General Mills, Inc., Erf.: H. WITTCOFF u. M.M. RENFREW; Chem. Abstr. **52**, 3404[i] (1958).
A.P. 2844552 (1954), General Mills, Inc., Erf.: D. GLASER; Chem. Abstr. **52**, 17807[e] (1958).
A.P. 2899397 (1955) ≡ DAS. 1106495 (1959), General Mills, Inc., Erf.: D. AELONY u. H. WITTCOFF.

[13] A.P. 2970971 (1956), North American Aviation, Erf.: I. KATZ, J.C. WILSON u. R.W. JENKINS.

sättigten Estern[1] oder durch Kombination mit Polymerisaten[2]. In steigendem Maße finden derartige basische Polyamid-Epoxydharz-Kombinationen[3] Verwendung zur Herstellung elastischer Gießharze, Klebstoffe[4] und – oft zusammen mit reaktiven Melamin-Formaldehyd-Harzen – von hochelastischen Oberflächenüberzügen.

Andere zur Herstellung basischer Polyamide herangezogene Carbonsäuren sind dimerisierte Abietinsäure[5], Anlagerungsprodukte von Maleinsäureanhydrid an ungesättigte Fettsäure[6, 7], Adipinsäure[8], Copolymerisate von Styrol mit Ricinensäure[9], aber auch Monocarbonsäuren, wie Äthylhexansäure[10], sowie Aminocarbonsäuren[11]. Auch durch Umsetzung von Polyaminen mit ungesättigten Carbonsäureestern wie Acrylsäuremethylester[12] oder mit Lactamen[13], wurden basische Polyamide erhalten, welche sich zur Epoxydharz-Härtung eignen.

Hydroxygruppenhaltige elastifizierend wirkende Amin-polyamid-Harze können durch Umsetzung von epoxydierten ungesättigten Fettsäureestern mit überschüssigen Di- und Polyaminen erhalten werden[14]:

$$\sim\!\!\sim\!\! CH\!=\!CH\sim\!\!\sim\!\! COOCH_3 \;\rightarrow\; \sim\!\!\sim\!\! HC\!\!-\!\!CH \sim COOCH_3 + H_2N\!\!-\!\!CH_2\!\!-\!\!CH_2\!\!-\!\!NH_2 \;\rightarrow$$
$$\diagdown O \diagup$$

$$\sim\!\!\sim\!\! CH\!\!-\!\!CH \sim\!\!\sim\!\!\sim\!\!\sim\!\!\sim CO\!\!-\!\!NH\!\!-\!\!CH_2\!\!-\!\!CH_2\!\!-\!\!NH_2$$
$$\;\;\;|\;\;\;\;|$$
$$OH \;\; NH\!\!-\!\!CH_2\!\!-\!\!CH_2\!\!-\!\!NH_2$$

Polyester-amide, zum Teil unter Verwendung von ungesättigten Dicarbonsäuren dargestellt, dienen ebenfalls als elastifizierende Härtungskomponenten[15].

Während in den handelsüblichen Versamiden® Imidazolinverbindungen nur in geringer Menge vorhanden sind (vgl. S. 525), werden neuerdings auch die durch Kondensation von Mono-[16] und Dicarbonsäuren unter energischeren Bedingungen

[1] DAS. 1125170 (1959) ≡ Belg. P. 585496 (1959; Am. Prior., 1958), General Mills, Inc., Erf.: D. E. FLOYD u. D. E. PEERMAN.
[2] A. P. 2987492 (1958), Eastman Kodak Co., Erf.: R. G. PINDER.
[3] DAS. 1110795 (1958) ≡ A. P. 2944036 (1957), General Mills, Inc., Erf.: D. E. FLOYD u. W. J. WARD; Chem. Abstr. **54**, 19445[f] (1960).
[4] H. NIEMANN u. J. GÜNTHER, Adhäsion **5**, 449 (1961).
[5] A. P. 2823189 (1953), General Mills, Inc., Erf.: D. E. FLOYD; Chem. Abstr. **52**, 8623[f] (1958).
[6] Belg. P. 593299 (1960; DB. Prior., 1959), Schering AG.
[7] Belg. P. 588555 (1960; E. Prior., 1959), I.C.I.
[8] F. P. 1143266 (1955; DB. Prior., 1955) ≡ Österr. P. 192626 (1955), Chemische Werke Albert; C. **1958**, 9921.
[9] DAS. 1058730 (1957; E. Prior., 1956 u. 1957), Beck, Koller & Co. Ltd., Erf.: G. SWANN u. P. G. EVANS.
[10] F. P. 1157453 (1956; E. Prior., 1955), Pressed Steel Co. Ltd.; C. **1960**, 12179.
[11] Anlagerung von Cyanwasserstoff an Ölsäure und Verseifung der Formylverbindung: DAS. 1100281, 1130809 (1958), Schering AG., Erf.: E. GRIEBSCH u. M. WALLIS.
[12] Belg. P. 574358 (1958) ≡ DAS. 1072805 (1958), Deutsche Solvay-Werke GmbH., Erf.: H. J. KIESSLING, H. JUNKERT u. I. RANKE; C. **1960**, 12179.
[13] DAS. 1124688 (1960) ≡ Belg. P. 586077 (1959), Allied Chemical Corp., Erf.: B. TAUB. K. THINIUS u. G. WERNER, Plaste u. Kautschuk **8**, 175 (1961).
[14] DAS. 1055236 (1955); 1041246 (1956), Reichhold Chemie AG., Erf.: W. FORSTER; C. **1959**, 10742. Belg. P. 560515 (1957; Am. Prior., 1956), General Mills, Inc., Erf.: E. R. ROGIER. L. KOVÁCS, Mag. chem. Folyóirat **66**, Nr. 7, 281 (1960).
[15] A. P. 2626223 (1951), Westinghouse Electric Co., Erf.: F. A. SATTLER, J. SWISS u. J. G. FORD; Chem. Abstr. **47**, 3617[a] (1953).
[16] DAS. 1089544 (1959) ≡ Belg. P. 576542 (1959), General Mills, Inc., Erf.: H. WITTCOFF u. J. G. ERICKSON.

mit z. B. Triäthylentetramin erhältlichen Aminoalkylmono- und -diimidazoline (s. Formel II, S. 524) als Epoxydharz-Härter eingesetzt. Geeignete Dicarbonsäuren sind z. B. aromatische Dicarbonsäuren[1], Adipinsäure[2] oder solche aliphatischen Dicarbonsäuren, wie sie durch Oxosynthese aus Ölsäure und anderen ungesättigten Fettsäuren erhalten werden[3]. Die aus aromatischen Diimidazolinen hergestellten Produkte haben eine höhere Wärmefestigkeit als die mit aliphatischen Diimid-azolinen hergestellten Härtungsprodukte.

Als reaktionsträge Härtungsmittel für Epoxydharze werden auch Carbon-säure-[4,5] und Sulfonsäureamide[6,7] angegeben; von Interesse sind vor allem flüssige Amide[5,7]. Allerdings nimmt man hier nicht katalytische, sondern etwa äqui-valente Mengen; die erforderlichen Reaktionsbedingungen sind recht energisch. In anderen Patenten werden Gemische von Amiden mit Phenolaten[8] sowie Sulfonsäureamid-Aldehyd-Kondensationsprodukte[9] genannt. Auch *Harn-stoff*[10] und andere amidgruppenhaltige Kohlensäurederivate[11] werden als Härter empfohlen, z. T. in Kombination mit anderen Verbindungen[12].

So lassen sich z. B. 100 g *Dian-diepoxyd-Harz* mit 35 g *Phthalsäureanhydrid* und 0,67 g *Di-phenylguanidin* oder mit 17,5 g *Cyanursäure* und 17,5 g *Dicyandiamid* oder mit 30 g *Melamin* härten[13].

Mit *Adipinsäure-Dicyandiamid-Gemischen* soll man besonders chemikalienfeste Überzüge erhalten[14], doch ist auch hier längeres Erwärmen auf Temperaturen bis zu

[1] DAS. 1079320 (1958) ≡ A.P. 2878233 (1957), General Mills, Inc., Erf.: S. A. HARRISON u. L. A. PETERSON; C. **1960**, 15921.

[2] DAS. 1105611 (1958) ≡ A.P. 2878234 (1957), General Mills, Inc., Erf.: S. A. HARRISON u. L. A. PETERSON; C. **1960**, 15921.

[3] DAS. 1074856 (1958; Am. Prior., 1957), General Mills, Inc., Erf.: S. A. HARRISON.

[4] A.P. 2589245 (1945), Devoe & Raynolds Co., Erf.: S. O. GREENLEE; Chem. Abstr. **46**, 11775[d] (1952).

[5] Formamid: DAS. 1046875 (1952), Henkel & Cie. GmbH., Erf.: B. RAECKE; C. **1960**, 1015.
Copolymere des Acrylamids: F.P. 1218434 (1958; Am. Prior., 1957), Rohm & Haas Co., Erf.: S. MELAMED.
Konjugiert-ungesättigte Fettsäureamide: DAS. 1010676 (1954), BASF, Erf.: H. UFER, W. HÖRAUF u. O. LISSNER; C. **1957**, 13819.
Lactame: A.P. 2847341–343 (1957), General Electric Co., Erf.: L. S. KOHN; Chem. Abstr. **52**, 21241[d–f] (1958).
Polycaprolactam und andere Polyamide: A.P. 2962468 (1955), American Can Co., Erf.: J. H. GROVES.

[6] A.P. 2712001 (1952), Devoe & Raynolds Co., Erf.: S. O. GREENLEE; Chem. Abstr. **49**, 12879[c] (1955).
DAS. 1076366 (1952), Henkel & Cie. GmbH., Erf.: B. RAECKE.

[7] DBP.-Anm. H 11781 (1952), Henkel & Cie. GmbH., Erf.: B. RAECKE u. W. GÜNDEL.

[8] A.P. 2510886 (1946), Devoe & Raynolds Co., Erf.: S. O. GREENLEE; Chem. Abstr. **44**, 10376[b] (1950).

[9] A.P. 2494295 (1946), Devoe & Raynolds Co., Erf.: S. O. GREENLEE; Chem. Abstr. **44**, 3298[a] (1950).

[10] A.P. 2713569 (1952), Devoe & Raynolds Co., Erf.: S. O. GREENLEE; Chem. Abstr. **49**, 13695[i] (1955).

[11] Diharnstoffe: DAS. 1124240 (1959), BASF, Erf.: H. POHLEMANN, F. SCHAUDER u. H. G. TRIESCHMANN.
Dicyandiamid: DAS. 1105613 (1955), Licentia Patent-Verwaltungs-GmbH., Erf.: E. F. WEBER; P. V. MOLOTKOV u. M. Z. CIRKIN, Plasticheskie Massy **1960**, Nr. 11, 11.

[12] A.P. 2855372 (1956), North American Aviation, Inc., Erf.: R. W. JENKINS, G. A. PLEW u. I. KATZ; Chem. Abstr. **53**, 8709[e] (1959).

[13] Schweiz. P. 251647 (1945), CIBA; Chem. Abstr. **44**, 376[d] (1950).

[14] DBP. 895833 (1949; Schweiz. Prior., 1948), CIBA, Erf.: G. H. OTT; C. **1954**, 3807.

180° erforderlich (Beispiel 37, S. 552). Kombinationen von Epoxydharzen mit Melamin-Formaldehyd-Harzen werden auf S. 532 ff. beschrieben.

Als Härter werden ferner Bis-carbonsäurehydrazide[1], polymere Carbonsäurehydrazide[2] sowie Umsetzungsprodukte von Cyanurchlorid mit einem Mol Amin und zwei Mol Hydrazin[3] verwendet.

γ_7) Härtung von Epoxydharzen mit phosphorhaltigen Verbindungen

Phosphorsäure und saure Phosphorsäureester[4] dienen ebenfalls als Härtungsmittel. Fügt man den Epoxydharzen nur geringe Mengen dieser Verbindungen zu, so dürfte die Polyätherbildung überwiegen. Unter Anwendung äquivalenter Mengen entstehen dagegen Phosphorsäureester. Während *Monooxäthylphosphat* Epoxydharze schon bei Raumtemperatur aushärtet, sind beim *Trioxäthylphosphat* Temperaturen über 70° erforderlich[5]. Copolymerisate des Glycidylmethacrylats (Herstellung s. Beispiel 29, S. 549) können in Gegenwart von Ketonen mit einem Überschuß an Phosphorsäure oder sauren Phosphorestern in alkalilösliche Produkte übergeführt werden, welche durch nachträgliches Erhitzen auf 120°, auch in Form ihrer Ammoniumsalze, unlöslich gemacht werden[6]. Die phosphatisierten Polymeren werden durch die Ketone stabilisiert, wobei durch Modellversuche im Gleichgewicht 1,3-Dioxolane (cyclische Ketale) und freie Phosphorsäure nachgewiesen werden konnten[7]. Ferner können sie mit Polyepoxyden[8] auch in Kombination mit Dicarbonsäuren[9] gehärtet werden. Erwähnt sei auch ein Patent, nach dem Epoxydharze zunächst mit ungesättigten Fettsäuren zu Hydroxyestern umgesetzt werden, die dann an den Hydroxygruppen mit Phosphorsäure verestert werden[10]. Mit Phosphonsäuren veresterte Epoxydharze zeigen eine bemerkenswerte Flammfestigkeit[11].

γ_8) Sonstige Härtungsmethoden

Außer der katalytischen Härtung von Epoxydharzen mit tertiären Aminen (s. S. 516) ist auch eine katalytische Härtung mit sauren Katalysatoren möglich. Hierbei kommen nur solche Säuren in Frage, deren Anionen sich nur schlecht an die Epoxydgruppen anlagern lassen (vgl. hierzu auch S. 427 f.).

---

[1] DAS. 1054704 (1956; Am. Prior., 1955) ≡ A. P. 2847395 (1955), Minnesota Mining & Manufacturing Co., Erf.: R. L. Wear; Chem. Abstr. **54**, 1924[b] (1960).

[2] F. P. 1212707 (1956; Schweiz. Prior., 1955), CIBA.

[3] DAS. 1079833 (1957; Am. Prior., 1956), Minnesota Mining & Manufacturing Co., Erf.: R. L. Wear.

[4] A. P. 2541027 (1948), Shell Develop. Erf.: T. F. Bradley; Chem. Abstr. **45**, 4061[b] (1951).

[5] M. C. S. Cyr, SPE (Soc. Plastics Engrs.) Trans. **1**, Nr. 1, 47 (1961).

[6] A. P. 2692876, 2723971 (1953), DuPont, Erf.: M. E. Cupery; Chem. Abstr. **49**, 2119[f] (1955); **50**, 3800[h] (1956).

J. A. Simms, Atlantic City Meeting 1959, **19**, Nr. 2, S. 138, Paper 19; Abstracts of Papers 136th Meeting of the American Chemical Society 1959, S. 6 Q; J. Appl. Polymer Sci. **5**, Nr. 13, 58 (1961).

[7] A. E. Brachmann u. J. C. Fang, J. org. Chem. **24**, 1369 (1959).

[8] A. P. 2849418 (1953), DuPont, Erf.: J. C. Fang; Chem. Abstr. **53**, 2645[b] (1959).

[9] DAS. 1123066 (1957) ≡ A. P. 2868760 (1956), DuPont, Erf.: D. N. Staicopoulos; Chem. Abstr. **53**, 16558[b] (1959).

[10] A. P. 2709690 (1952), Shell Develop., Erf.: E. S. Narracott; Chem. Abstr. **49**, 13665[f] (1955).

[11] A. P. 2732367 (1953), Shell Develop., Erf.: E. C. Shokal; Chem. Abstr. **50**, 13992[h] (1956).

A. P. 2941003 (1956), Shell Oil Co., Erf.: E. C. Shokal.

Besonders wirksam sind Disulfonsäuren, wie z. B. *m-Benzoldisulfonsäure*, von der schon 0,5% genügen[1], sowie Sulfonsäureester und -halogenide[2].

Auch Friedel-Crafts-Katalysatoren wie *Borfluorid*[3] werden häufig zur Kalt-härtung vorgeschlagen, jedoch meist in Form ihrer Addukte an Äther[4,5], Alkohole oder Glykole[5,6].

Verbindungen, welche polymerisierbare Doppelbindungen und Epoxydgruppen besitzen, werden durch Radikalpolymerisation in hochmolekulare Epoxydharze (s. S. 495), durch saure Katalysatoren jedoch in ungesättigte Polyäther überführt[7]. So werden bei der Härtung von *Allylglycidäther* mit Borfluorid-ätherat oder Zinn-(IV)-chlorid zuerst die Epoxydgruppen und dann erst die Doppelbindungen polymerisiert, so daß zum Schluß unlösliche Härtungsprodukte vorliegen. Noch lösliche Zwischen-stufen können mit Peroxyden oder durch Luftsauerstoff in den unlöslichen Zustand übergeführt werden (s. Beispiel 32, S. 550). Wahrscheinlich wird bei geeigneter Lage der funktionellen Gruppen zueinander jedoch ein Teil der Doppelbindungen durch Cyclopolymerisation verbraucht, was bei der kationischen Polymerisation von *Glycidylacrylat*[8] nachgewiesen werden konnte. Auch die Herstellung von ungesättigten Copolymerisaten des *Tetrahydrofurans* mit *Methacrylsäureglycidester*, *Allylglycidäther* oder *(p-Vinyl-phenyl)-glycid-äther* mit Hilfe von Perchlorsäure oder Borfluorid-ätherat ist möglich[9]. Die Copolymerisation von Epoxydharzen mit Tetrahydrofuran wird auf S. 560 behandelt.

Zur Härtung von Epoxydharzen für größere Kunststoffteile, für Schichtstoffe oder zur Metallverklebung ist es oft vorteilhaft, ein fertiges, lagerfähiges Gemisch aus Harz und Härter zu verwenden, wobei der Härter erst in der Hitze reagiert. Als latente Katalysatoren sind vor allem Amin-Bortrifluorid-Addukte geeignet, welche je nach der Art des verwendeten Amins bei verschiedenen Temperaturen dissoziieren und dann die Härtung bewirken[10], so z. B. *Piperidin-Bortrifluorid*[11] und *Bortrifluorid-Harnstoff*- und *-Hexamethylentetramin-Addukte*[12]. Ein Zusatz von Poly-alkoholen wirkt sich günstig aus[13]. Auch hier kann die Reaktion im Gelstadium

[1] A. P. 2643243 (1951), Shell Develop., Erf.: H. DANNENBERG; Chem. Abstr. **47**, 10278[f] (1953).

[2] DBP. 813205 (1949), Farbw. Hoechst, Erf.: K. DIETZ; C. **1952**, 4854.

[3] DBP. 969930 (1954), Henkel & Cie. GmbH., Erf.: G. DIECKELMANN u. R. HEYDEN; C. **1959**, 4324.

[4] Belg. P. 560432 (1957; Am. Prior., 1956), Swift & Co., Erf.: T. W. FINDLEY, J. L. OHLSON u. F. E. KUESTER.

[5] E. P. 792702 (1954), I. C. I., Erf.: H. BRUNNER; Chem. Abstr. **52**, 16791[c] (1958).

[6] DAS. 1062008 (1958; Schweiz. Prior., 1957 u. 1958), CIBA, Erf.: W. HOFMANN, W. FISCH u. F. PASCHE; C. **1960**, 318.

[7] A. P. 2450234 (1943), Shell Develop., Erf.: T. W. EVANS u. E. C. SHOKAL; Chem. Abstr. **43**, 903[i] (1949).

[8] I. A. ARBUZOVA u. V. N. EFREMOVA, Vysokomolekulyarnye Soedineniya **2**, 1586 (1960).

[9] DAS. 1027400 (1956), Farbf. Bayer, Erf.: K. BODENBENNER u. R. WEGLER; C. **1959**, 17517.

[10] A. P. 2717885 (1949), Devoe & Raynolds Co., Erf.: S. O. GREENLEE; Chem. Abstr. **50**, 2207[b] (1956).

[11] F. P. 1110821 (1954; Am. Prior., 1953), Westinghouse Electric Corp., Erf.: R. H. RUNK u. S. ROBBINS; C. **1957**, 2374.
Belg. P. 557665 (1957; Am. Prior., 1956) ≡ A. P. 2890194 u. 2890209/10 (1956), Union Carbide Corp., Erf.: B. PHILLIPS, F. C. FROSTICK jr., C. W. MCGARY jr. u. C. T. PATRICK jr.; Chem. Abstr. **53**, 18553[c], 17572[c,d] (1959).
Belg. P. 557988–990 (1957; Am. Prior., 1956) ≡ DAS. 1113575 u. 1112636/7 (1957), Union Carbide Corp., Erf.: B. PHILLIPS, P. S. STARCHER, C. W. MCGARY jr. u. C. T. PATRICK jr.

[12] F. P. 1112864 (1954; Am. Prior., 1953), CIBA, Erf.: M. WISMER; C. **1958**, 8490.

[13] A. P. 2824083 (1955), Shell Develop., Erf.: H. L. PARRY u. W. A. HUBBARD; Chem. Abstr. **52**, 8621[g] (1958).

unterbrochen und nach Zusatz von anderen Härtern, z.B. von Polycarbonsäure-anhydriden, beendet werden[1]. Über die Härtung von Epoxydharzen mit *Zinkfluoroborat* bei Textilimprägnierungen s. S. 467[2].

Andere latente Härter werden erhalten, wenn man Polyamine in Chelate überführt[3,4], wie sie z.B. durch Umsetzung von Diäthylentriamin mit Zinkoxyd und 2-Äthyl-capronsäure entstehen[3].

Auch Borsäure[5] und verschiedene borhaltige Komplexverbindungen[6] werden als Härter für Epoxydharze benutzt. Das Tris-äthanolamin-borat, welches durch azeotrope Veresterung von Triäthanolamin mit Borsäure leicht zugänglich ist[7], wird erst bei 140–200° aktiv[7–9]. Bei Raumtemperatur ist es dagegen durch Betainbildung zwischen dem elektrophilen Bor und dem nucleophilen Stickstoff stabilisiert. Die beschleunigende Wirkung einiger Metallkomplexe, wie Chrom-(III)- oder Nickel-(II)-acetylacetonat[8], wird dadurch erklärt, daß das einsame Elektronenpaar des Stickstoffs unter Verdrängung des Acetylacetons in den Metallkomplex eingebaut wird, wodurch die Borsäureestergruppen ihre katalytische Wirkung zurückerhalten[9]. Dem Triäthanolaminborat ähnliche Härter sind in großer Zahl hergestellt worden[10].

Härter mit einer gegenüber den reinen Borsäure- oder Alkylborsäureestern erhöhten Lagerfähigkeit entstehen durch Kombination mit Estern bzw. Alkoholaten des Siliciums, Titans oder Aluminiums, z.B. mit Tris-äthanolamin-titanat[11]. Man

---

[1] Belg.P. 557991 (1957; Am. Prior., 1956), Union Carbide Corp., Erf.: B. PHILLIPS, P. S. STARCHER, C. W. McGARY jr. u. C. T. PATRICK jr.
DAS. 1127081 (1960; Am. Prior., 1959), Union Carbide Corp., Erf.: C. T. PATRICK jr. u. Mitarbeiter.

[2] DAS. 1105376 (1954; Am. Prior., 1953), Bataafsche (Shell), Erf.: C. W. SCHROEDER.

[3] A.P. 2819233 (1953), Phelps Dodge Copper Products Corp., Erf.: E. L. SMITH u. R. HALL; Chem. Abstr. **52**, 5036^g (1958),

[4] E.P. 836695 (1955), Leicester, Lovell &. Co., Erf.: R. R. BISHOP; Chem. Abstr. **54**, 21853^a (1960).
DAS. 1097131 (1958); 1097132 (1959), Gesellschaft für Teerverwertung mbH., Erf.: H. WILLE u. K. JELLINEK.

[5] F.P. 1242594 (1959; Am. Prior., 1958), Devoe & Raynolds Co., Erf.: H. P. PRICE.

[6] H. LEE u. K. NEVILLE, SPE Journal **16**, 315 (1960).

[7] A.P. 2785192 (1955), Westinghouse Electric Corp., Erf.: I. N. ELBLING u. S. H. LANGER; Chem. Abstr. **51**, 11377^e (1957).

[8] F.P. 1132005 (1955) ≡ A.P. 2871454 (1954), Westinghouse Electric Corp., Erf.: S. H. LANGER; Chem. Abstr. **53**, 10844^e (1959).

[9] S. H. LANGER u. I. N. ELBLING, Division of Paint, Plastics and Printing Ink Chemistry, Atlantic City Meeting Sept. 1956, Paper 13; Ind. eng. Chem. **49**, 1113 (1957).

[10] Tris-propanolamin-borat: A.P. 2942021 (1957), Cyanamid Co., Erf.: S. J. GROSZOS u. N. E. DAY; Chem. Abstr. **54**, 24396^d (1960).
Bor-tris-[alkoxy]-hydrazinium-Verbindungen: A.P. 2988567 (1958), Ohio State University Research Foundation, Erf.: G. M. OMIETANSKI.
Alkyl-borsäure-diester: A.P. 2970130 (1958), Westinghouse Electric Corp., Erf.: A. B. FINESTONE.

[11] DAS. 1041689 (1956) ≡ A.P. 2809184 (1955), Westinghouse Electric Corp., Erf.: S. H. LANGER; C. **1959**, 3989.
A.P. 2871222 (1957); 2953545 (1958), Westinghouse Electric Corp., Erf.: A. B. FINESTONE; Chem. Abstr. **53**, 12743^h (1959).
A.P. 2956613 (1957), Westinghouse Electric Corp., Erf.: L. E. EDELMAN, R. H. RUNK u. W. J. ADAMIK.
A.P. 2941981 (1958), Westinghouse Electric Corp., Erf.: I. N. ELBLING u. W. R. THOMAS; Chem. Abstr. **54**, 19021^h (1960).
S. H. LANGER u. Mitarbb., J. Appl. Polymer Sci. **5**, Nr. 15, 370 (1961).

kann auch die Enolate[1], Alkoholate[2,3,5] oder Phenolate[4] mehrwertiger
Metalle, vor allem des Aluminiums, allein verwenden. Die so gehärteten Produkte
sind besonders hell und zeichnen sich außerdem durch eine gute Lösungsmittel- und
Lagerbeständigkeit aus. In manchen Fällen empfiehlt sich der Zusatz geringer Mengen
Hexamethylol-melamin-butyläther als Verlaufmittel[5]. Ähnlich wie die genannten
Alkoholate verhalten sich die Salze aus mehrwertigen Metallen mit Sikkativ-
säuren[6] und auch gewisse metallorganische Zinnverbindungen[7]. Zur Herstellung von Einbrennlacken sind stickstoffhaltige Aluminium- und Magnesium-
verbindungen, wie Aluminiumanilid, als Härter empfohlen worden[2,8]. Erwähnt sei
auch die Härtung mit Metallcarbonylen[9]. Titansäureester härten hydroxy-
gruppenarme Epoxydharze nur unter energischen Bedingungen mit ausreichender
Geschwindigkeit[10]; die Härtung, die durch Zusatz von Aminen beschleunigt werden
kann[10], führt zu Produkten mit guter Wärmefestigkeit. Hydroxygruppenreiche
Epoxydharze dagegen werden durch Titansäureester schnell gehärtet, wobei eine
Umesterung stattfindet[11]. In solchen Fällen ist es zweckmäßig, die Reaktionsfähigkeit
des Titanats durch Zugabe eines komplexbildenden Amins herabzusetzen[11,12]. Nach
einem anderen Patent werden fettsäuremodifizierte, hydroxygruppenreiche Epoxydharze mit Titansäureestern und Sikkativen versetzt und zu lufttrocknenden Lacken
verarbeitet[13].

Elektrisch besonders hochwertige Harze sollen beim Härten von Epoxyden mit Sila-
zanen entstehen[14]. Auch andere Organosiliciumverbindungen[15], wie z.B. Amino-[16]

[1] S. H. LANGER u. I. N. ELBLING, Division of Paint, Plastics and Printing Ink Chemistry,
   Atlantic City Meeting Sept. 1956, Paper 13.
   DBP. 910727 (1951), Chemische Werke Albert, Erf.: F. SCHLENKER u. H. STARCK; C. **1954**,
   10110.
[2] DBP. 910335 (1951), Chemische Werke Albert, Erf.: F. SCHLENKER u. H. STARCK; C. **1955**,
   230.
[3] DAS. 1013422 (1955), Chemische Werke Albert, Erf.: F. SCHLENKER; C. **1958**, 6688.
   A. P. 3006941 (1959), Harshaw Chemical Co., Erf.: A. MUDRAK u. L. E. STEVIK.
[4] DAS. 1011617 (1954), Chemische Werke Albert, Erf.: F. SCHLENKER; C. **1957**, 13820.
[5] DBP.-Anm. C 10935 (1955), Chemische Werke Albert, Erf.: J. REESE.
[6] DBP. 931729 (1952) = F. P. 1069845 (1953), Chemische Werke Albert; Erf.: F. SCHLENKER;
   C. **1956**, 4007.
[7] DAS. 1008909 (1955), Chemische Werke Albert, Erf.: F. SCHLENKER; C. **1958**, 6980.
[8] DBP.-Anm. C 9373 (1954), Chemische Werke Albert, Erf.: F. SCHLENKER.
   E. P. 839171 (1958; Am. Prior., 1957), Union Carbide Corp., Erf.: F. N. HILL, J. T. FITZ-
   PATRICK u. F. E. BAILEY jr.; Chemische Abstr. **54**, 25985ᵈ (1960).
[9] E. P. 740346 (1952; DB. Prior., 1951), Chemische Werke Albert.
[10] DAS. 1032529 (1954; Am. Prior., 1953) = F. P. 1117783 (1954), General Electric Co., Erf.:
   A. H. HORNER u. L. S. KOHN; C. **1958**, 6405.
   DAS. 1103023 (1959), Shell Internationale Research Mij.; Erf.: U. HASSERODT u. L. KORFHAGE.
[11] Vgl. hierzu F. SCHMIDT, Ang. Ch. **64**, 536 (1952).
[12] E. P. 775035 (1954) = DAS. 1009741 (1954) = A. P. 2742448 (1953), National Lead Co., Erf.:
   H. H. BEACHAM u. K. M. MERZ; C. **1957**, 12903.
[13] A. P. 2733222 (1952) = DAS. 1029109 (1953), National Lead Co., Erf.: H. H. BEACHAM; Chem.
   Abstr. **50**, 6812ⁱ (1956).
[14] DAS. 1035897 (1957), Siemens-Schuckertwerke AG., Erf.: F. WEIGEL; C. **1959**, 3933.
[15] A. P. 2819245 (1955), Dow Corning Corp., Erf.: L. M. SHORR; Chem. Abstr. **52**, 5030ᶠ (1958).
[16] DAS. 1114493 (1957; Am. Prior., 1956), Union Carbide Corp., Erf.: R. M. PIKE u. E. L.
   MOREHOUSE.
   DAS. 1091748 (1957; Am. Prior., 1956), Richardson Co., Erf.: H. SCHULTZ u. C. G. ZIKE.
   F. P. 1213000 (1958; Am. Prior., 1957), Union Carbide Corp., Erf.: B. KANNER.
   DAS. 1125171 (1959), Schering AG., Erf.: E. GRIEBSCH u. M. WALLIS.

und Halogensilane[1,2] bzw. -siloxane, Siloxanole[3,4] sowie Organosiliciumverbindungen mit freien phenolischen Hydroxygruppen[5], Carboxygruppen[6] oder
Carbonsäureanhydridgruppen[1], werden zu Umsetzungen mit Epoxydharzen herangezogen. Durch geeignete Wahl der Komponenten, der Mengenverhältnisse und der
Reaktionsbedingungen lassen sich alle Übergänge zwischen Polyepoxyden und
epoxydgruppenfreien löslichen oder vernetzten Produkten erhalten (vgl. S. 499).
Hydroxygruppenhaltige, gegebenenfalls fettsäuremodifizierte Epoxydharze werden
mit Si—OH-gruppenhaltigen Verbindungen zu siliconmodifizierten Alkydharzen
umgesetzt, welche noch Epoxydgruppen enthalten und als temperaturfeste Lackharze[7] und Schichtstoffe[3,8] verwendet werden können. Ebenso wie Vinyl-trichlor-silan
oder Methacryl-chrom-(III)-chlorid werden siliciumhaltige Epoxyde und deren
Umsetzungsprodukte[9] als *Haftvermittler* bei der Herstellung von glasfaserverstärkten
Kunststoffen benutzt[10].

δ) Kombination von Epoxydharzen mit reaktiven Phenol-, Melamin- und Harnstoff-Formaldehyd-Harzen

Von großer Bedeutung für die Lackindustrie sind Kombinationen von Epoxydharzen mit reaktiven Phenol-[11-13], Melamin-[13,14] und Harnstoff-Formaldehyd-Harzen[13-15] (s. Beispiel 38, S. 552). Die zusammen mit Resolen (s. S. 228) hergestellten

---

[1] DAS. 1114491 (1954), Esso Research & Engineering Co., Erf.: H. K. WIESE, J. F. NELSON u. C. E. MORRELL.

[2] Belg. P. 578462 (1959; E. Prior., 1958), A. Boake, Roberts & Co., Ltd.

[3] L. S. VOLKOVA, B. A. KISELEV u. N. S. LEZNOV, Plastickeskie Massy **1959**, Nr. 1, 56.

[4] Belg. P. 579783 (1959; E. Prior., 1958 u. 1959), I.C.I.
    DAS. 1107400 (1958), Établissement Metallochimie, Erf.: R. RÜSTIG.

[5] A. P. 2997458 (1958), Westinghouse Electric Corp., Erf.: D. W. LEWIS.
    DAS. 1046323 (1952); 1050051 (1956), Siemens-Schuckertwerke AG., Erf.: F. WEIGEL; C. **1959**, 9743, 16493.

[6] A. P. 2864722 (1955), Glidden Co., Erf.: R. L. MILLAR u. N. G. PETERSON.

[7] S. H. BRADY, J. D. LYONS u. J. C. JOHNSON, Paint Varnish Product. **48**, 25 (1958).
    DAS. 1039233 u. 1050065 (1955; Am. Prior., 1954), Bataafsche (Shell), Erf.: T. F. MIKA u. R. W. H. TESS; C. **1960**, 12180.

[8] J. R. BOND u. S. A. BRADY, Papers presented at the Atlantic City Meeting Sept. 1959, **19**, Nr. 2, S. 13, Paper 4; Abstracts of Papers, 136th Meeting of the American Chemical Society 1959, S. 1 Q.

[9] A. P. 2946701 (1957), Dow Corning Corp., Erf.: E. P. PLUEDDEMANN; Chem. Abstr. **54**, 21695^b (1960).

[10] DAS. 1129704 (1956) ≡ Österr. P. 204274 (1957), Dr. Beck & Co., GmbH.; C. **1960**, 7697.

[11] A. P. 2521912 (1946), Devoe & Raynolds Co., Erf.: S. O. GREENLEE; Chem. Abstr. **45**, 1387^e (1951).
    F. P. 1074043 (1953; E. Prior., 1952), British Resin Products Ltd.; C. **1956**, 8763.

[12] K. THEILE u. P. COLOMB, Chimia **9**, 104 (1955); Fette Seifen einschl. Anstrichmittel **57**, 686 (1955).
    A. P. 2521911 (1946), Devoe & Raynolds Co., Erf.: S. O. GREENLEE; Chem. Abstr. **45**, 1380^c (1951).
    A. P. 2854427, 2854429–33 (1953), Petrolite Corp., Erf.: M. DE GROOTE u. K. T. SHEN; Chem. Abstr. **53**, 7571^i, 14491^i 14492^a, 7572^b (1959).
    Belg. P. 535795 (1955; Holl. Prior., 1954) ≡ Österr. P. 190681 (1955), Bataafsche (Shell); C. **1958**, 1994.
    A. P. 2875178 (1956), Food Machinery & Chemical Corp., Erf.: F. P. GREENSPAN u. R. E. LIGHT jr.; Chem. Abstr. **53**, 12751^f (1959).
    R. N. WHEELER, J. Oil Colour Chemists' Assoc. **36**, 305 (1953).
    P. BRUIN, Kunstst. **45**, 383 (1955).
    E. S. NARRACOTT, Brit. Plastics **28**, 253 (1955).
    P. BRUIN, Symposium on Epoxyd-Resins, London 1956.

[13] W. A. HENSON u. Mitarbb., Division of Paint, Plastics and Printing Ink Chemistry, Atlantic City Meeting Sept. 1956, Paper 18.

Fortsetzung s. S. 533

Einbrennlacke sind hervorragend beständig gegenüber Chemikalien und verseifenden Agentien; sie sind aber wie alle eingebrannten Phenolharze etwas gefärbt. Die Einbrennlacke mit Melamin- oder Harnstoffharzen als Komponenten sind zwar etwas weniger chemikalien- und verseifungsfest, dafür aber praktisch farblos. Alle Lacke aus Epoxydharzen und reaktiven Formaldehydharzen zeigen eine besonders gute Haftfestigkeit[1] und eine gute Härte bei ausreichender Elastizität.

Die verwendeten Epoxydharze sind vorwiegend höhermolekular und häufig mit längerkettigen Fettsäuren oder auch Dicarbonsäuren[2] teilverestert (s. Beispiel 34, S. 551). Zur besseren Verträglichkeit mit den Epoxydharzen müssen die reaktiven Melamin-, Harnstoff[3]- oder Resol[1]-Harze vorher teilweise veräthert werden, z.B. mit Methanol, Butanol[4] oder hydroxygruppenhaltigen Epoxydharzen[3] (s. Modifizierung von Melamin- oder Harnstoff-Formaldehyd-Harzen S. 215ff.).

Die Umsetzung der Epoxydharze mit den Resolen kann stufenweise vorgenommen werden[5], wobei wahrscheinlich zuerst die phenolischen Hydroxygruppen mit den Epoxydgruppen reagieren[1]. Diese Reaktion ist aber sicher zum großen Teil überlagert von einer Weiterkondensation des Resols. Da besonders brauchbare Einbrennlacke unter Anwendung hochmolekularer Epoxydharze mit nur geringem Epoxydgehalt entstehen, dient der hochmolekulare Polyalkohol wohl in erster Linie als unverseifbare Elastifizierungskomponente für die Resole, und die Epoxydgruppe ist von geringerer Bedeutung. Zur Erzielung glatter Lackoberflächen gibt man häufig geringe Mengen (1–2%) Verlaufmittel zu, z.B. Polyvinylacetale. In manchen Fällen werden auch Resole eingesetzt, die an der phenolischen Hydroxygruppe veräthert sind[6]; allerdings ist dann die Härtungstendenz deutlich geringer, so daß ein größerer Zusatz saurer Härtungskatalysatoren notwendig ist.

Das Einbrennen von Kombinationslacken aus Epoxydharzen mit reaktiven Formaldehydharzen geschieht bei den für Resolen bzw. Melaminharzen üblichen

---

Fortsetzung von S. 532

[14] A.P. 2528359 (1946); 2591539 (1950), Devoe & Raynolds Co., Erf.: S. O. GREENLEE; Chem. Abstr. **45**, 2261[c] (1951); **46**, 7360[h] (1952).

DBP. 935390 (1948; Schweiz. Prior., 1946), CIBA, Erf.: G. H. OTT.

DBP. 888293 (1950); DBP.-Anm. C 10935 (1955), Chemische Werke Albert, Erf.: J. REESE; C. **1954**, 2066.

A.P. 2631138 u. 2687397 (1951), Shell Develop., Erf.: H. DANNENBERG; Chem. Abstr. **47**, 5718[e] (1953); **49**, 1370[f] (1955).

E.P. 707320 (1951), Pinchin, Johnson & Associates Ltd., Erf.: S. L. M. SAUNDERS u. L. W. COVENEY; C. **1954**, 10824.

A.P. 2703765 (1953), DuPont, Erf.: L. V. K. OSDAL; Chem. Abstr. **49**, 13666[f] (1955).

DAS. 1006992 (1954), BASF, Erf.: O. LISSNER, F. MEYER u. K. DEMMLER; C. **1958**, 2878.

H. G. KNOBLAUCH, Fette Seifen einschl. Anstrichmittel **2**, 96 (1955).

A. G. NORTH, J. Oil Colour Chemists' Assoc. **39**, 318 (1956).

[15] A.P. 2686771 (1950), Sherwin-Williams Co., Erf.: L. N. WHITEHILL u. R. S. TAYLOR; Chem. Abstr. **48**, 14293[h] (1954).

---

[1] K. THEILE u. P. COLOMB, Chimia **9**, 104 (1955); Fette Seifen einschl. Anstrichmittel **57**, 686 (1955).

[2] A.P. 2637716 (1948), CIBA, Erf.: G. H. OTT; Chem. Abstr. **47**, 10900[e] (1953).

[3] DAS. 1127587 (1958), Farbw. Hoechst, Erf.: L. ORTHNER u. Mitarbeiter.

[4] DAS. 1052026 (1957), Rheinpreußen AG., Erf.: K. D. LEDWOCH; C. **1959**, 13013.

[5] P. BRUIN, Kunstst. **45**, 383 (1955).

[6] F.P. 1122129 (1955; Holl. Prior., 1954) ≡ E.P. 777385 (1955), Bataafsche (Shell); C. **1958**, 1983.

DBP. 963102 (1955), Chemische Werke Albert, Erf.: G. STIEGER u. K. H. KRISPIN; C. **1958**, 2881.

A.P. 2816084 (1952), Synthetasine Protective Coatings Inc., Erf.: L. J. NOWACKI; Chem. Abstr. **52**, 6814[g] (1958).

DBP. 943974 (1953; Am. Prior., 1952) ≡ E.P. 732289 (1953), Bataafsche (Shell), Erf.: H. W. HOWARD, C. V. WITTENWYLER u. O. L. NIKLES; C. **1956**, 3434.

Einbrenntemperaturen von 140° bis maximal 200° während 15 bis 30 Minuten[1,2]. Günstig ist ein Zusatz von geringen Mengen (1,5%) Phosphorsäure als Katalysator[2,3]. Auch Sulfonsäuren und Sulfonsäurechloride werden in Mengen von 0,1–0,2% als Härtungskatalysatoren empfohlen; sie erlauben selbst die Verwendung von weitgehend verätherten, also reaktionsträgeren Melamin- und Harnstoff-Formaldehyd-Harzen[4]. Als latente Katalysatoren werden Aminsalze von Sulfonsäuren[5] und Xylolsulfonsäureester mehrwertiger Alkohole[6] angegeben. Eine gewisse Mittelstellung nimmt Salicylsäure als Härtungskatalysator ein[7].

Auch basische Beschleuniger wie Triäthanolamin[8], fettsaure Salze[9] und Dicyandiamid[10] werden als Härtungskatalysatoren empfohlen. Bei Harnstoff-Formaldehyd-Harzen kann der Katalysator von vornherein chemisch eingebaut sein, z. B. in Form einer Aminogruppe[11].

Die Elastifizierung der Lacke kann außer durch teilweise Veresterung mit langkettigen Fettsäuren durch Mitverwendung größerer Mengen an Alkydharzen, wie sie für die Elastifizierung von Harnstoff- oder Phenolharzen üblich sind, erreicht werden[12]. Butadiencopolymerisate können, soweit sie verträglichmachende Gruppen aufweisen, ebenfalls als Elastifizierungskomponenten herangezogen werden[13].

Es sei noch erwähnt, daß auch Furfurolharze (s. S. 633 ff.), Cyclohexanon-Formaldehyd-Harze[14], reaktive Xylol-Formaldehyd-Harze[15] (s. S. 302 ff.) sowie Methyloläther von amidgruppenhaltigen Copolymerisaten[16] mit Epoxydharzen kombiniert worden sind.

ε) Kombination von Epoxydharzen mit Polyisocyanaten

Auch die Di- und Polyisocyanate wurden zur Umsetzung mit Epoxydharzen vorgeschlagen[17]. Die in den technischen Epoxydharzen stets vorhandenen Hydroxygrup-

[1] E. S. Narracott, Brit. Plastics **26**, 120 (1953).
[2] R. N. Wheeler, J. Oil Colour Chemists' Assoc. **36**, 305 (1953).
[3] A. P. 2686771 (1950), Sherwin-Williams Co., Erf.: L. N. Whitehill u. R. S. Taylor; Chem. Abstr. **48**, 14293[h] (1954).
[4] A. P. 2631138 (1951), Shell Develop., Erf.: H. Dannenberg; Chem. Abstr. **47**, 5718[e] (1953).
[5] DBP. 945347 (1952; Am. Prior., 1951) ≡ E. P. 704316 (1952), Bataafsche (Shell), Erf.: H. Dannenberg; C. **1954**, 10113.
    DAS. 1046877 (1957; Holl. Prior., 1956), Bataafsche (Shell), Erf.: P. Bruin; C. **1959**, 13019.
[6] DAS. 1014320 (1955; Schweiz. Prior., 1954) ≡ Österr. P. 190276 (1955), CIBA, Erf.: A. Renner u. G. Widmer; C. **1958**, 2582.
[7] A. P. 2703765 (1953), DuPont, Erf.: L. V. K. Osdal; Chem. Abstr. **49**, 13666[f] (1955).
[8] Belg. P. 552113 (1956; Holl. Prior., 1955), Bataafsche (Shell).
[9] DAS. 1057331 (1957; Holl. Prior., 1956), Bataafsche (Shell), Erf.: P. Bruin.
[10] DAS. 1057332 (1957; Holl. Prior., 1956), Bataafsche (Shell), Erf.: P. Bruin.
[11] Belg. P. 538465 (1955; Schweiz. Prior., 1954), CIBA.
[12] A. P. 2591539 (1950), Devoe & Raynolds Co., Erf.: S. O. Greenlee; Chem. Abstr. **46**, 7360[h] (1952).
[13] DBP. 948074 (1953), Bataafsche (Shell), Erf.: M. Naps, T. F. Mika u. R. D. Sullivan; C. **1957**, 2374.
[14] E. P. 864542 (1957), Howards of Ilford Ltd., Erf.: V. F. Jenkins, C. Richardson u. R. J. Wicker.
[15] DAS. 1046879 (1955; Am. Prior., 1954), General Electric Co., Erf.: J. M. Witzel; C. **1959**, 6972.
[16] A. P. 2870117 (1956), Pittsburgh Plate Glass Co., Erf.: H. A. Vogel, H. G. Bittle u. R. M. Christenson; Chem. Abstr. **53**, 7627[g] (1959).
[17] E. P. 630647 (1947), CIBA.
    F. P. 1067401 u. 1067766 (1952; E. Prior., 1951), National Research Development Corp., Erf.: L. N. Phillips; C. **1955**, 8511, 8512.

pen werden dabei in Urethangruppen übergeführt, so daß eine oft erwünschte Molekelvergrößerung erzielt wird[1]; eine Reaktion zwischen Isocyanat- und Epoxydgruppe findet erst bei Temperaturen über 160° statt, wobei *Oxazolidone-(2)* gebildet werden[2]. Durch Zusatz von Katalysatoren können Reaktionszeit und -temperatur herabgesetzt werden[3]. In manchen Fällen ist es günstig, zuerst den Hydroxygruppengehalt des Epoxydharzes durch teilweise Addition von Fettsäuren[4] oder Alkoholen[5] zu erhöhen und dann erst mit Polyisocyanaten umzusetzen. Auf diese Weise sind auch Kombinationen mit trocknenden Ölen möglich. Hydroxygruppenhaltige Polyester als elastifizierende Komponenten können über die Polyisocyanate ohne Schwierigkeiten mit den Epoxydharzen verbunden werden[6]. Außer Verbindungen mit freien Isocyanatgruppen sind auch Verbindungen, die in der Hitze Isocyanate abspalten (sogenannte verkappte Isocyanate, s. S. 61 ff.), zur Umsetzung mit Epoxyden vorgeschlagen worden[7].

ζ) Kombination von Epoxydharzen mit Naturharzsäuren und ungesättigten Carbonsäuren zu löslichen Lackharzen

Während in den vorangehenden Abschnitten fast ausschließlich die Härtung der Epoxydharze zu unlöslichen Produkten im Vordergrund stand, sollen im folgenden solche Umsetzungen der Epoxydharze beschrieben werden, bei denen lösliche, für Lackzwecke geeignete Reaktionsprodukte entstehen. Da die Epoxydgruppen bei diesen Reaktionen praktisch alle aufgespalten werden, können sie zur Bildung eines unlöslichen Films auf der Oberfläche nicht mehr herangezogen werden.

Praktische Anwendung[8] haben Veresterungsprodukte der Epoxydharze mit ungesättigten trocknenden Fettsäuren aller Art gefunden[9]. Die Veresterung geschieht sehr häufig stufenweise, wobei bis etwa 150° nur die Epoxydgruppe mit der Carboxygruppe unter Bildung von Hydroxyestern reagiert[1]. Unter Anwendung von weniger als äquivalenten Mengen der ungesättigten Säuren können epoxydhaltige Ester erhalten werden[10]. Mit größeren Säuremengen und bei wesentlich höheren Tempe-

[1] K. THEILE u. P. COLOMB, Chimia **9**, 104 (1955); Fette Seifen einschl. Anstrichmittel **57**, 686 (1955).

[2] K. GULBINS u. K. HAMANN, Ang. Ch. **70**, 705 (1958).
DAS. 1 068 715 (1957), Forschungsinstitut für Pigmente u. Lacke e. V., Erf.: K. GULBINS u. K. HAMANN; C. **1960**, 11 822.

[3] K. GULBINS u. Mitarbb., B. **93**, 1975 (1960); **94**, 3287 (1961).
M. L. WEINER, J. org. Chem. **26**, 951 (1961).
A. P. 2 977 369 (1959), DuPont, Erf.: S. DIXON u. J. J. VERBANC.

[4] DAS. 1 031 911 (1954), Scado Kunstharzindustrie, Erf.: F. JAFFÉ; C. **1959**, 5308.

[5] DAS. 1 115 922 (1959) = Belg. P. 593 093 (1960), Siemens-Schuckertwerke AG., Erf.: F. WEIGEL u. L. KRETSCHMER.

[6] F. P. 1 067 401 u. 1 067 766 (1952; E. Prior., 1951), National Research Development Corp., Erf.: L. N. PHILIPS; C. **1955**, 8511, 8512.

[7] E. P. 763 347 (1953), Indestructible Paint Co. Ltd., Erf.: C. R. PYE u. J. W. THOM; C. **1958**, 4940.

[8] Shell Chemical Corp., Firmenschrift: Epon Resins Ester for Surface Coating, Technical Publication 54–46 (1954).

[9] A. P. 2 500 765 (1947), Devoe & Raynolds Co., Erf.: L. G. MONTAGUE; Chem. Abstr. **44**, 4694^g (1950).
A. G. NORTH, J. Oil Colour Chemists' Assoc. **39**, 318 (1956).
A. P. 3 010 976 (1956), Food Machinery & Chemical Corp., Erf.: F. P. GREENSPAN u. R. E. LIGHT.
R. W. TESS, J. Amer. Oil Chemists' Soc. **36**, 496 (1959).

[10] A. P. 2 759 901 (1952), Devoe & Raynolds Co., Erf.: S. O. GREENLEE; Chem. Abstr. **51**, 2308^c (1957).

raturen (bis zu etwa 270°) und längeren Reaktionszeiten werden auch die sekundären Hydroxygruppen verestert[1]. Billige Naturharze, wie *Kolophonium*, können so mit Epoxydharzen verhältnismäßig leicht umgesetzt werden, daß feste Lackharze ohne Säurezahl entstehen[2, 3]. Oft werden für die Darstellung von Polyestern spezielle äther- und hydroxygruppenreiche, höhermolekulare Epoxydharze benutzt, da diese besonders verseifungsfeste Lackharze ergeben. Derartige Epoxydharze erhält man z.B. durch Umsetzung von 2,2-Bis-[p-hydroxy-phenyl]-propan mit nur wenig mehr als äquimolaren Mengen *Epichlorhydrin* oder *Glycerindichlorhydrin*[4] (Beispiel 2, S. 538). Man kann auch die Epoxydgruppen der Harze vor der Veresterungsreaktion teilweise mit Phenolen oder Alkoholen aufspalten[5]. Durch Umsetzung von niedrigmolekularen Epoxyden mit 2,2-Bis-[p-hydroxy-phenyl]-propan und einem Unterschuß an Fett- säure in Gegenwart von Lithium-naphthenat können höhermolekulare Lackharze aufgebaut werden, welche dann in einem zweiten Schritt mit weiteren ungesättigten Fettsäuren verestert werden[6]. Gute Lackharze werden durch Vorbehandlung der Epoxydharze mit Glykolen und anschließende Veresterung erhalten[7]. Da vor- wiegend höhermolekulare Epoxydharze mit nur sehr geringem Epoxydgehalt zur Ver- esterung mit ungesättigten Fettsäuren herangezogen werden, ist es zweifelhaft, ob den Epoxydgruppen überhaupt ein entscheidender Einfluß auf die Güte der soge- nannten Alkydharze zuzuschreiben ist. Wahrscheinlich sind lediglich die hochmoleku- laren Polyalkohole aus den Epoxydharzen geeignete Veresterungskomponenten für die Fettsäuren, wobei die Endprodukte eine verhältnismäßig geringe Anzahl ver- seifbarer Estergruppen aufweisen.

Bei der Modifizierung von Epoxydharzen mit ungesättigten Fettsäuren wird meist eine geringere Fettsäuremenge genommen, als sie für die Veresterung aller Epoxyd- und Hydroxygruppen notwendig wäre (Beispiel 39, S. 552). Jedoch ist für jeden ge- wünschten Verwendungszweck die notwendige Menge an ungesättigten Fettsäuren empirisch zu ermitteln[3]. Fast alle billigen ungesättigten Fettsäuren sind herangezo- gen worden, so z.B. *Tallöl*[8] und *Leinölfettsäure*, besonders aber *Ricinensäure*[9]. Eine Veresterung mit den hochungesättigten Säuren des *Chinesischen Holzöls* (70–80% α- und β-Eläostearinsäure mit drei konjugierten Doppelbindungen) gelingt aber wegen der leichten Gelierung bei der hohen Veresterungstemperatur in größeren Mengen

---

[1] R. N. Wheeler, J. Oil Colour Chemists' Assoc. **36**, 305 (1953).
 Verwendung von Triphenylphosphit als farbverbesserndem Zusatz:
  R. Martin, J. E. Loible u. R. J. Turner, Paint Technol. **22**, 7 (1958).
  J. E. Loible u. R. Martin, Fette Seifen einschl. Anstrichmittel **60**, 967 (1958).
[2] DBP. 870761 (1950; Am. Prior., 1946), Devoe & Raynolds Co., Erf.: S. O. Greenlee u. L. G. Montague; C. **1955**, 701.
[3] Zur Berechnung der Veresterungszahl vgl. S. 471, sowie K. A. Earhart u. L. G. Montague, Ind. eng. Chem. **49**, 1095 (1957).
[4] A. P. 2558949 (1945), Devoe & Raynolds Co., Erf.: S. O. Greenlee; Chem. Abstr. **45**, 8811[a] (1951).
[5] A.P. 2456408 (1943), Devoe & Raynolds Co., Erf.: S. O. Greenlee; Chem. Abstr. **43**, 1996[c] (1949).
[6] J. Wynstra, R. P. Kurkjy u. N. H. Reinking, Ind. eng. Chem. **52**, 325 (1960).
[7] DAS. 1024711 (1955), Herbig-Haarhaus AG., Erf.: E. Kleinschmidt; Chem. Abstr. **54**, 8154[d] (1960).
[8] A.P. 2493486 (1946), Devoe & Raynolds Co., Erf.: S. O. Greenlee; Chem. Abstr. **44**, 2770[b] (1950).
[9] DBP. 852300 (1950; Am. Prior., 1943), Devoe & Raynolds Co., Erf.: S. O. Greenlee; C. **1953**, 2843.
  H. W. Chatfield, Paint, Oil Colour J. **134**, 573 (1958).

nicht befriedigend[1,2]. Man verwendet daher in der Praxis diese Säuren stets zusammen mit mindestens der gleichen Menge an weniger reaktionsfähigen Säuren[1], wie der Rizinensäure oder dem Tallöl, wobei man außerdem noch so verfährt, daß man zuerst die reaktionsträgeren Säuren mit dem Epoxydharz vollkommen verestert und dann erst die Holzölsäure umsetzt.

Durch Umesterung hydroxygruppenreicher Epoxydharze mit ungesättigten Triglyceriden und anschließende Nachveresterung mit Dicarbonsäuren erhält man ebenfalls hochwertige Lackharze[3]. Auch bei der Umsetzung der Epoxydharze mit den Methylestern der ungesättigten Säuren dürften Umesterungsreaktionen die Hauptrolle spielen[4].

R = ungesättigter Fettrest

Man erhitzt die Komponenten in Gegenwart einer Spur Calciumacetat oder anderer basischer Katalysatoren bei etwa 2 Torr auf 160–195°, wobei das gebildete Methanol abdestilliert[4].

Die mit ungesättigten Fettsäuren modifizierten Epoxydharze sind alkydharzähnliche, meist vollständig epoxydfreie Produkte mit beachtlicher Wasserfestigkeit[5]. Die sehr leicht erfolgende Trocknung[5,6] geschieht mit den bei trocknenden Ölen üblichen Sikkativen. Die Härtung fettsäuremodifizierter Epoxydharze mit Titanverbindungen wurde auf S. 531 erwähnt.

Die für Alkydharze ungesättigter Fettsäuren bekannte und technisch in großem Ausmaß benutzte Copolymerisation mit *Styrol* oder dem besser verträglichen

[1] L. A. GOLDBLATT, L. L. HOPPER u. D. L. WOOD, Ind. eng. Chem. **49**, 1099 (1957).
[2] T. R. HOPPER, Paint Oil chem. Rev. **117**, Nr. 14, 15 (1954).
   Shell Chemical Corp. Firmenschrift: Epon Resins Ester for Surface Coatings, Technical Publication 54–46 (1954).
[3] DAS. 1043555 (1955; Am. Prior., 1954) ≡ E.P. 778026 (1955), Bataafsche (Shell), Erf.: H. W. HOWARD u. G. R. SOMERVILLE; C. **1959**, 1279.
   R. J. TURNER u. G. SWIFT, Kunststoff-Rundschau **6**, 440 (1959).
[4] A. P. 2698308 (1950), Devoe & Raynolds Co., Erf.: S. B. CRECELIUS; Chem. Abstr. **49**, 7890[g] (1955).
[5] A. G. NORTH, J. Oil Colour Chemists' Assoc. **39**, 318 (1956).
[6] R. N. WHEELER, Paint Technol. **19**, 159 (1955).

Vinyltoluol ist mit den modifizierten Epoxydharzen ungesättigter Fettsäuren ebenfalls möglich[1].

Die Abwandlungsmöglichkeiten der mit ungesättigten Fettsäuren modifizierten Epoxydharze sind sehr groß, wobei der Chemismus nicht immer klar ersichtlich ist. So wird z.B. empfohlen, nach der Esterbildung 1–3% *Orthophosphorsäure* zuzusetzen[2], wobei selbst bei Zimmertemperatur eine Weiterreaktion eintreten soll. In Anlehnung an die Abwandlung der Alkydharze wird zur Erzielung höhermolekularer Produkte neben den ungesättigten Monocarbonsäuren etwas *Phthalsäureanhydrid*[3] mit eingebaut. In ähnlicher Weise können saure Maleinsäureester zweiwertiger Alkohole mit Epoxydharz umgesetzt werden und die entstandenen löslichen Polyester einer Copolymerisation mit Styrol unterworfen werden[4]. Man kann auch von hochmolekularen Epoxyden ausgehen, wie sie durch Copolymerisation z.B. von Methacrylsäureglycidestern mit Styrol erhältlich sind, und diese nachträglich mit ungesättigten Fettsäuren verestern[5] (quartäre Ammoniumbasen dienen als Katalysatoren).

Unter Anwendung nur geringer Mengen von höheren Fettsäuren können Epoxydharze beim Erhitzen in einen höhermolekularen Zustand übergeführt werden, wobei die Molekülvergrößerung in der Hauptsache durch Polyätherbildung erzielt wird. Die Verwendung derartig modifizierter, weichgemachter Epoxydharze für Gießharze ist beschrieben worden, s. Literatur[6]. Zur Härtung können die üblichen Härtungskomponenten, besonders Phthalsäureanhydrid, herangezogen werden.

η) Praktische Durchführung der Reaktionen

Beispiel 1

2,2-Bis-[p-(2,3-epoxy-propyloxy)-phenyl]-propan[7]: 228 g (1 Mol) 2,2-Bis-[p-hydroxy-phenyl]-propan (Dian) und 370 g (4 Mol) Epichlorhydrin werden unter Überleiten von Stickstoff bis zur Lösung auf 110° erhitzt. Dann läßt man innerhalb von 16 Stdn. 80 g (2 Mol) Natriumhydroxyd in Form einer 30%igen Lösung zutropfen. Das Reaktionsgemisch darf dabei nie gegen Phenolphthalein alkal. reagieren. Zuletzt wird die organische Schicht vom Wasser abgetrennt, über Natriumsulfat getrocknet, filtriert und im Hochvak. fraktioniert destilliert. Man erhält 170 g Äther vom $Kp_{0,05}$: 210–230°; n_D^{22}: 1,5707 sowie 15 g vom $Kp_{0,05}$: 230–240°. Die beiden Fraktionen entsprechen einer Gesamtausbeute von 54%.

Beispiel 2

Höhermolekulare Epoxydharze aus 2,2-Bis-[p-hydroxy-phenyl]-propan und ihre Härtung mit einem primären Diamin[8]: In einem mit Rührwerk ausgestatteten Reaktionsgefäß gibt man

[1] A. P. 2596737 (1950), Shell Develop., Erf.: R. W. H. Tess, R. H. Jakob u. T. F. Bradley; Chem. Abstr. **46**, 8418[b] (1952).
  Belg. P. 543067 (1955; E. Prior., 1954) ≡ DAS. 1052117 (1955) ≡ F.P. 1140438 (1955), L. Berger & Sons Ltd., Erf.: F. Armitage u. W. E. Allsebrook; C. **1959**, 2296.
  J. W. McNabb u. H. F. Payne, Ind. eng. Chem. **44**, 2394 (1952).
  R. W. Tess, R. H. Jakob u. T. F. Bradley, Ind. eng. Chem. **46**, 385 (1954).
  M. J. Heavers, Paint Manufact. **28**, 5, 48 (1958).
  W. E. Allsebrook, Paint Manufact. **30**, 317 (1960).
[2] A. P. 2709690 (1952), Shell Develop., Erf.: E. S. Narracott; Chem. Abstr. **49**, 13665[f] (1955).
[3] A. P. 2504518 (1946), Devoe & Raynolds Co., Erf.: S. O. Greenlee; Chem. Abstr. **44**, 5614[b] (1950).
  G. R. Somerville u. D. S. Herr, Ind. eng. Chem. **49**, 1081 (1957).
[4] F. P. 1077610 (1953), CIBA, Erf.: C. A. A. Rayner u. J. B. D. Mackenzie; C. **1956**, 3711.
[5] E. P. 793776 (1954), I.C.I., Erf.: R. M. Ringwald u. N. W. Hanson; Chem. Abstr. **52**, 17755 (1958).
[6] DAS. 1012068 (1955), Chemische Werke Albert, Erf.: F. Schlenker; C. **1958**, 2580.
[7] A. P. 2467171 (1948), Shell Develop., Erf.: E. G. G. Werner u. E. Farenhorst; Chem. Abstr. **43**, 5421[h] (1949).
[8] A. P. 2500600 (1948), Shell Develop., Erf.: T. F. Bradley; Chem. Abstr. **44**, 11170[f] (1950).

zu 257 g (6,43 Mol) Natriumhydroxyd, die in 10%iger wäßr. Lösung vorliegen, 4 Mol 2,2-Bis-[p-hydroxy-phenyl]-propan (Dian) und 463 g (5 Mol) Epichlorhydrin. Man erhitzt unter Rühren innerhalb von 80 Min. auf 100° und hält weitere 60 Min. unter Rückfluß auf 100–104°. Dann wird die wäßr. Schicht dekantiert und das Harz mit siedendem Wasser gewaschen, bis es lackmus-neutral ist, worauf man es abtropfen läßt und durch Erhitzen auf etwa 150° entwässert.

Das erhaltene Produkt hat einen Erweichungspunkt von 100° (Quecksilbermethode von Durran[1]) und ein Mol.-Gew. von 1133, bestimmt durch die Siedepunkterhöhung einer Dioxanlösung. Der Epoxydwert (vgl. S. 471) beträgt 0,116, so daß das Harz durchschnittlich 1,32 Epoxydgruppen pro Molekel enthält.

Die nachstehende Tabelle zeigt den Einfluß der Mengenverhältnisse auf die Eigenschaften der Epoxyäther.

Molverhältnis Epichlorhydrin zu Dian	Molverhältnis Natriumhydroxyd zu Epichlorhydrin	Erweichungs-punkt [°C]	mittleres Mol.-Gew.	Grammäquivalente Epoxyd pro 100 g = Epoxydwert	Epoxydgruppen pro Molekel
2,15	1,1	43	451	0,318	1,39
1,4	1,3	84	791	0,169	1,34
1,33	1,3	90	802	0,137	1,10
1,25 (Harz A)	1,3	100	1133	0,116	1,32
1,2	1,3	112	1420	0,085	1,21

Epoxydharze mit noch niedrigerem Mol.-Gew. und höherem Epoxydwert werden erhalten, wenn ein noch größerer Überschuß an Epichlorhydrin verwendet wird (s. Beispiel 1) und die Alkali-hydroxydlösung allmählich zu dem Gemisch von Dian und Epichlorhydrin getropft wird.

Wahrscheinlich ist das beobachtete Mol.-Gew. und der Epoxydwert infolge der Ungenauigkeit der Bestimmungsmethoden etwas zu niedrig. Der experimentell bestimmte Epoxydgruppen-Gehalt dürfte nur etwa 60% des theor. Wertes betragen; auf alle Fälle ist die durchschnittliche Zahl der Epoxydgruppen pro Molekel größer als 1.

Diese Epoxyäther reagieren mit aliphatischen Diaminen unter Selbsterwärmung von 20° bis auf 125–175° rasch unter Bildung von harten, zähen, unlöslichen und unschmelzbaren Harzen. Am vorteilhaftesten wird so viel Diamin zugegeben, daß für jede Epoxydgruppe eine primäre Aminogruppe zur Verfügung steht. So nimmt man also beispielsweise zur Härtung des Harzes A (Epoxydwert 0,116) mit 2,4-Diamino-2-methyl-pentan (Aminowert 1,72) zweckmäßig 6,7 g Diamin auf 100 g Harz.

Wenn man den Anteil der Diaminkomponente unter 60% der optimalen Menge erniedrigt oder über 120% erhöht, so entstehen harzartige Produkte mit reduzierter Zähigkeit bzw. erhöhter Sprödigkeit und erniedrigter Wärmestabilität, die meistens schmelzbar sind. In gewissen Fällen sind allerdings Produkte mit diesen Eigenschaften erwünscht. Unter Umständen kann man sogar bis auf etwa 5% der genannten Diaminmenge hinunter- oder bis auf etwa 300% hinauf-gehen. Die Mischungen mit einem großen Überschuß an Diamin ergeben noch anlagerungsfähige, schmelzbare und lösliche harzartige Produkte (vgl. Beispiel 4).

Beispiel 3

Kondensation von 2,2-Bis-[p-hydroxy-phenyl]-propan und Epichlorhydrin im Molverhältnis 1:1 zu einem hochmolekularen, linearen Produkt[2]: 22,8 g (1/10 Mol) 2,2-Bis-[p-hydroxy-phenyl]-propan, 9,25 g (1/10 Mol) Epichlorhydrin, 24 g Äthanol und eine Lösung von 4,4 g Natrium-hydroxyd in 12,9 g Wasser werden zusammen unter Rühren 6 Stdn. auf dem Wasserbad erhitzt. Dann wird das pulvrige Polykondensat abfiltriert, mit heißem Wasser gewaschen, 1/2 Stde. mit 1/2 n Salzsäure gekocht, filtriert, mit dest. Wasser gekocht und abermals filtriert. Das farb-lose weiße Pulver schmilzt bei 160–165° und hat eine intrinsic viscosity von 0,43, gemessen als 1%ige Lösung, in m-Kresol.

Beispiel 4

Stufenweise Härtung eines Epoxydharzes aus 2,2-Bis-[p-hydroxy-phenyl]-propan mit Äthylen-diamin und seine Verwendung als Metallkleber[3]: Herstellung des Epoxydharzes: Man löst 798 g (3,5 Mol) Dian in Natronlauge, die aus 1730 g Wasser und 200 g (5 Mol) Natriumhydroxyd hergestellt wird, fügt 660 g (7,14 Mol) Epi-

---

[1] J. Oil Colour Chemist's Assoc. **12**, 173 (1929).

[2] A.P. 2602075 (1949), Courtaulds Ltd., Erf.: A. S. CARPENTER, F. REEDER u. E. R. WALLS-GROVE; Chem. Abstr. **47**, 2539[e] (1953).

[3] A.P. 2651589 (1949), Shell Develop., Erf.: E.C.SHOKAL u. Mitarb.; Chem. Abstr. **48**, 1072[c] (1954).

chlorhydrin zu und rührt das Gemisch im geschlossenen Gefäß, wobei die Temp. innerhalb 45 Min. von 37° auf 70° ansteigt. Dann läßt man eine Lösung von 80 g (2 Mol) Natronlauge in 200 g Wasser zutropfen, während die Temp. etwa 30 Min. auf 82° gehalten wird. Anschließend gibt man noch 29 g (0,725 Mol) Natronlauge in 100 g Wasser zu und erhitzt innerhalb 30 Min. auf 95°. Man trennt das Harz von der wäßr. Lösung, wäscht es solange mit heißem Wasser, bis das Waschwasser neutral reagiert und trocknet es dann im schwachen Vak. bis 130°. Das Harz erweicht bei etwa 43°; sein Epoxydwert beträgt 0,326, sein Mol.-Gew. etwa 510.

Stufenweise Härtung: Zu einer Lösung von 100 g des Epoxydharzes in 100 g Dioxan gibt man eine Lösung von 40 g Äthylendiamin in 50 g Dioxan und erhitzt das Gemisch auf 60°. Auch nach längerem Erhitzen tritt keine Gelierung ein.

Zur Verklebung von Metallblechen (Aluminium) wird die eine Seite mit dem Epoxydharz, die andere mit dem basischen Vorkondensat bestrichen und nach dem Aufeinanderpressen 20 Min. auf 180° erhitzt.

Beispiel 5

Härtung eines höhermolekularen Epoxydharzes aus 2,2-Bis-[p-hydroxy-phenyl]-propan mit Oxalsäure für Lackzwecke[1]: Man löst das Harz A (Epoxydwert 0,116; vgl. Beispiel 2) in der gleichen Gewichtsmenge Methyläthylketon zu einer klaren Lösung und setzt dieser 8,3% Oxalsäuredihydrat, bez. auf das Gewicht des Harzes, zu. Die Lösung wird auf einer Glasplatte verstrichen und während 1 Stde. bei Zimmertemp. getrocknet, wobei das Lösungsmittel verdampft. Dann erhitzt man die überzogene Platte 30 Min. auf 150°. Man erhält einen glatten Film, der sehr hart, zäh und witterungsbeständig ist.

Beispiel 6

Einbrennlack durch stufenweise Härtung eines Epoxydharzes aus 2,2-Bis-[p-hydroxy-phenyl]-propan mit Adipinsäure und einem Polyamin[2]: Zu einer bei etwa 120° hergestellten Lösung von 300 g 2,2-Bis-[p-hydroxy-phenyl]-propan-di-glycidäther (etwa 1 Mol, s. Beispiel 1 u. 2, S. 538) in einem Gemisch von 130 g Cyclohexanol und 90 g o-Dichlor-benzol werden 73 g Adipinsäure (etwa 0,5 Mol) zugesetzt. Man rührt das Gemisch 1 Stde. bei etwa 120° und nach Zusatz von 8,5 g Triäthylentetramin (etwa 0,06 Mol) noch 45 Min. bei 120–130°. Das so erhaltene zähflüssige Harz wird in einem Gemisch aus 100 g Benzylalkohol und 60 g Butanol aufgenommen und unter Rühren noch etwa 15 Min. auf 100–110° erhitzt. Die erhaltene hochviscose Harzlösung läßt sich mit den üblichen Lacklösungsmitteln zu einem gebrauchsfertigen Lack verdünnen.

Bei der Wärmehärtung von Überzügen, die mit diesem Lack hergestellt wurden, entstehen sehr gut haftende, gelbe bis braune, dehnbare Lacke, die gegen Lösungsmittel beständig sind und längere Zeit Temp. bis zu etwa 140° ausgesetzt werden können, ohne daß Versprödung eintritt.

Ähnliche Überzüge werden erhalten, wenn im obigen Beispiel das Triäthylentetramin durch 10 g Diäthylentriamin (etwa 0,1 Mol) ersetzt wird, oder wenn man anstelle der Adipinsäure 102 g (etwa 0,5 Mol) Sebacinsäure und anstelle des Triäthylentetramins 13,5 g (etwa 0,15 Mol) 1,3-Di-amino-butan zusetzt.

Beispiel 7

Epoxydharz aus 2,2-Bis-[p-hydroxy-phenyl]-propan und seine Härtung mit Phthalsäureanhydrid[3]: Man löst 228 g (1 Mol) 2,2-Bis-[p-hydroxy-phenyl]-propan in 2 Mol 15%iger Natronlauge und erwärmt auf 65°. Zu dieser Lösung läßt man unter Rühren innerhalb 1 Stde. bei derselben Temp. 185 g (2 Mol) Epichlorhydrin zutropfen. Es bildet sich zuerst ein weiches Harz, das immer härter wird. Wenn die gewünschte Konsistenz erreicht ist, wird das Harz chlorfrei gewaschen. [Diese beschriebene Arbeitsweise weist den Nachteil auf, daß stets Epichlorhydrin auf einen Überschuß an Diphenol zur Einwirkung gelangt (vgl. dagegen Beispiel 1, S. 538). Es entstehen so in kaum kontrollierbarem Ausmaße hochmolekulare Produkte, deren Epoxydwert sehr gering ist. Derartige Produkte sind vorwiegend noch zur Härtung mit Dicarbonsäureanhydriden geeignet, da hier die Veresterung auch an den entstandenen sekundären Hydroxygruppen angreift. Zuletzt tritt bei weitgehender Veresterung Vernetzung unter Wasserabspaltung ein. Die eigentliche Polyaddition ist infolge Fehlens eines größeren Epoxydgehaltes gering]. Man kann auch das Harz

---

[1] A.P. 2500449 (1948), Shell Develop., Erf.: T. F. Bradley; Chem. Abstr. **44**, 5388^g (1950).

[2] A.P. 2637716 (1949; Schweiz. Prior., 1948), CIBA, Erf.: G. H. Ott; Chem. Abstr. **47**, 10900^e (1953).

[3] A.P. 2324483 (1942; Schweiz. Prior., 1938), P. Castan; Chem. Abstr. **38**, 185^1 (1944).

in Aceton lösen und die ausgeschiedenen Salze abfiltrieren. Dann wird das Harz entwässert (evtl. von den Lösungsmitteln befreit). Es bleibt ein hartes Harz von leicht gelblicher Farbe und vom Erweichungspunkt 75° zurück.

Dieses Harz wird dann geschmolzen und bei 120° mit 140 g geschmolzenem Phthalsäureanhydrid versetzt. Man hält die Temp. noch 1 Stde. auf 120°, läßt erkalten und erhält ein leicht gelbliches Harz, das bei 40–80° erweicht. Es ist in Aceton, Chloroform und Alkohol-Benzol 1 : 4 löslich, dagegen in Wasser, Benzol, Alkohol und Tetrachlormethan unlöslich. Beim Erhitzen auf 150–170° härtet es rasch zu einem lichtunempfindlichen gelben bis braunen Produkt, das unschmelzbar und unlöslich, aber nicht spröde, temp.-beständig bis 100° ist und von Wasser bis etwa 80° nicht angegriffen wird. Es läßt sich sehr gut mechanisch bearbeiten, haftet außerordentlich gut an Glas, Porzellan und Metallen und ist ein guter Isolierstoff. Da man es in offenen Gefäßen härten kann, ohne Gefahr zu laufen, poröse Stücke zu erhalten, ist es sehr gut für Gießstücke verwendbar; man kann es auch als Preßpulver einsetzen. In Form einer Lösung kann es auch als Lack benutzt werden, der sehr rasch härtbar ist, ein großes Adhäsionsvermögen und eine gute Widerstandsfähigkeit hat.

Die Harze können gegebenenfalls mit organischen oder anorganischen Farbstoffen gefärbt werden. Man kann ihnen auch Füllstoffe, wie Asbest und Holzmehl sowie Plastifizierungsmittel, wie Phthalsäureester, Benzylbenzoat usw., zugeben.

Beispiel 8

Verwendung techn. Epoxydharze auf Basis 2,2-Bis-[p-hydroxy-phenyl]-propan als Gießharz und ihre Härtung mit verschiedenen Dicarbonsäureanhydriden oder Aminen[1,2]:

[a] Härtung mit *cis*-Hexahydrophthalsäureanhydrid[1]: 100 g eines Epoxydharzes mit einem Epoxyd-Äquivalentgewicht 200 werden bei 20–30° mit 70 g (0,455 Mol) *cis*-Hexahydrophthalsäureanhydrid (Härter H®) und 1,7 g Benzyl-dimethyl-amin als Beschleuniger vermischt und bei 100° in 3 Stdn. ausgehärtet. Ohne Beschleunigerzusatz sind Härtezeiten von 48 Stdn. bei 120° bzw. 24 Stdn. bei 150° oder 5 Stdn. bei 180° erforderlich.

[b] Härtung mit Phthalsäureanhydrid[1]: 100 g des gleichen Epoxydharzes wie in [a] werden bei 120° mit 70 g (0,473 Mol) Phthalsäureanhydrid (Härter P®) vermischt und 15 Stdn. bei 150° sowie anschließend 3 Stdn. bei 180° ausgehärtet. Der Zusatz eines Beschleunigers ist wegen der hohen Verarbeitungstemp. und der damit verbundenen kurzen Verarbeitungszeit weniger gebräuchlich.

[c] Kalthärtung mit einem Polyamin[1,3]: 100 g des gleichen Harzes werden mit 25 g eines Amins vermischt, welches durch Umsetzung von Bis-[ω-chlor-butyl]-äther mit überschüssigem Äthylendiamin hergestellt wurde (Härter T$_2$®). Die Verarbeitungszeit beträgt etwa $^1/_2$ Stde., die Härtezeit normalerweise einen Tag, ist aber von der Temp. abhängig, welche der Gießkörper erreicht (bis 210°). Wurden 20° nicht überschritten, so werden die optimalen Festigkeiten bei Raumtemp. erst nach einigen Tagen, durch Nachtempern bei 60° jedoch in 4 Stdn. erreicht.

[d] Härtung eines höhermolekularen Epoxydharzes mit Phthalsäureanhydrid[2]: In 100 g eines höhermolekularen Epoxydharzes mit einem Erweichungspunkt von 45° und einem Epoxyd-Äquivalentgewicht von 400 werden bei 120° 30 g (0,195 Mol) Phthalsäureanhydrid (Härter P®) eingerührt und möglichst innerhalb von 20 Min verarbeitet. Die Gelierzeit des

Tab. 29. Mechanische Eigenschaften der gehärteten Produkte, gemessen an Normstäben

Versuch Nr.	Biegefestigkeit [kg/cm²]	Schlagzähigkeit [kg · cm/cm²]	Druckfestigkeit [kg/cm²]	Zugfestigkeit [kg/cm²]	Wärmestandfestigkeit nach Martens [°C]
a	1400	19,8	1430	920	116
b	1300	9,8	1430	780	133
c	1120	14,5	—	580	60
d	1300	18	1200	780	110–125

[1] Lekutherm X 20®, Firmenschrift der Farbf. Bayer.
[2] Lekutherm X 30®, Firmenschrift der Farbf. Bayer.
[3] DAS. 1102391 (1958), Farbf. Bayer, Erf.: R. WEGLER, K. BODENBENNER, K. ANDRES u. F. BLOMEYER.

Ansatzes beträgt bei 120° etwa 3 Stdn., die Aushärtezeit etwa 15 Stunden. Bei 150 bzw. 180° ist die Aushärtung in 5 bzw. 2 Stdn. beendet. Durch 24 stdg. Nachtempern bei 150° kann die Wärmestandfestigkeit noch verbessert werden.

Beispiel 9

1,4-Bis-[2,3-epoxy-propoxy]-benzol (Diglycidäther des Hydrochinons)[1]: In einem Dreihalskolben mit Rührer, Thermometer, Rückflußkühler und Tropftrichter werden nach Verdrängung der Luft durch Stickstoff 110 g (1 Mol) Hydrochinon in 370 g (4,0 Mol) Epichlorhydrin gelöst. Bei 75° wird eine Lösung von 80 g (2 Mol) Natriumhydroxyd in 160 cm³ Wasser langsam zugetropft. Der p_H-Wert der Lösung muß dabei unter 10 bleiben. Nach Zusatz von etwa 150 cm³ Natronlauge wartet man die Reaktion ab, ehe man weitere Lauge zusetzt. Die Temp. wird zwischen 75 und 80° gehalten, und erst wenn $^3/_4$ der Natronlauge zugetropft sind, wird auf 100° erwärmt. Die gesamte Reaktion dauert etwa 14–16 Stunden. Die wäßr. Lösung wird heiß von der Epichlorhydrinschicht abgetrennt, aus welcher sich beim Abkühlen auf 0° Krystalle abscheiden. Diese werden abgesaugt, zur Entfernung von Natriumchlorid mit Wasser und zuletzt noch mit wenig eisgekühltem Äther gewaschen. Das Glycidäthergemisch (Meso- und Racemform) läßt sich aus 300 cm³ Benzol umkrystallisieren.

Gesamtausbeute: 50,0 g   (22,5%)   F: 118 –119°
                47,0 g   (21,2%)   F: 89,5– 90,5°
                15,7 g   (7,1%)   F: 95 –115°

Das entsprechende *Resorcinäther-Gemisch* ist destillierbar, Kp_{12}: 210–220° oder $Kp_{0,4}$: 143–151°; F: 33–36°; nach dem Umkrystallisieren aus Methanol F: 42–43°. *Brenzcatechin* läßt sich auf diese Weise nicht in seinen Diglycidäther verwandeln, da es dieser Verätherung durch eine Ringschlußreaktion ausweicht[2].

Beispiel 10

Epoxydharze aus einem Polyphenol aus Cashew-Nußschalenöl[3]: In 860 g geschmolzenes Phenol werden bei 80–85° 35 g einer Bortrifluorid-Phenol-Anlagerungsverbindung mit 26% Bortrifluorid eingetragen. Hierzu gibt man unter gutem Rühren innerhalb 1 Stde. 215 g Cashew-Nußschalenöl[4], wobei die freiwerdende Wärme durch Kühlen abgefangen wird. Nach beendeter Reaktion wird noch 1 weitere Stde. auf 80–85° erwärmt. Dann gibt man 7,5 g Natriumhydroxyd in Form einer 25%igen wäßr. Lösung zur Neutralisation des Bortrifluorids zu, filtriert die Reaktionsmasse über ein Glasfilter und entfernt anschließend bei 150° und 20 Torr das überschüssige Phenol. Als Rückstand hinterbleiben 286 g. Es sind also etwa 0,91 Äquivalente Phenol je Mol Cashew-Nußschalenöl angelagert worden.

180 g des so erhaltenen Diphenols werden in 180 g Dioxan gelöst und mit 41 g Natriumhydroxyd in 80 g Wasser versetzt, wobei die Temp. auf 50–55° ansteigt. Man erhitzt auf 85° und läßt bei dieser Temp. unter gutem Rühren 85 g Epichlorhydrin während 30 Min. zutropfen; zum Schluß wird noch 1¹/₂ Stdn. auf 90° erhitzt. Das Reaktionsprodukt wird anschließend mit 0,09 Mol 10%iger Salzsäure neutralisiert und dann mit 2 l Methylisobutylketon versetzt, das man zur Entfernung von Wasser teilweise abdestilliert. Man läßt die Lösung etwa 24 Stdn. stehen, um eine vollständige Salzabscheidung zu erreichen. Nach dieser Zeit wird filtriert und das restliche Lösungsmittel bei 20 Torr und 90° Sumpftemp. abdestilliert. Der Rückstand ist ein viscoses Harz, das in Toluol leicht löslich ist. Es enthält 0,102 Äquivalente Epoxyd je 100 g Harz.

Triäthylentetramin härtet das Diepoxyd bei Raumtemperatur. Man nimmt am besten 2–5 g Triäthylentetramin für 95 g Epoxydharz. Eine gute Härtung ist nach etwa 17 Stdn. erreicht.

Beispiel 11

Herstellung eines elastifizierten Epoxydharzes aus einem „verlängerten Diphenol"[5]: 912 g (4 Mol) 2,2-Bis-[p-hydroxy-phenyl]-propan werden mit 160 g (4 Mol) Natriumhydroxyd in 1000 cm³ Wasser in das saure Salz überführt, bei Rückflußtemp. mit 398 g (2 Mol) Bis-[ω-chlor-butyl]-

---

[1] E. G. WERNER u. E. FARENHORST, R. **67**, 438 (1948).

[2] S. hierzu jedoch O. STEPHENSON, Soc. 1954, 1571.

[3] A. P. 2 665 266 (1952), Harvel Corp., Erf.: D. WASSERMAN; Chem. Abstr. **48**, 4880[i] (1954).

[4] A. P. 2 559 594 (1948), Harvel Corp., Erf.: S. CAPLAN; Chem. Abstr. **45**, 8789[c] (1951).

[5] DAS. 1 104 696 (1958), Farbf. Bayer, Erf.: G. FRANK, K. BODENBENNER, R. WEGLER u. K. ANDRES.

äther tropfenweise versetzt und 20 Stdn. bei 100° nachgerührt. Es bilden sich 2 Mol des verlängerten Diphenols mit einem Hydroxygruppengehalt von 5,7%, welches ohne Isolierung weiter verarbeitet wird:

Man versetzt das Reaktionsgemisch mit 1000 g tert.-Butanol und trennt die dabei gebildete untere kochsalzhaltige Schicht ab. Die obere Schicht wird mit 1110 g (12 Mol) Epichlorhydrin und bei 35–40° im Verlauf von 3 Stdn. mit einer Lösung von 160 g (4 Mol) Natriumhydroxyd in 1 l Wasser versetzt. Die Nachreaktion erfolgt in 15 Stdn. bei der gleichen Temperatur. Man trennt die untere wäßr. Phase ab, wäscht das Produkt dreimal mit ges. Kochsalzlösung und einmal mit Natriumhydrogencarbonatlösung aus, filtriert und destilliert Lösungsmittel und überschüssiges Epichlorhydrin ab, zuletzt i. Hochvak. bei 130° Innentemperatur.

Der Rückstand (1273 g) hat ein Epoxydäquivalentgewicht von 435 und ist zur Herstellung von elastifizierten Härtungsprodukten geeignet.

Beispiel 12

Äthylenglykol-mono- und -diglycidäther[1]: 31 g (0,5 Mol) Äthylenglykol und 0,3 g Zinn-(IV)-chlorid werden in einem mit Thermometer, Rührer und Rückflußkühler versehenen Kolben auf 85–90° erhitzt. Dann läßt man unter Rühren 92,5 g (1 Mol) Epichlorhydrin während 16 Stdn. zutropfen. Es wird noch 24 Stdn. nacherhitzt, bis i. Vak. keine niedrig siedende Verbindung mehr abdestillierbar ist, also alles Epichlorhydrin verbraucht ist. Dann kühlt man ab, verd. mit 100 cm³ Äther und tropft unter heftigem Rühren bei 0° 80 g einer 50%igen Natriumhydroxydlösung zu. Anschließend wird die Ätherlösung von der wäßr. Phase abgezogen, über Natriumsulfat getrocknet, filtriert und über eine gute Kolonne fraktioniert destilliert. Man erhält eine Fraktion vom Kp_{90}: 89–90°; n_D^{24}: 1,4490, eine 2. Fraktion vom Kp_{10}: 128–131°; $n_D^{23,8}$: 1,4530. Ein beträchtlicher Rückstand ist nicht destillierbar. Beide Fraktionen sind farblos und weisen nur eine geringe Halogenreaktion auf. Die 2. Fraktion ergibt bei der Titration mit Pyridinhydrochlorid einen Gehalt von 97% an Diepoxyd, während die 1. Fraktion einen Gehalt von 88% an Monoepoxyd aufweist. Durch erneute Destillation der 2. Fraktion können zuletzt erhalten werden: 18 g vom Kp_{2-3}: 119°; D_4^{30}: 1,1182; n_D^{30}: 1,4498 und M_D: 41,80. Diese Fraktion stellt den reinen Diglycidäther des Äthylenglykols dar.

Beispiel 13

1,4-Butylenglykol-diglycidäther[2]: 630 g 1,4-Butylenglykol (7 Mol) werden mit 1400 g (~ 15,2 Mol) Epichlorhydrin und 2 g p-Toluolsulfonsäure 5 Stdn. im Autoklaven auf 195–206° erhitzt, wobei ein maximaler Druck von 6 atü auftritt. Das Reaktionsprodukt wird in 1 l Benzol aufgenommen und innerhalb von 2 Stdn. bei 20–25° tropfenweise mit 1400 cm³ 40–44%iger Natronlauge versetzt. Man rührt 6 Stdn. bei 20–25° nach, setzt 1,5 l Wasser hinzu, um das gebildete Natriumchlorid in Lösung zu bringen und trennt die Schichten. Die Benzollösung wird über Kohle filtriert, das Benzol abdestilliert und der Rückstand (1190 g = 84% d. Th.) bei 0,2 Torr destilliert, wobei die Fraktion von 95–120° aufgefangen wird. Bei der Rektifikation dieser Fraktion erhält man 690 g Diglycidäther des 1,4-Butylenglykols vom $Kp_{0,9}$: 127–128°.

Beispiel 14

Epoxydharz aus Glycerin und Epichlorhydrin[3]: In einem Reaktionsgefäß mit mechanischem Rührer und Außenkühlung werden 276 g (3 Mol) Glycerin und 828 g (9 Mol) Epichlorhydrin mit 10 g einer 4,5%igen Bortrifluorid-Äther-Lösung versetzt. Unter Rühren steigt die Temp. auf 50° an und wird etwa $1^3/_4$ Stdn. durch Kühlung konstant gehalten. Zuletzt soll die Temp. noch $1^1/_2$ Stdn. zwischen 50 und 77° gehalten werden. Zu 370 g dieses Reaktionsproduktes gibt man 900 g Dioxan und 300 g pulverisiertes Natriumaluminat ($Na_2Al_2O_4$) und erhitzt unter fortgesetztem Rühren etwa $10^1/_2$ Stdn. auf 93°. Nach dem Abkühlen auf 20° filtriert man die Lösung und entfernt Dioxan und andere niedrig siedende Produkte bis 205° bei 20 Torr. Das zurück-

[1] S. G. Cohen u. H. C. Haas, Am. Soc. **75**, 1733 (1953).

[2] Priv.-Mitt. G. Frank, Leverkusen.

[3] A.P. 2510886 (1946), Devoe & Reynolds Co., Erf.: S. O. Greenlee; Chem. Abstr. **44**, 10376[b] (1950).

S.a. A.P. 2538072, 2581464 (1947), Devoe & Reynolds Co., Erf.: J. D. Zech; Chem. Abstr. **45**, 5177[f] (1951); **46**, 8672[b] (1952).

bleibende hellgelbe Produkt (261 g) kann oberhalb 200° bei 2 Torr destilliert werden, vorausgesetzt, daß es frei von Verunreinigungen (besonders von Bortrifluorid oder alkal. Verbindungen) ist, da sonst eine heftige Reaktion eintritt. Es ist jedoch nicht notwendig, das Reaktionsprodukt durch Destillation zu reinigen, da in ihm enthaltene Nebenprodukte bei der weiteren Verwendung als Epoxydharz nicht stören.

Der Chlorgehalt des Harzes beträgt 9,1%, das Epoxyd-Äquivalent 149 (vgl. S. 471). Letzteres wurde bestimmt durch Titration von 1 g Harz mit überschüssigem Pyridinhydrochlorid (hergestellt durch Zugabe von 16 cm³ konz. Salzsäure pro *l* Pyridin), wobei 20 Min. lang gekocht werden muß und überschüssiges Pyridinhydrochlorid mit 0,1 n Natronlauge gegen Phenolphthalein zurücktitriert wird. Das Mol.-Gew., nach der Siedepunktsmethode bestimmt, ist 324. Danach würden 2,175 Epoxydgruppen pro Molekel vorliegen. Das durchschnittliche Mol.-Gew. liegt unter Annahme der einfachen Reaktion von 3 Mol Epichlorhydrin mit 1 Mol Glycerin höher als ber. und weist auf Nebenreaktionen hin.

Erhitzt man 130 g des Harzes mit 15 g Harnstoff und 171 g 2,2-Bis-[p-hydroxy-phenyl]-propan 1 Stde. auf 175°, so entsteht ein Reaktionsprodukt mit einem Erweichungspunkt von 96°. Es ist in Lacklösungsmitteln löslich und mit organischen Säuren veresterbar. Derartige Kombinationen von festen Epoxydharzen aus Bis-phenolen mit flüssigen Glycidätherharzen des Glycerins ergeben unter Zusatz von Polyaminen flüssige, kalthärtende Lacklösungen.

Beispiel 15

Propyl-bis-[2,3-epoxy-propyl]-amin[1]: Zu 200 g (2,16 Mol) Epichlorhydrin läßt man unter Rühren bei 28–32° im Verlauf von 30 Min. 59 g n-Propylamin (1 Mol) zutropfen und hält das Reaktionsgemisch anschließend 4 Stdn. auf 30°. Dann kühlt man auf 20° ab, gibt innerhalb von 30 Min. bei 20–25° 300 cm³ 44%ige Natronlauge zu, läßt 3 Stdn. nachrühren und verd. dann mit etwa 300 cm³ Wasser, worauf alles ausgeschiedene Natriumchlorid in Lösung geht. Nach dem Absitzen wird die obere Schicht abgetrennt, kurz mit kalter 50%iger Kalilauge durchgeschüttelt und i.Vak. destilliert. Die bei Kp_{12}: 105–120° übergehende Fraktion liefert bei nochmaliger fraktionierter Destillation 122 g (71%) reines Propyl-bis-[2,3-epoxy-propyl]-amin; Kp_{12}: 113–115°. Bei längerem Stehen färbt sich die wasserklare Flüssigkeit schwach gelb.

Beispiel 16

N,N-Bis-[2,3-epoxy-propyl]-anilin und seine Vernetzung mit Polyaminen oder Anhydriden[2]: In ein siedendes Gemisch von 400 g (4,325 Mol) Epichlorhydrin und 400 cm³ Methanol läßt man im Verlauf von 15 Min. 2 Mol Anilin eintropfen und kocht dann 3 Stdn. unter Rückfluß. Anschließend destilliert man den Alkohol ab, gibt 200 cm³ Benzol hinzu und tropft bei 20–25° im Verlauf von 30 Min. 600 cm³ 44%ige Natronlauge ein. Man läßt noch 3 Stdn. kräftig rühren, gibt danach soviel Wasser zu, daß alles Natriumchlorid in Lösung geht und trennt die Schichten. Die Benzollösung des Diepoxyds wird kurz mit calciniertem Natriumcarbonat getrocknet, sauber filtriert und destilliert. Die Fraktion $Kp_{0,15}$: 136–138° stellt das reine Diepoxyd dar, ein hellgelbes, leicht bewegliches Öl.; Ausbeute: 314–340 g (76–82%).

Es ist bei allen Versuchen mit basischen Polyepoxyden darauf zu achten, daß bei der Aufarbeitung die Endprodukte halogenfrei sind. Eine Probe darf beim Erhitzen auf 170° nicht exotherm verharzen. Notfalls ist die Behandlung mit Alkalihydroxyd noch länger fortzusetzen. Für techn. Zwecke werden nicht die reinen Diepoxyde benötigt, sondern es genügt, die Lösungsmittel bis 100° abzudestillieren und das Reaktionsprodukt zur Entfernung von restlichem Epichlorhydrin usw. bei 11 Torr auf 140° zu erhitzen. Besonders günstig für Anwendungen als Gießharze in der Elektroindustrie ist ein Durchlaufen des Epoxydharzes durch einen Dünnschichtverdampfer i.Vak. bei 150°.

[a] **Härtung mit Diäthylentriamin[1]:** 100 g N,N-Bis-[2,3-epoxy-propyl]-anilin werden mit 20 g Diäthylentriamin bei Zimmertemp. vermischt. Nach 12stdg. Stehen erhält man einen farblosen Kunststoff.

[b] **Härtung mit Phthalsäureanhydrid[1]:** 10 g N,N-Bis-[2,3-epoxy-propyl]-anilin und 14 g Phthalsäureanhydrid werden unter Rühren durch Erwärmen auf 105–110° homogenisiert. An-

---

[1] Priv.-Mitt. G. FRANK, Leverkusen.
[2] A.P. 2891970 (1955), Farbf. Bayer, Erf.: G. FRANK, R. WEGLER u. W. KRAUSS.

schließend erhitzt man die klare, braune Lösung 2 Stdn. auf 120°. Der so gewonnene hellbraune Kunststoff zeichnet sich durch gute mechanische Eigenschaften, Lösungsmittelbeständigkeit und vorzügliche elektrische Werte aus (Martensgrad 140°, Vicatgrad 214°).

[c] Härtung mit *cis*-Hexahydrophthalsäureanhydrid[1]: 100 g N,N-Bis-[2,3-epoxy-propyl]-anilin vom Epoxyd-Äquivalentgewicht 125 werden bei Raumtemp. mit 150 g (0,975 Mol) geschmolzenem *cis*-Hexahydrophthalsäureanhydrid vom F: 32° vermischt und gegebenenfalls mit 2,5 g N,N-Dimethyl-benzylamin als Beschleuniger versetzt. Die Härtungsbedingungen mit bzw. ohne Beschleuniger sind 48 bzw. 3 Stdn. bei 100°, 14 bzw. 1 Stde. bei 120° oder 4 Stdn. bzw. 10 Min. bei 150°. Die Gießlinge haben bei 20° folgende an Normstäben gemessene Eigenschaften: Schlagzähigkeit 9,0 kg · cm/cm², Biegefestigkeit 750 kg/cm², Zugfestigkeit 300 kg/cm², Druck-festigkeit 1750 kg/cm², Wärmestandfestigkeit nach Martens 125°.

[d] Härtung mit 1,4-Butylenglykol-bis-[3-amino-propyl-äther][2]: 100 g N,N-Bis-[2,3-epoxy-propyl]-anilin vom Epoxyd-Äquivalentgewicht 125 werden mit 42,5 g 1,4-Butylen-glykol-bis-[3-amino-propyl]-äther (Härter T$_1$®[3]) bei Raumtemp. vermischt. Nach 3 Stdn. ist die Masse geliert (80°) und erhitzt sich dann weiter bis über 200°. Im Vergleich zu einer mit Tri-äthylentetramin gehärteten Probe besitzt das Härtungsprodukt eine erhöhte Biegefestigkeit (1046 kg/cm²) und Schlagzähigkeit (7,6 kg · cm/cm²) bei herabgesetzter Härte.

Beispiel 17

Härtung von N,N-Bis-[2,3-epoxypropyl]-anilin mit Bis-[3-(2-phenoxy-äthoxy)-propylamino]-methan[4]: In diesem Beispiel wird die Herstellung eines Aminhärters beschrieben, welcher sich bei der Kombination mit basischen Epoxydharzen durch eine verlängerte Gelierzeit und eine geringere Wärmeentwicklung auszeichnet und außerdem den Härtungsprodukten auch bei Abweichungen von den stöchiometrischen Mengenverhältnissen eine erhöhte Biegefestigkeit unter Beibehaltung der anderen Festigkeitseigenschaften verleiht.

Herstellung von Bis-[3-(2-phenoxy-äthoxy)-propylamino]-methan: 164 g (0,86 Mol) 3-(2-Phenoxy-äthoxy)-propionitril vom Kp$_{0,05}$: 151–156°, welches durch Anlagerung von Acrylnitril an 2-Phenoxy-äthanol in Gegenwart von katalytischen Mengen Natriummethylat hergestellt wurde, werden in Gegenwart von Raney-Kobalt zum 3-(2-Phenoxy-äthoxy)-propyl-amin hydriert; Sdp. 112°/0,05 Torr. 308 g (1,54 Mol) einer 50%igen Schwefelsäure werden unter Rühren mit 300 g (1,54 Mol) 3-(2-Phenoxy-äthoxy)-propylamin versetzt. Anschließend werden 89 g (0,95 Mol) einer 32%igen wäßr. Formaldehydlösung bei 100° zugegeben. In einer Stickstoff-atmosphäre wird das Gemisch 10–15 Stdn. auf 100° gehalten, bis der Formaldehyd verbraucht ist. Man versetzt das abgekühlte Reaktionsprodukt mit 273 g (3,23 Mol) 47%iger Natronlauge und nimmt das sich abscheidende Öl in Xylol auf. Die organische Schicht wird durch Destillation vom Lösungsmittel befreit, zum Schluß bei 0,05 Torr und einer Innentemp. von 170–180°, wobei 48 g des eingesetzten Amins wiedergewonnen werden. Als Rückstand verbleiben 250 g (80% d. Th.) Bis-[3-(2-phenoxy-äthoxy)-propylamino]-methan vom Mol.-Gew. 410 (theor. 402,5).

Härtung: Je 100 g N,N-Bis-[2,3-epoxy-propyl]-anilin werden mit der stöchiometrischen Menge sowie mit einem 25%igen Überschuß Bis-[3-(2-phenoxy-äthoxy)-propylamino]-methan (M) und zum Vergleich mit den entsprechenden Mengen Triäthylentetramin (T) gehärtet. Das Abbindeverhalten und die mechanischen Festigkeitsdaten sind in der folgenden Übersicht zusammengefaßt:

Härter	Menge [g]	Gelier- Zeit [Min.]	Temp. [°C]	Maximal- temp. [°C]	Brinell- härte [kg/cm²]	Schlagzähigkeit [kg · cm/cm²]	Biegefestigkeit [kg/cm²]	Biegewinkel
M	83	229	65	120	1515	4,9	995	13°
M	104	189	70	160	1625	5,1	918	13°
T	20,2	115	130	> 250	1590	3,8	754	10°
T	25,3	95	135	> 250	1710	2,7	701	8°

---

[1] Firmenschrift der Farbf. Bayer über Lekutherm-Gießharze X 50®, X 60® u. Lekutherm-Härter H®.

[2] DAS. 1 102 391 (1958), Farbf. Bayer, Erf.: R. Wegler, K. Bodenbenner, K. Andres u. F. Blomeyer.

[3] Lekutherm® in der Gießereitechnik, Firmenschrift der Farbf. Bayer.

[4] F. P. 1 274 677 (1960; DB. Prior., 1959), Farbf. Bayer, Erf.: R. Wegler, E. Regel u. K. Andres.

Beispiel 18

Bis-[p-(N-methyl-N-2,3-epoxypropyl-amino)-phenyl]-methan und seine Vernetzung mit Triäthylentetramin bzw. mit Hexahydrophthalsäureanhydrid[1]:

Herstellung des Diepoxyds:

1582 g (7 Mol) Bis-[4-methylamino-phenyl]-methan werden in 1,4 l Benzol gelöst, zum Sieden erhitzt und unter Rühren im Laufe von 2–2$^{1}/_{2}$ Stdn. tropfenweise mit 1400 g (ca. 15 Mol) Epichlorhydrin versetzt. Man erhitzt weitere 15 Stdn. unter Rühren, kühlt auf 20° ab und tropft innerhalb von 2 Stdn. 2,1 l 44%ige Natronlauge ein. Die Temp. soll dabei nicht über 30° ansteigen. Nach dem Eintropfen rührt man bei Zimmertemp. noch kräftig 15 Stdn., fügt soviel Wasser hinzu, daß das ausgeschiedene Natriumchlorid gerade in Lösung geht ($\sim$ 1,5 l), läßt absitzen und trennt die Schichten. Aus der Benzollösung wird nach kurzem Trocknen mit festem Kaliumhydroxyd das Benzol abdestilliert, zuletzt i. Hochvakuum. Man erhält ein noch flüssiges Harz von hellbrauner Farbe und vom Epoxyd-Äquivalent 200; Ausbeute: 2322 g (98% d.Th.).

[a] Härtung mit Triäthylentetramin[2]: 10 g Bis-[p-(N-methyl-N-2,3-epoxy-propyl-amino)-phenyl]-methan werden mit 1,5 g Triäthylentetramin vermischt. Nach 12 stdg. Stehen bei Zimmertemp. oder besser durch 2 stdg. Erwärmen auf 80° erhält man braune, klare Kunststoffe, die sich durch sehr gute mechanische Eigenschaften und einen geringen Schrumpf auszeichnen. Biegefestigkeit 1600 kg/cm²; Schlagzähigkeit 30 kg · cm/cm²; Martensgrad 97°.

[b] Härtung mit Hexahydrophthalsäureanhydrid[2,3]: 500 g Bis-[p-(N-methyl-N-2,3-epoxypropyl-amino)-phenyl]-methan, 450 g cis-Hexahydrophthalsäureanhydrid und 1000 g Quarzmehl werden bei 50° miteinander vermischt. Die Mischung ist flüssig und bis 80° gießfähig.

Die Anhärtung geschieht zweckmäßig bei einer Temp. zwischen 20 und 60°. Bei 50° Anhärtetemp. kann z.B. nach 4 Stdn. entformt werden. Die endgültige Aushärtung erfolgt in 10 Stdn. bei 100°, in 3 Stdn. bei 120° oder in $^{1}/_{2}$ Stde. bei 150°.

Der ausgehärtete Gießling hat folgende Eigenschaften: *Schlagzähigkeit* [kg · cm/cm²] 15; *Biegefestigkeit* [kg/cm²] 1200; *Ausdehnungskoeffizient* [Grad^{-1}] 40 · 10^{-6}; *Zugfestigkeit* [kg/cm²] 500; *spez. Widerstand* [Ω · cm] 10^{16}; *Dielektrizitätskonstante ε* 3,5; *Dielektrischer Verlustfaktor* tg δ 0,01.

Beispiel 19

Umsetzung von 1,4-Bis-[mercaptomethyl]-benzol mit Epichlorhydrin[4]: In eine Lösung von 85 g (0,5 Mol) 1,4-Bis-[mercaptomethyl]-benzol in 500 cm³ Toluol läßt man unter Rühren eine Lösung von 56 g (1 Mol) Kaliumhydroxyd in 100 cm³ Wasser eintropfen. Bei der azeotropen Entfernung des Wassers scheidet sich das Alkalimercaptid krystallin ab. Das Toluol wird abgehebert und das Mercaptid in 300 cm³ Alkohol (wasserfrei) gelöst. Diese Lösung wird im Verlauf von 2 bis 3 Stdn. bei –10° bis –20° in eine Lösung von 92 g (1 Mol) Epichlorhydrin in 100 cm³ wasserfreiem Alkohol eingetropft. Die Eintropfgeschwindigkeit wird derart geregelt, daß die Innentemp. 0° nicht überschreitet. Anschließend wird 1 Stde. bei 0° nachgerührt und die Lösung vom abgeschiedenen Natriumchlorid filtriert. Nach dem Abdestillieren des Alkohols hinterbleibt ein hellgelbes, niedrigviscoses Öl. Seine Konstitution entspricht der Formel

Die Ausbeute an Rohprodukt beträgt 121 g. Darin sind 92 g Epoxydverbindungen enthalten, was einer 77%igen Ausbeute entspricht.

---

[1] DAS. 1011618 (1954), Farbf. Bayer, Erf.: G. FRANK, R. WEGLER u. W. KRAUSS; C. **1958**, 10514.

[2] Priv.-Mitt. G. FRANK, Leverkusen.

[3] Firmenschrift der Farbf. Bayer über Lekutherm X 50®, X 60® u. Lekutherm Härter H®.
    S. dazu DAS. 1019083 (1956), Farbf. Bayer, Erf.: G. FRANK, R. KUBENS u. R. WEGLER;
    C. **1959**, 3663.

[4] DBP. 971835 (1953), Farbw. Hoechst, Erf.: L. ORTHNER, K. HORST u. R. BOLLINGER; C. **1960**,
    14878.

Beispiel 20

Umsetzung von Toluol-2,4-bis-[sulfonsäuremethylamid] mit Epichlorhydrin[1]: Zu 80 g Epichlorhydrin und 50 cm³ Wasser läßt man innerhalb von 20 Min. unter Rühren eine Lösung von 100 g Toluol-2,4-bis-[sulfonsäuremethylamid] (F: 123 bis 126°) in 300 cm³ 3n Natronlauge so zulaufen, daß die Innentemp. 60–65° beträgt. Nach weiteren 15 Min. wird das dickflüssige Harz mit Wasser von 65° gewaschen und i.Vak. bei 60° getrocknet. Das wasserklare, acetonlösliche Harz ist bei 20° zähflüssig und bei 90° dickflüssig. Mit 5% Piperidin vermischt, ist das Harz nach 3 stdg. Stehen bei 100° nicht mehr eindrückbar. Es liefert hochglänzende, wasserklare Überzüge.

Beispiel 21

Epoxydharz aus Cyanursäure und Epichlorhydrin[2]: Eine Mischung von 129 g (1 Mol) Cyanursäure, 1387,5 g (15 Mol) Epichlorhydrin und 11,5 g einer 35%igen Lösung von Benzyl-trimethyl-ammoniumhydroxyd wird unter Rühren auf 104° erhitzt. Hierbei tritt eine stark exotherme Reaktion ein, so daß das Reaktionsgemisch zu sieden beginnt (110–112°). Man läßt 30 Min. unter Rückfluß kochen, kühlt dann auf 75° ab und gibt 123 g Natriumhydroxyd zu, worauf die Lösung wieder zu sieden beginnt. Nach $^1/_2$ stdg. Sieden unter Rückfluß wird abgekühlt, filtriert und der Filterrückstand 2mal mit 100 g Epichlorhydrin nachgewaschen. Das Filtrat wird i.Vak. von Epichlorhydrin befreit und ergibt in quantitativer Ausbeute ein Harz mit dem Epoxydäquivalent (s. S. 471) von 135. (Ein Chlorgehalt ist nicht angegeben, doch beträgt er in ähnlichen Beispielen ca. 4%).

Statt des quartären Ammoniumhydroxyds kann man auch ein tert. Amin, wie N,N-Dimethylanilin oder Tripropylamin, einsetzen; die Ausbeuten sind dann etwas geringer.

Beispiel 22

Epoxydharz aus Phthalsäure, Adipinsäure und Epichlorhydrin[3]: 210 g Dinatriumphthalat, 222 g Dikaliumadipinat (je 1 Mol) und 460 g Epichlorhydrin (5 Mol) werden mit 3 g Trimethyl-carbopentoxymethyl-ammoniumchlorid (= quaternierter Aminoessigsäurepentylester) in einem Kneter zu einem bei Raumtemp. steifen Brei vermengt, der dann auf 115 bis 117° erhitzt wird. Etwa 2 Stdn. nach Beginn des Anheizens wird eine beträchtliche Verdickung der Reaktionsmasse beobachtet. Zu diesem Zeitpunkt gibt man 20 cm³ Epichlorhydrin zu, nach der 3. Stde. 60 cm³, nach der 5. Stde. 40 cm³ und nach der 10. Stde. noch 10 cm³. Das Reaktionsgemisch hat nach $14^1/_2$ Stdn. einen Umsetzungsgrad von 85% und nach insgesamt $17^1/_2$ Stdn. von 95% erreicht. Man saugt das anorganische Salz ab, wäscht mit Epichlorhydrin und dampft aus dem Filtrat das überschüssige Epichlorhydrin ab. Das erhaltene Harz hat einen Epoxydsauerstoffgehalt von 5% bzw. ein Epoxyd-Äquivalent von 320.

Beispiel 23

Adipinsäurediglycidester[4]: 140 g Dikaliumadipinat, die 0,14% Wasser enthalten, und 250 g Epichlorhydrin werden 2 Stdn. unter Stickstoff (5 at Anfangsdruck) auf 150° erhitzt. Danach läßt man erkalten, filtriert von 77 g Kaliumchlorid, die durch nicht auswaschbares Harz verunreinigt sind, ab und engt das Filtrat bei 3 Torr und 70 bis 100° Badtemp. so lange ein, bis nichts mehr übergeht. Es werden auf diese Weise als Rückstand 70 g eines weichen, bei Zimmertemp. eben noch fließenden Harzes vom Mol.-Gew. 340 erhalten (Epoxydsauerstoff 1,6%). Beim Arbeiten ohne Überdruck bilden sich nur 3 g und bei nur 1 stdg. Reaktion bei 140° (unter Druck und sonst wie oben) 40 g Harz. Dagegen erhält man bei einer Verlängerung der Reaktionszeit auf 6 Stdn. ein weiches Gel.

Beispiel 24

Terephthalsäurediglycidester[5]: Eine Lösung von 20,6 g reinem Terephthalsäurechlorid in 100 cm³ Benzol wird in eine Mischung aus 15 g Glycid und 23 g Triäthylamin unter guter Kühlung bei 0–5° innerhalb von $1^1/_2$ Stdn. eingetropft. Man rührt noch 2 Stdn. nach, wobei man das Reaktionsgemisch sich auf Raumtemp. erwärmen läßt. Anschließend, oder besser nach Stehen über Nacht, wird vom abgeschiedenen Triäthylaminhydrochlorid (29 g) abfiltriert und das Benzol unter vermindertem Druck abdestilliert, bis sich Krystalle abzuscheiden beginnen. Die Krystallisation läßt

[1] DBP. 810814 (1949), Dynamit AG. Troisdorf, Erf.: E. KUHR; C. **1953**, 4612.

[2] A. P. 2809942 (1955), Devoe & Raynolds Co., Erf.: H. G. COOKE jr.; Chem. Abstr. **52**, 19244ᵉ (1958).

[3] DBP. 944995 (1954), Henkel & Cie. GmbH., Erf.: R. KÖHLER u. H. PIETSCH; C. **1958**, 5815.

[4] DAS. 1030325 (1952), Henkel & Cie. GmbH., Erf.: B. RAECKE, H. PIETSCH u. R. KÖHLER; C. **1960**, 3696.

[5] DBP.-Anm. H 13896 (1952), Henkel & Cie. GmbH., Erf.: B. RAECKE, R. KÖHLER u. H. PIETSCH.

sich durch Zugabe von Petroläther fördern. Der Diglycidester der Terephthalsäure ist aus einer Mischung von gleichen Teilen Benzol und Petroläther gut umkrystallisierbar. Die Ausbeute an reiner Substanz beträgt 80% d. Th. und ihr Schmelzpunkt 108–109°.

Beispiel 25

Epoxydierung von Sojabohnenöl[1]: Ein Reaktionsgefäß, das mit Rückflußkühler, Thermometer und mechanischem Rührer ausgerüstet ist, wird mit 200 g Sojabohnenöl (entsprechend einem Gehalt von 1,1 Mol Doppelbindungen) beschickt. Dazu gibt man innerhalb von 90 Min. ein unter — 5° gekühltes Gemisch aus 74,8 g 50%igem Wasserstoffperoxyd (1,1 Mol), 16,9 g 90%iger Ameisensäure (0,33 Mol) und 3,5 g 85%iger Phosphorsäure (0,03 Mol), wobei die Temp. auf 25–30° gehalten wird. Der Reaktionsverlauf wird durch Bestimmung des Epoxydsauerstoffs und der Jodzahl verfolgt. Dabei wird jede Probe stehengelassen, bis eine Trennung in 2 Phasen erfolgt ist. Nach dem Abtrennen der wäßr. Schicht wird die organische Schicht zunächst mit einer ges. Lösung von Natriumhydrogencarbonat und dann mit Wasser gewaschen, anschließend bei 100° getrocknet, filtriert und analysiert.

Die nachstehende Übersicht zeigt den Reaktionsverlauf in Abhängigkeit von der Reaktionsdauer.

Gesamte Reaktionsdauer [Stdn.]	Epoxydsauerstoff [%]	Jodzahl
$2^1/_4$	2,2	85,3
$4^1/_2$	3,6	57,5
$7^1/_2$	4,6	37,6
12	5,5	21,4
23	5,9	8,9

Arbeitet man in völlig gleicher Weise, nur unter Weglassung der Phosphorsäure, so ist die Epoxydierungsgeschwindigkeit deutlich geringer.

Beispiel 26

Epoxystearinsäuremethylester[2]: Ein mit Rührwerk und Thermometer ausgestattetes Gefäß wird mit 18,0 g Amberlite IR-120® beschickt (sulfoniertes Copolymeres aus Styrol mit etwa 8% Divinylbenzol; eine Sulfonsäuregruppe pro Benzolring). Man vermischt den Kationenaustauscher mit Eisessig, gießt den Überschuß ab und gibt zu dem feuchten Harz 29,6 g (0,10 Mol) techn. reinen Ölsäuremethylester von der Jodzahl 82,4. Die Mischung wird kräftig gerührt und dann mit 6,80 g 50%igem Wasserstoffperoxyd (0,10 Mol) versetzt. In wenigen Min. erwärmt sich das Gemisch auf 60°. Man hält diese Temp. 1 Stde. konstant, indem man zunächst mit Eiswasser bis zum Abklingen der exothermen Reaktion kühlt und dann im Wasserbad erwärmt. Dann filtriert man das Austauscherharz ab, schüttelt das Filtrat in einem Scheidetrichter mit 100 cm³ einer kalten Natriumchloridlösung, läßt die wäßr. Phase ab und schüttelt die organische Schicht nacheinander mit 100 cm³ einer 1%igen Natriumchloridlösung, mit 100 cm³ einer 5%igen Natriumhydrogencarbonatlösung und schließlich 2 mal mit je 100 cm³ Wasser. Der so dargestellte Epoxystearinsäuremethylester wird durch 1 stdg. Erwärmen unter Unterdruck getrocknet. Er hat eine Jodzahl von 6,78 und einen Epoxydsauerstoffgehalt von 4,07% (theor. Wert 5,12%).

Wird die Umsetzung 0,5 Stdn. bei 82° durchgeführt, so beträgt der Epoxydsauerstoffgehalt 4,77%.

Beispiel 27

3,4-Epoxy-6-methyl-cyclohexancarbonsäure-(3′,4′-epoxy-6′-methyl-cyclohexylmethyl]ester)[Epoxyd 201®][3]: Zu einer Lösung von 7,7 g (0,0375 Mol) Aluminiumisopropylat in 150 g trockenem Benzol werden unter Kühlung auf 20–25° innerhalb von 40 Min. 192 g (1,55 Mol) 2-Methyl-Δ^4-tetrahydrobenzaldehyd[4] zugetropft und 18,5 Stdn. nachreagieren gelassen. Nach Zugabe von

---

[1] DAS. 1042565 (1955; Am. Prior., 1954) ≡ F.P. 1118945 (1955), Rohm & Haas Co., Erf.: E. M. Beavers, J. E. Koroly u. S. P. Rowland; C. **1958**, 8476.

[2] DAS. 1024514 (1954; Am. Prior., 1953) ≡ E.P. 776757 (1954), DuPont, Erf.: A. T. Hawkinson, W. R. Schmitz u. A. A. D'Addieco; C. **1958**, 4624.

[3] DBP. 964595 (1954) ≡ A.P. 2716123 (1953) ≡ F.P. 1111099 (1954), Union Carbide & Carbon Corp., Erf.: F. C. Frostick jr. u. B. Phillips; C. **1958**, 4636.

[4] Zur Herstellung vgl. ds. Handb., Bd. VII/1, Kap. Herstellung von Aldehyden, S. 127.

7 g (0,118 Mol) Essigsäure wird das Gemisch i. Vak. destilliert. Der in einer Ausbeute von 88 g (95% Ausbeute) anfallende 6-Methyl-3-cyclohexen-carbonsäure-(6'-methyl-3'-cyclohexenyl-methylester) siedet bei 136–140°/3 Torr; $n_D^{30} = 1,4860$.

Zu 84 g (0,338 Mol) dieses Esters werden bei 35–40° innerhalb von 1,5 Stdn. 308 g einer 25%igen Lösung von Peressigsäure in Aceton (77 g; 1,01 Mol Peressigsäure) zugetropft. Anschließend wird die Lösung noch 3,5–4 Stdn. bei dieser Temp. nachgerührt, bis 95% der Peressigsäure verbraucht sind. Die Lösung wird in 400 g unter Vak. bei 40–45° Blasentemp. siedendes Äthylbenzol eingetropft und daraus gleichzeitig Peressigsäure, Essigsäure und zum Schluß das Äthylbenzol abdestilliert. Der Rückstand (97 g) besteht zu 82% aus dem gesuchten Diepoxyd. Kp_3 des Produktes 180–195°.

Beispiel 28

Epoxydierung von Polybutadien[1]:

[a] mit wasserfreier Benzopersäure: Zu einer wasserfreien Lösung von 30,54 g Benzopersäure in 800 cm³ Chloroform läßt man bei —6° unter Rühren innerhalb von 10 Min. 32,4 g flüssiges Polybutadien[2] (Na-Polymerisat) in 100 cm³ Chloroform zutropfen. Die Temp. soll zunächst 35 Min. unter —2° gehalten werden. Dann läßt man während 1 Stde. die Temp. auf + 23 bis 26° ansteigen und hält diese Temp. 16¹/₄ Stdn. (Analysenproben mittels arseniger Säure und Jodlösung zeigen, daß nur 0,54 g Benzopersäure nicht verbraucht wurden). Die Chloroformlösung wird solange mit verd. Natriumhydroxydlösung gewaschen, bis eine angesäuerte Probe keine feste Substanz mehr abscheidet. Dann wäscht man mit Wasser, trocknet mit wasserfreiem Natriumsulfat, filtriert und entfernt das Lösungsmittel unter schwachem Erwärmen i. Vakuum. Der Rückstand enthält 8% Epoxydsauerstoff.

[b] mit Peressigsäure: Eine Lösung von 108 g flüssigem Polybutadien in 580 cm³ Chloroform wird in einem Wasserbad auf 50° erhitzt. Unter Rühren gibt man langsam eine Lösung von 19 g Natriumacetat-trihydrat in 190,2 g techn. Peressigsäure (40%ig) so zu, daß die Temp. nicht über 55° ansteigt. Nach 15stdg. Rühren bei 55° wird die Chloroformlösung säurefrei gewaschen, mit Natriumsulfat getrocknet, filtriert und bei 60° unter 2–8 Torr eingeengt. Der Epoxydsauerstoffgehalt beträgt 6,5–7,4%, ist also etwas geringer als bei Verwendung von wasserfreier Benzopersäure. Maximal 0,6–0,8 Mol Peressigsäure je Doppelbindung geben eine gute Ausbeute.

Eine Epoxydierung ist auch mit 50%igem Hydrogenperoxyd in Chloroformlösung möglich, wenn man einen mit Eisessig behandelten Kationenaustauscher (Amberlite IR-120® = sulfoniertes Polystyrol) zugesetzt (vgl. Beispiel 26, S. 548).

Im Original[1] ist die Abhängigkeit des Epoxydgehalts von den Reaktionsbedingungen (Zeit, Temp., Menge an Epoxydierungsmittel) angegeben.

Beispiel 29

Methacrylsäureglycidester[3]:

150 g Kaliummethacrylat, 1250 g Epichlorhydrin (∼ 13,5 Mol), 2 g Triäthylamin und 1,5 g Hydrochinon werden unter Rühren 6 Stdn. auf einem 90° warmen Wasserbad erhitzt. Nach dem Absaugen des Kaliumchlorids wird das Reaktionsgemisch fraktioniert destilliert. Nach einem Vorlauf (Kp_{18}: bis 87°) geht die Hauptfraktion zwischen 87 und 94° bei 18 Torr über. Die Redestillation im Durchlauferhitzer ergibt etwa 160 g Methacrylsäureglycidester, Kp_3: 57–59°; Kp_{15}: 85°.

Beispiel 30

Copolymerisation des Methacrylsäureglycidesters mit Acrylnitril[4]:

Eine Mischung von 40 g Acrylnitril und 10 g Methacrylsäureglycidester aus Beispiel 29 wird bei 40° in einer Stickstoffatmosphäre mit 0,5 g Ammoniumperoxydisulfat und 0,1 g Natriumhydrogensulfit in 200 g Wasser gerührt. Nach 24,5 Stdn. wird das ausgeschiedene Polymere abfiltriert, mit Wasser und anschließend mit Äthylalkohol gewaschen und bei Raumtemp. getrocknet.

Das Polymere ist in Dimethylformamid, dem Lösungsmittel für unmodifiziertes Polyacrylnitril, nicht löslich. Durch Copolymerisation der gleichen Komponenten in Substanz unter Ver-

---

[1] C. E. WHEELOCK, Ind. eng. Chem. **50**, 299 (1958).

[2] A.P. 2631175 (1948), Phillips Petroleum Co., Erf.: W. W. CROUCH; Chem. Abstr. **48**, 1405ᶜ (1954).

[3] Priv.-Mitt. G. KOLB, Leverkusen.

[4] A. P. 2524432 (1945), DuPont, Erf.: G. L. DOROUGH; Chem. Abstr. **45**, 2018ᶜ (1951).

wendung von Dibenzoylperoxyd erhält man dagegen ein in Dimethylformamid lösliches Produkt. Filme aus diesem löslichen Material werden durch Einwirkung von Säure unlöslich und unschmelzbar.

Beispiel 31

Anlagerung von Trimethylamin an ein Allylglycidäther-Vinylacetat-Copolymerisat[1]: 24,1 g eines Allylglycidäther-Vinylacetat-Copolymeren vom Mol.-Gew. 3500, das 9,3% Allylglycidäther enthält, werden in 15,9 g Methyläthylketon gelöst und mit 2,36 g Trimethylamin, die in 12,2 g Isopropanol gelöst sind, vermischt (pro Epoxydgruppe werden also 2 Mol Trimethylamin angewandt). Zur Bildung der quartären Base setzt man noch 0,72 g Wasser (2,1 Mol pro Epoxygruppe) zu. Das Reaktionsgemisch wird mit 62 g Dioxan verd. und 10 Tage bei Raumtemp. stehen gelassen. Das neutral reagierende, wasserlösliche Produkt stellt die essigsauren Salze der quartären Ammoniumbasen dar. (Die Essigsäure ist durch Verseifung der Estergruppen entstanden.)

Beispiel 32

Darstellung und Polymerisation des Phthalsäure-allyl-glycid-esters[2]:

Darstellung: 245 g Monoallylphthalat (erhalten durch Erhitzen von äquimolaren Mengen Allylalkohol und Phthalsäureanhydrid unter Rückfluß) werden in 396 g Aceton gelöst und mit soviel einer ges. äthanolischen Natriumhydroxydlösung versetzt, bis das Reaktionsgemisch gegenüber Phenolphthalein neutral reagiert. Das ausgefällte Natriumsalz wird abfiltriert, mit Aceton gewaschen, erneut abfiltriert und bei Zimmertemp. i. Vak. getrocknet (Ausbeute 246 g).

114 g dieses Natriumallylphthalats werden mit 462 g Epichlorhydrin vermischt und unter Rühren und Rückfluß auf 117° erhitzt. Nach ungefähr 2 Stdn. ist das Gemisch dünnflüssig geworden. Das Rühren wird noch $6^1/_2$ Stdn. fortgesetzt, dann läßt man abkühlen, filtriert das Salz ab und wäscht es 2mal mit Aceton aus. Die vereinigten Acetonlösungen werden i.Vak. eingeengt, wobei noch ausfallendes Salz abfiltriert wird. Bei der Destillation i.Vak. erhält man 71 g Phthalsäure-allyl-glycid-ester vom $Kp_{0,3}$: 141–144°; D_4^{20}: 1,1958; n_D^{20}: 1,5230; Bromzahl (g Brom/100 g): 70 (theor. 61); Esterzahl (Äquivalent/100 g): 0,78 (theor. 0,76); Epoxydzahl (Äquivalent/100 g): 0,34 (theor. 0,38).

Polymerisation: Etwa 94,4 g Allyl-glycid-phthalat, gelöst in 50 g Chloroform, werden in einem Glasgefäß mit Rührwerk auf 5° abgekühlt und langsam mit 2 g wasserfreiem Zinn-(II)-chlorid, gelöst in 25 g Chloroform, versetzt. Während dieser Zugabe wird gekühlt, so daß die Temp. 8° nicht überschreitet. Nach 2 Stdn. wird das Zinn-(II)-chlorid aus der Lösung durch Waschen mit Wasser entfernt und das Chloroform i.Vak. abdestilliert. Das Polymerisat (47,1 g) hat die folgenden Eigenschaften: D_4^{20}: 1,253; Epoxydzahl: 0,00; Jodzahl: 88,8.

Erwärmt man das Polymerisat mit 5 Gew.-% Dibenzoylperoxyd 144 Stdn. auf 65°, so entsteht ein hartes, durchsichtiges, unschmelzbares und unlösliches Produkt.

Metallstreifen, die mit einer Lösung des löslichen Polymerisats in Toluol überzogen und dann 15–30 Min. auf 215–220° erhitzt werden, erhalten eine biegsame Oberflächenschicht. Wird dieser Versuch unter Zugabe von 2 Gew.-% Dibenzoylperoxyd, bezogen auf die Polymerisatmenge, wiederholt, so entstehen bei einer Erhitzungstemp. von 250–255° sehr harte, biegsame, durchsichtige, zusammenhängende Schichten.

Beispiel 33

Allyl-glycid-äther des 2,2-Bis-[p-hydroxy-phenyl]-propans[2]: Zu 195 g 2,2-Bis-[p-hydroxy-phenyl]-propan (Dian) gibt man zunächst eine Lösung von 34,2 g Natriumhydroxyd in 300 cm³ absol. Äthanol und dann 98 g Allylchlorid. Das Gemisch wird auf einem Dampfbade 7 Stdn. unter Rückfluß gekocht. Nach dem Abfiltrieren des Natriumchlorids und dem Abdampfen des Äthanols und des nichtumgesetzten Allylchlorids unter vermindertem Druck bleibt der Monoallyläther des 2,2-Bis-[p-hydroxy-phenyl]-propans zurück (229 g).

221,5 g dieser Verbindung werden mit 76,4 g Epichlorhydrin und 36 g Natriumhydroxyd, gelöst in etwa 100 cm³ Wasser, vermischt. Die Mischung wird auf 70–80° erwärmt und später noch während 1 Stde. auf 80–100° gehalten. Beim Abkühlen bilden sich 2 Schichten. Die obere,

---

[1] A. P. 2676166 (1952), DuPont, Erf.: V. J. WEBERS; Chem. Abstr. **48**, 9073[c] (1954).

[2] DBP. 961659 (1950; Am. Prior., 1946), Bataafsche (Shell), Erf.: E. C. SHOKAL, L. N. WHITEHILL u. C. V. WITTENWYLER; C. **1959**, 13333.

organische Schicht wird in Diisopropyläther gelöst, mit Wasser gewaschen, bis sie neutral reagiert, und dann über Magnesiumsulfat getrocknet.

Nach dem Abdestillieren des Isopropyläthers bei 150° und 2 Torr wird zur Entfernung aller Phenolreste nochmals mit 20% Natronlauge gewaschen und durch eine Glasnutsche filtriert.

Taucht man eine Metallplatte in eine Lösung aus 19 g des erhaltenen Allyl-glycid-mischäthers in 50 cm³ Methyläthylketon, läßt abtropfen und erhitzt dann 30 Min. auf 150°, so bildet sich auf der Platte eine zähe, in Aceton lösliche Schicht. Erhitzt man 15 Min. auf 200°, so läßt sich die gebildete Schicht nicht mehr mit den Fingernägeln kratzen und mit Aceton nur noch erweichen. Erhitzt man 45 Min. auf 200°, so entsteht eine Schicht, die mit Aceton nicht mehr erweicht. Diese Schicht zeigt einen sehr festen Zusammenhang und kann ohne Zerreißen um einen Dorn von 3 mm ∅ gewickelt werden.

Beispiel 34

Darstellung eines elastifizierten Di-epoxyds durch Umsetzung eines Epoxydharzes mit dimerer Fettsäure[1]: 212 g eines Epoxydharzes auf 2,2-Bis-[p-hydroxy-phenyl]-propan-Basis mit einem Epoxydäquivalentgewicht (zur Definition s. S. 471) von 369 (s. Beispiel 2, S. 538) und F: 50° werden mit 88 g dimerer Fettsäure (Molverhältnis Harz : Säure = 2 : 1) unter Rühren etwa 2 Stdn. auf 147–150° erhitzt, bis die Säurezahl 8,5 beträgt. Das Reaktionsprodukt hat nun ein Epoxyd-äquivalentgewicht von 1547–1567. Man gibt 150 g Xylol zu, wodurch eine etwa 68%ige Lösung entsteht.

Die Harzlösung kann durch Zusatz von etwa 10–20% eines Harnstoff-Formaldehyd-Harzes und 1% eines sauren Katalysators in der Hitze bei etwa 130° während 2 Stdn. zu hochelastischen Filmüberzügen verarbeitet werden.

Beispiel 35

Gleichzeitige radikalische Polymerisation und Polyaddition eines Gemisches von Styrol, 2,2-Bis-[p-(2,3-epoxypropyloxy)-phenyl]-propan und Phthalsäureanhydrid[2]: Man stellt nach bekannten Verfahren aus 1 Mol 2,2-Bis-[p-hydroxy-phenyl]-propan und 2 Mol Epichlorhydrin in Gegenwart von Natronlauge ein festes Epoxydharz mit einem Epoxydwert von 0,25 her (vgl. Beispiel 2, S. 538). 100 Tle. dieses Harzes werden mit 30 Tln. Phthalsäureanhydrid und 50 Tln. Styrol gemischt. Nach Zusatz von 2 Tln. Di-tert.-butylperoxyd erhärtet die Mischung bei 130° in 4 Stdn. zu einem klaren, sehr harten, gegen Säuren und Laugen sehr widerstandsfähigen Kunststoff.

Bei Verwendung von Diallylphthalat anstelle von Styrol werden unter den gleichen Bedingungen Kunststoffe mit ähnlichen Eigenschaften erhalten.

Beispiel 36

Härtung eines Epoxydharzes aus 2,2-Bis-[p-hydroxy-phenyl]-propan mit einem basischen Polyamid:

Herstellung des Polyamids[3]: 1094 g di- bzw. trimere Säuren des Sojabohnenöls (dimere Säure : trimere = 1,7 : 1) werden mit 154,8 g Äthylendiamin (70%ig) unter Überleiten von Stickstoff 2 Stdn. auf 130–140° und langsam (innerhalb von 2 Stdn.) auf 202° erhitzt. Es entsteht ein leicht gefärbtes, klares, sprödes Harz, das zwischen 96 und 103° erweicht, in Isopropanol und Butanol, besser aber in deren Gemischen mit aromatischen Kohlenwasserstoffen löslich ist. — Nimmt man zur Kondensation mehr Diamin, so erhält man löslichere Harze.

Härtung[4]: Das basische Polyamidharz gibt beim Erhitzen mit epoxydreichen Harzen aus 2,2-Bis-[p-hydroxy-phenyl]-propan unlösliche hochelastische Massen. Ein dünner Film des noch nicht erhitzten Gemisches vernetzt bei Zimmertemp. nach einigen Tagen zu einem festen elastischen Lacküberzug.

---

[1] DAS. 1130598 (1954) ≡ E.P. 758146 (1954; Am. Prior., 1953), Devoe & Raynolds Co., Erf.: J. E. MASTERS; C. **1957**, 7801.

[2] DBP. 970975 (1954) ≡ F.P. 1127287 (1955), BASF, Erf.: F. MEYER u. K. DEMMLER; C. **1957**, 12349.

[3] A.P. 2450940 (1944), United States of America, Secretary of Agriculture, Erf.: J. C. COWAN, L. B. FALKENBURG u. H. M. TEETER; Chem. Abstr. **43**, 440c (1949).

A. P. 2379413 (1940), American Cyanamid Co., Erf.: T. F. BRADLEY; Chem. Abstr. **39**, 5126⁶ (1945).

[4] A.P. 2705223 (1952), General Mills, Inc., Erf.: M. M. RENFREW u. H. WITTCOFF; Chem. Abstr. **50**, 2206ⁱ (1956).

Beispiel 37

Härtung eines Di-epoxyds aus 2.2-Bis-[p-hydroxy-phenyl]-propan mit Adipinsäure und Di-cyandiamid[1]: 300 g (etwa 1 Mol) eines 2,2-Bis-[p-hydroxy-phenyl]-propan-diglycidäthers (hergestellt nach Beispiel 2, S. 538) werden in 133 g Cyclohexanol bei 100–120° gelöst. Die klare Lösung wird bei 120° mit 73 g Adipinsäure (etwa 0,5 Mol) und 42 g Dicyandiamid (etwa 0,5 Mol) gemischt und das Ganze 45 Min. gerührt. Die Reaktion ist schwach exotherm. Man reguliert die Wärmezufuhr so, daß die Temp. nach 45 Min. 120–130° beträgt. Die dickviscose Harzlösung wird mit 150 g Benzylalkohol und 350 g o-Dichlor-benzol $^{1}/_{2}$ Stde. bei 100° verrührt. Beim Einbrennen der so erhaltenen Lacklösung, z. B. auf Kupferdrähten, entsteht ein festhaftender, elastischer, lösungsmittelfester Überzug, der auch bei 140° nicht spröde wird.

Beispiel 38

Härtung eines Di-epoxyds aus 2,2-Bis-[p-hydroxy-phenyl]-propan (Dian) mit Adipinsäure, Dicyandiamid und Hexamethylolmelamin-butyläther[1]: Zu einer bei etwa 120° hergestellten Lösung von 300 g (etwa 1 Mol) eines Dian-diglycidäthers (Herstellung s. Beispiel 2, S. 538) in 133 g Cyclohexanol gibt man 73 g Adipinsäure (etwa 0,5 Mol) und 21 g Dicyandiamid (etwa 0,25 Mol), wobei die Temp. infolge exothermer Reaktion etwas ansteigt. Die Wärmezufuhr wird so geregelt, daß die Temp. der Reaktionsmasse nach etwa 45 Min. Reaktionszeit 120–130° beträgt. Das entstehende mittelviscose Harz löst man in einem Gemisch von 125 g o-Dichlor-benzol und 75 g Benzylalkohol, setzt 63 g (etwa 0,75 Mol) Dicyandiamid, 87 g einer etwa 75 gew.-%igen Lösung von Melamin-hexamethylol-butyläther in Butanol, 210 g Butanol und 75 g Benzylalkohol zu und rührt das Gemisch etwa 30 Min. bei 110°, wobei eine klare, praktisch neutrale, mittelviscose Harzlösung entsteht, die sich in üblicher Weise zu einem gebrauchsfertigen Lack verd. läßt.

Der so erhaltene Lack gibt rasch härtende, ausgezeichnet haftende, harte und doch sehr dehnbare Überzüge auf Eisen, Kupfer, Aluminium und anderen Metallen. Diese Überzüge sind gegen Lösungsmittel und Öle beständig. Sie können sogar 24 Stdn. auf 200° erhitzt werden, ohne daß eine Veränderung der Eigenschaften wahrnehmbar ist.

Beispiel 39

Veresterung eines Epoxydharzes aus 2,2-Bis-[p-hydroxy-phenyl]-propan und Phenol mit ungesättigten Fettsäuren[2]:

Herstellung des Harzes: In einem mit Rührer versehenen, gewogenen Stahlkessel werden 606 g 2,2-Bis-[p-hydroxy-phenyl]-propan (Dian), 119 g Natriumhydroxyd und 1300 g Wasser solange unter Rühren erhitzt, bis das Diphenol gelöst ist. Dann setzt man 60 g Phenol zu, läßt auf etwa 40° abkühlen und fügt 274,8 g Epichlorhydrin zu, wobei durch die Reaktionswärme die Temp. im Verlauf von 45 Min. auf 60–65° ansteigt. Nach Zusatz von 29,5 g in 90 g Wasser gelöstem Natriumhydroxyd wird langsam auf 90–100° erhitzt und 1 Stde. bei dieser Temp. nachgerührt. Man trennt die sich abscheidende obere Salzwasserschicht ab, setzt heißes Wasser zu und erhitzt unter Rühren 15 Min. auf 100°. Das Harz wird noch 3 mal mit Wasser gewaschen, wobei man dem zweiten und insbesondere dem dritten Waschwasser gerade soviel Essig- oder Salzsäure zusetzt, daß die überschüssige Lauge neutralisiert wird. Das Waschen wird fortgesetzt, bis das Waschwasser gegen Lackmus neutral reagiert. Dann wird das Reaktionsgemisch erhitzt, bis das restliche Wasser entfernt ist. Das Produkt hat einen Erweichungspunkt von 118°. (Entsprechend der geringen angewandten Epichlorhydrinmenge dürfte es hochmolekular und epoxydarm sein.)

Veresterung: 279 g dieses Produktes und 0,9–0,95 Mol eines Gemisches unges. Säuren werden in einem mit einer Wasserauffangflasche, Thermometer und Gaseinleitungsrohr versehenen Rührkolben 4–5 Stdn. auf 250–260° erhitzt, wobei man zu rühren beginnt, sobald das Harz geschmolzen ist. Während der Veresterung wird ein langsamer Strom eines inerten Gases, z. B. Kohlendioxyd, durch das Reaktionsgemisch geleitet, um die Entfernung des gebildeten Wassers zu beschleunigen. Durch Verrühren mit einem Lösungsmittel wird das Endprodukt auf den gewünschten Feststoffgehalt gebracht. Die erhaltenen Lösungen sind zur Herstellung hochwertiger, härtbarer Schutzüberzüge geeignet.

---

[1] DBP. 895833 (1949; Schweiz. Prior., 1948), CIBA, Erf.: G. H. Ott; C. **1954**, 3807.
   S. a. A.P. 2458796 (1947; Schweiz. Prior. 1946), CIBA, Erf.: G. H. Ott u. W. Kraus; Chem. Abstr. **43**, 2448^c (1949).
[2] DBP. 852300 (1950; Am. Prior. 1943), Devoe & Raynolds Co., Erf.: S. O. Greenlee; C. **1953**, 2843.
   S. a. R. W. Tess, R. H. Jakob u. T. F. Bradley, Ind. eng. Chem. **46**, 385 (1954).

5. Polymerisation von höhergliedrigen sauerstoffhaltigen Ringsystemen

Die Leichtigkeit der Aufspaltung cyclischer Äther nimmt von dem energiereichen Äthylenoxyd über das Trimethylenoxyd zum Tetramethylenoxyd ab; eine Polymerisation des Pentamethylenoxyds ist bisher nicht gelungen.

α) Polymerisation des Trimethylenoxyds und seiner Derivate

Die Anlagerung von Alkoholen und Phenolen an Trimethylenoxyd (Oxacyclobutan, Oxetan) unter Bildung von 3-Alkoxy- bzw. 3-Aroxy-propanolen findet in Gegenwart von Alkalien in nennenswertem Maße erst oberhalb 150° statt[1]. Eigene Versuche zeigten, daß 2-Phenoxy-2-äthyl-trimethylenoxyd durch äquivalente Mengen Natriumphenolat bei 200° während 5 Stdn. nur zum geringen Teil aufgespalten wird. In Gegenwart von Mineralsäuren als Katalysatoren lassen sich dagegen Alkohole schon bei Zimmertemperatur addieren[1,2]; Phenole konnten allerdings in saurem Milieu überhaupt nicht angelagert werden[1]. Polyadditionsprodukte von Trimethylenoxyd an Hydroxyverbindungen sind bisher nicht dargestellt worden.

Auch Amine können an Trimethylenoxyd unter Ringöffnung angelagert werden[3] (vgl. ds. Handb., Bd. XI/1, Kap. Herstellung von Aminen, S. 326f.), allerdings sind auch damit nur 1 : 1-Additionsprodukte bekannt geworden.

Trimethylenoxyd und seine Derivate lassen sich ebenso wie Tetrahydrofuran mit elektrophilen Katalysatoren polymerisieren[4]. Häufig wird Borfluorid als Katalysator verwendet; dabei sind für einen glatten Reaktionsablauf Spuren von Wasser, Äther oder anderen zur Komplexbildung befähigten Verbindungen erforderlich[5]. Zum Reaktionsmechanismus siehe die Polymerisation des Tetrahydrofurans S. 556.

Bei der Polymerisation von Trimethylenoxyd mit Borfluorid entsteht neben den linearen, hochmolekularen Polymerisaten das cyclische Tetramere (16er-Ring), und zwar nimmt seine Menge mit steigender Temperatur zu[6]. Analog wie das unsubstituierte Trimethylenoxyd verhält sich das 2,2-Dimethyl-Derivat, dagegen erhält man aus dem 1-Methyl-Derivat nur lineare Polymerisate[6].

Polymerisate vom Molekulargewicht 200–2000 entstehen aus Trimethylenoxyd und 1-Methyl-trimethylenoxyd unter Verwendung von Triäthylaluminium als Katalysator[7].

Spirotrimethylenoxyde, wie z.B. das 2,2-Pentamethylen-trimethylenoxyd (2-Oxa-spiro-[3,5]-nonan), sind neuerdings mit Phosphor-(V)-fluorid polymerisiert worden[8].

2-Alkyl-2-methylol-trimethylenoxyde (I) können ähnlich wie Glycid durch saure Katalysatoren zu höhermolekularen, hydroxygruppenhaltigen Produkten

---

[1] S. SEARLES u. C. F. BUTLER, Am. Soc. **76**, 56 (1954).

[2] S. SEARLES, Am. Soc. **73**, 4515 (1951); **76**, 2313 (1954).

[3] S. SEARLES u. V. P. GREGORY, Am. Soc. **76**, 2789 (1954).

[4] E. P. 723777 (1951), I. C. I., Erf.: A. C. FARTHING; C. **1956**, 296.

[5] A. C. FARTHING u. R. J. W. REYNOLDS, J. Polymer Sci. **12**, 503 (1954).
A. C. FARTHING, Soc. **1955**, 3648.

[6] J. B. ROSE, Soc. **1956**, 542, 546.

[7] S. KAMBARA u. M. HATANO, J. Polymer Sci. **27**, 584 (1958).

[8] T. W. CAMPBELL u. V. S. FOLDI, J. org. Chem. **26**, 4654 (1961).

polymerisiert werden[1] (Beispiel 1, S. 563). Die Darstellung derartiger cyclischer Oxyde geschieht vorteilhaft durch thermische Zersetzung der entsprechenden cyclischen Carbonate bei etwa 200° mittels basischer Katalysatoren[2].

$$
\begin{array}{c}
\text{HOH}_2\text{C} \diagdown \quad \diagup \text{CH}_2\text{—O} \diagdown \\
\qquad \text{C} \qquad\qquad \text{CO} \\
\text{R} \diagup \quad \diagdown \text{CH}_2\text{—O} \diagup
\end{array}
\rightarrow
\begin{array}{c}
\text{HOH}_2\text{C} \diagdown \quad \diagup \text{CH}_2 \\
\qquad \text{C} \qquad\quad \text{O} \\
\text{R} \diagup \quad \diagdown \text{CH}_2
\end{array}
\xrightarrow{\;\text{H}^{\oplus}\;}
$$

$$
\text{I}
$$

$$
\begin{array}{ccc}
& \text{R} & & \text{R} \\
& | & & | \\
\text{—O—CH}_2\text{—C—CH}_2\text{—} & \big[& \text{—O—CH}_2\text{—C—CH}_2\text{—} & \big]_n \\
& | & & | \\
& \text{CH}_2\text{OH} & & \text{CH}_2\text{OH}
\end{array}
$$

Für das unterschiedliche Verhalten von Trimethylenoxyd- und Äthylenoxydringen ist charakteristisch, daß man an die Hydroxygruppen dieser Methylol-trimethylen-oxyde alkalisch mehrfach Äthylenoxyd anlagern kann, ohne daß der Trimethylen-oxydring geöffnet wird. Die so erhältlichen Polyäther können anschließend durch Friedel-Craftssche Katalysatoren unter Aufspaltung des Trimethylenoxydrings polymerisiert werden[3].

Ein interessantes Polymeres, das technische Verwendung findet (Penton®)[4], läßt sich aus *2,2-Bis-chlormethyl-trimethylenoxyd* (II) gewinnen. Das Monomere wird ausgehend von Pentaerythrit über die Trichlor- bzw. die Trichlor-monoacetyl-Verbindung durch Abspaltung von Chlorwasserstoff bzw. Acetylchlorid dargestellt[5].

$$
\text{C(CH}_2\text{OH)}_4 \;\rightarrow\; \text{HOCH}_2\text{—C(CH}_2\text{Cl)}_3 \;\rightarrow\; (\text{ClH}_2\text{C})_2\text{C}
\begin{array}{c}
\diagup \text{CH}_2 \diagdown \\
\qquad\quad \text{O} \\
\diagdown \text{CH}_2 \diagup
\end{array}
$$

$$
\text{II}
$$

$$
\begin{array}{ccc}
& \text{CH}_2\text{Cl} & & \text{CH}_2\text{Cl} \\
& | & & | \\
\text{—O—CH}_2\text{—C—CH}_2\text{—} & \big[& \text{—O—CH}_2\text{—C—CH}_2\text{—} & \big]_n \\
& | & & | \\
& \text{CH}_2\text{Cl} & & \text{CH}_2\text{Cl}
\end{array}
$$

[1] DAS. 1023227 (1954), Farbf. Bayer, Erf.: K. RAICHLE, H. SCHNELL u. W. BIEDERMANN; C. **1958**, 11965.

[2] DBP. 950850, 972508 (1954) ≡ E. P. 787406 (1955), Farbf. Bayer, Erf.: H. SCHNELL, K. RAICHLE u. W. BIEDERMANN; C. **1957**, 3397; **1959**, 2696.
    DBP. 972209 (1955), Farbf. Bayer, Erf.: W. BIEDERMANN u. K. RAICHLE; C. **1959**, 16167.

[3] DAS. 1037136 (1954), Farbf. Bayer, Erf.: J. NENTWIG u. H. SCHNELL; C. **1959**, 2964.

[4] A. C. FARTHING, J. appl. Chem. **8**, 186 (1958).
    D. J. H. SANDIFORD, J. appl. Chem. **8**, 188 (1958).
    R. W. CAIRNS u. V. R. GRASSIE, Ind. Plast. mod. **11**, Nr. 9, 25 (1959).
    Kunststoffberater **4**, 160 (1960).
    H. BEDUNEAU, Rev. Prod. chim. **63**, 163 (1960).
    G. M. TAYLOR u. E. C. WENGER, Ind. eng. Chem. **53**, Nr. 3, 46A; Nr. 4, 46A (1961).
    Chlorierter Polyäther Penton®, Firmenschrift der Hercules Powder Co., 1961.

[5] F. GOVAERT u. M. BEYAERT, Natuurwetensch. Tijdschr. **22**, 73 (1940); C. **1941** I, 1810.
    DBP. 931226 (1954), Degussa, Erf.: H. J. MANN; C. **1956**, 1170.
    E. P. 764053 (1955; Am. Prior., 1954), Hercules Powder Co.; Chem. Abstr. **51**, 16556e (1957).

Die Polymerisation wird meist mit Borfluorid-Komplexverbindungen bei niederer Temperatur durchgeführt. Als Lösungsmittel dienen vor allem Dichlormethan[1,2], Chloroform[3], 1,2-Dichlor-äthan[4] und Schwefeldioxyd[5]; im letzteren Fall scheidet sich das Polymerisat in Form dichter Perlen ab, die leicht zu reinigen und weiter zu verarbeiten sind[5,6] (Beispiel 2, S. 563). Die hochmolekularen, selbstverlöschenden, thermoplastischen Polymerisate zeichnen sich durch gute mechanische und elektrische Eigenschaften und vor allem durch eine hohe Beständigkeit gegen eine große Anzahl korrodierender Chemikalien aus. Als spezifisches Lösungsmittel wird Tris-[dimethylamino]-phosphinoxyd empfohlen[7]; in geringer Menge sind sie in heißen chlorierten Kohlenwasserstoffen und Estern löslich. Auffallend ist die hohe Stabilität der Chlormethylgruppen beim Erhitzen mit tertiären Basen[1,2].

Bekannt ist auch die Copolymerisation von *2,2-Bis-chlormethyl-trimethylenoxyd* mit den entsprechenden Brom- und Jodverbindungen in Gegenwart von Phosphor-(V)-fluorid[7] sowie die Homopolymerisation von *2,2-Bis-fluormethyl-trimethylenoxyd* mit Borfluorid-ätherat[8].

Ausgehend von Pentaerythrit-dichlorhydrin läßt sich *2-Chlormethyl-2-methylol-trimethylenoxyd* (III) darstellen, das ebenfalls mit Borfluorid polymerisiert werden kann, wobei ein lineares Produkt entsteht, das neben Chlormethylgruppen an den gleichen Kohlenstoffatomen Methylolgruppen enthält[1,9].

$$
\begin{array}{c}
\underset{\text{III}}{\begin{array}{c}HOH_2C\diagdown\quad\diagup CH_2\diagdown\\C\qquad O\\ClH_2C\diagup\quad\diagdown CH_2\diagup\end{array}}
\rightarrow
-O-CH_2-\underset{CH_2Cl}{\overset{CH_2OH}{\underset{|}{\overset{|}{C}}}}-CH_2-
\left[-O-CH_2-\underset{CH_2Cl}{\overset{CH_2OH}{\underset{|}{\overset{|}{C}}}}-CH_2-\right]_n
\end{array}
$$

Durch Abspaltung von Chlorwasserstoff mit alkoholischer Kalilauge erhält man daraus Poly-trimethylenoxyd-Verbindungen, die durch Umsetzung mit Dicarbonsäuren oder Dicarbonsäureanhydriden vernetzt werden können[10].

Zu vernetzten Produkten gelangt man auch durch Reaktion von Dicarbonsäuren oder deren Anhydriden mit *2,6-Dioxa-spiro-[3,3]-heptan*[11] (IV) (Beispiel 3,

$$
\underset{\text{IV}}{\begin{array}{c}\diagup CH_2\diagdown\quad\diagup CH_2\diagdown\\O\qquad C\qquad O\\\diagdown CH_2\diagup\quad\diagdown CH_2\diagup\end{array}}
$$

S. 564), das aus Pentaerythrit-dichlorhydrin leicht zugänglich ist[9,11,12]. Die Polymerisation mit Borfluorid[9] verläuft analog wie bei Diepoxyden, nur wesentlich langsamer.

[1] E.P. 723777 (1951), I. C. I., Erf.: A. C. FARTHING; C. **1956**, 296.

[2] A. C. FARTHING u. R. J. W. REYNOLDS, J. Polymer Sci. **12**, 503 (1954).

[3] E.P. 758450 (1953; Am. Prior., 1952), Hercules Powder Co.; C. **1957**, 7801.

[4] M. M. KOTON u. Mitarbb., Ž. prikl. Chim. **33**, 182 (1960).

[5] A.P. 2722520 (1954), Hercules Powder Co., Erf.: G. E. HULSE; Chem. Abstr. **50**, 3009[c] (1956). DBP. 959949 (1955; Am. Prior., 1954), Hercules Powder Co., Erf.: W. M. SCHILLING; C. **1957**, 10890.

[6] R. W. CAIRNS u. V. R. GRASSIE, Ind. Plast. mod. **11**, Nr. 9, 25 (1959).

[7] A.P. 2831825 (1956), DuPont, Erf.: T. W. CAMPBELL; Chem. Abstr. **52**, 13316[i] (1958).

[8] Y. ETIENNE, Ind. Plast. mod. **9**, Nr. 6, 37 (1957).

[9] DBP. 931130 (1951), Henkel & Cie. GmbH., Erf.: R. KÖHLER u. H. PIETSCH; C. **1956**, 1461.

[10] DBP. 943906 (1952), Henkel & Cie. GmbH., Erf.: R. KÖHLER u. H. PIETSCH; C. **1957**, 2897.

[11] DBP. 912503 (1951), Henkel & Cie. GmbH., Erf.: R. KÖHLER u. H. PIETSCH; C. **1954**, 10358.

[12] S. WAWZONEK u. C. ISSIDORIDES, Am. Soc. **75**, 2373 (1953). H. J. BACKER u. K. J. KEUNING, R. **53**, 812 (1934).

Dagegen soll eine Härtung mit Diaminen nicht möglich sein (s. jedoch die Anlagerung von Aminen an das unsubstituierte Trimethylenoxyd, S. 553). Analog wie das 2,6-Dioxa-spiro-[3,3]-heptan verhalten sich die *Bis-trimethylenoxyde* (z. B. VII), die durch Umsetzung von Bis-phenolen (z. B. VI) mit 2-Chlormethyl-2-äthyl-trimethylenoxyd (V) entstehen[1].

$$CH_3CH_2-C(CH_2OH)_3 \xrightarrow[\text{in Pyridin}]{SOCl_2} C_2H_5-C(CH_2Cl)_2 \xrightarrow[\text{in } CH_3OH]{+NaOH} \overset{\overset{\displaystyle CH_2Cl}{|}}{C_2H_5-\underset{\underset{\displaystyle CH_2-O}{|}}{C}}{-}CH_2$$

$$V$$

80% Ausbeute   VI   +V →   VII

Das Bis-trimethylenoxyd VII fällt direkt in guter Ausbeute und ohne höhermolekulare Begleitprodukte an (s. Beispiel 4, S. 564), da sich der Trimethylenoxydring – im Gegensatz zum Epoxydring – unter den alkalischen Reaktionsbedingungen nicht öffnet. Das Produkt hat jedoch wegen seiner geringen Reaktionsfähigkeit noch keine Bedeutung für Polyadditionsreaktionen erlangt.

Unter dem Einfluß von Aluminiumchlorid oder Zinn-(IV)-chlorid lassen sich Trimethylenoxyde mit Aldehyden in cyclische Acetale überführen. Aus *2,6-Dioxaspiro-[3,3]-heptan* erhält man so mit äquivalenten Mengen Dialdehyden lineare Polyacetale[2] (s. dazu Polyacetale und Polymercaptale, S. 583ff.).

β) Polymerisation des Tetrahydrofurans und seiner Derivate

Im Gegensatz zum Äthylenoxyd (vgl. S. 427ff.) läßt sich Tetrahydrofuran, dessen Ring nur eine geringe Spannung hat[3], offenbar nicht in Gegenwart von alkalischen Katalysatoren an Alkohole oder Phenole addieren. Auch eine Polymerisation des Tetrahydrofurans unter Zusatz von Kaliumhydroxyd konnte bis 300° nicht erreicht werden. Zwar erhält man aus Tetrahydrofuran mit Aminen bei etwa 400° über Aluminiumoxyd N-substituierte Pyrrolidine, deren Entstehung über die Zwischenstufe der 4-Hydroxy-butylamine erfolgen dürfte[4] (vgl. ds. Handb., Bd. XI/1, Kap. Herstellung von Aminen, S. 124f.); über höhermolekulare Polyadditionsverbindungen ist aber auch hier bisher nicht berichtet worden. Auch Triäthylaluminium vermag Tetrahydrofuran nicht zu polymerisieren[5].

Dagegen läßt sich, wie H. Meerwein fand[3,6], Tetrahydrofuran in Gegenwart von geeigneten elektrophilen Katalysatoren schon bei Zimmertemperatur leicht auf-

[1] DAS. 1021858, 1112830 (1956), Farbf. Bayer, Erf.: K. Bodenbenner u. R. Wegler; C. **1958**, 12835.
[2] H. Orth, Kunstst. **41**, 454 (1951).
[3] DRP. 741478 (1939), I. G. Farb., Erf.: H. Meerwein; C. **1954**, 1609.
[4] Y. K. Yur'ev, Ž. obšč. Chim. **9**, 153 (1939); Chem. Abstr. **33**, 6303⁴ (1939).
[5] S. Kambara u. M. Hatano, J. Polymer Sci. **27**, 584 (1958).
[6] DRP. 766208 (1939), Farbf. Bayer, Erf.: H. Meerwein.
H. Meerwein, Ang. Ch. **59**, 168 (1947).

spalten[1] und auch polymerisieren[2]. Der Reaktionsmechanismus ist analog wie beim Äthylenoxyd (vgl. S. 427 ff.). Zunächst lagert sich ein Kation an das Sauerstoffatom des Tetrahydrofurans an, wobei primär ein Oxoniumkation entsteht, das durch Lösung der Kohlenstoff-Sauerstoff-Bindung in ein Carbeniumkation übergeht, welches sich wiederum an Tetrahydrofuran anlagern kann:

$$\begin{array}{c} H_2C\!-\!-\!CH_2 \\ |\quad\quad | \\ H_2C\quad CH_2 \\ \diagdown O \diagup \end{array} + Kat^{\oplus} \;\rightarrow\; \left[\begin{array}{cc} \begin{array}{c} H_2C\!-\!-\!CH_2 \\ |\quad\quad | \\ H_2C\quad CH_2 \\ \diagdown O \diagup \\ \quad\diagdown Kat \end{array} & \rightarrow & \begin{array}{c} H_2C\!-\!-\!CH_2 \\ |\quad\quad | \\ H_2C\quad CH_2 \\ |\,\underset{|}{O}\,| \\ Kat \end{array} \end{array}\right]^{\oplus}$$

$$Kat^{\oplus}\;\; z.B. \;=\; R^{\oplus} \quad z.B.\;aus\;(R)_3O\,[BF_4]\;;\quad (R)_3O^{\oplus}\;\rightarrow\;(R)_2O + R^{\oplus}$$
$$=\; R\!-\!CO^{\oplus}\;(z.\,B.\;aus\;CH_3CO[AlCl_4])$$
$$=\; H^{\oplus}\qquad (z.\,B.\;aus\;H[FeCl_4])$$

Die Anlagerung des jeweils entstehenden Carbeniumions an Tetrahydrofuran mit nachfolgender Aufspaltung des Ringes wiederholt sich so lange, bis ein Abbruch der Ionenkette durch ein Anion erfolgt. Anionen, die die Kette abbrechen, entstehen z. B. durch Zerfall der Halogenosäure-anionen – $[BF_4]^{\ominus}$, $[AlCl_4]^{\ominus}$, $[FeCl_4]^{\ominus}$ usw. – in Halogenanion und Metall- bzw. Nichtmetallhalogenid, wobei letzteres von überschüssigem Tetrahydrofuran als Ätherat gebunden wird. Die Polymerisationskette wird also um so länger, je stabiler das Katalysatoranion ist.

Die wirksamsten Katalysatoren zur Polymerisation von Tetrahydrofuran sind Trialkyloxoniumsalze[3], wie z. B. $(R)_3O[BF_4]$ (Beispiel 5a, S. 564), $(R)_3O[SbCl_6]$, $(R)_3O[FeCl_4]$ und $(R)_3O[AlCl_4]$, die durch Einwirkung von Epoxydverbindungen, z. B. Epichlorhydrin, auf die ätherischen Lösungen von geeigneten Metall- oder Nichtmetallhalogenid-ätheraten leicht gewonnen werden können[4]. Die benötigten Katalysatormengen sind gering; von den tertiären Oxoniumsalzen der Tetrafluorborsäure genügen etwa 0,1 Mol.-%, während von den Oxoniumsalzen der Tetrachloroeisensäure zweckmäßig 1–3 Mol.-% angewandt werden. Zur Durchführung der Polymerisation ist es nicht notwendig, fertige Trialkyloxoniumsalze zuzusetzen, vielmehr kann man diese in dem Tetrahydrofuran entstehen lassen, indem man zu der Anlagerungsverbindung eines Metall- oder Nichtmetallhalogenids an Tetrahydrofuran ein 1,2-Epoxyd zugibt[3]. Tetrahydrofuran übernimmt hier die Rolle des Äthers (Beispiel 5b, S. 564).

Trialkyloxoniumsalze entstehen auch durch Umsetzung von reaktionsfähigen Halogenalkanen, wie Methyl-chlormethyl-äther oder Benzotrichlorid, mit den Ätheraten von Metall- und Nichtmetallhalogeniden, wie Antimon-(V)-chlorid, Eisen-(III)-chlorid, Aluminiumchlorid und Bortrifluorid, so daß die Polymerisation von Tetrahydrofuran auch durch Kombination von einem solchen Halogenalkan mit einem

---

[1] Zur Aufspaltung des Tetrahydrofuranringes unter Bildung niedermolekularer Produkte s. ds. Handb. Bd. VI/2, Kap. Umwandlung cyclischer Äther.
   S. a. A. P. Dunlop u. F. N. Peters, The Furans, American Chemical Society Monograph Series, Reinhold Publ. Corp., New York 1953.

[2] Eine zusammenfassende Übersicht über die Polymerisation von Tetrahydrofuran geben H. Meerwein, D. Delfs u. H. Morschel, Ang. Ch. **72**, 927 (1960).
   S. a. K. Hamann, Ang. Ch. **63**, 236 (1951).

[3] DRP. 741478 (1939). I. G. Farb., Erf.: H. Meerwein; C. **1954**, 1609.

[4] H. Meerwein u. Mitarbb., J. pr. [2] **147**, 257 (1937); **154**, 83 (1940).

dieser Metall- oder Nichtmetallhalogenide durchgeführt werden kann[1]. Anstelle der Halogenalkane können auch die als Alkylierungsmittel bekannten Ester starker Sauerstoffsäuren – wie Dialkylsulfate und Arylsulfonsäureester – zusammen mit Metall- bzw. Nichtmetallhalogeniden verwendet werden[2] (Beispiel 5c, S. 565).

Ebenso wie die Trialkyloxoniumsalze wirken auch die sogenannten tertiären Carboxoniumsalze[3],

$$\left[R-C\!\!\stackrel{\nearrow OR'}{\searrow_{OR'}} \right]^{\oplus} [R'OBF_3]^{\ominus}$$

die in glatter Reaktion aus elektrophilen Metall- oder Nichtmetallhalogeniden mit Orthosäureestern entstehen[4].

Außer den Trialkyloxoniumsalzen und den tertiären Carboxoniumsalzen gibt es noch zahlreiche andere Verbindungstypen, die Tetrahydrofuran polymerisieren. Auch ihre polymerisierende Wirkung beruht darauf, daß sie Tetrahydrofuran durch Anlagerung eines Kations in das Oxoniumion überführen und daß ihr Anion so stabil ist, daß nicht gleich ein Kettenabbruch erfolgt. Von den komplexen anorganischen Säuren sind vor allem Pyroschwefelsäure[5], Chlorsulfonsäure[6] (Beispiel 5d, S. 565), Fluorsulfonsäure[6], Perchlorsäure[5] und die Halogenosäuren[6], wie Tetrachloroeisensäure, Hexachloroantimonsäure oder Tetrafluoroborsäure, als Katalysatoren geeignet. Anstelle der nicht existenzfähigen freien Halogenosäuren verwendet man ein Gemisch äquivalenter Mengen des Metall- oder Nichtmetallhalogenids und Halogenwasserstoff (Beispiel 5e, S. 565).

Läßt man Gemische von Säurechloriden oder Säureanhydriden mit Metall- oder Nichtmetallhalogeniden einwirken, so sind Acyliumsalze, wie

$$R\!-\!CO[FeCl_4], \quad R\!-\!CO[BF_4], \quad ClSO[AlCl_4], \quad R\!-\!CO[R\!-\!COOFeCl_3]$$

die eigentlichen Polymerisationskatalysatoren[6] (Beispiel 5f, g und h, S. 565). Analog aufgebaute Salze, die ebenfalls eine Polymerisation des Tetrahydrofurans bewirken, entstehen ferner durch Umsetzung von Dicarbonsäureanhydriden mit komplexen anorganischen Säuren[6] (Beispiel 5i, S. 565) oder durch Anlagerung von Säurehalogeniden an Schwefeltrioxyd[7] (Beispiel 5k, S. 565).

Auch Mischungen von zwei Metallhalogeniden, von denen jedes allein nur schwach wirksam ist, können gute Polymerisationskatalysatoren sein[8]. Die Wirksamkeit dieser Gemische beruht darauf, daß ein Halogenid die Rolle des Säurehalogenids übernimmt, während das andere das Halogenosäureanion bildet, z. B.:

$$AlCl_3 + FeCl_3 \;\rightarrow\; AlCl_2[FeCl_4]$$

Polyäther mit einem Molekulargewicht von über 50000 sollen mit Phosphor-(V)-fluorid als Katalysator entstehen[9].

---

[1] DBP. 914435 (1940), Farbf. Bayer, Erf.: H. Morschel, W. Schulte u. D. Delfs.

[2] DBP. 880489 (1943), Farbf. Bayer, Erf.: H. Meerwein u. H. Morschel; C. **1954**, 10359.

[3] DBP.-Anm. F 30408 (1960), Farbf. Bayer, Erf.: H. Morschel u. W. Lohmar.

[4] H. Meerwein u. Mitarbb., A. **632**, 38 (1960).

[5] H. Meerwein, D. Delfs u. H. Morschel, Ang. Ch. **72**, 927 (1960).

[6] DRP. 766208 (1939), I. G. Farb., Erf.: H. Meerwein.

[7] DBP. 898518 (1943), Farbf. Bayer, Erf.: H. Morschel u. H. Meerwein; C. **1955**, 1391.

[8] DBP. 914437 (1940), Farbf. Bayer, Erf.: H. Morschel u. D. Delfs; C. **1955**, 11297.

[9] A. P. 2856370 (1953), DuPont, Erf.: E. L. Muetterties; Chem. Abstr. **53**, 2683[h] (1959).

Die Polymerisation des Tetrahydrofurans ist umkehrbar, d.h. sie führt zu einem Gleichgewicht:

$$\left[R\!-\!\overset{\oplus}{O}\right] + O \;\rightleftharpoons\; \left[R\!-\!O\!-\!CH_2\!-\!CH_2\!-\!CH_2\!-\!CH_2\!-\!\overset{\oplus}{O}\right]$$

Das Gleichgewicht zwischen Tetrahydrofuran und seinen Polymerisationsprodukten liegt bei etwa 70% Polymerisat (die Ausbeuten an Polymerisat sind nur dann höher, wenn sich dasselbe in fester Form aus dem Reaktionsgemisch abscheidet). Versucht man nach beendeter Polymerisation das unverbrauchte Tetrahydrofuran im Vakuum abzudestillieren, so findet eine Depolymerisation statt[1]. Vor der Aufarbeitung der Polymerisate muß also der Katalysator durch Zugabe von Alkali oder Wasser unwirksam gemacht werden.

Das mittlere Molekulargewicht der Polymerisate läßt sich erniedrigen, wenn man dem Polymerisationsansatz von vornherein Verbindungen zusetzt, die mit den polymeren Oxoniumionen unter Kettenabbruch, d.h. unter Bildung covalenter Bindungen, reagieren und zugleich mit den komplexen Anionen neue, den Kettenstart auslösende Katalysatoren liefern[1]. Verbindungen mit diesen Eigenschaften sind beispielsweise Halogenwasserstoffe, Säurehalogenide und Säureanhydride.

$$\left[R\!-\![O(CH_2)_4]_n\!-\!\overset{\oplus}{O}\right] BF_4^{\ominus} + CH_3\!-\!COF \;\rightarrow\; R\!-\![O(CH_2)_4]_n\!-\!O\!-\!(CH_2)_4\!-\!F + CH_3\!-\!CO[BF_4]$$

Die Art der Endgruppen in den Tetrahydrofuranpolymerisaten, die für die praktische Verwendung der Polymerisate wesentlich sein kann, hängt außer vom Katalysator auch von der Aufarbeitung ab[1]. Bei der Aufarbeitung in wäßriger Lösung werden hauptsächlich Polymerisate mit Hydroxygruppen an den Kettenenden entstehen. Derartige Polytetrahydrofurane mit Molgewichten von 800–2000 haben als unverseifbare Komponenten zur Darstellung von elastischen Polyurethanen Bedeutung erlangt (s. S. 87 f.). Versetzt man dagegen das Reaktionsgemisch nach beendeter Polymerisation in wasserfreiem Medium mit leicht alkylierbaren Aminen, Alkoholen oder Phenolen, so werden diese in Gegenwart geeigneter Polymerisationskatalysatoren in das Polymerisat eingebaut. In vielen Fällen lassen sich die Endgruppen auch in den fertigen Polymerisaten durch chemische Umsetzungen gegen andere Gruppen austauschen[2]. Auf die physikalischen Eigenschaften der Polymerisate sind die Endgruppen nur von geringem Einfluß. Die niedermolekularen Polymerisate sind flüssig, die hochmolekularen paraffinartig krystallin mit niederem Erweichungspunkt; dazwischen liegen salbenartige Produkte.

In Abwesenheit von Katalysatoren sind Tetrahydrofuran-Polymerisate bis etwa 300° beständig; dagegen werden sie durch ätherspaltende Verbindungen wie Metallhalogenide, anorganische Säuren, saure Silikate usw. abgebaut[3].

Da die Polymerisation des Tetrahydrofurans und der 1,2-Alkylenoxyde z.T. durch die gleichen Verbindungen katalysiert wird, ist es möglich, Copolymerisate aus den

[1] H. Meerwein, D. Delfs u. H. Morschel, Ang. Ch. 72, 927 (1960).
[2] DBP. 883506 (1943), Farbf. Bayer, Erf.: W. Schulte, H. Morschel u. D. Delfs; C. 1954, 7099.
[3] DBP. 914436 (1940), Farbf. Bayer, Erf.: H. Morschel u. D. Delfs; C. 1955, 11298.

beiden Verbindungstypen herzustellen[1,2]. Sehr glatt gelingt deren Herstellung mit solchen Katalysatoren, deren Anion ein sich vom Bortrifluorid, Eisen-(III)- oder Antimon-(III)-chlorid ableitendes Halogenosäureanion ist. Die Halogenosäureanionen des Aluminiumchlorids und Zinkchlorids sind gegenüber 1,2-Alkylenoxyden wenig beständig, so daß man mit derartigen Katalysatoren bevorzugt 1:1-Additionsprodukte erhält. Da Äthylenoxyd wesentlich reaktionsfähiger ist als Tetrahydrofuran, läßt sich die Copolymerisation auch mit solchen Katalysatoren durchführen, die für eine Homopolymerisation des Tetrahydrofurans nicht genügend wirksam sind, wie z.B. saure Silikate[3] oder die Komplexverbindungen aus Bortrifluorid und Alkoholen[4]. Unter Anwendung von Di-epoxyd-Verbindungen entstehen vernetzte, unlösliche Produkte[5]. Mit Methacrylsäureglycidester läßt sich Tetrahydrofuran ionisch copolymerisieren, ohne daß die Kohlenstoff-Kohlenstoff-Doppelbindung angegriffen wird; die Copolymerisate können nachträglich durch eine Radikalpolymerisation vernetzt werden, wobei noch geeignete Vinylverbindungen, wie z.B. Styrol, zugesetzt werden können[6].

Die Homopolymerisate des Tetrahydrofurans und vor allem die Copolymerisate mit Äthylen- und Propylenoxyd vom Molekulargewicht 500–5000 mit Methoxy- und Hydroxy-endgruppen (Polyran®-Marken)[7] besitzen hervorragende Schmiereigenschaften, bedingt durch die sehr gute Festigkeit des Schmierfilms und die geringe Temperaturabhängigkeit der Viscosität. Durch Verwendung von viel Äthylenoxyd (mehr als äquimolare Mengen) gelingt es, Tetrahydrofuran-Äthylenoxyd-Copolymerisate herzustellen, die mit Wasser mischbar sind.

Nach den bisherigen Versuchen läßt sich Tetrahydrofuran, im Gegensatz zum Äthylenoxyd, in Gegenwart von Borfluorid bei nur wenig erhöhter Temperatur nicht an Alkohole addieren. Infolgedessen ist auch eine Polyaddition an Carbonsäuren unter diesen Bedingungen nicht möglich, da ja hierbei zunächst der Monoester des 1,4-Butylenglykols entstehen würde. Nur unter sehr viel energischeren Bedingungen ist eine Anlagerung des Tetrahydrofurans an Alkohole und Phenole gelungen[8,9]. Mit Schwefelsäure[9] als Katalysator sind Temperaturen von etwa 150°, mit Zinkchlorid[8] sogar von 260° erforderlich. Abhängig vom Mengenverhältnis Alkohol zu Tetrahydrofuran erhält man vorwiegend Mono- und Dialkyläther des *1,4-Butylenglykols* oder höhermolekulare Äther (Beispiel 6, S. 566). Mit äquivalenten Mengen Glykol entstehen Polyäther, die an den Enden Hydroxygruppen tragen (Beispiel 7, S. 566).

Erhitzt man Tetrahydrofuran mit Dicarbonsäuren[10] oder Dicarbonsäureanhydriden[11] in Gegenwart von Protonensäuren oder Lewissäuren, so entstehen lineare Polyester.

[1] H. Meerwein, D. Delfs u. H. Morschel, Ang. Ch. **72**, 927 (1960).
[2] DBP. 914438 (1939), Farbf. Bayer, Erf.: H. Morschel, H. Meerwein u. D. Delfs; C. **1955**, 11298.
   DAS. 1120139 (1960), Farbf. Bayer, Erf.: H. Morschel u. W. Lohmar.
[3] DAS. 1045662 (1957), Farbf. Bayer, Erf.: G. Scriba u. W. Graulich; C. **1959**, 10743.
[4] DBP.-Anm. F 30408 (1960), Farbf. Bayer, Erf.: H. Morschel u. W. Lohmar.
[5] DAS. 1113564–6 (1959; Schweiz. Prior., 1958), CIBA, Erf.: P. Zuppinger, H. Brueschweiler u. W. Fisch.
[6] DAS. 1027400 (1956), Farbf. Bayer, Erf.: K. Bodenbenner u. R. Wegler; C. **1959**, 17517.
[7] Handelsprodukte der Farbf. Bayer.
[8] A.P. 2605292 (1947), Celanese Corp. of America, Erf.: G. J. Shugar u. W. D. Paist; Chem. Abstr. **47**, 3337[d] (1953).
[9] DBP. 894110 (1951), BASF, Erf.: F. Meyer u. H. Krzikalla; C. **1954**, 2048.
[10] DBP. 886304 (1951), BASF, Erf.: F. Meyer u. H. Krzikalla; C. **1954**, 6826.
[11] A.P. 2811512 (1953), DuPont, Erf.: P. R. Austin u. O. W. Cass; Chem. Abstr. **52**, 2452[h] (1958).

Interessant ist, daß sich Tetrahydrofuran in Gegenwart von aliphatischen Diazo-verbindungen, wie z. B. *Diazoessigester*, mit Bortrifluorid polymerisieren läßt, wobei unter Abspaltung von Stickstoff höhermolekulare Verbindungen erhalten werden, die an einem oder auch an beiden Enden Carbonsäureestergruppen tragen[1].

Während monocyclische Alkyltetrahydrofurane bisher nicht polymerisiert werden konnten[2], läßt sich das 7-Oxa-bicyclo-[2,2,1]-heptan (1,4-Epoxy-cyclohexan)

wahrscheinlich auf Grund seiner Ringspannung als Brückenverbindung glatt mit Friedel-Craftsschen Katalysatoren polymerisieren[3].

Von den Dihydrofuranen sind die 2,5-Dihydro-Verbindungen nicht polymeri-sierbar. 2,3-Dihydro-furane geben zwar mit Borfluorid bei −80° hochmolekulare Produkte, doch spricht die Infrarotanalyse der Polymerisate dafür, daß nur eine Ionen-polymerisation der Kohlenstoff-Kohlenstoff-Doppelbindungen stattgefunden hat[4].

γ) Polymerisation von cyclischen Acetalen

Die aus 1,2-Glykolen und Carbonylverbindungen verhältnismäßig leicht zugäng-lichen[5] fünfgliedrigen cyclischen Acetale (1,3-Dioxolane) lassen sich – falls sie in 4- und 5-Stellung unsubstituiert sind[6] – in Gegenwart saurer Katalysatoren, wie z. B. Schwefelsäure oder Friedel-Crafts-Katalysatoren, glatt zu linearen Pro-dukten polymerisieren[7], z. B.

$$n \; \underset{O}{\overset{O}{\bigsqcup}} \; \rightarrow \; -\left[CH_2-O-CH_2-CH_2-O\right]_n-$$

Das Molekulargewicht der entstehenden Polymerisate hängt sowohl von der Art des Katalysators als auch von den Reaktionsbedingungen ab (s. Beispiel 8, S. 566).

Die Polyadditionen der 1,3-Dioxolane an Alkohole, z. B. an Glykol, vollziehen sich unter dem Einfluß derselben Katalysatoren[8] (Beispiel 9, S. 566).

$$HOH_2C-CH_2OH + n \; \underset{O}{\overset{O}{\bigsqcup}} \; \rightarrow \; HOH_2C-CH_2O-\left[CH_2-O-CH_2-CH_2-O\right]_n-H$$

Auch Copolymerisationen von 1,3-Dioxolanen mit Olefinen, wie *Styrol* oder *Iso-butylen*, sind in Gegenwart der genannten Katalysatoren möglich[9] (Beispiel 10, S. 566).

[1] A. P. 2691038 (1953), DuPont, Erf.: V. A. ENGELHARDT; Chem. Abstr. **49**, 1372ᵍ (1955).

[2] W. R. SORENSON u. T. W. CAMPBELL, Preparative Methods of Polymer Chemistry, Interscience Publ., Inc., New York 1961.

[3] A.P. 2764559 (1952), DuPont, Erf.: J. P. WILKINS; Chem. Abstr. **51**, 4053ᵍ (1957).
E. L. WITTBECKER, H. K. HALL u. T. W. CAMPBELL, Am. Soc. **82**, 1218 (1960).

[4] D. A. BARR u. J. B. ROSE, Soc. **1954**, 3766.

[5] H. J. BACKER, R. **55**, 1036 (1936).
M. M. SPRUNG u. F. O. GUENTHER, Am. Soc. **73**, 1884 (1951).
M. J. ASTLE, J. A. ZASLOWSKY u. P. G. LAFYATIS, Ind. eng. Chem. **46**, 787 (1954).

[6] Priv.-Mitt. E. U. KÖCHER, Leverkusen.

[7] A.P. 2394910 (1941), DuPont, Erf.: W. F. GRESHAM; Chem. Abstr. **40**, 3022² (1946).

[8] A.P. 2497315 (1941), DuPont, Erf.: D. J. LODER u. W. F. GRESHAM; Chem. Abstr. **44**, 5642ᵉ (1950).

[9] A.P. 2394862 (1942), DuPont, Erf.: D. J. LODER u. W. F. GRESHAM; Chem. Abstr. **40**, 2690⁹ (1946).

Unlösliche Produkte entstehen, wenn man in 1,3-Dioxolanen, die eine polymerisationsfähige Vinylgruppe enthalten, zunächst die Vinylgruppen radikalisch und anschließend die Dioxolanringe ionisch polymerisiert[1], z.B. mittels Borfluorid (Beispiel 11, S. 567).

1,3-Dioxolane mit polymerisationsfähigen Vinylgruppen können z.B. dargestellt werden durch Umesterung von *Methacrylsäureester* mit *4-Hydroxymethyl-1,3-dioxolanen*, die ihrerseits durch Umsetzung von Glycerin mit Aldehyden oder Ketonen zugänglich sind[1].

Unlösliche Produkte erhält man auch durch ionische[2] oder radikalische[3] Polymerisation von zweifach ungesättigten Bis-acetalen, wie sie z. B. durch Umsetzung von Dialdehyden mit Glycerin-α-chlorhydrin und anschließende Abspaltung von Chlorwasserstoff erhältlich sind[2], z.B.:

Entgegen früheren Annahmen[4] lassen sich auch 1,3-Dioxane und 1,3-Dithiane (zugänglich aus Carbonylverbindungen und 1,3-Diolen bzw. 1,3-Dithiolen) unter Ringöffnung polymerisieren, wenn man sie mit geeigneten Katalysatoren, wie z.B. der Komplexverbindung aus Borfluorid und Acetylchlorid, erhitzt[5]. Da 1,3-Dioxane auch durch Einwirkung von Monocarbonsäureanhydriden in Gegenwart von Zinkchlorid aufgespalten werden können[6], ist zu erwarten, daß sie mit Dicarbonsäureanhydriden unter ähnlichen Bedingungen höhermolekulare Ester ergeben.

Die Herstellung von hochmolekularen vernetzten Produkten durch Umsetzung von Acrolein mit Pentaerythrit in Gegenwart katalytischer Mengen einer starken Säure ist im Kapitel: „Polyadditionen an Kohlenstoff-Kohlenstoff-Doppelbindungen", S. 616ff., beschrieben, da die Vernetzung im wesentlichen durch eine Addition von

---

[1] A. P. 2680735 (1952), Rohm & Haas Co., Erf.: V. W. Fegley u. S. P. Rowland; Chem. Abstr. **49**, 1367[h] (1955).

[2] H. Orth, Ang. Ch. **64**, 544 (1952).
  S. M. McElvain u. M. J. Curry, Am. Soc. **70**, 3781 (1948).

[3] A.P. 2522680 (1949), American Cyanamid Co., Erf.: E. L. Kropa u. W. M. Thomas; Chem. Abstr. **45**, 904[e] (1951).

[4] J. W. Hill u. W. H. Carothers, Am. Soc. **57**, 925 (1935).

[5] A.P. 2385661 (1942), DuPont, Erf.: G. T. Vaala u. R. B. Carlin; Chem. Abstr. **40**, 244[3] (1946).

[6] DBP.-Anm. p 19433 (1948), Chemische Werke Hüls AG., Erf.: L. Bub u. H. Steinbrink.

Hydroxygruppen an die Kohlenstoff-Kohlenstoff-Doppelbindungen des ungesättig-ten Diacetals zustande kommt.

Auch die siebengliedrigen 1,3,5-Trioxa-cycloheptane[1] und die achtgliedrigen 1,3,6-Trioxa-cyclooctane[2] lassen sich in lineare Polymerisationsprodukte über-führen, z.B. durch Einwirkung von Borfluorid[1,2] oder Triäthylaluminium-Äthyl-hexafluorpropyl-äther[3]. Die 1,3,5-Trioxa-cycloheptane sind aus 1,3-Dioxolanen und Aldehyden[1], die 1,3,6-Trioxa-cyclooctane aus Diäthylenglykol und Aldehyden[2,4] zugänglich.

1,3,5-Trioxa-cycloheptan   1,3,6-Trioxa-cyclooctan

Die Polymerisation von Trioxan ist im Abschnitt „Polymere Aldehyde und Ketone", S. 403 ff., beschrieben.

δ) Polymerisation von Lactonen

Da die Polymerisation von Lactonen zu Polyestern führt, ist sie im Kapitel „Herstellung von Polyestern", S. 8 ff. beschrieben.

ε) Praktische Durchführung der Polymerisationen

Beispiel 1

Polymerisation von 2-Methylol-2-äthyl-trimethylenoxyd[5]: 100 g 2-Methylol-2-äthyl-trimethy-lenoxyd werden unter Rühren mit 0,15 cm³ 60%iger Perchlorsäure vermischt. In etwa 40 Min. erwärmt sich das Reaktionsgemisch auf etwa 60° und erstarrt zu einer klaren, durchsichtigen Masse, die man 20 Stdn. bei der angegebenen Temp. stehen läßt und dann bei etwa 140° zur Neu-tralisation des Katalysators unter Rühren mit gasförmigem Ammoniak behandelt. Anschließend destilliert man bei etwa 140° flüchtige Anteile unter vermindertem Druck ab. Man erhält 92 g eines farblosen Harzes mit einem Erweichungspunkt von 117°, gemessen nach der Queck-silbermethode von Krämer-Sarnow. Die relative Viscosität beträgt 1,07, gemessen bei 25° in 0,5%iger Kresollösung; Hydroxylzahl: 505.

Beispiel 2

Polymerisation von 2,2-Bis-chlormethyl-trimethylenoxyd[6]: In ein auf − 30° gekühltes Poly-merisationsgefäß gibt man 115 Tle. Schwefeldioxyd und löst 104 Tle. 2,2-Bis-chlormethyl-tri-methylenoxyd darin auf. Nach Zugabe von 106 Tln. Hexan wird das 2phasige System stark gerührt, wobei sich eine feine Dispersion bildet, die man langsam unter Rühren mit 2,1 Tln. Bortrifluorid versetzt. Nach 2stdg. Rühren wird das Reaktionsgemisch mit 280 Tln. Methanol verrührt und das Polymerisat abfiltriert und getrocknet; F: 180°; Ausbeute 77%. Die spez. Vis-cosität, gemessen als 1%ige Cyclohexanonlösung bei 50°, beträgt 1,216.

[1] A.P. 2475610 (1945), DuPont, Erf.: W. F. Gresham u. C. D. Bell; Chem. Abstr. **44**, 175[b] (1950).
[2] M. J. Astle, J. A. Zaslowsky u. P. G. Lafyatis, Ind. eng. Chem. **46**, 787 (1954).
[3] Belg.P. 593890 (1960; DB. Prior., 1959), Farbw. Hoechst.
[4] C. D. Hurd u. D. G. Botteron, Am. Soc. **68**, 1200 (1946).
    E. P. 741702 (1953; Am. Prior., 1952), Mathieson Chemical Co.; C. **1956**, 12409.
[5] DAS. 1023227 (1954), Farbf. Bayer, Erf.: H. Schnell, K. Raichle u. W. Biedermann; C. **1958**, 11965.
[6] DBP. 959949 (1955; Am. Prior., 1954), Hercules Powder Co., Erf.: W. M. Schilling; C. **1957**, 10890.

Mechanische Eigenschaften[1]: Zugfestigkeit = 245 kp/cm²; Biegefestigkeit = 350 kp/cm²; Druckfestigkeit = 630 kp/cm².

Beispiel 3

Polyaddition von 2,6-Dioxa-spiro-[3,3]-heptan an Phthalsäureanhydrid[2]:

Herstellung des 2,6-Dioxa-spiro-[3,3]-heptans: 58 g Pentaerythrit-dichlorhydrin werden mit 350 cm³ absol. Alkohol, in dem 37 g Kaliumhydroxyd gelöst sind, auf dem Wasserbad $1/_2$ Stde. lang unter Rückfluß zum Sieden erhitzt. Man saugt das ausgeschiedene Salz ab, nimmt das Filtrat in Äther auf, trocknet mit Natriumsulfat und dampft das Lösungsmittel ab. Aus dem zurückbleibenden Reaktionsgemisch isoliert man durch Vak.-Sublimation das Dioxaspiroheptan (11 g aus 34 g Reaktionsgemisch). Der Rückstand wird destilliert und ergibt 17 g einer bei Kp$_4$: 110–130° übergehenden Fraktion, die hauptsächlich 2-Chlormethyl-2-methylol- und 2-Methylol-2-äthoxymethyl-trimethylenoxyd enthält. Zurück bleiben 6 g eines viscosen, gelblichen Rückstandes, der Verbindungen mit 2 und mehr Oxacyclobutan-Ringen in der Molekel enthält. 5 g dieses Rückstandes lassen sich durch mehrstdg. Erhitzen mit 4 g Phthalsäureanhydrid auf 120–130° und dann auf 150° zu einem Harz von großer mechanischer Festigkeit härten.

Polyaddition: Ein Gemisch aus 100 g Dioxaspiroheptan und 50–75 g Phthalsäureanhydrid wird zusammengeschmolzen und dann einige Stdn. lang auf 110–130° erhitzt, bis die Masse in der Hitze viscos, bei Zimmertemp. jedoch fest ist. Das erhaltene Harz kann in fester Form, als Pulver oder in organischen Lösungsmitteln gelöst, als Klebstoff benutzt werden. Durch weiteres mehrstdg. Erwärmen auf 150–180° wird das Reaktionsprodukt unschmelzbar und unlöslich. Das gehärtete Harz stellt eine fast farblose, schwach gelblich gefärbte, glasklare Masse dar, die von außerordentlicher Festigkeit ist. Das Harz haftet fest auf allen Unterlagen. Durch Zusatz von 5–15 g tert. Base läßt sich die Aushärtung in kürzerer Zeit oder bei niedrigeren Temp. durchführen.

Beispiel 4

Bis-trimethylenoxyd [VII, S. 556] aus 2-Chlormethyl-2-äthyl-trimethylenoxyd und 2,2-Bis-[p-hydroxy-phenyl]-propan[3]:

[a] Herstellung des 2-Chlormethyl-2-äthyl-trimethylenoxyds: 890 g 1-Hydroxy-2,2-bis-chlormethyl-butan und 312 g Natriumhydroxyd, gelöst in 230 g Wasser, werden in 600 cm³ Methanol 2 Stdn. unter Rückfluß erhitzt. Nach dem Waschen mit Wasser, Ausäthern und Destillieren erhält man 576 g (82%) 2-Chlormethyl-2-äthyl-trimethylenoxyd; Kp$_{15}$: 63–73°.

[b] Herstellung des Bis-trimethylenoxyds (VII): Man löst 20,4 g 2,2-Bis-[p-hydroxy-phenyl]-propan-natrium unter Erwärmen in 130 cm³ Diäthylenglykol, gibt 21 g 2-Chlormethyl-2-äthyl-trimethylenoxyd zu und erhitzt zum Sieden. Nach Beendigung der Reaktion, die sofort einsetzt, reagiert das Reaktionsgemisch neutral. Es wird mit Wasser verrührt und abgesaugt. Der getrocknete Rückstand schmilzt bei 160–164° (nach dem Umkrystallisieren aus Aceton F: 178°); Ausbeute 29 g (80%).

Beispiel 5

Polymerisation des Tetrahydrofurans mit verschiedenen Katalysatoren:

[a] mit Triäthyloxoniumfluoroborat[4]: In 43,2 g Tetrahydrofuran (0,6 Mol) löst man 0,38 g Triäthyloxoniumfluoroborat (0,002 Mol); durch Kühlung mit Wasser hält man die Temp. auf etwa 10°. Nach 5 Stdn. ist die Masse dickflüssig geworden; nach 24 Stdn. versetzt man sie mit Wasser und destilliert geringe Mengen Tetrahydrofuran mit Dampf ab. Man läßt erkalten und trocknet das Produkt bei 110°. Es bildet nach dem Erkalten eine nahezu farblose, feste, ziemlich harte Masse.

[b] mit Borfluorid-Epichlorhydrin[4]: Zu 43,2 g Tetrahydrofuran (0,6 Mol) gibt man 0,85 g der Borfluoridverbindung des Tetrahydrofurans (Kp$_{14}$: 91°) und 0,55 g Epichlorhydrin (je 0,006 Mol). Durch Rühren und Kühlen mit Eiswasser hält man die Temp. des Reaktions-

---

[1] Chlorierter Polyäther Penton®, Firmenschrift der Hercules Powder Co., 1961.
[2] DBP. 912503 (1951), Henkel u. Cie. GmbH., Erf: R. Köhler u. H. Pietsch; C. **1954**, 10358.
[3] DAS. 1021858 (1956), Farbf. Bayer, Erf.: K. Bodenbenner u. R. Wegler; C. **1958**, 12835.
[4] DRP. 741478 (1939), I. G. Farb., Erf.: H. Meerwein; C. **1954**, 1609.

gemisches auf 5–10°. Nach 24 Stdn. wird wie in [a] aufgearbeitet. Produkt und Ausbeute sind die gleichen wie dort.

[c] mit Dimethylsulfat-Borfluorid[1]: Ein Gemisch aus 72 g Tetrahydrofuran, 11,2 g Dimethylsulfat und 2,8 g der Borfluoridverbindung des Tetrahydrofurans wird 12 Tage stehen gelassen. Dann versetzt man die dickflüssige Masse mit überschüssiger verd. Natronlauge und bläst Wasserdampf durch. Das Polymerisat wird beim Abkühlen vollkommen fest und kann direkt von der Lösung abgetrennt werden. Die Ausbeute beträgt 43 g.

Verwendet man 56 g (statt 11,2 g) Dimethylsulfat, so erhält man ein glycerinartiges, öliges Polymerisat.

[d] mit Chlorsulfonsäure[2]: In 720 g Tetrahydrofuran, die auf —15° abgekühlt sind, läßt man unter gutem Rühren innerhalb ½ Stde. 58 g Chlorsulfonsäure eintropfen. Nach einigen Stdn. wird das Reaktionsgemisch aus dem Kältebad herausgenommen und der Rührer entfernt. Beim Aufbewahren bei Zimmertemp. erstarrt das Reaktionsgemisch bald zu einer wachsartigen, weißen Masse. Nach 3 Tagen gibt man 500 cm³ Wasser hinzu und destilliert unverändertes Tetrahydrofuran mit Wasserdampf ab. Das Polymerisationsprodukt bildet ein farbloses, auf Wasser schwimmendes Öl, das in einem geheizten Scheidetrichter von Wasser getrennt und noch 3 mal mit heißem Wasser gewaschen wird. Das erhaltene trübe Öl wird dann i. Vak. bei einer Badtemp. von 80–90° getrocknet (6–8 Stdn.). Man erhält 642 g eines klaren, farblosen Öls, die bei längerem Stehen zu einer festen Masse erstarren.

[e] mit Eisen-(III)-chlorid-Chlorwasserstoff[2]: Eine Lösung von 1,8 g Chlorwasserstoff in 72 g Tetrahydrofuran versetzt man mit 8 g Eisen-(III)-chlorid. Alsbald beginnt die Polymerisation, erkennbar an dem Temperaturanstieg und der zunehmenden Viscosität der Lösung. Nach 2 Tagen wird unverändertes Tetrahydrofuran mit Dampf abgeblasen und das nicht flüchtige Polymerisationsprodukt, ein langsam erstarrendes, bräunlich gefärbtes Öl, in üblicher Weise isoliert. Ausbeute: 48 g (67% d. Th.).

[f] mit Eisen-(III)-chlorid-Acetylchlorid[2]: 72 g Tetrahydrofuran werden mit 4,5 g Acetylchlorid und 8 g Eisen-(III)-chlorid versetzt. Nach 4 Tagen wird, wie im vorangehenden Beispiel beschrieben, aufgearbeitet. Das Polymerisationsprodukt (60 g = 83%) ist ein langsam erstarrendes Öl.

[g] mit Borfluorid-Acetylfluorid[2]: 24 g Tetrahydrofuran werden mit 0,2 g Acetylfluorid und 0,2 g der Borfluoridverbindung des Tetrahydrofurans versetzt. Schon nach 20 Min. beginnt das Reaktionsgemisch unter schwacher Wärmeentwicklung und geringer Verfärbung viscos zu werden. Nach 24 Stdn. ist es nahezu vollständig erstarrt. Nach 4 Tagen wird mit überschüssiger Natronlauge versetzt und das unveränderte Tetrahydrofuran mit Wasserdampf abdestilliert. Das in einer Ausbeute von 86% zurückbleibende Polymerisationsprodukt ist eine feste, wachsartige, gelbliche Masse.

[h] mit Thionylchlorid-Aluminiumchlorid[2]: 720 g Tetrahydrofuran läßt man mit 238 g Thionylchlorid und 67,5 g Aluminiumchlorid 3 Tage bei gewöhnlicher Temp. stehen. Dann verdünnt man mit 1500 cm³ Chlorbenzol, neutralisiert in der Wärme mit calciniertem Natriumcarbonat, destilliert das unveränderte Tetrahydrofuran ab, filtriert und befreit das Filtrat vom Chlorbenzol. Man erhält 510 g eines öligen, schwefelfreien Polymerisats.

[i] mit Bernsteinsäureanhydrid-Perchlorsäure[2]: 144 g Tetrahydrofuran läßt man mit 10 g Bernsteinsäureanhydrid und 0,2 g 62,5%iger Perchlorsäure 6 Tage lang bei gewöhnlicher Temp. stehen. Dann verd. man mit Toluol, neutralisiert mit wäßr. Natronlauge und entfernt Toluol sowie unverändertes Tetrahydrofuran durch Wasserdampf. Nach mehrfachem Dekantieren erhält man ein zähes, gummiartiges Produkt in einer Ausbeute von 100 g.

Ersetzt man das Bernsteinsäureanhydrid durch die äquivalente Menge Maleinsäureanhydrid, so erhält man ein ähnliches Produkt.

[k] mit Thionylchlorid-Schwefeltrioxyd[3]: 36 g Tetrahydrofuran werden mit einer Lösung von 1,2 g Schwefeltrioxyd in 6 g Thionylchlorid versetzt. Die Polymerisation setzt sofort ein. Nach 12 Tagen wird das wasserhelle, dickflüssige Reaktionsgemisch mit überschüssiger verd. Natronlauge versetzt, der Wasserdampfdestillation unterworfen und das Polymerisat in Äther aufgenommen. Man erhält 19,4 g eines farblosen, allmählich zu einer paraffinartigen Masse erstarrenden flüssigen Polymerisates.

[1] DBP. 880489 (1943), Farbf. Bayer, Erf.: H. MEERWEIN u. H. MORSCHEL; C. **1954**, 10359.
[2] DRP. 766208 (1939), I. G. Farb., Erf.: H. MEERWEIN.
[3] DBP. 898518 (1943), Farbf. Bayer, Erf.: H. MORSCHEL u. H. MEERWEIN; C. **1955**, 1391.

Beispiel 6

Aufspaltung von Tetrahydrofuran in Gegenwart von Methanol[1]: 960 g Methanol, 1080 g Tetrahydrofuran, 150 g konz. Schwefelsäure und 75 g Zinkoxyd werden 6 Stdn. in einem Druckgefäß auf 150° erhitzt. Nach der Neutralisation mit Natriumcarbonat wird filtriert und fraktioniert destilliert. Man erhält 650 g 1,4-Dimethoxy-butan (Kp$_{760}$: 131°) und 150 g Bis-[4-methoxybutyl]-äther (Kp$_{20}$: 118–121°).

Beispiel 7

Polyäther aus Tetrahydrofuran und Äthylenglykol[1]: 93 g Äthylenglykol, 72 g Tetrahydrofuran und 20 g Zinkchlorid werden in einem Druckgefäß 7 Stdn. auf 150° erhitzt. Nach dem Erkalten wird das Zinkchlorid abfiltriert und nicht umgesetztes Tetrahydrofuran und Äthylenglykol i. Vak. abdestilliert. Man erhält 40 g eines dickflüssigen Öles, das im Verlauf von einigen Stdn. zum größten Teil in Form von großen Rhomben krystallisiert und in Wasser sehr leicht löslich ist. Das Mol.-Gew. des Polyäthers berechnet sich auf Grund seiner Hydroxylzahl zu 450.

Beispiel 8

Polymerisation von 1,3-Dioxolan[2]:

[a] 417 g 1,3-Dioxolan (aus Äthylenglykol und Formaldehyd dargestellt) und 2 g konz. Schwefelsäure werden auf dem Wasserbad 5 Stdn. unter Rühren am Rückflußkühler erhitzt. Nach 1 Stde. ist das Reaktionsgemisch viscos und hört auf zu sieden. Man leitet in das warme Gemisch zunächst Ammoniak ein und gibt dann 2,1 g Natriumhydroxyd, gelöst in 10 cm³ Wasser, zu, so daß das Gemisch gegenüber Phenolphthalein alkal. reagiert. Das nicht umgesetzte 1,3-Dioxolan (ca. 60 g) wird i. Vak. entfernt, der Rückstand in Benzol gelöst, filtriert und das Lösungsmittel i. Vak. abdestilliert. Es bleiben 350 g einer wachsähnlichen, farblosen, mit Wasser mischbaren Masse zurück, die auch in Benzol und Methanol löslich ist. Das Reaktionsprodukt schmilzt zwischen 52 und 58° und zeigt ein Mol.-Gew. von 826, bestimmt nach der Siedepunktsmethode in Benzol.

[b] Polymerisiert man 225 g 1,3-Dioxolan mit 0,05 g Bortrifluorid 3 Tage bei 20°, so erhält man ein hochmolekulares, festes, elastisches Produkt.

Beispiel 9

Anlagerung von 1,3-Dioxolan an Glykol[3]:

[a] 148 g 1,3-Dioxolan, 496 g Äthylenglykol und 6 g konz. Schwefelsäure werden auf dem Dampfbad unter Rühren 5 Stdn. erhitzt. Zu Beginn der Reaktion siedet das Gemisch; nach ungefähr 1 Stde. läßt das Sieden nach und der Ansatz wird viscoser. Nach beendeter Umsetzung wird der Katalysator mit etwas Natriummethylat neutralisiert und das Reaktionsprodukt i. Vak. destilliert. Man erhält 24,5 g 1,3-Dioxolan und 396,5 g unverbrauchtes Äthylenglykol zurück, 140,5 g Bis-[β-hydroxy-äthyl]-formal und 72,4 g einer farblosen, ziemlich viscosen Flüssigkeit.

[b] Eine Mischung von 1110 g 1,3-Dioxolan, 930 g Äthylenglykol und 10 g konz. Schwefelsäure wird wie im vorigen Beispiel umgesetzt, nur wird der Katalysator nach beendeter Reaktion mit Calciumcarbonat neutralisiert. Nach dem Abdestillieren von unverbrauchtem Glykol und Bis-[β-hydroxy-äthyl]-formal (zusammen 567 g) bei 2 Torr bleiben 1325 g lineares Polyacetal zurück.

[c] Unter Anwendung von noch weniger Äthylenglykol vermehrt sich der Anteil des polymeren Produktes. So erhält man aus 740 g 1,3-Dioxolan, 62 g Glykol und 3,5 g konz. Schwefelsäure neben 82 g unverändertem Dioxolan 648 g eines Polyacetals vom Mol.-Gew. 440.

Beispiel 10

Copolymerisat von 1,3-Dioxolan mit Styrol[4]: Ein Gemisch von 0,675 Mol Styrol, 0,675 Mol 1,3-Dioxolan und 0,07 Mol Bortrifluorid wird bei 20° 28 Tage stehen gelassen. Anschließend neu-

[1] DBP. 894110 (1951), BASF, Erf.: F. Meyer u. H. Krzikalla; C. **1954**, 2048.

[2] A.P. 2394910 (1941), DuPont, Erf.: W. F. Gresham; Chem. Abstr. **40**, 3022^2 (1946).

[3] A.P. 2497315 (1941), DuPont, Erf.: D. J. Loder u. W. F. Gresham; Chem. Abstr. **44**, 5642^e (1950).

[4] A.P. 2394862 (1942), DuPont, Erf.: D. J. Loder u. W. F. Gresham; Chem. Abstr. **40**, 2690^9 (1946).

tralisiert man den Katalysator mit Ammoniak in Benzol. Es läßt sich eine in Benzol lösliche Fraktion isolieren, die ca. 65% Styrol und 35% Dioxolan in polymerer Form enthält. Eine in Benzol wenig lösliche Fraktion besteht aus einem Copolymerisat von ca. 87% Styrol mit 13% Dioxolan; dieses Polymerisat ist hell und spröde.

Beispiel 11

Darstellung und Polymerisation des Methacrylsäureesters des 2,2-Dimethyl-4-hydroxymethyl-1,3-dioxolans[1]:

Darstellung des Esters: 132 g 2,2-Dimethyl-4-hydroxymethyl-1,3-dioxolan (Acetonketal des Glycerins) werden mit 500 g Methacrylsäuremethylester und 5 g Di-β-naphthol als Polymerisationsverzögerer zusammen mit 14 g einer Lösung von 2 g Natrium in 40 g Methanol langsam auf 64° unter Abdestillieren eines binären Gemisches von Methanol und Methacrylsäure-ester erhitzt. Die restlichen 28 g der alkal. Katalysatorlösung werden in 3 Portionen innerhalb von 13 Stdn. zugegeben. Nach der Entfernung des überschüssigen Methacrylsäuremethylesters i. Vak. wird der entstandene Ester überdestilliert; $Kp_{0,8-1}$: 68–70°. Die Ausbeute beträgt 180 g (90%).

Polymerisation des Esters: 250 g des Esters, gelöst in 250 g Toluol, werden mit 7,5 g Dibenzoylperoxyd versetzt und unter Durchleiten von Kohlendioxyd 10 Stdn. zum Sieden erhitzt, wobei nach 3 bzw. 5 Stdn. nochmals je 2,5 g Katalysator zugegeben werden. Man erhält eine viscose Lösung, in der 99% des Monomeren polymerisiert sind.

Wird diese Lösung mit einer 10%igen Lösung von Bortrifluorid in Diäthyläther versetzt (1% Bortrifluorid bezogen auf das Polymere) und läßt man Filme dieser Lösung auf einer Glasplatte etwa 24 Stdn. bei Zimmertemp. oder 30 Min. bei 150° stehen, so erhält man harte, klare, in Aceton unlösliche Überzüge.

6. Bibliographie[2]

P. Morgan, Glass Reinforced Plastics, Philosophical Library Inc., New York 1954.

S. S. Stivala, Epoxy Resins, in C. E. Schildknecht, High Polymers, Bd. X, S. 429–474, Interscience Publ. Inc., New York 1956.

F. Ullmann, Encyklopädie der technischen Chemie, 3. Aufl., Bd. VIII, S. 431–437, Verlag Urban & Schwarzenberg, München–Berlin 1957.

H. Lee u. K. Neville, Epoxy Resins, Their Applications and Technology, McGraw-Hill Book Co. Inc., New York–Toronto–London 1957.

A. M. Paquin, Epoxydverbindungen und Epoxydharze, Springer-Verlag, Berlin–Göttingen–Heidelberg 1958.

N. Schönfeldt, Oberflächenaktive Anlagerungsprodukte des Äthylenoxyds, Wissenschaftliche Verlagsgesellschaft mbH., Stuttgart 1959.

I. Skeist u. G. R. Somerville, Epoxy Resins, Reinhold Publ. Co., New York 1959.

R. E. Kirk, D. F. Othmer u. A. Standen, Encyclopedia of Chemical Technology, 2. Erg.-Bd., S. 597 ff., Interscience Encyclopedia Inc., New York 1960.

W. R. Sorenson u. T. W. Campbell, Preparative Methods of Polymer Chemistry, Interscience Publ. Inc., New York 1961.

F. Ullmann, Encyclopädie der technischen Chemie, 3. Aufl., Bd. XIV, Kap. Polyäther u. Polyacetale, Verlag Urban & Schwarzenberg, München–Berlin, im Druck.

---

[1] A. P. 2680735 (1952), Rohm & Haas Co., Erf.: V. W. Fegley u. S. P. Rowland; Chem. Abstr. **49**, 1367[h] (1955).

[2] In chronologischer Anordnung. Die wichtigsten Übersichtsreferate über Epoxydharze sind auf S. 462f. aufgeführt.

b) Polymerisationsprodukte von cyclischen Monomeren
mit Schwefel als Ringglied

Hochmolekulare Produkte aus cyclischen Sulfiden haben wegen der verhältnismäßig schwierigen Zugänglichkeit der Monomeren und dem Geruch der Produkte bislang noch keine techn. Bedeutung erlangt. Ebenso wie das einfache Äthylensulfid werden auch seine Derivate vorwiegend aus den entsprechenden Äthylenoxyden durch Reaktion mit Kaliumrhodanid hergestellt[1] (s. ds. Handb. Bd. IX, Kap. Herstellung und Umwandlung von Äthylensulfiden, S. 149).

Analog wie bei den cyclischen Äthern nimmt auch bei den entsprechenden Thioäthern die Neigung zur Ringöffnung mit zunehmender Ringgröße ab. Die Polymerisation des *Äthylensulfids* läßt sich sowohl mit Säuren als auch mit Basen durchführen[2]. Die spontane Polymerisation des Äthylensulfids wird durch aliphatische Mercaptane stark inhibiert[3]. Polyanlagerungen an Amine verlaufen ähnlich wie mit Äthylenoxyd, nur langsamer[4]. – Auch *Styrolsulfid* läßt sich sowohl mit Säuren als auch mit Basen polymerisieren[5]. – Bekannt ist ferner die Copolymerisation von Alkylensulfiden mit Propylenoxyd[6]. – Zur Polymerisation von cyclischen Polysulfiden s. S. 596.

Die Herstellung von Polysulfiden nach anderen Methoden ist im Abschnitt „Hochmolekulare aliphatische Polysulfide" (S. 591 ff.) sowie im Abschnitt „Polyäther und Polyacetale verschiedener Art, einschließlich ihrer Schwefelanalogen" (S. 580 ff.) beschrieben.

c) Polymerisationsprodukte von cyclischen Monomeren
mit Stickstoff als Ringglied

1. Polymerisationsprodukte des Äthylenimins und seiner Substitutionsprodukte[7]

Während von den cyclischen Äthern außer dem Äthylenoxyd auch dessen Derivate – wie Propylenoxyd und besonders Diepoxyde – und ferner höhergliedrige Ringe – wie Tetrahydrofuran – zur Herstellung hochmolekularer Produkte von Bedeutung sind, beschränkt sich bei den cyclischen Aminen das praktische Interesse auf das Äthylenimin[8], dessen N-Substitutionsprodukte und einige Bis-äthylenimin-Verbindungen.

Äthyleniminpolymerisate bzw. die entsprechenden quartären Produkte dienen vor allem zur Erhöhung der *Naßfestigkeit* von Papier[9] und als haftfeste Überzüge für Cellophan®[8]. Auch zur *Hydrophobierung* von Cellulosegewebe[10] und als *Desinfektionsmittel*[11] werden derartige Produkte

---

[1] DBP.-Anm. D 17256 (1954), Degussa, Erf.: H. H. KUHN u. U. HOFFMANN.

[2] M. DELÉPINE, Bl. [4] **27**, 740 (1920).
M. DELÉPINE u. P. JAFFEUX, Bl. [4] **29**, 136 (1921).
C. C. J. CULVENOR, W. DAVIES u. N. S. HEATH, Soc. **1949**, 282.

[3] A.P. 2185660 (1937), Shell Develop., Erf.: W. COLTOF u. S. L. LANGEDIJK; Chem. Abstr. **34**, 2865³ (1940).

[4] DRP. 631016 (1934), I. G. Farb., Erf.: W. REPPE u. F. NICOLAI; Frdl. **23**, 244.

[5] Belg.P. 594082 (1960) ≡ DAS. 1122710 (1959), Degussa, Erf.: H. LÜSSI u. H. ZAHNER.
A. NOSHAY u. C. C. PRICE, J. Polymer Sci. **54**, 533 (1961).

[6] A.P. 3000865 (1958), Dow Chemical Co., Erf.: A. E. GURGIOLO.

[7] S. a. ds. Handb. Bd. XI/2, Kap. 1,2- und 1,3-Alkylenimine, S. 259 ff.

[8] Manufacture and Use of Polyethylenimine in Germany, Mod. Plastics **26**, Nr. 3, 130 (1948).

[9] FIAT Final Rep. Nr. **960**.
H. WILFINGER, Papier **2**, 265 (1948); Wochbl. Papierf. **76**, 135 (1948).

[10] DRP. 731667 (1939) ≡ F.P. 865869 (1940), I. G. Farb., Erf.: H. BESTIAN u. G. v. FINK; C. **1942** I, 697.

[11] DBP. 802346 (1949), BASF, Erf.: C. SCHÖLLER; Chem. Abstr. **45**, 5372ᵈ (1951).

empfohlen. Die Verwendungsmöglichkeit alkylierter und acylierter Äthylenimine wird durch den Preis und z. T. auch durch die Basizität dieser Produkte begrenzt. Polymeres N-(β-Cyan-äthyl)-äthylenimin ist versuchsweise als Gießharz eingesetzt worden[1].

Reines *Äthylenimin* ist bei Raumtemperatur und in Abwesenheit von Säurespuren (Kohlendioxyd der Luft) unbegrenzt haltbar. Bei dreitägigem Erhitzen auf 150° unter Stickstoff oder kohlendioxydfreier Luft tritt nur eine geringfügige Polymerisation ein[2]. Im Gegensatz zum Äthylenoxyd läßt sich Äthylenimin durch Alkalien nicht aufspalten. Dagegen bewirken alle Verbindungen, die Äthylenimin in ein Immoniumion überzuführen vermögen, äußerst leicht eine Aufspaltung bzw. Polymerisation[2-5]. Ob sich die 1 : 1-Additionsprodukte oder aber Polymerisate bilden, hängt vorwiegend von dem Mengenverhältnis der Komponenten ab. So erhält man mit der molaren Menge Salzsäure das *β-Chlor-äthyl-amin*, während mit einer Spur Säure eine Polymerisation stattfindet[2] (die Anlagerung von Halogenwasserstoff an Äthylenimin kann zur quantitativen Bestimmung des Amins dienen[6]).

Verbindungen, die Äthylenimin und seine Derivate in ein Immoniumion überzuführen vermögen, sind vor allem Säuren[3] und Alkylierungsmittel (s. Beispiel 1, S. 577), z.B. Halogenwasserstoffsäuren[2,3,7], Carbonsäuren[8,9] (s. Beispiel 2, S. 577), Sulfonsäuren[7,8], Borfluorid[2,10], Borfluorid-ätherat[10] (s. Beispiel 6, S. 578), Diazonium-fluoroborate[11], Alkylhalogenide[2], Dialkylsulfate[12] (s. Beispiele 3, 4 u. 5, S. 578), Carbonsäure- und Sulfonsäurechloride[5] und Sulfonsäureester[12]. Auch Verbindungen, die Säuren abspalten[3], wie z.B. β-Chlor-äthyl-amin[3], Aminhydrochloride und auch gewisse Silbersalze, vor allem Silberperchlorate[13], sind wirksam. Schwefelkohlenstoff katalysiert ebenfalls die Äthylenimin-Polymerisation[14], wobei aber bei längerem Erhitzen durch Sekundärreaktionen (Thioharnstoffbildung) Vernetzung eintritt[15]; bei tieferen Temperaturen entstehen auch Thiazolidine[16]. Peroxyde bewirken keine Polymerisation[7].

Die durch Säuren oder Alkylierungsmittel beschleunigte Polymerisation des Äthylenimins verläuft wesentlich leichter als beim Äthylenoxyd, was zunächst durch die gegenüber der Oxoniumsalzbildung bevorzugte Immoniumsalzbildung verständlich erscheint. Dies kann jedoch wohl nicht die einzige Ursache sein, denn N-acylierte

[1] H. Bestian, Ang. Ch. **62**, 451 (1950).
  G. Schulz u. K. Mehnert, Kunstst. **41**, 237 (1951).
[2] G. D. Jones, A. Langsjoen, M. M. C. Neumann u. J. Zomlefer, J. org. Chem. **9**, 125 (1944).
[3] DRP. 665791 (1935), I. G. Farb., Erf.: H. Ulrich u. W. Harz; Frdl. **25**, 901.
[4] S.a. ds. Handb., Bd. XI/2, Kap. Herstellung und Umwandlung von 1,2- und 1,3-Alkyleniminen, S. 225 ff.
  G. D. Jones, J. org. Chem. **9**, 484 (1944).
[5] H. Bestian, A. **566**, 210 (1950).
[6] S. ds. Handb., Bd. XI/2, Kap. Herstellung und Umwandlung von 1,2- und 1,3-Alkyleniminen, S. 263.
[7] W. Kern u. E. Brenneisen, J. pr. [2] **159**, 193 (1941).
[8] W. G. Barb, Soc. **1955**, 2564.
[9] E. J. Shepherd u. J. A. Kitchener, Soc. **1956**, 2448.
[10] DBP. 914325 (1949), Farbw. Hoechst, Erf.: H. Bestian u. K. Karrenbauer; C. **1955**, 3266.
[11] DBP. 915743 (1949), Farbw. Hoechst, Erf.: H. Bestian u. K. Karrenbauer; C. **1955**, 9209.
[12] DBP. 888170 (1948), Farbw. Hoechst, Erf.: H. Bestian; C. **1954**, 4500.
  S. a. H. P. Gregor, D. H. Gold u. G. K. Hoeschele, Am. Soc. **77**, 4743 (1955).
[13] G. Salomon, R. **68**, 903 (1949).
[14] S. Gabriel u. R. Stelzner, B. **28**, 2931 (1895).
[15] DRP. 676197 (1937) ≡ E. P. 491565 (1937), I. G. Farb., Erf.: P. Esselmann, K. Kösslinger u. J. Düsing; C. **1939** I, 803.
[16] S. Gabriel u. H. Ohle, B. **50**, 815 (1917).

Äthylenimine sollen leichter aufgespalten werden als Äthylenimin selbst[1] (sichere quantitative Messungen fehlen allerdings; vgl. a. S. 573).

Der Reaktionsmechanismus der Äthyleniminpolymerisation[2] ist zwar noch nicht in allen Einzelheiten mit Sicherheit geklärt, doch dürfte sich die Reaktion im wesentlichen in der folgenden Weise abspielen: Zunächst wird das Äthylenimin durch die Säure HX in das Äthylenimmoniumion I übergeführt, das mit dem Carbeniumion Ia im Gleichgewicht steht (ist der Polymerisationskatalysator nicht eine Säure, sondern ein Alkylierungs- bzw. Acylierungsmittel RX, so erhält man entsprechend ein am Stickstoffatom substituiertes Äthylenimmoniumion). An das Carbeniumion Ia lagert sich nun eine Äthyleniminmolekel (mit ihrem einsamen Elektronenpaar am Stickstoff) an. Es entsteht ein neues, nun substituiertes Immoniumion II, das ebenfalls im Gleichgewicht steht mit dem entsprechenden Carbeniumion (IIa), das seinerseits Äthylenimin anzulagern vermag unter Bildung eines neuen Immoniumions (III).

Ein Abbruch der Polymerisationskette kann durch Anlagerung des Anions $X^\ominus$ an das Carbeniumion erfolgen, doch ist dabei zu beachten, daß β-Halogen-alkylamine (wenn X = Halogen) mit den entsprechenden Äthylenimmoniumhalogeniden im Gleichgewicht stehen, so daß, vor allem in der Wärme, die Polymerisation weiter-

---

[1] H. Bestian. A. **566**, 210 (1950).
[2] G. D. Jones, A. Langsjoen, M. M. C. Neumann u. J. Zomlefer, J. org. Chem. **9**, 125 (1944).
   G. D. Jones, J. org. Chem. **9**, 484 (1944).
   W. G. Barb, Soc. **1955**, 2564, 2577.

gehen kann[1]. Eine sichere Methode, die Polymerisationsreaktion abzubrechen, besteht in der Zugabe von etwas Alkalihydroxyd[1]; die Hydroxylionen entziehen der reaktionsfähigen Immoniumform das Proton unter Bildung einer stabilen Polyäthyleniminmolekel. Gibt man anschließend wieder Säure zu, so tritt wiederum eine Polymerisation – auch ohne Zusatz des Monomeren – ein; es können also auch das Dimere, Trimere usw. weiterpolymerisieren[2,3]. Als Protonenfänger, also Kettenabbrecher, können auch Amine dienen; allerdings sind davon größere Mengen erforderlich, um das Gleichgewicht

$$H_2N-CH_2-CH_2-\left[-NH-CH_2-CH_2-\right]_n-\overset{\oplus}{HN}\overset{CH_2}{\underset{CH_2}{\big|}} + R-NH_2 \rightleftharpoons$$

III

$$H_2N-CH_2-CH_2-\left[-NH-CH_2-CH_2-\right]_n-N\overset{CH_2}{\underset{CH_2}{\big|}} + R-\overset{\oplus}{NH_3}$$

ganz auf die rechte Seite zu verschieben. Neben dieser Reaktion, bei der das Amin lediglich als Protonenfänger dient, tritt noch eine andere Reaktion ein, die ebenfalls zur Begrenzung der Polymerisation führt: die Anlagerung einer Aminmolekel an das Carbeniumion IIIa (s. dazu S. 572).

$$H_2N-CH_2-CH_2-\left[-NH-CH_2-CH_2)-\right]_n-NH-CH_2-\overset{\oplus}{CH_2} \xrightarrow{+R-NH_2}$$

IIIa

$$H_2N-CH_2-CH_2-\left[-NH-CH_2-CH_2-\right]_n-NH-CH_2-CH_2-\overset{\oplus}{NH_2}-R$$

Da jede Polyäthylenimin-Molekel selbst zahlreiche Aminogruppen (sekundäre) enthält, sind infolgedessen nicht lineare, sondern verzweigte Polyäthylenimine zu erwarten:

$$H_2N-CH_2-CH_2-N-CH_2-CH_2-NH-CH_2-CH_2-N-CH_2-\overset{\oplus}{CH_2}$$

Die Verzweigung wurde durch Acylierungsversuche von W. Kern und E. Brenneisen[4] und von E. Leibnitz und Mitarbeitern[5] bestätigt (s. dazu jedoch Literatur[3]). Der Verzweigungsgrad der Polyäthylenimine ist abhängig vom Herstellungsver-

---

[1] DBP. 872269 (1944), BASF, Erf.: G. STEINBRUNN; C. **1953**, 7418.
[2] W. G. BARB, Soc. **1955**, 2564.
[3] W. G. BARB, Soc. **1955**, 2577.
[4] W. KERN u. E. BRENNEISEN, J. pr. [2] **159**, 193 (1941).
[5] E. LEIBNITZ, H. G. KÖNNECKE u. G. GAWALEK, J. pr. [4] **6**, 289 (1958).

fahren; der Anteil an tertiären Stickstoffatomen kann bis zu 40% betragen[1]. Ob die Seitenketten in der gleichen Weise wie die Hauptketten mitwachsen[2] oder ob es sich vorwiegend bei den Seitenketten um Aminoäthylgruppen handelt[3], steht noch offen. Polyäthylenimine rein linearer Struktur entstehen mit Sicherheit nur durch Polymerisation von N-acyliertem Äthylenimin – z.B. von *N-Benzolsulfonyläthylenimin* – und nachfolgende Verseifung[4] (vgl. S. 573).

Ähnlich verzweigte Produkte, wie sie durch direkte Polymerisation von Äthylenimin entstehen, erhält man auch bei der Anlagerung von Äthylenimin an Ammoniak, primäre oder sekundäre Amine in Gegenwart einer Spur Säure oder säureabspaltender Mittel[5]. Ob sich hierbei vorwiegend die 1:1-Additionsprodukte (IV) bilden oder aber Polyäthylenimine[6] (V) entstehen, hängt von dem Mengenverhältnis der beiden Komponenten ab.

$$H_2N-CH_2-CH_2-N(R)_2 \qquad\qquad H_2N-CH_2-CH_2-\Big[-NH-CH_2-CH_2-\Big]_n-N(R)_2$$
$$\text{IV} \qquad\qquad\qquad\qquad\qquad \text{V}$$

In Abwesenheit von Verbindungen, die Äthylenimin in ein Immoniumion überzuführen vermögen, findet diese Addition nur schwer statt[7,8]. So muß man beispielsweise Äthylenimin mit Piperidin mehrere Wochen unter Rückfluß erhitzen, um eine 10%ige Umsetzung zum *N-(β-Amino-äthyl)-piperidin* zu erreichen[8]. Eine bemerkenswerte Beschleunigung erfährt die Addition von Aminen an Äthylenimin oder seine Substitutionsprodukte auch durch den Zusatz von Wasser[7]. Im Gegensatz zum unsubstituierten Äthylenimin addieren seine *N-Acyl-Derivate* auch in Abwesenheit von Säuren oder Wasser Amine glatt unter Bildung einseitig acylierter Äthylendiamine[9].

Bemerkenswert ist, daß Hydrazinhydrat Äthylenimin auch in Abwesenheit von Säuren bei etwa 90° glatt addiert[10].

Ebenso wie das Äthylenimin selbst lassen sich auch seine *C-Alkyl-*[11,12] und *N-Alkyl-Derivate*[12–14] unter dem Einfluß von Säuren oder Alkylierungsmitteln polymerisieren; die Reaktionen verlaufen weniger heftig[13], so daß man meist ohne Verdünnungsmittel arbeiten kann (s. Beispiele 3, 4, 5 u. 6, S. 578). N-Alkyl-äthylenimine sind z.T.

[1] Nach Untersuchungen von G. PIEPER, Leverkusen.
[2] W. KERN u. E. BRENNEISEN, J. pr. [2] **159**, 193 (1941).
[3] E. LEIBNITZ, H. G. KÖNNECKE u. G. GAWALEK, J. pr. [4] **6**, 289 (1958).
[4] Priv.-Mitt. O. BAYER, Leverkusen.
[5] S.a. ds. Handb., Bd. XI/2, Kap. Herstellung und Umwandlung von 1,2- und 1,3-Alkyleniminen, S. 250ff.
[6] DBP. 881659 (1950), Farbw. Hoechst, Erf.: H. BESTIAN; C. **1954**, 3107.
[7] A.P. 2318729/30 (1941), Carbide & Carbon Chemicals Corp., Erf.: A. L. WILSON; Chem. Abstr. **37**, 5986[1] (1943).
[8] H. BESTIAN, A. **566**, 210 (1950).
[9] DRP. 695331, 707757 (1938), I. G. Farb., Erf.: J. NELLES, E. TIETZE u. O. BAYER; C. **1940** II, 2681; C. **1941** II, 2496.
[10] DAS. 1108233 (1959), Farbf. Bayer, Erf.: H. KLÖS u. H. A. OFFE.
[11] G. D. JONES, J. org. Chem. **9**, 484 (1944).
     L. B. CLAPP, Am. Soc. **70**, 184 (1948).
[12] Y. MINOURA, M. TAKEBAYASHI u. C. C. PRICE, Am. Soc. **81**, 4689 (1959).
[13] H. BESTIAN, Ang. Ch. **62**, 451 (1950).
[14] DBP. 888170 (1948), Farbw. Hoechst, Erf.: H. BESTIAN; C. **1954**, 4500.
     DBP. 914325 (1949), Farbw. Hoechst, Erf.: H. BESTIAN u. K. KARRENBAUER; C. **1955**, 3266.
     H. P. GREGOR, D. H. GOLD u. G. K. HOESCHELE, Am. Soc. **77**, 4743 (1955).
     W. G. BARB, Soc. **1955**, 2577.

leicht zugänglich[1], z.B. durch Addition von Äthylenimin an Verbindungen mit aktivierter Kohlenstoff-Kohlenstoff-Doppelbindung[2]. Polymerisate des *N-(β-Cyan-äthyl)-äthylenimins* können als Gießharze verwendet werden[3]. Auch Epoxyde können Äthylenimin anlagern, ohne daß das Reaktionsgemisch sauer reagiert und damit die Gefahr einer Polymerisation besteht[4].

Theoretisch interessant, aber noch wenig untersucht, ist die Polymerisations-fähigkeit von *Dialkyl-(β-chlor-äthyl)-aminen* (VI). Derartige Verbindungen stehen im Gleichgewicht mit ihren sehr unbeständigen und im allgemeinen kaum zu isolie-renden Äthylenimmoniumformen (VII). Während bis vor kurzem nur eine **Dimeri**-**sierung** zu **Piperaziniumsalzen** (VIII)[5] bekannt war,

$$ (R)_2NCH_2CH_2Cl \;\rightleftharpoons\; \left[(R)_2N{<}^{CH_2}_{CH_2} \right]^{\oplus} Cl^{\ominus} \;\rightarrow\; \left[(R)_2N\ <\!\!>\ N(R)_2 \right]^{2\oplus} + 2\,Cl^{\ominus} $$

$$ \qquad\qquad VI \qquad\qquad\qquad VII \qquad\qquad\qquad\qquad VIII $$

ist neuerdings auch eine **Polymerisation** zu **linearen**, polyquartären Produkten durchgeführt worden[6].

Wesentlich leichter als die N-Alkyl-äthylenimine polymerisieren die *N-Acyl-äthylenimine*[7] (Carbonsäure- bzw. Sulfonsäure-äthylenimide). Ein Zusatz von Katalysatoren ist hier vielfach nicht notwendig; oft genügt längeres Erhitzen. Es entstehen **lineare** Produkte, die – wie bereits erwähnt – unter geeigneten Bedin-gungen zu *Polyäthylenimin* verseift werden können[8]. Die Darstellung der N-Acyl-äthylenimine kann nach den üblichen Methoden erfolgen[9], allerdings muß – ebenso wie bei der Herstellung der N-Alkyl-äthylenimine – stets dafür gesorgt sein, daß eine **alkalische** Reaktion aufrechterhalten wird, da in saurer Lösung sofort Poly-merisation eintritt; außerdem ist längeres Erhitzen zu vermeiden. Aus der Gruppe der N-Acyl-äthylenimine sind vor allem die *N,N-Äthylen-harnstoffe* polymerisiert worden[10] (zur Darstellung der Äthylenharnstoffe s. die Literatur[11]). Zur *Hydrophobie-rung* von Cellulosegewebe ist die Polymerisation von solchen N,N-Äthylen-harnstoffen auf der Faser vorgeschlagen worden, die durch Addition von Äthylenimin an

---

[1] S. ds. Handb., Bd. XI/2, Kap. Herstellung und Umwandlung von 1,2- und 1,3-Alkyleniminen, S. 242.

[2] DBP. 849407 (1944), Farbw. Hoechst, Erf.: H. BESTIAN, G. EHLERS, E. PLÖTZ u. G. STEIN-BRUNN; C. **1954**, 1353.
   DBP. 836353 (1948), Farbw. Hoechst, Erf.: H. BESTIAN; C. **1954**, 1593.

[3] H. BESTIAN, Ang. Ch. **62**, 451 (1950).
   G. SCHULZ u. K. MEHNERT, Kunstst. **41**, 237 (1951).

[4] F.P. 1126399 (1955) ≡ DAS. 1004614 (1954), BASF, Erf.: H. OETTEL, G. WILHELM u. K. VIERLING; C. **1958**, 6676.

[5] S. C. HARVEY u. M. NICKERSON, J. Pharmacol. exp. Therap. **109**, 328 ff. (1953).
   C. GOLUMBIC, J. S. FRUTON u. M. BERGMANN, J. org. Chem. **11**, 518 (1946).
   S. ds. Handb. Bd. XI/2, Kap. Herstellung und Umwandlung von 1,2- und 1,3-Alkyleniminen, S. 234.

[6] F.P. 1182074 (1957), Farbf. Bayer, Erf.: C. TAUBE u. K. BÖCKMANN.

[7] H. BESTIAN, A. **566**, 210 (1950).

[8] S. ds. Handb., Bd. XI/2, Kap. Herstellung und Umwandlung von 1,2- und 1,3-Alkyleniminen, S. 260.

[9] S. ds. Handb., Bd. XI/2, Kap. Herstellung und Umwandlung von 1,2- und 1,3-Alkyleniminen, S. 236.

[10] DRP. 737199 (1939) ≡ F.P. 870187 (1941), I. G. Farb., Erf.: H. BESTIAN; C. **1942** II, 1184.

[11] DBP. 870855 (1940), Farbw. Hoechst, Erf.: H. BESTIAN; C. **1954**, 4041.
   DBP. 858847 (1942), Farbw. Hoechst, Erf.: H. BESTIAN, G. EHLERS u. E. PLÖTZ; C. **1953**, 8209.

sogenannte Fettisocyanate, wie z.B. Octadecyl- oder Heptadecylisocyanat, entstehen[1] (Beispiel 9, S. 579). Ob der entstehende Film chemisch an die Cellulose gebunden wird, ist noch nicht geklärt.

Erwähnt sei, daß N-Acyl-äthylenimine, die in α-Stellung disubstituiert sind, thermisch, statt zu polymerisieren, glatt in ungesättigte, polymerisationsfähige Amide übergehen[2].

$$(H_3C)_2C\text{---}CH_2 \xrightarrow{\nabla} H_2C\text{=-}C\text{---}CH_2\text{---}NH\text{---}CO\text{---}R$$

Monomere mit zwei Äthylenimingruppen in der Molekel lassen sich leicht in reiner Form darstellen, z.B. durch Addition von Äthylenimin an Verbindungen mit zwei aktiven Kohlenstoff-Kohlenstoff-Doppelbindungen[3] (s. Beispiele 5 u. 6, S. 578) oder durch Addition von Äthylenimin an Diisocyanate[4] (s. Beispiele 7 u. 8, S. 578 f.). Leicht führt die Polymerisation solcher Bis-äthylenimine zu unlöslichen und vernetzten Produkten[5]. Eine wesentliche Voraussetzung für die Verwendung von Bis-äthylenharnstoffen im Lack- und Kunststoffsektor ist die Möglichkeit, die Polymerisation stufenweise durchzuführen, so daß man eine höhermolekulare aber noch lösliche Zwischenstufe festhalten kann. Kautschukartige Produkte entstehen durch Erhitzen von Bis-äthylenharnstoffen mit *Polyestern* aus Dicarbonsäuren und Dialkoholen in Gegenwart geringer Mengen einer trifunktionellen Komponente[6].

Produkte mit zahlreichen Äthylenimingruppen in der Molekel sind ebenfalls leicht darstellbar. Besondere Erwähnung verdient ein Verfahren der Äthyleniminanlagerung an höhermolekulare *Maleinsäurepolyester*. Die Polymerisation kann wie üblich z.B. mit Alkylierungsmitteln erfolgen[7].

Auch Äthylenimide von anorganischen Säuren, wie z.B. *Phosphorsäure-tris-äthylenimid*[8] oder *Phosphorsäure-butylester-bis-äthylenimid*[9] lassen sich polymerisieren. Die Polymerisation von Phosphorsäure-tris-äthylenimid wird durch Zugabe von wasserentziehenden Mitteln oder von Peroxyden sehr stark verzögert[10]. Bekannt ist auch die Umsetzung von *Phosphorsäure-* oder *Phosphornitril-bis-äthylenimiden*

[1] DRP. 731667 (1939) ≡ F. P. 865 869 (1940), I. G. Farb., Erf.: H. BESTIAN u. G. v. FINK; C. **1942** I, 697.
[2] A.P. 2766232 (1955), P. E. Fanta; Chem. Abstr. **51**, 5839^c (1957).
    P. E. FANTA u. A. S. DEUTSCH, J. org. Chem. **23**, 72 (1958).
[3] DBP. 849407 (1944), Farbw. Hoechst, Erf.: H. BESTIAN, G. EHLERS, E. PLÖTZ u. G. STEINBRUNN; C. **1954**, 1353.
    DBP. 836353 (1948), Farbw. Hoechst, Erf.: H. BESTIAN; C. **1954**, 1593.
[4] DRP. 753128 (1939), I. G. Farb., Erf.: H. BESTIAN; C. **1953**, 2357.
    Zur Darstellung von Bis-[N-acyl-äthyleniminen] s.a. DBP. 892135 (1942), Farbw. Hoechst, Erf.: H. BESTIAN u. G. EHLERS; C. **1955**, 2537.
    DBP. 850613 (1942), Farbw. Hoechst, Erf.: H. BESTIAN u. A. BAUER; C. **1954**, 1593.
[5] DBP. 888170 (1948); 907699 (1939), Farbw. Hoechst, Erf.: H. BESTIAN; C. **1954**, 4500, 11065.
[6] DBP. 934502 (1944), Dynamit AG., Erf.: F. SCHMIDT; C. **1956**, 5703.
[7] DAS. 1020790 (1955), R. Hüttel, Erf.: R. HÜTTEL u. W. REIMOLD; C. **1958**, 10793.
[8] DBP. 863055 (1944), Farbw. Hoechst, Erf.: J. HEYNA u. H. BESTIAN; C. **1953**, 4950.
    Zur Polymerisation von Phosphorsäure-tris-propylenimid s. Firmenschrift der Interchemical Corp. v. 2. 5. 1960 über „MAPO".
[9] DBP. 854651 (1945), Farbw. Hoechst, Erf.: J. HEYNA u. W. NOLL; C. **1953**, 4452.
[10] DBP. 953078 (1954), Farbw. Hoechst, Erf.: H. DETHLOFF, A. RÜCKERT u. W. ZIEGLER; C. **1957**, 4530.

mit geeigneten bifunktionellen Verbindungen, wie Diaminen oder Diolen, zu hochmolekularen Verbindungen[1]. Weitere Produkte, die zur flammsicheren Imprägnierung empfohlen werden, entstehen durch Erhitzen von *Tetrakis-hydroxymethyl-phosphoniumchlorid* oder von *Tris-hydroxymethyl-phosphinoxyd* (vgl. S. 401) mit Äthylenimin oder seinen Derivaten[2].

2,4,6-Tris-äthylenimino-1,3,5-triazin ist sowohl allein[3] als auch in Gegenwart von Mono- und Polyalkoholen[4] und auch unter Zusatz von Alkoholen und N,N-Äthylenharnstoffen[5] polymerisiert worden. Es ist anzunehmen, daß bei der Polymerisation von Äthyleniminen in Gegenwart von Alkoholen die Alkoxygruppen die Funktion des nucleophilen Restes $X^{\ominus}$ (s. Reaktionsmechanismus S. 570) übernehmen, so daß β-Amino-äthyl-äther entstehen. Allerdings ist die Reaktivität des Äthylenimins gegenüber der alkoholischen Hydroxygruppe im Vergleich zum Äthylenoxyd sehr gering[6].

Die Umsetzung von Polyäthyleniminen mit *Dihalogenverbindungen*[7] oder *Epichlorhydrin*[8] führt zu unlöslichen, vollständig vernetzten Kondensationsprodukten, die u. a. als basische Austauscherharze von Interesse sind.

2. Polymerisationsprodukte der höhergliedrigen cyclischen Amine (1,3-Alkylenimine usw.)

1,3-Alkylenimine sind in ihrem chemischen Verhalten noch verhältnismäßig wenig untersucht[9]. Im Vergleich zum Äthylenimin und seinen Substitutionsprodukten ist die Tendenz zur Ringöffnung wesentlich geringer. Doch lassen sich auch *Trimethylenimin* und seine Derivate in Gegenwart von Borfluorid-ätherat polymerisieren[10].

Beim *Pyrrolidin*, *Piperidin* und *Hexamethylenimin* ist die Polymerisation mit Säuren, insbesondere mit größeren Mengen Salzsäure, bei 280° versucht worden; es entstehen aber recht niedermolekulare Produkte[11] unbekannter Konstitution (durchschnittliches Molekulargewicht: 200 bis 555).

3. Polymerisationsprodukte der Oxazolidine und Oxazolidone

Obwohl die Oxazolidine ihrer Struktur nach den cyclischen Acetalen näher stehen als dem Äthylenimin, sei ihre Polymerisation an dieser Stelle beschrieben, da es sich bei ihnen formal um stickstoffhaltige Heterocyclen handelt.

---

[1] A.P. 2858306 (1957), Olin Mathieson Chemical Corp., Erf.: R. F. W. RÄTZ u. C. J. GRUNDMANN; Chem. Abstr. **54**, 1543 (1960).
  N. P. GRECKIN, Doklady Akad. S.S.S.R. **133**, 592 (1960).
[2] F.P. 1116796 (1954) ≡ E.P. 764313 (1954), Albright & Wilson Ltd., Erf.: W. A. REEVES u. J. D. GUTHRIE; C. **1958**, 3173.
[3] DBP. 859025 (1944), Farbw. Hoechst, Erf.: J. HEYNA u. W. WEIBEZAHN; C. **1953**, 4780.
[4] A.P. 2582613 (1950), American Cyanamid Co., Erf.: H. P. WOHNSIEDLER u. E. L. KROPA; Chem. Abstr. **46**, 7365[c] (1952).
[5] A.P. 2582614 (1950), American Cyanamid Co., Erf.: H. P. WOHNSIEDLER u. E. L. KROPA; Chem. Abstr. **46**, 7365[e] (1952).
[6] S. ds. Handb., Bd. XI/2, Kap. Herstellung und Umwandlung von 1,2- und 1,3-Alkyleniminen, S. 257.
[7] DBP. 974941 (1936), Farbf. Bayer, Erf.: R. GRIESSBACH, E. MEIER u. H. WASSENEGGER.
[8] DRP.-Anm. B 6595 (1941), BASF, Erf.: R. ARMBRUSTER, A. HARTMANN u. H. LÖWE.
[9] S. ds. Handb., Bd. XI/2, Kap. Herstellung und Umwandlung von 1,2- und 1,3-Alkyleniminen, S. 265.
[10] G. D. JONES, J. org. Chem. **9**, 484 (1944).
  S. a. E. R. LAVAGNINO u. Mitarbb., Am. Soc. **82**, 2609 (1960).
[11] DAS. 1037126 (1955), BASF, Erf.: H. FRIEDERICH; C. **1960**, 2710.

Oxazolidine polymerisieren langsam schon in Abwesenheit von Katalysatoren bei Zimmertemperatur, schneller beim Erhitzen[1,2]. Über die Struktur der Polymeren ist noch nichts Sicheres bekannt, doch ist anzunehmen, daß neben den Hexahydro-triazin-Derivaten (I), die sich durch Umlagerung und Trimerisierung bilden, auch lineare Polymere (II) entstehen können.

$$3 \quad \underset{\underset{H}{N}}{\overset{O}{\bigsqcup}} \rightarrow HO-CH_2-CH_2-N \quad N-CH_2-CH_2-OH$$

$$CH_2-CH_2-OH$$

I

$$X[CH_2-O-CH_2-CH_2-NH-[CH_2-O-CH_2-CH_2-NH-]_n CH_2-O-CH_2-CH_2-NH]Y$$

II

Ob zur Bildung der linearen Produkte eine Spur Wasser zum Kettenstart und Kettenabbruch notwendig ist oder ob das Oxazolidin diese Rolle selbst übernehmen kann [Y = H, X = Oxazolidin-(N)-yl-Rest], sei dahingestellt.

Ähnlich wie cyclische Kohlensäureester unter Kohlendioxydabspaltung Polyglykoläther bilden (s. S. 554), spalten am Stickstoff unsubstituierte Oxazolidone beim Erhitzen auf 200° Kohlendioxyd ab und gehen, möglicherweise über Äthylenimin als Zwischenstufe, in Polyäthylenimine über; daneben entstehen niedermolekulare, noch sauerstoffhaltige Produkte[3].

$$\underset{O}{\overset{H}{\underset{N}{\bigsqcup}}}=O \overset{200°}{\longrightarrow} \left[\underset{H_2C}{\overset{H_2C}{\bigsqcup}} NH\right] + CO_2 \rightarrow H_2N-CH_2-CH_2-[-NH-CH_2-CH_2-]_n-N\overset{CH_2}{\underset{CH_2}{\diagup}}$$

Aus N-*Amino-oxazolidon* erhält man unter ähnlichen Bedingungen in einer entsprechenden Reaktion Polyäthylenhydrazine[4] (III):

$$n \left[\underset{O}{\overset{NH_2}{\underset{N}{\bigsqcup}}}=O\right] \overset{175°}{\longrightarrow} n CO_2 + \left[-CH_2-CH_2-\underset{NH_2}{\overset{N}{\bigsqcup}}-\right]_n$$

III

4. Polymerisationsprodukte der Lactame

Da die Polymerisation von Lactamen zu Polyamiden führt, ist sie im Kapitel „Herstellung von Polyamiden", S. 111ff., beschrieben.

---

[1] E. D. BERGMANN, Chem. Reviews 53, 317 (1953).
[2] A. M. PAQUIN, B. 82, 316 (1949).
[3] J. I. JONES, Chem. and Ind. 1956, 1454.
[4] R. F. EVANS u. J. I. JONES, Chem. and Ind. 1958, 915.

5. Praktische Durchführung der Polymerisationen

Da die Polymerisation des Äthylenimins in Gegenwart der meisten Katalysatoren außerordentlich leicht verläuft und die *Polymerisationswärme* 23 kcal/Mol beträgt, kann die Reaktion bereits bei Zimmertemperatur einen ***explosionsartigen*** Verlauf nehmen. Zur Abführung der freiwerdenden Wärme wird die Polymerisation daher in einem Verdünnungsmittel, z.B. Wasser, durchgeführt; die gewünschte Polymerisationstemperatur liegt meist zwischen 50 bis 100°. Da bei großen Ansätzen die Abführung der Polymerisationswärme selbst bei 50%igen Äthyleniminlösungen schwierig ist, verfährt man hier zweckmäßig so, daß man zunächst nur eine kleine Menge Äthylenimin in Lösung polymerisiert und dann die restliche Äthyleniminlösung nach und nach zugibt[1]. Vor der Polymerisation des Äthylenimins mit starken Katalysatoren ohne Lösungsmittel wird auch bei kleinen Mengen gewarnt! Ein sofortiger Abbruch der Polymerisationsreaktion läßt sich durch Zugabe von Alkali erreichen[2].

Der Reaktionsverlauf bei der Entstehung löslicher (meist wasserlöslicher) Polymerisate kann durch Viscositätsmessungen, Bestimmung des Brechungsindexes oder durch eine Probedestillation (nach Alkalizugabe) verfolgt werden.

Es sei darauf hingewiesen, daß Äthylenimin ein starkes Atmungs- und Hautkontaktgift ist[3].

Beispiel 1

Polymerisation von Äthylenimin mit 1,2-Dichlor-äthan und Kohlendioxyd[2]: Zu einem Gemisch aus 50 g polymerem Äthylenimin, 200 g monomerem Äthylenimin und 50 g Wasser gibt man 0,28 g 1,2-Dichlor-äthan. Man erhitzt das Gemisch unter Durchleiten von Kohlendioxyd und unter Rühren zunächst auf etwa 70° und steigert dann entsprechend dem Fortschreiten der Polymerisation die Badtemp. bis auf 100°. Dabei muß man darauf achten, daß nur ein schwacher Rückfluß an monomerem Äthylenimin stattfindet. Da bei der Polymerisation eine starke Wärmeentwicklung auftritt, steigt die Temp. des Reaktionsgemisches über die Badtemp. hinaus. Sobald die Reaktionstemp. abzusinken beginnt, wird das Reaktionsgemisch auf 70° abgekühlt und mit weiteren 200 g Äthylenimin und 0,56 g 1,2-Dichlor-äthan versetzt. Man erhitzt wieder entsprechend dem Fortschreiten der Polymerisation langsam bis zu einer Badtemp. von 105° und hält das Gemisch solange bei dieser Temp., bis das Reaktionsprodukt die gewünschte Viscosität besitzt. Dann fügt man eine Lösung von 4,5 g 50%iger Natronlauge in 10 g Wasser hinzu. Das Umsetzungsgemisch wird schließlich mit Wasser auf die gewünschte Viscosität verdünnt. Diese bleibt auch bei längerem Lagern fast unverändert, während eine nicht mit Natronlauge versetzte Lösung im Laufe der Zeit immer zäher wird.

Die Polymerisation von Äthylenimin mit Kohlendioxyd allein als Katalysator führt zu di-, tri- und tetramerem Äthylenimin; s. ds. Handb., Bd. XI/2, Kap. Herstellung und Umwandlung von 1,2- und 1,3-Alkyleniminen, S. 261.

Beispiel 2

Polymerisation von Äthylenimin mit Essigsäure unter Druck[4]: Eine Lösung von 25 g Äthylenimin in 25 cm³ Methanol wird mit 1 cm³ Essigsäure versetzt, 10 Tage bei 20° belassen und dann in einem Druckgefäß 12 Stdn. auf 100° erhitzt. Zur Reinigung wird die Reaktionslösung mit Wasser verdünnt und mittels eines stark basischen Austauscherharzes von Anionen befreit.

---

[1] FIAT Final Rep. Nr. **960**.

[2] DBP. 872269 (1944), BASF, Erf.: G. STEINBRUNN; C. **1953**, 7418.

[3] S. ds. Handb. Bd. XI/2, Kap. Herstellung und Umwandlung von 1,2- und 1,3-Alkyleniminen, S. 264.

[4] E. J. SHEPHERD u. J. A. KITCHENER, Soc. **1956**, 2448.

Beispiel 3

Polymerisation des β-Äthylenimino-propionsäure-methylesters mit Di-n-propyl-sulfat[1]: 100 g β-Äthylenimino-propionsäure-methylester[2] werden unter Rühren mit 0,5 g Di-n-propyl-sulfat versetzt. Nach 24 Stdn. ist ein hochviscoses, klebriges Öl entstanden, das in kaltem Wasser und den meisten organischen Lösungsmitteln leicht löslich ist.

Beispiel 4

Polymerisation des Äthylenimino-essigsäure-methylesters mit Di-n-butyl-sulfat[1]: 100 g Äthylenimino-essigsäure-methylester werden bei 20° mit 0,5 g Di-n-butyl-sulfat gerührt. Nach wenigen Min. tritt unter Erwärmung Polymerisation ein. Die Temp. wird $1/_2$ Stde. auf 50–60° gehalten; dann läßt man unter kräftigem Rühren in das viscose Öl noch 0,5 g Di-n-butyl-sulfat eintropfen und führt die Polymerisation bei 50–60° zu Ende. Nach 4 Stdn. ist ein hochviscoses, in Wasser lösliches Öl entstanden.

Die Estergruppen des N-substituierten Polyäthylenimins können durch Verrühren des Öls mit 2 n Natronlauge verseift werden. Eine Reinigung des Polymerisates ist mit Hilfe von Ionenaustauschern möglich.

Beispiel 5

Polymerisation des Glykol-bis-[β-äthylenimino-buttersäureesters] mit Di-n-butyl-sulfat[1]: In 100 g Glykol-bis-[β-äthylenimino-buttersäureester][3] rührt man 0,5 g Di-n-butyl-sulfat ein und polymerisiert den Ansatz zwischen 2 Glasplatten. Die Polymerisation wird ohne äußere Erwärmung durchgeführt. Zur Abführung der Polymerisationswärme stellt man das Polymerisationsgefäß zweckmäßig in Wasser. Nach 1–2 Stdn. beginnt die Flüssigkeit zu erstarren. Das Polymerisat gewinnt nach und nach an Festigkeit. Nach 24 Stdn. ist die Polymerisation soweit beendet, daß man die Glasplatten durch Erhitzen vom Polymerisat ablösen kann. Man erhält das Polymerisat in Form eines farblosen organischen Glases, das eine große Härte und ausgezeichnete Festigkeitseigenschaften besitzt und sich mechanisch bearbeiten läßt.

Gießt man den Polymerisationsansatz auf eine geeignete Unterlage, z. B. auf Glas, aus, so erhält man nach der Polymerisation einen farblosen Film, der gegenüber Wasser und wäßrigen Alkalien sowie gegenüber organischen Lösungsmitteln sehr beständig ist.

Es ist zweckmäßig, das Glas vorher mit Siliconöl zu bestreichen, damit eine gute Ablösung des Polymerisates gewährleistet ist[4].

Beispiel 6

Polymerisation des Glykol-bis-[β-äthylenimino-buttersäureesters] mit Borfluorid-ätherat[5]: Zu 0,2 cm³ einer 5%igen Lösung von Borfluorid-ätherat in Acetonitril gibt man bei Zimmertemp. 10 cm³ Glykol-bis-[β-äthylenimino-buttersäureester][3]. Bereits nach 10 Min. setzt leichte Erwärmung der homogenen Mischung ein; nach 40 Min. ist das Reaktionsgemisch zu einer durchsichtigen, glasklaren Masse erstarrt.

Nimmt man anstatt 0,2 cm³ 0,3 cm³ des obigen Katalysators, so ist bereits nach 15 Min. eine völlige Härtung des Produktes unter entsprechend stärkerer Erwärmung eingetreten.

Beispiel 7

Polymerisation von 1,8-Octamethylen-bis-[N,N-äthylen-harnstoff][6]: 100 g 1,8-Octamethylen-bis-[N,N-äthylen-harnstoff] werden in 500 g heißem Wasser gelöst und dann 6 Stdn. lang unter Rückfluß zum Sieden erhitzt. Schon nach 1 bis 2 stdg. Erhitzen beginnt ein durch Polymerisation entstandener, schwer löslicher Polyharnstoff auszufallen, dessen Hauptmenge nach 6 Stdn. ausgeschieden ist. Er wird abgesaugt, mit Alkohol gewaschen, bei 100° im Trockenschrank getrocknet und dann pulverisiert. Das Polymerisationsprodukt ist ein weißes, in allen Lösungsmitteln unlösliches Pulver, das sich aber unter Anwendung von Druck und Wärme verformen läßt.

---

[1] DBP. 888170 (1948), Farbw. Hoechst, Erf.: H. BESTIAN; C. **1954**, 4500.

[2] Zur Herstellung s. DBP. 849407 (1944), Farbw. Hoechst, Erf.: H. BESTIAN, G. EHLERS, E. PLÖTZ u. G. STEINBRUNN; C. **1954**, 1353.

[3] DBP. 836353 (1948), Farbw. Hoechst, Erf.: H. BESTIAN; C. **1954**, 1593.

[4] DBP. 927831 (1949), Farbw. Hoechst, Erf.: H. BESTIAN u. W. LUCE; C. **1955**, 8981.

[5] DBP. 914325 (1949), Farbw. Hoechst, Erf.: H. BESTIAN u. K. KARRENBAUER; C. **1955**, 3266.

[6] DBP. 907699 (1939), Farbw. Hoechst, Erf.: H. BESTIAN; C. **1954**, 11065.

Beispiel 8

Polymerisation von 1,6-Hexamethylen-bis-[N,N-äthylen-harnstoff][1]: 20 g 1,6-Hexamethylen-bis-[N,N-äthylen-harnstoff] werden durch vorsichtiges Erhitzen geschmolzen. Die klare Schmelze, die zunächst dünnflüssig ist, wird bei 100° weiter erhitzt. Durch die eintretende Polymerisation nimmt die Viscosität der Schmelze schnell zu. Nach 2–3 Stdn. erhält man ein wasserhelles, glashartes, nicht mehr schmelzbares Harz, das in allen Lösungsmitteln unlöslich ist.

Beispiel 9

Polymerisation von N-Octadecyl-N′,N′-äthylen-harnstoff auf Textilgewebe[2]: Ein Gewebe aus Kunstseide oder Baumwolle wird in einer Tetrachlormethanlösung, die im Liter 20 g N-Octadecyl-N′,N′-äthylen-harnstoff enthält, kurze Zeit behandelt, dann abgeschleudert, getrocknet und anschließend 15 Min. auf 140° erhitzt. Das Gewebe erhält einen hervorragend weichen Griff und wird gut wasserabweisend. Der Weichmachungseffekt und der wasserabweisende Effekt gehen auch nach mehrfacher Wäsche mit Seife und Natriumcarbonat, Benzin oder anderen Wasch- und Reinigungsmitteln nicht verloren.

---

[1] DBP. 907 699 (1939), Farbw. Hoechst, Erf.: H. BESTIAN; C. **1954**, 11 065.
[2] DRP. 731 667 (1939) ≡ F.P. 865 869 (1940), I. G. Farb., Erf.: H. BESTIAN u. G. v. FINK; C. **1942** I, 697.

VII. Weitere Polyadditions- bzw. Polykondensationsprodukte

a) Polyäther und Polyacetale verschiedener Art, einschließlich ihrer Schwefelanalogen

bearbeitet von

Dr. habil. RICHARD WEGLER

Farbenfabriken Bayer AG., Leverkusen

1. Vorbemerkungen

Polyäther und Polyacetale entstehen – z.T. als Haupt-, z.T. als Nebenprodukte – bei den verschiedenartigsten Kondensations- und Additionsreaktionen, so z.B. bei fast allen wichtigen Polykondensationen mit Aldehyden. Derartige Reaktionen werden aber – um den Zusammenhang innerhalb einer Harzklasse nicht zu unterbrechen – nicht hier, sondern im Rahmen der betreffenden Harzklasse besprochen. So ist die Entstehung von Polyäthern und Polyacetalen bei der Umsetzung von Aldehyden mit Phenolen, Phenoläthern, aromatischen Aminen, aromatischen Kohlenwasserstoffen, Harnstoff, Melamin, Aldehyden usw. auf S. 193ff. beschrieben. Die ebenfalls zu Polyäthern, Polythioäthern oder Polyacetalen führende Polymerisation bzw. Polyaddition von sauerstoff- und schwefelhaltigen Heterocyclen ist auf S. 425ff. abgehandelt. Polythioäther, die bei der Schwefelung von Aromaten entstehen, sind auf S. 600ff. und hochmolekulare aliphatische Polysulfide auf S. 591ff. beschrieben. Auch die Anlagerung von Di- oder Polyalkoholen an Verbindungen mit wenigstens zwei Kohlenstoff-Kohlenstoff-Doppelbindungen ist an anderer Stelle besprochen (s. S. 614ff.).

In dem vorliegenden Abschnitt sollen ergänzend einige Reaktionen angeführt werden, die, ohne Teilreaktionen bei der Darstellung größerer und wichtigerer Harzklassen zu sein, zu Polyäthern oder Polyacetalen führen.

2. Polyäther und Polythioäther

Die direkte Verätherung von Glykolen in Gegenwart saurer Katalysatoren führt zu Polyäthern, die z.T. als Verdickungsmittel oder Spezialschmiermittel Verwendung finden[1]. Bei dieser Art der Verätherung, die mit einer Spur einer starken anorganischen Säure bei etwa 175° durchgeführt wird (s. Beispiel 1, S. 586), entstehen aber meist nicht sehr hochmolekulare Produkte, da durch intramolekulare Wasserabspaltung (Olefinbildung und Ringschlußreaktionen) eine Begrenzung der Polykondensationsreaktion eintritt.

Besonders geeignet zur Bildung höhermolekularer Polyäther ist *Thiodiglykol*[2], allein oder in Mischung mit anderen zwei- und mehrwertigen Alkoholen. Die Poly-

---

[1] A.P. 2481278 (1946), Shell Develop., Erf.: S. A. BALLARD, R. C. MORRIS u. J. L. VAN WINKLE; Chem. Abstr. **44**, 322c (1950).

[2] A.P. 2484369 (1946), Shell Develop., Erf.: S. A. BALLARD, R. C. MORRIS u. J. L. VAN WINKLE; Chem. Abstr. **44**, 1255h (1950).

A.P. 2518245 (1946), Shell Develop., Erf.: R. C. MORRIS u. J. L. VAN WINKLE; Chem. Abstr. **45**, 855f (1951).

kondensation zu Produkten mit technisch interessanten Molekulargewichten wird allerdings durch eine Nebenreaktion beeinträchtigt, die zu übelriechenden cyclischen Thioäthern, wie Thioxan und Dithian, führt. So erhält man beispielsweise mit p-Toluolsulfonsäure oder starken anorganischen Säuren als Katalysator das Poly-thiodiglykol

$$H-\left[-O-CH_2-CH_2-S-CH_2-CH_2-\right]_n-OH$$

nur in einer Ausbeute von 50–60%. Die Bildung der cyclischen Thioäther wird jedoch weitgehend zurückgedrängt, wenn man die Kondensation in Gegenwart von 0,05–0,3% Phosphorsäure oder Phosphorsäurealkylestern als Katalysator durchführt[1] (s. Beispiel 2, S. 586). Auch mit *Diphenolen* läßt sich Thiodiglykol glatt veräthern, sofern diese nicht – wie Nitrophenole – zu sauer reagieren. Interessant ist auch die leichte Verätherung mit schwach basischen *Diolen*, wie z. B. dem *N,N-Bis-[β-hydroxy-äthyl]-anilin*[2].

Die Sonderstellung des Thiodiglykols bzw. aller Verbindungen, die in β-Stellung zur Hydroxygruppe eine Thioäthergruppierung besitzen, wird mit der zwischenzeit-lichen Bildung eines Sulfoniumions (I) erklärt[3]:

$$R-S-CH_2-CH_2OH + H^\oplus \rightarrow \left[\begin{array}{c}R-S-CH_2\\ \diagdown\,|\\ CH_2\end{array}\right]^\oplus + H_2O$$

$$\text{I}$$

$$\left[\begin{array}{c}R-S-CH_2\\ \diagdown\,|\\ CH_2\end{array}\right]^\oplus + HOCH_2-CH_2OH \rightarrow R-S-CH_2-CH_2-O-CH_2-CH_2OH + H^\oplus$$

Aus Thiodiglykol und *Polyolen*, wie z. B. Pentaerythrit, entstehen vernetzte Produkte[3,4].

Oxydiert man die Polykondensationsprodukte des Thiodiglykols an den Sulfid-brücken mit Hydrogenperoxyd, so erhält man Polyäther mit Sulfoxyd- bzw. Sulfongruppen[5]. Durch Einwirkung von Alkylierungsmitteln, z. B. Dimethylsulfat, können Polyäther hergestellt werden, die Sulfoniumgruppen enthalten und daher hydrophil sind[6].

Besonders leicht lassen sich Methylolverbindungen veräthern, doch werden diese Reaktionen, wie bereits gesagt, nicht hier, sondern bei den betreffenden Formal-dehydharzen beschrieben (s. S. 193 ff.).

Auch Allyl- und Benzylalkohole werden leicht veräthert. Beim Erhitzen von *m*- oder *p-Bis-[α-hydroxy-äthyl]-benzol* auf 150–200° in Gegenwart organischer Carbon-säuren, wie beispielsweise Oxalsäure, sollen sich im wesentlichen unverzweigte Polyäther bilden[7]:

[1] DAS. 1039232 (1956), Farbf. Bayer, Erf.: H. HOLTSCHMIDT; C. **1959**, 6973.
[2] DAS. 1066019 (1957), Farbf. Bayer, Erf.: H. HOLTSCHMIDT, E. MÜLLER u. O. BAYER; C. **1960**, 16610.
[3] F. RICHTER, F. B. AUGUSTINE, E. KOFT jr. u. E. E. REID, Am. Soc. **74**, 4076 (1952).
[4] S. a. K. J. M. ANDREWS, R. J. ROSSER u. F. N. WOODWARD, J. Polymer Sci. **41**, 231 (1959).
[5] DAS. 1007502 (1955), Farbf. Bayer, Erf.: G. NISCHK u. H. HOLTSCHMIDT; C. **1958**, 2884.
[6] DAS. 1062014 (1957), Farbf. Bayer, Erf.: E. ENDERS u. H. HOLTSCHMIDT; C. **1960**, 3704.
[7] DAS. 1020969 (1955; E. Prior., 1954), Distillers Co., Erf.: H. M. STANLEY u. D. I. H. JACOBS; C. **1958**, 12542.

$$\text{n HO—CH} \underset{CH_3}{\overset{CH_3}{|}} \text{—} \langle \bigcirc \rangle \text{—CH—OH} \underset{CH_3}{\overset{CH_3}{|}} \xrightarrow[150-200^\circ]{H^\oplus}$$

$$\text{HO—CH} \overset{CH_3}{|} \text{—} \langle \bigcirc \rangle \text{—CH—O} \overset{CH_3}{|} \Bigl[\text{CH} \overset{CH_3}{|} \text{—} \langle \bigcirc \rangle \text{—CH—O} \overset{CH_3}{|} \Bigr]_{n-2} \text{CH} \overset{CH_3}{|} \text{—} \langle \bigcirc \rangle \text{—CH—OH} \overset{CH_3}{|}$$

Dagegen entstehen beim Erhitzen von *1,3,5-Tris-[α-hydroxy-äthyl]-benzol* mit p- Toluol-sulfonsäure auf 160° vernetzte Produkte, die nur einen sehr geringen Sauerstoff-gehalt ($\sim 2\%$) aufweisen[1]. Eine Verätherung dürfte daher hier nur in untergeordnetem Maße stattfinden. Wahrscheinlich tritt in der Hauptsache eine intramolekulare Wasserabspaltung unter Bildung von Vinylgruppen ein, die dann polymerisieren oder den Benzolkern alkylieren.

Nach einer Patentschrift[2] soll sich *Glycerin* auch durch Erhitzen mit Natrium-hydroxyd auf etwa 250° zu höhermolekularen Produkten veräthern lassen; ob es sich dabei wirklich um eine echte Verätherung handelt oder ob sich andere Reak-tionen abspielen, sei dahingestellt.

Eine weitere Methode zur Darstellung von Polyäthern besteht in der Umsetzung von polyfunktionellen *Alkoholaten*[3] oder *Phenolaten*[4] mit aliphatischen *Di*- oder *Polyhalogenverbindungen*. Besonders glatt kann man Diphenole auf diese Weise ver-äthern. Anstelle der Dihalogenalkane können auch die Bis-p-toluolsulfonsäureester der Glykole verwendet werden[5,6] (s. Beispiel 3, S. 586). Die auf diese Weise gebildeten Polyäther zeigen aber eine geringe Thermostabilität, wahrscheinlich weil sie noch kleine Mengen an Säure abgebenden Toluolsulfonsäureestern enthalten. Zur Her-stellung von thermostabilen Polyäthern wird daher empfohlen, die fertigen Äther mit einem Phenol oder Amin in Gegenwart von Alkalihydroxyd auf 150–250° nachzu-erhitzen[7].

Ein elegantes Verfahren zur Darstellung von Polyäthern, besonders aus *Bis-chlor-methyl-aromaten* und zweiwertigen *Alkoholen*, benutzt als Chlorwasserstoff abfangendes Agens Äthylen- oder Propylenoxyd; das entstehende Chlorhydrin kann wäh-rend oder nach der Reaktion durch Destillation entfernt werden[8] (s. Beispiel 4, S. 586).

---

[1] DBP. 962118 (1952) ≡ E.P. 744027 (1953), Farbf. Bayer, Erf.: W. BUNGE u. O. BAYER; C. **1957**, 5128.

[2] A.P. 2258892 (1938), B. R. Harris; Chem. Abstr. **36**, 593⁹ (1942).

[3] DRP. 672710 (1930), I. G. Farb., Erf.: K. KELLER, H. HOPFF, E. GOFFERJÉ u. J. NÜSSLEIN; Frdl. **23**, 1239.

[4] A.P. 2057676 (1935); 2075343 (1936), DuPont, Erf.: G. DeWITT GRAVES; Chem. Abstr. **31**, 181¹, 3593³ (1937).
   A.P. 2060715 (1933); 2060716 (1935); 2075333 (1934); 2121680 (1935), DuPont, Erf.: J. A. ARVIN; Chem. Abstr. **31**, 479⁶, 3695⁵ (1937); **32**, 6359⁸ (1938).

[5] DBP. 897479 (1951) ≡ E.P. 693980 (1950), Courtaulds Ltd., Erf.: F. REEDER u. E. R. WALLS-GROVE; C. **1954**, 10359.

[6] E.P. 734096 (1952), Courtaulds Ltd., Erf.: F. REEDER; Chem. Abstr. **50**, 607ᵍ (1956).

[7] E.P. 734095 (1952), Courtaulds Ltd., Erf.: F. REEDER; Chem. Abstr. **50**, 607ᵉ (1956).

[8] DAS. 1072392 (1957), Farbf. Bayer, Erf.: W. BONGARD, E. MÜLLER, O. BAYER u. M. THEIS; C. **1960**, 10776.

Bis-chlormethyl-aromaten können in wäßrig alkalischer Lösung auch ohne Zusatz von Alkoholen zu rein linearen, unverzweigten Polyäthern kondensieren, z.B.:

$$n\ ClH_2C-\langle\!\!\bigcirc\!\!\rangle-CH_2Cl\ \xrightarrow{+\ NaOH}$$

$$HOH_2C-\langle\!\!\bigcirc\!\!\rangle-CH_2-\left[O-CH_2-\langle\!\!\bigcirc\!\!\rangle-CH_2\right]_{n-2}-O-CH_2-\langle\!\!\bigcirc\!\!\rangle-CH_2OH$$

Viel einfacher lassen sich aber ähnliche, allerdings immer etwas verzweigte Polyäther direkt aus aromatischen Kohlenwasserstoffen durch vorsichtige Kondensation mit *Formaldehyd* gewinnen (s. S. 302 ff.), so daß die alkalische Kondensation von Chlormethylaromaten zur Zeit ohne praktische Bedeutung ist.

Eine weitere interessante Reaktion, die ebenfalls zu Polyäthern führt, geht von *bis-quartären Ammoniumhydroxyden* aus. Erhitzt man diese zusammen mit *Bisphenolen* auf höhere Temperatur, eventuell im Vakuum, so destilliert tertiäres Amin ab, und es tritt Verätherung ein[1], z.B.:

$$(n-1)\left[(H_3C)_3N-CH_2-\langle\!\!\bigcirc\!\!\rangle-CH_2-N(CH_3)_3\right]^{2\oplus}2\ OH^{\ominus}\ +\ n\ HO-\langle\!\!\bigcirc\!\!\rangle-\overset{\overset{\textstyle CH_3}{|}}{\underset{\underset{\textstyle CH_3}{|}}{C}}-\langle\!\!\bigcirc\!\!\rangle-OH\ \rightarrow$$

Die quartärenAmmoniumbasen werden aus den entsprechenden Salzen mittels stark basischer Austauscherharze hergestellt.

Niedermolekulare Arylpolyäther lassen sich nach F. Ullmann durch Erhitzen von Phenolaten mit Arylbromiden in Gegenwart von Kupferpulver darstellen[2], z.B.:

3. Polyacetale und Polymercaptale

Lineare Polyacetale lassen sich in Gegenwart saurer Katalysatoren, wie z.B. p-Toluolsulfonsäure, leicht durch Erhitzen von Aldehyden mit zweiwertigen

[1] A.P. 2 784 173 (1952), DuPont, Erf.: M. CARMACK; Chem. Abstr. **51**, 7762ᵉ (1957).
[2] H. STETTER u. G. DUVE, B. **87**, 1699 (1954).
   F.P. 1 238 643 (1959; Am. Prior. 1958), Monsanto Chemical Co., Erf.: E. S. BLAKE u. W. C. HAMMANN.

Alkoholen, deren Hydroxygruppen durch mindestens vier Kohlenstoffatome von-einander getrennt sind, darstellen[1] (s. Beispiel 5, S. 587).

$$(x+1) \quad HO\text{-}(CH_2)_n\text{-}OH + x \; \overset{O}{\underset{H}{>}}C\text{-}R \; \overset{H^\oplus}{\rightleftharpoons} \; HO\text{-}(CH_2)_n\text{-}\left[O\text{-}\underset{R}{\overset{H}{\underset{|}{\overset{|}{C}}}}\text{-}O\text{-}(CH_2)_n \right]_x\text{-}OH + x\,H_2O$$

$$n = 4, 5, 6 \ldots$$

Da es sich bei der Acetalisierung um eine leicht einstellbare Gleichgewichts-reaktion handelt[2], ist für eine Abtrennung des gebildeten Wassers aus dem Gleich-gewicht zu sorgen. Dies geschieht zweckmäßig durch *azeotrope Destillation*; als Schleppmittel eignet sich vor allem Benzol (s. Beispiel 5, S. 587). Vor der Aufarbei-tung des Polyacetals empfiehlt es sich, den sauren Katalysator durch Neutralisation unwirksam zu machen , da anderenfalls mit Wasser leicht ein rückläufiger Abbau eintritt. Vernetzte Polyacetale entstehen, wenn man die Diole mit *Dialdehyden*, z. B. Terephthaldialdehyd, umsetzt[3].

Läßt man *1,2-* oder *1,3-Diole* auf Aldehyde einwirken, so entstehen anstelle der linearen Polyacetale fast ausschließlich cyclische Monoacetale[2], z. B.:

$$\begin{matrix} CH_2OH \\ | \\ CH_2OH \end{matrix} + \overset{O}{\underset{H}{>}}C\text{-}R \; \overset{H^\oplus}{\longrightarrow} \; \begin{matrix} CH_2\text{-}O \\ | \quad\quad > \\ CH_2\text{-}O \end{matrix}CH\text{-}R + H_2O$$

Wird die Reaktion mit den entsprechenden *Bis-diolen* und *Dialdehyden* durchgeführt, so erhält man cyclische Polyacetale[4,5], z. B.:

$$(n+1) \quad \begin{matrix} HOH_2C \\ \\ HOH_2C \end{matrix}\!\!>\!\!C\!\!<\!\!\begin{matrix} CH_2OH \\ \\ CH_2OH \end{matrix} + n \quad \begin{matrix} O \\ \\ H \end{matrix}\!\!>\!\!C\text{-}C\!\!<\!\!\begin{matrix} O \\ \\ H \end{matrix} \; \overset{H^\oplus}{\longrightarrow}$$

$$\begin{matrix} HOH_2C \\ \\ HOH_2C \end{matrix}\!\!>\!\!C\!\!<\!\!\left[\begin{matrix} CH_2\text{-}O \\ \\ CH_2\text{-}O \end{matrix}\!\!>\!\!CH\text{-}CH\!\!<\!\!\begin{matrix} O\text{-}CH_2 \\ \\ O\text{-}CH_2 \end{matrix}\!\!>\!\!C\!\!<\!\!\begin{matrix} CH_2OH \\ \\ CH_2OH \end{matrix} \right]_n + 2\,n\,H_2O$$

Noch glatter bilden sich diese cyclischen Polyacetale, wenn man anstelle der Bis-diole *Bis-trimethylenoxyde* einsetzt, z. B.[6]:

[1] F.P. 892444 (1942; DR. Prior., 1940), I.G. Farb.
[2] S. ds. Handb. Bd. VI/2, Kap. Herstellung von Acetalen.
[3] V. V. Korshak u. S. V. Vinogradova, Bull. Acad. Sci. URSS, Cl. Sci. chim. **1955**, 841; Chem. Abstr. **50**, 9325[f] (1956).
[4] A.P. 2643236 (1950), American Cyanamid Co., Erf.: E. L. Kropa u. W. M. Thomas; Chem. Abstr. **47**, 9625[d] (1953).
[5] S. a. E.P. 859483 (1957), Union Carbide Corp.
[6] H. Orth, Kunstst. **41**, 454 (1951).

$$(n+1) \quad O \begin{array}{c} H_2C \\ \\ H_2C \end{array} C \begin{array}{c} CH_2 \\ \\ CH_2 \end{array} O \; + \; n \quad \begin{array}{c} O \\ \| \\ C \\ H \end{array} - \bigcirc - \begin{array}{c} O \\ \| \\ C \\ H \end{array} \xrightarrow{\;SnCl_4\;}$$

$$O \begin{array}{c} H_2C \\ \\ H_2C \end{array} C \left[\begin{array}{c} CH_2-O \\ \\ CH_2-O \end{array} CH - \bigcirc - HC \begin{array}{c} O-CH_2 \\ \\ O-CH_2 \end{array} C \begin{array}{c} CH_2 \\ \\ CH_2 \end{array} \right]_n O$$

An die Stelle der Polykondensation tritt hier eine Polyaddition.

Über die Herstellung von Polyacetalen durch Anlagerung von mehrwertigen Alkoholen an Bis-vinyläther s. S. 618.

Polyacetale lassen sich auch durch Umacetalisierung[1] herstellen. Zu diesem Zweck werden mehrwertige Alkohole in Gegenwart von sauer wirkenden Katalysatoren, wie z.B. p-Toluolsulfonsäure, Camphersulfonsäure oder Eisen-(III)-chlorid, mit den Acetalen einwertiger, niederer Alkohole so erhitzt, daß der einwertige Alkohol laufend aus dem Reaktionsgleichgewicht durch Destillation entfernt wird[2,3] (Beispiel 6, S. 587). Die Acetalisierung des einwertigen Alkohols und die Umacetalisierung zum Polyacetal können auch in einem Arbeitsgang vorgenommen werden[3] (s. Beispiel 7, S. 587). Polyacetale entstehen auch durch Umacetalisierung von cyclischen Acetalen, wie 1,3-Dioxa-cycloheptan, mit geeigneten Diolen, wie z.B. 1,4-Butandiol[4]. Die linearen Polyacetale von 1,2- und 1,3-Diolen, die durch direkte Acetalisierung nicht zugänglich sein sollen, lassen sich, wie auf S. 561 ff. beschrieben, durch ringöffnende Polyaddition der entsprechenden monomeren cyclischen Acetale gewinnen (es müßte aber ohne weiteres möglich sein, diese Reaktionsstufe in einem Arbeitsgang durchzuführen).

Ein gewisses Interesse haben eine Zeit lang Polyacetale *ungesättigter Diole*, wie des Buten-(2)-diol-(1,4), gefunden. Unter Verwendung ebenfalls *ungesättigter Aldehyde*, wobei das Umacetalisierungsverfahren oft gute Dienste leistet, entstehen besonders oxydativ rasch trocknende Polyacetale[5]. Mit Schwefel lassen sich diese ungesättigten Polyacetale zu faktisartigen Massen vernetzen[6]. Zu beachten ist, daß die Acetalisierung ungesättigter Aldehyde leicht zu vernetzten Produkten führt, da sich die Diole z.T. auch an die α,β-Doppelbindung, z.B. des Crotonaldehyds, anlagern. Diese Nebenreaktionen lassen sich vermeiden, wenn die Acetalisierung in der Kälte in Gegenwart von alkoholischer Salzsäure und etwas Calciumchlorid durchgeführt wird[7,8], ein Verfahren, das auch zur Darstellung ungesättigter monomerer Acetale Verwendung findet[8]. Zur Erzielung von alkydharzähnlicheren, in Kohlenwasserstoffen besser löslichen Produkten, können Polyacetale an den Enden mit Fettsäuren verestert werden[9].

---

[1] Zur Umacetalisierung von monomeren Acetalen s. ds. Handb. Bd. VI/2, Kap. Herstellung von Acetalen.
[2] J. W. Hill u. W. H. Carothers, Am. Soc. **57**, 925 (1935).
    S.a. E.P. 859483 (1957), Union Carbide Corp.
[3] A.P. 2071252 (1935), DuPont, Erf.: W. H. Carothers; Chem. Abstr. **31**, 2715[7] (1937).
[4] A.P. 2870097 (1955), DuPont, Erf.: D. B. Pattison; Chem. Abstr. **53**, 8709[h] (1959).
[5] DRP.-Anm. I 68647 (1941), I. G. Farb.
[6] DRP.-Anm. I 68173 (1940), I. G. Farb.
[7] In USA veröffentlichte Referate der I. G. Farb., Werk Hoechst, 1941.
[8] DRP. 434989 (1924), I. G. Farb., Erf.: R. Leopold u. A. Michael; Frdl. **15**, 1715.
[9] DBP. 877898 (1944), Farbw. Hoechst, Erf.: L. Orthner, K. Platz u. K. Horst; C. **1954**, 11047.

Besonders glatt lassen sich durch Umacetalisierung Polymercaptale darstellen[1]. Zu diesem Zweck erhitzt man z. B. *1,6-Hexamethylen-dimercaptan* mit der äquimolaren Menge *Dibutylformal* in Gegenwart von 1% Zinkchlorid (bezogen auf eingesetztes Formal) unter Abdestillieren des Butanols, zuletzt im Vakuum, bis auf 180°.

Erwähnt sei, daß sich 1,10-Decamethylen-dimercaptan mit Benzaldehyd in Dioxanlösung in Gegenwart saurer Katalysatoren mit 50%iger Ausbeute zu einem 26gliedrigen cyclischen Dimercaptal umsetzt[2].

4. Praktische Durchführung der Polykondensationen bzw. Polyadditionen

Beispiel 1

Polyäther aus Propandiol-(1,3) und Bis-[β-hydroxy-äthyl]-äther[3]: 80 g Propandiol-(1,3) und 20 g Bis-[β-hydroxy-äthyl]-äther werden zusammen mit 2 g Jodwasserstoff in einer 50%igen wäßr. Lösung in ein Reaktionsgefäß eingeführt, das unmittelbar mit einem Destilliergefäß verbunden ist, durch welches das Wasser praktisch ohne Rückfluß abgeleitet werden kann. Man erhitzt das Reaktionsgefäß solange (mehrere Stdn.) auf 175–200°, bis die Wasserabspaltung beendet ist, kühlt dann das Reaktionsgemisch ab und löst es in Benzol. Nach dem Waschen der Lösung mit Natronlauge (48° Bé) und Wasser wird das Lösungsmittel verdampft. Der braune, ölige Polyäther hat folgende Eigenschaften: Mol.-Gew. 700; Viscosität: 99,1 Centistokes bei 37° und 15,0 Centistokes bei 99°; Viscositätsindex: 138; F: —15°.

Beispiel 2

Polyäther aus Thiodiglykol[4]: Ein Gemisch aus 585 g Thiodiglykol und 2,9 g Phosphorsäure wird unter Rühren und Durchleiten von Stickstoff solange auf 180° erhitzt, bis 73 cm³ Wasser abgespalten sind. Man erhält ein gelbes, völlig wasserunlösliches Öl mit einer Hydroxylzahl von 312. Die Phosphorsäure kann durch Auswaschen des Reaktionsproduktes mit Wasser entfernt werden. Die Ausbeute an Polythioäther beträgt 97,5% d. Th.; das mittlere Mol.-Gew. etwa 350.

Beispiel 3

Verätherung von Hydrochinon mit Äthylenglykol-bis-p-toluolsulfonsäureester[5]: Eine Mischung von 5,5 g Hydrochinon, 18,5 g Äthylenglykol-bis-p-toluolsulfonsäureester, 30 g Dioxan, 20 g Wasser und 4 g Natriumhydroxyd wird 12 Stdn. unter Rückfluß erhitzt. Dabei scheidet sich der Polyäther als feines weißes Pulver aus. Die Krystalle werden abgesaugt, mit siedendem Wasser und siedender verd. Salzsäure gewaschen und bei 100° getrocknet; F: 240–270°.

Der Polyäther ist in den üblichen organischen Lösungsmitteln unlöslich, löst sich aber in heißem m-Kresol und heißem Nitrobenzol und krystallisiert beim Abkühlen teilweise wieder aus. Messungen der abfiltrierten kalten m-Kresollösung ergeben eine relative Viscosität von mindestens 0,20.

Beispiel 4

Verätherung von Bis-[4-chlormethyl-phenyl]-äther mit mehrwertigen Alkoholen in Gegenwart von Äthylenoxyd[6]: In einen mit Einleitungsrohr, Rührer, Thermometer und absteigendem Kühler versehenen Kolben bringt man 402 g Bis-[4-chlormethyl-phenyl]-äther, 100 g 1,1,1-Tris-hydroxymethyl-propan und 200 g Propandiol-(1,2). Unter Durchleiten von Äthylenoxyd wird die Mischung allmählich auf 180–200° erwärmt, wobei kein Chlorwasserstoff entweicht. Bei einer Innentemp. von etwa 150° destilliert das entstehende Äthylenchlorhydrin aus dem Reaktionsgemisch heraus. Man setzt die Kondensation so lange fort, bis kein Chlorhydrin mehr übergeht und führt die Verätherung i. Vak. bei 12–20 Torr und 180–200° zu Ende. Es entsteht ein

[1] DBP. 919667 (1944), Bobingen Textil AG., Erf.: P. SCHLACK; C. **1955**, 4227.

[2] C. S. MARVEL, E. A. SIENICKI, M. PASSER u. C. N. ROBINSON, Am. Soc. **76**, 933 (1954).

[3] A.P. 2481278 (1946), Bataafsche (Shell), Erf.: S. A. BALLARD, R. C. MORRIS u. J. L. VAN WINKLE; Chem. Abstr. **44**, 322^c (1950).

[4] DAS. 1039232 (1956), Farbf. Bayer, Erf.: H. HOLTSCHMIDT; C. **1959**, 6973.

[5] DBP. 897479 (1951) ≡ E.P. 693980 (1950), Courtaulds Ltd., Erf.: F. REEDER u. E. R. WALLSGROVE; C. **1954**, 10359.

[6] DAS. 1072392 (1957), Farbf. Bayer, Erf.: W. BONGARD, E. MÜLLER, O. BAYER u. M. THEIS; C. **1960**, 10776.

gelbes, viscoses, chlorfreies Öl mit einer Hydroxylzahl von 211. Aus dem Destillat werden nach dem Abdestillieren des Äthylenoxyds 241 g Äthylenchlorhydrin erhalten.

Beispiel 5

Polyacetal aus 1,4-Butandiol und Formaldehyd[1]: Unter Benutzung einer Apparatur zur Durchführung azeotroper Destillationen (s. Abb. 18, S. 351) erwärmt man 180 g 1,4-Butandiol mit 93 g Paraformaldehyd und 1 g p-Toluolsulfonsäure. Als Schleppmittel verwendet man 200 cm³ Benzol, die sich zu gleichen Anteilen auf die Vorlage und das Reaktionsgemisch verteilen. Man erwärmt den Ansatz in einem Ölbad von 145° und führt die völlige Wasserabspaltung (46,5 cm³) im Verlauf von etwa 4 Stdn. durch. Beim weiteren Erhitzen entweicht der überschüssige Formaldehyd und scheidet sich im Kühler und in der Vorlage größtenteils in fester Form ab.

Das Reaktionsprodukt wird mit $^1/_2$ n Natriumäthylatlösung neutralisiert bzw. schwach alkalisch gestellt und durch Erwärmen auf dem Dampfbad i. Vak. von Benzol und Alkohol befreit. Man erhält so etwa 197 g eines hellen, honigartigen Polyacetals, das durch feine Blättchen von p-toluolsulfonsaurem Natrium getrübt ist. Das Salz kann durch Filtrieren oder Auswaschen mit Wasser entfernt werden. Das Reaktionsprodukt, das frei von unverändertem Butandiol-(1,4) ist, weist ein Mol.-Gew. von 1200 auf. Man kann es i. Vak. in einem Ölbad von 250° erhitzen, ohne daß Zers. eintritt.

Wird im ursprünglichen Reaktionsprodukt der Katalysator nicht zerstört und die beschriebene Wärmebehandlung angewandt, so depolymerisiert das Reaktionsprodukt in das monomere cyclische Acetal (1,3-Dioxa-cycloheptan); F: 117–118°.

Beispiel 6

Polyacetal aus 1,10-Decandiol und Formaldehyd durch Umacetalisierung[2]: 34,8 g 1,10-Decandiol und 36 g Dibutylformal lassen sich auf 200° erhitzen, ohne daß eine Reaktion eintritt. Wird aber 0,1 g Eisen-(III)-chlorid zugefügt, so setzt die Reaktion schon bei 165° ein. Man erhitzt im Verlauf von 3 Stdn. bis auf 200° und leitet während der letzten 30 Min. Kohlendioxyd durch die Schmelze. Zuletzt wird $1^1/_2$ Stdn. i. Vak. auf 150–200° erhitzt. Dabei destillieren 36,5 cm³ (ber. 37 cm³) Butanol ab. Der Rückstand erstarrt beim Abkühlen zu einem festen braunen Wachs; Ausbeute: 38,5 g.

17,5 g des Rückstandes werden in 150 cm³ Äthylacetat gelöst, mit Aktivkohle behandelt und filtriert. Das Polyacetal fällt als krystallines Pulver aus; F: 56,5–57°. Es ist löslich in Trichlormethan, Benzol und Tetrachlormethan, unlöslich in Alkohol, Äther, aliphatischen Kohlenwasserstoffen und Aceton.

Beispiel 7

Polyacetal aus 1,6-Hexandiol und Formaldehyd[2]: 35,4 g 1,6-Hexandiol, 10 g Trioxymethylen, 175 cm³ Butanol und 0,1 g Camphersulfonsäure werden erhitzt, wobei der Butylalkohol langsam bei 135–185° abdestilliert. Anschließend wird der Rückstand bei 10 Torr bis 190° erhitzt. Man erhält 35,0 g eines langsam erstarrenden Sirups; F: 38°.

b) Basische Polykondensationsprodukte verschiedener Art

bearbeitet von

Dr. habil. RICHARD WEGLER

Farbenfabriken Bayer AG., Leverkusen

In den vorangehenden Kapiteln wurden bereits diejenigen hochmolekularen basischen Kondensationsprodukte abgehandelt, die durch Polymerisation von Äthylenimin (s. S. 568 ff.) und durch Umsetzung von Epoxyden mit Aminen (s. S. 454 ff.

---

[1] F.P. 892444 (1942; DR. Prior., 1940), I. G. Farb.
[2] A.P. 2071252 (1935), DuPont, Erf.: W. H. CAROTHERS; Chem. Abstr. **31**, 2715[7] (1937).

u. 477 ff.) entstehen. Auch die Polykondensationsprodukte von Carbonylverbindungen mit Aminen, Harnstoffen, Melaminen usw. und die Additionsprodukte von Aminen an Vinylverbindungen sind an anderer Stelle beschrieben (s. S. 292 ff., S. 319 ff. u. S. 614 ff.). Das gleiche gilt für die basischen Polyester (s. S. 23 f.), Polyamide (s. S. 150 f.) und Polyurethane (s. S. 96 f.).

Hochmolekulare unlösliche Polyamine, die als Austauscherharze[1] vorgeschlagen worden sind, können erhalten werden durch Umsetzung von *Di-* oder *Polyhalogenkohlenwasserstoffen* mit *Di-* oder *Polyaminen*, vorwiegend aliphatischer Natur[2-4] (Beispiele 1 u. 2, S. 589 f.). Oft ist es vorteilhaft, die entstehenden Produkte anschließend noch mit Formaldehyd weiterzukondensieren[2]. Polybasen mit ähnlichen Eigenschaften lassen sich auch durch Umsetzung von Polyäthylenpolyaminen mit *Cyanursäure, Trithiocyanursäure* oder ihren Derivaten darstellen[5].

Von einigem technischen Interesse sind auch lösliche Kondensationsprodukte aus *Ammoniak* bzw. *Aminen* mit *Polyhalogenverbindungen*[4]. Sie finden z.T. als Polybasen direkt[6] oder nach Überführung in quartäre Salze[7] zur Nachbehandlung von Färbungen mit sauren Farbstoffen Verwendung, da sie mit den meist mehrere Säuregruppen enthaltenden Farbstoffen schwerlösliche Salze ergeben, so daß die Waschechtheit der Färbungen erhöht wird. Die Herstellung der Polybasen geschieht oft ohne Lösungsmittel, meist aber unter Zusatz von Alkohol, wobei je nach der Reaktionsfähigkeit der Halogenide Temperaturen zwischen 110 bis 170° angewendet werden. Die Entstehung unvernetzter Polybasen selbst aus Paraffinen mit etwa drei Halogenatomen je Molekel wird durch Anwendung eines großen Polyaminüberschusses bei der Reaktion erreicht[8] (Beispiel 3, S. 590). Zum Teil dienen derartige Polybasen auch als Dispergiermittel. Lösliche basische Produkte, die zur Verbesserung der Naßfestigkeit von Papier empfohlen worden sind, wurden z.B. dadurch erhalten, daß man hochmolekulare Polybasen (z.B. aus Tetraäthylenpentamin und 1,2-Dichlor-äthan) durch Erhitzen mit *Harnstoff* teilweise in basische Harnstoffe umgewandelt und diese mit *Formaldehyd* kondensiert hat[9] (Beispiel 4, S. 590). Nach einem anderen Patent werden die hochmolekularen Polybasen (z.B. aus Bis-[3-aminopropyl]-amin und 1,2-Dichlor-äthan) mit *Alkalicyanaten* in basische Harnstoffe übergeführt und dann ebenfalls mit Formaldehyd kondensiert[10].

[1] Über Ionenaustauscher s. ds. Handb., Bd. I/1, Kap. Ionenaustauscher, S. 521 ff.

[2] DBP. 974941 (1936), Farbf. Bayer, Erf.: R. Griessbach, E. Meier u. H. Wassenegger.
DRP. 742355 (1936), I. G. Farb., Erf.: R. Griessbach, E. Meier u. H. Wassenegger; C. **1944** I, 1313.

[3] E.P. 619356 (1946), I.C.I., Erf.: J. R. Myles u. W. J. Levy; Chem. Abstr. **43**, 6338[i] (1949).

[4] S. a. T. J. Suen u. Mitarbb., J. Polymer Sci. **45**, 289 (1960).

[5] A.P. 2467523 (1945), American Cyanamid Co., Erf.: J. R. Dudley; Chem. Abstr. **43**, 5517[g] (1949).

[6] DRP. 521622 (1929), I. G. Farb., Erf.: K. Keller; C. **1931** I, 3169.

[7] DRP. 633691 (1933), I. G. Farb., Erf.: O. Bayer, F. Münz u. K. Keller; Frdl. **22**, 1237.
DRP. 727917 (1933) ≡ F.P. 779583 (1934), I. G. Farb., Erf.: F. Münz u. K. Keller; C. **1935** II, 1449.

[8] DRP. 672710 (1930), I. G. Farb., Erf.: K. Keller, H. Hopff, E. Gofferjé u. J. Nüsslein; Frdl. **23**, 1239.

[9] DBP. 897015 (1951; Am. Prior., 1950), Rohm & Haas Co., Erf.: R. S. Yost u. R. W. Auten; C. **1954**, 6619.

[10] E.P. 775721 (1955; Am. Prior., 1954), American Cyanamid Co.; C. **1959**, 1957.

Polyaminochinone sind durch Umsetzung von Diaminen mit Chloranil[1] oder mit p-Benzochinon[2] hergestellt worden, z.B.:

Mit geeigneten Metallsalzen, z.B. des Kupfers oder Cadmiums, bilden sie unlösliche Komplexe.

Tertiäre aromatische Polyamine der Formel

erhält man durch Polykondensation von Thiodiglykol mit primären Arylaminen, wie z.B. Anilin und Toluidin, in Gegenwart von Dehydratisierungskatalysatoren, wie p-Toluolsulfonsäure oder Phosphorsäure[3].

Trimere Blausäure (symm.-Triazin) setzt sich beim Erhitzen mit längerkettigen Diaminen auf ca. 80° zu Polyamidinen um[4]:

Die Polykondensation von Bis-carbonsäurehydraziden unter Abspaltung von Wasser zu Polyaminotriazolen ist auf S. 172f. beschrieben.

Beispiel 1

Unlösliches aliphatisches Polyamin aus Ammoniak, 1,2-Dichlor-äthan und chloriertem Paraffin[5]:
375 g 1,2-Dichlor-äthan werden mit 3150 g 10%iger Ammoniaklösung in einem Autoklaven unter Rühren auf 120° erhitzt. Der zuerst ansteigende Druck fällt bald. Wenn kein weiterer Druckabfall erfolgt, kühlt man ab, öffnet den Autoklaven, gibt 304 g Natriumhydroxyd zu und destilliert das restliche Ammoniak ab. Das noch vorhandene Wasser wird weitgehend durch fraktionierte Destillation entfernt und das Polyäthylenpolyamin durch Extraktion mit siedendem Methanol vom Natriumchlorid abgetrennt. Nach dem Abdestillieren des Alkohols bleiben 215 g Polyäthylenpolyamin und 37 g Wasser zurück. Bei 125° gibt man unter gutem Rühren 146 g chloriertes Hartparaffin mit einem Chlorgehalt von 47% zu und rührt das Ganze. Nach 6 Stdn. wird eine geringe Menge Wasser zugegeben; nach 24 Stdn. besteht das Reak-

---

[1] B. A. BLUMENFELD u. Mitarbb., Vysokomolekulyarnye Soedineniya **1**, 1643 (1959).

[2] V. P. PARINI u. Mitarbb., Vysokomolekulyarnye Soedineniya **3**, 402 (1961).

[3] DAS. 1066019 (1957), Farbf. Bayer, Erf.: H. HOLTSCHMIDT, E. MÜLLER u. O. BAYER; C. **1960**, 16610.

[4] C. GRUNDMANN u. A. KREUTZBERGER, J. Polymer Sci. **38**, 425 (1959).

[5] E.P. 619356 (1946), I.C.I., Erf.: J. R. MYLES u. W. J. LEVY; Chem. Abstr. **43**, 6338[l] (1949).

tionsgemisch aus einer Suspension von festem Harz in Wasser. Nach Zugabe von weiterem Wasser wird filtriert und der Rückstand bis zum Verschwinden der Chlorionen im Filtratwasser mit Wasser gewaschen. Nach dem Trocknen bei 60° hinterbleiben 130 g unlösliches Harz, die 12,8% Stickstoff und 9,2% Chlor enthalten. Das Harz zeigt eine Absorption von 7 Milliäquivalent Säure je 1 g Harz.

Beispiel 2

Unlösliches aliphatisches Polyamin aus Polyäthylenimin und 1,2-Dichlor-äthan[1]: 300 g Polyäthylenimin und 500 g 1,2-Dichlor-äthan werden vermischt und im Wasserbad auf 30° erwärmt. Es setzt eine lebhafte Reaktion ein, wobei sich das Gemisch auf 70° erwärmt. Nach Beendigung der exothermen Reaktion wird die erstarrte Masse abgekühlt, gemahlen, gewaschen und zuletzt noch einige Zeit auf 80° nacherhitzt.

Beispiel 3

Lösliches aliphatisches Polyamin aus Polyäthylenpolyamin und chloriertem Paraffin[2]: 483 Tle. eines chlorhaltigen Hartparaffins, welches etwa 3 Atome Chlor pro Molekel enthält, werden mit 360 Tln. Polyäthylenpolyamin, das durch Einwirkung von Ammoniak auf 1,2-Dichlor-äthan erhältlich ist[3], etwa 6 Stdn. lang unter Rühren auf etwa 160–165° erhitzt. Das Reaktionsprodukt besteht aus 2 Schichten, und zwar die obere aus der gebildeten, in Wasser unlöslichen Base und unverändertem Polyäthylenpolyamin, die untere Schicht aus dem wasserlöslichen Hydrochlorid der entstandenen Base.

Das Reaktionsgemisch wird in etwa 2300 Tle. heißes Wasser eingetragen und durch Zusatz von etwa 380 Tln. Natronlauge von der Dichte D = 1,381 (40° Baumé) alkal. gestellt. Hierbei scheidet sich die gebildete Base als schwach gefärbtes Öl ab, während das unveränderte Polyäthylenpolyamin in der unteren wäßr. Schicht verbleibt.

Die Base wird durch Ausschütteln mit heißem Salzwasser von noch anhaftendem Alkali befreit und dann bei 100–105° getrocknet.

Das so erhaltene Produkt ist ein gelbliches Öl, das sich in verd. Säuren, z. B. Salzsäure, Ameisensäure oder Essigsäure, löst; es ist nahezu chlorfrei und enthält pro Paraffinmolekel 2–3 Aminogruppen.

Beispiel 4

Lösliches Kondensationsprodukt eines basischen Harnstoffs mit Formaldehyd[4]: Zu einer Lösung von 94,5 Gew.-Tln. Tetraäthylenpentamin (88%ige Reinheit) in 80 Tln. Wasser gibt man 49,5 Tle. 1,2-Dichlor-äthan. Das Gemisch wird 4 Stdn. unter Rühren am Rückflußkühler erhitzt (Innentemp. 111°). Das Reaktionsgemisch (60% Festgehalt, Viscosität 10,7 P) wird mit 150 Tln. Wasser verdünnt und mit 40 Tln. festem Natriumhydroxyd versetzt.

194,5 Tle. dieser Lösung (sie entsprechen 50 Tln. des primär entstandenen Reaktionsproduktes) werden durch Erwärmen unter vermindertem Druck vom Wasser befreit. Der Rückstand wird mit 72 Tln. Harnstoff im Ölbad erhitzt; das sich dabei entwickelnde Ammoniak wird in Wasser absorbiert und durch Titrieren bestimmt. Die Ammoniakentwicklung beginnt bei 114°; die Temp. wird nach und nach auf 135° gesteigert und 4 Stdn. auf dieser Höhe gehalten. Dann gibt man 200 Tle. heißes Wasser zu, um eine Lösung mit 36,5% Festgehalt zu erhalten. Die Menge des entwickelten Ammoniaks beträgt 10 Teile.

62,4 Tle. dieser Lösung (etwa 0,75 Äquivalente Aminwasserstoff enthaltend) werden mit 62,4 Tln. (entsprechend 0,75 Mol) einer wäßr. 36%igen Formaldehydlösung versetzt. Man erhitzt das Gemisch 30 Min. auf 95° und erhält 127,5 Tle. einer Lösung eines harzartigen Kondensationsproduktes mit 25,3% Gehalt an festem Harz. Der p_H-Wert der Lösung beträgt 7,4.

---

[1] DBP. 974941 (1936), Farbf. Bayer, Erf.: R. GRIESSBACH, E. MEIER u. H. WASSENEGGER.

[2] DRP. 672710 (1930), I.G. Farb., Erf.: K. KELLER, H. HOPFF, E. GOFFERJÉ u. J. NÜSSLEIN; Frdl. **23**, 1239.

[3] A. W. HOFMANN, B. **4**, 666 (1871).

[4] DBP. 897015 (1951; Am. Prior., 1950), Rohm & Haas Co., Erf.: R. S. YOST u. R. W. AUTEN; C. **1954**, 6619.

c) Hochmolekulare aliphatische Polysulfide (Thioplaste)

bearbeitet von

Dr. Georg Spielberger

Farbenfabriken Bayer AG., Leverkusen

1. Aus aliphatischen Dihalogenverbindungen und ähnlich reagierenden Verbindungen mit Metallpolysulfiden

α) Herstellung hochmolekularer Polysulfide

Geeignete aliphatische Dihalogenverbindungen lassen sich mit Alkali- oder Erdalkalipolysulfiden zu kautschuk- oder harzartigen Massen umsetzen[1]. Die Reaktion verläuft in folgender Weise:

$$n\,Cl—R—Cl + n\,Na_2S_x \rightarrow (—R—S_x—)_n + 2\,n\,NaCl$$

Die wichtigsten Dihalogenide für diesen Zweck sind *1,2-Dichlor-äthan* (I)[2], *Bis-[2-chlor-äthyl]-äther* (II)[3,4] und *Bis-[2-chlor-äthyl]-formal* (III)[5].

$$ClCH_2—CH_2Cl \qquad ClCH_2—CH_2—O—CH_2—CH_2Cl \qquad H_2C \underset{\diagdown C—CH_2—CH_2Cl}{\overset{\diagup O—CH_2—CH_2Cl}{}}$$

I   II   III

Die Kohlenwasserstoffkette der Dihalogenide kann außer durch Heteroatome (Sauerstoff, Schwefel) auch durch aromatische Ringe einmal oder mehrfach unterbrochen sein. Auch Hydroxygruppen enthaltende Dihalogenide, wie *1,3-Dichlor-propanol-(2)* und ähnliche, können verwendet werden[3]. Analog wie 1,3-Dichlor-propanol-(2) reagiert *3-Chlor-1,2-epoxy-propan*; die Epoxygruppe ersetzt hier ein Halogenatom. Auch Verbindungen mit anderen negativen Substituenten anstelle der Halogenide können verwendet werden, z.B. Schwefelsäureester[6]. Außer den Chloriden haben aber keine anderen Ausgangsmaterialien technische Anwendung gefunden.

Als Polysulfid wird im allgemeinen das Natriumtetrasulfid ($\sim Na_2S_4$) verwendet, da es kaum Monosulfid enthält (Monosulfide bilden vor allem mit 1,2-Dichlor-äthan und Bis-[2-chlor-äthyl]-äther leicht cyclische Nebenprodukte von starkem, unangenehmem Geruch). Doch können auch die anderen Alkali-, Ammonium- und Erdalkali-

[1] J. C. Patrick, Trans. Faraday Soc. **32**, 347 (1936).
S. M. Martin jr. u. J. C. Patrick, Ind. eng. Chem. **28**, 1144 (1936).
G. Spielberger, Kautschuk **13**, 137 (1937); Ch. Z. **63**, 29 (1939).
E. M. Fettes u. J. S. Jorczak, Ind. eng. Chem. **42**, 2217 (1950).
Schweiz. P. 127540 (1926), J. Baer; C. **1929** I, 2837.
[2] Schweiz. P. 132505–8 (1926) ≡ F.P. 640967 (1927), J. Baer; C. **1929** I, 155.
E.P. 302270 (1928; Am. Prior., 1927), J. C. Patrick u. N. M. Mnookin; C. **1929** I, 2371.
A.P. 1890191 (1931; Canad. Prior., 1928), J. C. Patrick; C. **1933** I, 1857.
[3] DRP. 675401 (1933), I. G. Farb., Erf.: E. Konrad, L. Orthner, O. Bächle u. M. Bögemann; Frdl. **23**, 1442.
DRP. 699115 (1934), I. G. Farb., Erf.: W. Becker u. L. Orthner.
[4] A.P. 1962460 (1932), J. C. Patrick; C. **1935** I, 1944.
[5] DRP. 676062 (1934), I. G. Farb., Erf.: R. Schröter u. W. Becker; Frdl. **25**, 1246.
[6] DRP. 677434 (1935), I. G. Farb., Erf.: O. Bayer u. W. Becker; C. **1939** II, 4116.

polysulfide eingesetzt werden, sofern sie genügend löslich sind. Zur Erzielung technisch wertvoller Produkte ist es erforderlich, das Polysulfid im Überschuß anzuwenden. Bei den leicht reagierenden Dihalogeniden, wie dem 1,2-Dichlor-äthan, genügt ein etwa 10–20%iger Überschuß, dagegen ist beim Bis-[2-chlor-äthyl]-äther das Doppelte der theoretischen Menge notwendig. Die technischen Eigenschaften der Thioplaste hängen weitgehend von ihrem Schwefelgehalt ab.

Die Herstellung des Natriumpolysulfids erfolgt durch Auflösen von Schwefel in Natriumsulfid oder in Natronlauge.

$$Na_2S + 3 S \rightarrow Na_2S_4$$

$$6 NaOH + 10 S \rightarrow Na_2S_2O_3 + 2 Na_2S_4 + 3 H_2O$$

Herstellung einer Natriumpolysulfidlösung:

Aus Natriumsulfid und Schwefel: 240 g techn. krystallines Natriumsulfid (Na_2S, 9 H_2O) werden mit 96 g gemahlenem Schwefel und 50 cm³ Wasser auf dem Wasserbad unter Rühren und Luftabschluß erhitzt. Die Auflösung wird beschleunigt durch Zugabe einiger cm³ Alkohol oder einer Spur Netzmittel (Nekal® etc.). Nach 30–60 Min. ist der Schwefel gelöst. Zur Einstellung des Polysulfidgleichgewichts erhitzt man noch weitere 30 Min. auf 90–95°, saugt zur Entfernung von Spuren Eisensulfidschlamm noch warm durch eine 6–8 cm Nutsche und verd. mit 190 cm³ Wasser.

Aus Natronlauge und Schwefel: In 300 g 40%iger Natronlauge und 120 cm³ Wasser werden bei 90–95° 160 g gemahlener Schwefel gelöst.

Die nach dem zweiten Verfahren erhaltene Polysulfidlösung enthält pro Mol Polysulfid 0,5 Mol Natriumthiosulfat. Bei Anwendung des üblichen Polysulfidüberschusses stört dieses nicht.

Die Umsetzung der Polysulfide mit den Dihalogeniden wird in mäßig konzentrierter wäßriger Lösung durchgeführt; ein Zusatz von Methanol oder Äthanol ist möglich, bringt aber in der Regel keinen Vorteil. Damit sich die wasser- und alkoholunlöslichen Thioplaste nicht in Klumpen abscheiden und infolgedessen schlecht ausreagieren, wird durch Zugabe von Emulgatoren eine Emulsion der Kondensate hergestellt. Da aber das überschüssige Natriumpolysulfid und das entstandene Natriumchlorid entfernt werden müssen, hat sich die Herstellung relativ grober Emulsionen und die Abtrennung der Salze durch Verdünnen, Absitzenlassen und Dekantieren bewährt und durchgesetzt. Die besten Dispergatoren sind feinkörnige Fällungen von Magnesiumhydroxyd[1] und Bariumsulfat[2], die in der Polysulfidlösung erzeugt werden. Noch brauchbare, aber langsam absetzende Emulsionen erhält man mit Leim, Gelatine, Methylcellulose, Casein und Dextrin[3]. Viel zu feine Emulsionen werden mit höheren Alkylsulfonsäuren, Fettsäuretauriden und Dibutylnaphthalinsulfonsäure erhalten.

Herstellung des Thioplastes aus 1,2-Dichlor-äthan und Natriumtetrasulfid in Emulsion mit Magnesiumhydroxyd[1]: In einem 1-*l*-Dreihalskolben mit kräftigem Rührer, Thermometer, Rückflußkühler und Tropftrichter wird 1 Mol (580 g) Natriumtetrasulfidlösung vorgelegt. Hierzu gibt man unter Rühren eine Lösung von 6 g krystallinem Magnesiumchlorid in 20 cm³ Wasser und gleichzeitig 15 cm³ 2 n Natronlauge. Man erwärmt im Wasserbad auf 50° und läßt bei 50–60° unter dauerndem Rühren im Laufe von 2 Stdn. 80 g 1,2-Dichlor-äthan gleichmäßig zutropfen. Bei Stillstand des Rührers muß der Zulauf unterbrochen werden, da sonst Klumpen gebildet werden. Man erwärmt anschließend 2–3 Stdn. auf 70–80°, gießt die milchige Emulsion in 1–2 *l* Wasser, läßt die Thioplastsuspension absitzen, dekantiert und wäscht durch mehrmaliges Aufschlämmen in frischem Wasser frei von Natriumchlorid und Natriumpolysulfid.

---

[1] DRP. 554112 (1930; Am. Prior., 1929), J. C. Patrick; Frdl. **19**, 2807.
    S. a. DAS. 1113817 (1955), Farbw. Hoechst, Erf.: H. Brückner u. K. Weissörtel.
[2] DRP. 699115 (1934), I. G. Farb., Erf.: W. Becker u. L. Orthner; C. **1941** I, 974.
[3] DRP. 579692 (1930); 601920 (1931), J. C. Patrick; Frdl. **20**, 2091; **21**, 1820.

Durch Ansäuern der gewaschenen Suspension mit etwas verd. Salzsäure koaguliert der Thioplast. Auf einem Mischwalzwerk wird der schwammige Kuchen ausgequetscht, mit Wasser gewaschen und dann trocken gewalzt. Man erhält ein gelbes, rauhes Fell von mäßiger Elastizität. Die Ausbeute beträgt etwa 120 g. Beim Walzen gibt das Produkt einen starken unangenehmen Geruch ab.

Stellt man den Thioplast aus 1,2-Dichlor-äthan und Natriumdisulfid her, so werden helle, harte, nur in der Hitze plastische Massen erhalten, die einen noch stärkeren Geruch als das Tetrasulfid haben.

Bei der Umsetzung von *Bis-[2-chlor-äthyl]-äther* mit Natriumtetrasulfid muß die Temperatur auf 100–103°, die Zulaufzeit auf 8–12 Stunden und die Nachreaktionszeit auf 20–24 Stunden erhöht werden. Man erhält dann hochmolekulare, schwach riechende Produkte. Das Natriumtetrasulfid kann hier nicht durch schwefelärmere Sulfide ersetzt werden, denn mit Natriumtrisulfid erhält man sehr weiche und mit Natriumdisulfid sehr unangenehm riechende, niedermolekulare schmierige Massen. *Bis-[2-chlor-äthyl]-formal* reagiert mit Natriumtetrasulfid bereits bei 80–90° sehr glatt; auch hier erhält man mit dem Tetrasulfid hochmolekulare, nahezu geruchlose Produkte[1].

Auch ringförmige Spiroacetale mit Halogengruppen, die aus Pentaerythrit mit Acrolein, Methacrolein oder Crotonaldehyd und Chlorwasserstoff erhältlich sind, z.B. von der Formel

$$\underset{\text{Cl—CH—CH}}{\overset{\text{R}\quad\text{R'}}{\mid\qquad\mid}}\!\!\!\!\!<\!\!\!\!\begin{matrix}\text{O—}\\\text{O—}\end{matrix}\!\!\bigvee\!\!\begin{matrix}\text{—O}\\\text{—O}\end{matrix}\!\!\!>\!\!\!\!\underset{\text{CH—CH—Cl}}{\overset{\text{R'}\quad\text{R}}{\mid\qquad\mid}}$$

lassen sich mit Alkalipolysulfiden zu vulkanisierbaren Polysulfiden umsetzen[2].

Thermoplastische Massen entstehen aus m- oder p-Bis-chlormethyl-benzol oder Benzalchlorid mit Natriumtetrasulfid[3].

Allen Thioplasten kann durch schwefelbindende Mittel ein Teil des Schwefels entzogen werden. Die Entschwefelung gelingt leicht mit den feinkörnigen Suspensionen oder Emulsionen durch Behandlung mit Natriumsulfid, Natronlauge oder Natriumsulfit[4]. Während Natriumsulfit nur bis zur Disulfidstufe reduziert, kann Natriumsulfid darüber hinaus die Disulfidbrücken zu Mercaptidgruppen aufspalten, so daß das hochmolekulare Produkt völlig abgebaut wird[5].

Die Reaktion verläuft nach folgenden summarischen Formeln:

$$(\text{—R—S}_4\text{—})_n + n\,\text{Na}_2\text{S} \rightarrow (\text{—R—S}_2\text{—})_n + n\,\text{Na}_2\text{S}_3$$

$$(\text{—R—S}_2\text{—})_n + 2\,n\,\text{Na}_2\text{S} \rightarrow n\,\text{NaS—R—SNa} + n\,\text{Na}_2\text{S}_2$$

oder $\quad(\text{—R—S}_4\text{—})_n + n\,\text{Na}_2\text{SO}_3 \rightarrow (\text{—R—S}_3\text{—})_n + n\,\text{Na}_2\text{S}_2\text{O}_3$

oder $\quad 4\,(\text{—R—S}_4\text{—})_n + 6\,n\,\text{NaOH} \rightarrow 4\,(\text{—R—S}_2\text{—})_n + n\,\text{Na}_2\text{S}_2\text{O}_3 + 2\,n\,\text{Na}_2\text{S}_3 + 3\,n\,\text{H}_2\text{O}$

Die *Elastizität* der vulkanisierten Thioplaste aus Dichloräthern und -acetalen steigt mit sinkendem Schwefelgehalt bis zur Disulfidstufe stark an. Gleichzeitig verbessert sich die *Zerreißfestigkeit*, allerdings sinkt die Quellfestigkeit.

---

[1] DRP. 676062 (1934), I. G. Farb., Erf.: R. Schröter u. W. Becker; Frdl. **25**, 1246.
[2] A.P. 2960495 (1957), Union Carbide Corp., Erf.: H. A. Stansbury u. H. R. Guest.
[3] DRP. 653993 (1934), I. G. Farb., Erf.: L. Orthner u. W. Becker; Frdl. **22**, 1681.
[4] DRP. 670140 (1935), I. G. Farb., Erf.: W. Becker u. G. Spielberger; Frdl. **24**, 1396.
[5] A.P. 2466963 (1945), Thiokol Corp., Erf.: J. C. Patrick u. H. R. Ferguson; Chem. Abstr. **43**, 5636[h] (1949).
  E. M. Fettes u. H. Mark, J. Appl. Polymer Sci. **5**, 7 (1961).

Herstellung des Thioplastes aus Bis-[2-chlor-äthyl]-formal und Natriumtetrasulfid[1] und dessen Entschwefelung zur Trisulfidstufe[2]: In einen 5-l-Dreihalskolben gießt man bei 30–40° unter kräftigem Rühren zu einer Natriumtetrasulfidlösung, dargestellt aus 1390 g krystallinem Natriumsulfid, 560 g Schwefel und 700 cm³ Wasser, zunächst eine Lösung von 77 g Natriumsulfat in 180 cm³ Wasser und dann eine Lösung von 125 g krystallinem Bariumchlorid in 290 cm³ Wasser. Zu diesem Gemisch tropft man unter Erwärmen auf 60–65° in 6–7 Stdn. 500 g Bis-[2-chlor-äthyl]-formal gleichmäßig zu und rührt noch 35 Stdn. bei 60–70° weiter. Dann wird mit Wasser verd., dekantiert und dies mehrmals wiederholt, bis das Wasser nur noch schwach gelblich ist.

Die auf das ursprüngliche Vol. gebrachte Suspension wird mit 330 g 33%iger Natronlauge versetzt und 20 Stdn. bei 30° gerührt. Nach der restlosen Entfernung der Salze durch Waschen mit Wasser wird die konz. Suspension im Trockenschrank bei 100° oder auf einer Trockenwalze getrocknet. Man erhält 600–650 g eines gelbgrünen, sehr elastischen Thioplastes, der 20% Bariumsulfat enthält und der Formel (—CH$_2$—CH$_2$—O—CH$_2$—O—CH$_2$—CH$_2$—S$_3$)$_n$ entspricht.

Zu sehr hochmolekularen und elastischen Produkten gelangt man, ausgehend vom Umsetzungsprodukt des Bis-[2-chlor-äthyl]-äthers mit Natriumtetrasulfid, durch mehrfaches stufenweises Entschwefeln mit Natriumsulfid in der Wärme, wobei nach jeder Entschwefelung das gebildete Alkalipolysulfid wenigstens teilweise ausgewaschen wird. Dabei werden zum Teil Mercaptidgruppen gebildet, die wieder mit Halogeniden umgesetzt werden können[3, 4].

Herstellung eines Thioplastes aus Bis-[2-chlor-äthyl]-äther und Natriumpolysulfid, Entschwefelung, Umsetzung mit 1,2-Dichlor-äthan und nochmalige Entschwefelung[4]: Zu 2,1 l Polysulfidlösung mit einem Gehalt von 2,86 Mol Na$_2$S$_{4,3}$ gibt man unter Rühren die Lösungen von 10 g Natriumhydroxyd und 25 g krystallinem Magnesiumchlorid, erwärmt auf 60°, läßt unter Rühren 430 g Bis-[2-chlor-äthyl]-äther zutropfen und rührt bei 60° noch 6–10 Stunden. Nach beendeter Umsetzung kühlt man auf 54° ab, fügt 120 g Natriumhydroxyd in Schuppen zu und erhitzt 20 Min. auf 100°. Nach dem Abkühlen auf 54° läßt man innerhalb 2 Stdn. 395 g 1,2-Dichlor-äthan zulaufen und erhitzt zur Vervollständigung der Reaktion noch etwa 10 Min. auf 100°. Hierauf verd. man mit Wasser auf 3 l, läßt absitzen, dekantiert, wäscht einmal mit Wasser, verd. auf 1,5 l, gibt 3 Mol (120 g) Natriumhydroxyd zu und rührt 30 Min. bei 100°. Nach 2maligem Waschen mit Wasser wird die Suspension nochmals mit Natriumhydroxyd (80 g) 30 Min. bei 100° gerührt und dann 4mal mit Wasser gewaschen. Anschließend erhitzt man mit 630 g krystallinem Natriumsulfid 30 Min. auf 93°, wäscht 2mal mit Wasser und behandelt nochmals mit 38 g Natriumsulfid in der eben beschriebenen Weise. Dann wird mit Wasser bis zur Farblosigkeit der Lösung gewaschen und die Suspension mit 50 cm³ 4n Salzsäure koaguliert. Das Produkt gibt nach der Vulkanisation mit Ruß und Zinkoxyd gute mechanische Festigkeiten (135 kg/cm² Zerreißfestigkeit bei 450% Dehnung).

β) Herstellung niedermolekularer Polysulfide

Durch weitergehende Einwirkung von Alkalisulfid oder Alkalihydrogensulfid wird ein Teil der Disulfidgruppen zu Mercaptidgruppen aufgespalten. Man erhält nach dem Ansäuern sehr plastische bis gießbare Massen, die mit Blei-(IV)-oxyd, Mangan-(IV)-oxyd oder organischen Peroxyden und Aktivatoren, wie Diphenylguanidin, Ammoniak, Hexamethylentetramin, wieder durch Oxydation der Mercaptangruppen zu hochmolekularen Disulfiden führen[5].

[1] DRP. 676062 (1934), I. G. Farb., Erf. R. Schröter u. W. Becker; Frdl. **25**, 1246.

[2] DRP. 670140 (1935), I. G. Farb., Erf.: W. Becker u. G. Spielberger; Frdl. **24**, 1396.

[3] DRP. 677266 (1935), I. G. Farb., Erf.: G. Spielberger u. O. Bayer; Frdl. **25**, 1248.

[4] DRP. 707040 (1937; Am. Prior., 1936), J. C. Patrick; C. **1941** II, 2027.

[5] E. M. Fettes u. J. S. Jorczak, Ind. eng. Chem. **42**, 2217 (1950).

A.P. 2466963 (1945), Thiokol Corp., Erf.: J. C. Patrick u. H. R. Ferguson; Chem. Abstr. **43**, 5636^h (1949).

A.P. 2940959 (1957), Thiokol Chemical Corp., Erf.: N. A. Rosenthal, J. R. Panck u. K. R. Cranker.

M. G. Beregovskaya, A. N. Nasonova u. S. G. Mulyukova, Soviet Rubber Technol. **19**, Nr. 4, 34 (1960).

Zur Vermeidung der bleibenden Dehnung bei mechanischer Beanspruchung der Thioplast-Vulkanisate (*cold flow*) werden geringe Mengen tri- und polyfunktioneller Komponenten, vor allem aliphatische Polyhalogenide, dem Ausgangsdichlorid zugesetzt. Dadurch entstehen verzweigte und vernetzte Produkte. Die Rohprodukte werden aber sehr schwer verarbeitbar. Hier ist nun die reversible Kettenspaltung zu Mercaptanendgruppen von großem Wert, da niedermolekulare, gut verarbeitbare Produkte entstehen, die bei der Oxidation der Mercaptangruppen zu Disulfiden zu vernetzten Vulkanisaten führen[1,2].

Thioplast aus Bis-[2-chlor-äthyl]-formal (8 Mol) und 1,2,3-Trichlorpropan (0,04 Mol) durch teilweise reduktive Aufspaltung[1]: Zu einer Lösung von 756 g Natriumtetrasulfid in 2100 cm³ Wasser gibt man unter Rühren die Lösungen von 7 g Natriumhydroxyd und 22 g krystallinem Magnesiumchlorid. Dann läßt man bei etwa 80° unter kräftigem Rühren ein Gemisch aus 626 g [Bis-2-chlor-äthyl]-formal und 2,7 g 1,2,3-Trichlor-propan in ungefähr 1 Stde. zutropfen und rührt noch 30 Min. bei 80° und 15 Min. bei 100°.

Nach mehrmaligem Waschen der Emulsion mit Wasser gibt man 290 g 50%ige Natronlauge zu und rührt 1 Stde. bei 75–80°. Dann wäscht man zweimal mit Wasser und erhitzt das Produkt zur völligen Entschwefelung bis zur Disulfidstufe unter Rühren mit 87 g krystallinem Natriumsulfid 30 Min. auf 80° und wäscht es anschließend solange mit Wasser, bis es frei von Alkalipolysulfid ist.

Zur reduktiven Aufspaltung nach den Formeln

$$—R—S—S—R— + NaSH \quad \rightleftharpoons \quad —R—SH + NaS—R— + S$$

$$S + Na_2SO_3 \quad \rightarrow \quad Na_2S_2O_3$$

werden 148 g wasserfreies Natriumsulfit und die Lösung von 6 g Natriumhydrogensulfid (hergestellt aus der ber. Menge Natronlauge durch Sättigen mit Schwefelwasserstoff) zugefügt und 30 Min. auf 80° erhitzt. Nach dem Absitzen wird dekantiert, gewaschen und mit Säure (p_H: 4–5) koaguliert. Das weiche Kondensationsprodukt enthält reaktionsfähige Mercaptangruppen.

Gießbarer Thioplast aus Bis-[2-chlor-äthyl]-formal und 1,2,3-Trichlorpropan durch reduktive Spaltung[1,3]: Zu einer $Na_2S_{2,25}$-Lösung, hergestellt aus 910 g krystallinem Natriumsulfid, 125 g Schwefel und 1400 cm³ Wasser, werden 22 g krystallines Magnesiumchlorid in wenig Wasser und 14 g 50%ige Natronlauge gegeben. Beginnend bei 85° läßt man unter kräftigem Rühren in 1 Stde. die Mischung von 626 g Bis-[2-chlor-äthyl]-formal und 2,7 g 1,2,3-Trichlor-propan zutropfen. Man läßt dabei die Temp. bis auf 100° ansteigen und hält bei weiterem Rühren 1 Stde. auf 100°.

Hierauf wird die Emulsion unter Absitzen und Dekantieren mehrmals gewaschen.

Zur restlosen Umsetzung wird nochmals mit einer Lösung von 29 g Schwefel in 217 g krystallinem Natriumsulfid 30 Min. bei 85° gerührt.

Nach dem Auswaschen der löslichen Salze wird die reduktive Spaltung durch Erwärmen der gerührten Emulsion mit einer Lösung von 20 g Natriumhydrogensulfid (hergestellt aus der ber. Menge Natronlauge mit Schwefelwasserstoff) und 252 g wasserfreiem Natriumsulfit in 1 Stde. bei 80–85° durchgeführt. Nach dem Auswaschen der löslichen Salze wird mit Säure bei p_H: 4–5 koaguliert.

Man erhält ein bei Zimmertemp. noch flüssiges Polymeres mit einem Mol.-Gew. von 4000–5000.

Man kann auch die Thioplaste direkt niedermolekular mit Mercaptanendgruppen herstellen, indem man Gemische aliphatischer Di- und Polyhalogenide mit einem Gemisch von Natriumdisulfid und Natriumhydrogensulfid umsetzt[2].

---

[1] A. P. 2466963 (1945), Thiokol Corp., Erf.: J. C. PATRICK u. H. R. FERGUSON; Chem. Abstr. **43**, 5636[h] (1949).

[2] A. P. 2402977 (1944), Thiokol Corp., Erf.: J. C. PATRICK u. H. R. FERGUSON; Chem. Abstr. **40**, 5952[8] (1946).

[3] A. P. 2715635 (1952/53), Thiokol Corp., Erf.: F. O. DAVIS; Chem. Abstr. **50**, 1354[a] (1956).

38*

Auch durch Spaltung von Polythiosulfaten, die z. B. aus Bis-[2-chlor-äthyl]-äther oder Bis-[2-chlor-äthyl]-formal mit Natriumthiosulfat zugänglich sind, mit Natriumsulfid und Natriumhydrogensulfid erhält man flüssige Thioplaste mit Mercaptanendgruppen[1]. Polymere Disulfide mit verschiedenen organischen Resten geben ein Gleichgewicht gemäß

$$(-R-S-S-)_x + (-R'-S-S-)_y \rightleftharpoons (-R-S-S-R'-S-S-)_{x+y}$$

in Gegenwart von Alkalidisulfid[2].

Dagegen verläuft die Reaktion von polymeren Disulfiden mit Polymercaptanen auch ohne Alkalidisulfid zu flüssigen Thioplasten[2].

2. Hochmolekulare aliphatische Polysulfide durch Polymerisation von cyclischen Polysulfiden

Die ringförmigen Disulfide

n = 3, 4, 5, 6, 7, 8, 10 und 13

stellten A. Schöberl und H. Gräfje[3] durch Oxydation der entsprechenden Dimercaptane mit Eisen-(III)-chlorid her. Gute Ausbeuten wurden bei größeren Ringen nur nach dem Verdünnungsprinzip erhalten. Das *Trimethylendisulfid* polymerisiert so rasch, daß es monomer nur schwer zu isolieren ist.

Unterwirft man die stark reduzierten hochmolekularen oder niedermolekularen Polysulfide einer lang andauernden Wasserdampfdestillation in alkalischem Medium, so werden bis zu 50% des Polymeren als ölige, cyclische Spaltprodukte übergetrieben. So erhält man z. B. aus dem teilentschwefelten Thioplast aus Bis-[2-chloräthyl]-äther bei 30 tägiger Wasserdampfdestillation 50% *1,2-Dithia-5-oxa-cycloheptan*[4] (diese cyclischen Sulfide sind z. T. verantwortlich für den Geruch der Thioplaste).

$$(-CH_2-CH_2-O-CH_2-CH_2-S-S)_n \rightleftharpoons n\ O\underset{CH_2-CH_2-S}{\overset{CH_2-CH_2-S}{\big\langle}}$$

1,2-Dithia-5-oxa-cycloheptan kann rascher durch Vakuumdestillation oder Wasserdampfdestillation aus den mercaptangruppenhaltigen flüssigen niedermolekularen Thioplasten[5] unter Zusatz von Natrium- oder Kaliumhydroxyd gewonnen werden.

[1] A. P. 2 875 182 (1955), Thiokol Chemical Corp., Erf.: E. M. Fettes u. E. R. Bertozzi; Chem. Abstr. **53**, 9726ª (1959).

[2] E. R. Bertozzi, F. O. Davis u. E. M. Fettes, J. Polymer Sci. **19**, 17 (1956).
    A. P. 2 919 262 (1956), Dow Chemical Co., Erf.: W. R. Nummy.

[3] A. Schöberl u. H. Gräfje, A. **614**, 66 (1958).

[4] A. V. Tobolsky, F. Leonard u. G. P. Roeser, J. Polymer Sci. **3**, 604 (1948);
    A. P. 2 657 198 (1951), Reconstruction Finance Corp., Erf.: F. O. Davis; Chem. Abstr. **48**, 4247ᵍ (1954).
    E. Fettes u. F. Davis, Am. Soc. **70**, 2611 (1948).

[5] A. P. 2 466 963 (1945), Thiokol Corp., Erf.: J. C. Patrick u. H. R. Ferguson; Chem. Abstr. **43**, 5636ʰ (1949).
    A. P. 2 715 635 (1952/53), Thiokol Corp., Erf.: F. O. Davis; Chem. Abstr. **50**, 1354ª (1956).

Die auch aus anderen Dihalogeniden erhältlichen Öle sind leicht polymerisierbar, sie sind nur kurze Zeit haltbar und polymerisieren z.T. schon beim Zusatz von Wasser, vor allem aber bei Zugabe von Aminen als basische Beschleuniger[1].

Zur Polymerisation von cyclischen Sulfiden s. S. 568.

3. Vernetzung (Vulkanisation) der Thioplaste

Die Thioplaste werden ähnlich wie synthetischer Kautschuk auf Mischwalzen mit Füllstoffen, Beschleunigern und Vulkanisierhilfsmitteln versetzt und in einer Form unter üblichen Bedingungen vulkanisiert. Ein Zusatz von Zinkoxyd ist notwendig (etwa 10% des Thioplastgewichtes), da dieses die erforderliche schwache Vernetzung bewirkt.

Stark mercaptangruppenhaltige niedermolekulare Thioplaste müssen durch Zusätze von Oxydationsmitteln, wie Blei-(IV)-oxyd, Cumolhydroperoxyd, Zinkchromat, Zinkperoxyd[2] oder bifunktionell mit Mercaptanen reagierenden Stoffen wie p-Chinondioxim, Paraformaldehyd, Epoxydharzen[3] oder Diisocyanaten wieder zu hochmolekularen Vulkanisaten aufgebaut werden. Zum Teil sind Aktivatoren, wie z.B. Ammoniak für Zinkperoxyd, Diphenylguanidin für Cumolhydroperoxyd und Chinondioxim, notwendig[4].

Auch 2,4,6-Tris-dimethylaminomethyl-phenol wurde als Aktivator für die organischen Hydroperoxyde vorgeschlagen[5]. Längeres Flüssigbleiben (Topfzeit) großer Ansätze von Mischungen der niedermolekularen Thioplaste mit Cumolhydroperoxyd erzielt man durch Zugabe von 0,01–2% Jod oder Joddonatoren, z.B. Ammonium-, Cadmiumjodid, Methyl- oder Butyljodid. Derartige Vulkanisate besitzen bessere mechanische Eigenschaften[6].

Außer Zinkchromat können zur Oxydation der flüssigen niedermolekularen Thioplaste auch Alkalichromate verwendet werden. Sie werden durch Wasser aktiviert; so können erst beim Erwärmen vulkanisierende Thioplast-Pasten mit krystallwasserhaltigen Salzen hergestellt werden[7]. Auch Lösungsmittel, wie Dimethylformamid u.a., aktivieren die Chromate[8].

---

[1] A. V. Tobolsky, F. Leonard u. G. P. Roeser, J. Polymer Sci. **3**, 604 (1948);
A. P. 2657198 (1951), Reconstruction Finance Corp., Erf.: F. O. Davis; Chem. Abstr. **48**, 4247^g (1954).
E. Fettes u. F. Davis, Am. Soc. **70**, 2611 (1948).

[2] A.P. 2584264 (1945), Thiokol Corp., Erf.: W. S. Foulks; Chem. Abstr. **46**, 4278^e (1952).

[3] DAS. 1007064 (1952; Am. Prior., 1951), Bataafsche (Shell), Erf.: E. C. Shokal, A. C. Mueller u. P. A. Devlin.
A.P. 2831896 (1958), Dow Chemical Co., Erf.: D. D. Holly; Chem. Abstr. **52**, 15570^d (1958).
E. H. Sorg u. C. A. McBurney, Mod. Plastics **34**, Nr. 2, 187 (1956).
DAS. 1070319 (1953; Am. Prior., 1952), Minnesota Mining & Manufacturing Co., Erf.: E. M. Chmiel u. W. C. O'Leary; C. **1957**, 5422.
B. W. Nelson u. Mitarbb., SPE Journal **17**, 257 (1961).
A.P. 2871217 (1956), Bell Telephone Laboratories, Erf.: J. B. Howard.

[4] G. Göbel, Kunstst. **49**, 56–58 (1959); Kautschuk u. Gummi (W.T.) **13**, Nr. 5, 134 (1960).

[5] A.P. 2933470 (1957), Thiokol Chemical Corp., Erf.: E. H. Sorg u. E. F. Kutch.

[6] DAS. 1078765 (1953), Aero Service Corp., Erf.: W. L. A. Barth.
S. a. Rubber World **145**, Nr. 1, 91 (1961).

[7] F.P. 1148782 (1956; Am. Prior., 1955), Products Research Co., Erf.: G. Gregory u. I. P. Seegman.
A.P. 2940958 (1956), Thiokol Chemical Corp., Erf.: D. J. Smith.

[8] A.P. 2964503 (1957), Products Research Co., Erf.: G. D. Carpenter, G. Gregory, S. H. Kalfayan u. I. P. Seegman.

Die SH-Gruppen der Thioplaste können auch mit einem Mangan-(IV)-oxyd, das mit Alkalimanganit aktiviert ist[1], vulkanisiert werden.

Auch Organozinnverbindungen wurden zum Vulkanisieren flüssiger Thioplaste vorgeschlagen[2].

Als Füllstoff konnte sich nur Ruß durchsetzen, da alle anderen Füllstoffe erheblich niedrigere Festigkeiten und vielfach auch schlechte Quellfestigkeiten ergeben.

Bei der *Heißverpressung* darf die Temperatur nicht über 155–160° gesteigert werden, da sonst eine Zersetzung unter Schwefelwasserstoffabspaltung eintritt, die zu porösen oder blasigen Gummiartikeln führt.

Die wichtigste Eigenschaft der verformten Thioplaste ist ihre *Quellfestigkeit* gegen organische Lösungsmittel. Thioplaste aus 1,2-Dichlor-äthan und Natriumtetrasulfid quellen in Benzin kaum und in Benzol nur um wenige Prozent. Die elastischeren Tetrasulfidthioplaste aus Dichloräther und Dichloracetal quellen in Benzol stärker, noch mehr die entsprechenden Disulfide. In Benzin und den üblichen Treibstoffmischungen, in Mineralöl und in fetten Ölen bleiben die Disulfide jedoch fast ungequollen.

Wird als „Füllstoff" Ammonium- oder Lithiumperchlorat in die flüssigen Thioplaste eingearbeitet, so kann man Treibsätze für Feststoffraketen herstellen. Sie haben den Vorteil guter Haftung an der Metallhülse. Ein Teil der Erdsatelliten der USA wurde von solchen Treibsätzen ganz oder in einzelnen Stufen angetrieben.

4. Verschiedene höhermolekulare Verbindungen mit Sulfid- bzw. Polysulfidgruppen[3]

1,2-Dichlor-äthan gibt mit Natriumsulfid weitgehend ringförmige, niedermolekulare Thioäther, während längerkettige ω,ω'-Dihalogenverbindungen, z.B. *1,5-Dibrompentan* oder *1,6-Dibrom-hexan*, mit Natriumsulfid in Emulsion oder in Alkoholen, Pyridin oder Pyrrolidon hochmolekulare Thioäther ergeben[4].

ω,ω'-Alkylen-dimercaptide reagieren mit ω,ω'-Alkylen-dibromiden zu hochmolekularen Thioäthern. Die Reaktion wird in absolutem Alkohol-Benzol durchgeführt[4,5]. Zum *Polythiohexan* gelangen auch C. S. Marvel und Mitarbeiter[6] durch Addition von 1,6-Hexan-dithiol an Hexadien-(1,5) (Diallyl) im ultravioletten Licht, wobei feste, krystalline Thioäther gewonnen werden, besonders wenn in Emulsion und mit Peroxydisulfat und Hydrogensulfit als Aktivator gearbeitet wird.

Auch aromatische Dimercaptane, z.B. Naphthalin-1,5-dithiol, Bis-[4-mercapto-phenyl]-äther und Bis-[4-mercapto-phenyl]-methan lagern sich an Hexadien-(1,5) zu hochmolekularen Thioäthern an, die zum Teil verstreckbar sind[7].

---

[1] A.P. 2940959 (1957), Thiokol Chemical Corp., Erf.: N. A. ROSENTHAL, I. R. PANEK u. K. R. CRANKER.

[2] DAS. 1103570 (1958), Metallgesellschaft, Erf.: W. D. LUZ.

[3] S. a. Kapitel Polyäther und Polyacetale verschiedener Art, einschließlich ihrer Schwefelanalogen, S. 580 ff.

[4] DBP. 901111, 905319 (1944), Bobingen AG. f. Textilfaser, Erf.: P. SCHLACK; C. **1954**, 5188, 10115.

[5] J. LAL u. G. S. TRICK, J. Polymer. Sci. **50**, 13 (1961).

[6] C. S. MARVEL u. R. R. CHAMBERS, Am. Soc. **70**, 993 (1948).
C. S. MARVEL u. P. H. ALDRICH, Am. Soc. **72**, 1978 (1950).
C. S. MARVEL u. G. NOWLIN, Am. Soc. **72**, 5026 (1950).

[7] C. S. MARVEL u. P. D. CAESAR, Am. Soc. **73**, 1097 (1951); s. a. J. SCHULMAN, Polytechnic Institute of Brooklin **10**, Nr. 1 (1960).

Flüssige ungesättigte Polymere aus Dienen, z.B. Butadien, und Styrol können an Dimercaptane oder flüssige, Mercaptogruppen enthaltende Thioplaste (s. S. 594) unter Zusatz von radikalbildenden Peroxyden angelagert werden[1]. Über die Umsetzung von Schwefel mit Olefinen s. S. 619.

In einer Verätherungsreaktion kondensiert *Bis-[β-hydroxy-äthyl]-disulfid* (Dithiodiglykol) analog dem Thiodiglykol (s. S. 580f.) mit Phosphorpentoxyd zu einem gummiähnlichen Disulfidäther[2].

Ferner reagieren Bis-hydroxyäthyl-di- und -polysulfide mit Formaldehyd zu Polyacetalen mit Di- bzw. Polysulfidgruppen[3].

Die Polykondensation von Thioglykol, Thiodiglykol und Glycerin im Verhältnis 45 : 50 : 5 führt zu einem weißen, elastischen Produkt ähnlich den aus den Dihalogeniden erhaltenen Thioplasten[4].

1,6-Hexan-dithiol und 1,10-Decan-dithiol geben mit Aldehyden und Ketonen Polymercaptale und Polymercaptole[5]. Zu kautschukartigen Produkten gelangt man durch Anlagerung des 1,6-Hexandithiols an Diallylphenol oder Diallylcarbinol und Vernetzen des phenolischen Primärkondensats mit Hexamethylentetramin bzw. der Carbinolgruppen mit einem Diisocyanat[6].

ω-Chlor-carbonsäureamide lassen sich in die Methylenverbindungen der allgemeinen Formel

$$Cl(CH_2)_n\,CO—NH—CH—NH—CO(CH_2)_nCl$$
$$|$$
$$R$$

überführen und mit Natriumthiosulfat zum Bis-thiosulfonsäureester umsetzen. Diese Ester gehen mit Alkalisulfid oder Polysulfid in einheitliche hochmolekulare Di- bzw. Polysulfide über[7].

Die durch Reaktion von aliphatischen Diisocyanaten mit ω-Chlor-alkanolen erhaltenen α,ω-Dichloride mit Urethankettengliedern der Formel

$$Cl(CH_2)_mOOC—NH—(CH_2)_n—NH—COO—(CH_2)_mCl$$
$$(m = 2, 4;\ n = 3, 4, 6, 8)$$

wurden mit Natriumtetrasulfid zu kautschukartigen, vulkanisierbaren Massen umgesetzt[8]. Die entsprechenden Diharnstoffe aus Chloräthylamin geben nur brüchige Fasern, während die α, ω-Dichloride mit Amidkettengliedern der Formel

$$Cl(CH_2)_m—CO—NH—(CH_2)_n—NH—CO—(CH_2)_mCl$$
$$(m = 1, 2;\ n = 2, 4, 6)$$

mit Natriumtetrasulfid zu Produkten führen, welche zu Fasern verspinnbar sind[8].

[1] F.P. 1218067 (1958), Esso Research & Engineering Co., Erf.: P. A. Argabright u. I. Kuntz.
[2] J. T. Abrams, K. J. M. Andrews u. F. N. Woodward, J. Polymer Sci. **41**, 225 (1959).
[3] DAS. 1106068 (1960), Farbf. Bayer, Erf.: G. Dankert u. H. Holtschmidt.
[4] K. J. M. Andrews, R. J. Rosser u. F. N. Woodward, J. Polymer Sci. **41**, 231 (1959).
[5] C. S. Marvel, E. H. H. Shen u. R. R. Chambers, Am. Soc. **72**, 2106 (1950).
[6] C. S. Marvel u. H. E. Baumgarten, J. Polymer Sci. **6**, 127 (1951).
[7] Schweiz.P. 343128 (1959; DB. Prior., 1952), Vereinigte Glanzstoff-Fabrik AG., Erf.: E. Siggel u. J. Kleine.
[8] Y. Iwakura u. Mitarbb., Rubber Chem. Technol. **33**, 416 (1960).

Ähnliche hochmolekulare Sulfidurethane werden erhalten durch Kondensation von Hexamethylen-bis-[N,N-äthylen-urethan] mit Tetramethylendimercaptan in Dimethylformamid[1] gemäß

$$\begin{array}{c} H_2C \\ | \\ H_2C \end{array}\!\!\!> N\!-\!COO\!-\!(CH_2)_6\!-\!OOC\!-\!N\!<\!\!\!\begin{array}{c} CH_2 \\ | \\ CH_2 \end{array} + HS\!-\!(CH_2)_4\!-\!SH \;\rightarrow$$

$$[-CH_2CH_2\!-\!NH\!-\!COO\!-\!(CH_2)_6\!-\!OOC\!-\!NH\!-\!CH_2CH_2\!-\!S\!-\!(CH_2)_4\!-\!S-]$$

Auch Diisocyanate reagieren mit Di- und Polymercaptanen, z.B. flüssigen Thioplasten, zu Polyadditionsprodukten, die außer den Thiocarbaminatkettengliedern —R—NH—C—S—R'— je nach dem Mischungsverhältnis der Ausgangs-
$$\qquad\qquad\qquad\qquad\quad \overset{\|}{O}$$
stoffe Isocyanatendgruppen oder Mercaptanendgruppen enthalten können, die ihrerseits weiteren Reaktionen zugänglich sind[2].

Über die Umsetzung von Formaldehyd mit Schwefelwasserstoff zu Polythiomethylenen oder mit Alkalipolysulfiden zu kautschukartigen Produkten s. S. 410 ff.

d) Kondensation aromatischer Verbindungen unter Einbau von Schwefel zu öligen bzw. harzartigen Produkten

bearbeitet von

Dr. habil. Richard Wegler

Farbenfabriken Bayer AG., Leverkusen

1. Vorbemerkungen

Aromatische Verbindungen, besonders solche, die durch Hydroxy- oder Aminogruppen im Kern aktiviert sind, lassen sich unter geeigneten Bedingungen durch Einwirkung von Schwefel oder Schwefelchloriden in harzartige Produkte überführen, in denen die einzelnen aromatischen Ringe vorwiegend über Schwefelbrücken miteinander verknüpft sind. Neben den Schwefelfarbstoffen, die hier nicht abgehandelt werden, sind besonders die Kondensationsprodukte der Phenole von praktischer Bedeutung. Eine geringere Anwendung haben auch Kondensationsprodukte des Toluols gefunden; dagegen spielen die Anilin-Schwefel-Harze bis heute keine Rolle.

Obwohl die genannten Produkte verhältnismäßig niedermolekular sind, sind sie nicht in Bd. IX dieses Handbuches, sondern an dieser Stelle beschrieben, da es sich im allgemeinen um harzartige, ölige oder amorphe Produkte uneinheitlicher Molekülgröße handelt.

Die *Phenol-Schwefel-Harze* dienen in der Textilfärberei als Beizen für Baumwolle. Sie besitzen infolge ihres höhermolekularen Charakters in Verbindung mit den sauren Hydroxygruppen eine gewisse Affinität zur pflanzlichen Faser und binden aufgefärbte basische Farbstoffe echt[3]. Der-

---

[1] Y. Iwakura u. M. Sakamoto, J. Polymer Sci. **47**, 277 (1960).

[2] E.P. 637242 (1947), Dunlop Rubber Co., Erf.: M. Goldstaub.
  DAS. 1117874 (1959), Thiokol Chemical Corp., Erf.: R. H. Gobran, A. V. Tobolsky u. P. C. Colodny.
  E. Dyer u. D. W. Osborne, J. Polymer Sci. **47**, 361 (1960).

[3] DRP. 348530 (1919); 382423 (1921), Farbf. Bayer, Erf.: A. Günther; Frdl. **14**, 1066.
  DRP. 400242 (1920), Farbf. Bayer, Erf.: A. Thauss u. A. Günther; Frdl. **14**, 1069.
  DRP. 390931 (1921), Farbf. Bayer, Erf.: H. Perndanner; Frdl. **14**, 1067.

artige Produkte sind z.B. als sogenannte Katanole® im Handel[1-4]. In abgewandelter Form (als Zinnkomplexe oder als Umsetzungsprodukte mit Natriumsulfit und Luft, s. S. 603) dienen Phenol-Schwefel-Harze zur Reservierung von Wolle und Seide in Mischgespinsten mit Baumwolle gegen das Aufziehen von Direktfarbstoffen[2,5] (es gibt aber unter der Bezeichnung Katanole® auch Reservierungsmittel ganz anderer Konstitution[2]). Weitere Verwendungszwecke für Phenol-Schwefel-Harze sind in Patentschriften beschrieben, z.B. die Verwendung als Alterungsschutzmittel für Öle[6], als selbsthärtende[7,8] oder mit Hexamethylentetramin härtbare Harze[9] sowie als Fällungsmittel für Farbstoffe[10]; jedoch ist ihre Bedeutung auf diesen Gebieten gering geblieben.

2. Schwefelungsprodukte von Phenolen und ihre Abwandlung

Läßt man Schwefel in Gegenwart von Katalysatoren, wie z.B. Alkali, Jod, Friedel-Crafts-Katalysatoren u.a., auf Phenole unter Erwärmung einwirken, so spielt sich in der Hauptsache die folgende Reaktion ab:

$$(n+1)\, C_6H_5OH + 2\,n\, S \rightarrow HOC_6H_4[SC_6H_3OH]_{n-1} SC_6H_4OH + n\, H_2S$$

Es findet also vorwiegend eine Verknüpfung von mehreren (etwa vier bis sechs) Phenolmolekeln über Sulfidbrücken statt[2]. Neben den Sulfidbrücken entstehen aber auch, abhängig von der Arbeitsweise, in geringer Zahl Disulfidbrücken, so daß die Menge des entweichenden Schwefelwasserstoffs – auch unter Berücksichtigung einer teilweisen Bindung durch den alkalischen Katalysator – stets etwas geringer ist, als der angeführten Gleichung entspricht. Die Disulfidbrücken sind aber bei höherer Temperatur (über 130°) zunehmend weniger beständig; sie zerfallen bei längeren Reaktionszeiten unter Abgabe von Schwefel. Noch vorhandene kondensationsfähige Stellen im Phenol-Schwefel-Harz beschleunigen diesen Zerfall. Die in Patenten wiederholt angeführte Möglichkeit, Phenole mit viel Schwefel zu selbsthärtenden und unlöslichen Produkten zu kondensieren[7,8], beruht zum Teil auf dem Zerfall primär entstandener Disulfidbrücken. Die Selbsthärtung verläuft aber sehr langsam und selbst bei Temperaturen von 180° nur unvollständig. Auch ein größerer Schwefelüberschuß bewirkt keine für technische Zwecke ausreichende Härtung, da Phenol durch Schwefel nur schwer dreimal substituiert wird. Ähnlich wie Novolake (s. S. 213ff.) können aber Phenol-Schwefel-Harze durch Verpressen mit Hexamethylentetramin zu resitähnlichen, unlöslichen Produkten gehärtet werden[9]. Als Preßmassen haben derartige Produkte u.a. wegen des stets vorhandenen unangenehmen Geruches bis jetzt keinen Eingang in die Technik gefunden.

[1] A. GÜNTHER, Melliand Textilber. **3**, 209 (1922).
  R. FISCHER, Melliand Textilber. **5**, 119 (1924).

[2] s. F. MUTH in F. ULLMANN, Encyklopädie der technischen Chemie, 3. Aufl., Bd. IX, S. 294, Verlag Urban & Schwarzenberg, München-Berlin 1957.

[3] L. DISERENS, Die neuesten Fortschritte in der Anwendung der Farbstoffe, 2. Aufl., Bd. II, s. Katanole, Verlag Birkhäuser, Basel 1949.

[4] A. SCHAEFFER, Handbuch der Färberei, Bd. I, II u. V, s. Katanole®, Konradin-Verlag Robert Kohlhammer, Stuttgart 1949 u. 1951.

[5] A. GÜNTHER, Melliand Textilber. **8**, 47 (1927).

[6] A.P. 2239534 (1939), Standard Oil Development Co., Delaware, Erf.: L. A. MIKESKA u. E. LIEBER; Chem. Abstr. **35**, 5304[6] (1941).

[7] Schweiz.P. 92408 (1920), A. E. Blumfeldt; C. **1922** IV, 1088.

[8] Schweiz.P. 94801 (1920), A. E. Blumfeldt; C. **1923** II, 411.

[9] Schweiz.P. 104015 (1922), CIBA; C. **1924** II, 1280.

[10] DRP. 574675 (1931), I. G. Farb., Erf.: E. HARTMANN u. F. MUTH; Frdl. **19**, 2483.

Phenol-Schwefel-Harze nehmen an der Luft geringe Mengen Sauerstoff auf; offenbar enthalten sie außer den Mono- und Disulfidgruppen noch geringe Anteile leicht oxydierbarer Gruppen, wie z.B. Mercapto- oder Polysulfidgruppen. Phenol-Schwefel-Harze sind in verdünnter Lauge oder niederen Alkoholen löslich, Alkylphenolharze auch in aromatischen Kohlenwasserstoffen. Die Farbe der Harze schwankt zwischen grünlich und braun.

Außer dem Phenol selbst lassen sich auch Alkylphenole, Chlorphenole, Phenolcarbonsäuren und auch Naphthole mit reaktionsfähigen o- und p-Stellungen in höhermolekulare Schwefelverbindungen überführen[1-3]. Auch Phenol-Formaldehyd-Harze sind noch schwefelbar[4].

Die Darstellung der Phenol-Schwefel-Harze wird meist in der Weise durchgeführt, daß man das Phenol mit Schwefel und etwas Alkalihydroxyd erhitzt (s. Beispiel 1, S. 605). Das Mengenverhältnis Phenol zu Schwefel kann in gewissen Grenzen verändert werden. Setzt man jedoch mehr als zwei Grammatom Schwefel pro Mol Phenol ein, so wird auch bei längeren Reaktionszeiten nicht mehr der gesamte Schwefel einkondensiert. Statt der Alkalihydroxyde[5,6] können beliebige Alkalisalze schwacher anorganischer oder organischer Säuren als Katalysatoren benutzt werden[7-10]. Vorteilhaft wird der Katalysator, dessen Menge meist etwa 0,1–0,5% des Phenolanteils beträgt, in Form einer wäßrigen Lösung zugesetzt. Die Reaktion wird unter Rühren und unter Erhitzen bis zum schwachen Sieden unter Rückfluß durchgeführt. Durch die mit dem Katalysator zugeführte Wassermenge hat man ein bequem zu handhabendes Mittel, die Siedetemperatur einzustellen. Im allgemeinen genügt eine Reaktionstemperatur von etwa 125°. Ein Maß für das Fortschreiten der Kondensation ist die Menge des entweichenden Schwefelwasserstoffs; außerdem sind stets Löslichkeitsversuche vorzunehmen. Die Reaktion ist beendet, wenn das Produkt klar in Methanol löslich ist (bei größeren Schwefelmengen bleibt allerdings ein Rest unumgesetzt, s. oben). Nach beendeter Kondensation wird gegebenenfalls das überschüssige Phenol im Vakuum bei etwa 145° Innentemperatur abdestilliert[8]. Erhitzt man längere Zeit auf diese Temperatur, so tritt eine Nachhärtung ein. Zur Herstellung geruchsarmer Kondensationsprodukte empfiehlt es sich, durch die geschmolzenen Endprodukte ein bis zwei Stunden bei 140–150° Kohlendioxyd durchzuleiten.

Nach der ursprünglichen Arbeitsweise werden Phenol und Schwefel mit etwa der äquivalenten Menge Alkalihydroxyd in wäßriger Lösung erhitzt[2] (s. Herstellungsvorschrift für Katanol®[11] und Beispiel 2 auf S. 606). Nach beendeter Kondensation kann man das Reaktionsprodukt als Natriumsalz durch Aussalzen bzw. Eindampfen im Vakuum oder als freie Harzsäure durch vorsichtiges Ansäuern (starke Schwefel-

---

[1] Schweiz. P. 104015 (1922), CIBA; C. **1924** II, 1280.

[2] DRP. 400242 (1920), Farbf. Bayer, Erf.: A. Thauss u. A. Günther; Frdl. **14**, 1069.

[3] DRP. 491064 (1926), Fabriek van Chemische Producten Schiedam, Erf.: E. Kraus; Frdl. **16**, 2146.

[4] DRP. 409783 (1921), Farbf. Bayer, Erf.: K. Daimler; Frdl. **14**, 1071.

[5] DRP. 409782 (1921), Farbf. Bayer, Erf.: A. Thauss; Frdl. **15**, 1290.

[6] A.P. 1435801 (1921), CIBA, Erf.: A. E. Blumfeldt; C. **1923** IV, 603.

[7] DRP. 496903 (1926), I. G. Farb., Erf.: A. Thauss; Frdl. **17**, 2062.

[8] DRP. 510444 (1929), I. G. Farb., Erf.: A. Thauss u. F. Ballauf; Frdl. **17**, 2063.

[9] DRP. 572361 (1929), I. G. Farb., Erf.: A. Bergdolt u. F. Ballauf; Frdl. **18**, 1728.

[10] DRP. 522576 (1929), F. Hassler; Frdl. **17**, 2071.

[11] s. F. Muth in F. Ullmann, Encyklopädie der technischen Chemie, 3. Aufl., Bd. IX, S. 295, Verlag Urban & Schwarzenberg, München-Berlin 1957.

wasserstoffentwicklung!) isolieren, wobei sich im letzteren Falle die Produkte leicht schmierig abscheiden. Sie können durch Aufnehmen in organischen Lösungsmitteln (z. B. Aceton) weiter gereinigt werden. Die auf diese Weise gewonnenen Produkte sind nicht hochschmelzend und von niedrigem Molekulargewicht. Da die Kondensation unter milderen Bedingungen durchgeführt wird, entstehen mehr Disulfidbrücken.

Phenol-Schwefel-Harze lassen sich auch durch Umsetzung von Phenolen mit Schwefeldichlorid oder Dischwefeldichlorid herstellen[1]. Im letzteren Fall entstehen meist an Schwefel reichere Harze, falls nicht zu hoch nacherhitzt wird. Derartige Kondensate sind daher zur Vulkanisation von Kautschuk empfohlen worden[2].

Die Kondensation mit Dischwefeldichlorid vollzieht sich außerordentlich leicht. Sie kann ohne Anwendung eines Lösungsmittels durchgeführt werden[1] (s. Beispiel 3, S. 606), doch ist dann der Einsatz größerer Mengen Dischwefeldichlorid (bezogen auf Phenol) nicht möglich, da das Reaktionsprodukt rasch fest wird. Zur Herstellung schwefelreicherer Produkte wird die Kondensation deshalb zweckmäßig in Gegenwart eines Lösungsmittels, z. B. Benzol, durchgeführt[3]. Selbst unter Zusatz von Wasser ist die Umsetzung von Phenol mit Dischwefeldichlorid möglich, wenn man bei etwa 0° arbeitet[4]. Im Gegensatz zur Schwefelung von Phenolen mit elementarem Schwefel lassen sich mit Dischwefeldichlorid rasch höhermolekulare schwer- und sogar unlösliche Produkte erhalten. Bei vorsichtiger Reaktionsführung entstehen möglicherweise zuerst Reaktionsprodukte mit einer Schwefel-Sauerstoff-Bindung, die dann bei erhöhter Temperatur in Verbindungen übergehen, die den Schwefel am aromatischen Kern gebunden enthalten.

Abgewandelte Phenol-Schwefel-Harze erhält man aus Phenol-Schwefel-Harzen durch längere Einwirkung von Luft in Gegenwart von Natriumsulfit bei 70–80° in wäßriger Lösung[5]. Hierbei entstehen wasserlösliche harzartige Sulfonsäuren, vermutlich vom Typ der Buntesalze[6], die die Eigenschaft haben, Wolle oder Seide gegen das Aufziehen von Direktfarbstoffen zu reservieren[7,8]. Durch Kochen dieser Produkte mit verdünnten Mineralsäuren oder auch Alkohol bilden sich die ursprünglichen Phenol-Schwefel-Harze zurück[8]. Mit Borsäure oder geeigneten Metallen, z. B. Zinn, bilden Phenol-Schwefel-Kondensationsprodukte Komplexverbindungen, die ebenfalls als Reservierungsmittel für Wolle und Seide Bedeutung erlangt haben[9] (Katanol

[1] A.P. 1756817 (1919), Carleton Ellis, Erf.: C. Ellis u. J. V. Meigs; C. **1930** II, 1146.
[2] A.P. 2470545 (1944), Monsanto Chemical Co., Erf.: E. S. Blake; Chem. Abstr. **43**, 5992g (1949).
[3] A.P. 1756818 (1919), Carleton Ellis, Erf.: C. Ellis u. J. V. Meigs; C. **1930** II, 1146.
[4] A.P. 1756819 (1919), Carleton Ellis, Erf.: C. Ellis u. J. V. Meigs; C. **1930** II, 1147.
[5] DRP. 406675 (1923), Farbf. Bayer, Erf.: A. Thauss; Frdl. **14**, 1072.
[6] Über den Zusammenhang zwischen Buntesalzen und Disulfiden s.
  H. B. Footner u. S. Smiles, Soc. **127**, 2887 (1925).
  A. Schöberl u. E. Ludwig, B. **70**, 1422 (1937).
[7] A. Günther, Melliand Textilber. **8**, 47 (1927).
[8] s. F. Muth in F. Ullmann, Encyklopädie der technischen Chemie, 3. Aufl., Bd. IX, S. 295, Verlag Urban & Schwarzenberg, München-Berlin 1957.
[9] DRP. 432111 (1923), I. G. Farb., Erf.: A. Günther, W. Schlegel u. A. Thauss; Frdl. **15**, 937.
  DRP. 562502 (1929); 564213 (1930), Chemische Fabrik vormals Sandoz; Frdl. **18**, 1731, 1730.
  DRP. 564043 (1930), I. G. Farb., Erf.: F. Muth; Frdl. **18**, 1727.
  DRP. 573315 (1930), I. G. Farb., Erf.: F. Muth u. K. P. Grälert; Frdl. **19**, 2477.

SL® und Katanol SLN®). Diese werden auch durch Erhitzen einer wäßrigen Lösung von Phenol, Natronlauge, Schwefel und einem Zinnsalz erhalten[1].

Die Härtbarkeit der Phenol-Schwefel-Harze mit Formaldehyd oder Hexamethylentetramin wurde schon erwähnt[2]. Über die chemischen Vorgänge, die sich hierbei abspielen, s. Abschnitt „Härtung der Novolake", S. 213 ff. – Die Umsetzung mit Formaldehyd und Natriumsulfit führt zu wasserlöslichen Produkten, die als Gerbstoffe dienen können[3].

3. Schwefelungsprodukte aromatischer Basen

Die Schwefelungsprodukte aromatischer Basen haben, abgesehen von den Schwefelfarbstoffen, praktisch keine Bedeutung und sind daher auch nur wenig untersucht[4-7]. Als Katalysatoren dienen vor allem Metallkatalysatoren, wie Nickel[6] oder auch Jod[7] (s. Beispiele 4 u. 5, S. 606). Bei längerem Erhitzen mit viel Schwefel tritt Selbsthärtung zu unlöslichen und unschmelzbaren Produkten ein[5].

Am Stickstoffatom oder in p-Stellung alkylierte Aniline sind zur Darstellung von Schwefelharzen unbrauchbar, da bei der Kondensation Schwefelfarbstoffe oder deren Vorprodukte entstehen (Dehydrothiotoluidin).

4. Schwefelungsprodukte aromatischer Kohlenwasserstoffe

Auch reaktionsfähige aromatische Kohlenwasserstoffe, wie Naphthalin und Anthracen, lassen sich mit Schwefel kondensieren, wenn man die Komponenten in Gegenwart von größeren Mengen Schwefelsäure erhitzt. Alkalische Katalysatoren, wie sie zur Schwefelung von Phenolen dienen, sind dagegen völlig unwirksam.

Die Kondensation von aromatischen Kohlenwasserstoffen mit Schwefel in Gegenwart von viel Schwefelsäure ist in ihrem Verlauf noch wenig durchsichtig. Neben der Bildung der Sulfidbrücken findet zweifellos eine teilweise Sulfonierung der aromatischen Kerne durch die konzentrierte Schwefelsäure statt; daß sich daneben noch andere Reaktionen abspielen, zeigt die Entwicklung von Schwefeldioxyd[8]. Da die entstehenden Produkte noch reaktionsfähige Gruppen enthalten, können sie durch Erhitzen mit weiteren reaktionsfähigen Kohlenwasserstoffen oder deren Derivaten nachkondensiert werden[9].

Die Löslichkeit der Schwefelungsprodukte von aromatischen Kohlenwasserstoffen hängt von den Versuchsbedingungen ab. Während mit viel Schwefelsäure und wenig Schwefel leicht wasserlösliche Produkte entstehen, die als Gerbstoffe vorgeschlagen worden sind[8], erhält man mit wenig Schwefelsäure und viel Schwefel schon

[1] s. F. MUTH in F. ULLMANN, Encyklopädie der technischen Chemie, 3. Aufl., Bd. IX, S. 295, Verlag Urban & Schwarzenberg, München-Berlin 1957.

[2] Schweiz. P. 104015 (1922), CIBA; C. 1924 II, 1280.

[3] DRP. 491064 (1926), Fabrik van Chemische Producten Schiedam, Erf.: E. KRAUS; Frdl. 16, 2146.

[4] V. MERZ u. W. WEITH, B. 3, 978 (1870).

[5] V. MERZ u. W. WEITH, B. 4, 384 (1871).

[6] A.P. 1761291 (1925), Cutler-Hammer Inc., Erf.: R. S. BLY; C. 1930 II, 1291.

[7] DRP. 401168 (1923), CIBA; Frdl. 14, 649.

[8] DRP. 407994 (1918), F. Hassler; Frdl. 14, 602.

[9] DRP. 466269 (1926), F. Hassler; Frdl. 16, 2136.

bei niedriger Kondensationstemperatur rasch völlig unlösliche Produkte[1]. Statt eines Gemisches von Naphthalin und Schwefelsäure kann auch Naphthalinsulfonsäure, eventuell unter Zusatz weiterer Schwefelsäure, der Einwirkung von Schwefel unterworfen werden[2] (s. Beispiel 6, S. 606).

Die reaktionsträgeren aromatischen Kohlenwasserstoffe, wie z.B. Toluol und Xylol, lassen sich unter dem Einfluß von kleineren Mengen (nicht mehr als 15%) Aluminiumchlorid mit Schwefel zu niedermolekularen Ölen kondensieren[3] (Beispiel 7, S. 606), die sowohl in der Pharmazie[3] als auch als Weichmacher[4] in der Lack- und Kunststoffindustrie Verwendung finden. Kondensiert man derartige Kohlenwasserstoffe mit größeren Mengen Dischwefeldichlorid unter möglichst energischen Bedingungen in Gegenwart von Aluminiumchlorid oder besser noch Eisen-(III)-chlorid, so entstehen schwerlösliche, gelartige Produkte[5].

Schwefelungsprodukte aromatischer Kohlenwasserstoffe können auch durch Erhitzen von Dihalogenaromaten mit Schwefel und Natriumcarbonat auf 300–350° erhalten werden[6], z.B.:

$$n \, \underset{Cl}{\overset{Cl}{\bigcirc}} \quad \xrightarrow[300-350°]{+ \, S \, + \, Na_2CO_3} \quad \left[\bigcirc - S \right]_n$$

Es können auch geeignete substituierte Dihalogenaromaten eingesetzt werden[7].

5. Praktische Durchführung der Schwefelungsreaktionen[8]

Beispiel 1

Phenol-Schwefel-Harz durch Einwirkung von Schwefel auf Phenol in Gegenwart einer geringen Menge Alkali[9]: 2820 g (30 Mol) Phenol, 1248 g (39 g-Atom) Schwefel und 45 g Natriumhydroxyd, gelöst in 135 cm³ Wasser, werden vermischt und unter Rühren 31 Stdn. zum schwachen Sieden unter Rückfluß erhitzt. Die Temp. der Reaktionslösung beträgt hierbei anfangs 121° und gegen Ende etwa 125°. Sobald eine Probe beliebig mit Methanol verdünnbar ist, wird i.Vak. (18 Torr) bis 155° Innentemp. nicht einkondensiertes Phenol abdestilliert. Die Ausbeute beträgt 2554 g eines grünlichbraunen, durchsichtigen Harzes; Erweichungspunkt 74°.

Zur Beseitigung des Schwefelwasserstoffgeruches wird etwa 8 Stdn. lang bei 110–120° ein langsamer Stickstoffstrom durch das geschmolzene Harz geleitet. Durch 3stdg. Nacherhitzen i.Vak.

[1] DRP. 407994 (1918), F. Hassler; Frdl. **14**, 602.
[2] DRP. 409713 (1920), F. Hassler; Frdl. **14**, 650.
[3] DRP. 365169 (1919), Farbf. Bayer, Erf.: H. WEYLAND, H. HAHL u. R. BERENDES; Frdl. **14**, 643.
[4] DRP. 605945 (1932), I. G. Farb., Erf.: L. ROSENTHAL u. R. HEBERMEHL; Frdl. **21**, 1732.
[5] DRP. 372664 (1916), Chemische Fabrik Dubois & Kaufmann; Frdl. **14**, 644.
[6] A. D. MACALLUM, J. org. Chem. **13**, 154 (1948).
  A.P. 2513188, 2538941 (1948), A. D. Macallum; Chem. Abstr. **44**, 8165[a] (1950); **45**, 5193[c] (1951).
  R. W. LENZ u. W. K. CARRINGTON, J. Polymer Sci. **41**, 333 (1959); dort weitere Literatur.
[7] A.P. 2921965 (1957), Monsanto Chemical Co., Erf.: J. DAZZI; Chem. Abstr. **54**, 19597[h] (1960).
[8] Beispiele zur Herstellung der praktisch verwendeten Phenol-Schwefel-Kondensationsprodukte sowie deren Eigenschaften sind beschrieben in F. ULLMANN, Encyklopädie der technischen Chemie, 3. Aufl., Bd. IX, S. 295, Verlag Urban & Schwarzenberg, München-Berlin 1957.
[9] Eigene unveröffentlichte Versuche.

bei 170° (15 Torr) unter Abdestillieren einer geringen Menge von freiwerdendem Phenol läßt sich der Erweichungspunkt des Harzes bis etwa 116° steigern. Noch längeres Erhitzen führt sogar zu Harzen mit einem Erweichungspunkt von 140–150°.

Beispiel 2

Phenol-Schwefel-Harz durch Einwirkung von Schwefel auf Phenol in Gegenwart der äquivalenten Menge Alkali[1]: 188 g (2 Mol) Phenol werden mit 80 g (2 Mol) Natriumhydroxyd, gelöst in 200 g Wasser, sowie 57,5 g Schwefel unter schwachem Sieden unter Rückfluß erhitzt, bis sich praktisch kein Schwefelwasserstoff mehr bildet. Die erreichbare Innentemp. beträgt etwa 110° und die erforderliche Reaktionszeit etwa 45 Stunden. Zum Schluß wird die stark alkal. Lösung i. Vak. eingeengt. Sie ist in der vorliegenden Form für Textilzwecke verwendbar. Zweckmäßiger ist es, durch Ansäuern (Vorsicht, viel Schwefelwasserstoff!) das Reaktionsprodukt auszufällen.

Beispiel 3

Phenol-Schwefel-Harz durch Einwirkung von Dischwefeldichlorid auf Phenol[1]: In 188 g (2 Mol) Phenol läßt man 202 g (1,5 Mol) Dischwefeldichlorid unter gutem Rühren bei 70° innerhalb $^3/_4$ Stdn. eintropfen. Dann erhitzt man das Gemisch noch 1 Stde. auf 130–140°. Nach Beendigung der Chlorwasserstoffentwicklung wird der Rückstand (296 g) bei 16 Torr auf 130–140° erhitzt und so von unverbrauchtem Phenol befreit. Das gebildete Harz (287 g) enthält noch etwas freien Schwefel (etwa 6 g), der durch Lösen des Harzes in viel Methanol abgetrennt werden kann.

Unter Anwendung von 188 g (2 Mol) Phenol und 236 g (1,75 Mol) Dischwefeldichlorid bei einer Reaktionstemp. von 170° ergibt sich eine Ausbeute von 317 g Harz.

Beispiel 4

Anilin-Schwefel-Harz[2]: 930 g Anilin, 576 g Schwefel und 6 g Nickelpulver werden 20 Stdn. unter Rückfluß zum Sieden erhitzt. Es entsteht ein bei 93° schmelzendes Harz.

Beispiel 5

Anilin-Schwefel-Harz[3]: 279 g Anilin und 192 g Schwefel (Molverhältnis 1 : 2) werden zuerst auf 185° und dann langsam höher bis zuletzt auf 220° erhitzt, wobei ununterbrochen Schwefelwasserstoff entweicht. Die Schwefelwasserstoffmenge beträgt 68 g ($^1/_3$ des zugesetzten Schwefels) bei einer Erhitzungsdauer von 32 Stunden. Das Reaktionsprodukt stellt ein hellgelbes, durchsichtiges Harz dar, das kurz oberhalb der Zimmertemp. erweicht. Es ist löslich in Aceton, schwerlöslich in Eisessig, sehr schwer löslich in Äthanol und unlöslich in verd. Säuren. In alkohol. Salzsäure bildet es unbeständige Hydrochloride. Das Harz enthält 36,5% Schwefel.

Unter Anwendung von 93 g Anilin und 96 g Schwefel (Molverhältnis 1 : 3) erhält man ein gelbbraunes, über 100° erweichendes Harz, das aber z. T. schon in Aceton unlöslich ist.

Beispiel 6

Einwirkung von Schwefel auf Naphthalinsulfonsäure[4]: 100 g Naphthalinsulfonsäure, dargestellt durch Erhitzen von 50 g Naphthalin und 60 g Schwefelsäure auf 170°, werden mit 6 g Schwefel und 25 g Schwefelsäure 8 Stdn. auf 160° erhitzt. Das Reaktionsprodukt ist in Wasser löslich. Mit Alkali schlägt die grünlichschwarze Farbe in gelbbraun um.

Beispiel 7

Xylol-Schwefel-Harz[5]. 25 g Schwefel, 75 g techn. Xylol, das 60% m-Xylol enthält, und 6 g Aluminiumchlorid werden unter Rückfluß erhitzt, bis die Entwicklung von Schwefelwasserstoff und Salzsäure beendet ist. Man gießt das Reaktionsprodukt zur Abtrennung des Aluminiumchlorids in Wasser, entwässert es und fraktioniert es im Vakuum. Man erhält ein dunkelgelbes Öl, das bei 5 Torr zwischen 150–230° überdestilliert.

---

[1] Eigene unveröffentlichte Versuche.

[2] A. P. 1761291 (1925), Cutler-Hammer Inc., Erf.: R. S. BLY; C. **1930** II, 1291.

[3] DRP. 401168 (1923), CIBA; Frdl. **14**, 649.

[4] DRP. 407994 (1918), F. Hassler; Frdl. **14**, 602.

[5] DRP. 365169 (1919), Farbf. Bayer, Erf.: H. WEYLAND, H. HAHL u. R. BERENDES; Frdl. **14**, 643.

e) Polykondensationsprodukte aus Halogenalkyl- und Halogenacyl-verbindungen durch Friedel-Craftssche Reaktionen

bearbeitet von

Dr. habil. RICHARD WEGLER

Farbenfabriken Bayer AG., Leverkusen

1. Kondensationsprodukte aus Halogenmethylaromaten (Benzylhalogenidharze)

Chlormethylaromaten[1] lassen sich in Gegenwart von Friedel-Crafts-Kata-lysatoren unter Abspaltung von Chlorwasserstoff in Polykondensationsprodukte überführen, in denen die aromatischen Ringe durch Methylenbrücken mit-einander verknüpft sind (Formeln s. unten). Der Mechanismus der Kondensation dürfte in Anbetracht der Beschleunigung durch Friedel-Crafts-Katalysatoren ein ionoider sein. Die von einigen Autoren[2] vertretene Auffassung, daß sich Polybenzyli-dene bilden, ist höchst unwahrscheinlich. Dagegen spricht u.a. das vergebliche Bemühen, Pentamethylbenzylchlorid in hochmolekulare Produkte zu überführen.

Ähnliche Produkte können unter geeigneten Bedingungen auch durch Konden-sation der entsprechenden nicht chlormethylierten Aromaten mit Formaldehyd erhalten werden. Infolgedessen ist die Kondensation von chlormethylierten Aromaten mit sich selbst nur dort von Interesse, wo die Kondensation der entsprechenden nicht chlormethylierten Aromaten mit Formaldehyd nicht wesentlich einfacher durch-geführt werden kann; dies ist eigentlich nur bei den Kohlenwasserstoffen der Fall. Dagegen ist z.B. die Kondensation von Chlormethylphenolen mit sich selbst praktisch ohne Bedeutung, da die entsprechenden Phenolharze (Novolake) außeror-dentlich leicht durch Kondensation von Phenol mit Formaldehyd in saurer Lösung zugänglich sind (s. S. 206ff.); die Kondensation der Chlormethylphenole mit Phenolen hat lediglich theoretisches Interesse zur Herstellung sogenannter Novolak-Modelle und wird daher dort beschrieben (s. S. 201).

Während man früher allgemein annahm, daß die Polykondensationsprodukte aus Benzylhalogeniden vorwiegend linear aufgebaut seien[3] (Formel I; Verhältnis p-Kon-densation zu o-Kondensation wie 6 : 1),

I

---

[1] Zur Darstellung von Chlormethylaromaten s. R. C. FUSON u. C. H. McKEEVER, Org. Reactions I, 63 (1947).

Vgl. ds. Handb., Bd. V/3, Kap. Herstellung von Chlorverbindungen, S. 1002ff.

Fortsetzung s. S. 608

wird neuerdings[1] zum Teil die Auffassung vertreten, daß hochverzweigte Produkte entstehen, in denen ein kleiner Teil der Benzolringe hoch substituiert, ein wesentlich größerer Teil dagegen nur monosubstituiert ist:

II

Auf Grund der IR-Spektren[1] ist eine Struktur, wie sie Formel I zeigt, auszuschließen, da die für die p-Substitution (zwei benachbarte Wasserstoffatome am Benzolkern) charakteristische Bande bei 800–860 cm^{-1} fehlt. In Übereinstimmung mit dem Spektrum steht dagegen Formel II. Allerdings bezweifelt der Verfasser des vorliegenden Kapitels, daß die Benzolkerne der „Kette" so stark durch Benzylgruppen substituiert sind, wie es diese Abbildung zeigt; so ist z.B. die fast quantitative Entstehung von einfachen Diphenylmethanverbindungen aus z.B. Toluol und Benzylchlorid schlecht zu vereinbaren mit der hier postulierten vielfachen Benzylierung von einem Benzolkern (s.a. die Kondensation von Dichlormethan mit Benzol auf S. 610). – Langgestreckte, rein lineare Polykondensationsprodukte sind nur bei der Kondensation solcher Verbindungen zu erwarten, die wie Tetramethylbenzylchlorid[1] (Durylmethylchlorid) nur noch eine kondensationsfähige Stelle in der Molekel enthalten. Meist dürfte aber in solchen Fällen die Kondensationsfähigkeit so stark herabgesetzt sein, daß unter den notwendigen Kondensationsbedingungen mit einer teilweisen Abspaltung von Alkylgruppen zu rechnen ist, wodurch wiederum Verzweigungen auftreten können.

Als Beschleuniger für die Benzylchloridkondensation haben sich, wie bereits

Fortsetzung von S. 607

[2] A. L. Henne u. H. M. Leicester, Am. Soc. 60, 864 (1938).
    H. Brintzinger, H. W. Ziegler u. A. Scholz, Ang. Ch. 60, 271 (1948).
    R. N. Haszeldine u. A. G. Sharpe, Fluorine and its Compounds, S. 115, Methuen, London 1951.
    F. Oehme, Chem. Techn. 4, 404 (1952).
[3] R. A. Jacobson, Am. Soc. 54, 1513 (1932).
    R. L. Shriner u. A. Berger, J. org. Chem. 6, 305 (1941).

[1] H. C. Haas, D. I. Livingston u. M. Saunders, J. Polymer Sci. 15, 503 (1955).

erwähnt, vor allem Friedel-Crafts-Katalysatoren bewährt[1,2]; je nach Aktivität des Katalysators und des Chlormethylaromaten genügen Mengen von 0,002 bis maximal etwa 4% (Beispiel 1, S. 612). An Stelle von fertigen Metallhalogeniden kann man auch die entsprechenden feinverteilten Metalle, wie z.B. Aluminiumpulver oder Zinkstaub, nehmen, aus denen dann während der Reaktion die katalytisch wirksamen Halogenide entstehen[2–4]. Auch saure Erden[5] und besonders einige Metalloxyde, wie z.B. Eisenoxyde[6], sind hochwirksam. Über die unterschiedliche Wirksamkeit der einzelnen Metallhalogenide siehe Lit. [7]. Literaturangaben, nach denen mit Aluminiumchlorid und Eisen-(III)-chlorid löslichere Produkte entstehen sollen als mit Zinkchlorid und Zinn-(IV)-chlorid, sind kritisch zu betrachten. Wesentlicher für den Reaktionsverlauf scheint die Verwendung eines wenigstens zu Beginn der Reaktion gelösten Katalysators zu sein, der sich erst während der Weiterkondensation teilweise in feinstverteilter Form abscheidet. In Benzylchlorid lösliche Verbindungen, die die Benzylchloridkondensation in gewünschter Weise beschleunigen, sind z.B. Salze des Mangans oder Zinks mit höheren organischen Säuren, z.B. Zinknaphthenat[8] (Beispiele 2 u. 3, S. 613). Zu Beginn der Reaktion unlösliche Katalysatoren können an ihrer Grenzfläche die Bildung hochkondensierter Kondensationsprodukte bewirken, während in der übrigen Reaktionslösung noch vorwiegend niedermolekulare Produkte oder sogar Ausgangsmaterial vorliegen.

Für eine praktische Verwendung der Benzylchloridharze als Lackharze ist es notwendig, daß die Kondensate keine Chlormethylgruppen mehr enthalten. Weiter wird gefordert, daß die Produkte in den für Lacke gebräuchlichen Lösungsmitteln, wie Benzin oder Terpentinöl, löslich und mit trocknenden Ölen verträglich sind. Eine weitgehende Beseitigung der restlichen Chlormethylgruppen gelingt – ohne die Kondensation bis zur Entstehung unlöslicher Produkte zu treiben – oft nur durch Zusätze von nicht chlormethylierten Aromaten zweckmäßig zum Schluß der Kondensation. Eine größere Zugabe von mehrfach alkylierten Aromaten bewirkt dabei noch eine Verbesserung der Löslichkeit der Kondensationsprodukte in Benzin, allerdings zugleich eine deutliche Begrenzung des Molekulargewichts durch Abfangen der Polykondensationsketten. Bei Verwendung nicht alkylierter und außerdem mehrfach kondensationsfähiger Aromaten, wie des Naphthalins[4], wird die Löslichkeit in Benzin herabgesetzt; außerdem kann, vor allem mit wenig Naphthalin, der Erweichungspunkt des Harzes erhöht werden.

[1] C. Friedel u. J. M. Crafts, Bl. [2] 43, 53 (1885).
  J. Schramm, B. 26, 1706 (1893).
  D.R.P. 280377, 280595 (1913), BASF; Frdl. 12, 604, 605.
  E.P. 298939 (1928; Ind. Prior. 1927), P. Krishnamurthy; C. 1929 I, 2804.
  R. A. Jacobson, Am. Soc. 54, 1513 (1932).
[2] R. L. Shriner u. A. Berger, J. org. Chem. 6, 305 (1941).
[3] T. Zincke, B. 2, 737 (1869).
  A. Onufrowicz, B. 17, 833 (1884).
  E. Prost, Bl. [2] 46, 247 (1886).
[4] D.R.P. 301713, 302521 (1916); 302531 (1917), Farbf. Bayer; Frdl. 13, 673, 674.
  D.R.P. 332725 (1920), Deutsche Konservierungsgesellschaft mbH.; Frdl. 13, 286.
[5] D.R.P. 417667 (1921), Schering AG., Erf.: E. Freund u. H. Jordan; Frdl. 15, 1150.
[6] S. C. J. Olivier u. J. Wit, R. 57, 1117 (1938).
  H. Brintzinger, H. W. Ziegler u. A. Scholz, Ang. Ch. 60 (A), 271 (1948).
[7] O. C. Dermer u. E. Hooper, Am. Soc. 63, 3525 (1941).
[8] Priv.-Mitt. J. Binapfl, Uerdingen.

Setzt man bei der Polykondensation von Monochlormethyl-aromaten dem Ansatz geringe Mengen einer Bis-chlormethyl-Verbindung, wie z.B. Xylylendichlorid[1], zu, so bilden sich rasch hochschmelzende und bald darauf vernetzte Produkte. Noch lösliche Polykondensate erhält man hier nur, wenn größere Mengen molekel-begrenzende Kohlenwasserstoffe zugegeben werden.

Gibt man zum Abfangen der Chlormethylgruppe anstelle der aromatischen Kohlen-wasserstoffe sulfonierte Aromaten wie Naphthalinsulfonsäure zu, so entstehen bei geeigneten Mengenverhältnissen sogar in Wasser lösliche Produkte[2]. Durch Mit-verwendung von vernetzenden Komponenten (Bis-chlormethyl-aromaten) ergeben sich die mannigfachsten, aber bisher nur zum Teil verwirklichten Möglichkeiten, Kondensationsprodukte beliebiger Löslichkeit darzustellen.

Bei allen Kondensationen mit Benzylchlorid hat man u.a. auch mit einer Begren-zung der Polykondensation durch die Bildung von 9,10-Dihydro-anthracen-Ringen zu rechnen[3]. Mit konzentrierter Salzsäure soll diese Reaktion teilweise rückwärts verlaufen, wobei sich aber nicht Benzylchlorid, sondern infolge vollständiger Auf-spaltung Dichlormethan bilden soll. In entsprechender Weise können umgekehrt Poly-kondensate aus *Benzol* mit *Dichlormethan* unter dem Einfluß von Aluminiumchlorid hergestellt werden[4]. Hierbei sollen vorwiegend 1,4-Kondensationen eintreten und kaum vernetzte Produkte entstehen. Die Kondensation in o-Stellung soll meist zur Bildung von Dihydroanthracen-Ringen führen.

Bei der Kondensation von Benzylchlorid und ähnlichen Verbindungen unter dem Einfluß von Aluminiumchlorid oder Eisen-(III)-chlorid ist fast stets eine Verfär-bung zu beobachten, außerdem fluoreszieren die Kondensationsprodukte mehr oder weniger stark. Meist dürften Dehydrierungen der Dihydroanthracene zu Anthracen-verbindungen die Ursache sein. Zusätze von Maleinsäure vermindern diese Fluo-reszenz und Verfärbung stark.

Die einzigen Polykondensationsprodukte aus Chlormethylaromaten, die bisher eine, wenn auch geringe, praktische Bedeutung erlangt haben, sind solche aus alkyl-substituierten Chlormethylbenzolen[5] (s. Beispiel 2, S. 613); mit zunehmender Verzweigung der Alkylreste nimmt die Löslichkeit in Benzin zu. Chlormethylaromaten, die im Kern durch Halogen substituiert sind, kondensieren langsamer, führen aber auch zu gut löslichen Produkten. Chlormethyltetrahydronaphthaline[6] und Halogen-additionsprodukte des Naphthalins[7] sind ebenfalls kondensiert worden (s. Beispiel 3, S. 613). Unter geeigneten Bedingungen kann man die Herstellung des Chlormethyl-

---

[1] DRP. 301713, 302521 (1916); 302531 (1917), Farbf. Bayer; Frdl. **13**, 673, 674.

[2] DRP. 436881 (1922) ≡ E.P. 240318 (1924) ≡ F.P. 588933 (1924), Farbw. Hoechst, Erf.: F. Marschall; C. **1927** I, 807.
DRP. 472289 (1926), I. G. Farb., Erf.: K. Daimler u. G. Balle; Frdl. **16**, 2125.

[3] W. W. Korschak, Grundgesetze der Polykondensation, Beiheft 4 zur Zeitschrift Chem. Techn., VEB Verlag Technik, Berlin 1953.

[4] G. S. Kolesnikov, V. V. Korschak u. T. V. Smirnova, Bull. Acad. Sci. URSS, Cl. Sci. chim. **1957**, 375; Chem. Abstr. **51**, 15482e (1957).

[5] DRP. 555083 (1930), I. G. Farb., Erf.: K. Winter u. N. Roh; Frdl. **19**, 3294.
s. a. DRP. 526391, 551169 (1929); 561082 (1930), I. G. Farb., Erf.: G. Kränzlein, A. Voss u. A. Brunner; Frdl. **18**, 2320; **19**, 3297, 3289.

[6] Priv.-Mitt. J. Binapfl, Uerdingen.

[7] DRP. 332391 (1918), AGFA; Frdl. **13**, 680.
DRP. 466262 (1921), Schering-Kahlbaum AG., Erf.: E. Freund u. H. Jordan; Frdl. **16**, 2096.

aromaten und seine Weiterkondensation in einem Arbeitsgang durchführen; so wurde z.B. p-Cymol in Gegenwart von Eisen oder Aluminium bei höherer Temperatur chloriert, wobei wohl zunächst p-Isopropyl-benzylchlorid entsteht, das dann gleich zu löslichen Harzen weiterkondensiert[1].

Interessant ist, daß sich auch Chlormethylaromaten, die im Kern durch Isocyanatgruppen substituiert sind, unter dem Einfluß von Friedel-Crafts-Katalysatoren in der angegebenen Weise zu höhermolekularen Produkten kondensieren lassen[2] (s. Beispiel 4, S. 613). Die Kondensation wird in vielen Fällen erleichtert, wenn man die Isocyanatgruppen vor der Kondensation durch Einleiten von Salzsäure in Carbamidsäurechloridgruppen überführt, die dann nach beendeter Umsetzung durch Erhitzen unter Abspaltung von Chlorwasserstoff wieder in die Isocyanatgruppen zurückverwandelt werden können.

Höhermolekulare Kondensationsprodukte, in denen die Benzolkerne nicht nur über Methylenbrücken verknüpft sind, entstehen beim Erhitzen von Aralkylhalogeniden mit aromatischen Hydroxycarbonsäuren (Molverhältnis mindestens 4 : 1)[3]. Inwieweit bei der Kondensation von Benzylchlorid mit Kolophonium in Gegenwart von Zinkchlorid noch eine Selbstkondensation des Benzylchlorids abläuft, ist nicht untersucht worden[4]. Aus *Benzalchlorid*[5] und ähnlichen Verbindungen entstehen bereits unterhalb 0° unlösliche Harze.

2. Kondensationsprodukte aus aliphatischen Polyhalogenverbindungen und Aromaten

Aliphatische Polyhalogenverbindungen lassen sich in Gegenwart von Friedel-Crafts-Katalysatoren mit geeigneten Aromaten zu hochmolekularen Produkten kondensieren[6]. Bei der Kondensation von *Äthylenchlorid* mit *Benzol* in Gegenwart von Aluminiumchlorid wurde gefunden, daß eine Mindestmenge an Aluminiumchlorid zur Auslösung der Reaktion notwendig ist, daß aber schon bei einer wenig größeren Katalysatormenge das Kondensationsprodukt wieder abgebaut wird.[7] Auch *1,2-Diphenyl-äthan* läßt sich mit Äthylenchlorid kondensieren[8]. Bei Anwendung äquivalenter Mengen Dichlorid (oder mehr) entstehen leicht unlösliche Produkte, die in sulfonierter Form als oxydationsbeständige Austauscherharze technisch interessant sind[9] (s. Beispiel 5, S. 614). Die Kondensation von mehrfach chlorierten, möglichst geradkettigen Paraffinen[10] oder definierten Dichloralkanen[11] mit Phenolen

[1] P. H. GROGGINS, Ind. eng. Chem. **20**, 597 (1928).

[2] DBP. 954919 (1953) ≡ F.P. 1100775 (1954), Farbf. Bayer, Erf.: H. HOLTSCHMIDT; C. **1957**, 4291.

[3] DRP. 564127 (1931), I. G. Farb., Erf.: C. WINTER u. N. ROH; Frdl. **19**, 3192.

[4] DRP. 570958 (1931), I. G. Farb., Erf.: G. KRÄNZLEIN u. A. VOSS; Frdl. **19**, 3291.

[5] J. BOESEKEN, R. **22**, 312 (1903).

[6] A.P. 2186366 (1937), Dow Chemical Co., Erf.: G. H. COLEMAN, G. V. MOORE u. G. B. STRATTON; Chem. Abstr. **34**, 3537⁴ (1940).

[7] G. S. KOLESNIKOV, V.V. KORSHAK u. T. V. SMIRNOVA, Bull. Acad. Sci. URSS, Cl. Sci. chim. **1955**, 172ff.; Chem. Abstr. **50**, 1675ⁱ (1956).
S. a. DRP. 715045 (1934) ≡ A.P. 2072120 (1933), Standard Oil Development Co., Delaware, Erf.: L. A. MIKESKA u. S. C. FULTON; C. **1937** I, 4163.

[8] G. S. KOLESNIKOV, V. V. KORSHAK u. T. V. SMIRNOVA, Bull. Acad. Sci. URSS, Cl. Sci. chim. **1958**, 85; Chem. Abstr. **52**, 9027ᵍ (1958).

[9] DBP.-Anm. F 6217 (1951), Farbf. Bayer, Erf.: W. EHM u. R. SCHNEGG.

[10] DBP.-Anm. p 18039 (1948), Farbf. Bayer, Erf.: R. WEGLER.

[11] F.P. 808717 (1936), Henkel & Cie. GmbH.; C. **1937** I, 4864.

führt zu Polyphenolen, die bei der alkalischen Kondensation mit Formaldehyd Resole ergeben, die als elastische Lacküberzüge Interesse haben (s. S. 243). Zur Kondensation von mehrfach chlorierten Paraffinen mit Phenol s.a. Literatur[1].

3. Kondensationsprodukte aus Acylchloriden

Unter dem Einfluß von Friedel-Crafts-Katalysatoren lassen sich araliphatische Säurechloride, wie z.B. Phenylessigsäurechlorid, zu Polyketonen kondensieren[2]. Technisch sind diese Reaktionen uninteressant, da zu große Katalysatormengen benötigt werden. Da die entstehenden Produkte außerdem verhältnismäßig niedermolekular sind, seien sie hier nur erwähnt. Zur Erzielung chlorfreier Produkte wird die endständige Säurechloridgruppe durch Zugabe von Alkohol, Benzol oder z.B. Toluol abgefangen:

o,p-Gemische

Erwähnt sei, daß sich durch Polykondensation von 1,4-Bis-bromacetyl-benzol mit Bis-carbonsäure-thioamiden Poly-thiazole[3] (I)

I

und durch Erhitzen von Bis-tetrazolen mit Bis-carbonsäurechloriden bzw. -imidchloriden in Gegenwart von Pyridin Poly-oxdiazole (II) bzw. Polytriazole darstellen lassen[4].

II

4. Praktische Durchführung der Kondensationen

Beispiel 1

Kondensationsprodukt aus Benzylchlorid[5]: 51 g (0,4 Mol) Benzylchlorid und 0,267 g (0,002 Mol) gepulvertes Aluminiumchlorid läßt man bei Zimmertemp. unter Rühren und Überleiten von

[1] A.P. 2416218 (1942); 2429565 (1943), Socony-Vacuum Oil Co., Erf.: O. M. Reiff; Chem. Abstr. **41**, 3321ᵃ (1947); **42**, 2811ᶜ (1948).
     A.P. 2340838 (1941), Socony-Vacuum Oil Co., Erf.: F. P. Otto u. O. M. Reiff; Chem. Abstr. **38**, 4345⁵ (1944).
[2] J. Schmitt u. J. Boitard, Bl. [5] **1955**, 1033ff.
     J. Schmitt, M. Suquet u. P. Comoy, Bl. [5] **1955**, 1055ff.
     F.P. 1132378 (1955), Établissements Clin-Byla, Erf.: J. Schmitt; C. **1958**, 12825.
[3] J. E. Mulvaney u. C. S. Marvel, J. org. Chem. **26**, 95 (1961).
[4] C. J. Abshire u. C. S. Marvel, Makromolekulare Chem. **44-46**, 388 (1961).
[5] R. A. Jacobson, Am. Soc. **54**, 1513 (1932).

Stickstoff miteinander reagieren. Die Chlorwasserstoffentwicklung beginnt sofort, und nach etwa 20 Min. ist eine feste Masse entstanden. Das gelbe Produkt wird 5 Min. in heißer Salzsäure aufgeschlämmt, filtriert, mit heißem Wasser gewaschen und einige Zeit mit Alkohol, Äther und Aceton extrahiert. Man erhält ein schwach gelbes, körniges Produkt; Ausbeute: 16,5 g.

Beispiel 2

Kondensationsprodukt aus 2,4,6-Triisopropyl-benzylchlorid[1]: In einem mit Thermometer und Destillationsaufsatz versehenen 2-l-Rührkessel aus Remanitstahl wird eine Mischung aus 1262 g 2,4,6-Triisopropyl-benzylchlorid (5 Mol) und 0,3 g Zinknaphthenat innerhalb 2 Stdn. unter Rühren auf 100–120° erhitzt (Ölbad), wobei allmählich eine gleichmäßige Abspaltung von Chlorwasserstoff einsetzt. Dieser wird in einer geeigneten Vorlage (Rieselturm) mit Wasser absorbiert. Sobald die Entwicklung des Chlorwasserstoffs nachläßt, erhitzt man das Reaktionsgemisch bis zur Beendigung der Gasentwicklung auf 200–210° (Gesamtmenge des abgespaltenen Chlorwasserstoffs: 163 g).

Zur Entfernung öliger, halogenfreier Nebenprodukte (es handelt sich dabei um etwa 132 g höhermolekulare, farblose Kohlenwasserstoffe unbekannter Natur), wird die erhaltene klare Harzschmelze i. Vak. etwa 10 Min. auf 250–255° erhitzt. Das zurückbleibende Produkt (880 g) ist nach dem Erkalten ein gelbstichiges, klares, springhartes Harz mit folgenden Kennzahlen:

Erweichungspunkt nach Krämer-Sarnow 117–118°; Farbzahl der 50%igen Xylollösung 40 mg Jod; Mol.-Gew. etwa 950–1000; Halogengehalt unter 0,1%.

In lacktechnischer Hinsicht sind folgende Eigenschaften bemerkenswert:

Weitgehende Verträglichkeit mit Lackbenzin und Leinöl; ausgezeichnete Verträglichkeit mit Polyvinyläthern.

Der durch Verkochen mit Leinöl gewonnene Klarlack liefert rasch durchtrocknende Filme mit guter Wasser- und Natriumcarbonatbeständigkeit. Hohe Beständigkeit gegen konz. Schwefelsäure.

Beispiel 3

Kondensationsprodukt aus 6-Chlormethyl-tetrahydronaphthalin[1]: Ein Gemisch aus 1620 g 6-Chlormethyl-tetrahydronaphthalin[2] (9 Mol) und 0,1 g Zinknaphthenat wird in dem bereits für die Kondensation des 2,4,6-Triisopropyl-benzylchlorids beschriebenen Reaktionsgefäß (s. Beispiel 2) unter Rühren langsam erhitzt. Bereits bei 90° setzt eine ziemlich lebhafte Chlorwasserstoffentwicklung ein, die bei vorsichtiger Temperatursteigerung (bis 220°) nach etwa 5–6 Stdn. beendigt ist.

Zur Entfernung von Chlorwasserstoffresten sowie von öligen, höhersiedenden Nebenprodukten (38 g) wird das geschmolzene Reaktionsgemisch anschließend i. Vak. (8–10 Torr) etwa 20 Min. auf 250° erhitzt.

Als Reaktionsprodukt erhält man nach dem Erkalten ein gelbstichiges, klares Hartharz (1250 g) mit folgenden Kennzahlen:|

Erweichungspunkt nach Krämer-Sarnow 166–167°; Chlorgehalt unter 0,5%.

Dieses Harz ist in aromatischen Kohlenwasserstoffen löslich, dagegen unverträglich mit Lackbenzin und Leinöl.

Beispiel 4

Aromatisches Polyisocyanat durch Kondensation von Chlormethyl-phenylen-diisocyanat[3]: In 208,5 g (1 Mol) eines Isomerengemisches von 1-Chlormethyl-2,4- und -2,6-phenylen-diisocyanat wird bei Zimmertemp. so lange Chlorwasserstoff eingeleitet, bis die Temp., die dabei auf 70° ansteigt, wieder fällt. Nach Zugabe von 1 g Eisen-(III)-chlorid setzt unter Rotfärbung und Chlorwasserstoffabspaltung die Reaktion ein. Bei weiterem Erhitzen nimmt die Viscosität rasch zu.

---

[1] Priv.-Mitt. J. Binapfl, Uerdingen.
[2] DRP. 519807 (1929), I. G. Wolfen, Erf.: G. Reddelien u. H. Lange; Frdl. **17**, 672.
  DRP. 533132 (1930), I. G. Farb., Erf.: H. Lange; Frdl. **18**, 586.
[3] DBP. 954919 (1953) ≡ F.P. 1100775 (1954), Farbf. Bayer, Erf.: H. Holtschmidt; C. **1957**, 4291.

Der Chlorwasserstoff wird durch Einleiten eines kräftigen trockenen Stickstoffstromes bei 90–100° entfernt. Nachdem kein weiterer Chlorwasserstoff mehr entwickelt wird, kühlt man unter Luftabschluß ab, wobei ein springhartes, Isocyanatgruppen enthaltendes Harz entsteht.

Beispiel 5

Kondensation von Toluol und 1,2-Dichlor-äthan mit nachträglicher Sulfonierung[1] (Kationenaustauscher): 1 Mol Toluol, 1,5 Mol Äthylenchlorid und 0,112 Mol Aluminiumchlorid werden unter ständigem Rühren auf 80–85° erhitzt. Nach ungefähr 1³/₄ Stdn. wird die Masse immer zähflüssiger, und plötzlich nimmt sie eine weiche, gummiähnliche Konsistenz an. Nach weiteren 30 Min. ist sie fest und hart. Man erhitzt noch 30 Min. weiter und kühlt dann ab.

Nach 24 stdg. Stehen wird der Aluminiumchlorid-Äthylenchlorid-Komplex durch Zugabe von je 50 cm³ konz. Salzsäure und Wasser zerstört. Man gießt die Flüssigkeit ab, wäscht das Kondensationsprodukt mit Wasser und behandelt es dann zur Entfernung von noch vorhandenem Äthylenchlorid mit Wasserdampf. Anschließend wäscht man es mit verd. Natronlauge und Wasser und trocknet es bei etwa 100°. Ein Teil des so erhaltenen Kondensationsproduktes wird mit 10–15 Tln. 5%igem Oleum 8 Stdn. auf 110–120° erhitzt, filtriert und säurefrei gewaschen. Das Sulfonierungsprodukt kann getrocknet oder feucht verwendet werden. Die Ausbeute beträgt 130% vom Gewicht des Kohlenwasserstoffs.

Das Sulfonierungsprodukt kann als Austauscher dienen und nimmt bis zu 10% seines Gewichtes an Kupfer auf. Es zeichnet sich durch eine besondere Chemikalienbeständigkeit aus.

f) Polyadditionsprodukte aus Verbindungen mit Kohlenstoff-Kohlenstoff-Doppelbindungen

bearbeitet von

Dr. habil. Richard Wegler

Farbenfabriken Bayer AG., Leverkusen

1. Polyadditionsprodukte durch Anlagerung von Verbindungen mit beweglichem Wasserstoff an Kohlenstoff-Kohlenstoff-Doppelbindungen

Die Kohlenstoff-Kohlenstoff-Doppelbindung wird erst durch geeignete benachbarte Gruppen, wie z. B. die Carbonyl-, Nitril- oder Sulfonsäuregruppe, so stark polarisiert, daß sie – vor allem in Gegenwart von Katalysatoren – Verbindungen mit beweglichen Wasserstoffatomen für technische Zwecke ausreichend schnell addiert. Aber auch unter diesen Bedingungen verlaufen die meisten Additionen nicht sehr vollständig, so daß bis heute derartige Additionsreaktionen zur Herstellung hochmolekularer Verbindungen keine große Bedeutung erlangt haben.

Verbindungen mit zwei stark polarisierten Kohlenstoff-Kohlenstoff-Doppelbindungen liegen beispielsweise in den Bis-acrylsäureamiden von Diaminen, im Methylen-N,N′-bis-acrylsäureamid und in den Bis-acrylsäureestern zweiwertiger Alkohole vor. Alle diese Verbindungen addieren glatt Verbindungen mit zwei beweglichen Wasserstoffatomen, wie z. B. Diole, Dimercaptane, geeignete Amine usw., unter Bildung hochmolekularer Produkte[2] (s. Beispiel 1, S. 621).

---

[1] DBP.-Anm. F 6217 (1951), Farbf. Bayer, Erf.: W. Ehm u. R. Schnegg.

[2] DBP. 908068 (1942), Farbf. Bayer, Erf.: A. Doser, S. Petersen, O. Bayer u. H. Kleiner; C. **1955**, 10150.
   DBP.-Anm. H 16445 (1953; Am. Prior., 1952), Hercules Powder Co., Erf.: G. E. Hulse.
   V. V. Korshak u. S. V. Vinogradova, Bull. Acad. Sci. URSS, Cl. Sci. chim. **1955**, 930 ff.; C. **1958**, 9234.

In Gegenwart stark basischer Katalysatoren und unter Zusatz von Polymerisations-
verzögerern geht *Acrylsäureamid* in Poly-β-alanin über (näheres s. im Kapitel
„Polyamide", S. 101):

$$\text{n } H_2C=CH-CO-NH_2 \xrightarrow[\text{butylat}]{\text{Natrium-tert.-}} -[-CH_2-CH_2-CO-NH-]_{\overline{n}}$$

Aus Divinylsulfonen sind insbesondere mit Harnstoff Polyadditionsprodukte
dargestellt worden[1].

Eine praktische Bedeutung für Polyadditionsreaktionen hat außer dem Methylen-
N,N'-bis-acrylsäureamid noch das aus Acrylnitril mit Formaldehyd unter dem
katalytischen Einfluß von etwas wasserfreier Schwefelsäure leicht darstellbare *1,3,5-
Triacryloyl-perhydrotriazin*[2,3] (zur Herstellung s. Beispiel 4, S. 393)

erlangt. Diese verhältnismäßig stabile trifunktionelle Verbindung zeichnet sich durch
eine große Anlagerungsfähigkeit gegenüber allen Verbindungen mit beweglichem, nicht
zu acidem Wasserstoff aus.

Unter Anwendung von z.B. Ammoniak[3] entstehen mit Triacryloyl-perhydro-
triazin leicht unlösliche basische Produkte, die als Austauscherharze Interesse haben
(Beispiel 2, S. 621). Auch die Umsetzung mit niederen primären Alkylaminen führt
bei einem günstigen Molverhältnis von Triacryloyl-perhydrotriazin zu Amin (etwa
1 : 1,5) zu vernetzten Produkten[4,5]. Noch schneller erhält man vernetzte unlösliche
Massen mit primären Diaminen, wie z.B. Äthylendiamin[5] oder Diäthylentriamin
(Beispiel 3, S. 621). Von praktischem Interesse ist auch die Vernetzung mit basischen
Polyharnstoffen[6] und mit Gelatine[7].

Auch Di- und Triole addieren sich unter dem katalytischen Einfluß starker Basen
(Alkalihydroxyde, Alkalialkoholate oder quartäre Basen in Mengen von 0,1–0,4%)
über ihre Anionen an Triacryloyl-perhydrotriazin unter Bildung unlöslicher Produkte.
Interessant ist, daß sich auch mit Monoalkoholen unlösliche Produkte erhalten
lassen, wenn man eine Spur Alkoholat zugibt und den Alkohol in Mengen von
0,3–0,6 Mol pro Mol Triazinverbindung einsetzt[4]; offenbar di- und trimerisieren sich

---

[1] A.P. 2623035 (1950), American Viscose Corp., Erf.: J. W. Schappel; Chem. Abstr. **47**, 3038[a] (1953).

[2] DBP. 859170 (1942), Farbf. Bayer, Erf.: A. Ballauf u. R. Wegler; C. **1953**, 3150.
   M. A. Gradsten u. M. W. Pollock, Am. Soc. **70**, 3079 (1948).

[3] R. Wegler u. A. Ballauf, B. **81**, 527 (1948).

[4] Eigene, nicht veröffentlichte Versuche.

[5] DBP. 908068 (1942), Farbf. Bayer, Erf.: A. Doser, S. Petersen, O. Bayer u. H. Kleiner;
   C. **1955**, 10150.

[6] DBP. 908133 (1950), Farbf. Bayer, Erf.: K. Reinartz, W. Graulich, W. Lehmann u. H. Kleiner; C. **1955**, 3011.

[7] DBP. 872153 (1944), Farbf. Bayer, Erf.: W. Kleist, O. Bayer u. J. Heyna; C. **1954**, 4993.

unter dem Einfluß des Alkoholats die nicht umgesetzten Acryloylreste. Modellversuche mit Acryl- bzw. Methacrylsäureestern[1,2] zeigten, daß sich diese Ester an zwischenzeitlich entstehende Alkoxypropionsäureester addieren:

$$RO^{\ominus} + CH_2{=}CH{-}COOR' \rightarrow RO{-}CH_2{-}\underset{\ominus}{CH}{-}COOR'$$

$$RO{-}CH_2{-}\underset{\ominus}{CH}{-}COOR' + CH_2{=}CH{-}COOR' \rightarrow RO{-}CH_2{-}CH{-}COOR' \qquad n = 0,1,2 \text{ usw.}$$

$$\begin{array}{c} (CH_2{-}CH{-}COOR')_n \\ | \\ \underset{\ominus}{CH_2{-}CH}{-}COOR' \end{array}$$

$-RO^{\ominus}$ / $\qquad +H^{\oplus}$

$$\begin{array}{c} CH_2{=}C{-}COOR' \\ | \\ (CH_2{-}CH{-}COOR')_n \\ | \\ CH_2{-}CH_2{-}COOR' \end{array} \qquad\qquad \begin{array}{c} RO{-}CH_2{-}CH{-}COOR' \\ | \\ (CH_2{-}CH{-}COOR')_n \\ | \\ CH_2{-}CH_2{-}COOR' \end{array}$$

Außer Aminen und Alkoholen sind u. a. auch noch Schwefelwasserstoff und Polymercaptane zur Vernetzung von Triacryloyl-perhydrotriazin herangezogen worden[3].

Eine weitere allgemeine Methode zur Herstellung hochmolekularer Produkte aus Triacryloyl-perhydrotriazin besteht darin, daß man die Addition so lenkt, daß Verbindungen mit noch unveränderten Doppelbindungen entstehen, die dann nachträglich allein oder zusammen mit anderen ungesättigten Verbindungen zu hochmolekularen Produkten polymerisiert werden können[4]. Durch eine teilweise Anlagerung von Natriumhydrogensulfit und nachfolgende Polymerisation können so wasserlösliche hochmolekulare Produkte erhalten werden[4].

Eine Verbindung mit schwächer polarisierten Doppelbindungen liegt in dem aus *Acrolein* und *Pentaerythrit* leicht zugänglichen 3,9-Divinyl-2,4,8,10-tetraoxa-spiro[5,5]-undecan (*Diallyliden-pentaerythrit* I) vor[5]. Dieses zweifach ungesättigte cyclische Diacetal lagert unter dem Einfluß von Säuren oder Säure liefernden Verbindungen leicht zwei- oder mehrwertige Alkohole, wie z. B. Pentaerythrit, zu löslichen linearen bzw. unlöslichen vernetzten Polyäthern an[6].

---

[1] Eigene, nicht veröffentlichte Versuche.

[2] S. a. H. v. PECHMANN u. O. RÖHM, B. **34**, 427 (1901).
A.P. 2128208 (1937), DuPont, Erf.: R. A. JACOBSON; Chem. Abstr. **32**, 8440[8] (1938).

[3] DBP. 908068 (1942), Farbf. Bayer, Erf.: A. DOSER, S. PETERSEN, O. BAYER u. H. KLEINER; C. **1955**, 10150.

[4] A.P. 2615882 (1948), Sun Chemical Corp., Erf.: E. ZERNER, M. GRADSTEN u. F. W. WEST; Chem. Abstr. **47**, 3037[i] (1953).
A.P. 2615887–9 (1948), Sun Chemical Corp., Erf.: E. ZERNER u. M. W. POLLOCK; Chem. Abstr. **48**, 2125[h] (1954).

[5] H. SCHULZ u. H. WAGNER, Ang. Ch. **62**, 113 ff. (1950).

[6] DBP. 852301, 855165 (1950); 881108 (1951), Dynamit AG., Erf.: H. ORTH; C. **1954**, 434; **1953**, 4452; **1954**, 11064.
DAS. 1113091 (1958), Union Carbide Corp., Erf.: H. R. GUEST, B. W. KIFF u. C. B. HALSTEAD.

$$2\ CH_2{=}CH{-}\underset{\underset{H}{|}}{\overset{\overset{O}{\|}}{C}} + C(CH_2OH)_4 \xrightarrow{H^{\oplus}} CH_2{=}CH{-}\langle spiro\rangle{-}CH{=}CH_2 + 2\ H_2O$$

I

$$\Big\downarrow\ C(CH_2OH)_4$$

[Strukturformel des vernetzten Polymers:]

$$-OCH_2\!\diagdown\!\!\underset{\diagup}{C}\!\!\diagup\!OCH_2 \quad CH_2{-}O{-}CH_2{-}CH_2{-}\langle spiro\rangle{-}CH_2{-}CH_2{-}O{-}CH_2 \quad CH_2{-}O{-}CH_2{-}CH_2{-}\langle spiro\rangle$$

Produkte mit ähnlichen Eigenschaften erhält man auch direkt durch Umsetzung von drei Mol Pentaerythrit mit vier Mol Acrolein[1,2] in Gegenwart starker Säuren, wie z.B. p-Toluolsulfonsäure. Sollen die entstehenden Harze, die gute mechanische Eigenschaften zeigen und in organischen Lösungsmitteln unlöslich sind, außerdem farblos und glasklar sein, so ist es allerdings bei dieser Arbeitsweise, bei der Acetalbildung und Polyaddition in einer Stufe durchgeführt werden, notwendig, von frisch destilliertem Acrolein und schmelzpunktreinem Pentaerythrit auszugehen und die Kondensation in einer Stickstoff- oder Wasserstoffatmosphäre durchzuführen (Beispiel 4, S. 621). Ein gewisser Nachteil bei dieser Arbeitsweise ist, daß bei der Aushärtung eine Volumenkontraktion von etwa 15% eintritt. Dies läßt sich vermeiden, wenn man die zunächst entstehende niedrigmolekulare lösliche Zwischenstufe, die vorwiegend das 3,9-Divinyl-2,4,8,10-tetraoxa-spiro-[5,5]-undecan enthält, durch Neutralisation des sauren Katalysators stabilisiert, dann das Reaktionswasser abdestilliert und schließlich durch erneute Zugabe einer starken Säure die Umsetzung zu Ende führt[1] (s. Beispiel 5, S. 622). Salzsäure als Katalysator soll es ermöglichen, das Reaktionswasser von den niedrigmolekularen Vorkondensaten abzudestillieren, ohne daß vorher die Säure neutralisiert werden muß und ohne daß die Gefahr einer vorzeitigen Aushärtung der Masse besteht. Die Aushärtung soll erst in einer zweiten Stufe der Reaktion durch Erhitzen mit einer anderen starken Säure geschehen[2]. Ersetzt man einen Teil des Pentaerythrits durch andere mehr- oder auch einwertige Alkohole bzw. Carbonsäuren, so lassen sich anstelle der glasähnlichen Harze Weichharze, kunstlederartige Massen oder auch Öle erhalten[3] (s. Beispiel 6, S. 622). Die Anlagerung von sauren Maleinsäureglykolestern führt zu hochmolekularen linear aufgebauten Produkten, die gemeinsam mit ungesättigten Polyesterharzen polymerisiert, deren Haftung auf Glasfasern verbessern[4]. Auch die Anlagerung von Phenolen an 3,9-Divinyl-2,4,8,10-tetraoxa-spiro-[5,5]-undecan in Gegenwart einer Spur Säure zu hochmolekularen Produkten ist in der Literatur beschrieben[5]; wahrscheinlich findet aber hierbei eine Kernalkylierung statt. Zur völligen Aushärtung wird meist noch Formaldehyd zugegeben. Anstelle von organischen Hydroxyverbindungen kann auch

[1] DBP. 870032 (1941), Degussa, Erf.: H. WAGNER; C. 1953, 6985.
[2] DAS. 1083049 (1957), Union Carbide Corp., Erf.: H. R. GUEST, J. T. ADAMS u. B. W. KIFF.
[3] H. SCHULZ u. H. WAGNER, Ang. Ch. 62, 112 ff. (1950).
[4] DBP.-Anm. D 15882 (1953), Degussa, Erf.: H. SCHULZ.
[5] DBP.-Anm. E 9077 (1954), K. Elbel.

Wasser angelagert werden[1]. Zur weiteren Modifizierung der Acrolein-Pentaerythrit-Harze s. die Literatur[2].

Auch Bis-dioxolane, die zwei semicyclische Doppelbindungen enthalten (II) und z. B. durch Kondensation von Dicarbonylverbindungen mit Epichlorhydrin und nachfolgende Chlorwasserstoffabspaltung zugänglich sind[3], können in Gegenwart saurer Katalysatoren mehrwertige Alkohole zu hochmolekularen Polyadditionsprodukten anlagern[4] (s. Beispiel 7, S. 622), z. B.:

$$H_2C = \begin{bmatrix} O \\ O \end{bmatrix} \begin{bmatrix} O \\ O \end{bmatrix} = CH_2 \quad + \quad HO-CH_2-CH_2-OH \quad \rightarrow$$

II

$$-O-CH_2-CH_2-O-CH_2 \begin{bmatrix} O \\ O \end{bmatrix} \begin{bmatrix} O \\ O \end{bmatrix} -CH_2-O-CH_2-CH_2-O-CH_2 \begin{bmatrix} O \\ O \end{bmatrix} \begin{bmatrix} O \\ O \end{bmatrix} -CH_2-O-CH_2-CH_2-O-$$

Lineare Polyacetale speziell des *Acetaldehyds* lassen sich in glatter Reaktion durch Anlagerung von zwei- oder mehrwertigen Alkoholen an *Divinyläther* der verschiedensten Art darstellen[5] (s. Beispiel 8, S. 622), z. B.:

$$HO-CH_2-CH_2-OH \; + \; H_2C{=}CH-O-CH_2-CH_2-O-CH{=}CH_2 \xrightarrow{\; + \, H^{\oplus}\;}$$

$$HO-CH_2-CH_2-\begin{bmatrix} & CH_3 & & & CH_3 & \\ -O-CH-O-CH_2-CH_2-O-CH-O-CH_2-CH_2- \end{bmatrix}_n -OH$$

In Gegenwart geringer Mengen Mineralsäuren oder z. B. einer Spur Borfluorid verläuft diese Polyaddition bereits bei Zimmertemperatur genügend schnell. In entsprechender Weise kann auch ein Monovinyläther eines zweiwertigen Alkohols mit sich selbst unter Bildung eines Polyacetals reagieren.

Diolefine ohne polarisierende Gruppen, wie z. B. Hexadien-(1,5), lagern nur sehr schwer Verbindungen mit beweglichen Wasserstoffatomen an. Lediglich mit besonders additionsfreudigen Verbindungen wie Dithiodicarbonsäuren, z. B. Dithioadipinsäure, tritt noch eine Umsetzung zu höhermolekularen Produkten ein[6]. Die Additionsfähigkeit scheint aber selbst bei diesen Thiosäuren stark konstitutionsspezifisch zu sein, und Nebenreaktionen, wie oxydative Verknüpfung (Dehydrierung) der Thiosäuren, können sich störend bemerkbar machen. Bemerkt sei, daß diese Additionsreaktionen an unpolare Doppelbindungen bevorzugt durch Belichtung ausgelöst werden; sie verlaufen wahrscheinlich nach einem radikalischen Mechanismus.

---

[1] A.P. 2 974 127 (1957), Celanese Corp., Erf.: D. E. Hudgin.
[2] DBP. 868 351 (1942), Degussa, Erf : H. Wagner; C. **1953**, 6366.
  DBP. 889 366 (1950), Degussa, Erf.: E. Hammerschmid; C. **1954**, 4050.
[3] H. Orth, Ang. Ch. **64**, 544 (1952).
[4] DBP. 943 260 (1953), Dynamit AG., Erf.: H. Orth; C. **1957**, 2342.
[5] A.P. 2 682 532 (1950), DuPont, Erf.: R. L. Adelman; Chem. Abstr. **48**, 11 841[h] (1954).
  DBP. 975 238 (1953), BASF, Erf.: W. Nieswandt.
  F.P. 1 118 244 (1955; DB. Prior., 1954), Deutsche Solvay-Werke; C. **1958**, 1190.
[6] C. S. Marvel u. E. A. Kraiman, J. org. Chem. **18**, 1664 (1953).

2. Hochmolekulare Produkte durch Polyaddition von Acrolein mit sich selbst

Unter dem Einfluß von Wärme lassen sich aus Acrolein durch Diensynthese mit sich selbst höhermolekulare Produkte herstellen. Zunächst entsteht aus einer Molekel Acrolein (als Philodien) und einer Molekel Acrolein (als Dien) *2-Formyl-2,3-dihydro-pyran*, das dann (als Philodien) weiteres Acrolein addieren kann[1,2]:

2-Formyl-2,3-dihydro-
pyran

Analoge Polyadditionen sind auch mit anderen Dienen, die gleichzeitig als Philodien reagieren können, möglich.

Unter dem Einfluß einer Spur Alkali, wie z.B. Alkalihydroxyd oder Kaliumcarbonat in methanolischer Lösung, entsteht aus reinem Acrolein unter großer Wärmetönung in äußerst heftiger Reaktion ein festes gelbes Harz[2,3] (Beispiel 9, S. 622). Da in α-Stellung substituierte Acroleine diese Reaktion nicht eingehen, darf man annehmen, daß das Wasserstoffatom in α-Stellung für diese Art der „Polymerisation" wesentlich ist. In dem Maße, in dem bei der Molekelvergrößerung die Carbonylgruppen verschwinden, nehmen auch die Doppelbindungen ab; außerdem tritt eine Vernetzung ein. Wasser wird nicht abgespalten, denn durch Erwärmen läßt sich das Harz wieder zum monomeren Acrolein „depolymerisieren". Eingeleitet wird die Reaktion wahrscheinlich durch Addition von geringen Mengen Methylalkohol an Acrolein unter Bildung von β-Methoxy-propionaldehyd. Die neugebildete Methylengruppe dieses Aldehyds kann mit einer Molekel Acrolein Aldolreaktion eingehen. Die dabei entstehende Hydroxygruppe lagert sich an die Doppelbindung einer Acroleinmolekel an. Es folgt intramolekulare Aldoladdition unter Bildung einer neuen Hydroxygruppe, die sich nun ihrerseits wieder an eine Acroleinmolekel anlagern kann usw.

3. Höhermolekulare Produkte aus Olefinen und Schwefel oder schwefelabgebenden Verbindungen[4]

Der Verlauf der Umsetzung von Olefinen mit Schwefel hängt sehr stark von den Reaktionsbedingungen ab. Die Umsetzungsprodukte sind noch verhältnismäßig wenig untersucht; sicher ist aber, daß außer den Additionsreaktionen[5] auch Sub-

[1] S. M. Scherlin u. Mitarbb., Ž. obšč. Chim. [70] **8**, 22 (1938); C. **1939** I, 1971.
[2] H. Schulz u. H. Wagner, Ang. Ch. **62**, 105 (1950).
[3] DRP. 746901 (1939) ≡ Schwed. P. 102849 (1940), Degussa, Erf.: H. Schulz; C. **1942** II, 104.
[4] Zur Schwefelung von Aromaten s. S. 600.
[5] E. H. Farmer u. F. W. Shipley, Soc. **1947**, 1519.

stitutionen in Allylstellung[1,2] und Dehydrierungen stattfinden[3]. Darüber hinaus ist auch mit der Bildung von Trithionen[4] und – bei Olefinen mit vorwiegend endständigen Doppelbindungen – auch mit einer Willgerodt-Reaktion zu rechnen. Da wirklich hochmolekulare Produkte bei der Einwirkung von Schwefel auf Olefine mit niederem Molekulargewicht kaum entstehen dürften, seien diese Reaktionen, die meist als Modellreaktionen für die Vulkanisation des Kautschuks (s. S. 843 ff.) durchgeführt wurden, hier nur kurz erwähnt.

Harte Harze erhält man bei etwa sechsstündigem Erhitzen von Schwefel mit den Crackölen von kalifornischem Petroleum auf etwa 250° unter einem Druck von 3,5 atü und unter Entfernung der flüchtigen Bestandteile[5]. Ebenfalls Harze entstehen beim Erhitzen von Schwefel mit den Polymerisationsprodukten von Diolefinen aus gecracktem Benzin auf etwa 100°; doch tritt dabei nur eine geringfügige Molekelvergrößerung ein[6] (z. B. vom Molekulargewicht 425 auf 470). Thermoplastische Polymerisate – aus Olefinen und Dienen in Gegenwart von Aluminiumchlorid hergestellt – lassen sich durch Erhitzen mit Schwefel in harte Formkörper überführen[7]. Beim Erhitzen von Schwefel mit sogenannten Polyölen (Abfallprodukte bei der Raffination von Mineralölen zu Schmierölen) auf etwa 240° entstehen unter starker Schwefelwasserstoffentwicklung Produkte, die zeitweise als Anstrichstoffe von Interesse waren[8].

Lange bekannt ist die Einwirkung von *Schwefel* oder *Dischwefeldichlorid* auf mehrfach ungesättigte fette Öle (Rüböl, Leinöl usw.), bei der gummiartige Massen entstehen[9]. Der sogenannte braune Faktis entsteht bei der Einwirkung von Schwefel auf die fetten Öle in der Hitze (z. B. Erhitzen von 20 g Schwefel mit 100 g Rüböl auf 160°); der weiße Faktis bildet sich bei der Umsetzung von Dischwefeldichlorid mit den fetten Ölen in der Kälte. Die zuletzt genannte Reaktion ist stark exotherm, so daß sie ohne größere apparative Hilfsmittel nur in kleinerem Maßstab durchgeführt werden kann. Über die wahrscheinliche Struktur von weißem und braunem Faktis findet man Näheres in der Literatur[10].

[1] A. P. 2446072 (1945), United States Rubber Co., Erf.: R. T. Armstrong; Chem. Abstr. 42, 7786a (1948).

[2] C. G. Moore u. R. W. Saville, Soc. 1954, 2082, 2089.
R. W. Glazebrook u. R. W. Saville, Soc. 1954, 2094.

[3] A. P. 2450658 (1944), Socony-Vacuum Oil Co., Erf.: R. C. Hansford, H. E. Rasmussen u. A. N. Sachanen; Chem. Abstr. 43, 1066e (1949).
A. P. 2450659 (1946), Socony-Vacuum Oil Co., Erf.: R. C. Hansford, H. E. Rasmussen, C. G. Myers u. A. N. Sachanen; Chem. Abstr. 43, 1066g (1949).

[4] Österr. P. 173459, 176216 (1950), B. Böttcher; C. 1954, 1355, 5401.
B. Böttcher u. A. Lüttringhaus, A. 557, 89 (1947).
A. Lüttringhaus, H. B. König u. B. Böttcher, A. 560, 201 (1948).
A. P. 2688620 (1951), O. Gaudin; C. 1955, 5850.

[5] A. P. 1896227 (1927), Universal Oil Products Co., Erf.: G. Egloff; C. 1933 II, 457.

[6] M. G. Mayberry, P. V. McKinney u. H. E. Westlake jr., Ind. eng. Chem. 39, 166 (1947).

[7] A. P. 2078353 (1930), Monsanto Chemical Co., Erf.: C. A. Thomas; Chem. Abstr. 31, 4420³ (1937).

[8] H. Kölln, Farbe u. Lack 1948, Nr. 1, 9f.

[9] H. Schönfeld, Chemie u. Technologie der Fette und Fettprodukte, zugleich 2. Aufl. v. G. Hefter, Technologie der Fette und Öle, Bd. II, S. 308, Julius-Springer-Verlag, Wien 1937.
K. Memmler, Handbuch der Kautschukwissenschaften, S. 555, Verlag S. Hirzel, Leipzig 1930.
E. A. Hauser, Handbuch der gesamten Kautschuktechnologie, Bd. I, S. 388, Union Deutsche Verlagsgesellschaft, Berlin 1935.

[10] C. F. Flint, India Rubber J. 127, 550 (1954).

Erwähnt sei auch noch die Umsetzung von Vinylacetylenen mit *Hydrogenpolysulfiden* bzw. mit *Schwefel* und *Schwefelwasserstoff* in Gegenwart basischer Katalysatoren zu harzartigen Massen[1, 2].

4. Praktische Durchführung der Reaktionen

Beispiel 1

Polyadditionsprodukt aus Methylen-bis-acrylsäureamid und Piperazin[3]: Eine Mischung aus 1,0 g Methylen-bis-acrylsäureamid, 0,55 g Piperazin und 2 g Wasser wird gerührt, bis sie homogen ist, wobei die Temp. infolge der Reaktionswärme auf 45° ansteigt. Man läßt das entstehende Reaktionsgemisch über Nacht bei 25° stehen, gießt es dann in 20 g heißes 95%iges Äthanol, kühlt auf 0° und filtriert das sich ausscheidende Produkt ab. Es ist eine farblose, bei 255° unter Zers. schmelzende feste Masse, die 21,9% Stickstoff enthält (ber. Stickstoffgehalt bei einem 1:1 Polymerisat 23,3%). Eine 1%ige Lösung in 2%iger Essigsäure hat eine spez. Viscosität von 3,81.

Beispiel 2

Vernetztes Produkt aus 1,3,5-Triacryloyl-perhydrotriazin und Ammoniak[4]: 8,4 g 1,3,5-Triacryloyl-perhydrotriazin werden in 60 g Wasser durch Erhitzen gelöst und dann mit 3 g konz. Ammoniaklösung versetzt. Sofort bildet sich ein in Wasser und verd. Säure unlöslicher Niederschlag, der abfiltriert wird; Ausbeute 8,7 g.

Beispiel 3

Vernetztes Produkt aus 1,3,5-Triacryloyl-perhydrotriazin und Diäthylentriamin[4]: Zu 8,4 g 1,3,5-Triacryloyl-perhydrotriazin, in möglichst wenig heißem Wasser gelöst, gibt man 4 g Diäthylentriamin, wobei sofort ein unlöslicher Niederschlag ausfällt; Ausbeute 12 g.

Beispiel 4

Acrolein-Pentaerythrit-Harz[5]: 350 g Acrolein werden im Stickstoffstrom in einen mit Rührer, Thermometer und Rückflußkühler versehenen Kolben, in dem sich 510 g Pentaerythrit befinden, destilliert. Nach Zugabe von 2,8 g p-Toluolsulfonsäure in 5 cm³ Wasser wird unter Rühren $1\frac{1}{2}$ bis 2 Stdn. auf 75–80° erhitzt. Dabei ist dafür zu sorgen, daß das Reaktionsgemisch unter Stickstoff gehalten wird. Danach destilliert man das Reaktionswasser i. Vak. bei 12–15 Torr ab, wobei der Kolbeninhalt eine Temp. von 75–80° nicht überschreiten soll. Das viscose Vorkondensat wird in Formen gegossen und bei 60–80° in 12–24 Stdn. ausgehärtet. Bei der Aushärtung tritt eine Volumenkontraktion von etwa 15% ein.

Tab. 30. Eigenschaften des gehärteten Acrolein-Pentaerythrit-Harzes

	Schlagbiegefestigkeit [cm · kg/cm²]		Kerbzähigkeit [cm · kg/cm²] bei 20°	Zugfestigkeit [kg/cm²] bei 20°	Kugeldruckhärte [kg/cm²] bei 20°
	bei +20°	bei —60°			
Acrolein-Pentaerythrit-Kunstglas® gemäß Beispiel 4	65–100	10–20	5–6	500–650	10–12,4
„Plexiglas" M 33	20–22	5–10	3–4	430–480	18–20

Spez. Widerstand: 10^{14} Ω/cm; dielektrischer Verlustwinkel: $1,4 \cdot 10^{-2}$; Dielektrizitätskonstante: 3,0–3,5.

---

[1] A.P. 2061019 (1934), DuPont, Erf.: A. S. CARTER u. F. B. DOWNING; Chem. Abstr. **31**, 781² (1937).

[2] A.P. 2061018 (1934), DuPont, Erf.: W. H. CAROTHERS; Chem. Abstr. **31**, 781³ (1937).

[3] DBP.-Anm. H 16445 (1953) $\equiv$ A. P. 2759913 (1952), Hercules Powder Co., Erf.: G. E. HULSE.

[4] Eigene, nicht veröffentlichte Versuche.

[5] H. SCHULZ u. H. WAGNER, Ang. Ch. **62**, 105 (1950).

Beispiel 5

Acrolein-Pentaerythrit-Harz in zwei Stufen[1]: Zu einem Gemisch aus 200 g Pentaerythrit und 56 g Acrolein werden 0,5 g p-Toluolsulfonsäure hinzugefügt. Das Gemisch, das einen p_H-Wert von 1,5 zeigt, wird 8–12 Stdn. auf 75° erhitzt. Nach Beendigung des Erhitzens gibt man zur Neutralisation der p-Toluolsulfonsäure 0,5 g Natriumacetat zu. Das entstandene Wasser und geringe Mengen Essigsäure werden durch Erhitzen des Reaktionsgemisches auf 90° (Innentemp.!) bei einem Druck von 12 Torr entfernt. Der Rückstand stellt ein klares viscoses Harz dar, das beliebig lange haltbar ist.

Zur Aushärtung wird dieser viscose harzartige Körper mit Oxalsäure, Schwefelsäure, p-Toluolsulfonsäure oder mit einer anderen starken Säure bis zum p_H-Wert $\leqq$ 3 versetzt, anschließend ausgegossen und 15–25 Stdn. auf 60–80° erhitzt. Man erhält ein glasklares durchsichtiges Kunstharz.

Beispiel 6

Mit Butanol modifiziertes Acrolein-Pentaerythrit-Harz[2]: In 700 g entwässertes Vorkondensat (hergestellt nach Beispiel 5) werden 70 g Butanol eingearbeitet; anschließend erwärmt man die Mischung 2 Stdn. auf 65–70°. Das ausgegossene Reaktionsprodukt wird 20–24 Stdn. bei 75–80° gehärtet; man erhält ein weiches kunstlederartiges Vließ. Anstelle von Butanol können auch 70 g eines Vorlauffettsäuregemisches mit 6–9 Kohlenstoffatomen verwendet werden.

Beispiel 7

Polyadditionsprodukt aus 1,1,1-Tris-hydroxymethyl-propan und Cyclohexandion-(1,4)-bis-[α-methylen-äthylen-ketal][3]:

44,8 g (0,2 Mol) des Ketals

werden mit 17,9 g (0,133 Mol) 1,1,1-Tris-hydroxymethyl-propan auf 60–65° erhitzt. Unter kräftigem Rühren wird die Temp. zunächst auf dieser Höhe gehalten, bis sie durch die einsetzende Reaktion von selbst weiter zu steigen beginnt. Die Schmelze wird dabei unter allmählicher Zunahme der Viscosität zusehends klarer. Zur Vermeidung einer Vergilbung empfiehlt es sich, die Temp. des Reaktionsgemisches nicht über 80° ansteigen zu lassen; gegebenenfalls muß, je nach Größe des Ansatzes, gekühlt werden. Wenn das Harz die gewünschte Viscosität erreicht hat, was bei dem angegebenen Mengenverhältnis nach etwa 10–15 Min. der Fall ist, entfernt man die eingeschlossene Luft durch Anlegen eines Vakuums. Schließlich härtet man etwa 6 Stdn. bei 80° aus und erhält sodann ein völlig farbloses, wasserklares Harz, das sich wie Glas schleifen und polieren läßt.

Beispiel 8

Polyacetal aus 1,5-Pentandiol und dessen Divinyläther[4]: 3 g Divinyläther des 1,5-Pentandiols werden mit 2 g 1,5-Pentandiol gemischt. Nach Zugabe einer Spur Schwefelsäure findet eine starke Wärmeentwicklung statt und in wenigen Min. bildet sich ein sehr viscoses farbloses Produkt. Daß es sich dabei um ein Polyacetal handelt, zeigt die Verseifung mit verd. Salzsäure, bei der Acetaldehyd entsteht.

Beispiel 9

Acroleinharz durch alkalische Kondensation[5]: 200 cm³ frisch im Stickstoffstrom destilliertes Acrolein werden auf 40° erwärmt und dann unter lebhaftem Rühren tropfenweise mit 4 cm³ wäßr. 0,04n Kaliumcarbonatlösung versetzt. Durch Kühlen wird die Temp. auf 35° gehalten. Wenn die Masse viscos zu werden beginnt, was nach 30–60 Min. der Fall ist, gießt man in eine Form aus und kühlt auf 15° ab. Nach 3–4 tägigem Stehen liegt ein klares, farbloses „Polymerisat" vor.

Da die Harze mitunter an dem Gefäßmaterial stark anhaften, ist es empfehlenswert, dieses vorher mit einer Schutzschicht, wie z. B. Paraffin, zu überziehen. Das Polymerisat läßt sich in bekannter Weise thermoplastisch verformen; bei etwa 110° erhält man vollständig durchsichtige homogene Formkörper.

[1] DBP. 870032 (1941), Degussa, Erf.: H. WAGNER; C. **1953**, 6985.

[2] H. SCHULZ u. H. WAGNER, Ang. Ch. **62**, 118 (1950).

[3] DBP. 943260 (1953), Dynamit AG., Erf.: H. ORTH; C. **1957**, 2342.

[4] A. P. 2682532 (1950), DuPont, Erf.: R. L. ADELMANN; Chem. Abstr. **48**, 11841[h] (1954).

[5] DRP. 746901 (1939) $\equiv$ Schwed. P. 102849 (1940), Degussa, Erf.: H. SCHULZ; C. **1942** II, 104.

g) Höhermolekulare Produkte durch dehydrierende Pyrolyse sowie andere Verfahren, welche zu gleichartigen Produkten führen

bearbeitet von

Dr. habil. Richard Wegler

Farbenfabriken Bayer AG., Leverkusen

Erhitzt man *Benzol* in An- oder Abwesenheit von Katalysatoren einige Sekunden auf etwa 800°, so erhält man vorwiegend Biphenyl, ein Prozeß, der technische Bedeutung erlangt hat[1]. Höhermolekulare Polyphenylene (I), die bei diesem technischen Prozeß nur als Nebenprodukte entstehen[2], lassen sich in guter Ausbeute durch Erhitzen von *p-Dichlor-benzol* mit einer Kalium-Natrium-Legierung in Dioxanlösung[3] darstellen.

I

Beim Erhitzen von 4,4′-Dijod-3,3′-dimethyl-biphenyl nach F. Ullmann mit Kupferpulver auf 220–270° entsteht ein Gemisch von *methylsubstituierten* Polyphenylenen[4]. Neben nieder- und höhermolekularen linearen Kondensationsprodukten bilden sich aber stets auch verzweigte Produkte. Polyphenylene mit ähnlichen Eigenschaften erhält man aus dem gleichen Ausgangsmaterial durch Umsetzung mit Natrium oder Magnesium[5].

Höhermolekulare Polyxylylene (III) lassen sich, wie M. Szwarc fand[6] durch Pyrolyse von *p-Xylol* gewinnen. Zu diesem Zweck wird p-Xylol im Vakuum durch Rohre geleitet, die auf etwa 850–950° erhitzt sind. Nach einer Verweilzeit von weniger

---

[1] A.P. 1875317 (1928); 1907498 (1930), Swann Research, Erf.: J. N. Carothers; C. **1933** I, 1199; **1935** I, 1304.
A.P. 1894283 (1928) ≡ DRP. 531005 (1929) Swann Research, Erf.: T. J. Scott; C. **1931** II, 4095.
A.P. 1894266 (1929), Swann Research, Erf.: C. B. Durgin u. R. L. Jenkins; C. **1933** II, 611.
A.P. 1891514 (1930), Swann Research, Erf.: T. E. Warren u. C. B. Durgin; C. **1933** II, 611.
S. a. DRP. 581046 (1929), Federal Phosphorus Co.; Frdl. **19**, 684.
DRP. 584762 (1930), I. G. Farb., Erf.: O. Drossbach u. E. Roell; Frdl. **19**, 929.
DRP. 586878 (1930), I. G. Farb., Erf.: E. Roell; Frdl. **19**, 930.
A.P. 1925784 (1931), Dow Chemical Co., Erf.: W. H. Williams; C. **1935** I, 1304.
A.P. 1938609 (1932), Dow Chemical Co., Erf.: J. H. Reilly; C. **1935** I, 1304.
A.P. 1957988 (1933), I. G. Farb., Erf.: E. Tschunkur u. W. Klein; C. **1935** I, 1303.
[2] BIOS Final Rep. **893**, 12 (1946); **1651**, 73 (1946); **1787** (1947).
CIOS **XXIX** [14], 56 (1945).
[3] G. A. Edwards u. G. Goldfinger, J. Polymer Sci. **16**, 589 (1955).
S.a. G. Goldschmiedt, M. **7**, 40 (1886).
[4] S. Claesson, R. Gehm u. W. Kern, Makromolekulare Chem. **7**, 46 (1951).
[5] W. Kern, R. Gehm u. M. Seibel, Makromolekulare Chem. **15**, 170 (1955).
[6] M. Szwarc, J. chem. Physics **16**, 133 (1948).
S. a. M. Szwarc u. A. Shaw, Am. Soc. **73**, 1379 (1951).
L. A. Errede u. M. Szwarc, Quart. Reviews **12**, 301 (1958).
M. Szwarc, Discuss. Faraday Soc. **2**, 46 (1947).
M. Szwarc, J. Polymer Sci. **6**, 319 (1951).

als einer Sekunde wird das Reaktionsgas abgeschreckt. Die beim Abkühlen entstehenden polymeren Kohlenwasserstoffe zeigen einen sehr hohen Erweichungspunkt ($> 300°$) und sind in den gebräuchlichen organischen Lösungsmitteln bis $150°$ völlig unlöslich (Beispiel 1, S. 628).

Die Bildung der höhermolekularen Kohlenwasserstoffe spielt sich mit großer Wahrscheinlichkeit in der folgenden Weise ab[1-6]:

$$CH_3 \!-\!\langle\bigcirc\rangle\!-\! CH_3 \;\rightarrow\; CH_3 \!-\!\langle\bigcirc\rangle\!-\! CH_2 \cdot \; + \; H \cdot$$

$$CH_3 \!-\!\langle\bigcirc\rangle\!-\! CH_3 \; + \; H \cdot \;\rightarrow\; CH_3 \!-\!\langle\bigcirc\rangle\!-\! CH_2 \cdot \; + \; H_2$$

$$2\, CH_3 \!-\!\langle\bigcirc\rangle\!-\! CH_2 \cdot \;\rightarrow\; CH_3 \!-\!\langle\bigcirc\rangle\!-\! CH_3 \; + \; \Big[\cdot CH_2 \!-\!\langle\bigcirc\rangle\!-\! CH_2 \cdot \;\leftrightarrow\; CH_2 \!=\!\langle\bigcirc\rangle\!=\! CH_2 \Big]$$
$$\text{II}$$

$$n \; \cdot CH_2 \!-\!\langle\bigcirc\rangle\!-\! CH_2 \cdot \;\rightarrow\; \cdot CH_2 \!-\!\langle\bigcirc\rangle\!-\! CH_2 \!-\!\Big[CH_2 \!-\!\langle\bigcirc\rangle\!-\! CH_2 \Big]_{n-2} \!\!\! CH_2 \!-\!\langle\bigcirc\rangle\!-\! CH_2 \cdot$$
$$\text{III}$$

Neben den höhermolekularen Produkten entstehen in geringer Menge auch niedere Polymere, wie z. B. Bi-p-xylylen (IV) und 1,2-Bis-[4-methyl-phenyl]-äthan (V),

die sich durch Dimerisierung des Di- bzw. Monoradikals bilden[2,5,7]. Die Entstehung dieser Produkte spricht für den oben angegebenen Reaktionsmechanismus. Das monomere p-Xylylen (II), das in einer mesomeren Grenzform ein Diradikal und in einer anderen Grenzform ein Chinon-dimethid ist, konnte bisher nicht in Substanz isoliert werden. Es ist aber gelungen, dieses Zwischenprodukt, das in der Gasphase bemerkenswert beständig ist, in gelöster Form abzufangen, indem man das Pyrolysegas schnell in ein geeignetes, auf $-80°$ abgekühltes, intensiv gerührtes organisches Lösungsmittel einleitet[2,8]. Beim Erwärmen der Lösung auf Zimmertemperatur polymerisiert das

[1] M. Szwarc, J. chem. Physics 16, 133 (1948).

[2] L. A. Errede u. M. Szwarc, Quart. Reviews 12, 301 (1958).

[3] M. Szwarc, Discuss. Faraday Soc. 2, 46 (1947); J. Polymer Sci. 6, 319 (1951).

[4] C. J. Brown u. A. C. Farthing, Soc. 1953, 3270.

[5] R. S. Corley u. Mitarbb., J. Polymer Sci. 13, 137 (1954).

[6] J. R. Schaefgen, J. Polymer Sci. 15, 203 (1955).

[7] A. C. Farthing, Soc. 1953, 3261.
  S. a. C. J. Brown, Soc. 1953, 3265.
  L. A. Auspos u. Mitarbb., J. Polymer Sci. 15, 19 (1955).

[8] F. P. 1162769 (1956), M. W. Kellogg Co., Erf.: B. F. Landrum u. L. A. Errede; C. 1959, 16800.
  L. A. Errede u. B. F. Landrum, Am. Soc. 79, 4952 (1957).

Monomere. Über die Copolymerisation dieses Monomeren findet man in der Literatur widersprechende Angaben[1].

Über den Kettenabbruch bei der Polymerisation ist bisher nichts bekannt; es ist aber anzunehmen, daß sich an beide Enden je ein p-Xylyl-radikal addiert:

$$\cdot CH_2 - \langle \rangle - CH_2 - [CH_2 - \langle \rangle - CH_2 -]_n CH_2 - \langle \rangle - CH_2 \cdot \ + 2\ CH_3 - \langle \rangle - CH_2 \cdot \ \rightarrow$$

$$CH_3 - \langle \rangle - CH_2 - [CH_2 - \langle \rangle - CH_2 -]_{n+2} CH_2 - \langle \rangle - CH_3$$

Daß die Pyrolyse von p-Xylol nicht zu Dihydroanthracenderivaten führt,

$$n \cdot CH_2 - \langle \rangle - CH_2 \cdot \ \not\rightarrow$$

konnte durch Lichtabsorptionsmessungen und durch oxydativen Abbau (99,9% Terephthalsäure, 0,1% Isophthalsäure) ausgeschlossen werden[2].

Bei der Pyrolyse des p-Xylols unter den oben genannten Bedingungen bilden sich in geringem Maße auch Methan und Toluol.

Wie bereits oben erwähnt, sind die Poly-p-xylylene in den üblichen organischen Lösungsmitteln unlöslich, und die sulfonierten Produkte lösen sich – im Gegensatz zum sulfonierten Polystyrol – nicht in Wasser[3,4]. Diese und andere Befunde deuten darauf hin, daß die durch Pyrolyse gewonnenen Poly-p-xylylene zumindest geringfügig vernetzt sind, wahrscheinlich infolge einer Radikalbildung an einer Methylengruppe.

Die Ausbeute an Poly-p-xylylenen ist bei einem einmaligen Durchsatz des p-Xylols gering. Sie soll um so besser sein, je höher die Temperatur und je niedriger der Druck und die Kontaktzeit sind. Bei 1150°, 0,8 Torr und 0,008 Sekunden wird ein Umsatz von 26% erreicht[4]. Durch Zusatz von größeren Mengen Chlor (18–37%) soll sich die Ausbeute erhöhen lassen, während Brom und Jod als Inhibitoren wirken[5]. Die Pyrolyse wird manchmal in Gegenwart inerter Trägergase, wie Kohlendioxyd, Wasserdampf oder Stickstoff, durchgeführt (s. Beispiele 1 und 2, S. 628f.).

---

[1] L. A. Errede u. M. Szwarc, Quart. Reviews 12, 301 (1958).
  F. P. 1 162 769 (1956), M. W. Kellogg Co., Erf.: B. F. Landrum u. L. A. Errede; C. 1959, 16 800.
  L. A. Errede u. B. F. Landrum, Am. Soc. 79, 4952 (1957).
  L. A. Errede u. W. R. Pearson, Abstracts of Papers, 138th Meeting of the American Chemical Society, New York 1960, S. 21 T.
  Chem. Engng. News 38, Nr. 39, 52 (1960).
  J. R. Schaefgen, J. Polymer Sci. 15, 203 (1955).
[2] C. J. Brown u. A. C. Farthing, Soc. 1953, 3270.
[3] M. H. Kaufman, H. F. Mark u. R. B. Mesrobian, J. Polymer Sci. 13, 3 (1954).
[4] R. S. Corley u. Mitarbb., J. Polymer Sci. 13, 137 (1954).
[5] A.P. 2 719 131 (1953), DuPont, Erf.: L. A. R. Hall; Chem. Abstr. 50, 1364h (1956).

Außer p-Xylol sind auch andere p-Dimethyl-aromaten, z. B. *1,4-Dimethyl-naph-thalin*[1], *5,8-Dimethyl-chinolin*[1,3], *2-Fluor-* und *2-Chlor-p-xylol*[1,4,5], *1,2,4-Trimethyl-benzol*[4-7] (Beispiel 2, S. 629) und *1,2,4,5-Tetramethyl-benzol*[5-7] durch Pyrolyse in äthylenverknüpfte Polyaromaten überführbar. Vollkommen analog verhalten sich auch *2,5-Lutidin*[1,3] und *2,5-Dimethyl-pyrazin*[1,3,4]. Dagegen ist es bisher nicht gelungen, eine entsprechende Reaktion mit o-Xylol, m-Xylol, 2,5-Dimethyl-furan und 2,5-Dimethyl-anisol durchzuführen[5]. – Zur Herstellung von substituierten Poly-p-xylylenen wird auch empfohlen, zunächst p-Xylol in Gegenwart von Wasserdampf bei etwa 900° zum Bi-p-xylylen zu pyrolysieren, dieses dann unter üblichen Bedingungen zu substituieren und das Substitutionsprodukt bei etwa 550° zu pyrolysieren, worauf sich beim Abkühlen die substituierten Polyxylylene bilden[8].

Bekannt ist auch die Pyrolyse von Methyl-chlormethyl-aromaten zu höhermolekularen Kohlenwasserstoffen, die unter Abspaltung von Chlorwasserstoff erfolgt[9,5]. Die Reaktionsbedingungen sind ähnlich wie bei der Pyrolyse der Dimethylaromaten. Aus *p-Methyl-benzylchlorid* soll das Poly-p-xylylen in einer Ausbeute von 65% entstehen bei einem Umsatz von 40%. Bemerkenswert ist, daß diese Pyrolyse unter Abspaltung von Chlorwasserstoff auch bei ortho-Verbindungen, wie dem o-Methyl-benzylchlorid und dem 3-Methyl-2-chlormethyl-naphthalin, zu höhermolekularen Kohlenwasserstoffen führt. Anstelle der Methyl-chlormethyl-aromaten können auch die entsprechenden quartären Ammoniumhydroxyde, also z. B. (p-Methyl-benzyl)-trimethyl-ammoniumhydroxyd, thermisch zu höhermolekularen Kohlenwasserstoffen zersetzt werden[10]. Die so gewonnenen Produkte sollen weniger vernetzt sein als die durch Pyrolyse der entsprechenden Kohlenwasserstoffe (z. B. p-Xylol) erhaltenen. Interessant ist, daß sich das bei der Pyrolyse von (o-Methyl-benzyl)-trimethyl-ammoniumhydroxyd entstehende o-Xylylen bei niederen Temperaturen (−78° bis 0°) vorwiegend zum Spiro-di-o-xylylen (VI) dimerisiert[11], welches dann seinerseits bei Raumtemperatur in Hexanlösung langsam zu *Poly-o-xylylen* (VII) polymerisiert[12].

Polyxylylene entstehen auch durch Umsetzung von *p-Xylylenchlorid* mit Natrium[13] oder Naphthalinnatrium[5] bzw. durch Wurtzsche Synthese mit *1,2-Bis-[4-brommethyl-phenyl]-äthan*. Die auf diese Weise hergestellten Produkte zeigen praktisch die gleichen Eigenschaften wie die durch Pyrolyse gewonnenen, nur sind die mit Naphthalinnatrium erhaltenen Kohlenwasserstoffe offenbar unvernetzt, denn sie lösen sich sehr

---

[1] M. Szwarc, J. Polymer Sci. **6**, 319 (1951).

[2] Schweiz.P. 274721 (1948), Petrocarbon Ltd., Erf.: M. M. Szwarc; C. **1952**, 3254.

[3] DBP. 888616 (1950; E. Prior., 1949), Petrocarbon Ltd., Erf.: M. M. Szwarc; C. **1953**, 9335.

[4] DBP. 930045 (1952; E. Prior., 1951), Petrocarbon Ltd., Erf.: M. M. Szwarc, A. N. Roper u. H. M. E. Steiner; C. **1955**, 11696.

[5] L. A. Auspos u. Mitarbb., J. Polymer Sci. **15**, 9 (1955).

[6] M. H. Kaufman, H. F. Mark u. R. B. Mesrobian, J. Polymer Sci. **13**, 3 (1954).

[7] DBP. 928735 (1952) ≡ E.P. 718106 (1951), Petrocarbon Ltd., Erf.: M. M. Szwarc u. A. N. Roper; C. **1955**, 10149.

[8] DAS. 1085673 (1957), Union Carbide Corp., Erf.: W. F. Gorham.

[9] A.P. 2836571 (1956), DuPont, Erf.: L. A. R. Hall; Chem. Abstr. **52**, 21244[c] (1958).

[10] A.P. 2757146 (1952), DuPont, Erf.: F. S. Fawcett; Chem. Abstr. **50**, 14268[g] (1956).
E.P. 807196 (1956), DuPont; Chem. Abstr. **53**, 8711[h] (1959).
H. E. Winberg u. Mitarbb., Am. Soc. **82**, 1430 (1960).

[11] L. A. Errede, Am. Soc. **83**, 949 (1961).

[12] L. A. Errede, J. Polymer Sci. **49**, 253 (1961).

[13] C. J. Brown u. A. C. Farthing, Soc. **1953**, 3270.
A. A. Vansheidt u. Mitarbb., J. Polymer Sci. **52**, 179 (1961).
E. P. Melnikova u. Mitarbb., Vysokomolekulyarnye Soedineniya **2**, 1383, 1817 (1960).

schnell in hochsiedenden Lösungsmitteln[1]. Beim Versuch, Polyxylylene durch Friedel-Crafts-Reaktion von β-Phenyl-äthylchlorid aufzubauen, entstehen amorphe Massen, wahrscheinlich weil neben der p-Verknüpfung auch o-Verknüpfung eintritt. Eine weitere Reaktion, die zu höhermolekularen Kohlenwasserstoffen führt, besteht in der Umsetzung von Alkoxymethyl-benzylchloriden mit Magnesium[2,3] (Beispiel 3, S. 629). Bemerkenswert ist, daß diese Reaktion auch mit den ortho-Verbindungen durchführbar ist:

$$X = OCH_3, \ OC_4H_9, \ Cl$$

Auch *1-Chlor-4-brom-butin-(2)* gibt mit Magnesium eine Grignard-Verbindung, die beim längeren Stehen der Lösung mit sich selbst unter Bildung eines Polymerengemisches reagiert[4]:

$$ClCH_2{-}C{\equiv}C{-}CH_2Br \ \xrightarrow{Mg} \ {-}\!\left[CH_2{-}C{\equiv}C{-}CH_2\right]_n\!{-}$$

Ein neuer Typ von linearen, hochmolekularen Kohlenwasserstoffen[5] entsteht beim Erhitzen von *Diphenylmethan* mit Peroxyden im Molverhältnis 1 : 1,2 auf 200°:

---

[1] L. A. Auspos u. Mitarbb., J. Polymer Sci. **15**, 9 (1955).
[2] F. G. Mann u. F. H. C. Stewart, Soc. **1954**, 2826.
[3] E. P. Melnikova u. Mitarbb., Vysokomolekulyarnye Soedineniya **3**, 7 (1961).
[4] W. J. Bailey u. E. J. Fujiwara, J. org. Chem. **24**, 545 (1959).
[5] V. V. Korshak, S. L. Sosin u. V. P. Alekseeva, Doklady Akad. S.S.S.R. **132**, 360 (1960).

40*

Beispiel 1

Pyrolyse von p-Xylol:

In Gegenwart von Wasserdampf[1]: Ein Gemisch aus Wasserdampf und p-Xylol-Dampf im Molverhältnis von 11 : 1, mit einem Gesamtdampfdruck von etwa 10 Torr absolut, wird durch ein auf 900° erhitztes Quarzrohr mit einer solchen Geschwindigkeit geleitet, daß der Dampf dieser Temp. nur etwa 0,08 Sek. ausgesetzt ist. Dann kühlt man das Reaktionsgemisch in einem U-Rohr auf Zimmertemp. ab. Dabei scheidet sich das polymere Produkt als schwammige Masse ab. Nach dem Auswaschen der löslichen Bestandteile mit Aceton wird das Polymere getrocknet.

Im Hochvakuum[3]: In einen 500-cm³-Rundkolben gibt man 100 cm³ p-Xylol, kühlt den Kolben mit Kohlendioxydschnee so ab, daß der Inhalt erstarrt, und evakuiert. Die drei elektrischen Heizmäntel A, B und C (s. Abb. 19) werden angeheizt und innerhalb etwa 1 Stde. auf konstante Temp. ($\pm$ 5°) gebracht. Die Temp. wird mit Thermoelementen bestimmt. Das bewegliche Trockeneisgefäß (10) wird zuerst in die von C entfernteste Endstellung gebracht. Nun wird das Xylol aufgeschmolzen und auf die gewünschte Temp. erhitzt. Der Xyloldampfstrom wird sowohl durch den Hahn (3) als auch durch die Temp. des Kolbens (2) reguliert. Die Pyrolyse erfordert in der folgenden Zeit eine Kontrolle der Temp. von A, B und C und ein stündliches Anpassen des Gefäßes (10) in Richtung auf C. Nach Beendigung der Reaktion wird der Hahn (3) geschlossen, die Heizmäntel und die Vakuumpumpe abgeschaltet und das Kondensationsrohr (9) abgenommen. Das Polymere wird aus dem Rohr (9) entfernt, kurz mit Aceton gewaschen und über Nacht i. Vak. bei 50° getrocknet.

Es wird beobachtet, daß sich ein Teil des Polymeren als weißer opaker Film in dem Teil des Rohres (9) niederschlägt, der dem Heizmantel C am nächsten ist. Der andere Teil des Polymeren setzt sich in dem vom Trockeneisbehälter umgebenen Rohrteil als moosige, durchsichtige makrokrystalline Masse ab.

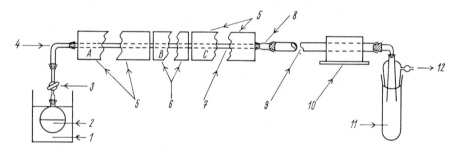

Abb. 19. Apparatur zur Darstellung von Poly-p-xylylen aus p-Xylol im Hochvakuum[2]
1 = temperaturkonstantes Bad, 2 = 500-cm³-Rundkolben, 3 = Hahn (8 mm $\varnothing$), 4 = Pyrex®-Rohr von 20 mm $\varnothing$ und 12 cm Länge, 5 = elektrischer Heizmantel, 30 cm Länge, 6 = elektrischer Heizmantel, 15 cm Länge, 7 = Pyrolyserohr aus Vycor®-Glas, 19 mm $\varnothing$ und 90 cm Länge, mit einem Vycor®-Verbindungsstück 24/40 an jedem Ende, 8 = Pyrex®-Übergangsstück mit einem Verbindungsstück an jedem Ende (24/40 bzw. 34/45), 9 = Pyrex®-Kondensationsrohr, 25 mm $\varnothing$ und 81 cm Länge, 10 = beweglicher Trockeneisbehälter von 10 × 10 × 20 cm, der das Kondensationsrohr umgibt, 11 = Kühlfalle, 12 = Leitung zum Zimmerli-Manometer und zur Vakuumpumpe

Die optimale Temp. für die Pyrolyse von reinem p-Xylol scheint 850–960° zu sein (siehe die Übersicht auf S. 629). Höhere Temp. werden wegen der Glaserweichung unter Vak. nicht angewandt. Die niedrigeren Temp. in A und B sind von geringerem Einfluß.

---

[1] DBP. 930045 (1952; E. Prior., 1951), Petrocarbon Ltd., Erf.: M. M. Szwarc, A. N. Roper u. H. M. E. Steiner; C. **1955**, 11696.

[2] Diese Abbildung ist entnommen aus J. Polymer Sci. **13**, 4 (1954), herausgegeben von Interscience Publ., Inc., New York.

[3] M. H. Kaufman. H. F. Mark u. R. B. Mesrobian, J. Polymer Sci. **13**, 3 (1954).

Im folgenden wird eine Übersicht über verschiedene Versuchsbedingungen für die Pyrolyse von p-Xylol gegeben*.

Temp. des p-Xylols [°C]	Temp. des Heiz- mantels A [°C]	Temp. des Heiz- mantels B [°C]	Temp. des Heiz- mantels C [°C]	Durchsatz- geschwin- digkeit**	eingesetzte Menge [g]	Polymeres [g]	Umsatz [%]
25	560	735	960	4,1	32,9	5,30	16,1
25	560	735	910	7,26	58,1	6,51	11,2
25	550	730	900	5,4	43,2	4,07	9,4
30	200	510	850	8,1	56,8	0,51	0,9

* Der Druck wird konstant auf 1,3 Torr gehalten.
** Durchgesetzte Menge dividiert durch die Versuchsdauer (g/Stde.).

Beispiel 2

Pyrolyse von 1,2,4-Trimethyl-benzol[1]: Ein Kohlendioxydstrom wird unter Atmosphärendruck bei 140° durch 1,2,4-Trimethyl-benzol geleitet, so daß der Partialdruck des letzteren etwa 100 Torr beträgt. Das Dampfgemisch wird dann bei einem Gesamtdruck von 100 Torr so schnell durch ein auf 850° erhitztes Quarzrohr geleitet, daß die Verweilzeit bei dieser Temp. 0,2 Sek. beträgt. Das austretende Gasgemisch wird in einem U-förmigen Rohr umgehend auf Zimmertemp. abgekühlt, wobei sich an der Gefäßwand das Polymere in Form eines gelblichen Filmes abscheidet.

Beispiel 3

Polykondensationsprodukt aus o-Methoxymethyl-benzylchlorid und Magnesium[2]: Eine Lösung von 7 g o-Methoxymethyl-benzylchlorid[3] in 35 cm³ Äther wird langsam zu 1,1 g Magnesium und 5 cm³ Diäthyläther zugetropft. Es tritt glatte Reaktion unter Bildung einer festen weißen Masse ein. Das Reaktionsgemisch wird noch 3 Stdn. unter Rückfluß erhitzt, anschließend abgekühlt, mit Ammoniumchlorid zersetzt und filtriert. Man erhält 2,4 g eines in Äther unlöslichen Produktes.

h) Höhermolekulare Produkte durch Zersetzung von Diazoalkanen

bearbeitet von

Dr. habil. RICHARD WEGLER

Farbenfabriken Bayer AG., Leverkusen

Wie H. Meerwein fand, zerfällt *Diazomethan* in geeigneten organischen Lösungsmitteln unter dem katalytischen Einfluß von Borverbindungen, wie Borsäureestern, Pyroboracetat, Alkylborverbindungen, Borsäurehalogeniden und Borhalogenidätheraten, nahezu quantitativ unter Bildung von Stickstoff und Polymethylen[4] (Beispiel 1, S. 631).

$$n\,CH_2N_2 \rightarrow -(CH_2)_n- + n\,N_2$$

[1] DBP. 928735 (1952) ≡ E.P. 718106 (1951), Petrocarbon Ltd., Erf.: M. M. SZWARC u. A. N. ROPER; C. **1955**, 10149.
[2] F. G. MANN u. F. H. C. STEWART, Soc. **1954**, 2826.
[3] F. G. MANN u. F. H. C. STEWART, Soc. **1954**, 2819.
[4] H. MEERWEIN, Ang. Ch. **60**, 78 (1948).
   S. a. E. BAMBERGER u. F. TSCHIRNER, B. **33**, 956 (1900).
   H. MEERWEIN, H. RATHJEN u. H. WERNER, B. **75**, 1610 (1942).

Offenbar verläuft die Reaktion nach einem ionischen Mechanismus[1,2]: die Katalysatoren gehören zum Typ der Friedel-Crafts-Verbindungen, das Lösungsmittel spielt eine wichtige Rolle, die Reaktion ist empfindlich gegen Feuchtigkeit, wird aber durch Radikalketteninhibitoren nicht gehemmt. Die katalytische Wirksamkeit der Borverbindungen ist um so größer, je geringer die Elektronendichte am Boratom ist, d.h. die Borhalogenide sind am aktivsten[1,3]. Alkohole verzögern die „Polymerisation", Amine können sie ganz unterbinden[1,2,4]. Der Grund ist darin zu suchen, daß sowohl Alkohole wie Amine von Diazoalkanen unter Katalyse mit gewissen Lewissäuren alkyliert werden[5,6].

Das auf die genannte Weise entstehende Hochpolymere hat merkwürdige Eigenschaften: Es stellt eine filtrierpapierähnliche Masse dar, die oberhalb 300° langsam in ein hochkrystallines Polymethylen übergeht, dessen Schmelzpunkt von $\sim 130°$ sich sehr der für geradkettige Paraffine berechneten Konvergenztemperatur[7] (137°) nähert[3,8]. Da das IR-Spektrum keine Methylgruppen erkennen läßt, kann man annehmen, daß dieses Polymethylen unverzweigt[1] und praktisch identisch mit entsprechendem Niederdruckpolyäthylen[9] ist. Die in der Literatur angegebenen Molekulargewichte[3,8,10] liegen zwischen $2 \cdot 10^3$ und $3 \cdot 10^6$. Besonders hochmolekulare Produkte erhält man bei hoher Diazomethankonzentration, niedriger Katalysatorkonzentration und niedriger Temperatur[1].

Außer den genannten Borverbindungen beschleunigen auch feinverteiltes Gold, Kupfer und Kupfersalze, wie z.B. Kupfer-(II)-sulfat, Kupfer-(I)-cyanid und Kupfer-(II)-stearat, die Zersetzung von Diazoalkanen unter Bildung von hochmolekularen Kohlenwasserstoffen. Diese Katalysatoren eignen sich insbesondere zur „Polymerisation" der höheren Diazoalkane, wie *Diazoäthan*[4,11,12] (Beispiel 2, S. 631), *Diazopropan*[11] und *Diazobutan*[4]; aber auch Diazomethan läßt sich mit ihrer Hilfe in hochmolekulares Polymethylen überführen[4,11-13]. Krystallines, isotaktisches Polyäthyliden ist durch Zersetzung von Diazoäthan in ätherischer Lösung mittels feinverteiltem Gold dargestellt worden[14].

Polybenzyliden wurde durch Zersetzung von *Phenyldiazomethan* in Toluol mit Borfluorid-ätherat bei —80° in 80–85%iger Ausbeute erhalten[15].

Aus Gemischen von Diazoalkanen erhält man Copolymere[11,16,17].

[1] C. E. H. Bawn, A. Ledwith u. P. Matthies, J. Polymer Sci. **34**, 93 (1959).
[2] A. G. Davies u. Mitarbb., Pr. chem. Soc. **1961**, 172.
[3] H. Meerwein, Ang. Ch. **60**, 78 (1948); s. a. Dissertation W. Werle, Universität Marburg 1937.
[4] J. Feltzin, A. J. Restaino u. R. B. Mesrobian, Am. Soc. **77**, 206 (1955).
[5] E. Müller, W. Rundel u. H. Huber-Emden, Ang. Ch. **69**, 614 (1957); A. **623**, 34 (1959).
E. Müller u. W. Rundel, Ang. Ch. **70**, 105 (1958).
E. Müller, M. Bauer u. W. Rundel, Z. Naturf. **14**b, 209 (1959).
[6] M. C. Caserio u. Mitarbb., Am. Soc. **80**, 2584 (1958); Tetrahedron **6**, 36 (1959).
C. E. H. Bawn u. A. Ledwith, Chem. and. Ind. **1958**, 1329.
[7] S. dazu H. Mark, J. appl. Physics **12**, 41 (1941).
[8] S. W. Kantor u. R. C. Osthoff, Am. Soc. **75**, 931 (1953).
[9] H. Hoberg u. K. Ziegler, Brennstoffe **39**, 302 (1958).
[10] DBP. 940610 (1954; Am. Prior., 1953), General Electric Co., Erf.: R. C. Osthoff u. S. W. Kantor; C. **1956**, 10344.
[11] G. D. Buckley, L. H. Cross u. N. H. Ray, Soc. **1950**, 2714.
[12] L. C. Leitch, P. E. Gagnon u. A. Cambron, Canad. J. Res. (B) **28**, 256 (1950).
[13] C. E. H. Bawn u. T. B. Rhodes, Trans. Faraday Soc. **50**, 934 (1954).
[14] A. Nasini, J. Polymer Sci. **34**, 106 (1959).
A. Nasini, L. Trossarelli u. G. Saini, Makromolekulare Chem. **44/46**, 550 (1961).
[15] C. E. H. Bawn, A. Ledwith u. P. Matthies, J. Polymer Sci. **33**, 21 (1958).
[16] G. D. Buckley u. N. H. Ray, Soc. **1952**, 3701.
[17] A. P. 2670333 (1952), I. C. I., Erf.: N. H. Ray; Chem. Abstr. **49**, 4004g (1955).

Beispiel 1

Polymethylen durch Zersetzung von Diazomethan mit Borsäure-n-butylester[1]: Zu einer Lösung von 11,6 g Diazomethan in 1,2 *l* Benzol läßt man unter Rühren und Eiskühlung innerhalb von $1^1/_4$ Stdn. eine Lösung von 2 cm³ Borsäure-n-butylester in 20 cm³ Benzol zutropfen. Das gelblich gefärbte pergamentähnliche Polymethylen wird durch Dekantieren vom Benzol getrennt, dann 2 mal mit Benzol und 4 mal mit Äther gewaschen, auf einer Glassinternutsche abgesaugt, getrocknet und nacheinander mit verd. Schwefelsäure, verd. Natronlauge und Wasser gewaschen und im Wasserbad i. Vak. getrocknet; Ausbeute: 91%. Das so erhaltene Polymethylen ist in fast allen Lösungsmitteln unlöslich. Beim Erhitzen auf etwa 370° geht es in ein Polymethylen über, das die Eigenschaften eines n-Paraffins zeigt; Mol.-Gew. $\sim 2 \cdot 10^3$, $D_4^{20} = 0,838$.

Beispiel 2

Polyäthyliden durch Zersetzung von Diazoäthan mit Kupferpulver[2]: Man versetzt eine Lösung von 3,4 g Diazoäthan in 500 cm³ trockenem Äther mit 1 g Kupferpulver, saugt nach 21 Stdn. die klare, farblose Lösung vom Kupfer ab und dampft zur Trockene ein. Nach dem Waschen mit Äthanol und Trocknen bei 100°/3 Torr bleiben 1,5 g (87% d. Th.) eines schwach gelblichen, spröden Harzes zurück; F: 90—100°; D_4^{20}: 0,909; $[\eta]$: 0,088; Mol.-Gew. $5,8 \cdot 10^3$.

i) Polycarbonsäureanhydride

bearbeitet von

Dr. habil. Richard Wegler

Farbenfabriken Bayer AG., Leverkusen

Erhitzt man *Adipinsäure* mit Essigsäureanhydrid oder Acetylchlorid unter Rückfluß, so entsteht nicht das monomere cyclische Adipinsäureanhydrid, sondern man erhält ein **polymeres Adipinsäureanhydrid**, dessen Schmelzpunkt je nach der Arbeitsweise zwischen 70—85° liegt[3,4]. Wahrscheinlich handelt es sich bei dem Polymeren um ein lineares Kettenmolekül, das an den Enden Acetylgruppen trägt. Erhitzt man dieses Polymere im Vakuum über 200°, so destilliert das monomere Anhydrid über, das auf diese Weise erstmals hergestellt wurde[3]. Dieses monomere Anhydrid, das bei etwa 20° erstarrt und bei 100° unter 0,1 Torr siedet, ist aber wenig beständig; schon bei Raumtemperatur — schneller beim Erhitzen — polymerisiert es wieder. Wahrscheinlich wird die Polymerisation durch Spuren Wasser ausgelöst.

Auch *Sebacinsäure* geht bei der Einwirkung von Essigsäureanhydrid in ein polymeres Anhydrid über, und zwar in das sogenannte α-Anhydrid[5] (Molgewicht ~ 5000; F: 79—80°). Dieses α-Anhydrid wandelt sich bei der Moleküldestillation bei über 200° zum Teil in ein noch höheres Polymeres, das ω-Anhydrid, und zum Teil in das 22-gliedrige cyclische dimere Anhydrid, das β-Anhydrid, um. Erhitzt man das β-Anhydrid bis zum Schmelzen, so findet eine Polymerisation zum polymeren γ-Anhydrid statt, das in seinen Eigenschaften dem α-Anhydrid ähnelt.

α-Anhydrid $\xrightarrow[\;>200°\;]{\substack{\text{Molekular-}\\\text{destillation}}}$ ω-Anhydrid   + β-Anhydrid
(Mol.-Gew. ~ 5000)   (Mol.-Gew. > 15000)   (Dimeres)
F: 79—80°   F: 68°

$\big\downarrow \triangledown$

γ-Anhydrid
(polymer)
F: 82°

---

[1] W. Werle, Dissertation, Universität Marburg 1937, S. 47.

[2] G. D. Buckley, L. H. Cross u. N. H. Ray, Soc. **1950**, 2714.

[3] J. W. Hill, Am. Soc. **52**, 4110 (1930).

[4] S. a. G. L. Voerman, R. **23**, 265 (1904).
    E. H. Farmer u. J. Kracovski, Soc. **1927**, 680.

[5] J. W. Hill u. W. H. Carothers, Am. Soc. **54**, 1569, 1579 (1932).

Bei der Molekulardestillation verhält sich das γ-Anhydrid wie das α-Anhydrid, d. h. es geht ebenfalls in ein Gemisch aus β- und ω-Anhydrid über.

Eine praktische Bedeutung haben diese niedrig schmelzenden und leicht hydrolysierenden, rein aliphatischen Polycarbonsäureanhydride nicht erlangt.

Wesentlich höhere Schmelzpunkte und eine bemerkenswerte Beständigkeit gegenüber hydrolysierenden Agentien, wie z.B. 1n Natronlauge, zeigen die von A. Conix[1] hergestellten Polyanhydride aus Bis-arylcarbonsäuren, wie z.B. aus ω,ω'-Bis-[p-(bzw. m)-carboxy-phenoxy]-alkanen (I) oder aus ω,ω'-Bis-[p-carboxy-phenyl]-alkanen (II).

HOOC⟨⟩—O—(CH$_2$)$_n$—O—⟨⟩COOH   HOOC—⟨⟩—(CH$_2$)$_n$—⟨⟩—COOH

n = 1–6   n = 1–6

I   II

Die Bis-arylcarbonsäure wird zunächst durch Erhitzen mit Essigsäureanhydrid in das gemischte Anhydrid aus einem Mol Bis-arylcarbonsäure und zwei Mol Essigsäure übergeführt. Dieses spaltet beim Erhitzen auf 230–240° unter 0,1 Torr Essigsäureanhydrid ab und geht in ein Polyanhydrid der Dicarbonsäure über (s. Beispiel 1, S. 633). Die Schmelzpunkte dieser faserbildenden Polyanhydride liegen etwa zwischen 150–340°.

Erhitzt man *Terephthalsäure* mit Essigsäureanhydrid auf 140°, so entsteht ein niedermolekulares Polyterephthalsäureanhydrid[2] (n $\sim$ 3):

$$\left[-O-\underset{O}{\overset{\|}{C}}-\left\langle\;\right\rangle-\underset{O}{\overset{\|}{C}}-\right]_n$$

Ein höhermolekulares Anhydrid mit n $\sim$ 8,5 erhält man durch Kondensation von Terephthalsäure mit Terephthalylchlorid bei 200–300°. Setzt man Terephthalsäure mit Phthalylchlorid bei $\sim$ 200° um, so entsteht neben Phthalsäureanhydrid und Chlorwasserstoff ein Polyterephthalsäureanhydrid mit einem mittleren Kondensationsgrad von n $\sim$ 33. Wird Terephthalylchlorid mit Phthalsäure auf $\sim$ 265° erhitzt, so erhält man ebenfalls ein höhermolekulares Polyterephthalsäureanhydrid (n $\sim$ 25; s. Beispiel 2, S. 633). Diese Polyterephthalsäureanhydride sind in organischen Lösungsmitteln absolut unlöslich und sind selbst gegen konzentrierte Salzsäure, konzentrierte Salpetersäure und Königswasser beständig. Durch mäßig konzentrierte Natronlauge (bei 60–100°) und durch konzentrierte Schwefelsäure (bei 200°) werden sie zu Terephthalsäure hydrolysiert. Ihre Zersetzungspunkte liegen oberhalb 400°.

Ebenfalls beständiger als die rein aliphatischen Polycarbonsäureanhydride sind die Polyanhydride aus Aralkylcarbonsäuren, wie Benzol-1,4-diessigsäure oder Hydrochinon-O,O'-diessigsäure[3].

[1] A. Conix, J. Polymer Sci. **29**, 343 (1958).

[2] F. A. Henglein u. H. E. Tarrach, Kunststoffe-Plastics **6**, 5 (1959).
    S. a. K. A. Andrianov u. Mitarbb., Vysokomolekulyarnye Soedineniya **2**, 793 (1960). In dieser Arbeit werden auch gemischte Polyanhydride aus Terephthalsäure und Adipinsäure beschrieben.

[3] N. Yoda, Makromolekulare Chem. **32**, 1 (1959).

Beispiel 1

Polyanhydrid aus 1,4-Bis-[p-carboxy-phenoxy]-butan[1]:

Gemischtes Anhydrid aus 1,4-Bis-[p-carboxy-phenoxy]-butan und Essigsäure: Man erhitzt 17 g 1,4-Bis-[p-carboxy-phenoxy]-butan mit 170 cm³ Essigsäureanhydrid unter Rühren zum Sieden und destilliert langsam ein Gemisch aus Essigsäureanhydrid und Essigsäure ab. Nach etwa 1 Stde. ist eine homogene Lösung entstanden. Diese wird auf etwa 60 cm³ eingeengt. Aus der so konzentrierten Lösung scheidet sich in der Kälte eine krystalline Substanz vom F: ∼ 90° ab; Ausbeute: 13 g (61%).

Polyanhydrid aus 1,4-Bis-[p-carboxy-phenoxy]-butan: 13 g des gemischten Anhydrids aus 1,4-Bis-[p-carboxy-phenoxy]-butan und Essigsäure werden i. Vak. unter Durchleiten von Stickstoff durch die Kapillare auf 230° erhitzt. Nach 1 stdg. Erhitzen auf 230–240° bei 0,1 Torr wird bei langsamem Abkühlen ein fadenziehendes, durchscheinendes Harz vom Erweichungspunkt ∼ 200° erhalten. Hieraus hergestellte Fäden lassen sich strecken.

Beispiel 2

Polyterephthalsäureanhydrid[2]: 5,0 g Phthalsäure (0,03 Mol) und 6,1 g Terephthalylchlorid (0,03 Mol) werden in einem Kolben auf 120° erhitzt, wobei das Dichlorid schmilzt und eine lebhafte Chlorwasserstoffentwicklung einsetzt, während gleichzeitig Phthalsäureanhydrid absublimiert und sich im oberen Teil des Kolbens in Form langer Nadeln absetzt. Nach 20 Min. ist der Kolbeninhalt fest geworden. Nach weiteren 20 Min. wird die Temp. auf 265° gesteigert und dann während 30 Min. konstant gehalten. Nach dieser Zeit ist die Chlorwasserstoffentwicklung beendet. Der feste Kolbeninhalt wird pulverisiert, mit 180 cm³ absol. Äther von Phthalsäureanhydrid und Terephthalylchlorid befreit, abfiltriert und mit 100 cm³ 5%iger Natriumcarbonatlösung etwa gebildete Terephthalsäure entfernt. Nach dem Waschen mit konz. Salzsäure und Wasser wird bei 100° getrocknet; Ausbeute: 4,0 g Polyterephthalsäureanhydrid; Zersetzungspunkt: 445° (korr.); Polymerisationsgrad ∼ 25.

k) Furanharze

bearbeitet von

Dr. habil. RICHARD WEGLER

Farbenfabriken Bayer AG., Leverkusen

Unter der Bezeichnung „Furanharze" werden alle höhermolekularen Produkte zusammengefaßt, die aus Furanderivaten gewonnen werden. Als Ausgangsmaterial für technische Produkte kommen bisher nur Furfurylalkohol, Furfurol und neuerdings vielleicht 5-Hydroxymethyl-furfurol[3] in Frage. Zwar sind alle Furanharze dunkel gefärbt, doch zeichnen sie sich in gehärtetem Zustand durch eine hervorragende Widerstandsfähigkeit gegenüber Lösungsmitteln, Säuren und vor allem auch Alkalien aus. Aus diesem Grunde sind die Furanharze für viele Verwendungszwecke interessant[4].

---

[1] Eigene Versuche mit E. REGEL in Anlehnung an das Belg. P. 552044 (1956), Gevaert Photo-Producten N. V.; Chem. Abstr. **54**, 25974[i] (1960).

[2] F. A. HENGLEIN u. H. E. TARRACH, Kunststoffe-Plastics **6**, 5 (1959).

[3] Über 5-Hydroxymethyl-furfurol s. Firmenschrift der Merck & Co., Inc.

[4] Zusammenfassende Übersichten:
H. KAESMACHER, Kunststoff-Rundschau **7**, 77, 117, 265 (1960).
K. KATHPALIA u. R. T. THAMPY, Chem. Age India **9**, 43 (1958).
C. H. SCHMIDT, Ang. Ch. **67**, 317 (1955).
A. J. NORTON, Ind. eng. Chem. **40**, 236 (1948).
C. ELLIS, The Chemistry of Synthetic Resins, S. 517 ff., Reinhold Publ. Corp., New York 1935.
A. P. DUNLOP u. F. N. PETERS, The Furans, Reinhold Publ. Corp., New York 1953; Ind. eng. Chem. **34**, 814 (1942).

Läßt man auf *Furfurylalkohol* in Abwesenheit von Lösungsmitteln starke anorganische Säuren, wie Salzsäure oder Schwefelsäure, einwirken, so findet eine sehr schnell verlaufende, stark exotherme Reaktion statt, die in kurzer Zeit zu einem festen Harz führt. Unter Anwendung schwächerer Säuren, wie Oxalsäure oder Phosphorsäure, als Katalysatoren, kann man die Reaktion auf der Stufe der noch flüssigen Produkte abstoppen; diese sind bei Raumtemperatur mehrere Stunden haltbar, ohne daß sich ihre Viscosität ändert. Mit schwachen Säuren, wie beispielsweise Essigsäure, ist es selbst bei erhöhter Temperatur praktisch unmöglich, eine vollkommene Aushärtung zu erzielen. Am häufigsten werden Mineralsäuren[1,2], Sulfonsäuren[3] und stärkere Carbonsäuren oder Carbonsäureanhydride, wie z. B. Oxalsäure[4,5] oder Maleinsäureanhydrid[4,6], als Katalysatoren verwandt. Aber auch Chlorwasserstoff abspaltende Verbindungen[7], Friedel-Crafts-Katalysatoren[5], aktiviertes Aluminium[8] und Jod[9] werden genannt.

In der Praxis werden die Furfurylalkoholharze in einem Zweistufenverfahren hergestellt. Man kondensiert den Furfurylalkohol zunächst unter milderen Bedingungen, z. B. mit starken Mineralsäuren in verdünnt wäßriger Lösung, bis zu einer bestimmten Viscosität. Diese Vorkondensate werden neutralisiert oder schwach alkalisch gestellt und sind dann beliebig lange haltbar[2]. Die Endvernetzung wird mit geringen Mengen einer starken Säure durchgeführt (s. Beispiel S. 636).

Der Furfurylalkohol gehört ebenso wie der Allyl- und Benzylalkohol zu den hochreaktionsfähigen Hydroxymethylverbindungen, für die eine leichte Verätherung charakteristisch ist. Sicher wird diese Verätherung bei vorsichtiger Behandlung des Furfurylalkohols mit verdünnten Säuren auch zuerst eintreten. Unter etwas energischeren Bedingungen wird aber als konkurrierende Reaktion eine Kondensation mit dem Furankern in α-Stellung zum Sauerstoff ablaufen. Diese Reaktion ist irreversibel, so daß die Äthergruppen allmählich verschwinden. Es liegen hier ähnliche Verhältnisse vor wie bei der sauren Kondensation des Formaldehyds mit Phenolen, wobei Hydroxymethyl-phenole und Bis-hydroxybenzyl-äther Zwischenstufen sind (s. S. 236ff.).

Unter dem Einfluß der Säure bildet sich aus dem Furfurylalkohol zuerst ein resonanzstabilisiertes Carbeniumion (I). Dieses ist sowohl die Vorstufe für die Verätherung (Gl. 1) als auch für die Kernkondensation (Gl. 2) unter Wasserabspaltung. Auf welche Weise die zunächst entstehenden linearen, methylenverknüpften Polykondensationsprodukte bei der Aushärtung in stark vernetzte Produkte übergehen,

---

[1] A. P. 1665237 (1924), Quaker Oats Co., Erf.: J. P. Trickey u. C. S. Miner; Chem. Abstr. **22**, 1783 (1928).

DAS. 1032544 (1957), Spies, Hecker & Co., Erf.: H. Kaesmacher u. F. Jaffé; C. **1959**, 320.

[2] A. P. 2471600 (1944), Haveg Corp., Erf.: W. H. Adams jr. u. H. H. Lebach; Chem. Abstr. **43**, 7751[i] (1949).

H. Kaesmacher, Kunststoff-Rundschau **7**, 266 (1960).

[3] E. P. 549390 (1942), Marathon Paper Mills Co. u. A. F. Burgess; Chem. Abstr. **38**, 814[3] (1944).

A. P. 2813846 (1955), Timber Engineering Co., Erf.: E. Farber u. M. Sciascia; Chem. Abstr. **52**, 3406[g] (1958).

[4] A. P. 2437955 (1944), Owens-Illinois Glass Co., Erf.: H. I. Hersh; Chem. Abstr. **42**, 5263[g] (1948).

A. P. 2432890 (1944), Owens-Illinois Glass Co., Erf.: H. I. Hersh; Chem. Abstr. **42**, 2817[d] (1948).

[5] A. P. 2470394 (1946), Owens-Illinois Glass Co., Erf.: E. Glycofrides; Chem. Abstr. **43**, 6863[i] (1949).

[6] A. P. 2670339 (1952), Dow Chemical Co., Erf.: A. M. Edmunds; C. **1955**, 9210.

[7] A. P. 2345966 (1940), General Electric Co., Erf.: E. F. Fiedler u. G. D. Holmberg; Chem. Abstr. **38**, 4724[9] (1944).

E. P. 587350 (1943), British Thomson-Houston Co.; Chem. Abstr. **42**, 2815[f] (1948).

[8] A. P. 2681896 (1952), E. R. Nielsen; C. **1955**, 6438.

[9] G. Roberti u. D. Dinelli, Ann. Chim. applic. **26**, 321 (1936); Chem. Abstr. **31**, 177[2] (1937).

$$\boxed{O}-CH_2\bar{O}H + H^\oplus \rightleftarrows \boxed{O}-CH_2-\overset{H}{\underset{\oplus}{O}}H \rightleftarrows \boxed{O}-\overset{\oplus}{C}H_2 + H_2O$$
$$I$$

$$\underset{I}{\boxed{O}-\overset{\oplus}{C}H_2} + HOCH_2-\boxed{O} \rightleftarrows \boxed{O}-CH_2-\underset{\oplus}{\overset{H}{O}}-CH_2-\boxed{O} \rightleftarrows \boxed{O}-CH_2-O-CH_2-\boxed{O} + H^\oplus$$

$$(1)$$

$$\downarrow$$

$$\boxed{O}-CH_2-\boxed{O} + CH_2O$$

$$\boxed{O}-\overset{\oplus}{C}H_2 + {}_\ominus\boxed{\overset{\oplus}{O}}-CH_2OH \rightarrow \left[\boxed{O}-CH_2-\underset{H}{\overset{\oplus}{\boxed{O}}}-CH_2OH \right] \rightleftarrows \boxed{O}-CH_2-\boxed{O}-CH_2OH + H^\oplus$$

$$(2)$$

ist noch nicht völlig geklärt. Man nimmt an, daß unter dem Einfluß der starken Säure eine ionische Polymerisation der Doppelbindungen des Furankerns eintritt[1] (II). In der stark sauren Lösung wird ja ein Elektronenpaar am Sauerstoff von dem Proton der zugesetzten Säure beansprucht, so daß der stabile aromatische Zustand des Furans gestört ist und praktisch ein Divinyläther vorliegt.

$$-\boxed{O}-CH_2-\boxed{O}-CH_2-\boxed{O}-CH_2-\boxed{O}-CH_2- \qquad II$$
$$-\boxed{O}-CH_2-\boxed{O}-CH_2-\boxed{O}-CH_2-\boxed{O}-CH_2-$$

Außerdem dürfte der bei der Umwandlung der Ätherbrücke in die Methylenbrücke freiwerdende Formaldehyd durch weitere Kernkondensationen wenigstens teilweise eine Verknüpfung der Ketten über Methylenbrücken bewirken[1,2].

Neuerdings wird empfohlen, niederviscose Furfurylalkoholharze mit Polyaminen, Polyamiden oder Hydrazin zu vernetzen[2].

Eine Modifizierung der Furfurylalkoholharze kann auf mannigfache Weise erfolgen. In manchen Fällen hat es sich als zweckmäßig erwiesen, den Vorkondensaten vor der Aushärtung geringe Mengen Furfurol zuzusetzen, das sich in Form von Furfurylidenbrücken zwischen die einzelnen Ketten einbaut[1]. Mischkondensationen von Furfurylalkohol mit größeren Mengen Furfurol sind mit dem Ziel durchgeführt worden, den Preis der Harze zu senken; allerdings haben die so entstehenden Produkte auch deutlich schlechtere Eigenschaften[3]. Auch Formaldehyd wird manchmal als

[1] H. KAESMACHER, Kunststoff-Rundschau **7**, 77 (1960). Zum Reaktionsmechanismus s. a. A. P. DUNLOP u. F. N. PETERS, Ind. eng. Chem. **34**, 814 (1942).

[2] E. R. NIELSEN, SPE Journal **17**, 678 (1961).

[3] A. P. 1 665 237 (1924), Quaker Oats Co., Erf.: J. P. TRICKEY u. C. S. MINER; Chem. Abstr. **22**, 1783 (1928).
A. P. 2 095 250 (1936), Glidden Co., Erf.: A. J. HEBERER u. W. R. MARSHALL; Chem. Abstr. **31**, 8761[4] (1937).
A. P. 2 333 151 (1942), Kewaunee Manufacturing Co., Erf.: J. A. CAMPBELL; Chem. Abstr. **38**, 1921[1] (1944).
A. P. 2 666 719 (1950), Petrolite Corp., Erf.: K. J. LISSANT; Chem. Abstr. **48**, 4858[h] (1954).
Zahlreiche weitere Patente finden sich bei A. P. DUNLOP u. F. N. PETERS, The Furans, S. 810, Reinhold Publ. Corp., New York 1953.

modifizierende Komponente zugegeben[1]. Formaldehydharze, die noch viel freie Hydroxymethyl- oder Alkoxymethylgruppen enthalten, wie z.B. alkalisch hergestellte Harnstoff-, Melamin- oder Phenol-Formaldehyd-Harze (Resole), reagieren leicht mit Furfurylalkohol unter Verätherung[2]. Im allgemeinen wird bei der technischen Anwendung dieser Reaktion zuerst die Verätherung durchgeführt; in der zweiten Stufe werden dann die Verätherungsprodukte durch Erhitzen, meist in Gegenwart von etwas Säure, vernetzt. Die so gewonnenen Produkte sind durchweg wesentlich heller als die reinen Furfurylalkoholharze. Zahlreiche weitere Modifizierungen von Furfurylalkoholharzen sind in der Literatur beschrieben[3,4].

Ebenso wie Furfurylalkohol verharzt auch *Furfurol* in Gegenwart von Säuren[3,5]. Diese Harze sind jedoch anwendungstechnisch praktisch ohne Interesse, da ihre Eigenschaften wesentlich schlechter sind als die der Furfurylalkoholharze. Von praktischem Interesse sind dagegen die Kondensationsprodukte des Furfurols mit Phenolen (s. S. 212), aromatischen Aminen (s. S. 299), Harnstoff (s. S. 341), Aldehyden und Ketonen (s. S. 419f.).

Furfurylalkoholharz[6]: Zu 100 g Furfurylalkohol gibt man 13,6 g 5 %ige Schwefelsäure und rührt das Ganze intensiv. Die Temp. des Ansatzes steigt innerhalb weniger Min. auf 50°. Sofort werden 10 g Wasser zugerührt, um die Reaktion zu verlangsamen. Die Temp. steigt weiter; bei 70°, 90° und 100° werden ebenfalls je 10 g Wasser zugegeben. Bei 100° läßt man dann die weitere Reaktion ablaufen, wobei durch geringe Wasserzusätze während 10–20 Min. eine Temp.-Steigerung vermieden wird. Nach Erreichung der gewünschten Viscosität unterbricht man die Reaktion durch Zugabe von 50 g Wasser. Zur Stabilisierung gibt man 0,6 g Natriumhydroxyd, gelöst in 3,5 g Wasser, zu. Das viscose Harz setzt sich ab, und die wäßr. Lösung wird abgetrennt. Das Kondensationsprodukt wird i. Vak. bei 125–145° ausdestilliert und stellt eine dunkle Masse dar, die gut haltbar ist. Zur Härtung werden 100 g Harz mechanisch mit 110 g Asbestfaser und 4 g p-Toluolsulfochlorid vermengt und bei 145° verpreßt.

[1] A. P. 2306924 (1939), General Aniline & Film Corp., Erf.: W. ZERWECK, M. SCHUBERT, E. HEINRICH u. P. PINTEN; Chem. Abstr. **37**, 3533[6] (1943).

A.P. 2343972 (1943), Harvel Research Corp., Erf.: M. T. HARVEY; Chem. Abstr. **38**, 3391[8] (1944).

A.P. 2669552 (1951), Atlas Mineral Products Co., Erf.: R. B. SEYMOUR u. R. P. DESCH; C. **1955**, 2974.

A.P. 2670339 (1952), Dow Chemical Co., Erf.: A. M. EDMUNDS; C. **1955**, 9210.

A.P. 2840543 (1953), Quaker Oats Co., Erf.: L. H. BROWN, E. A. REINECK u. P. G. HUETT; Chem. Abstr. **52**, 17812[h] (1958).

[2] A.P. 2335701 (1942), Ellis-Foster Co., Erf.: F. B. ROOT; Chem. Abstr. **38**, 3053[2] (1944).

A.P. 2487394 (1946), Harvel Research Corp., Erf.: R. F. STIERLI; Chem. Abstr. **44**, 2794[g] (1950).

A.P. 2510496 (1946), American Cyanamid Co., Erf.: F. J. CARLIN; Chem. Abstr. **44**, 9725[i] (1950).

Ital. P. 454618 (1950), „Terni" Società per l'industria e l'elettricità, Erf.: D. DINELLI u. R. MOSTARDINI; Chem. Abstr. **45**, 5446[i] (1951).

F.P. 1139136 (1955), Farbw. Hoechst.⁾

[3] A. P. DUNLOP u. F. N. PETERS, The Furans, S. 783ff., Reinhold Publ. Corp., New York 1953.

[4] H. KAESMACHER, Kunststoff-Rundschau **7**, 77 (1960).

[5] A.P. 1682934 (1922), Cutler-Hammer Manufacturing Co., Erf.: L. T. RICHARDSON; C. **1929** I, 2475.

A.P. 2383790 (1941), Harvel Research Corp., Erf.: M. T. HARVEY; Chem. Abstr. **39**, 5369[3] (1945).

[6] A.P. 2471600 (1944), Haveg Corp., Erf.: W. H. ADAMS jr. u. H. H. LEBACH; Chem. Abstr. **43**, 7751[i] (1949).

B. Methoden zur Umwandlung von natürlichen und synthetischen makromolekularen Stoffen

unter Erhaltung der makromolekularen Struktur

I. Allgemeine Hinweise

bearbeitet von

Prof. Dr. Werner Kern

und

Priv.-Doz. Dr. Rolf C. Schulz

Organisch-chemisches Institut der Universität Mainz

a) Einleitung

Bei den üblichen organischen Synthesen sind die Reaktionspartner niedermolekulare Verbindungen. In den folgenden Abschnitten soll gezeigt werden, daß auch eine große Zahl von Reaktionen bekannt ist, bei denen mindestens einer der Partner ein polymerer Stoff ist. Derartige Umsetzungen führen zu einer teilweisen oder vollständigen chemischen Umwandlung der makromolekularen Stoffe. Sie spielen heute eine große Rolle im Gesamtgebiet der makromolekularen Chemie. Besonders in den letzten zehn Jahren wurden solche Reaktionen eingehend untersucht; jedoch sind einige Beispiele für Umsetzungen an Polymeren schon lange bekannt.

Es sei in diesem Zusammenhang auf die Nitrierung von *Cellulose* hingewiesen, die von C. F. Schönbein im Jahre 1846 beschrieben wurde[1]. Er beobachtete die tiefgreifenden Veränderungen der Eigenschaften, die als Folge dieser chemischen Behandlung auftraten, und erkannte auch die praktischen Verwendungsmöglichkeiten.

Weitere Umsetzungen an Polymeren, die nach heutigem Sprachgebrauch als Vernetzungsreaktionen zu bezeichnen sind, stellen u.a. die Vulkanisation des Kautschuks oder die Gewinnung von Kunsthorn durch W. Krische und K. Spitteler im Jahre 1897 dar[2]. Alle diese Umsetzungen wurden damals ohne Kenntnis der Struktur der hochmolekularen Ausgangsstoffe ausgeführt.

Schließlich sei noch auf die von K. Landsteiner im Jahre 1919 im Zusammenhang mit immunchemischen Problemen beschriebene Kupplung von *Proteinen* mit Diazoniumsalzen hingewiesen[3,4]. Es entstehen dabei sogenannte Azoproteine.

---

[1] W. Prandtl, Deutsche Chemiker in der ersten Hälfte des neunzehnten Jahrhunderts, S. 233 ff., Verlag Chemie, Weinheim 1956.
   G. Bugge, Das Buch der großen Chemiker, Bd. I, S. 464, Verlag Chemie, Weinheim, Nachdruck 1955.
[2] DRP. 127942 (1897), Vereinigte Gummiwarenfabriken Harburg-Wien, Erf.: W. Krische u. K. Spitteler.
   M. Siegfeld, Ang. Ch. **17**, 1816 (1904).
[3] K. Landsteiner u. H. Lampl, Bio. Z. **86**, 343 (1918); C **1918** II, 47.
   K. Landsteiner, Bio. Z. **93**, 106 (1919); C **1919** I, 579.
[4] Zusammenfassender Bericht: O. Westphal, Naturwiss. **46**, 51 (1959).

Diese Untersuchungen, die später in vielfältiger Form abgewandelt wurden[1], erbrachten wesentliche Ergebnisse zur Aufklärung der Antigen-Antikörper-Reaktion und der Spezifität der determinanten Gruppen. Besonders diese Reaktionen sind typische Beispiele für gezielte Umsetzungen an Makromolekülen, und zwar an den sehr empfindlichen Eiweißstoffen.

Die grundlegenden Arbeiten H. Staudingers über Cellulose und Kautschuk[2] und die Gewinnung synthetischer Polymerer (wie z.B. der Polyoxymethylene)[3] führten in den zwanziger Jahren zur Konzeption der *Makromoleküle*. Diese Vorstellungen waren zwar zunächst sehr umstritten, erwiesen sich aber als richtig und für die weitere Entwicklung als außerordentlich fruchtbar. Im Zusammenhang mit diesen Untersuchungen wurden viele Umsetzungen an makromolekularen Stoffen ausgeführt und als Beweis für die makromolekulare Struktur herangezogen. Dazu mußten die Reaktionsbedingungen so gewählt werden, daß keine Veränderung des Polymerisationsgrades eintritt.

Als die synthetischen Polymeren im Laufe der weiteren Entwicklung aber vorwiegend als Werkstoffe, Faserstoffe, Lacke usw. eingesetzt wurden, konzentrierten sich die Untersuchungen auf die Synthese neuer Ausgangsstoffe, die Erforschung und Verbesserung der Polymerisations- und der Polykondensationsverfahren sowie auf die physikalischen und physikalisch-chemischen Eigenschaften der Polymeren. Man war bestrebt, möglichst beständige, also reaktionsträge Polymere zu erhalten oder sie gegebenenfalls durch besondere Zusätze (Stabilisatoren) gegen chemische Einflüsse aller Art (Licht, Sauerstoff, Säuren usw.) widerstandsfähig zu machen.

Erst in den letzten Jahren traten wissenschaftliche Untersuchungen, die sich mit reaktionsfähigen Polymeren und ihren Umsetzungen befassen, stärker in den Vordergrund[4]. Dazu war erforderlich, einerseits Polymere zu gewinnen, deren Makromoleküle reaktive Gruppen enthalten, und andererseits Methoden und Reaktionen zu finden, welche es gestatten, an den bekannten natürlichen oder synthetischen Polymeren definierte Umsetzungen auszuführen.

Um das Thema sinngemäß einzuschränken, sollen sich die folgenden Ausführungen nur auf solche organische Stoffe beziehen, die makromolekular im Sinne der Staudingerschen Definition[5] sind. Dabei werden sowohl natürliche als auch synthetische Polymere behandelt, jedoch nur solche Umsetzungen, bei denen kein vollständiger Abbau der Makromoleküle eintritt. Nicht besprochen werden also z.B. die Ozonolyse von Kautschuk oder die Solvolyse von Polyestern oder Polyamiden. Tritt

---

[1] O. Westphal in B. Flaschenträger u. E. Lehnartz, Physiologische Chemie, Bd. II/2b, S. 900, Springer Verlag, Berlin–Göttingen–Heidelberg 1957.

[2] H. Staudinger, Die hochmolekularen organischen Verbindungen. Kautschuk und Cellulose, Verlag Springer, Berlin 1932 (Nachdruck 1960).

[3] H. Staudinger, Helv. 8, 67 (1925).
    H. Staudinger u. Mitarbb., A. 474, 145 (1929).

[4] W. Kern u. R. C. Schulz, Ang. Ch. 69, 153 (1957).
    W. Kern, Ch. Z. 82, 71 (1958); Collect. czechoslov. chem. Commun. 22, 126 (1957).
    W. Kern, R. C. Schulz u. D. Braun, Ch. Z. 84, 385 (1960); J. Polymer Sci. 48, 91 (1960);
    R. C. Schulz u. I. Löflund, Ang. Ch. 72, 771 (1960).
    G. Smets, Ang. Ch. 67, 57 (1955); Makromolekulare Chem. 34, 190 (1959).
    R. Hart, Ind. chim. belge 23, 251 (1958).
    D. Braun, Ang. Ch. 73, 197 (1961).

[5] H. Staudinger, Organische Kolloidchemie, 3. Aufl., S. 18, 33, Verlag Vieweg & Sohn, Braunschweig 1950; zur Nomenklatur vgl. auch ds. Handb., Bd. XIV/1, Kap. Nomenklatur und Terminologie makromolekularer Stoffe, S. 1.

bei den Umsetzungen an Hochpolymeren eine wesentliche Molekülvergrößerung ein, so werden die Reaktionen nur soweit beschrieben, als keine weitgehende Vernetzung eintritt. Technologische Prozesse wie die Vulkanisation des Kautschuks oder andere, z.B. durch energiereiche Strahlung bewirkte Vernetzungsreaktionen werden nicht besprochen. Umsetzungen an reaktionsfähigen Endgruppen werden nur insoweit abgehandelt, als sie zur Verknüpfung von Makromolekülen und zur Herstellung von Pfropf- und Blockcopolymeren führen.

Die Darstellungs- und Reinigungsverfahren makromolekularer Stoffe werden in anderen Abschnitten dieses Handbuchs behandelt[1]. Bezüglich der Bedeutung der Grundbegriffe sei auf die Buchliteratur und die Nomenklaturvorschläge für das Gebiet der makromolekularen Chemie verwiesen[2].

In diesem allgemeinen Abschnitt kann nur eine kleine Auswahl von Originalarbeiten zitiert werden. Weitere Literatur findet sich bei den speziellen Beispielen.

b) Zweck chemischer Umsetzungen an makromolekularen Stoffen

Die Ziele, die bei der Untersuchung chemischer Umsetzungen an Polymeren verfolgt werden, können sehr verschiedenartig sein; dementsprechend sind auch die gewählten Ausgangsstoffe, die Verfahren und die Arbeitsweisen sehr unterschiedlich. Nach dem derzeitigen Stand zeichnen sich die folgenden fünf Gebiete ab, die mit Hilfe der verschiedensten Reaktionen bearbeitet werden.

1. Polymeranaloge Umsetzungen als Beweis für die makromolekulare Struktur[3]

Führt man eine chemische Umsetzung an einem Polymeren in der Weise aus, daß kein erkennbarer Abbau eintritt, also der Polymerisationsgrad vor und nach der Reaktion der gleiche ist, so liegt eine *polymeranaloge* Umsetzung vor[4,5]. Um diese Entscheidung treffen zu können, ist es erforderlich, daß man sowohl für das Ausgangs- als auch das Endprodukt das Molekulargewicht bestimmen kann.

In vielen Fällen wird man sich hierzu viscosimetrischer Methoden bedienen[6]. Meistens ist die Viscositätszahl des Reaktionsproduktes nicht gleich der des Ausgangsproduktes, auch dann nicht, wenn beide im gleichen Lösungsmittel löslich sind, weil hierbei die chemische Natur der Substituenten und ihr Einfluß auf die Molekülgestalt eine Rolle spielen. Entsteht ein dialysierbarer, niedermolekularer Stoff, dann kann entweder bei der Reaktion ein Abbau erfolgt sein, oder aber das Aus-

---

[1] Vgl. ds. Handb., Bd. XIV/1; Kap. I, S. 56ff., 68ff.; Kap. II, S. 133ff.; Kap. III, S. 561ff.

[2] M. L. Huggins u. O. Kratky, Makromolekulare Chem. **9**, 195 (1953); J. Polymer Sci. **8**, 257 (1952).
  H. Staudinger, Makromolekulare Chem. **9**, 221 (1953).
  F. A. Henglein, Makromolekulare Chem. **1**, 70 (1947); **10**, 89 (1953).
  G. Natta u. F. Danusso, J. Polymer Sci., **34**, 3, 13 (1959).
  Vgl. ds. Handb., Bd. XIV/1, Kap. Nomenklatur und Terminologie makromolekularer Stoffe, S. 1ff.; Makromolekulare Chem. **38**, 1 (1960).

[3] H. Staudinger, Organische Kolloidchemie, 3. Aufl., S. 105, Verlag Vieweg & Sohn, Braunschweig 1950.

[4] H. Staudinger u. H. Scholz, B. **67**. 84 (1934).

[5] W. Kern u. H. Kämmerer in R. Houwink, Chemie und Technologie der Kunststoffe, 3. Aufl., Bd. I, S. 75, Akademische Verlagsgesellschaft Geest & Portig, Leipzig 1954.

[6] H. Staudinger, Organische Kolloidchemie, 3. Aufl., S. 109, Verlag Vieweg & Sohn, Braunschweig 1950.

gangsprodukt bestand nicht aus Makromolekülen, sondern beispielsweise aus Micellen. Kann man aber die betreffende Reaktion rückgängig machen, so daß man das Ausgangsprodukt wieder zurückerhält, und hat dieses die gleichen Viscositätszahlen wie zuvor (wenn möglich in mehreren Lösungsmitteln bestimmt), so ist damit bewiesen, daß eine polymeranaloge Umsetzung durchgeführt wurde, auch wenn keine absolute Molekulargewichtsbestimmung ausgeführt wurde. Weiterhin folgt daraus, daß es sich um einen makromolekularen Stoff handelt. Gegebenenfalls wird man den Reaktionscyclus wiederholen oder mit Hilfe anderer Reaktionen am gleichen Polymeren nachprüfen.

Derartige polymeranaloge Umsetzungen wurden erstmalig und systematisch von H. Staudinger[1] durchgeführt und die angedeuteten Schlußfolgerungen als Beweis für die Existenz von Makromolekülen verwendet.

Der Aufbau z.B. der Cellulose, der Stärke und des Kautschuks aus Makromolekülen steht auf Grund dieser Untersuchungen zweifelsfrei fest. Polymeranaloge Umsetzungen und die daraus abzuleitenden Schlußfolgerungen sind aber auch heute noch wichtig, wenn es sich darum handelt, die makromolekulare Struktur eines Stoffes mit chemischen Methoden zu beweisen. Es ist auch in Zukunft nicht nur bei neu entdeckten Naturstoffen, sondern auch bei synthetischen Stoffen unerläßlich, von Fall zu Fall zu prüfen, ob sie aus Makromolekülen aufgebaut sind. Unlöslichkeit, Nichtkrystallisierbarkeit oder schmierige Beschaffenheit sind keinesfalls ausreichende Kriterien, um einen unbekannten Stoff als polymer bezeichnen zu können[2].

2. Strukturaufklärung natürlicher und synthetischer makromolekularer Stoffe

Wenn die Struktur eines niedermolekularen Stoffes aufgeklärt werden soll, wird man unter anderem mit möglichst spezifischen Reaktionen auf das Vorhandensein funktioneller Gruppen prüfen. Prinzipiell in der gleichen Weise geht man auch bei Polymeren vor, um die durch physikalische Messungen ermöglichten Aussagen mit chemischen Methoden zu bestätigen oder zu ergänzen. Besondere Beweiskraft gewinnt die Strukturaufklärung, wenn es gelingt, ein unbekanntes Polymeres durch eine chemische Umsetzung in ein bekanntes Polymeres überzuführen. Allerdings treten hierbei oft Schwierigkeiten auf, die z.T. auf dem unvollständigen Umsatz beruhen und z.T. auf die besonders schwierige Identifizierbarkeit von Polymeren zurückzuführen sind. Makromolekulare Stoffe sind bekanntlich nicht rein und einheitlich im Sinne der klassischen Chemie; sie sind polymerhomologe Gemische. Zu ihrer Identifizierung genügt deshalb nicht die Angabe einer kleinen Anzahl von Stoffkonstanten wie z.B. Schmelzpunkt, Dichte, Brechungsindex. Diese Angaben sind nur für chemisch einheitliche niedermolekulare Stoffe charakteristisch. Bei Polymeren hängen diese und andere physikalische Eigenschaften von der Molekülgröße, der Molekülgrößenverteilung, der Krystallinität und damit von den Herstellungsbedingungen und der Nachbehandlung ab.

In manchen Fällen verzichtet man auf die präparative Gewinnung des polymeren Reaktionsproduktes und verfolgt die betreffende Reaktion an den Polymeren kinetisch[3]. Durch Vergleich mit entsprechenden Reaktionen an niedermolekularen

[1] H. Staudinger u. H. Scholz, B. 67, 84 (1934).
[2] H. Staudinger u. K. Wagner, Makromolekulare Chem. 11, 79 (1953).
[3] G. Smets, Makromolekulare Chem. 34, 190 (1959); Ang. Ch. 74, 337 (1962).

Stoffen gelingt es dann, mit Hilfe dieser sogenannten *kinetischen Analyse*[1] Aussagen über die Struktur des Polymeren zu machen.

Chemische Umsetzungen zum Zwecke der Strukturaufklärung sind vor allen Dingen bei natürlichen makromolekularen Stoffen unerläßlich, da man hier die Grundbausteine und ihr Verknüpfungsprinzip von vornherein nicht kennt. Aber auch bei synthetischen Polymeren sind sie wichtig, obwohl man selbstverständlich aus der Kenntnis der Ausgangsstoffe und der Bildungsweise bestimmte Aussagen über den Aufbau der Molekülketten machen kann. In diesen Fällen kommt es darauf an, die aus der Synthese gefolgerten Voraussagen zu bestätigen, eventuell vorhandene Fehlstellen im Aufbau zu erkennen, die Endgruppen zu bestimmen usw.[2] Insbesondere nach der Entdeckung der sterisch geordnet aufgebauten Polymeren ergeben sich neue Aufgaben für die Strukturaufklärung mittels chemischer Reaktionen[3].

3. Quantitative Bestimmung der Grundbausteine und die Analyse makromolekularer Stoffe

Nachdem die Anwesenheit bestimmter Gruppierungen in einem polymeren Stoff qualitativ festgestellt ist, ergibt sich zumeist auch die Frage nach der Menge dieser Gruppen. Im allgemeinen ermöglichen erst quantitative Angaben genaue Aussagen über den Aufbau und über den Reaktionsmechanismus, der zur Bildung des Polymeren führte. Insbesondere zur Berechnung von Copolymerisationsparametern oder bei Endgruppenuntersuchungen sind quantitative Bestimmungen notwendig. Obwohl man sich hierzu häufig physikalischer, vor allem spektroskopischer Methoden bedient, ist es oft unerläßlich, auch chemische Verfahren heranzuziehen; dies geschieht, um die physikalische Bestimmung zu eichen oder durch ein unabhängiges Verfahren zu bestätigen. Hinweise zur Analyse makromolekularer Stoffe siehe S. 657.

Die Elementaranalyse ist nur brauchbar, wenn sich die prozentuale Zusammensetzung des polymeren Reaktionsproduktes deutlich vom Ausgangsprodukt unterscheidet (s. S. 658). Aussagen über die Bindungsart der Atome oder Atomgruppierungen sind auf Grund dieser Analysen nicht möglich. In den meisten Fällen ist es daher erforderlich, gruppenspezifische Reaktionen auszuführen, z.B. Verseifungen, Acylierungen, Hydrierungen, Oxydationen usw. Hierbei handelt es sich dann wiederum um typische Reaktionen an Polymeren, auch dann, wenn bei der Aufarbeitung ein mehr oder weniger weitgehender Abbau dieser Polymeren erfolgt. Beispiele für diese Art von Analyse sind: *Acetylgruppenbestimmungen* in Vinylacetatcopolymeren[4], *Methoxygruppenbestimmungen* in Methylcellulose[5], *Carbonylgruppenbestimmungen* in

[1] I. M. Kolthoff u. Mitarbb., J. Polymer Sci. **2**, 199, 206, 220 (1947).
  E. Eimers, A. **567**, 116 (1950).
  G. Salomon u. Mitarbb., Rubber Chem. Technol. **23**, 447 (1950); C. **1951** I, 1603.
  G. J. van Amerongen u. Mitarbb., J. Polymer Sci. **5**, 639, 653 (1950).
[2] Vgl. ds. Handb., Bd. XIV/1, Kap. Allgemeines zur Polymerisation in Substanz und in Lösung, S. 116.
[3] G. Smets, Makromolekulare Chem. **34**, 190 (1959); Ang. Ch. **74**, 337 (1962).
  H. Morawetz u. E. Gaetjens, J. Polymer Sci. **32**, 526 (1958).
  F. J. Glavis, J. Polymer Sci. **36**, 547 (1959).
  G. Natta, G. Mazzanti, G. F. Pregaglia u. M. Binaghi, Makromolekulare Chem. **44/46**, 537 (1961).
[4] G. M. Kline, Analytical Chemistry of Polymers, Interscience Publ. Inc., New York 1959.
[5] G. M. Kline, Analytical Chemistry of Polymers, Tl. 1, S. 106, Interscience Publ. Inc., New York 1959.

Lignin, Cellulose[1] oder perjodatoxydierten Polysacchariden[2], Bestimmung der endständigen *Amino-* und *Carboxygruppen* in Polypeptiden[3] usw.

Wie im nächsten Abschnitt erörtert werden soll, verlaufen aber Reaktionen an Polymeren nicht immer vollständig. Wenn daher eine solche Umsetzung zur analytischen Bestimmung von charakteristischen Gruppen angewandt wird, ist vorher sorgfältig zu prüfen, ob und unter welchen Bedingungen diese Reaktion quantitativ verläuft.

Wurden die optimalen Reaktionsbedingungen an einem reinen Polymeren geprüft, kann die Methode auch angewandt werden, um dieses Polymere im Gemisch mit anderen Stoffen (Weichmacher, Füllstoffe, Pigmente, Stabilisatoren usw.) zu bestimmen. Derartige Fragestellungen treten häufig bei technischen Produkten auf[4].

4. Abwandlung bekannter und Synthese neuer makromolekularer Stoffe

Viele Reaktionen an Polymeren werden mit dem Ziel ausgeführt, neue makromolekulare Stoffe zu gewinnen.

Wohlbekannte Beispiele hierfür sind die Acylierungen und Alkylierungen von Cellulose, die partielle oder vollständige Verseifung von Polyvinylacetat usw.

Neuerdings werden Umsetzungen an Makromolekülen auch zur Synthese von Block- und Pfropfcopolymeren verwendet[5]. Diese Verfahren beruhen darauf, daß man ein Polymeres herstellt, das an den Endgruppen oder entlang der Hauptkette reaktionsfähige Gruppen enthält, an die andere Makromoleküle angeknüpft werden können[6]. Man kann auch so vorgehen, daß man solche Gruppen in die Makromoleküle einführt, die unter geeigneten Bedingungen die Polymerisation nachträglich zugesetzter Monomerer auslösen[7].

Besondere Bedeutung erlangen chemische Umsetzungen an Polymeren noch dadurch, daß es mit ihrer Hilfe möglich ist, auch solche makromolekulare Stoffe zugänglich zu machen, die auf andere Weise nicht erhältlich sind. Zum Beispiel kann man durch derartige Reaktionen *Polyvinylalkohol, Polyvinylamin*[8] oder *Polyacrylsäurehydrazid*[9] gewinnen, obwohl die entsprechenden Monomeren nicht bekannt sind. Es ist auch möglich, daß man das dem gewünschten Polymeren zugrundeliegende

---

[1] J. Gierer u. S. Söderberg, Acta chem. scand. **13**, 127 (1959).
  H. Stübchen-Kirchner, Öst. Chemiker-Ztg. **61**, 132 (1960).
[2] J. C. Rankin u. C. L. Mehltretter, Anal. Chem. **28**, 1012 (1956).
  B. T. Hofreiter, B. H. Alexander u. I. A. Wolff, Anal. Chem. **27**, 1930 (1955).
[3] T. Kauffmann u. F. P. Boettcher, A. **625**, 123 (1959).
[4] G. M. Kline, Analytical Chemistry of Polymers, Interscience Publ. Inc., New York 1959.
  D. Hummel, Kunststoff-, Lack- und Gummianalyse, C. Hanser Verlag, München 1958.
[5] Vgl. ds. Handb., Bd. XIV/1, Kap. I, S. 110, Kap. II, S. 390, Kap. III, S. 822, 1118.
  R. Hart, Ind. chim. belge **21**, 1053, 1193, 1309 (1956); **22**, 39 (1957).
  R. J. Ceresa, Block and Graft Copolymers, Butterworths, London 1962.
  D. J. Metz u. R. B. Mesrobian, J. Polymer Sci. **16**, 345 (1955).
  W. J. Burlant u. A. S. Hoffman, Block and Graft Polymers, Reinhold Publ. New York 1960.
[6] H. W. Melville, F. W. Peaker u. R. L. Vale, Makromolekulare Chem. **28**, 140 (1958).
[7] M. H. Jones, H. W. Melville u. W. G. P. Robertson, Nature **174**, 78 (1954).
  A. Chapiro, Ind. Plast. mod., Februar **1957**, 36; J. Polymer Sci. **34**, 439 (1959).
  D. Ballantine, A. Glines, G. Adler u. D. J. Metz, J. Polymer Sci. **34**, 419 (1959).
[8] R. Hart, Makromolekulare Chem. **32**, 51 (1959).
[9] W. Kern, T. Hucke, R. Holländer u. R. Schneider, Makromolekulare Chem. **22**, 31 (1957).

Monomere zwar kennt, es aber nicht polymerisieren kann (z. B. Vinylhydrochinon[1]). In solchen Fällen wird man die polymerisationshemmenden Gruppen des Monomeren maskieren und nach der Polymerisation in dem Polymeren regenerieren.

5. Synthese von Austauscherharzen

Wenn man makromolekulare Stoffe als Kunststoffe verwenden will, wird man bestrebt sein, möglichst reaktionsträge Polymere einzusetzen. Demgegenüber benötigt man als Austauscherharze Polymere mit sehr reaktionsfähigen Gruppen. Nicht immer kann man die Ausgangssubstanzen so wählen, daß bei der Polymerisation, Polykondensation oder Polyaddition ein Austauscherharz mit den erforderlichen Eigenschaften (Austauschkapazität, Korngröße, Porosität, mechanische Festigkeit, Unlöslichkeit, geringe Quellbarkeit usw.) entsteht. In vielen Fällen ist man genötigt, in ein geeignetes Polymeres durch nachträgliche Reaktionen die erforderlichen Gruppen in der gewünschten Menge einzuführen. Ein bekanntes Beispiel hierfür ist die Sulfonierung von vernetztem *Polystyrol* zur Gewinnung eines stark sauren Kationenaustauschers. Man kann in Polymere auch basische Gruppen einführen, um Anionenaustauscher zu erhalten.

Im Verlaufe der weiteren Entwicklung erhielt man auch solche Austauscher, die selektiv wirken und spezifische Trennungen bei Ionengemischen ermöglichen. Meist verwendet man hierzu Polymere, die komplexbildende Gruppierungen tragen[2].

Man kann heute auch Austauscher herstellen, die aus Gemischen *organischer Verbindungen* bestimmte Komponenten abzutrennen gestatten, z. B. Polysaccharide[3] oder Carbonylverbindungen[4] von anderen Neutralstoffen oder optische Antipoden aus Racematen[5]. Zur Synthese derartiger Austauscher wurden in jüngster Zeit viele Umsetzungen an Polymeren studiert[6].

In diesem Zusammenhang sei auch auf bestimmte Präparationsmethoden für Chromatographiepapiere oder Cellulosepulver hingewiesen. Sie bestehen häufig in einer partiellen chemischen Umwandlung der *Cellulose* (z. B. der Einführung von Acetyl-, Carboxygruppen[7] oder basischen Gruppen[8]) mit dem Ziel, die chromatographische Trennwirkung zu verbessern.

[1] M. EZRIN, J. H. UPDEGRAFF u. H. G. CASSIDY, Am. Soc. **75**, 1610 (1953).

[2] H. DEUEL u. Mitarbb., Experientia **10**, 137 (1954); Chimia **9**, 49 (1955).
 E. BAYER, B. **90**, 2785 (1957).
 E. JENCKEL u. H. v. LILLIN, Kolloid-Z. **146**, 159 (1956).

[3] H. DEUEL u. Mitarbb., Chimia **11**, 311 (1957); **12**, 150 (1958).

[4] W. KERN, T. HUCKE, R. HOLLÄNDER u. R. SCHNEIDER, Makromolekulare Chem. **22**, 39 (1957).

[5] J. F. BUNNETT u. J. L. MARKS, Am. Soc. **74**, 5893 (1952).
 N. GRUBHOFER u. L. SCHLEITH, Naturwiss. **40**, 508 (1953); H. **296**, 262 (1954).
 V. O. G. KLINGMÜLLER u. G. GEDENK, Nature **179**, 367 (1957).

[6] G. MANECKE u. H. HELLER, Ang. Ch. **72**, 523 (1960).
 G. MANECKE u. S. SINGER, Makromolekulare Chem. **39**, 13 (1960).
 G. MANECKE u. G. GÜNZEL, Makromolekulare Chem. **51**, 199 (1962).
 H. G. CASSIDY u. Mitarbb., J. org. Chem. **25**, 416 (1960); J. Polymer Sci. **56**, 83 (1962).

[7] Vgl. ds. Handb., Bd. II, Kap. Chromatographische Analyse, S. 886.
 W. LAUTSCH, G. MANECKE u. W. BROSER, Z. Naturf. **8**b, 232 (1953).

[8] A. O. JAKUBOVIC, Nature **184**, 1065 (1959).
 G. SEMENZA, Helv. **43**, 1057 (1960).
 E. A. PETERSON u. H. A. SOBER in Biochemical Preparations, Bd. VIII, S. 39, 43, 45, 47, J. Wiley & Sons, New York 1961.

c) Die makromolekularen Reaktionspartner

Der makromolekulare Reaktionspartner kann natürlicher oder synthetischer Herkunft sein. Im ersteren Fall sind die zur Umsetzung verfügbaren Gruppen nach Art und Zahl durch die chemische Natur der Makromoleküle von vornherein festgelegt. Bei der Cellulose kann man z. B. Reaktionen an einzelnen Hydroxygruppen oder an der 2,3-Diol-Gruppierung ausführen; bei den Polygalakturonsäuren können Hydroxy- und Carboxygruppen, beim Kautschuk und anderen Polyprenen Kohlenstoff-Kohlenstoff-Doppelbindungen oder aktivierte Methylengruppen für chemische Umsetzungen herangezogen werden. Voraussetzung ist, daß die betreffende Reaktion nicht zum Abbau der Molekülketten führt.

Auch synthetische Polymere können als Reaktionspartner für Umsetzungen dienen. In diesem Falle ergibt sich durch die Synthese eine große Variationsmöglichkeit bezüglich des Molekulargewichtes sowie der Art und Anzahl der reaktiven Gruppen pro Makromolekül. Zur Synthese von Polymeren mit reaktiven Gruppen können alle bekannten Polyreaktionen (Polykondensation, Polyaddition und Polymerisation) angewandt werden[1,2]. Als Einschränkung gilt, daß nur Ausgangsstoffe mit solchen reaktiven Gruppen gewählt werden können, die bei der betreffenden Polyreaktion nicht störend wirken. Auch hier muß die chemische Struktur der Hauptkette so beschaffen sein, daß die nachfolgende Umsetzung nicht zu einem Abbau führt.

Es gibt eine Reihe von Untersuchungen, die sich mit Umsetzungen an Polykondensaten befassen, z. B. Reaktionen an den phenolischen Hydroxygruppen molekular-einheitlicher Phenol-Formaldehyd-Kondensate[3], Hydrierungen[4] und Isomerisierungen[5] an den Doppelbindungen von Maleinsäure- oder Fumarsäure-Diol-Polyestern, Reaktionen an den NH-Gruppen von Polyamiden[6]. Die weitaus meisten Untersuchungen befassen sich aber mit Umsetzungen an Homo- und Copolymerisaten von *Vinyl-*, *Vinyliden-*, *Acryl-* und *Methacryl*-Derivaten. Der Vorteil bei diesen Polymeren ist, daß die Molekülketten nur Kohlenstoff-Kohlenstoff-Bindungen enthalten und daher gegen Abbaureaktionen nicht so empfindlich sind wie die Heteroketten der meisten Polykondensate.

Um Polymerisate mit reaktiven Gruppen zu erhalten, kann man sich folgender Methoden bedienen:

Man geht von einem Polymeren aus, das die gewünschten reaktionsfähigen Gruppen noch nicht enthält, und führt diese erst nachträglich durch eine entsprechende Reaktion ein. Beispiele sind die Nitrierung, Sulfonierung, Halogenierung oder Chlormethylierung von *Polystyrol*[7], die Sulfochlorierung von *Poly-*

---

[1] Vgl. ds. Handb., Bd. XIV/1, Kap. Nomenklatur und Terminologie makromolekularer Stoffe, S. 6.

[2] W. Kern in P. Karrer, Lehrbuch der organischen Chemie, 13. Aufl., S. 790 ff., Thieme Verlag, Stuttgart 1959.

[3] H. Kämmerer u. H. Schweikert, Makromolekulare Chem. **36**, 49 (1960).

[4] H. Batzer u. B. Mohr, Makromolekulare Chem. **8**, 217 (1952).

[5] G. Bier, Makromolekulare Chem. **4**, 41 (1949).
   S. S. Feuer u. Mitarbb., Ind. eng. Chem. **46**, 1643 (1954).

[6] P. Schlack u. K. Kunz in R. Pummerer, Chemische Textilfasern, Filme u. Folien, S. 711, Enke-Verlag, Stuttgart 1953.

[7] H. Zenftman, Soc. **1950**, 982.
   G. B. Bachman u. Mitarbb., J. org. Chem. **12**, 108 (1947).
   J. A. Blanchette u. J. D. Cotman, J. org. Chem. **23**, 1117 (1958).
   W. Hahn u. A. Fischer, Makromolekulare Chem. **21**, 83 (1956).
   A. S. Matlack u. D. S. Breslow, J. Polymer Sci. **45**, 265 (1960).

Fortsetzung s. S. 645

äthylen usw. Die Reaktion wird aber in den meisten Fällen nicht regelmäßig an jedem Grundbaustein angreifen, sondern statistisch. Die Folge davon ist, daß die so gebildeten Polymeren chemisch uneinheitlich sind.

Strebt man konstitutionell gut definierte Polymere an, in denen jeder Grundbaustein eine reaktive Gruppe trägt, so ist ein anderer Weg zu empfehlen. Man synthetisiert Monomere, die außer der zur Polymerisation erforderlichen ungesättigten Gruppe noch die gewünschten **reaktiven Gruppen enthalten**. Als Beispiele seien genannt: Acrylsäurechlorid, Vinylsulfochlorid, Methylvinylketon, sulfonierte oder halogenierte Styrole usw. Durch Polymerisation mit Hilfe radikalischer oder ionischer Katalysatoren erhält man Polymere, die entlang der Hauptkette regelmäßig angeordnet die betreffenden reaktiven Gruppen tragen. Selbstverständlich kann man mit solchen Monomeren auch **Copolymerisationen** ausführen und dadurch die durchschnittliche Zahl der reaktiven Gruppen pro Makromolekül innerhalb gewisser Grenzen willkürlich variieren.

Die Anwendbarkeit dieser Methode ist allerdings eingeschränkt. Es gibt Polymere, deren Monomere nicht bekannt sind, z.B. Polyvinylalkohol oder Polyvinylamin.

Andererseits gibt es Fälle, in denen das dem gewünschten Polymeren zugrundeliegende Monomere zwar bekannt ist, sich aber nicht polymerisieren läßt. Entweder stört die reaktive Gruppe die Polymerisation, wie z.B. die phenolischen Hydroxygruppen im *Vinylhydrochinon*[1], oder sie ist unter den Polymerisationsbedingungen nicht beständig.

Tritt eine der genannten Schwierigkeiten auf, dann verwendet man Monomere, welche die **reaktionsfähige Gruppe in maskierter Form** enthalten. Nach erfolgter Polymerisation (bzw. Copolymerisation) werden die reaktiven Gruppen freigelegt. Auf diese Weise kann man *Polyvinylalkohol*[2], *Polyvinylenalkohol*[3] (*Poly-hydroxymethylen*), *Polyvinylamin*[4] oder *Polyvinylhydrochinon*[1] herstellen.

Selbstverständlich sind auch Kombinationen der drei genannten Verfahren denkbar. Zur Polymerisation von Monomeren mit reaktiven oder maskierten Gruppen kann man im allgemeinen die üblichen Verfahren und Katalysatoren anwenden. Bei der nachträglichen Einführung von reaktiven Gruppen in Polymere bzw. deren Freisetzung in Polymerisaten, handelt es sich aber schon um Reaktionen mit makromolekularen Stoffen, und dementsprechend sind die in den folgenden Abschnitten behandelten Besonderheiten dieser Umsetzungen zu berücksichtigen.

d) Besonderheiten bei Umsetzungen mit Polymeren

Die Reaktivität einer bestimmten Gruppierung und ebenso der Verlauf einer Reaktion hängen bekanntlich nicht nur von dieser Gruppe und den Reaktions-

Fortsetzung von S. 644

R. Signer u. Mitarb., Makromolekulare Chem. **18/19**, 139 (1956).
R. Hart u. R. Janssen, Makromolekulare Chem. **43**, 242 (1961).
G. D. Jones, Ind. eng. Chem. **44**, 2686 (1952).

[1] M. Ezrin, J. H. Updegraff u. H. G. Cassidy, Am. Soc. **75**, 1610 (1953).
   K. A. Kun u. H. G. Cassidy, J. Polymer Sci. **56**, 83 (1962).
[2] F. Kainer, Polyvinylalkohole, Enke Verlag, Stuttgart 1949.
[3] G. Smets u. K. Hayashi, J. Polymer Sci. **29**, 264 (1958).
[4] G. D. Jones u. Mitarb., J. org. Chem. **9**, 500 (1944).
   R. Hart, Bull. Soc. chim. belges **65**, 291, 571 (1956); Makromolekulare Chem. **32**, 51 (1959).

bedingungen, sondern auch von den polaren oder sterischen Einflüssen benachbarter Gruppen ab. Diese allgemeine Aussage gilt auch für Reaktionen mit solchen Gruppen, die Bestandteile von Makromolekülen sind. Berücksichtigt man diese Einflüsse, so sollte es möglich sein, eine bei niedermolekularen Verbindungen bekannte Reaktion ohne weiteres auf entsprechende makromolekulare Stoffe zu übertragen. Es zeigt sich aber, daß bei Umsetzungen an makromolekularen Stoffen einige Besonderheiten auftreten, die es in der niedermolekularen Chemie entweder nicht gibt oder die dort keine Rolle spielen[1]. Sie sind die Folge der makromolekularen Struktur der Reaktionskomponenten und sind daher charakteristisch für solche Reaktionen[2].

1. Nichtabtrennbarkeit der Nebenprodukte

Setzt man die niedermolekularen Stoffe A und B miteinander um, so werden sich im allgemeinen außer dem erwünschten Produkt C auch Nebenprodukte D bilden:

$$A + B \;\rightarrow\; C + D \tag{1}$$

Die stöchiometrischen Verhältnisse sollen in dieser Gleichung nicht berücksichtigt werden; D bedeutet Nebenprodukte jeglicher Art.

Das Reaktionsgemisch enthält außerdem das Reagens B, z. B. wenn dieses im Überschuß angewandt wurde, und/oder nicht umgesetztes Ausgangsprodukt A. Die Aufgabe des präparativ arbeitenden Chemikers besteht dann darin, die gewünschte Verbindung C möglichst vollständig abzutrennen und zu reinigen. Die gebräuchlichsten Trennverfahren beruhen auf der Flüchtigkeit, Löslichkeit, Adsorption oder Bildung von Anlagerungs- oder Einlagerungsverbindungen.

Überträgt man dieses allgemeine Reaktionsschema auf Umsetzungen an Polymeren, so bedeutet das, daß die reaktive Gruppe A Bestandteil des Makromoleküls M ist. In den meisten Fällen ist A ein Substituent an der Hauptkette des Makromoleküls (z. B. Hydroxygruppen in Polyvinylalkoholen oder in Polysacchariden, Estergruppen in Polyacryl- oder -methacrylestern oder in Pektinen, Aminogruppen im Polyvinylamin, im Eiweiß usw.). Die reaktive Gruppe A kann aber auch Bestandteil der Molekülkette sein (z. B. eine Kohlenstoff-Kohlenstoff-Doppelbindung in Kautschuk, Balata, Polybutadien und ungesättigten Polyesterharzen oder ein Stickstoffatom in Polyamiden und Polyurethanen). A kann gegebenenfalls auch ein aktiviertes Wasserstoffatom bedeuten (z. B. das tertiäre Wasserstoffatom im Polypropylen oder im Poly-p-isopropyl-styrol) oder gar ein einsames Elektron[3].

Die bei der Umsetzung mit A angestrebte Gruppierung soll C sein. Durch Nebenreaktionen entstehen aber auch die Gruppen D, die in diesem Fall (Gleichung 2) ebenso wie die Gruppen C durch Hauptvalenzen an die Makromoleküle M gebunden sind. Außerdem enthalten diese noch die nicht umgesetzten Gruppen A.

$$\underset{\text{I}}{M(A)_n} + B \;\rightarrow\; \underset{\text{II}}{M(A)_x(C)_y(D)_z} \tag{2}$$

Je nach der Struktur des Polymeren kann n Werte zwischen eins und dem Polymerisationsgrad haben; im letzteren Fall enthält jeder Grundbaustein die reaktive

---

[1] Abbaureaktionen sollen hier nicht berücksichtigt werden; ihre Bedeutung bei Umsetzungen an makromolekularen Stoffen wird auf S. 655 erörtert.

[2] W. Kern u. R. C. Schulz, Ang. Ch. **69**, 153 (1957).
   R. Hart, Ind. chim. belge **25**, 801 (1960).

[3] A. Henglein u. M. Boysen, Makromolekulare Chem. **20**, 83 (1956).
   W. Hahn u. A. Fischer, Makromolekulare Chem. **21**, 77 (1956).

Gruppe einmal. Bei Polymeren mit mehreren reaktiven Gruppen im Grundbaustein ist n ein Vielfaches des Polymerisationsgrades. x, y und z geben die Anzahl der betreffenden Gruppen im Makromolekül M an. Es sei besonders hervorgehoben, daß nicht alle Makromoleküle die gleiche Anzahl der Gruppen A, C und D enthalten. Der Fall, daß $x = z = 0$ und $y = n$, ist ein Idealfall und kann nur in wenigen Fällen praktisch erreicht werden.

Das nach Gleichung 2 (S. 646) gebildete Reaktionsgemisch enthält die Makromoleküle der Struktur II und im Grenzfall sogar noch das nichtumgesetzte Ausgangsmaterial $M(A)_n$, ferner überschüssiges Reagens B sowie dessen Umwandlungsprodukte, eventuell angewandte Katalysatoren und Lösungsmittel (die letztgenannten Stoffe sind in Gleichung 2 nicht berücksichtigt). Die niedermolekularen Bestandteile können meist leicht abgetrennt werden (siehe S. 655). In einigen Fällen kann auch das Ausgangsmaterial I von II getrennt werden. Es ist aber prinzipiell unmöglich, die nichtumgesetzten und die durch Nebenreaktionen gebildeten Gruppen A bzw. D abzutrennen, da sie in gleicher Weise wie die Gruppierungen C der erwünschten Hauptreaktion durch Hauptvalenzen an dieselben Makromoleküle gebunden sind. Ein *reiner Stoff* im Sinne der niedermolekularen Chemie ist also bei Umsetzungen an Polymeren, die meist unvollständig verlaufen, durch Reinigungsoperationen nicht zu erhalten. Es müssen daher von vornherein die Reaktionsbedingungen so gewählt werden, daß die Reaktion möglichst vollständig und ausschließlich in dem gewünschten Sinne verläuft. Hieraus wird deutlich, daß bei Reaktionen an Makromolekülen die Reaktionsbedingungen wesentlich subtiler gewählt werden müssen als bei niedermolekularen Stoffen, wenn man zu möglichst definierten Reaktionsprodukten kommen will. Wie im nächsten Abschnitt erörtert wird, ist aber in manchen Fällen ein vollständiger Umsatz prinzipiell nicht zu verwirklichen.

2. Unvollständiger Umsatz aus sterischen oder aus statistischen Gründen

In der niedermolekularen Chemie sind Reaktionen bekannt, die in besonderen Fällen nicht oder nur sehr behindert ablaufen, weil die Reaktionspartner aus räumlichen Gründen nicht in Wechselwirkung treten können[1]. Auch bei Reaktionen an Polymeren sind derartige Effekte möglich[2]. Sie treten hier sogar in verstärktem Maße auf, da die reaktiven Gruppen Bestandteile von Makromolekülen und dadurch von vornherein weniger frei beweglich sind. Seitenständige reaktive Gruppen sind zudem immer durch die Hauptkette, das „Rückgrat" der Makromoleküle, einseitig abgeschirmt. Ferner ist zu berücksichtigen, daß lineare Makromoleküle in Lösung immer in mehr oder weniger stark geknäuelter Form vorliegen. Es ist offensichtlich, daß die im Innern des Knäuels befindlichen Gruppen für das Reagens schwerer zugänglich sind als die äußeren Gruppen. Unter Umständen kann auf diese Weise die Diffusionsgeschwindigkeit des Reagenses zum geschwindigkeitsbestimmenden Reaktionsschritt werden, ein Effekt, der bei niedermolekularen Reaktionen in Lösung kaum auftreten wird. Besonders wichtig wird die Diffusion, wenn die Reaktion an einem ungelösten Polymeren, also in heterogener Phase, ausgeführt wird. So kann Cellulose nicht partiell acetyliert werden: die äußeren Schichten sind bereits triacetyliert, wenn im Innern noch weitgehend unveränderte Cellulose vorliegt; dagegen ist die Triacetylierung leicht erreichbar.

---

[1] M. S. NEWMAN, Steric Effects in Organic Chemistry, J. Wiley & Sons, New York 1956.
[2] G. SMETS, Makromolekulare Chem. **34**, 190 (1950).

Im Verlaufe der Reaktion ändert sich auch meist die Gestalt der Makromoleküle, weil sie von der Wechselwirkung der Gruppierungen der Makromoleküle und des Reaktionsmediums abhängt. Die Gestaltsänderung kann je nach der Art der eingeführten Gruppen und des Lösungsmittels der Reaktion förderlich oder hinderlich sein[1,2]. Das kann dazu führen, daß die Reaktionsgeschwindigkeit zu Beginn nur gering ist und dann ansteigt, besonders wenn das makromolekulare Reaktionsprodukt sich während der Reaktion löst; umgekehrt kann sie nach einer schnell verlaufenden Anfangsperiode langsamer werden und vorzeitig zum Stillstand kommen, besonders wenn sich das makromolekulare Reaktionsprodukt im Verlaufe der Reaktion ausscheidet. Im letzteren Fall wird man das Reaktionsprodukt in einem anderen Lösungsmittel nochmals der gleichen Reaktion unterwerfen.

Auch im Falle einer homogen verlaufenden Reaktion kann sich die Geschwindigkeitskonstante in Abhängigkeit vom Umsatz ändern. Diese Besonderheiten sind vor allen Dingen bei kinetischen Untersuchungen zu berücksichtigen[2].

Wenn die Reaktion darin besteht, daß jeweils zwei benachbarte Gruppen des Makromoleküls an der Umsetzung mit dem Reagens beteiligt sind, wie z.B. bei der Acetalisierung von Polyvinylalkohol mit einem Aldehyd, dann ist aus statistischen Gründen der Umsatz begrenzt:

$$-CH_2-CH-CH_2-CH-CH_2-CH-CH_2-CH-CH_2-CH- \qquad R-C{\overset{H}{\underset{O}{\diagdown}}} \longrightarrow$$

$$-CH_2-CH-CH_2-CH-CH_2-CH-CH_2-CH-CH_2-CH-$$

Zwischen den paarweise reagierenden benachbarten Hydroxygruppen werden eine gewisse Anzahl von isolierten Gruppen übrigbleiben. Nach Berechnungen von P. J. Flory kann in solchen Fällen der maximale Umsatz nur 86,5% der Theorie betragen[3].

Entsprechende Überlegungen gelten auch, wenn zwei benachbarte Gruppen zwar nicht am Endzustand, aber an einem maßgeblichen Zwischenzustand der Reaktion beteiligt sind; auch in solchen Fällen ist der Grad der Umsetzung zwangsläufig begrenzt oder die Reaktionsgeschwindigkeit bedeutend herabgesetzt.

Derartige statistische Effekte brauchen bei niedermolekularen Reaktionen nicht diskutiert zu werden; sie sind insbesondere deshalb vernachlässigbar, weil zumindest prinzipiell immer die Möglichkeit zur Abtrennung der nicht umgesetzten Reaktionskomponenten besteht.

3. Wechselwirkung benachbarter Gruppen und Vernetzung

Der gegenseitige Abstand reaktiver Gruppen hängt außer von der Gestalt der Makromoleküle im wesentlichen von der chemischen Struktur ab. Er kann in Copolymerisaten oder Copolykondensaten durch die Wahl der Herstellungsbedingungen inner-

---

[1] H. Morawetz u. E. W. Weasthead, J. Polymer Sci. 16, 273 (1955).
[2] G. Smets, Makromolekulare Chem. 34, 190 (1959); dort weitere Zitate.
[3] P. J. Flory, Am. Soc. 61, 1518 (1939); 64, 177 (1942).

halb gewisser Grenzen willkürlich eingestellt werden. Der Abstand ist am kleinsten, wenn in jedem Grundbaustein reaktive Gruppen vorkommen. Die lokale Konzentration dieser Gruppen ist dann größer als in gleichmolaren Lösungen niedermolekularer Verbindungen. Demzufolge ist mit stärkeren Wechselwirkungskräften zu rechnen. Diese können sich auch auf das Lösungsmittel erstrecken und daher zu besonderen Solvatisierungseffekten führen. Im Extremfall treten Inklusionserscheinungen[1] auf.

Selbstverständlich können auch Wechselwirkungen zwischen den reaktiven Gruppen verschiedener Makromoleküle auftreten. Diese sind maßgebend für das Lösungsverhalten der Polymeren und müssen daher bei allen Umsetzungen in Lösung berücksichtigt werden.

Werden Makromoleküle mit bifunktionellen Reagentien umgesetzt, so kann die Reaktion nicht nur intra-, sondern auch intermolekular verlaufen. Im letzteren Falle treten Vernetzungen auf; die Reaktionsprodukte werden *unlöslich*. Solche Reaktionen werden häufig absichtlich ausgeführt, z.B. bei der Herstellung von Ionenaustauscherharzen, bei der Vulkanisation von Kautschuk, bei der Härtung von Phenol-Formaldehyd- oder von Polyester-Harzen usw. Sie können aber auch als unerwünschte Nebenreaktionen auftreten und erschweren dann die Aufarbeitung des Reaktionsgemisches und die Reinigung der Umsetzungsprodukte. Vernetzungen können beispielsweise dann auftreten, wenn bei einer Umsetzung eine sehr reaktionsfähige Zwischenstufe gebildet wird. So entstehen beim Hofmannschen Säureamidabbau von *Polyacrylamid*[2] intermediär Isocyanatgruppen, die mit schon vorhandenen Aminogruppen inter- oder intramolekular unter Bildung von Harnstoffgruppen reagieren. Diese Nebenreaktion läuft zwar auch beim analogen Abbau niedermolekularer Säureamide ab und setzt dabei die Ausbeute an Amin herab; es kann aber trotzdem ein reines einheitliches Endprodukt isoliert werden. Demgegenüber führt diese Nebenreaktion bei Polymeren, auch wenn sie nur in ganz geringem Umfang eintritt, zu uneinheitlichen Reaktionsprodukten und zur Vernetzung.

Besonders bei der Herstellung von Polymeren mit reaktiven Gruppen ist darauf zu achten, daß durch die Bedingungen der Polyreaktion (Polymerisation, Polykondensation oder Polyaddition) nicht schon Vernetzungen eintreten, welche weitere Umsetzungen von vornherein erschweren.

So muß z.B. bei der Polymerisation von *Acrylsäurechlorid*[3] Feuchtigkeit sorgfältig ausgeschlossen werden, da sonst in den Makromolekülen Carbonsäuregruppen entstehen, die mit Säurechloridgruppen unter Anhydridbildung zur Vernetzung führen. Bei der Polyveresterung ungesättigter Dicarbonsäuren muß die Reaktion so gelenkt werden, daß die Doppelbindungen nicht durch Additions- oder Polymerisationsreaktionen Vernetzungen ergeben.

4. Fraktionierungsprobleme

Die meisten makromolekularen Stoffe sind bezüglich der Molgewichte keine einheitlichen Stoffe, sondern stellen Gemische von Polymerhomologen dar; d.h. die Polymerisationsgrade schwanken mehr oder weniger stark um einen Mittelwert

[1] H. STAUDINGER u. W. DÖHLE, J. pr. [2] **161**, 219 (1942).
[2] W. KERN u. R. C. SCHULZ, Ang. Ch. **69**, 159 (1957).
  M. MULLIER u. G. SMETS, J. Polymer Sci. **23**, 915 (1957).
[3] R. C. SCHULZ, P. ELZER u. W. KERN, Chimia **13**, 235 (1959); Makromolekulare Chem. **42**, 189 (1961).

(in besonderen Fällen auch um mehrere)[1]. Nur mit Hilfe bestimmter Synthesemethoden (z. B. beim Duplikationsverfahren[2] oder bei der Polymerisationsauslösung mittels Naphthalin-Natrium[3]) gelingt es, Makromoleküle einheitlicher Größe, beziehungsweise mit einer sehr engen Verteilungsfunktion zu erhalten. Auch die meisten natürlichen makromolekularen Stoffe (z. B. Cellulose, Kautschuk usw.) sind, zumindest nach ihrer Isolierung, polymerhomologe Gemische.

Bei Umsetzungen an Polymeren sind also die Ausgangsstoffe von vornherein uneinheitlich in bezug auf die Molgewichte. Wie in den Abschnitten d) 1. (S. 646) und d) 2. (S. 647) erörtert wurde, sind nun nach einer Reaktion wegen der Nichtabtrennbarkeit solcher Gruppierungen, die nicht im Sinne der erstrebten Reaktion reagiert haben, und wegen des unvollständigen Umsatzes die entstehenden Makromoleküle auch uneinheitlich bezüglich ihrer chemischen Zusammensetzung. Genauso wie für die Molgewichte nur ein Mittelwert (z. B. Zahlen- oder Gewichtsmittel) angegeben werden kann, bedeutet die Angabe des Umsetzungsgrades [ausgedrückt in Gewichtsprozent oder in Molprozent, siehe Abschnitt e) 4. (S. 658)] ebenfalls nur einen Mittelwert für die gesamten Makromoleküle des Reaktionsproduktes.

Um makromolekulare Stoffe mit engeren Molgewichtsverteilungsfunktionen zu gewinnen, wurden verschiedene Fraktionierungsverfahren ausgearbeitet, die meist auf der unterschiedlichen Löslichkeit der verschieden großen Makromoleküle beruhen[4]. Auch die Verteilung zwischen zwei nicht mischbaren Phasen, Adsorptions- und Desorptionsvorgänge oder Thermodiffusionen werden zur Molekülgrößenfraktionierung angewandt[5]. Neuerdings wird auch ein als „Gelfiltration" bezeichnetes Verfahren zur Trennung von nieder- und hochmolekularen Stoffen häufig benutzt[6].

Es ist nun naheliegend, die gleichen Verfahren auch heranzuziehen, um nach einer Umsetzung Makromoleküle gleichen mittleren Umsetzungsgrades abzutrennen. Das bedeutet, das Reaktionsprodukt in eine Reihe von Fraktionen zu trennen, die sich durch den Wert von y der Formel II (S. 646) unterscheiden. Hierbei ist zu berücksichtigen, daß nach der Umsetzung die Löslichkeit der verschiedenen Makromoleküle (und damit auch die Viscositätszahlen) nicht nur von der Molekülgröße, sondern häufig in stärkerem Maße von der Anzahl und der Art der eingeführten Gruppen bestimmt wird[7]. Beide Effekte können sich gleichsinnig oder gegensinnig beeinflussen; beispielsweise kann dem niedrigeren Molgewicht und dem niedrigeren Umsetzungsgrad die bessere Löslichkeit zukommen, oder aber dem niedrigeren Molgewicht und dem höheren Umsetzungsgrad.

Den Erfolg einer Fraktionierung nach dem Molgewicht erkennt man daran, daß z. B. die Viscositätszahlen (Molgewichte) sich mit steigender Fraktionsnummer

---

[1] Vgl. ds. Handb., Bd. XIV/1, Kap. Allgemeines zur Polymerisation in Substanz und in Lösung, S. 86.

[2] W. Kern u. K. J. Rauterkus, Makromolekulare Chem. **28**, 221 (1958).

[3] M. Szwarc, Nature **178**, 1168 (1956).
    R. Waack, A. Rembaum, J. D. Coombes u. M. Szwarc, Am. Soc. **79**, 2026 (1957).

[4] Vgl. ds. Handb., Bd. XIV/1, Kap. Allgemeines zur Polymerisation in Substanz und in Lösung, S. 71.

[5] P. J. Kangle u. E. Pacsu, J. Polymer Sci. **54**, 301 (1961).
    G. Langhammer u. H. Förster, Ph. Ch. (N. F.) **15**, 212 (1958); Makromolekulare Chem. **43**, 160 (1961).
    F. E. Bailey, J. Polymer Sci. **49**, 397 (1961).
    L. C. Case, Makromolekulare Chem. **41**, 61 (1960).

[6] M. F. Vaughan, Nature **188**, 55 (1960).
    K. A. Granath u. P. Flodin, J. Polymer Sci. **48**, 160 (1961).

[7] M. Marx-Figini, Makromolekulare Chem. **52**, 133 (1962).

symbat ändern. Fraktioniert man aber ein Gemisch von Makromolekülen, die sich nicht nur im Polymerisationsgrad, sondern außerdem im Umsetzungsgrad unterscheiden, dann muß bei jeder Fraktion nicht nur das Molgewicht, sondern auch der Umsetzungsgrad bestimmt werden, um erkennen zu können, ob und in welchem Sinne eine Auftrennung eingetreten ist.

Theoretisch sind hierbei drei Fälle möglich:

der Umsetzungsgrad ist unabhängig vom Polymerisationsgrad;
der Umsetzungsgrad steigt mit abnehmendem Polymerisationsgrad;
der Umsetzungsgrad fällt mit abnehmendem Polymerisationsgrad.

Welcher dieser Fälle verwirklicht ist, läßt sich nur entscheiden, wenn die Fraktionierung mit mehreren, möglichst verschiedenen Lösungsmittel-Fällungsmittel-Paaren durchgeführt wird[1]. Es kann nämlich der Fall eintreten, daß ein bestimmtes Lösungsmittel-Fällungsmittel-Paar ausschließlich nach der Molekülgröße sortiert und den Einfluß des Umsetzungsgrades weitgehend unterdrückt. Das Ergebnis ist dann eine Reihe von Fraktionen, die sich zwar durch ihren Polymerisationsgrad unterscheiden, aber etwa gleiche analytische Zusammensetzung haben. Trotzdem kann jede Fraktion aus einem Gemisch von Makromolekülen mit verschiedenem Umsetzungsgrad bestehen. Der andere Extremfall ist eine Reihe von Fraktionen mit gleichem mittleren Polymerisationsgrad, aber stetig veränderter Zusammensetzung. Jede Fraktion ist dann, verglichen mit dem unfraktionierten Ausgangsmaterial, zwar einheitlicher bezüglich des Umsetzungsgrades, aber nicht einheitlicher in der Molekülgröße[2].

Würde man in diesem Falle die Gewichtsanteile der Fraktionen als Funktion des Umsetzungsgrades auftragen, so erhielte man eine Umsatzverteilungsfunktion analog der Massenverteilungsfunktion bei der üblichen Fraktionierung nach der Molekülgröße.

Allgemeine Richtlinien für die Wahl der Lösungs- und der Fällungsmittel für die Fraktionierung nach dem Umsetzungsgrad können nicht gegeben werden, da diese im wesentlichen von der Natur der jeweiligen Gruppen (A, C und D in Formel II, S. 646) abhängen. Zudem liegen bisher nur an wenigen Beispielen systematische Untersuchungen hierüber vor[1]. Für praktische Zwecke muß man sich im allgemeinen damit begnügen, mit Hilfe der Fraktionierung niedermolekulare Bestandteile oder Abbauprodukte, die bei der Umsetzung entstanden sind, abzutrennen.

Man kann selbstverständlich die Fragestellung dadurch vereinfachen, daß man die chemische Umsetzung mit einem Ausgangsprodukt ausführt, das durch scharfe Fraktionierung weitgehend einheitlich bezüglich der Molekülgröße hergestellt wurde. Tritt dann bei der nachfolgenden Reaktion kein Abbau der Molekülketten ein, so kann das Reaktionsprodukt nur noch uneinheitlich bezüglich des Umsetzungsgrades sein.

e) Allgemeine Gesichtspunkte für die Wahl der Reaktionsbedingungen

1. Modellreaktionen

Will man eine bestimmte Umsetzung an einem makromolekularen Stoff ausführen, ist es in jedem Falle zweckmäßig, die betreffende Umsetzung zunächst an einer niedermolekularen Modellsubstanz zu studieren. Als Modellsubstanz wählt

---

[1] O. Fuchs, Verhandlungsber. Kolloid-Ges. **18**, 75 (1958).
[2] Unter Umständen muß man auf einen bestimmten Umsetzungsgrad umrechnen [M. Marx-Figini, Makromolekulare Chem. **52**, 133 (1962)].

man eine Verbindung, welche die reaktive Gruppe in gleicher Bindungsart enthält wie im Polymeren und strukturell ähnlich dem Grundbaustein ist. Das einem Polymerisat zugrundeliegende Monomere ist nicht geeignet, da es eine Doppelbindung enthält, die im Polymeren nicht mehr vorkommt. Man wird z. B. als niedermolekulares Modell für ein Polyacrylsäurederivat das entsprechende Derivat der Isobuttersäure wählen, für Polystyrol das Cumol, für Polyvinylester die Ester des Isopropanols usw.

Da aber ferner mit der gegenseitigen Beeinflussung mehrerer reaktiver Gruppen zu rechnen ist, wird man auch solche Modelle wählen, die gewissermaßen den Dimeren oder Trimeren entsprechen; z. B. die Derivate der Glutarsäure, der α-Methyl-glutarsäure oder der Pentantricarbonsäure-(1,3,5) als Modelle für Polyacrylsäurederivate; Butandiol-(1,3) oder Pentandiol-(2,4) für Polyvinylalkohol; Heptandion-(2,6) für Polymethylvinyl- oder Polymethylisopropenylketon[1]. Entsprechendes gilt für Polykondensate oder für Naturstoffe. Für Copolymerisate, sofern sie nicht alternierend gebaut sind, ist es meist schwierig, passende Modelle zu finden.

An solchen Modellen studiert man die optimalen Reaktionsbedingungen, den Lösungsmitteleinfluß, Art und Menge der Nebenprodukte usw. Selbstverständlich kann es auch vorteilhaft sein, die Modellreaktionen kinetisch zu verfolgen, um die Geschwindigkeitskonstanten, die Aktivierungsenergien usw. mit denen des Polymeren vergleichen zu können[2].

Bei diesen Untersuchungen gewinnt man auch die Modellsubstanzen für die erwarteten makromolekularen Reaktionsprodukte. Diese sind wichtig, um daran die analytischen Nachweis- und Bestimmungsmethoden zu prüfen, die später zur Umsatzbestimmung an den Polymeren benötigt werden. Insbesondere sind solche Verbindungen geeignet zur Aufnahme von Vergleichsspektren im ultravioletten oder infraroten Wellenlängenbereich. Ferner sind sie nützlich, um die Löslichkeit zu untersuchen, die für die Aufarbeitung und Reinigung der polymeren Reaktionsprodukte Hinweise geben kann.

2. Lösungsmittel

Bei niedermolekularen Reaktionen läßt man häufig die Komponenten im Gas- oder Dampfzustand aufeinander einwirken. Da aber makromolekulare Stoffe nicht verdampfbar sind, scheidet diese Arbeitsweise aus. Man kann allerdings das Reagens über die Dampfphase zur Einwirkung bringen. Das bekannteste Beispiel ist die Herstellung von Methylcellulose durch Umsetzung von Alkalicellulose mit gasförmigem Methylchlorid[3]. Auch synthetische Polymere können mit dampf- oder gasförmigen Reagentien umgesetzt werden[4]. Das Polymere muß aber in jedem Fall in fester oder flüssiger bzw. gelöster Form vorliegen.

Muß man das Polymere in fester Form einsetzen, z. B. wenn es wegen Vernetzung unlöslich ist (wie im Falle von Ionenaustauschern), oder soll die Reaktion nur an der Oberfläche ablaufen oder soll die äußere Form (z. B. eine Faserstruktur)

---

[1] Siehe z. B. W. C. Vorburgh u. D. L. Green, J. org. Chem. **26**, 2118 (1961).
T. Takata u. Mitarbb., Chem. High Polymers (Tokyo) **18**, 235, 240 (1961); Ref. in Makromolekulare Chem. **48**, 241 (1961).
M. Matsumoto u. K. Imai, Chem. High Polymers (Tokyo) **15**, 160 (1958); C. **1961**, 17218.
[2] G. Smets, Makromolekulare Chem. **34**, 190 (1959); dort weitere Zitate.
[3] H. Neuroth in F. Ullmann, Encyklopädie der technischen Chemie, 3. Aufl., Bd. V, S. 170, Verlag Urban & Schwarzenberg, München–Berlin 1954.
[4] W. Kern u. R. C. Schulz, Ang. Ch. **69**, 168 (1957).

bei der Umsetzung erhalten bleiben, dann ist es zweckmäßig, in möglichst feiner Verteilung zu arbeiten. Man kann die Substanz in einem inerten Medium suspendieren oder emulgieren. Der Zusatz eines Quellungsmittels, welches das Polymere oberflächlich oder durchgehend aufquillt, die Struktur dadurch auflockert und damit den Zutritt des Reagenses begünstigt, ist oft vorteilhaft. Insbesondere bei Umsetzungen der Cellulose sind derartige Vorbehandlungen (Inklusion, Mercerisierung) wichtig. Sinngemäß lassen sie sich auch auf andere, mehr oder weniger krystalline Polymere übertragen.

Führt man die Reaktion in homogener Phase durch, so ist die hohe Viscosität, welche alle Lösungen von linearen Makromolekülen zeigen, zu berücksichtigen. Auch hierin ist eine Besonderheit der Umsetzungen an Polymeren zu sehen, die es im Bereich der niedermolekularen Chemie nicht gibt. Für kinetische Untersuchungen wird man sich meist auf verdünnte Lösungen beschränken; man kann dadurch die Lösungsviscosität niedrig halten. Bei präparativen Arbeiten oder bei Reaktionen im technischen Maßstab ist man selbstverständlich bestrebt, die Lösungsmittelmenge klein, also die Konzentration möglichst hoch zu wählen. Hierbei können dann noch andere rheologische Erscheinungen wie Thixotropie oder Rheopexie auftreten. Diese Effekte erschweren den Stoff- und Wärmeaustausch und können bei exothermen Reaktionen zu gefährlichen Wärmestauungen führen. Es muß daher mit kräftigen und wirkungsvollen Rührwerken gearbeitet werden; häufig führt man die Reaktion in Knetmaschinen aus, die mit entsprechenden Heiz- und Kühlvorrichtungen versehen sind. Oft empfiehlt sich auch der Zusatz eines niedrig siedenden Verdünnungsmittels, wie z.B. Methylenchlorid, durch dessen Verdampfung die Reaktionswärme abgeführt wird.

Ist das niedermolekulare Reagens bei der gewünschten Reaktionstemperatur flüssig und ist entweder das umzusetzende Polymere oder das Reaktionsprodukt hierin löslich, so kann man meist ohne zusätzliches Lösungsmittel arbeiten. Man wendet dann das Reagens in so großem Überschuß an, daß es gleichzeitig als Lösungsmittel für das Polymere bzw. das Reaktionsprodukt dient. Beispiele hierfür sind die Acetylierung von Cellulose in Eisessig-Essigsäureanhydrid oder die Überführung von Polyacrylsäuremethylester in Polyacrylsäurehydrazid[1], die Darstellung von Polyacroleinacetalen[2] oder -mercaptalen[3]. Da in diesen Fällen das Reagens in der maximal möglichen Konzentration angewandt wird, verlaufen die Umsetzungen meist gut, und die Reaktionszeiten sind verhältnismäßig kurz.

Sollte diese Arbeitsweise nicht möglich sein, ist man genötigt, Lösungsmittel anzuwenden. Bei der Auswahl geeigneter Lösungsmittel sind folgende Gesichtspunkte zu berücksichtigen. Für ein bestimmtes Polymeres kommt meist nur eine relativ eng begrenzte Zahl von Lösungsmitteln in Frage, während für die anzuwendenden niedermolekularen Reagentien häufig ganze Verbindungsklassen wie Ester, Äther, Ketone oder Kohlenwasserstoffe lösend wirken. Andererseits gibt es Reaktionen, deren Ablauf in der gewünschten Richtung an ganz spezifische Lösungsmittel gebunden ist, weil diese auf Grund ihrer Polarität an der Ausbildung eines bestimmten Übergangszustandes maßgeblich beteiligt sind. Hierdurch wird die Auswahl der Lösungsmittel wiederum eingeschränkt.

[1] W. KERN, T. HUCKE, R. HOLLÄNDER u. R. SCHNEIDER, Makromolekulare Chem. **22**, 31 (1956).
[2] R. C. SCHULZ, H. FAUTH u. W. KERN, Makromolekulare Chem. **21**, 227 (1956).
[3] R. C. SCHULZ, E. MÜLLER u. W. KERN, Makromolekulare Chem. **30**, 39 (1956).

Durch Vorversuche stellt man fest, welches Lösungsmittel sowohl das Reagens, den gegebenenfalls erforderlichen Katalysator und auch die makromolekulare Substanz löst. Es ist aber auch zu bedenken, daß sich die Löslichkeit des Polymeren im Reaktionsgemisch ganz extrem verändern kann, auch dann, wenn erst ein kleiner Teil der reaktiven Gruppen umgesetzt ist. Das Polymere wird dann vorzeitig ausfallen; der weitere Verlauf der Reaktion ist dadurch stark behindert. In einem solchen Fall wird man versuchen, von vornherein auch ein Lösungsmittel für das Reaktionsprodukt zuzugeben[1] oder dieses portionsweise dem Reaktionsgemisch zuzufügen, in dem Maße, wie es zur Erhaltung eines homogenen Mediums erforderlich ist. Führt die Umsetzung zu einem bisher unbekannten Polymeren, so kann die geeignete Zusammensetzung des Reaktionsmediums nur durch Probieren ermittelt werden. Häufig wird man sich damit begnügen müssen, die Reaktionsbedingungen so zu wählen, daß sich das ausfallende, polymere Reaktionsprodukt in möglichst fein verteilter Form abscheidet. Auch hierdurch kann ein vorzeitiger Stillstand der Reaktion vermieden werden.

Sollte es nicht möglich sein, sowohl für das Ausgangspolymere wie auch für das Endprodukt ein gemeinsames Lösungsmittel oder Lösungsmittelgemisch zu finden[2], so ist es meist vorzuziehen, die Reaktion in einem Medium ablaufen zu lassen, welches ein Lösungsmittel für das Reaktionsprodukt ist. Hierzu können die erwähnten Modellsubstanzen oder Versuche an unvollständig umgesetzten Polymeren wertvolle Hinweise geben. Die Reaktion setzt dann zwar an einem ungelösten Polymeren und deshalb meist langsam ein; mit fortschreitendem Umsatz lösen sich aber von der Oberfläche der suspendierten Teilchen die Makromoleküle ab und können dann im homogenen Medium zu Ende reagieren.

Auch bei dieser Arbeitsweise ist es vorteilhaft, das ungelöste Polymere in feinverteilter Form einzusetzen, z.B. als Emulsion oder indem man es unmittelbar vor der Reaktion mit Hilfe eines passenden Lösungsmittel-Fällungsmittel-Paares frisch umfällt.

Der Auswahl des Reaktionsmediums unter Berücksichtigung der makromolekularen Struktur der einen Reaktionskomponente und der sich daraus ergebenden Eigenarten sollte in jedem Fall besondere Aufmerksamkeit gewidmet werden. Ähnliches gilt auch für die Wahl der Reaktionstemperatur. Ebenso wie bei niedermolekularen Reaktionen ist die Aktivierungsenergie der Haupt- und der Nebenreaktionen dafür maßgebend, welche Reaktion bei einer gegebenen Temperatur bevorzugt stattfindet. Da bei Polymeren Haupt- und Nebenprodukte prinzipiell nicht voneinander abtrennbar sind (S. 646), wird hier weniger die Ausbeute als die Reinheit und Einheitlichkeit des polymeren Reaktionsproduktes durch die Temperatur beeinflußt. Wenn es darauf ankommt, möglichst wenig Fremdgruppen in den Makromolekülen zu haben, wird es zweckmäßig sein, die Temperatur so zu wählen, daß die Nebenreaktionen weitgehend vermieden werden. Man wird dann gegebenenfalls auch lange Reaktionszeiten in Kauf nehmen, insbesondere wenn dadurch Vernetzungen vermieden werden können. Niedrige Reaktionstemperaturen sind ferner anzuraten, wenn ein thermischer Abbau der makromolekularen Hauptkette zu befürchten ist.

---

[1] Z.B. Dekalin bei der Reduktion von Polyvinylchlorid mit Lithiumaluminiumhydrid in Tetrahydrofuran:
W. HAHN u. W. MÜLLER, Makromolekulare Chem. **16**, 71 (1955).
A. BATZER u. A. NISCH, Makromolekulare Chem. **22**, 131 (1957).
[2] S. Chlorierung von Kautschuk, S. 824ff.

Bei manchen Polymeren ist auch mit einem autoxydativen oder hydrolytischen Kettenabbau zu rechnen (z.B. bei Kautschuk, Cellulose oder alkalischen Lösungen von Polyacrylsäure). Abbaureaktionen, ganz gleichgültig welcher Art, machen sich um so stärker bemerkbar, je größer die Makromoleküle sind. Das zeigt folgende Überlegung von H. Staudinger[1]: Würden z. B. auf 1000 Mol eines niedermolekularen Kohlenwasserstoffs (Molgewicht 80) (entsprechend 80000 g) 1 Mol (32 g) Sauerstoff einwirken, so müßten schon sehr empfindliche analytische Methoden herangezogen werden, um die dabei eintretenden chemischen Veränderungen festzustellen. Bei einem makromolekularen Kohlenwasserstoff vom Durchschnittsmolgewicht 80000 könnte jedoch unter den gleichen Voraussetzungen rein rechnerisch jedes Makromolekül einmal gespalten werden, was sich natürlich in einer erheblichen Abnahme der Viscositätszahl sowie in der Veränderung anderer physikalischer Eigenschaften bemerkbar machen würde.

Da Polymerisate, besonders solche aus Dienen, sehr autoxydabel sind, müssen Umsetzungen an ihnen häufig unter sorgfältigem Ausschluß von Sauerstoff oder in Gegenwart von Antioxydantien vorgenommen werden (s. dazu Bd. XIV/1, S.449, 641). Ferner können starke mechanische Beanspruchungen, wie sie in Kugelmühlen, auf Walzen oder in Knetern auftreten, einen Abbau der Makromoleküle bewirken. Diese Effekte sind besonders zu beachten, wenn die Umsetzungen polymeranalog verlaufen sollen.

3. Trennungs- und Reinigungsmethoden

Wie bei niedermolekularen Verbindungen schließt sich auch an Umsetzungen makromolekularer Stoffe die Abtrennung und die Reinigung des Reaktionsproduktes an. Eine Trennung der makromolekularen Hauptprodukte von ebensolchen Nebenprodukten ist nicht möglich. Die Aufarbeitung des Reaktionsgemisches muß sich daher auf die Trennung des makromolekularen Reaktionsproduktes von den niedermolekularen Reagentien und den niedermolekularen Nebenprodukten beschränken.

Lösungsmittel und sonstige flüchtige Bestandteile kann man durch Destillation abtrennen. Allerdings ist das Einengen von Polymeren-Lösungen häufig durch Schäumen, Stoßen und die eintretende Viscositätszunahme erschwert. In vielen Fällen ist es zweckmäßiger, das polymere Reaktionsprodukt durch Zugabe eines Nichtlösers auszufällen. Hierzu sind in vielen Fällen brauchbar: Äther, Petroläther, niedermolekulare Alkohole oder Wasser. Ein Teil der niedermolekularen Verunreinigungen wird hierbei mit ausfallen oder von den großoberflächigen Fällungen mitgerissen werden. Durch Auswaschen oder Extrahieren der Fällungen gelingt es kaum, eine Reinigung zu erzielen, die zur Ermittlung der analytischen Zusammensetzung ausreichend ist. Man muß daher mehrere Umfällungsoperationen anschließen. Hierzu ist festzustellen, worin einerseits das makromolekulare Reaktionsprodukt löslich oder unlöslich ist, und andererseits, welche Lösungsmittel für die Verunreinigungen in Frage kommen. Durch geeignete Kombination von Lösungsmitteln und Fällungsmitteln wird es dann möglich sein, das Polymere von niedermolekularen Verunreinigungen zu befreien. Man wiederholt diese Operation gegebenenfalls auch mit anderen Lösungsmittel-Fällungsmittel-Paaren so oft, bis eine halbquantitative Nachweisreaktion auf eine der wichtigsten Verunreinigungen negativ ausfällt;

---

[1] H. Staudinger, Die hochmolekularen organischen Verbindungen, S. 414, Verlag Springer, Berlin 1932.

denn fast immer muß damit gerechnet werden, daß diese sehr hartnäckig festgehalten werden[1].

Sollte dieses Verfahren nicht zum Ziel führen, so wendet man die Dialyse an[2]. Mit dieser Methode kann man prinzipiell makromolekulare Stoffe von niedermolekularen Begleitsubstanzen trennen; denn nur niedermolekulare Verbindungen diffundieren durch semipermeable Membranen. Man füllt dazu das Reaktionsgemisch als solches oder das noch verunreinigte polymere Rohprodukt, gelöst in einem geeigneten Lösungsmittel, in einen Dialysierschlauch oder in eine mit geeigneten Membranen abgeschlossene Zelle und taucht diese in das reine Lösungsmittel. Von Zeit zu Zeit wird das äußere Lösungsmittel gewechselt und gegebenenfalls zurückgewonnen. Eine kontinuierlich arbeitende Umlaufapparatur ist hierfür sehr bequem. Wenn möglich, wird man Wasser als Lösungsmittel verwenden. Obwohl eine Dialyse meist mehrere Tage dauert, bietet sie wegen der guten Wirksamkeit und der geringen Wartung gewisse Vorteile vor anderen Methoden.

Ist das Polymere wasserlöslich und sollen niedermolekulare Elektrolyte abgetrennt werden, empfiehlt sich die Elektrodialyse[2]. Auch mit Hilfe von Ionenaustauschern können Elektrolyte von Polymeren abgetrennt werden[3].

Nach der Dialyse oder dem Ionenaustausch liegt das Polymere in einer sehr verdünnten Lösung vor. Man kann sie im Vakuum oder durch Ultrafiltration einengen. Bequemer ist es, das Lösungsmittel durch den Dialysierschlauch hindurch abdunsten zu lassen. Mit Hilfe eines warmen Luftstroms eines Ventilators wird der Vorgang sehr beschleunigt; dies ist eine sehr schonende Methode zur Einengung auch empfindlicher Lösungen.

J. Kohn[4] schlägt zur Einengung wäßriger Eiweißlösungen folgendes Verfahren vor: Die betreffende Lösung wird in ein Reagensglas gefüllt, das mit einer kleinen Ausstülpung am Boden versehen ist. Man taucht in die Lösung einen Dialysierschlauch, der angefeuchtetes, nicht diffundierendes Polyäthylenglykol-Pulver (oder Polyvinylpyrrolidon) enthält. Nur Wasser und niedermolekulare Bestandteile diffundieren in den Schlauch; das Polyäthylenglykol löst sich auf. In der Ausstülpung des Reagensglases bleibt die konzentrierte Eiweißlösung zurück[5].

Aus den eingeengten Lösungen kann das Polymere durch Zusatz eines Fällungsmittels gewonnen werden. Hat das Lösungsmittel einen Schmelzpunkt nahe 0° (z.B. Wasser, Benzol, Dioxan, Eisessig usw.), dann ist eine Gefriertrocknung[6] ratsam. Das Polymere fällt hierbei in sehr feiner Verteilung und mit großer Oberfläche an; es gibt deshalb das Lösungsmittel im Vakuum leicht und vollständig ab. Die große Oberfläche kann auch für das Wiederauflösen und für weitere Umsetzungen

[1] W. Kern u. H. Kämmerer, J. pr. [2] **161**, 81, 92 (1942).

[2] Vgl. ds. Handb., Bd. I/1, Kap. Dialyse, Elektrodialyse, S. 657 ff.
   Als sehr geeignet erwies sich in eigenen Versuchen der Elektrodialysator nach H. Thiele, Ph. Ch. **207**, 136 (1957), Hersteller: Membranfiltergesellschaft Göttingen.

[3] R. Signer, A. Demagistri u. C. Müller, Makromolekulare Chem. **18/19**, 146 (1956).

[4] J. Kohn, Nature **183**, 1055 (1959).

[5] Ein handliches und sehr praktisches Gerät zur Dialyse oder Ultrafiltration wurde kürzlich von der Firma LKB-Produkter, Stockholm, in den Handel gebracht.

[6] M. Behrens, H. **209**, 59 (1932); **291**, 245 (1952).
   Vgl. ds. Handb., Bd. I/1, Kap. Destillation und Sublimation im Fein- und Hochvakuum (einschließlich Gefriertrocknung), S. 939.
   K. Neumann, Grundriß der Gefriertrocknung, 2. Aufl., Verlag Musterschmidt, Göttingen 1955; Chemie-Ing.-Techn. **29**, 267 (1957).
   R. C. Schulz, Chemie-Ing.-Techn. **28**, 296 (1956).
   E. Watzke, Naturwiss. **43**, 83 (1956).

vorteilhaft sein. Polymere, die sehr hygroskopisch oder bei Zimmertemperatur zähflüssig sind, eignen sich nicht für eine Gefriertrocknung.

Die vorstehend geschilderten Reinigungsmethoden makromolekularer Stoffe sind
selbstverständlich der geplanten weiteren Verwendung anzupassen und können unter
Umständen sehr vereinfacht werden. Sie sind unerläßlich, wenn die Polymeren
analytisch untersucht werden sollen.

4. Analytische Probleme bei der Umsatzbestimmung

Nach der Abtrennung und Reinigung des Polymeren erhebt sich die Frage nach
der Zusammensetzung des Reaktionsproduktes; denn erst hieraus kann man erkennen, ob und in welchem Umfange die gewünschte Reaktion eingetreten ist.

Zunächst wird man qualitativ feststellen, ob sich das Polymere bei der Umsetzung in seinen physikalischen oder chemischen Eigenschaften verändert hat. Die
in der niedermolekularen Chemie gebräuchlichen Bestimmungen des Siedepunktes,
Schmelzpunktes oder des Brechungsindexes sind hier nicht brauchbar. Man wird in
erster Linie die Löslichkeitseigenschaften sowie die UV- und IR-Spektroskopie[1] zu Hilfe nehmen, wobei die erwähnten Modellverbindungen (S. 651 f.) sehr
nützlich sind. Auch Farbreaktionen[2-4], die für die eingeführten Gruppen charakteristisch sind, können wichtige Hinweise geben. Es sei aber darauf hingewiesen, daß
der Farbton bei Anwendung der Reaktion auf Polymere anders sein kann als bei
niedermolekularen Verbindungen. Eine Reihe von Farbreaktionen, die typisch sind
für polymere Vinyl- und Acrylverbindungen, wurden von H. Rath[3] beschrieben. Man
wird auch versuchen, das Polymere thermisch abzubauen und die Spaltstücke mit
denjenigen des Ausgangspolymeren zu vergleichen.

Diese Vorversuche sollten sich aber nicht nur auf die erwarteten Gruppierungen
der gewünschten Hauptreaktion erstrecken, sondern auch klären, ob noch nicht
umgesetzte Gruppen vorhanden sind oder andere Reaktionen stattgefunden haben.

Das Ziel der quantitativen Analyse ist es, Angaben über die Anteile von A,
C und D der Formel II (S. 646) zu machen. Man wird sich hierzu im allgemeinen der
üblichen Bestimmungsmethoden bedienen; z.B. Titration saurer oder basischer
Gruppen mit Hilfe von Indikatoren oder elektrochemischen Methoden; solvolytische
Spaltung mit nachfolgender Bestimmung der Spaltstücke; Halogenadditionsreak-
tionen; Hydrierung oder Oxydation usw.[4-6]

In jedem Fall sollte man aber berücksichtigen, daß es sich bei diesen quantitativen
Bestimmungen im Prinzip wiederum um Reaktionen an Polymeren handelt;
die im Abschnitt d) (S. 645 ff.) erläuterten Besonderheiten gelten deshalb auch hier.
Vereinfachend bei der quantitativen Analyse ist, daß dabei nicht auf die Erhaltung
der makromolekularen Struktur geachtet zu werden braucht. Im allgemeinen wird
man bei der Anwendung der üblichen Bestimmungsmethoden auf Polymere mit
längeren Reaktionszeiten zu rechnen haben[7]. Die optimalen Reaktionsbedin-

---

[1] D. Hummel, Kunststoff-, Lack- und Gummi-Analyse, Hanser-Verlag, München 1958.

[2] F. Feigl, Spot Tests, 4. Aufl., Bd. II, Elsevier Publ., Amsterdam 1954.

[3] H. Rath u. L. Heiss, Kunstst. 44, 341 (1954).
  H. Rath u. Mitarbb., Melliand Textilber. 33, 636 (1952).

[4] K. Thinius, Analytische Chemie der Plaste, Springer-Verlag, Berlin–Göttingen–Heidelberg 1952.

[5] Vgl. ds. Handb., Bd. II, Kap. Analytische Bestimmung der wichtigsten funktionellen Atomgruppen und Verbindungsklassen, S. 249 ff.

[6] G. M. Kline, Analytical Chemistry of Polymers, Interscience Publ. Inc., New York 1959.

[7] R. C. Schulz, H. Fauth u. W. Kern, Makromolekulare Chem. 20, 161 (1956).

gungen sind durch Vorversuche zu klären. Wenn möglich, sollte jede Bestimmung durch eine unabhängige Methode bestätigt werden. Hierzu wird man sich natürlich auch der Elementaranalyse bedienen[1]. Man wird sie besonders dann heranziehen, wenn bei der Reaktion ein Element in das Polymere eingeführt wurde, das vorher nicht darin enthalten war. Im Hinblick auf diese Analysenmöglichkeit wird man unter Umständen die Reaktionskomponente sogar so wählen, daß bei der Umsetzung ein analytisch leicht bestimmbares Element eingeführt wird. Bei der Acylierung von Hydroxy- oder Aminogruppen wird man also beispielsweise Mono- oder Dichloressigsäure oder deren Derivate anwenden, ferner Nitro- oder Dinitrobenzoylchlorid usw.[2]. Dann hat man die Möglichkeit, sowohl aus dem Chlor- bzw. Stickstoffgehalt als auch aus der Menge der bei der Verseifung freiwerdenden Säure auf den Gehalt an umgesetzten Gruppen im Polymeren zu schließen.

Das Analysenergebnis wird üblicherweise in Gewichtsprozent der betreffenden Gruppierung oder der Elemente, bezogen auf die Einwaage, ausgedrückt (H. Kämmerer[3] schlägt hierfür die Bezeichnung *Gesamtumsatz* vor). Stimmen die gefundenen Werte mit den theoretisch erwarteten überein, so kann man auf einen vollständigen Umsatz in der gewünschten Richtung schließen. In der Regel wird aber aus schon erläuterten Gründen der gefundene Wert unter dem berechneten liegen. Drückt man den gefundenen Wert in Prozent des theoretischen Wertes aus, so erhält man den *Umsatz* in Gewichtsprozent. Diese Angabe besagt, wieviel Gramm der betreffenden Grundbausteine in 100 Gramm des Polymeren enthalten sind. Anschaulicher ist es aber, den Umsatz in Molprozent (oder als durchschnittlichen *molaren Umsatz*[3]) auszudrücken, d. h. anzugeben, wie viele von 100 Grundbausteinen in der betreffenden Weise reagiert haben. Hierzu ist es aber erforderlich, auch die Struktur der durch Nebenreaktionen veränderten Gruppen zu kennen, um die Molgewichte aller am Aufbau beteiligten Grundbausteine berechnen zu können. Nimmt man zur Vereinfachung an, daß keine Nebenreaktionen eingetreten sind, dann kann man das Reaktionsprodukt als Zwei-Komponenten-System betrachten, bestehend aus Grundbausteinen mit den nicht umgesetzten Gruppen A und den umgesetzten Gruppen C (siehe Formel II, S. 646, z = 0).

Zur Umrechnung des Gehaltes von Gew.-% in Mol.-% kann man sich folgender Umrechnungsformel bedienen:

$$a = \frac{100}{1 + \dfrac{100 - p}{p}\left(\dfrac{A^*}{C^*}\right)}$$

$$c = 100 - a$$

A* und C* sind die Molgewichte der Grundbausteine mit den Gruppen A bzw. C
p = Anteil der Gruppen A [Gew.-%]   a = Anteil der Gruppen A [Mol.-%]   c = Anteil der Gruppen C [Mol.-%]

[1] Zur Stickstoffbestimmung in Polymeren: U. BARTELS, Faserforsch. u. Textiltechn. **8**, 194 (1957). W. SKODA u. J. SCHURZ, Fr. **162**, 259 (1958).
Eventuell müssen Fehlerkorrekturen angebracht werden: K. NOZAKI, J. Polymer Sci. **1**, 457 (1946).
Bei der Bestimmung von Copolymerisationsparametern müssen die Fehlerbreiten der angewandten Analysenmethoden sehr sorgfältig geprüft werden: F. M. LEWIS u. Mitarbb., Am. Soc. **70**, 1519, 1537 (1948).
[2] R. C. SCHULZ, P. ELZER u. W. KERN, Chimia **13**, 237 (1959); Makromolekulare Chem. **42**, 205 (1961).
[3] H. KÄMMERER u. H. SCHWEIKERT, Makromolekulare Chem. **36**, 49 (1960).

Auch die Verwendung einer Spezialrechenscheibe nach H. Bückle[1] hat sich zur Umrechnung von Gew.-% in Mol.-% oder umgekehrt sehr gut bewährt.

Sollen viele Analysen der gleichen Art ausgewertet werden, so ist es zweckmäßig, ein Diagramm anzufertigen, in welchem der analytisch gefundene Prozentgehalt der betreffenden Gruppe bzw. des Elementes in Abhängigkeit von der Zusammensetzung einerseits in Gew.-% und andererseits in Mol.-% aufgetragen ist (Abb. 20). Für die Abhängigkeit von der Zusammensetzung in Gew.-% ergibt sich eine Gerade. Die andere Funktion stellt eine gekrümmte Kurve dar. Die Abweichung von der Geraden ist um so stärker, je größer der Unterschied zwischen den Molgewichten der Grundbausteine vor und nach der Umsetzung ist. Dementsprechend können die Zahlenwerte für den Gehalt in Gew.-% sehr verschieden sein von denjenigen in Mol.-%.

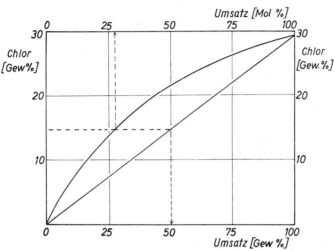

Abb. 20. Beispiel für die graphische-Bestimmung des Umsatzes in Gew.-% und Mol.-% bei einem mit Chloressigsäure acyliertem Polyvinylalkohol [(C$_4$H$_5$ClO$_2$)$_n$] Cl ber.: 29,5, gef.: 14,75

Abb. 20 zeigt ein solches Diagramm. Als Beispiel wurde die Acylierung von Polyvinylalkohol mit Chloressigsäure gewählt. Der Grundbaustein mit den Gruppen A ist also:

$$—CH_2—CH— \qquad (A* = 44; \ Cl = 0\%)$$
$$\vert$$
$$OH$$

der umgesetzte Grundbaustein C:

$$—CH_2—CH— \qquad (C* = 120,5; \ Cl = 29,5\%).$$
$$\vert$$
$$OOC—CH_2Cl$$

Im Polymeren wird nach der Umsetzung und Reinigung beispielsweise 14,75% Chlor gefunden. Aus dem Diagramm entnimmt man, daß dies einem Umsatz von 50 Gew.-% oder 26,7 Mol.-% entspricht. Bei Anwendung obiger Gleichung ergibt sich:

$$a = \frac{100}{1 + \dfrac{100-50}{50} \cdot \dfrac{44}{120,5}} = 73,3 \ \text{Mol.-\% A}$$

$$c = 100 - 73,2 = 26,7 \ \text{Mol.-\% C}$$

---

[1] H. Bückle, Z. Metallkunde **49**, 144 (1958); Hersteller: Aristo-Werke, Dennert u. Pape, Hamburg-Altona.

Die Zusammensetzung, ausgedrückt in Mol.-% der umgesetzten Gruppen, gibt unmittelbar den Umsatz bei der Reaktion an im gleichen Sinne, wie das zum Teil auch bei niedermolekularen Reaktionen angegeben wird. Demgegenüber verliert aber die Aussage über die Ausbeute, bezogen auf die Theorie, bei makromolekularen Umsetzungen ihren Sinn, da hierbei umgesetzte und unumgesetzte Anteile nicht zu trennen sind; das Reaktionsprodukt ist keine einheitliche Substanz. Nur für den Fall, daß die Reaktion an den Polymeren tatsächlich vollständig abgelaufen ist und somit der Umsatz 100 Mol.-% und auch 100 Gew.-% beträgt, ist es sinnvoll, eine Ausbeute anzugeben. Sie ist dann aber lediglich ein Maß für die Verluste bei der Aufarbeitung.

Will man mehrere verschiedene Umsetzungen an dem gleichen Polymeren miteinander vergleichen, so muß man den Umsatz, ausgedrückt in Mol.-%, als Maßstab wählen; der Umsatz in Gew.-% würde ein verfälschtes Bild ergeben. Das gleiche gilt für reaktionskinetische Untersuchungen.

Anstelle des Umsatzes in Mol.-% kann man auch einen durchschnittlichen molaren Umsetzungsgrad $\overline{UG}$ angeben.

$$\overline{UG} = \frac{\text{Mole der Gruppen A pro Grundbaustein} \times \text{Gesamtumsatz in Mol.-\%}}{100}$$

Diese Angabe empfiehlt sich besonders dann, wenn das Makromolekül pro Grundbaustein mehr als eine reaktive Gruppe enthält (z.B. drei Hydroxygruppen pro Grundbaustein bei den Cellulosen).

Für eine vollständig acetylierte Cellulose errechnet sich z.B. ein Gehalt von 44,8% Acetylgruppen. Werden in einer Probe 40,27% gefunden, so entspricht das 89,9% d.Th. oder einem Umsatz von 89,9 Gew.-% bzw. 83,4 Mol.-%. Der durchschnittliche molare Umsetzungsgrad beträgt nach obiger Gleichung

$$\overline{UG} = \frac{3 \cdot 83,4}{100} = 2,5$$

Es handelt sich also um ein Cellulose-$2\frac{1}{2}$-acetat.

Eine allgemein anwendbare Beziehung wurde bei Untersuchungen an molekulareinheitlichen Phenol-Formaldehyd-Kondensaten[1] entwickelt.

Die oben erläuterten Berechnungen lassen sich selbstverständlich auch auf Reaktionen, bei denen drei und mehr Gruppierungen entstehen, ausdehnen, sofern man diese alle quantitativ analytisch erfassen kann. Sie gelten sinngemäß auch bei der Analyse von Copolymeren, Pfropf- und Blockcopolymeren aus zwei oder mehr Komponenten. Schließt man allerdings an die erste Umsetzung eines Polymeren weitere Reaktionen an, dann wird die Zahl der zu berücksichtigenden Gruppen so groß, daß eine Berechnung des Umsatzes nur mit Hilfe von vereinfachenden Annahmen, die im Einzelfall diskutiert werden müssen, möglich ist. Meist stößt schon die vollständige Analyse derartiger polymerer Reaktionsprodukte auf große Schwierigkeiten. Man wird sich in solchen Fällen damit begnügen, nur die bei den Reaktionen erwarteten Gruppierungen zu bestimmen und den Umsatz in Gew.-%, bezogen auf die vorhergehende Reaktionsstufe, zu berechnen. Hierfür sind keine Aussagen über die Struktur und die Menge solcher Gruppen notwendig, die bei Nebenreaktionen gebildet wurden.

---

[1] H. KÄMMERER u. H. SCHWEIKERT, Makromolekulare Chem. **36**, 49 (1960).

II. Umwandlung von Polymerisaten

(unter weitgehendem Erhalt des makromolekularen Aufbaus)

bearbeitet von

Dr. PAUL SCHNEIDER

Farbenfabriken Bayer AG., Leverkusen

a) Einleitung

In dem nachfolgenden Abschnitt sollen einige Hinweise über die Möglichkeiten der Umwandlung von synthetischen Polymeren, weitgehend anhand von Beispielen, gegeben werden. Im Anschluß daran wird in gleicher Weise die Umwandlung von natürlichen makromolekularen Stoffen wie Kautschuk, Cellulose und Stärke abgehandelt. Es kann sich dabei nur um eine Auswahl handeln, denn die vollständige Aufzählung der bis jetzt erschienenen Literatur würde den Rahmen dieses Handbuches sprengen.

Die Umwandlungen hochmolekularer Stoffe können vielfacher Art sein, zum Beispiel:

Abbau zu niedermolekularen Bruchstücken,

Einführung von Substituenten und Umwandlung reaktionsfähiger Gruppen unter weitgehendem Erhalt des makromolekularen Zustandes,

Aufbau zu noch höhermolekularen und vor allem zu vernetzten Makromolekülen.

Wir beschränken uns in diesem Kapitel im wesentlichen auf die Einführung von Substituenten und Umwandlung reaktionsfähiger Gruppen im Makromolekül. Es sei nochmals ausdrücklich darauf hingewiesen, daß es sich bei den Umwandlungen in den meisten Fällen nicht um quantitativ verlaufende Reaktionen handelt und daß Nebenreaktionen, die in der niedermolekularen Chemie zu leicht abtrennbaren Nebenprodukten führen, hier an derselben Molekülkette ablaufen, die auch an der Umwandlung über die dominierende Hauptreaktion beteiligt ist. Außerdem läßt es sich meist nicht vermeiden, daß selbst bei einfachen Umsetzungen geringfügige Änderungen über Nebenreaktionen eintreten, sei es durch Abbau, Bildung von Verzweigungen und Vernetzungen, Umesterung, Cyclisierung, Verseifung, Aminolyse, Oxydation usw., die eine nachhaltige Abwandlung der Eigenschaften des makromolekularen Stoffes zur Folge haben können. So sind z. B. die Sulfochloride des Polystyrols, die durch Einwirkung von Chlorsulfonsäure auf Polystyrol erhalten werden, vernetzt, weil die nebenbei in geringem Grad verlaufende Sulfonbildung kettenverknüpfend wirkt. Auch die Nitrierung des Polystyrols verläuft nicht einheitlich. Ganz abgesehen von der Bildung isomerer Nitroverbindungen ist mit der Anwendung von Salpetersäure gleichzeitig eine Oxydationsreaktion verbunden. Da es sich bei den Umwandlungsprodukten der Hochpolymeren nicht wie im Sinne der Chemie der niedermolekularen Verbindungen um chemisch einheitliche Derivate von Polymerhomologen handelt, haben diese Stoffe mehr technisches Interesse und kommen für eine exakte wissenschaftliche Untersuchung weniger in Frage. Eine Ausnahme bildet vielleicht die Verseifung des Polyvinylacetats zu Polyvinylalkohol.

Die Möglichkeiten, makromolekulare Stoffe zu vernetzen, sind fast unbegrenzt. Hierfür lassen sich eigentlich alle intermolekular verlaufenden Reaktionen verwenden, aber nur einige haben praktische Verwendung gefunden. Auf S. 776 bis S. 806 sind die wichtigsten Vernetzungsmöglichkeiten kurz aufgeführt.

b) Einführung von Alkylgruppen in Polymerisate

1. in Copolymerisate aus Äthylen und Kohlenmonoxyd

Copolymerisate aus Äthylen und Kohlenmonoxyd reagieren mit Alkyl- oder Allyl-halogeniden unter Substitution in der α-Stellung zur Ketogruppe.

Alkylierung eines Copolymerisates aus Äthylen und Kohlenmonoxyd mit Allylbromid[1]: 35 g eines Copolymerisates aus 59,6% Äthylen mit 40,4% Kohlenmonoxyd werden mit 200 g Dioxan auf 80° erwärmt. Dazu gibt man 110 g Allylbromid. Innerhalb von 75 Min. wird unter Rühren und Er-hitzen unter Rückfluß eine Lösung von 49 g Kaliumhydroxyd in 230 cm³ Methanol zugegeben. Beim Eingießen in Wasser bildet sich ein gelber Niederschlag, der filtriert, mit Wasser gewaschen und getrocknet wird. Man erhält 37 g eines spröden Harzes, das in Aceton, Dioxan, Benzol und Xylol löslich ist. Die Jodzahl beträgt 207, woraus hervorgeht, daß auf eine Ketogruppe durch-schnittlich 0,6 Allylgruppen eingetreten sind.

2. in Polystyrol

Die Alkylierung des Polystyrols mit Alkylhalogeniden[2] oder Olefinen in Gegenwart von Friedel-Crafts-Katalysatoren gibt Reaktionsprodukte, die eine gute Löslichkeit in Schmierölen haben und außerdem die Abhängigkeit der Viscosität von der Temperatur wesentlich verringern. Mit Aluminiumchlorid als Katalysator tritt gleichzeitig ein Abbau des Polystyrols ein. Durch Zugabe von Nitroverbindun-gen[3,5] wie Nitroäthan oder Nitrobenzol zum Lösungsmittel kann dieser Nachteil wesentlich verringert werden. Auch flüssiger Fluorwasserstoff kann bei —10°, ohne daß ein Abbau zu befürchten ist, angewandt werden.

Zur Erzielung eines wirksamen Effektes ist es jedoch notwendig, die Nitroverbin-dung und den Katalysator mengenmäßig[4] aufeinander abzustimmen. Gute Ergebnisse erhält man mit Polystyrol vom Molekulargewicht 30000–80000 und mit Olefinen, die endständige Doppelbindungen haben.

Alkylierung von Polystyrol mit Isononen (trimeres Propylen)[5]: Ein innen emailliertes, stählernes Reaktionsgefäß, das mit einem Rührer, einem Thermometer und einem wassergekühlten Mantel ausgestattet ist, wird mit einer Lösung von 170 g Polystyrol (durchschnittliches Mol.-Gew. 70000) in 950 g Monochlorbenzol beschickt. Dann werden 17 g wasserfreies Aluminiumchlorid, gelöst in 18 g Nitromethan, zugefügt. Nach dem Sättigen mit trockenem Chlorwasserstoff wird die Lösung 15 Min. bei 25–30° gerührt. Ein mit Phosphorsäure als Katalysator gewonnenes, nieder-polymeres Polypropylen, das hauptsächlich Isononen enthält, wird in einer Menge von ins-gesamt 155 g innerhalb von 1,5 Stdn. mit solcher Geschwindigkeit zugegeben, daß die Temp. 25–30° nicht übersteigt. Dann wird das Reaktionsgemisch 1 Stde. lang bei der gleichen Temp. gerührt. Zu diesem Zeitpunkt haben etwa 90% des Isononens mit dem Polystyrol reagiert. Das Reaktionsgemisch wird dann mit dem gleichen Vol. 5%iger Salzsäure gerührt, die wäßr. Schicht entfernt, die Lösung des Alkylierungsproduktes 2 mal unter kräftigem Rühren mit dem gleichen Vol. Wasser gewaschen und von der wäßr. Phase abgetrennt.

Dieses Polymerisat kann nach dem Abtreiben der Lösungsmittel durch Wasserdampfdestillation zur Herstellung von Schmierölgemischen verwendet werden, die einen geringen Temp.-Viscositäts-index haben.

Bei der Alkylierung mit Diisobutylen in Chlorbenzol können zur Aktivierung des Katalysators anstelle von Nitrobenzol auch geringe Mengen von Essigsäure[6] und

[1] A.P. 2542782 (1946), DuPont, Erf.: R. S. Schreiber; C. 1952, 1251.

[2] D. J. Metz u. R. B. Mesrobian, J. Polymer Sci. 16, 345 (1955).
 W. Hahn u. H. Lechtenböhmer, Makromolekulare Chem. 16, 50 (1955).

[3] E.P. 640566/7 (1947), Monsanto Chemical Co., Erf.: J.M. Butler; C. 1953, 9064.

[4] A.P. 2756265 (1953), Esso Research & Engineering Co., Erf.: W. C. Hollyday; C. 1957, 9813.

[5] DBP. 920445 (1950), Monsanto Chemical Co., Erf.: J. M. Butler; C. 1954, 7099.

[6] DBP. 889694 (1951), Monsanto Chemical Co., Erf.: A. A. Jones u. M. J. Rose; C. 1954, 7788.

Wasser eingesetzt werden. Mit Isopropylchlorid als Alkylierungsmittel stellt sich eine gute Löslichkeit des Reaktionsproduktes in Schmierölen erst dann ein, wenn mindestens 1,5 Mol Isopropylchlorid[1] mit einem Mol der Polystyroleinheit reagiert haben.

Wird die Alkylierung mit Octadecen-(1) in Gegenwart von Aluminiumchlorid ausgeführt, so erfolgt die Substitution vorwiegend in der p-Stellung[2]; erst die nachträgliche Behandlung mit einem Amylengemisch führt zu einer Substitution in der o-Stellung[3]. Eine gute Verträglichkeit mit Schmierölen geben auch Alkylester von ungesättigten Säuren[4] mit 10-20 Kohlenstoffatomen, deren Doppelbindung aber nicht in α-Stellung zur Carboxygruppe stehen darf. Mit Undecylensäuremethylester[5] werden in 1-Nitro-propan als Lösungsmittel je nach dem Molekulargewicht des verwendeten Polystyrols 36–50% der Benzolkerne alkyliert. Durch Verseifen des polymeren Esters in n-Propanol entsteht eine Polyseife, deren Solubilisierungsvermögen in wäßriger Lösung dem gewöhnlicher Seifen vergleichbar ist, obwohl die Oberflächenspannung etwa der des Wassers entspricht. Durch Zugabe dieser Polyseifen zu Naturlatex oder synthetischen Latices wird deren mechanische Stabilität erhöht. Die Umesterung des nicht verseiften Methylesters mit Methoxypolyäthylenglykol vom Molekulargewicht 750 führt in siedendem Toluol in Gegenwart von wenig Blei-(II)-oxyd als Katalysator zu einer nicht ionogenen Polyseife, die sich mit Chlorsulfonsäure in Methyläthylketon weiter umsetzen läßt. Ähnlich können auch Polyseifen mit Methyloleat hergestellt werden. Jedoch ist der Umsatz der Alkylierung etwas geringer.

Die mit Friedel-Crafts-Katalysatoren hergestellten Copolymerisate aus *Styrol* und *Isobutylen* können wie Polystyrol z.B. mit Octadecen-(1) alkyliert werden[6]. Copolymerisate des Styrols mit *Divinylbenzol* lassen sich mit N-Chlormethylphthalimid in Gegenwart von Friedel-Crafts-Katalysatoren zu den polymeren Phthalimidoalkylverbindungen alkylieren[7]. Durch alkalische oder saure Hydrolyse erhält man Aminogruppen enthaltende Polymerisate, die mit Alkylierungsmitteln weiter behandelt werden können und Ionenaustauscher darstellen.

c) Einführung von Acylgruppen in Polymerisate

1. in Polystyrol

Carbonsäurechloride sowie Ketene[8] reagieren mit Polystyrol in Gegenwart von Friedel-Crafts-Katalysatoren unter Substitution im aromatischen Kern zu polymeren *Ketonen*. So entsteht mit Acetylchlorid *Polyvinylacetophenon*[9], das vielen Reaktionen zugänglich ist (s. S. 680, 693 u. 696). Mit Natriumhypochlorit[10] entsteht

---

[1] A.P. 2572558 (1948), Monsanto Chemical Co., Erf.: J. M. BUTLER; C. **1954**, 6870.

[2] A.P. 2651628 (1950), Standard Oil Development Co.. Erf.: L. M. WELCH; C. **1954**, 11098.

[3] A.P. 2614080 (1950), Standard Oil Development Co., Erf.: L. M. WELCH; C. **1953**, 7707.

[4] A.P. 2572557 (1948), Monsanto Chemical Co., Erf.: J. M. BUTLER; C. **1954**, 6870.

[5] A. I. MEDALIA, H. H. FREEDMAN u. S. SINHA, J. Polymer Sci. **40**, 15 (1959).

[6] A.P. 2658872 (1949), Standard Oil Development Co., Erf.: W. C. HOLLYDAY u. M. H. MAHAN.

[7] DAS. 1054715 (1957), Farbf. Bayer, Erf.: H. CORTE u. O. NETZ; C. **1960**, 17234.

[8] A.P. 2962485 (1957), Monsanto Chemical Co., Erf.: H. A. WALTER u. J. A. BLANCHETTE.

[9] J. A. BLANCHETTE u. J. D. COTMAN jr., J. org. Chem. **23**, 1117 (1958).

W. O. KENYON u. G. P. WAUGH, J. Polymer Sci. **32**, 83 (1958).

A.P. 2713570 (1951), Eastman Kodak Co., Erf.: W. O. KENYON, G. P. WAUGH u. C.C.UNRUH.

[10] A.P. 2945839 (1957), Monsanto Chemical Co., Erf.: J. A. BLANCHETTE.

daraus das 4-Carboxy-styrol. Bei der Reaktion mit Isatin soll sich das Poly-p-[4-carboxy-chinolinyl-(2)]-styrol bilden[1]:

Acylchloride einbasischer aliphatischer Carbonsäuren mit 12–18 Kohlenstoffatomen bilden Reaktionsprodukte, die in Schmierölen gut löslich sind[2]. Mit Cinnamoylchlorid entsteht *Polyvinylbenzalacetophenon*[3], das unter der Einwirkung von Licht unlöslich wird. Reaktionsprodukte von optimaler Lichtempfindlichkeit[4] enthalten 2,0–5,4 Molprozent Cinnamoylgruppen. Die gleiche Verbindung erhält man durch Acetylierung von Polystyrol und Einwirkung von Benzaldehyd[5] auf das gebildete Polyvinylacetophenon. Erfolgt die Reaktion vollständig, so entsteht die *trans*-Form[6] des Polyvinylbenzalacetophenons, die durch Einwirkung von UV-Strahlen auf die Lösung in 1,2-Dimethoxy-äthan in die *cis*-Form umgewandelt werden kann. Anstelle des Benzaldehyds können auch Anisaldehyd, Veratrumaldehyd, 4-Hydroxy-benzaldehyd[7] usw. verwendet werden (vgl. S. 805).

Isocyanate reagieren mit Polystyrol in Gegenwart von Friedel-Crafts-Katalysatoren unter Kernsubstitution und Bildung von Carbonsäureamidgruppen[8]. Stark substituierte Reaktionsprodukte sind selbst bei der Anwendung von monofunktionellen Isocyanaten in Benzol oder Äthylenchlorid unlöslich und haben einen hohen Erweichungspunkt.

Polystyrol reagiert mit Phosphortrichlorid unter Zusatz von Aluminiumchlorid. Nach der Hydrolyse entstehen Phosphinsäuregruppen[9], die durch Salpetersäure zu den polymeren Phosphonsäuren oxydiert werden.

Acylierung von Polystyrol mit Lauroylchlorid[10]: Zu einem auf 50–55° erhitzten Gemisch aus 100 g o-Dichlor-benzol, 8 g Nitrobenzol, 17,3 g Aluminiumchlorid und 27,4 g Lauroylchlorid wird unter Rühren innerhalb von 15 Min. eine Lösung von 10,4 g Polystyrol (mittleres Mol.-Gew. 68000)

---

[1] J. A. BLANCHETTE u. J. D. COTMAN jr., J. org. Chem. **23**, 1117 (1958).
[2] A.P. 2500082 (1945), Standard Oil Development Co., Erf.: E. LIEBER u. W. H. SMYERS.
[3] A.P. 2566302 (1947), Eastman Kodak Co., Erf.: C. F. H. ALLEN u. J. A. VAN ALLAN.
   Vgl. DAS. 1042231 (1952), Eastman Kodak Co., Erf.: C. C. UNRUH u. C. F. H. ALLEN.
[4] A.P. 2708665 (1951), Eastman Kodak Co., Erf.: C. C. UNRUH; C. **1956**, 4030.
[5] A.P. 2706725 (1951) ≡ E. P. 723603 (1952) ≡ F. P. 1114269 ≡ DAS. 1052688, Eastman
   Kodak Co., Erf.: C.C.UNRUH u. C.F.H.ALLEN; C. **1956**, 4030.
   C. C. UNRUH, J. Appl. Polymer Sci. **2**, 358 (1959).
   W. O. KENYON u. G. P. WAUGH, J. Polymer Sci. **32**, 83 (1958).
   C. C. UNRUH u. A. C. SMITH jr., J. Appl. Polymer Sci. **3**, 310 (1960).
[6] C. C. UNRUH, J. Polymer Sci. **45**, 325 (1960).
[7] A.P. 2716097, 2716102, 2716103 (1951) ≡ E. P. 723602 ≡ F. P. 1086269 ≡ DAS. 1042231
   (1952), Eastman Kodak Co., Erf.: C. C. UNRUH u. C. F. H. ALLEN; C. **1957**, 1575.
   C. C. UNRUH u. A. C. SMITH jr., J. Appl. Polymer Sci. **3**, 310 (1960).
[8] A.P. 2617790 (1947), Monsanto Chemical Co., Erf.: J. M. BUTLER; C. **1954**, 5410.
[9] H. PING-LUM u. C. LUNG REI, Acta Chim. Sinica **24**, 299 (1958).
[10] A.P. 2642398 (1947), Monsanto Chemical Co., Erf.: J. M. BUTLER; C. **1954**, 10601.

in 100 g o-Dichlor-benzol gegeben. Nach 4 Stdn. langer Einwirkung bei 50–55° wird die Lösung mit dem gleichen Vol. 20%iger Salzsäure versetzt und anschließend mit Wasser ausgewaschen. Durch die Zugabe von Alkohol wird das Reaktionsprodukt ausgefällt und nach dem Isolieren 24 Stdn. lang bei 60° getrocknet. Es ist in Schmierölen gut löslich.

2. Einführung von Acylgruppen in Copolymerisate des Styrols

Bei der Acylierung der Copolymerisate aus *Styrol* und *Butadien*[1] tritt der Acylrest ebenfalls in den aromatischen Kern ein. Durch Nebenreaktionen werden jedoch die Jodzahl der Reaktionsprodukte sowie deren mittleres Molekulargewicht verringert. Copolymerisate aus *Styrol* mit *Isobutylen* bilden mit Chloriden aliphatischer Carbonsäuren von 12–18 Kohlenstoffatomen Reaktionsprodukte, die sich durch eine gute Löslichkeit in Schmierölen auszeichnen[2].

Unlösliche Copolymerisate von Styrol mit *Divinylbenzol* reagieren mit Phosphortrichlorid[3] unter Zusatz von Aluminiumchlorid. Nach der Hydrolyse der Phosphordichloridreste entstehen durch Oxydation unlösliche polymere Phosphonsäuren, die Kationenaustauscher darstellen und in ihrer Wirksamkeit zwischen den Austauschern mit Sulfonsäure- und Carboxygruppen stehen.

Acetylierte Polystyrole oder acetylierte Copolymerisate aus Styrol und Isobutylen kondensieren mit Cyclopentadien[4] in Gegenwart von Natriumalkoholaten unter Austritt von Wasser zu Reaktionsprodukten, denen trocknende Eigenschaften zukommen.

d) Einführung von Chlormethylgruppen in Polymerisate

1. in Polystyrol

Polymerisate aromatisch substituierter Vinylverbindungen lassen sich leicht bei mäßiger Temperatur mit einem Gemisch aus Formaldehyd und Salzsäure[5] oder besser mit Methyl-chlormethyl-äther in Gegenwart von Friedel-Crafts-Katalysatoren[6] chlormethylieren. Die Bildung des Methyl-chlormethyl-äthers und die Chlormethylierung können in einem Arbeitsgang erfolgen, wenn man von Formaldehyddimethylacetal[7] oder Methanol[8] und Paraformaldehyd ausgeht und Aluminiumchlorid verwendet. Die Anwendung des Methyl-chlormethyl-äthers hat gegenüber dem Gemisch aus Salzsäure und Formaldehyd den Vorteil, daß sich darin sowohl das Polystyrol und das chlormethylierte Produkt als auch der Katalysator lösen. Außerdem wird mit Methyl-chlormethyl-äther die Neigung zur Vernetzung durch intermolekularen Einbau von Methylengruppen wesentlich verringert.

Im Verlauf der Reaktion tritt zunächst eine Erhöhung der Viscosität der Lösung ein, worauf bald eine Vernetzung erfolgt. Verdünnte Lösungen gelieren aber wesentlich später als konzentrierte Lösungen. Mit Polystyrol von niedrigem Polymerisationsgrad (Molekulargewicht 5000–50000) läßt sich vor Eintritt der Gelierung ein höherer Chlormethylierungsgrad erzielen als mit Polymerisaten von höherem

[1] A.P. 2529316 (1947), Standard Oil Development Co., Erf.: W. H. Smyers u. E. P. Cashman.
[2] A.P. 2500082 (1945), Standard Oil Development Co., Erf.: E. Lieber u. W. H. Smyers.
[3] A.P. 2844546 (1953), Chemical Process Co., Erf.: I. M. Abrams; C. **1960**, 8700.
[4] A.P. 2650209 (1950), Standard Oil Development Co., Erf.: J. F. Nelson u. A. H. Gleason.
[5] A.P. 2895925 (1956), Rohm & Haas Co., Erf.: J. C. H. Hwa; Chem. Abstr. 54, 12428^g (1960).
[6] R. C. Fuson u. C. H. McKeever, Org. Reactions I, 63 (1942).
[7] DAS. 1010738 (1955), Permutit AG., Erf.: H. Corte, H. G. Morawe u. E. Hiepler.
[8] DAS. 1058737 (1957), Farbf. Bayer, Erf.: H. Seifert; C. **1960**, 7702.

Molekulargewicht. Durch die Zugabe von Dioxan und Wasser oder wasserfreiem Dioxan kann die Reaktion bei dem gewünschten Umsatz abgestoppt werden. Das Reaktionsprodukt wird durch Eingießen der Lösung in Alkohol oder Wasser gefällt. Es muß vor dem Trocknen durch Umlösen vom Katalysator sorgfältig getrennt werden. Nicht vernetzte Reaktionsprodukte zeigen die gleiche Löslichkeit wie Polystyrol.

Chlormethylierung von Polystyrol mit Methyl-chlormethyl-äther[1]: 113,4 g Polystyrol werden bei Raumtemp. in 1135 cm³ Methyl-chlormethyl-äther (Vorsicht! Stark *giftig!*) gelöst. Nach der Zugabe von 18,1 g wasserfreiem Zinkchlorid wird die Mischung 8,5 Stdn. lang gerührt. Im Verlauf von 4,5 Stdn. erwärmt sich die Lösung auf etwa 50°. Innerhalb der nächsten halben Stde. fällt die Temp. auf 40°. Bis zum Ende der Reaktion wird die Mischung durch äußere Erwärmung auf 40–45° gehalten. Die Reaktion wird dann durch die Zugabe eines Gemisches aus 114 cm³ Dioxan und 38 cm³ Wasser abgestoppt. Nach kurzem Stehen tritt eine Trennung in 2 Schichten ein. Die obere Schicht wird abgetrennt und in das 4 fache Vol. Alkohol gegossen. Der entstandene Niederschlag wird dann filtriert, mit Alkohol sorgfältig ausgewaschen und bei Zimmertemp. getrocknet. Aus dem Chlorgehalt von 17,7% geht hervor, daß jeder Benzolkern im Mittel 0,66 Chlormethylreste enthält. Das Produkt ist in Toluol gut löslich.

2. Einführung von Chlormethylgruppen in Copolymerisate des Styrols

Vernetzte, d. h. unlösliche Copolymerisate des Styrols werden vorteilhaft in Perlform angewandt, weil sowohl bei der Chlormethylierung als auch bei der anschließenden Aminierung (s. S. 744) die physikalische Struktur des Polymerisates nicht geändert wird. Solche Copolymerisate eignen sich besonders zur Herstellung von Anionenaustauschern. Um eine große Oberfläche zu erhalten, ist es vorteilhaft, das Polymerisat vor der Reaktion mit Methyl-chlormethyl-äther oder anderen geeigneten Lösungsmitteln anzuquellen. Copolymerisate aus Styrol und Divinylbenzol von hoher Porosität[2] entstehen, wenn man auf die im Polymerisationsansatz vorgebildeten Perlen weiteres Monomerengemisch zunächst quellend einwirken läßt und nach Zugabe von Peroxyden polymerisiert.

Chlormethylierung des Copolymerisates aus Styrol und Butadien[3]: 90 g eines unlöslichen Popcornpolymerisates aus Styrol mit 10% Butadien werden in einem Kolben, der mit Rührer, Thermometer und Rückflußkühler ausgestattet ist, zunächst mit 1480 g Äthylenchlorid behandelt. Es tritt eine starke Quellung ein. Nach der Zugabe von 138 g Methyl-chlormethyl-äther und 63,5 g Aluminiumchlorid wird das Reaktionsgemisch 18 Stdn. lang bei Raumtemp. und nach Zugabe von 1500 cm³ Wasser nochmals 2 Stdn. lang gerührt. Die Perlen werden dann mit Wasser gründlich gewaschen und bei 65° getrocknet. Sie enthalten 11,7% Chlor.

Anstelle der Popcornpolymerisate aus Styrol und Butadien können auch solche aus *Vinylanisol* und *Butadien* angewandt werden, die nach der Chlormethylierung mit primären, sekundären[4] oder tertiären Aminen[5] Umwandlungsprodukte bilden, welche ebenfalls als Ionenaustauscher geeignet sind. Copolymerisate aus *Styrol* mit *Äthylenglykoldimethacrylat, Vinylmethacrylat, Divinyloxalat*[6] oder *Divinylbenzol*[7] geben ähnliche Umsetzungsprodukte.

[1] G. D. JONES, Ind. eng. Chem. **44**, 2686 (1952).
  A.P. 2694702 (1951), Dow Chemical Co., Erf.: G. D. JONES; C. **1955**, 8511.
  K. W. PEPPER, H. M. PAISLEY u. M. A. YOUNG, Soc. **1953**, 4097.
  J. A. BLANCHETTE u. J. D. COTMAN jr., J. org. Chem. **23**, 1117 (1958).
[2] A.P. 2960480 (1957), Nalco Chemical Co., Erf.: L. E. THIELEN; Chem. Abstr. **55**, 4825ᵉ (1961).
[3] A.P. 2597439 (1951), Rohm & Haas Co., Erf.: G. W. BODAMER; Chem. Abstr. **47**, 9526ᵃ (1953).
[4] A.P. 2597493 (1951), Rohm & Haas Co., Erf.: J. C. H. HWA; C. **1954**, 6601.
[5] A.P. 2597494 (1951), Rohm & Haas Co., Erf.: J. C. H. HWA; C. **1954**, 6359.
[6] DBP. 925500 (1951), Permutit AG., Erf.: E. I. ALKEROYD u. T. R. E. KRESSMAN; C. **1955**, 7797.
[7] E.P. 683399 (1949), Dow Chemical Co.; C. **1953**, 9651.

Chlormethylierung eines vernetzten Copolymerisates aus Styrol, Äthyl-vinyl-benzol und Divinyl-benzol[1]: 100 g eines in Form von kleinen Perlen hergestellten Copolymerisates aus Styrol mit 5% Äthyl-vinyl-benzol und 7,5% Divinylbenzol werden zu einer Lösung aus 250 g Methyl-chlor-methyl-äther und 75 g Perchloräthylen gegeben. Die Mischung wird bei Raumtemp. 30 Min. gerührt. Dann werden innerhalb von 2 Stdn. unter Rühren 50 g wasserfreies Zinkchlorid hinzu-gefügt, wobei die Temp. auf 40–60° eingestellt wird. Anschließend wird bei gleicher Temp. noch 2 Stdn. gerührt. Durch vorsichtige Zugabe von Wasser wird der nicht umgesetzte Methyl-chlormethyl-äther zerstört. Die Perlen werden mit Wasser gewaschen und getrocknet. Sie ent-halten 15,27% Chlor.

e) Einführung von Halogen in Polymerisate

1. Fluorierung von Polyäthylen

Fluoriertes Polyäthylen mit einem Fluorgehalt bis zu 76% entsteht bei 75° in einer exothermen Reaktion durch Einwirkung von reinem oder mit inerten Gasen ver-dünntem **Fluor** auf dünne Folien[2] aus Polyäthylen oder pulverförmiges Polyäthylen. Um die Reaktionswärme gut ableiten zu können, wird die Folie zweckmäßig in ein engmaschiges und dünnes Drahtnetz aus solchen Metallen eingewickelt, die gute Wärmeleiter und gleichzeitig beständig gegen Fluor sind.

2. Chlorierung

α) von Polymerisaten aus Monovinylverbindungen

α₁) *Hochdruckpolyäthylen*

Durch Einführung von 30% Chlor in Polyäthylen bei 75° entstehen Reaktions-produkte, die weich, kautschukähnlich und löslicher als das Ausgangsmaterial sind. Eine Erhöhung des Chlorgehaltes auf 40–45% führt zu harten Reaktionsprodukten mit verringerter Löslichkeit. Wird der Chlorgehalt auf 55% gesteigert, so werden Erweichungs- und Zersetzungspunkt[3] weiter erhöht, und die Löslichkeit steigt wieder an. Bei niedriger Temperatur chlorierte Produkte haben bei gleichem Chlorgehalt einen höheren Erweichungspunkt[4] als die bei höheren Temperaturen hergestellten.

Je nach der gewählten Reaktionstemperatur kann entweder in Lösung oder in Suspension chloriert werden. Geeignete Reaktionsmedien sind z.B. Trichlormethan, Tetrachlormethan oder 1,1,2,2-Tetrachlor-äthan.

Chlorierung von Polyäthylen in Suspension[5]: In einem Glasgefäß, das mit Rührer und Rück-flußkühler ausgestattet ist, werden 800 g Hochdruckpolyäthylen vom mittleren Mol.-Gew. 10000 in 10 *l* siedendem Tetrachlormethan gelöst. Unter Rühren wird die Lösung schnell abgekühlt. Bei 55° bildet sich eine feinteilige Suspension, die nach dem Abkühlen auf 25° von eingeschlossener Luft durch Einleiten von Kohlendioxyd befreit wird. Man belichtet das Gefäß mit einer Lampe, die Licht von der Wellenlänge 4785 Å und kleiner ausstrahlt. Unter Rühren wird nun Chlor, das 0,1% Sauerstoff enthält, mit einer Geschwindigkeit von 15 g pro Min. in die Suspension geleitet, wobei die Temp. des Reaktionsgemisches auf 20–35° gehalten wird. Das Fortschreiten der Chlo-rierung kann an der Menge des entweichenden Chlorwasserstoffs erkannt werden. Nach 2 Stdn.

[1] A.P. 2764561 (1954), Dow Chemical Co., Erf.: E. L. McMaster u. W. K. Glesner.
[2] F.P. 1067400 ≡ DBP. 926514 (1952), I.C.I., Erf.: A. J. Rudge; C. **1955**, 9206.
[3] A.P. 2481188 (1946), Pierce Laboratory, Inc., Erf.: V. K. Babayan; C. **1950** I, 1790.
[4] A.P. 2183556 (1937), I.C.I., Erf.: E. W. Fawcett; C. **1938** II, 1311.
[5] A.P. 2422919 (1942), I.C.I., Erf.: J. R. Myles u. P. J. Garner; Chem. Abstr. **41**, 6274ᵃ (1947). Chlorierung von telomerem Polyäthylen über die Suspension s. A.P. 2964517 (1957), Allied Chemical Corp., Erf.: J. C. Eck u. W. C. Kraemer; Chem. Abstr. **55**, 9958ᵇ (1961).

wird das Reaktionsgemisch in heißes Wasser gegossen und das Lösungsmittel mit Wasserdampf abgetrieben, wobei das Chlorierungsprodukt in fein verteilter Form anfällt. Es besitzt nach dem Filtrieren und Trocknen einen Chlorgehalt von etwa 50%.

Zur Herstellung eines gut löslichen Reaktionsproduktes mit höherem Chlorgehalt kann man zunächst bis zu einer Chloraufnahme von 40–50% in einer Suspension in Tetrachlormethan arbeiten und nach Erhöhen der Temperatur auf 60–65° bis zum gewünschten Chlorgehalt[1] über die Lösung weiterchlorieren. Auch die Photochlorierung einer Suspension in flüssigem Chlor führt in einer exothermen Reaktion[2] zu Produkten mit hohem Chlorgehalt.

Eine gleichförmige Verteilung des aufgenommenen Chlors im Polymerisat erreicht man durch Chlorieren in Lösung bei erhöhter Temperatur, wobei je nach dem verwendeten Lösungsmittel entweder im Autoklaven oder, wie bei der Anwendung eines Gemisches aus Trichlormethan und Tetrachlormethan, bei normalem Druck gearbeitet wird. Besonders homogene Produkte erhält man durch eine kontinuierlich[3] erfolgende Chlorierung. Hierbei wird die 5%ige Lösung des Polyäthylens in Tetrachlormethan, die geringe Mengen Azoisobuttersäure-dinitril enthält, zusammen mit einer Lösung von Chlor im gleichen Lösungsmittel unter Druck in ein spiralförmiges Rohr bei 83° eingeführt. Die Verweilzeit im Rohr beträgt fünf Minuten, wobei der Druck abfällt.

Chlorierung von Polyäthylen in Lösung[4]: 50 g eines durch Hochdruckpolymerisation erhaltenen Polyäthylens werden in einer Mischung von 6500 g Tetrachlormethan und 1500 g Trichlormethan unter Rückfluß bei 70° Innentemp. in 2 Stdn. gelöst. Durch die Lösung wird bei gleicher Temp. ein Chlorstrom geleitet, bis eine isolierte Probe des Polymeren einen Chlorgehalt von über 50% aufweist. Die Lösung wird abgekühlt und 24 Stdn. nachgerührt, wobei weitere Chloraufnahme eintritt. Dann wird ein Tl. des Lösungsmittelgemisches zur Entfernung des überschüssigen Chlors und des gelösten Chlorwasserstoffs abdestilliert und die restliche Lösung auf siedendes Wasser unter Rühren aufgetropft. Dabei destillieren die Lösungsmittel ab, und das chlorierte Produkt scheidet sich als festes, farbloses Pulver aus, das leicht filtriert und neutral gewaschen werden kann. Es weist nach dem Trocknen bei 80° einen Chlorgehalt von 63,9% auf.

Man kann die Chlorierung auch mit Sulfurylchlorid ausführen, wobei das Polyäthylen in Tetrachlormethan gelöst wird. Solche Reaktionsprodukte enthalten neben Chlor auch Schwefel[5]. Eine wesentliche Steigerung der Reaktionsgeschwindigkeit kann durch die Zugabe aliphatischer Azoverbindungen bereits bei Raumtemperatur erzielt werden.

Chlorierung von Polyäthylen in Gegenwart von α,α'-Azo-(α,γ-dimethyl)-valeriansäure-dinitril[6]: 20 g Polyäthylen (Erweichungspunkt etwa 110°) werden in 584 g Tetrachlormethan bei Raumtemp. mit so viel Chlor behandelt, daß 0,6 g Chlor pro Min. durch die Lösung strömen. Nach der Zugabe von 0,4 g α,α'-Azo-(α,γ-dimethyl)-valeriansäure-dinitril werden 0,3 g Chlor pro Min. von der Lösung aufgenommen. Die Lösung wird nach einer Stde. zu 800 g Methanol gegeben, das ausgefallene Chlorierungsprodukt isoliert, mit Methanol gewaschen und getrocknet. Die Ausbeute beträgt 42,5 g, der Chlorgehalt 53,9%. Ohne die Zugabe des Katalysators benötigt man unter vergleichbaren Bedingungen etwa 100 Stdn. bis zur gleichen Chloraufnahme.

Die Chlorierung läßt sich auch mit einer wäßrigen Dispersion des fein zerkleinerten Polymeren ausführen, wenn das Reaktionsgemisch mit einer UV-Lampe be-

[1] A.P. 2398803 (1942), I. C. I., Erf.: J. R. MYLES u. F. S. B. JONES; Chem. Abstr. **40**, 4390[8] (1946).
  F.P. 1134094 (1955), Phillips Petroleum Co., Erf.: P. J. CANTERINO u. A. N. DEVAULT.
[2] E.P. 623705 (1947), DuPont.
  F.P. 926638 (1946), International Standard Electric Corp., Erf.: S. D. KAGANOFF.
[3] A.P. 2964509 (1956) ≡ E.P. 828379 (1957), DuPont, Erf.: D. M. HURT.
[4] DBP. 875727 (1951), Farbf. Bayer, Erf.: W. BECKER u. O. BAYER; C. **1954**, 662.
[5] A.P. 2405971 (1943), DuPont, Erf.: A. McALEVY; Chem. Abstr. **40**, 7702[6] (1946).
[6] A.P. 2503252 (1947), DuPont, Erf.: M. L. ERNSBERGER; C. **1953**, 5943.

strahlt wird. Mit dieser Versuchsanordnung[1] erhält man z. B. nach sechs Stunden langer Chloreinwirkung bei 50° eine Chloraufnahme von 36%. Auf verhältnismäßig einfachem Wege können Polyäthylen oder Copolymerisate des Äthylens über die bei der Polymerisation gewonnene Emulsion[2] chloriert werden, wenn diese mit Wasser auf 10% Trockengehalt verdünnt und bei Temperaturen von 60–80° mit Chlor behandelt wird. Es entstehen hierbei fein verteilte Chlorierungsprodukte von gleichmäßiger Beschaffenheit und beliebig einstellbarem Chlorgehalt.

a_2) *Chlorierung von Niederdruckpolyäthylen*

Wegen seiner geringeren Löslichkeit ist Niederdruckpolyäthylen schwieriger[3] zu chlorieren. Die Chlorierung gelingt ohne Lösungsmittel, wenn man nach dem Wirbelverfahren das fein verteilte Polyäthylen mit auf 90° erhitztem Chlorgas behandelt[4]. Durch die Zugabe von indifferenten pulverförmigen Verbindungen wie Magnesiumoxyd[5] kann die Geschwindigkeit der Chlorierung weiter gesteigert werden. Arbeitet man im Temperaturbereich von 110–130°, so kann die Lösung des Polyäthylens in Tri- oder Tetrachlormethan auch in einem Strömungsrohr[6] unter Druck chloriert werden.

Chlorierungsprodukte, die zur Herstellung von Kunststoffen mit guten mechanischen Eigenschaften verwendet werden können, erhält man durch eine zweistufige Chlorierung[7]. In der ersten Stufe wird das fein gepulverte Polyäthylen bei 70° in einem Glasrohr, dessen Boden eine Glasfritte enthält, durch Einleiten eines Gasstroms mit 17,5 Vol.-% Chlor und 82,5 Vol.-% Stickstoff chloriert. Wenn das Polymere etwa 28% Chlor aufgenommen hat, wird die Chlorierung in einem Lösungsmittel wie Perchloräthylen bei 115° fortgesetzt. Das Zweistufenverfahren soll eine gleichmäßige Verteilung des Chlors in der Kette ermöglichen.

Polyäthylen hoher Dichte verliert bei einer Chloraufnahme von über 30% seine Krystallinität. Wenn man in siedendem 1,1,2,2-Tetrachlor-äthan unter Belichtung mit UV-Licht bis zu einer Aufnahme von 20% chloriert und die Lösung auf 60° abkühlt, so scheidet sich das Chlorierungsprodukt aus. Bei weiterer Zuführung von Chlor entsteht dann ein chloriertes Polyäthylen, das besonders gute mechanische und thermische Eigenschaften[8] haben soll.

Man kann die Chlorierung auch in wäßriger Suspension ausführen[9]. Der Zusatz von Peroxyden, besonders tert.-Butylhydroperoxyd[10], führt zu einer Beschleunigung der Reaktion. Durch die gleichzeitige Zugabe von chlorierten Kohlenwasserstoffen und Bestrahlen mit einer UV-Lampe[11] erhält man in Gegenwart von Katalysatoren wie Peroxyden oder aliphatischen Azoverbindungen unter Druck Chlorierungsprodukte, deren Chloratome gleichmäßig in der Kette verteilt sind.

[1] A.P. 2592763 (1949), DuPont, Erf.: R. S. Taylor; C. **1953**, 1568.
[2] DBP. 862681 (1950), Farbf. Bayer, Erf.: W. Becker u. O. Bayer; C. **1953**, 8217.
[3] Belg.P. 548099 (1955), Petrochemicals Ltd.
[4] DAS. 1004805 (1955), Ruhrchemie AG., Erf.: H. Noeske; C. **1959**, 13955.
[5] DAS. 1066747 (1956), Ruhrchemie AG., Erf.: H. Noeske; C. **1959**, 8726.
[6] F.P. 1198421 (1958), Farbw. Hoechst.
[7] A.P. 2913449 (1957), Dow Chemical Co., Erf.: F. D. Hoerger u. H. W. Smeal.
[8] E.P. 852569 (1958), Phillips Petroleum Co.; Chem. Abstr. **55**, 11925[d] (1961).
[9] F.P. 1225358 ≡ Belg.P. 578987 (1959); F.P. 1237755 (1960), Farbw. Hoechst.
[10] F P. 1197716 (1957), Dow Chemical Co., Erf.: F. D. Hoerger.
[11] E.P. 828938 (1957), Farbw. Hoechst; Chem. Abstr. **54**, 17966[c] (1960).

Eine Agglomeration der Teilchen vermeidet man beim Arbeiten in wäßriger Suspension, wenn die Chlorierung bei 65–105° in 20–28%iger Salzsäure[1] unter Bestrahlung mit Licht der Wellenlänge 2500–6000 Å ausgeführt wird.

Zur Herstellung von halogeniertem Polyäthylen kann das in einem aliphatischen Kohlenwasserstoff wie Pentan oder Cyclohexan hergestellte Polymere auch mit dem zur Halogenierung verwendeten Lösungsmittel[2] wie Tetrachlormethan oder Chlorbenzol gemischt werden. Nach der destillativen Entfernung des niedriger siedenden Kohlenwasserstoffes wird das Polymerisat unter Zugabe von Aktivatoren und Einstrahlen von UV-Licht chloriert.

Man kann aber auch so arbeiten, daß man die Suspension des Polyäthylens bei 90–130° bis zum Eintritt der Löslichkeit (15–25% aufgenommenes Chlor) in Tetrachlormethan oder Trichlormethan chloriert[3] und die Chlorierung dann bei 25° fortsetzt. Auch durch die Einwirkung der Strahlung einer ^{60}Co-Quelle kann die Chlorierung des Polyäthylens in wäßriger Suspension stark beschleunigt werden. Es bilden sich dabei vernetzte Produkte[4].

Chlorierung von Niederdruckpolyäthylen[5]: 10 g Polyäthylen hoher Dichte werden in einem Autoklaven in 500 g Tetrachlormethan und 100 g Wasser suspendiert. Zur Verdrängung der Luft wird das Gemisch zum Sieden erhitzt. Bei 110° werden innerhalb 30 Min. 14,8 g Chlor eingeleitet. Man kühlt ab, läßt die Lösung des chlorierten Polyäthylens in Tetrachlormethan absitzen und trennt von der überstehenden wäßr. Salzsäure. Das Produkt enthält 43% Chlor. Es eignet sich besonders zur Weichmachung von Polyvinylchlorid.

Zur Isolierung aus der Lösung oder Suspension eignet sich die Sprühtrocknung[6], wobei man am Düsenmund das gleiche Lösungsmittel, das abgetrieben werden soll, als Sattdampf zuführt.

Die Infrarotspektren[7] von chloriertem Polyäthylen, das mit verschiedenem Chlorgehalt in Tetrachlormethan bei 70° erhalten wurde, zeigen die folgenden Strukturen:

$$\cdots-CH_2-CHCl-\cdots \quad \text{und} \quad \cdots-CHCl-CHCl-\cdots$$

CCl_2-Gruppen wurden nicht gefunden.

Durch Zugabe von fettsauren Salzen[8], deren Gemischen mit Blei-(II)-oxyd und Paraffin[9], Alkaliboraten[10], Lichtschutzmitteln[11], Phenolderivaten[12] und Epoxyden[12] kann die Stabilität der Chlorierungsprodukte verbessert werden[13].

[1] Belg.P. 585340 (1959), Hercules Powder Co., Erf.: J. S. TINSLEY.

[2] A.P. 2918419 (1957), Phillips Petroleum Co., Erf.: R. A. FINDLAY; Chem. Abstr. **55**, 2190^d (1961).
S. a. DAS. 1089546 (1955), Farbw. Hoechst, Erf.: E. HEITZER, A. GUMBOLDT, G. MESSWARB, G. BIER u. L. ORTHNER; Chem. Abstr. **55**, 1081^h (1961).
Belg.P. 581319 (1959), Dynamit AG.
E.P. 851127 ≡ F.P. 1220893 (1958), Phillips Petroleum Co., Erf.: P. J. CANTERINO.

[3] F.P. 1134094 (1955), Phillips Petroleum Co., Erf.: P. J. CANTERINO u. A. N. DEVAULT.

[4] DAS. 1070826 (1957), Dow Chemical Co., Erf.: B. W. WILKINGSON u. F. D. HOERGER.

[5] DAS. 1070379 (1957), Farbw. Hoechst, Erf.: F. NOLTE, H. KLUG, L. ORTHNER u. H. HERZBERG.

[6] DAS. 1094456 (1957) ≡ F.P. 1189652 (1958), Farbw. Hoechst, Erf.: E. FELD u. K. RUTHS.

[7] K. NAMBU, J. Appl. Polymer Sci. **4**, 69 (1960).
Physikalische Eigenschaften der Chlorierungsprodukte s. P. J. CANTERINO u. G. R. KAHLE, J. Appl. Polymer Sci. **6**, 20 (1962).

[8] A.P. 2364410 (1941), I.C.I., Erf.: D. WHITTAKER; Chem. Abstr. **40**, 589^1 (1946).

[9] A.P. 2467550 (1946), DuPont, Erf.: D. A. FLETCHER u. R. S. TAYLOR; C. **1950** I, 936.

[10] A.P. 2487099 (1945), Stabelan Chemical Co., Erf.: C. J. CHABAN; C. **1950** II, 2977.

[11] A.P. 2316481 (1941), I. C. I., Erf.: D. WHITTAKER; Chem. Abstr. **37**, 5808^3 (1943).

[12] A.P. 2578904 (1949), DuPont, Erf.: G. S. STAMATOFF; C. **1955**, 5435.
A.P. 2541492 (1946), DuPont, Erf.: A. W. ANDERSON u. S. C. OVERBAUGH; C. **1952**, 2087.

[13] S. a. ds. Bd., Kap. Umwandlung von Naturkautschuk, S. 827.

a_3) *Chlorierung von Copolymerisaten des Äthylens*

Hochmolekulare Copolymerisate des Äthylens mit 25–60% Propylen können in inerten Lösungsmitteln wie Tetrachlormethan unter Belichten und Zugabe von Azoisobuttersäure-dinitril bis auf einen Chlorgehalt von 35% glatt chloriert werden[1]. Die Chlorierung kann auch bei 100–120° über die bei der Polymerisation in Chlorbenzol gewonnene Lösung[2] erfolgen. Auf diesem Wege läßt sich Chlor in einer Menge bis zu 16% leicht einführen. Sicherlich lassen sich bei richtiger Wahl des Lösungsmittels auch Chlorierungsprodukte mit hohem Chlorgehalt herstellen. Zur Herstellung von Chlorierungsprodukten mit kleinerem Chlorgehalt[3] wird das Copolymerisat in Tetrachlormethan dispergiert. Nach dem Abkühlen auf $-10°$ bis $+10°$ gibt man die berechnete Menge Chlor zur Dispersion und erhitzt anschließend so lange auf 60°, bis kein Chlorwasserstoff mehr entweicht.

Copolymerisate aus Äthylen mit 10–14% Isobutylen[4] lassen sich bei 40° in Tetrachlormethan bis zu einem Chlorgehalt von 60–65% ohne Schwierigkeiten chlorieren.

a_4) *Chlorierung von Polypropylen*

Polypropylen, das mit Hilfe von Ziegler-Katalysatoren erhalten wird, ist wegen seiner hohen Krystallinität nur schwierig chlorierbar. So kann man die Chlorierung über ein Zweistufenverfahren ausführen. Hierbei wird in der ersten Stufe bei 80° in wäßriger Suspension[5] bis zu einer Chloraufnahme von 20% gearbeitet. Bei der weiteren Chlorierung in Perchloräthylen erhält man bei 110° nach 20 Minuten langem Einleiten von Chlor ein Produkt, das 45% Chlor enthält.

Polypropylen kann auch in einer Suspension von 20–28%iger Salzsäure[6] unter schnellem Rühren und Bestrahlung mit Licht der Wellenlänge 2500–6000 Å chloriert werden. Bei dieser Arbeitsweise tritt keine Agglomerisation der Teilchen ein.

Chloriert man Polypropylen bei 110° unter Druck, so wird schon bei einer geringen Chloraufnahme die Löslichkeit[7] gesteigert, so daß die weitere Chlorierung bei 70–80° drucklos erfolgen kann.

Chloriertes Polypropylen ist *spröde*. Daraus hergestellte Filme brechen leicht beim Falten. Gibt man jedoch vor der Chlorierung zur Mischung in Tetrachlormethan wenig Titan-(IV)-chlorid, so erhält man ein Produkt[8], das bei einem Chlorgehalt von 40–60% noch zu Filmen, Folien und Überzügen verarbeitet werden kann.

Die thermische Beständigkeit des chlorierten Polypropylens kann durch Zugabe von Stabilisatoren wie Calciumstearat, Bleisilikat oder epoxydiertem Sojabohnenöl[9] erhöht werden. Durch Zugabe von Äthylendiamintetraessigsäure[10] kann die durch Reste des Polymerisationskatalysators verursachte Verfärbung verhindert werden.

[1] F.P. 1174512 (1957), DuPont, Erf.: J. E. HODGKINS u. G. THOMPSON.

[2] F.P. 1222065 (1959), Esso Research & Engineering Co., Erf.: W. P. CAIN, H. S. MAKOWSKI u. A. L. BISIO.

[3] Belg.P. 595557 (1960), Montecatini S.G., Erf.: G. NATTA, G. CRESPI u. M. BRUZZONE.
F.P. 1228145 ≡ Belg.P. 576340 (1959), Montecatini S. G., Erf.: E. VOLTERRA.
M. BRUZZONE u. G. CRESPI, Chimica e Ind. **42**, 1226 (1960).

[4] DAS. 1104698 (1959), Farbf. Bayer, Erf.: J. WITTE; Chem. Abstr. **55**, 25286 ᶜ (1961).

[5] DAS. 1061074 (1957), Dow Chemical Co., Erf.: F. D. HOERGER u. H. W. SMEAL.

[6] Belg.P. 585340 (1959), Hercules Powder Co., Erf.: J. S. TINSLEY.

[7] F.P. 1173859 (1957); 1238949 (1958), Farbw. Hoechst.
S.a. T. W. CAMPBELL u. D. L. LYMAN, J. Polymer Sci. **55**, 169 (1961).

[8] A.P. 2849431 (1955), DuPont, Erf.: W. N. BAXTER; C. **1960**, 6674.

[9] K. S. MINSKER u. W. S. ETLISS, Doklady Akad. S.S.S.R. **123**, 1041 (1958); C. **1959**, 15375.

[10] F.P. 1239018 (1959), Chemische Werke Hüls AG.

Chlorierung von Polypropylen[1]: 100 g krystallinisches Polypropylen werden in 3000 g Tetrachlormethan suspendiert und in einem Autoklaven auf 110° erhitzt, wobei sich ein Druck von 2 at einstellt. Man drückt 10 g Chlor in den Autoklaven. Nach 1 Stde. läßt man auf 70° abkühlen und führt in einer weiteren Stde. 45 g gasförmiges Chlor in die Lösung ein. Durch Einleiten von Stickstoff wird entgast und das Lösungsmittel anschließend mit Wasserdampf abdestilliert. Das etwas elastische Chlorierungsprodukt enthält 13% Chlor.

a_5) *Chlorierung von Polyisobutylen*

Polyisobutylen aller Polymerisationsgrade ist leicht chlorierbar. Chlorierungsprodukte, die 30% Chlor enthalten, sind weiche Massen; Produkte mit höherem Chlorgehalt sind bei Raumtemperatur hart und spröde und lassen sich zu einem Pulver zerkleinern. Die Chlorierung wird durch Katalysatoren, z.B. Jod, erleichtert.

Chlorierung von Polyisobutylen in Gegenwart von Jod[2]: 150 g Polyisobutylen vom mittleren Mol.-Gew. 120000 werden unter Zugabe von 0,5 g Jod in 850 g Tetrachlormethan gelöst. Bei Raumtemp. wird 5,5 Stdn. lang Chlor durch die Lösung geleitet und die Mischung über Nacht stehengelassen. Anschließend chloriert man 8 Stdn. nach und überläßt das Reaktionsprodukt weitere 60 Stdn. sich selbst. Nach dem Abdestillieren des Lösungsmittels i. Vak. enthält das chlorierte Polymere 24% Chlor. Es ist in Petroläther sowie mineralischen Schmierölen leicht löslich.

Chloriertes Polyisobutylen ist instabil und spaltet leicht Chlorwasserstoff ab. Die damit einhergehende Verfärbung kann durch Zusatz geringer Mengen Glykokoll oder Dibutylamin[3] verzögert werden. Stabile Reaktionsprodukte sollen erhalten werden, wenn dem Polyisobutylen wenig Naturkautschuk[4] zugesetzt und die Lösung beider Polymerer mit Chlor unter Druck behandelt wird.

a_6) *Chlorierung von Polystyrol*

Polystyrol kann im aromatischen Kern mit gasförmigem Chlor in Gegenwart der bei aromatischen Verbindungen üblichen ionischen Halogenüberträger chloriert werden. Eisenspäne, Eisen-(III)-chlorid und Aluminiumchlorid als Halogenüberträger führen zu Reaktionsprodukten, die mit steigendem Chlorgehalt einen höheren Erweichungspunkt, aber einen Abfall der Viscosität[5] zeigen.

Die Chlorierung mit flüssigem Chlor erfordert keine Halogenüberträger. Bei dieser Methode wird das fein gepulverte Polymerisat in einem Glasgefäß auf −40° bis −100° abgekühlt. Chlor, in das stark gekühlte Reaktionsgefäß eingeführt, kondensiert sofort. Sobald sich das Polymere unter Rühren im flüssigen Chlor gelöst hat, wird die Mischung langsam auf Zimmertemperatur gebracht. Man erhält auf diesem Wege in wenigen Stunden Reaktionsprodukte[6] mit einem Chlorgehalt bis zu 40%.

Die Chlorierung mit gasförmigem Chlor in Lösungsmitteln wie Trichlormethan oder Tetrachlormethan und mit Jod als Katalysator[7] führt zur Substitution vorwiegend im aromatischen Kern und teilweise auch in der Seitenkette. In Tetrachlormethan als Lösungsmittel verläuft die Reaktion schneller als in Trichlormethan.

---

[1] F. P. 1173859 (1957); 1238949 (1958), Farbw. Hoechst.
  S. a. T. W. Campbell u. D. L. Lyman, J. Polymer Sci. **55**, 169 (1961).
[2] A. P. 2181144 (1937), Standard Oil Development Co., Erf.: A. J. Morway u. F. L. Miller. DRP.-Anm. I 51477 (1935), I. G. Farb.
[3] A. P. 2327517 (1940), Jasco, Inc., Erf.: P. K. Frohlich u. L. A. Bannon.
[4] A. P. 2334277 (1939), Jasco, Inc., Erf.: C. E. Morell, P. K. Frohlich u. L. A. Bannon.
[5] A. P. 1890772 (1930), DuPont, Erf.: H. B. Dykstra; C. **1933** I, 1856.
[6] E. P. 606400 (1946), Standard Telephones & Cables Ltd.; Chem. Abstr. **43**, 1608[c] (1949).
[7] DRP. 573065 (1930), I. G. Farb., Erf.: C. Wulff; Frdl. **19**, 2787 (1932).
  A. P. 2823201 (1952), Dow Chemical Co., Erf.: R. M. Wheaton; C. **1959**, 12076.

Nach Aufnahme von 37% Chlor[1] sind fast alle Phenylgruppen substituiert, wobei vorzugsweise eine Substitution in der 4-, weniger in der 2-Stellung eintritt. Mit steigender Chloraufnahme werden *3,4-, 2,5-* und wenig *2,4-Dichlor-phenyl-Einheiten* gebildet. Allerdings tritt dann neben der Substitution im Kern auch Halogen in die Seitenkette[1] ein. Bei einem Chlorierungsgrad von etwa 41% entstehen auch *2,4,5-Trichlor-phenyl-Einheiten.* Poly-4-chlor-styrol wird hauptsächlich in der 3-Stellung durch Chlor substituiert. Die Abnahme der Viscosität wird durch einen hohen Chlorierungsgrad sowie durch den polaren Charakter des Katalysators [Eisen-(III)-chlorid] gefördert. Der Erweichungspunkt der Polymeren[2] steigt mit dem Chlorgehalt an und kann durch entsprechende Versuchsbedingungen bis auf etwa 180° gebracht werden. Bis zu einer mittleren Chloraufnahme ist chloriertes Polystyrol in Benzol löslich, bei hoher Chloraufnahme nur noch quellbar. Die hochchlorierten Produkte lösen sich aber in Estern[3].

Die Chlorierung kann auch mit dem **Perlpolymerisat**[4] des Styrols ausgeführt werden. Hierbei wird die wäßrige Suspension des Polymerisates, die neben den Dispergatoren noch Quellungsmittel wie Dichlormethan oder Tetrachlormethan enthält, nach der Zugabe von Calciumcarbonat bei 0–15° mit flüssigem oder gasförmigem Chlor behandelt. Auf diesem Wege können leicht zwei Chloratome in den aromatischen Kern eingeführt werden.

Die Chlorierung von im Kern durch Methylgruppen substituierten Polystyrolen[5] gelingt leicht, wenn das in Tetrachlormethan gelöste Polymerisat unter der Einwirkung von **UV-Licht** im Temperaturbereich von 50–58° mit gasförmigem Chlor behandelt wird. Hierbei tritt das Chlor vorwiegend in die aliphatischen Teile der Makromoleküle ein. Ein Copolymerisat aus 70% 3-Methyl-styrol und 30% 4-Methyl-styrol enthält bei einem Gesamtgehalt von 45,0% Chlor nur 6,2% des gebundenen Chlors im Kern.

a_7) *Chlorierung von Polyvinylchlorid*

Nachchloriertes Polyvinylchlorid hat eine verbesserte Löslichkeit, gute filmbildende Eigenschaften und einen höheren Erweichungspunkt.

Allgemeine Arbeitsvorschrift zur Chlorierung von Polyvinylchlorid[6]: Die 4%ige Lösung des Polyvinylchlorids in 1,1,2,2-Tetrachlor-äthan wird bei 100° so lange mit Chlor behandelt, bis die Chlorwasserstoffentwicklung nachläßt. Bei Raumtemp. erhält man durch Zusatz von Methanol nur zähe, grobflockige Ausscheidungen. Wird die Lösung in Tetrachloräthan jedoch so weit abgekühlt, daß gerade noch keine Gelierung eintritt (0° bis —30°), was vom Chlorierungsgrad abhängt, so tritt nach Zugabe von vorgekühltem Methanol ($^{1}/_{2}$–$^{1}/_{3}$ Vol.-Tle. bez. auf die Lösung des Chlorierungsproduktes) eine sandige, gut filtrierbare Ausflockung[7] ein. Nach der Extraktion mit Methanol wird die Substanz i. Vak. bei 60° getrocknet.

Ein Nachteil dieses Verfahrens ist die große Menge Lösungsmittel, die zur Herstellung der Lösung des Polymerisates erforderlich ist. Eine wesentliche Einsparung kann durch Chlorieren in Suspension mit Trichlormethan oder Tetrachlormethan

---

[1] P. Teyssié, M. C. de Wilde u. G. Smets, J. Polymer Sci. **16**, 429 (1955).
[2] S. N. Ushakov u. P. A. Matuzov, Ž. prikl. Chim. **17**, 538 (1944); Chem Abstr. **39**, 3969 (1945).
[3] G. B. Bachman u. Mitarbb., J. org. Chem. **12**, 108 (1947).
[4] E. P. 841946 (1956/57), Styrene Products Ltd., Erf.: H. M. E. Steiner u. A. N. Roper.
[5] DAS. 1058735 (1958), Dow Chemical Co., Erf.: R. M. Wheaton.
   S. a. E.P. 864336 (1958), American Cyanamid Co.
[6] DRP. 596911 (1932) ≡ F. P. 755048 (1933), I. G. Farb., Erf.: C. Schönburg; C. **1934** I, 2204.
   W. Fuchs u. D. Louis, Makromolekulare Chem. **22**, 1 (1957).
[7] DRP. 651878 (1935) ≡ A. P. 2080589 (1936), I. G. Farb., Erf.: G. Wick; C. **1937** II, 3088.
   DRP. 675147 (1937) ≡ F. P. 49230 (1938), I. G. Farb., Erf.: C. Schönburg; C. **1939** I, 3972.

erzielt werden, wenn man unter Druck arbeitet. Dabei tritt nach kurzen Reaktionszeiten Lösung ein.

Chlorierung von Polyvinylchlorid unter Druck[1]: In einem Rollautoklaven werden 50 g Polyvinylchlorid vom K-Wert[2] 62,3 mit 800 g Tetrachlormethan und 50 g Chlor so lange auf 80–90°
erhitzt, bis die Reaktion einsetzt. Unter Kühlen hält man die Temp. im Autoklaven auf 100–110°.
Der maximale Druck beträgt etwa 9–10 Atmosphären. Nach etwa 2 Stdn. ist die Chlorierung
beendet, was am Sinken der Temp. erkannt wird. Das isolierte Umsetzungsprodukt hat einen
Chlorgehalt von 66,8% und kann in Tetrahydrofuran bis zu einer Konzentration von 15%
gelöst werden.

Die technische Chlorierung des Polyvinylchlorids führte das frühere I.G.-Werk
Rheinfelden sowohl mit einer Lösung in Tetrachloräthan als auch mit einer Suspension
in Trichlormethan[3] aus, während in Bitterfeld mit einer Tetrachloräthanlösung[4]
gearbeitet wurde.

Nach einem Verfahren der I.C.I.[5] wird Polyvinylchlorid, das in einem Gemisch
aus Tetrachlormethan und Tetrachloräthan suspendiert ist, unter Belichten bei
95–98° chloriert. Das Reaktionsprodukt kann auch durch Zugabe von Äthanol zu
der auf 50° abgekühlten Lösung isoliert werden, wodurch ein fein verteiltes Pulver
anfallen soll. Tetrachloräthan[6] mit einem Wassergehalt von 0,1–1,0% als Lösungsmittel soll zu einer schnellen Chlorierung unter reproduzierbaren Bedingungen führen.

Katalysatoren wie Schwefel, Phosphor sowie deren Halogenierungsprodukte
beschleunigen die Reaktion. So stellt sich bereits mit 0,1 Teilen rotem Phosphor auf
1000 Teile Polyvinylchlorid gegenüber der Reaktion ohne Zusatz eine 50%ige
Zeitersparnis bis zum Erreichen eines Chlorgehaltes von 63–65% ein[7]. Wegen der
großen Reaktionsgeschwindigkeit kann in Gegenwart dieser Verbindungen sogar bei
Raumtemperatur chloriert werden.

Wasserfreies Trichlormethan ist als Lösungsmittel für die kontinuierlich im
technischen Maßstab ausgeführte Chlorierung geeignet, wenn Metallgefäße[8] verwendet werden, deren Chloride in Trichlormethan unlöslich sind. Eisen und Kupfer
beeinflussen die Chlorierung im unerwünschten Sinne.

Trockenes und fein zerkleinertes Polyvinylchlorid kann ohne Lösungsmittel bei
Temperaturen bis kurz vor der Sinterungsgrenze chloriert werden[9] oder auch bei
Temperaturen im Bereich von 80–110°, wenn ein Chlorstrom mit 0,9% Wassergehalt
unter Belichtung durch eine UV-Lampe[10] auf das Polymerisat einwirkt. Man kann
auch bei einer Temperatur von 25° chlorieren, wenn feinverteiltes Polyvinylchlorid
unter gleichzeitiger Einwirkung von ultraviolettem Licht in einem Drehrohr[11] mit
Chlor begast wird.

Die Chlorierung läßt sich auch über den bei der Emulsionspolymerisation erhaltenen Latex ausführen. Dieses Verfahren erfordert jedoch wegen der begrenzten

---

[1] Schweiz.P. 216170 (1940), I.G.Farb.; C. **1942** II, 1971.
[2] S.a. ds. Handb., Bd. XIV/1, Kap. Allgemeines zur Polymerisation in Substanz und in Lösung,
　　S. 83.
[3] FIAT Final Rep. **1071** (P. B.-Rep. **77 677**).
[4] BIOS Final Rep. **1001** (P. B.-Rep. **63 684**).
[5] A.P. 2352525 (1941), I. C. I., Erf.: W. J. R. Evans; Chem. Abstr. **38**, 5505[9] (1944).
[6] A.P. 2426080 (1942), I. C. I., Erf.: J. Chapman u. J. W. C. Crawford.
[7] DRP.-Anm. I 52581 (1935), I. G. Farb.
[8] DBP. 854704 (1943), BASF, Erf.: W. Scriba u. W. Klein; C. **1953**, 2037.
[9] DBP. 801304 (1948), BASF, Erf.: H. Jacqué; C. **1951** II, 904.
[10] A.P. 2590651 (1949), Hooker Elektrochemical Co., Erf.: D. S. Rosenberg; C. **1953**, 1408.
[11] DAS. 1110873 (1959), VEB Farbenfabrik Wolfen, Erf.: F. Seidel, W. Singer, H. Springer
　　u. H. Heinrich.

Höhe der Reaktionstemperatur längere Chlorierungszeiten sowie den Zusatz nicht-ionogener Emulgatoren, um den Latex vor der Koagulation durch den gebildeten Chlorwasserstoff zu schützen. Eine starke Beschleunigung wird durch gleichzeitige Einwirkung eines Strahlenfeldes von hoher Energie[1], z. B. eine ^{60}Co-Quelle, erzielt.

Chlorierung von Polyvinylchlorid in Emulsion[2]: 400 g einer wäßr. Emulsion mit 120 g Polyvinylchlorid vom K-Wert[3] 64 werden mit 1200 g Tetrachlormethan versetzt. Unter starkem Rühren und Erhitzen unter Rückfluß wird überschüssiges Chlor in die Emulsion geleitet, bis nach etwa 24 Stdn. der Chlorgehalt des Polymeren auf 61–64% gestiegen ist. Unter Rühren werden 30 g Butanol zur Lösung gegeben, wodurch sich die wäßr. Phase von der Lösung des Chlorierungsproduktes trennt. Die vom Wasser vollständig befreite Lösung wird bis zur beginnenden Gelierung auf —15° bis —20° abgekühlt. Beim Zusatz von vorgekühltem Methanol fällt das Reaktionsprodukt als gut filtrierbares Pulver aus, das nach der Extraktion mit Methanol i. Vak. bei 50° getrocknet wird. Es kann in Butylacetat sowie in einem Gemisch aus Aceton und Benzol oder in Äthylenchlorid bis zu einer Konzentration von 25% gelöst werden.

Auch Copolymerisate des *Vinylchlorids* sind nachchloriert worden, z. B. solche mit *Vinylidenchlorid*[4], *Trichloräthylen*[4], *Vinylacetat*[5] und *Acrylsäureester*[6].

β) Chlorierung von Polymerisaten und Copolymerisaten aus konjugierten Dienen

β₁) von Polybutadien und Copolymerisaten des Butadiens

Polymerisate und Copolymerisate des Butadiens können in Lösung chloriert werden. Die Löslichkeit dieser Polymerisate kann entweder während der Polymerisation durch Zugabe von Reglern[7] oder auch nachher durch oxydative thermische Erweichung[8] verbessert werden. Tetrachlormethan ist bei der Chlorierung von Naturkautschuk[9] ein geeignetes Lösungsmittel. Für Polybutadien oder das Butadien-Styrol-Copolymerisat eignet es sich weniger, weil eine Vernetzung eintritt. Es gelingt zwar, das gebildete Gel im weiteren Verlauf der Chlorierung unter Bestrahlen mit einer UV-Lampe wieder in Lösung zu bringen[10], jedoch sind solche Chlorierungsprodukte mit trocknenden Ölen nicht mehr verträglich. Es ist praktischer, von vornherein Lösungsmittel wie Trichlormethan, Äthylenchlorid oder 1,1,2,2-Tetrachlor-äthan[11] anzuwenden, die das Polymerisat in jeder beliebigen Chlorierungsstufe zu lösen vermögen und mit trocknenden Ölen wie Leinöl verträgliche Reaktionsprodukte geben.

[1] DAS. 1113088 (1957), Dow Chemical Co., Erf.: B. W. WILKINSON u. F. D. HOERGER.

[2] DRP. 754679 (1940), I. G. Farb., Erf.: G. WICK; C. **1953**, 1890.
   A.P. 2379409 (1940), I. C. I., Erf.: R. G. R. BACON u. W. J. R. EVANS; Chem. Abstr. **39**, 4266[4] (1945).
   F.P. 1220932 (1959), Goodrich Co., Erf.: M. L. DANNIS u. F. L. RAMP.

[3] S. a. ds. Handb., Bd. XIV/1, Kap. Allgemeines zur Polymerisation in Substanz und in Lösung, S. 83.

[4] A.P. 2408608/9 (1943), DuPont, Erf.: W. O. CASS; Chem. Abstr. **41**, 622[d, e] (1947).

[5] F.P. 882650 (1941), Dr. A. Wacker, Gesellschaft für elektrochemische Industrie, Erf.: W. O. HERRMANN u. W. HAEHNEL; C. **1944** I, 897.

[6] F.P. 758454 (1933), I. G. Farb.; C. **1934** I, 2983.

[7] DRP. 751604 (1937), I. G. Farb., Erf.: K. MEISENBURG, I. DENNSTEDT u. E. ZAUCKER; C. **1953**, 7191.

[8] DRP. 711568 (1937), I. G. Farb., Erf.: A. KOCH u. E. GARTNER; C. **1942** I, 545.

[9] S. ds. Bd., Kap. Umwandlung von Naturkautschuk, S. 824.

[10] A.P. 2560869 (1947), Wingfoot Corp., Erf.: J. G. LICHTY; C. **1952**, 3745.
   A.P. 2537630 (1948), Firestone Tire & Rubber Co., Erf.: R. J. REID; C. **1952**, 1416.

[11] DRP. 728662 (1937), I. G. Farb., Erf.: A. BLÖMER u. W. BECKER; C. **1940** I, 3460.
   F. RUNGE u. H. JOHN, Chem. Techn. **7**, 526 (1955).
   DRP. 728640 (1937) ≡ F. P. 836869 (1938), I. G. Farb., Erf.: A. BLÖMER; C. **1939** I, 3643.

Die Chlorierung von Copolymerisaten des *Butadiens* mit *Styrol* in Trichlormethan als Lösungsmittel führt in der ersten Phase zu einer Viscositätserhöhung, die ein genügendes Durchmischen zum Abführen der Reaktionswärme sowie die weitere Einführung von Chlor erschwert. Diese Schwierigkeit läßt sich umgehen, wenn in Gegenwart von Verbindungen chloriert wird, die den Chlorwasserstoff bis zum Erreichen der höchsten Viscosität zu binden vermögen[1]. Geeignet sind hierfür Alkali- und Erdalkalihydrogencarbonate sowie die entsprechenden Carbonate, Erdalkalioxyde oder Alkalisalze schwacher organischer Säuren. Erfolgt die Zugabe der säurebindenden Mittel erst, wenn so viel Chlor aufgenommen wurde, daß die vorhandenen Doppelbindungen abgesättigt sind, so wird das Fortschreiten der Reaktion begünstigt, und es entstehen Chlorierungsprodukte, die mit trocknenden Ölen sowie mit modifizierten trocknenden Ölen gut verträglich sind.

Chlorierung eines Copolymerisates aus Butadien und Styrol unter Zusatz von Natriumcarbonat[2]:
75 g eines über die Emulsion in Gegenwart von Polymerisationsreglern gewonnenen Copolymerisates aus Butadien mit 25% Styrol werden in 2250 g Trichlormethan gelöst. Im Verlauf von 11 Stdn. leitet man 225 g Chlor bei 23–38° über die Lösung und rührt anschließend 2 Stdn. nach. Nach dem Zusatz von 75 g wasserfreiem Natriumcarbonat werden im Verlaufe von 11 Stdn. bei einer Temp. von 23–26° weitere 225 g Chlor über die Lösung geleitet. Ein Tl. des Trichlormethans wird abdestilliert, wodurch noch vorhandene saure und flüchtige Bestandteile weitgehend entfernt werden. Die Lösung wird anschließend in über 61° warmes Wasser eingerührt. Das Chlorierungsprodukt fällt hierbei in einer fein verteilten Form aus. Es zeigt nach dem Trocknen einen Chlorgehalt von 56,6% und ist mit Leinöl und mit modifizierten trocknenden Ölen gut verträglich.

Wenn die Lösung des Polymerisates in Trichlormethan bei einer Temperatur bis zu 35° mit Chlor gesättigt und anschließend mit überschüssigem Chlor im Autoklaven auf 60° erhitzt wird, entstehen ebenfalls Chlorierungsprodukte[3], die mit trocknenden Ölen verträglich sind.

Die bei der Chlorierung von Lösungen des Copolymerisates aus Butadien und Styrol in Tetrachlormethan eintretende Gelbildung kann durch Anwendung eines Lösungsmittelgemisches aus Tetrachlormethan mit Äthylenchlorid oder mit Tetrachloräthan[4] umgangen werden, wenn gleichzeitig Jod als Katalysator zugesetzt wird. Die Gelbildung kann auch durch Zusatz von 5–15% Phosphortrichlorid vermieden werden. Die Chlorierungsprodukte enthalten nur Spuren von Phosphor[5] und sind in Benzol und Aceton löslich. Wird gleichzeitig Dibenzoylperoxyd in einer Menge von 1–2% zur Lösung gegeben, so wird die Chlorierung wesentlich beschleunigt. Lösliche Chlorierungsprodukte erhält man auch bei der Chlorierung in Tetrachlormethan, wenn der Lösung zusätzlich niedrigmolekulares Polybutadien[6] von flüssiger Konsistenz zugesetzt wird.

Phosphorpentachlorid[7] anstelle von Chlor führt in Benzol neben der Cyclisierung auch zur Chlorierung, wobei unter Addition von Chlor an die Doppelbindung Phosphortrichlorid gebildet wird.

Copolymerisate des *Butadiens* mit *Vinylidenchlorid* können in Tetrachlormethan ohne Schwierigkeit chloriert werden. Die Chlorierung führt zu Polymerisaten[8], die in trocknenden Ölen gut löslich sind.

[1] DBP. 899411 (1939), Farbf. Bayer, Erf.: D. DELFS, K. DESAMARI u. A. BLÖMER; C. **1954**, 5868.
[2] DBP. 905201 (1939), Farbf. Bayer, Erf.: A. BLÖMER u. K. DESAMARI; C. **1954**, 7757.
[3] DRP. 728701 (1937), I. G. Farb., Erf.: A. BLÖMER u. W. BECKER; C. **1940** I, 639.
[4] A.P. 2581927 (1949), Firestone Tire u. Rubber Co., Erf.: R. C. BRIANT; C. **1954**, 2287.
[5] P. J. CANTERINO, Ind. eng. Chem. **49**, 712 (1957).
  A.P. 2980656 (1954), Phillips Petroleum Co., Erf.: R. V. JONES u. P. J. CANTERINO.
[6] F.P. 1175488 (1957), Phillips Petroleum Co., Erf.: P. J. CANTERINO.
[7] J. P. SCHROEDER, J. Polymer Sci. **46**, 547 (1960).
[8] DRP. 753657 (1939), I. G. Farb., Erf.: H. MURKE, A. BLÖMER u. W. BECKER.

Die Chlorierungsprodukte können als Pulver isoliert werden, wenn die Trichlormethanlösung in angesäuertes heißes Wasser (p_H-Wert < 6) eingegossen wird, das ferner 1–5% eines Phosphatides[1] wie Lecithin oder Kephalin enthält.

Die Chlorierung über den bei der Emulsionspolymerisation des Butadiens gebildeten Latex soll ohne die Zugabe von Lösungsmitteln[2] gelingen, wenn der Latex unter dem Druck gasförmigen Chlors in eine wäßrige Lösung von Natriumhypochlorit eingedüst wird, wobei Koagulation eintritt. Als feinteilige wäßrige Suspension wird das Chlorierungsprodukt erhalten, wenn der Latex nach der Zugabe von kationenaktiven oder nichtionogenen Emulgatoren zunächst mit Chlorwasserstoff gesättigt und anschließend mit Chlor[3] behandelt wird.

Die Chlorierung von Copolymerisaten des *Butadiens* mit 20–40% *Acrylnitril* über die Lösung in Tetrachlormethan führt bei einer Chloraufnahme von 1–3% zu Reaktionsprodukten[4], deren Vulkanisate elastischer als die des Ausgangsmaterials sind. Wird die wäßrige Suspension dieser Copolymerisate, die einen nichtionogenen Emulgator enthält, zunächst mit Chlorwasserstoff gesättigt und dann mit Chlor behandelt[5], so ergibt sich nach kurzen Reaktionszeiten eine Chloraufnahme von etwa 50%.

Poly-2,3-dichlor-butadien[6], das wenig elastisch aber hart und zäh ist, kann über die Lösung in Trichlormethan chloriert werden. Aus dem Chlorierungsprodukt lassen sich transparente und biegsame Filme von hervorragenden mechanischen Eigenschaften sowie Fasern herstellen.

β_2) *Chlorierung von Polyisopren und Copolymerisaten des Isoprens*

Polyisopren und Copolymerisate des Isoprens mit Monovinylverbindungen können nach den beim Naturkautschuk üblichen Verfahren[7] in Tetrachlormethan chloriert werden.

Chlorierung von Polyisopren in Tetrachlormethan[8]: Eine 5%ige Lösung von 125 g Polyisopren in Tetrachlormethan wird bei 35° innerhalb von 6 Stdn. mit 488 g Chlor versetzt und bei gleicher Temp. noch einige Stdn. nachgerührt. Beim Erhitzen der Lösung unter Rückfluß entweicht der größere Tl. des gebildeten Chlorwasserstoffs und des freien Chlors. Zur Isolierung des Chlorierungsproduktes gibt man allmählich Wasser von 85° zu. Die Substanz wird nach dem Filtrieren mit Ammoniak gewaschen und zeigt nach dem Trocknen einen Erweichungspunkt von 95° und einen Chlorgehalt von 65,8%.

Mit trocknenden Ölen gut verträgliche Chlorierungsprodukte werden erhalten, wenn die Lösung des Polyisoprens oder seiner Copolymerisate mit Vinylverbindungen oder konjugierten Dienen zunächst mit einem Gemisch aus Luft und Chlor behandelt und anschließend unter Bestrahlung mit ultraviolettem Licht[9] weiterchloriert wird. Polymere mit niedriger Viscosität werden durch Chlorieren von Polyisopren in Gegenwart von Katalysatoren wie Jod, Aluminiumchlorid oder Acetylchlorid gebildet, wenn die Lösung in Tetrachlormethan bei 50° zunächst eine Stunde lang mit Chlor und anschließend eine Stunde lang mit Luft und Chlor behandelt wird.

[1] A.P. 2504065 (1946), Wingfoot Corp., Erf.: LA V. E. CHEYNEY; C. **1951** I, 667.
[2] DBP. 805085 (1949), BASF, Erf.: W. KUNZER u. F. LEUTERT; C. **1951** II, 2956.
[3] A.P. 2536789 (1948), Rubber-Stichting, Erf.: G. J. VAN AMERONGEN; C. **1952**, 3095.
  G. J. VAN AMERONGEN, Ind. eng. Chem. **43**, 2535 (1951).
[4] A.P. 2380726 (1941), General Electric Co., Erf.: G. F. D'ALELIO; Chem. Abstr. **39**, 5120[1] (1945).
[5] E.P. 634241 (1947), Rubber-Stichting.
[6] Canad. P. 525592/3 (1952), Firestone Tire & Rubber Co., Erf.: L. B. KUHN.
[7] S. ds. Bd., Kap. Umwandlung von Naturkautschuk, S. 824.
[8] J. D. D'IANNI u. Mitarbb., Ind. eng. Chem. **38**, 1171 (1946).
  G. URANS u. W. B. REYNOLDS, Am. Soc. **72**, 5621 (1950).
[9] A.P. 2537641 (1947), Firestone Tire & Rubber Co., Erf.: A. BARTOVICS; C. **1952**, 2933.

Nach der Chlorierung wird die Lösung 22 Stunden lang stehengelassen und dann aufgearbeitet, wobei gut lösliche Reaktionsprodukte mit 55–70% Chlorgehalt[1] entstehen.

Copolymerisate des *Isobutylens* mit 0,5–3,0% *Isopren* können durch Einleiten von Chlor[2] oder mit Chlorjod[3] bei –15° bis –20° über die Lösung chloriert werden, wobei gleichzeitig ein Abbau eintritt. Dieser Abbau kann durch Zugabe von wenig Wasser[4] weitgehend verhindert werden, was aber zu einer Verringerung der Geschwindigkeit der Halogenaufnahme führt. Diese läßt sich durch Zusatz von Kaliumchlorid[5] zum Wasser wieder umgehen. Die gleiche Wirkung wie Wasser haben auch Maleinsäureanhydrid[6] oder Wasserstoffperoxyd[7]. Mit diesen Verbindungen erzielt man eine höhere Chloraufnahme. Es können auch N-Halogenverbindungen[8], z. B. N-Chlorsuccinimid oder 1,3-Dichlor-5,5-dimethyl-hydantoin, zusammen mit Peroxyden angewandt werden. Schon bei einer Chloraufnahme von 0,5% werden die Umsetzungsprodukte mit Naturkautschuk und synthetischem Kautschuk verträglich. Gut lösliche Chlorierungsprodukte mit verbesserten mechanischen Eigenschaften werden erhalten, wenn man das Copolymerisat auf dem Mischwalzwerk mit 3-Chlor-1-brom-hydantoin[9] oder 1,3-Dichlor-5,5-dimethyl-hydantoin[10] behandelt und anschließend auf 150° erhitzt. Neben der Substitution in der Allylstellung tritt auch eine Addition des Chlors an die Doppelbindung ein. Zur Chlorierung ist auch eine Dispersion[11] des Copolymerisates in Wasser geeignet, die man durch Emulgieren der Lösung in n-Hexan und anschließendes Abtreiben des Lösungsmittels erhalten kann. Bei 80–100° führt die Chlorierung in Gegenwart von Pyridin im wesentlichen zu einer Substitution.

Zur Aufarbeitung der in Lösungsmitteln[12] halogenierten Copolymerisate wird die anfallende Lösung mehrmals mit Wasser gewaschen. Dann gibt man auf 100 Tle. des Halogenierungsproduktes 2 Tle. Calciumstearat zur Lösung und destilliert das Lösungsmittel ab. Der chlorierte Kautschuk wird dann aus der wäßr. Dispersion abfiltriert, gewaschen und getrocknet. Der Zusatz des Calciumstearats verhindert ein Zusammenbacken der Krümel bei der Aufarbeitung. Zur Isolierung des Chlorierungsproduktes kann die mit Wasser gewaschene Lösung zusammen

[1] A. P. 2571346 (1947), Wingfoot Corp., Erf.: J. D. D'Ianni; C. **1952**, 6298.

[2] Belg. P. 548072 (1956); 560914 (1957), Esso Research & Engineering Co.; C. **1960**, 11842.
A. P. 2732354 (1952) ≡ E. P. 739610 ≡ DAS. 1033415 ≡ F. P. 1101629 (1953), Goodrich Co., Erf.: R. T. Morrissey u. M. R. Frederick; C. **1957**, 1812.
F. P. 1154488 (1955/1956); E. P. 829598 (1956), Esso Research & Engineering Co., Erf.: F. P. Baldwin u. R. M. Thomas.
R. T. Morrissey, Rubber World **138**, 725 (1958).
F. P. Baldwin u. Mitarbb., Rubber & Plastics Age **42**, 500 (1961).
Halogenierung mit einer Mischung aus Chlor und Brom s. A. P. 3009904 (1958), Esso Research & Engineering Co., Erf.: G. E. Serniuk, I. Kuntz u. F. P. Baldwin.

[3] F. P. 1099182 (1954), Goodrich Co., Erf.: R. T. Morrissey; C. **1957**, 9792.

[4] A. P. 2965620 (1958), Esso Research & Engineering Co., Erf.: G. E. Serniuk, D. L. Cottle u. T. Lemiszka.

[5] A. P. 2965621 (1959), Esso Research & Engineering Co., Erf.: G. E. Serniuk, D. L. Cottle u. T. Lemiszka.

[6] DAS. 1100957 (1959), Esso Research & Engineering Co., Erf.: G. E. Serniuk u. I. Kuntz.

[7] DAS. 1101762 (1959), Esso Research & Engineering Co., Erf.: D. L. Cottle, G. E. Serniuk u. R. G. Hoyt.

[8] F. P. 1192405 ≡ DAS. 1101763 (1957), Esso Research & Engineering Co., Erf.: I. Kuntz.

[9] F. P. 1176821 (1957), Goodrich Co., Erf.: D. E. Weaver u. J. S. B. Wolfe.

[10] A. P. 2804448 (1954) ≡ DAS. 1026075 (1955), Goodrich Co., Erf.: V. L. Hallenbeck; C. **1959**, 973.
A. P. 2779764 (1954), Drug Research Inc., Erf.: L. O. Paterson; C. **1957**, 10077.
E. P. 871725 (1956), Firestone Tire & Rubber Co.

[11] E. P. 866878 (1959), Esso Research & Engineering Co.

[12] F. P. 1198859 ≡ DAS. 1096613 ≡ E. P. 828389 (1958), Esso Research & Engineering Co., Erf.: L. T. Eby, D. L. Cottle u. T. Lemiszka; C. **1960**, 15245.

mit Wasserdampf von 150° in einen Verdampfer eingesprüht werden. Wird gleichzeitig heißes Wasser, das 0,001% Natriumhydroxyd[1] enthält, dem Verdampfer zugeführt, so läßt sich eine Verfärbung des chlorierten Copolymerisates vermeiden. Als Stabilisatoren gegen die Bildung von Gelen können Magnesiumoxyd[2], N,N'-Dimorpholino-disulfid[3], 2,6-Di-tert.-butyl-p-kresol[4], Bis-[2-hydroxy-5-methyl-3-tert.-butyl-phenyl]-methan oder 4-Lauroylamino-phenol zugesetzt werden.

Chlorierung eines Copolymerisates aus Isobutylen und Isopren mit 1,3-Dichlor-5,5-dimethyl-hydantoin[5]: 100 g eines Copolymerisates von Isobutylen mit 2,5% Isopren werden auf einem wassergekühlten Mischwalzwerk mit 4,5 g 1,3-Dichlor-5,5-dimethyl-hydantoin gemischt. Die Mischung wird dann vom Walzwerk in Form dünner Felle abgezogen, die anschließend 5 Min. in einem Wärmeschrank auf 138° erhitzt werden. Das Reaktionsprodukt enthält 1,6% gebundenes Chlor. Es kann mit Schwefel und Beschleunigern schnell vulkanisiert werden und ist mit anderen Elastomeren verträglich.

γ) Chlorierung von anderen Polymerisaten

Über die Chlorierung von anderen Polymerisaten findet man Näheres in Tab. 31.

Tab. 31. Chlorierung von Polymerisaten

Polymerisat	Literatur
Polyvinylacetat	Schweiz. P. 230505 (1940), Dr. A. Wacker, Gesellschaft für elektrochemische Industrie.
	W. Hahn u. F. Grafmüller, Makromolekulare Chem. **21**, 121 (1956).
	DBP. 829219 (1949), Chemische Werke Hüls GmbH., Erf.: C. Wulff u. H. Wenning; C. **1952**, 7745.
Poly-alkylvinyläther	E. P. 621910 (1945), General Aniline & Film Corp., Erf.: C. E. Schildknecht.
Poly-α-methyl-styrol	G. B. Bachman u. Mitarbb., J. org. Chem. **12**, 108 (1947).
Polyinden	A. P. 2513330 (1945), Federal Telephone & Radio Corp., Erf.: S. D. Kaganoff; C. **1951** I, 2814.
	A. P. 2996485 (1956), Neville Chemical Co., Erf.: J. R. Patterson, W. H. Williams u. J. J. Freeman.
Polyacrylate	DRP. 596679 (1932), Röhm & Haas GmbH., Erf.: W. Bauer; Frdl. **20**, 1908 (1933).
Polymethacrylate	E. P. 657811 (1946), Ridbo Laboratories, Inc.; C. **1952**, 5984.
	F. P. 750873 (1933), Röhm & Haas GmbH.; C. **1933** II, 3350.
	W. Hahn u. F. Grafmüller, Makromolekulare Chem. **21**, 121 (1956).
	G. Smets u. J. Fournaux, Makromolekulare Chem. **24**, 133 (1957).
Poly-2-chlor-butadien	E. P. 634241 (1947), Rubber-Stichting.
	A. P. 2609365 (1949), DuPont, Erf.: G. W. Scott; C. **1954**, 2069.
	DRP. 641801 (1934), I. G. Farb., Erf.: W. Becker; Frdl. **22**, 1668 (1935).
Poly-2,3-dichlor-butadien	E. P. 648392 (1947), Firestone Tire & Rubber Co., Erf.: L. B. Kuhn.
	A. P. 2725373 (1953), DuPont, Erf.: R. J. Reynolds; C. **1957**, 6912.

---

[1] A. P. 2973346 (1957) ≡ DAS. 1108914 (1958), Esso Research & Engineering Co., Erf.: W. A. Bauch, M. M. Lambert u. G. O. Hillard jr.

[2] A. P. 2962473 (1957), Esso Research & Engineering Co., Erf.: F. P. Baldwin u. T. H. Hakala.

[3] A. P. 2962474 (1957), Esso Research & Engineering Co., Erf.: J. V. Fusco, S. B. Robison u. A. L. Miller.

[4] A. P. 2983705 (1956), Esso Research & Engineering Co., Erf.: F. P. Baldwin, R. M. Thomas u. I. Kuntz.

A. P. 2985618 (1958), Esso Research & Engineering Co., Erf.: M. M. Lambert u. F. P. Baldwin.

[5] A. P. 2804448 (1954) ≡ DAS. 1026075 (1955), Goodrich Co., Erf.: V. L. Hallenbeck; C. **1959**, 973.

Emulgierung des Chlorierungsproduktes in Wasser s. E. P. 814699 (1957), Esso Research & Engineering Co.; C. **1960**, 11495.

3. Bromierung von Polymerisaten

α) von Polystyrol

Die photochemische Bromierung von Polystyrol führt in Tetrachlormethan zu Produkten, die 5–10% Brom[1] enthalten. Das Brom tritt bevorzugt an das tertiäre Kohlenstoffatom. Ähnliche Produkte bilden sich bei der Bromierung mit N-Brom-succinimid[2] in Gegenwart von Peroxyden. Durch Bestrahlung mit ultraviolettem Licht entstehen Radikale, die mit Styrol oder Methacrylsäuremethylester die Herstellung von Pfropfpolymerisaten[3] ermöglichen.

Polymerisate, die am Kern Alkylgruppen[4] tragen, werden fast nur in den aliphatischen Teilen bromiert. So enthält ein Copolymerisat aus 70% 3-Methyl-styrol und 30% 4-Methyl-styrol bei einem Gesamtgehalt von 36,3% Brom nur 1,7% am Kern und 34,6% aliphatisch gebundenes Brom.

Eine Kernsubstitution[5], die vorwiegend in der 4-Stellung eintritt, erreicht man, wenn Polystyrol in Lösungsmitteln wie Nitrobenzol oder Tetrachlormethan mit Brom und Bromsäure in Gegenwart von Schwefelsäure mehrere Stunden lang auf 90° erhitzt wird.

β) von Copolymerisaten aus Styrol und Fumarsäuredinitril

Die Bromierung von Copolymerisaten des Styrols mit Fumarsäuredinitril führt in Tetrachlormethan unter der Einwirkung von ultraviolettem Licht zu einer Substitution in der aliphatischen Kette. Die Geschwindigkeit der Bromierung steigt mit zunehmender Konzentration des Copolymerisates[6] zunächst an, wird aber im Verlauf der Bromierung wieder geringer.

γ) von Polyvinylacetophenon

In Eisessig als Lösungsmittel kann Polyvinylacetophenon zum *Polyvinyl-ω-brom-acetophenon*[7] bromiert werden. Durch konzentrierte wäßrige Bromwasserstoffsäure wird die Halogenierung beschleunigt. Die Reaktion verläuft jedoch nicht einheitlich. Daher acyliert man Polystyrol mit Bromacetylbromid. Polyvinyl-ω-brom-aceto-phenon ist in fast allen organischen Lösungsmitteln unlöslich. Mit Pyridin tritt Quaternierung ein.

δ) von Copolymerisaten aus Isobutylen und Isopren

Wenn im Copolymerisat des Isobutylens mit 1,5–3 Teilen Isopren die Doppelbindungen zu 20–60% durch Anlagerung von Brom abgesättigt werden, entstehen

[1] M. H. JONES, H. W. MELVILLE u. W. G. ROBERTSON, Nature **174**, 78 (1954).
[2] T. SAIGUSA u. R. ODA, Bull. Inst. Chem. Research, Kyoto Univ. **33**, 126 (1955); Chem. Abstr. **52**, 12986 (1958).
[3] M. H. JONES, Canad. J. Chem. **34**, 948 (1956).
[4] DAS. 1058735 (1958), Dow Chemical Co., Erf.: R. M. WHEATON.
[5] DAS. 1088227 (1959), BASF, Erf.: D. BRAUN u. H. O. WIRTH.
[6] L. RODRIGUEZ, Makromolekulare Chem. **12**, 110 (1954).
[7] W. O. KENYON u. G. P. WAUGH, J. Polymer Sci. **32**, 83 (1958).

Reaktionsprodukte[1], die im Gegensatz zum Ausgangsmaterial mit Schwefel und Beschleunigern sehr leicht vulkanisierbar und mit Naturkautschuk gut verträglich sind. Hierbei tritt jedoch ein geringer Abbau ein. Dieser läßt sich vermeiden, wenn die Bromierung unter Zusatz von Pyridin[2], Wasser[3] oder in gesättigten Lösungsmitteln ausgeführt wird, die einer Vorbehandlung mit Aluminiumchlorid[4] unterzogen wurden. Die durch Wasser verzögerte Bromierung kann durch Zugabe von Kaliumbromid[5] beschleunigt werden. Es entstehen Bromierungsprodukte mit verbesserten mechanischen Eigenschaften. Eine vollständige Halogenierung läßt sich erzielen, wenn während der Bromierung geringe Mengen Chlor[6] oder Wasserstoffperoxyd[7] der Lösung des Copolymerisates zugeführt werden. Anstelle des Broms können auch N-Bromsuccinimid oder N-Brom-acetamid[8, 9] verwendet werden. Die Doppelbindungen bleiben bei dieser Behandlung erhalten. 1,3-Dibrom-5,5-dimethyl-hydantoin[9] wird unter Kühlung auf einem Walzwerk in den Kautschuk eingemischt, und anschließend erhitzt man die Mischung 10–60 Min. auf 140–150°.

Die Bromierung läßt sich auch durch Mischen des Butylkautschuks mit einer Aktivkohle[10] ausführen, die wenigstens 2% absorbiertes Brom enthält.

Zur Verbesserung der Wärme- und Alterungsbeständigkeit werden dem halogenierten Copolymerisat Calcium-, Barium-, Zink- oder Cadmiumsilicat[11], Calciumstearat[12], Blei-(II)- oder Wismutsalze von Dialkyldithiocarbamidsäuren, Tetraalkylthiurammono- oder -disulfide[13] oder N-Cyclohexyl-2-benzothiazolsulfenamid, Diphenylguanidin oder Hexamethylentetramin[14] zugegeben. Wirksame Stabilisatoren, die besonders eine bei der Alterung eintretende Verfärbung verhindern, sind epoxydierte Fettsäureester[15], 2,6-Di-tert.-butyl-phenol[16], N-Phenyl-β-naphthyl-amin oder N,N′-Di-β-naphthyl-p-phenylendiamin.

[1] R. T. Morrissey, Ind. eng. Chem. **47**, 1562 (1955).
A.P. 2824055 (1955), Esso Research & Engineering Co., Erf.: F. W. Lampe u. H. G. Schutze; C. **1959**, 12398.
[2] E.P. 838045 ≡ DAS. 1107938 (1958), Esso Research & Engineering Co., Erf.: D. L. Cottle, L. T. Eby u. L. S. Minckler jr.
[3] A.P. 2965620 (1958), Esso Research & Engineering Co., Erf.: G. E. Serniuk, D. L. Cottle u. T. Lemiszka.
[4] A.P. 2955103 (1956) ≡ F.P. 1196035 (1957), Esso Research & Engineering Co., Erf.: F. P. Baldwin u. S. B. Robison.
[5] A.P. 2965621 (1959), Esso Research & Engineering Co., Erf.: G. E. Serniuk, D. L. Cottle u. T. Lemiszka.
[6] A.P. 2962482 (1958), Esso Research & Engineering Co., Erf.: D. L. Cottle, L. S. Minckler jr. u. T. Lemiszka.
[7] DAS. 1101762 (1959), Esso Research & Engineering Co., Erf.: D. L. Cottle, G. E. Serniuk u. R. G. Hoyt.
[8] DAS. 1101763 (1957), Esso Research & Engineering Co., Erf.: I. Kuntz.
[9] E.P. 768628 ≡ F.P. 1130040 ≡ DAS. 1031969 (1955), Goodrich Co., Erf.: R. T. Morrissey; C. **1959**, 3320.
[10] A.P. 2865901 (1956), Polymer Corp. Ltd., Erf.: E. J. Buckler u. D. C. Edwards; C. **1960**, 16959.
[11] A.P. 2681899 (1952), Goodrich Co., Erf.: R. A. Crawford u. R. T. Morrissey; C. **1956**, 6257.
[12] A.P. 2958667 (1957), Esso Research & Engineering Co., Erf.: L. T. Eby, D. L. Cottle u. T. Lemiszka.
[13] A.P. 2958675 (1957), Esso Research & Engineering Co., Erf.: T. H. Hakala u. J. J. Laffey.
[14] A.P. 2964493 (1957), Esso Research & Engineering Co., Erf.: T. H. Hakala u. J. J. Laffey.
[15] E.P. 759339 (1954), Goodrich Co.; C. **1958**, 9629.
[16] A.P. 2983706 (1957), Esso Research & Engineering Co., Erf.: F. P. Baldwin, R. M. Thomas u. I. Kuntz.

Bromierung eines Copolymerisates aus Isobutylen und Isopren in n-Heptan[1]: 91 g des kautschukartigen Copolymerisates aus Isobutylen mit 3% Isopren werden in n-Heptan gelöst und innerhalb einer Stde. mit 9 g Brom in Form einer 10%igen Lösung in Tetrachlormethan versetzt. Das erhaltene Gemisch wird anschließend in überschüssiges Methanol gegossen, worauf das Bromierungsprodukt ausfällt. Dieses wird nach dem Filtrieren durch Auswaschen mit wäßr. Natriumcarbonatlösung von überschüssigem Brom und vom Bromwasserstoff befreit. Der Bromgehalt beträgt 2,5–3%.

4. Jodierung von Polystyrol

In einer glatt verlaufenden Reaktion kann *Poly-4-jod-styrol*[2] durch Jodierung von Polystyrol mit Jod und Jodsäure in Gegenwart von Schwefelsäure als Katalysator entsprechend der allgemeinen Gleichung hergestellt werden:

$$5\ RH + 2\ J_2 + HJO_3 \rightarrow 5\ RJ + 3\ H_2O$$

Zweckmäßig werden Jod und Jodsäure im Überschuß und in einem molaren Verhältnis von 2,5:1 verwendet.

Die Polymeren enthalten maximal 55 Gew.-% Jod und können mit Alkyllithiumverbindungen metalliert werden (s. S. 765).

Jodierung von Polystyrol[3]: 52 g Polystyrol werden in 1500 g Nitrobenzol gelöst und nach der Zugabe von 51 g Jod, 19 g Jodsäure, 50 g Tetrachlormethan und 100 g einer 50%igen Schwefelsäure 30 Stdn. lang unter Rückfluß auf 90° erhitzt. Anschließend wird das Gemisch mit Methanol unter Zusatz von schwefliger Säure (zur Entfernung des überschüssigen Jods) ausgefällt, gewaschen und getrocknet. Man erhält 100 g eines schwach gelb gefärbten Produktes, das 51,4% Jod enthält.

f) Einführung von Sulfonsäuregruppen in Polymerisate

Die Sulfonierung verläuft glatt mit Polymerisaten aromatischer Vinylverbindungen[4]. Unter energischen Bedingungen können auch Polymerisate aliphatischer Vinylverbindungen wie Polyvinylalkohol, Polyvinyläther, Polyacrylsäuremethylester[5] und Vinylchlorid-Vinylidenchlorid-Copolymerisate[6] in undurchsichtiger Weise sulfoniert werden. Hierzu sind jedoch ein großer Überschuß des Sulfonierungsmittels und hohe Temperaturen erforderlich, die eine Vernetzung begünstigen. Größere technische Bedeutung haben unlösliche Sulfonierungsprodukte des vernetzten Polystyrols und der entsprechenden Copolymerisate als Ionenaustauscher gefunden.

1. in Polystyrol

Behandelt man die Lösung des Polystyrols[7] oder eines im Kern alkylierten Polystyrols[8] in einem gegen die Sulfonierung indifferenten Lösungsmittel mit konzentrierter Schwefelsäure, Chlorsulfonsäure oder anderen ähnlich wirkenden Verbindungen, so

[1] DBP. 892245 (1951), Goodrich Co., Erf.: R. A. Crawford u. R. T. Morrissey; C. **1954**, 211.

[2] D. Braun, Makromolekulare Chem. **30**, 85 (1959); J. Polymer Sci. **40**, 578 (1959); Chimia **14**, 24 (1960).

[3] DAS. 1088227 (1959), BASF, Erf.: D. Braun u. H. O. Wirth.

[4] H. H. Roth, Ind. eng. Chem. **46**, 2435 (1954); **49**, 1820 (1957).

[5] DBP.-Anm. C 3630 (1951), Chemische Fabrik Budenheim AG., Erf.: H. Quitmann, W. Jaenicke, K. Götzmann u. A. Weege.

[6] F.P. 1195387 (1957), National Research Development, Erf.: H. T. Hookway, D. K. Hale u. R. G. Goldsmith.

[7] DRP. 580366 (1930), I. G. Farb., Erf.: C. Wulff; Frdl. **20**, 420 (1933).

[8] A.P. 2283236 (1939), United Gas Improvement Co., Erf.: F. J. Soday; Chem. Abstr. **36**, 6274[1] (1942).

A.P. 2809959/60 (1954), Dow Chemical Co., Erf.: H. H. Roth; C. **1959**, 318, 17558.

können je nach den Versuchsbedingungen eine oder mehrere Sulfonsäuregruppen in den aromatischen Kern eingeführt werden. Wird bei der Sulfonierung Chlorsulfonsäure angewandt, so bilden sich – wenn weniger als zwei Mol dieser Verbindung pro aromatischen Kern zur Anwendung kommen – Sulfonsäure- neben Sulfonsäurechloridgruppen. Bei der Anwendung eines großen Überschusses entstehen praktisch ausschließlich Polystyrolsulfonsäurechloride[1].

Bei der Sulfonierung des Polystyrols entstehen auch Sulfongruppen, die vernetzend wirken. Ihre Häufigkeit ist von den Versuchsbedingungen abhängig[2]. Hohe Temperatur und hohe Konzentration der Lösungen begünstigen die Vernetzung, die vor allem in Abwesenheit von Lösungsmitteln eintritt[3], ebenso wie Verbindungen von Metallen, die Friedel-Crafts-Katalysatoren[4] bilden.

Wasserlösliche Sulfonierungsprodukte entstehen, wenn wenigstens ein bis zwei Äquivalente Schwefeltrioxyd auf einen Benzolkern eingesetzt werden und die Sulfonierung in der mindestens neunfachen Menge Lösungsmittel[5] wie Dichlormethan, Tetrachlormethan oder Tetrachloräthylen, bezogen auf das Gewicht des Polystyrols, bei 0–30° ausgeführt wird. Werden weniger als 0,8 Äquivalente Schwefeltrioxyd angewandt, so bilden sich unlösliche Reaktionsprodukte.

Mit konzentrierter Schwefelsäure erhält man bei 100° lösliche monosubstituierte Produkte[6], wenn das Polymerisat in der Säure fein verteilt wurde und sein Molekulargewicht kleiner als 250000 ist. Durch Vergleich der IR-Spektren des sulfonierten Polystyrols mit einem Polymerisat aus p-Styrolsulfonsäure konnte nachgewiesen werden, daß die Sulfonierung vorwiegend in der 4-Stellung[7] des Benzolkerns stattfindet.

Sulfonierung von Polystyrol in Dichlormethan[8]: 160 g Polystyrol werden in 1319 g Dichlormethan gelöst. Die Lösung wird auf 0° abgekühlt und unter schnellem Rühren mit einer Lösung aus 141,4 g Schwefeltrioxyd in 2687 g Dichlormethan versetzt. Das Reaktionsgemisch wird abgekühlt, so daß die Temp. 14° nicht übersteigt. Das sulfonierte Polystyrol fällt in Form eines leicht filtrierbaren Niederschlags aus. Es wird abfiltriert, mit Äther gewaschen und getrocknet. Eine 2%ige Lösung in Wasser hat bei 25° eine Viscosität von 22 cp und einen p_H-Wert von 1,5.

Die Sulfonierung kann auch mit Addukten aus Schwefeltrioxyd mit Dioxan, Thioxan[9], Bis-[2-chlor-äthyl]-äther[10] oder niedermolekularen Ketonen[11] ausgeführt werden. Das Addukt wird bei – 5° zu der Lösung von Polystyrol gegeben[12].

[1] A.P. 2891916 (1956), Rohm & Haas Co., Erf.: J. C. H. Hwa.
[2] R. Signer u. Mitarbb., Makromolekulare Chem. **18/19**, 139 (1956).
    R. H. Wiley u. J. M. Schmitt, Am. Soc. **78**, 2169 (1956).
[3] A.P. 2945842 (1956), Dow Chemical Co., Erf.: J. Eichhorn u. J. M. Steinmetz.
[4] A.P. 2841473 (1954) ≡ E.P. 766764 ≡ DAS. 1094984 (1955), Dow Chemical Co., Erf.: J. Eichhorn; C. **1958**, 11337.
[5] A.P. 2640820 (1951), Dow Chemical Co., Erf.: A. S. Teot u. G. C. Wiggins; C. **1954**, 11317.
    F.P. 1075768 (1953), Dow Chemical Co.
    DBP.-Anm. H 11721 (1952), Henkel & Cie. GmbH., Erf.: B. Blaser u. G. Tischbirek.
[6] R. Hart u. D. Timmerman, Ind. chim. belge **24**, numéro special, Vol. II, 364 (1959).
    H. P. Gregor u. Mitarbb., J. physic. Colloid Chem. **61**, 141 (1951).
[7] R. Hart u. R. Janssen, Makromolekulare Chem. **43**, 242 (1961).
[8] A.P. 2763634 (1952); 2836578 (1953), Dow Chemical Co., Erf.: A. S. Teot.
[9] A.P. 2533211 (1949), Monsanto Chemical Co., Erf.: M. Baer; C. **1951** II, 2531.
    DBP. 832886 (1950), R. Signer; C. **1954**, 6359.
[10] A.P. 2533210 (1949), Monsanto Chemical Co., Erf.: M. Baer; C. **1951** II, 2531.
    A.P. 2725368 (1952), Eastman Kodak Co., Erf.: D. D. Reynolds u. J. A. Cathcart.
[11] A.P. 2764576 (1953), Henkel & Cie. GmbH., Erf.: B. Blaser, M. Rugenstein u. G. Tischbirek.
[12] A.P. 2663700 (1951), Dow Chemical Co., Erf.: H. H. Roth u. H. B. Smith.

In flüssigen Mischungen aus Schwefeldioxyd und chlorierten aliphatischen Kohlenwasserstoffen arbeitet man unter Druck. Bei −15° bis 0° gibt man Schwefeltrioxyd als Sulfonierungsmittel zu, wobei ebenfalls in Wasser gut lösliche Reaktionsprodukte[1] entstehen.

Eine Sulfonierung zu wasserlöslichen Produkten[2] erreicht man auch, wenn die Lösung des Polystyrols in halogenierten aliphatischen Äthern wie Bis-[2-chloräthyl]-äther bei 30° mit Chlorsulfonsäure behandelt wird. Durch Zugabe von Alkohol wird der Überschuß an Chlorsulfonsäure zerstört. Gießt man die Reaktionsmischung in Äthylenchlorid, so wird das Sulfonierungsprodukt ausgefällt.

Die vernetzende Wirkung der Schwefelsäure über Sulfongruppen, die vor allem in Abwesenheit von Lösungsmitteln eintritt, wird technisch zur Herstellung von Ionenaustauschern verwertet. So führt 90–100%ige Schwefelsäure dünne Filme aus Polystyrol bei 150–180° in homogene, stark gequollene und unlösliche Produkte über. Wenn durch Verdünnen mit Wasser die Konzentration der Schwefelsäure auf 75–85% verringert wird, tritt ein starkes Schrumpfen des Umwandlungsproduktes ein, das hierdurch zu 60–70% von der überschüssigen, eingeschlossenen Säure befreit wird. Die restliche Säure[3] kann dann durch Extraktion mit Eisessig entfernt werden.

Unlösliche Sulfonierungsprodukte werden auch erhalten, wenn man Polystyrol in Form von Perlen während oder nach der Sulfonierung in Abwesenheit von Wasser mit Formaldehyd[4] behandelt. Anstelle des Formaldehyds können auch Schwefel oder Halogenschwefelverbindungen[5] wie Thionylchlorid oder Sulfurylchlorid verwendet werden.

Wasserlösliche Polystyrolsulfonsäure zeichnet sich durch eine große Beständigkeit innerhalb p_H 3–10 aus. Die wäßrigen Lösungen der Natrium-, Calcium- oder Magnesiumsalze wurden als Dispergiermittel, Verdickungsmittel oder als Schutzkolloide[6] vorgeschlagen. Die Zugabe von Hydroxymethylverbindungen des Harnstoffs, Melamins oder Dicyandiamids führt bei Temperaturen von 25–75° zu hochviscosen Lösungen, die bei weiterer Temperatursteigerung[7] durch Vernetzung unlöslich werden.

2. Einführung von Sulfonsäuregruppen in Polyinden und Polycumaron

Copolymerisate des *Indens* oder *Cumarons* mit *Cyclopentadien* oder *Dicyclopentadien* reagieren mit konzentrierter Schwefelsäure bei erhöhter Temperatur zu unlöslichen Sulfonierungsprodukten[8], die als Ionenaustauscher verwendet werden können.

---

[1] A.P. 2691644 (1952); 2813087 (1955); DAS. 1039229 (1957), Dow Chemical Co., Erf.: H. H. ROTH; C. **1956**, 10816; **1959**, 5642; **1960**, 7981.
A.P. 2821522 (1954) ≡ E.P. 775539 (1955), Dow Chemical Co., Erf.: W. C. BAUMAN, H. H. ROTH u. H. B. SMITH.
A.P. 2835655 (1953), Dow Chemical Co., Erf.: W. C. BAUMAN u. H. H. ROTH; C. **1959**, 8764.
[2] E.P. 825422 (1956), Permutit Co. Ltd., Erf.: A. COLIN-RUSS; C. **1960**, 16939.
[3] A.P. 2604461 (1950), Dow Chemical Co., Erf.: H. H. ROTH; C. **1954**, 1608.
[4] DAS. 1025145 (1955), W. Mühlberg, Erf.: W. MÜHLBERG; C. **1959**, 4926.
A.P. 2953547 (1955), Chemical Process Co., Erf.: J. A. PATTERSON u. I. M. ABRAMS.
[5] DAS. 1079326 (1958), W. Mühlberg, Erf.: W. MÜHLBERG; C. **1960**, 15520.
[6] A.P. 2612485 (1949), Monsanto Chemical Co., Erf.: M. BAER u. R. G. FORDYCE; C. **1954**, 3536.
[7] A.P. 2580271 (1949), Monsanto Chemical Co., Erf.: M. BAER; C. **1952**, 7745.
[8] A.P. 2469472 (1944), Permutit Co., Erf.: F. C. NACHOD u. W. WOOD; C. **1950** I, 2271.

3. Einführung von Sulfonsäuregruppen in Copolymerisate des Styrols

Von technischer Bedeutung als Ionenaustauscher sind die Sulfonierungsprodukte der unlöslichen Copolymerisate[1] des *Styrols* mit *Divinylbenzol*. Die Reaktionsgeschwindigkeit ist hier weitgehend abhängig vom Grad der Vernetzung. Zum Erreichen des gleichen Sulfonierungsgrades benötigt ein Copolymerisat mit 17% Divinylbenzol bei 100° eine Reaktionsdauer von 500 Stunden, während bei einem Copolymerisat mit 5% sich der gleiche Effekt bereits nach einer Stunde[2] einstellt. Bei stark vernetzten Copolymerisaten ist es angebracht, das Sulfonierungsmittel auf das vorher in indifferenten Lösungsmitteln gequollene Polymerisat[3] einwirken zu lassen oder das Reaktionsgemisch kurzzeitig auf eine erhöhte Temperatur zu bringen. Bei der Einwirkung von 30–70%iger Salpetersäure auf das sulfonierte Polymerisat entstehen bei 90–120° wasserlösliche Reaktionsprodukte, die außer den Sulfonsäuregruppen auch Nitro- und Carboxygruppen enthalten[4].

Sulfonierung eines Copolymerisates aus Styrol und Divinylbenzol mit Chlorsulfonsäure[5]: In 1000 cm³ Chlorsulfonsäure trägt man bei 65–70° in kleinen Anteilen innerhalb 1 Stde. 325 g eines mit 10% Divinylbenzol vernetzten Polystyrols (Korngröße 0,5–1,0 mm) ein und behandelt 10 Stdn. bei dieser Temp. nach. Es wird dann ohne Wärmezufuhr weitere 6 Stdn. gerührt, wobei die Temp. des Ansatzes auf Zimmertemp. abfällt. Anschließend werden innerhalb von 3 Stdn. 500 cm³ 80%ige Schwefelsäure zur Zerstörung der überschüssigen Chlorsulfonsäure zugesetzt. Dabei sinkt die Temp. ohne äußere Kühlung von 22° auf 16°. Das Gemisch wird dann auf 4000 g Eis gegeben und abgenutscht. Das Polystyrolsulfonsäurechlorid wäscht man zur Entfernung der Schwefelsäure mit eiskaltem Wasser. Durch Behandeln mit 50° warmem Wasser zersetzt sich das Sulfonsäurechlorid. Nach dem Trocknen erhält man 400 g Polystyrolsulfonsäure mit einem Schwefelgehalt von 14,9%.

In Alkalien gut lösliche Sulfonierungsprodukte werden erhalten, wenn Copolymerisate aus *Styrol* und *Maleinsäureanhydrid*[6] zunächst mit einer zum Lösen nicht ausreichenden Menge von Äthylenchlorid angequollen und dann mit Chlorsulfonsäure behandelt werden. Copolymerisate aus *Styrol* und *Isobutylen*[7] lassen sich in Tetrachlormethan mit Schwefelsäure ebenfalls zu Produkten sulfonieren, die alkalilöslich sind.

Aus Copolymerisaten des *Vinyltoluols* mit *Acrylsäure-*, *Methacrylsäureestern* oder *Maleinsäureanhydrid* erhält man in einer glatt verlaufenden Reaktion wasserlösliche Sulfonierungsprodukte, wenn deren Suspension in Schwefeldioxyd[8] bei −10° mit Schwefeltrioxyd behandelt wird, oder auch durch Einwirkung einer Lösung von Schwefeltrioxyd in Dichlormethan oder Tetrachlormethan[9] bei 20° auf die verdünnte

[1] I. M. Abrams, Ind. eng. Chem. **48**, 1469 (1956).
R. M. Wheaton u. D. F. Harrington, Ind. eng. Chem. **44**, 1796 (1952).
[2] K. W. Pepper, J. appl. Chem. **1**, 124 (1951).
E.P. 785157 (1955), Chemical Process Co., Erf.: I. M. Abrams; C. **1959**, 6590.
[3] A.P. 2500149 (1947), Dow Chemical Co., Erf.: R. F. Boyer; Chem. Abstr. **44**, 4607c (1950).
Zugabe von Lösungsmitteln bei der Polymerisation führt zu einer voluminösen Struktur, s. DAS. 1113570 ≡ F.P. 1205505 (1957), Farbf. Bayer, Erf.: H. Corte, E. Meier u. H. Seifert.
[4] A.P. 2669557 (1953), Dow Chemical Co., Erf.: R. M. Wheaton; C. **1955**, 4715.
A.P. 2733231 (1952), Dow Chemical Co., Erf.: W. C. Bauman u. R. M. Wheaton.
[5] DAS. 1016445 (1953), Farbf. Bayer, Erf.: H. Seifert; C. **1958**, 11630.
A.P. 2366007 (1942), General Electric Co., Erf.: G. F. D'Alelio; Chem. Abstr. **39**, 4418³ (1945).
[6] A.P. 2475886 (1943), DuPont, Erf.: M. T. Goebel; Chem. Abstr. **43**, 7738b (1949).
[7] A.P. 2638445 (1945), Standard Oil Development Co., Erf.: D. W. Young, W. H. Smyers u. W. J. Sparks; C. **1954**, 11077.
[8] DAS. 1051502 (1956), Dow Chemical Co., Erf.: W. C. Bauman u. H. H. Roth; C. **1959**, 2999.
[9] DAS. 1086890 (1957), Dow Chemical Co., Erf.: H. H. Roth.

Lösung des Copolymerisates im gleichen Lösungsmittel. Copolymerisate aus Vinyltoluol mit 2–10% *Acrylnitril* geben bei der Reaktion mit einem Gemisch aus Schwefeltrioxyd und Chlorsulfonsäure in flüssigem Schwefeldioxyd[1] ebenfalls lösliche polymere
Sulfonsäuren.

Poly-2,5-dichlor-styrol läßt sich mit konzentrierter Schwefelsäure auch bei erhöhter
Temperatur nur schwierig sulfonieren. Die Austauschkapazität sulfonierter Copoly-
merisate[2] aus Styrol und Divinylbenzol kann daher durch den Einbau wechselnder
Mengen 2,5-Dichlor-styrol variiert werden. Copolymerisate des Styrols mit kleinen
Mengen an *Butadien* und *Divinylbenzol*[3] geben mit 98%iger Schwefelsäure bei Tempe-
raturen um 100° poröse Sulfonierungsprodukte. Copolymerisate aus *Acrylsäure-* oder
Methacrylsäureestern mit *Divinylbenzol*[4] oder mit *Styrol* und *Divinylbenzol*[5] werden
nach dem Anquellen in Äthylenchlorid durch Chlorsulfonsäure bei 40° sulfoniert.
Nach der Zugabe von Wasser zum Reaktionsgemisch verseifen beim anschließenden
Erhitzen auch die Estergruppen.

4. Einführung von Sulfonsäuregruppen in Polymerisate aus konjugierten Dienen

Bei der Einwirkung von Schwefeltrioxyd, Chlorsulfonsäure oder Oleum auf die
Lösungen von Polybutadien oder Copolymerisaten des Butadiens mit anderen Vinylverbindungen in Äther entstehen **wasserlösliche bis wasserquellbare hochmolekulare Sulfonsäuren**, deren Eigenschaften vom Charakter des Ausgangsmaterials abhängig sind[6].

g) Einführung von Sulfochloridgruppen in Polymerisate[7]

1. in Polyolefine

Die gleichzeitige Einwirkung von gasförmigem Chlor und Schwefeldioxyd
nach C. F. Reed auf die Lösung von Polyäthylen oder Polyisobutylen[8] in inerten,
chlorhaltigen Lösungsmitteln führt unter Bestrahlen mit ultraviolettem Licht
und gleichzeitiger Kettenchlorierung zu Sulfochloriden, die durch Verseifung mit
Alkalien die entsprechenden sulfonsauren Salze bilden.

Sulfochlorierung von Polyäthylen[9]: 45 g Hochdruckpolyäthylen vom mittleren Mol.-Gew.
10000–20000 werden in Tetrachlormethan suspendiert und bei Rückflußtemp. unter Bestrahlen
mit ultraviolettem Licht mit so viel Chlor und Schwefeldioxyd behandelt, daß innerhalb von

[1] DAS. 1049098 (1956) ≡ A. P. 2809959 (1954), Dow Chemical Co., Erf.: H. H. Roth; C. **1959**, 318.
S. a. A.P. 2962454 (1956), Ionics, Inc., Erf.: W. A. McRae u. S. S. Alexander.
[2] R. Feinland, D. E. Baldwin u. H. R. Gregor, J. Polymer Sci. **10**, 445 (1953).
[3] A.P. 2597438 (1951), Rohm & Haas Co., Erf.: G. W. Bodamer; C. **1954**, 6601.
[4] A.P. 2678307 (1951), Rohm & Haas Co., Erf.: A. F. Ferris u. W. R. Lyman; C. **1956**, 1462.
[5] A.P. 2678306 (1951), Rohm & Haas Co., Erf.: A. F. Ferris; C. **1956**, 1462.
[6] DRP. 585622 (1931), I. G. Farb., Erf.: E. Konrad u. H. Kleiner; Frdl. **20**, 2066 (1933).
S. a. A.P. 2909572 (1957), Phillips Petroleum Co., Erf.: P. W. Solomon.
Vgl. a. ds. Bd., Kap. Umwandlung von Naturkautschuk, S. 839.
[7] Vgl. ds. Handb., Bd. IX, Kap. Sulfochlorierung nach C. F. Reed, S. 407.
[8] A.P. 2458841 (1944), Standard Oil Development Co., Erf.: N. M. Elmore u. A. M. Gessler;
C. **1950** I, 1291.
[9] A.P. 2212786 (1939), DuPont, Erf.: D. M. McQueen; C. **1941** I, 159.
A.P. 2416060 (1946); 2416061 (1943), DuPont, Erf.: A. McAlevy, D. E. Strain u. F. S.
Chance jr.

2 Stdn. 20 g Chlor und 71 g Schwefeldioxyd aufgenommen werden. Das Lösungsmittel wird anschließend bei 50° und einem Druck von zunächst 25–50 Torr und später 2 Torr abgetrieben. Das Reaktionsprodukt enthält nach dem Trocknen 5,1% Schwefel und 47,2% Chlor. Durch 3 Stdn. langes Erwärmen mit 10%iger Natronlauge tritt Verseifung zur polymeren Sulfonsäure ein, die bei Zimmertemp. in Wasser fast vollständig löslich ist.

Die Sulfochlorierung von fein gepulvertem Polyäthylen kann auch bei –10° bis –15° über die Suspension in flüssigem Schwefeldioxyd[1] unter Einleiten von Chlor und Bestrahlung mit UV-Licht durchgeführt werden.

Ein Zusammenklumpen bei der Isolierung wird dadurch vermieden, daß man die Lösung in heißes Wasser einlaufen läßt, dessen Temperatur oberhalb der Siedepunkte der verwendeten Lösungsmittel liegt und in dem mit Hilfe von Netzmitteln[2] geringe Mengen von Bentonit, Aluminiumoxyd, Magnesiumcarbonat usw. dispergiert sind. Die Lösung kann auch kontinuierlich mit Hilfe zweier engstehender, auf 170° erhitzter Walzenpaare[3] mit entgegengesetzter Rotation aufgearbeitet werden. Beim Aufbringen verdampft das Lösungsmittel, und das sulfochlorierte Polyäthylen wird als Film von den erhitzten Walzen abgezogen. Die Isolierung kann auch durch Sprühtrocknung[4] erfolgen.

Ähnliche Umwandlungsprodukte entstehen auch durch Reaktion von Polyäthylen mit Sulfurylchlorid und gasförmigem Chlor, wobei Dibenzoylperoxyd[5] als Katalysator angewendet wird. Acyclische Azoverbindungen[6] wie Azoisobutter-säure-dinitril eignen sich für eine kontinuierliche Sulfochlorierung.

Sulfochlorierung von Polyäthylen mit Azoisobuttersäure-dinitril als Katalysator[7]: 25 g Poly-äthylen vom mittleren Mol.-Gew. 15000–20000 werden unter Erhitzen in 500 cm³ Tetrachlor-methan gelöst. Nach der Zugabe von 0,2 g Azoisobuttersäure-dinitril werden 15 g Sulfurylchlorid und 40,5 g Chlor bei 77° innerhalb 1 Stde. zur Lösung gegeben. Nach dem Erkalten fällt man das Reaktionsprodukt durch Zugabe von 1500 g Methanol aus. Es wird nach dem Filtrieren durch Wasserdampf vom Methanol befreit. Aus der Analyse ergibt sich: Chlorgehalt 47%, Schwefel-gehalt 0,56%.

Mit Thioharnstoff reagiert chloriertes Polyäthylen zu den entsprechenden Isothiuroniumsalzen[8], die durch Chlorieren in wäßrigem Medium in Sulfochlorid-gruppen umgewandelt werden.

Auch Niederdruckpolyäthylen[9] kann sulfochloriert werden. Wegen seiner geringen Löslichkeit ist es zweckmäßig, zunächst durch eine Vorchlorierung[10] bei 110° die Löslichkeit zu verbessern und anschließend bei niedriger Temperatur zu sulfochlorieren. Als Aktivatoren[11] für die Sulfochlorierung mit Sulfurylchlorid können Pyridin, Chinolin oder Morpholin eingesetzt werden.

---

[1] DAS. 1111827 (1959), BASF, Erf.: K. Küspert.

[2] Belg. P. 578595 (1959) ≡ DAS. 1105176 (1958), Farbw. Hoechst, Erf.: L. Orthner, F. Lan-dauer, M. Reuter u. H. Herzberg.
   S. a. A. P. 2592814 (1947), DuPont, Erf.: J. L. Ludlow; C. **1954**, 1607.

[3] E. P. 804535 (1957), DuPont.

[4] DAS. 1094456 (1957) ≡ F. P. 1189652 (1958), Farbw. Hoechst, Erf.: E. Feld u. K. Ruths.

[5] A. P. 2405971 (1943), DuPont, Erf.: A. McAlevy; Chem. Abstr. **40**, 7702⁶ (1946).

[6] A. P. 2503253 (1947), DuPont, Erf.: M. L. Ernsberger u. P. S. Pinkney; C. **1952**, 4245.

[7] A. P. 2640048 (1951), DuPont, Erf.: J. S. Beekley; C. **1956**, 2315.

[8] DAS. 1113310 (1960) ≡ Belg. P. 593523 ≡ F. P. 1233864 (1959), Solvay & Cie., Erf.: W. Wehr u. K. Schneider.

[9] A. P. 2982759 (1958), DuPont, Erf.: R. O. Heuse.

[10] DAS. 1068012 (1956), Farbw. Hoechst, Erf.: L. Orthner u. H. Herzberg; C. **1960**, 17294.
   F. P. 1167042 (1956), Farbw. Hoechst; C. **1960**, 5660.

[11] Belg. P. 561764 (1957) ≡ F. P. 1212423 (1958), Solvay & Cie.

Verwendet man Lösungsmittel wie 1,1,2,2-Tetrachlor-äthan[1], so tritt bei 110° auch mit hochkrystallinem Niederdruckpolyäthylen Lösung ein. Da mit zunehmendem Umsatz die Löslichkeit besser wird, kann die Temperatur während der Sulfochlorierung gesenkt werden.

Sulfochlorierung von Niederdruckpolyäthylen[2]: 150 g Niederdruckpolyäthylen werden bei 110° in 2000 g 1,1,2,2-Tetrachlor-äthan unter Bestrahlen mit einer UV-Lampe durch Einleiten von 4 g Chlor pro Min. gelöst. Nach 90 Min. wird die Reaktionstemp. auf 50° gesenkt, und man leitet Schwefeldioxyd und Chlor im Verhältnis 1:2 ein. Durch laufende Probenahme wird das Fortschreiten der Reaktion verfolgt. Sobald das Reaktionsprodukt einen Schwefelgehalt von 1,6% und einen Chlorgehalt von 25,5% zeigt, wird mit Stickstoff entgast und das sulfochlorierte Polyäthylen durch Zugabe von Methanol ausgefällt.

Wenn das Polymerisat 31% Chlor und 1,2% Schwefel enthält, kommen auf 100 Kohlenstoffatome 18 Chloratome und eine Sulfochloridgruppe. Durch eine kinetische Analyse wurde gefunden[3], daß

> 2,7% des gesamten Chlors primär,
> 89,8% sekundär und
> 3,5% tertiär gebunden sind.

4% des Chlors liegen als Sulfochloridgruppen vor.

Amorphes oder teilweise krystallines *Polypropylen* kann über die Lösung durch Einleiten von Chlor und Schwefeldioxyd oder durch Zugabe von Sulfurylchlorid sulfochloriert[4] werden. Reaktionsprodukte, die weniger als 10% Chlor enthalten, bilden bei der Vernetzung mit mehrwertigen Metalloxyden wie Blei-(II)-oxyd kautschukartige Produkte von guter Dehnung und Elastizität (s. a. S. 779).

Die Sulfochlorierung von *Polybuten-(1)* oder *Polyhexen-(1)* gelingt leicht in Tetrachlormethan mit Sulfurylchlorid[5], wenn etwas Pyridin als Katalysator zugegeben wird.

Sulfochlorierung von Polypropylen[6]: 10 g teilweise krystallines, lineares Polypropylen mit einem durchschnittlichen Mol.-Gew. von ungefähr 40000 werden in 400 cm³ Tetrachlormethan bei 70° gelöst; durch die Lösung läßt man 1¹/₄ Stdn. lang mit einer Geschwindigkeit von 2,66 *l*/Stde. eine Mischung, bestehend aus 3 Tln. Schwefeldioxyd und 1 Tl. Chlor, strömen. Das Reaktionsprodukt wird mit Methanol gefällt, filtriert, gewaschen und unter vermindertem Druck getrocknet. Es enthält 5,94% Chlor und 1,39% Schwefel.

Bei der Sulfochlorierung von *Polyisobutylen*[7] tritt ein starker Abbau unter entsprechender Verringerung der Viscosität ein. Dieser läßt sich zurückdrängen, wenn die Sulfochlorierung mit Sulfurylchlorid und in Gegenwart von Alkalisulfiten oder Pyrosulfiten[8] ausgeführt wird.

---

[1] E.P. 858131 (1957), Phillips Petroleum Co.
   S. a. A.P. 2972604 (1956), Phillips Petroleum Co., Erf.: W. B. REYNOLDS u. P. J. CANTERINO.
[2] DAS. 1068012 (1956), Farbw. Hoechst, Erf.: L. ORTHNER u. H. HERZBERG; C. **1960**, 17294.
[3] A. NERSASIAN u. D. E. ANDERSEN, J. Appl. Polymer Sci. **4**, 74 (1960).
   Physikalische Eigenschaften der Sulfochlorierungsprodukte s. P. J. CANTERINO u. G. R. KAHLE, J. Appl. Polymer Sci. **6**, 20 (1962).
[4] DAS. 1015603 ≡ E.P. 811847 ≡ F.P. 1128258 ≡ Belg.P. 540362 (1955), Montecatini S. G., Erf.: G. NATTA u. P. PINO; C. **1959**, 1288.
   Belg.P. 576340 (1959), Montecatini S. G., Erf.: E. VOLTERRA.
   DAS. 1089546 (1955), Farbw. Hoechst, Erf.: E. HEITZER, A. GUMBOLDT, G. MESSWARB, G. BIER u. L. ORTHNER.
   Belg.P. 561990 (1957), Farbf. Bayer, Erf.: O. BAYER.
   A.P. 2920062 (1957), DuPont, Erf.: J. W. McFARLAND; Chem. Abstr. **54**, 12656ᵉ (1960).
[5] F.P. 1177746 (1957), Montecatini S. G., Erf.: G. NATTA, M. BRUZZONE u. G. BORSINI.
[6] DAS. 1015603 ≡ Belg.P. 540362 (1955), Montecatini S. G., Erf.: G. NATTA u. P. PINO.
[7] A.P. 2458841 (1944), Standard Oil Development Co., Erf.: N. M. ELMORE u. A. M. GESSLER; C. **1950** I, 1291.
[8] A.P. 2814609 (1955), Polymer Corp. Ltd., Erf.: J. BORUNSKY; C. **1959**, 5646.

Copolymerisate aus *Äthylen* und *Propylen*[1] können praktisch wie Polyäthylen niedriger Dichte sulfochloriert werden.

Sulfochlorierte Polyolefine können durch Metalloxyde, z. B. Zinkoxyd, Blei-(II)-oxyd, Magnesiumoxyd, oder Diamine kautschukelastisch vernetzt werden, wenn der Schwefelgehalt[2] zwischen 0,4 und 3,0% liegt. Gegen die Einwirkung von Licht und Wärme können die Sulfochlorierungsprodukte durch Epoxyde[3] oder Salicylaldazin[4] stabilisiert werden.

2. Einführung von Sulfochloridgruppen in Polymerisate aus konjugierten Dienen

Polymerisate und Copolymerisate konjugierter Diene können in Tetrachlormethan mit Sulfurylchlorid unter Zugabe von katalytischen Mengen Pyridin sulfochloriert werden. Die Sulfochlorierung von hydrierten Polymerisaten[5] konjugierter Diene oder der entsprechenden Copolymerisate kann nach den bei Polyäthylen angegebenen Verfahren ausgeführt werden.

Sulfochlorierung von Polyisopren[6]: Zur Lösung aus 100 cm³ Isopren in 900 cm³ Isooctan werden 30 cm³ einer 1,0 m Lösung von Triisobutyl-aluminium in Hexan und 30 cm³ einer 1,0 m Lösung von Titan-(IV)-chlorid in Hexan gegeben. Es wird 20 Stdn. lang bei 30° polymerisiert. Unter Steigerung der Temp. auf 58° gibt man 45 g Natriumsulfit und 5 cm³ Pyridin zum Ansatz und läßt in 2,5 Stdn. eine Lösung von 27 cm³ Sulfurylchlorid in 200 cm³ Hexan zulaufen. Anschließend wird noch 5,5 Stdn. lang bei 58° gerührt. Nach dem Aufarbeiten und Trocknen enthält das Polymerisat 15,3% Chlor und 0,71% Schwefel.

h) Einführung von Nitrogruppen in Polymerisate

1. in Polystyrol

Die Nitrierung polymerer Vinylverbindungen ist praktisch auf solche Polymerisate beschränkt, die aromatische Kerne enthalten. Sie wurde bisher hauptsächlich am Polystyrol ausgeführt. Bei normaler oder schwach erhöhter Temperatur entsteht mit Salpetersäure die polymere Mononitroverbindung, die in Nitrobenzol, konzentrierter Schwefelsäure und rauchender Salpetersäure gelöst werden kann, aber in den gebräuchlichen organischen Lösungsmitteln unlöslich ist. Mit Acetylnitrat führt die Nitrierung nur zu einem teilweisen Umsatz[7], wobei maximal 0,6 Nitrogruppen auf jeden Benzolkern entfallen. Isotaktisches Polystyrol[8] kann ebenfalls nitriert werden. Es entsteht zunächst die amorphe Polynitroverbindung, die in Berührung mit heißen Quellungsmitteln wie Dimethylsulfoxyd oder Cyclohexanon krystallin wird. Wie Polystyrol kann auch *Poly-N-vinyl-benzimidazol*[9] nitriert werden.

---

[1] DAS. 1067595 (1955), DuPont, Erf.: P. R. Johnson u. M. A. Smook; C. **1960**, 5021.
F.P. 1173859, 1166852 (1957); 1258137 (1960), Farbw. Hoechst; C. **1960**, 2361.
Belg.P. 556902 (1957), Montecatini S. G., Erf.: G. Natta, G. Mazzanti u. M. Bruzzone.
Belg.P. 576340 (1959), Montecatini S. G., Erf.: E. Voltera.
[2] A.P. 2586363 (1947), DuPont, Erf.: A. McAlevy; C. **1954**, 2513.
Belg.P. 556902 (1957), Montecatini S. G., Erf.: G. Natta, G. Mazzanti u. M. Bruzzone.
[3] A.P. 2658883 (1950), DuPont, Erf.: R. E. Brooks u. M. A. Smook; C. **1955**, 2087.
DAS. 1067595 (1955), DuPont, Erf.: P. R. Johnson u. M. A. Smook; C. **1960**, 5021.
[4] A.P. 2757163 (1953), DuPont, Erf.: G. H. Bowers III; C. **1957**, 7188.
[5] A.P. 2646422 (1951), DuPont, Erf.: D. E. Strain; C. **1955**, 7330.
[6] A.P. 2962480 (1957), Polymer Corp. Ltd., Erf.: J. Borunsky.
[7] J. A. Blanchette u. J. D. Cotman jr., J. org. Chem. **23**, 1117 (1958).
[8] A. S. Matlack u. D. S. Breslow, J. Polymer Sci. **45**, 265 (1960).
[9] DAS. 1027873 (1956), BASF, Erf.: C. Schuster u. R. Gehm; C. **1959**, 15853.

Mononitrierung von Polystyrol[1]: 5 g fein gepulvertes Polystyrol vom mittleren Mol.-Gew. 50000 werden bei Raumtemp. in kleinen Anteilen unter Rühren zu 60 cm³ rauchender Salpetersäure (D = 1,49–1,50) gegeben. Unter Wärmeentwicklung tritt Lösung ein. Wenn die Temp. wieder zu fallen beginnt, wird das Reaktionsgemisch 1 Stde. lang auf 50° gehalten. Nach dem Abkühlen wird die Mischung in 1250 cm³ Wasser gegeben, wobei das schwach gelbliche Polynitrostyrol ausfällt. Es wird nach dem Filtrieren mit Wasser gewaschen und getrocknet. Der Stickstoffgehalt beträgt 9,5–10% (für Mononitrostyrol ber. 9,4%). Beim Erhitzen tritt Zers. ein. Ob gleichzeitig noch Oxydation stattfindet, wird nicht angegeben.

Die Einführung einer **zweiten** Nitrogruppe in den aromatischen Kern gelingt mit einem Gemisch aus **Salpetersäure** und **Schwefelsäure**[2]. Allerdings tritt leicht eine Vernetzung ein. Es ist daher wichtig, die Temperatur der Mischsäure so lange unterhalb 20° zu halten, bis das Polymerisat darin gelöst ist. Mit **rauchender Salpetersäure**[3] können durchschnittlich 1,2 Nitrogruppen pro Benzolkern eingeführt werden.

Dinitrierung von Polystyrol[4]: Zu 15 g eines Nitriersäuregemisches, das aus 72% Salpetersäure und 28% Schwefelsäure besteht, wird unter Rühren innerhalb von 3 Min. 1 g fein gemahlenes Polystyrol vom mittleren Mol.-Gew. 200000 gegeben, wobei die Temp. des Reaktionsgemisches zunächst 20° nicht überschreiten darf. Nach ungefähr 30 Min. ist das Polymerisat in Lösung gegangen. Die Lösung wird dann 3 Stdn. lang bei 40° nachgerührt und in dünnem Strahl in einen großen Überschuß Wasser gegeben, wobei das Reaktionsprodukt in dünnen Fäden ausfällt. Diese werden nach dem Isolieren mit der 5fachen Menge Wasser gemischt, dann gemahlen, mit Wasser gewaschen, bis keine saure Reaktion mehr feststellbar ist, und schließlich noch 2 Stdn. lang mit dem 20fachen Gew. Wasser auf 95° erhitzt. Das getrocknete Reaktionsprodukt enthält 14,3% Stickstoff (ber. 14,4% für die Dinitroverbindung) und hat ein mittleres Mol.-Gew. von 100000.

2. Einführung von Nitrogruppen in Copolymerisate des Styrols

Wie Polystyrol kann das Copolymerisat aus *Styrol* und *Isobutylen*[5], das mit Hilfe von Friedel-Crafts-Katalysatoren hergestellt wird, nitriert werden. In Nitrobenzol als Lösungsmittel läßt sich bei 100° auch das Copolymerisat aus *Styrol* mit *Maleinsäureanhydrid*[6] durch rauchende Salpetersäure nitrieren.

Erleichtert wird die Nitrierung von Copolymerisaten aus Styrol und Divinylbenzol durch eine **Schwammstruktur**, die sich in Gegenwart von das Polymerisat nicht quellenden Lösungsmitteln ausbildet.

Nitrierung eines Copolymerisates aus Styrol und Divinylbenzol[7]: 409 g Styrol und 50 g Divinylbenzol (100%ig) werden zusammen mit 4 g Dibenzoylperoxyd unter Zusatz von 500 g einer Benzinfraktion (Kp: 100–140°) zu 1,2 l Wasser gegeben, das 0,1% Methylcellulose enthält. Die Mischung wird unter Rühren 6 Stdn. lang auf 65–70° und anschließend 2 Stdn. lang auf 90° erhitzt. Das Perlpolymerisat wird filtriert und i. Vak. bei 100° vom Wasser und Benzin befreit. Die Korngröße liegt bei 0,5–1,0 mm.

200 g des Perlpolymerisates werden unter Rühren in 1000 cm³ auf 5–10° gekühlte Nitriersäure aus 40% konz. Salpetersäure, 49% konz. Schwefelsäure und 11% Wasser in kleinen Anteilen innerhalb von 2 Stdn. eingetragen. Man rührt noch 4 Stdn. lang bei 15–20° und gießt die

[1] G. B. BACHMAN u. Mitarbb., J. org. Chem. **12**, 108 (1947).
   Vgl. a. G. MANECKE u. R. SIGNER, Makromolekulare Chem. **37**, 119 (1960).
[2] H. ZENFTMAN, Soc. **1950**, 982.
   A. LANGHANS, Explosivstoffe **516**, 68 (1953).
[3] J. A. BLANCHETTE u. J. D. COTMAN jr., J. org. Chem. **23**, 1117 (1958).
[4] E.P. 616453 (1946) ≡ F.P. 977848 ≡ A.P. 2572420 (1947) ≡ DBP. 854433 (1949), I.C.I., Erf.: H. ZENFTMAN u. A. McLEAN; C. **1953**, 1729.
   H. ZENFTMAN, Soc. **1950**, 982.
[5] A.P. 2539824 (1945), Standard Oil Development Co., Erf.: J. D. GARBER u. D. W. YOUNG.
[6] A.P. 2274551 (1939), Eastman Kodak Co., Erf.: W.O.KENYON, L.M.MINSK u. G.P.WAUGH.
[7] DAS. 1049583 (1957), Farbf. Bayer, Erf.: H. CORTE; C. **1960**, 1284.

Reaktionsmischung auf Eis. Nach dem Absaugen und Waschen mit Wasser wird bei 70° i. Vak. getrocknet; Ausbeute: 270 g hellgelbe, undurchsichtige Kugeln. Das Nitrierungsprodukt kann mit Natriumdisulfid zur Aminoverbindung reduziert werden (s. S. 696).

i) Umwandlung von Polymerisaten durch Hydrierung und Reduktion

1. Hydrierung

α) von Polystyrol

Polystyrol kann in Lösung in Gegenwart von Hydrierungskatalysatoren bei Temperaturen um 200° zum *Polyhexahydrostyrol*[1] hydriert werden. Bei höherer Temperatur tritt gleichzeitig ein Abbau[2] ein.

Polyhexahydrostyrol reagiert nicht mehr mit konzentrierter Salpetersäure und gibt auch keine Färbung mit Tetranitromethan. Es ist wie Polystyrol in aromatischen Kohlenwasserstoffen, Methylcyclohexan, Dekalin usw. löslich, kann aber – im Gegensatz zum Polystyrol – aus diesen Lösungen durch Zugabe von Tetrahydrofuran oder anderen cyclischen Äthern ausgefällt werden.

Hydrierung von Polystyrol mit einem Nickelkatalysator[3]: 250 cm³ einer 4%igen Lösung von Polystyrol in Dekalin werden mit 30 g eines Nickelkatalysators[4], der durch Reduktion von Nickel-(II)-oxalat mit Wasserstoff hergestellt wurde, in einen Autoklaven gefüllt. Nach Entfernen der Luft wird der Autoklav mit Wasserstoff auf 70 atm gebracht und in etwa 35 Min. auf 200° erhitzt. Nach 4 Stdn. wird abgekühlt, das schwarze viscose Reaktionsprodukt zweimal über Diatomeenerde filtriert und die wasserhelle Lösung in das gleiche Vol. Methanol gegossen. Der entstandene Niederschlag wird nach dem Waschen mit Methanol getrocknet und in Methylcyclohexan gelöst. Durch Einleiten von Äthylenoxyd oder Zugabe von Dioxan fällt das Hydrierungsprodukt aus, während nicht hydriertes Polystyrol in Lösung bleibt.

β) von Polymerisaten aus konjugierten Dienen

Polyisopren[5], *Poly-2,3-dimethyl-butadien*[6] wie auch Polymerisate von *Methylpentadienen-(1,3)*[7] sowie deren Copolymerisate können ebenso wie Polybutadien[8] in Gegenwart von Katalysatoren hydriert werden[9]. Bei *Polybutadien* hat die Vorbehandlung des Polymerisates einen Einfluß auf die Geschwindigkeit der Hydrierung. Ein im Vakuum bei niedriger Temperatur getrocknetes Koagulat des Emulsionspolymerisates ist leichter zu hydrieren als ein Koagulat, das bei 100° in Heißluft getrocknet wurde[10]. Die Hydrierung des Polybutadiens wird am besten über die

---

[1] H. STAUDINGER u. V. WIEDERSHEIM, B. **62**, 2406 (1929).
   H. STAUDINGER, B. **59**, 3019 (1926).
   DAS. 1131885/6 (1961), BASF, Erf.: A. STEINHOFER, R. POLSTER u. H. FRIEDRICH.

[2] H. STAUDINGER, E. GEIGER u. E. HUBER, B. **62**, 263 (1929).

[3] A. P. 2726233 (1953), International Telephone & Telegraph Corp., Erf.: A. J. WARNER u. D. K. KEEL; C. **1956**, 9312.

[4] C. KELBER, B. **54**, 1701 (1921); **57**, 136 (1924).

[5] DRP. 764664 (1936), Siemens-Halske; C. **1953**, 6780.
   A. P. 2646422 (1951), DuPont, Erf.: D. E. STRAIN; C. **1955**, 7330.

[6] H. STAUDINGER, M. BRUNNER u. E. GEIGER, Helv. **13**, 1368 (1930).

[7] A. P. 2449949 (1944), Shell Develop., Erf.: R. C. MORRIS u. J. L. VAN WINKLE.

[8] A. P. 2693461 (1952), Phillips Petroleum Co., Erf.: R. V. JONES; C. **1956**, 587.
   E. P. 727578 (1951), Phillips Petroleum Co., Erf.: R. V. JONES u. C. W. MOBERLY; C. **1955**, 1860.
   A. P. 2731439 (1952), Phillips Petroleum Co., Erf.: R. V. JONES u. P. J. CANTERINO.
   A. P. 2965585 (1958), Phillips Petroleum Co., Erf.: J. A. DELAP u. R. E. DIETZ.

[9] S. ds. Bd., Abschnitt Hydrierung von Naturkautschuk, S. 823.

[10] R. V. JONES, C. W. MOBERLY u. W. B. REYNOLDS, Ind. eng. Chem. **45**, 1117 (1953).
   A. I. JAKUBTSCHIK u. G. N. GROMOWA, Rubber Chem. Technol. **31**, 156 (1958).

44*

5–6%ige Lösung in Methylcyclohexan mit Nickelkatalysatoren im Temperaturbereich von 100–250° und unter einem Wasserstoffdruck von 20–70 Atmosphären ausgeführt. Die Menge des Katalysators richtet sich nach dem gewünschten Grad der Hydrierung, da durch eine Schicht vernetzten Polymerisates eine Desaktivierung eintritt. Mit steigender Temperatur kann der Anteil des Katalysators verringert werden. Bei höheren Temperaturen tritt aber gleichzeitig ein Abbau ein, der bei tieferen Temperaturen kaum festzustellen ist.

Nicht verzweigte cis- und trans-1,4-Polybutadiene können bei 140° mit Palladium auf Calciumcarbonat bereits bei Atmosphärendruck[1] in Dekalin als Lösungsmittel hydriert werden. Hierbei bleiben 22% der ursprünglichen Doppelbindungen unverändert. Mit einem Nickel-Kieselgur-Katalysator[2] benötigt man Hydrierungstemperaturen über 120° und einen Wasserstoffdruck von mehr als 10 atü. Um den Anteil der Doppelbindungen auf 2–3% zu verringern, muß zwei- bis dreimal hydriert werden. Hydriertes isotaktisches 1,2-Polybutadien hat die Eigenschaften des isotaktischen Polybuten-(1), während aus syndiotaktischem 1,2-Polybutadien ein amorphes Produkt mit geringer Stabilität der krystallinen Phase entsteht.

Copolymerisate des *Butadiens* mit *Styrol* von geringer Viscosität, die mit Hilfe von metallischem Natrium[3] hergestellt werden können, lassen sich bei 250° mit Raney-Nickel in Heptan glatt hydrieren[4]. Hydrierungsprodukte von geringer Jodzahl, mit Paraffinwachs gemischt, werden als Schmierölzusätze verwendet.

Zur vollständigen Entfernung des Katalysators aus der Lösung des Hydrierungsproduktes wird die Lösung auf eine Konzentration von 2–4% verdünnt. Dann gibt man ein bis fünf Teile einer mit Säure aktivierten Montmorilloniterde[5] auf ein Teil Katalysator bei Temperaturen über 100° zu und trennt die festen Bestandteile durch Sedimentation oder Zentrifugieren. Zur Isolierung des hydrierten Polybutadiens in Form von fein verteilten Krümeln[6] wird die auf 100° erhitzte Lösung unter Rühren zu einem Gemisch aus drei Teilen Isopropanol und einem Teil Wasser gegeben, wobei ein azeotropes Gemisch aus Methylcyclohexan-Alkohol-Wasser abdestilliert. Man kann auch so vorgehen, daß man zunächst mit Hilfe von Netzmitteln die Lösung in Wasser emulgiert, das Lösungsmittel abdestilliert und die Emulsion[7] mit Alkoholen koaguliert. Durch Zugabe von geringen Mengen Eisessig[8] zur Lösung kann der Farbton des hydrierten Polybutadiens aufgehellt werden.

Hydrierung von Poly-methylpentadienen-(1,3)[9]: 400 g des Copolymerisates aus 2-Methylpentadien-(1,3) mit 15% 4-Methyl-pentadien-(1,3) werden in 1226 g Octan unter Erwärmen gelöst und in einen Autoklaven gegeben, der 226 g eines Katalysators aus Nickel auf Kieselgur (Gew.-Verhältnis 1 : 1) enthält. Wenn die Luft im Autoklaven durch Wasserstoff verdrängt ist, wird der Wasserstoffdruck auf 175 atm eingestellt und man erhitzt unter Rühren 24 Stdn. lang auf 240°. Beim Abkühlen auf Raumtemp. fällt der Druck im Autoklaven auf 77 atm. Das isolierte Hydrierungsprodukt enthält noch 27% der ursprünglich vorhandenen Doppelbindungen.

[1] A. I. JAKUBTSCHIK u. B. I. TICHOMIROW, Ž. obšč. Chim. **30**, 128 (1960).
[2] DAS. 1106961 ≡ E. P. 863256 (1959), Phillips Petroleum Co., Erf.: W. B. REYNOLDS.
    A. I. JAKUBTSCHIK, Ž. prikl. Chim. **34**, 942 (1961).
[3] A.P. 2795631 (1954) ≡ E.P. 770260 (1955), Esso Research & Engineering Co., Erf.: J. F. NELSON, F. W. BANES u. A. H. GLEASON; C. **1958**, 1707.
[4] A.P. 2842455 (1954), Esso Research & Engineering Co., Erf.: D. W. YOUNG u. D. L. COTTLE.
[5] A.P. 2816097 (1955), Phillips Petroleum Co., Erf.: G. E. HANSON; C. **1959**, 9065.
[6] A.P. 2905658 (1957), Phillips Petroleum Co., Erf.: R. E. DIETZ; C. **1960**, 17639.
[7] A.P. 2917495 (1957), Phillips Petroleum Co., Erf.: R. L. COBB u. C. R. SCOTT; C. **1960**, 14890.
[8] F.P. 1149159 (1955), Phillips Petroleum Co., Erf.: P. E. CAMPBELL; C. **1959**, 12714.
[9] A. P. 2449949 (1944), Shell Develop., Erf.: R. C. MORRIS u. J. L. VAN WINKLE.

Hydrierung von Polybutadien[1]: 250 g eines über die Emulsionspolymerisation bei 5° hergestellten Polybutadiens werden in 4500 cm³ Methylcyclohexan dispergiert. Nach Zugabe des Katalysators, der aus 60 g Nickelhydroxyd auf Kieselgur durch eine 4stdge. Reduktion mit Wasserstoff bei 325° hergestellt (Nickelgehalt 75%) und anschließend in 500 cm³ Methylcyclohexan aufgeschlämmt wurde, wird Wasserstoff bis 95 atü aufgedrückt und die Temp. auf 93° gesteigert. Nach 4 Stdn. kühlt man ab und fällt das hydrierte Polybutadien nach dem Filtrieren durch Zugabe von Isopropanol aus der Lösung. Es enthält 35,6% der ursprünglich vorhandenen Doppelbindungen. Weitere Hydrierungsbeispiele s. S. 767.

2. Reduktion funktioneller Gruppen in Polymerisaten

α) von Keto- und Aldehydgruppen

Die Ketogruppe in *Poly-alkylvinylketonen*[2,3] oder in Copolymerisaten aus *Äthylen* mit *Kohlenmonoxyd*[4] kann ebenso wie die Aldehydgruppe in *Polymethacroleinen*[5] reduziert werden. Die Reduktion wird am besten über die Lösung der Polymerisate ausgeführt. In Gegenwart von Ammoniak tritt mit Ketogruppen eine reduktive Aminierung ein, die mit Copolymerisaten aus Äthylen und Kohlenmonoxyd bei 150–200° und einem Wasserstoffdruck von 900–950 Atmosphären innerhalb einer Stunde zu *Polyaminen*[6] führt, deren Stickstoff zu etwa 93% in Form von primären Aminogruppen vorliegt.

Wegen seiner selektiven Wirkung ist Lithiumaluminiumhydrid[7] zur Reduktion der Keto- oder Aldehydgruppe besonders geeignet, während Natriumborhydrid[8] nur zu einer unvollständigen Reduktion führt. Poly-methylvinylketon oder Copolymerisate mit Styrol können mit Aluminiumalkoholaten nach der Meerwein-Ponndorf-Verleyschen Methode nicht reduziert werden. Die Ketogruppe kann unter milden Bedingungen auch in Copolymerisaten aus *Styrol*[9] oder *Acrylnitril*[10] mit *Methylvinylketon* oder die Aldehydgruppe in Copolymerisaten aus *Styrol* und *Methacrolein*[11] mit Lithiumaluminiumhydrid selektiv zu den entsprechenden polymeren Hydroxyverbindungen reduziert werden. Auf diesem Wege ist es möglich, makromolekulare „Polyallylalkohole" herzustellen. Entsprechend können auch die Ketogruppen in *Polyvinylacetophenon*[12] oder in *Poly-vinylisopropenylketon*[13] reduziert werden. Ein geeignetes Lösungsmittel ist Tetrahydrofuran. Mit Raney-Nickel[14] oder Kupfer-Chromoxyd-Katalysatoren ist dies nur unter Einhaltung spezieller Bedingungen möglich.

[1] A.P. 2864809 (1953), Phillips Petroleum Co., Erf.: R. V. JONES u. C. W. MOBERLY.

[2] E.P. 369313 (1931), I. G. Farb.; C. **1932** II, 450.

[3] A.P. 2456428 (1944), Shell Develop., Erf.: J. H. PARKER; Chem. Abstr. **43**, 2468ʰ (1949).

[4] S. ds. Handb., Bd. XIV/1, Kap. Copolymerisation von Vinylverbindungen mit Kohlenmonoxyd, S. 1162.

[5] W. KERN u. R. C. SCHULZ, Ang. Ch. **69**, 153 (1957).

[6] A.P. 2495255 (1948), DuPont, Erf.: H. H. HOEHN; C. **1951** I, 265.
A.P. 2753263 (1953), DuPont, Erf.: R. H. GRAY; C. **1959**, 12742.
D. D. COFFMAN, H. H. HOEHN u. J. T. MAYNARD, Am. Soc. **76**, 6394 (1954).

[7] K. A. KUHN u. H. G. CASSIDY, J. Polymer Sci. **44**, 383 (1960).

[8] H. L. COHEN u. L. M. MINSK, J. org. Chem. **24**, 1404 (1959).
R. C. SCHULZ u. P. ELZER, Makromolekulare Chem. **42**, 205 (1961).

[9] A.P. 2862911 (1956), Monsanto Chemical Co., Erf.: J. A. BLANCHETTE; C. **1960**, 7013.
J. A. BLANCHETTE u. J. D. COTMAN jr., J. org. Chem. **23**, 1117 (1958).

[10] A.P. 2865889 (1957), Monsanto Chemical Co., Erf.: J. A. BLANCHETTE.

[11] A.P. 2893979 (1955), Monsanto Chemical Co., Erf.: E. C. CHAPIN u. R. I. LONGLEY jr.

[12] A P 2915511 (1956), Monsanto Chemical Co., Erf.: J. A. BLANCHETTE.

[13] A.P. 2895943 (1955), Celanese Corp., Erf.: D. E. HUDGIN u. F. BROWN.

[14] A.P. 2945835 (1956), Monsanto Chemical Co., Erf.: E. C. CHAPIN u. R. F. SMITH.

Palladium-Katalysatoren führen außerdem zu einer Kernhydrierung des Styrols oder zur Reduktion der Nitrilgruppe.

Selektive Reduktion der Ketogruppe im Copolymerisat aus Methylvinylketon und Acrylnitril[1]:
5 g eines Copolymerisates aus Methylvinylketon mit 20% Acrylnitril werden in 50 cm³ trockenem Tetrahydrofuran gelöst. Die Lösung gibt man langsam unter Luftausschluß und Rühren zu einer Suspension von 5 g Lithiumaluminiumhydrid in 50 cm³ Tetrahydrofuran, so daß leichtes Sieden einsetzt. Nach der Zugabe wird noch 1–2 Stdn. unter Rückfluß erwärmt. Den Überschuß des Lithiumaluminiumhydrids zerstört man durch vorsichtige Zugabe von einigen cm³ Alkohol. Die Lösung wird dann auf Eis gegossen, das 10 cm³ konz. Salzsäure enthält. Das reduzierte Copolymerisat fällt hierbei aus. Es wird nach dem Isolieren zur weiteren Reinigung in Methyläthylketon gelöst und durch Eingießen der Lösung in Wasser wieder ausgefällt. Die IR-Analyse zeigt, daß praktisch alle Ketogruppen reduziert sind und die Nitrilgruppen unverändert im Copolymerisat vorliegen.

β) Reduktion von Nitrilgruppen

Polyallylamin wie auch *Polymethallylamin* können durch Polymerisation der Monomeren nicht hergestellt werden. Eine Möglichkeit zur Darstellung bietet die Reduktion der Nitrilgruppe im Polyacrylnitril bzw. Polymethacrylnitril[2] oder den entsprechenden Copolymerisaten[2,3]. Diese Reaktion kann über die wäßrige Dispersion oder in Lösungsmitteln vorgenommen werden, die für Hydrierungen geeignet sind. Bei der katalytischen Hydrierung mit Raney-Nickel entstehen im Temperaturbereich von 125–210° in Dimethylformamid als Lösungsmittel zwar primäre Aminogruppen, die aber zum Teil unter Abspaltung von Ammoniak vernetzen und dadurch den Katalysator mit einer unlöslichen Schicht überziehen, die den weiteren Verlauf der Hydrierung hemmt.

Um die Entstehung von Nebenprodukten zu unterdrücken, wird Ammoniak zur Reaktionsmischung gegeben. Praktisch ist jedoch die Hydrierung von Polyacrylnitril auch auf diese Weise nicht durchführbar.

Bei 100–110° kann man auch mit Lithiumaluminiumhydrid die Nitrilgruppen in Copolymerisaten des *Methacrylnitrils* mit *Styrol* zu einem Gemisch aus primären und sekundären Aminogruppen[4] reduzieren. Letztere sind zum Teil Bestandteile von cyclischen Aminen. Ein geeignetes Lösungsmittel ist N-Methyl-morpholin.

γ) Reduktion von Säurechlorid- und Estergruppen

In wasserfreiem Tetrahydrofuran oder Diäthylenglykoldimethyläther werden aus *Polyacrylsäurechlorid* mit Lithium-tri-tert.-butoxy-aluminiumhydrid[5] in 45–50%igem Umsatz Aldehydgruppen gebildet, die wie Aldehydgruppen im Polyacrolein reagieren. Mit Lithiumaluminiumhydrid führt die Reduktion in Tetrahydrofuran zu Polyallylalkohol von hohem Molekulargewicht.

Die Estergruppen in *Polyacrylsäure-* oder *Polymethacrylsäurealkylestern* können

---

[1] A.P. 2865889 (1957), Monsanto Chemical Co., Erf.: J. A. BLANCHETTE; Chem. Abstr. **53**, 5758[i] (1959).
[2] A.P. 2456428 (1944), Shell Develop., Erf.: J. H. PARKER; Chem. Abstr. **43**, 2468[h] (1949).
[3] A.P. 2566237 (1949), DuPont, Erf.: D. M. McQUEEN u. J. H. WERNTZ; C. **1952**, 4395.
   A.P. 2566272 (1949), DuPont, Erf.: J. H. WERNTZ; C. **1954**, 1385.
   S.a. A.P. 2526639 (1949), DuPont, Erf.: M. E. CUPERY; C. **1951** II, 1975.
   A.P. 2585583 (1949), DuPont, Erf.: P. S. PINKNEY; C. **1953**, 3173.
[4] H. L. COHEN u. L. M. MINSK, J. org. Chem. **24**, 1404 (1959).
[5] R. C. SCHULZ u. P. ELZER, Makromolekulare Chem. **42**, 205 (1961).

durch Lithiumaluminiumhydrid[1,2], Triisobutylaluminium[2] oder Kaliumborhydrid[3] ebenfalls zu höhermolekularen Polyalkoholen reduziert werden. Als Lösungsmittel kann Tetrahydrofuran verwendet werden. Ein Zusatz von Äthylacetat[4] verhindert weitgehend die Bildung von unlöslichen Reduktionsprodukten.

Die Estergruppen in Copolymerisaten aus *Butadien* mit *Acrylsäuremethylester* können durch Lithiumaluminiumhydrid in Tetrahydrofuran vollständig zu den entsprechenden Alkoholen[5] reduziert werden. Durch diese Behandlung werden nur solche Doppelbindungen, die in Konjugation zur Carbonylgruppe stehen, angegriffen. Das gebildete Reaktionsprodukt kann auf anderen Wegen, z. B. durch Copolymerisation von Allylalkohol oder Allylacetat mit Butadien, nicht hergestellt werden. Es ist in Tetrahydrofuran und im methanolfeuchten Zustand auch in Benzol löslich.

Reduktion von Polymethacrylsäuremethylester mit Lithiumaluminiumhydrid[2]: 6 g Polymethacrylsäuremethylester vom mittleren Mol.-Gew. 156000 werden in 150 cm³ Tetrahydrofuran gelöst und unter Stickstoff tropfenweise zu einer Suspension aus 4 g Lithiumaluminiumhydrid in 100 cm³ Tetrahydrofuran gegeben. Nach Zugabe von 30 cm³ der Lösung bildet sich ein gelatinöser Niederschlag. Die Mischung wird dann 3 Tage lang auf 60° gehalten. Nach dem Filtrieren wäscht man den Niederschlag mit warmer 4n Schwefelsäure und anschließend mit warmem Wasser. Nach dem Trocknen erhält man 4,3 g eines farblosen Pulvers, entsprechend einer Ausbeute von 99%. Die IR-Analyse zeigt, daß alle Estergruppen reduziert wurden. Anscheinend ist bei der Reduktion eine Vernetzung eingetreten.

δ) Reduktion von Amid- und Imidgruppen

Poly-N,N-dimethyl-acrylamid kann mit Lithiumaluminiumhydrid in N-Methylmorpholin als Lösungsmittel mit guter Ausbeute zu Poly-N,N-dimethyl-allylamin[6] reduziert werden. Gleicherweise wird *Poly-(γ-dimethylamino-propyl)-acrylamid* zum entsprechenden Polyamin reduziert.

Das Copolymerisat aus *Styrol* und *N-(γ-Dimethylamino-propyl)-maleinsäureimid* läßt sich mit Lithiumaluminiumhydrid zu einem Polypyrrolidinderivat reduzieren[6]:

ε) Reduktion von Oximen und Hydrazonen

Die in der Chemie der niedermolekularen Verbindungen häufig angewandte Methode zur Herstellung von primären Aminen, die Reduktion von Oximen oder Hydrazonen, ist auch bei hochmolekularen Verbindungen möglich. So führt die Reduktion des

[1] J. Petit u. B. Houel, C. r. **246**, 1427 (1958).
    B. Houel, C. r. **246**, 2488 (1958).
[2] H. L. Cohen, D. G. Borden u. L. M. Minsk, J. org. Chem. **26**, 1274 (1961).
    Belg. P. 571019 ≡ DAS. 1106500 (1958), I. C. I., Erf.: D. A. Levis u. P. A. Small.
[3] R. C. Schulz, P. Elzer u. W. Kern, Chimia **13**, 237 (1959).
[4] F. Boyer-Kawenocki, C. r. **252**, 1792 (1961).
[5] C. S. Marvel, R. M. Potts u. C. King, Am. Soc. **77**, 177 (1955).
[6] H. L. Cohen u. L. M. Minsk, J. org. Chem. **24**, 1404 (1959).

Polyacroleinoxims und des *Polymethacroleinoxims* oder *-hydrazons* (Herstellung s. S. 733) zu den entsprechenden polymeren *Allyl-* oder *Methallylaminen*[1]. Im *Polyacrolein-phenylhydrazon* werden bei der katalytischen Reduktion in einem Eisessig-Tetrahydrofuran-Gemisch 29% der Hydrazongruppen zu Aminogruppen reduziert, während aus Polymethacroleinoxim mit Platinmohr in Eisessig 60% der theoretisch möglichen Aminogruppen gebildet werden.

Ein elegantes Mittel zur Reduktion von Oximinogruppen ist Lithiumaluminiumhydrid, mit dem es möglich ist, Oxime von *Poly-methylvinylketon*[2] oder *Polyvinylacetophenon*[3] (Herstellung s. S. 663) vollständig zu reduzieren. Ebenfalls können mit Lithiumaluminiumhydrid Hydrazide[4], z.B. aus dem Copolymerisat des *Styrols* mit *N,N-Dimethyl-maleinsäurehydrazid*, oder auch Hydrazone, wie aus dem Copolymerisat des *Styrols* mit *Methacrolein*, reduktiv gespalten werden.

Reduktion des Polyacroleinoxims mit Natriumborhydrid[5]: In Natronlauge gelöstes Polyacroleinoxim wird mit einem Überschuß an Natriumborhydrid versetzt und bei 90° kräftig geschüttelt. Dabei tritt allmähliche Zersetzung des Reduktionsmittels ein. Nach beendeter Reaktion wird die klare Lösung zur Zerstörung des überschüssigen Natriumborhydrids mit Essigsäure angesäuert und das *Polyallylaminacetat* mit Dioxan ausgefällt. Das Produkt enthält 8,02% Stickstoff (ber. 11,96%). Nach der von D. D. v. Slyke[6] angegebenen Methode zur Bestimmung von Aminogruppen liegt ein Polymeres vor, in dem 40,5% der vorhandenen Oximinogruppen in Aminogruppen umgewandelt wurden. Ähnliche Ergebnisse stellen sich bei der Reduktion mit Natriumamalgam ein. Jedoch liegt der Umsatz etwas niedriger.

ζ) Reduktion von Nitrogruppen

Polynitrostyrol (Herstellung s. S. 690) ist in den meisten organischen Lösungsmitteln unlöslich. Daher ist die Reduktion mit Schwierigkeiten verbunden. Sie kann mit der ammoniakalischen Suspension des fein verteilten Polymerisates mittels Natriumdithionit[7] unter längerem Erhitzen auf dem Wasserbad ausgeführt werden, gelingt aber in kürzerer Zeit durch Einwirkung einer Natriumdisulfidlösung im Autoklaven[8] bei erhöhter Temperatur. Mit Palladium-Kohle und Wasserstoff entstehen unlösliche Produkte[9].

Nitrierte Copolymerisate des *Styrols* mit *Divinylbenzol* können mit Natriumdisulfid[10] bei 140–150° reduziert werden.

Mit rauchender Salpetersäure nitrierte Copolymerisate aus *Styrol* und *Maleinsäureanhydrid* können mit Metall und Säure reduziert werden. Es entstehen amorphe Polyaminoverbindungen[11], die sich diazotieren und kuppeln lassen.

Reduktion eines nitrierten Copolymerisates aus Styrol und Divinylbenzol[10]: 150 g des nitrierten Copolymerisates (s. S. 690) werden mit einer Lösung von 300 g Natriumsulfid-nonahydrat und

---

[1] W. Kern u. R. C. Schulz, Ang. Ch. **69**, 153 (1957).

[2] J. A. Blanchette u. J. D. Cotman jr., J. org. Chem. **23**, 1117 (1958).
A.P. 2962477 (1956), Monsanto Chemical Co., Erf.: J. A. Blanchette.

[3] A.P. 2915512 (1956), Monsanto Chemical Co., Erf.: J. A. Blanchette.

[4] H. L. Cohen u. L. M. Minsk, J. org. Chem. **24**, 1404 (1959).

[5] W. Kern u. R. C. Schulz, Ang. Ch. **69**, 164 (1957).

[6] D. D. v. Slyke, B. **43**, 3170 (1910); **44**, 1684 (1911).

[7] G. B. Bachman u. Mitarbb., J. org. Chem. **12**, 108 (1947).

[8] E.P. 622935 (1946), Norsk Hydro-Elektrisk Kvaelstofaktieselskab.
Herstellung von Polyaminostyrol aus Polyvinylacetophenon und Stickstoffwasserstoffsäure s. Belg.P. 606768 (1961), Gevaert Photo-Producten N.V.

[9] J. A. Blanchette u. J. D. Cotman jr., J. org. Chem. **23**, 1117 (1958).

[10] DAS. 1049583 (1957), Farbf. Bayer, Erf.: H. Corte; C. **1960**, 1284.

[11] A.P. 2274551 (1939), Eastman Kodak Co., Erf.: W.O.Kenyon, L.M.Minsk u. G.P.Waugh.

40 g Schwefel in 500 cm³ Wasser im Rührautoklaven 8 Stdn. auf 140–150° erhitzt. Nach dem Erkalten wird das feste, körnige Reaktionsprodukt abgesaugt, mit verd. Natriumsulfidlösung, verd. Salzsäure, verd. Natronlauge und Wasser gewaschen und dann bei 70° i. Vak. getrocknet. Man erhält 120 g braungelbe, undurchsichtige Kugeln, die gegenüber 0,1 n Salzsäure ein Säurebindungsvermögen von 5,7 mVal/g haben.

Über die Umsetzungen von Polyaminostyrol s. S. 759.

η) Reduktion von Sulfochloridgruppen

Sulfochloriertes *Polystyrol* kann mit Natriumpolysulfiden[1] oder mit Zinn[2] und Salzsäure zu dem entsprechenden Thiolderivat reduziert werden. Durch Verseifen von Poly-[(p-vinyl-phenyl)-thioacetat][3] gelangt man zu der gleichen Verbindung. Vernetzte, Thiolgruppen enthaltende Polystyrole sind Ionenaustauscher, die für Schwermetallionen, besonders Silber, selektiv sind.

Reduktion der Sulfochloridgruppe im vernetzten Polystyrol[1]: Aus einem mit 4% Divinylbenzol vernetzten Perlpolymerisat des Styrols wird die Kornfraktion 0,3–0,5 mm herausgesiebt. 50 g des Polymerisates werden mit 150 cm³ Chlorsulfonsäure 16 Stdn. lang bei 60° unter anfänglichem Rühren chlorsulfoniert. Der Überschuß an Chlorsulfonsäure wird mit Eisessig zerstört und anschließend das Sulfochlorid mit Äther gewaschen. In einem Kolben mit Rührer, Thermometer und Rückflußkühler werden 450 g Natriumsulfid-nonahydrat und 60 g Schwefel in 280 g Wasser in der Wärme gelöst, und das Polystyrolsulfochlorid wird hinzugefügt. Nach 16 Stdn. langer Behandlung bei 50° erhält man 350 cm³ eines Ionenaustauschers mit einem Schwefelgehalt von 21,2%.

k) Umwandlung von Polymerisaten durch Verseifung, Acidolyse und Aminolyse

1. Verseifung von Polyvinylestern

Die Verseifung von Polyvinylestern mit Basen oder Säuren führt in hoher Ausbeute und Reinheit zu *Polyvinylalkohol*. Zur Darstellung des Polyvinylalkohols eignen sich sowohl Polyvinylester von aliphatischen als auch von aromatischen Carbonsäuren. Die Verseifung kann ebenso mit Copolymerisaten aus Vinylestern und anderen Vinylverbindungen, die ihrerseits wieder verseifbar sein können, ausgeführt werden. Auch partielle Verseifung ist möglich. Die Anzahl der im Polymeren gebildeten Hydroxygruppen bestimmt neben dem Polymerisationsgrad des Polyvinylesters die Eigenschaften des Verseifungsproduktes. Bei der Polymerisation des Vinylacetats werden durch einen Übertragungsmechanismus Verzweigungen auch am Acetylrest gebildet. Der Verzweigungsgrad ist abhängig von der Polymerisationstemperatur und dem Umsatz. Durch Acetylierung des Polyvinylalkohols entsteht daher ein Polyvinylacetat von verringerter Viscosität[4]. Wird jedoch Ölsäureperoxyd[5] als Katalysator für die Polymerisation des Vinylacetats verwendet, so erhält man durch

[1] DAS. 1 067 217 (1958), Farbf. Bayer, Erf.: H. SEIFERT.

[2] A. P. 2 891 916 (1956), Rohm & Haas Co., Erf.: J. C. H. HWA; Chem. Abstr. **53**, 22 617ᵉ (1959).

[3] C. G. OVERBERGER u. A. LEBOVITS, Am. Soc. **78**, 4792 (1956).

[4] O. L. WHEELER, S. L. ERNST u. R. N. CROZIER, J. Polymer Sci. **8**, 409 (1952).

    O. L. WHEELER, E. LAVIN u. R. N. CROZIER, J. Polymer Sci. **9**, 157 (1952).

    J. C. BEVINGTON, G. M. GUZMAN u. H. W. MELVILLE, Pr. roy. Soc. (A) **221**, 437 (1954).

    H. W. MELVILLE u. P. R. SEWELL, Makromolekulare Chem. **32**, 139 (1959).

    H. STAUDINGER u. H. WARTH, J. pr. [2] **155**, 261 (1940).

[5] DBP. 946 848 (1954) ≡ F. P. 1 136 190 ≡ A. P. 2 860 124 (1955), Farbw. Hoechst, Erf.: W. STARCK u. H. STARCK; C. **1957**, 4536.

Verseifung des gebildeten Polyvinylacetats Polyvinylalkohol von hoher Viscosität. Einen Überblick über die Literatur bezüglich Herstellung und Verwendung von Polyvinylalkohol gibt F. Kainer[1].

a) Spaltung von Polyvinylestern durch Basen

Zur Verseifung im basischen Medium sind Kalium- und Natriumhydroxyd sowie die entsprechenden Alkoholate in Form der alkoholischen Lösungen geeignet, die bei den älteren Verfahren[2] meistens in stöchiometrischen Mengen angewandt wurden. Jedoch entsteht Polyvinylalkohol von höherem Reinheitsgrad in wasserfreiem Alkohol durch Verseifung[3] mit katalytischen Mengen an Basen. Größere Mengen Wasser verzögern die Verseifung und führen zu Schwierigkeiten bei der Isolierung des Verseifungsproduktes.

Die Spaltung kann auch in Gegenwart von geringen Mengen an Lösungsmittel erfolgen. Das Polymerisat wird dann z.B. mit etwas Methanol im Innenmischer zu einer homogenen Masse verarbeitet. Anstelle des Methanols kann auch das bei der Verseifung von Polyvinylacetat gebildete Gemisch aus Methanol und Methylacetat verwendet werden. Dieses Verfahren hat den Vorteil, daß der Polyvinylalkohol in einer weniger gelatinösen Form[4] isoliert werden kann als bei der Verwendung von Methanol allein. Die technische Herstellung[5] des Polyvinylalkohols kann nach diesem Verfahren auch kontinuierlich ausgeführt werden. Bei der Verseifung über die Lösung in einem Gemisch aus Methanol und Methylacetat bildet sich Polyvinylalkohol sehr schnell und in einer leicht isolierbaren Form.

Herstellung von Polyvinylalkohol durch Verseifung von Polyvinylacetat in Methanol und Methylacetat mittels Natriumhydroxyd[6]: In einem mit Rührwerk ausgestatteten Kolben werden 600 g hochpolymeres Polyvinylacetat in 470 g Methanol und 1830 g Methylacetat heiß gelöst. Nach dem Abkühlen auf 20° wird eine Lösung aus 18 g Natriumhydroxyd in 200 g Methanol zugegeben. Das Gemisch wird $3^3/_4$ Stdn. lang gerührt, worauf sich der Polyvinylalkohol in Form farbloser Flocken abscheidet, die durch Filtrieren leicht isoliert werden können. Nach dem Waschen mit Methanol und Trocknen entsteht ein farbloses, wasserlösliches Produkt, das zu 95% verseift ist.

Mit einem Gemisch aus Methanol und einer Flüssigkeit, in der Polyvinylacetat wenig, Polyvinylalkohol aber unlöslich ist (z.B. Erdölfraktionen, Terpentinöl), kann die Verseifung auch mit dem Perlpolymerisat des Polyvinylacetats[7] ausgeführt werden. Da die Reaktion von außen nach innen verläuft, erhält man bei unvollständiger

[1] F. Kainer, Polyvinylalkohole, F. Enke-Verlag, Stuttgart 1949.
[2] H. Staudinger, K. Frey u. W. Starck, B. **60**, 1782 (1927).
    W. O. Herrmann u. W. Haehnel, B. **60**, 1658 (1927).
    DRP. 450286 (1924), Consortium für elektrochemische Industrie GmbH., Erf.: W. O. Herrmann u. W. Haehnel; Frdl. **15**, 91 (1925–1927).
[3] DRP. 642531 (1932), Chemische Forschungsgesellschaft mbH., Erf.: W. O. Herrmann, W. Haehnel u. H. Berg; Frdl. **23**, 1661 (1936).
    F.P. 1100539 (1954), Wacker-Chemie GmbH.; C. **1958**, 2287.
    A.P. 2950271 (1954), DuPont, Erf.: J. M. Snyder.
[4] F.P. 832065 (1938), Chemische Forschungsgesellschaft mbH.; C. **1939** II, 2382.
    BIOS Final Rep. Nr. **1418**.
    F.P. 1152195 (1956), Wacker-Chemie GmbH.
[5] A.P. 2643994 (1952); E.P. 727717 (1953), Shawinigan Chemicals Ltd., Erf.: L. M. Germain.
    A.P. 2734048 (1953), DuPont, Erf.: J. E. Bristol u. W. B. Tanner.
    A.P. 2950271 (1954), DuPont, Erf.: J. M. Snyder.
[6] A.P. 2266996 (1938), DuPont, Erf.: N. D. Scott u. J. E. Bristol; Chem. Abstr. **36**, 2270^4 (1942).
[7] A.P. 2502715 (1948), Shawinigan Chemicals Ltd., Erf.: L. M. Germain; C. **1951** II, 609.
    A.P. 2700035 (1950), DuPont, Erf.: J. E. Bristol; C. **1956**, 5701.

Verseifung ein inhomogenes Produkt. Diese Schwierigkeit kann dadurch behoben werden, daß man die konzentrierte Lösung des Polyvinylacetats in einem Gemisch aus Methanol und Methylacetat in gesättigten, flüssigen aliphatischen Kohlenwasserstoffen[1] emulgiert und dann der alkalischen Verseifung unterzieht. Der gesättigte aliphatische Kohlenwasserstoff wird dabei so gewählt, daß er sich mit den Lösungsmitteln nicht mischt und ein anderes spezifisches Gewicht als die Lösung hat. In Anwesenheit von quartären, die Oberflächenspannung erniedrigenden Basen wie Dimethyl-cetyl-benzyl-ammoniumhydroxyd kann die Verseifung des feingepulverten Polyvinylacetats in einer wäßrigen, Natriumhydroxyd enthaltenden Suspension[2] vorgenommen werden. Mit Alkalialkylcarbonaten[3] entsteht Polyvinylalkohol von großer Reinheit.

Bei der alkalischen Verseifung bildet sich mitunter Polyvinylalkohol von gelber Farbe. Diese wird vermutlich durch Aldehyde oder deren Kondensationsprodukte hervorgerufen. Behandelt man die Lösung des Polyvinylacetats mit verdünnter Schwefelsäure[4] oder Verbindungen[5], die mit Aldehyden reagieren können wie Hydrazin, Hydroxylamin, Dibutylamin, so entsteht bei der Verseifung farbloser Polyvinylalkohol.

Eine Kontrolle des Verseifungsgrades läßt sich während der Verseifung mit Alkali oder Alkalialkoholaten schwierig ausführen, weil diese Verbindungen zu energisch wirken. Mit Guanidincarbonat tritt eine langsame Reaktion ein, die eine bessere Kontrolle[6] des Verseifungsgrades ermöglicht. Für die partielle Verseifung eignen sich als Lösungsmittel besonders sekundäre und tertiäre aliphatische Alkohole[7] wie Isopropanol oder tert.-Butanol, in denen Natrium- oder Kaliumhydroxyd in der berechneten Menge gelöst wird. Tetrahydrofuran[8], Dichlormethan und Cyclohexanon sind für die partielle Verseifung auch geeignet.

Die Verseifung des Polyvinylacetats oder von Copolymerisaten kann auch über die bei der Polymerisation gebildete Emulsion ausgeführt werden, wobei der Emulsionszustand so lange erhalten bleiben kann, bis der entstandene Polyvinylalkohol in Wasser löslich wird.

Partielle Verseifung von Polyvinylacetat in wäßriger Dispersion[9]: 50 g einer 50%igen Polyvinylacetatdispersion (mit Polyvinylalkohol als Emulgator) werden mit 100 g 1 n Natronlauge versetzt und 20 Stdn. lang bei 65° gerührt. Unter Erhaltung der Dispersion ist nach dieser Zeit etwa $^1/_3$ der vorhandenen Acetatgruppen verseift, wobei das gesamte Alkali verbraucht wird.

Polyvinylchloracetat ist leichter verseifbar als Polyvinylacetat. Seine Verseifung[10] gelingt bereits mit verdünntem Ammoniak. *Polyvinylthiolacetat* kann mit methanolischem Natriumhydroxyd schon bei Raumtemperatur verseift werden. Das gebildete *Polyvinylmercaptan* ist nur in Alkalien löslich und läßt sich durch Oxydation in das entsprechende Disulfid oder die Sulfonsäure[11] umwandeln.

---

[1] DAS. 1025624 (1954), Revertex Ltd., Erf.: C. BONDY u. K. HEISER; C. **1956**, 13871.

[2] A.P. 2605259 (1950), Shawinigan Chemicals Ltd., Erf.: L. M. GERMAIN.
    A.P. 2581832 (1947), DuPont, Erf.: R. C. BLUME; C. **1955**, 8979.

[3] A.P. 2464290 (1947), DuPont, Erf.: G. BOWEN; Chem. Abstr. **43**, 6867 [e] (1949).

[4] A.P. 2850489 (1953), DuPont, Erf.: N. TURNBULL; C. **1960**, 1691.

[5] E.P. 808108 (1956), Celanese Corp. of America; C. **1960**, 5333.

[6] A.P. 2481388 (1945), DuPont, Erf.: H. W. BRYANT; Chem. Abstr. **44**, 2549 [a] (1950).

[7] A.P. 2399653 (1945), DuPont, Erf.: J. R. ROLAND jr.; Chem. Abstr. **40**, 4255[1] (1946).

[8] DBP. 874837 (1943), Farbw. Hoechst, Erf.: H. OVERBECK u. H. SÖNKE; C. **1953**, 8466.

[9] DBP. 832681 (1949), Farbw. Hoechst, Erf.: G. BIER u. W. STARCK; C. **1952**, 6940.

[10] DRP. 514593 (1928), I. G. Farb., Erf.: F. KLATTE u. A. ZIMMERMANN; Frdl. **17**, 149 (1930).

[11] A.P. 2378536 (1940), DuPont, Erf.: M. M. BRUBAKER.

β) Spaltung von Polyvinylestern durch Acidolyse

Die Verseifung mit Säuren führt zu aschearmem Polyvinylalkohol. Als Verseifungsmittel wurden neben Chlorwasserstoff und Schwefelsäure[1] auch Mono- und Dialkylphosphorsäureester[2] vorgeschlagen sowie aromatische Sulfonsäuren[3].

Polyvinylester können auch mit geringen Mengen an Säuren der Verseifung unterworfen werden. Man kann auch in Gegenwart von Wasser unter Zusatz von Butanol oder Pentanol[4] arbeiten, wobei die Mischung zu Beginn 20–40% des Polyvinylesters enthalten soll.

Polyvinylalkohol wird in einer leicht filtrierbaren Form erhalten, wenn die Verseifung mit Schwefelsäure über die Lösung in einem Gemisch aus Methanol und Methylacetat ausgeführt wird. Dieses Verfahren eignet sich auch zur technischen Darstellung.

Verseifung von Polyvinylacetat mit Schwefelsäure[5]: Eine 15%ige Lösung von Polyvinylacetat in einem Gemisch aus 60 Tln. Methanol und 40 Tln. Methylacetat wird mit so viel Schwefelsäure versetzt, daß auf 100 Vinylacetateinheiten 0,5 Mol Schwefelsäure kommen. Das Reaktionsgemisch wird dann 24 Stdn. lang unter Rückfluß erhitzt. Nach dem Erkalten wird der Niederschlag durch Zentrifugieren von der Flüssigkeit befreit, mit Methanol und mit verd. Natriumcarbonatlösung gewaschen und anschließend getrocknet.

Bei Zimmertemperatur führt die Verseifung mit Salzsäure in Methanol nach mehrtägigem Stehen zu einem farblosen, opaken Gel[6], das in kaltem Wasser wenig löslich ist und nach längerem Stehen weitere Flüssigkeit abscheidet.

Ein anderes Verfahren zur Herstellung von Polyvinylalkohol[7] durch Verseifung von Polyvinylestern unter Gewinnung der dabei entstehenden Säure ist dadurch gekennzeichnet, daß man Polyvinylester in einem Lösungsmittel, in dem der Polyvinylalkohol löslich ist, in Gegenwart von sauren Katalysatoren und Wasser verseift. Geeignete Lösungsmittel sind z. B. Aceton, tert.-Butanol oder Tetrahydrofuran.

Nach diesem Verfahren können Polyvinylester, die man durch Substanz-, Lösungs-, Emulsions- oder Suspensionspolymerisation erhält, verseift werden. Der Polyvinylalkohol wird nach üblichen mechanischen Abtrennungsmethoden, wie Filtrieren oder Zentrifugieren, aus dem Verseifungsgemisch isoliert und anschließend mit wenig Lösungsmittel säurefrei gewaschen. Nach der Trocknung erhält man einen feinpulverigen und völlig farblosen Polyvinylalkohol. Es ist leicht möglich, nach diesem Verfahren Polyvinylalkohole mit einem Restacetylgehalt von weniger als 1% in aschefreier Form herzustellen.

Der Polyvinylalkohol kann in der anfallenden Pulverform mit kaltem Wasser gewaschen werden, ohne daß Anquellung oder Gelierung eintritt. Bei Erhöhung der Temperatur tritt Auflösung in Wasser ein. Solche Lösungen bleiben dann auch bei Abkühlung auf Raumtemperatur homogen. Durch vorzeitiges Abbrechen der Verseifung oder durch Wahl geeigneter Lösungsmittelgemische, durch die Wassermenge oder die Wahl der Verseifungstemperatur können auch höhere Acetylgehalte eingestellt werden.

---

[1] W. O. Herrmann u. W. Haehnel, B. **60**, 1658 (1927).

[2] A. P. 2583991 (1947), DuPont, Erf.: R. C. Blume; C. **1956**, 4860.

[3] DRP. 528741 (1927), I. G. Farb., Erf.: A. Voss; Frdl. **18**, 147 (1931).

[4] DAS. 1065176 (1958), Farbw. Hoechst, Erf.: W. Ehmann u. A. Kühlkamp.

[5] J. M. de Bell, German Plastics Practice, S. 113, de Bell & Richardson, Springfield/Massachusetts 1946.

[6] A. P. 2642420 (1948), Eastman Kodak Co., Erf.: W. O. Kenyon, G. P. Waugh u. E. W. Taylor.

[7] DAS. 1084477 (1958), Farbw. Hoechst, Erf.: W. Starck, K. H. Kahrs, A. Kühlkamp u. W. Ehmann.

Die aus dem Polyvinylester durch Verseifung freiwerdende Säure, insbesondere die Essigsäure, läßt sich durch Destillation wiedergewinnen.

Herstellung von besonders reinem Polyvinylalkohol[1]: 100 g Polyvinylacetat, z.B. ein Perlpolymerisat vom K-Wert 90, werden in 900 g tert.-Butanol bei 70° gelöst. Dann wird innerhalb von 15–20 Min. ein Gemisch aus 20 g Schwefelsäure und 150 g Wasser zugetropft und die Lösung weiter bei 70° gerührt. Nach vorübergehender Verdickung beginnt sich der Polyvinylalkohol nach 12 Stdn. abzuscheiden. Man rührt noch 12–14 Stdn. bei 70° und filtriert den Polyvinylalkohol ab, wäscht mit wenig tert.-Butanol nach und trocknet. Die Ausbeute ist fast quantitativ. Der Acetylgehalt beträgt 0,8%.

Ohne die Anwendung eines Lösungsmittels können Perlpolymerisate des Vinylacetats mit kleinem Teilchendurchmesser in Gegenwart von oberflächenaktiven Mitteln durch starke Säuren und im wäßrigen Medium verseift werden.

Verseifung von Polyvinylacetat in Wasser mit Schwefelsäure[2]: Zu 100 cm³ Wasser werden 2 g konz. Schwefelsäure und 1 g Natriumdodecylbenzolsulfonat gegeben. Nach der Zugabe von 25 g Polyvinylacetat in Form feiner Perlen wird das Reaktionsgemisch 22 Stdn. lang auf dem Wasserbad gerührt, wobei eine klare Lösung entsteht, aus der Polyvinylalkohol durch Äthanol ausgefällt werden kann. Der Verseifungsgrad liegt bei 95%.

Eine partielle Verseifung des Polyvinylacetats tritt auch im sauren Medium ein, wenn neben dem Säurekatalysator so viel Essigsäure zugegeben wird, daß sich das gewünschte Estergleichgewicht einstellt.

Bei der partiellen Verseifung in einem Gemisch aus Methanol und Benzol bis zu einem Acetylgruppengehalt von 15–40% des ursprünglichen Wertes soll auch in Gegenwart von Luft ein nur sehr geringer Abbau des Polymerisates[3] eintreten.

Partielle Verseifung von Polyvinylacetat im Estergleichgewicht[4]: Zu einer Lösung aus 85,9 cm³ Wasser, 1,0 g Schwefelsäure, 0,23 g Natriumdodecylbenzolsulfonat und 19,1 g Essigsäure werden 36,8 g Polyvinylacetat in Form eines feinteiligen Perlpolymerisates gegeben. Die Reaktionsmischung wird dann 12 Stdn. lang bei 100–105° gerührt. Nach dem Neutralisieren der Schwefelsäure wird die Essigsäure mit Wasserdampf abgetrieben und das teilweise verseifte Polyvinylacetat durch Zugabe von Alkohol gefällt. Es zeigt nach dem Trocknen einen Verseifungsgrad von 89,6%. Ohne die Zugabe der organischen Säuren würde er etwa 96% betragen.

Polyvinylester oder Copolymerisate des Vinylacetats mit anderen ungesättigten Verbindungen können mit verdünnten Säuren auch in wäßriger Dispersion[5] verseift werden. Jedoch wird die Menge der zugesetzten Säure durch die Möglichkeit einer Koagulation begrenzt. Dieses Verfahren ist besonders geeignet für Copolymerisate mit einem überwiegenden Anteil an Vinylchlorid. Die Verseifung kann auch partiell mit p-Toluolsulfonsäure[6] in einer Suspension des gepulverten oder granulierten Mischpolymerisates in Methanol durchgeführt und bei jedem beliebigen Verseifungsgrad unterbrochen werden. Derartige Verseifungsprodukte dürften aber inhomogen sein.

Enthalten die Polyvinylacetatemulsionen noch monomeres Vinylacetat, so entsteht bei der Verseifung Acetaldehyd, der zu Verfärbungen führt. In Perlform und in Gegenwart von Polyvinylalkohol als Dispergiermittel hergestelltes Polyvinylacetat kann durch Wasserdampf leicht von noch vorhandenen Monomeren befreit werden. Bei der Einwirkung von Alkoholen und anorganischen Säuren auf die wäßrige Sus-

[1] DAS. 1084477 (1958), Farbw. Hoechst, Erf.: W. STARCK, K. H. KAHRS, A. KÜHLKAMP u. W. EHMANN.

[2] A.P. 2629713 (1947), DuPont, Erf.: M. T. GOEBEL; C. **1954**, 5890.

[3] A.P. 2499924 (1946), Shawinigan Resins Corp., Erf.: E. LAVIN; C. **1951** I, 1533.

[4] A.P. 2657201 (1949), DuPont, Erf.: R. W. NEBEL; C. **1955**, 2088.
   DAS. 1038281 (1956), Consortium für elektrochemische Industrie GmbH., Erf.: H. ANSELM, J. SMIDT u. H. WINKLER; C. **1959**, 7646.

[5] DBP. 874664 (1942), Farbw. Hoechst, Erf.: W. STARCK; C. **1953**, 6984.

[6] Belg. P. 567013 (1956), Farbw. Hoechst.

pension[1] wird unter kontinuierlichem Abdestillieren des durch Umesterung entstandenen Carbonsäureesters Polyvinylalkohol mit einem Verseifungsgrad von über 99% gebildet.

Einen Verseifungsgrad von über 99% erzielt man auch mit der wäßrigen, Säuren enthaltenden Dispersion durch Extraktion[2] der gebildeten Essigsäure mit Lösungsmitteln wie Tributylphosphat und Methylisobutylketon bei erhöhter Temperatur. Die Lösungsmittel werden dem Gemisch zweckmäßig beim Erreichen eines Verseifungsgrades von mehr als 90% zugesetzt. Besonders gute Ergebnisse erhält man, wenn die Flüssigkeiten durch ein Gefäß geleitet werden, in dem durch vertikal schwingende Lochplatten[3] der Inhalt einer Vibration ausgesetzt wird. Der Raum zwischen den Lochplatten und der Gefäßwand muß so gering sein, daß die gegeneinander strömenden Flüssigkeiten gezwungen sind, ihren Weg durch die Öffnungen der Platten zu nehmen.

Verseifung von Polyvinylacetat über die wäßrige Suspension[4]: In 1500 g einer 0,2%igen Polyvinylalkohollösung, die in einem Rührkessel auf etwa 70° erhitzt wird, läßt man 1500 g Vinylacetat, das 1% Dibenzoylperoxyd enthält, einlaufen. In etwa 2 Stdn. ist die Polymerisation beendet. Nach Entfernen des nicht umgesetzten Monomeren mit Wasserdampf gibt man 1000 g Methanol zu, das 300 Gew.-Tle. 30%ige Salzsäure enthält, und erhitzt unter Rückfluß, bis Lösung eingetreten ist. Dann wird das gebildete Methylacetat kontinuierlich abdestilliert und schließlich das überschüssige Methanol. Die so gewonnene Polyvinylalkohollösung hat einen Verseifungsgrad von über 99%. Sie ist schwach gefärbt, läßt sich aber durch Filtration über Bleicherden leicht reinigen, so daß sie auch zur Herstellung von Acetalen benutzt werden kann.

Polyvinylformiat wird bereits durch verdünnte organische Säuren wie Ameisensäure[5] leicht verseift.

Polyvinylalkohol ist völlig geruch- und geschmacklos und fällt bei der Herstellung meist als farbloses Pulver an. Außer vom Polymerisationsgrad ist seine Löslichkeit in Wasser auch von der Zahl der Acetatgruppen[6] abhängig.

Anteil der Acetatgruppen [%]	Löslichkeit
> 5	in Wasser von 65–70° löslich; in kaltem Wasser unlöslich
20	in Wasser von 35–40° löslich; Lösung bleibt nach Abkühlen erhalten
40	in Wasser von 20° löslich; beim Erwärmen auf 30–35° tritt Gelierung ein
> 50	nur noch in wasserhaltigem Methanol löslich

Reiner Polyvinylalkohol ist in Wasser in jedem Verhältnis löslich. Organische Verbindungen wie Äthylenglykol, Thiodiäthylenglykol oder Glycerin lösen acetatgruppenfreien Polyvinylalkohol nur in der Wärme. Nach dem Abkühlen fällt Polyvinylalkohol wieder aus. Löst man unter Erwärmen in Phenol, das geringe Mengen Wasser enthält, so bleibt die Lösung auch bei Raumtemperatur bestehen.

Die Löslichkeit von Acetal- und Acetatgruppen[7] enthaltendem Polyvinylalkohol in Wasser ist ebenfalls bestimmt worden.

---

[1] DBP. 895980 (1950), Farbw. Hoechst, Erf.: H. J. HAHN; C. **1954**, 2510.
    E.P. 745686 (1953), British Oxygen Co., Ltd., Erf.: M. KAUFMAN; C. **1957**, 5714.
[2] DBP. 964443 (1954), Consortium für elektrochemische Industrie GmbH., Erf.: H. ANSELM u.
    J. SMIDT; C. **1957**, 10631.
[3] DBP. 1001821 (1955), Consortium für elektrochemische Industrie GmbH., Erf.: H. ANSELM u.
    H. WINKLER; C. **1958**, 9359.
[4] DBP. 895980 (1950), Farbw. Hoechst, Erf.: H. J. HAHN; C. **1954**, 2510.
[5] A.P. 2360308 (1940), Monsanto Chemical Co., Erf.: C. A. THOMAS u. S. B. LUCE.
[6] I. JONES, Brit. Plastics **15**, 380 (1942).
[7] F.P. 860004 ≡ DRP. 728445 (1939), Eastman Kodak Co., Erf.: T. F. MURRAY u. W. O. KENYON.

Aus den Lösungen können Filme gegossen oder durch Naßspinnen und gleichzeitiges Strecken Fasern hergestellt werden, die nachträglich vernetzbar[1] sind.

Als Dispergator[2] für die Perlpolymerisation findet Polyvinylalkohol große Anwendung.

Polyvinylalkohol verfärbt sich etwas beim Trocknen bei erhöhter Temperatur und ist dann nur noch teilweise in Wasser löslich. Wenn aber das alkoholfeuchte Polymere bei 90–115° unter vermindertem Druck in einer Atmosphäre von wenigstens 8% relativer Feuchtigkeit getrocknet wird, so entsteht ein farbloses und lösliches Reaktionsprodukt[3].

γ) Verseifung von Copolymerisaten des Vinylacetats

Die Verseifung von Copolymerisaten des Vinylacetats ist aus Tab. 32 (S. 704) zu ersehen. Besonders zu erwähnen sind die Verseifungsprodukte der Pfropfpolymeren von Vinylestern auf Polyalkylenglykolen. Hierbei entstehen *Polyvinylalkohole* mit besonderen Eigenschaften (höhere Oberflächenaktivität ihrer wäßrigen Lösungen, innere Weichmachung usw.). Über die Komplikationen, die beim Verseifen von Copolymerisaten aus Vinylestern und Acrylsäureestern auftreten (Lactonbildung), s. S. 729.

Partielle Verseifung eines alkaliempfindlichen Copolymerisates aus Vinylacetat und Vinylchlorid mit Ammoniak[4]: 1000 g einer 33%igen wäßr. Dispersion eines Copolymerisates aus Vinylchlorid und Vinylacetat mit einem Chlorgehalt von 33,25% werden zu 200 g konz. Ammoniak gegeben und dann 18 Stdn. lang bei 60° gerührt. Die Emulsion bleibt hierbei erhalten. Das Reaktionsprodukt zeigt einen Chlorgehalt von 36,71%. Die Zusammensetzung würde einem Copolymerisat aus 66% Vinylchlorid, 22% Vinylacetat und 12% Vinylalkohol entsprechen.

Partielle Verseifung eines Copolymerisates aus Vinylchlorid und Vinylacetat mit Natriumhydroxyd in Tetrahydrofuran[5]: 50 g eines Copolymerisates aus Vinylchlorid mit 50% Vinylacetat (Acetylgruppengehalt 25%) werden in 250 g Tetrahydrofuran gelöst und unter Rückfluß zum schwachen Sieden erhitzt. Im Verlauf von 10 Min. wird eine Lösung aus 0,3 g Natriumhydroxyd in 50 g Äthanol zugegeben, wobei sich das Reaktionsgemisch etwas verfärbt. Nach 15 Min., 75 Min. und nach 16¹/₂ Stdn. werden Proben entnommen, die durch Zusatz von Äthanol gefällt werden. Die Proben zeigen nach dem Reinigen über die Lösung in Tetrahydrofuran und Ausfällen mit Methanol folgenden Acetylgruppengehalt (in %): 1. Probe: 21,2; 2. Probe: 20,6; 3. Probe: 20,7.

Wird der gleiche Versuch mit einem Zusatz von 0,8 g Natriumhydroxyd ausgeführt, so werden bei der ersten Probe 9,9%, bei der zweiten 9,8% und bei der dritten Probe 10,1% Acetylgruppen gefunden.

2. Verseifung von Polyallylestern

Polyallylalkohol entsteht aus *Polyallylformiat*[6] durch Verseifung mit verdünnter Ameisensäure oder p-Toluolsulfonsäure. Als Verseifungsmittel für *Polyallylacetat* sind neben Basen wie Alkalialkoholaten[7] auch Säuren[8] geeignet. *Polyallylborat*[9] wird sehr leicht verseift, in der Wärme bereits durch Wasser.

---

[1] S. ds. Kap., S. 783.
[2] S. ds. Handb., Bd. XIV/1, Kap. Perlpolymerisate, S. 413.
[3] A.P. 2430372 (1943), DuPont, Erf.: G. S. Stamatoff; Chem. Abstr. **42**, 1082¹ (1948).
[4] DBP. 832681 (1949), Farbw. Hoechst, Erf.: G. Bier u. W. Starck; C. **1952**, 6940.
[5] DBP. 874837 (1943), Farbw. Hoechst, Erf.: H. Overbeck u. H. Sönke; C. **1953**, 8466.
Verseifung des Copolymerisates mit Natriummethylat in Äthylenglykolmonomethyläther s. DAS. 1113572 ≡ A.P. 2852499 ≡ E.P. 828993 ≡ F.P. 1203783 (1957), Union Carbide Corp., Erf.: D. B. Benedict, H. M. Rife u. R. A. Walther; C. **1960**, 5661.
[6] A.P. 2545182/3 (1947), Shell Develop., Erf. R. R. Whetstone u. T. W. Evans; C. **1952**, 778.
[7] A.P. 2473124 (1941), Shell Develop., Erf.: D. E. Adelson u. T. W. Evans.
[8] A.P. 2467105 (1944), Shell Develop., Erf.: D. E. Adelson u. H. F. Gray jr.
[9] A.P. 2431224 (1944), Shell Develop., Erf.: S. A. Ballard; Chem. Abstr. **42**, 1960ᵍ (1948).

Tab. 32. Verseifung von Copolymerisaten des Vinylacetats

Copolymerisat mit	Verseifungsmittel	Literatur
Äthylen	Alkali oder Säure	A.P. 2434145 (1943), DuPont, Erf.: D. C. COFFMAN; Chem. Abstr. **42**, 2138[i] (1948).
	Alkali	A.P. 2534079 (1948), DuPont, Erf.: D. E. STRAIN u. H. PETERSON; C. **1952**, 5656.
	Alkali (in Methanol)	A.P. 2983696 (1959), DuPont, Erf.: S. TOCKER.
	Alkali (Dispersion)	A. P. 2467774 (1945), DuPont, Erf.: L. PLAMBECK jr.; Chem. Abstr. **43**, 5230[g] (1949).
	Alkali (partielle Verseifung)	A. P. 2399653 (1945), DuPont, Erf.: J. R. ROLAND jr.; Chem. Abstr. **40**, 4255[d] (1946).
Vinyl-phosphon-säure-diäthyl-ester	Alkali oder Säure	DAS. 1119518 (1959) ≡ Belg. P. 598535 (1960), Farbw. Hoechst, Erf.: G. KOCH, J. W. ZIMMERMANN u. F. WINKLER.
Isobutylen	Alkali	A.P. 2421971 (1944), DuPont, Erf.: C. A. SPERATI.
Vinylchlorid	Alkali	DRP. 580351 (1929), I. G. Farb., Erf.: H. MARK u. H. FIKENTSCHER; Frdl. **19**, 2795 (1932).
Trifluor-chlor-äthylen	Säure	A.P. 2600684 (1950), American Viscose Corp., Erf.: F. G. PEARSON; C. **1954**, 8711.
Dodecylvinyläther	Alkali oder Säure	DAS. 1038756 (1956), Farbw. Hoechst, Erf.: W. LANGBEIN; C. **1960**, 666.
Crotonsäure	Alkali	F.P. 1201957 (1958), Air Reduction Co., Erf.: A. I. LOWELL, A. J. BUSELLT u. W. H. TAYLOR.
Acrylaten	Säure	A.P. 2403004 (1942), Eastman Kodak Co., Erf.: W.O. KENYON, T. F. MURRAY jr. u. L. M. MINSK.
	Alkali	DRP. 601324 (1932), I. G. Farb., Erf.: H. FIKENTSCHER; Frdl. **21**, 1655 (1934). Belg. P. 569239 (1958), I.C.I.
Maleinsäureestern	Alkali	DRP. 565633 (1930), I. G. Farb., Erf.: A. VOSS u. W. STARCK; Frdl. **19**, 2306 (1932).
Maleinsäureestern + Acrylaten	Säure	DRP. 692989 (1936) ≡ E. P. 488997 (1937), I. G. Farb., Erf.: A. VOSS u. H. STÄRK; C. **1938** II, 3470.
Vinylchloracetat	Ammoniak	DRP. 515780 (1929), I. G. Farb., Erf.: F. KLATTE u. H. MÜLLER; Frdl. **17**, 150 (1930).
β-Chlor-allylestern	Säure	F. P. 943723 (1946), Kodak-Pathé, Erf.: W.O. KENYON u. W. F. FOWLER.
Allylidendiacetat	Alkali	A.P. 2485239; 2569932 (1945), DuPont, Erf.: E. F. IZARD; Chem.Abstr.**44**,5642[c](1950);**46**,10692[i](1952).
p-Vinyl-benzyliden-diacetat	Alkalialkoholat	A.P. 2478495 (1945), DuPont, Erf.: C. S. MARVEL; Chem. Abstr. **43**, 9529[f] (1949).
Acrylnitril	Säure	A.P. 2566255 (1946), DuPont, Erf.: A. F. SMITH u. H. B. STEVENSON; Chem. Abstr. **46**, 2341[f] (1952).
Acrylcarbaminaten	Alkali	A.P. 2865893 (1954), Eastman Kodak Co., Erf.: C. C. UNRUH u. D. A. SMITH; C. **1960**, 14929.
Pfropfpolymerisat von Vinylacetat auf Polyalkylen-glykolen	Alkali	DAS. 1081229 (1958), Farbw. Hoechst, Erf.: K. H. KAHRS, J. W. ZIMMERMANN u. A. KÜHLKAMPF.
	Alkali (partiell)	DAS. 1094457 (1959), Farbw. Hoechst, Erf.: K. H. KAHRS u. J. W. ZIMMERMANN.

3. Verseifung von Polyvinylencarbonat

Durch Verseifung von Polyvinylencarbonat[1] entsteht *Polyvinylenalkohol*, der in allen Lösungsmitteln, auch in Wasser und Dimethylformamid, unlöslich ist. Polyvinylencarbonat wird durch Alkali sehr schnell verseift, langsamer jedoch durch Säuren. Die Geschwindigkeit der Verseifung nimmt mit steigendem Umsatz ab, weil vermutlich eine intramolekulare Wasserstoffbrückenbindung eintritt:

4. Verseifung von Polyvinylhydrochinondiacetat

Vinylhydrochinondiacetat oder *-dibenzoat*[2] läßt sich mit *Styrol, α-Methyl-styrol* oder *Vinylpyridin* copolymerisieren. Die Estergruppen können mit Natriumäthylat durch mehrstündiges Erhitzen der Lösung in Benzol verseift werden. Da die Verseifungsprodukte leicht oxydierbar sind, arbeitet man am besten unter Stickstoff. Nach der Neutralisation mit verdünnter Schwefelsäure wird das Polymerisat durch Eingießen in Wasser isoliert. Eine durch Oxydation hervorgerufene Rosafärbung kann durch Zugabe von Natriumdithionit ($Na_2S_2O_4$) wieder rückgängig gemacht werden. Derartige Produkte wurden als Elektronenaustauscher vorgeschlagen.

5. Verseifung von Polyacryl- und Polymethacrylsäureestern

a) Spaltung durch Basen

Polyacrylsäureester einfacher aliphatischer Alkohole können leicht durch Alkalihydroxyde verseift werden, wobei aber bisweilen ein Abbau[3] eintritt.

Verseifung von Polyacrylsäureäthylester durch Kaliumhydroxyd in Alkohol[4]: 50 g einer 20%igen alkohol. Lösung von Polyacrylsäureäthylester werden mit 10 g in Alkohol gelöstem Kaliumhydroxyd 2 Stdn. lang unter Rückfluß erhitzt, wobei eine vollständige Verseifung des Esters eintritt. Nach dem Abkühlen wird das Kaliumsalz der Polyacrylsäure abgesaugt und mit Alkohol ausgewaschen.

Die Verseifung von Polyacrylsäuremethylester erfolgt auch leicht im wäßrigen Medium in heterogener Phase, besonders wenn man von Emulsionspolymerisaten ausgeht.

Verseifung von Polyacrylsäuremethylester über den Latex[5]: 50 g einer durch Emulsionspolymerisation gewonnenen 25%igen wäßr. Dispersion von Polyacrylsäuremethylester werden mit 5,8 g Natronlauge in Form einer 5%igen wäßr. Lösung portionsweise versetzt. Anschließend wird die Mischung 2 Stdn. auf 80° erhitzt. Man erhält eine klare, hochviscose Lösung von polyacrylsaurem Natrium, aus der Methanol durch Abdestillieren entfernt werden kann.

---

[1] G. SMETS u. K. HAYASHI, J. Polymer Sci. **29**, 257 (1958).
[2] M. ERZIN, I. H. UPDEGRAF u. H. G. CASSIDY, Am. Soc. **75**, 1610 (1953).
[3] H. STAUDINGER u. E. TROMMSDORFF, A. **502**, 201 (1933).
  W. COOPER, Chem. and Ind. **1958**, 263.
[4] F. P. 804048 (1936), Röhm & Haas GmbH.; C. **1937** I, 2475.
  A. P. 2205882 (1938), DuPont, Erf.: G. DE WITT GRAVES; C. **1940** II, 3139.
[5] Röhm & Haas GmbH., unveröffentlichte Versuche.

Für die Verseifung von Polyacrylsäuremethylester im wäßrigen Medium ist das Arbeiten in geschlossenem Gefäß nicht erforderlich; es wird jedoch bei der Verseifung höherer Polyacrylester notwendig, z. B. für Polyacrylsäureäthylester[1] bei 150°.

Zur Verseifung können auch quartäre Basen, welche die Oberflächenspannung erniedrigen[2], unter gleichzeitiger Verwendung von etwa 3%iger Natronlauge angewandt werden.

Polyacrylsäureester werden mit steigender Kettenlänge des Alkohols schwieriger verseifbar. Wenn jedoch der entsprechende Alkylrest in β-Stellung eine Cyangruppe oder eine weitere Estergruppe enthält[3], so tritt die Verseifung in Wasser oder in Wasser und Alkohol mit Alkalihydroxyden wieder leicht ein. Die leichte Verseifbarkeit erstreckt sich auch auf die Copolymerisate dieser Ester. Bei der Verseifung von Perlpolymerisaten aus *Acrylsäuremethylester* mit *Butadien* und *Divinylbenzol*[4] mit einer verdünnten Lösung von Alkalihydroxyd in Alkohol bleibt die Perlform des Copolymerisates erhalten.

Copolymerisate aus Acrylsäureestern mit etwa 50% *2-Vinyl-pyridin* werden über die Lösung in Äthanol mit der doppelt molaren Menge an Kaliumhydroxyd[5] durch Erhitzen unter Rückfluß verseift.

Copolymerisate aus Acrylsäureester mit *Butadien* können bei erhöhter Temperatur durch verdünnte Alkalihydroxyde über den bei der Emulsionspolymerisation gebildeten Latex verseift werden.

Verseifung eines Copolymerisates aus Acrylsäureäthylester und Butadien über den Latex[6]: Der mit Hilfe von anionenaktiven Emulgatoren hergestellte Latex eines Copolymerisates aus Butadien mit 10% Acrylsäureäthylester wird bei 40–50° unter Rühren mit so viel 2 n Natronlauge versetzt, daß 0,44 Mol auf 100 g des festen Polymerisates kommen. Die Mischung erwärmt man dann im Autoklaven 6 Stdn. lang auf 110°. Nach dem Abkühlen wird der Latex mit 3,7%iger Salzsäure auf p_H 1–1,5 gebracht. Durch mäßiges Erwärmen tritt Koagulation ein. Der Niederschlag wird zweimal mit einem mehrfachen Vol. Wasser von 60–70° behandelt, das durch Zusatz von Salzsäure auf p_H 1,0–1,5 eingestellt wurde, und anschließend mit frischem Wasser chlorfrei gewaschen. Die 1%ige Lösung des bei 60° getrockneten Umwandlungsproduktes in einer Mischung aus Chlorbenzol und Äthanol (95 : 5) wird mit alkohol. Kalilauge titriert, wobei ein Gehalt von 0,11 Äquivalenten Carboxyl pro 100 Tle. des Copolymerisates festgestellt wird.

Polymethacrylsäureester sind schwer verseifbar. Die Beständigkeit gegen alkalische Verseifung von Polymethacrylsäuremethyl-, -äthyl-, -n-butyl- und -n-octylester steigt mit zunehmender Kettenlänge[7] des Alkohols. Die Verseifung läßt sich immer durchführen, wenn im Autoklaven[8] bei Temperaturen über 180° mit wäßrigen Alkalihydroxyden gearbeitet wird.

Verseifung von Polymethacrylsäuremethylester mit wäßr. Natronlauge[8]: 100 g Polymethacrylsäuremethylester, der durch radikalische Polymerisation hergestellt wurde und eine Viscosität $\eta_{sp/c} = 1,0$ (gemessen in Chloroform bei 20°) aufweist, werden mit einer Lösung von 28 g Natriumhydroxyd in 900 g Wasser in einem Rührautoklaven 4 Stdn. auf 220° erhitzt. Der Druck steigt während der Reaktion auf 30 atü an. Nach dem Abkühlen stellt das Produkt eine hochviscose, schwach gelblich gefärbte Lösung dar, aus der beim Einfließenlassen in 20%ige Salzsäure reine Polymethacrylsäure ausfällt. Vorteilhaft wird die hochviscose alkal. Lösung vor dem Ausfällen auf etwa das doppelte Vol. verdünnt und das Ausfällen unter intensivem Rühren vorgenommen.

---

[1] A.P. 2649439 (1950), Goodrich Co., Erf.: H. P. BROWN; C. **1954**, 8231.

[2] A.P. 2581832 (1947), DuPont, Erf.: R. C. BLUME; C. **1955**, 8979.

[3] DBP. 859449 (1944), Farbf. Bayer, Erf.: W. BOCK; C. **1954**, 2065.

[4] A.P. 2597437 (1951), Rohm & Haas Co., Erf.: G. W. BODAMER; C. **1954**, 6601.

[5] G. VAN PAESSCHEN u. G. SMETS, Bull. Soc. chim. belges **64**, 173 (1955).

[6] A.P. 2710292 (1950) ≡ E.P. 707425 (1951), Goodrich Co., Erf.: H. P. BROWN; C. **1955**, 2792.

[7] A. D. JAKOVLEV u. Z. S. SOKOLOVA, Ž. prikl. Chim. **34**, 464 (1961).

[8] F.P. 1169056 (1956), Röhm & Haas GmbH.; C. **1960**, 7014.

Über die Suspension kann feingepulverter *Polymethacrylsäuremethylester* in einer Lösung aus Isopropanol, Natriumhydroxyd und wenig Wasser schon bei 80° zu 75–80% hydrolysiert[1] werden, weil Isopropanol das Polymerisat anquillt, aber das Verseifungsprodukt weder löst noch merklich anquillt. Die Hydrolyse kann auch partiell ausgeführt werden. Bei der Einwirkung von verdünntem Ammoniak auf Polymethacrylsäuremethylester bilden sich im Autoklaven bei 200–300° Hydrolysenprodukte von amid- und imidartiger Struktur[2], die in Wasser unlöslich sind, aber in Dimethylformamid oder Ameisensäure gelöst werden können. Erhitzt man aber die Suspension des Polymerisates auf 200–300° unter Druck in einer Lösung von Ammoniak und Natronlauge[3], so tritt eine weitgehende Hydrolyse ein. Die Produkte sind wasserlöslich und enthalten Stickstoff. Anstelle des Ammoniaks können auch Amine sowie das träger reagierende ε-Caprolactam[4] verwendet werden.

Die partielle Verseifung von isotaktischem Polymethacrylsäuremethylester[5] setzt bei 80–85° durch eine heterogen verlaufende Hydrolyse in einem Medium aus Isopropanol und einer Lösung von Natriumhydroxyd in Wasser wesentlich schneller als mit syndiotaktischem oder mit Peroxyden hergestelltem Polymethacrylsäuremethylester ein. Schon bei einem Verseifungsgrad von 15% tritt Löslichkeit in Wasser ein.

Die partielle Hydrolyse von Copolymerisaten des *Methacrylsäuremethylesters* mit *Methacrylsäure*[6] durch Alkali verläuft bei 110° und p_H-Wert < 12,5 intramolekular und kann als das Ergebnis der Einwirkung von benachbarten Carboxygruppen auf die Estergruppe betrachtet werden[7]. Der Verseifungsgrad steigt mit zunehmendem Anteil der Methacrylsäure im Copolymerisat an.

Verseifung von Polymethacrylsäuremethylester[1]: 90 g Isopropanol werden zusammen mit 4,0 g Natriumhydroxyd und 1,8 cm³ Wasser bis zur vollständigen Lösung auf 80° erhitzt. Man kühlt dann auf 40° ab, gibt 10 g feingepulverten Polymethacrylsäuremethylester hinzu und erhitzt auf 80–85°. Nach 1 Stde. tritt eine Erhöhung der Viscosität ein. Nach 2 Stdn. fällt ein feines, farbloses Pulver aus. In Abhängigkeit von der Dauer erhält man folgende Hydrolysengrade:

Zeit [Stdn.]	Grad der Hydrolyse [%]
1,5	5
24	35
48	50

β) Spaltung von Polyacryl- und Polymethacrylsäureestern durch Acidolyse

Polyacrylate können auch der Acidolyse unterworfen werden.

Acidolyse von Polyacrylsäuremethylester mit Essigsäure[8]: 10 g Polyacrylsäuremethylester werden in 100 g eines Gemisches aus 80 g Essigsäure und 20 cm³ Wasser gelöst. Zur Lösung gibt man 2 g p-Toluolsulfonsäure als Katalysator und erhitzt 18 Stdn. lang auf 120° unter Rückfluß.

[1] DAS. 1091336 (1958). Rohm & Haas Co., Erf.: F. J. GLAVIS.

[2] DAS. 1077872 (1958), Röhm & Haas GmbH., Erf.: K. TESSMAR.
S.a. A.P. 2146209 (1936), DuPont, Erf.: G. DE WITT GRAVES; C. **1939** I, 4399.

[3] DAS. 1045658 (1956), Röhm & Haas GmbH., Erf.: K. TESSMAR; C. **1960**, 7358.

[4] DAS. 1078332 (1957), Röhm & Haas GmbH., Erf.: K. TESSMAR u. E. KOCH.

[5] F. J. GLAVIS, J. Polymer Sci. **36**, 547 (1959).

[6] G. SMETS u. W. DE LOECKER, J. Polymer Sci. **41**, 375 (1959).
G. SMETS, Ang. Ch. **74**, 337 (1962).

[7] H. MORAWETZ u. E. W. WESTHEAD jr., J. Polymer Sci. **16**, 273 (1955).
Vgl. a. E. GAETJENS u. H. MORAWETZ, Am. Soc. **82**, 5328 (1960).

[8] A. KATCHALSKY u. H. EISENBERG, J. Polymer Sci. **6**, 145 (1951).

Das gebildete Methylacetat wird aus dem Reaktionsgemisch durch Destillation entfernt und die Polyacrylsäure durch Zugabe von Trichlormethan ausgefällt. Nach mehrmaligem Lösen in Methanol und Ausfällen mit Trichlormethan wird das Reaktionsprodukt i. Vak. bei 110° getrocknet. Die alkalimetrische Bestimmung der Carboxygruppen zeigt, daß 85% der ursprünglich vorhandenen Estergruppen verseift wurden.

Mineralsäuren wie Phosphorsäure, Monoalkyl- und Dialkylphosphorsäuren[1] als Katalysator bewirken ebenfalls eine Acidolyse.

Während *Polymethacrylsäureester* von Alkalihydroxyden nur schwer verseift werden, gelingt die Verseifung mit konzentrierter Schwefelsäure leicht, wobei in Abhängigkeit von den Versuchsbedingungen partielle oder auch vollständige Verseifung eintritt.

Isotaktische Polymerisate[2] aus Methacrylsäuremethylester und Methacrylsäure, die durch partielle Verseifung von isotaktischem Polymethacrylsäuremethylester – dargestellt durch Polymerisation von Methacrylsäuremethylester mit Phenylmagnesiumbromid in Toluol – erhalten werden können, sind in konzentrierter Schwefelsäure bei 60° vier- bis fünfmal schneller verseifbar als die mit Peroxyd gewonnenen Copolymerisate. Dagegen scheint die Verseifung von ataktischen Copolymerisaten langsamer zu verlaufen.

Verseifung von Polymethacrylsäuremethylester mit Schwefelsäure[3]: 50 g eines handelsüblichen Polymethacrylsäuremethylesters werden in 458 g 95,5%iger Schwefelsäure bei 35° innerhalb einer Stde. gelöst. Die Lösung wird dann in 3 Tle. zerlegt und jeder Tl. bei verschiedenen Temp. verschieden lange aufbewahrt. Das Verseifungsprodukt wird durch Eingießen der Lösung in dünnem Strahl in kaltes Wasser ausgefällt. Nach dem Filtrieren und Trocknen kann der Verseifungsgrad durch Analyse bestimmt werden (s. Tab. 33).

Tab. 33. Verseifung von Polymethacrylsäuremethylester mit Schwefelsäure

Dauer der Einwirkung [Stdn.]	Hydrolyse [%]		
	25°	45°	75°
1	—	67	100
3	48	74	100
6	52	100	100

6. Verseifung und Aminolyse von Polyacrylsäure- und Polymethacrylsäurenitril

a) durch Basen

Beim Erhitzen von feinpulverigem *Polyacrylsäurenitril* mit 40%iger Natronlauge tritt zunächst eine intensiv rote Farbe auf, die nach mehrstündigem Erhitzen nach braun wechselt, wobei die Lösung allmählich klar wird. Das bei der Verseifung entweichende Ammoniak entspricht nur einem Umsatz von 94—95% der Theorie[4]. Die Verseifung der Cyangruppe mit Alkalihydroxyden kann sowohl in Wasser[5] als auch in verdünntem Alkohol[6] vorgenommen werden. Im Autoklaven benötigt man weniger Alkalihydroxyd, als der äquivalenten Menge entspricht, weil das entstandene

---

[1] A.P. 2583991 (1947), DuPont, Erf.: R. C. BLUME; C. **1956**, 4860.
[2] G. SMETS u. W. DE LOECKER, J. Polymer Sci. **45**, 461 (1960).
[3] A.P. 2504049 (1946), DuPont, Erf.: L. M. RICHARDS; C. **1955**, 7798.
[4] W. KERN u. H. FERNOW, J. pr. [2] **160**, 281 (1942).
[5] DRP. 580351 (1929), I. G. Farb., Erf.: H. MARK u. H. FIKENTSCHER; Frdl. **19**, 2795 (1932).
    A.P. 2812317 (1953), Monsanto Chemical Co., Erf.: G. R. BARRETT; C. **1959**, 3988.
[6] F.P. 1056400 (1952), Monsanto Chemical Co., Erf.: E. L. RINGWALD u. D. T. MOWRY.

Ammoniak auch zur Verseifung der Cyangruppe beiträgt. Die Verseifungsprodukte enthalten dann Carbonamidgruppen. Die Verseifung mit Alkali führt immer zu einem Abbau des Polymerisates[1]. Man kann die Verseifung auch in zwei Stufen[2] ausführen, wobei man in der ersten Stufe bis zu einer 4–10%igen Hydrolyse geht und anschließend durch weiteren Zusatz von Natriumhydroxyd eine Verseifung von 40 bis 80% der Nitrilgruppen bewirkt. Die Produkte lösen sich in Wasser oberhalb eines p_H-Wertes von 2,5. Eine Steigerung der Viscosität stellt sich ein, wenn die Hydrolyse mit Alkali in Gegenwart geringer Mengen von Nickelsalzen[3] ausgeführt wird. Fasern aus Polyacrylnitril oder aus Copolymerisaten des Acrylnitrils können ebenfalls hydrolysiert werden. Werden 35–55% der Nitrilgruppen[4] verseift, so entstehen Ionenaustauscher mit einer besonders großen Oberfläche. Die Verseifung zu Carbonamidgruppen gelingt nur unter besonderen Bedingungen im sauren Medium[5].

Verseifung von Polyacrylsäurenitril im Autoklaven[6]: 3000 g fein gemahlenes Polyacrylnitril werden im Autoklaven in 14700 cm³ Wasser suspendiert. Nach Zugabe von 1820 g (80 % d.Th.) Natriumhydroxyd in 7000 cm³ Wasser wird der Autoklav geschlossen und auf 75–80° geheizt. Durch die eintretende Reaktion steigt die Temp. ziemlich schnell auf etwa 115°, wobei sich ein Druck von 1,8 atü einstellt. Zunächst wird 20 Min. auf 115° erhitzt und dann 4 Stdn. auf 102°. Zum Austreiben des Ammoniaks wird das Reaktionsgemisch im Autoklaven nach Druckausgleich unter Rühren und Durchleiten von Stickstoff 8 Stdn. auf 95–98° gehalten. Die heiße Lösung, die ein Gemisch der Natrium- und Ammoniumsalze der Polyacrylsäure enthält, wird durch ein Druckfilter von geringen Verunreinigungen befreit, mit Alkohol versetzt und der Niederschlag mit Alkohol ausgewaschen.

Verseifung einer Polyacrylnitrilsuspension[7]: 100 g einer durch Fällungspolymerisation in Wasser hergestellten 10%igen Polyacrylnitrilsuspension ($\eta_{sp/c}$ in Dimethylformamid, gemessen bei 20°: 0,15) werden mit 25,3 g 30%iger Natronlauge versetzt. Die Mischung wird unter Rühren auf 95° erwärmt, wobei vorübergehend ein dicker, rotbrauner Brei entsteht, der lebhaft Ammoniak entwickelt und sich bei weiterem Erwärmen innerhalb von 2 Stdn. in eine klare, schwach gelb gefärbte, hochviscose Lösung von polyacrylsaurem Natrium (mit geringem Gehalt an Carbonamidgruppen) umwandelt.

Starke organische Basen wie Äthylendiamin[8] oder Äthanolamin[9] führen in Gegenwart von Wasser unter Sieden ebenfalls eine Verseifung der Cyangruppe herbei. Mit Hydroxylamin reagiert Polyacrylnitril in Dimethylformamid oder konzentrierten wäßrigen Salzlösungen aus Zinkchlorid oder Lithiumchlorid als Lösungsmittel bei 50° zum *Polyacrylamidoxim*[10], das in wäßrigen Säuren und Alkalien löslich ist und als Austauscher[11] für Schwermetallsalze verwendet werden kann. Die Amidoximgruppen werden beim Erhitzen mit verdünnter Lauge, wäßrigem Ammoniak

[1] I. R. Cartney, Mod. Plastics **30**, Nr. 11, 118 (1953).

[2] A.P. 2812317 (1953), Monsanto Chemical Co., Erf.: G. R. Barrett; C. **1959**, 3988.

[3] A.P. 2916477 (1957), Monsanto Chemical Co., Erf.: J. B. Ott; Chem. Abstr. **54**, 14787ᶜ (1960).

[4] Belg. P. 579309 (1959), Nopco Chemical Co., Erf.: C. Fetscher u. S. Altscher.

[5] J. A. Ssokolowa-Wassiljewa, G. I. Kudrjawzew u. A. A. Strepichejew, Ž. prikl. Chim. **31**, 785 (1958); C. **1959**, 17200.

[6] Vorschrift von I. Dennstedt, Farbf. Bayer, Leverkusen.

[7] Röhm & Haas GmbH., unveröffentlichte Versuche.

[8] DBP. 915329 (1950), Farbf. Bayer, Erf.: H. Kleiner u. W. Lehmann; C. **1958**, 1148.

[9] DAS. 1052685 (1956), BASF, Erf.: F. Ebel u. E. Meyer; C. **1960**, 16956.

[10] F. L. Schouteden, Makromolekulare Chem. **24**, 25 (1957); **27**, 246 (1958).
DAS. 1050055 (1955) ≡ F.P. 1147427 ≡ E.P. 786960 ≡ Belg.P. 541496 (1954), Gevaert Photo-Producten N. V., Erf.: F. L. Schouteden; C. **1959**, 12396.
Copolymerisate aus Acrylnitril mit Methacrylnitril oder Vinylidencyanid s. E.P. 863533 (1959), Gevaert Photo-Producten N. V., Erf.: F. L. Schouteden.
A.P. 2959574 (1958), American Cyanamid Co., Erf.: N. T. Woodberry.

[11] DAS. 1069130 (1958), Röhm & Haas GmbH., Erf.: T. Völker; C. **1960**, 7973.

oder Hydroxylaminsalzen einer Hydrolyse[1] unterworfen, wobei unter Entwicklung von Ammoniak neben Carboxy- und Amidgruppen auch Hydroxamgruppen gebildet werden. Die Reaktion von Polyacrylnitril mit Hydrazin in Dimethylformamidlösung verläuft bei 30–80° sehr schnell unter Bildung eines in Wasser unlöslichen und gegen Alkalien sehr beständigen Reaktionsproduktes, das 1,2,4-Triazolringe[2] enthält.

Polymethacrylsäurenitril ist wesentlich schwieriger zu verseifen als Polyacrylsäurenitril, was auf eine sterische Hinderung[3] durch die Methylgruppen zurückgeführt werden kann. Mit 40%igem wäßrigem Natriumhydroxyd unter Rückfluß erhitzt, entsteht nach langer Einwirkung ein Verseifungsprodukt, das 2,74% Stickstoff, d.h. 12,5% nicht verseifte Nitrilgruppen[1], enthält.

Umwandlung von Polyacrylnitril in Polyacrylamidoxim[5]: In einen 1-l-Dreihalskolben werden 300 cm³ Dimethylformamid und 50 g Polyacrylnitril eingefüllt. Unter Rühren und Erwärmen auf 75° gibt man 20 g Hydroxylaminhydrochlorid zu und hält die Temp. unter weiterem Rühren noch 3 Stdn. lang auf 75°. Die Lösung wird dann in einen Überschuß Methanol eingetragen und der entstandene Niederschlag mit Methanol gewaschen und getrocknet. Der Stickstoffgehalt schwankt zwischen 23% und 25% und ist daher nicht sehr verschieden vom Stickstoffgehalt des Polyacrylnitrils. Hieraus kann geschlossen werden, daß eine teilweise Verseifung der Amidoximgruppen eingetreten ist. Obwohl das Polymerisat während der Reaktion in Lösung bleibt, kann es nach dem Isolieren und Trocknen nicht mehr in Dimethylformamid gelöst werden. Es löst sich aber in verd. Salzsäure und verd. Natronlauge. In der salzsauren Lösung entsteht nach Zugabe von Eisen-(III)-chlorid eine tief rote bis violette Farbe, die auf die Bildung eines Eisenkomplexes mit der Amidoximgruppe zurückzuführen ist.

β) Verseifung von Polyacrylnitril durch Säuren

Bei der Hydrolyse des Polyacrylnitrils mit Säuren[6] entstehen in Abhängigkeit von den Versuchsbedingungen verschiedenartige Produkte. So führt 75–95%ige Schwefelsäure[7] bei Zimmertemperatur im wesentlichen zum *Polyacrylamid*. Durch eine Nebenreaktion bilden sich auf 100 Monomerreste etwa 10 cyclische Imidgruppen der Formel:

$$\cdots\!-\!CH_2\!-\!\overset{\displaystyle\frown}{\underset{\displaystyle O=\underset{\underset{H}{N}}{}=O}{}}\!-\!\cdots$$

Diese entstehen neben Carboxy- und Carbonamidgruppen als Hauptprodukt, wenn die Verseifung bei 90–95° ausgeführt wird. Mit 50%iger Schwefelsäure bildet sich im

---

[1] Belg.P. 560782 (1957), Gevaert Photo-Producten N. V.

[2] A. B. S. Konstsilke, Acta chem. scand. **12**, 1241 (1958).

[3] H. Stübchen u. J. Schurz, M. **89**, 234 (1958).

[4] W. Kern u. H. Fernow, J. pr. [2] **160**, 281 (1942).

[5] F. L. Schouteden, Makromolekulare Chem. **27, 246** (1958).
    DAS. 1050055 (1955) ≡ F.P. 1147427 ≡ E.P. 786960 ≡ Belg.P. 541496 (1954), Gevaert Photo-Producten N. V., Erf.: F. L. Schouteden; C. **1959**, 12396.
    Copolymerisate aus Acrylnitril mit Methacrylnitril oder Vinylidencyanid s. E. P. 863533 (1959), Gevaert Photo-Producten N. V., Erf.: F. L. Schouteden.
    A.P. 2959574 (1958), American Cyanamid Co., Erf.: N. T. Woodberry.

[6] A.P. 2486190 (1946); 2486192 (1947), Eastman Kodak Co., Erf.: L. M. Minsk u. W. O. Kenyon.
    G. I. Kudrjawcew u. M. A. Zarkowa, Ž. prikl. Chim. **29**, 1103 (1956); Chem. Abstr. **50**, 17527ʰ (1956).

[7] A. A. Strepichejew, G. I. Kudrjawzew u. J. A. Ssokolowa-Wassiljewa, Faserforsch. u. Textiltechn. **11**, 359 (1960); Ž. prikl. Chim. **31**, 785 (1958); C. **1959**, 17200.

wesentlichen *Polyacrylsäure*, die noch wenig Stickstoff enthält und auch dann nicht vollständig frei von Stickstoff wird, wenn man die Verseifung bei 120° ausführt. Bei der Hydrolyse in Gegenwart von Alkohol entstehen 82–86% Estergruppen neben geringen Mengen von Amid-, Imid- und Carboxygruppen.

Wird Polyacrylnitril bei 5° in 75–85%iger Schwefelsäure oder bei 25° in 55 bis 70%iger Salpetersäure gelöst, so tritt eine partielle Verseifung[1] ein.

Wenn die Verseifung mit Säuren unter Zusatz von sekundären oder tertiären Alkoholen mit drei bis fünf Kohlenstoffatomen oder von Estern dieser Alkohole ausgeführt wird, entstehen teilweise auch N-alkylsubstituierte Amidgruppen.

Behandelt man die Lösung des Polyacrylnitrils in 60%iger wäßriger Zinkchloridlösung[2], die mit Salzsäure auf den p_H-Wert 3 eingestellt wurde, bei 60–80° mit tert.-Butanol oder mit Benzylalkohol, so tritt ebenfalls eine partielle Verseifung zu den entsprechend substituierten polymeren Acrylamiden ein.

Partielle Umwandlung der Nitrilgruppen des Polyacrylnitrils in Amidgruppen[3]: 53 g pulverförmiges Polyacrylnitril werden zu 500 cm³ Isopropylacetat gegeben. Bei 20–30° werden unter Rühren 320 g 94%ige Schwefelsäure hinzugefügt, und die Mischung wird 30 Min. lang auf 60–65° erhitzt. Das Reaktionsprodukt wird dann auf Eis gegossen, durch Zusatz von Natriumcarbonat neutralisiert, abfiltriert, mit Wasser gewaschen und bei 35° getrocknet. Die Ausbeute beträgt 55 g, der Stickstoffgehalt 24,0%, d.h. 17% der Nitrilgruppen wurden in N-Isopropyl-amidgruppen umgewandelt.

7. Verseifung von Polyacryl- und Polymethacrylamid

a) durch Basen

Die alkalische Verseifung von Amidgruppen führt zur Ausbildung von negativen Ladungen in der Makromolekel. So wird *Polyacrylamid* durch Alkalihydroxyde zunächst schnell verseift. Wenn der Verseifungsgrad 40% übersteigt, kann man eine Verzögerung beobachten, die vermutlich durch elektrostatische Kräfte[4] unter Streckung der Ketten hervorgerufen wird. Die Verseifung verläuft um so vollständiger, je mehr Alkali vorhanden ist. Bei 100° kann mit 0,6–3,3n Natronlauge ein Umsatz von 65–70% erreicht werden. Durch benachbarte Carboxygruppen wird die Reaktion verzögert und die quantitative Hydrolyse verhindert. N-substituierte Polyacrylamide[5] sind schwieriger zu verseifen. Der Grad der Hydrolyse nimmt in folgender Reihenfolge ab:

Polyacrylamid > Poly-(N-methyl-acrylamid) > Poly-(N,N-dimethyl-acrylamid).

Im Poly-(N,N-diäthyl-acrylamid) können auch durch mehrstündiges Erhitzen nur 35% der Amidgruppen verseift werden.

Die Verseifung des Polyacrylamids kann auch partiell[6] erfolgen, wobei die Menge an Natriumhydroxyd dem gewünschten Carboxylatgehalt annähernd äquivalent ist.

In Wasser führt die Hydrolyse von *Polymethacrylamid* mit Alkalihydroxyden nur zu einem 67%igen Umsatz[7]. Die Verseifung schreitet so lange fort, bis jede Amidgruppe von zwei Carboxygruppen flankiert ist und durch Wasserstoffbrücken[8]

[1] A.P. 2579451 (1948), DuPont, Erf.: A. E. POLSON; C. **1953**, 8252.
[2] A.P. 2952651 (1958), Dow Chemical Co., Erf.: A. ARMEN u. S. A. MURDOCK.
[3] A.P. 2719144 (1953), Eastman Kodak Co., Erf.: N. H. SHEARER jr. u. H. W. COOVER.
[4] J. MOENS u. G. SMETS, J. Polymer Sci. **23**, 931 (1957).
[5] Y. SING-TUH u. T. SHU-KOU, Acta Chim. Sinica **24**, 239 (1958).
[6] A.P. 2886558 (1953), American Cyanamid Co., Erf.: H. Z. FRIEDLANDER.
[7] S. H. PINNER, J. Polymer Sci. **10**, 379 (1953).
[8] C. L. ARCUS, Soc. **1949**, 2732.

stabilisiert wird. Andere Faktoren wie sterische Effekte, die durch die α-ständigen Methylgruppen hervorgerufen werden, tragen ebenfalls zur unvollständigen Verseifung bei. Poly-(N,N-diäthyl-methacrylamid) ist gegen Alkalihydroxyde beständig.

Partielle Verseifung von Polyacrylamid[1]: Zu einer Lösung von 240 g Polyacrylamid in 2472 g Wasser werden bei 90–95° 4 g Natriumhydroxyd gegeben. Nach 20 Min. ist der p_H-Wert der Lösung von 10,7 auf 10,3 gefallen. Es wird dann eine Probe entnommen, die auf ihren Carboxygruppengehalt untersucht wird. Insgesamt werden 7 Proben nach vorhergehendem Zusatz von Natriumhydroxyd entnommen; dann stellt man den p_H-Wert der Lösung im Kolben mit 0,5 n Salzsäure auf 9,0 ein, wodurch die Hydrolyse abgestoppt wird.

Probe-Nr.	Zusatz von Natriumhydroxyd [g]	p_H-Wert			Carboxygruppengehalt [%]	
		vor Zusatz	nach Zusatz		gefunden	ber.
			[Min.]	p_H		
1	4,0	10,7	20	9,3	—	—
2	6,0	11,3	25	9,7	12	11
3	5,0	10,6	25	9,7	17	17
4	5,0	10,8	40	9,7	21	22
5	10,0	12,5	40	10,0	30	30
6	7,5	12,7	40	10,5	39	41
7	9,0	12,9	45	10,8	59	60

Polymerisate des N-(4-Acetoxy-phenyl)-acrylamids werden in konzentriertem wäßrigem Ammoniak bei Raumtemperatur zum Poly-N-(4-hydroxy-phenyl)-acrylamid verseift[2], das mit Diazoniumsalzen zu Azofarbstoffen kuppelt.

β) Verseifung von Polyacryl- und Polymethacrylamid durch Säuren

Säuren, deren Dissoziationskonstante größer als 10^{-3} ist, führen bei Polyacryl- und Polymethacrylamid teilweise zur intramolekularen Bildung von Imidgruppen[3] (s. S. 710). Am Stickstoff substituierte Polyacrylamide sowie Polymethacrylamide geben nur wenig Imidgruppen. Mit Copolymerisaten aus *Acrylamid* und *Acrylsäure* verläuft die Hydrolyse in gepufferten sauren Lösungen bei 110° in zwei Stufen, wobei die Reaktionsgeschwindigkeit in der ersten etwa 50–100 mal schneller als in der zweiten Stufe ist. An Copolymerisaten mit steigendem Anteil an Acrylsäure[4] konnte nachgewiesen werden, daß die rasch verlaufende Hydrolyse auf einer Wechselwirkung zwischen einer Amidgruppe und einer direkt benachbarten, undissoziierten Carboxygruppe beruht, die in einer räumlich begünstigten Stellung vorhanden sein muß.

Taktisches *Poly-(N,N-dimethyl-acrylamid)*[5] wird bei 100–120° durch n Salzsäure in einer autokatalytisch verlaufenden Reaktion, deren Halbwertzeit unabhängig von der Amidkonzentration ist, wesentlich schneller als das ataktische Polymerisat verseift.

---

[1] A. P. 2886558 (1953), American Cynamid Co., Erf.: H. Z. FRIEDLANDER.
[2] F. P. 1096369 (1954), CIBA.
[3] J. MOENS u. G. SMETS, J. Polymer Sci. **23**, 931 (1957).
[4] G. SMETS u. A. M. HESBAIN, J. Polymer Sci. **40**, 217 (1959).
[5] C. B. CHAPMAN, J. Polymer Sci. **45**, 237 (1960).

Verseifung von Polyacrylamid mit Bromwasserstoffsäure[1]: Die Lösung von 20 g Polyacrylamid in 500 cm³ Wasser wird mit 50 cm³ einer 79%igen wäßr. Bromwasserstofflösung versetzt und dann auf dem Wasserbad erwärmt. Nach 2 Stdn. opalesziert die Lösung, und nach 3 Stdn. tritt eine Trennung in 2 Phasen ein. Durch Zugabe von Methanol wird das Polymerisat ausgefällt, mit Methanol gewaschen und 6 Stdn. lang bei 55° i. Vak. getrocknet. Die Analyse des Verseifungsproduktes, das 14,07% Stickstoff enthält, ergibt: 47,80% unveränderte Carbonamidgruppen, 10,40% Carboxygruppen und 41,80% Carbonimidgruppen.

8. Verseifung und Aminolyse von Polyacrylsäureanhydrid und Copolymerisaten des Maleinsäureanhydrids

α) Verseifung durch Wasser

Das aus Methacrylsäurechlorid und Natriumacrylat zugängliche gemischte Anhydrid I kann zum polymeren Anhydrid II in Lösungsmitteln polymerisiert werden[2]. Beim Erwärmen in Wasser entsteht daraus III.

Copolymerisate des Maleinsäureanhydrids mit Vinylverbindungen wie *Äthylen*[3], *Styrol*, *Isobutylvinyläther*[4] usw. lassen sich meist nur schwer zu den Carbonsäuren verseifen.

Hydrolyse eines Copolymerisates aus Styrol und Maleinsäureanhydrid[5]: Die auf 120° erwärmte Suspension eines Copolymerisates aus 11,3 g Styrol und 10,7 g Maleinsäureanhydrid in 128 g Xylol wird zu 111 g Wasser von 65–70° gegeben und 1,5 Stdn. lang bei 80–82° gerührt. Um die Abscheidung eines gummiartigen Niederschlages zu verhindern, darf die Temp. 88° hierbei nicht übersteigen. Beim Abkühlen wird die obere, Xylol enthaltende Schicht entfernt und die wäßr. Phase, die das hydrolysierte Copolymerisat frei von anorganischen Bestandteilen enthält, entweder zur Trockne eingedampft oder durch Zusatz von 10,0–10,8 g wäßr. Natriumhydroxyd (D = 1,526) unter leichtem Erwärmen gelöst.

β) Aminolyse durch Ammoniak oder Hydroxylamin

Leitet man in eine Suspension aus *Polyacrylsäureanhydrid* in Benzol soviel gasförmiges Ammoniak ein, daß auf ein Mol des polymeren Anhydrids ein Mol Ammoniak kommt, so werden die Anhydridgruppen in Carbonamid- und Carboxygruppen[6] umgewandelt.

---

[1] A.P. 2486190 (1946); 2486192 (1947), Eastman Kodak Co., Erf.: L. M. MINSK u. W. O. KENYON.

[2] Verseifung des Polymerisates aus dem gemischten Anhydrid der Acryl- und Methacrylsäure s. DAS. 1124695 (1959) ≡ Belg. P. 595864 (1960), Rohm & Haas Co., Erf.: J. C. H. HWA. Verseifung von Polyacrylsäureanhydrid s. DAS. 1079836 (1956), Goodrich Co., Erf.: J. F. JONES.

[3] A.P. 2977334 (1956), Monsanto Chemical Co., Erf.: G. W. ZOPF jr., J. H. JOHNSON, R. M. HEDRICK u. J. M. BUTLER.

[4] A.P. 2694698 (1951), General Aniline & Film Corp., Erf.: F. GROSSER; C. **1955**, 9684. DAS. 1016936 (1956), Dynamit AG., Erf.: W. HÖNIG; C. **1958**, 3756.

[5] A.P. 2565147 (1948), Quaker Chemical Products Corp., Erf.: H. L. PFLUGER; C. **1952**, 5494.

[6] A.P. 2967175 (1958), Goodrich Co., Erf.: R. M. SUMMERS.

Mit konzentriertem wäßrigem Ammoniak entsteht aus Copolymerisaten des Maleinsäureanhydrids mit Vinylverbindungen bei 90–100° das in Wasser lösliche Diammoniumsalz[1], während mit trockenem gasförmigem Ammoniak eine Carboxygruppe in die Carbonamidgruppe und die andere in das Ammoniumsalz[2] übergeführt wird. Unter Druck bilden sich mit Ammoniak bei 70–90° in Aceton Säureimidgruppen[3]. Copolymerisate aus *Maleinsäureanhydrid, Styrol* und *Divinylbenzol* werden mit Ammoniak in Wasser zu quellbaren Ammoniumsalzen[4] verseift. Hydroxylamin bildet in siedendem Methanol die entsprechende Hydroxamsäure[5]. Analoge Reaktionen geben Copolymerisate aus *Äthylen*[6] mit *Maleinsäureimid.*

γ) Aminolyse durch aliphatische Amine

Bei der Einwirkung von primären und sekundären aliphatischen Aminen auf Lösungen von Copolymerisaten aus *Styrol* und *Maleinsäureanhydrid* werden zunächst die entsprechenden Monoamide gebildet. Beim Erhitzen des N-Methylmonoamids auf 175–185° entsteht in guter Ausbeute das N-Methyl-imid[7]. Primäre aromatische Amine[8] reagieren weniger gut. Mit Pyridin[9] als Lösungsmittel erreicht man eine Beschleunigung. Sekundäre aromatische Amine geben keine Reaktion[8]. 4-Amino-zimtsäureäthylester gibt schon nach 20 Minuten langem Erhitzen auf dem Wasserbad eine fast quantitative Ausbeute an polymerem Monoamid, das unter der Einwirkung von ultraviolettem Licht unlöslich wird. Entsprechende Reaktionen geben Copolymerisate aus *Isobutylen*[10] mit *Maleinsäureanhydrid.*

Aminolyse eines Copolymerisates aus Styrol und Maleinsäureanhydrid mit Laurylamin zur Carbonamidsäure[11]: 9,25 g Laurylamin und 10,20 g des Copolymerisates aus Styrol mit Maleinsäureanhydrid werden in 150 g Xylol 1,5 Stdn. lang unter Rückfluß erhitzt. Nach dem Zusatz von weiteren 5,0 g Laurylamin wird das Reaktionsgemisch nochmals eine Stde. lang zum Sieden gebracht, wobei das Copolymerisat in Lösung geht. Die Isolierung des Reaktionsproduktes erfolgt entweder durch Zugabe von Alkohol zur Lösung oder durch Eindampfen im Vakuum.

9. Verseifung von cyclischen Poly-N-vinyl-imiden und Poly-N-vinyl-carbamaten

Vinylamin kann wie Vinylalkohol als Monomeres nicht dargestellt werden, so daß Polyvinylamine nur durch Polymerisation der Vinyl-aminoacylverbindungen und durch anschließende Abspaltung des Acylrestes hergestellt werden können.

Die Verseifung von polymeren cyclischen N-Vinyl-imiden wie Polyvinylphthalimid oder Polyvinylsuccinimid mit starken Mineralsäuren verläuft nicht glatt und führt zu Reaktionsprodukten[12], die nur 75% des Stickstoffs in Form von Aminogruppen ent-

---

[1] A.P. 2469408 (1945), Monsanto Chemical Co., Erf.: D. H. Powers u. E. H. Rossin.

[2] E.P. 735263 (1953), Monsanto Chemical Co; C. **1956**, 7672.

[3] E. Goethals u. G. Smets, J. Polymer Sci. **40**, 227 (1959).

[4] A.P. 2621169 (1948), Publicker Industries Inc., Erf.: H. Robinette jr. u. C. W. Pfeifer.

[5] A.P. 2402604 (1942), DuPont, Erf.: D. D. Coffman; Chem. Abstr. **40**, 5942[9] (1946).

[6] A.P. 2977334 (1956), Monsanto Chemical Co., Erf.: G. W. Zopf jr., J. H. Johnson, R. M. Hedrick u. J. M. Butler.

[7] E.P. 815821 (1956), Monsanto Chemical Co.

[8] W. Kern u. R. C. Schulz, Ang. Ch. **69**, 169 (1957).

[9] A.P. 2811509 (1954), Eastman Kodak Co., Erf.: D. A. Smith, A. C. Smith jr. u. C. C. Unruh.

[10] DAS. 1109373 (1956), Monsanto Chemical Co., Erf.: R. M. Hedrick u. J. A. Herbig.

[11] A.P. 2454284 (1944), DuPont, Erf.: J. S. Kirk; Chem. Abstr. **43**, 1711[a] (1949).
A.P. 2712003 (1949), Monsanto Chemical Co., Erf.: A. H. Bowen; C. **1956**, 9583.

[12] A.P. 2365340 (1942), DuPont, Erf.: W. E. Hanford u. H. B. Stevenson.

halten, während der Rest unverseift geblieben ist. Mit Ammoniak oder organischen Basen verläuft die Verseifung noch unvollständiger.

Wird das cyclische Polyvinylimid jedoch mit überschüssigem Hydrazinhydrat behandelt, so entsteht z. B. aus *Polyvinylphthalimid* neben Phthalylhydrazid *Polyvinylamin*, dessen Stickstoffatome zu etwa 95% als Aminogruppen vorliegen.

Durch alkalische Hydrolyse von *Polyvinylsuccinimid*[1] bei 80–90° erhält man unter normalem Druck ebenfalls Polyvinylamin. Dieses bildet sich auch durch saure Hydrolyse von *Poly-N-vinyl-glykolsäureimid*[2].

Polyvinylamin-hydrochlorid aus Polyvinylphthalimid[3]: 100 g feingemahlenes Polyvinylphthalimid, hergestellt durch Polymerisation von Vinylphthalimid mit Dibenzoylperoxyd unter Rückfluß in einer Mischung aus Äthylenchlorid mit 15 Vol.-% Methanol, werden mit 150 cm³ 85%igem Hydrazinhydrat 1 Stde. lang unter Rückfluß erhitzt. Beim Abkühlen der Lösung scheiden sich Krystalle ab. Nach der Zugabe von Wasser wird die Mischung erhitzt, bis wieder Lösung eintritt, und nach dem Abkühlen in Äthanol eingerührt. Der hierbei gebildete Niederschlag wird bei 110° getrocknet und schließlich mit überschüssiger konz. Salzsäure 2 Stdn. lang zum Sieden gebracht. In die Mischung wird dann Wasser eingerührt und das ausgefallene Phthalylhydrazid abzentrifugiert. Aus der Lösung kann das Hydrochlorid des Polyvinylamins durch Zugabe von Alkohol ausgefällt und durch Extraktion mit Methanol gereinigt werden. Es fällt in einer Ausbeute von 26 g an, zeigt einen Stickstoffgehalt von 17,09% (ber. 17,6%) und einen Chlorgehalt von 41,53% (ber. 44,6%).

Polyvinylamin kann auch durch basische oder saure Verseifung von *Polyvinylamin-N,N-bis-carbonsäureäthylestern*[4] erhalten werden. Aus Alkyl-N-vinyl-carbamaten[5], die durch Reaktion von Vinylisocyanat mit Alkoholen zugänglich sind, werden durch Polymerisation[6] mit Azoisobuttersäure-dinitril als Katalysator die entsprechenden *Polyalkyl-N-vinyl-carbamate* gebildet. Bei der Hydrolyse mit Säuren entsteht daraus Polyvinylamin.

Polyvinylamin durch Verseifung von Poly-äthyl-N-vinyl-carbamat[7]: 13 g Poly-äthyl-N-vinyl-carbamat werden in 600 cm³ 10n Salzsäure gelöst und 40 Stdn. unter Rückfluß erhitzt. Nach dem Eindampfen erhält man 10 g Polyvinylamin-hydrochlorid von hellbrauner Farbe.

Polyvinylamin läßt sich durch Säureanhydride oder Säurechloride[8] acylieren. Mit aliphatischen und aromatischen Sulfochloriden werden die *Polyvinylsulfonamide*[9] erhalten, von denen nur das Methansulfonsäureamid in Wasser vollständig löslich ist. Bei der Einwirkung von Monochloressigsäure entsteht *Polyvinylglycin*[10].

Nach längerem Erhitzen unter Rückfluß bildet Polyvinylphthalimid mit Äthylendiamin in wasserhaltigem Isopropanol Umsetzungsprodukte, die primäre Amino-, Acylimino- und substituierte Acylaminogruppen[11] enthalten.

[1] S. S. Skorokhodow u. A. A. Vansheidt, Vysokomolekulyarnye Soedineniya **2**, 1405 (1960).
[2] E. P. 772345 (1955), Hercules Powder Co; C. **1958**, 11382.
[3] D. D. Reynolds u. W. O. Kenyon, Am. Soc. **69**, 911 (1947).
   A. P. 2484423 (1945), Eastman Kodak Co., Erf.: D. D. Reynolds u. W. O. Kenyon.
   M. L. Wolfrom u. A. Chaney, J. org. Chem. **26**, 1319 (1961).
[4] H. Scheibler u. U. Scheibler, B. **87**, 379 (1954).
[5] R. Hart, J. Polymer Sci. **29**, 629 (1958); Ind. chim. belge **23**, 251 (1958); Makromolekulare Chem. **32**, 51 (1959).
[6] Belg. P. 540975 (1955), Gevaert Photo-Producten N. V.
[7] Belg. P. 540976 (1955), Gevaert Photo-Producten N. V.
   DBP. 865901 (1944), W. Krabbe u. A. Seher; C. **1955**, 936.
[8] A. P. 2507181 (1947), Eastman Kodak Co., Erf.: D. D. Reynolds u. W. O. Kenyon.
[9] A. P. 2600806 (1949), Eastman Kodak Co., Erf.: D. D. Reynolds u. W. O. Kenyon.
   M. Vrancken u. G. Smets, J. Polymer Sci. **14**, 521 (1954).
[10] T. Yoshida u. A. Terada, J. Soc. chem. Ind. Japan Spl. **54**, 783 (1951).
[11] A. P. 2817645 (1954), Hercules Powder Co., Erf.: C. A. Weisgerber; C. **1959**, 5994.

Mit Hydrazinhydrat reagiert *Poly-N-vinyl-carbamidsäurephenylester* zum entsprechenden *Poly-N-vinyl-semicarbazid*, das in Wasser löslich ist. Mit Aldehyden entstehen daraus *Poly-N-vinyl-semicarbazone*[1].

l) Umwandlung von Hydroxygruppen in Polymerisaten

1. Verätherung

α) von Polyvinylalkohol

In flüssigem Ammoniak bildet Polyvinylalkohol mit Natrium ein Alkoholat, das mit Alkylbromiden[2] zu Polyvinyläthern reagiert. Mit Alkyl-chloralkyl-äthern[3] wie Methyl-chlormethyl-äther entstehen unter Chlorwasserstoffabspaltung ebenfalls polymere Äther. Monochloressigsäure[4] setzt sich mit Polyvinylalkohol im alkalischen Medium zur *Poly-vinylglykolsäure* um, während *Poly-vinylbenzyläther* durch die Einwirkung von Benzylchlorid[5] in Pyridin gebildet wird. Hierbei können etwa 50–60% der Hydroxygruppen veräthert werden.

Die Hydroxygruppe im Polyvinylalkohol lagert sich in Gegenwart von Hydroxylionen an die Doppelbindung von reaktionsfähigen Vinylverbindungen an. Geeignete Monomere sind Methylvinylketon, Acrolein[6] sowie Acrylnitril[7].

Mit 2,5-Dihydro-thiophen-S-dioxyd[8] bildet sich ein polymerer Äther, der folgende Strukturelemente enthält:

$$\cdots \left[-CH_2-CH- \right]_n \cdots$$

Ein analoges Produkt wird aus 2,3-Dihydro-pyran[9] erhalten.

Die Anlagerung von Alkylenoxyden[10] verläuft glatt bei etwa 60° in Gegenwart von Alkalihydroxyden und einem Lösungsmittel für das Endprodukt. Geeignete Lösungsmittel sind Dioxan sowie sekundäre oder tertiäre Alkohole mit drei bis fünf Kohlenstoffatomen. Reaktionsprodukte, die 4–20 Mol Äthylen- oder Propylenoxyd enthalten, lösen sich in Wasser, Aceton, Acetonitril oder Dioxan. In Abwesenheit von Lösungsmitteln geben Alkylenoxyde in einer schlecht reproduzierbaren Reaktion

[1] G. WELZEL u. G. GREBER, Makromolekulare Chem. **44/46**, 221 (1961).
[2] A.P. 2373782 (1943), DuPont, Erf.: R. A. SCHEIDERBAUER; Chem. Abstr. **40**, 6889[2] (1946). DAS. 1020791 (1956), Farbw. Hoechst, Erf.: K. WEISSERMEL u. W. STARCK; C. **1959**, 5968.
[3] E.P. 414699 ≡ F.P. 765832 (1933), I. G. Farb.; C. **1934** II, 2755.
[4] A.P. 2434145 (1943), DuPont, Erf.: D. D. COFFMAN; Chem. Abstr. **42**, 2138[i] (1948).
[5] DRP. 592233 (1930), I. G. Farb., Erf.: A. VOSS, E. DICKHÄUSER u. W. STARCK; Frdl. **20**, 1796 (1933).
[6] DRP. 738869 (1936), I. G. Farb., Erf.: K. BILLIG.
[7] A.P. 2341553 (1942), DuPont, Erf.: R. C. HOUTZ; Chem. Abstr. **38**, 4347[8] (1944).
[8] A.P. 2394776 (1943), DuPont, Erf.: W. A. HOFFMAN u. C. W. MORTENSON.
[9] A.P. 2448260 (1944), DuPont, Erf.: N. W. FLODIN; Chem. Abstr. **43**, 664[f] (1949).
[10] DRP. 575141 (1929), I. G. Farb., Erf.: A. SCHMIDT, G. BALLE u. K. EISFELD; Frdl. **19**, 2789 (1932). A.P. 2844570 (1953), Union Carbide Corp., Erf.: A. E. BRODERICK; C. **1960**, 4688.

die entsprechenden *Polyoxäthyläther*. Unter Druck im Autoklaven[1] *(Vorsicht!)* erzielt man jedoch mit überschüssigem Alkylenoxyd bei 80–160° eine glatte Reaktion, die durch tertiäre Amine beschleunigt werden kann, wobei auch Lösungsmittel zugegen sein können. Auf gleiche Weise kann auch partiell acetalisierter Polyvinylalkohol[2] mit Alkylenoxyden umgesetzt werden.

Auch *Styroloxyd*[3] addiert sich an Polyvinylalkohol, wenn dieser zuvor mit der dreifachen Gewichtsmenge 20%iger Natronlauge behandelt und dann abgequetscht wird. Die Reaktionsprodukte sind in fast allen organischen Lösungsmitteln löslich.

Verätherung eines hydrolysierten Copolymerisates aus Vinylacetat und Äthylen mit Äthylenoxyd[4]: 15 g eines vollständig verseiften Copolymerisates aus Vinylacetat mit Äthylen (Molverhältnis 1 : 1,3) werden im Autoklaven in Gegenwart von 1 g 30%igem wäßr. Natriumhydroxyd mit 80 g Äthylenoxyd 24 Stdn. lang bei 120° unter Rühren behandelt. Man erhält 96 g eines dunkel gefärbten Polyäthers, der zehn Äthylenoxydgruppen pro Hydroxygruppe enthält, in Wasser löslich ist und die Eigenschaften eines Netzmittels zeigt.

β) Verätherung von Polyvinylphenol

Polyvinylphenol kann mit Alkyl-chloralkyl-äthern[5], Alkylhalogeniden oder Dialkylsulfaten[6] veräthert werden.

2. Acetalisierung und Ketalisierung von Polyvinylalkohol

In Gegenwart von Säuren bilden Aldehyde mit Hydroxygruppen enthaltenden Polymerisaten die entsprechenden Acetale[7], während die Einwirkung von Ketonen zu den polymeren Ketalen führt, die aber technisch weniger von Bedeutung sind. Einen ausführlichen Überblick über die Literatur bis 1948 bringt F. Kainer[8]. Die bis 1945 in Deutschland technisch ausgeführten Verfahren wurden von N. Platzer[9] beschrieben.

a) Acetalisierung

Zur Acetalisierung kann praktisch jeder Aldehyd verwendet werden. Technische Anwendung finden bei der Reaktion mit Polyvinylalkohol oder partiell verseiftem Polyvinylacetat hauptsächlich *Formaldehyd* und *n-Butyraldehyd*. Die Eigenschaften der gebildeten Acetale sind abhängig vom Grad der Verseifung, vom Molekulargewicht des Polyvinylacetats, von der Reaktionstemperatur, von der Art und Menge des Katalysators sowie der des Aldehyds. Mit Acetaldehyd, Propionaldehyd oder Butyraldehyd hergestellte und hochkondensierte Polyvinylacetale zeigen annähernd

[1] A.P. 2844571 (1956), Union Carbide Corp., Erf.: A. E. BRODERICK; C. **1960**, 4688.
A.P. 2990398 (1958), DuPont, Erf.: H. K. INSKIP u. W. KLABUNDE.
[2] F.P. 895994 (1943), Société Nobel Française.
E.P. 771569 (1954), Distillers Co. Ltd., Erf.: B. A. RIPLEY-DUGGAN; C. **1957**, 11733.
[3] Y. MERLE, C. r. **249**, 2560 (1959).
[4] A.P. 2434179 (1943), DuPont, Erf.: W. H. SHARKEY; Chem. Abstr. **42**, 2614^{g} (1948).
G. CHAMPETIER u. M. LAGACHE, C. r. **241**, 1135 (1955).
[5] E.P. 414699 ≡ F.P. 765832 (1933), I. G. Farb.; C. **1934** II, 2755.
[6] DBP. 813461 (1948), British Resin Products Ltd., Erf.: E. M. EVANS u. J. E. S. WHITNEY.
[7] W. O. HERRMANN u. W. HAEHNEL, B. **60**, 1658 (1927).
DRP. 507962 (1927), Consortium für elektrochemische Industrie GmbH., Erf.: W. HAEHNEL u. W. O. HERRMANN; Frdl. **16**, 1967 (1927–1929).
[8] F. KAINER, Polyvinylalkohol, S. 63ff., F. Enke-Verlag, Stuttgart 1949.
[9] N. PLATZER, Mod. Plastics **28**, Nr. 10, 142 (1951).

die gleiche Löslichkeit wie Polyvinylacetat, während hochacetalisierte Produkte aus Formaldehyd nur in Ameisensäure oder Essigsäure[1] löslich sind.

Nach statistischen Berechnungen kann die Ausbeute bei der Acetalisierung nicht über 86,47% steigen[2], weil zwei benachbarte Hydroxygruppen gleichzeitig reagieren müssen.

Werden bei der Verseifung des Polyvinylacetats Säuren angewandt, so kann die Acetalisierung in einem Arbeitsgang und ohne vorhergehendes Isolieren des Polyvinylalkohols vollzogen werden[3]. Hierbei wird vorteilhaft und ohne Zugabe eines Lösungsmittels auch die bei der Suspensionspolymerisation gebildete wäßrige Dispersion verwendet, die zweckmäßig mit Polyvinylalkohol als Dispergiermittel hergestellt wurde.

Polyvinylformal über die Emulsion des Polyvinylacetats[4]: 200 g einer 50%igen Dispersion des Polyvinylacetats werden mit 25 g 30%igem Formaldehyd und 2 g 10%iger Salzsäure gemischt und etwa 1 Stde. lang auf dem Wasserbad bei 60–70° unter schnellem Rühren erwärmt. Gegen Ende der Reaktion hat sich das polymere Acetal vollständig abgeschieden. Es wird durch Auswaschen von Säurespuren befreit und stellt nach dem Trocknen ein helles, faseriges Produkt dar, das seine Löslichkeit in Wasser und organischen Lösungsmitteln weitgehend verloren hat.

Wenn anstelle des Formaldehyds 2,5 g Acetaldehyd angewandt werden, so ist das gebildete Acetal in Alkohol oder Benzol löslich.

Die geringe Löslichkeit und der hohe Erweichungspunkt machen die Formaldehydacetale für viele Anwendungszwecke geeignet. So erhält man durch Kombination mit Phenol-Formaldehydharzen harte und trotzdem geschmeidige Drahtlacke[5]. Jedoch muß das polymere Acetal nicht nur eine hohe Eigenviscosität, sondern auch einen Acetalgehalt von mindestens 80–83% sowie 12–13% Acetat- und 5–6% Alkoholgruppen enthalten. Ein Acetal dieser Zusammensetzung erhält man durch Verseifen einer Polyvinylacetatlösung in Eisessig durch ein Gemisch aus Schwefelsäure und wenig Ammoniumperoxydisulfat[6] und anschließende Acetalisierung mit Formaldehyd bei 70–80°.

Polyvinylformal über die Lösung in 70%iger Schwefelsäure[7]: In eine Mischung aus 500 g 70%iger Schwefelsäure und 250 g 30%igem Formaldehyd werden 250 g fein gepulvertes Polyvinylacetat eingetragen. Die Mischung wird 90 Min. lang bei 40° gerührt. Nach dem Abkühlen auf 25° wird das Reaktionsprodukt durch die Zugabe von Wasser in Form eines feinen, farblosen Pulvers ausgefällt und mit Wasser gründlich ausgewaschen. Es enthält nach dem Trocknen 79% acetalisierte Vinylalkohol-Einheiten, 10% Vinylacetatgruppen und 11% Vinylalkoholeinheiten.

Die Ausfällung des mit Formaldehyd gebildeten Acetals durch Wasser aus seiner Lösung in einem Gemisch aus Eisessig und dem bei der Alkoholyse des Polyvinylacetats

[1] T. Isemura u. Y. Kimura, J. Polymer Sci. **16**, 92 (1955).

[2] P. Flory, Am. Soc. **61**, 1518 (1939).

[3] A.P. 2561458 (1948), Compagnie de Produits Chimiques et Élektrométallurgiques Alais Froges & Camargue, Erf.: J. Bisch; C. **1952**, 5823.

A.P. 2216020 (1937) ≡ E.P. 518006 (1938), General Electric Co., Erf.: B. W. Nordlander u. R. E. Burnett; C. **1941** I, 1616.

F.P. 827054 (1937), I. G. Farb.; C. **1938** II, 1140.

F.P. 884251 (1942), Lonzawerke, Elektrochemische Fabriken GmbH.; C. **1944** II, 1125.

E.P. 745686 (1953), British Oxygen Co. Ltd., Erf.: M. Kaufman; C. **1957**, 5714.

E.P. 778275 (1955), Celanese Corp. of America; C. **1959**, 7307.

[4] DRP. 746655 (1934), I. G. Farb., Erf.: H. Freudenberger u. W. Starck; C. **1945** I, 1430.

[5] F. Hansch, Fette Seifen einschl. Anstrichmittel **62**, 1152 (1960).

[6] DAS. 1071343 (1957), Wacker-Chemie GmbH., Erf.: E. Bergmeister, J. Heckmaier u. H. Zoebelein; C. **1960**, 16955.

[7] DBP. 862680 (1950), Farbw. Hoechst, Erf.: H. J. Hahn; C. **1953**, 8219.

DBP. 832290 (1949), Farbw. Hoechst, Erf.: W. Fitzky, H. Stärk u. O. Horn; C. **1952**, 6940.

E.P. 785170 (1955), Celanese Corp. of America; C. **1959**, 14269.

mit Methanol gebildeten Essigsäuremethylester führt zu schwierig isolierbaren Niederschlägen. Durch die Zugabe von Methanol[1] oder durch die abwechselnde Behandlung des Reaktionsproduktes mit Wasser und mit Methanol[2] erhält man ein leicht filtrierbares Reaktionsprodukt. Zur Isolierung kann man auch die Lösung in fließendes Wasser eindüsen, sofern bei der Acetalisierung mit Wasser mischbare Lösungsmittel[3] wie Eisessig, Aceton oder Dioxan verwendet werden.

Ohne die Anwendung eines Überschusses an Aldehyd führt die Reaktion nur dann zu einem hohen Acetalisierungsgrad, wenn das bei der Kondensation entstandene Wasser kontinuierlich aus dem Reaktionsgemisch entfernt wird. Durch die Zugabe von wasserbindenden Substanzen oder von Lösungsmitteln, die mit Wasser azeotrop siedende Gemische bilden wie Dichlormethan oder Benzol, erreicht man einen glatten Reaktionsverlauf.

Acetaldehydacetal des Polyvinylalkohols[4]: Ein Gemisch aus 88 g Polyvinylalkohol, 300 g Dichlormethan, 44 g Acetaldehyd und 0,2 g 85%iger Phosphorsäure wird unter Rühren in einem mit absteigendem Kühler versehenen Kolben allmählich zum Sieden erhitzt. Es geht hierbei ein azeotrop siedendes Gemisch aus Dichlormethan und Wasser über, das zu Beginn der Reaktion etwas Acetaldehyd enthält. Das Dichlormethan wird vom Wasser getrennt und wieder in den Kolben gegeben. Sobald etwa 18 g Wasser aufgefangen wurden, ist die Reaktion beendet. Die Lösung in Dichlormethan wird dann mit Wasser gewaschen. Durch Abtreiben des Lösungsmittels mit Wasserdampf kann das polymere Acetal in Form einer farblosen, festen Masse isoliert werden.

Das Reaktionsprodukt kann auch vorteilhaft folgendermaßen isoliert werden[5]: Die Lösung wird nach dem Entfernen des während der Reaktion abgespaltenen Wassers unter Zusatz eines Netzmittels in Wasser emulgiert und aus der Emulsion das Lösungsmittel durch Einblasen von Wasserdampf entfernt. Das Acetal wird hierbei als feines Pulver abgeschieden.

Als Katalysatoren können neben Mineralsäuren auch organische Säuren wie Ameisensäure[6] oder Alkylarylsulfonsäuren[7] mit emulgierenden Eigenschaften verwendet werden, wobei Dispersionen entstehen. Für die kontinuierliche Acetalisierung sind Kationenaustauscher[8] mit stark sauren Gruppen, z.B. sulfonierte Styrol-Divinylbenzol-Copolymerisate, besonders geeignet. Je tiefer die Reaktionstemperatur ist, um so stärker muß die Säurekonzentration sein, wenn ein hoher Umsatz erreicht werden soll. Hochacetalisierte Reaktionsprodukte gewinnt man auch beim Arbeiten mit Methylschwefelsäure[9].

Nach folgender Vorschrift erhält man ein hochacetalisiertes Polyvinylbutyral. Weitere Vorschriften zur Darstellung des Polyvinylbutyrals findet man in der Literatur[10].

[1] DBP. 878861 (1950), Farbw. Hoechst, Erf.: H. J. HAHN; C. **1953**, 7189.
[2] DBP. 889367 (1951), Farbw. Hoechst, Erf.: W. FITZKY.
[3] DBP. 878277 (1951), Farbw. Hoechst, Erf.: W. FITZKY; C. **1953**, 7672.
[4] DRP. 638814 (1932), I. G. Farb., Erf.: H. HOPFF u. E. KÜHN; Frdl. **21**, 1630 (1934).
[5] DRP. 651879 (1935), I. G. Farb., Erf.: L. ORTHNER u. W. SELLE; Frdl. **24**, 1319 (1937).
[6] DBP. 912506 (1940), Wacker-Chemie GmbH., Erf.: W. O. HERRMANN u. W. HAEHNEL; C. **1954**, 10826.
[7] DAS. 1069385 (1957), Farbw. Hoechst, Erf.: K. ROSENBUSCH, W. PENSE u. F. WINKLER.
[8] E.P. 785170 (1955), Celanese Corp. of America; C. **1959**, 14269.
[9] A.P. 2400957 (1943), DuPont, Erf.: G. S. STAMATOFF; Chem. Abstr. **40**, 4914[6] (1946).
[10] A.P. 2422754 (1943), DuPont, Erf.: G. S. STAMATOFF; Chem. Abstr. **41**, 6431[i] (1947).
   A.P. 2455402 (1947), Shawinigan Resins Corp., Erf.: W. H. BROMLEY jr.; C. **1950** I, 127.
   F.P. 792661 (1935), Carbide & Carbon Chemicals Corp.; C. **1936** I, 3411.
   F.P. 890401 (1943), Dr. A. Wacker, Gesellschaft für elektrochemische Industrie.
   DAS. 1025149 (1956), Wacker-Chemie GmbH., Erf.: J. HECKMAIER u. A. STOLL.
   A.P. 2720501 (1954), DuPont, Erf.: R. T. VAN NESS; C. **1956**, 7670.
   E.P. 778275 (1955), Celanese Corp. of America; C. **1959**, 7307.
   A.P. 2915504 (1954), Celanese Corp. of America, Erf.: F. BERARDINELLI.
   E.P. 821092 (1955), Vinyl Products Ltd., Erf.: J. E. O. MAYNE, H. WARSON u. R. M. LEVINE.

Polyvinylbutyral[1]: Aus 100 g Polyvinylalkohol, 800 g Wasser, 80 g Methanol und Methylschwefelsäure wird bei erhöhter Temp. eine Lösung hergestellt. Der Anteil der Methylschwefelsäure in der Lösung soll etwa 0,1% betragen, was durch Titration unter Verwendung von Methylorange als Indikator festgestellt wird. Zunächst werden 300 g der Lösung in ein Reaktionsgefäß eingefüllt. Unter Rühren werden dann innerhalb von 20 Min. gleichzeitig in äquivalenten Mengen 80 g Butyraldehyd und der Rest der Lösung des Polyvinylalkohols zugegeben, wobei die Temp. am Ende der Zugabe bis auf 70° ansteigen soll. Innerhalb der nächsten 20 Min. wird die Lösung mit 600 cm³ Wasser von 60–70° versetzt, so daß sich die Temp. auf etwa 70° einstellt. Nach 10 Min. langem Rühren wird ein Gemisch aus 3 g konz. Schwefelsäure und wenig Wasser zugegeben. Nach insgesamt 60 Min. wird das ausgefallene Acetal abfiltriert und mit Wasser gründlich gewaschen. Es enthält noch etwa 14% Hydroxygruppen.

Die Isolierung der polymeren Acetale aus alkoholischer Lösung durch Zugabe von Eiswasser ergibt ebenfalls feinkörnige Fällungen[2], die sich weitgehend auswaschen lassen.

Polymere Acetale mit geringem Asche- und Sulfatgehalt erhält man, wenn die Säure nach der Acetalisierung durch Magnesiumacetat[3] neutralisiert wird.

Durch Variation der Temperatur, Reaktionszeit sowie Konzentration der Säure und des Aldehyds kann der prozentuale Umsatz der Hydroxygruppen verändert werden, so auch bei der Acetalisierung von partiell verseiftem Polyvinylacetat in einem Gemisch aus Essigsäure und Salzsäure[4].

Die partielle Acetalisierung gelingt grundsätzlich mit einem Unterschuß[5] an Aldehyd. Reproduzierbare Werte liefert folgendes Verfahren, bei dem der angesäuerten Lösung des Polyvinylalkohols in Wasser ein Teil des Aldehyds zugesetzt wird, und, bevor die erste Fällung eintritt, unter Rühren Isopropanol und der Rest des Aldehyds zugegeben werden.

Partielle Acetalisierung von Polyvinylalkohol mit Butyraldehyd[6]: 53 g Polyvinylalkohol werden in 547 g Wasser gelöst und mit 35,4 g konz. Salzsäure versetzt. Unter Rühren werden 8,1 g Butyraldehyd zur Lösung gegeben. Bevor die Fällung des Acetals einsetzt, wird abwechselnd eine Mischung aus 800 g Isopropanol, 82,6 g 37%iger Salzsäure und 24,1 g Butyraldehyd zugegeben. Nach 1 stdg. Stehen wird mit Wasser ausgefällt, abfiltriert, in Methanol gelöst und mit Kaliumcarbonat behandelt. Der entstandene Niederschlag aus Kaliumchlorid wird abgesaugt und das Acetal durch Einrühren von Wasser gefällt; Acetalisierungsgrad 70%.

Polyvinylacetale mit besonderen Eigenschaften erhält man aus hydrolysierten Pfropfpolymerisaten[7] des *Vinylacetats* auf Polyalkylenoxyden, insbesondere auf wasserunlösliches *Polypropylenoxyd* vom Molekulargewicht 1000–2000.

Eine Möglichkeit, zu hochmolekularen Azofarbstoffen zu gelangen, besteht darin, daß man Polyvinylalkohol mit einem Phenolaldehyd acetalisiert und das polymere Acetal mit Diazoverbindungen[8] kuppelt.

Acetalisierung von Polyvinylalkohol mit 5-Methyl-salicylaldehyd[9]: Ein Dreihalskolben, der mit Einleitungsrohr, Rührer, Rückflußkühler und einem absteigenden Kühler ausgestattet ist, wird mit 1,76 g Polyvinylalkohol, 13,6 g 5-Methyl-salicylaldehyd und 70 cm³ wasserfreiem Eisessig

[1] A.P. 2400957 (1943), DuPont, Erf.: G. S. Stamatoff; Chem. Abstr. **40**, 4914⁶ (1946).

[2] DBP. 878862 (1950), Farbw. Hoechst, Erf.: H. J. Hahn; C. **1953**, 7189.

[3] A.P. 2860122 (1954), Celanese Corp. of America, Erf.: F. Berardinelli, R. E. Davies u. B. B. White; C. **1960**, 11834.

[4] DBP. 891144 (1951), Wacker-Chemie GmbH., Erf.: J. Heckmaier u. H. Zoebelein; C. **1953**, 9331.

[5] DRP. 737630 (1930), I. G. Farb., Erf.: G. Kränzlein, A. Voss u. W. Starck.

[6] A.P. 2162678—680 (1938/1939), Carbide & Carbon Chemicals Corp., Erf.: H. F. Robertson.

[7] DAS. 1086435 (1959), Farbw. Hoechst, Erf.: K. H. Kahrs, F. Winkler u. J. W. Zimmermann.

[8] F.P. 891001 (1941), I. G. Farb.
    A.P. 2310943 (1938), DuPont, Erf.: G. L. Dorough u. D. M. McQueen.

[9] W. Kern u. R. C. Schulz, Ang. Ch. **69**, 160 (1957).

beschickt und auf 120° erwärmt. Durch das Einleitungsrohr wird unter heftigem Rühren Dichlor-
methandampf eingeblasen. Im Rückflußkühler werden die höher siedenden Anteile, besonders
Essigsäure, zurückgehalten, während im absteigenden Kühler das Dichlormethan-Wasser-
Gemisch kondensiert. Im Verlauf von 8 Stdn. werden 10mal je 30 cm³ Dichlormethan eingeblasen;
danach ist das Destillat klar. Nach dem Abkühlen wird das Polymere abfiltriert, 4mal aus
natronalkalischem Methanol mit Salzsäure umgefällt und 12 Stdn. bei 70° getrocknet. Das farblose Pulver ist in 1%iger Natronlauge leicht löslich.

Zur Bestimmung des Acetalisierungsgrades werden etwa 500 mg des Produktes mit 120 cm³
2n Schwefelsäure in einer Schliffdestillationsapparatur erhitzt, bis unter Zutropfen von Wasser
etwa 70 cm³ Destillat gesammelt werden. Darin wird der Aldehyd durch Fällung mit 2,4-Dinitro-
phenyl-hydrazin gravimetrisch nach H. A. Iddles[1] bestimmt. Der Acetalisierungsgrad beträgt
etwa 60%.

Gemische aus Acetaldehyd und Crotonaldehyd[2], von aromatischen und aliphatischen Aldehyden[3] oder Monoaldehyd und Glyoxal[4] führen zu den entsprechenden
Mischacetalen. Hydrolysierte Copolymerisate des Vinylacetats können ebenfalls
in polymere Acetale übergeführt werden, wie z.B. die Copolymerisate mit *Äthylen*[5],
Isobutylen[6], *Vinylchlorid*[7], *Äthylenglykol-dimethacrylat*[8], *Acrylnitril*[9], *2-Chlor-allyl-
acetat*[10] und *Vinyl-phosphonsäureestern*[11].

Tabelle 34 (S. 722) enthält einige Angaben über die Acetalisierung mit weiteren
Aldehyden und Aldehydderivaten.

Die Acetale des Polyvinylalkohols neigen beim Erwärmen auf Temperaturen über
100° zur Verfärbung. Wenn die Acetalisierung in Lösungsmitteln erfolgt, erreicht
man durch eine geringe Zugabe von Chlor oder Hypochlorit kurz vor der Ausfällung
des Acetals eine Stabilisierung[12] gegen das Verfärben. Ferner führt abwechselndes
Erwärmen in verdünnter Säure und in Alkalien zu Acetalen, die farblose, klare Lösungen
bilden und thermisch stabil sind[13]. Die Verfärbung beim Erwärmen kann auch dadurch
vermieden werden, daß man die Acetalisierung in einer inerten Stickstoff- oder
Kohlendioxydatmosphäre ausführt oder dem Reaktionsgemisch Natriumdithionit[14] ($Na_2S_2O_4$) zugibt. Auch ist die Neutralisation des sauren Katalysators mit
Aminen[15], z.B. Dibutylamin, von Vorteil, wenn die Farbe verbessert werden soll. Man
kann auch das frisch gefällte Acetal in Wasser vom p_H-Wert 7,5–11 unter Erhitzen auf
75–85° suspendieren, wobei ein Zusatz von Harnstoff[16] den überschüssigen Aldehyd zu
binden vermag. Aromatische Aldehyde[17] mit Hydroxy-, Nitro- oder substituierten

---

[1] H. A. Iddles u. C. E. Jackson, Ind. eng. Chem. Anal. **6**, 454 (1934).

[2] F.P. 884083; 853345 (1942), Lonzawerke, Elektrochemische Fabrik GmbH.; C. **1944** I, 1137.

[3] E.P. 512987 (1938), Kodak Ltd.; C. **1940** I, 3459.

[4] E.P. 513117 (1938), Kodak Ltd.; C. **1940** I, 3458.

[5] A.P. 2396209 (1942), DuPont, Erf.: W. H. Sharkey; Chem. Abstr. **40**, 3125³ (1946).

[6] A.P. 2421971 (1944), DuPont, Erf.: C. A. Sperati; Chem. Abstr. **41**, 6080ᵇ (1947).

[7] A.P. 2547618 (1948), Compagnie de Produits Chimiques et Élektrométallurgiques Alais
    Froges & Camargue, Erf.: J. Bisch u. X. Thiesse; C. **1952**, 1744.
    DBP. 929643 (1952); 957787 (1955), Wacker-Chemie GmbH., Erf.: H. Bauer, J. Heckmaier,
    H. Reinecke u. E. Bergmeister; C. **1956**, 1169; **1957**, 8369.

[8] DBP. 850807 (1948), Licentia Patent-Verwaltungs-GmbH., Erf.: G. F. D'Alelio; C. **1954**, 1366.

[9] DBP. 912399 (1941), AEG., Erf.: G. F. D'Alelio; C. **1955**, 8275.

[10] A.P. 2397548 (1942), Eastman Kodak Co., Erf.: W. O. Kenyon u. W. F. Fowler jr.

[11] DAS. 1116905 (1959), Farbw. Hoechst, Erf.: F. Winkler u. J. W. Zimmermann.

[12] F.P. 895992 (1943), Société Nobel Française.

[13] F.P. 963158 (1944), Consortium für elektrochemische Industrie GmbH.; C. **1951** I, 2972.

[14] E.P. 785170 (1955), Celanese Corp. of America; C. **1959**, 14269.

[15] F.P. 820105 (1937), DuPont; C. **1938** I, 3119.

[16] A.P. 2282026 (1939), DuPont, Erf.: B. C. Bren, J. H. Hopkins u. G. H. Wilder; Chem.
    Abstr. **36**, 5918⁵ (1942).

[17] DBP. 888008 (1951), Farbw. Hoechst, Erf.: H. J. Hahn u. F. Winkler; C. **1953**, 9603.

Tab. 34. Acetalisierung des Polyvinylalkohols mit Aldehyden
und Aldehydderivaten

Aldehyd	Literatur
n-Propionaldehyd n-Valeraldehyd	A.P. 2162679 (1939), Carbide & Carbon Chemicals Corp., Erf.: H. F. ROBERTSON; C. **1939** II, 3890.
n-Capronaldehyd	F.P. 792661 (1937), Carbide & Carbon Chemicals Corp.
Oxoaldehyde (8–16 C-Atome)	E.P. 785193 (1956), Esso Research & Engineering Co.
Chloracetaldehyd	E.P. 513119 (1938), Eastman Kodak Co; C. **1940** I, 3459.
Aliphatische Alkoxyaldehyde	A.P. 2459488 (1945), Visking Corp., Erf.: K. F. BEAL u. C. J. B. THOR; Chem. Abstr. **43**, 2813^g (1949).
Crotonaldehyd	A.P. 2527495 (1947), Shawinigan Resins Corp., Erf.: A. F. FITZHUGH; C. **1951** II, 1973.
Crotonaldehyd unter Zusatz von Schwefeldioxyd	DBP. 947114 (1954), Farbw. Hoechst, Erf.: W. STARCK u. W. LANGBEIN; C. **1957**, 4832.
Schiffsche Basen aus Aldehyden und Ketonen	A.P. 2545683 (1947), Universal Oil Products Co., Erf.: H. S. BLOCH; C. **1952**, 777.
Formaldehyd-dimethylacetal	A.P. 2407061 (1941); 2370126 (1942), Pro-phy-lac-tic Brush Co., Erf.: J. DAHLE.
β-Chloracetylamino-acetaldehyd-diäthylacetal	A.P. 2860986 (1956), Eastman Kodak Co., Erf.: D. A. SMITH u. C. C. UNRUH; Chem. Abstr. **53**, 4987^e (1959).
β-Amino-acetaldehyd-diäthylacetal	A.P. 2739059 (1952), Eastman Kodak Co., Erf : W. J. PRIEST u. C. F. H. ALLEN; Chem. Abstr. **50**, 9913^e (1956).
β-Cyclohexylamino-butyraldehyd-dimethylacetal	M. MATSUMOTO u. T. EGUCHI, J. Polymer Sci. **23**, 617 (1957).
5-Hydroxy-4,7-endomethylen-hexahydroindan-aldehyd-(1)	DAS. 1080515 (1953), DuPont, Erf.: E. T. CLINE; C. **1960**, 16635.
Benzaldehyd	DRP. 480866 (1924), Consortium für elektrochemische Industrie GmbH., Erf.: W. HAEHNEL u. W. O. HERRMANN; Frdl. **16**, 684 (1927–1929).
p-Vinyl-benzaldehyd	A.P. 2929710 (1954), DuPont, Erf.: E. L. MARTIN.
Aromatische Aldehyde mit Hydroxygruppen, primären oder sekundären Aminogruppen	DBP. 917096 (1939), AGFA; C. **1955**, 2314.
Substituierte Aminobenzaldehyd-äthylenglykolacetale	A.P. 2513189 (1947), DuPont, Erf.: E. L. MARTIN; C. **1951** II, 2976.
(p-Formyl-phenyl)-trimethyl-ammonium-methylsulfat	A.P. 2358836 (1942), Eastman Kodak Co., Erf.: D. R. SWAN. S. a. F.P. 1222815 (1959), International Polaroid Corp., Erf.: J. P. DELANGRE u. A. CANE.
Anthracen-aldehyd-(9)	G. A. SCHRÖTER u. P. RIEGGER, Kunstst. **44**, 228 (1954).
Glyoxylsäure	DRP. 729774 (1937), I. G. Farb., Erf.: G. KRÄNZLEIN u. U. LAMPERT; C. **1943** I, 2163.
Aliphatische und aromatische Aldehydsulfonsäuren	DBP. 849006 (1951), Farbw. Hoechst, Erf.: W. STARCK; C. **1953**, 136.
o-Benzaldehydsulfonsäure und m-Acetylamino-benzaldehyd-äthylenglykolacetal	J. O. CORNER u. E. L. MARTIN, Am. Soc. **76**, 3593 (1954).
Betain aus m-(Dimethylamino-acetamino)-benzaldehyd-äthylenglykolacetat und β-Propiolacton	A.P. 2818403 (1954) ≡ E.P. 771155 (1955), DuPont, Erf.: W. E. MOCHEL u. C. WEAVER; C. **1959**, 2338.

Aminogruppen, zugesetzt in Mengen bis zu 5% bezogen auf den aliphatischen Aldehyd, bewirken ebenfalls eine Stabilisierung gegen den Einfluß von Licht und Wärme, ferner die Zugabe von Saligenin[1], aromatischen oder aliphatischen Aminen[2], Guanidincarbonat[3] oder auch Alkalihydroxyden[4] im Gemisch mit Salzen aus Mineralsäuren und aliphatischen Aminen. Weitere Stabilisatoren sind quartäre Ammoniumverbindungen wie Dimethyl-dibenzyl-ammoniumhydroxyd[5], Alkyl- oder Arylzinnschwefelverbindungen[6] oder 2,6-Di-tert.-butyl-p-kresol[7].

β) Ketalisierung von Polyvinylalkohol

Die Ketalisierung des Polyvinylalkohols mit Ketonen gelingt weniger leicht als die Acetalisierung. Nur Cyclohexanon[8] ist in seiner Reaktionsfähigkeit mit Aldehyden vergleichbar. Auch Ketale[9] reagieren mit Polyvinylalkohol.

Poly-vinyl-acetal-ketale bilden sich unter den Bedingungen der Acetalisierung durch Einwirkung von Ketonen auf Polyvinylacetale mit freien Hydroxygruppen.

3. Veresterung von Polymerisaten

α) von Polyvinylalkohol

Die Hydroxygruppen im Polyvinylalkohol lassen sich durch anorganische oder organische Säuren oder deren Derivate verestern. Durch Variation der Versuchsbedingungen kann die Veresterung auch partiell so geführt werden, daß Reaktionsprodukte entstehen, die sowohl in organischen Lösungsmitteln als auch in Wasser löslich sind. Mischester bilden sich bei der Anwendung mehrerer Säuren.

α₁) mit anorganischen Säuren oder deren Derivaten

Zur Veresterung mit Salpetersäure[10] wird zunächst eine Lösung des Polyvinylalkohols in Schwefelsäure hergestellt, die dann in Nitriersäure[11] eingetragen wird. Weil Schwefelsäure aber ein geringes Lösungsvermögen für Polyvinylalkohol besitzt, ist es notwendig, mit stark verdünnten Lösungen zu arbeiten. Dieser Nachteil wird vermieden, wenn Polyvinylalkohol in Form eines feinteiligen Pulvers mit Wasser angeteigt und unter Kühlung zu konzentrierter Salpetersäure[12] gegeben wird, so daß beim Eintragen sofort Benetzung eintritt.

---

[1] A.P. 2195122 (1937), General Electric Co., Erf.: B. W. NORDLANDER; C. **1942** I, 1063.

[2] A.P. 2216020 (1937), General Electric Co., Erf.: B. W. NORDLANDER u. R. E. BURNETT.

[3] A.P. 2432471 (1942), Wingfoot Corp., Erf.: F. W. Cox; Chem. Abstr. **42**, 2475ᵃ (1948).

[4] A.P. 2436253 (1944), Monsanto Chemical Co., Erf.: R. D. DUNLOP; Chem. Abstr. **42**, 4000ᶜ (1948).

[5] A.P. 2378619 (1941), Monsanto Chemical Co., Erf.: T. S. CARSWELL.

[6] E.P. 782483 (1955), Wacker-Chemie GmbH.; C. **1958**, 8202.

[7] E.P. 785170 (1955), Celanese Corp. of America; C. **1959**, 14269.

[8] DRP. 551968 (1930), I. G. Farb., Erf.: G. KRÄNZLEIN, A. VOSS u. W. STARCK; Frdl. **19**, 2764 (1932).
   DRP. 681346 (1936), I. G. Farb., Erf.: H. SÖNKE; C. **1939** II, 3889.

[9] DRP. 679792 (1936), I. G. Farb., Erf.: H. SÖNKE; C. **1939** II, 3200.
   A.P. 2447773 (1943); 2388802 (1942), Libbey-Owens-Ford Glass Co., Erf.: J. D. RYAN u. F. B. SHAW jr.; Chem. Abstr. **40**, 1354⁶ (1946); **42**, 8525ᵇ (1948).

[10] W. STARCK, Dissertation, Universität Freiburg 1928.

[11] DRP. 537303 (1929), Consortium für elektrochemische Industrie GmbH., Erf.: G. FRANK u. H. E. KRÜGER; Frdl. **17**, 153 (1930).

[12] A.P. 2118487 (1936), DuPont, Erf.: L. A. BURROWS u. W. F. FILBERT; C. **1938** II, 2509.

46*

Zur Herstellung des Schwefelsäureesters[1] kann Chlorsulfonsäure zur Suspension des Polyvinylalkohols in Dioxan unter Kühlen eingetragen[2] oder vorteilhafter der Koordinationskomplex aus Schwefeltrioxyd und Pyridin[3] angewandt werden. Auf diese Weise kann man auch hydrolysierte Copolymerisate aus Vinylacetat und N-Vinyl-pyrrolidon[4] verestern.

Sehr gute Ausbeuten erzielt man auch mit Chlorsulfonsäure in Pyridin.

Schwefelsäureester des Polyvinylalkohols[5]: 116,5 g Chlorsulfonsäure werden langsam unter Rühren in 180 g wasserfreies Pyridin eingetropft. Dabei steigt die Temp. auf 80°. Wird das Reaktionsgemisch auf 70–75° abgekühlt, so fällt das entstandene farblose Salz krystallin aus. In die 80° warme Lösung wird eine Suspension von 44 g vollständig hydrolysiertem Polyvinylalkohol in 80 g Pyridin langsam unter Rühren gegeben. Dabei steigt die Temp. auf 115° an. Es wird noch 40 Min. lang bei 100–110° gerührt, wobei eine viscose gelbbraune Lösung entsteht. Dann wird diese Lösung mit 200 cm³ Wasser verd. und in 5000 cm³ techn. Methanol zur Ausfällung eingegossen. Das isolierte Produkt wird nach kurzer Trocknung i. Vak. bei 40–50° wieder in Wasser gelöst. In die Lösung werden 30 g Natriumhydroxyd (als 20%ige wäßr. Lösung) eingetragen. Das freigewordene Pyridin wird i. Vak. bei etwa 50° abdestilliert und die Lösung eingedickt. Nach Filtration wird aus der viscosen Lösung das Reaktionsprodukt mit Methanol ausgefällt und i. Vak. getrocknet; Ausbeute an Polyvinylsulfat-Natrium: 121 g.

Aus dem getrockneten Polyvinylsulfat-Natrium (eine braungelbe harzartige Substanz) wird eine 3%ige wäßr. Lösung hergestellt, welche über einen Sulfonsäuregruppen enthaltenden Kationenaustauscher geschickt wird. Die so erhaltene Lösung von Polyvinylhydrogensulfat wird i. Vak. eingedickt und in wenig Dimethylformamid wieder gelöst. Mit n-Butanol wird das Reaktionsprodukt ausgefällt und anschließend bei 50° i. Vak. getrocknet. Man erhält ein farbloses, amorphes, sprödes Material, welches an der Luft auf Grund seiner hygroskopischen Eigenschaften schnell klebrig wird. Es ist gut löslich in Wasser und Dimethylformamid, unlöslich in n-Butanol und schlecht löslich in Aceton, Cyclohexanon und Tetrahydrofuran. Die wäßr. Lösung reagiert stark sauer. Eine Titration mit n/10 Natronlauge zeigt, daß 99,6% der Hydroxygruppen verestert sind.

Phosphorsäureester werden durch mehrtägige Einwirkung von Phosphorpentoxyd[6] auf die Lösung des Polyvinylalkohols in Phosphorsäure bei Raumtemperatur gebildet. Die Einwirkung von Phosphoroxychlorid führt sowohl in Dioxan als auch in Pyridin zu einem unlöslichen, chlorhaltigen Reaktionsprodukt. Ein in Wasser löslicher Ester bildet sich bei der gleichzeitigen Einwirkung von **Phosphorsäure** und **Harnstoff**[7].

Monoaryl- oder Diarylphosphorylchloride[8] reagieren mit Polyvinylalkohol in Pyridin zu den entsprechenden **arylsubstituierten Phosphorsäureestern**, wobei sich ein hoher Veresterungsgrad einstellt.

Borsäure[9] oder auch Monoäthylborsäure[10] bilden mit Polyvinylalkohol die entsprechenden mehr oder weniger vernetzten **Borsäureester**. Bei der Einwirkung von

[1] DRP. 745 683 (1938), I. G. Farb., Erf.: W. HEUER u. W. STARCK; C. **1945** I, 116.
[2] A.P. 2 395 347 (1942), DuPont, Erf.: W. H. SHARKEY; Chem. Abstr. **40**, 3303⁴ (1946).
[3] A.P. 2 623 037 (1949), Phillips Petroleum Co., Erf.: R. V. JONES; C. **1955**, 11 466.
[4] G. BOURDAIS, C. r. **251**, 1636 (1960).
[5] DAS. 1 086 434 (1959), Farbf. Bayer, Erf.: J. SZITA.
[6] R. E. FERREL, H. S. OLCOTT u. H. FRAENKEL-CONRAT, Am. Soc. **70**, 2101 (1948).
[7] G. C. DAUL, J. D. REID u. R. M. REINHARDT, Ind. eng. Chem. **46**, 1042 (1954).
     A.P. 2 610 953 (1950), United States of America, Erf.: G. C. DAUL u. J. D. REID; C. **1954**, 2734.
[8] A.P. 2 495 108 (1948), Monsanto Chemical Co., Erf.: G. M. KOSOLAPOFF; C. **1953**, 6376.
[9] A.P. 2 607 765 (1949), DuPont, Erf.: E. P. CZERWIN u. L. D. MARTIN; C. **1954**, 918.
     S. SAITO u. Mitarbb., Kolloid.-Z. **144**, 41 (1955).
     DRP. 606 440 (1931), I. G. Farb., Erf.: A. VOSS u. W. STARCK; Frdl. **20**, 1780 (1933).
[10] A.P. 2 457 603 (1945), DuPont, Erf.: P. L. SALZBERG u. F. K. SIGNAIGO; Chem. Abstr. **43**, 2631ᶜ (1949).

Titanylsulfat[1] oder Orthotitansäureester auf Polyvinylalkohol, der vorher mit Wasser angequollen wird, entsteht der unlösliche Titansäureester.

a_2) Veresterung von Polyvinylalkohol mit organischen Säuren oder deren Derivaten

Ameisensäure[2] bildet mit Polyvinylalkohol bereits nach mehrstündiger Einwirkung bei Zimmertemperatur *Polyvinylformiat* in guter Ausbeute. Chlorameisensäureester[3] reagieren in Pyridin leicht zu den entsprechenden *Polyvinylcarbonaten*.

Die Acylierung des Polyvinylalkohols zu *Polyvinylacetaten* wird mit Essigsäureanhydrid und wasserfreiem Natriumacetat[4] oder Pyridin[5] oder zu Polyvinylacetylacetaten mit Diketen in Eisessig[6] vorgenommen. Polyvinylacetylacetate werden vor allem in trockenem Zustand rasch unlöslich. Unterwirft man den Polyvinylalkohol vor der Umsetzung in wäßriger Lösung einer katalytischen Behandlung mit Wasserstoff, so entstehen stabile Produkte. Die Veresterung kann auch mit ungesättigten Säureanhydriden wie Acryl-, Methacrylsäureanhydrid[7] oder Methacrylsäurechlorid[8] erfolgen. Es entstehen hierbei Reaktionsprodukte, die polymerisierbar sind. Mit *3-* und *4-(a-Cyan-cinnamoylamino)-phthalsäureanhydrid*[9] oder *3-Azido-phthalsäureanhydrid*[10] bilden sich im Licht[11] vernetzende Ester (s. S. 804).

Polyvinylacetylacetat[12]: Eine 10%ige wäßr. Lösung von Polyvinylalkohol wird in Gegenwart von aktivem Platin bei 5–10° etwa 10 Stdn. unter Atmosphärendruck oder bei höherem Druck mit Wasserstoff behandelt. Durch Zugabe von Alkohol oder Aceton wird der Polyvinylalkohol aus der wäßr. Lösung ausgeschieden. Es ist von Vorteil, frisch umgefällten Polyvinylalkohol zu verwenden, aus dem Wasser und Alkohol durch Einlegen in Aceton verdrängt wurden. Nach dem vollständigen Trocknen wird Polyvinylalkohol teilweise unlöslich und reagiert dann mit Diketen nur langsam.

22 g des so vorbehandelten Polyvinylalkohols (auf Trockengew. ber.) werden in 200 cm³ Eisessig unter starkem Rühren suspendiert. Zur Suspension gibt man 1 g trockenes, gepulvertes Natriumacetat und läßt bei 50° langsam 44 g frisch destilliertes Diketen unter starkem Rühren in 1 Stde. zufließen. Dann wird noch $^1/_2$ Stde. weitergerührt. Aus der klaren, fast farblosen Lösung wird das Polyvinylacetylacetat durch Wasser ausgefällt. Es ist nach dem Trocknen farblos bis schwachgelb und wird beim Erwärmen auf 50–60° klebrig. Seine Löslichkeit ist ähnlich der des Polyvinylacetats.

[1] A. P. 2518193 (1946), DuPont, Erf.: F. K. Signaigo; C. **1951** II, 458.
[2] DRP. 743861 (1939) ≡ F. P. 868901 (1940), Dr. A. Wacker, Gesellschaft für elektrochemische Industrie, Erf.: W. O. Herrmann u. W. Haehnel; C. **1942** I, 3257.
  A. P. 2649435 (1951), Eastman Kodak Co., Erf.: T. E. Stanin u. J. B. Dickey.
[3] A. P. 2592058 (1947), Columbia-Southern Chemical Corp., Erf.: I. E. Muskat u. F. Strain.
[4] DRP. 480866 (1924), Consortium für elektrochemische Industrie GmbH., Erf.: W. Haehnel u. W. O. Herrmann; Frdl. **16**, 684 (1927–1929).
  H. Staudinger u. H. Warth, J. pr. [2] **155**, 261 (1940).
  H. W. Melville, F. W. Peaker u. R. L. Vale, Makromolekulare Chem. **28**, 140 (1958).
  A. P. 2536980 (1947), General Aniline & Film Corp., Erf.: G. D. Jones; C. **1952**, 1578.
[5] W. H. McDowell u. W. O. Kenyon, Am. Soc. **62**, 415 (1940).
[6] H. Staudinger u. M. Häberle, Makromolekulare Chem. **9**, 52 (1952).
[7] DAS. 1065621 (1956), O. Wichterle, Erf.: O. Wichterle.
[8] Tsen Khan-Min u. H. S. Kolesnikow, Vysokomolekulyarnye Soedineniya **2**, 1010 (1960).
[9] A. P. 2861057 (1956), Eastman Kodak Co., Erf.: S. H. Merrill u. D. A. Smith.
[10] A. P. 3002003 (1959) ≡ DAS. 1053782 ≡ F. P. 1159953 (1956), Eastman Kodak Co., Erf.: S. H. Merrill, E. M. Robertson, H. C. Staehle u. C. C. Unruh.
[11] L. M. Minsk u. Mitarbb., J. Appl. Polymer Sci. **2**, 302 (1959).
  E. M. Robertson, W. P. van Deusen u. L. M. Minsk, J. Appl. Polymer Sci. **2**, 308 (1959).
  DAS. 1079453 ≡ Belg. P. 541995 ≡ F. P. 1143067 ≡ E. P. 813604 (1955), Eastman Kodak Co., Erf.: L. M. Minsk u. W. P. van Deusen; C. **1959**, 6687.
[12] Schweiz. P. 300340 (1951); 310838 (1952), Lonza Elektrizitätswerke u. Chemische Fabriken AG.

Anstelle der Säureanhydride können auch die entsprechenden Säurechloride verwendet werden, z. B. Ölsäurechlorid[1], Cinnamoylchlorid[2] oder das Chlorid der 4-Azido-benzoesäure[3]. Hierbei wird vorteilhaft in Pyridin gearbeitet. Die Veresterung mit ungesättigten Fettsäuren (C_{14} bis C_{24}) zu linearen Reaktionsprodukten wird erleichtert, wenn man Phenol[4] als Lösungsmittel verwendet. Entsprechend können auch vollständig oder teilweise hydrolysierte Copolymerisate des Äthylens mit Vinylacetat[5] verestert werden.

Mit Monoisocyanaten bilden sich *Carbamidsäureester* des Polyvinylalkohols. So erhält man mit 6-Ureido-n-hexylisocyanat[6] den polymeren *Ureido-n-hexyl-carbamidsäurevinylester*[7]. Dieser ist in Wasser löslich und bildet mit Formaldehyd gelatineähnliche Vernetzungsprodukte. Der N-(p-Acetyl-phenyl)-carbamidsäureester des Polyvinylalkohols entsteht mit p-Isocyanato-acetophenon[8]. Mit Benzaldehyd erhält man daraus die entsprechende Cinnamoylverbindung, die unter dem Einfluß von Licht unlöslich wird (s. a. S. 804). Analoge Umsetzungen erhält man mit *β-Chlor-äthylisocyanat*[9], *p-Isocyanato-zimtsäureester*[10] oder *p-Isocyanato-benzalacetophenon*[11].

N-(p-Acetyl-phenyl)-carbamidsäureester des Polyvinylalkohols[8]: 22 g Polyvinylalkohol werden in 250 cm³ trockenem Pyridin auf dem siedenden Wasserbad 45 Min. lang gerührt. Zur Mischung werden in mehreren Anteilen 90 g p-Isocyanato-acetophenon gegeben. Die Reaktion verläuft unter starker Erwärmung. Nach der Zugabe des Isocyanats entsteht eine klare viscose Lösung. Nach 4 Stdn. wird die Lösung mit dem doppelten Vol. Pyridin verdünnt und in Wasser eingerührt. Der feine Niederschlag wird abfiltriert, 4 mal mit frischem Wasser gewaschen und bei 40° an der Luft getrocknet. Die Ausbeute beträgt 80 g. Das Produkt enthält 7% Stickstoff (ber. 6,8%).

N-(p-Cinnamoyl-phenyl)-carbamidsäureester des Polyvinylalkohols[8]: 5 g des N-(p-Acetyl-phenyl)-carbamidsäureesters werden zu einer Lösung aus 20 cm³ Benzaldehyd in 100 cm³ Dimethylformamid gegeben. Nach dem Zusatz von 25 cm³ einer 10%igen Lösung von Schwefelsäure in Essigsäure wird die Mischung unter Lichtausschluß gerührt. Innerhalb von 72 Stdn. erhält man eine fast farblose Flüssigkeit, zu der 25 cm³ einer 10%igen Natriumacetatlösung in Essigsäure gegeben werden. Durch Zusatz von Methanol entsteht ein Niederschlag. Das Produkt wird nach dem Filtrieren mit frischem Methanol gewaschen und bei 40° an der Luft getrocknet. Während des Trocknens tritt eine geringe Verfärbung ein. Der Stickstoffgehalt beträgt 4,4% (ber. 4,7%).

Mit Thioglykolsäure[12] entsteht in stark verdünnter Salzsäure als Lösungsmittel aus Polyvinylalkohol ein *Mercaptogruppen* enthaltender Ester, der durch Oxydation zum entsprechenden *Disulfid* umgesetzt werden kann.

[1] DRP. 592233 (1930), I. G. Farb., Erf.: A. Voss, E. Dickhäuser u. W. Starck; Frdl. **20**, 1796 (1933).

[2] E.P. 695262 (1949), Kodak Ltd.; Chem. Abstr. **48**, 3068ᵉ (1954).

A.P. 2725372 (1951), Eastman Kodak Co., Erf.: L. M. Minsk; C. **1958**, 7012.

A.P. 2739892 (1953), Eastman Kodak Co., Erf.: J. J. Murray u. G. W. Leubner.

A.P. 2811509 (1954), Eastman Kodak Co., Erf.: D. A. Smith, A. C. Smith jr. u. C. C. Unruh.

[3] A.P. 3002003 (1959) ≡ DAS. 1053782 ≡ F.P. 1159953 (1956), Eastman Kodak Co., Erf.: S. H. Merrill, E. M. Robertson, H. C. Staehle u. C. C. Unruh.

[4] A.P. 2601561 (1949), Hercules Powder Co., Erf.: G. L. Schertz; C. **1954**, 9152.

A. E. J. Rheineck, J. Amer. Oil Chemists' Soc. **28**, 456 (1951).

A. I. Seavell, J. Oil Colour Chemists' Assoc. **39**, 99 (1956).

[5] A.P. 2983696 (1959), DuPont, Erf.: S. Tocker.

[6] S. Petersen, A. **562**, 205 (1949).

[7] F.P. 1117732 ≡ E.P. 776470 (1954), Kodak-Pathé, Erf.: D. A. Smith u. C. C. Unruh.

[8] A.P. 2728745 (1954), Eastman Kodak Co., Erf.: A. C. Smith jr. u. C. C. Unruh.

[9] A.P. 2887469 (1953), Eastman Kodak Co., Erf.: C. C. Unruh u. D. A. Smith.

[10] DAS. 1063802 (1956), Farbf. Bayer, Erf.: W. D. Schellenberg, O. Bayer, W. Siefken u. H. Rinke; C. **1960**, 11176.

[11] DAS. 1067219 ≡ F.P. 1168217 (1955), Farbf. Bayer, Erf.: W. D. Schellenberg u. H. Bartl.

[12] A.P. 2443923 (1944), DuPont, Erf.: C. W. Mortenson; Chem. Abstr. **42**, 7108ᵉ (1948).

Mischester des Polyvinylalkohols können durch Einwirkung eines Gemisches aus Carbonsäurechloriden[1] auf Polyvinylalkohol hergestellt werden. Es kann aber auch derart gearbeitet werden, daß man zunächst ein Säurechlorid einwirken läßt und die noch freien Hydroxygruppen mit einem Säureanhydrid weiter umsetzt, z.B. Zimtsäurechlorid und Phthalsäureanhydrid[2] oder Anhydride von aliphatischen Mono- oder Dicarbonsäuren[3]. Schließlich kann die Veresterung auch partiell[4] ausgeführt werden. In gleicher Weise läßt sich auch partiell acetalisierter Polyvinylalkohol[5] verestern.

In Wasser wie auch in organischen Lösungsmitteln lösliche Polyvinylester werden durch partielle Veresterung[6] des Polyvinylalkohols hergestellt. Die zur Bildung eines in Wasser gerade noch löslichen polymeren Esters benötigte Säuremenge hängt von der Molekelgröße des Acylrestes ab. So ist es möglich, mit niederen Fettsäuren wie Ameisensäure oder Essigsäure bis zu 40% der Hydroxygruppen im Polymeren zu verestern, ohne daß die Wasserlöslichkeit verloren geht, während mit Ölsäure oder Stearinsäure schon bei einem Verhältnis von einem Fettsäurerest zu etwa 20 Hydroxygruppen die Grenze der Wasserlöslichkeit erreicht wird.

Veresterung von Polyvinylalkohol mit Lauroylchlorid[7]: 80 g gepulverter Polyvinylalkohol werden in einem Gemisch aus 80 g Pyridin, 40 g Lauroylchlorid und 500 g Benzol 5 Stdn. lang unter Rühren auf 45–50° gehalten. Das äußerlich unveränderte Pulver löst sich in Wasser zu einer hochviscosen Flüssigkeit und ist in organischen Lösungsmitteln emulgierbar.

Veresterung von Polyvinylalkohol mit Phthalsäureanhydrid[8]: Eine Mischung aus 450 g Phthalsäureanhydrid, 480 g Methyläthylketon und 270 g Pyridin wird 1 Stde. lang auf 100° gehalten. In die Mischung trägt man 150 g Polyvinylalkohol ein und erhitzt weitere 5 Stdn. auf 100°. Nach dem Kühlen auf 70–80° gibt man zunächst 2000 g einer 10%igen wäßr. Natriumphosphatlösung und dann 1500 g Wasser zum Reaktionsgemisch. Durch Eingießen in 4000 g Wasser, dem 1135 g Schwefelsäure zugemischt sind, wird das Reaktionsprodukt ausgefällt. Es enthält nach dem Auswaschen und Trocknen 68% Phthalylgruppen.

Wenn Polyvinylalkohol mit aliphatischen oder aromatischen Sulfonsäurechloriden in Pyridin behandelt wird, so treten außer der normalen Bildung des *Sulfonsäureesters* Nebenreaktionen[9] ein, die u.a. zur Quaternierung mit Pyridin und zur Entstehung von Chlorderivaten führen. Dies wird weitgehend vermieden, wenn entweder Polyvinylalkohol in Pyridin bei erhöhter Temperatur zunächst angequollen und anschließend bei niedriger Temperatur mit organischen Sulfochloriden umgesetzt wird oder wenn das Polymere zuerst in Lösungsmitteln wie Wasser, Methansulfonsäure oder Benzolsulfonsäure gelöst, durch Zusatz von Pyridin, Aceton, Äther oder Dioxan ausgefällt und dann unterhalb 20° in Pyridin mit Sulfochloriden gemischt wird.

[1] DRP. 534213 (1929), I. G. Farb., Erf.: F. KLATTE, M. HAGEDORN u. C. ENGELBRECHT; Frdl. **18**, 148 (1931).

[2] F.P. 1159952 (1956), Kodak-Pathé, Erf.: C. C. UNRUH, G. W. LEUBNER u. A. C. SMITH jr.

[3] DAS. 1066867 (1955), Eastman Kodak Co., Erf.: L. M. MINSK u. W. P. VAN DEUSEN.

[4] DAS. 1079453 (1955), Eastman Kodak Co., Erf.: L. M. MINSK u. W. P. VAN DEUSEN.

[5] A.P. 2828289 (1955), Eastman Kodak Co., Erf.: J. W. MENCH; C. **1959**, 10451.

[6] DRP. 577284 (1930), I. G. Farb., Erf.: A. VOSS u. W. STARCK; Frdl. **19**, 2791 (1932).
DAS. 1102555 (1958), Gevaert Photo-Producten N. V., Erf.: A. J. DE PAUW u. R. M. HART.

[7] DRP. 577284 (1930), I. G. Farb., Erf.: A. VOSS u. W. STARCK; Frdl. **19**, 2791 (1932).
E.P. 769589 (1954), Esso Research & Engineering Co., Erf.: P. J. AGIUS u. P. R. MORRIS.

[8] A.P. 2484415 (1945), Eastman Kodak Co., Erf.: C. J. MALM u. LA MOYNE D. BEARDEN.
A.P. 2759909 (1952), Eastman Kodak Co., Erf.: G. D. HIATT u. J. EMERSON; C. **1957**, 6606.
A.P. 2796413 (1954), Monsanto Chemical Co., Erf.: M. BAER; C. **1959**, 2300.
A.P. 2828289 (1955), Eastman Kodak Co., Erf.: J. W. MENCH; C. **1959**, 10451.

[9] E. F. IZARD u. P. W. MORGAN, Ind. eng. Chem. **41**, 617 (1949).
D. D. REYNOLDS u. W. O. KENYON, Am. Soc. **72**, 1584 (1950).
A.P. 2531468/9 (1949), Eastman Kodak Co., Erf.: D.D.REYNOLDS u. W.O.KENYON.

Veresterung von Polyvinylalkohol mit Benzolsulfochlorid[1]: 44 g Polyvinylalkohol werden in 500 cm³ Pyridin dispergiert und 10 Min. lang auf 80–90° erhitzt. Nach dem schnellen Abkühlen auf 5–10° verdünnt man mit 1 l Pyridin und gibt 265 g Benzolsulfochlorid zu. Die Mischung wird dann 24 Stdn. lang auf 5–10° gehalten und anschließend mit dem gleichen Vol. Aceton versetzt, wobei Lösung eintritt. Das Polyvinylbenzolsulfonat wird durch Eingießen der Lösung in eine große Menge Wasser als faserige Substanz gefällt, die nach der Isolierung zur weiteren Reinigung wieder in Aceton gelöst und nach Filtration wieder gefällt wird. Das Reaktionsprodukt enthält 16% Schwefel, d.h. 92% der vorhandenen Hydroxygruppen wurden verestert.

β) Veresterung von Polyallylalkohol

Beim Erhitzen von Polyallylalkohol im Stickstoff- oder Kohlendioxydstrom bilden sich mit gesättigten[2] oder ungesättigten[3] Fettsäuren bei Temperaturen über 200° die entsprechenden polymeren Ester. Analog können Copolymerisate aus *Styrol* und *Allyl-* oder *Methallylalkohol*[4] sowie geringen Mengen Divinylbenzol mit ungesättigten Fettsäuren (10–18 Kohlenstoffatome) verestert werden.

4. Lactonisierung von Polymerisaten

a) von Copolymerisaten des Maleinsäureanhydrids

Während die alkalische Verseifung von Copolymerisaten aus *Maleinsäureanhydrid* und *Vinylacetat*[5] oder *Isopropenylacetat*[6] zu Salzen von polymeren Hydroxycarbonsäuren führt, tritt durch Behandeln mit Säuren in Alkohol eine intramolekulare Lactonbildung unter gleichzeitiger Veresterung der 2-Carboxygruppe ein:

γ-Lacton   γ-Lacton   δ-Lacton

Copolymerisate aus **konjugierten Dienen**[7], z.B. Butadien, mit **Maleinsäurehalbestern** können ebenfalls durch starke Säuren oder Friedel-Crafts-Katalysatoren infolge einer teilweisen intramolekularen Anlagerung der Carboxygruppen an die Doppelbindung lactonisiert werden.

Äthylesterlactone aus einem Copolymerisat von Maleinsäureanhydrid mit Vinylacetat[8]: 490 g eines Copolymerisates aus Vinylacetat und Maleinsäureanhydrid werden in 2,33 l 98,5%igem Alkohol durch mehrstdg. Schütteln gelöst. Unter heftigem Rühren werden 175 cm³ konz. Schwefelsäure langsam zugegeben. Nach 18stdg. Erhitzen unter Rückfluß hat sich ein Niederschlag gebildet, der von der überstehenden Flüssigkeit durch Dekantieren befreit, in einer großen

[1] D. D. REYNOLDS u. W. O. KENYON, Am. Soc. **72**, 1584 (1950).
A. P. 2531468/9 (1949), Eastman Kodak Co., Erf.: D. D. REYNOLDS u. W. O. KENYON.
[2] A. P. 2585827 (1947), American Cyanamid Co., Erf.: J. J. PADBURY u. E. L. KROPA.
[3] A. P. 2555775 (1943), Shell Develop., Erf.: D. E. ADELSON u. H. F. GRAY jr.
[4] A. P. 2962462 (1958), Monsanto Chemical Co., Erf.: E. C. CHAPIN, R. H. REINHARD u. W. F. YATES.
[5] A. P. 2306071 (1938), Eastman Kodak Co., Erf.: J. G. McNALLY u. R. H. VAN DYKE.
L. M. MINSK, G. P. WAUGH u. W. O. KENYON, Am. Soc. **72**, 2646 (1950).
[6] A. P. 2481769 (1945), Eastman Kodak Co., Erf.: L. M. MINSK u. W. O. KENYON.
[7] DAS. 1092205 (1957), Farbf. Bayer, Erf.: R. SCHMITZ-JOSTEN.
[8] A. P. 2306071 (1938), Eastman Kodak Co., Erf.: J. G. McNALLY u. R. H. VAN DYKE.

Menge Aceton gelöst und aus der Lösung durch Eingießen in kaltes Wasser wieder ausgefällt wird. Nach mehrmaligem Umlösen und Ausfällen wird das Reaktionsprodukt schließlich mit kaltem Wasser gewaschen und an der Luft getrocknet. Es enthält 10,2% Vinylacetat- und 6,6% Maleinsäure-Einheiten.

β) von anderen Copolymerisaten

Hydrolysierte Copolymerisate aus *Acrylsäureestern* und *Vinylacetat*[1] bilden in Gegenwart von Alkohol und starken Säuren polymere Esterlactone. Ebenso reagiert *Poly-α-acetoxy-acrylnitril*[2]. *Poly-α-chlor-acrylsäure* sowie Copolymerisate der *α-Chlor-acrylsäure* mit *Vinylacetat* werden in verdünntem Alkohol durch Schwefelsäure lactonisiert[3], wobei gleichzeitig die Carboxygruppen verestert werden. *Poly-α-chlor-acrylsäureäthylester* kann sogar mit Aluminiumchlorid[4] lactonisiert werden. Die Umwandlung der Ester- in die Lactongruppe läßt sich IR-spektrographisch sehr gut verfolgen.

5. Xanthogenierung von Hydroxygruppen enthaltenden Polymerisaten

Polyvinylalkohol reagiert in Form der Alkaliverbindung mit Schwefelkohlenstoff zum Alkalisalz der *Polyvinylxanthogensäure*[5].

Xanthogenierung eines Copolymerisates aus Äthylen und Vinylacetat[6]: 135 g eines Copolymerisates aus 1,7 Mol Äthylen und einem Mol Vinylacetat werden in einer Mischung aus 634 g Toluol und 576 g Äthanol gelöst und mit einer Lösung aus 85 g Kaliumhydroxyd in 394 g Äthanol versetzt. Die Mischung wird dann 4 Stdn. lang unter Rückfluß erhitzt und das Reaktionsprodukt durch Wasserdampfdestillation von flüchtigen Verbindungen befreit, mit Wasser gewaschen und bei 60–70° getrocknet.

110 Tle. des verseiften Copolymerisates werden in einer Lösung von 10 g Natrium in 513 g Äthanol unter Erwärmen gelöst, und das Äthanol wird unter gleichzeitiger Zugabe von Toluol abdestilliert. Wenn die Lösung vollständig frei von Äthanol ist, wird auf 25° abgekühlt. Man gibt 33 g Schwefelkohlenstoff zu und rührt 5,5 Stdn. lang bei Raumtemperatur. Nach der Zugabe von 100 cm³ Wasser bildet sich zwischen der Toluolphase und der wäßr. Phase ein Niederschlag. Dieser wird abfiltriert, mit Aceton gewaschen und i. Vak. bei 20° getrocknet. Das in Wasser schwer lösliche und wenig stabile Natriumxanthogenat enthält 13,98% Schwefel. Dies entspricht einer Xanthogenierung von 25,5% der im Copolymerisat vorhandenen Hydroxygruppen.

Partiell acetalisierter Polyvinylalkohol kann nach der oben gegebenen Vorschrift ebenfalls xanthogeniert werden[7].

6. Cyanäthylierung von Polyvinylalkohol und Polyketonen

In Gegenwart von Basen lagert sich Acrylnitril an die Hydroxygruppe des Polyvinylalkohols an, wobei *Poly-(β-cyan-äthyl)-vinyl-äther*[8] entstehen, die in Aceton

---

[1] A. P. 2067706 (1933) = F. P. 765272 (1933), I. G. Farb., Erf.: H. FIKENTSCHER; C. **1934** II, 2139.
   A. P. 2403004 (1942), Eastman Kodak Co., Erf.: W. O. KENYON, T. F. MURRAY jr. u. L. M. MINSK.
[2] A. P. 2537881 (1947), Eastman Kodak Co., Erf.: J. B. DICKEY; C. **1952**, 6773.
[3] A. P. 2413716 (1942), Eastman Kodak Co., Erf.: W. O. KENYON u. L. M. MINSK.
   L. M. MINSK u. W. O. KENYON, Am. Soc. **72**, 2650 (1950).
[4] G. SMETS u. P. FLORE, J. Polymer Sci. **35**, 519 (1959).
[5] Herstellung von Cellulosexanthogenaten vgl. ds. Bd., Kap. Umwandlung von Cellulose und Stärke unter weitgehender Erhaltung der makromolekularen Struktur, S. 882.
[6] A. P. 2396210 (1942), DuPont, Erf.: W. H. SHARKEY; Chem. Abstr. **40**, 3124⁷ (1946).
   S. a. A. NICCO, A. ch. [13] **2**, 145 (1957).
   B. G. RÅNBY, Makromolekulare Chem. **42**, 68 (1960).
[7] F. P. 895993 (1943), Société Nobel Française.
[8] A. P. 2341553 (1942), DuPont, Erf.: R. C. HOUTZ; Chem. Abstr. **38**, 4347⁸ (1944).
   DRP. 738869 (1936), I. G. Farb., Erf.: K. BILLIG.

und Dioxan löslich, aber in Wasser, Alkohol und Kohlenwasserstoffen unlöslich sind. Durch Behandlung dieser Anlagerungsprodukte mit Hydroxylamin[1] werden *polymere Amidoxime* gebildet, die in wäßrigen Säuren und Alkalien löslich sind. *Polyalkylvinylketone* oder Copolymerisate aus *Äthylen* mit *Kohlenmonoxyd*[2] können ebenfalls cyanäthyliert werden. Die Cyanäthylgruppe tritt bei diesen Polymerisaten in die α-Stellung zur Ketogruppe. Durch Verseifung der Reaktionsprodukte mit konzentrierten wäßrigen Alkalien entstehen wasserlösliche Salze von Polycarbonsäuren. Über die Cyanäthylierung von Cellulose s. Literatur[3].

Cyanäthylierung von Polyvinylalkohol[4]: Eine Suspension, die 45 g Polyvinylalkohol von hoher Viscosität, 265 g Acrylnitril und 5 g einer 5%igen wäßr. Lösung von Natriumhydroxyd enthält, wird im geschlossenen Gefäß unter Rühren bis zum Sieden erhitzt. Nach $^1/_2$ Stde. geht der Polyvinylalkohol in Lösung, und nach insgesamt 45 Min. ist die Reaktion beendet. Es wird dann mit Essigsäure neutralisiert und die viscose, schwach braungefärbte Lösung in 2000 g Äther eingerührt. Der gebildete Niederschlag wird abfiltriert, in 300 g Aceton gelöst und mit Äther wieder gefällt. Es entstehen 95 g des schwach gefärbten Cyanäthylierungsproduktes mit 13,84% Stickstoff.

7. Reaktion von Polyvinylalkohol mit Thioharnstoff zu Polythiuronium-verbindungen

In Gegenwart von starken Säuren reagiert Polyvinylalkohol mit Thioharnstoff[5] unter teilweiser Substitution zu Polythiuroniumverbindungen:

Maximal können etwa 33% der Hydroxygruppen substituiert werden. Besser reagieren N-methylierte Thioharnstoffe wie Tetramethylthioharnstoff. Im stark alkalischen Medium tritt Zersetzung unter Bildung von *Polymercaptanen* ein. Die Salze der Thiuroniumverbindungen mit Polycarbonsäuren sind unlösliche Gele, die gute Ionenaustauscher darstellen.

m) Umwandlung der Aldehydgruppe im Polyacrolein und Polymethacrolein

Die polymeren Aldehyde sind sehr reaktionsfähige Verbindungen mit einer starken Neigung zum Vernetzen. So polymerisiert *Acrolein*[6] sehr leicht spontan, wobei ein in allen Lösungsmitteln unlösliches Polymerisat entsteht. Demgegenüber sind

[1] DAS. 1050055 (1955), Gevaert Photo-Producten N. V., Erf.: F. L. SCHOUTEDEN; C. **1959**, 5643.

[2] A. P. 2396963 (1944), DuPont, Erf.: C. W. MORTENSON; Chem. Abstr. **40**, 3937³ (1946).

[3] S. ds. Bd., Kap. Umwandlung von Cellulose und Stärke unter weitgehender Erhaltung der makromolekularen Struktur, S. 892.

[4] A. P. 2341553 (1942), DuPont, Erf.: R. C. HOUTZ; Chem. Abstr. **38**, 4347⁸ (1944).
    DRP. 738869 (1936), I. G. Farb., Erf.: K. BILLIG.

[5] J. ČERNÝ u. O. WICHTERLE, J. Polymer Sci. **30**, 501 (1958).

[6] J. REDTENBACHER, A. **47**, 113 (1843).
    C. MOUREU u. C. DUFRAISSE, C. r. **169**, 621 (1919).
    R. C. SCHULZ, Makromolekulare Chem. **17**, 62 (1955/1956).

Polymethacroleine[1] besser löslich. Erst in neuerer Zeit wurden die Polymerisation des Acroleins[2] sowie die möglichen chemischen Umsetzungen am Polyacrolein[3,4] eingehend bearbeitet[5].

1. Oxydation

Die Oxydation des Polyacroleins mit Wasserstoffperoxyd führt zu einem vollständigen Abbau[6], wobei Kohlensäure, Ameisen- und Essigsäure sowie nicht flüchtige Verbindungen entstehen. Unter gleichen Bedingungen tritt auch mit Polyacrylsäure ein Abbau ein. Dagegen entsteht mit Peressigsäure eine polymere Carbonsäure, die eine weitgehende Ähnlichkeit mit Polyacrylsäure hat. Aldehydgruppen können im Oxydationsprodukt nicht mehr nachgewiesen werden.

Die Einwirkung von Kaliumpermanganat, Peressigsäure oder Wasserstoffperoxyd auf Polymethacrolein führt in Pyridin zu einer der *Polymethacrylsäure* ähnlichen Verbindung[3].

2. Addition von Natriumhydrogensulfit an Polyacroleine

Die für Aldehydgruppen charakteristische Addition von Natriumhydrogensulfit gelingt selbst mit dem in fast allen Lösungsmitteln unlöslichen Polyacrolein[7] (Disacryl), wenn überschüssiges Natriumhydrogensulfit auf die wäßrige Dispersion des Polymeren bei schwach erhöhter Temperatur einwirkt. Im Laufe einer Stunde tritt vollständige Lösung ein. Der Überschuß an Natriumhydrogensulfit wird durch Dialyse entfernt und die Hydrogensulfitverbindung durch Gefriertrocknung[8] isoliert. Mit Hilfe von Kationenaustauschern entsteht die freie *Hydroxysulfonsäure*. Diese bildet sich direkt, wenn Polyacrolein mit einer Lösung von Schwefeldioxyd[9] in Wasser mehrere Stunden geschüttelt wird. Das Anlagerungsprodukt gibt mit fuchsinschwefliger Säure eine blauviolette, für Aldehyde charakteristische Färbung. Mit Säuren erfolgt Spaltung unter Rückbildung des polymeren Aldehyds. Über die Hydrogensulfitverbindung sind mit Anilin oder Kaliumcyanid die *Amine* bzw. *Cyanhydrine* darstellbar, die durch direkte Umsetzung des Polyacroleins schwierig oder überhaupt nicht zugänglich sind. Dagegen bildet Polymethacrolein in Gegenwart von Zinkchloriddoppelsalzen der aromatischen Amine als Katalysatoren die entsprechenden *Amine* mit 20–30% Umsatz. Polymethacrolein reagiert aber nicht mit Natriumhydrogensulfit.

3. Bildung von Cyanhydrinen

Cyanhydrine können durch Reaktion eines Copolymerisates aus Styrol und Methacrolein mit Blausäure erhalten werden.

[1] DRP.-Anm. I 77018 (1944), I. G. Farb., Erf.: P. SCHNEIDER u. W. WIESEMANN.
[2] R. C. SCHULZ, Makromolekulare Chem. **17**, 62 (1955/1956).
R. C. SCHULZ, H. CHERDRON u. W. KERN, Makromolekulare Chem. **24**, 141 (1957).
H. CHERDRON, Kunstst. **50**, 568 (1960).
[3] W. KERN u. R. C. SCHULZ, Ang. Ch. **69**, 162 (1957).
[4] R. C. SCHULZ u. W. KERN, Makromolekulare Chem. **18/19**, 4 (1956).
[5] S. ds. Handb., Bd. XIV/1, Kap. Polymerisation α,β-ungesättigter Aldehyde und Ketone, S. 1083.
[6] R. C. SCHULZ, I. LÖFLUND u. W. KERN, Makromolekulare Chem. **28**, 58 (1958).
[7] R. C. SCHULZ, Kunstst. **47**, 303 (1957).
[8] R. C. SCHULZ, Chemie-Ing.-Techn. **28**, 296 (1956).
[9] R. C. SCHULZ, I. LÖFLUND u. W. KERN, Makromolekulare Chem. **32**, 209 (1959).
DAS. 1019825 (1956), Degussa, Erf.: O. SCHWEITZER, W. KERN, R. C. SCHULZ u. R. HOLLÄNDER.
H. CHERDRON, Kunstst. **50**, 568 (1960).
W. KERN, R. C. SCHULZ u. D. BRAUN, J. Polymer Sci. **48**, 91 (1960).

Cyanhydrin des Copolymerisates aus Styrol und Methacrolein[1]: 100 g eines Copolymerisates aus 48% Styrol und 52% Methacrolein werden in 1 *l* Benzol heiß gelöst. Nach Zugabe von 2 cm³ Pyridin wird auf 10° abgekühlt. Zur Lösung gibt man aus einem Tropftrichter in 30 Min. 17,5 g Cyanwasserstoff und erhitzt anschließend 2 Stdn. lang auf 60°, wobei überschüssige Blausäure entweicht. Das Lösungsmittel wird i. Vak. abdestilliert und der Rückstand in Wasser gegossen. Das ausgefallene gelbe, spröde Harz trocknet man 16 Stdn. lang bei 60° im Vakuum. Es enthält 1,66% Stickstoff und 3,23% Hydroxygruppen.

4. Disproportionierung der Aldehydgruppe

Die Aldehydgruppe kann auch gemäß einer Cannizzaro-Reaktion unter Bildung von Alkohol- und Carboxygruppen disproportioniert werden. Diese Reaktion tritt mit niedrigmolekularen Aldehyden nur dann ein, wenn keine zur Aldolkondensation befähigten α-ständigen Wasserstoffatome vorhanden sind. Behandelt man jedoch *Polyacrolein*[2] mit 1 n Natronlauge, so erfolgt innerhalb weniger Minuten Auflösung. Durch Ansäuern wird das Reaktionsprodukt ausgefällt; es enthält neben Carboxygruppen auch Hydroxygruppen.

Unter der Einwirkung von starken anorganischen Basen wie Alkalihydroxyden oder auch primären und sekundären aliphatischen und araliphatischen Aminen, z. B. Di-n-butylamin, Dipropylamin, Benzylamin, disproportionieren auch die Aldehydgruppen im *Polymethacrolein*, wobei in äquivalenten Mengen Hydroxy- und Carboxygruppen entstehen. Die Reaktion verläuft schnell bei 80–90°. Es bilden sich wasserlösliche Umsetzungsprodukte. Entsprechend können auch Copolymerisate des Methacroleins[3] disproportionieren. Lösliche Reaktionsprodukte erhält man nur dann, wenn der Anteil des Methacroleins im Copolymerisat wenigstens 70–75% beträgt. Beim Erhitzen der freien Säure oder des Ammoniumsalzes auf 150° treten teilweise Lactonringbildung und Vernetzung ein. Diese Produkte sind in Wasser und fast allen Lösungsmitteln unlöslich. Ganz analoge Reaktionen geben Pfropfpolymerisate[4] von *Methacrolein* auf *Polyvinylchlorid* oder auf Copolymerisate aus *Butadien* und *Styrol*.

Disproportionierung von Polymethacrolein mit Natriumhydroxyd[3]: 500 g eines 10%igen Latex des Polymethacroleins, der mit Hilfe von Peroxydisulfat als Katalysator bei p_H 3,5 gewonnen wurde, werden mit einer Lösung aus 15 g Natriumhydroxyd in Wasser unter intensivem Rühren langsam auf 90° erwärmt. Beim Erreichen dieser Temp. tritt eine starke exotherme Reaktion ein, so daß ohne äußere Wärmezufuhr die Temp. auf 90° gehalten werden kann. Die Viscosität des Latex wird hierbei stark verringert. Am Ende der Reaktion entsteht eine klare, braune Lösung. Nach 3 Stdn. wird die Lösung i. Vak. eingedampft. Man erhält 46,3 g des Natriumsalzes. Die freie Säure hat eine Säurezahl von 230.

5. Acetalisierung und Mercaptalisierung von Polyacroleinen

Zur Herstellung von Acetalen wird die Suspension des Polyacroleins in Alkoholen[5] wie n-Butanol, β-Chlor-äthanol, Butandiol-(1,3), Benzylalkohol, Cyclohexanol oder Alkylenglykolen[6] in Gegenwart von p-Toluolsulfonsäure auf 50–100° erhitzt,

---

[1] A.P. 2833743 (1955), Monsanto Chemical Co., Erf.: R. H. REINHARD; C. **1959**, 16487.
[2] R. C. SCHULZ, E. MÜLLER u. W. KERN, Naturwiss. **45**, 440 (1958).
   F.P. 1257957 (1960), General Tire & Rubber Co., Erf.: H. PIOTROWSKI u. G. E. VAN GILS.
[3] F.P. 1131993 (1954), General Tire & Rubber Co., Erf.: E. E. GRUBER u. E. F. KALAFUS.
[4] DAS. 1109898 (1960), General Tire & Rubber Co., Erf.: G. E. VAN GILS.
[5] R. C. SCHULZ, H. FAUTH u. W. KERN, Makromolekulare Chem. **21**, 227 (1956).
   Acetale des Polymethacroleins s. F.P. 1217308 (1958), DuPont, Erf.: R. L. EIFERT u. B. M. MARKS.
[6] DAS. 1047432 (1957), Farbw. Hoechst, Erf.: P. SCHLACK u. W. GÖLTNER; C. **1960**, 2363.

wobei klare Lösungen entstehen. Aus diesen kann das polymere Acetal durch Eingießen in Wasser ausgefällt werden. Eine sehr glatte Reaktion gibt β-Chlor-äthanol. Bereits nach 30 Minuten langem Erhitzen auf 70° bildet sich in Gegenwart von p-Toluolsulfonsäure eine klare Lösung, aus der das Reaktionsprodukt durch Eintragen in Wasser gefällt wird. Mit Säuren bildet sich das Polyacrolein zurück. Entsprechende Reaktionen geben Copolymerisate des *Acroleins* mit *Acrylnitril*[1].

Beim Erwärmen von Polyacrolein mit Thiophenol[2] entstehen in Gegenwart von p-Toluolsulfonsäure bei 100° bereits nach fünf Minuten polymere Mercaptale, die durch Eintropfen der Lösung in das 15fache Volumen Äther ausgefällt werden. Die sehr stabilen Verbindungen sind in Benzol, Dioxan, Dimethylformamid, Pyridin oder Tetrahydrofuran löslich. Nach viermaligem Umfällen aus Benzol mit Äther ergibt sich ein Schwefelgehalt von 20% (berechnet 24,8%). Äthylmercaptan reagiert ebenfalls, wenn Chlorwasserstoff in Dioxan oder Borfluorid-Diäthyläther als Katalysator zugegeben wird. Thioglykolsäure benötigt keinen Katalysator. Sie bildet alkalilösliche Polyelektrolyte. Polymethacrolein gibt keine Reaktion mit Alkoholen oder Mercaptanen.

Acetalisierung von Polyacrolein mit β-Chlor-äthanol[3]**:** 5 g eines unlöslichen Polyacroleins (Disacryl) werden in 120 cm³ β-Chlor-äthanol suspendiert und nach Zugabe von 0,5 g p-Toluolsulfonsäure unter Rühren auf 70° erwärmt. Im Laufe von 20–30 Min. bildet sich eine braune Lösung. Man trennt von geringen Mengen eines unlöslichen Rückstandes ab und tropft die klare Lösung in Wasser ein. Das Polymere wird dreimal aus Aceton mit Wasser umgefällt; Ausbeute 7,9 g; 23,0% Chlorgehalt (ber. 35,6%). Der Umsatz liegt bei 65%.

6. Bildung von Oximen und Hydrazonen

Sowohl Polyacrolein als auch Polymethacrolein reagieren mit Hydroxylaminhydrochlorid. Die Oximierung kann so geleitet werden, daß die Carbonylgruppen im Polyacrolein[4] quantitativ umgesetzt werden. Als Reaktionsmedium wählt man Alkohol-Pyridin-Wassergemische und titriert die entstandene Salzsäure[5]. Die erforderlichen Reaktionszeiten betragen 80–120 Stunden. So lassen sich in einem durch Redoxpolymerisation oder durch spontane Polymerisation gebildeten unlöslichen Polyacrolein 67% bzw. 63% der Aldehydgruppen erfassen. Dagegen können in Polymerisaten, die durch kationische oder anionische Polymerisation gewonnen wurden, nur noch 15–20% der eingesetzten Aldehydgruppen erfaßt werden. Die Umsetzung gelingt bei 20–50° auch mit wäßrigem Hydroxylaminhydrochlorid, das schwach alkalisch gestellt wurde. Es entstehen klare, gelbliche, hochviscose Lösungen.

Polyacroleinoxim[4]**:** 0,5 g eines in Lösungsmitteln unlöslichen Polyacroleins (Disacryl) werden mit einer Lösung aus 1 g Hydroxylaminhydrochlorid in 25 cm³ 2n Natronlauge übergossen und 12 Stdn. lang bei Zimmertemp. geschüttelt. Man erwärmt noch 2 Stdn. auf 50° und zentrifugiert von ungelösten Bestandteilen ab. Die klare, gelbliche Lösung wird in ein Gemisch aus 50 cm³ Wasser und 30 cm³ 2n Essigsäure eingetropft. Die Fällung wird zentrifugiert, gewaschen und in 20 cm³ 2n Natronlauge gelöst; man fällt wieder durch Eintropfen in ein Wasser-Essigsäure-Gemisch und wiederholt die Umfällung 3–4mal. Nach dem Trocknen i. Vak. über konz. Schwefelsäure und Mahlen erhält man ein hellgelbes Pulver; Stickstoffgehalt 12,4%.

Die Bildung des *Polymethacroleinoxims*[6] gelingt leicht, wenn die verdünnte Lösung des Polymeren in Pyridin mit einem Überschuß von Hydroxylaminhydrochlorid

[1] Belg. P. 594 882 (1960), Farbw. Hoechst.
[2] R. C. Schulz, E. Müller u. W. Kern, Makromolekulare Chem. **30**, 39 (1959).
[3] R. C. Schulz, H. Fauth u. W. Kern, Makromolekulare Chem. **21**, 227 (1956).
[4] R. C. Schulz, H. Fauth u. W. Kern, Makromolekulare Chem. **20**, 161 (1956).
[5] W. M. D. Bryant u. D. M. Smith, Am. Soc. **57**, 57 (1935).
[6] W. Kern u. R. C. Schulz, Ang. Ch. **69**, 162 (1957).

einige Stunden zum Sieden erhitzt wird. Nach sechsmaligem Umlösen beträgt der Stickstoffgehalt 16,02% (berechnet 16,66%). In natronalkalischer Lösung entsteht mit Dimethylsulfat ein methyliertes Produkt, das 93% des theoretischen Stickstoffgehaltes aufweist. Unter gelinden Bedingungen kann das polymere Oxim durch Wasserabspaltung mit Essigsäureanhydrid in *Polymethacrylnitril* übergeführt werden.

Beim Schütteln einer Suspension aus Polyacrolein – das durch Redoxpolymerisation hergestellt und in Dioxan gelöst wurde – mit Phenylhydrazin bilden sich *polymere Phenylhydrazone*[1], aus denen in Dimethylformamid oder Dioxan durch Kuppeln mit diazotierten aromatischen Aminen Formazangruppierungen entstehen, die Schwermetallsalze komplex binden können.

Die Reaktion des *Polymethacroleins* mit Phenylhydrazin führt zum *Polymethacroleinphenylhydrazon*[2], wobei 30–40% der Aldehydgruppen umgesetzt werden.

n) Umwandlung der Ketogruppe in Polymerisaten

1. Bildung von Cyanhydrinen

Polycyanhydrine entstehen aus Copolymerisaten des Äthylens mit Kohlenmonoxyd durch Behandlung mit überschüssiger Blausäure in Gegenwart von Alkalicyaniden als Katalysator. (Über das Verhalten von Poly-methylvinylketon s. S. 735).

Polycyanhydrin aus dem Copolymerisat des Äthylens mit Kohlenmonoxyd[3]: 54 g wasserfreie Blausäure und 35 g eines Copolymerisates aus Äthylen mit Kohlenmonoxyd (Mol.-Verhältnis 2,4 : 1) werden 3 Stdn. lang bei 20° gerührt, wobei das Polyketon in Lösung geht. Nach Zugabe von 0,5 g Kaliumcyanid wird weitere 3 Stdn. bei 20° gerührt. Zur Stabilisierung des Polycyanhydrins wird die Lösung mit 1,1 g einer 85%igen Phosphorsäure versetzt und überschüssige Blausäure durch Destillation entfernt. Der Rückstand löst sich in einem Gemisch aus 175 g Benzol und 79 g Äthanol. Die Lösungsmittel werden zusammen mit geringen Mengen an Blausäure durch Destillation abgetrieben. Das Polycyanhydrin ist ein strohgelbes, hartes und sprödes Harz, das 9,14% Stickstoff enthält, d.h. 80% der Ketogruppen wurden in Cyanhydringruppen umgewandelt.

2. Bildung von Oximen

Poly-methylvinylketon[4] wie auch Copolymerisate des *Äthylens* mit *Kohlenmonoxyd*[5] sowie *Polyvinylacetophenon*[6] reagieren mit Hydroxylamin zu den entsprechenden *Polyoximen.*

Oxim des Poly-methylvinylketons[4]: Eine Mischung aus 200 cm³ 95%igem Äthanol, 200 cm³ Dioxan und 5,1 g wasserfreiem Natriumacetat wird in einem Dreihalskolben mit Rührer, Rückflußkühler und zwei Tropftrichtern zum Sieden gebracht. Zu dieser Mischung wird durch je einen Tropftrichter eine Lösung aus 4,2 g Hydroxylaminhydrochlorid in 200 cm³ 95%igem Alkohol sowie eine Lösung aus 4,2 g Poly-methylvinylketon in 150 cm³ Dioxan tropfenweise und mit äquivalenter Geschwindigkeit gegeben. Es entsteht zunächst eine milchige Trübung. Nach längerem Rühren bildet sich ein Niederschlag, der abfiltriert, mit Wasser gewaschen und getrocknet wird. Das polymere Oxim (4 g) ist in starken Säuren oder Basen löslich, in Wasser aber unlöslich. Es enthält 16,34% Stickstoff (ber. 16,46%).

[1] R. C. SCHULZ, R. HOLLÄNDER u. W. KERN, Makromolekulare Chem. **40**, 16 (1960).

[2] W. KERN u. R. C. SCHULZ, Ang. Ch. **69**, 163 (1957).

[3] M. M. BRUBAKER u. Mitarbb., Am. Soc. **74**, 1509 (1952).
A.P. 2495284 (1948), DuPont, Erf.: P. S. PINKNEY; C. **1951** I, 794.

[4] C. S. MARVEL u. C. L. LEVESQUE, Am. Soc. **60**, 280 (1938).

[5] A.P. 2457279 (1945), DuPont, Erf.: S. L. SCOTT; Chem. Abstr. **43**, 2816ᵍ (1949).
A.P. 2620325 (1951), DuPont, Erf.: C. M. LANGKAMMERER; C. **1953**, 8464.
M. M. BRUBAKER u. Mitarbb., Am. Soc. **74**, 1509 (1952).

[6] A.P. 2915512 (1956), Monsanto Chemical Co., Erf.: J. A. BLANCHETTE.
J. A. BLANCHETTE u. J. D. COTMAN jr., J. org. Chem. **23**, 1117 (1958).

3. Bildung von Aminen

Die Bildung von polymeren Aminen aus Copolymerisaten des *Äthylens* mit *Kohlenmonoxyd* ist nicht nur durch eine reduktive Aminierung unter hohem Druck möglich (s. S. 693), sondern kann auch durch Reaktion der Copolymerisate mit Formaldehyd und Aminen[1] als Mannich-Kondensation erfolgen. Die Reaktion kann in Suspension oder in Lösung ausgeführt werden und führt leicht zu Vernetzungen.

4. Bildung von Hydantoinen

Copolymerisate aus *Äthylen* und *Kohlenmonoxyd* werden mit Blausäure, Ammoniak und Kohlendioxyd zu *Polyhydantoinen*[2] umgesetzt. In Isopropanol oder Dioxan reagiert die Ketogruppe mit Ammoniumcarbonat und Natriumcyanid in Gegenwart von Ammoniumchlorid bei 55–60° zu pulvrigen bis wachsartigen, in Wasser schwer- oder unlöslichen polymeren Hydantoinen:

5. Cyclisierung von Poly-methylvinylketon

Bei der Reaktion des Poly-methylvinylketons mit Blausäure, Aminen, Phenylhydrazin, Mercaptanen oder Semicarbazid ist eine chemisch einheitliche Umsetzung nicht möglich, weil in wechselndem Ausmaß Cyclisierungs- und andere Reaktionen eintreten. Die Cyclisierung wird zur Hauptreaktion, wenn Polyphosphorsäure oder Salzsäure[3] in Tetrahydrofuran schon bei Raumtemperatur auf Poly-methylvinylketon einwirkt. Es sollen Polymere mit Methylcyclohexenon-Einheiten entstehen, die in Trichlormethan, Tetrahydrofuran oder Pyridin löslich sind.

Eine ähnliche Cyclisierung gelingt auch mit alkoholischem Alkali[4].

o) Umwandlung von Carbonsäure- oder Anhydridgruppen in Polymerisaten durch Veresterung

1. Veresterung von Polyacrylsäure, Polymethacrylsäure und deren Anhydriden

Polyacrylsäure oder Polymethacrylsäure kann durch Einwirkung von Diazomethan[5] verestert werden. Mit Alkylenoxyden[6] bilden sie wie auch die Copolymerisate aus *Styrol* mit *Acrylsäure*, die auf 10–100 Einheiten eine freie Carboxy-

[1] DAS. 1055810 (1954) ≡ A.P. 2846406 (1955), Farbf. Bayer, Erf.: H. KLEINER, O. BAYER u. H. WILMS; C. **1959**, 15 204.
[2] A.P. 2527821 (1948), DuPont, Erf.: J. R. JOHNSON; C. **1951** II, 2260.
[3] R. C. SCHULZ, H. VIELHABER u. W. KERN, Kunstst. **50**, 500 (1960).
[4] W. COOPER u. E. CATTERALL, Chem. and Ind. **1954**, 1514.
[5] A. KATCHALSKY u. H. EISENBERG, J. Polymer Sci. **6**, 145 (1951).
[6] A.P. 2607761 (1948), Industrial Research Institute of the University of Chattanooga, Erf.: R. B. SEYMOUR; C. **1954**, 4276.

gruppe[1] enthalten, bei 80–160° in inerten Lösungsmitteln wie wasserfreiem Toluol und in Gegenwart von basischen Verbindungen, z.B. Alkalihydroxyden oder Kaliumtert.-butylat, polymere H y d r o x y a l k y l e s t e r. In Gegenwart von Pyridin als Katalysator kann *Polymethacrylsäureanhydrid*[2] bei 50–100° in inerten Lösungsmitteln mit primären oder sekundären aliphatischen Alkoholen zu sauren Estern aufgespalten werden:

Veresterung von Polyacrylsäure mit Diazomethan[3]: 1 g fein gemahlene Polyacrylsäure wird bei Raumtemp. zu 100 cm³ Benzol gegeben, das 2,8 g Diazomethan enthält. Unter gelegentlichem Schütteln des Reaktionsgefäßes entwickelt sich Stickstoff, wobei das Polymerisat allmählich in Lösung geht. Wenn die Stickstoffentwicklung aufhört, wird der gebildete Polyacrylsäuremethylester durch Zugabe von Äther aus der Lösung in Benzol ausgefällt und i. Vak. getrocknet.

2. Veresterung von Copolymerisaten des Maleinsäureanhydrids

Copolymerisate aus Maleinsäureanhydrid mit *Styrol*[4] sowie mit *Allylestern*[5] oder anderen ungesättigten Verbindungen wie Äthylen oder Propylen[6] können durch Einwirkung von A l k o h o l e n leicht zu den entsprechenden H a l b e s t e r n umgesetzt werden. Copolymerisate des Maleinsäureanhydrids mit *Vinylacetat* geben in Gegenwart von Säuren L a c t o n e, die Estergruppen enthalten (s. S. 728).

Mit *N-(3-Hydroxymethyl-phenyl)-zimtsäureamid*[7], *3-(β-Hydroxy-äthyl)-5-anisal-hydantoin*[8], *4-(β-Hydroxy-äthoxy)-chalkon*[9], *4-(ω-Hydroxy-äthoxy)-benzaldehyd*[10], mit Kondensationsprodukten aus *N-(β-Hydroxy-äthyl)-rhodanin*[11] und aromatischen oder heterocyclischen Aldehyden sowie *β-(4-Azido-phenoxy)-äthanol*[12], *p-Carboxymethoxy-p'-(β-hydroxy-äthoxy)-chalkon*[13] oder *Zimtsäure-(β-hydroxy-äthylester)*[14] bilden sich die Halbester, wenn in Pyridin unter Rückfluß erhitzt wird. Diese sind lichtreaktiv (s. S. 804). Polyampholyte[15], die in Wasser, verdünnten Säuren und Alkalihydroxyden

[1] DAS. 1004803 ≡ E.P. 771926 (1955), Distillers Co. Ltd., Erf.: B. A. RIPLEY-DUGGAN.
   S.a. Belg. P. 590775 (1960), Canadian Industries, Ltd., Erf.: N. B. GRAHAM u. G. H. SEGALL.
[2] A.P. 2958674 (1958), Goodrich Co., Erf.: L. F. ARNOLD.
[3] A. KATCHALSKY u. H. EISENBERG, J. Polymer Sci. **6**, 145 (1951).
[4] A. P. 2454284 (1944), DuPont, Erf.: J. S. KIRK; Chem. Abstr. **43**, 1711 ᵃ (1949).
[5] A.P. 2615864 (1949), Socony Vacuum Oil Co., Erf.: J. J. GIAMMARIA; C. **1953**, 8728.
[6] A.P. 2957838 (1957), Monsanto Chemical Co., Erf.: C. L. MILLS jr.
   A.P. 2977334 (1956), Monsanto Chemical Co., Erf.: C. W. ZOPF jr., J. H. JOHNSON, R. M. HEDRICK u. J. M. BUTLER.
[7] A.P. 2751373 (1953), Eastman Kodak Co., Erf.: C. C. UNRUH u. D. A. SMITH; C. **1957**, 13536.
[8] A.P. 2719141 (1954), Eastman Kodak Co., Erf.: A. C. SMITH jr.; C. **1957**, 836.
[9] A.P. 2816091 (1955), Eastman Kodak Co., Erf.: A.C.SMITH jr., J. L.R.WILLIAMS u. C. C. UNRUH.
[10] A.P. 2824084 (1955), Eastman Kodak Co., Erf.: C. C. UNRUH u. D. A. SMITH; C. **1960**, 2748.
[11] A.P. 2824087 (1956), Eastman Kodak Co., Erf.: J. J. SAGURA u. C. C. UNRUH; C. **1959**, 13052.
[12] DAS. 1053782 ≡ F.P. 1159953 (1956), Eastman Kodak Co., Erf.: S. H. MERRILL u. C.C.UNRUH.
[13] A.P. 2 861058 (1955), Eastman Kodak Co., Erf.: C. C. UNRUH, G. W. LEUBNER u. A. C. SMITH jr.
[14] A.P. 2835656 (1953), Eastman Kodak Co., Erf.: C. C. UNRUH u. D. A. SMITH; C. **1960**, 1346.
[15] E.P. 833459 (1956), Monsanto Chemical Co.
   S. a. A. P. 2914510 (1955), Monsanto Chemical Co., Erf.: L. L. CONTOIS.

löslich sind, entstehen bei der Veresterung mit äquimolaren Mengen *Dimethyl-(β-hy-droxy-äthyl)-amin* in *Dimethylformamid*.

Halbester des Copolymerisates aus Styrol mit Maleinsäureanhydrid[1]: 100 g des Copolymerisates aus Styrol mit Maleinsäureanhydrid werden in 466 g Xylol gelöst und nach Zugabe von 133 g Stearylalkohol 1 Stde. lang unter Rückfluß erhitzt. Nach dem Abdestillieren von 339 g Xylol wird die gebildete gelbe Lösung mit weiteren 156 g Xylol verd. und so lange erhitzt, bis wieder 50 g Xylol übergegangen sind. Der Rückstand wird dann auf dem Dampfbad zur Trockne eingedampft.

p) Umwandlung von Estergruppen in Polymerisaten

1. Umesterung

α) von Polyvinylestern

Vinylester von Laurin-, Stearin- oder Benzoesäure können leicht polymerisiert werden. Vinylester ungesättigter Säuren führen zu vernetzten Produkten. Eine Möglichkeit zur Darstellung dieser polymeren Ester bietet die Umesterung von *Polyvinylacetat* mit den entsprechenden Estern niederer Alkohole bei Temperaturen unterhalb 120° in Gegenwart von Natriumalkoholaten[2]. Hierbei ist es vorteilhaft, den bei der Reaktion gebildeten Essigsäureester aus dem Reaktionsgemisch kontinuierlich zu entfernen.

Als Katalysator empfiehlt sich Natrium-tert.-butylat. Für den gleichen Zweck kann auch ein Reaktionsgemisch aus Natrium in Naphthalin und Äthern[3] wie Äthylenglykoldialkyläther oder Tetrahydrofuran benutzt werden. Die Geschwindigkeit der Umesterung wird weitgehend durch den Alkoholrest im Ester der höheren Fettsäure bestimmt. Die Ester sekundärer oder tertiärer Alkohole reagieren langsamer als die primärer. Gute Ergebnisse erhält man mit Estern des Äthylenglykolmonoalkyläthers in Lösungsmitteln wie Tetrahydrofuran, Dioxan oder Diäthylenglykoldiäthyläther.

Umesterung von Polyvinylacetat mit dem Methoxyäthylester der Sojabohnenfettsäure[4]: 303 g Polyvinylacetat, 505 g Diäthylenglykoldiäthyläther und 1336 g Methoxyäthylester der Sojabohnenfettsäure werden in einem Rundkolben mit Rührer und absteigendem Kühler auf 60° erwärmt und mit einer Lösung aus 4,8 g Natrium, 180 g Diäthylenglykoldiäthyläther und 36,8 Tln. Naphthalin versetzt. Unter einem Vak. von 5 Torr wird die Mischung gerührt und in 50 Min. auf 80° gebracht. Innerhalb der nächsten 60 Min. wird die Temp. auf 88° gesteigert. Nach insgesamt 110 Min. werden weitere 525 g Diäthylenglykoldiäthyläther zugesetzt, und man erwärmt noch 1 Stde. lang. Danach sind 78% der Acetatgruppen als Methoxyäthylacetat überdestilliert. Der Katalysator wird durch Zusatz von 13 cm³ Essigsäure neutralisiert und der größere Tl. des Lösungsmittels abdestilliert.

Der Rückstand wird anschließend 3mal mit der 3fachen Menge absol. Äthanols unter Rühren extrahiert und dann mit 75%igem Äthanol ausgewaschen. Durch Trocknen i. Vak. bei 110° wird das Reaktionsprodukt vom Lösungsmittel befreit. Es stellt eine viscose, rötliche Flüssigkeit dar.

Anstelle der Ester können auch aliphatische oder aromatische Carbonsäurechloride angewandt werden.

Umesterung von Polyvinylacetat mit Benzoylchlorid[5]: 40 g Natriumhydroxyd, in der gleichen Menge Wasser gelöst, werden unter Rühren zur Lösung von 86 g Polyvinylacetat in 650 g Dioxan

[1] A.P. 2454284 (1944), DuPont, Erf.: J. S. KIRK; Chem Abstr. **43**, 1711ª (1949).
[2] A.P. 2558548 (1950), E. W. Eckey; C. **1952**, 7899.
[3] A.P. 2019832 (1933) ≡ F. P. 779105 (1934), DuPont, Erf.: N. D. SCOTT; C. **1935** II, 1787.
    N. D. SCOTT, J. F. WALKER u. V. N. HANSLEY, Am. Soc. **58**, 2442 (1936).
[4] E. W. ECKEY u. Mitarbb., J. Amer. Oil Chemists' Soc. **32**, 185 (1955).
[5] A.P. 2574984 (1947), Shawinigan Resins Corp., Erf.: H. RUDOFF; C. **1952**, 7744.

und 70 g Benzoylchlorid gegeben, wobei die Mischung auf Raumtemp. gehalten und anschließend 15 Stdn. lang gerührt wird. Nach der Zugabe von Wasser wird das gefällte Reaktionsprodukt unter Wasser geknetet, wieder in Alkohol gelöst, dann durch Wasser aus seiner Lösung ausgefällt und nach mehrmaligem Lösen und Ausfällen zunächst i. Vak. bei 40°, anschließend unter Atmosphärendruck bei 120° getrocknet. Es entstehen 80 g eines bernsteingelben Mischesters, der 15% Benzoatgruppen (ber. als Vinylbenzoat) und 85% Acetatgruppen (ber. als Vinylacetat) enthält.

Partiell umgeestertes Polyvinylacetat, das freie Carboxygruppen enthält, wird durch Reaktion mit **Dicarbonsäureanhydriden** wie Phthalsäure-, Bernsteinsäure- oder Maleinsäureanhydrid gebildet. Man arbeitet in indifferenten Lösungsmitteln und in Gegenwart von Wasser.

Umesterung von Polyvinylacetat mit Phthalsäureanhydrid[1]: 400 g Polyvinylacetat von mittlerem Polymerisationsgrad werden in einem Autoklaven in 400 g Methyläthylketon dispergiert und nach der Zugabe von 400 g Phthalsäureanhydrid und 43 cm³ Wasser 5 Stdn. lang auf 150° erhitzt. Nach dem Erkalten wird der Autoklaveninhalt mit der 10fachen Menge eines Wasser-Aceton-Gemisches 70 : 30 verdünnt und das Reaktionsprodukt durch Eingießen in Wasser ausgefällt. Es ist in Alkalien löslich.

Ähnliche Reaktionsprodukte entstehen ohne die Anwendung eines Lösungsmittels, wenn Polyvinylacetat mit Maleinsäureanhydrid[2] oder Phthalsäureanhydrid[3] längere Zeit auf 150–160° erhitzt wird.

β) Umesterung von Polymethacrylsäureestern

Unter Zugabe von Aminen[4] oder ε-Caprolactam[5] kann *Polymethacrylsäuremethylester* mit höheren Alkoholen (10–18 Kohlenstoffatome) bei 300° in Gegenwart von Alkalialkoholaten umgeestert werden. Trotz der hohen Temperatur entstehen hochmolekulare Polymethacrylsäureester, die infolge Amidbildung geringe Mengen Stickstoff enthalten können.

2. Aminolyse

Durch Aminolyse können aus Polyacrylsäureestern *Polyacrylamide* hergestellt werden.

Polymethacrylsäuremethylester wird durch Ammoniak[6] sowie primäre oder sekundäre aliphatische Amine[7] bei 230° weitgehend in hochmolekulare Amide umgewandelt. Wird das Copolymerisat aus *Styrol* und *Maleinsäureanhydrid* mit (β-Hydroxy-äthyl)-amin[8] unter Rückfluß erhitzt, so bildet sich das polymere **Halbamid**, das mit Äthylenoxyd weiter umgesetzt werden kann.

Basische **Polyacrylsäureamide**[9] sind durch Umsetzung von Polyacrylsäuremethylester bzw. Polyacrylsäurebutylester z. B. mit 1-Amino-3-dimethylaminopropan erhalten worden.

---

[1] A. P. 2275685 (1940), Eastman Kodak Co., Erf.: M. Salo; Chem. Abstr. **36**, 4131² (1942).
[2] A. P. 2555050 (1947), I. C. I., Erf.: R. R. Lyne u. A. W. S. Clark; C. **1952**, 3742.
[3] A. P. 2555049 (1946), I. C. I., Erf.: R. R. Lyne; C. **1952**, 3742.
[4] DAS. 1045658 (1956), Röhm & Haas GmbH., Erf.: K. Tessmar; C. **1960**, 7358.
[5] DAS. 1078332 (1957), Röhm & Haas GmbH., Erf.: K. Tessmar u. E. Koch.
[6] DAS. 1077872 (1958), Röhm & Haas GmbH., Erf.: K. Tessmar.
[7] DAS. 1088231 (1959), Röhm & Haas GmbH., Erf.: G. Schröder u. K. Tessmar.
  Vgl. a. A. P. 2915481 (1951), Pure Oil Co., Erf.: G. W. Ayers, M. J. Geerts u. W. A. Krewer.
[8] P. Weiss, J. F. Gerecht u. I. J. Krems, J. Polymer Sci. **35**, 343 (1949).
  A. P. 2806842, 2806844 (1955), Colgate-Palmolive Co., Erf.: J. F. Gerecht, P. Weiss u. I. J. Krems; C. **1959**, 5641, 5642.
[9] DBP. 915329 (1950), Farbf. Bayer, Erf.: H. Kleiner u. W. Lehmann.
  DBP. 897477 (1944), Farbf. Bayer, Erf.: H. Kleiner, O. Bayer, K. Taube u. W. Brehme.

So bildet sich aus *Polyacrylsäuremethylester* mit N-(2-Amino-äthyl)-äthylenharnstoff[1] beim Erhitzen im Autoklaven auf 110° in Gegenwart von Natriummethylat das polymere Amid. Es enthält neben den Amidgruppen noch Ester- und Carboxygruppen. Mit N-Methyl-glucamin[2] erhält man durch 4,5 stündiges Erhitzen auf 140° in Dimethylformamid ein wasserlösliches Produkt.

Poly-N-methyl-methacrylamid aus Polymethacrylsäuremethylester[3]: 120 g gemahlener Polymethacrylsäuremethylester werden mit 192 g einer 33%igen Methylaminlösung und 870 cm³ Wasser 7 Stdn. lang im Rührautoklaven auf 230° erhitzt. Das Reaktionsprodukt wird dann von der wäßr. Phase abgetrennt. Es ist in Wasser, Ammoniak und den meisten organischen Lösungsmitteln unlöslich und gegen Alkali sehr stabil. Bei einem Methoxygruppengehalt von 0,2% beträgt der Stickstoffgehalt 8,4%.

Basisches Esteramid aus Polyacrylsäurebutylester und 1-Amino-3-methylamino-propan[4]: 150 g Polyacrylsäurebutylester (K-Wert = 20)[5] werden in 150 g Butanol gelöst und mit 100 g 1-Amino-3-methylamino-propan 18 Stdn. zum Sieden erhitzt. Danach wird das Butanol i.Vak. abdestilliert und der zähklebrige Rückstand mit Wasser, gegebenenfalls unter Zusatz von Natriumchlorid, gewaschen, bis das überschüssige Amin entfernt ist. Für die Verwendung in wäßr. Lösung kann das Reaktionsprodukt direkt in Form der erhaltenen, in verd. Säuren löslichen Paste eingesetzt werden. Für die Verwendung in wasserfreien Lösungsmitteln kann die Isolierung des Reaktionsproduktes durch vorsichtiges Trocknen i.Vak. unter Zusatz eines leicht flüchtigen Lösungsmittels vorgenommen werden. Durch diese Behandlung erhält man eine weiche, plastische Masse mit einem Stickstoffgehalt von etwa 3,5%, die in verd. anorganischen oder organischen Säuren sowie in den meisten organischen Lösungsmitteln löslich ist.

3. Bildung von Hydraziden aus Polyacryl- und Polymethacrylsäureestern

Polyacrylsäurehydrazid[6] kann man durch Einwirkung von überschüssigem Hydrazinhydrat auf Polyacrylsäureester unter milden Reaktionsbedingungen herstellen. Es ist eine farblose, pulverige, stark reduzierende Verbindung, die in organischen Lösungsmitteln unlöslich ist, aber in Wasser oder Hydrazinhydrat leicht gelöst werden kann. Auch nach schärfstem Trocknen enthält Polyacrylsäurehydrazid immer noch Wasser. Beim Erwärmen und beim Aufbewahren wird es unlöslich. *Polymethacrylsäurehydrazid* kann auf dem gleichen Wege erhalten werden. Die Stabilität[7] der Umsetzungsprodukte wird verbessert, wenn nur wenig Estergruppen in Hydrazidgruppen umgewandelt sind (vgl. a. S. 744).

Polyacrylsäurehydrazid[8]: 5 g fein zerkleinerter Polyacrylsäuremethylester werden mit 50 g Hydrazinhydrat (Kp: 117–119°) auf dem siedenden Wasserbad etwa 2–3 Stdn. erwärmt, bis eine homogene Lösung entstanden ist. Diese wird in 500 cm³ Methanol, dem 1 cm³ Eisessig zugesetzt wurde, unter Rühren eingetropft. Das ausgefällte Produkt wird mehrere Male in 50 cm³ Wasser gelöst und mit Methanol gefällt. Nach dem Absaugen wird mit Methanol sorgfältig gewaschen und im Vakuumexsiccator über konz. Schwefelsäure getrocknet. Der Stickstoffgehalt beträgt 28,2% (ber. 28,6% für $C_3H_6ON_2$, $^2/_3$ H_2O).

---

[1] DAS. 1055235 ≡ E. P. 766417 (1955), Rohm & Haas Co., Erf.: R. W. Auten u. E. M. Hankins.
[2] DAS. 1060143 ≡ Belg.P. 564743; 564744 (1958), Rohm & Haas Co., Erf.: F. E. Boettner u. W. D. Niederhauser; C. **1960**, 12518.
[3] DAS. 1088231 (1959), Röhm & Haas GmbH., Erf.: G. Schröder u. K. Tessmar.
Vgl. a. A. P. 2915481 (1951), Pure Oil Co., Erf.: G. W. Ayers, M. J. Geerts u. W. A. Krewer.
[4] DBP. 897477 (1944), Farbf. Bayer, Erf.: H. Kleiner, O. Bayer, K. Taube u. W. Brehme.
[5] S. a. ds. Handb., Bd. XIV/1, Kap. Allgemeines zur Polymerisation in Substanz und in Lösung, S. 83.
[6] W. Kern u. Mitarbb., Makromolekulare Chem. **22**, 31 (1957).
[7] DAS. 1105174 ≡ F.P. 1212707 ≡ E.P. 839377 ≡ Belg.P. 550345 (1956), CIBA, Erf.: A. Maeder.
[8] W. Kern u. R. C. Schulz, Ang. Ch. **69**, 155 (1957).

47*

Gibt man zu einer auf 0° gekühlten salzsauren Lösung des Polyacrylsäurehydrazids eine wäßrige Lösung von Natriumnitrit, so entsteht ein farbloser, vollständig unlöslicher Niederschlag von *Polyacrylsäureazid*[1], der bei 0° isoliert werden kann, durch Schlag oder Erwärmen **explodiert** und sich in wäßriger Suspension unter Stickstoffentwicklung zersetzt. Die Zersetzung beginnt schon bei der Darstellung des polymeren Azids. Unter Bildung von Harnstoffbrücken tritt Vernetzung ein. Bei der Zersetzung in absolutem Alkohol oder Benzol erhält man ebenfalls unlösliche Produkte. Es gelingt daher nicht, über Polyacrylsäurehydrazid durch Curtiusschen Abbau Polyvinylamin herzustellen.

Wie niedermolekulare Säurehydrazide vermögen auch Polyacrylsäurehydrazide mit Aldehyden und Ketonen zu den entsprechenden Hydrazonen[2] zu kondensieren. Die Reaktion verläuft mit aromatischen Aldehyden und Ketonen im schwach essigsauren Medium besonders glatt. Aliphatische Aldehyde führen zu vernetzten Hydrazonen. Mit verdünnter Schwefelsäure tritt Spaltung ein, wobei Polyacrylsäurehydrazid zurückgebildet wird.

Die polymeren Hydrazone aus aromatischen Hydroxyaldehyden kuppeln mit Diazoverbindungen zu hochmolekularen Farbstoffen[3].

Polyacrylsäure-benzaldehydhydrazon[2]: 100 cm³ einer 1%igen wäßr. Polyacrylsäurehydrazidlösung werden mit 10 cm³ Eisessig und 2 g Benzaldehyd versetzt und 30 Min. kräftig geschüttelt; dabei fällt das Hydrazon aus. Man saugt ab und wäscht mit Methanol aus. Zur Reinigung löst man das Hydrazon in Dimethylformamid, fällt es mit der 10fachen Menge Methanol und trocknet es i. Vak. über konz. Schwefelsäure. Der Hydrazongruppengehalt beträgt 83 Mol.-%.

4. Bildung von Hydroxamsäuren aus Polyacrylsäureestern

Entsprechend den Polyacrylsäurehydraziden lassen sich *Polyacrylhydroxamsäuren* durch Umsetzung von Polyacrylsäureestern mit Hydroxylamin unter teilweiser Verseifung des Esters herstellen[4]. Diese Polyacrylhydroxamsäuren sind in den meisten Lösungsmitteln unlöslich, in Wasser oder verdünntem Alkali aber löslich. Beim Erhitzen auf 100° tritt Vernetzung ein. Aus der wäßrigen, stark reduzierenden Lösung werden die polymeren Hydroxamsäuren durch Zusatz von Ameisensäure oder Essigsäure ausgefällt. Mit Schwermetallsalzen bilden sie charakteristische farbige Komplexe.

q) Umwandlung und Substitution der Amidgruppen im Polyacryl- und Polymethacrylamid

Polyacryl- und Polymethacrylamid sind den für die Carbonsäureamidgruppe typischen Reaktionen wie Hofmannschem Abbau, Sulfomethylierung und Aminomethylierung zugänglich. Durch Erhitzen auf Temperaturen über 130° können in Gegenwart von Wasser die Amidgruppen in Perlpolymerisaten aus Methacrylsäuremethylester und Methacrylamid in Imidgruppen umgewandelt werden, wobei die Löslichkeit in Dimethylformamid und Pyridin erhalten bleibt[5]. Die Verseifung carbonsäureamidhaltiger Polymerisate ist auf S. 711 beschrieben.

---

[1] W. Kern u. Mitarbb., Makromolekulare Chem. **22**, 31 (1957).
[2] W. Kern u. Mitarbb., Makromolekulare Chem. **22**, 39 (1957).
[3] W. Kern u. Mitarbb., Kunststoffe – Plastics **3**, 147 (1956).
[4] W. Kern u. R. C. Schulz, Ang. Ch. **69**, 158 (1957).
[5] DAS. 1113308 (1960), Röhm & Haas GmbH., Erf.: G. Schröder, K. Tessmar u. U. Baumann.

1. Hofmannscher Abbau

Über den Hofmannschen Abbau können *Polyvinylamin* aus Polyacrylamid sowie *Polyisopropenylamin* aus Polymethacrylamid nicht erhalten werden. Infolge von Nebenreaktionen wird die Amidgruppe teilweise verseift und in andere Gruppen umgewandelt, wobei die primär entstehenden Isocyanatgruppen vernetzend wirken. Der Gesamtstickstoffgehalt gibt daher keinen Aufschluß über die Menge des gebildeten Amins. Dieses kann im Reaktionsprodukt nach der von D. D. v. Slyke[1] vorgeschlagenen Methode bestimmt werden.

Aus *Polyacrylamid* entstehen bei erhöhter Temperatur mit Natriumhypochlorit oder Natriumhypobromit nur wenig Aminogruppen[2]. Der Stickstoffgehalt der Umwandlungsprodukte schwankt je nach den Versuchsbedingungen zwischen 9,7% und 15%. Polyvinylamin enthält dagegen 32,5% Stickstoff. Entsprechend verhält sich Polymethacrylamid. Neben geringen Mengen an primären Aminogruppen wurden auch Harnstoffgruppierungen[3] gefunden. Wird die Reaktion in wäßriger Lösung ausgeführt, so bilden sich auch Butyrolactamringe[4]. In einem Wasser-Methanol-Gemisch (1 : 1) oder in Methanol entstehen Polymere, die etwa 50% Carbamateinheiten enthalten.

Eine höhere Ausbeute an Verbindungen mit primären Aminogruppen läßt sich auch mit der wäßrigen Lösung des Polyacrylamids erzielen, wenn Natriumhypochlorit unter gutem Kühlen zugegeben wird. Hierbei entsteht zunächst das Monohalogenamid, das durch Zusatz von weiterem Alkali unter Erwärmen zu einem Produkt führt, in dem etwa die Hälfte der Carbonsäureamid- in Aminogruppen umgewandelt ist[5]. Die Amidgruppe in Copolymerisaten aus *Acrylnitril* mit *Acrylsäureamid* kann durch verdünnte Natriumhypochloritlösung ebenfalls teilweise in die Aminogruppe umgewandelt werden, wobei die Nitrilgruppe unverändert bleibt[6]. Entsprechende Reaktionen geben Umwandlungsprodukte des *Polyacrylsäureanhydrids* mit Ammoniak[7], die neben Carbonsäureamid- auch noch Carboxygruppen enthalten, oder auch Copolymerisate aus *Butadien* mit *Acrylnitril*[8], in denen ein Teil der Nitrilgruppen durch Behandlung mit Wasserdampf bei 180° zu Carbonsäureamidgruppen hydrolysiert wurde.

Polymethacrylamid oder vernetztes Polymethacrylamid verhält sich beim Hofmannschen Abbau wie Polyacrylsäureamid[9].

Hofmannscher Abbau von Polyacrylamid mit Natriumhypochlorit[10]: 355 g einer 10%igen Polyacrylamidlösung werden bei 5° zu einem Gemisch aus 853 g einer 5,25%igen Natriumhypochloritlösung und 13,5 g Natriumhydroxyd in 793 cm³ Wasser gegeben. Das Reaktionsgemisch wird 60 Min. lang auf 22–26° gehalten. Durch Zugabe von 148 g konz. Salzsäure erhält man 26,3 g Rohprodukt, das durch Lösen in Natronlauge und Fällen mit Salzsäure oder durch Extrahieren mit einer Mischung aus 60 Vol.-Tln. Methanol und 40 Vol.-Tln. Wasser gereinigt

[1] D. D. v. Slyke, B. **43**, 3170 (1910); **44**, 1684 (1911).

[2] G. D. Jones, J. Zomlefer u. K. Hawkins, J. org. Chem. **9**, 500 (1944).

[3] C. L. Arcus, J. Polymer Sci. **8**, 365 (1952).

[4] M. Mullier u. G. Smets, J. Polymer Sci. **23**, 915 (1957).

[5] W. Kern u. R. C. Schulz, Ang. Ch. **69**, 159 (1957).

[6] E. P. 675143 (1950), American Viscose Corp.; C. **1954**, 4755.

[7] A. P. 2967175 (1958), Goodrich Co., Erf.: R. M. Summers.

[8] N. D. Zacharov u. S. A. Pavlos, Ž. obšč. Chim. **26**, 2290 (1956).

[9] G. Manecke u. R. Heller, Makromolekulare Chem. **28**, 185 (1958).

[10] A. M. Schiller u. T. J. Suen, Ind. eng. Chem. **48**, 2132 (1956).

werden kann. Es wird i.Vak. bei 20° getrocknet. Je nach der Reaktionstemp. liegt der Stickstoffgehalt zwischen 21,7% und 24,1%. Das Verhältnis von Aminostickstoff zum gesamten Stickstoffgehalt ist etwa 6 : 10.

2. Bildung von N-Hydroxymethylverbindungen

Wasserlösliche *Polyacryl-* oder *Polymethacrylamide*[1] reagieren mit Formaldehyd im
schwach basischen wäßrigen Medium zu den polymeren N-Hydroxymethylverbindungen, die außerordentlich leicht vernetzen. Es können auch Copolymerisate[2]
oder am Stickstoff monosubstituierte[3] polymere Amide angewandt werden. Nur solche,
die weniger als 20% Säureamidgruppen enthalten, geben einigermaßen stabile Reaktionsprodukte. Zur Stabilisierung der Lösungen wird nach der Reaktion auf p_H 7
eingestellt. Beim Erhitzen der N-Hydroxymethylgruppen enthaltenden Polymerisate
tritt, besonders schnell auf Zusatz von Säuren, eine Vernetzung[4] ein (s. S. 793).

Wird die Reaktion in aliphatischen Alkoholen wie n-Propanol oder n-Butanol im
sauren p_H-Bereich ausgeführt, so tritt Verätherung[5] ein. Copolymerisate aus
Acrylamid und *Acrylsäure*[6] reagieren bereits ohne den Zusatz von weiterer Säure.
Die Äthergruppe ist sehr reaktionsfähig, so daß leicht Vernetzungen[7] eintreten.

N-Butoxymethyläther des Copolymerisates aus Acrylsäurebutylester mit 20% Methaerylamid[8]:
Zur 50%igen hochviscosen Lösung eines Copolymerisates aus Acrylsäurebutylester mit 20%
Methacrylamid, das in n-Butanol mit Azoisobuttersäure-dinitril als Katalysator hergestellt wurde,
gibt man 1220 g n-Butanol, 145 g einer 32%igen wäßr. Formaldehydlösung und 3,5 g 81%ige
Phosphorsäure. Dann werden innerhalb 2,5 Stdn. – beginnend bei 94° – Wasser und n-Butanol
azeotrop abdestilliert, wobei das vom Wasser befreite Butanol ständig zurückgeführt wird. Wenn
die Temp. auf 116° angestiegen ist, wird abgekühlt, die Lösung durch Zugabe von 22,5 cm³ 4n
Natronlauge neutralisiert und filtriert.

Zweckmäßiger stellt man derartige Produkte durch Copolymerisation von Meth-
acrylamid-N-methyloläthern her[9].

---

[1] E.P. 482897 ≡ F.P. 827059 (1937) ≡ DRP.-Anm. B 7619 (1936), I.G. Farb.; C.**1938** II, 2036.
DAS. 1005730 (1955), BASF, Erf.: H. FIKENTSCHER, H. WILHELM u. K. DACHS.
Vgl. a. DAS. 1051294 (1957), Oxford Paper Co., Erf.: G. H. PERKINS; C. **1959**, 16509.
A.P. 2898320 (1953), American Cyanamid Co., Erf.: G. S. SPRAGUE u. H. Z. FRIEDLANDER.
A.P. 2870116 (1956) ≡ Belg.P. 554183 (1957), Pittsburgh Plate Glass Co., Erf.: H. A. VOGEL
u. H. G. BITTLE; C. **1960**, 5655.
F.P. 1162967 (1955), Pittsburgh Plate Glass Co., Erf.: R. M. CHRISTENSON.
R. M. CHRISTENSON u. D. P. HART, Ind. eng. Chem. **53**, 459 (1961).
[2] DBP. 953345; 956890 (1954) ≡ E.P. 768598 ≡ F.P. 1142374 (1955), BASF, Erf.: H. FIKENT-
SCHER u. H. WILHELM; C. **1957**, 9524, 11163.
Vgl. a. E.P. 795711 (1956), I.C.I., Erf.: G. H. T. COLE u. D. J. GUEST.
[3] DAS. 1055235 (1954) ≡ A.P. 2727015 (1955), Rohm & Haas Co., Erf.: R. W. AUTEN u. E.M.
HANKINS; C. **1957**, 2859.
A.P. 2935493 (1955), American Cyanamid Co., Erf.: W. H. SCHULLER u. W. M. THOMAS.
[4] F. LEONARD, J. NELSON u. G. BRANDES, Ind. eng. Chem. **50**, 1053 (1958).
[5] DAS. 1054710 (1956) ≡ F.P. 1173990 (1957), BASF, Erf.: H. FIKENTSCHER, H. WILHELM,
K. BRONSTERT u. E. PENNING; C. **1960**, 10420.
A.P. 2870116 (1956) ≡ Belg.P. 554183 (1957), Pittsburgh Plate Glass Co., Erf.: H. A.
VOGEL u. H. G. BITTLE; C. **1960**, 5655.
[6] DAS. 1083548 (1957) ≡ A.P. 2870117 (1956), Pittsburgh Plate Glass Co., Erf.: H. A. VOGEL,
H. G. BITTLE u. R. M. CHRISTENSON; C. **1960**, 5987.
[7] DAS. 1035363 ≡ F.P. 1127727 (1954), Farbf. Bayer, Erf.: W. GRAULICH u. E. MÜLLER.
DAS. 1011850 (1956), Farbf. Bayer, Erf.: W. GRAULICH, A. SCHMITZ, W. BERLENBACH u.
E. MÜLLER; C. **1958**, 2314.
[8] DAS. 1054710 (1956), BASF, Erf.: H. FIKENTSCHER, H.WILHELM, K. BRONSTERT u. E. PENNING.
[9] S. ds. Handb., Bd. XIV/1, Kap. Polymerisation des Acrylsäureamids und Methacrylsäureamids
und ihrer Derivate, S. 1026.

3. Sulfomethylierung von Polyacryl- und Polymethacrylamid

Wie bei den Kondensationsprodukten aus Harnstoff oder Melamin mit Formaldehyd[1] können auch in Polyacrylamid durch Behandeln mit einem Gemisch aus Formaldehyd und Natriumhydrogensulfit Sulfomethylgruppen[2] eingeführt werden. Die Reaktion verläuft bei 50° und p_H 12,0–13,0 relativ schnell bis zur Bildung der N-Hydroxymethylverbindung[3]. Natriumhydrogensulfit reagiert mit den Hydroxymethylgruppen dagegen langsamer, vor allem aber, wenn der Umsatz größer als 50% ist. Die Ausbeute an Sulfomethylgruppen wird mit fallendem p_H-Wert geringer.

Die Bestimmung des nicht umgesetzten Formaldehyds und Hydrogensulfits in der wäßrigen Phase gelingt an ein und derselben Probe auf folgendem Wege[4]. Bei p_H 1,5–2,0 reagieren Formaldehyd und Natriumhydrogensulfit quantitativ zum hydroxymethansulfonsauren Natrium. Es ist daher möglich, den Überschuß an Natriumhydrogensulfit zu bestimmen. Im alkal. Medium bei p_H 10 zerfällt das hydroxymethansulfonsaure Natrium in seine Komponenten. Hierdurch ist eine quantitative Bestimmung des umgesetzten Hydrogensulfits gegeben. Die Differenz beider Ergebnisse entspricht der Menge des nicht umgesetzten Formaldehyds.

Sulfomethylierung von Polyacrylamid[5]: 355 g einer 10%igen Polyacrylamidlösung werden zu 40,5 g 37%igem Formaldehyd, der mit 108 g Wasser verd. wurde, gegeben. Das Gemisch wird 90 Min. auf 45° erhitzt. Nach der Zugabe von 24 g Natriumhydrogensulfit in 960 cm³ Wasser wird mit Trinatriumphosphat auf p_H 13 eingestellt und das Gemisch 6 Stdn. lang bei 50° gerührt. Während der Reaktion ist der p_H-Wert zu kontrollieren und mit Natronlauge wieder auf 13 einzustellen. Das Reaktionsgemisch enthält etwa 50% Sulfomethylgruppen. Die einzelnen Komponenten wurden ungefähr in folgendem molaren Verhältnis angewandt: Säureamidgruppen : Formaldehyd : Natriumhydrogensulfit = 1 : 1 : 0,5.

4. Aminomethylierung von Polyacryl- und Polymethacrylamid

Sekundäre Amine wie Diäthanolamin, Morpholin und Diäthylamin reagieren in Gegenwart von Formaldehyd mit Polyacrylamid[5] bzw. Polymethacrylamid[6] in einer Mannichreaktion zu den *Aminomethyl-Carbonsäureamid-Verbindungen*. Die Umwandlung verläuft mit guter Ausbeute bei p_H 10,0–10,5, wenn das Reaktionsgemisch 90 Minuten lang bei 45–50° gerührt wird. Hierbei läßt sich jedoch eine geringe Vernetzung über Methylengruppen nicht vermeiden. Einheitliche Produkte werden besser durch Polymerisation mit N-(Dimethylaminomethyl)-methacrylsäureamid

$$CH_2{=}C{-}CO{-}NH{-}CH_2{-}N(CH_3)_2$$
$$|$$
$$CH_3$$

hergestellt[7].

---

[1] A.P. 2407599 (1946), Resinous Products & Chemical Co., Erf.: R. W. Auten u. J. L. Rainey; Chem. Abstr. **41**, 623^g (1947).
E.P. 611244 (1946), Monsanto Chemical Co.
[2] A.P. 2761834; 2761856 (1952) ≡ F.P. 1083609 (1954) ≡ E.P. 738047 (1952), American Cyanamid Co., Erf.: T. J. Suen u. A. M. Schiller; C. **1957**, 6004.
[3] DAS. 1005730 (1955), BASF, Erf.: H. Fikentscher, H. Wilhelm u. K. Dachs; C. **1958**, 13113.
[4] T. D. Stewart u. L. H. Donally, Am. Soc. **54**, 2333, 3555 (1932).
[5] A. M. Schiller u. T. J. Suen, Ind. eng. Chem. **48**, 2132 (1956).
[6] A.P. 2328901 (1939), Rohm & Haas Co., Erf.: O. Grimm u. H. Rauch.
[7] DAS. 1102157 (1954), Farbf. Bayer, Erf.: E. Müller.
DAS. 1102404 (1958) ≡ Belg.P. 584600 ≡ F.P. 1250491 (1959), Farbf. Bayer, Erf.: K. Dinges, E. Müller u. W. Graulich.
F.P. 1276799 (1959), Farbf. Bayer, Erf.: K. H. Knapp, E. Müller u. K. Dinges.

5. Hydrazidbildung aus Polyacrylsäureamid

Polyacrylsäurehydrazid bildet sich unter milden Bedingungen, wenn man Polyacrylsäureamid mit Salzen des Hydrazins im p_H-Bereich zwischen 6 und 7 bei 60–100° in Wasser umsetzt.

Polyacrylsäurehydrazid aus Polyacrylamid[1]: Eine Lösung von 3,6 g Polyacrylamid in 36 cm³ Wasser wird mit einer Lösung von 8,5 g Hydrazinmonohydrochlorid in 22 cm³ Wasser vermischt. Es entsteht eine klare, viscose Lösung vom p_H-Wert 7,3. Nach 15 stdg. Stehen bei 85° wird der äußerlich unveränderte Ansatz in 100 cm³ Methanol eingetragen, wobei das entstandene Polyacrylsäurehydrazid als zähe, klebrige, gummiartige Masse ausfällt. Das wasserlösliche Produkt kann bei 40° i. Vak. getrocknet werden, ohne daß hierbei eine Änderung der Löslichkeit eintritt.

Die wäßr. Lösung reduziert ammoniakalische Silbersalzlösung. Nach Verseifung mit Salzsäure zeigt eine Hydrazinbestimmung nach R. Stollé, daß 27% der Säureamidgruppen in Säurehydrazidgruppen verwandelt worden sind.

r) Umwandlung der Chlormethylgruppe in Polymerisaten

Wie im Benzylchlorid kann das Chloratom auch im chlormethylierten Polystyrol leicht gegen andere Gruppen ausgetauscht werden.

1. Aminierung

α) von chlormethyliertem Polystyrol

Ammoniak und primäre aliphatische Amine reagieren mit chlormethyliertem Polystyrol (s. S. 665) zu unlöslichen, als Ionenaustauscher[2] verwendbaren Produkten. Lösliche Verbindungen erhält man mit sekundären und tertiären Aminen (s. S. 751).

β) von chlormethylierten Copolymerisaten des Styrols

Von technischer Bedeutung als Ionenaustauscher sind die Aminierungsprodukte von chlormethylierten, vernetzten Copolymerisaten des Styrols. Geeignete Copolymerisate enthalten *Divinylbenzol*[3], *1,3,5-Triacryloyl-hexahydro-1,3,5-triazin*[4], wenig *Butadien*[5], *Äthylenglykoldimethacrylat* oder *Vinylmethacrylat*[6] und werden am besten als Perlpolymerisate angewandt. Die Aminierung kann mit primären, sekundären[7] oder auch tertiären aliphatischen Aminen[8] (s. S. 751) ausgeführt werden. Näher untersucht wurde die Reaktion mit gasförmigem *Ammoniak*[9], *Dimethylamin*[10],

---

[1] DAS. 1018620 (1954), Farbw. Hoechst, Erf.: P. Schlack; C. **1958**, 13674.

[2] G. D. Jones, Ind. eng. Chem. **44**, 2686 (1952).
A. P. 2694702 (1951), Dow Chemical Co., Erf.: G. D. Jones; C. **1955**, 8511.

[3] E. P. 683399 (1949), Dow Chemical Co.; C. **1953**, 9651.
A. P. 2764561 (1954), Dow Chemical Co., Erf.: E. L. McMaster u. W. K. Glesner.

[4] DAS. 1065177 (1958), Farbf. Bayer, Erf.: W. Hagge, M. Quaedvlieg u. H. Seifert.

[5] A. P. 2597439 (1951), Rohm & Haas Co., Erf.: G. W. Bodamer; Chem. Abstr. **47**, 9526ᵃ (1953).

[6] DBP. 925500 (1951), Permutit AG., Erf.: E. I. Alkeroyd u. T. R. E. Kressman.

[7] A. P. 2597493 (1951), Rohm & Haas Co., Erf.: J. C. H. Hwa; C. **1954**, 6601.
E. P. 683400 (1949), Dow Chemical Co.; C. **1953**, 9651.

[8] A. P. 2597494 (1951), Rohm & Haas Co., Erf.: J. C. H. Hwa; C. **1954**, 6359.
A. P. 2597440 (1951), Rohm & Haas Co., Erf.: G. W. Bodamer; C. **1954**, 6359.

[9] E. P. 683399 (1949), Dow Chemical Co.; C. **1953**, 9651.

[10] A. P. 2591573 (1947), Rohm & Haas Co., Erf.: C. H. McBurney; C. **1953**, 9333.
A. P. 2689832/3 (1951), Rohm & Haas Co., Erf.: J. C. H. Hwa; C. **1955**, 8513; **1956**, 1748.

Trimethylamin[1], *Triäthylentetramin*[2], *Bis-dimethylamino-methan*[3], *β-Dimethylamino-äthanol*[4] oder *N-Methyl-glucosamin*[5]. Beim Umsatz mit Ammoniak tritt eine weitere Vernetzung ein. Die Einführung einer **primären Aminogruppe** in das Copolymerisat aus Styrol und Divinylbenzol gelingt mit *N-Chlormethyl-phthalimid*[6] und anschließender Verseifung. Auch in der **Hauptkette chlorierte**[7] Copolymerisate des Styrols können leicht in die entsprechenden Aminoverbindungen umgewandelt werden. *Poly-methylvinylketon*[8] oder entsprechende Copolymerisate[9] können mit Aminen oder Ammoniak ebenfalls aminiert werden. Mit unlöslichen Copolymerisaten verläuft die Umsetzung leicht, wenn das Polymere vorher in einem Lösungsmittel angequollen wird.

Chlormethylierung und Aminierung des Copolymerisates aus Styrol und Divinylbenzol[10]: 500 g eines Perlpolymerisates aus Styrol mit 6% Äthyl-vinyl-benzol und 4% Divinylbenzol werden in einem Kolben mit Rührer, Thermometer und Rückflußkühler mit 1000 g Methyl-chlormethyl-äther und 1000 g 1,2-Dichlor-äthan gemischt. Nach dem Abkühlen auf 0° gibt man innerhalb 1 Stde. 300 g Aluminiumchlorid in kleinen Anteilen zu und rührt die Mischung weitere 2 Stdn. lang bei 0°. Mit 5000 g Eiswasser werden der Katalysator und der Methyl-chlormethyl-äther zersetzt, die Perlen mit Wasser gewaschen und 1 Stde. lang mit Wasserdampf behandelt, um das 1,2-Dichlor-äthan zu entfernen. Der Chlorgehalt des 24 Stdn. bei 65° getrockneten Reaktionsproduktes beträgt 18,3%.

144,3 g des chlormethylierten Copolymerisates werden durch 1 stdg. Erhitzen in 300 cm³ Toluol zunächst gequollen und dann auf 30–35° abgekühlt. Unter Rühren leitet man 93,5 g Dimethylamin ein und rührt die Mischung 20 Stdn. lang bei Raumtemp. weiter. Das Reaktionsprodukt wird dann mit Toluol gewaschen und 24 Stdn. lang bei 65° getrocknet. Es enthält 5,9% Stickstoff und ist ein anionischer Austauscher, der 4,2 Milliäquivalente Säure pro g zu binden vermag.

2. Andere Umsetzungen der Chlormethylgruppe

Durch Austausch des Chloratoms in chlormethyliertem Polystyrol gegen die **Nitrilgruppe** entstehen polymere *Nitrile*[11]. Die Reaktion verläuft leicht in polaren Lösungsmitteln wie Acetonitril, Nitromethan-Wasser-Gemischen oder in Dimethylformamid. Durch alkalische Verseifung entstehen **Carboxygruppen**. Mit Kaliumformamidomalonester[12] bilden sich nach der Verseifung mit verdünnter Schwefelsäure **Amino-** und **Carboxygruppen**. Der Austausch kann auch mit **Carbonsäuren**[13], **Alkoholen**[13,14], **Phenolen**[13,14] und **Mercaptanen**[13] durchgeführt werden. Die Reaktion verläuft glatt oberhalb 100° in inerten Lösungsmitteln, die säurebindende Mittel enthalten.

[1] A.P. 2629710 (1949), Rohm & Haas Co., Erf.: C. H. McBurney; C. **1954**, 4738.
   E.P. 677350 (1949), Dow Chemical Co.; C. **1954**, 7065.
[2] A.P. 2591574 (1947), Rohm & Haas Co., Erf.: C. H. McBurney; C. **1953**, 9333.
[3] E.P. 810027 (1956) ≡ DAS. 1067596 (1957), Permutit AG., Erf.: T. R. E. Kressman.
[4] DAS. 1049097 (1956), Dow Chemical Co., Erf.: E. L. McMaster; C. **1959**, 10026.
[5] A.P. 2813838 (1955) ≡ DAS. 1065179 (1956), Rohm & Haas Co., Erf.: W. R. Lyman u. A. F. Preuss jr.; C. **1959**, 7307.
[6] DAS. 1054715 (1957), Farbf. Bayer, Erf.: H. Corte u. O. Netz.
[7] A.P. 2631999 (1948) ≡ F.P. 1001106 (1949), Dow Chemical Co., Erf.: E. L. McMaster, R. M. Wheaton u. J. R. Skidmore; C. **1953**, 9333.
[8] A.P. 2122707 (1936), DuPont, Erf.: J. H. Balthis jr.; C. **1938** II, 2508.
[9] A.P. 2597491 (1951), Rohm & Haas Co., Erf.: J. C. H. Hwa; C. **1954**, 6600.
[10] A.P. 2689832/3 (1951), Rohm & Haas Co., Erf.: J. C. H. Hwa; C. **1955**, 8513; **1956**, 1748.
[11] E.P. 761665 (1953), National Research Development Corp., Erf.: N. E. Topp u. S. L. S. Thomas; C. **1958**, 12500.
[12] K. Schlögl u. H. Fabitschowitz, M. **85**, 1223 (1954).
[13] DBP. 959228 (1954), Farbf. Bayer, Erf.: K. Raichle u. H. Schweeberg; C. **1957**, 10346.
[14] E.P. 810025 (1955), I.C.I., Erf.: W. Charlton u. J. H. Cundall; Chem. Abstr. **53**, 20910g (1959).

Chlormethyliertes Polystyrol reagiert mit Thioharnstoff in Dioxan als Lösungsmittel zu Isothioharnstoffäthern. Mit Tetramethylthioharnstoff entstehen Polythiuroniumverbindungen[1]:

Aus den Isothioharnstoffäthern erhält man durch Einwirkung von Alkalihydroxyden *Polymercaptane*. Vernetzte, Chlormethylgruppen[2] enthaltende Polystyrole reagieren schlechter mit Thioharnstoff.

Mit Dialkylsulfiden entstehen aus chlormethyliertem, mit Divinylbenzol vernetztem Polystyrol polymere *Sulfoniumverbindungen*[3], die mit stöchiometrischen Mengen Natriumsulfit, Natriumthioglykolat oder aminoessigsaurem Natrium[4] in Wasser unter Austausch des Anions und Abspaltung des Thioäthers kationen- oder anionenaktive Austauscher bilden.

Die Einführung von Phosphonsäuregruppen[5] in chlormethylierte Copolymerisate des Styrols mit Divinylbenzol gelingt in Nitrobenzol mit Phosphortrichlorid und in Gegenwart von Aluminiumchlorid. Durch Verseifen mit Säure oder Alkali entstehen polymere *Methylenphosphonsäuren*. Anstelle des Phosphortrichlorids können auch Trialkylphosphite[6] bei 100–200° in Lösungsmitteln, die quellend wirken, eingesetzt werden. Die den Substituenten $-CH_2-P(O)(OAlk)_2$ enthaltenden Copolymerisate werden durch Säuren verseift und stellen Ionenaustauscher dar.

Entsprechende Reaktionen sind auch mit anderen Polymerisaten möglich, die Chloralkylgruppen enthalten. So kann das Chloratom in vernetzten Polymerisaten der Chlorhydrinester von *Acryl-* oder *Methacrylsäure* mit Ammoniak, primären, sekundären[7] oder tertiären Aminen[8] und Polyaminen[9] umgesetzt werden. Dementsprechend wurde *Poly-acrylsäurechlormethylester*[10] oder *Poly-chloressigsäurevinylester*[11] mit Kaliumhydrosulfid umgesetzt, wobei Mercaptogruppen enthaltende Polymerisate entstehen.

Reaktion eines chlormethylierten Styrol-Copolymerisates mit Kaliumcyanid[12]: Zu 100 g eines Copolymerisates aus Styrol mit 2% Divinylbenzol in Form von 150–200 μ großen Perlen wird eine Lösung aus 13,2 g Zinn-(IV)-chlorid in 600 cm³ Methyl-chlormethyl-äther gegeben. Das

---

[1] J. Čzerný u. O. Wichterle, J. Polymer Sci. **30**, 501 (1958).
   DAS. 1043633 (1957), J. Čzerný u. O. Wichterle, Erf.: J. Čzerný u. O. Wichterle.
[2] A. B. Davankow u. E. V. Zambrowskaya, Vysokomolekulyarnye Soedineniya **2**, 1330 (1960).
[3] A.P. 2895925 (1956), Rohm & Haas Co., Erf.: J. C. H. Hwa.
   Vgl. a. DAS. 1075832 (1958), Dow Chemical Co., Erf.: E. L. McMaster.
[4] DAS. 1075833 (1958), Dow Chemical Co., Erf.: M. J. Hatch.
[5] DBP. 947206 (1954), Permutit AG., Erf.: T. R. E. Kressman u. F. L. Tye; C. **1957**, 2304.
[6] A.P. 2764562/3 (1954), Dow Chemical Co., Erf.: E. L. McMaster, W. K. Glesner u. L. R. Drake; Chem. Abstr. **51**, 3875^{c,f} (1957).
[7] A.P. 2862892 (1956), Rohm & Haas Co., Erf.: J. C. H. Hwa; C. **1960**, 249.
[8] A.P. 2862893 (1956), Rohm & Haas Co., Erf.: J. C. H. Hwa; C. **1960**, 249.
[9] A.P. 2862894 (1956), Rohm & Haas Co., Erf.: J. C. H. Hwa; C. **1960**, 249.
[10] DAS. 1041250 (1957), Röhm & Haas GmbH., Erf.: H. Zima; C. **1960**, 5931.
[11] DAS. 1074860 (1957), Röhm & Haas GmbH., Erf.: E. Trommsdorff u. H. Zima.
[12] E. P. 761665 (1953), National Research Development Corp., Erf.: N. E. Topp u. S. L. S. Thomas.

Reaktionsgemisch wird gerührt und 60 Min. unter Rückfluß erhitzt. Nach dem Filtrieren wird mit Dioxan, dann mit verd. Salzsäure und wieder mit Dioxan gewaschen und bei 90° i. Vak. getrocknet. Das Reaktionsprodukt enthält 21,6% Chlor. 1 g wird 24 Stdn. lang mit 1 g Kaliumcyanid in 50 cm³ Acetonitril unter Rückfluß erhitzt. Nach dem Waschen und Trocknen enthält das Produkt 7,5% Stickstoff, was einem Umsatz von 85% entspricht.

Reaktion eines chlormethylierten Styrol-Copolymerisates mit Triäthylphosphit[1]: Zu 800 cm³ eines chlormethylierten Copolymerisates aus 87,5% Styrol, 5% Äthyl-vinyl-benzol, 7,5% Divinyl-benzol mit einem Chlorgehalt von 15,27% und einer Teilchengröße zwischen 10 und 85 μ werden 2000 g Triäthylphosphit gegeben. Die Mischung wird unter Rühren 5 Stdn. auf 150–155° erhitzt. Die Perlen werden durch Filtrieren abgetrennt, mit Wasser, dann mit Aceton und wieder mit Wasser gewaschen. Nach der Zugabe von 800 cm³ einer 30%igen wäßr. Lösung von Bromwasserstoff wird 2 Stdn. unter Rühren und Rückfluß erhitzt. Die Perlen werden abgetrennt, wieder mit Wasser, dann mit Aceton gewaschen und anschließend getrocknet. Das Reaktionsprodukt enthält im Mittel 4,5 Phosphonsäuregruppen auf 10 aromatische Kerne. Seine Wirksamkeit als Kationenaustauscher kann durch Sulfonierung mit Chlorsulfonsäure noch verstärkt werden.

s) Umwandlung von Säurechloridgruppen in Polymerisaten

Das Chloratom in Polyacryl- oder Polymethacrylsäurechlorid[2] sowie in sulfochloriertem Polyäthylen oder Polyvinylsulfonsäurechlorid hat die gleiche Reaktionsfähigkeit wie in den entsprechenden niedrigmolekularen Verbindungen.

1. im Polyacryl- und Polymethacrylsäurechlorid

α) Reaktion mit Alkoholen, Ammoniak, Aminen oder Hydroxylamin

Wegen der großen Reaktionsfähigkeit der Carbonsäurechloridgruppen verläuft auch die Umsetzung der polymeren Carbonsäurechloride mit Alkoholen[3], Ammoniak, Aminen[4] oder Hydroxylamin[5] oft sowohl über inter- als auch intramolekulare Nebenreaktionen. Hierdurch werden unerwünschte Gruppierungen eingeführt, deren Menge quantitativ schwierig zu erfassen ist.

Einen glatt verlaufenden Umsatz erzielt man mit löslichen Polyacrylsäurechloriden, die unter Ausschluß von Wasser und Sauerstoff in Dioxan als Lösungsmittel hergestellt werden, mit flüssigem Ammoniak, primären und sekundären aliphatischen, cycloaliphatischen und aromatischen Aminen[6], wenn mit verdünnten Lösungen gearbeitet wird. Mit p-Amino-azobenzol bilden sich polymere Azofarbstoffe.

Vernetzte Polyacrylsäurechloride[7] und Polymethacrylsäurechloride[8], die aus den polymeren Säuren mit Thionylchlorid in Gegenwart von Pyridin[7] hergestellt werden können, geben die gleichen Reaktionen wie unvernetzte polymere Säurechloride.

[1] A.P. 2764561 (1954), Dow Chemical Co., Erf.: E. L. McMaster u. W. K. Glesner.

[2] S. ds. Handb., Bd. XIV/1, Kap. Polymerisation der Acryl- und Methacrylsäure, ihrer Salze, Halogenide und Anhydride, S. 1018.

[3] A.P. 1984417 ≡ F.P. 697437 (1930), I. G. Farb., Erf.: H. Mark u. H. Fikentscher.
S. Boyer u. A. Rondeau, Bl. **1958**, 240.

[4] E.P. 351508 (1930), I. G. Farb.
S. Boyer u. A. Rondeau, Bl. **1958**, 240.
A.P. 2469696 (1946), Eastman Kodak Co., Erf.: L. M. Minsk u. W. O. Kenyon.

[5] M. Vrancken u. G. Smets, J. Polymer Sci. **14**, 521 (1954).
J. P. Cornaz, K. Hutschneker u. H. Deuel, Helv. **40**, 2015 (1957).

[6] R. C. Schulz, P. Elzer u. W. Kern, Makromolekulare Chem. **42**, 189, 197 (1960).

[7] N. Grubhofer u. L. Schleith, H. **296**, 262 (1954).

[8] G. Manecke u. R. Heller, Makromolekulare Chem. **28**, 185 (1958).
J. P. Cornaz, K. Hutschneker u. H. Deuel, Helv. **40**, 2015 (1957).

Durch Cyclisierung von Copolymerisaten[1] aus *Styrol* und *Acrylsäure-* oder *Methacrylsäurechlorid* mit Aluminiumchlorid erhält man bereits unter milden Reaktionsbedingungen hohe Ausbeuten an Polymeren mit Tetraloneinheiten sowie tricyclische Einheiten. Hierbei findet jedoch ein starker Abbau der Copolymerisate statt.

Umsetzung von Polyacrylsäurechlorid mit Diäthylamin[2]: In eine Ampulle werden 50 mg Azoisobuttersäure-dinitril und unter Ausschluß von Luft und Feuchtigkeit 3 cm³ durch fraktionierte Destillation vom Stabilisator befreites Acrylsäurechlorid sowie 3 cm³ in einer Umlaufapparatur über Kalium getrocknetes Dioxan eingefüllt. Nach dem Zuschmelzen wird 48 Stdn. auf 50° erhitzt. Es haben sich dann 2,8 g Polyacrylsäurechlorid gebildet.

Die Lösung wird mit 10 cm³ Dioxan verdünnt und in 100 cm³ trockenen Petroläther eingetropft. Nach dem Absetzen des schmierig ausfallenden Polymeren wird sofort dekantiert und der petrolätherfeuchte Rückstand in 30 cm³ scharf getrocknetem Dioxan gelöst.

Diese Lösung wird sofort in dünnem Strahl unter kräftigem Schütteln in 30 cm³ wasserfreies Diäthylamin eingetragen. Das Reaktionsgefäß wird mit einem Calciumchloridrohr verschlossen und 48 Stdn. bei 20° stehengelassen. Hierbei scheidet sich das Diäthylamin-hydrochlorid aus. Zur Isolierung wird das Reaktionsgemisch in 200 cm³ Wasser eingerührt. Man säuert mit Essigsäure an und dialysiert. Die Flüssigkeit im Dialyseschlauch wird i. Vak. zur Trockne eingedampft und der Rückstand in wenig warmem Wasser gelöst. Beim Abkühlen fällt das Polymere aus. Es wird i. Vak. getrocknet; Ausbeute 94%; Stickstoffgehalt: gef. 10,3%, ber. 11,01%.

β) Reaktion mit Diazomethan sowie mit Natriumazid

Die Arndt-Eistert-Reaktion, auf Polymethacrylsäurechlorid angewandt, führt in der ersten Stufe zum polymeren *Diazoketon*[3]. Dieses reagiert dann mit benachbarten Säurechloridgruppen unter Abspaltung des Stickstoffs und Bildung von Cyclopentanonringen. Die erwartete Polyisopropenylessigsäure kann daher über das polymere Säurechlorid nicht hergestellt werden. Natriumazid bildet mit der Lösung des Polyacrylsäurechlorids in Dimethylformamid nach T. Curtius Isocyanatgruppen[4], die mit nicht umgesetzten Säurechloridgruppen sofort weiterreagieren (s. S. 763).

2. Umwandlung von Sulfonsäurechloridgruppen im sulfochlorierten Polyäthylen und Polyisobutylen

α) Reaktion mit Aminen in Gegenwart von Wasser

Ammoniak[5], Hydroxyalkylamine oder Morpholin[6] reagieren mit Polysulfonsäurechloriden im wäßrigen Medium zu wasserlöslichen Verbindungen, die sowohl Sulfamid- als auch Sulfonsäuregruppen enthalten.

---

[1] P. Teyssié u. G. Smets, J. Polymer Sci. **27**, 441 (1958).
[2] R. C. Schulz, P. Elzer u. W. Kern, Makromolekulare Chem. **42**, 197 (1960).
[3] S. Rondou, G. Smets u. M. C. Wilde-Delvaux, J. Polymer Sci. **24**, 261 (1957).
[4] M. Vrancken u. G. Smets, J. Polymer Sci. **14**, 521 (1954).
[5] A.P. 2458841 (1944), Standard Oil Development Co., Erf.: N. M. Elmore u. A. M. Gessler.
[6] A.P. 2570094 (1950), DuPont, Erf.: H. W. Bradley; C. **1956**, 11094.

β) Reaktion mit wasserfreien Aminen

Flüssiges Ammoniak sowie wasserfreie primäre oder sekundäre Amine führen vielfach zu löslichen polymeren *Sulfonsäureamiden*. Es können aber auch unlösliche Reaktionsprodukte[1] unter Ausbildung von vernetzend wirkenden Sulfonsäureimidgruppen entstehen. Verwendet man **ungesättigte Amine**[2] wie Buten-(2)-yl- oder Allylamin, so entstehen ungesättigte polymere Sulfonsäureamide, die wie Kautschuk in Gegenwart von Vulkanisationsbeschleunigern durch Schwefel vernetzt werden können.

Reaktion von sulfochloriertem Polyäthylen mit Diäthylamin[1]: 280 g sulfochloriertes Polyäthylen vom Mol.-Gew. 7000 und einem Schwefelgehalt von 6,7% werden in 270 g Methylisobutylketon gelöst. Unter Kühlen auf −10° bis −20° gibt man innerhalb 1 Stde. 250 g Diäthylamin zu. Es wird noch 1 Stde. bei gleicher Temp. gerührt. Die orangefarbene Lösung wird dann bei Raumtemp. mit 700 cm³ Methylisobutylketon verd. und 5mal mit je 1 l Wasser gewaschen. Die entstandene Emulsion wird durch Alkohol zerstört. Nach dem Eindampfen erhält man 287 g Rückstand mit 5,8% Schwefel und 3,2% Stickstoff.

3. Umwandlung von Sulfonsäurechloridgruppen im Polyvinylsulfonsäurechlorid

Vinylsulfonsäurechlorid[3] kann sowohl als solches oder auch copolymerisiert werden. Bei der Verseifung mit Natronlauge entstehen die entsprechenden sulfonsauren Salze. Die Umsetzung der Polymeren mit primären oder sekundären aliphatischen und aromatischen Aminen[4] führt in Dioxan zu *Polyvinylsulfonsäureamiden*. Mit leicht siedenden Aminen ist auch eine Umsetzung in der Gasphase möglich. Anilin führt zu einem Umsatz von 99%. *Polyvinylsulfonsäurefluorid*[5] gibt ähnliche Reaktionen.

4. Umwandlung von Sulfonsäurechloridgruppen im Polystyrolsulfonsäurechlorid

Ammoniak, primäre und sekundäre aliphatische oder aromatische Amine oder aromatische Aminocarbonsäuren bilden mit sulfochlorierten aromatischen Polyvinylverbindungen leicht die entsprechenden polymeren *Sulfonsäureamide*.

Mit Divinylbenzol vernetztes und sulfochloriertes Polystyrol läßt sich auch mit Aminen umsetzen. So reagiert die Sulfonsäurechloridgruppe mit Ammoniak zum entsprechenden polymeren Sulfonsäureamid, das mit Diketen zu einem Acetessigsäureamid weiterreagiert:

$$\cdots-CH-CH_2-\cdots$$

$$SO_2-NH-COCH_2COCH_3$$

Diese Verbindung wurde als Ionenaustauscher[6] zum Abscheiden von Kupfer-(II)-, Eisen-(III)- oder Uranyl-Ionen aus ihren Lösungen vorgeschlagen.

Reaktion von Polystyrolsulfonsäurechlorid mit Anilin[7]: 350 g eines mit 1% Divinylbenzol vernetzten Polystyrols werden in Form von Perlen (Korngröße 0,3–0,5 mm) im Laufe 1 Stde. bei

[1] A.P. 2615000 (1949), DuPont, Erf.: H. W. BRADLEY; C. **1953**, 8216.

[2] A.P. 2852497 ≡ F.P. 1178109 ≡ DAS. 1048023 (1956), DuPont, Erf.: G. THOMPSON.

[3] S. ds. Handb., Bd. XIV/1, Kap. Polymerisation der Vinylsulfonsäure und ihrer Derivate, S. 1104.

[4] W. KERN u. R. C. SCHULZ, Ang. Ch. **69**, 167 (1957).

[5] W. KERN, R. C. SCHULZ u. H. SCHLESMANN, Makromolekulare Chem. **39**, 1 (1960).

[6] K. NAKAMURA u. M. YANAGITA, J. Sci. Res. Inst. [Tokyo] **54**, 146 (1960).

[7] DAS. 1041690 (1954), Farbf. Bayer, Erf.: W. HAGGE, M. QUAEDVLIEG u. H. SEIFERT; C. **1959**, 6971.

Zimmertemp. in 1000 cm³ Chlorsulfonsäure eingetragen. Nach etwa 3 Stdn. ist das Polymerisat vollständig aufgequollen und wird noch einige Stdn. zur Nachreaktion stehengelassen. Zur Entfernung überschüssiger Säure trägt man das Reaktionsprodukt in 2000 cm³ Eisessig ein und wäscht nach dem Filtrieren mit Äther aus.

113 g des rohen sulfochlorierten Polystyrols werden mit einer Lösung von 200 g Anilin und 200 g Methanol 16 Stdn. unter Rückfluß erhitzt. Das hellbraune Reaktionsprodukt wird mit Wasserdampf vom nicht umgesetzten Anilin befreit. Nach dem Trocknen erhält man 76 g des polymeren Sulfonsäureamids, dessen Stickstoffgehalt 5,5% und dessen Schwefelgehalt 11,65% beträgt.

t) Umwandlung von Polymerisaten in quartäre Ammoniumverbindungen

1. von Poly-vinylalkyl- und Poly-vinylarylsulfonaten

Poly-vinylalkyl- und -arylsulfonate reagieren mit tertiären Aminen unter Bildung von quartären Ammoniumverbindungen. Infolge einer Nebenreaktion mit den im Polymerisat vorhandenen Hydroxygruppen entstehen gleichzeitig cyclische Äther[1] von der Art des Tetrahydropyrans (innermolekulare Verätherung mit Alkylschwefelsäureester). Diese Reaktion verläuft nur glatt mit Pyridin unter Bildung von wasserlöslichen Reaktionsprodukten. Aminopyridine, z. B. 2-Amino-pyridin, führen zu Verbindungen stark komplexer Natur, die in Wasser unlöslich, in Methanol und verdünnten Säuren aber löslich sind. Sie eignen sich als Fixiermittel für saure Farbstoffe in photographischen Schichten, die beim Belichten[2] unlöslich werden. Primäre und sekundäre Amine bilden mit Polyvinylsulfonaten neben „N-substituierten Polyvinylaminen" ebenfalls cyclische Äther:

R = Alkyl, R′ = Alkyl, Aryl

Quartäre Ammoniumverbindung aus Polyvinylbenzolsulfonat und Pyridin[3]: 10 g über Phosphorpentoxyd i. Vak. getrocknetes hydroxygruppenhaltiges Polyvinylbenzolsulfonat (s. S. 727) mit einem Schwefelgehalt von 15,7% werden in 100 cm³ trockenem Pyridin gelöst und in einer verschlossenen Flasche auf 50° erwärmt. Nach 4 Tagen fällt das Reaktionsprodukt aus; nach 7 Tagen wird vom Pyridin dekantiert und der Niederschlag in Methanol gelöst. Die quaternierte Verbindung wird dann durch Zugabe einer Alkohol-Äther-Mischung (1 : 1) ausgefällt und mit Äther gewaschen. Sie ist in Wasser löslich und enthält nach dem Trocknen 9,9% Schwefel und 4,3% Stickstoff, was einem Quaternierungsgrad von über 90% entspricht.

---

[1] A. P. 2 701 243 (1951), Eastman Kodak Co., Erf.: D. D. Reynolds u. W. O. Kenyon.
[2] Belg. P. 514 461 (1952), Kodak-Pathé, Erf.: D. D. Reynolds u. W. O. Kenyon.
[3] D. D. Reynolds u. W. O. Kenyon, Am. Soc. **72**, 1587 (1950).
    A. P. 2 571 761 (1949), Eastman Kodak Co., Erf.: D. D. Reynolds u. W. O. Kenyon.

2. Quartäre Ammoniumverbindungen aus Copolymerisaten von Acrylnitril mit Vinylchloracetat

Copolymerisate des Acrylnitrils mit 5,5% Vinylchloracetat reagieren mit tertiären Aminen bei erhöhter Temperatur in Dimethylformamid glatt zu den entsprechenden quartären Basen[1]. Mit primären und sekundären Aminen entstehen unlösliche Reaktionsprodukte. Wie Vinylchloracetat bilden Copolymerisate aus *Methallylchloracetat* und *Acrylnitril* mit tertiären Basen Reaktionsprodukte mit ähnlichen Eigenschaften, während *Allylchloracetat*[2] unlösliche Verbindungen gibt.

3. Quartäre Ammoniumverbindungen aus chlormethyliertem Polystyrol

Chlormethyliertes Polystyrol bildet mit tertiären Aminen[3] leicht lösliche, quartäre polymere Ammoniumverbindungen. Geeignete Basen sind Trimethylamin, Triäthylamin, Dimethyl-benzyl-amin, N-Methyl-morpholin.

Die Reaktion wird bei Raumtemperatur in Dioxan durch Zugabe des tertiären Amins in etwa 25%igem Überschuß ausgeführt. Nach 24 Stunden wird die polymere Ammoniumverbindung mit Alkohol gefällt und sogleich wieder in Dioxan gelöst. Die Löslichkeit richtet sich nach dem Grad der Chlormethylierung. Sind 20–30% der Benzolkerne im Polystyrol chlormethyliert, so entsteht ein Produkt, das nur in einem Gemisch aus Wasser und Aceton löslich ist, aber weder in Wasser noch in Aceton gelöst werden kann. Enthält das Polystyrol etwa 40% Chlormethylgruppen, so ist das Quaternierungsprodukt in Wasser löslich.

Von technischer Bedeutung als Anionenaustauscher sind die Reaktionsprodukte von chlormethylierten Copolymerisaten aus *Styrol* und *Divinylbenzol* mit tertiären Aminen[4]. Anstelle dieser Copolymerisate können auch in der Seitenkette halogenierte Copolymerisate aus α-Methyl- und Kernmethyl-styrolen[5] zur Quaternierung verwendet werden.

Die Quaternierung verläuft glatt und quantitativ und kann im wäßrigen Medium oder in Lösungsmitteln durchgeführt werden. Beim Arbeiten in Wasser müssen die unlöslichen Copolymerisate vor der Reaktion zunächst in Lösungsmitteln wie Benzol,

[1] G. E. Ham u. P. W. Gann, Ind. eng. Chem. **45**, 2320 (1953).
[2] G. E. Ham, A. B. Craig u. P. W. Gann, Ind. eng. Chem. **45**, 2323 (1953).
[3] G. D. Jones, Ind. eng. Chem. **44**, 2686 (1952).
  K. W. Pepper, H. M. Paisley u. M. A. Young, Soc. **1953**, 4097.
  R. M. Wheaton u. W. C. Bauman, Ind. eng. Chem. **43**, 1088 (1951).
  A.P. 2823201 (1952) ≡ DAS. 1058735 (1958), Dow Chemical Co., Erf.: R. M. Wheaton.
  E.P. 785157 (1955), Chemical Process Co., Erf.: I. M. Abrams; C. **1959**, 6590.
[4] A.P. 2823201 (1952) ≡ DAS. 1058735 (1958), Dow Chemical Co., Erf.: R. M. Wheaton.
  E.P. 683400 (1949), Dow Chemical Co.; C. **1953**, 9651.
  A.P. 2597494 (1951), Rohm & Haas Co., Erf.: J. C. H. Hwa; C. **1954**, 6359.
  A.P. 2591573 (1947), Rohm & Haas Co., Erf.: C. H. McBurney; C. **1953**, 9333.
  A.P. 2616877 (1950), Dow Chemical Co., Erf.: E. L. McMaster; C. **1954**, 435.
  E.P. 785157 (1955), Chemical Process Corp., Erf.: I. M. Abrams; C. **1959**, 6590.
[5] A.P. 2823201 (1952) ≡ DAS. 1058735 (1958), Dow Chemical Co., Erf.: R. M. Wheaton.
  A.P. 2614099 (1948), Dow Chemical Co., Erf.: W. C. Bauman u. R. McKellar; C. **1954**, 3346.
  E.P. 679852; 679853 (1949), Dow Chemical Co.; C. **1954**, 3346.
  F.P. 1001106 (1949), Dow Chemical Co., Erf.: E. L. McMaster, R. M. Wheaton u. J. R. Skidmore; C. **1953**, 9333.
  DAS. 1078771 (1954), Permutit AG., Erf.: M. E. Gilwood u. A. H. Greer.
  E.P. 864336 (1959), American Cyanamid Co.

Tetrahydrofuran oder Dioxan angequollen werden. Es können aliphatische, cycloaliphatische oder araliphatische Amine[1] angewendet werden. Am häufigsten werden Trimethylamin und 2-Dimethylamino-äthanol-(1) benutzt. Mit *Dimethyl-[2-mercapto-propyl-(1)]-amin*[2] entstehen Schwefel enthaltende Austauscher. Quartäre Produkte bilden sich auch mit Diaminen wie 1,2-Bis-dimethylamino-äthan[3]. Weil jeweils nur ein Stickstoffatom im Diamin quaterniert wird, entstehen schwächere und stärkere basische Gruppen.

Im wäßrigen oder alkoholischen Medium reagieren mit Dialkylaminen umgesetzte Chlormethylierungsprodukte mit Alkylenoxyden[4] unter Quaternierung zu stark basischen Ionenaustauschern:

$$\cdots\!-\!CH_2\!-\!N\!\!\begin{array}{c}R\\R\end{array} + H_2C\!\!\begin{array}{c}O\\ \end{array}\!\!CH_2 + H_2O \;\rightarrow\; \left[\cdots\!-\!-CH_2\!-\!\underset{\underset{R}{|}}{\overset{\overset{R}{|}}{N}}\!-\!CH_2\!-\!CH_2OH\right]^{\oplus} OH^{\ominus}$$

R = Alkyl

Führt man die Reaktion mit *3-Diäthylamino-1,2-epoxy-propan*[5] aus, so bildet sich ein Quaternierungsprodukt, das mit Dimethylamin an der Epoxygruppe weiterreagieren kann. Ebenso kann das mit *2-Chlor-1-diäthylamino-äthan*[6] erhaltene Quaternierungsprodukt mit Dialkylaminen weiter umgesetzt werden. Bis-quartäre Anionenaustauscher bilden sich, wenn zunächst mit *1,2-Bis-dimethylamino-äthan*[7] kondensiert und anschließend mit Alkylhalogeniden nachalkyliert wird. Zu stark basischen Austauschern mit quartären Phosphoniumgruppen gelangt man durch Umsetzen der Chlormethylgruppen mit *Tris-dialkylamino-phosphinen*[8]. Auch *Hexamethylentetramin*[9] führt in Gegenwart von Natriumbromid oder Natriumjodid zu quartären Produkten.

Die Porosität der Austauscher kann durch die Menge des *Divinylbenzols* beeinflußt werden. Mit 0,5–2,0% Divinylbenzol vernetzte Ionenaustauscher sind stark gequollen, haben eine geringe Dichte und hohe Porosität. Erhöht man den Anteil an Divinylbenzol auf 8–12%, so werden die Porosität und Quellfähigkeit geringer. Schwammige Anionenaustauscher[10], die besonders zur Abscheidung von großen Säuremolekeln geeignet sind, erhält man, wenn die Copolymerisation des Styrols mit Divinylbenzol in Gegenwart von solchen Flüssigkeiten ausgeführt wird, die lösend auf die Monomeren einwirken, aber das Copolymerisat weder lösen noch quellen. Hierfür geeignet sind aliphatische Kohlenwasserstoffe, Alkohole und Nitroalkane. Die Kornfestigkeit der Austauscher wird verbessert, wenn *1,3,5-Triacryloyl-hexahydro-1,3,5-triazin*[11] anstelle von Divinylbenzol als Vernetzungsmittel eingesetzt wird.

[1] A. P. 2591573 (1947), Rohm & Haas Co., Erf.: C. H. McBurney; C. **1953**, 9333.
[2] A. P. 2906716 (1956), Rohm & Haas Co., Erf.: J. C. H. Hwa; Chem. Abstr. **54**, 7005[i] (1960).
[3] F. P. 1123975 ≡ DAS. 1041249 (1955), Rohm & Haas Co., Erf.: J. C. H. Hwa; C. **1958**, 8154.
[4] A. P. 2689832/3 (1951), Rohm & Haas Co., Erf.: J. C. H. Hwa; C. **1955**, 8513; **1956**, 1748.
[5] DAS. 1063807 (1956), Permutit AG., Erf.: T. R. E. Kressman u. E. M. Wilkinson.
[6] DAS. 1063381 (1956), Permutit AG., Erf.: T. R. E. Kressman u. E. M. Wilkinson.
[7] DAS. 1042236 (1955), Rohm & Haas Co., Erf.: J. C. H. Hwa; C. **1958**, 8154.
[8] A. P. 2764560 (1954), Dow Chemical Co., Erf.: E. L. McMaster u. H. Tolkmith.
[9] E. P. 814726 (1955), United Kingdom Atomic Energy Authority, Erf.: G. E. Ficken u. E. S. Lane; Chem. Abstr. **53**, 20910[f] (1959).
[10] DAS. 1045102 (1957), Farbf. Bayer, Erf.: H. Corte u. A. Meyer; C. **1960**, 4308.
[11] DAS. 1065177 (1958), Farbf. Bayer, Erf.: W. Hagge, M. Quaedvlieg u. H. Seifert.

Pfropfpolymerisate des Styrols und Divinylbenzols auf *Polyäthylen*[1] können ebenfalls nach der Chlormethylierung durch Trimethylamin quaterniert werden. Geht man von dünnen Folien aus, so erhält man Membrane, die selektiv permeabel für Kationen sind.

Quaternierung eines Copolymerisates aus Styrol und Divinylbenzol[2]: In einem Dreihalskolben, der mit Thermometer, Rührer und Rückflußkühler ausgestattet ist, legt man 400 cm³ Wasser und 34 cm³ einer 1,5%igen wäßr. Aufschwemmung von Magnesiumsilicat vor. Unter Rühren wird eine Lösung, bestehend aus 97,5 g Styrol, 1 g Divinylbenzol und 1,5 g Äthylstyrol, in der 1 g Dibenzoylperoxyd gelöst ist, zugegeben. Die Mischung wird dann unter Rühren auf 90° erhitzt und 1,5 Stdn. auf dieser Temp. gehalten. Danach wird noch weitere 1,5 Stdn. unter Rückfluß erhitzt. Nach Abkühlen auf Raumtemp. wird filtriert und zunächst an der Luft und dann für 2 Stdn. bei 125° im Trockenschrank getrocknet.

Zu 50 g des in Perlform erhaltenen Copolymerisates gibt man Methyl-chlormethyl-äther und läßt die Mischung bei Raumtemp. 15 Min. stehen. Hierbei quellen die Perlen. Die Mischung wird dann mit 115 cm³ Petroläther (Kp: 30–60°) verdünnt und unter Rühren auf 0° abgekühlt. Dann gibt man 30 g wasserfreies, gepulvertes Aluminiumchlorid in kleinen Anteilen während 1 Stde. zu. Das Gemisch wird bei 0° 2 Stdn. kräftig gerührt und mit 500 cm³ Eiswasser langsam verd., um überschüssiges Aluminiumchlorid und Methyl-chlormethyl-äther zu zersetzen. Man rührt noch 30 Min. und filtriert. Die Perlen werden zuerst an der Luft getrocknet, dann wiederholt mit Wasser gewaschen und schließlich in einem Trockenschrank bei 125° 2 Stdn. getrocknet. Die Analyse gibt einen Chlorgehalt von 21,97%.

In einem Dreihalskolben von 500 cm³ Inhalt, der mit Rührvorrichtung, Rückflußkühler, Thermometer und einem Gaseinleitungsrohr ausgestattet ist, legt man 115 cm³ Benzol und 50 g der chlormethylierten Perlen vor. Dann wird 30 Min. unter Rühren und Rückfluß erhitzt. Die Mischung wird auf 20° abgekühlt, mit gasförmigem wasserfreiem Trimethylamin gesättigt, wobei man die Temp. auf 50–55° erhöht und 4 Stdn. Trimethylamin durchleitet. Man kühlt dann auf Raumtemp. ab, läßt über Nacht stehen, filtriert, wäscht 2mal mit Benzol und trocknet an der Luft. Die von Benzol befreiten, getrockneten Perlen werden 2 Stdn. in eine 10%ige wäßr. Lösung von Schwefelsäure gelegt und dann gründlich gewaschen. Schließlich werden sie in das quartäre Ammoniumhydroxyd übergeführt, indem sie kräftig in einer 15%igen wäßr. Lösung von Natriumhydroxyd gerührt werden. Das fertige Erzeugnis wird mit Wasser gewaschen, bis das Waschwasser mit Phenolphthalein keine rötliche Färbung mehr gibt. Die Perlen enthalten 5,68% Stickstoff.

4. Quartäre Ammoniumverbindungen aus Epoxygruppen enthaltenden Polymerisaten

Copolymerisate des *Glycidallyläthers* oder *Methacrylsäureglycidesters* mit *Vinylacetat*, *Styrol* oder *Butadien* reagieren mit einem großen Überschuß an tertiären aliphatischen oder cyclischen Aminen in Gegenwart von Wasser oder Säuren zu quartären Verbindungen, die in Wasser oder verdünnten Säuren löslich sind. So können Copolymerisate aus Vinylacetat und Glycidallyläther mit tertiären aliphatischen Aminen[3] quaterniert werden. Durch Verseifen der Estergruppen mit Alkali entstehen Schutzkolloide, die zur Herstellung von lichtempfindlichen Silberhalogenidemulsionen verwendet werden können. Wird die Quaternierung der Epoxygruppe in Copolymerisaten des Methacrylsäureglycidesters mit *Styrol* und *Divinylbenzol* in Alkoholen[4] ausgeführt, so bilden sich quartäre Ammoniumalkoxyde (vgl. S. 752 u. ds. Handb. Bd. XI/2, S. 610).

---

[1] DAS. 1077423 (1958), Nederlandse Organisatie voor Toegepast Natuurwetenschappelijk Onderzoek ten behoeve van Nijverheid, Handel en Verkeer, Erf.: J. F. A. HAZENBERG u. B. P. KNOL.

[2] DBP. 848257 (1950), Rohm & Haas Co., Erf.: C. H. McBURNEY; C. **1955**, 9209.
  F. P. 988486 (1948), Resinous Products & Chemical Co., Erf.: C. H. McBURNEY.

[3] E. P. 788955 ≡ DAS. 1018306 (1955), DuPont, Erf.: C. WEAVER; C. **1958**, 11416.

[4] A. P. 2630427 (1951) ≡ DAS. 1034859 ≡ E. P. 717305 (1952); A. P. 2630428 (1951) ≡ DAS. 1032533 ≡ F. P. 1068897 (1952), Rohm & Haas Co., Erf.: J. C. H. HWA; C. **1955**, 3019.

Quartäre Ammoniumverbindung aus einem Copolymerisat von Glycidallyläther mit Vinyl-acetat[1]: 21,4 g eines Copolymerisates aus Vinylacetat mit 9,3% Glycidallyläther (1,3% Epoxy-sauerstoff) werden mit 15,9 g Methyläthylketon, 2,36 g Trimethylamin (Verhältnis Aminogruppen zu Epoxygruppen ungefähr wie 2 : 1), 12,2 g Isopropanol und 0,72 g Wasser gemischt und nach der Zugabe von 62 g Dioxan 10 Tage bei Raumtemp. stehengelassen. Das Reaktionsprodukt ist wasserlöslich und enthält quartäre Ammoniumhydroxydgruppen.

5. Quartäre Ammoniumverbindungen aus Polyacrylsäure-und Polymethacrylsäureestern

Quartäre Basen wie Trimethyl-benzyl-ammoniumhydroxyd, in Äthylenglykol-monomethyläther gelöst, reagieren mit der Lösung von Polyacrylsäuremethylester in Toluol oder mit der entsprechenden wäßrigen Dispersion zu quartären *Ammonium-polyacrylaten*[2]. Das basische Polyamid aus Polyacrylsäuremethylester und 3-Amino-1-diäthylamino-propan[3] kann in absolutem Alkohol bei 80–85° mit Benzylchlorid oder Allylchlorid quaterniert werden. Dialkylaminoalkanolester[4] der Polyacryl- und Polymethacrylsäure bilden mit Alkylhalogeniden, Dialkylsulfaten und Arylsulfon-säuren ebenfalls leicht quartäre Ammoniumverbindungen. Die Quaternierung von *Poly-(tris-[β-methacryloxy-äthyl]-amin)*[5], das durch Polymerisation des Umsetzungs-produktes von Methacrylsäuremethylester mit Triäthanolamin erhalten wird, führt mit Dimethylsulfat zu einem Anionenaustauscher.

Quaternierung von Poly-[acrylsäure-(β-diäthylamino-äthylester)] mit Dimethylsulfat[4]: Zu der Lösung, die durch Polymerisation von 21 g salzsaurem Acrylsäure-(β-diäthylamino-äthylester) in 70 cm³ Wasser in Gegenwart von 0,2 g Kaliumperoxydisulfat erhalten wird, werden nach der Neutralisation durch Natriumcarbonat weitere 8 g Natriumcarbonat in 80 cm³ Wasser und 14 g Dimethylsulfat langsam zugesetzt. Das zunächst ausgefallene Polymerisat geht allmählich wieder in Lösung und kann durch Zusatz von überschüssigem Natriumcarbonat nicht mehr ausgefällt werden.

6. Quartäre Ammoniumverbindungen aus Poly-alkylvinylketonen

Poly-methylvinylketone und Poly-vinylarylketone bilden mit *Betainhydrazid-hydrochlorid* oder *N-Carbohydrazinomethyl-pyridiniumchlorid* in 1,4-Dioxan quartäre Ammoniumverbindungen:

$$\cdots-CH_2-CH-\cdots \quad \overset{O}{\overset{\|}{C}}\ \ Cl^{\ominus}$$

$$\underset{CH_3}{\overset{\mid}{C}}=N-NHC-CH_2-\overset{\oplus}{N}$$

Quaternierung von Poly-methylvinylketon mit N-Carbohydrazinomethyl-pyridiniumchlorid[6]: 23g Poly-methylvinylketon werden in 300 cm³ 1,4-Dioxan gelöst. Nach der Zugabe von 57,5 g N-Carbohydrazinomethyl-pyridiniumchlorid wird die Lösung auf dem Wasserbad so lange er-wärmt, bis Löslichkeit in Wasser eingetreten ist. Das bernsteinfarbige Umsetzungsprodukt wird durch Eintragen der viscosen Lösung in das 3fache Vol. Äther ausgefällt und nach dem Aus-waschen mit frischem Äther i. Vak. getrocknet. Es haben sich 65 g des Umsetzungsproduktes gebildet, wobei 90% der Ketogruppen reagiert haben.

1 A.P. 2676166 (1952), DuPont, Erf.: V. J. Webers; Chem. Abstr. **48**, 9073° (1954).
2 A.P. 2435777 (1945), Rohm & Haas Co., Erf.: F. J. Glavis u. H. T. Neher.
3 A.P. 2980657 (1954), Rohm & Haas Co., Erf.: S. Melamed.
4 DRP.-Anm. C 2475 (1942), Cassella, Erf.: W. Zerweck u. E. Honold (zurückgezogen).
5 DAS. 1068015 (1956), I.C.I., Erf.: H. Zenftman; C. **1960**, 16888.
6 A.P. 2972537 (1957), Eastman Kodak Co., Erf.: T. M. Laakso u. J. L. R. Williams.

7. Quartäre Ammoniumverbindungen aus Polyvinylpyridin

Polyvinylpyridine reagieren in inerten Lösungsmitteln wie Alkohol, cyclischen Äthern oder Nitroalkanen mit Quaternierungsmitteln[1] leicht zu quartären Verbindungen. Behandelt man das mit Methylbromid quaternierte, unlösliche Popcorn-Polymerisat des *2-Vinyl-pyridins*[2] mit alkoholischer Natronlauge, so sollen E l e k t r o - n e n a u s t a u s c h e r entstehen.

Die Quaternierung von unlöslichen Copolymerisaten des 2-Vinyl-pyridins mit *Divinylbenzol* und *Styrol*[3] oder *Acrylnitril*[4] wird am besten mit dem in Methanol angequollenen Copolymerisat ausgeführt.

Quaternierung von Poly-(2-vinyl-pyridin) mit p-Toluolsulfonsäure-methylester[5]: Eine Mischung aus 5 g Poly-(2-vinyl-pyridin) und 10 g p-Toluolsulfonsäure-methylester wird 16 Stdn. lang auf 130° erwärmt. Nach dem Abkühlen wird das ausgefallene braune Reaktionsprodukt 2 mal mit je 100 cm³ Äther dekantiert, in 100 cm³ heißem Methanol gelöst, die Lösung filtriert, zur Trockne eingedampft und dann mit 150 cm³ Aceton gerührt. Der gebildete Niederschlag wird nach dem Abfiltrieren mit Aceton gewaschen und i. Vak. über Calciumchlorid getrocknet. Es entstehen 7,4 g Poly-(2-vinyl-pyridinium-metho-p-toluolsulfonat).

Mit Dodecylbromid können im *Poly-(2-vinyl-pyridin)* nur etwa 35% des Stickstoffs quaterniert werden, während mit *Poly-(4-vinyl-pyridin)*[6] leicht ein Quaternierungsgrad von über 85% erreicht wird. Die quaternierten Polymerisate sind in Wasser, unabhängig vom Grad der Quaternierung, u n l ö s l i c h. Eine Löslichkeit in Wasser kann aber durch Anwendung eines Gemisches aus Dodecylbromid und Äthylbromid erzielt werden.

Aus *Poly-(2-methyl-5-vinyl-pyridin)*[7] sowie den entsprechenden Copolymerisaten mit Acrylnitril oder Styrol entstehen mit chloressigsaurem Natrium polymere Betaine:

Poly-(1,2-dimethyl-5-vinyl-pyridinium-methosulfat) bildet mit Benzaldehyd in Methanol das unter dem Einfluß von Licht unlöslich werdende Poly-(1-methyl-5-vinyl-α-stilbazolium-methosulfat)[8].

---

[1] A.P. 2484430 (1946), Eastman Kodak Co., Erf.: R. H. Sprague u. L. G. S. Brooker.
E.P. 855028 (1958), Kodak Ltd., Erf.: T. M. Laakso, J. L. R. Williams u. C. S. Garber.
B. D. Coleman u. R. M. Fuoss, Am. Soc. **77**, 5472 (1955).
P. F. Onyon, Trans. Faraday Soc. **51**, 400 (1955).

[2] A.P. 2899396 (1954), Esso Research & Engineering Co., Erf.: C. E. Adams u. C. N. Kimberlin jr.

[3] A.P. 2828270 (1953), National Aluminate Corp., Erf.: Y. Murata; C. **1959**, 16116.

[4] DAS. 1070382 (1957), VEB Farbenfabrik Wolfen, Erf.: M. Morgner.

[5] A.P. 2484430 (1946), Eastman Kodak Co., Erf.: R. H. Sprague u. L. G. S. Brooker.
B. D. Coleman u. R. M. Fuoss, Am. Soc. **77**, 5472 (1955).
P. F. Onyon, Trans. Faraday Soc. **51**, 400 (1955).

[6] U. P. Strauss u. Mitarbb., J. Polymer Sci. **9**, 509 (1952).

[7] A.P. 2958682 (1955), American Cyanamid Co., Erf.: W. H. Schuller u. D. C. Guth.

[8] A. P. 2811510 (1955) ≡ F. P. 1167737 (1956), Eastman Kodak Co., Erf.: G. W. Leubner, J. L. R. Williams u. C. C. Unruh; C. **1959**, 12106.
Vgl. a. F.P. 1161178 (1956), Kodak-Pathé, Erf.: J. L. R. Williams; C. **1960**, 15281.

Beim Erhitzen von Copolymerisaten aus *Butadien* und *2-Methyl-5-vinyl-pyridin* mit Formaldehyd[1] können ein bis drei Wasserstoffatome der Methylgruppe im Vinyl-pyridin durch Hydroxymethylgruppen substituiert werden. Durch Quaternierung mit Benzyl- oder Benzalchlorid und anschließende Vulkanisation des Copolymerisates mit Schwefel entstehen Vulkanisate, die hervorragend ölfest sind. Die gleichen Eigenschaften haben Vulkanisate aus mit Benzalchlorid quaternierten Pfropfpolymerisaten[2] des *2-Vinyl-pyridins* auf *Polyisopren* oder auf Copolymerisate des Butadiens mit Styrol, sowie mit Benzalchlorid quaternierte Copolymerisate aus *Acrylsäureestern* und *2-Methyl-5-vinyl-pyridin*[3].

Quartäre Kondensationsprodukte aus *Poly-(4-vinyl-pyridin)*[4] und Chloraceton oder Chloracetophenon können durch weiteren Umsatz mit Betainhydrazid-hydrochlorid oder N-Carbohydrazinomethyl-pyridiniumchlorid zusätzlich quaterniert werden.

u) Umwandlung anderer funktioneller Gruppen in Polymerisaten

1. von Epoxygruppen

Bei der Polymerisation oder Copolymerisation von *Methacrylsäureglycidester* oder *Glycidallyläther*[5] durch radikalbildende Initiatoren über die Lösung, Emulsion oder in Form der Suspensionspolymerisation wird die Epoxygruppe nicht verändert und kann daher weiter umgesetzt werden.

So tritt mit Ammoniak oder primären und sekundären aliphatischen Aminen[6] unter Ringöffnung eine Reaktion ein, die zu polymeren *Amino-hydroxy-verbindungen* führt:

$$
\begin{array}{ccc}
& \mathrm{CH_3} & \\
& | & \\
\cdots\!-\!\mathrm{CH_2}\!-\!\mathrm{C}\!-\!\cdots & & \\
& | & \\
\mathrm{O}\!=\!\mathrm{C}\!-\!\mathrm{O}\!-\!\mathrm{CH_2}\!-\!\mathrm{CH}\!-\!\mathrm{CH_2} & & \\
& \diagdown\!\mathrm{O}\!\diagup &
\end{array}
\;+\;\mathrm{NH_3}\;\rightarrow\;
\begin{array}{c}
\mathrm{CH_3} \\
| \\
\cdots\!-\!\mathrm{CH_2}\!-\!\mathrm{C}\!-\!\cdots \\
| \\
\mathrm{O}\!=\!\mathrm{C}\!-\!\mathrm{O}\!-\!\mathrm{CH_2}\!-\!\mathrm{CH}\!-\!\mathrm{CH_2} \\
\qquad\quad | \quad\;\; | \\
\qquad\quad \mathrm{OH}\;\;\mathrm{NH_2}
\end{array}
$$

Um lösliche Produkte zu erhalten, ist es notwendig, einen Überschuß an Amin oder Ammoniak zu verwenden, der mindestens das zweifache der stöchiometrischen Menge betragen soll. Außerdem kann eine Vernetzung durch Arbeiten in Lösungsmitteln wie Benzol, Gemischen aus Toluol und Isopropanol, Aceton, Dioxan usw. weitgehend zurückgedrängt werden. Beim Erhitzen über 100° werden die Reaktionsprodukte unlöslich. Als lichtbeständige Schutzanstriche eignen sich besonders Copolymerisate von Methacrylsäureestern mit 1–3% Methacrylsäureglycidester[7], wenn diese, im Gemisch aus Toluol und Isopropanol gelöst, bei 80–100° mit Ammoniak oder primären

[1] A.P. 2888436 (1955), Phillips Petroleum Co., Erf.: J. E. Pritchard; C. 1960, 12518.
　　S. a. J. F. Svetlik, H. E. Railsback u. W. T. Cooper, Ind. eng. Chem. 48, 1084 (1956).
　　J. E. Pritchard u. M. H. Opheim, Ind. eng. Chem. 46, 2242 (1954).
　　A.P. 2956043 (1956), Phillips Petroleum Co., Erf.: H. E. Railsback u. W. B. Reynolds.
　　A.P. 2955093 (1957), Phillips Petroleum Co., Erf.: P. W. Solomon.
[2] DAS. 1103568 (1957), Metallgesellschaft AG., Erf.: E. Papst.
[3] A.P. 2970132 (1955), Phillips Petroleum Co., Erf.: W. B. Reynolds u. J. E. Pritchard.
[4] A.P. 2972538 (1957), Eastman Kodak Co., Erf.: T. M. Laakso u. J. L. R. Williams.
[5] E.P. 722258 (1951), DuPont; C. 1955, 9921.
[6] E.P. 740720 (1953), DuPont; C. 1956, 12984.
[7] A.P. 2949445 (1958), DuPont, Erf.: J. Blake.

sowie sekundären aliphatischen Aminen mehrere Stunden lang behandelt werden. Es können aber auch Gemische dieser Reaktionsprodukte mit *Polymethacrylsäure-methylester*[1] verwendet werden. Copolymerisate aus Acrylnitril mit geringen Mengen Methacrylsäureglycidester können nach der Reaktion mit Ammoniak[2], Bis-[β-hydroxy-äthyl]-amin[3] sowie den Natriumsalzen des Taurin oder Alanin mit sauren und anderen Farbstoffen leicht angefärbt werden.

Copolymerisate aus *Methacrylsäure-* oder *Acrylsäureestern* mit 1–5% *Methacryl-säureglycidester* sollen mit Thioglykolsäure[4] in siedendem Toluol zu einer Verbindung reagieren, die zwei Mercaptogruppen enthält:

$$\begin{array}{c} \vdots \\ CH_2 \\ | \\ CH_3-C-COOCH_2CH-O-C-CH_2SH \\ | \\ \vdots \end{array} \qquad \begin{array}{c} O \\ \| \\ CH_2-O-C-CH_2SH \\ \\ \| \\ O \end{array}$$

Mit Schwefelwasserstoff bildet sich in einer träger verlaufenden Reaktion das folgende Mercaptan, wenn in Gegenwart von Natriumäthylat als Katalysator unter Druck gearbeitet wird:

$$\begin{array}{c} \vdots \\ | \\ CH_2 \qquad\qquad OH \\ | \qquad\qquad\quad | \\ CH_3-C-COOCH_2-CHCH_2SH \\ | \\ \vdots \end{array}$$

Diese Verbindungen sind polymere Regler und geben bei der Polymerisation von Styrol, Acrylsäure- oder Methacrylsäureestern in Lösung bei 60° durch Kettenübertragung Pfropfpolymerisate.

Eine Reaktion tritt auch mit Phosphorsäure[5] oder Polyphosphorsäuren ein. In Aceton lösliche Reaktionsprodukte[6] können nur dann erhalten werden, wenn wenigstens ein Mol Säure pro Epoxygruppe angewandt wird. Die Reaktionsprodukte sind auch in Alkalihydroxyden oder Ammoniak löslich. Anstelle der Phosphorsäure können auch dibasische aliphatische Carbonsäuren mit 5–20 Kohlenstoffatomen, z.B. Sebacinsäure[7], eingesetzt werden. Schnell trocknende Schutzanstriche bilden sich, wenn Copolymerisate aus Glycidallyläther und Acrylsäure- oder Methacrylsäureester[8] mit trocknenden Ölen, z.B. Leinöl, verestert werden, oder auch durch Copolymerisation eines Alkydharzes mit Methacrylsäuremethylester und Methacrylsäureglycidester[9].

---

[1] A.P. 2949383 (1958), DuPont, Erf.: J. Blake.

[2] E.P. 721688 (1952), American Cyanamid Co.; C. **1956**, 4007.

[3] Y. Iwakura, T. Kurosaki u. N. Nakabayashi, Makromolekulare Chem. 44/46, 570 (1961).

[4] M. S. Gluckman u. Mitarbb., J. Polymer Sci. **37**, 411 (1959).
  A.P. 2992210 (1958), Rohm & Haas Co., Erf.: M. S. Gluckman.

[5] J. A. Sims, J. Appl. Polymer Sci. **5**, 58 (1961).

[6] A.P. 2849418 (1953); E.P. 759863 (1954), DuPont, Erf.: J. C. Fang; C. **1960**, 3395.

[7] A.P. 2857354 (1955), DuPont, Erf.: J. C. Fang; C. **1960**, 4684.

[8] E.P. 758920 (1953), I. C. I., Erf.: N. W. Hanson u. R. M. Ringwald; C. **1958**, 2284.

[9] E.P. 857956 (1958), DuPont, Erf.: R. M. Fitch.
  S. a. E.P. 795775 (1955), I. C. I., Erf.: R. M. Ringwald; C. **1959**, 1952.

Über die Umsetzung und Vernetzung von Epoxygruppen enthaltenden Polymerisaten s. auch S. 756, 787; Quaternierung s. S. 753.

Umwandlung eines Copolymerisates aus Methacrylsäureglycidester und Vinylacetat mit (β-Hydroxy-äthyl)-amin[1]: Eine Lösung aus 71 g Methacrylsäureglycidester, 215 g Vinylacetat, 667 g wasserfreiem Dioxan und 5,7 g Dibenzoylperoxyd wird auf 80° erhitzt. Nach 3 Stdn. hat sich das Copolymerisat in fast quantitativem Umsatz gebildet. Die klare, farblose Lösung hat dann eine Viscosität von 0,22 poise. Sie enthält etwa 28,6% des Copolymerisates, das durch Zusatz von Wasser ausgefällt werden kann. Das Mol.-Gew. beträgt 2500. 610 g des Copolymerisates enthalten 1 g-Mol Epoxygruppen.

5 g der Lösung werden mit 10 cm³ Dioxan verdünnt. Dazu gibt man 1 g (β-Hydroxy-äthyl)-amin und erhitzt 15 Min. auf 95°. Auf Zugabe von Wasser fällt das Reaktionsprodukt aus. Es wird mit Wasser ausgewaschen und in verd. Essigsäure gelöst. Aus der Lösung kann man klare und farblose Filme gießen, die beim Trocknen an der Luft gegen Wasser beständig werden. Der Stickstoffgehalt der trockenen Filme liegt bei 2,0%.

2. Umwandlung von Isocyanatgruppen

Polymerisate[2] oder Copolymerisate[3] des *Vinylisocyanats* mit *Acrylsäure-, Methacrylsäureestern* oder *Styrol* reagieren mit Verbindungen, die funktionelle Gruppen wie Amino-[4] oder Hydroxygruppen[5] enthalten, zu polymeren *Harnstoffderivaten* oder *Carbamidsäureestern*. Den gleichen Umsatz geben auch Polyallyl-[6], Polyvinylphenyl-[7], Poly-(vinylalkyl-phenyl)-[7], Poly-(p-allyloxy-phenyl)-isocyanate[8], Poly-(isocyanato-alkyl)-vinyl-äther[9], Poly-(β-isocyanato-alkyl)-acrylate oder -methacrylate[10] sowie Polyacrylsäureisocyanat[11]. Infolge geringfügiger Nebenreaktionen (Wassereinwirkung, Biuretreaktion usw.) entstehen leicht vernetzte Produkte.

Anstelle der Polymerisate mit freien Isocyanatgruppen können auch deren Umsetzungsprodukte mit Verbindungen, die sich beim Erhitzen leicht abspalten, angewandt werden. Geeignete Verbindungen dieser Art sind Phenole, Acetessigsäureester oder Malonsäureester[12]. Bei der Polymerisation des Styrols mit Natriumamid bildet sich in flüssigem Ammoniak ein Polymerisat, das eine endständige Aminogruppe hat. Bei der Einwirkung von Copolymerisaten des (*β-Isocyanato-äthyl)-methacrylsäureesters*[13] mit *Methacrylsäuremethylester* oder *Styrol* auf diese Aminogruppe entstehen Pfropfpolymerisate mit abschätzbaren Kettenlängen und Verzweigungen.

Reaktionen mit Isocyanatgruppen enthaltenden Polymerisaten erfordern erhöhte Temperaturen und lange Reaktionszeiten. Durch Zugabe von Katalysatoren wie

---

[1] E. P. 740720 (1953), DuPont; C. **1956**, 12984.

[2] A. P. 2334476 (1940), DuPont, Erf.: D. D. Coffman; Chem. Abstr. **38**, 2772² (1944).

[3] A. P. 2326287 (1940), DuPont, Erf.: D. D. Coffman; Chem. Abstr. **38**, 602⁶ (1944).

[4] A. P. 2467832 (1945) ≡ E. P. 623416 (1946), General Aniline & Film Corp., Erf.: G. D. Jones.

[5] A. P. 2514328 (1945) ≡ E. P. 623417 (1946), General Aniline & Film Corp., Erf.: G. D. Jones.

[6] A. P. 2606892 (1946), American Cyanamid Co., Erf.: E. L. Kropa u. A. S. Nyquist.

[7] A. P. 2468713 (1947), American Cyanamid Co., Erf.: E. L. Kropa u. A. S. Nyquist.

[8] A. P. 2647884 (1950), American Cyanamid Co., Erf.: V. P. Wystrach.
    A. P. 2468716 (1947), American Cyanamid Co., Erf.: A. S. Nyquist u. E. L. Kropa.

[9] A. P. 2727020 (1953), Rohm & Haas Co., Erf.: S. Melamed u. B. F. Aycock.

[10] A. P. 2718516 (1952) ≡ F. P. 1090805 (1954), Rohm & Haas Co., Erf.: N. M. Bortnick.

[11] DBP. 827553 (1944), I. P. Bemberg AG., Erf.: T. Lieser; C. **1953**, 1254.

[12] DBP. 973440 (1954) ≡ F. P. 1138102 ≡ A. P. 2882260 (1955), Farbf. Bayer, Erf.: H. Bartl,
    H. Holtschmidt u. O. Bayer; C. **1958**, 6111.

[13] R. G. Graham, J. Polymer Sci. **24**, 367 (1957).

Dimethyl-cyclohexyl-amin[1,2] kann die Geschwindigkeit wesentlich erhöht werden. So reagieren Copolymerisate des (*β-Isocyanato-äthyl*)-*acryl*- oder -*methacrylsäureesters* in Lösungsmitteln wie Butylacetat oder Cyclohexanon mit p-Hydroxybenzalacetophenon[1] oder p-Amino-zimtsäureäthylester[2] nach Zugabe von wenig Dimethyl-cyclohexyl-amin bei 80° bereits nach drei Stunden fast quantitativ. Es bilden sich Reaktionsprodukte, die unter dem Einfluß von Licht vernetzen.

3. Umwandlung der Aminogruppe im Poly-aminostyrol

Poly-aminostyrol kann durch Reduktion von Poly-nitrostyrol hergestellt werden (s. S. 696). Sowohl vernetztes als auch unvernetztes Poly-aminostyrol läßt sich diazotieren und kann dann mit Phenolen oder aromatischen Aminen gekuppelt[3] werden. Die auf diesem Wege zugänglichen polymeren *Azofarbstoffe* können als diffusionsfeste Pigmentfarbstoffe verwendet werden. Erhitzen mit Pikrylchlorid in Alkohol und anschließende Nitrierung führt zu einem *Poly-vinyldiphenylamin*, das fünf Nitrogruppen enthält[4].

Auch Proteine[5] können durch Kupplung mit diazotiertem Poly-aminostyrol gebunden werden, ohne daß deren spezifische Fermentaktivität zerstört wird. Durch Kupplung mit Serumalbumin werden 13 mg Protein pro g Polymerisat gebunden. Poly-styroldiazoniumchlorid kann nach T. Sandmeyer in *Poly-chlorstyrol*[6] umgewandelt werden, wobei auch geringe Mengen Hydroxygruppen entstehen. Das polymere Diazoniumchlorid kann auch mit Borfluorwasserstoffsäure in etwa 70%igem Umsatz zum *Poly-fluorstyrol* umgesetzt werden. Hierbei entstehen ebenfalls Hydroxygruppen. Bei der Nitrierung des Poly-fluorstyrol wird im wesentlichen nur eine Nitrogruppe in den Kern eingeführt. In Dimethylformamid bildet sich aus Poly-aminostyrol mit 4,6-Difluor-1,3-dinitro-benzol das *Poly-[vinyl-phenyl-(5-fluor-2,4-dinitro-phenyl)-amin]*, dessen Fluoratome mit n/10 Natronlauge weitgehend hydrolysiert werden können.

Aus dem Diazoniumsalz des Poly-aminostyrol ist mit Kaliumxanthogenat unter alkalischer Hydrolyse des Xanthogenatesters *Poly-mercaptostyrol*[7] zugänglich, das aber nur als vernetztes Produkt erhalten werden kann. Entsprechend können mit dem Diazoniumsalz durch Natriumazid Azidogruppen[8] in einem Umsatz von 86% eingeführt werden. Durch Einwirkung von Poly-styroldiazoniumchlorid auf Benzochinon erhält man Elektronenaustauscher mit den Strukturelementen:

[1] DAS. 1067219 ≡ F. P. 1168217 (1955), Farbf. Bayer, Erf.: W. D. Schellenberg u. H. Bartl.
[2] DAS. 1063803 ≡ E. P. 822861 ≡ F. P. 1185357 (1956), Farbf. Bayer, Erf.: W. D. Schellenberg, O. Bayer, H. Rinke u. W. Siefken; C. **1960**, 11176.
[3] E. P. 626935 (1945), Norsk Hydro-Elektrisk Kvaelstofaktieselskab, Erf.: A. Skogseid.
    M. Martynoff, C. r. **239**, 1512 (1954); **240**, 540 (1955).
    M. L. Bhaskara Rao u. S. R. Palit, Pr. chem. Soc. **1959**, 223.
    C. L. Arcus u. A. Halliwell, Soc. **1961**, 3708.
[4] A. P. 2592350 (1951), Norsk Hydro-Elektrisk Kvaelstofaktieselkab, Erf.: A. Skogseid.
[5] N. Grubhofer u. L. Schleith, H. **297**, 108 (1954).
[6] G. Manecke u. S. Singer, Makromolekulare Chem. **37**, 119 (1960).
[7] H. P. Gregor, D. Dolar u. G. K. Hoeschele, Am. Soc. **77**, 3675 (1955).
[8] DAS. 1053782 ≡ F. P. 1159953 (1956), Eastman Kodak Co., Erf.: S. H. Merrill u. C. C. Unruh.

Aus *Poly-acetaminostyrol*, das aus Essigsäureanhydrid und Poly-aminostyrol hergestellt werden kann, bildet sich mit Nitrosylchlorid das bei Raumtemperatur nur wenig beständige *Poly-(N-nitroso-acetaminostyrol)*[1].

Durch Einleiten von Phosgen in eine Dispersion des Poly-aminostyrol-hydrochlorids in trockenem Toluol entsteht das vollständig unlösliche *Poly-isocyanatostyrol*[2], das bereits vernetzt ist, weil bei seiner Herstellung zum Teil eine Reaktion der entstandenen Isocyanatgruppen mit den noch nicht umgesetzten Aminogruppen eintritt. Poly-isocyanatostyrol gibt die typischen Reaktionen der Isocyanatgruppe. Es kann auch mit Proteinen[3] umgesetzt werden, wobei deren enzymatische Aktivität und serologische Spezifität erhalten bleiben sollen.

v) Spezielle Methoden zur Umwandlung von Polymerisaten

1. Dehalogenierung

a) von Polyvinylhalogeniden

Polyvinylchlorid und *Polyvinylbromid*[4] reagieren mit Zink unter Abspaltung des Halogens. Wenn die verdünnte Lösung des Polyvinylchlorids in Dioxan mit Zinkstaub, der durch verdünnte Salzsäure aktiviert wurde, erhitzt wird, können 84–86% des Chlors schnell entfernt werden[5], während der Rest auch nach tagelangem Erhitzen nicht mehr abspaltbar ist.

P. J. Flory nimmt auf Grund von statistischen Berechnungen[6] an, daß 86,47% der Chloratome paarweise abgespalten werden können und die restlichen 13,53% dann isoliert stehen. Der gefundene Wert von 84-86% stimmt damit überein. Weil das dehalogenierte Polymerisat löslich bleibt und keine Doppelbindungen enthält, wird angenommen, daß z.B. Cyclopropanringe[7] entlang der Kette gebildet werden:

$$\cdots-CH_2-HC\underset{\underset{H_2}{\diagdown C \diagup}}{\hphantom{xx}}CH-CH_2-\underset{\underset{Cl}{|}}{CH}-CH_2-HC\underset{\underset{H_2}{\diagdown C \diagup}}{\hphantom{xx}}CH-CH_2-\cdots$$

Polyvinylbromid gibt mit Zink eine quantitative Abspaltung des Broms, weil bereits durch Erhitzen der Dioxanlösung ein großer Teil des Broms als Bromwasserstoff[8] abgespalten wird.

Aus Copolymerisaten des *Vinylchlorids* mit *Vinylacetat* kann das Halogen ebenfalls bis zu 86% durch Zink[5,9] entfernt werden. Wenn der Anteil des Vinylchlorids gering ist, erfolgt die Abspaltung langsam. Die Zugabe von wenig Zinkchlorid zum Zink wirkt aktivierend, so daß aus diesen Copolymerisaten ebenfalls bis zu 86% des Chlors schnell entfernt werden können.

Beim Erhitzen von Copolymerisaten aus *Vinylidenchlorid* mit etwa 12% *Vinylchlorid* mit Zinkstaub unter Rückfluß in Dioxan werden auch Doppelbindungen[10]

[1] A.P. 2274551 (1939), Eastman Kodak Co., Erf.: W.O. Kenyon, L.M. Minsk u. G.P. Waugh.
[2] H. Brandenberger, J. Polymer Sci. **20**, 215 (1956).
  Vgl. a. G. Manecke u. S. Singer, Makromolekulare Chem. **37**, 119 (1960).
[3] H. Brandenberger, Helv. **40**, 61 (1957).
[4] H. Staudinger, E. Brunner u. W. Feisst, Helv. **13**, 805 (1930).
[5] C. S. Marvel, J. H. Sample u. M. F. Roy, Am. Soc. **61**, 3241 (1939).
[6] P. J. Flory, Am. Soc. **61**, 1518 (1939).
  F. T. Wall, Am. Soc. **62**, 803 (1940); **63**, 821 (1941).
  R. Simha, Am. Soc. **63**, 1479 (1941).
[7] J. E. Hodgkins, J. org. Chem. **23**, 1369 (1958).
[8] C. S. Marvel u. E. H. Riddle, Am. Soc. **62**, 2666 (1940).
[9] T. Alfrey jr. u. Mitarbb., Am. Soc. **73**, 2851 (1951).
[10] R. F. Boyer, J. physic. Colloid Chem. **51**, 80 (1947).

unter Abspaltung von Chlorwasserstoff gebildet. Durch Behandeln von Polyvinylchlorid oder Polyvinylidenchlorid in einer inerten Atmosphäre mit Lithiumaluminiumhydrid[1] in Dioxan oder Tetrahydrofuran entstehen gesättigte Derivate, die eine dem Polyäthylen ähnliche Struktur haben und ohne den Zusatz eines Stabilisators gegen Wärme und Licht stabil sind. In Gegenwart von Sauerstoff bilden sich Hydroxygruppen[2] enthaltende Reaktionsprodukte. Zur quantitativen Reduktion[3] wird das Polymerisat in einem Gemisch aus Tetrahydrofuran und Dekalin gelöst und unter Stickstoff mit einem Überschuß von Lithiumaluminiumhydrid im Bombenrohr bei 100° reduziert. Es zeigt dann ein Schmelzintervall von 120–130° und hat fast die gleichen Eigenschaften wie Polyäthylen. Die Reduktion kann auch partiell[4] ausgeführt werden. Ein Austausch des Chlors gegen aromatische Reste[5] erfolgt in Gegenwart von Aluminiumchlorid durch Reaktion des Polyvinylchlorids mit aromatischen Kohlenwasserstoffen wie Toluol, Xylol oder Mesitylen. Durch intramolekulare Cyclisierung entstehen gleichzeitig Indanringe. Mit Benzol erhält man unlösliche Reaktionsprodukte. Mit Silberacetat wird ein Teil des Chlors gegen die Acetoxygruppe ausgetauscht[6].

Beim Erhitzen von Polyvinylchlorid mit Pyridin[7] und nachfolgender Behandlung der Lösung mit Natriumhydroxyd in Methanol entstehen tief dunkelbraun gefärbte Reaktionsprodukte, die unter anderem auch Glutacondialdehydgruppen[8] enthalten. Diese lassen sich mit β-Naphthylamin zu einem Pentamethinfarbstoff kondensieren.

Reduktion von Polyvinylchlorid mit Lithiumaluminiumhydrid[9]: 13,3 g Polyvinylchlorid werden in 1 l Tetrahydrofuran gelöst, das durch Destillation über Kaliumhydroxyd und anschließend durch 5 Stdn. langes Sieden unter Rückfluß über Lithiumaluminiumhydrid gereinigt wurde. Nach der Zugabe von 13,3 g Lithiumaluminiumhydrid wird in einer Stickstoffatmosphäre 150 Stdn. lang unter Rückfluß erhitzt. Unter diesen Bedingungen wird der größte Teil des Chlors aus dem Polymerisat entfernt. Durch vorsichtige Zugabe von Wasser wird das Polymerisat ausgefällt, abfiltriert und mit verd. Salzsäure und Wasser gewaschen. Es hat nach dem Trocknen ähnliche Eigenschaften wie Polyäthylen geringer Dichte. Der Polymerisationsgrad wird bei der Reaktion nur geringfügig geändert.

β) Dehalogenierung von Poly-α-halogen-acrylsäureestern

Poly-α-halogen-acrylsäureester können durch Zink dehalogeniert[10] werden, wobei Cyclopropanringe entlang der Kette entstehen sollen. Bei der Einwirkung von Kaliumjodid auf *Poly-α-brom-acrylate* wird Jod unter gleichzeitiger Bromabspaltung und Lactonisierung[11] gebildet.

γ) Dehalogenierung von Poly-trifluor-chlor-äthylen

Poly-trifluor-chlor-äthylen reagiert bei Temperaturen über 200° mit aromatischen Kohlenwasserstoffen wie 1-Methyl-naphthalin sowie anderen organischen Verbindungen unter Abspaltung von Chlorwasserstoff[12]. Diese Reaktion wird durch

---

[1] A.P. 2716642 (1952), Monsanto Chemical Co., Erf.: J. D. COTMAN jr.; C. **1956**, 9607.
[2] A.P. 2716643 (1952), Monsanto Chemical Co., Erf.: J. D. COTMAN jr.; C. **1956**, 9607.
   J. D. COTMAN jr., Am. Soc. **77**, 2790 (1955).
[3] W. HAHN u. W. MÜLLER, Makromolekulare Chem. **16**, 71 (1955).
[4] H. BATZER u. A. NISCH, Makromolekulare Chem. **22**, 131 (1956).
[5] P. TEYSSIÉ u. G. SMETS, J. Polymer Sci. **20**, 351 (1956).
[6] H. E. FIERZ-DAVID u. H. ZOLLINGER, Helv. **28**, 455 (1958).
[7] H. WECHSLER, J. Polymer Sci. **11**, 233 (1953).
[8] H. FREYTAG, Fr. **145**, 24 (1955).
[9] J. D. COTMAN jr., Am. Soc. **77**, 2790 (1955).
[10] C. S. MARVEL u. J. C. COWAN, Am. Soc. **61**, 3156 (1939).
[11] C. S. MARVEL u. Mitarbb., Am. Soc. **75**, 2326 (1953).
[12] M. T. GLADSTONE, Ind. eng. Chem. **45**, 1555 (1953).

Metalle wie Kupfer, Aluminium oder Nickel in Form von Pulvern oder Folien oder durch Halogenide dieser Metalle beschleunigt. Mit Aminen ist die Chlorwasserstoffentwicklung besonders stark.

2. Dehydrohalogenierung von Polyvinylchlorid

Die Einwirkung von Alkalien auf Polyvinylchlorid oder Copolymerisate des Vinylchlorids führt unter Chlorwasserstoffabspaltung zur Bildung von ungesättigten dunkelgefärbten Produkten. Ester- oder Carbonsäureanhydridgruppen enthaltende Polymerisate reagieren leicht. So kann aus Copolymerisaten des Vinylchlorids mit *Vinylacetat* oder *Maleinsäureanhydrid* bereits durch eine siedende n/10 Natriummethylatlösung Chlorwasserstoff abgespalten werden, obwohl Polyvinylchlorid mit dieser Lösung erst nach längerer Einwirkung und nur schwach reagiert. In einer siedenden n/10 Natriumbutylatlösung[1] verfärbt sich Polyvinylchlorid bei erhöhter Temperatur erst nach langem Sieden über orange nach schwarz (s. a. S. 786).

Wenn die Dehydrochlorierung des Polyvinylchlorids in alkoholischer Suspension mit berechneten Mengen Alkalihydroxyd ausgeführt wird, kann der Anteil des abgespaltenen Chlorwasserstoffs kontrolliert werden. Copolymerisate des Vinylchlorids mit *Vinylacetat* reagieren unter diesen Bedingungen bereits mit Alkalicarbonaten[2].

Bei der Einwirkung von Naphthalinnatrium oder Diphenylnatrium[3] auf die Lösung des Polyvinylchlorids in Tetrahydrofuran tritt neben einer Vernetzung auch eine Dehydrochlorierung ein.

Dehydrochlorierung von Polyvinylchlorid[4]: 62,5 g Polyvinylchlorid werden in einer Lösung von 2,37 g Kaliumhydroxyd in 450 g Äthylenglykol-monomethyläther suspendiert und 2 Stdn. lang auf 90–100° erhitzt. Aus dem gelb- bis orangefarbenen Reaktionsprodukt werden auf diesem Wege 3–4% des Chlorwasserstoffs entfernt. Wenn 3,64 g Kaliumhydroxyd angewandt werden, können 6% Chlorwasserstoff abgespalten werden.

3. Bildung von Lactamen

Beim Erwärmen von Copolymerisaten aus *N-Allyl-acetamid* mit *Fumarsäurediäthylester* bilden sich mit Säuren in Alkohol Butyrolactam- bzw. Valerolactamringe[5]:

Copolymerisate aus *N-Vinyl-phthalsäureimid* und *Maleinsäureanhydrid* geben mit Wasser in Gegenwart von tertiären Aminen wie Pyridin freie Carboxygruppen. Nach der Neutralisation mit Alkalihydroxyden und der Abspaltung der Phthaloylreste mit

---

[1] H. Rath u. L. Heiss, Kunstst. **44**, 341 (1954).

[2] A.P. 2536114 (1946), Armstrong Cork Co., Erf.: H. E. Weaver u. E. G. King; C. **1952**, 5340. Dehydrohalogenierung von Copolymerisaten aus Vinylchlorid, Vinylacetat und wenig Maleinsäure s. F. P. 1223328 (1957), American Marietta Co., Erf.: X. V. Laporta.

[3] J. P. Roth, P. Remp u. J. Parrod, C. r. **251**, 2356 (1960).

[4] A.P. 2606177 (1947), Celanese Corp. of America, Erf.: J. Downing; C. **1953**, 5113. E. P. 694433 (1950), British Celanese Ltd., Erf.: J. Downing.

[5] G. Smets, Ang. Ch. **67**, 57 (1955).

Hydrazinhydrat entstehen Lactame[1]. Durch Einleiten von Chlorwasserstoff in die methanolische Lösung kann die zweite Carboxygruppe verestert werden:

$$H_3COOC \quad\cdots$$
$$\cdots -H_2C-\underset{\underset{H}{N}}{\quad}O$$

Carbonsäurechloridgruppen im *Polyacrylsäurechlorid* reagieren in Dimethylformamid mit Natriumazid nach T. Curtius zu Isocyanatgruppen. Diese geben mit benachbarten, nicht umgesetzten Carbonsäurechloridgruppen Reaktionsprodukte, die durch Zusatz von Aceton ausgefällt werden und bei der Hydrolyse durch Wasser kettenständige Butyrolactamgruppen[2] bilden, aus denen durch alkalische Verseifung polymere Ampholyte mit Amino- und Carboxygruppen entstehen:

Das gleiche Reaktionsprodukt mit freien Amino- und Carboxygruppen bildet sich mit Hydroxylamin durch Umlagerung nach W. Lossen in alkalischer Lösung. Entsprechend reagieren stark vernetzte Copolymerisate aus *Methacrylsäuremethylester* und *Methacrylsäurechlorid*[3].

4. Metallierung von Polymerisaten

Zur Mercurierung erhitzt man Polystyrol in Eisessig mit Quecksilber-(II)-acetat[4] langsam auf 100° und bis zum Eintritt der Lösung unter Rückfluß. Beim Abkühlen fällt das mercurierte Polystyrol aus. Es ist löslich in Nitrobenzol und Nitromethan, wird durch Eisessig gequollen und ist thermisch instabil. Mit Säurechloriden wie Acetylchlorid oder Benzolsulfonsäurechlorid entstehen acylierte Produkte. Günstiger als Quecksilber-(II)-acetat wirkt Quecksilber-(II)-butyrat[5]. Hiermit kann *Polystyrol* und besonders leicht *Poly-(α-vinyl-thiophen)* umgesetzt werden. Ionenaustauscher auf der Basis von sulfonierten Copolymerisaten des Styrols mit Divinylbenzol lassen sich mit Quecksilber-(II)-perchlorat[6] mercurieren. Hierbei tritt eine zusätzliche Vernetzung vermutlich über eine Quecksilberbrücke zwischen zwei Benzolkernen ein. *Polybutadien* oder Copolymerisate des Butadiens[7] werden an der Doppelbindung sowie an der Allylstellung durch Quecksilber-(II)-acetat mercuriert. Die mercurierten Polymerisate sind thermisch instabil und stellen elektrische Leiter dar.

Ähnlich der Mercurierung verläuft die Thallierung[8] von *Polystyrol* oder *Poly-(α-vinyl-thiophen)* mit Thallium-(III)-isobutyrat in Benzol bei mäßiger Tem-

[1] A.P. 2566250 (1948), Eastman Kodak Co., Erf.: D. D. Reynolds u. W. O. Kenyon.
[2] M. Vrancken u. G. Smets, J. Polymer Sci. **14**, 521 (1954).
[3] J. P. Cornaz, K. Hutschneker u. H. Deuel, Helv. **40**, 2015 (1957).
[4] P. N. Smirnow, Doklady Akad. S.S.S.R. **119**, 508 (1958).
    T. G. Traylor, J. Polymer Sci. **37**, 541 (1959).
[5] W. P. Gluschkowa, E. D. Delinskaja u. K. A. Kotscheschkow, Doklady Akad. S.S.S.R. **129**, 109 (1959).
[6] H. F. Walton u. J. M. Martinez, J. phys. Chem. **63**, 1318 (1959).
[7] P. N. Smirnow, Vysokomolekulyarnye Soedineniya **2**, 558 (1960).
[8] W. P. Gluschkowa u. K. A. Kotscheschkow, Bull. Acad. Sci. URSS, Cl. Sci. chim. **1957**, 1186; C. **1958**, 14296.

peratur. Wenn vom Poly-(α-vinyl-thiophen) pro Monomereneinheit 0,94–1,0 Atome Thallium gebunden werden, tritt eine vollständige Unlöslichkeit ein.

Gibt man die Lösung von *Poly-(2-, -(3- oder -(4-brom-styrol)*[1] oder *Poly-(4-jod-styrol)*[2] langsam zu einem Überschuß von n-Butyllithium in Benzol oder Hexan, so bilden sich die entsprechenden *Poly-lithiumstyrole*. Bei der Herstellung von Poly-(2-lithium-styrol) kann das Poly-(2-brom-styrol) schnell zugegeben werden. Durch Eingießen in Methanol tritt mit diesen Polymeren Solvolyse ein, und man erhält ein Polystyrol, das 0,45–2,1% Brom oder bis zu 1% Jod enthält.

Als metallorganische Verbindungen sind die Poly-lithiumstyrole einer Reihe von Umsetzungen zugänglich. So reagiert Poly-(4-lithium-styrol) mit Benzaldehyd[3] zum *Poly-(4-vinyl-diphenylcarbinol)*. Die Reaktion mit Benzophenon liefert ein polymeres Derivat des Triphenylcarbinols, das sich in konzentrierter Schwefelsäure mit orange-roter Farbe auflöst. Hierbei bildet sich das polymere Analogon des Triphenyl-methylkations.

Ganz analog der Umsetzung mit Benzophenon führt die Reaktion mit Michlers Keton zu einem Derivat des Malachitgrün-Carbinols[3], das in Tetrahydrofuran löslich ist und durch Einleiten von trockenem Chlorwasserstoff als Salz ausgefällt werden kann. Als polymerer Farbstoff ist das in Methanol gelöste Salz nicht diffusionsfähig und kann deshalb nicht durch Hydratcellulose-Schläuche diffundieren. Die Einwirkung von Schwefel auf Poly-(4-lithium-styrol) führt nach der Hydrolyse zu *Poly-(4-mercapto-styrol)*[4], das einen Elektronenaustauscher darstellt und wegen seiner Binde-fähigkeit für Quecksilber ein gewisses Interesse besitzt. *Poly-[styrol-sulfinsäure-(4)]* erhält man bei der Einwirkung von Schwefeldioxyd[5]. Diese kann zur Sulfonsäure oxy-diert werden. Ganz analog bildet sich bei der Carboxylierung das Lithiumsalz der *Poly-[styrol-carbonsäure-(4)]*[6]. Trialkylzinnchlorid führt zu einer Vernetzung. Jedoch entstehen mit *Poly-(2-lithium-styrol)* lösliche Produkte[1].

Benzonitril[7] reagiert mit Poly-(4-lithium-styrol) zum *Poly-(4-vinyl-benzophenon)*. Ganz analog entsteht mit Acetonitril das *Poly-(4-vinyl-acetophenon)*. Bei der Einwirkung von Poly-(4-lithium-styrol) auf Pyridin bildet sich mit einem Umsatz von 62% ein *Poly-[(4-vinyl-phenyl)-pyridin]*. Auch phosphorhaltige Derivate des Polystyrols sind zugänglich. So entsteht mit Diphenyl-chlor-phosphin das *Poly-[diphenyl-(4-vinyl-phenyl)-phosphin]*, das in Dimethylformamid mit Wasserstoffperoxyd zum polymeren Phosphinoxyd oxydiert werden kann:

[1] F. C. Leavitt u. L. U. Matternas, J. Polymer Sci. **45**, 249 (1960).
[2] D. Braun, Makromolekulare Chem. **30**, 85 (1959).
[3] D. Braun, Makromolekulare Chem. **33**, 181 (1959).
[4] D. Braun, Chimia **14**, 24 (1960).
　Vgl. a. C. G. Overberger u. A. Lebovits, Am. Soc. **77**, 3675 (1959).
[5] B. Houel, C. r. **250**, 3839 (1960).
[6] B. Houel, C. r. **250**, 2209 (1960).
[7] D. Braun, Ang. Ch. **73**, 197 (1961).

Entsprechende Reaktionsprodukte werden mit Diphenyl-chlor-arsin und Trimethyl-chlor-arsin gebildet.

Orthoameisensäureester[1] bilden mit Poly-(4-lithium-styrol) unlösliche Reaktionsprodukte. Mit Dimethylformamid entsteht *Poly-(4-formyl-styrol)*, das mit Anilin in einem Umsatz von 39% zu der entsprechenden Schiffschen Base reagiert.

Durch Jodierung von isotaktischem Polystyrol wird *Poly-jodstyrol* gebildet. Überführt man dieses in Poly-lithiumstyrol, so erhält man nach der Solvolyse mit Methanol ein dem Ausgangsmaterial identisches isotaktisches Polystyrol[2].

Herstellung von Poly-(4-lithium-styrol)[3]: 100 g Poly-(4-jod-styrol) mit einem Jodgehalt von 51,4% (s. S. 682) werden in 5200 cm³ Benzol gelöst und langsam unter starkem Rühren in eine Lösung von 200 g n-Butyllithium in Benzol eingetragen. Das Poly-(4-lithium-styrol) scheidet sich ohne merkliche Wärmetönung als farblose Flocken aus.

5. Anlagerungsreaktionen an ungesättigte Polymerisate

a) Anlagerung von Halogenwasserstoff

Läßt man Fluorwasserstoff unterhalb −20° auf die Lösung des Copolymerisates aus Isobutylen mit 3% *Isopren* einwirken[4], so tritt eine glatte Addition an die Doppelbindung ein.

Polybutadien[5] und Copolymerisate des Butadiens mit Vinylverbindungen addieren gasförmigen Chlorwasserstoff erst bei erhöhtem Druck. Über die Emulsionspolymerisation hergestelltes *Polyisopren* oder entsprechende Copolymerisate des Isoprens[6] lagern wie Naturkautschuk[7] oder das mit metallorganischen Katalysatoren gewonnene *cis-1,4-Polyisopren*[8] Chlorwasserstoff leichter an. Diese Reaktion verläuft in Tetrachlormethan langsam und unvollständig, in Benzol oder Trichlormethan aber schneller. Das Hydrochlorierungsprodukt bleibt hierbei im Lösungsmittel gelöst. Man kann auch über die **wäßrige Suspension**[9] hydrochlorieren, wenn in den bei der Emulsionspolymerisation gebildeten Latex nach der Zugabe von kationenaktiven oder nichtionogenen Emulgatoren größere Mengen an Chlorwasserstoff eingeleitet werden, bis die wäßrige Phase übersättigt ist. Weil aber die mechanischen Eigenschaften von Filmen dieser Reaktionsprodukte schlechter sind als die der entsprechenden Filme aus dem leicht zugänglichen Hydrochlorid des Naturkautschuks, wurde diese Reaktion an synthetischen Polymerisaten nur wenig untersucht.

Copolymerisate des *Isobutylens* mit 0,5–3,0% *Isopren* lassen sich über die Lösung unterhalb 0° leicht hydrohalogenieren.

Hydrochlorierung eines Copolymerisates aus Isobutylen und Isopren[4]: Eine Lösung aus 100 g des Copolymerisates aus Isobutylen mit 3% Isopren in 1000 cm³ Butan wird in einem Autoklaven auf −20° abgekühlt. Innerhalb von 50 Min. werden 1,5 g gasförmiger Chlorwasserstoff in den

---

[1] D. Braun, Makromolekulare Chem. **44/46**, 269 (1961).

[2] D. Braun, J. Polymer Sci. **40**, 578 (1959).

[3] DAS. 1088227 (1959), BASF, Erf.: D. Braun u. H. O. Wirth.

[4] A.P. 2809372 (1953) ≡ DAS. 1099173 ≡ F.P. 1098977 (1954), Goodrich Co., Erf.: M. R. Frederick u. R. T. Morrissey; C. **1957**, 9527.

[5] DAS. 1130173 (1960), Deutsche Solvay Werke GmbH., Erf.: H. Troitsch.

[6] J. D. D'Ianni u. Mitarbb., Ind. eng. Chem. **38**, 1171 (1946).

[7] S. a. ds. Bd., Kap. Umwandlung von Naturkautschuk unter weitgehendem Erhalt des makromolekularen Aufbaus, S. 830.

[8] DAS. 1115461 (1960), Farbf. Bayer, Erf.: G. Pieper u. W. Becker.

[9] DBP. 816601 (1948), Rubber-Stichting, Erf.: G. J. van Veersen; C. **1952**, 4232.

Autoklaven gedrückt. Nach der Zugabe wird mit einer dem Chlorwasserstoff äquivalenten Menge Kaliumhydroxyd in Äthanol neutralisiert. Unter schnellem Rühren läßt man die Lösung in eine große Menge Wasser von 60–70° einlaufen, in dem 20 g Zinkstearat suspendiert sind. Das ausgefallene Reaktionsprodukt wird durch Filtrieren isoliert, mit heißem Wasser ausgewaschen und i. Vak. bei 50–60° getrocknet; Chlorgehalt 0,12%. Wenn anstelle des Chlorwasserstoffs 2,0 g Fluorwasserstoff angewandt werden, enthält das entsprechende Hydrofluorierungsprodukt 0,46% Fluor. Mit 3 g Bromwasserstoff werden 0,11% Brom gebunden.

β) Anlagerung von Schwefeldioxyd an ungesättigte Polymerisate

Anhydride der Säuren des Schwefels, Phosphors und Stickstoffs von niederer Oxydationsstufe lagern sich unter dem Einfluß von Peroxyden an die Doppelbindung ungesättigter Polymerisate an. Anhydride höherer Valenzstufen geben diese Reaktion nicht. Ausführlicher wurde die Anlagerung von Schwefeldioxyd an *Polybutadien, Polyisopren* sowie an entsprechende Copolymerisate und Naturkautschuk[1] untersucht, die in peroxydbildenden aliphatischen oder cyclischen Lösungsmitteln mit ätherartig gebundenem Sauerstoff[2] zu Fasern führt, wenn die Lösung des Polymerisates durch Spinndüsen in eine Schwefeldioxydlösung eingepreßt wird. Bei der Zugabe von Katalysatoren (s. Tab. 35) kann auch in Lösungsmitteln wie Benzol, Toluol oder Tetrachlormethan gearbeitet werden, jedoch können den ätherartigen Lösungsmitteln auch zusätzlich Peroxyde[3] beigegeben werden. Über die Emulsion hergestellte Polymerisate und Copolymerisate des Butadiens sind dieser Reaktion leichter zugänglich als Natriumpolymerisate.

Tab. 35. Katalysatoren für die Anlagerung von Schwefeldioxyd an ungesättigte Polymerisate

Katalysator	Literatur
Stickstoffoxyde *Natriumnitrat* *Salpetersäure*	E. P. 642 959 ≡ F. P. 954 557 (1947), Rubber-Stichting; C. **1950** II, 240.
Oxyde des Chlors	DBP. 818 121 (1950), Bataafsche (Shell), Erf.: J. T. HACKMANN; C. **1952**, 4855.
Diazoaminoverbindungen	Schwed. P. 127 309 (1948), Rubber-Stichting, Erf.: G. J. VAN AMERONGEN; C. **1951** I, 1813.
Anorganische und organische Peroxyde	DBP. 898 959 (1943), Bataafsche (Shell), Erf.: W. L. J. DE NIE u. G. E. RUMSCHEIDT; C. **1954**, 8683.
Tetralinhydroperoxyd	A. P. 2 469 847 (1947), Shell Develop., Erf.: G. E. RUMSCHEIDT u. W. L. J. DE NIE; Chem. Abstr. **43**, 5625[f] (1949).
Hydroperoxyde aus Cyclohexen oder Dekalin	E. P. 664 364 (1948), Bataafsche (Shell), Erf.: G. E. RUMSCHEIDT.
Dibenzoylperoxyd	E. P. 611 919 (1945), Bataafsche (Shell).
Cumolhydroperoxyd	A. P. 2 558 527 (1949), Shell Develop., Erf.: G. E. RUMSCHEIDT u. J. T. HACKMANN; C. **1953**, 9679.

---

[1] S. ds. Bd., Kap. Umwandlung von Naturkautschuk unter weitgehendem Erhalt des makromolekularen Aufbaus, S. 839.

[2] A.P. 2 265 722 (1939), Shell Develop., Erf.: W. L. J. DE NIE; Chem. Abstr. **36**, 2448[3] (1942).

[3] DBP. 896 107 (1942), Bataafsche (Shell), Erf.: G. E. RUMSCHEIDT u. W. L. J. DE NIE.

Anlagerung von Schwefeldioxyd an Polybutadien[1]: Ein bei 5° hergestelltes Emulsionspolymerisat des Butadiens wird in Toluol in einer Konzentration von 6,5% gelöst. Es werden 15% Tetrahydronaphthalinhydroperoxyd als 10%ige Lösung in Tetrahydronaphthalin (ber. auf das Gew. des Polybutadiens) zugesetzt. Die Lösung wird bei −7° durch Spinndüsen mit feinen Öffnungen in ein Bad gepreßt, das aus einem Gemisch von Äthanol und Wasser im Gew.-Verhältnis 4 : 1 besteht und in dem 150 g Schwefeldioxyd pro Liter gelöst wurden. Es entstehen Fäden, die mit Äthanol gewaschen und getrocknet werden. Die Fäden sind gegen Erhitzen oder Bestrahlen beständiger als die aus Naturkautschuk gewonnenen. Der Schwefelgehalt beträgt 21%.

Wenn das Lösungsmittel für das Polymerisat mit dem Lösungsmittel für das Schwefeldioxyd nicht mischbar ist, wird von der Faser viel Lösungsmittel zurückgehalten, wodurch die anschließende Streckbehandlung erleichtert und verbessert wird[2].

Durch Zusatz von geringen Mengen Schwefel oder Schwefelwasserstoff zur Lösung des Polymerisates kann die Licht- und Wärmebeständigkeit[3] des Reaktionsproduktes verbessert werden. Der gleiche Effekt wird erzielt durch Imprägnieren der Fäden mit einer verdünnten Lösung von Thioharnstoff[4] oder Ammoniumrhodanid[5].

γ) Anlagerung von Dirhodan an ungesättigte Polymerisate

Polydiene wie *Polybutadien, Polyisopren* oder auch Copolymerisate von Dienen mit Vinylverbindungen können in Tetrachlormethan mit Dirhodan umgesetzt werden[6]. Da schon geringe Mengen Dirhodan zu harten, wenig elastischen und nicht mehr verformbaren Produkten führen, wird die Anlagerung vorteilhaft mit einem partiell hydrierten Polydien ausgeführt. Je nach den Reaktionsbedingungen erhält man weiche bis harte Umsetzungsprodukte, die im Vergleich zum Ausgangsmaterial eine wesentlich bessere Beständigkeit gegen Lösungsmittel haben und verformbar sind.

Anlagerung von Dirhodan an partiell hydriertes Polybutadien[7]: 250 g eines stark geregelten, bei 5° über die Emulsion hergestellten Polybutadiens werden in 2,5 *l* Methylcyclohexan gelöst und mit Hilfe von 500 cm³ Methylcyclohexan als Waschflüssigkeit in einen Autoklaven eingefüllt. Die Lösung wird dann bei 177° und einem Druck von 35 atm 3,75 Stdn. lang hydriert, wobei ein Katalysator aus Nickel auf Kieselgur eingesetzt wird. Das Produkt enthält 24,3% der ursprünglich vorhandenen Doppelbindungen.

Zur Herstellung des Dirhodans werden 5,2 g Brom in 52 cm³ Tetrachlormethan zu einer auf 5–10° gekühlten Dispersion aus 11,38 g Blei-(II)-thiocyanat in 200 cm³ Tetrachlormethan gegeben. Die Lösung wird dann auf 273 cm³ mit Tetrachlormethan verdünnt.

10 g des partiell hydrierten Polybutadiens werden in 250 cm³ Tetrachlormethan gelöst. Zu 138 g der Lösung mit 3,3 g Polymerisat werden 84 cm³ der Dirhodanlösung gegeben, so daß 0,5 Mol auf eine Doppelbindung kommen. Bei Zimmertemp. entsteht nach 15 Min. ein Niederschlag. Nach insgesamt 24 Stdn. wird das Anlagerungsprodukt mit Isopropanol vollständig ausgefällt. Der Niederschlag wird mit Isopropanol gewaschen und bei Raumtemp. i. Vak. getrocknet. Man erhält 3,6 g eines harzartigen Anlagerungsproduktes, das 18,6% Thiocyangruppen enthält und leicht verformbar ist.

---

[1] DBP. 839855 (1950), Bataafsche (Shell), Erf.: G. E. Rumscheidt u. J. M. Goppel.
  Herstellung aus niedrigmolekularem Polybutadien s. E. P. 746880 (1953), Phillips Petroleum Co.
[2] DBP. 899708 (1944), Bataafsche (Shell), Erf.: W. L. J. de Nie u. G. E. Rumscheidt.
[3] DBP. 827551 (1949), Bataafsche (Shell), Erf.: J. M. Goppel; C. **1952**, 6944.
[4] DBP. 839855 (1950), Bataafsche (Shell), Erf.: G. E. Rumscheidt u. J. M. Goppel.
[5] A.P. 2578653 ≡ DBP. 874834 (1949), Shell Develop., Erf.: J. M. Goppel, G. E. Rumscheidt u. J. T. Hackmann; C. **1953**, 7191.
[6] Zur Anlagerung von Dirhodan an Naturkautschuk s. ds. Bd., Kap. Umwandlung von Naturkautschuk, S. 841.
[7] A.P. 2781331 (1953), Phillips Petroleum Co., Erf.: R. V. Jones u. P. J. Canterino.

δ) Epoxydierung bzw. Hydroxylierung von ungesättigten Polymerisaten[1]

Organische Persäuren wie Peressigsäure, Perbenzoesäure[2,3] oder Phthalo-monopersäure[4] reagieren mit *Polybutadien*[3] sowie Copolymerisaten des *Butadiens* mit *Styrol*[2,5] oder *Acrylnitril*[2] zu den entsprechenden Epoxyverbindungen. Höher-molekulares Polybutadien[6] erfordert den Zusatz eines Lösungsmittels wie Trichlor-methan oder Tetrachlormethan, während niedrigviscoses Polybutadien[7] oder Co-polymerisate des Butadiens[8] mit Molekulargewichten von weniger als 5000, die mit Natrium[9] als Katalysator in Benzol oder Xylol hergestellt werden können, ohne den Zusatz eines Lösungsmittels epoxydierbar sind. Besonders geeignete niedrigviscose Polymerisate erhält man durch Zugabe von Dioxan[10].

Anstelle der vorgebildeten Persäuren können auch Mischungen aus Essigsäure und Wasserstoffperoxyd[11] (etwa 50 Vol.-%) eingesetzt werden, wenn gleich-zeitig starke Säuren wie Schwefelsäure, Phosphorsäure oder die unlöslichen sulfo-nierten Copolymerisate des Styrols mit wenig Divinylbenzol[12] zugegen sind. Die Reaktionstemperatur wie auch die Reaktionszeit und die Art und Menge der zuge-fügten Säure haben einen Einfluß auf den Verlauf der Reaktion. Hohe Ausbeuten an Epoxygruppen erhält man nur bei kurzen Reaktionszeiten und niedriger Reaktions-temperatur.

Eine eindeutige Entscheidung, ob nur die in der *cis*- oder *trans*-1,4-Konfiguration[13] vorliegenden Doppelbindungen oder die Vinylgruppen der Seitenkette[14] bevorzugt epoxydiert werden, kann nicht getroffen werden (vgl. S. 493; Beispiele s. S. 549).

Mischungen aus epoxydiertem Polybutadien und Umsetzungsprodukten aus Di-chlormaleinsäureanhydrid mit flüssigem Polybutadien[15] werden schon bei Raum-temperatur vernetzt. Vernetzungsprodukte, die sich aus Mischungen mit reaktions-fähigen Hydroxygruppen enthaltenden *Phenol-Formaldehyd-Harzen*[16] unter Zugabe von Diäthylentriamin schnell bei Raumtemperatur bilden, eignen sich als Schutz-

[1] S. a. ds. Bd., Kap. Polymerisations- und Polyadditionsprodukte von cyclischen Monomeren mit Heteroatomen als Ringglieder, S. 425.

[2] DAS. 1038283 ≡ Belg. P. 541580 ≡ E. P. 774765 ≡ F. P. 1127315 (1955), Food Machinery & Chemical Corp., Erf.: F. P. Greenspan u. R. E. Light jr.; C. **1958**, 5521.

[3] DAS. 1040794 ≡ Belg. P. 539817 ≡ E. P. 774752 ≡ F. P. 1127315 (1955), Food Machinery & Chemical Corp., Erf.: F. P. Greenspan u. R. E. Light jr.; C. **1959**, 13954.
   E. P. 888133 (1960), FMC Corp., Erf.: C. W. Johnston, M. H. Reich u. G. Nowlin.

[4] DAS. 1111399 (1960), Phoenix Gummiwerke AG., Erf.: R. Meyer.

[5] A. P. 2842513 (1955) ≡ F. P. 1146113 (1956), Esso Research & Engineering Co., Erf.: W. P. Fitzgerald u. P. V. Smith jr.; C. **1960**, 4694.

[6] A. P. 2751322 (1952), Phillips Pertoleum Co., Erf. H. W. Bost; C. **1958**, 4370.

[7] A. P. 2692892 (1951), Phillips Petroleum Co., Erf.: J. C. Hillyer u. L. O. Edmonds.

[8] A. P. 2838478 (1954), Phillips Petroleum Co., Erf.: J. C. Hillyer u. L. O. Edmonds.

[9] A. P. 2577677 (1946); 2631175 (1948), Phillips Petroleum Co., Erf.: W. W. Crouch.

[10] Belg. P. 586995 ≡ DAS. 1111398 (1960), Food Machinery & Chemical Corp., Erf.: F. P. Greenspan u. A. E. Pepe.

[11] C. E. Wheelock, Ind. eng. Chem. **50**, 299 (1958).

[12] A. P. 2946756 (1957), Phillips Petroleum Co., Erf.: C. E. Wheelock u. J. E. Wicklatz.
   A. P. 2959531 (1956), Phillips Petroleum Co., Erf.: C. E. Wheelock.

[13] C. G. Fitzgerald u. Mitarbb., SPE Journal **13**, Nr. 1, 22 (1957).

[14] S. O. Greenlee, J. W. Pearce u. J. Kawa, Ind. eng. Chem. **49**, 1085 (1957).

[15] A. P. 2915494 (1956), Minnesota Mining & Manufacturing Co., Erf.: W. J. Snoddon.

[16] A. P. 2927094 (1957), Phillips Petroleum Co., Erf.: C. E. Wheelock.

anstriche. Auch gesättigte[1] und ungesättigte Säuren[2] oder Säureanhydride führen zur Vernetzung.

Bei höherer Temperatur und langen Reaktionszeiten tritt mit Wasserstoffperoxyd und starken organischen Säuren wie Ameisensäure oder Trichloressigsäure[3] eine Ringöffnung (Hydroxylierung) ein. Die Reaktionsprodukte bilden mit Phosphorsäure, Essig- oder Ölsäure[4] die entsprechenden polymeren Ester. Auch *Alkydharze*[5] lassen sich daraus herstellen, die rasch trocknende, harte und wetterbeständige Überzüge geben. Mit dem Schwefeltrioxyd-Pyridin-Addukt entstehen die sauren Schwefelsäureester[6], während mit Alkylenoxyden die entsprechenden polymeren Äther[7] zugänglich sind.

Hydroxylierung von höhermolekularem Polybutadien[8]: 45 g eines fein zerkleinerten, über die Emulsion bei 30° in Gegenwart von aliphatischen Mercaptanen hergestellten Polybutadiens werden in 720 g Trichlormethan 16 Stdn. lang bis zum Lösen gerührt. Zur Lösung gibt man 31,1 g Wasserstoffperoxydlösung (20 Gew.-%) und 8,1 g wasserfreie Ameisensäure, so daß auf 4,6 Doppelbindungen 1 Mol Wasserstoffperoxyd (100%ig) und 1 Mol Ameisensäure kommen. Nach der Zugabe des Wasserstoffperoxyds und der Ameisensäure wird die Mischung 8,5 Stdn. lang bei 50° gerührt. Es wird dann ein großer Überschuß an Wasser zugegeben und die Mischung bis zur Trennung der Schichten stehengelassen. Die Trichlormethanschicht wird zur Entfernung der Ameisensäure mit Wasser gewaschen und nach dem Trocknen i.Vak. eingedampft. Das hydroxylierte Polybutadien enthält etwa 12% Sauerstoff. Es kann als Klebstoff für verschiedenartige Flächen eingesetzt werden.

ε) Anlagerung von Thiolen an ungesättigte Polymerisate[9]

Über die Emulsionspolymerisation hergestelltes *Polybutadien* oder Copolymerisate des Butadiens reagieren in Gegenwart von Luftsauerstoff oder Peroxyden über eine Radikalkettenreaktion mit Mercaptogruppen enthaltenden Verbindungen unter Anlagerung der Mercaptogruppe an die Doppelbindung. Die Anlagerung kann auch durch aliphatische Azoverbindungen[10] wie Azoisobuttersäure-dinitril beschleunigt werden. Für die Reaktionsgeschwindigkeit ist es wesentlich, ob *cis-*, *trans-* oder 1,2-Dienpolymere vorliegen. Letztere addieren am raschesten[11].

Die Anlagerung von *Äthyl-* oder *Propylmercaptan*[11] an die durch 1,2-Addition des Butadiens gebildeten Vinylseitengruppen erfolgt schneller als mit Methylmercaptan. Thioglykolsäure und Carbothiolsäuren reagieren ebenfalls rasch. Demgegenüber werden Thiophenole wesentlich langsamer angelagert.

Je nach der Art des Polymerisates können hierbei 39–47% der vorhandenen Doppelbindungen[12] sehr schnell abgesättigt werden. Dieser Betrag entspricht bei Polybutadien ungefähr den bei der Emulsionspolymerisation gebildeten Vinylseitengrup-

[1] S. O. Greenlee, J. W. Pearce u. J. Kawa, Ind. eng. Chem. **49**, 1085 (1957).

[2] A.P. 3003981 (1956), Minnesota Mining & Manufacturing Co., Erf.: R. L. Wear.

[3] C. E. Wheelock, Ind. eng. Chem. **50**, 299 (1958).

[4] A.P. 2692892 (1951), Phillips Petroleum Co., Erf.: J. C. Hillyer u. L. O. Edmonds.

[5] A.P. 2893885 (1952), Phillips Petroleum Co., Erf.: W. M. Hutchinson u. H. W. Bost.

[6] A.P. 2714605 (1951), Phillips Petroleum Co., Erf.: R. V. Jones; C. **1959**, 5954.

[7] A.P. 2792382 (1952), Phillips Petroleum Co., Erf.: L. O. Edmonds; C. **1959**, 320.

[8] A.P. 2751322 (1952), Phillips Petroleum Co., Erf.: H. W. Bost; C. **1958**, 4370.

[9] S. ds. Bd., Kap. Umwandlung von Naturkautschuk unter weitgehendem Erhalt des makromolekularen Aufbaus, S. 837.

[10] F.P. 1164248 ≡ DAS. 1098209 (1956), Goodyear Tire & Rubber Co., Erf.: R. M. Pierson, J. J. Hoesly u. R. W. Schrock.

[11] R. M. Pierson u. Mitarbb., Rubber & Plastics Age **38**, 592 (1957); Rubber World **136**, 695 (1957).

[12] G. E. Serniuk, F. W. Banes u. M. W. Swaney, Am. Soc. **70**, 1804 (1948).

pen. Nach längerer Reaktionszeit können auch die Doppelbindungen in der Grundkette weitgehend zur Reaktion gebracht werden. *Styrol* enthaltende Mischpolymerisate des *Butadiens* reagieren schneller als Mischpolymerisate mit *Acrylnitril*.

Die Reaktion kann mit den **festen** Polymerisaten[1], mit der **Lösung** wie auch mit der **wäßrigen Dispersion**[2] erfolgen. Bei der Anwendung von wäßrigen Dispersionen ist zu beachten, daß wasserlösliche Mercaptane oder solche mit stärker hydrophilem Charakter nur in geringem Maße[3] anlagern, aber leichter mit dem festen Polymerisat oder seinen Lösungen umgesetzt werden können.

Die Anlagerung kann gleichzeitig zu einem **Abbau** führen. Mit Äthylmercaptan bildet sich ein Sirup, wenn 20% der Doppelbindungen abgesättigt sind. Der gleiche Effekt wird bereits durch eine 14%ige Absättigung mit n-Dodecylmercaptan erreicht, während mit tert.-Butylmercaptan schon 6% genügen. Harte und spröde Reaktionsprodukte mit geringem Schwefelgehalt[4] entstehen bei der Anlagerung von tert.-Dodecylmercaptan. **Polythiole**[5] wie Äthandithiol-(1,2) oder 2,5-Dimercapto-1,3,4-thiodiazol führen zu einer Vernetzung.

Anlagerung von n-Dodecylmercaptan an ein Copolymerisat aus Butadien und Styrol[1]: Zu 100 g eines über die Emulsionspolymerisation gewonnenen Copolymerisates aus Butadien mit 25% Styrol, das zu 3% in Benzol löslich ist, werden in einem weithalsigen Kolben 400 cm³ n-Dodecylmercaptan bei 50° gegeben. Von Zeit zu Zeit fügt man zusätzliches Mercaptan zum Gemisch. Nach 24 Stdn. wird das Reaktionsprodukt zur Entfernung des überschüssigen Mercaptans mit Isopropanol gewaschen und bei 50° getrocknet. Es ist ein durchscheinender, farbloser, klebriger Sirup, der sich zu feinen Fäden ziehen läßt, in Benzol vollständig löslich ist und einen Schwefelgehalt von 8,1% besitzt, was einer Absättigung von 38% der ursprünglich vorhandenen Doppelbindungen entspricht.

Anlagerung von β-Mercapto-propionitril an Polybutadien über die wäßrige Dispersion[6]: 50 cm³ einer wäßr. stabilisatorfreien Dispersion, die 10 g Polybutadien (Emulsionspolymerisat) enthält, werden nach der Polymerisation durch Einleiten von Stickstoff und anschließend i.Vak. vom Monomeren befreit, mit 1 cm³ einer Lösung aus 1,25 g Azoisobuttersäure-dinitril in 25 cm³ β-Mercapto-propionitril versetzt und zwei Tage lang bei 50° in einer verschlossenen Flasche geschüttelt. Der Latex wird dann mit einer geringen Menge einer wäßr. Suspension von Phenyl-β-naphthylamin stabilisiert und anschließend koaguliert. Das getrocknete Polymerisat ist zu 80% in Benzol löslich. Es enthält 1,4% Schwefel, was einem Gehalt von 3,8% an β-Mercapto-propionitril entspricht.

Anlagerung von Thioglykolsäure an Polybutadien über die Lösung[7]: 10 g mit Natrium polymerisiertes Polybutadien werden in 200 cm³ Benzol gelöst und mit 15 cm³ trockener Thioglykolsäure versetzt. In Gegenwart von Luft setzt nach kurzer Zeit eine exotherme Reaktion ein, die zu einer Temperatursteigerung von 14° führt. Das Reaktionsprodukt fällt aus, wird aber durch Zugabe von 50 cm³ n-Butanol wieder gelöst. Die Lösung wird mit Wasser zur Entfernung der nicht umgesetzten Thioglykolsäure gewaschen, durch Zugabe von wenig 2,6-Di-tert.-butyl-p-kresol

[1] A.P. 2543867 (1945), Phillips Petroleum Co., Erf.: J. E. Pritchard; C. **1953**, 140.
[2] A.P. 2556856 (1945), Standard Oil Development Co., Erf.: M. W. Swaney u. F. W. Banes.
  R. M. Pierson u. Mitarbb., Rubber & Plastics Age **38**, 592, 708 (1957).
  DBP. 898672 (1940), Farbf. Bayer, Erf.: W. Graulich u. W. Becker.
  A.P. 2481257 (1946), Standard Oil Development Co., Erf.: M. W. Swaney u. G. E. Serniuk.
  A.P. 2543844/5 (1945), Phillips Petroleum Co., Erf.: C. F. Fryling; C. **1953**, 298.
[3] C. S. Marvel u. Mitarbb., Ind. eng. Chem. **45**, 2090 (1953).
[4] A.P. 2543844 (1945), Phillips Petroleum Co., Erf.: C. F. Fryling; C. **1953**, 298.
[5] A.P. 2964502 (1957), Phillips Petroleum Co., Erf.: C. E. Wheelock.
[6] C. S. Marvel u. Mitarbb., Ind. eng. Chem. **45**, 2090 (1953).
  R. M. Pierson u. Mitarbb., Rubber & Plastics Age **38**, 593 (1957).
  F. P. 1164248 ≡ DAS. 1098209 (1956), Goodyear Tire & Rubber Co., Erf.: R. M. Pierson, J. J. Hoesly u. R. W. Schrock.
[7] A.P. 2589151 (1946), Standard Oil Development Co., Erf.: G. E. Serniuk; C. **1953**, 3485.
  A.P. 2662874 (1950), Goodrich Co., Erf.: H. P. Brown; C. **1955**, 2792.

stabilisiert und anschließend durch Wasserdampfdestillation vom Lösungsmittel befreit. Den entstandenen Rückstand trocknet man 15 Stdn. lang bei 80° im Vakuum. Das Reaktionsprodukt hat einen Schwefelgehalt von 12,92%, was einer Absättigung von 39% der Doppelbindungen entspricht. Es ist in Benzol, Tetrachlormethan, Äther und Methyläthylketon unlöslich, in einem Gemisch aus Benzol und Isopropanol aber löslich.

Thiolcarbonsäuren[1] geben eine schnelle Reaktion in Gegenwart von Peroxyden. Die Anlagerungsprodukte lassen sich mit alkoholischen Alkalihydroxyden zu den entsprechenden polymeren Mercaptanen aufspalten, die weiteren Reaktionen an der Mercaptogruppe zugänglich sind. So können monomere Verbindungen[2] wie Acrylnitril, Acrylsäureester oder Crotonsäureester an das schwefelhaltige Polymere angelagert werden. In Gegenwart von Formaldehyd und N-Isobutyl-formamid wird das N-Isobutyl-formamido-methylmercapto-derivat[3] gebildet. γ-Mercapto-propylensulfid[4] bildet unlösliche Anlagerungsprodukte.

ζ) Anlagerung von Anhydriden und Estern ungesättigter Dicarbonsäuren sowie Hexachlorcyclopentadien an ungesättigte Polymerisate

Anhydride ungesättigter Dicarbonsäuren wie Maleinsäureanhydrid reagieren bei Temperaturen von 200–240° mit Copolymerisaten des Butadiens mit *Styrol* oder *Acrylsäurenitril*. Lösliche Reaktionsprodukte werden in Gegenwart von Polymerisationsinhibitoren, z. B. Phenyl-β-naphthyl-amin, 2,6-Di-tert.-butyl-p-kresol oder Tris-[isononyl-phenyl]-phosphit, gebildet[5]. Bei schwach erhöhter Temperatur und in Gegenwart von Luftsauerstoff entstehen unlösliche Reaktionsprodukte. Mit Fumarsäureestern[6] kann man ebenfalls eine Anlagerung erzielen, wenn man den Ester zur Lösung des Polymerisates in Benzol gibt, das Benzol abdestilliert und den Rückstand einige Stunden auf 180–200° erhitzt. Die Reaktion verläuft quantitativ, wobei flüssige, mit Natronlauge verseifbare Produkte entstehen. Die Anlagerung des Maleinsäureanhydrids an *Butylkautschuk* gelingt bei 150–175°, wenn Verbindungen zugegeben werden, die Radikale erzeugen. Geeignet sind 1,3-Dichlor-5,5-dimethyl-hydantoin oder N-Brom-succinimid[7].

Itaconsäuredibutylester, Aconitsäurediäthylester[8], Fumarsäurediäthylester[9] oder Crotonsäureester[10] lagern sich an *Polybutadien* vom Molekulargewicht kleiner als 2000 in einer Stickstoffatmosphäre bei 180–225° ebenfalls glatt an. Durch Behandeln mit Alkali erhält man wasserlösliche Produkte.

Hexachlorcyclopentadien addiert sich in inerten Lösungsmitteln bei 140–170° an Polymerisate konjugierter Diene nach Art einer Diensynthese. Zur Vermeidung von Nebenreaktionen werden geringe Mengen an säurebindenden Stoffen wie Metallseifen, Mono- oder Polyepoxyden zugesetzt.

[1] A. P. 2419943 (1943), DuPont, Erf.: W. J. Burke; Chem. Abstr. **41**, 5336ᵃ (1947).
    A. P. 2420194 (1943), DuPont, Erf.: L. M. Richards; Chem. Abstr. **41**, 5342ᵍ (1947).
[2] A. P. 2478038 (1944), DuPont, Erf.: W. J. Burke; Chem. Abstr. **43**, 8209ᶠ (1949).
[3] A. P. 2416434 (1944), DuPont, Erf.: W. J. Burke; Chem. Abstr. **41**, 3316ᵉ (1947).
[4] A. P. 2396957 (1944), DuPont, Erf.: W. A. Lazier u. F. K. Signaigo.
[5] F. P. 1095954 (1954), United States Rubber Co., Erf.: R. H. Snyder u. H. W. Paxton; C. **1958**, 9629.
    E. P. 739634 (1954), United States Rubber Co.; C. **1957**, 12908.
[6] A. P. 2844567 (1953), Monsanto Chemical Co., Erf.: J. Dazzi; C. **1959**, 17590.
[7] F. P. 1128566 (1955), United States Rubber Co., Erf.: P. F. Gunberg; C. **1958**, 8774.
[8] A. P. 2782228 (1953), Monsanto Chemical Co., Erf.: J. Dazzi; C. **1958**, 11673.
[9] A. P. 2782229 (1953), Monsanto Chemical Co., Erf.: J. Dazzi; C. **1958**, 11382.
[10] A. P. 2836586 (1953), Monsanto Chemical Co., Erf.: J. Dazzi; C. **1959**, 9744.

Reaktion von Polybutadien mit Hexachlorcyclopentadien[1]: 300 g eines mit Natrium als Katalysator hergestellten Polybutadiens (mittleres Molgew. 15000), 200 g Hexachlorcyclopentadien, 20 g Phenoxypropylenoxyd und 500 cm³ Testbenzin werden unter Stickstoff 17 Stdn. auf 160° erhitzt. Nach dem Abkühlen wird das Reaktionsprodukt durch Zugabe von viel Isopropanol aus seiner Lösung ausgefällt, mit Isopropanol, dann mit Wasser gewaschen und bei 80° i.Vak. getrocknet. Der Chlorgehalt beträgt 31,5%.

η) Anlagerung von Bromalkanen an ungesättigte Polymerisate

Bromalkane wie Tetrabrommethan, Tribrommethan oder 1,1,2,2-Tetrabrom-äthan reagieren mit einer wäßrigen Emulsion von *Polybutadien, Poly-2-chlor-butadien* oder Copolymerisaten des *Butadiens* mit *Styrol* nach Zugabe von tert.-Butylhydroperoxyden als Katalysator und Tetraäthylenpentamin als Aktivator über eine Radikalreaktion zu bromhaltigen, schwer entflammbaren Verbindungen. Auf diesem Wege lassen sich bis zu 16% Brom in das Polymerisat einbauen[2].

6. Isomerisierung der Doppelbindung in Polymerisaten

Die Doppelbindungen in *Polybutadienen*, die mit metallorganischen Katalysatoren hergestellt wurden und wenigstens 10% *cis*-1,4-Einheiten enthalten, können in einer verdünnten Lösung des Polymerisates in Benzol unter Stickstoff durch ultraviolettes Licht nach der Zugabe von Sensibilisatoren wie Allylbromid, Tetrabrommethan, Brombenzol[3] oder von Schwefel[4] enthaltenden Verbindungen wie Diallylsulfid, Diphenylsulfid, β-Thionaphthol isomerisiert werden. Nach längerer Einwirkung erhält man aus einem Polybutadien mit 95% *cis*-1,4- und 5% *trans*-1,4-Einheiten ein Isomerisierungsprodukt, das etwa 8% *cis*-1,4- und 92% *trans*-1,4-Einheiten enthält. In einer Sauerstoffatmosphäre tritt starker Abbau ein unter 100%iger Isomerisierung zum *trans*-1,4-Polybutadien. Die Isomerisierung mit metallischem Selen[5] in o-Dichlor-benzol führt bei 200° mit *cis*-1,4-Polybutadien zu einem Gleichgewicht, bei dem 15% *cis*- und 85% *trans*-1,4-Einheiten vorliegen. Auch Naturkautschuk[6] kann unter diesen Bedingungen isomerisiert werden. Durch die Isomerisierung wird die Krystallisationsgeschwindigkeit[7] verringert.

Unter der Einwirkung von γ-Strahlen einer ⁶⁰Co-Quelle werden in Gegenwart der genannten organischen Bromide sowohl *cis*-1,4- als auch *trans*-1,4-Polybutadien[8] isomerisiert. Nach Eintritt des Gleichgewichtes erhält man ein Polymerisat mit 5% *cis*-1,4- und 95% *trans*-1,4-Einheiten. Im festen Zustand[9] stellt sich unter der Einwirkung der γ-Strahlen ohne Zugabe von Sensibilisatoren ein Gleichgewicht von 20:80 (*cis*:*trans*-Einheiten) ein. In verdünnter Lösung in Benzol verläuft die Isomerisierung etwa achtmal schneller, wobei sich dasselbe Gleichgewicht einstellt.

[1] DAS. 1120137 (1959), Farbf. Bayer, Erf.: H. v. BRACHEL u. E. ZANKL.
[2] E.P. 871320 (1959), Natural Rubber Producers' Research Association.
[3] M. A. GOLUB, J. Polymer Sci. **25**, 373 (1957).
    A.P. 2878176 (1956), Goodrich Co., Erf.: M. A. GOLUB; Chem. Abstr. **53**, 15622ᵉ (1959).
[4] A.P. 2878175 (1957), Goodrich Co., Erf.: M. A. GOLUB; Chem. Abstr. **53**, 15622ᵈ (1959).
    M. A. GOLUB, Am. Soc. **81**, 54 (1959).
[5] M. A. GOLUB, J. Polymer Sci. **36**, 523 (1959).
[6] S. ds. Bd., Kap. Umwandlung von Naturkautschuk, S. 837.
[7] G. S. TRICK, J. Polymer Sci. **31**, 529 (1958); **41**, 213 (1959).
[8] M. A. GOLUB, Am. Soc. **80**, 1794 (1958).
[9] M. A. GOLUB, Am. Soc. **82**, 5093 (1960).

Erhitzt man *cis*-1,4-Polybutadien mit 5–15% Schwefel[1,2], so werden etwa 20–30% der *cis*-1,4- in *trans*-1,4-Einheiten umgewandelt. Weil durch die Zugabe von Vulkanisationsbeschleunigern die Menge an Schwefel wesentlich reduziert werden kann, tritt bei der Vulkanisation nur eine Isomerisierung zu etwa 3–4% ein. *trans*-1,4-Polybutadien[2] kann ebenfalls unter Erhitzen in Gegenwart von Schwefel bis zur Erreichung des Gleichgewichtes isomerisiert werden.

7. Cyclisierung von ungesättigten Polymerisaten

Unter dem Einfluß von elektrophilen Reagentien oder durch thermische Behandlung werden ungesättigte Dienpolymerisate unter Verlust von Doppelbindungen cyclisiert oder – besser gesagt – isomerisiert. Diese Reaktion führt mit der Lösung oder mit festen Polymerisaten auf dem Walzwerk bei fortschreitender Ringbildung zu harten und spröden Harzen, die die gleiche empirische Zusammensetzung[3] wie das Ausgangsmaterial haben. Die Cyclisierung kann durch Zugabe geeigneter Katalysatoren auch mit der wäßrigen Dispersion des Polymerisates ausgeführt werden, der aber kationenaktive oder nichtionogene Emulgatoren[4] zugesetzt werden müssen. Über die Struktur dieses „Cyclisierungsproduktes" kann nichts ausgesagt werden, da in den Butadienpolymerisaten die *cis*- und *trans*-Konfiguration meist statistisch verteilt und oft noch 1,2-Polymere darin enthalten sind.

Als Katalysatoren werden Schwefelsäure, Chlorsulfonsäure, aromatische Sulfonsäuren, deren Chloride sowie Zinn-(IV)-chlorid, Titan-(IV)-chlorid, Eisen-(III)-chlorid, Borfluorid und ähnliche Verbindungen angewandt.

Während *Polyisopren*[5] und seine Copolymerisate, auch solche mit überwiegendem Äthylenanteil[6], der Cyclisierung leicht zugänglich sind, erfordern *Polybutadien* sowie Copolymerisate aus Butadien mit *Styrol* energischere Reaktionsbedingungen[7]. Das Copolymerisat des *Butadiens* mit *Acrylsäurenitril* reagiert sehr träge und benötigt den Zusatz von etwa 50% Katalysator. Härte und Erweichungspunkt der Umwandlungsprodukte sind vom Grad der Cyclisierung abhängig.

Mit zunehmender Cyclisierung verringert sich die Zahl der Doppelbindungen. Durch Oxydation des cyclisierten Polybutadiens mit Kaliumpermanganat im sauren Medium bildet sich eine zweibasische tricyclische Säure[8] der Bruttoformel $C_{16}H_{22}O_4$.

Cyclisierung des Copolymerisates aus Butadien und Styrol mit p-Toluolsulfonsäurechlorid[9]: 25 g eines über die Emulsionspolymerisation gewonnenen Copolymerisates aus Butadien mit 25% Styrol werden in 665 g o-Dichlor-benzol gelöst und mit 1,5 g p-Toluolsulfonsäurechlorid 15 Stdn. lang auf 140° erhitzt. Das Cyclisierungsprodukt wird durch Eingießen in Alkohol gefällt. Es stellt eine zähe, braune Masse dar, die wenig elastisch ist.

Cyclisierung von Polyisopren mit Zinn-(IV)-chlorid[10]: Eine Lösung aus 80 g Polyisopren (Emulsionspolymerisat) von niedrigem Polymerisationsgrad in 675 cm³ Benzol wird in einem

[1] G. KRAUS, Rubber & Plastics Age **38**, 880 (1957).

[2] W. A. BISHOP, J. Polymer Sci. **55**, 827 (1961).

[3] H. STAUDINGER, Z. ang. Ch. **38**, 226 (1925).

[4] A.P. 2555068 (1948), Rubber-Stichting, Erf.: G. J. VAN VEERSEN; C. **1952**, 7582.

[5] Zur Cyclisierung von Naturkautschuk s. ds. Bd., Kap. Umwandlung von Naturkautschuk, S. 834.

[6] Belg.P. 586849 (1960), DuPont, Erf.: S. TOCKER.

[7] H. A. ENDRES, Rubber Age (N.Y.) **55**, 361 (1944).

[8] J. R. SHELTON u. L. H. LEE, Rubber Chem. Technol. **31**, 415 (1958).

[9] DBP. 878848 (1941), Farbf. Bayer, Erf.: A. BLÖMER u. E. GARTNER; C. **1955**, 235.

[10] J. D. D'IANNI u. Mitarb., Ind. eng. Chem. **38**, 1171 (1946).

2 *l*-Kolben, der mit Rückflußkühler, Rührer und Thermometer ausgestattet ist, auf dem Wasserbad auf 75° erhitzt. Dann wird die Hälfte einer Lösung aus 6,4 g Zinn-(IV)-chlorid in 50 cm³ Benzol zugesetzt und der Rest nach 5 Minuten. Das Reaktionsgemisch wird bald dickflüssig und geliert schließlich. Nach 10 Min. sinkt unter fortgesetztem Rühren die Viscosität. Der Katalysator wird nach einer gesamten Reaktionszeit von 90 Min. bei 70–75° durch Zugabe von 7 cm³ Wasser unwirksam gemacht. Nach Zugabe des doppelten Vol. an Wasser entsteht eine Emulsion, aus der das Lösungsmittel durch Wasserdampfdestillation unter schnellem Rühren entfernt wird. Nach dem Neutralisieren mit wäßr. Alkalihydroxyd und Waschen mit warmem Wasser wird das Reaktionsprodukt i. Vak. 8 Stdn. lang bei 75° getrocknet. Es hat einen Erweichungspunkt von 65° und einen Aschegehalt von 2–3%. Bei Anwendung von Borfluorid (als Gas oder als Ätherkomplex) anstelle von Zinn-(IV)-chlorid kann der Aschegehalt wesentlich verringert werden.

Bei der Isolierung des Cyclisierungsproduktes aus seinen Lösungen tritt leicht Zusammenballung ein, wodurch sich Verunreinigungen nur schwierig entfernen lassen. Dies läßt sich vermeiden, wenn die Lösung unter Rühren zum doppelten Volumen Wasser gegeben wird, das 4% Gelatine und 5% krystallwasserhaltiges Natriumphosphat[1] als Puffersubstanz enthält. Es bildet sich eine Suspension, aus der sich das Reaktionsprodukt in feinteiliger Form absetzt.

8. Einige Umsetzungen von Polyolefinen

α) Nitrosierung

Nitrosoderivate des *Polyäthylens* oder *Polypropylens* werden durch Einwirkung von Nitrosierungsmitteln[2] bei gleichzeitiger Bestrahlung mit Licht von einer Wellenlänge unter 600 mμ erhalten. Die Reaktion kann mit Nitrosylchlorid, Isoamylnitrit oder einem Gemisch aus Stickstoffdioxyd und Chlor am festen Polyäthylen oder seinen Lösungen ausgeführt werden.

β) Nitrierung

Bei der Einwirkung von konzentrierter Salpetersäure[3] auf pulverförmiges *Polyäthylen* werden bei 105° Nitrogruppen eingeführt. Als Folge einer Oxydation entstehen neben diesen auch geringe Mengen Carboxy-, Carbonyl- und Hydroxygruppen. Anstelle der Salpetersäure können auch nitrose Gase[4] verwendet werden. Die Oxydation wird zur Hauptreaktion[5], wenn 60%ige Salpetersäure mehrere Stunden lang bei 90° auf Polyäthylen einwirkt. Nach 24 Stunden langer Reaktionszeit entstehen Dicarbonsäuren vom mittleren Molekulargewicht 250, die geringe Mengen an Nitrogruppen enthalten.

Behandelt man *Polypropylen* bei 150° mit 25%iger Salpetersäure fünf Stunden lang im Autoklaven, so werden Nitrogruppen[6] eingeführt. Diese lassen sich mit Raney-Nickel als Katalysator bei 100° reduzieren, wobei primäre Aminogruppen entstehen.

---

[1] A.P. 2484614 (1945), Wingfoot Corp., Erf.: J. D. D'IANNI; Chem. Abstr. **44**, 1741ᶜ (1950).

[2] Belg.P. 575456 ≡ DAS. 1112296 (1959), Institut Français du Petrole des Carburants et Lubrifiants, Erf.: P. BAUMGARTNER.

[3] DAS. 1093556 (1958), Farbw. Hoechst, Erf.: H. KLUG u. O. METZ.
A.P. 2973241 (1956), Phillips Petroleum Co., Erf.: J. N. SCOTT jr. u. R. V. JONES.

[4] DAS. 1100285 (1958), Farbw. Hoechst, Erf.: H. KLUG u. O. METZ.

[5] E.P. 581279 (1942) ≡ DBP. 818427 (1948), I. C. I., Erf.: D. WHITTAKER u. J. S. A. FORSYTH; C. **1952**, 2761.

[6] Belg.P. 561990 (1957), Farbf. Bayer.

γ) Reaktion mit Phosphortrichlorid und Arylphosphin-dichloriden

Polyäthylen, *Polypropylen*[1] oder Copolymerisate aus *Äthylen* und *Propylen*[2] reagieren mit Phosphortrichlorid unter gleichzeitigem Einleiten von trockenem Sauerstoff zu *Poly-(alkylen-phosphonsäure-dichloriden)*. Die Reaktion kann auch in Lösungsmitteln wie Tetrachloräthylen[3] ausgeführt werden. Eingießen der Reaktionsmischung in Wasser führt zur Hydrolyse:

$$\cdots-CH_2-CH_2-\cdots + PCl_3 + {}^1/_2\,O_2 \;\rightarrow\; \cdots-CH_2-\underset{\underset{POCl_2}{|}}{CH}-\cdots + HCl$$

$$\cdots-CH_2-\underset{\underset{POCl_2}{|}}{CH}-\cdots + 2\,H_2O \;\rightarrow\; \cdots-CH_2-\underset{\underset{PO(OH)_2}{|}}{CH}-\cdots + 2\,HCl$$

Die Reaktion wird auch durch andere Radikalbildner wie Peroxyde und Azoisobuttersäure-dinitril ausgelöst. Maximal können 15–16% Phosphor eingeführt werden. Mit steigendem Phosphorgehalt wird die Krystallinität des Polymerisates verringert. Die polymeren Phosphonsäure-dichloride können mit Alkoholen oder Aminen[4] weiterreagieren.

Beim Einleiten von Sauerstoff in die Lösung von Polyäthylen und Zugabe von Arylphosphindichloriden[5] bilden sich bei 90–100° *Poly-(alkylen-aryl-phosphinmonochloride)*, die mit Wasser hydrolysiert oder auch in Ester, Hydrazide oder Amide umgewandelt werden können. Aldehyde wie Benzaldehyd beschleunigen die Reaktion. Die Hydrolysenprodukte sind in verdünnter Natronlauge oder Ammoniak löslich und können je nach den Reaktionsbedingungen bis zu 15% Phosphor enthalten.

Chlorphosphonylierung von Polyäthylen[1]: In eine Mischung aus 200 g Phosphortrichlorid und 10 g Polyäthylen vom mittleren Mol.-Gew. 20000 wird bei 70° Sauerstoff mit einer Geschwindigkeit von 500 cm³/Min. eingeleitet. Nach 5 Stdn. haben sich 2,45 g Chlorwasserstoff entwickelt. Die klare gelbe Lösung wird auf 20° abgekühlt und in 2000 cm³ Eiswasser eingegossen. Die ausgefallene Poly-äthylenphosphonsäure wird dann abgesaugt, mit 4000 cm³ Wasser, anschließend mit 3000 cm³ Äthanol ausgewaschen und i. Vak. bei 50° getrocknet. Es haben sich 15,3 g hellbraunes Umsetzungsprodukt gebildet, das 12,4% Phosphor enthält.

δ) Anlagerung von ungesättigten Dicarbonsäuren

Erhitzt man *Polyäthylen* vom Molekulargewicht 1000–1500 in *Fumarsäurediäthylester* bei 215–220° 6–8 Stunden lang unter Rückfluß, so bildet sich ein lösliches Additionsprodukt[6], das beim Abkühlen ausfällt. Zur Reinigung wird der Niederschlag mit Methanol extrahiert. Das Additionsprodukt ist wachsartig und kann bis zu 4,5% Sauerstoff enthalten. Es erweicht bei 103–105°. Die Umsetzung von *Maleinsäureanhydrid*[7] mit Polyäthylen kann schon bei 70–80° ausgeführt werden, wenn unter Belichtung Halogen in die Lösung in Tetrachlormethan eingeleitet wird. Nach dem Abtreiben des Lösungsmittels durch Wasserdampf erhält man ein halogenhaltiges Additionsprodukt,

[1] A.P. 3008939 (1957) ≡ E.P. 849059 (1958), Union Carbide Corp., Erf.: J. P. SCHROEDER u. E. C. LEONARD jr.

[2] E. C. LEONARD jr. u. Mitarbb., J. Appl. Polymer Sci. **5**, 157 (1961).

[3] E.P. 838745 (1958), Spencer Chemical Co.; Chem. Abstr. **54**, 23441^e (1960).

[4] J. P. SCHROEDER u. W. P. SOPCHAK, J. Polymer Sci. **47**, 417 (1960).

[5] A.P. 2829137 (1955), DuPont, Erf.: S. YOLLES; C. **1959**, 10059.

[6] E.P. 766745 (1955), Monsanto Chemical Co.; C. **1959**, 12068.

[7] DBP. 964808 (1954), Farbf. Bayer, Erf.: A. BALLAUF, F. MÜNZ u. O. BAYER; C. **1957**, 13821.

das bis zu 3,5% Carboxygruppen enthalten kann. Wird das Lösungsmittel im Vakuum abdestilliert, so bleiben die Anhydridgruppen unverändert. Durch Zugabe von Magnesiumoxyd tritt eine Vernetzung zu kautschukelastischen Produkten ein.

9. Hinweise zur Herstellung vernetzter Makromoleküle aus Polymerisaten

Unter einem vernetzten Makromolekül[1] versteht man praktisch ein dreidimensionales Gebilde, das durch beliebige Verknüpfungen von Kohlenstoffatomen oder geeigneten Heteroatomen entweder bei der Herstellung unter Verwendung von wenigstens einem tri- bzw. tetrafunktionellen Grundbaustein durch Polykondensation, Polyaddition, Polymerisation oder durch intermolekular verlaufende Reaktionen an linearen makromolekularen Stoffen entstanden ist. Je nach dem Aufbau kann das vernetzte Makromolekül verschiedenartigste Strukturen vom weitmaschigen, stark quellbaren Netzwerk bis zur nicht mehr quellbaren Kugelanordnung haben. Diese sind den üblichen Untersuchungsmethoden nicht mehr zugänglich. Über ihr Molekulargewicht kann keine Aussage gemacht werden. Ohne Abbau sind sie praktisch in keinem Lösungsmittel mehr löslich. Bei der Polykondensation oder Polyaddition ist es im Gegensatz zur Polymerisation oft möglich, relativ niedrigmolekulare, lösliche Zwischenstufen zu erfassen, die durch Anwendung von Hitze und Druck, eventuell nach Zugabe eines Katalysators, unter endgültiger Formgebung vernetzt werden können (Preßmassen).

Die zu vernetzten Makromolekülen führenden Verfahren sind so zahlreich, daß hier nur eine Auswahl der Möglichkeit ihrer Herstellung gebracht werden kann. Vernetzte Makromoleküle können direkt durch Polymerisation von *Vinylverbindungen* unter Mitverwendung einer *Divinylverbindung*[2] hergestellt werden. Oft tritt eine Vernetzung unbeabsichtigt durch Nebenreaktionen wie Cyclisierung, Aktivierung durch Wärme oder Licht, Oxydation usw. ein. Zahlreiche Beispiele zur Herstellung vernetzter Polymerisate finden sich in Bd. XIV/1[3]. Die Herstellung vernetzter Makromoleküle durch Polykondensation oder Polyaddition von polyvalenten, nieder- oder höhermolekularen Reaktionspartnern ist ausführlich in den einzelnen Abschnitten dieses Bandes beschrieben. Daher sollen hier nur noch einige Hinweise zur nachträglichen Vernetzung von Polymerisaten gegeben werden, über deren Struktur man mit Sicherheit noch etwas aussagen kann. So führt beispielsweise die Vernetzung von *Naturkautschuk* mit *Schwefel* zu dem bekannten Weichgummi, wenn die statistisch verteilten Segmente zwischen den Vernetzungsstellen ein Molekulargewicht von etwa 3000–10000 haben. Eine Vernetzung in geringeren Abständen mit mehr Schwefel erlaubt keine Eigenbeweglichkeit der Kettenglieder und führt zu Hartgummi. Wenn man also die Eigenschaften von linearen Polymeren kennt, kann man bereits einige Aussagen über das Verhalten von deren Vernetzungsprodukten machen. Zur Vernetzung kommen praktisch alle Reaktionen in Frage, die in der organischen Chemie zu Molekülverknüpfungen (unter verhältnismäßig milden Bedingungen) führen. Eine Vernetzung tritt bei Makromolekülen schon in Erscheinung, wenn etwa 0,5% der Grundbausteine des Makromoleküls davon erfaßt werden. Bereits eine sterisch begünstigte und sich häufig wiederholende Anordnung von Wasserstoffbrücken kann sich wie eine echte Vernetzung auswirken (Cellulose und Polyacryl-

---

[1] S. ds. Handb., Bd. XIV/1, Kap. Bemerkungen zur Nomenklatur und Terminologie makromolekularer Stoffe, S. 5; Kap. Allgemeines zur Polymerisation in heterogener Phase, S. 301.
[2] S. ds. Handb., Bd. XIV/1, Kap. Allgemeines zur Polymerisation in Substanz und in Lösung, S. 32.
[3] S. ds. Handb., Bd. XIV/1, Kap. Allgemeines zur Polymerisation in Substanz und in Lösung, S. 97.

nitril). Für derartige Netzstrukturen gibt es immer noch Agentien, die die Wasserstoffbrückenbindungen zu überwinden vermögen.

Die Tabellen auf S. 784, 785, 788, 790 geben Hinweise über die zahlreichen Möglichkeiten, wie man höhermolekulare Verbindungen, die noch funktionelle Gruppen enthalten, vernetzen kann. In neuerer Zeit bevorzugt man Vernetzungsmittel, die durch Polyaddition wirksam werden. Solche sind z. B. Polyisocyanate, Polyepoxyde, polyfunktionelle Acrylsäurederivate und viele mehr.

a) Vernetzung von Polymerisaten aus Monovinylverbindungen

a_1) *Vernetzung von Polyäthylen und seinen Chlorierungs- und Sulfochlorierungsprodukten*

Polyäthylen sowie seine chlorierten und sulfochlorierten Umwandlungsprodukte können durch Einwirkung hochenergetischer Strahlen[1] oder organische Peroxyde[2] vernetzt werden. Bei der Vernetzung durch peroxydische Radikalbildner können nur solche Verbindungen angewandt werden, deren Zersetzungstemperatur oberhalb der Erweichungstemperatur des Polyäthylens liegt. Dibenzoylperoxyd[3] oder Di-tert.-alkylperoxyde[4] sind wegen des bei relativ niedriger Temperatur eintretenden Zerfalls weniger geeignet. Um Polyäthylen von der Dichte 0,92–0,93 auf dem Kautschukwalzwerk verarbeitbar zu machen, sind Temperaturen von etwa 120–130° erforderlich. Diese müssen für Polyäthylen von höherem Erweichungspunkt auf etwa 150° gesteigert werden[5]. Zur Vernetzung kommen daher nur in Frage: (*a,a-Dialkyl-benzyl)-peroxyde*[6], *Bis-[3,4-dichlor-a,a-dialkyl-benzyl]-peroxyde*[7], *tert.-Butyl-a-cumyl-peroxyd*[8] sowie *2,5-Dialkyl-2,5-bis-[tert.-alkylperoxy]-hexane*[9]. Mischungen aus Polyäthylen mit *Polybutadien*[10], Copolymerisaten des *Butadiens* mit *Styrol* oder *Naturkautschuk*, Copolymerisaten des *Isobutylens* mit *Isopren*[11] sowie Mischungen mit kautschukartigen Copolymerisaten aus *Äthylen* und *Propylen*[12] können durch *Dicumylperoxyd* gemeinsam vernetzt werden.

[1] E. J. Lawton, J. S. Balwit u. A. M. Bueche, Ind. eng. Chem. **46**, 1703 (1954).
H. Okamoto u. A. Isihara, J. Polymer Sci. **20**, 115 (1956).
R. W. Pearson, J. Polymer Sci. **25**, 189 (1956).

[2] E. M. Dannenberg, M. E. Jordan u. H. M. Cole, J. Polymer Sci. **31**, 127 (1958).
B. B. S. T. Boonstra u. A. C. Bluestein, Rubber Age (N. Y.) **86**, 450 (1959).
A. R. Lee u. J. E. Vostovich, Rubber World **140**, 429 (1959).
B. C. Carlson, Rubber World **142**, Nr. 3, 91 (1960); SPE Journal **17**, 265 (1961).
R. Rado u. M. Lazàr, J. Polymer Sci. **53**, 67 (1961).

[3] A.P. 2405971 (1943), DuPont, Erf.: A. McAlevy; Chem. Abstr. **40**, 7702⁶ (1946).

[4] A.P. 2528523 (1948), DuPont, Erf.: R. E. Kent; C. **1951** II, 1972.

[5] Belg.P. 564735 (1958), Godfrey L. Cabot Inc., Erf.: M. E. Jordan u. E. M. Dannenberg.
F.P. 1195383 (1959), Société Anonyme du Blanc Omya.
Belg. P. 569531 ≡ F.P. 1207825 (1958), Godfrey L. Cabot Inc., Erf.: M. E. Jordan, F. R. Williams, R. P. Rossman u. E. M. Dannenberg.

[6] A.P. 2826570 (1955) ≡ Belg.P. 547998 ≡ E.P. 789116 ≡ F.P. 1154109 (1956), Hercules Powder Co., Erf.: R. W. Ivett; C. **1959**, 6648.

[7] A.P. 2938012 (1958), Hercules Powder Co., Erf.: L. J. Filar; Chem. Abstr. **54**, 20330ᶠ (1960).

[8] A.P. 2888424 (1955) ≡ E.P. 831126 ≡ F.P. 1154861 ≡ DAS. 1109366 (1956), General Electric Co., Erf.: F. M. Precopio u. A. R. Gilbert; Chem. Abstr. **53**, 16594ⁱ (1959).

[9] A.P. 2916481 (1959), Food Machinery & Chemical Corp., Erf.: E. R. Gilmont.

[10] A.P. 2832748 ≡ F.P. 1170238 (1956), General Electric Co., Erf.: M. M. Safford u. R. L. Myers.
A.P. 2877206 (1955), Phillips Petroleum Co., Erf.: J. N. Scott.

[11] E.P. 837525 (1958), Hercules Powder Co.; Chem. Abstr. **54**, 25936ᵃ (1960).

[12] Belg.P. 595773 (1960), Montecatini S.G., Erf.: L. Corbelli.

Eine Vernetzung unter gleichzeitiger Verformung[1] erzielt man, wenn das Granulat des Polyäthylens zunächst mit einer Lösung des Peroxyds in einem Gemisch aus Aceton, Fluor-trichlor-methan und Difluor-dichlor-methan unter Druck besprüht, dann getrocknet und anschließend auf dem Extruder verarbeitet wird. Die Temperatur des Extruders muß so gewählt werden, daß die Vernetzung erst im letzten Drittel der Schnecke beginnt.

Eine schnelle und stärkere Vernetzung des *Polyäthylens* tritt ein, wenn zum Peroxyd wie Dicumylperoxyd noch Diallylester von Dicarbonsäuren wie Fumarsäurediallylester, Adipinsäurediallylester[2], Cyanursäuretriallylester oder *p-Benzochinondioxim*[3] oder N,N'-Alkyliden- bzw. N,N'-Aryliden-bis-maleinsäureimide[4], z.B. N,N'-m-Phenylen-bis-maleinsäureimid, gegeben werden. Auf den Zusatz der Peroxyde kann verzichtet werden, wenn die Mischung aus Polyäthylen und den Bismaleinsäureimiden hochenergetischen Strahlen[5], z.B. γ-Strahlen, ausgesetzt wird.

Die Vernetzung des Polyäthylens kann auch in Gegenwart von Füllstoffen[6] wie Ruß, kolloider Kieselsäure oder Silikaten ausgeführt werden. Bei der Anwendung von Ruß können nur solche Typen verwendet werden, die keinen Einfluß auf den Zerfall des Peroxyds haben. Channelruße[7] sind weniger geeignet als Furnaceruße[8] oder Gasruße[9]. Die Ruß und Peroxyd enthaltende Mischung kann auch durch Einwirkung eines hochfrequenten elektrischen Wechselfeldes[10] vernetzt werden.

Helle Füllstoffe wie kolloide Kieselsäure oder Calciumsilikate inhibieren die Peroxydvernetzung nicht, wenn basisch wirkende Verbindungen[11] wie Blei-(II)-, Zink- oder Magnesiumoxyd mitverwendet werden.

Polyäthylen, das auf diesem Wege relativ schwach vernetzt wird, hat im Vergleich zum nicht vernetzten Polymerisat bessere mechanische Eigenschaften[12].

Vernetzung von Polyäthylen mit Dicumylperoxyd[9]: Auf einem 120° heißen Kautschukwalzwerk wird das Granulat eines Polyäthylens der Dichte 0,92 so lange behandelt, bis ein geschlossenes Fell entstanden ist. Dann mischt man bei der gleichen Temp. den Ruß (s. S. 779) ein und gibt zum Schluß das Peroxyd zu. Die Mischung wird 3 Min. nach der Zugabe des Peroxyds von der Walze genommen. Kleine Proben werden in einer Vulkanisationspresse 10 Min. lang auf 170°

---

[1] DAS. 1052681 (1957), Farbw. Hoechst, Erf.: H. Beuschel u. B. Hoffmann.

[2] F.P. 1210732 (1958), DuPont, Erf.: W. F. Busse u. R. A. Hines.

[3] A.P. 3012020 (1957) ≡ F.P. 1227263 (1958), Hercules Powder Co., Erf.: A. E. Robinson u. D. C. Kirk jr.

[4] A.P. 2958672 (1956), DuPont, Erf.: E. J. Goldberg.
    P. Kovacic u. R. W. Hein, Am. Soc. **81**, 1187 (1959).

[5] A.P. 2965553 (1956), DuPont, Erf.: S. Dixon u. E. J. Goldberg.

[6] A.P. 2888424 (1955) ≡ E.P. 831126 ≡ F.P. 1154861 ≡ DAS. 1109366 (1956), General Electric Co., Erf.: F. M. Precopio u. A. R. Gilbert; Chem. Abstr. **53**, 16594[i] (1959).
    E.P. 838964 (1958), Hercules Powder Co.; Chem. Abstr. **54**, 23435[c] (1960).
    Belg.P. 592705 (1960), R. T. Vanderbilt Co., Erf.: B. C. Carlson u. W. F. Abbey.

[7] E. M. Dannenberg, M. E. Jordan u. H. M. Cole, J. Polymer Sci. **31**, 127 (1958).

[8] F.P. 1180725 ≡ Belg. P. 559131 (1957), Godfrey L. Cabot Inc., Erf.: E. M. Dannenberg.
    F.P. 1191010 ≡ Belg. P. 564394 (1958), Godfrey L. Cabot Inc., Erf.: R. P. Rossman, M. E. Jordan u. E. M. Dannenberg.

[9] Belg.P. 569758 (1958), Godfrey L. Cabot Inc., Erf.: F. R. Williams, R. P. Rossman, E. M. Dannenberg u. M. E. Jordan.

[10] F.P. 1198691 ≡ Belg.P. 564395 (1958), Godfrey L. Cabot Inc., Erf.: R. P. Rossman u. E. M. Dannenberg.

[11] A.P. 2928801 (1955) ≡ F.P. 70864/1154861 (1956), General Electric Co., Erf.: M. M. Safford u. M. L. Corin; Chem. Abstr. **54**, 13739[f] (1960).

[12] B. C. Carlson, Rubber World **142**, Nr. 3, 91 (1960).

erhitzt. In Abhängigkeit von der Zusammensetzung der Mischung erhält man folgende Eigenschaften:

Mischung 1: ohne Zugabe
Mischung 2: 2 g Dicumylperoxyd/100 g Polyäthylen
Mischung 3: 2 g Dicumylperoxyd/100 g Polyäthylen mit 100 g Gasruß der Teilchengröße 500 mμ/100 g Polyäthylen
Mischung 4: wie 3, aber 200 g Gasruß/100 g Polyäthylen

Mischung	1	2	3	4
Zugfestigkeit [kg/cm²]	120	96	160	236
Zerreißfestigkeit [kg/cm²]	127	197	180	236
Versprödungstemperatur [°C]	—76	—76	—76	—62
Stabilität bei 150°	gering	genügend	sehr gut	sehr gut
Relativer Widerstand gegen die Quellung in Xylol (24 Stdn., 80°)	0,0%	81%	96%	—

Durch Behandlung von *chloriertem Polyäthylen* mit Metalloxyden[1] bei erhöhter Temperatur tritt eine Chlorwasserstoffabspaltung ein. Das dehydrochlorierte Polymerisat kann dann durch Schwefel in Gegenwart von Vulkanisationsbeschleunigern vernetzt werden. Auch die Einwirkung von Eisen-(III)-chlorid[2] auf chloriertes Polyäthylen führt zu einer Vernetzung. Erhitzt man die Mischung aus chloriertem Polyäthylen, das 30% Chlor enthält, mit Hexamethylendiamin[3] in Gegenwart von Blei-(II)-oxyd und hydriertem Kolophonium auf 180°, so erhält man ein vernetztes Produkt. Wird die Chlorierung bei Temperaturen über 175° ausgeführt, so findet gleichzeitig eine Dehydrohalogenierung[4] statt.

Sulfochloriertes Polyäthylen[5], das außerdem noch kettenchloriert ist, hat eine große Reaktionsfähigkeit und ist verschiedenen Vernetzungsreaktionen[6] zugänglich. Polyvalente Metalloxyde wie Blei-(II)-oxyd, Magnesiumoxyd oder Blei-(II)-phosphit[7] bilden in Gegenwart von schwachen organischen Säuren wie Abietinsäure[8] unter Vernetzung die entsprechenden sulfonsauren Salze. Die Reaktion verläuft aber nur glatt mit Spuren Wasser[9]. Steigt der Wassergehalt über 1%, so tritt eine schnelle Vernetzung[10] ein. Außer polyvalenten Metalloxyden können auch Amine eine Vernetzung herbeiführen. Aliphatische Diamine wie Äthylendiamin wirken sehr schnell, aromatische Diamine erst bei erhöhter Temperatur. Hexamethylentetramin[11] bewirkt eine schnelle Vernetzung. Ebenso vernetzen Polyalkohole wie Äthylenglykol oder Glycerin, die in Gegenwart von Basen als Säureacceptoren Ester bilden. Mit Vulkanisationsbeschleunigern[12], z.B. Thiurammonosulfiden oder -disulfiden, Di-

[1] A.P. 2416069 (1943), DuPont, Erf.: S. Le Roy Scott; Chem. Abstr. **41**, 2932ᵃ (1947).
[2] A.P. 2480007 (1946), DuPont, Erf.: D. A. Fletcher; C. **1950** II, 115.
[3] F.P. 1178949 ≡ Belg.P. 559380 ≡ E.P. 867209 (1957), Montecatini S. G., Erf.: F. Ranalli.
[4] A.P. 2850490 (1954) ≡ Belg.P. 555100 ≡ F.P. 1134094 (1955), Phillips Petroleum Co., Erf.: P. J. Canterino u. A. N. de Vault; C. **1960**, 10425.
[5] Hypalon®, Handelsprodukt der DuPont.
[6] R. R. Warner, Rubber Age (N.Y.) **71**, 205 (1952).
   M. A. Smook u. Mitarbb., India Rubber Wld. **128**, 54 (1953); Ind. eng. Chem. **45**, 2731 (1953).
   W. F. Busse u. M. A. Smook, India Rubber Wld. **128**, 348 (1953).
[7] A.P. 2416061 (1943), DuPont, Erf.: A. McAlevy, D. E. Strain u. F. S. Chance jr.
   Vernetzung unter Verwendung der wäßr. Dispersion s. A.P. 2968637 (1953), DuPont, Erf.: G. H. Bowers III.
[8] A.P. 2416060 (1946), DuPont, Erf.: A. McAlevy, D. E. Strain u. F. S. Chance jr.
[9] R. Schlicht, Kautschuk u. Gummi (W.T.) **10**, 66 (1957).
[10] A.P. 2630425 (1949), DuPont, Erf.: E. A. Rodman; C. **1955**, 8985.
[11] A.P. 2963382 (1957), Switzer Brothers, Inc., Erf.: J. L. Switzer.
[12] W. F. Busse u. F. W. Billmeyer jr., J. Polymer Sci. **12**, 599 (1954).

alkyldithiocarbaminaten sowie Mercaptobenzthiazol, oder mit Dibenzoylperoxyd[1] tritt ebenfalls eine Vernetzung ein. Mit ungesättigten Aminen[2] wie Allylamin oder 1-Amino-buten-(2) umgesetztes sulfochloriertes Polyäthylen kann wie Kautschuk mit Schwefel in Gegenwart von Vulkanisationsbeschleunigern vernetzt werden. Durch Zugabe von sulfochloriertem Polyäthylen zu ungesättigten Elastomeren[3] wie Naturkautschuk, Copolymerisaten des Butadiens mit Styrol oder Acrylnitril sowie Copolymerisaten des Isoprens mit Isobutylen[4] kann deren Ozonbeständigkeit verbessert werden.

Eine erhöhte Quellbeständigkeit gegen Öl und Lösungsmittel sollen Vernetzungsprodukte des sulfochlorierten Polyäthylens haben[5], das aus Polyäthylen der Dichte 0,935–0,960 durch Sulfochlorierung erhalten wird.

Vernetzung von sulfochloriertem Polyäthylen[6]: 100 g sulfochloriertes Hochdruckpolyäthylen (Chlorgehalt 30%, Schwefelgehalt 1,7%) werden auf einem Mischwalzwerk mit 1 g β,β'-Dinaphthyl-p-phenylendiamin, 1 g 2-Mercapto-benzthiazol, 10 g eines hydrierten Kolophoniums und 40 g Blei-(II)-oxyd gemischt. Die Mischung wird dann unter einer Vulkanisationspresse 60 Min. auf 135° erhitzt. Das Vernetzungsprodukt hat eine Zerreißdehnung von 400% und eine Zerreißfestigkeit von 150 kg/cm².

α_2) *Vernetzung von chloriertem und sulfochloriertem Polypropylen*

Chloriertes Polypropylen[7] (2–20% Chlor) kann nach Zugabe von Zinkoxyd, Schwefel und Vulkanisationsbeschleunigern durch Erhitzen auf 140° vernetzt werden, weil Zinkoxyd bei dieser Temperatur eine Dehydrochlorierung unter Bildung einer Doppelbindung herbeiführt.

Sulfochloriertes Polypropylen[8], das bis zu 10% Chlor und 1–3% Schwefel enthalten kann, läßt sich – ähnlich dem sulfochlorierten Polyäthylen – durch Blei-(II)-oxyd unter Zugabe von Kolophonium und Vulkanisationsbeschleunigern wie 2-Mercaptobenzthiazol vernetzen. Elastische Produkte erhält man, wenn der Chlorgehalt 10% nicht überschreitet.

α_3) *Vernetzung von Polyisobutylen*

Polyisobutylen ist sehr schwer zu vernetzen. Seine Vernetzung gelingt aber mit Peroxyden. Wegen der guten plastischen Eigenschaften können auch solche Peroxyde verwendet werden, die bereits bei niedriger Temperatur in Radikale zerfallen. Geeignete Verbindungen sind *Di-tert.-butylperoxyd, Cumolhydroperoxyd* oder *Bis-[tert.-butylperoxy]-phthalat*. Beim Einmischen des Peroxyds auf dem Kautschukwalzwerk wird Polyisobutylen jedoch sehr stark unter Bildung von niedrigviscosen Produkten abgebaut. Gibt man aber Schwefel[9] zur Mischung, so wird der Abbau weitgehend vermieden. Auch Füllstoffe wie Ruß können zugesetzt werden. Die Vernetzung wird in Abhängigkeit vom angewandten Peroxyd durch Erhitzen auf 150–170° in einer Vulkanisationspresse herbeigeführt.

Bei der Chlorierung von Polyisobutylen bildet sich in Gegenwart von Aluminiumchlorid unter starker Chlorwasserstoffentwicklung ein chlorfreies, ungesättigtes Reak-

---

[1] A.P. 2534078 (1945), DuPont, Erf.: D. E. STRAIN; C. **1952**, 2930.

[2] A.P. 2852497 (1956) ≡ DAS. 1048023 (1957), DuPont, Erf.: G. THOMPSON; C. **1960**, 10080.

[3] A.P. 2729608 (1951) ≡ DAS. 1052676 (1953), DuPont, Erf.: D. E. STRAIN; C. **1959**, 13023.

[4] E.P. 836716 (1956), Firestone Tire & Rubber Co.; Chem. Abstr. **54**, 25936ᶜ (1960).

[5] A.P. 2982759 (1958), DuPont, Erf.: R. O. HEUSE.

[6] A.P. 2416060 (1946), DuPont, Erf.: A. McALEVY, D. E. STRAIN u. F. S. CHANCE jr.

[7] E.P. 877880 ≡ F.P. 1250700 (1959), Esso Research & Enginering Co.

[8] DAS. 1015603 ≡ F.P. 1128258 ≡ Belg.P. 540362 ≡ E.P. 811848 (1955), Montecatini S. G., Erf.: G. NATTA u. P. PINO; C. **1959**, 1288.

[9] A.P. 2710291 (1952), United States Rubber Co., Erf.: J. R. LITTLE; C. **1956**, 4863.

tionsprodukt[1], das mit Schwefel und Vulkanisationsbeschleunigern in der Hitze vernetzt werden kann. Dischwefeldichlorid gibt sowohl mit Polyisobutylen[2] als auch mit dem Copolymerisat aus Isobutylen mit *Styrol*[3] eine schnelle Vernetzung.

a_4) *Vernetzung von Copolymerisaten des Äthylens*

Kautschukähnliche, amorphe Copolymerisate aus Äthylen und *Propylen* können mit Peroxyden[4] wie Dicumylperoxyd auch in Gegenwart von Ruß[5] vernetzt werden, wobei sauer reagierende Füllstoffe[6] den Zusatz von basischen Verbindungen wie Diphenylguanidin oder Tris-[β-hydroxy-äthyl]-amin erfordern. Wegen der plastischen Eigenschaften liegen die Verarbeitungstemperaturen wesentlich tiefer als beim Polyäthylen. Es können daher auch solche Peroxyde zur Vernetzung herangezogen werden, die bei Temperaturen um 130° in Radikale zerfallen. Ein Abbau des Copolymerisates unter der Einwirkung des Peroxyds kann wie beim Polyisobutylen durch Zusatz von Schwefel[7] verhindert werden. Die Zugabe von p-Benzochinondioxim[8] und Blei-(IV)-oxyd sowie 2,5- oder 2,6-Dichlor-p-benzochinon[9] beschleunigt die Geschwindigkeit der Vernetzung, wobei sich gleichzeitig verbesserte physikalische Eigenschaften einstellen. Mischungen der Copolymerisate mit *Naturkautschuk* oder Copolymerisaten des *Butadiens* mit *Styrol* können durch Dicumylperoxyd[10] gemeinsam vernetzt werden.

Copolymerisate des Äthylens mit Propylen können auch durch *Divinylbenzol*[11] in Gegenwart von wenig Peroxyd vernetzt werden. Es sind keine Füllstoffe notwendig, um hohe Zerreißfestigkeiten zu erreichen. Eine Aktivierung der Vernetzungsreaktion erzielt man durch gleichzeitige Zugabe von Phthalsäurediallylester, Cyanursäuretriallylester[12] oder N,N'-Alkyliden- bzw. N,N'-Aryliden-bis-maleinsäure-

[1] A.P. 2390621 (1942), Standard Oil Development Co., Erf.: B. H. SHOEMAKER u. E. L. D'OUVILLE; Chem. Abstr. **40**, 1689[2] (1946).

[2] A.P. 2152828 (1936), Standard Oil Development Co., Erf.: R. M. THOMAS; C. **1939** II, 540.

[3] A.P. 2213423 (1937) ≡ F.P. 834018 (1938), Standard Oil Development Co., Erf.: P. J. WIECENICH (jetzt P. J. GAYLOR); C. **1939** I, 3082.

[4] Belg.P. 567253 (1958) ≡ F.P. 1204572 (1957), Godfrey L. Cabot Inc., Erf.: E. M. DANNENBERG, R. P. ROSSMAN u. H. F. MARK.
E.P. 838963 ≡ F.P. 1227242 (1958), Hercules Powder Co.; Chem. Abstr. **54**, 23435[d] (1960).
G. NATTA u. Mitarbb., Rubber & Plastics Age **42**, 53 (1961).
H. D. STEMMER, Kautschuk u. Gummi (W.T.) **14**, 146 (1961).
Belg.P. 573749 (1958), Montecatini S. G., Erf.: K. ZIEGLER, R. MOSTARDINI, R. MAGRI, R. LANZO u. M. PIAZZA.

[5] E.P. 838964 (1958), Hercules Powder Co.; Chem. Abstr. **54**, 23435[c] (1960).

[6] Belg.P. 593264 (1960), Montecatini S. G., Erf.: R. MATTEUCCI u. G. V. GIANDINOTO.
F.P. 1213941 (1958), Montecatini S. G., Erf.: G. NATTA, G. CRESPI u. M. BRUZZONE.
Belg.P. 593550 (1960), Montecatini S. G., Erf.: L. FALCONE u. R. MATTEUCCI.

[7] Belg.P. 573467 ≡ F.P. 1215944 (1958); Belg.P. 592653 (1960), Montecatini S. G., Erf.: G. BALLINI.
F.P. 1225666 (1957), Hercules Powder Co., Erf.: D. C. KIRK jr. u. A. E. ROBINSON.
L. O. AMBERG u. A. E. ROBINSON, Rubber & Plastics Age **42**, 875 (1961).

[8] E.P. 850455 (1958), Hercules Powder Co.
Belg.P. 597218 (1960), Montecatini S. G., Erf.: G. BALLINI.

[9] Belg.P. 591173 (1960), Shell Internationale Research Mij., Erf.: R. J. REYNOLDS u. S. H. RUETMAN.

[10] E.P. 837525 (1958), Hercules Powder Co.; Chem. Abstr. **54**, 25936[a] (1960).

[11] Belg.P. 568581 ≡ F.P. 1208447 (1958), Montecatini S. G., Erf.: G. NATTA, G. CRESPI u. M. BRUZZONE.
G. NATTA, G. CRESPI u. M. BRUZZONE, Kautschuk u. Gummi (W.T.) **14**, 53 (1961).

[12] F.P. 1227263 (1958), Hercules Powder Co., Erf.: A. E. ROBINSON u. D. C. KIRK jr.

imiden[1] zum Peroxyd. Mit Maleinsäureanhydrid[2] findet in Gegenwart von wenig Peroxyd eine Anlagerung bei 160–180° statt. Gibt man gleichzeitig Zinkoxyd zu, so tritt eine Vernetzung ein. Diese ist auch mit N,N',N''-Trichlor-melamin[3] möglich, wobei die Zugabe von Oxyden oder anorganischen sowie organischen Salzen des Zinks oder Cadmiums eine Aktivierung herbeiführt.

Halogenierte Copolymerisate aus Äthylen und Propylen können mit Blei-(II)-oxyd[4] oder mit Schwefel in Gegenwart von Vulkanisationsbeschleunigern[5] und Zinkoxyd vernetzt werden. Beträgt der Chlorgehalt 5% oder weniger, so wird zunächst durch Erhitzen auf 160° dehydrohalogeniert[6]. Die Chlorwasserstoffabspaltung kann durch Metalle wie Zink, Aluminium oder deren Salze beschleunigt werden.

Sulfochlorierte Copolymerisate[7], die 0,5–3,0% Schwefel und 3–15% Chlor enthalten, können praktisch wie sulfochloriertes Polyäthylen durch Zugabe von Blei-(II)-oxyd, *Kolophonium* und Vulkanisationsbeschleunigern bei 160° vernetzt werden. Durch Zugabe von Peroxyden[8] zu diesen Mischungen lassen sich die mechanischen Eigenschaften verbessern. Chlorphosphonylierte Copolymerisate[9] (s. S. 775) können wie sulfochlorierte Produkte vernetzt werden.

Vernetzung des Copolymerisates aus Äthylen und Propylen mit Di-tert.-butylperoxyd[10]: Eine Mischung aus 100 g des Copolymerisates aus Äthylen und 30 Mol.-% Propylen mit 45 g SAF-Ruß, 1 g Schwefel und 5 g Di-tert.-butylperoxyd wird 45 Min. bei 155° vulkanisiert. Man erhält folgende mechanische Eigenschaften:

$$
\begin{array}{ll}
\text{Zerreißfestigkeit [kg/cm}^2\text{]} & 270 \\
\text{Zerreißdehnung [\%]} & 530 \\
\text{Modul bei 300\% Dehnung [kg/cm}^2\text{]} & 100 \\
\text{Bleibende Dehnung [\%]} & 7
\end{array}
$$

Copolymerisate des *Äthylens* mit *Vinylacetat* lassen sich mit Peroxyden[11] oder durch aliphatische bzw. aromatische Polycarbonsäuren[12] vernetzen. Anstelle der niedrigmolekularen Polycarbonsäuren können auch Copolymerisate des Butadiens mit Maleinsäurehalbestern oder Polymethacrylsäure verwendet werden. Am glattesten verläuft die Vernetzung mittels Peroxyden in Gegenwart von Phosphorsäuretriallyl-

[1] A.P. 2958672 (1956), DuPont, Erf.: E. J. Goldberg.
  Belg.P. 590534 (1960), United States Rubber Co., Erf.: P. O. Tawney, R. P. Conger u. P. R. van Buskirk.
[2] Belg.P. 568685 (1958), Montecatini S. G., Erf.: G. Crespi u. M. Bruzzone.
  Belg.P. 563834 ≡ F.P. 1200144 (1958), Montecatini S. G., Erf.: G. Natta, G. Crespi u. G. Borsini.
[3] A.P. 2997452 (1957), Esso Research & Engineering Co., Erf.: H. S. Makowski u. J. V. Fusco.
[4] F.P. 1228145 ≡ Belg.P. 576340 (1959), Montecatini S. G., Erf.: E. Volterra.
[5] F.P. 1222065 (1957), Esso Research & Engineering Co., Erf.: W. P. Cain, H. S. Makowski u. A. L. Bisio.
[6] Belg.P. 595557 (1960), Montecatini S. G., Erf.: G. Natta, G. Crespi u. M. Bruzzone.
[7] A.P. 2879261 ≡ DAS. 1067595 ≡ E.P. 802843 (1955) ≡ F.P. 1157836 (1956), DuPont, Erf.: R. P. Johnson u. M. A. Smook; C. **1960**, 5021.
  S. a. Belg.P. 556902 (1957), Montecatini S. G., Erf.: G. Natta, G. Mazzanti u. M. Bruzzone.
  G. Natta, G. Crespi u. M. Bruzzone, Chimica e Ind. **42**, 463 (1960).
[8] Belg.P. 571270 (1958), Montecatini S. G., Erf.: G. di Drusco.
[9] E. C. Leonard jr. u. Mitarbb., J. Appl. Polymer Sci. **5**, 157 (1961).
[10] Belg.P. 573467 ≡ F.P. 1215944 (1958), Montecatini S. G., Erf.: G. Ballini.
[11] A.P. 2628214 (1945), DuPont, Erf.: P. S. Pinkney u. R. H. Wiley; C. **1956**, 12409.
[12] DAS. 1055232 (1957), Farbf. Bayer, Erf.: H. Bartl, O. Bayer u. H. Scheurlen.

ester oder Cyanursäuretriallylester[1]. Mischungen aus *Naturkautschuk* oder kautschukartigen Copolymerisaten des *Butadiens* mit *Styrol* oder *Acrylnitril*[2] und Copolymerisaten des *Äthylens* mit *Vinylacetat* können auf diese Weise gemeinsam vernetzt werden. Hydrolysierte Copolymerisate des Äthylens mit Vinylacetat lassen sich mit sekundären Alkylphosphiten oder Alkylphosphaten[3] vernetzen.

a_5) *Vernetzung von Polyvinylalkohol*

Die Empfindlichkeit des Polyvinylalkohols gegen Wasser ist für viele Anwendungszwecke ein Nachteil. Es wurde daher eine Reihe von Verfahren vorgeschlagen, um die Löslichkeit oder Quellung in Wasser durch Vernetzung zu verringern.

Die Vernetzung des Polyvinylalkohols kann praktisch mit allen Verbindungen durchgeführt werden, die mindestens bifunktionell mit den Hydroxygruppen reagieren; solche sind z.B. Metallchelate, Ester anorganischer und organischer Polysäuren, Formaldehyd, Diisocyanate, Polysäurechloride und viele mehr (s. Tab. 36, S. 784).

Diese Verbindungen werden z. T. der wäßrigen Lösung zugesetzt und vernetzen den aus der Lösung gegossenen Film bei der anschließenden thermischen Behandlung. Mitunter führt auch das Imprägnieren des gegossenen Films[4] oder der über die Lösung in einem Fällbad erhaltenen Fasern[5] mit der Lösung solcher Vernetzungsmittel beim anschließenden Erhitzen zu wasserunlöslichen Produkten.

a_6) *Vernetzung von Polyvinylchlorid*

Die Einwirkung von basischen Verbindungen auf Polyvinylchlorid führt bei erhöhter Temperatur zu einer Abspaltung von Chlorwasserstoff. Das Polymerisat wird auf einem Walzwerk mit Weichmachern, sonstigen Zusätzen und dem Vernetzungsmittel (s. Tab. 37, S. 785) gemischt und durch Erhitzen in einer Vulkanisationspresse unlöslich gemacht.

Polyvinylchlorid oder seine Copolymerisate mit *Vinylidenchlorid* können auch als vorgeformte und orientierte Fäden vernetzt werden, wenn diese mit basisch wirkenden Verbindungen wie Dipentamethylenthiuramtetrasulfid[6] in inerten Lösungsmitteln wie Kerosin bei erhöhter Temperatur behandelt werden. Hierdurch wird die Schrumpfung der Fasern in heißem Wasser sowie die Löslichkeit in Cyclohexanon wesentlich verringert. Polyisocyanate[7] führen bei erhöhter Temperatur ebenfalls eine Vernetzung herbei.

Die Dehydrochlorierung des Polyvinylchlorids mit Alkali kann auch so vorgenommen werden, daß sich ein genau bestimmbarer Betrag an Doppelbindungen einstellt. Copolymerisate des Vinylchlorids mit *Vinylacetat* reagieren hierbei schon mit

---

[1] H. BARTL u. J. PETER, Kautschuk u. Gummi (W.T.) **14**, 23 (1961).
F.P. 1225704 ≡ E.P. 853640 (1959), Farbf. Bayer.
[2] Belg.P. 591575 (1960), Farbf. Bayer, Erf.: J. PETER u. H. BARTL.
[3] DAS. 1045090 (1956), DuPont, Erf.: M. C. KUMNICK u. F. K. WATSON.
[4] Vgl. F. KAINER, Polyvinylalkohole, S. 94ff., Verlag F. Enke, Stuttgart 1949.
[5] DRP. 685048 (1931) ≡ F.P. 732895 (1932), Chemische Forschungsgesellschaft mbH., Erf.:
W. O. HERRMANN u. W. HAEHNEL; C. **1933** I, 1322.
Ital.P. 384831 (1940), Japan Institute for Chemical Fibre, Inc., Erf.: I. SAKURADA, S. LEE u.
S. KAWAKAMI; C. **1942** I, 3160.
[6] A.P. 2405008 (1943), DuPont, Erf.: K. L. BERRY u. J. W. HILL; Chem. Abstr. **40**, 7702[1] (1946).
[7] DBP. 913236 (1942), Farbf. Bayer, Erf.: H. PFEFFER u. A. HÖCHTLEN; C. **1955**, 4469.
A.P. 2577381 (1949), E. Stirnemann; C. **1952**, 7744.

Tab. 36. Verbindungen, die Polyvinylalkohol in ein wasserunlösliches
Produkt überführen

Verbindungen	Literatur
Borsäure	S. Saito u. Mitarbb., Kolloid-Z. **144**, 41 (1955).
Alkalidichromate	DRP. 702659 (1935), Chemische Forschungsgesellschaft mbH., Erf.: W. O. Herrmann u. W. Haehnel.
Blei-(II)-chromat und Chloranil	C. F. Brown, Rubber Age (N. Y.) **72**, 211 (1952). N. Platzer, Mod. Plastics **28**, Nr. 7, 95 (1951).
Wasserlösliche Salze von Cer-(II), Vanadin-(V), Zirkon-(II)	DRP. 750300 (1940), E. Elöd, Erf.: E. Elöd, H. Rauch u. T. Schachowskoy; C. **1947**, 1145.
Chrom-(VI)-oxyd und Phosphorsäure	A.P. 2488651 (1948), Bakelite Corp., Erf.: L. R. Whiting u. M. V. Goodyear; C. **1950** II, 2974.
Peroxydisulfate	DBP. 874662 (1943), Farbw. Hoechst, Erf.: K. Billig.
Kolloides Aluminiumoxyd	A.P. 2543801 (1948), DuPont, Erf.: G. D. Patterson u. H. M. Stark; C. **1952**, 935.
Aluminiumstearat	A.P. 2402075 (1943), Durite Plastics Inc., Erf.: E. E. Novotny u. G. K. Vogelsang; Chem. Abstr. **40**, 4915[7] (1946).
Kupfer-(I)-oxyd-Ammoniak	A.P. 2130212 (1937), DuPont, Erf.: W. W. Watkins.
Titanylsulfat	A.P. 2518193 (1946), DuPont, Erf.: F. K. Signaigo.
Tetraalkyltitanate	E.P. 757190 (1954), DuPont; C. **1957**, 9264.
Kondensationsprodukt aus Tetraisopropyltitanat mit Milchsäure	A.P. 2720468 (1954), DuPont, Erf.: C. D. Shacklett; C. **1958**, 12257.
Aluminiumäthylat	E.P. 612697 (1946), Société des Usines Chimiques Rhône-Poulenc.
Formaldehyd	F.P. 1089822 (1953), Wacker-Chemie GmbH.; C. **1957**, 2364. DAS. 1022750 (1957), Farbw. Hoechst, Erf.: A. Hartmann, B. Fritzsche u. G. Gatys; C. **1958**, 11113.
Unlöslichmachen von Fasern mit Formaldehyd	DRP. 685048 (1931) ≡ F.P. 732895 (1932), Chemische Forschungsgesellschaft mbH., Erf.: W. O. Herrmann u. W. Haehnel; C. **1933** I, 1322.
Kondensate aus Harnstoff bzw. Phenol mit Formaldehyd	DRP. 542286 (1929), I. G. Farb., Erf.: A. Voss; Frdl. **18**, 2090 (1931).
Kondensate aus Harnstoff, Thioharnstoff oder Melamin mit Formaldehyd	A.P. 2469431 (1945), Carbide & Carbon Chemical Corp., Erf.: A. E. Broderick; Chem. Abstr. **43**, 5640[a] (1949).
Polyisocyanate	A.P. 2277083 (1940), DuPont, Erf.: G. L. Dorough.
Verkappte Polyisocyanate	DRP. 756058 (1940), I. G. Farb., Erf.: W. Bunge, O. Bayer, S. Petersen u. G. Spielberger; C. **1953**, 6774.
Aliphatische und aromatische Dithiole	A.P. 2411954 (1944), DuPont, Erf.: W. J. Burke; Chem. Abstr. **41**, 1887[a] (1947).
Cyanurchlorid	DAS. 1085334, 1092658 (1959), Th. Goldschmidt AG., Erf.: R. Holtschmidt.
Cyanurchlorid und wasserlösliche aliphatische Amine	DAS. 1093088 (1959), Th. Goldschmidt AG., Erf.: R. Holtschmidt.
m-Phenylen-bis-maleinsäureimid	A.P. 2958672 (1956), DuPont, Erf.: E. J. Goldberg.
Addukte aus Polyacrolein mit Schwefeldioxyd	DAS. 1064715 (1957), Farbw. Hoechst, Erf.: P. Schlack u. W. Göltner.

Tab. 37. Vernetzung von weichmacherhaltigem Polyvinylchlorid und
Copolymerisaten des Vinylchlorids

Polymerisat	Vernetzungsmittel	Literatur
Polyvinylchlorid	Alkalisulfide, Erd-alkalisulfide	A.P. 2070443 (1935), Goodrich Co., Erf.: R. W. McGAHEY; C. **1937** I, 4872.
	Schiffsche Basen aus Aldehyden und Aminen	A.P. 2427070 (1943), Goodrich Co., Erf.: L. F. REUTER; Chem. Abstr. **42**, 411[e] (1948).
	Schiffsche Basen aus Aldehyden und Aminen unter Zusatz von Resorcin	A.P. 2427071 (1944), Goodrich Co., Erf.: L. F. REUTER; Chem. Abstr. **42**, 411[f] (1948).
	Aliphatische oder aromatische Basen und Metalloxyde	DBP. 907458 (1943), Consortium für elektrochemische Industrie GmbH., Erf.: H. JORDAN, H. REINECKE u. A. TREIBS.
	Aliphatische oder aromatische Basen und Schwefel	DRP.-Anm. C 4959 (1943), Consortium für elektrochemische Industrie GmbH., Erf.: H. JORDAN, H. REINECKE u. A. TREIBS (zurückgezogen).
	Tetraäthylenpentamin	A.P. 2514185 (1945), Firestone Tire & Rubber Co., Erf.: K. C. EBELRY; C. **1951** I, 1809.
	Polythioharnstoffe	DBP.-Anm. F 9704 (1952), Farbf. Bayer, Erf.: L. RÖSSIG (zurückgezogen).
	1,2,3-alkylsubstituierte Mercaptoimidazoline	A.P. 2476832 (1947), Firestone Tire & Rubber Co., Erf.: R. A. DONIA.
	Mercaptothiazolin	A.P. 2416878 (1943), DuPont, Erf.: R. V. LINDSEY jr. u. S. LE ROY SCOTT.
	Dicumylperoxyd unter Zugabe von Zinkoxyd und Pentaerythrit	A.P. 3017379 (1960), Hercules Powder Co., Erf.: G. B. FEILD.
Polyvinylidenchlorid	Schiffsche Basen	A.P. 2117591 (1937), Goodrich Co., Erf.: C. H. ALEXANDER; C. **1938** II, 2037.
Copolymerisat aus Vinylchlorid und Vinylacetat	1,2,3-alkylsubstituierte Mercaptoimidazoline	A.P. 2476832 (1947), Firestone Tire & Rubber Co., Erf.: R. A. DONIA.
Copolymerisat aus Vinylchlorid mit 85% Vinylidenchlorid	Arylguanidine	A.P. 2419166 (1943), Wingfoot Corp., Erf.: T. H. ROGERS jr. u. R. D. VICKERS; Chem. Abstr. **41**, 4965[c] (1947).
	quartäre Basen	A.P. 2438097 (1943), Wingfoot Corp., Erf.: T. H. ROGERS jr. u. R. D. VICKERS.
	Phenol-Formaldehyd-Harze und aliphatische Diamine	A.P. 2421852 (1943), Wingfoot Corp., Erf.: T. H. ROGERS jr. u. R. D. VICKERS.
	Äthylenimin	E.P. 775906 (1953), BASF; C. **1957**, 3402.
Copolymerisat aus Vinylidenchlorid und Acrylnitril	Tetraalkylthiuram-disulfide	A.P. 2523235 (1949), Dow Chemical Co., Erf.: J. H. REILLY; C. **1951** I, 3101.
	Äthylendiamin, Ammoniumcarbonat	A.P. 2614092 (1945), Dow Chemical Co., Erf.: J. H. REILLY; C. **1954**, 4740.

Kaliumcarbonat[1], während Polyvinylchlorid stärkere Basen wie Alkalihydroxyde benötigt. Die Zahl der gebildeten Doppelbindungen muß hierbei gering bleiben, weil sonst eine schnell einsetzende Oxydation zu stark vernetzten Umwandlungs-produkten mit schlechten mechanischen Eigenschaften führt. Aus Polyvinylchlorid können so 1,5–7% des Chlorwasserstoffs[2,3] abgespalten werden (s. a. S. 762).

Die Vulkanisation dieser ungesättigten Polymerisate gelingt mit Schwefel und Vulkanisationsbeschleunigern.

Dehydrohalogenierung und Vernetzung von Polyvinylchlorid[3]: 100 g eines in Aceton unlöslichen Polyvinylchlorids werden in 700 g Äthylenglykolmonomethyläther suspendiert, in dem 1,71 g Kaliumhydroxyd gelöst sind. Die Mischung wird eine Stde. auf 95° erwärmt. Das Reaktions-produkt wird dann abfiltriert und bei 60° getrocknet, nach dem Trocknen nochmals mit Wasser gewaschen und wieder bei 60° getrocknet. Der Verlust an Chlorwasserstoff beträgt dann 1,86%.

100 g des Reaktionsproduktes werden auf einem Walzwerk zunächst mit 2 g Phenyl-β-naph-thyl-amin versetzt. Anschließend werden 66 g Dibutylphthalat, 8 g Zinkoxyd, 5 g Schwefel, 1 g 2-Mercapto-benzthiazol und 1 g Diphenylguanidin zugemischt. Durch 30 Min. langes Erhitzen auf 150° unter einem Druck von 110 atm wird die Mischung vernetzt. Die Zerreißfestigkeit be-trägt dann 174 kg/cm² bei einer Dehnung von 310%.

α_7) *Vernetzung von Polyacrylsäureestern*

Polyacrylsäureester können auf verschiedenen Wegen zu elastischen Produkten vernetzt werden.

Neben Schwefel[4] führen auch Verbindungen wie Natriummetastannat[5], Natrium-orthovanadat[6], Blei-(II)-oxyd[7] und hydratisiertes Natriummetasilikat[8] eine Ver-netzung herbei. Polymethacrylsäureester können auf diesem Wege nicht vernetzt werden. Polyamine wie Triäthylentetramin[9] vernetzen unter Bildung vom Carbon-säureamidgruppen. Eine Vernetzung von Polyacrylsäureestern aus aliphatischen Alko-holen mit längeren Ketten ist auch mit Dicumylperoxyd[10] möglich. *Polyacryl-säure-(β-cyan-äthylester)*[11] kann ebenso wie der Polyacrylsäureester des 1,4-Butylen-glykol-mono-(β-cyan-äthyl)-äthers[12] mit p-Benzochinondioxim in Gegenwart von Me-talloxyden wie Blei-(IV)-oxyd besonders leicht vernetzt werden. Thermisch stabile Vernetzungsprodukte entstehen bei 150° aus *Poly-[acrylsäure-(1H,1H-heptafluor-bu-tylester)]*[13] durch Behandeln mit Metalloxyden wie Blei-(II)-oxyd.

Polyacrylate mit freien Hydroxy- oder Aminogruppen im Alkoholrest wie Poly-acrylsäuremonoglykolester werden durch Einwirkung von Polyisocyanaten[14] ver-

[1] A.P. 2536114 (1946), Armstrong Cork Co., Erf.: H. E. Weaver u. E. G. King; C. **1952**, 5340.
[2] A.P. 2606177 (1947), Celanese Corp. of America, Erf.: J. Downing; C. **1953**, 5113.
[3] E.P. 694433 (1950), British Celanese Ltd., Erf.: J. Downing.
[4] DRP. 262707 (1912), O. Röhm; C. **1913** II, 634.
[5] A.P. 2412475 (1945), Goodrich Co., Erf.: S. T. Semegen; Chem. Abstr. **41**, 1488g (1947).
[6] A.P. 2412476 (1945), Goodrich Co., Erf.: S. T. Semegen; Chem. Abstr. **41**, 1488h (1947).
[7] A.P. 2451177 (1945), Goodrich Co., Erf.: S. T. Semegen; Chem. Abstr. **43**, 442f (1949).
[8] A.P. 2411899 (1945), Goodrich Co., Erf.: S. T. Semegen; Chem. Abstr. **41**, 1488f (1947).
    S. T. Semegen u. I. H. Wakelin, Rubber Age (N.Y.) **71**, 57 (1952).
[9] A.P. 2579492 (1949), United States of America, Erf.: J. E. Hansen u. T. J. Dietz.
[10] DAS. 1076362 (1956), Goodrich Co., Erf.: H. P. Brown; Chem. Abstr. **55**, 20480g (1961).
[11] A.P. 2824852 (1955), Monsanto Chemical Co., Erf.: R. J. Kern; Chem. Abstr. **52**, 9643d (1958).
    W. Cooper u. T. B. Bird, Ind. eng. Chem. **50**, 771 (1958).
[12] A.P. 2720512 (1953) ≡ DAS. 1033899 ≡ F.P. 1096337 ≡ E.P. 746914 (1954), Monsanto
    Chemical Co., Erf.: J. M. Butler; C. **1958**, 1714.
[13] A.P. 2642416 (1952), Minnesota Mining & Manufacturing Co., Erf.: A. H. Ahlbrecht, T. S.
    Reid u. T. R. Husted; Chem. Abstr. **48**, 5880c (1954).
[14] A.P. 2381063 (1942), Goodrich Co., Erf.: F. E. Küng; Chem. Abstr. **39**, 5126² (1945).

netzt, so z.B. die Poly-[acrylsäure-(β-hydroxy-äthylamide)][1] und Umsetzungs-produkte aus Polyacrylaten mit 3-Amino-1-methylamino-propan[2].

Polyacrylsäure- oder Polymethacrylsäureester des *Isopropylidenglycerins*[3] (2,2-Di-methyl-4-hydroxymethyl-1,3-dioxolan) oder des *cyclischen Glycerincarbonats*[4] wer-den beim Erhitzen, besonders in Gegenwart von wenig Säure oder Borfluorid, in einen unlöslichen Zustand übergeführt.

Copolymerisate des Acrylsäureäthylesters mit 5–20 Teilen (*β-Chlor-äthyl*)-vinyl-äther, *Acrylsäure-(β-chlor-äthylester*)[5] oder *Acrylsäure-(3-chlor-2-hydroxy-propylester*)[6] können durch Polyalkylenpolyamine ohne oder mit Zusatz von freiem Schwefel zu kautschukelastischen Produkten vernetzt werden. Weitere Vernetzungsmittel[7] sind p-Benzochinondioxim und Blei-(IV)-oxyd, p-Dinitroso-benzol sowie Dibenzoyl-peroxyd. Die chlorhaltigen Copolymerisate[6] können schon bei niedrigen Tempera-turen mit halogenwasserstoffabspaltenden Mitteln, z.B. Metallhydroxyden wie Zink-oxyd, vernetzt werden. Copolymerisate aus *Acrylsäurebutylester*, *Acrylsäure* und *Acrylnitril* lassen sich durch Bis-[hydroxymethyl-amide], z. B. Sebacinsäure-bis-hydroxymethylamid, oder durch hydroxymethylsubstituierte Lactame der ω-Amino-buttersäure oder ω-Amino-önanthsäure[8] vernetzen. Eine zusätzliche Ver-netzung von Copolymerisaten aus Acrylsäureestern mit Divinylbenzol ist auch mit Polyalkylenpolyaminen[9] möglich.

Copolymerisate von Acrylsäureäthylester können je nach den vorhandenen funk-tionellen Gruppen mit entsprechenden polyfunktionellen Reaktionskomponenten vernetzt werden. Dieses gelingt bei allen mit Triäthylentetramin[10], bei solchen mit Maleinsäureanhydrid mittels Polyalkoholen[11], bei Copolymerisaten mit Acrylsäure durch Polyamine oder mehrwertige Metalloxyde, bei Dien-copolymeren durch Schwefelvulkanisation[12].

α_8) *Vernetzung von Epoxygruppen enthaltenden Polymerisaten*

Die Epoxygruppen in Polymerisaten können wie Epoxygruppen in niedrigmoleku-laren Verbindungen durch Säuren, Säureanhydride, Amine, Polyamine oder reaktions-fähige Kondensationsprodukte aus Phenol, Harnstoff sowie Melamin mit Form-aldehyd vernetzt werden. Hierüber gibt Tab. 38 einen Überblick (s. S. 788).

---

[1] DRP.-Anm. I 76635 (1944), I. G. Farb.

[2] DRP.-Anm. I 77607 (1944), I. G. Farb.

[3] A.P. 2680735 (1952) $\equiv$ DAS. 1047436 (1953), Rohm & Haas Co., Erf.: V. W. Fegley u. S. W. Rowland; C. **1955**, 5195.
   Vgl. a. DAS. 1040743 (1955), Farbf. Bayer, Erf.: J. Nogradi.

[4] A.P. 2967173 (1956), DuPont, Erf.: J. C. Fang; Chem. Abstr. **55**, 7909f (1961).

[5] G. W. Flanagan, India Rubber Wld. **120**, 702 (1949).
   H. P. Owen, Rubber Age (N. Y.) **66**, 544 (1950).
   T. J. Dietz u. Mitarbb., Ind. eng. Chem. **38**, 960 (1946).
   A.P. 2492170 (1945), United States of America, Erf.: W. C. Mast, C. E. Rehberg u C. H. Fisher.

[6] DAS. 1105173 (1959), BASF, Erf.: H. Kessler, E. Penning, H. Wilhelm u. H. Reinhard.

[7] W. C. Mast, T. J. Dietz u. C. H. Fisher, India Rubber Wld. **113**, 223 (1943).

[8] Belg. P. 584789 (1959), BASF, Erf.: E. Neufeld, H. Pohlemann u. G. Boehmer.

[9] A.P. 2568659 (1949), Goodrich Co., Erf.: J. H. Powell jr.; C. **1953**, 2368.

[10] A.P. 2600414 (1947), United States of America, Erf.: W. C. Mast, C. E. Rehberg u. C. H. Fisher.
   W. C. Mast u. Mitarbb., India Rubber Wld. **119**, 596 (1948).
   E. M. Filachione u. Mitarbb., Rubber Age (N. Y.) **72**, 631 (1953).

[11] A.P. 2418688 (1942), National Dairy Products Corp., Erf.: F. C. Atwood.

[12] A.P. 2772251 (1951), United States of America, Erf.: J. E. Hansen u. T. J. Dietz.
   S. a. W. Cooper u. T. B. Bird, Ind. eng. Chem. **50**, 771 (1958).
   A.P. 2824852 (1955), Monsanto Chemical Co., Erf.: R. J. Kern; Chem. Abstr. **52**, 9643d (1958).

Tab. 38. Vernetzung von Epoxygruppen enthaltenden Polymerisaten

Polymerisat	Vernetzungsmittel	Literatur
Copolymerisat aus Allylglycidäther und trocknenden ungesättigten Fettsäuren	Friedel-Crafts-Katalysatoren	A.P. 2450234 (1943), Shell Develop., Erf.: T. W. Evans u. E. C. Shokal; Chem. Abstr. **43**, 903[i] (1949).
Copolymerisat aus Acrylnitril und Methacrylsäureglycidester	Säuren	A.P. 2524432 (1945), DuPont, Erf.: G. L. Dorough; C. **1951** II, 458.
Poly-(phthalsäure-allylglycidester)	Erwärmen auf 150°	A.P. 2476922 (1946) ≡ DBP. 961659 (1950) Shell Develop., Erf.: E. C. Shokal, L. N. Whitehill u. C. F. Wittenwyler.
Poly-(2,3-epoxy-buttersäureallylester)	Friedel-Crafts-Katalysatoren	A.P. 2680109 (1947), Columbia Southern Chemical Corp., Erf.: H. C. Stevens u. F. E. Kung; C. **1955**, 6150.
Polyacrylsäure- oder -methacrylsäureglycidester	Erwärmen auf 120°	A.P. 2556075 (1948), American Cyanamid Co., Erf.: J. G. Erickson; C. **1953**, 2846.
Copolymerisat aus Allylglycidäther, Vinylchlorid und β-Hydroxypropionsäureallylester	Erhitzen auf 200°	A.P. 2562897 (1950), DuPont, Erf.: E. K. Ellingboe; C. **1953**, 935.
Copolymerisat aus Methacrylsäureglycidester, Methacrylsäure- oder Acrylsäureester	Erhitzen auf 170°	A.P. 2729625 (1952) ≡ E.P. 725468 ≡ F.P. 1076492 (1953), Rohm & Haas Co., Erf.: M. D. Hurwitz; C. **1956**, 4288.
	saure Alkylphosphate und aliphatische Dicarbonsäuren mit 5–20 Kohlenstoffatomen	Belg. P. 563203 (1957), DuPont, Erf.: D. N. Staicopoulus.
Copolymerisat aus Methacrylsäureglycidester, Acrylnitril und Methacrylsäure	Hitzehärtbare Phenol-Formaldehyd-Kondensate	A.P. 2787561; 2787603 (1953) ≡ DAS. 1058179 ≡ F.P. 1105357 (1954), DuPont, Erf.: P. F. Sanders; C. **1957**, 7797.
Copolymerisat aus Methacrylsäureglycidester, Styrol usw.	nach Umsatz mit Phosphorsäure auf 150° erhitzen	A.P. 2692876 (1953) ≡ E.P. 757043 (1954), DuPont, Erf.: M.E.Cupery; C. **1956**, 1766.
Copolymerisat aus Methacrylsäureglycidester und Methacrylsäuremethylester oder Methacrylsäure	Polyamine unter Zugabe von Polyestern	E.P. 809257 (1956) ≡ F.P. 1171235 ≡ Belg. P. 557751 (1957), I.C.I.; C. **1959**, 17457. E.P. 809658 (1956) ≡ F.P. 1187664 ≡ Belg.P. 557752 (1957), I.C.I., Erf.: W. Abbotson u. Mitarbb.
Copolymerisat aus Methacrylsäureglycidester, Acrolein und Acrylsäureester	Polyamine	DAS. 1056827 (1958), BASF, Erf.: H. Fikentscher, H. Wilhelm, H. Bolte, H. Friedrich u. E. Raber; C. **1960**, 16951. DAS. 1076371 (1959), BASF, Erf.: H. Fikentscher, H. Wilhelm u. H. Bolte.

Tab. 38. (Fortsetzung)

Polymerisat	Vernetzungsmittel	Literatur
Copolymerisat aus Allyl-glycidäther und Vinylacetat	Zinn-(II)-chlorid, Polycarbonsäuren, Polyamine	A.P. 2788339 (1954), DuPont, Erf.: H. S. ROTHROCK u. W. K.WILKINSON; C. **1958**, 8203.
Copolymerisat aus Allyl-glycidäther und Vinylchlorid	Phosphorsäure, Polyamine	A.P. 2788339 (1954), DuPont, Erf.: H. S. ROTHROCK u. W. K.WILKINSON; C. **1958**, 8203.
Poly-[allyl-(2,3-epoxy-propyl)-carbonat]	Amine	A.P. 2795572 (1954), Shell Develop., Erf.: A. C. MUELLER u. E. C. SHOKAL.
Copolymerisat aus Vi-nylchlorid und 2-Hydroxy-3,4-epoxy-buttersäureallylester	Erwärmen	A.P. 2786068 (1955) = DAS. 1067804 = F.P. 1156649 = E.P. 834029 (1956), Union Carbide Corp., Erf.: F. C. FRO-STICK jr. u. B. PHILLIPS; C. **1959**, 12383.
Copolymerisat aus 2-Hydroxy-3,4-epoxy-buttersäureallylester und Vinylchlorid, Acrylnitril, Styrol usw.	Phosphorsäure oder Polyamine	A.P. 2971945 (1956) = Belg.P. 563128 = DAS. 1092203 (1957), Union Carbide Corp., Erf.: J. R. KILSHEIMER; Chem. Abstr. **55**, 26533^c (1961).
Copolymerisat aus (β-Vinylmercapto-äthyl)-glycid-äther $$CH_2-CH-CH_2-O$$ $$\diagdown O \diagup \quad | \atop CH_2$$ $$CH_2=CH-S-CH_2$$ und Acrylsäureestern, Maleinsäureestern, Vinylchlorid usw.	Säuren	DAS. 1077873 = F.P. 1172221 (1957), Rohm & Haas Co., Erf.: G. C. MURDOCH u. H. J. SCHNEIDER; Chem. Abstr. **55**, 1071^a (1961).
Copolymerisat aus 1-(2-Vinyl-phenoxy)-2,3-epoxy-propan mit Acrylnitril, Meth-acrylsäureester usw.	Säuren oder Amine	A.P. 2970984 (1957), Koppers Co., Erf.: G. F. D'ALELIO; Chem. Abstr. **55**, 22911^b (1961).
Copolymerisat aus dem Ester der Methacryl-säure mit 3,4-Epoxy-cyclohexyl-methanol, Vinylacetat, Vinylchlo-rid, Methacrylsäure-ester usw.	Säuren oder Poly-amine	DAS. 1063808 (1958), Union Carbide Corp., Erf.: J. R. KILSHEIMER u. R. STICKLE jr.; Chem. Abstr. **55**, 14983^e (1961).
Epoxydiertes Polybuta-dien	Säuren, Säureanhydride	A.P. 2915494 (1956), Minnesota Mining & Manufacturing Co., Erf.: W.J. SNODDON.
	Alkylenglykole und Maleinsäure oder m-Phenylendiamin	Belg.P. 598614 (1960), Food Machinery & Chemical Corp., Erf.: F.P. GREENSPAN.
	Mischung aus Alkylen-glykolen, Malein-säureanhydrid und Peroxyden	Belg.P. 594234 (1960), Food Machinery & Chemical Corp., Erf.: M. H. REICH u. G. NOWLIN.

α_9) *Vernetzung von anderen Polymerisaten*

Tab. 39. Vernetzung von weiteren Polymerisaten

Polymerisat	Vernetzungsmittel	Literatur
Polystyrol	Peroxyde und N,N'-m-Phenylendiamin-bis-maleinsäureimid	Belg. P. 590534 (1960), United States Rubber Co., Erf.: P. O. Tawney, R. P. Conger u. P. R. van Buskirk.
Poly-(2,4-dimethyl-styrol)	aliphatische oder aromatische Peroxyde	E. P. 715037 (1951), Distillers Co. Ltd., Erf.: M. F. Vaughan; C. 1955, 6632.
	Formaldehyd und Säuren	T. Iguchi, C. Huang u. M. Imoto, Makromolekulare Chem. 40, 200 (1960).
Copolymerisat aus Vinyltoluol und Styrol	Peroxyde	A. P. 2950503 (1956), Ionics Inc., Erf.: W. A. McRae. A. P. 3008937 (1957), Dow Chemical Co., Erf.: N. R. Ruffing u. J. L. Amos.
Polyvinylacetat	Aluminiumäthylat und Dibenzoylperoxyd	F. P. 958893 (1945), Société des Usines Chimiques Rhône-Poulenc. A. P. 2442330 (1943), Bell Telephone Laboratories, Inc., Erf.: C. S. Fuller.
Polyvinylchloracetat	Mercaptide aliphatischer Dithiole	A. P. 2598407 (1947), DuPont, Erf.: C. S. Marvel; C. 1954, 9422.
Copolymerisat aus Vinylacetat und Maleinsäureanhydrid	Erhitzen auf 200°	A. P. 2562853 (1948), Monsanto Chemical Co., Erf.: M. Baer; C. 1952, 6772.
Copolymerisat aus Vinylacetat und Allylidenacetat	nach Hydrolyse mit Säuren intermolekulare Acetalisierung	A. P. 2569932 (1945), DuPont, Erf.: E. F. Izard; C. 1952, 5984.
Polyvinylformal	Glyoxal, Diisocyanate, Phenol-Formaldehyd-Harze	M. M. Sprung u. Mitarbb., Ind. eng. Chem. 47, 304 (1955). S. M. Cohen, R. E. Kass u. E. Lavin, Ind. eng. Chem. 50, 229 (1958).
	verkappte Polyisocyanate	E. P. 755942 (1953), I. C. I., Erf.: B. Jacob.
Polyvinylbutyral	Chrom-(VI)-oxyd und Phosphorsäure	A. P. 2488651 (1948), Bakelite Corp., Erf.: L. R. Whiting u. M. V. Goodyear.
	Aluminiumäthylat	F. P. 958893 (1945), Société des Usines Chimiques Rhône-Poulenc.
	Aluminiumstearat	A. P. 2402075 (1943), Durite Plastics Inc., Erf.: Emil E. Novotny, G. K. Vogelsang u. Ernest E. Novotny.
	Dibenzoylperoxyd	A. P. 2442330 (1943), Bell Telephone Laboratories Inc., Erf.: C. S. Fuller.
	mit Isobutanol modifizierter Hydroxymethyl-harnstoff	A. P. 2423565 (1942), DuPont, Erf.: E. A. Rodman; Chem. Abstr. 41, 6076[i] (1947).
	Formaldehyd und Tetraäthyläther des Tetrakis-hydroxymethyl-melamins	A. P. 2466399 (1943), Monsanto Chemical Co., Erf.: R. D. Dunlop; C. 1950 I, 1916.
Poly-methylvinyl-äther	Dicumylperoxyd ohne Schwefel	A. P. 2984655 (1960), Hercules Powder Co., Erf.: D. C. Kirk jr.
Poly-alkylvinyläther	Dibenzoylperoxyd und Schwefel	A. P. 2429587 (1944), General Aniline & Film Corp., Erf.: C. E. Schildknecht.

Tab. 39. (1. Fortsetzung)

Polymerisat	Vernetzungsmittel	Literatur
Poly-methylvinyl-keton	Formaldehyd	DRP. 554668 (1930), I. G. Farb., Erf.: H. Hopff; Frdl. **19**, 2765 (1932).
Polyvinylisocyanat	Verbindungen mit Amino-gruppen, Hydroxygrup-pen usw.	E. P. 623416/7 (1946), General Aniline & Film Corp., Erf.: G. D. Jones; Chem. Abstr. **44**, 657[c,d] (1950).
Poly-vinylphenyliso-cyanat	Verbindungen mit Amino-gruppen, Hydroxy-gruppen usw.	A. P. 2468716 (1947), American Cyanamid Co., Erf.: A. S. Nyquist u. E. L. Kropa; C. **1950** I, 2055.
Poly-alkylvinyl-phenylisocyanat	Verbindungen mit Amino-gruppen, Hydroxy-gruppen usw.	A. P. 2468713 (1947), American Cyanamid Co., Erf.: E. L. Kropa u. A. S. Nyquist; Chem. Abstr. **43**, 5422[f] (1949).
Polyallylisocyanat	Verbindungen mit Amino-gruppen, Hydroxy-gruppen usw.	A. P. 2606892 (1946), American Cyanamid Co., Erf.: E. L. Kropa u. A. S. Nyquist; Chem. Abstr. **47**, 1432[a] (1953).
Poly-[(p-allyloxy-phenyl)-isocyanat]	Verbindungen mit Amino-gruppen, Hydroxy-gruppen usw.	A. P. 2647884 (1950), American Cyanamid Co., Erf.: V. P. Wystrach; Chem. Abstr. **47**, 11806[g] (1953).
Copolymerisat aus Äthylen und Kohlenmonoxyd	anorganische und orga-nische Basen	A. P. 2457279 (1945), DuPont, Erf.: S. L. Scott; Chem. Abstr. **43**, 2816[g] (1949).
Poly-(α-alkyl-acroleine)	nach Reaktion mit Alkanolaminen durch Polyisocyanate	DBP. 889073 (1944), Farbf. Bayer, Erf.: W. Wiesemann; C. **1954**, 7068.
Copolymerisat aus Acrylsäure, Acryl-säureestern, Styrol usw.	Polyamine, Hydroxy-amine	DBP. 864151 (1944), Farbf. Bayer, Erf.: W. Bock, H. Wolz u. R. Hebermehl.
	Poly-(4-vinyl-cyclohexen-diepoxyd)	A. P. 2604457 (1951), Canadian Industries Ltd., Erf.: G. H. Segall u. J. F. C. Dixon; C. **1954**, 10110.
	2,2-Bis-(4-hydroxy-phe-nyl)-propyl-diglycid-äther	A. P. 2604464 (1951), Canadian Industries Ltd., Erf.: G. H. Segall u. J. F. C. Dixon; C. **1954**, 8678.
	aliphatische oder aroma-tische Carbodiimide	A. P. 2937164 (1957), Goodrich Co., Erf.: H. P. Brown, J. E. Jansen u. C. S. Schollenberger.
Copolymerisat aus Acrylsäureestern und Acrylsäure	Epoxyharze	T. F. Mika, J. appl. Chem. **6**, 365 (1956).
Copolymerisat aus Acrylsäureestern, Styrol und Acryl-säure	Adipinsäure-bis-[(3,4-epoxy-6-methyl-cyclo-hexyl)-methylester]	DAS. 1100962 (1959), Union Carbide Corp. Erf.: R. Stickle jr.
Copolymerisat aus Methacrylsäure-estern und Meth-acrylsäure	Erhitzen auf 150°	A. P. 2978433 (1956), Rohm & Haas Co., Erf.: M. D. Hurwitz; Chem. Abstr. **55**, 3118[c] (1961).
Copolymerisat aus Methacrylsäure-estern und Meth-acrylsäure	Epoxyharze	E. P. 809658 (1956), I. C. I., Erf.: W. Ab-botson, D. H. Coffey, F. K. Duxburg u. R. Hurd; Chem. Abstr. **54**, 20338[g] (1960).

Tab. 39. (2. Fortsetzung)

Polymerisat	Vernetzungsmittel	Literatur
Copolymerisat aus Styrol, Methacrylsäuremethylester und Methacrylsäure	Epoxyharze	A.P. 2866767 (1955), DuPont, Erf.: J.C. FANG; C. **1960**, 16606.
Copolymerisat aus Styrol, Acrylnitril usw. mit Acryl- oder Methacrylsäure	Epoxyharze	DAS. 1100962 ≡ F.P. 1234354 (1959), Union Carbide Corp., Erf.: R. STICKLE jr.
Copolymerisat aus Vinyltoluol, Acrylsäure und Acrylsäureäthylester	Epoxyharze	D. D. APPLEGATH, Ind. eng. Chem. **53**, 463 (1961).
Copolymerisat aus Styrol und Itaconsäure	Epoxyharze	DAS. 1099730 (1958), Gesellschaft für Teerverwertung mbH., Erf.: H. WILLE u. K. JELLINEK; Chem. Abstr. **55**, 24111[g] (1961).
Copolymerisat aus Maleinsäureanhydrid, Methylvinyläther oder Styrol	Glykole, Polyamine	DAS. 1099737 ≡ E.P. 856320 (1959) ≡ A.P. 2988539 (1958), Goodrich Co., Erf.: L. COHEN, D. C. SPAULDING u. J. F. JONES; Chem. Abstr. **55**, 18197[b] (1961).
Copolymerisat aus (3-Chlor-2-hydroxy-propyl)-allyläther mit Acrylsäureestern, Acrylnitril usw.	Metalloxyde, Erhitzen auf 150°	DAS. 1102398 (1959), BASF, Erf.: H. KESSLER, E. PENNING, K. DEMMLER u. H. WILHELM; Chem. Abstr. **55**, 25361[d] (1961).
Copolymerisat aus Acrylsäureestern und Methylvinylketon	primäre aliphatische und aromatische Diamine	DBP. 895525 (1944), Farbf. Bayer, Erf.: H. MURKE u. W. WIESEMANN; C. **1954**, 2928.
Polyacrylnitril	aliphatische Amine und Schwefelwasserstoff	A.P. 2563662 (1947), DuPont, Erf.: G. M. ROTHROCK; C. **1952**, 4697.
	Aluminium- oder Titanisopropylat	E.P. 852936 (1958), Stockholms Superfosfat Fabriks AB.
Polyacrylnitril, mit Natronlauge partiell verseift	Formaldehyd	DRP. 716322 (1938), Röhm & Haas GmbH., Erf.: E. TROMMSDORFF u. O. GRIMM; C. **1942** I, 3151.
Polyacryl- und Polymethacrylsäureamid	Formaldehyd	DBP. 888315 (1942), Farbf. Bayer, Erf.: P. STÖCKLIN u. K. MEISENBURG.
Polyacrylsäureamid	Essigsäureanhydrid	DBP. 940734 (1952), Wacker-Chemie GmbH., Erf.: K. MEINEL; C. **1957**, 1808.
	Erhitzen auf 150–220°	DAS. 1013871 (1952), Wacker-Chemie GmbH., Erf.: K. MEINEL; C. **1958**, 11673.
	Erhitzen der wäßr. Lösung mit Mineralsäuren oder aromatischen Sulfonsäuren	DAS. 1115021 (1959), Cassella, Erf.: W. KUNZE.

Tab. 39. (3. Fortsetzung)

Polymerisat	Vernetzungsmittel	Literatur
Poly-[acrylsäure-(γ-diäthylamino-propylamid)]	Epoxyharze	Belg.P. 570570 (1958), CIBA.
Copolymerisat aus Acrylsäure-(γ-diäthylamino-propylamid), Acrylsäureäthyl-ester und Acrylsäure-tert.-butylamid	Epoxyharze	Belg.P. 570571 (1958), CIBA.
Copolymerisat aus Acrylsäureamid, Acrylsäureäthyl-ester und Styrol	Phosphorsäure	H. A. VOGEL u. H. G. BITTLE, Ind. eng. Chem. **53**, 461 (1961). S. a. J. A. SIMMS, J. Appl. Polymer Sci. **5**, 58 (1961).
Copolymerisat aus Acrylsäure-(trichlor-äthyl-amid) mit Acryl-säureestern	Erhitzen	Österr. P. 203718 (1956), CIBA; C. **1960**, 4037.
Oxäthylierte Copoly-merisate aus Styrol und Allylalkohol	Polyisocyanate	DAS. 1105158 (1959), Bataafsche (Shell), Erf.: R. W. H. TESS.
Copolymerisat aus Butadien, Meth-acrylsäure-(β-hydroxy-äthylester) und Acrylnitril	Anhydrid der Pyro-mellithsäure	A.P. 2971946 (1957), Firestone Tire & Rubber Co., Erf.: R. A. HAYES u. F. M. SMITH; Chem. Abstr. **55**, 21641ᶜ (1961).
Copolymerisat aus Methacrylsäure-(β-hydroxy-äthyl-ester), Styrol und Methacrylsäure-butylester	Kondensationsprodukt aus Melamin, Butanol und Formaldehyd	J. C. PETROPOULOS, C. FRAZIER u. L. E. CADWELL, Ind. eng. Chem. **53**, 466 (1961).
Acryl- oder Methacrylsäure-hydroxy-methylamid	Erhitzen auf 150°, Kondensate aus Harn-stoff-Formaldehyd und Säuren	DBP. 947338 ≡ E.P. 482897 (1936) ≡ F.P. 827059 (1937), BASF, Erf.: H. FIKENT-SCHER, A. STEINHOFER, H. SCHEUERMANN, G. HAGEN u. K. WOLF; C. **1957**, 5129.
Copolymerisate aus Acrylsäure-hydroxy-methylamid mit Acrylsäure-estern usw.	Säuren	DAS. 1005730 (1955), BASF, Erf.: H. FIKENTSCHER, H. WILHELM u. K. DACHS. S. a. DAS. 1086208 (1958), BASF, Erf.: H. REINHARD u. E. PENNING. A.P. 2680110 (1952), American Cyanamid Co., Erf.: G. A. LOUGHRAN, J. R. DUDLEY u. E. L. KROPA; C. **1955**, 7565.
Copolymerisat aus Butadien, Acryl-säureestern, Methacrylsäure-hydroxymethylamid und Methacrylsäure	Erhitzen auf 140°	Belg.P. 599576 (1961), Goodrich Co.

Tab. 39. (4. Fortsetzung)

Polymerisat	Vernetzungsmittel	Literatur
Copolymerisat aus Acrylsäure-hydroxymethylamid mit Acrylsäure-, Methacrylsäureestern, Styrol usw.	Epoxyharze	F.P. 1162967 (1955), Pittsburgh Plate Glass Co., Erf.: R. M. CHRISTENSON.
Copolymerisat aus Acrylsäure-hydroxymethylamid, Methacrylsäure, Acrylsäure- und Methacrylsäureestern	Erhitzen auf 160°	A.P. 3007887 (1958), Goodrich Co., Erf.: H. J. ESSIG.
Copolymerisat aus Methacrylsäuremethoxymethylamid mit Styrol, Acrylnitril usw.	Kondensate aus Harnstoff mit Formaldehyd, Säuren usw.	DBP. 1053363 (1954) ≡ F.P. 1127727 ≡ E.P. 792874 (1955), Farbf. Bayer, Erf.: W. GRAULICH u. E. MÜLLER; C. **1960**, 3713. S. a. DAS. 1011850 (1956) ≡ F.P. 1170793 ≡ A.P. 2897101 (1957), Farbf. Bayer, Erf.: W. GRAULICH, A. SCHMITZ, W. BERLENBACH u. E. MÜLLER; C. **1958**, 2314. Belg.P. 591126 (1960), Farbf. Bayer, Erf.: K.H.KNAPP, W.BERLENBACH u.K.DINGES.
Umwandlungsprodukt aus Copolymerisaten des Acrylsäureamids, Acrylsäureestern usw. mit Formaldehyd in Butanol	p-Toluolsulfonsäure	DAS. 1054710 ≡ F.P. 1173990 (1956), BASF, Erf.: H. FIKENTSCHER, H. WILHELM, K. BRONSTERT u. E. PENNING.
	Erhitzen auf 150°	A.P. 2870116/7 (1956), Pittsburgh Plate Glass Co., Erf.: H. A. VOGEL, H. G. BITTLE u. R. M. CHRISTENSON; C. **1960**, 5655, 5987.
Umwandlungsprodukt aus Copolymerisaten des Styrols, Acrylsäureäthylesters, Methacrylamids und der Acrylsäure mit Formaldehyd in Butanol	Erhitzen auf 150°	A.P. 2978437 (1957), Pittsburgh Plate Glass Co., Erf.: R. M. CHRISTENSON; Chem. Abstr. **55**, 20518[j] (1961).
Copolymerisat aus Methacrylsäurebutyloxymethylamid, Acrylsäureäthylester und Methacrylsäure-(β-hydroxy-äthylester)	Zinkchlorid oder Säuren	DAS. 1102410 (1958), Röhm & Haas GmbH., Erf.: F. KOLLINSKY; Chem. Abstr. **55**, 25357[h] (1956).
Copolymerisat aus Styrol, Acrylsäureäthylester und Acrylsäure-butyloxymethylamid	Kondensationsprodukte aus Phenol, Harnstoff oder Melamin mit Formaldehyd	R. M. CHRISTENSON u. D. P. HART, Ind. eng. Chem. **53**, 459 (1961).
Copolymerisat aus p-Vinyl-benzoesäurehydroxymethylamid, Styrol usw.	Erhitzen auf 100°	A.P. 2650210 (1950), Distillers Co. Ltd., Erf.: J. N. MILNE, D. FAULKNER u. C. E. HOLLIS; C. **1954**, 8456.

Tab. 39. (5. Fortsetzung)

Polymerisat	Vernetzungsmittel	Literatur
Copolymerisat aus Acrylsäurebutylester, Styrol und der Mannich-Base aus Methacrylsäureamid mit Formaldehyd und N-Butyltaurin	Erhitzen	Belg. P. 596 034 (1960), Farbf. Bayer, Erf.: K. Dinges, E. Müller, K. H. Knapp u. W. Berlenbach.
Poly-[N-äthyl-N'-(β-vinyloxyäthyl)-harnstoff]	Formaldehyd und Säuren	DAS. 1 097 686 (1955), Rohm & Haas Co., Erf.: S. Melamed; Chem. Abstr. **50**, 13 085[b] (1956).
Copolymerisat aus N-Hydroxymethylmaleinsäureimid und Styrol, Vinylacetat oder Acrylsäureestern	Erhitzen auf 180°	DAS. 1 047 427 (1954) ≡ A. P. 2 743 260 (1953), United States Rubber Co., Erf.: P. O. Tawney; C. **1957**, 5715.
Copolymerisat aus N-(Maleiniminomethyl)-anilin mit Styrol	Erhitzen auf 180°	A. P. 2 743 260 (1953) ≡ F. P. 1 098 366 ≡ E. P. 753 822 ≡ DAS. 1 047 428 (1954), United States Rubber Co., Erf.: P. O. Tawney; C. **1957**, 5715.
Polyvinylpyridin	aliphatische 1,2-Dihalogenide	A. P. 2 631 993 (1947), DuPont, Erf.: P. W. Morgan; C. **1955**, 2089.
Poly-(trifluor-chloräthylen)	Polyamine wie Tetraäthylenpentamin oder Hexamethylentetramin	A. P. 2 979 490 (1956), Minnesota Mining & Manufacturing Co., Erf.: F. W. West; Chem. Abstr. **55**, 19 345[e] (1961).
Copolymerisat aus Trifluor-chloräthylen und Vinylidenfluorid	primäre oder sekundäre Polyamine oder Peroxyde in Gegenwart von Magnesiumoxyd	Belg. P. 534 552 (1954), M. W. Kellogg Co. M. E. Conroy u. Mitarbb., Rubber Age (N. Y.) **76**, 543 (1955). L. E. Robb, F. J. Honn u. D. R. Wolf, Rubber Age (N. Y) **82**, 286 (1957). W. R. Griffin, Rubber World **136**, 687 (1957). K. L. Paciorek, L. C. Mitchell u. C. T. Lenk, J. Polymer Sci. **45**, 405 (1960).
	Peroxyde, Blei-(II)-oxyd oder Natriumpolysulfide	A. P. 2 965 619 (1953), Minnesota Mining & Manufacturing Co., Erf.: F. J. Honn u. W. M. Sims.
	Hexamethylendiamincarbamat	E. P. 863 159 (1957), Minnesota Mining & Manufacturing Co.
	Peroxyde und N,N'-Methylen-bis-acrylsäureamid	A. P. 2 944 927 (1959), United States Rubber Co., Erf.: L. P. Dosmann; Chem. Abstr. **54**, 20 278[a] (1960).
Copolymerisat aus Hexafluorpropen und Vinylidenfluorid	primäre oder sekundäre Polyamine oder Peroxyde in Gegenwart von Magnesiumoxyd	S. Dixon, D. R. Rexford u. J. S. Rugg, Ind. eng. Chem. **49**, 1687 (1957). J. S. Rugg u. A. C. Stevenson, Rubber Age (N. Y.) **82**, 102 (1957). J. C. Tatlow, Rubber & Plastics Age **39**, 33 (1958).

Tab. 39. (6. Fortsetzung)

Polymerisat	Vernetzungsmittel	Literatur
Copolymerisat aus Hexafluorpropen und Vinyliden-fluorid	primäre oder sekundäre Polyamine oder Peroxyde in Gegenwart von Magnesiumoxyd	M. J. Bro, J. Appl. Polymer Sci. **1**, 310 (1959). D. A. Stivers, D. L. Peterson u. G. R. Meier, Rubber Age (N. Y.) **88**, 292 (1960). J. F. Smith, Rubber World **142**, Nr. 3, 102 (1960). K. L. Paciorek, L. C. Mitchell u. C. T. Lenk, J. Polymer Sci. **45**, 405 (1960). W. Koblizek, Kautschuk u. Gummi (W.T.) **14**, 308 (1961).
	Hexamethylendiamin-carbamat	J. F. Smith u. G. T. Perkins, Rubber & Plastics Age **42**, 54 (1961). E. P. 863159 (1957), Minnesota Mining & Manufacturing Co.
	Dibenzoylperoxyd und Natriumpolysulfide	A. P. 2999854 (1958), Minnesota Mining & Manufacturing Co., Erf.: F. J. Honn u. W. M. Sims.
	Peroxyde und N,N′-Methylen-bis-acrylsäureamid	A. P. 2944995 (1959), United States Rubber Co., Erf.: L. P. Dosmann u. G. L. Barnes; Chem. Abstr. **54**, 21830[b] (1960).
	Disalicylidenhexa-methylendiamin	E. P. 838281 (1958), DuPont.
	Peroxyde und Triacryloyl-hexahydro-1,3,5-triazin oder N,N′-Äthylen-bis-malein-säureimid	A. P. 2958672 (1956), DuPont, Erf.: E. J. Goldberg; Chem. Abstr. **55**, 6031[e] (1961).
	N,N′-Bis-[2-mercapto-benzthiazolyl]-piperazin	A. P. 2955104 (1958), DuPont, Erf.: J. F. Smith; Chem. Abstr. **55**, 4026[h] (1961).
Copolymerisat aus Trifluor-nitroso-methan und Tetrafluoräthylen	Triäthylentetramin oder Hexamethylendiamin-carbamat	J. C. Montermoso u. Mitarbb., Rubber & Plastics Age **42**, 514 (1961).

β) Vernetzung von Polymerisaten und Copolymerisaten aus Divinylverbindungen (Vulkanisation)

An mehreren Stellen des Bandes XIV/1 werden Angaben über die Vernetzung von Polymerisaten und Copolymerisaten aus Divinylverbindungen gemacht. Im Prinzip lassen sich ungesättigte Polymerisate[1] durch Schwefel und Vulkanisations-

---

[1] Eingehende Übersichten:

G. S. Whitby, Synthetic Rubber, J. Wiley & Sons, New York 1954.

S. Boström, Kautschuk-Handbuch, Verlag Berliner Union, Stuttgart, Bd. I (1959), Bd. IV (1961).

W. J. S. Naunton, The Applied Science of Rubber, E. Arnold Publ. Ltd., London 1961.

W. S. Penn, Synthetic Rubber Technology, MacLaren & Sons, Ltd., London 1960.

M. Morton, Introduction to Rubber Technology, Reinhold Publ. Corp., New York 1959.

D. Craig, Rubber Chem. Technol. **30**, 1291 (1957).

beschleuniger in der gleichen Weise wie Naturkautschuk[1] vernetzen. In diesem Abschnitt soll daher nur auf einige Besonderheiten der Vernetzung im Vergleich zu Naturkautschuk hingewiesen werden.

β_1) Vernetzung von Polymerisaten und Copolymerisaten des Butadiens

$\alpha\alpha$) Polybutadien[2] mit stereospezifischer Struktur

Sowohl die mit Lithium oder lithiumorganischen Verbindungen[3] als auch die mit metallorganischen Mischkatalysatoren[4] hergestellten Polymerisate benötigen zur Vernetzung weniger Schwefel als Naturkautschuk. Als Vulkanisationsbeschleuniger werden meist Sulfensäureamide der 2-Mercapto-benzthiazolreihe[1] eingesetzt, wobei die Geschwindigkeit der Vulkanisation geringer als die des Naturkautschuks ist. Durch Zugabe von verstärkenden Füllstoffen[5] wie Aktivruß werden die physikalischen Eigenschaften der Vulkanisate wesentlich verbessert.

Vulkanisate des stereospezifischen *Poly-cis-butadiens* sind abriebfest, ozon-[6] und alterungs-

---

[1] S. ds. Bd., Kap. Umwandlung von Naturkautschuk unter weitgehendem Erhalt des makromolekularen Aufbaus, S. 843.

[2] S. a. ds. Handb., Bd. XIV/1, Kap. Polymerisation von Divinylverbindungen, S. 630.

[3] G. ALLIGER, B. L. JOHNSON u. L. E. FORMAN, Kautschuk u. Gummi (W.T.) 14, 248 (1961).
W. A. SMITH u. J. M. WILLIS, Rubber Chem. Technol. 34, 176 (1961); Rubber Age (N.Y.) 87, 815 (1960).
M. MORTON, E. E. BOSTICK u. R. LIVIGNI, Rubber & Plastics Age 42, 397 (1961).

[4] J. A. LOULAN u. R. J. BROWN, Kautschuk u. Gummi (W.T.) 15, 41 (1962).
A. D. DINGLE, Rubber World 143, Nr. 1, 93 (1960).
R. S. HANMER u. W. T. COOPER, Rubber Age (N.Y.) 89, 963 (1961).
G. NATTA u. Mitarbb., Rubber & Plastics Age 42, 402 (1961).
F. ENGEL, Kautschuk u. Gummi (W.T.) 14, 261 (1961); Rubber & Plastics Age 42, 1215 (1961).
R. J. BROWN u. Mitarbb., Rubber World 145, Nr. 2, 70 (1961).
W. W. CROUCH, Rubber & Plastics Age 42, 276 (1961).
D. V. SARBACH u. A. T. STURROCK, Rubber Age (N.Y.) 90, 423 (1961).
D. BULGIN, Rubber & Plastics Age 42, 715 (1961).

[5] C. W. SWEITZER, K. A. BURGESS u. F. LYON, Rubber Chem. Technol. 34, 709 (1961); Rubber World 143, Nr. 5, 73 (1961); Rubber & Plastics Age 41, 483 (1960).
T. D. BOLT u. E. M. DANNENBERG, Rubber Chem. Technol. 34, 43 (1961).
F. GLANDER, Kautschuk u. Gummi (W.T.) 14, 302 (1961).
C. W. SWEITZER, Kautschuk u. Gummi (W.T.) 14, 135 (1961); Rubber Age (N.Y.) 89, 269 (1961).
A. M. GESSLER, Rubber Age (N.Y.) 86, 1017 (1960); 88, 658 (1961).
A. VEOT u. W. N. WHITTEN jr., Rubber Age (N.Y.) 86, 811 (1960).
P. L. COLLINS, M. D. BELL u. G. KRAUS, Rubber Chem. Technol. 33, 993 (1960).
L. MULLINS, Rubber Chem. Technol. 33, 315 (1960).
E. R. GILLILAND u. E. B. GUTOFF, J. Appl. Polymer Sci. 3, 26 (1960).
J. P. BERRY u. P. J. CAYRÉ, J. Appl. Polymer Sci. 3, 213 (1960).
I. DROGIN, Rubber World 143, Nr. 3, 90 (1960).
R. S. HANMER u. W. T. COOPER, Rubber Age (N.Y.) 89, 963 (1961).
H. E. RAILSBACK, W. T. COOPER u. N. A. STUMPE, Rubber & Plastics Age 39, 867 (1958).
E.P. 871911 ≡ F.P. 1237387 (1959), Phillips Petroleum Co.

[6] R. W. LEYER, J. Polymer Sci. 37, 545 (1959).
W. L. COX, Rubber Chem. Technol. 32, 364 (1959).
Symposium: Rubber Age (N.Y.) 85, 615 (1959).
W. R. MURREY u. P. R. STOREY, Rubber & Plastics Weekly 140, 542 (1961).
E. R. ERICKSON, Rubber Chem. Technol. 32, 1062 (1959).
J. SZURRAT, Gummi u. Asbest 13, 16, 74 (1960).
M. BRADEN u. A. N. GENT, J. Appl. Polymer Sci. 3, 90, 100 (1960).
R. F. GROSSMAN, J. Polymer Sci. 45, 272 (1960).
B. S. BIGGS, Rubber Chem. Technol. 31, 1015 (1958).

beständiger[1] als solche aus Naturkautschuk und erwärmen sich bei dynamischer Beanspruchung weniger als die der Copolymerisate aus Butadien mit Styrol (Buna S®). Aus Verarbeitungsgründen werden in der Praxis Verschnitte aus Polybutadien und Naturkautschuk[2] verwendet.

ββ) Vernetzung von Copolymerisaten des Butadiens mit Styrol
(Buna S®)

Im Vergleich zu Naturkautschuk sind die Verarbeitungseigenschaften von in Emulsion hergestellten Copolymerisaten des Butadiens mit etwa 25–30% Styrol[3] ungünstiger, und daher ist ein höherer Zusatz an Weichmachern erforderlich. Die Vernetzung durch Schwefel und Vulkanisationsbeschleuniger verläuft langsamer als bei Naturkautschuk. Als Vulkanisationsbeschleuniger können daher nur Verbindungen mit einer hohen Aktivität[4] wie 2-Mercapto-benzthiazol, die entsprechenden Sulfensäureamide, Thiuramdisulfide, Zinksalze von Dialkyl-dithiocarbamaten usw. verwendet werden.

Gibt man zu einer Mischung mit Schwefel und Vulkanisationsbeschleuniger zusätzlich Peroxyde wie Dicumylperoxyd[5] oder Di-tert.-butylperoxyd[6], so werden die Geschwindigkeit der Vernetzung und der Spannungswert der Vulkanisate erhöht.

Im Gegensatz zu Naturkautschuk stellt sich auch bei langdauernder Vulkanisation keine Reversion ein. Spannungswert und Härte steigen kontinuierlich an, während die Zerreißfestigkeit abnimmt.

Ohne Zugabe von elementarem Schwefel kann die Vernetzung praktisch mit den gleichen Verbindungen ausgeführt werden, die bei Naturkautschuk[7] angegeben sind. Darüber hinaus sind die folgenden geeignet: *Hexachlorcyclopentadien*[8], *o-Chlor-benzotrichlorid*[9], *aliphatische Dithiole*[10], *2,6-Dimethylol-4-tert.-butyl-phenol* unter gleichzeitiger Zugabe von Alkanolaminen[11] und im basischen oder sauren Medium hergestellte Formaldehyd-Kondensationsprodukte aus 3,5-Dialkyl- und 3,4,5-Trialkyl-phenolen[12].

Gute physikalische Eigenschaften erhält man nur durch Zugabe von verstärkenden Füllstoffen wie Aktivruß oder Kieselsäure. Ohne diese Zusätze liegt die optimal erreichbare Zer-

---

[1] J. R. SHELTON, J. Appl. Polymer Sci. **2**, 345 (1959); Rubber Chem. Technol. **30**, 1251 (1957).
H. W. H. ROBINSON u. H. A. VODDEN, Ind. eng. Chem. **47**, 1477 (1955).
S. BAXTER, P. D. POTTS u. H. A. VODDEN, Ind. eng. Chem. **47**, 1481 (1955).
J. R. SHELTON, W. COX u. W. T. WICKHAM, Ind. eng. Chem. **47**, 2559 (1955).
G. J. VAN AMERONGEN, Ind. eng. Chem. **47**, 2565 (1955).

[2] F.P. 1223348 (1957/1958), Phillips Petroleum Co.
R. S. HANMER u. W. T. COOPER, Rubber Age (N.Y.) **89**, 963 (1961).

[3] S. ds. Handb., Bd. XIV/1, Kap. Emulsionspolymerisation des Butadiens, S. 674.

[4] R. L. SPERBERG, Ind. eng. Chem. **42**, 1412 (1950).
A. M. NEAL, Rubber Age (N.Y.) **53**, 31 (1944).

[5] A.P. 2985632 (1956) ≡ E.P. 811140 ≡ F.P. 1183612 (1957), Hercules Powder Co., Erf.: W. D. WILLIS; C. **1960**, 8368.
L. M. HOBBS, R. G. CRAIG u. C. W. BURKHART, Rubber World **136**, 675 (1957).

[6] E.P. 801105 (1956), Goodyear Tire & Rubber Co.; Chem. Abstr. **53**, 8685e (1959).

[7] S. ds. Bd., Kap. Umwandlung von Naturkautschuk unter weitgehendem Erhalt des makromolekularen Aufbaus, S. 847.
S. a. Rubber World **144**, Nr. 3, 100 (1961).

[8] A.P. 2732362 (1952) ≡ E.P. 725634 (1953), United States Rubber Co., Erf.: E. C. LADD; C. **1956**, 11861.

[9] B. M. STURGIS, A. A. BAUM u. J. H. TREPAGNIER, Ind. eng. Chem. **39**, 64 (1947).
A.P. 2489340; 2567135 (1946), DuPont, Erf.: B. M. STURGIS u. A. A. BAUM.

[10] C. M. HULL u. Mitarbb., Ind. eng. Chem. **40**, 513 (1948).
F.P. 1240098 (1959), Usines Chimiques des Laboratoires Français.

[11] A.P. 2649431; 2649432 (1951), United States Rubber Co., Erf.: J. R. LITTLE; C. **1955**, 1398.

[12] A.P. 2898321; 2898322 (1955), Hooker Electrochemical Corp., Erf.: A. F. SHEPARD.
A.P. 2797204 (1954), Hooker Electrochemical Corp., Erf.: A. F. SHEPARD, J. T. CARDONE u. A. S. JACOBSON; C. **1959**, 6652.

reißfestigkeit bei etwa 30 kg/cm², kann aber mit Aktivruß bis mehr als 250 kg/cm² gesteigert werden.

Im Vergleich zu Naturkautschuk sind die Vulkanisate der Copolymerisate des Butadiens mit Styrol abriebfester, alterungs- und ozonfester, auch in Gegenwart von Kupfer-(I)- und -(II)-, Mangan-(III)-, Eisen-(II)- und -(III)-salzen[1]. Die physikalischen Eigenschaften wie Zerreiß-festigkeit, Spannungswert, Härte, Dehnung und Einreißfestigkeit und der Abriebwiderstand fallen beim Erhitzen auf 100° im Vergleich zu Naturkautschuk wesentlich stärker ab. Bei der dynamischen Beanspruchung tritt eine größere Wärmeentwicklung auf als bei Naturkautschuk und bei stereospezifischen Butadienpolymerisaten.

Steigert man den Schwefelgehalt von 1,5% auf 40–50%, so erhält man unter kontinuierlicher Zunahme der Zerreißfestigkeit und starker Abnahme der Zerreißdehnung Hartgummi[2], der bei sonst gleichen Eigenschaften spröder als Hartgummi aus Naturkautschuk ist, aber eine bessere Hitzebeständigkeit hat.

$\gamma\gamma$) Vernetzung der Copolymerisate des Butadiens mit Acrylnitril
(Perbunan N®)

Die in Emulsion hergestellten Copolymerisate des Butadiens mit Acrylnitril[3] benötigen mit steigendem Acrylnitrilgehalt[4] zur Vernetzung weniger Schwefel. Die Vulkanisation verläuft wesentlich schneller als bei den Copolymerisaten aus Buta-dien und Styrol. Daher können auch mittelstarke und schwache Beschleuniger ein-gesetzt werden.

Vulkanisiermittel, die ohne Zugabe von elementarem Schwefel vernetzen, sind praktisch die gleichen Verbindungen[5], die auch bei den Copolymerisaten des Butadiens mit Styrol angewendet werden können (s. S. 798).

Als Weichmacher eignen sich neben Steinkohlenteerölen besonders hochsiedende Ester[6] wie Phthalsäuredioctylester, -dibutylester sowie Methylendithioglykolsäureester[7]. Diese Verbindungen erhöhen die relativ geringe Elastizität der Vulkanisate und ihre Kältebeständigkeit. Optimale physikalische Eigenschaften stellen sich mit verstärkenden Füllstoffen[8] wie Aktivruß oder Kiesel-säure ein.

Ein besonderes Kennzeichen dieser Vulkanisate ist die hervorragende Quellbeständigkeit[9] gegen aliphatische Kohlenwasserstoffe und Öle. Durch Erhöhen des Acrylsäurenitrilgehaltes auf 36–40% erhält man sogar eine relativ gute Beständigkeit gegen aromatische Lösungsmittel.

Die Butadien-Acrylnitril-Copolymerisate sind mit polaren makromolekularen Stoffen besser verträglich als Naturkautschuk oder Copolymerisate des Butadiens

[1] B. N. Laylan u. R. L. Stafford, Trans. Inst. Rubber Ind. **35**, 25 (1959).
[2] W. J. Dermody, Rubber World **142**, Nr. 4, 79 (1960).
  G. G. Winspear u. Mitarbb., Ind. eng. Chem. **38**, 687 (1946).
  R. E. Morris u. Mitarbb., Rubber Age (N.Y.) **54**, 129 (1943).
[3] S. ds. Handb., Bd. XIV/1, Kap. Emulsionspolymerisation des Butadiens, S. 703.
[4] C. T. Meynard, Rev. gén. Caoutch. **36**, 196 (1959).
  I. W. Harris u. H. A. Pfisterer, Rubber & Plastics Age **41**, 1527 (1960).
  S. E. Bolam, Rubber J. and Intern. Plastics **133**, 927, 940, 964, 1004 (1957).
  S. Mottram, Rubber J. and Intern. Plastics **139**, 575 (1960).
[5] C. H. Lufter, Rubber World **133**, 511 (1956).
[6] R. A. Clark u. J. B. Dennis, Ind. eng. Chem. **43**, 771 (1951).
[7] DRP. 706547 (1935), I.G. Farb., Erf.: M. Bögemann u. O. Bayer; C. **1941** II, 1083.
[8] Z. Rigby, Rubber Age (N.Y.) **81**, 284 (1957).
[9] E. Konrad, Kautschuk **13**, 1 (1937).
  R. E. Morris u. P. T. Wagner, Ind. eng. Chem. **49**, 445 (1957).
  R. A. Clark u. W. H. Gillen, Rubber World **136**, 220 (1957).
  C. E. Fleming, Rubber Age (N.Y.) **90**, 272 (1961).
  S. Mottram u. P. H. Starmer, Rubber & Plastics Age **39**, 120 (1958).
  P. H. Starmer u. C. H. Lufter, Rubber Chem. Technol. **34**, 964 (1961).

mit Styrol. So führt die Zugabe von 30–40% *Polyvinylchlorid*[1] oder von gleichen Mengen der Kondensationsprodukte von Phenolen mit Formaldehyd[2] zu Mischungen, die mit Schwefel und Vulkanisationsbeschleunigern noch vernetzt werden können. Solche Vulkanisate sind ozonbeständig, haben eine höhere Einreißfestigkeit, einen besseren Abriebwiderstand und sind unempfindlicher gegen Bewetterung.

Über die Vernetzung von Copolymerisaten, die Carboxygruppen enthalten, s. Bd. XIV/1, Kap. Copolymerisation des Butadiens mit ungesättigten Carbonsäuren, S. 709 und Literatur[3].

Steigert man die Schwefeldosierung auf 20–50%, so erhält man Hartgummi[4], der sich durch eine hervorragende Lösungsmittelbeständigkeit auszeichnet, aber wenig beständig gegen anorganische Säuren und Chlor[5] ist.

β_2) *Vernetzung der Polymerisate und Copolymerisate des Isoprens*

$\alpha\alpha$) cis-1,4-Polyisopren[6]

Wegen der engen strukturellen Beziehungen zu Naturkautschuk kann das mit Lithium, lithiumorganischen Verbindungen[7] oder metallorganischen Mischkatalysatoren[8] hergestellte cis-1,4-Polyisopren praktisch wie Naturkautschuk mit Schwefel und Vulkanisationsbeschleunigern vernetzt werden.

Anstelle der im Naturkautschuk vorhandenen, die Vulkanisation aktivierenden Proteinen hat man vorgeschlagen, 1,5% einer Mischung aus 95% *Sojalecithin* und 5% *Tris-[β-hydroxy-äthyl]-amin* zuzusetzen. Hierdurch wird gleichzeitig die besonders bei füllstoffarmen Mischungen schnell eintretende Reversion[9] vermieden. Zur optimalen Vulkanisation werden nur wenig höhere Dosie-

---

[1] W. A. Wilson, Rubber Age (N.Y.) **90**, 85 (1961).
T. J. Sharp u. J. A. Ross, Trans. Inst. Rubber Ind. **37**, 157 (1961).
W. D. England, J. A. Krimian u. R. H. Heinrich, Rubber Chem. Technol. **32**, 1143 (1959).
E. J. Buckler u. I. W. Harris, Trans. Inst. Rubber Ind. **31**, 15 (1955).
T. J. Sharp, Brit. Plastics **32**, 431 (1955).
A.P. 2297194 (1938; DR. Prior., 1937), Felten & Guilleaume Carlswerk AG., Erf.: E. Badum.
DRP.-Anm. J 63567 (1939), I. G. Farb., Erf.: H. Murke u. H. Meckbach.
A.P. 2330353 ≡ E.P. 637600 (1940), Goodrich Co., Erf.: D. E. Henderson.
[2] C. Thelamon, Kautschuk u. Gummi (W.T.) **14**, 347 (1961).
G. R. Sprengley u. E. J. Traynor, J. Appl. Polymer Sci. **5**, 100 (1961).
J. Murphy, Plastics Inst. (London), Trans. and J. **27**, Nr. 72, 170 (1959).
A.P. 2532374 (1945), Durez Plastics and Chemicals, Inc., Erf.: A. F. Shepard u. J. F. Boiney.
S.a. ds. Bd., Kap. Polyadditions- und Polykondensationsverbindungen von Carbonylverbindungen mit Phenolen, S. 193.
[3] S. a. H. P. Brown, Rubber Chem. Technol. **30**, 1347 (1958).
DAS. 1080298 ≡ E.P. 785631 ≡ F.P. 1136480 (1954), Farbf. Bayer, Erf.: G. Kolb.
[4] J. R Scott, Rubber Chem. Technol. **17**, 719 (1944).
B. S. Garvey jr. u. D. V. Sarbach, Ind. eng. Chem. **34**, 1312 (1942).
[5] E. Gartner, Kautschuk **16**, 109 (1940).
[6] S. ds. Handb., Bd. XIV/1, Polymerisation von Divinylverbindungen, S. 630.
[7] B. G. Croft-White, Rubber & Plastics Weekly **141**, 318 (1961).
V. R. Bruns, Rubber & Plastics Age **42**, 1222 (1961).
H. E. Diem, H. Tucker u. C. F. Gibbs, Rubber Chem. Technol. **34**, 191 (1961).
F. W. Hannsgen, Rubber Age (N.Y.) **89**, 441 (1961); Rubber & Plastics Age **42**, 166 (1961).
K. W. Scott u. Mitarbb., Rubber & Plastics Age **42**, 175 (1961).
[8] C. F. Gibbs u. Mitarbb., Rubber World **144**, Nr. 1, 69 (1961).
G. Natta, Rubber Chem. Technol. **33**, 732 (1960).
J. A. Loulan u. R. J. Brown, Kautschuk u. Gummi (W.T.) **15**, 41 (1962).
J. D. D'Ianni, Rubber Chem. Technol. **34**, 361 (1961).
[9] S. ds. Bd., Kap. Umwandlung von Naturkautschuk unter weitgehendem Erhalt des makromolekularen Aufbaus, S. 846.

rungen an Schwefel und Vulkanisationsbeschleuniger als bei Naturkautschuk benötigt. Die Vernetzung mit Vulkanisationsmitteln ohne Zugabe von elementarem Schwefel ist mit den gleichen wie bei Naturkautschuk[1] beschriebenen Verbindungen möglich.

ββ) Vernetzung der Copolymerisate des Isoprens mit Isobutylen (Butylkautschuk)

Wegen der geringen Zahl an Doppelbindungen lassen sich die Copolymerisate des Isobutylens mit etwa 0,8–3,0% Isopren[2] mit Schwefel (1,0–2,5%) praktisch nur durch Ultrabeschleuniger[3] wie Thiuramdisulfid, Zink-, Selen- oder Tellursalzen[4] von Dialkyldithiocarbamidsäuren vernetzen (1,0–1,5%). Hierbei sind neben einer längeren Vulkanisationszeit auch höhere Temperaturen als bei Naturkautschuk erforderlich[5]. Die wie bei Naturkautschuk relativ schnell eintretende Reversion[6] kann durch die Zugabe von Zinkoxyd verzögert werden.

Schwefelfrei vernetzte Produkte sind hervorragend hitzebeständig. Geeignete Vernetzungsmittel sind: p-Benzochinondioxim[7], das entsprechende Dibenzoat unter Zusatz von Blei-(IV)-oxyd oder Bis-[benzthiazolyl-(2)]-disulfid und Zinkoxyd, p-Dinitroso-benzol[8], 2,6-Dimethylol-4-alkyl-phenole, deren Resitole mit etwa 5–6 aromatischen Kernen[9], die aus diesen mit Bromwasserstoff herstellbaren 2,6-Dibrommethylderivate[10], 4-Chlor-2,6-dimethylol-3,5-dialkyl-phenole[11] oder Bis-[5-chlor-2-hydroxy-3-methylol-phenyl]-methan[12]. Die halogenfreien Kondensationsprodukte erfordern den Zusatz von sauer reagierenden oder in der Hitze Säure abspaltenden Verbindungen wie Zinn-(II)-chlorid[13], chlorierte Paraffine[14], sulfochloriertes Poly-

---

[1] S. ds. Bd., Kap. Umwandlung von Naturkautschuk unter weitgehendem Erhalt des makromolekularen Aufbaus, S. 847.

[2] S. a. ds. Handb., Bd. XIV/1, Kap. Polymerisation des Isobutylens, S. 622.

[3] E. ARUNDALE u. J. P. HAWORTH, Kautschuk u. Gummi (W.T.) **10**, 317 (1957).
C. J. JANKOWSKY, K. W. POWERS u. R. L. ZAPP, Rubber Age (N. Y.) **87**, 833 (1960).
J. SZURRAT, Gummi u. Asbest **13**, 872 (1960).
D. J. BUCKLEY, Rubber Chem. Technol. **32**, 1475 (1959).
R. L. ZAPP u. F. P. FORD, J. Polymer Sci. **9**, 97 (1952).
R. L. ZAPP u. Mitarbb., J. Polymer Sci. **6**, 331 (1951).

[4] A.P. 1 622 534 (1925), R. T. Vanderbilt Co., Inc., Erf.: P. I. MURRILL; C. **1928** I, 1586.
A.P. 2 347 128 (1943), R. T. Vanderbilt Co., Inc., Erf.: W. F. RUSSELL; Chem. Abstr. **38**, 6301¹ (1944).

[5] P. B. LUMB, Rubber & Plastics Age **40**, 1157 (1959).

[6] F. P. BALDWIN, L. B. TURNER u. R. L. ZAPP, Ind. eng. Chem. **36**, 791 (1944).

[7] A.P. 2 393 321 (1942), Jasco, Inc., Erf.: J. P. HAWORTH; Chem. Abstr. **40**, 2035¹ (1946).
A.P. 2 519 100 (1946), Standard Oil Development Co., Erf.: F. P. BALDWIN; C. **1951** I, 3578.
J. P. HAWORTH, Ind. eng. Chem. **40**, 2314 (1948).

[8] A.P. 2 477 015 (1944), DuPont, Erf.: B. M. STURGIS u. J. H. TREPAGNIER.
J. REHNER jr. u. P. J. FLORY, Ind. eng. Chem. **38**, 500 (1946).

[9] A.P. 2 701 895 (1952) ≡ DAS. 1 000 993 ≡ E.P. 718 768 (1953), United States Rubber Co. Erf.: P. O. TAWNEY u. J. R. LITTLE; Chem. Abstr. **49**, 8630ᶜ (1955).
A.P. 2 825 720 (1955), United States Rubber Co., Erf.: P. O. TAWNEY.
P. O. TAWNEY, J. R. LITTLE u. P. VIOHL, Ind. eng. Chem. **51**, 939 (1959); Rubber Chem. Technol. **33**, 229 (1959).

[10] A.P. 2 972 600 (1957) ≡ E.P. 864 875; 864 876 ≡ F.P. 1 212 867; 1 225 653 (1958), Schenectady Varnish Co., Erf.: C. A. BRAIDWOOD; Chem. Abstr. **55**, 14 382ⁱ (1961).

[11] A.P. 2 987 497 (1958), Goodyear Tire & Rubber Co., Erf.: R. LESHIN.

[12] Belg. P. 565 220 ≡ DAS. 1 073 735 (1958), United States Rubber Co., Erf.: P. VIOHL.

[13] A.P. 2 726 224 (1952) ≡ DAS. 1 013 420 (1953), United States Rubber Co., Erf.: L. C. PETERSON u. H. J. BATTS; C. **1956**, 13 567.

[14] A.P. 2 727 874 (1952) ≡ DAS. 1 013 419 (1953), United States Rubber Co., Erf.: L. C. PETERSON u. H. J. BATTS; C. **1958**, 13 115.

äthylen[1] oder Poly-2-chlor-butadien-(1,3)[2]. Diese können nur mit den höher unge-sättigten[3] Copolymerisaten verwendet werden.

Als Weichmacher sind nur ges. Verbindungen geeignet, da stark unges. Stoffe mit dem zur Vulkanisation zugesetzten Schwefel schneller reagieren. Daher können diese Copolymerisate auch nicht in Mischungen mit Naturkautschuk oder anderen stark unges. Polymerisaten gemein-sam vernetzt werden. Durch den Zusatz von Aktivruß[4] erzielt man im wesentlichen eine Ver-besserung des Spannungswertes und der Einreißfestigkeit. Die Zerreißfestigkeit wird nur wenig erhöht.

Die vernetzten Copolymerisate haben eine bei Raumtemperatur relativ geringe Elastizität, die aber bei 75° wesentlich höher ist. Neben der guten Hitzebeständigkeit sind die Vulkanisate hervorragend alterungs-[5], ozon-[6] sowie auch säurebeständig[7]. Sie zeichnen sich weiter durch ihre geringe Durchlässigkeit für Gase aus. Mit Lösungs-mitteln[8] wie Paraffin, aliphatischen und aromatischen Kohlenwasserstoffen tritt eine starke Quellung ein, während Alkohole, Ester oder Ketone nur einen geringen Quell-effekt haben. Bemerkenswert sind auch die hervorragenden elektrischen Eigen-schaften.

Erhitzt man die Mischung des Copolymerisates mit Aktivruß in Gegenwart geringer Mengen p-Benzochinondioxim[9] (0,5–1,5%) 10–30 Min. auf 150–180°, so bilden sich 2 Phasen, von denen eine unlöslich ist und eine große Menge Ruß enthält, während die andere ihre Löslichkeit unver-ändert beibehält. Anstelle des p-Benzochinondioxims können auch das entsprechende Dibenzoat, p-Dinitroso-benzol[10], N,4-Dinitroso-N-methyl-anilin[11] oder die Kondensationsprodukte aus p-Al-kyl-phenolen[12] mit Formaldehyd, N,N′,N″-Trichlor-melamin- oder N,N′-Dichlor-benzoguanamin[13]

---

[1] A.P. 2749323 ≡ DBP. 935283 ≡ F.P. 1080693 ≡ E.P. 714907; 727953 (1953), United States Rubber Co., Erf.: W. E. Schaefer, H. J. Batts u. D. A. Brafford; C. **1958**, 5819.

[2] A.P. 2734877 (1952) ≡ DAS. 1016011 (1953), United States Rubber Co., Erf.: H. J. Batts u. D. G. Delang; C. **1956**, 13878.

[3] J. Szurrat, Gummi u. Asbest **13**, 872 (1960).

[4] D. C. Edwards u. E. B. Storey, Rubber Chem. Technol. **30**, 122 (1957).
I. Drogin, Rubber Age (N. Y.) **80**, 457 (1956).

[5] D. C. Edwards, Kautschuk u. Gummi (W.T.) **13**, 292 (1960).
R. B. Mesrobian u. A. V. Tobolsky, J. Polymer Sci. **2**, 463 (1947).
A. V. Tobolsky, I. B. Prettyman u. J. H. Dillon, J. appl. Physics **15**, 380 (1944).

[6] R. F. Grossman u. A. C. Bluestein, Rubber Age (N.Y.) **84**, 440 (1958).
Z. Rigby, Rubber Age (N.Y.) **81**, 287 (1957).
D. J. Buckley u. S. B. Robison, J. Polymer Sci. **19**, 145 (1956).

[7] C. E. Waggner, Rubber Age (N.Y.) **81**, 291 (1957).

[8] R. L. Zapp u. E. Guth, Ind. eng. Chem. **43**, 430 (1951).

[9] D. C. Edwards u. E. B. Storey, Rubber Age (N.Y.) **79**, 815 (1956); Kautschuk u. Gummi (W.T.) **12**, 326 (1959).
R. L. Zapp u. A. M. Gessler, Rubber Age (N.Y.) **74**, 243, 397 (1953).
A. M. Gessler, Rubber Age (N.Y.) **87**, 64 (1960).

[10] A.P. 2690780 (1951), Goodyear Tire & Rubber Co., Erf.: E. Cousins; C. **1956**, 1171.
C. Gangluff, Rev. gén. Caoutch. **37**, 1314 (1960).

[11] R. L. Zapp, Kautschuk u. Gummi (W.T.) **12**, 36 (1959).
H. M. Leeper u. Mitarbb., Rubber World **135**, 413, 420 (1956).
J. L. Ernst, Kautschuk u. Gummi (W.T.) **12**, 128 (1959).
R. L. Zapp, C. W. Umland u. I. R. Sperberg, Rubber World **141**, 669 (1960).
R. A. Wolf, Rubber World **142**, Nr. 2, 81 (1960).
A.P. 2922780 ≡ F.P. 1163436 (1955), Monsanto Chemical Co., Erf.: J. J. D'Amico, H. M. Leeper u. C. C. Tung; Chem. Abstr. **54**, 15990^g (1960).
E.P. 874075 (1956/1957), Monsanto Chemical Co., Erf.: C. C. Tung.
A.P. 2457331 (1945), DuPont, Erf.: J. H. Trepagnier; Chem. Abstr. **43**, 2464^c (1949).

[12] A.P. 2702287 ≡ DAS. 1010729 ≡ E.P. 733088 (1952), United States Rubber Co., Erf.: A. N. Iknayan, L. C. Peterson u. H. J. Batts; Chem. Abstr. **49**, 8630^a (1955).

[13] DAS. 1108899 ≡ F.P. 1231324 (1959), American Cyanamid Co., Erf.: R. A. Naylor.

eingesetzt werden. Die thermisch vorbehandelten Mischungen können mit Schwefel und Vulkanisationsbeschleunigern oder schwefelfrei vernetzt werden. Die Vernetzungsprodukte haben eine höhere Elastizität und bei unveränderter Härte einen höheren Spannungswert. Sie zeichnen sich weiter durch einen erhöhten Abriebwiderstand, bessere elektrische und Tieftemperatureigenschaften aus.

Halogenierte Copolymerisate mit 1,5–3% Brom oder 0,5–1,5% Chlor können gleichmäßiger zusammen mit Naturkautschuk oder Copolymerisaten des Butadiens mit Styrol vernetzt werden[1].

β_3) *Vernetzung der Copolymerisate aus Äthylen, Propylen und Dicyclopentadien*

Durch metallorganische Mischkatalysatoren können Mischungen aus Äthylen und Propylen mit geringen Mengen Divinylverbindungen wie Isopren[2] oder auch mit Acetylen[3] copolymerisiert werden. Besonders geeignet hierfür ist Dicyclopentadien[4]. Eine Vernetzung dieser Terpolymerisate ist mit Schwefel und Beschleunigern wie bei den Copolymerisaten aus Isobutylen mit Isopren möglich. Wenn im Terpolymerisat 0,6–3,0 Doppelbindungen auf 100 Einheiten der Monomeren kommen, haben die Vulkanisate ähnliche mechanische Eigenschaften wie die von Copolymerisaten des Butadiens mit Styrol. Jedoch ist die Beständigkeit gegen die Alterung wesentlich besser. Im Vergleich zu Vernetzungsprodukten aus Copolymerisaten des Isobutylens mit wenig Isopren sind die mechanischen und dynamischen Eigenschaften der Terpolymerisate erheblich günstiger.

β_4) *Vernetzung von Poly-2-chlor-butadien-(1,3)*[5]

Poly-2-chlor-butadien-(1,3)[6] wird durch Schwefel und Vulkanisationsbeschleuniger erst nach längerer Behandlung bei hoher Temperatur vernetzt. Geeignete Vulkanisiermittel sind Zinkoxyd oder Blei-(II)-oxyd[7], die in einer Menge bis zu 20% angewandt werden können.

Während die mit Schwefel als Regler hergestellten Polymerisate durch Zinkoxyd relativ leicht vernetzbar sind, reagieren die mit aliphatischen Mercaptanen[8] geregelten

---

[1] R. T. Morrissey, Ind. eng. Chem. **47**, 1562 (1955).
  J. V. Fusco u. R. H. Dudley, Rubber World **144**, Nr. 5, 67 (1961).
  F. P. Baldwin u. Mitarbb., Rubber & Plastics Age **42**, 500 (1961).
  F.P. 1172154 (1957), Esso Research & Engineering Co., Erf.: F. P. Baldwin, I. Kuntz, G. E. Serniuk u. R. R. Thomas.
  A.P. 3011996 (1957), Esso Research & Engineering Co., Erf.: I. Kuntz u. F. P. Baldwin.
  Belg.P. 598342 (1960), Montecatini S. G., Erf.: G. Pedretti.
  A.P. 2857357 (1956), Esso Research & Engineering Co., Erf.: W. C. Smith; C. **1960**, 5022.
  W. H. Deis u. L. F. Heneghan, Rubber World **145**, Nr. 1, 85 (1961).
  G. J. Ziarnik, F. P. Ford u. J. T. Kehn, Rubber World **144**, Nr. 3, 85 (1961).
  R. Hodges, Rubber & Plastics Weekly **141**, 666 (1961).
[2] Belg.P. 559111 ≡ DAS. 1114324 ≡ F.P. 1178211 ≡ E.P. 858067 (1957), Montecatini S.G., Erf.: G. Natta, G. Mazzanti u. G. Boschi; Chem. Abstr. **55**, 12937[b] (1961).
  G. Natta u. Mitarbb., Rubber Age (N.Y.) **89**, 636 (1961).
[3] Belg.P. 558728 ≡ F.P. 1176850 (1957), Montecatini S.G., Erf.: G. Natta, G. Mazzanti u. G. Boschi.
[4] A.P. 3000866 (1959), DuPont, Erf.: R. E. Tarney.
  A.P. 2975159 (1955), DuPont, Erf.: V. Weinmayr; Chem. Abstr. **55**, 14960[h] (1961).
  A.P. 2933480 (1959) ≡ E.P. 819279 ≡ F.P. 1171465 (1957), DuPont, Erf.: W. F. Gresham u. M. Hunt; Chem. Abstr. **54**, 21830[g] (1960).
  F.P. 1207844 (1957/1958); 1253056 (1959), Dunlop Rubber Co.
[5] Handelsnamen: Neoprene® (DuPont), Perbunan C® (Farbf. Bayer).
[6] S. a. ds. Handb., Bd. XIV/1, Kap. Emulsionspolymerisation von 2-Chlor-butadien-(1,3), S. 733.
[7] E. R. Bridgwater u. E. H. Krismann, Ind. eng. Chem. **25**, 280 (1933).
[8] D. B. Forman, R. R. Radcliff u. L. R. Mayo, Ind. eng. Chem. **42**, 686 (1950).

Polymerisate langsamer und erfordern den Zusatz spezieller Beschleuniger wie 2-Mercapto-imidazolin[1], 2-Thio-5-alkyl-perhydro-1,3,5-triazin[2], 2-Thio-4,4,6-tri-alkyl-di- oder -tetrahydropyrimidin[3], Thiocaprolactam[4], alkyl- oder arylsubstituierte Thioharnstoffe[5], N-Dibutyl-thioammelid[6], Peroxyde[7] oder p-Dinitroso-benzol[8]. Mit anderen Verbindungen wie 2-Mercapto-thiazolin, dem o-Ditolyl-guanidinsalz des Komplexes aus Brenzcatechin mit Borsäure[9], Salicylsäure oder Brenzcatechin setzt die Vernetzung sehr schnell ein. Diese Mischungen können z. T. durch Zugabe von Schwefel[10] verarbeitungssicher gemacht werden. Es entstehen Vulkanisate mit verschlechterter Einreißfestigkeit aber höherem Spannungswert. Durch Änderung des Zinkoxydgehaltes kann die Anvulkanisation in einem weiten Bereich verändert werden. Die Vernetzung wird vermutlich durch das sehr reaktionsfähige Chloratom[11] in Allylstellung eingeleitet, das bei der 1,2-Addition (etwa 1,5 Mol.-%) des 2-Chlor-butadiens-(1,3) entsteht.

Die Vernetzungsprodukte des Poly-2-chlor-butadien-(1,3) haben, aus füllstoffarmen Mischungen hergestellt, bereits eine Zerreißfestigkeit von 120 kg/cm². Durch die Zugabe von Aktivruß tritt eine Verstärkung auf mehr als das Doppelte dieses Wertes ein. Die Vulkanisate sind alterungs-, wetter-[12], ozonbeständig[13], haben gute Abriebeigenschaften, sind flammwidrig und gegen viele Chemikalien beständig. Die Beständigkeit gegen aliphatische Kohlenwasserstoffe oder Öle ist etwas geringer als die der Copolymerisate aus Butadien und Acrylnitril.

γ) Vernetzung makromolekularer Stoffe durch Belichten

In der Reproduktionstechnik finden seit einigen Jahren in steigendem Umfang lösliche Polymerisate bzw. Polykondensate[14] Verwendung, die bei der Einstrahlung von aktinischem Licht leicht vernetzen. Proportional der eingestrahlten Lichtmenge bilden sich unlösliche Partikel. Der Vernetzungsgrad hängt natürlich von der Häufung der lichtempfindlichen Doppelbindungen ab. Durch Zusatz von Sensibilisatoren

[1] A.P. 2544746 (1949), DuPont, Erf.: A. A. BAUM; C. **1953**, 458.
[2] DAS. 1010730 ≡ E.P. 775823 (1954), Farbf. Bayer, Erf.: H. FREYTAG, F. LOBER, R. WEGLER u. J. PETER; C. **1957**, 10892.
[3] Belg. P. 560387 ≡ A.P. 2943078 ≡ E.P. 813779 ≡ F.P. 1181692 (1957), R. T. Vanderbilt Co., Inc., Erf.: J. C. BACON; C. **1960**, 11843.
[4] A.P. 2688014 (1953), DuPont, Erf.: W. V. WIRTH; Chem. Abstr. **50**, 1076ᵉ (1956).
[5] A.P. 2911392–4, 2958680 (1956), R. T. Vanderbilt Co., Inc., Erf.: L. A. BROOKS u. J. C. BACON; C. **1960**, 14540, 11137, 17638.
[6] A.P. 2804450 (1954), American Cyanamid Co., Erf.: R. A. NAYLOR; C. **1959**, 9750.
[7] A.P. 2819255 (1955), Hercules Powder Co., Erf.: H. BOARDMAN; C. **1959**, 13337.
[8] A.P. 2444546 (1945), DuPont, Erf.: R. H. WALSH; Chem. Abstr. **42**, 7097ᵃ (1948).
[9] A.P. 1902005, 1975890 (1932), DuPont, Erf.: I. WILLIAMS u. A. M. NEAL.
[10] R. M. MURRAY u. D. C. THOMPSON, India Rubber Wld. **131**, 225 (1954).
J. L. HARTMAN u. D. C. THOMPSON, India Rubber Wld. **130**, 498 (1954).
H. FRITZ u. L. R. MAYO, Ind. eng. Chem. **44**, 831 (1952).
R. R. RADCLIFF, India Rubber Wld. **125**, 311 (1951).
[11] P. KOVIAC, Ind. eng. Chem. **47**, 1090 (1955).
D. E. ANDERSON u. R. G. ARNOLD, Ind. eng. Chem. **45**, 2727 (1953).
[12] M. A. SMOOK, Kautschuk u. Gummi **8**, 314 (1955).
L. R. MAYO, R. S. GRIFFIN u. W. N. KEEN, Ind. eng. Chem. **40**, 1977 (1948).
A. M. NEAL, H. G. BIMMERMAN u. J. R. VINCENT, Ind. eng. Chem. **34**, 1352 (1942).
[13] D. C. THOMPSON u. N. L. CATTON, Ind. eng. Chem. **42**, 892 (1950).
D. C. THOMPSON, R. H. BAKER u. R. W. BROWNLOW, Ind. eng. Chem. **44**, 850 (1952).
[14] Handelsbezeichnungen: Foto-Resist® (Eastman Kodak Co.), Copyrex® (AGFA, Leverkusen).
L. M. MINSK u. Mitarbb., J. Appl. Polymer Sci. **2**, 302 (1959).
E. M. ROBERTSON, W. P. VAN DEUSEN u. L. M. MINSK, J. Appl. Polymer Sci. **2**, 308 (1959).

kann dieser noch erheblich gesteigert werden[1]. Solche sind z. B. Michlers Keton, Benzophenon oder aromatische Nitroverbindungen.

Nach dem Auswaschen der unbelichteten Makromoleküle mit geeigneten Lösungsmitteln erhält man eine Abbildung in Form einer reliefartigen Kunststoffschicht, die direkt als Druckstock verwendbar ist. Man kann aber auch eine darunter befindliche Metalloberfläche nach den im graphischen Gewerbe üblichen Methoden anätzen und anschließend die belichteten Schichten ablösen.

Die hierfür in Frage kommenden makromolekularen Verbindungen enthalten vorwiegend entweder in oder an der Makrokette mehrmals die Gruppierung

$$-CH{=}CH{-}CO-$$

die unter Einfluß des Lichtes leicht zu Cyclobutanringen dimerisiert.

Dem Vernetzungsprinzip liegt also die altbekannte Lichtdimerisierung der Zimtsäure zur Truxillsäure zugrunde.

Aus der Vielzahl der für die Lichtvernetzung vorgeschlagenen Verbindungen seien genannt: Die Umsetzungsprodukte von Polyvinylalkohol bzw. anderen Hydroxygruppen enthaltenden Copolymerisaten mit Zimtsäurechlorid[2], p-Isocyanat-zimtsäureäthylester[3], p-Isocyanat-benzalacetophenon[4], 3- bzw. 4-(α-Cyan-cinnamoyl-amino)-phthalsäureanhydrid[5] oder 4-(β-Hydroxy-äthoxy)-benzaldehyd und Acetophenon[6] (weitere s. S. 725), die Umsetzungsprodukte der Copolymeren aus Styrol und Maleinsäureanhydrid mit p-Amino-zimtsäureestern[7], mit Zimtsäuremonoglykolestern[8], hydroxygruppenhaltigen Zimtsäureamiden[9] oder 4-Methoxy-4'-(β-hydroxy-äthoxy)-chalkon[10].

Die Typen, die mittels Säureanhydridderivaten erhalten werden, sind alkalilöslich und können daher auch aus wäßriger Lösung angewandt werden. Auch die Kondensationsprodukte aus Poly-(4-vinyl-acetophenon) mit Benzaldehyd[11] oder aus Polystyrol mit Zimtsäurechlorid[12] sind brauchbar, ebenso die auf S. 759 beschriebenen Addukte aus Isocyanatgruppen enthaltenden Polymeren[3] sowie Polyester bzw. Polyamide, die

---

[1] DAS. 1 079 453 ≡ E. P. 813 604 ≡ F. P. 1 143 067 (1955), Eastman Kodak Co., Erf.: L. M. Minsk u. W. P. van Deusen; C. **1959**, 6687.
E. M. Robertson, W. P. van Deusen u. L. M. Minsk, J. Appl. Polymer Sci. **2**, 308 (1959).
A. P. 2 610 120 (1950) ≡ E. P. 713 947 ≡ F. P. 62 706/1 004 922, Eastman Kodak Co., Erf.: L. M. Minsk, W. P. van Deusen u. E. M. Robertson; C. **1955**, 4023.

[2] A. P. 2 725 372 (1951) ≡ E. P. 717 709 (1952), Eastman Kodak Co., Erf.: L. M. Minsk.

[3] DAS. 1 063 802/3 ≡ E. P. 822 861 ≡ F. P. 1 185 357 (1956), Farbf. Bayer, Erf.: W. D. Schellenberg, O. Bayer, H. Rinke u. W. Siefken; C. **1960**, 11 176.

[4] DAS. 1 067 219 ≡ F. P. 1 168 217 (1955), Farbf. Bayer, Erf.: W. D. Schellenberg u. H. Bartl.

[5] A. P. 2 861 057 (1956), Eastman Kodak Co., Erf.: S. H. Merrill u. D. A. Smith.

[6] A. P. 2 824 084 (1955) ≡ E. P. 825 948 ≡ F. P. 1 157 314, Eastman Kodak Co., Erf.: C. C. Unruh u. D. A. Smith; C. **1960**, 2748.

[7] A. P. 2 811 509 (1954), Eastman Kodak Co., Erf.: D. A. Smith, A. C. Smith jr. u. C. C. Unruh.

[8] A. P. 2 835 656 (1953), Eastman Kodak Co., Erf.: C. C. Unruh u. D. A. Smith; C **1960**, 1346.

[9] A. P. 2 751 373 (1953), Eastman Kodak Co., Erf.: C. C. Unruh u. D. A. Smith; C. **1957**, 13 536.

[10] A. P. 2 816 091 (1955) ≡ E. P. 820 173, Eastman Kodak Co., Erf.: A. C. Smith jr., J. L. R. Williams u. C. C. Unruh; C. **1959**, 7684.

[11] A. P. 2 716 097; 2 716 102 (1951) ≡ DAS. 1 042 231 ≡ E. P. 723 602 ≡ F. P. 1 086 269 (1952); A. P. 2 716 103 (1951) ≡ DAS. 1 052 688 ≡ E. P. 723 603 ≡ F. P. 1 114 269 (1952), Eastman Kodak Co., Erf.: C. C. Unruh u. C. F. H. Allen; C. **1957**, 1575.

[12] A. P. 2 708 665 (1951), Eastman Kodak Co., Erf.: C. C. Unruh; C. **1956**, 4030.

aus bifunktionellen Zimtsäure- bzw. Chalkonderivaten durch Polykondensation erhalten werden[1].

Statt Zimtsäure- können auch Furylacrylsäurederivate eingesetzt werden[2].

Auch filmbildende Polymere, die Azidgruppen enthalten[3] sind lichtreaktiv (vgl. S. 725).

10. Thermischer Abbau von Polymerisaten (Pyrolyse)

Polymerisate werden durch Energiezufuhr in Form von ultraviolettem Licht[4], mechanischer Deformation[5], Ultraschall[6], Wärme und teilweise auch durch die bei Kernumwandlungen auftretenden Strahlen[7] abgebaut. Wärmebehandlung[8] bewirkt bei vielen Polymerisaten, wenn auch teilweise unter drastischen Bedingungen, eine vollständige Depolymerisation zu Monomeren oder zumindest die Bildung niedrigmolekularer Spaltprodukte.

Die Ausbeute an Monomeren sowie die untere Temperaturschwelle, bei der ein wirksamer thermischer Abbau eintritt, sind von der Art des Polymerisates abhängig. In Gegenwart von Sauerstoff[9] tritt durch den Zerfall von intermediär gebildeten Peroxyden die Depolymerisation bei niedrigerer Temperatur ein als beim Arbeiten im Vakuum und führt infolge von Nebenreaktionen in vielen Fällen zu einer geringen Monomerenausbeute.

[1] DAS. 1099732 (1958), Farbf. Bayer, Erf.: W. Thoma u. H. Rinke.
DAS. 1119510 ≡ E.P. 838547 (1956), Farbf. Bayer, Erf.: O. Bayer u. W. D. Schellenberg.
[2] F.P. 1004922 (1949), Kodak-Pathé; C. 1954, 5676.
[3] DAS. 1053782 ≡ F.P. 1159953 (1956), Eastman Kodak Co., Erf.: S. H. Merrill u. C. C. Unruh.
[4] P. R. E. J. Cowley u. H. W. Melville, Pr. roy. Soc. (A) 211, 320, 461 (1952).
Shick Wei, J. physic. Colloid Chem. 53, 468 (1949).
M. I. Frolova u. A. V. Ryabov, Vysokomolekulyarnye Soedineniya 1, 1453 (1959).
[5] H. Staudinger u. W. Heuser, B. 67, 1159 (1934).
K. Hess, E. Steurer u. H. Fromm, Kolloid-Z. 98, 148, 290 (1942).
A. B. Bestul u. H. V. Belcher, J. appl. Physics 24, 1011 (1953).
A. A. Berlin u. B. S. El'tsefon, Vysokomolekulyarnye Soedineniya 1, 688 (1959).
F. Rodriguez u. C. C. Winding, Ind. eng. Chem. 51, 1281 (1959).
D. J. Angier, R. J. Ceresa u. W. F. Watson, Chem. and Ind. 1958, 593.
R. J. Ceresa, Plastics Inst. (London), Trans. and J. 28, Nr. 7, 202 (1960); Polymer 1, 72 (1960).
W. R. Johnson u. C. C. Price, J. Polymer Sci. 45, 217 (1960).
[6] G. Schmid, G. Paret u. H. Pfleiderer, Kolloid-Z. 124, 150 (1951).
H. H. Jellinek u. G. White, J. Polymer Sci. 6, 745; 7, 21 (1951).
P. Alexander u. M. Fox, J. Polymer Sci. 12, 533 (1954).
A. Henglein, Makromolekulare Chem. 18/19, 37 (1956).
G. Gooberman, J. Polymer Sci. 42, 25 (1960).
G. Gooberman u. J. Lamb, J. Polymer Sci. 42, 35 (1960).
D. W. Ovenall, J. Polymer Sci. 42, 455 (1960).
[7] L. A. Wall u. M. Magat, Mod. Plastics 30, Nr. 11, 111 (1953).
G. J. Dienes, J. appl. Physics 24, 666 (1953).
F. A. Bovey, The Effects of Ionizing Radiation on Natural and Synthetic High Polymers, Interscience Publ., Inc., New York 1958.
A. M. Kotliar, J. Appl. Polymer Sci. 2, 134 (1959).
A. Todd, J. Polymer Sci. 42, 223 (1960).
E. Kollinson u. A. J. Swallow, Chem. Reviews 56, 471 (1956).
R. Harrington u. R. C. Giberson, Mod. Plastics 36, Nr. 3, 199 (1958).
D. J. Harmon, Rubber Age (N.Y.) 86, 251 (1959).
[8] H. H. Jellinek, Degradation of Vinylpolymers, Academic Press Inc., New York 1955.
N. Grassie, Chemistry of High Polymer Degradation Processes, Interscience Publ., Inc., New York 1956.
[9] R. B. Mesrobian u. A. V. Tobolsky, J. Polymer Sci. 2, 463 (1947).

α) Reaktionsmechanismus

Der thermische Abbau[1] von Polymeren kann mit der Crackung niedrigmolekularer Kohlenwasserstoffe verglichen werden, ein Vorgang, der auch bei Ausschluß von Sauerstoff über Radikale[2] verläuft.

Der Bruch kann erfolgen:

an einer sog. schwachen Stelle, die durch Verzweigung[3] (charakterisiert durch tertiäre oder quartäre Kohlenstoffatome) oder durch die Einwirkung von Sauerstoff gebildet wurde,

an den Endgruppen, die bei genügend hoher Temp. abgespalten werden

und schließlich an einer beliebigen Stelle des Polymerisates.

Maßgebend für den Verlauf des thermischen Abbaus sind Art und Struktur des Polymerisates. Mit *Polymethacrylaten* oder *Polymethacrylnitril* tritt Radikalbildung hautptsächlich am Kettenende[4] ein, so daß eine deutliche Verringerung des mittleren Molekulargewichtes erst nach der Bildung von beträchtlichen Mengen an Monomeren festgestellt werden kann. Polymerisate mit quartären Kohlenstoffatomen wie Polymethacrylate oder Polymethacrylnitril geben hohe Ausbeuten an Monomeren und depolymerisieren bei tieferen Temperaturen als solche mit tertiären Kohlenstoffatomen. Polyacrylate dagegen bilden kaum Monomere. Die Tatsache, daß *Polystyrol* verhältnismäßig leicht und in guter Ausbeute zum Monomeren depolymerisierbar ist, wird auf die Resonanzstabilisierung des bei der Pyrolyse gebildeten Radikals zurückgeführt.

Wenn jedoch die Bindungsenergie der Seitengruppen geringer ist als die der Kohlenstoff-Kohlenstoff-Bindungen in der Kette, so werden die Seitengruppen bevorzugt abgespalten, wodurch die Ausbeute an Monomeren praktisch Null wird. So spalten *Polyvinylchlorid*[5], *Polyvinylidenchlorid*[5] und *Poly-2-chlor-butadien*[6] leicht Chlorwasserstoff ab, *Polyacrylnitril*[7] Blausäure, *Polyvinylacetat*[8] Essigsäure und *Polyvinylalkohol*[9] Wasser. Man erhält einen kohleartigen Rückstand mit ungesättigten Bindungen.

Auch die Endgruppen der Molekelketten haben Einfluß auf die Geschwindigkeit der Pyrolyse. Mit verschiedenartigen Polymethacrylsäuremethylestern, die durch photochemische Polymerisation, mit Dibenzoylperoxyd oder mit 2,3-Diphenyl-bernsteinsäuredinitril als Katalysatoren hergestellt wurden, stellten sich bei der Pyrolyse folgende Ergebnisse[10] ein (s. Tab. 40, S. 808).

Die Abbaugeschwindigkeit des photochemisch hergestellten Polymerisates mit gesättigten und ungesättigten Endgruppen bleibt während der gesamten Reaktion

[1] Brit. Plastics **33**, 473, 485 (1960).
   H. L. Friedman, J. Polymer Sci. **45**, 119 (1960).
[2] H. S. Tailor u. A. V. Tobolsky, Am. Soc. **67**, 2063 (1948).
[3] R. Simha, L. A. Wall u. P. J. Blatz, J. Polymer Sci. **5**, 615 (1950).
[4] N. Grassie u. H. W. Melville, Discuss. Faraday Soc. **2**, 378 (1947).
   Kinetik s. A. Brockhaus u. E. Jenckel, Makromolekulare Chem. **18/19**, 262 (1956).
[5] R. R. Stromberg, S. Straus u. B. G. Achhammer, J. Polymer Sci. **35**, 355 (1959).
   D. E. Winkler, J. Polymer Sci. **35**, 3 (1959).
[6] L. A. Wall, J. Res. Bur. Stand. **41**, 315 (1948).
[7] W. Kern u. H. Fernow, J. pr. [2] **160**, 281 (1942).
   W. J. Burlant u. J. L. Parsons, J. Polymer Sci. **22**, 249 (1956).
[8] N. Grassie, Chem. and Ind. **1954**, 161; Trans. Faraday Soc. **48**, 379 (1952); **49**, 835 (1953).
[9] B. Kaesche-Krischer u. H. J. Heinrich, Chemie-Ing.-Techn. **32**, 598 (1960).
[10] N. Grassie u. H. W. Melville, Discuss. Faraday Soc. **2**, 378 (1947); Bull. Soc. chim. belges **57**, 142 (1948).

Tab. 40. Geschwindigkeit der Pyrolyse von Polymethacrylsäuremethylestern

Polymerisationskatalysator	Geschwindigkeit des Abbaus [cm³ Monomeres/Stde.]
Licht	0,0650
Dibenzoylperoxyd	0,0440
2,3-Diphenyl-bernsteinsäuredinitril	0,0025

etwa 50% größer als die der mit Peroxyd erhaltenen Probe, deren aromatische Endgruppen vermutlich den Start zum Abbau verzögern. Besonders stark ist der verzögernde Einfluß der Diphenyl-cyan-methylgruppen.

Einen Überblick über die thermische Stabilität verschiedener Polymerer bei hohen Temperaturen gibt Tab. 41, die aber keine Aussage über die maximal zulässigen Gebrauchstemperaturen dieser Materialien erlaubt! Diese liegen erheblich niedriger.

Tab. 41. Einige Daten über den thermischen Abbau verschiedener Polymerisate[1]

Polymerisat	Temperatur * [°C]	Gew.-Abnahme [%/Min. bei 350°]	Aktivierung-energie [kcal/Mol]
Polytetrafluoräthylen	509	0,000002	81
Poly-p-xylol	432	0,002	73
Polybenzyl	430	0,006	50
Polymethylen	414	0,004	72
Polytrifluoräthylen	412	0,017	53
Polybutadien	407	0,022	62
Polyäthylen (verzweigt)	404	0,008	63
Polypropylen	387	0,069	58
Poly-(trifluor-chlor-äthylen)	380	0,044	57
Copolymerisat aus *Butadien* mit 23,5% *Styrol* . .	374	—	—
Poly-(β-deutero-styrol)	372	0,14	56
Polyvinylcyclohexan	369	0,45	49
Polystyrol	364	0,24	55
Poly-(α-deutero-styrol)	362	0,27	55
Copolymerisat aus *Butadien* mit 31% *Acrylnitril* .	360	—	—
Poly-(m-methyl-styrol)	358	0,90	56
Polyisobutylen	348	2,7	49
Polyäthylenoxyd	345	2,1	46
Poly-(α,β,β-trifluor-styrol)	342	2,4	64
Polyacrylsäuremethylester	328	10	34
Polymethacrylsäuremethylester	327	5,2	52
Polyacrylnitril	316		
Polypropylenoxyd (isotaktisch)	313	20	35
Polypropylenoxyd (ataktisch)	295	5	20
Poly-(α-methyl-styrol)	286	228	55
Polyvinylacetat	269	—	17
Polyvinylalkohol	268		—
Polyvinylchlorid	260	170	32

* Temperatur, bei der nach 30 Min. langem Erhitzen i. Vak. eine Gewichtsabnahme von 50% eintritt.

[1] B. G. ACHHAMMER, M. TRYON u. G. M. KLINE, Mod. Plastics **37**, Nr. 4, 131 (1959).
S. STRAUS u. S. L. MADORSKY, J. Res. Bur. Stand. **61**, 77 (1958).
B. G. ACHHAMMER u. G. M. KLINE, Kunstst. **49**, 600 (1959).
S. L. MADORSKY, SPE Journal **17**, 665 (1961).

β) Methoden des thermischen Abbaus von Polymerisaten

Zur Vermeidung sekundärer Reaktionen ist es stets vorteilhaft, das gebildete Monomere schnell aus dem Reaktionsgefäß zu entfernen. Dies geschieht durch Arbeiten im Vakuum oder durch Einleiten von überhitztem Dampf[1]. Schnelles Erhitzen auf höhere Temperaturen fördert die Ausbeute stärker als längeres Erhitzen bei niedriger Temperatur. Durch die Zugabe von Inhibitoren kann die Polymerisation der gebildeten Monomeren vermieden werden.

Wegen des thermoplastischen Charakters vieler Polymerisate erhält man oft hochviscose Schmelzen, die an der Kesselwand zusammenbacken und die Wärme schlecht leiten. Durch Zugabe von inerten Mitteln wie Sand[2], hochsiedenden Weichmachern[3], leicht schmelzenden Salzen oder Metallen[4] kann die Wärmeleitfähigkeit verbessert werden. Eine einfache Apparatur, die auch zum thermischen Abbau von Polymerisaten aus konjugierten Dienen geeignet ist, wurde von B. B. S. T. Boonstra und G. J. van Amerongen[5] angegeben. Für das Arbeiten mit kleinen Substanzmengen wurden ebenfalls geeignete Apparaturen[6] empfohlen. Hierbei kann das feste Polymerisat oder auch seine Lösung in thermisch stabilen Lösungsmitteln angewandt werden, wobei die Lösung kontinuierlich zugesetzt wird.

γ) Beispiele für den thermischen Abbau

γ₁) von Polymerisaten, die keine oder nur geringe Mengen an Monomeren bilden

Eine Übersicht über den thermischen Abbau von Polymerisaten, die keine oder nur geringe Mengen an Monomeren bilden, gibt Tab. 42 (S. 810). Soweit Einzelheiten daraus nicht erkennbar sind, werden von diesen Polymerisaten die wichtigsten im Anschluß an die Tabelle besprochen.

Die in der Literatur gemachten Angaben über den Pyrolysebeginn sind miteinander nicht vergleichbar und oft irreführend. Unter Pyrolysebeginn wird meist die Temperatur registriert, bei der ein deutlicher Gewichtsverlust bzw. Zersetzung eintritt. Die maximal zulässige Gebrauchstemperatur von Polymeren (nicht zu verwechseln mit dem Erweichungspunkt) liegt erheblich unterhalb des eigentlichen Pyrolysebeginns.

αα) Thermischer Abbau von Polyolefinen

Hochdruckpolyäthylen von der Dichte 0,92–0,93 (verzweigt) ist beim Erhitzen im Vakuum bis etwa 290° stabil[7]. Erst bei 360° verringert sich das Molekulargewicht, wobei leicht flüchtige Verbindungen und eine hochsiedende Fraktion gebildet werden. Bei 475° verflüchtigen sich etwa 99% der Einsatzmenge[8]. Unter den leicht flüchtigen Abspaltungsprodukten, die in einer Menge von 3–4% entstehen, wurden durch Massenspektroskopie etwa 30 verschiedene Verbindungen[9] nachgewiesen. Unter

[1] DRP. 729730 (1940), Röhm & Haas GmbH., Erf.: C. T. Kautter u. W. Leitenberger.
[2] DRP. 642289 (1935), Röhm & Haas GmbH., Erf.: P. Weisert; Frdl. **23**, 1621 (1936).
[3] A.P. 2470361 (1945), Gem Participations Inc., Erf.: I. Miller u. A. L. Beiser.
[4] A.P. 2248512 (1939), Distillers Co. Ltd., Erf.: T. B. Philip, H. M. Stanley u. W. L. Wood.
[5] B. B. S. T. Boonstra u. G. J. van Amerongen, Ind. eng. Chem. **41**, 161 (1949).
[6] J. Haslam u. W. Soppet, Analyst **75**, 63 (1950).
    L. A. Wall, J. Res. Bur. Stand. **41**, 315 (1948).
[7] W. G. Oakes u. R. B. Richards, Soc. **1949**, 2929; **1952**, 4492.
    D. A. Anderson u. E. S. Freeman, J. Polymer Sci. **54**, 253 (1961).
[8] S. L. Madorsky, J. Polymer Sci. **9**, 133 (1952).
[9] L. A. Wall, J. Res. Bur. Stand. **41**, 315 (1948).
    S. L. Madorsky u. Mitarbb., J. Res. Bur. Stand. **42**, 449 (1949).

Tab. 42. Thermischer Abbau von Polymerisaten, die keine oder nur wenig Monomere bilden

Polymerisat	Vollständige Pyrolyse [°C]	Vak. oder Normaldruck	Monomeres, bezogen auf Polymerisat [%]	Andere Spaltprodukte		Rückstand	Literatur
				niedrigsiedende	hochsiedende		
Polyäthylen	475	Vak.	0,5	ges. und unges. Kohlenwasserstoffe (C₃ bis C₁₅)	vaselineähnliche Fraktion (96%), Mol.-Gew. etwa 690		S. L. Madorsky u. Mitarbb., J. Polymer Sci. 4, 639 (1949). W. G. Oakes u. R. B. Richards, Soc. 1949, 2929. L. A. Wall u. Mitarbb., Am. Soc. 76, 3430 (1954).
Polypropylen	410	Vak.	etwa 2	ges. und unges. Kohlenwasserstoffe	vaselineähnliche Fraktion (97%), Mol.-Gew. etwa 700		L. A. Wall u. S. Straus, J. Polymer Sci. 44, 313 (1960).
Poly-methylvinyläther	428	Vak.	0,0	Methanol, Wasser	sauerstoffhaltige Bestandteile	17% Kohle	H. Hopff, Kunstst. 42, 423 (1952).
Poly-äthylvinyläther	428	Stickstoff	etwa 2,0	Äthanol, Wasser	sauerstoffhaltige Bestandteile	6% Kohle	H. Hopff, Kunstst. 42, 423 (1952).
Poly-methylvinylketon	360	Stickstoff	0,0	Wasser, 1-Methylcyclohexen-(1)-on-(3)		62% rot, glasig, löslich in Aceton	C. S. Marvel u. C. L. Levesque, Am. Soc. 60, 280 (1938).
Poly-methylisopropenylketon	300	Stickstoff	wenig	Wasser, Dimeres		braun	C. S. Marvel, E. H. Riddle u. J. O. Corner, Am. Soc. 64, 92 (1942).
Polyvinylacetat	280	Vak.	0,0	Essigsäure, Kohlenwasserstoffe		kohleartiger Rückstand	N. Grassie, Trans. Faraday Soc. 48, 379 (1952); 49, 835 (1953).
Polyvinylfluorid	250 (explosiv)	Vak.	0,0	Fluorwasserstoff	wachsähnliche Fraktion	kein Rückstand	S. L. Madorsky u. Mitarbb., J. Res. Bur. Stand. 51, 327 (1953).
Polyvinylchlorid	440	Stickstoff	0,0	51,9% Chlorwasserstoff, unges. Kohlenwasserstoffe	unges. Kohlenwasserstoffe	23% mit 1,2% Chlor	H. Hopff, Kunstst. 42, 423 (1952). R. R. Stromberg u. Mitarbb., J. Polymer Sci. 35, 355 (1959).
Polyvinylidenchlorid	440	Stickstoff	0,0	67,5% Chlorwasserstoff, wenigflüchtige Produkte		28% mit 12,1% Chlor	H. Hopff, Kunstst. 42, 423 (1952).
Polyacrylsäurenitril	350	Stickstoff	4,8	Blausäure, Ammoniumcyanat, stickstoffhaltige Produkte	stickstoffhaltige Fraktion	66% Kohle	W. Kern u. H. Fernow, J. pr. [2] 160, 281 (1942). E. M. Lacombe, J. Polymer Sci. 24, 152 (1957).

Polyacrylsäuremethylester	390	Vak.	etwa 1,0	etwa 18% Methanol, Dimethyläther, Kohlendioxyd, Kohlenmonoxyd, Methan, flüssige sauerstoffhaltige Verbindungen	hochsiedende Fraktion, Mol.-Gew. 633	wenig Kohle	S. STRAUS u. S. L. MADORSKY, J. Res. Bur. Stand. **50**, 165 (1953); J. Polymer Sci. **11**, 501 (1953).
Polyacrylsäureäthylester	390	Vak.	etwa 3,0	etwa 19% Ameisensäureäthylester, etwa 19% Äthanol, flüssige sauerstoffhaltige Verbindungen		11% Kohle	H. HOPFF, Kunstst. **42**, 423 (1952).
Poly-(α-chloracrylsäure-sek.-butylester)		Vak.	0,0	Chlorwasserstoff, sek.-Butanol, Butene		in Alkalien löslich	J. W. CRAWFORD u. D. PLEUT, Soc. **1952**, 4492.
Polymethacrylsäure		Vak.	0,2	Wasser		Polymethacrylsäureanhydrid	D. H. GRANT u. N. GRASSIE, Polymer **1**, 125 (1960).
Polymethacrylsäure-tert.-butylester	250	Vak.	0,0	Wasser, Isobutylen		Polymethacrylsäureanhydrid	J. W. CRAWFORD, J. Soc. chem. Ind. **68**, 201 (1949). D. H. GRANT u. N. GRASSIE, Polymer **1**, 445 (1960). S. a. DAS. 1109883 (1957), BASF, Erf.: W. BAUMEISTER, R. GÄTH u. A. SCHWARZ.
Polyvinylcarbazol	400	Vak.	0,0	Acetylen	fast quantitativ Carbazol		H. HOPFF, Kunstst. **42**, 423 (1952).
Polybutadien	470	Vak.	1,6	ges., unges., aliphatische, cycloaliphatische Kohlenwasserstoffe, Vinylcyclohexen	Fraktion vom Mol.-Gew. 666–784 (93%)	wenig	L. A. WALL, J. Res. Bur. Stand. **41**, 315 (1948). S. L. MADORSKY u. Mitarbb., J. Res. Bur. Stand. **42**, 499 (1949).
Polychloropren		Vak.	0,0	Chlorwasserstoff und andere Bestandteile		viel	B.B.S.T. BOONSTRA u. G. J. VAN AMERONGEN, Ind. eng. Chem. **41**, 161 (1949).

diesen ist das Monomere nur in einem sehr geringen Anteil vorhanden. Im wesentlichen handelt es sich um n-Alkane, n-Alkene, Diene sowie cycloaliphatische Kohlenwasserstoffe mit maximal 15 Kohlenstoffatomen. Die hochsiedende, teilweise ungesättigte Fraktion[1] bildet sich bei 475° in einer Menge von 96% und hat ein mittleres Molekulargewicht von 690.

Die Geschwindigkeit der Depolymerisation fällt mit zunehmender Bildung von flüchtigen Produkten kontinuierlich ab. Im Gegensatz dazu zeigt *Polymethylen*[2] ein Maximum der Reaktionsgeschwindigkeit, wenn sich etwa 20% der eingesetzten Menge verflüchtigt haben. Ähnlich verhält sich *lineares Polyäthylen*[3] von der Dichte 0,94–0,96, das langsamer als verzweigtes Polyäthylen depolymerisiert. Die hochsiedenden Verflüchtigungsprodukte des linearen Polyäthylens können in einer Menge bis zu 97% vom Einsatz erhalten werden. Ihr mittleres Molekulargewicht beträgt 690–700. Sie zeichnen sich durch hohe Härte und hohe Erweichungspunkte bei niedriger Schmelzviscosität[4] aus und können Polystyrol zur Verbesserung der Fließeigenschaften[5] in einer Menge bis 15% zugesetzt werden, wobei die Transparenz erhalten bleibt. Durch 10–30 Sekunden langes Erhitzen von linearem Polyäthylen auf 360 bis 450° tritt unter Verringerung des mittleren Molekulargewichtes eine partielle Depolymerisation[6] ein.

Polypropylen kann im Temperaturbereich von 300–412° pyrolysiert[7] werden. Während bei verzweigtem Polypropylen die Reaktionsgeschwindigkeit mit steigender Menge der verflüchtigten Produkte abnimmt, zeigt lineares Polypropylen ein Maximum der Reaktionsgeschwindigkeit[3], wenn etwa 42% des Ausgangsmaterials verflüchtigt wurden. Metallreste, die im linearen Polypropylen von der Polymerisation her vorhanden sein können, haben keinen Einfluß[8] auf den Abbauprozeß. Die Pyrolysenprodukte sind komplexe Mischungen von gesättigten und ungesättigten Kohlenwasserstoffen (C_1–C_{70}). An leicht flüchtigen Verbindungen[9] entstehen u. a. Isobutylen, Penten und etwa 2% Propylen.

Durch thermische Behandlung auf einer Kautschukwalze wird bei 170° das mittlere Molekulargewicht des linearen Polypropylens bereits nach wenigen Minuten deutlich verringert[10]. Hierbei tritt noch kein Gewichtsverlust auf. Das teilweise abgebaute Polypropylen ist leichter verarbeitbar, hat gute mechanische Eigenschaften und kann zur Herstellung von transparent bleibenden Folien verwendet werden. Der Abbau kann auch so erfolgen, daß man das Polymerisat in einer Stickstoffatmosphäre[11] auf 250–300° und in Gegenwart von Sauerstoff auf 150–180° erhitzt. Setzt

[1] S. L. MADORSKY u. Mitarbb., J. Polymer Sci. **4**, 639 (1949).
   S.a. A.P. 2372001 (1942), DuPont, Erf.: R. M. JOYCE; Chem. Abstr. **39**, 5132⁶ (1945).
[2] L. A. WALL u. Mitarbb., Am. Soc. **76**, 3430 (1954).
[3] L. A. WALL u. S. STRAUS, J. Polymer Sci. **44**, 313 (1960).
   K. WISSEROTH, Ang. Ch. **72**, 866 (1960).
[4] Belg.P. 559749 ≡ F.P. 1180783 (1957), Farbw. Hoechst.
[5] E.P. 817135 (1956), Phillips Petroleum Co.; Chem. Abstr. **53**, 23090ʰ (1959).
[6] E.P. 828065 ≡ Belg.P. 566339 (1958), Union Carbide Corp., Erf.: J. J. SMITH, W. A. MILLER u. F. P. REDING.
[7] L. A. WALL u. R. E. FLORIN, J. Res. Bur. Stand. **60**, 451 (1958).
[8] S. A. ROGOWIN u. T. W. DRUSHININA, Chem. Průmysl **1959**, Nr. 4, 24.
[9] V. D. MOISEEV, M. B. NEIMAN u. A. I. KRYUKOVA, Vysokomolekulyarnye Soedineniya **1**, 1552 (1959).
[10] DAS. 1031960 (1956), Farbw. Hoechst, Erf.: A. GUMBOLDT u. E. GRAMS; C. **1959**, 4643.
[11] DAS. 1100275 ≡ F.P. 1168954 ≡ E.P. 835038 ≡ Belg.P. 553174 (1956), Montecatini S.G., Erf.: D. MARAGLIANO u. E. DI GIULIO; Chem. Abstr. **54**, 21862ʰ (1960).

man der Schmelze nach Erreichen der gewünschten Viscosität *Thio-bis-phenole*, *Alkylphenole* oder *Dialkyl-zinn-dialkylmercaptide* als Stabilisatoren[1] zu, so läßt sich die Schmelze ohne weiteren Abbau leicht verformen.

ββ) Thermischer Abbau von Polyvinylchlorid

Polyvinylchlorid spaltet beim Erhitzen auf 140°, in einer Sauerstoffatmosphäre schneller als unter Stickstoff[2], Chlorwasserstoff ab. Bei Temperaturen um 300° wird die Chlorwasserstoffbildung nahezu quantitativ[3], wobei sich im Destillat geringe Mengen von gesättigten und ungesättigten aliphatischen Kohlenwasserstoffen mit fünf und weniger Kohlenstoffatomen sowie Benzol nachweisen lassen. Durch Temperatursteigerung auf 400° wird die Menge der Kohlenwasserstoffe[4] größer. Es bilden sich gesättigte und ungesättigte aliphatische sowie chlorhaltige Kohlenwasserstoffe bis zum Octadien neben Benzol, Toluol, Propyl- und Propenylbenzol, außerdem Wasserstoff und Kohlenmonoxyd. Die Abspaltung des Chlorwasserstoffs führt zu einer Häufung von Doppelbindungen, wobei die Farbe mit fortschreitender Reaktion von braun nach schwarz übergeht. *Polyvinylidenchlorid*[5] ist noch weniger stabil als Polyvinylchlorid.

γγ) Thermischer Abbau von Polyacrylnitril

Erhitzt man Polyacrylnitril im Vakuum auf Temperaturen unter 210°, so tritt unter den flüchtigen Abspaltungsprodukten nur Ammoniak[6] auf. Erst bei höherer Temperatur läßt sich auch Blausäure[7] nachweisen. Nach 250 Minuten langem Erhitzen auf 270° werden etwa 8% des im Ausgangsmaterial vorhandenen Stickstoffs als Ammoniak und 3% als Blausäure abgespalten. Größere Mengen an Destillat erhält man bei Temperaturen über 250°. Dieses enthält u. a. Vinylacetonitril[8], Pyrrol, Acetonitril, Propionitril, Butyronitril, α-Methyl-glutarsäuredinitril[9] sowie eine stickstoffhaltige hochsiedende ungesättigte Fraktion vom mittleren Molekulargewicht 300.

Beim Erhitzen auf 265° im Vakuum tritt eine stürmische Zersetzung[10] ein, wobei sich 31,6% flüchtige Produkte bilden. Der Rückstand ist dann nur noch in Mineralsäuren und Ameisensäure löslich.

Gleichzeitig mit der Depolymerisation setzt auch eine Farbänderung des Rückstandes über gelb nach orange, rot und schwarz ein. Bevor eine Verfärbung eintritt,

[1] Belg. P. 582888 (1959), Argus Chemical Corp., Erf.: A. C. HECKER u. N. L. PERRY.
[2] D. DRUSEDOW u. C. F. GIBBS, Mod. Plastics **30**, Nr. 10, 123 (1953).
  N. GRASSIE, Chem. and Ind. **1954**, 161.
  G. TALAMINI u. G. PEZZIN, Makromolekulare Chem. **39**, 26 (1960).
  H. A. FRYE u. R. W. HORST, J. Polymer Sci. **45**, 1 (1960).
  B. BAUM, SPE Journal **17**, 71 (1961).
  V. W. FUCHS u. D. LOUIS, Makromolekulare Chem. **22**, 1 (1957).
  G. M. DYSON, J. A. HORROCKS u. A. M. FERNLEY, Plastics **26**, 124 (1961).
[3] R. R. STROMBERG, S. STRAUS u. B. G. ACHHAMMER, J. Polymer Sci. **35**, 355 (1959).
  D. E. WINKLER, J. Polymer Sci. **35**, 1 (1959).
[4] R. R. STROMBERG, S. STRAUS u. B. G. ACHHAMMER, J. Res. Bur. Stand. **60**, 147 (1958).
[5] H. HOPFF, Kunstst. **42**, 423 (1952).
  B. DOLEŽEL u. J. ŠTEPEK, Chem. Průmysl **10**, 381 (1960).
[6] W. J. BURLANT u. J. L. PARSONS, J. Polymer Sci. **22**, 249 (1956).
[7] W. KERN u. H. FERNOW, J. pr. [2] **160**, 281 (1942).
[8] S. STRAUS u. S. L. MADORSKY, J. Res. Bur. Stand. **61**, 77 (1958).
[9] H. ZAHN u. P. SCHÄFER, Makromolekulare Chem. **30**, 225 (1959).
[10] J. P. KENNEDY u. C. M. FONTANA, J. Polymer Sci. **39**, 501 (1959).

verliert der Rückstand die Löslichkeit[1] in Dimethylformamid. Während sich die Zahl der Nitrilgruppen verringert, entstehen in steigendem Maße konjugierte C=N-Bindungen. Selbst nach 300 Minuten langem Erhitzen auf 320° sind noch 14,9% Stickstoff[2] im Rückstand vorhanden. Vermutlich bilden sich zunächst teilweise reduzierte Pyridin- und Naphthyridinringe[2,3], die bei Temperaturen über 300° in stabile aromatisierte Ringsysteme umgewandelt werden. Diese entstehen auch bei 100° nach Zugabe von Dibutylamin[4] zum Polyacrylnitril, wobei eine gelbe Verfärbung eintritt. Bei der thermischen Behandlung von *Polymethacrylnitril* bilden sich ähnliche Ringsysteme[5]. Es ist auch versucht worden, die Unlöslichkeit des Rückstandes nach der Depolymerisation durch eine cyclisierende Vernetzung[6] zu deuten.

$\delta\delta$) Thermischer Abbau von Polymerisaten und Copolymerisaten konjuguierter Diene

Die Abspaltung niedrigmolekularer Bruchstücke beginnt beim Polybutadien (sterisch uneinheitliches Polymerisat) im Vakuum bei 355°. Zur vollständigen Pyrolyse sind aber 475° erforderlich[7]. Unter den leichtflüchtigen Produkten, die in einer Gesamtmenge von 6,3% entstehen, sind neben gesättigten und ungesättigten aliphatischen und cycloaliphatischen Kohlenwasserstoffen mit ein bis sieben Kohlenstoffatomen nur geringe Mengen von Butadien und Vinylcyclohexen nachweisbar. Als wesentlicher Bestandteil der Pyrolyseprodukte wird eine hochsiedende, wachsähnliche Fraktion vom Molekulargewicht 700—800 gebildet. In den Pyrolysenprodukten des Copolymerisates aus *Butadien* mit 23,5% *Styrol*[8] wurden außer den bei Polybutadien genannten Verbindungen auch geringe Mengen an Styrol und Toluol nachgewiesen. Das Copolymerisat aus *Butadien* mit 31% *Acrylnitril* ist schwieriger als Polyacrylnitril[9] zu cracken. Es bilden sich im wesentlichen die bei Polybutadien und Polyacrylnitril genannten Spaltprodukte.

γ_2) *Thermischer Abbau von Polymerisaten, die Monomere in größerer Menge bilden*
$\alpha\alpha$) Polyisobutylen

Polyisobutylen wird im Vakuum[10] bereits bei Temperaturen um 150° abgebaut. Jedoch ist bei dieser Temperatur nur ein geringer Gewichtsverlust feststellbar. Bei 300° beginnt die Abspaltung gasförmiger Produkte und erst bei 400° wird der thermische Abbau[11] vollständig. Die Ausbeute an Monomeren[12] beträgt unter günstigen

[1] N. GRASSIE, J. Polymer Sci. **48**, 79 (1960).
[2] W. J. BURLANT u. J. L. PARSONS, J. Polymer Sci. **22**, 249 (1956).
[3] N. GRASSIE, J. N. HAY u. I. C. McNEILL, J. Polymer Sci. **31**, 205 (1958).
   Vgl. a. R. HOUTZ, Textile Res. J. **20**, 786 (1950).
   J. R. McCARTNEY, Mod. Plastics **30**, Nr. 11, 118 (1953).
   Y. TSUDA, Bl. chem. Soc. Japan **34**, 1046 (1961).
   N. GRASSIE u. J. N. HAY, J. Polymer Sci. **56**, 189 (1962).
[4] E. M. LACOMBE, J. Polymer Sci. **24**, 152 (1957).
[5] N. GRASSIE u. I. C. McNEILL, J. Polymer Sci. **27**, 207 (1958).
[6] J. SCHURZ u. H. STÜBCHEN, Z. El. Ch. **61**, 754 (1957).
   J. SCHURZ, J. Polymer Sci. **28**, 438 (1958).
[7] L. A. WALL, J. Res. Bur. Stand. **41**, 315 (1948).
[8] S. L. MADORSKY u. Mitarbb., J. Polymer Sci. **4**, 639 (1949).
[9] S. STRAUS u. S. L. MADORSKY, J. Res. Bur. Stand. **61**, 77 (1958); Rubber Chem. Technol. **32**, 748 (1959).
[10] R. M. THOMAS u. Mitarbb., Ind. eng. Chem. **32**, 290 (1944).
[11] S. L. MADORSKY u. Mitarbb., J. Res. Bur. Stand. **42**, 499 (1949).
[12] B. B. S. T. BOONSTRA u. G. J. VAN AMERONGEN, Ind. eng. Chem. **41**, 161 (1949).

Bedingungen bis zu 46%. Neben Isobutylen treten hierbei in geringer Menge Isobutan, Pentan, Neopentan wie auch Di- und Trimere sowie größere Mengen hochsiedender Spaltprodukte auf, die aus neun bis zehn Monomereneinheiten[1] bestehen.

ββ) Thermischer Abbau von Polyinden

Beim Erhitzen auf 350° entstehen aus Polyinden bei Normaldruck 40% Inden neben 40% anderer flüchtiger Bestandteile, unter denen Truxen[2] nachgewiesen wurde.

γγ) Thermischer Abbau von Polystyrol und Polymerisaten aus substituierten Styrolen

Der thermische Abbau von Polystyrol ist Gegenstand vieler Untersuchungen[3]. Die Spaltprodukte, die im Vakuum bei 300–500° entstehen, wurden zuerst von H. Staudinger u. Mitarb.[4] untersucht. Bei 300–350° bilden sich bei Normaldruck etwa 53% Monomeres[5], etwa 20% Distyrol als Dimeres neben einem Gemisch aus 2,4-Diphenyl-buten-(1) und 1,3-Diphenyl-propan sowie etwa 3,5% trimeres Styrol. Die Ausbeute an höher siedenden Bestandteilen wird bei 400–500° geringer. Die Monomerenausbeute kann im kontinuierlich ausgeführten technischen Verfahren[6] bis zu 65% betragen. *Poly-(α-methyl-styrol)* bildet bei 350° fast quantitativ Monomeres, *Poly-(m-methyl-styrol)* bei 390° etwa 44% m-Methyl-styrol, während aus hydriertem Polystyrol nur wenig Vinylcyclohexan[7] entsteht. Aus *Poly-(p-methoxy-styrol)* wird bereits bei 300° Monomeres gebildet.

δδ) Thermischer Abbau von Polymethacrylnitril

Polymethacrylnitril erweicht bei etwa 115°. Mit steigender Temperatur tritt Verfärbung nach kirschrot ein. Bei 250° bilden sich leicht kondensierbare Dämpfe, die zu 85% aus Monomerem[8] bestehen und durch geringe Mengen an Aminen verunreinigt sind. Das Monomere kann nach zweimaliger Destillation wieder zur Polymerisation eingesetzt werden.

Während sich reines Polymethacrylnitril beim Erhitzen auf 200° nicht verfärbt, zeigen Proben, die geringe Mengen an Carboxygruppen enthalten, schon bei 140° eine schnell eintretende Verfärbung nach gelb, die bei weiterer Temperatursteigerung schließlich über orange nach rot übergeht. Hierbei treten kein Gewichtsverlust, kein

---

[1] S. L. Madorsky u. Mitarbb., J. Polymer Sci. **4**, 639 (1949).
[2] H. Stobbe u. E. Färber, B. **57**, 1838 (1924).
[3] H. Staudinger u. Mitarb., B. **62**, 241 (1929).
   H. Staudinger u. H. Machemer, B. **62**, 2921 (1929).
   H. Staudinger u. A. Steinhofer, A. **517**, 35 (1935).
   S. Straus u. S. L. Madorsky, J. Res. Bur. Stand. **50**, 2405 (1953).
   H. H. Jellinek, J. Polymer Sci. **3**, 850 (1948); **4**, 1 (1949).
   N. Grassie u. W. W. Kerr, Trans. Faraday Soc. **53**, 234 (1957).
   G. G. Cameron u. N. Grassie, Makromolekulare Chem. **51**, 130 (1962).
   D. A. Anderson u. E. S. Freeman, J. Polymer Sci. **54**, 253 (1961).
   A. P. 2359212 (1941), Dow Chemical Co., Erf.: J. C. Frank, J. L. Amos u. A. F. Straubel.
   A. P. 2395829 (1941), Allied Chemical & Dye Corp., Erf.: W. A. King.
[4] H. Staudinger u. H. Machemer, B. **62**, 2921 (1929).
[5] H. Staudinger u. A. Steinhofer, A. **517**, 35 (1935).
[6] A. P. 2395829 (1941), Allied Chemical & Dye Corp., Erf.: W. A. King.
[7] S. Straus u. S. L. Madorsky, J. Res. Bur. Stand. **50**, 165 (1953).
   G. D. Jones u. Mitarbb., Ind. eng. Chem. **48**, 2123 (1956).
[8] W. Kern u. H. Fernow, J. pr. [2] **160**, 281 (1942).
   N. Grassie u. I. C. McNeill, Soc. **1956**, 3929; J. Polymer Sci. **27**, 207 (1958).

Kettenbruch und keine Vernetzung[1] ein. Aus den Infrarotspektren geht hervor, daß die Zahl der Nitrilgruppen sich verringert und konjugierte C=N-Gruppierungen entstehen, ähnlich wie beim Polyacrylnitril. Diese bilden sich auch aus reinem Polymethacrylnitril in Gegenwart von Säuren[2].

Temperaturen über 220° führen zur Depolymerisation. Man erhält das Monomere in einer Ausbeute von annähernd 100%.

εε) Thermischer Abbau von Poly-(methylen-malonsäuredinitril)
(Polyvinylidencyanid)

Polyvinylidencyanid kann im Vakuum bei 170–200° schnell zum Monomeren[3] depolymerisiert werden, das in einer Ausbeute von 68% entsteht.

ζζ) Thermischer Abbau von Polymethacrylsäureestern

Der thermische Abbau des Polymethacrylsäuremethylesters beginnt bereits bei Temperaturen über 150° und führt bei 350° in hoher Ausbeute[4] zum Monomeren. Durch Einleiten von überhitztem Wasserdampf wird diese fast quantitativ. Polymethacrylsäureester höherer Alkohole[5] bilden beim thermischen Abbau weniger Monomeres als der entsprechende Methylester.

Thermischer Abbau von Polymethacrylsäuremethylester[6]: In einem Kessel mit Rührwerk werden 30 kg Abfallstücke aus Polymethacrylsäuremethylester mit 30 kg zerstückeltem Bimsstein vermischt. Durch Einleiten von überhitztem Wasserdampf von 330° werden i. Vak. von 100 Torr 29,4 kg Monomeres gebildet, das schwach gelb gefärbt ist und nach einmaligem Destillieren rein erhalten wird; Kp: 100,3°.

Poly-(α-cyan-acrylsäureäthylester) [Poly-(methylen-malonsäure-nitril-äthylester)], der durch thermische Polymerisation des aus der Reaktion zwischen Cyanessigester und Formaldehyd[7] gebildeten Monomeren hergestellt werden kann, läßt sich im Vakuum bei 160–220° unter Verwendung von Trikresylphosphat[8] zur Verbesserung der Wärmeleitfähigkeit in Ausbeuten über 80% zu dem sehr polymerisationsfreudigen Monomeren depolymerisieren.

ηη) Thermischer Abbau von Poly-(trifluor-chlor-äthylen)

Poly-(trifluor-chlor-äthylen) kann im Vakuum bei Temperaturen über 300° depolymerisiert werden. Der thermische Abbau wird aber erst bei 450–475° vollständig,

[1] N. Grassie u. I. C. McNeill, J. Polymer Sci. **27**, 207 (1958); **30**, 37 (1958).
[2] N. Grassie u. I. C. McNeill, J. Polymer Sci. **39**, 211 (1959).
[3] A.P. 2535827 (1949), Goodrich Co., Erf.: A. E. Ardis u. H. Gilbert; C. **1952**, 4374.
[4] H. Staudinger u. H. Warth, J. pr. [2] **155**, 286 (1940).
  N. Grassie u. H. W. Melville, Discuss. Faraday Soc. **2**, 378 (1947).
  N. Grassie, Pr. roy. Soc. (A) **199**, 14 (1949).
  S. Bywater, J. phys. Chem. **57**, 879 (1953).
[5] N. Grassie, Plastics Inst. (London), Trans. and J. **28**, 233 (1960).
[6] DRP. 729730 (1940), Röhm & Haas GmbH., Erf.: C. T. Kautter u. W. Leitenberger.
  A.P. 2470361 (1945), Gem Participations Inc., Erf.: I. Miller u. A. L. Beiser.
  F.P. 1079107 (1954), E. D. Segui u. B. C. Alarcon.
[7] A.P. 2721858 (1954), Eastman Kodak Co., Erf.: F. B. Joyner u. G. F. Hawkins.
[8] A.P. 2763677 (1954), Eastman Kodak Co., Erf.: C. G. Jeremias; Chem. Abstr. **51**, 4415[i] (1957).
  A.P. 2756251 (1954), Eastman Kodak Co., Erf.: F. B. Joyner u. N. H. Shearer.
  M. J. Bodnar u. W. H. Schrader, Mod. Plastics **36**, Nr. 1, 142 (1958).
  B. Waeser, Gummi u. Asbest **12**, 399 (1959).
  H. W. Coover u. Mitarbb., SPE Journal **15**, 413 (1959).
  A. J. Canale u. Mitarbb., J. Appl. Polymer Sci. **4**, 231 (1960).

wenn das Polymerisat langsam in ein mit Platin ausgefüttertes Nickelrohr[1] gegeben wird. Der Siedebereich der flüchtigen Verbindungen umfaßt Temperaturen von $-30°$ bis $+60°$. Neben dem Monomeren werden Hexafluor-dichlor-cyclobutan als Dimerisationsprodukt und halbfeste Verbindungen gebildet. In Gegenwart von Sauerstoff oder Verbindungen, die Sauerstoff enthalten, tritt eine Verzögerung des thermischen Abbaus ein. Beim Erhitzen mit fein verteiltem Kupfer im Vakuum[2] entstehen innerhalb weniger Stunden destillierbare Öle.

$\vartheta\vartheta$) Thermischer Abbau von Polytetrafluoräthylen

Die außerordentliche thermische Stabilität dieses Polymerisates erfordert beim thermischen Abbau Temperaturen im Bereich von 600–700°. Der Abbau beginnt bei 360°. Bei 530° werden erst nach drei Stunden etwa 90% des Polymerisates in flüchtige Verbindungen[3] gespalten. In einem auf 600–700° erhitzten Eisenrohr verläuft die Reaktion im Vakuum unterhalb 150 Torr schneller. Es bilden sich etwa 86% Monomeres[4] und 14% Octafluorcyclobutan als Dimerisationsprodukt. Unter Normaldruck wird die Ausbeute an Monomerem gering. Hierbei entstehen Hexafluorcyclopropan und Octafluorcyclobutan[5], die auf anderen Wegen schwierig darstellbar sind, mit je 40% Ausbeute. Nach mehrstündigem Erhitzen auf Temperaturen von 450–500° tritt unter geringem Gewichtsverlust die Bildung von wachsähnlichen mikrokristallinen Verbindungen vom Erweichungspunkt 320–327° ein.

Depolymerisation von Polytetrafluoräthylen zu wachsähnlichen Verbindungen[6]: 27 g eines Polytetrafluoräthylens mit filmbildenden Eigenschaften werden in einem Nickelkessel bei Atmosphärendruck 3 Stdn. lang auf 500° erhitzt. Unter Gasentwicklung bildet sich aus dem Polymerisat eine wasserklare Flüssigkeit, die nach dem Abkühlen bei 320–327° zu einer wachsähnlichen Substanz erstarrt. Die Ausbeute beträgt 20,5 g (76%).

u) Thermischer Abbau von Polyisopren und Poly-2,3-dimethyl-butadien

Der thermische Abbau eines über die Emulsionspolymerisation hergestellten *Polyisoprens* beginnt bei etwa 300° im Vakuum[7], wird aber erst bei 370° vollständig. Hierbei werden bis zu 46% Monomeres[8] gebildet. Unter den flüchtigen Verbindungen wurden Butan, Butene, Pentene, Dipenten, Hexadien und Cyclohexadien nachgewiesen. Die hochsiedenden Bestandteile enthalten wachsähnliche Verbindungen, deren mittleres Molekulargewicht 577 beträgt und die aus acht bis neun Isopreneinheiten bestehen. *cis-1,4-Polyisopren* verhält sich beim thermischen Abbau im wesentlichen wie Naturkautschuk[9]. Mit *Poly-2,3-dimethyl-butadien*[8] erreicht man leicht Ausbeuten bis zu 58% an Monomeren.

---

[1] A.P. 2420222 (1945), Kinetic Chemicals Inc., Erf.: A. F. BENNING u. J. D. PARK.

[2] E. M. BOLDEBUCK, Vortrag bei der American Chemical Society, Atlantic City, N.Y., 14. bis 19. 9. 1952.

[3] S. L. MADORSKY u. Mitarbb., J. Res. Bur. Stand. **51**, 327 (1953).
   H. C. ANDERSON, Makromolekulare Chem. **51**, 233 (1962).

[4] A.P. 2406153 (1944), DuPont, Erf.: E. E. LEWIS; Chem. Abstr. **40**, 7703⁵ (1946).
   E. E. LEWIS u. M. A. NAYLOR, Am. Soc. **69**, 1968 (1947).

[5] A.P. 2394581 (1943), Kinetic Chemicals Inc., Erf.: A.F. BENNING, F.B.DOWNING u. J.D.PARK.

[6] A.P. 2496978 (1946), DuPont, Erf.: K. L. BERRY; C. **1950** II, 957.

[7] S. STRAUS u. S. L. MADORSKY, J. Res. Bur. Stand. **50**, 165 (1953).
   S. L. MADORSKY u. Mitarbb., J. Res. Bur. Stand. **42**, 499 (1949); J. Polymer Sci. **4**, 639 (1950).
   H. STAUDINGER u. E. GEIGER, Helv. **9**, 549 (1926).

[8] B. B. S. T. BOONSTRA u. G. J. VAN AMERONGEN, Ind. eng. Chem. **41**, 161 (1949).

[9] S. ds. Bd., Kap. Umwandlung von Naturkautschuk unter weitgehendem Erhalt des makromolekularen Aufbaus, S. 850.

γ_3) *Thermischer Abbau von Copolymerisaten*

Copolymerisate geben meistens weniger Monomere oder niedrigermolekulare Spalt-produkte[1] als die reinen Polymerisate der zugrundeliegenden Vinyl- oder Divinyl-verbindungen. Während *Polystyrol* in einer Ausbeute von 60–68% zum Monomeren depolymerisiert werden kann, entstehen aus dem Copolymerisat mit *Maleinsäure-anhydrid* nur rund 20% der zu erwartenden Menge, wogegen sich aus dem Copolymerisat mit *Methacrylsäuremethylester*[2] wieder die gleichen Ausbeuten wie beim Polystyrol einstellen.

Copolymerisate des *Styrols* mit 0,2–0,5% *Divinylbenzol* zeigen beim thermischen Abbau bei 360° eine Induktionsperiode[3], deren Dauer vom Vernetzungsgrad abhängig ist. Anschließend erfolgt bei entsprechend hoher Temperatur ein Aufbruch der Netzstruktur unter Sintern und Schmelzen. Die thermische Stabilität und die bei der Pyrolyse gebildete Menge an Kohle nimmt mit steigender Vernetzung[4] des Co-polymerisates zu, während die Geschwindigkeit der Bildung flüchtiger Produkte verringert wird. Bei der Pyrolyse von Copolymerisaten aus *Butadien* mit 25% *Styrol* bilden sich verschiedenartige Produkte[5]. Die bei Raumtemperatur flüchtigen Ver-bindungen enthalten neben Methan wenig Butadien. In der bei Raumtemperatur flüssigen Fraktion wurde wenig Styrol neben Toluol nachgewiesen. Eine wachsähnliche Fraktion vom Molekulargewicht 712, die sich in Benzol löst, enthält im Mittel neun Butadien- und drei Styroleinheiten.

Die Pyrolyse von Copolymerisaten des *Tetrafluoräthylens*[6] führt bei Temperaturen von 400–700° zu harten, wachsartigen Destillaten, die den gleichen Fluorgehalt wie das Ausgangsmaterial haben.

Beim Erhitzen von Copolymerisaten des *Perfluorpropylens* mit *Vinylidenchlorid* auf 300° im Vakuum tritt ein Abbau unter Abspaltung[7] von Fluor- und Chlorwasser-stoff ein, wobei sich der Rückstand dunkel färbt.

w) Bibliographie[8]

C. E. Ellis, The Chemistry of Synthetic Resins, Bd. I u. II, Reinhold Publ. Corp., New York 1935.

F. Eirich u. H. Mark, Hochmolekulare Stoffe in Lösung (Ergebnisse der exakten Naturwissen-schaften, Bd. XV), Springer Verlag, Berlin 1936.

H. Mark u. R. Raff, High Polymeric Reactions, their Theory and Practice, Interscience Publ., Inc., New York 1941.

R. E. Burk u. O. Grummitt, The Chemistry of large Molecules (Frontiers in Chemistry, Bd. I), Interscience Publ., Inc., New York 1943.

H. Barron, Modern Synthetic Rubbers, D. van Nostrand Co., Inc., New York 1945.

J. M. De Bell, W. C. Goggin u. W. E. Gloor, German Plastics Practice, de Bell & Richardson, Springfield/Massachusetts 1946.

---

[1] J. Haslam u. W. Soppet, Analyst **75**, 63 (1950).
 L. A. Wall, J. Res. Bur. Stand. **41**, 315 (1948).
[2] G. B. Bachman u. Mitarbb., J. org. Chem. **12**, 108 (1947).
[3] H. H. Jellinek, J. Polymer Sci. **4**, 13 (1949).
[4] F. H. Winslow u. W. Matreyek, J. Polymer Sci. **22**, 315 (1956).
 N. Grassie u. H. W. Melville, Pr. roy. Soc. (A) **199**, 39 (1949).
[5] S. L. Madorsky u. Mitarbb., J. Res. Bur. Stand. **42**, 499 (1949).
[6] A.P. 2436069 (1944), DuPont, Erf.: R. M. Joyce jr.; C. **1950** I, 145.
[7] T. G. Degteva, Vysokomolekulyarnye Soedineniya **3**, 671 (1961).
[8] In chronologischer Anordnung.

H. Mark u. G. S. Whitby, Advances in Colloid Science, Bd. II, Scientific Progress in the Field of Rubber and Synthetic Elastomers, Interscience Publ., Inc., New York 1946.

R. L. Wakeman, The Chemistry of Commercial Plastics, Reinhold Publ. Corp., New York 1947.

C. E. H. Bawn, The Chemistry of High Polymers, Interscience Publ., Inc., New York 1948.

A. X. Schmitt u. C. A. Marlies, Principles of High Polymer Chemistry, Theory and Practice, McGraw-Hill Book Co., New York 1948.

R. Houwink, Elastomers and Plastomers, their Chemistry, Physics and Technology, Elsevier Publ. Co., New York:
Bd. I (1950), General Theory.
Bd. II (1949), Manufacture, Properties and Applications.
Bd. III (1948), Testing and Analysis; Tabulation of Properties.

F. Kainer, Polyvinylalkohole, ihre Gewinnung, Veredlung und Anwendung, F. Encke Verlag, Stuttgart 1949.

R. Kunin u. R. J. Myers, Ion Exchange Resins, J. Wiley & Sons, Inc., New York 1950.

F. Kainer, Polyvinylchlorid und Vinylchlorid-Mischpolymerisate, Springer-Verlag, Berlin-Göttingen-Heidelberg 1951.

R. H. Boundy u. R. F. Boyer, Styrene, its Polymers, Copolymers and Derivatives, Reinhold Publ. Corp., New York 1952.

G. F. D'Alelio, Kunststoff-Praktikum, C. Hanser Verlag, München 1952.

C. E. Schildknecht, Vinyl and Related Polymers, J. Wiley & Sons, Inc., New York 1952.

P. J. Flory, Principles of Polymer Chemistry, Cornell University Press, Ithaca/New York 1953.

C. Lüttgen, Die Technologie der Klebstoffe, Verlag Pansegrau, Berlin-Wilmersdorf 1953.

R. J. Noble, Latex in Industry, 2. Aufl., Palmerton Publ. Co., Inc., New York 1953.

Polymer Degradation Mechanism, National Bureau of Standards Circular 525, U. S. Government Printing Office, Washington 1953.

W. Breuers u. H. Luttropp, Buna, Herstellung, Prüfung, Eigenschaften, VEB Verlag Technik, Berlin 1954.

G. M. Burnett, Mechanism of Polymer Reactions, Interscience Publ., Inc., New York 1954.

A. K. Doolittle, The Technology of Solvents and Plasticizers, J. Wiley & Sons, Inc., New York 1954.

G. A. Greathouse u. C. J. Wessel, Deterioration of Materials, Reinhold Publ. Corp., New York 1954.

G. S. Whitby, C. C. Davis u. R. F. Dunbrook, Synthetic Rubber, J. Wiley & Sons, Inc., New York 1954.

R. Houwink, Chemie und Technologie der Kunststoffe, Bd. I u. II, Akademische Verlagsgesellschaft, Leipzig 1954 u. 1956.

H. H. Jellinek, Degradation of Vinyl Polymers, Academic Press Inc., New York 1955.

H. Ohlinger, Polystyrol, Bd. I, Springer-Verlag, Berlin-Göttingen-Heidelberg 1955.

J. van Alphen, W. J. K. Schönlau u. M. van den Tempel, Gummichemikalien, Verlag Berliner Union, Stuttgart 1956.

J. Le Bras u. D. Schmidt, Grundlagen der Wissenschaft und Technologie des Kautschuks, Verlag Berliner Union, Stuttgart 1956.

C. G. Collins u. V. P. Calkins, Radiation Damage to Elastomers, Plastics and Organic Liquids, United States Department of Commerce, Washington 1956.

P. G. Cook, Latex, Natural and Synthetic, Reinhold Publ. Corp., New York 1956.

N. Grassie, Chemistry of High Polymer Degradation Processes, Butterworth Scientific Publ., Ltd., London 1956.

R. A. V. Raff u. J. B. Allison, Polyethylene, Interscience Publ., Inc., New York 1956.

W. J. Roff, Fibres, Plastics and Rubbers, Butterworth Scientific Publ., London 1956.

C. E. Schildknecht, Polymer Processes, Interscience Publ., Inc., New York 1956.

F. R. Eirich, Rheology, Theory and Applications, Bd. I (1956), Bd. II (1958), Bd. III (1960), Academic Press Inc., New York.

G. GÉNIN u. B. MORRISSON, Encyclopédie Technologique de L'Industrie du Caoutchouc, Dunod, Paris, Bd. I (1958), Bd. II (1960), Bd. III (1956), Bd. IV (1956).

F. W. BILLMEYER jr., Textbook of Polymer Chemistry, Interscience Publ., Inc., New York 1957.

H. L. FISHER, Chemistry of Natural and Synthetic Rubber, Reinhold Publ. Corp., New York, Chapman & Hall Ltd., London 1957.

O. A. BATTISTA, Fundamentals of High Polymers, Reinhold Publ. Corp., New York 1958.

H. BATZER, Einführung in die Makromolekulare Chemie, Dr. A. Hüthig Verlag, Heidelberg 1958.

F. A. BOVEY, The Effects of Ionizing Radiation on Natural and Synthetic High Polymers (Polymer Reviews, Bd. I), Interscience Publ., Inc., New York 1958.

J. J. HARWOOD, H. H. HAUSNER, J. G. MORSE u. W. G. RAUCH, The Effects of Radiation on Materials, Reinhold Publ. Corp., New York 1958.

W. M. SMITH, Vinyl Resins, Reinhold Publ. Corp., New York 1958.

M. S. THOMPSON, Gum Plastics, Reinhold Publ. Corp., New York 1958.

G. G. WINSPEAR, The Vanderbilt Rubber Handbook, R. T. Vanderbilt Co., New York 1958.

S. BOSTRÖM, Kautschuk-Handbuch, Verlag Berliner Union, Stuttgart, Bd. I (1959), Bd. II (1960), Bd. III (1958), Bd. IV (1961).

P. W. ALLEN, Techniques of Polymer Characterization, Butterworth Scientific Publ., London 1959.

N. G. GAYLORD u. H. F. MARK, Linear and Stereoregular Addition Polymers – Polymerization with Controlled Propagation (Polymer Reviews, Bd. II), Interscience Publ., Inc., New York 1959.

F. HELFERICH, Ionenaustauscher, Bd. I, Grundlagen, Struktur, Herstellung, Theorie, Verlag Chemie, Weinheim 1959.

W. M. MÜNZINGER, Weichmachungsmittel für Kunststoffe und Lacke, Kohlhammer Verlag, Stuttgart 1959.

H. WAGNER u. H. SARX, Lackkunstharze, 4. Aufl., C. Hanser Verlag, München 1959.

G. SCHULZ, Die Kunststoffe: Eine Einführung in ihre Chemie und Technologie, C. Hanser Verlag, München 1959.

C. S. MARVEL, An Introduction to the Organic Chemistry of High Polymers, J. Wiley & Sons, Inc., New York 1959.

M. MORTON, Introduction to Rubber Technology, Reinhold Publ. Corp., New York 1959.

W. J. BURLANT u. A. S. HOFFMAN, Block and Graft Polymers, Reinhold Publ. Corp., New York 1960.

A. CHARLESBY, Atomic Radiation and Polymers, International Series of Monographs on Radiation Effects in Materials, Bd. I, Pergamon Press, Oxford 1960.

M. B. HORN, Acrylic Resins, Reinhold Publ. Corp., New York 1960.

W. C. TENCH u. G. C. KIESSLING, Polystyrene, Reinhold Publ. Corp., New York 1960.

A. V. TOBOLSKY, Properties and Structure of Polymers, Wiley Series on the Science and Technology of Materials, J. Wiley & Sons, Inc., New York 1960.

C. A. REDFARN u. J. BEDFORD, Experimental Plastics: A Practical Course for Students, Interscience Publ., Inc., New York 1960.

Bibliography of Rubber Literature (including Patents) 1935–1960, American Chemical Society (Division of Rubber Chemistry), The Rubber Age, New York.

W. S. PENN, Synthetic Rubber Technology, MacLaren & Sons, Ltd., London 1960.

A. RENFREW u. P. MORGAN, Polythene: The Technology and Uses of Ethylene Polymers, Interscience Publ., Inc., New York 1960.

J. SCHEIBER, Die Chemie und Technologie der künstlichen Harze, Bd. I, Polymerisatharze, Wissenschaftliche Verlagsgesellschaft mbH., Stuttgart 1961.

High Temperature Resistance and Thermal Degradation of Polymers, S.C.I. Monograph Nr. 13, Society of Chemical Industry, London SW 1 1961.

W. J. S. NAUNTON, The Applied Science of Rubber, E. Arnold Publ. Ltd., London 1961.

C. C. WINDING u. G. D. HIATT, Polymeric Materials, McGraw-Hill Book Co., New York 1961.

W. R. Sorenson u. T. W. Campbell, Preparative Methods of Polymer Chemistry, Interscience Publ., Inc., New York 1961.

H. Hagen u. H. Domininghaus, Polyäthylen und andere Polyolefine, Verlag Brunke, Garrels, Hamburg 1961.

R. J. Ceresa, Block and Graft Copolymers, Butterworth Scientific Publ., London 1962.

Übersichtsreferate

G. Smets, Chemische Umwandlungen von hochpolymeren Substanzen, Ang. Ch. **67**, 57 (1955).

D. Craig, Die Vulkanisation des Kautschuks mit Schwefel, Rubber Chem. Technol. **30**, 1291 (1957).

W. Kern u. R. C. Schulz, Synthetische makromolekulare Stoffe mit reaktiven Gruppen, Ang. Ch. **69**, 153 (1957).

W. Kern, Chemische Umsetzungen an synthetischen Polymeren, Ch. Z. **82**, 71 (1958).

G. Smets, Organic Reactions on High Polymers, Makromolekulare Chem. **34**, 190 (1959).

D. Braun, Chemische Umsetzungen an Polystyrol, Kunstst. **50**, 375 (1960).

D. Braun, Makromolekulare metallorganische Verbindungen, Ang. Ch. **73**, 197 (1961).

G. Smets, Chemische Reaktionen und Mikrotaktizität von Hochpolymeren, Ang. Ch. **74**, 337 (1962).

III. Umwandlung von Naturkautschuk[1]
(unter weitgehendem Erhalt des makromolekularen Aufbaus)

bearbeitet von

Dr. Paul Schneider
Farbenfabriken Bayer AG., Leverkusen

a) Eigenschaften und Reinigung des Naturkautschuks

Naturkautschuk ist ein hochmolekularer Kohlenwasserstoff, dem auf Grund von Infrarotspektren zu etwa 97% die Struktur eines *cis-1,4-Polyisoprens*[2] zukommt. Naturkautschuk enthält auch geringe Mengen an Sauerstoff[3], die bei der Aufarbeitung aufgenommen worden sind. In der Natur kommt Kautschuk stets mit kleinen Mengen Eiweiß, Fettsäuren, Harzen und Zuckern als Begleitstoffen[4] vor. Diese Verbindungen üben einen bestimmten Einfluß auf die Verarbeitbarkeit und die Eigenschaften des Kautschuks aus.

Naturkautschuk wird technisch aus dem Milchsaft[5] (Latex) der Hevea brasiliensis durch Koagulation mit Essig- oder Ameisensäure[6] gewonnen. Je nach der Aufarbeitung des Koagulates unterscheidet man zwischen Smoked Sheets oder Crepe. Bei der Herstellung des bernsteinfarbenen *Smoked Sheets*[7] wird das Koagulat in Quetschwalzen zunächst vom Serum befreit und zu dünnen Platten ausgezogen, die im sogenannten Räucherhaus durch Verbrennungsgase von frischem Holz und Nußschalen getrocknet und gegen eine spätere Schimmelbildung geschützt werden. Bei dem zweiten Standardverfahren, der Herstellung von *Crepe-Kautschuk*, wird die Menge der Säure so bemessen, daß im Verlauf einiger Stunden ein weiches, zusammenhängendes Koagulat entsteht. Dieses wird auf einem geriffelten Walzwerk mit Wasser ausgewaschen und zu Fellen ausgezogen, die dann 10–12 Tage lang in gut belüfteten Trockenhäusern getrocknet werden.

Die Menge der reinen Kohlenwasserstoffe in den Naturkautschuktypen ist abhängig von der Zusammensetzung des Latex und den Aufarbeitungsmethoden. Sie schwankt im allgemeinen zwischen 92% und 95%. Durch Extraktion mit Aceton kann Naturkautschuk vom größeren Teil der Begleitstoffe getrennt werden. Weil damit gleichzeitig auch Verbindungen abgetrennt werden, die gegen Oxydation[8] schützen, ist der acetonextrahierte Kautschuk erhöht sauerstoffempfindlich. Die Entfernung der stickstoffhaltigen Begleitstoffe ist schwierig. Hierzu wurden verschiedene

[1] Diese Verfahren gelten im wesentlichen auch für das synthetische *cis*-1,4-Polyisopren, das aus Isopren mit Alkyllithiumverbindungen oder Zieglerschen Katalysatoren mit einem *cis*-Gehalt bis etwa 95% hergestellt werden kann.

[2] G. Salomon u. A. C. van der Schee, J. Polymer Sci. **14**, 181 (1954).
F. W. Stavely u. Mitarbb., Ind. eng. Chem. **48**, 778 (1956).

[3] D. Craig u. Mitarbb., J. Polymer Sci. **6**, 13 (1951).

[4] A. van Rossem, Kolloidchem. Beih. **10**, 22, 41 (1918).

[5] R. J. Noble, Latex in Industry, Rubber Age, New York 1953.

[6] O. de Vries, India Rubber Wld. **70**, 729 (1924).

[7] K. Memmler, Handbuch der Kautschukwissenschaft, S. Hirzel Verlag, Leipzig 1930.

[8] G. S. Whitby, J. Dolid u. F. H. Yorston, Soc. **1926**, 1448.

Verfahren vorgeschlagen. So kann man den durch Walzen vorbehandelten Kautschuk in Benzol lösen und nach Abtrennen der unlöslichen Bestandteile durch Zentrifugieren den Kohlenwasserstoff mit Alkohol ausfällen und die noch verbliebenen sauerstoffhaltigen Verbindungen mit Aceton extrahieren[1]. Das Endprodukt enthält noch geringe Mengen an Stickstoff.

Fraktionen von stickstofffreiem Kautschuk werden durch langsames Abkühlen einer heißen Lösung des Rohkautschuks in Benzol und Alkohol gebildet. Bei bestimmten Temperaturen entstehen Fällungen. Zunächst fallen die stickstoffhaltigen Produkte und dann die reinen Kohlenwasserstoffe aus[2].

Man kann zur Reinigung des Naturkautschuks auch vom Latex ausgehen. Durch die Zugabe von Ammoniumsalzen höherer Fettsäuren zum Kautschuklatex, der mit Ammoniak stabilisiert wurde, wird das Eiweiß an der Oberfläche der Latexteilchen ausgetauscht. Nach Zugabe von Ammoniumalginat tritt Aufrahmen ein. Die kautschukhaltige Schicht wird in Hexan gelöst, das wenig Ammoniumoleat enthält. Nach dem Zentrifugieren wird die klare Lösung mit Aceton gefällt und mehrere Tage lang zur Entfernung von Spuren der Begleitstoffe mit Aceton extrahiert[3]. Wegen der leichten Oxydierbarkeit des gereinigten Kautschuks muß unter Ausschluß von Licht gearbeitet werden. Es kann aber auch ein Alterungsschutzmittel wie Pyrogallol zum Latex oder bei der Extraktion zum Aceton gegeben werden. Auf diesem Wege erhält man einen Kautschuk mit einem Reinheitsgrad von etwa 99,9%.

Roher Naturkautschuk ist in den meisten Lösungsmitteln nur sehr wenig löslich. Durch Abbau mit Oxydationsmitteln oder durch Behandeln auf einem gekühlten Walzwerk unter Luftzutritt (Mastikation, s. S. 850) wird die *Löslichkeit* verbessert, so daß Lösungen mit etwa 10% Naturkautschukgehalt hergestellt werden können. Gute Lösungsmittel[4] sind Benzin, Benzol, Tetrachlormethan, Trichlormethan, Äther usw. Es findet zunächst eine Quellung zu einer gelartigen Masse statt. Nach einigen Stunden tritt vollständige Auflösung ein.

b) Hydrierung von Naturkautschuk

Naturkautschuk kann nach den üblichen Verfahren der katalytischen Hydrierung in den sogenannten *Hydrokautschuk*[5] übergeführt werden. Wenn jedoch die Hydrierungstemperatur zu hoch ist, tritt gleichzeitig ein thermischer Abbau[6] unter Bildung von niedrigmolekularen hydrierten Spaltprodukten ein; gleichzeitig wird ein geringer

[1] C. HARRIES, B. 35, 3261 (1902); 38, 1198 (1905).
[2] T. MIDGLEY jr., A. L. HENNE u. M. W. RENOLL, Am. Soc. 53, 2733 (1931).
[3] G. MARTIN, Proc. Rubber Technol. Conf., 2nd Conf. 1948, 319.
[4] W. F. BUSSE in C. C. DAVIS u. J. T. BLAKE, The Chemistry and Technology of Rubber, S. 202, Reinhold Publ. Corp., New York 1937.
[5] H. STAUDINGER u. J. FRITSCHI, Helv. 5, 785 (1922).
    R. PUMMERER u. A. KOCH, A. 438, 303 (1924).
    H. STAUDINGER u. Mitarbb., Helv. 13, 1334 (1930).
    H. STAUDINGER u. W. FEISST, Helv. 13, 1361 (1930).
[6] R. PUMMERER, H. NIELSEN u. W. GÜNDEL, B. 60, 2171 (1927).
    H. STAUDINGER u. Mitarbb., Helv. 13, 1338 (1930).
    E.P. 411893 (1932), I.G. Farb.; C. 1934 II, 3209.
    DRP. 597086 ≡ E.P. 411894 (1932), I.G. Farb., Erf.: M. PIER, F. CHRISTMANN u. E. DONATH; Frdl. 21, 1853 (1934).
    Vgl. a. ds. Bd., Kap. Umwandlung von Polymerisaten unter Erhalt des makromolekularen Aufbaus, S. 691.

Teil in cyclisierten Kautschuk[1] umgewandelt. Die Darstellung eines hochmolekularen Hydrokautschuks gelingt mit großen Mengen Hydrierungskatalysatoren nur unter besonderen Vorsichtsmaßnahmen, z. B. darf die Temperatur 120° nicht übersteigen[2]. Eine quantitative Hydrierung ist unter diesen Bedingungen aber selbst nach sieben Tagen nicht durchführbar.

Als Katalysatoren können Platin[3], Palladium[4], Nickel[5], Oxyde des Molybdäns, Wolframs, Nickels, Chroms[6] usw. als solche oder auf Trägern wie Kieselgur[7] verwendet werden. Als Lösungsmittel sind gesättigte Verbindungen wie cycloaliphatische Kohlenwasserstoffe und Aromaten[8,9] geeignet. Besser bearbeitet als die Hydrierung des Naturkautschuks ist die Hydrierung von Polymerisaten aus Divinylverbindungen[10]. Hydrokautschuk ist ein farbloses, transparentes, etwas elastisches Material, das sich ähnlich wie Wachs anfühlt und beim Dehnen feine Fäden bildet.

c) Halogenierung von Naturkautschuk

1. Chlorierung

Bei der Einwirkung von Chlor auf den festen Naturkautschuk[11] oder seine Lösung[12] bzw. auf den Latex[13] entsteht *Chlorkautschuk* mit je nach den Versuchsbedingungen verschiedenem Chlorgehalt[14]. Die maximal aufgenommene Menge liegt bei etwa 68%. Dieser Chlorgehalt entspricht der empirischen Formel $(C_5H_6Cl_4)_n$. Mit steigender Aufnahme des Chlors ändern sich Löslichkeit und Härte, während die chemische

[1] R. Pummerer u. A. Koch, A. **438**, 303 (1924).
R. Pummerer, H. Nielsen u. W. Gündel, B. **60**, 2171 (1927).
[2] H. Staudinger u. E. O. Leupold, B. **67**, 304 (1934).
R. Pummerer u. P. A. Burkard, B. **55**, 3458 (1922).
E. P. 577472 (1942), British Rubber Producers' Research Association, Erf.: K. C. Roberts u. J. Wilson; Chem. Abstr. **42**, 6152 (1948).
[3] C. Harries, B. **56**, 1050 (1923).
[4] DRP. 389656 (1921), Siemens & Halske AG.; Frdl. **14**, 687 (1921–1925).
[5] DRP. 424281 (1923), Siemens & Halske AG.; Frdl. **15**, 1063 (1925–1927).
[6] F. P. 758043 (1933); E. P. 402925 (1932), I. G. Farb.; C. **1934** I, 2985, 3809.
[7] A. P. 2046160 (1933) ≡ E. P. 443883 (1934), DuPont, Erf.: G. de Witt Graves; C. **1936** II, 2460.
[8] A. P. 2046257 (1934), DuPont, Erf.: R. B. Flint; C. **1937** I, 215.
[9] DRP. 764664 (1936), Siemens & Halske AG.
[10] S. ds. Bd., Kap. Umwandlung von Polymerisaten unter Erhalt des makromolekularen Aufbaus, S. 691.
[11] A. P. 1544531 (1924); 1544534 (1922); 1544535 (1923), Chadeloid Chemical Co., Erf.: C. Ellis u. N. Boehmer; C. **1925** II, 1813, 1814.
DBP. 878704 (1951), Farbf. Bayer, Erf.: H. Rathjen u. O. Bayer; C. **1953**, 9013.
G. J. van Amerongen, C. Koningsberger u. G. Salomon, J. Polymer Sci. **5**, 639 (1950).
[12] F. W. Hinrichsen, H. Quensell u. E. Kindscher, B. **46**, 1283 (1913).
F. Kirchhof, Gummi-Ztg. **46**, 497 (1932).
A. Nielsen, Chlorkautschuk und die übrigen Halogenverbindungen des Kautschuks, S. Hirzel Verlag, Leipzig 1937.
A. P. 1234381 (1917), S. J. Peachey.
A. P. 1918370 (1931) ≡ F. P. 725700 (1932), New-York Hamburger Gummiwaren Co., Erf.: W. Beckmann, M. Deseniss u. A. Nielsen; C. **1932** II, 1379.
[13] F. P. 793607 (1934), Société Chimique du Caoutchouc; C. **1936** I, 4817.
E. P. 476743 (1936), British Rubber Producers' Research Association; C. **1938** I, 4728.
G. J. van Amerongen, Ind. eng. Chem. **43**, 2535 (1951).
[14] S. a. ds. Bd., Kap. Umwandlung von Polymerisaten unter Erhalt des makromolekularen Aufbaus, S. 667.

Beständigkeit des Chlorierungsproduktes verbessert wird. Reaktionsprodukte, die bei niedriger Temperatur hergestellt wurden oder einen Chlorgehalt unter 60% haben, sind wenig stabil und spalten schon bei schwachem Erwärmen Chlorwasserstoff ab. Stabile Reaktionsprodukte müssen wenigstens einen Chlorgehalt von 65% enthalten, wobei die Reaktionstemperatur über 40° liegen soll.

Strukturuntersuchungen von Chlorkautschuk mit verschiedenem Chlorgehalt zeigen, daß die Chlorierung durch eine Substitution in der Allylstellung eingeleitet wird[1]. Im weiteren Verlauf reagiert Chlor unter gleichzeitiger Addition und Substitution. Außerdem treten Cyclisierungen ein (s. S. 834). In der Endphase der Chlorierung überwiegt die Substitution. Das Chloratom in der Allylstellung ist sehr reaktionsfähig. Hierdurch wird auch die mangelnde Stabilität des Chlorierungsproduktes mit geringem oder mittlerem Chlorgehalt erklärt.

Wenn an Stelle des Chlors Sulfurylchlorid angewandt wird, erfolgt bei normaler Temperatur und in Gegenwart von Peroxyden eine weitgehende Addition an die Doppelbindung[2]. Diese Umwandlungsprodukte sind auch bei niedrigem Chlorgehalt wesentlich stabiler als die mit Chlor hergestellten Produkte. Phosphorpentachlorid[3] bildet ebenfalls Chlorierungsprodukte, die geringe Mengen Phosphor enthalten.

α) in Lösung

Zur Chlorierung wird hauptsächlich Crepe verwendet. Weil Naturkautschuk schon in stark verdünnten Lösungen eine hohe *Viscosität* hat, ist es notwendig, die Kautschukmoleküle vor der Herstellung der Lösung teilweise abzubauen. Der Abbau kann erfolgen durch eine weitgehende Mastikation, Einleiten von Luft in das erhitzte Gemisch aus Kautschuk und Lösungsmittel[4], das Kupfer-, Mangansalze, Blei-(IV)-oxyd, Peroxyde[5] oder Hypochlorite[6] enthalten kann oder dem wenig Wasser zur Bildung von Hypochloriten zugesetzt wird[7]. Der Abbau tritt auch beim Einleiten eines

---

[1] G. F. BLOOMFIELD, Soc. **1943**, 289; **1944**, 114.

C. KONINGSBERGER, Chim. et Ind. **63**, 562 (1950).

G. KRAUS u. W. B. REYNOLDS, Am. Soc. **72**, 5621 (1950).

G. J. VAN VEERSEN, R. **69**, 1365 (1950).

G. J. VAN AMERONGEN, C. KONINGSBERGER u. G. SALOMON, J. Polymer Sci. **5**, 639 (1950).

R. NOVÁK u. L. FALDIK, Plaste u. Kautschuk **4**, 100 (1957); C. **1957**, 13193.

G. SALOMON u. A. C. VAN DER SCHEE, J. Polymer Sci. **14**, 287 (1954).

C. S. RAMAKRISHNAN u. Mitarbb., Trans. Inst. Rubber Ind. **29**, 190 (1953); J. Polymer Sci. **19**, 323 (1956).

M. TROUSSIER, C. r. **237**, 1692 (1953); Rev. gén. Caoutch. **32**, 229 (1955).

H. E. PARKER, Paint Manufact. **27**, 333 (1957).

[2] G. J. VAN AMERONGEN u. C. KONINGSBERGER, J. Polymer Sci. **5**, 653 (1950).

[3] A.P. 2386968 (1942), Monsanto Chemical Co., Erf.: G. D. MARTIN; Chem. Abstr. **40**, 489[8] (1946).

R. L. SIBLEY, India Rubber Wld. **106**, 244 (1942).

S. a. ds. Bd., Kap. Umwandlung von Polymerisaten unter Erhalt des makromolekularen Aufbaus, S. 676.

[4] A.P. 1826275 ≡ E.P. 305968 (1927), F. C. DYCHE-TEAGUE; C. **1929** II, 101.

A.P. 2148830 (1936), Raolin Corp., Erf.: C. O. NORTH; C. **1939** I, 5058.

[5] DRP. 616364 ≡ E.P. 390097 (1931), I.G. Farb., Erf.: E. KONRAD u. F. SCHWERDTEL; Frdl. **20**, 2070 (1933).

DRP. 610227 (1932) ≡ F.P. 751535 (1933), I.G. Farb., Erf.: W. BECKER, L. ORTHNER u. A. BLÖMER; Frdl. **20**, 2068 (1933).

E.P. 413559 (1933), Metallgesellschaft AG.; C. **1934** II, 2299.

[6] F.P. 772431 (1933), Chemische Fabrik Buckau; C. **1935** I, 3608.

[7] E.P. 414862 (1933), Dunlop Rubber Co., Ltd., Erf.: D. F. TWISS u. J. A. WILSON; C. **1935** I, 2272.

Gemisches aus Luft und Chlor in die erhitzte Lösung ein[1]. Kautschuk, der durch längeres Erhitzen auf Temperaturen über 200° in Gegenwart von wenig Dibenzoylperoxyd bis zur viscosen Flüssigkeit abgebaut wird, gibt ein entsprechend niedriger viscoses Chlorierungsprodukt[2].

Als Lösungsmittel werden solche Verbindungen angewandt, die gegen Chlor stabil sind, wie Tetrachlormethan, Trichlormethan, Hexachloräthan usw. Beim Erreichen eines Chlorgehaltes von etwa 35–40% scheidet sich eine in Tetrachlormethan schwer lösliche Fraktion ab, die aber beim weiteren Chlorieren unter Rühren wieder in Lösung gebracht werden kann[3]. In Benzol als Lösungsmittel ist die Viscosität des Chlorierungsproduktes nahezu unabhängig vom Chlorgehalt; in Tetrachlormethan nimmt die Viscosität mit fortschreitender Chlorierung dagegen ständig ab, weil in diesem Lösungsmittel gleichzeitig Cyclisierung[4] eintritt.

Die Chlorierung gelingt auch mit Chlordioxyd[5], das zweckmäßig mit Luft verdünnt wird. Hierbei tritt gleichzeitig ein Abbau ein.

Die Isolierung des Reaktionsproduktes kann nach verschiedenen Methoden erfolgen. Durch Zugabe von Alkohol zur Lösung wird das Chlorierungsprodukt[6] ausgefällt. Die Isolierung kann auch durch Einströmen der Lösung in dünnem Strahl oder durch Versprühen unter die Oberfläche von heißem Wasser[7] geschehen. Auch kann das Lösungsmittel durch Destillation entfernt werden. Werden Phosphatide wie Lecithin oder Cephalin zum heißen Wasser gegeben, so entsteht bei p_H-Werten unter 6 eine pulverförmige Ausfällung[8].

Durch Einwirkung von Chlortrifluorid[9] auf eine Lösung des chlorierten Naturkautschuks (Chlorgehalt 63%) in Tetrachlormethan werden etwa 3,3% Fluor eingebaut, wobei der Chlorgehalt auf 64,3% steigt. Man erzielt hierdurch eine Verbesserung der Wärmebeständigkeit.

Der bei der Chlorierung gebildete Chlorwasserstoff kann durch Erhitzen während oder nach der Chlorierung nicht vollständig entfernt werden. Auch beim Abdestillieren des Lösungsmittels oder beim Einleiten von Luft oder einem indifferenten Gas in die Lösung bleiben Spuren von Chlorwasserstoff im Chlorierungsprodukt zurück. Wenn jedoch Verbindungen wie Alkalicarbonate, Alkalihydrogencarbonate, Erdalkalioxyde oder -carbonate[10], Alkalithiosulfate, Alkalihydrogensulfide[11], Alkali-

---

[1] A.P. 2037599 (1933), Metallgesellschaft AG., Erf.: O. Schweitzer; C. 1934 II, 2299.

[2] A.P. 2637753 (1951), Rubber & Asbestos Corp., Erf.: J. Been u. M. M. Grover; C. 1954, 11321.

[3] DRP. 622471 (1934), Metallgesellschaft AG., Erf.: O. Schweitzer; Frdl. 22, 1811 (1935).
E.P. 531852 (1939), Hercules Powder Co.; Chem. Abstr. 36, 294² (1942).

[4] P. J. Canterino, Ind. eng. Chem. 49, 712 (1957).

[5] E.P. 793663 (1956), Hercules Powder Co.; C. 1959, 17524.

[6] E.P. 430906 (1933), I. C. I., Erf.: F. P. Leach u. W. D. Spencer.

[7] DRP. 678798 (1932) ≡ E.P. 418069 (1933), I.G. Farb.; Frdl. 23, 1437 (1936).
E.P. 425769 (1932), Degussa; C. 1934 II, 2141.
A.P. 2716669 (1953), Hercules Powder Co., Erf.: W. H. F. Fravel; C. 1957, 2609.

[8] A.P. 2504065 (1946), Wingfoot Corp., Erf.: V. E. Cheyney; C. 1951 I, 667.

[9] E.P. 633678 (1947), I.C.I., Erf.: H. R. Leech u. R. L. Burnett; Chem. Abstr. 45, 3588ʰ (1951).

[10] DRP. 668476 ≡ E.P. 381098 (1931), I.G. Farb., Erf.: L. Orthner, W. Becker u. L. Rosenthal; Frdl. 23, 1435 (1936).
DRP. 674857 (1931) ≡ F.P. 734216 (1932), I.G. Farb.; Frdl. 23, 1436 (1936).
DRP. 678798 (1932) ≡ E.P. 418068 (1933), I.G. Farb.; Frdl. 23, 1437 (1936).

[11] E.P. 444636 (1934), I. C. I.; C. 1936 II, 883.

stearate[1] oder Jod[2] während oder nach der Chlorierung zugesetzt werden, bilden sich Reaktionsprodukte, die wenig Chlorwasserstoff enthalten. Den gleichen Effekt erzielt man, wenn die Isolierung durch Zugabe von Methanol erfolgt, dem wenig Kaliumhydroxyd zugegeben wurde[3].

Durch den Zusatz von Stabilisatoren erzielt man eine bessere Beständigkeit gegen Licht oder thermische Einwirkung. Wirksame Stabilisatoren sind Epoxygruppen enthaltende Verbindungen, z.B. Phenoxypropylenoxyd[4], sowie acetylierte Äthylen-[5] oder Propylenimine[6], Hexamethylentetramin[7] oder Thiocarbanilid[8].

Die Farbe des Chlorkautschuks kann durch Behandeln mit einer wäßrigen Lösung von Natriumhypochlorit aufgehellt werden[9]. Durch Walzen auf einem erhitzten Walzwerk unter Zusatz von katalytisch wirkendem Eisen-(III)-oxyd kann der Chlorgehalt durch Chlorwasserstoffabspaltung auf etwa 57% verringert werden, wobei stabile Reaktionsprodukte entstehen[10]. Stabile Emulsionen werden aus Lösungen des Chlorkautschuks in Xylol gebildet, wenn man nichtionogene Emulgatoren und anschließend Wasser[11] zufügt.

Chlorierung von Naturkautschuk in Tetrachlormethan[12]: 67 g fein zerschnittener Crepe-Kautschuk werden mit 1 l Tetrachlormethan und 3 g Kupferoleat unter Durchleiten von Luft und unter Rückfluß erhitzt. Wenn der Kautschuk in Lösung gegangen ist und die Lösung einen K-Wert[13] von etwa 50 hat, werden zur Entfernung von Spuren Wasser etwa 50 cm³ Tetrachlormethan abdestilliert, und die gleiche Menge an trockenem Tetrachlormethan wird wieder zugegeben.

Nach dem Abkühlen auf etwa 30° beginnt man mit dem Einleiten von Chlor und sorgt durch äußere Kühlung dafür, daß die Temp. 50° nicht übersteigt. Wenn etwa 60% des erforderlichen Chlors eingeleitet sind, scheidet sich eine in Tetrachlormethan schwer lösliche Zwischenstufe ab, die aber durch weiteres Einleiten von Chlor unter Rühren wieder in Lösung geht. Am Anfang der Chlorierung entwickeln sich beträchtliche Mengen Chlorwasserstoff. Das Einleiten der erforderlichen Menge Chlor (etwa 200 g) dauert annähernd 40 Stunden. Die Lösung wird dann unter Rückfluß erhitzt, um den größeren Tl. an gelösten Gasen zu entfernen. Gegen Ende der Reaktion werden etwa 125 cm³ Tetrachlormethan abdestilliert.

Zur Aufarbeitung des Reaktionsproduktes wird 1 l der Lösung mit 2 g wasserfreiem Natriumcarbonat versetzt und 5 Stdn. bei 50° gerührt. Dann wird die Lösung unter Rühren zu 3 l Wasser von 85° gegeben, wobei Tetrachlormethan abdestilliert. Aus der gebildeten Emulsion werden die letzten Reste an Lösungsmittel durch Einblasen von Dampf entfernt. Das Reaktionsgemisch wird dann auf 30° abgekühlt. Zur Aufhellung der Farbe gibt man 4,5 cm³ einer 15%igen Natriumhypochloritlösung zu, rührt ½ Stde. und neutralisiert mit 50%iger Essigsäure. Der entstandene Niederschlag wird abgepreßt, mit Wasser gewaschen und i. Vak. bei 60—70° getrocknet. Zur Erhöhung der Stabilität kann man vor der Zugabe der Essigsäure auch Phenoxy-

[1] E.P. 438843 (1935), Degussa; C. **1936** I, 4633.

[2] A.P. 2537627 (1948), Firestone Tire & Rubber Co., Erf.: F. C. WEISSERT, E. B. BEHREND u. R. C. BRIANT; C. **1952**, 142.

[3] DRP. 621702 (1932) ≡ A.P. 1993913 (1933), I. G. Farb., Erf.: W. BECKER u. A. BLÖMER; Frdl. **21**, 1819 (1934).

[4] DRP. 611380 (1932) ≡ F.P. 755486 (1933), I. G. Farb., Erf.: G. MEYER; Frdl. **20**, 2071 (1933).

[5] DRP. 732087 (1938), I. G. Farb., Erf.: J. NELLES u. O. BAYER; C. **1943** I, 2642.

[6] DRP. 742427 (1938), I. G. Farb., Erf.: J. NELLES u. O. BAYER; C. **1944** I, 820.
W. BECKER, Proc. Rubber Technol. Conf. **1938**, 342.

[7] A.P. 2075254 (1935); 2075251 (1936), Marbon Corp., Erf.: H. A. WINKELMANN; C. **1937** II, 3538.

[8] DRP. 746081 ≡ A.P. 2365400 (1940), I. G. Farb., Erf.: H. FIKENTSCHER; C. **1945** I, 728.

[9] E.P. 573988 (1942), Hercules Powder Co., Erf.: F. J. BOUCHARD; Chem. Abstr. **43**, 2024[f] (1949).

[10] A.P. 2554700 (1947), Goodrich Co., Erf.: M. E. GROSS u. E. B. NEWTON; C. **1952**, 2269.

[11] A.P. 2727934 (1953), Hercules Powder Co., Erf.: W. C. BROWN; C. **1957**, 6291.

[12] BIOS Final Rep. **1626**, 18; Pergut® Handelsprodukt der Farbf. Bayer.

[13] H. FIKENTSCHER, Cellulosech. **13**, 58 (1932).

S.a. ds. Handb., Bd. XIV/1, Kap. Allgemeines zur Polymerisation in Substanz und in Lösung, S. 83.

propylenoxyd in einer Menge von 0,5% vom Gewicht des Chlorierungsproduktes zusetzen. Das Chlorierungsprodukt hat einen Chlorgehalt von etwa 64%.

Durch Variierung des K-Wertes der Lösung in Tetrachlormethan können höher oder niedriger viscose Chlorierungsprodukte erhalten werden.

Chlorierung von Naturkautschuk mit Sulfurylchlorid[1]: Zu 100 g einer 3%igen Lösung von Crepe in Tetrachlormethan werden 5% tert.-Butylhydroperoxyd (ber. auf das Gew. des Kautschuks) und überschüssiges Sulfurylchlorid (z.B. 5 cm³) gegeben. Nach 30 Min. langem Aufbewahren bei Zimmertemp. enthält das isolierte Reaktionsprodukt 47,1% Chlor.

β) Chlorierung von Naturkautschuklatex

Die Chlorierung des Naturkautschuks über den Latex hat den Vorteil, daß keine Lösungsmittel benötigt werden und das Reaktionsprodukt sein hohes Molekulargewicht beibehält. Durch Zugabe von nichtionogenen oder kationenaktiven Emulgatoren wird der Latex gegen die koagulierende Wirkung des bei der Chlorierung entstehenden Chlorwasserstoffs stabilisiert. Die Bildung von unterchloriger Säure kann durch die Zugabe von Salzsäure vor dem Einleiten des Chlors zurückgedrängt werden. Man erreicht hierdurch gleichzeitig eine verbesserte mechanische Stabilität des Latex, jedoch muß eine vollständige Sättigung des Latex mit Salzsäure vermieden werden, weil sonst eine Hydrochlorierung eintritt. Eine Chloraufnahme bis zu 61% läßt sich so leicht erzielen[2], jedoch ist das Reaktionsprodukt infolge von Vernetzung unlöslich in allen Lösungsmitteln. Die gleichen Eigenschaften haben auch Chlorierungsprodukte, die nach dem Sättigen des Latex mit Chlorwasserstoff durch Einleiten von Chlor behandelt werden[3].

Zur Isolierung des Reaktionsproduktes wird der Latex mit Alkali oder mit Natriumchloridlösung versetzt und erwärmt, wobei Koagulation eintritt.

Der Chlorgehalt kann durch eine Nachbehandlung des isolierten Reaktionsproduktes auf über 65% erhöht werden. Diese Nachbehandlung wird durch Einleiten von Chlor in eine Suspension[4] in Tetrachlormethan bei Temperaturen über 60° ausgeführt. Ein lösliches, 65% Chlor enthaltendes stabiles Reaktionsprodukt entsteht durch Einwirkung von Hypochloriten[5]. Ohne Nachbehandlung entstehen aus dem Latex lösliche Chlorierungsprodukte, wenn unter gleichzeitiger Zugabe von Natriumhypochlorit der Latex im Gleichstrom mit Chlor in eine wäßrige Lösung des Natriumhypochlorits eingedüst wird[6].

Chlorierung von Naturkautschuklatex[7]: 60 g eines 34%igen Latex werden mit 24 g einer 5%igen Cetylpyridiniumbromidlösung gemischt und anschließend bei Zimmertemp. mit Chlorwasserstoff behandelt, bis die Gesamtkonzentration der Salzsäure in der wäßr. Phase 8 n ist. Darauf wird eine Stde. lang bei Zimmertemp. und anschließend zwei Stdn. lang bei 100° Chlor eingeleitet. Durch Zusatz von Natronlauge wird der Chlorkautschuk ausgefällt und nach dem Waschen mit Wasser i. Vak. getrocknet. Der Chlorgehalt beträgt etwa 61%. Das Chlorierungsprodukt ist unlöslich in Lösungsmitteln.

---

[1] F.P. 978669 (1949), Rubber-Stichting.
A.P. 2637753 (1951), Rubber & Asbestos Co., Erf.: J. BEEN u. M. M. GROVER; C. 1954, 11321.
G. F. BLOOMFIELD, Soc. 1944, 114.
G. J. VAN AMERONGEN u. C. KONINGSBERGER, J. Polymer Sci. 5, 653 (1950).
[2] DBP. 833563 (1947), Rubber-Stichting, Erf.: G. J. VAN AMERONGEN; C. 1952, 7108.
G. J. VAN AMERONGEN, Ind. eng. Chem. 43, 2535 (1951).
F.P. 1074633 (1952), Rubber-Stichting; C 1956, 878.
[3] DBP. 831315 (1948), Rubber-Stichting, Erf.: G. J. VAN AMERONGEN; C. 1952, 6619.
[4] A.P. 2736757 (1951), Rubber-Stichting, Erf.: H. A. WILDRIK; C. 1956, 878.
[5] DBP. 907125 (1951), Rubber-Stichting, Erf.: G. J. VAN AMERONGEN u. J. L. POLDERVAART.
[6] DBP. 805085 (1949), BASF, Erf.: W. KUNZER u. F. LEUTERT; C. 1951 II, 2956.
[7] DBP. 833563 (1947), Rubber-Stichting, Erf.: G. J. VAN AMERONGEN; C. 1952, 7108.

Zur Herstellung eines löslichen Chlorierungsproduktes[1] werden 30 g des Chlorierungsproduktes in einem Gemisch aus 135 g Tetrachlormethan und 20 g Wasser dispergiert. Dann werden 0,9 cm³ einer 40%igen Natriumhydroxydlösung zugesetzt. Man leitet unter Rühren 7 Stdn. lang Chlor bei 20° ein. Der Chlorkautschuk wird aus dem Reaktionsgemisch durch Ausfällen mit Methanol isoliert. Der Chlorgehalt beträgt 67,4%. Eine 20%ige Lösung des i. Vak. getrockneten Reaktionsproduktes hat in Toluol eine Viscosität von 9 cP bei 25°.

2. Bromierung von Naturkautschuk

Durch die Zugabe einer Lösung von Brom in Trichlormethan zu Naturkautschuk im gleichen Lösungsmittel erfolgt bei einer Temperatur von —30° bis —40° eine Addition an die Doppelbindung[2]. Wird die Reaktion bei 0° in Tetrachlormethan oder Schwefelkohlenstoff ausgeführt, so entstehen unter Substitution geringe Mengen Bromwasserstoff. Durch die Zugabe von wenig Alkohol kann die Bildung des Bromwasserstoffs etwas zurückgedrängt werden. Jedoch führen größere Mengen an Alkohol zu einer Ausfällung des Reaktionsproduktes. Die Einwirkung von Brom auf Kautschuk bedarf einer erneuten sorgfältigen Bearbeitung, besonders in Bezug auf die Allylbromierung und den Peroxydeffekt. Bromierter Kautschuk kann bis auf etwa 60–80° erhitzt werden, ohne daß eine nennenswerte Abspaltung von Bromwasserstoff erfolgt.

Wenn die Lösung des bromierten Kautschuks in Tetrachlormethan mit Phenol unter Abdampfen des Lösungsmittels erhitzt wird, bildet sich eine charakteristische blau- bis rotviolette Schmelze. Diese Reaktion kann zum qualitativen Nachweis des Naturkautschuks benutzt werden[3]. Wird das Erhitzen mit einem großen Überschuß an Phenol oder in Gegenwart von Eisen-(III)-chlorid ausgeführt, so werden bei 90° unter Entwicklung von Bromwasserstoff *(4-Hydroxy-phenyl)-gruppen*[4] eingeführt. Das erhaltene Produkt ist in Alkali und Aceton löslich. Durch Addition von Trialkyl- oder Triarylphosphinen an Bromkautschuk entstehen *Phosphoniumsalze*, die in Alkohol löslich sind[5].

In Dioxan als Lösungsmittel reagieren sekundäre aliphatische Amine wie Diäthylamin in Gegenwart von Natriumamid unter Bromwasserstoffabspaltung, wobei vernetzte stickstoffhaltige Reaktionsprodukte gebildet werden, die neun bis zehn Mol Amin[6] auf 16 Isopreneinheiten enthalten.

3. Jodierung von Naturkautschuk

Naturkautschuk reagiert mit Jod[3] sehr träge zu instabilen Reaktionsprodukten. Wenn jedoch eine Kautschuklösung mit einer verdünnten Chlorjodlösung be-

[1] DBP. 907 125 (1951), Rubber-Stichting, Erf.: G. J. van AMERONGEN J. L. POLDERVAART.

[2] G. F. BLOOMFIELD, Soc. **1944**, 120.
F. W. HINRICHSEN, H. QUENSELL u. E. KINDSCHER, B. **46**, 1283 (1913).
C. O. WEBER, B. **33**, 779 (1900).
W. J. GOWANS u. F. E. CLARK, Anal. Chem. **24**, 529 (1952).
G. V. SCHULZ u. A. MULA, Makromolekulare Chem. **44/46**, 479 (1961).
Vgl. a. ds. Bd., Kap. Umwandlung von Polymerisaten unter Erhalt des makromolekularen Aufbaus, S. 681.

[3] C. O. WEBER, B. **33**, 779 (1900).

[4] E. GEIGER, Helv. **10**, 533 (1927).
H. L. FISCHER, H. GRAY u. E. M. McCOLM, Am. Soc. **48**, 1310 (1926).

[5] H. STAUDINGER, B. **59**, 3041 (1926).

[6] M. CROZE, Rev. gén. Caoutch. **34**, 359 (1957).

handelt wird, so erfolgt eine quantitative Addition an die Doppelbindung. Diese Reaktion dient auch zur quantitativen Bestimmung der Doppelbindungen im Kautschuk[1].

d) Hydrohalogenierung von Naturkautschuk

1. Hydrofluorierung

Bei der Einwirkung von Fluorwasserstoff auf festen oder gelösten Naturkautschuk bilden sich Hydrofluorierungsprodukte unter gleichzeitiger Cyclisierung des Kautschuks[2]. Eine reine Addition des Fluorwasserstoffs tritt nur dann ein, wenn der Kautschuk in Xylol gelöst und die Reaktionstemperatur unter —20° gehalten wird. In Trichlormethan oder Tetrachlormethan bilden sich unter den gleichen Bedingungen im wesentlichen fluorhaltige Cyclisierungsprodukte.

Hydrofluorierung von Naturkautschuk in Xylol[3]: Eine Lösung von 5 g Crepe in 100 cm^3 Xylol wird in eine Polyäthylenflasche eingefüllt und nach dem Kühlen auf –15° mit 20 g einer Lösung von 100%igem Fluorwasserstoff in Dioxan (1:1 Gew.-Tle.) versetzt. Nach einer Stde., während der das Reaktionsgemisch geschüttelt wurde, wird es in Methanol gegossen; der Niederschlag wird mit Methanol gewaschen und dann i. Vak. getrocknet. Der Fluorgehalt des Produktes beträgt 13,2%, was einer 61%igen Absättigung der Doppelbindungen entspricht. Nach 19 Stdn. langer Reaktionsdauer bei –15° enthält das Reaktionsprodukt etwa 15,9% Fluor. Der Fluorgehalt kann durch Erniedrigen der Reaktionstemp. noch weiter gesteigert werden. Die Reaktionsprodukte sind thermisch stabil und können bis auf etwa 100° i. Vak. ohne Zers. erhitzt werden.

2. Hydrochlorierung

Durch Anlagerung von Chlorwasserstoff an Naturkautschuk entsteht das Hydrochlorid[4], das gute filmbildende Eigenschaften hat. Die Reaktion kann in Lösung[5] oder auch am festen, dünn ausgewalzten Kautschuk durch Einwirkung von flüssigem[6] oder gasförmigem[7] Chlorwasserstoff sowie von Lösungen des Chlorwasserstoffs in Essigester[8] oder Dioxan[9] erfolgen. Die Hydrochlorierung des Latex hat den Vorteil,

[1] A. R. KEMP, W. S. BISHOP u. T. J. LACKNER, Ind. eng. Chem. **20**, 427 (1928).
   A. R. KEMP, Ind. eng. Chem. **19**, 531 (1927).
   A. R. KEMP u. G. S. MUELLER, Ind. eng. Chem. Anal. **6**, 52 (1934).
   A. R. KEMP u. H. PETERS, Ind. eng. Chem. Anal. **15**, 453 (1943).
   T. S. LEE, I. M. KOLTHOFF u. M. A. MAIRS, J. Polymer Sci. **3**, 66 (1948).
   O. L. WHEELER, A. LEVIN u. R. N. CROZIER, J. Polymer Sci. **9**, 162 (1952).
[2] DRP. 615050 (1932); 618922 (1933), I. G. Farb., Erf.: J. SÖLL; Frdl. **22**, 1755, 1757 (1935).
   DRP. 619211 (1933), I. G. Farb., Erf.: J. SÖLL u. A. KOCH; Frdl. **22**, 1758 (1935).
   DRP. 622578 (1933), I. G. Farb., Erf.: J. SÖLL u. T. MÜLLER; Frdl. **22**, 1759 (1935).
   A.P. 2018678 (1934), DuPont, Erf.: W. E. LAWSON; C. **1936** I, 2288.
[3] D. H. E. TOM, J. Polymer Sci. **20**, 381 (1956).
   Belg.P. 556374 ≡ F.P. 1173480 (1957), Rubber-Stichting.
[4] C. O. WEBER, B. **33**, 779 (1900).
   W. A. CASPARI, Gummi-Ztg. **20**, 582 (1906).
   C. HARRIES, A. **383**, 157 (1911).
[5] A.P. 1519659 (1921), Naugatuck Chemical Co., Erf.: C. E. BRADLEY u. J. McGAVACK.
   A.P. 2047987 (1935), Marbo Patents Inc., Erf.: H. A. WINKELMANN; C. **1937** I, 739.
[6] A. P. 1980396 (1933), Marsene Corp. of America, Erf.: E. GEBAUER-FUELNEGG u. E. W. MOFFETT; C. **1935** I, 3859.
   A.P. 2281355 (1939), Marbon Corp., Erf.: H. F. IRVING u. F. E. WILLIAMS.
[7] A.P. 2393870 (1941), Bay Chemical Co., Erf.: H. F. REEVES jr. u. T. M. ANDREWS.
[8] A.P. 1841295 (1929), Goodrich Co., Erf.: G. OENSLAGER; C. **1932** I, 2102.
[9] A.P. 2333214 (1940), Monsanto Chemical Co., Erf.: C. H. THOMAS u. H. E. MORRIS.

daß keine Lösungsmittel benötigt werden und daß ein Kautschukhydrochlorid von hohem Molekulargewicht und dem maximal erreichbaren Chlorgehalt von 32–33% entsteht[1].

Die Anlagerung des Chlorwasserstoffs erfolgt im Sinne der Markownikoffschen Regel[2]. Durch Bestimmung der Doppelbindungen in Reaktionsprodukten mit steigendem Chlorgehalt konnte festgestellt werden, daß die Einwirkung des Chlorwasserstoffs auch zu einer Cyclisierung führt. An die Doppelbindung des Cyclisierungsproduktes soll sich ebenfalls Chlorwasserstoff anlagern unter gleichzeitiger Ringspaltung und Rückbildung der durch die Cyclisierung aufgehobenen Doppelbindung, an die sich erneut Chlorwasserstoff[3] anlagert.

Kautschukhydrochlorid hat einen theoretischen Chlorgehalt von 33,9%. Dieser Wert wird beim Arbeiten über die Lösung nur durch längere Reaktionszeiten erreicht; im allgemeinen enthält das über die Lösung gewonnene Reaktionsprodukt nur 28% bis 30% Chlor. Die Einwirkung von Chlor auf das Hydrochlorid[4] führt zu einem Chlorkautschuk mit hohem Chlorgehalt.

Beim Erhitzen auf 100° verliert Kautschukhydrochlorid einen beträchtlichen Anteil an Halogen. Das Chloratom ist sehr reaktionsfähig gegenüber organischen Basen, wobei unter Eliminierung des Halogens und Isomerisierung der Doppelbindungen *Isokautschuk*[5] entsteht. Die Einwirkung von Zinkstaub in saurem Medium führt zu cyclisiertem Kautschuk[6] (s. S. 834). Mit Diäthylzink bildet sich in Toluol der Äthyl-Hydrokautschuk[6].

a) in Lösung

Die Hydrochlorierung des Naturkautschuks in Lösung ist technisch einfach. Als Lösungsmittel können Trichlormethan[7] sowie Aromaten[8] verwendet werden. In Dialkyläthern oder Benzin ist Naturkautschuk löslich[9], Kautschukhydrochlorid dagegen nicht. Es können auch Gemische von Lösungsmitteln wie Heptan und Äthylacetat[10] oder Benzol und Essigsäureanhydrid[11] verwendet werden. Vorteilhaft werden nur solche Lösungsmittel eingesetzt, die eine geringe Löslichkeit für Chlorwasserstoff haben und deshalb schnell übersättigt werden[12]. Weil geringe Mengen an Feuchtigkeit zu thermisch instabilen Reaktionsprodukten führen, muß stets trockner Chlorwasser-

[1] E.P. 633463 (1947) ≡ A.P. 2596878 (1950), Rubber-Stichting, Erf.: G. J. VAN VEERSEN.
  A.P. 2333214 (1940), Monsanto Chemical Co., Erf.: C. H. THOMAS u. H. E. MORRIS.
[2] G. J. VAN VEERSEN, J. Polymer Sci. **6**, 29 (1951); Proc. Rubber Technol. Conf., 2nd Conf. **1948**, 87.
  M. GORDON u. J. S. TAYLOR, J. appl. Chem. **3**, 537 (1953); **5**, 62 (1955).
  E. CRAMPSEY, M. GORDON u. J. S. TAYLOR, Soc. **1953**, 3925.
  P. B. CHECKLAND u. W. H. T. DAVISON, Trans. Faraday Soc. **52**, 151 (1956).
[3] J. B. BANDE u. Mitarbb., Makromolekulare Chem. **20**, 181 (1956).
[4] F.P. 967765 (1948), Rubber-Stichting; C. **1951** I, 1237.
[5] G. SALOMON u. A. C. VAN DER SCHEE, J. Polymer Sci. **14**, 181 (1954).
  G. SALOMON u. C. KONINGSBERGER, R. **69**, 711 (1950).
[6] H. STAUDINGER u. W. WIDMER, Helv. **9**, 529 (1926).
[7] A.P. 1519659 (1921), Naugatuck Chemical Co., Erf.: C. E. BRADLEY u. J. McGAVACK.
[8] A.P. 2047987 (1935), Marbo Patents Inc., Erf.: H.A. WINKELMANN; C. **1937** I, 739.
[9] F.P. 820956 (1937), Reynolds Research Corp.; C. **1938** I, 2966.
  E.P. 509490 (1937), Wingfoot Corp.; C. **1940** I, 1914.
[10] E.P. 505759 (1937), Wingfoot Corp.; C. **1939** II, 4384.
[11] DBP. 838651 (1950), Farbw. Hoechst, Erf.: L. ORTHNER u. M. RIEBER; C. **1952**, 6944.
[12] G. J. VAN VEERSEN, Rubber Chem. Technol. **23**, 461 (1950).

stoff[1] verwendet werden. Die **Reaktionstemperatur** soll zweckmäßig 10° nicht übersteigen[2]. Die Geschwindigkeit der Anlagerung kann durch Erhöhung des Chlorwasserstoffdruckes gesteigert werden. Sie läßt sich auch durch Zugabe von Friedel-Crafts-**Katalysatoren** wie Eisen-(III)-chlorid oder Aluminiumchlorid[1] beschleunigen. Nach der Aufnahme der notwendigen Menge an Chlorwasserstoff wird das Reaktionsgemisch im allgemeinen 10—20 Stunden zum ,,Reifen" stehengelassen[3].

Vor dem **Isolieren** des Reaktionsproduktes entfernt man den größeren Teil der Gase durch Einblasen von trockner Luft oder Stickstoff[4]. Um die letzten Spuren an Chlorwasserstoff aus der Lösung zu entfernen, kann man Basen, z.B. Natriumhydroxyd, zugeben[5]. Einfacher ist das Durchleiten von Dämpfen[6] der verwendeten Lösungsmittel bei normalem oder leicht vermindertem Druck. Die Farbe des Reaktionsproduktes läßt sich durch Chlordioxyd aufhellen[7].

Die Isolierung des Reaktionsproduktes erfolgt bei kleinen Ansätzen durch Zugabe von Methanol zur Lösung. Bei der technischen Darstellung[8] wird das Benzol mit Wasserdampf abgetrieben, der Rückstand mit Wasser gewaschen und im Vakuum getrocknet. Die vom Chlorwasserstoff befreite Lösung wird technisch zur Herstellung von Filmen benutzt[9]. Durch die Einwirkung von Licht oder durch thermische Behandlung wird Kautschukhydrochlorid spröde. Dieser Nachteil kann durch Zugabe von Stabilisatoren behoben werden (s. Tab. 43, S. 833).

Hydrochlorierung von Naturkautschuk in Benzollösung[10]: 20 g eines stark mastizierten Crepe-Kautschuks werden in 339 g trocknem Benzol gelöst, so daß eine etwa 6%ige Lösung entsteht. Diese wird auf 10° abgekühlt. Unter Rühren wird ein langsamer Strom von Chlorwasserstoff eingeleitet, so daß nach 6 Stdn. etwa 11,6 g aufgenommen sind. Dieser Betrag entspricht einem geringen Überschuß über die theor. erforderliche Menge. Die Lösung wird dann 20 Stdn. ohne Rühren stehengelassen. Hierbei werden 80—90% der Doppelbindungen abgesättigt. Durch Zugabe von Ammoniak kann der Überschuß an Chlorwasserstoff neutralisiert werden. Durch Wasserdampf wird das Lösungsmittel abgetrieben, der Rückstand mit Wasser sorgfältig gewaschen und i. Vak. bei 40° getrocknet. Zur Herstellung von Filmen wird aus dem trocknen Produkt eine 20%ige Lösung in Trichlormethan hergestellt, die nach der Zugabe von 0,5 Tln. Hexamethylentetramin (bez. auf 100 Tle. Kautschukhydrochlorid) zum Gießen von Filmen geeignet ist.

β) Hydrochlorierung von Naturkautschuklatex

Um den Latex gegen die koagulierende Wirkung des Chlorwasserstoffs zu stabilisieren, werden vor der Reaktion nichtionogene oder kationenaktive **Emulgatoren** zugesetzt. Es wird dann so viel Chlorwasserstoff eingeleitet, daß eine Übersättigung der wäßrigen Phase eintritt[11]. Das zum Konservieren des Latex benutzte Ammoniak wird vorteilhaft unter Durchleiten von Luft oder inerten Gasen vor der Reaktion entfernt. Hierzu kann auch Formaldehyd benutzt werden, der mit Ammoniak

---

[1] A.P. 1980396 (1933), Marsene Corp. of America, Erf.: E. GEBAUER-FUELNEGG u. E.W. MOFFETT.

[2] A.P. 2047987 (1935), Marbo Patents Inc., Erf.: H. A. WINKELMANN; C. **1937** I, 739.

[3] E.P. 474841 (1935), Marbon Corp; C. **1937** I, 739.

[4] A.P. 1841295 (1929), Goodrich Co., Erf.: G. OENSLAGER; C. **1932** I, 2102.

[5] A.P. 1989632 (1933), Wingfoot Corp., Erf.: W. C. CALVERT; C. **1935** I, 1627.
  E.P. 505770 (1937), Wingfoot Corp.; C. **1939** I, 2315.
  A.P. 2237125 (1935), Wingfoot Corp., Erf.: C. W. WALTON; Chem. Abstr. **35**, 4636[2] (1941).

[6] E.P. 802238 (1956), Goodyear Tire & Rubber Co.; C. **1960**, 6345.

[7] DBP. 853205 (1950), Farbw. Hoechst, Erf.: L. ORTHNER u. M. RIEBER; C. **1953**, 3649.

[8] Chem. and Ind. **1949**, 365.

[9] A.P. 2161454 (1936), Wingfoot Corp., Erf.: W. C. CALVERT; C. **1939** II, 4384.

[10] A.P. 1989632 (1933), Wingfoot Corp., Erf.: W. C. CALVERT; C. **1935** I, 1627.

[11] G. SALOMON u. Mitarbb., Ind. eng. Chem. **43**, 315 (1951).

Hexamethylentetramin bildet, das gleichzeitig eine stabilisierende Wirkung auf das Reaktionsprodukt ausübt. Im Gegensatz zu den Verfahren, die von der Lösung ausgehen, ist es bei der Hydrochlorierung des Latex möglich, eine 88–99%ige Absättigung der Doppelbindungen zu erhalten. Wird der Latex nach der Hydrochlorierung 20 Minuten auf 70° erhitzt, so tritt eine „Krystallisation"[1] des Reaktionsproduktes ein. Das Koagulat bildet dann feine und gleichmäßig große Teilchen.

Hydrochlorierung von Naturkautschuklatex[2]: Zur Entfernung des Ammoniaks wird mehrere Stdn. lang ein Stickstoffstrom durch den mit Ammoniak konservierten 40%igen Latex geleitet. Darauf wird der Latex mit Wasser bis zu einem Kautschukgehalt von 10% verdünnt. Auf 50 cm³ der Dispersion werden 6 cm³ einer 5%igen Cetylpyridiniumbromidlösung zugesetzt. Unter Kühlen wird bis zur vollständigen Sättigung Chlorwasserstoff eingeleitet. Danach leitet man noch drei Tage lang langsam Chlorwasserstoff ein. Aus der Dispersion kann das Kautschukhydrochlorid mit Methanol ausgefällt werden. Nach dem Waschen und Trocknen hat es einen Chlorgehalt von 33,5% oder 99% der theor. Menge.

Folien aus Kautschukhydrochlorid[3] werden zum Verpacken von Lebensmitteln verwendet. Aus Kautschukhydrochlorid lassen sich auch Schrumpffolien herstellen, wenn die Weichmacher enthaltende Folie unter Erhitzen auf 95–105° biaxial[4] gestreckt wird. Erhitzt man nach Umhüllen des Gegenstandes kurz auf 100°, so tritt eine 35 bis 40%ige Schrumpfung ein. Das zu verpackende Gut wird hierbei dicht verschlossen.

Tab. 43. Stabilisatoren für Kautschukhydrochlorid

Stabilisator	Literatur
Reaktionsprodukte aus Guajakol, Morpholin und Formaldehyd	F. P. 1107444 (1954), Goodyear Tire & Rubber Co., Erf.: W. C. McVey; C. **1957**, 8664.
Phenol-Anilin-Formaldehyd-Harz	E. P. 522659 (1938), I.C.I.; C. **1941** I, 1890.
Hexamethylentetramin	E. P. 437304 (1934), Wingfoot Corp.; C. **1935** I, 1627.
Reaktionsprodukte aus Methylamin und Formaldehyd	A. P. 2281567 (1937), DuPont, Erf.: E. K. Ellingboe u. P. L. Salzberg.
Reaktionsprodukte aus Triäthylentetramin und Butyraldehyd	A. P. 2405343 (1939), United States Rubber Co., Erf.: J. P. Chittum u. G. E. Hulse.
Reaktionsprodukte aus Bis-chloräthyläther und Polyaminen	A. P. 2328976 (1942), Wingfoot Corp., Erf.: A. F. Hardman; Chem. Abstr. **38**, 1144³ (1944).
Benzyltrimethylammoniumstearat	A. P. 2281437 (1940), DuPont, Erf.: A. Hershberger; Chem. Abstr. **36**, 5676⁶ (1942).
Triäthylentetraminmonostearat	A. P. 2281436 (1939), DuPont, Erf.: A. Hershberger; Chem. Abstr. **36**, 5676⁶, (1942)
symm.-Bis-dialkylaminomethyl-harnstoff	A. P. 2281410 (1940), DuPont, Erf.: W. J. Burke u. F. T. Peters; Chem. Abstr. **36**, 5676⁷ (1942).
Diarylpiperazin	A. P. 2309932 (1940), United States Rubber Co., Erf.: J. P. Chittum u. G. E. Hulse.
Tetramethylpiperazin	A. P. 2324278 (1940), United States Rubber Co., Erf.: J. P. Chittum u. G. E. Hulse.
Triarylstibin	A. P. 2306731 (1939), United States Rubber Co., Erf.: G. E. Hulse; Chem. Abstr. **37**, 3634⁹ (1943).
caprinsaures Tetraäthylenpentamin	A. P. 2414065 (1942), Wingfoot Corp., Erf.: W. Scott; Chem. Abstr. **41**, 4950ᵈ (1947).

[1] E. P. 726142 ≡ F. P. 1086375 (1953), Rubber-Stichting; C. **1956**, 10610.
[2] E. P. 633463 (1947) ≡ A. P. 2596878 (1950), Rubber-Stichting, Erf.: G. J. van Veersen.
[3] Pliofilm® Handelsbezeichnung der Goodyear Tire & Rubber Co.
   E. P. 799478 (1957); 802240 (1956), Goodyear Tire & Rubber Co.; C. **1959**, 6989; **1960**, 6684.
[4] F. P. 1171489 (1957), Goodyear Tire & Rubber Co., Erf.: P. J. Vaughan.

3. Hydrobromierung von Naturkautschuk

Durch Einleiten von wasserfreiem Bromwasserstoff in eine Kautschuk-Trichlor-methan-Lösung bildet sich ein gelbes Hydrobromierungsprodukt, das mit Alkohol ausgefällt werden kann[1]. *Kautschukhydrobromid* ist weniger stabil als hydrochlorierter Kautschuk.

4. Hydrojodierung von Naturkautschuk

Analog dem Kautschukhydrobromid entsteht hydrojodierter Kautschuk durch Einleiten von trocknem Jodwasserstoff unter Eiskühlung in eine Lösung von Kautschuk in Trichlormethan[1]. Durch Zugabe von Benzin wird das Reaktionsprodukt aus der Lösung ausgefällt. *Kautschukhydrojodid* ist nur wenig beständig.

e) Cyclisierung von Naturkautschuk

Wenn Naturkautschuk einer thermischen Behandlung bei erhöhten Temperaturen[2] oder der Einwirkung von starken Säuren ausgesetzt wird, tritt eine Cyclisierung ein. Aus diesem Grunde dürfen Kautschuklatices nicht mit Mineralsäuren, sondern nur mit Essig- oder Ameisensäure koaguliert werden. Je nach den Reaktionsbedingungen entstehen weiche, thermoplastische bis harzartige Reaktionsprodukte, die sich durch ihren Cyclisierungsgrad unterscheiden. Im Verlaufe der Cyclisierung steigen *Dichte*, *Refraktionsindex* und *Erweichungspunkt* an, während die Zahl der Doppelbindungen bis zum Erreichen eines Minimums abnimmt.

Katalysatoren[3], die in der Wärme eine Cyclisierung begünstigen, sind Schwefelsäure[4], Phosphoroxychlorid[5], aromatische Sulfonsäuren und Sulfochloride[6], Trichloressigsäure[7], Zinn-(IV)-chlorid, Aluminiumchlorid[8], Borfluorid, Borfluorwasserstoffsäure[9], Chlorzinnsäure[10]. Diese bilden z. T. mit cyclisiertem Kautschuk Anlagerungsprodukte, die durch Zugabe von Wasser, Alkohol oder Aceton zersetzt werden.

Naturkautschuk, der frei von Proteinen ist, reagiert schneller als proteinreicher Kautschuk. Die Cyclisierung kann sowohl am festen Kautschuk durch Einmischen des Katalysators auf Walzwerken als auch in Lösung mit Friedel-Crafts-Katalysatoren erfolgen. Da cyclisierter Kautschuk leichter löslich als das Ausgangsmaterial ist, kann man auch so vorgehen, daß der fein verteilte Kautschuk in Xylol unter Zusatz von Borfluorid-Essigsäure auf 120° erhitzt wird. Schon nach wenigen Minuten

---

[1] F. W. Hinrichsen, H. Quensell u. E. Kindscher, B. **46**, 1283 (1913).
   G. Salomon u. C. Koningsberger, R. **69**, 711 (1950).
[2] H. Staudinger u. E. Geiger, Helv. **9**, 549 (1926).
[3] J. Remond, Rev. Prod. chim. **1960**, Nr. 1271, 112; Nr. 1273, 223.
[4] C. Harries, Gummi-Ztg. **24**, 850 (1910).
   F. Kirchhof, Kautschuk **2**, 1 (1926).
[5] DRP. 535687 (1929), I. G. Farb., Erf.: E. Walz; Frdl. **18**, 2065 (1931).
[6] H. L. Fisher, Ind. eng. Chem. **19**, 1325 (1927).
   A.P. 1605180 (1924), Goodrich Co., Erf.: H. L. Fisher; C. **1927** I, 3143.
   Belg.P. 540365 (1954), Rubber-Stichting; C. **1959**, 973.
[7] A.P. 1642018 (1926), Goodrich Co., Erf.: H. L. Fisher; C. **1927** II, 2427.
[8] H. A. Bruson, L. B. Sebrell u. W. C. Calvert, Ind. eng. Chem. **19**, 1033 (1927).
   J. D. D'Ianni u. Mitarbb., Ind. eng. Chem. **38**, 1171 (1946).
   A.P. 1846247 (1927), Goodyear Tire & Rubber Co., Erf.: H. A. Bruson; C. **1928** I, 2876.
   A.P. 2052411 (1933), Wingfoot Corp., Erf.: S. S. Kurtz; C. **1937** I, 215.
[9] A.P. 1853334 (1928), Goodyear Tire & Rubber Co., Erf.: H. A. Bruson; C. **1932** II, 133.
[10] A.P. 2052423 (1934), Wingfoot Corp., Erf.: L. B. Sebrell; C. **1936** I, 207.

tritt fast vollständige Lösung[1] des Cyclisierungsproduktes ein. Technisch einfach ist die Cyclisierung des Latex mit Schwefelsäure[2], jedoch ist es erforderlich, durch den Zusatz von nichtionogenen oder kationenaktiven Emulgatoren einen Schutz gegen die koagulierende Wirkung der Schwefelsäure herbeizuführen. Die Cyclisierung kann durch genaues Einhalten der Reaktionsbedingungen auch partiell ausgeführt werden. Bei der Cyclisierung in Gegenwart von Phenol[3] mit Säuren wie Schwefelsäure, Phosphorsäure oder mit dem Komplex aus Borfluorid und Phenol[4] bilden sich Umwandlungsprodukte, die mit trocknenden Ölen, Alkydharzen usw. weitgehend verträglich sind. Hierbei werden Phenolmoleküle an den Kautschuk angelagert[5].

Die Cyclisierung erfolgt unter Verringerung des *Molekulargewichtes*. Die Abnahme der Doppelbindungen kann durch einen Ringschluß[6] zweier benachbarter Isopreneinheiten erklärt werden. Durch Infrarotspektren konnte die Anwesenheit von polycyclischen Ringsystemen[7] aus Sechserringen im cyclisierten Kautschuk festgestellt werden.

Die zur Cyclisierung führenden Reaktionen verlaufen analog zu der kationischen Ionenkettenpolymerisation. Auf Grund von Modellversuchen[8] an Dihydromyrcen

---

[1] DBP.-Anm. F 11386 (1953) ≡ F.P. 1095272 ≡ E.P. 754350 ≡ A.P. 2892004 (1954), Farbf. Bayer, Erf.: H. BARTL u. W. BECKER; C. **1958**, 4333.

[2] E.P. 634879 (1947), Dunlop Rubber Co., Ltd.; C. **1952**, 1748.
   A.P. 2555068 (1948); 2661340 (1950), Rubber-Stichting, Erf.: G. J. VAN VEERSEN.
   E.P. 713481/2 (1952), Rubber Technical Developments Co., Ltd., Erf.: C. M. BLOW, F. J. W. POPHAM u. G. F. BLOOMFIELD; C. **1956**, 12142, 12412.
   G. J. VAN VEERSEN, J. Polymer Sci. **6**, 29 (1951).
   F.P. 1075317 (1953), British Rubber Producers' Research Association, Erf.: C. M. BLOW u. F. J. W. POPHAM.

[3] DRP. 675564 (1936), Dr. K. Albert GmbH.; Frdl. **25**, 1224 (1938).
   DRP. 705399 (1937), Chemische Werke Albert, Erf.: A. GRETH u. J. REESE; C. **1941** I, 2329.
   E.P. 520985 (1938), I.C.I.; C. **1941** I, 973.
   DBP. 916218 (1952), Chemische Werke Albert, Erf.: K. HULTZSCH u. J. REESE; C. **1955**, 2550.

[4] E.P. 761743 ≡ A.P. 2885457 ≡ F.P. 1118098 (1954), Farbf. Bayer, Erf.: H. BARTL; C. **1957**, 9523.

[5] J. REESE, Farbe u. Lack **61**, 502 (1955).

[6] H. STAUDINGER u. E. GEIGER, Helv. **9**, 549 (1926).

[7] J. D. D'IANNI u. Mitarbb., Ind. eng. Chem. **38**, 1171 (1946).
   C. S. RAMAKRISHNAN u. Mitarbb., Makromolekulare Chem. **20**, 46 (1956).
   G. SALOMON u. A. C. VAN DER SCHEE, J. Polymer Sci. **14**, 181 (1954).
   M. B. EVANS u. Mitarbb., J. Appl. Polymer Sci. **4**, 367 (1960).

[8] G. F. BLOOMFIELD, Soc. **1943**, 289.

kann angenommen werden, daß die Cyclisierung des Naturkautschuks durch Anlagerung eines Protons an eine polarisierte Doppelbindung[1] eingeleitet wird. Hierdurch entsteht ein Carbeniumion, das einen induktiven Effekt auf die nächste Doppelbindung ausübt, die ebenfalls polarisiert wird, wonach der Ringschluß eintritt. Durch Abspaltung eines Protons bildet sich wieder eine Doppelbindung.

Durch Einwirkung von Phenyljodidchlorid auf Kautschuk, der im Latex mit konzentrierter Schwefelsäure vollständig cyclisiert wurde, können die nicht umgesetzten *Doppelbindungen*[2] bestimmt werden. Diese betragen 56,76% der Doppelbindungen des Ausgangsmaterials. Die Angaben stimmen mit dem Ergebnis der Berechnungen von P. J. Flory[3] überein, wonach der Cyclisierungsgrad nicht größer als 0,8647 sein kann, d.h. es gehen 43,24% der Doppelbindungen durch die Ringbildung verloren.

Ein alterungsbeständiger cyclisierter Kautschuk wird erhalten, wenn man nach der Cyclisierung die Lösung mit ungesättigten Carbonsäuren – wie Maleinsäure oder Itaconsäure[4] –, unter Zusatz von Aminen – wie Naphthylamin – oder alkylierten Phenolen und Peroxyden bzw. Azoisobuttersäure-dinitril sechs Stunden erhitzt. Durch Beschichten von Cellophan mit dieser Lösung erhält man eine Verpackungsfolie, die feuchtigkeitsbeständig ist und eine hohe Haftfestigkeit zwischen den Schichten hat.

Cyclisierung von festem Naturkautschuk[5]: 100 g Crepe-Kautschuk werden bei 60–80° auf einem Kautschukwalzwerk mit 10 g p-Toluolsulfonsäuremonohydrat und 10 g Kaolin gemischt. Die Mischung wird in einem Trockenschrank auf 175° erhitzt. Sobald die Temp. der Mischung 150° überschreitet, setzt die Reaktion unter starker Temp.-Erhöhung ein. Nach etwa 14 Min. fällt die Temp. wieder. Das Reaktionsprodukt wird dann abgekühlt. Es hat einen Cyclisierungsgrad von etwa 76%.

Cyclisierung von Naturkautschuk in Lösung unter gleichzeitiger Anlagerung von Phenol[6]: In einem Reaktionsgefäß werden 463 g Tetrachloräthan und 50 g Phenol auf 120° erhitzt. Zur Lösung gibt man 10 g konz. Schwefelsäure und 100 g Crepe-Kautschuk. Nach etwa 15 Min. langem Erhitzen auf 120° bildet sich eine homogene Masse, die sich rühren läßt. Das Gemisch wird noch eine Stde. lang auf 120° erhitzt. Nach dem Abkühlen wird eine 5%ige Natriumcarbonatlösung unter Rühren zugesetzt, wobei eine Emulsion entsteht. Aus dieser werden Phenol und Tetrachloräthan durch Wasserdampfdestillation entfernt, und der Rückstand wird mit Wasser gewaschen. Das i. Vak. bei 70° getrocknete Produkt ist in aliphatischen Kohlenwasserstoffen und trocknenden Ölen gut löslich und eignet sich zur Herstellung von ölmodifizierten Lacken. Man kann das Reaktionsprodukt auch durch Eingießen der Lösung in einen Überschuß von Methanol isolieren.

Cyclisierung von Naturkautschuklatex[7]: 95 cm³ eines 60%igen Naturkautschuklatex werden durch Zugabe von 2,4 g des Polyglykoläthers von Octadecanol stabilisiert und unter Kühlen zunächst mit 27 g 75%iger Schwefelsäure und dann mit 155 g konz. Schwefelsäure versetzt. Nach drei Stdn. langem Erhitzen auf 85° wird das Gemisch in 2—4 l heißes Wasser gegossen. Das vollständig cyclisierte Reaktionsprodukt fällt hierbei aus. Es wird filtriert, mit Wasser gewaschen und getrocknet. Der Erweichungspunkt liegt bei etwa 120°. Die Reaktion kann durch Eingießen des Latex in Wasser zu einer beliebigen Zeit abgebrochen werden. Hierdurch entstehen partielle Cyclisierungsprodukte, deren Eigenschaften zwischen denen des Kautschuks und des vollständig cyclisierten Reaktionsproduktes liegen.

[1] M. Gordon, Ind. eng. Chem. **43**, 386 (1951); Pr. roy. Soc. (A) **204**, 569 (1951).
 G. J. van Veersen, R. **69**, 1365 (1950).
 J. Remond, Rev. Prod. chim. **1960**, Nr. 1271, 112; Nr. 1273, 223.
[2] N. V. C. Rao, Makromolekulare Chem. **16**, 198 (1955).
[3] P. J. Flory, Am. Soc. **61**, 1518 (1939).
[4] F. P. 1188793 (1957), Dainihon Cellophane Kabushiki Kaisha.
[5] H. J. J. Janssen, Rubber Age (N.Y.) **78**, 718 (1956).
 E. P. 773352 (1955), Rubber-Stichting; C. **1959**, 973.
[6] DBP.-Anm. F 11386 (1953) ≡ F.P. 1095272 ≡ E.P. 754350 ≡ A.P. 2892004 (1954), Farbf. Bayer, Erf.: H. Bartl u. W. Becker; C. **1958**, 4339.
[7] E.P. 634879 (1947) ≡ F.P. 970613 (1948), Dunlop Rubber Co., Ltd., Erf.: M. Gordon.

f) Anlagerung von Mercaptanen und ähnlichen Verbindungen an Naturkautschuk sowie Isomerisierung der Doppelbindungen

Langsamer als synthetischer, über die Emulsionspolymerisation gewonnener Kautschuk[1] reagiert Naturkautschuk mit aliphatischen Mercaptanen. Die Anlagerung kann bei erhöhter Temperatur unter Durchleiten von Luft erfolgen[2], wobei gleichzeitig eine starke Abnahme des Molekulargewichtes eintritt, oder auch in Gegenwart von Peroxyden sowie beim Bestrahlen mit ultraviolettem Licht[3]. Eine nennenswerte Anlagerung läßt sich nur nach einer langen Reaktionsdauer erzielen. Wie aliphatische Monomercaptane verhalten sich Dimercaptane[4], z. B. 1,6-Hexamethylendithiol, sowie Thiophenole.

Thioglykolsäure reagiert wie aliphatische Mercaptane mit dem festen Kautschuk oder seinen Lösungen nur langsam[5]. Nach mehreren Tagen bildet sich bei Raumtemperatur unter Zutritt von Sauerstoff ein Anlagerungsprodukt von verringertem Molekulargewicht, das in Alkali löslich ist. Die Reaktion der Thioglykolsäure[6] kann durch Zugabe von Peroxyden etwas beschleunigt werden, wobei das Einleiten von Luft in die Lösung in Benzol die Geschwindigkeit weiter erhöht. Schneller verläuft die Anlagerung bei höheren Temperaturen, jedoch tritt gleichzeitig ein starker Abbau ein. In Gegenwart von Hydroperoxyden[7] kann Thioglykolsäureäthylester über den Latex, dessen p_H-Wert auf 1 eingestellt wurde, bei 0° glatt angelagert werden.

Wesentlich schneller verläuft die Anlagerung von aliphatischen sowie aromatischen Thiolsäuren. So lagert sich Thioessigsäure[8] (Äthanthiolsäure) leicht an Naturkautschuk, der in Benzol gelöst wurde, an, wenn wenig Peroxyd als Katalysator zugesetzt wird. Mono-, Di- und Trichlorthioessigsäure[9] reagieren mit steigendem Chlorgehalt in Gegenwart von Peroxyden oder beim Bestrahlen mit ultraviolettem Licht sehr schnell. Die Anlagerung von 0,5—2 Mol.-% Thiobenzoesäure führt zu einem kältebeständigen Umwandlungsprodukt[10]. Dithiolsäuren wie Dithioadipinsäure oder Dithiosebacinsäure führen bereits in geringer Dosierung zu Vernetzungen[4]. Die Anlagerung kann sowohl über die Lösung[11], über den Latex[12] als auch mit dem festen Kautschuk[13] auf der Walze erfolgen.

[1] Vgl. ds. Bd., Kap. Umwandlung von Polymerisaten unter Erhalt des makromolekularen Aufbaus, S. 769.

[2] G. SERNIUK, F. W. BANES u. M. W. SWANEY, Am. Soc. **70**, 1804 (1948).

[3] J. I. CUNNEEN, Soc. **1947**, 36, 134.

[4] J. I. CUNNEEN, J. appl. Chem. **2**, 353 (1952).

[5] B. HOLMBERG, Rubber Chem. Technol. **20**, 978 (1947); B. **65**, 1349 (1932).

[6] A.P. 2419943 (1943), DuPont, Erf.: W. J. BURKE; Chem. Abstr. **41**, 5336ᵃ (1947).

[7] J. I. CUNNEEN, C. G. MOORE u. B. R. SHEPHARD, J. Appl. Polymer Sci. **3**, 11 (1960).

[8] E.P. 580514 (1943), I.C.I.; Chem. Abstr. **41**, 1881ⁱ (1947).
A.P. 2416434 (1944); 2419943 (1943), DuPont, Erf.: W. J. BURKE.

[9] A.P. 2506997 (1947), British Rubber Producers' Research Association, Erf.: J. I. CUNNEEN.
J. I. CUNNEEN, Soc. **1947**, 134.

[10] F. J. RITTER, Kautschuk u. Gummi (W.T.) **9**, 187 (1956).
A. N. GENT, J. Polymer Sci. **28**, 257 (1958).

[11] J. I. CUNNEEN u. F. W. SHIPLEY, J. Polymer Sci. **36**, 77 (1959).
E.P. 820261 (1954), British Rubber Producers' Research Association, Erf.: J. I. CUNNEEN, W. P. FLETCHER, A. N. GENT u. R. I. WOOD; Chem. Abstr. **54**, 20274ʰ (1960).

[12] E.P. 820262 (1954), British Rubber Producers' Research Association, Erf.: J. I. CUNNEEN, W. P. FLETCHER, A. N. GENT u. R. I. WOOD.

[13] J. I. CUNNEEN, W. P. FLETCHER, F. W. SHIPLEY u. R. I. WOOD, Trans. Inst. Rubber Ind. **34**, 260 (1958).

Die mit Thiolsäuren erhaltenen Anlagerungsprodukte können zu den entsprechenden *Mercaptanen* verseift werden. Diese lassen sich mit Oxydationsmitteln wie Wasserstoffperoxyd zu *Disulfiden* vernetzen[1]. Nach der Verseifung können die erhaltenen Mercaptogruppen mit Formaldehyd weiter umgesetzt werden[2]. Man kann die Mercaptogruppen in Gegenwart von Natriummethylat auch an monomeres Acrylnitril, Styrol oder an Acrylsäureester anlagern[3]. In Gegenwart von Peroxyden bilden sich mit Thioglykolsäureestern Anlagerungsprodukte, deren Estergruppen verseift werden können[4]. Mit Calciumhydroxyd in Gegenwart von Wasser oder Glykolen tritt unter Salzbildung eine Vernetzung ein.

Naturkautschukthioacetat[2]: Zu einer Lösung von 68 g mastiziertem Naturkautschuk in 160 g Benzol gibt man 114 g Thiolessigsäure (1,5 Mol pro Isopreneinheit). Die Lösung wird sechs Tage bei 20° unter Zutritt von Luft stehengelassen. Durch Zugabe von Methanol fällt das Kautschukthioacetat aus. Es wird abfiltriert und so lange mit Methanol gewaschen, bis das Filtrat schwefelfrei ist. Der Rückstand ist ein weiches, hell gefärbtes Produkt, das nach dem Trocknen 17,85% Schwefel enthält und dessen Doppelbindungen zu 66% abgesättigt sind.

Weil bereits sehr geringe Mengen[5] an Thiocarbonsäuren die Krystallisationstendenz des Kautschuks bei Temperaturen unter 0° stark verringern, kann hierfür nicht allein die Bildung von Seitengruppen, die bei der Anlagerung entstehen, verantwortlich gemacht werden. Infrarotspektren von Anlagerungsprodukten der Thiobenzoesäure an Modellsubstanzen wie *cis-* und *trans-3-Methyl-penten-(2)* sowie *Squalen* zeigten, daß mit der Anlagerung gleichzeitig eine teilweise Umlagerung der *cis-* in die *trans-*Konfiguration[6] verbunden ist. Die gleichen Verhältnisse[7] wurden am Naturkautschuk festgestellt. Außer den Thiolsäuren geben Dibenzoyldisulfid unter der Einwirkung von UV-Licht sowie Schwefeldioxyd[8] im Temperaturbereich von 140–185° und in Gegenwart eines Katalysators wie α,α'-Azo-cyclohexan-carbonitril ebenfalls eine Isomerisierung. Anstelle des Schwefeldioxyds kann auch Butadiensulfon verwendet werden, das beim Erhitzen auf 140° Schwefeldioxyd abspaltet. Mit Hilfe dieser Verbindung kann die Isomerisierung im Innenmischer oder unter einer Vulkanisationspresse[9] ausgeführt werden. Bei lange dauernder Einwirkung tritt ein Gleichgewichtszustand ein, wobei maximal 57% der *cis-*1,4- in *trans-*1,4-Einheiten umgewandelt werden. Mit Selen[10] können sowohl Naturkautschuk als auch Balata isomerisiert werden, wenn die Lösung in o-Dichlor-benzol oder Tetralin auf 180–200° erhitzt wird. Es bildet sich ein Gleichgewicht, bei dem 50–60% der Doppelbindungen in der *cis-*1,4-Form vorliegen. Den gleichen Effekt bewirkt auch Äthylaluminiumdichlorid[11].

[1] A.P. 2420194 (1943), DuPont, Erf.: L. M. RICHARDS; Chem. Abstr. **41**, 5342^g (1947).

[2] A.P. 2416434 (1944), DuPont, Erf.: W. J. BURKE; Chem. Abstr. **41**, 3316^e (1947).

[3] A.P. 2478038 (1944), DuPont, Erf.: W. J. BURKE; Chem. Abstr. **43**, 8209^f (1949).

[4] J. I. CUNNEEN, C. G. MOORE u. B. R. SHEPHARD, J. Appl. Polymer Sci. **3**, 11 (1960).

[5] J. I. CUNNEEN u. F. W. SHIPLEY, J. Polymer Sci. **36**, 77 (1959).

[6] J. I. CUNNEEN, Proceedings of the International Rubber Conference, Washington **1959**, 514.

[7] J. I. CUNNEEN u. W. F. WATSON, J. Polymer Sci. **38**, 521, 533 (1959).
    J. I. CUNNEEN, Rubber Age (N.Y.) **85**, 650 (1959).

[8] J. I. CUNNEEN, G. M. C. HIGGINS u. W. F. WATSON, J. Polymer Sci. **40**, 1 (1959).

[9] P. McL. SWIFT, Rubber J. and Intern. Plastics **138**, 348 (1960).
    J. I. CUNNEEN, P. McL. SWIFT u. W. F. WATSON, Trans. Inst. Rubber Ind. **36**, 17 (1960).

[10] M. A. GOLUB, J. Polymer Sci. **36**, 523 (1959).

[11] I. I. BOLDYREVA u. Mitarbb., Doklady Akad. S.S.S.R. **131**, 830 (1960); Rubber Chem. Technol. **33**, 985 (1960).

g) Anlagerung von Schwefeldioxyd an Naturkautschuk

Naturkautschuk lagert in fester Form[1] oder in Lösung[2] Schwefeldioxyd an. Die Anlagerung von Schwefeldioxyd an Polybutadien und -isopren wird auf S. 766 beschrieben. Katalysatoren für diese Anlagerung sind Lithiumnitrat[3], Stickstoffoxyde[4], aromatische Diazoaminoverbindungen[5], Peroxyde[6,7] Hydroperoxyde[8], besonders aber Aralkylhydroperoxyde[9]. Mit Hydroperoxyden, Stickstoffoxyd oder Stickstoffdioxyd setzt die Reaktion schlagartig ein, während aromatische Diazoaminoverbindungen erst nach Ablauf einer Induktionsperiode eine Anlagerung geben. Bei der Verwendung von Lithiumnitrat beginnt die Reaktion erst nach mehreren Stunden. Oberhalb 35–40° verläuft die Anlagerung nur noch sehr langsam. Die Reaktionsprodukte sollen nach E. H. Farmer[10] folgende Struktur besitzen:

$$\cdots\!-\!\left[\!-CH\!-\!CH_2\!-\!CH_2\!-\!\underset{\underset{SO_2}{\diagdown\quad\diagup}}{\overset{\overset{CH_3}{|}}{C}}\!-\!\right]_n\!-\!\cdots$$

Der theoretische Schwefelgehalt beträgt 24,3%, was einer Anlagerung von 48,5% Schwefeldioxyd entsprechen würde. Weil Naturkautschuk aber etwa 7% Nichtkautschukbestandteile enthält, wird nur ein maximaler Gehalt von 22,5% Schwefel erreicht. Je nach dem Schwefelgehalt sind die Reaktionsprodukte kautschukartig (5% Schwefel) bis hornigspröde oder harzartig (22,5% Schwefel). Schon durch die Einführung geringer Mengen von Schwefeldioxyd entstehen in aromatischen Lösungsmitteln nur noch quellbare Anlagerungsprodukte. Bei einem hohen Gehalt an Schwefeldioxyd ist nur noch eine Löslichkeit in konzentrierter Salpeter- oder Schwefelsäure vorhanden.

Wenn die den Katalysator enthaltende Lösung des Kautschuks in ein Fällbad eingedüst wird, das Schwefeldioxyd sowie solche Lösungsmittel enthält, die Kautschuk nicht zu lösen vermögen, werden Fasern gebildet. Als Lösungsmittel für das Schwefeldioxyd und gleichzeitig als Koaguliermittel für die Kautschuklösung können Gemische aus Alkohol und Wasser verwendet werden. Auch andere niedrigmolekulare ungesättigte Verbindungen können der Kautschuklösung zugesetzt werden, z. B. Allylacetat, Diallylphthalat usw. Diese Verbindungen lagern ebenfalls Schwefeldioxyd an und sollen gleichzeitig dessen Anlagerung an Naturkautschuk katalysieren[11].

Stabilisatoren gegen die besonders in der Wärme eintretende spontane Zersetzung sind aliphatische und aromatische Amine, Aminosäuren, Aminoalkohole, Thio-

[1] A.P. 1925879 (1930), Goodrich Co., Erf.: G. Oenslager: C. **1933** II, 3773.

[2] G. J. van Amerongen, J. Polymer Sci. **6**, 633 (1951); Rev. gén. Caoutch. **27**, 731 (1950).

[3] E.P. 572574 (1945), British Rubber Producers' Research Association, Erf.: F. H. Hilton.

[4] E.P. 642959 ≡ F.P. 954557 (1947), Rubber-Stichting; C. **1950** II, 240.

[5] E.P. 634536 (1946), Rubber-Stichting; C. **1950** II, 240.

[6] F.P. 862423 (1939), Bataafsche (Shell); C. **1942** I, 2939.

[7] E.P. 611919 (1945), Bataafsche (Shell); Chem. Abstr, **43**, 2804[c] (1949).

[8] A.P. 2469847; 2558498 (1947), Shell Develop., Erf.: G. E. Rumscheidt u. W. L. J. de Nie. E.P. 663865 (1948), Bataafsche (Shell); C. **1953**, 9679.

[9] A.P. 2558527 (1949), Shell Develop., Erf.: G. E. Rumscheidt u. J. T. Hackmann; C. **1953**, 9679.

[10] E. H. Farmer, Advances in Colloid Science, Bd. II, S. 305, Interscience Publ. Inc., New York 1946.

[11] DBP. 838218 (1948), Bataafsche (Shell), Erf.: W. L. J. de Nie; C. **1952,** 6464.

harnstoff, Salze von Dialkyldithiocarbamidsäuren, Urethane, Carbodiimide[1], Alkyl-, Aryl- oder Aralkylmercaptane[2] sowie Ammoniumsalze und Ester der Thiocyansäure[3].

Faserförmiges Anlagerungsprodukt von Schwefeldioxyd an Naturkautschuk[4]: Zu einer 3%igen Benzollösung von mastiziertem Crepe-Kautschuk werden 5% Cumolhydroperoxyd (ber. auf das Gew. des Kautschuks) gegeben. Die Lösung wird dann sofort durch einen Spinnkopf mit Bohrungen von 0,09 mm ∅ in ein auf −5° gekühltes Fällbad gepreßt, das aus Äthanol und Wasser im Gew.-Verhältnis 4 : 1 besteht und in dem 400 g Schwefeldioxyd pro l gelöst sind. Die Kautschuklösung reagiert im Fällbad sofort mit dem Schwefeldioxyd und bildet unlösliche Fäden, die aus dem Bad entfernt, gewaschen und getrocknet werden. Die trocknen Fäden haben einen Schwefelgehalt von etwa 21% und eine Zerreißfestigkeit von etwa 1,8 g/den.

h) Spezielle Umsetzungen von Naturkautschuk

1. Reaktion mit nitrosen Gasen

Stickstoffoxyde bilden mit Naturkautschuk verschiedenartige Reaktionsprodukte, die von der Zusammensetzung der nitrosen Gase stark abhängig sind. Die Struktur der Umwandlungsprodukte wurde bisher noch nicht genau festgestellt. Mit einem Gemisch aus Stickstoffmonoxyd und Stickstoffdioxyd, das durch Einwirkung von konzentrierter Salpetersäure auf Arsen-(III)-oxyd gewonnen wird, entsteht ein leicht zerreibbares gelbes Pulver, das selbst bei Zimmertemperatur instabil ist und sich bei 80° bis 100° schnell zersetzt[5]. In Tetrachlormethan gelöstes Stickstoffdioxyd bildet mit der Lösung des Kautschuks in Abwesenheit von Sauerstoff und Licht nach 15 Minuten langer Einwirkung ein in Aceton schwer lösliches Umwandlungsprodukt, das jedoch nach 24 Stunden langer Einwirkung in Aceton leicht löslich ist und nach Zugabe von wäßrigem Kaliumhydroxyd Ammoniak abspalten soll[6].

Beim Einleiten von Stickstoffmonoxyd in die Lösung eines gereinigten Kautschuks in Tetrachlormethan wurde eine starke Abnahme der Viscosität beobachtet. Nach vier Stunden langem Einleiten konnten aus den stickstoffhaltigen Reaktionsprodukten Verbindungen der ungefähren Formeln $(C_{10}H_{15}NO_2)_n$ und $(C_{10}H_{15}NO_3)_n$ isoliert werden[7].

2. Reaktion mit Salpetersäure

Mit festem Naturkautschuk reagiert konzentrierte Salpetersäure unter Entzündung[8]. Bei vorsichtiger Zugabe[9] zur Lösung des Naturkautschuks in Tetrachlormethan scheidet sich ein in Alkali lösliches braunes Pulver ab.

3. Reaktion mit Schwefeltrioxyd und Chlorsulfonsäure

Durch Einwirkung von Chlorsulfonsäure oder Schwefeltrioxyd auf verdünnte Lösungen von Naturkautschuk bildet sich ohne wesentliche Temperaturerhöhung ein

---

[1] F. P. 969154 (1948), Bataafsche (Shell); C. **1951** I, 3275.

[2] A. P. 2481596 (1946), Celanese Corp. of America, Erf.: E. P. IRANY u. H. W. NOETHER.

[3] F. P. 986267 (1949), Bataafsche (Shell); C. **1953**, 2205.

[4] A. P. 2558527 (1949), Shell Develop., Erf.: G. E. RUMSCHEIDT u. J. T. HACKMANN; C, **1953**, 9679.

[5] C. O. WEBER, B. **35**, 1947 (1902).
   C. HARRIES, B. **35**, 3256, 4429 (1902).
   H. L. FISHER, Chem. Reviews **7**, 105 (1930).

[6] A. GORGAS, B. **63**, 2700 (1930).

[7] G. F. BLOOMFIELD u. G. A. JEFFREY, Soc. **1944**, 120.

[8] C. HARRIES, B. **34**, 2991 (1901).
   R. DITMAR, B. **35**, 1401 (1902).

[9] A. P. 1609806 (1922), Goodrich Co., Erf.: H. L. FISHER; C. **1928** I, 855.

unlösliches Sulfonierungsprodukt[1], das aber in Wasser, Methanol oder Äthanol Lösungen von hoher Viscosität bildet. Besonders glatt verläuft die Einwirkung von Chlorsulfonsäure in Äther, wobei unter gleichzeitiger Abspaltung von Chlorwasserstoff echte Kautschuksulfonsäuren entstehen. Eine vollständige Sulfonierung erhält man nur mit verdünnten Lösungen. Lösungsmittel[2], die sowohl Kautschuk als auch das Reaktionsprodukt zu lösen vermögen, erlauben das Arbeiten in höherer Konzentration. Geeignet sind Dichlormethan, Trichlormethan und 1,2-Dichlor-äthan.

Sulfonierung von Naturkautschuk mit Chlorsulfonsäure in Äther[1]: Zu 340 Gew.-Tln. wenig mastiziertem Rohkautschuk (Crepe), gelöst in 3000 Gew.-Tln. Äther, läßt man 600 Gew.-Tle. Chlorsulfonsäure, gelöst in 1500 Gew.-Tln. Äther, unter Rühren langsam zulaufen. Ohne wesentliche Temperaturerhöhung scheidet sich das Sulfonierungsprodukt des Kautschuks aus dem Reaktionsgemisch rasch als eine fast farblose, gequollene Masse unter Chlorwasserstoffentwicklung quantitativ aus. Im Äther verbleiben Reste von unverbrauchter Chlorsulfonsäure, Chlorwasserstoff und Spuren organischer Substanz. Das gequollene, zähe Reaktionsprodukt wird vom Äther durch Abgießen abgetrennt und mehrfach mit frischem Äther durchgeknetet, bis in der Waschflüssigkeit keine freie Schwefelsäure und Salzsäure nachweisbar sind, und i. Vak. bei Zimmertemp. vom Äther befreit. Es stellt dann eine amorphe, schwach gefärbte, spröde Masse dar, die in feuchter Luft weich und zäh wird. Es ist hauptsächlich eine Polysulfonsäure unter Erhaltung der Doppelbindungen entstanden.

Sie löst sich in Wasser oder Alkoholen zu hochviscosen Lösungen mit stark saurer Reaktion. Durch Neutralisieren mit Alkalien werden Salze erhalten, die in isoliertem Zustand spröde, schwach gelb gefärbte Massen darstellen und sich in Wasser ebenfalls hochviscos auflösen.

4. Reaktion mit unterchloriger Säure und deren Estern

Unterchlorige Säure reagiert mit Naturkautschuk in Trichlormethan gleichzeitig unter Anlagerung an die Doppelbindungen und Substitution[3]. Die Reaktionsprodukte sind in Trichlormethan löslich. Mit überschüssiger Säure können bis zu 55% Chlor eingeführt werden. Wenn man die Reaktion mit dem Latex ausführt, bildet sich ein brauner, pulverförmiger Niederschlag[4], dem bei der Anwendung von einem Mol unterchloriger Säure die Konstitution des Anlagerungsproduktes $(C_5H_9OCl)_n$ zukommt. Wird mehr als ein Mol der Säure angewandt, so erfolgt gleichzeitig eine substituierende Chlorierung.

Ester der unterchlorigen Säure[5] sowie Hypochlorite[6] organischer Säuren, z.B. Acetylhypochlorit, geben ebenfalls Anlagerungsprodukte. Mit aliphatischen Estern bilden sich Derivate, die bis zu 30% Chlor enthalten und im isolierten Zustand bald unlöslich werden.

5. Reaktion mit Dirhodan

Die von H. P. Kaufmann und P. Gaertner[7] ausgearbeitete Methode zur rhodanometrischen Titration von olefinischen Doppelbindungen wurde von R. Pummerer und H. Stärk[8] auf die Bestimmung der *Doppelbindungen* in Naturkautschuk über-

[1] DRP. 582565 (1930), I. G. Farb., Erf.: E. Konrad u. H. Kleiner; Frdl. **20**, 2064 (1933).

[2] DRP. 572980 (1931), I. G. Farb.; Frdl. **19**, 2665 (1932).

[3] G. F. Bloomfield u. E. H. Farmer, J. Soc. chem. Ind., Chem. and Ind. **53**, 47 T (1934).

[4] G. F. Bloomfield u. E. H. Farmer, J. Soc. chem. Ind., Chem. and Ind. **53**, 43 T (1934).

[5] E. P. 433082 (1934), British Rubber Producers' Research Association, Erf.: G. F. Bloomfield u. E. H. Farmer; C. **1936** II, 2460.

[6] E. P. 492767 (1937), British Rubber Producers' Research Association, Erf.: E. H. Farmer u. J. W. Barrett; C. **1939** I, 1671.

[7] H. P. Kaufmann u. P. Gaertner, B. **57**, 928 (1924).

[8] R. Pummerer u. H. Stärk, B. **64**, 825 (1931).

tragen[1]. Hierbei wird eine 1%ige Lösung des Kautschuks in Trichlormethan oder Tetrachlormethan bei 0° unter Ausschluß von Sauerstoff und Licht mit überschüssigem Dirhodan versetzt, wodurch 96–100% der Doppelbindungen des Kautschuks erfaßt werden. Es ist jedoch schwierig, die Zeit bis zur vollständigen Umsetzung der Doppelbindungen zu bestimmen. Der Überschuß des Reagens wird sehr leicht zersetzt, vermutlich durch Einwirkung des Anlagerungsproduktes oder durch geringe Mengen an freier Rhodanwasserstoffsäure. Wenn jedoch unter 0° und mit einem geringen Überschuß an Dirhodan gearbeitet wird, kann diese Methode zur Bestimmung der Doppelbindungen angewandt werden[2]. Im Vergleich zur Reaktion mit Chlorjod erweist sich die rhodanometrische Bestimmung jedoch als wesentlich unhandlicher. Reaktionsprodukte, die bis zu 50% Thiocyangruppen enthalten, sind noch kautschukartig und im vernetzten Zustand beständig gegen viele Lösungsmittel[3].

6. Reaktion von Naturkautschuk mit Formaldehyd
und anderen Aldehyden

Formaldehyd oder Formaldehyd abspaltende Verbindungen wie Paraformaldehyd reagieren mit Lösungen von Naturkautschuk, die Schwefelsäure[4], Zinkchlorid[5] oder Borfluorid[6] enthalten, wahrscheinlich analog der Prins-Reaktion unter Bildung eines m-Dioxanringes[7]. Die Reaktion kann auch mit dem Latex[8] unter Zugabe von Schwefelsäure ausgeführt werden. Jedoch müssen besondere Stabilisierungsmittel wie nichtionogene oder kationenaktive Emulgatoren zugesetzt werden, die der koagulierenden Wirkung der Schwefelsäure entgegenwirken.

Derartige Kondensationsprodukte lassen sich vulkanisieren. Es entstehen Vulkanisate von hoher Härte und sehr guter Quellbeständigkeit gegen Benzol oder Mineralöle.

7. Reaktion von Naturkautschuk mit aliphatischen Azocarbonsäureestern

Bei schwach erhöhter Temperatur bilden aliphatische Azocarbonsäureester mit Naturkautschuk Anlagerungsprodukte[9] unter substituierender Addition an der Allylstellung[10]. Die Reaktion verläuft schnell, wenn die den Azocarbonsäureester enthaltende Lösung des Kautschuks auf 60–75° erhitzt wird. Schon nach zwei Stunden wird eine fast quantitative Umsetzung[11] erreicht. Das Reaktionsprodukt wird aus seiner Lösung durch Äthanol ausgefällt und vom nicht verbrauchten Azocarbonsäureester durch Extraktion befreit. Die Reaktion kann auch mit dem Latex oder mit festem Kautschuk ausgeführt werden und läßt sich so leiten, daß ein Mol Azocarbonsäureester[12] auf eine Isoprenmolekel kommt. Bis-azocarbonsäure-

---

[1] Vgl. a. ds. Bd., Kap. Umwandlung von Polymerisaten unter Erhalt des makromolekularen Aufbaus, S. 767.

[2] J. Rehner jr., Ind. eng. Chem. **36**, 118 (1944).

[3] E.P. 525973 (1939), I. C. I., Erf.: R. G. R. Bacon, W. Baird, B. J. Habgood u. L. B. Morgan.

[4] F. Kirchhof, Ch. Z. **47**, 513 (1923).

[5] A.P. 2417424 (1941), DuPont, Erf.: G. H. Latham; Chem. Abstr. **41**, 3994^h (1947).

[6] E.P. 523734 (1939), Dunlop Rubber Co., Ltd., Erf.: D. F. Twiss u. F. A. Jones.

[7] T. Koide u. Mitarbb., J. Soc. Rubber Ind. Japan **24**, 242, 247, 272 (1951).

[8] DRP. 673503 ≡ E.P. 486878 (1935), I. G. Farb., Erf.: O. Bächle; Frdl. **25**, 1200 (1938).

[9] K. Alder, F. Pascher u. A. Schmitz, B. **76**, 27 (1943).

[10] N. Rabjohn, Am. Soc. **70**, 1181 (1948).

[11] S. S. Iwanow u. Mitarbb., Koll. Žurnal **18**, 285 (1956); Gummi u. Asbest **11**, 82, 87 (1958).

[12] E. Müller u. S. Petersen, Ang. Ch. **63**, 18 (1951).

ester, z. B. Decamethylen-bis-azodicarbonsäure-dimethylester[1], führen zu unlöslichen Additionsprodukten.

8. Reaktion von Naturkautschuk mit Tetranitromethan

Tetranitromethan bildet mit Olefinen lockere, gelb gefärbte Additionsverbindungen[2], die wenig stabil sind. Auch Naturkautschuk gibt in einer verdünnten Lösung in Methylcyclohexan bei 0° nach einer mehrere Tage dauernden Einwirkung ein ungesättigtes Additionsprodukt, das je nach den Versuchsbedingungen eine Molekel Tetranitromethan auf 4,5-6 Isoprengruppen enthält[3]. Das schwach gelblich bis rosa gefärbte Pulver ist in gebräuchlichen Lösungsmitteln unlöslich. Es zersetzt sich bei etwa 170°, ist aber nach sechs Stunden langem Erhitzen auf 60° noch stabil. Die Anlagerung führt nicht zu einer quantitativen Reaktion der Doppelbindungen, auch wenn ein großer Überschuß an Tetranitromethan verwendet oder bei Temperaturen bis 80° gearbeitet wird.

9. Reaktion von Naturkautschuk mit Bromalkanen

Naturkautschuk reagiert über den Latex mit Tribrom-, Tetrabrommethan oder 1,1,2,2-Tetrabrom-äthan[4] nach Zugabe von tert.-Butylhydroperoxyd und Triäthylenpentamin bei Temperaturen unterhalb 30° über eine Radikalkettenreaktion zu bromhaltigen Umwandlungsprodukten. Mit Tetrabrommethan entsteht nach etwa 14 Stunden ein Produkt, das 14,4% Brom enthält, wobei mehr als 80% der Doppelbindungen unverändert bleiben.

10. Reaktion von Naturkautschuk mit Nitrosobenzol

Durch die Zugabe von Nitrosobenzol zur Lösung des Naturkautschuks in Benzol tritt eine starke Abnahme der Viscosität und eine Isomerisierung der Doppelbindungen ein. Es bildet sich ein Anlagerungsprodukt[5], das von R. Pummerer und W. Gündel[6] als *Isokautschuknitron* bezeichnet wurde. Das Nitron enthält eine olefinische Doppelbindung. Es bildet ein Bromderivat und gibt mit Phenylhydrazin ein Hydrazon. Bei der Anlagerung wird die Hälfte des Nitrosobenzols zum Phenylhydroxylamin reduziert. Dieses reagiert mit nicht umgesetztem Nitrosobenzol zum Azoxybenzol. Nitrosophenole reagieren nicht mit Kautschuk, da diese sich wie Chinonoxime verhalten. p-Dinitroso-benzol führt zu Vernetzungen[7].

11. Hinweise zur Vernetzung (Vulkanisation) von Naturkautschuk

Das älteste Vulkanisiermittel für Naturkautschuk ist elementarer Schwefel, der als feines Pulver angewandt wird. Erhitzt man eine Mischung aus 100 Teilen Natur-

---

[1] DRP.-Anm. I 74166 (1943), I. G. Farb., Erf.: E. Müller u. O. Bayer (zurückgezogen).
A.P. 2469819 (1946), Wingfoot Corp., Erf.: P. J. Flory u. N. Rabjohn; C. **1950** I, 629.
P. J. Flory, N. Rabjohn u. M. C. Shaffer, J. Polymer Sci. **4**, 225, 435 (1949).
H. Esser, Kautschuk u. Gummi (W.T.) **11**, 57 (1958).
[2] A. Werner, B. **42**, 4324 (1909).
[3] R. Pummerer u. H. Pahl, B. **60**, 215 (1927).
[4] E.P. 871320 (1959), Natural Rubber Producers' Research Association, Erf.: T. D. Pendle, D. T. Turner u. E. G. Cockbain.
[5] G. Bruni u. E. Geiger, Rubber Chem. Technol. **1**, 177 (1928).
[6] R. Pummerer u. W. Gündel, B. **61**, 1591 (1928).
H. Staudinger u. H. Joseph, B. **63**, 2880 (1930).
[7] J. Rehner jr., Ind. eng. Chem. **36**, 118 (1944).
J. Rehner jr. u. P. J. Flory, Ind. eng. Chem. **38**, 500 (1946).

kautschuk und 8 Teilen Schwefel 5 Stunden auf 140°, so erhält man ein Vernetzungs-produkt (Vulkanisat), das bei einer Zerreißfestigkeit von 125 kg/cm² eine Bruch-dehnung von 950% hat. Durch gleichzeitige Zugabe von 2 Teilen Zinkoxyd kann die Vulkanisationszeit auf 3 Stunden verkürzt werden.

Bei der Vulkanisation wird der Schwefel langsam und nicht spontan vom Kautschuk gebunden. Die Eigenschaften des Vulkanisates sind weniger von der zugegebenen Menge als vom gebundenen, nicht extrahierbaren Schwefel abhängig. Ein geringer Teil des Schwefels bleibt nach der Vulkanisation als „freier", d.h. nicht gebundener Schwefel im Kautschuk gelöst. In einem Weichgummivulkanisat können 0,8–4% Schwefel gebunden sein. Steigende Mengen führen bei Naturkautschuk über den „lederharten" Zustand (mit etwa 8–15% gebundenem Schwefel), der wegen seiner ungenügenden Zerreißfestigkeit kein technisches Interesse besitzt, schließlich zum Hartgummi. Werden 32% Schwefel an den Kautschuk gebunden, so sind praktisch alle verfügbaren Doppelbindungen abgesättigt. Weichgummi und Hartgummi unter-scheiden sich strukturell nur durch die Menge des gebundenen Schwefels.

Mit der Vulkanisation des Naturkautschuks ist eine charakteristische Änderung der Eigenschaften verbunden, die durch den Übergang vom plastischen in den elasti-schen Zustand und durch das Unlöslichwerden in aliphatischen, aromatischen und chlorierten Kohlenwasserstoffen gekennzeichnet ist.

Abgesehen von der langen, technisch nicht tragbaren Reaktionszeit führt diese Vulkanisation ohne Beschleuniger zu Vernetzungsprodukten, die eine schlechte Beständigkeit gegen den Einfluß der Alterung[1] (Sauerstoff, Ozon, Wärme, Licht usw.) haben. Durch die Zugabe von Vulkanisationsbeschleunigern[2] wird die Ge-schwindigkeit der Vernetzung derart erhöht, daß man in kürzerer Zeit bei verringerter Temperatur arbeiten kann. Darüberhinaus ist es möglich, die erforderliche Menge an Schwefel stark zu reduzieren, womit gleichzeitig eine Verbesserung der Alterungs-beständigkeit verbunden ist.

Zur vollen Entfaltung ihrer Wirksamkeit benötigen die Vulkanisationsbeschleuni-ger den Zusatz von Metalloxyden wie Zinkoxyd, Bleiglätte und von Stearinsäure.

Eine einfache Kautschukmischung hat folgende Zusammensetzung:

Naturkautschuk	100 Gew.-Tle.
Zinkoxyd	3 Gew.-Tle.
Stearinsäure.	1 Gew.-Tl.
Schwefel	2,5 Gew.-Tle.
Vulkanisationsbeschleuniger . . .	1 Gew.-Tl.

[1] A. TKÁČ u. V. KELLÖ, Rubber Chem. Technol. **29**, 1255 (1956).
  E. M. BEVILACQUA u. E. S. ENGLISH, J. Polymer Sci. **49**, 495 (1961).
  L. G. ANGERT u. A. S. KUZMINSKIĬ, J. Polymer Sci. **32**, 1 (1958).
  J. R. SHELTON u. E. T. McDONEL, J. Polymer Sci. **32**, 75 (1958).
  P. SCHNEIDER, Kautschuk u. Gummi (W.T.) **6**, 111 (1953); Ang. Ch. **67**, 61 (1955).
  J. R. SHELTON, W. L. COX u. W. T. WICKHAM, Ind. eng. Chem. **47**, 2559 (1957).
  J. R. SHELTON u. W. L. COX, Ind. eng. Chem. **46**, 816 (1954).
  T. KEMPERMANN, Alterungsschutzmittel, in S. BOSTRÖM, Kautschuk-Handbuch, Bd. IV, S. 353,
    Verlag Berliner Union, Stuttgart 1961.
[2] Eingehende Übersichten:
  E. H. FARMER, Vulcanization, in H. MARK u. G. S. WHITBY, Advances in Colloid Science, Bd. II,
    S. 299, Interscience Publ. Inc., New York 1946.
  W. HOFMANN, Vulkanisationshilfsmittel, in S. BOSTRÖM, Kautschuk-Handbuch, Bd. IV, S. 281,
    Verlag Berliner Union, Stuttgart 1961.
  J. GLASER u. F. H. COTTON, Theories of Vulcanization, in W. J. S. NAUNTON, The Applied
    Science of Rubber, S. 992, E. Arnold Publ. Ltd., London 1961.
  D. CRAIG, Rubber Chem. Technol. **30**, 1291 (1957).

Zu den wichtigsten Vulkanisationsbeschleunigern[1] gehören folgende Verbindungen, die hier nach fallender Wirksamkeit geordnet sind.

Amin-[2] und Metallsalze von Dithiocarbamidsäuren[3] wie das Zinksalz der N-Äthyl-N-phenyl-dithiocarbamidsäure;

Thiuram-mono-[4], -di-[5] und -tetrasulfide[6] wie N,N,N',N'-Tetraäthyl-thiuramdisulfid;

2-Mercapto-benzthiazol[7], das entsprechende Disulfid[8] sowie die aus dem Mercaptan mit primären und sekundären aliphatischen oder heterocyclischen Aminen herstellbaren Sulfensäureamide[9] wie N-Cyclohexyl-benzthiazolyl-(2)-sulfensäureamid;

Kondensationsprodukte aus Aldehyden und aromatischen Aminen[10] wie das aus Butyraldehyd und Anilin[11];

[1] Zusammenstellung von Handelsprodukten s. J. van Alphen, W. J. K. Schönlau u. M. van den Tempel, Gummichemikalien, Verlag Berliner Union, Stuttgart 1956.

[2] DRP. 265221, 266619 (1912); 269512 (1913); 280198 (1914), Farbf. Bayer; C. **1913** II, 1444, 1834; **1914** I, 594; Frdl. **12**, 575 (1914–1916).

[3] DRP. 380774 (1919) ≡ F.P. 520477 ≡ E.P. 140387 (1920), G. Bruni; C. **1921** IV, 1276.

[4] A.P. 1788632 (1928), DuPont, Erf.: D. H. Powers; C. **1931** I, 2535.

[5] A.P. 1440963 (1922), Naugatuck Chemical Co., Erf.: S. M. Cadwell; C. **1924** I, 450.

[6] A.P. 2414014 (1943), DuPont, Erf.: G. W. Cable u. J. L. Richmond.

[7] C. W. Bedford u. L. B. Sebrell, Ind. eng. Chem. **13**, 1034 (1921).
    G. Bruni u. E. Romani, Giorn. Chim. ind. appl. **3**, 351 (1921).

[8] L. B. Sebrell u. C. E. Boord, Am. Soc. **45**, 2390 (1923).
    J. Teppema u. L. B. Sebrell, Am. Soc. **49**, 1748, 1779 (1927).

[9] DRP. 573570; 587608 (1931), I. G. Farb., Erf.: E. Zaucker, L. Orthner u. M. Bögemann; Frdl. **19**, 2930 (1932); **20**, 2032 (1933).
    DRP. 586351 (1932), I. G. Farb., Erf.: E. Zaucker; Frdl. **20**, 2020 (1933).
    DRP. 615580 (1933), I. G. Farb., Erf.: E. Tschunkur u. H. Köhler; Frdl. **22**, 1752 (1935).
    Sulfensäureamid aus Morpholin:
      DBP. 950465 ≡ E.P. 713496 ≡ A.P. 2730526 (1951); DBP. 1013653 ≡ A.P. 2730527 ≡ E.P. 737252 (1953), American Cyanamid Co., Erf.: R. C. Kinstler.
      DBP. 1012914 ≡ A.P. 2758995 ≡ E.P. 753803 (1954), American Cyanamid Co., Erf.: F. A. Sullivan; C. **1959**, 973.
    Sulfensäureamid aus 2,6-Dimethyl-morpholin:
      A.P. 2816881 (1955), American Cyanamid Co., Erf.: F. A. Sullivan, E. O. Hook u. A. R. Davis; C. **1959**, 11750.
      A.P. 2871239 (1955), Monsanto Chemical Co., Erf.: J. J. D'Amico.
    Sulfensäureamid aus Diisopropylamin:
      A.P. 2776297 (1955), American Cyanamid Co., Erf.: H. Cherlow u. R. H. Ebel.
    Sulfensäureamid aus Cyclohexylamin:
      A.P. 2762464 ≡ DAS. 1032742 ≡ E.P. 756464 (1954), Monsanto Chemical Co., Erf.: J. C. Lunt; C. **1957**, 13497.
      E.P. 517451 ≡ DBP. 855564 (1937), Monsanto Chemical Co., Erf.: M. W. Harman.
    Sulfensäureamid aus tert.-Butylamin:
      A.P. 2367827 (1941), Firestone Tire & Rubber Co., Erf.: G. E. Smith.
      A.P. 2807620 (1955), Monsanto Chemical Co., Erf.: R. H. Cooper u. J. J. D'Amico.
    Sulfensäureamid aus Dicyclohexylamin:
      DBP. 1051487 (1957); 1053775 (1956), Farbf. Bayer, Erf.: H. Freytag, F. Lober u. H. Pohle.
      DBP. 1046056 (1957), Farbf. Bayer, Erf.: F. Lober, H. Freytag u. E. Kracht.
    Sulfensäureamid aus tert.-Octylamin:
      DBP. 1049086 ≡ E.P. 802079 (1955), I.C.I., Erf.: R. J. Fielden; C. **1959**, 14577.
      A.P. 2807621 ≡ E.P. 772582 (1955), Monsanto Chemical Co., Erf.: R. H. Cooper u. J. J. D'Amico; C. **1959**, 11750.

[10] E.P. 7370 (1914), S. J. Peachey.

[11] A.P. 1780334 (1926), DuPont, Erf.: W. B. Burnett u. I. Williams; C. **1931** II, 1643.

Guanidine wie Diphenyl-, Di-o-tolyl-[1] oder Triphenylguanidin;
aliphatische, cycloaliphatische oder heterocyclische Amine[2] wie Dibutylamin,
Äthyl-cyclohexyl-amin oder Piperidin.

Mit geeigneten Kombinationen dieser Beschleuniger ist es möglich, zusätzlich
Aktivierungseffekte zu erzielen (z.B. 2-Mercapto-benzthiazol und Hexamethylentetramin).

Je nach der Wirksamkeit unterteilt man die Beschleuniger in Ultrabeschleuniger, wenn sie bereits bei relativ niedriger Temperatur wirksam sind, und Halbultrabeschleuniger. Mäßig starke Beschleuniger sind Guanidinderivate, substituierte Biguanide[3] und Tricrotonylidentetramin[4]. Zu den schwachen Beschleunigern
zählen Hexamethylentetramin, Thiocarbanilid und N,N-Diäthyl-cyclohexyl-amin.

Den Beginn der Vulkanisation einer Weichgummimischung bezeichnet man als
Anvulkanisation. In diesem Stadium werden die plastischen Eigenschaften des Kau-
tschuks noch wenig verändert. Mit zunehmender Vulkanisationszeit erreicht man das
Vulkanisationsoptimum mit maximaler Zerreißfestigkeit und hohem Spannungswert
(die zum Erreichen einer bestimmten Deformation erforderliche Kraft). Wird das
Vulkanisat über das Optimum hinaus erhitzt, so tritt mit Naturkautschuk eine
Reversion ein. Diese ist von einem Abfall der physikalischen Eigenschaften wie Zer-
reißfestigkeit, Spannungswert und Härte begleitet.

Wird das Vulkanisationsoptimum über einen kurzen oder langen Zeitraum aufrecht
erhalten, was weitgehend vom angewandten Beschleuniger und auch von der Vulkani-
sationstemperatur abhängt, so spricht man von Beschleunigern mit kurzem oder langem Plateau. Ultrabeschleuniger können bei relativ niedrigen Temperaturen, in
geeigneter Kombination sogar bei Raumtemperatur, verwendet werden. Einen ver-
zögerten Einsatz bei hoher Temperatur geben die Sulfensäureamide des 2-Mercapto-
benzthiazols, vor allem die aus Morpholin[5] hergestellte Verbindung.

Zum Erzielen einer ausreichenden Verarbeitungssicherheit gegen den frühzeitigen
Beginn der Vulkanisation kann man der Kautschukmischung Verbindungen zusetzen,
die eine Verzögerung der Anvulkanisation herbeiführen. Verbindungen mit diesen
Eigenschaften werden Vulkanisationsverzögerer genannt. Zu ihnen gehören
Benzoesäure, Salicylsäure[6], Phthalsäureanhydrid[7] usw. In geringer Dosierung ange-
wandt, verzögern sie nur den Einsatz der Vulkanisation und haben praktisch keinen
Einfluß auf den weiteren Verlauf der Vernetzung. Mit N-Nitroso-diphenylamin[8] wird
unabhängig von der zugegebenen Menge nur die Anvulkanisation verzögert, weil im
Temperaturbereich ab 120–125° eine leichte Aktivierung der Vulkanisation hervor-
gerufen wird.

Über die Vorgänge bei der Vulkanisation bestehen viele Theorien, von denen kaum
eine in der Lage ist, den Reaktionsverlauf vollständig zu erklären. Um die Schwierigkeiten zu umgehen, die sich beim Arbeiten mit hochmolekularen Verbindungen ein-

---

[1] A.P. 1721057 (1922), DuPont, Erf.: W. Scott; C. **1930** I, 1386.
　　DRP. 481994 (1926), I. G. Farb., Erf.: H. Meis; Frdl. **16**, 2516 (1927–1929).
[2] DRP. 265221 (1912), Farbf. Bayer; C. **1913** II, 1444.
[3] E.P. 201885 (1923), Pirelli & Co., Erf.: G. Bruni u. E. Romani; C. **1923** IV, 953.
[4] DRP. 551805 (1929), I. G. Farb., Erf.: T. Weigel; Frdl. **19**, 2913 (1932).
[5] DRP. 615580 (1933), I. G. Farb., Erf.: E. Tschunkur u. H. Köhler; Frdl. **22**, 1752 (1935).
　　DBP. 950465 ≡ E.P. 713496 ≡ A.P. 2730526 (1951), American Cyanamid Co., Erf.: R. C.
　　　Kinstler; C. **1955**, 1862.
[6] A.P. 1540580 (1924), Miller Rubber Co., Erf.: R. M. Warner; C. **1926** I, 512.
[7] E.P. 218247 (1924), Naugatuck Chemical Co., Erf.: S. M. Cadwell; C. **1924** II, 2705.
[8] A.P. 1734633 (1928), A. C. Burrage jr., Erf.: H. B. Morse; C. **1930** I, 755.

stellen, wurde die Reaktion von Schwefel mit Olefinen, die eine strukturelle Ähnlichkeit mit Naturkautschuk haben, eingehend bearbeitet. Erhitzt man z. B. Cyclohexen mit Schwefel auf 140°, so entstehen bimolekulare Polysulfide[1], in denen die Hälfte der Doppelbindungen abgesättigt ist und deren Kohlenstoff-Wasserstoff-Verhältnis daher unverändert bleibt. 1-Methyl-cyclohexen[2] gibt Reaktionsprodukte der Summenformel $C_7H_{13}S_xC_7H_{11}$ und $C_7H_{13}S_xC_7H_{13}$, wobei x zwischen 1 und 5 variieren kann. Hieraus geht hervor, daß der Schwefel zwischen den Olefinen eine Brücke bildet, wobei die Doppelbindungen teilweise gesättigt werden. Aus Dihydromyrcen, wie Kautschuk ein 1,5-Diolefin, wurden nach der Reaktion mit Schwefel mehrere Verbindungen isoliert. Neben fünf- und sechsgliedrigen cyclischen Monosulfiden[3] wurden auch Verbindungen gefunden, in denen die schwefelhaltigen Ringe über ihre Substituenten durch eine Schwefelbrücke verbunden sind. Hieraus geht hervor, daß nur ein Teil des gebundenen Schwefels unter Bildung von Vernetzungsbrücken reagiert hat.

Vernetzter Kautschuk wird von Lösungsmitteln gequollen. Aus dem Quellungsgrad im Zustand des Gleichgewichts kann die *Vernetzungsdichte*[4] (Zahl der Vernetzungsstellen/g) berechnet werden. Bei gleicher Menge an gebundenem Schwefel ist der Anteil des zur Vernetzung verbrauchten Schwefels bei der Beschleunigung der Vulkanisation durch das Zinksalz der N,N-Diäthyl-dithiocarbamidsäure etwa viermal größer[5] als bei der nicht beschleunigten Vulkanisation. Auch in Gegenwart von Vulkanisationsbeschleunigern wird nur ein Teil des gebundenen Schwefels als Brücke eingebaut. Aus dem Rest werden cyclische Sulfide[6] gebildet, die nicht zur Vernetzung beitragen. Die Brücken können mehrere Schwefelatome[7] enthalten, wobei durch den Einsatz der Vulkanisationsbeschleuniger die Zahl der Schwefelatome innerhalb der Vernetzungsbrücke reduziert wird.

Mit einigen Verbindungen kann man den Kautschuk auch ohne Zusatz von elementarem Schwefel vulkanisieren. So führen Thiuram-di- und -tetrasulfide bei

[1] R. T. ARMSTRONG, J. R. LITTLE u. K. W. DOAK, Ind. eng. Chem. **36**, 628 (1944).
   E. H. FARMER, J. Soc. chem. Ind. **66**, 86 (1947).
[2] E. H. FARMER u. F. W. SHIPLEY, Soc. **1947**, 1519.
   E. H. FARMER, Trans. Faraday Soc. **38**, 340 (1942).
[3] L. C. BATEMAN u. Mitarbb., Proc. Rubber Technol. Conf., 3rd Conf. London, **1954**, 298.
   G. F. BLOOMFIELD, J. Soc. chem. Ind. **68**, 66 (1949).
[4] P. J. FLORY, J. chem. Physics **18**, 108 (1950).
   P. J. FLORY u. J. REHNER jr., J. chem. Physics **11**, 521 (1943).
   C. G. MOORE u. W. F. WATSON, J. Polymer Sci. **19**, 237 (1956).
[5] G. GEE, J. Polymer Sci. **2**, 451 (1947).
[6] J. VAN ALPHEN, Ang. Ch. **66**, 193 (1954).
[7] R. L. ZAPP u. Mitarbb., J. Polymer Sci. **6**, 331 (1951).
   R. L. ZAPP u. F. P. FORD, J. Polymer Sci. **9**, 97 (1952).
   Weitere Literatur über die Wirkung der Vulkanisationsbeschleuniger:
   B. C. BARTON, Ind. eng. Chem. **42**, 671 (1950).
   H. E. ADAMS u. B. L. JOHNSON, Ind. eng. Chem. **45**, 1539 (1953).
   I. AUERBACH, Ind. eng. Chem. **45**, 1526 (1953).
   E. W. RUSSELL, Trans. Faraday Soc. **47**, 539 (1951).
   J. GLAZER u. J. H. SCHULMAN, J. Polymer Sci. **14**, 169, 225 (1954).
   M. GORDON, J. Polymer Sci. **7**, 485 (1951).
   H. KREBS, Gummi u. Asbest **8**, 68 (1955).
   G. D. KRATZ, H. H. YOUNG jr. u. I. KATZ, Ind. eng. Chem. **41**, 399 (1949).
   W. SCHEELE u. Mitarbb., Kautschuk u. Gummi (W.T.) **8**, 251 (1955); (W.T.) **10**, 23, 51, 185, 214, 273 (1957); (W.T.) **11**, 51, 127 (1958); (W.T.) **12**, 122, 205, 233, 320 (1959); (W.T.) **13**, 49, 172, 387 (1960).
   B. A. DOGADKIN, Kautschuk u. Gummi (W.T.) **12**, 5 (1959).
   D. CRAIG, Rubber Chem. Technol. **30**, 1291 (1957).

einer Dosierung von 2,5–5% für das Disulfid und 1–2% für das Tetrasulfid zu einer Vernetzung. Neben einer geringen Zahl von Schwefelbrücken[1] tritt im stärkeren Maße eine intermolekulare Verknüpfung durch Kohlenstoff-Kohlenstoff-Bindungen ein. Diese Vulkanisate sind besonders alterungsbeständig.

Auch Peroxyde sind schwefelfreie Vernetzungsmittel. Während Diaroylperoxyde wie Dibenzoylperoxyd[2] wegen der relativ niedrigen Spaltungstemperatur zur Anvulkanisation neigen, führen stabilere Verbindungen wie *Di-tert.-butylperoxyd*[3], *Bis-[α,α-dimethyl-benzyl]-peroxyd*[4], *Alkyl-*[5] oder *p-Menthyl-(α,α-dimethyl-benzyl)-peroxyd*[6] zu einer sicheren Verarbeitbarkeit der Kautschukmischung[7] und haben darüberhinaus noch den Vorteil, daß sie zusammen mit Ruß eingesetzt werden können. Eine Vernetzung durch Peroxyde ist auch über den Latex[8] möglich, wenn dieser unter Druck auf 140–170° erhitzt wird.

Andere schwefelfreie Vulkanisiermittel sind Diazoaminobenzol, m-Dinitro-benzol, p-Dinitroso-benzol, Chinone, Chinonimine[9], niedrigmolekulare Kondensationsprodukte aus Phenolen und Formaldehyd[10], Alkylen-bis-azocarbonsäureester[11], z. B. Decamethylen-bis-azocarbonsäuremethylester, oder N-Alkyl- und N-Aryl-maleinsäureimide[12], z. B. m-Phenylen-bis-maleinimid[13], unter Zusatz von wenig Peroxyd.

Mit *Dischwefeldichlorid* kann Naturkautschuk sogar bei Raumtemperatur[14] vernetzt werden (Kaltvulkanisation). Die vorgeformte, dünnwandige Kautschukmischung

[1] B. A. Dogadkin u. Mitarbb., Rubber Chem. Technol. **27**, 883, 920 (1954).
  W. Scheele u. Mitarbb., Kautschuk u. Gummi (W.T.) **7**, 273 (1954); (W.T.) **8**, 2, 87 (1955); (W.T.) **9**, 27, 110, 149, 269 (1956); (W.T.) **10**, 109, 241 (1957); (W.T.) **11**, 23, 267 (1958); Kolloid-Z. **146**, 14 (1956).
  S. a. D. Craig u. Mitarbb., J. Polymer Sci. **5**, 709 (1950); **6**, 1, 7, 172 (1951).
[2] H. L. Fisher u. A. E. Gray, Ind. eng. Chem. **20**, 294 (1928).
  A. van Rossem u. Mitarbb., Kautschuk **7**, 202, 219 (1931).
  O. Lorenz u. W. Scheele, Kautschuk u. Gummi (W.T.) **8**, 273 (1955).
  K. Hummel, Kautschuk u. Gummi (W.T.) **15**, 1 (1962).
[3] M. Braden, W. P. Fletcher u. G. P. McSweeney, Trans. Inst. Rubber Ind. **30**, 44 (1954); **31**, 155 (1955).
[4] E.P. 754514 ≡ A.P. 2819256 ≡ DBP. 964542 (1953/1954), Hercules Powder Co., Erf.: H. Boardman; C. **1957**, 12028.
[5] E.P. 781040 ≡ DAS. 1077866 (1955), Hercules Powder Co., Erf.: H. Boardman.
[6] E.P. 787221 ≡ DAS. 1116388 (1955), Hercules Powder Co., Erf.: R. A. Bankert u. W. S. Ropp.
[7] P. H. Leth Pedersen, Trans. Inst. Rubber Ind. **33**, 178 (1957).
  J. R. Dunn u. J. Scanlan, J. Polymer Sci. **35**, 267 (1959).
  J. R. Dunn u. S. G. Fogg, J. Appl. Polymer Sci. **2**, 367 (1959).
  K. Hummel u. G. Schlüter, Kautschuk u. Gummi (W.T.) **14**, 269 (1961).
  W. Klever, Kautschuk u. Gummi (W.T.) **14**, 276 (1961).
  V. Karnojitzky, Rev. gén. Caoutch. **38**, 959 (1961).
[8] A.P. 2868859 (1954), G. Stott; C. **1960**, 5339.
  E.P. 738279 ≡ DAS. 1031506 (1954), Revertex Ltd.; C. **1957**, 6609.
[9] T. Alfrey u. Mitarbb., India Rubber Wld. **112**, 577, 738 (1945); **113**, 653 (1946).
[10] S. van der Meer, R. **63**, 147, 157 (1944).
[11] DRP.-Anm. I 74166 (1943), I. G. Farb., Erf.: E. Müller u. O. Bayer (zurückgezogen).
  A.P. 2469819 (1946), Wingfoot Corp., Erf.: P. J. Flory u. N. Rabjohn; C. **1950** I, 629.
  P. J. Flory, N. Rabjohn u. M. C. Schaffer, J. Polymer Sci. **4**, 225, 435 (1949).
  H. Esser, Kautschuk u. Gummi (W.T.) **11**, 57 (1958).
  Gummi u. Asbest **11**, 82 (1958).
[12] Belg. P. 590586 (1959), United States Rubber Co., Erf.: J. R. Little, H. H. Fletcher u. P. O. Tawney.
[13] A.P. 2925407 (1956), DuPont, Erf.: E. J. Goldberg; Chem. Abstr. **54**, 11535[d] (1960).
[14] J. Glazer u. J. H. Schulman, J. Polymer Sci. **14**, 169, 225 (1954).
  Rubber J. and Intern. Plastics **138**, 312 (1960).

wird entweder dem Dampf des Dischwefeldichlorids ausgesetzt oder in eine 2–6%ige Lösung von Dischwefeldichlorid in Benzin oder Schwefelkohlenstoff getaucht. Da die Alterungseigenschaften der Vernetzungsprodukte schlechter als die der Schwefelvulkanisate sind, wird die Kaltvulkanisation nur noch wenig angewandt.

Durch Mischen mit anorganischen und organischen Verbindungen wie Füllstoffen, Weichmachern, Alterungsschutzmitteln oder Pigmenten kann der mastizierte Naturkautschuk in seinen Eigenschaften weitgehend verändert werden. Die Wahl der Zusatzstoffe richtet sich nach dem Anwendungszweck des Vulkanisates, wobei der Beschleuniger den verschiedenartigen Vulkanisationsbedingungen angepaßt werden muß. Bei der Ausarbeitung einer Rezeptur ist die Verarbeitbarkeit der danach hergestellten Kautschukmischung von grundlegender Bedeutung. Das folgende Beispiel enthält die Zusammensetzung einer in ihren mechanischen Eigenschaften hochwertigen Mischung zur Herstellung von Laufflächen für Autoreifen.

Beispiel einer Mischung zur Herstellung von Laufflächen für Autoreifen: (Angaben in Gew.-Tln.)

Smoked Sheet	100,0
aktiver Ruß	48,0
Zinkoxyd	3,0
Fichtenteer	2,5
Stearinsäure	3,0
Paraffin	0,75
Phenyl-β-naphthylamin	1,0
N-Isopropyl-N′-phenyl-phenylendiamin-(1,4)	0,75
Schwefel	2,2
N-Cyclohexyl-benzthiazolyl-(2)-sulfensäureamid	0,7
Bis-[benzthiazolyl-(2)]-disulfid	0,1
Vulkanisation: 45 Min. bei 140°.	

Durch die Zugabe der optimalen Menge an aktivem Ruß[1] (z.B. HAF-Ruß ∼ *High Abrasion Furnace*) erzielt man eine wesentliche Verbesserung des Abriebwiderstandes, der Einreiß- und Zerreißfestigkeit. Fichtenteer, der hier als Weichmacher dient, erleichtert ebenso wie die Stearinsäure die Verarbeitbarkeit der Mischung. Darüberhinaus bewirkt die Stearinsäure eine gute Verteilung des Rußes im Kautschuk und regelt den Einsatz der Vulkanisation. Das Paraffin schützt die Oberfläche des Reifens vor der Bildung von Rissen, die unter dem Einfluß des Lichtes entstehen können. Durch den Zusatz des Phenyl-β-naphthylamins wird die Beständigkeit gegen die Alterung verbessert, während das N-Isopropyl-N′-phenyl-phenylendiamin-(1,4) den Reifen gegen den Angriff des Ozons[2] der Atmosphäre und gegen die unter dem Einfluß der dynamischen Beanspruchung gebildeten Ermüdungsrisse schützt.

---

[1] I. DROGIN, Proc. Rubber Technol. Conf., 3rd Conf. London, **1954**, 565.

M. L. STUDEBAKER, Rubber Age (N.Y.) **77**, 69 (1955); **80**, 661 (1957).

C. W. SWEITZER, J. chem. Educ. **29**, 493 (1952); Proc. Inst. Rubber Ind. **2**, 77 (1955); Kautschuk u. Gummi (W.T.) **14**, 135 (1961).

H. A. BRAENDLE, G. L. HELLER u. J. W. WHITE, Kautschuk u. Gummi (W.T.) **11**, 235 (1958).

M. C. BROOKS, F. W. BOGGS u. R. H. EWART, Kautschuk u. Gummi (W.T.) **12**, 179 (1959).

G. FROMANDI u. R. ECKER, Kautschuk u. Gummi (W.T.) **5**, 191 (1952).

[2] M. BRADEN u. A. N. GENT, Kautschuk u. Gummi (W.T.) **14**, 157 (1961); J. Appl. Polymer Sci. **3**, 90, 100 (1960).

H. W. KILBOURNE u. Mitarbb., Rubber Chem. Technol. **32**, 1155 (1959).

A. R. DAVIS u. F. A. SULLIVAN, Rubber Age (N.Y.) **85**, 617 (1959).

J. SZURRAT, Gummi u. Asbest **13**, 16 (1960).

J. H. THELIN u. A. R. DAVIS, Rubber Age (N.Y.) **86**, 81 (1959).

B. I. C. F. VAN PUL, Trans. Inst. Rubber Ind. **34**, 86 (1958); Rubber Chem. Technol. **31**, 866, 882 (1958).

 Fortsetzung s. S. 850

Bei einer Reihe von weniger beanspruchten Gummiwaren werden die Zusatzstoffe mehr nach wirtschaftlichen als nach technischen Gesichtspunkten ausgewählt.

Beispiel einer Mischung zur Herstellung von schwarzen Absätzen: (Angaben in Gew.-Tln.)

Smoked Sheet	100,0
Regenerat	110,0
Bitumen	2,0
Stearinsäure	2,0
Zinkoxyd	7,0
Kaolin	100,0
Ruß	7,0
Schwefel	4,5
Bis-[benzthiazolyl-(2)]-disulfid	0,7
2-Mercapto-benzthiazol	0,7
Vulkanisation: 10 Min. bei 150°.	

Das in dieser Mischung verwendete Regenerat[1] wird aus zerkleinerten Autoreifen gewonnen, die in Gegenwart von Sauerstoff, Regenerierölen oder Regeneriermitteln wie dem Zinksalz des Pentachlorthiophenols[2] durch eine thermische Behandlung wieder plastisch und verarbeitbar gemacht werden können.

Das folgende Beispiel ist eine Mischung, die zur Herstellung von Hartgummiplatten für den Oberflächenschutz verwendet werden kann (Angaben in Gew.-Tln.):

Smoked Sheet	100
Regenerat	30
Mineralöl	10
Hartgummistaub	140
Schwefel	50
N,N,N′,N′-Tetramethyl-thiuramdisulfid	3
Vulkanisation: 60 Min. bei 150°.	

12. Pyrolyse und Abbau (Mastikation) von Naturkautschuk

Beim Erhitzen von Naturkautschuk im Vakuum[3] oder in einer Kohlendioxyd-atmosphäre[4] von 760 Torr Druck auf 275–320° bilden sich flüchtige Produkte, in denen *Isopren* in einer Menge von 3–4% vorhanden ist. Der Rückstand der Pyrolyse (30–40%) besteht z. Teil aus cyclisiertem Kautschuk[3,4]. Der Anteil des Isoprens in den flüchtigen Produkten, die im Bereich von 280–360° gebildet werden, ist von

Fortsetzung von S. 849

F. B. Smith u. B. F. Tuley, Rubber World **140**, 243 (1959).

W. L. Cox, Rubber Chem. Technol. **32**, 364 (1959).

W. L. Dunkel u. R. R. Phelan, Rubber Age (N.Y.) **83**, 281 (1958).

B. S. Biggs, Rubber Chem. Technol. **31**, 1015 (1958).

J. B. Stanley u. Mitarbb., Rubber Age (N.Y.) **79**, 967 (1956).

F. H. Kendall u. J. Mann, J. Polymer Sci. **19**, 503 (1956).

----

[1] Zusammenfassende Darstellungen:

D. S. Le Beau, Rubber Age (N.Y.) **62**, 51 (1947).

R. B. Bennett u. G. E. P. Smith jr., Ind. eng. Chem. **46**, 1721 (1954).

P. Schneider, Kautschuk u. Gummi (W.T.) **6**, 21 (1953).

W. E. Stafford u. R. A. Wright, Proc. Inst. Rubber Ind. **1**, 40 (1954).

F. Kirchhof, Kautschuk u. Gummi **4**, 372 (1951).

R. N. Hader u. D. S. Le Beau, Ind. eng. Chem. **43**, 250 (1951).

[2] DBP. 839717 (1949) ≡ A.P. 2695898 (1950), Farbf. Bayer, Erf.: F. Lober, O. Bayer, M. Bögemann u. P. Schneider; C. **1952**, 7747.

DBP. 931499 (1952), Farbf. Bayer, Erf.: P. Schneider u. G. Fromandi; C. **1956**, 5703.

[3] H. Staudinger u. J. Fritschi, Helv. **5**, 785 (1922).

[4] H. Staudinger u. E. Geiger, Helv. **9**, 549 (1926).

der Pyrolysentemperatur[1] unabhängig. Neben 13–20% *Dipenten* werden auch andere Kohlenwasserstoffe wie Butan, Butene, Pentene, Hexadiene und Cyclohexadiene gebildet. Mit steigender Pyrolysentemperatur nimmt die Menge des Dipentens ab. Außer den leicht flüchtigen Verbindungen entsteht auch eine wachsartige Fraktion[2] vom Molekulargewicht 616.

Die Pyrolyse des Naturkautschuks führt bei Temperaturen von 600–700°[3] zu einer weitgehenden Spaltung in flüchtige Produkte ohne nennenswerte Bildung eines Rückstandes. Wird fein zerschnittener Naturkautschuk bei Normaldruck auf eine Metalloberfläche von 600° gebracht, so enthalten die Pyrolysenprodukte neben Dipenten und anderen Verbindungen 16,7% reines Isopren[4].

Da die Cyclisierung bei Temperaturen oberhalb 250° einsetzt und cyclisierter Naturkautschuk nur sehr wenig Isopren[5] bildet, ist es vorteilhaft, die Zuführung des Kautschuks in die Pyrolysenkammer kontinuierlich zu gestalten, so daß eine rasche Erwärmung auf die erforderliche Pyrolysentemperatur von etwa 700° eintritt. Man kann hierfür die Lösung in Toluol, den Latex oder den festen Kautschuk[6] verwenden, der durch einen auf 100° geheizten Extruder in Form von Fäden der Reaktionszone zugeführt wird. Die Pyrolysenkammer besteht aus einem Rohr, das zur besseren Wärmeleitung mit Spänen und Drähten aus Kupfer gefüllt ist. Bei diesem Verfahren erhält man unter optimalen Bedingungen (Temperatur 700–775°, Druck 5–13 Torr) *Isopren* in einer maximalen Ausbeute von 58%. Arbeitet man unter Normaldruck, so fällt die Ausbeute an Isopren infolge von Nebenreaktionen auf 8%.

Wenn Naturkautschuk auf einem Walzwerk, im Innenmischer oder im Extruder behandelt wird, so tritt in einer Sauerstoffatmosphäre eine Verringerung des Molekulargewichtes ein. Dieser Vorgang wird in der Kautschukindustrie als Mastikation bezeichnet. Die effektive Wirkung der Mastikation ist von der *Temperatur* des Kautschuks stark abhängig. Ein Minimum der Abbaugeschwindigkeit kann man im Temperaturbereich von etwa 100–120° beobachten[7]. Unterhalb dieser Temperatur verläuft die Reaktion mit einem negativen Temperaturkoeffizienten, d.h. mit fallender Temperatur wird die Geschwindigkeit des Abbaus größer. Die unter 100° ausgeführte Mastikation wird als Kalt-Mastikation bezeichnet.

Durch die Einwirkung der mechanischen Energie tritt ein Kettenbruch ein, wobei aus jeder Kette zwei aktive Radikale[8] entstehen, die in Abwesenheit von niedrigmolekularen Radikalacceptoren entweder rekombinieren, sich disproportionieren oder mit anderen polymeren Ketten unter Bildung von sekundären Radikalen weiterreagieren.

Da in einer Stickstoffatmosphäre nur ein geringer, in Gegenwart von Sauerstoff aber ein starker Abbau eintritt, wird die Rolle des Sauerstoffs bei der Mastikation als die eines Radikalacceptors erklärt[9]. Andere Radikalacceptoren, die in einer Stick-

---

[1] S. STRAUS u. S. L. MADORSKY, J. Res. Bur. Stand. **50**, 165 (1953).
[2] S. STRAUS u. S. L. MADORSKY, Ind. eng. Chem. **48**, 1212 (1956).
S. L. MADORSKY u. Mitarbb., J. Polymer Sci. **4**, 639 (1949).
[3] T. MIDGLEY jr. u. A. L. HENNE, Am. Soc. **51**, 1215 (1929).
[4] H. L. BASSETT u. H. G. WILLIAMS, Soc. **1932**, 2324.
[5] H. STAUDINGER u. E. GEIGER, Helv. **9**, 549 (1926).
[6] B. B. S. T. BOONSTRA u. G. J. VAN AMERONGEN, Ind. eng. Chem. **41**, 161 (1949).
[7] W. F. BUSSE u. E. N. CUNNINGHAM, Proc. Rubber Technol. Conf. **1938**, 288.
[8] W. KAUZMANN u. H. EYRING, Am. Soc. **62**, 3113 (1940).
H. STAUDINGER u. W. HEUER, B. **67**, 1159 (1934).
[9] M. PIKE u. W. F. WATSON, J. Polymer Sci. **9**, 229 (1952).

stoffatmosphäre zum Teil eine wesentlich geringere Wirkung als Sauerstoff haben, sind u. a. Thiophenole, Benzidin, o-Nitro-phenol und Pyrogallol[1]. Mit 1,1-Diphenyl-pikrylhydrazyl sowie mit ^{35}S markiertem Dinaphthyldisulfid konnte festgestellt werden, daß die Menge der eingebauten Endgruppen in einer engen Beziehung zu der Abnahme des Molekulargewichtes steht[2]. Synthetischer Kautschuk wie Poly-2-chlor-butadien und Copolymerisate aus Butadien mit Styrol[3] bilden ebenfalls Ketten-radikale, deren Zahl aber geringer als beim Naturkautschuk ist.

So entstehen in Abwesenheit von niedrigmolekularen Radikalacceptoren durch Mastizieren einer Mischung aus Naturkautschuk und *Poly-2-chlor-butadien* in einer Stickstoffatmosphäre Reaktionsprodukte[4], die nur zum Teil löslich sind. Sowohl die löslichen als auch die unlöslichen Anteile enthalten Naturkautschuk. Unter den gleichen Bedingungen behandelt, bleibt Naturkautschuk vollständig löslich. Diese durch Kom-bination ihrer Radikale entstandenen Reaktionsprodukte stellen Blockpolymerisate[1] dar, die geringe Mengen Pfropfpolymerisate enthalten können.

Während synthetischer Kautschuk schon bei der Herstellung auf eine Plastizität eingestellt wird, die in den meisten Fällen eine Verarbeitung ohne weitere Vorbehand-lung erlaubt, ist Naturkautschuk in der von den Plantagen gelieferten Form zu zäh und hart und kann zur Herstellung von Mischungen nicht unmittelbar wie syntheti-scher Kautschuk verwendet werden. Es gelingt aber, durch die Mastikation in Gegen-wart von Sauerstoff das Molekulargewicht derart zu verringern, daß jede zur Her-stellung der verschiedenartigen Mischungen notwendige Plastizität eingestellt werden kann. Eine Reihe von Verbindungen (Plastiziermittel)[5] beschleunigt die Geschwindig-keit der Mastikation, wobei die erforderliche Temperatur in Abhängigkeit von der Struktur des Plastiziermittels entweder unter 100° oder wesentlich höher liegt. Wirk-same Verbindungen, die bereits in einer Dosierung von 0,1–0,5% eine schnelle Masti-kation herbeiführen, sind folgende: Arylhydrazine[6], Komplexe aus Hydrazinen mit Zink- oder Cadmiumsalzen[7], α- und β-Thionaphthol[8], Gemische isomerer Xylyl-mercaptane[8], deren Zinksalze[9], Pentachlorthiophenol[10], das entsprechende Zinksalz[10],

[1] D. J. ANGIER u. W. F. WATSON, J. Polymer Sci. **18**, 129 (1955); **20**, 235 (1956).

[2] G. AYREY, C. G. MOORE u. W. F. WATSON, J. Polymer Sci. **19**, 1 (1956).

[3] R. J. CERESA u. W. F. WATSON, J. Appl. Polymer Sci. **1**, 101 (1959).

[4] D. J. ANGIER u. W. F. WATSON, Trans. Inst. Rubber Ind. **33**, 22 (1957).

[5] G. H. FOXLEY, Proc. Inst. Rubber Ind. **8**, 63 (1961).
   E. P. KHERASKOVA u. A. P. GAMAYUNOVA, Rubber Chem. Technol. **24**, 161 (1951).
   M. MONTU, Rev. gén. Caoutch. **29**, 506 (1952).
   J. LE BRAS u. M. MONTU, C. r. **232**, 82 (1951).

[6] A.P. 2018643/4 (1934); 2067299 (1935), DuPont, Erf.: I. WILLIAMS u. C. C. SMITH; C. **1936**
   II, 2027; **1937** I, 4165.
   Für synthetischen Kautschuk: DRP. 702209 (1935), I. G. Farb., Erf.: O. BÄCHLE; C. **1941**
   I, 2462.

[7] A.P. 2132505 (1935), DuPont, Erf.: I. WILLIAMS u. C. C. SMITH; C. **1939** I, 1670.

[8] A.P. 2064580 (1936), DuPont, Erf.: I. WILLIAMS u. C. C. SMITH; C. **1937** I, 2887.
   A.P. 2463219 (1946), DuPont, Erf.: J. H. TREPAGNIER; Chem. Abstr. **43**, 7258^a (1949).

[9] A.P. 2378519 (1943), DuPont, Erf.: J. R. VINCENT; Chem. Abstr. **39**, 3965^3 (1945).
   A.P. 2467789 (1944), DuPont, Erf.: J. J. VERBANC; Chem. Abstr. **43**, 5224^b (1949).

[10] DBP. 839717 (1949) ≡ A. P. 2695898 (1950); A. P. 2775568, 2775639 (1954), Farbf. Bayer,
   Erf.: F. LOBER, O. BAYER, M. BÖGEMANN u. P. SCHNEIDER; C. **1952**, 7747.
   DBP. 931499 (1952), Farbf. Bayer, Erf.: P. SCHNEIDER u. G. FROMANDI; C. **1956**, 5703.
   A.P. 2770604 (1952), DuPont, Erf.: A. A. BAUM; C. **1958**, 14189.
   A.P. 2737529 (1954), DuPont, Erf.: H. W. BRADLEY; C. **1957**, 13813.

Bis-[o-benzamido-phenyl]-disulfid[1], das Zinksalz des o-Benzamido-thiophenols[2], 2-Mercapto-benzthiazol[3] und viele mehr. Durch Zugabe geringer Mengen Eisen-phthalocyanin[4] kann die Wirksamkeit der Plastiziermittel gesteigert werden.

i) Pfropf- und Blockpolymerisate mit Naturkautschuk

Die meisten der mit Naturkautschuk ausgeführten Reaktionen führen zu einem starken Eingriff in die Struktur und zu einer weitgehenden Änderung der elastischen Eigenschaften. Die Pfropf- und Blockpolymerisation bieten eine Möglichkeit, die Molekelketten des Kautschuks mit neuen Gruppen auszustatten, die zwar einen Einfluß auf die chemischen und physikalischen Eigenschaften haben, aber die elastischen Eigenschaften in einem geringen Maße beeinflussen. Pfropfpolymerisate werden vorwiegend über die Lösung oder mit dem Latex des Naturkautschuks erhalten, während die Reaktion mit dem festen Kautschuk zu Block- neben Pfropfpolymerisaten führt.

R. G. R. Bacon und E. H. Farmer[5] haben als erste nachgewiesen, daß *Malein-säureanhydrid* in Gegenwart eines Peroxyds mit Naturkautschuk, der in Xylol, Dekalin oder Cyclohexan gelöst wird, Anlagerungsprodukte bildet, die bis zu 25% Maleinsäureanhydrid vom Gewicht des Kautschuks enthalten können. Wenig später teilten P. Compagnon und J. LeBras[6] mit, daß die Reaktion zwischen Naturkautschuk und Maleinsäureanhydrid sowie polymerisationsfähigen Monomeren im Latex oder auch am festen Kautschuk eintreten kann. Einen umfassenden Überblick über die aus Naturkautschuk mit verschiedenen Monomeren hergestellten Pfropf- und Blockpolymerisate gibt J. LeBras[7]. Die Pfropfpolymerisation des Naturkautschuks kann auch durch Bestrahlen mit ultraviolettem Licht[8] oder durch γ-Strahlen[9] einer ^{60}Co-Quelle eingeleitet werden.

[1] A.P. 2470945—9 (1945), United States Rubber Co., Erf.: P. T. Paul; C. **1950** I, 2424.
  A.P. 2762779 (1949) ≡ F.P. 1029341 (1950), American Cyanamid Co., Erf.: A. R. Davis; C. **1954**, 6118.
  A.P. 2618620 ≡ E.P. 641600 ≡ F.P. 947553 (1946), American Cyanamid Co., Erf.: A. R. Davis u. B. W. Henderson; Chem. Abstr. **47**, 3026[b] (1953).
[2] A.P. 2787605; 2787621 (1953) ≡ DAS. 1086427 ≡ E.P. 761824 (1954), American Cyanamid Co., Erf.: E. O. Hook u. A. R. Davis; C. **1958**, 2291.
[3] A.P. 2190587 (1937), DuPont, Erf.: I. Williams u. C. C. Smith; C. **1940** II, 3715.
[4] E.P. 776101 (1955), DuPont; C. **1959**, 4984.
[5] R. G. R. Bacon u. E. H. Farmer, Proc. Rubber Technol. Conf. **1938**, 256.
  J. LeBras, C. Pinazzi u. G. Milbert, Rev. gén. Caoutch. **36**, 215 (1959).
[6] P. Compagnon u. J. LeBras, C. r. **212**, 616 (1941); Bl. [5] **11**, 553 (1944); Rev. gén. Caoutch. **24**, 281 (1947).
[7] J. LeBras, Rev. gén. Caoutch. **34**, 33 (1957); Kautschuk u. Gummi (W.T.) **10**, 194 (1957).
  Weitere Übersichten: L. Stadelmann, Gummi u. Asbest **12**, 320 (1959).
  P. W. Allen u. D. Phil, Ind. Plast. mod. **9**, Nr. 6, 56 (1957).
[8] G. Oster u. O. Shibata, J. Polymer Sci. **26**, 233 (1957).
  W. Cooper u. Mitarbb., J. Polymer Sci. **34**, 651 (1959).
  C. C. Menon u. S. L. Kapur, J. Appl. Polymer Sci. **1**, 372 (1959).
  F.P. 1178369 (1957), Dunlop Rubber Co., Ltd.
[9] D. J. Angier u. D. T. Turner, J. Polymer Sci. **28**, 265 (1958).
  E. G. Cockbain, T. D. Pendle u. D. T. Turner, J. Polymer Sci. **39**, 419 (1959).
  W. Cooper u. G. Vaughan, J. Polymer Sci. **37**, 241 (1959).
  E.P. 844791 (1957), British Rubber Producers' Research Association, Erf.: E. G. Cockbain, T. D. Pendle u. D. T. Turner; Chem. Abstr. **55**, 5007[e] (1961).

1. Pfropfpolymerisation in Lösung

Modellversuche[1], die mit Dihydromyrcen und Vinylverbindungen wie Methacrylsäuremethylester und Styrol ausgeführt wurden, zeigten, daß eine Übertragung der Aktivität der wachsenden Kette der Vinylverbindung auf die labile Kohlenstoff-Wasserstoff-Bindung der α-Methylengruppe des Dihydromyrcens eintritt. Die hierbei gebildeten Allylradikale sind die aktiven Zentren, die eine Polymerisation der Vinylverbindung als Seitenkette in das Grundpolymere hervorrufen.

Wesentlich komplizierter sind die Reaktionen bei der Anwendung von Naturkautschuk. Auch mit gereinigtem Kautschuk tritt eine starke Verzögerung der Polymerisation ein. Diese ist unabhängig von der Art des Aktivators. Dibenzoylperoxyd und Azoisobuttersäure-dinitril[2] geben annähernd die gleichen Polymerisationsgeschwindigkeiten. Pfropfpolymerisate werden aber nur mit Dibenzoylperoxyd gebildet.

Mit Azoisobuttersäure-dinitril[3,4] entsteht im wesentlichen ein Gemisch aus Naturkautschuk und der Polyvinylverbindung. Diese Beobachtung ist mit dem an Dihydromyrcen gefundenen Übertragungsmechanismus nicht vereinbar. Mit Dibenzoylperoxyd[3], das durch ^{14}C-Atome markiert wurde, konnte festgestellt werden, daß sich die beim Zerfall des Peroxyds gebildeten Phenyl- und Benzoyloxyradikale an die Doppelbindung der Polyisoprenkette addieren oder daß sie ein Wasserstoffatom aus der Allylstellung abtrennen. Die hierbei gebildeten Kettenradikale können als Initiatoren der Pfropfpolymerisation der Vinylverbindung angesehen werden. Eine Bestätigung findet diese Annahme in der Beobachtung, daß es mit Dibenzoylperoxyd gelingt, Kautschuk zu vernetzen, während Azoisobuttersäure-dinitril hierzu nicht in der Lage ist. Das Benzoyloxyradikal lagert sich vorwiegend an die Doppelbindung an. Durch Abtrennung des Wasserstoffatoms aus der Allylstellung wird die Polymerisation von 35–40% der aufgepfropften Seitenketten eingeleitet.

Der Nachweis der als Seitenketten eingebauten Polyvinylverbindung gelang F. M. Merrett[5].

Eine Trennung der Reaktionsprodukte, die z.B. bei der Pfropfpolymerisation mit Methacrylsäuremethylester entstehen, läßt sich durch fraktionierte Fällung der 1%igen Lösung in Benzol unter Zugabe von Methanol, das 0,01% Calciumchlorid enthält, kaum erzielen. Der nicht umgesetzte Anteil des Naturkautschuks wird bei der Zugabe von weniger als 20% Methanol nur teilweise ausgefällt. Mit weiterem Fällungsmittel bildet sich ein stabiles Sol, das erst nach der Zugabe von 185% Methanol vollständig koaguliert werden kann. Dieses Sol besteht aus einem Tl. des nicht umgesetzten Naturkautschuks und dem Pfropfpolymerisat. Erst durch weiteren Zusatz von Methanol wird dann der Polymethacrylsäuremethylester ausgefällt. Eine quantitative Trennung ist nach dieser Methode nicht durchführbar, weil das erst bei höherem Methanolzusatz ausfällbare Pfropfpolymerisat die vollständige Fällung des nicht umgesetzten Kautschuks infolge seiner dispergierenden Wirkung verhindert[6].

Wenn jedoch 1–2 g des Reaktionsproduktes mit 200 cm³ einer Mischung aus Benzol und Petroläther (Volumenverhältnis 1 : 1) über Nacht kalt extrahiert und anschließend eine halbe Stunde unter Rühren auf 40° erwärmt werden, so läßt sich der nicht umgesetzte Kautschuk quantitativ abtrennen[7]. Der im Benzol gelöste Rückstand

[1] J. Scanlan, Trans. Faraday Soc. **50**, 756 (1954).
   P. W. Allen, F. M. Merrett u. J. Scanlan, Trans. Faraday Soc. **51**, 95 (1955).
[2] F. M. Merrett, Trans. Faraday Soc. **50**, 759 (1954).
[3] P. W. Allen, G. Arey u. C. G. Moore, J. Polymer Sci. **36**, 55 (1959).
[4] P. McL. Swift, J. appl. Chem. **8**, 803 (1958).
   S. a. L. C. Bateman, Ind. eng. Chem. **49**, 704 (1957).
[5] F. M. Merrett, Trans. Faraday Soc. **50**, 759 (1954).
   P. W. Allen, Rubber & Plastics Age **38**, 502 (1957).
[6] F. M. Merrett, J. Polymer Sci. **24**, 467 (1957).
[7] P. W. Allen u. F. M. Merrett, J. Polymer Sci. **22**, 193 (1956).

kann dann durch Zugabe von Methanol quantitativ in das Pfropfpolymerisat und den Polymethacrylsäuremethylester getrennt werden. Das Homopolymere kann auch durch eine 48–72 Stunden dauernde Extraktion mit heißem Aceton[1] entfernt werden.

Der Anteil der Polyvinylverbindung im isolierten Pfropfpolymerisat ist durch Ozonolyse[2] der Lösung in Trichlormethan erfaßbar. Jedoch erweist es sich als vorteilhaft, den mit Ozon eintretenden geringen Abbau des Polymethacrylsäureesters durch Zusatz von Di-n-butyl-sulfid zu verringern. Auf diesem Wege konnte ermittelt werden, daß die Seitenketten ungefähr den gleichen Polymerisationsgrad haben, wie der nicht mit Kautschuk verbundene Polymethacrylsäuremethylester. Nahezu jede Polyisoprenkette enthält ein bis zwei Seitenketten aus Polymethacrylsäuremethylester.

Durch längeres Erhitzen unter Rückfluß kann *Maleinsäureanhydrid*[3] in Gegenwart von Dibenzoylperoxyd an Naturkautschuk, der in Xylol gelöst ist, angelagert werden. Die Reaktion verläuft praktisch ohne Vernetzung, Kettenspaltung oder Cyclisierung und führt zu Produkten, die sich in ihren physikalischen und chemischen Eigenschaften vom Ausgangsmaterial beträchtlich unterscheiden, wenn Alterungsschutzmittel wie 2,6-Di-tert.-butyl-phenol[4] zugegeben werden. Es können bei Anwendung eines großen Überschusses[5] bis zu 25% Maleinsäureanhydrid angelagert werden, wobei von jeder Isopreneinheit maximal nur eine Molekel Maleinsäureanhydrid gebunden wird. *Citraconsäure-* und *Itaconsäureanhydrid* reagieren wie Maleinsäureanhydrid[6]. Mit *Acrylnitril*[7] entstehen nach längerem Erhitzen Reaktionsprodukte, die mit einem gebundenen Acrylnitrilanteil von 10–15% noch kautschukartig sind und nach der Vernetzung durch Schwefel eine gute Beständigkeit gegen Lösungsmittel haben. Die Reaktion verläuft ohne den Zusatz eines Peroxyds, wenn der Kautschuk vorher mit UV-Licht bestrahlt oder einem Ozonstrom ausgesetzt wird. *N-Methyl-maleinsäureimid*[8] hat ungefähr die gleiche Reaktionsgeschwindigkeit wie Maleinsäureanhydrid. Es kann im Reaktionsprodukt durch Stickstoffanalyse leicht erkannt werden. Bei 130° setzt in Gegenwart von Peroxyden mit verdünnten Kautschuklösungen zuerst eine schnelle Reaktion ein. Mit fortschreitender Versuchsdauer wird die Polymerisationsgeschwindigkeit verringert. Unterhalb 120–130° entstehen unlösliche Reaktionsprodukte. Mit der Anlagerung ist gleichzeitig eine geringe Abnahme der Doppelbindungen verbunden. Ohne Peroxyd muß bei Temperaturen oberhalb 130° gearbeitet werden[9]. *Diäthylfumarat* reagiert mit Naturkautschuk bei 200–220° zu einem zähen, viscosen Harz[10], das zur entsprechenden Polycarbonsäure verseift werden kann.

[1] W. Cooper u. W. Vaughan, J. Appl. Polymer Sci. **1**, 254 (1959).

[2] D. Barnard, J. Polymer Sci. **22**, 213 (1956).

W. Kobryner u. A. Banderet, Rev. gén. Caoutch. **34**, 1017 (1957); C. r. **244**, 604 (1957); J. Polymer Sci. **34**, 381 (1959).

Oxydation mit Benzopersäure und Perjodsäure s. Y. Mori, Y. Minoura u. M. Imoto, Makromolekulare Chem. **25**, 1 (1958).

[3] R. G. R. Bacon u. E. H. Farmer, Proc. Rubber Technol. Conf. **1938**, 525.

P. Compagnon u. J. LeBras, C. r. **212**, 616 (1941); Bl. [5] **11**, 553 (1944); Rev. gén. Caoutch. **24**, 4 (1947).

[4] J. LeBras, C. Pinazzi u. G. Milbert, Rev. gén. Caoutch. **35**, 605 (1958).

[5] J. LeBras, C. Pinazzi u. G. Milbert, Rev. gén. Caoutch. **36**, 215 (1959).

[6] J. LeBras u. P. Compagnon, Bl. [5] **11**, 553 (1944).

C. P. Pinazzi, J. C. Danjard u. R. Pautrat, Rev. gén. Caoutch. **37**, 1008 (1960).

[7] P. Compagnon u. A. Delalande, Rev. gén. Caoutch. **20**, 133 (1943).

[8] A. Delalande, C. r. **224**, 1511 (1947).

[9] A. Delalande, Bl. [5] **18**, 773 (1951).

[10] A. P. 2757218 (1953), Monsanto Chemical Co., Erf.: J. Dazzi; C. **1958**, 5232.

Polyalkohole wie Äthylenglykol oder auch aliphatische Diamine sowie Eisen-(III)-salze[1] reagieren mit Kautschuk, der durch Maleinsäureanhydrid modifiziert wurde, unter Bildung von unlöslichen Reaktionsprodukten. Ähnlich verhalten sich Cellulosederivate[2]. Mit Zink- und Magnesiumoxyd[3] sind die mechanischen Eigenschaften der Vernetzungsprodukte gegenüber Naturkautschuk, der mit Schwefel und Beschleuniger vulkanisiert wurde, verbessert. Durch die Einführung der polaren Gruppen wird das elastische Verhalten im Vergleich zu Naturkautschuk nur wenig geändert, das Verhalten gegen Lösungsmittel jedoch verbessert.

Wird die Lösung von Naturkautschuk in überschüssigem *Styrol*[4] über einen längeren Zeitraum stufenweise von 80° auf 180° erhitzt, tritt ebenfalls eine Pfropfpolymerisation ein. Wenn der Anteil an Naturkautschuk nur 2–15% beträgt, bilden sich kunststoffartige Produkte, die neben dem Pfropfpolymerisat beträchtliche Mengen an Polystyrol enthalten.

Anlagerungsprodukt von Maleinsäureanhydrid an Naturkautschuk[5]: Zur Lösung von 7 g gewalztem Crepe-Kautschuk in 70 cm³ Xylol werden 10 g Maleinsäureanhydrid und 0,5 g Dibenzoylperoxyd gegeben. Die Lösung wird 6 Stdn. lang unter Rückfluß erhitzt und nach dem Abkühlen in das 8 fache Vol. Alkohol unter Rühren eingegossen. Der entstandene Niederschlag wird mit Alkohol gewaschen und getrocknet. Man erhält 10 g eines gelben Pulvers, das in Benzol zu 5% löslich ist. Durch 3–4 Stdn. langes Erhitzen des Reaktionsproduktes mit einer Lösung von Kaliumhydroxyd in Amylalkohol auf 160–180° bildet sich das weiße Kaliumsalz, das in Wasser unter 6 facher Vol.-Vergrößerung quellbar ist.

Pfropfpolymerisat von Naturkautschuk mit Methacrylsäuremethylester[6]: Zur Herstellung von Pfropfpolymerisaten mit Methacrylsäuremethylester eignet sich eine Lösung aus mastiziertem Crepe-Kautschuk, dessen Mol.-Gew. bei etwa 500000 liegt. Eine noch gut rührbare Lösung enthält 5% Naturkautschuk, 50% Benzol und 45% Methacrylsäuremethylester. Die Lösung des Naturkautschuks wird durch 24 Stdn. langes Quellen in der angegebenen Menge Benzol und anschließend durch Rühren bei 25–30° unter Stickstoff hergestellt. Als Beschleuniger dient Dibenzoylperoxyd, das in einer Menge von 1,0 mg pro cm³ des Monomeren zugegeben wird. Die Polymerisation kann im Kolben unter Rühren bei 60° ausgeführt werden.

Zur Isolierung des Pfropfpolymerisates wird die Lösung mit Benzol auf einen Trockengehalt von 1–2% verdünnt, dann unter Umrühren in das 8 fache Vol. Methanol gegossen, das etwa 0,01% Calciumchlorid enthält. Nach dem Stehen über Nacht wird filtriert, mit Alkohol ausgewaschen und i. Vak. bei 70° getrocknet.

2. Pfropfpolymerisation mit Naturkautschuklatex

Pfropfpolymerisate lassen sich mit *Styrol, Acrylsäure-, Methacrylsäureester, Acrylnitril* und *Methacrylnitril* auch über den Naturkautschuklatex herstellen, wenn Peroxyde wie Äthylhydroperoxyd, Dibenzoylperoxyd, Salze der Peroxydischwefelsäure usw. als Katalysatoren[7] zugegeben werden. Um eine hohe Ausbeute zu erhalten, ist

---

[1] E.P. 535889 (1939), British Rubber Producers' Research Association, Erf.: E. H. Farmer.

[2] E.P. 541167 (1941), British Rubber Producers' Research Association, Erf.: E. H. Farmer.

[3] J. LeBras, C. Pinazzi u. G. Milbert, Rev. gén. Caoutch. **35**, 605 (1958).

[4] A.P. 2646418 (1951), Dow Chemical Co., Erf.: J. L. Lang; C. **1955**, 6869.

E.P. 702606 (1951), Dow Chemical Co; C. **1955**, 5195.

[5] A.P. 2227777 (1938) ≡ E. P. 507996 (1937), British Rubber Producers' Research Association, Erf.: E. H. Farmer u. J. W. Barrett; C. **1940** I, 1114.

J. LeBras, C. Pinazzi u. G. Milbert, C. r. **246**, 1214 (1958).

[6] F. M. Merrett, Trans. Faraday Soc. **50**, 759 (1954).

D. J. Angier u. D. T. Turner, J. Polymer Sci. **28**, 265 (1958).

[7] J. LeBras u. P. Compagnon, Bl. [5] **11**, 553 (1944).

F.P. 66551 (1943), Société Auxiliaire de l'Institut Français du Caoutchouc, Erf.: J. LeBras u. P. Compagnon; Zusatz zu F.P. 972456 (1941); C. **1957**, 11737.

es wichtig, das Monomere vor der Polymerisation als Quellungsmittel zum Latex zu geben. Die Polymerisation findet dann in den gequollenen Teilchen des Latex statt. Werden größere Mengen an Emulgatoren zugesetzt, so erreicht man das Gegenteil. Man erhält fast ausschließlich die Polyvinylverbindung. Als Emulgatoren[1], die in einer Menge von nur 0,5–1% zugesetzt werden, eignen sich Natriumoleat oder Natriumcaseinat. Bei der Herstellung der Pfropfpolymerisate mit Styrol[2] ist es auch möglich, durch Einstellen der Oberflächenspannung des Latex auf 32–38 dyn/cm den Anteil an Polystyrol auf unter 5% zu verringern.

Neben Peroxyden werden vorteilhaft Redoxsysteme, besonders Hydroperoxyde und Polyalkylenpolyamine, angewandt. Einige Angaben[3] enthält Tabelle 44. Mit dem Redoxsystem aus Dibenzoylperoxyd und Dimethylanilin[4], das in den Teilchen des Kautschuklatex löslich ist, wird das Filmbildungsvermögen der Pfropfpolymerisate günstig beeinflußt. Geringe Mengen an Eisensalzen beschleunigen die Polymerisation. Es genügen bereits 5–10 ppm an Eisen. Acrylnitril und Vinylidenchlorid erfordern besondere Redoxsysteme. Die sehr aktive Kombination von tert.-Butylhydroperoxyd, Dihydroxyaceton sowie Eisenverbindungen[5] führt bei 40° mit beiden Monomeren[6] zu hohen Ausbeuten. Steigende Mengen an Polymerisationsreglern verringern durch ihre Radikalketten übertragende Wirkung die Ausbeute an Pfropfpolymerisaten. Es kann daher mit nur geringen Mengen an Reglern gearbeitet werden.

Tab. 44. Redoxsysteme für verschiedene Monomere

Monomeres	Hydroperoxyd [Tle. pro 100 Tle. Kautschuk]	Reduktionsmittel [Tle. pro 100 Tle. Kautschuk]	Reaktionsbedingungen
Methacrylate	0,2 tert.-Butyl- oder Cumolhydroperoxyd	0,2 Tetraäthylenpentamin	20°, exotherm
Acrylate	0,3 tert.-Butyl- oder Cumolhydroperoxyd	0,35 Tetraäthylenpentamin	6 Stdn. 60°
Acrylamid	0,2 tert.-Butyl- oder Cumolhydroperoxyd	0,20 Tetraäthylenpentamin	20°, exotherm
Styrol	0,25 tert.-Butyl- oder Cumolhydroperoxyd	0,10 Tetraäthylenpentamin	6 Stdn. 55°
Vinylpyridin	0,20 tert.-Butyl- oder Cumolhydroperoxyd	0,20 Tetraäthylenpentamin	20°, exotherm
Acrylnitril	0,20 tert.-Butylhydroperoxyd	0,20 Dihydroxyaceton	40°

Wegen seiner relativ hohen Löslichkeit in Wasser ist es schwierig, *Acrylnitril* in den Latexteilchen homogen zu verteilen. Vorteilhaft ist die Zugabe des Monomeren in Form einer Lösung in Benzol[7]. Die Polymerisation tritt durch längeres Erhitzen auf 65–70° in Gegenwart von Peroxyden im geschlossenen Gefäß ein. Es ist jedoch zu

[1] G. F. Bloomfield u. P. McL. Swift, J. appl. Chem. **5**, 609 (1955).
[2] E. P. 752514 (1954), United States Rubber Co.; C. **1958**, 3182.
[3] E. P. 788651 (1953), British Rubber Producers' Research Association, Erf.: F. J. W. Popham, G. F. Bloomfield u. F. M. Merrett; C. **1960**, 672.
[4] E. H. Andrews u. D. T. Turner, J. Appl. Polymer Sci. **3**, 366 (1960).
[5] I. M. Kolthoff u. A. I. Medalia, J. Polymer Sci. **6**, 189 (1951).
[6] G. F. Bloomfield u. Mitarbb., Proc. Rubber Technol. Conf., 3rd Conf. London, **1954**, 185.
[7] J. LeBras u. P. Compagnon, Rev. gén. Caoutch. **24**, 281 (1947).

beachten, daß die Luft des Gasraumes durch Stickstoff verdrängt werden muß. Wird der Latex vor der Zugabe des Acrylnitrils mit Wasserstoffperoxyd bei 100° behandelt, so bilden sich polymere Peroxyde[1], die eine schnelle Aktivierung der Polymerisation bewirken sollen.

Näher untersucht wurden Pfropfpolymerisate mit *Methacrylsäuremethylester*[2] und *Styrol*[3]. Eine hohe Ausbeute an Pfropfpolymerisat wird nur dann erhalten, wenn das Monomere vor der Polymerisation in die Latexteilchen des Kautschuks diffundieren kann. Je nach der Menge der Vinylverbindung sind, wie Tabelle 45 zeigt, hierzu ein bis zwei Stunden erforderlich. Bei diesen Versuchen wurden 0,5-1% Ammoniumoleat zum Latex gegeben und die Polymerisation durch den in Tabelle 44, S. 857, angegebenen Hydroperoxyd-Amin-Ansatz aktiviert.

Acrylsäureester[4] führen zu unlöslichen Pfropfpolymerisaten. *Vinylacetat* verzögert die Reaktion sehr stark. Ebenso verhält sich *Vinylchlorid*. *Vinylidenchlorid* bildet ebenfalls unlösliche Produkte, deren thermische Stabilität geringer als die des Polyvinylidenchlorids ist. Auch *2-Vinyl-pyridin*[5] bildet mit Naturkautschuk ein Pfropfpolymerisat. Anstelle einer Vinylverbindung können auch Gemische angewandt werden wie *Styrol* und *Butadien*[6], *Acrylnitril* und *Butadien*[7], *Methacrylsäuremethylester* und *Butadien*[8], *Vinylpyridin* und *Styrol*[9].

Tab. 45. Einfluß der Quellungszeit auf die Ausbeute an Pfropfpolymerisat

Methacrylsäure-methylester [Tle. pro 100 Tle. Kautschuk]	Ammoniumoleat [Tle.]	Quellungszeit	Polymerisat [%]		Gesamtausbeute [%]
			im Kautschuk	im Serum	
45,0	0,5	20 Min.	95,0	5,0	91,0
45,0	0,5	2 Stdn.	100,0	0,0	93,0
45,0	0,5	6 Stdn.	100,0	0,0	93,0
45,0	1,0	1 Stde.	93,0	7,0	90,0
45,0	0,0	1 Stde.	100,0	0,0	94,0
67,0	1,0	1 Stde.	88,0	12,0	91,0
67,0	0,5	2 Stdn.	98,0	2,0	93,0
100,0	1,0	1 Stde.	80,0	20,0	90,0
100,0	0,5	1 Stde.	95,0	5,0	91,0
100,0	0,5	2 Stdn.	97,0	3,0	92,0

Pfropfpolymerisat von Naturkautschuk mit Methacrylsäuremethylester[10]: 167 g eines handelsüblichen, Ammoniak enthaltenden Naturkautschuklatex mit 60% Kautschukgehalt werden mit Wasser auf das doppelte Vol. verdünnt und mit 0,5 g Ammoniumoleat versetzt. Dazu gibt

[1] F. P. 1101682 (1954), Polyplastic, Erf.: Y. LANDLER u. P. LEBEL; C. **1957**, 7540.

[2] A. P. 2422550 ≡ E. P. 573062(1942), DuPont, Erf.: R. A. JACOBSON; Chem. Abstr.**41**,5335[h] (1947).
    G. F. BLOOMFIELD u. P. McL. SWIFT, J. appl. Chem. **5**, 609 (1955).
    F. M. MERRETT u. R. I. WOOD, Trans. Inst. Rubber Ind. **32**, 27 (1956).
    Kinetische Untersuchungen: P. W. ALLEN, C. L. M. BELL u. E. G. COCKBAIN, Rubber Chem. Technol. **33**, 825 (1960).

[3] E. M. BEVILACQUA, J. Polymer Sci. **24**, 292 (1957).

[4] G. F. BLOOMFIELD u. Mitarbb., Proc. Rubber Technol. Conf., 3rd Conf. London, **1954**, 185.

[5] DAS. 1103568 (1957), Metallgesellschaft AG., Erf.: E. PAPST; Chem. Abstr. **55**, 27941[f] (1961).
    DAS. 1112126 (1957), Metallgesellschaft AG., Erf.: E. PAPST u. H. P. LIEBEGOTT.

[6] E. P. 652401 (1948), Dunlop Rubber Co., Ltd., Erf.: F. A. JONES, W. COOPER u. T. B. BIRD.

[7] E. P. 675489 (1950), Dunlop Rubber Co., Ltd., Erf.: W. COOPER u. T. B. BIRD; C. **1952**, 2764.

[8] E. P. 689570 (1949), Dunlop Rubber Co., Ltd., Erf.: A. F. JONES, W. COOPER u. T. B. BIRD.

[9] E. P. 778102 (1955), Styrene Products Ltd., Erf.: R. N. HAWARD, D. KATZ u. A. N. ROPER.

[10] F. M. MERRETT u. R. I. WOOD, Trans. Inst. Rubber Ind. **32**, 27 (1956).
    G. F. BLOOMFIELD u. P. McL. SWIFT, J. appl. Chem. **5**, 609 (1955).

man unter Rühren eine Lösung aus 18 g frisch destilliertem Methacrylsäuremethylester und 0,2 g 75%iges tert.-Butylhydroperoxyd. Nach 2 Stdn. werden 1,8 g einer 10%igen wäßr. Lösung von Tetraäthylenpentamin zugegeben. Das Rühren wird dann unterbrochen und die überstehende Luft im Reaktionsraum durch Stickstoff ersetzt. Die Polymerisation setzt sofort ein und ist unter Temp.-Steigerung bis auf etwa 50° nach etwa 2 Stdn. beendet. Durch Zusatz von 0,6 g einer 20%igen wäßr. Suspension eines Alterungsschutzmittels wie Phenyl-β-naphthyl-amin wird der Kautschuk gegen die oxydierende Wirkung des Luftsauerstoffs geschützt. Durch Eingießen des Latex in eine heiße Lösung aus 600 cm³ Wasser, die 3% Ameisensäure (80–95%ig) enthält, tritt Koagulation ein. Das Koagulat wird auf einer Waschwalze mit Wasser gewaschen und bei Temp. unterhalb 80° getrocknet. Das Pfropfpolymerisat enthält etwa 18% Methacryl-säuremethylester. Es läßt sich bei 60–70° auf dem Mischwalzwerk verarbeiten und kann nach den bei Naturkautschuk üblichen Rezepturen vulkanisiert werden. Man erhält ohne Zusatz von ver-stärkenden Füllstoffen Vulkanisate, die einen hohen Spannungswert, eine hohe Zerreißfestig-keit und Härte haben.

Pfropfpolymerisat von Naturkautschuk mit Styrol[1]: Zur Herstellung eines Pfropfpolymerisates, das 35% Styrol enthält, werden 167 g Latex mit Wasser auf das doppelte Vol. verdünnt. Nach der Zugabe von 0,5 g Ammoniumoleat wird bei Raumtemp. unter Rühren eine Lösung aus 42 g Styrol und 0,33 g tert.-Butylhydroperoxyd (75%ige Ware) zugegeben. Nach 1–2 Stdn. wird das Gemisch auf 55° erhitzt und die Luft im Reaktionsraum durch Stickstoff ersetzt. Die Poly-merisation beginnt nach der Zugabe von 2,5 g einer 10%igen wäßr. Lösung von Tetraäthylen-pentamin. Nach 6 Stdn. langem Rühren wird eine maximale Ausbeute erzielt. Es werden dann 0,6 g der wäßr. Suspension eines Alterungsschutzmittels (s. oben) zugegeben und der Latex, wie beschrieben, koaguliert.

3. Pfropf- und Blockpolymerisation mit festem Naturkautschuk

Die durch Mastikation des Kautschuks bei niedrigen Temperaturen entstehenden Radikale (s. S. 851) können die Polymerisation von Vinylmonomeren anregen, wobei im wesentlichen Blockpolymerisate[2] erhalten werden. Es erweist sich als nützlich, den Kautschuk vor der Behandlung durch längeres Stehen mit den flüssigen Monomeren anzuquellen. Als Monomere[3] eignen sich *Methacrylsäuremethylester*, *Methacrylsäure*, *Acrylamid*, *2-Chlor-butadien*, *Acrylnitril*, *2-Vinyl-pyridin* sowie *Styrol*. Diese Methode zur Herstellung von Blockpolymerisaten ist von solch allgemeiner Anwendbarkeit, daß fast alle hochpolymeren Verbindungen, die sich mit Monomeren zu steifen, gummiartigen Produkten anquellen lassen, hierdurch umgewandelt werden können[4]. Auf dem gleichen Wege reagiert auch vulkanisierter Naturkautschuk[5], der wenig-stens zu 80% unlöslich ist, mit Monomeren wie Styrol, Divinylbenzol usw., die das Vulkanisat anquellen.

Acrylsäure, Methacrylsäure und Methacrylsäureester reagieren sehr schnell und können in einem Extruder mit Förderschnecke bei 40° oder in einem Banbury unter

---

[1] F. M. MERRETT u. R. I. WOOD. Trans. Inst. Rubber Ind. **32**, 27 (1956).
  G. F. BLOOMFIELD u. P. McL. SWIFT, J. appl. Chem. **5**, 609 (1955).
[2] D. J. ANGIER u. W. F. WATSON, J. Polymer Sci. **25**, 1 (1957).
  W. F. WATSON, Makromolekulare Chem. **34**, 240 (1959); Kautschuk u. Gummi (W.T.) **13**, 160 (1960).
  R. J. CERESA u. W. F. WATSON, Trans. Inst. Rubber Ind. **35**, 19 (1959).
  R. J. CERESA, J. Polymer Sci. **53**, 9 (1961).
  E. P. 828895 (1956), British Rubber Producers' Research Association, Erf.: D. J. ANGIER u. W. F. WATSON; Chem. Abstr. **54**, 11536^g (1960).
[3] L. C. BATEMAN, Ind. eng. Chem. **49**, 704 (1957).
[4] Belg. P. 549696 ≡ F. P. 1154139; Belg. P. 552490 ≡ E. P. 832193 (1955), British Rubber Producers' Research Association; C. **1960**, 14539.
  D. J. ANGIER, R. J. CERESA u. W. F. WATSON, J. Polymer Sci. **34**, 699 (1959).
[5] F. P. 1199255 (1957), British Rubber Producers' Research Association. Erf.: W. F. WATSON u. R. J. CERESA.

Stickstoff[1] in etwa 45 Minuten vollständig polymerisiert werden. Styrol gibt eine langsame Reaktion. Unlösliche Reaktionsprodukte werden mit 2-Chlor-butadien, Acrylnitril, Methacrylsäure und Acrylsäure gebildet. Werden zwei Monomere angewandt,
so richtet sich die Geschwindigkeit ungefähr nach dem Verhältnis der Aktivitäten der
Monomeren, das in anderen Polymerisationssystemen beobachtet wurde. Methacrylsäuremethylester erweist sich als weniger empfindlich gegen Sauerstoff. Mit Styrol
muß in einer absoluten Stickstoffatmosphäre sowie mit eiweißarmem Kautschuk
gearbeitet werden.

   Zur Isolierung des Blockpolymerisates mit Methacrylsäureester wird das
Reaktionsprodukt mit Petroläther extrahiert. Hierbei geht der nicht umgesetzte
Naturkautschuk in Lösung. Durch Extraktion mit Aceton erzielt man eine Trennung
vom Polymethacrylsäureester. Nach der Abtrennung des nicht umgesetzten Kautschuks wird der Rückstand in Benzol gelöst und durch Zugabe von Methanol in das
Blockpolymerisat und den Polymethacrylsäureester unter fraktionierter Fällung
getrennt.

   Wenn eine Mischung aus 100 g *Naturkautschuk* und 38 g *Methacrylsäuremethylester*
bei 15° zehn Minuten lang in einem geeigneten Extruder behandelt wird, so erzielt
man einen Umsatz von 96,2%. Das Reaktionsprodukt enthält 26% nicht umgesetzten
Kautschuk, 64% des Blockpolymerisates und 10% Polymethacrylsäuremethylester.
Durch Ozonolyse[2] des Blockpolymerisates ergibt sich, daß jede Kette ein bis zwei
Naturkautschukteilketten enthält.

   Naturkautschuk, der in Gegenwart von Plastiziermitteln wie Thiophenolen stark
mastiziert wurde, ist sehr gut löslich und kann mit 30–70 Teilen Styrol[3] unter Zugabe
von Peroxyden und Aktivatoren zu einer flüssigen Masse angerieben werden, der auch
Weichmacher und Füllstoffe zugesetzt werden können. Hiermit erreicht man eine
Viscosität, die es erlaubt, die Mischung wie ein Gießharz zu behandeln. Beim Erhitzen, evtl. unter Druck, tritt neben der Vulkanisation gleichzeitig ein Aufpfropfen
des Monomeren auf die Ketten des Naturkautschuks ein. Verglichen mit den monomerenfreien Vulkanisaten stellen sich eine höhere Zerreißfestigkeit und Härte ein.
Durch Zugabe geringer Mengen Divinylbenzol kann die Härte noch weiter erhöht
werden.

   Auch *Maleinsäureanhydrid* reagiert mit Naturkautschuk. Die Reaktion verläuft
schnell bei Temperaturen unterhalb 40°, wenn die Mischung mit Naturkautschuk
zwischen zwei enggestellten Walzen oder im Banbury[4] behandelt wird. Es bilden sich
unlösliche Reaktionsprodukte[5], die mit Schwefel und Vulkanisationsbeschleunigern
zu elastischen Stoffen vernetzbar sind. Lösliche Produkte[6] entstehen oberhalb 160°,
wenn Alterungsschutzmittel wie 2,6-Di-tert.-butyl-p-kresol zugegeben werden. Die
optimale Temperatur für die Reaktion mit Maleinsäureanhydrid oder auch *Maleinsäureimid*[7] liegt bei 230°. Durch Zugabe von Peroxyden oder Azoisobuttersäure-
dinitril erzielt man schon bei 130° die gleichen Ergebnisse.

---

[1] Belg.P. 549696 ≡ F.P. 1154139 (1955), British Rubber Producers' Research Association;
     C. **1960**, 15246.
     D. J. ANGIER, E. P. FARLIE u. W. F. WATSON, Trans. Inst. Rubber Ind. **34**, 8 (1958).
[2] D. J. ANGIER u. W. F. WATSON, J. Polymer Sci. **25**, 1 (1957).
[3] D. J. ELLIOTT u. W. F. WATSON, Trans. Inst. Rubber Ind. **35**, 63 (1959).
[4] J. LEBRAS, C. PINAZZI u. G. MILBERT, Rev. gén. Caoutch **35**, 605 (1958).
[5] J. LEBRAS u. P. COMPAGNON, Bl. [5] **11**, 553 (1944); C. r. **212**, 616 (1941).
     P. COMPAGNON u. O. BONNET, Rev. gén. Caoutch. **19**, 79 (1942).
[6] C.P. PINAZZI, R. PAUTRAT u. J.C. DANJARD, Rev. gén. Caoutch. **37**, 663 (1960).
[7] C. P. PINAZZI, J. C. DANJARD u. R. PAUTRAT, Rev. gén. Caoutch. **37**, 1008 (1960).

Eine technische Anwendung findet Maleinsäureanhydrid bei der Regenerierung von vulkanisierten Kautschukabfällen[1]. Die fein gemahlenen Vulkanisate werden zusammen mit Maleinsäureanhydrid auf 200–230° erhitzt. Hierbei findet neben der Regenerierung auch eine Reaktion des Kautschuks mit dem Säureanhydrid statt. Es bilden sich harte, zähe Produkte, die beim Erhitzen erweichen und wieder vulkanisierbar sind. Die Vulkanisate sind beständig gegen aliphatische Kohlenwasserstoffe.

Anlagerungsprodukt von Maleinsäureanhydrid an Naturkautschuk[2]: 35 g eines eiweißarmen, in feine Stücke zerschnittenen Crepe-Kautschuks werden mit 98 g Maleinsäureanhydrid in ein Einschmelzrohr eingefüllt. Nach dem Verdrängen der Luft durch Stickstoff wird das Rohr zugeschmolzen und 4 Stdn. lang auf 150° erhitzt. Das nicht umgesetzte Maleinsäureanhydrid wird durch Erhitzen des Reaktionsproduktes i. Vak. von 0,1 Torr auf 70–100° abdestilliert. Der Rückstand enthält 0,4 Mol Maleinsäureanhydrid pro Isoprenmolekel. Durch zwei Stdn. langes Erhitzen auf 150° ergibt sich ein Gehalt von 0,1 Mol und durch vier Stdn. langes Erhitzen auf 170° ein Anteil von 1 Mol Maleinsäureanhydrid pro Isopreneinheit.

k) Bibliographie[3]

T. R. Dawson u. P. Schidrowitz, Rubber Derivatives of Commercial Utility, in C. C. Davis u. J. T. Blake, The Chemistry and Technology of Rubber, S. 656, Reinhold Publ. Corp., New York 1937.

F. Marchionna, Rubber Derivatives and their Industrial Applications, Rubber Age, New York 1937.

A. Nielsen, Chlorkautschuk und die übrigen Halogenverbindungen des Kautschuks, S. Hirzel Verlag, Leipzig 1937.

F. Beilstein, Handbuch der organischen Chemie, Naturstoffe, Bd. XXX, Springer Verlag, Berlin 1938.

R. L. Sibley, Chemical Reactions of Rubber, India Rubber Wld. **106**, 244, 347 (1942).

E. H. Farmer, Vulcanization, in H. Mark u. G. S. Whitby, Advances in Colloid Science, Bd. II, S. 299, Interscience Publ., Inc., New York 1946.

G. J. van Amerongen, Die Sulfonierung von Naturkautschuk, Rev. gén. Caoutch. **27**, 731 (1950).

J. LeBras u. A. Delalande, Les Dérivés Chimiques du Caoutchouc Naturel, Dunod, Paris 1950.

M. Gordon, Kinetics of Cyclization Hevea Latex, Ind. eng. Chem. **43**, 386 (1951).

G. Salomon u. Mitarbb., Plastics from Natural Rubber, Ind. eng. Chem. **43**, 315 (1951).

J. I. Cunneen, The Addition of Thio Compounds to Olefins, J. appl. Chem. **2**, 353 (1952); Soc. **1947**, 134.

W. H. Stevens, Developments in the Field of Rubber Derivatives, India Rubber J. **123**, 983, 992 (1952).

J. Reese, Cyclokautschuke, Farbe u. Lack **61**, 502 (1955).

G. F. Bloomfield u. S. C. Stokes, Cyclised Rubber, Trans. Inst. Rubber Ind. **32**, 172 (1956).

J. B. Pande u. Mitarbb., Die Hydrochlorierung von Naturkautschuk, Makromolekulare Chem. **20**, 181 (1956).

S. Boström, Kautschuk-Handbuch, Verlag Berliner Union, Stuttgart, Bd. I (1959), Bd. II (1960), Bd. III (1958), Bd. IV (1961).

W. J. S. Naunton, The Applied Science of Rubber, E. Arnold Publishers Ltd., London 1961.

B. Jirgensons, Natural Organic Macromolecules, Pergamon Press, Oxford–London–New York–Paris 1962.

Weitere Monographien und zusammenfassende Referate sind auf S. 818 u. in ds. Handb. Bd. XIV/1, S. 1191ff. angegeben.

---

[1] J. Green u. E. F. Sverdrup, Ind. eng. Chem. **48**, 2138 (1956).

[2] C. P. Pinazzi, R. Pautrat u. J. C. Danjard, Rev. gén. Caoutch. **37**, 663 (1960).

[3] In chronologischer Anordnung.

IV. Umwandlung von Cellulose und Stärke

(unter weitgehendem Erhalt der makromolekularen Struktur)

bearbeitet von

Prof. Dr. Elfriede Husemann

und

Dipl.-Chem. Rudolf Werner

Institut für makromolekulare Chemie der Universität Freiburg/Brsg.

a) Einleitung

Cellulose und Stärke sind Polysaccharide, die sehr verbreitet in der Natur vorkommen. Beide Verbindungen sind nur aus Glucopyranoseringen aufgebaut, die in 1,4-Stellung glucosidisch miteinander verknüpft sind. Lediglich die Art der Bindung

Cellulose, 1,4-β-glucosidische Bindung

Amylose, 1,4-α-glucosidische Bindung

Amylopektin, 1,4-α- und 1,6-α-glucosidische Bindung

ist verschieden. In der Cellulose sind die Glucosereste β-glucosidisch, in der Stärke α-glucosidisch verknüpft. Während die Cellulose nur unverzweigte Kettenmoleküle enthält, besteht die Stärke aus zwei Bestandteilen, der unverzweigten Amylose und dem verzweigten Amylopektin.

In ihren chemischen Reaktionen verhalten sich die Polysaccharide wie polyfunktionelle Hydroxyverbindungen, d.h. pro Glucosebaustein können drei Hydroxygruppen verestert und veräthert werden oder andere typische Alkoholreaktionen eingehen.

Die Umsetzungen der Cellulose sind meist wesentlich schwieriger durchzuführen als die der Stärke, da ihre gute Krystallinität und geringe Löslichkeit eine heterogene Reaktionsweise bedingen. Andererseits erfolgt bei der Stärke leichter eine hydrolytische Spaltung der glucosidischen Bindungen als bei der Cellulose.

Es würde im Rahmen dieses Handbuches zu weit führen, die fast unübersehbare Literatur, die über die Umwandlung der Cellulose erschienen ist, abzuhandeln. Es dürfte genügen, nur einige typische Beispiele anzuführen, die sich sinngemäß auf ähnliche Reaktionen übertragen lassen. Im übrigen muß auf die Originalliteratur verwiesen werden, von der die wichtigsten Sammelwerke in einer Bibliographie aufgeführt sind.

b) Umwandlung der Cellulose

1. Isolierung, Reinigung und Eigenschaften der Cellulose

Die Cellulose besteht aus unverzweigten Kettenmolekülen, die in den natürlichen Faserstoffen einen *Polymerisationsgrad* bis ungefähr 10000 erreichen[1]. Das entspricht einem *Molekulargewicht* von einigen Millionen.

Die große Schwierigkeit der Molekulargewichtsbestimmung besteht darin, daß Cellulose nur unter besonderen Vorsichtsmaßnahmen wie absolutem Sauerstoffausschluß in Lösung gebracht werden kann, ohne daß ein Abbau eintritt. Schon beim Lagern der Baumwollballen am Licht nimmt der Polymerisationsgrad rasch ab[2]. Handelsübliche Baumwollcellulose hat einen Durchschnittspolymerisationsgrad von 5000 bis 7000.

α) Isolierung und Reinigung der Cellulose

Zur Gewinnung der Cellulose dienen hauptsächlich Baumwolle und geeignete Holzarten. Die Darstellung und Reinigung beschränkt sich auf die Befreiung der Cellulose von ihren natürlichen Begleitstoffen. Als solche kommen vor allem Lignin und Hemicellulosen oder Holzpolyosen wie Pentosane, Hexosane[3] und Polyuronsäuren[4] in Frage. Fasern, die arm an Begleitstoffen sind, z.B. Baumwolle (95% reine Cellulose), pflegt man nur einer Behandlung mit verdünnten Alkalien unter Druck und einer Bleiche mit Hypochlorit zu unterziehen. Die hauptsächlichen Ausgangsmaterialien wie technische Zellstoffe, Holz, Stroh und dergleichen, müssen dagegen wegen ihres hohen Ligningehaltes einer energischen chemischen Behandlung unterworfen werden. Für Holz gibt es hier den Aufschluß durch Alkalilauge oder Calciumhydrogensulfit, neuerdings auch die oxydative Behandlung mit Salpetersäure oder Chlordioxyd. Alle

---

[1] G. V. Schulz u. M. Marx, Makromolekulare Chem. **14**, 52 (1954).

[2] K. U. Usmanov u. I. I. Murashkina, Trudy Sredneaziat. Gosudarst. Univ. im. V. I. Lenina, Khim. **84**, Nr. 10, 95 (1958); Chem. Abstr. **53**, 13579 (1959).

[3] W. H. Rapson u. G. K. Morbey, Techn. Assoc. Pulp Paper Ind. **42**, 125 (1959).

[4] A. J. A. van der Wyk u. M. Studer, Helv. **32**, 1698 (1949).

diese Aufschlußverfahren greifen die Cellulose mehr oder weniger stark an, und es tritt immer ein zum Teil recht beträchtlicher Abbau ein.

Reinigung von Baumwollcellulose: Zur Entfernung von Fetten und Wachsstoffen wird die Rohbaumwolle je 8 Stdn. mit Aceton und Benzol im Soxhlet extrahiert. Anschließend wird sie in einer reinen Stickstoffatmosphäre unter Zugabe von etwas Natriumdithionit 4 Stdn. in 2%iger Natronlauge gekocht. Diese Behandlung dient zur Entfernung von Pektinen und ähnlichen Begleitstoffen. Noch unter Stickstoff wird mit verd. Essigsäure neutralisiert und an der Luft mit Wasser gewaschen. Man wäscht mit Methanol nach und trocknet i.Vak. bei 30–40°.

β) Reaktionsfähigkeit der Cellulose[1]

Die Hydroxygruppen der Cellulose bilden untereinander feste Wasserstoffbrückenbindungen, so daß viele Cellulosemoleküle zu einer größeren Einhcit (Mikrofibrille) dicht zusammengepackt sind. Aus diesem Grunde ist die Cellulose in fast allen Lösungsmitteln unlöslich und in Wasser nur schwach quellbar. Chemische Umsetzungen finden nur schwer statt, da zuerst der übermolekulare Bau der Cellulose zerstört werden muß, damit die Reaktion bis zu den innersten Kettenmolekülen fortschreiten kann.

Die primären Hydroxygruppen in C_6-Stellung des Glucoserings sollten eigentlich für Umsetzungen sterisch begünstigter sein als die sekundären Hydroxygruppen in C_2- und C_3-Stellung; doch bilden gerade die primären Hydroxygruppen besonders leicht Wasserstoffbrückenbindungen aus, so daß bei nativer Cellulose eine erhöhte Reaktionsfähigkeit der sekundären Hydroxygruppen vorgetäuscht wird. In verdünnten Celluloselösungen, in denen keine Wasserstoffbrückenbindungen bestehen können, ist die Reaktionsfähigkeit der primären Hydroxygruppe größer.

Um die Cellulose in einen reaktionsfähigen Zustand zu bringen, muß die Krystallstruktur der nativen Cellulose zerstört oder verändert werden. In 17,5%iger Natronlauge erleidet die Cellulose eine Quellung quer zur Faserachse. Nach dem Auswaschen des Alkalis aus dieser „Natroncellulose" erhält man eine Cellulose anderer Krystallstruktur, die sogenannte „Hydratcellulose". Der Vorgang wird nach seinem Entdecker (J. Mercer 1844) *Mercerisierung* genannt.

Die Wassermolekeln, die in der Hydratcellulose zwischen die einzelnen Celluloseketten eingelagert sind, lassen sich leicht durch organische Lösungsmittel wie z.B. Cyclohexan verdrängen[2]. Da das inkludierte Lösungsmittel nicht nebenvalenzartig über Wasserstoffbrücken mit den Hydroxygruppen der Cellulose verknüpft ist, wie es in der Hydratcellulose der Fall ist, sind die Hydroxygruppen der Cellulose chemischen Umsetzungen leichter zugänglich. Die mercerisierte Inklusionscellulose ist daher wesentlich reaktionsfähiger als native Cellulose. Das inkludierte Lösungsmittel ist relativ fest gebunden. Man kann die Cellulose bei 40° im Vakuum trocknen, ohne daß das Lösungsmittel verdampft.

Mercerisierung und Inkludierung von Baumwollcellulose[2]: Gereinigte Baumwolle wird mit 17,5%iger Natronlauge unter einer reinen Stickstoffatmosphäre bei 0° behandelt. Nach 24 Stdn. wird die Lauge abgepreßt und die Cellulose wie bei der Reinigung mit Essigsäure, Wasser und Methanol gewaschen. Dann wird die Cellulose je 24 Stdn. in Methanol, Aceton und schließlich Cyclohexan stehengelassen. Nach dem Absaugen entfernt man den Rest Cyclohexan durch Reiben der Cellulose in einer heißen Reibschale.

Eine weitere Steigerung der Reaktionsfähigkeit erreicht man durch Auflösen der Cellulose in Schweizers Reagens (Kupferoxyd-Ammoniak, „Cuoxam") und Ausfällen

---

[1] J. WEGMANN, Chemische Umsetzungen mit Cellulosefasern, Textil-Rdsch. [St. Gallen] **13**, 323 (1958).

[2] H. STAUDINGER u. W. DÖHLE, J. pr. [2] **161**, 219 (1943).

in saurer Seignettesalzlösung. Aus der wasserhaltigen, ausgefällten Cellulose läßt sich das Wasser wieder durch organische Lösungsmittel verdrängen. Diese umgefällte, cyclohexaninkludierte Cellulose ist noch reaktionsfähiger als die mercerisierte.

Umfällung von Baumwolle aus „Cuoxam"[1c]: 10 g gereinigte Baumwolle werden unter Reinstickstoff in 3 l „Cuoxam" (36 g Kupferhydroxyd, 6 g Kupfer-(I)-chlorid, 3 l Ammoniak 25%ig) gelöst. Die tiefblaue, viscose Lösung wird dann unter Stickstoffdruck durch Glaswolle filtriert und in dünnem Strahl in eine 5%ige Seignettesalzlösung gegeben. Die Seignettesalzlösung muß dabei immer wieder mit verd. Essigsäure neutralisiert werden. Die Cellulose wird abfiltriert und mit verd. Essigsäure und Wasser sehr gut ausgewaschen. Dann wird mit Methanol nachgewaschen und 24 Stdn. darin stehengelassen. Weitere Behandlung wie bei der mercerisierten Inklusionscellulose.

γ) Celluloselösungen

Als Lösungsmittel für Cellulose kommen verschiedene Stoffe in Frage. Das beste Lösungsmittel ist, wie schon erwähnt, Schweizers Reagens. In ihm ist Cellulose bis zu den höchsten bisher bekannten Molekulargewichten löslich. Fast ebensogut ist die Löslichkeit der Cellulose in „Cuoxen", einem Äthylendiaminkomplex des Kupferhydroxyds[2]. Sehr viel schlechtere Lösungsmittel sind Alkalilaugen. In Natronlauge oder wäßrigem Lithiumhydroxyd sind bei tiefen Temperaturen nur Cellulosen bis zu einem Polymerisationsgrad von 500 löslich[3,4]. Umgefällte Cellulose ist bis zu einem Polymerisationsgrad von annähernd 2000 löslich[5]. Weiterhin löst sich Cellulose in Trialkylaminoxyden[6] oder in quartären organischen Ammoniumbasen[7] wie z. B. Tetraäthylammoniumhydroxyd[8]. Das Lösevermögen dieser Basen ist größer als das der Alkalilaugen. Auch konzentrierte Säuren wie Phosphorsäure[9] und Schwefelsäure vermögen die Cellulose in der Kälte zu lösen. Es tritt jedoch sehr schnell, besonders bei Verwendung von Schwefelsäure, ein hydrolytischer Abbau ein[10]. Es gibt noch eine ganze Reihe weiterer Lösungsmittel für Cellulose, wie Salze, z. B. Calciumrhodanid[11], Zinkchlorid[12] und Perchlorate[12], außerdem Salze von quartären organischen Basen, z. B. Pyridiniumsalze[13], oder Zinkate und Beryllatlösungen[14]. Abschließend seien die in neuerer Zeit von G. Jayme und Mitarb. angewandten Metallkomplex-Hydroxyde erwähnt. Neben „Cuoxam" ($[Cu(NH_3)_4] [OH]_2$) und „Cuoxen" ($[Cu(H_2N-CH_2-CH_2-NH_2)_2] [OH]_2$ = $[Cu(en)_2] [OH]_2$) können auch Komplexe mit anderen Zentralatomen Cellulose lösen, so „Nioxam" ($[Ni(NH_3)_6][OH]_2$)[15], „Zinkoxen" $[Zn(en)_3] [OH]_2$[16], „Cadoxen" $[Cd(en)_3]$

[1] E. HUSEMANN u. R. LÖTTERLE, Makromolekulare Chem. **4**, 288 (1950).
[2] W. TRAUBE, G. GLAUBITT u. V. SCHENCK, B. **63**, 2083 (1930).
  W. TRAUBE, Cellulosech. **11**, 249 (1930).
  W. TRAUBE, H. HOFFMANN u. N. BRUCH, Cellulosech. **14**, 50 (1933).
[3] S. M. NEALE, J. Textile Inst. **20**, T 373 (1929).
  G. F. DAVIDSON, J. Textile Inst. **25**, T 174 (1934); **27**, T 112 (1936).
[4] H. STAUDINGER u. M. SORKIN, B. **70**, 1565 (1937).
[5] J. JURISCH, Dissertation, Universität Freiburg/Brsg. 1937.
  Vgl. T. LIESER, A. **528**, 279 (1937).
[6] E. P. 480408 (1937), CIBA.
[7] T. LIESER, A. **528**, 276 (1937).
[8] DRP. 443095 (1924), L. Lilienfeld.
[9] E. P. 263810 (1926), British Celanese Ltd., Erf.: G. W. MILES u. C. DREYFUS.
[10] A. AF EKENSTAM, B. **69**, 549, 553 (1936).
[11] P. P. v. WEIMARN, Koll. Z. **11**, 41 (1912); **29**, 197 (1921).
[12] A. DOBRY, Bl. [5] **3**, 312 (1936).
[13] Schweiz. P. 153446 (1930), CIBA; C. **1932** II, 3034.
[14] G. F. DAVIDSON, J. Textile Inst. **28**, T 27 (1937).
[15] G. JAYME u. K. NEUSCHÄFFER, Papier **9**, 563 (1955).
[16] G. JAYME u. K. NEUSCHÄFFER, Papier **11**, 47 (1957).

[OH]$_2$)[1] oder alkalische Eisen-Weinsäure-Natrium-Komplexlösungen (EWNN)[2]. Das letzte Lösungsmittel hat den Vorteil, daß die gelöste Cellulose gegenüber Luftsauerstoff weitgehend stabil ist.

2. Abbau der Cellulose
unter weitgehender Erhaltung der makromolekularen Struktur

Ein Abbau der Cellulose kann grundsätzlich auf zwei Wegen erfolgen: Die Polyglucosekette wird entweder hydrolytisch oder oxydativ gespalten. Im ersteren Fall bezeichnet man die erzeugten Celluloseabbauprodukte als „Hydrocellulosen", im zweiten Fall als „Oxycellulosen". Vollständiger hydrolytischer Abbau führt natürlich zur Glucose.

Entsprechend ihrem Acetalcharakter wird Cellulose nur von Säuren hydrolysiert, während sie in Alkalien unter Ausschluß von Luftsauerstoff weitgehend beständig ist. Die Sauerstoffempfindlichkeit ist jedoch in alkalischer Lösung wesentlich größer als in saurer. Es ist daher oft nur unter besonderen Vorsichtsmaßnahmen möglich, Cellulose ohne nennenswerten Abbau in ihre Derivate überzuführen. Andererseits ist ein teilweiser Abbau der Cellulosemoleküle in der Technik oft erwünscht, da die Derivate dann meist besser löslich sind und nicht so hoch viscose Lösungen ergeben, die sich schwer verarbeiten lassen. Natürlich darf der Abbau nicht zu weit fortschreiten, da die Cellulose unterhalb eines Polymerisationsgrades von etwa 200 bis 300 ihre technisch bedeutsamen Eigenschaften, wie gutes Faser- und Filmbildungsvermögen, verliert.

a) Hydrolytischer Abbau

Der hydrolytische Abbau der Cellulose durch Säuren ist auf zwei Arten, nämlich in heterogener und in homogener Phase, möglich. Man behandelt entweder native Cellulose direkt mit Säuren oder löst sie zuerst in einem geeigneten Lösungsmittel auf, bevor man hydrolysiert.

Die Hydrocellulosen besitzen ein erhöhtes Reduktionsvermögen gegenüber Fehlingscher Lösung, denn durch den hydrolytischen Abbau hat sich ja der prozentuale Anteil der endständigen Aldehydgruppen vergrößert. Das Reduktionsvermögen wird technisch durch die sogenannte *Kupferzahl* gemessen; man versteht darunter diejenige Kupfermenge, die durch 100 g abgebaute Cellulose aus überschüssiger, siedender Fehlingscher Lösung abgeschieden wird. Eine Molekulargewichtsbestimmung ist über die Kupferzahl nicht möglich, da die Oxydation weiterschreitet.

Homogener hydrolytischer Abbau mit Phosphorsäure[3]: In einem 2,5-l-Weithalskolben werden 4–5 g Baumwolle mit 220 cm³ einer 73,2%igen Phosphorsäure (D = 1,559) über Nacht verschlossen im Eisschrank stehengelassen. Nach etwa 15 Stdn. gibt man weitere 750 cm³ auf 0° abgekühlte 85%ige Phosphorsäure (D = 1,679) zu und bewahrt die Mischung unter mehrmaligem Umschütteln noch etwa 2 Stdn. im Eisschrank auf. Dann wird solange gerührt, bis die Cellulose gelöst ist. Während des Rührens wird mit einer Kältemischung gekühlt und ein starker Kohlendioxydstrom eingeleitet, um Luftfeuchtigkeit auszuschließen. Zum Abbau wird nun der gut verschlossene Kolben bei 20° in einen Thermostaten gestellt. Die Unterbrechung des Abbaus geschieht durch Ausfällen wie folgt: Nach dem Abfiltrieren ungelöster Anteile durch eine Fritte wird das Filtrat in langsamem Strahl und unter gutem Rühren in die 4fache Menge Eiswasser gegossen, wobei die Verdünnungswärme durch Zugabe von Eis kompensiert wird. Die Cellulose, die in weißen Flocken ausfällt, wird sofort abzentrifugiert und durch 6–7maliges Aufrühren mit Wasser und Zentrifugieren säurefrei gewaschen. Dann wäscht man nacheinander mit Methanol, Aceton und Cyclohexan und trocknet anschließend im Vakuum.

[1] G. Jayme, Papier **12**, 624 (1958).
[2] G. Jayme u. W. Bergmann, Papier **12**, 187 (1958).
[3] G. V. Schulz u. H. J. Löhmann, J. pr. [2] **157**, 250 (1942).

Tab. 46. Durchschnittspolymerisationsgrade verschieden lange
in Phosphorsäure abgebauter Cellulosen
(Abbau bei 20°, Konzentration der Phosphorsäure: 14 m)

Dauer des Abbaus in Stdn.	Durchschnittspolymerisationsgrad bestimmt durch Viscositätsmessung in „Cuoxam"-Lösung
0	1400
12	518
13	475
15	447
39	263
61	186
119	113
159	88
207	80
208	76
209	73

Beim heterogenen hydrolytischen Abbau hängt die Reaktionsgeschwindigkeit natürlich sehr von der Beschaffenheit der Cellulose ab. Umgefällte Cellulose reagiert am schnellsten. Außerdem nimmt die Abbaugeschwindigkeit im Laufe der Reaktion ab.

Heterogener hydrolytischer Abbau[1]: Man verfährt ganz allgemein so, daß man auf die gereinigte Baumwolle bei erhöhter Temp. verd. Salzsäure oder Kaliumhydrogensulfatlösung einwirken läßt, wobei man auf 1 g Cellulose 50–100 cm³ Säure bzw. Kaliumhydrogensulfatlösung nimmt. Der erzielte Abbaugrad hängt von der Konzentration der Säure, von der Temp., von der Reaktionszeit und vom anfänglichen Polymerisationsgrad ab. Nach der Behandlung gießt man in kaltes Wasser, saugt die Cellulose ab und wäscht neutral.

Tab. 47. Hydrolytischer Abbau mit 1 n Salzsäure bei 60°

Dauer des Abbaus in Stdn.	Durchschnittspolymerisationsgrad
0	2000
1	1020
6,5	440
24	350
72	180
120	160

Tab. 48. Hydrolytischer Abbau mit 0,5 n Kaliumhydrogensulfatlösung bei 60°

Dauer des Abbaus in Stdn.	Durchschnittspolymerisationsgrad
0	2670
8	1256
24	870
70	500
140	382
305	260

---

[1] E. HUSEMANN u. O. H. WEBER, J. pr. [2] **161**, 5 (1943).

β) Oxydativer Abbau der Cellulose

Wie schon erwähnt, sind alkalische Lösungen von Cellulose, besonders in Schweizers Reagens, sehr empfindlich gegen Sauerstoff. Die Cellulose wird ähnlich wie beim hydrolytischen Abbau in der Hauptvalenzkette gespalten[1].

Oxydativer Abbau von Cellulose in „Cuoxam"-Lösung[2]: Durch eine Lösung von Cellulose in „Cuoxam" wird mittels einer Wasserstrahlpumpe Luft oder Sauerstoff gesaugt. Der Grad des Abbaus hängt von der Strömungsgeschwindigkeit des durchgesaugten Gases, der Cellulosekonzentration, der Temp. und der Zeit ab. Die Cellulose wird anschließend, wie auf S. 865 beschrieben in Seignettesalzlösung ausgefällt und weiterverarbeitet.

Auch in festem Zustand wird die Cellulose durch Einwirkung von Sauerstoff oder anderen Oxydationsmitteln leicht abgebaut. Cellulosederivate sind meist wesentlich beständiger als die Cellulose selbst. Schließlich sei erwähnt, daß auch Licht[3, 4], Wärme und Ultraschall[5] die Cellulose abbauen können.

3. Veresterung der Cellulose

α) Allgemeines

Wie schon gesagt, verhält sich die Cellulose in ihren chemischen Reaktionen wie ein dreiwertiger Alkohol, dessen Hydroxygruppen verestert werden können. Zur Darstellung der Celluloseester kommen dieselben Methoden in Frage, die auch zur Gewinnung niedermolekularer Ester verwendet werden. Besondere Vorsicht erfordert die Herstellung von Estern nicht abgebauter Cellulose, da das bei der Veresterungsreaktion entstehende Wasser in Gegenwart der Säure die Cellulose leicht hydrolytisch abbaut. Es sind grundsätzlich Mono-, Di- und Triester bzw. Gemische aus ihnen zu erwarten, doch gelingt es bei der Cellulose nicht, die Reaktion auf der Stufe der Mono- oder Diester abzubrechen. Bei partiell veresterter Cellulose sind die Estergruppen statistisch verteilt. Definierte Mono- und Diester können aber über einen Umweg hergestellt werden (s. S. 890). Wenn die Cellulose und der entstehende Ester im Reaktionsgemisch unlöslich sind, erhält man Celluloseester mit derselben Faserstruktur wie die ursprüngliche Cellulose. Diese Reaktionsweise bezeichnet man als permutoide Umsetzung.

β) Celluloseester anorganischer Säuren

β₁) Salpetersäureester[6]

Cellulosenitrat, fälschlicherweise Nitrocellulose genannt, ist auch heute noch ein technisch wichtiges Produkt und wohl das am längsten bekannte Cellulosederivat. Aus ihm wurde die erste Kunstseide hergestellt; als Schieß- und Sprengstoffe wie auch für die Lack- und Celluloidindustrie werden die Salpetersäureester der Cellulose auch heute noch in großen Mengen gewonnen. Die Herstellung der Cellulosenitrate erfolgt technisch stets durch Behandlung der Cellulose mit einem Gemisch aus Schwefelsäure, Salpetersäure und Wasser.

---

[1] A. MELLER, Holzforschung **14**, 129 (1960).
[2] G. V. SCHULZ, B. **80**, 335 (1947).
[3] E. STEURER, Ph. Ch. (B) **47**, 127 (1940).
   E. STEURER u. H. W. MERTENS, B. **74**, 790 (1941).
[4] P. COUCHOUD, Dissertation, Universität Freiburg/Brg. 1960.
[5] G. SCHMID, Ang. Ch. **56**, 67 (1943).
[6] F. ULLMANN, Encyclopädie der technischen Chemie, Bd. V, S. 141–156, Verlag Urban & Schwarzenberg, München–Berlin 1954.

Cellulosenitrat (technisch)[1]: Reine Baumwolle wird mit verd. Natriumcarbonatlösung aufgekocht, dann gut mit Alkohol und Äther ausgewaschen und bei 100° über Phosphorpentoxyd getrocknet. 2,5 g der so vorbehandelten Cellulose werden mit einem Gemisch von 30 g Salpetersäure (D = 1,52) und 90 g Schwefelsäure (D = 1,84) übergossen und 24 Stdn. bei 15° darin stehen gelassen. Dann wird das Nitrierungsprodukt in einer Porzellannutsche von der Hauptmenge der Säure befreit und anschließend in kleinen Portionen in viel kaltes Wasser eingetragen, wieder abgesaugt und 2 Tage lang möglichst oft mit heißem Wasser übergossen. Das Produkt enthält 13,4% Stickstoff und ist löslich in Aceton, wenig löslich in Alkohol-Äther (1 : 3). Verwendet man ein Nitriergemisch mit gleichen Teilen Schwefelsäure und Salpetersäure (das Gemisch enthält dann 19,42% Wasser), so erhält man unter gleichen Bedingungen wie oben eine in Alkohol-Äther (1 : 3) lösliche „Collodiumwolle" mit 11,1% Stickstoff.

Es ist zwar auch ohne weiteres möglich, Cellulosenitrate nur durch Einwirkung von starker Salpetersäure (mindestens 78%ig) auf Cellulose zu erhalten, auch sind Mischungen aus Phosphorsäure oder Essigsäure, Salpetersäure und Wasser verwendbar, doch scheiden alle diese Verfahren wegen der Kostspieligkeit gegenüber der üblichen Verwendung von „Mischsäure" (Schwefelsäure und Salpetersäure) in der Technik aus. Die zugesetzte Schwefelsäure bzw. Phosphorsäure hat die Aufgabe, das bei der Veresterungsreaktion entstehende Wasser zu binden und damit das Gleichgewicht auf die Seite des Esters zu verschieben. Bei Verwendung von Salpetersäure allein gelangt man zu Cellulosenitraten mit etwa 11% Stickstoff[2]. Auch mit Mischsäure erreicht man nur einen Stickstoffgehalt von höchstens 13,7%. Das Trinitrat mit 14,14% Stickstoff ist auf diesem Wege nicht zu erhalten. Zu ihm gelangten A. Bouchonnet und Mitarbeiter[3] durch Nitrierung der Cellulose mit einem Gemisch aus reiner Salpetersäure und Essigsäureanhydrid und Nachbehandeln des Produktes im Soxhletapparat mit Äthanol.

Interessant und noch nicht ganz aufgeklärt ist die Tatsache, daß bei der Veresterung mit Schwefelsäure und Salpetersäure erst in Gegenwart von etwas Wasser die höchstsubstituierten Cellulosenitrate resultieren, während bei Verwendung von Phosphorsäure und Salpetersäure mit wasserfreier bzw. anhydridhaltiger „Tauchsäure" die höchsten Veresterungsstufen erreicht werden. Außerdem unterscheidet sich die Veresterung der Cellulose mit Phosphorsäure-Salpetersäure von der mit Schwefelsäure-Salpetersäure dadurch, daß sie unter größerer Schonung der Cellulosemoleküle vonstatten geht. Nach H. Staudinger und R. Mohr[4] lassen sich alle Cellulosen, auch native, mit Phosphorsäure-Salpetersäure ohne merklichen Abbau in die polymeranalogen Cellulosenitrate überführen.

Cellulosenitrat (polymeranalog)[4]: 0,5 g aus „Cuoxam" umgefällte und mit Cyclohexan inkludierte Cellulose (vgl. S. 865) werden bei 0° in 25 cm³ Nitriergemisch eingetragen, das aus 6 Gew.-Tln. gelber konz. Salpetersäure (D = 1,52), 5 Gew.-Tln. krystalliner Phosphorsäure (H_3PO_4, 12 H_2O) und 4 Gew.-Tln. Phosphorpentoxyd besteht. Nach 12stdg. Stehenlassen bei 0° wird das Cellulosenitrat an einer Jenaer Glasnutsche abfiltriert, mit eisgekühlter 50%iger Essigsäure ausgewaschen, 24 Stdn. in fließendem Wasser gewaschen und etwa 6 Stdn. mit Methanol behandelt. Derart behandelte Nitrate sind einigermaßen stabil[5]. Der Stickstoffgehalt beträgt ca. 13,5%. Das Produkt ist in Aceton und Butylacetat vollständig löslich.

Cellulosenitrate lassen sich zum Unterschied von Cellulose selbst aus Aceton-Wasser leicht quantitativ fraktionieren[6]. Da die Viscositäts-Molekulargewichts-Beziehung der

[1] G. Lunge u. E. Weintraub, Z. ang. Ch. **12**, 444 (1899).
   G. Lunge u. J. Bebie, Z. ang. Ch. **14**, 486 (1901).
[2] B. Rassow u. W. v. Bongé, Z. ang. Ch. **21**, 732 (1908).
[3] A. Bouchonnet, F. Trombe u. G. Petitpas, Mém. Poud. **28**, 295 (1938); C. **1939** II, 2399.
[4] H. Staudinger u. R. Mohr, B. **70**, 2296 (1937).
[5] Vgl. H. Staudinger u. M. Sorkin, B. **70**, 1996 (1937).
[6] S. Rogowin u. S. Glasman, Koll. Z. **76**, 210 (1936).

Cellulosenitrate gut bekannt ist[1], ergibt sich hiermit eine exakte Methode zur Bestimmung von *Molekulargewichten* und *Molekulargewichtsverteilungen* durch Viscositätsmessungen. Viscositätsmessungen an Cellulose in „Cuoxam" müssen wegen des leichten oxydativen Abbaus unter einer Stickstoffatmosphäre durchgeführt werden. Die Bedingungen der streng polymeranalogen Nitrierung von Cellulose wurden besonders genau von M. Marx-Figini untersucht[2].

Erwähnt seien schließlich noch die Versuche, gasförmige Salpetersäure[3] bzw. Salpetersäureanhydrid gelöst in Tetrachlormethan[4] oder gasförmig[5] auf Cellulose einwirken zu lassen. Mit dem zuletzt genannten Agens konnte praktisch das Trinitrat erhalten werden.

Nach ihrem technischen Verwendungszweck haben die verschieden hoch veresterten Cellulosenitrate besondere Namen. So bezeichnet man weniger hoch verestertes Cellulosenitrat, mit etwa 12,2–12,5% Stickstoff, als Collodiumwolle oder Celloxylin, Nitrate mit einem Stickstoffgehalt über 12,5% als Schießbaumwolle oder Pyroxylin. Cellulosenitrate vom Typ der Collodiumwolle dienten früher zur Fabrikation der „Nitroseide" (Chardonnetseide) und bisweilen zur Herstellung von Folien und künstlichen Wurstdärmen. Pyroxylin wird zu Schieß- und Sprengstoffen verarbeitet. Eine Gellösung von Collodiumwolle in Champher ist das bekannte Celluloid.

Eines der wichtigsten Kennzeichen der Cellulosenitrate ist ihre Löslichkeit in organischen Lösungsmitteln, wie z. B. Aceton, Methanol, Äthanol, Nitrobenzol, substituierten Harnstoffen, Urethanen, Furfurol, Acetanilid, Eisessig, Campher, Triphenylphosphat, Phthalsäureester, Benzylcyanid, Nitrotoluidin und anderen mehr. Besonders wichtig und interessant ist das Lösungsmittelgemisch Äther-Alkohol im Verhältnis 3 : 1, in dem nur Cellulosenitrate mit einem recht eng begrenzten Stickstoffgehalt von etwa 11 bis 12% völlig löslich sind.

Die mit üblicher Mischsäure hergestellten Cellulosenitrate sind instabil, selbst dann, wenn sie vollständig säurefrei gewaschen sind. Sie zersetzen sich langsam unter Abgabe von Stickoxyden. In der Technik wird die für die Weiterverarbeitung erforderliche Stabilität durch eine Nachbehandlung erzielt, bei der das Produkt viele Stunden mit Wasser gekocht wird. Die Ursachen für die Instabilität eines Cellulosenitrates sind folgende: Auch gut gereinigte Baumwolle enthält noch Nichtcellulosebestandteile, die ebenfalls nitriert werden und dann als zersetzliche Verbindungen in der frisch nitrierten Cellulose vorhanden sind. Außerdem enthält die Nitriersäure meist etwas salpetrige Säure und Nitrosylschwefelsäure, entstanden durch Reduktion der Salpetersäure durch Cellulose, aus der dann Oxalsäure entsteht. Neben den Nitratgruppen sind also noch Sulfatreste, Nitritreste bzw. Reste der Nitrosylschwefelsäure an die Cellulose gebunden. Diese Mischester der Cellulose sind sehr instabil. Im Laufe der Stabilisierung mit kochendem Wasser werden die Reste wieder abgespalten. Andere Stabilisierungsmethoden verwenden Aceton, Methanol, Äthanol oder Essigsäure als Auswaschmittel. Auch hier beruht die stabilisierende Wirkung darauf, daß die Cellulosenitrate „entsäuert", das heißt von der anhaftenden Salpeter- und Schwefelsäure befreit, und die labilen Ester verseift werden.

---

[1] G. Meyerhoff, Papier **11**, 43 (1957).

[2] M. Marx-Figini, Makromolekulare Chem. **50**, 196 (1961).

[3] S. Rogowin u. K. Tichonow, Cellulosech. **15**, 104 (1934).
   A. Bouchonnet u. Mitarbb., Mém. Poud. **28**, 308 (1938).

[4] R. Dalmon, J. Chédin u. L. Brissaud, C. r. **201**, 664 (1935).

[5] R. Dalmon, C. r. **201**, 1123 (1935).

Konzentrierte Schwefelsäure löst Cellulosenitrat in der Kälte auf. Dabei werden die Nitratgruppen abgespalten. Nach Lunge und Lubarsch kann man so den Stickstoffgehalt bestimmen, indem man die freigewordene Salpetersäure mit Quecksilber zu Stickoxyd reduziert und dessen Menge volumetrisch bestimmt. Als schonendes Verseifungsmittel kommen vor allem Alkalihydrogensulfide in Frage[1]. Sie erlauben, allerdings unter erheblichem Abbau, eine fast vollständige Abspaltung der Nitratgruppen.

Von wissenschaftlichem Interesse ist die Reaktion zwischen Cellulosenitrat und Alkaliamid in flüssigem Ammoniak[2]. Hierbei entsteht *Aminocellulose*. Die Aminogruppe ist direkt an ein Kohlenstoffatom des Glucoserings gebunden.

β_2) *Schwefelsäureester der Cellulose*

Man kennt bisher nur saure Schwefelsäureester der Cellulose. Sie sind schon lange bekannt und treten vermutlich als Zwischenprodukte bei der Celluloseveresterung mit anderen Säuren auf, wenn Schwefelsäure als Katalysator verwendet wird. Man erhält sie leicht durch Auflösen von Cellulose in konzentrierter Schwefelsäure. Die leicht löslichen Bariumsalze können mit Alkohol ausgefällt werden. In einem in den USA benutzten Verfahren zur technischen Darstellung der Cellulosesulfate verestert man Cellulose in heterogener Phase mit einem Gemisch von konzentrierter Schwefelsäure, Toluol und Isopropanol.

Cellulosesulfat (durch Umsetzung mit konzentrierter Schwefelsäure)[3]: Reiner Zellstoff wird durch 1stdg. Kochen mit destilliertem Wasser gequollen, dann abgepreßt und das restliche Wasser mit Isopropanol bis auf einen Restwassergehalt von etwa 3% ausgewaschen. 45 Tle. Toluol und 23,4 Tle. konz. Schwefelsäure werden vermischt, auf 15° gekühlt und portionsweise unter Beibehaltung der Temp. und Verwendung eines Turborührers mit 4,9 Tln. Isopropanol und 1,5 Tln. Ammoniumsulfat vermengt. Dann kühlt man auf etwa —2° ab und gibt 4,2 Tle. des aktivierten Zellstoffes (bestehend aus 2,5 Tln. reinem Zellstoff und 1,7 Tln. Isopropanol) unter ständigem Rühren zu. Die Temp. kann hierbei vorübergehend bis auf 6° ansteigen, doch sollte sie möglichst etwa —3° betragen. Nach 45 Min. langem Rühren läßt man die Temp. auf 7–8° ansteigen. Dann bringt man die Reaktionsmasse in ein geeignetes Gefäß und dekantiert. Die untere Schicht mit dem faserigen Cellulosesulfat wird abzentrifugiert oder abgepreßt, bis der Schwefelsäuregehalt in der Saugflasche 0,5% beträgt. Der so erhaltene Celluloseschwefelsäureester wird in das Natriumsalz übergeführt, indem man ihn in 45 Tln. 90%igem wäßr. Isopropanol aufschlämmt und dann eine Mischung von 15% Natriumacetat, 35% destilliertem Wasser und 50% Methanol bis zur Einstellung eines p_H-Wertes von 7–7,5 unter ständigem Rühren zumischt. Das Natriumsalz wird abgesaugt und bei 80° getrocknet. Der Schwefelgehalt beträgt etwa 8,7%.

Die erhaltenen Produkte sind ziemlich abgebaut und besitzen einen Substitutionsgrad[4] von nahezu eins. Das Natriumsalz ist in heißem und kaltem Wasser löslich. Cellulosesulfat und seine Salze sind nicht sehr stabil und bauen leicht weiter ab.

Zu den Trischwefelsäureestern gelangt man nach W. Traube und Mitarbeitern[5], wenn man absolut trockene Cellulose in eine schwach mit Dämpfen von Schwefeltrioxyd beladene Atmosphäre bringt. Dabei entsteht interessanterweise keine partiell

---

[1] B. RASSOW u. E. DÖRR, J. pr. [2] **108**, 121, 163 (1924).

[2] P. C. SCHERER u. J. M. FEILD, Rayon Textile Monthly **22**, 607 (1941).
 P. C. SCHERER u. J. A. SAUL, Rayon Textile Monthly **28**, 474, 538 (1947).

[3] A.P. 2539451 (1948), Eastman Kodak Co., Erf.: C. J. MALM u. C. L. CRANE; C. **1952**, 1424.
 A.P. 2753337 (1953), Hercules Powder Co., Erf.: E. D. KLUG; C. **1957**, 6316.

[4] Anzahl der Substituenten pro Anhydroglucoseeinheit.

[5] W. TRAUBE, B. BLASER u. C. GRUNERT, B. **61**, 754 (1928).

veresterte Cellulose; die nicht in Trisulfat übergeführte Cellulose wird unverändert zurückgewonnen. Verwendet man überschüssiges Schwefeltrioxyd, so wird dieses weiter addiert, vermutlich unter Bildung von Cellulosepyrosulfaten. In wäßriger Lösung wird Schwefeltrioxyd wieder abgespalten unter Rückbildung des sauren Cellulosetrisulfates.

Beim Erhitzen mit wäßriger Salzsäure spaltet Cellulosesulfat allmählich alle Schwefelsäurereste ab, doch erhält man die Cellulose naturgemäß in stark abgebautem Zustand. Gegen alkalische Verseifung ist Cellulosesulfat erstaunlich beständig.

Andere Darstellungsmethoden von Celluloseschwefelsäureestern benutzen Schwefeltrioxyd gelöst in Schwefelkohlenstoff[1] oder Chlorsulfonsäure und Pyridin[2,3]. Diese Cellulosesulfate sind wesentlich höhermolekular als die mittels konzentrierter Schwefelsäure hergestellten.

Cellulosesulfat (durch Umsetzung mit Chlorsulfonsäure und Pyridin)[3]: In die stark gekühlte Mischung von 30 cm³ Pyridin und 7 cm³ Chlorsulfonsäure werden 3 g trockene, pulverisierte, aus Cuoxam umgefällte Cellulose unter Rühren eingetragen. Dann erwärmt man die Reaktionsmasse über 5 Stdn. unter Rühren auf 60°, läßt 12 Stdn. stehen, gießt hiernach auf Eis und trennt den unlöslichen Teil durch Zentrifugieren von der wäßr. Lösung. Aus dieser kann der gebildete Celluloseschwefelsäureester durch Alkoholzusatz ausgefällt werden. Er wird abgenutscht, mit Alkohol gewaschen, wieder in Wasser gelöst, die Lösung mit Natronlauge neutralisiert und der Dialyse unterworfen. Ist die Lösung frei von Sulfationen, wird sie etwas konzentriert. Dann wird das Natriumsalz des Esters mit Alkohol ausgefällt. Man läßt es zuerst unter Alkohol, später unter Äther stehen, trocknet hierauf i. Vak. und erhält die Verbindung so in Form eines farblosen, lockeren, in Wasser leicht löslichen Pulvers; Schwefelgehalt: 18,9–20,4%.

β_3) *Phosphorsäureester der Cellulose*

Definierte Phosphorsäureester der Cellulose sind bisher noch nicht hergestellt worden. Meist handelt es sich bei den dargestellten Produkten um ungleichmäßig substituierte oder vernetzte Ester, die weitgehend unlöslich sind.

Sehr oft werden Reaktionsbedingungen angewandt, die die Faserstruktur der Cellulose nicht verändern. Dadurch wird nur ein niedriger ungleichmäßiger Phosphorylierungsgrad erzielt, der aber ausreicht, das Eigenschaftsbild der Cellulose zu verändern. Durch Umsetzung von Baumwolle mit Phosphorsäure oder Chlormethylphosphorsäure in Gegenwart von Harnstoff erhält man z.B. Produkte mit Austauschereigenschaften für Kationen[4].

Mit konzentrierter Phosphorsäure oder einem Gemisch aus Phosphorsäure und Schwefelsäure läßt sich Cellulose überhaupt nicht verestern. Bei der Einwirkung von Phosphoroxychlorid auf Alkalicellulose[5] erhält man Produkte mit einem Phosphorgehalt von etwa 3%; das entspricht noch nicht einmal einer Phosphatgruppe pro Glucosebaustein. Die Kombination von Phosphorsäure und Phosphoroxychlorid soll angeblich je nach dem Mischungsverhältnis und den Reaktionsbedingungen zu Cellulosephosphaten von niederen bis zu den höchsten Veresterungsgraden führen[6].

[1] W. TRAUBE, B. BLASER u. E. LINDEMANN, B. **65**, 603 (1932).
[2] E. GEBAUER-FÜLNEGG, W. H. STEVENS u. O. DINGLER, B. **61**, 2000 (1928).
[3] P. KARRER, H. KOENIG u. E. USTERI, Helv. **26**, 1296 (1943).
[4] E. FRIESER, Z. ges. Textil-Ind. **60**, 977 (1958).
    R. SCHIFFNER u. G. LANGE, Faserforsch. u. Textiltechn. **12**, 419 (1958).
    C. A. MUENDES u. W. A. SELKE, Ind. eng. Chem. **47**, 374 (1955).
[5] DRP. 514150 (1926), I. G. Farb., Erf.: M. HAGEDORN u. E. GÜHRING; C. **1931** I, 873.
[6] DRP. 547812 (1930), I. G. Farb.; C. **1932** II, 315.

Eine andere Vorschrift verwendet Phosphoroxychlorid in Pyridin[1]. Mit einem Überschuß von 1 bis 6 Mol Phosphoroxychlorid auf eine Hydroxygruppe lassen sich bis 3,5% Phosphor in die Cellulose einführen. Neben Phosphatresten enthält diese Cellulose aber auch Chlor, das wahrscheinlich direkt an Kohlenstoffatome gebunden ist. Auch mit Polyphosphorsäure läßt sich Cellulose verestern[2]. Durch dreistündiges Erhitzen von käuflicher konzentrierter Phosphorsäure auf 300° erhält man eine Polyphosphorsäure, die zu 96% aus Tetraphosphorsäure besteht[3]. Behandelt man Cellulose mit der drei- bis sechsfachen Menge dieser Tetraphosphorsäure bei 55°, so erhält man Cellulosephosphate mit einem Phosphorgehalt, der je nach der Reaktionszeit zwischen 2,5 bis 11,7% liegt. Die erhaltenen Produkte sind dunkelgefärbt und lassen sich auch durch mehrmaliges Umfällen und tagelange Dialyse nicht aufhellen. Außerdem sinkt der Phosphorgehalt bei der Dialyse, was auf nicht verestertes, eingeschlossenes anorganisches Phosphat schließen läßt.

Der Grad des hydrolytischen Abbaus ist bei sämtlichen Herstellungsmethoden der Cellulosephosphorsäureester erheblich. Ein wasserlösliches Cellulosephosphat unter relativ geringem Abbau erhält man nach folgendem Ansatz:

Herstellung eines Cellulosephosphorsäureesters[4]: 10 g pulverisierte Cellulose werden bei 25° mit einem Gemisch von 232 g 85%iger Orthophosphorsäure, 128 g Phosphorpentoxyd und 120 g Isopropylalkohol gemischt. Nach 72 Stdn. wird das entstandene Cellulosephosphat aus dem Reaktionsgemisch durch Zentrifugieren und Waschen mit Isopropylalkohol isoliert. Der trockene Cellulosephosphorsäureester ist in Wasser löslich; eine 5%ige Lösung hat bei 25° eine Viscosität von 600 cP.

Das Natriumsalz des Esters erhält man durch etwa 20 Min. langes Verrühren der Substanz mit 250 g einer Lösung von 15 g Natriumacetat, 75 g Wasser und 175 g Methanol. Die Natriumacetatlösung wird abfiltriert. Das Reaktionsprodukt wird dreimal mit 500 g eines Gemisches aus Methanol und Wasser (Mischungsverhältnis Methanol: Wasser = 3 : 1) gewaschen. Eine 5%ige Lösung des Natriumsalzes des Phosphorsäureesters hat bei 25° eine Viscosität von 500 cP. Der Phosphorgehalt des Cellulosephosphats beträgt 4,5%.

γ) Celluloseester organischer Säuren

γ₁) *Allgemeines*

Bevor auf die Vielzahl der Ester im einzelnen eingegangen wird, sollen ihre allgemeinen Eigenschaften betrachtet werden. Sie sind wesentlich durch die Natur des Säurerestes bestimmt. Einen Überblick über die Löslichkeitseigenschaften der einfachen Ester gibt Tabelle 49, S. 874[5].

Obwohl keiner der Ester in Wasser löslich ist, sind doch die einzelnen Ester verschieden empfindlich gegenüber Wasser, das heißt, sie erleiden, besonders in Filmform, Deformationen, die auf einer mehr oder weniger starken Quellbarkeit beruhen. Die Wasserfestigkeit nimmt mit steigender Kohlenstoffzahl in der Kette des Säurerestes zu, so daß die Ester vom Laurat ab als wasserunempfindlich bezeichnet werden können.

Die Veresterung der Cellulose mit organischen Säuren wird allgemein mit Hilfe der Säureanhydride und der Säurechloride in Gegenwart von Katalysatoren wie z.B. Schwefelsäure durchgeführt. Sie führt auch hier maximal zum Triester. Eine

[1] J. D. REID u. L. W. MAZZENO, Ind. eng. Chem. **41**, 2828 (1949).

[2] H. GRÜNEWALD, Diplomarbeit, Universität Freiburg/Brsg. 1955, unveröffentlicht.

[3] E. CHERBULIEZ u. H. WENIGER, Helv. **29**, 2006 (1946).

[4] A.P. 2759924 (1952), Eastman Kodak Co., Erf.: G. P. TOUEY; C. **1957**, 7524.

[5] M. HAGEDORN u. P. MÖLLER, Cellulosech. **12**, 30 (1931).

Tab. 49. Löslichkeiten der einfachen Celluloseester*

Celluloseester	Wasser	Alkohol	Äther	Aceton	Essigester	Benzol u. Homologe	Chlorierte Kohlenwasserstoffe
Formiat	schwach quellbar	—	—	—	—	—	—
Acetat	—	—	—	schwach quellbar	—	—	+
Propionat	—	—	—	heiß löslich	—	—	+
Butyrat	—	schwach quellbar	stark quellbar	+	—	+	+
Capronat	—	—	+	+	+	+	+
Stearat	—	—	schwach quellbar	schwach quellbar	stark quellbar	+	+

* + = löslich, — = unlöslich

Veresterung allein mit den Carbonsäuren ist nur mit der Ameisensäure möglich. Bei den Celluloseestern der höheren Fettsäuren ist es bisweilen schwierig, die Triesterstufe zu erreichen.

γ_2) Essigsäureester der Cellulose[1]

Neben den Salpetersäureestern der Cellulose haben die Celluloseacetate die größte technische Bedeutung erlangt. Sie werden daher an erster Stelle behandelt.

In der Technik, wo es nicht auf die Erhaltung des Polymerisationsgrades ankommt, sondern wo ein gewisser Abbau oft erwünscht ist, werden hauptsächlich drei Verfahren zur Darstellung der Celluloseacetate angewandt:

Das **Dreyfus-Verfahren.** Als Acetylierungsgemisch nimmt man Eisessig und Essigsäureanhydrid unter Zusatz von Schwefelsäure als Katalysator[2].

Das **Dormagen-Verfahren.** Dem obigen Acetylierungsgemisch wird noch Methylenchlorid zugesetzt, um die Temperatur besser einhalten zu können und um den gebildeten Triester besser zu lösen.

Cellulosetriacetat (Dormagen-Verfahren)[3]: 60 g Baumwolle werden mit 20,7 g Eisessig bestäubt und über Nacht stehengelassen. Dann werden 165 g Essigsäureanhydrid, 220 cm³ Methylenchlorid und 0,34 cm³ 96%ige Schwefelsäure unter Kühlung beigemischt, so daß die Temp. möglichst nicht über 25° ansteigt. Der Faserbrei wird dann unter ständigem Rühren in einem Wasserbad langsam auf 40° erhitzt (etwa 15° in der Stde.) und bei dieser Temp. gehalten, bis die Fasern vollständig gelöst sind. Man kann dies leicht erkennen, indem man eine Probe des Reaktionsgemisches zwischen zwei Glasplatten zerdrückt und in der Durchsicht betrachtet. Das Reaktionsgemisch wird zur Zerstörung der zugesetzten Schwefelsäure mit 2 g Natrium- oder besser Kaliumacetat, das in 50%iger Essigsäure gelöst ist, versetzt. Man verrührt die Masse und setzt noch soviel Wasser hinzu, daß das gesamte Essigsäureanhydrid in Eisessig übergeführt und die Essigsäure auf 70–80% verdünnt wird. Dazu sind ungefähr 70–80 cm³ Wasser notwendig. Dann destilliert man das Methylenchlorid in einem mäßigen Vak. ab, gießt die übrig gebliebene viscose Masse in einen Filtrierstutzen und setzt unter ständigem Zerreiben mittels eines breiten Gegenstandes

---

[1] F. Ullmann, Encyklopädie der technischen Chemie, Bd. V, S. 182, Verlag Urban & Schwarzenberg München–Berlin 1954.

[2] Über Katalysatoren für die Acetylierung s. C. J. Malm, L. J. Tanghe u. J. T. Schmitt, Ind. eng. Chem. **53**, 363 (1961).
   C. J. Malm, L. J. Tanghe, H. M. Herzog u. M. H. Stewart, Ind. eng. Chem. **50**, 1061 (1958).

[3] DRP. 526479, 528821 (1929), I. G. Farb., Erf.: R. Hofmann; C. **1931** II, 1083, 1791.
   E. P. 737566 (1952), British Celanese Ltd., Erf.: H. Bates, J. W. Fisher u. J. R. Smith.

allmählich Wasser hinzu. Dadurch erreicht man ein allmähliches Abnehmen der Essigsäure-
konzentration und ein Ausfallen des Acetates. Dieses wird durch wiederholtes Waschen mit
Wasser von Säure befreit und bei 60° 24 Stdn. getrocknet. Es ist löslich in Methylenchlorid
oder in einem Gemisch von Methylenchlorid-Methanol (9 : 1), unlöslich in Aceton.

Das *Schering-Verfahren.* Es verwendet als Reaktionsmedium Benzol und als
Katalysator Perchlorsäure. Im Gegensatz zu den ersten beiden Verfahren löst sich
hier das Reaktionsprodukt nicht im Reaktionsmedium auf; die Cellulose wird heterogen unter Erhaltung der Faserstruktur acetyliert. Trisubstitution ist erreicht, wenn
das Produkt in Methylenchlorid löslich ist. Perchlorsäure übertrifft die Wirksamkeit der Schwefelsäure als Katalysator. Außerdem sind in den Celluloseacetaten keine
Perchloratreste feststellbar, im Gegensatz zu den mit Schwefelsäure hergestellten
Produkten, in denen Sulfatgruppen mit eingebaut sind, die die Stabilität der Acetate
beeinträchtigen[1]. Es sind schon sehr kleine Mengen Perchlorsäure ausreichend. Beispielsweise genügt ein Zusatz von nur 15 mg Perchlorsäure zu einem Gemisch von
20 ccm Essigsäureanhydrid und 20 ccm Eisessig, um 5 g Baumwoll-Linters in 24 Stunden bei 32° in das Triacetat zu überführen.

Cellulosetriacetate sind im allgemeinen löslich in chlorierten Kohlenwasserstoffen,
Chloroform, Methylenchlorid, Tetrachloräthan, Äthylenchlorhydrin, Epichlorhydrin,
weiter in Ameisensäure, Essigsäure, Nitrobenzol, Anilin, Pyridin. Die Löslichkeit
hängt stark von den Herstellungsbedingungen ab.

Die polymeranaloge Acetylierung der Cellulose wird mit Essigsäureanhydrid,
Eisessig und Pyridin bei 60° vorgenommen. Native Fasern bilden dabei Triacetate,
die im Acetyliergemisch und den üblichen organischen Lösungsmitteln wie Chloroform, Dioxan, Tetrahydrofuran u.a. unlöslich sind. Diese Eigenschaft ist nicht eine
Folge des zu hohen Polymerisationsgrades, denn ohne Abbau aus Schweizers Reagens
umgefällte Cellulosen bilden lösliche Triacetate[2]. Eine Erklärung für dieses Verhalten
steht noch aus.

Cellulosetriacetat (polymeranalog)[2]: 2 g umgefällte, mit Pyridin inkludierte Cellulose werden
in einem Gemisch von 100 Tln. Essigsäureanhydrid und 160 Tln. Pyridin einige Stdn. geschüttelt,
bis die Cellulose homogen verteilt ist. Nach 6- bis 10 tägigem Stehen bei 60° ist die Cellulose gelöst. Man filtriert etwaige ungelöste Anteile ab und fällt das Celluloseacetat in Petroläther aus.
Extraktion mit Alkohol und Wasser.

Durch partielle Verseifung der Triacetate, auch Primäracetate genannt, gelangt
man zu den sogenannten Sekundäracetaten, die ungefähr 2,5 Essigsäurereste pro
Glucosebaustein enthalten. Infolge ihrer weit besseren Löslichkeitseigenschaften,
besonders ihrer Acetonlöslichkeit, finden sie in der Kunstfaser- und Filmindustrie
Verwendung. Auch im Spritzgußverfahren[3] werden bedeutende Mengen an Celluloseacetat bzw. Cellulosemischestern verarbeitet.

Die Überführung der Primäracetate in die Sekundäracetate (2,5-Acetate) erfolgt
in der Technik meist in einem Arbeitsgang, indem man dem Veresterungsgemisch
bei erhöhter Temperatur anorganische oder organische Säuren und Wasser zufügt.

Cellulose-2,5-acetat (Sekundäracetat)[4]: Das nach dem Dormagen-Verfahren hergestellte Cellulosetriacetat (s. Herstellungsvorschrift S. 874), wird nicht isoliert, sondern man hydrolysiert in

[1] D. Krueger u. E. Tschirch, B. **64**, 1874 (1931).
[2] H. Staudinger u. G. Daumiller, A. **529**, 219 (1937).
[3] F.P. 520101 ≡ E.P. 147904, 171432 (1920), Cellon-Werke, Erf.: A. Eichengrün; C. **1921** IV,
    533.
[4] E.P. 737566 (1952), British Celanese Ltd., Erf.: H. Bates, J. W. Fisher u. J. R. Smith.
    Vgl. DRP. 526479, 528821 (1929), I. G. Farb., Erf.: R. Hofmann; C. **1931** II, 1083, 1791.

der ursprünglichen Reaktionslösung, indem man z. B. 27,5 cm³ Wasser und 0,34 cm³ konz. Schwefelsäure zusetzt und in einem geschlossenen Gefäß unter Rühren solange auf 60° erhitzt, bis Acetonlöslichkeit des Celluloseesters eingetreten ist. Um dies festzustellen, fällt man aus einer Probe den Ester mit Methanol aus, wäscht gut aus und prüft auf seine Löslichkeit. Ist die Substanz acetonlöslich, so wird die gesamte Menge mit 4–6 g Natrium- oder Kaliumacetat, die in 50%iger Essigsäure gelöst sind, zur Neutralisierung der Schwefelsäure gut vermischt, das Methylenchlorid abdestilliert und der Celluloseester ausgefällt und gereinigt. Es ist auch möglich, das Methylenchlorid vor der Hydrolyse ganz oder teilweise abzudestillieren und dann die Hydrolyse vorzunehmen.

Die 2,5-Acetate, auch Cellite genannt, haben einen Polymerisationsgrad von einigen Hundert, sind also stark abgebaute Cellulosederivate. Der Verseifungsvorgang ist recht kompliziert. Zuerst werden nur die primären Hydroxygruppen verseift. Im weiteren Verlauf der Hydrolyse ist aber auch eine Reacetylierung der primären Hydroxygruppen möglich, so daß der Gehalt an freien primären Hydroxygruppen wieder abnimmt[1]. Eine Abhängigkeit der Acetonlöslichkeit vom Acetylgehalt zeigt Tabelle 50[2]. Die Verseifung wurde durch Erhitzen der Lösung des Triacetats in 95%iger Essigsäure auf 100° vorgenommen.

Tab. 50. Verseifung von Cellulosetriacetat

Dauer der Behandlung mit Essigsäure [Stdn.]	Acetylgehalt [%]	Acetonlöslichkeit [%]
0	60,6	18,2
1	60,1	36,7
3	59,8	75,2
6	59,4	92,4
9	58,4	100,0
12	57,0	100,0

Eine direkte Herstellung der 2,5-Acetate ohne den Umweg über die Triacetate ist bisher noch nicht gelungen.

Man kann die Triacetate auch in Essigsäure-Wasser-Lösungen bei 40 bis 60° unter Verwendung von Schwefelsäure als Katalysator weiterverseifen und kommt so zu Celluloseacetaten, die sich durch besondere Löslichkeitseigenschaften auszeichnen. Das Wasser darf zu den Essigsäurelösungen der Triacetate natürlich nur sukzessive zugesetzt werden, da sonst die Ester unlöslich werden und ausfallen. Nachstehende Tabelle 51 zeigt die Löslichkeit von schwach veresterten Celluloseacetaten in Abhängigkeit vom Acetylgehalt[3].

Tab. 51. Löslichkeit von schwach veresterten Celluloseacetaten

Acetylgehalt [%]	unlöslich in	löslich in
32–24	Aceton und Wasser	2-Methoxy-äthanol
24–19	Aceton, Wasser und 2-Methoxy-äthanol	2-Methoxy-äthanol-Wasser (1 : 1)
19–13		Wasser
unter 13	weitgehend unlöslich	

[1] C. J. MALM u. Mitarbb., Am. Soc. **74**, 4105 (1952).
[2] E. ELÖD u. A. SCHRODT, Z. ang. Ch. **44**, 935 (1931).
[3] C. J. MALM u. Mitarbb., Ind. eng. Chem. **49**, 79 (1957).

γ_3) *Ameisensäureester und höhere Fettsäureester der Cellulose*

Der Ameisensäureester nimmt, wie vielfach die Anfangsglieder homologer Reihen, in verschiedener Hinsicht eine Sonderstellung unter den Celluloseestern ein. Das zeigt sich schon in der Darstellungsweise. Es ist möglich, die Cellulose durch Einwirkung von wasserfreier Ameisensäure ohne Zuhilfenahme von Katalysatoren partiell zu verestern. Allerdings muß die Cellulose vorher aus „Cuoxam"-Lösung regeneriert werden. Bei der Veresterung nativer Fasercellulose ist die Gegenwart von Katalysatoren wie Schwefelsäure, Chlorwasserstoff, Zinkchlorid, Phosphorpentachlorid oder Chlorsulfonsäure notwendig. Die Herstellung eines Triesters, der theoretisch 56,1% Ameisensäure enthält, scheint schwierig zu sein. Einen annähernd vollständig substituierten Ameisensäureester der Cellulose erhält man nach der folgenden Vorschrift.

Celluloseformiat[1]: 50 g gereinigte Cellulose werden mit 700 g 98–100%iger Ameisensäure, 35 g trockenem Chlorwasserstoff und 35 g Zinkchlorid während 16 Stdn. bei einer Temp. von etwa —10° behandelt. Das erhaltene Produkt enthält 51,7% Ameisensäure.

Die Celluloseformiate sind in den meisten organischen Lösungsmitteln unlöslich, löslich dagegen in Ameisensäure, Pyridin und den wäßrigen Lösungen verschiedener Säuren, z. B. Salzsäure, Schwefelsäure, Essigsäure, Milchsäure. Das läßt auf einen ziemlichen Abbau der Hauptvalenzkette schließen. In trockener Atmosphäre sind die Ester einigermaßen beständig, während sie schon beim Liegenlassen an der Luft langsam Ameisensäure abspalten.

Mit den höheren Fettsäuren läßt sich Cellulose nicht so leicht verestern. Das liegt vor allem daran, daß sie in ihnen nicht mehr so gut quellbar ist wie in Essigsäure oder Ameisensäure. Es werden durchweg Katalysatoren benötigt. Untersuchungen über die Veresterungsgeschwindigkeiten der verschiedenen Säuren hat C. J. Malm vorgenommen[2]. Für die niederen Säuren ist die Reihenfolge zunehmender Reaktionsträgheit ungefähr folgende: Essigsäure, n-Buttersäure, Propionsäure, Isobuttersäure. Bei der letzten spielt wahrscheinlich sterische Hinderung eine Rolle. Die Herstellung der Celluloseester höherer Fettsäuren erfolgt in gleicher Weise wie die der Acetate. So lassen sich z. B. *Tripropionate* der Cellulose mit Propionsäure und Propionsäureanhydrid unter Verwendung von Zinkchlorid als Katalysator herstellen[3]. Als sehr wirksamer Katalysator für Veresterungsreaktionen hat sich Trifluoressigsäureanhydrid erwiesen[4]. So kann man Celluloseester beliebiger Fettsäuren unter Erhaltung der Faserstruktur herstellen, wenn man in Benzol als Reaktionsmedium arbeitet und Trifluoressigsäureanhydrid als Katalysator verwendet[5]. Der Katalysator ist so wirksam, daß man zur Veresterung keine Säureanhydride braucht, sondern die reinen Säuren verwenden kann. Trifluoracetylgruppen werden dabei nicht in die Cellulose eingebaut.

Eine polymeranaloge Darstellung der höheren Fettsäureester der Cellulose ist von C. J. Malm und Mitarbeitern[6] mit Säurechloriden in Pyridin vorgenommen worden.

[1] DRP. 498 157 (1926), Plumba, Maatschappij tot Exploitatie van Kunstzijdefabrieken.
[2] C. J. Malm u. Mitarbb., Ind. eng. Chem. **50**, 1061 (1958).
[3] DBP. 888 686 (1944), Farbf. Bayer, Erf.: R. Sellmann; C. 1954, 224.
   Überblick über Eigenschaften und Verwendung von Cellulosepropionat siehe W. D. Paist u. D. A. Jones, Brit. Plastics **31**, 474 (1958); Plastics **23**, 417, 462 (1959).
[4] J. M. Tedder, Chem. Reviews **55**, 787 (1955).
[5] C. Hamalainen, R. H. Wade u. E. M. Buras jr., Textile Res. J. **27**, 168 (1957).
[6] C. J. Malm u. Mitarbb., Ind. eng. Chem. **43**, 684 (1951).
   W. Voss u. H. Reimschüssel, Makromolekulare Chem. **27**, 110 (1958).

Polymeranaloge Fettsäureester der Cellulose[1]: 1 Mol umgefällter Cellulose wird in 4,2 Mol Pyridin aufgeschlämmt. Es wird dann soviel Dioxan zugegeben, daß das endgültige Verhältnis von Flüssigkeit zu Cellulose (nach Zugabe des Säurechlorids!) 16 zu 1 ist. In die Cellulosesuspension werden unter Rühren innerhalb 15 Min. 3,6 Mol Säurechlorid, die mit der gleichen Menge Dioxan verdünnt sind, eingetropft. Man rührt 24 Stdn. bei 100° weiter, kühlt ab und verdünnt die Mischung mit etwas Aceton, bzw. bei höheren Säuren mit Toluol, das etwas Wasser oder Methanol zur Zerstörung des überschüssigen Säurechlorids enthält. Ester wasserlöslicher Säuren werden in Wasser ausgefällt, höhere Ester in Methanol. Um zum Triester zu gelangen, wird das Produkt ein zweites Mal in Dioxan gelöst und mit der 0,25 fachen theor. notwendigen Menge Säurechlorid und der 0,2 fachen Menge Pyridin umgesetzt.

Ein anderer Weg führt über die Mischester zu Celluloseestern höherer Fettsäuren. Im Gegensatz zur Cellulose selbst läßt sich nämlich schwach formylierte Cellulose mit z. B. Buttersäureanhydrid und Zinkchlorid sehr leicht verestern. Es entsteht als Zwischenprodukt ein Celluloseameisensäure-buttersäureester. Infolge der stark verschiedenen Verseifungsgeschwindigkeiten – die Formylreste sind wesentlich leichter abspaltbar als die Buttersäurereste – ist es möglich, den gewonnenen Mischester partiell so zu verseifen, daß ohne Abspaltung der eingeführten Buttersäuregruppen die Ameisensäure wieder quantitativ entfernt wird. Auf diese Weise entsteht schließlich ein homogener Buttersäureester, dessen Buttersäuregehalt zwischen dem eines Di- und Triesters liegt. Das Butyrat ist löslich in Chloroform, Dioxan, Aceton, Butylacetat.

Die Schmelz- und Erweichungspunkte der Ester sinken mit zunehmender Kettenlänge des Säurerestes. So schmilzt Cellulosetriacetat zwischen 290 und 320°, Tripropionat bei 230° und das Tributyrat schon bei 185°.

γ_4) *Gemischte Fettsäureester der Cellulose*

Durch Einführung verschiedener Säurereste in die Cellulose hat man die Möglichkeit, die wünschenswerten Eigenschaften mehrerer Esterkomponenten zu vereinigen. Diese Mischester, z. B. eine Kombination von Essigsäureester mit Propionsäure- oder Buttersäureester, finden beträchtliche Anwendung in den USA. In Deutschland ist seit einiger Zeit von den Farbenfabriken Bayer AG. ein Cellulose-acetat-butyrat Cellit B®, im Handel. Die Darstellung wird meist in einem Reaktionsgang durchgeführt. Man läßt entweder höhere Fettsäuren und Essigsäureanhydrid in Gegenwart eines Katalysators auf Cellulose einwirken, oder man verwendet ein gemischtes Anhydrid beider Säuren, z. B. Essigsäure-buttersäure-anhydrid, das man leicht durch Einleiten von Keten in Buttersäure herstellen kann. Die Zusammensetzung des Mischesters hängt natürlich hauptsächlich von der Zusammensetzung des Acylierungsgemisches ab. *Acetobutyrate*[2], *Acetoisobutyrate*[3] und *Propionatisobutyrate*[4] lassen sich so einfach herstellen.

Celluloseacetat-butyrat[2]: 60 g Baumwolle wird mit 30 cm³ Eisessig bestäubt und über Nacht stehengelassen. Dann wird sie mit 235 cm³ Essigsäure-buttersäure-anhydrid, 200 cm³ Methylenchlorid und 0,39 cm³ Schwefelsäure (1,2%) vorsichtig vermischt und langsam auf 40–42° erhitzt. Nach ungefähr 8 Stdn. ist die Reaktion beendet, und die Cellulose ist in Lösung gegangen. Die Aufarbeitung erfolgt analog der Cellulosetriacetat-Herstellung nach dem Dormagen-Verfahren (s. S. 874).

---

[1] C. J. Malm u. Mitarbb., Ind. eng. Chem. **43**, 684 (1951).
   W. Voss u. H. Reimschüssel, Makromolekulare Chem. **27**, 110 (1958).
[2] DBP. 870251 (1951), Wacker-Chemie GmbH., Erf.: P. Ernst, W. Gruber u. M. Mittermayer.
[3] A. P. 2801238, 2801899, 2816104, 2828303 (1954); 2816105 (1956), Eastman Kodak Co., Erf.: C. J. Malm u. L. W. Blanchard; C. **1958**, 10179, 13390; **1959**, 3001, 4660, 5333.
[4] A. P. 2828304 (1954), Eastman Kodak Co., Erf.: C. J. Malm u. L. W. Blanchard.

Das verwendete Essigsäure-buttersäure-anhydrid wird folgendermaßen hergestellt: Aus 2,1 Mol Essigsäureanhydrid und 2 Mol Buttersäure werden über eine Fraktionierkolonne langsam 130 cm³ (hauptsächlich Essigsäure) abdestilliert. Der Kp des zuletzt übergegangenen Anteils beträgt 127°. Dann wird die Vorlage gewechselt und der Rest möglichst rasch zur Vermeidung einer Disproportionierung i. Vak. abdestilliert; Kp_{16}: 120–130°.

Das so erhaltene Acetobutyrat ist in Aceton und einem Gemisch von Methylenchlorid und Methanol (9:1) löslich. Durchschnittlicher Essigsäuregehalt: 15,3%, Buttersäuregehalt: 48,5%. Auch Mischester mit höheren Säuren, z.B. Acetostearate, sind so dargestellt worden[1]. Hierbei verwendet man stärkere Katalysatoren, z.B. Trifluoressigsäureanhydrid.

γ_5) *Celluloseester anderer Carbonsäuren und Sulfonsäuren*

Interessanterweise reagiert Monochloressigsäure viel träger mit Cellulose als Essigsäure selbst. Zu einem *Cellulosetrimonochloressigsäureester*[2] gelangt man, indem man zunächst Cellulose durch einstündiges Kochen in 75%iger Ameisensäure reaktionsfähiger macht (vgl. S. 878) und sie dann mit Chloressigsäure unter Zusatz von etwas Zinkchlorid oder Schwefelsäure bei 120° umsetzt. Die Darstellung der höher halogenierten Essigsäureester verläuft leichter; die Säuren reagieren auch ohne Katalysator mit der Cellulose. Doch gelangt man hier nur zur Stufe des Diesters, während der Triester trotz energischer Bedingungen nicht erhalten werden kann. Ihn kann man jedoch darstellen, indem man Cellulosetriacetat in Tetrachlormethan löst und mit einem großen Überschuß Phosphorpentachlorid nachträglich chloriert. Eine sehr auffällige Eigenschaft dieses Triesters ist, daß er selbst unter energischsten Bedingungen nicht verseift werden kann. Parallel zu der großen Haftfestigkeit der Trichloracetatgruppen läuft die Widerstandsfähigkeit der glucosidischen Bindung gegenüber hydrolytischen und acetolytischen Einflüssen. Konzentrierte wäßrige und alkoholische Salzsäure sowie Essigsäureanhydrid und Schwefelsäure führen selbst bei monatelanger Einwirkung nicht zu einem vollständigen hydrolytischen Abbau der Cellulosekette.

Ester der Cellulose mit ungesättigten Säuren sind interessant, weil sie durch Polymerisationskatalysatoren vernetzt und damit unlöslich gemacht werden können. Außerdem lassen sich eventuell andere Monomere anpolymerisieren. So lassen sich Mono- bis Tricrotonsäureester[3] der Cellulose mit Crotonsäureanhydrid in Gegenwart der üblichen Katalysatoren herstellen. Ester der höheren ungesättigten Fettsäuren können mit Hilfe der Säurechloride in Gegenwart von Pyridin oder Dimethylanilin dargestellt werden.

Celluloseacetosorbat[4]: 100 Tle. Cellulose werden mit 52,5 Tln. Eisessig befeuchtet und dann mit 1875 Tln. Methylenchlorid, 975 Tln. Acetanhydrid, 322 Tln. einer Mischung von Sorbinsäure und Essigsäure (1:1), 2,7 Tln. 72%iger Perchlorsäure und 4,9 Tln. 70%iger Zinkchloridlösung vermischt. Die Mischung wird bei 22–25° 16 Stdn. lang geknetet. Dann werden 5,8 Tle. 32%ige, wäßr. Natriumacetatlösung zum Stoppen der Reaktion zugefügt. Das Produkt wird in Aceton gelöst und in Methanol gegossen, wobei das Acetatsorbat ausfällt. Mit Peroxyden ist das Produkt vernetzbar.

Unter den Estern der Cellulose mit aromatischen Säuren sind die *Benzoesäureester* am meisten untersucht worden. Zu einem einheitlichen Triester kommt man

---

[1] A.P. 2400494 (1943), Eastman Kodak Co., Erf.: J. W. FISHER; Chem. Abstr. **40**, 5918⁵ (1946).

[2] H. RUDY, Cellulosech. **13**, 49 (1931).

[3] H. ENGELMANN u. F. EXNER, Makromolekulare Chem. **23**, 233 (1957).

[4] A.P. 2710288 (1950), Hercules Powder Co., Erf.: W. B. HEWSON; C. **1956**, 5716.

nach A. Wohl[1], wenn man Cellulose in Gegenwart von Pyridin und einem Lösungsmittel für den darzustellenden Ester, z. B. Nitrobenzol, bei höherer Temperatur mit Benzoylchlorid behandelt. Andere Darstellungsmethoden ergeben oft uneinheitliche Produkte.

Auch Mischester der Cellulose aus Essigsäure und einer zweibasischen Säure, z. B. Sebacinsäure[2] oder Phthalsäure, sind hergestellt worden. Setzt man eine teilweise acetylierte Cellulose mit Phthalsäureanhydrid in Pyridin um[3,4], so entsteht ein Mischester, in dem nur eine Carboxygruppe der Phthalsäure verestert ist.

Diese sauren Ester der Cellulose können als wasserunlösliche Schutzhüllen verwendet werden. Sie lassen sich später mit verdünnten Alkalien leicht wieder entfernen. Verwendet man aber zur Veresterung Phthaloylchlorid mit Pyridin oder Phthalsäureanhydrid mit einem Katalysator wie Schwefelsäure, so werden beide Carboxylgruppen der Säure verestert, und die erhaltenen Ester sind unlöslich.

Celluloseacetophthalat[3]: Celluloseacetat mit ungefähr 49–50% gebundener Essigsäure wird in einem Gemisch von Methylenchlorid und Pyridin dispergiert und mit der 2fachen Menge Phthalsäureanhydrid versetzt, als theor. zur Veresterung einer freien Hydroxygruppe nötig ist. Die Reaktionsmischung wird einige Tage bei 50° gehalten und der Ester dann in heißem, angesäuertem Wasser ausgefällt. Das Pyridin wird dadurch neutralisiert und das Methylenchlorid verdampft. Das weiße, faserige Produkt enthält nach dem Waschen und Trocknen ungefähr 2,0 Acetylgruppen und 0,5 Phthalylgruppen pro Glucoserest. Der Ester ist in Benzol-Alkohol, in vielen Ketonen und Estern und als Natriumsalz in verd. Natronlauge oder Natriumcarbonatlösung löslich.

Von besonderem Interesse ist der p-Toluolsulfonsäureester der Cellulose. Bei der Tosylierung mit p-Toluolsulfochlorid (Tosylchlorid) kommt man zu Produkten, in denen höchstens 1,5 bis 2 Hydroxygruppen pro Glucosebaustein verestert sind. Die primären Hydroxygruppen reagieren wesentlich leichter mit Tosylchlorid als die sekundären[5]. Wenn man teilweise verseifte Celluloseacetate tosyliert, so verestern die Tosylreste zumindest alle freien primären Hydroxygruppen. Nun lassen sich die Tosylreste in 6-Stellung des Glucoseringes durch Behandlung mit Natriumjodid in Aceton oder Chlorwasserstoff in Pyridin ausschließlich und quantitativ durch Halogen ersetzen. Man hat also die Möglichkeit, durch anschließende Halogenbestimmung den Prozentsatz freier primärer Hydroxygruppen in der ursprünglichen Acetylcellulose zu bestimmen.

Tosylierung von Acetylcellulose[5]: 5 g Acetylcellulose werden in 100 cm³ Pyridin gelöst und mit 25 g Tosylchlorid 5 Tage lang bei Zimmertemp. stehengelassen. Anschließend wird das Produkt in Methanol ausgefällt und mit Methanol und Äther gewaschen.

6-Jod-tosylcelluloseacetat[5]: 10 g trockenes, tosyliertes Celluloseacetat und 20 g Natriumjodid werden in 150 cm³ Aceton gelöst und 2 Stdn. im Autoklaven auf 100° erhitzt. Nach dem Abkühlen wird die viscose Lösung mit Aceton verdünnt, vom unlöslichen Natrium-p-toluolsulfonat abfiltriert und das Produkt in viel Wasser ausgefällt. Eine zweite Jodierung erhöht nicht den Jodgehalt des Esters.

Das eingeführte Jod läßt sich durch Wasserstoff ersetzen, und man gelangt so zu 6-Desoxy-derivaten der Cellulose.

6-Desoxy-acetylcellulose[5]: 20 g jodierte Acetylcellulose werden in 30 cm³ Eisessig gelöst und unter kräftigem Rühren innerhalb 45 Min. mit 100 g Zink-Kupfer versetzt. Es wird noch insgesamt 5 Stdn. unter weiterem Rühren erhitzt. Dann wird die breiige Masse in 3 l Wasser gegossen und der Niederschlag abfiltriert, gewaschen, getrocknet und mit Aceton extrahiert. Dieser

[1] DRP. 139669 (1899), A. Wohl.
[2] A.P. 2534371 (1948), American Viscose Corp., Erf.: G. A. Richter jr.; C. **1951** II, 2272.
[3] C. J. Malm u. C. R. Fordyce, Ind. eng. Chem. **32**, 405 (1940).
[4] C. J. Malm u. Mitarbb., Ind. eng. Chem. **49**, 84 (1957).
[5] F. B. Cramer u. C. B. Purves, Am. Soc. **61**, 3458 (1939).

Acetonauszug wird zur Abscheidung von Zinkteilchen zentrifugiert und der Ester in kalter, verd. Salzsäure ausgefällt. Sobald die letzten Zinkspuren gelöst sind, wird das weiße Produkt abfiltriert, gut gewaschen und getrocknet.

Der Tosylierung analog ist die „Mesylierung" der Cellulose mit Methansulfonsäurechlorid[1]. Hier gelangt man zu Triestern, wenn man einen großen Überschuß an Mesylchlorid verwendet. Cellulosetrimesylate sind in den meisten Lösungsmitteln unlöslich. Durch Umsetzung von Cellulose mit β-Propiolacton in Gegenwart von Alkali, z. B. 8–15%iger Natronlauge, kann man Hydroxypropionsäureestergruppen in die Cellulose einbauen[2].

Eine praktische Bedeutung haben die Celluloseester der Cyanursäure erlangt, seitdem es möglich ist, Cellulosefasern in heterogener Reaktion mit Cyanurchloridderivaten, die Farbstoffkomponenten enthalten, chemisch umzusetzen. Man erhält auf diese Weise waschechte Färbungen, wobei der Farbstoff bevorzugt über die primären Hydroxygruppen der Cellulose mit dieser verseifungsfest verbunden ist. Solche als Reaktivfarbstoffe bezeichneten Verbindungen sind Azo-Anthrachinon- oder Phtalocyaninfarbstoffe, die Sulfogruppen und einen Dichlortriazinrest enthalten[3].

δ) Celluloseester der Kohlensäure und ihrer Derivate

δ_1) Kohlensäure- und Monothiokohlensäureester

Die neutralen Ester der Cellulose mit Kohlensäure bzw. Thiokohlensäure werden hergestellt durch Einwirkung von Chlorameisensäuremethylester bzw. Monothiochlorameisensäuremethylester auf Alkalicellulose[4].

$$\text{Cell—O—Na} + \text{Cl—C} \overset{\displaystyle O}{\underset{\displaystyle O\text{—CH}_3}{\big<}} \quad \rightarrow \quad \text{Cell—O—C} \overset{\displaystyle O}{\underset{\displaystyle O\text{—CH}_3}{\big<}} + \text{NaCl}$$

$$\text{bzw.} \quad \text{Cell—O—Na} + \text{Cl—C} \overset{\displaystyle O}{\underset{\displaystyle S\text{—CH}_3}{\big<}} \quad \rightarrow \quad \text{Cell—O—C} \overset{\displaystyle O}{\underset{\displaystyle S\text{—CH}_3}{\big<}} + \text{NaCl}$$

Die sauren Ester der Monothiokohlensäure stellt man durch Einwirkung von Kohlenoxysulfid auf Alkalicellulose her[5,6].

Die sehr reaktionsfähige Alkalicellulose erhält man durch Umsetzung von Cellulose mit Isoamylalkoholat bei 70° in Xylollösung[7].

[1] R. W. Roberts, Am. Soc. 79, 1175 (1957).
[2] E. H. Nott u. J. N. Grant, Textile Res. J. 26, 673 (1956).
   G. C. Daul, R. M. Reinhardt u. J. D. Reid, Textile Res. J. 25, 330 (1955).
   E. Frieser, SVF Fachorgan Textilveredlung 14, 755 (1959), Z. ges. Textil-Ind. 60, 977 (1958).
[3] Zusammenfassungen:
   H. Zollinger, Ang. Ch. 73, 125 (1961).
   I. D. Rattee, Endeavour 22, Nr. 79, 154 (1961).
   H. Zollinger, Chimia 15, 186 (1961).
   J. Wegmann, Textil-Rundschau [St. Gallen] 13, 323 (1958).
   T. Vickerstaff, J. Soc. Dyers Col. 73, 257 (1957).
   C. Preston u. A. S. Fern, Chimia 15, 177 (1961).
[4] Z. A. Rogovin, J. Polymer Sci. 30, 537 (1958).
[5] K. Hess u. H. Grotjahn, Z. El. Ch. 56, 58 (1952).
   K. Hess, Reyon, Zellwolle andere Chemiefasern 31, 191 (1953).
[6] B. Philipp, Faserforsch. u. Textiltechn. 6, 13, 509 (1955); 8, 91 (1957).
[7] V. A. Derevitskaya, M. Prokof'eva u. Z. A. Rogovin, Ž. obšč. Chim. 28, 1368 (1958); Chem. Abstr. 52, 17698ᶦ (1958).

In keinem Falle läßt sich auch nur annähernde Trisubstitution erreichen. Durch Oxydation des Natriumsalzes des Monothiokohlensäureesters mit Jod erhält man ein Disulfid als relativ beständiges Cellulosederivat.

$$
2 \underset{\substack{\diagup \\ \diagdown}}{C}\!\!\begin{array}{l} O\!\!-\!\!Cell \\ =\!O \\ SNa \end{array} + J_2 \;\rightarrow\; \underset{\substack{\diagup \\ \diagdown}}{C}\!\!\begin{array}{l} O\!\!-\!\!Cell \\ =\!O \\ S \end{array} \quad \begin{array}{l} O\!\!-\!\!Cell \\ O\!=\!C \\ S \end{array} + 2\,NaJ
$$

δ_2) *Dithiokohlensäureester der Cellulose* (*Xanthogenate*)

Durch längere Einwirkung von Schwefelkohlenstoff auf Alkalicellulose entsteht das technisch wichtige Cellulosexanthogenat, ein Sauerstoffester der Dithiokohlensäure.

$$
Cell\!-\!O\!-\!Na + CS_2 \;\rightarrow\; Cell\!-\!O\!-\!C\!\!\begin{array}{l} \diagup S \\ \diagdown S\!-\!Na \end{array}
$$

Im rohen Zustand ist der Ester ein orangefarbiger, stark gequollener Körper, der die Faserform der ursprünglichen Cellulose noch aufweist und sich in Wasser vollständig auflöst. Die Lösung ist eine zähe Flüssigkeit und hat deswegen den Namen „Viscose" erhalten. Durch Zersetzung der Viscose mit Säuren oder sauren Salzen läßt sich die Cellulose regenerieren, und man erhält die Viscoseseide.

Cellulosexanthogenat (Viscose): Zellstoff wird mit 17,5–18%iger Natronlauge vollständig durchtränkt. Dann wird die überschüssige Natronlauge in einer Presse soweit abgepreßt, daß der Preßkuchen das 2,3–2,8fache Gewicht des ursprünglichen Zellstoffes hat. Er wird zerfasert, und die Fasern werden 2–3 Tage bei 20–25° stehengelassen (Reifen der Alkalicellulose). Dann verarbeitet man die Masse in einer rotierenden Trommel mit 30–35% Schwefelkohlenstoff (bez. auf die ursprüngliche Menge Zellstoff), den man portionsweise zugibt. Es entsteht eine krümelige Masse, das Cellulosexanthogenat, das durch allmähliches Zugeben von Natronlauge und Wasser unter ständigem Kneten in Lösung gebracht wird. Die Lösung, die 7–8% Zellwolle und 8% Natronlauge enthalten soll, muß noch filtriert werden, wobei wegen ihrer Zähigkeit ein Druckfilter zu verwenden ist. Es genügt im allgemeinen ein Überdruck von 2–3 at. Durch Erhitzen dieser Lösung oder durch Zugabe von Säuren oder Salzlösungen wird das Cellulosexanthogenat gespalten, und die Cellulose fällt aus. Als Fällungsmittel haben sich Lösungen aus sauren Sulfaten gemischt mit Zinksulfat bewährt.

Die Aufklärung der **Konstitution** des Cellulosexanthogenats war schwierig, da erstens der Ester sehr instabil ist und zweitens bei seiner Darstellung aus Cellulose, Natronlauge und Schwefelkohlenstoff eine Anzahl von Nebenreaktionen vorkommen, die auf der Umsetzung der Natronlauge mit Schwefelkohlenstoff zu Natriumtrithiocarbonat und dessen weiterem Zerfall beruhen.

$$6\,NaOH + 3\,CS_2 \;\rightarrow\; 2\,Na_2CS_3 + Na_2CO_3 + 3\,H_2O$$

$$Na_2CS_3 + 2\,H_2O \;\rightarrow\; H_2CS_3 + 2\,NaOH$$

$$H_2CS_3 \;\rightarrow\; H_2S + CS_2$$

Im allgemeinen werden etwa drei Viertel des zugesetzten Schwefelkohlenstoffes für die Xanthogenatbildung und ein Viertel für Nebenreaktionen verbraucht[1]. Die Nebenprodukte verunreinigen das Cellulosexanthogenat, was äußerlich schon an der orangeroten Färbung, verursacht durch die Eigenfärbung des Natriumtrithiocarbonates, zu erkennen ist. Das reine Cellulosexanthogenat ist schwach grünlich gefärbt. Man kann den reinen Ester durch Extrahieren des Rohproduktes mit Methanol

---

[1] O. Samuelson, Cellulosa och Papper, SP C I **1908–1948**, 295; Chem. Abstr. **43**, 3611ᵃ (1949).

darstellen[1]. Der Substitutionsgrad beträgt ungefähr 0,5. In erster Linie gehen die 2-ständigen Hydroxygruppen die Xanthogenatreaktion ein. Durch Weitersulfidierung des Cellulosexanthogenates in Lösung erreicht man Substitutionsgrade von 1,5 bis 1,8[2]. Zum Triester gelangt man, wenn man die Cellulose in großvolumigen organischen Basen löst und in dieser Lösung sulfidiert[3]. Die Sulfidierung von in 3,7 n wäßriger Tetraäthylammoniumhydroxydlösung gelöster Cellulose verläuft außerordentlich schnell und ist selbst bei 0° in einer halben Stunde fast beendet.

Um die gebildeten Xanthogenate zu isolieren, kann man sie durch Jodoxydation in die entsprechenden Disulfide überführen (vgl. S. 882), die gegenüber hydrolytischen bzw. alkoholytischen Einflüssen hinreichend beständig sind und analysiert werden können.

Wenn man eine Viscoselösung stehenläßt, verändert sich ihre Viscosität sehr stark. Zuerst ist ein Viscositätsabfall zu beobachten, der seine Ursache in dem in alkalischer Lösung unvermeidlichen oxydativen Abbau der Celluloseketten hat. Nach zwei bis drei Tagen steigt jedoch die Viscosität wieder an. Dem ersten Vorgang überlagert sich ein zweiter, der in einer Abspaltung von Xanthogenatgruppen und damit einer Desolvatisierung besteht. Das hat die Bildung einer Gelstruktur zur Folge, bis schließlich stark gequollene Cellulose zurückgebildet wird.

Die Abspaltung von Xanthogenatgruppen aus dem Cellulosexanthogenat bezeichnet man als Reife der Viscose. Der Reifungsprozeß ist für die Kunstseidefabrikation von großer Bedeutung, weil das übliche Spinnverfahren an eine genügend vorgereifte Viscose gebunden ist. Bei einer jungen ungereiften Viscose erfolgt die Fadenbildung nicht schnell genug, bei hochgereiften Viscosen droht die Gefahr der Gelierung. Aus diesem Grunde spielt die Bestimmung des Reifegrades der Viscose in der Technik eine große Rolle. Zur Herstellung des neutralen Dithiokohlensäureesters der Cellulose methyliert man Cellulosexanthogenat mit Dimethylsulfat oder Diazomethan.

δ_3) Carbamidsäure- und Thiocarbamidsäureester der Cellulose (Urethane)

Gemäß ihrem Alkoholcharakter reagieren die Hydroxygruppen der Cellulose mit Isocyanaten unter Bildung von Urethanen oder Carbamaten, wie sie in der angelsächsichen Literatur genannt werden.

$$\text{Cell—OH} + \text{OCN—R} \rightarrow \text{Cell—O—CO—NH—R}$$

Diese Reaktion muß unter weitgehendem Wasserausschluß durchgeführt werden, da sonst eine Umsetzung des Isocyanats mit Wasser unter Bildung von disubstituierten Harnstoffen stattfindet.

$$\text{R—NCO} \xrightarrow{+\text{H}_2\text{O}} \text{R—NH}_2 + \text{CO}_2 \xrightarrow{+\text{R—NCO}} \text{R—NH—CO—NH—R}$$

Da die aromatischen Isocyanate wesentlich reaktionsfähiger als die aliphatischen sind, reagiert Phenylisocyanat schon mit nativer Baumwollcellulose[4]. Aliphatische Isocyanate hingegen lassen sich nur mit umgefällter und mit Cyclohexan, Benzol usw. inkludierter Cellulose oder mit abgebauten Cellulosen (z. B. verseiftem Celluloseacetat) umsetzen.

---

[1] T. Lieser, A. **464**, 45 (1928).
Zur Kinetik der Xanthogenatreaktion der Cellulose s. B. Philipp, Faserforsch. u. Textiltechn. **8**, 45 (1957).
[2] H. Fink, R. Stahn u. A. Matthes, Ang. Ch. **47**, 603 (1952).
[3] P. L. Nichols u. Mitarb., Ind. eng. Chem. **37**, 201 (1945).
[4] E. P. 130277 (1919), P. E. C. Goissedet.

56*

Die Umsetzung der Cellulose mit Isocyanaten wird meist in Pyridin als Reaktionsmedium durchgeführt. Das Pyridin wirkt dabei erstens als Katalysator und zweitens als Lösungsmittel für das entstehende Celluloseurethan. Die Darstellung von Cellulosecarbamaten in anderen Lösungsmitteln wie Dimethylformamid, Dioxan, Tetrahydrofuran, Ketonen, Estern usw. ist in Gegenwart von tertiären Aminen oder Eisenkomplexverbindungen möglich. In Gegenwart von Basen können polymere Isocyanate auftreten, bzw. weitere Isocyanatmoleküle sich an $=$N—H-Bindungen schon gebildeter Carbamate addieren.

Am eingehendsten ist das Phenylurethan der Cellulose untersucht worden. Die Reaktion läßt sich polymeranalog durchführen. Man erzielt leicht Trisubstitution.

Cellulose-tris-phenylcarbamat[1]: 1 g gereinigte Baumwolle wird in 1 Liter einer Mischung von Pyridin und Dimethylformamid (1 : 1) aufgeschlämmt, die 3fache stöchiometrische Menge Phenylisocyanat zugesetzt und das Gemisch unter Rühren 10–20 Stdn. bei 100–120° belassen. Die

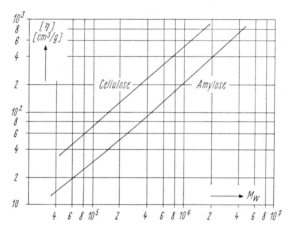

Abb. 21. Viscositäts-Molekulargewichts-Beziehung der Cellulose- und Amylose-Phenylurethane in Aceton (nach W. Burchard)

Cellulose geht hierbei vollständig in Lösung. Das Reaktionsprodukt wird in Methanol ausgefällt und aus Aceton in Wasser umgefällt.

Das Cellulose-tris-phenylcarbamat ist löslich in Aceton, Dioxan, Pyridin, Dimethylformamid, Benzol, Chloroform, Tetrahydrofuran.

Die Abhängigkeit der Viscositätszahl $[\eta]$ vom Molekulargewicht ist bekannt[1].

Aus einer Lösung in Aceton läßt sich das Cellulose-tris-phenylcarbamat durch Zugabe von Wasser fraktionieren[2]. Man hat im Phenylcarbamat ein Derivat der Cellulose, das sich ohne Abbau herstellen läßt, sich im Gegensatz zur reinen Cellulose in vielen Lösungsmitteln löst und sehr stabil ist. Seine Herstellung kann daher zur schnellen, exakten Charakterisierung von Cellulosen, z. B. zur Bestimmung von Molekulargewicht und Molekulargewichtsverteilung, dienen.

Andere aromatische Isocyanate lassen sich in gleicher Weise mit Cellulose umsetzen[3], z.B. Naphthylisocyanat oder substituierte Phenylisocyanate. Man verwendet jedoch besser umgefällte Cellulose für diese Umsetzung.

[1] W. Burchard u. E. Husemann, Makromolekulare Chem. **44/46**, 358 (1961).
[2] R.Werner, unveröffentlichte Arbeit aus dem Institut für makromolekulare Chemie, Universität Freiburg/Brsg.
[3] W. M. Hearon, G. D. Hiatt u. C. R. Fordyce, Am. Soc. **65**, 829, 833 (1943); **66**, 995 (1944). W. M. Hearon u. J. L. Lobsitz, Am. Soc. **70**, 296 (1948).

Aliphatische Isocyanate reagieren in Pyridin nur unvollständig mit Cellulose. Eine Trisubstitution läßt sich jedoch erreichen, wenn man in Dimethylformamid als Reaktionsmedium arbeitet[1].

Cellulose-tris-äthylcarbamat: 6 g Baumwolle werden 1 Stde. lang mit 100 cm³ 0,2%iger Natronlauge bei Zimmertemp. behandelt und dann abfiltriert. Das nasse Material wird durch Destillation mit Benzol getrocknet und das Benzol durch 150 cm³ Dimethylformamid ersetzt. Bei 40° werden 24 g Äthylisocyanat hinzugefügt, dann wird das Gemisch 1 Stde. lang im Autoklaven auf 125° erwärmt. Das Reaktionsgemisch, das nach dem Abkühlen sehr viscos wird, wird in 4 Tln. Methyläthylketon, das einen Überschuß an Ammoniak und Methanol zur Umsetzung überschüssigen Isocyanats enthält, gelöst, filtriert und in Wasser gefällt. Der Celluloseäthylcarbamatniederschlag wird getrocknet und zur Reinigung aus Methanol in Wasser umgefällt.

Die Substanz ist löslich in Methylisobutylketon, Methyläthylketon, Methanol, Äthylacetat, Chloroform und Dimethylformamid.

Die Cellulosecarbamate weisen eine bemerkenswerte **Stabilität** gegenüber saurer und alkalischer Hydrolyse auf, sie werden durch verdünnte Säuren praktisch gar nicht, durch verdünnte wäßrige Alkalien nur sehr langsam verseift. So lassen sich z. B. neben Urethangruppen vorhandene Acetylgruppen leicht selektiv durch Kochen mit 0,5n methanolischer Salzsäure verseifen[2]. Eine **quantitative Verseifung** der Carbamatreste kann durch Kochen des Urethans mit methanolischer Natriummethylatlösung erzielt werden[3]. Interessant sind die Celluloseurethane, die durch Umsetzung mit Isocyanatessigsäureäthylester[4] und Phenylisocyanat-4-carbonsäureester hergestellt werden. Man erhält trisubstituierte Cellulosederivate, die Estergruppen enthalten. Durch selektive Verseifung der Estergruppen erhält man die freien Carboxygruppen, die bewirken, daß die Cellulosederivate wasserlöslich werden[5].

Cellulose-tris-carboxymethylcarbamat[5]:

Cellulose-tris-carbäthoxymethylcarbamat: 2g umgefällte Cellulose werden in 100 cm³ Pyridin aufgeschlämmt und mit 10 g Isocyanatessigsäureäthylester versetzt. Die Mischung wird unter Rühren 14 Stdn. auf 100° erhitzt. Während dieser Zeit erfolgt vollständige Lösung der Cellulose. Dann werden nochmals 10 g Essigesterisocyanat zugesetzt und noch 10 Stdn. weiter erhitzt. Nach dem Abkühlen wird mit Chloroform verdünnt und in Äther gefällt. Umfällung aus Aceton in Wasser. Wenn sehr hochmolekulare Cellulose verwendet wird, muß etwas mehr Pyridin genommen werden, das man aber erst zusetzt, wenn die Reaktion in Gang gekommen ist.

Verseifung zum Cellulose-tris-carboxymethylcarbamat: 20 g Cellulose-tris-carbäthoxymethylcarbamat werden mit 200 cm³ Dioxan angequollen, anschließend werden 200 cm³ Methanol zugegeben. Man schüttelt 30 Min. lang und setzt 10 g Natriumhydroxyd in 60 cm³ Methanol-Wasser (1 : 1 Gew.-Tle.) zu. Nach weiteren 2 Stdn. Schütteln wird das Gemisch in Methanol gefällt und zur Reinigung der Substanz aus 1%iger Natronlauge in Methanol umgefällt. Das Produkt ist in Wasser leicht löslich.

Über die Urethane lassen sich auch basische **Gruppen** in die Cellulosemolekel einführen, so daß das Cellulosederivat in verdünnten Säuren löslich wird. Man setzt hierzu z. B. schwach alkylierte Äthylcellulose (s. S. 889) oder teilweise hydrolysiertes Celluloseacetat mit Nicotinsäureazid oder auch teilweise substituierte Hydroxyäthylcellulose mit p-Dimethylamino-phenylisocyanat um.

Cellulose-acetat-β-pyridyl-carbamat[6]: 21,7 g Celluloseacetat mit einem Substitutionsgrad von 1,3 werden getrocknet, indem 100 cm³ Benzol zugegeben und 90 cm³ wieder abdestilliert werden.

[1] A.P. 2 668 168 (1951), DuPont, Erf.: J. PIKL; C. **1955**, 2563.
[2] W. M. HEARON, G. D. HIATT u. C. R. FORDYCE, Am. Soc. **66**, 995 (1944).
[3] W. M. HEARON, G. D. HIATT u. C. R. FORDYCE, Am. Soc. **65**, 833 (1943).
  M. R. SALMON u. G. POWELL, Am. Soc. **61**, 3507 (1939).
  I. A. WOLFF u. C. E. RIST, Am. Soc. **70**, 2779 (1948).
[4] W. SIEFKEN, A. **562**, 77 (1949).
[5] E. HUSEMANN, R. RESZ u. R. WERNER, Makromolekulare Chem. **47**, 48 (1961).
[6] D. S. BRESLOW, Am. Soc. **72**, 4244 (1950).

Dann gibt man 100 cm³ trockenes Pyridin zu und erhitzt unter Rühren auf etwa 100°. Eine Lösung von 59,2 g Nicotinsäureazid in 200 cm³ Pyridin wird dann langsam hinzugetropft. Es bildet sich intermediär das Isocyanat, das mit der Cellulose reagiert. Nach 5 Stdn. erhält man eine klare, tiefrote Lösung. Das Cellulosederivat wird in 2 *l* Methanol ausgefällt; Ausbeute: 25,5 g.

Die Löslichkeiten einiger so hergestellter Cellulosederivate sind in nachstehender Tabelle 52 aufgeführt.

Tab. 52. Löslichkeiten verschiedener basischer Celluloseurethane*

	Äthylcellulose-β-pyridyl-carbamat	Cellulose-acetat-β-pyridyl-carbamat	Hydroxyäthylcellulose-p-dimethylamino-phenylcarbamat
Substitutionsgrad	0,62	1,71	1,83
Löslichkeit in			
0,5 n Salzsäure	+	+	+
5% Essigsäure	—	—	+
10% Essigsäure	—	+	+
Wasser	—	—	—
Pyridin	+	+	+

* + = löslich, — = unlöslich

Durch Umsetzung der Cellulose mit Isothiocyanaten erhält man meist nur unvollständig substituierte Produkte, da die Isothiocyanate reaktionsträger sind als Isocyanate. Eine neuere Methode zur Darstellung der Thiourethane der Cellulose geht von den Cellulosexanthogenaten aus[1,2]. Durch Umsetzung der Viscose mit Zinksulfat erhält man die Zinksalze der Cellulosexanthogensäure. Diese werden in wäßriger Lösung in Gegenwart eines Amins hydrolysiert, und es entsteht das Cellulosethiourethan unter Schwefelwasserstoffabspaltung und Bildung von Zinkhydroxyd.

$$2\ \text{Cell}\!-\!\text{O}\!-\!\text{C} \overset{\text{S}}{\underset{\text{SNa}}{\big\langle}} + \text{Zn}^{\oplus\oplus} \rightarrow \text{Cell}\!-\!\text{O}\!-\!\text{C} \overset{\text{S}}{\underset{\text{S}\!-\!\text{Zn}\!-\!\text{S}}{\big\langle}} \overset{\text{S}}{\big\rangle} \text{C}\!-\!\text{O}\!-\!\text{Cell} \xrightarrow[-\text{Zn(OH)}_2]{+2\ \text{H}_2\text{O}}$$

$$2\ \text{Cell}\!-\!\text{O}\!-\!\text{C} \overset{\text{S}}{\underset{\text{SH}}{\big\langle}} \xrightarrow{2\ \text{R}\!-\!\text{NH}_2} 2\ \text{Cell}\!-\!\text{O}\!-\!\text{C} \overset{\text{S}}{\underset{\text{NH}\!-\!\text{R}}{\big\langle}} + 2\ \text{H}_2\text{S}$$

Cellulose-phenylthiocarbamat[1]: Alkalicellulose wird frisch hergestellt durch 2stdg. Behandeln von 25 Tln. Cellulose mit 17,8%iger Natronlauge bei 18°. Sie wird bis auf das 3fache des ursprünglichen Gewichts ausgepreßt, zerfasert und 72 Stdn. bei 18° stehengelassen. Die Natroncellulose wird bei 18–25° 5 Stdn. lang mit Schwefelkohlenstoff (85% des Gewichts) xanthogeniert, anschließend in 1%iger Natronlauge gelöst, bis die Lösung 5,3% Cellulose enthält, und diese mit Wasser verdünnt, bis das Verhältnis Viscose : Wasser gleich 1 : 2 ist. Diese verd. Viscose wird langsam in eine Lösung mit 5% Zinksulfat und 20% Natriumsulfat bei 25° gegossen. Das ausgefallene Zink-cellulosexanthogenat wird mehrmals mit Wasser zur Entfernung der anorganischen Salze und nicht umgesetzter Viscose bei 10–30° gewaschen. Der so gereinigte Niederschlag wird mit 2 *l* 3%iger wäßr. Anilinlösung bei Zimmertemp. 66 Stdn. lang behandelt. Das körnige Produkt wird dann 2mal mit heißem Wasser (75–100°), anschließend mit Isopropanol oder Aceton und nochmals mit heißem Wasser gewaschen. Danach wird das Produkt in einer wäßr. Lösung von 10% Schwefelsäure und 20% Natriumsulfat 1 Stde. bei 50° stehengelassen, säurefrei gewaschen, mit Alkohol nachgewaschen und getrocknet. Der Substitutionsgrad beträgt 0,33.

---

[1] A. L. ALLEWELT u. W. R. WATT, Ind. eng. Chem. **49**, 68 (1957). A.P. 2705231 (1948), American Viscose Corp., Erf.: A. L. ALLEWELT; C. **1956**, 3456.
[2] A.P. 2910466 (1956), American Viscose Corp., Erf.: W. R. WATT; C. **1960**, 13889.

Die erzielten Substitutionsgrade sind gering, doch kann man bei Verwendung von Trixanthogenat höhere Substitutionsgrade erwarten. Die Behandlung der Cellulose mit Diisocyanaten[1-3] und Diisothiocyanaten führt zu vernetzten Produkten, die weitgehend unlöslich sind.

4. Verätherung der Cellulose

α) Allgemeines[4]

Die Verätherung der Cellulose erfolgt gewöhnlich durch Einwirkung von Alkylhalogenid oder Alkylsulfat auf Alkalicellulose. Cellulose selbst reagiert nicht merkbar mit den Verätherungsreagentien. Anstatt Alkalicellulose zu verwenden, kann man die Cellulose in großvolumigen organischen Ammoniumbasen lösen und in dieser Lösung veräthern[5]. Hohe Substitutionsgrade erzielt man, wenn man Cellulose in flüssigem Ammoniak quillt[6] und mit Natriummetall behandelt. Dabei wird der Hydroxywasserstoff quantitativ durch Natrium ersetzt[7]. Diese *Natriumcellulose* wird in flüssigem Ammoniak leicht veräthert[8]. Die Cellulosemoleküle werden dabei jedoch ziemlich stark abgebaut. Mit Diazomethan[9], Olefinoxyden oder Olefinen, deren Doppelbindungen durch polare Gruppen, wie Carboxy-, Nitril- oder Sulfonylgruppen aktiviert sind, wie z.B. bei Acrylnitril oder Methylvinylsulfon, können die entsprechenden Äther hergestellt werden, ohne daß die Cellulose in Alkalicellulose überführt werden muß, um genügend reaktionsfähig zu sein.

Aus den Celluloseäthern läßt sich die Cellulose nicht regenerieren, wie es bei den Estern möglich ist, da das Makromolekül dabei zerstört wird.

β) Einfache Alkyläther

Bei der Herstellung von Methyläthern der Cellulose mit Methylchlorid und Alkalilauge muß wegen des niedrigen Siedepunktes des Methylchlorids unter Druck gearbeitet werden. Dimethylsulfat ist im Laboratorium einfacher zu handhaben. Der Trimethyläther ist schwierig und oft erst durch mehrfache Methylierung darzustellen. Der Methylierungsgrad hängt stark von der Konzentration der verwendeten Alkali-

---

[1] E.P. 548807 (1941), DuPont, Erf.: D. D. Coffman u. J. S. Reese; Chem. Abstr. **38**, 485³ (1944).

[2] H. Krässig, Makromolekulare Chem. **10**, 1 (1953).

[3] P. Eckert u. E. Herr, Kunststd. Zellw. **25**, 204 (1943–47).

[4] Siehe auch Bibliographie S. 914 u. F. Ullmann, Encyklopädie der technischen Chemie, Bd. V, S. 165, Verlag Urban & Schwarzenberg, München–Berlin, 1954.

[5] A.P. 2009015 (1933), Röhm & Haas Co., Erf.: D. H. Powers u. L. H. Bock; Chem. Abstr. **29**, 6080 (1935).
A.P. 2087549 (1934) ≡ E.P. 455253 (1935); A.P. 2083554, 2084125 (1936); 2216045 (1937), Röhm & Haas Co., Erf.: L. H. Bock u. A. L. Houk; C. **1937** I, 3745; **1938** I, 484; **1941** I, 476.

[6] G. Bernardy, Z. ang. Ch. **38**, 838 (1925).

[7] P. C. Scherer jr., Am. Soc. **53**, 4009 (1931).
P. C. Scherer jr. u. R. E. Hussey, Am. Soc. **53**, 2344 (1931).

[8] A.P. 2145273, 2157083 (1938); 2232926/7 (1939), Dow Chemical Co., Erf.: F. C. Peterson u. A. J. Barry; C. **1939** I, 3827; **1939** II, 3905; **1941** II, 1574.
P. Schorigin u. N. N. Makarowa-Semljanskaja, B. **69**, 1713 (1936).
P. C. Scherer u. L. P. Gotsch, Bull. Virginia Polytechn. Inst. **32**, 11 (1939); C. **1940** I, 1777.
K. Freudenberg u. H. Boppel, B. **70**, 1542 (1937).
K. Freudenberg, E. Plankenhorn u. H. Boppel, B. **71**, 2435 (1938).

[9] R. E. Reeves u. H. J. Thompson, Contr. Boyce Thompson Inst. **11**, 55 (1939); C. **1940** I, 3053.

lauge ab. So erhielt H. Urban[1] aus Rohbaumwolle mit 45%iger Kalilauge nach zweimaliger Methylierung ein Produkt mit 44,7% Methoxygruppen, W. N. Haworth und H. Machemer[2] aus Acetylcellulose mit 30%iger Natronlauge in einer Reaktion ein Produkt mit 45% Methoxygruppen. Der theoretische Methoxygehalt für das Trimethylat beträgt 45,58%.

Interessant sind die Löslichkeitseigenschaften der Cellulosemethyläther in Wasser. Methylcellulosen mittleren Methylierungsgrades sind in kaltem Wasser vollständig löslich, während Methylcellulosen geringeren Methylierungsgrades in Wasser nur quellen und hochmethylierte Cellulosen in Wasser vollständig unlöslich sind. In Wasser gelöste Methylcellulose fällt beim Erwärmen der Lösung wieder aus. Die in wäßrigen Lösungen von quartären organischen Basen methylierten Cellulosen werden schon bei wesentlich geringerem Alkylierungsgrad wasserlöslich als die in Natronlauge hergestellten Methylcellulosen[3]. Es genügt ein Substitutionsgrad von 0,6 bis 0,7, während man bei Verwendung von Alkalicellulose 1,2 bis 1,6 Methylgruppen pro Glucoserest einführen muß, um Wasserlöslichkeit zu erlangen. Wahrscheinlich sind die homogen in Tetraalkylammoniumhydroxydlösung hergestellten Methylcellulosen gleichmäßigersubstituiert als die in heterogener Phase hergestellten.

Trimethylcellulose[4]: 10 g acetonlösliches Celluloseacetat (40% Acetylgehalt) werden in 200 cm³ Aceton gelöst. In diese Lösung werden bei 55° unter Rühren gleichzeitig 120 cm³ Dimethylsulfat und 320 cm³ 30%ige Natronlauge in 10 gleichen Anteilen innerhalb 100 Min. zugegeben. Das Aceton wird anschließend abdestilliert und der Rückstand noch heiß filtriert. Der Filterrückstand wird mehrmals mit kochendem Wasser (ungefähr 1 l) gewaschen, um anorganische Begleitstoffe zu entfernen. Die Methylcellulose hinterbleibt als feines, weißes Pulver, das zur Reinigung noch mit Aceton und Äther extrahiert wird; Methoxygehalt: 45,6%.

Trimethylcellulose ist löslich in Chloroform, Benzol, Cyclohexanon, unlöslich in Alkohol, Äther, Petroläther.

Von den höheren Homologen der Methylcellulose kann die Äthylcellulose mittels Diäthylsulfat oder Äthylchlorid hergestellt werden; die folgenden werden zweckmäßiger mit den Alkylbromiden dargestellt, da die Chloride zu reaktionsträge sind[5]. Die Wasserlöslichkeit sinkt mit der Größe des Alkylrestes. Schon Diäthylcellulosen zeigen nur geringes Quellvermögen in Wasser, und hochverätherte Butylcellulosen sind praktisch wasserunempfindlich. Äthylcellulosen geringeren Alkylierungsgrades (z. B. mit 5% Äthoxygehalt) sind noch in gekühlter Natronlauge löslich. Für die handelsübliche Diäthylcellulose, die unter dem Namen AT-Cellulose bekannt ist und 40–48% Äthoxygruppen enthält, kennt man zahlreiche Lösungsmittel, unter anderem trocknende Öle. Die Celluloseäther werden vorzugsweise zu Lacken verwendet. Die Widerstandsfähigkeit der Äthylcellulose gegenüber Säuren hängt von ihrem Verätherungsgrad ab[6]. Eine Äthylcellulose mit 45% Äthoxygehalt erleidet bei sechstägigem Aufbewahren in starker Schwefelsäure bei 48° kaum einen Gewichtsverlust, während Äthylcellulose mit 42% Äthoxygehalt unter denselben Bedingungen schon merklich zersetzt wird. Durch Umsetzung von Kupferalkalicellulose mit Allylbromid erhält man wasserlösliche Allyläther, die durch Peroxyde vernetzbar sind[7].

---

[1] H. Urban, Cellulosech. **7**, 75 (1926).
[2] W. N. Haworth u. H. Machemer, Soc. **1932**, 2270.
[3] L. H. Bock, Ind. eng. Chem. **29**, 987 (1937).
[4] W. N. Haworth, E. L. Hirst u. H. A. Thomas, Soc. **1931**, 821.
[5] A. Nowakowski, Cellulosech. **13**, 105 (1932).
[6] S. N. Uschakow u. I. M. Schneer, Plast. Massy **1931**, Nr. 1, 17; C. **1932** II, 2761.
[7] DAS. 1065828 (1958), Kalle & Co., Erf.: I. Haidasch u. I. Voss; C. **1960**, 3080.

Äthylcellulose[1]: 100 Gew.-Tle. Zellstoff werden mit 1800 Tln. 44%iger Natronlauge bei 15° bis zur vollständigen Homogenität verknetet (was etwa 0,5 Stdn. dauert). Diese Mischung wird 24 Stdn. sich selbst überlassen, dann in einen rotierenden Autoklaven gebracht und mit 1260 Tln. Äthylchlorid versetzt. Der Autoklav wird innerhalb 1 Stde. auf 110° geheizt und 10 Stdn. bei dieser Temp. gehalten. Nach dem Abkühlen wird das Produkt mit Wasser neutral gewaschen, danach in 5–10%iger Schwefelsäure suspendiert und einige Stdn. darin stehengelassen. Dann wird von der Schwefelsäure abfiltriert, mit Wasser neutral gewaschen und i. Vak. bei 35° getrocknet. Die so erhaltene Äthylcellulose ist in Wasser vollständig unlöslich, in einem Gemisch von Benzol und Alkohol leicht löslich. Der Substitutionsgrad beträgt über 2. Cellulosetriäthylat erhält man durch wiederholte Einwirkung von Natronlauge und Diäthylsulfat auf umgefällte Cellulose[2].

Neben Dimethyl- und Diäthylsulfat sind auch Ester der p-Toluolsulfonsäure fähig, Cellulose in alkalischer Lösung zu alkylieren. Die Reaktionsfähigkeit der Tosylester mit der Cellulose verringert sich mit zunehmender Länge der Alkylreste. Mit einem dreifachen Überschuß Methyltosylat erhält man eine Methylcellulose mit dem Substitutionsgrad 2,7, mit Äthyltosylat nur noch einen Substitutionsgrad von 0,4. Butyl- und Phenylester der p-Toluolsulfonsäure erweisen sich als inaktiv gegenüber Cellulose[3].

γ) Aralkyl- und Aryläther der Cellulose

Unter den Aralkyläthern der Cellulose hat bisher nur die Benzylcellulose industrielle Bedeutung erlangt. Die Darstellung verläuft analog der der anderen Celluloseäther durch Einwirkung von Benzylchlorid auf Alkalicellulose.

Benzylcellulose[4]: Alkalicellulose (Gew.-Verhältnis von Natriumhydroxyd zu Cellulose wie 2,65 : 1 und Wasser zu Cellulose wie 4,20 : 1) wird in einem Autoklaven bei 70–110° 8 Stdn. lang unter Rühren mit Benzylchlorid (4,85fache Menge, bez. auf die Cellulose) umgesetzt. Das Produkt wird mit Wasser gewaschen und getrocknet. Durch Extraktion mit Wasser und Alkohol wird die Benzylcellulose von Nebenprodukten wie Benzylalkohol und Benzyläther gereinigt. Die so dargestellte Benzylcellulose hat einen Substitutionsgrad von ungefähr 2.

Benzylcellulose zeichnet sich durch vollständige Wasserunempfindlichkeit und große Widerstandsfähigkeit gegenüber starken Laugen und Säuren aus. Sie dient vor allem zur Herstellung von Lacken und plastischen Massen. Der Schmelzpunkt beträgt 100–150°. Höher benzylierte Cellulosen als die Dibenzylcellulose sind schwierig herzustellen. In diesem Fall muß die Verätherung wiederholt werden. Durch Umsetzung der Cellulose mit p-Nitro-benzylchlorid erhält man *p-Nitro-benzylcellulose*, die sich mit Hydrazinhydrat zur *p-Amino-benzylcellulose* reduzieren läßt[5].

Von wissenschaftlichem Interesse ist die Verätherung der Cellulose mit Triphenylcarbinol[6]. Der durch Umsetzung von reaktionsfähiger Cellulose (umgefällt oder verseiftes Acetat) mit Triphenylchlormethan (Tritylchlorid) in Pyridin hergestellte Trityläther der Cellulose entspricht in seiner Zusammensetzung einem Monoäther. Die Tritylreste hängen fast ausschließlich an den primären Hydroxygruppen der Cellulose. Die Reaktionstemperatur sollte nicht über 80° steigen, da dann in geringem Maße auch sekundäre Hydroxygruppen veräthert werden[7].

[1] DRP. 488030 (1921), L. Lilienfeld; C. **1931** I, 387.

[2] K. Hess u. A. Müller, A. **455**, 209 (1927).

[3] E. A. Plisko, Ž. obšč. Chim. **28**, 3214 (1958); Chem. Abstr. **53**, 12195[h] (1959).
    J. W. Weaver, C. A. Mackenzie u. D. A. Shirley, Ind. eng. Chem. **46**, 1490 (1954).

[4] DRP. 492062 (1919), I. G. Farb.; **1930** I, 2495.

[5] R. Resz, Diplomarbeit, Universität Freiburg/Brsg. 1954.

[6] B. Helferich u. H. Köster, B. **57**, 587 (1924).

[7] J. Honeyman, Soc **1947**, 168.
    W. M. Hearon, G. D. Hiatt u. C. R. Fordyce, Soc. **65**, 2449 (1943).

6-Trityl-cellulose: Etwa 4 g umgefällte Cellulose (oder verseiftes Celluloseacetat) werden in einem Zweihalskolben mit Rührer und Trockenrohr mit 200 cm³ trockenem Pyridin übergossen und mit 21 g Tritylchlorid (3fache stöchiometrische Menge) unter Rühren 24 Stdn. auf 80° erhitzt. Die Tritylcellulose wird in Methanol ausgefällt und aus Dimethylformamid in Methanol umgefällt.

Der Cellulosetrityläther ist löslich in Dioxan, Pyridin, Dimethylformamid, Tetrahydrofuran, Chloroform. Unter relativ milden Bedingungen lassen sich die Trityläthergruppen hydrolytisch oder hydrierend abspalten. Neben Tritylresten vorhandene Acetyl- oder Urethangruppen werden unter diesen Bedingungen nicht abgespalten. Man hat also die Möglichkeit, mit Hilfe der Trityläther definierte, partiell substituierte Ester und Äther der Cellulose herzustellen. Zum Beispiel kann man 6-Tritylcellulose acetylieren oder carbanilieren und anschließend den Tritylrest abspalten. Man gelangt so zu 2,3-Diestern der Cellulose mit freien primären Hydroxygruppen. Die Herstellung definierter Cellulosediester ist der der Amylosediester analog und dort ausführlicher beschrieben (siehe S. 906). Durch Umsetzung der 2,3-Diacetate mit Phenylisocyanat kommt man zum Cellulose-2,3-diacetat-6-phenyl-carbamat. Die Acetylgruppen lassen sich mit wäßrigem Alkali sehr leicht abspalten, ohne daß die Urethangruppe angegriffen wird. Man erhält das *6-Phenylcarbamat* der Cellulose[1].

Phenyläther der Cellulose lassen sich herstellen, indem man Natriumphenolat mit p-Toluolsulfonsäureestern der Cellulose umsetzt[2].

$$Cell{-}O{-}SO_2{-}C_6H_4{-}CH_3 + C_6H_5ONa \;\to\; Cell{-}O{-}C_6H_5 + CH_3{-}C_6H_4{-}SO_3Na$$

Da sich der Cellulosetosylester in Phenol bei höherer Temperatur löst, läßt sich die Reaktion homogen durchführen. Die Produkte sind dementsprechend verhältnismäßig einheitlich und hoch substituiert[3].

δ) Alkyläther der Cellulose mit funktionellen Gruppen

δ_1) *Hydroxyalkyläther*

Bei der Behandlung von Alkalicellulose mit Äthylenchlorhydrin oder Äthylenoxyd werden Hydroxyäthylgruppen in die Cellulose eingeführt[4]. Wahrscheinlich reagiert auch Äthylenchlorhydrin über intermediäre Bildung von Äthylenoxyd. Ein Nachteil der Reaktion ist die gleichzeitig stattfindende Polyaddition des Äthylenoxyds, die bei der Hydroxyäthylierung der Cellulose in Gestalt von mehr oder weniger langen Polyäthylenoxydseitenketten in Erscheinung treten, bei höheren Substitutionsgraden sogar eine Vernetzung der Cellulose bewirken kann. Bei niedrigen Substitutionsgraden, bis etwa 1,0, treten diese Nebenreaktionen noch weniger in Erscheinung. Wichtig ist, daß man das Äthylenoxyd nicht in konzentrierter Form, sondern unter vermindertem Druck oder verdünnt in einem inerten Gas oder einer Flüssigkeit auf die Cellulose einwirken läßt, da sich sonst stark vernetzte polymere Massen bilden.

---

[1] E. Husemann u. R. Resz, Makromolekulare Chem. **48**, 172 (1961).
[2] Z. A. Rogovin, J. Polymer Sci. **30**, 537 (1958).
   Über Synthese und Eigenschaften von Cellulosephenolaten s. ferner Z. A. Rogovin u. T. V. Vladimirova, Vysokomolekulyarnye Soedineniya **2**, 339 (1960).
[3] Z. A. Rogovin u. Mitarbb., Khim. Nauka i Prom. 4/2, 286 (1959).
   Z. A. Rogovin u. Mitarbb., Vysokomolekulyarnye Soedineniya 2/3, 341 (1960).
[4] DRP. 363192 (1920), E. Hubert; J. Soc. chem. Ind., Chem. and Ind. (A) **42**, 348 (1923).
   A. W. Schorger u. M. J. Shoemaker, Ind. eng. Chem. **29**, 114 (1937).

Hydroxyäthylcellulose[1]: 5 g Cellulose werden 3 Tage lang mit 33%iger Natronlauge bei Raumtemp. mercerisiert, dann bis auf das 3fache Gewicht abgepreßt, rasch zerfasert und in einem Becherglas mit 13 g einer Lösung von 400 g Äthylenoxyd in 1000 g Aceton[2] versetzt. Das Becherglas wird dann 18 Stdn. bei 30° in einen Autoklaven gestellt, das Produkt nach dem Verdampfen des überschüssigen Äthylenoxyds mit absolutem Alkohol (unter Zusatz von wenigen Tropfen Essigsäure) gut ausgewaschen und in 50 cm³ Wasser aufgelöst. Die filtrierte, klare, viscose Lösung wird in dünnem Strahl unter Rühren in viel Aceton gegossen, wobei die Hydroxyäthylcellulose in feinen, weißen Flocken ausfällt; Ausbeute: etwa 5 g; Substitutionsgrad: etwa 1,0.

Von einem Substitutionsgrad von 0,6 ab sind die Hydroxyäthylcellulosen in Wasser löslich, unter 0,6 nur noch in verdünnten Alkalien. Wenn man die Cellulose homogen in einer Lösung in Tetraäthylammoniumhydroxyd mit verdünntem Äthylenoxyd behandelt, so sind die Produkte schon von einem Substitutionsgrad von 0,3 ab wasserlöslich[3].

Höhere Hydroxyalkylcellulosen lassen sich in analoger Weise herstellen. Mit Glycerinmonochlorhydrin erhält man z. B. wasserlösliche Celluloseäther. Bereits bei Anwesenheit von 1% Dichlorhydrin werden die Celluloseäther jedoch vernetzt und unlöslich.

Die Hydroxyäthylcellulose hat pro Glucosebaustein noch drei freie Hydroxygruppen, die leicht zu veräthern und verestern sind. So lassen sich n-Butyl-, n-Propyl-, Äthyl-, Benzyl- und andere Äther der Hydroxyäthylcellulose bis zu einem Substitutionsgrad von 3 herstellen[4,5], ebenso die verschiedenartigen Ester[5]. Die Produkte sind meist löslich in organischen Lösungsmitteln. Auch Celluloseäther wie Äthylcellulose können mit Äthylenoxyd weiter umgesetzt werden, wodurch die Wasserlöslichkeit des Celluloseäthers verbessert wird[4].

δ_2) *Carboxyalkyläther*

Setzt man Monochloressigsäure mit Alkalicellulose um, so entsteht Carboxymethylcellulose, ein Celluloseäther der Glykolsäure, die dann natürlich als Natriumsalz vorliegt.

$$Cell\,(OH)_3 + ClCH_2COONa + NaOH \rightarrow Cell\,(OH)_2OCH_2COONa + NaCl + H_2O$$

Den Triäther erhält man bei Verwendung eines großen Überschusses Chloressigsäure und mehrfacher Wiederholung der Reaktion. Als Nebenprodukt entsteht Natriumglykolat.

$$Cl—CH_2—COONa + NaOH \rightarrow HO—CH_2—COONa + NaCl$$

Carboxymethylcellulose[6]: 10 g feuchte Cellulose (= 5 g lufttrocken) werden in einem Weithalskolben mit 38 cm³ 40%iger Natronlauge bedeckt und 3 Stdn. stehengelassen. Dann werden unter kräftigem Schütteln 27 g Monochloressigsäure langsam hinzugefügt. Nach kurzem Erwärmen

---

[1] P. Schorigin u. J. Rymaschewskaja, B. **66**, 1014 (1933).
   S. auch Beispiel 10, S. 451.

[2] P. Schorigin u. Mitarbb., B. **64**, 2589 (1931).

[3] E. Siefert, unveröffentlichte Arbeit aus dem Institut für Makromolekulare Chemie Freiburg.

[4] I. Jullander, Ind. eng. Chem. **49**, 364 (1957).

[5] S. G. Cohen u. Mitarbb., Ind. eng. Chem. **45**, 200 (1953).

[6] DRP. 332203 (1918), Deutsche Celluloidfabrik, Erf.: J. K. Chaudhury; Bio. Z. **148**, 76 (1924).
   Über Herstellung von Carboxymethylcellulose von hohem Substitutionsgrad s. M. Bouttemy, Bl. **1960**, 1750.

bleibt die Mischung bei Zimmertemp. stehen. Nach 20 Stdn. werden nochmals 38 cm³ 40%ige Natronlauge zu dem dicken Brei hinzugefügt und nach 1 stdg. Stehen 27 g Monochloressigsäure langsam hinzugegeben. Das wird insgesamt 4 mal wiederholt. Das erhaltene Produkt besitzt zwei Carboxymethylgruppen pro Glucoserest, nach 6 maliger Wiederholung drei solcher Gruppen pro Glucoserest. Die Carboxymethylcellulose wird in Alkohol ausgefällt und zur Reinigung aus Wasser in Aceton umgefällt.

Führt man die Reaktion in Gegenwart eines Lösungsmittels durch, das den entstehenden Celluloseäther nicht löst, so bleibt die ursprüngliche Faserstruktur der Cellulose erhalten.

Carboxymethylcellulose unter Erhaltung der Faserstruktur[1]: 62,6 Tle. Cellulose, 317,2 Tle. Äthanol (92,4%ig) und 310,2 Tle. Toluol werden gut vermischt. Man fügt dann unter Rühren 81,1 Tle. 44,8%ige Natronlauge zu. Nach 30 Min. setzt man bei 30° 35,4 Tle. Monochloressigsäure hinzu und hält die Mischung 70 Min. bei 65°. Dann neutralisiert man den Überschuß an Lauge mit Eisessig, filtriert das Produkt und wäscht es 3 mal mit 65%igem, zum Schluß mit 92,4%igem Äthanol. Der Veresterungsgrad beträgt 0,79.

Carboxymethylcellulose ist eine schwache Säure ($K = 3 \cdot 10^{-5}$). Der p_H-Wert, bei dem die Säure ausfällt, variiert mit dem Substitutionsgrad. So fällt ein Produkt vom Substitutionsgrad von 0,1 bis 0,2 unter p_H 6, von 0,3 bis 0,5 unter p_H 3, von 0,7 bis 0,9 unter p_H 1 aus. Die freie Säure kann man unter Verwendung von Ionenaustauschern aus ihrem Natriumsalz herstellen[2]. Stark getrocknete Carboxymethylcellulose löst sich nicht mehr in Wasser, sondern nur in verdünnten Alkalien[3]. Wahrscheinlich tritt Vernetzung über intermolekulare Esterbindungen ein, die mit Alkali spaltbar sind. Carboxymethylcellulose findet Verwendung als Klebstoff, in der Papierindustrie, als Bestandteil von Waschmitteln oder zum Verdicken von Nahrungsmitteln (Speiseeis).

Auch Mischäther und Mischester der Carboxymethylcellulose lassen sich herstellen und finden industrielle Verwendung; z. B. eine Carboxymethylcellulose, die außerdem noch Methyl- oder Hydroxypropyläthergruppen enthält und die einen wasserlöslichen synthetischen Gummi darstellt, der unter dem Namen „Methocel" im Handel ist[4], oder Carboxymethylcellulosenitrat, das man durch Nitrierung von Carboxymethylcellulose erhält[5].

Die Herstellung höherer Äthercarbonsäuren der Cellulose erfolgt analog mittels Chlorpropionsäure, Chlorbernsteinsäure usw.[6]. Die Herstellung der Carboxyäthylcellulose erfolgt zweckmäßiger durch Verseifung der Cyanäthylcellulose, deren Herstellung im nächsten Kapitel beschrieben wird.

δ_3) *Addition von Olefinen an Cellulose*

Doppelbindungen, die durch polare Gruppen aktiviert sind, addieren sich an die Hydroxygruppen der Cellulose. So reagiert Acrylnitril mit Cellulose in Gegenwart von Alkali unter Bildung von Cyanäthylcellulose. Um gleichmäßig substituierte Produkte zu erhalten, sollte die Cellulose im Verlaufe der Reaktion möglichst frühzeitig in Lösung gehen. Aus diesem Grunde verwendet man gewöhnlich Viscose als Ausgangsmaterial. Doch erreicht man erst in einer zweiten Reaktion annähernde Trisubstitution, da die Xanthogenatgruppen offensichtlich eine Verätherung er-

[1] F.P. 1108738 (1954), DuPont; C. **1957**, 569.
[2] S. F. DIECKMAN, J. G. JARRELL u. R. S. VORIS, Ind. eng. Chem. **45**, 2287 (1953).
[3] I. SAKURADA, Z. ang. Ch. **42**, 640 (1929).
[4] G. K. GREMINGER, R. W. SWINEHART u. A. T. MAASBERG, Ind. eng. Chem. **47**, 156 (1955).
[5] H. C. HAAS u. N. W. SCHULER, J. Polymer Sci. **36**, 447 (1959).
[6] E.P. 343521 (1929), H. Dreyfus; C. **1933** I, 160.

schweren. Zu hohe Alkalikonzentration und lange Reaktionszeiten führen zu teilweiser Hydrolyse der Cyangruppen, und es entsteht Carboxyäthylcellulose.

Cyanäthylcellulose[1]: 1500 Tle. Viscose mit einem Gehalt von 8% Cellulose und 6% Natriumhydroxyd und einer Ammoniumchloridzahl von 8 werden mit 39,5 Tln. Acrylnitril vermischt und 5 Stdn. bei 20° geschüttelt (Ammoniumchloridzahl = Anzahl der cm³ einer 10%igen wäßr. Lösung von Ammoniumchlorid, die erforderlich ist, um die Koagulation von 20 g Viscose, die mit 30 cm³ Wasser verdünnt ist, beginnen zu lassen. Über die Herstellung der Viscose s. S. 882). Danach wird mit dem gleichen Vol. Wasser verdünnt und die Mischung langsam in einen kleinen Überschuß einer 15%igen wäßr. Salzsäurelösung eingerührt. Der ausgefällte Celluloseäther wird filtriert, mit destilliertem Wasser gewaschen, bis er frei von Säure und Natriumchlorid ist, 4mal mit kaltem Aceton nachgewaschen und schließlich bei Raumtemp. getrocknet. Der Substitutionsgrad beträgt 0,24. Carboxygruppen sind nicht vorhanden.

5 Tle. des so hergestellten Äthers werden 0,5 Stdn. lang in eine 1%ige wäßr. Natronlauge gebracht, dann wird bis auf das doppelte Gew. des ursprünglichen Äthers abgepreßt und die Masse zusammen mit 100 Tln. Acrylnitril in einen Kolben mit Rückflußkühler gebracht. Auf dem Wasserbad wird bis zum Kp des Acrylnitrils (75°) erhitzt. Nach etwa 30–90 Min. ist der Celluloseäther vollständig gelöst. Die Reaktionsmischung wird durch Zugabe von Essigsäure neutralisiert und das überschüssige Acrylnitril i. Vak. abdestilliert. Der Rückstand wird in Aceton gelöst und der Cellulosecyanäthyläther durch Zugabe von Äthanol unter schnellem Rühren ausgefällt. Er wird abfiltriert, mit Alkohol gewaschen und an der Luft getrocknet. Der Substitutionsgrad beträgt jetzt 3,0.

Cyanäthylcellulosen mit einem Substitutionsgrad von 0,3 sind alkalilöslich, von 0,7 bis 1,0 wasserlöslich[2] und ab 2,5 löslich in organischen Lösungsmitteln. Bei heterogener Cyanäthylierung der Cellulose bleibt die Faserstruktur erhalten, und die Produkte sind bis zu einem Substitutionsgrad von 2,7 gegenüber heißem Wasser und organischen Lösungsmitteln stabil[3].

Die heterogene Reaktion, die mit schwacher Natronlauge und einem großen Überschuß an Acrylnitril durchgeführt wird, führt in kurzer Zeit zu Substitutionsgraden von 2,5 bis 3,0[4, 5]. Doch läßt sich eine teilweise Verseifung der Nitrilgruppen nicht vermeiden. Die Produkte sind in Aceton, Acrylnitril, Dimethylformamid, Methylformiat und β-Äthoxy-propionitril löslich.

Cyanäthylierung in heterogener Reaktion (Cyanäthylierung von Baumwollgewebe)[6]:

[a] Einführung von 4–5% Stickstoff: Nach dem Tränken der zuvor abgekochten Baumwollgewebe mit 2%iger Natronlauge werden diese zwischen zwei Quetschwalzen auf einen Feuchtigkeitsgehalt von 51% abgequetscht. Das Baumwollgewebe wird zusammen mit einem Glasseidengewebe aufgerollt, um eine gleichmäßige Cyanäthylierung zu erzielen. Das aufgewickelte Gewebe wird nun in einem Reaktionszylinder 1½ Stdn. bei 55° ($\pm$ 1°) mit Acrylnitril behandelt, wobei zur Verhinderung von Überhitzungen das zirkulierende Acrylnitril abgekühlt werden muß. Nach der Behandlung läßt man die Ware abtropfen und neutralisiert das Alkali mit verdünnter Essigsäure. Zuletzt wird gut gewaschen. Nach dieser Behandlung besitzen die Gewebe einen durchschnittlichen Stickstoffgehalt von 4,3%: dies entspricht etwa 0,6 Cyanäthylgruppen pro Glucosemolekül.

[b] Einführung von 9–12% Stickstoff: Das abgekochte Baumwollgewebe wird mit 10%iger Natronlauge behandelt, auf 85% Feuchtigkeitsgehalt abgequetscht und sodann mit einem Glas-

[1] E.P. 588751 (1945) ≡ A.P. 2482011 (1946) ≡ DBP. 851947 (1948); DBP. 859007 (1948) ≡ E.P. 605357 (1945), Courtaulds Ltd., Erf.: J. H. MacGregor; C. **1953**, 2049, 4624.

[2] E.P. 588751 (1945); 636020 (1948), Courtaulds Ltd., Erf.: J. H. MacGregor.

[3] G. C. Daul, R. M. Reinhardt u. J. D. Reid, Textile Res. J. **25**, 246 (1955).

[4] A.P. 2332048/9, 2349797 (1942); E.P. 562581 (1942), Rohm & Haas Co., Erf.: L. H. Bock u. A. L. Houk; Chem. Abstr. **38**, 1640[1,2] (1944); **39**, 1291[1] (1945); **40**, 736[5] (1946).

[5] E.P. 605357 (1945); A.P. 2482011 (1946), Courtaulds Ltd., Erf.: J. H. MacGregor.
    J. H. MacGregor, J. Soc. Dyers Col. **67**, 66 (1951).
    J. H. MacGregor u. C. Pugh, J. Soc. Dyers Col. **67**, 74 (1951).
    A.P. 2375847 (1942), DuPont, Erf.: R. C. Houtz; Chem. Abstr. **39**, 4486[5] (1945).

[6] E. P. Frieser, SVF Fachorgan Textilveredlung **14**, 738 (1959).

seidengewebe aufgerollt und in einem Zylinder $2^1/_2$–$3^1/_2$ Stdn. bei 55° mit Acrylnitril behandelt. Nach der Behandlung ist das Baumwollgewebe durchscheinend und stark gequollen, nimmt jedoch nach dem Neutralisieren mit verd. Essigsäure und Waschen wieder das natürliche Aussehen an. Der so erhaltene Cyanäthylierungsgrad beträgt 1,7–2,7 Cyanäthylgruppen pro Glucosemolekül.

Hydrolysiert man Cyanäthylcellulose in kochender 5–10%iger Natronlauge, so wird die Cyangruppe verseift, und man erhält *Carboxyäthylcellulose*[1,2]. Die Ausbeute ist jedoch schlecht, da teilweise auch die Ätherbindung gespalten wird. Besser stellt man Carboxyäthylcellulose durch Reaktion der Cellulose mit Acrylsäureester[3] her. Je nach den Reaktionsbedingungen sind die erhaltenen Produkte wasserlöslich oder alkalilöslich[4]. Acrylsäure selbst oder ihre Salze reagieren nicht mit Cellulose.

Bei der Einwirkung von Acrylamid auf Cellulose entsteht eine Cellulose mit Carbonamidoäthyl- und Carboxyäthylgruppen[5]. Einen *Sulfoäthyläther* erhält man durch Reaktion mit Vinylsulfonsäure[6,7], ihren Salzen oder Estern; mit Vinylsulfonamid bekommt man *Sulfonsäureamidoäthylcellulose*[7].

Äthylenimin reagiert mit Viscoselösungen bei 100° unter Bildung säurelöslicher Cellulose-polyäthyleniminäther[8] sehr uneinheitlicher Zusammensetzung.

Diäthylaminoäthyläther sind von C. L. P. Vaughan[9] und V. R. Grassie[10] hergestellt worden.

5. Sonstige Umsetzungen der Cellulose

Die Zahl der hergestellten Cellulosederivate ist sehr groß und noch immer im Wachsen begriffen, da sich in neuerer Zeit die Anwendungsgebiete der Celluloseverbindungen ständig erweitern. So haben Cellulosederivate mit sauren oder alkalischen Gruppen Verwendung als Ionenaustauscher gefunden. Im Rahmen der zunehmenden Bedeutung der Siliciumchemie versucht man, Siliciumderivate der Cellulose herzustellen, die sich durch besondere Eigenschaften wie Unbrennbarkeit u.a. auszeichnen. Schließlich seien Versuche erwähnt, andere Polymere auf das Cellulosemolekül aufzupfropfen, um neuartige Kunststoffe zu gewinnen. Das läßt sich entweder durch Einführung polymerisierbarer Doppelbindungen in das Cellulosemolekül, z.B. Verätherung mit Allylchlorid, oder durch Radikalbildung im Cellulosemolekül (durch Ozonisierung oder Bestrahlung der Cellulose) erreichen. An diesen aktiven Stellen lassen sich dann Vinylverbindungen anpolymerisieren.

Es würde im Rahmen dieses Handbuches zu weit führen, alle diese Celluloseverbindungen eingehend zu behandeln. Wir verweisen daher auf die Spezialliteratur. Einige neuere Arbeiten sind in der folgenden Tabelle 53, S. 895f., zitiert.

[1] A.P. 2332048/9, 2349797 (1942); E.P. 562581 (1942), Rohm & Haas Co., Erf.: L. H. Bock u. A. L. Houk; Chem. Abstr. **38**, 1640[1,2] (1944); **39**, 1291[1] (1945); **40**, 736[5] (1946).

[2] A.P. 2577844 (1947), American Viscose Corp., Erf.: M. M. Cruz; C. **1953**, 306.
E.P. 592352 (1944), British Thomson-Houston Co., Ltd.; Chem. Abstr. **42**, 2103[f] (1948).

[3] A.P. 2539417 (1948), Hercules Powder Co., Erf.: V. R. Grassie; C. **1952**, 1759.

[4] E.P. 562584 (1942), Rohm & Haas Co., Erf.: L. H. Bock u. A. L. Houk.

[5] A.P. 2338681 (1942), Rohm & Haas Co., Erf.: L. H. Bock u. A. L. Houk.

[6] A.P. 2580352 (1949), Hercules Powder Co., Erf.: V. R. Grassie; C. **1953**, 1266.
A.P. 2132181 (1937), Kalle & Co. AG., Erf.: W. Neugebauer, U. Ostwald u. K. Sponsel.

[7] A.P. 2580351 (1948), Hercules Powder Co., Erf.: V. R. Grassie; C. **1953**, 1266.

[8] A.P. 2097120 (1935), I. G. Farb., Erf.: H. Fink u. R. Stahn; C. **1936** II, 3495.
L. M. Soffer u. E. Carpenter, Textile Res. J. **24**, 847 (1954).

[9] A.P. 2591748, 2623042 (1949), Hercules Powder Co., Erf.: C. L. P. Vaughan.

[10] A.P. 2623041 (1949), Hercules Powder Co., Erf.: V. R. Grassie; C. **1954**, 1856.

Tab. 53. Neuere Cellulosederivate

Celluloseverbindung	Literatur
Celluloseester	
Celluloseester anorganischer Säuren	
Chlorierung von Cellulose mit Thionylchlorid in Pyridin. Einführung von 1,3 Chloratomen pro Glucoserest.	R. L. Boehm, J. org. Chem. **23**, 1716 (1958).
Celluloseester organischer Säuren mit funktionellen Gruppen	
Aminoarylcarbonsäureester der Cellulose durch Reduktion von Nitroarylcarbonsäureestern	Sun Tun, V. A. Derevitskaya u. Z. A. Rogovin, Vysokomolekulyarnye Soedineniya **2**, 1768 (1960).
Ester der Cellulose mit N-substituierten Aminosäuren durch Einwirkung der Acylchloride von N-substituierten Aminosäuren auf Cellulose	Lin Yan, V. A. Derevitskaya u. Z. A. Rogovin, Vysokomolekulyarnye Soedineniya **1**, 157 (1959).
Herstellung von Estern der Cellulose mit aliphatischen Chlorcarbonsäuren	Chang Wei-kang u. Z. A. Rogovin, Vysokomolekulyarnye Soedineniya **2**, 456 (1960).
N-substituierte Aminoalkylcarbonsäureester der Cellulose durch Umsetzung von Chloralkylcarbonsäure-cellulose-estern mit sekundären Aminen	A.P. 2861068 (1956), Eastman Kodak Co., Erf.: J. W. Mench u. B. Fulkerson; C. **1960**, 4068.
Trifluoracetate der Cellulose durch Behandlung von Cellulose oder Celluloseacetaten mit Trifluoressigsäure	A. L. Geddes, J. Polymer Sci. **22**, 31 (1956).
Herstellung von stickstoffhaltigen Cellulosemischestern durch Veresterung der Cellulose mit Carbonsäureanhydriden in Gegenwart von N-substituierten Bernsteinsäuremonoamiden	J. E. Kiefer, J. P. Touey u. J. R. Caldwell, Ind. eng. Chem. **51**, 1481 (1959).
Sorbinsäureester und Sorbinsäuremischester der Cellulose	A.P. 2710288 (1950), Hercules Powder Co., Erf.: W. B. Hewson; C. **1956**, 5716. E.P. 737516 (1953), Hercules Powder Co.
Herstellung von Acetessigesterderivaten der Cellulose	Schweiz.P. 308563 (1952), Lonza Elektrizitätswerke u. Chemische Fabriken AG.; C. **1956**, 6273.
Sulfonsäureester der Cellulose und ihre Umsetzungsprodukte	
Herstellung von Sulfonsäureestern der Cellulose und ihre Umsetzung mit Phthalimid, Toluolsulfonamid, Phenolen, Thiophenolen, Kaliumrhodanid, Aminen und Nitropropan	E. Klein u. J. E. Snowden, Ind. eng. Chem. **50**, 80 (1958). J. F. Haskins u. S. G. Sunderwirth, Am. Soc. **79**, 1492 (1957).
Anhydrocellulose aus p-Toluolsulfonsäureestern	S. N. Danilov u. A. A. Lopatenok, Ž. obšč. Chim. **28**, 3189 (1958).
Halogenderivate der Cellulose aus Methansulfonsäureestern durch Umsetzung mit Fluoriden, Chloriden, Bromiden und Jodiden	C. J. Malm, L. J. Tanghe u. B. C. Laird, Am. Soc. **70**, 2740 (1948). R. F. Schwenker u. E. Pacsu, Ind. eng. Chem. **50**, 91 (1958).
Herstellung von Pyridiniumsalzen aus Cellulosesulfonsäureestern	E. N. Hayes u. Chao-Hai-Lin, Am. Soc. **71**, 3943 (1949).
Umsetzung von Cellulosetoluolsulfonsäureestern mit Natriumphenolat und Nitrierung des aromatischen Kernes	P. Lhoste u. M. Aubony, C. r. **252**, 2555 (1961).

Tab. 53. (1. Fortsetzung)

Celluloseverbindungen	Literatur
Celluloseester der Kohlensäure und ihrer Derivate	
Carboxyäthylxanthogenat der Cellulose aus Cellulosexanthogenat und Propiolacton	M. F. Farrar, J. org. Chem. **24**, 862 (1959).
Celluloseäther	
Celluloseäther mit funktionellen Gruppen	
Cellulosevinyläther hergestellt durch Einwirkung von Acetylen auf Alkalicellulose	M. T. Sostatovskij, E. N. Prilezaeva u. L. V. Cymbal, Ž. obšč. Chim. **26**, 739 (1956).
2,6-Dinitro-3,4-dichlor-phenyläther der Cellulose aus Alkalicellulose und 1,2,4-Trichlor-3,5-dinitro-benzol	A.P. 2 697 094 (1951) ≡ DBP. 855 846 (1950), BASF, Erf.: F. Becke u. O. Flieg.; C. **1953**, 2985.
Cellulose-di-p-xylyläther aus Cellulose, Natriummetall und α,α'-Dibrom-p-xylol in flüssigem Ammoniak	E.P. 861 430 (1959), Rayonier Inc.
Phosphomethylierung von Cellulose mit Chlormethanphosphonsäure und Natriumhydroxyd (bis 4% Phosphorgehalt)	G. L. Drake jr., W. A. Reeves u. J. D. Guthrie, Textile Res. J. **29**, 270 (1959).
β-Phospho-äthylcellulose durch Umsetzung von Natriumcellulose mit β-Chlor-äthylphosphonsäure	A.P. 2 743 232 (1952), United States of America, Secretary of Agriculture, Erf.: L. H. Chance, J. Warren u. J. D. Guthrie; C. **1957**, 3696.
Durch Quaternierung von Dialkylaminoäthyläthern der Cellulose werden quartäre Ammoniumsalze erhalten	A.P. 2 768 162 (1951), Hercules Powder Co., Erf.: E. F. Evans; C. **1958**, 9093.
Umsetzungsprodukte der Cellulose mit Epoxyverbindungen	
Überblick über die Umsetzung von Cellulose mit Epoxyverbindungen	J. B. McKelvey, B. G. Webre u. E. Klein, Textile Res. J. **29**, 918 (1959).
Phenyl-hydroxy-äthylcellulose durch Umsetzung von Styroloxyd mit Cellulose	DAS. 1 050 546 (1953) ≡ E. P. 794 644, Degussa, Erf.: H. Kuhn; C. **1959**, 6971.
Reaktion von Cellulose mit Aminen und Epichlorhydrin (Anionenaustauscher)	A. O. Jakubovic, Polymer **1**, 117 (1960).
Herstellung von 3-N,N-Dialkylamino-hydroxypropyläthern der Cellulose aus Alkalicellulose und 1,2-Epoxy-3-dialkylamino-propan. Amphotere Polymere durch Umsetzung von Natriumcellulose mit Chloressigsäure und 1,2-Epoxy-3-dialkylamino-propan. Herstellung von Phenyl-hydroxy-äthylcellulose und Nitrierung des aromatischen Kernes.	G. Montegudet, Peintures **34**, 201, 271, 311 (1958); Chem. Abstr. **53**, 15555 (1959); C. r. **244**, 2616, 2718 (1957). G. Champetier, G. Montegudet u. J. Petit, C. r. **240**, 1896 (1955).
Umsetzungsprodukte von Bis-glycidyl-äthern von zweiwertigen Phenolen mit Cellulose	E.P. 757 386 (1953), Fothergill & Harvey Ltd., Erf.: M. Doughty u. B. J. Brown.
Umsetzungsprodukte von Alkyl-bis-epoxypropyl-aminen und anderen aminogruppenhaltigen Diepoxyden mit Cellulose	C. Bruneau, C. r. **252**, 2413 (1961).

Tab. 53. (2. Fortsetzung)

Celluloseverbindungen	Literatur
Äther der Cellulose mit Methylolver- **bindungen**	
Reaktionsfähige Doppelbindungen enthaltende Celluloseäther durch Verätherung der Cellulose mit N-Methylol-acrylamid bzw. N-Methylol-methacrylamid, sowie Umsetzungsprodukte dieser Cellulosederivate mit Verbindungen, die aktive Wasserstoffatome an Sauerstoff-, Stickstoff-, Schwefel- und Phosphoratomen tragen, wie z. B. mit Alkoholen, Aminen, Alkylmercaptanen und Dialkylphosphiten	A. P. 2837511, 2837512 (1954), DuPont, Erf.: G. J. Mantell; C. **1959**, 5666.
Herstellung von Isoharnstoffäthern durch Umsetzung der Cellulose mit substituierten Carbodiimiden in Gegenwart von Kupfer-(I)-chlorid	DAS. 1011869 (1952), Farbf. Bayer, Erf.: E. Schmidt, F. Mossmüller u. R. Schnegg; C. **1957**, 12043.
Cellulose-methylolharnstoffäther und Di-cellulose-dimethylolharnstoffäther durch Umsetzung der Cellulose mit Methylol- bzw. Dimethylolharnstoff	R. Steele u. L. E. Giddings jr., Ind. eng. Chem. **48**, 110 (1956).
Andere Cellulosederivate	
Umsetzung einiger siliciumorganischer Verbindungen mit Cellulose	A. P. Kreshkov, I. Y. Guretskii u. P. A. Andreev, Ž. obšč. Chim **28**, 187 (1958); Chem. Abstr. **52**, 12773^g (1958).
Trimethylsilylderivate von Kohlehydraten	E. J. Hedgley u. W. G. Overend, Chem. and Ind. **1960**, 318.
Durch Pfropfreaktion hergestellle **Cellulosederivate**	
Überblick über Pfropfcopolymere von Cellulosederivaten	C. Simionescu, D. Feldman u. C. Vasilin, Rev. chim. (Bucharest), **12**, 525 (1962).
Pfropfpolymerisation von Acrylnitril auf Cellulosederivate	A. P. 2865872 (1954), Eastman Kodak Co., Erf.: H. J. Hagemeyer jr. u. E. L. Oglesby.
Erzeugung von Pfropfpolymerisaten auf Cellulose und Cellulosederivaten durch Einwirkung kurzwelliger Strahlen und Umsetzung mit polymerisierbaren Vinylverbindungen	Belg. P. 561350 (1957), DuPont, Erf.: D. Tanner.
	E. P. 870052, 862610 (1957), B. X. Plastics Ltd., Erf.: R. R. Smith.
	F. P. 1171805 (1957), Société Nobel Francaise.
	Belg. P. 566903 (1958), Nobel-Bozel.
	Belg. P. 569241 (1958), DuPont, Erf.: R. W. Hendricks.
	A. P. 3008885 (1958), Nobel-Bozel, Erf.: P. Talet.
	K. U. Usmanov u. Mitarb., Vysokomolekulyarnye Soedineniya **1**, 1570 (1959).

Tab. 53. (3. Fortsetzung)

Celluloseverbindungen	Literatur
Pfropfung von ungesättigten, polymerisierbaren Verbindungen auf Cellulose mit Licht in Gegenwart von Photosensibilisatoren	N. Geacintov, V. Stannett u. E. W. Abrahamsson, Makromolekulare Chem. 36, 52 (1959). N. Geacintov, V. Stannett, E. W. Abrahamsson u. J. J. Hermans, J. Appl. Polymer Sci. 3, 54 (1960). Belg.P. 560986 (1957), G. Oster.
Pfropfpolymerisate aus Allylcellulose und polymerisierbaren, ungesättigten Verbindungen	F.P. 1211629 (1958), Régie Nationale des Usines Renault. M. Lagache, M. Chateau u. J. Pomey, C. r. 251, 2353 (1960). F.P. 1222453 (1958), Régie Nationale des Usines Renault.
Pfropfung von Styrol auf Celluloseacetat durch Umsetzung von unvollständig substituierten Celluloseacetaten mit Crotonsäure- oder Maleinsäureanhydrid und Copolymerisation mit Styrol	H. Faraone, G. Parasocco u. C. Cogrossi, J. Appl. Polymer Sci. 5, 16 (1961).
Pfropfpolymerisate von Alkylacrylaten auf Cellulose	A.P. 2955015 (1957), American Cyanamid Co., Erf.: N. R. Segro u. J. H. Daniel jr.
Pfropfpolymere durch Ozonisierung von Cellulose und Viscose und Anpolymerisation von Vinylmonomeren	V. A. Kargin, K. U. Usmanov u. B. I. Aikhodzhaer, Vysokomolekulyarnye Soedineniya 1, 149 (1959); Chem. Abstr. 53, 18476[h] (1959).
Oxydation von Benzyl- und Äthylcellulose und Pfropfpolymerisation mit Styrol	W. Cooper u. R. K. Smith, Makromolekulare Chem. 40, 148 (1960).
Pfropfpolymere aus Cellulose, die zwecks Aktivierung mit Kobalt- oder Cersalzen behandelt wird	F.P. 1221901 (1959), American Cyanamid Co., Erf.: S. T. Moore.
Herstellung von Pfropfpolymeren aus Cellulosederivaten und polymerisierbaren, ungesättigten Verbindungen durch Erzeugung von Radikalen beim Zerreissen von Celluloseketten	R. J. Ceresa, Polymer 2, 213 (1961).
Initiierung der Pfropfpolymerisation auf Cellulose durch Hydroxyradikale und durch Cersalze	G. N. Richards, J. Appl. Polymer Sci. 5, 539 (1961).
Diazoniumderivate der Cellulose als Initiatoren für die Pfropfpolymerisation	G. N. Richards, J. Appl. Polymer Sci. 5, 553 (1961).
Pfropfpolymerisation auf Cellulosederivate durch Übertragungsreaktion	G. N. Richards, J. Appl. Polymer Sci. 5, 558 (1961).

6. Oxydation der Cellulose

Außer dem schon erwähnten oxydativen Abbau der Cellulose, besonders in alkalischer Lösung, läßt sich die Cellulose mit speziellen Oxydationsmitteln unter weitgehender Erhaltung ihres makromolekularen Charakters in Oxydationsprodukte überführen. Von der Vielzahl der Oxydationsreaktionen unterscheidet man hauptsächlich zwei Arten: die Oxydation der primären und die Oxydation der sekundären Hydroxygruppen.

Stickstoffdioxyd ist ein Oxydationsmittel, das spezifisch die primären Hydroxygruppen der Cellulose zu Carboxygruppen oxydiert[1]. Pro Hydroxymethylgruppe werden vier Moleküle Stickstoffdioxyd verbraucht. Es entsteht eine Poly-β-glucuronsäure. Dabei kommen jedoch Nebenreaktionen wie oxydative Aufspaltung der Pyranoseringe zwischen den Kohlenstoffatomen 2 und 3 vor (Endiol- und Reduktinsäurebildung), die das Makromolekül gegen Alkali instabil machen. Eine weitere Nebenreaktion ist die Spaltung der glucosidischen Bindungen, die zum Teil auf der hydrolysierenden Wirkung der Salpetersäure beruht, die sich aus Stickstoffdioxyd und dem Reaktionswasser bildet. Die erhaltenen Polyglucuronsäuren sind also alle mehr oder weniger stark abgebaut.

Oxydation von Cellulose zu Poly-β-glucuronsäure: Eine Suspension von umgefällter Cellulose in Tetrachlormethan wird mit der 4 fachen stöchiometrischen Menge flüssigen Stickstoffdioxyds versetzt. Das Reaktionsgefäß, am besten eine Schliffflasche, wird verschlossen und bei Raumtemp. auf einer Schüttelmaschine geschüttelt. Nach 24 Stdn. ist ein Produkt entstanden, das einer Polyglucuronsäure mit einer Carboxygruppe pro Glucoserest entspricht. Es ist in verd. Alkalien bzw. Wasser löslich.

Perjodsäure und Bleitetraacetat bewirken bei der Cellulose eine Glykolspaltung zwischen den Kohlenstoffatomen 2 und 3, so daß an diesen Stellen Aldehydgruppen entstehen[2]. Durch vorsichtige Oxydation läßt sich so ein Polyaldehyd der Cellulose herstellen, bei dem allerdings das ursprüngliche Cellulosemolekül stark abgewandelt ist, da ja die Pyranoseringe aufgespalten sind.

Cellulosedialdehyd[3]: 17 g Cellulose werden in der Dunkelheit bei 2–4° 41 Tage (die letzten 20 Tage bei 11°) in 500 cm³ 0,4 m Natriummetaperjodatlösung stehengelassen. Der unlösliche Polyaldehyd wird aus der Reaktionsmischung entfernt, mit destilliertem Wasser gut ausgewaschen und einige Tage gegen destilliertes Wasser dialysiert. Er ist löslich in 10%iger wäßr. Kaliumacetatlösung. In alkalischer Lösung ist Cellulosedialdehyd sehr instabil.

Der Cellulosedialdehyd läßt sich mit Natriumborhydrid[3] zum entsprechenden Dialkohol reduzieren und mit chloriger Säure zur Dicarboxycellulose oxydieren[4].

c) Umwandlung der Stärke[5]

1. Allgemeines und Isolierung

Stärke kommt in der Natur als Reservekohlenhydrat der Pflanzen in großer Menge vor. Die hauptsächlichen Ausgangsmaterialien für die Gewinnung der Stärke sind Mais und Kartoffeln, daneben spielen noch Tapioka, Reis und Weizen eine gewisse Rolle.

Stärke besteht aus zwei verschiedenen Bestandteilen, dem Amylopektin und der Amylose. Beide sind nur aus Anhydroglucoseresten aufgebaut, wie man durch totale Hydrolyse feststellen kann. Die Amylose besteht aus unverzweigten Ketten, in denen die Glucosereste in α-1,4-Bindung glucosidisch verknüpft sind. Das Amylopek-

[1] E. C. Yackel u. W. O. Kenyon, Am. Soc. 64, 121 (1942).
K. Maurer u. G. Drefahl, B. 75, 1489 (1942).
K. Maurer u. G. Reiff, J. makromol. Ch. 1, 27 (1943).
Über die chemischen Umwandlungen bei der Oxydation mit Stickstoffdioxyd siehe auch E. D. Kaversneva, V. J. Ivanov, A. S. Salova u. S. A. Kist, Bull. Acad. Sci URSS, Cl. Sci. chim. 1956, 358.
[2] R. D. Guthrie, Advances Carbohydrate Chem. 16, 105 (1961).
[3] I. J. Goldstein u. Mitarbb., Am. Soc. 79, 6469 (1957).
[4] G. F. Davidson u. T. P. Nevell, J. Textile Inst., Trans. 46, 407 (1955).
H. Sihtola, Makromolekulare Chem. 35, 250 (1960).
[5] Bibliographie s. S. 914.

tin ist verzweigt und besitzt neben 1,4-Bindungen noch 1,6-Bindungen. Stärke enthält eine geringe Menge an Eiweißbestandteilen und Phosphor, der in der Kartoffelstärke als Phosphorsäureester, in den Getreidestärken als Phosphatid gebunden ist. 100 g Stärke enthalten 0,14 bis 0,23 g P_2O_5.

Das Molekulargewicht der nativen Amylose[1] beträgt ungefähr $1 \cdot 10^6$, das des Amylopektins einige Millionen.

Der technisch wertvollere Bestandteil der Stärke ist die Amylose. Infolge ihrer unverzweigten Kettenmoleküle besitzten sie und ihre Derivate gute Filmbildungseigenschaften. Man ist aus diesem Grunde seit einiger Zeit bemüht, Maissorten mit besonders hohem Amylosegehalt zu züchten[2]. Die üblichen Stärken enthalten nur 15 bis 27% Amylose.

Die im folgenden beschriebenen Umsetzungen und Derivate der Stärke sind größtenteils am Beispiel der Amylose beschrieben. Stärke- bzw. Amylopektinderivate werden analog hergestellt.

Die Isolierung der Amylose aus Stärke ist auf verschiedene Weise möglich[3]. Ein technisches Fraktionierverfahren[4] arbeitet so, daß Stärke bei erhöhter Temperatur unter Druck in Wasser gelöst wird, beim Abkühlen scheidet sich dann die Amylose vor dem Amylopektin aus. Der Trenneffekt wird durch Verwendung von konzentrierten Salzlösungen noch verbessert.

Isolierung von Amylose (technisch): Kartoffelstärke wird im Verhältnis 1 : 10 in einer 13%igen wäßr. Lösung von Magnesiumsulfat suspendiert. Die Suspension wird im Autoklaven innerhalb kurzer Zeit auf 160° erhitzt. Nach 15 Min. ist die Stärke vollständig in Lösung gegangen. Man kühlt schnell auf 70° ab. Die Amylose fällt hierbei in Form von kugelförmigen Teilchen von 1–50 μ ⌀ aus. Sie wird abzentrifugiert, gewaschen und getrocknet. Ein Abbau der Stärke infolge der hohen Temp. wird verhindert, indem man einen p_H-Wert von 6,5–7,0 genau einhält, damit die beim Erhitzen freiwerdende Phosphorsäure abgefangen wird. Zu diesem Zweck gibt man eine bestimmte Menge Magnesiumoxyd in die Stärkesuspension und regelt den p_H-Wert durch variable Schwefeldioxydzufuhr.

Im Laboratorium isoliert man die Amylose besser nach einem kombinierten Verfahren von T. J. Schoch[5] und K. H. Meyer[6]. Es beruht darauf, daß Amylose mit organischen Lösungsmitteln wie Butanol, Pentanol, Thymol u. a. schwerlösliche Komplexverbindungen bildet. Die so hergestellte Amylose ist wesentlich reiner und hochmolekularer als die technisch hergestellte. Da die Amylose bei dieser Art der Isolierung aus dem Stärkekorn herausdiffundiert, nennt man sie auch Diffusionsamylose.

Diffusionsamylose[5,6]**:** Man erhitzt 3,5 l Wasser in einem großen Becherglas auf 70°, gibt 30 g in etwa 100 cm³ kaltem Wasser aufgeschlämmte Kartoffelstärke unter langsamem Rühren hinzu und rührt das Gemisch bei dieser Temp. 1 Stde. lang vorsichtig weiter. Um beim Anrühren der Kartoffelstärke ein Verkleistern zu vermeiden, befeuchtet man sie mit etwas Methanol und gibt erst dann das Wasser hinzu. Die optimale Temp. ist von Alter und Vorbehandlung der Stärke abhängig und muß jeweils in Vorversuchen ermittelt werden. Die Stärkekörner sollen innerhalb

[1] E. HUSEMANN u. H. BARTL, Makromolekulare Chem. **18/19**, 342 (1956).
[2] Chem. Engng. News **36**, Nr. 50, 54 (1958).
    S. AUGUSTAT, Stärke **12**, 145 (1960).
    G. TEGGE, Stärke **12**, 213 (1960).
[3] Advances Carbohydrate Chem. **16**, 299–332 (1961); Fraktionierung von Stärke.
    Chem. Werk, Juli **1962**, 135.
[4] P. HIEMSTRA, W. C. BUS u. J. M. MUETGEERT, Stärke **8**, 235 (1956).
    A.P. 2829987–90 (1952–1954), Coöperatieve Verkoop-en Productievereniging van Aardappelmeel en Derivaten „Avebe", Erf.: W. C. BUS, J. MUETGEERT u. P. HIEMSTRA.
[5] T. J. SCHOCH, Am. Soc. **64**, 2954 (1942).
    S. LANSKY, M. KOOI u. T. J. SCHOCH, Am. Soc. **71**, 4066 (1949).
[6] K. H. MEYER u. Mitarbb., Helv. **31**, 1536 (1948).

einer Viertelstunde stark aufquellen, wobei die Amylose sich im Wasser löst, aber nicht platzen. Nach 1 Stde. wird die Lösung durch Zentrifugieren vom Kleister getrennt, durch einen Falten- filter filtriert, wieder auf 70° erwärmt und unter Umschütteln mit 100 cm³ eines Gemisches von 4 Tln. Butanol und 1 Tl. n-Amylalkohol pro *l* Amyloselösung versetzt. Bei langsamer Abkühlung dieser Lösung scheidet sich der Butanolkomplex der Amylose in Form eines leichten, flockigen Niederschlages ab. Nach 48 stdg. Stehen wird er abzentrifugiert, wiederholt mit der 10 fachen Menge Methanol aufgeschlämmt und jeweils nach 24 stdg. Stehen abgesaugt. Dann wird der Niederschlag im Soxhlet 12 Stdn. lang mit Äther extrahiert. Die erhaltene Amylose wird i. Vak. über Phosphor- (V)-oxyd getrocknet; Ausbeute: 4–5 g Amylose aus 30 g Kartoffelstärke (Quellstärke).

Amylopektin, der Hauptbestandteil der Stärke, läßt sich durch mehrfaches Umfällen des Rückstandes bei der Amyloseisolierung nach K. H. Meyer in reinem Zustand gewinnen[1].

2. Eigenschaften der Stärke

Die auffallendste Eigenschaft der Stärke ist ihre Verkleisterung mit warmem Wasser. Erwärmt man Stärke in Wasser unter vorsichtigem Rühren, so tritt anfangs nur eine geringfügige Quellung ein. Bei einer für jede Stärkeart charakteristischen Temperatur quellen die Stärkekörner sehr rasch auf, und die Viscosität der Suspension nimmt schnell zu. Es ist bisher noch nicht gelungen, die Unterschiede zwischen den Stärkearten einwandfrei zu erklären. Beim Erhitzen in viel Wasser geht die Stärke

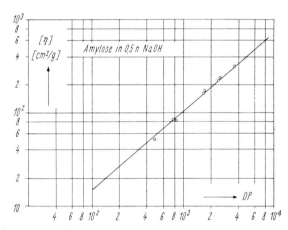

Abb. 22. Viscositäts-Molekulargewichts-Beziehung der Amylose in 0,5 n Natronlauge[2]
(DP = Durchschnittspolymerisationsgrad)

in Lösung. Im Gegensatz zum Amylopektin sind jedoch wäßrige Amyloselösungen nicht stabil. Sie trüben sich beim Stehen, die Viscosität nimmt ab, und nach einiger Zeit fällt das Polysaccharid aus. Die Geschwindigkeit dieser als Retrogradation bezeichneten Erscheinung nimmt mit steigender Konzentration und abnehmender Temperatur zu[3]. Sie beruht auf der Assoziation der Amylosemoleküle zu größeren Partikeln unter Bildung von Wasserstoffbrücken. Die Neigung zur Retrogradation ist abhängig vom Polymerisationsgrad[4]. Sehr lange Moleküle sind zu stark geknäuelt, um feste Assoziate geben zu können. Das Maximum der Retrogradation liegt bei Polymerisationsgraden zwischen 200 und 400.

[1] K. H. MEYER u. Mitarbb., Helv. **31**, 1536 (1948).
[2] E. HUSEMANN, u. Mitarbb., Stärke **13**, 196 (1961).
[3] E. HUSEMANN u. H. BARTL, Makromolekulare Chem. **25**, 146 (1958).
[4] R. L. WHISTLER u. C. JOHNSON, Cereal Chem. **25**, 418 (1948); Chem. Abstr. **43**, 2455[d] (1949).

In verdünnter Natronlauge und wäßrigem Formamid ist auch Amylose ohne Retrogradation leicht löslich. Durch Viscositätsmessungen an Amyloselösungen in 0,5n Natronlauge läßt sich ihr *Molekulargewicht* bzw. *Polymerisationsgrad* bestimmen, da die Beziehung zwischen Molekulargewicht und Viscositätszahl bekannt ist[1] (siehe Abb. 22, S. 901). Amyloselösungen in verdünnter Natronlauge dürfen jedoch nicht lange an der Luft stehen, da die Amylose hierbei oxydativ abgebaut wird.

Die Viscosität von Amylopektinlösungen hängt infolge der Verzweigung nicht in so einfacher Weise vom Molekulargewicht ab.

Andere Lösungsmittel für Stärke sind Formamid und Dimethylsulfoxyd. In beiden, besonders jedoch in Dimethylsulfoxyd, wird die Stärke leicht oxydativ abgebaut. Man arbeitet deshalb zweckmäßig unter Stickstoff.

Die Reaktionsfähigkeit der Stärke ist wesentlich größer als die der Cellulose. Besondere Methoden zur Erhöhung der Reaktionsfähigkeit wie Umfällung, Inkludierung oder Vorquellung sind daher nur selten notwendig. Mit Jod gibt Stärke die bekannte Jod-Stärke-Reaktion: reine Blaufärbung mit Amylose, Blauviolettfärbung mit Amylopektin[2]. Die Blaufärbung der Amylose beginnt ungefähr bei einem Polymerisationsgrad von 10; niedrigere Dextrine zeigen keine Blaufärbung mehr[3].

3. Abbau der Stärke unter weitgehender Erhaltung der makromolekularen Struktur

Ähnlich wie Cellulose läßt sich Stärke sowohl hydrolytisch als auch oxydativ abbauen. Gegenüber hydrolytischen Einflüssen ist sie weitaus empfindlicher als Cellulose; in alkalischer Lösung wird sie nur langsam durch den Luftsauerstoff abgebaut.

Heterogener hydrolytischer Abbau der Amylose: 10 g Amylose werden bei 60° unter intensivem Rühren in 100 cm³ Methanol aufgeschlämmt und mit 12 cm³ konz. Salzsäure versetzt. Der Grad des Abbaus hängt von der Dauer dieser Behandlung ab. Danach wird die Amylose sofort abgenutscht, mit Methanol kurz gewaschen und einige Zeit in pyridinhaltigem Methanol stehengelassen. Schließlich wird mit Methanol gut nachgewaschen und mit Äther nachgespült.

Der homogene Abbau mit Ameisensäure geht wesentlich langsamer vor sich, führt aber zu einheitlicheren Produkten.

Homogener hydrolytischer Abbau der Stärke[4]: 20 g Kartoffelstärke werden in 200 cm³ konz. Ameisensäure gleichmäßig verrührt und dann unter dauerndem Schütteln auf 100° erwärmt, wobei sich die Stärke allmählich auflöst. Nach einer bestimmten Einwirkungsdauer wird unter weiterem Schütteln rasch mit einer Kältemischung abgekühlt und die Lösung nach dem Dekantieren bzw. Filtrieren von geringen ungelösten Anteilen sofort in 1,5 l Methanol gefällt. Dabei scheidet sich die Stärke pulverförmig aus. Sie wird gut mit Methanol gewaschen und anschließend über Phosphor-(V)-oxyd getrocknet.

Weitergehender Abbau der Stärke führt zu den sogenannten Dextrinen, die technisch hergestellt werden. Dextrine sind keine hochmolekularen Stoffe mehr. Sie sind wasserlöslich und werden als Klebstoffe, Wäschestärke u.a. verwendet. Beim Abbau der Stärke durch Amylase aus Bacillus macerans entstehen die sogenannten Schardinger-Dextrine[5]. Das sind ringförmige Polysaccharide, die aus 5 bis 12 Glucoseresten bestehen[6].

[1] E. HUSEMANN, W. BURCHARD, B. PFANNEMÜLLER u. R. WERNER, Stärke 13, 196 (1961).
[2] S. A. WATSON u. R. L. WHISTLER, Ind. eng. Chem. Anal. 18, 75 (1946).
[3] M. A. SWANSON, J. biol. Chem. 172, 825 (1948).
[4] H. STAUDINGER u. H. EILERS, B. 69, 819 (1936).
[5] E. B. TILDEN u. C. S. HUDSON, Am. Soc. 61, 2900 (1939).
    F. SCHARDINGER, Zbl. Bakt. Parasitenk. [2] 22, 98 (1908); 29, 188 (1911).
[6] K. FREUDENBERG, E. PLANKENHORN u. H. KNAUBER, A. 558, 1 (1947).
    A. O. PULLEY u. D. FRENCH, Biochem. Biophys. Res. Commun. 5, 11 (1961).

4. Veresterung der Stärke

Die Stärkeester haben weitaus nicht die Bedeutung der Celluloseester erlangt. Erst in neuerer Zeit kommen sie mehr zur Anwendung, besonders die Ester und anderen Derivate der Amylose, die durch das holländische Fraktionierverfahren jetzt besser zugänglich geworden ist.

a) Stärkeester anorganischer Säuren

a_1) *Salpetersäureester*

Der Salpetersäureester der Stärke ist das am längsten bekannte Stärkederivat. Ihre Herstellung erfolgt analog der der Cellulosenitrate durch Behandeln der Stärke mit Salpetersäure und Schwefelsäure oder Phosphorsäure. Wegen ihrer größeren Säureempfindlichkeit wird die Stärke jedoch bei der Nitrierung in stärkerem Maße abgebaut als die Cellulose. Der Abbau beträgt bei Verwendung von Schwefelsäure 40–70%, bei Verwendung von Phosphorsäure 36–46% [1].

Stärkenitrat[2]: 1 Tl. Stärke wird in 25 Tln. 100%iger Phosphorsäure bei 0° zu einer Suspension verrührt. In die stark gerührte Mischung gibt man das gleiche Vol. eisgekühlter, wasserfreier Salpetersäure. Die Nitrierung setzt sofort ein und ist in 10 Min. beendet. Das Stärkenitrat wird abgesaugt und gut mit Wasser gewaschen.

Zur Stabilisierung wird das Stärkenitrat mit Wasser gekocht, das neutralisierende Stoffe wie Carbonate[3] oder Alkalien[4] enthält. Ebenso erreicht man eine Stabilisierung durch Zugabe von Anilin[4] oder Methanol[2]. Durch Behandlung mit Ammoniumhydrogensulfid[5] oder alkoholischer Kaliumhydroxydlösung[6] lassen sich die Nitratgruppen wieder abspalten.

a_2) *Schwefelsäureester*

Amylose läßt sich sowohl in heterogener als auch homogener Reaktion mit Schwefelsäure bzw. Chlorsulfonsäure verestern[7], wobei nur eine Hydroxygruppe mit der Schwefelsäure reagiert.

Nach S. Bergström[8] behandelt man in Pyridin aufgeschlämmte Amylose mit frisch hergestellter Anhydropyridinschwefelsäure, die man durch Eintropfen von Chlorsulfonsäure in Pyridin erhält. Die Veresterung der Amylose erfolgt jedoch ungleichmäßig, und der Substitutionsgrad streut über einen weiten Bereich. Eine gleichmäßige Veresterung ist nur in homogener Reaktion möglich.

Bei der Umsetzung von in Formamid gelöster Amylose mit Chlorsulfonsäure[9] bei 20° erhält man leicht den Schwefelsäureester der Amylose. Es bildet sich hierbei eine Additionsverbindung von Schwefeltrioxyd an Formamid (F: 50°), die in überschüs-

---

[1] H. STAUDINGER u. E. HUSEMANN, A. **527**, 195 (1937).

[2] E. BERL u. W. C. KUNZE, A. **520**, 270 (1935).

[3] A.P. 1211761 (1916), S. S. Sadtler.
   Finn.P. 18141 (1936) ≡ A.P. 2127360 (1938), Nitrokémia Ipartelepek Részvénytársaság, Erf.: J. HELLE u. A. KUNZ; C. **1938** II, 3646.

[4] DRP. 57711 (1890), Dynamit AG.

[5] H. F. BROWN u. Mitarbb., Soc. **75**, 308 (1899).

[6] E. BERL u. W. SMITH, J. Soc. chem. Ind. **27**, 534 (1908).

[7] R. TAMBA, Bio.Z. **141**, 274 (1923).

[8] S. BERGSTRÖM, H. **238**, 163 (1936); Naturwiss. **23**, 706 (1935).

[9] B. PFANNEMÜLLER, Dissertation, Universität Freiburg/Brsg. 1953.

sigem Formamid löslich ist und analog der Anhydropyridinschwefelsäure sulfatierend wirkt. Bei ungenügender Kühlung tritt Blausäureentwicklung auf. Die erhaltenen Amyloseschwefelsäureester sind etwas abgebaut.

Weitgehend polymeranalog verläuft die Sulfatierung bei Zusatz von Pyridin[1]. Blausäure entsteht hierbei nicht. Durch Verwendung wechselnder Mengen Chlorsulfonsäure kann jeder gewünschte Substitutionsgrad erhalten werden.

Amylosesulfat[1]: 80 cm³ Pyridin werden unter Kühlung mit einer Eis-Kochsalz-Mischung tropfenweise mit 5–10 cm³ Chlorsulfonsäure (je nach dem gewünschten Substitutionsgrad) versetzt. Das Gemisch wird bis zur vollständigen Lösung des entstandenen Pyridiniumsalzes auf 80–90° erhitzt. 10 g Amylose werden bei 100° in 100 cm³ Formamid gelöst und die Lösung bei einer Badtemp. von 75° in das Sulfatiergemisch eingegossen. Man rührt 2 Stdn. bei 75°, kühlt ab und gießt die tiefbraune Lösung in 2 l Methanol ein. Das ausgefällte Pyridiniumsalz des Amyloseschwefelsäureesters – teilweise klebrige bis ölige Produkte – wird vom Methanol abgetrennt und in einer Reibschale mit Methanol und Äther weitgehend trocken gerieben. Zur Reinigung löst man die Substanz in möglichst wenig Wasser, gibt verd. Natronlauge bis zum Farbumschlag nach Rot zu, fällt in Methanol aus, saugt ab und reibt wieder in einer angewärmten Reibschale mit Methanol und Äther trocken. Diese Behandlung wird 3- bis 4 mal wiederholt, bis das Pyridiniumsalz vollständig in das Natriumsalz übergeführt und kein Geruch nach Pyridin mehr zu spüren ist. Bei der letzten Umfällung soll die Lösung in Natronlauge nahezu farblos sein. Das Rohprodukt wird in wenig Wasser gelöst, mit verd. Schwefelsäure neutralisiert und bis zur vollständigen Entfärbung mit wenig wäßr. Chlordioxydlösung versetzt. Zur Entfernung von Salzen und anderen niedermolekularen Beimischungen wird 24 Stdn. gegen destilliertes Wasser dialysiert. Anschließend wird i. Vak. bei etwa 35° auf 100 cm³ eingeengt und in Methanol gefällt. Der Niederschlag wird mit Methanol und Äther gewaschen und im Mörser trocken gerieben.

In Wasser werden die Amyloseschwefelsäureester, besonders bei erhöhter Temperatur, langsam unter Abspaltung von Schwefelsäure hydrolysiert. Bemerkenswert ist das Verhalten gegenüber Alkali. Mit 0,1n Natronlauge erfolgt sehr rasch Verseifung bis zu einem Substitutionsgrad von ungefähr 1,0. Diese Substanz ist dann gegen Alkali erstaunlich beständig.

a_3) *Phosphorsäureester der Stärke*

Die Darstellung von Phosphorsäureestern der Stärke bzw. der Amylose ist nach verschiedenen Methoden vorgenommen worden[2,3]. Die Hauptschwierigkeit besteht darin, daß die Reaktion in Ermangelung eines geeigneten Lösungsmittels nicht homogen durchgeführt werden kann. Daher erhält man ungleichmäßig substituierte Produkte.

Bei der Phosphorylierung der Stärke mit Phosphoroxychlorid in Pyridin[4] erhält man vernetzte, dunkelgefärbte Produkte, bei Verwendung von Polyphosphorsäure[2] dunkelgefärbte Produkte, die bis zu 15% Phosphor enthalten, was einem Substitutionsgrad von 2,0 entspricht. Bei der Reinigung durch Dialyse verlieren die Produkte jedoch Phosphor, woraus man auf eingeschlossenes anorganisches Phosphat schließen kann. Zur Herstellung definierter Phosphorsäureester geht man besser von Amylosederivaten aus, die sich in Pyridin in homogener Reaktion mit Phosphoroxychlorid verestern lassen. So erhält man durch Phosphorylierung von 6-Tritylamylose den 2,3-Diphosphorsäureester der 6-Trityl-amylose und aus 2,3-Dicarbanilylamylose eine 6-Phospho-2,3-dicarbanilyl-amylose. Die Trityläther- und Urethangruppen lassen sich anschließend selektiv abspalten, so daß man zu Phosphorsäureestern der Amylose

[1] H. SCHILL, Dissertation, Universität Freiburg/Brsg. 1956.
[2] H. GRÜNEWALD, Diplomarbeit, Universität Freiburg/Brsg. 1955.
[3] P. KARRER, H. KOENIG u. E. USTERI, Helv. **26**, 1296 (1943).
   H. VOGEL, B. **72**, 2052 (1939).
[4] R. LOHMAR, J. W. SLOAN u. C. E. RIST, Am. Soc. **72**, 5717 (1950).

gelangt, die entweder nur an den primären oder nur an den sekundären Hydroxygruppen verestert sind[1].

2,3-Diphosphorsäureester der Amylose[1]: Man löst 1 g Tritylamylose (Darstellung s. S. 911) in 10 g Pyridin, gibt 4 g Phosphoroxychlorid unter Kühlung zu, schüttelt 2 Stdn. und fällt anschließend in Methanol. Das Produkt wird mit Methanol, Wasser, wieder Methanol und schließlich mit Äther gewaschen und aus Pyridin in Methanol umgefällt. 0,5 g des trockenen, phosphorylierten Produktes werden in 10 cm³ Eisessig gelöst und mit 1 cm³ 20%iger Bromwasserstoffsäure in Eisessig unter Schütteln versetzt. Das detritylierte Produkt scheidet sich sofort ab. Nach 20 Min. Stehen wird die überstehende Lösung abgegossen, das Produkt in 2%iger Natronlauge gelöst, die alkal. Lösung mit verd. Essigsäure neutralisiert und durch Dialyse gereinigt. Nach dem Einengen der dialysierten Lösung wird der Ester in Methanol gefällt und mit Methanol und Äther gewaschen.

Die 6-Phosphorsäureester werden analog hergestellt. Die Urethangruppen lassen sich in diesem Falle durch einstündiges Kochen mit verdünnter Natriummethylatlösung selektiv verseifen. Die so hergestellten Phosphorsäureester der Amylose sind alle in Wasser leicht lösliche Produkte, die mit verschiedenen Schwermetallsalzen Fällungen ergeben.

Es ist interessant, daß im letzten Beispiel auch durch großen Überschuß von Phosphoroxychlorid nur ein Substitutionsgrad von 0,5 erzielt werden kann. Durch Analyse des Silbersalzes dieses 6-Phosphorsäureesters der Amylose konnte bewiesen werden, daß ein Phosphorsäuremolekül immer mit zwei primären Hydroxygruppen desselben Amylosemoleküls verestert ist[2].

β) Stärkeester organischer Säuren

β₁) Fettsäureester

Der bekannteste organische Ester der Stärke ist der Essigsäureester. Stärkeacetate lassen sich leicht herstellen und dienen oft zur Charakterisierung von Stärkefraktionen und als Zwischenprodukte bei der Herstellung von Methyläthern[3].

Zur Herstellung von Stärkeacetaten schlämmt man gewöhnlich Stärke in Pyridin auf und behandelt sie bei 100° mit Essigsäureanhydrid. Wie bei allen heterogenen Reaktionen sind die Produkte jedoch ungleichmäßig verestert, und ein Triacetat erhält man erst durch tagelange Acetylierung bei 60° oder 24stündiges Erhitzen auf 100°. Einheitlichere Produkte erhält man, wenn man Stärke bzw. Amylose in Formamid suspendiert, mit Pyridin vermischt und durch Zutropfen von Essigsäure-

[1] R. Resz, Dissertation, Universität Freiburg/Brsg. 1958.
[2] G. Müller, Diplomarbeit, Universität Freiburg/Brsg. 1960.
[3] W. N. Haworth, E. L. Hirst u. J. I. Webb, Soc. **1928**, 2681.
    D. K. Baird, W. N. Haworth u. E. L. Hirst, Soc. **1935**, 1201.
    W. N. Haworth, E. L. Hirst u. M. M. T. Plant, Soc. **1935**, 1214.
    W. N. Haworth, E. L. Hirst u. A. C. Waine, Soc. **1935**, 1299.
    W. N. Haworth u. Mitarbb., Soc. **1937**, 791.
    E. L. Hirst, M. M. T. Plant u. M. D. Wilkinson, Soc. **1932**, 2375.

anhydrid acetyliert[1]. Auf diese Weise gelingt es, durch zweimalige Acetylierung bei Zimmertemperatur zum Triacetat zu gelangen[2].

Noch besser ist es, wenn man die Amylose zuerst bei 100° in Formamid löst und dann bei tieferer Temperatur nach Zusatz von etwas Pyridin acetyliert[3]. Diese Reaktionsführung verläuft streng polymeranalog.

Amylosetriacetat[3]: 1 g Amylose wird in 25 cm³ Formamid bei 100° unter Rühren gelöst. Der Lösungsvorgang dauert je nach Beschaffenheit der Amylose 1–2 Stunden. Nach dem Abkühlen auf 40° setzt man 25 cm³ Pyridin zu, erhitzt das Gemisch auf 60° und tropft unter Rühren 200 cm³ Acetanhydrid langsam zu. Man rührt noch 2–3 Stdn. weiter und läßt das Gemisch insgesamt 16–20 Stdn. bei 60° stehen. Dann wird der Ester in Wasser ausgefällt.

Je nach der Reaktionstemperatur und Dauer gelangt man bei dieser Methode zu einheitlich substituierten Produkten verschiedenen Veresterungsgrades.

Tab. 54. Acetylierung von Amylose. Acetylgehalt in Abhängigkeit von der Reaktionstemperatur

Temp. [° C]	Zeit [Stdn.]	Acetylgehalt [%]	Substitutionsgrad
—10	20	37,5	2,5
± 0	20	39,5	2,6
+20	20	42,5	2,8
+60	20	44,8	3,0

Es ist also bei der Amylose im Gegensatz zur Cellulose möglich, in einem Reaktionsgang das acetonlösliche Zweieinhalbacetat zu erhalten. Amyloseacetate mit geringem Acetylgehalt (8–15%) sind wasserlöslich[4, 5]. Die Eigenschaften der Amylosetriacetate sind denen der Cellulosetriacetate[5] sehr ähnlich. Sie eignen sich gut zur Herstellung von Fasern und Filmen.

Definierte 2,3-Diacetate lassen sich über die 6-Tritylamylose herstellen[6].

2,3-Diacetyl-amylose[6]: 150 g 6-Trityl-amylose (Herstellung s. S. 911) werden in 450 cm³ Pyridin gelöst und im Verlauf von 30 Min. mit 400 g Acetanhydrid unter Eiskühlung versetzt. Die Mischung läßt man 48 Stdn. bei 5–10° stehen, dann fällt man in Methanol aus, wäscht gut nach und trocknet. Die Acetylierung wird in 800 cm³ Pyridin mit 500 g Acetylchlorid bei 60° wiederholt.

150 g dieser 6-Trityl-2,3-diacetyl-amylose werden in 600 cm³ trockenem Chloroform gelöst. Dann gibt man 600 cm³ Eisessig zu und versetzt die klare Lösung mit einem Gemisch von 100 cm³ 25%iger Bromwasserstoffsäure in Eisessig, 100 cm³ Eisessig und 100 cm³ Chloroform. Alle Lösungen werden vorher auf 5° gekühlt. Nach der Zugabe wird sofort kräftig durchgeschüttelt, wobei ein sich bildender Niederschlag wieder in Lösung geht. Das Schütteln wird unter Kühlung mit Eiswasser 15 Min. lang fortgesetzt, die Säure mit 120 cm³ Pyridin neutralisiert und das Produkt in gekühltem Äther-Äthanol (2 : 1 Vol.-Tle.) gefällt. Umfällung aus Dimethylformamid-Pyridin (9 : 1 Vol.-Tle.) in Wasser.

Ameisensäureester der Stärke lassen sich durch Behandlung der Stärke mit konzentrierter Ameisensäure herstellen. Die Veresterung mit Ameisensäure ist eine Gleichgewichtsreaktion[7], und der Veresterungsgrad hängt von der Stärke der verwendeten Ameisensäure ab. Mit 90%iger Ameisensäure erhält man ein Stärkemonoformiat[8], mit

[1] J. F. CARSON u. W. D. MACLAY, Am. Soc. **68**, 1015 (1946).
[2] A. L. POTTER u. W. Z. WASSID, Am. Soc. **70**, 3774 (1948).
[3] E. HUSEMANN u. H. BARTL, Makromolekulare Chem. **25**, 146 (1958); **18/19**, 342 (1956).
[4] C. F. CROSS, E. J. BEVAN u. J. TRAQUAIR, Ch. Z. **29**, 527 (1905).
[5] H. T. CLARKE u. H. B. GILLESPIE, Am. Soc. **54**, 2083 (1932).
[6] E. HUSEMANN u. R. RESZ, Makromolekulare Chem. **48**, 172 (1961).
[7] I. A. WOLFF, D. W. OLDS u. G. E. HILBERT, Am. Soc. **79**, 3860 (1957).
[8] R. L. WHISTLER u. H. J. ROBERTS, Am. Soc. **81**, 4427 (1959).

100%iger Säure einen Diester. Höhere Veresterungsgrade lassen sich nur durch mehrfache Wiederholung der Veresterungsreaktion herstellen, die Produkte sind jedoch stark abgebaut.

Amylosemonoformiat[1]: Amylose wird in 90%iger Ameisensäure bei Raumtemp. unter Rühren suspendiert. Zuerst tritt Gelbildung auf, doch nach 2–3 Stdn. hat sich die Amylose in der Ameisensäure vollständig aufgelöst. Nach 24 Stdn. wird die Lösung in Äthanol gefällt. Der Ester wird gut gewaschen und getrocknet.

Beim Amylosemonoformiat sind hauptsächlich die primären Hydroxygruppen verestert[2]. Mit Jod gibt das Monoformiat eine rotbraune Färbung.

Stärkeformiate sind wie die Celluloseformiate instabil. Die Formylgruppen werden sehr leicht hydrolytisch abgespalten.

Zur Herstellung der höheren Fettsäureester der Amylose läßt man die entsprechenden Säurechloride oder -anhydride in Pyridin auf Amylose einwirken[3].

Höhere Fettsäureester der Amylose[4]: Amylose wird in Pyridin aufgeschlämmt und unter Rühren bei 100° 12 Stdn. lang mit der 1,7fachen theor. notwendigen Menge Säurechlorid oder -anhydrid behandelt. Dann wird der Ester in Äthanol ausgefällt. Der in den meisten organischen Lösungsmitteln lösliche Ester der Amylose ist der Butylester. Außer in kaltem Äthanol, n-Butanol und Petroläther ist er in allen gängigen Lösungsmitteln löslich.

Gemischte Ester der Amylose lassen sich analog herstellen, indem man die Säureanhydride nacheinander oder gemeinsam auf die Amylose einwirken läßt[5]. Außer den Ameisensäure-Mischestern, die wenig flexibel und brüchig sind, haben die Amylose-Mischester gute Faser- und Filmbildungseigenschaften, vor allem aber bessere Löslichkeitseigenschaften als die Amylosetriacetate. Formylgruppen werden auch in Mischestern leicht hydrolytisch abgespalten, obwohl ihre leichte Abspaltbarkeit durch andere Gruppen zum Teil aufgehoben wird.

Abschließend seien die Stärkeester der *Mono-, Di-* und *Trichloressigsäure* erwähnt. Man erhält sie durch Behandlung der Stärke mit der entsprechenden Säure oder dem Säureanhydrid in Gegenwart von Schwefelsäure[6,7]. Stärketriacetate können auch nachträglich mit Phosphorpentachlorid zum Trichloressigsäureester chloriert werden[7].

β_2) Stärkeester anderer Carbon- und Sulfonsäuren

Benzoesäureester[8,9] und andere Ester wie z. B. *Zimtsäureester*[8] oder *3,4-Dichlorbenzolsulfonsäureester*[10] der Stärke lassen sich ebenfalls durch Behandlung der Stärke mit den Säurechloriden in Pyridin herstellen. Amylosetribenzoat ist löslich in Pyridin, Aceton und Chloroform, unlöslich in Alkohol und Äther.

Phthalsäurehalbester der Amylose erhält man durch Behandlung von in Formamid gelöster Amylose mit Phthalsäureanhydrid[11]. Als schwache Säure ist der Ester in Alkalien und Pyridin löslich, ebenso in Methanol und Aceton.

[1] R. L. Whistler u. H. J. Roberts, Am. Soc. **81**, 4427 (1959).
[2] C. F. Cross, E. J. Bevan u. J. Traquair, Ch. Z. **29**, 527 (1905).
[3] I. A. Wolff, D. W. Olds u. G. E. Hilbert, Am. Soc. **73**, 346 (1951).
   H. Gault, C. r. **177**, 592 (1923).
   G. Genin, Rev. gén. Mat. plast. **12**, 5 (1936).
[4] I. A. Wolff, D. W. Olds u. G. E. Hilbert. Am. Soc. **73**, 346 (1951).
[5] I. A. Wolff, D. W. Olds u. G. E. Hilbert, Ind. eng. Chem. **49**, 1247 (1957).
[6] A. G. Kldiaschwili, Ж. **36**, 905 (1904); **37**, 421 (1905); Soc. **86**, 798 (1904); **88**, 634 (1905).
[7] H. Rudy, Cellulosech. **13**, 49 (1932).
[8] W. S. Reich u. A. F. Damansky, Bull. Soc. Chim. Biol. **19**, 158, 357 (1937); C. r. Soc. Biol. **113**, 23 (1933); C. r. **196**, 1610 (1933).
[9] A. F. Damansky, C. r. Soc. Biol. **114**, 1051 (1933).
[10] E. P. 493513 (1937), A. A. Houghton u. I.C.I; C. **1939** I, 3098.
[11] M. Kafka, Diplomarbeit, Universität Freiburg/Brsg. 1956.

Amylosephthalsäureester[1]: 5 g Amylose werden in 50 cm³ Formamid bei 100° gelöst, mit 250 cm³ trockenem Pyridin verdünnt und auf 90° erhitzt. Unter Rühren werden 50 g feingepulvertes Phthalsäureanhydrid zugegeben. Die Mischung wird 15 Stdn. bei 90° gehalten, danach in 2,5 l Wasser, das 5% Pyridin enthält, ausgegossen und der Phthalsäurehalbester der Amylose durch Ansäuern mit verd. Salzsäure ausgefällt und abgesaugt. Nach dem Trocknen wird er durch Extraktion mit Aceton von mitausgefallener Phthalsäure befreit. Der Substitutionsgrad beträgt 0,66. Durch erneutes Umsetzen des Produktes mit Phthalsäureanhydrid in Pyridin erhält man höher veresterte Produkte.

Der p-Toluolsulfonsäureester der Amylose wird hergestellt, indem man trockene Amylose in Pyridin neun Tage lang mit einem Überschuß von p-Toluolsulfonsäurechlorid (Tosylchlorid) behandelt[2]. Der so erhaltene Tritosylester der Amylose besitzt jedoch sehr ungünstige Löslichkeitseigenschaften. Er ist in allen gängigen organischen Lösungsmitteln praktisch unlöslich. Wenn man dagegen in Pyridin gequollene[3], sehr reaktionsfähige Amylose mit Tosylchlorid behandelt, erhält man lösliche Ester. Da die primären Hydroxygruppen der Amylose mit Tosylchlorid leichter verestert werden als die sekundären, läßt sich durch geeignete Reaktionsführung ein vorwiegend am C_6-Atom substituierter Tosylester der Amylose herstellen[4].

6-Tosyl-amylose[4]: 26 g Amylose werden über Nacht mit 250 cm³ Butanol-gesättigtem Wasser stehengelassen. Dann bläst man das Butanol mit Wasserdampf ab. Gleichzeitig wird nach und nach Pyridin zugegeben und solange weiterdestilliert, bis alles Wasser als Pyridin-Wasser-Azeotrop übergegangen ist und reines Pyridin über der Amylose zurückbleibt. Die Amylose ist dann in dem Pyridin geliert. Es werden nun sofort und nach 3, 12 und 24 Stdn. je 10 g Tosylchlorid, insgesamt 40 g, zugegeben, wobei die Mischung auf einer Schüttelmaschine geschüttelt wird. Nach 3 Tagen wird die 6-Tosyl-amylose in Wasser ausgefällt und aus Dimethylformamid mit Wasser umgefällt. Das Produkt ist löslich in Dimethylformamid, Dioxan, Pyridin, Tetrahydrofuran, Äthylendiamin, Aceton-Wasser und Dioxan-Wasser. Es ist vorwiegend (im Verhältnis 3 : 1) an den primären Hydroxygruppen tosyliert.

Wie bei der Cellulose lassen sich auch in tosylierten Amylosederivaten, z.B. 2,3-Dicarbanilyl-6-tosyl-amylose, die 6-ständigen Tosylgruppen durch Jod ersetzen, indem man das Produkt in Aceton oder Acetonylaceton löst und im Autoklaven bei 100 bis 120° mit überschüssigem Natriumjodid behandelt[4,5]. Durch Reduktion der Jod-Amylosen mit Lithiumaluminiumhydrid läßt sich das Jod durch Wasserstoff ersetzen (siehe den Abschnitt Oxydation und Reduktion der Amylose, S. 914).

γ) Stärkeester der Kohlensäure oder ihrer Derivate

γ_1) Dithiokohlensäureester der Stärke (Xanthogenate)

Ähnlich wie die Cellulose reagiert auch Stärke mit Alkali und Schwefelkohlenstoff unter Bildung von Xanthogenaten. Entweder läßt man Natronlauge und Schwefelkohlenstoff gleichzeitig in Gegenwart von Toluol auf Stärke einwirken[6], oder man behandelt die Stärke zuerst mit Natronlauge und anschließend mit Schwefelkohlenstoff[7]. Die erzielten Substitutionsgrade liegen zwischen 1,0 und 2,0 , ein höherer Xanthogenierungsgrad ist schwer zu erreichen.

Die Eigenschaften der Stärkexanthogenate sind denen der Cellulosexanthogenate

[1] M. KAFKA, Diplomarbeit, Universität Freiburg/Brsg. 1956.
[2] K. HESS u. R. PFLEGER, A. **507**, 48 (1933).
[3] E. PACSU u. J. W. MULLEN, Am. Soc. **63**, 1487 (1941).
[4] R. RESZ, Dissertation, Universität Freiburg/Brsg. 1958.
[5] J. F. MAHONEY u. C. B. PURVES, Am. Soc. **64**, 9 (1942).
    J. W. H. OLDHAM u. J. K. RUTHERFORD, Am. Soc. **54**, 366 (1932).
    C. J. MALM, L. J. TANGHE u. B. C. LAIRD, Am. Soc. **70**, 2740 (1948).
[6] C. F. CROSS, E. J. BEVAN u. J. F. BRIGGS, Soc. **91**, 612 (1907).
[7] H. OST, F. WESTHOFF u. L. GESSNER, A. **382**, 340 (1911).

ähnlich[1]. So erleiden ihre wäßrigen Lösungen ebenfalls langsam hydrolytische Spaltung unter Anwachsen der Viscosität[2]. Mit Jod läßt sich Stärkexanthogenat zum Disulfid oxydieren[3].

γ₂) *Carbamidsäureester der Stärke (Urethane)*

Die Urethane der Stärke und Amylose werden analog denen der Cellulose hergestellt und besitzen ähnliche Eigenschaften. Der einzige Unterschied ist der, daß Stärke bzw. Amylose wesentlich leichter mit Isocyanaten reagiert als die Cellulose.

Die Amylose-tri-phenylcarbamate lassen sich zur Charakterisierung von Amylosen verwenden, da die Abhängigkeit ihrer Viscosität in Aceton vom Molekulargewicht bekannt ist, und man so leicht Molekulargewichte unbekannter Amylosen bestimmen kann (vgl. Phenylcarbamate der Cellulose, S. 883).

Interessant ist die 2,3-Dicarbanilyl-amylose, da man über sie zu 6-substituierten Amylosederivaten gelangen kann.

2,3-Dicarbanilyl-amylose[4]: 122 g 6-Trityl-amylose werden in 600 cm³ wasserfreiem Pyridin gelöst und mit 200 g Phenylisocyanat versetzt. Die klare Lösung wird 48 Stdn. auf 100° erhitzt. Nach dem Abkühlen bildet die sehr stark viscose Reaktionslösung eine Gallerte, die man unter Erwärmen und Schütteln in 600 cm³ Dioxan löst. Die 6-Trityl-2,3-dicarbanilyl-amylose wird in Methanol ausgefällt. Zur Abspaltung der Tritylgruppen werden 175 g dieses Produktes in 1200 cm³ Dioxan gelöst, mit 800 cm³ Eisessig versetzt und gut durchgeschüttelt. Die entstandene klare Lösung wird dann mit 170 cm³ 20%igem Salzsäure-Dioxan-Gemisch versetzt. Nach kräftigem Umschütteln entsteht eine homogene Lösung, die 2 Stdn. bei 5–10° stehengelassen wird. Nach dieser Zeit werden 200 cm³ Pyridin zugegeben, und die Mischung wird kräftig durchgeschüttelt. Die 2,3-Dicarbanilylamylose wird in viel Wasser ausgefällt. Nach dem Trocknen wird das Produkt mit Äther extrahiert.

Die freien primären Hydroxygruppen der 2,3-Dicarbanilyl-amylose können verestert oder veräthert und die Urethangruppen nachträglich selektiv abgespalten werden.

Verseifung von 2,3-Dicarbanilyl-amylose: 0,5 g 2,3-Dicarbanilyl-amylose werden in 20 cm³ Dioxan gelöst und mit 10 cm³ absol. Methanol versetzt. Zu der klaren Lösung gibt man eine Lösung von 0,2 g Natrium in 15 cm³ Methanol und kocht die Mischung dann 1 Stde. unter Rückfluß. Schon nach kurzer Zeit scheidet sich ein Niederschlag ab. Nach dem Verdünnen mit Methanol auf 200 cm³ wird abgesaugt, gewaschen und getrocknet.

In 6-Stellung vorhandene Äthergruppen werden bei dieser Behandlung gar nicht, anorganische Estergruppen wie Sulfat- und Phosphatreste kaum abgespalten, so daß man das reine 6-substituierte Derivat der Amylose erhält.

Die Reaktion mit Diisocyanaten führt zu vernetzten, weitgehend unlöslichen Produkten[5]. Die Umsetzung der Stärke läßt sich gut in Formamid durchführen[6].

5. Verätherung der Stärke

α) Einfache Alkyläther

Methyläther der Stärke lassen sich aus Stärke durch Einwirkung von Natronlauge und Dimethylsulfat herstellen[7]. Die Ausbeute an Trimethylstärke ist dabei jedoch sehr gering. Zur Darstellung höhersubstituierter Methyläther der Stärke bzw. Amylose

---

[1] R. WOLFFENSTEIN u. E. OESER, Kunstsd. **7**, 27 (1925); C. **1925** II, 366.

[2] H. OST, F. WESTHOFF u. L. GESSNER, A. **382**, 340 (1911).

[3] C. F. CROSS, E. J. BEVAN u. J. F. BRIGGS, Soc. **91**, 612 (1907).

[4] E. HUSEMANN u. R. RESZ, Makromolekulare Chem. **48**, 172 (1961).

[5] I. A. WOLFF, P. R. WATSON u. C. E. RIST, Am. Soc. **76**, 757 (1954).

[6] DBP. 898740 (1951), H. Bartl.

[7] J. C. IRVINE u. J. MACDONALD, Soc. **1926**, 1502.

P. KARRER, Helv. **3**, 620 (1920).

P. KARRER u. C. NÄGELI, Helv. **4**, 185 (1921).

geht man besser von den Acetaten aus[1]. Die Acetylgruppen werden dabei durch die Natronlauge vollständig abgespalten.

Trimethylamylose[1]: 25 g Acetylamylose mit einem Substitutionsgrad von etwa 2,5 werden in 250 cm³ Aceton gelöst und mit 100 cm³ Dimethylsulfat und 280 cm³ 30%iger Natronlauge, die gemeinsam allmählich innerhalb 100 Min. in 10 Anteilen zugegeben werden, versetzt. Die Reaktionstemp. beträgt 56°. Anschließend wird das Aceton abdestilliert und die Reaktionsmischung 30 Min. lang auf 100° erhitzt. Dann läßt man abkühlen, neutralisiert die Lösung mit Schwefelsäure und filtriert den in der Hitze ausgefallenen Methyläther der Amylose ab. Sowohl das Filtrat als auch der Rückstand werden mit Chloroform extrahiert. Beim Abdampfen des Chloroforms bleibt der Amyloseäther zurück. Zur Reinigung wird er aus Chloroform in Äther umgefällt.

Methyläther geringeren Substitutionsgrades lassen sich in analoger Weise bei tieferer Reaktionstemperatur herstellen. Die Löslichkeiten der Stärkemethyläther lassen sich mit denen der Cellulosemethyläther vergleichen. Produkte mittleren Substitutionsgrades lösen sich in kaltem Wasser und fallen beim Erhitzen wieder aus[2]. Oberhalb eines Substitutionsgrades von 2,0 sind die Methyläther der Stärke auch in organischen Lösungsmitteln löslich. Die Herstellung der Methyläther über die Acetate verläuft streng polymeranalog, wenn man unter Stickstoff arbeitet[3].

Stärkeäthyläther werden durch Behandlung der Stärke mit Natronlauge und Diäthylsulfat hergestellt.

Äthylstärke[4]: 100 g Stärke werden in 900 cm³ 10%iger Natronlauge gelöst und langsam unter Rühren mit 200 cm³ 30%iger Natronlauge versetzt. Man erhitzt die Mischung dann auf 60° und gibt tropfenweise 200 cm³ Diäthylsulfat zu. Dann wird 1 Stde. lang auf 100° erhitzt, abgekühlt, nach Zugabe von 600 g Natronlauge wieder auf 60° erhitzt und nochmals innerhalb von 2 Stdn. mit 600 cm³ Diäthylsulfat versetzt. Anschließend wird die Lösung 1 Stde. lang auf 100° erhitzt, neutralisiert, dann wird der gebildete Äther abfiltriert, gewaschen und getrocknet. Der Substitutionsgrad beträgt 2,13. Das Produkt ist in organischen Lösungsmitteln löslich, in Wasser unlöslich.

Zur Darstellung der höheren Äther (Propyläther[5], Butyläther[6] usw.) verwendet man die Alkylchloride. So ergibt beispielsweise die Behandlung mit Allylchlorid den wichtigen Allyläther der Stärke. Die Allylgruppen der Allylstärke können für sich oder zusammen mit anderen Allyl- oder Vinylverbindungen polymerisiert werden, wobei man vernetzte Produkte erhält. Eine praktische Verwendung finden die Stärkeallyläther als Lackrohstoffe.

Allylstärke[7]: In einem mit einer Rührvorrichtung ausgerüsteten Autoklaven werden 500 g lufttrockene Kartoffelstärke in 2000 g 50%ige Natronlauge bei Raumtemp. eingerührt. Anschließend wird ein Gemisch von 2500 cm³ Aceton und 3000 cm³ Allylchlorid hinzugefügt. Der Autoklaveninhalt wird auf 86° erwärmt. Nach 11stdg. Reaktionsdauer wird mit Wasserdampf Aceton und überschüssiges Allylchlorid abdestilliert. Die Allylstärke wird mit Wasser alkalifrei gewaschen. Sie enthält etwa 37% Allylreste, das entspricht einem Substitutionsgrad von 2,3. Die Reaktionszeit ist bei stark amylopektinhaltigen Stärken etwa auf das Doppelte zu verlängern. Stärkeabbauprodukte erfordern dagegen kürzere Reaktionszeiten.

[1] W. N. Haworth u. H. Machemer, Soc. **1932**, 2270.
    W. N. Haworth, E. L. Hirst u. J. I. Webb, Soc. **1928**, 2688.
[2] H. Staudinger u. O. Schweitzer, B. **63**, 2328 (1930).
[3] H. Staudinger u. E. Husemann, A. **527**, 195 (1937).
[4] D. Rankin u. E. F. Degering, The Preparation and Properties of Certain Ether Derivatives of Starch, Ph. D. Thesis, Purdue University, Juni 1942.
[5] E.P. 184825 (1921), G. Young; C. **1923** II, 591.
[6] F. Degering u. D. Rankin, Pr. Indiana Acad. **54**, 114 (1945).
[7] E. Yanovsky, Monographie „Allylstarch", U.S. Department of Agriculture 1953.
    P. L. Nichols jr., R. M. Hamilton, L. T. Smith u. E. Yanovsky, Ind. eng. Chem. **37**, 201 (1945).

β) Aralkyläther der Stärke

Benzyläther der Stärke stellt man durch Behandlung mit Benzylchlorid in Gegenwart von Alkali her[1]. Die Äther sind löslich in Aceton, Alkohol und aromatischen Kohlenwasserstoffen[2].

Die Verätherung mit **Triphenylchlormethan** (Tritylchlorid) führt wie bei der Cellulose praktisch nur zu 6-substituierten Derivaten der Amylose[3]. Die Behandlung mit Tritylchlorid wird in Pyridin bei höchstens 80° ausgeführt, da sonst auch eine teilweise Verätherung der sekundären Hydroxygruppen eintreten kann[4].

Während man bei der Tritylierung der Cellulose reaktionsfähige Cellulose verwenden muß, um zu löslichen Trityläthern zu gelangen, verläuft die Tritylierung der Amylose wesentlich einfacher. Die Reaktionsbedingungen sind dieselben. Schon nach drei bis vier Stunden geht die Amylose in Lösung, und nach 24 Stunden kann man die 6-Trityl-amylose in Methanol ausfällen.

Über die 6-Trityl-amylose lassen sich definierte Amylosederivate herstellen, die entweder nur in 6-Stellung oder nur in 2,3-Stellung substituiert sind.

γ) Alkyläther der Stärke mit funktionellen Gruppen

Hydroxyäthyläther der Stärke lassen sich analog den Hydroxyäthylcellulosen durch Einwirkung von Äthylenoxyd auf eine Lösung von Stärke in Natronlauge herstellen[5]. Die als Nebenreaktion gleichzeitig stattfindende Polyaddition des Äthylenoxyds tritt bei niedriger Substitution (bis einem Substitutionsgrad = 1) noch nicht in stärkerem Maße in Erscheinung. Um den in alkalischer Lösung stattfindenden, oxydativen Abbau der Stärke zu verhindern, wird die Reaktion unter Stickstoff durchgeführt[6]. Die Bestimmung des *Substitutionsgrades* geschieht am besten nach der Methode von P. W. Morgan[7], die darauf beruht, daß beim Kochen mit Jodwasserstoffsäure die Hydroxyäthylgruppen quantitativ unter Bildung von Äthyljodid und Äthylen abgespalten werden, das in alkoholischer Silbernitratlösung bzw. einer Bromlösung in Eisessig absorbiert und bestimmt werden kann.

Hydroxyäthylamylose[6]: 8,1 g Amylose werden mit 25 cm³ destilliertem Wasser verrieben, in 1n Natronlauge aufgeschlämmt und unter Stickstoff bis zur vollständigen Lösung geschüttelt. Die klare, stark viscose Lösung wird in einen mit Rührer, Einleitungsrohr und einer nach außen verjüngten Kapillare versehenen Dreihalskolben gegeben; die im Kolben befindliche Luft verdrängt man durch Stickstoff und leitet dann unter dauerndem Rühren im Laufe von etwa 2 Stdn. die gewünschte Menge Äthylenoxyd ein. Zur Erreichung eines Substitutionsgrades von 1,0 braucht man 17,6 g Äthylenoxyd, das ist das 8 fache der theor. notwendigen Menge. Das Einleitungsrohr taucht dabei in die Flüssigkeit ein. Die Reaktion findet unter schwacher Erwärmung statt. Nach etwa 12 Stdn. Stehen bei Raumtemp. wird das Reaktionsgemisch neutralisiert, gegen destilliertes Wasser dialysiert (Chlorionenfreiheit), i. Vak. eingeengt und in Aceton ausgefällt.

[1] M. Gomberg u. C. C. Buchler, Am. Soc. **43**, 1904 (1921).

[2] B. V. Maxorov u. K. A. Andrianov, Plast. Massen **6**, 1 (1933); C. **1934** II, 3055.
    B. V. Maxorov, Rev. gén. Mat. plast. **11**, 336, 373, 375 (1935); Chem. Abstr. **30**, 6083 (1936).

[3] B. Helferich u. H. Köster, B. **57**, 587 (1924).

[4] J. Honeyman, Soc. **1947**, 168.
    W. M. Hearon, G. D. Hiatt u. C. R. Fordyce, Am. Soc. **65**, 2449 (1943).

[5] W. Ziese, H. **229**, 213 (1934); **235**, 235 (1935).
    DRP. 363192 (1920), Farbf. Bayer, Erf.: E. Hubert; C. **1923** II, 276.
    DRP. 368413 (1920), Farbf. Bayer, Erf.: O. Leuchs u. E. Hubert; C. **1923** II, 755.
    DRP. 550428 (1929); E. P. 359618 (1930), I. G. Farb., Erf.: M. Hagedorn, W. Ziese, B. Reyle u. R. Bauer.
    Holl. P. 55779 (1944), N. V. W. A. Scholten's Chemische Fabrieken, Erf.: J. Lolkema.

[6] E. Husemann u. R. Resz, J. Polymer Sci. **19**, 389 (1956).

[7] P. W. Morgan, Ind. eng. Chem. Anal. **18**, 500 (1946).

Die Hydroxyäthylamylosen sind in Wasser leicht löslich und können aus wäßriger Lösung mit Aceton fraktioniert werden[1]. Die Jodfärbung verschwindet etwa beim Substitutionsgrad von 1,0.

Durch Behandlung der Stärke in alkalischer Lösung mit Chloressigsäure erhält man den Carboxymethyläther[2]. Um die Carboxymethyläther der Amylose herzustellen, bringt man die in Natronlauge etwas schwerer lösliche Amylose über den Butanolkomplex möglichst konzentriert in Lösung[3].

Carboxymethylamylose[3]: 5 g Amylose werden über Nacht mit 50 cm³ Butanol-gesättigtem Wasser stehengelassen. Das Butanol wird anschließend mit Wasserdampf abgeblasen. Nach dem Abkühlen wird unter Rühren 50%ige Natronlauge zugegeben und die ausgeschiedene Amylose gelöst. Es werden dabei auf 10 g einzusetzende Chloressigsäure 10 g Natriumhydroxyd verwendet. Die bestimmte Menge Chloressigsäure (s. unten) wird unter Rühren innerhalb 0,5 Stdn. portionsweise zugegeben, die sich dabei erwärmende Reaktionsmischung wird mit Wasser gekühlt. Dann wird die Luft im Kolben durch Stickstoff verdrängt und die Reaktionsmischung 45 Min. bei 80° gehalten. Nach dem Abkühlen wird mit Salzsäure neutralisiert und in Methanol ausgegossen. Zur Reinigung wird gegen destilliertes Wasser dialysiert und das Natriumsalz der Carboxymethylamylose in Methanol unter Zusatz von Natriumchlorid gefällt.

Zur Darstellung der freien Säure wird die Lösung unter Zusatz von verd. Salpetersäure 2–3mal umgefällt und dann in festem Zustand solange mit schwach mit Salpetersäure angesäuertem Methanol (p_H 3–4) behandelt, bis die Flammenfärbung des Natriums verschwunden ist. Mit reinem Methanol wird säurefrei gewaschen und schließlich mit Äther getrocknet.

Durch Variation der Menge der zugesetzten Chloressigsäure werden verschieden stark substituierte Derivate hergestellt. Mit 2, 3, 4, 5 oder 6 g Chloressigsäure pro Gramm Amylose werden Äther vom Substitutionsgrad 0,33, 0,44, 0,65, 0,94 oder 1,03 erhalten.

Ein weiterer wasserlöslicher Äther der Amylose ist der Sulfopropyläther. Er läßt sich herstellen, indem man Propansulton auf eine Lösung von Amylose in Natronlauge einwirken läßt[4,5]. In der Natronlauge spaltet der Sultonring auf und alkyliert die Amylose.

$$\text{Amylose—ONa} + \overset{\displaystyle CH_2—CH_2—CH_2}{\underset{\displaystyle SO_2—O}{\diagdown\diagup}} \rightarrow \text{Amylose—O—}CH_2—CH_2—CH_2—SO_3Na$$

Auf analoge Weise lassen sich auch andere Sultone wie Butansulton, Isopentansulton usw. mit Amylose umsetzen.

Amylose-γ-sulfo-propyläther[5]: 5 g Amylose werden in einem Vierhalskolben mit 50 cm³ mit Butanol gesättigtem Wasser stehengelassen; am nächsten Tag wird das Butanol mit Wasserdampf abgeblasen. Der Kolben wird mit dicht schließendem Rührer, Stickstoffeinleitungs- und -ausleitungsrohr und zwei Tropftrichtern versehen. In den einen Tropftrichter kommt die gewünschte Menge Propansulton (s. unten), in den anderen 50%ige Natronlauge (auf 10 g Propansulton 4 g Natriumhydroxyd). Die Luft im Kolben wird durch Stickstoff verdrängt. Dann wird die beim Erkalten ausgeschiedene Amylose mit 10 cm³ Natronlauge unter Rühren gelöst. Im Verlauf von 3 Stdn. wird unter einem langsamen Stickstoffstrom das Propansulton gleichzeitig mit der restlichen Natronlauge zugegeben. Das Propansulton muß in dem Trichter mit einer kleinen Flamme flüssig gehalten werden (F: 31°). Die Temp. der Reaktionslösung wird auf etwa 30° gehalten. Nach Beendigung der Zugabe wird noch 0,5 Stdn. gerührt, dann das Reaktionsgemisch mit Salzsäure neutralisiert, in Methanol ausgefällt und mit Methanol gewaschen. Zur Reinigung wird der Sulfopropyläther gegen Wasser dialysiert oder 3- bis 4mal aus Wasser in Methanol unter Zusatz von Natriumchlorid umgefällt. Zum Schluß wird das Produkt mit Äther behandelt und in einer warmen Reibschale trocken gerieben. Der erzielte Substitutionsgrad hängt von der zugegebenen Menge Propansulton ab. Mit 7, 10, 35, 50 oder 70 g Propansulton auf 5 g Amylose erhält man Substitutionsgrade von 0,28, 0,48, 0,82, 1,01 oder 1,21.

Die Natriumsalze der Amylosesulfopropyläther lösen sich sehr leicht in Wasser und fallen auch aus einer stark konzentrierten wäßrigen Lösung in Methanol nur unter

[1] E. Husemann u. R. Resz, J. Polymer Sci. **19**, 389 (1956).
[2] J. K. Chowdhury, Bio. Z. **148**, 76 (1924).
[3] E. Husemann u. M. Kafka, Makromolekulare Chem. **41**, 208 (1960).
[4] J. H. Helberger, G. Manecke u. R. Heyden, A. **565**, 22 (1949).
[5] M. Kafka, Diplomarbeit, Universität Freiburg/Brsg. 1956.

Zusatz von Natriumchlorid in guter Ausbeute aus. Sie sind ferner löslich in Formamid, unlöslich in Methanol, Aceton, Äther, Dioxan.

Zur Herstellung von *Cyanäthyläthern* der Stärke[1] wird Stärke in wäßrigem Alkali bei einem p_H-Wert von 12,5 und 35° mit Acrylnitril behandelt. Produkte geringen Substitutionsgrades sind noch wasserlöslich und besitzen gegenüber reiner Stärke den Vorteil, daß sie in warmem Wasser nicht verkleistern und gegen Mikroorganismen resistent sind.

Basische Äther der Stärke mit freien oder substituierten Aminogruppen erhält man durch Einwirkung von Aminoalkylhalogeniden oder -epoxyden[2]. So reagiert beispielsweise 1,2-Epoxy-3-diäthylamino-propan mit Stärke in Gegenwart der dreifachen Menge Natriumcarbonat bei 100° unter Bildung der entsprechenden *Diäthylaminopropyläther*[3]. p-Nitro-benzylamylose läßt sich mit Hydrazinhydrat zur *p-Aminobenzylamylose* reduzieren[4]. Das schwachgelbe, flockige Produkt ist löslich in Pyridin, Hydrazinhydrat, Formamid und verdünnten Säuren, unlöslich in den üblichen organischen Lösungsmitteln.

6. Sonstige Umsetzungen der Stärke

Einige neuere Arbeiten über Siliciumderivate, Pfropfpolymerisate sowie einige andere Derivate der Stärke seien abschließend in Tabelle 55 zusammengefaßt.

Tab. 55. Neuere Stärkederivate

Stärkederivat	Literatur
Substituierte *Silylderivate* der Stärke	R. W. KERR u. K. C. HOBBS, Ind. eng. Chem. **45**, 2542 (1953).
Pfropfpolymere aus Stärke und *Styrol*	V. A. KARGIN u. Mitarbb., Vysokomolekulyarnye Soedineniya **1**, 114 (1959); Chem. Abstr. **53**, 17565i (1959).
Copolymerisate von *Styrol* auf Stärke. Bericht über russische Arbeiten	Rev. Prod. chim. **62**, 435 (1959).
Pfropfpolymerisate von *Acrylsäurederivaten* auf Stärke	Belg. P. 588491 (1960), A. E. Staley Manufacturing Co., Erf.: C. E. BROCKWAY, R. R. ESTES u. D. R. SMITH.
Pfropfpolymerisate von *Acrylnitril* auf Amylose	S. KIMURA u. M. IMOTO, Makromolekulare Chem. **42**, 140 (1960).
Pfropfcopolymere aus Stärke und *Methylmethacrylat* (Ozonisation der Stärke)	V. A. KARGIN u. Mitarbb., Vysokomolekulyarnye Soedineniya **1**, 1547 (1959).
Vernetzte Stärkederivate: Verätherung mit Epichlorhydrin, Veresterung mit Phosphoroxychlorid oder gemischtem Anhydrid aus Citronensäure oder Adipinsäure mit Propionsäure oder Acetanhydrid	A. P. 2935510 (1958), National Starch & Chemical Corp., Erf.: O. B. WURZBURG.
Phenyl-hydroxy-äthylstärke durch Umsetzung von *Styroloxyd* mit Stärke	DAS. 1050546 (1959), Degussa, Erf.: H. KUHN.
N-haltige Stärkederivate aus Stärke und disubstituierten Cyanamiden	A. P. 2894944 (1956), Corn Products Co., Erf.: E. F. PASCHALL.
Umsetzungsprodukte von Stärke mit Diamiden von Dicarbonsäuren oder *Harnstoff*	A. P. 2725362 (1955), Keever Starch Co., Erf.: K. M. GAVER, E. P. LASURE u. L. M. THOMAS.

---

[1] F. P. 141348, Monsanto Chemical Co., Erf.: T. SAMPLE.
   A. P. 2401607 (1946), H. A. Brown.
[2] A. P. 2917506 (1956); 2935436 (1957), National Starch & Chemical Corp., Erf.: C. G. CALDWELL u. O. B. WURZBURG.
[3] Y. MERLE, C. r. **246**, 1425 (1958).
[4] R. RESZ, Diplomarbeit, Universität Freiburg/Brsg. 1954.

7. Oxydation und Reduktion der Stärke

α) Oxydation

Wie Cellulose läßt sich auch Stärke entweder vorwiegend an den primären Hydroxygruppen oder nur an den sekundären Hydroxygruppen oxydieren. So oxydiert Stickstoffdioxyd die primären Hydroxygruppen zu Carboxygruppen[1], und man erhält eine Poly-α-glucuronsäure.

Perjodsäure oxydiert die Stärke unter Aufspaltung des Glucoseringes zwischen den Kohlenstoffatomen 2 und 3, und es entsteht ein Dialdehyd. Das Produkt hat in neuerer Zeit verbreitete Anwendung für Klebstoffe und Überzüge sowie in der Textil- und Papierindustrie gefunden. Stärkedialdehyd wird analog dem Cellulosealdehyd hergestellt, indem Stärke in einer wäßrigen Aufschlämmung bei 0° mit Natriummetaperjodatlösung behandelt wird[2]. In der Technik ist der Herstellungsprozeß eine Kombination aus elektrolytischer Oxydation von Jodsäure zu Perjodsäure und anschließender Oxydation der Stärke zum Stärkedialdehyd mit Hilfe der Perjodsäure. Die gesamte Umsetzung wird dabei in einer einzigen elektrolytischen Zelle vorgenommen[3]. Mit chloriger Säure läßt sich Dialdehydstärke quantitativ zur entsprechenden Dicarboxystärke oxydieren[4].

β) Reduktion

Die primären Hydroxygruppen der Stärke bzw. Amylose lassen sich durch Wasserstoff ersetzen. Die Darstellung der *6-Desoxy-amylose* geht über mehrere Stufen[5]: Aus 6-Trityl-amylose erhält man durch Veresterung mit Benzoylchlorid in Pyridin und anschließende Detritylierung die 2,3-Dibenzoyl-amylose. Die freien primären Hydroxygruppen werden mit p-Toluolsulfonsäurechlorid tosyliert und die Tosylgruppen durch Behandlung der 2,3-Dibenzoyl-6-tosyl-amylose in Aceton mit Natriumjodid durch Jod ersetzt. Durch Reduktion mit Lithiumaluminiumhydrid lassen sich die Jodatome dann durch Wasserstoff ersetzen und die Benzoylgruppen durch saure Hydrolyse abspalten. 6-Desoxy-amylose wird von Kartoffelphosphorylase nicht abgebaut.

Durch Erhitzen der 2,3-Dibenzoyl-6-tosyl-amylose mit in Dioxan gelöstem Natriumhydroxyd erhält man eine *3,6-Anhydro-amylose*[5]. Das wasserlösliche Produkt enthält 3,6-Anhydroglucose und Glucose ungefähr im Verhältnis 2 : 1 in der Kette. Das Polysaccharid wird durch Säuren leichter als Amylose hydrolysiert.

d) Bibliographie[6]

O. Faust, Celluloseverbindungen und ihre besonders wichtigen Verwendungsgebiete (Patentsammlung), Springer Verlag, Berlin 1935.

M. Samec, Kolloidchemie der Stärke, Verlag Theodor Steinkopff, Dresden–Leipzig 1941.

R. L. Whistler, Preparation and Properties of Starch Esters, Advances Carbohydrate Chem. **1** (1945).

---

[1] A.P. 2472590 (1945), Eastman Kodak Co., Erf.: W. O. Kenyon u. C. C. Unruh.
    G. Müller, Diplomarbeit, Universität Freiburg/Brsg. 1960.

[2] J. W. Sloan u. Mitarbb., Ind. eng. Chem. **48**, 1165 (1956).

[3] C. L. Mehltretter, J. C. Rankin u. P. R. Watson, Ind. eng. Chem. **49**, 350 (1957).
    H. F. Conway u. V. E. Sohns, Ind. eng. Chem. **51**, 637 (1959).

[4] B. T. Hofreiter, I. A. Wolff u. C. L. Mehltretter, Am. Soc. **79**, 6457 (1957).
    A.P. 2894945 (1956), United States of America, Secretary of Agriculture, Erf.: B. T. Hofreiter, I. A. Wolff u. C. L. Mehltretter.

[5] B. J. Bines u. W. J. Whelan, Chem. and Ind. **1960**, 997.

[6] In chronologischer Anordnung.

C. R. Fordyce, Cellulose Esters of Organic Acids, Advances Carbohydrate Chem. **1** (1945).

J. F. Haskins, Cellulose Ethers of Industrial Significance, Advances Carbohydrate Chem. **3** (1946).

M. L. Wolfrom, W. W. Pigman u. R. S. Tipson, Advances Carbohydrate Chem. (16 Bände).

G. Champetier, Dérivés Cellulosiques, Dunod, Paris 1947.

D. N. Buttrey, Cellulose Plastics, Cleaver-Hume Press, Ltd., London 1947.

K. Heyns, Die neueren Ergebnisse der Stärkeforschung, Verlag F. Vieweg & Sohn, Braunschweig 1949.

C. Doree, The Methods of Cellulose Chemistry, 2. Aufl., Chapman & Hall Ltd., London 1950.

R. W. Kerr, Chemistry and Industry of Starch, Academic Press Inc., Publ., New York 1950.

V. Stannet, Cellulose Acetat Plastics, Temple Press Ltd., London 1950.

C. A. Brautlecht, Starch, Reinhold Publ. Corp., New York 1953.

T. Lieser, Kurzes Lehrbuch der Cellulosechemie, Gebrüder Borntraeger, Berlin 1953.

K. H. Meyer, H. Mark u. A. J. M. van der Wyck, Makromolekulare Chemie, 3. Aufl., Akademische Verlagsgesellschaft Geest & Portig KG., Leipzig 1953.

R. L. Whistler u. C. L. Smart, Polysaccharide Chemistry, Academic Press Inc., Publ., New York 1953.

J. A. Radley, Starch and its Derivatives, Chapman & Hall Ltd., London 1953/54.

E. Ott, Cellulose and Cellulose Derivatives, 2. Aufl., Interscience Publ. Inc., New York 1954.

F. Ullmann, Encyklopädie der technischen Chemie, Bd. V, S. 156, 182, Verlag Urban & Schwarzenberg, München–Berlin, 1954.

J. V. Karabinos u. M. Hindert, Carboxymethylcellulose, Advances Carbohydrate Chem. **9** (1954).

H. Kittel, Celluloselacke, Verlag W. A. Colomb, Stuttgart 1955.

J. Wegmann, Chemische Umsetzungen mit Cellulosefasern, Textil-Rdsch. [St. Gallen] **13**, 323 (1958).

J. Honeyman, Recent Advances in the Chemistry of Cellulose and Starch, Heywood & Co., London 1959.

E. P. Frieser, Die chemische Modifikation von Baumwolle, SVF Fachorgan Textilveredlung **14**, 734–755 (1959); **15**, 185–192 (1960).

Z. A. Rogovin, Neue Methoden der Cellulosemodifikation, Periodica Polytech. **5**, 65 (1961).

B. Jirgensons, Natural Organic Macromolecules, Pergamon, Press, Oxford–London–New York–Paris 1962.

C. Hinweise zur Ermittlung der Struktur makromolekularer Stoffe

bearbeitet von

Dr. Martin Hoffmann und Dr. Paul Schneider

Farbenfabriken Bayer AG., Leverkusen

Einleitung

Die exakte analytische Erfassung der Struktur makromolekularer Stoffe ist oft schwierig und mit den heute bekannten Methoden vielfach noch gar nicht möglich. In einigen Fällen sind sogar nicht einmal die strukturanalytischen Begriffe genügend definiert, wie z.B. der Krystallisationsgrad, so daß anstelle von Strukturaussagen in solchen Fällen zunächst noch von der Methodik abhängende Meßwerte verwendet werden müssen. Ferner gibt es bei den makromolekularen Stoffen keine im klassischen Sinne analytisch reinen Präparate, da beim Aufbau des Makromoleküls alle Nebenreaktionen mitwirken. Dadurch können schon innerhalb jedes Makromoleküls unregelmäßig Abweichungen von dem normalen Aufbauprinzip auftreten, ganz abgesehen davon, daß sich die einzelnen Moleküle im Aufbau unterscheiden.

Verhältnismäßig einfach ist die Strukturanalyse nur, wenn es sich um lineare Polymerisations- oder Kondensationsprodukte aus nur einer Sorte niedermolekularer Bausteine handelt. Aber selbst hier liegen zumindest Polymerhomologe vor. Geht man von Gemischen der Monomeren aus, dann lagern sich die verschiedenen niedermolekularen Bausteine meist nach statistischen Gesetzen zu Ketten zusammen; jedoch sind heute auch schon viele nichtstatistisch aufgebaute Copolymerisate bekannt (Block- und Pfropfcopolymere). Die analytischen Schwierigkeiten werden noch größer, wenn es sich um verzweigte oder gar völlig vernetzte Makromoleküle handelt, da letztere nicht löslich und mitunter nicht einmal schmelzbar sind. So kann die Aufklärung der Konstitution eines makromolekularen Stoffes unüberwindliche Schwierigkeiten bereiten. In solchen Fällen muß man sich mit einer Abschätzung des makromolekularen Aufbaus oder mit den Aussagen sogenannter „konventioneller Analysenmethoden" zufrieden geben. Schließlich treten bei technisch verwendeten makromolekularen Stoffen weitere Komplikationen dadurch ein, daß sie noch niedermolekulare Bestandteile wie Weichmacher, Stabilisatoren, Farbstoffe, Füllstoffe, Vernetzungsmittel oder Vulkanisationsbeschleuniger enthalten.

Die Identifizierung der Grundbausteine ist meist leicht und mit den Methoden der Analytik niedermolekularer Verbindungen bei solchen Polykondensationsprodukten durchführbar, in denen die Bausteine über Heteroatome verknüpft sind und infolgedessen in einfacher Weise chemisch wieder voneinander gelöst werden können (Polyamide, Polyester u. ä.). An Polymerisaten, die über reine Kohlenstoff-Kohlenstoff-Verknüpfungen aufgebaut sind, kann man oft ebenfalls mit den Methoden der Analyse niedermolekularer Verbindungen – u.U. nach vorhergegangener Auftrennung des Polymerisates in chemisch verschiedene Fraktionen – reaktionsfähige Gruppen an der Kette bestimmen. Die chemischen Methoden versagen im allgemeinen, wenn die zu bestimmende Atomgruppierung in geringer Menge auftritt (z.B. nur als Endgruppe) oder wenn ihre Reaktionsfähigkeit gering ist (Verzweigungsstellen der Kohlenstoff-Kohlenstoff-Ketten). Auch die bei den niedermolekularen Stoffen bewährten physikalischen Methoden werden bei ihrer Anwendung auf Polymere oft ungenau, beispielsweise wegen der geringen Größe der Meßeffekte (z.B. bei Molgewichtsbestimmungen), und mußten deshalb wesentlich leistungsfähiger gemacht werden. Molgewichtsverteilung, statistische oder nichtstatistische Anordnung verschiedenartiger Bausteine der Ketten, Netzwerkaufbau und übermolekulare Struktur lassen sich erst mit Hilfe neuer physikalischer Methoden ermitteln.

Im Rahmen dieses Kapitels ist es nicht möglich, die strukturanalytischen Methoden ausführlich zu beschreiben. Es sei darauf verwiesen, daß in den Bänden XIV/1 und XIV/2 bei den Herstellungsvorschriften makromolekularer Verbindungen vielfach analytische Hinweise gegeben werden[1]. Wir mußten uns darauf beschränken, einige ergänzende Bemerkungen über die Durchführung chemisch analytischer Methoden zu machen und die Möglichkeiten der Bestimmung von Struktureinzelheiten aufzuzeigen. Als Anhang dazu wird eine eingehende Sammlung der neueren Literatur gebracht, in der stichwortartig der Inhalt der einzelnen Arbeiten angegeben wird. Um den heutigen Stand der Analytik makromolekularer Verbindungen zu demonstrieren, wird die Strukturanalyse der Polyisoprene ausführlich besprochen (s. S. 931).

Einige Bemerkungen über die Formulierung der analytischen Problemstellung scheinen noch angebracht. Der Chemiker verwendet heute bei der Entwicklung von Kunststoffen und Elastomeren viele einfache, aus der Erfahrung folgende Regeln, die die anwendungstechnischen Eigenschaften mit der Herstellungsweise verknüpfen. Er strebt jedoch an, diese oft nicht eindeutigen Beziehungen durch die zumindest prinzipiell strengen Gesetze zu ersetzen, die die Herstellungsweise mit der Struktur und die Struktur mit den Eigenschaften und schließlich dem Gebrauchswert verknüpfen. Hierzu liefert die Strukturanalyse im Verein mit der Kinetik und der anwendungstechnischen Prüfung die Basis. Allerdings verfügen wir heute noch nicht über genügend viele quantitative Beziehungen zwischen der Struktur und den Eigenschaften der Polymeren, so daß die Formulierung einer strukturanalytischen Problemstellung erschwert ist. Es sei deshalb auf Tab. X, 3 in H. A. Stuart, Physik der Hochpolymeren, Bd. IV, S. 620, Springer-Verlag, Berlin–Göttingen–Heidelberg, verwiesen, die eine Übersicht über die bekannten Beziehungen gibt.

I. Hinweise zur Durchführung chemischer Analysen makromolekularer Stoffe

bearbeitet von

Dr. PAUL SCHNEIDER
Farbenfabriken Bayer AG., Leverkusen

Identifizierung und quantitative Bestimmung makromolekularer Verbindungen durch eine chemische Analyse erfordern große praktische Erfahrung und einen guten Überblick über die verschiedenen Typen sowie ihre Verarbeitungs- und Anwendungs-

---

[1] S. Inhaltsverzeichnis und Sachregister der Bde. XIV/1 u. XIV/2 dieses Handbuches.

möglichkeiten. Da aber für fast alle makromolekularen Stoffe individuelle Nachweismethoden erforderlich und die Richtlinien für den Gang der Analyse von Fall zu Fall verschieden sind, kann kein allgemein gültiges Schema für die chemischen Analysen gegeben werden.

In den Laboratorien der Industrie werden vielfach vergleichende Untersuchungsmethoden herangezogen, bei denen auch Farbreaktionen eine Rolle spielen, die aber nichts über die Konstitution aussagen. Eine Darstellung dieser Methoden ist im Rahmen dieses Werkes nicht angebracht.

In der Bibliographie (s. S. 928) werden grundlegende Arbeiten, geordnet nach den vier wesentlichen Anwendungsgebieten makromolekularer Verbindungen – Kunststoffe, Elastomere, Fasern sowie Lacke und Anstrichmittel – zusammengestellt. Die angeführte Literatur vermittelt eine praktische Anleitung und gibt einen guten Überblick über die z.Z. bekannt gewordenen Methoden zur chemischen Analyse.

a) Vorbereitende Arbeiten zur Ausführung der Analyse

Die fein zerkleinerte Verbindung wird zunächst durch eine etwa 24 Stunden dauernde Extraktion von niedrigmolekularen Begleitstoffen wie Weichmachern, Stabilisatoren, Farbstoffen usw. getrennt. Zur Extraktion, die man zweckmäßig in einem Soxhlet-Apparat ausführt, können nur solche Lösungsmittel verwendet werden, die eine geringfügige Quellung des makromolekularen Stoffes herbeiführen, oft z.B. Methanol, Aceton, Äther oder Benzin. Die von den niedrigmolekularen Verbindungen weitgehend befreite Probe wird dann im Vakuum vorsichtig getrocknet.

In den meisten Fällen gelingt es, mit einfach ausführbaren Reaktionen (Nachweis der Heteroelemente, Bestimmung der Verseifungs- oder Säurezahl, Verhalten bei der Pyrolyse oder in der Flamme eines Bunsenbrenners) sowie durch Ermittlung einiger physikalischer Eigenschaften (Löslichkeit, Dichte, Brechungsindex usw.) die unbekannte makromolekulare Verbindung in eine bestimmte Stoffgruppe einzuordnen. Zur vollständigen Identifizierung müssen weitere Reaktionen herangezogen werden (s. Bibliographie, S. 928).

Um die notwendige Übung auf diesem heterogenen Gebiet zu bekommen, ist es zweckmäßig, zunächst einige Reaktionen mit bekannten makromolekularen Verbindungen auszuführen und sie dann auf Mischungen, Copolymerisate, vernetzte Verbindungen usw. auszudehnen.

b) Qualitative Vorprüfungen

1. Nachweis der Elemente Stickstoff, Schwefel, Phosphor, Chlor und Fluor durch Aufschluß mit Natrium oder Kalium

Die trockene, fein gepulverte und von niedrigmolekularen Begleitstoffen durch Extraktion befreite Verbindung wird in einem kleinen Reagensglas mit einem etwa erbsengroßen Stück Natrium oder Kalium überschichtet. Man erhitzt das Reagensglas zunächst an der Zone des Metalls und steigert nach dessen Schmelze die Temp. bis zur Rotglut, wobei vollständiges Schmelzen oder Zersetzen der Verbindung eintreten muß. Es ist hierbei zu beachten, daß der Aufschluß makromolekularer Verbindungen längeres Erhitzen erfordert als es für niedrigmolekulare Verbindungen üblich ist. Nach dem Erkalten gibt man zur Entfernung des nicht umgesetzten Metalls etwas Äthanol und anschließend 20 cm³ Wasser hinzu. Die filtrierte Lösung wird zum Nachweis der Elemente aufgeteilt.

α) Stickstoffnachweis

Nach dem Erhitzen mit einigen Tropfen 5%iger Eisen-(II)-chlorid-Lösung bildet sich beim Ansäuern mit verd. Salzsäure ein Niederschlag aus Berlinerblau. Sind nur geringe Mengen Stickstoff vorhanden, so wird der Niederschlag erst nach längerem Stehen sichtbar.

Wenn Stickstoff und Schwefel zusammen in der Verbindung vorhanden sind, entsteht Natriumrhodanid. Zum Nachweis des Stickstoffs gibt man zur angesäuerten Lösung einige Tropfen verd. Eisen-(III)-chlorid-Lösung. Es bildet sich rotes, mit Äther oder Amylalkohol extrahierbares Eisen-(III)-rhodanid.

β) Schwefelnachweis

Die mit Essigsäure angesäuerte Lösung gibt mit einigen Tropfen 5%iger Blei-(II)-acetat-Lösung einen schwarzen Niederschlag von Blei-(II)-sulfid.

Auf Zusatz weniger Tropfen einer 0,1%igen Lösung von Nitroprussidnatrium[1] ($Na_2[Fe(CN)_5NO]$) in Wasser entsteht bei 20° eine unbeständige, rotviolette Trübung.

γ) Phosphornachweis[2]

Zur schwach salpetersauren, siedenden Lösung wird so viel 0,1 n Kaliumpermanganatlösung gegeben, bis eine schwache Violettfärbung eintritt, die durch Zusatz von verd. Oxalsäure[3] zerstört wird. Man stellt die Lösung mit Salpetersäure wieder sauer und gibt 5 cm³ einer 10%igen Ammoniumnitratlösung als Puffer zu. Auf Zugabe einer konz. Ammoniummolybdatlösung bildet sich ein gelber Niederschlag, der isoliert und mit einer Lösung, die 0,05 g Benzidin in einem Gemisch aus 10 cm³ Eisessig und 90 cm³ Wasser enthält, benetzt wird. Auf Zugabe von verd. Ammoniak tritt in Gegenwart von Phosphor eine tiefblaue Färbung ein. Weil Kieselsäure mit Ammoniummolybdat in ähnlicher Weise wie Phosphorsäure zu Silicomolybdänsäure ($H_4[Si(Mo_{12}O_{40})]$, H_2O) reagiert, ist die Blaufärbung charakteristisch für Phosphorsäure.

δ) Chlornachweis

Auf Zugabe einer 0,1%igen Lösung von Silbernitrat zum Filtrat, das mit Salpetersäure angesäuert wurde, entsteht eine am Licht sich grau färbende weiße Fällung, die mit überschüssigem Ammoniak wieder in Lösung geht. Um Chlor in Gegenwart von Stickstoff einwandfrei nachweisen zu können, wird die salpetersaure Lösung vor der Zugabe des Silbernitrats 5 Min. lang zum Sieden erhitzt.

ε) Fluornachweis

Nach dem Ansäuern mit Essigsäure bildet sich auf Zugabe einer Calciumchloridlösung in Wasser ein weißer, schleimiger Niederschlag von Calciumfluorid, der in verd. Mineralsäuren schwer, auf Zugabe von Ammoniumsalzen aber leicht löslich ist. Zur gleichzeitigen Bestimmung von Fluor und Chlor wird die ursprüngliche Lösung nach Durchlaufen einer Ionenaustauschersäule alkalimetrisch auf Fluor und Chlor und argentometrisch auf Chlor[4] analysiert.

2. Nachweis von Silicium durch Aufschluß mit Natriumperoxyd

Zum Aufschluß wird die von B. Wurzschmitt modifizierte Parr-Bombe[5] verwendet, in die 8 Tropfen Äthylenglykol (160–170 mg) vorgelegt werden. Dann füllt man die trockne Verbindung in einer Menge von höchstens 0,5 g ein. Unter leichtem Aufstoßen auf eine feste Unterlage werden etwa 11 g Natriumperoxyd zugegeben, so daß die Bombe bis zu 2 mm vom oberen Rand gefüllt wird. Nach dem Verschließen wird im Schutzofen gezündet. Der Aufschluß ist

[1] H. Kràl, Fr. **36**, 696 (1897).

[2] F. Feigl, Fr. **74**, 386 (1928); **77**, 299 (1929).

[3] Geringe Mengen von Ammoniumphosphormolybdat werden durch Oxalsäure zersetzt; F. Feigl, Spot Tests, S. 308, Inorganic Applications, Elsevier Publ. Co., London 1954.

[4] E. Schröder u. U. Waurick, Plaste u. Kautschuk **7**, 9 (1960).

[5] Lieferant Janke u. Kunkel KG., Staufen/Breisgau.

beendet, wenn der Boden der Bombe aufglüht. Nach dem Erkalten löst man den Inhalt der Bombe in etwa 50 cm³ Wasser.

Zum Nachweis von Silicium wird die filtrierte Lösung mit konz. Salzsäure stark sauer gestellt und etwa 10 Min. lang bis nahe zum Sieden erhitzt. Nach dem Abkühlen auf 70° wird nochmals konz. Salzsäure zugegeben und die Lösung tropfenweise unter gutem Rühren mit einer 5%igen Lösung von Gelatine[1] in Wasser gemischt. Hierdurch wird die Kieselsäure in einer leicht filtrierbaren Form ausgeflockt.

Optimale Fällungsbedingungen stellen sich bei einem Verhältnis von 0,15 g Gelatine zu 1 g Siliciumdioxyd ein. Nach 5 Min. langem Stehen isoliert man den Niederschlag durch Filtrieren und wäscht mit verd. Salzsäure, in der eine Spur Gelatine gelöst wurde, aus. Niederschlag und Filter werden dann in einer Platinschale verascht und geglüht. Zum Rückstand gibt man konz. Flußsäure und einige Tropfen Schwefelsäure und erhitzt über der freien Flamme, wobei das entweichende Siliciumtetrafluorid durch die „Wassertropfenprobe" oder auch durch eine gravimetrische Bestimmung des Gewichtsverlustes nachgewiesen werden kann.

3. Bestimmung der Löslichkeit[2]

Das Verhalten gegen Lösungsmittel wird in vielen Fällen die Analyse makromolekularer Verbindungen erleichtern. Das Lösungsmittel soll die durch verschiedene Arten von zwischenmolekularen Kräften[3] (Dispersions-, Induktions-, Dipolkräfte oder Wasserstoffbrückenbindungen) zusammengehaltenen polymeren Moleküle voneinander trennen. Die Wahl des Lösungsmittels richtet sich daher weitgehend nach dem chemischen Charakter der makromolekularen Verbindung. So ist *Polyacrylnitril* wegen der stark polaren Natur der Nitrilgruppe in Dimethylformamid, Dimethylsulfoxyd[4] usw. löslich. Polymerisate aus unpolaren Monomeren können in nicht polaren Kohlenwasserstoffen oder wenig polaren chlorierten Kohlenwasserstoffen gelöst werden.

Da die großen Molekülketten den Lösungsvorgang erschweren, weicht das Löslichkeitsverhalten makromolekularer Verbindungen von dem der niedrigmolekularen Verbindungen stark ab. Je länger die Ketten und je stärker die Wechselwirkungen von Kette zu Kette sind, um so schwieriger tritt Lösung ein. Wenn das Molekulargewicht den Wert von 30000 bis 50000 überschreitet, kann man in vielen Fällen zunächst eine Quellung beobachten, wobei die makromolekulare Verbindung sehr viel Lösungsmittel aufnimmt. Im weiteren Verlauf verteilen sich die solvatisierten Ketten, wie die Moleküle niedrigmolekularer Verbindungen, in der Flüssigkeit. Es tritt Lösung ein. Bei vernetzten Verbindungen bleibt der Vorgang bei der Quellung stehen. Das Volumen des Gels steht in umgekehrter Abhängigkeit zum Vernetzungsgrad.

---

[1] L. WEISS u. H. SIEGER, Fr. **119**, 245 (1940).

[2] Löslichkeit verschiedener Vinyl- und Vinylidenpolymerisate s. ds. Handb., Bd. XIV/1, Kap. Allgemeines zur Polymerisation in Substanz und in Lösung, S. 78.
   S.a. C. CALDO, Materie plast. **22**, Nr. 2, 92 (1956).
   Löslichkeit von Elastomeren s. D. V. SARBACH u. B. S. GARVEY jr., India Rubber Wld. **115**, 798 (1947).

[3] P. A. SMALL, J. appl. Chem. **3**, 71 (1953).
   O. FUCHS, Kunstst. **43**, 409 (1953).
   A. MÜNSTER, Löslichkeit und Quellung, in H. A. STUART, Die Physik der Hochpolymeren, Bd. II, S. 193, Springer-Verlag, Berlin–Göttingen–Heidelberg 1953.

[4] Weitere Lösungsmittel s. ds. Handb., Bd. XIV/1, Kap. Polymerisation ungesättigter Nitrile, S. 983.
   S. a. E. E. WALKER, J. appl. Chem. **2**, 470 (1952).
   Wasserfreier Fluorwasserstoff s. DBP. 910224 (1951), Farbw. Hoechst, Erf.: O. FUCHS; C. **1954**, 9870.

Oft haben Gemische von Lösungsmitteln eine bessere Wirkung als die einzelnen Bestandteile allein. In manchen Fällen können auch Mischungen von Nichtlösern[1] angewandt werden. So ist *Polystyrol* in einem Gemisch aus Methylcyclohexan[2] und Aceton löslich. Methylcyclohexan ist ein schlechtes Lösungsmittel, das aber die zwischenmolekularen Kräfte des Acetons verringert. Methyläthylketon, das schwächere zwischenmolekulare Kräfte aufweist, ist ein gutes Lösungsmittel für Polystyrol. So kann auch *Polyvinylchlorid* in einem Gemisch aus Aceton und Schwefelkohlenstoff[3] gelöst werden.

Ein ausgezeichnetes Lösungsmittel[4], allerdings unter leichtem Abbau, für Polyamide, Polyester, Polyurethane und Polyacrylnitril ist wasserfreier Fluorwasserstoff[5]. Infolge der hohen solvatisierenden Wirkung können bei 0° in Polyäthylengefäßen 20–50%ige Lösungen hergestellt werden, aus denen sich durch Trocken- oder Naßspinnen Fasern oder durch Gießen auch Folien herstellen lassen. Polykondensationsprodukte aus aromatischen Dicarbonsäuren und aromatischen Diaminen[6] (z. B. Isophthalsäure und m-Phenylendiamin) oder aliphatischen Dicarbonsäuren[7] und aromatischen Diaminen lösen sich in Dimethylformamid, dem Lithiumchlorid oder Calciumchlorid zugesetzt wurde.

4. Pyrolyse[8]

Das Verhalten bei der Pyrolyse gibt vielfach wertvolle Hinweise auf die Grundbausteine makromolekularer Verbindungen. Thermoplastische Verbindungen[9] erweichen zunächst und werden bei genügend starkem Erhitzen der Schmelze in niedrigmolekulare, flüchtige Bestandteile abgebaut. Auch bei vernetzten thermoplastischen Verbindungen[10] tritt bei genügend langem Erhitzen unter Aufbrechen der Vernetzungsstellen ein Abbau ein. Stark vernetzte Polykondensate bilden bei der Pyrolyse neben flüchtigen Bestandteilen einen kohleartigen Rückstand. So entsteht aus Phenol-Formaldehyd-Harzen an flüchtigen Produkten Phenol, Formaldehyd und Diphenylmethan. Harnstoff-Formaldehyd-Harze zersetzen sich in Ammoniak, Methylamin und geringe Mengen anderer stickstoffhaltiger Fraktionen[11]. Dagegen kann das Polykondensat aus ε-Caprolactam bei 350°, besonders nach Zugabe geringer Mengen von Alkalihydroxyden, in guter Ausbeute in ε-Caprolactam[11] rückgespalten werden. Polykondensate aus Hexamethylendiamin und Adipinsäure geben neben Ammoniak, Hexamethylendiamin und Kohlensäure auch gesättigte und ungesättigte

---

[1] G. Gee, Trans. Faraday Soc. **40**, 463, 468 (1944).

[2] S. R. Palit, G. Colombo u. H. Mark, J. Polymer Sci. **6**, 295 (1951).
    G. V. Schulz, Ang. Ch. **64**, 553 (1952).

[3] E. E. Walker, J. appl. Chem. **2**, 470 (1952).

[4] Lösungsmittel für faserbildende makromolekulare Verbindungen s. W. G. Wolfgang in J. J. Press, Man-Made Textile Encyclopedia, S. 154, Interscience Publ., Inc., New York 1959.
    E. E. Walker in R. Hill, Fasern aus synthetischen Polymeren, S. 336, Verlag Berliner Union, Stuttgart 1956.

[5] DAS. 1070820 (1958), Farbf. Bayer, Erf.: H. Rinke u. O. Bayer; C. **1960**, 8700.

[6] F. P. 1199459 ≡ Belg. P. 565267 (1958), DuPont, Erf.: H. W. Hill jr., S. L. Kwolek u. W. Sweeny.

[7] DAS. 1107399 (1958), DuPont, Erf.: L. F. Beste u. C. W. Stephens.

[8] Die Pyrolyse von Polymerisaten ist in diesem Bd., Kap. Umwandlung von Polymerisaten, S. 806 beschrieben.

[9] Die hierbei gebildeten Monomeren s. ds. Bd., Kap. Umwandlung von Polymerisaten, S. 810.

[10] F. H. Winslow u. Mitarbb., J. Polymer Sci. **16**, 101 (1955).

[11] H. Hopff, Kunstst. **42**, 423 (1952).

Kohlenwasserstoffe sowie Cyclopentanon[1]. Polyäthylenterephthalat wird bei der Pyrolyse in Wasser, Kohlensäure, Acetaldehyd und kurzkettige Verbindungen mit Carboxygruppen[2] gespalten. Polyurethane spalten z. T. in Diisocyanate zurück.

Um Nebenreaktionen zu vermeiden, ist es ratsam, die Pyrolyse im Vakuum oder in einer inerten Gasatmosphäre auszuführen. Für das Arbeiten mit kleinen Substanzmengen wurden geeignete Apparaturen[3] empfohlen. Auf einfachem Wege können praktisch alle makromolekularen Verbindungen über ihre Pyrolysate durch *Infrarotspektren*[4] und teilweise auch durch *Gaschromatographie*[5] oder *Papierchromatographie*[6] nachgewiesen werden.

Polymerisate, die bei der Pyrolyse genügende Mengen Monomerer[7] bilden, können über diese Spaltprodukte relativ einfach erkannt werden. So reagiert *Isobutylen* mit Quecksilber-(II)-acetat[8] in Methanol zu einer Anlagerungsverbindung (F: 46°). *Styrol* kann im Pyrolysat durch ein Gemisch aus Kaliumbromid und Kaliumbromat[9] zum (1,2-Dibrom-äthyl)-benzol bromiert oder nach Nitrierung mit Nitriersäure[10] quantitativ durch Kolorimetrie erfaßt werden. Monomerer *Methacrylsäuremethylester* läßt sich nach dem Verseifen mit Kaliumhydroxyd in Äthanol, Abdampfen des Alkohols und Ansäuern des Rückstandes mit Salzsäure durch Zink zur Isobuttersäure reduzieren.

Bei der Pyrolyse von Polyvinylchlorid, Polyvinylidenchlorid, chloriertem und sulfochloriertem Polyäthylen, Poly-2-chlor-butadien sowie chloriertem und hydrochloriertem Naturkautschuk entwickelt sich Chlorwasserstoff. Polyvinylacetat spaltet Essigsäure, Polyvinylalkohol Wasser und Polyacrylnitril neben anderen Verbindungen geringe Mengen Blausäure ab.

Von den vernetzten Polykondensationsprodukten können praktisch nur *Phenol-Formaldehyd-Harze* z.B. durch die Indophenolreaktion[11] des gebildeten Phenols ein-

---

[1] B. G. ACHHAMMER, F. W. REINHART u. G. M. KLINE, J. appl. Chem. **1**, 301 (1951).
   I. GOODMAN, J. Polymer Sci. **13**, 175 (1954).
[2] H. A. POHL, Am. Soc. **73**, 5660 (1951).
   S. a. ds. Bd., Kap. Polycarbonsäureester, S. 28.
[3] J. HASLAM u. W. SOPPET, Analyst **75**, 65 (1950).
   L. A. WALL, J. Res. Bur. Stand. **41**, 315 (1948).
   D. A. VASSALLO, Anal. Chem. **33**, 1823 (1961).
[4] S. Kap. Hinweise zur Bestimmung von Struktureinzelheiten makromolekularer Stoffe, S. 931.
   Übersichtsreferate:
   D. L. HARMS, Anal. Chem. **25**, 1140 (1953).
   P. F. KRUSE jr. u. W. B. WALLACE, Anal. Chem. **25**, 1156 (1953).
   D. HUMMEL, Kautschuk u. Gummi (W. T.) **11**, 185 (1958).
   B. CLEVERLEY u. R. HERRMANN, J. appl. Chem. **10**, 192 (1960).
[5] A. BARLOW, R. S. LEHRLE u. J. C. ROBB, Polymer **2**, 27 (1961).
   J. STRASSBURGER u. Mitarbb., Anal. Chem. **32**, 454 (1960).
   J. E. GUILLET, W. C. WOOTEN u. R. L. COMBS, J. Appl. Polymer Sci. **3**, 61 (1960).
   J. VOIGT, Kunstst. **51**, 314 (1961).
   F. A. LEHMANN u. G. M. BRAUER, Anal. Chem. **33**, 673 (1961).
   J. H. LADY, I. KESSE u. R. E. ADAMS, J. Appl. Polymer Sci. **3**, 71 (1960).
[6] H. FEUERBERG, W. KRETSCHMER u. H. WEIGEL, Kautschuk u. Gummi (W. T.) **14**, 218 (1961).
[7] Die hierbei gebildeten Monomeren s. ds. Bd., Kap. Umwandlung von Polymerisaten, S. 810.
[8] H. P. BURCHFIELD, Ind. eng. Chem. Anal. **17**, 806 (1945).
   W. C. WAKE, Trans. Inst. Rubber Ind. **21**, 158 (1945).
[9] I. M. KOLTHOFF u. F. A. BOVEY, Anal. Chem. **19**, 498 (1947).
[10] R. C. CRIPPEN u. C. F. BONILLA, Anal. Chem. **21**, 927 (1949).
   S.a. C. L. HILTON, J. E. NEWELL u. J. TOLSMA, Anal. Chem. **31**, 915 (1959).
   C. L. HILTON, Rubber Age (N. Y.) **85**, 783 (1959).
[11] F. FEIGL u. V. ANGER, Mod. Plastics **37**, Nr. 9, 151 (1960).

wandfrei identifiziert werden. Alle anderen bilden Abbauprodukte, die ein sicheres Erkennen der zugrundeliegenden makromolekularen Verbindungen durch einfache chemische Reaktionen nicht zulassen.

5. Anfärbbarkeit

Makromolekulare Verbindungen, die in Form von Fasern, Folien oder Geweben vorliegen, können durch ausgesuchte Farbstoffe[1] angefärbt werden. So ist eine Anfärbung von Polyäthylen, Polypropylen oder entsprechenden Copolymerisaten mit fettlöslichen Farbstoffen[2] möglich. Polyamide lassen sich durch saure Wollfarbstoffe[3] und Polyester durch dispergierte Acetatreyon-Farbstoffe[4] anfärben, denen auch Trägersubstanzen[5] zugesetzt werden können. Die Anfärbung von Polyacrylnitril ist mit einigen basischen Farbstoffen[6] möglich.

c) Quantitative Bestimmung

1. Quantitative Bestimmung von verseifbaren Gruppen (Verseifungszahl)

Makromolekulare Verbindungen, deren Bausteine durch Heteroatome miteinander verknüpft sind, lassen sich meistens einfach analysieren. So werden *Polyamide*, *Polyester* und *Polyurethane* durch Alkali oder Säuren[7] relativ leicht verseift. Die Spaltprodukte können nach den für niedermolekulare Verbindungen angewandten Methoden[8] identifiziert werden. Oft findet man bei der Verseifung nicht alle Bausteine wieder. So werden z. B. Polyurethane zu Diaminen, Polyalkoholen und Kohlensäure hydrolysiert.

Vernetzte Copolymerisate aus ungesättigten Polyestern mit Styrol oder anderen Vinylverbindungen können durch Aminolyse mit Benzylamin[9], Hydrazino-

---

[1] Anfärbung mit Neocarminlösung s. H. M. ULRICH, Handbuch der chemischen Untersuchung der Textilfarbstoffe, Bd. I, S. 234, Springer-Verlag, Wien 1954.

Anfärbung mit Malachitgrün und Oxaminrot s. F. WEBER u. A. MARTINA, Die neuzeitlichen Textilveredlungsverfahren der Kunstfasern, Springer-Verlag, Wien 1951.

[2] A. RUCKERT, Dyer Textile Printer **124**, 1021 (1960).

Belg. P. 590900 (1960), Montecatini S. G., Erf.: A. BONVICINI u. C. CALDO.

F.P. 1187431 ≡ Belg. P. 562893 (1957), Farbw. Hoechst.

[3] W. HEES, Melliand Textilber. **32**, 542 (1951).

B. C. M. DORSET, Textile Manufacturer **84**, 360 (1958).

H. ZOLLINGER u. Mitarbb., Melliand Textilber. **42**, 73 (1961).

[4] J. CARBONELL, Textil-Praxis **16**, 501 (1961).

W. BRENNECKE u. G. SCHLICHTMANN, Melliand Textilber. **41**, 855 (1960).

[5] W. HEES, Textil-Praxis **12**, 382 (1957).

[6] W. HEES, Melliand Textilber. **42**, 87 (1961).

H. BLÄTTERMANN u. R. KOCH, Z. ges. Textil-Ind. **60**, 477, 537 (1958).

[7] S. ds. Bd., Kap. Polyamide, S. 177.

[8] Z. B. durch Papierchromatographie:

H. ZAHN u. H. WOLF, Melliand Textilber. **32**, 317 (1951).

H. ZAHN u. B. WOLLEMANN, Melliand Textilber. **32**, 927 (1951).

C. W. AYERS, Analyst **78**, 382 (1953).

M. CLASPER, J. HASLAM u. E. F. MOONEY, Analyst **80**, 812 (1955); **82**, 101 (1957).

[9] W. FUNKE u. K. HAMANN, Ang. Ch. **70**, 53 (1958).

W. FUNKE u. Mitarbb., Makromolekulare Chem. **28**, 17 (1958).

H. GILCH, W. FUNKE u. K. HAMANN, Makromolekulare Chem. **31**, 93 (1959).

W. FUNKE u. K. HAMANN, Mod. Plastics **39**, Nr. 9, 147 (1962).

M. BOHDANECKÝ u. Mitarbb., Makromolekulare Chem. **47**, 201 (1961).

lyse oder Hydrolyse mit einer Lösung von Kaliumhydroxyd in Benzylalkohol gespalten werden. Durch die quantitative Bestimmung der Spaltprodukte konnte die Konstitution dieser Kunststoffe aufgeklärt werden.

Die zur Neutralisation und Verseifung von einem Gramm der Verbindung erforderliche Menge Kaliumhydroxyd wird – in Milligramm ausgedrückt – als Verseifungszahl bezeichnet.

Eine genau abgewogene Menge der Verbindung (etwa 0,5–1 g) wird in einigen cm³ Äthanol oder Benzol gelöst – unlösliche Proben werden möglichst fein zerkleinert – und in einem Schliffrundkolben von 100 cm³ Inhalt, der vorher 2mal mit 0,5 n Kalilauge ausgekocht, dann gründlich gespült und getrocknet wurde, mit 50 cm³ 0,5 n Kalilauge in Äthanol 4 Stdn. am Rückflußkühler zum Sieden erhitzt.

Bei der Verseifung von Polyacrylsäureestern durch Natriumhydroxyd bildet sich das in Äthanol unlösliche Natrium-polyacrylat. Hierdurch wird die Geschwindigkeit der Reaktion gegen Ende verzögert. Eine schnell und vollständig verlaufende Verseifung[1] erzielt man nach zweistündigem Sieden unter Rückfluß mit einem Gemisch gleicher Volumina Dioxan, Tetrahydrofuran oder Methyläthylketon und n Kalilauge in Wasser. Solche Gemische von Lösungsmitteln eignen sich besonders zur Verseifung von Polyestern, weil die Kaliumsalze der Dicarbonsäuren weitgehend in Lösung bleiben. Polymethacrylsäureester und andere schwer verseifbare Verbindungen werden möglichst fein gepulvert und ohne vorheriges Auflösen mit 0,5 n Kalilauge in Äthylenglykol[2] verseift.

Nach dem Erkalten wird die unverbrauchte Kalilauge mit n Salzsäure aus einer Mikrobürette gegen Phenolphthalein zurücktitriert. Unter gleichen Bedingungen ist ein Blindversuch auszuführen.

Die Berechnung erfolgt gemäß:

$$VZ = \frac{56,1 \, (A - B)}{E}$$

A = cm³ n Salzsäure für Blindversuch.
B = cm³ n Salzsäure für Titration der Probe.
E = Gewicht der Probe in g.

Bestimmung der Verseifungszahl von Polyäthylenterephthalat[1]: 0,4892 g einer fein zerkleinerten Folie aus Polyäthylenterephthalat werden mit 50 cm³ eines Gemisches aus gleichen Vol. frisch destilliertem Dioxan und n Kalilauge in Wasser 2 Stdn. lang unter Rückfluß erhitzt. Nach dem Erkalten wird die nicht umgesetzte Lauge mit n Salzsäure gegen Phenolphthalein zurücktitriert. Zur Titration wurden 19,86 cm³ und für den Blindversuch 24,92 cm³ n Salzsäure verbraucht. Die im Polyäthylenterephthalat sich wiederholende strukturelle Einheit

benötigt zur Verseifung 2 Mol Kaliumhydroxyd. Verseifungszahl: gefunden 582; ber. 584.

Zur quantitativen Bestimmung der Alkohole in Polyacryl- und Polymethacrylsäureestern[3] werden diese mit Jodwasserstoff verseift. Hierbei bilden sich nach S. Zeisel die entsprechenden Alkyljodide, die gaschromatographisch erfaßt werden können.

---

[1] H. Ostromow, Farbf. Bayer, Leverkusen, unveröffentlichte Arbeiten.
[2] S. ds. Bd., Kap. Umwandlung von Polymerisaten, S. 705.
[3] D. L. Miller, E. P. Samsel u. J. G. Cobler, Anal. Chem. 33, 677 (1961).
    J. Haslam, J. B. Hamilton u. A. R. Jeffs, Analyst 83, 66 (1958).

2. Quantitative Bestimmung der Säuregruppen (Säurezahl)[1]

Die zur Neutralisation erforderliche Menge Kaliumhydroxyd in Milligramm pro Gramm der Verbindung wird als Säurezahl (SZ) bezeichnet und dient zur Charakterisierung solcher Verbindungen, die freie Carboxygruppen enthalten. Es werden etwa 1,0 g der Verbindung in 50 cm³ eines Gemisches aus Äthanol und Benzol (1:1 Vol.) gelöst und mit 0,1 n Natronlauge gegen Phenolphthalein titriert. Ein Blindversuch ist unter den gleichen Bedingungen auszuführen.

Berechnung der Säurezahl:

$$SZ = \frac{56,1\,(A - B)}{E}$$

A = cm³ 0,1 n Natronlauge zur Neutralisation verbraucht.
B = cm³ 0,1 n Natronlauge für Blindversuch verbraucht.
E = Gewicht der Probe in g.

Die Carboxygruppen in Copolymerisaten aus Butadien, Acrylnitril und Acryl- oder Methacrylsäure können durch Titration der Lösung in Methyläthylketon[2] mit Kaliumhydroxyd in Äthanol bestimmt werden. Für schwer lösliche Copolymerisate ist Pyridin geeignet.

Eine sowohl qualitativ als auch quantitativ ausführbare Methode zur Bestimmung von Carboxygruppen in makromolekularen Verbindungen beruht auf der Einwirkung einer gepufferten Lösung von Bromphenolblau oder Rhodamin B[3] in Wasser auf die Lösung der makromolekularen Verbindung in Benzol. Es tritt Salzbildung in der organischen Schicht ein, die dann kolorimetriert wird. Diese Methode kann indirekt zum Nachweis anderer funktioneller Gruppen verwendet werden. So bildet sich aus Halogen mit Pyridin quartäres Pyridiniumsalz, das mit dem Farbstoff weiterreagiert. Hydroxygruppen können mit Maleinsäureanhydrid verestert werden, wobei eine freie Carboxygruppe eingeführt wird.

3. Quantitative Bestimmung anderer funktioneller Gruppen

Die Bestimmung funktioneller Gruppen bietet kaum Schwierigkeiten, da sie im allgemeinen nach den Regeln für niedermolekulare Verbindungen verläuft. Analytische Vorschriften wurden weitgehend an die Ausführungsbeispiele der Bände XIV/1 und XIV/2 angefügt[4]. So werden z.B. auf S. 17 Vorschriften zur Bestimmung der Hydroxylzahl von Polyestern nach der Acetylierungsmethode sowie der Säurezahl gegeben und auf S. 189 findet man Methoden zur Bestimmung der Endgruppe in Polyamiden. Die quantitative Erfassung der Epoxygruppe in Epoxyharzen ist auf S. 452 und die Bestimmung der Isocyanatgruppe auf S. 85 beschrieben.

4. Quantitative Bestimmung der Doppelbindungen

Die quantitative Analyse von Doppelbindungen über die Jodzahl[5] ist nur mit löslichen Verbindungen möglich. Sie versagt bei der Anwendung auf vernetzte makro-

---

[1] S. a. ds. Bd., Kap. Polycarbonsäureester, S. 17.
[2] H. P. Brown u. C. F. Gibbs, Ind. eng. Chem. **47**, 1006 (1955).
[3] S. R. Palit, Chem. Engng. News **39**, Nr. 32, 40 (1961); Makromolekulare Chem. **38**, 96 (1960). S. R. Palit, B. N. Mukherjee u. R. S. Konar, J. Polymer Sci. **50**, 45 (1961).
[4] S. Inhaltsverzeichnis und Sachregister der Bde. XIV/1 u. XIV/2 dieses Handbuches.
[5] S. ds. Bd., Kap. Polycarbonsäureester, S. 33.

molekulare Verbindungen. In Gegenwart von Füllstoffen wie Ruß kann diese Bestimmung wegen der starken Absorption am Füllstoff[1] ebenfalls nicht angewandt werden.

Die quantitative Bestimmung der Doppelbindungen in Copolymerisaten des Butadiens mit Styrol oder Acrylnitril stellt ein schwierig ausführbares Problem dar, weil bei der Anwendung von Brom oder Chlorjod neben der Addition auch eine Substitution stattfindet, deren Umfang von der Art des Lösungsmittels und des Halogenierungsmittels abhängig ist. Mit Nitrobenzol als Lösungsmittel[2] können 90% der Doppelbindungen durch Chlorjod mit einer Genauigkeit von $\pm$ 1% erfaßt werden, wenn besonders festgelegte Versuchsbedingungen eingehalten werden.

Zur Ermittlung der Konstitution ungesättigter Polymerisate und Copolymerisate aus konjugierten Dienen werden neben rein physikalischen Untersuchungsmethoden auch chemische Reaktionen wie der oxydative Abbau herangezogen. Die bei Naturkautschuk[3] beschriebene Methodik der Ozonolyse wurde von K. Alder und F. H. Rickert[4] bei der Anwendung auf Copolymerisate des Butadiens mit Styrol derart verbessert, daß 50–60% der möglichen Abbauprodukte isoliert werden können. Der Nachweis der Butan-tricarbonsäure-(1,2,4) war der erste exakte Beweis für die 1,2-Addition des Butadiens.

Bei der Ozonisierung des unlöslichen ω-Polymerisates[5] von 2-Chlor-butadien entsteht annähernd die gleiche Menge Bernsteinsäure wie bei der Ozonolyse eines löslichen Emulsionspolymerisates[6], das 93–95% cis- und trans-1,4-Poly-2-chlor-butadien enthält. Daraus geht hervor, daß die Zahl der Verzweigungen oder der Vernetzungsstellen in diesem unlöslichen, harten Polymerisat sehr gering ist.

Ein besonders für Reihenuntersuchungen geeignetes Verfahren ist der Abbau durch Kaliumpermanganat[7] in Nitrobenzol (**Vorsicht!**), mit dem es in saurem, neutralem und alkalischem Medium gelingt, die verschiedenen Abbauprodukte mit einer höheren Ausbeute als bei der Ozonisierung zu erhalten.

---

[1] J. W. Watson u. D. Parkinson, Ind. eng. Chem. **47**, 1053 (1955).

[2] S. ds. Handb., Bd. XIV/1, Kap. Emulsionspolymerisation des Butadiens, S. 689.
   S. a. T. S. Lee, I. M. Kolthoff u. E. Johnson, Anal. Chem. **22**, 995 (1950).

[3] C. Harries, Untersuchungen über die natürlichen und künstlichen Kautschukarten, Verlag Springer, Berlin 1919.
   R. Pummerer, G. Ebermayer u. K. Gerlach, B. **64**, 809 (1931).
   R. Pummerer u. H. Richtzenhain, A. **529**, 33 (1937).

[4] S. bei E. Konrad u. W. Becker, Naturforsch. Med. Dtschl. 1939–1946 **38**, 260 (1948).
   Ozonabbau von:
   Polybutadien und Copolymerisat des Butadiens mit Methacrylsäuremethylester: R. Hill, J. R. Lewis u. J. L. Simonsen, Trans. Faraday Soc. **35**, 1067, 1073 (1939).
   Copolymerisaten des Butadiens mit Styrol: N. Rabjohn u. Mitarbb., Am. Soc. **69**, 314 (1947). E. N. Alekseeva u. R. M. Belitzkaya, Rubber Chem. Technol. **15**, 693 (1942).
   Copolymerisat aus Butadien mit Acrylnitril oder Methacrylnitril: E. N. Alekseeva, Rubber Chem. Technol. **15**, 698 (1942). A. I. Yakubchik u. A. I. Spasskova, Rubber Chem. Technol. **34**, 200 (1961).
   Copolymerisat aus Isobutylen mit Isopren: I. S. Ungar u. G. A. Lutz, Rubber Chem. Technol. **34**, 205 (1961).

[5] W. H. Carothers u. Mitarbb., Am. Soc. **53**, 4203 (1931).

[6] H. W. Walker u. W. E. Mochel, Proc. Rubber Technol. Conf., 2nd Conf. London 1948, 69.
   A. L. Klebanskii u. V. G. Vasil'eva, Rubber Chem. Technol. **10**, 126 (1937).

[7] S. ds. Handb., Bd. XIV/1, Kap. Emulsionspolymerisation des Butadiens, S. 694.
   S. a. F. J. Naples u. J. D. D'Ianni, Ind. eng. Chem. **43**, 471 (1951).

Zur Bestimmung des 1,4-Anteils eignet sich *Benzopersäure*[1], die mit den Doppel-bindungen der Grundkette um ein vielfaches schneller als mit den Vinylseitengruppen reagiert.

Die von I. M. Kolthoff[2] vorgeschlagene Methode zur Bestimmung von *Polystyrol* in Copolymerisaten aus Butadien und Styrol beruht auf der Oxydation der Doppelbin-dungen durch *tert.-Butylhydroperoxyd* in Gegenwart von Osmium-(VIII)-oxyd. Hier-bei entstehen in Dichlorbenzol oder Methanol vollständig lösliche Reaktionsprodukte. Nach diesem Verfahren können auch Füllstoffe[3] wie Ruß in löslichen und vernetzten Elastomeren bestimmt werden. In Methanol lösliche Oxydationsprodukte[4] entstehen nur dann, wenn der Anteil des konjugierten Diens im Copolymerisat wenigstens 50% beträgt. Vernetzte Copolymerisate verlieren durch diese Behandlung ihre Unlöslich-keit. Diese Methode ist auch geeignet zur Bestimmung des Anteils von ungesättigten Polymerisaten oder Copolymerisaten im Gemisch mit schwer oxydierbaren makro-molekularen Verbindungen wie Polystyrol oder Copolymerisaten des Styrols mit Acrylnitril, die hierbei unverändert bleiben.

d) Bibliographie über die chemische Analyse makromolekularer Stoffe, chronologisch geordnet

1. Kunststoffe

K. Thinius, Analytische Chemie der Plaste (Kunststoffanalyse), Springer-Verlag, Berlin–Göttin-gen–Heidelberg 1952.

G. Bandel, Die chemische Prüfung der Kunststoffe, in F. R. Houwink, Chemie und Technologie der Kunststoffe, 3. Aufl., Bd. I, Akademische Verlagsgesellschaft, Leipzig 1954.

D. Hummel, Kunststoff-, Lack- und Gummi-Analyse, C. Hanser Verlag, München 1958.

P. W. Allen, Technique of Polymer Characterization, Butterworths, London 1959.

G. M. Kline, Analytical Chemistry of Polymers,

    Teil 1: Analysis of Monomeric and Polymeric Materials: Plastics – Resins – Rubber – Fibres, Interscience Publ., Inc., New York 1959.

    Teil 2: Analysis of Molecular Structure and Chemical Groups, Interscience Publ., Inc., New York 1962.

    Teil 3: Identification Procedures, Intersience Publ., Inc., New York 1962.

L. Nebbia, L'analisi delle resine sintetiche, Materie plast. **25**, 371 (1959).

H. Saechtling, Kunststoff-Bestimmungstafel, 3. Aufl., C. Hanser Verlag, München 1959.

F. Feigl u. V. Anger, Spot Tests for Plastics, Mod. Plastics **37**, Nr. 9, 151 (1960).

D. Hummel u. E. Siegmund, Die chemische Analyse von Kunststoffen, in F. Ullmann, Encyklo-pädie der technischen Chemie, Bd. XI, S. 104, Verlag Urban & Schwarzenberg, München–Berlin 1960.

Resin Research Laboratories Inc., What Plastic is it?, Mod. Plastics **37**, Nr. 11, 88 (1960).

F. E. Critchfield u. D. P. Johnson, Chemical Analysis of Polymers, Anal. Chem. **33**, 1834 (1961).

W. Oelkers, Welcher Kunststoff ist das?, mit Handproben von Kunststoffmustern, 2. erweiterte Aufl., Frankh'sche Verlagshandlung W. Keller, Stuttgart 1961.

---

[1] S. ds. Handb., Bd. XIV/1, Kap. Emulsionspolymerisation des Butadiens, S. 692.
    S. a. I. M. Kolthoff, T. S. Lee u. M. A. Mairs, J. Polymer Sci. **2**, 199, 206, 220 (1947).

[2] I. M. Kolthoff, T. S. Lee u. C. W. Carr, J. Polymer Sci. **1**, 429 (1946).
    Bestimmung des Butadienanteils im Copolymerisat aus Butadien und Styrol mit Kaliumper-manganat in Nitrobenzol s. ds. Handb., Bd. XIV/1, Kap. Emulsionspolymerisation des Buta-diens, S. 698.

[3] I. M. Kolthoff u. R. G. Gutmacher, Anal. Chem. **22**, 1002 (1950).

[4] P. Schneider, Farbf. Bayer, Leverkusen, unveröffentlichte Arbeiten.

2. Elastomere

H. P. Burchfield, Identification of Natural and Synthetic Rubbers, Ind. eng. Chem. Anal. **16**, 424 (1944).

H. P. Burchfield, Qualitative Spot Tests for Rubber Polymers, Ind. eng. Chem. Anal. **17**, 806 (1945).

H. J. Stern, The Weber Tests for Natural Rubber, Trans. Inst. Rubber Ind. **26**, 135 (1950).

G. F. Baumann u. S. Steingiser, Colorimetric Differentiation of Polyester- and Polyether-Based Urethane Polymers, J. Appl. Polymer Sci. **1**, 251 (1959).

V. L. Burger, Analysis of Rubber, Rubber Chem. Technol. **32**, 1452 (1959).

P. J. Corish, Identification and Analysis of Polyurethane Rubbers by Infrared Spectroscopy (Untersuchung von Filmen und Verseifungsprodukten), Anal. Chem. **31**, 1298 (1959).

H. E. Frey, Methoden zur chemischen Analyse von Gummimischungen, 2. Aufl., Springer-Verlag, Berlin–Göttingen–Heidelberg 1960.

F. Kirchhof, Weber-Farbtest zur analytischen Unterscheidung des Naturkautschuks von Butylkautschuk, Polyisobutylen und Cyclokautschuk, Kautschuk u. Gummi (W.T.) **13**, 402 (1960).

W. C. Wake, Die Analyse von Kautschuk und kautschukartigen Polymeren, Verlag Berliner Union, Stuttgart 1960.

H. Feuerberg, Die Identifizierung und die quantitative Bestimmung von Elastomeren in Gummi, Kautschuk u. Gummi (W.T.) **14**, 33 (1961).

F. C. J. Poulton, Analytical Methods for Rubber, in J. S. Naunton, The Applied Science of Rubber, S. 874, E. Arnold Publ. Ltd., London 1961.

3. Fasern

C. H. Giles u. E. Waters, An Identification Scheme for Textile finishing Agents on the Fibre, J. Textile Inst. **42**, P 909 (1951).

W. J. Hall u. C. E. M. Jones, Identification of Textile Materials (Prepared by Technical Committee "C" of the Textile Institute), 3. Aufl., The Textile Institute, Manchester 1951.

R. Krammes u. C. Maresh, Identification of Textile Finishes, Am. Dyest. Rep. **42**, 317 (1953).

B. Luniak, The Identification of Fibres, Pitman Verlag, London 1953.

D. Sassi, A Rapid Method of Identification of Textile Fibres in Blends, Am. Dyest. Rep. **42**, P 236 (1953).

K. Windeck-Schulze, Analytisch-chemische Prüfung von chemischen Fasern, in R. Pummerer, Chemische Textilfasern, Filme und Folien, Verlag F. Enke, Stuttgart 1953.

H. M. Ulrich, Handbuch der chemischen Untersuchung der Textilfaserstoffe, Bd. I, Springer-Verlag, Wien 1954.

C. H. Fischer-Bobsien, Verbesserter Schnellnachweisplan für alle derzeit bedeutenden Textilfasern, Z. ges. Textil-Ind. **57**, 1410 (1955).

K. Vogler, Anleitung zur quantitativen Faseranalyse, Schweiz. Arch. angew. Wiss. Techn. **21**, 209 (1955).

F. Stühlen u. H. Horn, Eine einfache Methode zur Unterscheidung handelsüblicher Polyamide, Kunstst. **46**, 63 (1956).

P. A. Koch u. M. Stratmann, Die Identifizierung von Faserstoffen mittels chemischer Reaktionen, Melliand Textilber. **39**, 1141 (1958).

W. G. Wolfgang, Fibre-Identification, in J. J. Press, Man-Made Textile Encyclopedia, S. 141, Interscience Publ., Inc., New York 1959.

T. Szentpály, R. Szentpály u. A. Stark, Analyse von Fasermischungen, Faserforsch. u. Textiltechn. **11**, 189 (1960).

F. Tucci, Einfacher Analysengang zum qualitativen Nachweis der meistgebräuchlichen Faserstoffe, SVF-Fachorgan Textilveredlung **15**, Nr. 1, 18 (1960).

4. Lacke- und Anstrichmittel

ASTM Standards on Paint, Varnish, Lacquers and Related Products, Published by the American Society for Testing Materials, Philadelphia 1955.

O. D. Shreve, Synthetic Organic Coating Resins. Analytical Characterization and Determination of Some Commercially Important Classes, in J. Mitchell jr., I. M. Kolthoff, E. S. Proskauer u. A. Weissberger, Organic Analysis, Bd. III, S. 443, Interscience Publ., Inc., New York 1956.

C. WHALLEY, Changing Frontiers in the Analytical Chemistry of Paint Materials, J. Oil Colour Chemists' Assoc. **39**, 193 (1956).

G. ZEIDLER, Laboratoriumsbuch für die Lack- und Anstrichmittelindustrie, W. Knapp Verlag, Düsseldorf 1957.

E. A. NAVYAZHSKAYA, Polyurethane Coatings, Determination of Small Quantities of Isocyanates, Rubber J. and Intern. Plastics **135**, Nr. 5, 158 (1958).

M. H. SWANN u. G. G. ESPOSITO, Detection of Urea, Melamine, Isocyanate, and Urethan Resins, Anal. Chem. **30**, 107 (1958).

Analysis and Testing of Lacquers and Coating Materials, Paint Manufact. **29**, 374 (1959).

C. P. A. KAPPELMEIER, Chemical Analysis of Resin-based Coating Materials, Interscience Publ., Inc., New York 1959.

W. MARQUARDT, Zur Analyse der Lackkunstharze, in H. WAGNER u. H. F. SARX, Lackkunstharze, 4. Aufl., S. 248, C. Hanser Verlag, München 1959.

E. SCHRÖDER u. K. THINIUS, Analyse einfacher Alkydharze, Dtsch. Farben-Z. **14**, 144, 189 (1960).

II. Hinweise zur Bestimmung von Struktureinzelheiten makromolekularer Stoffe

bearbeitet von

Dr. Martin Hoffmann

Farbenfabriken Bayer AG., Leverkusen

Wie schon in der Einleitung zu diesem Kapitel gesagt wurde, muß im allgemeinen eine ganze Reihe chemischer und physikalischer Methoden herangezogen werden, um ein einigermaßen vollständiges Bild der Struktur eines hochmolekularen Stoffes zu erhalten. Eine Besprechung der Struktur von Polyisopren und ihrer analytischen Feststellung soll dafür als Beispiel dienen, da bei diesem Homopolymeren viele Besonderheiten der molekularen und übermolekularen Struktur auftreten und berücksichtigt werden müssen. Wegen der ausführlichen Literatursammlung in Kapitel III (S. 960) sollen hier nur kurze Literaturangaben gemacht werden.

a) Besprechung der Struktur von Polyisopren und ihrer analytischen Feststellung als Beispiel für die Strukturanalyse von makromolekularen Stoffen

1. Definition und Abgrenzung der in Frage kommenden Struktureinzelheiten

Um aus der Fülle der prinzipiell möglichen Atomanordnungen die wirklich in Frage kommenden auszuwählen, zieht man Überlegungen über die Bildung der Polymeren heran. Dabei geht man bei Kenntnis des Monomeren zweckmäßig von seiner Struktur und seinen bekannten Anregungsformen und vom Mechanismus seiner Reaktion mit Radikalen oder Ionen aus[1]. Außerdem berücksichtigt man, daß die verschiedenen Anlagerungsformen des Monomeren an die wachsende Kette in statistischer oder nichtstatistischer Folge auftreten können und daß das makromolekulare Radikal oder Ion nicht nur mit den Doppelbindungen des Monomeren, sondern auch mit denen der eigenen oder einer anderen Kette reagieren kann[2]. Darüber hinaus kann das makromolekulare Radikal (oder Ion) auch mit C—H-Bindungen[3,5] des eigenen Moleküls oder anderer Moleküle des Gemisches und mit anderen Radikalen[4] (oder Ionen bzw. Metallalkylen[5]) reagieren. Schließlich muß man daran denken, daß bei der Herstellung, Verarbeitung und Vulkanisation chemische Verbindungen zuge-

---

[1] F. R. Mayo u. C. Walling, Chem. Reviews **27**, 351 (1940).
P. J. Flory, J. Polymer Sci. **2**, 36 (1947).
A. G. Evans u. S. D. Hamann, Scient. Pr. roy. Dublin Soc. **24**, 139 (1950).
G. V. Schulz, Ang. Ch. **71**, 590 (1959).
[2] P. J. Flory, Am. Soc. **69**, 2893 (1947).
[3] P. J. Flory, Am. Soc. **59**, 241 (1937).
H. S. Taylor u. A. Jones, Am. Soc. **52**, 1111 (1930).
G. V. Schulz, A. Dinglinger u. E. Husemann, Ph. Ch. (B) **43**, 385 (1939).
[4] J. C. Bevington, H. Melville u. H. S. Taylor, IUPAC Symposium on Macromolecules, Stockholm 1953.
[5] G. Natta, J. Polymer Sci. **48**, 219 (1960).

setzt werden und daß bei diesen Vorgängen Reaktionen (z.B. Oxydationen[1]) erfolgen können, die die chemische und physikalische Struktur der Polymeren ändern.

Da also die Anzahl und Art der vermuteten Struktureinzelheiten aus Vorstellungen über die Entstehung der Polyisoprene abgeleitet sind, sollte man sich davon überzeugen, daß keine Strukturelemente übersehen wurden, beispielsweise dadurch, daß bei der Prüfung der Anlagerungsformen des Monomeren die Summe der Prozente an *cis*-1,4-, *trans*-1,4-, -3,4-Addition usw. der Prozentzahl der Doppelbindungen entspricht. Außerdem sollte man versuchen, sich ein Bild von der Bedeutung der Strukturelemente für die Eigenschaften des Polymerisates zu machen.

Bei Polyisoprenen und ihren Vulkanisaten sind die folgenden Struktureinzelheiten interessant:

α) Gehalt an Doppelbindungen, Sauerstoff und anderen Fremdelementen, Stabilisatoren und Vulkanisationshilfsmitteln, Füllstoffen und Verunreinigungen

Die Menge an Doppelbindungen kann besonders bei der Verwendung ionischer Polymerisationskatalysatoren unter Cyclisierung[2] oder Vernetzung und bei der Vulkanisation durch Reaktion mit Schwefel[3] abnehmen. Bei größerem Ausmaß einer solchen Reaktion ändern sich die Eigenschaften des Materials völlig, bei kleinerem Ausmaß kann eine evtl. stattfindende Krystallisation gestört werden. Der Einbau von Sauerstoff hängt u. a. von dem Stabilisatorgehalt sowie der Art der Aufarbeitung, Verarbeitung und Lagerung ab[4]. Die dabei gebildeten Gruppen können z.B. das Haften auf der Walze beeinflussen. Im allgemeinen interessiert die Sauerstoffaufnahme und der Gehalt an Metallspuren aber mehr wegen der damit verbundenen Alterung des Materials. Die Menge des Füllstoffs sowie seine Natur und Verteilung beeinflussen die mechanischen Eigenschaften der Vulkanisate wesentlich.

β) *cis*-1,4- und *trans*-1,4-Konfiguration

Wird das Isopren stets mit dem C-Atom 1 an die wachsende Kette angelagert, so unterscheidet man folgende Formen der 1,4-Addition:

Bei dieser Bildung der internen Doppelbindung zwischen den C-Atomen 2 und 3 aus den konjugierten Doppelbindungen des Isoprens wird besonders in solchen Fällen, in denen der (meist ionische) Katalysator mit dem wachsenden Kettenende und dem Monomeren Komplexe bildet[5,6], eine der beiden Konfigurationen bevorzugt. – Die Eigenschaften der fast ausschließlich *cis*-1,4- (Naturkautschuk) oder nur *trans*-1,4-Addition (Guttapercha) zeigenden Polyisoprene unterscheiden sich von denen mit gemischter Struktur, weil erstere krystallisieren können. Da mit dieser Krystallisation der Vulkanisate bei höherer Dehnung eine Verfestigung der Probe, d.h. z.B. eine Erhöhung der Zugkraft bei 400% Dehnung[7] einhergeht, aber ebenso auch eine Verstärkung der Hysterese bei langsamen Verformungen[8] eintritt, interessieren schon geringe Mengen, z.B.

---

[1] W. F. Busse, Ind. eng. Chem. **24**, 140 (1932).
[2] H. Staudinger, Helv. **9**, 529, 549 (1926).
   S.a. ds. Bd., Kap. Umwandlung von Naturkautschuk, S. 834 ff.
[3] G. F. Bloomfield J. Soc. Chem. Ind., Trans. and Commun. **64**, 274 (1945).
[4] J. L. Bolland, Quart. Reviews **3**, 1 (1949).
   L. Bateman, Quart. Reviews **8**, 147 (1954).
[5] G. Natta, J. Polymer Sci. **48**, 219 (1960).
[6] M. Roha, Fortschr. Hochpolymeren-Forsch. **1**, 512.
[7] L. R. G. Treloar, Trans. Faraday Soc. **43**, 277, 284 (1947).
[8] A. Shedd u. A. C. Ingersoll, Phys. Rev. **9**, 107 (1904).

5% von der Hauptstruktur (z.B. *cis*-1,4) abweichende, d.h. fehlerhafte Strukturen (z.B. *trans*-1,4), weil sie die Krystallisation stören können[1]. Bei der Reaktion mit Radikalen, beispielsweise bei der Vulkanisation mit Schwefel, können durch Isomerisierung einige Prozente der *cis*-1,4-Einheiten in *trans*-1,4-Einheiten umgewandelt werden[2].

γ) Kopf-Schwanz- bzw. Kopf-Kopf- und Schwanz-Schwanz-Verknüpfung der addierten Isopreneinheiten

Wird Isopren stets mit dem C-Atom 1 an das wachsende Kettenende angelagert, so spricht man von Kopf-Addition, die mit einer Kopf-Schwanz-Verknüpfung (wie für die 1,4-Addition in β gezeigt) verbunden ist. Der Kopf-Kopf-Verknüpfung entspricht eine gleiche Menge Schwanz-Schwanz-Verknüpfung, z.B. bei *cis*-1,4-Addition:

$$
\begin{array}{ccc}
\underset{\text{CH}_3}{\overset{\text{R--CH}_2}{\diagdown}}\text{C}\!\!=\!\!\text{C}\underset{\text{H}}{\overset{\text{CH}_2\text{--CH}_2}{\diagup}} & \underset{\text{CH}_3}{\overset{\text{H}}{\diagdown}}\text{C}\!\!=\!\!\text{C}\underset{\text{CH}_3}{\overset{\text{CH}_2\text{--CH}_2}{\diagup}} & \underset{\text{CH}_3}{\overset{\text{H}}{\diagdown}}\text{C}\!\!=\!\!\text{CH}\underset{\text{H}}{\overset{\text{CH}_2\text{--}}{\diagup}}
\end{array}
$$

Schwanz-Schwanz   Kopf-Kopf

In analoger Weise können solche Verknüpfungsarten auch bei der 1,2- bzw. 3,4-Addition (s. unter δ) benannt werden, wobei das C-Atom mit der niedrigeren Bezifferung als Kopf des addierenden Moleküls bezeichnet wird. Die Kopf-Kopf-Verknüpfung stört die Symmetrie einer sonst regelmäßigen, beispielsweise einer reinen Kopf-Schwanz-, *cis*-1,4-Anordnung und muß daher die Krystallisation eines derartigen Polymerisates hemmen.

δ) 1,2-Addition und 3,4-Addition; Taktizität

Wird das Isopren bei der 1,2-Addition stets mit dem C-Atom 1 angelagert (Kopf-Addition) und bei der 3,4-Addition stets mit C-Atom 3 (Kopf-Addition), so erhält man folgende Strukturen:

$$
\begin{array}{cccc}
 & \text{CH}_3 & \text{CH}_3 & \\
 & | & | & \\
\text{--CH}_2\text{--}\overset{*}{\text{C}}\text{--CH}_2\text{--}\overset{*}{\text{C}}\text{--} & \cdots & \text{--CH}_2\text{--}\overset{*}{\text{CH}}\text{--CH}_2\text{--}\overset{*}{\text{CH}}\text{--} \\
 & | & | & \\
 & \text{CH} & \text{CH} & \text{C--CH}_3 \quad \text{C--CH}_3 \\
 & \| & \| & \| \qquad\quad \| \\
 & \text{CH}_2 & \text{CH}_2 & \text{CH}_2 \quad\ \ \text{CH}_2 \\
\end{array}
$$

1,2-   1,2-   3,4-   3,4-Addition

Die mit einem Stern bezeichneten, im allgemeinen asymmetrischen C-Atome können die Liganden in *d*- und *l*-Konfiguration tragen, d.h. sich spiegelbildlich unterscheiden. Diese durch Wärmebewegung nicht ineinander überführbaren Konfigurationen können nun in statistischer (ataktische Struktur) oder in nichtstatistischer (isotaktische, syndiotaktische Struktur) Folge auftreten[3].

–d–l–d–d–l–d–l–l–l–d–   *ataktisch*

–d–d–d–d–d–d–d–d–d–d– ⎫
⎬ *isotaktisch*
–l–l–l–l–l–l–l–l–l–l– ⎭

–d–l–d–l–d–l–d–l–d–l–   *syndiotaktisch*

Polymere mit fast reiner isotaktischer oder syndiotaktischer Anordnung krystallisieren (fast immer) im Gegensatz zu den ataktischen[3].

Polyisoprene mit viel 1,2- bzw. 3,4-Addition haben höhere Erweichungstemperaturen[4] als reine 1,4-Polyisoprene und sind dementsprechend schlechtere Elastomere. Geringe Mengen an 1,2- oder

[1] P. J. Flory, J. chem. Physics **17**, 223 (1949); **15**, 684 (1947).
    F. A. Quinn u. L. Mandelkern, Am. Soc. **80**, 3178 (1958).
[2] M. A. Golub, J. Polymer Sci. **36**, 523 (1959).
    J. J. Cunneen, G. M. C. Higgins u. W. F. Watson, J. Polymer Sci. **40**, 1 (1959).
[3] G. Natta, P. Corradini u. I. W. Bassi, J. Polymer Sci. **51**, 505 (1961).
[4] C. F. Gibbs u. Mitarbb., Rubber World **144**, 69 (1961).

3,4-Addition können einerseits die Krystallisation der Probe stören und andererseits die chemische Reaktionsfähigkeit des Polyisoprens beeinflussen, da die Aktivierbarkeit der seitenständigen Vinylgruppen größer sein sollte als die der in der Kette liegenden Doppelbindungen[1], besonders dann, wenn die Doppelbindung der Seitenkette durch eine Methylgruppe aktiviert ist (3,4-Addition). Unterschiede in der Reaktionsfähigkeit der Doppelbindungsarten werden auch bei der Reaktion mit Perbenzoesäure sichtbar[2]).

ε) Die Verteilung der Strukturen α) bis δ) innerhalb eines Makromoleküls

Immer dann, wenn das Isoprenmolekül unmittelbar vor der Adddition zu einer bestimmten Orientierung gegenüber dem wachsenden Kettenende gezwungen wird, beispielsweise durch Komplexbildung mit dem Katalysator und dem Kettenende oder bei der Polymerisation in Krystallen und Einschlußverbindungen, besteht die Möglichkeit, daß eine bestimmte Anlagerungsweise des Monomeren eingehalten wird und ein strukturreines Polyisopren entsteht. Es ist ferner denkbar, daß dieser Prozeß nur zeitweise während des Molekülaufbaus ungestört verläuft und daß gelegentlich trotz geringer Bildungswahrscheinlichkeit andere Anlagerungsformen auftreten. Bei den „strukturellen Copolymeren", z.B. den *cis-trans*-Copolymeren mit 1,4-Kopf-Addition des Isoprens, unterscheidet man ebenso wie unter δ) bezüglich der *d*- und *l*-Konfiguration statistische und nichtstatistische, beispielsweise alternierende und blockartige Copolymere[3,4]:

-cis-cis-cis-trans-cis-cis-trans-trans-cis-cis-cis	statistisch, wenig *trans*
-trans-trans-cis-cis-trans-cis-trans-trans-trans-cis	statistisch, viel *trans*
-cis-trans-cis-trans-cis-trans-cis-trans-cis-	alternierend
-cis-cis-cis-cis-cis-cis-trans-trans-trans-trans	blockartig

Während bei genügender Menge (z.B. 20%) an *trans*-Struktur die Krystallisation der statistischen *cis-trans*- Copolymeren völlig gehindert ist, ist das bei der gleichen Menge blockartig eingebautem *trans* nicht der Fall[4,5]. Bei alternierenden Copolymeren darf man in Analogie zu den syndiotaktischen Polymeren auch mit einer Krystallisation rechnen. Bei ihnen würde nur der Überschuß einer Strukturart über die andere die Krystallisation hemmen. Welche Menge an Sonderstruktur die Krystallisation des Polymeren verhindert, hängt von der Schmelzwärme der Hauptstruktur sowie von Isomorphiemöglichkeiten u. a. ab.

ζ) Verteilung der Strukturen α) bis δ) auf die verschiedenen Makromoleküle

Immer dann, wenn die Kettenlänge nicht sehr viel größer ist als die Abstände der Störstellen, d.h. der Stellen innerhalb einer Molekel, an denen Strukturänderungen auftreten, ist eine ungleichmäßige Verteilung der Störstellen bzw. der ihnen zugeordneten Sonderstrukturen auf die Moleküle zu erwarten. Bei den kurzen Ketten eines uneinheitlichen Polymerisates findet man deshalb die größten Abweichungen vom Mittelwert der Störstellenkonzentration. Das Auftreten nichtstatistischer Verteilungen ist besonders dann zu vermuten, wenn bei der Polymerisation verschiedene Katalysatoren oder am gleichen Katalysator verschiedene aktive Zentren wirken. Hier sind vor allem die metallorganischen Mischkatalysatoren zu nennen, deren Wirksamkeit stark von der sehr genauen Einhaltung bestimmter Mengenverhältnisse (z. B. TiJ_4/AlR_3) bei

---

[1] P. J. FLORY, Principles of Polymer Chemistry, 1. Aufl., S. 261, Cornell University Press, New York 1953.

[2] E. KONRAD u. W. BECKER, Naturforsch. Med. Dtschl. 1939–1946 **38**, 266 (1948).
   I. M. KOLTHOFF, T. S. LEE u. M. A. MAIRS, J. Polymer Sci. **2**, 206, 220 (1947).

[3] G. SMETS u. M. CLAESEN, J. Polymer Sci. **8**, 289 (1952).

[4] W. O. BAKER u. C. S. FULLER, Am. Soc. **64**, 2399 (1942).
   O. B. EDGAR u. R. HILL, J. Polymer Sci. **8**, 1 (1952).

[5] P. J. FLORY, J. chem. Physics **17**, 223 (1949); **15**, 684 (1947).

ihrer Herstellung abhängt[1,2]. Auch können die starken Änderungen der Monomerenkonzentration am Ende einer Polymerisation das Verhältnis strukturbestimmender konkurrierender Komplexe oder Reaktionsmöglichkeiten ändern. – Um die technische Bedeutung solcher Verteilungsformen abzuschätzen, kann man wieder die Beeinflussung der Krystallinität diskutieren. Natürlich werden auch andere Größen wie etwa die Löslichkeit und die Einfriertemperatur von solchen Verteilungen beeinflußt. Der eine Grenzfall dieser Verteilungen ist ein Gemisch strukturverschiedener Moleküle, in dem die Krystallisation der Hauptmenge durch den Zusatz von beispielsweise 20% einer anderen Substanz kaum gestört ist[3]. Der andere Grenzfall ist die statistische Verteilung, bei der alle Molekeln fast gleich viele Störstellen besitzen. Ein solches *cis*-Polyisopren krystallisiert im allgemeinen bei 20% Fehlstruktur nicht mehr.

η) Molgewicht und Molgewichtsverteilung

Abbruchs-[4] und Übertragungsreaktionen[5] führen dazu, daß die Kettenlänge der radikalisch entstehenden Polyisoprenmoleküle schon bei geringen Umsätzen einen von den Reaktionsbedingungen abhängenden statistischen Mittelwert erreicht, der bei der Lösungspolymerisation mit wachsendem Umsatz absinkt. Bei der Polymerisation mit z.B. Butyllithium werden dagegen die wachsenden Kettenenden im allgemeinen nicht inaktiviert, so daß die Kettenlänge proportional dem Umsatz zunimmt[2]. Bei allen Herstellungsweisen bilden sich Polyisoprene, die Moleküle mit einer mehr oder weniger breiten Streuung der Molgewichte enthalten. Diese Uneinheitlichkeit der Molgewichte führt dazu, daß man verschiedene Mittelwerte formulieren muß. Zu ihrer Berechnung verwendet man die Molzahl N_i der Molekeln mit dem Molgewicht M_i:

$$\text{Zahlenmittel } M_n = \frac{\sum N_i M_i}{\sum N_i}$$

$$\text{Gewichtsmittel } M_w = \frac{\sum N_i \cdot M_i^2}{\sum N_i \cdot M_i}$$

$$\text{viscosimetrisches Mittel } M_v = \left[\frac{\sum N_i \cdot M_i^{1+a}}{\sum N_i \cdot M_i} \right]^{\frac{1}{a}}$$

a ist der Exponent der Gleichung zwischen Viscositätszahl $[\eta]$ und Molgewicht M_v: $[\eta] = K \cdot M^a$.

Die Materialeigenschaften hängen nicht immer vom gleichen Mittelwert der Molgewichte ab. Beispielsweise bestimmt das Gewichtsmittel die Materialviscosität[6] und in guter Näherung auch die Viscositätszahl[6]. Vom Zahlenmittel dagegen hängen die Festigkeit des unvernetzten[7] und die des auf bestimmte Vernetzungsdichte bzw. Härte vulkanisierten Polymeren ab[8].

ϑ) Langkettige Verzweigung und ihre Verteilung auf die verschiedenen Makromoleküle eines Polymerisates

Reagieren die aktiven Kettenenden oder die aktiven Gruppen des Initiators mit den Doppelbindungen oder C—H-Bindungen der bereits gebildeten Makromoleküle, so entstehen verzweigte Moleküle[5]. Tritt außer einer Übertragungs- auch eine Vernetzungsreaktion ein, so bilden sich zunächst nur geringe Mengen unlöslichen Polymerisates (Gel) aber schließlich ein völlig vernetztes Präparat[8,9]. Die langkettige Verzweigung des unvulkanisierten Polyisoprens verändert das Fließ-

[1] G. NATTA, J. Polymer Sci. **48**, 219 (1960)

[2] M. ROHA, Fortschr. Hochpolymeren-Forsch. **1**, 512.

[3] W. O. BAKER u. C. S. FULLER, Am. Soc. **64**, 2399 (1942).
  O. B. EDGAR u. R. HILL, J. Polymer Sci. **8**, 1 (1952).

[4] J. C. BEVINGTON, H. MELVILLE u. H. S. TAYLOR, IUPAC Symposium on Macromolecules, Stockholm 1953.

[5] P. J. FLORY, Am. Soc. **59**, 241 (1937).
  H. S. TAYLOR u. A. JONES, Am. Soc. **52**, 1111 (1930).
  G. V. SCHULZ, A. DINGLINGER u. E. HUSEMANN, Ph. Ch. (B) **43**, 385 (1939).

[6] J. R. SCHAEFGEN u. P. J. FLORY, Am. Soc. **70**, 2709 (1948).
  P. J. FLORY, Am. Soc. **65**, 372 (1943); **62**, 1057 (1940).

[7] H. MARK, Ind. eng. Chem. **34**, 1343 (1942).

[8] P. J. FLORY, Ind. eng. Chem. **38**, 417 (1946).

[9] P. J. FLORY, Am. Soc. **69**, 2893 (1947).

verhalten und andere Eigenschaften[1] sowie die Beziehung zwischen Molgewicht und Viscositätszahl[2]. Ein Gehalt an stark vernetztem Gel kann die Verarbeitbarkeit, z.B. die Verteilung der Füllstoffe, verschlechtern[3].

ι) Vernetzungsdichte

Bei Vulkanisaten bzw. vernetzten Polymerisaten steigt die Dichte der Vernetzung, also die Anzahl der Vernetzungspunkte pro cm³ des Vulkanisats, mit wachsender Vulkanisationszeit (zumindest anfangs) bzw. Verweilzeit im Polymerisationsgefäß[4]. Je stärker vernetzt ein Vulkanisat ist, um so größer sind die Zugkräfte bei bestimmter Dehnung[4] und um so geringer ist die maximale Quellung[5]. Schwach vernetztes Gel stört die Verarbeitung und Füllstoffaufnahme kaum[6], wohl aber stark vernetztes. Fehlstellen der Vernetzung, z.B. Kettenenden, setzen den elastischen Modul und die Reißfestigkeit der Vulkanisate herab[7].

ϰ) Wechselwirkung zwischen Füllstoff und Polyisopren

Die Reaktion von Aktivruß mit Polyisopren führt zur teilweisen Bindung des Polyisoprens an diesen Füllstoff. Inaktivruß bindet kein Polymerisat. Diese Fähigkeit, eine Bindung zum Elastomeren herzustellen, hängt von der chemischen Natur und der Größe der Füllstoffteilchen ab. Parallel dazu wächst bei Rußarten ihre verstärkende Wirkung auf die mechanischen Eigenschaften der Vulkanisate.

λ) Makroskopische Inhomogenität der Proben; Füllstoffverteilung

Beim Aufarbeiten des Polymeren aus Latex oder Lösung, beim Stabilisieren und Mischen mit Vulkanisationshilfsmitteln und Füllstoffen kann im allgemeinen keine völlig homogene Mischung aller Komponenten erreicht werden. Die Verteilung der Zusätze kann die mit der Verarbeitung gekoppelten Reaktionen, z.B. den Netzwerkaufbau bei der Vulkanisation, beeinflussen. Wenn der Zerreißprozeß bei Polyisoprenen ein Fehlstellenproblem[8] ist, kann die Zerreißfestigkeit von derartigen Inhomogenitäten abhängen.

Je nach dem Ziel der Strukturanalyse werden im allgemeinen nicht alle der genannten Strukturelemente berücksichtigt werden müssen. Allerdings ist bei einer Auswahl zu bedenken, daß die dabei berücksichtigten Beziehungen zwischen der Struktur und den Eigenschaften der Polyisoprene, wie schon oben gesagt, noch weitgehend hypothetischen Charakter tragen. Im Folgenden werden die Bestimmungen der Struktureinzelheiten von Polyisoprenen in der oben genannten Reihenfolge behandelt, wobei Untersuchungen an den Polymerisaten selbst, ihren Verarbeitungsprodukten und an den fertigen Vulkanisaten berücksichtigt werden.

2. Bestimmung der Struktureinzelheiten von Polyisopren

a) Gehalt an Doppelbindungen, Sauerstoff und Fremdelementen, Stabilisatoren, Vulkanisationshilfsmitteln und Füllstoff

Die Ergebnisse der *Elementaranalyse* bieten bezüglich der Gehalte an Kohlenstoff, Wasserstoff und Sauerstoff bei nichtstabilisiertem und mit nur sehr geringen Mengen an Starter, z.B. mit Butyllithium, hergestelltem Polyisopren keine Besonderheiten. Man findet das theor. Verhältnis

[1] W. GRAULICH u. W. BECKER, Makromolekulare Chem. **3**, 53 (1949).
   D. L. SCHOENE u. Mitarbb., Ind. eng. Chem. **38**, 1246 (1946).
[2] C. D. THURMOND u. B. H ZIMM, J. Polymer Sci. **8**,. 477 (1952.)
[3] P. J. FLORY, Am. Soc. **69**, 2893 (1947).
[4] F. T. WALL, J. chem. Physics **11**, 527 (1943).
[5] P. J. FLORY u. J. REHNER jr., J. chem. Physics **11**, 521 (1943).
[6] C. F. GIBBS u. Mitarbb., Rubber World **144**, 69 (1961).
[7] P. J. FLORY, Ind. eng. Chem. **38**, 417 (1946).
[8] S. KASE, J. Polymer Sci. **11**, 425 (1953).
   W. WEIBULL, Appl. Mechanics Revs. Nov. **1952**, 449.

von Wasserstoff zu Kohlenstoff und rund 0,4% Sauerstoff, der nicht auf Katalysatorresten beruhen kann, sondern von der Oxydation des Polymeren herrühren muß. Nach der Mastizierung auf gekühlter Walze ist dieser Sauerstoffgehalt auch in nichtstabilisiertem Polyisopren nur wenige Zehntel Prozente höher[1].

Titrationen mit *Chlorjod*[2] oder auch mit *Perbenzoesäure*[3] (unter Berücksichtigung des 3,4-Gehaltes aus dem *IR-Spektrum*) dienen zur Feststellung der verbliebenen Doppelbindungen.

Bei gereinigtem Naturkautschuk oder synthetischen Polyisoprenen findet man nahezu die theor. Anzahl, nämlich > 95%, die Moleküle sind also kaum cyclisiert. Während der Mastizierung und der Vulkanisation zu Weichgummi sinkt der Doppelbindungsgehalt im allgemeinen nur um einige Prozente.

Für die Identifizierung und Bestimmung der Zusätze, Verunreinigungen und der z.B. durch Oxydation gebildeten reaktiven Gruppen (Aldehyd- und Carboxygruppen) sind außer *Extraktionen und chemischen Abbaumethoden* vor allem *spektroskopische, kolorimetrische und polarographische Methoden* entwickelt worden, die hier nicht weiter diskutiert werden sollen. Die Menge des Füllstoffes kann beispielsweise im Falle von Kohlenstoff nach chemischem Abbau des Vulkanisats als unlöslicher Rückstand ermittelt werden[4]. Um das Zinkoxyd in ungefüllten Vulkanisaten bestimmen zu können, bringt man sie durch Erhitzen in Nitrobenzol an Luft in Lösung und zentrifugiert.

β) 1,4-Addition, *trans*-Konfiguration und *cis*-Konfiguration

1,4-Struktur gibt Veranlassung zur *Absorption im Infraroten* bei 840 cm^{-1}, wobei eine Unterscheidung der *trans*-1,4- und *cis*-1,4-Strukturen nur durch den bei letzterer Struktur stärkeren Extinktionskoeffizienten möglich ist[5]. *trans*-1,4-Gehalte oberhalb etwa 10% kann man auch durch eine Absorption bei 1152 cm^{-1} – gegenüber der von *cis*-1,4 bei 1130 cm^{-1} – nachweisen[6], kleinere *trans*-1,4-Gehalte nur mit Hilfe einer Absolutbestimmung des *cis*-1,4-Gehaltes aus der Extinktion von Schwefelkohlenstofflösungen bei 4065 cm^{-1} (vgl. Literatur[7]). Die Lichtabsorption ist unabhängig von einer Kopf-Kopf- oder Kopf-Schwanz-Anordnung.

Bei radikalisch polymerisiertem Polyisopren steigt ebenso wie bei radikalisch oder mit Lithiumalkyl polymerisiertem Polybutadien[8] der *cis*-1,4-Anteil mit der Polymerisationstemperatur. Mit Alkyllithium, z.B. Butyllithium, bei 35° polymerisiertes Polyisopren enthält rund 8% *trans*-1,4-Struktur, während mit metallorganischen Mischkatalysatoren des Ziegler-Typs Polymere mit sehr verschiedenen *trans*-1,4-Gehalten hergestellt werden können. Bei der Vulkanisation tritt oft, besonders bei Verwendung von Schwefel, eine Isomerisierung einiger Prozente *cis*-1,4-Einheiten

---

[1] M. Hoffmann, Unveröffentlichte Berichte, Farbf. Bayer.
[2] H. Kuppe, Unveröffentlichte Berichte, Farbf. Bayer.
   A. R. Kemp u. H. Peters, Ind. eng. Chem. Anal. **15**, 453 (1943).
   E. Konrad u. W. Becker, Naturforsch. Med. Dtschl. 1939–1946 **38**, 260 (1948).
   Beispiel vgl. ds. Handb., Bd. XIV/1, Kap. Spezielle Polymerisationsverfahren, S. 689.
[3] I. M. Kolthoff, T. S. Lee u. M. A. Mairs, J. Polymer Sci. **2**, 206, 220 (1947).
   E. Konrad u. W. Becker, Naturforsch. Med. Dtschl. 1939–1946 **38**, 260 (1948).
   Beispiel vgl. ds. Handb. Bd. XIV/1, Kap. Spezielle Polymerisationsverfahren, S. 692.
[4] I. M. Kolthoff u. R. G. Gutmacher, Anal. Chem. **22**, 1002 (1950).
[5] W. S. Richardson u. A. Sacher, J. Polymer Sci. **10**, 353 (1953).
[6] J. L. Binder u. H. C. Ransaw, Anal. Chem. **29**, 503 (1957).
[7] P. J. Corish, Spectrochim. Acta [London] **1959**, 598.
[8] K. Ziegler, H. Grimm u. R. Willer, A. **542**, 90 (1939).
   K. Ziegler u. Mitarbb., A. **567**, 43 (1950).
   G. V. Schulz, B. **74**, 1766–1768 (1942).

in *trans*-1,4-Einheiten ein. Im IR-Spektrum ist außerdem die 3,4-Absorption bei 888 cm⁻¹ verstärkt. Die Menge der von der Hauptstruktur, also der *cis*-1,4-Addition, abweichenden Strukturen, also der *trans*-1,4-Addition und auch der cyclisierten Grundmoleküle usw., steigt also bei der Vulkanisation und bewirkt, daß solche Vulkanisate schlechter krystallisieren. So verliert ungedehnter vulkanisierter Naturkautschuk seine Krystallisationsfähigkeit sogar bei so tiefen Temp. wie — 20° fast völlig. Mit steigender Dehnung wächst jedoch die Krystallisationsgeschwindigkeit sehr schnell an[1], so daß vulkanisierter ungefüllter Naturkautschuk normaler Weichheit bei etwa 300% Dehnung genauso schnell krystallisiert wie ungedehnte unvulkanisierte Proben[2].

γ) 1,4-Addition, Kopf-Kopf- oder Kopf-Schwanz-Struktur

Eine Methode zur Bestimmung beider Anteile besteht in der Untersuchung der Endprodukte eines *Ozonabbaus*, wobei an die Stelle der Kohlenstoffdoppelbindungen Carbonyl-, Carboxy- und Aldehydgruppen treten[3].

Naturkautschuk und Guttapercha haben mindestens 90% Kopf-Schwanz-Anordnung in 1,4-Addition, wie man aus den Ausbeuten an Lävulinsäure und Lävulinaldehyd schließen kann. Bei synthetischen Polyisoprenen findet man einen geringen Anteil Kopf-Kopf- bzw. Schwanz-Schwanz-Addition, wie man durch den Nachweis von Acetonylaceton feststellen kann, beispielsweise im Butyllithium-Polyisopren etwa 3%[2] und damit etwa ebensoviel wie in gereinigtem Naturkautschuk[2].

δ) 1,2- oder 3,4-Addition, ataktische, syndiotaktische oder isotaktische Struktur

Die 1,2-Konfiguration absorbiert im *Infraroten* bei 909 cm⁻¹ (vgl. Literatur[4]) und die 3,4-Konfiguration bei 888 cm⁻¹ (vgl. Literatur[4]). Die Extinktionskoeffizienten bei diesen Wellenlängen lassen sich zur quantitativen Bestimmung beider Strukturen heranziehen, wobei berücksichtigt werden muß, daß die so gewonnenen 3,4-Extinktionen teilweise einer noch unbekannten Struktur zuzuordnen sind, weil Naturkautschuk nur bei 888 cm⁻¹, nicht aber bei 6100 cm⁻¹ absorbiert, während synthetische 3,4-Polyisoprene bei beiden Wellenlängen absorbieren[5]. Besser ist offenbar die Ermittlung der 3,4-Addition aus der Absorption bei 6100 cm⁻¹. Die Summe der 1,2- und 3,4-Strukturen kann durch Oxydation des Polyisoprens mit *Perbenzoesäure*[6] bestimmt werden, da die Doppelbindungen der 1,4-Konfiguration wesentlich schneller addieren als die seitenständigen.

Radikalisch polymerisierte Polyisoprene enthalten wenig und zwar etwa gleich viel 1,2- und 3,4-Struktur. Anionisch polymerisierte Proben enthalten auch oft viel 1,4-Anordnung. Neben wenig 3,4-Addition findet man bei ihnen aber praktisch keine 1,2-Addition. Die Bevorzugung der 3,4-Addition vor der 1,2-Addition besagt, daß die unsubstituierte Doppelbindung des Isoprens bevorzugt an die wachsende Kette angelagert wird.

Sind im Makromolekül mehrere Grundmoleküle hintereinander in 3,4- bzw. 1,2-Addition angelagert worden, so interessiert, inwieweit sich die Grundmoleküle noch in der

---

[1] L. Mandelkern, Chem. Reviews **56**, 903 (1956).
[2] M. Hoffmann, Unveröffentlichte Berichte, Farbf. Bayer.
[3] C. Harris, B. **38**, 1195, 3985 (1905).
   H. Staudinger u. A. Steinhofer, A. **517**, 35 (1935); Pyrolyse von Polystyrol.
[4] W. S. Richardson u. A. Sacher, J. Polymer Sci. **10**, 353 (1953).
[5] D. W. Fraga, J. Polymer Sci. **41**, 522 (1955).
[6] I. M. Kolthoff, T. S. Lee u. M. A. Mairs, J. Polymer Sci. **2**, 206, 220 (1947).
   E. Konrad u. W. Becker, Naturforsch. Med. Dtschl. 1939–1946 **38**, 260 (1948).
   V. Garten u. W. Becker, Makromolekulare Chem. **3**, 78–110 (1949).
   Beispiel vgl. ds. Handb. Bd. XIV/1, Kap. Spezielle Polymerisationsverfahren, S. 692.

Konfiguration am asymmetrischen Kohlenstoffatom unterscheiden. Die Ermittlung der Taktizität ist möglich, wenn krystalline Bereiche *röntgenographisch* auf die für die Krystallite jeder taktischen Struktur charakteristischen Symmetrien und Abstände untersucht werden können. Schon das Krystallisationsvermögen an sich wäre ein Beweis dafür, daß ein reines 3,4-Polyisopren nicht ataktisch gebaut sein kann.

ε) Verteilung der Strukturen *α*) (S. 936) bis *δ*) (S. 938) innerhalb eines Makromoleküls

Eine besonders schwierige Aufgabe der Strukturanalyse von Polyisopren besteht darin, festzustellen, ob Sonderstrukturen innerhalb eines Makromoleküls statistisch verteilt sind oder nicht. Dazu fraktioniert man und bestimmt die *Krystallisationsfähigkeit der Fraktionen* und ihren Gehalt an Sonderstruktur. Krystallisiert das Polymerisat und hat es den Schmelzpunkt des strukturreinen Polymeren, obschon in allen Fraktionen ein hoher Gehalt an Sonderstrukturen gefunden wird, so darf man annehmen[1,2], daß die Sonderstrukturen innerhalb des Moleküls zu Blöcken, also nichtstatistisch angeordnet sind. Es ist dann zu erwarten, daß sich auch die Fraktionen des Präparates in dem Fehlstrukturgehalt unterscheiden, und zwar stärker als bei statistischer Verteilung der Fehlstrukturen. Eine Fraktionierung aus anderen Lösungsmitteln oder bei höheren Temperaturen sollte zur Sicherung des Ergebnisses durchgeführt werden, da zufällig eine in geringer Menge vorhandene Molekelsorte mit anomal hohem Gehalt an Sonderstruktur in alle Fraktionen mitgeschleppt sein könnte, während die Hauptmenge des Polyisoprens eine fast reine sterische Struktur hat. Blöcke von 1,2- bzw. 3,4-addierten oder cyclisierten Grundmolekülen sollten sich z. B. nach Ozonolyse aus der *Länge nichtabgebauter Kettenstücke* nachweisen lassen.

ζ) Verteilung der Strukturen *α* (S. 936) bis *δ* (S. 938) auf die verschiedenen Moleküle

Methoden zur vollständigen Ermittlung dieser Verteilungen sind noch nicht entwickelt worden. Die mindestens vorhandene Breite der Verteilungen erkennt man durch Analyse der Fraktionen einer *Fällungsfraktionierung*[3] oder Kolonnenfraktionierung[4].

Insbesondere die Fraktionen niedrigeren Molgewichts von z. B. mit metallorganischen Mischkatalysatoren hergestelltem Polyisopren weisen meist bedeutend mehr von der Hauptstruktur (z. B. *cis*-1,4) abweichende (z. B. *trans*-1,4) „Sonderstruktur" auf als die Fraktionen höheren Molgewichts[5].

Eine andere Methode[5] zum Nachweis nichtstatistischer Verteilungen besteht darin, die Polymerisate *mit Perbenzoesäure* zu *oxydieren* und die Mengen der verschieden löslichen Anteile in den umgesetzten Proben zu untersuchen, z. B. mit Hilfe der *Trübungstitration*. Die Addition der Perbenzoesäure vergrößert beträcht-

[1] P. J. FLORY, J. chem. Physics **17**, 223 (1949); **15**, 684 (1947).
   F. A. QUINN u. L. MANDELKERN, Am. Soc. **80**, 3178 (1958).
[2] W. O. BAKER u. C. S. FULLER, Am. Soc. **64**, 2399 (1942).
   O. B. EDGAR u. R. HILL, J. Polymer Sci. **8**, 1 (1952).
[3] G. V. SCHULZ u. A. DINGLINGER, Ph. Ch. (B) **43**, 47 (1939); **46**, 137 (1940); **47**, 155 (1940).
[4] C. A. BAKER u. R. J. P. WILLIAMS, Soc. **1956**, 2352–2362.
   T. J. R. WEAKLY, R. J. P. WILLIAMS u. J. D. WILSON, Soc. **1960**, 3963–3973.
[5] M. HOFFMANN, Unveröffentlichte Berichte, Farbf. Bayer; Makromolekulare Chem. in Vorbereitung.

lich die Löslichkeit in z.B. Alkohol enthaltenden Lösungsmittel-Fällungsmittel-Gemischen, so daß Moleküle mit viel 1,2- bzw. 3,4-Struktur oder solche mit geringem Doppelbindungsgehalt gut von cis-1,4-Polyisoprenmolekülen getrennt werden. Aus dem Fällpunkt der Moleküle schließt man auf ihren Gehalt an 1,4-Struktur und aus der Trübungszunahme pro cm³ Fällungsmittel auf die Menge der gerade ausfallenden Moleküle. Eine Veränderung der Methode könnte in der Löslichkeitsveränderung der seitenständigen Vinylgruppen über eine chemische Reaktion, z.B. mit Mercaptanen, bestehen.

In Naturkautschuk und in mit Butyllithium oder mit Mischkatalysator frisch hergestelltem cis-1,4-Polyisopren findet man keine Moleküle mit mehr als 50% 3,4-Struktur oder wesentlich verringertem Doppelbindungsgehalt[1].

Eine letzte, mehr summarische Methode zum Nachweis nichtstatistischer Verteilungen der Sonderstrukturen besteht in der (z.B. dilatometrischen) Untersuchung der *Schmelzpunkte*, der *Krystallisationsgeschwindigkeit* und des *Krystallisationsausmaßes* von Polyisoprenen (beispielsweise bei — 20°), wenn die Summe aller Sonderstrukturen bekannt ist. Die Krystallisation wird nämlich bei statistischer Verteilung einer bestimmten Menge von Sonderstrukturen mehr verringert als bei nichtstatistischer Verteilung[2,3]. Ein besonderer Fall ist die syndiotaktische Struktur und auch alternierende *cis-trans*-Anordnung der Grundmoleküle. Als Sonderstrukturen bezeichnet man dann nur die von dieser alternierenden Anordnung abweichenden Additionsformen.

Im Gegensatz zu mit Butyllithium hergestelltem Polyisopren weisen mit metallorganischen Mischkatalysatoren des Ziegler-Typs gewonnene Polyisoprene eine nichtstatistische Verteilung der Sonderstrukturen auf die Moleküle auf[1].

η) Mittleres Molgewicht, Molgewichtsverteilung

Durch *Fällungsfraktionierung*[4] oder durch Extraktion z.B. bei der chromatographischen Säulenfraktionierung[5] werden Polyisoprene in Fraktionen mit nur noch geringer Streuung der Molgewichte zerlegt. Nach Bestimmung der Molgewichte dieser Fraktionen (Mikrogel muß durch Ultrazentrifugieren entfernt werden[6]) mit Hilfe der *Lichtstreuung*[7], *Osmose* usw. kann man aus den Massen der Fraktionen und ihren Molgewichten die Verteilung der Molgewichte im Präparat berechnen[4]. Ein Teil des Produktes, nämlich der unlösliche Gelanteil, wird bei der Berechnung des Mittelwerts der Molgewichte ausgenommen. Vergleichende Untersuchungen der Molgewichtsverteilungen können mit vereinfachenden Verfahren, z.B. mit der *Trübungstitration*[8], die die Löslichkeitsverteilung ermittelt, durchgeführt werden[1]. Auch

---

[1] M. Hoffmann, Unveröffentlichte Berichte, Farbf. Bayer; Makromolekulare Chem. in Vorbereitung.

[2] P. J. Flory, J. chem. Physics **15**, 684 (1947); **17**, 223 (1949).
F. A. Quinn u. L. Mandelkern, Am. Soc. **80**, 3178 (1958).

[3] W. O. Baker u. C. S. Fuller, Am. Soc. **64**, 2399 (1942).
O. B. Edgar u. R. Hill,, J. Polymer Sci. **8**, 1 (1952).

[4] G. V. Schulz u. A. Dinglinger, Ph. Ch. (B) **43**, 47 (1939).
G. v. Schulz, Ph. Ch. (B) **43**, 25 (1939).

[5] C. A. Baker u. R. J. Williams, Soc. **1956**, 2352–2362 und viele andere Arbeiten.

[6] V. E. Shashoua u. R. G. Beaman, J. Polymer Sci. **33**, 101 (1958).

[7] Vgl. ds. Handb. Bd. III/1, Kap. Bestimmung des Molekulargewichts an makromolekularen Stoffen, S. 371ff.

[8] D. R. Morey, E. W. Taylor u. G. P. Waugh, J. Colloid Sci. **6**, 470 (1951).
W. G. Hastings u. F. W. Peaker, J. Polymer Sci. **36**, 351 (1959).

aus der Bestimmung zweier verschiedener Durchschnittswerte der Molgewichte, nämlich des Zahlenmittels und des Gewichtsmittels kann man ein Maß für die Breite der Molgewichtsverteilung berechnen[1].

Naturkautschuk und mit metallorganischen Mischkatalysatoren hergestellte 1,4-*cis*-Polyisoprene haben eine breitere Verteilung der Molgewichte als mit Butyllithium hergestelltes Polyisopren[2]. Treten Verzweigungen oder gar eine Gelbildung auf, so werden die Molekulargewichtsverteilungen verbreitert. Die Mastizierung oder Verarbeitung beeinflußt die Verteilung der Molgewichte beträchtlich. Wird nämlich ein mit Butyllithium hergestelltes Polyisopren mit enger Verteilung mastiziert, so verbreitert sich die Verteilung der Molgewichte zunächst, wird aber beim totmastizierten Produkt wieder eng[2]. Mastiziert man auf gleiche Schmelzviscosität, so enthält die Verteilung von Naturkautschuk weniger kurze Ketten und mehr sehr hochmolekulare Anteile als die eines mit Butyllithium hergestellten Polyisoprens, obschon sich die Gewichtsmittel der Molgewichte nicht wesentlich unterscheiden.

ϑ) Mittlere Verzweigung, Verzweigungsverteilung

Die Verzweigung von Fraktionen kann man mit Hilfe der *Lichtstreuung* und der *Viscositätszahl*[3] oder weniger genau mit der Konzentrationsabhängigkeit der Viscosität[4] bestimmen und damit die mittlere Verzweigung und die Verteilung der Verzweigungen ähnlich wie bei der Molgewichtsverteilung berechnen. Andere Einzelheiten der Verzweigung lassen sich z.Z. kaum ermitteln. Schon der Anteil des unlöslichen, vernetzten Polymeren, der *Gelanteil*[5], gibt in Beziehung zum Molgewicht einen Anhaltspunkt für die mittlere Verzweigung synthetischer Polymerer[6], und schließlich liefern auch *Anomalien der Molgewichtsverteilung* Hinweise auf die Verzweigung.

Naturkautschuk hat einen geringen Gelanteil und ist verzweigter als das gelfreie und praktisch unverzweigte mit Butyllithium hergestellte Polyisopren. Verzweigt sind oft auch die mit metallorganischen Mischkatalysatoren gewonnenen 1,4-*cis*-Polyisoprene[2]. Bei der Mastizierung verringert sich zwar durch die Spaltung der Moleküle die Anzahl der Seitenketten pro Molekül, die prinzipiellen Unterschiede der Polymerisate bleiben jedoch erhalten[2].

ι) Dichte der Vernetzung bei vernetzten Polymerisaten oder vulkanisierten Proben

Bei unlöslichen, z.B. vulkanisierten Polyisoprenen kann man das Ausmaß der *Quellung*[7] in guten Lösungsmitteln oder den *elastischen Modul*[8] des Vulkanisates bei bestimmter Temperatur zur Berechnung der Maschenweite des Netzwerks heranziehen. Eine weitere Charakterisierung des Netzwerks sollte außerdem die Verteilung der Kettenlängen zwischen den Vernetzungspunkten und die örtlichen Schwankungen der Netzwerkdichte berücksichtigen. Eine Analyse der *Zugdehnungsdiagramme* und der in der Beobachtungsebene auch örtlich unterschiedlichen *Spannungsdoppelbrechung* zeigt Besonderheiten bei sehr hohen Dehnungen, die mit

[1] G. V. Schulz, Ph. Ch. (B) **43**, 25 (1939).

[2] M. Hoffmann, Unveröffentlichte Berichte, Farbf. Bayer.

[3] C. D. Thurmond u. B. H. Zimm, J. Polymer Sci. **8**, 477 (1952).

[4] M. Hoffmann, Makromolekulare Chem. **24**, 222 (1957).

[5] W. O. Baker, Ind. eng. Chem. **41**, 511 (1949).
A. I. Medalia u. I. M. Kolthoff, J. Polymer Sci. **6**, 433 (1951).
W. E. Mochel, J. Polymer Sci. **8**, 583 (1952).
Beispiel vgl. ds. Handb. Bd. XIV/1, Kap. Allgemeines zur Polymerisation in heterogener Phase, S. 307.

[6] P. J. Flory, Chem. Reviews **39**, 137 (1946).

[7] P. J. Flory u. J. Rehner jr., J. chem. Physics **11**, 521 (1943).

[8] F. T. Wall, J. chem. Physics **11**, 527 (1943).

der Netzwerkinhomogenität zusammenhängen[1]. Nach einem statistischen Abbau der Vulkanisate liefert die *Verzweigung der Abbauprodukte* ein Maß für die Vernetzungsdichte des Vulkanisats. Entspricht sie nicht der aus dem Modul berechneten, so enthält das Netzwerk Kettenenden[1].

ϰ) Wechselwirkung des Füllstoffs mit dem Polyisopren

Als Maß für die Wechselwirkung des Füllstoffs mit dem Polyisopren wird die *Menge* des *Bound-Rubbers*, des an den Füllstoff gebundenen und dadurch unlöslich gewordenen Polyisoprens angesehen[2]. Man zentrifugiert in der Ultrazentrifuge eine Lösung bekannter Konzentration und berechnet aus der Konzentration der überstehenden Lösung bei bekanntem Füllstoffgehalt unter Berücksichtigung mitsedimentierten Gels die Menge an Bound-Rubber.

Mit Butyllithium hergestelltes Polyisopren hat in der Mischung mit Aktivruß einen wesentlich geringeren Gehalt an Bound-Rubber als Naturkautschuk[1].

λ) Makroskopische Inhomogenität der Proben, Füllstoffverteilung

Die Verteilung der Zusätze hängt von der Struktur des Polyisoprens, seiner Abbaugeschwindigkeit und der Haftung auf der Walze sowie der Art der Zusätze ab.

Betrachtet man mikroskopisch die Schnittflächen von Vulkanisaten, so findet man gelegentlich deutliche Unterschiede im Dispergierungszustand und Streifen, die das unvollständige Verfließen zweier Schichten der Mischung anzeigen[1].

Außer durch *mikroskopische Beobachtung*[3] kann man auch durch *chemische Analyse* mehrerer sehr kleiner Probestücke[1] oder über die örtlich verschiedene *Lichtdurchlässigkeit*[4] dünner Materialschichten die Füllstoffverteilung beurteilen. Die örtlichen Schwankungen der Meßgrößen charakterisieren die Verteilung.

In gleichartig hergestellten Mischungen mit Aktivruß hat mit Butyllithium hergestelltes Polyisopren zuweilen eine deutlich schlechtere Füllstoffverteilung als Naturkautschuk[1].

b) Strukturanalyse von Polymerisaten unbekannter Natur; Übersicht über die Möglichkeiten zur Bestimmung von Struktureinzelheiten

Die knapp gehaltene und deshalb bezüglich der Durchführung der Methoden unvollständige und keineswegs ausreichend kritische Diskussion der Strukturanalyse von Polyisopren mag gezeigt haben, daß eine eingehende Abhandlung der Analyse von Polymeren den Rahmen eines Kapitels in dem vorliegenden Handbuch übersteigen würde. Es können hier nur Hinweise für den präparativ arbeitenden Chemiker über die Wege zur Ermittlung bestimmter Struktureinzelheiten gegeben werden.

Je nach dem Ziel der Strukturanalyse werden Proben untersucht, die während der Polymerisation oder während der interessierenden Reaktion entnommen wurden (kinetische Untersuchungen) oder aber Proben des Endproduktes (Untersuchungen über die Beziehungen zwischen Struktur und Eigenschaften). Zuweilen wird die Struktur des Endproduktes, beispielsweise seine Netzwerkstruktur, durch die Struktur des halbfertigen Produktes mitbestimmt, so daß strukturanalytische Untersuchungen auch dieser Proben angebracht sind. Wenn die makro-

---

[1] M. Hoffmann u. M. Unbehend, Unveröffentlichte Berichte, Farbf. Bayer; Makromolekulare Chem. in Vorbereitung.

[2] J. H. Fielding, Ind. eng. Chem. **29**, 880 (1937).

[3] C. W. Sweitzer, W. M. Hess u. J. E. Callan, Rubber World **138**, 869 (1958); **139**, 74 (1958). W. M. Hess, Rubber World **145**, Nr. 2, 78 (1961).

[4] A. Voet, Rubber Age (N. Y.) **82**, 657 (1958).

skopische Inhomogenität des Materials nicht besonders untersucht wird, muß auf die Zuverlässigkeit der Probenahme Wert gelegt werden.

Für die meisten analytischen Verfahren ist es nötig, das Untersuchungsmaterial von begleitenden Stoffen (z. B. Füllmitteln) zu trennen und in möglichst reiner Form zu isolieren. Zur Trennung von Begleitstoffen kann man Löslichkeitsunterschiede nach den in Abschnitt 2 (S. 952) der folgenden Übersicht angeführten Verfahren ausnutzen, d. h. also extrahieren, fraktionierend lösen, fällen oder zwischen zwei Phasen verteilen. Weitere Möglichkeiten bieten die Sedimentation (evtl. Ultrazentrifugierung), die Elektrophorese und Dialyse sowie seltener die Diffusion im inhomogenen elektrischen Feld und die Thermodiffusion. Für manche analytischen Nachweisreaktionen, beispielsweise Farbreaktionen, reichen die im allgemeinen geringen Mengen aus, die bei der Papierchromatographie anfallen. Oft lassen sich auch nach einer chemischen Reaktion, zu der nur eine Komponente des Gemisches befähigt ist, beispielsweise nach Salzbildung, Verseifung, Veresterung oder Reduktion, die neu entstandenen Stoffe leichter von den Begleitstoffen trennen als die unveränderten.

Über die chemische Natur des vorliegenden Polymerisates kann man sich durch einige Vorproben orientieren, wobei man z. B. Geruch, Transparenz, mechanische Eigenschaften, Löslichkeit in verschiedenen Lösungsmitteln, Verhalten bei der Pyrolyse und Verseifung sowie den Nachweis von Elementen und das IR-Spektrum verwendet (siehe Abschnitt C. I., S. 919). Bestätigt wird die so gewonnene Vermutung über die Natur des vorliegenden Polymerisates durch spezielle Nachweisreaktionen, wie sie z. B. in G. M. Kline, Analytical Chemistry of Polymers, Tl. 1, Interscience Publ. Inc., New York 1959, angegeben sind. Struktureinzelheiten werden dann mit den in der folgenden Übersicht geschilderten Methoden ermittelt.

Das reine Untersuchungsmaterial muß im allgemeinen für die im folgenden unter den Abschnitten 1 und 2 genannten Methoden in eine verdünnte Lösung gebracht werden, für die unter 1. α) genannten nicht unbedingt, dagegen aber auch teilweise für die unter 3. α) genannten.

Der anschließenden Übersicht über die Möglichkeiten zur Bestimmung von Struktureinzelheiten liegt folgendes Ordnungsprinzip zugrunde:

1. Struktur des Einzelmoleküls 944
   α) Nachweis einzelner Atome und Feststellung der chemischen Bruttozusammensetzung 944
   β) Bindungsart, Anwesenheit und Aktivität von Atomgruppen 944
   γ) Atomabstände und Valenzwinkel, genaue sterische Struktur kurzer Kettenstücke, Lage einzelner Gruppen oder verschiedener Grundmoleküle zueinander 946
   δ) Lineare Struktur oder Verzweigung der Fadenmoleküle 948
   ε) Form und Symmetrie der Makromoleküle in Lösung 948
   ζ) Größe, Knäuelung und innere Beweglichkeit der Makromoleküle 949
   η) Molgewicht 950
   ϑ) Wechselwirkung der Makromoleküle mit Lösungsmitteln, Solvatation 951

2. Struktur von Gemischen der Makromoleküle (Polymerisate und Polymerisatgemische) . 952
   α) Zusammensetzung aus Molekülen verschiedener chemischer Konstitution 952
   β) Zusammensetzung aus Molekülen verschiedener physikalischer Struktur mit Ausnahme verschiedenen Molgewichts 953
   γ) Zusammensetzung aus Molekülen verschiedenen Molgewichts 954

3. Struktur übermolekularer Ordnungen und über Hauptvalenzen aufgebauter Netzwerke 955
   α) Molekulare Wechselwirkung von Makromolekülen miteinander ohne Bildung geordneter Strukturen; Glaszustand 955
   β) Krystallisation und Orientierung von Makromolekülen 956
   γ) Netzwerkstruktur (beruhend auf Hauptvalenzbindungen) 958
   δ) Morphologische Struktur und Verteilungszustände in heterogenen Gemischen . . . 958

1. Struktur des Einzelmoleküls

a) Nachweis einzelner Atome und Feststellung der chemischen Bruttozusammensetzung

a_1) *Quantitative Bestimmung der Elemente und damit der chemischen Bruttozusammensetzung*

Die Bestimmung der Elemente erfolgt in bekannter Weise mittels der chemischen Elementaranalyse, evtl. durch Ergänzen auf 100%. Stellt man die Polymeren aus markierten Ausgangsstoffen her, so kann man einige Elemente durch ihre strahlenden Isotope (Energie der Strahlung, Intensität, Halbwertszeit, evtl. Filmschwärzung) oder über die inaktiven Isotope bestimmen (Massenspektrographie, Dichtemessung). Ferner dienen elektrochemische Potentiale (Potentiometrie und Polarographie) und besonders bei der Spurenanalyse Emissionsspektren zur in letzterem Fall nur halbquantitativen Bestimmung der Elemente. Für die Identifizierung und Konzentrationsbestimmung der schweren Elemente werden auch Röntgenabsorptions- bzw. Röntgenfluoreszenzspektren herangezogen. Die chemische Gruppenanalyse und zwar vor allem mit Hilfe der Absorptionsspektren im Ultravioletten, Sichtbaren, Infraroten und der Ramanspektren liefert über die Bestimmung von Atomgruppen nach Abschnitt 1. β_1) (S. 944) die diesen Gruppen zuzuordnenden Elemente. Schließlich sind noch Kernresonanzspektren zu nennen und die Möglichkeit zu erwähnen, daß man durch Kontakt des Präparates mit schwerem Wasser Gruppen mit leicht austauschbarem Wasserstoff feststellen kann.

In einfachen Fällen kann die Zusammensetzung der Moleküle quantitativ ermittelt werden, wenn Eichkurven vorliegen, die die zu erwartende Änderung der chemischen Konstitution zu einer Änderung z.B. des Brechungsindex bzw. der Dichte der flüssigen Polymeren oder der Schmelz- und Erweichungstemperatur in Beziehung setzen. Solche Beziehungen sind nur dann eindeutig, wenn wirklich nur eine Art der Konstitutionsänderung in Frage kommt. Wegen der vom Aggregatzustand abhängenden Nahordnung sind z.B. Brechungsindizes oder Dichten glasartig erstarrter oder teilkristalliner Polymerer für derartige Aussagen ungeeignet.

a_2) *Qualitative Bestimmung der Elemente*

Außer den zur quantitativen Bestimmung geeigneten Methoden nach Abschnitt 1. a_1) (S. 944) können auch vereinfachte Verfahren ausreichen, z.B. Flammenfärbungen oder Farbreaktionen. Wenn bei bekannter Substanz nur eine Atomart durch eine andere ersetzt wird, können Messungen des Brechungsindex und der Dichte gelöster oder geschmolzener Proben auch ohne Eichkurven Aussagen über das Ausmaß der chemischen Reaktion liefern, da man die mit der Reaktion erfolgende Änderung der Meßgrößen unter Verwendung von Atomrefraktionen und Atomvolumina näherungsweise berechnen kann.

β) Bindungsart, Anwesenheit und Aktivität von Atomgruppen

β_1) *Quantitative Ermittlung aller Atomgruppen bestimmter Art*

Die Menge einer bestimmten Atomgruppensorte kann natürlich ohne Rücksicht auf die thermodynamische Aktivität oder Reaktionsfähigkeit der Gruppen durch die quantitative Bestimmung eines für sie charakteristischen Elementes oder Isotopes nach Abschnitt 1. a_1) (S. 944) ermittelt werden. Dasselbe liefert in bekannter Weise die chemische Gruppenanalyse (u.a. über Farbreaktionen oder Titrationen), wenn die in Polymeren gelegentlich verringerte Aktivität der Atomgruppen durch Beobachtung der Reaktionskinetik berücksichtigt wird. Reduzierbare oder oxydierbare Gruppen, wie z.B. Fumarsäure- und Maleinsäure-Doppelbindungen in Polyestern, können polarographisch erkannt und bestimmt werden. In bestimmten Fällen, z.B. zum Nachweis der Kopf-Schwanz-Struktur, muß ein chemischer Abbau des Polymeren durchgeführt werden, um anhand der Abbauprodukte bestimmte Atomgruppierungen nachzuweisen. Atomgruppierungen können auch mit der Massenspektrographie aufgrund der Massen von Molekülbruchstücken nachgewiesen werden, wenn ihre Mengen durch die Pyrolyse und Ionisation nicht geändert werden. Außerordentlich bewährt haben sich bei der Gruppenanalyse die Absorptionsspektren, vor allem die im Ultravioletten (z.B. Phenole unter Verschiebung der Absorptionsfrequenz bei Alkalizusatz), im Sichtbaren (Kolorimetrie) und im Infraroten, dagegen weniger die Ramanspektren. Auch aus Kernresonanzspektren lassen sich relative Konzentrationen von Atomgruppen wie z.B. $-CH_2-$, $-CH_3$ und $=CH-$ ermitteln. Die spektroskopischen Methoden liefern z.Z. noch meist nur halbquantitative Aussagen über Konzentrationen, wenn keine Eichmessungen durchgeführt werden. Quantitative Aussagen können auch unter Verwendung von Eichkurven aus Messungen der Dichte, des Brechungsindex oder der Dielektrizitätskonstante der flüssigen Polymeren gewonnen werden. Bei festen Polymeren werden diese Größen noch durch die übermolekulare Struktur (Glaszustand, Krystallinität) beeinflußt. Messungen nach Abschnitt 1. β_4) (S. 946), z.B. des Wärmeinhaltes, können Aufschluß über das Vorliegen von Wasserstoffbrückenbindungen geben. Schließlich liefern kinetische Überlegungen bei Kenntnis des Polymerisationsansatzes und der Geschwindigkeitskonstanten der Teilreaktionen wichtige Hinweise auf die Zusammensetzung des Polymerisates.

β_2) Ermittlung der Aktivität, das heißt der wirksamen Konzentration bestimmter Atomgruppen

Aus der Geschwindigkeit, insbesondere dem Häufigkeitsfaktor solcher Reaktionen, die die gesuchte Atomgruppierung verändern (chemische Reaktionen, Dimerisation, Isotopenaustausch usw.), kann auf die – evtl. für jede Reaktion verschiedene – wirksame Menge der betreffenden Gruppen geschlossen werden. Die Aktivität ionisierter Gruppen folgt z.B. aus elektrometrisch durchgeführten Titrationen (elektrochemische Potentiale), der Leitfähigkeit verdünnter Lösungen (nach Eichung), der Elektrophorese bei bekanntem hydrodynamischem Widerstand der Moleküle oder der Kapazität bzw. Selektivität von Austauschern, ferner durch Messung von Membranpotentialen und mehr qualitativ aus der p_H-Abhängigkeit der Quellung, sowie aus der Konzentrationsabhängigkeit der Viscosität von Lösungen (evtl. unter Salzzusatz) und der kritischen Salzkonzentration bei der Koagulierung. Die Aktivität nicht notwendig ionisierter, aber elektrochemisch wirksamer, z.B. reversibel reduzierbarer oder oxydierbarer Gruppen wird nach den Methoden der Polarographie und Potentiometrie festgestellt.

β_3) Qualitativer Nachweis bestimmter Atomgruppen

Außer den zur quantitativen Bestimmung geeigneten Methoden nach Abschnitt 1. β_1) (S. 944) und zwar vor allem der IR-Spektroskopie, verwendet man noch gelegentlich die Fluoreszenzanalyse (Substitutionsregeln bei Strukturänderungen), Messungen der Wellenlänge und evtl. Halbwertszeit der Phosphoreszenz oder auch der magnetischen Eigenschaften (Pascal-Konstanten und Strukturbesonderheiten) sowie häufiger Messungen der Brechungsindizes, der Dielektrizitätskonstante und der Dichte, wobei Inkremente auf Besonderheiten der Struktur schließen lassen. Atomgruppierungen können auch durch die an sich und bei Polymeren ganz besonders schwierige Fourier-Analyse der Röntgenstreuung über die Elektronenverteilung in der Elementarzelle ermittelt werden. Schließlich zeigen polarimetrische Messungen bei Oligomeren die Anwesenheit asymmetrischer Kohlenstoffatome.

β_4) Bindungszustand von Atomen und Atomgruppen

Außer der schwierigen Fourier-Analyse der Röntgenstreuung liefern bekanntlich auch UV- und IR-Spektren über Frequenzverschiebungen der Absorptionsbanden Aussagen über Bindungszustände. So erkennt man Tautomerie, Keto-Enol-Form, Radikalnatur, Veränderung von Wasserstoffbrücken usw. Auch aus Messungen der magnetischen Stoffeigenschaften kann man Aufschlüsse über Bindungszustände, z. B. über Radikalnatur und Komplexbildung, erhalten. Die Konzentration an freien Radikalen in einer Probe läßt sich bekanntlich am besten mit Hilfe der magnetischen Elektronenresonanzspektren feststellen, besondere Bindungsarten des Wasserstoffs oder Sauerstoffs aus Infrarot- oder Kernresonanzspektren. Wasserstoffbrückenbindung, Betainstruktur und Komplexbildung können auch aus elektrochemischen Messungen nach z. B. Abschnitt 1. β_2) (S. 945) über die Aktivität der zu erwartenden Atomgruppierung ermittelt werden. Seltener verwendet man zur Untersuchung von Bindungszuständen Verbrennungs- und Reaktionswärmen. Bildungswärmen und Dissoziationswärmen können unter Berücksichtigung (z. B. bei letzteren) der Umordnungsenergie der Bruchstücke in Bindungsfestigkeiten umgerechnet werden. Es lassen sich kalorimetrisch Austauschenergien, Ringspannungsenergien und auf sterischer Hinderung beruhende Energien bestimmen, wenn die übrige Struktur bekannt ist. Aus Umwandlungswärmen, z. B. den Schmelzwärmen, kann man mehr qualitativ auf innermolekulare Absättigung bestimmter Gruppen und auf Wasserstoffbrückenbindung schließen. Es ist auch versucht worden, aus der Viscosität von Schmelzen bei Kenntnis der übrigen Struktur die Anwesenheit von Wasserstoffbrückenbindungen zu erkennen und die Energie solcher Bindungen aus der Verteilung des Stoffes zwischen zwei Lösungsmitteln zu errechnen. Eine Methode zur Abschätzung von Bindungskräften beruht in der Messung von Atomabständen nach Abschnitt 1. γ) (s. u.). Besondere Bindungsverhältnisse beeinflussen ferner die Inkremente der Molrefraktion und des Molvolumens von flüssigen Polymeren. Schließlich liefert auch die Kinetik chemischer Reaktionen über einen Vergleich von Reaktionswärmen und gelegentlich auch von Aktivierungsenergien Aussagen über veränderte Bindungszustände und über die Polymerisationsaktivität von Doppelbindungen (Mischpolymerisationsparameter).

γ) Atomabstände und Valenzwinkel, genaue sterische Struktur kurzer Kettenstücke von Fadenmolekülen, Lage einzelner Gruppen oder verschiedener Grundmoleküle zueinander

Oft ist die Bestimmung dieser Größen an den Monomeren oder an Bruchstücken des Polymeren einfacher als am Makromolekül. Bei genügend einfachen Molekülen liefern bekanntlich die Absorptionsspektren im fernen Infrarot bzw. bei Mikrowellen, evtl. unter Verwendung polarisierten Lichtes und unter Einfluß elektrischer oder magnetischer Felder, Aussagen über Trägheitsmomente und damit Atomabstände und Valenzwinkel oder über elektrische Dipolmomente, die sich beim ganzen Molekül vektoriell (angenähert über Valenzwinkel) aus Bindungsmomenten zusammensetzen. Aus der Anisotropie der Absorption kann bei geordneter Lage der Polymermolekeln die Lage der Momente und damit evtl. der ihnen zugeordneten Gruppen zur Hauptkette (Struktur kurzer Kettenteile) bestimmt werden. Frequenzen charakteristischer Schwingungen in Absorptionsspektren und magnetischen Resonanzspektren werden durch Nachbargruppen beeinflußt (Konjugation, Resonanz). Ähnliche Schlüsse lassen sich aus der nach Abschnitt 1. β_2) (S. 945) bestimmten Aktivität vorhandener Atomgruppen ziehen. Elektrische Momente können aus Messungen der Dielektrizitätskonstante und des Brechungsindex ermittelt werden und Aufschluß über z.B. Valenzwinkel liefern, sofern ungeknäuelte Moleküle mit sonst bekannter Struktur betrachtet werden.

Dichtemessungen, evtl. in Lösungen, können Aussagen über die für z.B. die dilatometrische Untersuchung der Polymerisationskinetik interessierenden Volumenverringerungen bei der Zusammenlagerung von Monomeren zu Polymeren und bei bekanntem Starter bzw. Regler auch halbquantitative Aussagen über Menge und Art der Endgruppen liefern.

Innermolekulare Abstände und Besonderheiten der sterischen Struktur kurzer Kettenstücke von Fadenmolekülen (z.B. isotaktische Struktur) können durch Auswertung von Röntgendiagrammen krystallisierter Polymerer gewonnen werden, wobei in besonders günstigen Fällen durch die bei Polymeren schwierige Fourier-Analyse die Elektronenverteilung in der Elementarzelle ermittelt wird, die dann Atomabstände und Valenzwinkel im krystallinen Zustand liefert. Die Auswertung der Röntgenstreuung wird durch geeigneten Einbau stark streuender, d.h. schwerer Atome erleichtert. Meist muß man sich damit zufrieden geben, die Struktur an die gefundenen Elementarzelldimensionen und ihre Symmetrie anzupassen. Der nach den in diesem Abschnitt genannten Methoden gewonnene Aufbau der Krystallite oder Moleküle liefert unter Berücksichtigung der Ergebnisse nach Abschnitt 1. β) (S. 944) sterische Anordnungen, wie *cis-trans*-Struktur (IR-Spektren der Polyisoprene und Polybutadiene), 1,2–1,4-Addition (IR-Spektren der Polyisoprene und Polybutadiene), Monomerenfolge bei Copolymeren (evtl. IR-Spektren oder magnetische Kernresonanz, Polymerisationskinetik, chemische oder physikalische Analyse von Abbauprodukten wie z. B. den Rückständen der Kaliumpermanganat-Oxydation von Butadien-Styrol-Copolymeren auf Polystyrolblöcke) und Kopf-Schwanz-Struktur (am besten nach Abbau durch Ozonolyse oder Pyrolyse). Sterische Hinderungen folgen nach Abschnitt 1. β_4) (S. 946) aus Wärmeeffekten, aus Isomerisierungsgeschwindigkeiten und auch aus Messungen nach Abschnitt 1. ζ) (S. 949). Indizierung einer Monomerensorte mit Isotopen erleichtert die Ermittlung von Copolymerisationsparametern und nach einem Abbau die Ermittlung der Monomerenfolge. Die Lage einzelner Gruppen oder verschiedener Grundmoleküle zueinander kann auch gelegentlich über die Kinetik innermolekularer Reaktionen oder solcher Reaktionen, die die interessierenden beiden Gruppen derselben Molekel beanspruchen, ermittelt werden. Bei krystallisierenden Polymeren werden schließlich der Schmelzpunkt, die Krystallisationsgeschwindigkeit oder das Ausmaß der Krystallisation durch eine bestimmte Menge an Störstellen um so weniger herabgesetzt, je mehr die störenden Sonderstrukturen gehäuft, z.B. in Blöcken, auftreten, also nicht statistisch verteilt sind. Die Löslichkeiten statistisch und nichtstatistisch aufgebauter Makromoleküle gleicher Bruttostruktur unterscheiden sich ebenfalls, ferner wohl auch die Verbrennungswärmen, besonders dann, wenn z. B. das nichtstatistisch aufgebaute Copolymere krystallisiert vorliegt. Streulichtmessungen in zwei Lösungsmitteln mit geeigneten Brechungsindices können Menge und statistische oder blockartige Verteilung der Grundmolekültypen liefern.

δ) Lineare Struktur oder Verzweigung der Fadenmoleküle

δ₁) *Strukturelle Verzweigung, wie z. B. bei der 1,2-Addition der Diolefine oder in der Form von Estergruppen der Polyacrylsäureester*

Diese Art der Verzweigung kann nach den in den Abschnitten 1. β) (S. 944) und 1. γ) (S. 946) genannten Methoden ermittelt werden.

δ₂) *Kurzkettige Verzweigung, wie z. B. bei Hochdruckpolyäthylen*

Aus der Intensität geeigneter Banden des IR-Absorptionsspektrums kann Menge und Länge von Paraffinseitenketten bestimmt werden. Allgemein kann aus der Endgruppenzahl nach den Abschnitten 1. α) (S. 944) oder 1. β) (S. 944), z. B. über den Halogengehalt oder die Radioaktivität der Polymeren mit markierten Endgruppen und dem Zahlenmittel der Molgewichte nach Abschnitt 1. η_1) (S. 950) die Anzahl der Seitenzweige bestimmt werden, wenn alle Fadenenden die gleiche Atomgruppierung haben. Die bei dieser Art von Verzweigung im allgemeinen geringe Beeinflussung des hydrodynamischen Verhaltens kann nur durch sehr genaue Molgewichtsbestimmungen und Viscositätsmessungen analytisch ausgenutzt werden; eine langkettige Verzweigung stört dann stark.

δ₃) *Langkettige Verzweigung und Folgeverzweigung*

Eine starke langkettige Verzweigung kann bei Kenntnis des Verhaltens unverzweigter Moleküle und bei Verwendung guter Lösungsmittel durch die Konzentrationsabhängigkeit der Viscosität von Lösungen oder durch Messung der osmotischen zweiten Virialkoeffizienten bestimmt werden, schwächere Verzweigung genauer aus der Viscositätszahl und dem Molgewicht (nach Abschnitt 1. η_1) (S. 950), ferner aus der Knäuelgröße (nach Abschnitt 1. ζ; S. 949) und dem Molgewicht und schließlich auch aus der spezifischen Maxwell-Konstante der Strömungsdoppelbrechung und der Viscositätszahl. Bei dieser Art der Verzweigung ist eine Aussage aus dem (geringen) Endgruppengehalt im Vergleich zum Molgewicht schon an sich und auch wegen der möglichen Anwesenheit von Ringschlüssen fehlerhaft. Die Polymerisationskinetik gestattet bei Kenntnis des Polymerisationsansatzes und der Übertragungskonstante eine Berechnung der Anzahl und mittleren Länge der Seitenzweige sowie des Anteils der Folgeverzweigung und liefert die Beziehung zwischen Gelgehalt und Verzweigung. Bei der Untersuchung von Verzweigungsreaktionen hat sich die Anwendung radioaktiver Isotope bewährt.

ε) Form und Symmetrie der gelösten Makromoleküle

ε₁) *Quantitative Bestimmung der Molekülform*

Aus der Winkelabhängigkeit der Lichtstreuung oder der Röntgenkleinwinkelstreuung sowie auch der Elektronenbeugung lassen sich neben anderen Größen Abweichungen von der Kugelform feststellen. Aus der Molgewichtsabhängigkeit dieser Abweichungen kann durch Vergleich mit theoretischen Streufunktionen die Form und das Achsenverhältnis (bei z.B. Stäbchen) ermittelt werden. Das Achsenverhältnis gestreckt gelöster, im allgemeinen also kurzkettiger Moleküle, kann auch aus der Konzentrationsabhängigkeit der Viscosität oder aus der Formanisotropie bestimmt werden. Die Formanisotropie kann bei bekannter Eigenanisotropie der Grundmoleküle aus der optischen Anisotropie der gelösten Teilchen berechnet werden. Die optische Anisotropie bestimmt man ihrerseits aus der Doppelbrechung bei Strömung oder unter Einfluß elektrischer oder magnetischer Felder, evtl. unter Hinzunahme von Messungen der Depolarisation des Streulichts, der Viscositätszahl oder der Dielektrizitätskonstante. Von der Molekülform hängt auch der Reibungsfaktor ab, der z.B. aus Messungen der Diffusion und Sedimentation bestimmt wird. Aus seiner Molgewichtsabhängigkeit lassen sich durch ihren Vergleich mit theoretischen Werten Form und Achsenverhältnis der gelösten Moleküle bestimmen. Schließlich beeinflußt die Molekülform auch die Verdünnungsentropie, aus deren Größe (nach Abschnitt 1. ϑ_1) mit Überlegungen der statistischen Thermodynamik mehr qualitative Aussagen über Größe und Achsenverhältnis der Moleküle möglich sind. Die im Elektronenmikroskop sichtbaren Formen und Abmessungen ausgefällter oder durch Eindampfen von sehr verdünnten Lösungen isolierter Moleküle entsprechen nur mit Vorbehalt den entsprechenden Größen in der Lösung.

ε_2) *Qualitative Bestimmung der Molekülform*

Außer den obengenannten Eigenschaften der Moleküle kann man dazu auch die Depolarisation des Streulichts unter Berücksichtigung ihrer Molgewichtsabhängigkeit, ferner die Molgewichtsabhängigkeit der Viscositätszahl, die Strukturviscosität bei nicht zu großen Molgewichten (weil große Moleküle auch in geknäuelter Form strukturviscose Lösungen liefern) und schließlich die Größe und Molgewichtsabhängigkeit des Dipolmomentes gelöster Moleküle heranziehen.

ζ) Größe, Knäuelung und innere Beweglichkeit der Makromoleküle

ζ_1) *Molekülgröße und Knäuelungsgrad*

Die Röntgenkleinwinkelstreuung (liefert den Streumassenradius), die Elektronenbeugung (mißt z.B. den Abstand markierter Endgruppen des gelösten Moleküls) und die Lichtzerstreuung in Verbindung mit Brechungsindexmessungen liefern bei bekannter Form die Molekül- und Teilchengrößen. Weitere Methoden verwenden die künstliche Doppelbrechung der Lösungen unter Berücksichtigung des Brechungsindex und der Viscosität. Für die Bestimmung der Abmessungen größerer starrer Teilchen sind die Rotationsdoppelbrechung zusammen mit der Strömungsdoppelbrechung und die Depolarisation des Streulichts geeignet. Weiterhin kann man aus Viscositätszahl und Molgewicht (nach Abschnitt 1. η; S. 950) den Fadenendenabstand der als Knäuel gelösten Fadenmoleküle abschätzen und dasselbe auch mit Messungen der Sedimentation und Diffusion oder der Elektrophorese zusammen mit Molgewichtsbestimmungen und Titrationen über die Größe der Reibungsfaktoren erreichen. Messungen an Oberflächenfilmen gestatten bei bekannter Dicke des Filmes die Berechnung des Platzbedarfes pro Molekül. Elektronenmikroskopisch kann man die Größe ausgefällter Teilchen messen, ohne jedoch damit auf die Größe in Lösung schließen zu können.

Ein Maß für die Knäuelung, d.h. für die Abweichung von einer gestreckten Form der Fadenmoleküle, gewinnt man durch Vergleich der aus den atomaren Abständen berechenbaren maximalen Kettenlänge und dem nach den oben genannten Methoden bestimmten Fadenendenabstand bzw. Knäueldurchmesser. Die Knäuelung kann auch aus der Abweichung des elektrischen Momentes des Moleküls von der vektoriellen Summe der Bindungsmomente des gestreckt gedachten Moleküls abgeschätzt werden.

ζ_2) *Innere Beweglichkeit der Makromoleküle*

Die Knäuelung ist eine Folge der inneren Beweglichkeit des Fadenmoleküls, d.h. der nur wenig gehinderten Drehbarkeit von Molekülteilen um Valenzbindungen und in viel geringerem Maße der Deformation molekularer Abstände und Winkel. Ein Maß für die Biegsamkeit der Ketten ist die Persistenzlänge oder auch die Segmentlänge, die nach den unter 1. ζ_1, S. 949 genannten Methoden bestimmt werden. Weitere Möglichkeiten zur Bestimmung der inneren Beweglichkeit von Makromolekülen liegen in der Messung von Einstellzeiten z.B. bei der elektrischen Doppelbrechung, und von Frequenzabhängigkeiten der Fortpflanzung und Dämpfung von mechanischen oder elektrischen Schwingungen (Schallabsorption, dielektrische Verluste) in Lösungen. Die Kinetik des Isotopenaustausches sowie anderer Reaktionen, z.B. der Isomerisierung, liefert gelegentlich Aussagen über die Umordnungsgeschwindigkeit der gelösten Moleküle. Auch Verdünnungsentropien (nach Abschnitt 1. ϑ_1; S. 951) und Konfigurationsentropien (nach Abschnitt 1. γ; S. 946) werden von der inneren Beweglichkeit der Makromoleküle beeinflußt. Schließlich tritt bei ausreichend geringer innerer Beweglichkeit Strukturviscosität auch bei kurzen Fadenmolekülen auf. In Lösungen großer Fadenmoleküle wird sie dadurch beträchtlich verstärkt.

η) Molgewicht

η_1) *Absolute Bestimmungsmethoden*

Mit den folgenden Methoden wird der Zahlenmittelwert der Molgewichte bestimmt. Er hängt stark von der Menge niedermolekularer Anteile ab. Für Molgewichte unter 30000 sind Messungen der Dampfdrucke (isotherme Destillation) oder der mit der Verdampfung verbundenen Wärmeeffekte, der Siedepunkte (Ebullioskopie) und Schmelzpunkte (Kryoskopie) von Lösungen geeignet. Ferner kann man aus der Menge der Endgruppen (nach den Abschnitten 1. α; S. 944 oder 1. β; S. 944) bei unverzweigten Molekülen das Zahlenmittel bei Molgewichten unter 100000 berechnen. Beispielsweise lassen sich die Endgruppenzahlen von Cellulose und von mit Peroxydisulfat-Pyrosulfit hergestelltem Polyacrylnitril durch maximale Anfärbung mit geeigneten Farbstoffen ermitteln. Häufig wird der quantitative Nachweis der Endgruppen durch Markierung mit Isotopen oder Halogen erleichtert. Für Molgewichte von 50000 bis etwa 1000000 sind Messungen des osmotischen Druckes geeignet, wobei man die je nach Membrantyp verschiedene Membrandurchlässigkeit für Moleküle mit Molgewichten unter $\sim$ 30000 berücksichtigen muß. Polyelektrolyte verlangen eine besondere Meßtechnik, bei der den Lösungsmitteln Elektrolyte zugesetzt werden.

Der Gewichtsmittelwert der Molgewichte wird mit den folgenden Methoden bestimmt; er hängt stark von der Menge hochmolekularer Anteile ab. Messungen der Lichtstreuung zusammen mit dem Brechungsindex sind bei Verwendung geeigneter Lösungsmittel für Molgewichte oberhalb etwa 3000 geeignet, wenn man dafür sorgt, daß Mikrogel durch Ultrazentrifugierung entfernt wird. Aus Messungen der Trübung, d. h. der auf der Lichtstreuung beruhenden Schwächung des Lichtstrahls und der Konzentrationsabhängigkeit der Trübung können ebenso unter Berücksichtigung des Brechungsindexes die Molgewichte des Gelösten (und des Lösungsmittels) bestimmt werden. Mit Hilfe der Sedimentation (Ultrazentrifuge) und Diffusion können im allgemeinen Molgewichte oberhalb etwa 1000 ermittelt werden. Die Diffusion ist für kleine Molgewichte gut geeignet. Molgewichte von Polyelektrolyten berechnet man aus der Lichtstreuung oder der Sedimentation und Diffusion salzhaltiger Lösungen.

η_2) *Relative Bestimmungsmethoden und Methoden zur Abschätzung von Molgewichten*

Unter Verwendung von Eichkurven können die Molgewichte unverzweigter Fadenmoleküle aus Messungen der Viscositätszahl, der Löslichkeit, der Schmelzviscosität, des Schmelz- oder Erweichungspunktes, der Dichte des flüssigen Polymeren und der Verdünnungsenergien (nach Abschnitt 1. ϑ_1; S. 951) ermittelt werden sowie wohl auch aus anderen Größen, die mit der Viscosität zusammenhängen, wie z. B. der Dielektrizitätskonstante von Lösungen bei bestimmter Frequenz des elektrischen Wechselfeldes oder der Dämpfung mechanischer Schwingungen bestimmter Frequenz und der elektrophoretischen Beweglichkeit bei bekannter Menge ionisierter Gruppen. Natürlich kann man bei Kenntnis des Polymerisationsansatzes mit Hilfe von Eichkurven Molgewichte abschätzen.

Molgewichte können mit den im Abschnitt 1. η_1) (S. 950) genannten Methoden unter starker Vereinfachung der Methodik abgeschätzt werden. Außerdem liefert das Elektronenmikroskop die Größe und daraus ungefähr das Molgewicht ausgefällter Teilchen. Weiterhin erhält man mehr qualitative Aufschlüsse über Molgewichte aus der Filtrierbarkeit oder Dialysierbarkeit mit Ultrafiltern bestimmter Porenweite und aus Messungen an Oberflächenfilmen, wenn deren Dicke bekannt ist.

ϑ) Wechselwirkung der Makromoleküle mit Lösungsmitteln, Solvatation

ϑ_1) *Die zweiten Virialkoeffizienten des osmotischen Druckes als Maß der Wechselwirkung von Gelöstem und Lösungsmittel*

Aus der Konzentrationsabhängigkeit des osmotischen Druckes, des Dampfdruckes, der Siedetemperatur und des Gefrierpunktes von Lösungen können die zweiten Virialkoeffizienten berechnet werden. Ihre Temperaturabhängigkeit gestattet die Aufgliederung in Entropie- und Wärmeanteile. Die Virialkoeffizienten können weiterhin aus Messungen der Konzentrationsabhängigkeit der Lichtstreuung, der Sedimentation und der Diffusion bestimmt werden oder auch aus der Quellung vernetzter Polymerisate in Lösungsmitteln. Eine Abschätzung der Virialkoeffizienten ist ferner aus der Temperaturabhängigkeit der Viscositätszahlen oder aus dem Verhältnis der Viscositätszahlen bzw. der Knäueldurchmesser im interessierenden und im idealen Lösungsmittel sowie aus der Konzentrationsabhängigkeit der Viscosität von Fadenmolekülen möglich.

ϑ_2) Solvatation, Hydratation

Aus Messungen der Sedimentation und Diffusion und der Elektrophorese (zusammen mit Molgewichtsbestimmungen und Titrationen) sind Reibungsfaktoren berechenbar und daraus in besonderen Fällen die Solvatation bzw. Hydratation. Weitere Methoden bestehen in der z. B. viscosimetrischen Messung des Knäuelvolumens bzw. in der Bestimmung des nichtlösenden Raumes in Lösungen und in der Messung von Überführungszahlen. Eine Hydratation kann wohl auch aus der Frequenzabhängigkeit der Dielektrizitätskonstante in Lösungen unter Verwendung von Molgewicht und Dichte berechnet werden. Dabei muß jedoch bei den genannten Methoden berücksichtigt werden, daß gelöste Knäuelmoleküle Lösungsmittelmoleküle im Knäuel auch ohne besondere Wechselwirkung festhalten und transportieren können. Eindeutigere Ergebnisse liefert die Diskussion von Absorptionsisothermen des Wasserdampfes an z. B. Proteinen. Weiterhin kann man aus Untersuchungen der Oberflächenaktivität relative Solvatationsenergien berechnen. Ferner zeigen Frequenzverschiebungen charakteristischer Banden in den Absorptionsspektren besondere Wechselwirkungen zwischen Gelöstem und Lösungsmittel an, besonders beim Vorliegen von Wasserstoffbrückenbindungen (s. auch Abschnitt 1. β_4; S. 946). Schließlich wird die Wechselwirkung von Gelöstem und Lösungsmittel auch durch direkt gemessene Verdünnungswärmen und die auch noch von dem spezifischen Volumen glasartiger Polymerisate abhängenden Quellungswärmen und Lösungswärmen sowie mehr qualitativ durch die Differenz des scheinbaren spezifischen Volumens in Lösung und des Volumens des flüssigen Polymeren charakterisiert.

2. Struktur von Gemischen der Makromoleküle (Polymerisate und Polymerisatgemische)

a) Zusammensetzung aus Molekülen verschiedener chemischer Konstitution

a_1) Gemische von chemisch verschiedenen Makromolekülen

Gemische chemisch verschiedener Makromoleküle werden mit Hilfe der verschiedenen Löslichkeit (Fällungsfraktionierung, fraktionierende Lösung, Verteilung zwischen zwei Phasen, Chromatographie und selektive Adsorption) oder mit Hilfe anderer Eigenschaften der Moleküle (Sedimentation, Diffusion, Adsorption, Elektrophorese, Lösegeschwindigkeit) in Anteile mit verschiedenen Eigenschaften zerlegt. Da diese Eigenschaften oft auch noch vom Molgewicht abhängen, sollte man chemische Reaktionen vorziehen, an denen die Moleküle mit verschiedener Geschwindigkeit oder in verschiedenem Ausmaß teilnehmen und dann leichter trennbar sind (Verseifung, Veresterung, Oxydation, Reduktion, Anlagerungen, Isotopenaustausch, Abbau). Gelegentlich reicht eine nachträgliche Markierung einer Molekülsorte des Gemisches durch chemische Reaktion wie z. B. Anfärbung oder Einbau strahlender Isotope oder des Deuteriums im Austausch gegen Wasserstoff aus, zuweilen ist aber auch ein vollständiger Abbau und anschließende Analyse des Gemisches vorteilhaft (z. B. nach den Abschnitten 1. β (S. 944) mit der Massenspektrographie oder Gaschromatographie der Pyrolyseprodukte). Grundsätzlich sollte man auf zwei verschiedenen Wegen trennen, um das Ergebnis sicherzustellen.

Das Mischungsverhältnis ergibt sich nach der Trennung aus den Mengen der Bestandteile oder ohne Auftrennung durch Bestimmung der für die Partner charakteristischen Elemente bzw. Isotope oder Gruppen (nach den Abschnitten 1. α; S. 944 und 1. β; S. 944). Beim Fehlen einer besonderen Wechselwirkung und nur in homogenen Mischungen kann man das Mischungsverhältnis mit Eichkurven aus Messungen der Absorptionsspektren, der Brechungsindices, Dichten, Umwandlungspunkte, Dielektrizitätskonstanten usw. bestimmen. In solchen Fällen kann die Analyse durch Markierung einer Monomerensorte (z.B. mit Halogen oder markierenden Isotopen) erleichtert werden. Sind die Dichten der Mischungspartner verschieden, so trennt man auch mit einer analytischen Ultrazentrifugierung im Dichtegradientenfeld und erhält dabei bei Kenntnis der Brechungsindices Konzentrationen. Ist schließlich die Polymerisationskinetik für den jeweiligen Fall bekannt, so gestattet sie bei Kenntnis des Polymerisationsansatzes Vorhersagen über die Struktur und das Mischungsverhältnis der Molekülarten. Erst bei Kenntnis der physikalischen Struktur, insbesondere des Molgewichts aller Molekularten können Löslichkeitsdiagramme (Trübungstitration) zu Aussagen über die chemische Konstitution und die Menge der chemisch verschiedenen Molekülarten dienen. Bei Pfropf- oder Blockpolymeren können besondere Solvatisierungseffekte und deswegen anomale Löslichkeiten auftreten, die sich von der Löslichkeit eines statistischen Copolymeren gleicher Bruttozusammensetzung unterscheiden.

α_2) Gemische von Makromolekülen mit niedermolekularen Stoffen

Anstelle der schwierigen Fraktionierung genügt oft eine mehrfache Umfällung oder Extraktion des Polymerisates, gelegentlich auch eine weitere Trocknung. Der Extrakt kann dann nach den für niedermolekulare Stoffe geltenden Analysenmethoden untersucht werden (Absorptionsspektren, elektrochemische Methoden, Massenspektrographie, Chromatographie, Oberflächenspannungsmessung, chemische Gruppenanalyse usw.). Verunreinigungen, Emulgatoren, Vulkanisationshilfsmittel oder Reste des Monomeren, des Starters, des Reglers oder Stabilisators können zuweilen leicht mit der Massenspektrographie oder über Leitfähigkeitsmessungen, polarographische Untersuchungen (z.B. freier Schwefel oder Beschleuniger in Vulkanisaten) oder eine Ermittelung der Absorptionsspektren bzw. der Fluoreszenz oder auch der Grenzflächenspannung entdeckt und gelegentlich dabei auch identifiziert werden.

β) Zusammensetzung aus Molekülen verschiedener physikalischer Struktur mit Ausnahme verschiedenen Molgewichts

β_1) Gemische von Makromolekülen mit verschiedener Anordnung der Grundmoleküle

Liegen chemisch verschiedene oder im Molgewicht sehr unterschiedliche Makromoleküle vor, so werden sie zweckmäßig zunächst nach den Abschnitten 2. α) (S. 952) und 2. γ) (S. 954) getrennt. Erst dann können i. a. Unterschiede der physikalischen Struktur festgestellt werden. Sterisch regelmäßig gebaute Makromoleküle haben eine höhere Krystallisationsneigung und können wegen der damit verbundenen geringeren Lösegeschwindigkeit oder veränderten Löslichkeit von weniger regelmäßig oder ataktisch gebauten Molekülen abgetrennt werden. Man muß damit rechnen, daß die so gefundene Verteilung verschiedener Strukturen enger ist als die wirklich vorhandene. Gelegentlich reagiert eine der Grundmolekülformen chemisch anders als die anderen, so daß man nach einer chemischen Reaktion eine Trennung durchführen kann. So kann die Verteilung einer geringen Menge 3,4-Struktur im Polyisopren nach Umsetzung der 1,4-Struktur mit Perbenzoesäure aus der Löslichkeitsverteilung (Trübungstitration) ermittelt werden. Besonders unübersichtlich sind die Löslichkeitsverhältnisse bei Pfropf- oder Blockcopolymeren, so daß eine Fraktionierung aus mehreren chemisch verschiedenen Lösungsmittel-Fällungsmittel-Gemischen vorgenommen werden muß, um das Ergebnis sicherzustellen.

Ohne Trennung kann das Mischungsverhältnis homogen gemischter und bekannter Struktur-Partner unter Verwendung von Eichkurven aus der Intensität von Absorptionsbanden in z. B. IR-Spektren (3,4–1,2–1,4-Addition, *cis-trans*-Struktur der Polyisoprene und Polybutadiene) oder aus dem krystallinen Anteil (nach Abschnitt 3. β_2; S. 957) und schließlich auch aus Erweichungspunkten ermittelt werden, allerdings aus summarischen Kenngrößen, wie z. B. der Löslichkeit oder dem Erweichungspunkt nur dann, wenn die übrige Struktur (chemische Konstitution, Verzweigung, Molgewicht) der Partner bekannt ist.

β_2) *Gemische von Makromolekülen mit verschiedenem Verzweigungsgrad*

Eine langkettige Verzweigung beeinflußt die Lösegeschwindigkeit, Sedimentation, Diffusion und Elektrophorese, so daß eine Fraktionierung nach der Verzweigung prinzipiell möglich scheint. Zumeist werden die genannten Eigenschaften aber durch Unterschiede der Molekeln bezüglich der chemischen oder sonstigen physikalischen Struktur, insbesondere des Molgewichts noch stärker beeinflußt, so daß eine Trennung in Fraktionen verschiedenen Verzweigungsgrades schwierig sein kann. Die Verzweigung vergrößert jedoch das Molgewicht, so daß man aus Anomalien der Molgewichtsverteilung (nach 2. γ_1; S. 954) auf den Anteil verzweigter Moleküle schließt und in den ersten Fraktionen einer Fällungsfraktionierung meist Molekeln mit besonders starker Verzweigung findet. Mißt man die Verzweigung (nach Abschnitt 1. δ) (S. 948) an Fraktionen einer Fällungsfraktionierung, so erhält man die Verteilung der Verzweigungen, die i. a. enger sein wird, als die wirklich vorhandene. Bei Kenntnis des Polymerisationsansatzes kann man gelegentlich mit Hilfe der Kinetik die Verteilung der Verzweigungen und weitere Einzelheiten der Verzweigungsstruktur berechnen. Gröbere Abschätzungen beruhen auf der Messung des Gelgehaltes, der bei bekannter Verzweigungsverteilung bzw. Kinetik der Polymerisation oder Polykondensation usw. zum Ausmaß der Verzweigung in Beziehung steht. Er kann durch Filtrieren oder durch die Ultrazentrifugierung, besonders im Dichtegradientenfeld, ermittelt werden.

γ) Zusammensetzung aus Molekülen verschiedenen Molgewichts

γ_1) *Molgewichtsverteilung*

Die in Abschnitt 2. α) (S. 952) genannten physikalischen Eigenschaften, insbesondere die Löslichkeit, hängen stark vom Molgewicht der Moleküle ab, so daß sie zur Aufteilung des Präparates in Fraktionen verschiedenen Molgewichts dienen können. Zweckmäßigerweise werden chemisch verschiedene Moleküle vorher getrennt (Abschnitt 2. α; S. 952, z. B. über chemische Reaktionen). Oligomere können nach 2. α_2) (S. 953) abgetrennt werden. Die Löslichkeit hängt von der langkettigen Verzweigung wenig ab, sondern spricht stärker auf das Molgewicht an; daher ist eine Störung durch langkettige Verzweigung nicht wesentlich. An den Fraktionen werden Molgewichtsbestimmungen nach Abschnitt 1. η) (S. 950) durchgeführt. Über etwas problematische Ausgleichsrechnungen stellt man dann die Molgewichtsverteilung fest. Ohne

Trennung in Fraktionen erhält man bei Kenntnis der übrigen Struktur die Verteilungen aus Messungen der **Konzentrationsabhängigkeit der Gradienten** bei der **Sedimentation** und **Diffusion** (evtl. unter Verwendung idealer Lösungsmittel) und seltener auch aus der Diffusion im inhomogenen elektrischen Feld oder aus der Thermodiffusion sowie bei Polyelektrolyten aus elektrophoretischen Beweglichkeiten. Geeignet sind ferner chromatographische Verteilungen und Verteilungen zwischen zwei Phasen sowie für mehr qualitative Aussagen bei Kenntnis der übrigen Struktur **Löslichkeitsdiagramme** (Trübungstitration), **Verteilungen der Lösegeschwindigkeiten** und wohl auch Verteilungen von Relaxationszeiten. Die elektronenmikroskopische Messung und Auszählung hat zur Voraussetzung, daß intakte und isolierte Moleküle beobachtet werden. Bei Kenntnis des Polymerisationsansatzes und der Geschwindigkeitskonstanten der Teilreaktionen gestattet die Kinetik die Berechnung der Molgewichtsverteilung.

γ_2) *Uneinheitlichkeit als Maß für die Breite der Molgewichtsverteilung*

Die Uneinheitlichkeit kann aus dem **Unterschied von Zahlenmittel und Gewichtsmittel der Molgewichte** (nach Abschnitt 1. η_1; S. 950) berechnet werden. Aussagen über die Uneinheitlichkeit liefern auch Fließkurven (über die Auswertung der Strukturviscosität) und ziemlich unvollkommen auch Messungen der Viscositätszahlen in guten und schlechten Lösungsmitteln.

3. Struktur übermolekularer Ordnungen und über Hauptvalenzen aufgebauter Netzwerke

α) Molekulare Wechselwirkung von Makromolekülen miteinander ohne Bildung geordneter Strukturen; Glaszustand

α_1) *Assoziation und nichtionogene Dissoziation in Lösung und andere Wechselwirkungen mit Ausnahme der gehinderten Beweglichkeit der Ketten (Glaszustand)*

Häufig hängen Assoziation oder nichtionogene Dissoziation von der Konzentration ab, so daß man sie bei der Bestimmung von Molgewichten (Abschnitt 1. η; S. 950) oder Teilchengrößen (Abschnitt 1. ζ; S. 949) durch eine im Vergleich zur Wirkung der zweiten Virialkoeffizienten des osmotischen Druckes **anomale Konzentrationsabhängigkeit der Meßgrößen** erkennen kann. Hängen Assoziation oder Dissoziation nicht von der Konzentration ab, so können **Vergleiche von Molgewichten oder Teilchengrößen in verschiedenen Lösungsmitteln** zur Bestimmung der Assoziation dienen. Ferner zeigt das anomale gleichzeitige Wandern zweier Komponenten eines Gemisches bei der Elektrophorese oder auch bei der Sedimentation eine besondere Wechselwirkung an. Weiterhin kann man an anormalen Werten der Verdünnungsentropien (nach Abschnitt 1. ϑ_1; S. 951) und Verdünnungswärmen und unter Umständen auch aus anormalen Werten der noch von der Hohlraumstruktur der glasartigen Polymeren abhängenden Quellungswärmen und Lösungswärmen sowie an Frequenzverschiebungen bestimmter Banden in den Absorptionsspektren, Änderungen der Dielektrizitätskonstante usw. (nach Abschnitt 1. β_4; S. 946) besondere Wechselwirkungen zwischen den Makromolekülen erkennen.

Außer einer Assoziation kann auch eine Adsorption an Grenzflächen und schließlich eine Entmischung auftreten. Adsorbierte Mengen und Geschwindigkeiten der Adsorption werden über Konzentrationsbestimmungen nach den Abschnitten 1. β) (S. 944) oder 2. α) (S. 952) festgestellt. Aus Aktivierungsenergien, Häufigkeitsfaktoren und Schichtdicken kann man Aussagen über spezielle Wechselwirkungen machen. Entmischungsvorgänge lassen sich meist aus der Trübung des Präparates und der Veränderung seiner mechanischen Eigenschaften oder mit den in Abschnitt 3. δ) (S. 958) genannten Methoden verfolgen.

α_2) *Behinderte Beweglichkeit der Molekeln; Glaszustand*

Amorphe, keine Anisotropie nach Abschnitt 3. β) (S. 956) aufweisende Polymerisate erfahren unterhalb der sogenannten Einfriertemperatur eine so starke Hinderung der Beweglichkeit von Kettenteilen, daß sie erstarren und Viscositäten von mehr als 10^{13} Poise aufweisen. Eine dichteste Packung der Molekeln tritt dann nicht mehr ein, so daß unterhalb der Einfriertemperatur die Dichte des Materials kleiner ist, als man auf Grund der Messungen bei höheren Temperaturen erwartet. Man bestimmt diesen Zustand des Materials bzw. die Einfriertemperatur also aus der Temperaturabhängigkeit der Dichte, der Schmelzviscosität, des Brechungsindex, der Dielektrizitätskonstante bei bestimmter, genügend niedriger Frequenz des elektrischen Wechselfeldes, der Linienbreite der magnet. Kernresonanz, der spezifischen Wärme, der Wärmeleitfähigkeit, der elektrischen Leitfähigkeit, der Gasdurchlässigkeit, der Festigkeit, Härte, Sprödigkeit und Elastizität sowie der Dämpfung mechanischer Schwingungen nicht zu hoher Frequenz, der Hysterese und Spannungsrelaxation. Je kürzer die Dauer der Beanspruchung, d.h. je höher beispielsweise die Frequenz eines Wechselfeldes ist, um so höher fällt die ermittelte Einfriertemperatur aus. Natürlich hängt die Viscosität der flüssigen Polymeren, abgesehen von dem Einfluß der Einfriertemperatur, auch noch von der übermolekularen Struktur, z.B. den Verhakungen der Moleküle und damit dem Molgewicht, ab. Wie die Schmelzviscosität, so hängt auch der elastische Modul der Netzwerke bei bestimmter Vernetzungsdichte von der inneren Beweglichkeit der Molekülketten ab. Aussagen über das Hohlraumvolumen in den glasartig erstarrten Polymeren gewinnt man aus Dichtemessungen und aus der Einfrierwärme (aus Lösungswärmen oder Quellungswärmen).

β) Krystallisation und Orientierung von Makromolekülen

β_1) *Orientierung der Moleküle oder Molekülteile in weniger als drei Dimensionen*

Orientierungsgrade von Molekülen oder Molekülteilen, die höher sind als eine Assoziation ohne Orientierung (Abschnitt 3. α; S. 955) und niedriger als die Krystallinität (Abschnitt 3. β_2; S. 957) können erkannt werden durch anomal hohe Viscositäten der Schmelzen und bei Schwarmbildung oder Orientierung infolge mechanischer Kräfte (beim Strömen, Dehnen und Quellen) oder infolge elektrischer Kräfte aus der Anisotropie der dielektrischen, optischen (Doppelbrechung, Dichroismus) oder rheologischen Eigenschaften. Zur Ermittlung dieser Orientierung in festen, mechanisch beanspruchten Proben kann die Spannungsdoppelbrechung (z.B. mit dem Polarisationsmikroskop meßbar) dienen und bei Orientierung, die durch Wechselwirkung von Molekülteilen hervorgerufen wurde, die Messung von Bandenveränderungen in den Absorptionsspektren (s. Abschnitte 1. β_4; S. 946 und 1. γ; S. 946). Auch die Beobachtung der molekularen Dichteverteilung mit Hilfe der Röntgenstreuung liefert Aussagen über das Ausmaß der unvollständigen Orientierung.

β_2) *Dreidimensionale Orientierung, Krystallinität*

Der krystalline Anteil wird bei der Röntgenstreuung und Elektronenstreuung aus dem Verhältnis der Intensitäten der Reflexe und des Untergrundes berechnet. Eine weitere Methode besteht in der Ermittlung der scheinbaren Anzahl von Molekeln oder Grundmolekülen in der Elementarzelle. Ferner kann man unter Verwendung von Eichwerten (oder evtl. aus molekularen Daten berechneten Werten) aus der am mechanisch oder elektrisch nicht beanspruchten Material gemessenen Stärke der Anisotropie von magnetischen, elektrischen, optischen (Doppelbrechung, Lichtabsorption, Dichroismus nach Absorption dichroitischer Farbstoffe) und mechanischen Eigenschaften oder aus der Anisotropie der Diffusion oder Permeation markierter oder gefärbter niedermolekularer Stoffe den krystallinen Anteil abschätzen, wenn alle Krystallite der teilkrystallinen Polymeren zumindest mit ihrer Hauptachse in die gleiche Raumrichtung weisen. Andere Methoden verwenden Messungen des Wärmeinhalts, der Lösungswärme, Quellungswärme, Umwandlungswärme, der spezifischen Wärme, der Dichte, des Brechungsindex oder auch der Zerreißfestigkeit des unvernetzten Materials und der Temperaturabhängigkeit dieser Größen in der Nähe des Schmelzpunktes, wobei meist Eichwerte zur Auswertung auf absolute Krystallisationsgrade benötigt werden. Bei gummielastischen Stoffen kann man den krystallinen Anteil mit Eichkurven aus der Dehnungsabhängigkeit der Zugkräfte und der Doppelbrechung oder auch aus der Hysterese mechanischer Verformungen abschätzen. Bei Folien läßt sich hierzu die Messung der Trübung und Lichtstreuung (bei Kenntnis der Brechungsindices der statistisch orientierten krystallinen Bereiche und der amorphen Phase) ausnutzen. Lage und Intensität bestimmter Banden in Absorptionsspektren (insbesondere im IR und unter Verwendung polarisierten Lichtes, um möglichst auch die sterische Anordnung der absorbierenden Gruppen zu ermitteln), die Linienbreite bei der magnetischen Kernresonanz, die Diffusionsgeschwindigkeit bzw. die Aktivierungsenergie der Diffusion evtl. markierter niedermolekularer Stoffe im Polymerisat (z.B. bei Anfärbung) und die Permeationsgeschwindigkeit von Gasen liefern ebenfalls Aussagen über das Ausmaß der Krystallisation, besonders bei Verwendung von Eichkurven. Die Anwesenheit krystallisierter Anteile zeigt sich ferner im Auftreten von Schmelzpunkten oder Schmelzbereichen sowie in der veränderten Reaktionsfähigkeit bestimmter Bereiche oder Anteile des Präparates, wie sie z.B. aus Messungen der Adsorptionsisothermen, der Kinetik chemischer Reaktionen oder aus der Austauschgeschwindigkeit von Isotopen (Deuterium) und der Quellungs- und Lösegeschwindigkeit ermittelt werden können. Kinetische Untersuchungen geben auch Aussagen über eine Umordnungsgeschwindigkeit der krystallinen Bereiche.

Größe und Bauprinzip der Elementarzelle können mit der Röntgenstreuung oder der Beugung von Elektronen und Neutronen aus der Anordnung, Form und Intensität der Reflexe ermittelt werden. Aus der Reflexbreite und ihrer Winkelabhängigkeit kann man Aussagen über die Krystallitgröße und über Gitterstörungen gewinnen. Die Anordnung der Molekülketten in krystallisierten Bereichen wird durch eine Diskussion der Anisotropie, z.B. über das Vorzeichen der Doppelbrechung, ermittelt oder mit der bei Polymeren außerordentlich schwierigen Fourier-Analyse der Röntgenstreuung gefunden.

Form und Orientierung der krystallinen Bereiche, d.h. Einzelheiten der Textur, werden ebenfalls mit der Röntgenstreuung und besser noch mit der Röntgenkleinwinkelstreuung ermittelt. Form, Anordnung und Intensitätsverteilung der

Reflexe liefern Aussagen über Längs- und Querabmessungen der Krystallite, Abstände zwischen krystallinen Bereichen, die Orientierung der Bereiche zueinander, die Winkelverteilung der Orientierungsrichtungen und schließlich die laminare oder fibrillare Form der Gele oder auch die Faserrichtung. Gröbere Formen der Textur können elektronenmikroskopisch und lichtmikroskopisch als morphologische Struktur (Abschnitt 3. δ; S. 958) beobachtet werden (Sphärolithe, Micellstränge). Die Größe von Fibrillenbausteinen scheint dem bei der Abbaukinetik gefundenen Abstand zwischen Lockerstellen zu entsprechen.

γ) Netzwerkstruktur (beruhend auf Hauptvalenzbindungen)

Die Maschenweite solcher Netzwerke, d. h. die Kettenlänge oder die Anzahl Atome zwischen zwei Vernetzungsstellen kann durch Messung der Quellung (bei bekanntem zweiten Virialkoeffizient des osmotischen Druckes), des Elastizitätsmoduls und seltener durch analytische Feststellung der Konzentration von Vernetzungsstellen (Abschnitt 1. β, Abbau und Analyse auf Verzweigung, evtl. über bestimmte Bausteine, Spektren; S. 944) berechnet werden. Die analytisch gefundene Konzentration an Verzweigungsstellen ist der elastisch wirksamen nicht gleich, wenn das Netzwerk Kettenenden enthält. Mehr qualitative Aussagen liefert die Bestimmung der Gefrierpunktserniedrigung von Quellmitteln im gequollenen Polymerisat und schließlich die Berechnung von Vernetzungsstellen mit der Kinetik der Polymerisation bzw. Vulkanisation. Enthält das wie bei der Polymerisation von Styrol mit Divinylbenzol über eine Folgeverzweigung vernetzte Material chemisch gleichartige, verzweigte, aber unvernetzte, extrahierbare Anteile, so kann man die für sie gültige Beziehung zwischen Viscositätszahl und Molgewicht bestimmen und daraus das Molgewicht der unverzweigten Kettenstücke und damit die Anzahl der Grundmoleküle zwischen den Vernetzungsstellen ermitteln. Der Gehalt an stark vernetzten Bereichen im Vulkanisat kann durch geeigneten Abbau des vernetzten Produktes und Analyse des Gelgehaltes der Abbaulösungen festgestellt werden, auch über Eichkurven aus dem Verlauf der Zug-Dehnungs-Diagramme bei Zerreißdehnungen. Örtliche Schwankungen der Netzwerkdichte führen ferner zu örtlich anomalen Spannungsverteilungen, die mit Hilfe der Spannungsdoppelbrechung von Folien ungefüllter Vulkanisate sichtbar gemacht werden können. Bei der Charakterisierung der Netzwerkstruktur mit Hilfe der Spannung-Dehnung-Kurven muß die Veränderung des elastischen Moduls durch den Füllstoff berücksichtigt werden.

δ) Morphologische Struktur und Verteilungszustände in heterogenen Gemischen

δ_1) *Morphologische Strukturen und ihre Verteilung*

Grobe Formen der Textur (s. Abschnitt 3. β; S. 956) werden als morphologische Struktur mikroskopisch, polarisationsmikroskopisch und elektronenmikroskopisch (evtl. nach Anfärbung oder Quellung mit gefärbten Lösungsmitteln oder unter der Fluoreszenzlampe) oder bei nicht zu großen Dimensionen über Messungen der Röntgenkleinwinkelstreuung festgestellt. Auch die Selbstabbildung nach Behandlung mit niedermolekularen radioaktiven Stoffen läßt Gebiete verschiedener Zugänglichkeit, d. h. eine morphologische Struktur, erkennen. Man kann ferner beispielsweise die örtlich verschiedene Durchlässigkeit für Röntgenstrahlen oder die örtlich verschiedene Aktivierbarkeit bei Bestrahlung mit energiereicher Strahlung zur Feststellung der Textur ausnutzen. Porengrößen können aus dem Durchgang von Gasen oder von Salzlösungen durch Folien berechnet werden.

δ_2) *Verteilungszustände in heterogenen Gemischen*

In durchsichtigen und isotropen Polymerisaten können Störstellen durch Messung der Trübung und Winkelverteilung des Streulichtes ermittelt werden. Bei teilkristallinem Material werden Verteilungszustände aus Messungen der Röntgenstreuung oder bei nichtkrystallinem Material aus der örtlich verschiedenen chemischen Reaktionsfähigkeit nach Abschnitt 1. β_2) (S. 945) oder auch nach Abschnitt 3. δ_1) (S. 958) ermittelt. Die Dispersität von Mischungen kann unter der Fluoreszenzlampe direkt oder evtl. nach Anfärbung oder Quellung mikroskopisch, polarisationsmikroskopisch bzw. elektronenmikroskopisch beobachtet werden, ferner durch Selbstabbildung einer mit strahlenden Isotopen markierten Komponente und auch bei bekannter Art und Konzentration der Mischungspartner über Eichkurven aus Messungen der elektrischen Leitfähigkeit, der Wärmeleitfähigkeit oder Dichte (Schaumstoffe), der Dielektrizitätskonstante, der Färbung, der Durchlässigkeit für Licht oder weiche Röntgenstrahlen oder der Fluoreszenz und schließlich auch aus mechanischen Eigenschaften abgeschätzt werden. Teilchengröße, Teilchengewicht und schwieriger die Teilchenform können in Dispersionen aus Messungen der Lichtstreuung und die Teilchengrößenverteilung aus solchen der Sedimentation ermittelt werden. Die konduktometrische Titration von Emulsionen mit Emulgatorlösungen führt zur Ermittlung der freien Teilchenoberfläche und evtl. auch der Teilchengröße. Zuweilen kann die Verteilung im Dichtegradientenrohr zur Charakterisierung eines Verteilungszustandes herangezogen werden.

δ_3) *Besondere Wechselwirkung der Komponenten in heterogenen Gemischen*

Besondere Bindungsverhältnisse lassen sich bei genügend feiner Verteilung nach den Abschnitten 1. β_4) (S. 946) oder 1. γ) (S. 946) z.B. über die Aktivität von Atomgruppen und die Beobachtung der Absorptionsspektren erkennen. Die Dampfdrucke niedermolekularer Komponenten des Gemisches zeigen ebenfalls besondere Wechselwirkungen an und lassen sich ebenso wie anomale Diffusionsgeschwindigkeiten solcher Moleküle im hochmolekularen Material durch Markierungen der niedermolekularen Komponente mit Isotopen leichter feststellen, z.B. massenspektrographisch. Zuweilen kann eine besondere Struktur in flüssigen Gemischen an deren Thixotropie erkannt werden, gelegentlich auch am Wärmeinhalt des Gemisches im Vergleich zum Wärmeinhalt der Komponenten oder am Auftreten besonderer Zerreißfestigkeiten des unvernetzten Gemisches. Eine Bindung des Elastomeren an aktive Füllstoffe kann in der unvulkanisierten Mischung durch Lösen der Mischung und Abzentrifugieren des Füllstoffs zusammen mit dem gebundenen Elastomeren festgestellt werden.

III. Literatursammlung über Analysenmethoden und -ergebnisse

(geordnet nach den mit den Methoden meßbaren Eigenschaften der Polymeren und erweitert durch stichwortartige Inhaltsangabe der Veröffentlichungen)

bearbeitet von

Dr. Martin Hoffmann

Farbenfabriken Bayer AG., Leverkusen

Einleitung

Die Sammlung wurde auf die Zeit von 1950 bis Ende 1960 begrenzt und umfaßt Veröffentlichungen über die in Abschnitt II, S. 931, genannten Methoden und über die Erweiterung und Entwicklung der in diesem Handbuch an anderer Stelle beschriebenen analytischen Verfahren sowie über Besonderheiten bei ihrer Anwendung auf spezielle Probleme. Veröffentlichungen, die sich mit mehreren Untersuchungsmethoden befassen, sind im allgemeinen bei jeder der Methoden zitiert. Den Zitaten sind Stichworte über den Inhalt der Veröffentlichungen beigefügt.

Eine Zusammenstellung allgemein interessierender analytischer Bücher ist der Sammlung vorangestellt. Die außerdem jedem Abschnitt beigefügte Buchübersicht enthält Werke, die die Grundlagen der betreffenden Methoden unter Berücksichtigung der älteren Literatur zusammenfassend darstellen. Der Buchübersicht folgt jeweils eine Sammlung von Veröffentlichungen, die nach Analysenmethoden geordnet ist.

Die in dieser Sammlung abgehandelten Analysenmethoden oder Stoffgruppen werden nach den mit ihnen meßbaren Eigenschaften der Polymerisate geordnet, wie die folgende Übersicht zeigt. Soweit in den Bänden II, III/1 und III/2 dieses Handbuches über die hier interessierenden Methoden berichtet wurde, sind diese Zitate in der Übersicht angegeben, auch wenn die Anwendung auf Polymere nicht diskutiert wurde.

a) Radioaktivität und Masse von Isotopen, Masse und Ladung von Molekülbruchstücken 964

   1. Radioaktivität von Isotopen (vgl. ds. Handb. Bd. III/1, Kap. Bestimmung und Anwendung der radioaktiven Atomarten in der organischen Chemie, S. 757 ff.) 964

   2. Masse inaktiver Isotope (vgl. ds. Handb. Bd. III/1, Kap. Analytische Bestimmung und Anwendung nichtstrahlender Isotope, S. 843 ff.) 965

   3. Masse und Ladung von Molekülbruchstücken (vgl. ds. Handb. Bd. III/1, Kap. Massenspektrometrische Methoden, S. 697 ff.) 966

b) Elektrische Eigenschaften der Moleküle 966

   1. Permanentes Dipolmoment, Quadrupolmoment, Polarisierbarkeit (vgl. ds. Handb. Bd. III/2, Kap. Methoden zur Bestimmung der dielektrischen Eigenschaften, S. 351 ff. und Kap. Mikrowellen-Spektroskopie, S. 913 ff.) 966

   2. Ionisierbarkeit, Leitfähigkeit, Wanderungsgeschwindigkeit, Überführungszahl (vgl. ds. Handb. Bd. III/2, Kap. Leitfähigkeitsmessungen, S. 3 ff., Kap. Potentiometrische und konduktometrische Titrationen, S. 135 ff., Kap. Quantitative Elektrophorese im Trennrohr, S. 207 ff.) 969

3. Dissoziationskonstante, Ionenaktivität, Redoxpotential, Grenzflächenpotential (vgl. ds. Handb. Bd. III/2, Kap. Methoden der p_H-Messung, S. 21 ff., Kap. Polarographie organischer Stoffe, S. 295 ff., Kap. Potentiometrische und konduktometrische Titrationen, S. 135 ff., Kap. Elektrochemische Potentiale organischer Stoffe, S. 255 ff.) ... 972

c) Magnetische Eigenschaften 974

  1. Diamagnetismus, Paramagnetismus (vgl. ds. Handb. Bd. III/2, Kap. Magnetochemische Methoden, S. 917 ff.) 974

  2. Magnetooptische Eigenschaften (vgl. ds. Handb. Bd. III/2, Kap. Magnetochemische Methoden, S. 917 ff., Kap. Mikrowellen-Spektroskopie, S. 901 ff.) 975

d) Elektromagnetische Eigenschaften und sichtbare Struktur (Mikroskopie) 975

  1. Streuung von sichtbarem Licht (vgl. ds. Handb. Bd. III/1, Kap. Bestimmung des Molekulargewichts an makromolekularen Stoffen, S. 371 ff., Bd. III/2, Kap. Lichtstreuung, S. 443 ff.) 975

  2. Streuung von Licht anderer Wellenlänge und von Materiewellen (vgl. ds. Handb. Bd. III/2, Kap. Röntgenographische Methoden, S. 541 ff., Kap. Elektronenbeugungsmethoden, S. 495 ff.) 980

  3. Absorption von sichtbarem und ultraviolettem Licht, Färbung (vgl. ds. Handb. Bd. III/2, Kap. Absorptions-Spektroskopie im Sichtbaren und Ultraviolett, S. 593 ff.) 987

  4. Absorption von elektromagnetischer Strahlung anderer Wellenlänge, vor allem IR-Absorption (vgl. ds. Handb. Bd. III/2, Kap. Röntgenographische Methoden, S. 545, Kap. Infrarot-Spektroskopie, S. 795, Kap. Mikrowellen-Spektroskopie, S. 901, Kap. Raman-Spektroskopie, S. 765) 989

  5. Emission von Licht, Fluoreszenz, Phosphoreszenz (vgl. ds. Handb. Bd. III/2, Kap. Fluoreszenz und Phosphoreszenz, S. 481; Kap. Elektronen-Mikroskopie, S. 545) .. 998

  6. Brechungsindex, Molrefraktion, Dispersion (vgl. ds. Handb. Bd. III/2, Kap. Refraktometrie, S. 417) 998

  7. Doppelbrechung, Depolarisation (vgl. ds. Handb. Bd. III/1, Kap. Bestimmung des Molekulargewichtes an makromolekularen Stoffen durch Lichtstreuung, S. 408) .. 999

  8. Drehung der Ebene des polarisierten Lichtes, sonstige optische Eigenschaften (vgl. ds. Handb. Bd. III/2, Kap. Polarimetrie, S. 425) 1001

  9. Mikroskopisch sichtbare Struktur (vgl. ds. Handb. Bd. III/1, Kap. Mikroskopie und krystallchemische Untersuchungsmethoden, S. 595) 1002

e) Kolligative Eigenschaften 1006

  1. Dampfdruck von Lösungen, Monomeren und Weichmachern (vgl. ds. Handb. Bd. III/1, Kap. Bestimmung des Molekulargewichtes von niedermolekularen Stoffen, S. 343, 355 und Kap. Bestimmung und Anwendung der radioaktiven Atomarten in der organischen Chemie, S. 755) 1006

  2. Osmotischer Druck (vgl. ds. Handb. Bd. III/1, Kap. Bestimmung des Molekulargewichtes an makromolekularen Stoffen, S. 377) 1006

  3. Siedepunktserhöhung, Gefrierpunktserniedrigung (vgl. ds. Handb. Bd. III/1, Kap. Bestimmung des Molekulargewichtes von niedermolekularen Stoffen, S. 344, 349) .. 1010

f) Konzentrationen und Kräfte in Mischungen und Grenzflächen 1011

  1. Löslichkeit, Koeffizienten der Verteilung zwischen zwei Phasen, Verträglichkeit in Lösung und im Festkörper, Haftfestigkeit (vgl. ds. Handb. Bd. II, Chromatographische Analyse, S. 867; Bd. III/1, Kap. Bestimmung der Löslichkeit, S. 219) 1011

  2. Absorptionsfähigkeit, Quellungsgrad 1020

  3. Adsorptionsfähigkeit, Grenzflächenaktivität, Oberflächenfilmbildung (vgl. ds. Handb. Bd. III/1, Kap. Oberflächenspannung und Oberflächenaktivität, S. 449) 1023

g) Raumerfüllung und Beweglichkeit der Moleküle 1024

  1. Dichte, Ausdehnungskoeffizient, Kompressibilität, Gasdurchlässigkeit (vgl. ds. Handb. Bd. III/1, Kap. Bestimmung der Dichte, S. 163 ff.) 1024

  2. Viscosität in Lösung und Schmelze (vgl. ds. Handb. Bd. III/1, Kap. Bestimmung des Molekulargewichtes an makromolekularen Stoffen, S. 431) 1030

3. Koeffizienten der Diffusion und Sedimentation, Auflösungsgeschwindigkeit (vgl. ds. Handb. Bd. III/1, Kap. Bestimmung des Molekulargewichtes an makromolekularen Stoffen, S. 390ff.) 1046

4. Wärmeleitfähigkeit 1049

h) Energieinhalt und Mischungswärmen 1050

1. Spezifische Wärme, Schmelzwärme, Verdampfungswärme, Thermoelastizität (vgl. ds. Handb. Bd. III/1, Kap. Calorimetrische Methoden, S. 499ff.) 1050

2. Verbrennungswärme, Reaktionswärme, Lösungs-, Quellungs- und Benetzungswärme (vgl. ds. Handb. Bd. III/1, Kap. Calorimetrische Methoden, S. 518ff.) 1051

i) Mechanische Eigenschaften der Festkörper 1053

1. Festigkeit 1053

2. Elastizität 1056

3. Relaxation, Dämpfung, Hysterese, Elastoviscosität 1060

k) Chemische Reaktionsfähigkeit bei Aufbau, Umwandlung und Abbau der Polymeren (vgl. ds. Handb. Bd. II, Kap. Organische Elementaranalyse, S. 1ff.) 1068

Weitere Literatur im Abschnitt C I, S. 918.

Literatur

Analyse allgemein

Buchübersicht

ASTM Standards, Bd. VI, Electrical Insulation, Plastics, Rubber, American Society for Testing Materials, Philadelphia 1949.

British Standard Methods of Testing Vulcanized Rubber, British Standards Institution, London 1950.

Organic Reagents for Organic Analysis, 2. Aufl., Hopkin & Williams, Essex 1950.

K. H. BAUER, Die Organische Analyse, 2. Aufl., Akademische Verlagsgesellschaft, Leipzig 1950.

Deutsche Einheitsmethoden zur Untersuchung von Fetten, Fettprodukten und verwandten Stoffen, Wissenschaftliche Verlagsgesellschaft mbH., Stuttgart 1950.

A. MÜNSTER, Riesenmoleküle, Verlag Herder, Freiburg 1952.

K. THINIUS, Analytische Chemie der Plaste, Springer-Verlag, Berlin-Göttingen-Heidelberg 1952.

M. PESEZ u. P. POIRIER, Methodes et Reactions de L'Analyse Organique (Methodes de L'Analyse Generale), Bd. I, Masson & Cie., Paris 1952.

H. E. FREY, Methoden zur chemischen Analyse von Gummimischungen, Springer-Verlag, Berlin-Göttingen-Heidelberg 1953.

F. HOPPE-SEYLER, F. THIERFELDER u. H. THIERFELDER, Handbuch der physiologisch- und pathologisch-chemischen Analyse für Ärzte, Biologen und Chemiker, Bd. I, Springer-Verlag, Berlin-Göttingen-Heidelberg 1953.

H. A. STUART, Die Physik der Hochpolymeren, Springer-Verlag, Berlin-Göttingen-Heidelberg 1953.

S. REINER, Laboratoriumsbuch für die Gummi-, Kabel- und deren verwandte Industrien, 2. Aufl., Verlag Knapp, Halle 1953.

R. PUMMERER, Chemische Textilfasern, Filme und Folien, Enke Verlag, Stuttgart 1953.

H. WALLAND, Einführung in die quantitativen textilchemischen Untersuchungen, 2. Aufl., Verlag Kohlhammer, Stuttgart 1953.

J. MITCHELL u. I. M. KOLTHOFF, Organic Analysis, Bd. I, Interscience Publ. Inc., New York 1953.

F. WILD, Estimation of Organic Compounds, University Press, Cambridge 1953.

M. PESEZ u. P. POIRIER, Methodes et Reactions de L'Analyse Organique, Bd. II, Methodes de Caractérisation, Masson & Cie., Paris 1953.

M. PESEZ u. P. POIRIER, Methodes et Reactions de L'Analyse Organique, Bd. III, Reactions Coloriées et Fluorescences, Masson & Cie., Paris 1954.

F. FEIGL, Spot Tests, Bd. II, Organic Applications, Elsevier Publ. Co., New York 1954.

K. H. BAUER u. H. MOLL, Die organische Analyse, 3. Aufl., Akademische Verlagsgesellschaft, Leipzig 1954.

J. MITCHELL u. I. M. KOLTHOFF, Organic Analysis, Bd. II, Interscience Publ. Inc., New York 1954.

H. M. ULRICH, Handbuch der chemischen Untersuchung der Textilfaserstoffe, Bd. I, Springer-Verlag, Wien 1954.

S. VEIBEL, The Identification of Organic Compounds, 4. Aufl., Gad Publicher, Kopenhagen 1954.

S. SIGGIA, Quantitative Organic Analysis via Functional Groups, 2. Aufl., J. Wiley & Sons, New York 1954.

H. STAUDINGER u. W. KERN, Anleitung zur organischen qualitativen Analyse, 6. Aufl., Springer-Verlag, Berlin-Göttingen-Heidelberg 1955.

B. B. KUDRJAWZEW, Anwendung von Ultraschallverfahren bei physikalisch-chemischen Untersuchungen, Deutscher Verlag der Wissenschaften, Berlin 1955.

J. MITCHELL u. I. M. KOLTHOFF, Organic Analysis, Bd. III, Interscience Publ. Inc., New York 1956.

W. G. BERL, Physical Methods in Chemical Analysis, Academic Press, New York 1956.

S. SIGGIA u. H. STOLTEN, An Introduction to Modern Organic Analysis, Interscience Publ. Inc., New York 1956.

H. M. ULRICH, Handbuch der chemischen Untersuchungen der Textilfaserstoffe, Bd. II, Chemismus, Springer-Verlag, Wien 1956.

N. D. CHERONIS u. J. B. ENTRIKIN, Semimicro Qualitative Organic Analysis, 2. Aufl., Interscience Publ. Inc., New York 1957.

F. FRITZ, Die wichtigsten Lösungs- und Weichmachungsmittel unter besonderer Berücksichtigung ihrer Kennzahlen, VEB-Verlag Technik, Berlin 1957.

C. CALMON u. T. KRESSMANN, Ion Exchangers in Organic and Biochemistry, Interscience Publ. Inc., New York 1957.

D. HUMMEL, Kunststoff-, Lack- und Gummianalyse (Textband – Tafelband), C. Hanser Verlag, München 1958.

G. M. KLINE, Analytical Chemistry of Polymers, Tl. 1, Interscience Publ. Inc., New York 1959.

C. D. HODGMAN, Handbook of Chemistry and Physics Supplement: Tables for Identification of Organic Compounds, Chemical Rubber Publ. Co., Cleveland 1960.

W. C. WAKE, Die Analyse von Kautschuk und kautschukartigen Polymeren, Verlag Berliner Union, Stuttgart 1960.

Veröffentlichungen

T. P. G. SHAW, Ind. eng. Chem. Anal. **16**, 541 (1944).

I. M. KOLTHOFF, Ber. chem. Ges. Belgrad **15**, 1–7 (1950); (zur Untersuchung der Emulsionspolymerisation entwickelte analytische Methoden).

J. HASLAM, Chem. Age London **71**, 1297 (1954); (Fortschritte in der Analyse von Kunststoffen).

K. D. LEDWOCH u. H. MEISEL, Kunststoff-Rundschau **4**, 473–476 (1957); (die Analyse und Prüfung von Kunststoffen in der Zeitschriftenliteratur des Jahres 1956).

F. C. McGREW, J. chem. Educ. **35**, 178–86 (1958); (die Struktur synthetischer Hochpolymerer).

K. D. LEDWOCH, Kunststoff-Rundschau **5**, 473 (1958); (Analyse und Prüfung von Kunststoffen in der Zeitschriftenliteratur des Jahres 1957).

M. L. Huggins, J. Polymer Sci. **36**, 5–16 (1958); (Prinzipien der Proteinstruktur und ihre Anwendung auf synthetische Polypeptide und Fadenproteine).

A. Rich, Rev. mod. Physics **31**, 50–60 (1959); (Konfiguration der Makromoleküle synthetischer und biologischer Polymerer).

L. Nebbia, Materie plast. **25**, 371–77 (1959); (die Analyse von Kunststoffen).

V. L. Burger, Rubber Chem. Technol. **32**, 1452–74 (1959); (Kautschuk-Analyse).

K. D. Ledwoch, Kunststoff-Rundschau **6**, 495–99 (1959); (Analyse und Prüfung von Kunststoffen in der Zeitschriftenliteratur des Jahres 1958).

E. Schröder, Plaste u. Kautschuk **6**, 325–26 (1959); (Ionenaustauscher in der Kunststoffanalyse).

Paint Manufact. **29**, 374–76 (1959); (neue Test- und Analysenverfahren für Lacke und Anstrichstoffe).

F. Tucci, Schweizerische Vereinigung für Färberei **15**, 18–21 (1960); (Analysengang zum qualitativen Nachweis der meistgebräuchlichen Faserstoffe).

K. D. Ledwoch, Kunststoff-Rundschau **7**, 523–28 (1960); (Analyse und Prüfung von Kunststoffen, 1959).

Mod. Plastics **37**, Nr. 11, 88 (1960); (Welcher Kunststoff ist das?).

H. Feuerberg, Kautschuk u. Gummi **14**, (W.T.) 33–37 (1961); (Identifizierung u. Bestimmung von Elastomeren in Gummi).

E. Schröder, Plaste u. Kautschuk **8**, 121–123 (1961); (Analytik von Mischpolyamiden).

H. Feuerberg, W. Kretschmer u. H. Weigel, Kautschuk u. Gummi **14**, (W.T.) 218–222 (1961); (Analyse von Elastomeren in Vulkanisaten).

T. M. Birshteïn, Y. Y. Gotlib u. O. B. Ptitsyn, J. Polymer Sci. **52**, 77–83 (1961); (Methoden zur Bestimmung der Mikrotaktizität).

Analyse speziell

a) Radioaktivität und Masse von Isotopen, Masse und Ladung von Molekülbruchstücken

a_1) Radioaktivität von Isotopen (radiochemische Analyse)

Buchübersicht

G. Hevesy, Radioactive Indicators, Biophysical Research Methods, Interscience Publ. Inc., New York 1948.

M. Calvin u. a., Isotopic Carbon, J. Wiley & Sons Inc., New York 1949.

G. H. Guest, Radioisotopes, Pitman & Sons, Toronto 1950.

Isotopes, 1. Aufl., Atomic Energy Commission of the United States, 1951.

W. G. Berl, Physical Methods in Chemical Analysis, Bd. II, S. 442, Academic Press, New York 1951.

K. E. Zimen, Angewandte Radioaktivität, Springer-Verlag, Berlin-Göttingen-Heidelberg 1952.

Künstliche radioaktive Isotope in Physiologie, Diagnostik und Therapie, Springer-Verlag, Berlin-Göttingen-Heidelberg 1953.

J. Reilly u. W. N. Rae, Physicochemical Methods, 5. Aufl., Bd. II, S. 731 u. a., Methuen & Co., London 1954.

Handbuch der mikrochemischen Methoden, 1. Aufl., Bd. II, Springer-Verlag, Wien 1955.

F. Hoppe-Seyler, F. Thierfelder u. H. Thierfelder, Handbuch der physiologisch und pathologisch-chemischen Analyse, Allgemeine Untersuchungsmethoden, 10. Aufl., Bd. II, S. 616, Springer-Verlag, Berlin-Göttingen-Heidelberg 1955.

D. Gibbons u. a., Radioactivation Analysis, Atomic Energy Research Establishment, Harwell 1957.

H. H. Willard, L. L. Merritt u. J. A. Dean, Instrumental Methods of Analysis, 3. Aufl., S. 361, D. van Nostrand Co., Ltd., New York 1958.

G. Charlot, Modern Electroanalytical Methods, Elsevier Publ. Co., New York 1958.

E. Fünfer u. H. Neuert, Zählrohre und Szintillationszähler, 2. Aufl., Verlag Braun, Karlsruhe 1959.

Veröffentlichungen

W. E. Mochel, Am. Soc. **71**, 1426–32 (1949); (^{35}S, Polychloropren-Endgruppen).

F. T. Wall, J. J. Ondrejcin u. M. Pikramenou, Am. Soc. **73**, 2821–25 (1951); ([131]J, Polyvinylpyridinsalze).

F. Bueche u. Mitarbb., J. chem. Physics **20**, 1956–58 (1952); (Selbstdiffusion in festen Polymeren).

A. D. Kirshenbaum, C. W. Hoffmann u. A. V. Grosse, Rubber Chem. Technol. **25**, 291–302 (1952); (Autoradiographie von ^{14}C in Kohlenstoff von Kautschuk-Mischungen).

R.O. Colclough, J. Polymer Sci. **8**, 467–75 (1952); (ionische Polymerisation mit markiertem Starter).

J. Auerbach, Ind. eng. Chem. **45**, 1526–32 (1953); (^{35}S, Mercaptobenzthiazol-Vulkanisation).

J. Auerbach u. S. D. Gehman, Anal. Chem. **26**, 685–90 (1954); (Löslichkeit und Diffusion von ^{35}S in Kautschuk).

A. D. Kirshenbaum, A. G. Streng u. W. B. Dunlap jr., Rubber Age (N. Y.) **74**, 903–908 (1953–1954); (Gasdurchlässigkeit von Elastomeren für [14]CO$_2$).

J. C. Bevington, G. M. Guzman u. H. W. Melville, Pr. roy. Soc. (A) **221**, 437–52 (1954); (^{14}C, Polyvinylacetat, Verzweigung).

J. C. Bevington, G. M. Guzman u. H. W. Melville, Pr. roy. Soc. (A) **221**, 453–62 (1954); (^{14}C, Polystyrol, Verzweigung).

G. A. Blokh, Rubber Chem. Technol. **27**, 974–76 (1954); (^{35}S in Beschleuniger, Kautschukvulkanisate).

G. A. Blokh, J. A. Golubkowa u. G. P. Mikluchin, Gummi u. Asbest **7**, 191 (1954); (Reaktion von ^{35}S mit Beschleunigern).

M. M. Koton, T. M. Kisselewa u. M. J. Bessenow, Plaste u. Kautschuk **1**, 262 (1954); (^{14}C-Dibenzoylperoxyd, Styrolpolymerisation).

N. N. Tichomirova u. A. S. Kuzminski, Ž. fiz. Chim. **29**, 1278–84 (1955); (Bindung des ^{35}S in Vulkanisaten).

S. Helf u. Mitarbb., Anal. Chem. **28**, 1465–68 (1956); (^{35}S, Sulfate in Cellulosenitrat).

F. Danusso, G. Pajaro u. D. Sianesi, J. Polymer Sci. **22**, 179–181 (1956); (Polymerisation markierten Äthylens).

J. C. Bevington u. C. S. Brooks, J. Polymer. Sci. **22**, 257–61 (1956); (Polystyrol-Endgruppen, ^{14}C-Dibenzoylperoxyd).

P. W. ALLEN u. Mitarbb., J. Polymer Sci. **22**, 549–51 (1956); (^{14}C-markierte Starter, Polymethylmethacrylat).

S. E. BRESSLER, W. J. PRJADILOWAU. W. JA. CHAINMAN, Plaste u. Kautschuk **2**, 121 (1956); (Löslichkeit und Diffusion von ^{35}S in Kautschuk).

A. S. NOVIKOV u. M. V. KOLOSKOVA, Colloid J. (USSR) (Eng. Transl.) **18**, 311–15 (1956); (Verteilung von ^{35}S in Vulkanisaten, Autoradiographie).

D. C. BLACKLEY u. H. W. MELVILLE, Makromolekulare Chem. **18/19**, 16–36 (1956); (^{14}C in Starter und Methylmethacrylat, Copolymere mit Maleinsäureanhydrid).

J. C. BEVINGTON u. D. E. EAVES, Nature **178**, 1112–13 (1956); (bestrahlte Polymere als Initiatoren für ^{14}C-Acrylnitril).

A. N. PRAVEDNIKOW u. S. S. MEDWEDEW, Doklady Akad. S.S.S.R. **109**, 579–81 (1956); (^{14}C, Chloroprenpolymerisation).

F. W. MORTHLAND u. W. G. BROWN, Am. Soc. **78**, 469–71 (1956); (^{14}C, Pyrolyse von Copolymeren).

Z. N. TARASOVA, M. Y. KAPLUNOV u. B. A. DOGADKIN, Rubber Chem. Technol. **29**, 509–10 (1956); (^{35}S bei Vulkanisation).

J. C. BEVINGTON, Pr. roy. Soc. (A) **239**, 420–32 (1957); (^{14}C-Dibenzoylperoxyd, Styrolpolymerisation).

G. S. PARK, Trans. Faraday Soc. **53**, 107–12 (1957); (Diffusion von Tritioisopentan in Polyisobutylen).

H. W. MELVILLE, Arbeitsgemeinschaft Forsch. Landes Nordrhein-Westfalen **69** a, 5–20 (1957); (^{14}C u.a. in Polymerchemie).

I. G. SOBOLEVA, N. V. MAKLETSOVA u. S. S. MEDVEDEV, Colloid J. (USSR) (Eng. Transl.) **19**, 619–23 (1957); (^{14}C, Polystyrolverzweigung).

H. S. ISBELL, H. L. FRUSH u. J. D. MOYER, Tappi **40**, 739–43 (1957); (^{14}C, Tritium, Cellulose).

F. FAYARD, J. Chim. physique Physico-Chim. biol. **54**, 780–81 (1957); (^{14}C-Starter, Fällungspolymerisation).

I. AUERBACH u. Mitarbb., J. Polymer Sci. **28**, 129–50 (1958); (^{14}C in diffundierendem Octadecan usw., Elastomere).

D. M. SANDOMIRSKII u. M. K. VDOVCHENKOVA, Colloid J. (USSR) (Eng. Transl.) **20**, 80–83, 214–19 (1958); (^{45}Ca, Koagulation von Latex).

H. W. MELVILLE, F. W. PEAKER u. R. L. VALE, Makromolekulare Chem. **28**, 140–65 (1958); (^{14}C, verzweigtes Polyvinylacetat).

J. C. BEVINGTON, J. Sci. Ind. Research (India) **17**, 106–12 (1958); (Isotope in Polymerchemie).

H.-E. JAHN, Kautschuk u. Gummi **11** (W. T.), 102–108 (1958); (radioaktive Isotope, Bestimmung der Dicke, des Gewichts, des Abriebs).

M. MOŽIŠEK u. L. KLIMANEK, Plaste u. Kautschuk **5**, 371–74 (1958); (Autoradiographie von ^{35}S in Kautschukmischungen).

C. A. BARSON, J. C. BEVINGTON u. D. E. EAVES, Trans. Faraday Soc. **54**, 1678 (1958); (^{14}C, Starterradikale).

J. C. BEVINGTON, J. Polymer Sci. **29**, 235–43 (1958); (markierte Katalysatoren).

J. C. BEVINGTON, D. E. EAVES u. R. L. VALE, J. Polymer Sci. **32**, 317–22 (1958); (^{14}C, Hydrolyse von Polymeren).

H. W. MELVILLE u. P. R. SEWELL, Makromolekulare Chem. **32**, 139–52 (1959); (^{14}C, Verzweigung von Polyvinylacetat).

A. VRANCKEN u. G. SMETS, Makromolekulare Chem. **30**, 197–211 (1959); (^{14}C, Copolymerisation von Vinylbenzoat).

G. A. BLOKH u. Mitarbb., Rubber Chem. Technol. **32**, 770–73 (1959); (^{35}S, Diffusion bei Vulkanisation).

I. G. SOBOLEVA, N. V. MAKLETSOVA u. S. S. MEDVEDEV, Colloid J. (USSR) (Eng. Transl.) **21**, 625–29 (1959); (^{14}C, bestrahltes Polystyrol).

F. SHAFIZADEH, M. L. WOLFROM u. P. McWAIN, Am. Soc. **81**, 1221–23 (1959); (^{14}C, thermischer Abbau von Cellulosenitrat).

G. NATTA u. Mitarbb., Chimica e Ind. **41**, 526–33 (1959); (^{14}C, syndiotaktisches 1,2-Polybutadien).

J. W. DANIEL, Tappi **42**, 534–45 (1959); (^{14}C, Oxydation vor Cellulose).

G. B. STERLING u. Mitarbb., Anal. Chem. **31**, 1612–15 (1959); (^{14}C, Eichung von IR-Spektren bei Terpolymeren).

B. G. ACHHAMMER, M. TRYON u. G. M. KLINE, Kunstst. **49**, 600–608 (1959); (Beständigkeit von Polymeren).

E. H. GLEASON, M. L. MILLER u. J. F. SHEATS, J. Polymer Sci. **38**, 133–39 (1959); (^{14}C, Verzweigung in Polyacrylamid).

J. C. BEVINGTON, Makromolekulare Chem. **34**, 152–61 (1959); (^{14}C, Endgruppen).

P. W. ALLEN, G. AYREY u. C. G. MOORE, J. Polymer Sci. **36**, 55–76 (1959); (^{14}C, Propfpolymerisation von Vinylmonomeren auf Polyisopren).

J. AYREY u. C. G. MOORE, J. Polymer Sci. **36**, 41–53 (1959); (^{14}C, Kinetik der Polymerisation).

J. P. KENNEDY, J. Polymer Sci. **38**, 263–64 (1959); (^{14}C, Vinyläther + Borfluoridätherat).

G. V. SCHULZ, G. HENRICI-OLIVÉ u. S. OLIVÉ, Makromolekulare Chem. **31**, 88–92 (1959); (^{14}C, Kettenabbruch bei Radikalpolymerisation).

I. G. SOBOLEVA, N. V. MAKLETSOVA u. S. S. MEDVEDEV, Colloid J. (USSR) (Eng. Transl.) **21**, 601–605 (1959); (^{14}C, bestrahltes Polystyrol).

R. H. WILEY u. E. E. SALE, J. Polymer Sci. **42**, 479–89 (1960); (^{14}C, Monomerreaktivitäten bei Copolymerisation).

H. L. PEDERSON, Rubber Chem. Technol. **33**, 181–98 (1960); (^{35}S, Vulkanisationsgrad).

M. HAYASHI, Bl. chem. Soc. Japan **33**, 1184–88 (1960); (^{35}S, ^{36}Cl, Diffusion in Polyamid).

R. H. WILEY u. E. E. SALE, J. Polymer Sci. **42**, 479–89, 491–500 (1960); (Zählverfahren für Copolymerisation).

J. P. KENNEDY u. R. M. THOMAS, J. Polymer Sci. **45**, 227–28 (1960); (Isobutenpolymerisation mit markiertem Methylchlorid).

a₂) Masse inaktiver Isotope (Einbau und Nachweis inaktiver Isotope)

Buchübersicht

Siehe unter a₁) S. 964.

Veröffentlichungen

T. YOSHIDA, Bl. chem. Soc. Japan **23**, 209–12 (1950); (Styrolpolymerisation, schwerer Alkohol, schweres Benzol, schweres Dibenzoylperoxyd).

A. D. KIRSHENBAUM, A. G. STRENG u. A. H. NELLEN, Rubber Age (N.Y.) **72**, 625–30 (1952/53); (^{18}O, Oxydation von Kautschuk).

L. A. WALL u. D. W. BROWN, J. Polymer Sci. **14**, 513–20 (1954); (deuteriertes Polystyrol, Verzweigung).

L. A. WALL, D. W. BROWN u. V. E. HART, J. Polymer Sci. **15**, 157–66 (1955); (Abbau, Übertragung, deuteriertes Polystyrol).

C. H. NICHOLLS, J. B. SPEAKMAN u. R. W. BURLEY, J. Textile Inst. **46**, T 427–32 (1955); (Deuteriumaustausch, Wolle).

H. TADOKORO, S. SEKI u. I. NITTA, J. Polymer Sci. **22**, 563–66 (1956); (IR-Spektrum deuterierten Polyvinylalkohols).

J. MANN u. H. J. MARRINAN, Trans. Faraday Soc. **52**, 487–97 (1956); (Deuteriumaustausch in Cellulose).

H. C. BEACHELL u. S. P. NEMPHOS, J. Polymer Sci. **25**, 173–87 (1957); (Abbau von deuteriertem Polystyrol).

I. M. WARD, Trans. Faraday Soc. **53**, 1406–12 (1957); (Deuteriumaustausch für Hydroxy- und Carboxygruppen).

L. VALENTINE, J. Polymer Sci. **27**, 313–33 (1958); (Deuteriumoxyd, Krystallisationsgrad).

W. W. DANIELS u. R. E. KITSON, J. Polymer Sci. **33**, 161–70 (1958); (IR-Spektrum von deuteriertem Polyäthylenterephthalat).

A. NOVAK u. E. WHALLEY, Trans. Faraday Soc. **55**, 1484–89 (1959); (IR-Spektrum von deuterierten Polyaldehyden).

A. H. WILLBOURN, J. Polymer Sci. **34**, 569–97 (1959); (deuteriertes Polyäthylen, Verzweigung).

H. TADOKORO u. Mitarbb., J. Polymer Sci. **36**, 553–56 (1959); (IR-Spektren von deuteriertem isotaktischem Polystyrol).

H. M. KOEPP u. H. WERNER, Makromolekulare Chem. **32**, 79–89 (1959); (Methodik, Deuteriumaustausch an Endgruppen).

J. R. SHELTON, E. T. McDONEL u. J. C. CRANO, J. Polymer Sci. **42**, 289–98 (1960); (Aktivität deuterierter Antioxydantien).

M. PERALDO u. M. FARINA, Chimica e Ind. **42**, 1349–61 (1960); (deuteriertes Polypropylen, IR-Spektrum).

C. Y. LIANG, M. R. LYTTON u. C. J. BOONE, J. Polymer Sci. **44**, 549–551 (1960); **47**, 139–48 (1960); (deuteriertes Polypropylen, IR-Spektrum).

a₃) Masse und Ladung von Molekülbruchstücken (Massenspektrographie)

Buchübersicht

H. EWALD u. H. HINTENBERGER, Methoden und Anwendungen der Massenspektroskopie, Verlag Chemie GmbH., Weinheim/Bergstraße 1953.

Applied Mass Spectrometry, Institute of Petroleum, London 1954.

J. MITCHELL u. Mitarbb., Organic Analysis, 1. Aufl., Bd. III, S. 387, Interscience Publ. Inc., New York 1956.

J. RIECK, Einführung in die Massenspektroskopie, Deutscher Verlag der Wissenschaften, Berlin 1956.

P. DELAHAY, Instrumental Analysis, S. 281, The Macmillan Co., New York 1957.

Veröffentlichungen

S. L. MADORSKY u. S. STRAUS, Ind. eng. Chem. **40**, 848–52 (1948); (flüchtige Anteile bei Pyrolyse von Polystyrol).

B. G. ACHHAMMER, F. W. REINHART u. G. M. KLINE, J. appl. Chem. **1**, 301–20 (1951); (Abbau von Polyamiden).

B. G. ACHHAMMER, Anal. Chem. **24**, 1925–30 (1952); (Abbau von Polystyrol und Polyvinylchlorid).

A. C. BASKETT u. Mitarbb., J. Polymer Sci. **18**, 589–91 (1955); (Gase aus bestrahlten Polyäthylenen).

P. BRADT u. F. L. MOHLER, J. Res. Bur. Stand. **55**, 323–27 (1955); (Pyrolyse von Polyäthylen und Polyvinylchlorid).

J. L. LUNDBERG u. L. S. NELSON, Nature **179**, 367–68 (1957); (Gase bei UV-Bestrahlung von Polyäthylen).

D. CRAIG, D. DILLER u. E. H. ROWE, J. Polymer Sci. **28**, 435–38 (1958); (Gasentwicklung bei Vulkanisation).

M. LORANT, Kunststoffe-Plastics **6**, 318–19 (1959); (Abbau von Polyvinylchlorid).

A. H. WILLBOURN, J. Polymer Sci. **34**, 569–97 (1959); (Verzweigung von Polyäthylen).

B. G. ACHHAMMER, M. TRYON u. G. M. KLINE, Kunstst. **49**, 600–608 (1959); (Beständigkeit von Polymeren).

A. TODD, J. Polymer Sci. **42**, 223–47 (1960); (Abbau bei Bestrahlung).

b) Elektrische Eigenschaften der Moleküle

b₁) Permanentes Dipolmoment, Quadrupolmoment, Polarisierbarkeit (Dielektrizitätskonstante und ihre Dispersion, Verlustwinkel, Molpolarisation, Stark-Effekt)

Buchübersicht

A. RUBINOWICZ u. J. BLATON, Die Quadrupolstrahlung in: Ergebnisse der exakten Naturwissenschaften, 1. Aufl., Bd. XI, S. 176, Verlag Springer, Berlin 1932.

H. VERLEGER, Neuere Stark-Effekt-Forschungen in: Ergebnisse der Exakten Naturwissenschaften, 1. Aufl., Bd. XVIII, S. 99, Springer Verlag, Berlin 1939.

A. WEISSBERGER, Physical Methods of Organic Chemistry, 2. Aufl., Bd. II, S. 1611 ff., Interscience Publ. Inc., New York 1949.

Y. K. SYRKIN u. M. E. DYATKINA, Structure of Molecules and the Chemical Bond, 1. Aufl., S. 193, Butterworths Scientific Publ., London 1950.

L. N. FERGUSON, Electron Structures of Organic Molecules, 1. Aufl., S. 125, Prentice Hall, Inc., New York 1952.

H. A. STUART, Die Physik der Hochpolymeren, 1. Aufl., Bd. I, S. 37, Springer-Verlag, Berlin-Göttingen-Heidelberg 1952.

F. OEHME, Chemische Analysen durch Messung von Dielektrizitätskonstanten, Verlag VEB Laborchemie, Apolda 1953.

J. REILLY u. W. N. RAE, Physico-Chemical Methods, 5. Aufl., Bd. II, S. 717, Methuen & Co., London 1954.

A. WEISSBERGER, Technique of Organic Chemistry, 2. Aufl., Bd. VII, S. 39 u. a., Interscience Publ. Inc., New York 1955.

C. P. Smyth, Dielectric Behavior and Structure, McGraw-Hill Book Co., New York 1955.

L. E. Sutton, Determination of Organic Structures by Physical Methods, 1.Aufl., S. 373, Academic Press Inc., New York 1955.

J. W. Smith, Electric Dipole Moments, Butterworths, London 1955.

E. Blechschmidt, Präzisionsmessungen von Kapazitäten, dielektrische Verluste und Dielektrizitätskonstanten, 2.Aufl., Bd. I, Verlag Vieweg & Sohn, Braunschweig 1956.

S. Flügge, Handbuch der Physik (Atome I), 1.Aufl., Bd. XXXV, S. 366, Springer-Verlag, Berlin-Göttingen-Heidelberg 1957.

W. Hückel, Theoretische Grundlagen der organischen Chemie, 6.Aufl., Bd. I, S. 24 u.a., Akademische Verlagsgesellschaft, Leipzig 1957.

F. Oehme, Dielektrische Meßmethoden zur quantitativen Analyse und für chemische Strukturbestimmungen, 1.Aufl., S. 60, Verlag Chemie, Weinheim/Bergstraße 1958.

Veröffentlichungen

Dielektrizitätskonstante, Apparatives, Methodik:

R. Charbonnière, C. r. **226**, 909–10 (1948); (Besonderheiten bei Polyvinylchlorid).

T. M. Shaw u. J. J. Windle, J. appl. Physics **21**, 956–61 (1950); (Mikrowellen).

C. M. Burrell, T. G. Majury u. H. W. Melville, Pr. roy. Soc. (A) **205**, 309–22 (1951); (Kinetik).

T. G. Majury u. H. W. Melville, Pr. roy. Soc. (A) **205**, 323–35 (1951); (DK bei der Polymerisation).

K. H. C. Bessant u. Mitarbb., J. appl. Chem. **2**, 501–10 (1952); (Allgemeines, kleine Proben).

E. Haase - Deyerling, DBP.-Anm. H 11698 (1952); (Apparatur).

W. H. Surber jr. u. G. E. Crouch, Chimia **8**, 256 (1954); (Mikrowellen).

R. N. Work, Rev. sci. Instruments **26**, 1171–75 (1955); (Meßzelle).

R. N. Work, Princeton University Plastics Laboratory Technical Report **37** (B) (1955); (Meßzelle).

F. Oehme, Z. Naturf. **10**b, 725–27 (1955); (Verlustwinkel von Pulvern).

S. Baxter u. P. D. Wilmot, J. sci. Instruments **33**, 315–16 (1956); (Flüssigkeitsmeßzelle).

C. Abgrall, C. r. **242**, 76–78 (1956); (Meßzelle).

W. Griehl u. R. Hoffmeister, Plaste u. Kautschuk **3**, 53–54 (1956); (Bestimmung der Einfriertemp.).

W. M. H. Schulze, Schweiz. Arch. angew. Wiss. Techn. **22**, 137–49 (1956); (Repräsentanz).

H. Benoit, Ind. Plast. mod. **8**, Nr. 7, 34–38 (1956); (dielektrische Absorption).

H. Suhr, Plastverarbeiter **8**, 374–76 (1957); (Methodik der DK-Messung).

G. P. Mikhailov, J. Polymer Sci. **30**, 605–14 (1958); (Verlustwinkel bei Polymeren).

W. Reddish, J. and Intern. Plastics **136**, 314 (1959); (DK und Struktur von Polymeren).

Chemische Gesellschaft der DDR, Mitteilungen, Sonderheft 1957 **840** (1959); (Vergleich mit anderen Methoden).

F. H. Müller u. K. Huff, Kolloid-Z. **166**, 44–47 (1959); (Auswertemethode).

G. P. Michailow, Makromolekulare Chem. **35**, 26–53 (1960); (Verlustwinkel bei Polymeren).

E. Haase-Deyerling u. H. Meumann, Kautschuk u. Gummi **13**, (W.T.) 362–68 (1960); (Feuchtigkeit in Reifencord, Methodik).

T. F. Schatzki, J. Appl. Polymer Sci. **5**, 1–2 (1961); (Temperaturabhängigkeit des Verlustfaktors).

Dielektrizitätskonstante, Polymere in Substanz:

P. Girard u. P. Abadie, Rubber Chem. Technol. **20**, 910–11 (1947); (Kautschuk).

W. Reddish, Trans. Faraday Soc. **46**, 459–75 (1950); (Terylen®).

F. H. Müller, Kunstst. **41**, 277–83 (1951); (Allgemeines, Kunststoffe).

B. G. Achhammer, F. W. Reinhart u. G. M. Kline, J. appl. Chem. **1**, 301–20 (1951); (Abbau von Polyamiden).

F. Würstlin, Kolloid-Z. **120**, 84–103 (1951); (Allgemeines, Kunststoffe).

S. I. Reynolds u. Mitarbb., Am. Soc. **73**, 3714–17 (1951); (Krystallisation von Poly-trifluor-chlor-äthylen).

J. R. S. Waring, Trans. Inst. Rubber Ind. **27**, 16–37 (1951); (Abhängigkeit des tg δ von Frequenz und Vulkanisationszeit).

B. L. Funt u. T. H. Sutherland, Canad. J. Chem. **30**, 940–47 (1952); (Polyvinylacetal).

T. H. Sutherland u. B. L. Funt, J. Polymer Sci. **11**, 177–86 (1953); (Polyvinylacetal).

M. L. Williams u. J. D. Ferry, J. Colloid Sci. **9**, 479–92 (1954); (Polyvinylacetat).

D. Telfair, J. appl. Physics **25**, 1062–63 (1954); (Polymethacrylsäuremethylester).

D. A. Yamada u. R. N. Work, Chimia **8**, 256 (1954); (Frequenzabhängigkeit der DK).

J. D. Ferry, M. L. Williams u. E. R. Fitzgerald, J. phys. Chem. **59**, 403–408 (1955); (Temperaturabhängigkeit von tg δ).

C. W. Horton u. R. G. Rogers, J. Polymer Sci. **17**, 191–205 (1955); (Polystyrol, Lucit).

P. G. Harper u. J. J. O'Dwyer, Pr. phys. Soc. London (A) **68**, 1184–90 (1955); (Theorie für Polymere).

R. C. Doban, C. A. Sperati u. B. W. Sandt, SPE Journal **11**, Nr. 9, 17–30 (1955); (tg δ bei Teflon®).

R. N. Work u. Y. M. Tréhu, J. appl. Physics **27**, 1003–11 (1956); (Copolymere).

H. Thurn u. F. Würstlin, Kolloid-Z. **145**, 133–39 (1956); (Frequenzabhängigkeit).

F. H. Müller u. K. Huff, Kolloid-Z. **145**, 157–58 (1956); (DK und Orientierung).

B. H. Daimler, Kunstst. **46**, 508–14 (1956); (Allgemeines, Kunststoffe).

E. Rushton, Electr. Engng. **58**, 1 (1956); (Polymethylmethacrylat).

F. H. Müller u. K. Huff, Kolloid-Z. **148**, 83 (1956); (DK und Orientierung).

H. Thurn u. K. Wolf, Kolloid-Z. **148**, 16–30 (1956); (Polymere von Vinylestern, Vinyläthern und Acrylestern).

G. Offergeld, Nature **178**, 1460–61 (1956); (Polymethylmethacrylat).

D. I. Livingston,   P. M. Kamath   u.   R. S. Corley,
J. Polymer Sci. **20**, 485–90 (1956); (Fluorstyrol).

F. M. Arshid, C. H. Giles u. S. K. Jain, Soc. **1956**,
1272–77; (Assoziation von Estern, Cellulose).

S. Strella u. R. Zand, J. Polymer Sci. **25**, 97–114
(1957); (Polyacrylsäuremethylester).

K. Huff u. F. H. Müller, Kolloid-Z. **153**, 5–28 (1957);
(tg δ und DK bei Verstreckung).

D. J. Scheiber u. D. J. Mead, J. chem. Physics **27**,
326–27 (1957); (tg δ bei tiefen Temperaturen bei
Polymethylmethacrylat).

T. Gast u. G. Gramberg, Gummi u. Asbest **10**, 618–30
(1957); (Härtung von Phenolharzen).

E. F. Jordan u. Mitarbb., Ind. eng. Chem. **49**, 1695–98
(1957); (Vinylidenchlorid-Äthylacrylat-Copolymere).

L. de Broukère u. G. Offergeld, Bull. Soc. chim.
belges **67**, 96–122 (1958); (DK von festen Polymeren).

O. Fuchs, H. Thurn u. K. Wolf, Kolloid-Z. **156**, 27–29
(1958); (tg δ und Verzweigung bei Polyvinylacetat).

K. Schumacher, Kolloid-Z. **157**, 16–27 (1958); (bestrahltes Polyäthylen).

G. P. Mikhailov, B. I. Sazhin u. V. S. Presniakova,
Colloid J. (USSR) (Eng. Transl.) **20**, 433–35 (1958);
(Polytrifluor-chlor-äthylen).

J. D. Ferry u. S. Strella, J. Colloid Sci. **13**, 459–71
(1958); (Polymethacrylate, Beziehung zu mechanischen Eigenschaften).

V. L. Lanza u. D. B. Herrmann, J. Polymer Sci. **28**,
622–25 (1958); (Polyäthylen, verschiedene Dichte).

S. Strella u. S. N. Chinai, J. Polymer Sci. **31**, 45–52
(1958); (Poly-n-hexyl-methacrylat, Poly-n-octyl-
methacrylat).

E. W. Anderson u. D. W. McCall, J. Polymer Sci. **31**,
241–42 (1958); (Polypropylen).

T. Nakajima u. S. Saito, J. Polymer Sci. **31**, 423–37
(1958); (Poly-trifluor-chlor-äthylen).

F. H. Müller u. K. Huff, Kautschuk u. Gummi **11**,
(W. T.) 278–81 (1958); (gedehnter Kautschuk).

G. P. Mikhailov u. B. I. Sazhin, Vysokomolekulyarnye
Soedineniya **1**, 9–16, 29–35 (1959); (Einfluß der
Krystallisation auf tg δ).

A. M. Arew, Vysokomolekulyarnye Soedineniya **1**,
1279–84 (1959); (gerecktes Polyäthylen).

B. I. Sazhin u. V. S. Skurikhina u. Y. A. Il'in, Vysokomolekulyarnye Soedineniya **1**, 1383–89 (1959);
(Polypropylen).

F. H. Müller u. K. Huff, Kolloid-Z. **164**, 34–37 (1959);
(verstrecktes Polycarbonat).

H. Thurn, Kolloid-Z. **165**, 57–88 (1959); (Einfluß der
thermischen und mechanischen Vorgeschichte).

F. Krum u. F. H. Müller, Kolloid-Z. **164**, 81–107
(1959); (vorbehandeltes Polytetrafluoräthylen).

S. Saito u. T. Nakajima, J. Appl. Polymer Sci. **2**, 93–99
(1959); (Erweichungstemp. von Polymeren).

J. Delmonte, J. Appl. Polymer Sci. **2**, 108–13 (1959);
(Härtung von Epoxydharzen).

S. Saito u. T. Nakajima, J. Polymer Sci. **37**, 229–40
(1959); (Vinylchlorid-Vinylidenchlorid-Copolymere).

H. Hendus u. Mitarbb., Ergebn. exakt. Naturwiss. **31**,
220–380 (1959); (neuere Untersuchungen).

G. P. Mikhailov u. L. L. Burshtein, Vysokomolekulyarnye Soedineniya **1**, 1824–29 (1959); (p-Chlor-
styrolcopolymere).

B. I. Sazhin, Plasticheskie Massy **1960**, Nr. 1, 9–12; (Polyäthylen).

M. Pegoraro, E. Beati u. F. Severini, Chimica e Ind. **42**,
843–48 (1960); (Pfropfpolymere Styrol-Isobutylen).

M. Lorant, Kunststoffe-Plastics **7**, 43–50 (1960); (Kunststoffe, keramisches Material).

Y. Ishida, Kolloid-Z. **171**, 149–50 (1960); (Polyoxymethylen).

S. Kurosaki u. T. Furumaya, J. Polymer Sci. **43**,
137–148 (1960); (Polyvinylalkohol).

G. P. Mikhailov u. M. P. Eidelnant, Vysokomolekulyarnye Soedineniya **2**, 287–941 (1960); (Polyester
mit aromatischen Kernen).

G. P. Mikhailov u. T. I. Borisova, Vysokomolekulyarnye Soedineniya **2**, 619–25 (1960); (isotaktisches
Polymethacrylat).

G. P. Mikhailov u. M. P. Eidelnant, Vysokomolekulyarnye Soedineniya **2**, 1548–51 (1960); (Polyesterstruktur und Verlust-Maxima).

G. P. Mikhailov u. M. P. Eidelnant, Vysokomolekulyarnye Soedineniya **2**, 1552–56 (1960); (Polyäther).

G. P. Mikhailov u. T. I. Borisova, Vysokomolekulyarnye Soedineniya **2**, 1779–85 (1960); (α- und β-chlor-
substituierte Polyalkylmethacrylate).

Dielektrizitätskonstante, Mischungen:

G. A. Blokh u. A. D. Zaynchkovsky, Rubber Chem.
Technol. **21**, 727–33 (1948); (Kautschuk und Ruß).

M. L. Dannis, J. appl. Physics **21**, 505–509 (1950);
(Weichmacher in Polyvinylchlorid).

A. Schallamach, Trans. Inst. Rubber Ind. **27**, 40–48
(1951); (Vulkanisatschwefel).

A. Dyson, J. Polymer Sci. **7**, 133–58 (1951); (Weichmacher in Polyvinylchlorid).

P. Thirion u. R. Chasset, Trans. Inst. Rubber Ind. **27**,
364–81 (1951); (Ruß als Füllstoff).

H. Voigt, Kunstst. **42**, 395–98 (1952); (Weichmacher in
Polyvinylchlorid).

R. Dalbert, Rev. gén. Caoutch. **29**, 515–18, 588–92
(1952); (Kautschuk und Ruß).

R. Dalbert, Rev. gén. Caoutch. **29**, 649–52 (1952);
(Kautschuk und Ruß).

E. R. Fitzgerald u. R. F. Miller, J. Colloid Sci. **8**,
148–69 (1953); (Weichmacher in Polyvinylchlorid).

B. A. Dogadkin u. A. I. Lukomsky, Plaste u. Kautschuk **1**, 39 (1954); (Buna und Ruß).

P. Henri-Robert, Rev. gén. Caoutch. **31**, 724–27 (1954);
(Alterung von Kautschuk).

R. Seidman u. S. G. Mason, Canad. J. Chem. **32**, 744–62
(1954); (Absorption von Dämpfen durch Cellulose).

A. I. Lukomskaya u. B. A. Dogadkin, Rubber Chem.
Technol. **28**, 84–91 (1955); (Kautschuk und Ruß).

B. A. Dogadkin u. A. I. Lukomskaya, Rubber Chem.
Technol. **28**, 891–94 (1955); (Kautschuk und Ruß).

D. E. Kane, J. Polymer Sci. **18**, 405–10 (1955); (Cellu-
losehydrat).

O. Broens u. F. H. Müller, Kolloid-Z. **141**, 20–39,
121–49 (1955); (Allgemeines über Mischsysteme).

B. Gross u. R. M. Fuoss, J. phys. Chem. **60**, 474–80
(1956); (Kautschuk und Ruß).

J. J. Windle u. T. M. Shaw, J. chem. Physics **25**, 435–39
(1956); (Wasseraufnahme von Wolle).

P. Caillon u. E. Groubert, C. r. **242**, 1313–14 (1956);
(Weichmacher).

M. Beyer, Elektrotechn. Z. (A) **77**, 161–66 (1956);
(Temperaturabhängigkeit, Öl–Harz).

H. Veith, Kolloid-Z. **152**, 36–41 (1957); (Sorption von
Wasser durch Isolierstoffe).

F. H. Müller, F. Krum u. K. Huff, Kolloid-Z. **152**,
74–75 (1957); (DK und Orientierung).

R. E. Morris u. P. T. Wagner, Ind. eng. Chem. 49, 445–48 (1957); (Quellung von Butadien-Acrylnitril-Copolymeren).

H. Wolff, Plaste u. Kautschuk 4, 244–46 (1957); (tg δ in Mischungen von Polymeren).

H. Luther u. G. Weisel, Kolloid-Z. 154, 15–19 (1957); (Weichmacher in Polyvinylchlorid).

H. Desanges, R. Chasset u. P. Thirion, Rev. gén. Caoutch. 34, 893–901 (1957); (Kautschuk und Ruß, Vulkanisation).

F. Würstlin u. H. Klein, Kunstst. 47, 527–29 (1957); (Wirksamkeit und Struktur von Weichmachern).

A. Hartmann, Kolloid-Z. 153, 157–64 (1957); (sekundäre tg δ bei Polyvinylacetat und Weichmacher).

A. Hartmann, Kolloid-Z. 156, 132–36 (1958); (mechanische Werte und DK bei Polyvinylchlorid und Weichmacher).

H. Thurn u. F. Würstlin, Kolloid-Z. 156, 21–27 (1958); (mechanische Werte und DK von weichgemachten Polymeren).

H. Desanges, R. Chasset u. P. Thirion, Rubber Chem. Technol. 31, 631–49 (1958); (Kautschuk und Ruß, während Vulkanisation).

D. W. McCall u. W. P. Slichter, Am. Soc. 80, 1861–68 (1958); (Diffusion in Polyäthylen).

R. Chasset, P. Thirion u. Vinh-Binhnguyen-Phuc, Rev. gén. Caoutch. 36, 857–61 (1959); (Kautschuk und verstärkender Füllstoff).

N. H. Langton u. D. Matthews, Brit. J. appl. Physics 10, 306–309 (1959); (Kautschuk und Zinkoxyd).

Dielektrizitätskonstante, Lösungen:

P. C. Scherer u. M. K. Testerman, J. Polymer Sci. 7, 549–70 (1951); (Cellulosenitrat).

L. de Brouckère u. R. van Nechel, Bull. Soc. chim. belges 61, 452–61 (1952); (Polyvinylchlorid).

H. Freiser, M. V. Eagle u. J. Speier, Am. Soc. 75, 2821–27 (1953); (organische Siliciumverbindungen).

L. G. Allgén, J. Polymer Sci. 14, 281–86 (1954); (Carboxymethylcellulose).

L. G. Allgén u. S. Roswall, J. Polymer Sci. 12, 229–36 (1954); (Carboxymethylcellulose).

L. de Brouckère u. Mitarbb., Bull. Soc. chim. belges 64, 669–95 (1955); (Allgemeines).

B. Jacobson, Am. Soc. 77, 2919–26 (1955); (Hydratation).

M. Joerges-Heyden u. Mitarbb., Z. Naturf. 10 a, 10–21 (1955); (Polydimethylsiloxan).

B. Jacobson, Svensk kem. Tidskr. 67, 1–17 (1955); (Cellulose + Wasser).

W. G. Hammerle u. J. G. Kirkwood, J. chem. Physics 23, 1743–49 (1955); (anomale DK und tg δ in Lösungen).

H. Hartmann u. R. Jaenicke, Ph. Ch. (N. F.) 6, 220–41 (1956); (DK von strömenden Lösungen).

L. de Brouckère u. L. K. H. van Beek, R. 75, 355–70 (1956); (Polyvinylacetat).

J. L. Pauley u. M. K. Testerman, J. Polymer Sci. 21, 437–53 (1956); (Cellulose-Cu-Komplex).

H. D. Junge, Plaste u. Kautschuk 3, 195–97 (1956); (DK und Scherung).

B. H. Zimm, J. chem. Physics 24, 269–78 (1956); (Allgemeines).

W. G. Hammerle u. J. G. Kirkwood, J. chem. Physics 24, 1277 (1956); (Polyvinylacetat in Toluol).

T. Uchida, Y. Kurita u. M. Kubo, J. Polymer Sci. 19, 365–72 (1956); (Polyoxymethylen-dimethyläther).

T. Uchida u. Mitarbb., J. Polymer Sci. 21, 313–22 (1956); (Polyäthylenglykol).

P. C. Scherer, D. W. Levi u. M. C. Hawkins, J. Polymer Sci. 24, 19–26 (1957); (Celluloseacetat, Molgewicht).

L. K. H. van Beek u. J. J. Hermans, J. Polymer Sci. 23, 211–21 (1957); (Relaxation in Lösungen).

M. Mandel, J. Polymer Sci. 23, 241–45 (1957); (Wechselwirkung in Lösung).

J. Marchal u. C. Lapp, J. Polymer Sci. 27, 571–73 (1958); (Polymethylmethacrylat).

P. C. Scherer, M. C. Hawkins u. D. W. Levi, J. Polymer Sci. 27, 129–34 (1958); (Molgewichtsbestimmung von Äthylcellulose in Dioxan).

M. Kryszewski u. J. Marchal, J. Polymer Sci. 29, 103–16 (1958); (Polyvinylbromid).

P. C. Scherer, M. C. Hawkins u. D. W. Levi, J. Polymer Sci. 31, 105–13 (1958); (Äthylcellulose, Molgewicht, tg δ).

P. C. Scherer, M. C. Hawkins u. D. W. Levi, J. Polymer Sci. 37, 369–74 (1959); (tg δ von Äthylcellulose in Butylacetat).

F. H. Müller u. K. Huff, Kolloid-Z. 166, 47–54 (1959); (Polyisobutylvinyläther und Dekalin).

H. W. Dietzel u. F. H. Müller, Kolloid-Z. 166, 97–113 (1959); (extrem verdünnte Lösungen).

W. P. Purcell u. C. P. Smyth, J. Polymer Sci. 47, 321–325 (1960); (dielektrische Relaxation, Polyester in Lösung).

b₂) Ionisierbarkeit, Leitfähigkeit, Wanderungsgeschwindigkeit, Überführungszahl (Konduktometrie, Elektrophorese, Messung der genannten Größen)

Buchübersicht

G. G. Blake u. O. U. Vonwiller, Conductometric Analysis at Radio Frequency, Chapman & Hall Ltd., London 1950.

H. Mark u. E. J. W. Verwey, Advances in Colloid Science, Bd. III, Interscience Publ. Inc., New York 1950.

M. L. Anson u. J. T. Edsall, Advances in Protein Chemistry, Bd. VIII, Academic Press, New York 1953.

H. A. Stuart, Die Physik der Hochpolymeren, 1. Aufl., Bd. V, S. 70, Springer-Verlag, Berlin-Göttingen-Heidelberg 1953.

C. Wunderly, Die Papierelektrophorese, 1. Aufl., S. 13, Verlag Sauerländer, Frankfurt 1954.

J. Reilly u. W. N. Rae, Physico-chemical Methods, 5. Aufl., Bd. II, S. 605 u. a., Methuen & Co., London 1954.

H. J. McDonald, Ionography, The Year Book Publ. Inc., Chicago 1955.

M. Lederer, An Introduction to Paper Electrophoresis and Related Methods, 1. Aufl., S. 10 u. a., Elsevier Publ. Co., New York 1955.

R. J. Block u. Mitarbb., A Manual Paper Chromatography and Paper Elektrophoresis, 1. Aufl., S. 333, Academic Press, New York 1955.

E. Beyer, Physikalisch-chemische Untersuchungsmethoden (Elektrische Meßmethoden), 1. Aufl., Bd. I, S. 2 u. a., Fachbuchverlag, Leipzig 1956.

S. Flügge, Handbuch der Physik, 1. Aufl., Bd. XV, S. 214, Springer-Verlag, Berlin-Göttingen-Heidelberg 1956.

W. G. Berl, Physical Methods in Chemical Analysis, Bd. III, S. 29 ff., Academic Press, New York 1956.

Advances in Carbohydrate Chemistry, 1. Aufl., Bd. XII, S. 96 u. a., Academic Press, New York 1957.

S. Flügge, Handbuch der Physik, 1. Aufl., Bd. XX, S. 68 u. a., Springer-Verlag, Berlin-Göttingen-Heidelberg 1957.

G. Charlot, Modern Electroanalytical Methods, Elsevier Publ. Co., New York 1958.

R. J. Block, A Manual of Paper Chromatography and Paper Electrophoresis, 2. Aufl., S. 10 u. a., Academic Press, New York 1958.

D. Glick, Methods of Biochemical Analysis, 1. Aufl., Bd. VI, S. 265, Interscience Publ. Inc., New York 1958.

Veröffentlichungen

Leitfähigkeit, Konduktometrie, Elektrophorese und Überführungszahl (nicht von Dielektrika):

J. M. Preston, Discuss. Faraday Soc. (B) **42**, 131–36 (1946); (Leitfähigkeit bei Quellung mit Elektrolyten).

F. T. Wall, G. S. Stent u. J. J. Ondrejcin, J. physic. Colloid Chem. **54**, 979–90 (1950); (Überführungszahl polymerer Säuren).

F. T. Wall, J. J. Ondrejcin u. M. Pikramenou, Am. Soc. **73**, 2821–25 (1951); (Leitfähigkeit, Überführung und Dissoziation bei Polyvinylpyridin).

A. Katchalsky, J. Polymer Sci. **7**, 393–412 (1951); (Allgemeines).

S. Basu u. P. C. Das Gupta, J. Colloid Sci. **7**, 53–70 (1952); (Natrium-carboxymethylcellulose).

A. Oth u. P. Doty, J. phys. Chem. **56**, 43–50 (1952); (Leitfähigkeit, p_H-Wert, Polymethacrylsäure).

E. H. Chipperfield u. H. Busfield, Analyst **78**, 617–19 (1953); (Hexamethylentetramin in Novolak).

W. W. Bowler, Ind. eng. Chem. **45**, 1790–94 (1953); (Elektrophorese von Latex).

J. M. Paushkin u. M. V. Kuraschev, Doklady Akad. S.S.S.R. **89**, 69–72 (1953); (Leitfähigkeit und Katalysatoren bei ionischer Polymerisation).

S. H. Maron u. M. E. Elder, J. Colloid Sci. **9**, 263–68 (1954); (Konduktometrie, Latex).

S. H. Maron u. M. E. Elder, J. Colloid Sci. **9**, 353–58 (1954); (Konduktometrie, Latex).

F. T. Wall u. R. H. Doremus, Am. Soc. **76**, 1557–60 (1954); (Leitfähigkeit, Überführung, Polyacrylsäure, Methacrylsäure-Styrol-Polymere).

E. B. Fitzgerald u. R. M. Fuoss, J. Polymer Sci. **14**, 329–39 (1954); (Elektrophorese von Polyvinylpyridiniumbromid).

G. Manecke u. E. Otto-Laupenmühlen, Ph. Ch. (N. F.) **2**, 336–52 (1954); (Leitfähigkeit, Kationenaustauscherharze).

R. A. Mock u. C. A. Marshall, J. Polymer Sci. **13**, 263–77 (1954); (Dissoziation, p_H-Wert bei Polysulfostyrol).

S. H. Maron, M. E. Elder u. I. N. Ulevitch, J. Colloid Sci. **9**, 89–103 (1954); (Apparatives, Konduktometrie, Latex).

R. M. Fuoss, J. Polymer Sci. **12**, 185–98 (1954); (Allgemeines, Leitfähigkeit und Konzentration).

A. Katchalsky, N. Shavit u. H. Eisenberg, J. Polymer Sci. **13**, 69–84 (1954); (Elektrophorese und Dissoziation).

W. Scheele u. C. Ilschner-Gensch, Kautschuk u. Gummi **8**, (W.T.) 55–59 (1955); (Konduktometrie, Hilfsstoffe in Kautschuk).

B. L. Archer u. B. C. Sekhar, Biochem. J. **61**, 503–508 (1955); (Elektrophorese, Latex).

G. J. Hills, J. A. Kitchener u. P. J. Ovenden, Trans. Faraday Soc. **51**, 719–28 (1955); (Leitfähigkeit, Membranpotential, vernetzte Polymethacrylsäure).

A. Despić u. G. J. Hills, Trans. Faraday Soc. **51**, 1260–67 (1955); (Leitfähigkeit, Polymethacrylsäuregel).

C. R. Ricketts u. C. E. Rowe, Soc. **1955**, 3809–13; (Ionophorese von Polyglucosen).

F. Wiloth u. W. Dietrich, Kolloid-Z. **143**, 138–44 (1955); (Leitfähigkeit bei Kondensation).

B. C. Bera, A. B. Foster u. M. Stacey, Soc. **1955**, 3788–93; (Elektrophorese von Polysacchariden).

J. J. Hermans, J. Polymer Sci. **18**, 527–34 (1955); (Elektrophorese poröser Kugeln, Theorie).

T. L. Hill, J. chem. Physics **23**, 2270–74 (1955); (Isoelektrischer Punkt, Theorie, Proteinlösungen).

M. Wronski, J. Polymer Sci. **19**, 213–14 (1956); (Konduktometrie von Viscose).

F. H. Müller u. E. P. Benzing, Makromolekulare Chem. **18–19**, 488–500 (1956); (Leitfähigkeit, Acrylsäure-Vinylalkohol-Polymere bei Quellung).

P. Meares, J. Polymer Sci. **20**, 507–14 (1956); (Leitfähigkeit von Austauschern).

G. J. Hills, A. O. Jakubovic u. J. A. Kitchener, J. Polymer Sci. **19**, 382–84 (1956); (Leitfähigkeit vernetzter Polyelektrolyte).

H. Stegemann, Naturwiss. **43**, 518 (1956); (Elektrophorese, Apparatives).

H. D. Junge, Plaste u. Kautschuk **3**, 195–97 (1956); (Leitfähigkeit und Sicherung).

R. M. Panich u. S. S. Voyutsky, Colloid J. (USSR) (Eng. Transl.) **18**, 317–21 (1956); (Dialyse von Latex).

H. Tsuyuki, H. van Kley u. M. A. Stahmann, Am. Soc. **78**, 764–67 (1956); (Elektrophorese).

B. Roy, J. indian chem. Soc. **33**, 253–56 (1956); (Elektrophorese, Latex).

V. F. Felicetta, A. Ahola u. J. L. McCarthy, Am. Soc. **78**, 1899–1904 (1956); (Elektrophorese von Ligninsulfonaten).

H. P. Gregor, D. H. Gold u. M. Frederick, J. Polymer Sci. **23**, 467–75 (1957); (Konduktometrie von Polymethacrylsäure).

R. McFarlane u. R. M. Fuoss, J. Polymer Sci. **23**, 403–20 (1957); (Leitfähigkeit von Polyvinylpyridin).

H. P. Gregor u. D. M. Wetstone, J. phys. Chem. **61**, 147–51 (1957); (Leitfähigkeit, Ionenpotentiale).

G. Goldfinger u. S. Shulman, J. Polymer Sci. **25**, 479 (1957); (Elektrophorese von Polyphenylen).

R. Longworth u. J. J. Hermans, J. Polymer Sci. **26**, 47–55 (1957); (Leitfähigkeit, Carboxymethylcellulose, sulfoniertes Polystyrol).

H. P. Frank, S. Barkin u. F. R. Eirich, J. phys. Chem. **61**, 1375–80 (1957); (Leitfähigkeit, Dialyse, Viscosität, Polyvinylpyrrolidon + Farbstoffe).

H. P. Gregor u. D. H. Gold, J. phys. Chem. **61**, 1347–52 (1957); (Leitfähigkeit und Viscosität von Polyelektrolyten).

K. F. Wissbrun u. A. Patterson, J. Polymer Sci. **33**, 235–47 (1958); (Leitfähigkeit von Polyelektrolyten bei hoher Feldstärke).

H. Eisenberg, J. Polymer Sci **30**, 47–66 (1958); (Methodik der Leitfähigkeitmessung).

M. Nagasawa, A. Soda u. I. Kagawa, J. Polymer Sci. **31**, 439–51 (1958); (Wanderungsgeschwindigkeit von Polyelektrolyten in Salzlösungen).

K. F. WISSBRUN u. A. PATTERSON, J. Polymer Sci. **33**, 249–58 (1958); (Theorie der Leitfähigkeit bei hohen Feldstärken).

T. ISEMURA u. A. IMANISHI, J. Polymer Sci. **33**, 337–52 (1958); (Elektrophorese solubilisierter wasserunlöslicher Polymerer).

J. GARDON u. S. G. MASON, J. Chem. Eng. Data **1–3**, 115–19 (1956–1958); (Ligninsulfonsäuren).

H. W. DOUGLAS u. D. J. SHAW, Trans. Faraday Soc. **54**, 1748–53 (1958); (Elektrophorese von Polymeren mit Carboxygruppen).

R. L. WHITMORE, J. Oil Colour Chemists' Assoc. **41**, 699–706 (1958); (Flüssigkeitsfilme auf suspendierten Perlpolymerisatteilchen).

C. E. REID u. E. J. BRETON, J. Appl. Polymer Sci. **1**, 133–43 (1959); (Durchgang von Ionen durch Cellulosemembranen).

H. EISENBERG u. G. R. MOHAN, J. phys. Chem. **63**, 671–80 (1959); (Konduktometrie von Polyvinylsulfonsäuren).

W. SLOUGH, Trans. Faraday Soc. **55**, 1036–41 (1959); (Elektrodialyse an Anionenaustauschern).

G. VERHAAR, Rubber Chem. Technol. **32**, 1627–59 (1959); (Elektrophorese, Latex).

V. A. KARGIN, S. J. MIRLINA u. A. D. ANTIPINA, Doklady Akad. S.S.S.R. **129**, 614–616 (1959); (Leitfähigkeit, Äthylensulfonsäure-Acrylsäure-Copolymere).

D. J. WORSFOLD u. S. BYWATER, Soc. **1960**, 5234–38; (Leitfähigkeit bei anionischer Polymerisation von Styrol).

L. M. SCHTIFMAN u. S. V. SJAVZILLO, Plasticheskie Massy **1960**, Nr. 6, 71–72; (Bestimmung von Salzsäure in Lacklösungen).

J. B. DE COSTE u. B. A. STIRATELLI, Rubber Age (N.Y.) **87**, 279–85 (1960); (Leitfähigkeit des Extraktes aus Polyvinylchlorid).

L. R. PARKS u. K. A. JURBERGS, J. Appl. Polymer Sci. **4**, 193–199 (1960); (Zählung von Ölteilchen über Leitfähigkeit der eine Kapillare durchströmenden Lösung).

Leitfähigkeit bzw. Widerstand von Dielektrika:

R. M. FUOSS, J. chem. Educ. **27**, 544–47 (1950); (Leitfähigkeit von Kunststoffen und Flüssigkeiten).

R. H. NORMAN, Trans. Inst. Rubber Ind. **27**, 276–89 (1951); (Apparatives).

F. P. FORD u. A. M. GESSLER, Ind. eng. Chem. **44**, 819–24 (1952); (Butylkautschuk und Ruß).

L. G. KERSTA, J. Polymer Sci. **10**, 447–48(1953); (Kautschuk, Orientierung).

K. PECHKOVSKAYA, T. MIL'MAN u. B. DOGADKIN, Rubber Chem. Technol. **26**, 810–20 (1953); (Leitfähigkeit von rußgefülltem Kautschuk).

M. L. STUDEBAKER, India Rubber Wld. **129**, 485–88 (1953); (Kautschuk und Ruß).

A. OTH, Bull. Soc. chim. belges **63**, 393–414 (1954); (Polymethacrylsäure).

G. KICKSTEIN, Kautschuk u. Gummi (W.T.) **7**, 50–55 (1954); (Kautschuk und Ruß).

B. B. S. T. BOONSTRA u. E. M. DANNENBERG, Ind. eng. Chem. **46**, 218–27 (1954); (Kautschuk und Ruß).

D. L. WALKER, Trans. Inst. Rubber Ind. **30**, 154–61 (1954); (Druckabhängigkeit der Leitfähigkeit).

A. T. WARTANJAN u. A. S. KARPOWITSCH, Plaste u. Kautschuk **1**, 261 (1954); (Leitfähigkeit bestrahlter Folien).

A. J. WARNER, F. A. MULLER u. H. G. NORDLING, J. appl. Physics **25**, 131 (1954); (bestrahlte Kunststoffe).

J. F. FOWLER u. F. T. FARMER, Nature **174**, 800–801 (1954); (bestrahltes Polystyrol).

P. Y. FENG u. J. W. KENNEDY, Am. Soc. **77**, 847–51 (1954); (bestrahltes Polystyrol).

G. E. CUSICK u. J. W. S. HEARLE, J. Textile Inst., Trans. **46**, T 699–711 (1955); (Fasern).

J. F. FOWLER u. F. T. FARMER, Nature **175**, 590–91 (1955); (bestrahltes Terylen).

M. ZURCHER u. J. LUDER, Rev. gén. Caoutch. **32**, 138–40 (1955); (leitfähiger Kautschuk).

E. M. DANNENBERG u. B. B. S. T. BOONSTRA, Ind. eng. Chem. **47**, 339–44 (1955); (Kautschuk und Ruß).

R. A. MEYER, F. L. BOUQUET u. R. S. ALGER, J. appl. Physics **27**, 1012–18 (1956); (bestrahltes Polyäthylen und Teflon®).

R. H. NORMAN, Rubber J. **131**, 822–27 (1956); (leitfähiger Kautschuk).

B. GROSS u. R. M. FUOSS, J. phys. Chem. **60**, 474–80 (1956); (Polymere und Ruß).

W. SPÄTH, Gummi u. Asbest **9**, 573–77 (1956); (leitfähiger Kautschuk).

G. KRAUS u. J. F. SVETLIK, J. electrochem. Soc. **103**, 337–42 (1956); (leitfähige Elastomere und Ruß).

C. W. SWEITZER, Gummi u. Asbest **9**, 220–38 (1956); (Kautschuk und Ruß).

S. DE MEIJ, Gummi u. Asbest **10**, 114–16 (1957); (leitfähiger Gummi).

R. H. NORMAN, Proc. Inst. Rubber Ind. **4**, 47–60 (1957); (Widerstand und Feuchtigkeit, Elastomere).

Y. KOBATAKE u. Y. INOUE, Kolloid-Z. **154**, 168–69 (1957); (elektrostatische Aufladung beim Abziehen von Polymeren von Glas).

M. H. POLLEY u. B. B. S. T. BOONSTRA, Rubber Chem. Technol. **30**, 170–79 (1957); (leitfähiger Kautschuk).

J. H. KALLWEIT, Kunstst. **47**, 651–55 (1957); (Gleichstrommessung an reinen Polymeren).

H. SUHR, Plastverarbeiter **8**, 374–76 (1957); (Durchschlagfestigkeit, Methodik).

J. A. AUKWARD, R. W. WARFIELD u. M. C. PETREE, J. Polymer Sci. **27**, 199–205 (1958); (Leitfähigkeit bei Polymerisation).

H. DESANGES. R. CHASSET u. P. THIRION, Rubber Chem. Technol. **31**, 631–49 (1958); (Kautschuk und Ruß, bei Vulkanisation).

WU-SHU-CHIU, B. IA. IAMPOL'SKII u. S. S. VOIUTSKII, Colloid J. (USSR) (Eng. Transl.) **20**, 360–65 (1958); (Rußsuspensionen und Polymere).

R. W. WARFIELD, SPE Journal **14**, Nr. 11, 39–46 (1958); (Härtung von Gießharzen).

J. H. KALLWEIT, Naturwiss. **45**, 384–85 (1958); (Polyvinylchlorid oberhalb Einfriertemp.).

WU-SHU-CHIU, B. IA. IAMPOL'SKII u. S. S. VOIUTSKII, Colloid J. (USSR) (Eng. Transl.) **20**, 382–87 (1958); (Rußsuspensionen und Polymere).

V. E. SHASHOUA, J. Polymer Sci. **33**, 65–85 (1958); (Theorie und Messung statischer Aufladung).

J. DELMONTE, J. Appl. Polymer Sci. **2**, 108–13 (1959); (Härtung von Epoxydharzen).

V. A. KARGIN, M. Y. MIRLINA u. Y. F. NAGORNAYA, Vysokomolekulyarnye Soedineniya **1**, 191–200 (1959); (Anisotropie der Leitfähigkeit von Polyacrylsäure).

C. E. MOSSMAN u. S. G. MASON, Canad. J. Chem. **37**, 1153–64 (1959); (Oberflächenleitvermögen und elektrokinetische Potentiale von Geweben).

R. W. WARFIELD, SPE Journal **15**, 625–26 (1959); (Einfriertemp. in wärmehärtenden Polymeren, Vergleich mit Einfriertemp. aus spezifischer Wärme).

A. COEN u. P. PARRINI, Materie plast. **25**, 931–40 (1959);
(Zeitabhängigkeit der Leitfähigkeit bei Polyvinylchlorid).

R. W. WARFIELD u. U. C. PETREE, J. Polymer Sci. **37**,
305–308 (1959); (bei Polymerisation von Diallyphtha-
lat).

L. HOLLAND, Plastics **24**, 112–14 (1959); (Leitfähigkeit
durch Bestrahlung).

T. F. McLAUGHLIN, Mod. Plastics **37**, Nr. 6, 120 (1960);
(Messung elektrostatischer Aufladung).

R. BUVET u. L. TSÉ YU, C. r. **251**, 2520–22 (1960); (Leitfähigkeit von Polyamiden).

B. I. SAZHIN u. V. S. SKURIKHINA, Vysokomolekulyarnye
Soedineniya **2**, 1535–40 (1960); (Leitfähigkeit von
Polymeren, Methodik).

B. I. SAZHIN u. N. P. STAFEEVA, Vysokomolekulyarnye
Soedineniya **2**, 1541–47 (1960); (Leitfähigkeit von
Poly-trifluor-chlor-äthylen).

B. I. SAZHIN, Plasticheskie Massy **1960**, Nr. 1, 9–12;
(Leitfähigkeit, Polyäthylen).

b₃) Dissoziationskonstante, Ionen-aktivität, Redoxpotential, Grenzflächenpotential (p_H-Messung, Potentiometrie, Polarographie)

Buchübersicht

A. WEISSBERGER, Physical Methods of Organic Chemistry, 2. Aufl., Bd. II, S. 1747, Interscience Publ. Inc.,
New York 1949.

M. v. STACKELBERG, Polarographische Arbeitsmethoden,
Verlag W. de Gruyter & Co., Berlin 1950.

W. G. BERL, Physical Methods in Chemical Analysis,
1. Aufl., Bd. II, S. 138, Academic Press, Inc., New
York 1951.

E. THILO, Aktuelle Probleme der Physikalischen Chemie,
Akademie-Verlag, Berlin 1953.

J. J. LINGANE, Electroanalytical Chemistry, 2. Aufl.,
S. 111, Interscience Publ. Inc., New York 1958.

K. SCHWABE, Fortschritte in der p_H-Meßtechnik, VEB
Verlag Technik, Berlin 1953.

H. A. STUART, Die Physik der Hochpolymeren, 1. Aufl.,
Bd. II, S. 70, Springer-Verlag, Berlin-Göttingen-
Heidelberg 1953.

J. MITCHELL u. Mitarbb., Organic Analysis, 1. Aufl.,
Bd. II, S. 195, Interscience Publ. Inc., New York
1954.

P. DELAHAY, New Instrumental Methods in Electro-
chemistry, 6. Aufl., S. 339–344, Interscience Publ.
Inc., New York 1954.

H. v. STACKELBERG u. W. HANS, Untersuchungen zur
Ausarbeitung und Verbesserung von polarogra-
phischen Analysenmethoden, Westdeutscher Verlag,
Köln 1955.

Determination of Organic Structures by Physical Methods, Academic Press, Inc., New York 1955.

E. BEYER, Physikalisch-chemische Untersuchungsmethoden (Elektrometrische Meßmethoden), 1. Aufl.,
Bd. I, S. 73, Fachbuchverlag, Leipzig 1956.

J. MITCHELL u. Mitarbb., Organic Analysis, 1. Aufl.,
Bd. III, S. 22 u. a., Interscience Publ. Inc., New
York 1956.

E. H. SARGENT, Bibliography of Polarographic Literature 1922–55, Sargent & Co., Chicago 1956.

G. W. C. MILNER, The Principles and Applications of
Polarography and other Electroanalytical Processes,
Longmans, Green & Co., London 1957.

K. SCHWABE, Polarographie und chemische Konstitution
organischer Verbindungen, Akademie Verlag, Berlin
1957.

G. CHARLOT, Modern Electroanalytical Methods, Elsevier
Publ. Co., New York 1958.

H. H. WILLARD u. Mitarbb., Instrumental Methods of
Analysis, 3. Aufl., S. 116 u. a., D. van Nostrand Co.,
Inc., New York 1958.

E. MERCK, Die Bestimmung des Redoxpotentials mit
Indikatoren (r_H-Messung), Verlag E. Merck,
Darmstadt.

Veröffentlichungen

Aktivitäten und Potentiale (Titrationen, Polarographie usw.):

H. P. BURCHFIELD, Rev. gén. Caoutch. **22**, 98–100 (1945);
(p_H-Wert der Pyrolyseprodukte identifiziert Elastomere).

P. HERRENT u. G. JNOFF, J. Polymer Sci. **5**, 727–32
(1950); (Titration, Viscose).

I. M. KOLTHOFF, W. J. DALE u. I. K. MILLER, J. Polymer
Sci. **5**, 667–72 (1950); [Titration, 2-(4-Methoxy-ben-
zoldiazo-mercapto)-naphthalin].

S. BASU, J. Polymer Sci. **5**, 735–36 (1950); (Potentiometrie der Endgruppen in Polyamid).

H. SCHWERDTNER, Chem. Techn. **2**, 361–64 (1950);
(Titration ionenaktiver Substanzen).

F. ECOCHARD u. N. DUVEAU, Makromolekulare Chem. **7**,
148–62 (1951); (Titration, Säuren in Mischpolyamiden).

E. R. GARRETT u. R. L. GUILE, Am. Soc. **73**, 4533–35
(1951); (Titration, Maleinsäure-Styrol-Polymere).

J. D. FERRY u. Mitarbb., J. Colloid Sci. **6**, 429–42 (1951);
(Titration, Maleinsäure in Copolymeren).

H. L. WAGNER u. F. A. LONG, J. physic. Colloid Chem.
55, 1512–27 (1951); (Dissoziation, Titration, Vinyl-
pyridin-Acrylsäure-Polymere).

I. KAGAWA u. K. KATSUURA, J. Polymer Sci. **7**, 89–95
(1951); (Dissoziation von Polyelektrolyten).

F. C. J. POULTON u. L. TARRANT, J. appl. Chem. **1**, 29–33
(1951); (Polarographie von Schwefel in Vulkanisaten).

F. T. WALL u. T. J. SWOBODA, J. phys. Chem. **56**, 50–56
(1952); (Titration, Ionenabsorption von Polyamid).

K. MEIER, Farbe u. Lack **58**, 255–59 (1952); (Titration
und Lichtabsorption).

E. TREIBER u. Mitarbb., M. **83**, 259–70 (1952); (Dissoziation von Xanthogensäuren).

I. KAGAWA u. K. KATSUURA, J. Polymer Sci. **9**, 405–15
(1952); (Ionenstärke in Polyelektrolytlösungen).

S. S. FEUER u. Mitarbb., Ind. eng. Chem. **46**, 1643–45
(1954); (Polarographie, Maleinsäureisomerisierung in
Polyestern).

B. PHILIPP, Faserforsch. u. Textiltechn. **5**, 337–47 (1954);
(Titration, Viscose).

F. T. WALL u. S. J. GILL, J. phys. Chem. **58**, 1128–30
(1954); (Titration, Polyacrylsäure, Kupfernitrat).

N. S. SCHNEIDER u. P. DOTY, J. phys. Chem. **58**, 762–69
(1954); (Titration, Carboxymethylcellulose).

A. OTH, Bull. Soc. chim. belges **63**, 393–414 (1954);
(Titration, Polymethacrylsäure).

A. KATCHALSKY u. I. R. MILLER, J. Polymer Sci. **13**,
57–68 (1954); (Dissoziation, Titration u. UV-Absorption).

A. KATCHALSKY, N. SHAVIT u. H. EISENBERG, J. Polymer Sci. **13**, 69–84 (1954); (Dissoziation, Polysäuren).

R. A. MOCK, C. A. MARSHALL u. T. E. SLYKHOUSE, J. phys. Chem. **58**, 498–503 (1954); (Dissoziation, Polystyrolsulfonsäure).

A. KATCHALSKY, J. Polymer Sci. **12**, 159–84 (1954); (Potentiale, Titration, Elektrophorese).

E. W. HOBART, Anal. Chem. **26**, 1291–93 (1954); (Polarographie der Maleinsäuredoppelbindung).

A. V. RJABOV u. G. D. PANOVA, Doklady Akad. S. S. S. R. **99**, 547–49 (1954); (Polarographie, Monomere).

S. F. STRAUSE u. E. DYER, Anal. Chem. **27**, 1906–1908 (1955); (Polarographie von Acrylnitril).

M. L. J. BERNARD, A. ch. **12**, 315–52 (1955); (Polarographie von Peroxyden).

E. GREBENOVSKÝ u. Z. ŘEŽČ, Chem. Listy **49**, 1185–87 (1955); (Polarographie von Formaldehyd).

I. RUSZNAK, K. FUKKER u. I. KRÁLIK, Naturwiss. **42**, 643–44 (1955); (Polarographie von Polymeren, Methodik).

K. FREUDENBERG u. K. DALL, Naturwiss. **42**, 606–607 (1955); (Potentiometrie, Phenolgruppen).

D. J. RJABTSCHIKOV u. A. J. LASAREV, J. analyt. Chem. **10**, 228–35 (1955).

E. M. LOEBL, L. B. LUTTINGER u. H. P. GREGOR, J. phys. Chem. **59**, 559–60 (1955); (Komplexe von Kupferionen und Polyacrylsäure).

H. P. GREGOR u. Mitarbb., J. phys. Chem. **59**, 874–81 (1955); (Titration, Quellung, Polymethacrylsäure).

I. KAGAWA u. K. KATSUURA, J. Polymer Sci. **17**, 365–74 (1955); (Silberionen-Aktivität in Polyelektrolytlösungen).

S. SOLOWAY u. L. SCHWARTZ, Sci. **121**, 730–32 (1955); (Elektronenaustauscher).

H. P. GREGOR, L. B. LUTTINGER u. E. M. LOEBL, J. phys. Chem. **59**, 34–39 (1955); (Polyacrylsäure-Cu-Komplex, p_H-Wert, Titration).

P. H. HERMANS, D. HEIKENS u. P. F. VAN VELDEN, J. Polymer Sci. **16**, 451–57 (1955); (Titration, Endgruppen von Polyestern).

G. VAN PAESSCHEN u. G. SMETS, Bull. Soc. chim. belges **64**, 173–188 (1955); (Titration, Copolymere, Pfropfpolymere).

P. G. HOWE u. J. A. KITCHENER, Soc. **1955**, 2143–51; (Titration, p_H-Wert, Polymethacrylsäure, vernetzt).

S. S. VOYUTSKY u. R. M. PANICH, Colloid J. (USSR) (Eng. Transl.) **18**, 645–52 (1956); (Potential von Latexteilchen).

T. L. HILL, Am. Soc. **78**, 1577–80 (1956); (Auswertung der Titration von Polyelektrolyten).

R. J. LACOSTE, I. ROSENTHAL u. C. H. SCHMITTINGER, Anal. Chem. **28**, 983–85 (1956); (Polarographie, monomerer Methacrylsäuremethylester).

M. I. BOBROVA u. A. N. MATVEEVA, Ž. obšč. Chim. **26**, 1857–60 (1956); (Polarographie, Polymerisationskinetik).

B. PHILIPP u. H. HOYME, Faserforsch. u. Textiltechn. **7**, 231–32 (1956); (Komplextitration, Kupfer in Cuoxam).

B. B. BAUMINGER, Trans. Inst. Rubber Ind. **32**, 218–23 (1956); (Komplextitration, Schwefel in Elastomeren).

G. DELZENNE u. G. SMETS, Makromolekulare Chem. **18–19**, 82–101 (1956); (Polarographie, Peroxydgruppen).

T. L. HILL, Am. Soc. **78**, 5527–29, 1577–80 (1956); (Titration, Proteine).

M. WRONSKI, Faserforsch. u. Textiltechn. **7**, 372–74 (1956); (amperometrische Titration, Viscose).

G. GÜNTHER u. H. STAUDE, Ph. Ch. **206**, 124–38 (1956/57); (Sättigungskapazität).

L. LUTTINGER u. H. G. CASSIDY, J. Polymer Sci. **22**, 271–90 (1956); (Redoxpotentiale in Elektronenaustauschern).

L. LUTTINGER u. H. G. CASSIDY, J. Polymer Sci. **20**, 417–30 (1956); (Austausch von Ionen und Elektronen).

S. FISHER u. R. KUNIN, J. phys. Chem. **60**, 1030–32 (1956); (Vernetzung, Polyacrylsäure).

F. T. WALL, H. TERAYAMA u. S. TECHAKUMPUCH, J. Polymer Sci. **20**, 477–84 (1956); (Bindung von Gegenionen).

F. L. SAUNDERS u. J. W. SANDERS, J. Colloid Sci. **11**, 260–71 (1956); (Stabilität von Latex gegen Elektrolyte).

S. S. VOYUTSKY u. R. M. PANICH, Colloid J. (USSR) (Eng. Transl.) **18**, 645–52 (1956); (elektrokinetische Potentiale von Latexteilchen).

J. VOIGT, Plaste u. Kautschuk **4**, 3–6 (1957); (Polarographie von Maleinsäureesterdoppelbindungen).

T. ALFREY jr. u. S. H. PINNER, J. Polymer Sci. **23**, 533–47 (1957); (Titration amphoterer Polyelektrolyte).

I. MICHAELI u. A. KATCHALSKY, J. Polymer Sci. **23**, 683–96 (1957); (Titration von Polyelektrolyten).

I. KAGAWA u. H. P. GREGOR, J. Polymer Sci. **23**, 477–84 (1957); (Titration, Theorie, Gegenionen).

H. P. GREGOR u. M. FREDERICK, J. Polymer Sci. **23**, 451–65 (1957); (Titration, Polyacrylsäure).

A. KATCHALSKY, J. MAZUR u. P. SPITNIK, J. Polymer Sci. **23**, 513–32 (1957); (Polyvinylamin).

M. NAGASAWA u. I. KAGAWA, J. Polymer Sci. **25**, 61–76 (1957); (Natriumionen-Aktivität in Polyelektrolyten).

R. M. PANICH u. S. S. VOYUTSKY, Colloid J. (USSR) (Eng. Transl.) **19**, 119–23 (1957); (Potentiale von Latexteilchen, p_H-Wert).

S. S. VOYUTSKY u. R. M. PANICH, Colloid J. (USSR) (Eng. Transl.) **19**, 273–78 (1957); (elektrokinetische Potentiale von Latexteilchen bei Salzzusätzen).

T. L. HILL, J. Polymer Sci. **23**, 549–62 (1957); (Titrationen, Statistik).

R. M. PANICH u. S. S. VOYUTSKY, Colloid J. (USSR) (Eng. Transl.) **19**, 113–17 (1957); (elektrokinetisches Potential von Latexteilchen).

W. D. BESUGHJ u. N. N. DMITRIJEVA, Ž. prikl. Chim. **31**, 298–305 (1958); (Polarographie, Dibenzoylperoxyd).

P. MALTESE, T. DI GIOACCHINO u. E. GARZUGLIA, Chimica e Ind. **41**, 218–21 (1959); (Titration, Maleinsäure in Copolymeren).

O. ROZACI, Chem. Průmysl **33**, 385–87 (1958); (Polarographie, freier Schwefel in Kautschuk).

W. D. BESUGHJ u. W. DMITRIJEVA, Zavod. Labor. **24**, 941–47 (1958); (Polarographie, Allgemeines).

A. E. NAVYAZHSKAYA, Rubber J. and Intern. Plastics **135**, 158–59 (1958); (Potentiometrie, Isocyanate).

F. MOCKER, Kautschuk u. Gummi **11**, (W.T.) 281–92 (1958); (Polarographie, Beschleuniger, Alterungsschutzmittel u.a.).

A. JENSEN, F. BASOLO u. H. M. NEUMAN, Am. Soc. **81**, 512–15 (1959); (Bindung von Kationen an Polymethacrylsäure).

F. MOCKER, Kautschuk u. Gummi **12**, (W.T.) 155–59, (W.T.) 190–91 (1959); (Polarographie, Beschleuniger).

M. NAGASAWA, M. IZUMI u. I. KAGAWA, J. Polymer Sci. **37**, 375–83 (1959); (Natriumionen-Aktivität in Polyelektrolytlösungen).

M. NAGASAWA u. Mitarb., J. Polymer Sci. **38**, 213–28 (1959); (Membranpotentiale, Ionenaktivität in Polyelektrolytlösungen).

I. D. ROBINSON u. M. FERNANDEZ-ROFOJO, J. Polymer Sci. **39**, 47–61 (1959); (Titration, Oxydationspotential von Elektronenaustauschern).

N. ISE, J. Polymer Sci. **39**, 413–18 (1959); (Titration von Polyelektrolyten).

Chemische Gesellschaft der DDR, Mitteilungen Sonderheft 1957 **840**, Nr. 3 (1959); (neuere Arbeiten).

A.M.LIQUORI u. Mitarb., J. Polymer Sci. **40**,169–78 (1959); (Membranpotentiale in Polyelektrolytlösungen).

YUEH-HUA CHEN, M. FERNANDEZ-ROFOJO u. G. CASSIDY, J. Polymer Sci. **40**, 433–41 (1959); (Titration, Dicyclopentadienyleisen).

R. A. HIVELY u. C. W. WADELIN, Rubber Chem. Technol. **32**, 123–27 (1959); (Polarographie, Schwefel in Beschleunigern).

O. ANT-WUORINEN u. A.VISAPÄÄ, Makromolekulare Chem. **30**, 1–22 (1959); (Titration, Absorption von Säure an Cellulose).

M. KLATIL u. O. MIKL, Chem. Průmysl **9**, 274–81 (1959); (Polarographie, Peroxydisulfat in Latex).

O. ROZACI, Plaste u. Kautschuk **6**, 386–89 (1959); (Polarographie, Beschleuniger).

B. PHILIPP, Faserforsch. u. Textiltechn. **10**, 493–95 (1959); (Polarographie, Xanthogenat in Cellulose).

G. C. CLAVER u. M. E. MURPHY, Anal. Chem. **31**, 1682–83 (1959); (Polarographie, Acrylnitril).

R. M. BELITSKAYA, Soviet Rubber Technol. **18**, 49–53 (1959); (Titration, Mercaptobenzthiazol).

V. A. KARGIN, S. J. MIRLINA u. A. D. ANTIPINA, Doklady Akad. S.S.S.R. **129**, 614–16 (1959); (Copolymere aus Äthylensulfonsäure und Acrylsäure).

M. NAGASAWA u. S. A. RICE, Am. Soc. **82**, 5070–76 (1960); (Kettenmodell für Polyelektrolyte).

R. A. MOCK, J. Polymer Sci. **44**, 271–272 (1960); (Aktivität der Cyanionen).

D. B. GURVITSCH u. S. I. SCHEVARDINA, Plasticheskie Massy **1960**, Nr. 12, 55–58; (Aldehyde in Polyvinylacetalen polarographisch bestimmt).

G. S. SUPIN, Soviet Rubber Technol. **19**, Nr. 1, 50–53 49–52(1960); (Polarographie, Natrium in Kautschuk).

R. M. BELITSKAYA, Soviet Rubber Technol. **19**, Nr. 4, 49–52 (1960); (Polarographie,Thiuram in Kautschuk)

E. M. LOEBL u.J.J. O'NEILL, J. Polymer Sci. **45**, 538–540 (1960); (isotaktische Polymethacrylsäure, Titration, Dialyse).

F. MOCKER, Kautschuk u. Gummi **13**, (W.T.) 187–194 (1960); (Polarographie, Beschleuniger).

P. K. CHATTERJEE, D. BANERJEE u. A. K. SIRCAR, Trans. Inst. Rubber Ind. **36**, Nr. 2, 65–69 (1960); (amperometrische Titration, Beschleuniger).

F. MOCKER u. I. OLD, Kautschuk u. Gummi **14**, (W.T.) 297–301 (1961); (polarographische Bestimmung von anorganischen Substanzen in Kautschuk).

Austauscheraktivitäten:

G. E. BOYD, A. W. ADAMSON u. L. S. MYERS jr., Am. Soc. **72**, 4807 (1950); (Austauschgeschwindigkeit, Ionenladung).

K. W. PEPPER, J. appl. Chem. **1**, 124–32 (1951); (sulfoniertes Polystyrol).

H. P. GREGOR u. J. I. BREGMANN, J. Colloid Sci. **6**, 323–47 (1951); (Selektivitätskoeffizienten in sulfoniertem Polystyrol).

N. E. TOPP, Sci. Progr. **39**, 640–57 (1951); (Ionenaustauscher).

H. P. GREGOR u. Mitarb., J. Colloid Sci. **6**, 20–32 (1951); (Kapazität von sulfonsauren Kationenaustauschern).

W. J. ARGERSINGER jr. u. A. W. DAVIDSON, J. phys. Chem. **56**, 92–96 (1952); (Theorie, Aktivitätskoeffizienten, Austausch).

H. P. GREGOR u. Mitarb., Ind. eng. Chem. **44**, 2834–39 (1952); (Chelationenaustauscher).

D. K. HALE, D. I. PACKHAM u. K. W. PEPPER, Soc. **1953**, 844–51; (Austausch organischer Kationen).

C. W. DAVIES u. G. D. YEOMAN, Trans. Faraday Soc. **49**, 975–80 (1953); (Austauschgleichgewichte).

H. P. GREGOR u. M. H. GOTTLIEB, Am. Soc. **75**, 3539–43 (1953); (Aktivitätskoeffizienten von Ionen in Austauschern).

M. H. GOTTLIEB u. H. P. GREGOR, Am. Soc. **76**, 4639–41 (1954); (Anionenaustauscher).

H. P. GREGOR, J. BELLE u. R. A. MARCUS, Am. Soc. **76**, 1984–87 (1954); (Kapazität von Anionenaustauschern).

H. P. GREGOR, O. R. ABOLAFIA u. M. H. GOTTLIEB, J. phys. Chem. **58**, 984–86 (1954); (Magnesium- und Kaliumionen-Austausch).

J. S. MACKIE u. P. MEARES, Pr. roy. Soc. (A) **232**, 498–518 (1955); (Austauschermembranen für Aktivitätskoeffizienten schwacher Elektrolyte).

M. KAHLWEIT, Ph. Ch. (N.F.) **6**, 45–55 (1956); (Diffusion von Elektrolyten durch Austauscher).

S. A. RICE u. F. E. HARRIS, Ph. Ch. (N.F.) **8**, 207–39 (1956); (Theorie).

E. L. STREATFIELD, Génie chim. **78**, 161–72 (1957); (Molekülsiebe).

E. H. CRUICKSHANK u. P. MEARES, Trans. Faraday Soc. **54**, 174–85 (1958); (Selektivität, Austauschwärmen).

H. MORAWETZ, Fortschr. Hochpolymeren-Forsch. **1**, 1–34 (1958); (spez. Ionenbindungsvermögen).

W. SLOUGH, Trans. Faraday Soc. **55**, 1036–41 (1959); (Anionenaustauscher).

Koagulation durch Salzzusatz oder Hitze:

H. G. DRINKWATER u. N. PAYNE, Chem. and Ind. **1951**, 683–84; (Apparatives).

V. TOMBERG, Kolloid-Z. **123**, 39 (1951); (Koagulation von Viscoselösungen).

J. NOGUCHI, T. HAYAKAWA u. M. EBATA, J. Polymer Sci. **23**, 843–49 (1957); (Hitzekoagulation von Aminosäuren enthaltenden Polymeren).

A. BUZÁGH, K. UDVARHELYI u. F. HORKAY, Kolloid-Z. **154**, 130–41 (1957); (fraktionierte Fällung von Phenolharzlösungen durch Elektrolyte).

A. BUZÁGH, K. UDVARHELYI u. F. HORKAY, Kolloid-Z. **157**, 53–57 (1958); (fraktionierte Fällung von Phenolharzlösungen durch Elektrolyte).

D. M. SANDOMIRSKIJ u. M. K. VDOVCHENKOVA, Colloid J. (USSR) (Eng. Transl.) **20**, 75–77, 80–83, 205–09, 214–19 (1958); (Koagulation von Latex, Calcium).

H. EISENBERG u. G. R. MOHAN, J. phys. Chem. **63**, 671–80 (1959); (Phasentrennung in Lösungen von Polyvinylsulfonsäuren).

c) Magnetische Eigenschaften

c₁) Diamagnetismus, Paramagnetismus

Buchübersicht

W.G.BERL, Physical Methods in Chemical Analysis, 1.Aufl., Bd. II, S. 233, Academic Press, New York 1951.

L. Marton, Advances in Electronics and Electron Physics, Bd. VI, S. 464, Academic Press, New York 1954.

G. Foex, J. Gorter u. J. Smits, Constantes Sélectionnées Diamagnétisme et Paramagnétisme, Masson & Cie., Paris 1957.

Veröffentlichungen

G. A. Edwards u. G. Goldfinger, J. Polymer Sci. **6**, 125–26 (1951); (Einfluß des Magnetfeldes auf die Viscosität von Polyphenyl).

E. Weir Toor u. P. W. Selwood, Am. Soc. **74**, 2364–68 (1952); (diamagnetische Anisotropie von Naturkautschuk).

A. Isihara u. Mitarb., J. chem. Physics **21**, 1909–11 (1953); (diamagnetische Anisotropie von Naturkautschuk).

J. L. Ihrig u. H. N. Alyea, Am. Soc. **75**, 2917–21 (1953); (Apparatives).

R. Calas u. Mitarb., C. r. **241**, 407–408 (1955); (Messung von Mono- und Dimeren in Anthracen).

c₂) Magnetooptische Eigenschaften

Buchübersicht

W. Schütz, Magnetooptik, in W. Wien u. F. Harms, Handbuch der Experimentalphysik, Bd. XVI, Akademische Verlagsgesellschaft, Leipzig 1936.

Microwave and Radiofrequency Spectroscopy, The Aberdeen University Press, Ltd., Aberdeen 1955.

E. R. Andrew, Nuclear Magnetic Resonance, University Press, Cambridge 1955.

P. Grivet, Le Resonance Paramagnétique Nucléaire, Centre National de la Recherche Scientifique, Paris 1955.

S. Flügge, Handbuch der Physik (Atome), 1. Aufl., Bd. XXXV (Zeemann-Effekt), S. 294, Springer-Verlag, Berlin-Heidelberg 1957.

S. Flügge, Spektroskopie II (Zeemann-Effekt), 1. Aufl., Bd. XXVIII, S. 296, Springer-Verlag, Berlin-Göttingen-Heidelberg 1957.

Weitere Bücher und Veröffentlichungen s. unter „Magnetooptische Methoden, Mikrowellenspektroskopie", S. 996.

d) Elektromagnetische Eigenschaften und sichtbare Struktur

d₁) Streuung von sichtbarem Licht

Buchübersicht

Lichtstreuung:

H. A. Stuart, Die Physik der Hochpolymeren, Bd. II, S. 683 u. a., Springer-Verlag, Berlin-Göttingen-Heidelberg 1953.

H. A. Stuart u. H. G. Fendler, Lichtzerstreuungsmessungen an Lösungen hochpolymerer Stoffe, Westdeutscher Verlag, Köln 1956.

K. A. Stacey, Light Scattering in Physical Chemistry, Butterworths, London 1956.

H. Tompa, Polymer Solutions, 1. Aufl., S. 292, Butterworths, London 1956.

M. M. Fishman, Light Scattering by Colloidal Systems, Technical Service Laboratories, New Jersey 1957.

H. C. van de Hulst, Light Scattering by Small Particles, J. Wiley & Sons, New York 1957.

Nephelometrie:

H. Mohler, Chemische Optik, 1. Aufl., S. 56 u. a., Verlag H. R. Sauerländer & Co., Aarau 1951.

H. H. Willard, L. L. Merritt u. J. A. Dean, Instrumental Methods of Analysis, 3. Aufl., S. 87 u. a., D. van Nostrand Co., Inc., New York 1951.

F. D. Snell u. C. T. Snell, Colorimetric Methods of Analysis, 3. Aufl., Bd. II–IV, D. van Nostrand Co., Inc., New York 1954.

Veröffentlichungen

Lichtstreuung, allgemein interessierende Arbeiten:

G. V. Schulz, Ph. Ch. **194**, 1–27 (1944); (Grundlagen).

P. M. Doty, W. A. Affens u. B. H. Zimm, Discuss. Faraday Soc. (B) **42**, 66–81 (1946); (Grundlagen).

V. Tsvetkov u. E. Frismann, Rubber Chem. Technol. **20**, 912–15 (1947); (Depolarisation, Kautschuk in Lösung).

H. A. Stuart, Ang. Ch. **62**, 351–59 (1950); (Allgemeines).

H. A. Stuart u. A. Peterlin, J. Polymer Sci. **5**, 543–49, 551–63 (1950); (Depolarisation, Molekelform).

J. Bischoff u. V. Desreux, Bull. Soc. chim. belges **59**, 536–50 (1950); (Apparatives für Lösungen).

E. Frisman u. K. Kiselewa, Doklady Akad. S.S.S.R. **74**, 221–24 (1950); (Lichtstreuung an Lösungen).

W. B. Dandliker, Am. Soc. **72**, 5110–16 (1950); (Latex).

J. Hengstenberg, Makromolekulare Chem. **6**, 127–48 (1951); (Apparatives für Lösungen).

P. Outer, Makromolekulare Chem. **7**, 111–39 (1951); (Form und Größe gelöster Moleküle).

A. Peterlin, Kolloid-Z. **120**, 75–83 (1951); (kohärente Lichtstreuung fester Körper).

D. P. Riley u. G. Oster, Discuss. Faraday Soc. **11**, 107–16 (1951); (Theorie der Röntgenstreuung und Lichtstreuung, Kolloide, Makromoleküle).

V. Tomberg, Koll.-Z. **123**, 39 (1951); (Koagulation von Viscoselösungen).

F. T. Wall u. J. W. Drenan, J. Polymer Sci. **7**, 83–88 (1951); (Gelpunkt von Polyacrylsäure).

D. A. I. Goring u. P. Johnson, Trans. Faraday Soc. **48**, 367–79 (1952); (Apparatives für Lösungen).

A. Peterlin, J. Polymer Sci. **10**, 425–36 (1953); (Theorie der Lichtstreuung kurzer Fadenmoleküle).

A. Peterlin, Makromolekulare Chem. **9**, 244–68 (1953); (Theorie der Lichtstreuung kurzer Fadenmoleküle).

G. Porod, J. Polymer Sci. **10**, 157–66 (1953); (Röntgenstreuung, Lichtstreuung, Fadenmoleküle).

H. Benoit, J. Polymer Sci. **11**, 507–10 (1953); (Unsymmetrie, Verzweigung, Uneinheitlichkeit).

A. I. Yurzhenko u. V. P. Gusyakov, Rubber Chem. Technol. **26**, 220–29 (1953); (Dispersität von Latex).

S. H. Maron u. R. L. H. Lou, J. Polymer Sci. **14**, 273–80 (1954); (Trübung reiner Flüssigkeiten).

S. H. Maron u. R. L. H. Lou, J. Polymer Sci. **14**, 29–36 (1954); (Eichung mit Ludox).

C. Wippler u. H. Benoit, Makromolekulare Chem. **13**, 7–20 (1954); (Theorie, Lichtstreuung im elektrischen Feld).

E. F. Casassa u. S. Katz, J. Polymer Sci. **14**, 385–89 (1954); (Apparatives).

H. J. Cantow u. G. V. Schulz, Ph. Ch. (N.F.) **1**, 365–89 (1954); (Apparatives für Lösungen).

R. TREMBLAY, Y. SICOTTE u. M. RINFRET, J. Polymer Sci. **14**, 310–12 (1954); (Brechungsindex, Molgewicht).

C. SADRON, J. Polymer Sci. **12**, 69–95 (1954); (Allgemeines, Lösungen).

E. P. GEIDUSCHECK, J. Polymer Sci. **13**, 408–10 (1954); (Depolarisation, Proteine).

F. W. BILLMEYR u. C. B. DE THAN, Am. Soc. **77**, 4763–67 (1955); (Asymmetrie, Polymethylmethacrylat).

F. P. PRICE, J. phys. Chem. **59**, 191–92 (1955); (krystalline Polymere).

R. S. STEIN u. J. J. KEANE, J. Polymer Sci. **17**, 21–44 (1955); (Filme, Theorie ihrer Lichtstreuung).

O. KRATKY, Naturwiss. **42**, 237–52 (1955); (Apparatives).

V. E. GUL' u. G. S. KLITENIK, Rubber Chem. Technol. **28**, 494–503 (1955); (Wechselwirkung in Lösung, Kautschuk).

M. FIXMAN, J. chem. Physics **23**, 2074–79 (1955); (Theorie).

M. KERKER, J. opt. Soc. Am. **45**, 1081–83 (1955); (Streufunktionen für Kugeln).

J. KRAUT u. W. B. DANDLIKER, J. Polymer Sci. **18**, 563–72 (1955); (Sekundärstreuung).

N. T. NOTLEY u. P. J. W. DEBYE, J. Polymer Sci. **17**, 99–106 (1955); (Größe gelöster Moleküle).

N. BENOÎT, C. r. **240**, 533–35 (1955); (Verzweigung und Lichtstreuung).

K. S. FATTACHOW, W. N. ZWETKOW u. O. W. KALLISTOW, Plaste u. Kautschuk **2**, 23–24 (1955); (Fadenmoleküle in Lösung).

A. PETERLIN, J. chem. Physics **23**, 2464–65 (1955); (Volumeneffekt und Lichtstreuung).

A. ISIHARA u. Mitarbb., J. Polymer Sci. **17**, 341–49 (1955); (Lichtstreuung im elektrischen Feld).

D. CLEVERDON, D. LAKER u. P. G. SMITH, J. Polymer Sci. **17**, 133–35 (1955); (Bestimmung der Kettenlänge ohne Kenntnis der Konzentration).

S. A. RICE, J. Polymer Sci. **16**, 94–96 (1955); (Einfluß der Uneinheitlichkeit).

J. J. KEANE, F. H. NORRIS u. R. S. STEIN, J. Polymer Sci. **20**, 209–11 (1956); (Filme von orientiertem Polyäthylen).

M. GOLDSTEIN, J. Polymer Sci. **20**, 413–15 (1956); (Theorie, Sphärolithanisotropie).

J. J. KEANE u. R. S. STEIN, J. Polymer Sci. **20**, 327–50 (1956); (Polythen-Filme).

H. BENOIT, Makromolekulare Chem. **18/19**, 397–405 (1956); (anisotrope Makromoleküle).

H. J. CANTOW, Makromolekulare Chem. **18**, 367–74 (1956); (Lösungsmittel).

H. G. FENDLER u. H. A. STUART, Makromolekulare Chem. **21**, 193–226 (1956); (Adsorption als Fehlerquelle).

G. W. HASTINGS, D. W. OVENALL u. F. W. PEAKER, Nature **177**, 1091–92 (1956); (Aggregation sphärischer Teilchen).

H. J. CANTOW, Ph. Ch. (N.F.) **7**, 58–79 (1956); (thermodynamische Größen aus Lichtstreuung).

P. FLEMING, A. R. PEACOCKE u. R. G. WALLIS, J. Polymer Sci. **19**, 495–502 (1956); (thermodynamische Daten).

C. WIPPLER, J. chem. Physics **53**, 316–27 (1956); (Lichtstreuung im elektrischen Feld).

H. P. FRANK, Gummi u. Asbest **9**, 10–18 (1956); (Allgemeines).

R. M. TABIBIAN, W. HELLER u. J. N. EPEL, J. Colloid Sci. **11**, 195–213 (1956); (Apparatives, Latex).

M. NAKAGAKI u. W. HELLER, J. appl. Physics **27**, 975–79 (1956); (Wellenlängenabhängigkeit des Brechungsindexes in Suspensionen).

W. JAENICKE, Z. El. Ch. **60**, 163–74 (1956); (Pigmente).

A. PLAZA, F. H. NORRIS u. R. S. STEIN, J. Polymer Sci. **24**, 455–60 (1957); (Apparatives für Filme, kleine Winkel).

T. KOBAYASHI, A. CHITALE u. H. P. FRANK, J. Polymer Sci. **24**, 155–60 (1957); (Apparatives, hohe Temperaturen).

P. REMPP u. H. BENOIT, J. Polymer Sci. **24**, 155–56 (1957); (Trübungsstandard).

A. PETERLIN, J. Polymer Sci. **23**, 189–98 (1957); (Lichtstreuung und Strömungsorientierung).

W. HELLER, J. chem. Physics **26**, 1258–64 (1957); (theoretische Streufunktionen).

P. F. ONYON, J. Polymer Sci. **24**, 493–96 (1957); (Korrekturen für Reflexion).

V. K. LA MER u. I. W. PLESNER, J. Polymer Sci. **24**, 147–50 (1957); (Latex).

P. J. W. DEBYE, Sci. American **197**, 90–97 (1957); (Allgemeines).

E. J. MEEHAN, J. Polymer Sci. **27**, 590–91 (1958); (Streuung höherer Ordnung).

C. I. JOSE u. A. B. BISWAS, J. Polymer Sci. **27**, 575–77 (1958); (Brechungsindexmessung).

A. VOET, Rubber Age (N.Y.) **82**, 657–63 (1957/58); (Lichtdurchlässigkeit von Rußdispersionen).

J. A. MANSON u. L. H. CRAGG, J. Polymer Sci. **33**, 193–205 (1958); (Pfropfpolymere, Styrol auf Polystyrol usw.).

W. BUSHUK u. H. BENOIT, C. r. **246**, 3167–70 (1958); (Mol.-Gew. von Copolymeren).

E. W. SABOLOTZKAJA u. Mitarbb., Gummi u. Asbest **11**, 107 (1958); (Teilchengröße bei Emulsionspolymerisation).

V. E. ESKIN u. M. G. OKUNEVA, Ž. fiz. Chim. **32**, 1532–35 (1958); (Uneinheitlichkeit der Mol.-Gew.).

L. LOUCHEUX, G. WEILL u. H. BENOIT, J. Chim. physique Physico-Chim. biol. **55**, 540–46 (1958); (Winkelabhängigkeit der Streuung bei Lösungen).

C. RUSCHER u. J. DECHANT, Faserforsch. u. Textiltechn. **9**, 366–75 (1958); (Apparatur für Lösungen).

H. HAUSSÜHL u. K. HAMANN, Farbe u. Lack **64**, 642–49 (1958); (Reflexionsmessung).

C. JEN-YUAN, S. LIANG-HO u. Y. SHIH-CHEN, J. Polymer Sci. **29**, 117–25 (1958); (thermodynamische Daten für Polymethylmethacrylat in Aceton).

H. G. ELIAS u. F. PATAT, J. Polymer Sci. **29**, 141–60 (1958); (Makromoleküle in Lösung).

A. J. HYDE u. Mitarbb., J. Polymer Sci. **33**, 129–40 (1958); (Volumeneffekt bei Lichtstreuung, Theorie).

V. E. SHASHOUA u. R. G. BEAMAN, J. Polymer Sci. **33**, 101–17 (1958); (Mikrogel, Acrylnitril-Copolymere).

E. W. SABOLOTZKAJA u. Mitarbb., Gummi u. Asbest **11**, 107 (1958); (Teilchengröße in Emulsionen).

F. H. NORRIS u. R. S. STEIN, J. Polymer Sci. **27**, 87–114 (1958); (Filme orientierter Polymerer).

P. J. FLORY u. A. M. BUECHE, J. Polymer Sci. **27**, 219–29 (1958); (Theorie, Lösung).

W. R. KRIGBAUM, J. Polymer Sci. **28**, 213–21 (1958); (Schätzung der ungestörten Dimensionen).

A. VOET, Rubber Age (N.Y.) **82**, 657–63 (1958); (Streuung von Ruß-Oel-Dispersionen).

G. M. BURNETT u. Mitarbb., J. Polymer Sci. **29**, 417–23 (1958); (Teilchengröße in Emulsionen, Vergleich mit Elektronenmikroskopie).

T. F. Washburn Co., E.P. 858034 (1958; Am. Prior., 1958); (Endpunktbestimmung bei der Herstellung von Lackkombinationen).

W. M. D. Bryant u. Mitarbb., Am. Soc. **81**, 3219–23 (1959); (vernetztes Polyäthylen).

P. Doty, Rev. mod. Physics **31**, 61–68 (1959); (Allgemeines).

A. B. Loebel, Ind. eng. Chem. **51**, 118 (1959); (Teilchengröße in Latex, Trübungsmessung).

O. N. Trapeznikova u. G. E. Smirnova, Rubber Chem. Technol. **32**, 463–70 (1959); (Lichtstreuung von krystallinem Neopren, polarisiertes Licht).

F. J. M. Nieuwenhuis u. H. I. Waterman, Brennstoffch. **40**, 164–66 (1959); (Trübungspunkte, Polyäthylen).

R. S. Lehrle u. F. W. Peaker, Chem. and Ind. **1959**, 742–44; (Größe und Form von Makromolekülen).

W. G. Best u. H. F. Tomfohrde, SPE Journal **15**, 139–41 (1959); (Durchlässigkeit von Rußdispersionen).

D. Weston, Plastics **24**, 465–68 (1959); (Durchlässigkeit und Glanz von Polyäthylen).

L. D. Moore jr. u. V. G. Peck, J. Polymer Sci. **36**, 141–53 (1959); (Teilchengröße von „gelöstem" Polyäthylen).

E. H. Gleason, M. L. Miller u. G. F. Sheats, J. Polymer Sci. **38**, 133–39 (1959); (Verzweigung von Polyacrylamid, ^{14}C-Markierung).

V. E. Eskin, Vysokomolekulyarnye Soedineniya **1**, 138–42 (1959); (Volumeneffekt bei Lichtstreuung, Theorie).

Yu. S.Lipatov, P. I.Zubow u. E. A. Andryuschtschenko, Vysokomolekulyarnye Soedineniya **1**, 425–31 (1959); (Temperaturabhängigkeit der Trübung konz. Lösungen der Polymethacrylsäure).

O. B. Ptitsyn u. Yu. E. Eiznet, Vysokomolekulyarnye Soedineniya **1**, 966–77 (1959); (Volumeneffekt bei Lichtstreuung).

M. Hlousek, Chem. Průmysl **34**, 265–69, 321–24 (1959); (Teilchengröße in Latex aus Trübung und Streuung).

A. Peterlin, Makromolekulare Chem. **34**, 89–119 (1959); (molekulare Dimensionen).

Rev. Prod. chim. **62**, 131–32 (1959); (Durchsichtigkeitsgebiete bei Terpolymeren).

R. S. Stein, J. Polymer Sci. **34**, 709–20 (1959); (orientiertes Polyäthylen).

G. W. Hastings u. F. W. Peaker, J. Polymer Sci. **36**, 351–60 (1959); (Streuung ausgefällter Polymerteilchen).

R. W. Kilb, J. Polymer Sci. **38**, 403–15 (1959); (Verzweigung von Polymeren).

M. M. Huque, J. Yaworzyn u. D. A. I. Goring, J. Polymer Sci. **39**, 9–20 (1959); (Reinigung von Lösungsmitteln).

H. D. Keith u. F. J. Padden jr., J. Polymer Sci. **39**, 101–22, 123–38 (1959); (theoretische Streuung von Sphärolithen, Extinktionsmessung).

P. Debye, Z. Phys. **156**, 256 (1959); (Streuung bei kleinen Winkeln).

R. J. Clark u. Mitarbb., J. Polymer Sci. **42**, 275–77 (1960); (krystallines Polyäthylen, polarisiertes Licht).

V. S. Skazka, V. N. Tsvetkov u. V. E. Eskin, Vysokomolekulyarnye Soedineniya **2**, 626–28 (1960); (Asymmetrie der kritischen Opaleszenz).

E. F. Casassa, Polymer **1**, 169–177 (1960); (Mischungen von Fraktionen, Virialkoeffizienten).

W. H. Beattie u. C. Booth, J. Polymer Sci. **44**, 81–91 (1960); (Lichtstreuungsfunktionen).

R. S. Stein u. A. Plaza, J. Polymer Sci. **45**, 519–20 (1960); (Sphärolithe in Polyäthylen).

I. E. Climie u. E. F. T. White, J. Polymer Sci. **47**, 149–56 (1960); (Aggregation in Lösungsmittelgemischen).

S. H. Maron u. N. Nakajima, J. Polymer Sci. **47**, 157–168 (1960); (Theorie, Nichtelektrolyte).

R. K. Bullough, J. Polymer Sci. **46**, 517–520 (1960); (Lichtstreuung und Doppelbrechung).

H. Benoit u. M. Leng, Ind. Plast. mod. **12**, 25–28 (Nov. 1960); (Bestimmung der Copolymerenstruktur durch Messung von Molgewichten und Knäueldurchmessern in zwei Lösungsmitteln mit geeigneten Brechungsindices).

O. Kratky u. H. Sand, Kolloid-Z. **172**, 18 (1960); (Streuung bei kleinen Winkeln).

P. Debye, H. Coll u. D. Woermann, J. chem. Physics **32**, 939 (1960); (kritische Opaleszenz).

R. S. Stein u. M. B. Rhodes, J. appl. Physics **31**, 1873–84 (1960); (Streuung von Filmen, photographisch aufgezeichnet).

R. Huber, Z. angew. Physik **12**, 469–76 (1960); (Remissionsphotometer, Grauwert).

P. Kratochvíl, P. Munk u. B. Sedláček, J. Polymer Sci. **53**, 295–299 (1961); (kontinuierliche Beobachtung der Teilchenpolymerisation).

Lichtstreuung an gelösten synthetischen, nichtionisierten Polymeren:

V. Tsvetkov u. E. Frisman, Rubber Chem. Technol. **20**, 912–15 (1947); (Depolarisation in Lösung, Elastomere).

E. H. Merz u. R. W. Raetz, J. Polymer Sci. **5**, 587–90 (1950); (Polystyrol).

P. Outer, C. I. Carr u. B. H. Zimm, J. chem. Physics **18**, 830–39 (1950); (Polystyrol).

E. D. Kunst, R. **69**, 125–40 (1950); (Polystyrol, Polyisobutylen).

Q. A. Trementozzi, J. physic. Colloid Chem. **54**, 1227–39 (1950); (Polystyrol).

B. Dogadkin, I. Sobolewa u. M. Arkhangelskaya, Rubber Chem. Technol. **23**, 89–97 (1950); (Polystyrol, Kautschuk).

S. R. Palit, G. Colombo u. H. Mark, J. Polymer Sci. **6**, 295–304 (1951); (Polystyrol in Lösungsmittelgemischen).

H. T. Hall, J. Polymer Sci. **7**, 443–45 (1951); (Polytrifluor-chlor-äthylen).

F. F. Nord, M. Bier u. S. N. Timasheff, Am. Soc. **73**, 289–93 (1951); (anverseiftes Polyvinylacetat).

J. Hengstenberg u. E. Schuch, Makromolekulare Chem. **7**, 236–58 (1951); (Polyvinylpyrrolidon).

S. Bywater u. P. Johnson, Trans. Faraday Soc. **47**, 195–212 (1951); (Kautschukfraktionen).

P. Doty, R. F. Steiner u. Q. A. Trementozzi, Kunstst. **41**, 384 (1951); (Polystyrol, Assoziationen).

C. D. Thurmond u. B. H. Zimm, J. Polymer Sci. **8**, 477–94 (1952); (verzweigtes Polystyrol).

Q. A. Trementozzi, R. F. Steiner u. P. Doty, Am. Soc. **74**, 2070–73 (1952); (Polystyrol in nichtpolaren Lösungsmitteln).

L. de Brouckère u. C. Anspach, Bull. Soc. chim. belges **61**, 622–34 (1952); (Polystyrol in Lösungsmittelgemischen).

H. Frisch, I. Martin u. H. Mark, M. **84**, 250–56 (1953); (Polysiloxane).

H. P. Frank u. G. B. Levy, J. Polymer Sci. **10**, 371–78 (1953); (Polyvinylpyrrolidon).

J. Bischoff u. V. Desreux, J. Polymer Sci. **10**, 437–40 (1953); (Polymethylmethacrylat).

H. P. Frank u. H. Mark, J. Polymer Sci. **10**, 129–48 (1953); (Polystyrol-Standard).

F. W. Billmeyer, Am. Soc. **75**, 6118–22 (1953); (Polyäthylen, Verzweigung).

G. Saini, G. Maldifassi u. L. Trossarelli, Ann. Chim. applic. **44**, 533–44 (1954); (Polyvinylacetat).

Q. A. Trementozzi, Am. Soc. **76**, 5273 (1954); (Polymethacrylsäure).

J. Oth u. V. Desreux, Bull. Soc. chim. belges **63**, 285–329 (1954); (Polystyrol).

A. R. Shultz, Am. Soc. **76**, 3422–30 (1954); (Polyvinylacetat).

F. T. Wall u. L. A. Hiller jr., Ann. Rev. phys. Chem. **5**, 267–90 (1954); (Makromoleküle in Lösung).

I. G. Soboleva, N. V. Makletsova u. S. S. Medwedew, Doklady Akad. S.S.S.R. **94**, 289–92 (1954); (Polyacrylsäureester).

H. L. Bhatnager u. A. B. Biswas, J. Polymer Sci. **13**, 461–69 (1954); (Polymethylmethacrylat).

S. N. Chinai, J. Polymer Sci. **14**, 408–409 (1954); (Polymethylmethacrylat).

A. Oth u. V. Desreux, Bull. Soc. chim. belges **63**, 261–84 (1954); (Polyvinylchlorid).

G. M. Burnett, M. H. George u. H. W. Melville, J. Polymer Sci. **16**, 31–44 (1955); (unverzweigtes Polyvinylacetat).

F. P. Price u. J. P. Bianchi, J. Polymer Sci. **15**, 355–60 (1955); (Polysiloxane).

K. Z. Fattachov, V. N. Cvetkow u. O. V. Kallistov, Gummi u. Asbest **8**, 702 (1955); (Allgemeines, Polymethylmethacrylat).

W. H. Stockmayer u. Mitarbb., J. Polymer Sci. **16**, 517–30 (1955); (Styrol-Methacrylsäuremethylester-Copolymere).

S. N. Chinai, P. C. Scherer u. D. W. Levi, J. Polymer Sci. **17**, 117–24 (1955); (Polyvinylacetat).

G. B. Levy, J. Polymer Sci. **17**, 247–54 (1955); (Polyvinylpyrrolidon).

G. B. Rathmann u. F. A. Bovey, J. Polymer Sci. **15**, 544–52 (1955); (Polyacrylsäureester, fluorhaltig).

S. N. Chinai, D. W. Levi u. P. C. Scherer, J. Polymer Sci. **17**, 117–24 (1955); (Polyvinylacetat).

H. J. Cantow u. O. Bodmann, Ph. Ch. (N. F.) **3**, 65–72 (1955); (Polymethylmethacrylat).

S. N. Chinai u. Mitarbb., J. Polymer Sci. **17**, 391–401 (1955); (Polymethylmethacrylat).

H. P. Frank u. H. F. Mark, J. Polymer Sci. **17**, 1–20 (1955); (Polystyrol-Standard).

O. Kratky, Naturwiss. **42**, 237–52 (1955); (Größe und Gestalt von Makromolekülen).

S. R. Sivarajan, Kolloid-Z. **144**, 107–10 (1955); (chlorierter Kautschuk).

V. E. Gul u. G. S. Klitenik, Rubber Chem. Technol. **28**, 494–503 (1955); (Trübungsmessung, Apparatives, Naturkautschuk).

L. Trossarelli u. G. Saini, Atti Accad. Sci. Torino, Cl. Sci. fisiche, mat. natur. **90**, 419–41 (1956); (Polymethylmethacrylat).

F. W. Peaker, J. Polymer Sci. **22**, 25–30 (1956); (isotaktische Polymere).

S. N. Chinai u. R. A. Guzzi, J. Polymer Sci. **21**, 417–26 (1956); (Polymethacrylsäurebutylester).

S. N. Chinai u. R. J. Samuels, J. Polymer Sci. **19**, 463–75 (1956); (Polymethacrylsäureäthylester).

V. V. Varadaiah, J. Polymer Sci. **19**, 477–84 (1956); (Polyvinylacetat).

J. G. Sobolewa, N. W. Makletsowa u. S. S. Medwedew, Doklady Akad. S. S. S. R. **106**, 303–306 (1956); (Polymere in Gemischen von Flüssigkeiten).

S. N. Chinai u. C. W. Bondurant, J. Polymer Sci. **22**, 555–58 (1956); (Polymethylmethacrylat im idealen Lösungsmittel).

L. D. Moore, J. Polymer Sci. **20**, 137–53 (1956); (Polyäthylen).

J. W. Breitenbach, M. **87**, 369–71 (1956); (Polystyrol, kleine Mol.-Gew.).

G. V. Schulz, K. Altgelt u. H. J. Cantow, Makromolekulare Chem. **21**, 13–36 (1956); (Naturkautschuk).

A. R. Schultz, P. I. Roth u. G. B. Rathmann, J. Polymer Sci. **22**, 495–507 (1956); (bestrahltes Polystyrol, [η]-Molekulargewicht).

D. Laker, J. Polymer Sci. **25**, 122–24 (1957); (Polyvinylchlorid).

S. N. Chinai, J. Polymer Sci. **25**, 413–27 (1957); (Polyhexylmethacrylat).

C. Jen-yuan u. S. Liang-ho, Ph. Ch. **207**, 60–69 (1957); (Polycetylmethacrylat).

L. T. Muus u. F. W. Billmeyer, Am. Soc. **79**, 5079–82 (1957); (Polyäthylen).

J. T. Atkins u. Mitarbb., Am. Soc. **79**, 5089–91 (1957); (Polyäthylen).

C. Jen-yuan, S. Liang-ho u. S. Kwan-J, Acta Chim. Sinica **23**, 222 (1957); (Polymethacrylsäuremethylester).

V. E. Gul u. V. A. Berestnew, Collid J. (USSR) (Eng. Transl.) **19**, 553–56 (1957); (Butadien-Acrylnitril-Copolymere).

S. E. Bresler, I. J. Poddubnyi u. S. Y. Frenkel, Rubber Chem. Technol. **30**, 507–27 (1957); (kautschukartige Polymere).

K. L. Seligman, Ind. eng. Chem. **49**, 1709–12 (1957); (Alterung von Neoprenlatex, Mikrogel).

I. G. Soboleva, N. V. Makletsova u. S. S. Medvedev, Colloid J. (USSR) (Eng. Transl.) **19**, 619–23 (1957); (verzweigtes Polystyrol).

H. G. Elias u. F. Patat, Makromolekulare Chem. **25**, 13–40 (1958); (Verzweigung bei Polyvinylacetat).

H. G. Fendler u. H. A. Stuart, Makromolekulare Chem. **25**, 159–75 (1958); (Polyamide-Molekulargewicht).

R. L. Cleland, J. Polymer Sci. **27**, 349–80 (1958); (Alfin-Polybutadien).

J. R. Urwin, J. Polymer Sci. **27**, 580–81 (1958); (Styrol-Methacrylsäuremethylester-Copolymere).

A. Ciferri, M. Kryszewski u. G. Weill, J. Polymer Sci. **27**, 167–76 (1958); (Polyvinylbromid).

J. B. Berkowitz, M. Yamin u. R. M. Fuoss, J. Polymer Sci. **28**, 69–82 (1958); (Poly-4-vinyl-pyridin).

R. Chiang, J. Polymer Sci. **28**, 235–38 (1958); (Polypropylen).

M. J. Batuev, A. P. Meschtscherjakov u. A. D. Matveeva, Bull. Acad. Sci. URSS, Cl. Sci. chim. **1958**, 75–83; (IR-Spektrum von Polyisobutylen und Oligomeren).

K. Altgelt u. G. V. Schulz, Kunststoffe-Plastics **5**, 325–27 (1958); (Naturkautschuk).

L. Nicolas, J. Polymer Sci. **29**, 191–217 (1958); (Mikrogel in Polyäthylen).

W. R. Krigbaum u. A. M. Kotliar, J. Polymer Sci. **32**, 323–41 (1958); (Polyacrylnitril).

F. E. Bailey, J. L. Kucera u. L. G. Imhof, J. Polymer Sci. **32**, 517–18 (1958); (Polyäthylenoxyd).

J. G. Fee, W. S. Port u. L. P. Witnauer, J. Polymer Sci. **33**, 95–100 (1958); (Polymere des Octadecylvinyläthers und des Octadecylmethacrylats).

H. G. Elias u. F. Patat, Makromolekulare Chem. **25**, 13–40 (1958); (verzweigtes Polyvinylacetat).

S. N. Chinai, A. L. Resnick u. H. T. Lee, T. Polymer Sci. **33**, 471–85 (1958); (Polyoctylmethacrylat).

Q. A. Trementozzi, J. Polymer Sci. **36**, 113–28 (1959); (Polyäthylen).

N. K. Raman u. J. J. Hermans, J. Polymer Sci. **35**, 71–76 (1959); (Polyäthylen).

L. Trossarelli, E. Campi u. G. Saini, J. Polymer Sci. **35**, 205–13 (1959); (isotaktisches Polystyrol).

P. M. Henry, J. Polymer Sci. **36**, 3–19 (1959); (Polyäthylen).

P. Ribeyrolles, A. Guyot u. H. Benoit, J. Chim. physique Physico-Chim. biol. **56**, 377–86 (1959); (Polybutadien).

R. Chiang, J. Polymer Sci. **36**, 91–103 (1959); (Polyäthylen).

L. D. Moore jr., J. Polymer Sci. **36**, 155–72 (1959); (Polyäthylen).

L. H. Tung, J. Polymer Sci. **36**, 287–94 (1959); (Polyäthylen).

M. Matsumoto u. Y. Ohyanagi, J. Polymer Sci. **37**, 558–60 (1959); (Polyvinylacetat).

A. Beresniewcz, J. Polymer Sci. **39**, 63–79 (1959); (partiell alkoholysiertes Polyvinylacetat).

S. N. Chinai u. R. J. Valles, J. Polymer Sci. **39**, 363–68 (1959); (Polymethacrylsäureester).

Z. Alexandrowicz, J. Polymer Sci. **40**, 107–12 (1959); (thermodynamische Daten von Polyäthylenglykol in Lösung).

H. C. Beachell u. D. W. Carlson, J. Polymer Sci. **40**, 543–49 (1959); (Polyamide).

S. N. Chinai u. R. A. Guzzi, J. Polymer Sci. **41**, 475–85 (1959); (Polylaurylmethacrylat).

S. A. Pavlova u. S. R. Rafikov, Vysokomolekulyarnye Soedineniya **1**, 387–94 (1959); (gemischtes Polyamid).

A. A. Korotkov u. Mitarbb., Vysokomolekulyarnye Soedineniya **1**, 443–54 (1959); (Blockcopolymeres aus Styrol und Isopren).

V. N. Tsvetkov u. P. K. Tschander, Vysokomolekulyarnye Soedineniya **1**, 607–12 (1959); (Polydimethylsiloxan).

O. V. Kalliskov u. J. N. Schtennikova, Vysokomolekulyarnye Soedineniya **1**, 842–45 (1959); (Poly-p-tert.-butyl-phenylmethacrylat).

S. M. Ohlberg, J. Roth u. R. A. V. Raff, J. Appl. Polymer Sci. **1**, 114–20 (1959); (Polyäthylen).

J. Moacanin, J. Appl. Polymer Sci. **1**, 272–282 (1959); (mit Diisocyanat modifiziertes Polypropylenglykol).

G. V. Schulz u. A. Horbach, Makromolekulare Chem. **29**, 93–116 (1959); (Polycarbonate).

M. Daune u. L. Freund, Ind. Plastiques **11**, Nr. 4, 39–40 (1959); (Polymethylmethacrylat).

P. Ribeyrolles, A. Guyot u. H. Benoit, J. Chim. physique Physico-Chim. biol. **56**, 377–86 (1959); (Polybutadien).

A. Guyot u. J. Parrod, Bl. **1959**, 739–41; (Polybutadien).

W. M. D. Bryant u. Mitarbb., Am. Soc. **81**, 3219–23 (1959); (Polyäthylen).

V. N. Tsvetkov u. V. G. Aldoshin, Russ. J. Phys. Chem. English Transl. **33**, 619 (1959); (Polymethylmethacrylat).

V. E. Eskin u. O. Z. Korotkina, Vysokomolekulyarnye Soedineniya **1**, 1580–85 (1959); (Poly-β-vinylnaphthalin).

K. Altgelt u. G. V. Schulz, Makromolekulare Chem. **36**, 209–19 (1960); (Naturkautschuk).

M. Matsumoto u. Y. Ohyanagi, J. Polymer Sci. **46**, 441–54 (1960); (Polyvinylacetat).

R. A. Mendelson, J. Polymer Sci. **46**, 493–505 (1960); (Hochdruckpolyäthylen).

A. S. Kenyon u. I. O. Salyer, J. Polymer Sci. **43**, 427–44 (1960); (Polyäthylen).

L. H. Tung, J. Polymer Sci. **46**, 409–22 (1960); (Polyäthylen).

V. N. Tsvetkov, V. S. Skazka u. N. M. Krivoruchko, Vysokomolekulyarnye Soedineniya **2**, 1045–48 (1960); (isotaktisches Polymethylmethacrylat).

J. A. Manson u. G. J. Arquette, Makromolekulare Chem. **37**, 187–97 (1960); (Polyalkylvinyläther).

P. Parrini, F. Sebastiano u. G. Messina, Makromolekulare Chem. **38**, 27–38 (1960); (isotaktisches Polypropylen).

I. Schurz, G. Warnecke u. T. Steiner, M. **91**, 561–576 (1960); (Vinyon N®, auch Depolarisation).

J. W. Breitenbach u. H. Gabler, Makromolekulare Chem. **37**, 53–63 (1960); (Polystyrol).

E. H. Immergut, G. Kollmann u. A. Malatesta, Makromolekulare Chem. **41**, 9–16 (1960); (kationische Propylen-Isopren-Copolymere).

A. de Chirico, Chimica e Ind. **42**, 248–51 (1960); (Polycarbonat).

P. W. Allen u. G. M. Bristow, J. Appl. Polymer Sci. **4**, 237–42 (1960); (Polyisopren).

F. E. Didot, S. N. Chinai u. D. W. Levi, J. Polymer Sci. **43**, 557–65 (1960); [Poly-(2-äthyl-butyl-methacrylat)].

Lichtstreuung an Naturstoffen (ohne Polyisopren), ihren Derivaten und Polyelektrolyten:

W. M. Cashin, J. Colloid Sci. **6**, 271–73 (1951); (Polyvinylpyridin).

A. Katchalsky u. H. Eisenberg, J. Polymer Sci. **6**, 145–54 (1951); (Polyacrylsäure, Polymethacrylsäure).

C. W. Tait u. Mitarbb., J. Polymer Sci. **7**, 261–76 (1951); (Cellulosexanthogenat).

A. Dobry u. F. Boyer-Kawenoki, Makromolekulare Chem. **6**, 157–62 (1951); (Polyacrylsäure).

H. L. Wagner u. F. A. Long, J. physic. Colloid Chem. **55**, 1512–27 (1951); (Vinylpyridin-Acrylsäure-Copolymere).

M. Fuoss u. D. Edelson, J. Polymer Sci. **6**, 67–75 (1951); (Poly-4-vinyl-N-n-butylpyridinium-bromid).

E. F. Paschall u. J. F. Foster, J. Polymer Sci. **9**, 73–92 (1952); (Amyloseaggregate).

R. F. Steiner, K. Laki u. S. Spicer, J. Polymer Sci. **8**, 23–33 (1952); (Muskelproteine).

A. Oth u. P. Doty, J. phys. Chem. **56**, 43–50 (1952); (Polymethacrylsäure).

S. Guinand, F. Labeyrie u. J. Tonnelat, J. Polymer Sci. **10**, 167–74 (1953); (Enzym-Substrat-Komplex).

H. Boedtker u. P. Doty, J. phys. Chem. **58**, 968–83 (1954); (Gelatine).

A. Oth, Bull. Soc. chim. belges **63**, 393–414 (1954); (Polymethacrylsäure).

N. S. Schneider u. P. Doty, J. phys. Chem. **58**, 762–69 (1954); (Natrium-carboxymethylcellulose).

H. J. L. Trap u. J. J. Hermans, J. phys. Chem. **58,**
757–61 (1954); (Polymethacrylsäure, Carboxymethylcellulose).

Q. A. Trementozzi, Am. Soc. **76,** 5273–75 (1954);
(Polymethacrylsäure).

S. Lifson u. A. Katchalsky, J. Polymer Sci. **13,** 43–55
(1954); (Polyelektrolyte).

E. V. Gouinlock, P. J. Flory u. H. A. Scheraga, J.
Polymer Sci. **16,** 383–95 (1955); (Gelatine).

L. P. Witnauer, F. R. Senti u. M. D. Stern, J. Polymer
Sci. **16,** 1–17 (1955); (Amylopektin).

P. Alexander u. K. A. Stacey, Trans. Faraday Soc.
51, 299–308 (1955); (Polyacrylsäure).

R. Arnold u. S. R. Caplan, Trans. Faraday Soc. **51,**
857–72 (1955); (Polymethacrylsäure).

M. L. Hunt u. Mitarbb., J. phys. Chem. **60,** 1278–90
(1956); (Cellulosetrinitrat).

C. J. Stacy u. J. F. Foster, J. Polymer Sci. **20,** 57–65
(1956); (Amylopektin, Dextrin).

H. Boedtker u. P. Doty, Am. Soc. **78,** 4267–80 (1956);
(Kollagen, nativ, denaturiert).

E. Husemann u. H. Bartl, Makromolekulare Chem.
18/19, 342–51 (1956); (Amyloseacetat).

E. F. Casassa, Am. Soc. **78,** 3980–85 (1956); (Fibrinogen,
Fibrin).

P. Doty, H. J. Bradbury u. A. M. Holtzer, Am. Soc.
78, 947–54 (1956); (Polypeptid).

G. C. Booth u. V. Gold, Soc. **1956,** 3380–85; (Dextran).

C. J. Stacy, F. J. Foster u. S. N. Erlander, Makromolekulare Chem. **17,** 181–88 (1956); (verzweigte
Stärke).

P. K. Choudhury u. H. P. Frank, J. Polymer Sci. **20,**
218–23 (1956); (Cellulose in konz. Säure).

H. Terayama, J. Polymer Sci. **19,** 181–98 (1956); (Poly-
elektrolytlösung + Salz).

A. Silberberg, J. Eliassaf u. A. Katchalsky, J.
Polymer Sci. **23,** 259–84 (1957); (Wasserstoffbrücken
bei Polymeren).

A. Veis u. J. Cohen, J. Polymer Sci. **26,** 113–16 (1957);
(Gelatine, Konfiguration).

K. Frömbling u. F. Patat, Makromolekulare Chem. **25,**
41–52 (1958); (Dextrane).

J. Hartmann u. F. Patat, Makromolekulare Chem. **25,**
53–70 (1958); (Dextrane).

C. E. Hall u. P. Doty, Am. Soc. **80,** 1269–74 (1958);
(Abmessungen von Proteinen).

D. Kumar u. R. Choudhury, Makromolekulare Chem. **25,**
217–32 (1958); (Achsenverhältnisse bei Celluloseäthern und Celluloseestern).

B. Sedláček u. S. Štokrová, J. Polymer Sci. **29,** 53–59
(1958); (menschliches Serumalbumin).

G. Meyerhoff, J. Polymer Sci. **29,** 399–410 (1958);
(Cellulosenitrat).

P. F. Onyon, J. Polymer Sci. **37,** 295–304 (1959);
(Viscoselösungen).

Z. Alexandrowicz, J. Polymer Sci. **40,** 91–106 (1959);
(Aktivität von gelösten Polyelektrolyten).

F. A. Bovey, J. Polymer Sci. **35,** 167–204 (1959);
(Dextrane).

P. R. Saunders, J. Polymer Sci. **43,** 273–75 (1960);
(Polyamid in Ameisensäure zeigt Polyelektrolytverhalten).

L. R. Parks u. K. A. Jurbergs, J. Appl. Polymer Sci.
4, 193–99 (1960); (Größenverteilung der Teilchen in
Celluloselösungen).

J. M. G. Cowie, Makromolekulare Chem. **42,** 230–47
(1960); (Amylose).

Trübungstitration:

R. Nitsche u. W. Toeldte, Kunstst. **40,** 29–34 (1950);
(Löslichkeit als analytisches Merkmal).

D. R. Morey, J. Colloid Sci. **6,** 406–15 (1951); (Theorie
der Fällung).

D. R. Morey, E. W. Taylor u. G. P. Waugh, J. Colloid
Sci. **6,** 470–80 (1951); (Polyvinylacetat, Molgewichtsverteilung).

F. Wiloth, Makromolekulare Chem. **8,** 111–23 (1952);
(Löslichkeit von Polyestern).

J. Čepelák, Plaste u. Kautschuk **2,** 34–38 (1955);
(Phenolpolykondensate).

S. Claesson, J. Polymer Sci. **16,** 193–99 (1955); (Allgemeines, Methodik).

A. Gordijeno, W. Griehl u. H. Sieber, Faserforsch. u.
Textiltechn. **6,** 105–13 (1955); (Perlon®).

H. W. Melville u. B. D. Stead, J. Polymer Sci. **16,**
505–15 (1955); (Blockcopolymere).

B. Sedláček, Chem. Listy **49,** 453–59 (1955); (Allgemeines).

F. L. Saunders u. J. W. Sanders, J. Colloid Sci. **11,**
260–71 (1956); (Stabilität von Latex).

J. Hengstenberg, Z. El. Ch. **60,** 236–45 (1956); (Methodik).

G. Oster u. Y. Mizutani, J. Polymer Sci. **22,** 173–78
(1956); (Allylalkohol-Acrylnitrilcopolymere, Konzentrationsbestimmung).

W. Scholtan, Makromolekulare Chem. **24,** 104–32
(1957); (Polyvinylpyrrolidon).

F. W. Peaker u. J. C. Robb, Nature **182,** 1591 (1958);
(Kontrolle einer neuen Fraktioniermethode).

V. A. Kargin, N. A. Plate u. A. S. Dobrynina, Colloid
J. (USSR) (Eng. Transl.) **20,** 315–19 (1958); (Blockcopolymere).

G. W. Hastings u. F. W. Peaker, J. Polymer Sci. **36,**
351 60 (1959); (Trübung ausgefällter Polymerteilchen).

A. A. Korotkov u. Mitarbb., Vysokomolekulyarnye
Soedineniya **1,** 443–54 (1959); (Styrol-Isopren-Block-
copolymere).

V. V. Guzeev u. Mitarbb., Vysokomolekulyarnye Soedineniya **1,** 1840–43 (1959); (Apparatives).

H. G. Elias, M. Dobler u. H. R. Wyss, J. Polymer Sci.
46, 264–268 (1960); (Bestimmung der Taktizität).

P. E. M. Allen u. Mitarbb., Makromolekulare Chem. **39,**
52–66 (1960); (kritische Versuche, Grenzen der
Methode).

L. F. Schalaeva u. N. M. Domareva, Plasticheskie
Massy **1960,** Nr. 6, 68–70; (Blockcopolymere).

S. Krozer, N. Vainryb u. L. Silina, Vysokomolekulyarnye Soedineniya **2,** 1876–81 (1960); (Polycarbonat).

G. Goobermann, J. Polymer Sci. **47,** 229–36 (1960);
(Polystyrol).

**d₂) Streuung von Licht anderer Wellen-
länge und von Materiewellen (Röntgenstreuung, Röntgenkleinwinkelstreuung, Elektronen- und Neutronenbeugung)**

Buchübersicht

Röntgenstreuung

J. W. McBain, Colloid Science, D. C. Heath & Co.,
Boston 1950.

A. P. D. Farkas, Physical Chemistry of the Hydrocarbons, 1. Aufl., Bd. I, S. 68, Academic Press Inc.
Publ., New York 1950.

H. A. STUART, Die Physik der Hochpolymeren, 1. Aufl., Bd. II, S. 515, Springer-Verlag, Berlin-Göttingen-Heidelberg 1953.

A. WEISSBERGER, Technique of Organic Chemistry, Chemical Applications, Bd. IX, Interscience Publ. Inc., New York 1956.

W. G. BERL, Physical Methods in Chemical Analysis, 1. Aufl., Bd. III, S. 383, Academic Press Inc. Publ., New York 1956.

C. H. BAMFORD, A. ELLIOT u. W. E. HANBY, Synthetic Polypeptides, Academic Press Inc. Publ., New York 1956.

P. DELAHAY, Instrumental Analysis, 1. Aufl., S. 266 u. a., The Macmillan Co., New York 1957.

S. FLÜGGE, Handbuch der Physik, Strukturforschung, 1. Aufl., Bd. XXXII, S. 152 u. a., Springer-Verlag, Berlin-Göttingen-Heidelberg 1957.

H. H. WILLARD, L. L. MERRITT u. J. A. DEAN, Instrumental Methods of Analysis, 1.-3. Aufl., S. 267 u.a., D. van Nostrand Co., Inc., New York 1958.

K. SAGEL, Tabellen zur Röntgenstrukturanalyse, Springer-Verlag, Berlin-Göttingen-Heidelberg 1958.

Elektronenbeugung:

W. WIEN u. F. HARMS, Handbuch der Experimentalphysik, Bd. XIV, Akademische Verlagsgesellschaft, Leipzig 1930.

E. FUES, Beugungsversuche mit Materiewellen, Einführung in die Quantenmechanik, Akademische Verlagsgesellschaft mbH., Leipzig 1935.

Veröffentlichungen

Röntgenstreuung bei normalen Winkeln, allgemein interessierende Arbeiten:

W. BRENSCHEDE, Z. El. Ch. **54**, 191–200 (1950); (Kristallisation synthetischer Polymerer).

P. H. HERMANS, Kolloid-Z. **120**, 3–24 (1951); (kristalliner Anteil).

W. KAST, Kolloid-Z. **120**, 40–57 (1951); (Orientierungszustände).

R. B. RICHARDS, J. Polymer Sci. **6**, 397–402 (1951); (Wachstum von Kristallen auf verstreckten Polymeren).

C. W. BUNN, J. appl. Chem. **1**, 266–268 (1951); (Ergebnisse bei Polymeren).

O. KRATKY, Naturwiss. **42**, 237–252 (1952); (Allgemeines).

R. HOSEMANN, Kolloid-Z. **125**, 149–156 (1952); (Strukturparameter).

C. LEGRAND, J. Polymer Sci. **8**, 337–343 (1952); (Apparatives für Fasern).

S. KRIMM, J. phys. Chem. **57**, 22–25 (1953); (kristalline Bereiche in Polymeren).

J. B. NICHOLS, J. appl. Physics **25**, 840–847 (1954); (Krystallisation von Polymeren).

S. L. AGGARWAL u. G. P. TILLEY, J. Polymer Sci. **18**, 17–26 (1955); (krystalliner Anteil, Polyäthylen).

W. KORTSCH, Kolloid-Z. **143**, 176–177 (1955); (krystalliner Anteil, Polyäthylen).

L. E. ALEXANDER, S. OHLBERG u. G. R. TAYLOR, J. appl. Physics **26**, 1068–1074 (1955); (Krystallisation von Elastomeren).

K. R. ANDRESS u. K. FISCHER, Naturwiss. **42**, 13 (1955); (Röntgenstreuung).

C. J. NEWTON, L. MANDELKERN u. D. E. ROBERTS, J. appl. Physics **26**, 1521–1522 (1955); (Integralgoniometer, gedehnter Kautschuk).

G. LANZAVECCHIA, Materie plast. **22**, 171–179 (1956); (Untersuchung von Polymeren).

L. MANDELKERN, F. A. QUINN u. D. E. ROBERTS, Am. Soc. **78**, 926–932 (1956); (Guttaperchamodifikationen, Schmelzwärme).

R. HOSEMANN u. R. BONART, Kolloid-Z. **152**, 53–57 (1957); (Linienbreite und Krystallitgröße).

P. W. TEARE u. D. R. HOLMES, J. Polymer Sci. **24**, 496–499 (1957); (Extrareflexionen, Polyäthylen).

E. JENCKEL, Kunststoffe-Plastics **5**, 305–312 (1958); (Krystallisation von Polymeren).

P. DOTY, Rev. mod. Physics **31**, 61–68 (1959); (Charakterisierung von Polymeren).

H. HENDUS u. Mitarbb., Ergebn. exakt. Naturwiss. **31**, 220–380 (1959); (Untersuchungen an Polymeren).

V. I. SELIKHOVA, G. S. MARKOVA u. V. A. KARGIN, Vysokomolekulyarnye Soedineniya **1**, 1236–1241 (1959); (krystalline und amorphe Polymere beim Einfrieren).

L. A. IGONIN u. Mitarbb., Vysokomolekulyarnye Soedineniya **1**, 1327–1332 (1959); (aus Lösung gefällte Polymere).

V. A. KARGIN u. T. A. KORETSKAYA, Vysokomolekulyarnye Soedineniya **1**, 1721–1723 (1959); (Bildungsmechanismus von Polymerkrystallen).

P. H. GEIL, J. Polymer Sci. **44**, 449–458 (1960); (Polyamid-Einkrystalle).

G. W. URBAŃCZYK, J. Polymer Sci. **45**, 161–68 (1960); (Methodik, differentielle Filtrierung von Röntgenstrahlen).

E. A. COLE u. D. R. HOLMES, J. Polymer Sci. **46**, 245–256 (1960); (Temperatureinfluß, Dichte, Paraffinkohlenwasserstoffe).

J. BATEMAN u. Mitarbb., Polymer **1**, 63–71 (1960); (Vergleich mit Kernresonanz).

R. L. MILLER, Polymer **1**, 135–43 (1960); (unvollständige Ordnung in Polypropylen, Vergleiche mit anderen Methoden).

F. KHOURY u. F. J. PADDEN jr., J. Polymer Sci. **47**, 455–468 (1960); (Polyäthylenzwillingskrystalle).

R. I. C. MICHIE, A. SHARPLES u. R. J. E. CUMBERBIRCH, J. Polymer Sci. **42**, 580–581 (1960); (Fransen- und Fibrillen-Theorie).

G. NATTA, P. CORRADINI u. P. GANIS, Makromolekulare Chem. **39**, 238–242 (1960); (Polypropylen mit regulärer Struktur).

R. L. MILLER u. L. E. NIELSEN, J. Polymer Sci. **46**, 303–316 (1960); (Theorie der Charakterisierung stereoregulärer Polymerer).

G. NATTA u. P. CORRADINI, Rubber Chem. Technol. **33**, 703–731 (1960); (zur Struktur von krystallinen Polymeren).

R. L. MILLER u. L. F. NIELSEN, J. Polymer Sci. **44**, 391–395 (1960); (krystallographische Daten von Polymeren).

V. A. KARGIN u. T. I. SOGOLOVA, Vysokomolekulyarnye Soedineniya **2**, 1093–1098 (1960); (Einfluß von Füllstoffen auf Schmelzpunkt).

W. W. MOSELEY jr., J. Appl. Polymer Sci. **3**, 266–276 (1960); (Orientierung in Fasern, Vergleich mit Schallgeschwindigkeit).

P. H. HERMANS u. A. WEIDINGER, Makromolekulare Chem. **44–46**, 24–36 (1961); (krystalliner Anteil von Polyäthylen).

Röntgenstreuung, teilkrystalline synthetische Polymere:

B. V. LUKIN u. V. I. KASATOCHKIN, Rubber Chem. Technol. **21**, 621–626 (1948); (gedehnter Kautschuk).

P. H. Johnson u. R. L. Bebb, Ind. eng. Chem. **41,** 1577–1580 (1949); (Polydiene, Polymerisationstemp.).

P. H. Johnson, R. R. Brown u. R. L. Bebb, Ind. eng. Chem. **41,** 1617–1621 (1949); (kaltpolymerisiertes Butadien-Styrol).

H. Staudinger, Makromolekulare Chem. **4,** 289–307 (1950); (röntgenographische Kettenlänge).

L. R. Mayo, Ind. eng. Chem. **42,** 696–700 (1950); (Polychloropren).

E. Kordes u. Mitarbb., Kolloid-Z. **119,** 23–38 (1950); (Perlon®-Fasern).

J. J. Arlman, Rubber Chem. Technol. **23,** 306–310 (1950); (Naturkautschuk).

J. M. Goppel u. J. J. Arlman, Rubber Chem. Technol. **23,** 310–319 (1950); (Naturkautschuk, auch vulkanisiert).

C. S. Marvel u. J. H. Johnson, Am. Soc. **72,** 1674–1677 (1950); (Polyurethan, Polyester).

R. A. Horsley u. H. A. Nancarrow, Brit. J. appl. Physics **2,** 345-351 (1951); (gedehntes Polyäthylen).

S. Goldspiel u. F. Bernstein, Rubber Chem. Technol. **24,** 355–365 (1951); (Analyse von Natur- und Synthesekautschuk).

S. Krimm u. A. V. Tobolsky, J. Polymer Sci. **7,** 57–76 (1951); (Krystallisation von Polyäthylen).

A. Müller u. M. Herbst, Kunstst. **41,** 145–147 (1951); (Polyamide).

S. Goldspiel u. F. Bernstein, Rubber Age Synthetics **32,** Nr. 1, 28 (1951/52); (Natur- und Synthesekautschuk).

C. S. Marvel u. C. H. Young, Am. Soc. **73,** 1066–1069 (1951); (Polyurethane, Polyester, cis-trans).

B. G. Achhammer, F. W. Reinhart u. G. M. Kline, J. appl. Chem. **1,** 301–320 (1951); (Polyamide, Abbau).

W. Schlesinger u. H. M. Leeper, Ind. eng. Chem. **43,** 398–403 (1951); (cis-trans-Polyisopren).

A. Cannepin, G. Champetier u. A. Parisot, J. Polymer Sci. **8,** 35–49 (1952); (n-n'- und l-n-Polyamide).

S. Krimm, J. appl. Physics **23,** 287 (1952); (gerecktes Polyäthylen).

V. I. Kasatochkin u. B. V. Lukin, Rubber Chem. Technol. **25,** 12–14 (1952); (Naturkautschuk).

H. M. Leeper u. W. Schlesinger, J. Polymer Sci. **11,** 307–323 (1953); (α- und β-Guttapercha).

D. R. Holmes u. Mitarbb., Nature **171,** 1104–1106 (1953); (Orientierung, Polyäthylen).

S. C. Nyburg, Brit. J. appl. Physics **5,** 321–324 (1954); (gedehnter Kautschuk).

H. U. Lenné, Kolloid-Z. **137,** 71–74 (1954); (Polycaprolactam).

S. C. Nyburg, Acta crystallogr. [Copenhagen] **7,** 385–392 (1954); (Faserdiagramme von Kautschuk).

L. A. Siegel u. D. L. Swanson, J. Polymer Sci. **13,** 189–191 (1954); (Polymethylstyrol).

W. J. Bailey u. H. R. Golden, Am. Soc. **76,** 5418–5421 (1954); (cis-Polydiene).

C. J. Newton, L. Mandelkern u. D. E. Roberts, J. Res. Bur. Stand. **55,** Nr. 3, 143–146 (1955); (Stark-Kautschuk).

W. P. Slichter, J. appl. Physics **26,** 1099–1103 (1955); (Polyamide).

A. M. Liquori, Acta crystallogr. [Copenhagen] **8,** 345–347 (1955); (gedehntes Polyisobutylen).

G. Natta u. Mitarbb., Am. Soc. **77,** 1708–1710 (1955); (Poly-a-Olefine).

G. Natta u. P. Corradini, Atti Accad. naz. Lincei, Rend., Cl. Sci. fisiche, mat. natur. [II] **19,** 229–237 (1955); (krystallines 1,2-Polybutadien).

Z. A. Zazulina u. Z. A. Rogovin, Colloid J. (USSR) (Eng. Transl.) **17,** 327–329 (1955); (Acrylnitril-Vinylidenchlorid).

D. E. Roberts u. L. Mandelkern, J. Res. Bur. Stand. **54,** 167–176 (1955); (Stark-Kautschuk).

T. Marx u. W. Presting, Chem. Techn. **7,** 662–673 (1955); (Wachszustand).

G. Natta, J. Polymer Sci. **16,** 143–154 (1955); (isotaktische Polymere).

W. P. Slichter, J. Polymer Sci. **21,** 141–143 (1956); (Polyäthylen).

I. Sandeman u. A. Keller, J. Polymer Sci. **19,** 101 135 (1956); (Polyamide).

F. W. Stavely u. Mitarbb., Ind. eng. Chem. **48,** 778–783 (1956); (cis-1,4-Polyisopren).

R. S. Stein u. F. H. Norris, J. Polymer Sci. **21,** 381–396 (1956); (gerecktes Polyäthylen).

G. Natta, P. Corradini u. I. W. Bassi, Makromolekulare Chem. **21,** 240–244 (1956); (Poly-α-buten).

M. Kehren u. M. Rösch, Melliand Textilber. **37,** 434 (1956); (monosubstituiertes Polyäthylenoxyd).

O. Kratky, A. Sekora u. R. Breiner, Ang. Ch. **68,** 619 (1956); (Vinyon®).

Tsi Tieh-Li, R. I. Volungis u. R. S. Stein, J. Polymer Sci. **20,** 199–201 (1956); (Polyäthylen, Orientierung der a-Achse).

P. H. Lindgren, Ark. Kemi **10,** 199–222 (1956); (Polychloropren).

S. E. Horne u. Mitarbb., Ind. eng. Chem. **48,** 784–791 (1956); (cis-1,4-Polyisopren).

G. Natta, I. Bassi u. P. Corradini, Makromolekulare Chem. **18/19,** 455–462 (1956); (Polyisobutylvinyläther).

D. C. Smith, Ind. eng. Chem. **48,** 1161–1164 (1956); (Polyäthylen).

E. R. Walter u. F. P. Reding, J. Polymer Sci. **21,** 557–559 (1956); (gedehntes Polyäthylen).

O. Kratky, A. Sekora u. R. Breiner, Makromolekulare Chem. **22,** 115–130 (1957); (Vinyon®).

V. W. Palen, Rubber Age (N. Y.) **81,** 276–278 (1957); (Natur- und Synthesekautschuk).

T. I. Sogolova u. Mitarbb., Ž. fiz. Chim. **31,** 2340–2350 (1957); (Guttapercha).

V. V. Korshak, F. M. Frunse u. E. A. Krasnyanskaja, Bull. Acad. Sci. URSS, Cl. Sci. chim. **1957,** 626–630; (heterocyclische Polyamide).

M. Dietze, Plaste u. Kautschuk **4,** 387–393 (1957); (gealterte Butadien-Styrol-Polymerisate).

J. L. R. Williams u. Mitarbb., Am. Soc. **79,** 1716–1720 (1957); (Alfin-Polystyrol).

H. D. Noether, J. Polymer Sci. **25,** 217–219 (1957); (Zelldimensionen, Polymethylensulfone).

D. W. McCall u. W. P. Slichter, J. Polymer Sci. **26,** 171–186 (1957); (Polyäthylen).

B. Falkai u. G. Bodor, Faserforsch. u. Textiltechn. **8,** 114–119 (1957); (modifizierte aromatische Polyester).

D. Patterson u. I. M. Ward, Trans. Faraday Soc. **53,** 1516–1526 (1957); (Polyäthylenterephthalat).

W. P. Slichter u. E. R. Mandell, J. phys. Chem. **62,** 334–340 (1958); (bestrahltes Polyäthylen).

H. Tadokoro u. Mitarbb., J. Polymer Sci. **28,** 244–247 (1958); (orientierter Polyvinylalkohol).

J. A. Yanko, A. Hawthorne u. J. W. Born, J. Polymer Sci. **27,** 145–147 (1958); (Vinylidencyanid-Vinylacetat-Copolymere).

A. F. GREMILLION u. E. BOULET, J. phys. Chem. **62**, 94–99 (1958); (Vinylidenchlorid-Acrylnitril-Copolymere).

A. PRIETZSCHK, Kolloid-Z. **156**, 8–14 (1958); (Polycarbonat).

S. M. OHLBERG, L. E. ALEXANDER u. E. L. WARRICK, J. Polymer Sci. **27**, 1–17 (1958); (Siliconkautschuk).

W. J. DULMAGE u. L. E. CONTOIS, J. Polymer Sci. **28**, 275–284 (1958); (Dehnung krystalliner Polymerer).

G. NATTA, G. MAZZANTI u. P. CORRADINI, Atti Accad, naz. Lincei, Rend., Cl. Sci. fisiche, mat. natur. **25** II, 3–12 (1958); (Polyacetylen).

J. D. STROUPE u. R. E. HUGHES, Am. Soc. **80**, 2341–2342 (1958); (krystallines Polymethylmethacrylat).

B. GÉZA, Magyar kem. Lapja **13**, 194–196 (1958); (Polyamidfasern).

A. J. KITAIGORDSKY u. Y. V. MUJUCH, Doklady Akad. S. S. S. R. **121**, 115–116 (1958); (Modifikation von Polyäthylen).

G. NATTA, M. FARINA u. M. PERALDO, Atti Accad. naz. Lincei, Rend., Cl. Sci, fisiche, mat. natur. [II] **25**, 424–430 (1958); (doppelte isotaktische Struktur).

O. KRATKY u. R. BREINER, Makromolekulare Chem. **26**, 92–95 (1958); (übermolekulare Struktur von Vinyon N®).

R. M. EICHHORN, J. Polymer Sci. **31**, 197–198 (1958); (Ausdehnung der Elementarzelle von Polyäthylen).

D. R. HOLMES u. R. P. PALMER, J. Polymer Sci. **31**, 345–358 (1958); (Polyäthylen).

S. M. OHLBERG u. S. S. FENSTERMAKER, J. Polymer Sci. **32**, 514–516 (1958); (Polyäthylen, Einfriertemp.).

C. W. DEELEY, J. A. SAUER u. A. E. WOODWARD, J. appl. Physics **29**, 1415–1421 (1958); (bestrahltes Polyäthylen).

B. A. DOGADKIN u. Mitarbb., Colloid J. (USSR) (Eng. Transl.) **20**, 248–58 (1958); (vulkanisierter Kautschuk).

G. NATTA u. Mitarbb., Chimica e Ind. **41**, 526–33 (1959); (1,2-Polybutadien, syndiotaktisch).

Y. KINOSHITA, Makromolekulare Chem. **33**, 1–20 (1959); (Polyamide).

V. I. SELIKHOVA, G. S. MARKOVA u. V. A. KARGIN, Vysokomolekulyarnye Soedineniya **1**, 1214–1226 (1959); (krystalline und amorphe Polymere).

B. BELBEOCH u. A. GUINIER, Makromolekulare Chem. **31**, 1–26 (1959); (Polyäthylen).

P. V. KOZLOV, V. A. KABANOV u. A. A. TROLOVA, Doklady Akad. S. S. S. R. **125**, 118–121 (1959); (Deformation von Polyäthylenterephthalat).

C. L. ARCUS u. A. BOSE, Chem. and Ind. **1959**, 456; (Copolymere aus Styrol und Maleinsäureanhydrid, Polyacrylnitril).

S. MURAHASHI u. Mitarbb., Bl. chem. Soc. Japan **32**, 1094–1099 (1959); (Ziegler-Polystyrol).

G. NATTA, P. CORRADINI u. I. W. BASSI, Makromolekulare Chem. **33**, 247–248 (1959); (isotaktisches Polyvinylcyclohexan).

B. S. GARRET u. Mitarbb., Am. Soc. **81**, 1007–1008 (1959); (krystalline Polyalkylacrylate).

A. NOVAK u. E. WHALLEY, Trans. Faraday Soc. **55**, 1490–1499 (1959); (Polychloral).

L. A. SYRINA u. V. A. KARGIN, Chim. Promyšl. **5**, 8–13 (1959); (Poly-trifluor-chlor-äthylen).

A. NOVAK u. E. WHALLEY, Canad. J. Chem. **37**, 1710–1726 (1959); (Polyaldehyde).

H. SOBUE u. Y. TABATA, J. Appl. Polymer Sci. **2**, 62–65 (1959); (biaxialorientiertes Polypropylen).

D. SIANESI, M. RAMPICHINI u. F. DANUSSO, Chimica e Ind. **41**, 287–292 (1959); (alkylsubstituierte Polystyrole).

D. SIANESI, R. SERRA u. F. DANUSSO, Chimica e Ind. **41**, 515–518 (1959); (halogensubstituierte Polystyrole).

A. ZILABICKI u. K. KEDZIERSKA, J. Appl. Polymer Sci **2**, 14–31 (1959); (Polycapronamid).

H. SOBUE u. Y. TABATA, J. Appl. Polymer Sci. **2**, 66–70 (1959); (gerecktes Polypropylen).

R. G. QUYNN u. Mitarbb., J. Appl. Polymer Sci. **2**, 166–173 (1959); (isotaktisches Polypropylen).

W. C. WOOTEN jr. u. H. W. COOVER jr., J. Polymer Sci. **37**, 560–561 (1959); (Polyfluorstyrole, F).

M. L. MILLER u. C. E. RAUHUT, J. Polymer Sci. **38**, 63–72 (1959); (Poly-tert.-butylacrylat).

H. SOBUE u. Y. TABATA, J. Polymer Sci. **39**, 427–433 (1959); (verstrecktes Polypropylen).

D. J. SHIELDS u. H. W. COOVER jr., J. Polymer Sci. **39**, 532–533 (1959); (Poly-N-isopropyl-acrylamid).

C. A. BOYE jr., M. T. WATSON u. H. W. PATTON, J. Polymer Sci. **39**, 534–535 (1959); (abgeschrecktes Polypropylen).

G. E. ASHBY u. D. F. HOEG, J. Polymer Sci. **39**, 535–538 (1959); (Isotaktizität von Polypropylenen).

A. S. KENYON, R. C. GROSS u. A. L. WURSTNER, J. Polymer Sci. **40**, 159–168 (1959); (Krystallisation von Polystyrol).

J. W. L. FORDHAM, P. H. BURLEIGH u. C. L. STURM, J. Polymer Sci. **41**, 73–82 (1959); (isotaktisches Polyvinylchlorid).

E. J. VANDENBERG, R. F. HECK u. D. S. BRESLOW, J. Polymer Sci. **41**, 519–520 (1959); (krystalline Polyvinyläther).

R. F. HECK u. D. S. BRESLOW, J. Polymer Sci. **41**, 520–521 (1959); (Poly-alkylpropenyläther).

R. F. HECK u. D. S. BRESLOW, J. Polymer Sci. **41**, 521–522 (1959); (Poly-l-methoxy-butadien).

E. Z. FEINBERG, V. O. GORBATSCHEVA u. N. V. MIKHAILOV, Vysokomolekulyarnye Soedineniya **1**, 17–20 (1959); (Polyönanthamid).

N. V. MIKHAILOV, E. S. FAINBERG u. V. O. GORBATSCHEVA, Vysokomolekulyarnye Soedineniya **1**, 143–148 (1959); (isotaktisches Polystyrol).

V. N. NIKITIN u. Mitarbb., Vysokomolekulyarnye Soedineniya **1**, 1094–1099 (1959); (Modifikationen des *trans*-Polybutadiens).

V. I. SELIKHOVA, G. S. MARKOVA u. V. A. KARGIN, Vysokomolekulyarnye Soedineniya **1**, 1214–1226 (1959); (krystalline und amorphe Polymere, Methodik).

V. I. SELIKHOVA, G. S. MARKOVA u. V. A. KARGIN, Vysokomolekulyarne Soedineniya **1**, 1236–1241 (1959); (krystalline und amorphe Polymere bei Einfriertemp.).

A. M. AREV, Vysokomolekulyarnye Soedineniya **1**, 1279–1284 (1959); (Polyäthylen gereckt, Vergleich mit DK).

V. S. ETLIS u. Mitarbb., Vysokomolekulyarnye Soedineniya **1**, 1403–1406 (1959); (Polyvinylchlorid, F).

T. W. CAMPBELL u. A. C. HAVEN, J. Appl. Polymer Sci. **1**, 73–83 (1959); (krystalline Poly-α-Olefine).

G. L. SLONIMSKII u. Mitarbb., Vysokomolekulyarnye Soedineniya **1**, 530–533 (1959); (Polyamide aus *cis-trans*-Isomeren).

V. A. KARGIN, N. A. PLATE u. E. P. REHBINDER, Vysokomolekulyarnye Soedineniya **1**, 1547–1551 (1959); (Pfropfpolymere aus Methylmethacrylat und Stärke).

H. S. KOLESNIKOV u. TSEN-HAN-MIN, Vysokomolekulyarnye Soedineniya 1, 1566–1569 (1959); (Pfropfpolymere aus Methylmethacrylat und Polyestern).

D. STANESI u. P. CORRADINI, J. Polymer Sci. 41, 531–532
(1959); (krystallines Polyfluorstyrol).

K. LITTLE, Brit. J. appl. Physics 10, 225–230 (1959);
(Nylon®).

Y. KINOSHITA, Makromolekulare Chem. 33, 21–31 (1959);
(krystallines Nylon 77®).

J. E. JOHNSON, J. Appl. Polymer Sci. 2, 205–209 (1959);
(Polyäthylenterephthalat).

P. HORN, J. MARCHAL u. C. LAPP, C. r. 248, 233–235
(1959); (Poly-D,L-phenylalanin).

R. STÉFANI u. Mitarbb., C. r. 248, 2006–2008 (1959);
(Polyacrylnitrilfäden aus Fraktionen).

Y. DE ZARAUZ, C. r. 249, 1348–1350 (1959); (bestrahltes
Polyäthylen, F).

C. SELLA u. J. I. TRILLAT, C. r. 248, 2348–2350 (1959);
(Polyäthylen, F).

H. D. KEITH u. Mitarbb., J. appl. Physics 30, 1485–1488
(1959); (zweite Krystallform des Polypropylens).

H. G. KILIAN u. E. JENCKEL, Kolloid-Z. 165, 25–31 (1959);
(Krystallisation des 4,6-Polyurethans).

H. ARNOLD, Kolloid-Z. 165, 35–37 (1959); (Polyterephthalsäureester).

A. ZIABICKI, Kolloid-Z. 167, 132–141 (1959); (Poly-
capronamid-Umwandlung).

R. S. STEIN, J. Polymer Sci. 34, 709–720 (1959); (Polyäthylen).

W. P. SLICHTER, J. Polymer Sci. 35, 77–92 (1959); (Polyamide, F).

W. P. SLICHTER, J. Polymer Sci. 36, 259–266 (1959);
(aus Aminosäuren hergestellte Polyamide).

F. P. REDING u. E. R. WALTER, J. Polymer Sci. 37,
555–558 (1959); (cokrystalline Copolymere).

P. H. BURLEIGH, Am. Soc. 82, 749 (1960); (Polyvinylchlorid).

J. H. WAKELIN, A. SUTHERLAND u. L. R. BECK, J.
Polymer Sci. 42, 278–280 (1960); (thermische Ausdehnung der krystallinen Phase).

R. C. GOLIKE, J. Polymer Sci. 42, 583–584 (1960);
(Elementarzelle von Polyvinylfluorid).

G. NATTA u. Mitarbb., Makromolekulare Chem. 37,
160–62 (1960); (Poly-2-vinyl-pyridin).

V. I. SELIKHOVA, G. S. MARKOVA u. V. A. KARGIN, Vysokomolekulyarnye Soedineniya 2, 1398–1401 (1960);
(Guttapercha bei Schmelztemp.).

Z. MENČÍK, Vysokomolekulyarnye Soedineniya 2, 1635–38
(1960); (Polyacrylnitril).

A. KELLER u. A. O'CONNOR, Polymer 1, 163–168 (1960);
(Faltung und Kettenlänge, Polyäthylen).

R. C. GOLIKE, J. Polymer Sci. 42, 583–84 (1960); (Polyvinylfluorid).

P. CORRADINI u. P. GANIS, J. Polymer Sci. 43, 311–17
(1960); (Poly-m-methyl-styrol).

A. S. MATLACK u. D. S. BRESLOW, J. Polymer Sci. 45,
265–67 (1960); (Polynitrostyrol).

S. OKAMURA u. T. HIGASHIMURA, J. Polymer Sci. 46,
539–41 (1960); (isotaktisches Polystyrol und Polymethylmethacrylat).

R. D. BURBANK, J. Polymer Sci. 46, 256–57 (1960);
(Faltung, Polyäthylen).

R. STÉFANI u. Mitarbb., C. r. 251, 2174–2176 (1960);
(Polyacrylnitril, Faserdiagramme).

H. TADOKORO u. Mitarbb., J. Polymer Sci. 44, 266–269
(1960); (Polyoxymethylen).

A. NISHIOKA u. Mitarbb., J. Polymer Sci. 48, 241–72
(1960); (Polymethylmethacrylat).

A. MIYAKE, J. Polymer Sci. 44, 223–232 (1960); (Polyamide, Vergleich mit IR-Spektren).

H. SOBUE u. Y. TABATA, J. Polymer Sci. 44, 275–278
(1960); (Polypropylen, Temperaturabhängigkeit).

M. KAKUDO u. R. ULLMAN, J. Polymer Sci. 45, 91–104
(1960); (Polyäthylen).

G. FARROW u. D. PRESTON, Brit. J. appl. Physics 11,
353–58 (1960); (Polyäthylenterephthalatfäden).

G. FARROW u. I. M. WARD, Brit. J. appl. Physics 11,
543–46 (1960); (Polyäthylenterephthalat, Vergleich
mit Kernresonanz).

I. NITTA, Y. CHATANI u. Y. SAKATA, Bl. chem. Soc. Japan
33, 125–26 (1960); (Poly-p-trimethylsilyl-styrol).

E. I. KOLOBOV, Russ. J. Phys. Chem. English Transl. 34,
339–44 (1960); (krystalline Polymere).

G. FARROW, J. Appl. Polymer Sci. 3, 365 (1960); (Polyäthylenterephthalatfasern).

G. NATTA u. Mitarbb., Atti Accad. naz. Lincei, Rend.,
Cl. Sci. fisiche, mat. natur. 29, 257–64 (1960); (trans-
1,4-Polypentadien).

A. KAWASAKI u. Mitarbb., Makromolekulare Chem. 36,
260–64 (1960); (Polymethylmethacrylat).

A. V. ERMOLINA u. Mitarbb., Plasticheskie Massy 1960,
Nr. 11, 58–59; (Methylolpolyamidharze).

C. C. HSIAO, J. Polymer Sci. 47, 251–257 (1960); (Zer-
reißen von Polystyrol und Polyäthylen).

S. NEWMAN, J. Polymer Sci. 47, 111–137 (1960); (Polypropylen).

M. B. RHODES u. R. S. STEIN, J. Polymer Sci. 45, 521–524
(1960); (Polyäthylen).

Z. MENČÍK, Chem. Průmysl 10, 377–381 (1960); (Polypropylen).

F. KHOURY u. F. J. PADDEN jr., J. Polymer Sci. 47,
455–468 (1960); (Polyäthylen-Zwillingskrystalle).

C. J. HEFFELFINGER u. R. L. BURTON, J. Polymer Sci. 47,
289–306 (1960); (Orientierung der Krystallite in
Polyäthylenterephthalatfilmen).

Y. CHATANI, J. Polymer Sci. 47, 491–494 (1960); (Poly-
m-methyl-styrol).

C. SELLA, J. Polymer Sci. 48, 207–218 (1960); (gepfropftes Polyäthylen).

Röntgenstreuung, teilkrystalline Naturstoffe
(außer Polyisopren) und ihre Derivate:

P. H. HERMANS, Kolloid-Z. 115, 103–112 (1949); (Cellulose, nativ, regeneriert).

E. TREIBER, M. 80, 735–737 (1949); (Faserdiagramm,
Hydratcellulose).

P. H. HERMANS u. A. WEIDINGER, J. Polymer Sci. 5,
565–568 (1950); (gefällte Cellulose, Krystallisationsgrad).

F. HAPPEY, J. Textile Inst. Trans. 41, 381–403 (1950);
(Cellulose).

E. TREIBER, M. 81, 1007–1016 (1950); (Micellform,
Hydratcellulose).

P. H. HERMANS, Makromolekulare Chem. 6, 25–29 (1951);
(Cellulose, Krystallisationsgrad).

P. H. HERMANS u. A. WEIDINGER, J. Polymer Sci. 6,
533–538 (1951); (mercerisierte Cellulose).

P. H. HERMANS u. W. KAST, Kolloid-Z. 121, 21–32
(1951); (gestreckte Cellulose).

B. A. WRIGHT u. N. M. WIEDERHORN, J. Polymer Sci. 7,
105–120 (1951); (Kollagen, denaturiert).

C. H. BAMFORD, W. E. HANBY u. F. HAPPEY, Pr. roy. Soc.
(A) 205, 30–47 (1951); (synthetische Polypeptide).

W. Kast u. R. Schwarz, Z. El. Ch. **56**, 228–233 (1952); (Cellulose II, Wasseraufnahme).

F. R. Senti u. L. P. Witnauer, J. Polymer Sci. **9**, 115–132 (1952); (Amylose + anorganische Salze).

E. Treiber u. Mitarbb., M. **83**, 259–270 (1952); (Natriumcellulosexanthogenat).

M. K. Sen u. S. C. Roy, Nature **173**, 298–300 (1954); (native und mercerisierte Cellulose).

J. Schurz, M. **85**, 1172–1174 (1954); (Diäthylacetamidocellulosexanthat).

N. Drisch u. Mitarbb., J. Chim. physique Physico-Chim. biol. **51**, 217–219 (1954); (Orientierung in Viscosefilmen).

L. Segal, L. Loeb u. J. J. Creely, J. Polymer Sci. **13**, 193–206 (1954); (Zersetzung des Äthylaminkomplexes der Cellulose).

H. J. Wellard, J. Polymer Sci. **13**, 471–476 (1954); (Gitterabstände von Cellulose).

P. Antzenberger u. G. Fournet, C. r. **240**, 421–422 (1955); (feuchte Cellulose).

E. Treiber, H. Toplak u. M. H. Ruck, Holzforschung **9**, 49–58 (1955); (Hemicellulosen).

G. Centola, Papier **9**, 588–593 (1955); (Papier und Zellglas).

G. Becherer u. G. Voigtlaender-Tetzner, Naturwiss. **42**, 577–578 (1955); (Cuproxamlignin).

P. Antzenberger, G. Fournet u. J. Rogue, J. Polymer Sci. **18**, 47–54 (1955); (Cellulose, trocken und feucht).

P. M. Cowan, S. McGavin u. A. C. T. North, Nature **176**, 1062–1064 (1955); (Kollagen).

J. Schurz, Ph. Ch. (N.F.) **5**, 261–272 (1955); (Diäthylacetamidocellulosexanthat).

B. Jakobson, Svensk kem. Tidskr. **67**, 1–17 (1955); (Cellulose und Wasser).

M. L. Nelson u. Mitarbb., J. Polymer Sci. **20**, 29–36 (1956); (Baumwollcellulose, Hydrolyse, Methanolyse).

R. Bartunek, Kolloid-Z. **146**, 35–44 (1956); (Natroncellulose).

J. O. Warwicker, Trans. Faraday Soc. **52**, 554–557 (1956); (Fibroin).

O. Kratky, Trans. Faraday Soc. **52**, 558–570 (1956); (Fibroin).

P. H. Hermans u. A. Weidinger, Makromolekulare Chem. **18/19**, 75–81 (1956); (gequollene und trockene Reyon).

O. Kratky, M. **87**, 269–280 (1956); (Fibroin, Morphologie).

A. Elliott u. B. R. Malcolm, Trans. Faraday Soc. **52**, 528–536 (1956); (Polypeptide).

O. Kratky u. Mitarbb. Z. El. Ch. **60**, 61–67 (1956); (renaturierte Seidengele).

N. V. Michailow u. E. Z. Fainberg, Doklady Akad. S.S.S.R. **109**, 1160–1162 (1956); (Cellulose, orientierte Fasern).

M. P. Volarovich u. K. F. Gusev, Colloid J. (USSR) (Eng. Transl.) **18**, 639–643 (1956); (Paraffine aus Torf).

V. D. Gupta, J. Polymer Sci. **24**, 317–319 (1957); (Krystallitorientierung in Cellulosefasern).

W. J. Dulmage, J. Polymer Sci. **26**, 277–288 (1957); (Cellulosetriacetat).

K. Hess, Chim. et Ind. **80**, 129–139 (1958); (Cellulose und andere Polymere).

J. J. Creely, D. J. Stanonis u. E. Klein, J. Polymer Sci. **37**, 43–49 (1959); (partiell benzylierte Baumwollcellulose).

J. J. McKeown u. W. I. Lyness, J. Polymer Sci. **47**, 9–17 (1960); (Krystallinität von Cellulose bei Hydrolyse).

Röntgenstreuung, Gemische:

G. A. Blokh u. A. D. Zaionchkovskii, Rubber Chem. Technol. **21**, 727–733 (1948); (Thermovulkanisate).

J. Gauther, Ind. chim. belge **14**, 205–210 (1949); (Phenoplaste, Kautschuk).

W. I. Kasotochkin u. B. V. Lukin, Rubber Chem. Technol. **24**, 541–549 (1951); (gedehnter vulkanisierter Kautschuk).

F. Endter, Kautschuk u. Gummi **8**, (W.T.) 302–306 (1955); (Identifizierung von Füllstoffen).

C. W. Sweitzer, M. W. Hess u. J. E. Callan, Rubber World **138**, 869–876 (1958); **139**, 74–81 (1958); (Durchlässigkeit von Ruß-Kautschuk-Mischungen für Röntgenstrahlen).

A. I. Kitaigorodskii u. Yu. V. Mnyukh, Vysokomolekulyarnye Soedineniya **1**, 128–131 (1959); (feste Lösungen von Paraffinen).

S. M. Ohlberg, R. A. V. Raff u. S. S. Fenstermaker, J. Polymer Sci. **35**, 531–533 (1959); (Polyäthylen + Polyisobutylen).

J. J. Creely, L. Segal u. L. Loeb, J. Polymer Sci. **36**, 205–214 (1959); (Cellulosekomplexe mit Diaminen).

S. H. Laning, M. P. Wagner u. J. W. Sellers, J. Appl. Polymer Sci. **2**, 225–230 (1959); (Zinkoxyd in Vulkanisaten).

S. H. Laning, M. P. Wagner u. J. W. Sellers, Rubber Chem. Technol. **33**, 890–98 (1960); (Zinkoxyd in Kautschuk).

Röntgenstreuung, amorphe Polymere:

P. H. Hermans u. A. Weidinger, J. Polymer Sci. **5**, 269–281 (1950); (quantitative Streuung).

V. I. Kasatochkin u. B. V. Lukin, Rubber Chem. Technol. **24**, 763–766 (1951); (Aggregationen in amorphen Polymeren).

S. Krimm u. A. V. Tobolsky, Textile Res. J. **21**, 805–822 (1951); (Polystyrol, Polymethylmethacrylat, Einfriertemp.).

W. Kast, Kolloid-Z. **125**, 45–51 (1952); (deformierte Cellulosegele).

A. Charlesby, J. Polymer Sci. **10**, 201–211 (1953); (amorphe Polymere).

V. I. Kasatochkin u. B. V. Lukin, Rubber Chem. Technol. **28**, 728–731 (1955); (amorpher Kautschuk).

S. A. Sasulina u. S. A. Rogowin, Plaste u. Kautschuk **3**, 214 (1956); (Acrylnitril-Vinyilidenchlorid-Copolymere).

R. Brill, Makromolekulare Chem. **18/19**, 294–309 (1956); (Polyamide, Wasserstoffbrücken).

E. H. Erath u. R. A. Spurr, J. Polymer Sci. **28**, 233–234 (1958); (Vulkanisation von Siliconen).

S. Sakajiri, J. Polymer Sci. **32**, 252–253 (1958); (amorphes Polyäthylenterephthalat).

Röntgenkleinwinkelstreuung, Langperiodeninterferenzen:

R. Hosemann, Kolloid-Z. **119**, 129–145 (1950); (Größenstatistik der parakristallinen Bereiche).

E. P. H. Meibohm u. A. F. Smith, J. Polymer Sci. **7**, 449–456 (1951); (Maxima bei Kleinwinkelstreuung).

O. Kratky, Kolloid-Z. **120**, 24–39 (1951); (Anisotropie der Streuung, Größe und Form der Krystallite).

B. G. Achhammer, F. W. Reinhart u. G. M. Kline, J. appl. Chem. **1**, 301–320 (1951); (Polyamidabbau).

H. Zahn u. U. Winter, Kolloid-Z. **128**, 142–153 (1952); (Polyurethanfäden).

O. Kratky, A. Sekora u. E. Treiber, Z. Naturf. **8** b, 615 (1953); (Polyacrylnitril, Polyvinylchlorid).

O. Kratky, Öst. Chemiker-Ztg. **54**, 193–202 (1953); (Größe und Gestalt von Teilchen).

D. Heikens u. Mitarbb., J. Polymer Sci. **11**, 433–446 (1953); (Ramie, Reyon).

P. H. Hermans u. A. Weidinger, J. Polymer Sci. **14**, 397–401 (1954); (mit Lithiumhydroxyd gequollene Kunstseide).

A. N. J. Heyn, J. Polymer Sci. **14**, 403–404 (1954); (Kunstseide, Krystallite).

P. H. Hermans u. A. Weidinger, J. Polymer Sci. **14**, 405–407 (1954); (Cellulosefasern).

P. H. Hermans u. A. Weidinger, Makromolekulare Chem. **13**, 30–39 (1954); (Cellulosefasern).

O. Kratky u. H. Sembach, Makromolekulare Chem. **16**, 115–118 (1955); (Cellulosenitrat, Veränderung).

O. Kratky u. Mitarbb., J. Polymer Sci. **16**, 163–175 (1955); (Gestalt von γ-Globulin).

O. Kratky u. H. Sembach, Ang.Ch. **67**, 603–606 (1955); (Cellulose).

O. Kratky, Kolloid-Z. **144**, 110–120 (1955); (Apparatives).

O. Kratky, Naturwiss. **42**, 237 (1955); (Apparatives, Methodik).

R. D. Dragsdorf, J. appl. Physics **27**, 620–626 (1956); (Allgemeines).

O. Kratky u. G. Porod, Ph. Ch. (N.F.) **7**, 236–241 (1956); (interpartikuläre Interferenzen).

O. Kratky, Z.El.Ch. **60**, 245–261 (1956); (Gestalt der Teilchen).

O. Kratky u. H. Sembach, Makromolekulare Chem. **18**/**19**, 463–487 (1956); (Knäuelung von Cellulosenitrat).

C. R. Worthington, J. sci. Instruments **33**, Nr. 2, 66–69 (1956); (Apparatives).

R. Worthmann u. A. Lüttringhaus, Makromolekulare Chem. **18**, 522–527 (1956); (1,8-Dibrom-octadecan in Lösungsmitteln).

V. Gerold, Z.El.Ch. **60**, 405–411 (1956); (Fourier-Analyse).

W. O. Statton, J. Polymer Sci. **22**, 385–397 (1956); (Cellulose, Krystallite und Hohlräume).

H. Kiessig, Kolloid-Z. **152**, 62–74 (1957); (Bedeutung der Langperioden).

O. Kratky u. R. Breiner, Makromolekulare Chem. **25**, 134–145 (1957); (Cellulosenitrat, Knäuelung).

H. Rothe, Kolloid-Z. **151**, 155–157 (1957); (Form der Langperiodeninterferenzen und Krystallitwerte).

O. Kratky u. R. Breiner, Makromolekulare Chem. **26**, 92–95 (1958); (übermolekulare Struktur von Vinyon N®).

H. Arnold, Kolloid-Z. **157**, 111–123 (1958); (krystalline Polyterephthalsäureester).

B. Belbéoch u. A. Guinier, Makromolekulare Chem. **31**, 1–26 (1959); (Überstruktur von Polyäthylen).

C. Sella, C.r. **248**, 1819–1822 (1959); (Polyäthylen).

P. H. Hermans, D. Heikens u. A. Weidinger, J. Polymer Sci. **35**, 145–165 (1959); (Cellulosefasern).

A. Keller, Kolloid-Z. **165**, 15–25 (1959); (Kleinwinkelstreuung und Elektronenmikroskopie).

H. Hendus, Kolloid-Z. **165**, 32–34 (1959); (Polyäthylen).

A. Keller, Kolloid-Z. **165**, 34–35 (1959); (verstrecktes Polyäthylen).

A. I. Kitaigorodskii u. Yu. V. Mnyukh, Vysokomolekulyarnye Soediniya **1**, 128–131 (1959); (feste Lösungen von Paraffinen).

O. Kratky, Makromolekulare Chem. **35** A, 12–48 (1959); (gelöste Moleküle, Kleinwinkelstreuung).

R. Stéfani u. Mitarbb., C. r. **251**, 2174–76 (1960); (Polyacrylnitril, Faserdiagramme).

M. B. Rhodes u. R. S. Stein, J. Polymer Sci. **45**, 521–24 (1960); (Polyäthylen, Kleinwinkelstreuung).

P. H. Hermans u. A. Weidinger, Makromolekulare Chem. **39**, 67–78 (1960); (Kleinwinkelstreuung, krystalline Polymere).

B. G. Ranby u. H. Brumberger, Polymer **1**, 399–402 (1960); (Kleinwinkelstreuung, Polyäthylen, Faltung).

B. G. Ranby, F. F. Morehead u. N. M. Walter, J. Polymer Sci. **44**, 349–67 (1960); (Kleinwinkelstreuung, Alkane, Polyäthylen usw., auch Elektronenmikroskopie).

S. Heine u. Mitarbb. Makromolekulare Chem. **44–46**, 682 (1961); (verfeinerte Theorie und ihre Anwendung auf Cellulosenitrat in Lösung).

Elektronenstreuung:

G. I. Distler u. S. G. Pinsker, Doklady Akad. S.S.S.R. **72**, 315–318 (1950); (gereckte Polyamide).

L. A. Igonin u. Mitarbb., Vysokomolekulyarnye Soediniya **1**, 1327–1332 (1950); (Ordnungsgrad aus Lösung gefällter Polymerer).

J. W. Malden, Trans. Inst. Rubber. Ind. **27**, 175–178 (1951); (bei Haftungsproblemen).

R. E. Burge u. J. T. Randall, Pr.roy.Soc. (A) **233**, 1–16 (1955); (Vergleich mit Röntgenstreuung bei Kollagen).

W. A. Kargin u. G. S. Markowa, Plaste u. Kautschuk **3**, 70 (1956); (krystallisierende Polymere).

W. A. Kargin u. T. A. Korezkaja, Doklady Akad. S.S.S.R. **110**, 1015–1017 (1956); (Krystallisation von Polymeren).

A. L. Sajdes u. I. G. Stojanova, Doklady Akad. S.S.S.R. **107**, 711–714 (1956); (Besonderheiten bei Polymeren).

S. Yamaguchi, J. Polymer Sci. **25**, 118–119 (1957); (Klebstoffe).

A. Keller, Phil.Mag. (8) **2**, 1171–1175 (1957); (Einkrystalle von Polyäthylen).

P. H. Till jr., J. Polymer Sci. **24**, 301–306 (1957); (Einkrystalle von Polyäthylen).

A. F. Gremillion u. E. Boulet, J. phys. Chem. **62**, 94–99 (1958); (Vinylidenchlorid-Acrylnitril-Copolymere).

W. J. Dulmage u. L. E. Contois, J. Polymer Sci. **28**, 275–284 (1958); (Dehnung der krystallinen Bereiche).

D. D. Čegodaev u. N. A. Bugorkova, Ž.fiz.Chim. **33**, 262–270 (1959); (Krystallisation von Polymeren aus Lösung).

S. S. Leschenko, Y. L. Karpov u. V. A. Kargin, Vysokomolekulyarnye Soediniya **1**, 1538–1546 (1959); (fluorierte Polymere).

F. C. Frank, A. Keller u. A. O. Connor, Phil.Mag. (8) **4**, 200–214 (1959); (Einkrystalle von Poly-4-methylpenten).

R. Eppe, E. W. Fischer u. H. A. Stuart, J. Polymer Sci. **34**, 721–740 (1959); (Morphologie krystalliner Polymerer).

A. Keller, J. Polymer Sci. **36**, 361–387 (1959); (Textur von Polyamiden).

H. A. Stuart, Kolloid-Z. **165**, 3–25 (1959); (morphologische Strukturen).

K. LITTLE, Brit. J. appl. Physics 10, 225–230 (1959); (Polyamid-Gefüge).

V. A. KARGIN, G. S. MARKOVA u. V. P. KOVALEVA, Vysokomolekulyarnye Soedineniya 2, 1531–34 (1960); (Äthylen-Propylen-Copolymere).

d₃) Absorption von sichtbarem und ultraviolettem Licht (Absorptionsspektroskopie im Sichtbaren und Ultravioletten, ohne Ramanstreuung), Färbung (Kolorimetrie)

Buchübersicht

W. R. BRODE, Chemical Spectroscopy, 2. Aufl., J.Wiley & Sons, New York 1950.

A. P. D. FARKAS, Physical Chemistry of the Hydrocarbons, Bd. I, S. 201, Academic Press Inc. Publ., New York 1950.

W. G. BERL, Physical Methods in Chemical Analysis, 1. Aufl., Bd. I, S. 236, Academic Press Inc. Publ., New York 1950.

M. MELLON, Analytical Absorption Spectroscopy, 1. Aufl., S. 306 ff., J. Wiley & Sons, New York 1950.

F. X. MAYER u. A. LUSZCZAK, Absorptions-Spektralanalyse, 1. Aufl., S. 2 ff., Verlag W. de Gruyter & Co., Berlin 1951.

H. MOHLER, Chemische Optik, 1. Aufl., S. 216, Verlag H. R. Sauerländer & Co., Aarau 1951.

H. H. WILLARD, L. L. MERRITT u. J. A. DEAN, Instrumental Methods of Analysis, 1.–3. Aufl., S. 118, D. van Nostrand Co., Inc., New York 1951.

H. A. STUART, Die Physik der Hochpolymeren, 1. Aufl., Bd. I, S. 577, Springer-Verlag, Berlin-Göttingen-Heidelberg 1952.

B. LANGE, Kolorimetrische Analyse, 4. Aufl., S. 31, Verlag Chemie, Weinheim/Bergstraße 1952.

The Science of Color, 1. Aufl., S. 40 ff., Crowell Co., New York 1953.

A. E. GILLAM u. E. S. STERN, An Introduction to Electronic Absorption Spectroscopy in Organic Chemistry, 1. Aufl., S. 40, E. Arnold Ltd., London 1954.

P. H. HERMANS, Introduction to Theoretical Organic Chemistry, 1. Aufl., S. 109 ff., Elsevier Publ. Co., New York 1954.

F. D. SNELL u. C. T. SNELL, Colorimetric Methods of Analysis, 3.Aufl., Bd. I, Bd. II, Bd. IV, D. van Nostrand Co., Inc., New York 1954.

J. REILLY u. W. N. RAE, Physico-Chemical Methods, 5. Aufl., Bd. II, S. 426 ff., Methuen & Co., London 1954.

B. BAK, Elementary Introduction to Molecular Spectra, 1. Aufl., S. 22, 100, North-Holland Publ. Co., Amsterdam 1954.

Molecular Spectroscopy, 1. Aufl., S. 30, Institute of Petroleum, London 1955.

G. KORTÜM, Kolorimetrie, Photometrie und Spektrometrie, 3. Aufl., Springer-Verlag, Berlin-Göttingen-Heidelberg 1955.

K. FREUDENBERG u. G. SCHUHMACHER, Die Ultraviolett-Absorptionsspektren von künstlichem und natürlichem Lignin sowie von Modellverbindungen, Springer-Verlag, Berlin-Göttingen-Heidelberg 1956.

H. M. HERSHENSON, Ultraviolet and Visible Absorption Spectra, Index for 1930–1954, Academic Press Inc. Publ., New York 1956.

A. WEISSBERGER, Technique of Organic Chemistry, Bd. IX, Chemical Applications of Spectroscopy, Interscience Publ. Inc., New York 1956.

W. FRESENIUS u. G. JANDER, Handbuch der analytischen Chemie, 1. Aufl., S. 452 ff., Springer-Verlag, Berlin-Göttingen-Heidelberg 1957.

W. O. LUNDBERG, T. MALKIN u. R. T. HOLMAN, Progress in the Chemistry of Fats and other Lipids, 1.Aufl., Bd. IV, S. 234 ff., Pergamon Press, London 1957.

I. LE GRAND, Light, Colour and Vision, J. Wiley & Sons, New York 1957.

W. SCHULTZE, Farbenlehre und Farbenmessung, 1. Aufl., S. 3, Springer-Verlag, Berlin-Göttingen-Heidelberg 1957.

H. H. WILLARD, L. L. MERRITT u. J. A. DEAN, Instrumental Methods of Analysis, 3. Aufl., S. 118 ff., D. van Nostrand Co., Inc., New York 1958.

Veröffentlichungen

Kolorimetrie und Absorptionsspektren im Sichtbaren:

H. SCHWERDTNER, Chem. Techn. 2, 361–364 (1950); (Bestimmung ionenaktiver Substanzen).

I. M. KOLTHOFF, W. J. DALE u. I. K. MILLER, J. Polymer Sci. 5, 667–672 (1950); [Bestimmung von 2-(4-Methoxy-benzoldiazomercapto)-naphthalin].

G. M. PATEL, Makromolekulare Chem. 7, 12–45 (1951); (Oxycellulose + Farbstoff, Dichroismus).

G. J. VAN DER BIE, Rubber Age (N.Y.) 69, 309–315 (1951); (Kupfer in Kautschuk).

H. E. FREY, Fr. 134, 273–275 (1951/52); (Tetramethylthiuramdisulfid in Gummi).

K. H. BUDIG, Kautschuk u. Gummi 4, 47–49 (1951); (Beschleuniger in Vulkanisaten).

J. M. PRESTON u. G. D. JOSHI, Kolloid-Z. 122, 6–8 (1951); (Cellulosefasern angefärbt und eluiert).

H. FREY, Analytica chim. Acta [Amsterdam] 5, 317–320 (1951); (Calcium in Gummi, Trübung kolorimetrisch).

K. MEIER, Farbe u. Lack 1952, 255–259 (Titrationen in dunklen Gemischen).

F. P. FORD u. A. M. GESSLER, Ind. eng. Chem. 44, 819–824 (1952); (Ruß + Butylkautschuk, Durchlässigkeit).

S. OKAJIMA u. Y. KOBAYASHI, Bl. chem. Soc. Japan 25, 268–271 (1952); (Dichroismus von orientiertem, gefärbtem Polyvinylalkohol).

S. NUSSENBAUM u. W. Z. HASSID, Anal. Chem. 24, 501–503 (1952); (Mol.-Gew. von Stärke).

H. WECHSLER, J. Polymer Sci. 11, 233–242 (1953); (Färbung von Polyvinylchlorid durch Pyridin).

E. STOCK u. M. ABELS, Dtsch. Farben-Z. 7, 256–257 (1953); (Unterscheidung von Cellulosen durch Anfärben).

F. J. LINNIG u. Mitarbb., Rubber Chem. Technol. 27, 796–806 (1954); (Stabilisatoren in Butadien-Styrol-Copolymeren, Durchlässigkeit).

M. MOONEY u. W. E. WOLSTENHOLME, J. appl. Physics 25, 1098–1101 (1954); (rheologische Einheiten bei Kautschuk sichtbar gemacht).

S. SAITO u. H. OKUYAMA, Kolloid-Z. 139, 150–155 (1954); (Kupfer-Polyvinylalkohol-Komplex).

J. MORGNER, Chem. Techn. 7, 555–556 (1955); (Helligkeit von Ölen).

E. SCHRÖDER, Plaste u. Kautschuk 2, 275 (1955); (Färbung von Polymeren durch Jod).

R. Kretz, Fette, Seifen einschl. Anstrichmittel **57**, 95–96 (1955); (Nachweis von Ätherbrücken enthaltenden Phenolharzen).

A. M. Siddigi u. A. L. Tappel, Chem.-Analyst **44**, 52 (1955); (Bestimmung von Peroxydverbindungen).

G. Jayme u. M. Harders-Steinhäuser, Papier **9**, 507–510 (1955); (Doppelfärbung von Cellulosefasern).

K. Broockmann u. G. Müller, Farbe u. Lack **1955**, 217–219 (Nachweis von technischem Polyvinylbutyral).

R. T. Dean u. J. P. Manasia, Mod. Plastics **32**, Nr. 6, 131–233 (1955); (Durchlässigkeit bestrahlter Polyester).

F. W. Reinhardt u. M. K. Mutehler, ASTM Bull. **212**, 45–51 (1956); (Identifizierung von Phenolharzen).

M. H. Swann u. D. J. Weil, Anal. Chem. **28**, 1463–1465 (1956); (Identifizierung von Phenolharzen).

A. Fiorenza, Rubber Age (N. Y.) **80**, 69–74 (1956); (Identifizierung von Rußarten, Absorption im Sichtbaren).

H. Zimmermann u. G. Scheibe, Z. El. Ch. **60**, 566–569 (1956); (reversible polymere Form des Pseudoisocyanins).

J. W. Breitenbach u. E. Wolf, Makromolekulare Chem. **18/19**, 217–226 (1956); (Farbstoffaufnahme von Polyvinylpyrrolidongelen).

S. Saito, Kolloid-Z. **154**, 19–29 (1957); (Komplexe aus Polymeren und Netzmitteln).

H. Morawetz u. E. Sammak, J. phys. Chem. **61**, 1357–1360 (1957); (Kupfer-Polymethacrylsäure).

D. Patterson u. I. M. Ward, Trans. Faraday Soc. **53**, 1516–1526 (1957); (Nachweis der Orientierung im Polymeren mit dichroitischen Farbstoffen).

J. W. H. Zijp, R. **76**, 313–316, 317–320 (1957); (Nachweis von Alterungsschutzmitteln).

W. Krull, Dissertation, Universität Berlin 1957 (485); (Mischpolymerisation von Styrol und Acenaphthen).

S. Saito, Kolloid-Z. **158**, 120–130 (1958); (Adsorptionskomplexe von Polymeren mit Netzmitteln).

E. Husemann u. Mitarbb., Makromolekulare Chem. **26**, 181–198 (1958); (Molekülgröße synthetischer Amylose).

A. Voet, Rubber Age (N. Y.) **82**, 657–663 (1957/58); (Absorptionen von Rußdispersion).

C. L. Hilton, Rubber Age (N. Y.) **84**, 263–267 (1958); (Amin-Antioxydantien).

J. T. Hill u. F. Leonard, Rubber Age (N. Y.) **84**, 268–274 (1958); (Reflexionsspektrometrie, Verfärbung von Filmen).

R. C. Madan, Rubber Age (N. Y.) **84**, 451–454 (1958); (Kupfer in Kautschuk und Chemikalien).

O. Ant-Wuorinen u. A. Visapää, Makromolekulare Chem. **30**, 1–22 (1959); (Säureadsorption durch Cellulose).

J. T. Hill u. F. Leonard, Rubber Age (N. Y.) **86**, 97–101 (1959); (Reflexionsspektrometrie von Verfärbungen).

A. H. Chapman, M. W. Duckworth u. J. W. Price, Brit. Plastics **32**, Nr. 2, 78 (1959); (Dialkylzinnverbindungen in Polyvinylchlorid).

G. F. Baumann u. S. Steingiser, J. Appl. Polymer Sci. **1**, 251 (1959); (Unterscheidung von Polyurethantypen).

N. Faderl, Gummi u. Asbest **12**, 516–522 (1959); (Kupfer in Kautschuk und Latex).

J. Kügler u. A. Scharmann, Atomkernenergie **4**, 23–27 (1959); (Spektren bestrahlter Kunststoffe).

L. T. Milliken u. F. J. Linnig, J. Polymer Sci. **41**, 544–545 (1959); (niedermolekulare Anteile und Antioxydantien in Kautschuken).

S. R. Palit, Makromolekulare Chem. **36**, 89–91 (1960); (Endgruppenzahl durch Anfärben).

S. R. Palit, Kunstst. **50**, 513–514 (1960); (Kolorimetrische Bestimmung von Endgruppen).

K. Metcalfe u. R. F. Tomlinson, Plastics **25**, 319–336 (1960); (Antioxydantien in Polyäthylen, kolorimetrisch bestimmt).

R. Huber, Z. angew. Physik **12**, 469–476 (1960); (Bestimmung des Farbstiches).

J. Trotman u. M. Szwarc, Makromolekulare Chem. **37**, 39–45 (1960); (aktive Endgruppen in Farbstoff verwandelt).

H. Kämmerer, E. Gölzer u. A. Kratz, Makromolekulare Chem. **44–46**, 37–52 (1961); (Kolorimetrie, Phenolharze + Eisenchlorid).

Ultraviolettspektroskopie:

E. F. G. Herington u. J. I. Jones, J. Polymer Sci. **4**, 725–733 (1949); (Copolymere von Acenaphthylen).

E. Schauenstein u. D. Stanke, Makromolekulare Chem. **5**, 262–286 (1950); (Sehnenkollagen).

G. Goldstein u. K. G. Stern, J. Polymer Sci. **5**, 687–708 (1950); (Desoxyribonucleinsäure).

J. E. Newell, Anal. Chem. **23**, 445–447 (1951); (Monomeres im Polystyrol).

J. Le Bras u. M. Montu, C.r. **232**, 82–84 (1951); (Reaktion von Mercaptanen und Disulfiden mit Kautschuk).

P. J. Stedry, Ind. eng. Chem. **43**, 2372–2375 (1951); (Reaktion von Resorcin und Formaldehyd).

B. G. Achhammer, F. W. Reinhart u. G. M. Kline, J. appl. Chem. **1**, 301–320 (1951); (Polyamidabbau).

E. Schauenstein u. E. Treiber, Melliand Textilber. **32**, 43–47 (1951); (Xanthogenatschwefel, Trithiocarbonat).

K. E. Kress, Anal. Chem. **23**, 313–322 (1951); (Beschleuniger in Kautschuk).

P. J. Stedry, Ind. eng. Chem. **43**, 2372–2375 (1951); (Resorcin + Formaldehyd).

H. Dannenberg, Ang. Ch. **63**, 208–217 (1951); (Proteine).

V. v. Keussler, R. Mecke u. A. Sippel, Makromolekulare Chem. **7**, 62–69 (1951); (technische Celluloseacetate).

G. D. Jones u. R. E. Friedrich, Ind. eng. Chem. **43**, 1600–1604 (1951); (Butadien-Styrol-Copolymere).

B. Eisler u. Mitarbb., J. Polymer Sci. **8**, 157–161 (1952); (gefärbte Polymere aus Dienen).

B. G. Achhammer, Anal. Chem. **24**, 1925–1930 (1952); (Abbau von Polymeren).

G. Scheibe u. R. Fauss, Kolloid-Z. **125**, 139–149 (1952); (Reinheit von Polymeren).

W. G. Barb, Pr. roy. Soc. (A) **212**, 66–80 (1952); (Styrol-Schwefeldioxyd-Komplexe in Copolymeren).

A. M. Liquori, A. Mele u. V. Carelli, J. Polymer Sci. **10**, 510–512 (1953); (Polyamide).

E. Treiber, W. Felbinger u. M. Floriantschitsch, Öst. Chemiker-Ztg. **54**, 106–109 (1953); (β- und γ-Cellulose).

J. Schurz, Papier **8**, 73–78 (1954); (Zellstoff).

C. J. Malm u. Mitarbb., Anal. Chem. **26**, 188–190 (1954); (Hydroxygruppen in Celluloseestern).

C. S. Marvel u. U. S. Anderson, Am. Soc. **76**, 5434–5435 (1954); (Butadien-Copolymere mit Aromaten).

A. KATCHALSKY u. I. R. MILLER, J. Polymer Sci. **13**, 57–68 (1954); (Titration von Polyampholyten über UV-Absorption).

A. S. DUNN, B. D. STEAD u. H. W. MELVILLE, Trans. Faraday Soc. **50**, 279–290 (1954); (Styrol-Methylmethacrylat-Blockpolymere).

R. C. HIRT, F. T. KING u. R. G. SCHMITT, Anal. Chem. **26**, 1273–1274 (1954); Fr. **147**, 372 (1955); (Bestimmung von Melamin im Papier).

C. J. MALM u. Mitarbb., Fr. **147**, 393 (1955); (Hydroxygruppen in Celluloseestern).

M. J. KAMLET u. D. J. GLOVER, Am. Soc. **77**, 5696–5698 (1955); (Nitrostyrole).

E. TREIBER, W. BERNDT u. H. TOPLAK, Ang. Ch. **67**, 69–75 (1955); (Absorptionsspektren von Polymeren).

H. W. MELVILLE u. L. VALENTINE, Trans. Faraday Soc. **51**, 1474–1478 (1955); (Copolymere von Styrol mit p-Methoxy-styrol).

H. BAUER, Plaste u. Kautschuk **2**, 197–200 (1955); (Plaste).

E. TREIBER, H. TOPLAK, M. RUCK u. H. RUCK, Holzforschung **9**, 49–59 (1955); (Hemicellulosen).

J. VOIGT, Plaste u. Kautschuk **2**, 200–203 (1955); (Polyesterharze).

J. J. PEPE, I. KNIEL u. M. CZUHA, Anal. Chem. **27**, 755–758 (1955); (eingebautes Methylisopropylketon).

D. C. C. SMITH, Nature **176**, 927–928 (1955); (Carbonylgruppen in Lignin).

R. G. HART u. J. D. SMITH, Nature **178**, 739–740 (1956); (Ribonucleotide und Viren).

P. ALEXANDER u. Mitarbb., Nature **178**, 846–849 (1956); (bestrahlte Proteine).

A. CHAPIRO, J. Chim. physique Physico-Chim. biol. **53**, 295–305 (1956); (Bestrahlung und Abbau von Polymeren).

D. F. EVANS, J. chem. Physics **24**, 1244–1246 (1956); (Donor-Acceptor-Komplex bei Polymeren).

M. H. SWANN, M. L. ADAMS u. D. J. WEIL, Anal. Chem. **28**, 72–73 (1956); (Benzoesäure in Alkydharzen).

O. KRATKY u. Mitarbb., Z. El. Ch. **60**, 61–67 (1956); (renaturierte Seidengele).

W. K. TAFT u. Mitarbb., Ind. eng. Chem. **48**, 1225–1228 (1956); (thermischer Abbau von Polymeren).

D. PREM u. J. DUKE, Rubber World **133**, 659–664 (1955–1956); (Öl in Masterbatches)

L. E. COLEMAN jr., J. org. Chem. **21**, 1193–1194 (1956); (Pyridin-Analoge des Chalkons).

V. F. FELICETTA, A. AHOLA u. J. L. McCARTHY, Am. Soc. **78**, 1899–1904 (1956); (Ligninsulfonate).

C. CAPITANI, E. MILANI u. E. PECCATORI, Chimica e Ind. **38**, 102–108 (1956); (Aceton und Divinylacetylen in Polyvinylacetat).

J. SCHURZ, H. BAYZER u. H. STÜBCHEN, Makromolekulare Chem. **23**, 152–161 (1957); (Polyacrylsäurederivate).

D. C. PREM u. Mitarbb., Rubber World **135**, 714–720 (1957); (Öl und Stabilisatoren in Masterbatches).

C. L. HILTON, Rubber Chem. Technol. **30**, 1183–1187 (1957); (Butadien-Styrol-Copolymere).

H. BAYZER u. J. SCHURZ, Ph. Ch. (N. F.) **13**, 223–233 (1957); (Verseifungsprodukte von Vinyon®).

H. BAYZER u. J. SCHURZ, Ph. Ch. (N. F.) **13**, 30–39 (1957); (Verseifungsprodukte von Polyacrylnitril).

D. VOFSI u. A. KATCHALSKY, J. Polymer Sci. **26**, 127–139 (1957); (Polynitroäthylen).

H. MIYAMA, Bl. chem. Soc. Japan **30**, 10–13 (1957); (Zerfall eines Sensibilisators, Polymerisationskinetik).

W. KRULL, Dissertation, Universität Berlin 1957; (Copolymerisation von Styrol und Acenaphthylen).

A. VOET, Rubber Age (N.Y.) **82**, 657–663 (1957–1958); (Lichtdurchlässigkeit von Ruß-Dispersionen).

C. A. PARKER, Rubber Chem. Technol. **31**, 953–957 (1958); (Beschleuniger und Oxydationsschutzmittel).

C. L. HILTON u. J. E. NEWELL, Rubber Age (N.Y.) **83**, 981–984 (1958); (Dithiocarbaminate und Thiuramsulfide).

M. MATSUMOTO, K. IMAI u. Y. KAZUSA, J. Polymer Sci. **28**, 426–428 (1958); (Polyvinylalkohol).

D. G. LLOYD, J. Appl. Polymer Sci. **1**, 70–72 (1959); (Polyvinylalkohol, chromophore Gruppen).

C. L. HILTON, Rubber Age (N.Y.) **85**, 783–785 (1959); (Styrol in Butadien-Styrol-Copolymeren).

M. B. EVANS, G. M. C. HIGGINS u. D. T. TURNER, J. Appl. Polymer Sci. **2**, 340–344 (1959); (konjugierte Doppelbindungen in Kautschuk).

C. STAFFORD jr. u. P. E. TOREN, Anal. Chem. **31**, 1687–1689 (1959); (Acrylnitril-Methylvinylpyridin-Copolymere).

I. D. ROBINSON, M. FERNANDEZ-ROFOJO u. H. G. CASSIDY, J. Polymer Sci. **39**, 47–61 (1959); (polymere Hydrochinone).

W. SLOUGH, Trans. Faraday Soc. **55**, 1030–1035 (1959); (Polyvinylpyridin + Brom).

R. C. SCHULZ, E. MÜLLER u. W. KERN, Makromolekulare Chem. **30**, 39–47 (1959); (Polyacrolein-Thiophenolmercaptale).

A. A. KOROTKOV u. Mitarbb., Vysokomolekulyarnye Soedineniya **1**, 443–454 (1959); (Styrol-Isopren-Blockpolymere).

V. N. MIRONOVA u. V. V. ZHARROV, Vysokomolekulyarnye Soedineniya **2**, 1013–1014 (1960); (Styrol in Polystyrol).

T. J. R. WEAKLEY, R. J. P. WILLIAMS u. J. D. WILSON, Soc. **1960**, 3963–3973; (Polymethylmethacrylat).

M. A. KATIBNIKOV u. Mitarbb., Vysokomolekulyarnye Soedineniya **2**, 1805–1810 (1960); (Abbau von Äthylcellulose).

M. LEVY u. F. COHEN-BOSIDAN, Polymer **1**, 517–518 (1960); (Untersuchung des Polymerisationsstarts).

M. LEVY u. Mitarbb., Polymer **1**, 515–516 (1960); (Isomerisierung von lebendem Polystyrol).

d₄) Absorption von elektromagnetischer Strahlung anderer Wellenlänge (einschließlich Ramanspektren), vor allem IR-Absorption

Buchübersicht

Infrarotspektroskopie:

W. R. BRODE, Chemical Spectroscopy, 2. Aufl. J. Wiley & Sons, New York 1949.

M. G. MELLON, Analytical Absorption Spectroscopy, 1. Aufl., S. 439, J. Wiley & Sons, New York 1950.

W. G. BERL, Physical Methods in Chemical Analysis, 1. Aufl., Bd. I, S. 333, Academic Press Inc. Publ., New York 1950.

A. P. D. FARKAS, Physical Chemistry of the Hydrocarbons, 1. Aufl., Bd. I, S. 114, Academic Press Inc. Publ., New York 1950.

M. DÉRIBÉRÉ, De L'Ultraviolet à L'Infrarouge, L'Édition Textile Moderne, Paris 1951.

H. GILMAN u. Mitarbb., Organic Chemistry, 1. Aufl.,
    Bd. III, S. 122, J. Wiley & Sons, New York
    1953.
R. HOUWINK, Chemie und Technologie der Kunststoffe,
    3. Aufl., Bd. I, S. 356, Akademische Verlagsgesell-
    schaft, Leipzig 1954.
L. J. BELLAMY, Ultrarot-Spektrum und chemische
    Konstitution, Steinkopff Verlag, Darmstadt 1955.
G. KORTÜM, Kolorimetrie, Photometrie und Spektro-
    metrie, 3. Aufl., Springer-Verlag, Berlin-Göttingen-
    Heidelberg 1955.
E. B. WILSON, J. C. DECIUS u. P. C. CROSS, Molecular
    Vibrations, McGraw-Hill Publ. Co., London 1955.
G. SELL, Molecular Spectroscopy, Institute of Petroleum,
    London 1955.
A. E. GILLAM, E. S. STERN u. E. R. H. JONES, An Intro-
    duction to Electronic Absorption Spectroscopy in
    Organic Chemistry, E. Arnold Ltd., London 1955.
A. WEISSBERGER, Technique of Organic Chemistry,
    Bd. IX, Chemical Applications of Spectroscopy,
    Interscience Publ. Inc., New York 1956.
L. ZECHMEISTER, Fortschritte der Chemie organischer
    Naturstoffe, Bd. XIII, Springer-Verlag, Wien 1956.
C. H. BAMFORD, A. ELLIOT u. W. E. HANBY, Synthetic
    Polypeptides, Academic Press Inc. Publ., New York
    1956.
W. BRÜGEL, Einführung in die Ultrarotspektroskopie,
    2. Aufl. Steinkopff Verlag, Darmstadt 1957.
Advances in Carbohydrate Chemistry, 1. Aufl., Bd. XII,
    S. 15, Academic Press Inc. Publ., New York
    1957.
D. HUMMEL, Kunststoff-, Lack- u. Gummi-Analyse,
    Textband, 1. Aufl., S. 47, Tafelband 1. Aufl.,
    C. Hanser Verlag, München 1958.

Raman-Effekt:

A. P. D. FARKAS, Physical Chemistry of Hydrocarbons,
    1. Aufl., Bd. I, S. 138, Academic Press Inc. Publ.,
    New York 1950.
W. OTTING, Der Raman-Effekt und seine analytische
    Anwendung, Springer-Verlag, Berlin-Göttingen-Hei-
    delberg 1952.
B. T. BROOKS u. Mitarbb., The Chemistry of Petroleum
    Hydrocarbons, 1. Aufl., Bd. I, S. 375, Reinhold
    Publ. Co., New York 1954.
F. F. CLEVELAND in Determination of Organic Structures
    by Physical Methods, 1. Aufl., S. 231, Academic Press
    Inc. Publ., New York 1955.
E. B. WILSON, J. C. DECIUS u. P. C. CROSS, Molecular
    Vibrations, McGraw-Hill Publ. Co., London 1955.
G. SELL, Molecular Spectroscopy, Institute of Petroleum,
    London 1955.
W. HÜCKEL, Theoretische Grundlagen der organischen
    Chemie, 8. Aufl., Akademische Verlagsgesellschaft,
    Leipzig 1956.
A. WEISSBERGER, Technique of Organic Chemistry, Bd.
    IX, Chemical Applications of Spectroscopy, Inter-
    science Publ. Inc., New York 1956.
P. DELAHAY, Instrumental Analysis, 1. Aufl., S. 250,
    The Macmillan Co., New York 1957.

Mikrowellenspektroskopie:

W. KLEEN, Einführung in die Mikrowellenelektronik,
    Verlag Hirzel, Stuttgart 1952.
B. BAK, Elementary Introduction to Molecular Spectra,
    1. Aufl., S. 17ff., North-Holland Publ. Co., Amster-
    dam 1954.
H. H. KLINGER, Einführung in die Mikrowellen und ihre
    wissenschaftliche Anwendung, Verlag Hirzel, Stutt-
    gart 1954.
Microwave and Radiofrequency Spectroscopy, A General
    Discussion of the Faraday Society, Dicuss. Faraday
    Soc. 19 (1955).
G. KLAGES, Einführung in die Mikrowellenphysik,
    Steinkopff Verlag, Darmstadt 1956.
D. J. E. INGRAM, Spectroscopy at Radio and Microwave
    Frequencies, Philosophical Library, New York
    1956.
S. FLÜGGE, Handbuch der Physik, 1. Aufl., Bd. XXVIII,
    S. 1, Springer-Verlag, Berlin-Göttingen-Heidelberg
    1957.
F. J. TISCHER, Mikrowellen-Meßtechnik, Springer-Ver-
    lag, Berlin-Göttingen-Heidelberg 1958.

Veröffentlichungen

Infrarot, Methodik, allgemein interessierende Arbeiten:

H. A. STUART, Kolloid-Z. 120, 57–75 (1951); (krystal-
    liner Anteil und optische Anisotropie).
R. L. BURTON, W. H. COBBS jr. u. V. C. HASKELL,
    J. Polymer Sci. 7, 569–570 (1951); (Krystallinität
    von Polymeren).
G. B. B. M. SUTHERLAND u. A. V. JONES, Rubber Chem.
    Technol. 25, 480–489 (1952); (IR-Spektralanalyse
    mit polarisierter Strahlung für Molekülaufbau).
W. H. COBBS jr. u. R. L. BURTON, J. Polymer Sci. 10,
    275–290 (1953); (Krystallinität von Polyäthylen-
    terephthalat).
P. F. KRUSE jr. u. W. B. WALLACE, Anal. Chem. 25,
    1156 (1953); (Identifizierung von Polymeren durch
    Pyrolyse usw.).
B. LAUGROST, Bl. [5] 20, 1046–1050 (1953); (Plaste und
    Lösungsmittel).
D. L. HARMS, Anal. Chem. 25, 1140–1155 (1953); (Identi-
    fizierung von Polymeren).
F. P. REDING u. A. BROWN, J. appl. Physics 25, 848–850
    (1954); (krystallines Polyäthylen).
A. KELLER u. I. SANDEMAN, J. Polymer Sci. 13, 511–512
    (1954); (Polyäthylen, 725 cm⁻¹).
E. BORELLO u. C. MUSSA, J. Polymer Sci. 13, 402 (1954);
    (Methylgruppen im Polyäthylen).
J. B. NICHOLS, J. appl. Physics 25, 840–847 (1954);
    (Krystallinität von Polymeren).
E. L. SAIER, A. POZEFSKY u. N. D. COGGESHALL, Anal.
    Chem. 26, 1258–1263 (1954); Fr. 147, 157 (1955);
    (olefinische Gruppen).
E. J. SLOWINSKI jr. u. G. C. CLAVER, J. Polymer Sci. 17,
    269–273 (1955); (IR-Spektrum für Polymerisations-
    kinetik).
A. KELLER u. I. SANDEMAN, J. Polymer Sci. 15, 133–150
    (1955); (Orientierung von Polyäthylen).
J. E. FIELD, D. E. WOODFORD u. S. D. GEHMAN, J.
    Polymer Sci. 15, 51–67 (1955); (Oxydation von Ela-
    stomeren).
W. H. T. DAVISON, Rubber World 132, 79 (1955);
    (Identifizierung von Elastomeren).
D. HUMMEL, Kunstst. 46, 442–450 (1956); (Identifizierung
    von Kunststoffen).

L. A. O'NEILL u. C. P. COLE, J. appl. Chem. 6, 399–407 (1956); (Kunststoffüberzüge).

R. G. J. MILLER u. H. A. WILLIS, J. appl. Chem. 6, 385–391 (1956); (quantitative Analyse von Polymeren bei 2 μ).

C. A. CESELLI, Materie plast. 22, 3–9 (1956); (Untersuchung von Polymeren).

W. BRÜGEL, Kunstst. 46, 47–54 (1956); (Untersuchung von Polymeren).

M. BEER, Pr. roy. Soc. (A) 236, 136–140 (1956); (IR-Dichroismus bei orientierten Polymeren).

K. T. HECHT u. D. L. WOOD, Pr. roy. Soc. (A) 235, 174–188 (1956); (nahes IR-Gebiet, Peptidgruppen).

T. L. BROWN, J. chem. Physics 24, 1281–1282 (1956); (Temperaturabhängigkeit).

M. R. HARVEY, J. E. STEWART u. B. G. ACHHAMMER, J. Res. Bur. Stand. 56, 225–235 (1956); (Brechungsindex und Teilchengröße bei IR-Spektren von Polyvinylchlorid).

C. Y. LIANG, S. KRIMM u. G. B. B. M. SUTHERLAND, J. chem. Physics 25, 543–548 (1956); (Methodisches, Theorie).

B. M. MITZNER, J. Polymer Sci. 21, 323–324 (1956); (Methodisches bei unlöslichem Kautschuk).

H. MATSUO, J. Polymer Sci. 21, 331–334 (1956); (Polytrifluor-chlor-äthylen, 490 cm^{-1}).

R. G. J. MILLER u. H. A. WILLIS, J. Polymer Sci. 19, 485–494 (1956); (amorpher Anteil von Polymeren).

Rubber World 134, 421 (1956); (Naturkautschuk-GRS-Mischungen).

E. J. SLOWINSKI jr., H. WALTER u. R. L. MILLER, J. Polymer Sci. 19, 353–358 (1956); (Methylgruppen in Polyäthylen).

M. C. TOBIN u. M. J. CARRANO, J. Polymer Sci. 24, 93–104 (1957); (krystallines Polyäthylen).

S. E. WIBERLEY, J. W. SPRAGUE u. J. E. CAMPBELL, Anal. Chem. 29, 210–213 (1957); (quantitative IR-Analyse von festen Stoffen).

E. D. BLACK, J. D. MARGERUM u. G. M. WYMAN, Anal. Chem. 29, 169–171 (1957); (qualitative IR-Mikrospektroskopie).

C. G. CANNON, Chem. and Ind. 1957, 29–33 (Anwendung in Industrie).

L. J. BELLAMY, Chem. and Ind. 1957, 26–28 (Anwendung in Industrie).

J. HENNIKER u. Mitarbb., Ind. Plast. mod. 9, Nr. 3, 38–45 (1957); Nr. 4, 47–50 (1957); (Benzolkern in Polymeren).

S. AXELROD, P.B.-Rep. 131 333 (1957); (Styrol-Methylmethacrylat-Pfropfpolymere).

R. S. STEIN, J. Polymer Sci. 28, 83–86 (1958); (Theorie des IR-Dichroismus).

R. T. CONLEY, Chem. and Ind. 1958, 1630–1631; (wärmegealterte Polymere).

G. NATTA, M. FARINA u. M. PERALDO, Atti Accad. naz. Lincei, Rend., Cl. Sci. fisiche, mat. natur. [8] 25, 424–430 (1958); (doppelte isotaktische Struktur).

A. REUTER, Farbe u. Lack 1959, 25; (Lack-Analyse).

Y. Y. GOTLIB, Vysokomolekulyarnye Soedineniya 1, 474–480 (1959); (Dichroismus und Stereospezifität).

R. SAWYER, SPE Journal 15, 537–539 (1959); (Studien an Kunststoffen).

B. G. ACHHAMMER, M. TRYON u. G. M. KLINE, Kunstst. 49, 600–608 (1959); (Beständigkeit von Polymeren).

G. B. STERLING u. Mitarbb., Anal. Chem. 31, 1612–1615 (1959); (Eichung bei Terpolymeren).

G. ADLER u. P. COLOMBO, J. Polymer Sci. 37, 309–310 (1959); (bestrahlte Krystalle als Starter).

H. J. MARRINAN, J. Polymer Sci. 39, 461–468 (1959); (Theorie des Dichroismus gedehnter Elastomere).

I. KÜGLER u. A. SCHARMANN, Atomkernenergie 4, 23–27 (1959); (Durchlässigkeit bestrahlter Kunststoffe).

G. B. STERLING, Chem. Engng. News 37, Nr. 23, 39 (1959); (Terpolymere, Eichung des IR-Spektrums mit ^{14}C-Markierung).

H. HENDUS u. Mitarbb., Ergebn. exakt. Naturwiss. 31, 220–380 (1959); (neuere Untersuchungen).

R. BACSKAI u. H. A. POHL, J. Polymer Sci. 42, 151–157 (1960); (stereospezifische Polymere).

A. L. GOLDENBERG, Plasticheskie Massy Nr. 12, 59–61 (1960); (Vinylgruppen in Polyäthylen).

B. Z. VOLCHEK u. Zh. N. ROBBERMAN, Vysokomolekulyarnye Soedineniya 2, 1157–61 (1960); (Polypropylen, Taktizität, polarisiertes IR).

M. PERALDO u. M. FARINA, Chimica e Ind. 42, 1349–61 (1960); (deuteriertes Polypropylen).

C. Y. LIANG, M. R. LYTTON u. C. J. BOONE, J. Polymer Sci. 47, 139–148 (1960); (deuteriertes Polypropylen).

N. GRASSIE, J. Polymer Sci. 48, 79–89 (1960); (Abbau von Polymeren, Polymethacrylnitril).

I. P. LUONGO, J. Appl. Polymer Sci. 3, 302–309 (1960); (Polypropylen, Taktizität bestimmt).

J. J. BRADER, J. Appl. Polymer Sci. 3, 370–371 (1960); (Polypropylen, Taktizität bestimmt).

P. J. CORISH, J. Appl. Polymer Sci. 4, 86–91 (1960); (dünne Schnitte von rußgefüllten Kautschuken).

C. Y. LIANG, M. R. LYTTON u. C. J. BOONE, J. Polymer Sci. 44, 549–551 (1960); (deuterierte Polypropylene).

P. J. CORISH, Rubber Chem. Technol. 33, 975–981 (1960); (cis-trans-Polyisopren, nahes Infrarot).

J. HENNIKER, Ind. Plast. mod. 12, 30–32 (1960); (IR-Reflexionsspektrographie).

C. RUSCHER u. R. SCHMOLKE, Faserforsch. u. Textiltechn. 11, 383–387 (1960); (Faserbildende Polymere, polarisiertes IR).

Infrarot, Polymere von Monoolefinen:

B. G. ACHHAMMER, M. J. REINEY u. F. W. REINHART, J. Res. Bur. Stand. 1, 116–125 (1951); (Polystyrolabbau).

C. S. MARVEL u. Mitarbb., J. Polymer Sci. 6, 776 (1951); (Benzalacetophenon-Copolymere).

P. CLÉMENT, Ind. Plast. mod. 35, 33–41 (1951); (Kunststoffe).

S. LOSHAEK u. T. G. FOX, Am. Soc. 75, 3544–3550 (1953); (Doppelbindungen in Polymethylmethacrylat).

D. R. HOLMES u. Mitarbb., Nature 171, 1104–1106 (1953); (Orientierung von Polyäthylen).

F. M. RUGG, J. J. SMITH u. L. H. WARTMAN, J. Polymer Sci. 11, 1–20 (1953); (Polyäthylen).

M. A. SMOOK, E. T. PIESKI u. C. F. HAMMER, Ind. eng. Chem. 45, 2731–2737 (1953); (Derivate des chlorsulfonierten Polyäthylen).

K. V. NELSON, Doklady Akad. S. S. S. R. 95, 57–59 (1954); (Polyisobutylen, C–H-Schwingungen).

E. BORELLO u. C. MUSSA, G. 84, 152–156 (1954); (Methylgruppen in Polyäthylen).

D. S. BALLENTINE u. Mitarbb., J. Polymer Sci. 13, 410–414 (1954); (bestrahltes Polyäthylen).

F. M. RUGG, J. J. SMITH u. R. C. BACON, J. Polymer Sci. 13, 535–547 (1954); (Oxydation von Polyäthylen).

C. WALLING u. Y. CHANG, Am. Soc. **76**, 4878–4883 (1954); (keine Hydroxygruppen in mit Hydroperoxyden hergestelltem Polystyrol).

V. N. NIKITIN u. E. I. POKROVSKIĬ, Doklady Akad. S. S. S. R. **95**, 109–110 (1954); (krystallines Polyäthylen bei 1308 cm⁻¹).

J. D. BURNETT, R. G. J. MILLER u. H. A. WILLIS, J. Polymer Sci. **15**, 592–594 (1955); (Hydroperoxygruppen in oxydiertem Polyäthylen).

A. W. NIKITINA, Plaste u. Kautschuk **2**, 96 (1955); (Polystyrol und Styrol bei tiefen Temperaturen).

G. B. BUTLER, Am. Soc. **77**, 482–484 (1955); (Polymerisation von Vinyläthern ungesättigter Phenole).

W. KERN, M. A. ACHON u. R. SCHULZ, Makromolekulare Chem. **15**, 161–169 (1955); (Endgruppen in Polystyrolen).

G. NATTA u. Mitarbb., Chimica e Ind. **38**, 124–127 (1956); (Poly-α-Olefine mit stereospezifischer Struktur).

K. J. IVIN, Soc. **1956**, 2241–2253; (Polymere des Cyclopropans).

G. OSTER u. Y. MIZUTANI, J. Polymer Sci. **22**, 173–178 (1956); (Allylalkohol-Acrylnitril-Copolymere).

H. TADOKORO, S. SEKI u. I. NITTA, J. Polymer Sci. **22**, 563–566 (1956); (Pleochroismus, deuterierter Polyvinylalkohol).

A. BROCKES u. R. KAISER, Naturwiss. **43**, 53 (1956); (bestrahltes Polyäthylen).

C. Y. LIANG u. S. KRIMM, J. chem. Physics **25**, 563–571 (1956); (Polymere von Tetrafluoräthylen und Trifluoräthylen).

S. KRIMM, C. Y. LIANG u. G. B. B. M. SUTHERLAND, J. chem. Physics **25**, 549–562 (1956); (Polyäthylen).

E. E. FERGUSON, J. chem. Physics **24**, 1115 (1956); (Polyäthylen, Paraffine).

R. KAISER, Kolloid-Z. **148**, 168–173 (1956); (Polyäthylen).

S. KRIMM u. C. Y. LIANG, J. Polymer Sci. **22**, 95–112 (1956); (Polymere und Copolymere aus Vinylchlorid und Vinylidenchlorid).

D. I. LIVINGSTONE, P. M. KAMATH u. R. S. CORLEY, J. Polymer Sci. **20**, 485–490 (1956); (Poly-α, β, β'-trifluor-styrol).

D. C. SMITH, Ind. eng. Chem. **48**, 1161–1164 (1956); (Polyäthylen).

R. S. STEIN u. F. H. NORRIS, J. Polymer Sci. **21**, 381–396 (1956); (gestrecktes Polyäthylen).

S. KRIMM, C. Y. LIANG, u. G. B. B. M. SUTHERLAND, J. Polymer Sci. **22**, 227–247 (1956); (Polyvinylalkohol).

H. MORAWETZ, J. Polymer Sci. **23**, 247–258 (1957); (Carboxylassoziation).

W. FUCHS u. D. LOUIS, Makromolekulare Chem. **22**, 1–30 (1957); (chloriertes Polyvinylchlorid).

H. HAGEN, Kunststoff-Rundschau **4**, 136–143 (1957); (Polyäthylen).

R. KAISER, Kolloid-Z. **152**, 8–15 (1957); (Verformung von Polyäthylen).

J. SCHURZ, H. BAYZER u. H. STÜBCHEN, Makromolekulare Chem. **23**, 152–161 (1957); (Polyacrylderivate).

H. BAYZER u. J. SCHURZ, Ph. Ch. (N.F.) **13**, 223–233 (1957); (Verseifungsprodukte von Vinyon®).

H. C. BEACHELL u. S. P. NEMPHOS, J. Polymer Sci. **25**, 173–187 (1957); (deuteriertes Polystyrol).

H. BAYZER u. J. SCHURZ, Ph. Ch. (N.F.) **13**, 30–39 (1957); (Verseifungsprodukte von Polyacrylnitril).

M. IWASAKI, M. AOKI u. K. OKUHARA, J. Polymer Sci. **26**, 116–120 (1957); (Copolymere von Tetrafluoräthylen und Trifluor-chlor-äthylen).

M. IWASAKI, M. AOKI u. R. KOJIMA, J. Polymer Sci. **25**, 377–380 (1957); (Abbau von Poly-trifluor-chloräthylen).

H. MATSUO, J. Polymer Sci. **25**, 234–237 (1957); (Krystallisation von Poly-trifluor-chlor-äthylen).

H. TADOKORO u. Mitarbb., J. Polymer Sci. **26**, 379–382 (1957); (krystalliner Polyvinylalkohol).

H. C. HAAS, J. Polymer Sci. **26**, 391–393 (1957); (Polyvinylalkohol).

S. AXELROD, P.B.-Rep. **131133** (1957); (Pfropfpolymere).

P. THEYSSIÉ u. G. SMETS, J. Polymer Sci. **27**, 441–457 (1958); (Copolymere von Styrol und Acrylsäurederivaten).

N. GRASSIE u. I. C. MCNEILL, J. Polymer Sci. **27**, 207–218 (1958); (Abbau von Polymethacrylnitril).

K. H. HELLWEGE, R. KAISER u. G. R. LAMPE, Kolloid-Z. **156**, 29–31 (1958); (Abbau von Polyäthylen).

C. Y. LIANG u. S. KRIMM, J. Polymer Sci. **27**, 241–254 (1958); (Polystyrol).

K. SCHUMACHER, Kolloid-Z. **157**, 16–27 (1958); (bestrahltes Polyäthylen).

R. KAISER, Kolloid-Z. **158**, 63–64 (1958); (Dehnung von Polyäthylen).

H. W. MELVILLE, F. W. PEAKER u. R. L. VALE, Makromolekulare Chem. **28**, 140–165 (1958); (verzweigtes Polyvinylacetat).

S. KRIMM u. C. Y. LIANG, J. appl. Physics **29**, 1407–1411 (1958); (Polyvinylnitrat, polarisiertes Licht).

M. H. GEORGE, R. J. GRISENTHWAITE u. R. F. HUNTER, Chem. and Ind. **1958**, 1114; (Reduktionsprodukte von Polyvinylchlorid).

R. G. J. MILLER u. Mitarbb., Chem. and Ind. **1958**, 1323–1324; (krystallines Polymethylmethacrylat).

S. W. HAWKINS u. H. SMITH, J. Polymer Sci. **28**, 341–353 (1958); (Polyäthylen).

J. A. MANSON u. L. H. CRAGG, Canad. J. Chem. **36**, 858–868 (1958); (Pfropfpolymere von Styrol auf Polystyrol usw.).

T. F. WILLIAMS, H. MATSUO u. M. DOLE, Am. Soc. **80**, 2595–2596 (1958); (amorpher Anteil und Verzweigung in Polyäthylen).

R. LONGWORTH u. H. MORAWETZ, J. Polymer Sci. **29**, 307–319 (1958); (Styrol-Methacrylsäure-Copolymere).

J. D. HOFFMAN u. J. J. WEEKS, J. Polymer Sci. **28**, 472–475 (1958); (krystallines Poly-trifluor-chloräthylen).

C. Y. LIANG u. S. KRIMM, J. Polymer Sci. **31**, 513–522 (1958); (Polyacrylnitril, polarisiertes Licht).

N. GRASSIE u. I. C. MCNEILL, J. Polymer Sci. **33**, 171–182 (1958); (thermische Zersetzung von Polymethacrylnitril).

H. TADOKORO, S. SEKI u. I. NITTA, J. Polymer Sci. **28**, 244–247 (1958); (doppelt orientierter Polyvinylalkohol).

G. NATTA u. D. SIANESI, Atti Accad. naz. Lincei, Rend., Cl. Sci. fisiche, mat. natur. **26**, 418–423 (1959); (krystallines Polyvinylcyclohexen).

F. J. M. NIEUWENHUIS u. H. I. WATERMAN, Brennstoffch. **40**, 164–166 (1959); (Polyäthylen).

R. E. MOYNIHAN, Am. Soc. **81**, 1045–1050 (1959); (Polytetrafluoräthylen).

E. I. POKROVSKIĬ, Vysokomolekulyarnye Soedineniya **1**, 738–739 (1959); (Zusammensetzung von Copolymeren aus Styrol und α-Methyl-styrol).

B. HOUEL, C.r. **248**, 800–802 (1959); (Poly-p-butylstyrol).

S. KRIMM, SPE Journal 15, 797–804 (1959); (Struktur von Polymeren).

C. G. OVERBERGER, E. M. PEARCE u. N. MAYES, J. Polymer Sci. 34, 109–120 (1959); (Polymethacrylnitril).

M. G. GUBLER u. A. J. KOVACS, J. Polymer Sci. 34, 551–568 (1959); (Polyäthylen als Mischung von Paraffinen).

C. Y. LIANG u. F. G. PEARSON, J. Polymer Sci. 35, 303–307 (1959); (krystalliner Polyvinylalkohol).

P. WEISS, J. F. GERECHT u. I. J. KREMS, J. Polymer Sci. 35, 343–354 (1959); (Pfropfung von Styrolcopolymeren).

H. TADOKORO u. Mitarbb., J. Polymer Sci. 36, 553–556 (1959); (isotaktisches und deuteriertes Polystyrol).

R. A. SPURR, B. M. HANKING u. I. W. ROWEN, J. Polymer Sci. 37, 431–440 (1959); (Polymere von Diallylphthalat).

W. HEINEN, J. Polymer Sci. 38, 545–547 (1959); (krystallines Polypropylen).

M. ROHMER u. H. GÜNZLER, Fr. 170, 147–154 (1959); (Methylgruppen in Polyäthylen).

R. C. SCHULZ, E. MÜLLER u. W. KERN, Makromolekulare Chem. 30, 39–47 (1959); (Polyacrolein-Thiophenolmercaptale).

A. VRANCKEN u. G. SMETS, Makromolekulare Chem. 30, 197–211 (1959); (Copolymere des Vinylbenzoats).

W. SKODA u. J. SCHURZ, Makromolekulare Chem. 29, 156–163 (1959); (Hitzeverfärbung von Polymethacrylnitril).

M. LORANT, Kunststoffe-Plastics 6, 318–319 (1959); (Abbau von Polyvinylchlorid).

H. TADOKORO u. Mitarbb., Bl. chem. Soc. Japan 32, 313–315 (1959); (krystalline Polystyrole).

R. C. SCHULZ, H. CHERDRON u. W. KERN, Makromolekulare Chem. 29, 190–198 (1959); (Copolymere des Acroleins).

M. L. MILLER u. C. E. RAUHUT, J. Polymer Sci. 38, 63–72 (1959); (krystallines Poly-tert.-butylacrylat).

R. G. QUYNN u. Mitarbb., J. Appl. Polymer Sci. 2, 166–173 (1959); (krystallines Polypropylen).

R. S. STEIN, J. Polymer Sci. 34, 709–720 (1959); (Dichroismus bei Polyäthylen).

J. W. L. FORDHAM, P. H. BURLEIGH u. C. L. STURM, J. Polymer Sci. 41, 73–82 (1959); (krystallines Polyvinylchlorid).

R. BUCHDAHL, R. L. MILLER u. S. NEWMAN, J. Polymer Sci. 36, 215–231 (1959); (Krystallisation von Polyäthylen).

S. NARITA, S. ICHINOHE u. S. ENOMOTO, J. Polymer Sci. 36, 389–405 (1959); (Vinylidenchlorid-Vinylchlorid-Copolymere).

T. W. CAMPBELL u. A. C. HAVEN jr., J. Appl. Polymer Sci. 1, 73–83 (1959); (krystallines Polystyrol).

M. I. BRO u. C. A. SPERATI, J. Polymer Sci. 38, 289–295 (1959); (Endgruppen in Polytetrafluoräthylen).

K. ABE u. K. YANAGISAWA, J. Polymer Sci. 36, 536–539 (1959); (geschmolzene Polypropylenfilme).

A. H. WILLBOURN, J. Polymer Sci. 34, 569–597 (1959); (Polyäthylen, Verzweigung).

S. NARITA, S. ICHINOHE u. S. ENOMOTO, J. Polymer Sci. 37, 251–261, 263–271, 273–280, 281–294 (1959); (Polyvinylchlorid, Polyvinylidenchlorid).

E. V. SHUVALOVA, Vysokomolekulyarnye Soedineniya 1, 1749–1753 (1959); (Polyvinyläthylal).

U. BAUMANN, H. SCHREIBER u. K. TESSMAR, Makromolekulare Chem. 36, 81–85 (1960); (Taktizität von Polymethylmethacrylat).

A. NISHIOKA u. Mitarbb., J. Polymer Sci. 48, 241–272 (1960); (Polymethylmethacrylat).

J. P. LUONGO, J. Polymer Sci. 42, 139–150 (1960); (oxydiertes Polyäthylen).

P. H. BURLEIGH, Am. Soc. 82, 749 (1960); (krystallines Polyvinylchlorid).

I. A. ALEKSEEVA u. S. S. SPASSKII, Vysokomolekulyarnye Soedineniya 2, 1645–1654 (1960); (Äthylenglykolfumarat-Styrol-Copolymere).

A. E. BORCHERT u. C. G. OVERBERGER, J. Polymer Sci. 44, 483–489 (1960); (Vinylcycloalkane).

A. KAWASAKI u. Mitarbb., Makromolekulare Chem. 42, 25–32 (1960); (Polydiketen).

F. GRAFMÜLLER u. E. HUSEMANN, Makromolekulare Chem. 40, 172–188 (1960); (oxydiertes Polyäthylen).

B. v. FALKAI, Makromolekulare Chem. 41, 86–109 (1960); (Polypropylenkrystallisation).

T. GÖSSL, Makromolekulare Chem. 42, 1–11 (1960); (Äthylen-Propylen-Copolymere).

A. KAWASAKI u. Mitarbb., Makromolekulare Chem. 36, 260–264 (1960); (krystallines Polymethylmethacrylat).

R. JAMADERA, J. Polymer Sci. 50, 4–7 (1961); (Endgruppen in Polyacrylnitril).

B. CLEVERLY u. R. HERRMANN, J. appl. Chem. 11, 344–351 (1961); (Identifizierung von Textilien).

Infrarot, Polymere aus Dienen:

W. E. MOCHEL u. M. B. HALL, Am. Soc. 71, 4082–4088 (1949); (krystallines Neopren).

E. J. HART u. A. W. MEYER, Rubber Chem. Technol. 23, 98–106 (1950); (Polybutadien, Butadien-Styrol-Copolymere).

J. D. D'IANNI, F. J. NAPLES u. J. E. FIELD, Ind. eng. Chem. 42, 95–102 (1950); (Polybutadien, Butadien-Styrol-Copolymere, Polyisopren).

S. D. GEHMANN, India Rubber Wld. 122, 60 (1950); (Kautschuk).

B. DOGADKIN u. Mitarbb., Rubber Chem. Technol. 24, 591–596 (1951); (Oxydation von Buna®).

W. SCHLESINGER u. H. M. LEEPER, Ind. eng. Chem. 43, 398–403 (1951); (cis-trans in Chicle).

L. D'OR u. I. KÖSSLER, Ind. chim. belge 16, 133–137 (1951); (Oxydation von Kautschuk).

L. E. NIELSEN, R. BUCHDAHL u. G. C. CLAVER, Ind. eng. Chem. 43, 341–345 (1951); (Butadien-Styrol-Copolymere).

A. W. MEYER, R. R. HAMPTON u. J. A. DAVISON, Am. Soc. 74, 2294–2296 (1952); (Buna®).

G. SALOMON u. Mitarbb., Rubber Chem. Technol. 25, 265–274 (1952); (Kautschukderivate).

R. ALLIROT u. L. ORSINI, J. Chim. physique Physico-Chim. biol. 49, 422–426 (1952); (Chlorkautschuk).

A. I. MEDALIA u. H. H. FREEDMAN, Am. Soc. 75, 4790–4793 (1953); (Polybutadien).

P. DE RADZITZKI u. G. SMETS, Bull. Soc. chim. belges 62, 320–345 (1953); (isomere Polyphenylbutadiene).

W. S. RICHARDSON u. A. SACHER, J. Polymer Sci. 10, 353–370 (1953); (Polyisoprene).

P. DE RADZITZKI, M. C. DE WILDE u. G. SMETS, J. Polymer Sci. 13, 477–485 (1954); (Polyphenylbutadien).

G. SALOMON u. A. C. VAN DER SCHEE, J. Polymer Sci. 14, 181–192 (1954); (Isomerisierung, Vulkanisation, Oxydation, Kautschuk).

G. SALOMON u. A. C. VAN DER SCHEE, J. Polymer Sci. 14, 287–294 (1954); (chlorierter Kautschuk).

J. T. Maynard u. W. E. Mochel, J. Polymer Sci. **13**, 251–262 (1954); (Polychloropren).

W. S. Richardson, J. Polymer Sci. **13**, 229–234, 321–328 (1954); (Polyisopren, Polybutadien).

J. L. Binder, Anal. Chem. **26**, 1877–1882 (1954); (Polybutadien, Butadien-Styrol-Copolymere).

J. T. Maynard u. W. E. Mochel, J. Polymer Sci. **13**, 235–250 (1954); (krystallines Polychloropren).

W. J. Bailey u. H. R. Golden, Am. Soc. **76**, 5418–5421 (1954); (cis-Polydiene).

S. Dasgupta, J. B. Pande u. C. S. Ramakrishnan, J. Polymer Sci. **17**, 255–262 (1955); (Naturkautschuk).

G. Natta u. P. Corradini, Atti Accad. naz. Lincei, Rend., Cl. Sci. fisiche, mat. natur. **19**, 229–237 (1955); (krystallines Polybutadien, 1,2-Polybutadien).

A. Tkač u. V. Kellö, Rubber Chem. Technol. **28**, 383–411 (1955); (Alterung von Kautschuk im Licht).

V. Kellö u. A. Tkač, Rubber Chem. Technol. **28**, 968–988 (1955); (Wirkung von Antioxydantien und Licht bei Alterung von Kautschuk).

A. Tkač, V. Kellö u. J. Hrivíková, Rubber Chem. Technol. **28**, 989–998 (1955); (Alterung von Kautschuk).

V. Kellö, A. Tkač u. J. Hrivíková, Chem. Listy **49**, 1433–1441 (1955); (Wärmealterung von Kautschuk).

F. W. Stavely u. Mitarbb., Ind. eng. Chem. **48**, 778–783 (1956); (cis-Polyisopren).

M. P. Burgova u. A. A. Korotkov, Rubber Chem. Technol. **24**, 756–762 (1956); (Struktur von Kautschuken).

S. E. Horne u. Mitarbb., Ind. eng. Chem. **48**, 784–791 (1956); (cis-Polyisopren).

P. B. Checkland u. W. H. T. Davison, Trans. Faraday Soc. **52**, 151–156 (1956); (Kautschukhydrochlorid).

C. S. Ramakrishnan, S. Dasgupta u. J. B. Pande, J. Polymer Sci. **19**, 323–330 (1956); (chlorierter Kautschuk).

C. S. Ramakrishnan, S. Dasgupta u. N. V. C. Rao, Makromolekulare Chem. **20**, 46–56 (1956); (cyclisierter und chlorierter Kautschuk).

A. A. Korotkov, K. B. Piotrovskij u. D. P. Feringer, Doklady Akad. S.S.S.R. **110**, 89–92 (1956); (Polyisoprene).

F. H. Kendall u. J. Mann, J. Polymer Sci. **19**, 503–518 (1956); (Ozonabbau von Kautschuk und Butadien-Acrylnitril-Copolymeren).

G. Hofmann, Plaste u. Kautschuk **4**, 56–59 (1957); (Anwendung in Kautschukforschung).

V. A. Kropacev, B. A. Dolgoplosk u. N. I. Nikolaev, Doklady Akad. S.S.S.R. **115**, 516–517 (1957); (Polybutadien).

G. Kraus, J. N. Short u. V. Thornton, Rubber & Plastics Age **38**, 880–891 (1957); (cis-trans-Polybutadien).

F. J. Linnig u. J. E. Stewart, J. Res. Bur. Stand. **60**, 9–21 (1958); (Vulkanisation von Naturkautschuk).

A. I. Iakubčik u. N. N. Motovilova, Ž. obšč. Chim. **28**, 421–424 (1958); (Kalium-Butadien-Polymere).

A. S. Kuzminskiĭ u. L. V. Borkova, Ž. prikl. Chim. **31**, 648–652 (1958); (bei Vulkanisation zu Eboniten).

G. Natta u. Mitarbb., Chimica e Ind. **40**, 362–371 (1958); (1,4-trans-Polydiolefine).

D. Hummel, Kautschuk u. Gummi **11**, (W. T.) 185–193 (1958); (Identifizierung von Kautschuk u.a.).

B. A. Dogadkin u. Mitarbb., Colloid J. (USSR) (Eng. Transl.) **20**, 248–256 (1958); (Vulkanisierter Kautschuk).

M. A. Golub, Am. Soc. **81**, 54–58 (1959); (cis-trans-Isomerisierung von Polybutadien).

A. J. Marei, J. V. Rokityanski u. V. V. Samoletiva, Soviet Rubber Technol. **18**, 8–11 (1959); (Polybutadien).

Rubber J. and Intern. Plastics **136**, 432 (1959); (Zersetzungsprodukte von Elastomeren).

E. I. Tinyakova u. Mitarbb., Doklady Akad. S.S.S.R. **124**, 595–597 (1959); (1,4-trans-Polydiolefine).

A. Guyot u. J. Parrod, Bl. **1959**, 739–741; (Polybutadien).

M. B. Evans, G. M. C. Higgins u. J. T. Turner, J. Appl. Polymer Sci. **2**, 340–344 (1959); (bestrahlter Kautschuk).

D. Morero u. Mitarbb., Chimica e Ind. **41**, 758–762 (1959); (Polybutadien).

M. A. Golub, J. Polymer Sci. **36**, 523–524 (1959); (cis-trans-Isomerisierung von Polyisopren).

J. I. Cunneen, G. M. C. Higgins u. W. F. Watson, J. Polymer Sci. **40**, 1–13 (1959); (Isomerisierung von Polyisoprenen, Squalen usw.).

D. W. Fraga, J. Polymer Sci. **41**, 522–524 (1959); (3,4-Addition in Polyisopren, nahes Infrarot).

V. N. Nikitin u. Mitarbb., Vysokomolekulyarnye Soedineniya **1**, 1094–1099 (1959); (zwei Modifikationen des trans-1,4-Polybutadiens).

R. F. Heck u. D. S. Breslow, J. Polymer Sci. **41**, 521–522 (1959); (krystallines Poly-1-methoxy-butadien).

E. I. Tinyakova u. Mitarbb., Doklady Akad. S.S.S.R. **129**, 1068–1070 (1959); (Ziegler-Polydiene).

A. I. Marei, I. V. Rokityanski u. V. V. Samoletiva, Soviet Rubber Technol. **18**, Juli, 8–11 (1959); (mit Alkali hergestelltes Polybutadien).

A. I. Yakubchik u. V. A. Filatova, J. Gen. Chem. USSR (Eng. Transl.) **29**, 2623–2627 (1959); (mit Natrium hergestelltes Polybutadien).

W. S. Anderson, J. phys. Chem. **63**, 765–766 (1959); (Polybutadien).

G. Natta, L. Porri, G. Zanini u. L. Fiore, Chimica e Ind. **41**, 526–533 (1959); (1,2-syndiotaktisches Polybutadien).

H. Bartkowski, Kautschuk u. Gummi **13**, (W. T.) 262–276 (1960); (isomerisierter Kautschuk, Kunststoffe).

M. B. Evans u. Mitarbb., J. Appl. Polymer Sci. **4**, 367–368 (1960); (cyclisierter Naturkautschuk).

B. Cleverley u. R. Herrmann, J. appl. Chem. **10**, 192–195 (1960); (Identifizierung von Elastomeren und Zusätzen, Pyrolyse).

G. Natta u. Mitarbb., Atti Accad. naz. Lincei, Rend., Cl. Sci. fisiche, mat. natur. **29**, 257–264 (1960); (trans-1,4-Polypentadien).

E. H. Immergut, G. Kollman u. A. Malatesta, Makromolekulare Chem. **41**, 9–16 (1960); (Propylen-Isopren-Copolymere).

P. J. Corish, J. Appl. Polymer Sci. **5**, 53–57 (1961); (Charakterisierung von Füllstoffen und Elastomeren, dünne Mikrotomschnitte).

A. Fiorenza u. G. Bonomi, Rass. Chim. **13**, Nr. 4, 5–18 (1961); (Identifizierung von Elastomeren).

Infrarot, Polykondensate und Polyadditionsprodukte:

C. S. Marvel u. J. H. Johnson, Am. Soc. **72**, 1674–1677 (1950); (Acetylengruppen in Polyestern und Polyurethanen).

C. S. Marvel u. C. H. Young, Am. Soc. **73**, 1066–1069 (1951); (cis-trans-Anordnung bei Polyestern und Polyurethanen).

H. Frisch, I. Martin u. H. Mark, M. **84**, 250–256 (1953); (Polysiloxene).

D. H. Schigorin, N. V. Michailov u. S. P. Makareva, Doklady Akad. S.S.S.R. **94**, 717–720 (1954); (Polyamide).

A. P. Kreschkow, J. J. Michailenko u. G. F. Jakimovitsch, J. analyt. Chem. **9**, 208–216 (1954); (siliciumorganische Verbindungen).

C. S. Marvel u. E. D. Weil, Am. Soc. **76**, 61–69 (1954); (Propylenpolysulfon).

R. L. Feller, Fr. **147**, 394 (1955); (Dammar = Mastix).

L. Spialter, D. C. Priest u. C. W. Harris, Am. Soc. **77**, 6227–6231 (1955); (gemischte Silane).

H. C. Haas, D. I. Livingston u. M. Saunders, J. Polymer Sci. **15**, 503–514 (1955); (Polybenzylen).

M. E. Bailey, V. Kirss u. R. G. Spaunburgh, Ind. eng. Chem. **48**, 794–797 (1956); (organische Isocyanate).

V. N. Nikitin, Bull. Acad. Sci. URSS, Cl. Sci. chim. **1956**, 92–97; (Wasserstoffbindung in Polyamiden).

E. R. Shull, R. A. Thursack u. C. M. Birdsall, J. chem. Physics **24**, 147–150 (1956); (siliciumorganische Verbindungen).

G. Delzenne u. G. Smets, Makromolekulare Chem. **18/19**, 82–101 (1956); (Polyacetaldehyd).

A. Rosenthal, F. Lederer u. K. Gilson, Canad. J. Chem. **34**, 679–688 (1956); (p-Alkyl-phenolharz).

W. M. Smith u. Mitarbb., Am. Soc. **78**, 626–630 (1956); (cis-trans-Polyester).

H. Dannenberg u. W. R. J. Harp jr., Anal. Chem. **28**, 86–90 (1956); (Härtung von Epoxydharzen).

L. A. O' Neill u. C. P. Cole, J. appl. Chem. **6**, 356–364 (1956); (Epoxydharze).

J. W. Curry, Am. Soc. **78**, 1686–1689 (1956); (Polyorganosilane).

M. C. Tobin u. M. J. Carrano, J. chem. Physics **25**, 1044–1052 (1956); (krystalline Polyamide u. Polyäthylene).

R. J. Grisenthwaite u. R. F. Hunter, J. appl. Chem. **6**, 324–329 (1956); (Resol, Novolak).

H. J. Becher, B. **89**, 1593–1601 (1956); (Harnstoff-Formaldehyd-Harze).

C. D. Miller u. O. D. Shreve, Anal. Chem. **28**, 200–201 (1956); (Mischungen von Alkydharzen).

G. Caroti u. J. H. Dusenbury, J. Polymer Sci. **22**, 399–407 (1956); (verstrecktes Nylon 66).

I. Sandeman u. A. Keller, J. Polymer Sci. **19**, 401–435 (1956); (krystalline Polyamide).

H. Brandenberger, Helv. **40**, 61–68 (1957); (Polyisocyanatstyrol).

C. Anderson, P. B. Rep. **151150**, 16 Seiten (1957); (Epoxydgehalt).

I. M. Ward, Trans. Faraday Soc. **53**, 1406–1412 (1957); (Endgruppen in Polyäthylenterephthalat).

A. L. Smith u. Mitarbb., Ind. eng. Chem. **49**, 1903–1906 (1957); (Phthalsäureharze, Silicone).

S. Krimm u. C. Y. Liang, J. chem. Physics **27**, 328 f. (1957); (Orientierung in Polyäthylenterephthalat).

E. Schröder, Plaste u. Kautschuk **5**, 103–107 (1958); (Polyamide).

H. Arnold, Kolloid-Z. **157**, 111–123 (1958); (Polyäthylenterephthalat, Vergleich mit Kleinwinkelstreuung).

R. T. Conley, Division of Paint Plastics and Printing Ink Chemistry **18**, Nr. 2, 1–9 (1958); (Abbau eines Polyester-Polyamid-Harzes).

T. Tanaka, Bl. chem. Soc. Japan **31**, 762–766 (1958); (Endgruppen in Polydimethylsiloxanen).

D. Trifan u. J. F. Terenzi, J. Polymer Sci. **28**, 443–445 (1958); (Wasserstoffbrücken in Polyamiden und Polyurethanen).

W. W. Daniels u. R. E. Kitson, J. Polymer Sci. **33**, 161–170 (1958); (Polyäthylenterephthalat).

A. Ziabicki, Kolloid-Z. **167**, 132–141 (1959); (krystalline Formen des Polycapronamids).

A. Novak u. E. Whalley, Trans. Faraday Soc. **55**, 1490–1499 (1959); (Polychloral).

H. Kämmerer u. M. Dahm, Kunststoffe-Plastics **6**, 20–25 (1959); (Phenolharze).

H. Gilch, W. Funke u. K. Hamann, Makromolekulare Chem. **31**, 93–111 (1959); (Abbauprodukte gehärteter Polyesterharze).

R. J. Grisenthwaite, Brit. Plastics **32**, 428–429, 439 (1959); (Polyesterharze).

A. Novak u. E. Whalley, Trans. Faraday Soc. **55**, 1484–1489 (1959); (Polyformaldehyd).

G. J. Dege, R. L. Harris u. J. S. McKenzie, Am. Soc. **81**, 3374–3379 (1959); (Doppelbindungen in Polypropylenglykol).

A. Miyake, J. Polymer Sci. **38**, 479–495, 497–512 (1959); (Polyäthylenterephthalat).

H. F. White u. C. M. Lovell, J. Polymer Sci. **41**, 369–374 (1959); (Polyäthylenglykol).

A. Novak u. E. Whalley, Canad. J. Chem. **37**, 1710–1726 (1959); (Polyaldehyde).

A. Miyake, Bl. chem. Soc. Japan **33**, 992–997 (1960); (Polyäthylenterephthalat).

A. Kawasaki u. Mitarbb., Polymer **1**, 315–329 (1960); (Polyalkylenoxyde).

J. H. Lady, R. E. Adams u. I. Kesse, J. Appl. Polymer Sci. **3**, 71–76 (1960); (Polybenzyl).

V. N. Nikitin u. B. Z. Volchek, Vysokomolekulyarnye Soedineniya **2**, 1015–1019 (1960); (Wasserstoffbrücken in Polyamiden).

A. Miyake, J. Polymer Sci. **44**, 223–232 (1960); (Polyamide, Vergleich mit Röntgenstreuung).

Y. Kinoshita, Makromolekulare Chem. **33**, 1–20 (1960); (Polyamide).

Infrarotspektren, Naturstoffe (außer Polyisopren) und ihre Derivate sowie ionisierte Polymere:

V. N. Nikitin, Ž. fiz. Chim. **23**, 786–789 (1949); (Nitrocellulose).

R. Steele u. E. Pacsu, Textile Res. J. **19**, 790–793 (1949); (Trimethylcellulose, Cellulose, Stärke).

E. J. Ambrose u. A. Elliott, Pr. roy. Soc. (A) **206**, 206–219 (1951); (Faserproteine).

E. J. Ambrose u. A. Elliott, Pr. roy. Soc. (A) **205**, 47–60 (1951); (synthetische Polypeptide, polarisiertes Licht).

J. W. Rowen, F. H. Forziati u. R. E. Reeves, Am. Soc. **73**, 4484–4488 (1951); (Fehlen von Aldehydgruppen in mit Perjodsäure oxydierter Cellulose).

A. Katchalsky u. H. Eisenberg, J. Polymer Sci. **6**, 145–154 (1951); (Polymere der Acrylsäure und Methacrylsäure).

K. T. Waldock u. L. D. Frizzell, J. phys. Chem. **56**, 654–657 (1952); (funktionelle Gruppen in Kationenaustauschern).

H. J. Marrinan u. J. Mann, J. appl. Chem. **4**, 204–211 (1954); (Wasserstoffbrücken in Cellulose).

F. T. Wall u. S. J. Gill, J. phys. Chem. **58**, 1128–1130 (1954); (Kupferionen an Polyacrylsäure).

C. R. Ricketts u. C. E. Rowe, Soc. **1955**, 3809–3813; (synthetische Hexosepolymere).

A. Elliott u. B. R. Malcolm, Trans. Faraday Soc. **52**, 528–536 (1956); (Polypeptide).

H. Sobue u. Y. Tabata, J. Polymer Sci. **20**, 567–577 (1956); (Methodik bei Austauschern).

F. M. Arshid, C. H. Giles u. S. K. Jain, Soc. **1956**, 1272–1277; (Assoziation von Estern, Adsorption von Celluloseacetat und Polymeren).

G. Champetier u. G. Chérubin, Makromolekulare Chem. **18/19**, 178–185 (1956); (Additionsverbindungen von Cellulosenitrat).

H. Lenormant, Trans. Faraday Soc. **52**, 549–553 (1956); (Proteine).

E. R. Blout u. A. Asadourian, Am. Soc. **78**, 955–961 (1956); (Polypeptide).

J. D. S. Goulden, Nature **177**, 85–86 (1956); (Wechselwirkung von Casein und Laktose).

H. J. Marrinan u. J. Mann, J. Polymer Sci. **21**, 301–311 (1956); (krystalline Modifikationen der Cellulose).

A. L. Geddes, J. Polymer Sci. **22**, 31–39 (1956); (Wechselwirkung von Cellulose mit Trifluoressigsäure).

R. D. B. Fraser, J. chem. Physics **24**, 89–95 (1956); (Faserproteine bei 2μ).

M. Tsuboi, J. Polymer Sci. **25**, 159–171 (1957); (krystalline Cellulose).

C. T. Greenwood u. H. Rossotti, J. Polymer Sci. **27**, 481–488 (1958); (Amylose und Jod).

J. Mann u. H. J. Marrinan, J. Polymer Sci. **27**, 595–596 (1958); (krystalline Cellulose I).

M. L. Josien, G. Champetier u. G. Chérubin, C.r. **248**, 685–688 (1959); (Additionsverbindungen der Nitrocellulose).

C. Y. Liang u. R. H. Marchessault, J. Polymer Sci. **37**, 385–395 (1959); (Wasserstoffbrücken in nativer Cellulose).

C. Y. Liang u. R. H. Marchessault, J. Polymer Sci. **39**, 269–278 (1959); (native Cellulose).

D. A. Andrews, F. G. Hurtubise u. H. Krässig, Canad. J. Chem. **38**, 1381–1394 (1960); (Monothiocarbonatsubstituenten in Cellulosexanthogenat).

R. C. Zhbankov u. Mitarbb., Vysokomolekulyarnye Soedineniya **2**, 1270–1279 (1960); (Acetylcellulose, Assoziation).

V. I. Kurlyankina, A. B. Polyak u. O. P. Kozmina, Vysokomolekulyarnye Soedineniya **2**, 1850–1853 (1960); (Oxydation von Celluloseäthern).

M. A. Katibnikov u. Mitarbb., Vysokomolekulyarnye Soedineniya **2**, 1805–1810 (1960); (photochemisch modifizierte Äthylcellulose).

Infrarotspektren, Gemische:

F. F. Bentley u. G. Pappaport, Anal. Chem. **26**, 1980–1982 (1954); (Pyrolysate von Gemischen aus Phenolharzen und Butadien-Acrylnitril-Copolymeren).

N. E. M. Hagethorn u. J. P. I. van Kesteren, Plastica **9**, 448–454 (1956); (Polyvinylchlorid mit Weichmachern).

K. V. Martin, Am. Soc. **80**, 233–236 (1958); (Koordinationspolymere, kein Abbau bei hoher Temperatur).

H. Luther, H. Meyer u. H. Loew, Fr. **170**, 155–166 (1959); (Polyvinylchlorid + Weichmacher).

Infrarotspektren, niedermolekulare Stoffe:

J. Haslam, W. Soppet u. H. A. Willis, J. appl. Chem. **1**, 112–124 (1951); (Weichmacher in Polyvinylchloridmischungen).

J. Mann, Trans. Inst. Rubber Ind. **27**, 232–248 (1951); (Nachweis von Beschleunigern und Antioxydantien).

J. J. Smith, F. M. Rugg u. H. M. Bowman, Anal. Chem. **24**, 497–498 (1952); (Phenol in Phenolharzen).

J. F. Shay, S. Skilling u. R. W. Stafford, Anal. Chem. **26**, 652–656 (1954); (mehrwertige Alkohole in Polyestern).

E. F. Dupre u. Mitarbb., Anal. Chem. **27**, 1878–1879 (1955); (β, β'-Oxydipropionitril und Äthylencyanhydrin in Acrylnitril).

H. R. Williams u. H. S. Mosher, Anal. Chem. **27**, 517–521 (1955); (Alkylhydroperoxyde).

I. J. Stanley u. Mitarbb., Rubber Age (N.Y.) **79**, 967–970 (1956); (Veränderung von Antiozonmitteln durch Ozon).

R. H. Pierson, A. N. Fletcher u. E. S. C. Gantz, Anal. Chem. **28**, 1218–1239 (1956); (Analyse von Gasen).

B. Ellis u. H. Pyszora, J. Polymer Sci. **22**, 348–350 (1956); (Zinkstearat bei Vulkanisation).

E. Nagai u. Mitarbb., J. Polymer Sci. **35**, 295–299 (1959); (Isomere des Pentan-2,4-diols).

Ramanspektroskopie:

A. Palm, J. physic. Colloid Chem. **55**, 1320–1324 (1951); (Polystyrol).

E. R. Shull, R. A. Thursack u. C. M. Birdsall, J. chem. Physics **24**, 147–150 (1956); (Vinyl-trichlorsilan).

M. A. Jeppesen, J. Polymer Sci. **19**, 331–336 (1956); (polymeres Diäthylenglykolallylcarbonat).

A. Simon u. Mitarbb., J. Polymer Sci. **30**, 201–226 (1958); (Polyvinylacetat).

Chemische Gesellschaft der DDR, Mitteilungen, **840** (1959) (neuere Arbeiten).

Magnetooptische Methoden, Mikrowellenspektroskopie:

L. V. Holroyd u. Mitarbb., J. appl. Physics **22**, 696–705 (1951); (Naturkautschuk, Einfriertemp., auch rußgefüllte Mischungen).

H. S. Gutowsky u. L. H. Meyer, J. chem. Physics **21**, 2122–2126 (1953); (Naturkautschuk, Kernresonanz).

C. W. Wilson u. G. E. Pake, J. Polymer Sci. **10**, 503–505 (1953); (Krystallinität von Polymeren).

V. R. Honnold, F. McCaffrey u. B. A. Mrowca, J. appl. Physics **25**, 1219–1223 (1954); (Polypropylenoxyd).

G. K. Fraenkel, J. M. Hirshon u. C. Walling, Am. Soc. **76**, 3606 (1954); (Radikale in Polymethylmethacrylat).

B. Jacobson, Svensk kem. Tidskr. **67**, 1–17 (1955); (Cellulose + Wasser).

F. H. Winslow, W. O. Baker u. W. A. Yager, Am. Soc. **77**, 4751–4756 (1955); (Polyvinylidenchlorid).

E. G. Rochow u. H. G. Le Clair, J. Inorg. & Nuclear Chem. **1**, 92–111 (1955); (Polysiloxane).

W. P. Slichter, J. appl. Physics **26**, 1099–1103 (1955); (Kernresonanz bei Polyamiden).

C. H. Bamford u. Mitarbb., Nature **175**, 894–895 (1955); (Radikale in Polyacrylnitril).

J. G. Powles, Pr. phys. Soc. London (B) **69**, 281–292 (1956); (Kernresonanz von Polyisobutylen).

J. G. Powles, J. Polymer Sci. **22**, 79–93 (1956); (Polymere von Methylmethacrylat und α-Chlor-acrylat).

K. Oshima u. H. Kusumoto, J. chem. Physics **24**, 913 (1956); (gedehnter Naturkautschuk).

J. H. Goldstein, J. chem. Physics **24**, 106–109 (1956); (Bindungscharakter in Vinylhalogeniden).

W. Brügel, Kunstst. **46**, 366–371 (1956); (Kernresonanz, Elektronenresonanz).

K. H. Hausser, Ang. Ch. **68**, 729–746 (1956); (Kernresonanz, Elektronenresonanz).

W. P. Slichter, J. Polymer Sci. **24**, 173–188 (1957); (Polyfluoräthylen).

W. P. Slichter u. D. W. McCall, J. Polymer Sci. **25**, 230–234 (1957); (Kernresonanz von krystallinem Polyäthylen).

N. Fuschillo, E. Rhian u. J. A. Sauer, J. Polymer Sci. **25**, 381–384 (1957); (Kernresonanz von krystallinem Polyäthylen).

C. W. Wilson u. G. E. Pake, J. chem. Physics **27**, 115–122 (1957); (Polyäthylen, Polytetrafluoräthylen).

D. W. McCall u. W. P. Slichter, J. Polymer Sci. **26**, 171–186 (1957); (Polyäthylen).

J. C. Danjard, Rev. gén. Caoutch. **35**, 51–54 (1958); (Kernresonanz).

R. L. Collins, J. Polymer Sci. **27**, 67–73 (1958); (Polyäthylen).

R. L. Collins, J. Polymer Sci. **27**, 75–82 (1958); (Rekrystallisation von Polyäthylen).

W. P. Slichter u. E. R. Mandell, J. phys. Chem. **62**, 334–340 (1958); (Kernresonanz von bestrahltem Polyäthylen).

J. G. Powles u. J. A. E. Kail, J. Polymer Sci. **31**, 183–187 (1958); (Kernresonanz, Polytetrafluoräthylen).

P. L. Jain, J. Polymer Sci. **31**, 210–212 (1958); (paramagnetische Resonanz, Radikale).

C. H. Bamford u. Mitarb., J. Polymer Sci. **34**, 181–198 (1959); (Elektronenresonanz, Radikale bei heterogener Vinylpolymerisation).

N. M. Atherton, H. Melville u. D. H. Whiffen, J. Polymer Sci. **34**, 199–207 (1959); (Elektronenresonanz, eingeschlossene Radikale).

W. P. Slichter, J. Polymer Sci. **35**, 77–92 (1959); (Kernresonanz, Polyamide, Schmelzpunkt).

A. Nishioka, J. Polymer Sci. **37**, 163–171 (1959); (Kernresonanz, Poly-trifluor-chlor-äthylen, Einfriertemp.).

G. Adler u. P. Colombo, J. Polymer Sci. **37**, 309–310 (1959); (Kernresonanz, bestrahlte Krystalle).

F. A. Bovey, G. V. D. Tiers u. G. Filipovich, J. Polymer Sci. **38**, 73–90 (1959); (Kernresonanz, Polymere in Lösung).

S.-I. Ohnishi u. I. Nitta, J. Polymer Sci. **38**, 451–458 (1959); (Elektronenresonanz, bestrahltes Polymethylmethacrylat).

D. W. Ovenall, J. Polymer Sci. **39**, 21–27 (1959); (Elektronenresonanz, bestrahltes Polydimethylitaconat).

C. A. Boye jr., M. T. Watson u. H. W. Patton, J. Polymer Sci. **39**, 534–535 (1959); (Kernresonanz, abgeschrecktes Polypropylen).

D. Hyndman u. G. F. Origlio, J. Polymer Sci. **39**, 556–558 (1959); (Kernresonanz, Fasern von Polyäthylen und Polypropylen).

D. W. Ovenall, J. Polymer Sci. **41**, 199–211 (1959); (Elektronenresonanz, bestrahlte Polymethacrylsäure).

S. E. Breslev, E. N. Kazbekov u. E. M. Saminskii, Vysokomolekulyarnye Soedineniya **1**, 132–137 (1959); (Elektronenresonanz, Radikale bei Abbau und Polymerisation).

N. M. Bazhenov u. Mitarb., Vysokomolekulyarnye Soedineniya **1**, 1048–1055 (1959); (Kernresonanz an Polymeren).

A. T. Koritskii u. Mitarb., Vysokomolekulyarnye Soedineniya **1**, 1182–1193 (1959); (Elektronenresonanz, bestrahltes Polyäthylen).

A. A. Berlin u. Mitarb., Vysokomolekulyarnye Soedineniya **1**, 1361–1363 (1959); (Elektronenresonanz, Polyarylacetylene).

A. Lösche, Kolloid-Z. **165**, 116–142 (1959); (Kernresonanz, Zustandsänderungen von Hochpolymeren).

W. P. Slichter, SPE Journal **15**, 303–309 (1959); (Kernresonanz und Einfriertemp.).

C. H. Bamford u. A. D. Jenkins, J. Chim. physique Physico-Chim. biol. **56**, 798–804 (1959); (paramagnetische Resonanz, eingefangene Radikale).

J. A. Sauer, A. E. Woodward u. N. Fuschillo, J. appl. Physics **30**, 1488–1491 (1959); (Kernresonanz, Krystallinität, Polypropylen u.a.).

W. P. Slichter, Makromolekulare Chem. **34**, 67–88 (1959); (Kernresonanz und Einfriertemp.).

D. H. Whiffen, Makromolekulare Chem. **34**, 170–178 (1959); (Elektronenresonanz bei Polymeren).

H. Hendus u. Mitarb., Ergebn. exakt. Naturwiss. **31**, 220–380 (1959); (Kernresonanz im Vergleich zu anderen Methoden).

B. A. Blumenfeld u. Mitarb., Vysokomolekulyarnye Soedineniya **1**, 1647–1651 (1959); (Elektronenresonanz, konjugiert gebundene Ketten mit Heteroatomen in der Kette).

Y. D. Tsvetkov, Y. N. Molin u. V. V. Voevodskii, Vysokomolekulyarnye Soedineniya **1**, 1805–11 (1959); (Elektronenresonanz, bestrahlte Polymere).

R. E. Glick u. Mitarb., J. Polymer Sci. **42**, 271–273 (1960); (Kernresonanz, Polyhexamethylenadipinamid).

K. M. Sinnott, J. Polymer Sci. **42**, 3–13 (1960); (Kernresonanz und Einfriertemp. bei Polyacrylat u.a.).

J. A. Sauer u. A. E. Woodward, Rev. mod. Physics **32**, 88–101 (1960); (Kernresonanz und Einfriertemp.).

W. P. Slichter, Fortschr. Hochpolymeren-Forsch. **1**, 35–74 (1958–60); (Allgemeines).

R. E. Naylor jr. u. S. W. Lasoski jr., J. Polymer Sci. **44**, 1–7 (1960); (fluorhaltige Polymere).

F. A. Bovey u. G. V. D. Tiers, J. Polymer Sci. **44**, 173–82 (1960); (Polymethylmethacrylat, hohe Auflösung).

A. Nishioka u. Mitarb., J. Polymer Sci. **45**, 232–34 (1960); (Polymethylmethacrylat, hohe Auflösung).

J. C. W. Chien u. J. F. Walker, J. Polymer Sci. **45**, 239–42 (1960); (cis-trans-Struktur, Polyester).

A. E. Woodward u. Mitarb., J. Polymer Sci. **45**, 367–77 (1960); (Polyamide).

F. A. Bovey, J. Polymer Sci. **46**, 59–64 (1960); (Polymethylmethacrylatpolymerisation).

A. Peterlin u. E. Pirkmajer, J. Polymer Sci. **46**, 185–94 (1960); (Polyäthylen, Temperaturabhängigkeit).

D. Hyndman u. G. F. Origlio, J. Polymer Sci. **46**, 259–261 (1960); (Dacron-Fasern).

G. V. D. Tiers u. F. A. Bovey, J. Polymer Sci. **47**, 479–80 (1960); (Polymethacrylsäureanhydrid-Konfiguration).

A. NISHIOKA u. Mitarbb., J. Polymer Sci. **48**, 241–242 (1960); (isotaktisches Polymethylmethacrylat).

A. G. KISELEV, M. A. MOKUL'SKII u. Y. S. LAZURKIN, Vysokomolekulyarnye Soedineniya **2**, 1678–87 (1960); (Elektronenresonanz, Anisotropie der Überfeinaufspaltung).

I. S. UNGAR, W. B. GAGER u. R. I. LEININGER, J. Polymer Sci. **44**, 295–302 (1960); (Elektronenresonanz, Polyäthylmethacrylat).

B. R. LOY, J. Polymer Sci. **44**, 341–47 (1960); (Elektronenresonanz, bestrahltes Polyäthylen).

S. I. OHNISHI u. Mitarbb., J. Polymer Sci. **47**, 503–07 (1960); (Elektronenresonanz, Singulett-Spektren).

G. FARROW u. I. M. WARD, Brit. J. appl. Physics **11**, 543–46 (1960); (Polyäthylenterephthalat, Vergleich mit Röntgenstreuung).

A. PETERLIN u. Mitarbb., Makromolekulare Chem. **37**, 231–42 (1960); (Polyäthylene).

K. H. ILLERS u. R. KOSFELD, Makromolekulare Chem. **42**, 44–51 (1960); (Polyamid 6.12).

D. HYNDMAN u. G. F. ORIGLIO, J. appl. Physics **31**, 1849–52 (1960); (Polytetrafluoräthylenfasern).

J. BATEMAN u. Mitarbb., Polymer **1**, 63–71 (1960); (Polyäthylenterephthalat).

R. L. MILLER, Polymer **1**, 135–43 (1960); (unvollständiger Ordnungszustand, Polypropylen).

Röntgenabsorption:

W. M. HESS, Rubber World **145**, 78 (1961); (neue Technik zur Bestimmung der Pigmentverteilung in Gummi).

d₅) Emission von Licht, Fluorescenz, Phosphorescenz

Buchübersicht

W. R. BRODE, Chemical Spectroscopy, 2. Aufl., J. Wiley & Sons, New York 1949.

P. W. DANCKWORTT u. J. EISENBRAND, Lumineszenz-Analyse in filtriertem ultraviolettem Licht, 5. Aufl., S. 29ff., Akademische Verlagsgesellschaft mbH., Leipzig 1949.

H. DINGLE, Practical Applications of Spectrum Analysis, Chapman & Hall Ltd., London 1950.

L. H. AHRENS, Spectrochemical Analysis, Addison-Wesley Press, Cambridge Mass. 1950.

C. E. HARVEY, Spectrochemical Procedures, Applied Research Laboratories, Glendale 1950.

F. BANDOW, Luminescenz. Ergebnisse und Anwendung in Physik, Chemie und Biologie, 1. Aufl., S. 35ff., Wissenschaftliche Verlagsgesellschaft mbH., Stuttgart 1950.

T. FÖRSTER, Fluoreszenz organischer Verbindungen, Vandenhoek & Ruprecht, Göttingen 1951.

E. J. BOWEN u. F. WOKES, Fluorescence of Solutions, Longmans, London 1953.

Methods for Emission Spectrochemical Analysis, American Society for Testing Materials, Philadelphia 1953.

G. KORTÜM, Kolorimetrie, Photometrie und Spektrometrie, 3. Aufl., Springer-Verlag, Berlin-Göttingen-Heidelberg 1955.

W. G. BERL, Physical Methods in Chemical Analysis, 1. Aufl., Bd. III, S. 384, Academic Press, New York 1956.

P. DELAHAY, Instrumental Analysis, 5. Aufl., S. 239, The Macmillan Co., New York 1957.

W. ROLLWAGEN, Chemische Spektralanalyse, 5. Aufl., Springer-Verlag, Berlin-Göttingen-Heidelberg 1958.

J. A. RADLEY u. J. GRANT, Fluorescence Analysis in Ultra-Violet Light, 4. Aufl., Chapman & Hall Ltd., London 1960.

Veröffentlichungen

K. THINIUS, Farbe u. Lack **56**, 3–9, 55–58 (1950).

J. T. EDSALL, J. Polymer Sci. **12**, 253–280 (1954).

H. E. TODD u. H. M. TRAMUTT, Anal. Chem. **26**, 1137–1140 (1954).

G. VANAG u. E. VANAG, J. analyt. Chem. **10**, 63–64 (1955); (Nachweis von Formaldehyd durch Fluoreszenz).

R. DOOPER u. J. A. M. v. DER VALK, Paintindia **6**, 19 (Sept. 1956).

M. A. KATIBNIKOV u. Mitarbb., Vysokomolekulyarnye Soedineniya **2**, 1805–10 (1960); (Luminiscenzspektren bestrahlter Äthylcellulose).

d₆) Brechungsindex (s. a. unter b₁), Molrefraktion, Dispersion

Buchübersicht

W. HÜCKEL, Theoretische Grundlagen der organischen Chemie, 5. Aufl., Bd. II, Akademische Verlagsgesellschaft, Leipzig 1948.

R. W. B. PEARSE u. A. G. GAYDON, The Identification of Molecular Spectra, J. Wiley & Sons Inc., New York 1950.

W. A. ROTH, F. EISENLOHR u. F. LÖWE, Refraktometrisches Hilfsbuch, 2. Aufl., Verlag W. de Gruyter & Co., Berlin 1952.

F. HOPPE-SEYLER, F. THIERFELDER u. H. THIERFELDER, Handbuch der physiologisch- und pathologisch-chemischen Analyse für Ärzte, Biologen und Chemiker, 10. Aufl., Bd. I, Springer-Verlag, Berlin-Göttingen-Heidelberg 1953.

F. LÖWE, Optische Messungen des Chemikers und des Mediziners, 6. Aufl., S. 239 u. 241, Verlag Steinkopff, Dresden 1954.

L. BERGMANN u. C. SCHAEFER, Lehrbuch der Experimentalphysik, Bd. III, 1. Aufl., S. 163, Verlag W. de Gruyter & Co., Berlin 1956.

H. WILLARD, L. MERRITT u. J. A. DEAN, Instrumental Methods of Analysis, 3. Aufl., S. 99 u.a., D. van Nostrand Co., Inc., New York 1958.

Veröffentlichungen

Allgemein interessierende Arbeiten:

R. H. WILEY u. R. R. GARRETT, J. Polymer Sci. **7**, 121–131 (1951); (spektroskopische Bestimmung, tiefe Temperaturen).

G. M. PATEL, Makromolekulare Chem. **7**, 12–45 (1951); (Dichroismus, Dispersion usw., Oxycellulose).

A. ARNOLD, I. MADORSKY u. L. A. WOOD, Rubber Chem. Technol. **25**, 693–699 (1952); (Messung bei Elastomeren).

K. SUZUKI u. H. MATSUDA, J. Polymer Sci. **18**, 595 (1955); (Anomalität bei Polyelektrolyten).

Chem. Engng. News **34**, 1136, 1137, 1143 (1956); (Apparatur für Produktkontrolle).

M. NAKAGAKI u. W. HELLER, J. appl. Physics **27**/9, 975–979 (1956); (Lichtstreuung von Kugeln).

S. S. KURTZ, R. W. KING u. J. S. SWEELY, Ind. eng. Chem. **48**, 2232–2234 (1956); [Dichte (SG)-Konstante und Brechungsindex, Öle].

J. H. LAMBLE u. E. S. DAMOUCK, Brit. J. appl. Physics **9**, 388–91 (1958); (plastiziertes Polymethylmethacrylat).

S. SAKAJIRI, J. Polymer Sci. **31**, 198–99 (1958); (Polyäthylenterephthalatfasern, Quellung).

K. Kawata, J. Polymer Sci. **32**, 27–31 (1958); (Methyl-methacrylat-Diallylphthalat-Copolymere).

F. Khoury, J. Polymer Sci. **33**, 389–403 (1958); (negativ doppelbrechende Sphärolithe von Nylon®).

T. M. Birshtein u. E. A. Sokolova, Vysokomolekulyarnye Soedineniya **1**, 1086–93 (1959); (optische Anisotropie von isotaktischen Polystyrolmolekülen).

H. De Vries, J. Polymer Sci. **34**, 761–778 (1959); (gedehnte synthetische Fasern).

S. Sakajiri, J. Polymer Sci. **35**, 543–46 (1959); (Polyäthylenterephthalatfasern).

E. F. Gurnee, J. Polymer Sci. **41**, 119–32 (1959); (Quellung von Perlpolymerisaten).

S. J. Gill, J. Appl. Polymer Sci. **1**, 17–23 (1959); (Spannungsdoppelbrechung von Flüssigkeiten, Methodik).

J. Kruse u. T. Timm, Kautschuk u. Gummi **12**, (W.T.) 83–95 (1959); (Elastomere).

D. Ballantine u. Mitarb., J. Appl. Polymer Sci. **1**, 371 (1959); (Pfropfpolymere von Styrol auf Polyäthylen).

A. Zilabicki u. K. Kedzierska, J. Appl. Polymer Sci. **2**, 14–31 (1959); (Polycapronamid).

M. L. Miller u. C. E. Rauhut, J. Polymer Sci. **38**, 63–72 (1959); (Poly-tert.-butylacrylat).

R. S. Stein, J. Polymer Sci. **34**, 709–720 (1959); (Orientierung von Polyäthylen).

V. E. Gul u. I. M. Chernin, Vysokomolekulyarnye Soedineniya **2**, 1613–15 (1960); (Bruchverhalten).

R. S. Stein u. A. Plaza, J. Polymer Sci. **45**, 519–520 (1960); (Polyäthylen mit Sphärolithen).

Brechungsindex und chemische Konstitution:

A. Weissler, Am. Soc. **71**, 93–95 (1949); (Polymethylsiloxane).

R. J. Fanning u. N. Bekkedahl, Anal. Chem. **23**, 1653–56 (1951); (Kohlenwasserstoffanteil in Naturkautschuk).

C. J. Malm u. Mitarb., Ind. eng. Chem. **43**, 688–91 (1951); (einige Celluloseester).

F. S. Rostler u. R. White, Rubber Age (N.Y.) **70**, 735–47 (1952); [Dichte (SG)-Konstante, Viscositätsindex, Brechungsindex, Öle].

F. J. Linning u. Mitarb., Rubber Chem. Technol. **27**, 796–806 (1954); (Polystyrol in Butadien-Styrol-Copolymeren).

F. M. Arshid, C. H. Giles u. S. K. Jain, Soc. **1956**, 1272–77; (Wasserstoffbrücken bei Estern, Celluloseacetat u.a.).

K. J. Ivin, Soc. **1956**, 2241–53; (Polycyclopropan).

J. Mann u. H. J. Marrinan, Trans. Faraday Soc. **52**, 487–97 (1956); (Deuteriumaustausch bei Cellulose).

J. Majer, Chem. Průmysl 8/33, 265–67 (1958); (Polymerisation von Diallylphthalsäureestern).

Z. Hudeček u. V. Zvonař, Chem. Průmysl **10**, 44–50 (1960); (Polyesterstruktur).

Brechungsindex und physikalische Eigenschaften:

R. H. Wiley, G. M. Brauer u. A. R. Bennett, J. Polymer Sci. **5**, 609–614 (1950); (Elastomere, Einfriertemp.).

F. H. Müller, Kunstst. **41**, 277–283 (1951); (Kunststoffe).

W. Knappe u. A. Schulz, Kunstst. **41**, 321–324 (1951); (weichgemachtes Polyvinylchlorid, Einfriertemp.).

R. H. Wiley u. G. M. Brauer, J. Polymer Sci. **11**, 221–224 (1953); (Molgewichtsabhängigkeit der Einfriertemp. bei Polyvinylacetat).

E. Jenckel u. R. Heusch, Kolloid-Z. **130**, 89–105 (1953); (Weichmacherwirksamkeit, Einfriertemp.).

A. K. Schulz, Kolloid-Z. **138**, 75–80 (1954); (weichgemachtes Polyvinylchlorid, Einfriertemp.).

M. Baccaredda u. G. Schiavinato, J. Polymer Sci. **12**, 155–58 (1954); (Verzweigung von Polyäthylen).

A. Silberberg u. W. Kuhn, J. Polymer Sci. **13**, 21–42 (1956); (Tröpfchen in sich entmischenden Lösungen).

E. Kordes u. Mitarb., Kolloid-Z. **119**, 23–38 (1950); (verstrecktes Perlon).

E. Jenckel u. H.U. Herwig, Kolloid-Z. **148**, 57–66 (1956); (Bestimmung der Einfriertemp.).

A. Kratochvil u. J. Spirit, Plaste u. Kautschuk **5**, 93–96 (1958); (Weichmacheraufnahme durch Polyvinylchlorid).

S. Sakajiri, J. Polymer Sci. **32**, 252–53 (1958); (Polyäthylenterephthalatfasern).

D. W. Levi u. Mitarb., J. Polymer Sci. **28**, 481–84 (1958); (Quellung von Polyvinylalkohol in Lösungsmittelgemischen).

F. H. Müller u. K. Huff, Kolloid-Z. **166**, 47–54 (1959); (Polyisobutylvinyläther + Dekalin).

Konzentrationsabhängigkeit des Brechungsindex von Lösungen:

G. Saini u. Mitarb. Ann. Chimica **44**, 533-544 (1954); (Polyvinylacetat).

S. N. Chinai u. Mitarb., J. Polymer Sci. **17**, 391–401 (1955); (Polymethylmethacrylat).

P. Alexander u. K. A. Stacey, Trans. Faraday Soc. **51**, 299–308 (1955); (Elektrolytlösungen von Polymethacrylsäure, Zusätze).

M. Kryszewski, J. Polymer Sci. **23**, 575–578 (1957); (Polymethacrylsäurelösungen).

C. I. Jose u. A. B. Biswas, J. Polymer Sci. **27**, 575–577 (1958); (Apparatives).

J. P. Bianchi, W. G. Luetzel u. F. P. Price, J. Polymer Sci. **27**, 561–563 (1958); (Refraktion von Polyäthylen).

J. A. Manson u. L. H. Cragg, J. Polymer Sci. **33**, 193–205 (1958); (Pfropfpolymere von Styrol auf Polystyrol u. a.).

M. Matsumoto u. Y. Ohyanagi, J. Polymer Sci. **31**, 225–27 (1958); (Polyvinylalkohol in Wasser).

L. Trossarelli, E. Campi u. G. Saini, J. Polymer Sci. **35**, 205–13 (1959); (isotaktisches Polystyrol).

H. C. Beachell u. D. W. Carlson, J. Polymer Sci. **40**, 543–49 (1959); (Polyamide).

P. Parrini, F. Sebastiano u. G. Messina, Makromolekulare Chem. **38**, 27–38 (1960); (isotaktisches Polypropylen, dn/dc).

d₇) Doppelbrechung, Depolarisation (Strömungsdoppelbrechung; elektrische, magnetische und akustische Doppelbrechung; Doppelbrechung infolge Orientierung, Quellen und bei mechanischer Beanspruchung; Depolarisation des Streulichtes)

Buchübersicht

W. Schütz, Magneto-optik (ohne Zeemann-Effekt), Bd. XVI, Handbuch der Experimentalphysik, Akademische Verlagsgesellschaft, Leipzig-Wien 1936.

H. A. Stuart, Die Physik der Hochpolymeren, Bd. II, 1. Aufl., S. 569ff., Springer-Verlag, Berlin-Göttingen-Heidelberg 1953.

A. Weissberger, Technique of Organic Chemistry, 2. Aufl., Bd. III, Interscience Publ. Inc., New York 1954.

L. Bergmann u. C. Schaefer, Lehrbuch der Experimentalphysik, Bd. III, S. 346ff., Verlag W. de Gruyter & Co., Berlin 1956.

Veröffentlichungen

Strömungsdoppelbrechung:

W. Zwetkow u. A. Petrowa, Ž. fiz. Chim. **23**, 368–78 (1949); **24**, 994–1003 (1950); (Polybutadien, Polymethylmethacrylat).

H. A. Stuart u. A. Peterlin, J. Polymer Sci. **5**, 543–49 u. 551–63 (1950); (Allgemeines).

R. Signer u. Mitarbb., M. **81**, 232–38 (1950); (Zerteilung von Cellulose bei Veresterung).

B. Rosen, P. Kamath u. F. Eirich, Discuss. Faraday Soc. **1951**, 135–47 (Polyvinylpyridinbromid, Extinktionswinkel).

W. Kuhn, H. Kuhn u. P. Buchner, Ergebn. exakt. Naturwiss., **25**, 2–108 (1951); (hydrodynamisches Verhalten von Fadenmolekülen).

R. Cerf u. H. A. Scheraga, Chem. Reviews **51**, 185–261 (1951); (zusammenfassende Arbeit).

C. Sadron, J. appl. Chem. **1**, 290–98 (1951); (Strömungsdoppelbrechung und elektrische Doppelbrechung in Lösungen).

A. Lösche, Kolloid-Z. **122**, 94–99 (1951); (mechanisch rotierte Eiweißlösungen).

H. Kuhn u. W. Kuhn, J. Polymer Sci. **9**, 1–33 (1952); (Theorie).

H. Frisch, I. Martin u. H. Mark, M. **84**, 250–56 (1953); (Polysiloxane).

E. J. Arlman, W. Boog u. D. J. Coumoou, J. Polymer Sci. **10**, 543–50 (1953); (Polyvinylchlorid, Konzentrationsabhängigkeit des Orientierungswinkels).

C. M. Conrad, Ind. eng. Chem. **45**, 2511–17 (1953); (Polydispersität von Cellulose u. a.).

J. B. Donnet, J. Chim. physique Physico-Chim. biol. **50**, 291–307 (1953); (starre Makromoleküle).

A. Katchalsky, J. Polymer Sci. **12**, 159–84 (1954); (Polyelektrolyte).

R. Cerf, J. Polymer Sci. **12**, 35–44 (1954); (Gestaltsschwankungen der Moleküle).

A. Peterlin, J. Polymer Sci. **12**, 45–51 (1954); (nichtlinearer Konzentrationsbereich).

H. Kuhn, W. Kuhn u. A. Silberberg, J. Polymer Sci. **14**, 193–208 (1954); (Theorie).

H. G. Jerrard, Rev. sci. Instruments **26**, 1007–17 (1955); (Apparatives).

A. S. Lodge, Nature **176**, 838–39 (1955); (Spannungsabhängigkeit der Strömungsdoppelbrechung).

J. T. Yang u. F. J. Foster, J. Polymer Sci. **18**, 1–15 (1955); (Dextran).

R. Cerf, C.r. **240**, 531–33 (1955); (Theorie, Maxwell-Effekt).

R. Cerf, C.r. **241**, 1458–60 (1955); (Theorie, Maxwell-Effekt).

R. Cerf, J. Chim. physique Physico-Chim. biol. **52**, 53–59 (1955); (Theorie).

A. S. Lodge, Trans. Faraday Soc. **52**, 120–30 (1956); (Theorie, konzentrierte Lösung).

B. H. Zimm, J. chem. Physics **24**, 269–78 (1956); (Vergleich mit Elastoviscosität).

H. Boedtker u. P. Doty, Am. Soc. **78**, 4267–80 (1956); (Kollagen).

M. Čopič, J. Polymer Sci. **20**, 593–97 (1956); (Gradientenabhängigkeit von Polystyrol in Dioxan).

C. J. Stacy u. J. F. Foster, J. Polymer Sci. **20**, 67–74 (1956); (Amylopektin, Dextrin).

R. Cerf, J. Polymer Sci. **20**, 216–18 (1956); (Theorie).

H. G. Jerrard, J. opt. Soc. Am. **46**, 259–62 (1956); (Apparatives).

W. Philippoff, Nature **178**, 811–12 (1956); (Abhängigkeit von Spannung).

W. Philippoff, J. appl. Physics **27**, 984–89 (1956); (Polyisobutylen in Dekalin).

V. N. Tsvetkov, J. Polymer Sci. **23**, 151–66 (1957); (Gestalt der Moleküle).

H. Janeschitz-Kriegl, J. Polymer Sci. **23**, 181–88 (1957); (Meßtechnik).

J. Leray, J. Polymer Sci. **23**, 167–80 (1957); (Maxwell-Effekt in Lösung).

W. Philippoff, F. H. Gaskins u. J. G. Brodnyan, J. appl. Physics **28**, 1118–23 (1957); (Rückbildung der Schubdeformation).

J. Y. Poddubnyi u. E. G. Erenburg, J. Polymer Sci. **29**, 605–19 (1958); (Verzweigung von Elastomeren).

C. E. Hall u. P. Doty, Am. Soc. **80**, 1269–74 (1958); (Abmessungen der Moleküle, Vergleich mit anderen Methoden).

V. N. Tsvetkov u. S. Ya. Lyubina, Vysokomolekulyarnye Soedineniya **6**, 857–62 (1959); (Polybutylmethacrylat).

V. N. Tsvetkov u. Mitarbb., Vysokomolekulyarnye Soedineniya **1**, 1407–15 (1959); (Segment-Anisotropie von Kettenmolekülen).

A. Peterlin, Makromolekulare Chem. **34**, 89–119 (1959); (Dimensionen aus rheologischen Daten).

D. O. Jordan u. T. Kurucsev, Polymer **1**, 185–211 (1960); (Copolymere und Polymere von Vinylpyridin).

Doppelbrechung infolge Orientierung durch Spannen, Verstrecken, Anfärben usw.:

L. E. Nielsen u. R. Buchdahl, J. Colloid Sci. **5**, 282–294 (1950); (Polystyrol oberhalb Einfriertemp.).

E. Kordes u. Mitarbb., Kolloid-Z. **119**, 23–38 (1950); (verstrecktes Perlon).

W. Brenschede, Z. El. Ch. **54**, 191–200 (1950); (Polyurethan).

O. N. Trapesnikowa u. M. N. Shurina, Ž. fiz. Chim. **24**, 1471–1485 (1950); (Spannungsdoppelbrechung bei verschiedenen Temperaturen).

L. E. Nielsen u. R. Buchdahl, J. appl. Physics **21**, 488–493 (1950); (orientierte Polystyrolfilme).

H. A. Stuart, Kolloid-Z. **120**, 57–75 (1951); (Allgemeines).

H. Peukert, Kunstst. **41**, 154–160 (1951); (gerecktes Plexiglas).

G. Bozza u. E. Bonauguri, Kolloid-Z. **122**, 23–34 (1951); (Orientierung in Fasern).

A. Ishara, N. Hashitsume u. M. Tatibana, J. appl. Physics **23**, 308–312 (1952); (Spannungsdoppelbrechung von Kautschuk).

S. M. Crawford, Pr. phys. Soc. London (B) **66**, 884–886 (1953); (gedehnte Polymere).

J. E. H. Braybon, Pr. phys. Soc. London (B) **66**, 617–621 (1953); (Mechanismus der Spannungsdoppelbrechung).

R. S. Stein u. A. V. Tobolsky, J. Polymer Sci. **11**, 285–288 (1953); (Größe des statistischen Fadenelements, Spannungsdoppelbrechung).

F. Föppl, Kunstst. **43**, 346–49 (1953); (Isochromaten, Werkstücke).

S. Okajima, Y. Kobayashi u. R. Yamada, Bl. chem. Soc. Japan **26**, 235–238 (1953); (gedehnte Polyvinylalkoholfäden).

P. Drechsel, J. L. Hoard u. F. A. Long, J. Polymer Sci. **10**, 241–252 (1953); (Diffusion von Aceton in orientierter Cellulose).

S. Okajima u. S. Hayama, Bl. chem. Soc. Japan **27**, 61–64 (1954); (deformierte Cellulosefasern).

E. F. Gurnee, J. appl. Physics **25**, 1232–1240 (1954); (Theorie der Doppelbrechung bei Orientierung).

K. J. Cleerman, H. J. Karam u. J. L. Williams, Ind. Plast. mod. **6**, Nr. 8, 57–63 (1954); (Spannungsdoppelbrechung und Refraktion von Polystyrol).

W. J. Schmidt, Kolloid-Z. **144**, 3–12 (1955); (Deformation, Quellung).

G. R. Taylor u. S. R. Darin, J. appl. Physics **26**, 1075–79 (1955); (Buna, Orientierung).

Z. A. Zazulina u. Z. A. Rogovin, Colloid J. (USSR) (Eng. Transl.) **17**, 327–29 (1955); (Relaxation, Acrylnitril-Vinylidenchlorid-Copolymere).

F. H. Müller u. K. Jäckel, Kolloid-Z. **142**, 27–30 (1955); (mehrfach gereckte Polyamide).

E. F. Gurnee, L. T. Patterson u. R. D. Andrews, J. appl. Physics **26**, 1106–1110 (1955); (Apparatives für Spannungsdoppelbrechung).

F. H. Müller u. K. Jäckel, Kolloid-Z. **142**, 30–31 (1955); (Querschnitt gereckter Proben und ihre Orientierung).

H. Pohl u. S. Altrichter, Plaste u. Kautschuk **2**, 207–210 (1955); (Hilfsmittel für den Ingenieur).

A. V. Tobolsky, J. phys. Chem. **59**, 575–576 (1955); (Gelatinegel, Relaxation).

R. S. Stein u. F. H. Norris, J. Polymer Sci. **21**, 381–96 (1956); (gestrecktes Polyäthylen).

W. Voigt, Ph. Ch. (N.F.) **8**, 75–81 (1956); (Apparatives).

R. D. Andrews u. J. F. Rudd, J. appl. Physics **27**, 990–1002 (1956); (orientierte Polystyrolfäden).

A. Angioletti, Pirelli Firmenschrift **4**, 1–10 (1956); (Gummierzeugnisse).

S. Wintergerst u. K. Heckel, Kunstst. **46**, 365 (1956); (gespritzte Polystyrolteile).

D. W. Saunders, Trans. Faraday Soc. **52**, 1414–1431 (1956); (Naturkautschuk, Guttapercha, Spannungsdoppelbrechung).

K. Kawata, J. Polymer Sci. **19**, 359–64 (1956); (Methodik für Spannungsdoppelbrechung).

C. Robinson, Trans. Faraday Soc. **52**, 571–592 (1956); (flüssige Krystalle, Polypeptid).

A. Möhring u. G. Duwe, Faserforsch. u. Textiltechn. **8**, 54–61 (1957); (Cellulosetriacetat, Orientierung).

M. J. Kramer, SPE Journal **13**, Nr. 9, 38–40 (1957); (Apparatives).

N. N. Winogradoff u. D. C. Bisset, J. Polymer Sci. **26**, 187–198 (1957); (Apparatives).

J. Majer u. J. Dvorak, Kunststoff-Rundschau **4**, 345–48 (1957); (Spannungsdoppelbrechung).

D. W. Saunders, Trans. Faraday Soc. **53**, 860–870 (1957); (Spannungsdoppelbrechung bei Polyäthylen, Naturkautschuk usw.).

D. Patterson u. I. M. Ward, Trans. Faraday Soc. **53**, 1516–1526 (1957); (Nachweis der Orientierung von Polymeren mit dichroitischen Farbstoffen).

S. N. Gaythorpe, Nature **179**, 322 (1957); (Cellophanfolien).

M. M. Leven u. R. C. Sampson, Mod. Plastics **34**, Nr. 9, 151–155 (1957); (Beanspruchung von Formkörpern).

W. J. Dulmage u. L. E. Contois, J. Polymer Sci. **28**, 275–84 (1958); (Vergleich mit Röntgenstreuung usw.).

F. A. Bettelheim u. R. S. Stein, J. Polymer Sci. **27**, 567–569 (1958); (Polyäthylenfilme).

D. R. Holmes u. R. P. Palmer, J. Polymer Sci. **31**, 345–58 (1958); (Polyäthylenfilme).

I. J. Poddubnyi, Z. chim. Promýšl. **1958**, 1–9; (Spannungsoptik, synthetischer Kautschuk).

A. Möhring u. G. Duwe, Faserforsch. u. Textiltechn. **11**, 7–15 (1960); (Polyamidfasern, Temp.-Behandlung).

V. C. Haskell u. D. K. Owens, J. Appl. Polymer Sci. **4**, 225–30 (1960); (Cellulosefilme aus Viscoselösung).

K. Kawai u. R. S. Stein, J. Appl. Polymer Sci. **4**, 349–353 (1960); (gedehnte, Fluor enthaltende Polymere).

J. Kruse u. T. Timm, Rubber Chem. Technol. **33**, 763–89 (1960); (Temp.-Abhängigkeit, Spannungsoptik).

W. J. Ritschard u. J. F. Gilles, Makromolekulare Chem. **39**, 140–148 (1960); (elektrische Doppelbrechung, Polyglutaminsäurebenzylester).

G. B. Jackson u. R. L. Ballman, SPE Journal **16**, 1147 (1960); (Orientierung und Eigenschaften).

V. N. Tsvetkov u. N. N. Boitsova, Vysokomolekulyarnye Soedineniya **2**, 1176–87 (1960); (optische Anisotropie und Stereospezifität bei Polymethylmethacrylat).

R. K. Bullough, J. Polymer Sci. **46**, 517–20 (1960); (Doppelbrechung und Lichtstreuung).

d₈) Drehung der Ebene des polarisierten Lichtes; bisher nicht erfaßte optische Eigenschaften

Buchübersicht

W. G. Berl, Physical Methods in Chemical Analysis, 1. Aufl., Bd. II, S. 3, Academic Press, New York 1951.

F. Hoppe-Seyler, F. Thierfelder u. H. Thierfelder, Handbuch der physiologisch- und pathologisch-chemischen Analyse für Ärzte, Biologen und Chemiker, 10. Aufl., Bd. I, S. 479, Springer-Verlag, Berlin-Göttingen-Heidelberg 1953.

J. Reilly u. W. N. Rae, Physico-Chemical Methods, 5. Aufl., Bd. II, S. 317, Methuen & Co., London 1954.

S. Flügge, Handbuch der Physik, 1. Aufl., Bd. XXVIII, S. 301, Springer-Verlag Berlin-Göttingen-Heidelberg 1957.

H. H. Willard, L. Merritt u. J. A. Dean, Instrumental Methods of Analysis, 3. Aufl., S.317, D. van Nostrand Co., Inc., New York 1958.

Veröffentlichungen

H. L. Frisch, C. Schuerch u. M. Szwarc, J. Polymer Sci. **11**, 559–66 (1953); (Theorie der optischen Aktivität von Polymeren).

M. A. GOLUB u. E. E. PICKETT, J. Polymer Sci. **13**, 427–440 (1954); (optische Drehung von Proteinen).

A. ELLIOTT u. B. R. MALCOLM, Nature **178**, 912 (1956); (α-Polypeptide).

E. R. BLOUT u. M. IDELSON, Am. Soc. **78**, 497–98 (1956); (Poly-L-glutaminsäure).

I. M. WARD, Chem. and Ind. **1956**, 905–06; (Rotationsisomere, Polyäthylenterephthalat).

W. MOFFITT, J. chem. Physics **25**, 467–478 (1956); (optische Rotationsdispersion von Polymeren).

I. TINOCO jr., J. chem. Physics **26**, 1356–1357 (1957); (optische Aktivität einer Lösung im hydrodynamischen Feld).

M. L. WOLFROM u. D. L. FIELDS, Tappi **40**, 335–337 (1957); (Drehung und Mol.-Gew. von β-D-Acetaten der Cellulose).

C. L. ARCUS, Soc. **1957**, 1189–1196; (optische Aktivität von Polymeren).

B. D. COLEMAN, J. Polymer Sci. **31**, 155–164 (1958); (optische Aktivität von Stereoblockpolymeren, Theorie).

J. KLEINE u. H. H. KLEINE, Makromolekulare Chem. **30**, 23–38 (1959); (optisch aktive Polyester der Milchsäure).

P. DOTY, Rev. mod. Physics **31**, 107–117 (1959); (optische Drehung in Abhängigkeit von Wellenlänge, Temp. und p_H-Wert, Naturstoffe).

M. EBATA, Bl. chem. Soc. Japan **33**, 899–901 (1960); (Temp.-Abhängigkeit bei Poly-ε-aminocapryl-α-alanin).

W. J. BAILEY ü. E. T. YATES, J. org. Chem. **25**, 1800–04 (1960); (optisch aktive Polyolefine).

d₉) Mikroskopisch sichtbare Struktur (Mikroskopie, Polarisationsmikroskopie, Elektronenmikroskopie)

Buchübersicht

Verzeichnis von Veröffentlichungen über Phasenkontrast-Mikroskopie, Carl-Zeiss-Werk, Abteilung für Mikroskopie, Jena.

P. PIGANIOL, Macromolécules, Tl. 1, Aufl., S. 79, Dunod, Paris 1947.

Proceedings of the Conference on Electron Microscopy, The Hague: Martinus Nijhoff, Delft 1950.

C. BURRI, Das Polarisationsmikroskop, Verlag Birkhäuser, Basel 1950.

V. PATZELT, Das Mikroskop und seine Nebenapparate im Dienst der Naturwissenschaften, Medizin und Technik, Verlag S. Fromme & Co., Wien 1950.

A. A. RUSTERHOLZ, Elektronenoptik, Bd. I, Grundzüge der theoretischen Elektronenoptik, Verlag Birkhäuser, Basel 1950.

W. G. BERL, Physical Methods in Chemical Analysis, 1. Aufl., Bd. I, S. 535, Bd. III, S. 135, Academic Press, New York 1950.

V. E. COSSLETT, Bibliography of Electron Microscopy, Arnold & Co., London 1950.

H. MOHLER, Chemische Optik, 1. Aufl., Verlag H. R. Sauerländer & Co., Aarau 1951.

A. HERZOG, Handbuch der mikroskopischen Technik für Fasertechnologen, Akademie-Verlag, Berlin 1951.

G. BOURNE, Cytology and Cell Physiology, 2. Aufl., Clarendon Press, Oxford 1951.

P. A. KOCH, Mikroskopie der Faserstoffe, Verlag Spohr, Wuppertal 1951.

A. H. BENNETT u. a., Phase Microscopy, J. Wiley & Sons, New York 1951.

H. MAHL u. E. G. GÖLZ, Elektronenmikroskopie, VEB Bibliographisches Institut, Leipzig 1951.

S. J. GREGG, The Surface Chemistry of Solids, S. 159, Chapman & Hall Ltd., London 1951.

V. E. COSSLETT, Practical Electron Microscopy, Butterworths Scientific Publ., London 1951.

W. GLASER, Grundlagen der Elektronenoptik, Springer-Verlag, Wien 1952.

E. A. WAINRIB u. W. I. MILJUTIN, Elektronenoptik, S. 204, VEB Verlag Technik, Berlin 1952.

G. GOMORI, Microscopic Histochemistry, University Press, Chicago 1952.

F. RINNE u. M. BEREK, Anleitung zu optischen Untersuchungen mit dem Polarisationsmikroskop, 2. Aufl., Verlag Schweizerbart, Stuttgart 1953.

H. FIEBIGER, Mikroskopie in der Papierindustrie, Werkschriftenverlag GmbH., Heidelberg 1953.

A. B. WILDMAN, The Microscopy of Animal Textile Fibers, Wool Industries Research Association, Torridon 1954.

Rapport Europees Congres Toegepaste Elektronenmicroscopie, Rijksuniversiteit, Gent 1954.

A. WEISSBERGER, Technique of Organic Chemistry, Interscience Publ., 2. Aufl., Bd. I, New York 1954.

M. HARRIS, Handbook of Textile Fibers/3, Harris Research Laboratories, Washington 1954.

A. HERZOG, Quantitative mikroskopische Analyse von Faserstoffen, Akademie-Verlag, Berlin 1954.

A. N. J. HEYN, Fiber Microscopy, Interscience Publ. Inc., New York 1954.

H. FREUND, Handbuch der Mikroskopie in der Technik, Bd. I, Tl. 1, Bd. II, Tl. 2, Bd. IV, Tl. 1, Bd. V, Umschau-Verlag, Frankfurt/Main 1954/55/57.

A. HERZOG, Mikrophotographischer Atlas der technisch wichtigen Pflanzenfasern, Akademie-Verlag, Berlin 1955.

H. APPELT, Einführung in die mikroskopischen Untersuchungsmethoden (Fluoreszenzmikroskopie), 3. Aufl., Verlag Geest & Portig, Leipzig 1955.

R. D. CADLE, Particle Size Determination, Interscience Publ., New York 1955.

Beispiele angewandter Forschung, Frauenhofer-Gesellschaft zur Förderung der angewandten Forschung e.V., S. 55, München 1955.

J. PICHT u. R. GAIN, Das Elektronenmikroskop, Fachbuchverlag, Leipzig 1955.

F. HAUSER, Das Arbeiten mit auffallendem Licht in der Mikroskopie, Mikro- u. Makrophotographie, Akademische Verlagsgesellschaft, Leipzig 1956.

M. ROOSEBOOM, Microscopium, National Museum for the History of Science, Leiden 1956.

M. ARDENNE, Tabellen der Elektronenphysik, Ionenphysik und Übermikroskopie, Bd. I (Hauptgebiete), VEB Deutscher Verlag der Wissenschaften, Berlin 1956.

H. HARMS, Handbuch der Farbstoffe für die Mikroskopie, Staufen-Verlag, Kamp-Lintfort 1957.

F. S. SJÖSTRAND u. J. RHODIN, Electron Microscopy, Almquist & Wiksell, Stockholm 1957.

S. FLÜGGE, Handbuch der Physik, 1. Aufl., Bd. VII/2, S. 80 u. a., Springer-Verlag, Berlin-Göttingen-Heidelberg 1958.

C. H. LEIGH-DUGMORE, Microscopy of Rubber, Heffer & Sons, Cambridge 1961.

Veröffentlichungen

Mikroskopie:

E. A. HAUSER u. P. S. LE BEAU, J. phys. Chem. **50**, 171–176 (1946); (Vulkanisation von Kautschuk in Lösung).

J. E. HESSELS, Rubber Chem. Technol. **20**, 1109–1123 (1947); (Dispersion bei Hevea-Latex).

I. V. DE GRUY u. M. L. ROLLINS, Textile Res. J. **18**, 371–373 (1948); (Latexverteilung in Reifencord).

E. A. HAUSER u. D. S. LE BEAU, J. physic. Colloid Chem. **54**, 256–264 (1950); (Kautschukfraktionen).

R. VIEWEG u. J. MOLL, Kunstst. **40**, 317–321 (1950); (Untersuchung von Kunststoffen).

M. STAUDINGER, Makromolekulare Chem. **7**, 70–81 (1951); (Fasern von Cellulose und Cellulosenitraten).

S. H. MARON u. C. MOORE, J. Colloid Sci. **7**, 94–102 (1952); (Gestaltänderungen in gelierten Latices).

R. BARTUNEK u. W. JANCKE, Holzforschung **7**, 71–78 (1953); (native Cellulosefasern).

H. A. STUART u. U. VEIEL, Kunstst. **43**, 179–180 (1953); (Methodik, Textur von Kunststoffkörpern).

E. A. HAUSER, Kautschuk u. Gummi **6**, (W.T.) 120–23, (1953); (Morphologie natürlicher und synthetischer Kautschuke).

W. BOBETH, Faserforsch. u. Textiltechn. **5**, 115–130, 168–170 (1954); (mikroskopische Erkennung von Faserstoffen).

T. G. F. SCHOON u. K. L. PHOA, J. Colloid Sci. **10**, 226–28 (1955); (Phasenkontrastmikroskopie von Latex).

T. G. F. SCHOON, Kolloid-Z. **141**, 82–87 (1955); (Phasenkontrastmikroskopie von Latex).

M. RACHNER, Kautschuk u. Gummi **8**, (W.T.) 176–184 (1955); (Kautschuk).

N. H. LANGTON, Plastics **21**, 118–120 (1956); (Oberfläche nach Ultraschallabbau).

N. STUART, Plastics **21**, 308–313 (1956); (Haftung von Kunststoffen auf Metall).

W. KUNZE, Reyon, Zellwolle andere Chemiefasern, **1956**, 169–72; (Heiztischmikroskopie im Textillabor).

H. DOLMETSCH, Kolloid-Z. **145**, 141–151 (1956); (Cellulosefasern).

B. B. BURNETT u. W. F. MCDEVIT, J. appl. Physics **28**, 1101–1105 (1957); (Sphärolithwachstum).

F. KHOURY, J. Polymer Sci. **26**, 375–379 (1957); (Fibrillenstruktur der Sphärolithe, Polyamide, Phasenkontrast).

V. P. MELESHKO u. O. N. MYAGKOI, Koll. Žurnal, **19**, 683–87 (1957); (Quellung von Austauschern).

C. W. SWEITZER, W. H. HESS u. J. E. CALLAN, Rubber World **138**, 869–876 (1958); **139**, 74–81 (1958); (Rußverteilung).

C. R. LINDEGREN u. M. J. KOHAN, J. Polymer Sci. **28**, 615 f. (1958); (krystallines Nylon®).

H. D. KEITH u. F. J. PADDEN, J. Polymer Sci. **31**, 415–421 (1958); (Sphärolithe in Polythen).

B. v. FALKAI u. M. A. STUART, Kolloid-Z. **162**, 138–140 (1959); (krystallines Polypropylen).

O. N. TROPEZNIKOVA u. G. E. SMIRNOVA, Rubber Chem. Technol. **32**, 463–470 (1959); (krystallines Polychloropren, F).

V. KŘIŽEK u. F. RYBNIKAR, Plaste u. Kautschuk **6**, 113–117 (1959); (Ausblühungen auf Gummi).

J. WILLEMS, Experientia **15**, 175 (1959); (Orientierung von Nylon® an Kaliumchlorid).

B. HARGITAY, L. RODRIGUEZ u. M. MIOTTO, J. Polymer Sci. **35**, 559–561 (1959); (aktive Zentren eines Ziegler-Katalysators).

R. BUCHDAHL, R. L. MILLER u. S. NEWMAN, J. Polymer Sci. **36**, 215–231 (1959); (krystallines Polyäthylen).

A. S. KENYON, R. C. GROSS u. A. L. WURSTNER, J. Polymer Sci. **40**, 159–168 (1959); (Krystallisation von Polystyrol).

H. A. STUART, Kolloid-Z. **165**, 3–25 (1959); (Krystallisation von Polymeren).

W. M. D. BRYANT u. Mitarbb., Am. Soc. **81**, 3219–23 (1959); (vernetztes Polyäthylen).

V. A. KARGIN, S. J. MIRLINA u. A. D. ANTIPINA, Doklady. Akad. S.S.S.R. **129**, 614–16 (1959); (Copolymere aus Äthylensulfonsäure und Acrylsäure).

C. A. CARLTON, Rubber World **143**, 59 (1960); (Pigmentverteilung).

N. K. BARAMBOIM u. V. N. GORODILOV, Rubber J. and Intern. Plastics **139**, 301–303 (1960); (Mikroskopie, mechanische Zerkleinerung und Molgewicht).

W. R. KRIGBAUM u. N. TOKITA, J. Polymer Sci. **43**, 467–488 (1960); (Schmelzpunktsdepression, Mikroskopie).

L. W. GAMBLE, J. Polymer Sci. **47**, 518–520 (1960); (Apparatives, Katalysatoruntersuchung).

P. V. KOZLOV, M. I. IOVLEVA u. L. PAN-TUN, Vysokomolekulyarnye Soedineniya **2**, 284–86 (1960); (Mikroskopie, Sphärolithe).

C. E. ANAGNOSTOPOULOS, A. Y. CORAN u. H. R. GAMRATH, J. Appl. Polymer Sci. **4**, 181–192 (1960); (Polyvinylchloridquellung).

W. M. HESS, Rubber World **145**, 78 (1961); (Pigmentverteilung in Gummi).

Polarisationsmikroskopie:

R. D. EVANS, H. R. MIGHTON u. P. J. FLORY, Am. Soc. **72**, 2018–2028 (1950); (F und Mol.-Gew., Polyamide, Methodik).

E. KORDES u. Mitarbb., Kolloid-Z. **119**, 23–38 (1950); (verstrecktes Perlon).

E. JENCKEL u. E. KLEIN, Kolloid-Z. **118**, 86–93 (1950); (krystallines Polyurethan).

H. N. CAMPBELL u. M. D. ALLEN, Ind. eng. Chem. **43**, 413–415 (1951); (krystalliner Naturkautschuk).

W. N. ZWETKOW u. S. P. KROSER, Doklady Akad. S.S.S.R. **81**, 383–86 (1951); referiert in: Kunstst. **43**, 156 (1953); (Diffusionsgeschwindigkeit von Polystyrol).

S. OBERTO, Ind. eng. Chem. **43**, 393–398 (1951); (optische Anisotropie in Vulkanisaten).

W. N. ZWETKOW u. S. P. KROSER, Chem. Techn. **4**, 285–287 (1952); (Polystyrollösung, Diffusion).

S. OKAJIMA u. Y. KOBAYASHI, Bl. chem. Soc. Japan **25**, 268–71 (1952); (Dichroismus von Polyvinylalkoholfäden).

W. SCHLESINGER u. H. M. LEEPER, J. Polymer Sci. **11**, 203–213 (1953); (Einkrystalle von α-Gutta).

R. D. ANDREWS, J. appl. Physics **25**, 1223–1231 (1954); (orientierte Polystyrolfäden).

F. P. Reding u. A. Brown, Ind. eng. Chem. **46**, 1962–1967 (1954); (Sphärolithe bei Polyfluoräthylen).

S. C. Simmens, J. Textile Inst., Trans. **46**, 715–720 (1955); (Oberfläche von Nylon®).

T. Marx u. W. Presting, Chem. Techn. **7**, 662–673 (1955); (Wachszustand).

A. Keller, J. Polymer Sci. **17**, 291–308 (1955); (Sphärolithe in Polymeren).

G. C. Claver jr., R. Buchdahl u. R. L. Miller, J. Polymer Sci. **20**, 202–205 (1956); (Sphärolithe in Polyäthylen).

D. G. Grabar u. R. Haessly, Anal. Chem. **28**, 1586–1589 (1956); (Identifizierung von Fasern durch Mikroschmelze).

E. H. Boasson u. J. M. Woestenenk, J. Polymer Sci. **21**, 151–153 (1956); (Sphärolithe in Polyamid).

B. B. Burnett u. W. F. McDevit, J. Polymer Sci. **20**, 211–213 (1956); (Sphärolithe).

E. Jenckel u. H. Rinkens, Naturwiss. **43**, 535–36 (1956); (krystalline Polyester).

D. J. Plazek u. J. D. Ferry, J. phys. Chem. **60**, 289–94 (1956); (Cellulosetrinitrat + Isophoron).

R. D. Andrews u. J. F. Rudd, J. appl. Physics **28**, 1091–1095 (1957); (Spannungsdoppelbrechung mit Polarisationsmikroskop).

J. F. Rund u. E. F. Gurnee, J. appl. Physics **28**, 1096–1100 (1957); (Spannungsdoppelbrechung mit Polarisationsmikroskop).

I. C. F. Kessler, Plastics Inst. (London), Trans. and J. **25**, 281–310 (1957); (Polyamide).

J. Willems, Experientia **13**, 276–277 (1957); (orientiertes Aufwachsen auf Polymeren).

D. J. Isings, Plastica **10**, 32–35 (1957); (Fasern).

E. H. Boasson u. J. M. Woestenenk, J. Polymer Sci. **24**, 57–61 (1957); (krystallines Nylon®).

A. Schram, Kolloid-Z. **151**, 18–24 (1957); (Polyäthylen).

H. D. Keith u. F. J. Padden jr., J. Polymer Sci. **31**, 415–421 (1958); (Sphärolithe in Polyäthylen).

S. M. Ohlberg, J. Roth u. R. A. V. Raff, J. Appl. Polymer Sci. **1**, 114–120 (1959); (Sphärolithe in Polyäthylen).

G. Putti u. F. Sabbioni, Materie plast. **25**, 729–736 (1959); (Mikrophotos, isotaktische Polymere).

F. J. Padden jr. u. H. D. Keith, J. appl. Physics **30**, 1479–1484 (1959); (krystallines Polypropylen, F).

H. D. Keith u. F. J. Padden jr., J. Polymer Sci. **41**, 525–528 (1959); (Deformation krystalliner Polymerer).

E. F. Gurnee, J. Polymer Sci. **41**, 119–132 (1959); (Quellung vernetzter Polymerisate).

A. Müller u. R. Pflüger, Plastics **24**, 350–356 (1959); (Morphologie krystalliner Polyamide).

C. L. Arcus u. A. Bose, Chem. and Ind. **1959**, 456; (sterische Untersuchungen von Styrol-Maleinsäure-anhydrid-Copolymeren und Polyacrylnitril).

A. Ziabicki, Kolloid-Z. **167**, 132–141 (1959); (krystalline Formen von Polycapronamid).

L. Mandelkern u. Mitarbb., Am. Soc. **82**, 46–53 (1960); (Polyäthylen, F).

B. V. Falkai, Makromolekulare Chem. **41**, 86–109 (1960); (Polypropylen).

H. G. Zachmann u. H. A. Stuart, Makromolekulare Chem. **41**, 131–73 (1960); (Polarisationsmikroskopie, Polytetrafluoräthylen).

A. J. Yu u. R. D. Evans, J. Polymer Sci. **42**, 249–57 (1960); (Copolyamide).

Weitere Arbeiten unter: Doppelbrechung durch Orientierung, S. 1000.

Elektronenmikroskopie, allgemein interessierende Arbeiten:

R. H. Kelsey u. E. E. Hanson, Rubber Chem. Technol. **20**, 602–6 (1947); (Standard-Latex für Elektronenmikroskopie).

B. M. Siegel, D. H. Johnson u. H. Mark, J. Polymer Sci. **5**, 111–20 (1950); (Molgewichtsbestimmung).

R. Signer, H. Pfister u. H. Studer, Makromolekulare Chem. **6**, 15–24 (1951); (Oberfläche von Textilfasern).

S. G. Ellis, J. appl. Physics **23**, 728–32 (1952); (Methodik).

A. C. Cooper, A. Keller u. J. R. S. Waring, J. Polymer Sci. **11**, 215–20 (1953); (bei Polymeren).

A. J. de Vries u. V. C. Dalitz, Trans. Inst. Rubber. Ind. **30**, 76–80 (1954); (Gele in Latex).

M. M. Chappuis, M. H. Polley u. R. A. Schulz, Rubber World **130**, 507–9 (1954); (verstärkte Kautschukmischungen).

A. Nisonoff, W. E. Messer u. L. H. Howland, Anal. Chem. **26**, 856–61 (1954); (Größenverteilung im Latex).

E. Crampsey, M. Gordon u. J. W. Sharpe, J. Colloid Sci. **9**, 185–90 (1954); (Reaktionen in Latex).

T. Tachibana, R. Inokuchi u. T. Inokuchi, Nature **176**, 1117–1119 (1955); (monomolekulare Schichten von Polymeren).

K. C. A. Smith u. C. W. Oatley, Brit. J. appl. Physics **6**, 391–99 (1955); (Apparatives, Bildzerlegung).

S. Weinreb, Sci. **121**, 774–75 (1955); (Methodik, Polymerisation der Einbettung).

R. M. Tabibian, W. Heller u. J. N. Epel, J. Colloid Sci. **11**, 195–213 (1956); (kolloide Teilchen in Latex).

R. G. Scott u. A. W. Ferguson, Textile Res. J. **26**, 284–96 (1956); (synthetische Fasern).

J. C. Guthrie, J. Textile Inst., Trans. **47**, 248–268 (1956); (Polymerisation der Einbettung, Methodik, Fasern).

J. Sikorski u. A. Charles, Brit. J. appl. Physics **7**, 152 (1956); (Textilfasern).

V. A. Kargin u. T. A. Korezkaja, Doklady Akad. S.S.S.R. **110**, 1015–17 (1956); (Krystallinität von Polymeren).

K. Hess u. Mitarbb., Kolloid-Z. **153**, 128–55 (1957); (Methodik zur Sichtbarmachung der Orientierung).

E. H. Andrews u. A. Walsh, Nature **179**, 729 (1957); (Methodik, Gelatineabdrücke von Vulkanisaten).

G. M. Burnett u. Mitarbb., J. Polymer Sci. **29**, 417–23 (1958); (Partikel in Emulsionspolymerisation, Vergleich mit Lichtstreuung).

V. A. Kargin, N. F. Bakeew u. H. Vergin, Doklady Akad. S.S.S.R. **122**, 97–98 (1958); (Orientierung in amorphen Polymeren).

C. E. Hall u. P. Doty, Am. Soc. **80**, 1269–74 (1958); (Abmessung von Makromolekülen).

V. E. Shashoua u. R. G. Beaman, J. Polymer Sci. **33**, 101–17 (1958); (Mikrogel).

H. Hendus u. Mitarbb., Ergebn. exakt. Naturwiss. **31**, 220–380 (1959); (neuere Untersuchungen).

F. P. Reding u. E. R. Walter, J. Polymer Sci. **38**, 141–59 (1959); (Polyäthylen, Sphärolithe).

A. Keller, Kolloid-Z. **165**, 15–25 (1959); (Vergleich mit Kleinwinkelstreuung).

P. V. Kozlov u. Mitarbb., Vysokomolekulyarnye Soedineniya **2**, 421–426 (1960); (Elektronenmikroskopie, Ätzverfahren).

P. E. M. ALLEN u. Mitarbb., Makromolekulare Chem. **39**, 52–66 (1960); (Elektronenmikroskopie bei Trübungstitration).

B. G. RANBY, F. F. MOREHEAD u. N. M. WALTER, J. Polymer Sci. **44**, 349–67 (1960); (Alkane, Polyäthylen, Vergleich mit Kleinwinkelstreuung).

W. M. HESS, Rubber World **145**, Nr. 2, 78 (1961); (Pigmentverteilung in Gummi).

Elektronenmikroskopie, reine Hochmolekulare:

E. A. HAUSER, Rubber Age (N. Y.) **67**, 185–190 (1950); (Sol und Gel, Elastomere).

A. L. SAIDESS u. S. L. PUPKO, Koll. Žurnal **12**, 275–278 (1950); (Kollagen).

R. SIGNER u. Mitarbb., M. **81**, 232–38 (1950); (Spaltung der Cellulose bei Veresterung).

G. M. PATEL, Makromolekulare Chem. **7**, 12–45 (1951); (Oxycellulose).

A. FREY-WYSSLING, Makromolekulare Chem. **7**, 163–167 (1951); (gelöste und gefällte Cellulose).

A. P. PISSARENKO, A. B. SCHECHTER u. A. I. JETSCHEISSTOWA, Kautschuk u. Gummi **4**, 255 (1951); (Kautschuk).

R. D. PRESTON, Discuss. Faraday Soc. **11**, 165–170 (1951); (Fibrillen nativer Cellulose).

R. E. DILLON, L. A. MATHESON u. E. B. BRADFORD, J. Colloid Sci. **6**, 108–117 (1951); (Sintern der Teilchen in synthetischem Latex).

A. FREY-WYSSLING, Makromolekulare Chem. **6**, 7–14 (1951); (Aufbau von Mikrofibrillen der Cellulose).

E. B. BRADFORD, J. appl. Physics **23**, 609–612 (1952); (weichgemachter Latex).

W. J. PRIEST, J. phys. Chem. **56**, 1077–1082 (1952); (Polymerisation von Vinylacetat in Wasser, Größenverteilung).

E. E. RYLOW, W. L. KARPOW u. W. A. KARGIN, Chem. Techn. **5**, 748 (1953); (Polymere).

C. H. LEIGH-DUGMORE, Trans. Inst. Rubber Ind. **29**, 92–99 (1953); (Teilchengröße von Ruß).

C. M. CONRAD, Ind. eng. Chem. **45**, 2511–2517 (1953); (Molgewichtsverteilung von Cellulose).

A. VOGEL, Makromolekulare Chem. **11**, 111–128 (1953); (Feinstruktur von Ramie).

O. SEIPOLD u. T. MARX, Plaste u. Kautschuk **1**, 11–13 (1954); (Emulsionspolymerisate).

B. G. RANBY, Makromolekulare Chem. **13**, 40–52 (1954); (native Cellulosefasern).

E. B. BRADFORD u. J. W. VANDERHOFF, J. appl. Physics **26**, 864–71 (1955); (monodisperse Latices).

J. G. HELMCKE, Dtsch. zahnärztl. Z. **10**, 1269–1277 (1955); (schnellhärtende Kunststoffe).

T. TACHIBANA, K. INOKUCHI u. T. INOKUCHI, Nature **176**, 1117 (1955); (monomolekulare Schichten von Polymeren).

G. HOFMANN, Plaste u. Kautschuk **2**, 249–252 (1955); (Anwendung auf Kautschuk).

W. M. D. BRYANT u. Mitarbb., J. Polymer Sci. **16**, 131–42 (1955); (Krystallite in Polymeren).

H. KUNOWSKI u. U. HOFMANN, Ang. Ch. **67**, 289–300 (1955); (Kautschukfüllstoffe).

T. G. F. SCHOON u. G. J. v. D. BIE, J. Polymer Sci. **16**, 63–88 (1955); (Größenverteilung in Hevea-Latex).

P. I. ZUBOV, Z. N. ZHURKINA u. V. A. KARGIN, Colloid J. (USSR) (Eng. Transl.) **17**, 27–29 (1955); (Globulisierung von Kautschuk bei Halogenierung in Lösung).

R. E. BURGE u. J. T. RANDALL, Pr. roy. Soc. (A) **233**, 1–16 (1955); (Kollagen).

R. L. WHISTLER u. E. S. TURNER, J. Polymer Sci. **18**, 153–156 (1955); (Struktur von Stärkekörnern).

M. RACHNER, Kautschuk u. Gummi **8**, (W.T.) 177 (1955); (Kautschuk).

T. G. F. SCHOON u. G. J. VAN DER BIE, J. Polymer Sci. **16**, 63–88 (1955); (Größenverteilung in Hevea-Latex).

H. DOLMETSCH, Kolloid-Z. **145**, 141–151 (1956); (Cellulose).

E. A. HAUSER, Rubber Age (N. Y.) **78**, 713–17 (1956); (synthetische Elastomere).

E. B. BRADFORD, J. W. VANDERHOFF u. T. ALFREY, J. Colloid Sci. **11**, 135–49 (1956); (monodisperse Latices).

R. REED, M. J. WOOD u. M. K. KEECH, Nature **177**, 697–99 (1956); (Helix bei Kollagenfibrillen).

G. W. HASTINGS, D. W. OVENALL u. F. W. PEAKER, Nature **177**, 1091–92 (1956); (Aggregation sphärischer Teilchen).

G. JAYME u. G. HUNGER, M. **87**, 8–23 (1956); (Verhornung der Cellulosefasern).

O. A. BATTISTA u. Mitarbb., Ind. eng. Chem. **48**, 333–335 (1956); (Mehrphasenstruktur von Cellulosefasern).

J. F. HAMILTON u. F. A. HAMM, J. appl. Physics **27**, 190–191 (1956); (Kugelpackung in Latices).

P. I. SUBOW, S. N. SHURKINA u. W. A. KARGIN, Gummi u. Asbest **9**, 148 (1956); (Knäuelung von Kautschuk).

E. BLASIUS, H. PITTACK u. M. NEGWER, Ang. Ch. **68**, 671–677 (1956); (Anionenaustauscher).

P. H. TILL jr., J. Polymer Sci. **24**, 301–306 (1957); (Einkrystalle von Polyäthylen).

E. M. BEVILACQUA, J. Polymer Sci. **24**, 292–296 (1957); (Pfropfpolymerisation auf Basis Naturkautschuk).

W. M. THOMAS, E. H. GLEASON u. G. MINO, J. Polymer Sci. **24**, 43–56 (1957); (Suspensionspolymerisation von Acrylnitril).

K. HESS, H. MAHL u. E. GÜTTER, Kolloid-Z. **155**, 1–19 (1957); (Längsperioden in Cellulosefasern).

V. A. KARGIN u. N. F. BAKEEV, Colloid J. (USSR) (Eng. Transl.) **19**, 143–148 (1957); (Teilchen in Polyacrylatlösungen).

K. HESS, Chim. et Ind. **80**, 129–139 (1958); (Cellulose, Polymere).

E. W. FISCHER, Kolloid-Z. **160**, 120–141 (1958); (Stabilität von Suspensionen).

C. W. BUNN, A. J. COBBOLD u. R. P. PALMER, J. Polymer Sci. **28**, 365–376 (1958); (Polytetrafluoräthylen).

V. A. KARGIN, J. Polymer Sci. **30**, 247–258 (1958); (Phasenzustand von Polymeren).

E. GRIMAUD, J. SANLAVILLE u. M. TROUSSIER, J. Polymer Sci. **31**, 525–527 (1958); (Dispersionen von Polytetrafluoräthylen).

N. V. MIKHAILOV, V. J. MAIBORODA u. S. S. NIKOLAEVA, Colloid J. (USSR) (Eng. Transl.) **21**, 231–33 (1959); (lyophobe kolloide Lösungen von Polymeren).

N. GRUBHOFER, Makromolekulare Chem. **30**, 96–108 (1959); (Ionenaustauscher).

E. H. ERATH u. R. A. SPURR, J. Polymer Sci. **35**, 391–399 (1959); (wärmehärtende Harze).

A. KELLER, J. Polymer Sci. **36**, 361–387 (1959); (Textur von Polyamiden).

A. N. J. HEYN, J. Polymer Sci. **41**, 23–32 (1959); (Mikrogel in Polyacrylnitril).

H. D. KEITH u. F. J. FADDEN jr., J. Polymer Sci. **41**, 525–528 (1959); (Deformation krystalliner Polymerer).

W. G. Barb u. M. Mikucki, J. Polymer Sci. 37, 499–514 (1959); (Koagulation von Latex).

D. V. Badami u. P. H. Harris, J. Polymer Sci. 41, 540–541 (1959); (Polyamid-Einkrystalle).

R. Eppe, E. W. Fischer u. H. A. Stuart, J. Polymer Sci. 34, 721–740 (1959); (Morphologie von Polyäthylen und Polyamiden).

H. A. Stuart, Kolloid-Z. 165, 3–40 (1959); (morphologische Strukturen).

K. Little. Brit. J. appl. Physics 10, 225–30 (1959); (Polyamid-Gefüge).

L. D. Moore jr. u. V. G. Peck, J. Polymer Sci. 36, 141–153 (1959); (Teilchengröße gelösten Polyäthylens).

N. V. Michailov, V. I. Maiboroda u. S. S. Nikolaeva, Colloid J. (USSR) (Eng. Transl.) 21, 231–34 (1959); (Elektronenmikroskopie von kolloiden Lösungen faserbildender Polymerer).

C. Sella, J. Polymer Sci. 48, 207–18 (1960); (gepfropftes Polyäthylen, Elektronenmikroskopie).

L. Makaruk, P. V. Kozlov u. V. A. Kargin, Vysokomolekulyarnye Soedineniya 2, 931–36 (1960); (Elektronenmikroskopie, Polycarbonat).

E. H. Andrews u. D. T. Turner, J. Appl. Polymer Sci. 3, 366–67 (1960); (Elektronenmikroskopie, Latex).

E. Schmidt u. P. H. Biddison, Rubber Age (N.Y.) 88, 484–90 (1960/61); (Größe von Latexteilchen).

Elektronenmikroskopie, Mischungen:

K. Petschkowskaja, S. Pupko u. B. Dogadkin, Koll. Žurnal 12, 367–369 (1950); (Ruß in Buna).

L. H. Cohan u. J. H. L. Watson, Rubber Age (N. Y.) 68, 687–698 (1951); (Ruß, Formfaktor).

J. Ames u. A. M. D. Sampson, J. appl. Chem. 1, 337–41 (1951); (weichgemachte Nitrocellulose).

A. Boettcher, Kautschuk u. Gummi 4, 123–128 (1951); (Füllstoffe in Kautschuk).

F. P. Ford u. A. Y. Mottlau, Rubber Age (N. Y.) 70, 457–463 (1952); (Ruß in Butylkautschuk).

F. Endter, Kautschuk u. Gummi 5, (W.T.) 17–22 (1952); (Füllstoffe in Kautschuk).

M. M. Chappuis, M. H. Polley u. R. A. Schulz, Rubber World 130, 507–509 (1954); (Verstärkerfüllstoffe in Kautschuk).

G. Kanig, Kolloid-Z. 147, 77–78 (1956); (Krystallisation von Flüssigkeiten in gequollenen Gelen).

C. W. Sweitzer, W. M. Hess u. J. E. Callan, Rubber World 138, 869–76 (1958); (Verteilung von Ruß in Gummi).

B. V. Shtarkh u. A. P. Pisarenko, Colloid J. (USSR) (Eng. Transl.) 20, 372–74 (1958); (Weichmacherwirkung).

S. S. Blagov u. K. A. Peihkovskaya, Soviet Rubber Technol. 3, 13–18 (1959); (Gummimischungen und ihre Bestandteile).

M. Seal, Phil. Mag. 1960, 78–83; (Elektronenmikroskopie, Kautschuk).

e) Kolligative Eigenschaften

e₁) Dampfdruck von Lösungen, Monomeren und Weichmachern (isotherme Destillation)

Buchübersicht

H. D. Baehr, Zur Thermodynamik der Zweiphasengleichgewichte, Verlag der Akademie und der Literatur, Mainz 1952.

L. Scheflan u. M. B. Jakobs, The Handbook of Solvents, 1. Aufl., S. 36, Van Nostrand Co. Inc., New York 1953.

T. E. Jordan, Vapor Pressure of Organic Compounds, 1. Aufl., Interscience Publ. Inc., New York 1954.

H. Tompa, Polymer Solutions, 1. Aufl., S. 123, Butterworths, London 1956.

Veröffentlichungen

G. Gee u. W. J. C. Orr, Trans. Faraday Soc. 42, 507–17 (1946); (Kautschuk-Benzol).

E. J. Meehan, Am. Soc. 71, 628–33 (1949); (Butadiendruck bei Polymerisation).

W. H. Reysen u. J. D. Gibson, Ind. eng. Chem. 42, 2468–71 (1950); (Poly-trifluor-chlor-äthylen).

C. E. H. Bawn, R. F. J. Freeman u. A. R. Kamaliddin, Trans. Faraday Soc. 46, 677–84 (1950); (Polystyrol).

A. Bondi, J. physic. Colloid Chem. 55, 1355–68 (1951); (Fluorkohlenstoffe und Polysiloxane).

H. Tompa, J. Polymer Sci. 8, 51–61 (1952); (Polystyrol-Benzol, Toluol).

C. E. H. Bawn u. M. A. Wajid, J. Polymer Sci. 12, 109–121 (1954); (Polystyrol).

R. L. Parrette, J. Polymer Sci. 15, 447–58 (1955); (Molgewichtsbestimmung).

R. P. A. Sims, J. Polymer Sci. 20, 415–16 (1956); (isotherme Destillation).

K. Schmoll u. E. Jenckel, Z. El. Ch. 60, 756–65 (1956); (Polystyrol, Toluol, Cyclohexan).

K. Thinius, J. pr. [4] 3, 50–105 (1956); (Dampfdrucke von Weichmachern).

W. J. Frissell, Ind. eng. Chem. 48, 1096–1099 (1956); (Dampfdrucke von Weichmachern).

H. Takenaka, J. Polymer Sci. 24, 321–32 (1957); (Nitrocellulose-Aceton).

A. Lienhart, M. Widemann u. A. Banderet, J. Polymer Sci. 23, 9–21 (1957); (isotherme Destillation).

A. Merz, Kunstst. 47, 69–73 (1957); (Weichmacherflüchtigkeit).

C. Booth, G. Gee u. G. R. Williamson, J. Polymer Sci. 23, 3–8 (1957); (Naturkautschuk-Äthylacetat).

K. Thinius, E. Schroeder u. U. Waurick, Plaste u. Kautschuk 4, 409–413 (1957); (Flüchtigkeit von Weichmachern aus Plasten).

R. S. Jessup, J. Res. Bur. Stand. 60, Nr. 1, 47–53 (1958); (Polyisobutylen, Polybutadien, Benzollösungen).

G. R. Cotten, A. F. Sirianni u. I. E. Puddington, J. Polymer Sci. 32, 115–24 (1958); (Polyvinylacetat, Dampfdruckerniedrigung).

e₂) Osmotischer Druck

Buchübersicht

F. M. Uber, Biophysical Research Methods, 1. Aufl., S. 39, Interscience Publ. Inc., New York 1950.

J. W. McBain, Colloid Science, 1. Aufl., S. 210, D. C. Heath & Co., Boston 1950.

H. A. Stuart, Die Physik der Hochpolymeren, 1. Aufl., Bd. II, S. 373, Springer-Verlag, Berlin-Göttingen-Heidelberg 1953.

J. Reilly u. W. N. Rae, Physico-Chemical Methods, 5. Aufl., Bd. II, S. 264, Methuen & Co, London 1954.

F. Hoppe-Seyler u. H. Thierfelder, Handbuch der Physiologisch- und Pathologisch-chemischen Analyse für Ärzte, Biologen und Chemiker, 10. Aufl., Bd. II, S. 23, Springer-Verlag, Berlin-Göttingen-Heidelberg 1955.

Veröffentlichungen

Allgemein interessierende Arbeiten (im wesentlichen ohne Theorie):

P. M. Doty, W. A. Affens u. B. H. Zimm, Trans. Faraday Soc. **42** (B), 66–77 (1946); (Lichtstreuung und Osmose).

C. R. Masson u. H. W. Melville, J. Polymer Sci. **6**, 21–27 (1951); (osmotische Waage).

D. Cleverdon, J. appl. Chem. **1**, 272–80 (1951); (Charakterisierung von Polymeren).

H. Hellfritz, Makromolekulare Chem. **7**, 184–90 (1951); (Apparatives).

H. J. Philipp, J. Polymer Sci. **6**, 371–80 (1951); (Methodik).

G. A. Gilbert, C. Graff-Baker u. C. T. Greenwood, J. Polymer Sci. **6**, 585–600 (1951); (Mol.-Gew., niedrige Konzentrationen).

B. Enoksson, J. Polymer Sci. **6**, 575–83 (1951); (osmotische Waage).

D. Cleverdon u. D. Laker, J. appl. Chem. **1**, 2–13 (1951); (Methodik).

H. J. Philipp u. C. F. Bjork, J. Polymer Sci. **6**, 383–96 (1951); (Cellulose, Acetat).

M. Wales, F. T. Adler u. K. E. v. Holde, J. physic. Colloid Chem. **55**, 145–61 (1951); (Sedimentation und Osmose).

P. Doty, R. F. Steiner u. Q. A. Trementozzi, Kunstst. **41**, 384 (1951); (Assoziation gelösten Polystyrols).

E. A. Guggenheim u. M. L. McGlashan, Trans. Faraday Soc. **48**, 206–11 (1952); (Molgewichtsbestimmung).

H. T. Hookway u. R. Townsend, Soc. **1952**, 3190–95; (Polyvinylalkohol).

E. Ducker u. Mitarbb., Soc. **1952**, 4390–93; (Polymere, Auswertung).

D. Cleverdon, D. Laker u. P. G. Smith, J. Polymer Sci. **11**, 225–31 (1953); (Fehlerdiskussion).

R. A. Mock u. Mitarbb., J. Polymer Sci. **11**, 447–454 (1953); (Apparatives).

IUPAC, J. Polymer Sci. **10**, 129–48 (1953); (Messungen an Standard-Polystyrol).

H. Mark, Kunstst. **44**, 577 f. (1954); (Allgemeines über Charakterisierung von Polymeren).

W. N. Broatch u. C. T. Greenwood, J. Polymer Sci. **14**, 593–95 (1954); (Fehlerdiskussion).

J. V. Stabin u. E. H. Immergut, J. Polymer Sci. **14**, 209–12 (1954); (Apparatives).

K. Dialer u. H. G. Elias, J. Polymer Sci. **18**, 427–29 (1955); (Nachweis der Permeation).

F. R. McCann u. S. Rothman, J. Polymer Sci. **18**, 151–52 (1955); (Apparatives).

Z. Menčík, J. Polymer Sci. **18**, 424–27 (1955); (Fehlerdiskussion).

H. P. Frank u. H. F. Mark, J. Polymer Sci. **17**, 1–20 (1955); (Standard-Polystyrole).

H. Morawetz u. R. H. Gobran, J. Polymer Sci. **18**, 455–60 (1955); (assoziierende Polymere in Lösungsmittelgemischen).

H. Hellfritz u. H. Krämer, Kunstst. **46**, 450–59 (1956); (Osmose bei Polymeren).

J. A. Yanko, J. Polymer Sci. **19**, 437–44 (1956); (Apparatives).

G. Meyerhoff, Z. Naturf. **11** b, 302–304 (1956); (Apparatives).

D. C. Udy u. J. D. Ferry, J. phys. Chem. **60**, 123 (1956); (Durchlässigkeiten und Gleichgewichte).

F. Patat, Z. El. Ch. **60**, 208–18 (1956); (Membranproblem).

S. Claesson u. U. Lohmander, Makromolekulare Chem. **18/19**, 310–16 (1956); (Apparatives).

H. G. Elias, Makromolekulare Chem. **23**, 175–79 (1957); (Methodik).

D. F. T. Pals u. A. J. Staverman, J. Polymer Sci. **23**, 69–73 (1957); (Apparatives).

A. J. Staverman, D. T. F. Pals u. C. A. Kruissink, J. Polymer Sci. **23**, 57–68 (1957); (Methodik).

A. A. Harness, J. Polymer Sci. **24**, 492–93 (1957); (Membranproblem).

F. Alvang u. O. Samuelson, J. Polymer Sci. **24**, 353–66 (1957); (Membranen zur Messung von Nitrocellulose).

G. Meyerhoff, Makromolekulare Chem. **22**, 237–39 (1957); (Membranen).

J. L. Gardon u. S. G. Mason, J. Polymer Sci. **26**, 255–75 (1957); (Permeation).

P. W. Allen u. M. A. Place, J. Polymer Sci. **26**, 386–89 (1957); (Permeation).

G. Meyerhoff, Z. El. Ch. **61**, 1249–56 (1957); (Messungen an unfraktionierten Polymeren).

N. V. Mikhailov u. S. G. Zelikman, Colloid J. (USSR) (Eng. Transl.) **19**, 473–78 (1957); (Kettenmoleküle in Lösung).

A. A. Harness, J. Polymer Sci. **25**, 498–500 (1957); (Apparatives).

P. J. Flory u. H. Daoust, J. Polymer Sci. **25**, 429–40 (1957); (hohe Konzentrationen).

J. B. Donnet u. R. Roth, J. Polymer Sci. **27**, 591–94 (1958); (Bedeutung osmotischer Messungen).

W. R. Krigbaum u. Q. A. Trementozzi, J. Polymer Sci. **28**, 295–307 (1958); (Verzweigung aus Virialkoeffizienten berechnet).

G. Rehage u. H. Meys, J. Polymer Sci. **30**, 271–84 (1958); (konzentrierte Lösungen).

H. G. Elias, T. Ritscher u. F. Patat, Makromolekulare Chem. **27**, 1–22 (1958); (Membranproblem).

G. Kanig, Plaste u. Kautschuk **5**, 195 (1958); (Polystyrolmembranen).

J. H. S. Green, H. T. Hookway u. M. F. Vaughan, Chem. and Ind. **1958**, 862–63; (Membrandurchlässigkeit, Fraktionierung).

C. Jen Yuan, S. Liang-Ho u. Y. Shih Chen, J. Polymer Sci. **29**, 117–25 (1958); (Virialkoeffizienten von Gemischen zweier Fraktionen).

H. G. Elias u. F. Patat, J. Polymer Sci. **29**, 141–60 (1958); (Makromoleküle in Lösung).

L. H. Tung, J. Polymer Sci. **32**, 477–85 (1958); (Membranproblem).

M. F. Vaughan, J. Polymer Sci. **33**, 417–27 (1958); (Ultrafeinfilter als Membranen).

P. Doty, Rev. mod. Physics **31**, 61–68 (1959); (Charakterisierung von Polymeren).

S. A. Pavlova u. J. J. Tverdochlebova, Vysokomolekulyarnye Soedineniya **1**, 438–42 (1959); (Membranen für niedermolekulare Polyamide).

T. A. Ritscher u. H. G. Elias, Makromolekulare Chem. **30**, 48–80 (1959); (Membranproblem).

F. Patat, Makromolekulare Chem. **34**, 120–38 (1959); (Membranen).

M. F. Vaughan, J. Appl. Polymer Sci. **1**, 255–56 (1959); (Charakterisierung von Membranen).

C. E. Reid u. J. R. Kuppers, J. Appl. Polymer Sci. **2**, 264–72 (1959); (Membraneigenschaften).

H. Hellfritz, H. Krämer u. W. Schmieder, Kunstst. **49**, 391–400 (1959); (Membrandurchlässigkeit).

R. S. Lehrle u. F. W. Peaker, Chem. and Ind. **1959**, 742–744; (Größe von Molekülen).

E. Riesel u. A. Berger, J. Polymer Sci. **37**, 337–340 (1959); (Osmometer).

Z. Alexandrowicz, J. Polymer Sci. **40**, 91–106 (1959); (Aktivität von Polyelektrolyten, Vergleich mit Lichtstreuung).

Z. Alexandrowicz, J. Polymer Sci. **40**, 113–120 (1959); (Konzentrations-Osmometer).

R. M. Joshi, J. Polymer Sci. **35**, 271–272 (1959); (automatische Einstellvorrichtung).

R. W. Callard, F. E. Bailey jr. u. R. D. Lundberg, J. Polymer Sci. **47**, 507–09 (1960); (Glasosmometer).

E. F. Casassa, Polymer **1**, 169–77 (1960); (Mischungen von Fraktionen).

C. E. Reid u. H. G. Spencer, J. Appl. Polymer Sci. **4**, 354–61 (1960); (ionenselektive Membran).

H. G. Elias u. E. Männer, Makromolekulare Chem. **40**, 207–15 (1960); (Wirkung der Molgewichtsverteilung und von Zusätzen).

H. Hellfritz, Kunstst. **50**, 502–12 (1960); (Kennzeichnung von Polymeren).

S. H. Maron u. N. Nakajima, J. Polymer Sci. **47**, 157–168 (1960); (Osmose und Lichtzerstreuung).

D. B. Bruss u. F. H. Stross, J. Polymer Sci. **55**, 381–394 (1961); (schnelle Bestimmung osmotischer Drucke).

W. H. Kuhn u. G. V. Schulz, Makromolekulare Chem. **50**, 52–71 (1961); (Einstellvorgang, verschiedene Membranen und Molgewichte).

Theoretische Arbeiten:

G. Gee, Rubber Chem. Technol. **21**, 564–595 (1948); (Gele).

A. Ishara u. M. Toda, J. Polymer Sci. **7**, 277–87 (1951); (verdünnte Lösungen).

T. B. Grimley, Pr. roy. Soc. (A) **212**, 339–61 (1952); (verdünnte Lösungen).

W. R. Moore, J. Russell u. J. A. Epstein, Chem. and Ind. **1953**, 1339–40; (Wechselwirkungsparameter, Celluloseacetat in Lösungsmitteln).

A. Katchalsky u. S. Lifson, J. Polymer Sci. **11**, 409–423 (1953); (Makromoleküle in Lösung).

S. Lifson u. A. Katchalsky, J. Polymer Sci. **13**, 43–55 (1954); (Polyelektrolyte).

F. T. Wall u. L. A. Hiller jr., Ann. Rev. phys. Chem. **5**, 267–290 (1954); (Makromoleküle in Lösung).

I. Kagawa u. M. Nagasawa, J. Polymer Sci. **16**, 299–310 (1955); (Polyelektrolyte, Aktivität der Gegenionen).

H. L. Frisch, J. Polymer Sci. **18**, 299–302 (1955); (Assoziation in Lösungen).

T. Kawai, Bl. chem. Soc. Japan **28**, 679–685 (1955); (der 3. Virialkoeffizient).

H. J. Cantow, Ph. Ch. (N.F.) **7**, 58–79 (1956); (Vergleich mit Lichtstreuung).

A. Ishara u. R. Koyama, J. chem. Physics **25**, 712–716 (1956); (Perlschnurmodell).

G. V. Schulz u. H. J. Cantow, Z. El. Ch. **60**, 517–21 (1956); (thermodynamische Größen aus Osmose).

H. Inagaki u. T. Oda, Makromolekulare Chem. **21**, 1–12 (1956); (Virialkoeffizienten bei Salzzusätzen).

T. A. Orofino u. P. J. Flory, J. chem. Physics **26**, 1067–1076 (1957); (Molgewichtsabhängigkeit der Virialkoeffizienten).

F. Oosawa, J. Polymer Sci. **23**, 421–430 (1957); (Polyelektrolyte, Virialkoeffizienten).

S. H. Maron u. N. Nakajima, J. Polymer Sci. **42**, 327–40 (1960); (Polyelektrolytlösungen, Theorie und Methode).

S. H. Maron u. N. Nakajima, J. Polymer Sci. **42**, 327–40 (1960); (Nichtelektrolyte).

G. V. Schulz u. W. H. Kuhn, Makromolekulare Chem. **50**, 37–51 (1961); (Einstellvorgang im Osmometer).

Synthetische, nichtionisierte Hochmolekulare (einschließlich natürlichen Polyisoprenen):

M. S. Muthana u. H. Mark, R. **68**, 756–58 (1949); (Polyäthylen).

G. V. Browning u. J. D. Ferry, J. chem. Physics **17**, 1107–1112 (1949); (Polyvinylacetat).

M. S. Muthana u. H. Mark, R. **68**, 754–55 (1949); (Polyisobutylvinyläther).

H. W. Melville u. A. F. R. Murray, Trans. Faraday Soc. **46**, 996–1009 (1950); (Polymethylmethacrylat, Polystyrol).

Q. A. Trementozzi, J. physic. Colloid Chem. **54**, 1227–39 (1950); (Polystyrol, auch Lichtstreuung).

B. Dogadkin, I. Soboleva u. M. Arkhangel'skaya, Rubber Chem. Technol. **23**, 89–97 (1950); (Kautschuk, auch Lichtstreuung).

P. Outer, C. I. Carr u. B. H. Zimm, J. chem. Physics **18**, 830–39 (1950); (Polystyrol, auch Lichtstreuung).

H. P. Frank u. J. W. Breitenbach, M. **81**, 570–82 (1950); (Polystyrol).

M. J. Schick, P. Doty u. B. H. Zimm, Am. Soc. **72**, 530–34 (1950); (Polystyrol, hohe Konzentrationen).

C. E. H. Bawn, R. F. J. Freeman u. A. R. Kamaliddin, Trans. Faraday Soc. **46**, 862–72 (1950); (Polystyrol, Wechselwirkung mit Lösungsmitteln).

G. W. Youngson u. H. W. Melville, Soc. **1950**, 1613–22; (verzweigte Polyester aus Äthylenglykol und Adipinsäure).

J. W. Breitenbach u. Mitarbb., M. **81**, 455–57 (1950); (unfraktioniertes Polystyrol).

J. Hengstenberg u. E. Schuch, Makromolekulare Chem. **7**, 105 (1951); (Polyvinylpyrrolidon).

S. R. Palit, G. Colombo u. H. Mark, J. Polymer Sci. **6**, 295–304 (1951); (Polystyrol in Lösungsmittelgemischen).

D. Cleverdon u. D. Laker, Chem. and Ind. **1951**, 272–73; (Polystyrol).

H. S. Kaufman u. M. S. Muthana, J. Polymer Sci. **6**, 251 (1951); (Poly-trifluor-chlor-äthylen).

I. I. Shukow, I. J. Poddubny u. A. W. Lebedew, Kautschuk u. Gummi **4**, 176 (1951); (Buna).

P. Meares, Trans. Faraday Soc. **47**, 699–710 (1951); (Polyvinylacetat).

J. E. Hansen, M. G. McCarthy u. T. J. Dietz, J. Polymer Sci. **7**, 77–82 (1951); (Polyacrylester).

H. P. Frank u. J. W. Breitenbach, J. Polymer Sci. **6**, 609–16 (1951); (Polystyrol).

J. W. Breitenbach u. E. L. Forster, M. **82**, 443–51 (1951); (Poly-p-chlor-styrol).

S. Claesson, R. Gehm u. W. Kern, Makromolekulare Chem. **7**, 46–61 (1951); (methylsubstituierte Polyphenylene).

A. Münster, J. Polymer Sci. **8**, 633–49 (1952); (Nitrocellulose-Aceton System).

J. Hengstenberg u. E. Schuch, Makromolekulare Chem. **7**, 236–58 (1952); (Polyvinylpyrrolidon).

I. Harris, J. Polymer Sci. **8**, 353–364 (1952); (Polyäthylen).

H. Staudinger u. H. Hellfritz, Makromolekulare Chem. **7**, 274–93 (1952); (Polyisobutylen).

B. Baysal u. A. V. Tobolsky, J. Polymer Sci. **9**, 171–76 (1952); (Polymethylmethacrylat).

J. W. Breitenbach, E. L. Forster u. A. J. Renner, Kolloid-Z. **127**, 1–7 (1952); (Polyvinylchlorid).

G. V. Schulz u. H. Doll, Z. El. Ch. **56**, 248–257 (1952); (Polymethacrylsäuremethylester in Lösungsmitteln, Virialkoeffizienten).

H. Batzer u. B. Mohr, Makromolekulare Chem. **8**, 217–251 (1952); (Polyester).

Q. A. Trementozzi, R. F. Steiner u. P. Doty, Am. Soc. **74**, 2070–73 (1952); (Assoziation von Polystyrol).

H. Dieu, Ind. chim. belge **17**, 919–24 (1952); (Molekülgröße von Polymeren).

F. Wiloth, Gummi u. Asbest **5**, 392–96, 445–47 (1952); (Kautschuke).

H. L. Wagner u. P. J. Flory, Am. Soc. **74**, 195–200 (1952); (Naturkautschuk, Guttapercha).

K. Ueberreiter, H. J. Orthmann u. G. Sorge, Makromolekulare Chem. **8**, 21–40 (1952); (Polyäthylen).

H. P. Frank u. G. B. Levy, J. Polymer Sci. **10**, 371–78 (1953); (Polyvinylpyrrolidon).

W. Kern u. M. Rugenstein, Makromolekulare Chem. **11**, 1–9 (1953); (Polystyrol).

G. V. Schulz, H. Hellfritz u. H. Kern, Z. El. Ch. **57**, 835–41 (1953); (Polystyrol in Lösungsmitteln, Virialkoeffizienten).

G. V. Schulz u. H. Doll, Z. El. Ch. **57**, 841–43 (1953); (Polymethylmethacrylat in Lösungsmitteln).

A. J. Korolev u. Mitarb., Doklady Akad. S.S.S.R. **89**, 65–68 (1953); (Polydimethylsiloxan).

H. Frisch u. Mitarb., M. **84**, 250–56 (1953); (Polysiloxane).

A. Gallo, Chimica e Ind. **35**, 487–91 (1953); (Polyvinylpyrrolidon).

H. P. Frank u. H. Mark, J. Polymer Sci. **10**, 129–48 (1953); (Standard-Polystyrole).

H. Batzer, Ang. Ch. **66**, 513–19 (1954); (Polyester).

N. Grassie u. E. Vance, Soc. **1954**, 2122-2125; (Anomalität, Polymethacrylnitril in Butanon).

C. E. H. Bawn u. M. A. Wajid, J. Polymer Sci. **12**, 109–121 (1954); (Polystyrol, Vergleich mit Dampfdruck).

F. Danusso, G. Moraglio u. S. Gazzera, Chimica e Ind. **36**, 883–889 (1954); (Polyvinylchlorid).

H. Frind, Faserforsch. u. Textiltechn. **5**, 540–553 (1954); (Polyacrylnitril).

J. Oth u. V. Desreux, Bull. Soc. chim. belges **63**, 285–329 (1954); (Polystyrol in Lösungsmitteln).

P. W. Allen u. P. M. Merrett, J. Polymer Sci. **22**, 193–201 (1956); (Pfropfpolymere: Methylmethacrylat-Polyisopren).

G. Ciampa, Chimica e Ind. **38**, 298–303 (1956); (isotaktisches Polypropylen).

G. Bier u. H. Krämer, Makromolekulare Chem. **18/19**, 151–165 (1956); (Polyvinylchlorid).

N. V. Mikhailov u. S. G. Zelikman, Colloid J. (USSR) (Eng. Transl.) **18** 715–21 (1956); (Polymere von Vinylchlorid oder Acrylnitril).

K. Z. Fattakhov, E. S. Pisarenko u. L. N. Verkhotina, Colloid J. (USSR) (Eng. Transl.) **18**, 95–99 (1956); (Polyvinylacetatfraktionen).

H. G. Elias u. F. Patat, Makromolekulare Chem. **25**, 13–40 (1957); (Polyvinylacetat).

F. Ang, J. Polymer Sci. **25**, 126–28 (1957); (isotaktisches Polystyrol).

L. H. Tung, J. Polymer Sci. **24**, 333–48 (1957); (Polyäthylen).

F. Danusso u. G. Moraglio, J. Polymer Sci. **24**, 161–72 (1957); (Polystyrole).

J. Schurz, T. Steiner u. H. Streitzig, Makromolekulare Chem. **23**, 141–51 (1957); (Copolymere aus Acrylnitril und Vinylchlorid).

H. Batzer u. A. Möschle, Makromolekulare Chem. **22**, 195–236 (1957); (Mischpolyamide).

C. Jen-Yuan, C. Wen u. C. Yung-Shih, Colloid J. (USSR) (Eng. Transl.) **19**, 515–21 (1957); (Butadien-Styrol-Copolymere).

S. G. Zelikman u. N. V. Mikhailov, Colloid J. (USSR) (Eng. Transl.) **19**, 37–41 (1957); (Vinylchlorid-Acrylnitril-Copolymere).

W. Krull, Dissertation, Universität Berlin 1957; (Styrol-Acenaphthen-Copolymere).

E. K. Walsh u. H. S. Kaufman, J. Polymer Sci. **26**, 1–7 (1957); (Poly-trifluor-chlor-äthylen).

K. Ueberreiter u. W. Krull, Makromolekulare Chem. **24**, 50–63 (1957); (Copolymere aus Styrol und Acenaphthen).

D. J. Angier u. W. F. Watson, J. Polymer Sci. **25**, 1–18 (1957); (Pfropf-polymere von Methyl-methacrylat auf Polyisopren).

H. S. Kaufman u. E. K. Walsh, J. Polymer Sci. **26**, 124–25 (1957); (Polyäthylen).

L. H. Howland u. Mitarb., J. Polymer Sci. **27**, 115–128 (1958); (Vernetzung in Polybutadien).

H. G. Elias u. F. Patat, Makromolekulare Chem. **25**, 13–40 (1958); (verzweigtes Polyvinylacetat).

H. Kämmerer, W. Kern u. G. Heuser, J. Polymer Sci. **28**, 331–340 (1958); (Polyoxybenzyläther).

E. Husemann u. Mitarb., Makromolekulare Chem. **26**, 181–98 (1958); (synthetische Amylose).

N. R. Krigbaum u. A. M. Kotliar, J. Polymer Sci. **32**, 323–41 (1958); (Polyacrylnitril).

C. Yung-Shih, Y. Mei-Na u. C. Jen-Yuan, Acta Chim. Sinica **24**, 222 (1958); (Butadien-Styrol-Copolymere).

C. Jen-Yuan u. Mitarb., Acta Chim. Sinica **24**, 227 (1958); (Polymethylmethacrylat im Lösungsmittelgemisch).

G. Ciampi u. G. C. Bizzarri, Materie plast. **24**, 319–323 (1958); (Vinylacetat-Vinylchlorid, Copolymere).

S. W. Hawkins u. H. Smith, J. Polymer Sci. **28**, 341–353 (1958); (Polyäthylen).

L. Nicolas, J. Polymer Sci. **29**, 191–217 (1958); (Polyäthylen, Mikrogel).

G. V. Schulz, G. Henrici-Olivé u. S. Olivé, Makromolekulare Chem. **31**, 88–92 (1959); (Polystyrol, Polymethylmethacrylat).

G. V. Schulz u. A. Horbach, Makromolekulare Chem. **29**, 93–116 (1959); (Polycarbonate).

H. W. Melville u. P. R. Sewell, Makromolekulare Chem. **32**, 139–152 (1959); (Polyvinylacetat).

N. K. Raman u. J. J. Hermans, J. Polymer Sci. **35**, 71–76 (1959); (Polyäthylen).

M. Matsumoto u. Y. Ohyanagi, J. Polymer Sci. **37**, 558–560 (1959); (Polyvinylacetat).

G. M. Burnett, Ann. Rev. phys. Chem. **10**, 103–122 (1959); (Pfropfpolymere).

R. C. Schulz, E. Müller u. W. Kern, Makromolekulare Chem. **30**, 39–47 (1959); (Polyacrolein-Thiophenolmercaptale).

Q. A. Trementozzi, J. Polymer Sci. **36**, 113–128 (1959); (Polyäthylen).

I. G. Soboleva, N. V. Makletsova u. S. S. Medvedev, Colloid J. (USSR) (Eng. Transl.) **21**, 601–05 (1959); (bestrahltes Polystyrol).

I. Y. Poddubnyi u. E. G. Erenburg, Vysokomolekulyarnye Soedineniya **2**, 1625–34 (1960); (Butadien-Kautschuk).

L. C. Cerny, T. E. Helminiak u. J. F. Meier, J. Polymer Sci. **44**, 539–45 (1960); (Polyvinylpyrrolidon).

M. Matsumoto u. Y. Ohyanagi, J. Polymer Sci. **46**, 441–54 (1960); (Polyvinylacetat).

R. A. Mendelson, J. Polymer Sci. **46**, 493–505 (1960); (Polyäthylen).

T. J. R. Weakley, R. J. P. Williams u. J. D. Wilson, Soc. **1960**, 3963–3973; (Polymethylmethacrylat).

P. Parrini, F. Sebastiano u. G. Messina, Makromolekulare Chem. **38**, 27–38 (1960); (isotaktisches Polypropylen).

Polyelektrolyte, Naturstoffe (außer Polyisopren) und Derivate:

A. Münster, Naturwiss. **37**, 375 (1950); (Nitrocellulose in Aceton).

A. Dobry u. F. Boyer-Kawenoki, Makromolekulare Chem. **6**, 157–62 (1951); (Polyacrylsäure).

G. Schmidt, Kolloid-Z. **121**, 151–54 (1951); (Pektinstoffe).

N. M. Wiederhorn u. A. R. Brown, J. Polymer Sci. **8**, 651–56 (1952); (Polymethacrylsäure in Methanol).

A. Münster, J. Polymer Sci. **8**, 633–649 (1952); (Nitrocellulose, Aceton).

D. D. Eley, J. Saunders u. A. H. Sparks, Trans. Faraday Soc. **48**, 758–63 (1952); (Polymethacrylsäure, Verdünnungsentropie).

S. Newman, L. Loeb u. C. M. Conrad, J. Polymer Sci. **10**, 463–87 (1953); (Nitrocellulose).

H. Krässig u. H. Müller, Ch. Z. **78**, 209–12 (1954); (Zusammenstellung von [η]-Zahlenmittel der Mol.-Gewichte, Cellulosenitrat).

A. Sharples, J. Polymer Sci. **13**, 393–401 (1954); (Cellulose).

S. I. Meerson u. S. M. Lipatov, Faserforsch. u. Textiltechn. **5**, 213–15 (1954); (Celluloseacetat).

Q. A. Trementozzi, Am. Soc. **76**, 5273–75 (1954); (Polymethacrylsäure).

H. Morawetz u. R. H. Gobran, J. Polymer Sci. **12**, 133–48 (1954); (saure und basische Polymere).

A. Katchalsky, J. Polymer Sci. **12**, 159–84 (1954); (Polymethacrylsäure).

S. Lifson u. A. Katchalsky, J. Polymer Sci. **13**, 43–55 (1954); (Polyelektrolyte).

E. Wurz, Öst. Chemiker-Ztg. **55**, 215–19 (1954); Fr. **147**, 5, 392 (1955); (Carboxymethylcellulose).

E. Mariani, A. Ciferri u. M. Maraghini, J. Polymer Sci. **18**, 303–304 (1955); (Dextran).

B. Soldano, Q. V. Larson u. G. E. Myers, Am. Soc. **77**, 1339–44 (1955); (Austauschergleichgewicht).

B. Soldano u. D. Chesnut, Am. Soc. **77**, 1334–39 (1955); (Austauschergleichgewicht).

E. Husemann u. H. Bartl, Makromolekulare Chem. **18/19**, 342–51 (1956); (Amylose).

H. Boedtker u. P. Doty, Am. Soc. **78**, 4267–80 (1956); (Kollagen).

T. L. Hill, Am. Soc. **78**, 4281–84 (1956); (Proteine, Theorie).

M. L. Hunt u. Mitarbb., J. phys. Chem. **60**, 1278–90 (1956); (Cellulosetrinitrat).

G. C. Booth u. V. Gold, Soc. **1956**, 3380–85; (Dextran).

W. R. Moore u. Mitarbb., J. Polymer Sci. **23**, 23–46 (1957); (Cellulosederivate).

S. Basu u. D. K. R. Choudhury, Makromolekulare Chem. **23**, 180–87 (1957); (Cellulose).

H. Inagaki, S. Hotta u. M. Hirami, Makromolekulare Chem. **23**, 1–15 (1957); (Polyelektrolyte, Virialkoeffizienten).

E. Husemann u. H. Bartl, Makromolekulare Chem. **25**, 146–58 (1957); (Amylose).

D. K. R. Choudhury, Makromolekulare Chem. **25**, 217–32 (1958); (Celluloseäther, Celluloseester).

W. R. Moore u. B. M. Tidswell, J. Polymer Sci. **27**, 459–72 (1958); (Celluloseacetat).

J. B. Berkowitz, M. Yamin u. R. M. Fuoss, J. Polymer Sci. **28**, 69–82 (1958); (Poly-4-vinyl-pyridin).

W. R. Moore u. B. M. Tidswell, J. Polymer Sci. **29**, 37–52 (1958); (Cellulosederivate, thermodynamische Daten in verdünnter Lösung).

M. Nagasawa u. Mitarbb. J. Polymer Sci. **38**, 213–228 (1959); (kolligative Eigenschaften von Polyelektrolytlösungen).

G. P. Pearson u. W. R. Moore, Polymer **1**, 144–150 (1960); (Cellulosenitrat).

e₃) Siedepunktserhöhung, Gefrierpunktserniedrigung (Ebullioskopie, Kryoskopie)

Buchübersicht

J. Reilly u. W. N. Rae, Physico-Chemical Methods, 5. Aufl., Bd. I, S. 369 ff., Methuen & Co., London 1954.

A. Weissberger, Technique of Organic Chemistry, 2. Aufl., Bd. VII, S. 37, Interscience Publ. Inc., New York 1955.

W. Hückel, Theoretische Grundlagen der organischen Chemie, Akademische Verlagsgesellschaft, Leipzig 1956.

Veröffentlichungen

Ebullioskopie:

H. Morawetz, J. Polymer Sci. **6**, 117–121 (1951); (Polyäthylen).

I. Harris, J. Polymer Sci. **8**, 353–364 (1952); (Polyäthylen).

H. Dieu, Ind. chim. belge **17**, 919–924 (1952); (Mol.-Gew. von Polymeren).

K. G. Schön u. G. V. Schulz, Ph. Ch. (N. F.) **2**, 197–214 (1954); (Polystyrol, Polymethylmethacrylat, Apparatives).

H. Smith, Trans. Faraday Soc. **52**, 402–409 (1956); (Polyäthylen).

L. H. Tung, J. Polymer Sci. **24**, 333–348 (1957); (Polyäthylen).

R. S. Lehrle u. T. G. Majury, J. Polymer Sci. **29**, 219–234 (1958); (Thermistor- Ebulliometer).

W. R. Blackmore, Canad. J. Chem. **37**, 1508–1526 (1959); (kleines Ebulliometer).

R. S. Lehrle u. F. W. Peaker, Chem. and Ind. **1959**, 742–744; (Ebullioskopie und andere Methoden).

Kryoskopie:

J. W. Breitenbach u. A. J. Renner, M. **81**, 454–57 (1950); (Polystyrol).

S. Claesson, R. Gehm u. W. Kern, Makromolekulare Chem. **7**, 46–61 (1951); (Polyphenylen).

K. Ueberreiter, H. J. Orthmann u. G. Sorge, Makromolekulare Chem. **8**, 21–40 (1952); (Polyäthylen).

H. Dieu, Ind. chim. belge **17**, 919–24 (1952); (Mol.-Gew. von Polymeren).

F. Wiloth, Gummi u. Asbest **5**, 445–47 (1952); (Naturkautschuk).

H. Marzolph u. G. V. Schulz, Makromolekulare Chem. **13**, 120–29 (1954); (Polystyrol, Apparatives).

W. Kuhn, E. Peterli u. H. Majer, J. Polymer Sci. **16**, 539–48 (1955); (Gefrierpunktserniedrigung in Gelen).

K. Ueberreiter, G. Kanig u. A. S. Brenner, J. Polymer Sci. **16**, 53–62 (1955); (Polyester).

W. Kuhn u. H. Maier, Kunststoffe-Plastics **3**, 129–35 (1956); (Gefrierpunktserniedrigung durch Gele).

W. Kuhn u. H. Maier, Ang. Ch. **68**, 345–349 (1956); (anomale Gefrierpunktserniedrigung).

G. Kanig, Kolloid-Z. **147**, 77–78 (1956); (Krystallisation im Gel).

A. M. Bueche, J. Polymer Sci. **19**, 297–306 (1956); (Polydimethylsiloxane).

D. Vofsi u. A. Katchalsky, J. Polymer Sci. **26**, 127–39 (1957); (Polynitroäthylen).

M. F. Shostakovsky, E. N. Prilezhaeva u. V. M. Karavaeva, Bull. Acad. Sci. URSS, Cl. Sci. chim. **1957**, 621–25; (Vinylalkylsulfide).

C. E. Ashby, J. S. Reitenour u. C. F. Hammer, Am. Soc. **79**, 5086–88 (1957); (Mol.-Gew. von Polymeren).

A. Hartmann, Kolloid-Z. **156**, 136–142 (1958); (Assoziation von Phthalsäureestern und Phosphorsäureestern).

K. Dušek, Chem. Průmysl 8 (33), 321–24 (1958); (Aminoplaste).

T. Kawai, J. Polymer Sci. **32**, 425–44 (1958); (Polymerlösungen und Polymergele).

R. S. Lehrle u. F. W. Peaker, Chem. and Ind. **1959**, 742–744; (Polystyrol; Kryoskopie und andere Methoden).

C. Rossi, M. Bianchi u. E. Bianchi, Makromolekulare Chem. **41**, 31–39 (1960).

f) Konzentrationen und Kräfte in Mischungen und Grenzflächen

f₁) Löslichkeit, Koeffizienten der Verteilung zwischen zwei Phasen, Verträglichkeit in Lösung und im Festkörper, Haftfestigkeit

Buchübersicht

Löslichkeit, Verteilung:

A. Weissberger, Technique of Organic Chemistry, Bd. III, 1. Aufl., S. 471 ff., Interscience Publ. Inc., New York 1950.

H. A. Stuart, Die Physik der Hochpolymeren, 1. Aufl. Bd. II, S. 195, Springer-Verlag, Berlin-Göttingen Heidelberg 1953.

L. Scheflan u. M. B. Jakobs, The Handbook of Solvents, D. van Nostrand Co., Inc., New York 1953.

R. Hill, Fibres from synthetic Polymers, Elsevier Publ. Co., London 1953.

C. Marsden, Solvents and Allied Substances Manual with Solubility Chart, Cleaver-Hume Press, London 1954.

W. N. Rae u. J. Reilly, Physico-Chemical Methods, 5. Aufl., Bd. II, S. 394, 657, Methuen & Co., London 1954.

E. Hecker, Verteilungsverfahren im Laboratorium, Monogr. „Angew. Chem." u. „Chem.-Ing.-Techn." **67**, 98 f. (1955).

W. Weltzien, G. Cossmann u. P. Diehl, Über die fraktionierte Fällung von Polyamiden, Westdeutscher Verlag, Köln 1956.

Chromatographie:

W. G. Berl, Physical Methods in Chemical Analysis, 1. Aufl., Bd. II, S. 591 ff., Academic Press, New York 1951.

A. Weissberger, Technique of Organic Chemistry, 1. Aufl., Bd. V, S. 168 ff., Interscience Publ. Inc., New York 1951.

E. Lederer, Cromatografia, Tl. 1, Núcleo, Barcelona 1951.

H. H. Willard, L. L. Merritt u. J. A. Dean, Instrumental Methods of Analysis, 2. Aufl., S. 347 ff., D. van Nostrand Co., Inc., New York 1951.

R. T. Williams, Partition Chromatography, University Press, Cambridge 1951.

F. Hoppe-Seyler, F. Thierfelder u. H. Thierfelder, Handbuch der physiologisch und pathologisch-chemischen Analyse für Ärzte, Biologen und Chemiker, 10. Aufl., Bd. I, S. 122 ff., Springer-Verlag, Berlin-Göttingen-Heidelberg 1953.

R. C. Brimley u. F. C. Barrett, Practical Chromatography, Reinhold Publ. Corp., New York 1953.

F. Cramer, Papierchromatographie, 3. Aufl., Verlag Chemie GmbH., Weinheim/Bergstraße 1954.

F. Turba, Chromatographische Methoden in der Protein-Chemie, Springer-Verlag, Berlin-Göttingen-Heidelberg 1954.

Identificaçao de Amino-Acidos no Vinho do Porto, Instituto do Vinho do Porto, Porto 1954.

A. Grüne, Literaturzusammenstellung über Papierchromatographie, Heft 4, Verlag Schleicher & Schüll, Dassel/Krs. Einbeck 1954.

M. Lederer, An Introduction to Paper Electrophoresis and Related Methods, 1. Aufl., S. 63, Elsevier Publ. Co., New York 1955.

H. Bräuninger, Grundlagen und allgemeine Fragen der Papierchromatographie, Verlag Volk und Gesundheit, Berlin 1955.

Fortschritte der Chemie organischer Naturstoffe, 1. Aufl., Bd. XII, S. 351, Springer-Verlag, Wien 1955.

A. Grüne, Papierchromatographie - Arbeitsmethodik, Verlag Schleicher & Schüll, Dassel/Krs. Einbeck 1955.

H. F. LINSKENS, Papierchromatographie in der Botanik, Springer-Verlag, Berlin–Göttingen–Heidelberg 1955.

E. CHARGAFF u. J. N. DAVIDSON, The Nucleic Acids, 1. Aufl., Bd. I, S. 243 ff., Academic Press, New York 1955.

Papierchromatographie, Verlag Schleicher & Schüll, Dassel/Krs. Einbeck 1955.

M. L. WOLFROM, Advances in Carbohydrate Chemistry, Bde. IX und X, Academic Press, New York 1955.

G. OSTER u. A. W. POLLISTER, Physical Techniques in Biological Research, Academic Press, London 1956.

M. L. ANSON, K. BAILEY u. J. T. EDSALL, Advances in Protein Chemistry, Bd. XI, Academic Press, New York 1956.

N. D. CHERONIS u. J. B. ENTRIKIN, Semimicro Qualitative Organic Analysis, 2. Aufl., S. 71, Interscience Publ. Inc., New York 1957.

D. H. DESTY u. C. L. HARBOURN, Vapour Phase Chromatography, Butterworths, London 1957.

E. LEDERER u. M. LEDERER, Chromatography, 2. Aufl., Elsevier Publ. Co., London 1957.

A. WEISSBERGER, Technique of Organic Chemistry, Bd. X, 1. Aufl., S. 113 ff., Interscience Publ. Inc., New York 1957.

W. FRESENIUS u. G. JANDER, Handbuch der Analytischen Chemie, Tl. 3, 1. Aufl., Bd. V b, S. 371 ff., Springer-Verlag, Berlin-Göttingen-Heidelberg 1957.

C. CALMON u. T. R. E. KRESSMAN, Ion Exchangers in Organic and Biochemistry, 1. Aufl., S. 157 ff., Interscience Publ. Inc., New York 1957.

H. RÖCK, Ausgewählte moderne Trennverfahren zur Reinigung organischer Stoffe, Steinkopff Verlag, Darmstadt 1957.

R. J. BLOCK, E. L. DURRUM u. G. ZWEIG, A Manual of Paper Chromatography and Paper Electrophoresis, Academic Press, New York 1958.

Chromatographie unter besonderer Berücksichtigung der Papierchromatographie, 2. Aufl., Verlag E. Merck AG., Darmstadt 1959.

Veröffentlichungen

Löslichkeit:

P. O. POWERS, Ind. eng. Chem. 41, 2213–2217 (1949); (Polystyrol, Temperaturabhängigkeit).

W. TOELDTE, Chem. Techn. 2, 54–55 (1950); (Kennzeichnung von Polymeren).

E. JENCKEL u. G. KELLER, Z. Naturf. 5 a, 317–321 (1950); (Polystyrol, Entmischungstemp.).

K. THINIUS, Chem. Techn. 2, 321–330 (1950); (Kennzeichnung und Trennung von Polymeren).

R. NITSCHE u. W. TOELDTE, Kunstst. 40, 29–34 (1950); (Identifizierung von Polymeren).

A. GORDIJENKO, Chem. Techn. 2, 19–22 (1950); (Identifizierung von Polymeren).

C. E. H. BAWN, T. B. GRIMLEY u. M. A. WAJID, Trans. Faraday Soc. 46, 1112–20 (1950); (Entmischung und Konzentration).

E. JENCKEL u. K. GORKE, Z. Naturf. 5 a, 556–563 (1950); (Entmischung von Polymethylmethacrylatlösungen).

O. SEIPOLD, Chem. Techn. 2, 343–348 (1950); (Polyvinylchlorid).

C. H. BAMFORD, W. E. HANBY u. F. HAPPEY, Pr. roy. Soc. (A) 206, 407–424 (1951); (synthetische Polypeptide).

F. T. WALL u. J. W. DRENAN, J. Polymer Sci. 7, 83–88 (1951); (Polyacrylsäure).

F. F. NORD, M. BIER u. S. N. TIMASHEFF, Am. Soc. 73, 289–293 (1951); (teilweise verseiftes Polyvinylacetat).

F. HOWLETT u. A. R. URQUHART, Chem. and Ind. 1951, 82–87; (Celluloseacetat).

D. R. MOREY, J. Colloid Sci. 6, 406–415 (1951); (Theorie, Kinetik der Fällung).

U. P. STRAUSS u. E. G. JACKSON, J. Polymer Sci. 6, 649–659 (1951); (Polyvinylpyridin u. n-Dodecylbromid).

B. JIRGENSONS, Makromolekulare Chem. 6, 30–38 (1951); (Polyvinylpyrrolidon).

G. J. VAN AMERONGEN, J. Polymer Sci. 6, 471–475 (1951); (krystalline Polymere).

J. CORBIERE, P. TERRA u. R. PARIS, J. Polymer Sci. 8, 101–110 (1952); (Polyvinylchlorid).

E. E. WALKER, J. appl. Chem. 2, 470–481 (1952); (Polyacrylnitril).

G. V. SCHULZ, Ang. Ch. 64, 553–559 (1952); (gute und schlechte Lösungsmittel).

N. SATA u. S. SAITO, Kolloid-Z. 128, 154–158 (1952); (Solubilisierung von Polyvinylacetat durch Emulgatoren).

Chem. Age London 67, 397–400 (1952); (Herauslösung von Weichmachern aus Polymeren u. a.).

A. R. SHULTZ, J. Polymer Sci. 11, 93–96 (1953); (Theorie der Fälltemp.).

P. A. SMALL, J. appl. Chem. 3, 71–80 (1953); (Löslichkeit).

R. BARTUNEK u. W. JANCKE, Holzforschung 1953, 71–78; (native Cellulose).

W. R. MOORE, J. RUSSELL u. J. A. EPSTEIN, Chem. and Ind. 1953, 1339–40; (Lösungsmittel für Celluloseacetat).

S. SAITO, Kolloid-Z. 137, 93–103 (1954); (Solubilisierung von Polyvinylacetat durch Emulgatoren).

C. S. MYERS, J. Polymer Sci. 13, 549–564 (1954); (Polyäthylen).

J. SCHMETS u. G. SMETS, Bull. Soc. chim. belges, 63, 59–69 (1954); (Pfropfpolymere auf Polymethylmethacrylat).

G. CENTOLA, Chim. et Ind. 71, 695–705 (1954); (Cellulose, Reaktivität).

W. BOBETH, Faserforsch. u. Textiltechn. 5, 115–130, 168–170 (1954); (Erkennung von Fasern).

A. HUNYAR u. V. GRÖBE, Faserforsch. u. Textiltechn. 6, 496–503 (1955); (anorganische Lösungsmittel für Polyacrylnitril).

M. K. PHIBBS, J. phys. Chem. 59, 346–53 (1955); (Lösungsmittel für Polyacrylnitril).

S. A. REITLINGER u. A. S. KUZMINSKIĬ, Rubber Chem. Technol. 28, 186–189 (1955); (Phenylnaphthylamin in Elastomeren).

T. ISEMURA u. Y. KIMURA, J. Polymer Sci. 16, 92–93 (1955); (Polyvinylformal in oberflächenaktiven Lösungen).

R. J. KERN u. R. J. SLOCOMBE, J. Polymer Sci. 15, 183–92 (1955); (Phasentrennung).

R. S. COLBORNE, J. Polymer Sci. 18, 55–62 (1955); (Ausfällung von Polystyrol, Nitrocellulose).

G. NATTA, J. Polymer. Sci. 16, 143–54 (1955); (krystalline Poly-α-Olefine).

A. HUNYAR u. H. REICHERT, Faserforsch. u. Textiltechn. 7, 165–70 (1956); (Polyacrylnitril).

P. W. Allen u. P. M. Merrett, J. Polymer Sci. **22**, 193–201 (1956); (Pfropfpolymere, Methacrylsäuremethylester, Polyisopren).

S. A. Glückmann u. I. A. Root, Colloid J. (USSR) (Eng. Transl.) **18**, 653–656 (1956); (Celluloseäther in Lösungsmittelgemischen).

A. G. Shvarts, Colloid J. (USSR) (Eng. Transl.) **18**, 753–759 (1956); (Verträglichkeit von Polymeren).

E. Jenckel, K. Schmoll u. H. Butenuth, Z. El. Ch. **60**, 766–769 (1956); (Entmischung von Polystyrol-Cyclohexan).

R. J. Kern, J. Polymer Sci. **21**, 19–25 (1956); (Fällung von Polymergemischen aus Lösungen).

G. V. Struminskij u. G. L. Slonimskij, Ž. fiz. Chim. **30**, 1941–1947, 2144–2148 (1956); (Löslichkeit, Dichte und Mischungswärme).

A. Dobry, Makromolekulare Chem. **18/19**, 317–21 (1956); (Verteilung zwischen Lösungsmitteln).

B. Gohlke, Faserforsch. u. Textiltechn. **7**, 111–119 (1956); (Kunstseide in Natronlauge).

D. J. Angier u. W. F. Watson, J. Polymer Sci. **25**, 1–18 (1957); (Pfropfpolymere und Methylmethacrylat auf Naturkautschuk).

W. R. Moore u. Mitarbb., J. Polymer Sci. **23**, 23–46 (1957); (Cellulosederivate).

O. Nehring, Plaste u. Kautschuk **4**, 246–249 (1957); (Weichmacher in Wasser).

E. M. Bevilacqua, J. Polymer Sci. **24**, 292–296 (1957); (Pfropfpolymere auf Basis Naturkautschuk).

A. C. Zettlemoyer u. J. Vanderryn, Ind. eng. Chem. **49**, 220–225 (1957); (Cumaron-Inden-Harze).

D. Angier u. W. F. Watson, Trans. Inst. Rubber Ind. **33**, 22–32 (1957); (Pfropfpolymere auf Basis Naturkautschuk).

G. Natta u. Mitarbb., Chimica e Ind. **39**, 275–83 (1957); (Abtrennung amorpher Polymerer von krystallinen).

V. E. Gul u. V. A. Berestnev, Colloid J. (USSR) (Eng. Transl.) **19**, 552–56 (1957); (molekulare Wechselwirkung, Gummilösungen).

H. Kämmerer u. W. Raisch, Makromolekulare Chem. **24**, 152–158 (1957); (Phenolharze).

V. V. Korschak, S. V. Vinogradova u. V. M. Beljakow, Bull. Acad. Sci. URSS, Cl. Sci. chim. **1957**, 730–736; (Phthalsäurepolyester).

K. Thinius, Plaste u. Kautschuk **5**, 52–54, 96–103 (1958); (kritische Lösetemperaturen verschiedener Polymere).

G. L. Slonimskiǐ u. G. V. Struminskiǐ, Rubber Chem. Technol. **31**, 257–261 (1958); (gegenseitige Löslichkeit von Polymeren und Packungsdichte).

P. Meares, Trans. Faraday Soc. **54**, 40–46 (1958); (Gase in Polyvinylacetat).

K. Thinius, Plaste u. Kautschuk **5**, 3–5, 52–54, 96–103 (1958); (Lösevermögen von Weichmachern).

G. L. Slonimskiǐ u. G. V. Struminskiǐ, Rubber Chem. Technol. **31**, 257 (1958); (Mischbarkeit von Polymeren).

S. Saito, Kolloid-Z. **158**, 120–130 (1958); (Komplexe von Polymeren mit Netzmitteln).

F. E. Merret, Rubber Chem. Technol. **31**, 819–828 (1958); (Pfropfpolymere aus Naturkautschuk).

G. Ciampa, Materie plast. **24**, 420–422 (1958); (Polyvinylchlorid).

R. W. Kilb u. A. M. Bueche, J. Polymer Sci. **28**, 285–294 (1958); (Pfropfpolymere).

G. L. Slonimskiǐ, J. Polymer. Sci. **30**, 625–637 (1958); (Mischbarkeit von Polymeren).

A. Hunyar u. E. Wiesner, J. Polymer Sci. **30**, 645–650 (1958); (Phasentrennung bei kolloiden Lösungen makromolekularer Gemische).

R. L. Adelman u. I. M. Klein, J. Polymer Sci. **31**, 77–94 (1958); (Polyvinylchlorid).

K. Frömbling u. F. Patat, Makromolekulare Chem. **25**, 41–52 (1958); (Dextran).

R. J. Kern, J. Polymer Sci. **33**, 524–25 (1958); (Polymer-Polymer-Lösungsmittel-Systeme).

F. E. Bailey u. R. W. Callard, J. Appl. Polymer Sci. **1**, 56–62 (1959); (Polyäthylenoxyd-Aussalzung).

S. P. Papkov, Vysokomolekulyarnye Soedineniya **1**, 84–87 (1959); (Polymeres, Lösungsmittelgemisch).

B. A. Dogadkin, V. N. Kuleznev u. S. F. Pryakhina, Colloid J. (USSR) (Eng. Transl.) **21**, 161–166 (1959); (Verträglichkeit gelöster Polymere).

J. M. Frunze u. V. V. Korshak, Vysokomolekulyarnye Soedineniya **1**, 293–300 (1959); (gemischte Polyamide).

W. Cooper u. G. Vaughan, J. Appl. Polymer Sci. **1**, 254, (1959); (Pfropfpolymere von Methylmethacrylat auf Kautschuk).

S. S. Blagov u. Mitarbb., Soviet Rubber Technol. **18**, Nr. 3, 13–18 (1959); (Kautschukmischungen, Mischbarkeit).

Y. S. Lipatov, S. Lipatov, P. I. Zubov u. E. A. Andryuschtschenko, Vysokomolekulyarnye Soedineniya **1**, 425–31 (1959); (Polymethacrylsäurelösungen).

H. Wallhäusser, Kunstst. **49**, 171–173 (1959); (Extraktion, Phenolharzpreßmassen).

F. Boyer-Kawenoki, Bl. **1959**, 729–32; (Vinylacetat-Styrol-Copolymere).

G. L. Slonimskiǐ u. E. V. Reztsova, Vysokomolekulyarnye Soedineniya **1**, 534–38 (1959); (gegenseitige Löslichkeit von Polymeren und mechanische Werte).

G. Riess u. A. Bandaret, Bl. **1959**, 733–35; (gepfropftes Polystyrol).

D. Sianesi, R. Serra u. F. Danusso, Chimica e Ind. **41**, 515–18 (1959); (halogensubstituierte Polystyrole).

B. Houel, C. r. **248**, 800–802 (1959); (Poly-p-butylstyrol).

P. V. Kozlov, M. M. Iovleva u. N. A. Platé, Vysokomolekulyarnye Soedineniya **1**, 1106–1105 (1959); (Polystyrol-Acrylsäure-Pfropfpolymere).

P. V. Kozlov, M. M. Iovleva u. L. L. Shyryaeva, Vysokomolekulyarnye Soedineniya **1**, 1108–1111 (1959); (Entmischungstemp., Cokondensate).

D. McIntyre, J. H. O'Mara u. B. C. Konouck, Am. Soc. **81**, 3498–3503 (1959); (Fälltemp., Polystrol in Cyclohexan).

J. Danon u. Mitarbb., J. Polymer Sci. **34**, 517–530 (1959); (Pfropfpolymere, Löslichkeitsparameter).

E. Schonfeld u. J. Waltcher, J. Polymer Sci. **35**, 536–40 (1959); (Polyester-Vinyl-Pfropfpolymere).

C. L. Sieglaff, J. Polymer Sci. **41**, 319–26 (1959); (Phasentrennung in Lösungen gemischter Polymerer).

R. F. Heck u. D. S. Breslow, J. Polymer Sci. **41**, 520–521 (1959); (Polyalkylpropenyläther).

I. Pasquon, Chimica e Ind. **41**, 534–539 (1959); (Polypropylen verschiedener Krystallisationstendenz).

M. M. Iovleva, P. V. Kozlov u. V. A. Kargin, Doklady Akad. S.S.S.R. **129**, 1093–95 (1959); (Pfropfpolymere aus Styrol und Acrylsäure).

M. W. Robertson u. R. M. Rowley, Brit. Plastics **33**, Nr. 1, 26–29 (1960); (Extraktion von Weichmachern, Polyvinylchlorid).

S. H. Maron u. N. Nakajima, J. Polymer Sci. **47**, 169–173 (1960); (Mischbarkeit von Polymerlösungen).

C. Watters, H. Daoust u. M. Rinfret, Canad. J. chem. **38**, 1087–1091 (1960); (Mischungswärmen von Polyisobutylen mit Lösungsmitteln).

P. I. Freeman u. J. S. Rowlinson, Polymer **1**, 20–26 (1960); (untere kritische Punkte in Lösungen).

J. Foucry, Peintures **36**, 264–66 (1960); (Polystyrolindex von Lösungsmitteln).

S. R. Palit, Makromolekulare Chem. **38**, 96–104 (1960); (Farbverteilungstest).

C. E. Anagnostopoulos, A. Y. Coran u. H. R. Gamrath, J. Appl. Polymer Sci. **4**, 181–92 (1960); (Polyvinylchlorid, Methodik).

M. M. Iovleva, P. V. Kozlov u. V. A. Kargin, Vysokomolekulyarnye Soedineniya **2**, 937–41 (1960); (Pfropfpolymere, thermodynamische Untersuchung).

V. E. Basin u. A. G. Shvartz, Vysokomolekulyarnye Soedineniya **2**, 1470–74 (1960); (Kohäsion von Kautschuken).

G. M. Bartenev u. G. S. Kongarov, Vysokomolekulyarnye Soedineniya **2**, 1692–97 (1960); (Polymermischungsverträglichkeit dilatometrisch untersucht).

R. Noel, D. Patterson u. T. Somcynsky, J. Polymer Sci. **42**, 561–70 (1960); (Dimensionen in Lösungsmittelgemischen).

P. Ehrlich u. E. B. Graham, J. Polymer Sci. **45**, 246–47 (1960); (Löslichkeit in komprimierten Gasen).

J. Rehner jr., J. Polymer Sci. **46**, 550–53 (1960); (Wechselwirkung, Polymere-Lösungsmittel, Übersicht).

A. Nishioka u. Mitarbb., J. Polymer Sci. **48**, 241–72 (1960); (krystalline Anteile in Polymethylmethacrylat).

Fraktionierung, Theorie (auch der Molgewichtsverteilungen):

A. Münster, J. Polymer Sci. **5**, 333–353 (1950); (Löslichkeit von Polymeren).

D. R. Morey, J. Colloid Sci. **6**, 406–415 (1951); (Kinetik der Fällung).

P. J. Flory, Am. Soc. **74**, 2718–2723 (1952); (Molgewichtsverteilungen in dreidimensionalen Polyamiden).

W. H. Stockmayer, J. Polymer Sci. **9**, 69–71 (1952); (Molgewichtsverteilungen von Polykondensaten).

L. Gold, J. chem. Physics **20**, 1651–1652 (1952); (Molgewichtsverteilung in Polyäthylenoxyd).

A. R. Schultz, J. Polymer Sci. **11**, 93–96 (1953); (Fälltemp. heterogener Polymerer).

L. Gold, J. chem. Physics **21**, 1190–1192 (1953); (Copolymere).

W. F. Watson, Trans. Faraday Soc. **49**, 842–848 (1953); (Molgewichtsverteilungen bei Polymeren).

C. H. Bamford u. H. Tompa, J. Polymer Sci. **10**, 345–350 (1953); (Molgewichtsverteilung aus kinetischen Daten).

A. Charlesby, Pr. roy. Soc. (A) **222**, 542–557 (1954); (Molgewichtsverteilung bei Gelbildung).

I. H. Spinner, B. C. Y. Lu u. W. F. Graydon, Am. Soc. **77**, 2198–2200 (1955); (Molgewichtsverteilung bei Copolymeren).

P. A. Small, J. Polymer Sci. **18**, 431–435 (1955); (Einflüsse von Vernetzung und Kettenspaltung auf Molgewichtsverteilung).

J. Scanlan, Trans. Faraday Soc. **52**, 1286–1291 (1956); (Molgewichtsverteilung von Polymeren).

P. J. Flory, Pr. roy. Soc. (A) **234**, 73–89 (1956); (Phasengleichgewichte stäbchenförmiger Partikeln).

L. E. Kalinina, V. I. Aleekseenko u. S. S. Voyutsky, Colloid J. (USSR) (Eng. Transl.) **18**, 689–693 (1956); (Phasentrennung in Polymerlösungen).

C. A. Baker u. R. J. P. Williams, Soc. **1956**, 2352–62; (Anwendung bei Polymeren).

Z. Menčík, J. Polymer Sci. **33**, 500–502 (1958); (Wechselwirkung Polyvinylchlorid und Lösungsmittel).

C. Mussa, J. Polymer Sci. **28**, 587–610 (1958); (Auswertung, Polyäthylen).

L. R. Beason u. C. Booth, Chem. and Ind. **1959**, 993–994; (Auswertung).

H. G. Elias, Makromolekulare Chem. **33**, 140–165 (1959); (Fällungsfraktionierung).

J. H. S. Green, Chem. and Ind. **1959**, 924; (modifizierte Exponentialfunktion).

J. H. S. Green, Chem. and Ind. **1959**, 157–58; (binomische Molgewichtsverteilung).

E. A. Haseley, J. Polymer Sci. **35**, 309–313 (1959); (Bestimmung der Molgewichtsverteilung, Rechenmethode).

V. N. Schumaker, J. Polymer Sci. **38**, 343–356 (1959); (Molgewichtsverteilung in polydispersen Systemen).

R. Koningsveld u. C. A. F. Tuijnman, J. Polymer Sci. **39**, 445–59 (1959); (Auswertung experimenteller Daten).

C. Booth u. L. R. Beason, J. Polymer Sci. **42**, 93–112 (1960); (Auswertung).

A. Broda, J. Polymer Sci. **42**, 259–269 (1960); (Trennschärfe).

R. V. Figini u. G. V. Schulz, Makromolekulare Chem. **41**, 1–8 (1960); (ionisch polymerisiertes Polystyrol).

J. Rehner jr., J. Appl. Polymer Sci. **4**, 95 (1960); (Methodik).

B. E. Geller u. I. M. Meskin, Vysokomolekulyarnye Soedineniya **2**, 29–34 (1960); (zahlenmäßiger Ausdruck für Verteilung).

Fraktionierung und Uneinheitlichkeit; allgemein interessierende Arbeiten, Methodik (ohne Trübungstitration):

A. G. Pasynskii u. T. V. Gatovskaya, Rubber Chem. Technol. **20**, 377–379 (1947); (Molgewichtsverteilung aus Diffusion).

R. S. Spencer, J. Polymer Sci. **3**, 606–607 (1948); (Molgewichtsverteilung).

V. Desreux, R. **68**, 789–806 (1949); (fraktionierte Extraktion).

L. de Brouckère, E. Bidaine u. A. v. d. Heyden, Bull. Soc. chim. belges **58**, 418–419 (1949); (fraktionierte Fällung und Trocknung).

G. V. Schulz, Makromolekulare Chem. **5**, 83–94 (1950); (Kurzfraktionierung).

O. Fuchs, Makromolekulare Chem. **5**, 245–256 (1950); (Methodik).

M. Wales, F. T. Adler u. K. E. v. Holde, J. physic. Colloid Chem. **55**, 145–161 (1951); (Verteilung mit Ultrazentrifuge).

O. Fuchs, Makromolekulare Chem. **7**, 259–270 (1951); (Lösefraktionierung).

V. Desreux u. A. Oth, Chem. Weekb. **48**, 247–259 (1952); (Theorie und Praxis).

R. F. Boyer, J. Polymer Sci. **8**, 73–90 (1952); (Methodik).

J. G. Kirkwood u. R. A. Brown, Am. Soc. **74**, 1056–1058 (1952); (Diffusionskonvektion).

A. J. Staverman, Ind. chim. belge **18**, 235–238 (1953); (Membrandurchlässigkeit).

E. V. SAYRE, J. Polymer Sci. **10**, 175–183 (1953); (Molgewichtsverteilung von Fraktionen).

M. A. GOLUB, J. Polymer Sci. **11**, 281–285 (1953); (Prüfung der Methode).

L. H. CRAGG u. D. F. SWITZER, Rubber Chem. Technol. **27**, 784–795 (1954); (Wirkung der Konzentration auf Trennschärfe).

K. EDELMANN, Faserforsch. u. Textiltechn. **5**, 59–64 (1954); (Uneinheitlichkeit aus Rheologie).

W. F. WATSON, J. Polymer Sci. **13**, 595–596 (1954); (Fraktionierung von Polymeren).

A. CHARLESBY, J. Polymer Sci. **14**, 547–553 (1954); (Molgewichtsverteilung nach Bestrahlung).

G. LANGHAMMER, Naturwiss. **41**, 552 (1954); (Thermodiffusion).

P. H. HERMANS, D. HEIKENS u. P. F. VAN VELDEN, J. Polymer Sci. **16**, 451–457 (1955); (Prüfung theoretischer Verteilungen).

K. EDELMANN, Faserforsch. u. Textiltechn. **6**, 269–277 (1955); (Uneinheitlichkeit aus rheologischen Daten).

Z. MENČÍK, J. Polymer Sci. **17**, 147–151 (1955); (Anomalie wegen Assoziation).

D. CADORIN, Materie plast. **21**, 939–948 (1955); (Methoden zur Bestimmung der Heterogenität).

A. M. MEFFROY-BIGET, C. r. **240**, 1707–1709 (1955); (Dreieckmethode bei mehrmaliger Fraktionierung).

D. CADORIN, Materie plast. **21**, 630–636 (1955); (Bestimmung der Heterogenität).

O. FUCHS, Z. El. Ch. **60**, 229–236 (1956); (Lösefraktionierung).

K. EDELMANN, Kolloid-Z. **145**, 92–102 (1956); (Uneinheitlichkeit aus Rheologie).

R. SIGNER u. A. HOCHULI, Kunststoffe-Plastics **3**, 125–129 (1956); (Apparatives).

A. F. V. ERIKSSON, Acta chem. scand. **10**, 360–377 (1956); (Verteilung mit Ultrazentrifuge).

H. A. SWENSON u. A. ROSENBERG, Acta chem. scand. **10**, 1393–1403 (1956); (Gegenstromfraktionierung).

E. HULTIN, J. Polymer Sci. **23**, 103–13 (1957); (Maß für Heterogenität).

Z. MENČÍK, Chem. Listy **51**, 823–826 (1957); (Theorie, Molgewichtsverteilung, Polyamid).

C. MUSSA, J. Polymer Sci. **25**, 441–451 (1957); (Auswertung von Fraktionierungen).

L. C. CASE, J. Polymer Sci. **26**, 333–350 (1957); (Theorie der Molgewichtsverteilung bei Gelierung).

K. E. ALMIN, Acta chem. scand. **11**, 1541–1549 (1957); (Gegenstromverteilung).

W. B. BROWN u. M. SZWARC, Trans. Faraday Soc. **54**, 416–419 (1958); (Theorie der Molgewichtsverteilung).

A. BRODA u. Mitarbb., J. Polymer Sci. **29**, 183–189 (1958); (Fraktionierung in summative Fraktionen).

A. R. SHULTZ, Am. Soc. **80**, 1854–1860 (1958); (Extraktion bestrahlter Polymerer).

J. H. S. GREEN, H. T. HOOKWAY u. M. F. VAUGHAN, Chem. and Ind. **1958**, 862–63; (Halbdurchlässige Membranen).

F. W. PEAKER u. J. C. ROBB, Nature **182**, 1591 (1958); (Fraktionierung durch Zonenschmelzen).

P. S. FRANCIS, R. C. COOKE u. J. H. ELLIOTT, J. Polymer Sci. **31**, 453–66 (1958); (Extraktion, Polyäthylen).

A. BRODA, T. NIWINSKA u. S. POLOWINSKI, J. Polymer Sci. **32**, 343–55 (1958); (Fraktionierung in summative Fraktionen).

K. E. ALMIN, Acta chem. scand. **13**, 1263–73 (1959); (Gegenstromverteilung).

R. MARKES, Chem. Průmysl **34**, 497–500 (1959); (Extraktion von Polycaprolactam).

H. J. CANTOW, Makromolekulare Chem. **30**, 81–83 (1959); (Sedimentationswaage).

F. PATAT u. G. TRÄXLER, Makromolekulare Chem. **33**, 113–30 (1959); (Zusammensetzung der Phasen).

F. PATAT u. K. DAMASCHKE, Makromolekulare Chem. **33**, 131–139 (1959); (Fällungsfraktionierung und Lösefraktionierung).

J. KREJSA, Makromolekulare Chem. **33**, 244–46 (1959); (Fraktionierungen durch Thermodiffusion, Extraktion und Fällung).

W. COOPER, G. VAUGHAN u. R. W. MADDEN, J. Appl. Polymer Sci. **1**, 329–335 (1959); (Fraktioniersäule, Pfropfpolymere).

E. TURSKA u. L. UTRACKI, J. Appl. Polymer Sci. **2**, 46–55 (1959); (Grundlagen der Fällungsfraktionierung).

D. C. PEPPER u. P. P. RUTHERFORD, J. Appl. Polymer Sci. **2**, 100–107 (1959); (Gradientenelutionsmethode).

A. BERESNIEWICZ, J. Polymer Sci. **35**, 321–33 (1959); (Extraktion, Polyvinylacetat, Polyvinylalkohol).

P. M. HENRY, J. Polymer Sci. **36**, 3–19 (1959); (Extraktion, Polyäthylen).

S. M. HIRSHFIELD u. E. R. ALLEN, J. Polymer Sci. **39**, 554–56 (1959); (Methode der Fällungsfraktionierung).

B. P. ERSCHOV u. A. S. MOSINA, Plasticheskie Massy **1959**, Nr. 2, 65–69; (Schnellmethode, Novolake).

I. KÖSSLER u. J. KREISA, J. Polymer Sci. **35**, 308–309 (1959); (Apparatur zur Fraktionierung über Thermodiffusion).

E. W. CHANNEN, Rev. pure appl. Chem. **9**, 225–255 (1959); (Bestimmung der Molgewichtsverteilung).

F. BURKHARDT, H. MAJER u. W. KUHN, Helv. **43**, 1192–1208 (1960); (Molgewicht und Entmischung, Benzol-Polystyrol-Äthylcellulose).

W. H. PARRISS u. P. D. HOLLAND, Brit. Plastics **33**, 372–375 (1960); (Gas-Flüssigkeits-Chromatographie bei Kunststoffen).

M. LACZKOWSKI u. J. MELON, Faserforsch. u. Textiltechn. **11**, 1–6 (1960); (Fraktionierung von faserbildenden Polymeren).

L. C. CASE, Makromolekulare Chem. **41**, 61–76 (1960); (Flüssigphasengegenstromverteilung).

A. S. KENYON u. I. O. SALYER, J. Polymer Sci. **43**, 427–444 (1960); (Eluierung von krystallinen und amorphen Polymeren).

N. S. SCHNEIDER, J. D. LOCONTI u. L. G. HOLMES, J. Appl. Polymer Sci. **3**, 251 (1960); (Polystyrol, chromatographische Fraktionierung).

C. BOOTH, J. Polymer Sci. **45**, 443–450 (1960); (Fällungsfraktionierung und Fällungschromatographie verglichen).

L. MULLINS u. D. T. TURNER, Nature **187**, 145–146 (1960); (Solanteil, Gelanteil).

C. A. RUSSELL, J. Appl. Polymer Sci. **4**, 219–24 (1960); (Extraktion von amorphem Polypropylen).

A. S. KENYON u. I. O. SALYER, J. Polymer Sci. **43**, 427–44 (1960); (Eluierungsfraktionierung von krystallinen Polymeren).

G. LANGHAMMER u. K. QUITZSCH, Makromolekulare Chem. **43**, 160–163 (1961); (neue Variante der Versuchsmethodik zur Chromatographie von Hochpolymeren).

Weitere Arbeiten unter Chromatographie, S. 1018.

Fraktionierung von synthetischen, nichtionisierten Polymeren:

R. BELMAS, Rev. gén. Caoutch. **27**, 152–155 (1950); (Kautschuk).

E. H. MERZ u. R. W. RAETZ, J. Polymer Sci. **5**, 587–590 (1950); (Polystyrol).

V. DESREUX u. M. C. SPIEGELS, Bull. Soc. chim. belges **59**, 476–489 (1950); (Polyäthylen, Extraktion).

M. RIOU u. R. PIBAROT, Rev. gén. Caoutch. **27**, 596–600 (1950); (Chlorkautschuk).

P. O. POWERS, Ind. eng. chem. **42**, 2558–2562 (1950); (Polystyrol).

E. A. HAUSER u. D. S. LE BEAU, J. physic. Colloid Chem. **54**, 256–264 (1950); (Butadien-Styrol-Copolymere, Kautschuk).

H. H. G. JELLINEK u. G. WHITE, J. Polymer Sci. **6**, 757–766 (1951); (Polystyrol).

I. HARRIS u. R. G. J. MILLER, J. Polymer Sci. **7**, 377–392 (1951); (Polymethylmethacrylat).

B. N. RUTOWSKI u. W. W. TSCHEBOTARWSKI, Kunstst. **41**, 230 (1951); (nachchloriertes Polyvinylchlorid).

W. KERN u. Mitarbb., Makromolekulare Chem. **6**, 206–215 (1951); (p-Kresol-Formaldehyd-Harze).

K. DIALER u. K. VOGLER, Makromolekulare Chem. **6**, 191–196 (1951); (Polyvinylpyrrolidon).

G. F. BLOMFIELD, J. Rubber Res. Inst. Malaya **13**, Nr. 271, 1–24, Nr. 272, 14–25, Nr. 273, 1–23 (1951); (Naturkautschuk).

S. BYWATER u. P. JOHNSON, Trans. Faraday Soc. **47**, 195–212 (1951); (Naturkautschuk).

R. F. BOYER, J. Polymer Sci. **9**, 197–218 (1952); (Polystyrol, Volumen der Fällungen gemessen).

K. ÜBERREITER, H. J. ORTHMANN u. G. SORGE, Makromolekulare Chem. **8**, 21–40 (1952); (Polyäthylen).

P. HERRENT, J. Polymer Sci. **8**, 346–349 (1952); (Polyacrylnitril).

K. DIALER, K. VOGLER u. F. PATAT, Helv. **35**, 869–885 (1952); (Polyvinylalkohol).

H. S. KAUFMAN u. E. SOLOMON, Ind. eng. Chem. **45**, 1779–1781 (1953); (Poly-trifluor-chlor-äthylen).

A. C. ZETTLEMOYER u. E. T. PIESKI, Ind. eng. Chem. **45**, 165–173 (1953); (Cumaron-Inden-Harze).

M. A. GOLUB, J. Polymer Sci. **11**, 583–596 (1953); (Trennung durch Adsorption, Butadien-Styrol-Copolymere).

L. NICOLAS, C. r. **236**, 809–810 (1953); (Polyäthylen).

A. GALLO, Chimica e Ind. **35**, 487–491 (1953); (Polyvinylpyrrolidon).

L. E. MILLER u. F. A. HAMM, J. phys. Chem. **57**, 110–122 (1953); (Polyvinylpyrrolidon, Verteilung mit Ultrazentrifuge).

A. F. V. ERIKSSON, Acta chem. scand. **7**, 377–397, 623–642 (1953); (Polymethylmethacrylat).

H. CAMPBELL, P. O. KANE u. I. G. OTTEWILL, J. Polymer Sci. **12**, 611–620 (1954); (Polyvinylpyrrolidon).

R. E. VOGEL, Kunstst. **44**, 335–337 (1954); (Harnstoff-Formaldehyd-Harze).

G. MEYERHOFF, Makromolekulare Chem. **12**, 45–60 (1954); (Polymethylmethacrylat).

Y. CONWELL, G. P. ROESER u. A. V. TOBOLSKY, Chimia **8**, 257 (1954); (flüssiges Polyisopren).

S. E. BRESLER u. Mitarbb., Plaste u. Kautschuk **2**, 70–71 (1955); (Polyamide, Ultrazentrifuge).

W. GRIEHL, Faserforsch. u. Textiltechn. **6**, 260–268 (1955); (Polykondensate).

J. JUILFS, Kolloid-Z. **141**, 88–94 (1955); (Polyamide).

D. J. POLLOCK, L. J. ELYASH u. T. W. DE WITT, J. Polymer Sci. **15**, 335–342 (1955); (Polybutadien).

W. K. TAFT u. J. DUKE, Ind. eng. Chem. **47**, 496–500 (1955); (Butadien-Styrol-Copolymere).

F. RYBNIKÁŘ, Collect. czechoslov. chem. Commun. **21**, 1101–1107 (1956); (Polyamide).

J. A. YANKO, J. Polymer Sci. **22**, 153–172 (1956); (Vinylidencyanid-Vinylacetat-Copolymere).

C. A. J. HOEVE, J. Polymer Sci. **21**, 1–9, 11–18 (1956); (polymerisierte Triglyceride).

G. NATTA, F. DANUSSO u. G. MORAGLIO, Makromolekulare Chem. **20**, 37–45 (1956); (isotaktisches Polystyrol).

H. WESSLAU, Makromolekulare Chem. **20**, 111–142 (1956); (Polyäthylen).

R. S. ARIES u. A. P. SACHS, J. Polymer Sci. **21**, 551–554 (1956); (Polyäthylen).

L. H. TUNG, J. Polymer Sci. **20**, 495–506 (1956); (Polyäthylen).

G. M. GUZMÁN, J. Polymer Sci. **19**, 519–533 (1956); (Polystyrol).

C. A. J. HOEVE u. D. A. SUTTON, J. Amer. Oil Chemists' Soc. **33**, 312–314 (1956); (polymerisierte Öle).

L. NICOLAS, C. r. **242**, 2720–2723 (1956); (Polyäthylen).

L. H. TUNG, J. Polymer Sci. **24**, 333–348 (1957); (Niederdruckpolyäthylen).

A. NASINI u. C. MUSSA, Makromolekulare Chem. **22**, 59–80 (1957); (Hochdruckpolyäthylen).

L. NICOLAS, Makromolekulare Chem. **24**, 173–204 (1957); (Polyäthylen, Molekulargewichtsverteilung).

H. KOBAYASHI, J. Polymer Sci. **26**, 230–233 (1957); (Polyacrylnitril, Molekulargewichtsverteilung).

S. E. BRESLER, I. Y. PODDUBNYI u. S. Y. FRENKEL, Rubber Chem. Technol. **30**, 507–527 (1957); (Molekulargewichtsverteilung in Kautschuken).

W. SCHOLTAN, Makromolekulare Chem. **24**, 83–103 (1957); (Polyvinylpyrrolidon).

H. S. KAUFMAN u. E. K. WALSH, J. Polymer Sci. **26**, 124–125 (1957); (Polyäthylen).

P. W. ALLEN u. D. PHIL, Ind. Plast. mod. **9**, Nr. 6, 56–57 (1957); (Pfropfpolymere von Vinylmonomeren auf Kautschuk).

W. KOBRYNER u. A. BANDERET, Rev. gén. Caoutch. **34**, 1017–1024 (1957); (Pfropfpolymere auf Basis Naturkautschuk).

R. L. GRANTHAM u. A. G. HASTINGS, J. Polymer Sci. **27**, 560–61 (1958); (Siliconharzgehalt durch Extraktion mit Piperidin).

J. B. BERKOWITZ, M. YASMIN u. R. M. FUOSS, J. Polymer Sci. **28**, 69–82 (1958); (Polyvinylpyridin).

E. HUSEMANN u. Mitarbb., Makromolekulare Chem. **26**, 181–198 (1958); (synthetische Amylose).

H. KÄMMERER, W. KERN u. G. HEUSER, J. Polymer Sci. **28**, 331–340 (1958); (Polyoxybenzyläther).

H. WESSLAU, Makromolekulare Chem. **26**, 96–101 (1958); (Polyäthylen).

F. E. BAILEY jr., G. M. POWELL u. K. L. SMITH, Ind. eng. Chem. **50**, 8–11 (1958); (Polyäthylenlöslichkeit).

N. K. RAMAN u. J. J. HERMANS, J. Polymer Sci. **35**, 71–76 (1959); (Polyäthylen).

G. J. HOWARD, J. Polymer Sci. **37**, 310–313 (1959); (Polyamid 66).

R. C. SCHULZ, E. MÜLLER u. W. KERN, Makromolekulare Chem. **30**, 39–47 (1959); (Polyacrolein-Thiophenolmercaptale).

B. S. Das u. P. K. Choudhury, Indian J. Appl. Chem. 22, 73–76 (1959); (Ölgehalt von Kautschuk).

H. M. Koepp u. H. Werner, Makromolekulare Chem. 32, 79–89 (1959); (Polyäthylenterephthalat).

K. Überreiter u. T. Götze, Makromolekulare Chem. 29, 61–69 (1959); (Polyäthylenterephthalat, Verteilung zwischen Lösungsmitteln).

B. P. Eršov u. A. S. Mosina, Plasticheskie Massy 1959, Nr. 2, 65–69 (Novolake).

P. Hayden u. R. Roberts, Intern. J. Appl. Radiation Isotopes 5, 269–279 (1959); (nichtstatistische Copolymere).

L. Rosík u. B. Škrabal, Chem. Prumsyl 9, 377–381 (1959); (Butadien-Styrol-Copolymere).

R. Stéfani u. Mitarbb., C. r. 248, 2006–2008 (1959); (Polyacrylnitril).

D. J. Angier, R. J. Ceresa u. W. F. Watson, J. Polymer Sci. 34, 699–708 (1959); (Blockpolymere, Polyisopren und Monomere).

G. Natta u. Mitarbb., Chimica e Ind. 41, 526–533 (1959); (1,2-Polybutadien, syndiotaktisch).

J. B. De Coste u. B. A. Stiratelli, Rubber Age (N.Y.) 87, 279–285 (1960); (Extrakt aus Polyvinylchlorid).

A. Kawasaki u. Mitarbb., Makromolekulare Chem. 42, 25–32 (1960); (Polydiketen).

S. Newman, J. Polymer Sci. 47, 111–137 (1960); (Polypropylen).

J. E. Guillet u. Mitarbb., J. Polymer Sci. 47, 307–320 (1960); (Polyäthylen, chromatographische Fraktionierung).

P. Porrini, F. Sebastiano u. G. Messina, Makromolekulare Chem. 38, 27–38 (1960); (isotaktisches Polypropylen, Säulenfraktionierung).

T. J. R. Weakley, R. J. P. Williams u. J. D. Wilson, Soc. 1960, 3963–73; (Säulenfraktionierung, Polymethylmethacrylat).

Weitere Arbeiten unter Chromatographie, S. 1018.

Fraktionierung von Naturstoffen (außer Polyisopren) und ihren Derivaten sowie von Polyelektrolyten:

R. Steele u. E. Pacsu, Textile Res. J. 19, 784–790 (1949); (Trimethylcellulose).

H. A. Wannow, Melliand Textilber. 30, 519–522 (1949); (Cellulose).

M. C. Brooks u. R. M. Badger, Am. Soc. 72, 1705–1709 (1950); (Nitrocellulose).

B. G. Rånby u. E. Ribi, Experientia 6, 12–14 (1950); (Cellulose).

M. C. Brooks u. R. M. Badger, Am. Soc. 72, 4384–4388 (1950); (Nitrocellulose, Chromatographie an Stärke).

S. Coppick, O. A. Battista u. M. R. Lytton, Ind. eng. Chem. 42, 2533–2538 (1950); (Cellulose).

G. V. Schulz u. I. Kömmerling, Makromolekulare Chem. 9, 25–34 (1952); (Cellulosen).

A. J. Rosenthal u. B. B. White, Ind. eng. Chem. 44, 2693–96 (1952); (Celluloseacetat).

W. E. Roseveare u. L. Poore, Ind. eng. Chem. 45, 2518–2521 (1953); (Reyon).

W. A. Mueller u. L. N. Rogers, Ind. eng. Chem. 45, 2522–2526 (1953); (Cellulose).

R. L. Scott, Ind. eng. Chem. 45, 2532–2537 (1953); (Cellulose).

H. Lang, Papier 7, 52–56 (1953); (Holzcellulose).

T. Wieland u. Mitarbb., Makromolekulare Chem. 10, 136–146 (1953); (Proteingemische).

C. M. Conrad, Ind. eng. Chem. 45, 2511–2517 (1953); (Cellulose und Derivate).

R. L. Mitchell, Ind. eng. Chem. 45, 2526–2531 (1953); (Cellulosenitrat).

G. Stainsby, Discuss. Faraday Soc. 18, 288–294 (1954); (Gelatine).

A. M. Meffroy-Biget, Bl. 1954, 458–68; (Nitrocellulose).

C. A. Marshall u. R. A. Mock, J. Polymer Sci. 17, 591–596 (1955); (Polyelektrolyte).

G. van Paesschen u. G. Smets, Bull. Soc. chim. belges 64, 173–188 (1955); (Polyampholyte).

W. G. Harland, J. Textile Inst., Trans. 46, 483–499 (1955); (Cellulosenitrat).

H. Baum, G. A. Gilbert u. H. L. Wood, Soc. 1955, 4047–4051 ; (Stärke).

E. Katchalski, M. Gehatia u. M. Sela, Am. Soc. 77, 6175–6182 (1955); (Molgewichtsverteilung von Polyaminosäuren, statistische Analyse).

T. E. Timell, Ind. eng. Chem. 47, 2166–2172 (1955); (natürliche Cellulose).

D. L. Swanson u. J. W. Williams, J. appl. Physics 26, 810–815 (1955); (Molgewichtsverteilung und Kriechen von Celluloseacetat).

M. Zief, G. Brunner u. J. Metzendorf, Ind. eng. Chem. 48, 119–121 (1956); (partiell hydrolysiertes Dextran).

V. F. Felicetta, A. Ahola u. J. L. Mc Carthy, Am. Soc. 78, 1899–1904 (1956); (Ligninsulfonate).

M. L. Hunt u. Mitarbb., J. phys. Chem. 60, 1278–1290 (1956); (Cellulosenitrat).

C. Simionescu, Faserforsch. u. Textiltechn. 7, 171–175 (1956); (Cellulose-Schwefelsäure).

T. N. Kleinert, V. Moessmer u. W. Wincor, M. 87, 82–86 (1956); (Zellstoff).

S. L. Talmud, A. N. Turzhetskaya u. A. A. Kuleshova, Colloid J. (USSR) (Eng. Transl.) 19, 125–127 (1957); (Cellulose).

H. Sihtola, E. Kaila u. L. Laamanen, J. Polymer Sci. 23, 809–824 (1957); (Cellulose).

M. Marx, J. Polymer Sci. 30, 119–130 (1958); (native Cellulosen).

T. Koshiro u. Mitarbb., Bl. chem. Soc. Japan 31, 606–11 (1958); (Cellulose).

M. Marx-Figini, Makromolekulare Chem. 32, 233–48 (1959); (Cellulose, Methodik).

Weitere Arbeiten unter Chromatographie, S. 1018.

Fraktionierung und Uneinheitlichkeit von Suspensionen:

G. Verhaar, India Rubber Wld. 126, 636–640. 644 (1952); (Zentrifugierung von Hevea-Latex).

M. A. Golub, J. Polymer Sci. 10, 591–93 (1953); (Fraktionierung von Butadien-Styrol-Copolymeren durch Vernetzung im Latex).

S. H. Maron u. B. P. Madow, J. Colloid Sci. 8, 300–308 (1953); (Größenverteilung und Rheologie von Latex).

M. Morton, S. Kaizerman u. M. W. Altier, J. Colloid Sci. 9, 300–12 (1954); (Polystyrol-Latex).

T. G. F. Schoon u. G. J. v. d. Bie, J. Polymer Sci. 16, 63–88 (1955); (Größenverteilung im Hevea-Latex).

E. B. Bradford, J. W. Vanderhoff u. T. Alfrey jr., J. Colloid Sci. 11, 135–149 (1956); (monodisperse Latices).

E. Schmidt u. P. H. Biddison, Rubber Age (N.Y.) 88, 484–90 (1960); (Verwendung von Alginat bei Latex).

Chromatographie:

I. LANDLER, C. r. **225**, 629–631 (1947); (Copolymere des Butadiens und Polyisobutylen).

M. C. BROOKS u. R. M. BADGER, Am. Soc. **72**, 4384–4388 (1950); (Nitrocellulose).

S. M. PARTRIDGE u. T. SWAIN, Nature **166**, 272–273 (1950); (Aminosäuren).

C. A. PARKER u. J. M. BERRIMAN, Trans. Inst. Rubber Ind. **28**, 279–296 (1952); (Beschleuniger in Vulkanisaten).

D. E. BERNAL, Rev. gén. Caoutch. **32**, 889–892 (1952); (Kautschuk aus Latex).

T. F. BANIGAN jr., Sci. **117**, 249–250 (1953); (Kautschuk).

M. ULMANN, Makromolekulare Chem. **10**, 221–234 (1953); (Stärkehydrolysate).

A. BUURMAN, Textile Res. J. **23**, 888–896 (1953); (Hemicellulosen).

C. M. CONRAD, Ind. eng. Chem. **45**, 2511–2517 (1953); (Cellulose).

C. A. PARKER u. J. M. BERRIMAN, Trans. Inst. Rubber Ind. **30**, 69–75 (1954); (Beschleuniger in Vulkanisaten).

W. H. T. DAVISON, S. SLANEY u. A. L. WRAGG, Chem. and Ind. **1954**, 1356; (Gaschromatographie der Pyrolysate von Elastomeren).

J. FRANC, Chem. Listy **48**, 1526–1531 (1954); (Kresole in Trikresol).

G. GEISELER, H. HEROLD u. F. RUNGE, Erdöl u. Kohle **7**, 357–362 (1954); (niedermolekulares Polyäthylen).

N. K. BOARDMAN u. S. M. PARTRIDGE, J. Polymer Sci. **12**, 281–286 (1954); (neutrale Proteine an Ionenaustauschern).

E. L. SAIER, A. POZEFSKY u. N. D. COGGESHALL, Anal. Chem. **26**, 1258–1263 (1954); Fr. **147**, 157 (1955); (Trennung von Stoffen mit olefinischen Gruppen).

Z. ERNÖ, Mag. chem. Folyóirat **61**, 91–92 (1955); (Papierchromatographie von Phenolharzen).

W. BURNS, J. appl. Chem. **5**, 599–609 (1955); (Esterweichmacher).

C. R. RICKETTS u. C. E. ROWE, Soc. **1955**, 3809–3813; (synthetische Hexosepolymere).

W. KERN, H. SCHMIDT u. H. E. v. STEINWEHR, Makromolekulare Chem. **16**, 74–76 (1955); (Polyester an Harnstoffsäulen).

H. KREBS, J. DIEWALD u. J. A. WAGNER, Ang. Ch. **67**, 705 (1955); (Racemate an Stärke gespalten).

R. F. BADDOUR u. R. D. HAWTHORN, Ind. eng. Chem. **47**, 2517–2520 (1955); (Verwendung von Ionenaustauschern).

J. REESE, Kunstst. **45**, 137–145 (1955); (Phenolalkoholverharzung).

K. O. LEE, Trans. Inst. Rubber Ind. **31**, 150–154 (1955); (Mastizierung von Kautschuk).

E. GUNDERMANN, Chem. Techn. **7**, 407–418 (1955); (Teerpech).

P. H. HERMANS, D. HEIKENS u. P. F. VAN VELDEN, J. Polymer Sci. **16**, 451–457 (1955); (Polycaprolactam).

K. KRATZL u. W. SCHWEERS, B. **89**, 186–192 (1956); (Papierchromatographie, Alkoholyse des Lignins).

N. A. FUKS, Uspechi Chim. **25**, 845–858 (1956); (Chromatographie, Gas-Flüssigkeit).

W. GRASSMANN, H. HÖRMANN u. A. HARTL, Makromolekulare Chem. **21**, 37–49 (1956); (Phenole an Polyamide).

E. D. BERNAL u. M. BOUCHER, Rev. gén. Caoutch. **33**, 893–896 (1956); (Latex).

S. R. FINN u. J. W. JAMES, J. appl. Chem. **6**, 466–476 (1956); (Phenolharze).

N. A. ZAVOROKHINA u. V. G. BENKOVSKY, Colloid J. (USSR) (Eng. Transl.) **18**, 531–534 (1956); (Carboxymethylcellulose an Tonerde).

J. W. H. ZIJP, R. **75**, 1053–1064, 1083–1088, 1129–1136, 1155–1158 (1956); (Vulkanisationshilfsmittel, Papierchromatographie).

E. E. DICKEY, Tappi **39**, 735–36 (1956); (Verwendung in Zellstoffindustrie).

H. A. SWENSON u. A. ROSENBERG, Acta chem. scand. **10** 1393–1403 (1956); (Gegenstromfraktionierung von Cellulosederivaten mit Kohle).

C. A. BAKER u. R. J. P. WILLIAMS, Soc. **1956**, 2352–62; (Anwendung bei Polymeren).

S. HUDEČEK u. D. BERANOVA, Plaste u. Kautschuk **4**, 88–90 (1957); (Papierchromatographie von Phenolen in Phenoplasten).

J. HLAVNIČKA u. E. TUREČKOVÁ, Plaste u. Kautschuk **4**, 224–226 (1957); (Alterungsschutzmittel in Gummi).

E. L. STREATFIELD, Génie chim. **78**, 161–172 (1957); (Ionenaustauscher als Molekülsiebe).

R. MIKSCH u. L. PRÖLSS, Kautschuk u. Gummi **11**, (W.T.) 91–100 (1958); (Papierchromatographie, Beschleuniger).

C. A. PARKER, Rubber Chem. Technol. **31**, 953–957 (1958); (Beschleuniger, Oxydationsschutzmittel).

R. MIKSCH u. L. PRÖLSS, Kautschuk u. Gummi **11**, (W.T.) 133–138 (1958); (Papierchromatographie, Alterungsschutzmittel).

K. DUŠEK, Chem. Průmysl **8**, 321–324 (1958); (Aminoplaste, Fraktionierung).

I. ARENDT u. H. J. SCHENCK, Kunstst. **48**, 111–113 (1958); (Chromatographie von Polyestern).

S. J. YEH u. H. L. FRISCH, J. Polymer Sci. **27**, 149–166 (1958); (Polystyrol).

S. D. BRUCK, J. Polymer Sci. **32**, 519–521 (1958); (Polyäthylenterephthalat, Fraktionierung).

R. A. HIVELY u. C. W. WADELIN, Rubber Chem. Technol. **32**, 123–127 (1959); (Schwefel in Beschleunigern).

H. G. PEER, R. **78**, 631–643 (1959); (Papierchromatographie, Phenolharze).

H. REJHOVÁ u. W. ULBRICH, Plaste u. Kautschuk **6**, 539–540 (1959); (Papierchromatographie, Glykol in ungesättigten Polyestern).

E. C. HORNING, E. A. MOSCATELLI u. C. C. SWEELEY, Chem. and Ind. **1959**, 751–752; (Gas-Flüssigkeits-Chromatographie, Polyester).

N. S. SCHNEIDER u. Mitarbb., J. Polymer Sci. **37**, 551–553 (1959); (Methode zur Fraktionierung von Polymeren).

N. S. SCHNEIDER u. L. G. HOLMES, J. Polymer Sci. **38**, 552–554 (1959); (Fraktionierung von Polymeren).

B. MILLER u. E. PACSU, J. Polymer Sci. **41**, 97–117 (1959); (Fraktionierung, Celluloseacetat).

W. R. KRIGBAUM u. J. E. KURZ, J. Polymer Sci. **41**, 275–293 (1959); (Fraktionierung von Polymeren).

J. HASLAM, Chem. Age London **82**, 169–170 (1959); (Gaschromatographie in Kunststoffindustrie).

R. S. LEHRLE u. J. C. ROBB, Nature **183**, 1671 (1959); (Gaschromatographie, Abbau von Polymeren).

W. J. LANGFORD u. D. J. VAUGHAN, Nature **184**, 116–117 (1959); (Trennung von Polyvinylacetat und Polyvinylchlorid).

F. SADOWSKI u. H. WAGNER, Plaste u. Kautschuk **7**, 103–107 (1960); (Gaschromatographie, Lacklösemittel).

J. E. GUILLET, W. C. WOOTEN u. R. L. COMBS, J. Appl. Polymer Sci. **3**, 61–64 (1960); (Gaschromatographie von Pyrolysaten des Polymethylmethacrylates).

A. Barlow, R. S. Lehrle u. J. C. Robb, Polymer **2**, 27–40 (1961); (Polymeranalyse durch Gaschromatographie).

A. Barlow, R. S. Lehrle u. J. C. Robb, Kunststoffberater **6**, 18–20 (1961); (gaschromatographische Analyse von Hochpolymeren).

J. Voigt, Kunstst. **51**, 314–317 (1961); (gaschromatographische Identifizierung von Hochpolymeren).

Haftfestigkeit, Klebrigkeit, Reibung:

S. Moses u. R. K. Witt, Ind. eng. Chem. **41**, 2334–38 (1949); (Messung der Haftfestigkeit mit Ultraschall).

J. W. Malden, Transt. Inst. Rubber Ind. **27**, 175–78 (1951); (Elektronenbeugung und Metallhaftung).

A. D. McLaren u. Mitarbb., J. Polymer Sci. **7**, 463–71 (1951); (Klebrigkeitstemperatur).

S. Boström, Kautschuk u. Gummi **4**, 207–10 (1951); (Theorie).

G. Kraus u. J. E. Manson, J. Polymer Sci. **6**, 625–31 (1951); (Polyäthylen usw. auf Stahl).

D. Fysh, Rep. Progr. appl. Chem. **39**, 606–612 (1954); (Klebstoffe).

S. W. Lasoski u. G. Kraus, J. Polymer Sci. **18**, 359–376 (1955); (Polyvinylacetat-Stahl).

S. M. Slzinner u. J. Gaynor, Plastics Technol. **1**, 626–631, 635 (1955); (Elektrostatik bei Adhäsion).

A. Schallamach, Kolloid-Z. **141**, 165–173 (1955); (Reibung von Kautschuk).

E. Rabitsch, Gummi u. Asbest **8**, 655–664 (1955); (Bindung von Kautschuk an Fasern).

D. M. Alstadt, Rubber World **133**, 221–231 (1955); (Kautschuk-Metall-Bindung).

S. S. Wojutzki u. B. W. Starch, Gummi u. Asbest **8**, 203 (1955); (Autohäsion von Polymeren).

H. J. Machill, Z. Ver. dtsch. Ing. **98**, 842 (1956).

G. M. Bartenew, Gummi u. Asbest **9**, 518 (1956); (Reibung von Kautschuk).

J. M. Buist, T. J. Meyrick u. R. L. Stafford, Trans. Inst. Rubber Ind. **32**, 149–67 (1956); (Kautschuk-Metall-Bindung).

T. Eich u. F. Haarlammert, Farbe u. Lack **1956**, 581–83; (Adhäsion von Polymeren).

K. Rossmann, J. Polymer Sci. **21**, 565–66 (1956); (Haftvermögen von Polyäthylen).

K. F. Kahuzremina u. Mitarbb., Veröffentlichungen des wissenschaftlichen Forschungsinstituts der Gummi-Industrie **3**, 47–55 (1956); (Klebrigkeit von Kunststoffen).

S. B. Ratner, Colloid J. (USSR) (Eng. Transl.) **18**, 363–68 (1956); (Reibung von Kautschuk).

W. Späth, Gummi u. Asbest **9**, 322–30 (1956); (Klebemittel).

S. S. Wojutzki, A. I. Schapowalowa u. A. P. Pissarenko, Gummi u. Asbest **9**, 517 (1956); (Adhäsion von Polymeren).

K. Rossmann, J. Polymer Sci. **19**, 141–144 (1956); (Haftfestigkeit von Polyäthylen).

B. V. Deryagin, S. K. Zherebkov u. A. M. Medvedeva, Colloid J. (USSR) (Eng. Transl.) **18**, 399–406 (1956); (Diffusion und Haftung).

A. I. Shapovalova, S. S. Vojutsky u. A. P. Pissarenko, Colloid J. (USSR) (Eng. Transl.) **18**, 475–483 (1956); (Adhäsionsmessung).

G. Lanzavecchia, Materie plast. **23**, 884–893 (1957); (Reibung von Kunststoffen).

C. W. Hock u. A. N. Abbott, Rubber Age (N. Y.) **82**, 471–475 (1957); (Oberfläche klebriger Filme).

F. S. C. Chang, Rubber Chem. Technol. **30**, 847–53 (1957); (Klebrigkeit druckempfindlicher Schichten).

S. S. Voyutskiĭ u. V. M. Zamaziĭ, Rubber Chem. Technol. **30**, 544–47 (1957); (Klebrigkeit von Polyisobutylen).

S. S. Voyutskiĭ u. B. V. Shtarkh, Rubber Chem. Technol. **30**, 548–554 (1957); (Klebrigkeit und Struktur).

S. S. Voyutskiĭ u. Y. L. Margolina, Rubber Chem. Technol. **30**, 531–543 (1957); (Klebrigkeit von Polymeren).

H. Hulm, Dissertation, Aachen 1957; (Haftfestigkeit von Carboxygruppen enthaltendem Polystyrol).

S. S. Voyutsky, A. I. Shapovalova u. A. P. Pisarenko, Colloid J. (USSR) (Eng. Transl.) **19**, 279–84 (1957); (Adhäsion von Polymeren an Cellophan).

A. I. Schapowalowa, S. S. Wojutzkí u. A. P. Pissarenko, Gummi u. Asbest **11**, 107 (1958); (Messung der Adhäsion).

B. W. Derjagin, S. K. Sherebkow u. A. M. Medwedewa, Gummi u. Asbest **11**, 107 (1958); (Einfluß der Diffusion).

E. Jenckel u. H. Huhn, Kolloid-Z. **159**, 118–129 (1958); (Haftfestigkeit carboxylierter Polystyrole).

W. G. Forbes u. L. A. McLeod, Trans. Inst. Rubber Ind. **34**, 154 (1958); (Klebrigkeit von Kautschuk).

H. Alter u. W. Soller, Ind. eng. Chem. **50**, 922–927 (1958); (Adhäsionsmessung).

I. C. I., Paint Manufact. **28**, 273–274 (1958); (Messung der Haftfestigkeit).

J. C. Danjard, Rev. gén. Caoutch **35**, 1237–1241 (1958); (Klebrigwerden von Kautschuk).

V. I. Alekseenko, L. A. Bogoslavskaya u. I. U. Mishustin, Rubber Chem. Technol. **32**, 519–526 (1959); (Verträglichkeit und Adhäsion).

B. Waeser, Kunststoffe-Plastics **6**, 314–317 (1959); (Haftvermögen und Verunreinigungen).

W. C. Wake, Trans. Inst. Rubber Ind. **35**, 145–165 (1959); (Adhäsion, Oberflächengröße).

G. M. Bartenev u. Z. E. Styran, Vysokomolekulyarnye Soedineniya **1**, 978–989 (1959); (Reibung von Elastomeren, Vernetzung und Temperaturabhängigkeit).

K. H. Küssner, Plaste u. Kautschuk **7**, 62–68 (1960); (klebwirksame Gruppen).

F. S. Conant u. J. W. Liska, Rubber Chem. Technol. **33**, 1218–58 (1960); (Reibung von Gummiarten).

M. M. Reznikovskii, Soviet Rubber Technol. **19**, Nr. 5, 30–32 (1960); (Reibung von Kautschuk).

S. S. Voyutskiĭ u. V. L. Vakula, Vysokomolekulyarnye Soedineniya **2**, 51–60 (1960); (Adhäsion von synthetischen Kautschuken).

V. L. Vakula u. Mitarbb., Vysokomolekulyarnye Soedineniya **2**, 636–45 (1960); (Adhäsion von Butadien-Acrylnitril-Copolymeren).

S. S. Voyutskiĭ u. Mitarbb., Vysokomolekulyarnye Soedineniya **2**, 1671–77 (1960); (Adhäsion, Carboxygruppen enthaltende Copolymere).

S. S. Voyutskiĭ u. V. L. Vakula, Vysokomolekulyarnye Soedineniya **2**, 51–60 (1960); (Adhäsion von Kautschuk).

V. L. Vakula u. Mitarbb., Vysokomolekulyarnye Soedineniya **2**, 636–45 (1960); (Adhäsion von Kautschuk).

f₂) Absorptionsfähigheit, Quellungsgrad (Absorption von Dämpfen, Quellungsmessungen)

Buchübersicht

A. H. STUART, Die Physik der Hochpolymeren, 1. Aufl., Bd. II, S. 193ff., Springer-Verlag, Berlin-Göttingen-Heidelberg 1953.
Quellungs- und Entquellungsvorgänge bei Faserstoffen, Westdeutscher Verlag, Köln 1953.

Veröffentlichungen

Quellung unvernetzter Stoffe:

G. S. HARTLEY, Discuss. Faraday Soc. (B) **42**, 6–11 (1946); (Quellung als Diffusion).
J. M. PRESTON, Discuss. Faraday Soc. (B) **42**, 131–36 (1946); (Fasern, Methode).
F. T. BARWELL u. K. W. PEPPER, Discuss. Faraday Soc. (B) **42**, 275–284 (1946); (gefüllte Kunststoffe, Cellulose, Phenolharze).
W. R. MOORE, J. Polymer Sci. **5**, 91–109 (1950); (Nitrocellulose).
J. F. EHLERS u. K. R. GOLDSTEIN, Kolloid-Z. **118**, 137-151 (1950); (Polyvinylchlorid).
L. SEGAL, M. L. NELSON u. C. M. CONRAD, J. physic. Colloid Chem. **55**, 325–36 (1951); (krystalline Baumwolle).
J. CRANK u. G. S. PARK, Research **4**, 515–520 (1951); (Diffusion von Flüssigkeiten in Polymeren, Übersicht).
A. KOVACS, Ind. Plast. mod. **3**, Nr. 1, 30–32 (1951); (Wasseradsorption von Plasten).
M. S. BHATNAGAR, Ind. eng. Chem. **43**, 2108–2112 (1951); (organische Adsorbentien, Phenolharze u. a.).
A. TAGER u. W. A. KARGIN, Gummi u. Asbest **5**, 192 (1952); (hochmolekulare Paraffine und Isooctan).
W. KAST, Kolloid-Z. **125**, 45–51 (1952); (Cellulosegele).
P. DRECHSEL, J. L. HOARD u. F. A. LONG, J. Polymer Sci. **10**, 241–252 (1953); (Diffusion von Aceton in Cellulosenitrat).
R. BARTUNEK, Papier **7**, 153–158 (1953); (Cellulose in Elektrolytlösungen).
H. KOFOD, Acta chem. scand. **7**, 241–273 (1953); (Polymethylen).
W. R. KRIGBAUM u. D. K. CARPENTER, J. Polymer Sci. **14**, 241–259 (1954); (Phasengleichgewichte von Polymeren und Lösungsmittelgemischen).
F. BUECHE, J. Polymer Sci. **14**, 414–416 (1954); (Diffusion von Wasser in Polymethylmethacrylat).
S. NEWMAN u. W. R. KRIGBAUM, J. Polymer Sci. **18**, 107–121 (1955); (Polymere in Lösungsmittelgemischen).
W. R. MOORE u. J. RUSSELL, J. Polymer Sci. **18**, 63–86 (1955); (Celluloseacetat in Lösungsmittelgemischen).
W. E. ROSEVEARE u. D. W. SPAULDING, Ind. eng. Chem. **47**, 2172–2175 (1955); (gequollene Cellulose + Stickstoffdioxyd).
J. JOLY, C. r. **240**, 1529–1531 (1955); (axiale Quellung von Viscosefasern).
W. R. MOORE, J. Polymer Sci. **15**, 305–319 (1955); (Celluloseacetat in Lösungsmittelgemischen).
T. W. GATOWSKAJA, W. A. KARGIN u. A. A. TAGER, Gummi u. Asbest **9**, 466 (1956); (Sorptionsisothermen und Packungsdichte).
P. H. HERMANS u. A. WEIDINGER, Makromolekulare Chem. **18/19**, 75–81 (1956); (gequollene Reyonfasern, Röntgenstreuung).

V. A. KARGIN u. T. V. GATOVSKAJA, Ž. fiz. Chim. **30**, 2051–56 (1956); (Absorption hydrierter Monomerer durch Polymere).
A. NOWAKOWSKI, J. Polymer Sci. **23**, 839–42 (1957); (regenerierte Cellulose).
A. CHAPIRO, J. Polymer Sci. **23**, 377–86 (1957); (Pfropfpolymere von Acrylnitril auf Polyäthylen).
W. R. MOORE, J. Soc. Dyers Col. **73**, 500–506 (1957); (faserbildende Polymere).
S. SAITO, Kolloid-Z. **154**, 19–29 (1957); (Polymere und Netzmittellösungen).
G. S. PARK, Trans. Faraday Soc. **53**, 107–10 (1957); (Diffusion von Isopentan in Polyisobutylen).
G. JANKE, Dtsch. zahnärztl. Z. **12**, 1464–1467 (1957); (Kunststoffe, Wasseraufnahme).
A. N. BYKOW u. A. B. PAKSHWER, Colloid J. (USSR) (Eng. Transl.) **19**, 29–32 (1957); (Cellulose, Polyamide).
A. B. PAKSHWER, E. E. NATAN u. I. F. KATUSCHKINA, Colloid J. (USSR) (Eng. Transl.) **19**, 115–118 (1957); (faserbildende Polymere).
A. HENGLEIN u. W. SCHNABEL, Makromolekulare Chem. **25**, 119–133 (1958); (Pfropfpolymere von Acrylnitril auf Polyvinylpyrrolidon).
D. W. LEVI u. Mitarbb., J. Polymer Sci. **28**, 481–84 (1958)? (Polyvinylalkohol in Lösungsmittelge-mischen).
P. W. ALLEN, J. Colloid Sci. **13**, 483–87 (1958); (Naturkautschuklatex).
G. BODER, Magyar kem. Lapja **13**, 194–96 (1958); (Farbstoffaufnahme krystalliner Polyamidfasern).
G. M. BRISTOW u. W. F. WATSON, Trans. Faraday Soc. **54**, 1731–47 (1958); (Einfluß der Kohäsionsenergiedichte).
S. SAKAJIRI, J. Polymer Sci. **31**, 198–99 (1958); (Doppelbrechung gequollener Polyäthylenterephthalatfasern).
D. D. ČEGODAEV, Ž. fiz. Chim. **33**, 262–270 (1959); (Krystallisation aus Lösung, Quellverhalten).
F. PATAT u. G. TRÄXLER, Makromolekulare Chem. **33**, 113–130 (1959); (Gelphase bei Fällungsfraktionierung).
E. TURSKA u. L. UTRACKI, J. Appl. Polymer Sci. **2**, 46–55 (1959); (Gelphase bei Fällungsfraktionierung).
B. E. GELLER, Vysokomolekulyarnye Soedineniya **2**, 1466–69 (1960); (Wärmeentwicklung bei Quellung und Strukturdichte).
B. GOHLKE u. C. MÜLLER-GENZ, Faserforsch. u. Textiltechn. **11**, 31–43 (1960); (Celluloseorientierung bei Quellung).

Quellung nichtionisierter Netzwerke:

G. GEE, Trans. Faraday Soc. **42**, 585–598 (1946); (Kautschuk, Elastizität).
G. GEE, Discuss. Faraday Soc. (B) **42**, 33–50 (1946); (Kautschukvulkanisate).
R. L. SCOTT u. M. MAGAT, J. Polymer Sci. **4**, 555–571 (1949); (Kautschukvulkanisat).
L. R. G. TRELOAR, Trans. Faraday Soc. **46**, 783–789 (1950); (Quellung von vernetzten Polymeren unter Spannung).
P. MERRIMAN, India Rubber J. **119**, 333–36 (1950); (Osmose durch Kautschukmembrane).
A. DOGADKIN u. V. E. GUL, Rubber Chem. Technol. **24**, 140–143 (1951); (Kautschukvulkanisate).
A. MÜNSTER, Kolloid-Z. **120**, 141–159 (1951); (zusammenfassende Arbeit).
B. A. DOGADKIN u. V. E. GUL, Rubber Chem. Technol. **24**, 344–353 (1951); (mechanische Eigenschaften gequollenen Kautschuks).

R. L. Zapp u. E. Guth, Ind. eng. Chem. **43**, 430–438 (1951); (Butylkautschuk und Füllstoffe).

L. E. Nielsen, R. Buchdahl u. G. C. Claver, Ind. eng. Chem. **43**, 341–345 (1951); (Butadien-Styrol-Gummi).

P. Baertschi, Helv. **34**, 1324–1334 (1951); (Kautschukgel).

N. F. Jermolenko u. D. S. Ginsburg, Kautschuk u. Gummi **5**, (W.T.) 178 (1952); (Kautschukvulkanisate in Lösungsmittelgemischen).

E. Jenckel u. G. Cossmann, Kolloid-Z. **127**, 83–97 (1952); (vernetztes Polystyrol).

S. M. Gumbrell, L. Mullins u. R. S. Rivlin, Trans. Faraday Soc. **49**, 1495–1505 (1953); (gequollener und gedehnter Kautschuk, Elastizität).

A. Charlesby, J. Polymer Sci. **11**, 521–529 (1954); (bestrahltes Polystyrol).

E. Frigyes u. P. Ször, Mag. chem. Folyóirat **60**, 377–381 (1954); (Einfluß der Prüfkörperform).

Z. B. Sólyom u. K. Csurgay, Mag. chem. Folyóirat **60**, 264–267 (1954); (Vulkanisation von Elastomeren in Lösung).

J. W. Breitenbach u. A. Schmidt, M. **85**, 52–68 (1954); (vernetztes Polyvinylpyrrolidon).

A. M. Bueche, J. Polymer Sci. **15**, 97–103 (1955); (Polysiloxane).

V. E. Gul u. A. G. Shvarts, Colloid J. (USSR) (Eng. Transl.) **17**, 21–25 (1955); (Elastomere, Einfluß der Wechselwirkung).

B. E. Gul u. A. G. Schwarz, Plaste u. Kautschuk **2**, 190 (1955); (Kinetik der Quellung).

G. L. Starobinets u. K. M. Aleksandrovich, Rubber Chem. Technol. **28**, 838–849 (1955); (Thermodynamik, Kautschuk, Buna).

I. N. Ermolenko, M. I. Mazel u. N. F. Ermolenko, Rubber Chem. Technol. **28**, 833–837 (1955); (Vulkanisate in polaren Lösungsmitteln).

M. J. Hayes u. G. S. Park, Trans. Faraday Soc. **51**, 1134–1142 (1955); (Diffusion von Benzol in Kautschuk).

M. J. Hayes u. G. S. Park, Trans. Faraday Soc. **52**, 949–955 (1956); (Diffusion von Benzol in Kautschuk).

L. Mullins, J. Polymer Sci. **19**, 225–236 (1956); (Kautschukvulkanisate).

V. E. Gul, Rubber Chem. Technol. **27**, 607–614 (1956); (Kinetik der Quellung).

E. N. Novikova, Colloid J. (USSR) (Eng. Transl.) **18**, 217–221 (1956); (Verhinderung der Vulkanisatoxydation während der Quellung).

G. L. Starobinez u. V. S. Komarov, Ž. fiz. Chim. **30**, 1771–1775 (1956); (Vulkanisate in Lösungsmittelgemischen).

G. Kraus, Rubber World **135**, 67–73 (1956); (Vulkanisationsgrad gefüllter Proben aus Quellung).

E. N. Novikova, Colloid J. (USSR) (Eng. Transl.) **18**, 733–738 (1956); (Kautschukvulkanisate).

M. M. Horikx, J. Polymer Sci. **19**, 445 (1956); (Naturkautschukvulkanisat, Chloroform).

D. S. Villars, J. Polymer Sci. **21**, 257–271 (1956); (Theorie des gebundenen Kautschuks, Quellung).

R. L. Hauser, C. A. Walker u. F. L. Kilbourne jr., Ind. eng. chem. **48**, 1202–1208 (1956); (vernetzter Siliconkautschuk).

R. E. Morris u. P. T. Wagner, Ind. eng. Chem. **49**, 445–448 (1957); (Butadien-Acrylnitril-Gummi in Isooctan-Toluol).

L. Valentine, J. Polymer Sci. **23**, 297–314 (1957); (vernetztes Nylon®).

B. A. Dogadkin, D. L. Fedyukin u. V. E. Gul, Colloid J. (USSR) (Eng. Transl.) **19**, 291–295 (1957); (Quellung und Festigkeit).

A. G. Shvarts, Colloid J. (USSR) (Eng. Transl.) **19**, 375–382 (1957); (Kautschuk).

B. B. S. T. Boonstra u. E. M. Dannenberg, Rubber Age (N. Y.) **82**, 838–846 (1958); (mit Verstärkerfüllstoffen gefüllter Kautschuk).

A. Wilson, C. B. Griffis u. J. C. Montermoso, Rubber World **139**, 68–73 (1958); (Quellung und Eigenschaften von Elastomeren).

I. Ya. Poddubnyj, E. G. Erenburg u. E. J. Starovojtova, Doklady Akad. S.S.S.R. **120**, 535–538 (1958); (Vulkanisate Carboxygruppen enthaltender Polymerer).

J. C. Danjard, Rev. gén. Caoutch. **35**, 1610–1614 (1958); (Kautschuk).

B. A. Dogadkin u. Mitarbb., Colloid J. (USSR) (Eng. Transl.) **20**, 248–58 (1958); (durch Bestrahlung vernetzter Kautschuk).

G. L. Starobinets, Rubber Chem. Technol. **32**, 77–86 (1959); (Kautschuk im Lösungsmittelgemisch).

R. U. Panich, N. M. Fodiman u. S. S. Voyutski, Soviet Rubber Technol. **18**, Nr. 2, 14–15 (1959); (Vulkanisationsgrad und Quellung).

G. M. Bristow u. W. F. Watson, Trans. Inst. Rubber Ind. **35**, Nr. 3, 73–81 (1959); (Elastomere in Lösungsmitteltausch).

B. B. S. T. Boonstra u. E. M. Dannenberg, Rubber Chem. Technol. **32**, 825–843 (1959); (Kautschuk-Füllstoff-Mischungen).

H. Luttropp, Kautschuk u. Gummi **12**, 186–190 (1959); (Weichgummi).

A. F. Blanchard u. P. M. Wootton, J. Polymer Sci. **34**, 627–649 (1959); (Quellungsgleichgewicht, Verknäulung vernetzter Polymerer).

B. E. Conway u. S. C. Tong, J. Polymer Sci. **46**, 113–27 (1960); (Polyurethanelastomere).

H. Lehl, Kautschuk u. Gummi **13**, (W. T.) 164–68 (1960); (gefüllter Kautschuk).

B. E. Conway, J. Polymer Sci. **46**, 129–138 (1960); (Polyoxypropylenglykol).

H. Westlinning u. G. Butenuth, Makromolekulare Chem. **47**, 215 (1961); (Quellung und Netzmaschengröße).

Quellung von Ionenaustauschern:

K. Meier, Farbe u. Lacke **57**, 186–190 (1951); (Leinölfilme in Salzlösungen).

H. P. Gregor, F. Gutoff u. J. I. Bregman, J. Colloid Sci. **6**, 245–270 (1951); (Austauscherteilchen).

H. P. Gregor u. Mitarbb., J. Colloid Sci. **7**, 511–534 (1952); (Wasseraufnahme).

K. W. Pepper, D. Reichenberg u. D. K. Hale, Soc. **1952**, 3129–3136; (sulfoniertes Polystyrol).

C. W. Davies u. G. D. Yeoman, Trans. Faraday Soc. **49**, 968–974 (1953); (Gleichgewicht bei Kationenaustauscher).

S. Asakura, N. Imai u. F. Oosawa, J. Polymer Sci. **13**, 499–510 (1954); (Theorie der Quellung, mechanochemische Systeme).

P. G. Howe u. J. A. Kitchener, Soc. **1955**, 2143–2151; (vernetzte Polymethacrylsäure).

J. S. Mackie u. P. Meares, Pr. roy. Soc. (A) **232**, 485–498 (1955); (Aufnahme von Ionen unter Quellung).

A. Despic u. G. J. Hills, Trans. Faraday Soc. **51**, 1260–1267 (1955); (vernetzte Polymethacrylsäure).

A. Katchalsky u. M. Zwick, J. Polymer Sci. **16**, 221–234 (1955); (mechanische und chemische Energie bei Ionenaustauschern).

A. Katchalsky u. I. Michaeli, J. Polymer Sci. **15**, 69–86 (1955); (Polyelektrolytgele in Salzlösungen).

H. P. Gregor, D. Nobel u. M. H. Gottlieb, J. phys. Chem. **59**, 10–13 (1955); (Quellung in Lösungsmittelgemischen).

H. P. Gregor u. Mitarbb., J. phys. Chem. **59**, 874–881 (1955); (Methacrylsäureharze).

B. Soldano, Q. V. Larson u. G. E. Myers, Am. Soc. **77**, 1339–1344 (1955); (osmotische Koeffizienten aus Quellung, Kationenaustauscher).

B. Soldano u. D. Chesnut, Am. Soc. **77**, 1334–1339 (1955); (osmotische Koeffizienten aus Quellung, Anionenaustauscher).

T. L. Hill, J. phys. Chem. **60**, 358–361 (1956); (Proteine, α-β-Umwandlung).

L. Lazare, B. R. Sundheim u. H. P. Gregor, J. phys. Chem. **60**, 641–648 (1956); (Modell für vernetzte Polyelektrolyte).

E. Blasius, H. Pittack u. M. Negwer, Ang. Ch. **68**, 671–677 (1956); (Ionensiebe, Maschenweite).

R. R. Garrett u. P. J. Flory, Nature **177**, 176–177 (1956); (Phasenübergang 1. Ordnung, Kollagen u. Quellmittel).

C. Pulido, Acta chem. scand. **10**, 49–55 (1956); (Austauscherteilchen).

F. Oosowa, J. Polymer Sci. **23**, 421–430 (1957); (Theorie, Quellung in Salzlösungen).

V. P. Meleshko u. O. N. Myagkoi, Colloid J. (USSR) (Eng. Transl.) **19**, 683–687 (1958); (Kationenaustauscher, mikroskopische Beobachtung).

M. J. Romankevič, Ukrain. chem. J. **24**, 325–335 (1958); (Einflüsse der Konzentration und Art des Salzzusatzes).

J. A. Mikes, J. Polymer Sci. **30**, 615–623 (1958); (Vernetzungsgrad und Porosität).

Aufnahme von Gasen und Dämpfen:

A. J. Hailwood u. S. Horrobin, Discuss. Faraday Soc. (B) **42**, 84–102 (1946); (Wasser in Polymeren).

C. M. Hunt, R. L. Blaine u. J. W. Rowen, J. Res. Bur. Stand. **1949**, Nr. 6, 547; (Stickstoff in Cellulose).

G. S. Park, Trans. Faraday Soc. **46**, 684–697 (1950); (halogenierte Urethane in Polystyrol).

B. Katchman u. A. D. Mc Laren, Am. Soc. **73**, 2124–2127 (1951); (Wasser in Proteine und Polymere).

A. D. Mc Laren u. J. W. Rowen, J. Polymer Sci. **7**, 289–324 (1951); (Wasser in Proteine und Polymere).

C. J. Malm u. Mitarbb., Ind. eng. Chem. **43**, 688–691 (1951); (Wasser in Celluloseester).

J. Crank u. G. S. Park, Trans. Faraday Soc. **47**, 1072–1084 (1951); (Anomalie, Gase in Polymere).

G. S. Park, Trans. Faraday Soc. **47**, 1007–1013 (1951); (chlorierte Kohlenwasserstoffe in Polystyrol).

R. J. Kokes u. F. A. Long, Am. Soc. **75**, 6142–6146 (1953); (Dämpfe in Polyvinylacetat).

S. Prager, E. Bagley u. F. A. Long, Am. Soc. **75**, 2742–2745 (1953); (Alkane in Polyisobutylen).

F. A. Long u. R. J. Kokes, Am. Soc. **75**, 2232–2237 (1953); (Benzol und Methylenchlorid in Polystrol).

J. Crank, J. Polymer Sci. **11**, 151–168 (1953); (Einfluß der molekularen Relaxation).

H. L. Frisch u. V. Stannett, J. Polymer Sci. **13**, 131–136 (1954); (Theorie bei vernetzten Polymeren).

L. J. Thompson u. F. A. Long, Am. Soc. **76**, 5886–5887 (1954); (Wasser in Polyvinylacetat).

F. A. Long u. L. J. Thompson, J. Polymer Sci. **14**, 321–327 (1954); (Diffusion organischer Dämpfe in feuchte Polymere).

B. Olofsson, Trans. Faraday Soc. **51**, 1583–1591 (1955); (Bromwasserstoff an Wolle).

S. W. Benson u. R. Srinivasan, Am. Soc. **77**, 6371–6372 (1955); (polare Gase in Proteine).

C. H. Nicholls, J. B. Speakman u. R. W. Burley, J. Textile Inst., Trans. **46**, 424–432 (1955); (Wasser in Keratin).

A. G. Day, J. Oil Colour Chemists' Assoc. **38**, 782 (1955); (Wasserdampf in Polymere).

G. M. Brauer u. W. T. Sweeney, Mod. Plastics **32**, Nr. 9, 138–148, 220 (1955); (Wasser in Polymethylmethacrylat, verschiedene Temperaturen).

D. E. Kane, J. Polymer Sci. **18**, 405 (1955); (Wasser in Cellulose).

V. A. Kargin u. T. V. Gatovskaja, Ž. fiz. Chim. **30**, 1852 (1956); (Niedermolekulare in Elastomere).

V. A. Kargin u. T. V. Gatovskaja, Gummi u. Asbest **9**, 721 (1956); (krystalline Polymere).

W. Eulitz, Kunstst. **46**, 403–407 (1956); (Wasser in Thermoplaste).

V. A. Kargin u. T. V. Gatovskaja, Rubber Chem. Technol. **29**, 451–454 (1956); (Kohlenwasserstoffe in Naturkautschuk und Guttapercha).

F. A. Long u. I. Watt, J. Polymer Sci. **21**, 554–557 (1956); (Dämpfe in Polymere).

B. H. Zimm u. J. L. Lundberg, J. phys. Chem. **60**, 425–428 (1956); (Dämpfe in Polymere).

L. L. Shanin, Rubber Chem. Technol. **29**, 602–606 (1956); (Wasser und Sauerstoff in Buna).

L. H. Reyerson u. L. E. Peterson, J. phys. Chem. **60**, 1172–1176 (1956); (Ammoniak und Salzsäure in Polyamid).

I. Sobolev u. Mitarbb., Ind. eng. Chem. **49**, 441–444 (1957); (Dämpfe in Polyäthylen).

C. M. Crowe, Trans. Faraday Soc. **53**, 692–699 (1957); (Theorie für Diffusion von Gasen in Polymere).

V. A. Kargin, J. Polymer Sci. **23**, 47–55 (1957); (glasartige Polymere).

R. M. Barrer, J. A. Barrie u. J. Slater, J. Polymer Sci. **23**, 315–329 (1957); (glasartige Polymere).

G. Janke, Dtsch. zahnärztl. Z. **12**, 1464–1467 (1957); (Kunststoffe getrocknet).

H. Tadokoro u. Mitarbb., J. Polymer Sci. **26**, 379–382 (1957); (Wasser in Polyvinylalkohol).

D. W. Mc Call, J. F. Ambrose u. V. L. Lanza, J. Polymer Sci. **26**, 165–169 (1957); (Desorption von Wasser aus Polyäthylen).

T. I. Sogolova u. Mitarbb., Ž. fiz. Chim. **31**, 2340–2350 (1957); (Hexan, Guttapercha).

R. M. Barrer, J. A. Barrie u. J. Slater, J. Polymer Sci. **27**, 177–97 (1958); (Gase in Äthylcellulose und Kautschuk).

D. W. Mc Call u. W. P. Slichter, Am. Soc. **80**, 1861–1868 (1958); (Diffusion in Polyäthylen).

R. M. Barrer u. J. A. Barrie, J. Polymer Sci. **28**, 377–386 (1958); (Wasser, Äthylcellulose, Diffusion).

G. H. Peterson, J. Polymer Sci. **28**, 458–459 (1958); (Wasser, Vinylpolymere).

D. K. Beever u. L. Valentine, J. Polymer Sci. **32**, 521–522 (1958); (Wasser, Polymere).

L. E. Nielsen, J. Appl. Polymer Sci. **1**, 24–27 (1959); (Fehlstellen in Polystyrol).

S. M. Lipatov, D. V. Zharkoiskia u. I. M. Zagraevskoya, Koll. Žurnal **21**, 526–529 (1959); (Wasser, Benzol, Modifikation der Cellulose).

C. Jouwersma, Chemie-Ing.-Techn. **31**, 652–658 (1959); (Diffusion von Wasser in Kunststoffe).

W. B. Achwal u. Mitarbb., J. Polymer Sci. **35**, 93–112 (1959); (Cellulose, Farbstoffaufnahme).

S. W. Lasoski jr. u. W. H. Cobbs jr., J. Polymer Sci. **36**, 21–33 (1959); (Einfluß der Krystallinität und Orientierung).

A. C. Newns, J. Polymer Sci. **41**, 425–434 (1959); (Wasser, Cellulose).

A. S. Michaels u. R. B. Parker jr., J. Polymer Sci. **41**, 53–71 (1959); (Gassorption, Polyäthylen).

C. E. Rogers, V. Stannett u. M. Szwarc, J. Polymer Sci. **45**, 61–82 (1960); (Polyäthylen, Alkane, Alkylhalogenide).

D. Dolar, S. Lapanje u. L. Celik, Makromolekulare Chem. **41**, 77–85 (1960); (Polymethylstyrolsulfonsäure, Wasser).

H. Odani, M. Kurata u. M. Tamura, J. chem. Soc. Japan **33**, 117–19 (1960); (Benzol in isotaktisches Polystyrol).

f₃) Adsorptionsfähigkeit, Grenzflächenaktivität, Oberflächenfilmbildung (Adsorptionsisothermen, Messungen der Grenzflächenaktivität und Kompressibilität von Oberflächenfilmen)

Buchübersicht

Adsorption:

H. Mark u. E. J. W. Verwey, Advances in Colloid Science, 1. Aufl., Bd. III, S. 60, Interscience Publ. Inc., New York 1950.

C. L. Mantell, Adsorption, 2. Aufl., McGraw-Hill Book Co., Inc., New York 1951.

A. Weissberger, Technique of Organique Chemistry (Adsorption Chromatography), 1. Aufl., Bd. V, Interscience Publ. Inc., New York 1951.

J. H. de Boer, The Dynamical Character of Adsorption, Clarendon Press, Oxford 1953.

R. Gomer u. C. S. Smith, Structure and Properties of Solid Surfaces, University of Chicago Press, Chicago 1953.

J. Reilly u. W. N. Rae, Physico-Chemical Methods, 5. Aufl., Bd. II, S. 269, Methuen & Co., London 1954.

G. J. Martin, Ion Exchange and Adsorption Agents in Medicine, Brown & Co., Boston Little 1954.

B. W. Iljin, Die Natur der Adsorptionskräfte, Deutscher Verlag der Wissenschaften, Berlin 1954.

Proceedings of the Second International Congress of Surface Activity, Bd. I–IV, Butterworths, London 1957.

Oberflächenspannung:

W. Hückel, Theoretische Grundlagen der organischen Chemie, 8. Aufl., Bd. II, S. 1–3, Akademische Verlagsgesellschaft, Leipzig 1948.

K. L. Wolf u. R. Wolf, Versuche zur Physik und Chemie der Grenzflächen mit einem Abriß ihrer Theorie und einem Exkurs über die Natur der zwischenmolekularen Kräfte, Simons Verlag, Marburg/Lahn 1950.

W. G. Berl, Physical Methods in Chemical Analysis, 1. Aufl., Bd. II, S. 308, Academic Press, New York 1951.

J. Reilly u. W. N. Rae, Physico-Chemical Methods, 5. Aufl., Bd. I, S. 629, Methuen & Co., London 1954.

C. G. Sumner, The Theory of Emulsions and their Technical Treatment, McGraw-Hill, New York 1954.

E. A. Brun, Introduction a l' Étude de la Couche limite, Gauthier-Villars, Paris 1955.

K. L. Wolf, Physik und Chemie der Grenzflächen, Bd. I, Springer-Verlag, Berlin-Göttingen-Heidelberg 1957.

Veröffentlichungen

Adsorption von Polymeren an andere Stoffe:

I. M. Kolthoff u. A. Kahn, J. physic. Colloid Chem. **54**, 251–256 (1950); (Butadien-Styrol-Copolymere an Ruß).

W. D. Schaeffer, M. H. Polley u. W. R. Smith, J. physic. Colloid Chem. **54**, 227–239 (1950); (Kautschuk und Stickstoff an Ruß).

J. Duke, W. K. Taft u. I. M. Kolthoff, Ind. eng. Chem. **43**, 2885–2892 (1951); (Butadien-Styrol-Copolymere an Ruß, bound rubber).

I. M. Kolthoff, R. G. Gutmacher u. A. Kahn, J. physic. Colloid Chem. **55**, 1240–1246 (1951); (Butadien-Styrol-Copolymere an Ruß).

I. M. Kolthoff u. R. G. Gutmacher, J. phys. Chem. **56**, 740–745 (1952); (Butadien-Styrol-Copolymere an Ruß).

E. Treiber u. Mitarbb., Makromolekulare Chem. **9**, 241–243 (1953); (Makromoleküle an Oberflächen).

J. F. Hobden u. H. H. G. Jellinek, J. Polymer Sci. **11**, 365–378 (1953); (Polystyrol an Kohle).

G. S. Park, J. Polymer Sci. **11**, 97–115 (1953); (Theorie).

R. Simha, H. L. Frisch u. F. R. Eirich, J. phys. Chem. **57**, 584–589 (1953); (flexible Moleküle).

H. L. Frisch u. R. Simha, J. phys. Chem. **58**, 507–512 (1954); (flexible Moleküle).

H. H. G. Jellinek u. H. L. Northey, J. Polymer Sci. **14**, 583–587 (1954); (Polystyrol an Kohle).

F. H. Kapadia, Makromolekulare Chem. **16**, 238 (1955); (Einfluß auf Viscosimetrie).

O. E. Öhrn, J. Polymer Sci. **17**, 137–140 (1955); (Einfluß auf Viscosimetrie).

R. F. Boyer u. D. J. Streeter, J. Polymer Sci. **17**, 154–156 (1955); (Einfluß auf Viscosimetrie).

G. Kraus u. J. Dugone, Ind. eng. Chem. **47**, 1809–1816 (1955); (Elastomere an Ruß).

A. I. Yurzhenko u. I. I. Maleev, Colloid J. (USSR) (Eng. Transl.) **18**, 235–238 (1956); (Mol.-Gewichtsabhängigkeit, Ruß).

L. Guastalla, C. r. **242**, 3074–3077 (1956); (Benetzbarkeit von Polymethylmethacrylat).

H. G. Fendler, H. Rohleder u. H. A. Stuart, Makromolekulare Chem. **18/19**, 383–396 (1956); (Einfluß auf Viscosimetrie).

O. E. Öhrn, J. Polymer Sci. **19**, 199–200 (1956); (Einfluß auf Viscosimetrie).

G. Champetier u. G. Cherubin, Makromolekulare Chem. **18/19**, 178–185 (1956); (Additionsverbindungen von Cellulosenitrat).

H. L. Frisch, M. Y. Hellmann u. J. L. Lundberg, J. Polymer Sci. **38**, 441–449 (1959); (Polystyrol an Kohle).

A. I. YURZHENKO u. I. I. MALEYEV, J. Polymer Sci. **31**, 301–307 (1958); (Polymere an Ruß, Geschwindigkeit).

E. F. THODE u. Mitarbb., Tappi **42 T**, 170–174 (1959); (Geschwindigkeit, Harze an Cellulose).

V. A. KARGIN, M. B. KONSTANTINOPOLSKAYA u. Z. YA. BERESTNEVA, Vysokomolekulyarnye Soedineniya **1**, 1074–1076 (1959); (Benetzung fester Stoffe durch Polymere).

P. YA. FRENKEL u. A. N. MIKHAILOV, Ž. prikl. Chim. **32**, 2283–90 (1959); (Tannin an Polyamide absorbiert).

Oberflächenfilme, Grenzflächenaktivität:

H. W. FOX u. W. A. ZISMAN, J. Colloid Sci. **5**, 514–531 (1950); (Benetzung von Polyäthylen).

R. RUYSSEN u. S. FRANK, Ind. chim. belge **16**, 389–390 (1951); (Mol.-Gewicht nach Spreitungsmethode, Cellulosediacetat).

H. SCHULLER, Kolloid-Z. **136**, 134–136 (1954); (Hysterese monomolekularer Schichten von Polyamid).

F. H. MÜLLER, Kolloid-Z. **136**, 127–133 (1954); (Oberflächenfilme von Polymeren).

J. GLAZER, J. Polymer Sci. **13**, 355–369 (1954); (monomolekulare Schichten von Äthoxylinharz-Klebern).

W. H. BANKS, Nature **174**, 365–366 (1954); (Oberflächenfilme von Polysiloxanen).

V. A. KARGIN, J. M. MALINSKI u. S. S. MEDWEDEW, Plaste u. Kautschuk **1**, 262 (1954); (monomolekulare Filme von Polyacrylaten).

H. HOTTA, Bl. chem. Soc. Japan **27**, Nr. 2, 80–84 (1954); (monomolekulare Schichten von Polymeren).

H. HOTTA, J. Colloid Sci. **9**, 504–521 (1954); (Polymere an Grenzflächen).

S. SAITO, Kolloid-Z. **137**, 93–103 (1954); (Solubilisierung von Polyvinylacetat durch Emulgatoren).

K. THINIUS u. E. MÖBIUS, Chem. Techn. **7**, 392–396 (1955); (Parachor von Weichmachern).

J. W. BREITENBACH, Z. El. Ch. **59**, 309–311 (1955); (Grenzflächenaktivität von Polymeren).

J. T. DAVIES u. J. LLOPIS, Pr. roy. Soc. (A) **227**, 537–552 (1955); (monomolekulare Schichten von Polyaminosäuren).

H. HOTTA, Bl. chem. Soc. Japan **28**, 64–67 (1955); (monomolekulare Schichten von Terylen® und Polyvinylpyrrolidon).

G. SCHEIBE u. H. SCHULLER, Z. El. Ch. **59**, 861–862 (1955); (Polymerisation monomolekularer Filme von Vinylisobutyläther).

H. A. DIEU, Bull. Soc. chim. belges **65**, 1035–1071 (1956); (monomolekulare Filme von Polymeren).

H. L. FRISCH u. R. SIMHA, J. chem. Physics **24**, 652–655 (1956); (monomolekulare Filme von Polymeren).

T. TACHIBANA, K. INOKUCHI u. T. INOKUCHI, Nature **176**, 1117–1119 (1956); (monomolekulare Filme, Polyamid, Celluloseacetat).

H. HUHN, Dissertation, TH Aachen (74) 1957; (Grenzflächenaktivität Carboxygruppen enthaltender Polystyrole).

F. H. MÜLLER u. F. KRUM, Kolloid-Z. **154**, 29–41 (1957); (Mol.-Gew. aus Spreitung).

M. J. SCHICK, J. Polymer Sci. **25**, 465–478 (1957); (monomolekulare Schichten von Polymeren).

S. M. LEVI, Colloid J. (USSR) (Eng. Transl.) **19**, 85–87 (1957); (Gelatine + oberflächenaktive Substanzen).

W. R. DEAN, V. PERERA u. J. GLAZER, J. Polymer Sci. **27**, 489–502 (1958); (monomolekulare Schichten Hydroxygruppen enthaltender Polydiene).

H. TARKOW, J. Polymer Sci. **28**, 35–43 (1958); (Oberflächenspannung von Polymeren, Methodik).

S. BOYER u. Mitarbb., J. Chim. physique Physico-Chim. biol. **55**, 520–527 (1958); (Mol.-Gew. von ionisierbaren Polymeren und Oberflächenspannung).

K. WEIGEL u. H. GEHRING, Farbe u. Lack **64**, 601–603 (1958); (Oberflächenspannung, Gieß-Polyester).

H. L. FRISCH u. S. AL-MADFAI, Am. Soc. **80**, 3561–3565, 5613–5614 (1958); (Oberflächenspannung von Lösungen Hochpolymerer).

N. BEREDJICK u. Mitarbb., J. Polymer Sci. **46**, 268–270 (1960); (Bildung von monomolekularen Schichten und Taktizität).

E. FERRONI, G. GABRIELLI u. G. NATTA, Atti Accad. naz. Lincei, Rend., Cl. Sci. fisiche, mat. natur. **28**, 371–74 (1960); (Einfriertemp. und Oberflächenspannung).

R. J. ORR u. L. BREITMAN, Canad. J. Chem. **38**, 668–801 (1960); (Seifentitration von Latex).

H. E. RIES, N. BEREDJICK u. J. GABOR, Nature **186**, 883–84 (1960); (Oberflächenverhalten von Polyvinylbenzoat).

B. C. SEKHAR, J. Rubber Res. Inst. Malaya **16**, 93–98 (1960); (Seifentitration, Latex).

g) Raumerfüllung und Beweglichkeit der Moleküle

g_1) Dichte, Ausdehnungskoeffizient, Kompressibilität, Gasdurchlässigkeit

Buchübersicht

J. R. PARTINGTON, An Advanced Treatise on Physical Chemistry, 1. Aufl., Bd. III, S. 141 ff., Longmans Greene & Co., London 1952.

A. FARKAS, Physical Chemistry of the Hydrocarbons, 1. Aufl., Bd. II, S. 2 ff., Academic Press Inc. Publ., New York 1953.

J. REILLY u. W. N. RAE, Physico-Chemical Methods 5. Aufl., Bd. I, S. 577 ff., Methuen & Co., London 1954.

Veröffentlichungen

Dichte von Festkörpern:

V. E. LUCAS u. Mitarbb., Ind. eng. Chem. **41**, 1629–32 (1949); (Krystallisation von Polymeren).

E. STEURER u. F. KATHEDER, Kolloid-Z. **114**, 78–88 (1949); (Krystallisation von Cellulose).

L. MARKER, P. M. HAY u. J. P. TILLEY, J. Polymer Sci. **38**, 33–43 (1949); (Krystallisation von Polypropylen).

M. L. DANNIS, J. appl. Physics **21**, 505–509 (1950); (Weichmachereinfluß).

J. J. ARLMAN, Rubber Chem. Technol. **23**, 306–10 (1950); (Krystallisation von Naturkautschuk).

K. ÜBERREITER u. G. KANIG, J. chem. Physics **18**, 399–406 (1950); (Einfriertemp. bei vernetzten Polystyrolen).

C. E. WEIR, W. H. LESER u. L. A. WOAD, J. Res. Bur. Stand. **44**, 367–372 (1950); (Einfriertemp., Silicon-kautschuk, Methodik).

G. GEE, J. STERN u. L. R. J. TRELOAR, Trans. Faraday Soc. **46**, 1101–06 (1950); (Dehnung von Kautschukvulkanisaten).

W. BRENSCHEDE, Z. El. Ch. **54**, 191–200 (1950); (Krystallisation von Polyurethanen).

W. H. REYSEN u. J. D. GIBSON, Ind. eng. Chem. **42**, 2468–71 (1950); (Dichte von Poly-trifluor-chlor-äthylen).

R. S. SPENCER u. G. D. GILMORE, J. appl. Physics **21**, 523–526 (1950); (Kompressibilität von Polymeren).

R. B. RICHARDS, J. appl. Chem. **1**, 370–376 (1951); (Krystallinität von Polyäthylen).

W. SCHEELE u. T. TIMM, Kolloid-Z. **121**, 144–47 (1951); (Einfriertemp.).

F. P. PRICE, J. chem. Physics **19**, 973 (1951); (Krystallisationsgrad von Polymeren).

L. MANDELKERN u. P. J. FLORY, Am. Soc. **73**, 3206–12 (1951); (Krystallisation, Cellulose).

Rubber Age (N.Y.) **70**, 216–17 (1951); (Bestimmung von Phasenüberhängen bei Polymeren).

E. W. RUSSELL, Trans. Faraday Soc. **47**, 539–52 (1951); (Krystallisation von Naturkautschukvulkanisaten).

P. H. HERMANS, Kolloid-Z. **122**, 1–5 (1951); (Kunstseidefasern).

K. UEBERREITER u. G. KANIG, Z. Naturf. **6 a**, 551–59 (1951); (Mol.-Gewichtsabhängigkeit bei Polystyrol).

J. GLAZER, Nature **167**, 404–05 (1951); (Vulkanisation von Naturkautschuk).

Nat. Bur. Standards, (U. S.), Tech. News Bull. **53**, Nr. 3, 38–39 (1951); (Polymerisation unter hohem Druck).

K. LAUER, Kolloid-Z. **121**, 135–37 (1951); (Cellulosefasern).

W. SCHEELE u. T. TIMM, Kolloid-Z. **121**, 144–147 (1951); (Bestimmung der Einfriertemp.).

K. UEBERREITER u. S. NENS, Kolloid-Z. **123**, 92–99 (1951); (Polystyrol, Einfriertemp.).

F. ECOCHARD, J. Polymer Sci. **6**, 601–08 (1951); (Polyamide, Temperaturabhängigkeit).

L. E. WEIR, J. Res. Bur. Stand. **46**, 207–12 (1951); (Kompressibilität von Polymeren).

P. J. FLORY, L. MANDELKERN u. H. K. HALL, Am. Soc. **73**, 2532–38 (1951); (Copolyester und Copolyamide + Weichmacher).

K. UEBERREITER u. H. J. ORTHMANN, Kolloid-Z. **128**, 125–36 (1952); (Krystallisation von Polyäthylen).

K. H. C. BESSANT u. Mitarbb., J. appl. Chem. **2**, 501–10 (1952); (Kennzeichnung von Kunststoffen).

R. CARRÉ u. R. A. PARIS, C. r. **236**, 1559–61 (1953); (Umwandlungen von Polytetrafluoräthylen).

S. H. MORRELL u. J. STERN, Rubber Chem. Technol. **26**, 17–24 (1953); (Krystallisation und Vernetzung, Naturkautschuk).

H. M. LEEPER u. W. SCHLESINGER, J. Polymer Sci. **11**, 307–23 (1953); (krystalline Formen von Gutta).

A. CHARLESBY u. M. ROSS, Pr. roy. Soc. (A) **217**, 122–35 (1953); (F vernetzten Polyäthylens).

K. UEBERREITER u. E. OTTO-LAUPENMÜHLEN, Kolloid-Z. **133**, 26–32 (1953); (Temperaturabhängigkeit bei Polymeren).

S. LOSHAEK u. T. G. FOX, Am. Soc. **75**, 3544–50 (1953); (vernetztes Polymethylmethacrylat).

R. H. GERKE, J. Polymer Sci. **13**, 295–300 (1954); (Butadien-Copolymere, Einfriertemp.).

H. TADOKORO, S. SEKI u. I. NITTA, Bl. chem. Soc. Japan **27**, 451–54 (1954); (feuchte Polyvinylalkohol-filme).

T. G. FOX u. P. J. FLORY, J. Polymer Sci. **14**, 315–319 (1954); (Bestimmung der Einfriertemp.).

L. E. NIELSEN, J. appl. Physics **25**, 1209–12 (1954); (Krystallisation von Polyäthylen).

M. L. DANNIS, Mod. Plastics **31**, Nr. 7, 120–21 (1954); (Dimensionsänderung von Kunststoffen).

A. K. SCHULZ, Kolloid-Z. **138**, 75–80 (1954); (Kunststoffe als unterkühlte Flüssigkeiten).

A. J. KOVACS, Ind. Plast. mod. **7**, Nr. 1, 30–34 (1954); (isotherme Volumenänderung von Polymeren).

J. GLAZER, J. Polymer Sci. **14**, 225–40 (1954); (Vulkanisation von Naturkautschuk).

J. W. C. CRAWFORD, J. appl. Chem. **4**, 658–661 (1954); (Kontraktion bei Polymerisation von Methacrylsäureestern).

P. J. FLORY u. Mitarbb., J. Polymer Sci. **12**, 97–107 (1954); (Krystallisation von Cellulosetrinitrat).

J. T. MAYNARD u. W. E. MOCHEL, J. Polymer Sci. **13**, 235–50 (1954); (Krystallisation von Polychloropren).

L. MANDELKERN, F. A. QUINN u. P. J. FLORY, J. appl. Physics **25**, 830–39 (1954); (Krystallisationskinetik von Polymeren).

D. A. HENDERSON u. L. A. MCLEOD, Trans. Inst. Rubber Ind. **30**, 115–128 (1954); (Einfriertemp. von Butadien-Styrol-Copolymeren).

G. NATTA, J. Polymer Sci. **16**, 143–154 (1955); (Krystallinität isotaktischer Polymerer).

K. THINIUS u. E. MÖBIUS, Chem. Techn. **7**, 392–396 (1955); (Weichmacherdichte).

A. J. KOVACS, Ind. Plast. mod. **7**, Nr. 9, 37–38 (1955); (isotherme Volumenänderung).

M. LEITNER, Trans. Faraday Soc. **51**, 1015–1021 (1955); (Polyvinylchlorid, Krystallisation von Naturkautschuk).

E. E. ROSE u. Mitarbb., J. Dental Res. **34**, 589–96 (1955); (Polymethylmethacrylat, Ausdehnung).

D. E. ROBERTS u. L. MANDELKERN, J. Res. Bur. Stand. **54**, 167–176 (1955); (Krystallisation von Naturkautschuk).

F. P. LINGAMFELTER u. D. S. DAVIS, Chem. Engng. **62**, 220–222 (Dez. 1955); (Silicone, Ausdehnungskoeffizient).

K. UEBERREITER, G. KANIG u. A. S. BRENNER, J. Polymer Sci. **16**, 53–62 (1955); (Polyesterfraktionen).

T. G. FOX u. S. LOSHAEK, J. Polymer Sci. **15**, 371–390 (1955); (Einfluß von Mol.-Gew. und Vernetzung, Einfriertemp.).

G. V. SCHULZ, K. V. GÜNNER u. H. GERRENS, Ph. Ch. (N. F.) **4**, 192–211 (1955); (Polystyrol, Glaszustand, Schmelze, Lösung).

M. NAKAMURA u. S. M. SKINNER, J. Polymer Sci. **18**, 583–585 (1955); (gedehntes Polyäthylen).

A. N. GENT, J. Polymer Sci. **18**, 321–334 (1955); (Krystallisation von Naturkautschuk).

R. P. HOPKINS, Rubber Age (N. Y.) **78**, 239–244 (1955); (Polyurethanschäume).

D. E. ROBERTS u. L. MANDELKERN, Am. Soc. **77**, 781–786 (1955); (Dilatometrie bei Kautschuk, Krystallisationswärme).

L. MANDELKERN, F. A. QUINN jr. u. D. E. ROBERTS, Am. Soc. **78**, 926–932 (1956); (Krystallisationswärme, Dilatometrie bei Guttapercha).

G. L. SLONIMSKY u. G. V. STRUMINSKIY, Ž. fiz. Chim. **30**, 2144–48 (1956); (Packungsdichte und gegenseitige Löslichkeit von Polymeren).

W. O. STATTON, J. Polymer Sci. **22**, 385–97 (1956); (Krystallinität von Cellulosefasern, Vergleich mit Kleinwinkelstreuung).

J. S. GOURLAY u. M. JONES, Brit. Plastics **29**, 446–51 (1956); (Polyäthylen hoher Dichte).

A. J. KOVACS, Ind. Plast. mod. **8**, Nr. 1, 37, Nr. 2, 38–46 (1956); (isotherme Kontraktion von Polyäthylen).

I. Sandeman u. A. Keller, J. Polymer Sci. **19**, 401–35 (1956); (Krystallisation von Polyamiden).

M. Zief, G. Brunner u. J. Metzendorf, Ind. eng. Chem. **48**, 119–21 (1956); (hydrolysiertes Dextran).

S. S. Kurtz jr., R. W. King u. J. S. Sweely, Ind. eng. Chem. **48**, 2232–34 (1956); (Kohlenwasserstoffgehalt von Ölen).

K. Ueberreiter, E. Hohlweg u. H. J. Orthmann, Kolloid-Z. **147**, 82–83 (1956); (Umwandlungen von Polyäthylenterephthalat).

S. Furuya u. M. Honda, J. Polymer Sci. **20**, 587–90 (1956); (Poly-trifluor-chlor-äthylen).

G. M. Martin, S. S. Rogers u. L. Mandelkern, J. Polymer Sci. **20**, 579–81 (1956); (Temperaturabhängigkeit bei amorphen Polymeren).

T. W. Gatowskaja, W. A. Kargin u. A. A. Tager, Plaste u. Kautschuk **3**, 70 (1956); (Mol.-Gewichtsabhängigkeit bei Polystyrol).

R. K. Kirby J. Res. Bur. Stand. **57**, 91–94 (1956); (Polytetrafluoräthylen).

T. C. Tjader u. T. F. Protzman, J. Polymer Sci. **20**, 591–92 (1956); (gestrecktes Polymethylmethacrylat).

F. L. Pundsack, J. phys. Chem. **60**, 361–64 (1956); (Asbest).

Nat. Bur. Standards (U. S.), Tech. News Bull. **40**, 150–51 (1956); (Polytetrafluoräthylen).

T. W. Gatowskaja, W A. Kargin u. A. A. Tager, Gummi u. Asbest **9**, 466 (1956); (Mol.-Gewichtsabhängigkeit bei Polystyrol).

N. Tokita, J. Polymer Sci. **20**, 515–36 (1956); (Krystallinität und Viscoelastizität, Fasern).

G. Ciampa Chimica e Ind. **38**, 298–303 (1956); (isotaktisches Polypropylen).

J. S. Sweely u. Mitarb., Rev. gén. Caoutch. **34**, 137–47 (1957); (Weichmacher).

P. Goodmann, J. Polymer Sci. **24**, 307–10 (1957); (Schmelzen von Cellulosetricaprylat).

M. N. Vrancken u. J. D. Ferry, J. Polymer Sci. **24**, 27–31 (1957); (Gele von Cellulose-tributyrat).

W. Brandt, J. chem. Physics **26**, 262–70 (1957); (Berechnung der Kompressibilität).

L. Mullins u. N. R. Tobin, Trans. Inst. Rubber Ind. **33**, 2–10 (1957); (gedehnte und gefüllte Kautschukvulkanisate).

H. Hagen, Kunststoff-Rundschau **4**, 136–43 (1957); (Polyäthylen, Temperaturabhängigkeit).

A. B. Kusov, V. I. Trofimova u. Y. I. Nilova, Colloid J. (USSR) (Eng. Transl.) **19**, 587–591 (1957); (Dehnen von Gummi).

G. Janke, Dtsch. zahnärztl. Z. **12**, 1464–1467 (1957); (Trocknen von feuchten Kunststoffen).

J. Majer u. J. Dvorak, Kunststoff-Rundschau **4**, 345–348 (1957); (Volumenkontraktion bei Polymerisation u. Doppelbrechung).

B. Maxwell u. S. Matsuoka, SPE Journal **13**, Nr. 2, 27–32 (1957); (Kompressibilität bei höheren Temperaturen).

A. E. Woodward u. Mitarb., J. Polymer Sci. **26**, 383–386 (1957); (bestrahltes Polyäthylen).

J. Russel u. R. G. van Kerpel, J. Polymer Sci. **25**, 77–96 (1957); (Einfriertemp., weichgemachtes Celluloseacetat).

F. Rybnikář, J. Polymer Sci. **26**, 104–106 (1957); (Krystallisation von Capronamid).

L. I. Prokovsky u. A. B. Pakshver, Colloid J. (USSR) (Eng. Transl.) **19**, 479–482 (1957); (Struktur von Polycapronamid).

S. S. Rogers u. L. Mandelkern, J. phys. Chem. **61**, 985–990 (1957); (Einfriertemp., Polyäthylmethacrylat).

J. P. Bianchi, W. G. Luetzel u. F. P. Price, J. Polymer Sci. **27**, 561–563 (1958); (Refraktion, Polyäthylen).

E. L. Warrick, J. Polymer Sci. **27**, 19–38 (1958); (Krystallisation, Siliconkautschuk).

P. J. Flory, H. D. Bedon u. E. H. Keefer, J. Polymer Sci. **28**, 151–161 (1958); (Krystallisation von Polyestern und Polyamiden).

R. M. Kell, B. Bennett u. P. B. Stickney, Rubber Chem. Technol. **31**, 499–504 (1958); (Polyisobutylen, Einfriertemp.).

J. D. Hoffman u. J. J. Weeks, J. Polymer Sci. **28**, 472–475 (1958); (krystallines Poly-trifluor-chlor-äthylen, Vergleich mit IR-Spektrum).

S. A. Arzhakov, E. E. Rylov u. B. P. Shtarkman, Vysokomolekulyarnye Soedineniya **1**, 1438 (1958); (Druckabhängigkeit der Einfriertemp.).

G. L. Slonimskii u. G. V. Struminskii, Rubber Chem. Technol. **31**, 257–261 (1958); (gegenseitige Löslichkeit von Polymeren und ihre Packungsdichte).

M. J. Romankevič, Ukrain. chem. J. **24**, 325–35 (1958); (Volumen gequollener Kationenaustauscher).

R. J. Feldman, Colloid J. (USSR) (Eng. Transl.) **20**, 211–218 (1958); (Polymethacrylat, Polystyrol, Polyvinylchlorid, Vinylchlorid-Vinylacetat-Copolymere).

G. P. Michajlov, B. I. Sazhin u. V. S. Presniakova Colloid J. (USSR) (Eng. Transl.) **20**, 433–435 (1958); (Poly-trifluor-chlor-äthylen, Dichte und DK).

H. Fujita u. A. Kishimoto, J. Colloid Sci. **13**, 418–428 (1958); (Polyalkylmethacrylate, Dichte und Viscoelastizität).

F. Danusso, G. Moraglio u. G. Natta, Ind. Plast.mod. **10**, Nr. 1, 40 (1958); (isomere Poly-α-Olefine).

A. B. Kusov, V. J. Trofimova u. J. Yu. Nilowa, Rubber Chem. Technol. **31**, 513–518 (1958); (Dehnung von Kautschuk).

H. Schulz, Kunststoffe-Plastics **5**, 357–358 (1958); (Refraktion und Dichte).

R. H. Carey, Ind. eng. Chem. **50**, 1045–1048 (1958); (Polyäthylen, Eigenschaften).

O. Leuchs, Kunstst. **48**, 365–373 (1958); (Übergangsbereiche).

C. W. Deeley, J. A. Sauer u. A. E. Woodward, J. appl. Physics **29**, 1415–1421 (1958); (bestrahltes Polyäthylen).

F. A. Quinn jr. u. L. Mandelkern, Am. Soc. **80**, 3178–3182 (1958); (Krystallisation von Polyäthylen).

R. Brepson u. M. L. Clément, C.r. **246**, 3002–3004 (1958); (Kompressibilität von Kautschuk).

G. Natta, F. Danusso u. G. Moraglio, Atti Accad. naz. Lincei, Rend., Cl. Sci. fisiche, mat. natur. **24**, 254–260 (1958); (Poly-α-Olefine, Einfriertemp.).

A. Nishioka, M. Tajima u. M. Owaki, J. Polymer Sci. **28**, 617–619 (1958); (bestrahltes Polytetrafluoräthylen).

S. W. Hawkins u. H. Smith, J. Polymer Sci. **28**, 341–53 (1958); (Polyäthylen).

V. L. Lanza u. D. B. Herrmann, J. Polymer Sci. **28**, 622–625 (1958); (Polyäthylen, Dichte und DK).

A. J. Kovačs, J. Polymer Sci. **30**, 131–147 (1958); (isotherme Volumenkontraktion von amorphen Polymeren).

G. S. Trick, J. Polymer Sci. **31**, 239–240 (1958); (modifizierter Kautschuk, Krystallisation).

R. Nakane, J. Polymer Sci. **31**, 244–245 (1958); (Dichteänderung beim Krystallisieren).

F. A. Bettelheim u. R. S. Stein, J. Polymer Sci. **31**, 523–525 (1958); (Verstrecken von Polyäthylen).

G. S. Trick, J. Polymer Sci. **31**, 529–530 (1958); (Krystallisation von *cis*-Polybutadien).

S. Matsuoka u. B. Maxwell, J. Polymer Sci. **32**, 131–159 (1958); (Temperaturabhängigkeit der Kompressibilität).

F. P. Reding, J. Polymer Sci. **32**, 487–502 (1958); (Polyäthylen).

R. I. Feldman u. S. I. Sokolov, Colloid J. (USSR) (Eng. Transl.) **20**, 366–71 (1958); (Guttapercha, Ausdehnung).

L. Dannis, J. Appl. Polymer Sci. **1**, 121–126 (1959); (Dilatometrie, Umwandlungspunkte).

K. Altgelt u. G. V. Schulz, Makromolekulare Chem. **32**, 66–78 (1959); (Dichte von gelöstem Naturkautschuk).

N. V. Mikhailov u. Mitarbb., Vysokomolekulyarnye Soedineniya **1**, 185–190 (1959); (Polyamide).

P. J. Feldman, Colloid J. (USSR) (Eng. Transl.) **21**, 223–227 (1959); (lineare Dilatometrie, Polyamide).

F. J. M. Nieuwenhuis u. H. I. Waterman, Brennstoffch. **40**, 164–66 (1959); (Polyäthylen).

R. G. Quynn u. Mitarbb., J. Appl. Polymer Sci. **2**, 166–173 (1959); (isotaktisches Polypropylen),

M. L. Miller u. C. E. Rauhut, J. Polymer Sci. **38**, 63–72 (1959); (krystallines Polybutylacrylat).

A. A. Korotkov u. Mitarbb., Vysokomolekulyarnye Soedineniya **1**, 443–454 (1959); (Blockcopolymere, Styrol-Isopren).

R. Buchdahl, R. L. Miller u. S. Newman, J. Polymer Sci. **36**, 215–231 (1959); (Polyäthylen).

L. Marker, R. Early u. S. L. Aggarwal, J. Polymer Sci. **38**, 369–379 (1959); (Dilatometrie, Polyäthylen, F).

L. B. Sokolov u. A. D. Alkin, Vysokomolekulyarnye Soedineniya **1**, 863–864 (1959); (Kompressibilität von Copolymeren).

S. G. Zelikman u. N. V. Mikhailov, Vysokomolekulyarnye Soedineniya **1**, 1077–1085 (1959); (Dichte und Lösungswärme).

G. Lanzavecchia, Materie plast. **25**, 551–570 (1959); (Dilatometrie und Umwandlungen).

F. Danusso u. Mitarbb., Chimica e Ind. **41**, 748–757 (1959); (Poly-α-olefine).

F. J. Padden u. H. D. Keith, J. appl. Physics **30**, 1479–1484 (1959); (Krystallisation von Polypropylen).

J. A. Sauer, A. E. Woodward u. N. Fuschillo, J. appl. Physics **30**, 1488–1491 (1959); (Dilatometrie, Kernresonanz, Polypropylen u. a.).

M. G. Gubler u. A. J. Kovacs, J. Polymer Sci. **34**, 551–568 (1959); (Polyäthylen).

N. Hirai u. H. Eyring, J. Polymer Sci. **37**, 51–70 (1959); (Kompressibilität und Ausdehnung polymerer Systeme, Theorie der Festkörper, Viscosität).

L. Marker, P. M. Hay u. G. P. Tilley, J. Polymer Sci. **38**, 33–43 (1959); (Krystallisation von Polymeren).

A. H. Willbourn, J. Polymer Sci. **34**, 569–597 (1959); (Verzweigung, Polyäthylen).

F. G. Hewitt u. R. L. Anthony, Rubber Chem. Technol. **32**, 428–433 (1959); (Dehnen von Kautschuk).

H. Singh u. A. W. Nolle, J. appl. Physics **30**, 337–341 (1959); (Polyisobutylen, Kompressibilität).

E. I. Tinjakova u. Mitarbb., Doklady Akad. S.S.S.R. **124**, 595–597 (1959); (1,4-*trans*-Polybutadien und Polyisopren).

H. Sobue u. Y. Tabata, J. Appl. Polymer Sci. **2**, Nr. 4, 66–70 (1959); (gerecktes Polypropylen).

A. Nishioka u. Mitarbb., J. Appl. Polymer Sci. **2**, 114–119 (1959); (bestrahltes Teflon).

S. Buckser u. L. H. Tung, J. phys. Chem. **63**, 763–765 (1959); (Krystallisation von Polyäthylen).

S. Saito u. T. Nakajima, J. Appl. Polymer Sci. **2**, 93–99 (1959); (Dilatometrie und DK, Einfriertemp.).

J. E. Johnson, J. Appl. Polymer Sci. **2**, 205–209 (1959); (Polyäthylenterephthalat).

S. I. Meerson u. S. M. Lipatov, Colloid J. (USSR) (Eng. Transl.) **21**, 509–515 (1959); (Packungsdichte von Polystyrol).

R. E. Moynihan, Am. Soc. **81**, 1045–1050 (1959); (Krystallisation von Polytetrafluoräthylen).

A. Müller u. R. Pflüger, Plastics **24**, 350–356 (1959); (Krystallisation von Polyamiden).

A. S. Kenyon, R. C. Gross u. A. L. Wurstner, J. Polymer Sci. **40**, 159–168 (1959); (Krystallisation von isotaktischem Polystyrol).

A. V. Tobolsky, J. Polymer Sci. **35**, 555–556 (1959); (Einfriertemp. von fluorhaltigen Polymeren).

C. A. Boye jr. u. T. Watson u. H. W. Patton, J. Polymer Sci. **39**, 534–535 (1959); (abgeschrecktes Polypropylen).

D. J. Shields u. H. W. Coover jr., J. Polymer Sci. **39**, 532–533 (1959); (Poly-N-isopropyl-acrylamid).

G. S. Trick, J. Polymer Sci. **41**, 213–217 (1959); (Krystallisation von modifiziertem *cis*-Polybutadien).

Y. Kinoshita, Makromolekulare Chem. **33**, 1–20 (1959); (Polyamide).

L. Mandelkern u. Mitarbb., Am. Soc. **82**, 46–53 (1960); (Schmelzen von vernetztem Polyäthylen).

J. H. Wakelin, J. Polymer Sci. **42**, 278–280 (1960); (Ausdehnung der krystallinen Phasen).

J. Mayer, J. Belusa u. J. Lanikova, Kunststoff-Rundschau **7**, 39–44 (1960); (Krystallisation von Niederdruckpolyäthylen).

P. Parrini, Materie plast. **26**, 115–121 (1960); (Dichtegradientenrohr).

P. R. Swan, J. Polymer Sci. **42**, 525–534 (1960); (Polyäthylen, Einfriertemp., Krystallinität).

S. Matsuoka, J. Polymer Sci. **42**, 511–524 (1960); (Krystallisation von Polyäthylen unter Druck, F).

R. Bacskai u. M. A. Pohl, J. Polymer Sci. **42**, 151–157 (1960); (Dichte und Polarisation).

A. Peterlin u. Mitarbb., Makromolekulare Chem. **37**, 231–42 (1960); (Polyäthylen, Vergleich mit Kernresonanz).

J. Rohleder u. H. A. Stuart, Makromolekulare Chem. **41**, 110–30 (1960); (4,6-Polyurethan).

M. M. Epstein u. C. W. Hamilton, Mod. Plastics **37**, Nr. 11, 142 (1960); (Polyamide).

P. D. Davidse, H. I. Waterman u. J. B. Westerdijk, Brennstoffch. **41**, 300–03 (1960); (geschmolzenes Polyäthylen).

G. Farrow u. D. Preston, Brit. J. appl. Physic **11**, 353–58 (1960); (Polyäthylenterephthalat).

W. P. Slichter, J. appl. Physics **31**, 1865–68 (1960); (Polyäthylenkristalle).

Z. Menčik, Chem. Průmysl **10**, 377–81 (1960); (Polypropylen).

R. L. Miller, Polymer **1**, 135–43 (1960); (Polypropylen).

B. M. Grieveson, Polymer **1**, 499–512 (1960); (Einfriertemp. von Homologen).

Yu. A. Gorbatkina, Vysokomolekulyarnye Soedineniya **2**, 1456–58 (1960); (Bestimmung der Einfriertemp.).

Z. Menčik, Vysokomolekulyarnye Soedineniya 2, 1635–38 (1960); (Polyacrylnitril).

R. Nakane, J. Appl. Polymer Sci. 3, 124–25 (1960); (Polyäthylen, Einfriertemp.).

G. Farrow, J. Appl. Polymer Sci. 3, 365 (1960); (Polyäthylenterephthalat).

M. L. Dannis, J. Appl. Polymer Sci. 4, 249–50 (1960); (Apparatives, Einfriertemp.).

P. R. Swan, J. Polymer Sci. 42, 525–34 (1960); (Polyäthylen).

W. R. Krigbaum u. N. Tokita, J. Polymer Sci. 43, 467–88 (1960); (Polyacrylnitrilschmelzpunkt).

J. H. Griffith u. B. G. Rånby, J. Polymer Sci. 44, 369–81 (1960); (Poly-4-methyl-1-penten).

F. Rybnikař, J. Polymer Sci. 44, 517–22 (1960); (Sekundärkrystallisation).

E. F. Cluff, E. K. Gladding u. R. Pariser, J. Polymer Sci. 45, 341–45 (1960); (Bestimmung der Vernetzung von Elastomeren).

E. A. Cole u. D. R. Holmes, J. Polymer Sci. 46, 245–56 (1960); (Paraffine und Polyäthylen).

G. M. Bartenev u. G. S. Kongarov, Vysokomolekulyarnye Soedineniya 2, 1692–1697 (1960); (Bestimmung der Polymermischungsverträglichkeit).

J. Majer, Kunstst. 50, 565–67 (1960); (Polypropylen, Vorgeschichte und Krystallisation).

J. Majer u. P. Osecky, Collect. czechoslov. chem. Commun. 25, 2751–56 (1960); (Bestimmung der Verzweigung aus der Dichte).

E. I. Kolobov, Russian J. Phys. Chem. (English Transl.) 34, 339–44 (1960); (Dichte und Krystallisation).

H. G. Zachmann u. H. A. Stuart, Makromolekulare Chem. 41, 131–137 (1960); (Polytetrafluoräthylen).

B. v. Falkai, Makromolekulare Chem. 41, 86–109 (1960); (isotaktisches Polypropylen).

L. A. Igonin u. Y. V. Orchinnikov, Vysokomolekulyarnye Soedineniya 3, 1395–1400 (1961); (Dichte von amorphen Polymeren unter hohen Drucken).

Dichte von Lösungen und Suspensionen:

A. Weissler, Am. Soc. 71, 93–95 (1949); (Dichte und Schallgeschwindigkeit, Polydimethylsiloxanlösungen).

G. V. Browning u. J. D. Ferry, J. chem. Physics 17, 1107–12 (1949); (Polyvinylacetat, Apparatives).

E. W. Kuwschinski u. A. S. Semenowa, Ž. fiz. Chim. 24, 420–26 (1950); (Polymerisation unter hohem Druck).

D. J. Streeter u. R. F. Boyer, Ind. eng. Chem. 43, 1790–1797 (1951); (Polystyrol).

H. Batzer u. F. Wiloth, Makromolekulare Chem. 6, 60–70 (1951); (Polyester).

H. Kahler u. B. J. Lloyd jr., Sci. 114, 34–35 (1951); (Polystyrollatex, Methodik).

W. Heller u. A. C. Thompson, J. Colloid Sci. 6, 57–74 (1951); (Polystyrol).

S. A. Glikman u. L. A. Root, Chem. Techn. 5, Nr. 2, 99–103 (1953); (Verdünnung von Lösungen der Nitrocellulose).

H. Freiser, M. V. Eagle u. J. Speier, Am. Soc. 75, 2821–2827 (1953); (Polyalkylarylsilane).

R. Roberts u. F. W. Billmeyer, Am. Soc. 76, 4238–4239 (1954); (Polyäthylen).

Z. K. Jelinek u. K. Cyprian, Chem. Průmysl 4, 420–23 (1954); (Registrierdilatometer).

M. Gordon u. B. M. Grieveson, J. Polymer Sci. 17, 107–115 (1955); (Polymerisation ungesättigter Polyester).

M. Joerges-Heyden u. Mitarbb., Z. Naturf. 10a, 10–21 (1955); (Methylsiloxane).

A. Horth u. M. Rinfret, Am. Soc. 77, 503 (1955); (Methodik).

B. Rosen, J. Polymer Sci. 17, 559–582 (1955); (Apparatives, Polystyrol).

P. Y. Cheng u. H. K. Schachman, J. Polymer Sci. 16, 19–30 (1955); (Polystyrollatex).

J. M. Mills, J. Polymer Sci. 19, 585–87 (1956); (Herstellung von Dichtegradientrohren).

L. H. Tung u. W. C. Taylor, J. Polymer Sci. 21, 144–147 (1956); (Herstellung von Dichtegradientrohren).

K. Ueberreiter, Ang. Ch. 68, 404–406 (1956); (Schmelzen von Ruß + Naphthalin).

S. A. Glikman u. L. A. Root, Colloid J. (USSR) (Eng. Transl.) 18, 519–522 (1956); (Volumeneffekte beim Verdünnen).

R. E. Neiman, Colloid J. (USSR) (Eng. Transl.) 18, 729–732 (1956); (Volumeneffekt bei Gelierung).

G. V. Schulz u. M. Hoffmann, Makromolekulare Chem. 23, 220–232 (1957); (Polystyrol, Polymethylmethacrylat, verschiedene Mol.-Gewichte in Lösungsmitteln, Apparatives).

W. I. Bengough, Trans. Faraday Soc. 53, 1346–1354 (1957); (Selbsterwärmung bei Dilatometrie der Polymerisation).

T. L. Pugh u. W. Heller, J. Colloid Sci. 12, 173–180 (1957); (Dichte von Latexteilchen, Polystyrol, Polyvinyltoluol).

G. Schuur u. A. Klootwijk, Rubber Chem. Technol. 30, 362–366 (1957); (Chlorgehalt von chloriertem Kautschuk mit Gradientrohr).

F. Patat u. C. Schliebener, Ang. Ch. 70, 26 (1958); (Dichteänderung eines Adsorbens für Polymere).

R. S. Jessup, J. Res. Bur. Stand. 60, 47–53 (1958); (Polyisobutylen in Benzol).

J. Majer, Chem. Průmysl 8/33, 265–267 (1958); (Dilatometrie der Polymerisation von Diallylphthalsäureestern).

S. I. Meerson u. S. M. Lipatov, Colloid J. (USSR (Eng. Transl.) 20, 336–41 (1958); (Dilatometrie bei Emulsionspolymerisation).

H. Gerrens, Ang. Ch. 71, 608–12 (1959); (Schmelzen von Gelatinegelen).

A. Horth, D. Patterson u. M. Rinfret, J. Polymer Sci. 39, 189–201 (1959); (scheinbares spez. Volumen von Polymeren).

H. M. Koepp u. H. Werner, Makromolekulare Chem. 32, 79–89 (1959); (Gradientrohr für Deuteriumgehalt).

G. Meyerhoff, Makromolekulare Chem. 37, 97–107 (1960); (Polymere in verschiedenen Lösungsmitteln).

Y. Kobataka u. H. Inagaki, Makromolekulare Chem. 40, 118–125 (1960); (Theorie, verdünnte Lösung).

K. Nakanishi u. M. Kurata, Bl. chem. Soc. Japan 33, 152–157 (1960); (Polyvinylalkohollösungen).

C. H. Lindsley, J. Polymer Sci. 46, 543–45 (1960); (Dichtegradientkolonnen).

F. E. Treloar, Polymer 1, 513–515 (1960); (Kinetik dilatometrisch).

Gasdurchlässigkeit:

G. J. van Amerongen, J. Polymer Sci. 5, 307–32 (1950); (Elastomere, Einfluß der Struktur).

V. L. Simril u. A. Hershberger, Mod. Plast. 27, Nr. 10, 97–102, 150–152, 154–158 (1950); (Kunststoff-Filme, Dämpfe).

L. MANDELKERN u. F. A. LONG, J. Polymer Sci. **6**, 457–69 (1951); (Celluloseacetat, Dämpfe).

P. MEARES, Am. Soc. **76**, 3415–22 (1954); (Polyvinylacetat, Gase).

M. CZUHA, India Rubber Wld. **130**, 207–10 (1954); (Elastomere, Luft).

D. W. BRUBAKER u. K. KAMMERMEYER, Ind. eng. Chem. **46**, 733–39 (1954); (Kunststoff-Folien, Gase).

A. D. KIRSHENBAUM, A. G. STRENG u. W. B. DUNLAP jr., Rubber Age (N. Y.) **74**, 903–908 (1954); (Elastomere, $^{14}CO_2$).

P. FRANK, Kunstst. **44**, 577 (1954); (Permeationsvorgang).

E. C. BAUGHAN, A. L. JONES u. K. STEWART, Pr. roy. Soc.(A) **225**, 478–504 (1954); (Cellulosenitrat, Dämpfe).

S. A. REITLINGER u. I. S. YARKHO, Colloid J. (USSR) (Eng. Transl.) **17**, 369–372 (1955); (krystalline Polymere).

S. FURUYA, J. Polymer Sci. **17**, 145–147 (1955); (Polyisobutylen, verschiedene Mol.-Gew., Dampf).

K. WEINMANN, Farbe u. Lacke **1955**, 315–23; (Lackfilme, Wasserdampf).

V. STANNETT u. M. SZWARC, J. Polymer Sci. **16**, 89–91 (1955); (Theorie).

I. SOBOLEV u. Mitarbb., J. Polymer Sci. **17**, 417–428 (1955); (bestrahltes Polyäthylen).

F. H. MÜLLER u. E. HELLMUTH, Kolloid-Z. **144**, 125–141 (1955); (Methodik).

D. F. OTHMER u. G. J. FROHLICH, Ind. eng. Chem. **47**, 1034–1040 (1955); (Membrane, Gase).

J. BARBIER, Rubber Chem. Technol. **28**, 814–20 (1955); (Mischungen von Naturkautschuk mit Elastomeren).

R. WAACK u. Mitarbb., Ind. eng. Chem. **47**, 2524–27 (1955); (Filme, Gase).

A. J. FREEMAN, L. W. SHERIDAN u. M. M. RENFREW, Kunstst. **45**, 304 f. (1955); (Folien, Gase).

E. CERNIA, Materie plast. **22**, 361–70 (1956); (Polyäthylen, verschiedene Temperaturen).

R. GABLER, Kunststoffe-Plastics **3**, 5–12 (1956); (verschiedene Lösungsmitteldämpfe und Folien).

G. M. BARTENEV, Gummi u. Asbest **9**, 516 (1956); (Kautschuk, Gas).

W. HEILMAN u. Mitarbb., Ind. eng. Chem. **48**, 821–824 (1956); (Filme, Schwefelwasserstoff).

W. SCHRÜFER, Kunstst. **46**, 143–47 (1956); (Apparatives, Kunststoff-Folien).

R. J. BEARMAN u. F. O. KOENIG, Am. Soc. **78**, 691 (1956); (Kautschuk, Edelgase).

C. ROGERS u. Mitarbb., Tappi **39**, 737–747 (1956); (Folien).

G. V. SCHULZ u. H. GERRENS, Ph. Ch. (N. F.) **7**, 182–206 (1956); (Polystyrol, Mechanismus).

B. V. PETUCHOV u. A. B. PAKSHVER, Ž. prikl. Chim. **29**, 1236–42 (1956); (Polycapronamid, Wasser).

A. J. STAMM, J. phys. Chem. **60**, 76–86 (1956); (Wasserdampf in Cellulose).

W. SCHRÜFER, Kunstst. **46**, 270–73 (1956); (Apparatives).

J. SOBOLEV u. Mitarbb., Ind. eng. Chem. **49**, 441–44 (1957); (Polyäthylen, Methylbromid u. a.).

P. MEARES, Trans. Faraday Soc. **53**, 101–106 (1957); (Polyvinylacetat, F).

J. SIVADJIAN, J. Polymer Sci. **24**, 63–66 (1957); (Feuchtigkeitsdurchlässigkeit, Methodik).

H. ZOEBELEIN, Kunststoff-Rundschau **4**, 47–48 (1957); (Wasserdampfdurchlässigkeit von Folien).

J. PINSKY, Mod. Plastics **34**, April 145–50 (1957); (Polyäthylen).

C. A. KUMINS, C. J. ROLLE u. J. ROTEMAN, J. phys. Chem. **61**, 1290–96 (1957); (Vinylchlorid-Vinylacetat-Copolymere).

K. KAMMERMEYER, Ind. eng. Chem. **49**, 1685–86 (1957); (Siliconkautschuk, Trennung von Gasen).

G. L. PHILLIPS u. H. D. NELSON, J. econ. Entomol. **50**, 452–54 (1957); (Methylbromid-Durchlässigkeit).

S. I. SOKOLOV, S. A. REITLINGER u. R. I. FELDMANN, Colloid J. (USSR) (Eng. Transl.) **19**, 625–628 (1957); (Polyvinylchlorid, Wasserstoff).

P. MEARES, J. Polymer Sci. **27**, 391–404 (1958); (Polyvinylacetat, Allylchlorid).

H. REINHARD, Kunstst. **48**, 264–266 (1958); (Polyäthylen, Gase und Dämpfe).

E. R. THORNTON, V. STANNETT u. M. SZWARC, J. Polymer Sci. **28**, 465–468 (1958); (Dämpfe und Flüssigkeiten durch Polymerfilme).

F. RYBNIKAŘ, J. Polymer Sci. **28**, 633–34 (1958); (Polycaprolactam, Nylon®).

C. H. KLUTE u. P. J. FRANKLIN, J. Polymer Sci. **32**, 161–176 (1958); (Polyäthylen, Dampf).

F. M. SMITH, Rubber World **139**, 533–541 (1958/59); (Elastomere, Luft).

W. L. H. MOLL, Kolloid-Z. **167**, 55–62 (1959); (Kunststoff-Folien).

N. A. MELIKHOVA, S. A. REITLINGER u. E. N. KUZINA, Soviet Rubber Technol. **18**, Nr. 6, 34–38 (1959); (Einfluß von Füllstoffen).

C. E. REID u. J. R. KUPPERS, J. Appl. Polymer Sci. **2**, 264–272 (1959); (Osmose-Membranen).

N. BUCHNER, Kunstst. **49**, 401–406 (1959); (Theorie, Kunststoff-Folien).

W. L. ARCHER u. S. G. MASON, Canad. J. Chem. **37**, 1655–1661 (1959); (Cellophan, Dampf).

W. E. BROWN u. W. J. SAUBER, Mod. Plastics **36**, Nr. 12, 107–116 (1959); (Kunststoff-Filme).

M. BORNENGO, Materie plast. **25**, 1046–50 (1959); (Kunststoff-Folien, Dampf).

A. S. MICHAELS u. R. B. PARKER jr., J. Polymer Sci. **41**, 53–71 (1959); (Polyäthylen, Sorption und Durchtritt).

A. W. MYER, V. STANNETT u. M. SZWARC, J. Polymer Sci. **35**, 285–288 (1959); (Polypropylen).

E. D. MIRKHLIN u. Mitarbb., Soviet Rubber Technol. **18**, Nr. 12, 24–29 (1959); (Kautschuk bei der Vulkanisation).

N. BUCHNERS u. G. SCHRICKER, Kunstst. **50**, 156–162 (1960); (feuchte Gase).

J. E. AYER, D. R. SCHMITT u. R. M. MAYFIELD, J. Appl. Polymer Sci. **3**, 1–10 (1960); (Wasser durch Polymerfilme).

S. W. LASOSKI jr., J. Appl. Polymer Sci. **4**, 118–119 (1960); (Wasser, Polymerstruktur).

F. L. PILAR, J. Polymer Sci. **45**, 205–215 (1960); (Gase durch Polymerfilme).

N. S. TIKHOMIROVA, YU. M. MALINSKII u. V. L. KARPOV, Vysokomolekulyarnye Soedineniya **2**, 1349–1359 (1960); (Polyäthylen und Polytetrafluoräthylen, Gase, Wirkung der Bestrahlung).

N. BUCHNER u. G. SCHRICKER, Kunstst. **50**, 156–162 (1960); (feuchte Gase, Folien).

A. W. MYERS u. Mitarbb., Mod. Plastics **37**, Nr. 10, 139–145, 211 (1960); (Poly-trifluor-chlor-äthylen).

C. E. ROGERS, V. STANNETT u. M. SZWARC, J. Polymer Sci. **45**, 61–82 (1960); (Polyäthylen, Alkane, Alkylhalogenide).

Weitere Arbeiten unter „Aufnahme von Gasen und Dämpfen" (S. 1022) und unter „Diffusion niedermolekularer Stoffe in Polymeren" (S. 1047).

g_2) Viscosität in Lösung und Schmelze*

Buchübersicht

J. W. McBain, Colloid Science, S. 141, D. C. Heath & Co., Boston 1950.

K. H. Meyer, Natural and Synthetic High Polymers, 2. Aufl., S. 787, Interscience Publ. Inc., New York 1950.

F. M. Uber, Biophysical Research Methods, S. 107, Interscience Publ., Inc., New York 1950.

A. Gemant, Frictional Phenomena, Chemical Publ. Co., Brooklyn 1950.

E. Heidebroek, Das Verhalten von zähen Flüssigkeiten in engen Spalten, Akademie-Verlag, Berlin 1950.

K. H. Meyer, H. Mark u. A. J. A. van der Wyk, Makromolekulare Chemie, 2. Aufl., S. 817 ff., Akademische Verlagsgesellschaft, Leipzig 1950.

H. Sieboeneck, Viskosimetrische Tabellen und Tafeln, 2. Aufl., Naturwissenschaftlicher Verlag, Berlin 1951.

Handbuch der technischen Betriebskontrolle, Herausgeber J. Krönert, Bd. III, Physikalische Meßmethoden, 2. Aufl., Akademische Verlagsgesellschaft, Leipzig 1951.

C. Andrade, Viscocity and Plasticity, Chemical Publ. Co. Inc., New York 1951.

A. Münster, Riesenmoleküle, Herder-Verlag, Freiburg 1952.

H. R. Kruyt, Colloid Science, 1. Aufl., Bd. I, S. 342 ff., Elsevier Publ. Co., New York 1952.

H. S. Green, The Molecular Theory of Fluids, 1. Aufl., S. 135, North-Holland Publ., Amsterdam 1952.

H. A. Stuart, Die Physik der Hochpolymeren, 1. Aufl., Bd. II, S. 280 ff., Springer-Verlag, Berlin-Göttingen-Heidelberg 1953.

E. K. Fischer, Colloidal Dispersions, 2. Aufl., S. 148 ff., J. Wiley & Sons Inc., New York 1953.

H. Falkenhagen, Elektrolyte, 2. Aufl., Hirzel-Verlag, Leipzig 1953.

J. J. Hermans, Flow Properties of Disperse Systems, 1. Aufl., S. 50, North-Holland Publ. Co., Amsterdam 1953.

J. Reilly u. W. N. Rae, Physico-Chemical Methods, Bd. I, 5. Aufl., S. 676, Methuen & Co., London 1954.

V. G. W. Harrison, Proceedings of the Second International Congress on Rheology, Butterworths Scientific Publ., London 1954.

M. Reiner, Rheologie Theorique, Dunod, Paris 1955.

K. Frank, Prüfungsbuch für Kautschuk und Kunststoffe, 1. Aufl., S. 11, Verlag Berliner Union, Stuttgart 1955.

F. Hoppe-Seyler, F. Thierfelder u. H. Thierfelder, Handbuch der Physiologisch- und Pathologisch-chemischen Analyse für Ärzte, Biologen und Chemiker, 10. Aufl., Bd. III/1, S. 792, Springer-Verlag, Berlin-Göttingen-Heidelberg 1955.

B. v. Schlippe, Strömung von Flüssigkeiten mit temperaturabhängiger Zähigkeit, Westdeutscher Verlag, Köln 1956.

F. R. Eirich, Rheology Theory and Applications, Bd. I, 1. Aufl., S. 321 ff., Academic Press, New York 1956.

A. A. Townsend, The Structure of Turbulent Shear Flow, University Press, Cambridge 1956.

H. Tompa, Polymer Solutions, 1. Aufl., S. 263 ff., Butterworths, London 1956.

---

* Symbole: $[\eta]$ = Viscositätszahl, M = Molgewicht.

J. Hengstenberg, B. Sturm, O. Winkler, Messen und Regeln in der chemischen Technik, Springer-Verlag, Berlin-Göttingen-Heidelberg 1957.

A. V. Tobolsky, Properties and Structure of Polymers, 1. Aufl., J. Wiley & Sons, Inc., New York-London 1960.

Veröffentlichungen

Apparatives, Methodik:

M. Mooney, Rubber Chem. Technol. **20**, 585–96 (1947); (Viscosimeter für thixotrope Substanzen).

G. Schmidt, Kolloid-Z. **114**, 106–8 (1949); (Eichung von Ostwald-Viscosimetern).

N. A. de Bruyne, Brit. Plastics **21**, 590–93, 626 (1949); (Viscosimeter für zähe Flüssigkeiten).

G. V. Schulz, Kolloid-Z. **115**, 90–103 (1949); (Übersicht, Mol.-Gewichtsbestimmung).

DBP.-Anm. 18699 (1950), Sartorius Werke AG., Erf.: O. Bächle; (Dämpfung von Torsionsschwingungen, Viscosimeter).

DBP.-Anm. 01262 (42 l) v. 3. 11. (1950)/12. 7. (1951), K. Orbahn; (automatisches Ausflußviscosimeter).

K. Edelmann, Faserforsch. u. Textiltechn. **2**, 215–18 (1951); (Cellulosenitrate in Aceton).

L. Leaman, Rubber Age (N. Y.) **69**, 699–706 (1951); (Brookfield-Viscosimeter).

R. Signer u. K. Berneis, Makromolekulare Chem. **8**, 268–82 (1952); (Viscosimeter für kleine Strömungsgradienten).

F. Wiloth, Gummi u. Asbest **6**, 426–429 (1953); (Ostwald-Viscosimeter).

W. P. Parini, Kunstst. **43**, 195 (1953); (Bestimmung der Viscositätszahl).

P. E. Rouse jr. u. K. Sittel, J. appl. Physics **24**, 690–96 (1953); (Torsionspendel, verdünnte Lösungen).

H. Umstätter, Makromolekulare Chem. **10**, 30–34 (1953); (Mikroviscosimetrie).

DBP.-Anm. 1493/421 (v. 28. 4. 1953), Deutsche Erdöl AG., Erf.: K. H. Grodde; (Rotationsviscosimeter für plastische Stoffe).

J. B. Donnet, J. Chim. physique Physico-Chim. biol. **50**, 291–307 (1953); (Theorie und Apparatives).

L. S. Chang u. H. Morawetz, J. Polymer Sci. **13**, 414–16 (1954); (Strukturviscosität).

H. Eisenberg u. E. H. Frei, J. Polymer Sci. **14**, 417–426 (1954); (Rotationsviscosimeter).

J. Schurz, Kolloid-Z. **137**, 103–5 (1954); (Hagenbach-Korrektur).

H. Leaderman, J. Polymer Sci. **13**, 371–84 (1954); (Theorie und Apparatives).

S. H. Maron u. R. J. Belner, J. appl. Physics **26**, 1457–60 (1955); (Kapillarviscosimeter für kleine Scherspannungen).

R. L. Bowles, R. P. Davie u. W. D. Todd, Mod. Plastics **33**, Nr. 3, 140–48 (1955); (Auswertung bei Brookfield-Viscosimeter).

Z. Menčik u. J. Laniikova, Chem. Listy **49**, 1398–1400 (1955); (Herstellung verdünnter Lösungen von Polyvinylchlorid).

V. E. Hart, J. Polymer Sci. **17**, 207–214 (1955); (Viscosimeter für Verdünnungen).

D. Bulgin u. R. Wratten, Rubber Chem. Technol. **28**, 534–39 (1955); (Viscosimeter für hohe Gradienten und Polymere).

J. Kooy u. J. J. Hermans, J. Polymer Sci. 16, 417–27 (1955); (Präzisionsviscosimeter).

H. G. Jerrard, Rev. sci. Instruments 26, 1007–17 (1955); (gleichzeitige Messung von Viscosität und Doppelbrechung).

H. Umstätter, Faserforsch. u. Textiltechn. 6, 332–33 (1955); (Fehlerdiskussion).

S. D. J. Iha, Kolloid-Z. 143, 174–75 (1955); (Viscosimeter für verdünnte Lösungen).

A.P. 2844568 (1955), Phillips-Petroleum Co., Erf.: C.W. Mertz; (elektromagnetische Meßmethode).

F. Winkler, Faserforsch. u. Textiltechn. 6, 164–68 (1955); (Auswertung, Minimum bei ηsp/c gegen c).

M. Gordon u. B. M. Grieveson, J. Polymer Sci. 17, 107–115 (1955); (Viscodilatometer für Polymerisation).

A. W. Craig u. D. A. Henderson, J. Polymer Sci. 19, 215–218 (1956); (Viscosimeter für verdünnte Lösungen).

W. Weber, Kolloid-Z. 147, 14–28 (1956); (Kugelfallviscosimeter).

W. v. Engelhardt u. H. Lübben, Kolloid-Z. 147, 1–6 (1956); (Rotationsviscosimeter für absolute Viscositäten).

E. P. 751958 (1956), National Research Development Corp., Erf.: D. McKenzie; (Viscosimeter für thixotrope Substanzen).

S. Peter u. H. U. Brandau, Kolloid-Z. 147, 6–14 (1956); (Messung von Fließvorgängen).

S. Lifson, J. Polymer Sci. 20, 1–6 (1956); (Einfluß des Kapillarenradius).

M. Kapes, J. Polymer Sci. 22, 409–22 (1956); (Viscosimeter für weiten Bereich des Gradienten und der Temperatur).

W. Heinz, Kolloid-Z. 145, 119–25 (1956); (Konsistometer, Rotationsviscosimeter).

A. W. Craig u. D. A. Henderson, J. Polymer Sci. 19, 215–18 (1956); (Viscosimeter für verdünnte Lösungen).

A. A. Harness, J. Polymer Sci. 19, 591–92 (1956); (Dampfbadthermostat).

H. Umstätter, Kolloid-Z. 145, 102–108 (1956); (neue Geräte).

S. Claesson u. U. Lohmander, Makromolekulare Chem. 18/19, 310–16 (1956); (Meniskusbestimmung).

H. L. Frisch u. S. J. Yeh, J. Polymer Sci. 20, 431–35 (1956); (Auswertung auf Mol.-Gew. bei unbekannter Konzentration).

J. Schurz, Kolloid-Z. 148, 76–82 (1956); (Messung der Strukturviscosität).

M. Boucher, Rev. gén. Caoutch. 33, 335–41 (1956); (Viscosimeter für Latex).

H. Steffens u. F. Sauerwald, Kolloid-Z. 148, 144–50 (1956); (Schmelzviscosimeter für Polyamide).

A. B. Bestul, J. chem. Physics 24, 1196–1201 (1956); (Abbau durch Scherspannung).

P. Goodman, J. Polymer Sci. 25, 325–331 (1957); (Abbau durch Scherkräfte).

K. Edelmann u. E. Horn, Plaste u. Kautschuk 4, 84–87 (1957); (Durchführung rheologischer Messungen).

B. Maxwell u. A. Jung, Mod. Plastics 35, Nr. 3, 174–175, 178, 180, 182, 276 (1957); (Druckabhängigkeit der Schmelzviscosität).

E.P. 764850 (1957; DB. Prior., 1954), T. P. 1119 a 20, Farbf. Bayer; (Rotationsviscosimeter).

E. H. Frei, D. Treves u. H. Eisenberg, J. Polymer Sci. 25, 273–78 (1957); (Rotationsviscosimeter).

I. Jakob, Plaste u. Kautschuk 4, 204–9 (1957); (kontinuierliche Viscositätsmessung mit Schwingungen).

C. Mussa, J. Polymer Sci. 26, 67–79 (1957); (Auswertung).

R. M. Schulken jr. u. M. L. Sparks, J. Polymer Sci. 26, 227–230 (1957); (Viscosimeter, verdünnte Lösungen, höhere Temperaturen).

S. N. Chinai, Ind. eng. Chem. 49, 303–304 (1957); (Wechselwirkung und Molekelgröße).

E. P. 851621 (1958; DB. Prior., 1957), Farbf. Bayer AG.; (Viscosimeter).

P. A. Small, J. Polymer Sci. 28, 223–224 (1958); (Viscosimeter für Schmelzen).

M. Chatain, G. Héry u. J. Prévot, Ind. Plast. mod. 10, Nr. 9, 32–39 (1958); (Viscositätsbestimmung mit Ultraschall).

H. G. Elias u. F. Patat, J. Polymer 29, 141–160 (1958); (Makromoleküle in Lösung).

C. Mussa, J. Polymer Sci. 29, 171–182 (1958); (Analyse von Meßwerten).

J. Jaffe u. J. M. Loutz, J. Polymer Sci. 29, 381–397 (1958); (Viscosität monomolekularer Schichten).

A. I. Yurzhenko u. I. I. Maleyev, J. Polymer Sci. 31, 301–307 (1958); (Adsorption von Polymeren an Ruß).

N. Schneider, J. Polymer Sci. 32, 253–55 (1958); (Viscosimeter für Schnellbestimmungen).

A. L. Back, Rubber Age (N. Y.) 84, 639–44 (1958/59); (Ablesung von Rotationsviscosimetern).

S. R. Rafikov, Vysokomolekulyarnye Soedineniya 1, 1558–60 (1959); (Viscosimeter für kleine Substanzmengen).

H. L. Frisch u. J. L. Lundberg, J. Polymer Sci. 37, 123–129 (1959); (viscosimetrisches Maß für Polydispersität).

J. Poláček, J. Polymer Sci. 39, 469–473 (1959); ([η] aus Messungen bei einer Konzentration).

C. Mussa, J. Polymer Sci. 41, 541–542 (1959); (Viscosimetrische Bestimmung der Polydispersität).

P. F. Onyon, Nature 183, 1670–71 (1959); (Mol.-Gewichtsverteilung festgestellt durch Viscosimetrie).

D. Craig u. Mitarbb., Rubber World 140, 565–572 (1959); (Bestimmung der Mooney-Viscosität von Kautschuk).

P. Doty, Rev. mod. Physics 31, Nr. 1, 61–68 (1959); (Charakterisierung von Polymeren).

M. Marx u. G. V. Schulz, Makromolekulare Chem. 31, 140–153 (1959); (Methodik bei Cellulosen und Cellulosenitraten).

G. H. Hutchinson, J. Oil Colour Chemists' Assoc. 42, 283–301 (1959); (Zeitabhängigkeit bei kochenden Ölen).

R. Noel, D. Patterson u. T. Somcynsky, J. Polymer Sci. 42, 561–570 (1960); (Molekeldimensionen in Lösungsmittelgemischen).

G. G. Lowry, J. Appl. Polymer Sci. 4, 250–251 (1960); (gravimetrische Verdünnungsviscosimetrie).

R. Koningsveld u. C. A. F. Tuijnman, Makromolekulare Chem. 38, 44–55 (1960); (Vergleich hydrodynamischer Theorien).

J. L. Lundberg, M. Y. Hellman u. H. L. Frisch, J. Polymer Sci. 46, 3–17 (1960); (Polydispersität aus Viscosimetrie).

R. J. Valles, M. C. Otzinger u. D. W. Levi, J. Appl. Polymer Sci. 4, 92–94 (1960); (Viscositätszahl aus einer Messung).

S. Gundiah u. S. L. Kapur, Makromolekulare Chem. 42, 127–139 (1960); (anormale Konzentrationsabhängigkeit).

W. WERNER, Plaste u. Kautschuk **7**, 391–392 (1960); (Einfluß von Mol.-Gewicht und Druck).

L. H. CRAGG u. H. VAN OENE, Canad. J. Chem. **39**, 203–215 (1961); (Kapillarviscosimeter für variable Schubkräfte).

M. KRYSZEWSKII u. B. PALEZYNSKI, Vysokomolekulyarnye Soedinoniya **3**, 936–942 (1961); (elektrische Aufzeichnung der Fließzeit).

Viscosität verdünnter Lösungen; allgemein interessierende Arbeiten:

P. M. DOTY, W. A. AFFENS u. B. H. ZIMM, Discuss. Faraday Soc. (B) **42**, 66–81 (1946); (Konfiguration von Makromolekülen).

A. H. W. ATEN jr., R. **68**, 807–9 (1949); (Lösungsmittel für Cellulosemethyläther).

W. R. KRIGBAUM u. F. T. WALL, J. Polymer Sci. **5**, 505–14 (1950); (Mischung von Polystyrol und Kautschuk gelöst).

G. VALLET, R. **69**, 225–35 (1950); (Polystyrol in Lösungsmittelgemisch).

H. MARK, M. **81**, 140–50 (1950); (Übersicht, viscosimetrische Mol.-Gewichtsbestimmung).

S. L. KAPUR, Paint Manufact. **20**, 41–44 (1950); (Übersicht, verdünnte Lösung).

A. PETERLIN, J. Polymer Sci. **5**, 473–482 (1950); (Einfluß hydrodynamischer Wechselwirkung).

J. RISEMAN u. F. R. EIRICH, J. Polymer Sci. **5**, 633–634 (1950); (Viscositätszahl von Makromolekülen).

W. KUHN, H. KUHN u. P. BUCHNER, Ergebn. exakt. Naturwiss. **25**, 2–108 (1951); (Allgemeines).

P. J. FLORY u. T. G. FOX jr., Am. Soc. **73**, 1904–1908 (1951); (Viscositätszahl).

A. ISIHARA u. M. TODA, J. Polymer Sci. **7**, 277–87 (1951); (Lösungen von Polymeren).

A. TAGER u. R. WERSCHKAIN, Koll. Žurnal **13**, 123 (1951).

G. A. EDWARDS u. G. GOLDFINGER, J. Polymer Sci. **6**, 125–26 (1951); (Polyphenyle).

T. G. FOX u. P. J. FLORY, Am. Soc. **73**, 1909–14 (1951); (Temperaturabhängigkeit, Polyisobutylenlösungen).

S. BYWATER, Chem. and Ind. **1952**, 67; (Bestimmung der Uneinheitlichkeit der Mol.-Gewichte).

H. KUHN u. W. KUHN, J. Polymer Sci. **9**, 1–33 (1952); (Durchspülung der Molekülknäuel).

A. PETERLIN, J. Polymer Sci. **8**, 173–185 (1952); (Statistik kurzer Ketten).

W. R. KRIGBAUM u. P. J. FLORY, J. Polymer Sci. **11**, 37–51 (1953); (Viscositätszahl).

G. V. SCHULZ, Makromolekulare Chem. **10**, 158–171 (1953); (Viscositätszahl von Stäbchen).

W. L. H. MOLL, Kolloid-Z. **132**, 35–44 (1953); (zusammenfassender Bericht).

K. EDELMANN, Kautschuk u. Gummi **6**, (W.T.) 51–54 (1953); (Mol.-Gew., Rheologie).

G. V. SCHULZ u. H. J. CANTOW, Makromolekulare Chem. **13**, 71–75 (1954); (Viscositätszahl, Gradientenabhängigkeit).

D. CLEVERDON u. P. G. SMITH, J. Polymer Sci. **14**, 375–384 (1954); (vom Lösungsmittel unabhängiger Parameter).

S. NEWMAN u. Mitarbb., J. Polymer Sci. **14**, 451–462 (1954); (Molekülgröße und Viscositätszahl).

K. EDELMANN, Faserforsch. u. Textiltechn. **5**, 59–64, 139–145 (1954); (Rheologie von Lösungen).

K. EDELMANN, Faserforsch. u. Textiltechn. **5**, 325–37 (1954); (absolute Molgewichtsbestimmung aus Rheologie).

F. T. WALL u. L. A. HILLER jr., Ann. Rev. phys. Chem. **5**, 267–90 (1954); (zusammenfassender Bericht).

A. PETERLIN, J. Polymer Sci. **12**, 45–51 (1954); (Viscositätszahl und Strömungsdoppelbrechung).

H. KUHN, W. KUHN u. A. SILBERBERG, J. Polymer Sci. **14**, 193–208 (1954); (Fadenmoleküle).

J. B. DONNET, J. Polymer Sci. **12**, 53–68 (1954); (starre Partikel).

N. SAITÔ, J. Polymer Sci. **14**, 212–213 (1954); (Stäbchen).

H. UMSTÄTTER, Kolloid-Z. **139**, 120–124 (1954); (Viscositätszahl).

W. H. STOCKMAYER, J. Polymer Sci. **15**, 595–598 (1955); (Radius der Moleküle in idealer Lösung).

A. PETERLIN, J. Colloid Sci. **10**, 587–601 (1955); (Radius der Moleküle).

J. G. KIRKWOOD, R. W. ZWANZIG u. R. J. PLOCK, J. chem. Physics **23**, 213–214 (1955); (Viscositätszahl von Ketten).

W. R. KRIGBAUM, J. Polymer Sci. **18**, 315–320 (1955); (Viscositätszahl und Radius in nichtidealen Lösungsmitteln).

A. R. SHULTZ u. P. J. FLORY, J. Polymer Sci. **15**, 231–242 (1955); (Polymere in Lösungsmittelgemischen).

R. CERF, C. r. **241**, 496–498 (1955); (Viscositätszahl von Kettenmolekülen).

R. SIGNER, Makromolekulare Chem. **17**, 39–42 (1955); (Nomenklatur).

K. EDELMANN, Faserforsch. u. Textiltechn. **6**, 269–277 (1955); (Uneinheitlichkeit aus Rheologie).

G. MEYERHOFF, Ph. Ch. (N.F.) **4**, 346–363 (1955); (Einfluß der Molekülform auf die Viscositätszahl).

G. L. SLOMINSKI u. N. F. KOMSKAJA, Ž. fiz. Chim. **30**, 1746–51 (1956); (Kautschuk-Gemische in Lösung).

G. LANGHAMMER u. M. RICHTER, Naturwiss. **43**, 125–26 (1956); (Viscositätszahl von Polymerengemischen).

G. W. S. BLAIR, J. Polymer Sci. **22**, 186 (1956); (Nomenklatur).

Z. MENČÍK, J. Polymer Sci. **20**, 584 (1956); (Nomenklatur).

J. SCHURZ, Kolloid-Z. **147**, 57–61 (1956); (Eigenschaften der Fließkurve).

K. EDELMANN, Kolloid-Z. **145**, 92–102 (1956); (Mol.-Gewicht und Uneinheitlichkeit aus Rheologie).

A. PETERLIN, Makromolekulare Chem. **18/19**, 254–261 (1956); (Molekelgröße aus Viscosität und Sedimentation-Diffusion).

A. B. BESTUL, J. chem. Physics **24**, 1196–1201 (1956); (Abbau durch Scherspannung in Lösungen).

E. J. HELLUND, J. chem. Physics **24**, 1173–74 (1956); (Temperaturabhängigkeit, Flüssigkeiten).

O. FUCHS, Makromolekulare Chem. **18/19**, 166–177 (1956); (Molekelwechselwirkung).

R. CERF, C. r. **243**, 1875–1877 (1956); (Kettenmoleküle).

O. NEHRING, Plaste u. Kautschuk **3**, 279–80 (1956); (Makromoleküle).

J. OTH u. V. DESREUX, Bull. Soc. chim. belges **66**, 303–324 (1957); (große Kettenmoleküle).

R. LINKE, Kolloid-Z. **152**, 133–136 (1957); (Deutung der Staudinger-Gleichung).

A. SILBERBERG, J. ELIASSAF u. A. KATCHALSKY, J. Polymer Sci. **23**, 259–84 (1957); (Wirkung von Wasserstoffbrücken).

S. SAITO, Kolloid-Z. **154**, 19–29 (1957); (Solubilisierung von Polymeren in Netzmittellösungen).

S. S. VOYUTSKY, A. D. ZAIONCHKOWSKY u. R. A. REZNIKOVA, Colloid J. (USSR) (Eng. Transl.) **18**, 511–17 (1957); (Verträglichkeit gelöster Polymerer).

N. V. Mikhailov u. S. G. Zelikman, Colloid J. (USSR) (Eng. Transl.) **19**, 473–78 (1957); (Struktur von gelösten Kettenmolekülen).

P. J. W. Debye, Sci. American **197**, 90–97 (1957); (Messung von Riesenmolekülen).

J. Schurz, Kolloid-Z. **154**, 97–103 (1957); (Aussagen der Fließkurven).

W. Philippoff, F. H. Gaskins u. J. G. Brodnyan, J. appl. Physics **28**, 1118–23 (1957); (Schubrelaxation und rheologische Eigenschaften).

S. M. Levi, Colloid J. (USSR) (Eng. Transl.) **19**, 85–87 (1957); (Gelatinelösungen mit oberflächenaktiven Substanzen).

R. Linke, Kolloid-Z. **152**, 133–36 (1957); (Deutung der Staudinger-Gleichung).

C. Rossi, U. Bianchi u. V. Magnasco, J. Polymer Sci. **30**, 175–86 (1958); (Polyäthylen).

H. L. Bhatnagar, A. B. Biswas u. M. K. Gharpurey, J. chem. Physics **28**, 88–90 (1958); (verdünnte Lösungen von Makromolekülen).

A. Sharples u. H. M. Major, J. Polymer Sci. **27**, 433–40 (1958); (Allgemeines).

W. R. Krigbaum, J. Polymer Sci. **28**, 213–221 (1958); (Schätzung der ungestörten Dimensionen von Molekeln).

C. Sadron u. P. Rempp, J. Polymer Sci. **29**, 127–40 (1958); (kurzkettige Polymere, Viscositätszahlen).

U. Bianchi, V. Magnasco u. C. Rossi, Chimica e Ind. **40**, 263–66 (1958); (Molekelgröße in Lösung).

G. M. Bristow u. W. F. Watson, Trans. Faraday Soc. **54**, 1731–47 (1958); (Kohäsionsenergiedichte aus Viscosität).

A. Peterlin, Makromolekulare Chem. **34**, 89–119 (1959); (Dimensionen der Moleküle aus rheologischen Daten).

M. Kurata, H. Yamakawa u. H. Utiyama, Makromolekulare Chem. **34**, 139–152 (1959); (Viscositätszahl u. Volumeneffekt).

F. E. Bailey jr. u. R. W. Callard, J. Appl. Polymer Sci. **1**, 373–374 (1959); (Polyäthylenoxyd in Wasser, Wechselwirkung).

Z. Zamorsky, O. Bartos u. F. Manis, Chem. Průmysl **9/34**, 382–384 (1959); ([η] aus Messung bei einer Konzentration).

S. A. Pavlova u. S. R. Rafikov, Vysokomolekulyarnye Soedineniya **1**, 623–26 (1959); (Beziehung zwischen den Konstanten der Viscositätszahl-Mol.-Gew.-Gleichung).

O. B. Ptitsyn u. Yu. E. Eizner, Vysokomolekulyarnye Soedineniya **1**, 966–77 (1959); (Reibungskoeffizient und Volumeneffekt).

R. S. Lehrle u. F. W. Peaker, Chem. and Ind. **1959**, 742–744; (Größe und Form von Makromolekülen).

S. H. Maron, N. Nakajima u. I. M. Krieger, J. Polymer Sci. **37**, 1–18 (1959); (Verknäuelung, Verschlingung in Lösung).

R. W. Kilb, J. Polymer Sci. **38**, 403–15 (1959); (Verzweigung polydisperser Polymerer).

N. Ise, J. Polymer Sci. **39**, 413–18 (1959); (Temperaturabhängigkeit, Polyelektrolytlösungen).

T. Ishikawa, Bl. chem. Soc. Japan **33**, 256–58 (1960); (Lösungsmitteleinfluß auf [η]).

R. Koningsveld u. C. A. F. Tuijnman, Makromolekulare Chem. **38**, 39–43 (1960); (Einfluß der Mol.-Gewichtsverteilung).

I. Sakurada u. N. Ise, Makromolekulare Chem. **40**, 126–139 (1960); (Polyelektrolytverhalten).

C. Rossi, U. Bianchi u. E. Bianchi, Makromolekulare Chem. **41**, 31–39 (1960); (Verhalten kurzer Ketten).

S. Axelrod, U.S. Department of Commerce, P.B.-Rep., **131 333**, 20 Seiten (1960); (Styrol-Methylmethacrylat-Pfropfpolymere).

M. Cantow, G. Meyerhoff u. G. V. Schulz, Makromolekulare Chem. **49**, 1–12 (1961); (Verzweigungsgrad und Viscositätszahl bei Polystyrol).

Konzentrationsabhängigkeit der Viscosität:

F. Eirich u. J. Riseman, J. Polymer Sci. **4**, 417–34 (1949); (Theorie, feste und weiche Stäbchen).

W. Scheele u. T. Timm, Kautschuk u. Gummi **2**, 247–250, 281–284 (1949); (Formeldiskussion).

R. Simha, J. Res. Bur. Stand. **42**, 409 (1949).

A. Wissler, Makromolekulare Chem. **3**, 5–12 (1949); (echte und kolloide Lösungen).

J. V. Robinson, J. physic. Colloid Chem. **53**, 1042–1056 (1949); (Kugelsuspensionen).

T. Alfrey jr., A. I. Goldberg u. J. A. Price, J. Colloid Sci. **5**, 251–259 (1950); (Polymethylmethacrylat, Copolymere).

O. J. Walker u. C. A. Winkler, Canad. J. Res. (B) **28**, 298 (1950); (verzweigte Polystyrol Copolymere).

R. Simha, J. Colloid Sci. **5**, 386–392 (1950); (Theorie der Konzentrationsabhängigkeit).

A. B. Bestul u. H. V. Belcher, J. Colloid Sci. **5**, 303–314 (1950); (konzentrierte Lösungen von Butadien-Styrol-Copolymeren).

C. E. H. Bawn, R. F. J. Freeman u. A. R. Kamaliddin, Trans. Faraday Soc. **46**, 1107–1112 (1950); (Polystyrol in Lösungsmitteln).

W. R. Krigbaum u. F. T. Wall, J. Polymer Sci. **5**, 505–514 (1950); (Polymerengemische).

C. E. H. Bawn, Trans. Faraday Soc. **47**, 97–100 (1951); (Polystyrol in Lösungsmittelgemischen).

D. C. Pepper, Sci. Pr. roy. Dublin Soc. **25**, 239 (1951).

S. R. Palit, G. Colombo u. H. Mark, J. Polymer Sci. **6**, 295–304 (1951); (Polystyrol in Lösungsmittelgemischen).

D. J. Streeter u. R. F. Boyer, Ind. eng. Chem. **43**, 1790–1797 (1951); (Polystyrol in Lösungsmitteln).

W. R. Moore, J. Polymer Sci. **7**, 175–189 (1951); (Nitrocellulose in Lösungsmitteln).

W. Kern u. Mitarbb., Makromolekulare Chem. **6**, 206–215 (1951); (p-Kresol-Formaldehyd-Harze).

J. Riseman u. R. Ullman, J. chem. Physics **19**, 578–584 (1951); (Theorie für Stäbchen).

S. G. Weissberg, R. Simha u. S. Rothmann, J. Res. Bur. Stand. **46**, 298 (1951); (Polystyrol in Lösungsmitteln).

J. D. Ferry u. Mitarbb., J. Colloid Sci. **6**, 377–388 (1951); (konzentrierte Lösungen von Polyvinylacetat).

E. Jenckel u. G. Rehage, Makromolekulare Chem. **6**, 243–271 (1951); (Polystyrol in Lösungsmitteln).

M. Cutler u. G. E. Kimball, J. Polymer Sci. **7**, 445–447 (1951); (Einfluß der Adsorption).

M. A. Calvert u. D. A. Clibbens, J. Textile Inst. **42**, T 211–234 (1951); (Cellulose in Cuprammoniumlösung).

L. H. Cragg u. R. H. Sones, J. Polymer Sci. **9**, 585–588 (1952); (Abhängigkeit von Temperatur und Mol.-Gew.).

H. Daoust u. M. Rinfret, J. Colloid Sci. **7**, 11–19 (1952); (Polymethylmethacrylat, Polyvinylacetat, verschiedene Lösungsmittel).

L. H. Cragg, Chem. and Ind. **1952**, 623 f.; (Beziehung zwischen Huggin-Konstante und Viscositätszahl).

L. H. CRAGG u. A. T. BROWN, Canad. J. Chem. **30**, 1033 (1952); (verzweigte Butadien-Styrol-Copolymere).

J. A. MANSON u. L. H. CRAGG, Canad. J. Chem. **30**, 482 (1952); (verzweigtes Polystyrol).

I. HARRIS, J. Polymer Sci. **8**, 353–364 (1952); (verzweigtes Polyäthylen).

W. E. MOCHEL, J. Polymer Sci. **8**, 583–592 (1952); (verzweigtes Polychloropren).

C. D. THURMOND u. B. H. ZIMM, J. Polymer Sci. **8**, 477 (1952); (verzweigtes Polystyrol).

F. LÖPELMANN, Faserforsch. u. Textiltechn. **3**, 58–66 (1952); (Polyaminosäuren, Konzentrationsfunktion).

C. H. LINDSLEY, J. Polymer Sci. **7**, 635–652 (1952); (Nitrocellulose).

W. R. MOORE u. J. RUSSELL, J. Polymer Sci. **9**, 472–475 (1952); (Anomalie).

H. C. BRINKMAN, J. chem. Physics **20**, 571–573 (1952); (konzentrierte Suspensionen und Lösungen, Theorie).

A. B. BESTUL u. Mitarbb., J. phys. Chem. **56**, 432–39 (1952); (konzentrierte Lösungen von Butadien-Styrol-Co-polymeren).

A. K. DOOLITTLE, J. appl. Physics **23**, 418–426 (1952); (Nitrocellulose in Aceton).

M. F. JOHNSON u. Mitarbb., J. Colloid Sci. **7**, 498–510 (1952); (Polyisobutylen, hohe Konzentrationen).

L. H. CRAGG u. J. A. MANSON, J. Polymer Sci. **9**, 265–278 (1952); (verzweigtes Polystyrol).

J. R. SCHAEFGEN u. C. F. TRIVISONNO, Am. Soc. **74**, 2715–17 (1952); (verzweigte Polyamide).

M. TAKEDA u. E. TSURUTA, Bl. chem. Soc. Japan **25**, 80 (1952); (Anomalie, Polyvinylchlorid).

L. H. CRAGG u. G. R. H. FERN, Canad. J. Chem. **31**, 710–714 (1953); J. Polymer Sci. **10**, 185–99 (1953); (verzweigte Butadien-Styrol-Copolymere).

W. L. H. MOLL, Kolloid-Z. **132**, 35–44 (1953); (zusammenfassender Bericht).

D. CLEVERDON, D. LAKER u. P. G. SMITH, J. appl. Chem. **3**, 15–19 (1953); (Polystyrole in Benzol).

A. J. A. VAN DER WYK u. J. SCHMORAK, Helv. **36**, 385–397 (1953); (verzweigte Cellulose).

J. D. FERRY, L. D. GRANDINE jr. u. D. C. UDY, J. Colloid Sci. **8**, 529–539 (1953); (Polystyrol und Copolymere, hohe Konzentration).

H. SAUER, Faserforsch. u. Textiltechn. **4**, 14–21 (1953); (verzweigte Polyamide, Perlon).

S. J. LEACH, J. Polymer Sci. **11**, 379f. (1953); (Polyalkylmethacrylat in Lösungsmitteln).

A. M. LIQUORI u. A. MELE, J. Polymer Sci. **13**, 589–594 (1954); (Polyamid in Lösungsmitteln).

D. CLEVERDON u. P. G. SMITH, J. Polymer Sci. **14**, 375–384 (1954); (vom Lösungsmittel unabhängige Parameter).

H. GIESEKUS, Kolloid-Z. **138**, 38 (1954); (Anomalie, Polyamide, Polyurethane).

L. H. CRAGG, R. H. SONES u. T. E. DUMITRU, J. Polymer Sci. **13**, 167–174 (1954); (Lösungsmitteleinfluß).

O. E. ÖHRN, Acta chem. scand. **8**, 1303 f. (1954); (Anomalie).

R. F. BOYER u. D. J. STREETER, J. Polymer Sci. **14**, 5–14, 124–25 (1954); (Polystyrol).

H. UMSTÄTTER, Makromolekulare Chem. **12**, 94–99 (1954); (Anomalie, Polyisobutylen).

H. BATZER u. Mitarbb., Makromolekulare Chem. **12**, 145–154 (1954); (Anomalie, Polyester).

F. H. KAPADIA, Makromolekulare Chem. **13**, 194–200 (1954); **16**, 238 (1955); (Anomalie und Adsorption).

F. PATAT u. H. G. ELIAS, Makromolekulare Chem. **14**, 40–51 (1954); (Anomalie, verzweigte Polyvinylacetate).

Z. MENČIK u. J. LÁNÍKOWÁ, Makromolekulare Chem. **14**, 118–121 (1954); (sehr kleine Konzentrationen, Polyvinylchlorid).

W. HELLER, J. Colloid Sci. **9**, 547–573 (1954); (Auswertung).

K. EDELMANN, Faserforsch. u. Textiltechn. **5**, 139–145 (1954); (Anomalie bei kleinen Konzentrationen).

F. DANUSSO, G. MORAGLIO u. S. GAZZERA, Chimica e Ind. **36**, 883–889 (1954); (Polyvinylchlorid).

L. H. CRAGG u. C. C. BIGELOW, J. Polymer Sci. **16**, 177–191 (1955); (Polymergemische in Lösungsmitteln).

D. J. POLLOCK, L. J. ELYASCH u. T. W. DE WITT, J. Polymer Sci. **15**, 335–342 (1955); (verzweigtes Polybutadien).

A. R. SHULTZ u. P. J. FLORY, J. Polymer Sci. **15**, 231–242 (1955); (Polystyrol in Lösungsmittelgemischen).

A. CHARLESBY, J. Polymer Sci. **17**, 379–390 (1955); (verzweigte Silicone).

S. N. CHINAI u. Mitarbb., J. Polymer Sci. **17**, 391–401 (1955); (Polymethylmethacrylat).

H. FRIND u. W. SCHRAMEK, Makromolekulare Chem. **17**, 1–18 (1955); (Formeldiskussion).

W. SCHRAMEK, Makromolekulare Chem. **17**, 19–28 (1955); (Formel mit weitem Gültigkeitsbereich).

M. RIGBI, J. Polymer Sci. **17**, 583–586 (1955); (Anomalie, Cellulose).

E. CERNIA u. G. CIAMPA, Makromolekulare Chem. **16**, 177–182 (1955); (sehr verdünnte Polyvinylchloridlösungen).

W. R. MOORE u. J. A. EPSTEIN, J. appl. Chem. **5**, 34–39 (1955); (Cellulosenitrat in Lösungsmitteln).

V. E. HART, J. Polymer Sci. **17**, 215–219 (1955); (Viscositätszahl aus einer Messung).

E. JENCKEL u. M. KEUTMANN, Dissertation, TH Aachen 1955; (Polystyrol in Lösungsmitteln).

T. W. DE WITT u. Mitarbb., J. Colloid Sci. **10**, 174–188 (1955); (hohe Konzentrationen, Polyisobutylen + Dekalin).

F. WINKLER, Faserforsch. u. Textiltechn. **6**, 164–68 (1955); (Auswertung, Minimum bei η sp/c gegen c).

M. TAKEDA u. R. ENDO, J. phys. Chem. **60**, 1202–1204 (1956); (Polyvinylchlorid).

H. G. FENDLER, H. ROHLEDER u. H. A. STUART, Makromolekulare Chem. **18|19**, 383–396 (1956); (Einfluß der Adsorption).

O. E. ÖHRN, J. Polymer Sci. **19**, 199–200 (1956); (Einfluß der Adsorption).

R. F. BOYER, Kolloid-Z. **145**, 88–91 (1956); (extrem verdünnte Polystyrollösungen).

V. V. VARADAIAH u. M. R. RAO, J. Polymer Sci. **19**, 379 f. (1956); (Viscositätszahl aus Messung bei einer Konzentration).

S. N. CHINAI u. R. A. GUZZI, J. Polymer Sci. **21**, 417–426 (1956); (Polybutylmethacrylat).

S. N. CHINAI u. R. J. SAMUELS, J. Polymer Sci. **19**, 463–475 (1956); (Polyäthylmethacrylat).

C. J. STACY, J. F. FOSTER u. S. N. ERLANDER, Makromolekulare Chem. **17**, 181–188 (1956); (verzweigte Stärke).

L. M. HOBBS u. Mitarbb., J. Polymer Sci. **22**, 123–135 (1956); (verzweigtes Polyvinylacetat).

F. RYBNIKÁŘ, Collect. czechoslov. chem. Commun. **21**, 1101–07 (1956); (Polyamide).

F. ARLET u. L. JACQUÉ, Ind. Plast. mod. **8/4**, 46 (1956); (Polyvinylchlorid).

S. N. Chinai u. Mitarbb., J. Polymer Sci. **22**, 527–534 (1956); (Polystyrol in Lösungsmitteln).

F. Büche, J. chem. Physics **25**, 599–600 (1956); (konzentrierte Lösung, Theorie).

Q. A. Trementozzi, J. Polymer Sci. **22**, 187–189 (1956); **23**, 887–902 (1957); (verzweigtes Polyäthylen).

P. Rempp. J. Polymer Sci. **23**, 83–92 (1957); (kurzkettige Moleküle).

S. N. Chinai, Ind. eng. Chem. **49**, 303f. (1957); (Absolutbestimmung von Molgewichten aus Viscosimetrie allein).

W. R. Moore u. Mitarbb., J. Polymer Sci. **23**, 23–46 (1957); (Cellulose-Derivate, Lösungsmittel).

J. A. V. Butler, A. B. Robins u. K. V. Shooter, Pr. roy. Soc. **241**, 299–310 (1957); (Polystyrolsulfonat in Wasser).

T. Kawai u. K. Saito, J. Polymer Sci. **26**, 213–226 (1957); (Anomalie bei kleinen Konzentrationen).

R. F. Landel, J. W. Berge u. J. D. Ferry, J. Colloid Sci. **12**, 400–411 (1957); (konzentrierte Lösungen von Cellulosetributyrat).

L. H. Cragg u. C. C. Bigelow, J. Polymer Sci. **24**, 429–437 (1957); (Gemische aus Polystyrol und Polymethacrylat in Lösung).

M. Matsumoto u. K. Imai, J. Polymer Sci. **24**, 125–134 (1957); (Polyvinylalkohol).

M. Hoffmann, Makromolekulare Chem. **24**, 222–244 (1957); (Einfluß der molekularen Wechselwirkung bei Polystyrol und Polymethylmethacrylat und der Verzweigung bei Polymethylmethacrylat).

A. Hunyar u. E. Roth, Faserforsch. u. Textiltechn. **8**, 99–108 (1957); (verzweigtes Polyacrylnitril).

H. G. Elias u. F. Patat, Makromolekulare Chem. **25**, 13–40 (1958); (Polyvinylacetate ohne Verzweigung an Estergruppe).

M. Matsumoto u. T. Eguchi, J. Polymer Sci. **26**, 393–396 (1958); (Sulfat des aminoacetalisierten Polyvinylalkohols in Wasser).

S. L. Kapur u. S. Gundiah, Makromolekulare Chem. **26**, 119–125 (1958); (Viscosität in Lösungsmittelgemischen).

J. A. Manson u. L. H. Cragg, Canad. J. Chem. **36**, 858–868 (1958); (Pfropfpolymere von Styrol auf Polystyrol u. a.).

J. A. Manson u. L. H. Cragg, J. Polymer Sci. **33**, 193–205 (1958); (Pfropfpolymere von Styrol auf Polystyrol u. a.).

S. Gundiah u. S. L. Kapur, J. Polymer Sci. **31**, 202–205 (1958); (Polyvinylacetat in Toluol, Anomalie).

U. P. Strauss, J. Polymer Sci. **33**, 291–94 (1958); (Viscosität in Lösungsmittelgemischen).

V. E. Shashoua u. R. G. Beaman, J. Polymer Sci. **33**, 101–117 (1958); (Mikrogellösungen).

D. C. Pepper u. P. P. Rutherford, J. Polymer Sci. **35**, 299–301 (1959); (Viscositätsanomalie, kurze Polystyrole).

N. Hirai, J. Polymer Sci. **40**, 255–62 (1959); (sehr konzentrierte Lösungen).

E. F. E. Bailey u. R. W. Callard, J. Appl. Polymer Sci. **1**, 56–62 (1959); (Polyäthylenoxyd in Wasser).

D. W. Levi u. Mitarbb., J. Appl. Polymer Sci. **1**, 127 (1959); (Polyvinylalkohol in Lösungsmittelgemischen).

N. Hirai, J. Polymer Sci. **39**, 435–443 (1959); (mäßige Konzentrationen).

S. Claesson, Makromolekulare Chem. **35**, 75–93 (1960); (sehr verdünnte Lösungen).

M. Marx-Figini, Makromolekulare Chem. **36**, 220–231 (1960); (Extrapolation auf Viscositätszahl).

D. K. Thomas u. T. A. J. Thomas, J. Appl. Polymer Sci. **3**, 129–131 (1960); (Exponentialgleichung).

Verdünnte Lösungen von Polymeren aus Monoolefinen*:

T. Alfrey, J. D. Justice u. S. J. Nelson, Discuss Faraday Soc. (B) **42**, 50–56 (1946); (Polystrol).

W. Scheele, N. Ellerbroek u. I. Friedrich, Kolloid-Z. **114**, 73–77 (1949); (Polyvinylacetat, $[\eta]$-M).

E. D. Kunst, R. **69**, Nr. 1, 125–140 (1950); (Polyisobutylen, Polystyrol, $[\eta]$-M_w).

C. E. H. Bawn, R. F. J. Freeman u. A. R. Kamaliddin, Trans. Faraday Soc. **46**, 1107–1112 (1950); (Polystyrol, $[\eta]$-M).

P. Outer, C. I. Carr u. B. H. Zimm, J. chem. Physics **18**, 830–839 (1950); (Polystyrol, $[\eta]$-M_w).

J. W. Breitenbach u. Mitarbb., M. **81**, 455–457 (1950); (Polystyrol $[\eta]$-M).

E. H. Merz u. R. W. Raetz, J. Polymer Sci. **5**, 587–590 (1950); (Polystyrol, $[\eta]$-M_w).

A. Dupre, Brit. Plastics **22**, Nr. 249, 89 a–98 (1950); (Polyvinylacetat, Polyvinylalkohol).

T. Alfrey, A. I. Goldberg u. J. A. Price, J. Colloid Sci. **5**, 251–259 (1950); (Polystyrol, Polymethylmethacrylat, Styrol-Methylmethacrylat-Copolymere).

H. P. Frank u. J. W. Breitenbach, M. **81**, 570–582 (1950); (Polystyrol, $[\eta]$-M).

C. E. H. Bawn, T. B. Grimley u. M. A. Wajid, Trans. Faraday Soc. **46**, 1112–1120 (1950); ($[\eta]$-M in Lösungsmittelgemischen).

G. H. Göttner, Erdöl u. Kohle **3**, 598–606 (1950); (Polyisobutylen).

D. J. Streeter u. R. F. Boyer, Ind. eng. Chem. **43**, 1790–1797 (1951); (Polystrol).

S. R. Palit, G. Colombo u. H. Mark, J. Polymer Sci. **6**, 295–304 (1951); (Polystyrol, $[\eta]$-M).

D. C. Pepper, J. Polymer Sci. **7**, 347–350 (1951); (Polystyrol, $[\eta]$-M).

M. F. Schostakowskii u. Mitarbb., Ž. prikl. Chim. **24** 1063–1070 (1951); (Vinylalkyläther und Öle).

J. D. Ferry u. Mitarbb., J. Colloid Sci. **6**, 429–442 (1951); (Styrol-Maleinsäureanhydrid-Copolymere).

O. Fuchs, Makromolekulare Chem. **7**, 271–273 (1951); (Polyvinylalkohol, $[\eta]$-M_n).

B. Jirgensons, Makromolekulare Chem. **6**, 30–38 (1951); (Polyvinylpyrrolidon).

T. G. Fox u. P. J. Flory, Am. Soc. **73**, 1915–1920 (1951); (Polystyrol, $[\eta]$-M).

J. W. Breitenbach u. E. L. Forster, M. **82**, 443–451 (1951); (Poly-p-chlor-styrol, $[\eta]$-M).

H. P. Frank u. J. W. Breitenbach, J. Polymer Sci. **6**, 609–616 (1951); (Polystyrol, $[\eta]$-M).

K. Dialer u. K. Vogler, Makromolekulare Chem. **6**, 191–196 (1951); (Polyvinylpyrrolidon, $[\eta]$-M_w).

N. Sata, H. Okuyama u. K. Chujo, Kolloid-Z. **121**, 46–49 (1951); (Abbau von Polyvinylalkohol durch Ultraschall).

H. H. G. Jellinek u. G. White, J. Polymer Sci. **6**, 757–766 (1951); (Abbau von Polystyrol).

C. D. Thurmond u. B. H. Zimm, J. Polymer Sci. **8**, 477–494 (1952); (verzweigte Polystyrole, $[\eta]$-M_w).

---

* Symbole: $[\eta]$ = Viscositätszahl, M = Molgewicht.

H. Staudinger u. H. Hellfritz, Makromolekulare
Chem. **7**, 274–293 (1952); (Polyisobutylen, $[\eta]$-M).

Q. A. Trementozzi, R. F. Steiner u. P. Doty, Am. Soc.
74, 2070–2073 (1952); (Assoziation von Polystyrol,
$[\eta]$-M_w).

I. Harris, J. Polymer Sci. **8**, 353–364 (1952); (Polyäthylen, $[\eta]$-M_n).

J. W. Breitenbach, E. L. Forster u. A. J. Renner,
Kolloid-Z. **127**, 1–7 (1952); (Polyvinylchlorid,
$[\eta]$-M).

B. Baysal u. A. V. Tobolsky, J. Polymer Sci. **9**, 171–176
(1952); (Polymethylmethacrylat, $[\eta]$-M).

K. Dialer, K. Vogler u. F. Patat, Helv. **35**, 869–885
(1952); (Polyvinylalkohol, $[\eta]$-M).

L. H. Cragg, T. E. Dumitru u. J. E. Simkins, Am. Soc.
74, 1977–1979 (1952); (Fraktionen von Polystyrol).

H. Daoust u. M. Rinfret, J. Colloid Sci. **7**, 11–19
(1952); (Polymethylmethacrylat, Polyvinylacetat).

L. H. Cragg u. J. A. Manson, J. Polymer Sci. **9**, 265–278
(1952); (verzweigtes Polystyrol).

G. V. Schulz u. G. Meyerhoff, Z. El. Ch. **56**, 904–910
(1952); (Polymere, $[\eta]$-M_w).

W. R. Krigbaum, L. Mandelkern u. P. J. Flory,
J. Polymer Sci. **9**, 381–384 (1952); (kurze Polystyrole,
$[\eta]$-M).

IUPAC-Report, J. Polymer Sci. **10**, 129–148 (1953); (Polystyrol, $[\eta]$-M).

W. Kern u. M. Rugenstein, Makromolekulare Chem. **11**,
1–9 (1953); (Polystyrol, $[\eta]$-M).

H. P. Frank u. G. B. Levy, J. Polymer Sci. **10**, 371–378
(1953); (Polyvinylpyrrolidon, $[\eta]$-M).

A. Gallo, Chimica e Ind. **35**, 487–491 (1953); (Polyvinylpyrrolidon, $[\eta]$-M_n).

M. J. Roedel, Am. Soc. **75**, 6110–6112 (1953); (verzweigtes Polyäthylen).

M. F. Schostakowski u. Mitarbb., Kunstst. **43**, 235–236
(1953); (Polyvinylalkyläther + Öle).

G. Vallet, C. r. **230**, 1353–1354 (1954); (Polystyrol,
$[\eta]$-M).

S. Saito u. H. Okuyama, Kolloid-Z. **139**, 150–155
(1954); (Komplexe von Polyvinylalkohol mit
Kupfer).

A. R. Shultz, Am. Soc. **76**, 3422–3430 (1954); (Polyvinylacetat, $[\eta]$-M).

H. Marzolph u. G. V. Schulz, Makromolekulare Chem.
13, 120–129 (1954); (kurze Polystyrole, $[\eta]$-M).

Q. A. Trementozzi u. R. Buchdahl, J. Polymer Sci. **12**,
149–154 (1954); (Polystyrol, $[\eta]$-M).

V. N. Tsvetkov u. L. S. Terenteva, Doklady Akad.
S.S.S.R. **96**, 323–326 (1954); (Polystyrol, $[\eta]$-M).

F. Danusso, G. Moraglio u. S. Gazzera, Chimica e Ind.
36, 883–889 (1954); (Polyvinylchlorid, $[\eta]$-M).

T. G. Fox u. P. J. Flory, J. Polymer Sci. **14**, 315–319
(1954); (Polystyrol, $[\eta]$ und Viscosität der Schmelze).

G. Saini, G. Maldifassi u. L. Trossarelli, Ann.
Chimica **44**, 533–544 (1954); (Polyvinylacetat, $[\eta]$-M).

J. Oth u. V. Desreux, Bull. Soc. chim. belges **63**, 285–329
(1954); (Polystyrol, $[\eta]$-M).

H. Frind, Faserforsch. u. Textiltechn. **5**, 540–553 (1954);
(Polyacrylnitril, $[\eta]$-M).

G. Meyerhoff, Makromolekulare Chem. **12**, 45–60
(1954); (Polymethylmethacrylat, $[\eta]$-M_w).

F. Danusso, G. Moraglio u. S. Gazzera, Chimica e Ind.
36, 883–89 (1954); (Polyvinylchlorid, $[\eta]$-M).

G. B. Rathmann u. F. A. Bovey, J. Polymer Sci. **15**,
544–552 (1955); (Poly-1,1-dihydro-perfluorbutyl-
acrylat).

W. Griehl u. H. Sieber, Faserforsch. u. Textiltechn. **6**,
329–331 (1955); (Polyacrylnitril, $[\eta]$-M_n).

E. W. Frisman u. L. F. Schalajewa, Gummi u. Asbest **8**,
702 (1955); (Polydichlorstyrol, $[\eta]$-M).

J. Bisschops, J. Polymer Sci. **17**, 81–88 (1955); (Polyacrylnitril, $[\eta]$-M_w).

H. P. Frank u. H. F. Mark, J. Polymer Sci. **17**, 1–20
(1955); (Polystyrol, $[\eta]$-M).

H. J. Cantow u. O. Bodmann, Ph. Ch. (N. F.) **3**, 65–72
(1955); (Polymethylmethacrylat, $[\eta]$-M_w).

G. B. Levy u. H. P. Frank, J. Polymer Sci. **17**, 247–254
(1955); (Polyvinylpyrrolidon, $[\eta]$-M_w).

S. N. Chinai, P. C. Scherer u. D. W. Levi, J. Polymer
Sci. **17**, 117–124 (1955); (Polyvinylacetat, $[\eta]$-M).

Y. Hachihama u. H. Sumitomo, Technol. Repts. Osaka-
Univ. **5**, 163–187, 485–490 (1955); (Polyäthyl-
acrylat).

W. H. Stockmayer u. Mitarbb., J. Polymer Sci. **16**,
517–530 (1955); (Styrol-Methylmethacrylat-Copolymere, $[\eta]$-M_w).

W. Scholtan, Makromolekulare Chem. **14**, 169–178
(1955); (Polyacrylamid, $[\eta]$-M_w).

W. H. Stockmayer, A. R. L. Cleland u. K. R. W. H.
Stockmayer, J. Polymer Sci. **17**, 473–477 (1955);
(Polyacrylnitril, $[\eta]$-M_w).

S. N. Chinai u. Mitarbb., J. Polymer Sci. **17**, 391–401
(1955); (Polymethylmethacrylat, $[\eta]$-M).

G. Meyerhoff, Ph. Ch. (N. F.) **4**, 335–345 (1955);
(Polystyrol, $[\eta]$-M_w).

Q. A. Trementozzi, J. Polymer Sci. **36**, 113–128 (1955);
(Polyäthylen, $[\eta]$-M_w).

L. Trossarelli u. G. Saini, Atti Accad. Sci. Torino,
Cl. Sci. fisiche, mat. natur. **90**, 419–441 (1956);
(Polymethylmethacrylat, $[\eta]$-M).

S. N. Chinai u. R. A. Guzzi, J. Polymer Sci. **21**, 417–426
(1956); (Polybutylmethacrylat, $[\eta]$-M_w).

V. V. Varadaiah, J. Polymer Sci. **19**, 477–484 (1956);
(Polyvinylacetat, $[\eta]$-M_w).

S. N. Chinai u. R. J. Samuels, J. Polymer Sci. **19**,
463–475 (1956); (Polymethylmethacrylat, $[\eta]$-M_w).

A. R. Shultz, P. I. Roth u. G. B. Rathmann, J.
Polymer Sci. **22**, 495–507 (1956); (bestrahltes Polystrol und Polymethylmethacrylat, $[\eta]$-M_w).

P. F. Onyon, J. Polymer Sci. **22**, 13–18 (1956); (Polyacrylnitril, $[\eta]$-M).

G. Bier u. H. Krämer, Makromolekulare Chem. **18/19**,
151–165 (1956); (Polyvinylchlorid).

G. Ciampa u. H. Schwindt, Makromolekulare Chem. **21**,
169–178 (1956); (Polyvinylchlorid, $[\eta]$-M).

S. N. Chinai u. Mitarbb., J. Polymer Sci. **22**, 527–534
(1956); (Polystyrol, $[\eta]$-M_w).

G. Saini u. L. Trossarelli, Atti Accad. Sci. Torino,
Cl. Sci. fisiche, mat. natur. **90**, 410–418 (1956);
(Polybutylacrylat, $[\eta]$-M).

G. Ciampa, Chimica e Ind. **38**, 298 (1956); (isotaktisches
Polypropylen, $[\eta]$-M).

N. V. Mikhailov u. S. G. Zelikman, Colloid J. (USSR)
(Eng. Transl.) **18**, 715–721 (1956); (Vinylchlorid-
Acryl-nitril-Copolymere, $[\eta]$-M).

V. E. Kotina u. V. S. Klimenkov, Colloid J. (USSR)
(Eng. Transl.) **18**, 701–703 (1956); (verdünnte Lösungen).

K. Z. Fattakhov, E. S. Pisarenko u. L. N. Verkhotina, Colloid J. (USSR) (Eng. Transl.) 18, 95–99 (1956); (Polyvinylacetatfraktionen, [η]-M).

G. Natta, F. Danusso u. G. Moraglio, Makromolekulare Chem. 20, 37–45 (1956); (Fraktionen von isotaktischem Polystyrol, [η]-M).

Q. A. Trementozzi, J. Polymer Sci. 22, 187–189 (1956); (langkettige Verzweigung von Polyäthylen).

M. Takeda u. R. Endo, J. phys. Chem. 60, 1202–1204 (1956); (Polyvinylchlorid).

M. H. Jones, Canad. J. Chem. 34, 1027–36 (1956); (Styrol-Methylmethacrylat-Copolymere).

G. Ciampa, Materie plast. 22, 87–91 (1956); (Polyvinylchlorid).

H. W. Melville, Z. El. Ch. 60, 276–285 (1956); (Kinetik in viscosen Systemen).

J. Lal u. R. Green, J. Polymer Sci. 20, 387–396 (1956); (Polymethacrylsäureester).

F. Danusso u. G. Moraglio, J. Polymer Sci. 24, 161–172 (1957); (isotaktisches und ataktisches Polystyrol, [η]-M).

N. T. Notley u. P. Debye, J. Polymer Sci. 24, 275–281 (1957); (kurze Polystyrole, [η]-M).

H. Batzer u. A. Nisch, Makromolekulare Chem. 22, 131–146 (1957); (Polyvinylchlorid, [η]-M).

Q. A. Trementozzi, J. Polymer Sci. 23, 887–902 (1957); (Polyäthylen, [η]-M).

F. Ang, J. Polymer Sci. 25, 126–128 (1957); (isotaktisches Polystyrol, [η]-M).

L. H. Tung, J. Polymer Sci. 24, 333–348 (1957); (Niederdruckpolyäthylen, [η]-M).

J. T. Atkins u. Mitarbb., Am. Soc. 79, 5089–5091 (1957); (Polyäthylen, [η]-M$_W$.).

C. Jen-Yuan u. S. Liang-ho, Ph. Ch. 207, 60–69 (1957); (Polyacetylmethacrylat, [η]-M).

S. N. Chinai, J. Polymer Sci. 25, 413–427 (1957); (Polyhexylmethacrylat, [η]-M).

H. S. Kaufman u. E. K. Walsh, J. Polymer Sci. 26, 124–125 (1957); (Polyäthylen, [η]-M).

E. K. Walsh u. H. S. Kaufman, J. Polymer Sci. 26, 1–7 (1957); (Poly-trifluor-chlor-äthylen, [η]-M).

H. G. Elias u. F. Patat, Makromolekulare Chem. 25, 13–40 (1957); (verzweigtes Polyvinylacetat).

S. G. Zelikman u. N. V. Michailov, Colloid J. (USSR) (Eng. Transl.) 19, 37–41 (1957); (Vinylchlorid-Acryl nitril-Copolymere, [η]-M).

E. F. Jordan u. Mitarbb., Ind. eng. Chem. 49, 1695–1698 (1957); (Wirkung von Seitenketten in Vinylchlorid-Acrylester-Copolymeren).

M. Hoffmann, Makromolekulare Chem. 24, 222–257 (1957); (Polystyrol in verschiedenen Lösungsmitteln, Wirkung der Verzweigung auf die Viscositätszahl von Polymethylmethacrylaten).

G. Natta, I. Pasquon u. E. Giachetti, Ang. Ch. 69, 213–219 (1957); (isotaktisches Polypropylen).

J. Schurz, T. Steiner u. H. Streitzig, Makromolekulare Chem. 23, 141–151 (1957); (Vinylchlorid-Acrylnitril-Copolymere, [η]-M).

G. Prati, Ann. Chimica 47, 40–50 (1957); (Vinylchlorid-Acrylnitril-Copolymere, [η]-M).

T. A. Orofino u. P. J. Flory, J. chem. Physics 26, 1067–1076 (1957); (Viscositätszahl in nichtidealen Lösungen).

G. Ciampa u. P. L. Sbrolli, Materie plast. 23, 747–754 (1957); (Vinylchlorid-Vinylacetat-Copolymere).

A. Hunyar u. E. Roth, Faserforsch. u. Textiltechn. 8, 99–108 (1957); (verzweigtes Polyacrylnitril).

J. B. Berkowitz, M. Yamin u. R. M. Fuoss, J. Polymer Sci. 28, 69–82 (1958); (Poly-4-vinyl-pyridin, [η]-M$_W$).

R. Chiang, J. Polymer Sci. 28, 235–238 (1958); (Polypropylen).

A. Ciferri, G. Weill u. M. Kryszewski, J. Polymer Sci. 27, 167–176 (1958); (Polyvinylbromid, [η]-M).

F. E. Bailey, G. M. Powell u. K. L. Smith, Ind. eng. Chem. 50, 8–11 (1958); (Polyäthylenoxyd).

S. J. Jung-Yeh u. H. L. Frisch, J. Polymer Sci. 27, 149–166 (1958); (Polystyrol).

N. T. Srinivasan u. M. Santappa, Makromolekulare Chem. 27, 61–68 (1958); (Polymethacrylat in mehreren Lösungsmitteln).

H. W. Melville, F. W. Peaker u. R. L. Vale, Makromolekulare Chem. 28, 140–165 (1958); (verzweigtes Polyvinylacetat).

C. Jen-Yuan u. Mitarbb., Acta Chim. Sinica 24, 227 (1958); (Polymethacrylsäuremethylester in Lösungsmittelgemischen).

G. Ciampi u. G. C. Bizzarri, Materie plast. 24, 319–323 (1958); (Vinylchlorid-Vinylacetat-Copolymere).

Z. Csürös u. Mitarbb., Mag. chem. Folyóirat 64, 166–167 (1958); (Polyäthylen).

F. Danusso u. G. Moraglio, Atti Accad. naz. Lincei, Mem., Cl. Sci. fisiche. mat. natur. 25, 509–516 (1958); (Polypropylen, [η]-M$_n$).

V. E. Shashoua u. K. E. van Holde, J. Polymer Sci. 28, 395–411 (1958); (Pfropfpolymere).

L. Nicolas, J. Polymer Sci. 29, 191–217 (1958); (Mikrogel in Polyäthylen).

W. R. Krigbaum u. A. M. Kotliar, J. Polymer Sci. 32, 323–341 (1958); (Polyacrylnitril, [η]-M$_W$).

F. E. Bailey, J. L. Kucera u. L. G. Imhof, J. Polymer Sci. 32, 517–518 (1958); (Polyäthylenoxyd, [η]-M$_W$).

J. G. Fee, W. S. Port u. L. P. Witnauer, J. Polymer Sci. 33, 95–100 (1958); (Polymere des Octadecylvinyläthers und des Octadecylmethacrylats, [η]-M$_W$).

S. N. Chinai, A. L. Resnick u. H. T. Lee, J. Polymer Sci. 33, 471–485 (1958); (Polyoctylmethacrylat, [η]-M$_W$).

T. Isemura u. A. Imanishi, J. Polymer Sci. 33, 337–352 (1958); (wasserunlösliche Polymere in oberflächenaktiven Lösungen gelöst).

G. V. Schulz, G. Henrici-Olivé u. S. Olivé, Makromolekulare Chem. 31, 88–92 (1959); (Polystyrol, Polymethylmethacrylat).

N. V. Mikhailov, E. S. Fainberg u. V. O. Gorbacheva, Vysokomolekulyarnye Soedineniya 1, 143–148 (1959); (isotaktisches Polypropylen).

H. W. Melville u. P. R. Sewell, Makromolekulare Chem. 32, 139–152 (1959); (Verzweigung von Polyvinylacetat, [η]-M$_n$).

D. Sianesi, M. Rampichini u. F. Danusso, Chimica e Ind. 41, 287–292 (1959); (alkylsubstituierte Polystyrole).

H. Wesslau, Kunstst. 49, 230–231 (1959); (Polyolefine).

G. Moraglio u. F. Danusso, Ann. Chimica 49, 902–910 (1959); (Polypropylen).

D. Sianesi, R. Serra u. F. Danusso, Chimica e Ind. 41, 515–518 (1959); (halogensubstituierte Polystyrole).

O. V. Kallistov u. I. N. Shtennikova, Vysokomolekulyarnye Soedineniya 1, 842–845 (1959); (Poly-p-tert.-butyl-phenylmethacrylat, [η]-M$_W$).

V. N. Tsvetkov u. S. Y. Lyubina, Vysokomolekulyarnye Soedineniya 1, 857–862 (1959); (Polybutylmethacrylat).

G. Moraglio, Chimica e Ind. 41, 879–881 (1959); (Polypropylen).

H. Buc, C. r. 248, 1335-1337 (1959); (Polyvinylalkohol in Wasser, Salzzusätze).

V. N. Tsvetkov u. Mitarbb., Vysokomolekulyarnye Soedineniya 1, 1407–1415 (1959); (molekulare Wechselwirkung und Segment-Anisotropie).

K. Wisseroth, Kunstst. 49, 684–686 (1959); (Polyäthylen).

G. Meyerhoff u. M. Cantow, J. Polymer Sci. 34, 503–516 (1959); (verzweigte Polystyrole).

L. Trossarelli, E. Campi u. G. Saini, J. Polymer Sci. 35, 205–213 (1959); (isotaktisches Polystyrol).

P. Weiss, J. F. Gerecht u. I. J. Krems, J. Polymer Sci. 35, 343–354 (1959); (Pfropfung von Styrol-Copolymeren).

R. Chiang, J. Polymer Sci. 36, 91–103 (1959); (Polyäthylen, $[\eta]$-M_W).

L. H. Tung, J. Polymer Sci. 36, 287–294 (1959); (Polyäthylen, $[\eta]$-M_W).

H. Okamoto, J. Polymer Sci. 37, 173–180 (1959); (Poly-trifluor-chlor-äthylen).

E. H. Gleason, M. L. Miller u. G. F. Sheats, J. Polymer Sci. 38, 133–139 (1959); (verzweigtes Polyacrylamid).

A. Beresniewicz, J. Polymer Sci. 39, 63–79 (1959); (partiell verseiftes Polyvinylacetat, $[\eta]$-M_W).

S. N. Chinai u. R. J. Valles, J. Polymer Sci. 39, 363–368 (1959); (einige Polymethacrylsäureester, $[\eta]$-M_W).

R. C. Schulz, E. Müller u. W. Kern, Makromolekulare Chem. 30, 39–47 (1959); (Polyacrolein-Thiophenol-mercaptale).

F. J. M. Nieuwenhuis u. H. I. Waterman, Brennstoffch. 40, 164–166 (1959); (Polyäthylen).

R. Majer, Chem. Průmysl 34, 494–497 (1959); (Polyäthylen, Vergleich mit Schmelzviscosität).

L. D. Moore jr., J. Polymer Sci. 36, 155–172 (1959); (Polyäthylen, Vergleich mit Schmelzviscosität).

G. M. Chetyrkina, V. G. Aldoshiny u. S. Y. Frenkel, Vysokomolekulyarnye Soedineniya 1, 1133–1142 (1959); (Poly-carbäthoxyphenyl-methacrylamid, $[\eta]$-M_W).

T. W. Campbell u. A. C. Haven jr., J. Appl. Polymer Sci. 1, 73–83 (1959); (Poly-α-olefine).

G. Moraglio, Chimica e Ind. 41, 984–987 (1959); (Äthylen-Propylen- Copolymere).

H. Kobayashi, J. Polymer Sci. 39, 369–388 (1959); (Polyacrylnitril).

U. Bianchi u. V. Magnasco, J. Polymer Sci. 41, 177–187 (1959); (Polystyrol, Temperaturabhängigkeit).

C. Rossi u. E. Bianchi, J. Polymer Sci. 41, 189–197 (1959); (kurze Polystyrole).

H. W. McCormick, J. Polymer Sci. 41, 327–331 (1959); (Poly-α-methyl-styrol).

S. N. Chinai u. R. A. Guzzi, J. Polymer Sci. 41, 475–485 (1959); (Polylaurylmethacrylat, $[\eta]$-M_W).

V. N. Tsvetkov u. V. G. Aldoshin, Russ. J. Phys. Chem. (English Transl.) 33, 619 (1959); (Polymethylmethacrylat $[\eta]$-M).

G. M. Burnett, Ann. Rev. phys. Chem. 10, 103–122 (1959); (Block- und Pfropfpolymere).

V. E. Eskin u. O. Z. Korotkina, Vysokomolekulyarnye Soedineniya 1, 1580–1585 (1959); (Poly-β-vinylnaphthalin, $[\eta]$-M).

I. G. Soboleva, N. V. Makletsova u. S. S. Medvedev, Colloid J. (USSR) (Eng. Transl.) 21, 601–05 (1959); (bestrahltes Polystyrol, $[\eta]$-M).

G. Meyerhoff, Ph. Ch. (N. F.) 23, 100–112 (1960); (anionische Polystyrole, $[\eta]$-M_W).

P. Parrini, F. Sebastiano u. G. Messina, Makromolekulare Chem. 38, 27–38 (1960); (isotaktisches Polypropylen, $[\eta]$-M).

J. W. Breitenbach u. H. Gabler, Makromolekulare Chem. 37, 53–63 (1960); (Polystyrol, $[\eta]$-M).

P. H. Plesch u. P. P. Rutherford, Polymer 1, 271–273 (1960); (Polyisobutylen).

T. J. R. Weakley, R. J. P. Williams u. J. D. Wilson, Soc. 1960, 3963–3973; (Polymethylmethacrylat).

C. H. Bamford u. A. D. Jenkins, Trans. Faraday Soc. 56, 907–42 (1960); (gekuppelte Polymere).

V. N. Tsvetkov, S. V. Skazka u. N. M. Krivoruchko, Vysokomolekulyarnye Soedineniya 2, 1045–48 (1960); (isotaktisches Polymethylmethacrylat, $[\eta]$-M).

G. P. Mikhailov u. T. I. Borisova, Vysokomolekulyarnye Soedineniya 2, 1779–85 (1960); (Polymethacrylate).

R. A. Mendelson, J. Polymer Sci. 46, 493–505 (1960); (Polyäthylen).

A. R. Shultz, J. Polymer Sci. 47, 267–276 (1960); (Polymethylisopropenylketon).

B. Baysal u. Mitarbb., J. Polymer Sci. 44, 117–127 (1960); (Polyacrylamid).

J. Dobo u. L. Kiss, J. Polymer Sci. 43, 277–279 (1960); (Polymethylmethacrylat).

I. E. Climie u. E. F. T. White, J. Polymer Sci. 47, 149–156 (1960); (Aggregation von acrylnitrilhaltigen Polymeren).

F. E. Didot, S. N. Chinai u. D. W. Levi, J. Polymer Sci. 43, 557–565 (1960); (Poly-2-äthyl-butylmethacrylat, $[\eta]$-M).

E. S. Roskin, Izv. Vysshikh Uchebn. Zavedeniĭ, Khim. i. Khim. Tekhnol. 3, 721–24 (1960); (Polyacrylnitril, $[\eta]$-M).

F. Grafmüller u. E. Husemann, Makromolekulare Chem. 40, 161–171 (1960); (Polyäthylen).

J. A. Manson u. G. J. Arquette, Makromolekulare Chem. 37, 187–97 (1960); (Polyvinylalkyläther, $[\eta]$-M).

M. Matsumoto u. Y. Ohyanagi, J. Polymer Sci. 46, 441–54 (1960); (Polyvinylacetat, $[\eta]$·M).

J. E. Guillet u. Mitarbb., J. Polymer Sci. 47, 307–20 (1960); (Polyäthylen).

Verdünnte Lösungen von Polymeren aus Dienen:

I. I. Schutzow, I. J. Poctchübmy u. A. W. Lebedew, Koll. Žurnal 11, 151–162 (1949); (Polybutadien-Copolymer, $[\eta]$-M).

B. L. Johnson u. R. D. Wolfangel, Ind. eng. Chem. 41, 1580–1584 (1949); (Polybutadien, $[\eta]$-M).

R. L. Scott, W. C. Carter u. M. Magat, Am. Soc. 71, 220–223 (1949); (synthetischer Kautschuk, $[\eta]$-M).

W. J. van Essen, R. 69, 753–758 (1950); (Herstellung der Lösungen von Naturkautschuk).

M. Riou u. R. Pibarot, Rev. gén. Caoutch. 27, 596–600 (1950); (Chlorkautschukfraktionen, $[\eta]$-M).

G. F. Bloomfield, J. Rubber Res. Inst. Malaya 13, Nr. 271, 1–24 (1951); (Naturkautschuk, $[\eta]$-M).

G. F. Bloomfield u. G. W. Drake, J. Rubber Res. Inst. Malaya 13, Nr. 272, 1–25 (1951); (Naturkautschuk, [η]-M).

G. F. Bloomfield, J. Rubber Res. Inst. Malaya 13, Nr. 273, 1–23 (1951); (Naturkautschuk, [η]-M).

S. Bywater u. P. Johnson, Trans. Faraday Soc. 47, 195–212 (1951); (Naturkautschuk, [η]-M).

G. D. Jones u. R. E. Friedrich, Ind. eng. Chem. 43, 1600–1604 (1951); (Alterung von Butadien-Styrol-Copolymeren in Lösung).

P. Johnson u. R. D. Wolfangel, Ind. eng. Chem. 44, 752–756 (1952); (Polybutadien, [η]-M).

H. L. Wagner u. P. J. Flory, Am. Soc. 74, 195–200 (1952); (natürliche Polyisoprene, [η]-M_n).

W. E. Mochel, J. Polymer Sci. 8, 583–592 (1952); (Polychloroprenpolymerisation).

F. Wiloth, Gummi u. Asbest 5, 392–396, 445–447 (1952); 6, 4–7 (1953); (Kautschuk, [η]-M).

D. J. Pollock, L. J. Elyash u. T. W. de Witt, J. Polymer Sci. 15, 87–96 (1955); ([η]-M bei Naturkautschuk, Guttapercha, Polybutadien).

P. I. Zubov, Z. N. Zhurkina u. V. A. Kargin, Colloid J. (USSR) (Eng. Transl.) 17, 27–29 (1955); (Umsetzung von Kautschuk mit Halogen in Lösung).

W. K. Taft u. J. Duke, Ind. eng. Chem. 47, 496–500 (1955); (Verzweigung von Butadien-Styrol-Copolymeren).

J. Cortyl-Lacau, Rubber Chem. Technol. 28, 746–769 (1955); (Oxydation von Butadien-Styrol-Copolymeren in Lösung).

M. Giua u. C. Mancini, Chimica e Ind. 38, 1–5 (1956); (Lösungen von weichgemachtem Chlorkautschuk).

P. I. Zubov, S. N. Shurkina u. W. A. Kargin, Gummi u. Asbest 9, 148 (1956); (Knäuelung beim Halogenieren).

T. B. Larchar u. Mitarbb., Rubber Age (N. Y.) 79, 971–976 (1956); (Polymerisation von Dienen).

P. I. Zubov, u. M. P. Zverev, Colloid J. (USSR) (Eng. Transl.) 18, 677–679 (1956); (Weichmachereinfluß auf die Viscosität von Lösungen der Butadien-Styrol-Copolymeren).

K. L. Seligman, Ind. eng. Chem. 49, 1709–1712 (1957); (Mikrogelbildung in Neopren-Latex).

C. Jen-Yuan, C. Wen u. C. Yung-Shih, Colloid J. (USSR) (Eng. Transl.) 19, 515–521 (1957); (Butadien-Styrol-Copolymere, [η]-M).

Y. Moir, Y. Minoura u. M. Imoto, Makromolekulare Chem. 25, 1–6 (1957); (Pfropfpolymere von Styrol auf Naturkautschuk).

D. J. Angier, W. T. Chambers u. W. F. Watson, J. Polymer Sci. 25, 129–138 (1957); (mastizierter Kautschuk).

M. A. Golub, J. phys. Chem. 61, 374–376 (1957); (Naturkautschuk).

G. Kraus, J. N. Short u. V. Thornton, Rubber & Plastics Age 38, 880–892 (1957); (Polybutadiene).

V. E. Gul u. V. A. Berestnev, Koll. Žurnal 19, 552–555 (1957); (Einfluß der Wechselwirkung, Perbunan).

S. S. Iwanow u. Mitarbb., Gummi u. Asbest 11, 82–87 (1958); (verzweigter Naturkautschuk).

I. Ya. Poddubnyi u. E. G. Erenburg, J. Polymer Sci. 29, 605–619 (1958); (Verzweigung synthetischer Kautschukarten).

S. L. Kapur u. S. Gundiah, Makromolekulare Chem. 26, 119–125 (1958); (Naturkautschuk, Lösungsmittelgemisch).

S. L. Kapur u. S. Gundiah, J. Colloid Sci. 13, 170–178 (1958); (Kautschuk, sehr verdünnte Lösung).

C. Yung-Shih, Y. Mei-Na u. C. Jen-Yuan, Acta Chim. Sinica 24, 222 (1958); (Butadien-Styrol-Copolymere, Einfluß der cis-trans-Struktur).

K. Altgelt u. G. V. Schulz, Kunststoffe-Plastics 5, 325–327 (1958); (Naturkautschuk).

G. M. Bristow u. W. F. Watson, Trans. Inst. Rubber Ind. 35, 73–81 (1959); (Elastomere in Lösungsmittelgemischen).

A. Guyot u. J. Parrod, Bl. 1959, 739–741; (cis-1,4-Polybutadien).

A. R. Kemp, Rubber Age (N. Y.) 85, 773–782 (1959); (Naturkautschuk verschiedener Herkunft).

L. Rosik u. B. Škrabal, Chem. Průmysl 9, 377–381 (1959); (Butadien-Styrol-Copolymere).

K. Altgelt u. G. V. Schulz, Makromolekulare Chem. 32, 66–78 (1959); (Naturkautschuk).

P. Ribeyrolles, A. Guyot u. H. Benoit, J. Chim. physique Physico-Chim. biol. 56, 377–386 (1959); (Polybutadien).

K. Altgelt u. G. V. Schulz, Makromolekulare Chem. 36, 209–219 (1960); (Naturkautschuk).

I. Ya. Poddubnyi u. E. G. Erenburg, Vysokomolekulyarnye Soedineniya 2, 1625–34 (1960); (verzweigter Butadien-Kautschuk).

G. Meyerhoff, Makromolekulare Chem. 37, 97–107 (1960); (Polymere in verschiedenen Lösungsmitteln).

R. Noel, D. Patterson u. T. Somcynsky, J. Polymer Sci. 42, 561–570 (1960); (Polymere in Lösungsmittelgemischen).

Y. E. Eizner, Vysokomolekulyarnye Soedineniya 3, 748–757 (1961); (Konzentrationsabhängigkeit der Makromoleküldimensionen in Lösung).

Verdünnte Lösungen von Polykondensaten und Polyadditionsprodukten:

A. Matthes, Makromolekulare Chem. 5, 165–178 (1950); (Polyacrylnitril [η]-M).

G. W. Youngson u. H. W. Melville, Soc. 1950, 1613–1622; (verzweigte Polyester, [η]-M).

W. Kern u. Mitarbb., Makromolekulare Chem. 6, 206–215 (1951); (p-Kresol-Formaldehyd-Harze).

S. Claesson, R. Gehm u. W. Kern, Makromolekulare Chem. 7, 46–61 (1951); (methylsubstituierte Polyphenylene).

J. R. Schaefgen u. C. F. Trivisonno, Am. Soc. 73, 4580–4585 (1951); (Polyelektrolytverhalten von Polyamiden in Schwefelsäure).

F. Wiloth, Makromolekulare Chem. 8, 111–123 (1952); (Polyester, [η]-M_w).

R. E. Vogel, Kunstst. 42, 17–19 (1952); (Phenol-Harze).

H. Batzer u. B. Mohr, Makromolekulare Chem. 8, 217–251 (1952); (Polyester mit sterisch einheitlichen Doppelbindungen).

F. Loepelmann, Faserforsch. u. Textiltechn. 3, 58–66 (1952); (Polyamide).

A. J. Korolev u. Mitarbb., Doklady Akad. S.S.S.R. 89, 65–68 (1953); (Polysiloxane).

H. Frisch, I. Martin u. H. Mark, M. 84, 250–256 (1953); (Polysiloxane).

T. Alfrey jr. u. M. Berdick, J. Polymer Sci. 11, 61–70 (1953); (Vinylacetat-Dithioglykolsäurediallylester-Copolymere).

R. Bennewitz, Faserforsch. u. Textiltechn. **5**, 155–158 (1954); (Perlon in Ameisensäure).

H. Batzer, Ang. Ch. **66**, 513–519 (1954); (lineare Polyester).

E. Vogel, Kunstst. **44**, 335–337 (1954); (Harnstoff-Formaldehyd-Harze).

A. M. Liquori u. A. Mele, J. Polymer Sci. **13**, 589–594 (1954); (Polyhexamethylen-adipinsäureamid).

H. Frind, Faserforsch. u. Textiltechn. **5**, 290–296 (1954); (Poly-terephthalsäureester-Lösungen).

F. Rybnikář, Chem. Listy **49**, 1442–1447 (1955); (Polyamide).

G. A. Edwards u. G. Goldfinger, J. Polymer Sci. **16**, 589–597 (1955); (Polyphenyl).

G. Delzenne u. G. Smets, Makromolekulare Chem. **18**, 82–101 (1956); (Polyacetaldehyd).

F. Rybnikář, Chem. Listy **50**, 1187–1195 (1956); (Polyamide, Polyäthylenterephthalat).

F. Rybnikář, Collect. czechoslov. chem. Commun. **21**, 1101–1107 (1956); (Polyamide, Viscositätszahl aus Messung bei einer Konzentration).

H. Steffens u. F. Sauerwald, Kolloid-Z. **149**, 73–83 (1956); (Perlon).

F. P. Price, S. G. Martin u. J. P. Bianchi, J. Polymer Sci. **22**, 49–54 (1956); (Polysiloxane).

E. G. Bobalek, R. L. Savage u. M. C. Schroeder, Ind. eng. Chem. **48**, 1956–1959 (1956); (Alkydharze, $[\eta]$-M).

P. R. Bhattacharya, J. Sci. Res. Inst. [Tokyo] **15**, 721–722 (1956); (Polyester, $[\eta]$-M).

H. J. Freier u. W. Geilenkirchen, Farbe u. Lack **1957**, 105–110; (Alkydharze).

G. Prati, Ann. Chimica **47**, 51–57 (1957); (Polyamid 66 in Kresol-Toluol).

H. Batzer u. A. Möschle, Makromolekulare Chem. **22**, 195–236 (1957); (Mischpolyamide).

P. Rempp, J. Chim. physique Physico-Chim. biol. **54**, 421–467 (1957); (Polyäthylenglykol, $[\eta]$-M).

I. Rusznák, I. Géczy u. E. Ady, Mag. chem. Folyóirat **63**, 348–350 (1957); (Polyamide).

A. Conix, Makromolekulare Chem. **26**, 226–235 (1958); (Polyäthylenterephthalat).

N. G. Gaylord u. S. Rosenbaum, J. Polymer Sci. **39**, 545–547 (1959); (Polyäthylenterephthalat, $[\eta]$-M_n).

G. J. Howard, J. Polymer Sci. **39**, 548–549 (1959); (Polyamid, $[\eta]$-M_n).

G. V. Schulz u. A. Horbach, Makromolekulare Chem. **29**, 93–116 (1959); (Polycarbonate, $[\eta]$-M_w).

S. A. Pavlova u. S. R. Rafikov, Vysokomolekulyarnye Soedineniya **1**, 387–394 (1959); (gemischte Polyamide, $[\eta]$-M_w).

V. N. Tsvetkov u. P. K. Chander, Vysokomolekulyarnye Soedineniya **1**, 607–612 (1959); (Polydimethylsiloxane, $[\eta]$-M_w).

Z. Zámorský, O. Bartoš u. F. Maniš, Chem. Průmysl **9**, 382–384 (1959); (lineare Polyester, $[\eta]$ aus Messungen bei einer Konzentration).

H. M. Koepp u. H. Werner, Makromolekulare Chem. **32**, 79–89 (1959); (Polyäthylenterephthalat, $[\eta]$-M_n).

F. E. Bailey jr. u. R. W. Callard, J. Appl. Polymer Sci. **1**, 56–62 (1959); (Polyäthylenoxyd).

J. Moacanin, J. Appl. Polymer Sci. **1**, 272–282 (1959); (mit Diisocyanat modifiziertes Polypropylenglykol).

D. K. Thomas u. A. Charlesby, J. Polymer Sci. **42**, 195–202 (1960); (Polyäthylenglykol).

A. De Chirico, Chimica e Ind. **42**, 248–51 (1960); (Polycarbonat, $[\eta]$-M).

W. P. Purcell u. C. P. Smyth, J. Polymer Sci. **47**, 321–325 (1960); (Polyester).

S. R. Rafikov, S. A. Pavlova u. I. I. Tverdokhlebova, Vysokomolekulyarnye Soedineniya **2**, 1786–93 (1960); (Polydimethylsiloxan).

E. V. Kuznetsov u. Mitarbb., Vysokomolekulyarnye Soedineniya **2**, 205–209 (1960); (Polyäthylenterephthalat, $[\eta]$-M).

H. Sekiguchi, Bl. **1960**, 1839–1843; (Polybutanamid, $[\eta]$-M_n).

Verdünnte Lösungen von Cellulose und ihren nichtionisierten Derivaten:

H. A. Wannow, Melliand Textilber. **30**, 519–522 (1949); (Mol.-Gewichtsverteilung von Cellulose).

B. G. Ranby u. H. Sihtola, Svensk kem. Tidskr. **1950**, 229–239; (Abbau von Cellulosenitrat).

W. R. Moore, J. Polymer Sci. **5**, 91–109 (1950); (Nitrocellulose).

E. F. Evans u. H. M. Spurlin, Am. Soc. **72**, 4750–4756 (1950); (Wirkung von Metallionen auf die Viscositätszahl von Äthylcellulose).

A. Münster, Ph. Ch. **197**, 17–38 (1951); (Nitrocellulose, $[\eta]$-M_n).

H. J. Philipp u. C. F. Bjork, J. Polymer Sci. **6**, 549–562 (1951); (Celluloseacetat, $[\eta]$-M).

C. H. Lindsley, J. Polymer Sci. **7**, 635–652 (1951); (Nitrocellulose).

A. Münster, J. Polymer Sci. **8**, 633–649 (1952); (Nitrocellulose, $[\eta]$-M).

E. H. Immergut, J. Schurz u. H. Mark, M. **84**, 219–249 (1953); (Nitrocellulose, Cellulose, $[\eta]$-M).

E. H. Immergut u. F. R. Eirich, Ind. eng. Chem. **45**, 2500–2511 (1953); (Cellulose und Derivate, $[\eta]$-M).

W. I. Iwanow u. B. A. Sacharow Faserforsch. u. Textiltechn. **3**, 237–238 (1953); (Cellulose, $[\eta]$-M).

S. Newman, L. Loeb u. C. M. Conrad, J. Polymer Sci. **10**, 463–487 (1953); (Nitrocellulose, $[\eta]$-M).

A. F. Martin, Ind. eng. Chem. **45**, 2497–2499 (1953); (Cellulose).

C. H. Lindsley u. M. B. Frank, Ind. eng. Chem. **45**, 2491–2497 (1953); (Nitrocellulose).

S. I. Meerson u. S. M. Lipatov, Faserforsch. u. Textiltechn. **5**, 213–215 (1954); (Celluloseacetat, $[\eta]$-M).

A. Sharples, J. Polymer Sci. **13**, 393–401 (1954); (Cellulose, $[\eta]$-M).

G. V. Schulz u. M. Marx, Makromolekulare Chem. **14**, 52–95 (1954); (Cellulose, $[\eta]$-M).

H. Krässig u. E. Siefert, Makromolekulare Chem. **14**, 1–14 (1954); (Cellulose in Tetraäthylammoniumhydroxyd).

S. A. Glückmann u. L. A. Root, Colloid J. (USSR) (Eng. Transl.) **18**, 653–656 (1956); (Celluloseäther in Lösungsmittelgemischen, Gelierung).

O. A. Battista u. Mitarbb., Ind. eng. Chem. **48**, 333–335 (1956); (abgebaute Cellulose).

M. L. Hunt u. Mitarbb., J. phys. Chem. **60**, 1278–1290 (1956); (Cellulosetrinitrat).

S. Basu u. D. K. R. Choudhury, Makromolekulare Chem. **23**, 180–187 (1957); (Celluloseäther, Celluloseester, Molekelform).

W. J. Alexander, O. Goldschmid u. R. L. Mitchell, Ind. eng. Chem. **49**, 1303–1306 (1957); (kurzkettige Cellulose, [η]-M).

J. K. Watson u. D. R. Henderson, Tappi **40**, 686–690 (1957); (Acetylcellulose).

G. A. Richter u. L. E. Herdle, Ind. eng. Chem. **49**, 1451–1452 (1957); (Celluloseacetat).

R. E. M. Davies u. J. M. Rowson, J. Pharmacy Pharmacol. **9**, 672–680 (1957); (Cellulosederivate, Beeinflussung der Viscosität von Dispersionen).

T. I. Samsonova u. S. Ia. Frenkel, Colloid J. (USSR) Eng. Transl.) **20**, 63–73 (1958); (Äthylcellulose).

P. C. Scherer, M. C. Hawkins u. D. W. Levi, J. Polymer Sci. **27**, 129–134 (1958); (Äthylcellulose, Mol.-Gew. aus Viscositätszahl und DK).

P. J. Flory, O. K. Spurr u. D. K. Carpenter, J. Polymer Sci. **27**, 231–240 (1958); (Cellulosederivate, Temperaturabhängigkeit der Viscositätszahl).

M. Marx, J. Polymer Sci. **30**, 119–130 (1958); (native Cellulose).

T. Koshiro u. Mitarbb., Bl. chem. Soc. Japan **31**, 606–611 (1958); (Cellulose).

G. Meyerhoff, J. Polymer Sci. **29**, 399–410 (1958); (Cellulosenitrate, [η]-M_W).

W. B. Achwal u. Mitarbb., J. Polymer Sci. **35**, 93–112 (1959); (Cellulosehydrolyse).

M. Marx-Figini, Papier **13**, 572–578 (1959); (Methodik, Cellulose, Cellulosenitrate).

W. R. Moore u. G. D. Edge, J. Polymer Sci. **47**, 469–478 (1960); (Cellulosenitrat).

G. P. Pearson u. W. R. Moore, Polymer **1**, 144–150 (1960); (Cellulosenitrate).

K. Thinius u. W. Münch, Plaste u. Kautschuk **7**, 579–582 (1960); (verseifte Cellulosetrifettsäureester).

Verdünnte Lösungen von Polyelektrolyten und Naturstoffen (außer Cellulose und ihren nichtionisierten Derivaten sowie Polyisopren):

O. Künzle, R. **68**, 699–716 (1949); (Polymethacrylsäure in Salzlösungen).

H. Deuel u. H. Neukom, J. Polymer Sci. **4**, 759–761 (1949); (Äthylenoxydderivate der Alginsäure).

D. T. F. Pals u. J. J. Hermans, J. Polymer Sci. **5**, 733–734 (1950); (Natriumpektinat).

H. Markovitz u. G. E. Kimball, J. Colloid Sci. **5**, 115–139 (1950); (Polyacrylsäure in Salzlösungen).

G. Dürig u. A. Banderet, Helv. **33**, 1106–1118 (1950); (Carboxymethylcellulose).

H. Staudinger, Makromolekulare Chem. **4**, 289–307 (1950); (Carotinoide).

B. Vollmert, Makromolekulare Chem. **5**, 128–138 (1950); (Pektine).

U. P. Strauss u. E. G. Jackson, J. Polymer Sci. **6**, 649–659 (1951); (Polyseife).

B. Rosen, P. Kamath u. F. Eirich, Discuss. Faraday Soc. **11**, 135–147 (1951); (Polyvinylpyridiniumbromid).

R. M. Fuoss u. D. Edelson, J. Polymer Sci. **6**, 523–532 (1951); (quaternierte Polyester).

C. W. Tait u. Mitarbb., J. Polymer Sci. **7**, 261–276 (1951); (Cellulosexanthogenat).

A. Dobry u. F. Boyer-Kawenoki, Makromolekulare Chem. **6**, 157–162 (1951); (Polyacrylsäure, [η]-M).

H. L. Wagner u. F. A. Long, J. physic. Colloid Chem. **55**, 1512–1526 (1951); (Acrylsäure-Vinylpyridin-Copolymere, [η]-M).

A. Katchalsky u. H. Eisenberg, J. Polymer Sci. **6**, 145–154 (1951); (Polyacrylsäure, Polymethacrylsäure, [η]-M).

A. Katchalsky, J. Polymer Sci. **7**, 393–412 (1951); (Polyelektrolyte).

R. M. Fuoss u. W. N. Maclay, J. Polymer Sci. **6**, 305–317 (1951); (Poly-4-vinyl-pyridiniumchlorid in Methanol).

E. G. Jackson u. U. P. Strauss, J. Polymer Sci. **7**, 473–484 (1951); (Poly-2-vinyl-pyridin, n-Dodecylbromid + Kohlenwasserstoffe).

W. N. Maclay u. R. M. Fuoss, J. Polymer Sci. **6**, 511–521 (1951); (Derivate von Poly-2-vinyl-pyridin).

G. Schmidt, Kolloid-Z. **121**, 151–154 (1951); (Pektinstoffe).

J. R. Schaefgen u. C. F. Trivisonno, Am. Soc. **73**, 4580–4585 (1951); (Polyelektrolytverhalten von Polyamiden in Schwefelsäure).

A. Oth u. P. Doty, J. phys. Chem. **56**, 43–50 (1952); (Polymethacrylsäure).

N. M. Wiederhorn u. A. R. Brown, J. Polymer Sci. **8**, 651–656 (1952); (Polymethacrylsäure in Methanol).

S. Basu u. P. C. Das Gupta, J. Colloid Sci. **7**, 53–70 (1952); (Natrium-carboxymethylcellulose).

A. Katchalsky u. I. R. Miller, J. Polymer Sci. **13**, 57–68 (1954); (Polyampholyte).

N. S. Schneider u. P. Doty, J. phys. Chem. **58**, 762–769 (1954); (Natrium-carboxymethylcellulose in Salzlösungen).

A. Oth, Bull. Soc. chim. belges **63**, 393–414 (1954); (Polymethacrylsäure, Molekülradius).

A. Katchalsky, J. Polymer Sci. **12**, 159–184 (1954); (Polyelektrolyte).

R. A. Mock u. C. A. Marshall, J. Polymer Sci. **13**, 263–277 (1954); (Sulfonsäuren von Vinyltoluol-Styrol-Copolymeren).

H. Fujita u. T. Homma, J. Colloid Sci. **9**, 591–601 (1954); (Natrium-carboxymethylcellulose).

P. J. Flory u. J. E. Osterheld, J. phys. Chem. **58**, 653–661 (1954); (Polyacrylsäure).

R. A. Mock u. C. A. Marshall, J. Polymer Sci. **14**, 217–222 (1954); (Polyelektrolyte in Lösung, niedrige Geschwindigkeitsgradienten).

G. Stainsby, Discuss. Faraday Soc. **18**, 288–294 (1954); (Gelatine).

U. P. Strauss u. N. L. Gershfeld, J. phys. Chem. **58**, 747–753 (1954); (Polyseife).

S. Saito, Kolloid-Z. **137**, 93–98 (1954); (Polyelektrolyte, Netzmittel).

H. Eisenberg u. J. Pouyet, J. Polymer Sci. **13**, 85–91 (1954); (teilweise quaterniertes Poly-4-vinyl-pyridin).

H. Fujita, K. Mitsuhashi u. T. Homma, J. Colloid Sci. **9**, 466–478 (1954); (polyacrylsaures Salz in Salzlösungen).

H. Boedtker u. P. Doty, J. phys. Chem. **58**, 968–983 (1954); (Gelatine-Aggregate, [η]-M).

J. T. Edsall, J. Polymer Sci. **12**, 253–280 (1954); (Proteine).

E. Wurz, Öst. Chemiker-Ztg. **55**, 215–219 (1954); Fr. **147**, 392–393 (1955); (Carboxymethylcellulose, [η]-M).

K. Täufel u. G. Feldmann, Chem. Techn. **6**, 525–528 (1954); Fr. **147**, 239 (1955); (Pektinstoffe).

P. Alexander u. K. A. Stacey, Trans. Faraday Soc. **51**, 299–308 (1955); (Polymethacrylsäure, [η]-M).

G. van Paesschen u. G. Smets, Bull. Soc. chim. belges **64**, 173–188 (1955); (Polyampholyte).

S. Sönnerskog, Acta chem. scand. **9**, 1649–1655 (1955); (Polysäuren aus Polyacrylnitril).

L. L. Contois u. Q. A. Trementozzi, J. Polymer Sci. **18**, 479–490 (1955); (Polyelektrolyte in Salzlösungen).

I. Kagawa u. R. M. Fuoss, J. Polymer Sci. **18**, 535–542 (1955); (polyacrylsaures Salz in Salzlösungen).

H. Terayama u. F. T. Wall, J. Polymer Sci. **16**, 357–365 (1955); (Polyelektrolyte und Salze).

H. Terayama, J. Polymer Sci. **15**, 575–590 (1955); (Schwefelsäureester der Cellulose).

B. E. Conway, J. Polymer Sci. **18**, 257–274 (1955); (Polyelektrolyte in Salzlösungen).

E. V. Gouinlock jr., P. J. Flory u. H. A. Scheraga, J. Polymer Sci. **16**, 383–395 (1955); (Gelatine, [η]-M).

H. Baum, G. A. Gilbert u. H. L. Wood, Soc. **1955**, 4047–4051; (Stärke, [η]-M).

C. J. Stacy, J. F. Foster u. S. N. Erlander, Makromolekulare Chem. **17**, 181–188 (1955); (verzweigte Stärkepolymere, [η]-M).

H. Terayama, J. Polymer Sci. **19**, 181–198 (1956); (Polyelektrolyte in Salzlösungen).

J. Schurz u. H. Streitzig, M. **87**, 632–645 (1956); (Carboxymethylcellulose).

J. Schurz, H. Streitzig u. E. Wurz, M. **87**, 520–525 (1956); (Carboxymethylcellulose, [η]-M).

S. S. Winter u. C. O. Beckmann, J. phys. Chem. **60**, 883–890 (1956); (Polycarboxymethylsaccharide).

P. Doty, J. H. Bradbury u. A. M. Holtzer, Am. Soc. **78**, 947–954 (1956); (Polypeptid, Assoziation, [η]-M).

A. R. Mathieson u. M. R. Porter, J. Polymer Sci. **21**, 495–503 (1956); (Polyelektrolyte).

A. R. Mathieson u. M. R. Porter, J. Polymer Sci. **21**, 483–493 (1956); (Natriumalginat).

D. O. Jordan, A. R. Mathieson u. M. R. Porter, J. Polymer Sci. **21**, 463–472 (1956); (Poly-4-vinyl-N-n-butyl-pyridiniumbromid).

D. O. Jordan, A. R. Mathieson u. M. R. Porter, J. Polymer Sci. **21**, 473–482 (1956); (Polyelektrolyte).

U. P. Strauss, N. L. Gershfeld u. E. H. Rook, J. phys. Chem. **60**, 577–584 (1956); (Polyelektrolyte, Polyseifen).

H. Boedtker u. P. Doty, Am. Soc. **78**, 4267–4280 (1956); (Kollagen).

I. J. O'Donnell u. E. F. Woods, J. Polymer Sci. **21**, 397–410 (1956); (Woll-Keratine, [η]-M).

G. C. Booth u. V. Gold, Soc. **1956**, 3380–3385; (Dextran, [η]-M).

M. Zief, G. Brunner u. J. Metzendorf, Ind. eng. Chem. **48**, 119–121 (1956); (partiell hydrolysiertes Dextran).

H. P. Gregor, D. H. Gold u. M. Frederick, J. Polymer Sci. **23**, 467–475 (1957); (Polymethacrylsäure, viscosimetrische Titration).

H. Eisenberg, J. Polymer Sci. **23**, 579–599 (1957); (Polyelektrolytlösungen).

E. H. de Butts, J. A. Hudy u. J. H. Elliott, Ind. eng. Chem. **49**, 94–98 (1957); (Natriumcarboxymethylcellulose).

M. Matsumoto u. T. Eguchi, J. Polymer Sci. **23**, 617–634 (1957); (Sulfat des aminoacetalisierten Polyvinylalkohols in Salzlösung).

B. Jirgensons u. E. C. Adams, Makromolekulare Chem. **24**, 159–171 (1957); (γ-Globulin).

M. Matsumoto u. T. Eguchi, J. Polymer Sci. **26**, 393–396 (1957); (Sulfat des aminoacetalisierten Polyvinylalkohols).

S. M. Levi, Colloid J. (USSR) (Eng. Transl.) **19**, 78–81 (1957); (Gelatinelösungen + oberflächenaktive Substanzen).

J. A. V. Butler, A. B. Robins u. K. V. Shooter, Pr. roy. Soc. (A) **241**, 299–310 (1957); (Polystyrolsulfonat).

A. Veis u. J. Cohen, J. Polymer Sci. **26**, 113–116 (1957); (Gelatine).

H. P. Gregor u. D. H. Gold, J. phys. Chem. **61**, 1347–1352 (1957); (Polyvinyl-methylimidazoliumhydroxyd).

J. Hartmann u. F. Patat, Makromolekulare Chem. **25**, 53–70 (1958); (Dextrane).

K. Frömbling u. F. Patat, Makromolekulare Chem. **25**, 41–52 (1958); (Dextrane).

E. Husemann u. E. Bartl, Makromolekulare Chem. **25**, 146–158 (1958); (Amylose).

D. S. Breslow u. A. Kutner, J. Polymer Sci. **27**, 295–312 (1958); (Polyäthylensulfonsäure).

S. Basu u. S. K. Podder, Makromolekulare Chem. **25**, 210–216 (1958); (Polyvinylpyridin und Silberionen).

L. Langmaack, Kolloid-Z. **156**, 32–34 (1958); (Alginattypen, Abbau).

S. K. Podder u. S. Basu, Makromolekulare Chem. **28**, 72–75 (1958); (Polyvinylpyridin + Jod).

C. E. Hall u. P. Doty, Am. Soc. **80**, 1269–1274 (1958); (Abmessungen von Makromolekülen).

Yu. S. Lipatov u. P. I. Zubov, Vysokomolekulyarnye Soedineniya **1**, 88–93 (1959); (Polymethacrylsäurelösungen bei verschiedenen Temperaturen).

P. Doty, Rev. mod. Physics **31**, 107–117 (1959); (Konfiguration biologisch wichtiger Makromoleküle).

H. G. Elias, Makromolekulare Chem. **33**, 166–180 (1959); (native Dextrane, Vergleich mit Sedimentation und Diffusion).

J. Eliassaf u. A. Silberberg, J. Polymer Sci. **41**, 33–51 (1959); (Zusätze von gelöstem Polyacrylamid zu Polyacrylsäure usw.).

F. A. Bovey, J. Polymer Sci. **35**, 167–182 (1959); (Dextrane, Verzweigungen).

Yu. S. Lipatov u. P. I. Zubov, Vysokomolekulyarnye Soedineniya **1**, 1655–1658 (1959); (Methacrylsäure-Styrol-Copolymere).

M. Kato, T. Nakagawa u. H. Akamatu, Bl. chem. Soc. Japan **33**, 322–29 (1960); (Polystyrolsulfonsäure).

R. A. Cox, J. Polymer Sci. **47**, 441–447 (1960); (Ribonucleinsäure usw., Ionenstärke variiert).

J. M. G. Cowie, Makromolekulare Chem. **42**, 230–247 (1960); (Amylose).

D. O. Jordan u. T. Kurucsev, Polymer **1**, 185–211 (1960); (Poly-4-vinyl-pyridin und Copolymere).

Suspensionen und gelierende Lösungen:

J. M. Jabko u. S. S. Wojutzki, Koll. Žurnal **12**, 303–309 (1950); (Emulgatorzusätze zu synthetischem Latex).

E. K. Fischer, J. Colloid Sci. **5**, 271–281 (1950); (Anstrichfarben).

J. F. Ehlers u. K. R. Goldstein, Kolloid-Z. **118**, 151–155 (1950); (Gelbildung in Polyvinylchloridlösung).

S. H. Maron, B. P. Madow u. I. M. Krieger, J. Colloid Sci. **6**, 584–591 (1951); (Latex).

G. F. Eveson, S. G. Ward u. R. L. Whitmore, Discuss. Faraday Soc. **11**, 11–14 (1951); (Uneinheitlichkeit und Rheologie von Dispersionen).

P. S. Williams, Discuss. Faraday Soc. **11**, 47–55 (1951); (Einfluß von Form und Größe suspendierter Teilchen).

W. Kopaczewski, Chim. et Ind. **65**, 56–60 (1951); (Latices synthetischer Elastomerer).

V. Tomberg, Kolloid-Z. **123**, 39 (1951); (Koagulation von Viscoselösungen).

N. Sata u. S. Saito, Kolloid-Z. **128**, 154–158 (1952); (Solubilisierung von Polyvinylacetat in Emulgatorlösungen).

H. Staudinger, Ch. Z. **76**, 661–666 (1952); (Gellösungen).

S. H. Maron u. B. P. Madow, J. Colloid Sci. **8**, 130–136 (1953); (synthetischer Latex).

S. H. Maron u. B. P. Madow, J. Colloid Sci. **8**, 300–308 (1953); (Einfluß der Polydispersität, Latex).

S. Saito, Kolloid-Z. **133**, 12–16 (1953); (Polyvinylalkoholsuspensionen).

G. Verhaar, Proc. Rubber Technol. Conf., 3rd Conf., London **1954**; (Zusätze zu Naturkautschuklatex).

G. Hofmann, Plaste u. Kautschuk **1**, 63–65 (1954); (Einflüsse der Konzentration und Temperatur, Latex).

J. Riseman u. R. C. Harper jr., J. Colloid Sci. **9**, 438–450 (1954); (Rußsuspensionen).

J. Schurz, Öst. Chemiker-Ztg. **55**, 301–305 (1954); (Latex, Strukturviscosität).

J. Bisschops, J. Polymer Sci. **12**, 583–597 (1954); (Gelieren von Polyacrylnitrillösungen).

W. M. Fox u. G. W. Hazzard, J. chem. Physics **22**, 1485–1488 (1954); (Polystyrol in Toluol).

L. Leaman, Rubber Age (N. Y.) **75**, 537–544 (1954); (Latex, Latexmischungen).

E. T. Severs u. J. M. Austin, Ind. eng. Chem. **46**, 2369–2375 (1954); (Polyvinylchlorid-Plastisole).

S. H. Maron u. R. J. Belner, J. Colloid Sci. **10**, 523–535 (1955); (Latex, niedrige Schubspannung).

S. H. Maron u. S. M. Fok, J. Colloid Sci. **10**, 482–493 (1955); (Coldrubber-Latex).

S. H. Maron u. A. E. Levy-Pascal, J. Colloid Sci. **10**, 494–503 (1955); (Polychloropren-Latex).

P. Y. Cheng u. H. K. Schachman, J. Polymer Sci. **16**, 19–30 (1955); (Polystyrol-Latex).

J. Mori u. N. Ototake, Chem. Eng. (Tokyo) **20**, 494 (1956); (Suspensionen).

G. Verhaar, Rubber Chem. Technol. **29**, 1484–1495 (1956); (Naturkautschuklatex).

A. Dobry-Duclaux, Kolloid-Z. **145**, 108–112 (1956); (elektrostatische Anziehung erhöht Viscosität von Suspensionen geladener Teilchen).

W. D. Todd, D. Esarove u. W. M. Smith, Mod. Plastics **34**, Nr. 1, 4, 159–174, 249 (1956); (Plastisole, Temperaturabhängigkeit).

H. G. Dawson, Rubber World **135**, 239–244 (1956); (Zusatz von Zinkoxyd zu Latex).

E. M. Bevilacqua, Sci. **123**, 1123–1124 (1956); (Zusatz von Ammoniak zu Latex).

G. F. Eveson, J. Oil Colour Chemists' Assoc. **40**, 456–477 (1957); (Suspensionen kleiner Teilchen).

G. A. Baseden, J. Oil Colour Chemists' Assoc. **40**, 37–50 (1957); (Polyvinylacetat-Emulsionsfarben, Strukturviscosität, Thixotropie).

M. Matsumoto u. Y. Ohyanagi, J. Polymer Sci. **26**, 389–391 (1957); (Gelierung von Polyvinylalkohollösungen).

F. P. Liberti u. R. C. Pierrehumbert, Am. Paint J. **42**, Nr. 44, 28–51 (1958); (kritische Pigmentkonzentration).

G. Schuur, Rubber Chem. Technol. **31**, 436–445 (1958); (Naturkautschuklatex, Pasten von Polyvinylchlorid und Kautschukhydrochlorid).

J. Beneš, Chem. Průmysl **8**, 331–334 (1958); (Gelatinelösungen bei verschiedenen Temperaturen).

P. H. Johnson u. R. H. Kelsey, Rubber World **138**, 877–882 (1958); (Teilchengröße und Viscosität).

E. P. 858 034 (1958; Am. Prior., 1958), T. F. Washburn Co.; (Endpunktsbestimmung bei Herstellung thixotroper Lackkombinationen).

K. Edelmann u. E. Horn, Gummi u. Asbest **12**, 66–76 (1959); (Fließkurven, Latex).

Y. S. Lipatov u. P. I. Zubov, Vysokomolekulyarnye Soedineniya **1**, 432–437 (1959); (Gelierung von Polymethacrylsäurelösungen).

Y. S. Lipatov, P. I. Zubov u. E. A. Andryushtshenko, Colloid J. (USSR) (Eng. Transl.) **21**, 577–584 (1959); (Gelierung von Polymethacrylsäurelösungen).

H. Maeda, T. Kawai u. S. Sekii, J. Polymer Sci. **35**, 288–292 (1959); (Polyvinylalkohollösungen mit Zusätzen).

D. M. Sandomirskii u. M. K. Vdovchenkova, Colloid J. (USSR) (Eng. Transl.) **21**, 121 (1959); (Latex, Gelierungsgeschwindigkeit).

Viscosität bei höheren Konzentrationen und in Schmelzen, Strukturviscosität, Thixotropie:

B. A. Dunell u. G. Halsey, Textile Res. J. **18**, 178–186 (1948); (Thixotropie viscoelastischer Systeme).

A. Lude, R. **68**, 1030–1036 (1949); (Strukturviscosität, Viscose).

W. Scheele, Kunstst. **39**, 291 (1949); (Temperaturabhängigkeit der Verformungsleistung).

W. Scheele u. T. Timm, Z. Naturf. **4 a**, 639–640 (1949); (Temperaturabhängigkeit der Fließkurve und Einfriertemp.).

W. Scheele, N. Ellerbroek u. I. Friedrich, Kolloid-Z. **114**, 73–77 (1949); (Fließen von Polyvinylacetat, Molgewichtsabhängigkeit).

W. H. Reysen u. J. D. Gibson, Ind. eng. Chem. **42**, 2468–2471 (1950); (Poly-trifluor-chlor-äthylen, Abhängigkeit von Mol.-Gew., Dichte und Temperatur).

F. P. Baldwin, Am. Soc. **72**, 1833–1834 (1950); (Polyisobutylen, Abhängigkeit vom Mol.-Gew.).

R. S. Spencer, J. Polymer Sci. **5**, 591–608 (1950); (Fließen von Polymeren und Lösungen).

S. H. Maron, B. P. Madow u. I. M. Krieger, J. Colloid Sci. **6**, 584–591 (1951); (synthetischer Latex von Butadien-Styrol-Copolymeren, Strukturviscosität).

K. Edelmann, Faserforsch. u. Textiltechn. **2**, 303–308 (1951); (Strukturviscosität von Lösungen).

P. Herrent, A. Lude u. A. Mouraux, Bull. Soc. chim. belges **60**, 164–190 (1951); (Strukturviscosität, Viscose).

H. Umstätter u. R. Schwaben, Kolloid-Z. **122**, 134–141 (1951); (Strukturviscosität).

T. G. Fox jr., J. C. Fox u. P. J. Flory, Am. Soc. **73**, 1901–1904 (1951); (Strukturviscosität, Polyisobutylenlösungen).

C. M. Conrad, V. W. Tripp u. T. Mares, J. physic. Colloid Chem. **55**, 1474–1491 (1951); (Strukturviscosität, Celluloselösungen).

F. W. Schremp, J. D. Ferry u. W. W. Evans, J. appl. Physics **22**, 711–717 (1951); (hoch konzentrierte Lösungen von Polystyrol und Polyisobutylen).

W. Scheele u. T. Timm, Kolloid-Z. **121**, 144–147 (1951); (Strukturviscosität von Schmelzen und Einfriertemp.).

C. M. Conrad u. H. M. Ziifle, J. Colloid Sci. **7**, 227–235 (1952); (Nitrocelluloselösungen, Fließkurven).

K. Edelmann, Kautschuk u. Gummi 5, (W.T.) 120–124 (1952); (Strukturviscosität, Lösungen von Perlon und Polyacrylnitril).

J. T. Bergen u. W. Patterson jr., J. appl. Physics 24, 712–719 (1953); (anomales Fließen bei niedrigen Gradienten).

J. Schurz, Makromolekulare Chem. 10, 194–201 (1953); (Strukturviscosität verdünnter Lösungen).

L. J. Sharman, R. H. Sones u. L. H. Cragg, J. appl. Physics 24, 703–711 (1953); (Polystyrol, Strukturviscosität).

A. Katchalsky u. N. Sternberg, J. Polymer Sci. 10, 253–255 (1953); (Polymethacrylsäure, Strukturviscosität).

A. B. Bestul u. H. V. Belcher, J. appl. Physics 24, 696–702 (1953); (Temperaturabhängigkeit der Strukturviscosität).

P. Goldberg u. R. M. Fuoss, J. phys. Chem. 58, 648–653 (1954); (Strukturviscosität von Lösungen).

F. Bueche, J. chem. Physics 22, 1570–1576 (1954); (Strukturviscosität, Polymere und Lösungen).

E. Wada, J. Polymer Sci. 14, 307 (1954); (Strukturviscosität und Viscositätszahl).

H. J. Cantow, J. Pouyet u. C. Wippler, Makromolekulare Chem. 14, 110–114 (1954); (Strukturviscosität von Polymethylmethacrylatlösungen).

J. Schurz, Öst. Chemiker-Ztg. 55, 301–305 (1954); (Latex, Strukturviscosität).

E. Wada, J. Polymer Sci. 14, 305–307 (1954); (Strukturviscosität von Lösungen des Tabakmosaikvirus).

J. Schurz, Kolloid-Z. 138, 149–155 (1954); (Strukturviscosität, Viscose).

J. Schurz, Makromolekulare Chem. 12, 127–144 (1954); (Strukturviscosität, Cellulosenitratlösungen).

M. A. Golub, J. Polymer Sci. 18, 156–159 (1955); (Methodik bei Strukturviscosität).

M. A. Golub, J. Polymer Sci. 18, 27–46 (1955); (Strukturviscosität, Polyisopren).

J. Schurz, Papier 9, 45–51 (1955); (Strukturviscosität, Cellulosexanthogenate).

H. Fujita u. T. Homma, J. Polymer Sci. 15, 277–295 (1955); (Strukturviscosität, Carboxymethylcellulose).

H. Leaderman, J. Polymer Sci. 16, 261–271 (1955); (nichtlineares viscoelastisches Verhalten von Kautschuk bei Scherung).

J. Eliassaf, A. Silberberg u. A. Katchalsky, Nature 176, 1119 (1955); (negative Thixotropie von Polymethacrylsäurelösungen).

W. G. Harland, J. Textile Inst., Trans. 46, 464–471 (1955); (Strukturviscosität, Cellulosenitrat).

T. G. Fox u. S. Loshaek, J. appl. Physics 26, 1080–1082 (1955); (Schmelzviscosität und Mol.-Gewicht bei Polymeren).

F. Bueche, J. chem. Physics 25, 599–60 (1956); (konzentrierte Lösungen).

A. Peterlin u. M. Čopič, J. appl. Physics 27, 434–438 (1956); (Strukturviscosität von Lösungen linearer Makromoleküle).

Y. H. Pao, J. chem. Physics 25, 1294–1295 (1956); (Strukturviscosität verdünnter Lösungen).

F. Patat u. J. Hartmann, Makromolekulare Chem. 18/19, 422–430 (1956); (Strukturviscosität und Viscositätszahl).

J. Schurz u. R. Bartunek, Papier 10, 97–101 (1956); (Strukturviscosität, Kugelfallviscosimeter).

H. Giesekus, Kolloid-Z. 147, 29–45 (1956); (Reibungsgesetz in strukturviscosen Lösungen).

F. Bueche, J. K. Wood u. J. R. Wray, J. chem. Physics 24, 903 (1956); (Viscositätszahl in strukturviscosen Lösungen von Knäuelmolekülen).

J. G. Kirkwood u. R. J. Plock, J. chem. Physics 24, 665–669 (1956); (Strukturviscosität von Stäbchen-Suspensionen).

M. Mooney, J. appl. Physics 27, 691–696 (1956); (Strukturviscosität von Kautschuk, Theorie, übermolekulare Fließeinheiten).

E. Ott u. J. H. Elliott, Makromolekulare Chem. 18/19, 352–366 (1956); (Thixotropie, Natrium-carboxymethylcellulose).

R. L. Merker, J. Polymer Sci. 22, 353–362 (1956); (Polydimethylsiloxane).

E. Ferenc, Mag. chem. Folyóirat 62, 28–31 (1956); (Strukturviscosität konzentrierter Polyvinylalkohollösungen).

M. A. Golub, J. phys. Chem. 60, 431–435 (1956); (Viscositätszahl von Polyisopren, Strukturviscosität).

T. Kuroiwa, Bl. chem. Soc. Japan 29, 164–169 (1956); (Strukturviscosität, Polystyrol).

R. Cerf, C. r. 244, 456–459 (1957); (Strukturviscosität von Makromolekülen).

M. Čopič, J. Chim. physique Physico-Chim. biol. 54, 348–355 (1957); (Polystyrol, Strukturviscosität und Viscositätszahl).

J. Crane u. D. Schiffer, J. Polymer Sci. 23, 93–97 (1957); (Antithixotropie).

S. L. Kapur u. S. Gundiah, J. Polymer Sci. 26, 89–93 (1957); (Strukturviscosität von Polyvinylalkohollösungen).

R. Cerf, J. Polymer Sci. 25, 247–250 (1957); (Strukturviscosität von Polymerlösungen).

C. A. F. Tuijnman u. J. J. Hermans, J. Polymer Sci. 25, 385–401 (1957); (Strukturviscosität, Polyvinylacetatlösungen).

W. L. Peticolas u. J. M. Watkins, Am. Soc. 79, 5083–5085 (1957); (Fließen von Polyäthylen).

G. Geiseler, Ph. Ch. 208, 64–77 (1957); (flüssiges Polyäthylen).

E. B. Bagley, J. appl. Physics 28, 624–627 (1957); (Fließen von Polyäthylen).

R. L. Merker u. M. J. Scott, J. Polymer Sci. 24, 1–9 (1957); (Polydimethylsiloxane).

G. A. Baseden, J. Oil Colour Chemists' Assoc. 40, 37–50 (1957); (Polyvinylacetat-Emulsion).

B. Maxwell u. A. Jung, Mod. Plastics 35, Nr. 3, 174–182, 276 (1957); (Druckabhängigkeit der Schmelzviscosität).

C. Jen-Yuan, S. Liang-Ho u. S. Kwan-I, Acta Chim. Sinica 23, 222 (1957); (Scherabhängigkeit von [η] des Polymethylmethacrylats in Benzol, [η]-M_W).

T. I. Samsonova u. L. V. Ivanova-Chumakova, Colloid J. (USSR) (Eng. Transl.) 19, 345–352 (1957); (Strukturviscosität, Äthylcelluloselösungen).

M. A. Golub, Canad. J. Chem. 35, 381–387 (1957); (Strukturviscosität, Naturkautschuklösungen).

A. S. Novikov u. F. S. Tolstukhina, Colloid J. (USSR) (Eng. Transl.) 19, 599–605 (1957); (Schmelzviscosität von verzweigten Butadien-Styrol-Copolymeren).

K. Edelmann, Rheol. Acta, 1, 53–57 (1958); (Mastizierung von Kautschuk).

W. Weber, Rheol. Acta, 1, 63–69 (1958); (Viscosität von Polydimethylsiloxanen).

Wu-Shu-Ch'iu, B. I. Iampol'skii u. S. S. Voiuitskii, Colloid J. (USSR) (Eng. Transl.) 20, 360–365 (1958); (Fließgrenze, Rußsuspensionen).

K. Edelmann u. G. Kolbe, Gummi u. Asbest **11**, 251–258 (1958); (Fließkurven bei Mastizierung von Kautschuk).

J. C. Millard, Ind. plast. mod. **10**, Nr. 7, 31–35 (1958); (Fließen von Polytetrafluoräthylen).

A. S. Novikov u. F. S. Tolstukhina, Colloid J. (USSR) (Eng. Transl.) **20**, 342–347 (1958); (Butadien-Acrylnitril-Kautschuk, Molgewichtsabhängigkeit der Schmelzviscosität).

K. Ueberreiter u. H. J. Orthmann, Kunstst. **48**, 525–530 (1958); (Fließpunktautograph).

T. Takemura, J. Polymer Sci. **27**, 549–554 (1958); (Strukturviscosität verdünnter Lösungen).

J. Hartmann u. F. Patat, Makromolekulare Chem. **25**, 53–70 (1958); (Dextranlösungen, Strukturviscosität).

S. P. Papkov, Colloid J. (USSR) (Eng. Transl.) **19**, 723–729 (1958); (Weichmacher + Polymere).

M. Bohdanecký, J. Tamchyna u. V. Zwonař, Chem. Průmysl **8**, 382–385 (1958); (niedermolekulare Polykondensate).

R. H. Carey, Ind. eng. Chem. **50**, 1045–1048 (1958); (Fließen von Polyäthylen).

H. H. Horowitz, Ind. eng. Chem. **50**, 1089–1094 (1958); (Strukturviscosität von Schmierölen bei verschiedenen Temperaturen).

Š. L. Leltshuk u. V. I. Sedlis, J. Appl. Chem. USSR (English Transl.) **31**, 1380–84 (1958); (Weichmacherwirksamkeit, Polyvinylchlorid).

G. R. Rugger, E. McAbbee u. M. Chmura, SPE Journal **14**, Nr. 12, 31–34 (1958); (Fließgrenze, hohe Belastungsgeschwindigkeit bei Kunststoffen).

E. Kuss, Z. angew. Physik **10**, 566–575 (1958); (Druckabhängigkeit der Viscosität von Polymeren).

J. Majer, Chem. Průmysl **8**, 657–660 (1958); (Strukturviscosität, Polyäthylenschmelze).

R. Longworth u. H. Morawetz, J. Polymer Sci. **29**, 307–319 (1958); (Styrol-Methacrylsäure-Copolymere).

K. Kawahara u. Mitarbb., J. Polymer Sci. **31**, 245–247 (1958); (Gradientenabhängigkeit der Viscositätszahl).

F. Bueche u. S. W. Harding, J. Polymer Sci. **32**, 177–186 (1958); (Absolutbestimmung des Mol-Gew., Gradientenabhängigkeit der Viscositätszahl).

F. Lebok, Kolloid-Z. **162**, 1–9 (1959); (Diepoxydharz-Gemische).

H. W. Starkweather jr. u. R. E. Brooks, J. Appl. Polymer Sci. **1**, 236–239 (1959); (Fließgrenze und Krystallinität, Nylon 66®).

K. M. Sinnott, J. Polymer Sci. **35**, 273–275 (1959); (Polymethacrylate, innere Reibung).

Yu. S. Lipatov u. P. I. Zubov, Vysokomolekulyarnye Soedineniya **1**, 88–93 (1959); (konzentrierte Polymethacrylsäurelösungen bei verschiedenen Temperaturen).

G. L. Brown u. B. S. Garrett, J. Appl. Polymer Sci. **1**, 283–295 (1959); (Verdickung von Latex, Fließkurven).

A. Nishioka u. Mitarbb., J. Appl. Polymer Sci. **2**, 114–119 (1959); (bestrahltes Polytetrafluoräthylen).

W. Holzmüller u. I. Lorenz, Plaste u. Kautschuk **6**, 227–231 (1959); (Strukturviscosität thermoplastischer Stoffe).

B. G. Harper, J. Appl. Polymer Sci. **2**, 363–366 (1959); (bestrahltes Polyäthylen).

E. W. Merrill, Ind. eng. Chem. **51**, 868–70 (1959); (Fließkurven).

J. Majer, Chem. Průmysl **9**, 494–97 (1959); (Polyäthylen, Lösungs- und Schmelzviscosität).

C. B. Chapman u. L. Valentine, J. Polymer Sci. **34**, 319–35 (1959); (Umsatz bei Pfropfpolymeren).

G. Allen u. Mitarbb., J. Polymer Sci. **34**, 349–54 (1959); (Druckabhängigkeit, Struktureinflüsse).

L. D. Moore jr., J. Polymer Sci. **36**, 155–72 (1959); (Lösungs- und Schmelzviscosität von Polyäthylen).

H. Leaderman, R. G. Smith u. L. C. Williams, J. Polymer Sci. **36**, 233–57 (1959); (Polyisobutylen).

E. Pohl, Plaste u. Kautschuk **6**, 19–23 (1959); (Schallgeschwindigkeit in Lösungen und Mol.-Gewicht gelöster Polymerer).

A. Jobling u. J. E. Roberts, J. Polymer Sci. **36**, 433–41 (1959); (Strukturviscositäten von Polyisobutylenlösungen, Weißenberg-Rheogoniometer).

N. Hirai u. H. Eyring, J. Polymer Sci. **37**, 51–70 (1959); (Festkörper-Viscosität).

L. Marker, R. Early u. S. L. Aggarwal, J. Polymer Sci. **38**, 381–92 (1959); (Strukturviscosität, Polyäthylen).

E. W. Merrill, J. Polymer Sci. **38**, 539–43 (1959); (Strukturviscosität von Polyisobutylenlösungen).

N. Hirai, J. Polymer Sci. **39**, 435–43 (1959); (mäßig konzentrierte Lösungen).

R. W. Hogg, Plastics **24**, Nr. 257, 69–72 (1959); (Polyäthylen, Strukturviscosität, Temperaturabhängigkeit).

E. Pohl, Plaste u. Kautschuk **6**, 19–23 (1959); (Schallgeschwindigkeit und Molgewicht des gelösten Polymeren).

H. Leaderman, R. G. Smith u. L. C. Williams, J. Polymer Sci. **36**, 233–57 (1959); (Strukturviscosität von Polyisobutylen und Molgewichtsverteilung).

V. I. Alekseenko u. I. U. Mishustin, Vysokomolekulyarnye Soedineniya **1**, 1593–98 (1959); (Polymermischungen in Lösung).

J. Majer, J. Belusa u. J. Lanikova, Kunststoff-Rundschau **7**, 39–44 (1960); (Krystallisation von Polyäthylen).

C. C. Mell, Paint Manufact. **30**, 41–44 (1960); (Thixotropie in Lackindustrie).

G. Plato u. G. Schröter, Kunstst. **50**, 163–65 (1960); (Hart-Polyvinylchlorid).

V. B. Calhoun, J. R. Reed u. R. M. Mineo, Rubber Age (N. Y.) **86**, 834–36 (1960); (Mooney-Viscosität von Butylkautschuk).

P. D. Davidse, H. I. Waterman u. J. B. Westerdijk, Brennstoffch. **41**, 300–03 (1960); (Polyäthylenschmelze).

F. Bueche u. F. N. Kelley, J. Polymer Sci. **45**, 267–69 (1960); (Scherviscosität und Mol.-Gew.).

F. Bueche, J. Polymer Sci. **43**, 527–30 (1960); (Schmelzviscosität und Uneinheitlichkeit).

J. F. Rudd, J. Polymer Sci. **44**, 459–74 (1960); (Polystyrol, Einfluß der Uneinheitlichkeit).

T. Gillespie, J. Polymer Sci. **46**, 383–93 (1960); (konzentrierte Lösungen, Methylcellulose).

L. H. Tung, J. Polymer Sci. **46**, 409–22 (1960); (Schmelzviscosität von Polyäthylen).

E. Passaglia, J. T. Yang u. N. J. Wegemer, J. Polymer Sci. **47**, 333–48 (1960); (Strukturviscosität und Molekülgestalt).

A. B. Metzner, E. L. Carley u. I. K. Park, Mod. Plastics **37**, Nr. 11, 133–40 (1960); (Schmelzviscosität, Druckabhängigkeit).

A. P. Metzger u. C. W. Hamilton, Rubber Age (N.Y.) **87**, 635 (1960); (Polyäthylenschmelze).

G. M. Bristow, Trans. Inst. Rubber Ind. **36**, 268–71 (1960); (konzentrierte Kautschuklösungen).

R. L. Bates, Chem. Engng. **67**, Nr. 7, 145–48 (1960); (industrielle Viscosimetrie).

A. B. Bestul, Rubber Chem. Technol. **33**, 909–20 (1960); (Abbau durch Scherkräfte in konzentrierten Lösungen).

S. J. Skinner u. W. Taylor, Plastics Inst. (London), Trans. and J. **28**, 237–45 (1960); (Polystyrol, Vergleich von Fließprüfungen).

I. N. Kogan u. Mitarbb., Plasticheskie Massy **1960**, Nr. 11, 42–46; (kontinuierliches Viscosimeter, Theorie der Sonden).

M. Ebata, Bl. chem. Soc. Japan **33**, 899–901 (1960); (Temperaturabhängigkeit der Viscosität von Poly-ε-amino-capryl-α-alanin).

G. V. Vinogradov u. V. N. Manin, Vysokomolekulyarnye Soedineniya **2**, 329–36 (1960); (konzentrierte Lösungen von Äthylcellulose).

S. L. Aggarwal, L. Marker u. M. J. Carrano, J. Appl. Polymer Sci. **3**, 77–83 (1960); (Polyäthylen, Strukturviscosität der Schmelze).

R. S. Porter u. J. F. Johnson, J. Appl. Polymer Sci. **3**, 107–12 (1960); (Strukturviscosität konzentrierter Polyisobutylenlösungen).

R. S. Porter u. J. F. Johnson, J. Appl. Polymer Sci. **3**, 194–205 (1960); (Polyäthylenschmelze, Mol.-Gewichtsabhängigkeit).

L. C. Case, J. Appl. Polymer Sci. **3**, 254 (1960); (Polytetrafluoräthylenschmelze).

H. P. Schreiber, J. Appl. Polymer Sci. **4**, 38–44 (1960); (Polyäthylenschmelze, Zeitabhängigkeit).

W. P. Cox u. R. L. Ballmann, J. Appl. Polymer Sci. **4**, 121 (1960); (Polystyrolschmelze).

M. Matsumoto u. Y. Ohyanagi, J. Appl. Polymer Sci. **4**, 243 (1960); (Strukturviscosität von Polyvinylacetallösungen).

Weitere Arbeiten unter „Elastoviscosität, Lösungen", S. 1076.

g₃) Koeffizienten der Diffusion und Sedimentation, Auflösungsgeschwindigkeit

Buchübersicht

J. W. McBain, Colloid Science, 1. Aufl., S. 200, D. C. Heath & Co., Boston 1950.

R. E. Burk u. O. Grummitt, Frontiers in Chemistry, 1. Aufl., Bd. VIII, Frontiers in Colloid Chemistry, S. 91, Interscience Publ., Inc., New York 1950.

H. Spandau, Teilchengewichtsbestimmung organischer Verbindungen mit Hilfe der Dialysenmethode, 1. Aufl., S. 8, Verlag Chemie GmbH., Weinheim Bergstraße 1951.

R. M. Barrer, Diffusion in and through Solids, University Press, Cambridge 1951.

A. C. Wahl u. N. A. Bonner, Radioactivity applied to Chemistry, J. Wiley & Sons, New York 1951.

W. Jost, Diffusion in Solids, Liquids, Gases, Academic Press, New York 1952.

F. Hoppe-Seyler, F. Thierfelder u. H. Thierfelder, Handbuch der physiologisch- und pathologisch-chemischen Analyse für Ärzte, Biologen und Chemiker, 10. Aufl., Bd. I, S. 112ff., SpringerVerlag, Berlin-Göttingen-Heidelberg 1953.

H. A. Stuart, Die Physik der Hochpolymeren, 1. Aufl., Bd. II, S. 411ff., Springer-Verlag, Berlin-Göttingen-Heidelberg 1953.

J. J. Hermans, Flow Properties of Disperse Systems, North-Holland Publ. Co., Amsterdam 1953.

R. D. Cadle, Particle Size Determination, Interscience Publ., Inc., New York 1955.

J. M. Coulsen u. J. F. Richardson, Chemical Engineering, 1. Aufl., Bd. II, S. 510ff., Pergamon Press, London 1955.

J. Crank, The Mathematics of Diffusion, Clarendon Press, Oxford 1956.

P. C. Carman, Flow of Gases through Porous Media, Butterworths Scientific Publ., London 1956.

M. L. Anson, J. T. Edsall u. K. Bailey, Advances in Protein Chemistry, 1. Aufl., Bd. XI, S. 429, Academic Press, New York 1956.

A. Weissberger, Technique of Organic Chemistry, 2. Aufl., Bd. III, S. 2–119, Interscience Publ. Inc., New York 1956.

H. Röck, Ausgewählte moderne Trennverfahren zur Reinigung organischer Stoffe, S. 138–163, Steinkopff Verlag, Darmstadt 1957.

W. Jost, Diffusion, Steinkopff Verlag, Darmstadt 1957.

Veröffentlichungen

Diffusion von Makromolekülen:

G. S. Hartley, Discuss. Faraday Soc. (B) **42**, 6–11 (1946); (Diffusion und Quellung in Lösungsmitteln).

A. G. Pasynskii, T. V. Gatovskaja u. S. V. Gatovskaya, Rubber Chem. Technol. **20**, 377–79 (1947); (Mol.-Gew. und Uneinheitlichkeit aus Diffusion in Lösung).

A. F. Schick u. S. J. Singer, J. phys. Chem. **54**, 1028–44 (1950); (Konzentrationsabhängigkeit).

G. Vallet, R. **69**, 225–235 (1950); (Polystyrol in Lösung).

G. Meyerhoff, Makromolekulare Chem. **6**, 197–205 (1951); (Methodik für Lösungen).

N. Sata, H. Okuyama u. K. Chujo, Kolloid-Z. **121**, 46–49 (1951); (Abbau von Polyvinylalkohol).

V. N. Tsvetkov u. S. P. Kroser, Doklady Akad. S.S.S.R. **81**, 383–386 (1951); referiert in Chem. Techn. **4**, 285–287 (1952) und Kunstst. **43**, 156 (1953); (Polystyrol in Lösung, Meßmethode).

F. Bueche, J. chem. Physics **20**, 1959–1964 (1952); (Selbstdiffusion in Polymeren).

J. G. Kirkwood u. R. A. Brown, Am. Soc. **74**, 1056–1058 (1952); (Diffusionskonvektion als Fraktioniermethode).

F. Bueche, W. M. Cashin u. P. Debye, J. chem. Physics **20**, 1956–1958 (1952); (Eigendiffusion in festen Polymeren).

G. V. Schulz u. G. Meyerhoff, Z. El. Ch. **56**, 904–910 (1952); (Knäueldurchmesser aus Diffusion).

J. B. Donnet, J. Chim. physique Physico-Chim. biol. **50**, 291–307 (1953); (Lösungen, Apparatives, Allgemeines).

J. Gillis u. O. Kedem, J. Polymer Sci. **11**, 545–557 (1953); (Polymethacrylsäurelösungen, Konzentrationsabhängigkeit, Methodik).

G. V. Schulz, Makromolekulare Chem. **10**, 158–171 (1953); (Theorie, Suspensionen von Stäbchen).

G. Langhammer, Naturwiss. **41**, 552 (1954); (Fraktionierung über Thermodiffusion).

W. N. Zwetkow u. L. S. Terentjewa, Doklady Akad. S.S.S.R. **96**, 323–326 (1954); referiert in Plaste u. Kautschuk **1**, 261 (1954); (Polystyrol in Toluol).

J. O. Osburn u. K. Kammermeyer, Ind. eng. Chem. **46**, 739–742 (1954); (Apparatives für Lösungen).

G. Langhammer u. K. Quitzsch, Makromolekulare Chem. **17**, 74–76 (1955); (Thermodiffusion in Lösungen).

J. D. Hoffman u. B. H. Zimm, J. Polymer Sci. **15**, 405–411 (1955); (Makromoleküle in Lösung).

A. H. Emery u. H. G. Drickamer, J. chem. Physics **23**, 2252–2257 (1955); (Thermodiffusion von Polymeren in Lösungen).

O. Kedem u. A. Katchalsky, J. Polymer Sci. **15**, 321–334 (1955); (Polyelektrolyte in salzfreier Lösung).

J. B. Pande u. Mitarbb., Makromolekulare Chem. **16**, 204–212 (1955); (Naturkautschuk in Lösung).

V. N. Tsvetkov, Chem. Listy **49**, 1419–1432 (1955); (Apparatives).

M. Daune, H. Benoit u. C. Sadron, J. Polymer Sci. **16**, 483–489 (1955); (Serumalbumin, Mol.-Gewichtsverteilung, Apparatives).

L. C. Craig u. T. P. King, Am. Soc. **77**, 6620–6624 (1955); (Dialyse von Hydrolyseprodukten der Polypeptide).

G. Langhammer, Makromolekulare Chem. **21**, 74–76 (1956); (Fraktionierung über Thermodiffusion).

G. Langhammer, Kolloid-Z. **146**, 44–48 (1956); (Thermodiffusion).

D. G. O'Sullivan, J. chem. Physics **25**, 270–274 (1956); (Diffusionsgleichung).

Y. Nishijima u. G. Oster, J. Polymer Sci. **19**, 337–346 (1956); (konzentrierte Lösungen, Methodik).

J. D. Ferry u. R. F. Landel, Kolloid-Z. **148**, 1–6 (1956); (Temperaturabhängigkeit des Reibungskoeffizienten).

R. M. Noyes, Am. Soc. **78**, 5486–5490 (1956); (Einfluß der molekularen Wechselwirkung, Modell).

S. S. Wojutzki, A. I. Schapowalowa u. A. P. Pissarenko, Gummi u. Asbest **9**, 517 (1956); (Rolle der Diffusion für die Adhäsion).

K. Ueberreiter u. F. Asmussen, J. Polymer Sci. **23**, 75–81 (1957); (Auflösungsgeschwindigkeit von Polystyrol).

R. M. Barrer, J. phys. Chem. **61**, 178–189 (1957); (Übersicht).

P. Rempp, J. Chim. physique Physico-Chim. biol. **54**, 421–467 (1957); (Polyäthylenglykol).

H. G. Langhammer, Svensk kem. Tidskr. **69**, 328–342 (1957); (Fraktionierung durch Thermodiffusion).

G. C. Park, J. Chim. physique Physico-Chim. biol. **55**, 134–138 (1958); (Polymere in Lösungsmittelgemischen).

C. Rossi, U. Bianchi u. V. Magnasco, J. Polymer Sci. **30**, 175–186 (1958); (Diffusion an Makromolekülen).

T. I. Samsonova u. S. Ia. Frenkel, Colloid J. (USSR) (Eng. Transl.) **20**, 63–73 (1958); (Äthylcellulose).

R. M. Barrer, J. Chim. physique Physico-Chim. biol. **55**, 139–148 (1958); (Diffusion von Polymeren, Verdünnungswärme, Verdünnungsentropie).

H. G. Elias, Makromolekulare Chem. **27**, 261–262 (1958); (Konzentrationsabhängigkeit).

I. Kössler u. J. Krejsa, J. Polymer Sci. **29**, 69–75 (1958); (Inversion der thermischen Diffusion).

V. N. Tsvetkov u. S. I. Klenin, J. Polymer Sci. **30**, 187–200 (1958); (Polarisationsinterferometer, Diffusion).

J. Krejsa, Makromolekulare Chem. **33**, 244–246 (1959); (Molgewichtsverteilung, Thermodiffusion).

I. Kössler u. J. Krejsa, J. Polymer Sci. **35**, 308–309 (1959); (Fraktionierung durch Thermodiffusion).

H. Kobayashi, J. Polymer Sci. **39**, 369–388 (1959); (Molgewichtsabhängigkeit der Diffusionskonstante, Polyacrylnitril).

C. Rossi, U. Bianchi u. E. Bianchi, Makromolekulare Chem. **41**, 31–39 (1960); (niedermolekulares Polystyrol in Lösung).

I. Kössler u. M. Stolka, J. Polymer Sci. **44**, 213–22 (1960); (Thermodiffusion, Polychloropren).

J. S. Ham, J. appl. Physics **31**, 1853–58 (1960); (Theorie der Thermodiffusion).

F. C. Whitmore, J. appl. Physics **31**, 1858–64 (1960); (Thermodiffusion in verdünnter Lösung).

G. Meyerhoff, H. Lütje u. B. Rauch, Makromolekulare Chem. **44/46**, 489–496 (1961); (Methodik thermischer Diffusionsmessungen).

K. Ueberreiter u. F. Asmussen, Makromolekulare Chem. **44/46**, 324–337 (1961); (Auflösungsgeschwindigkeit von Polymeren).

Chemische Gesellschaft der DDR, Mitteilungen Sonderheft 1957 **840/59** (neuere Arbeiten).

Weitere Veröffentlichungen unter „Sedimentation", S. 1048.

Diffusion niedermolekularer gelöster Stoffe in Polymerisaten:

R. M. Barrer, Kolloid-Z. **120**, 177–190 (1951); (in Elastomeren, Methodik).

H. P. Gregor, F. C. Collins u. M. Pope, J. Colloid Sci. **6**, 304–322 (1951); (Neutralmolekeln in Kationenaustauschern).

J. J. Grossman u. A. W. Adamson, J. phys. Chem. **56**, 97–100 (1952); (Theorie, Ionen in Austauschern).

I. Auerbach u. S. D. Gehman, Anal. Chem. **26**, 685–690 (1954); (Schwefel in Kautschuk).

A. Aitken u. R. M. Barrer, Trans. Faraday Soc. **51**, 116–130 (1955); (Paraffine in Kautschuk).

G. Beck, Kunstst. **45**, 230–231 (1955); (Weichmacherwanderung).

W. Luck, Melliand Textilber. **36**, 1267–1270 (1955); (Farbstoffe in Polyamidfasern).

S. Sugai u. J. Furnicki, J. phys. Soc. Japan **10**, 1032–1040 (1955); (Ionen in Austauschern).

J. S. Mackie u. P. Meares, Pr. roy. Soc. (A) **232**, 498–518 (1955); (Elektrolyte durch Austauschermembranen).

F. Helfferich, Ang. Ch. **68**, 693–698 (1956); (Ionen an Austauscher).

A. S. Kuzminskiĭ, S. A. Reitlinger u. E. V. Shemastina, Colloid J. (USSR) (Eng. Transl.) **18**, 705–707 (1956); (Inhibitoren in Kautschuk).

B. N. Melnikov u. P. V. Moryganov, Colloid J. (USSR) (Eng. Transl.) **18**, 709–713 (1956); (Einfluß hydrophiler Substanzen auf die Diffusion von Farbstoffen in Cellulose).

D. Richman u. H. C. Thomas, J. phys. Chem. **60**, 237–239 (1956); (Natriumionen in Austauschern).

A. Merz, Kunstst. **47**, 69–73 (1957); (Weichmacherwanderung).

D. W. McCall, J. Polymer Sci. **26**, 151–164 (1957); (in Polyäthylen).

D. W. McCall u. W. P. Slichter, J. Polymer Sci. **26**, 171–186 (1957); (in Polyäthylen).

W. J. Mueller, Rubber Age (N.Y.) **81**, 982–987 (1957); (organische Flüssigkeiten durch Kautschuk).

I. Auerbach u. Mitarbb., J. Polymer Sci. **28**, 129–150 (1958); (Octadecan u. a., in Polyisopren usw.).

M. J. Romankevič, Ukrain. chem. J. **24**, 325–335 (1958); (Diffusion bei Ionenaustausch).

D. W. McCall u. W. P. Slichter, Am. Soc. **80**, 1861–1868 (1958); (Einfluß von Temperatur und Druck, Äthylenpolymere).

R. M. Barrer u. J. A. Barrie, J. Polymer Sci. **28**, 377–386 (1958); (Äthylcellulose, Wasser).

H. Yamamura u. N. Kuramoto, J. Appl. Polymer Sci. **2**, 71–80 (1959); (Polyvinylalkohol, Polyvinylformal, Wasser).

R. Ludwig, Kautschuk u. Gummi **12**, (W. T.) 59–68 (1959); (Schwefel in Kautschuk).

W. W. Brandt, J. Polymer Sci. **41**, 415–423 (1959); (Diffusion in gereckten Filmen).

C. H. Klute, J. Polymer Sci. **41**, 307–317 (1959); (Permeabilität nichtorientierter Filme).

W. W. Brandt, J. Polymer Sci. **41**, 403–414 (1959); (Äthan, Polyäthylen).

M. Hayashi, Bl. chem. Soc. Japan **33**, 1184–1188 (1960); (oberflächenaktive Stoffe in Polyamid).

A. Kishimoto, E. Maekawa u. H. Fujita, Bl. chem. Soc. Japan **33**, 988–992 (1960); (amorphes Polymeres, Wasser).

J. R. Kuppers u. C. E. Reid, J. Appl. Polymer Sci. **4**, 124 (1960); (Diffusion in amorphen Polymeren).

Weitere Arbeiten unter „Aufnahme von Gasen und Dämpfen" (S. 1022) und unter „Gasdurchlässigkeit" (S. 1028).

Sedimentation (und zur Auswertung benötigte Diffusion), Apparatives, allgemein interessierende Arbeiten:

H. Kuhn u. W. Kuhn, J. Polymer Sci. **5**, 519–541 (1950); (Einfluß der Durchspülung der Molekülknäuel).

A. Peterlin, J. Polymer Sci. **5**, 473–482 (1950); (Theorie linearer Moleküle).

G. Meyerhoff, Makromolekulare Chem. **5**, 161–164 (1950); (Methodik).

W. Kuhn, H. Kuhn u. P. Buchner, Ergebn. exakt. Naturwiss. **25**, 2–108 (1951); (Makromoleküle in Lösung).

M. Wales, F. T. Adler u. K. E. van Holde, J. physic. Colloid Chem. **55**, 145–161 (1951); (Sedimentationsgleichgewicht, Methodik).

H. Dieu, Ind. chim. belge **17**, 919–924 (1952); (Übersicht, Mol.-Gewichtsbestimmung).

M. Wales u. J. W. Williams, J. Polymer Sci. **8**, 449–456 (1952); (Theorie, Sedimentationsgleichgewicht).

A. Peterlin, J. Polymer Sci. **8**, 173–185 (1952); (Theorie, Knäueldurchmesser).

W. F. Harrington u. H. K. Schachman, Am. Soc. **75**, 3533–3539 (1953); (Anomalien der Konzentrationsabhängigkeit).

J. B. Donnet, J. Chim. physique Physico-Chim. biol. **50**, 291–307 (1953); (Allgemeines).

F. T. Wall u. L. A. Hiller jr., Ann. Rev. phys. Chem. **5**, 267–290 (1954); (gelöste Makromoleküle).

J. B. Donnet, J. Polymer Sci. **12**, 53–68 (1954); (Einfluß der Brown-Bewegung, Theorie).

H. Kuhn, W. Kuhn u. A. Silberberg, J. Polymer Sci. **14**, 193–208 (1954); (Theorie).

H. K. Schachman u. W. F. Harrington, J. Polymer Sci. **12**, 379–390 (1954); (Apparatives).

DBP. Anm. M 2297/421 (1954), G. Meyerhoff; (Apparatives).

J. W. Williams, J. Polymer Sci. **12**, 351–378 (1954); (Theorie).

M. Wales u. K. E. van Holde, J. Polymer Sci. **14**, 81–86 (1954); (Theorie, Konzentrationsabhängigkeit).

D. Cadorin, Materie plast. **21**, 939–948 (1955); (Bestimmung der Verteilung).

J. J. Hermans, J. Polymer Sci. **18**, 527–534 (1955); (Theorie, poröse Kugeln).

A. Peterlin, J. Colloid Sci. **10**, 587–601 (1955); (Bestimmung des Molekelradius).

R. Hersh u. H. K. Schachman, Am. Soc. **77**, 5228–5234 (1955); (Apparatives).

G. Meyerhoff, Makromolekulare Chem. **15**, 68–73 (1955); (Apparatives).

A. Scheludko, J. Colloid Sci. **11**, 167–170 (1956); (Sedimentation im elektrischen Feld, Mol.-Gewichtsbestimmung).

H. Fujita, J. chem. Physics **24**, 1084–1090 (1956); (Konzentrationsabhängigkeit).

S. Katz, Am. Soc. **78**, 300–302 (1956); (Theorie, freies Volumen in ternären Systemen).

L. Mandelkern, L. C. Williams u. S. G. Weissberg, J. phys. Chem. **61**, 271–279 (1957); (Theorie, Sedimentationsgleichgewicht).

S. E. Bresler u. S. Y. Frenkel, Rubber Chem. Technol. **30**, 487–506 (1957); (Mol.-Gewichtsverteilung mit Ultrazentrifuge).

J. Oth u. V. Desreux, Bull. Soc. chim. belges **66**, 303–324 (1957); (Fadenmoleküle).

G. Kegeles, S. M. Klainer u. W. J. Salem, J. phys. Chem. **61**, 1286–1290 (1957); (Mol.-Gewichtsbestimmung, molekulare Wechselwirkung).

L. Freund u. M. Daune, J. Polymer Sci. **29**, 161–170 (1958); (Bestimmung der Mol.-Gewichtsverteilung nach zwei Methoden).

H. J. Cantow, Makromolekulare Chem. **30**, 169–188 (1959); (Verteilung der Mol.-Gew., Methodik).

P. Doty, Rev. mod. Physics **31**, 61–68 (1959); (Charakterisierung von Makromolekülen).

A. Peterlin, Makromolekulare Chem. **34**, 89–119 (1959); (molekulare Dimensionen aus rheologischen Daten).

Sedimentation (und zur Auswertung benötigte Diffusion), Messungen an gelösten Hochpolymeren:

R. Signer u. Mitarbb., M. **81**, 232–238 (1950); (Abbau von Cellulose bei Veresterung).

B. G. Rånby u. H. Sihtola, Svensk kem. Tidskr. **62**, 229–239 (1950); (Abbau von Cellulosenitrat).

W. Scholtan, Makromolekulare Chem. **7**, 104 (1951); (Polyvinylpyrrolidon).

S. Bywater u. P. Johnson, Trans. Faraday Soc. **47**, 195–212 (1951); (Naturkautschuk).

S. Claesson, R. Gehm u. W. Kern, Makromolekulare Chem. **7**, 46–61 (1951); (methylsubstituierte Polyphenylene).

K. Dialer u. K. Vogler, Makromolekulare Chem. **6**, 191–196 (1951); (Polyvinylpyrrolidon).

E. H. Mercer u. B. Olofsson, J. Polymer Sci. **6**, 671–680 (1951); (Wollkeratin).

B. Rosen, P. Kamath u. F. Eirich, Discuss. Faraday Soc. **11**, 135–147 (1951); (Polyvinylpyridiniumbromid).

B. A. Sacharov, Doklady Akad. S.S.S.R. **81**, 629–631 (1951); referiert in Faserforsch. u. Textiltechn. **3**, 118 (1952); (Cellulosen).

G. Meyerhoff u. G. V. Schulz, Makromolekulare Chem. **7**, 294–319 (1952); (Polymethylmethacrylat).

N. Gralen u. G. Lagerhalm, J. phys. Chem. **56**, 514–523 (1952); (Polystyrol).

W. Scholtan, Makromolekulare Chem. **7**, 209–235 (1952); (Polyvinylpyrrolidon).

K. Dialer, K. Vogler u. F. Patat, Helv. **35**, 869–885 (1952); (Polyvinylalkohol).

W. I. Iwanow, B. A. Sacharov u. E. Horn, Faserforsch. u. Textiltechn. **3**, 237–238 (1952); (Cellulose).

C. M. Conrad, Ind. eng. Chem. **45**, 2511–2517 (1953); (Cellulose, Einheitlichkeit).

S. Newman, L. Loeb u. C. M. Conrad, J. Polymer Sci. **10**, 463–487 (1953); (Nitrocellulose).

A. F. V. Eriksson, Acta chem. scand. **7**, 623–642 (1953); (Molgewichtsverteilung von Polymethylmethacrylat).

L. E. Miller u. F. A. Hamm, J. phys. Chem. **57**, 110–125 (1953); (Polyvinylpyrrolidon, Molgewichtsverteilung).

IUPAC-Report, J. Polymer Sci. **10**, 129–148 (1953); (Polystyrol).

J. Kraut, J. Polymer Sci. **14**, 222–224 (1954); (Polymethacrylsaures Natrium).

W. Scholtan, Makromolekulare Chem. **14**, 169–179 (1954); (Polyacrylamid).

G. V. Schulz u. M. Marx, Makromolekulare Chem. **14**, 52–95 (1954); (Cellulosenitrat, Molgewichtsverteilung von Cellulose).

G. Meyerhoff, Makromolekulare Chem. **12**, 45–60 (1954); (Polymethylmethacrylat).

G. J. Howard u. D. O. Jordan, J. Polymer Sci. **12**, 209–219 (1954); (Polymethacrylsäure und ihre Salze).

G. Meyerhoff, Ph. Ch. (N.F.) **4**, 335–345 (1955); (Polystyrol).

S. E. Bresler u. Mitarbb., Plaste u. Kautschuk **2**, 70–71 (1955); (Mol.-Gewichtsverteilung, Polyamide).

G. Prati, G. **85**, 757–768 (1955); (Vinylchlorid-Acrylnitril-Copolymere).

J. Bisschops, J. Polymer Sci. **17**, 81–88 (1955); (Polyacrylnitril).

D. A. I. Goring u. C. Chepeswick, J. Colloid Sci. **10**, 440–449 (1955); (natürliche Polyelektrolyte).

E. V. Gouinlock jr., P. J. Flory u. H. A. Scheraga, J. Polymer Sci. **16**, 383–395 (1955); (Gelatine).

A. F. V. Eriksson, Acta chem. scand. **10**, 360–377 (1955); (Polymethylmethacrylat, Mol.-Gewichtsverteilung).

D. A. I. Goring u. C. Chepeswick, J. phys. Chem. **60**, 506–507 (1956); (natürliche Polyelektrolyte, Temperaturabhängigkeit).

P. Alexander u. Mitarbb., Nature **178**, 846–849 (1956); (bestrahlte Proteine).

H. Boedtker u. P. Doty, Am. Soc. **78**, 4267–4280 (1956); (Kollagen).

I. J. O'Donnel u. E. F. Woods, J. Polymer Sci. **21**, 397–410 (1956); (Wollkeratine).

H. G. Elias u. F. Patat, Makromolekulare Chem. **25**, 13–40 (1958); (verzweigtes Polyvinylacetat).

W. Scholtan, Makromolekulare Chem. **23**, 128–133 (1957); (Polyvinylpyrrolidon, Konzentrationsabhängigkeit).

G. Meyerhoff, Z. El. Ch. **61**, 1249–1256 (1957); (Mol.-Gew. und Mol.-Gewichtsverteilung unfraktionierter Polymerisate).

S. E. Bresler, I. J. Puddubnyi u. S. Y. Frenkel, Rubber Chem. Technol. **30**, 507–527 (1957); (Mol.-Gewichtsverteilung von kautschukartigen Substanzen).

H. G. Elias u. F. Patat, Makromolekulare Chem. **25**, 13–40 (1957); (Polyvinylacetat, Verzweigung).

G. Meyerhoff, J. Polymer Sci. **29**, 399–410 (1958); (Cellulosenitrate).

W. R. Krigbaum u. A. M. Kotliar, J. Polymer Sci. **32**, 323–341 (1958); (Polyacrylnitril).

S. E. Bresler, J. Polymer Sci. **30**, 285–295 (1958); (Verteilung der Mol.-Gew.).

M. Daune u. L. Freund, Ind. Plast. mod. **11**, Nr. 4, 39–40 (1959); (Polymethylmethacrylate, Mol.-Gewichtsverteilung).

G. V. Schulz u. A. Horbach, Makromolekulare Chem. **29**, 93–116 (1959); (Polycarbonate).

H. G. Elias, Makromolekulare Chem. **33**, 166–180 (1959); (native Dextrane).

G. Meyerhoff u. M. Cantow, J. Polymer Sci. **34**, 503–516 (1959); (verzweigte Polystyrole).

H. McCormick, J. Polymer Sci. **36**, 341–349 (1959); (Mol.-Gewichtsverteilung von Polystyrol).

H. Leaderman, R. G. Smith u. L. C. Williams, J. Polymer Sci. **36**, 233–257 (1959); (Polyisobutylen).

G. Meyerhoff, Ph. Ch. (N. F.) **23**, 100–112 (1960); (Polystyrol).

W. Scholtan, Makromolekulare Chem. **36**, 162–77 (1960); (Polyvinylpyrrolidon verschiedenen Molgewichts, Albumin).

P. R. Gupta, R. F. Robertson u. D. A. I. Goring, Canad. J. Chem. **38**, 259–79 (1960); (Alkalilignin).

G. Meyerhoff, Makromolekulare Chem. **37**, 97–107 (1960); (Moleküldimensionen von Polymeren in mehreren Lösungsmitteln).

T. I. Samsonova u. S. Ia. Frenkel, Colloid J. (USSR) (Eng. Transl.) **20**, 63–73 (1960); (Äthylcellulose).

H. G. Elias, Ang. Ch. **37**, 209 (1961); (Bestimmung des Molekulargewichts).

Sedimentation von Dispersionen:

J. H. E. Hessels, Rubber Chem. Technol. **20**, 1109–1123 (1947); (Naturkautschuklatex, Methodik).

H. Kahler u. B. J. Lloyd jr., Sci. **114**, 34–35 (1951); (Polystyrollatex, Dichte).

G. Verhaar, India Rubber Wld. **126**, 636–640 (1952); (Fraktionierung von Latex durch Zentrifugieren).

R. Bartunek u. W. Jancke, Holzforschung **7**, 71–78 (1953); (Zentrifugiermethode zur Bestimmung der günstigsten Tauchlaugenkonzentration bei Cellulose).

A. Nisonoff, W. E. Messer u. L. H. Howland, Anal. Chem. **26**, 856–861 (1954); (Teilchengrößenverteilung in Latex).

P. Y. Cheng u. H. K. Schachman, J. Polymer Sci. **16**, 19–30 (1955); (Ultrazentrifugierung von Polystyrol-Latexteilchen).

B. L. Archer u. B. C. Sekhar, Biochem. J. **61**, 503–508 (1955); (Proteine in Latex durch Zentrifugieren).

K. L. Seligman, Ind. eng. Chem. **49**, 1709–1712 (1957); (Mikrogel in Neopren-Latex).

g₄) Wärmeleitfähigkeit

Buchübersicht

F. Hund, Einführung in die theoretische Physik, Bd. IV (Theorie der Wärme), VEB Bibliographisches Institut, Leipzig 1950.

H. Gröber, S. Erk u. Grigull, Die Grundgesetze der Wärmeübertragung, 3. Aufl., Springer-Verlag, Berlin-Göttingen-Heidelberg 1955.

L. R. Ingersoll, A. C. Ingersoll u. O. J. Zobel, Heat Conduction, Thames & Hudson, London 1955.

P. J. Schneider, Conduction Heat Transfer, Addison Publ. Co., Inc., Cambridge 1955.

J. Fourier, The Analytical Theory of Heat, Dover Publ., Inc., New York 1955.

J. M. Kay, An Introduction to Fluid Mechanics and Heat Transfer, University Press, Cambridge 1957.

B. S. Petuchow, Experimentelle Untersuchung der Wärmeübertragung, VEB Verlag Technik, Berlin 1958.

Veröffentlichungen

O. K. Bates, Ind. eng. Chem. **41**, 1966–1968 (1949); (flüssige Silicone).

T. M. Dauphinee, D. G. Ivey u. H. D. Smith, Kautschuk u. Gummi **4**, 330 (1951); (Elastomere unter Spannung, tiefe Temperaturen).

K. Ueberreiter u. S. Nens, Kolloid-Z. **123**, 92–99 (1951); (Polystyrol).

A. Bondi, J. physic. Colloid Chem. **55**, 1355–1368 (1951); (flüssige Fluorkohlenwasserstoffe).

K. Ueberreiter u. E. Otto-Laupenmühlen, Kolloid-Z. **133**, 26–32 (1953); (vernetzte Polystyrole).

C. Hagen u. G. Pahl, Kautschuk u. Gummi (W.T.) **7**, 218–221 (1954); (Schaumgummi).

K. Ueberreiter u. S. Purucker, Kolloid-Z. **144**, 120–125 (1955); (Polystyrol-Hexachlorbiphenyl).

O. Nehring, Technik **11**, 821–824 (1956); (Kunststoffe, Methodik).

W. A. Kargin, G. L. Slonimski u. J. S. Lipatow, Gummi u. Asbest **9**, 468 (1956); (Anisotropie bei krystallinen Polymeren).

H. Reifferscheid, Melliand Textilber. **38**, 189–191 (1957); (Gewebe, auch Theorie).

T. Gast, K. H. Hellwege u. E. Kohlhepp, Kolloid-Z. **152**, 24–31 (1957); (weichgemachtes Polyvinylchlorid).

O. Nehring, Kunststoffe-Plastics **4**, 265–268 (1957); (Kunststoffe, Methodik).

D. R. MacRae u. R. L. Zapp, Rubber Age (N.Y.) **82**, 831–837 (1957/58); (Butylkautschukvulkanisate).

D. R. MacRae u. R. L. Zapp, Rubber Age (N.Y.) **82**, 1024–1029 (1957/58); (Butylkautschuk).

W. Holzmüller u. M. Münx, Kolloid-Z. **159**, 25–28 (1958); (Temperaturabhängigkeit der Wärmeleitfähigkeit).

h) Energieinhalt und Mischungswärme

h₁) Spezifische Wärme, Schmelzwärme, Verdampfungswärme, Thermoelastizität

Buchübersicht

J. Fourier, The Analytical Theory of Heat, Dover Publ., Inc., New York 1955.

F. Hund, Theoretische Physik, 2. Aufl., Bd. IV (Wärmelehre), S. 43–70, Verlag B. G. Teubner, Stuttgart 1956.

W. A. Roth u. F. Becker, Kalorimetrische Methoden zur Bestimmung chemischer Reaktionswärmen, Verlag Vieweg & Sohn, Braunschweig 1956.

E. Schmidt, Einführung in die technische Thermodynamik und in die Grundlagen der chemisch-technischen Thermodynamik, 7. Aufl., Springer-Verlag, Berlin-Göttingen-Heidelberg 1958.

S. Flügge, Handbuch der Physik, 1. Aufl., Bd. VII, S. 325, Springer-Verlag, Berlin-Göttingen-Heidelberg 1958.

Veröffentlichungen

M. Badoche u. Li Shu Hua, C. r. **231**, 50–52 (1950); (Polyvinylchlorid, Molkohäsion).

E. Calvet u. P. H. Hermans, J. Polymer Sci. **6**, 33–38 (1951); (Krystallisationswärme von Cellulose).

H. Ichimura, Rubber Chem. Technol. **24**, 285–289 (1951); (Naturkautschuk, spez. Wärme).

F. P. Price, J. chem. Physics **19**, 973 (1951); (Polytetrafluoräthylen).

M. Badoche u. Li-Shu-Hua, Bl. **18**, 546–549 (1951); (Polyvinylchlorid, Polystyrol, spez. Wärme und Mol.-Gew.).

G. T. Furukawa, R. E. McCoskey u. J. J. King, J. Res. Bur. Stand. **49**, 273–278 (1952); (Polytetrafluoräthylen).

A. M. Bueche, Kunstst. **42**, 127 (1952); (Poly-trifluorchlor-äthylen, Schmelzwärme).

W. H. Stockmayer u. C. E. Hecht, J. chem. Physics **21**, 1954–1958 (1953); (Krystallisationswärme, Theorie).

R. C. Wilhoit u. M. Dole, J. phys. Chem. **57**, 14–21 (1953); (Polyester, spez. Wärmen).

T. Gast, Kunstst. **43**, 15–18 (1953); (Kunststoffe).

G. T. Furukawa u. R. E. McCoskey, J. Res. Bur. Stand. **51**, 321–326 (1953); (Polybutadiene).

H. Reuther u. C. Maass, Chem. Techn. **6**, 127–129 (1954); (Siliconöle).

D. H. Parkinson u. J. E. Quarrington, Brit. J. appl. Physics **5**, 219–220 (1954); (Araldit, Wood-Metall).

G. T. Furukawa, R. E. McCoskey u. M. L. Reilly, J. Res. Bur. Stand. **55**, 127–132 (1955); (Butadien-Styrol-Copolymere).

N. W. Michailow u. W. O. Klessmann, Plaste u. Kautschuk **2**, 24 (1955); (Schmelzwärme, Polyamide).

C. W. Bunn, J. Polymer Sci. **16**, 323–343 (1955); (Schmelzpunkt und Kohäsionsenergie).

P. Marx u. Mitarbb., J. phys. Chem. **59**, 1015–1019 (1955); (Polycaprolactam).

B. I. Gengrinovich, Colloid J. (USSR) (Eng. Transl.) **17**, 251–257 (1955); (Kautschukmischungen).

J. R. Kanagy, J. Res. Bur. Stand. **55**, 191–195 (1955); (Kollagen, Leder).

K. W. Doak u. H. N. Campbell, J. Polymer Sci. **18**, 215–226 (1955); (Schmelzpunktsbestimmung von Polyestern).

S. Alford u. M. Dole, Am. Soc. **77**, 4774–4777 (1955); (Polyvinylchlorid, Einfriertemp.).

P. Marx u. M. Dole, Am. Soc. **77**, 4771–74 (1955); (Krystallinität von Polytetrafluoräthylen).

G. V. Schulz, K. V. Günner u. H. Gerrens, Ph. Ch. (N.F.) **4**, 192–211 (1955); (Einfrierwärme, Polystyrol).

D. E. Roberts u. L. Mandelkern, Am. Soc. **77**, 781–786 (1955); (Bestimmung der Schmelzwärme).

M. Mozišek u. C. Konečny, Chem. Prumysl **6**, 418–419 (1956); (Silon).

B. I. Gengrinovich, Rubber Chem. Technol. **29**, 789–793 (1956); (krystalliner Kautschuk).

C. W. SMITH u. M. DOLE, J. Polymer Sci. **20**, 37–56 (1956); (Polyäthylenterephthalat).

G. T. FURUKAWA u. M. L. REILLY, J. Res. Bur. Stand. **56**, 285–288 (1956); (Polyisobutylen).

L. MANDELKERN, Chem. Reviews **56**, 903–958 (1956); (Schmelzwärmen).

P. J. FLORY u. L. MANDELKERN, J. Polymer Sci. **21**, 345–348 (1956); (Schmelzen von Copolymeren, Schmelzwärme).

H. MORITA, Anal. Chem. **28**, 64–67 (1956); (differentielle Thermoanalyse).

M. DOLE, J. Polymer Sci. **19**, 347–352 (1956); (Berechnung der Schmelzwärme).

L. MANDELKERN, F. A. QUINN u. D. E. ROBERTS, Am. Soc. **78**, 926–932 (1956); (Berechnung der Schmelzwärme).

J. S. LIPATOW, V. A. KARGIN u. G. L. SLONIMSKIJ, Ž. fiz. Chim. **30**, 1202–1206 (1956); (Verstreckungswärme bei krystallinen Polymeren).

B. WUNDERLICH u. M. DOLE, J. Polymer Sci. **24**, 201–213 (1957); (Polyäthylen).

J. COSTE, Ind. Plast. mod. **9**, Nr. 4, 37–42 (1957); (differentielle Thermoanalyse).

W. I. BENGOUGH, Trans. Faraday Soc. **53**, 1346–1354 (1957); (Selbsterwärmung bei Dilatometrie).

H. L. TOOR, SPE Journal **14**, Nr. 1, 127–30 (1958); (Wärmeentwicklung beim Verformen von Kunststoffen).

P. J. FLORY, H. D. BEDON u. E. H. KEEFER, J. Polymer Sci. **28**, 151–161 (1958); (Schmelzwärmen von Polyamiden und Polyestern).

S. I. MEERSON u. S. M. LIPATOV, Colloid J. (USSR) (Eng. Transl.) **20**, 336–341 (1958); (Schmelzwärme von Gelatine-Gelen).

L. J. GOLUBENKOVA u. Mitarbb., Colloid J. (USSR) (Eng. Transl.) **20**, 29–32 (1958); (Thermochemie, Epoxydharze).

J. F. M. OTH u. P. J. FLORY, Am. Soc. **80**, 1297–1304 (1958); (Schrumpfung von gerecktem Kautschuk).

F. A. QUINN u. L. MANDELKERN, Am. Soc. **80**, 3178–3182 (1958); (Polyäthylen, Schmelzwärme).

B. WUNDERLICH u. M. DOLE, J. Polymer Sci. **32**, 125–130 (1958); (spez. Wärme von Polyäthylensebacat, Schmelzpunkt).

F. DANUSSO, G. MORAGLIOU. E. FLORES, Atti Accad. naz. Lincei, Rend., Cl. Sci. fisiche, mat. natur. **25**, 520–527 (1958); (Schmelzwärme isotaktischen Polypropylens).

E. Z. FAINBERG, V. O. GORBACHEVA u. N. V. MIKHAILOV, Vysokomolekulyarnye Soedineniya **1**, 17–20 (1959); (Thermochemie, Polyoenanthamide).

M. DOLE, Kolloid-Z. **165**, 40–57 (1959); (spez. Wärme, F, Vorbehandlung).

N. V. MIKHAILOV, E. S. FAINBERG u. V. O. GORBACHEVA, Vysokomolekulyarnye Soedineniya **1**, 143–148 (1959); (Wärmeinhalt von isotaktischem Polystyrol).

N. V. MIKHAILOV u. Mitarbb., Vysokomolekulyarnye Soedineniya **1**, 185–190 (1959); (Polyamide, Schmelzwärmen).

M. BACCAREDDA u. E. BUTTA, Ann. Chimica **49**, 559–565 (1959); (Phasenübergänge bei Polytetrafluoräthylen).

S. V. VINOGRADOVA u. V. V. KORSHAK, Vysokomolekulyarnye Soedineniya **1**, 1473–1481 (1959); (Schmelztemperatur und Struktur der Polyester, Kohäsionsenergiedichte).

R. W. WARFIELD, H. C. PETREE u. P. DONOVAN, SPE Journal **15**, 1055–1058 (1959); (spezifische Wärme von Thermoplasten).

N. HIRAI u. H. EYRING, J. Polymer Sci. **37**, 51–70 (1959); (spezifische Wärme, Festkörperviscosität).

J. R. SCHAEFGEN, J. Polymer Sci. **38**, 549–552 (1959); (Schmelzwärme von Polykohlenwasserstoffen).

A. CONIX u. R. V. KERPEL, J. Polymer Sci. **40**, 521–532 (1959); (Schmelzwärme von Polyestern).

M. DOLE u. B. WUNDERLICH, Makromolekulare Chem. **34**, 29–49 (1959); (Schmelzwärmen von Polymeren und Copolymeren).

B. KE, J. Polymer Sci. **42**, 15–23 (1960); (differentielle Thermoanalyse von Polyäthylen, Polypropylen).

F. H. MÜLLER u. H. MARTIN, Kolloid-Z. **171**, 119–22 (1960); (Polyisocyanatkautschuk, spez. Wärme).

R. W. WARFIELD, M. C. PETREE u. P. DONOVAN, J. appl. Chem. **10**, 429–432 (1960); (spez. Wärme von wärmehärtenden Kunststoffen).

N. D. SCOTT, Polymer **1**, 114–116 (1960); (thermische Differentialanalyse).

H. WILSKI, Kunstst. **50**, 335–36 (1960); (spez. Wärme von Polypropylen).

H. WILSKI, Kunstst. **50**, 281–83 (1960); (spez. Wärme von Polyäthylen, Schmelzwärme).

M. DOLE, Fortschr. Hochpolymeren-Forsch. **2**, 221–274 (1960); (Kalorimetrie bei festen Polymeren).

G. S. TRICK, J. Appl. Polymer Sci. **3**, 253 (1960); (Bestimmung der Einfriertemp. von Elastomeren).

J. J. KEAVNEY u. E. C. EBERLIN, J. Appl. Polymer Sci. **3**, 47–53 (1960); (thermische Differentialanalyse).

C. B. MURPHY, Mod. Plastics **37**, Nr. 12, 125–130 (1960); (thermische Differentialanalyse).

A. V. SIDOROVICH u. E. V. KUVSHINSKII, Vysokomolekulyarnye Soedineniya **2**, 778–784 (1960); (thermomechanische Untersuchungen, amorphe und krystalline Polymere).

V. A. KARGIN, G. S. MARKOVA u. V. P. KOVALEVA, Vysokomolekulyarnye Soedineniya **2**, 1531 (1960); (thermomechanische Untersuchungen usw. bei Polymeren).

B. E. GELLER, Vysokomolekulyarnye Soedineniya **2**, 1466–69 (1960); (thermomechanische Untersuchungen).

F. RYBNIKAŘ, Collect. czechoslov. chem. Commun. **25**, 1529–39 (1960); (Polyäthylenterephthalat, Schmelzwärme).

M. CALVET, Ind. Plast. mod. **13**, Nr. 8, 2–8, 13–15 (1961); (Mikrokalorimeter).

B. KE u. A. W. SISKO, J. Polymer Sci. **50**, 87–98 (1961); (thermische Differentialanalyse, Polyamide).

B. KE, J. Polymer Sci. **50**, 79–86 (1961); (thermische Differentialanalyse, Wirkung von Lösungsmitteln).

D. E. KLINE, J. Polymer Sci. **50**, 441–450 (1961); (Wärmeleitfähigkeit von Polymeren).

h₂) Verbrennungs- und Reaktionswärme, Lösungs-, Quellungs- und Benetzungswärme

Buchübersicht

s. unter h₁), S. 1050.

Veröffentlichungen

Polymerisationswärme, Reaktionswärme:

J. L. BOLLAND u. G. GEE, Rubber Chem. Technol. **20**, 617–626 (1947); (Verbrennungswärme, Olefinoxydation).

L. K. J. TONG u. W. O. KENYON, Am. Soc. **71**, 1925–1929 (1949); (Wärme bei Copolymerisation).

F. S. Dainton u. K. J. Ivin, Trans. Faraday Soc. **46**, 331–348 (1950); (Entropie und Wärmeinhalt bei Polymerisation, Methodik).

J. W. Breitenbach u. J. Derkosch, M. **81**, 698–702 (1950); (Wärmeinhalt, Polystyrol).

D. E. Roberts, J. Res. Bur. Stand. **44**, 221–232 (1950).

K. Lauer, Kolloid-Z. **121**, 33–39 (1951); (Baumwollcellulose + Lauge, Sorptionswärme).

K. Lauer, Kolloid-Z. **121**, 137–140 (1951); (Cellulose-Wasser, Sorptionswärme).

W. M. D. Bryant, J. Polymer Sci. **6**, 359–370 (1951); (Bildungsenergie von Radikalen).

R. A. Nelson, R. S. Jersys u. D. E. Roberts, J. Res. Bur. Stand. **48**, 275–280 (1952); (Butadien-Styrol-Copolymere, Verbrennungswärme, Bildungswärme).

A. B. Meggy, J. appl. Chem. **4**, 154–159 (1954); (Bildungsenergie, Amid-Bindung).

A. Petz u. F. Fischer, Holz **12**, 96–98 (1954); (Wärme beim Härten von Harnstoffharzen).

H. Reuther u. C. Maass, Chem. Techn. **6**, 328–329 (1954); (Verbrennungswärme von Siliconen).

J. M. Sturtevant u. Mitarbb., Am. Soc. **77**, 6168–6172 (1955); (Fibrinogen-Fibrin, Gerinnungswärme).

H. W. Melville, Z. El. Ch. **60**, 276–285 (1956); (Polymerisationswärme).

M. A. Khokhlovkin, Rubber Chem. Technol. **29**, 470–476 (1956); (Verbrennungswärme gemahlener Proben).

O. Ulk, Plaste u. Kautschuk **4**, 127–132 (1957); (Phenolharze, Kondensationswärme).

F. S. Dainton u. Mitarbb., Trans. Faraday Soc. **53**, 1269–1284 (1957); (Kalorimeter für Copolymerisationswärme).

W. I. Bengough, Trans. Faraday Soc. **54**, 54–59 (1958); (Polymerisationswärme, Vinylacetat).

S. I. Meerson u. S. M. Lipatov, Koll. Žurnal **20**, 336–341 (1958); (Schmelzwärme von Gelatine-Gelen).

W. I. Bengough, Trans. Faraday Soc. **54**, 1560–1566 (1958); (Polymerisationswärme von Vinylacetat).

G. V. Korolev, B. V. Pavlov u. A. A. Berlin, Vysokomolekulyarnye Soedineniye **1**, 1396–1402(1959); (Thermometrie bei Kinetik).

W. Sbrolli, Chimica e Ind. **42**, 475–79 (1960); (Copolymerisation ungesättigter Polyester).

N. H. Ray, Soc. **1960**, 4023–28; (Methodik für Zersetzung von Radikalbildnern).

R. H. Biddulph u. Mitarbb., Polymer **1**, 521–22 (1960); (Polymerisation von Isobuten und Styrol).

N. A. Netschitajlo, I. M. Toltschinskij u. P. I. Sanin, Plasticheskie Massy **1960**, Nr. 11, 54–57 (1960); (Abbau von Polymeren, Methodik).

A. Rudin, H. P. Schreiber u. M. H. Waldman, Ind. eng. Chem. **53**, 137–40 (1961); (Oxydation von Polyäthylen).

Lösungs- und Verdünnungswärmen:

G. Gee u. W. J. C. Orr, Trans. Faraday Soc. **42**, 507–517 (1946); (Polystrol-Benzol, Verdünnung).

G. V. Browning u. J. D. Ferry, J. chem. Physics **17**, 1107–1112 (1949); (Polyvinylacetat, Verdünnungswärme).

G. V. Schulz, Makromolekulare Chem. **4**, 117–123 (1949); (Verdünnungsentropie, Theorie).

A. R. Miller, Kolloid-Z. **114**, 149–161 (1949); (statistische Thermodynamik).

J. H. van der Waals, Makromolekulare Chem. **4**, 105–112 (1949); (statistische Thermodynamik).

A. Tager u. V. Sanatina, Koll. Žurnal **12**, 474–477 (1950); referiert in Rubber Chem. Technol. **24**, 773–776 (1951); (Lösungs- und Quellungswärmen).

S. M. Lipatow u. S. J. Meyerson, Koll. Žurnal **12**, 112–130 (1950); referiert in Kunstst. **41**, 188 (1951); (Messung von Lösungswärmen bei verschiedenen Temperaturen).

P. Meares, Trans. Faraday Soc. **47**, 699–710 (1951); (Polyvinylacetat, Verdünnungsenergie).

H. Hellfritz, Makromolekulare Chem. **7**, 191–198 (1951); (Messung der Lösungswärme, Polystyrol).

E. Calvet u. P. H. Hermans, J. Polymer Sci. **6**, 33–38 (1951); (Lösungswärme und Krystallisationswärme von Cellulose).

H. Tompa, J. Polymer Sci. **8**, 51–61 (1952); (Statistik, niedermolekulare Polystyrole, Verdünnung).

D. D. Eley, J. Saunders u. A. H. Sparks, Trans. Faraday Soc. **48**, 758–763 (1952); (Polymethacrylsäure, Verdünnungsentropie).

H. Tompa, Trans. Faraday Soc. **48**, 363–367 (1952); (Theorie, Mischungsentropie).

E. Calvet, J. Polymer Sci. **8**, 163–171 (1952); (Mikrokalorimeter).

G. V. Schulz u. H. Doll, Z. El. Ch. **57**, 841–843 (1953); (Polymethylmethacrylat, Verdünnung).

A. Münster, Trans. Faraday Soc. **49**, 1–8 (1953); (Theorie, Polystyrol-Benzol).

A. A. Tager u. Sh. S. Dombek, Chem. Techn. **5**, 411–412 (1953); (integrale Lösungswärme, Polystyrol).

W. R. Krigbaum, Am. Soc. **76**, 3758–3764 (1954); (Theorie, Polystyrol-Cyclohexan).

H. Daoust u. M. Rinfret, Canad. J. Chem. **32**, 492–499 (1954); (Mikrokalorimeter).

A. A. Tager u. L. K. Kosova, Colloid J. (USSR) (Eng. Transl.) **17**, 373–377 (1955); (Thermodynamik, Copolymerlösungen).

I. Prigogine u. A. Bellemans, J. Polymer Sci. **18**, 147–151 (1955); (Theorie).

G. V. Schulz, K. v. Günner u. H. Gerrens, Ph. Ch. (N.F.) **4**, 192–211 (1955); (Messung von Lösungswärmen bei verschiedenen Temperaturen, Polystyrol).

N. V. Mikhailov u. E. Z. Fainberg, Colloid J. (USSR) (Eng. Transl.) **18**, 41–45 (1956); (Lösungswärme, Perlon).

T. W. Gatowskaja, W. A. Kargin u. A. A. Tager, Gummi u. Asbest **9**, 466 (1956); (Messung der Lösungswärme und Sorptionswärme, Polystyrol).

K. Amaya u. R. Fujishiro, Bl. chem. Soc. Japan **29**, 270–275 (1956); (Verdünnungswärme, Polystyrol).

K. Amaya u. R. Fujishiro, Bl. chem. Soc. Japan **29**, 361–363 (1956); (Messung der Verdünnungswärme von Polyvinylalkohol).

E. Jenckel u. K. Gorke, Z. El. Ch. **60**, 579–587 (1956); (integrale Verdünnungswärme).

K. Gorke u. E. Jenckel, Z. El. Ch. **60**, 573–579 (1956); (integrale Verdünnungswärme).

S. I. Meerson u. S. M. Lipatov, Koll. Žurnal **18**, 437–444 (1956); (Temperaturabhängigkeit der Lösungswärme).

G. V. Struminskij u. G. L. Slonimskij, Ž. fiz. Chim. **30**, 1941–1947 (1956); (Lösungswärmen usw. verschiedener Polymerer).

Nat. Bur. Standards (U. S.) Tech. News Bull. **40**, 73–74 (1956); (Kalorimeter).

A. Banderet, Ind. Plast. mod. **8**, Nr. 9, 53–55 (1956); (Theorie, freie Energie von Lösungen).

S. A. Sasulina u. S. A. Rogovin, Plaste u. Kautschuk **3**, 214 (1956); (Lösungswärme, Quellungswärme von gedehnten Acrylnitril-Vinylidenchlorid-Copolymeren).

A. H. Emery jr., J. chem. Physics **26**, 1254–1258 (1957); (Nitrocellulose in Aceton, Verdünnungsenergie).

H. Takenaka, J. Polymer Sci. **24**, 321–332 (1957); (Theorie, Mischungsentropie).

N. W. Michailow u. E. S. Fainberg, Plaste u. Kautschuk **4**, 78 (1957); (Lösungswärme krystallinen und amorphen Polycaprolactams).

K. S. Akhmedov u. S. M. Lipatov, Colloid J. (USSR) (Eng. Transl.) **19**, 263–266 (1957); (Lösungswärmen, Quellungswärmen, Mol.-Gew., Temp.).

K. Amaya u. R. Fujishiro, Bl. chem. Soc. Japan **31**, 19–22 (1958); (Verdünnungswärmen, Polystyrol).

G. L. Slonimskii u. G. V. Struminskii, Rubber Chem. Technol. **31**, 257–61 (1958); (Mischungswärmen und gegenseitige Löslichkeit von Polymeren).

V. A. Berestnev u. Mitarbb., Colloid J. (USSR) (Eng. Transl.) **20**, 651–653 (1958); (Lösungswärme, Polycaprolactam).

A. A. Tager u. V. A. Kargin, Ž. fiz. Chim. **32**, 1362–1366 (1958); (Lösungswärmen, Copolymere im Gemisch hydrierter Monomeren).

A. A. Tager u. V. A. Kargin, Ž. fiz. Chim. **32**, 2694–2701 (1958); (Lösungswärmen von Polymeren und hydrierten Monomeren).

S. Lapanje u. D. Dolar, Ph. Ch. (N.F.) **18**, 11–25 (1958); (Quellungswärme, Austauscher).

A. A. Tager, Vysokomolekulyarnye Soedineniya **1**, 21–28 (1959); (Lösungswärme, Mol.-Gew. glasartiger Polymerer).

V. V. Mikhailov u. E. S. Fainberg, Vysokomolekulyarnye Soedineniya **1**, 201–207 (1959); (Wärmeinhalt, Lösungswärme, Polyamide).

S. I. Meerson u. S. M. Lipatov, Colloid J. (USSR) (Eng. Transl.) **21**, 509–515 (1959); (Lösungswärme und Packungsdichte, Polystyrol).

Yu. S. Lipatov, P. I. Zubov u. E. A. Andryushtshenko, Colloid J. (USSR) (Eng. Transl.) **21**, 577–584 (1959); (Aggregationswärme, Polymethacrylsäurelösungen).

S. G. Zelikman u. N. V. Mikhailov, Vysokomolekulyarnye Soedineniya **1**, 1077–1085 (1959); (Lösungswärme, Verdünnungswärme, Dichte).

C. Watters, H. Daoust u. M. Rinfret, Canad. J. Chem. **38**, 1087–91 (1960); (Polyisobutylen, Lösungswärme).

B. E. Geller, Vysokomolekulyarnye Soedineniya **2**, 1466–69 (1960); (Wärmeentwicklungsgeschwindigkeit bei Quellung).

Benetzungswärme, Thermoelastizität:

F. S. Conant, G. L. Hall u. G. R. Thurman, Rubber Chem. Technol. **23**, 44–53 (1950); (Thermoelastizität von Kautschuk).

G. M. Bartenev, Rubber Chem. Technol. **24**, 328–335 (1951); (Thermoelastizität von nichtkrystallisierendem Kautschuk).

M. Mooney, Rubber Chem. Technol. **24**, 354 (1951); (Thermoelastizität).

R. S. Stearns u. B. L. Johnson, Ind. eng. Chem. **43**, 146–154 (1951); (Thermoelastizität, Wechselwirkung von Ruß und Elastomeren).

T. Matsuura, Bl. chem. Soc. Japan **27**, 281–287 (1954); (Benetzungswärme, Ionenaustauscher).

J. P. Ehrbar u. C. G. Boissonas, Rubber Chem. Technol. **28**, 675–683 (1955); (Thermoelastizität von Kautschuk).

A. V. Dumansky u. E. F. Nekryach, Colloid J. (USSR) (Eng. Transl.) **17**, 159–160 (1955); (Benetzungswärme von natürlichen Hochpolymeren).

J. P. Ehrbar u. C. G. Boissonas, Helv. **38**, 125–134 (1955); (Thermoelastizität von Kautschuk).

M. Nakamura u. S. M. Skinner, J. Polymer Sci. **18**, 423–424 (1955); (Thermoelastizität, Dehnungsgeschwindigkeit).

J. J. Chessick, F. H. Healey u. A. C. Zettlemoyer, J. phys. Chem. **60**, 1345–1347 (1956); (Benetzungswärme von Teflon®).

M. P. Votinov u. E. V. Kuvshinskii, Rubber Chem. Technol. **29**, 1209–1214 (1956); (Wärme beim Verstrecken).

F. H. Müller u. A. Engelter, Kolloid-Z. **149**, 126–127 (1956); (Deformationswärme bei Polymeren).

T. Kawai u. K. Saito, J. Polymer Sci. **26**, 213–226 (1957); (Anomalie bei kleinen Konzentrationen).

E. Jenckel u. H. Huhn, Kolloid-Z. **159**, 118–129 (1958); (Haftfestigkeit und Benetzungswärme, carboxylierte Polystyrole).

F. H. Müller, Kolloid-Z. **165**, 96–116 (1959); (Kalorimetrie der Deformation).

F. H. Müller, Kautschuk u. Gummi **12**, (W. T.) 55–57 (1959); (Kalorimetrie der Deformation von Kautschuk).

D. Dolar, S. Lapanje u. L. Čelik, Makromolekulare Chem. **41**, 77–85 (1960); (Wasser an Polymethylstyrolsulfonsäure).

E. I. Kolobov, Russian J. Phys. Chem. (English Transl.) **4**, 339–344 (1960); (thermomechanische Eigenschaften krystalliner Polymerer).

Weitere Arbeiten unter „Elastizität, Allgemeines, Theorie", S. 1056.

i) Mechanische Eigenschaften der Festkörper

i₁) Festigkeit

Buchübersicht

W. Herberg u. N. Dimitrow, Festigkeitslehre, Verlag W. de Gruyter & Co., Berlin 1955.

H. A. Stuart, Physik der Hochpolymeren, 1. Aufl., Bd. IV, S. 165ff., Springer-Verlag, Berlin-Göttingen-Heidelberg 1956.

A. V. Tobolsky, Properties and Structure of Polymers, J. Wiley & Sons, New York 1960.

Veröffentlichungen

P. H. Johnson, R. R. Brown u. R. L. Bebb, Ind. eng. Chem. **41**, 1617–1621 (1949); (Butadien-Styrol-Copolymere).

P. C. Scherer u. Mitarbb., Rayon and Synthetic Textiles **30**, Nr. 11, 42–44; Nr. 12, 47–49 (1949); **31**, Nr. 2, 53–55; Nr. 4, 54–56; Nr. 9, 69–70; Nr. 10, 51–54 (1950); (Wirkung der Mol.-Gewichtsverteilung, Cellulose).

C. Park u. U. Yoshida, Rubber Chem. Techol. **23**, 581–586 (1950); (Kautschuk).

D. S. Villars, J. appl. Physics, **21**, 565–573 (1950); Einfluß der Dehnungsgeschwindigkeit, Elastomere).

R. F. Boyer, J. appl. Physics, **22**, 723–729 (1951); (Zusammenhang mit „brittle"-Punkt bei weichgemachten Polymeren).

R. B. Richards, J. appl. Chem. **1**, 370–376 (1951); (Polyäthylen).

C. J. Malm u. Mitarbb., Ind. eng. Chem. **43**, 688–691 (1951); (Celluloseester aliphatischer Säuren).

E. H. Merz, L. E. Nielsen u. R. Buchdahl, Ind. eng. Chem. **43**, 1396–1401 (1951); (Abhängigkeit vom Mol.-Gew., Polystyrol).

E. B. Storey u. H. L. Williams, Rubber Age (N. Y.) **68**, 571–577 (1951); (Butadien-Styrol-Copolymere).

K. H. C. Bessant u. Mitarbb., J. appl. Chem. **2**, 501–510 (1952); (Schlagbiegefestigkeit von Kunststoffen).

B. A. Dogadkin u. D. M. Sandomirskii, Rubber Chem. Technol. **25**, 50–55 (1952); (Einflüsse von Dehnungsgeschwindigkeit und Temperatur).

S. H. Morrell u. J. Stern, Trans. Inst. Rubber Ind. **28**, 269–277 (1952); (Einfluß der Krystallisation, Naturkautschuk).

A. M. Bueche, J. appl. Physics, **23**, 154–155 (1952); (Theorie, verstärkter Kautschuk).

R. F. Boyer, J. Polymer Sci. **9**, 289–294 (1952); (Einfluß der Schmelzviscosität).

J. R. Beatty u. B. M. G. Zwicker, Ind. eng. Chem. **44**, 742–752 (1952); (Butadien-Styrol-Copolymere, Wirkung der Mol.-Gewichtsverteilung).

S. Kase, J. Polymer Sci. **11**, 425–431 (1953); (vulkanisierter Gummi).

S. C. Einhorn u. L. A. McLeod, Trans. Inst. Rubber Ind. **29**, 281–286 (1953); (Theorie, ölgefüllter Kautschuk).

I. Wolock, B. M. Axilrod u. M. A. Sherman, Mod. Plastics **31**, Nr. 1, 128–134, 204–208 (1953); (gestreckte Polyacrylate).

C. A. Sperati, W. A. Franta u. H. W. Starkweather jr., Am. Soc. **75**, 6127–6133 (1953); (Einfluß von Mol.-Gew. und Verzweigung).

B. Dogadkin, B. Karmin u. I. Golberg, Rubber Chem. Technol. **27**, 615–621 (1954); (Kautschuk).

L. E. Nielsen, J. appl. Physics, **25**, 1209–1212 (1954); (krystallines Polyäthylen).

P. Kluckow, Kautschuk u. Gummi **7**, (W.T.) 183–184, 256–258 (1954); (aktive Kieselsäure im Butadien-Acrylnitril-Copolymeren).

A. S. Novikov u. Mitarbb., Rubber Chem. Technol. **27**, 930–939 (1954); (Mol.-Gewichtsabhängigkeit bei Butadien-Styrol-Copolymeren).

D. S. Ballentine u. Mitarbb., J. Polymer Sci. **13**, 410–414 (1954); (bestrahltes Polyäthylen).

G. L. Slonimskii, V. A. Kargin u. L. I. Golubenkova, Plaste u. Kautschuk, **1**, 120 (1954); (Härtung von Resolen).

G. R. Smoluk, Chimia **8**, 257 (1954); (Füllstoffe im Polyurethan).

F. P. Reding u. A. Brown, Ind. eng. Chem. **46**, 1962–67 (1954); (fluoriertes Polyäthylen).

B. Parkyn, Brit. Plastics **28**, 23–25, 39 (1955); (Vernetzungsgrad von Polyestern).

J. A. Martin u. D. Parkinson, Rubber Chem. Technol. **28**, 261–277 (1955); (Mastizieren von Kautschuk).

J. F. Kanawez u. A. W. Schelion, Ref.: Plaste u. Kautschuk **2**, 47 (1955); (Phenoplaste bei Feuchtigkeits- und Temperatureinfluß).

R. C. Doban, C. A. Sperati u. B. W. Sandt, SPE Journal **11**, Nr. 9, 17–24 (1955); (Polytetrafluoräthylen).

E. M. Dannenberg u. B. B. S. T. Boonstra, Ind. eng. Chem. **47**, 339–344 (1955); (Rußtypen, Kautschuk).

H. P. Brown u. C. F. Gibbs, Ind. eng. Chem. **47**, 1006–1012 (1955); (Elastomere mit Carboxygruppen).

S. Kase, Rubber World **131**, 504–506 (1955); (Auswertung).

F. Bueche, J. appl. Physics **26**, 1133–1140 (1955); (Kunststoffe oberhalb Einfriertemp.).

H. C. Haas u. D. I. Livingston, J. Polymer Sci. **17**, 135–136 (1955); (Gummi).

H. W. Greensmith u. A. G. Thomas, J. Polymer Sci. **18**, 189–200 (1955); (Kenngrößenbestimmung).

I. J. Gruntfest, J. Polymer Sci. **18**, 449–454 (1955); (Natur der Zugfestigkeit).

R. I. Feldman u. A. K. Mironova, Colloid J. (USSR) (Eng. Transl.) **17**, 449–451 (1955); (weichgemachtes Polyvinylchlorid).

R. H. Carey, Kunstst. **45**, 146–150 (1955); (Polyäthylen).

G. R. Taylor u. S. R. Darin, J. Polymer Sci. **17**, 511–525 (1955); (Elastomere).

A. J. Freemann, L. W. Sheridan u. M. M. Renfrew, Kunstst. **45**, 305 (1955); (Kunststoffe bei tiefer Temp.).

S. Kase, J. appl. Chem. **5**, 323–326 (1955); (Gummi).

S. M. Skinner u. Mitarbb., Ind. eng. Chem. **48**, 2086–2094 (1956); (Wirkung der Teilchengröße von Füllstoffen).

N. F. Komskaja u. G. L. Slonimskii, Ž. fiz. Chim. **30**, 1529–1536 (1956); (Kautschuk-Gemische).

A. F. Blanchard, Trans. Inst. Rubber Ind. **32**, 124–141 (1956); (Theorie der Verstärkung).

Z. Rigbi, Rev. gén. Caoutch. **33**, 243–247 (1956); (Messing als Füllstoffe).

C. W. Sweitzer, Gummi u. Asbest **9**, 220–224 (1956); (Verstärkungseffekt von Ruß).

R. Ecker, Kautschuk u. Gummi **9**, (W.T.) 31–38 (1956); (Temperaturabhängigkeit der mechanischen Daten von Kautschuk).

R. E. Morris, R. R. James u. C. W. Guyton, Rubber Age (N. Y.) **78**, 725–731 (1956); (dynamisch-mechanische Eigenschaften von Kautschuk, Methodik).

G. M. Konkle, J. T. McIntyre u. J. V. Fenner, Rubber Age (N. Y.) **79**, 445–451 (1956); (Siliconkautschuk bei verschiedenen Temperaturen).

A. M. Bueche u. A. V. White, J. appl. Physics **27**, 980–983 (1956); (Zerreißvorgang).

G. M. Bartenev, A. S. Novikov u. F. A. Galil-Ogly, Colloid J. (USSR) (Eng. Transl.) **18**, 5–9 (1956); (Abhängigkeit vom Mol.-Gew.).

R. Brill, Makromolekulare Chem. **18/19**, 294–309 (1956); (Polyamide, Wasserstoffbrücken).

E. H. Merz, G. C. Claver u. M. Baer, J. Polymer Sci. **22**, 325–341 (1956); (Polystyrol mit Butadien-Styrol-Copolymeren gemischt).

A. J. De Francesco, R. D. Alling u. J. H. Baldrige, Rubber World **134**, 866–871 (1956); (Siliconkautschuk, Temperaturabhängigkeit).

S. A. Sasulina u. S. A. Rogowin, Plaste u. Kautschuk **3**, 214 (1956); (Acrylnitril-Vinylidenchlorid, Copolymere).

V. E. Gul u. I. I. Farberova, Colloid J. (USSR) (Eng. Transl.) **18**, 657–662 (1956); (Bruchdehnung bei verschiedenen Temperaturen).

E. T. Wessel, ASTM Bull. **211**, 40–46 (1956); (Apparatur für Zugfestigkeit).

G. M. Bartenev u. F. A. Galil-Ogly, Rubber Chem. Technol. **29**, 504–508 (1956); (Mechanismus des Reißens).

I. Wolock u. D. George, SPE Journal **12**, Nr. 2, 20–27 (1956); (Haarrißbildung, Kautschuk).

K. Thinius u. J. Schreiber, Plaste u. Kautschuk **3**, 198–202 (1956); (Alterung von Plasten).

A. M. Bueche, J. Polymer Sci. **19**, 275–284 (1956); (Zerreißen von Elastomeren).

W. N. Pindley, H. W. Peitman u. W. J. Worly, U. S. Govt. Res. Rpt. **25**, 97 (1956); (Melaminharze und Siliconharz-Glas-Schichten).

A. S. Nowikow, T. W. Dorochina u. P. I. Subow, Gummi u. Asbest **9**, 517 (1956); (Einfluß der Kettengestalt).

J. Leeuwerik, Kolloid-Z. **149**, 123–124 (1956); (Bruch von Sphäroliten).

Z. Rigbi, Rev. gén. Caoutsch. **33**, 243–247 (1956); (Messing als Füllstoff).

H. S. Kaufman u. C. O. Kroncke, Mod. Plastics **33**, Nr. 7, 167–173 (1956); (Polyäthylen).

B. Persoz, Ind. Plast. mod. **8**, Nr. 5, 48–51 (1956); Nr. 6, 44–49 (1956); (Polyäthylen).

B. D. Coleman, J. Polymer Sci. **20**, 447–455 (1956); (Theorie, Dehnungsgeschwindigkeit).

R. Ecker, Kautschuk u. Gummi **9**, (W.T.) 31–38 (1956); (statische und dynamische Verformung bei verschiedenen Temperaturen, Kautschuk).

C. W. Sweitzer, Gummi u. Asbest **9**, 220–224, 238 (1956); (Ruß in Kautschuk).

S. Strella u. L. Gilman, Mod. Plastics **34**, Nr. 8, 158–166, 238–239 (1957); (Einfluß der Zerreißgeschwindigkeit).

E. E. Auer, K. W. Doak u. I. J. Schaffner, Rubber World **135**, 876–885 (1957); (Einreißfestigkeit).

H. Käufer u. W. Christmann, Kolloid-Z. **152**, 18–23 (1957); (hohe Dehnungsgeschwindigkeit).

B. Dogadkin u. Mitarbb., Plaste u. Kautschuk **4**, 78 (1957); Referat aus: Koll. Žurnal **18**, 413–419 (1956); (Theorie der Verfestigung, Ruß, Butadien-Styrol-Copolymere).

F. Bueche, J. Polymer Sci. **24**, 189–200 (1957); (Kautschuk).

G. E. Williams, Proc. Inst. Rubber Ind. **4**, 37–46 (1957); (Kautschuk, Temperaturabhängigkeit).

S. E. Bolam, Proc. Inst. Rubber Ind. **4**, 61–75 (1957); (verschiedene Polymere).

T. F. Lavery u. Mitarbb., Rubber Age (N. Y.) **80**, 843–849 (1957); (Apparatur für höhere Temperaturen).

G. Hofmann, Plaste u. Kautschuk **4**, 471–472 (1957); (gefüllter Kautschuk).

G. M. Bartenew, A. S. Nowikow u. F. A. Galil-Ogly, Gummi u. Asbest **10**, 409 (1957); (Einfluß des ursprünglichen Mol.-Gew. des Kautschuks).

R. J. Anderson u. S. R. Melvin, SPE (Soc. Plastics Engrs.) Tech. Papers **4**, 940–958 (1958); (chemisch und durch Dehnung beanspruchtes Polyäthylen).

C. S. Imig, SPE (Soc. Plastics Engrs.) Tech. Papers **4**, 934–939 (1958); (krystallines Polyäthylen).

W. Späth, Gummi u. Asbest **11**, 24–27 (1958); (Temperaturabhängigkeit).

R. Buchdahl, J. Polymer Sci. **28**, 239–242 (1958); (Polymere unterhalb Einfriertemp.).

Z. Njnstra, Ind. eng. Chem. **1958**, 294–296; (Struktureinfluß, Epoxy-Gußharze).

A. M. Meffroy-Biget, J. Chim. physique Physico-Chim. biol. **55** 493–501 (1958); (Einfluß der molekularen Einheitlichkeit).

M. P. Zverev, E. A. Eroshkina u. P. I. Zubov, Colloid J. (USSR) (Eng. Transl.) **20**, 312–314 (1958); (Weichmacher in Divinylstyrolkautschuk + Füllstoffe).

V. E. Gul, L. N. Tsarskii u. S. A. Vil'nits, Colloid J. (USSR) (Eng. Transl.) **20**, 302–308 (1958); (Übergang elastisch-spröde, Belastungszeit).

S. Sun, R. M. Evans u. E. G. Bobalek, American Chemical Society, Division of Paint, Plastics and Printing Ink Chemistry **18**, Nr. 2, 124–133 (1958); (Füllstoffe in Polymerenmischungen).

R. H. Carey, Ind. eng. Chem. **50**, 1045–1048 (1958); (Bruchfestigkeit und kaltes Fließen, Polyäthylen).

P. Mason, J. Polymer Sci. **31**, 530–532 (1958); (Gebiet unterhalb Einfriertemp.).

T. L. Smith, J. Polymer Sci. **32**, 99–113 (1958); (Butadien-Styrol-Kautschuk, Dehnungsgeschwindigkeit).

P. Hittmair, H. F. Mark u. R. Ullman, J. Polymer Sci. **33**, 505–507 (1958); (Spannungsrißbildung).

G. R. Rugger, E. McAbbee u. M. Chmura, SPE Journal **14**, Nr. 12, 31–34 (1958); (hohe Belastungsgeschwindigkeit, Kunststoffe).

E. H. Andrews u. A. Walsh, J. Polymer Sci. **33**, 39–52 (1958); (Zerreißvorgang, Elektronenmikroskopie).

A. Chiesa, Kautschuk u. Gummi **11**, (W.T.) 161–168 (1958); (Kerbzähigkeit).

N. F. Komskaya u. G. L. Slonimskii, Rubber Chem. Technol. **31**, 49–57 (1958); (gefüllte Polymerenmischungen).

A. S. Novikov, T. V. Dorokhina u. P. I. Zubov, Rubber Chem. Technol. **31**, 27–29 (1958); (Einfluß der Molekülgestalt, Butylkautschukvulkanisate).

H. W. Starkweather u. R. E. Brooks, J. Appl. Polymer Sci. **1**, 236–239 (1959); (Einfluß der Krystallinität in Polyamid).

E. Passaglia u. H. P. Koppehele, J. Appl. Polymer Sci. **1**, 28–36 (1959); (gequollene Cellulosefasern).

S. M. Ohlberg, J. Roth u. R. A. V. Raff, J. Appl. Polymer Sci. **1**, 114–120 (1959); (Einfluß der Krystallinität, Polyäthylen).

T. Tachibana, K. Inokuchi u. T. Inokuchi, Kolloid-Z. **167**, 141–144 (1959); (Oberflächenfilme).

H. Luttropp, Plaste u. Kautschuk **6**, 155–168 (1959); (Vergleich synthetischer Kautschuke).

M. M. Gudimov u. Mitarbb.. Doklady Akad. S.S.S.R. **128**, 715–718 (1959); (orientierte Polymere).

B. A. Dolgoplosk u. Mitarbb., Rubber Chem. Technol. **32**, 328–336 (1959); (Carboxylkautschuk).

F. Bueche, Rubber Chem. Technol. **32**, 1269–1285 (1959); (Theorie, Elastomere)

J. N. Short u. Mitarbb., Rubber Chem. Technol. **32**, 614–627 (1959); (Polybutadiene verschiedener Struktur).

L. Mullins, Trans. Inst. Rubber Ind. **35**, 213–222 (1959); (Beziehung zur Hysterese, Kautschuk).

E. H. Erath u. R. A. Spurr, J. Polymer Sci. **35**, 391–399 (1959); (Mizellen in wärmehärtenden Harzen).

H. W. McCormick, F. M. Brower u. L. Kin, J. Polymer Sci. **35**, 87–100 (1959); (Polystyrol, Mol.-Gewichtsverteilung).

J. W. Watson u. R. Jervis, Kautschuk u. Gummi **12**, (W. T.) 11–20 (1959); (Verstärkungsvorgang).

H. Luttropp, Kautschuk u. Gummi **12**, (W.T.) 186–190 (1959); (Quellung von Weichgummi).

G. L. Slonimskii u. V. A. Ershova, Vysokomolekulyarnye Soedineniya **1**, 240–243 (1959); (Deformation krystalliner Polymerer).

V. A. Kargin, V. A. Kabanov u. I. Y. Martshenko, Vysokomolekulyarnye Soedineniya **1**, 94–102 (1959); (isotaktisches Polystyrol).

A. G. Sharts, G. N. Buiko u. B. A. Dogadkin, Soviet Rubber Technol. **18**, Nr. 6, 22–26 (1959); (Vernetzungsdichte, Polyisopren).

F. M. Smith, Rubber World **139**, 533–541 (1959); (Elastomere bei hohen Temperaturen).

W. Wachendorff, Plastverarbeiter **10**, 409 (1959); (Rißbildung im Kunststoff).

P. Bossu u. Mitarbb., Ind. Plast. mod. **11**, Nr. 3, 36–46 (1959); (Eigenschaften verformter Kunststoffe, Theorie).

G. Fromandi, R. Ecker u. W. Heidemann, Kautschuk u. Gummi **13**, Nr. 2, (W.T.) 25–33 (1960); (Einfluß der Verformungsgeschwindigkeit, Elastomere).

H. W. Greensmith, J. Appl. Polymer Sci. **3**, 175–182 (1960); (Einfluß der Dehnungsgeschwindigkeit).

T. L. Smith, SPE Journal **16**, 121–16 (1960); (amorphe Polymere).

C. C. Hsiao, J. Polymer Sci. **47**, 251–257 (1960); (Polystyrol, Polyäthylen).

V. E. Gul u. I. M. Chernin, Vysokomolekulyarnye Soedineniya **2**, 1613–15 (1960); (Übergang vom erzwungen elastischen zum hochelastischen Bruch).

C. C. Hsiao, J. Polymer Sci. **44**, 71–79 (1960); (Einfluß der Fließorientierung).

B. Rosen, J. Polymer Sci. **42**, 19 (1960); (Porosität deformierter Gläser).

K. H. Hellwege u. W. Knappe, Forschungsber. Wirtsch. Verkehrsministeriums Nordrhein-Westfalen **880**, 3–63 (1960); (Einfluß der Verarbeitung von Thermoplasten).

S. Goldfein, Mod. Plastics **37**, Nr. 9, 139–148 (1960); (Abschätzung der Langzeit-Haltbarkeit aus Kurzzeitversuchen).

A. G. Thomas, J. Appl. Polymer Sci. **3**, 168–174 (1960); (Zerreißkriterium).

A. I. Lukomskaya, Soviet Rubber Technol. **19**, Nr. 2, 7–12 (1960); (Weiterreißfestigkeit).

B. J. Pansch, G. M. Bartenev u. G. N. Finogenov, Plasticheskie Massy **1960**, Nr. 11, 47–54; (Festigkeit bei wiederholter Belastung).

G. D. Patterson u. W. H. Miller, J. Appl. Polymer Sci. **4**, 291–295 (1960); (Apparatives, höchste Dehnungsgeschwindigkeit).

K. W. Bills, K. H. Sweeny u. F. S. Salcedo, J. Appl. Polymer Sci. **4**, 259–268 (1960); (hochgefüllte Polymere).

P. Kainradl u. F. Handler, Rubber chem. Technol. **33**, 1438–1481 (1960); (Vulkanisate).

V. A. Kargin u. T. I. Sogolova, Vysokomolekulyarnye Soedineniya **2**, 1093–98 (1960); (Füllstoffeinfluß auf Schmelzpunkt).

L. Mullins, Rubber chem. Technol **33**, 315–25 (1960); (Weiterreißfestigkeit).

M. M. Reznikovskii, Soviet Rubber Technol. **19**, Nr. 9, 32–35 (1960); (Abrieb).

H. Doll u. O. Plajer, Neue Verpackung **13**, 920–24 (1960); (Spannungsrißkorrosion).

T. L. Smith u. P. J. Stedry, J. appl. Physics **31**, 1892–98 (1960); (Abhängigkeit der Zerreißeigenschaften von Zeit und Temperatur, Butadien-Styrol-Kautschuk).

T. L. Smith, SPE Journal **16**, 1211–16 (1960); (amorphe Polymere).

M. Tichava, Chem. Průmysl **10**, 489–92 (1960); (Abrieb von Gummi, Methodik).

G. I. Brodskii u. Mitarbb., Soviet Rubber Technol. **19**, Nr. 8, 22–28 (1960); (Abrieb und Abbau, Kautschuk).

J. P. Berry, J. Polymer Sci. **50**, 107–115 (1961); (Bruchprozesse, Oberflächenenergie).

J. P. Berry, SPE (Soc. Plastics Engrs.) Trans. **1**, 109–112 (1961); (Festigkeit glasartiger Polymerer).

W. Späth, Gummi, Asbest, Kunststoffe **14**, 445–447, (1961); (statistische Auswertung).

i_2) Elastizität

Buchübersicht

R. Houwink, Elastizität, Plastizität und Struktur der Materie, Verlag Th. Steinkopff, Dresden-Leipzig 1950.

K. H. Meyer u. H. Mark, Makromolekulare Chemie, 2. Aufl., S. 798–918, Akademische Verlagsgesellschaft Geest & Portig, Leipzig 1950.

S. Timoshenko u. J. H. Goodier, Theory of Elasticity, 2. Aufl., McGraw-Hill, New York 1951.

C. Zwikker, Physical Properties of Solid Materials, 1. Aufl., S. 82ff., Pergamon Press, London 1954.

J. Reilly u. W. N. Rae, Physico-Chemical Methods, 5. Aufl., Bd. I, S. 693–702, Methuen & Co., London 1954.

Veröffentlichungen

Allgemeines, Theorie:

A. Haehl, Chim. et Ind. **53**, 78–93, 150–159 (1945); (elastische Deformation, Zug, Druck, Hysterese).

L. R. G. Treloar, Trans. Faraday Soc. **42**, 83–94 (1946); (Netzwerkelastizität).

G. Gee, Rubber Chem. Technol. **21**, 564–595 (1948); (thermodynamische Eigenschaften von Elastomeren).

K. Suzuki, Bl. chem. Soc. Japan **22**, 165–171 (1949); (Theorie, monomolekulare Schicht).

F. S. Conant, G. L. Hall u. G. R. Thurman, Rubber Chem. Technol. **23**, 44–53 (1950); (Gough-Joule-Koeffizient, Modul, Kautschuk).

W. Lode, Trans. Inst. Rubber Ind. **25**, 412–424 (1950); (thermokinetische Betrachtung, Kautschuk).

G. M. Bartenev, Ž. tech. Fiz. **20**, 461–471 (1950); (Theorie, hochelastische Deformation).

G. M. Bartenev, Koll. Žurnal **12**, 408–413 (1950); (Modell für Polymere).

F. P. Baldwin, Rubber Age (N. Y.) **67**, 51–56 (1950); (Apparatives, Oszillographie).

P. Thirion, Rev. gén. Caoutch. **27**, 267–73, 404–8 (1950); (Einfluß der Struktur von Elastomeren).

S. G. Leontein, Trans. Inst. Rubber Ind. **26**, 107–116 (1950); (Einfluß der Prüfkörperform).

B. B. S. T. Boonstra, J. appl. Physics, **21**, 1098–1104 (1950); (biachsiale Dehnung).

G. M. Bartenev, Rubber Chem. Technol. **24**, 132–139 (1951); (Thermodynamik des Kautschuk-Zustandes).

G. M. Bartenev, Rubber Chem. Technol. **24**, 328–335 (1951); (nicht krystallisierender Kautschuk).

M. Mooney, Rubber Chem. Technol. **24**, 354 (1951); (Gough-Joule-Koeffizient, Modul).

L. R. G. Treloar, Nature **167**, 425–427 (1951); (Elastomere).

F. T. Wall u. P. J. Flory, J. chem. Physics **19**, 1435–1439 (1951); (statistische Thermodynamik der Elastizität).

G. M. Bartenev, Doklady Akad. S.S.S.R. **76**, 89–92 (1951); (Theorie der Deformation).

B. A. Dogadkin, G. M. Bartenev u. M. M. Reznikov-skii, Rubber Chem. Technol. **24**, 336–343 (1951); (zwischenmolekulare Kräfte bei Deformation, Kinetik).

R. S. Rivlin, Nature **167**, 590–591 (1951); (starke Verformung, Kautschuk).

B. B. S. T. Boonstra, Ind. eng. Chem. **43**, 362–365 (1951); (Krystallisation aus Temperaturabhängigkeit der Dehnung).

R. W. Lawton u. A. L. King, J. appl. Phys. **22**, 1340–1343 (1951); (freie longitudinale Schwingungen, Kautschuk).

P. Thirion, Rev. gén. Caoutch. **29**, 46–48 (1952); (Theorie).

F. W. Boggs, J. chem. Physics **20**, 632–636 (1952); (Theorie).

R. S. Rivlin u. D. W. Saunders, Trans. Faraday Soc. **48**, 200–206 (1952); (freie Energie der Deformation).

A. M. Bueche, J. appl. Physics, **23**, 154–155 (1952); (Theorie, Verstärkerwirkung).

W. P. Fletcher, G. Gee u. S. H. Morrell, Trans. Inst. Rubber Ind. **28**, 85–92 (1952); (Modul, Vernetzungsdichte).

W. O. Baker, W. P. Mason u. J. H. Heiss, J. Polymer Sci. **8**, 129–155 (1952); (Torsionsschwingungen, Naturkautschuk, Polyäthylen).

S. M. Gumbrell, L. Mullins u. R. S. Rivlin, Trans. Faraday Soc. **49**, 1495–1505 (1953); (Abweichung von Theorie, eindimensionale Dehnung von gequollenem Kautschuk).

S. H. Morrell u. J. Stern, Rubber Chem. Technol. **26**, 17–24 (1953); (Wirkung der Krystallisation von Kautschuk).

S. C. Einhorn u. L. A. McLeod, Trans. Inst. Rubber Ind. **29**, 281–286 (1953); (Theorie, ölgefüllter Kautschuk).

H. M. James u. E. Guth, J. chem. Physics **21**, 1039–1049 (1953); (statistische Thermodynamik).

F. H. Müller, Physik. Bl. **9**, 154–165 (1953); (Allgemeines).

S. Kase, J. Polymer Sci. **14**, 579–582, 497–501 (1954); (Auswertung).

W. Späth, Gummi u. Asbest **7**, 551–565 (1954); (Deutung des Verhaltens von Kautschuk).

M. I. Resnikowski u. M. K. Chromow, Gummi u. Asbest **7**, 193 (1954); (Theorie der Kontraktion).

P. J. Flory, J. Polymer Sci. **14**, 1–4 (1954); (Theorie, Gummielastizität).

A. G. Thomas, Trans. Faraday Soc. **51**, 569–582 (1955); (Abweichungen von Theorie).

J. R. Scott, Rubber Age (N. Y.) **77**, 543–547 (1955); (Bestimmung der Härte).

S. Kase, Rubber World, **131**, 504–506 (1955); (Auswertung, Kautschuk).

R. P. Hopkins, Rubber Age (N. Y.) **78**, 239–244, 248 (1955); (Kompressionsmodul, Schäume).

J. P. Ehrbar u.. Bo C. Gissonas, Rubber Chem. Technol. **28**, 675–83 (1955); Helv. **38**, 125–134 (1955); (Wärmeentwicklung beim Dehnen, Kautschuk).

M. J. Forster, J. appl. Physics **26**, 1104–1106 (1955); (einseitige Kompression von Kautschuk).

F. P. Baldwin, J. E. Ivory u. R. L. Anthony, J. appl. Physics **26**, 750–56 (1955); (Prüfung der Theorie bei kleinen Dehnungen).

G. M. Bartenev, Colloid J. (USSR) (Eng. Transl.) **17**, 15–19 (1955); (Theorie, zweidimensionale Dehnung).

G. M. Bartenev, Rubber Chem. Technol. **28**, 19–23 (1955); (eindimensionale Dehnung und Kompression).

A. E. Lever u. J. Rhys, Plastics **20**, 431–434 (1955); (Prüfung von Kunststoffen).

P. J. Flory, Am. Soc. **78**, 5222–5235 (1956); (Theorie, Elastizität, Faserproteine).

J. E. McKinney, S. Edelman u. R. S. Marvin, J. appl. Physics **27**, 425–30 (1956); (Apparatives, Kompressionsmodul).

P. LeRolland u. P. Sorin, Ind. Plast. mod. **8**, Nr. 4, 34–37, 41 (1956); (Apparatives, Pendelelastometer).

N. M. Borovizkaja, Doklady Akad. S.S.S.R. **109**, 923–925 (1956); (Apparatives, dynamischer Modul).

B. Dogadkin u. G. Bartenev u. M. I. Reznikovskii, Rubber Chem. Technol. **29**, 382–390 (1956); (Kinetik der Deformation).

L. Mullins, J. Polymer Sci. **19**, 225–236 (1956); (Vernetzungsgrad, mechanisch und durch Quellung, Naturkautschuk).

M. P. Votinov u. E. V. Kuvshinskii, Rubber Chem. Technol. **29**, 1209–1214 (1956); (adiabatische Verstreckung, Kautschuk).

R. E. Morris, R. R. James u. C. W. Guyton, Rubber Age (N. Y.) **78**, 725–731 (1956); (Apparatives, Bestrahlung).

E. Guth u. H. M. James, J. Polymer Sci. **24**, 479–480 (1957); (Prüfung der Theorie).

T. F. Laver u. Mitarbb., Rubber Age (N. Y.) **80**, 843–849 (1957); (Apparatur für höhere Temperaturen, Elastomere).

W. S. Cramer, J. Polymer Sci. **26**, 57–65 (1957); (Wellenfortpflanzung in Kautschukstäben).

K. Schumacher, Kolloid-Z. **157**, 16–27 (1958); (bestrahltes Polyäthylen, Temperaturabhängigkeit).

V. E. Gul, L. N. Tsarskii u. S. A. Vil'nits, Colloid J. (USSR) (Eng. Transl.) **20**, 302–308 (1958); (Füllstoffe in Polymerenmischungen, Übergang elastisch-spröde).

K. Ito, J. Polymer Sci. **27**, 419–431 (1958); (Druckdeformation von Polymeren).

L. A. Wood, J. Res. Bur. Stand. **60**, 193–199 (1958); (Kompression und Dehnung, Kautschuk).

G. R. Rugger, E. McAbbee u. M. Chmura, SPE Journal **14**, Nr. 12, 31–34 (1958); (Kunststoffe bei hoher Belastungsgeschwindigkeit).

F. P. Reding, J. Polymer Sci. **32**, 487–502 (1958); (Härte bzw. Modul von Polyäthylen bei verschiedenen Temperaturen).

H. J. Naake u. K. Tamm, Rubber Chem. Technol. **32**, 21–39 (1959); (Schallausbreitung in Elastomeren).

A. B. Kusov, Rubber Chem. Technol. **32**, 40–47 (1959); (Energie bei Dehnung, Kautschuk).

F. G. Hewitt u. R. L. Anthony, Rubber Chem. Technol. **32**, 428–433 (1959); (Dichte von Kautschuk bei Dehnung).

F. H. Müller, Kautschuk u. Gummi **12**, (W. T.) 55–57 (1959); (Deformation, Kalorimetrie, Kautschuk).

J. Kruse u. T. Timm, Kautschuk u. Gummi **12**, (W. T.) 83–95 (1959); (Temperaturabhängigkeit des Moduls von Elastomeren).

M. P. Votinov u. E. V. Kuvshinskii, Rubber Chem. Technol. **32**, 1016–1019 (1959); (Dehnungsarbeit bei adiabatischer Deformation).

P. Thirion u. R. Chasset, Rev. gén. Caoutch. **36**, 688–692 (1959); (Thermodynamik der Dehnung von Kautschuk).

L. Mullins, J. Appl. Polymer Sci. **2**, 257–263 (1959); (Verhalten bei großen Dehnungen, Naturkautschuk).

P. Thirion u. R. Chasset, Rev. gén. Caoutch. **36**, 873–77 (1959); (Thermodynamik der Dehnung, Gummifäden).

R. Reichherzer, Plastverarbeiter **10**, 481–83 (1959); (krystalline Polymere).

A. F. Blanchard u. P. M. Wootton, J. Polymer Sci. **34**, 627–649 (1959); (Verknäuelung in vernetzten Polymeren).

M. P. Zverev u. V. S. Klimenkov, Vysokomolekulyarnye Soedineniya **1**, 758–760 (1959); (isotaktisches Polypropylen).

M. V. Volkenshtein, Y. Y. Gotlib u. O. B. Ptitsyn, Vysokomolekulyarnye Soedineniya **1**, 1056–1069 (1959); (Theorie der Kautschukelastizität).

V. S. Etlis u. Mitarb., Vysokomolekulyarnye Soedineniya **1**, 1403–1406 (1959); (krystallines Polyvinylchlorid).

K. Wisseroth, Kolloid-Z. **166**, 10–19 (1959); (Elastizitätsmodul viscoelastischer Stoffe).

P. J. Flory, C. A. J. Hoeve u. A. Ciferri, J. Polymer Sci. **34**, 337–347 (1959); (Einfluß der Hinderung einer Valenzwinkelbewegung).

H. Leaderman, R. G. Smith u. L. C. Williams, J. Polymer Sci. **36**, 233–257 (1959); (Einfluß der Mol.-Gewichtsverteilung, Polyisobutylen).

V. Ya. Gavrishtshuk u. P. I. Zubov, Vysokomolekulyarnye Soedineniya **1**, 913–17 (1959); (Reversion bei Vulkanisation).

V. E. Gul, V. V. Kovriga u. E. G. Eremina, Vysokomolekulyarnye Soedineniya **2**, 1616–19 (1960); (hohe Deformationsgeschwindigkeit).

G. M. Bartenev u. N. M. Novikova, Soviet Rubber Technol. **19**, Nr. 7, 27–31 (1960); (Apparatur für tiefe Temperaturen).

Belg.P. 592915 (1960; Am. Prior., 1959), DuPont, Erf.: M. Kalz; (faserverstärkte Elastomere).

R. F. Landel u. P. J. Stedry, J. appl. Physics **31**, 1885–91 (1960); (Relaxation bei hoher Dehnung).

W. F. Kern, Kautschuk u. Gummi **13**, (W. T.) 59–68 (1960); (Dehnungs-Meßstreifen, Reifen).

J. W. Jones, J. Appl. Polymer Sci. **4**, 284–90 (1960); (höchste Dehnungsgeschwindigkeit).

H. Grimminger, Kunstst. **50**, 618–22 (1960); (elektronische Zerreißapparatur).

A. Ciferri u. P. J. Flory, Rubber chem. Technol. **33**, 254–71 (1960); (Zug-Dehnung-Isothermen).

R. Pariser, Kunstst. **50**, 623–27 (1960); (Elastomervernetzung aus Modul gequollener Proben).

L. R. G. Treloar, Polymer **1**, 95–103 (1960); (Modul von Krystallen).

N. M. Borovitskaya, Rubber chem. Technol. **33**, 272–74 (1960); (dynamische Messung mit optischem Interferometer).

J. Kruse u. T. Timm, Rubber chem. Technol **33**, 763–89 (1960); (Temperaturabhängigkeit).

L. Mullins u. A. G. Thomas, J. Polymer Sci. **43**, 13–21 (1960); (Einfluß der Kettenenden).

J. Scanlan, J. Polymer Sci. **43**, 501–08 (1960); (Einfluß von Netzwerkfehlstellen).

P. I. Vincent, Polymer **1**, 425–444 (1960); (Übergang zäh-spröde).

J. H. Saunders, Rubber Chem. Technol. **33**, 1259–92 (1960); (Einfluß der Struktur von Polyurethanen).

F. Bueche, J. Appl. Polymer Sci. **4**, 107–14 (1960); (Theorie des Mullins-Effektes).

G. P. Ushakov u. Mitarb., Vysokomolekulyarnye Soedineniya **2**, 1512–20 (1960); (Polyäthylen).

F. Plümer, Plaste u. Kautschuk **8**, 347–350 (1961); (Schallgeschwindigkeit unter Druck).

G. D. Patterson jr. u. T. D. Mecca, J. Appl. Polymer Sci. **5**, 527–533 (1961); (Apparatur zur automatischen Aufzeichnung und Auswertung von Spannungs-Dehnungsmessungen).

A. Ciferri, J. Polymer Sci. **54**, 149–173 (1961); (Stand der Theorie).

Yu. Ya. Kolbovskii, J. Polymer Sci. **51**, 81 (1961); (Konformation der gestreckten Polymerkette).

A. V. Tobolsky, D. W. Carlson u. N. Indictor, J. Polymer Sci. **54**, 175–192 (1961); (Kautschukelastizität und Kettenkonfiguration).

H. Westlinning u. G. Butenuth, Kolloid-Z. **176**, 38–48 (1961); (Deutung des Elastizitätsmoduls rußgefüllter Naturkautschukvulkanisate).

A. Ciferri, C. A. J. Hoeve u. P. J. Flory, Am. Soc. **83**, 1015–1022 (1961); (Spannungs-Temperatur-Koeffizienten, Konformationsenergie).

F. Bueche, J. Appl. Polymer Sci. **5**, 271–281 (1961); (Mullins-Effekt und Kautschuk-Füllstoff-Wechselwirkung).

Weitere Arbeiten unter „Benetzungswärme, Thermoelastizität" (S. 1053).

Unvernetzte Polymere:

J. F. Ehlers, Chem. Techn. **1**, Nr. 5, 138–147 (1949); (elastische Weichheit).

P. C. Scherer u. Mitarb., Rayon and Synthetic Textiles **30**, Nr. 11, 42–46; Nr. 12, 47–49 (1949); **31**, Nr. 2, 53–55; Nr. 4, 54–56; Nr. 9, 69–70; Nr. 10, 51–54 (1950); (Einfluß der Mol.-Gewichtsverteilung).

D. S. Hughes, E. B. Blankenship u. R. L. Mims, J. appl. Physics **21**, 294–297 (1950); (Schallgeschwindigkeit in Kunststoffen).

A. G. Ward, Research **4**, 119–125 (1951); (Gelatine, Leim).

R. B. Richards, J. appl. Chem. **1**, 370–376 (1951); (Polyäthylen, Krystallinität).

I. Wolock, B. M. Axilrod u. M. A. Sherman, Mod. Plastics **31**, Nr. 1, 128–134 (1953); (gestreckte Polyacrylate).

A. M. Liquori u. A. Mele, Chimica e Ind. **35**, 799–809 (1953); (Einfluß der Struktur von Polymeren).

E. I. Barg, D. M. Spitkowski u. N. N. Meltewa, Kunstst. **43**, 235 (1953); (Polyvinylacetate).

J. M. Buist u. R. L. Stafford, Trans. Inst. Rubber Ind. **29**, 238–254 (1953); (krystalliner Kautschuk und Polychloropren).

V. A. Kargin u. T. J. Sogolowa, Plaste u. Kautschuk **1**, 20 (1954); (Polyamide).

A. T. Walter, J. Polymer Sci. **13**, 207–228 (1954); (Polyvinylchlorid-Gele).

G. L. Slonimski, V. A. Kargin u. L. I. Golubenkowa, Plaste u. Kautschuk **1**, 120 (1954); (Härtungsmechanismus der Resole).

L. E. Nielsen, J. appl. Physics **25**, 1209–1212 (1954); (krystallines Polyäthylen).

R. H. CAREY u. H. R. JACOBI, Kunstst. **45**, 146–150 (1955); (Polyäthylen).

J. F. KANAWEZ u. A. W. SCHELION, Plaste u. Kautschuk **2**, 47 (1955); (gebrauchte Phenoplaste).

M. NAKAMURA u. S. M. SKINNER. J. Polymer Sci. **18**, 583–585 (1955); (Kompressibilität von Polyäthylen im Dehnungstest).

R. C. DOBAN, C. A. SPERATI u. B. W. SANDT, SPE Journal **11**, Nr. 9, 17–24 (1955); (Polytetrafluoräthylen).

M. NAKAMURA u. S. M. SKINNER, J. Polymer Sci. **18**, 423–424 (1955); (Dehnungswärme, Polyäthylen).

H. A. TISCH, Mod. Plastics **32**, Nr. 11, 119–134, 207 (1955); (starre Kunststoffe).

E. B. SHARP u. B. MAXWELL, Mod. Plastics **33**, 137–144 (1955); (Torsion von Kunststoffen).

C. D. BOPP u. O. SISMAN, Nucleonics **13**, Nr. 10, 51–55 (1955); (bestrahltes Polyäthylen).

E. A. W. HOFF, D. W. ROBINSON u. A. H. WILLBOURN, J. Polymer Sci. **18**, 161–176 (1955); (Einfluß der Struktur).

F. BUECHE, J. Polymer Sci. **22**, 113–122 (1956); (halbkrystalline Polymere).

S. P. PAPKOV, Colloid J. (USSR) (Eng. Transl.) **19**, 723–29 (1957); (Weichmacherauswahl).

E. L. FOSTER u. H. HEAP. Brit. J. appl. Physics **8**, 400–402 (1957); (Polyterephthalsäureester, hohe Temperaturen).

A. E. WOODWARD u. Mitarbb., J. Polymer Sci. **26**, 383–386 (1957); (krystallines Polyäthylen).

K. H. HELLWEGE, R. KAISER u. K. KUPHAL, Kolloid-Z. **157**, 27–37 (1958); (gedehnte Polymere).

P. W. O. WIJGA, Rubber J. and Intern. Plastics **134**, 754; 763 (1958); (Polypropylen, Umwandlungsprodukte).

A. NISHIOKA u. Mitarbb., J. Appl. Polymer Sci. **2**, 114–119 (1959); (bestrahltes Polytetrafluoräthylen).

G. NATTA u. G. CRESPI, Chimica e Ind. **41**, 123–128 (1959); (Rückprallelastizität, Äthylen-Propylen-Copolymere).

K. M. SINNOTT, J. Polymer Sci. **35**, 273–275 (1959); (Polymethacrylate).

L. E. NIELSEN, J. Appl. Polymer Sci. **2**, 351–353 (1959); (Abschätzung der Isotaktizität).

N. V. MIKHAILOV u. Mitarbb., Vysokomolekulyarnye Soedineniya **1**, 185–190 (1959); (Polyamide).

P. V. KOSLOV, M. M. IOVLEVA u. N. A. PLATE, Vysokomolekulyarnye Soedineniya **1**, 1100–1105 (1959); (Polystyrol-Acrylsäure-Pfropfpolymere).

V. G. EPSHTEIN u. Z. V. CHERNYKH, Colloid J. (USSR) (Eng. Transl.) **21**, 721–27 (1959); (Modulabnahme bei wiederholter Dehnung und Füllstoffgehalt).

R. L. MILLER, Polymer **1**, 135–143 (1960); (beinahe geordnetes Polypropylen).

G. NATTA u. G. CRESPI, Rev. gén. Caoutch **37**, 1003–1007 (1960); (Rückprallelastizität, Poly-α-Olefine).

G. B. JACKSON u. R. L. BALLMAN, SPE Journal **16**, 1147–52 (1960); (Einfluß der Verarbeitung bei Spritzgußformteilen).

L. E. AMBORSKI u. T. D. MECCA, J. Appl. Polymer Sci. **4**, 332–342 (1960); (Sprödigkeit von Polymerfilmen).

V. A. KARGIN, G. S. MARKOVA u. V. P. KOVALEVA, Vysokomolekulyarnye Soedineniya **2**, 1531–1534 (1960); (Polymere und Copolymere aus Äthylen und Propylen).

W. W. MOSELEY jr., J. Appl. Polymer Sci. **3**, 266–276 (1960); (molekulare Orientierung in Fäden aus Schallgeschwindigkeit).

Elastomere, evtl. unter Zusatz von Füllmitteln:

G. GEE, Trans. Faraday Soc. **42**, 585–598 (1946); (Kautschuk, auch gequollen).

G. M. BARTENEW, Koll. Žurnal **11**, 57–62 (1949); (Butadien-Styrol-Copolymere).

V. E. LUCAS u. Mitarbb., Ind. eng. Chem. **41**, 1629–32 (1949); (Polybutadien, Krystallinität).

B. DOGADKIN, G. M. BARTENEV u. N. NOVIKOVA, Rubber Chem. Technol. **23**, 553–562 (1950); (Modul und Vernetzungsgrad, Elastomere).

J. W. SCHADE, India Rubber Wld. **123**, 311–314 (1950); (Gummimischungen, Dehnungswerte).

L. R. MAYO, Ind. eng. Chem. **42**, 696–700 (1950); (Krystallisation von Polychloroprenvulkanisaten).

L. H. COHAN u. J. H. L. WATSON, Rubber Age (N. Y.) **68**, 687–698 (1951); (Formfaktor von Ruß).

B. A. DOGADKIN u. V. E. GUL, Rubber Chem. Technol. **24**, 344–353 (1951); (gequollener Kautschuk).

R. L. ZAPP u. E. GUTH, Ind. eng. Chem. **43**, 430–38 (1951); (Butylkautschuk, gequollen und gefüllt).

J. REHNER jr., J. Polymer Sci. **7**, 519–536 (1951); (verstärkende Füllstoffe).

E. B. STOREY u. H. L. WILLIAMS, Rubber Age (N. Y.) **68**, 571–577 (1951); (Butadien-Styrol-Copolymere).

G. M. BARTENEW u. L. A. WISCHNITZKAJA, Kautschuk u. Gummi **4**, 294 (1951); (nichtkrystallisierender Kautschuk).

E. A. HAUSER, Gummi u. Asbest **5**, 43 (1952); (Kautschuk, Elastomere).

G. GEE u. S. H. MORRELL, Trans. Inst. Rubber Ind. **28**, 102–116 (1952); (Vulkanisation von ungefülltem Kautschuk).

J. R. BEATTY u. B. M. G. ZWICKER, Ind. eng. Chem. **44**, 742–752 (1952); (Einfluß der Mol.-Gewichtsverteilung, Butadien-Styrol-Copolymere).

G. FROMANDI u. R. ECKER, Kautsch. u. Gummi **5**, (W.T.) 191–198 (1952); **6**, Nr. 1, (W.T.) 6–14 (1953); (Charakterisierung von Füllstoffen im Kautschuk).

A. CHARLESBY u. N. H. HANCOCK, Pr. roy. Soc. (A) **218**, 245–255 (1953); (vernetztes Polyäthylen).

A. F. BLANCHARD, J. Polymer Sci. **14**, 355–374 (1954); (Füllstoffwirkung).

A. Q. HUTTON u. A. W. NOLLE, J. appl. Physics **25**, 350–54 (1954); (Perbunan, niedrige Frequenzen).

P. KLUCKOW, Kautschuk u. Gummi **7**, (W. T.) 183–184, 256–258 VX (1954); (aktive Kieselsäure in Butadien-Acrylnitril-Copolymeren).

M. M. REZNIKOVSKII, L. S. PRISS u. B. A. DOGADKIN, Rubber Chem. Technol. **28**, 684–693 (1955); (gefüllte Elastomere, Grundgesetz der Deformation).

H. KUNOWSKI u. U. HOFMANN, Ang. Ch. **67**, 289–300 (1955); (Vergleiche von Füllstoffen).

H. P. BROWN u. C. F. GIBBS, Ind. eng. Chem. **47**, 1006–1012 (1955); (Elastomere mit Carboxygruppen).

G. M. BARTENEW u. Mitarbb., Gummi u. Asbest **8**, 202 (1955); (Prüfung der Fortbeständigkeit, Elastomere).

F. H. MÜLLER, Kolloid Z. **142**, 165–166 (1955); (Wirkung einer Orientierung).

E. M. DANNENBERG, B. B. S. T. BOONSTRA, Ind. eng. Chem. **47**, 339–344 (1955); (Wirkung der Rußart).

R. ECKER, Gummi u. Asbest **8**, 111–112 (1955); (statische und dynamische Beanspruchung, Kautschuk).

B. J. A. MARTIN u. D. PARKINSON, Rubber Chem. Technol. **28**, 261–277 (1955); (Mastizierung).

M. LEITNER, Trans. Faraday Soc. **51**, 1015–1021 (1955); (Krystallisation, Dehnung, Modul).

J. P. BERRY, J. SCANLAN u. W. F. WATSON, Trans. Faraday Soc. **52**, 1137–1151 (1956); (Bildung von Vernetzungen in gestrecktem Kautschuk).

W. K. TAFT u. Mitarbb., Rubber Age (N.Y.) **79**, 619–624 (1956); (Einfluß variabler Kompression auf Modul, Butadien-Styrol-Copolymere).

H. M. LEETER u. Mitarbb., Rubber World **135**, 413–420 (1956); (Rückprallelastizität, modifizierter Butylkautschuk).

G. E. WILLIAMS, Proc. Inst. Rubber Ind. **4**, Nr. 2, 37–46 (1957); (Temperaturabhängigkeit, Kautschuk).

A. R. PAYNE, J. appl. Physics **28**, 378–379 (1957); (dynamischer Modul, Butadien-Acrylnitril-Copolymere).

R. L. ZAPP, Rubber Age (N. Y.) **81**, 294–296 (1957); (dynamische Eigenschaften von Butylkautschuk).

B. DOGADKIN u. Mitarbb., Plaste u. Kautschuk **4**, 78 (1957); (Theorie der Rußverstärkung, Butadien-Styrol-Copolymere).

R. HARRINGTON, Rubber Age (N. Y.) **81**, 971–980 (1957); (Wirkung der Bestrahlung).

L. M. EPSTEIN, J. Polymer Sci. **26**, 399–401 (1957); (Vernetzung von Polyäthylen durch Bestrahlung).

J. PETER u. W. HEIDEMANN, Kautschuk u. Gummi **10**, (W. T.) 168–172 (1957); (Methode zur Bestimmung der optimalen Vulkanisation).

G. KRAUS, J. N. SHORT u. V. THORNTON, Rubber & Plastics Age **38**, 880–891 (1957); (1,4-Polybutadien).

L. S. PRISS, Colloid J. (USSR) (Eng. Transl.) **19**, 607–613 (1957); (Abhängigkeit vom Mol.-Gewicht vor Vulkanisation).

J. AMES u. G. H. LAYCOCK, Rubber & Plastics Age **39**, 371–375 (1958); (Siliconkautschuk).

R. E. BOLIN u. Mitarbb., American Chemical Society, Division of Paint, Plastics and Printing Ink Chemistry **18**, Nr. 2, 157–163 (1958); (Polyurethanschäume, Vernetzungsdichte).

A. S. NOVIKOV u. F. S. TOLSTUKHINA, Colloid J. (USSR) (Eng. Transl.) **20**, 342–347 (1958); (Butadien-Acrylnitril-Kautschuk).

A. E. KALAUS, Ref.: Rubber J. and Intern. Plastics **134**, Nr. 5, 168–169 (1958); (ölgefüllter Kautschuk).

E. L. WARRICK, J. Polymer Sci. **27**, 19–38 (1958); (Siliconkautschuk).

L. A. WOOD, Rubber Chem. Technol. **31**, 959–981 (1958); (Kautschuk).

J. PETER u. W. HEIDEMANN, Kautschuk u. Gummi **11**, (W. T.) 159–161 (1958); (Bestimmung der optimalen Vulkanisation).

J. C. DANJARD, Rev. gén. Caoutch. **35**, 1610–1614 (1958); (Klebrigkeit und Modul, Kautschuk).

H. S. LILLEY, Paint Technol. **22**, 441–448 (1958); (Abhängigkeit von Vernetzung).

E. V. KUVSHINSKII u. E. A. SIDOROVICH, Rubber Chem. Technol. **32**, 662–667 (1959); (Vulkanisation von Kautschuk, Rückprallelastizität).

P. R. SAUNDERS u. A. G. WARD, Adhäsion **3**, 229–233 (1959); (nicht krystalline, Gelatine-Gele).

J. J. CUNNEEN u. W. F. WATSON, J. Polymer Sci. **38**, 533–538 (1959); (cis-trans Isomerisierung von Guttapercha).

L. MULLINS, J. Appl. Polymer Sci. **2**, Nr. 4, 1–7 (1959); (Vernetzungsdichte, Kautschuk).

C. B. ARENDS, J. chem. Educ. **37**, 41–43 (1960); (Kautschuk).

B. E. CONWAY u. S. C. TONG, J. Polymer Sci. **46**, 113–38 (1960); (Polyurethanelastomere auf Basis Polyoxypropylenglykol).

i₃) Relaxation, Dämpfung, Hysterese, Elastoviscosität:

Buchübersicht

W. WEIZEL, Lehrbuch der theoretischen Physik, 1. Aufl., Bd. II, S. 1473 ff., Springer-Verlag, Berlin-Göttingen-Heidelberg 1950.

R. HILL, The Mathematical Theorie of Plasticity, Clarendon Press, Oxford 1950.

W. PRAGER u. P. HODGE, Theory of perfectly plastic solids, J. Wiley & Sons, New York 1951.

M. KORNFELD, Elastizität und Festigkeit der Flüssigkeiten, 1. Aufl., VEB Verlag Technik, Berlin 1952.

H. A. STUART, Die Physik der Hochpolymeren, 1. Aufl., Bd. II, S. 283 ff., Springer-Verlag, Berlin-Göttingen-Heidelberg 1953.

Das Relaxationsverhalten der Materie, 2. Marburger Diskussionstagung vom 2.–4. Okt. 1953, Kolloid-Z. **134**, 1–216 (1953).

B. GROSS, Mathematical Structure of the Theories of Viscoelasticity, 1. Aufl., Hermann & Cie., Paris 1953.

V. V. NOVOZHILOW, Foundations of the Nonlinear Theory of Elasticity, Graylock, Rochester 1953.

D. N. DE G. ALLEN, Relaxation Methods, McGraw-Hill Publ. Co., New York 1954.

A. M. FREUDENTHAL, Unelastisches Verhalten von Werkstoffen, 1. Aufl., S. 244, 385, VEB Verlag Technik, Berlin 1955.

V. V. SOKOLOVSKIJ, Theorie der Plastizität, VEB Verlag Technik, Berlin 1955.

R. GRAMMEL, Verformung und Fließen des Festkörpers, Springer-Verlag, Berlin-Göttingen-Heidelberg 1956.

F. R. EIRICH, Rheology, 1. Aufl., Bd. II, S. 63 ff., Academic Press, New York 1958.

J. T. BERGEN, Viscoelasticity, Phenomenological Aspects, Academic Press, New York 1960.

J. D. FERRY, Viscoelastic Properties of Polymers, J. Wiley & Sons, New York 1961.

Veröffentlichungen

Theorie, allgemein interessierende Arbeiten:

G. NATTA u. M. BACCAREDDA, Makromolekulare Chem. **1**, 134–55 (1949); (Schalldämpfung).

W. SCHEELE, Kunstst. **39**, 291 (1949); (Fließverhalten von Polymeren).

J. F. EHLERS, Chem. Techn. **1**, 138–147 (1949); (elastische Weichheit).

R. S. RIVLIN, Trans. Inst. Rubber Ind. **26**, 78–85 (1950); (Theorie, dynamische Versuche an Kautschuk).

F. S. CONANT, G. L. HALL u. W. J. LYONS, J. appl. Physics **21**, 499–504 (1950); (Einflüsse von Temperatur und Zeit auf Fließen und Erholung).

R. SIPS, J. Polymer Sci. **5**, 69–89 (1950); (Verhalten viscoelastischer Substanzen).

D. S. HUGHES, E. B. BLANKENSHIP u. R. L. MIMS, J. appl. Physics **21**, 294–297 (1950); (Theorie, Schallgeschwindigkeit in Polystyrol, Polyäthylen, Einfluß von Druck u. Temp.).

R. S. WITTE, B. A. MROWCA u. E. GUTH, Rubber Chem. Technol. **23**, 163–171 (1950); (Schallfortpflanzung).

G. NATTA u. M. BACCAREDDA, Rubber Chem. Technol. **23**, 151–162 (1950); (Schallfortpflanzung in flüssigen Polymeren und Lösungen).

R. S. Marvin, E. R. Fitzgerald u. J. D. Ferry, J. appl. Physics **21**, 197–203 (1950); (Schalldämpfung, Polyisobutylen).

R. Cerf, C. r. **233**, 1099–1101 (1951); (Schallwellen, Lösungen).

G. Natta u. M. Baccaredda, Kolloid-Z. **120**, 190–198 (1951); (Schallgeschwindigkeit, Mol.-Gew. und Struktur).

R. E. Morris, R. R. James u. H. L. Snyder, Ind. eng. Chem. **43**, 2540–2547 (1951); (Dämpfung, Kautschuk, Schall).

R. Sips, J. Polymer Sci. **6**, 285–293 (1951); (Theorie, Schallfortpflanzung).

F. H. Müller, Kolloid-Z. **120**, 119–141 (1951); (elastische Dispersion, Zustandsgleichung).

J. G. Kirkwood u. P. L. Auer, J. chem. Physics **19**, 281–283 (1951); (Viscoelastizität von Lösungen).

W. Kuhn, Makromolekulare Chem. **6**, 224–242 (1951); (Bedeutung des Relaxationsspektrums).

A. V. Tobolsky, B. A. Dunell u. R. D. Andrews, Textile Res. J. **21**, 404–411 (1951); (Spannungsrelaxation und dynamische Eigenschaften).

R. Sips, J. Polymer Sci. **7**, 191–205 (1951); (elastoviscose Stoffe, Theorie der Deformation).

B. Gross u. H. Pelzer, J. appl. Physics **22**, 1035–1039 (1951); (Fließen und Relaxation).

W. Scheele u. T. Timm, Kolloid-Z. **122**, 129–134 (1951); (Fließvorgang, Vergleich von dielektrischer und mechanischer Dispersion).

H. C. Rorden u. A. Grieco, J. appl. Physics **22**, 842–845 (1951); (Methodik, Polyvinylbutyral).

R. D. Andrews, Ind. eng. Chem. **44**, 707–15 (1952); (dynamische und statische Messungen an Kautschuk).

H. A. Stuart, Kunstst. **42**, 266–272 (1952); (Einfluß von Ordnungszuständen).

W. J. Lyons, J. appl. Physics **23**, 287–288 (1952); (Aktivierungsenergien für viscoselastische Verformung).

W. O. Baker, W. P. Mason u. J. H. Heiss, J. Polymer Sci. **8**, 129–155 (1952); (verdünnte Lösungen von Polymeren).

R. C. Harper, H. Markovitz u. T. W. Dewitt, J. Polymer Sci. **8**, 435–443 (1952); (polymere Flüssigkeiten, Siliconöle, Polyisobutylen).

K. Schmieder u. K. Wolf, Kolloid-Z. **127**, 65–78 (1952); (verschiedene Polymere, sekundäre Erweichungspunkte).

W. Philippoff, J. appl. Physics **24**, 685–689 (1953); (Apparatives, Elastomere).

C. A. Sperati, W. A. Franta u. H. W. Starkweather jr., Am. Soc. **75**, 6127–6133 (1953); (Wirkung von Mol.-Gew. und Verzweigung auf physikalische Eigenschaften).

P. E. Rouse jr. u. K. Sittel, J. appl. Physics **24**, 690–696 (1953); (Torsionsschwingungen, verdünnte Lösungen).

K. Altenburg, Ph. Ch. **202**, 14–34 (1953); (Schallfortpflanzung).

E. R. Fitzgerald u. J. D. Ferry, J. Colloid Sci. **8**, 1–34 (1953); (Schallfortpflanzung und Schalldämpfung).

M. L. Williams u. J. D. Ferry, J. Polymer Sci. **11**, 169–175 (1953); (Verteilungsfunktion der Relaxationszeiten).

B. Gross, Kautschuk u. Gummi **6**, (W. T.) 92–97 (1953); (Fließen fester Stoffe).

F. H. Müller, Kolloid-Z. **136**, 127–133 (1954); (Untersuchungen an Oberflächenfilmen).

L. E. Nielsen u. R. Buchdahl, Ind. Plast. mod. **6**, Nr. 8, 51–55 (1954); (dynamische Eigenschaften von Kunststoffen).

F. Schwarzl, Kolloid-Z. **139**, 52–59 (1954); (viscoelastische Deformation und molekulare Prozesse).

A. V. Tobolsky u. E. Catsiff, Am. Soc. **76**, 4204–4208 (1954); (Gleichung für Verhalten im Übergangsgebiet).

W. Philippoff, J. appl. Physics **25**, 1102–1107 (1954); (dynamische Untersuchungen an Polymeren).

P. J. Flory, J. Polymer Sci. **14**, 1–4 (1954); (viscoelastische Eigenschaften von Polymeren).

W. Feucht, Kolloid-Z. **139**, 17–38 (1954); (Rheologie der Spannungsoptik).

E. Jenckel, Kolloid-Z. **136**, 142–152 (1954); (Schwingungsdämpfung).

G. M. Bartenev, Rubber Chem. Technol. **27**, 12–15 (1954); (Einfrieren, periodische Deformation).

F. D. Dexter, J. appl. Physics **25**, 1124–1129 (1954); (Rotationsplastometer, Polyäthylen).

K. Sittel, P. E. Rouse jr. u. E. D. Bailey, J. appl. Physics **25**, 1312–1320 (1954); (Schallfortpflanzung in verdünnten Lösungen).

F. T. Wall u. D. G. Miller, J. Polymer Sci. **13**, 157–165 (1954); (Methodik für die Bestimmung der Einfriertemp., Kautschuk).

A. Chiesa, Rubber Chem. Technol. **27**, 648–670 (1954); (Vulkanisation, T-50-Test).

Y. Maeda, J. Polymer Sci. **18**, 87–103 (1955); (Schallabsorption und dielektrischer Verlustwinkel).

K. Altenburg, Plaste u. Kautschuk **2**, 11–14 (1955); (Schallfortpflanzung).

C. Ninane, Plastica **8**, 514–517 (1955); (Messung der mechanischen Eigenschaften von Kunststoffen).

R. Buchdahl u. L. E. Nielsen, J. Polymer Sci. **15**, 1–8 (1955); (Dispersionsgebiete, feste Polymere).

D. R. Bland u. E. H. Lee, J. appl. Physics **26**, 1497–1503 (1955); (Methodik, Rundstabschwingungen).

J. Koppelmann, Kolloid-Z. **144**, 12–41 (1955); (dynamisch-elastische Verluste).

M. L. Williams, R. F. Landel u. J. D. Ferry, Am. Soc. **77**, 3701–3707 (1955); (Temperaturabhängigkeit der Relaxation).

W. Holzmüller, J. Lorenz u. M. Krötzsch, Plaste u. Kautschuk **2**, 163–164 (1955); (Apparatives).

A. N. Gent, Rubber Chem. Technol. **28**, 36–50 (1955); (Wirkung der Krystallisation auf Relaxation, vulkanisierter Kautschuk).

J. C. Danjard, Rev. gén. Caoutch **32**, 1105–1107 (1955); (Apparatives, Vulkanisate).

W. Philippoff u. Mitarb., SPE Journal **11**, Nr. 7, 41–43 (1955); (Methodik, Lösungen von Polymeren).

A. E. Lever u. J. Rhys, Plastics **20**, 431–434 (1955); (Prüfung von Kunststoffen).

M. T. Watson, W. D. Kennedy u. G. M. Armstrong, J. appl. Physics **26**, 701–705 (1955); (Apparatives für Spannungsrelaxation, Plaste).

A. A. McLeod, Ind. eng. Chem. **47**, 1319–1323 (1955); (Auswertung, Relaxation).

A. Angioletti, Gummi u. Asbest **8**, 111 (1955); (Apparatives).

J. Furukawa, J. Polymer Sci. **15**, 193–202 (1955); (kinetische Deutung des Fließens).

C. M. v. Meysenbug, Kunstst. **45**, 48–52 (1955); (Methodik, härtbare Preßmassen).

H. Thurn u. K. Wolf, Kolloid-Z. **148**, 16–30 (1956); (Schallfortpflanzung, Polyvinylester, Polyacrylester, Polyvinylketone).

P. Hatfield, J. appl. Physics **27**, 192–193 (1956); (Schalldämpfung).

E. Pohl, Dissertation, Universität Leipzig (88 S.) 1956; (Schallfortpflanzung und Mol.-Gewicht, Apparatives).

A. Betticher, V. Hardung u. J. Maillard, Kolloid-Z. **148**, 66–73 (1956); (Apparatives).

A. R. Payne, Rev. gén. Caoutch. **33**, 885–893 (1956); (Apparatives).

M. A. Biot, J. appl. Physics **27**, 459–467 (1956); (Theorie, anisotrope Körper).

A. G. H. Dietz u. Mitarbb., Ind. eng. Chem. **48**, 75 (1956); (Schallfortpflanzung, Bestimmung der Aushärtung).

W. A. Kargin u. G. L. Slonimski, Gummi u. Asbest **9**, 516–517 (1956); (Mechanismus der Ermüdung).

A. Granato u. K. Lücke, J. appl. Physics **27**, 583–593 (1956); (Theorie der mechanischen Dämpfung).

M. Yamamoto, J. phys. Soc. Japan **11**, 413–421 (1956); (Elastoviscosität, Netzwerke).

F. Akutowicz, J. appl. Physics **27**, 439–441 (1956); (elastoviscose Fasern).

F. Schwarzl, Kolloid-Z. **148**, 47–57 (1956); (lineares elastoviscoses Verhalten isotroper Stoffe).

A. E. Green, Pr. roy. Soc. **234**, 46–59 (1956); (Plastizität).

E. H. Lee u. J. A. Morrison, J. Polymer Sci. **19**, 93–110 (1956); (Longitudinalwellen in viscoelastischem Material).

G. M. Bartenev, Gummi u. Asbest **9**, 516 (1956); (Theorie, amorphe Systeme).

D. S. Fensom, Rubber Chem. Technol. **29**, 269–277 (1956); (Fließen im Mooney-Viscosimeter).

J. D. Ferry u. R. F. Landel, Kolloid-Z. **148**, 1–6 (1956); (Theorie, Viscoelastizität als Reibungsvorgang).

R. Ecker, Kautschuk u. Gummi **9**, (W. T.) 153–159 (1956); (sekundäre Erweichungsbereiche bei Copolymeren und Gemischen).

A. V. Tobolsky, J. appl. Physics **27**, 673–685 (1956); (Spannungsrelaxation).

Rubber Age (N. Y.) **79**, 985–986 (1956); (Apparatives).

J. Heijboer, Kolloid-Z. **148**, 36–47 (1956); (Deutung sekundärer Dämpfungsmaxima).

E. Jenckel u. H. U. Herwig, Kolloid-Z. **148**, 57–66 (1956); (Copolymere, Gemische, Lösungen, Einfriertemp., Schwingungsdämpfung).

G. M. Bartenev, M. M. Reznikovsky u. M. K. Khromov, Colloid J. (USSR) (Eng. Transl.) **18**, 389–97 (1956); (Methode der freien Kontraktion, Kautschuk).

S. Onogi u. K. Ui, J. Colloid Sci. **11**, 214–225 (1956); (Einflüsse von Temperatur und Frequenz).

A. Miyake, J. Polymer Sci. **22**, 560–563 (1956); (Relaxationszeitspektren von festen Polymeren).

R. N. Work, J. appl. Physics **27**, 69–72 (1956); (Schallfortpflanzung, Einfriertemp.).

B. Maxwell, J. Polymer Sci. **20**, 551–566 (1956); (Apparatives, Polymethylmethacrylat).

B. Maxwell, ASTM Bull. **215**, 76–80 (Juli 1956); (dynamisch-mechanische Eigenschaften von Polymethylmethacrylaten).

J. Heijboer, Chem. Weekb. **52**, 481–490 (1956); (Bewegungen von Atomgruppen in Polymeren).

B. Maxwell, Princeton University, Plastics Laboratory, Technical Report 40 A (10. Jan. 1956); (dynamisch-mechanische Eigenschaften, Polymethylmethacrylat).

E. P. 825 231 (1956), Minister of Supply, Erf.: M. Gordon u. B. M. Grieveson; (Apparatives).

K. Ito, Mod. Plastics **35**, Nr. 3, 167–172 (1957); (Messung der Temperaturabhängigkeit der mechanischen Eigenschaften).

A. V. Tobolsky, Sci. American **197**, Nr. 3, 121–134 (1957); (Temperaturabhängigkeit des Elastizitätsmoduls).

A. A. Tager u. I. A. Jurina, Gummi u. Asbest **10**, 409 (1957); (Butadien-Styrol-Copolymere, Einfriertemp. und Styrolgehalt).

J. M. McKelvey, J. Gavis u. T. G. Smith, SPE Journal **13**, 29–35, 64 (1957); (Allgemeines, thermoplastische Schmelzen).

K. Weber, Plaste u. Kautschuk **4**, 22–28 (1957); (Apparatives).

Yoh-Han Pao, J. appl. Physics **28**, 591–598 (1957); (Theorie, Viscoelastizität).

A. Kishimoto u. H. Fujita, Kolloid-Z. **150**, 24–34 (1957); (Spannungsrelaxation und Eindiffundieren von Wasser).

B. H. Zimm, J. Polymer Sci. **26**, 101–104 (1957); (Apparatives, verdünnte Lösungen).

F. H. Müller u. A. Engelter, Kolloid-Z. **151**, 157–158 (1957); (Einfluß der Einfriertemp.).

H. Fujita u. K. Ninomiya, J. phys. Chem. **61**, 814–817 (1957); (Mol.-Gewichtsverteilung aus Relaxationszeitenverteilung).

H. Fujita u. K. Ninomiya, J. Polymer Sci. **24**, 233–260 (1957); (Relaxationszeitenspektrum und Verteilung).

H. Wolff, Plaste u. Kautschuk **4**, 244–246 (1957); (Vergleich mit dielektrischen Messungen).

A. E. Woodward u. J. A. Sauer, Fortschr. Hochpolymeren-Forsch. **1**, Nr. 1, 114–158 (1958); (dynamisch-mechanische Eigenschaften, tiefe Temp., Übersicht).

T. Takemura, J. Polymer Sci. **28**, 185–193 (1958); (Theorie der Relaxationszeiten).

A. N. Gent, Trans. Inst. Rubber Ind. **34**, 46–57 (1958); (Eindruckhärte und Young-Modul).

L. A. Wood, J. Polymer Sci. **28**, 319–330 (1958); (Einfriertemp. von Copolymeren, Theorie).

W. P. Cox u. E. H. Merz, J. Polymer Sci. **28**, 619–622 (1958); (statische und dynamische Beanspruchung).

O. Leuchs, Kunstst. **48**, 365–373 (1958); (Übergangsbereiche).

P. W. Jensen, J. Polymer Sci. **28**, 635–638 (1958); (Dehnungsgeschwindigkeit und Einfriertemp.).

M. Gordon u. B. M. Grieveson, J. Polymer Sci. **29**, 9–35 (1958); (Relaxationszeitenspektren und Vulkanisationsgeschwindigkeit).

B. A. Dogadkin u. Mitarbb., Colloid J. (USSR) (Eng. Transl.) **20**, 248–258 (1958); (durch Bestrahlung vulkanisierter Kautschuk).

Z. Csurös, M. Groszmann u. Y. Y. Bertalan, Periodica Polytech. **3**, 113–121 (1959); (Verdichtung von Pulver, Deformation, Einfriertemp.).

B. Maxwell, SPE Journal **15**, 480–484 (1959); (Relaxation und Beanspruchungsdauer).

G. Allen, G. Gee u. B. E. Read, Trans. Faraday Soc. **55**, 1651–1659 (1959); (Relaxationsmechanismen).

H. Hendus u. Mitarbb., Ergebn. exakt. Naturwiss. **31**, 220–380 (1959); (neuere Untersuchungen).

M. Thurn, Kolloid-Z. **165**, 57–87 (1959); (Einfluß der mechanischen und thermischen Vorgeschichte).

G. W. Becker, Kolloid-Z. **166**, 4–10 (1959); (Relaxation, Prüfung der Theorie).

K. H. ILLERS u. E. JENCKEL, J. Polymer Sci. **41**, 528–531 (1959); (Polystyrol, Poly-p-chlor-styrol, Poly-p-brom-styrol, Einfriertemp. für Gruppen).

T. HIDESHIMA, Scient. Pap. Inst. phys. chem. Res. **53**, 36–46 (1959); (Einfriertemp.).

H. SINGH u. A. W. NOLLE, J. appl. Physics **30**, 337–341 (1959); (Druckeinfluß, Polyisobutylen).

G. L. SLONIMSKII u. Mitarbb., Vysokomolekulyarnye Soedineniya **1**, 526–529 (1959); (gemischte Polyamide, Einfriertemp., F).

W. G. BARB, J. Polymer Sci. **37**, 515–532 (1959); (substituierte Polystyrole, Erweichungstemp.).

G. L. SLONIMSKII u. E. V. REZTSOVA, Vysokomolekulyarnye Soedineniya **1**, 534–538 (1959); (Polymerengemische).

S. A. ARZHAKOV, E. E. RYLOV u. B. P. SHTARKMAN, Vysokomolekulyarnye Soedineniya **1**, 1438 (1959); (Druckabhängigkeit der Einfriertemp. von Polymethylmethacrylat).

E. W. CHANNEN, Rev. pure appl. Chem. **9**, 225–255 (1959); (Bestimmung der Mol.-Gewichtsverteilung).

A. J. STAVERMAN u. J. J. HEIJBOER, Kunstst. **50**, 23–26 (1960); (Kunststoffprüfung).

J. A. SAUER u. A. E. WOODWORD, Rev. mod. Physics **32**, Nr. 1, 88–101 (1960); (dynamisch-mechanisches Verhalten, Kernresonanz, Einfriervorgänge).

F. BUECHE, J. Appl. Polymer Sci. **4**, 107–14 (1960); (Deutung des Mullins-Effektes).

P. U. A. GROSSMAN, J. Polymer Sci. **46**, 257–59 (1960); (Verteilung der Relaxationszeiten).

O. NAKADA, J. Polymer Sci. **43**, 149–165 (1960); (Dispersion des dynamischen Kompressionsmoduls).

A. V. TOBOLSKY u. K. MURAKAMI, J. Polymer Sci. **47**, 55–64 (1960); (Polydispersität und Relaxation).

S. NEWMAN u. W. P. COX, J. Polymer Sci. **46**, 29–49 (1960); (Glastemperatur von krystallinen Polymeren).

P. U. A. GROSSMANN, J. Polymer Sci. **46**, 257–259 (1960); (Verteilung von Relaxationszeiten).

R. L. BERGEN jr. u. W. E. WOLSTENHOLME, SPE Journal **16**, 1235–40 (1960); (Relaxation, Kriechversuche, Thermoplaste).

L. E. NIELSEN, SPE Journal **16**, 525–533 (1960); (dynamisch-mechanische Eigenschaften, Übersicht).

A. J. STAVERMAN u. I. J. HEIJBOER, Kunstst. **50**, 23–26 (1960); (Kunststoffprüfung, Methoden).

V. A. KARGIN u. T. I. SOGOLOVA, Vysokomolekulyarnye Soedineniy **2**, 1093–1098 (1960); (Schmelzpunkt und Füllstoffgehalt).

YU. A. GORBATKINA, Vysokomolekulyarnye Soedineniya **2**, 1456–1458 (1960); (Bestimmung der Einfriertemperatur).

S. P. KABIN u. O. G. USYAROV, Vysokomolekulyarnye Soedineniya **2**, 46–50 (1960); (Ultraschallabsorption in Mischungen und Copolymeren).

F. S. CONANT u. W. E. CLAXTON, Rubber World **143**, Nr. 2, 71–77 (1960); (Verarbeitungscharakteristica).

A. D. DINGLE, Rubber World **143**, Nr. 1, 93 (1960); (neue Elastomere).

G. M. BARTENEV u. YU. V. ZELENEV, Soviet Rubber Technol. **19**, Nr. 8, 18–21 (1960); (Kautschukarten).

M. TAKAYANAGI u. Mitarbb., J. Polymer Sci. **46**, 531–34 (1960); (Mechanismus der Viscoelastizität in Polyäthylen).

A. I. MAREI, Soviet Rubber Technol. **19**, Nr. 2, 2–4 (1960); (Einfluß funktioneller Gruppen auf die Einfriertemp. von Kautschukarten).

E. FERRONI, G. GABRIELLI u. G. NATTA, Atti Accad. naz. Lincei, Rend., Cl. Sci. fisiche, mat. natur. [8] **28**, 371–374 (1960); (Bestimmung der Einfriertemp. aus Oberflächenspannungsmessungen).

T. TIMM, Kautschuk u. Gummi **14**, (W.T.) 233–47 (1961); (Plastomere, Elastomere, Duromere).

H. SOBUE u. K. MORAKAWI, J. Polymer Sci. **50**, 14 (1961); (M-Bestimmung aus Relaxation).

R. A. HAYES, J. Appl. Polymer Sci. **5**, 318–321 (1961); (Beziehung zwischen Glastemp., molarer Kohäsion und Polymerstruktur).

Weitere Arbeiten über die Bestimmung der Einfriertemperatur z. B. unter „Dichte von Festkörpern" (S. 1024) und unter „Dielektrizitätskonstante, Polymere in Substanz" (S. 967).

Reine, unvernetzte Polymere, ohne Polydiene:

J. A. SAUER, J. MARIN u. C. C. HSIAO, J. appl. Physics **20**, 507–517 (1949); (Polystyrol).

A. WEISSLER, Am. Soc. **71**, 93–95 (1949); (Polysiloxane).

R. S. MARVIN, E. R. FITZGERALD u. J. D. FERRY, J. appl. Physics **21**, 197–203 (1950); (Schallfortpflanzung, Polyisobutylen).

L. E. NIELSEN u. R. BUCHDAHL, J. Colloid Sci. **5**, 282–294 (1950); (Polystyrole, oberhalb Einfriertemperatur).

W. J. LYONS, J. appl. Physics **21**, 520–522 (1950); (Theorie zu Meßdaten, Cellulose).

Brit. Plastics **23**, 147 (1950); (Poly-α-chlor-acrylsäuremethylester).

L. E. NIELSEN u. R. BUCHDAHL, J. appl. Physics **21**, 488–593 (1950); (orientierte Polystyrolfilme).

G. M. BROWN u. A. V. TOBOLSKY, J. Polymer Sci. **6**, 165–176 (1951); (Polyisobutylen, Mol.-Gewichtsabhängigkeit).

M. HORIO u. Mitarbb., J. appl. Physics **22**, 966–970 (1951); (verschiedene Polymere).

J. D. FERRY u. Mitarbb., J. appl. Physics **22**, 717–722 (1951); (Relaxationszeitenspektrum, Polyisobutylen und seine Lösungen).

R. D. ANDREWS u. A. V. TOBOLSKY, J. Polymer Sci. **7**, 221–242 (1951); (Polyisobutylen, Relaxationszeitenspektrum).

E. A. W. HOFF, Kunstst. **41**, 413–414 (1951); (Polyäthylenschmelze).

R. BUCHDAHL, L. E. NIELSEN u. E. H. MERZ, J. Polymer Sci. **6**, 403–422 (1951); (Polystyrol, Mol.-Gewichtsabhängigkeit).

J. W. KAUFFMAN u. W. GEORGE, J. Colloid Sci. **6**, 450–469 (1951); (Polyamidfilme).

K. W. HILLIER, Brit. J. appl. Physics **2**, 167–170 (1951); (Polyäthylen bei Zugbeanspruchung).

R. A. HORSLEY u. H. A. NANCARROW, Brit. J. appl. Physics **2**, Nr. 12, 345–351 (1951); (Polyäthylen).

H. W. MOHRMAN u. Mitarbb., J. appl. Chem. **1**, 456–469 (1951); (Polystyrole, viscose und elastische Eigenschaften).

E. A. W. HOFF, J. Polymer Sci. **9**, 41–52 (1952); (Polyäthylenschmelzen).

A. V. TOBOLSKY u. J. R. McLOUGHLIN, J. Polymer Sci. **8**, 543–553 (1952); (Polyisobutylen bei Einfriertemperatur).

J. BISCHOFF, E. CATSIFF u. A. V. TOBOLSKY, Am. Soc. **74**, 3378–3381 (1952); (Polymere bei Einfriertemperatur).

J. R. McLoughlin u. A. V. Tobolsky, J. Colloid Sci. **7**, 555–568 (1952); (Polymethylmethacrylat).

C. A. Dahlquist u. M. R. Hatfield, J. Colloid Sci. **7**, 253–267 (1952); (Dehnungsrelaxation, Polyisobutylen, Butadien-Styrol-Copolymere).

E. R. Fitzgerald, L. D. Grandine jr. u. J. D. Ferry, J. appl. Physics **24**, 650–655 (1953); (Polyisobutylen).

W. F. O. Pollett, Research Correspondence **6**, 3S–4S (1953); (elastische Erholung, Polyäthylen u. a.).

K. E. van Holde u. J. W. Williams, J. Polymer Sci. **11**, 243–268 (1953); (Polyisobutylen, Einfluß der Mol.-Gewichtsverteilung).

R. S. Marvin, R. Aldrich u. H. S. Sack, J. appl. Physics **25**, 1213–1218 (1954); (Polyisobutylen).

E. Catsiff u. A. V. Tobolsky, J. appl. Physics **25**, 145–152 (1954); (Spannungsrelaxation, Polyisobutylen).

H. Schuller, Kolloid-Z. **136**, 134–136 (1954); (Hysterese, monomolekulare Schichten, Polyamid).

T. E. Bockstahler u. Mitarbb., Ind. eng. Chem. **46**, 1639–1643 (1954); (Vernetzung von Polyestern).

M. L. Williams u. J. D. Ferry, J. Colloid Sci. **9**, 479–492 (1954); (Polyvinylacetat).

G. M. Bryant, J. Polymer Sci. **13**, 182–184 (1954); (Nylon®).

D. Telfair, J. appl. Physics **25**, 1062–1063 (1954); (Polymethylmethacrylat).

W. E. Roseveare u. L. Poore, J. Polymer Sci. **14**, 341–354 (1954); (Cellulose).

P. Hatfield, Nature **174**, 1186–1187 (1954); (Schallfortpflanzung bei verschiedenen Temperaturen, Polymethylmethacrylat).

M. Krishnamurthi u. G. S. Sastry, Nature **174**, 132–133 (1954); (Polymethylmethacrylat, Einfriertemp.).

W. S. Port u. Mitarbb., Ind. eng. Chem. **47**, 472–480 (1955); (Vinylchlorid-Vinylester-Copolymere, Kriechen).

P. F. Veselovskii u. A. I. Slutsker, Ž. tech. Fiz. **25**, 1204–8 (1955); (Relaxationsprozesse, Polyvinylacetat).

B. Maxwell, Princeton University, Plastics Laboratory, Technical Report 36a (25. Febr. 1955); (dynamisch mechanische Eigenschaften von Polymethylmethacrylat).

J. A. Sauer u. D. E. Kline, J. Polymer Sci. **18**, 491–495 (1955); (verschiedene Polymere).

G. W. Becker, Kolloid-Z. **140**, 1–32 (1955); (nicht weichgemachte Polymere, Relaxation).

B. Maxwell, J. Polymer Sci. **17**, 151–153 (1955); (Polymethylmethacrylat, Frequenzvariation).

E. Catsiff u. A. V. Tobolsky, J. Colloid Sci. **10**, 375–392 (1955); (Polyisobutylen bei Einfriertemp.).

F. Bueche, J. appl. Physics **26**, 738–749 (1955); (Polymethylmethacrylat).

B. A. Dunell u. S. J. W. Price, J. Polymer Sci. **18**, 305–306 (1955); (Viscoserayon, tiefe Temperaturen).

A. V. Tobolsky, J. phys. Chem. **59**, 575 (1955); (Gelatine).

D. L. Swanson u. J. W. Williams, J. appl. Physics **26**, 810–815 (1955); (Celluloseacetat, Kriechen und Mol.-Gewichtsverteilung).

W. Schefer, Textil-Rdsch. [St. Gallen] **10**, 365–374, 423–427 (1955); (Polyamide, Relaxation).

M. L. Williams u. J. D. Ferry, J. Colloid Sci. **10**, 474–481 (1955); (Polyacrylsäuremethylester).

C. H. Weber, E. N. Robertson u. W. F. Bartoe, Ind. eng. Chem. **47**, 1311–1316 (1955); (Kunststoffe, Relaxation).

S. P. Kokie, Ž. tech. Fiz. **26**, 2628–2632 (1956).

E. Catsiff, J. Offenbach u. A. V. Tobolsky, J. Colloid Sci. **11**, 48–50 (1956); (Polyäthylen, verschiedene Temperaturen).

B. Persoz, Ind. Plast. mod. **8**, Nr. 5, 48–51 (1956); (Polyäthylen).

N. Tokita, J. Polymer Sci. **20**, 515–536 (1956); (Polyamid, Viscose, Krystallisation).

K. H. Hellwege, R. Kaiser u. K. Kuphal, Kolloid-Z. **147**, 155–156 (1956); (Polyäthylen, Krystallisation und Dämpfung).

M. F. Drumm, C. W. H. Dodge u. L. E. Nielsen, Ind. eng. Chem. **48**, 76–81 (1956); (Vernetzung von Phenolharzen).

V. A. Kargin u. M. N. Steding, Gummi u. Asbest **9**, 278 (1956); (Polyvinylchlorid, Fließen und Vernetzung).

T. L. Smith, J. Polymer Sci. **20**, 89–100 (1956); (Polyisobutylen, konstante Dehnungsgeschwindigkeit).

D. E. Kline, J. A. Sauer u. A. E. Woodward, J. Polymer Sci. **22**, 455–462 (1956); (verzweigtes Polyäthylen).

S. P. Kabin u. G. P. Mikhailov, Ž. tech. Fiz. **26**, 511–515 (1956); (mechanische und dielektrische Verluste bei Polyisobutylen).

M. Baccaredda u. E. Butta, J. Polymer Sci. **22**, 217–222 (1956); (Polyäthylen, Krystallisation, Einfriertemp.).

B. M. Kovarskaya u. Mitarbb., Colloid J. (USSR) (Eng. Transl.) **18**, 695–700 (1956); (Epoxyharze).

A. B. Thompson u. D. W. Woods, Trans. Faraday Soc. **52**, 1383–1397 (1956); (Polyäthylenterephthalat).

M. Baccaredda u. Mitarbb., Chimica e Ind. **38**, 561–570 (1956); (bestrahlte Polymere).

A. V. Tobolsky u. E. Catsiff, J. Polymer Sci. **19**, 111–121 (1956); (Polyisobutylen).

R. Liedmann, Plaste u. Kautschuk **3**, 27–32 (1956); (Härten von Duroplasten).

G. W. Becker u. H. Oberst, Kolloid-Z. **152**, 1–8 (1957); (Polyamide, Polyurethane).

A. Nishioka u. M. Watanabe, J. Polymer Sci. **24**, 298–300 (1957); (Polytetrafluoräthylen, geschmolzen).

R. Kaiser, Kolloid-Z. **152**, 8–15 (1957); (Polyäthylen, Verformung).

E. F. Jordan u. Mitarbb., Ind. eng. Chem. **49**, 1695–1698 (1957); (Vinylidenchlorid-Alkylacrylat-Copolymere).

K. Ninomiya u. H. Fujita, J. Colloid Sci. **12**, 204–229 (1957); (Polyvinylacetat).

H. Hagen, Kunststoff-Rundschau **4**, Nr. 4, 130–143 (1957); (Polyäthylen).

A. C. Werner, Mod. Plastics **34**, Nr. 6, 137–144, 234 (1957); (Kunststoffe, hohe Scherspannung).

K. van Holde, J. Polymer Sci. **24**, 417–427 (1957); (Nitrocellulose, Kriechen).

W. C. Child u. J. D. Ferry, J. Colloid Sci. **12**, 327–341 (1957); (Poly-n-butylmethacrylat).

N. G. McCrum, Makromolekulare Chem. **34**, 50–60 (1957); (Tetrafluoräthylen-Hexafluorpropylen-Copolymere, Einfriertemp.).

E. Butta, J. Polymer Sci. **25**, 239–242 (1957); (Schallgeschwindigkeit in Polyäthylen).

A. M. Thomas, Nature **179**, 862 (1957); (Einfriertemperatur, gestreckte Polyamide).

I. J. Gruntfest, E. M. Young u. W. Kooch, J. appl. Physics **28**, 1106–1111 (1957); (Kunststoffe).

W. P. Cox, L. E. Nielsen u. R. Keeney, J. Polymer Sci. **26**, 365–374 (1957); (Polystyrolschmelzen, Abhängigkeit vom Mol.-Gew.),

V. V. Korshak, S. V. Vinogradova u. V. M. Belyakov, Bull. Acad. Sci. URSS, Cl. Sci. chim. **1957** 730–736 (Polyester).

E. Butta, J. Polymer Sci. **25**, 239–242 (1957); (Dämpfung, Polyäthylen).

A. Rodeyns, Ind. chim. belge **22**, 1275–1286 (1957); (Zusammenhänge mit der Struktur von Thermoplasten).

O. D. Sherby u. J. E. Dorn, J. Mech. and Phys. Solids **6**, 145–162 (1957/58); (Kriechen von Polymethylmethacrylat).

T. Yoshitomi, K. Nagamatsu u. K. Kosiyama, J. Polymer Sci. **27**, 335–347 (1958); (Nylon 6®).

K. L. Smith u. R. Van Cleve, Ind. eng. Chem. **50**, 12–16 (1958); (Polyäthylenoxyd).

K. Ito, J. Polymer Sci. **27**, 419–431 (1958); (Polyvinylchlorid, Druckdeformation).

R. H. Carey, Ind. eng. Chem. **50**, 1045–1048 (1958); (Polyäthylen).

W. Dannhauser, W. C. Child u. J. D. Ferry, J. Colloid Sci. **13**, 103–113 (1958); (Polyoctylmethacrylat).

P. Parrini, Materie plast. **24**, 347–351 (1958); (Hart-Polyvinylchlorid von verschiedenem Mol.-Gew.).

J. D. Ferry u. S. Strella, J. Colloid Sci. **13**, 459–471 (1958); (Polymethacrylate, Beziehung zur DK).

H. Fujita u. A. Kishimoto, J. Colloid Sci. **13**, 418–428 (1958); (Polyalkylmethacrylate, Beziehung zu Dichte).

E. A. W. Hoff, P. L. Clegg u. K. Sherrard-Smith, Brit. Plastics **31**, 384–389 (1958); (Kriechen von Hochdruckpolyäthylen).

J. R. Stevens u. D. G. Ivey, J. appl. Physics **29**, 1390–1394 (1958); (Verhalten bei Einfriertemp.).

C. W. Deeley, J. A. Sauer u. A. E. Woodward, J. appl. Physics **29**, 1415–1421 (1958); (bestrahltes Polyäthylen).

J. M. R. Quistwater u. B. A. Dunnell, J. Polymer Sci. **28**, 309–318 (1958); (Nylon 66®).

T. Kawaguchi, J. Polymer Sci. **32**, 417–424 (1958); (Polyäthylenterephthalat).

E. Butta u. A. Charlesby, J. Polymer Sci. **33**, 119–128 (1958); (bestrahltes Polyäthylen).

N. G. McCrum, J. Polymer Sci. **27**, 555–558 (1958); (Polytetrafluoräthylen, Einfriertemp.).

C. W. Deeley u. Mitarbb., J. Polymer Sci. **28**, 109–120 (1958); (bestrahltes Polyäthylen).

K. H. Hellwege, R. Kaiser u. K. Kuphal, Kolloid-Z. **157**, 27–37 (1958); (gedehntes Polyäthylen).

M. Baccaredda u. E. Butta, J. Polymer Sci. **31**, 189–191 (1958); (Einfriertemp., F, Polytetrafluoräthylen).

O. Fuchs, H. Thurn u. K. Wolf, Kolloid-Z. **156**, 27–29 (1958); (verzweigtes Polyvinylacetat).

E. Passaglia u. H. P. Koppehele, J. Polymer Sci. **33**, 281–289 (1958); (Relaxation, Cellulosefäden).

K. Nagamatsu u. Mitarbb., J. Polymer Sci. **33**, 515–518 (1958); (krystallines Polyäthylen).

M. Bakkaredda u. E. Butta, J. Polymer Sci. **31**, 189–191 (1958); (Polytetrafluoräthylen).

K. Nagamatsu, T. Yoshitomi u. T. Takemoto, J. Colloid Sci. **13**, 257–265 (1958); (Polytetrafluoräthylen).

G. P. Mikhailov u. L. L. Burshtein, Vysokomolekulyarnye Soedineniya **1**, 1824–1829 (1959); (p-Chlorstyrol-Copolymere).

B. J. Hennessy, Plastics Inst. (London), Trans. and J. **27**, 126–137 (1959); (Einfriertemp. verschiedener Polymethylstyrole).

K. A. Andrianov u. Mitarbb., Vysokomolekulyarnye Soedineniya **1**, 244–247 (1959); (Polyalumoorganosiloxane).

G. W. Becker, Kolloid-Z. **167**, 44–55 (1959); (Polytetrafluoräthylen, Einfriertemp.).

K. Ninomiya, J. Colloid Sci. **14**, 49–58 (1959); (gemischte Polyvinylacetatfraktionen).

A. V. Tobolsky, J. Polymer Sci. **35**, 555–556 (1959); (fluorierte Polymere).

J. Koppelmann, Kolloid-Z. **164**, 31–34 (1959); (Polymethylmethacrylat, niedrige Frequenzen).

Y. Shinohara, J. Appl. Polymer Sci. **1**, 251–254 (1959); (Nylon®-Pfropfpolymerisate).

G. L. Slonimskii u. Mitarbb., Vysokomolekulyarnye Soedineniya **1**, 530–533 (1959); (Polyamide aus cis-trans-Isomeren, Einfriertemp., F).

V. A. Kargin, N. A. Plate u. E. P. Rehbinder, Vysokomolekulyarnye Soedineniya **1**, 1547–1551 (1959); (Pfropfpolymere, Methylmethacrylat-Stärke).

H. S. Kolesnikov u. Tsen-Han-Min, Vysokomolekulyarnye Soedineniya **1**, 1566–1569 (1959); (Pfropfpolymere).

R. Buchdahl, R. L. Miller u. S. Newman, J. Polymer Sci. **36**, 215–231 (1959); (Polyäthylen).

M. Baccaredda u. E. Butta, Ann. Chimica **49**, 559–565 (1959); (Polytetrafluoräthylen, Einfriertemp. usw.).

E. Butta, Ann. Chimica **49**, 566–573 (1959); (Polymethacrylsäureester).

Z. Csürös, M. Gara u. G. Bertalan, Periodica Polytech. **3**, 255–265 (1959); (Polyvinylchloridblöcke, Einfriertemp.).

L. T. Muns, G. McCrum u. F. C. McGrew, SPE Journal **15**, 368–372 (1959); (Polyäthylen, Polypropylen, Einfriertemp.).

H. Biedermann u. E. Geiger, Helv. **42**, 1870–1877 (1959); (Dauerstandbelastung, Kunststoffgarne).

G. Natta, M. Baccaredda u. E. Butta, Chimica e Ind. **41**, 737–740 (1959); (isotaktische Polymere, Einfriertemp., F).

B. I. Sazhin, V. S. Skurikhina u. Yu. A. Ilin, Vysokomolekulyarnye Soedineniya **1**, 1383–1389 (1959); (Polypropylen, Vergleich mit DK).

D. R. Reid, Brit. Plastics **32**, 460–465 (1959); (Kriechen von Thermoplasten).

D. H. Kaelble, SPE Journal **15**, 1071–1077 (1959); (Epoxydharze).

N. G. McCrum, J. Polymer Sci. **34**, 355–369 (1959); (innere Reibung von Polytetrafluoräthylen).

R. A. Wall, J. A. Sauer u. A. E. Woodward, J. Polymer Sci. **35**, 281–284 (1959); (ataktisches und isotaktisches Polystyrol).

M. Leaderman, R. G. Smith u. L. C. Williams, J. Polymer Sci. **36**, 233–257 (1959); (Polyisobutylen, Einfluß der Mol.-Gewichtsverteilung).

W. N. Findley, SPE Journal **16**, 192–198 (1960); (Ermüdung und Kriechen von Kunststoffen).

L. E. Nielsen, J. Polymer Sci. **42**, 357–366 (1960); (Umwandlungen bei Äthylenpolymeren).

P. I. Vincent, Polymer **1**, 425–444 (1960); (Übergang zäh-spröde).

K. H. Illers u. R. Kosfeld, Makromolekulare Chem. **42**, 44–51 (1960); (Polyamid, Kernresonanz).

P. V. Kozlov u. Mitarbb., Vysokomolekulyarnye Soedineniya **2**, 770–777 (1960); (Polycarbonat, Einfluß des Mol.-Gewichts).

Rubber J. and Intern. Plastics **139**, 743–40 (1960); (Butylkautschuk).

A. E. Woodward u. Mitarbb., J. Polymer Sci. **45**, 367–377 (1960); (Kernresonanz, Polyamide).

G. P. Mikhailov u. M. P. Eidelnant, Vysokomolekuly-arnye Soedineniya 2, 1548–51 (1960); (Einfluß der Struktur bei Polyestern).

H. Kawar u. R. S. Stein, J. Appl. Polymer Sci. 4, 349–353 (1960); (fluorhaltige Polymere).

V. A. Kargin, G. S. Markova u. V. P. Kovaleva, Vysokomolekulyarnye Soedineniya 2, 1531–34 (1960); (Äthylen-Propylen-Copolymere).

A. E. Woodward, J. M. Crissman u. J. A. Sauer, J. Polymer Sci. 44, 23–34 (1960); (Polyamide).

G. Farrow, J. McIntosh u. I. M. Ward, Makromolekulare Chem. 38, 147–158 (1960); (Polyäthylentereph-thalat).

L. E. Nielsen, J. Polymer Sci. 42, 357–366 (1960); (Polyäthylen).

R. L. Bergen u. W. E. Wolstenhome, SPE Journal 16, 1235–1240 (1960); (thermoplastische Kunststoffe).

D. E. Kline, J. Polymer Sci. 47, 237–249 (1960); (Epoxydharze).

J. Eliassaf u. F. R. Eirich, J. Appl. Polymer Sci. 4, 200–202 (1960); (Gelatine).

Netzwerke und Polydiene:

A. W. Nolle, J. Polymer Sci. 5, 1–54 (1950); (Butadien-Acrylnitril-Copolymere).

W. J. Dunning u. D. Patterson, Trans. Faraday Soc. 46, 1095–1101 (1950); (Kautschuk).

G. M. Bartenev, Ž. fiz. Chim. 24, 1210–1218 (1950); (Polybutadien, Fließen).

J. F. Svetlik u. L. R. Sperberg, India Rubber Wld. 124, 182–187 (1951); (T-50-Test, Elastomere).

R. S. Witte u. R. L. Anthony, J. appl. Physics 22, 689–695(1951); (Einfriertemp. von Elastomeren).

B. Dogadkin u. M. Reznikovskii, Rubber Chem. Technol. 24, 99–108 (1951); (Naturkautschuk, zwischen-molekulare Kräfte bei Verformung).

L. E. Nielsen, R. Buchdahl u. G. C. Claver, Ind. eng. Chem. 43, 341–345 (1951); (Butadien-Styrol-Co-polymere).

A. Thum u. W. Derenbach, Z. Ver. dtsch. Ing. 93, Nr. 10, 267–268 (1951); (Dehnungsrelaxation, Perbunan).

R. E. Morris, R. R. James u. H. L. Snyder, Ind. eng. Chem. 43, 2540–2547 (1951); (Kautschuk, Dämpfung von Schwingungen).

B. A. Dogadkin u. M. M. Reznikovskii, Rubber Chem. Technol. 24, 810–819 (1951); (Kautschuk, Relaxation).

B. A. Dogadkin u. V. E. Gul, Rubber Chem. Technol. 24, 140–143 (1951); (Kautschuk, Relaxation und Quellung von Vulkanisaten).

R. S. Marvin, Ind. eng. Chem. 44, 696–702 (1952); (Kautschuk).

J. D. Ferry u. Mitarbb., Ind. eng. Chem. 44, 703–706 (1952); (Temperaturabhängigkeit, Elastomere).

A. Cohen-Hadria u. R. Gabillard, C. r. 234, 1877–1879 (1952); (Naturkautschuk).

H. Fredenhagen, Kautschuk u. Gummi 5, (W.T.) 179–183 (1952); (Kautschuk, helle Verstärkerfüll-stoffe).

J. R. Beatty u. A. E. Juve, India Rubber Wld. 127, 357–362 (1952/53); (Relaxation von Elastomeren unter Öl).

J. M. Buist u. R. L. Stafford, Trans. Inst. Rubber Ind. 29, 238–254 (1953); (krystalliner Kautschuk und Polychloropren).

V. E. Gul' u. T. I. Geller, Colloid J. (USSR) (Eng. Transl.) 15, 91–95 (1953); (Polydiene, plastische Eigenschaften).

I. I. Tugov, Rubber Chem. Technol. 27, 688–694 (1954); (Theorie, Elastomere).

B. A. Dogadkin u. Z. N. Tarasova, Rubber Chem. Technol. 27, 883–898 (1954); (Relaxation und Abbau, Kautschuk).

P. J. Earley u. M. J. Sanger, Rubber Age (N. Y.) 75, 65–72 (1954); (Elastomere).

R. Ecker, Schweiz. Arch. angew. Wiss. Techn. 20, 291–304 (1954); (statische und dynamische Verformung, Kautschuk-Vulkanisate).

L. J. Radi u. N. G. Britt, Ind. eng. Chem. 46, 2439–2444 (1954); (T-50-Test, Kontraktion der Elastomeren).

E. Catsiff u. A. V. Tobolsky, J. appl. Physics 25, 1092–1097 (1954); (Butadien-Styrol-Copolymere, Einfriertemp.).

W. J. Gul u. T. I. Geller, Plaste u. Kautschuk 1, 68 (1954); (Polydiene, plastische Eigenschaften).

P. Thirion, Rev. gén. Caoutch. 31, 982–984 (1954); (Kautschuk, Relaxation).

A. S. Novikov u. Mitarbb., Rubber Chem. Technol. 27, 930-939 (1954); (Butadien-Styrol-Elastomere).

J. P. Berry u. W. F. Watson, J. Polymer Sci. 18, 201–213 (1955); (Peroxydvulkanisate von Kautschuk).

S. Ore, Acta chem. scand. 9, 1024–1026 (1955); (Wirkung der Oxydation auf Spannungsrelaxation).

M. M. Reznikovski u. B. A. Dogadkin, Gummi u. Asbest 8, 201–202 (1955); (Kautschuk).

S. Baxter, P. D. Potts u. H. A. Vodden, Ind. eng. Chem. 47, 1481–1486 (1955); (Relaxation und Sauer-stoffaufnahme, Kautschuk).

A. V. Tobolsky u. G. M. Brown, J. Polymer Sci. 17, 547–551 (1955); (Krystallisation und Relaxation, gedehnter Kautschuk).

W. Kuhn u. O. Künzle, Rubber Chem. Technol. 28, 694–710 (1955); (Bestimmung der Relaxationszeiten-spektren von Kautschuk).

H. Leaderman, J. Polymer Sci. 16, 261–271 (1955); (Kautschuk).

W. P. Fletcher, Rev. gén. Caoutch. 32, 722–725 (1955); (Torsionspendel, tiefe Temperaturen, Naturkau-tschuk).

L. J. Zapas, S. L. Shufler u. T. W. de Witt, J. Polymer Sci. 18, 245–256 (1955); (Naturkautschuk und Buta-dien-Styrol-Copolymere).

B. Parkyn, Brit. Plastics 28, 23–25, 39 (1955); (Ver-netzung von Polyesterharzen).

G. J. van Amerongen, Trans. Inst. Rubber Ind. 31, 70–88 (1955); (Einfluß von Ruß auf Hysterese, Kautschuk).

R. Houwink, Rev. gén. Caoutch. 33, 521–523 (1956); (Gleiten während Deformation, verstärkter Kau-tschuk).

A. Tager u. Mitarbb., Rubber Chem. Technol. 29, 95–98 (1956); (mit Kargin-Dynamometer natürliche Polyisoprene untersucht).

J. R. Cunningham u. D. G. Ivey, J. appl. Physics 27, 967–974 (1956); (Elastomere, Schallfortpflanzung).

G. Matthäi, Plaste u. Kautschuk 3, 136–139 (1956); (Kautschuk, Butadien-Copolymerisat, Schallfort-pflanzung).

G. M. Bartenev, A. C. Novikov u. F. A. Galil-Ogly, Colloid J. (USSR) (Eng. Transl.) 18, 5–9 (1956); (Ermüdung von Kautschuk).

J. A. Offenbach u. A. V. Tobolsky, J. Colloid Sci. 11, 39–47 (1956); (Polyurethanelastomere).

G.M.Bartenev u. L.A.Vishnitskaja, Colloid J. (USSR) (Eng. Transl.) **18**, 131–138 (1956); (Wirkung von Füllstoffen auf Relaxation von Kautschuk).

J. P. Berry, J. Polymer Sci. **21**, 505–517 (1956); (Naturkautschukvulkanisate).

P. Ször, Acta chim. Acad. Sci. hung. **8**, 57–74 (1956); (Elastomere).

S. A. Eller, Rubber Chem. Technol. **29**, 263–268 (1956); (Kautschukvulkanisate, Relaxation).

D. Koschel u. R. Schlögl, Ph. Ch. (N. F.) **11**, 137–149 (1957); (Kationenaustauscher).

P. C. Colodny u. A. V. Tobolsky, Am. Soc. **79**, 4320–4323 (1957); (Polyurethane).

M. Mooney, Rubber Chem. Technol. **30**, 460–469 (1957); (Kautschuk).

F. Bueche, J. Polymer Sci. **25**, 305–324 (1957); (Kriechen und Hitzeentwicklung, Naturkautschuk und synthetischer Kautschuk).

R. F. Landel, J. Colloid Sci. **12**, 308–320 (1957); (Polyurethane).

P. Jung, Plaste u. Kautschuk **4**, 343–346 (1957); (Schallfortpflanzung bei verschiedenen Temperaturen, Kautschuk).

N. Tokita u. K. Kanamaru, J. Polymer Sci. **27**, 255–267 (1958); (vernetzte Polymere).

S. S. Iwanow u. Mitarbb., Gummi u. Asbest **11**, 82–85, 87 (1958); (Naturkautschuk).

A. J. Jakubcik u. N. N. Motovilova, Ž. obšč. Chim. **28**, 421–424 (1958); (Polybutadien, Einfriertemp. bei verschiedenem 1,2-Gehalt).

A. S. Novikov u. F. S. Tolstukhina, Colloid J. (USSR) (Eng. Transl.) **20**, 342–347 (1958); (Butadien-Acrylnitril-Kautschuk).

K. H. Hillmer u. W. Scheele, Kautschuk u. Gummi **11**, (W.T.) 210–214 (1958); (Spannungsrelaxation von Kautschuk).

P. Kainradl u. F. Händler, Kautschuk u. Gummi **11**, (W.T.) 222–226, 229 (1958); (Vulkanisate).

G. M. Bartenev u. W. D. Saitseva, Vysokomolekulyarnye Soedineniya **1**, 1309–1318 (1959); (Elastomere, Einfriertemp.).

P. Mason, J. Appl. Polymer Sci. **1**, 63–69 (1959); (gedehnter Kautschuk).

F. Bueche, J. Appl. Polymer Sci. **1**, 240–244 (1959); (vernetztes Polymethylmethacrylat).

A. S. Novikov, V. A. Kargin u. F. A. Galil-Ogly, Soviet Rubber Technol. **18**, Nr. 1, 38–40 (1959); (Gummi bei hohen Temperaturen).

H. A. Vodden u. M. A. A. Wilson, Trans. Inst. Rubber Ind. **35**, 82–94 (1959); (Spannungsrelaxation und Ozonbeständigkeit).

E. V. Kuvshinskii u. M. M. Fomicheva, Rubber Chem. Technol. **32**, 651–661 (1959); (vernetzte Butadien-Styrol-Copolymere, Einfluß des Mol.-Gew.).

H. Luttropp, Plaste u. Kautschuk **6**, Nr. 4, 155–168(1959); (allgemeine Angaben über synthetische Kautschuke).

J. I. Cunneen u. W. F. Watson, J. Polymer Sci. **38**, 521–531 (1959); (cis-trans-Isomerisierung von Naturkautschuk).

T. Kempermann u. R. Clamroth, Kautschuk u. Gummi **12**, (W.T.) 96–106 (1959); (Dämpfung und Vorspannung).

J. R. Dunn, Rev. gén. Caoutch. **36**, 1869–79 (1959); (Alterung und Relaxation).

A. I. Marei, I. V. Rokityanski u. V. V. Samoletova, Soviet Rubber Technol. **18**, Nr. 2, 8–11 (1959); (Einfriertemp. und Struktur von Polybutadienen).

P. McL. Swift, Rubber J. **138**, 348–352 (1960); (modifizierter Naturkautschuk).

R. F. Landel u. P. J. Stedry, J. appl. Physics **31**, 1885–91 (1960); (Relaxation bei hoher Drehung, Butadien-Styrol-Kautschuk).

J. R. Dunn u. J. Scanlan, J. Appl. Polymer Sci. **4**, 34–37 (1960); (Relaxometer).

M. D. Nusinov, A. A. Pozin, R. I. Ospivat u. N. S. Ilin, Soviet Rubber Technol. **19**, Nr. 5, 18–20 (1960); (Füllstoffgehalt und Viscoelastizität).

C. G. Moore u. J. Scanlan, J. Polymer Sci. **43**, 23–33 (1960); (Kettenspaltung bei Vulkanisation).

P. Mason, J. Appl. Polymer Sci. **4**, 212–218 (1960); (Ruß und Viscoelastizität von Kautschuk).

V. A. Shvetsov, A. S. Novikov u. A. P. Pisarenko, Vysokomolekulyarnye Soedineniya **2**, 1608–1612 (1960); (Butadien-Acrylnitril-Kautschuk).

A. Mercurio u. A. V. Tobolsky, Rubber Chem. Technol. **33**, 72–77 (1960); (Relaxation und Abbau).

M. Baccaredda u. E. Butta, Chimica e Ind. **42**, 978–981 (1960); (Einfriertemp. von cis-Polybutadien).

J. R. Dunn, J. Scanlan u. W. F. Watson, Rubber Chem. Technol. **33**, 423–432 (1960); (Relaxation bei Abbau).

Polyvinylverbindungen unter Zusatz von Weichmachern, Lösungen (s. auch unter g₂):

J. D. Ferry u. Mitarbb., J. appl. Physics **21**, 513–517 (1950); (Polyvinylacetatlösungen).

J. D. Ferry, Am Soc. **72**, 3746–3752 (1950); (konzentrierte Lösungen bei verschiedenen Temperaturen).

L. E. Nielsen, R. Buchdahl u. R. Levreault, J. appl. Physics **21**, 607–614 (1950); (Polyvinylchlorid + Weichmacher).

W. Scheele u. T. Timm, Kolloid-Z. **116**, 129–134 (1950); (weichgemachtes Polyvinylacetat).

A.Ss. Kolbanowskaja u. P. A. Rehbinder, Koll. Žurnal **12**, 194–207 (1950); Kautschuk u. Gummi **4**, 23 (1951); (Kautschuklösungen).

F. W. Schremp, J. D. Ferry u. W. W. Evans, J. appl. Physics **22**, 711–717 (1951); (Polystyrollösungen).

P. E. Rouse jr. u. K. Sittel, J. appl. Physics **24**, 690–696 (1953); (verdünnte Lösungen von Polystyrol und Polyisobutylen).

L. D. Grandine u. J. D. Ferry, J. appl. Physics **24**, 679–685 (1953); (Polystyrol + Dekalin).

H. Batzer, Makromolekulare Chem. **10**, 13–29 (1953); (Polyester, Struktur und Eigenschaften).

A. W. Nolle u. J. F. Mifsud, J. appl. Physics **24**, 5–14 (1953); (gequollenes Perbunan).

J. D. Ferry u. Mitarbb., J. Polymer Sci. **14**, 261–271 (1954); (konzentrierte Polyisobutylenlösungen).

M. R. Hatfield u. G. B. Rathmann, J. appl. Physics **25**, 1082–1085 (1954); (Dehnungsrelaxation, Polyisobutylen + Weichmacher u. a.).

E. Jenckel u. K. H. Illers, Z. Naturf. **9a**, 440–450 (1954); (Polymethylmethacrylat + Weichmacher).

C. E. Jensen u. J. Koefoed, J. Colloid Sci. **9**, 460–465 (1954); (Hyaluronsäurelösungen).

L. E. Nielsen, R. A. Wall u. P. G. Richmond, SPE Journal **11**, Nr. 7, 3, 22, 46, 61 (1955); (Polystyrol + Füllstoffe).

R. F. Landel u. J. D. Ferry, J. phys. Chem. **59**, 658–663 (1955); (Cellulosetributyrat in Trichlorpropan).

M. L. Williams u. J. D. Ferry, J. Colloid Sci. **10**, 1–11 (1955); (weichgemachtes Polyvinylacetat bei verschiedenen Temperaturen).

L. Breitman, J. appl. Physics **26**, 1092–1098 (1955); (weichgemachte Polymere, Einfriertemp.).

Chu-Shu-Chang u. T. Chia-Chen, Acta Chim. Sinica **21**, 247–252 (1955); (Polymethylmethacrylat + Weichmacher, Einfriertemp.).

J. M. Watkins, R. D. Spangler u. E. C. McKannan, J. appl. Physics **27**, 685–690 (1956); (Polymethylmethacrylatlösungen, Mol.-Gewichtsabhängigkeit der Relaxation).

G. W. Becker u. H. Oberst, Kolloid-Z. **148**, 6–16 (1956); (Kautschuk + Füllmittel).

G. Beauvalet, Rev. gén. Caoutch. **33**, 1141–1145 (1956); (Polyvinylchlorid + Weichmacher, Berechnung mechanischer Daten).

S. I. Meerson u. E. G. Grimm, Colloid J. (USSR) (Eng. Transl.) **18**, 191–198 (1956); (Hysterese in Polymerlösungen).

H. Shiio u. H. Yoshihashi, J. phys. Chem. **60**, 1049–1051 (1956); (gebundenes Wasser in Polyvinylalkohol).

L. V. Ivanova-Chumakova u. P. A. Rebinder, Colloid J. (USSR) (Eng. Transl.) **18**, 421–428 (1956); (Polyisobutylenlösungen).

S. de Meij u. G. J. van Amerongen, Kautschuk u. Gummi **9**, (W.T.) 56–62 (1956); (Kautschukmischungen).

D. J. Plazek u. J. D. Ferry, J. phys. Chem. **60**, 289–294 (1956); (Cellulosetrinitrat + Isophorone).

R. F. Landel u. J. D. Ferry, J. phys. Chem. **60**, 294–301 (1956); (Cellulosetributyrat + Dimethylphthalat).

V. A. Kargin, G. L. Slonimsky u. L. Z. Rogovina, Colloid J. (USSR) (Eng. Transl.) **19**, 153–157 (1957); (Weichmacherwirksamkeit).

G. Schmid u. H. Pessel, Naturwiss. **44**, 258 (1957); (Polyacrylsäurelösungen).

R. F. Landel, J. W. Berge u. J. D. Ferry, J. Colloid Sci. **12**, 400–411 (1957); (konzentrierte Lösungen von Cellulosetributyrat).

A. Hartmann, Kolloid-Z. **156**, 132–136 (1958); (Wechselwirkung von Polyvinylchlorid mit Weichmachern).

H. Thurn u. F. Würstlin, Kolloid-Z. **156**, 21–27 (1958); (weichgemachte Polymere, Vergleich mit dielektrischem Verlust).

S. S. Wojutzki, A. D. Saiontschkowski u. R. A. Resnikowa, Gummi u. Asbest **11**, 107 (1958); (Mischungen von Polyvinylchlorid und Butadien-Styrol-Copolymeren in Lösung).

L. W. Iwanowa-Tschumakowa u. P. A. Rebinder, Gummi u. Asbest **11**, 107 (1958); (Polyisobutylenlösungen).

R. M. Brice u. W. M. Budde, Ind. eng. Chem. **50**, 868–870 (1958); (Weichmacherwirkung und Struktur, Polyvinylchlorid).

S. S. Voyutskii, V. I. Alekseenko u. L. E. Kalinina, Colloid J. (USSR) (Eng. Transl.) **20**, 15–22 (1958); (Nitrocellulose + Butadien-Acrylnitril-Copolymere).

B. A. Toms, Rheol. Acta **1**, 137–141 (1958); (Polymethylmethacrylat in Lösungsmittelgemischen).

M. Baccaredda, E. Butta u. R. Caputo, Chimica e Ind. **40**, 356–361 (1958); (weichgemachte Polymere).

S. Onogi, I. Hamana u. H. Hirai, J. appl. Physics **29**, 1503–1510 (1958); (konzentrierte Polyvinylalkohollösungen).

E. Jenckel u. K. H. Illers, Forschungsber. Wirtsch. Verkehrsministeriums Nordrhein-Westfalen, Nr. **753** (1959); (vernetztes, gequollenes Polystyrol).

M. Baccaredda u. E. Butta, Chimica e Ind. **40**, 732–735 (1959); (Phenol-Formaldehyd-Harze + Füllstoffe).

D. M. Sandomirskii u. I. D. Pilmenshtein, Soviet Rubber Technol. **19**, Nr. 11, 6–11 (1960); (Untersuchung der Gelierung von Latices).

J. A. Schmitt u. H. Keskkula, J. Appl. Polymer Sci. **3**, 132–142 (1960); (Relaxation, kautschukmodifiziertes Polystyrol).

k) Chemische Reaktionsfähigkeit bei Aufbau, Umwandlung und Abbau der Polymeren

Buchübersicht

K. J. Laidler, Chemical Kinetics, McGraw-Hill Book Co., New York 1950.

K. H. Meyer, H. Mark u. A. J. van der Wyk, Makromolekulare Chemie, 2. Aufl., S. 768 ff., Akademische Verlagsgesellschaft Geest & Portig, Leipzig 1950.

L. Küchler, Polymerisationskinetik, Springer-Verlag, Berlin-Göttingen-Heidelberg 1951.

A. Weissberger, Technique of Organic Chemistry, 1. Aufl., Bd. IV, S. 502, Interscience Publ. Inc., New York 1951.

H. R. Kruyt, Colloid Science, 1. Aufl., Bd. I, S. 278 ff., Elsevier Publ. Co., New York 1952.

P. J. Flory, Principles of Polymer Chemistry, 1. Aufl., S. 79 ff., Cornell University Press, New York 1953.

G. M. Burnett, Mechanism of Polymer Reactions, Interscience Publ., Inc., New York 1954.

H. H. G. Jellinek, Degradation of Vinyl-Polymers, 1. Aufl., Academic Press Inc., New York 1955.

G. O. Müller, Grundlagen der Stöchiometrie, 1. Aufl., S. 126, Verlag Hirzel, Leipzig 1955.

N. Grassie, Chemistry of High Polymer Degradation Processes, 1. Aufl., S. 167, Butterworths, London 1956.

A. Münster, Statistische Thermodynamik, Springer-Verlag, Berlin-Göttingen-Heidelberg 1956.

C. E. Schildknecht, Polymer Processes, 1. Aufl., S. 97 ff., Interscience Publ. Inc., New York 1956 (= High Polymers, Bd. X).

P. R. Swell, A Literature Survey of the Effects of High Energy Radiation on Various Plastics, Atomic Energy Research Establishment, Harwell 1958.

W. C. Wake, Die Analyse von Kautschuk und kautschukartigen Polymeren, Berliner Union, Stuttgart 1960.

C. D. Hodgman, Handbook of Chemistry and Physics, 43. Aufl., Chemical Rubber Publ. Co., Cleveland 1961.

Veröffentlichungen

W. Kern, K. Kossmann u. M. Rugenstein, Makromolekulare Chem. **14**, 122–127 (1954); (Endgruppen in Polystyrol und Polyvinylacetat).

W. Kern u. Mitarbb., Z. El. Ch. **60**, 309–317 (1956); (Endgruppen bei der radikalischen Polymerisation).

L. M. Suter u. J. P. Berkman, Ukrain. chem. J. **23**, 669–674 (1957); (Bestimmung von phenolischem Hydroxyl in Phenolharzen).

A. Conix, Makromolekulare Chem. **26**, 226–235 (1958); (Endgruppen von Polyäthylenterephthalat durch Titration).

A. I. Iakubcik u. A. Y. Spasskova, Rubber Chem. Technol. **31**, 581–587 (1958); (Ozonolyse von Popcorn-Polymeren des Butadiens).

K. D. Ledwoch, Kunststoff-Rundschau **7**, 523 (1958); (Analyse und Prüfung von Kunststoffen).

A. I. IAKUBCIK, A. Y. SPASSKOVA u. L. A. SHIBAEV, J. Gen. Chem. (USSR) (Eng. Transl.) **28**, 2095–99 (1958); (Ozonolyse von Natrium-Polybutadien).

H. MORAWETZ u. E. GAETJENS, J. Polymer Sci. **32**, 526–528 (1958); (Hydrolysekinetik und Mikrotaktizität).

J. HASLAM u. J. I. HALL, Analyst **83**, 196–198 (1958); (Chlorbestimmung in Polyvinylchlorid).

F. P. 1 222 250 (1959; Am. Prior., 1958), G. L. Cabot Inc., Erf.: A. ORZECHOWSKI u. J. C. MACKENZIE; (Überwachung der Herstellung von Ziegler-Katalysatoren).

Pirelli, Firmenschrift **1958**, 20; (Kupfer und Mangan in Gummi).

A. I. IAKUBCIK u. V. A. FILATOVA, Ž. obšč. Chim. **29**, 2658–63 (1959); (Natrium-butadien-Kautschuk).

G. GLÖCKNER u. W. MEYER, Faserforsch. u. Textiltechn. **10**, 83–84 (1959); (Wasser in Polyamidschnitzeln).

J. FERTIG, J. Appl. Polymer Sci. **2**, 125 (1959); (Schnellbestimmung von Chlor in Polymeren).

R. KVETON, S. HOSTICE u. A. SKALOVA, Chem. Průmysl **9**, 446–447 (1959); (chemische Bestimmung des Kondensationsgrades von Harnstoff-Formaldehyd-Harzen).

D. BRAUN, J. Polymer Sci. **40**, 578–580 (1959); (chemische Umwandlung zum Nachweis der Taktizität).

N. G. GAYLORD u. S. ROSENBAUM, J. Polymer Sci. **39**, 545–547 (1959); (Titration von Endgruppen in Polyäthylenterephthalat).

J. E. BURLEIGH, O. F. McKINNEY u. M. G. BARKER, Anal. Chem. **31**, 1684–86 (1959); (Bestimmung von Vinylpyridin-, Acrylnitril- und Acrylsäure-Einheiten in Elastomeren).

G. HENRICI-OLIVÉ, S. OLIVÉ u. G. V. SCHULZ, Ph. Ch. (N. F.) **20**, 176 (1959); (Übertragung und Verzweigung bei Polystyrol).

E. SCHRÖDER u. U. WAURICK, Plaste u Kautschuk **7**, 9–11 (1960); (Bestimmung des Fluorgehaltes von Polymeren).

K. THINIUS u. W. MÜNCH, Plaste u. Kautschuk **7**, 579–582 (1960); (Verseifungsprodukte von Cellulosefettsäureestern).

I. A. ALEKSEEVA u. S. S. SPASSKII, Vysokomolekulyarnye Soedineniya **2**, 1645–54 (1960); (Styrol-Polyäthylenglykolfumarat-Copolymere).

S. R. PALIT, Makromolekulare Chem. **38**, 96–104 (1960); (Endgruppenanfärbung).

K. V. LEVICKALIA, P. T. PASTUCHOV u. S. N. DAKILOV, Ž. prikl. Chim. **33**, 890–896 (1960); (Verteilung von Schwefelkohlenstoff in Viscose).

A. NERSASIAN u. D. E. ANDERSEN, J. Appl. Polymer Sci. **4**, 74 (1960); (Struktur von chlorsulfoniertem Polyäthylen).

R. MIKSCH u. L. PRÖLSS, Gummi u. Asbest **13**, 250–260 (1960); (Bläh- und Plastifizierungsmittel in Gummi).

F. MOCKER u. F. LUFT, Gummi u. Asbest **13**, 244 (1960); (Schwefelgehalt von Kautschukmischungen).

L. A. WOOD, I. MADORSKY u. R. A. PAULSON, J. Res. Bur. Stand. **64**A, 157–162 (1960); (Styrol in Copolymeren mit Butadien).

Mod. Plastics **37**, Nr. 11, 88 (1960); (Analyse von Kunststoffen).

J. J. WILLARD u. E. PASCU, Am. Soc. **82**, 4350–4352 (1960); (Stellung der Xanthogenatgruppe in Viscose).

W. SCHEELE, K. HUMMEL u. H. H. BERTRAM, Kautschuk u. Gummi **13**, (W. T.) 132–134 (1960); (Schwefel in Vulkanisaten).

L. I. BOGINA, L. P. EROSHKINA u. I. P. MARTYUKHINA, Soviet Rubber Technol. **19**, Nr. 5, 49–50 (1960); (Rußgehalt von Butylkautschukvulkanisaten).

F. TUCCI, SVF Fachorgan Textilveredlung **15**, 18–22 (1960); (Nachweis von Faserstoffen).

E. SCHRÖDER, Plaste u. Kautschuk **7**, 167–168 (1960); (Weichmacher in Cellulosehydratfolien).

W. MEYER, Kunstst. **50**, 312–314 (1960); (Blei und Sulfatasche in Polyvinylchlorid).

F. KIRCHHOF, Kautschuk u. Gummi **12**, (W. T.) 402–408 (1960); (Farbtest für einige Elastomere).

R. P. HOPKINS, Resin Rev. **10**, Nr. 4, 15–21 (1960); (Epoxydsauerstoff in Epoxydweichmachern).

E. B. MANO, Rubber Chem. Technol. **33**, 591–594 (1960); (Polyisopren in Mischungen).

D. H. GRANT u. N. GRASSIE, Polymer **1**, 445–455 (1960); (Zersetzung von Poly-tert.-butylmethacrylat).

F. GRAFMÜLLER u. E. HUSEMANN, Makromolekulare Chem. **40**, 172–188 (1960); (oxydiertes Polyäthylen).

L. A. WOOD, I. MADORSKY u. R. A. PAULSON, Rubber Chem. Technol. **33**, 1132–1141 (1960); (Copolymerenzusammensetzung).

K. WULF, Faserforsch. u. Textiltechn. **11**, 25–30 (1960); (Grundmolberechnung von Cellulosederivaten).

O. JA. FEDOTOVA u. S. A. ZAKOSHCHIKOV, Plasticheskie Massy **1960**, Nr. 5, 64–65; (Bestimmung der Zersetzungstemp.).

N. GRASSIE, J. Polymer Sci. **48**, 79–89 (1960); (Abbauprodukte).

J. E. GUILLET, W. C. WOOTEN u. R. L. COMBS, J. Appl. Polymer Sci. **3**, 61–64 (1960); (Gaschromatographie der Pyrolysate von Polymethylmethacrylat).

I. A. LIVSIC u. V. I. STEPANOVA, Ž. prikl. Chim. **34**, 1122–1126 (1961); [Permanganatoxydation der 1,2-Glieder in Poly-4-methyl-pentadien-(1,3)].

M. L. STUDEBAKER, Kautschuk u. Gummi **14**, (W. T.) 177–188 (1961); (Schwefelgruppen in Vulkanisaten).

G. V. SCHULZ u. D. J. STEIN, Makromolekulare Chem. **52**, 1–22 (1962); (Übertragungsreaktion und Verzweigung bei Polystyrol).

D. J. STEIN u. G. V. SCHULZ, Makromolekulare Chem. **52**, 249–252 (1962); (Übertragungskonstante aus Abbau bei Verseifung von Polyvinylacetat).

Weitere Arbeiten s. unter Kapitel I (S. 918) dieser Hinweise zur Ermittlung der Struktur makromolekularer Stoffe.

Autorenregister

Abadie, P., vgl. Girard, P. 967

Abbey, W. F., vgl. Carlson, B. C. 778

Abbotson, W., Coffey, D. H., Duxbury, F. K., u. Hurd, R. 788, 791

Abbott, A. N., vgl. Hock, C. W. 1019

Abbott, L. S., vgl. Hollis, C. E. 377

Abe, K., u. Yanagisawa, K. 993

Abell, F. M. 466

Abels, M., vgl. Stock, E. 987

Abgrall, C. 967

Abrahamsson, E. W., vgl. Geacintov, N. 898

Abrams, E., u. Sherwood, N. H. 338, 357

Abrams, I. M. 665, 685, 752

—, vgl. Patterson, J. A. 684

Abrams, J. T., Andrews, K. J. M., u. Woodward, F. N. 599

Abshire, C. J., u. Marvel, C. S. 612

Aceta GmbH 446, 453, 459, 462

Achhammer, B. G. 966, 988

—, vgl. Harvey, M. R. 991

—, u. Kline, G. M. 808

—, Reiney, M. J., u. Reinhart, F. W. 991

—, Reinhart, F. W., u. Kline, G. M. 923, 966, 967, 982, 986, 988

—, vgl. Stromberg, R. R. 807, 813

—, Tryon, M., u. Kline, G. M. 808, 965, 966, 991

Achon, M. A., vgl. Kern, W. 992

Achwal, W. B., u. Mitarbb. 1022, 1041

Ackerman, R. C. 385

Adakonis, A. E., vgl. Pinsky, J. 521

Adamik, W. J., vgl. Edelman, L. E. 530

Adams, B. A., u. Holmes, E. L. 266, 300

Adams, C. E., u. Kimberlin, C. N. jr. 755

Adams, E. C., vgl. Jirgenssons, B. 1042

Adams, H. E., u. Johnson, B. L. 847

Adams, J. T., vgl. Guest, H. R. 617

—, vgl. Wilson, J. E. 214

Adams, K. H., vgl. Doelling, G. L. 243

Adams, L. M., vgl. Gerhardt, H. L. 45

Adams, R. E., vgl. Lady, J. H. 923, 995

Adams, W. H. jr., u. Lebach, H. H. 634, 636

Adamson, A. W., vgl. Boyd, G. E. 974

—, vgl. Grossman, J. J. 1047

Addieco, A. A. de, s. D'Addieco, A. A.

Adelman, R. L. 618, 622

—, u. Klein, M. J. 1013

Adelson, D. E., u. Evans, T. W. 703

—, u. Gray, H. F. 703, 728

Adler, E., vgl. Euler, H. v. 224, 255, 257

—, Euler, H. v., u. Cedwall, J. O. 257

—, —, u. Gie, G. 199

Adler, F. T., vgl. Wales, M. 1007, 1014, 1048

Adler, G., vgl. Ballantine, D. 642

—, u. Colombo, P. 991, 997

Ady, E., vgl. Rusznák, I. 1040

AEG (Allgemeine Elektrizitäts-Gesellschaft AG) 294, 298, 333, 346, 349, 356, 721

Aélion, M. R. 103, 104, 105, 107, 108

Aelony, D. 490

—, Aelony, D., u. Wittcoff, H. A. 490

—, u. Wittcoff, H. A. 525

Aeronautical Laboratory s. Cornell ...

Aero Research Ltd. 242

—, u. Mackenzie, J. B. D. 467

Aero Service Corporation 597

Aeschlimann, F., vgl. Zetzsche, F. 460

Affens, W. A., vgl. Doty, P. M. 975, 1007, 1032

AGFA (Aktiengesellschaft für Anilin-Fabrikation) 303, 313, 376, 419, 423, 467, 610, 722, 804

AGFA s. a. Film- & Chemiefaserwerke ...

Agfa Wolfen s. Filmfabrik ...

Aggarwal, S. L., vgl. Marker, L. 1027, 1045

—, Marker, L., u. Carrano, M. J. 1046

—, u. Tilley, G. P. 981

Agius, P. J., u. Morris, P. R. 727

Ahlbrecht, A. H., Reid, T. S., u. Husted, T. R. 786

Ahola, A., vgl. Felicetta, V. F. 970, 989, 1017

Ahrens, L. H. 998

Aikhodzhaer, B. I., vgl. Kargin, V. A. 898

Aircraft Corporation s. Lockhead ...

Air Reduction Co. 704

Aitken, A., u. Barrer, R. M. 1047

Akabori, S., vgl. Hanafusa, H. 104

Akademie der Wissenschaften ... s. Deutsche Akademie ...

Akhangelskaya, M., vgl. Dogadkin, B. 977

Akhmedov, K. S., u. Lipatov, S. M. 1053

Akhrem, A. A., vgl. Nazarov, I. N. 490

—, vgl. Tishchenko, I. G. 484

Akins, D., Forester, R., u. Holtby, F. 502

Aktiebolaget Bofors 389

Aktiengesellschaft für Anilin-Fabrikation s. AGFA

Akutin, M. S., Gurman, J. M., u. Stal'nova, M. A. 504, 505

—, vgl. Lossew, J. P. 197

—, vgl. Lukovenko, T. M. 505

Akutowicz, F. 1062

Alarcon, B. C., vgl. Segui, E. D. 816

Albers, H. 416

Albert, K., GmbH, s. Chemische Werke ...

Albrecht, O. 364, 444

—, u. Hiestand, A. 363, 385, 387

Albrecht, O., vgl. Hiestand, A. 385

—, vgl. Maeder, A. 496

—, vgl. Sallmann, R. 364, 371

—, Sallmann, R., u. Gränacher, C. 335

Albright & Wilson Ltd. 401, 402, 575

—, vgl. Bradford Dyers' Association Ltd. 390, 402

Alder, K., u. Mitarbb. 42

—, Pascher, F., u. Schmitz, A. 842

—, u. Rickert, F. H. 927

Alderson, T. 5, 6

Aldoshin, V. G., vgl. Chetyrkina, G. M. 1038

—, vgl. Tsvetkov, V. N. 979, 1038

Aldrich, P. H., vgl. Marvel, C. S. 598

Aldrich, R., vgl. Marvin, R. S. 1064

Aleksandrovich, K. M., vgl. Starobinez, G. L. 1021

Alekseenko, V. I., Bogoslavskaya, L. A., u. Mishustin, I. U. 1019

—, vgl. Kalinina, L. E. 1014

—, u. Mishustin, I. U. 1045

—, vgl. Voyutskii, S. S. 1068

Alekseeva, E. N. 927

—, u. Belitzkaya, R. M. 927

Alekseeva, I. A., u. Spasskii, S. S. 993, 1069

Alekseeva, V. P., vgl. Korshak, V. V. 627

Alelio, G. F. de, s. D'Alelio, G. F.

Alexander, B. H., vgl. Hofreiter, B. T. 642

Alexander, C. H. 785

Alexander, G. 245

Alexander, L. E., vgl. Ohlberg, S. M. 983

—, Ohlberg, S., u. Taylor, G. R. 981

Alexander, P., u. Mitarbb. 989, 1049

—, vgl. Bailey, J. L. 133

—, u. Fox, M. 806

—, u. Stacey, K. A. 980, 999, 1041

Alexander, S. S., vgl. McRae, W. A. 686

Alexander, W. J., Goldschmid, O., u. Mitchell, R. L. 1041

Alexander Wacker … s. Wacker, A., …

Alexandrowicz, Z. 979, 980, 1008

Alexandru, L., u. Coman, M. 409

Alford, S., u. Dole, M. 1050

Alfrey, T. jr., u. Mitarbb. 760, 848

Alfrey, T. jr., u. Berdick, M. 1039

—, vgl. Bradford, E. B. 1005, 1017

—, Goldberg, A. I., u. Price, J. A. 1033, 1035

—, Justice, J. D., u. Nelson, S. J. 1035

—, u. Pinner, S. H. 973

Algemene Kunstzijde Unie N. V. 115, 116

Alkeroyd, E. I., u. Kressman, T. R. E. 666, 744

Alkin, A. D., vgl. Sokolow, L. B. 1027

Allan, J. A. van, vgl. Allen, C. F. H. 664

Allen, C. F. H., u. Allan, J. A. van 664

—, vgl. Priest, W. J. 722

—, vgl. Unruh, C. C. 421, 664, 805

Allen, D. N. de G. 1060

Allen, E. R., vgl. Hirshfield, S. M. 1015

Allen, G., u. Mitarbb. 1045

—, Gee, G., u. Read, B. E. 1062

Allen, J., vgl. Turkington, V. H. 261

Allen, M. D., vgl. Campbell, H. N. 1003

Allen, P. E. M. 1005

—, u. Mitarbb. 980

Allen, P. W. 820, 854, 928, 1020

—, u. Mitarbb. 965

—, Arey, G., u. Moore, C. G. 854, 965

—, Bell, C. L. M., u. Cockbain, E. G. 858

—, u. Bristow, G. M. 979

—, u. Merrett, F. M. 854, 1009, 1013

—, —, u. Scanlan, J. 854

—, u. Phil, D. 853, 1016

—, u. Place, M. A. 1007

Allen, S. J. 155

—, u. Drewitt, J. G. N. 139

—, —, u. Bryans, F. 150

Allenby, O. C. W. 494, 509

Alles, R. 363, 370

—, vgl. Schütte, H. 265, 289

Allewelt, A. L. 886

—, u. Watt, W. R. 886

Allgemeine Elektrizitäts-Gesellschaft s. AEG

Allgén, L. G. 969

—, u. Roswall, S. 969

Allied Chemical Corporation 179, 667

Allied Chemical & Dye Corporation 207, 334, 342, 343, 354, 365, 815

Allied Chemical & Dye Corporation, Solvay Process Division 482

Alliger, G., Johnson, B. L., u. Forman, L. E. 797

Alling, R. D., vgl. De Francesco, A. J. 1054

Allirot, R., u. Orsini, L. 993

Allison, J. B., vgl. Raff, R. A. 819

Allpress, C. F., u. Maw, W. 15

Allsebrook, W. E. 538

—, vgl. Armitage, F. 538

Alm, A. V. 455

Almand, J. M., vgl. Buckwalter, H. M. 239

Almin, K. E. 1015

Alphen, J. van 847

—, Schönlau, W. J. K., u. Tempel, M. van den 819, 845

Alstadt, D. M. 1019

Alsup, R., u. Lindvig, P. E. 409

Altenburg, K. 1061

Alter, H., u. Soller, W. 464, 1019

Altgelt, K., u. Schulz, G. V. 978, 979, 1027, 1039

—, vgl. Schulz, G. V. 978

Altier, M. W., vgl. Morton, M. 1017

Altpeter, J. 482

Altrichter, S., vgl. Pohl, H. 1001

Altscher, S., vgl. Fletscher, C. 709

Aluminate Co. s. National …

Alvang, F., u. Samuelson, O. 1007

Alvarado, A. M., u. Holt, H. S. 434

Alyea, H. N., vgl. Ihrig, J. L. 975

Amalith 280

Amann, A., vgl. Fonrobert, E. 285

Amaya, K., u. Fujishiro, R. 1052, 1053

Ambelang, J. C., vgl. Smith, G. 210

Amberg, L. O., u. Robinson, A. E. 781

Amborski, L. E., u. Mecca, T. D. 1059

Ambrose, E. J., u. Elliott, A. 995

Ambrose, J. F., vgl. McCall, D. W. 1022

Ambrowski, L. E., u. Fliere, D. W. 47

American Can Co. 527

American Celanese Corporation s. Celanese Corporation of Amerika

American Cyanamid Co. 38, 142, 251, 269, 272, 298, 333, 336, 338, 349, 357, 359, 360, 361, 362, 364, 365, 367, 368, 373, 376, 383, 385, 455, 458, 459,

American Cyanamid Co.
461, 479, 480, 495, 497,
507, 509, 515, 517, 525,
551, 562, 575, 584, 588,
589, 636, 673, 709, 710,
711, 712, 728, 742, 743,
751, 755, 757, 758, 788,
791, 793, 802, 804, 845,
846, 853, 898
American Marietta Co. 213,
762
American Viscose Corporation
167, 615, 704, 741, 880,
886, 894
Amerongen, G. J. van 677,
766, 798 824, 828, 839,
861, 1012, 1028, 1066
—, u. Mitarbb. 641
—, vgl. Boonstra, B. B. S. T.
809, 811, 814, 817, 851
—, u. Koningsberger, C. 825,
828
—, —, u. Salomon, G. 824, 825
—, vgl. Meij, S. de 1068
—, u. Poldervaart, J. L. 828,
829
Ames, D. P., vgl. Barnstorff,
H. D. 500
Ames, J., u. Laycock, G. H.
1060
—, u. Sampson, A. M. D.
1006
Ammondson, C. J., vgl. Wohnsiedler, H. P. 497, 509
Amos, J. L., vgl. Frank, J. C.
815
—, vgl. Ruffing, N. R. 790
Anagnostopoulos, C. E., Coran,
A. Y., u. Gamrath, H. R.
1003, 1014
Analist, T. C. 242
Anas, T., vgl. Elmer, C. 363
Andersen, D. E., u. Arnold,
R. G. 804
—, vgl. Nersasian, A. 688,
1069
Anderson, A. W., u. Brehm,
W. J. 108
—, u. Overbaugh, S. C. 670
Anderson, C. 995
Anderson, D. A., u. Freeman,
E. S. 809, 815
Anderson, E. W., u. McCall,
D. W. 968
Anderson, H. C. 501, 817
Anderson, J. L. 397
Anderson, R. H., u. Wheeler,
D. H. 156
Anderson, R. J., u. Melvin,
S. R. 1055
Anderson, W. S. 994
—, vgl. Marvel, C. S. 988
Andrade, C. 1030
Andreas, F., vgl. Buser, K.
517
Andreev, P. A., vgl. Kreshkov,
A. P. 897

Andres, K., vgl. Frank, G. 475,
542
—, Lang, K., u. Merten, R.
467
—, vgl. Wegler, R. 305, 521,
541, 545
—, Wegler, R., u. Frank, G.
522
Andress, K. R., u. Fischer, K.
981
Andrew, E. R. 975
Andrews, D. A., Hurtubise, F.
G., u. Krässig, H. 996
Andrews, E. H., u. Turner, D.
T. 857, 1006
—, u. Walsh, A. 1004, 1055
Andrews, K. J. M., vgl. Abrams,
J. T. 599
—, Rosser, R. J., u. Woodward,
F. N. 581, 599
Andrews, R. D. 1003, 1061
—, vgl. Gurnee, E. F. 1001
—, u. Rudd, J. F. 1001, 1004
—, u. Tobolsky, A. V. 1063
—, vgl. Tobolsky, A. V. 1061
Andrews, T. M., vgl. Reeves,
H. F. jr. 830
Andrianov, K. A., u. Mitarbb.
632, 1065
—, u. Dubrovina, B. P. 499
—, vgl. Maxorov, B. V. 911
Andrjushtshenko, E. A., s.
Andryuchchenko, E. A.
Andryushtshenko, E. A., vgl.
Lipatov, J. S. 977, 1013,
1043, 1053
Ang, F. 1009, 1037
Anger, V., vgl. Feigl, F. 923,
928
Angert, L. G., u. Kuzminskii,
A. S. 844
Angier, D. J., Ceresa, R. J., u.
Watson, W. F. 806, 859,
1017
—, Chambers, W. T., u. Watson,
W. F. 1039
—, Farlie, E. P., u. Watson,
W. F. 860
—, u. Turner, D. T. 853,
856
—, u. Watson, W. F. 852,
859, 860, 1009, 1013
Angioletti, A. 1001, 1061
Angyal, S. J., Penman, D. R.,
u. Warwick, G. P. 396
Aniline & Film Corporation s.
General ...
Anselm, H., u. Nickl, E. 416
—, u. Smidt, J. 702
—, —, u. Winkler, H. 701
—, u. Winkler, H. 702
Anson, M. L., Bailey, K., u.
Edsall, J. T. 1012
—, u. Edsall, J. T. 969
—, —, u. Bailey, K. 1046
Anspach, C., vgl. Brouckère,
L. de 977

Anthes, J. A., vgl. Dudley,
J. R. 385
Anthony, R. L., vgl. Baldwin,
F. P. 1057
—, vgl. Hewitt, F. G. 1027,
1057
—, vgl. Witte, R. S. 1066
Antipina, A. D., vgl. Kargin,
V. A. 971, 974, 1003
Ant-Wuorinen, O., u. Visapää,
A. 974, 988
Antzenberger, P., u. Fournet,
G. 985
—, —, u. Rogue, J. 985
Aoki, M., vgl. Iwasaki, M. 992
Apel, M., u. Tollens, B. 416,
421
Appelquest, A. J. 385
Appelt, H. 1002
Applegath, A. A., Helmreich,
R. F., u. Sweeney, G. A.
473
Applegath, D. D. 792
Arbabright, P. A., u. Kuntz, I.
599
Arbuzova, I. A., u. Efremova,
V. N. 529
Arceneaux, R. L., vgl. Frick,
J. G. jr. 498
Archer, B. L., u. Sekhar, B. C.
970, 1049
Archer, W. L., u. Mason, S. G.
1029
Arcus, C. L. 711, 741, 1002
—, u. Bose, A. 982, 1004
—, u. Halliwell, A. 759
Ardenne, M. 1002
Ardis, A. E., u. Gilbert, H. 816
Arends, C. B. 1060
Arendt, I., u. Schenck, H. J.
1018
Arew, A. M. 968, 983
Arey, G., vgl. Allen, P. W. 854
Argersinger, W. J. jr., u. David-
son, A. W. 974
Argus Chemical Corporation 813
Aries Laboratories Inc. 513,
516, 523
Aries, R. S., u. Sachs, A. P.
1016
Aristo-Werke, Dennert & Pape,
Hamburg-Altona 659
Arkhangel'skaya, M., vgl. Do-
gadkin, B. 1008
Arledter, H., u. Piepenbrink,
H. F. 61
Arlet, F., u. Jacqué, L. 1034
Arlman, E. J., Boog, W., u.
Coumoce, D. J. 1000
Arlman, J. J. 982, 1024
—, vgl. Goppel, J. M. 982
Armbruster, R., Hartmann, A.,
u. Loewe, H. 458, 575
—, vgl. Krzikalla, H. 345, 395,
400
Armen, A., u. Murdock, S. A.
711

Armitage, F., u. Allsebrook, W. E. 538
—, vgl. Hewitt, D. H. 46
—, vgl. Wakeford, L. E. 46
Armstrong Cork Co. 467, 489, 762, 786
Armstrong, G. M., vgl. Watson, M. T. 1061
Armstrong, R. T. 620
—, Little, J. R., u. Doak, K. W. 847
Arnold, Hoffmann & Co. 111, 112
Arnold, A., Madorsky, I., u. Wood, L. A. 998
Arnold, H. 984, 986, 995
Arnold, H. B. 464
Arnold, H. W. 340, 464
Arnold, L. F. 736
Arnold, R., u. Caplan, S. R. 980
Arnold, R. G., vgl. Anderson, D. E. 804
—, Nelson, J. A., u. Verbanc, J. J. 59
Arolafia, O. R., vgl. Gregor, H. P. 974
Arquette, G. J., vgl. Manson, J. A. 979, 1038
Arshid, F. M., Giles, C. H., u. Jain, S. K. 968, 996, 999
Arundale, E., u. Haworth, J. P. 801
Arvin, G. A., vgl. Carothers, W. H. 12, 13, 15
Arvin, J. A. 195, 198, 274, 582
Arzhakov, S. A., Rylov, E. E., u. Shtarkman, B. P. 1026, 1063
Asadourian, A., vgl. Blout, E. R. 996
Asakura, S., Imai, N., u. Oosawa, F. 1021
Ash, B. D., vgl. Phillips, B. 482
Ashby, C. E., Reitenour, J. S., u. Hammer, C. F. 1011
Ashby, G. E., u. Hoeg, D. F. 983
Asmussen, F., vgl. Ueberreiter, K. 1047
Astle, M. J., u. Zaslowsky, J. A. 415
—, —, u. Lafyatis, P. G. 561, 563
Aten, A. H. W. jr. 1032
Atherton, N. M., Melville, H., u. Whiffen, D. H. 997
Atkins, J. T., u. Mitarbb. 978, 1037
Atkinson, E. R., u. Bump, A. H. 361, 362, 368
Atkinson, H. B. jr., vgl. Silver, I. 464, 495, 500
Atlas Mineral Products Co. 636
Atlas Powder Co. 36, 362
Atomic Energy Commission of the United States 964

Atwood, F. C. 787
Aubony, M., vgl. Lhoste, P. 895
Auer, E. E., Doak, K. W., u. Schaffner, I. J. 1055
Auer, P. L., vgl. Kirkwood, J. G. 1061
Auerbach, J. 847, 964
—, u. Mitarbb. 965, 1047
—, u. Gehman, S. D. 964, 1047
Auerbach, V., u. Ingberman, A. K. 521
Augustat, S. 900
Augustine, F. B., vgl. Richter, F. 581
Aukward, J. A., Warfield, R. W., u. Petree, M. C. 971
Ault, W. C., u. Feuge, R. O. 485
—, vgl. Port, W. S. 491
Auspos, L. A., u. Mitarbb. 624, 626, 627
—, u. Dempster, J. B. 7, 13
Austerweil, V. G. 483
Austin, J. M., vgl. Severs, E. T. 1043
Austin, P. R., u. Cass, O. L. 15, 561
Auten, R. W., u. Hankins, E. M. 739, 742
—, u. Meunier, V. C. 342, 354
—, u. Rainey, J. L. 344, 345, 353, 355, 743
—, vgl. Yost, R. S. 588, 590
Auwers, K. v. 224, 226, 232, 251, 257
—, u. Baum, F. 257
—, u. Riek, E. 201
Axelrod, S. 991, 992, 1033
Axilrod, B. M., vgl. Wolock, I. 1054, 1058
Axtell, O. H. jr., u. Clarke, C. M. 408
Aycock, B. F., vgl. Melamed, S. 758
Ayer, J. E., Schmitt, D. R., u. Mayfield, R. M. 1029
Ayers, C. W. 155, 924
Ayers, G. W., Geerts, M. J., u. Krewer, W. A. 738, 739
Ayrey, G., vgl. Allen, P. W. 965
—, u. Moore, C. G. 965
—, —, u. Watson, W. F. 852

Babayan, V. K. 667
Baccaredda, M., u. Mitarbb. 1064
—, u. Butta, E. 1051, 1064, 1065, 1067, 1068
—, —, u. Caputo, R. 1068
—, vgl. Natta, G. 1060, 1061, 1065
—, u. Schiavinato, G. 999

Bachman, G. B., u. Mitarbb. 644, 673, 679, 690, 696, 818
Back, A. L. 1030
Backer, H. J. 561
—, u. Keuning, K. J. 555
—, vgl. Strating, J. 225
Bacon, J. C. 362, 804
—, vgl. Brooks, L. A. 804
Bacon, R. C., vgl. Rugg, F. M. 991
Bacon, R. G. R., Baird, W., Habgood, B. J., u. Morgan, L. B. 842
—, u. Evans, W. J. R. 675
—, Farmer, E. H., u. Schidrowitz, P. 853, 855
Bacskai, R., u. Pohl, M. A. 991, 1027
Badami, D. V., u. Harris, P. H. 1006
Baddour, R. F., u. Hawthorn, R. D. 1018
Bader, A. R. 474
Bader, E., vgl. Parkyn, B. 39
Badger, R. M., vgl. Brooks, M. C. 1017, 1018
Badische Anilin- & Sodafabrik AG s. BASF
Badoche, M., u. Li Shu Hua 1050
Badstübner, W., vgl. Kuhn, R. 415, 416
Badum, E. 800
Bächle, O. 842, 852, 1030
—, vgl. Konrad, E. 591
Baehr, H. D. 1006
Baekeland, L. H. 275
Baer, G., vgl. Baer, J. 418, 419
Baer, J. 412, 591
—, u. Baer, G. 418, 419
Baer, M. 683, 684, 727, 790
—, u. Fordyce, R. G. 684
—, vgl. Merz, E. H. 1054
Baertschi, P. 1020
Bäumler, R., vgl. Schickh, O. v. 167
Baeyer, A. v. 303, 313
Baggett, J. M., u. Pruitt, M. E. 431
—, vgl. Pruitt, M. E. 430, 436, 438, 449
Bagley, E., vgl. Prager, S. 1022
Bagley, E. B. 1044
Bahr, C., vgl. Manecke, G. 272
Bailey, D. L. 499
Bailey, E. D., vgl. Sittel, K. 1061
Bailey, F. E. 650
—, u. Callard, R. W. 1008, 1013, 1033, 1035, 1040
—, u. France, H. G. 435
—, vgl. Hill, F. N. 429, 430, 449, 531
—, Kucera, J. L., u. Imhof, L. G. 429, 978, 1037

Bailey, F. E., Powell, G. M., u. Smith, K. L. 429, 1016, 1037

Bailey, J. L., u. Alexander, P. 133

Bailey, K., vgl. Anson, M. L. 1012

—, vgl. Edsall, J. T. 1046

Bailey, M. E. 59

—, Kirss, V., u. Spaunburgh, R. G. 995

Bailey, W. J., u. Golden, H. R. 982, 994

—, u. Fujiwara, E. J. 627

—, u. Knox, C. E. 496

—, u. Yates, E. T. 1002

Bair, R. K., vgl. Suter, C. M. 264

Baird, D. K., Haworth, W. N., u. Hirst, E. L. 905

Baird, W., vgl. Bacon, R. G. R. 842

Bak, B. 987, 990

Bakeev, N. F., vgl. Kargin, V. A. 1004, 1005

Bakelite Corporation 42, 202, 209, 224, 242, 244, 273, 274, 282, 286, 419, 784, 790

Bakelite GmbH 250, 253, 261, 262, 279, 280, 283, 291

Bakélite, La 213

Bakelite Ltd. 472, 516, 518, 521

Baker Castor Oil Co. 369

Baker, C. A., u. Williams, R. J. P. 939, 940, 1014, 1017

Baker, J. W., u. Gaunt, J., 61

—, —, u. Davies, M. M. 91

—, u. Holdsworth, J. B. 59, 61

Baker, R. H., vgl. Thompson, D. C. 804

Baker, W. O. 35, 941

—, u. Fuller, C. S. 934, 939, 940

—, Mason, W. P., u. Heiss, J. H. 1057, 1061

—, vgl. Winslow, F. H. 996

Balbino, L., u. Frasciatti, D. 101

Baldridge, J. H., vgl. De Francesco, A. J. 1054

Baldwin, D. E., vgl. Feinland, R. 686

Baldwin, F. P. 679, 801, 1043, 1056

—, u. Mitarbb. 678, 803

—, u. Hakala, T. H. 679

—, Ivory, J. E., u. Anthony, R. L. 1057

—, vgl. Kuntz, I. 803

—, Kuntz, I., Serniuk, G. E., u. Thomas, R. R. 803

—, vgl. Lambert, M. M. 679

—, u. Robison, S. B. 681

Baldwin, F. P., vgl. Serniuk, G. E. 678

—, u. Thomas, R. M. 678

—, —, u. Kuntz, I. 679, 681

—, Turner, L. B., u. Zapp, R. L. 801

Balfe, B. J. 242

Balfe, M. P., u. Werber, W. C. 199

Ballantine, D., u. Mitarbb. 999

—, Glines, A., Adler, G., u. Metz, D. J. 642

Ballard, D. G. H., u. Mitarbb. 132

—, u. Bamford, C. H. 132

—, —, u. Weymouth, F. J. 132

Ballard, S. A. 703

—, Morris, R. C., u. Winkle, J. L. van 426, 434, 435, 450, 456, 580, 586

Ballauf, A. 451

—, vgl. Münz, F. 455

—, Münz, F., u. Bayer, O. 775

—, vgl. Wegler, R. 372, 392, 393, 447, 615

Ballauf, F., vgl. Bergdolt, A. 602

—, vgl. Thaus, A. 602

Balle, G. 250, 437

—, vgl. Daimler, K. 610

—, vgl. Ernst, O. 438

—, vgl. Orthner, L. 446

—, vgl. Schmidt, A. 716

—, vgl. Steindorff, A. 209, 388

Ballentine, B., vgl. Hebson, P. H. 13

Ballentine, D. S., u. Mitarbb. 991, 1054

Ballentine, J. B., vgl. Easley, W. K. 13

—, vgl. Sundbeck, E. H. 13

Ballini, G. 781, 782

Ballman, R. L., vgl. Cox, W. P. 1046

—, vgl. Jackson, G. B. 1001, 1059

Balló, R., u. Gészy, J. 253

Balon, W. J. 67, 68

Baltes, J., vgl. Kaufmann, H. P. 33

Balthis, J. H. jr. 745

Balwit, J. S., vgl. Lawton, E. J. 777

Bamberg, R., vgl. Walther, R. v. 296

Bamberger, E., u. Tschirner, F. 629

Bamford, C. H., 990

—, u. Mitarbb. 996, 997

—, vgl. Ballard, D. G. H. 132

—, Elliot, A., u. Hanby, W. E. 981

Bamford, C. H., Hanby, W. E., u. Happey, F. 101, 132, 133, 984, 1012

—, u. Jenkins, A. D. 997, 1038

—, u. Tompa, H. 1014

Banchero, J. T., vgl. Pecorini, H. A. 440

Bandaruk, W. 464

Bandel, G. 928

Banderet, A. 1053

—, vgl. Dürig, G. 1041

—, vgl. Kobryner, W. 855, 1016

—, vgl. Riess, G. 1013

—, vgl. Lienhart, A. 1006

Bandow, F. 998

Banerjee, D., vgl. Chatterjee, P. K. 974

Banes, F. W., vgl. Nelson J. F. 692

—, vgl. Serniuk, G. (E.) 769, 837

—, vgl. Swaney, M. W. 770

Banigan, T. F. jr. 1018

Bankert, R. A., u. Ropp, W. S. 848

Banks, J. A., Bosworth, P., u. Lemon, P. H. R. B. 473

Banks, W. H. 1024

Bankwitz, G. 481, 488

Bann, B., u. Miller, S. A. 357

Bannon, L. A., vgl. Frohlich, P. K. 672

—, vgl. Morell, C. E. 672

Baramboim, N. K., u. Gorodilov, V. N. 1003

Barb, W. G. 516, 561, 569, 570, 571, 572, 988, 1063

—, u. Mikucki, M. 1006

Barbier, J. 1029

Barg, E. J. 402

—, Spitkowski, D. M., u. Meltewa, N. N. 1058

Barkdoll, A. E., Gray, H. W., u. Kirk, W. 144

Barker, M. G., vgl. Burleigh, J. E. 1069

Barkhuff, R. A. jr. 254

Barkin, S., vgl. Frank, H. P. 970

Barlow, A., Lehrle, R. S., u. Robb, J. C. 923, 1019

Barnard, D. 855

Barnes, C. E., vgl. Ney, W. O. 112

—, Ney, W. O., u. Nummy, W. R. 112

—, Nummy, W. R., u. Ney, W. O. 111

Barnes, G. L., vgl. Dosmann, L. P. 796

Barnett, G., u. Drakeley, K. D. 516, 521

—, vgl. Pritchett, E. G. K. 253

Barnstorff, H. D., u. Mitarbb. 500

Barnstorff, H. D., Ames, D. P., u. Chadwick. D. H. 500
Barr, D. A., u. Rose, J. B. 561
Barrer, R. M. 1046, 1047
—, vgl. Aitken, A. 1047
—, u. Barrie, J. A. 1022, 1048
—, —, u. Slater, J. 1022
Barrett, F. C., vgl. Brimley, R. C. 1011
Barrett, F. O., vgl. Myers, L. D. 525
Barrett, G. F. C. 408
Barrett, G. R. 708, 709
Barrett, J. W., vgl. Farmer, E. H. 841, 856
Barrie, J. A., vgl. Barrer, R. M. 1022, 1048
Barris, I., u. Miller, R. G. J. 1016
Barron, H. 818
Barry, A. J., vgl. Peterson, F. C. 887
Barson, C. A., Bevington, J. C., u. Eaves, D. E. 965
Bartels, U. 658
Bartenev, G. M. 1019, 1029, 1053, 1056, 1057, 1059, 1061, 1062, 1066
—, u. Mitarbb. 1059
—, vgl. Dogadkin, B. 1057, 1059
—, u. Galil-Ogly, F. A. 1055
—, u. Kongarov, G. S. 1014, 1028
—, Novikov, A. S., u. Galil-Ogly, F. A. 1054, 1055, 1066
—, u. Novikova, N. M. 1058
—, vgl. Pansch, B. J. 1056
—, Reznikovsky, M. M., u. Khromov, M. K. 1062
—, u. Saitseva, W. D. 1067
—, u. Styran, Z. E. 1019
—, u. Vishnitskaja, L. A. 1059, 1067
—, u. Zelenev, Y. V. 1063
Barth, B. P., vgl. Reinking, N. H. 479
Barth, H., vgl. Zaunbecher, K. 91
Barth, W. L. A. 597
Barthel, R. 235
Barthell, E. 114
Bartkowski, H. 994
Bartl, H. 835, 909
—, Bayer, O., u. Scheurlen, H. 782
—, u. Becker, W. 836
—, Holtschmidt, H., u. Bayer, O. 758
—, vgl. Husemann, E. 900, 901, 906, 980, 1010, 1042
—, u. Peter, J. 783
—, vgl. Peter, J. 783
—, vgl. Schellenberg, W. D. 726, 759, 805

Bartleson, J. D. 433
Bartoe, W. D., vgl. Weber, C. H. 1064
Barton, B. C. 847
Barton, E. E., u. Jamieson, A. M. 242, 282
Bartos, O., vgl. Zamorsky, R. 1033, 1040
Bartovics, A. 677
Bartz, K. W. 408
—, vgl. Walling, C. T. 407, 408
Bartunek, R. 985, 1020
—, u. Jancke, W. 1003, 1012, 1049
—, vgl. Schurz, J. 1044
Barwell, F. T., u. Pepper, K. W. 1020
Baseden, G. A. 1043, 1044
BASF (Badische Anilin- & Sodafabrik AG) 15, 21, 34, 39, 104, 110, 112, 116, 137, 148, 156, 167, 178, 179, 198, 211, 220, 239, 263, 264, 282, 287, 303, 304, 316, 328, 329, 333, 340, 341, 344, 345, 346, 347, 353, 354, 355, 356, 363, 370, 372, 374, 375, 376, 377, 398, 400, 408, 409, 416, 419, 420, 421, 422, 423, 437, 438, 442, 446, 448, 452, 458, 459, 467, 472, 476, 477, 481, 494, 496, 515, 516, 518, 523, 527, 533, 551, 560, 561, 566, 568, 571, 573, 575, 577, 609, 618, 674, 677, 680, 682, 687, 689, 709, 742, 743, 765, 785, 787, 788, 792, 793, 794, 811, 827, 896
Basin, V. E., u. Shvarts, A. G. 1014
Baskett, A. C., u. Mitarbb. 966
—, Matthews, G. A. R., u. Spencer-Palme, H. J. 88
Basolo, F., vgl. Jensen, A. 973
Bassett, H. L., u. Williams, A. H. 851
Bassi, W., vgl. Natta, G. 933, 982, 983
Bassin, J. D. 518, 520
Basu, S. 188, 972
—, u. Choudhury, D. K. R. 1010, 1040
—, u. Das Gupta, P. C. 970, 1041
—, u. Podder, S. K. 1042
—, vgl. Podder S. K. 1042
Bataafsche (Shell) (N. V. Bataafsche Handelsmaatschappij, s'Gravenhage/Holland) 2, 42, 196, 198, 240, 434, 450, 465, 466, 467, 468, 469,

Bataafsche (Shell) 470, 471, 472, 473, 477, 480, 481, 483, 485, 488, 489, 490, 492, 493, 495, 496, 497, 502, 503, 506, 507, 509, 511, 512, 513, 514, 519, 522, 523, 525, 530, 532, 533, 534, 537, 550, 586, 597, 766, 767, 793, 839, 840
Bataglini, T. E. 523
Bateman, J., u. Mitarbb. 981, 998
Bateman, L. C. 854, 859, 932
—, u. Mitarbb. 847
Bates, H., vgl. Fisher, J. W. 174
—, Fisher, J. W., u. Smith, J. R. 874, 875
—, —, u. Wheatley, E. W. 174
Bates, O. K. 1050
Bates, R. L. 1046
Battista, O. A. 820
—, u. Mitarbb. 1005, 1040
—, vgl. Coppick, S. 1017
Batts, H. J., u. Delang, D. G. 802
—, vgl. Iknayan, A. N. 802
—, vgl. Peterson, L. C. 259, 801
—, vgl. Schaefer, W. E. 802
Batuev, M. J., Meschtscherjakov, A. P., u. Matveeva, A. D. 978
Batzer, H. 1, 7, 47, 820, 1009, 1040, 1067
—, u. Mitarbb. 1, 31, 1034
—, vgl. Fisch, W. 465, 513
—, u. Fritz, G. 27
—, u. Holtschmidt, H. 22
—, —, Wiloth, F., u. Mohr, B. 3
—, u. Möschle, A. 1009, 1040
—, u. Mohr, B. 31, 644, 1009, 1039
—, u. Nikles, E. 482, 484, 486, 490, 491, 494
—, u. Nisch, A. 654, 761, 1037
—, u. Weissenberger, G. 32
—, u. Wiloth, F. 1028
Bauch, W. A., Lambert, M. M., u. Hillard, G. O. jr. 679
Bauer, A., vgl. Bestian, A. 574
Bauer, H. 989
—, Heckmaier, J., Reinecke, H., u. Bergmeister E. 721
Bauer, K. H. 963
—, u. Moll, H. 963
Bauer, M., vgl. Müller, Eugen 630
Bauer, R., u. Delfs, D. 288
—, vgl. Hagedorn, M. 438, 911

Bauer, R., vgl. Noerr, H. 265

Bauer, W. 679

Baughan, E. C., Jones, A. L., u. Stewart, K. 1029

Baum, A. A. 804, 852

—, vgl. Sturgis, B. M. 798

Baum, B. 813

Baum, F., vgl. Auwers, K. v. 257

Baum, H., Gilbert, G. A., u. Wood, H. L. 1017, 1042

Bauman, W. C., u. McKellar, R. 751

—, u. Roth, H. H. 684, 685

—, —, u. Smith, H. B. 684

—, u. Wheaton, R. M. 685

—, vgl. Wheaton, R. M. 751

Baumann, E. 411

—, u. Fromm, E. 411

Baumann, G. F., u. Steininger, S. 929, 988

Baumann, H. 333

Baumann, U., Schreiber, H., u. Tessmar, K. 993

—, vgl. Schröder, G. 740

Baumeister, W., Gäth, R., u. Schwarz, A. 811

Baumgarten, H. E., vgl. Marvel, C. S. 599

Baumgartner, G. L. jr. 467

Baumgartner, P. 774

Bauminger, B. B. 973

Bavley, A., Knuth, C. J., u. Michelotti, F. W. 514

—, vgl. Michelotti, F. W. 514

Bawn, C. E. H. 819, 1033

—, Freeman, R. F. J., u. Kamaliddin, A. R. 1006, 1008, 1033, 1035

— Grimley, T. B., u. Wajid, M. A. 1012, 1035

—, u. Ledwith, A. 630

—, —, u. Matthies, P. 630

—. u. Rhodes, T. B. 630

—, u. Wajid, M. A. 1006, 1009

Baxter, G. F., u. Redfern, D. V. 213

Baxter, S., Potts, P. D., u. Vodden, H. A. 798, 1066

—, u. Wilmot, P. D. 967

Baxter, W. N. 671

Bay Chemical Co. 830

Bayer, E. 643

—, vgl. Bielig, H. J. 398

Bayer, O. 57, 58, 98, 572, 688

—, u. Mitarbb. 57, 80

—, vgl. Ballauf, A. 775

—, vgl. Bartl, H. 758, 782

—, u. Becker, W. 591

—, vgl. Becker, W. 668, 669

—, vgl. Bögemann, M. 799

—, vgl. Bongard, W. 311, 582, 586

—, vgl. Bunge, W. 62, 65, 66, 67, 76, 77, 78, 79, 94, 95, 246, 247, 305, 582, 784

Bayer, O., Bunge, W., Müller, E., Petersen, S., Piepenbrink, H. F., u. Windemuth, E. 80, 83

—, vgl. Doser, A. 614, 615, 616

—, vgl. Graulich, W. 455

—, vgl. Höchtlen, A. 76

—, vgl. Holtschmidt, H. 22, 40, 88, 93, 581, 589

—, vgl. Jakob, L. 481

—, vgl. Kleiner, H. 92, 94, 735, 738, 739

—, vgl. Kleist, W. 615

—, vgl. Lehmann, W. 455, 458, 460

—, vgl. Lober, F. 850, 852

—, vgl. Müller, E. 31, 33, 34, 80, 82, 83, 84, 86, 92, 98, 843, 848

—, u. Müller, E. 80, 98

—, —, Petersen, S., Piepenbrink, H. F., u. Windemuth, E. 83, 98

—, Münz, F., u. Keller, K. 588

—, vgl. Nelles, J. 572, 827

—, vgl. Nischk, G. 30, 39, 91

—, vgl. Petersen, S. 63, 171

—, vgl. Rathjen, H. 824

—, vgl. Rinke, H. 922

—, Rinke, H., u. Siefken, W. 88, 143

—, —, —, Orthner, L., u. Schild, H. 57, 71, 74, 96, 169

—, u. Schellenberg, W. D. 806

—, vgl. Schellenberg, W. D. 726, 759, 805

—, vgl. Schmidt, K. L. 87

—, vgl. Spielberger, G. 247, 594

—, vgl. Thoma, W. 170

—, vgl. Wagner, K. 87

—, vgl. Wegler, R. 308, 318, 376

—, vgl. Windemuth, E. 67, 68, 88, 89

Bayrische Stickstoffwerke 385

Baysal, B., u. Mitarbb. 1038

—, u. Tobolsky, A. V. 1009, 1036

Bayzer, H., u. Schurz, J. 989, 992

—, vgl. Schurz, J. 989, 992

Bazhenkov, N. M., u. Mitarbb. 997

Beacham, H. H. 531

—, u. Merz, K. M. 531

Beachell, H. C., u. Carlson, D. W. 979, 999

—, u. Nemphos, S. P. 966, 992

Beal, K. F., u. Thor, C. J. B. 722

Beaman, R. G., u. Mitarbb. 140

Beaman, R. G., vgl. Shashoua, V. E. 940, 976, 1004, 1035

Bearman, R. J., u. Koenig, F. O. 1029

Bean, C. T., vgl. Ilardo, C. S. 514

Bean, C. T. jr., vgl. Robitschek, P. 32, 36, 47

Bearden, L. M. D., s. La Moyne D. Bearden

Beasley, D. R. 486, 500

Beason, L. R., u. Booth, C. 1014

—, vgl. Booth, C. 1014

Beati, E., vgl. Pegoraro, M. 968

Beattie, W. H., u. Booth, C. 977

Beatty, J. R., u. Juve, A. E. 1066

—, u. Zwicker, B. M. G. 1054, 1059

Beauvalet, G. 152, 1068

Beavers, E. M. 472

—, Koroly, J. E., u. Rowland, S. P. 485, 548

—, u. O'Brien, J. L. 487

—, vgl. Rowland, S. P. 486

—, Rowland, S. P., u. White, R. G. 483, 485

Bebb, R. L., vgl. Johnson, P. H. 982, 1053

Bebie, J., vgl. Lunge, G. 869

Becco Chemical Division, Food Machinery & Chemical Corporation 482

Becher, H. J. 995

Becherer, G., u. Voigtlaender-Tetzner, G. 985

Becholt, M. F., u. MacDonald, R. N. 406

Bechtle, G. F., vgl. Morris, F. v. 472

Beck, Dr., & Co. GmbH 501, 532

Beck, Koller & Co. Ltd. 526

Beck, G. 1047

Beck, H. J., u. Eckmans, H. 501

Beck, L. R., vgl. Wakelin, J. H. 984

Beck, T. M., vgl. Walsh, E. N. 305

Beckacite GmbH 261

Becke, F., u. Flieg, O. 896

—, vgl. Schwartz, E. 156

—, u. Wick, K. 156

Becker, E., vgl. Runkel, W. 409

Becker, F., vgl. Roth, W. A. 1050

Becker, G. W. 1062, 1064, 1065

—, u. Oberst, H. 1064, 1068

Becker, W. 679, 827

—, vgl. Bartl, H. 836

—, u. Bayer, O. 668, 669

—, vgl. Bayer, O. 591

—, u. Blömer, A. 827

Becker, W., vgl. Blömer, A. 675, 676
—, vgl. Garten, V. 938
—, vgl. Graulich, W. 770, 936
—, vgl. Konrad, E. 927, 934, 937, 938
—, vgl. Murke, H. 676
—, vgl. Orthner, L. 593, 826
—, u. Orthner, L. 591, 592
—, —, u. Blömer, A. 825
—, vgl. Pieper, G. 765
—, vgl. Schröter, R. 591, 593, 594
—, u. Spielberger, G. 593, 594
Beckmann, C. O., vgl. Winter, S. S. 1042
Beckmann, E., u. Dehn, E. 212
Beckmann, W., Deseniss, M., u. Nielsen, A. 824
Bedford, C. W., u. Sebrell, L. B. 845
Bedford, J., vgl. Redfarn, C. A. 820
Bedoit, W. C. 429
Bedon, H. D., vgl. Flory, P. J. 1026, 1051
Beduneau, H. 554
Beears, W. L., vgl. Jansen, J. E. 8
—, Werber, F. X., Jansen, J. E., u. Gresham, I. H. 13
Beek, L. K. H. van , vgl. Brouckère, L. de 969
—, u. Hermans, J. J. 969
Beekley, J. S. 687
Been, J., u. Grover, M. M. 826, 828
Beer, M. 991
Beets, M. G. J., vgl. Heeringa, L. G. 414
Beever, D. K., u. Valentine, L. 1022
Behncke, H. 110
Behnke, E. 515
Behrend, E. B., vgl. Weissert, F. C. 827
Behrends, J. 407
—, vgl. Runge, F. 269
Behrens, M. 656
Beilstein, F. 861
Beiser, A. L., vgl. Miller, I. 809, 816
Bekkedahl, N., vgl. Fanning, R. J. 999
Belanger, W. J. 506, 521
—, u. Cooke, H. G. jr. 512
—, vgl. Hicks, D. D. 513
—, vgl. Masters, J. E. 516
—, u. Masters, J. E. 515
—, —, u. Hicks, D. D. 512
Belbéoch, B., u. Guinier, A. 983, 986
Belcher, H. V., vgl. Bestul, A. B. 806, 1033, 1044

Belitzkaya, R. M. 974
—, vgl. Alekseeva, E. N. 927
Beljakov, V. M., vgl. Korshak, V. V. 1013, 1065
Bell Telephone Laboratories Inc. 12, 162, 506, 597, 790
Bell, A. 471
—, u. McConnell, W. V. 471
Bell, C. D., vgl. Gresham, W. F. 563
Bell, C. L. M., vgl. Allen, P. W. 858
Bell, J. M. de 700
Bell, M. D., vgl. Collins, P. L. 797
Bellamy, L. J. 990, 991
Belle, J., vgl. Gregor, H. P. 974
Bellemans, A., vgl. Prigogina, I. 1052
Bellvila, R., vgl. Treboux, J. 385
Belmas, R. 1016
Belner, R. J., vgl. Maron, S. H. 1030, 1043
Beltzer, M., vgl. Gregor, H. P. 272
Belusa, J., vgl. Majer, J. 1027, 1045
Bemberg, I. P., AG 758
Benade, W., vgl. Taube, K. 384, 387
Bender, H. L. 202, 208
—, u. Farnham, A. G. 244, 274, 275, 286
—, —, u. Guyer, J. W. 202, 479, 505
—, u. Phillips, B. 492
Benedict, D. B., Rife, H. M., u. Walther, R. A. 703
Beneš, J. 1043
Benett, A. R., vgl. Wiley, R. H. 999
Bengough, W. I. 1028, 1051, 1052
Bengtsson, E. B. 389
Benkovsky, V. G., vgl. Zavorokhina, N. A. 1018
Bennett, A. H., u. Mitarbb. 1002
Bennett, B., vgl. Kell, R. M. 1026
Bennett, R. B., u. Smith, G. E. P. jr. 850
Benneville, P. L. de, s. LaRoche de Benneville, P.
Bennewitz, R. 181, 1040
Benning, A. F., Downing, F. B., u. Park, J. D. 817
—, u. Park, J. D. 817
Benoit, G., vgl. Funke, A. 441
Benoit, H. 967, 975, 976
—, vgl. Bushuk, W. 976
—, vgl. Daune, M. 1047
—, u. Leng, M. 977
—, vgl. Loucheux, L. 976

Benoit, H., vgl. Rempp, P. 976
—, vgl. Ribeyrolles, P. 979, 1039
—, vgl. Wippler, C. 975
Benoît, N. 976
Benson, S. W., u. Srinivasan, R. 1022
Bentley, F. F., u. Pappaport, G. 996
Benzing, E. P., vgl. Müller, F. H. 970
Bera, B. C., Foster, A. B., u. Stacey, M. 970
Beranova, D., vgl. Hudeček, S. 1018
Berardinelli, F. 719
—, Davies, R. E., u. White, B. B. 720
Berardinelli, F. M., vgl. Hudgin, D. E. 408
Berchet, G. J. 175
—, vgl. Carothers, W. H. 102
—, vgl. Coffman, D. D. 191
Berdick, M., vgl. Alfrey, T. jr. 1039
Beredjick, N., u. Mitarbb. 1024
—, vgl. Ries, H. E. 1024
Beregovskaya, M. G., Nasonova, A. N., u. Mulyukova, S. G. 594
Berek, M., vgl. Rinne, F. 1002
Berenbaum, M. B. 506
Berendes, R., vgl. Weyland, H. 605, 606
Berenson, C., vgl. Church, J. M. 36
Beresniewcz, A. 979, 1015, 1038
Berestnev, V. A., u. Mitarbb. 1053
—, vgl. Gul, V. E. 978, 1013 1039
Berestneva, Z. J., vgl. Kargin, V. A. 1023
Berestnew, V. A., s. Berestnev, V. A.
Berg, H., vgl. Herrmann, W. O. 698
Bergdolt, A., u. Ballauf, F. 602
Berge, J. W., vgl. Landel, R. F. 1035, 1068
Bergen, J. T. 1060
—, u. Patterson, W. jr. 1044
Bergen, R. L. jr., u. Wolstenholme, W. E. 1063, 1066
Berger, A. 357, 364
—, vgl. Riesel, E. 1008
—, vgl. Shriner, R. L. 607, 608, 609
Berger, H., vgl. Zigeuner, G. 320, 374
Berger, L., & Sons Ltd. 46, 538
Bergh, H. J. van den, vgl. Jonge, J. de 240
Berghe, J. van den, vgl. Reynolds, D. D. 51

Bergmann, E., u. Morris, R. C. 493

Bergmann, E. D. 576

Bergmann, J., Grosskinsky, O., u. Thürkauf, W. 468, 472

Bergmann, L., u. Schaefer, C. 998, 1000

Bergmann, M., vgl. Golumbic, C. 573

Bergmann, W., vgl. Jayme, G. 866

Bergmeister, E., vgl. Bauer H. 721

Heckmaier, J., u. Zoebelein, H. 718

Bergström, S. 903

Bergwerksverband GmbH 468, 472, 480, 515

Berkhout, A. D., vgl. Borsche, W. 200

Berkman, J. P., vgl. Suter, L. M. 1068

Berkowitz, J. B., Yamin, M., u. Fuoss, R. M. 978, 1010, 1016, 1037

Berl, E., u. Kunze, W. C. 903

—, u. Smith, W. 903

Berl, W. G. 963, 964, 970, 972, 974, 981, 987, 989, 998, 1001, 1002, 1011, 1023

Berlenbach, W., vgl. Dinges, K. 795

—, vgl. Graulich, W. 373, 455, 742, 794

—, vgl. Knapp, K. H. 794

Berlin, A. A., u. Mitarbb. 997

—, u. Dabagova, A. K. 481

—, u. El'Tsefon, B. S. 806

—, vgl. Korolev, G. V. 1052

Bernal, D. E. 1018

—, u. Boucher, M. 1018

Bernard, H., Kneip, W., Zerweck, W., u. Keller, K. 362

—, vgl. Ott, K. 44

Bernard, M. L. J. 973

Bernardy, G. 887

Berndt, W., vgl. Treiber, E. 989

Berndtsson, B., u. Turunen, L. 38

—, vgl. Turunen, L. 36

Berneis, G., vgl. Signer, R. 1030

Bernoulli, P., u. Gross, A. 437

Bernstein, F., vgl. Goldspiel, S. 982

Berriman, J. M., vgl. Parker, C. A. 1018

Berry, J. P. 1056, 1067

—, u. Cayré, P. J. 797

—, Scanlan, J., u. Watson, W. F. 1060

—, u. Watson, W. F. 1066

Berry, K. L. 817

—, u. Hill, J. W. 783

Bersworth, F. C. 400

Bertalan, G., vgl. Csürös, Z. 1062, 1065

Berter, C. 178

Bertozzi, E. R., Davis, F. O., u. Fettes, E. M. 596

—, vgl. Fettes, E. M. 596

Bertram, G., vgl. Hogg, W. H. 465

Bertram, H. H., vgl. Scheele, W. 1069

Bessant, K. H. C., u. Mitarbb. 967, 1025, 1054

Bessenov, M. J., vgl. Koton, M. M. 961

Best, W. G., u. Tomfohrde, H. F. 977

Beste, L. F., u. Stephens, C. W. 922

—, —, u. Hills, A. 147, 180

Bestian, H. 569, 570, 572, 573, 574, 578, 579

—, u. Bauer, A. 574

—, u. Ehlers, G. 574

—, —, u. Plötz, E. 573

—, —, u. Steinbrunn, G. 573, 574, 578

—, u. Fink, G. v. 568, 574, 579

—, vgl. Heyna, J. 574

—, u. Karrenbauer, K. 569, 572, 578

—, u. Luce, W. 578

Bestul, A. B. 1031, 1032, 1046

—, u. Belcher, H. V. 806, 1033, 1044

Bestul, H. C., u. Mitarbb. 1034

Besughj, W. D., u. Dmitrijeva, N. N. 973

Bettelheim, F. A., u. Stein, R. S. 1001, 1027

Betticher, A., Hardung, V., u. Maillard, J. 1062

Beuschel, H., u. Hoffmann, B. 778

Bevan, E. A., u. Tervet, J. R. 42

Bevan, E. J., vgl. Cross, C. F. 906, 907, 908, 909

Bevilacqua, E. M. 858, 1005, 1013, 1043

—, u. English, E. S. 844

Bevington, J. C. 410, 965

—, vgl. Barson, C. A. 965

—, u. Brooks, C. S. 964

—, u. Eaves, D. E. 965

—, —, u. Vale, R. L. 965

—, u. Guzman, G. M., u. Melville, H. W. 697, 964

—, Melville, H. W., u. Taylor, H. S. 931, 935

Beyaert, M., vgl. Govaert, F. 554

Beyer, E. 969, 972

Beyer, M. 968

Beyer, W. 36, 47

Bhaskara Rao, M. L., u. Palit, S. R. 759

Bhatnagar, H. L., u. Biswas, A. B. 978

—, —, u. Gharpurey, M. K. 1033

Bhatnagar, M. S. 1020

Bhattacharya, P. R. 1040

Bianchi, E., vgl. Rossi, C. 1011, 1033, 1038, 1047

Bianchi, J. P., Luetzel, W. G., u. Price, F. P. 999, 1026

—, vgl. Price, F. P. 978, 1040

Bianchi, U., u. Magnasco, V. 1038

—, —, u. Rossi, C. 1033

—, vgl. Rossi, C. 1011, 1033, 1047

Bickford, W. G., vgl. Mack, C. H. 485

—, vgl. Placek, L. L. 486

Biczysko, H., vgl. Pohlemann, H. 179

Bidaine, E., vgl. Brouckère, L. de 1014

Biddison, P. H., vgl. Schmidt, E. 1006, 1017

Biddulph, R. H., u. Mitarbb. 1052

Bie, G. J. van der 987

—, vgl. Schoon, T. G. F. 1005, 1006, 1017

Biedermann, H., u. Geiger, E. 1065

Biedermann, W., u. Raichle, K. 554

—, vgl. Raichle, K. 40, 554

—, vgl. Schnell, H. 554, 563

Bielig, H. J., u. Bayer, E. 398

Bier, G. 184, 644

—, vgl. Heitzer, E. 670, 688

—, u. Krämer, H. 1009, 1036

—, u. Starck, W. 699, 703

Bier, M., vgl. Nord, F. F. 977, 1012

Bigelow, C. C., vgl. Cragg, L. H. 1034, 1035

Bigeon, J. 425

Biggs, B. S. 797, 850

—, Erickson, R. H., u. Fuller, C. S. 35

—, Frosch, C. J., u. Erickson, R. H. 147

Billica, H. R. 13

Billig, K. 716, 729, 730, 784

—, vgl. Weihe, A. 373

Billmeyer, F. W. 820, 978

—, vgl. Bune, W. F. 779

—, vgl. Muus, L. T. 978

—, vgl. Roberts, B. 1028

—, u. Than, C. B. de 976

Bills, E. J., vgl. Duff, J. C. 217

Bills, K. W., Sweeny, K. H., u. Salcedo, F. S. 1056
Bilton, J. A., u. Segall, G. H. 496
Bimmerman, H. G., vgl. Neal, A. M. 804
Binaghi, M., vgl. Natta, G. 10, 641
Binapfel, J. 609, 610, 611
Binder, J. L. 994
—, u. Ransaw, H. C. 937
Bines, B. J., u. Whelan, W. J. 914
Binovic, K., vgl. Rothstein, R. 455
Biot, M. A. 1062
Bird, T. B., vgl. Cooper, W. 786, 787, 858
—, vgl. Jones, F. A. 858
Birdsall, C. M., vgl. Shull, E. R. 995, 996
Birnbaum, K., u. Lurie, G. 53
Birr, E. J., u. Walther, W. 467
Birshteĭn, T. M., Gotlib, Y. Y., u. Ptitsyn, O. B. 964
—, u. Sokolova, E. A. 999
Bisch, J. 718
—, u. Thiesse, X. 721
Bischoff, C. A. 397
—, u. Hedenström, A. v. 49, 50
—, u. Reinfeld, F. 373, 374, 397
Bischoff, J., Catsiff, E., u. Tobolsky, A. V. 1063
—, u. Desreux, V. 975, 978
Bishop, R. R. 530
Bishop, W. A. 773
Bishop, W. S., vgl. Kemp, A. R. 830
Bisio, A. L., vgl. Cain, W. P. 671, 782
Bisschops, J. 1036, 1043, 1049
Bisset, D. C., vgl. Winogradoff, N. N. 1001
Bisterfeld, E. 209
Biswas, A. B., vgl. Bhatnagar, H. L. 978, 1033
—, vgl. Jose, C. I. 976, 999
Bittle, H. G., vgl. Vogel, H. A. 534, 742, 793, 794
Bixler, C. E. 475, 505
Bizzarri, G. C., vgl. Ciampa, G. 1009, 1037
Bjork, C. F., vgl. Philipp, H. J. 1007, 1040
Bjorksten Research Laboratory 464
Bjorksten, J., Tovey, H., u. Dollard, H. L. jr. 98
—, —, Harker, B., u. Henning, J. E. 47
—, Yaeger, L. L., u. Henning, J. E. 36

Black, A. L. 1031
Black, E. D., Margerum, J. D., u. Wyman, G. M. 991
Black, W. B., u. Morehead, B. A. 119
Blackburn, B. O., vgl. Parry, H. L. 467
Blackley, D. C., u. Melville, H. W. 965
Blackmore, W. R. 1010
Blättermann, H., u. Koch, R. 924
Blagov, S. S., u. Mitarbb. 1013
—, Peihkovskaya, K. A. 1006
Blaine, R. L., vgl. Hunt, C. M. 1022
Blair, G. W. S. 1032
Blake, E. S. 603
—, u. Hammann, W. C. 583
Blake, G. G., u. Vonwiller, O. U. 969
Blake, J. 495, 756, 757
Blake, J. T., vgl. Davis, C. C. 823, 861
Blake, N., u. Shore, W. S. 180
Blanchard, A. F. 1054, 1059
—, u. Wootton, P. M. 1021, 1058
Blanchard, K. O., vgl. Lewis, I. R. 213
Blanchard, L. W., vgl. Malm, C. J. 878
Blanchette, J. A. 152, 663, 693, 694, 696, 734
—, u. Cotman, J. D. jr. 644, 663, 664, 666, 689, 690, 693, 696, 734
—, vgl. Walter, H. A. 663
Bland, D. R., u. Lee, E. H. 1061
Blankenship, E. B., vgl. Hughes, D. S. 1058, 1060
Blaser, B., Rugenstein, M., u. Tischbirek, G. 683
—, u. Tischbirek, G. 683
—, vgl. Traube, W. 871, 872
Blasius, E., Pittack, H., u. Negwer, M. 1005, 1022
Blaton, J., vgl. Rubinowicz, A. 966
Blatz, P. J., vgl. Simha, R. 807
Blechschmidt, E. 967
Blicke, F. F., u. Doorenbois, N. J. 130
—, u. McCarty, F. J. 215
Bloch, H. S. 722
Block, R. J. 970
—, u. Mitarbb. 969
—, Durrum, E. L., u. Zweig, G. 1012
Blömer, A. 675
—, u. Becker, W. 675, 676
—, vgl. Becker, W. 825, 827
—, vgl. Delfs, D. 676

Blömer, A., u. Desamari, K. 676
—, u. Gartner, E. 773
—, vgl. Murke, H. 676
Blokh, G. A. 964
—, u. Mitarbb. 965
—, Golubkowa, J. A., u. Mikluchin, G. P. 964
—, u. Zaynchkovskii, A. D. 968, 985
Blom, A. V. 292
Blomeyer, F., vgl. Wegler, R. 521, 541, 545
Bloom, A., u. Welch, E. V. 522
Bloomfield, G. F. 825, 828, 829, 835, 847, 932, 1016, 1038, 1039
—, u. Mitarbb. 857, 858
—, vgl. Blow, C. M. 835
—, u. Drake, G. W. 1039
—, u. Farmer, E. H. 841
—, u. Jeffrey, G. A. 840
—, vgl. Popham, F. J. W. 857
—, u. Stokes, S. C. 861
—, u. Swift, P. McL. 857, 858, 859
Bloomfield, R. J., vgl. Pruitt, M. E. 430, 449
Blout, E. R., u. Asadourian, A. 996
—, vgl. Fasman, G. D. 132
—, u. Idelson, M. 1001
—, vgl. Idelson, M. 132
Blow, C. M., u. Popham, F. J. W. 835
—, u. Bloomfield, G. F. 835
Bloxam, A. G. 363
Bloxham, E. J., Lewis, R. N., u. Pritchett, G. E. K. 521
Bluestein, A. C., vgl. Boonstra, B. B. S. T. 777
—, vgl. Grossman, R. F. 802
Blume, R. C. 699, 700, 706, 708
Blumenfeld, B. A., u. Mitarbb. 589, 997
Blumental, L. 464
Blumer, L. 473
Blumfeldt, A. E. 601, 602
Bly, R. S. 604, 606
Boake, A., Roberts & Co. Ltd. 532
Boardman, H. 804, 848
Boardman, N. K., u. Partridge, S. M. 1018
Boasson, E. H., u. Woestenenk, J. M. 1004
Bobalek, E. G., u. Savage, R. L., u. Schroeder, M. C. 43, 1040
—, vgl. Sun, S. 1055
Bobeth, W. 1003, 1012

Bobingen AG 146, 151
—, für Spinnfaser 154, 158
—, für Textilfaser 127, 128, 159, 169, 170, 190, 372, 586, 598
Bobleter, O., vgl. Patat, E. 503
Bobrova, M. I., u. Matveeva, A. N. 973
Bock, E. 36
Bock, H., u. Neumann, O. 96
Bock, L. H. 888
—, u. Houk, A. L. 887, 893, 894
—, vgl. Powers, D. H. 887
—, u. Rainey, J. L. 345
Bock, W. 706
—, u. Tischbein, W. 458, 461
—, Wolz, H., u. Hebermehl, R. 791
Bockstahler, T. E., u. Mitarbb. 1064
Bodamer, G. W. 666, 686 706, 744
Bodenbenner, K., vgl. Frank, G. 475, 542
—, vgl. Wegler, R. 515, 521, 541, 545
—, u. Wegler, R. 529, 556, 560, 564
—, u. Kubens, R. 523
Bodendorf, K., u. Raaf, H. 295
Boder, G. 1020
Bodmann, O., vgl. Cantow, H. J. 978, 1036
Bodnar, M. J., u. Schrader, W. H. 816
Bodnya, V. M., vgl. Gluzman, M. K. 428
Bodor, G., vgl. Falkai, B. 982
Boeck, E., vgl. Dachs, K. 116
Böckmann, K., vgl. Taube, C. 573
Boedtker, H., u. Doty, P. 979, 980, 1000, 1010, 1041, 1042, 1049
Böeseken, J. 611
—, Gongrijp, J. H., u. Rhijn, A. E. A. van 223
—, u. Schimmerl, A. 410
Bögemann, M., u. Bayer, O. 799
—, vgl. Konrad, E. 591
—, vgl. Lober, F. 850, 852
—, vgl. Zaucker, E. 845
Böhler, C. C. 293
Böhler, H. 345
Boehm, R. L. 895
Böhme Fettchemie GmbH 344, 345, 385, 426, 467
Böhme, H., Dietz, K., u. Leidreiter, K. D. 339
—, u. Mundlos, E. 398
Boehmer, G., vgl. Neufeld, E. 787

Boehmer, N., vgl. Ellis, C. 824
Boer, J. H. de 1023
Boeree, A. R., vgl. Hammick, D. L. 404
Bösing, F., vgl. Verley, A. 17
Boettcher, A. 1006
Böttcher, B. 620
—, u. Lüttringhaus, A. 620
—, vgl. Lüttringhaus, A. 620
Boettcher, F. P., vgl. Kauffmann, T. 642
Boettner, F. E., u. Niederhauser, W. D. 739
Bofors, s. Aktiebolaget . . .
Boggs, F. W. 1057
—, vgl. Brooks, M. C. 849
Bogina, L. I., Eroshkina, L. P., u. Martyukhina, I. P. 1069
Bogoljubskij, V. A. 215
Bogoslavskaya, L. A., vgl. Alekseenko, V. J. 1019
Bohdanecky, M., u. Mitarbb. 924
—, Tamchyna, J., u. Zwonar, V. 1045
Boiney, J. F. 249
—, vgl. Shepard, A. F. 258, 800
Boissonas, C. G., vgl. Ehrbar, J. P. 1053, 1057
Boitard, J., vgl. Schmitt, J. 612
Boitsova, N. N., vgl. Tsvetkov, V. N. 1001
Bolam, S. E. 799, 1055
Boldebuck, E. M. 817
Boldyreva, I. I., u. Mitarbb. 838
Bolgar, L. 419
Bolin, R. E., u. Mitarbb. 1060
Bolland, J. L. 932
—, u. Gee, G. 1051
Bollinger, R., vgl. Orthner, L. 479, 546
Bolstad, L. L. 522
—, vgl. Formo, J. L. 462, 463, 522
Bolt, T. D., u. Dannenberg, E. M. 797
Bolte, H., vgl. Fikentscher, H. 496, 788
Bolton, E. K. 99, 191
Bolz, K., vgl. Gedeon, J. 264
Bonaguri, E., vgl. Bozza, G. 1000
Bonart, R., vgl. Hosemann, R. 981
Bond, J. R., u. Brady, S. A. 532
Bondi, A. 1006, 1050
—, u. Parry, H. L. 521
Bondurant, C. W., vgl. Chinai, S. N. 978

Bondy, C., u. Heiser, K. 699
Bongard, W., Müller, E., Bayer, O., u. Theis, M. 582, 586
—, Nischk, G., u. Bayer, O. 311
Bongé, W. v., vgl. Rassow, B. 869
Bonilla, C. F., vgl. Crippen, R. C. 923
Bonner, N. A., vgl. Wahl, A. C. 1046
Bonnet, O., vgl. Compagnon, P. 510, 860
Bonomi, G., vgl. Fiorenza, A. 994
Bonvicini, A., u. Caldo, C. 924
Boockstahler, T. E., u. Mitarbb. 36
Boog, W., vgl. Arlman, E. J. 1000
Boone, C. J., vgl. Liang, C. Y. 966, 991
Boonstra, B. B. S. T. 1056, 1057
—, u. Amerongen, G. J. van 809, 811, 814, 817, 851
—, u. Bluestein, A. C. 777
—, u. Dannenberg, E. M. 971, 1021
—, vgl. Dannenberg, E. M. 971, 1054, 1059
—, vgl. Polley, M. H. 971
Boord, C. E., vgl. Bossert, R. G. 178
—, vgl. Brooks, B. T. 990
—, vgl. Sebrell, L. B. 845
Booth, C. 1015
—, u. Beason, L. R. 1014
—, vgl. Beason, L. R. 1014
—, vgl. Beattie, W. H. 977
—, Gee, G., u. Williamson, G. R. 1006
Booth, G. C., u. Gold, V. 980, 1010, 1042
Bopp, C. D., u. Sisman, O. 1059
Boppel, H., vgl. Freudenberg, K. 887
Borchert, A. E., u. Overberger, C. G. 993
Borden Co. 207, 239, 329, 332, 419, 473
Borden, D. G., vgl. Cohen, H. L. 695
Bordwell, F. G., vgl. Suter, C. M. 264
Borello, E., u. Mussa, C. 990, 991
Boresch, C., Hagge, W., u. Quaedvlieg, M. 271
Borisova, T. I., vgl. Mikhailov, G. P. 968, 1038
Borkovec, A. B. 430

Borkovec, A. B., u. Jackson, L. 430

Borkowa, L. W., vgl. Kusminskiĭ, A. S. 994

Born, J. W., vgl. Yanko, J. A. 982

Bornengo, M. 465, 1029

Borovitskaya, N. M. 1057, 1058

Borrows, E. T., u. Stewart, D. G. 430

—, vgl. Stewart, D. G. 435

Borsche, W., u. Berkhout, A. D. 200

Borsini, G., vgl. Natta, G. 688, 782

Bortnick, N. M. 758

Borunsky, J. 688, 689

Boschi, G., vgl. Natta, G. 803

Bose, A., vgl. Arcus, C. L. 983, 1004

Bossert, R. G., Croft, R. C., u. Boord, C. E. 178

Bossu, P., u. Mitarbb. 1056

Bost, H. W. 768, 769

—, vgl. Hutchinson, W. M. 769

Bost, R. W., vgl. Wood, J. H. 411

Bostick, E. E., vgl. Morton, M. 797

Boström, S. 98, 796, 820, 844, 861, 1019

Bosworth, P., vgl. Banks, J. A. 473

Bottenbruch, L., u. Schnell, H. 52

—, vgl. Schnell, H. 52, 53, 54

Botteron, D. G., vgl. Hurd, C. D. 563

Bottoms, R. R. 455, 457, 458

Bouchard, F. J. 827

Boucher, M. 1031

—, vgl. Bernal, E. D. 1018

Bouchonnet, A., u. Mitarbb. 869, 870

—, Trombe, F., u. Petitpas, G. 869

Boulet, E., vgl. Gremillion, A. F. 983, 986

Boundy, R. H., u. Boyer, R. F. 819

Bouquet, F. L., vgl. Meyer, R. A. 971

Bourdais, G. 724

Bourne, G. 1002

Bourne, L. B. 521

Bourry, J. 46

Boutlerow, M. A. 403

Bouttemy, M. 891

Bovey, F. A. 806, 820, 979, 997, 1042

—, vgl. Kolthoff, I. M. 923

—, vgl. Rathmann, G. B. 978, 1036

—, vgl. Tiers, G. V. D. 997

—, u. Tiers, G. V. D. 997

—, —, u. Filipovich, G. 997

—, u. Wands, R. C. 409

Bowen, A. H. 714

Bowen, E. J., u. Wokes, F. 998

Bowen, G. 699

Bowers, G. H. III 689, 779

Bowler, W. W. 970

Bowles, R. L., Davie, R. P., u. Todd, W. D. 1030

Bowman, H. M., vgl. Smith, J. J. 224, 996

Bowman, R. A., vgl. Zimmer, W. F. 514

Bowman, R. E., vgl. Garner, P. J. 340, 346

Boyd, D. R., u. Marle, E. R. 503

Boyd, G. E., Adamson, A. W., u. Myers, L. S. jr. 974

Boye, C. A. jr., Watson, M. T., u. Patton, H. W. 983, 997, 1027

Boyer, R. F. 685, 760, 1014, 1016, 1034, 1054

—, vgl. Boundy, R. H. 819

—, u. Streeter, D. J. 1023, 1034

—, vgl. Streeter, D. J. 1027, 1033, 1035

Boyer, S., u. Mitarbb. 1024

—, u. Rondeau, A. 747

Boyer-Kawenoki, F. 695, 1013

—, vgl. Dobry, A. 979, 1010, 1041

Boysen, M., vgl. Henglein, A. 646

Bozza, G., u. Bonaguri, E. 1000

Brachel, H. v., Nischk, G., u. Wegler, R. 307

—, u. Zankl, E. 772

Brachmann, A. E., u. Fang, J. C. 528

Bradbury, H. J., vgl. Doty, P. 980, 1042

Braden, M., Fletcher, W. P., u. McSweeney, G. P. 848

—, u. Gent, A. N. 797, 849

Brader, J. J. 991

Bradford Dyers' Association Ltd. u. Albright & Wilson Ltd. 390, 402

Bradford, E. B. 1005

—, vgl. Dillon, R. E. 1005

—, u. Vanderhoff, J. W. 1005

—, —, u. Alfrey, T. 1005, 1017

Bradley & Vrooman Co. 496

Bradley, C. E., u. McGavack, J. 830, 831

Bradley, H. W. 748, 749, 852

Bradley, T. F. 30, 466, 473, 475, 507, 518, 525, 528, 538, 540, 551

—, Kropa, E. L., u. Johnston, W. B. 30

—, u. Mueller, A. C. 497

—, u. Newey, H. A. 473

Bradley, T. F., u. Richardson, D. 43

—, vgl. Shokal, E. C. 520

—, Sommer, H. J., u. Newey, H. A. 466

—, vgl. Tess, R. W. 538, 552

Bradley, W., Forrest, J., u. Stephenson, O. 469

Bradt, P., u. Mohler, F. L. 966

Brady, S. A., vgl. Bond, J. R. 532

Brady, S. H., Lyons, J. D., u. Johnson, J. C. 532

Braendle, H. A., Heller, G. L., u. White, J. W. 849

Bräuninger, H. 1011

Brafford, D. A., vgl. Schaefer, W. E. 802

Braidwood, C. A. 235, 801

Brandau, H. U., vgl. Peter, S. 1031

Brandeis, J., vgl. Kohler, F. 341

Brandenberger, H. 760, 995

Brandes, E., vgl. Fries, K. 234

Brandes, G., vgl. Leonard, F. 742

Brandon, R. L., vgl. Gardner, P. D. 257

Brandt, W. 1026

Brandt, W. W. 1048

Bras, J. le, s. LeBras, J.

Brauer, G. M., vgl. Lehmann, F. A. 923

—, u. Sweeney, W. T. 1022

—, vgl. Wiley, R. H. 999

Braun, D. 638, 682, 764, 765, 821, 1069

—, vgl. Kern, W. 638, 731

—, u. Wirth, H. O. 680, 682, 765

Braun, G., vgl. Holtschmidt, H. 92

—, vgl. Müller, E. 92

—, vgl. Nischk, G. 92

—, vgl. Trescher, V. 92

Braun, J. v. 102, 197, 198

Brautlecht, C. A. 915

Braybon, J. E. H. 1000

Breer, K., vgl. Hoppe, P. 92

Bregmann, J. I., vgl. Gregor, H. P. 974, 1021

Brehm, W. J., vgl. Anderson, A. W. 108

Brehme, W., vgl. Kleiner, H. 738, 739

Breiner, B., vgl. Kratky, O. 982, 983, 986

Breitenbach, J. W. 38, 978, 1024

—, u. Mitarbb. 1008, 1035

—, u. Derkosch, J. 1052

—, u. Forster, E. L. 1008, 1035

—, —, u. Renner, A. J. 1009, 1036

—, vgl. Frank, H. P. 1008, 1035

—, u. Gabler, H. 979, 1038

—, u. Renner, A. J. 1011

Breitenbach, J. W., u. Schmidt, A. 1021

—, u. Wolf, E. 988

Breitman, L. 1068

—, vgl. Orr, R. J. 1024

Bren, B. C., Hopkins, J. H., u. Wilder, G. H. 721

Brennecke, W., u. Schlichtmann, G. 924

Brenneisen, E., vgl. Kern, W. 569, 571, 572

Brenner, A. S., vgl. Ueberreiter, K. 1011, 1025

Brenschede, W. 98, 981, 1000, 1024

Brepson, R., u. Clément, M. L. 1026

Breslau, A. J. 506

—, vgl. Cranker, K. R. 506

Bresler, S. E. 1049

—, u. Mitarbb. 1016, 1049

—, u. Frenkel, S. Y. 1048

—, Kazbekov, E. N., u. Saminskii, E. M. 997, 998

—, Poddubnyi, I. J., u. Frenkel, S. Y. 978, 1016, 1049

—, Prjadilowa, W. J., u. Chainman, J. 965

Breslow, D. S. 101, 110, 885

—, vgl. Heck, R. F. 983, 994, 1013

—, Hulse, G. E., u. Matlack, A. S. 101, 110

—, u. Kutner, A. 1042

—, vgl. Matlack, A. S. 644, 689, 984

—, vgl. Vandenberg, E. J. 983

Bressler, W. L., u. Gurgiolo, A. E. 430

—, u. Smith, J. C. 498

Breton, E. J., vgl. Reid, C. E. 971

Breuers, W., u. Luttropp, H. 819

Brew, B. C., u. Hopkins, J. H. 721

Briant, R. C. 676

—, vgl. Weissert, F. C. 827

Brice, R. M., u. Budde, W. M. 466, 1068

Bridgwater, E. R., u. Krismann, E. H. 803

Briggs, J. F., vgl. Cross, C. F. 908, 909

Brill, R. 985, 1054

Brimley, R. C., u. Barrett, F. C. 1011

Bring, A., u. Kadlecek, F. 471

Brinker, K. C., u. Robinson, I. M. 164

Brinkman, H. C. 1034

Brintzinger, H., Ziegler, H. W., u. Scholz, A. 608, 609

Brissaud, L., vgl. Dalmon, R. 870

Bristol, J. E. 698

—, vgl. Scott, N. D. 698

—, u. Tanner, W. B. 698

Bristow, G. M. 1046

—, vgl. Allen, P. W. 979

—, u. Watson, W. F. 1020, 1021, 1033, 1039

Britain, J. W., u. Gemeinhardt, P. G. 61

—, vgl. Gemeinhardt, P. G. 61

British Celanese Ltd. 5, 150, 154, 173, 174, 388, 389, 434, 762, 786, 865, 874, 875

British Industrial Plastics Ltd. 408

British Nylon Spinners Ltd. 153, 179, 180

British Oxygen Co. Ltd. 702, 718

British Resin Products Ltd. 207, 226, 420, 473, 500, 512, 532, 717

British Rubber Producers' Research Association 824, 835, 837, 839, 841, 853, 856, 857, 859, 860

British Thomson Houston Co. Ltd. 270, 634, 894

—, u. General Electric Co. 294, 298

Britt, N. G., vgl. Radi, L. J. 1066

Brittner, K., vgl. Ullmann, F. 224, 225, 277

Britton, E. C., u. Petrie, P. S. 429, 439

Brizi, A., vgl. Natta, G. 410

Bro, M. I. 796

—, u. Sperati, C. A. 993

Broatch, W. N., u. Greenwood, C. T. 1007

Brochhagen, F. K. 89, 92, 98

—, Höchtlen, A., u. Weinbrenner, E. 90

—, vgl. Hoppe, P. 91

—, vgl. Müller, E. 90

—, vgl. Windemuth, E. 61

Brockes, A., u. Kaiser, R. 992

Brockhaus, A., u. Jenckel, E. 807

Brockmann, R., vgl. Stein, W. 483, 488

Brockway, C. E., Estes, R. R., u. Smith, D. R. 913

Broda, A. 1014

—, u. Mitarbb. 1015

—, Niwinska, T., u. Polowinski, S. 1015

Brode, W. R. 987, 989, 998

Broderick, A. E. 716, 717, 784

Brodersen, K., vgl. Orthner, L. 481

Brodnyan, J. G., vgl. Philippoff, W. 1000, 1033

Brodskii, G. I., u. Mitarbb. 1056

Broens, O., u. Müller, F. H. 968

Brönsted, J. N., Kilpatrick, M., u. Kilpatrick, M. 427

Broich, F., vgl. Ziegenbein, W. 161

Bromley, W. H. jr. 719

Bronstert, K., vgl. Fikentscher, H. 375, 742, 794

Broockmann, K., u. Müller, G. 988

Brook, B. W., vgl. Whitney, J. E. S. 473

Brooker, L. G. S., vgl. Sprague, R. H. 755

Brookes, W. R. 243

Brooks, B. T., Boord, C. E., Kurtz, S. S. jr., u. Schmerling, L. 990

Brooks, C. S., vgl. Bevington, J. C. 964

Brooks, L. A., u. Bacon, J. C. 804

Brooks, M. C., u. Badger, R. M. 1017, 1018

—, Boggs, F. W., u. Ewart, R. H. 849

Brooks, R. E., vgl. Gresham, W. F. 405

—, u. Smook, M. A. 689

—, vgl. Starkweather, H. W. 1045, 1055

—, Strain, D. E., u. McAlvey 176

Broome, H. C., Evans, E. M., u. Hookway, H. T. 420

Brose, W., vgl. Mannich, C. 416, 419, 421

Broser, W. 188

—, vgl. Lautsch, W. 643

Brouckère, L. de, u. Mitarbb. 969

—, u. Anspach, C. 977

—, u. Beek, L. K. H. van 969

—, Bidaine, E., u. Heyden, A. v. d. 1014

—, u. Nechel, R. van 969

—, u. Offergeld, G. 968

Brower, F. M., vgl. McCormick, H. W. 1055

Brown, A., vgl. Cragg, L. H. 1033

—, vgl. Reding, F. P. 990, 1004, 1054

Brown, A. L. 261

Brown, A. M., vgl. Moore, W. R. 1013

Brown, A. R., vgl. Wiederhorn, N. M. 1010, 1041

Brown, B. J., vgl. Doughty, M. 896

Brown, C. F. 784

Brown, C. J., u. Farthing, A. C. 624, 625, 626

Brown, D. W., vgl. Wall, L. A. 966

Brown, F., vgl. Hudgin, D. E. 693

—, vgl. Walling, C. T. 407, 408

Brown, G. L., u. Garrett, B. S. 1045

Brown, G. M., u. Tobolsky, A. V. 1063

—, vgl. Tobolsky, A. V. 1066

Brown, H. A. 913

Brown, H. P. 706, 770, 786, 800

—, u. Gibbs, C. F. 926, 1054, 1059

—, Jansen, J. E., u. Schollenberger, C. S. 791

Brown, H. T., u. Mitarbb. 903

Brown, L. H., Reineck, E. A., u. Huett, P. G. 636

—, u. Watson, D. D. 212

Brown, N., Langsdorf, W. P., u. Schweitzer, C. E. 404

Brown, R. A., vgl. Kirkwood, J. G. 1014, 1046

Brown, R. J., u. Mitarbb. 797

—, vgl. Loulan, J. A. 797, 800

Brown, R. R., vgl. Johnson, P. H. 982, 1053

Brown, T. L. 991

Brown, W. B., u. Szwarc, M. 1015

Brown, W. C. 827

Brown, W. E., u. Sauber, W. J. 1029

Brown, W. G., vgl. Morthland, F. W. 965

Browning, G. V., u. Ferry, J. D. 1008, 1028, 1052

Brownlow, R. W., vgl. Thompson, D. C. 804

Brubaker, D. W., u. Kammermeyer, K. 1029

Brubaker, M. M. 699

—, u. Mitarbb. 734

Bruch, N., vgl. Traube, W. 865

Bruck, S. D. 139, 1018

Brückner, H., u. Weissörtel, K. 592

Brügel, W. 989, 991, 997

Brueggemann, H., vgl. Dachs, K. 116

Brüning, D., vgl. Wilhelm, H. 376

Brueschweiler, H., vgl. Zuppinger, P. 560

Brugger, K., vgl. Ott, G. H. 517

Bruin, P. 462, 463, 497, 500, 504, 520, 532, 533, 534

—, u. Klootwijk, A. 497

—, u. Oosterhoff., H. A. 504, 523

—, vgl. Rumscheidt, G. E. 515

—, u. Sinnema, F. H. 519

—, u. Zonsveld, J. J. 512

Brumberger, H., vgl. Rånby, B. G. 986

Brun, E. A. 1023

Bruneau, C. 896

Brungraber, H. 465

Bruni, G. 845

—, u. Geiger, E. 843

—, u. Romani, E. 845, 846

Bruni, G. J. 408

Brunner, A., u. Dietz, K. 238

—, vgl. Kränzlein, G. 610

Brunner, E., vgl. Staudinger, H. 691, 760

Brunner, G., vgl. Zief, M. 1017, 1026, 1042

Brunner, H. 529

Bruns, V. R. 800

Brushwell, W. 465

Bruson, H. A. 834

—, u. Eastes, J. W. 388

—, u. McMullen, C. W. 215

—, Sebrell, L. B., u. Calvert, W. C. 834

Bruss, D. B., u. Stross, F. H. 1008

Bruyne, N. A. de 242, 464, 513, 1030

—, u. Houwink, R. 463

Bruzzone, M., u. Crespi, G. 671

—, vgl. Crespi, G. 782

—, vgl. Natta, G. 671, 688, 689, 781, 782

Bryans, F., vgl. Allen, S. J. 150

Bryant, G. M. 1064

Bryant, H. W. 699

Bryant, W. M. D. 1052

—, u. Mitarbb. 977, 979, 1003, 1005

—, u. Smith, D. M. 733

Bryner, F., vgl. Perkins, R. P. 196, 198

Bub, L., Franke, W., u. Kraft, R. 15, 21

—, u. Steinbrink, H. 562

Buc, H. 1038

Buchdahl, R. 1055

—, vgl. Claver, G. C. jr. 1004

—, vgl. Merz, E. H. 1054

—, Miller, R. L., u. Newman, S. 993, 1003, 1027, 1065

—, u. Nielsen, L. E. 1061

—, —, u. Merz, E. H. 1063

—, vgl. Nielsen, L. E. 993, 1000, 1020, 1061, 1063, 1066, 1067

—, vgl. Trementozzi, Q. A. 1036

Buchler, C. C., vgl. Gomberg, M. 911

Buchner, N. 1029

—, u. Schricker, G. 1029

Buchner, P., vgl. Kuhn, W. 1000, 1032, 1048

Buck, A. C., u. Conlon, J. F. 509

Buckler, E. J., u. Edwards, D. C. 681

—, u. Harris, I. W. 800

Buckley, D. J. 801

—, u. Robison, S. B. 802

Buckley, G. D., Cross, L. H., u. Ray, N. H. 630, 631

—, u. Ray, N. H. 165, 630

Buckser, S., u. Tung, L. H. 1027

Buckwalter, H. M., u. Almand, J. M. 239

Budde, W. M., vgl. Brice, R. M. 466, 1068

Budenheim AG s. Chemische Fabrik ...

Budig, K. H. 987

Budnowski, M., u. Dohr, M. 468

—, Lieske, E., u. Dohr, M. 480

Bueche, A. M. 1011, 1021, 1050, 1054, 1055, 1057

—, vgl. Flory, P. J. 976

—, vgl. Kilb, R. W. 1013

—, vgl. Lawton, E. J. 777

—, u. White, A. V. 1054

Bueche, F. 1020, 1035, 1044, 1045, 1046, 1054, 1055, 1058, 1059, 1063, 1064, 1067

—, u. Mitarbb. 964

—, Cashin, W. M., u. Debye, P. 1046

—, u. Harding, S. W. 1045

—, u. Kelley, F. N. 1045

—, Wood, J. K., u. Wray, J. R. 1044

Bückle, H. 659

Bugge, G. 637

Bugorkova, N. A., vgl. Čedodaev, D. D. 986

Buiko, G. N., vgl. Sharts, A. G. 1056

Buist, J. M., Harper, D. A., Smith, W. F., u. Welding, G. N. 29

—, Meyrick, T. J., u. Stafford, R. L. 1019

—, vgl. Smith, W. F. 87, 160

—, u. Stafford, R. L. 1058, 1066

Bulgin, D. 797

—, u. Wratten, R. 1031

Bullock, A. L., vgl. Reeves, W. A. 498

Bullough, R. K. 977, 1001

Bump, A. H., vgl. Atkinson, E. R. 361, 362, 368

Bunge, W. 67

Bunge, W., vgl. Bayer, O. 80, 83

—, u. Bayer, O. 65, 66, 67, 582

—, u. Cürten, T. 94, 95

—, —, Klauke, E., u. Hertlein, H. 247

—, —, u. Motschmann, O. 65

—, —, u. Müller, E. 66, 94

—, —, Petersen, S., u. Spielberger, G. 62, 66, 76, 77, 78, 79, 94, 784

—, —, u. Spielberger, G. 247

—, vgl. Höchtlen, A. 76

—, Mielke, K. H., u. Möller, F. 62, 63, 67, 77, 78

—, vgl. Nischk, G. 91

—, vgl. Spielberger, G. 247

—, Spielberger, G., u. Bayer, O. 246, 247, 305

—, vgl. Windemuth, E. 67, 68

Bunn, C. W. 981, 1050

—, Cobbold, A. J., u. Palmer, R. P. 1005

Bunnett, J. F. 271

—, u. Marks, J. L. 643

Buras, E. M. jr., vgl. Hamalainen, C. 877

Burawoy, A., u. Chamberlain, J. T. 226

Burbank, R. D. 984

Burchard, W. 884

—, u. Husemann, E. 884

—, vgl. Husemann, E. 902

Burchfield, H. P. 923, 929, 972

Burge, R. E., u. Randall, J. T. 986, 1005

Burger, V. L. 929, 964

Burgess, A. F., vgl. Marathon Paper Mills Co. 634

Burgess, C. F., Laboratories 426, 438

Burgess, K. A., vgl. Sweitzer, C. W. 797

Burgova, M. P., u. Korotkov, A. A. 994

Burk, R. E., u. Grummitt, O. 291, 818, 1046

—, u. Inskeep, G. E. 496

Burkard, P. A., vgl. Pummerer, R. 824

Burke, W. J. 771, 784, 837, 838

—, u. Mitarbb. 202, 209

—, u. Peter, F. T. 833

—, Short, G. A., u. Higginbottom, H. P. 202

Burkhard, C. A. 27, 245

Burkhardt, F., Majer, H., u. Kuhn, W. 1015

Burkhardt, H., vgl. Pohlemann, H. 179

Burkhart, C. W., vgl. Hobbs, L. M. 798

Burkus, J., u. Eckert, C. F. 59, 61

Burlant, W. J., u. Hoffman, A. S. 642, 820

—, u. Parsons, J. L. 807, 813, 814

Burleigh, J. E., McKinney, O. F., u. Barker, M. G. 1069

Burleigh, P. H. 984, 993

—, vgl. Fordham, J. W. L. 983, 993

Burley, R. W., vgl. Nicholls, C. H. 966, 1022

Burmeister, H. 294, 298

Burnett, B. B., u. McDevit, W. F. 1003, 1004

Burnett, G. M. 819, 1010, 1038, 1068

—, u. Mitarbb. 976, 1004

—, George, M. H., u. Melville, H. W. 978

Burnett, J. D., Miller, R. G. J., u. Willis, H. A. 992

Burnett, L. S., vgl. Soule, E. C. 213

Burnett, R. E., vgl. Nordlander, B. W. 717, 723

Burnett, R. L., vgl. Leech, H. R. 826

Burnett, W. B., u. Williams, I. 845

Burney, W. R., vgl. Simon, E. 92

Burns, W. 1018

Burrage, A. C. jr. 847

Burrell, C. M., Majury, T. G., u. Melville, H. W. 967

Burri, C. 1002

Burrows, L. A., u. Filbert, W. F. 723

Burshtein, L. L., vgl. Mikhailov, G. P. 968, 1065

Burton, R. L., vgl. Cobbs, W. H. jr. 990

—, Cobbs, W. H. jr., u. Haskell, V. C. 990

—, vgl. Heffelfinger, C. J. 984

Bus, W. C., vgl. Hiemstra, P. 900

—, Muetgeert, J., u. Hiemstra, P. 900

Busch, W., vgl. Nowak, P. 475

Busellt, A. J., vgl. Lowell, A. I. 704

Buser, K. 261

—, u. Andreas, F. 517

—, u. Heidinger, W. 500, 506, 508, 509

Busfield, H., vgl. Chipperfield, E. H. 970

Bushuk, W., u. Benoit, H. 976

Business Machines Corporation s. International...

Buskirk, P. R. van, vgl. Tawney, P. O. 782, 790

Busse, W. F. 823, 932

—, u. Billmeyer, F. W. jr. 779

—, u. Cunningham, E. N. 851

—, u. Hines, R. A. 778

—, u. Smook, M. A. 176

Busunowa, R. M., vgl. Tilitschenko, M. N. 417

Butenuth, G., vgl. Westlinning, H. 1022, 1058

Butenuth, H., vgl. Jenckel, E. 1013

Butler, C. F., vgl. Searles, S. 553

Butler, D., vgl. Lowe, A. J. 426, 437

Butler, G. B. 992

Butler, J. A. V., Robins, A. B., u. Shooter, K. V. 1035, 1042

Butler, J. C., vgl. Carlston, E. F. 108

—, vgl. Lum, F. G. 147

Butler, J. M. 662, 663, 664, 786

—, vgl. Mottus, E. H. 116

—, vgl. Zopf, G. W. jr. 713, 714, 736

Butler, K., u. Lawrance, D. R. 153

Butler, W. H., vgl. Turkington, V. H. 261

Butta, E. 1064, 1065

—, vgl. Baccaredda, M. 1051, 1064, 1065, 1067, 1068

—, u. Charlesby, A. 1065

—, vgl. Natta, G. 1065

Buttrey, D. N. 915

Butts, E. H. de, Hudy, J. A., u. Elliott, J. H. 1042

Buurman, A. 1018

Buvet, R., u. Tsé Yu, L. 972

Buzágh, A., Udvarhelyi, K., u. Horkay, F. 974

Byerley, T. J., vgl. Morris, F. v. 472

Byk-Gulden Lomberg GmbH 264

Bykow, A. N., u. Pakshwer, A. B. 1020

Bywater, S. 816, 1032

—, u. Johnson, P. 977, 1016, 1039, 1048

—, vgl. Worsfold, D. J. 971

Caakso, T. M., u. Reynolds, D. D. 157

Cable, G. W., u. Richmond, J. L. 845

Cabot, G. L., Inc. 1069

Cadle, R. D. 1002, 1046

Cadorin, D. 1015, 1048

Cadwell, L. E., vgl. Petropoulos, J. C. 793

Cadwell, S. M. 292, 299, 845, 846

Caesar, P. D., vgl. Marvel, C. S. 598

—, u. Sachanen, A. N. 305

Caflisch, C., u. Knapp, F. 499

Caillon, P., u. Groubert, E. 968

Cain, W. P., Makowski, H. S., u. Bisio, A. L. 671, 782

Cairns, R. W., u. Grassie, V. R. 554, 555

Cairns, T. L. 159, 372, 375, 376

—, u. Mitarbb. 158, 159, 372, 375, 376, 377, 378, 380

—, Cline, E. T., u. Graham, P. J. 410

—, Gray, H. W., Schneider, A. K., u. Schreiber, R. S. 381

—, u. Joyce, R. M. jr. 434

Calas, R., u. Mitarbb. 975

Caldo, C. 921

—, vgl. Bonvicini, A. 924

Caldwell, C. G., u. Wurzburg, O. B. 913

Caldwell, J. R. 20, 25, 26, 108

—, u. Gilkey, R. 145, 147, 149

—, vgl. Kiefer, J. E. 895

—, u. Wellman, J. W. 23

Calhoun, V. B., Reed, J. R., u. Mineo, R. M. 1045

California Research Corporation 36, 108, 147

Calkins, V. P., vgl. Collins, C. G. 819

Callan, J. E., vgl. Sweitzer, C. W. 942, 985, 1003, 1006

Callard, R. W., vgl. Bailey, F. E. 1013, 1033, 1035, 1040

—, Bailey, F. E. jr., u. Lundberg, R. D. 1008

Calmon, C., u. Kressman, T. R. E. 963, 1012

Calvert, M. A., u. Clibbens, D. A. 1033

Calvert, W. C. 832

—, vgl. Bruson, H. A. 834

Calvet, E. 1052

—, u. Hermans, P. H. 1050, 1052

Calvet, M. 1051

Calvin, M., u. Mitarbb. 964

Cambron, A. 299

—, vgl. Leitch, L. C. 630

Cameron, G. G., u. Grassie, N. 815

Cameron, W. G., u. Morton, T. H. 338

Campbell, H., Kane, P. O., u. Ottewill, I. G. 1016

Campbell, H. N., u. Allen, M. D. 1003

—, vgl. Doak, K. W. 1050

Campbell, J. A. 635

Campbell, J. E., vgl. Wiberley, S. E. 991

Campbell, N. R. 198

Campbell, P. E. 692

Campbell, T. W. 555

—, u. Foldi, V. S. 553

—, u. Haven, A. C. 983, 993, 1038

—, u. Lyman, D. L. 671, 672

—, vgl. Sorenson, W. R. 191, 292, 402, 561, 567, 820

—, vgl. Wittbecker, E. L. 561

Campi, E., vgl. Trossarelli, L. 979, 999, 1038

Canadian Industries Ltd. 494, 496, 509, 736, 791

Canale, A. J., u. Mitarbb. 816

Cane, A., vgl. Delangre, J. P. 722

Cannepin, A., Champetier, G., u. Parisot, A. 162, 982

Cannon, C. G. 991

Canterino, P. J. 670, 676, 826

—, u. Devault, A. N. 668, 670

—, vgl. Jones, R. V. 676, 691, 767

—, u. Kahle, G. R. 670, 688

—, vgl. Pritchard, J. E. 517

—, vgl. Reynolds, W. B. 688

—, u. Vault, A. N. de 779

Cantow, H. J. 976, 1008, 1015, 1048

—, u. Bodmann, O. 978, 1036

—, Poulyet, J., u. Wippler, C. 1044

—, u. Schulz, G. V. 975

—, vgl. Schulz, G. V. 978, 1008, 1032

Cantow, M., vgl. Meyerhoff, G. 1038, 1049

—, Meyerhoff, G., u. Schulz, G. V. 1033

Capaccioli, T., vgl. Sbrolli, W. 179

Capitani, C., Milani, E., u. Peccatori, E. 989

Caplan, S. 244

—, u. Harvey, M. T. 419

Caplan, S. R., vgl. Arnold, R. 980

Capps, D. B. 180

Caputo, R., vgl. Baccaredda, M. 1068

Carbide & Carbon Chemicals Corporation 428, 438, 439, 572, 719, 720, 722, 784

Carbonell, J. 924

Cardone, J. T., vgl. Shepard, A. F. 798

Carelli, V., vgl. Liquori, A. M. 988

Carey, J. E. 512

—, u. Hopper, F. C. 464, 465

Carey, J. E., u. Jones, P. D. 467

Carey, R. |H. 1026, 1054, 1065

—, u. Jacobi, H. R. 1059

Carleton Ellis 603

Carley, E. L., vgl. Matzner, A. B. 1045

Carlin, F. J. 636

Carlin, R. B., vgl. Vaala, G. T. 562

Carlisle Chemical Works Inc. 493

Carlson, A. W. 491

—, u. Schweiker, G. C. 514

Carlson, B. C. 777

—, u. Abbey, W. F. 778

Carlson, D. W., vgl. Beachell, H. C. 979, 999

—, vgl. Tobolsky, A. V. 1058

Carlson, G. J., vgl. Skinner, J. R. 483

—, Skinner, J. R., Smith, C. W., u. Wilcoxen, C. H. jr. 483

Carlson, R. C. 778

Carlston, E. F. 147

—, u. Mitarbb. 43

—, u. Johnson, G. B. 36

—, vgl. Lum, R. G. 147

—, Lum, R. G., u. Butler, J. C. 108

Carlton, C. A. 1003

Carl-Zeiss-Werk, Jena 1002

Carmack, M. 583

—, Shew, D., u. Weinstock, L. M. 507

Carman, P. C. 1046

Carmichael, J. F., vgl. Maerker, G. 480

Caro, G., vgl. Rieche, A. 268

Carothers, J. N. 623

Carothers, W. H. 1, 5, 8, 25, 46, 99, 134, 139, 179, 191, 585, 587, 621

—, u. Mitarbb. 99, 927

—, u. Arvin, G. A. 12

—, —, u. Dorough, G. L. 13, 15

—, u. Berchet, G. J. 102

—, u. Hill, J. W. 1, 23, 102, 191

—, vgl. Hill, J. W. 54, 562, 585, 631

—, u. Natta, F. J. van 2, 5, 12, 13, 15, 25, 49, 50, 54, 55

—, vgl. Natta, F. J. van 2, 5, 6, 8, 9

Caroti, G., u. Dusenbury, J. H. 995

Carpenter, A. S., Coldfield, S., u. Wallsgrove, E. R. 457, 460, 462

—, Reeder, F., u. Wallsgrove, E. R. 470, 541

—, u. Wilson, D. L. 172

Carpenter, A. T., u. Hunter, R. F. 224

Carpenter, D. K., vgl. Flory, P. J. 1041

—, vgl. Krigbaum, W. R. 1020

Carpenter, E., vgl. Soffer, L. M. 894

Carpenter, G. D., Gregory, G., Kalfayan, S. H., u. Seegman, I. P. 597

Carpmael, A. 299

Carr, C. I., vgl. Outer, P. 977, 1008, 1035

Carr, C. W., vgl. Kolthoff, I. M. 928

Carrano, M. J., vgl. Aggarwal, S. L. 1046

—, vgl. Tobin, M. C. 991

Carré, R., u. Paris, R. A. 1025

Carrington, W. K., vgl. Lenz, R. W. 605

Carson, J. F., u. Maclay, W. D. 906

Carstens, W. 244

Carswell, T. S. 291, 388, 723

Carter, A. S., u. Downing, F. B. 621

—, u. Ernsberger, M. L. 95

Carter, C. A. 438

Carter, W. C., vgl. Scott, R. L. 1038

Cartlidge, P. F., vgl. Whitney, J. E. S. 208

Cartney, I. R. 709

Carton, W., u. Perrins, L. E. 224

Casassa, E. F. 13, 977, 980, 1008

—, u. Katz, S. 975

Case, L. C. 650, 1015, 1046

Casebolt, G. 349

Caserio, M. C., u. Mitarbb. 630

Cashin, W. M. 979

—, vgl. Bueche, F. 1046

Cashman, E. P., vgl. Smyers, W. H. 665

Caspari, W. A. 830

Cass, O. W. 675

—, vgl. Austin, P. R. 15, 561

Cass, R. A., u. Reaville, E. T. 498

Cass, W. E. 509

Cassella Farbwerke Mainkur 333, 337, 360, 367, 370, 372, 473, 479, 481, 497, 754, 792

Cassidy, H. G., u. Mitarbb. 643

—, vgl. Ezrin, M. 643, 645, 705

—, vgl. Kuhn, K. A. 645, 693

—, vgl. Luttinger, L. 975

Cassidy, H. G., vgl. Robinson, I. D. 989

—, vgl. Verplanck, V. 272

—, vgl. Yueh-Hua Chen 974

Castan, P. 462, 468, 471, 510, 513, 516, 540, 542

Castner, F. J., vgl. Reinking, N. H. 479

Castor Oil Co. s. Baker ...

Castrantas, H. M., vgl. Latourette, H. K. 483

Catalin Corporation of America 275, 279

Catalin Ltd. 208

Cathcart, J. A., vgl. Reynolds, D. D. 683

Catlin, W. E. 71

Catlow, W. R. jr. 42

Catsiff, A., vgl. Bischoff, J. 1063

Catsiff, E., Offenbach, J., u. Tobolsky, A. V. 1064

—, u. Tobolsky, A. V. 1064, 1066

—, vgl. Tobolsky, A. V. 1061, 1064

Catterall, E., vgl. Cooper, W. 735

Catton, N. L., vgl. Thompson, D. C. 804

Cavanaugh, R. M., u. Dempster, J. B. 13

Cayré, P. J., vgl. Berry, J. P. 797

Ceder, O., vgl. Euler, H. v. 395

Čedodaev, D. D., 1020

—, u. Bugorkova, N. A. 986

Cedwall, J. O., vgl. Adler, E. 257

—, vgl. Euler, H. v. 257

Čefelin, P., vgl. Wichterle, O. 116

Celanese Corporation of America 14, 21, 36, 96, 102, 108, 139, 148, 166, 173, 174, 407, 408, 420, 483, 560, 618, 693, 699, 718, 719, 720, 721, 723, 762, 786, 840

Celanese House 102, 108, 150

Celanese Ltd. s. British ...

Celik, L., vgl. Dolar, D. 1023, 1053

Cellon-Werke 875

Celluloid-Fabrik s. Deutsche ...

Centola, G. 985, 1012

Centrale Suike Mij., N. V. 266

Centre National de la Recherche Scientifique 266

Čepelák, J. 980

Ceresa, R. F. 642

Ceresa, R. J. 642, 806, 821, 859, 898

—, vgl. Angier, D. J. 806, 859, 1017

Ceresa, R. J., u. Watson, W. F. 852, 859

—, vgl. Watson, W. F. 859

Cerf, R. 1000, 1032, 1044, 1061

—, u. Scheraga, H. A. 1000

Cernia, E. 1029

—, u. Ciampa, G. 1034

Černý, J., s. Czerny, J.

Cerny, L. C., Helminiak, T. E., u. Meier, J. F. 1010

Ceselli, C. A. 991

Chaban, C. J. 670

Chachaty, C., Magat, M., u. Terminassian, L. 409

Chadeloid Chemical Co. 824

Chadwick, A. G., u. Mitarbb. 483, 485

Chadwick, D. H., vgl. Barnstorff, H. D. 500

Chainman, J., vgl. Bressler, S. E. 965

Chamberlain, J. T., vgl. Burawoy, A. 226

Chambers, R. R., vgl. Marvel, C. S. 210, 275, 598, 599

Chambers, W. T., vgl. Angier, D. J. 1039

Champetier, G. 915

—, u. Mitarbb. 717

—, vgl. Cannepin, A. 162, 982

—, u. Cherubin, G. 996, 1023

—, vgl. Josien, M. L. 996

—, u. Lagache, M. 717

—, Montégudet, G., u. Petit, J. 467, 896

—, u. Pied, J. P. 103

Chance, F. S., vgl. Kvalnes, H. M. 336

—, vgl. McAlevy, A. 686, 779, 780

Chance, L. H., Warren, J., u. Guthrie, J. D. 896

Chander, P. K., vgl. Tsvetkov, V. N. 1040

Chaney, A., vgl. Wolfrom, M. L. 715

Chang, F. S. C. 1019

Chang, L. S., u. Morawetz, H. 1030

Chang, Y. W., vgl. Walling, C. 992

Chang Wei-kang u. Rogovin, Z. A. 895

Channen, E. W. 1015, 1063

Chao-Hai-Lin vgl. Hayes, E. N. 895

Chapin, E. C., u. Longley, R. L. jr. 693

—, Reinhard, R. H., u. Yates, W. F. 728

—, u. Smith, R. F. 693

Chapiro, A. 642, 989, 1020

Chapman, A. H., Duckworth, M. W., u. Price, J. W. 988

—, u. Valentine, L. 1045

Chapman, C. B. 712

Chapman, J., u. Crawford, J. W. C. 674

Chappuis, M. M., Polley, M. H., u. Schulz, R. A. 1004, 1006

Charbonnière, R. 967

Chargaff, E., u. Davidson, J. N. 1012

Charles, A., vgl. Sikorski, J. 1004

Charlesby, A. 820, 985, 1014, 1015, 1021, 1034

—, vgl. Butta, E. 1065

—, u. Hancock, N. H. 1059

—, u. Ross, M. 1025

—, vgl. Thomas, K. 1040

Charlot, G. 964, 970, 972

Charlton, J. R. 462, 463

Charlton, R. W., vgl. Palmer, L. B. 244

Charlton, W., u. Cundall, J. H. 745

Chas. Pfizer & Co. s. Pfizer …

Chasset, R., vgl. Desanges, H. 969, 971

—, vgl. Thirion, P. 968, 1058

—, Thirion, P., u. Vinh-Binh-nguyen-Phuc 969

Chatain, M., Héry, G., u. Prévot, J. 1031

Chatani, Y. 984

—, vgl. Nitta, I. 984

Chateau, M., vgl. Lagaghe, M. 898

Chatfield, H. W. 536

Chattaway, F. D. 199

—, u. James, E. J. F. 342

—, u. Kellett, E. G. 410

Chatterjee, P. K., Banerjee, D., u. Sircar, A. K. 974

Checkland, P. B., u. Davison, W. H. T. 831, 994

Chédin, J., vgl. Dalmon, R. 870

Cheely, J. J., vgl. Segal, L. 985

Chemical Development Corporation 502

Chemical Process Co. 684, 685, 751

Chemical Research Laboratory 418

Chemische Fabrik Buckau 825

Chemische Fabrik Budenheim AG 682

Chemische Fabrik Dubois & Kaufmann 605

Chemische Fabriken Kreidl, Heller & Co. s. Vereinigte …

Chemische Fabrik Grünau GmbH 482

Chemische Fabrik v. Heyden 345, 389, 390

Chemische Fabrik Holten GmbH 448

Chemische Fabrik Pharma 294

Chemische Fabrik vormals Sandoz 603

ChemischeForschungsgesellschaft mbH 698, 783, 784

Chemische Industrie Basel AG s. Ciba

Chemische Werke K. Albert GmbH 45, 213, 224, 225, 226, 228, 229, 241, 242, 245, 258, 262, 263, 278, 283, 285, 334, 338, 385, 473, 474, 501, 502, 510, 520, 526, 531, 533, 538, 835

Chemische Werke Buna VEB 468

Chemische Werke Hüls AG 12, 15, 21, 161, 419, 423, 481, 482, 488, 494, 516, 562, 671, 679

Chemstrand Corporation 13, 15, 21, 119, 180

Cheney, L. V. E. 677

Cheng, P. Y., u. Schachman, H. K. 1028, 1043, 1049

Chenicek, J. A. 216

Chepeswick, C., vgl. Goring, D. A. J. 1049

Cherbuliez, E., u. Weniger, H. 873

Cherdron, H. 731

—, vgl. Schulz, R. C. 731, 993

Cherlow, H., u. Ebel, R. H. 845

Chernin, I. M., vgl. Gul, V. E. 999, 1056

Chernykh, Z. V., vgl. Epshtein, V. G. 1059

Cheronis, N. D., u. Entrikin, J. B. 963, 1012

Chérubin, G., vgl. Champetier, G. 996, 1023

—, vgl. Josien, M. L. 996

Chesley, L. C. jr., u. Hart, R. G. 332

Chesne, E. B. de 323

Chesnut, D., vgl. Soldano, B. 1010, 1021

Chessick, J. J., Healey, F. H., u. Zettlemoyer, A. C. 1053

Chetyrkina, G. M., Aldoshiny, V. G., u. Frenkel, S. Y. 1038

Cheyney, V. E. 826

Chezard, J. 179

Chia-Chen, T., vgl. Chu-Shu-Chang 1068

Chiang, R. 978, 979, 1037, 1038

Chiddix, M. E., Hesse, S. H., u. Williams, M. R. 225, 228

—, u. Williams, M. R. 226

—, u. Wynn, R. W. 498

Chien, J. C. W., u. Walker, J. F. 997

Chiesa, A. 1055, 1061

Child, W. C., vgl. Dannhauser, W. 1065

—, u. Ferry, J. D. 1064

Chinai, S. N. 978, 1031, 1035, 1037

—, u. Mitarbb. 978, 999, 1034, 1035, 1036

—, u. Bondurant, C. W. 978

—, vgl. Didot, F. E. 979, 1038

—, u. Guzzi, R. A. 978, 979, 1034, 1036, 1038

—, Levi, D. W., u. Scherer, P. C. 978

—, Resnick, A. L., u. Lee, H. T. 979, 1037

—, u. Samuels, R. J. 978, 1034, 1036

—, Scherer, P. C., u. Levi, D. W. 978

—, vgl. Strella, S. 968

—, u. Valles, R. J. 979, 1038

Chini, P., vgl. Natta, G. 410

Chipperfield, E. H., u. Busfield, H. 970

Chirico, A. de 979

Chitale, A., vgl. Kobayashi, T. 976

Chittum, J. P., u. Hulse, G. E. 833

Chitwood, H. C., u. Freure, B. T. 440, 505

Chmiel, E. M., u. O'Leary, W. C. 597

Chmura, M., vgl. Rugger, G. R. 1055, 1057

Choudhury, D. K. R. 1010

—, vgl. Basu, S. 1010, 1040

Choudhury, J. K. 891, 912

Choudhury, P. K., vgl. Das, B. S. 1017

—, u. Frank, H. P. 980

Choudhury, R., vgl. Kumar, D. 980

Christ, R. E., u. Hanford, W. E. 23

Christenson, R. M. 742, 794

—, u. Hart, D. P. 372, 375, 742, 794

—, u. Jaruzelski, J. J. 490

—, vgl. Vogel, H. A. 534, 742, 794

—, vgl. Wismer, M. 477

Christmann, F., vgl. Pier, M. 823

Christmann, W., vgl. Käufer, H. 1055

Christopher, W. F., u. Fox, D. W. 48, 53

Chromow, M. K., vgl. Resnikowskii, M. I. 1057

Chrzczonowicz, S., u. Mitarbb. 116, 130

Chujo, K., vgl. Sata, N. 1035, 1046

Church, J. M., u. Berenson, C. 36

Chu-Shu-Chang u. Chia-Chen, T. 1068

Ciampa, G. 1009, 1013, 1026, 1036, 1037

—, u. Bizzarri, G. C. 1009, 1037

—, vgl. Cernia, E. 1034

—, u. Sbrolli, P. L. 1037

—, u. Schwindt, H. 1036

Ciba (Chemische Industrie Basel AG) 171, 176, 239, 250, 291, 294, 296, 297, 298, 327, 335, 341, 353, 356, 358, 359, 360, 361, 362, 363, 364, 365, 366, 368, 369, 371, 372, 379, 383, 385, 387, 416, 437, 444, 452, 464, 465, 473, 477, 487, 488, 490, 491, 496, 497, 498, 502, 503, 505, 508, 509, 510, 512, 513, 514, 516, 517, 518, 519, 521, 522, 523, 525, 527, 528, 529, 533, 534, 538, 540, 552, 560, 601, 602, 603, 604, 606, 712, 739, 793, 865

Cien-Jen-Yuan, Wen, C., u. Yung-Shih, C. 1039

Ciferri, A. 1058

—, u. Flory, P. J. 1058

—, vgl. Flory, P. J. 1058

—, Hoeve, C. A. J., u. Flory, P. J. 1058

—, Kryszewski, M., u. Weill, G. 978

—, vgl. Mariani, E. 1010

—, Weill, G., u. Kryszewski, M. 1037

Cirkin, M. Z., vgl. Molotkov, P. V. 527

Cizek, E. P., vgl. Witt, R. K. 36

Claesen, M., vgl. Smets, G. 934

Claesson, S. 980, 1035

—, Gehm, R., u. Kern, W. 623, 1008, 1011, 1039, 1048

—, u. Lohmander, U. 1007, 1031

Clair, W. E. S. 473

—, u. Larkin, B. T. 471

—, vgl. Larkin, B. T. 209

—, u. Moult, R. H. 463, 471, 473

Claisen, L. 416

Clamroth, R., vgl. Kempermann, T. 1067

Clapp, L. B. 572

Clark, A. W. S., vgl. Lyne, R. R. 738

Clark, F. E., vgl. Gowans, W. J. 829

Clark, G. C. H., Peppiatt, E. G., Poole, A., u. Wicker, R. J. 227

Clark, J. W., u. Winslow, A. E. 506

Clark, R. A., u. Dennis, J. B. 799

—, u. Gillen, W. H. 799

Clark, R. J., u. Mitarbb. 977

Clarke, C. M., vgl. Axtell, O. H. jr. 408

Clarke, H. T., u. Gillespie, H. B. 906

Clas, W., vgl. Pietsch, H. 502

Clasper, M., u. Haslam, J. 178

—, u. Mooney, E. F. 924

Claver, G. C., Buchdahl, R., u. Miller, R. L. 1004

—, vgl. Merz, E. H. 1054

—, u. Murphy, M. E. 974

—, vgl. Nielsen, L. E. 993, 1020, 1066

—, vgl. Slowinski, E. J. jr. 990

Claxton, W. E., vgl. Conant, F. S. 1063

Cleerman, K. J., Karam, H. J., u. Williams, J. L. 1001

Clegg, P. L., vgl. Hoff, E. A. W. 1065

Cleland, R. L. 978

Clément, M. L., vgl. Brepson, R. 1026

Clément, P. 991

Clerc, R., vgl. Schoeller, W. 195

Cleve, R. v., u. Mullins, D. H. 486

—, vgl. Smith, K. L. 430

Cleveland, F. F. 990

Cleverdon, D. 467, 1007

—, u. Laker, D. 1007, 1008

—, —, u. Smith, P. G. 976, 1007, 1034

—, u. Smith, G. P. 1032, 1034

Cleverley, B., u. Herrmann, R. 923, 993, 994

Clibbens, D. A., vgl. Calvert, M. A. 1033

Clifford James Warnsdorfer jr. s. Warnsdorfer …

Climie, I. E., u. White, E. F. T. 977, 1038

Cline, E. T. 722

—, vgl. Cairns, T. L. S. 410

Clocker, E. T. 42

Cluff, E. F., Gladding, E. K., u. Pariser, R. 1028

Coal Products Co. s. Pennsylvania …

Coates, H., vgl. Evans, J. G. 390, 402

Cobb, R. L., u. Scott, C. R. 692

Cobbold, A. J., vgl. Bunn, C. W. 1005

Cobbs, W. H. jr., vgl. Burton, R. L. 990

—, vgl. Lasoski, S. W. jr. 1023

Cobler, J. G., vgl. Miller, D. L. 925

Cochran, J. E. jr., Gerzon, K., u. Mills, J. 479

Cockbain, E. G., vgl. Allen, P. W. 858

—, vgl. Lowe, A. J. 426

—, vgl. Pendle, T. D. 843

—, Pendle, T. D., u. Turner, D. T. 853

Coen, A., u. Parrini, P. 972

Coenen, A. 12

Coenen, N., u. Hamann, K. 371

—, vgl. Heckelhammer, W. 95

—, Nagel, C., u. Hechelhammer, W. 157

—, u. Schlack, P. 95

Coffey, D. H., vgl. Abbotson, W. 788, 791

—, Cook, I. G., u. Lake, W. H. 29, 87, 160

—, Smith, W. F., u. White, H. G. 29, 87, 160

Coffman, D. D. 160, 447, 704, 714, 716, 758

—, u. Mitarbb. 103, 107, 108, 109, 130, 137

—, Berchet, G. J., Peterson, W. R., u. Spanagel, F. W. 191

—, Cox, N., Martin, E., Mochel, W. E., u. Natta, F. van 191

—, Hoehn, H. H., u. Maynard, J. T. 693

—, u. Reese, J. S. 94, 887

Coggeshall, N. D., vgl. Saier, E. L. 990, 1018

Cogrossi, G., vgl. Faraone, H. 898

Cohan, L. H., u. Watson, J. H. L. 1006, 1059

Cohen, H. L., Borden, D. G., u. Minsk, L. M. 695

—, u. Minsk, L. M. 693, 694, 695, 696

Cohen, J., vgl. Veis, A. 980, 1042

Cohen, L., Spaulding, D. C., u. Jones, J. F. 792

Cohen, M. 479, 480

Cohen, S. G., 38

—, u. Mitarbb. 891

—, u. Haas, H. C. 477, 543

—, vgl. Haas, H. C. 161

Cohen, S. M., Kass, R. E., u. Lavin, E. 790

Cohen-Bosidan, F., vgl. Levy, M. 989

Cohen-Hydria, A., u. Gabillard, R. 1066

Cohn, P., u. Friedländer, P. 460

Colbeth, I. M. 369

Colborne, R. S. 1012

Colclough, R. O. 964

—, u. Mitarbb. 431, 432, 433

—, Gee, G., u. Jagger, A. H. 435

Coldfield, S., vgl. Carpenter A. S. 457, 460, 462

Cole, E. A., u. Holmes, D. R, 981, 1028

Cole, C. P., vgl. O'Neill, L. A. 991, 995

Cole, G. H. T., u. Guest, D. J. 742

Cole, H. M., vgl. Dannenberg, E. M. 777, 778

Coleman, B. D. 1002, 1055

—, u. Fuoss, R. M. 755

Coleman, D. 101, 133

Coleman, G. H., Moore, G. V., u. Stratton, G. B. 611

Coleman, L. E. jr. 989

Colgate-Palmolive Co. 738

Coll, H., vgl. Debye, P. 977

Collier, T. J. 464, 531

Collin-Russ, A. 684

Collins, C. G., u. Calkins, V. P. 819

Collins, F. C., vgl. Gregor, H. P. 1047

Collins, R. L. 997

—, Bell, M. D., u. Kraus, G. 797

Colodny, P. C., vgl. Gobran, R. H. 600

—, u. Tobolsky, A. V. 1067

Colomb, P., vgl. Theile, K. 462, 463, 464, 470, 533, 536

Colombet, R. 362

Colombo, G., vgl. Palit, S. R. 922, 977, 1008, 1033, 1035

Colombo, P., vgl. Adler, G. 991, 997

Coltof, W., u. Langedijk, S. L. 568

Columbia-Southern Chemical Corporation 454, 483, 494, 496, 725, 788

Coman, M., vgl. Alexandru, L. 409

Combs, R. L., vgl. Guillet, J. E. 923, 1018, 1069

Comoy, P., vgl. Schmitt, J. 612

Compagnie Française Thomson-Houston 243, 245, 514

Compagnie Nationale de Matières Colorantes (Établissement Kuhlmann) 264

Compagnie de Produits Chemiques et Électrométallurgiques Alais, Froges et Camargues 718, 721

Compagnon, P., u. Bonnet, O. 510, 860

—, u. Delalande, A. 855

—, u. LeBras, J. 853, 855

—, vgl. LeBras, J. 510, 855 856, 857, 860

Conant, F. S., u. Claxton, W. E. 1063

—, Hall, G. L., u. Lyons, W. J. 1060

—, —, u. Thurman, G. R. 1053, 1056

—, u. Liska, J. W. 1019

Condo, F. E. 467

—, u. Schroeder, C. W. 467

—, vgl. Schroeder, C. W. 467

Conger, R. P., vgl. Tawney, P. O. 782, 790

Congoleum-Nairn Inc. 244

Conix, A. 14, 632, 1040, 1068

—, u. Kerpel, R. V. 1051

Conley, R. T. 991, 995

Conlon, J. F., vgl. Buck, A. C. 509

Conrad, C. M. 1000, 1005, 1017, 1048, 1049

—, vgl. Newman, S. 1010, 1040, 1049

—, vgl. Segal, L. 1020

—, Tripp, V. W., u. Mares, T. 1043

—, u. Ziefle, H. M. 1043

Conrad, M., u. Hock, B. 373

Conroy, M. E., u. Mitarbb. 795

Consortium für Elektrochemische Industrie 409, 415, 698, 701, 702, 717, 721, 722, 723, 725, 785

Contois, L. E., vgl. Dulmage, W. J. 983, 986, 1001

Contois, L. L. jr. 736

—, u. Trementozzi, Q. A. 1042

Conway, B. E. 1022, 1042

—, u. Tong, S. C. 1022, 1060

Conway, H. F., u. Sohns, V. E. 914

Conwell, Y., Roeser, G. P., u. Tobolsky, A. V. 1016

Conyne, R. F., vgl. Rowland, S. P. 486

Cook, G. R., vgl. Manteuffel, A. A. 466

Cook, J. G., vgl. Coffey, D. H. 29, 87, 160

—, Dickson, J. T., Huggill, H. P. W. 25

—, —, —, u. Lowe, A. R. 25

—, —, Lowe, A. R., u. Whinfield, J. R. 5, 6, 7

—, Huggill, H. P. W., u. Lowe, A. R. 25

Cook, P. G. 819

Cooke, H. G. jr. 497, 505, 547

—, vgl. Belanger, W. J. 512

—, u. Masters, J. E. 513

Cooke, M. D., vgl. Staudinger, J. J. P. 495

Cooke, R. C., vgl. Francis, P. S. 1015

Cookway, H. T., Hale, D. K., u. Goldsmith, R. G. 682

Cooley, S. D., vgl. Mac Lean, A. F. 483

Coombes, J. D., vgl. Waack, R. 650

Cooner, W. W., vgl. Menard, R. O. 464

Cooper, A. C., Keller, A., u. Waring, J. R. S. 1004

Cooper, R. H., u. D'Amico, J. J. 845

Cooper, W. 705

—, u. Mitarbb. 853

—, u. Bird, T. B. 786, 787, 858

—, u. Catterall, E. 735

—. vgl. Jones, F. A. 858

—, u. Smith, R. K. 898

—, u. Vaughan, G. 853, 855, 1013

—, —, u. Madden, R. W. 1015

Cooper, W. T., vgl. Hanmer, R. S. 797, 798

—, vgl. Railsback, H. E. 797

—, vgl. Svetlick, J. F. 756

Cooperative Verkoop- en Productievereniging van Ardappelmeel en Derivaten „Avebe" 900

Coover, H. W. jr. 14, 498

—, u. Mitarbb. 816

—, vgl. Dickey, J. B. 402

—, vgl. Shearer, N. H. 711

—, vgl. Shields, D. J. 983, 1027

—, vgl. Wooten, W. C. jr., 983

Coover, W. 498

Čopič, M. 1000, 1044

—, vgl. Peterlin, A. 1044

Copper Products Corporation s. Phelps Dodge ...

Coppick, S., Battista, O. A., u. Lytton, M. R. 1017

Coran, A. Y., vgl. Anagnostopoulos, C. E. 1003, 1014

Corbelli, L. 777

Corbiere, J., Terra, P., u. Paris, R. 1012

Corbin, T. F. 116

Corin, M. L., vgl. Safford, M. M. 778

Corish, P. J. 929, 937, 991, 994

Cork Co. s. Armstrong ...

Corley, R. S., u. Mitarbb. 624, 625

Corley, R. S., vgl. Livingstone, D. I. 968, 992

Corn Products Co. 913

Cornaz, J. P., Hutschneker, K., u. Deuel, H. 747, 763

Cornell Aeronautical Laboratory 38

Corner, J. O., u. Martin, E. L. 722

—, vgl. Marvel, C. S. 810

Corporation of Delaware s. Shell Develop.

Corradini, P., u. Ganis, P. 984

—, vgl. Natta, G. 431, 435, 933, 981, 982, 983, 994

—, vgl. Sianesi, D. 984

Corte, H. 690, 696

—, Meier, E., u. Seifert, H. 685

—, u. Meyer, A. 752

—, Morawe, H. G., u. Hiepler, E. 665

—, u. Netz, O. 663, 745

Cortiss, W. W., vgl. Manteuffel, A. A. 466

Cortyl-Lacau, J. 1039

Coscia, A. T., vgl. Petropoulos, J. C. 480

Cosslett, V. E. 1002

Cossmann, G., vgl. Jenckel, E. 1021

—, vgl. Weltzien, W. 1011

Costa, G. W., vgl. Dixon, J. K. 358

Costain, W. 148

—, Fletcher, N., u. Habgood, R. J. 156, 191

Coste, J. 1051

Costian, D. 271

Cotman, J. D. jr. 761

—, vgl. Blanchette, J. A. 644, 663, 664, 666, 689, 690, 693, 696, 734

Cotten, G. R., Sirianni, A. F., u. Puddington, I. E. 1006

Cottle, D. L., vgl. Eby, L. T. 678, 681

—, Eby, L. T., u. Minckler, L. S. jr. 681

—, Minckler, L. S. jr., u. Lemiszka, T. 681

—, vgl. Serniuk, G. E. 678, 681

—, Serniuk, G. E., u. Hoyt, R. G. 678, 681

—, vgl. Young, D. W. 692

Cotton, F. H., vgl. Glaser, J. 844

Couchoud, P. 868

Coulsen, J. M., u. Richardson, J. F. 1046

Coumoce, D. J., vgl. Arlman, E. J. 1000

Courtaulds Ltd. 101, 132, 133, 172, 383, 457, 458, 460, 462, 467, 541, 582, 586, 893

Cousins, E. 802

Coveney, L. W., vgl. Saunders, S. L. M. 533

Covington, P. C., vgl. O'Brien, F. R. 464, 465

Cowan, J. C., Falkenburg, L. B., u. Teeter, H. M. 551

—, —, —, u. Skell, P. S. 525

—, Lewis, A. J., u. Falkenburg, L. B. 156

—, vgl. Marvel, C. S. 761

Cowan, P. M., McGavin, S., u. North, A. C. T. 985

Cowie, J. M. G. 980, 1042

Cowley, P. R. E. J., u. Melville, H. W. 806

Cox, E. F., vgl. Hostettler, F. 61, 90

Cox, F. W. 723

Cox, N., vgl. Coffman, D. D. 191

Cox, N. L., u. Hanford, W. E. 131

Cox, R. A. 1042

Cox, W. L. 797, 850

—, vgl. Shelton, J. R. 798, 844

Cox, W. P., u. Ballman, R. L. 1046

—, u. Merz, E. H. 1062

—, vgl. Newman, S. 1063

—, Nielsen, L. E., u. Keeney, R. 1064

Crafts, J. M., vgl. Friedel, C. 609

Cragg, L. H. 1033

—, u. Bigelow, C. C. 1034, 1035

—, u. Brown, A. 1033

—, Dumitru, T. E., u. Simkins, J. E. 1036

—, u. Fern, G. R. H. 1034

—, u. Manson, J. A. 1034, 1036

—, vgl. Manson, J. A. 976, 992, 999, 1034, 1035

—, u. Oene, H. van 1032

—, vgl. Sharman, L. J. 1044

—, u. Sones, R. H. 1033

—, —, u. Dumitru, T. E. 1034

—, u. Switzer, D. F. 1015

Craig, A. B., vgl. Ham, G. E. 751

Craig, A. W., u. Henderson, D. A. 1031

Craig, D. 299, 796, 821, 844, 847

—, u. Mitarb. 822, 848, 1031

—, Diller, D., u. Rowe, E. H. 966

Craig, L. C., u. King, T. P. 1047

Craig, R. G., vgl. Hobbs, L. M. 798

Cramer, F. 1011

Cramer, F. B., u. Purves, C. B. 880, 881

Cramer, W. S. 1057

Crampsey, E., Gordon, M., u. Sharpe, J. W. 1004

—, —, u. Taylor, J. S. 831

Crane, C. L., vgl. Malm, C. J. 871

Crank, J. 1022, 1046

—, u. Park, G. S. 1020, 1022

Cranker, K. R., u. Breslau, A. J. 506

—, vgl. Rosenthal, N. A. 594, 598

Crano, J. C., vgl. Shelton, J. R. 966

Crawford, J. W. 811

—, u. Pleut, D. 811

Crawford, J. W. C. 1025

—, vgl. Chapman, J. 674

Crawford, R. A., u. Morrissey, R. T. 681, 682

Crawford, S. M. 1000

Crecelius, S. B. 537

Creek, W., vgl. Martin, R. W. 490

—, vgl. Shokal, E. C. 480, 495

Creely, J. J., Segal, L., u. Loeb, L. 985

—, Stanonis, D. J., u. Klein, E. 985

Creighton, A. M. jr. 502

Cremer, E., vgl. Patat, E. 503

Crespi, G., u. Bruzzone, M. 782

—, vgl. Bruzzone, M. 671

—, vgl. Natta, G. 671, 781, 782, 1013, 1059

Cressey, K., vgl. Delmonte, J. 465, 512

Cressy, K. D. 467

Crippen, R. C., u. Bonilla, C. F. 923

Crissman, J. M., vgl. Woodward, A. E. 1066

Critchfield, F. E., u. Johnson, D. P. 928

Croft, R. C., vgl. Bossert, R. G. 178

Croft-White, B. G. 800

Croneberg, P. M., vgl. Nastukoff, A. M. 294

Cross, C. F., Bevan, E. J., u. Briggs, J. F. 908, 909

—, —, u. Traquair, J. 906, 907

Cross, L. H., vgl. Buckley, G. D. 630, 631

Cross, P. C., vgl. Wilson, E. 990

Crossley, N. S., u. Mitarb. 484

Crouch, G. E., vgl. Surber, H. W. jr. 967

Crouch, W. W. 549, 768, 797

Crowe, C. M. 1022

Crowe, G. A. jr., u. Lynch, C. C. 330, 371

Crowther, M., vgl. Ney, W. O. 112, 119

Croxall, W. J., vgl. Neher, H. T. 37
Croze, M. 829
Crozier, R. N., vgl. Wheeler, O. L. 697, 830
Cruickshank, E. H., u. Meares, P. 974
Cruz, M. M. 894
Csurgay, K., vgl. Solzom, B. Z. 1021
Csürös, Z., u. Mitarbb. 1037
—, Gara, M., u. Bertalan, G. 1065
—, Groszmann, M., u. Bertalan, Y. Y. 1062
Cürten, T., vgl. Bunge, W. 94, 95
—, vgl. Wegler, R. 308, 310, 311, 318, 389, 391
Culvenor, C. C. J., Davies, W., u. Heath, N. S. 568
Cumberbirch, R. J. E., vgl. Michie, R. I. C. 981
Cundall, J. H., vgl. Charlton, W. 745
Cunneen, J. I. 837, 838, 861
—, Fletcher, W. P., Gent, A. N., u. Wood, R. I. 837
—, —, Shipley, F. W., u. Wood, R. I. 837
—, Higgins, G. M. C., u. Watson, W. F. 838, 933, 994
—, Moore, C. G., u. Shephard, B. R. 836, 837, 838
—, u. Shipley, F. W. 837, 838
—, Swift, P. McL., u. Watson, W. F. 838
—, u. Watson, W. F. 838, 1060, 1067
Cunnigham, E. N., vgl. Busse, W. F. 851
Cunningham, J. R., u. Ivey, D. G. 1066
Cupery, M. E. 528, 694, 788
Curry, J. W. 995
Curry, M. J., vgl. McElvain, S. M. 562
Curtius, T. 763
Cusick, G. E., u. Hearle, J. W. S. 971
Cutler, M., u. Kimball, G. E. 1033
Cutler Hammer Inc. 604, 606
Cutler-Hammer Manufacturing Co. 419, 636
Cvetkov, V. N., s. Zvetkov, V. N.
Cyanamid Co. s. a. American ...
Cyba, H. A. 522
Cymbal, L. V., vgl. Sostatovskij, M. T. 896
Cyprian, K., vgl. Jelinek, Z. K. 1028
Cyr, M. S. C. 528
Cywinski, J. W. 36

Czerny, J., u. Wichterle, O. 730, 746
Czerwin, E. P., u. Martin, L. D. 724
Czuha, M. 1029
—, vgl. Pepe, J. J. 989

Dabagova, A. K., vgl. Berlin, A. A. 481
Dachs, K., Brueggemann, H., u. Boeck, E. 116
—, vgl. Fikentscher, H. 372, 742, 743, 793
—, vgl. Schmidt, W. 112
—, u. Schwartz, E. 103, 111, 119, 130, 135
D'Addieco, A. A., vgl. Hawkinson, A. T. 483, 485, 548
Dahle, J. 722
Dahlquist, C. A., u. Hatfield, M. R. 1064
Dahm, M., vgl. Kämmerer, H. 995
Dahmen, H., vgl. Glaser, F. 303
Daimler, B. H. 967
Daimler, K. 298, 299, 300, 602
—, u. Balle, G. 610
Dainihon Cellophane Kabushiki Kaisha 836
Dainton, F. S., u. Mitarbb. 1052
—, u. Ivin, K. J. 1051
Dakilov, S. N., vgl. Levickalia, K. V. 1069
Dalbert, R. 968
Dale, W. J., vgl. Kolthoff, I. M. 972, 987
D'Alelio, G. F. 46, 292, 333, 345, 346, 347, 349, 356, 363, 402, 472, 509, 677, 685, 721, 789, 819
—, u. Mallavarapu, L. X. 364
Dalitz, V. C., vgl. Vries, A. J. de 1004
Dall, K., vgl. Freudenberg, K. 973
Dall'Asta, G., vgl. Natta, G. 431, 435
Dalmon, M. R., u. Powell, G. 885
Dalmon, R. 870
—, Chédin, J., u. Brissaud, L. 870
Daly, M. C., vgl. Gall, R. J. 485
Damansky, A. F. 907
—, vgl. Reich, W. S. 907
Damard Lacquer Co. 238
Damaschke, K., vgl. Patat, F. 1015
D'Amico, J. J. 845
—, vgl. Cooper, R. H. 845
—, Leeper, H. M., u. Tung, C. C. 802

Damouck, E. S., vgl. Lamble, J. H. 998
Damusis, A. 443, 516, 519
Danckworth, P. W., u. Eisenbrand, J. 998
Dandliker, W. B. 975
—, vgl. Kraut, J. 976
Dane, I., vgl. Hecht, O. 210
Daniel, J. H. jr., u. Landes, C. G. 455, 458
—, vgl. Segro, N. R. 898
Daniel, J. W. 965
Daniels, R. S., u. Mostello, A. J. 465
Daniels, W. W., u. Kitson, R. E. 966, 995
Danilov, S. N., u. Lopatenok, A. A. 895
Danjard, G. L. 1021
Danjard, J. C. 997, 1019, 1060, 1061
—, vgl. Pinazzi, C. P. 855, 860
Dankert, G., u. Holtschmidt, H. 599
Dannenberg, E. M. 778
—, vgl. Bolt, T. D. 797
—, u. Boonstra, B. B. S. T. 971, 1054, 1059
—, vgl. Boonstra, B. B. S. T. 971, 1021
—, vgl. Jordan, M. E. 777
—, Jordan, M. E., u. Cole, H. M. 777, 778
—, vgl. Rossman, R. P. 778
—, Rossman, R. P., u. Mark, H. F. 781
—, vgl. Williams, F. R. 778
Dannenberg, H. 529, 533, 535, 988
—, u. Harp. W. R. J. jr. 995
Dannhauser, W., Child, W. C., u. Ferry, J. D. 1065
Dannis, L. 1027
Dannis, M. L. 968, 1024, 1025, 1028
—, u. Ramp, F. L. 675
Danon, J., u. Mitarbb. 1013
Danusso, F., u. Mitarbb. 1027
—, vgl. Moraglio, G. 1037
—, u. Moraglio, G. 1009, 1037
—, —, u. Flores, E. 1051
—, —, u. Gazzera, S. 1009, 1034, 1036
—, —, u. Natta, G. 1026
—, vgl. Natta, G. 639, 1016, 1026, 1036
—, Pajaro, G., u. Sianesi, D. 964
—, vgl. Sianesi, D. 983, 1013, 1037
Daoust, H., vgl. Flory, P. J. 1007
—, u. Rinfret, M. 1033, 1036, 1052
—, vgl. Watters, C. 1014, 1053

Darin, S. R., vgl. Taylor, G. R. 1001, 1054
Darmstaedter, L. 458
Das, B. S., u. Choudhury, P. K. 1017
Das Gupta, P. C., vgl. Basu, S. 970, 1041
Dasgupta, S., Pande, J. B., u. Ramakrishnan, C. S. 994
—, vgl. Ramakrishnan, C. S. 994
Dasherskaija, B. J., vgl. Gluzman, M. K. 428
Daul, G. C., u. Reid, J. D. 724
—, —, u. Reinhardt, R. M. 724
—. Reinhardt, R. M., u. Reid, J. D. 881, 893
Daumiller, G. 95
—, vgl. Staudinger, H. 875
Daune, M., Benoit, H., u. Sadron, C. 1047
—, u. Freund, L. 979, 1049
—, vgl. Freund, L. 1048
Dauphinee, T. M., Ivey, D. G., u. Smith, H. D. 1050
Davankow, A. B., u. Zambrowskaya, E. V. 746
Davidse, P. D., Waterman, H. I., u. Westendijk, J. B. 1027, 1045
Davidson, A. W., vgl. Argersinger, W. J. jr. 974
Davidson, G. F. 865
—, u. Nevell, T. P. 899
Davidson, J. B., u. Romatowsky, E. J. 342, 343, 354
Davidson, J. N., vgl. Chargaff, E. 1012
Davidson, R. R., vgl. Wakeford, L. E. 46
Davidson-Simpson, H. S., vgl. Forward, M. V. 180
Davie, R. P., vgl. Bowles, R. L. 1030
Davies, A. G., u. Mitarbb. 630
Davies, C. W., u. Yeoman, G. D. 974, 1021
Davies, H. 465
Davies, J. T., u. Llopis, J. 1024
Davies, M. M., vgl. Baker, J. W. 91
Davies, R. E., vgl. Berardinelli, F. 720
Davies, R. E. M., u. Rowson, J. M. 1041
Davies, W., vgl. Culvenor, C. C. J. 568
Davis, A. C., Hayes, B. T., u. Hunter, R. F. 202
—, u. Hunter, R. F. 472
Davis, A. R. 853
—, u. Hendepon, B. W. 853

Davis, A. R., vgl. Hook, E. O. 853
—, u. Sullivan, F. A. 849
—, vgl. Sullivan, F. A. 845
—, vgl. Thelin, J. H. 849
Davis, C. C., u. Blake, J. T. 823, 861
—, vgl. Whitby, G. S. 819
Davis, D. S., vgl. Lingamfelter, F. P. 1025
Davis, F., vgl. Fettes, E. 596, 597
Davis, F. O. 595, 596, 597
—, vgl. Bertozzi, E. R. 596
Davis, R. V., u. Mitarbb. 271
Davis, T. L., u. Farnum, J. M. C. 91
Davison, J. A., vgl. Meyer, A. W. 993
Davison, W. H. T. 990
—, vgl. Checkland, P. B. 994
—, Slaney, S., u. Wragg, A. L. 1018
Davison, W. S., vgl. Checkland, P. B. 831
Dawson, H. G. 1043
Dawson, T. R., u. Schidrowitz, P. 861
Dawson, W. O. 357, 361, 363
—, u. Sellet, L. 383, 384
—, vgl. Sellet, L. 383, 384, 386, 387
Dawydoff, W. N. 180, 184, 185, 191
Day, A. G. 1022
Day, A. R., vgl. Yu, A. J. 197
Day, H. M. 37
—, u. Patterson, D. G. 37
Day, N. E., vgl. Groszos, S. J. 530
Dazzi, J. 486, 605, 771, 855
Dean, J. A., vgl. Willard, H. H. 964, 975, 981, 987, 998, 1001, 1011
Dean, R. T., u. Manasia, J. P. 988
Dean, W. R., Perera, V., u. Glazer, J. 1024
Dearborn Chemicals Co. 525
Dearborn, E. C., u. Mitarbb. 462, 472, 512
—, Fuoss, R. M., u. White, A. F. 511
—, vgl. Shepherd, R. G., jr. 472, 514
De Bell, J. M., Goggin, W. C., u. Gloor, W. E. 818
Debye, P. 977
—, vgl. Bueche, F. 1046
—, Coll, H., u. Woermann, D. 977
—, vgl. Notley, N. T. 976, 1037
Debye, P. J. W. 976, 1033
Dechant, J., vgl. Ruscher, C. 976
De Chirico, A. 1040

Decius, J. C., vgl. Wilson, E. B. 989
De Coste, J. B., u. Stiratelli, B. A. 971, 1017
Deeley, C. W., Sauer, J. A., u. Woodward, A. E. 983, 1026, 1065
Deflorin, A., vgl. Ernst, O. 512
De Francesco, A. J., Alling, B. D., u. Baldridge, J. H. 1054
Dege, G. J., Harris, R. L., u. McKenzie, J. S. 64, 429
Degering, E. F., vgl. Rankin, D. 910
—, u. Rankin, D. 910
De Girard, A. 401
De Groote, M. 426
—, u. Keiser, B. 242, 437
—, u. Shen, K. T. 532
Degteva, T. G. 818
Degussa (Deutsche Gold- & Silberscheideanstalt vormals Roessler, Frankfurt/Main) 341, 342, 372, 377, 407, 429, 554, 568, 617, 618, 619, 622, 731, 826, 827, 896, 913
Dehn, E., vgl. Beckmann, E. 212
Dehnert, H., u. Krey, W. 438
—, vgl. Lorenz, A. 468
De Hoff, R. L., u. Parry, H. L. 522, 523
Dehydag Deutsche Hydrierwerke GmbH 176, 372, 388, 482, 483, 488
Deis, W. H., u. Heneghan, L. F. 803
De Jong, J. I., u. De Jonge, J. 223
—, Dijkstra, R., u. De Jonge, J. 223
—, u. De Jonge, J. 203
—, —, u. Eden, H. A. K. 330
De Jonge, J., vgl. De Jong, J. I. 203, 223, 330
—, u. Bergh, H. J. von den 240
—, vgl. Dijkstra, R. 223
Delahay, P. 966, 972, 981, 990, 998
Delalande, A. 855
—, vgl. Compagnon, P. 855
—, vgl. LeBras, J. 861
Delang, D. G., vgl. Batts, H. J. 802
Delangre, J. P., u. Cane, A. 722
Delap, J. A., u. Dietz, R. E. 691
Delépine, M. 399, 405, 411, 568
—, u. Jaffeux, P. 568
Delfs, D., vgl. Bauer, R. 288
—, Desamari, K., u. Blömer, A. 676
—, vgl. Meerwein, H. 8, 88, 432, 557, 558, 559, 560

Delfs, D., vgl. Morschel, H. 558, 560

—, vgl. Passing, H. 268, 269

—, vgl. Schulte, W. 559

—, vgl. Schultheis, H. 12, 264

Delinskaja, E. D., vgl. Gluschkowa, V. P. 763

De Loecker, W., vgl. Smets, G. 707, 708

Delmonte, J. 465, 968, 971

—, u. Cressey, K. 465, 512

—, u. Hirosawa, F. N. 513

De Loss E. Winkler 466

—, vgl. Shokal, E. C. 466

Delzenne, G., u. Smets, G. 409, 973, 995, 1040

Demagistri, A., vgl. Signer, R. 656

Deming, P. H., vgl. Payne, G. B. 484

Demmler, K., vgl. Kessler, H. 792

—, vgl. Lissner, O. 518, 533

—, Lissner, O., u. Meyer, F. 518

—, —, —, Palm, A., u. Stichnoth, O. 518

—, Merkel, K. 472

—, vgl. Meyer, F. 476, 477, 551

Dempster, J. B., vgl. Auspos, L. A. 7, 13

—, vgl. Cavanaugh, R. M. 13

Dennert & Pape ... s. Aristo-Werke

Dennis, J. B., vgl. Clark, R. A. 799

Dennstedt, I. 709

—, vgl. Meisenburg, K. 675

De Pauw, A. J., u. Hart, R. M. 727

Derenbach, W., vgl. Thum, A. 1066

Derevitskaya, V. A., vgl. Lin Yan 895

—, Prokoféva, M., u. Rogovin, Z. A. 881

—, vgl. Sun Tun 895

Déribéré, M. 989

Derkosch, J., vgl. Breitenbach, J. W. 1052

Dermer, O. C., u. Hooper, E. 609

Dermody, W. J. 799

Deryagin, B. V., Zherebkov, S. K., u. Medvedeva, A. M. 1019

Desamari, K., vgl. Blömer, A. 676

—, vgl. Delfs, D. 676

Desanges, H., Chasset, R., u. Thirion, P. 969, 971

Desch, R. P., vgl. Seymour, R. B. 636

Descudé, M. 405

Deseniss, M., vgl. Beckmann, W. 824

Despic, A., u. Hills, G. J. 970, 1021

Desreux, V. 1014

—, vgl. Bischoff, J. 975, 978

—, vgl. Oth, A. 978, 1009, 1032, 1036, 1048

—, u. Spiegels, M. C. 1016

Desty, D. H., u. Harbourn, C. L. 1012

Dethloff, H., Rückert, A., u. Ziegler, W. 574

De Trey Frères S. A. 462, 468, 471, 516

Detter, C. V. 430

Detwiler, E. B., vgl. Patterson, D. G. 342, 343, 344, 345, 375

Deuel, H., u. Mitarbb. 643

—, vgl. Cornaz, J. P. 747, 763

—, u. Hostettler, H. 266, 300

—, u. Neukom, H. 1041

Deusen, W. P. van, vgl. Minsk, L. M. 725, 727, 805

—, vgl. Robertson, E. M. 725, 804, 805

Deutsch, A. L., u. Thorn, J. 280

Deutsch, A. S., vgl. Fanta, P. E. 574

Deutsch, H., Haehnel, W., u. Herrmann, W. O. 415

—, u. Herrmann, W. O. 415

Deutsche Akademie der Wissenschaften zu Berlin 497, 499

Deutsche Celluloid-Fabrik, Eilenburg 373, 374, 891

Deutsche Erdöl AG 1030

Deutsche Gold- & Silberscheideanstalt ... s. Degussa

Deutsche Hydrierwerke AG 176, 246, 360

Deutsche Hydrierwerke GmbH s.a. Dehydag

Deutsche Konservierungsgesellschaft mbH 609

Deutsche Solvay-Werke GmbH 498, 513, 523, 526, 618, 765

Devault, A. N., vgl. Canterino, P. J. 668, 670

Devlin, P. A., vgl. Mueller, A. C. 506

—, vgl. Shokal, E. C. 466, 495, 597

Devoe & Raynolds Co. 452, 462, 468, 470, 472, 475, 476, 477, 497, 500, 503, 504, 505, 506, 509, 512, 513, 515, 516, 518, 521, 523, 527, 529, 530, 532, 533, 534, 535, 536, 537, 538, 543, 547, 551, 552

De Vries, H. 999

Dewar, W. J. 464

Dewitt, T. W., vgl. Harper, R. C. 1061

De Witt, T. W., vgl. Pollock, D. J. 1016

De Witt Graves, G. 582, 705, 707

Dexter, F. D. 1061

De Zarauz, Y. 984

Dialer, K., u. Elias, H. G. 1007

—, u. Vogler, K. 1016, 1035, 1048

—, —, u. Patat, F. 1016, 1036, 1049

Diamond Alkali Co. 26

Dianin, A. 195, 197, 198

D'Ianni, J. D. 678, 774, 800

—, u. Mitarbb. 677, 765, 773, 834, 835

—, vgl. Naples, F. J. 927

—, Naples, F. J., u. Field, J. E. 993

Dickey, E. E. 1018

Dickey, F. H., u. Mitarbb. 38

Dickey, J. B. 729

—, u. Coover, H. W. jr. 402

—, vgl. Stanin, T. E. 725

—, vgl. Towne, E. B. 174

Dickhäuser, E., Starck, W., u. Voss, A. 716

—, vgl. Voss, A. 716, 726

Dickson, J. T. 20, 25

—, vgl. Cook, J. G. 5, 6, 7, 25

—, Ellery, E., u. Reynolds, R. J. W. 149

—, vgl. Whinfield, J. R. 13, 20, 25

Dickson, W. J., vgl. Monson, L. T. 438

Didot, F. E., Chinai, S, N., u. Levi, D. W. 979, 1038

Di Drusco, G. jr. 782

Dieckelmann, G. 482, 483

—, vgl. Gündel, W. 488

—, u. Heyden, R. 485, 529

Dieckman, S. F., Jarrell, J. G., u. Voris, R. S. 892

Diehl, P., vgl. Weltzien, W. 1011

Diem, H. E., Tucker, H., u. Gibbs, C. F. 800

Dienes, Fr., Mülheim/Ruhr 182

Dienes, G. J. 806

Dietrich, M. A., u. Jacobsen, H. W. 165

Dietrich, W., vgl. Eggert, H. G. 494

—, u. Rath, H. 419, 423

—, vgl. Wiloth, F. 114, 970

Dietz, A. G. H., u. Mitarbb. 1062

Dietz, K. 238, 529

—, vgl. Böhme, H. 339

—, vgl. Brunner, A. 238

—, vgl. Greune, H. 238

Dietz, K., u. Lorentz, G. 239, 416, 466
—, —, u. Stroh, R. 466
—, vgl. Lorentz-Andreae, G. 239
Dietz, R. E. 692
—, vgl. Delap, J. A. 691
Dietz, T. J., u. Mitarbb. 787
—, vgl. Hansen, J. E. 786, 787, 1008
—, vgl. Mast, W. C. 787
Dietze, M. 982
Dietzel, H. W., u. Müller, F. H. 969
Dietzler, A. J. 196
Dieu, H. 1009, 1010, 1011, 1048
Dieu, H. A. 1024
Diewald, J., vgl. Krebs, H. 1018
Dijkstra, R., vgl. De Jong, J. I. 223
—, u. De Jonge, J. 223
Dilger, F. 505
Diller, D., vgl. Craig, D. 966
Dillon, J. H., vgl. Tobolsky, A. V. 802
Dillon, R. E., Matheson, L. A., u. Bradford, E. B. 1005
Dimitrow, N., vgl. Herberg, W. 1053
Dimler, W. A. jr., vgl. Thorn, J. P. 492
Dinelli, D., u. Mostardini, R. 636
—, vgl. Roberti, G. 634
Dinges, K., vgl. Knapp, K. H. 743, 794
—, Müller, E., u. Graulich, W. 376, 743
—, —, Knapp, K. H., u. Berlenbach, W. 795
Dingle, A. D. 797, 1063
Dingle, H. 998
Dingler, O., vgl. Gebauer-Fülnegg, E. 872
Dinglinger, A., vgl. Schulz, G. V. 931, 935, 939, 940
Directie van de Staatsmjinen in Limburg s. Niederländischer Staat ...
Diserens, L. 334, 340, 343, 601
Disselhoff, H., vgl. Fikentscher, H. 39
Distillers & Chemical Corporation s. National ...
Distillers Co. Ltd. 133, 207, 208, 227, 228, 229, 239, 247, 279, 371, 372, 377, 467, 473, 483, 494, 495, 498, 518, 581, 717, 736, 790, 794, 809
Distler, G. I., u. Pinsker, S. G. 986
Ditmar, R. 840

Dittmar, H. R., u. Strain, D. E. 349
Dixon, A. E. 322, 323, 328
Dixon, J. F. C., vgl. Segall, G. H. 791
Dixon, J. K., Woodberry, N. T., u. Costa, G. W. 358
Dixon, S., u. Goldberg, E. J. 778
—, Rexford, D. R., u. Rugg, J. S. 795
—, u. Verbanc, J. J. 535
Dmitrijeva, N. N., vgl. Besughj, W. D. 973
Doak, K. W., vgl. Armstrong, R. T. 847
—, vgl. Auer, E. E. 1055
—, u. Campbell, H. N. 1050
Doban, R. C., Sperati, C. A., u. Sandt, B. B. W. 967, 1054, 1059
Dobler, M., vgl. Elias, H. G. 980
Dobo, J., u. Kiss, L. 1038
Dobry, A. u. Boyer-Kawenoki, F. 979, 1010, 1041
Dobry, P. M. A. 1013
Dobry-Duclaux, A. 1043
Dobrynina, A. S., vgl. Kargin, V. A. 980
Dodge, C. W. H., vgl. Drumm, M. F. 1064
Doebner, O., u. Miller, W. v. 299
Döhle, W., vgl. Staudinger, H. 649, 864
Doehlemann, E., vgl. Michaud, H. 347
—, Michaud, H., u. Rostock, H. 358
Doelling, G. L., u. Adams, K. H. 243
Dörr, E., vgl. Rassow, B. 871
Dogadkin, B. A. 847
—, u. Mitarbb. 848, 983, 993, 994, 1022, 1055, 1060, 1062
—, Bartenev, G. M., u. Novikova, N. 1059
—, —, u. Reznikovskii, M. M. 1057
—, Fedyukin, D. L., u. Gul, V. E. 1021
—, u. Gul, V. E. 1020, 1059, 1066
—, Karmin, B., u. Goldberg, J. 1054
—, Kuleznev, V. N., u. Pryakhina, S. F. 1013
—, u. Lukomskaya, A. I. 968
—, vgl. Lukomskaya, A. I. 968
—, vgl. Petschkowskaja, K. 971, 1006

Dogadkin, B. A., u. Reznikovskii, M. M. 1066
—, vgl. Reznikovskii, M. M. 1059, 1066
—, u. Sandomirskii, D. M. 1054
—, vgl. Shvarts, A. G. 1056
—, Soboleva, J., u. Arkhangelskaya, M. 977, 1008
—, vgl. Tarasova, Z. N. 965, 1066
Dohr, M., vgl. Budnowski, M. 468, 480
Dolar, D., vgl. Gregor, H. P. 759
—, vgl. Lapanje, S. 1053
—, Lapanje, S., u. Celik, L. 1023, 1053
Dole, M. 1051
—, vgl. Alford, S. 1050
—, vgl. Marx, P. 1050
—, vgl. Smith, C. W. 1051
—, vgl. Wilhoit, R. C. 1050
—, u. Wunderlich, B. 1051
—, vgl. Wunderlich, B. 1051
Doležel, B., u. Štěpek, J. 813
Dolgoplosk, B. A., u. Mitarbb. 1055
—, vgl. Kropacev, V. A. 994
Dolid, J., vgl. Whitby, G. S. 822
Doll, H., u. Plajer, O. 1056
—, vgl. Schulz, G. V. 1009, 1052
Dollard, H. L. jr., vgl. Bjorksten, J. 98
Dolmetsch, H. 1003, 1005
Domareva, N. M., vgl. Schalaeva, L. F. 980
Dombek, S. H. S., vgl. Tager, A. A. 1052
Dombrow, B. A. 98
Domininghaus, H., vgl. Hagen, H. 821
Donally, L. H., vgl. Stewart, T. D. 743
Donaldson, A. L., u. Velleu, R. B. 463, 464
Donath, E., vgl. Pier, M. 823
Donia, R. A. 785
Donnel, I. J. O., u. Woods, E. F. 1049
Donnet, J. B. 1000, 1030, 1032, 1046, 1048
—, u. Roth, R. 1007
Donovan, P., vgl. Warfield, R. W. 1051
Doolittle, A. K. 819, 1034
Dooper, R., u. Valk, J. A. M. van der 998
Doorenbois, N. J., vgl. Blicke, F. F. 130
D'or, L., u. Kössler, I. 993
Doree, C. 915
Doremus, R. H., vgl. Wall, F. T. 970

Dorman Long & Co. 306
Dorman, E. N. 468
Dorn, J. E., vgl. Sherby, O. D. 1065
Dorokhina, T. V., vgl. Novikov, A. S. 1055
Dorough, G. L. 94, 495, 549, 784, 788
—, vgl. Carothers, W. H. 13, 15
—, u. McQueen, D. M. 720
Dorset, B. C. M. 924
Doser, A., Petersen, S., Bayer, O., u. Kleiner, H. 614, 615, 616
Dosmann, L. P. 795
—, u. Barnes, G. L. 796
Doty, P. 977, 981, 1002, 1007, 1031, 1042, 1048
—, vgl. Boedtker, H. 979, 980, 1000, 1010, 1041, 1042, 1049
—, Bradbury, H. J., u. Holtzer, A. M. 980, 1042
—, vgl. Hall, C. E. 980, 1000, 1004, 1042
—, vgl. Oth, A. 970, 979, 1041
—, vgl. Schick, M. J. 1008
—, vgl. Schneider, N. S. 972, 980, 1041
—, Steiner, R. F., u. Trementozzi, Q. A. 977, 1007
—, vgl. Trementozzi, Q. A. 977, 1009, 1036
Doty, P. M., Affens, W. A., u. Zimm, B. H. 975, 1007, 1032
Doughty, M., u. Brown, B. J. 896
Douglas, H. W., u. Shaw, D. J. 971
D'Ouiville, E. L., vgl. Shoemaker, B. H. 781
Dow Chemical Co., The 45, 196, 201, 400, 429, 430, 431, 434, 436, 438, 439, 447, 449, 466, 490, 498, 568, 596, 597, 611, 623, 634, 636, 666, 667, 669, 670, 671, 672, 673, 675, 680, 682, 683, 684, 685, 686, 711, 744, 745, 746, 747, 751, 752, 785, 790, 815, 856, 887
Dow Corning Corporation 499, 531, 532
Downing, F. B., vgl. Benning, A. F. 817
—, vgl. Carter, A. S. 621
Downing, J. 762, 786
Doyle, C. D. 464
Dragsdorf, R. D. 986
Drake, G. L. jr., Reeves, W. A., u. Guthrie, J. D. 896
Drake, G. W., vgl. Bloomfield, G. F. 1039

Drake, L. R., vgl. McMaster, E. L. 746
Drakeley, K. D., vgl. Barnett, G. 516, 521
Drechsel, P., Hoard, J. L., u. Long, F. A. 1001, 1020
Drefahl, G., vgl. Maurer, K. 899
Dreher, E. 238, 250
Drenan, J. W., vgl. Wall, F. T. 975, 1012
Drew, H. F., u. Schaeffer, J. R. 438, 439
Drewitt, J. G. N., vgl. Allen, S. J. 139, 150
—, u. Lincoln, J. 14, 21
Dreyfus, C., vgl. Miles, G. W. 865
Dreyfus, H. 166, 892
Drickamer, H. G., vgl. Emery, A. H. 1047
Drinkwater, H. G., u. Payne, N. 974
Drogin, I. 797, 802, 849
Drosdow, N. S., u. Tschernzow, O. M. 456
Drossbach, O., u. Roell, E. 623
Droste, W., vgl. Höchtlen, A. 89
Drug Research Inc. 678
Drumm, M. F., Dodge, C. W. H., u. Nielsen, L. E. 1064
Drummond, A. A., vgl. Megson, N. J. L. 225
Drusedow, D., u. Gibbs, C. F. 813
Drushinina, T. W., vgl. Rogowin, S. A. 812
Dubois & Kaufmann s. Chemische Fabrik ...
Dubois, J. E., u. Luft, R. 416
Dubrisay, R. 230
Dubrovina, B. P., vgl. Andrianov, K. A. 499
Ducker, E., u. Mitarbb. 1007
Duckworth, M. W., vgl. Chapman, A. H. 987
Duco s. Société Française ...
Duden, P., u. Scharff, M. 396
Dudley, J. R. 365, 459, 479, 517, 588
—, u. Anthes, J. A. 385
—, vgl. Loughran, G. A. 373, 793
—, u. Lundberg, L. A. 455, 458, 461
Dudley, R. H., vgl. Fusco, J. V. 803
Dürig, G., u. Banderet, A. 1041
Düsing, J., vgl. Esselmann, P. 569

Duff, J. C., u. Bills, E. J. 217
Dufraisse, C., vgl. Moureu, C. 730
Dugone, J., vgl. Kraus, G. 1023
Duke, J., vgl. Prem, D. 989
—, vgl. Taft, W. K. 1016, 1039
—, Taft, W. K., u. Kolthoff, I. M. 1023
Dulmage, W. J. 985
—, u. Contois, L. E. 983, 986, 1001
Dumansky, A. V., u. Nekryach, E. F. 1053
Dumitru, T. E., vgl. Cragg, L. H. 1034, 1036
Dunbrook, A. F., vgl. Whitby, G. S. 819
Dunell, B. A., u. Halsey, G. 1043
—, u. Price, S. J. W. 1064
—, vgl. Tobolsky, A. V. 1061
Dunkel, W. L., u. Phelan, R. R. 850
Dunlap, W. B. jr., vgl. Kirshenbaum, A. D. 964, 1029
Dunlop Rubber Co. Ltd. 239, 465, 600, 803, 825, 835, 836, 842, 853, 858
Dunlop, A. P., u. Peters, F. N. 557, 633, 635, 636
Dunlop, R. D. 723, 790
Dunn, A. S., Stead, B. D., u. Melville, H. W. 989
Dunn, J. R. 1067
—, u. Fogg, S. G. 848
—, u. Scanlan, J. 848, 1067
—, —, —, u. Watson, W. F. 1067
Dunn, P. A. 462, 463, 466
Dunnell, B. A., vgl. Quistwater, J. M. R. 1065
Dunning, W. J., u. Patterson, D. 1066
DuPont (E. I. DuPont de Nemours & Company, Wilmington/USA) 5, 6, 7, 12, 13, 15, 23, 24, 25, 29, 45, 49, 55, 57, 60, 67, 68, 69, 70, 71, 72, 86, 87, 88, 89, 94, 95, 104, 108, 109, 115, 128, 129, 131, 133, 135, 136, 139, 141, 142, 145, 147, 151, 152, 159, 160, 163, 164, 165, 166, 167, 169, 171, 172, 175, 178, 179, 180, 195, 198, 228, 243, 245, 251, 262, 278, 299, 330, 335, 336, 340, 342, 343, 349, 351, 363, 372, 375, 376, 382, 397, 405, 406, 407, 408, 409, 410, 412, 413, 420, 433, 434, 447, 450, 455, 457, 458, 460, 461, 475, 481,

DuPont
482, 483, 485, 495, 496,
509, 514, 515, 518, 519,
528, 533, 534, 535, 548,
549, 550, 555, 558, 561,
562, 563, 566, 582, 583,
585, 587, 616, 618, 621,
622, 625, 626, 662, 668,
669, 670, 671, 672, 675,
679, 685, 686, 687, 688,
689, 691, 693, 694, 698,
699, 700, 701, 703, 704,
705, 706, 707, 708, 711,
714, 716, 717, 719, 720,
721, 722, 723, 724, 725,
726, 729, 730, 732, 734,
735, 736, 737, 745, 748,
749, 753, 754, 756, 757,
758, 771, 773, 775, 777,
778, 779, 780, 782, 783,
784, 785, 787, 788, 789,
790, 791, 792, 795, 796,
798, 801, 802, 803, 804,
812, 817, 818, 824, 830,
833, 837, 838, 842, 845,
846, 848, 852, 853, 858,
885, 887, 892, 893, 897,
922, 1058
DuPont Viscoloid Co. 280
Dupre, A. 1035
Dupre, E. F., u. Mitarbb. 996
Durez Plastics & Chemicals Inc.
800
Durgin, C. B., u. Jenkins, R.
L. 623
—, vgl. Warren, T. E. 623
Durite Plastics Inc. 784, 790
Durr, G. 415
Durrum, E. L., vgl. Block,
R. J. 1012
Dušek, K. 1011, 1018
Dusenbury, J. H., vgl. Caroti,
G. 995
Duve, G., vgl. Stetter, H.
583
Duveau, N., vgl. Ecochard, F.
972
Duwe, G., vgl. Möhring, A.
1001
Duxbury, F. K., vgl. Abbot-
son, W. 788, 791
Dvorak, J., vgl. Majer, J.
1001, 1026
Dyatkina, M. E., vgl. Syrkin,
Y. K. 966
Dyche-Teague, F. C. 825
Dyer, E., u. Osborne, D. W.
600
—, vgl. Strause, S. F. 973
—, Tayler, H. A., Mason, S.
J., u. Samson, J. 91
Dyers' Association Ltd. s. Brad-
ford . . .
Dyes, W. A., vgl. Krafft, F.
4
Dyke, R. H. v., vgl. McNally,
J. G. 728

Dykstra, H. B. 672
Dynamit Alfred Nobel AG,
61, 79, 156, 243, 479,
480, 547, 574, 616, 618,
622, 670, 713, 903
Dyson, A. 968
Dyson, G. M., Horrocks, J. A.,
u. Fernley, A. M. 466,
813

Eagle, M. V., vgl. Freiser, H.
969, 1028
Eareckson, W. M. 14
—, vgl. Shashoua, V. E. 140,
141
Earhart, K. A., u. Montague,
L. G. 536
Earley, D. J., u. Sanger, M.
J. 1066
Early, R., vgl. Marker, L.
1026, 1045
Easley, W. K., Lawson, J. K.,
u. Ballentine, J. B. 13
—, vgl. Sundbeck, E. H. 13
Eastes, J. W. 271, 290
—, vgl. Bruson, H. A. 388
—, vgl. Myers, R. J. 271, 290,
300
Eastham, A. M. 432
—, vgl. Latremouille, G. A.
433
—, vgl. Merrall, G. T. 433,
438, 439
—, vgl. Worsfold, D. J. 433
Eastman Chemical International AG 54
Eastman Kodak Co. 14, 20,
23, 25, 26, 51, 108, 145,
147, 149, 158, 174, 402,
421, 471, 472, 498, 526,
663, 664, 683, 690, 696,
700, 702, 704, 710, 711,
713, 714, 715, 721, 722,
725, 726, 727, 728, 729,
736, 738, 747, 750, 754,
755, 756, 759, 760, 763,
804, 805, 806, 816, 871,
873, 878, 879, 895, 897,
914
Eaves, D. E., vgl. Barson, C.
A. 965
—, vgl. Bevington, J. C.
965
Ebata, M., vgl. Noguchi, J.
974
Ebel, F., u. Meyer, E. 709
—, vgl. Schickh, O. v. 167
Ebel, R. H., vgl. Cherlow, H.
845
Eberhardt, C., u. Welter, A.
293
Eberlin, E. C., vgl. Keavney,
J. J. 1051
Eberly, K. C. 785
Ebermayer, G., vgl. Pummerer,
R. 927

Ebersberger, J., vgl. Stroh, R.
446
Ebert, P. E., u. Price, C. C.
429, 430, 432, 435
Ebneth, H., Schultheiss, H.,
u. Nordt, H. 61, 90
Eby, L. T., vgl. Cottle, D. L.
681
—, Cottle, D. L., u. Lemiszka,
T. 678, 681
Eck, J. C., u. Kraemer, W. C.
667
Ecker, R. 1054, 1055, 1059,
1062, 1066
—, vgl. Fromandi, G. 849,
1059
—, vgl. Kleiner, H. 92, 94
—, vgl. Wegler, R. 305
Eckert, C. F., vgl. Burkus, J.
59, 61
Eckert, P., u. Herr, E.
887
Eckey, E. W. 737
—, u. Mitarbb. 737
Eckmans, H., vgl. Beck, H.
J. 501
Eckstein, F. 299, 399
Ecochard, F. 1025
—, u. Duveau, N. 972
Economy Fuse & Manufactu-
ring Co. 212
Eddis, W. 967
Edelman, L. E., vgl. Freeman,
J. H. 244
—, Runk, R. H., u. Adamik,
W. J. 530
Edelman, S., vgl. McKinney, J.
E. 1057
Edelmann, K. 184, 185, 1014,
1030, 1032, 1034, 1043,
1044
—, u. Horn, E. 1031, 1043
—, u. Kolbe, G. 1045
Edelson, D., vgl. Fuoss, M.
979, 1041
Eden, H. A. K. 346
—, vgl. Jong, J. I. de 330
Edgar, O. B., u. Ellery, E.
103, 135
—, u. Hill, R. 27, 103,
135, 154, 934, 935, 939,
949
Edge, G. D., vgl. Moore, W.
R. 1041
Edington, R. A., u. Goodman,
I. 175, 176
Edlund, K. R. 440
Edmonds, L. O. 769
—, vgl. Hillyer, J. C. 768,
769
Edmunds, A. M. 634, 636
Edsall, J. T. 998, 1041
—, vgl. Anson, M. L. 969,
1012, 1046
Edwards, D. C. 802
—, vgl. Buckler, E. J. 681
—, u. Storey, E. B. 802

Edwards G. A., u. Goldfinger, G. 623, 975, 1032, 1040
Edwards, G. R. 518
—, vgl. Zonsveld, J. J. 465
Edwards, W. M. 163
—, u. Endry, A. L. 163
—, u. Robinson, J. M. 163
Efremova, V. N., vgl. Arbuzova, I. A. 529
Egar, G., vgl. Krässig, H. 339
Eggert, H. G., Dietrich, W., u. Rath, H. 494
Egloff, G. 620
Eguchi, T., vgl. Matsumoto, M. 722, 1035, 1042
Ehlers, G., vgl. Bestian, H. 573, 574, 578
Ehlers, G. F. L. 465, 512
Ehlers, J. F. 1058, 1060
—, u. Goldstein, K. R. 1020, 1042
Ehm, W., u. Schnegg, R. 611, 614
Ehmann, W., u. Kühlkamp, A. 700
—, vgl. Starck, W. 700, 701
Ehrbar, J. P., u. Boissonas, C. G. 1053, 1057
Ehrlicher, H. 65
Eibner, A., u. Koch, E. 400
—, u. Peltzer, F. 299, 399
Eich, T., u. Haarlammert, F. 1019
Eichenberger, W. 465
Eichengrün, A. 875
Eichhorn, J. 683
—, u. Steinmetz, J. M. 683
Eichhorn, R. M. 983
Eidelnant, M. P., vgl. Mikhailov, G. P. 968, 1066
Eifert, R. L., u. Marks, B. M. 732
Eilers, H., vgl. Staudinger, H. 902
Eilers, J. 464
Eimers, E. 641
—, u. Schirmer, H. 510
Einhorn, A. 53
—, u. Mitarbb. 342, 371, 373
—, u. Hamburger, A. 330, 348
Einhorn, S. C., u. McLeod, L. A. 1054, 1057
Eirich, F., u. Mark, H. 818
—, vgl. Rosen, B. 1000, 1041, 1048
Eirich, F. R. 516, 819, 1030, 1060
—, vgl. Eliassaf, J. 1066
—, vgl. Frank, H. P. 970
—, vgl. Immergut, E. H. 1040
—, vgl. Riseman, J. 1032, 1033
—, vgl. Sinha, R. 1023
Eisenberg, A., vgl. Tobolsky, A. V. 114
Eisenberg, H. 970, 1041, 1042
—, u. Frei, E. H. 1030
—, vgl. Frei, E. H. 1031

Eisenberg, H., vgl. Katchalsky, A. 707, 735, 736, 970, 973, 979, 995, 1041
—, u. Mohan, G. R. 971, 974
—, u. Pouyet, J. 1041
Eisenbrand, J., vgl. Danckwortt, F. W. 998
Eisenlohr, F., vgl. Roth, W. A. 998
Eisenmann, K., vgl. Pungs, W. 334, 346
—, Scholz, E., u. Wolf, K. 352
Eisfeld, K., vgl. Schmidt, A. 716
Eisleb, O. 456
Eisler, B., u. Mitarbb. 988
Eisner, A., u. Wagner, E. C. 296
Eizner, Y. E. 1039
—, vgl. Ptitsyn, O. B. 977, 1033
Ekenstam, A. af 865
Eklund, G., vgl. Euler, H. v. 224
Elam, D. W., u. Hopper, F. C. 464
—, vgl. Wiles, Q. T. 502, 508, 517, 520
Elarde, V. D. 502
Elbel, E. 280
—, u. Seebach, F. 275
Elbel, K. 617
Elbling, I. N., u. Langer, S. H. 530
—, vgl. Langer, S. H. 442, 443, 516, 530, 531
—, u. Thomas, W. R. 530
Elder, M. E., vgl. Maron, S. H. 970
Elderfield, R. C. 427
Electrochemical Co. s. Hooker ...
Electrolyt Co. s. National ...
Elektrizitätsgesellschaft s. AEG
Elektrizitätswerk Lonza AG 415
Elektrochemische Industrie s. Consortium für ...
Eley, D. D., Saunders, J., u. Sparks, A. H. 1010, 1052
Elias, H. G. 1007, 1014, 1042, 1047, 1049
—, vgl. Dialer, K. 1007
—, Dobler, M., u. Wyss, H. R. 980
—, u. Männer, E. 1008
—, u. Mark, H. 1007
—, u. Patat, F. 976, 978, 979, 1007, 1009, 1031, 1035, 1037, 1049
—, vgl. Patat, F. 1034
—, vgl. Ritscher, R. A. 1007
—, vgl. Ritscher, T. 1007
—, Ritscher, T., u. Patat, F. 1007
Eliassaf, J., u. Eirich, F. R. 1066

Eliassaf, J., vgl. Silberberg, A. 980, 1032, 1042
—, Silberberg, A., u. Katchalsky, A. 1044
Eli Lilly & Co. 479
Eller, S. A. 1067
Ellerbroek, N., vgl. Scheele, W. 1035, 1043
Ellery, E., vgl. Dickson, J. T. 149
—, vgl. Edgar, O. B. 103, 135
—, Habgood, B. J., u. Reynolds, R. J. W. 156
Ellingboe, E. K. 495, 788
—, u. Salzberg, P. L. 833
Elliot, A., vgl. Ambrose, E. J. 995
—, vgl. Bamford, C. H. 981
—, u. Malcolm, B. R. 985, 996, 1001
Elliott, D. J., u. Watson, W. F. 860
Elliott, J. H., vgl. Butts, E. H. de 1042
—, vgl. Francis, P. S. 1015
—, vgl. Ott, E. 1044
Ellis, B., u. Pyszora, H. 996
Ellis, C. 36, 46, 402, 412, 418, 633
—, u. Boehmer, N. 824
—, u. Meigs, J. V. 603
Ellis, C. E. 818
Ellis, S. G. 1004
Ellis-Foster Co. 36, 207, 412, 636
Elmer, C., Anas, T., u. Rider, S. H. 363
Elmer, O. C. 88
Elmore, N. M., u. Gessler, A. M. 686, 688, 748
Elöd, E. 509, 784
—, u. Fröhlich, H. G. 190
—, Lotterhos, K., u. Jörder, H. 509
—, Rauch, H., u. Schachowskoy, T. 784
—, u. Schrodt, A. 876
Elsner, H., vgl. Ratz, H. 156
El'Tsefon, B. S., vgl. Berlin, A. A. 806
Elyash, L. J., vgl. Pollock, D. J. 1016, 1034, 1039
Elzer, P., vgl. Schulz, R. C. 649, 658, 693, 694, 695, 696, 747, 748
Eméleus, H. J., vgl. Stone, F. G. A. 433
Emerson, J., vgl. Hiatt, G. D. 727
Emerson, W., Hess, S. M., u. Uhle, F. C. 399
Emery Industries Inc., Carew Tower, Cincinnati/Ohio 22, 525
Emery, A. H. jr. 1053
—, u. Drickamer, H. G. 1047

Emmons, W. D., u. Mitarbb. 392, 394
—, vgl. Greenwald, H. L. 520
—, u. Pagano, A. S. 482
Enders, E., u. Holtschmidt, H. 581
Endo, R., vgl. Takeda, M. 1034, 1037
Endres, H. A. 773
Endres, R. 360
Endry, A. L., vgl. Edwards, W. M. 163
Endter, F. 985, 1006
Engel, F. 797
Engelberg, H., vgl. Walter, G. 388, 389
Engelbrecht, C., vgl. Klatte, F. 727
Engelbrecht, H. J. 372
Engelhardt, F., Ledwoch, K. D., u. Schwengers, C. 361, 362
Engelhardt, V. A. 561
Engelhardt, W. v., u. Lübben, H. 1031
Engelmann, H., u. Exner, F. 879
Engelmann, H. M., vgl. Hays, J. T. 417
Engels, C., vgl. Messinger, J. 401
Engelter, A., vgl. Müller, F. H. 1053, 1062
England, D. C. 151
England, W. D., Krimian, J. A., u. Heinrich, R. H. 800
English, E. S., vgl. Bevilacqua, E. M. 844
Enoksson, B. 1007
Enomoto, S., vgl. Narita, S. 993
Entrikin, J. B., vgl. Cheronis, N. D. 963, 1012
Epel, J. N., vgl. Tabibian, R. M. 976, 1004
Ephraim, S., Woodward, A. E., u. Mesrobian, R. B. 91
Eppe, R., Fischer, E. W., u. Stuart, H. A. 986, 1006
Epshtein, V. G., u. Chernykh, Z. V. 1059
Epstein, J. A., vgl. Moore, W. R. 1008, 1012, 1013, 1034
Epstein, L. M. 1060
Epstein, M. M., u. Hamilton, C. W. 1027
Erata, M. 1002, 1046
Erath, E. H., u. Spurr, R. A. 985, 1005, 1055
Erenburg, E. G., vgl. Poddubnyi, I. Y. 1000, 1010, 1021, 1039
Erickson, C. L., vgl. Fuller, C. S. 24
Erickson, E. R. 797
Erickson, J. G. 495, 788
—, vgl. Wittcoff, H. 526

Erickson, J. L. E., u. Grammer, G. N. 414
Erickson, R. H., vgl. Biggs, B. S. 35, 147
Eriksson, A. F. V. 1015, 1016, 1049
Erk, S., vgl. Gröber, H. 1050
Erlander, S. N., vgl. Stacy, C. J. 980, 1034, 1042
Ermenina, E. G., vgl. Gul, V. E. 1058
Ermolenko, I. N., Mazel, M. I., u. Ermolenko, N. F. 1021
Ermolina, A. V., u. Mitarbb. 984
Erner, W. E., vgl. Farkas, A. 91
—, Farkas, A., u. Hill, P. W. 61, 91
Ernö, Z. 1018
Ernsberger, M. L. 668
—, vgl. Carter, A. S. 95
—, u. Pinkney, P. S. 687
Ernst, J. L. 802
Ernst, O. 514, 525
—, Deflorin, A., u. Maeder, A. 512
—, vgl. Frey, K. 513
—, vgl. Maeder, A. 517
—, vgl. Porret, D. 498
—, Sponsel, K., Krauss, H., u. Balle, G. 438
Ernst, P., Gruber, W., u. Mittermayer, M. 878
Ernst, S. L., vgl. Wheeler, O. L. 697
Eroshkina, E. A., vgl. Zverev, M. P. 1055
Eroshkina, L. P., vgl. Bogina, L. I. 1069
Errede, L. A. 626
—, u. Landrum, B. F. 624
—, vgl. Landrum, B. F. 624, 625
—, u. Pearson, W. R. 625
—, u. Szwarc, M. 623, 624, 625
Erschov, B. P., u. Mosina, A. S. 1015, 1017
Ershova, V. A., vgl. Slominskii, G. L. 1055
Erste Glimmerwarenfabrik, Berlin, s. Jaroslaws ...
Esarove, D., vgl. Tood, W. D. 1043
Eskin, V. E. 977
—, u. Korotkina, O. Z. 979, 1038
—, u. Okuneva, M. G. 976
—, vgl. Skazka, V. S. 977
Esposito, G. G., vgl. Swann, M. H. 930
Ess, P. R. van, vgl. Payne, G. B. 484
—, vgl. Williams, P. H. 481
Esselmann, P., Kösslinger, K., u. Düsing, J. 569

Essen, W. J. van 1038
Esser, H. 843, 848
Essig, H. J. 794
Esso Research & Engineering Co. 434, 492, 493, 532, 599, 662, 671, 678, 679, 681, 692, 722, 727, 755, 768, 780, 782, 803
Estes, R. R., vgl. Brockway, C. E. 913
Établissement Kuhlmann s. Compagnie nationale ...
Établissement Metallochemie 532
Établissements Clin-Byla 612
Ethyl Corporation 240
Etienne, Y. 555
Etliss, W. S., u. Mitarbb. 983, 1058
—, vgl. Minsker, K. S. 671
Euler, A., vgl. Euler, H. 404
Euler, H. v. 257
—, u. Mitarbb. 251
—, vgl. Adler, E. 199, 257
—, Adler, E., u. Cedwall, J. O. 257
—, —, Eklund, G., u. Torngren, O. 224
—, —, u. Tingstam, S. 255
—, u. Euler, A. 404
—, Hasselquist, H., u. Ceder, O. 395
—, u. Kispéczy, S. 206
—, u. Nyström, N. 248
Eulitz, W. 1022
Evans, A. G., u. Hamann, S. D. 931
Evans, D. F. 989
Evans, E. F. 896
—, u. Spurlin, H. M. 1040
Evans, E. M., vgl. Broome, H. C. 420
—, u. Whitney, J. E. 717
Evans, J. G., Landells, G., Perfect, J. R. W., Topley, B., u. Coates, H. 390, 402
Evans, M. B., u. Mitarbb. 835, 994
—, Higgins, G. M. C., u. Turner, D. T. 989, 994
Evans, P. G., v gl. Swann, G. 526
Evans, R. D., Mighton, H. R., u. Flory, P. J. 1003
—, vgl. Yu, A. J. 154, 1004
Evans, R. F., u. Jones, J. I. 576
Evans, R. M., vgl. Sun, S. 1055
Evans, T. W., vgl. Adelson, D. E. 703
—, Marple, K. E., u. Shokal, E. C. 434, 476
—, u. Shokal, E. C. 529, 788
—, vgl. Whetstone, R. R. 703
Evans, W. J. R. 674
—, vgl. Bacon, R. G. R. 675
Evans, W. W., vgl. Schremp, F. W. 1043, 1067

Everaerts, F., vgl. Jennen, A. 484

Eveson, G. F. 1043

—, Ward, S. G., u. R. L. Whitmore, 1042

Ewald, H., u. Hintenberger, H. 966

Ewart, R. H., vgl. Brooks, M. C. 849

Exner, F., vgl. Engelmann, H. 879

Eyring, H., vgl. Hirai, N. 1027, 1045, 1051

—, vgl. Kauzmann, W. 851

Ezrin, M., Updegraff, J. H., u. Cassidy, H. G. 643, 645, 705

Fabel, K. 292 402

Faber, K., vgl. Wegler, R. 200, 235, 310, 311, 318

Fabitschowitz, H., vgl. Schlöge, K. 745

Fabriek van Chemische Producten Schiedam 602, 604

Fadden, F. J. jr., vgl. Keith, H. D. 1004, 1005

Faerber, G. 498, 513, 523

Fahrenhorst, E., vgl. Werner, E. G. G. 469, 471, 538, 542

Fahrenhorst, H. 320, 321, 334, 337, 374

Fainberg, E. Z., u. Mitarbb. 1051

—, Gorbatscheva, V. O., u. Mikhailov, N. V. 983

—, vgl. Mikhailov, N. V. 983, 985, 1037, 1052, 1053

Falcone, L., u. Matteucci, R. 781

Faldik, L., vgl. Novák, R. 825

Falie, E. P., vgl. Angier, D. J. 860

Falkai, B. v. 993, 1004, 1028

—, u. Bodor, G. 982

—, u. Stuart, M. A. 1003

Falkenburg, L. B., vgl. Cowan, J. C. 156, 525, 551

Falkenhagen, H. 1030

Fang, J. C. 757, 787, 792

—, vgl. Brachmann, A. E. 528

Fanger, G., vgl. Plueddemann, E. P. 499

Fanning, R. J., u. Bekkedahl, N. 999

Fanta, P. E. 574

—, u. Deutsch, A. S. 574

Faraone, H., Parasocco, G., u. Cogrossi, C. 898

Farbenfabriken Bayer AG s. Farbf. Bayer

Farbenfabrik Wolfen VEB 266, 267, 268, 269, 270, 271, 455, 458, 674, 755

Farber, E., u. Sciascia, M. 634

—, u. Stobbe, H. 845

Farberova, I. I., vgl. Gul, V. E. 1054

Farbf. Bayer, 1, 12, 16, 18, 22, 24, 28, 30, 31, 33, 34, 36, 39, 40, 41, 49, 50, 51, 52, 53, 54, 60, 61, 62, 63, 64, 65, 66, 67, 68, 69, 70, 71, 73, 74, 76, 77, 78, 80, 82, 83, 84, 86, 87, 88, 89, 90, 91, 92, 93, 94, 95, 96, 129, 136, 137, 157, 170, 171, 177, 178, 196, 197, 198, 207, 240, 241, 243, 244, 245, 247, 249, 257, 264, 265, 267, 268, 269, 270, 271, 272, 276, 277, 285, 286, 287, 288, 290, 300, 303, 304, 305, 306, 307, 308, 309, 310, 311, 312, 313, 314, 316, 317, 318, 336, 337, 340, 362, 371, 373, 376, 378, 379, 384, 387, 389, 391, 392, 393, 407, 408, 409, 415, 418, 419, 426, 434, 438, 439, 441, 442, 445, 446, 447, 450, 451, 455, 458, 460, 466, 467, 474, 475, 478, 482, 505, 510, 512, 513, 520, 521, 522, 523, 529, 541, 542, 543, 544, 545, 546, 549, 554, 557, 558, 559, 562, 564, 565, 572, 573, 575, 581, 582, 586, 588, 589, 590, 599, 600, 602, 603, 605, 606, 609, 610, 611, 613, 614, 615, 616, 663, 665, 668, 669, 671, 676, 685, 688, 690, 696, 706, 709, 724, 726, 728, 735, 738, 739, 742, 743, 744, 745, 749, 752, 758, 759, 765, 770, 772, 773, 774, 775, 782, 783, 785, 787, 791, 792, 794, 795, 800, 803, 804, 805, 806, 824, 827, 835, 836, 845, 846, 850, 852, 877, 878, 897, 911, 922, 925, 928, 937, 938, 939, 940, 941, 942, 1031, 1034

Farbwerke Hoechst vorm. Meister Lucius & Brüning, Frankfurt/Main-Höchst, s. Farbw. Hoechst

Farbwerke Mainkur s. Cassella...

Farbw. Hoechst (Farbwerke Hoechst vormals Meister Lucius & Brüning, Frankfurt/Main-Höchst) 25, 95, 96, 111, 118, 209, 238, 239, 246, 298, 299, 300, 302, 303, 313, 314, 341, 372, 377, 379, 380, 381, 382,

Farbw. Hoechst 388, 389, 391, 398, 401, 406, 407, 408, 409, 416, 438, 466, 479, 481, 491, 494, 498, 512, 517, 518, 521, 523, 529, 533, 546, 562, 569, 572, 573, 574, 575, 578, 579, 585, 592, 610, 636, 669, 670, 671, 672, 687, 688, 689, 697, 699, 700, 701, 702, 703, 704, 716, 718, 719, 720, 721, 722, 732, 733, 744, 774, 778, 784, 812, 831, 832, 921, 924

Farina, M., vgl. Natta, G. 983, 991

—, vgl. Peraldo, M. 966, 991

Farkas, A. 1024

—, u. Mitarbb. 61

—, vgl. Erner, W. E. 61, 91

—, Mills, G. A., Erner, W. E., u. Maerker, J. B. 91

Farkas, A. P. D. 980, 987, 989, 990

Farmer, E. H. 839, 844, 847, 855, 856, 861

—, vgl. Bacon, R. G. R. 853, 855

—, u. Barrett, J. W. 841, 856

—, vgl. Bloomfield, G. F. 841

—, u. Krakovski, J. 631

—, u. Shipley, F. W. 619, 847

Farmer, F. T., vgl. Fowler, J. E. 971

Farnham, A. G. 472, 521

—, vgl. Bender, H. L. 202, 244, 274, 275, 286, 479, 505

—, u. Klosek, F. P. 208

—, Shechter, L., u. Wynstra, J. 469

Farnum, J. M. C., vgl. Davis, T. L. 91

Farrar, M. F. 896

Farren, A., vgl. Kumin, R. 266

Farrow, G. 984, 1028

—, McIntosh, J., u. Ward, I. M. 1066

—, u. Preston, D. 984, 1027

—, u. Ward, I. M. 984, 998

Farthing, A. C. 7, 553, 554, 555

—, vgl. Brown, C. J. 624, 625, 626

—, u. Reynolds, R. J. W. 553, 555

Fasman, G. D., u. Blout, E. R. 132

Fath, S. 466

Fattakhov, K. Z., Tsvetkov, V. N., u. Kallistov, O. V. 976, 978

Fattakhov, K. Z., Pissarenko, E. S., u. Verkhotina, L. N. 1009, 1036, 1037
Faulkner, D., vgl. Hollis, C. E. 377
—, vgl. Milne, J. N. 372, 794
—, vgl. Staudinger, J. J. P. 495
Fauser, E. E., vgl. Seeger, N. V. 70, 295
Fauss, R., vgl. Scheibe, G. 988
Faust, O. 914
Fauth, H., vgl. Schulz, R. C. 653, 657, 732, 733
Fawcett, E. W. 667
Fawcett, F. S. 626
Fayard, F. 965
Feasley, C. F. 313
Feazel, C. E., u. Verchot, E. A. 501
Federal Phosphorus Co. 623
Federal Telephone & Radio Corporation 679
Fedorova, O. J., u. Zakosuh-tschnkov, S. A. 1069
Fedyukin, D. L., vgl. Dogadkin, B. A. 1021
Fee, J. G., Port, W. S., u. Witnauer, L. P. 979, 1037
Fegley, V. W., u. Rowland, S. W. 562, 567, 787
Feibelmann, R. 389, 390
Feigl, F. 657, 920, 963
—, u. Anger, V. 923, 928
Feild, G. B. 785
Feild, J. M., vgl. Scherer. P. C. 871
Feild, R. B., u. Robinson, C. F. 514
Feinberg, E. Z., s. Fainberg, E. Z.
Feinland, R., Baldwin, D. E., u. Gregor, H. R. 686
Feisst, W., vgl. Staudinger, H. 760, 823
Feit, P. W. 494
Felbinger, W., vgl. Treiber, E. 988
Feld, E., u. Ruths, K. 670, 687
Feldman, D., vgl. Simionescu, C. 897
Feldman, R. I. 1026, 1027
—, u. Mironova, A. K. 1054
—, u. Sokolov, S. I. 1027
—, vgl. Sokolov, S. I. 1029
Feldmann, G., vgl. Täufel, K. 1041
Feldmühle, Papier- & Zellstoff-werke AG 197
Felicetta, V. F., Ahola, A., u. McCarthy, J. L. 970, 989, 1017
Feller, R. L. 995
Felten & Guilleaume Carls-werk AG 800
Feltzin, J., Restaino, A. J., u. Mesrobian, R. B. 630

Fendler, H. G., Rohleder, H., u. Stuart, H. A. 1023, 1034
—, u. Stuart, H. A. 976, 978
—, vgl. Stuart, H. A. 975
Feng, P. Y., u. Kennedy, J. W. 971
Fenner, J. V., vgl. Konkle, G. M. 1054
Fenson, D. S. 1062
Fenstermaker, S. S., vgl. Ohl-berg, S. M. 983, 985
Ferenc, E. 1044
Ferguson, A. W., vgl. Scott, R. G. 1004
Ferguson, E. E. 992
Ferguson, H. R., vgl. Patrick, J. C. 593, 594, 595, 596
Ferguson, L. N. 966
Feringer, D. P., vgl. Korotkov, A. A. 994
Fern, A. S., vgl. Preston, C. 881
Fern, G. R. H., vgl. Cragg, L. H. 1034
Fernandez-Rofojo, M., vgl. Robinson, I. D. 974, 989
—, vgl. Yueh-Hua Chen 974
Fernley, A. M., vgl. Dyson, G. M. 466, 813
Fernow, H., vgl. Kern, W. 708, 710, 807, 810, 813, 815
Ferrel, R. E., Olcott, H. S., u. Fraenkel-Conrat, H. 724
Ferris, A. F. 686
—, u. Lyman, W. R. 686
Ferroni, E., Gabrielli, G., u. Natta, G. 1024, 1063
Ferry, J. D. 1060, 1067
—, u. Mitarbb. 972, 1033, 1035, 1063, 1066, 1067
—, vgl. Browning, G. V. 1008, 1028, 1052
—, vgl. Child, W. C. 1064
—, vgl. Dannhauser, W. 1065
—, vgl. Fitzgerald, E. R. 1061, 1064
—, vgl. Grandine, L. D. 1067
—, Grandine, L. D. u. Udy, D. C. 1034
—, u. Landel, R. F. 1047, 1062, 1067, 1068
—, vgl. Landel, R. F. 1035
—, vgl. Marvin, R. S. 1060, 1063
—, vgl. Philippoff, W. 1061
—, vgl. Plazek, D. J. 1004, 1068
—, vgl. Schremp, F. W. 1043, 1067
—, u. Strella, S. 968, 1065
—, vgl. Udy, D. C. 1007
—, vgl. Vrancken, M. N. 1026
—, vgl. Williams, M. L. 967, 1061, 1064, 1067
—, Williams, M. L., u. Fitz-gerald, E. R. 967
Fertig, J. 1069

Fetscher, C., u. Altscher, S. 709
Fettchemie s. Böhme ...
Fettes, E. M., u. Bertozzi, E. R. 596
—, vgl. Bertozzi, E. R. 596
—, u. Davis, F. O. 596, 597
—, u. Gannon, J. A. 506
—, u. Jorczak, J. S. 591, 594
—, u. Mark, H. 593
—, vgl. Rudermann, J. W. 240
Feucht, W. 1061
Feuer, H., u. Hart, U. L. 373, 378
—, u. Lynch, U. E. 373, 378
—, u. Pier, S. M. 392
Feuer, S. S., u. Mitarbb. 644, 972
Feuerberg, H. 929, 964
—, Kretschmer, W., u. Weigel, H. 923, 964
Feuge, R. O., vgl. Ault, W. C. 485
Fèvre, C. G., le s. Le Fèvre, C. G.
Fèvre, R. J. W. le, s. Le Fèvre, R. J. W.
Fiberglas Corporation s. Owens-Corning ...
Ficken, G. E., u. Lane, E. S. 752
Fiebiger, H. 1002
Fiedler, E. F., vgl. Florentine, F. P. 243
—, u. Holmberg, G. D. 634
Field, J. E., vgl. D'Ianni, J. D. 993
—, Woodford, D. E., u. Gehman, S. D. 990
Fielden, R. J. 845
Fielding, J. H. 942
Fields, D. L., vgl. Wolfrom, M. L. 1002
Fierz-David, H. E., u. Zollinger, H. 761
Fife, H. R., vgl. Toussaint, W. J. 428
Figini, R. V., u. Schulz, G. V. 1014
Fikentscher, H. 704, 729, 827
—, u. Mitarbb. 788, 793
—, vgl. Mark, H. 704, 747
—, Nieswandt, W., u. Disselhoff, H. 39
—, Steinhofer, A., Scheuermann, H., Hagen, G., u. Wolf, K. 793
—, u. Wilhelm, H. 742
—, —, u. Bolte, H. 496, 788
—, —, —, Friedrich, K., u. Raber, E. 788
—, —, Bronstert, K., u. Pen-ning, E. 375, 742, 794
—, —, u. Dachs, K. 372, 742, 743, 793
Filachione, E. M., u. Mitarbb. 787
Filar, L. J. 777
Filatova, V. A., vgl. Iakubcik, A. I. 994, 1069
Filbert, W. F., vgl. Burrows, L. A. 723

Filbey, A. H. 240

Filipovich, G., vgl. Bovey, F. A. 997

Film- & Chemiefaserwerke Agfa Wolfen 72

Filmfabrik AGFA Wolfen, VEB 467

Findley, D. W., Swern, D., u. Scanlan, J. T. 484

Findley, R. A. 670

Findley, T. W. 491

—, vgl. Kuester, F. E. 485

—, Ohlson, J. L., u. Kuester, F. E. 529

Findley, W. N. 1065

Finestone, A. B. 530

Finholt, R. W., u. Skiff, R. A. 515

Fink, G. v., vgl. Bestian, H. 568, 574, 579

Fink, H., u. Stahn, R. 894

—, —, u. Matthes, A. 883

Finn, S. R., u. James, J. W. 1018

—, —, u. Standen, C. J. S. 202

—, Lewis, G. J., u. Megson, N. J. L. 226

—, Megson, N. J. L., u. Whittacker, E. J. W. 200

—, u. Musty, J. W. G. 208, 225, 325, 329

Finnegan, R. A., vgl. Yang, N. C. 484

Finogenov, G. N., vgl. Pansch, B. J. 1056

Fiore, L., vgl. Natta, G. 994

Fiorenza, A. 988

—, u. Bonomi, P. 994

Firestone Tire & Rubber Co. 15, 21, 87, 445, 446, 675, 676, 677, 678, 679, 780, 785, 793, 827, 845

Fisch, W. 509, 523

—, vgl. Frey, K. 513

—, vgl. Gams, A. 358, 359, 360, 361, 362, 365, 366, 368, 369

—, vgl. Hiltpold, R. 518

—, Hiltpold, R., u. Batzer, H. 465, 513

—, u. Hofmann, W. 510, 511

—, —, u. Koskikallio, J. 510

—, vgl. Mackenzie, J. B. D. 522

—, vgl. Maeder, A. 517

—, vgl. Porret, D. 498

—, vgl. Widmer, G. 361, 362, 366, 368, 369

—, vgl. Zuppinger, P. 560

Fischer, A., vgl. Hahn, W. 644, 646

Fischer, E., vgl. Hermann, H. D. 406, 409

Fischer, E. K. 1042

Fischer, E. W. 1005, 1030

—, vgl. Eppe, R. 986, 1006

Fischer, F., vgl. Petz, A. 1052

Fischer, H. L., Gray, H., u. McColm, E. M. 829

Fischer, K. 84, 119

—, vgl. Andress, K. R. 981

Fischer, R. 601

Fischer, R. F. 15, 445, 446, 489

—, u. Smith, C. W. 489

Fischer-Bobsien, C. H. 929

Fisher, C. H., vgl. Mast, W. C. 787

Fisher, H. L. 820, 834, 840

—, u. Gray, A. E. 848

Fisher, J. W. 164, 172, 173, 879

—, vgl. Bates, H. 174, 874, 875

—, Bates, H., u. Wheatley, E. W. 174

—, vgl. Kleinschrod, F. G. 173, 174

—, vgl. May, G. B. 148

—, u. Wheatley, E. W. 148, 173, 174

—, vgl. Wheatley, E. W. 154

Fisher, S., u. Kunin, R. 973

Fishman, M. M. 975

Fitch, R. M. 757

Fitzgerald, C. G., u. Mitarbb. 493, 768

Fitzgerald, E. B., u. Fuoss, R. M. 970

Fitzgerald, E. R., u. Ferry, J. D. 1061

—, vgl. Ferry, J. D. 967

—, Grandine, L. D., u. Ferry, J. D. 1064

—, vgl. Marvin, R. S. 1060, 1063

—, u. Miller, R. F. 968

Fitzgerald, W. P., u. Smith, P. V. jr. 493, 768

Fitzhugh, A. F. 722

Fitzky, H. G., vgl. Herlinger, H. 257

Fitzky, W. 719

—, Stärk, H., u. Horn, O. 718

Fitzpatrick, J. T., vgl. Hill, F. N. 429, 430, 449, 531

Fixman, M. 976

Flanagan, G. W. 787

Flaschenträger, B., u. Lehnartz, E. 638

Fleischmann, A., vgl. Löbering, J. 405

Fleiter, L. 43

Fleming, C. E. 799

Fleming, P., Peacocke, A. R., u. Wallis, R. G. 976

Flemming, W., u. Horst, H. D. v. d. 418

Fletcher, A. N., vgl. Pierson, R. N. 996

Fletcher, D. A. 779

—, u. Taylor, R. S. 670

Fletcher, H. H., vgl. Little, J. R. 848

Fletcher, N., vgl. Costain, W. 156, 191

Fletcher, W. P. 1066

—, vgl. Braden, M. 848

—, vgl. Cunneen, J. I. 837

—, Gee, G., u. Morrell, S. H. 1057

Flieg, O., vgl. Becke, F. 896

Fliere, D. W., vgl. Amborski, L. E. 47

Flint, C. F. 620

Flint, R. B. 824

Flodin, N. W. 716

Flodin, P., vgl. Granath, K. A. 650

Flood, W. E., vgl. Thompson, W. R. 275

Flore, P., vgl. Smets, G. 729

Florentine, F. P., u. Fiedler, E. F. 243

Flores, E., vgl. Danusso, F. 1051

Floriantschitsch, M., vgl. Treiber, E. 988

Florin, R. E., vgl. Wall, L. A. 812

Flory, P. J. 156, 182, 437, 648, 718, 760, 819, 836, 847, 931, 933, 934, 935, 936, 939, 940, 941, 1014, 1057, 1061, 1068

—, u. Mitarbb. 148, 1025

—, Bedon, H. D., u. Keefer, E. H. 1026, 1051

—, u. Bueche, A. M. 976

—, vgl. Ciferri, A. 1058

—, u. Daoust, H. 1007

—, vgl. Evans, R. D. 1003

—, vgl. Fox, T. G. 182, 1025, 1032, 1035, 1036, 1043

—, vgl. Garrett, R. R. 1022

—, vgl. Gouinlock, E. V. 979, 1042, 1049

—, Hoeve, C. A. J., u. Ciferri, A. 1058

—, vgl. Hunt, M. L. 1040

—, vgl. Krigbaum, W. R. 1032, 1036

—, vgl. Mandelkern, L. 1025

—, u. Mandelkern, L. 1051

—, —, u. Hall, H. K. 1025

—, vgl. Orofino, T. A. 1008, 1037

—, u. Osterheld, J. E. 1041

—, vgl. Oth, J. F. M. 1051

—, u. Rabjohn, N. 843, 848

—, —, u. Shaffer, M. C. 843, 848

—, u. Rehner, J. jr. 847, 936, 941

—, vgl. Rehner, J. jr. 801, 843

—, vgl. Schaefgen, J. R. 155, 156, 935

—, vgl. Shultz, A. R. 1032, 1034

Flory, P. J., Spurr, O. K., u. Carpenter, D. K. 1041
—, vgl. Wagner, H. L. 1009, 1039
—, vgl. Wall, F. T. 1056
Flournoy, R. W., vgl. Gardner, E. D. 464
Floyd, D. E. 242, 526
—, u. Peerman, D. E. 526
—, vgl. Peerman, D. E. 464, 524
—, u. Ward, W. J. 526
—, —, u. Minarik, W. L. 524
Flügge, S. 967, 969, 970, 975, 981, 1001, 1003, 1050
Flynn, F. F., vgl. Reeves, W. A. 401
FMC-Corporation 768
Fodiman, N. M., vgl. Panich, R. U. 1021
Föppl, F. 1001
Förster, H., vgl. Langhammer, G. 650
Förster, T. 998
Förster, W. 462
Foex, G., Gorter, J., u. Smits, J. 975
Fogg, S. G., vgl. Dunn, J. R. 848
Fok, S. M., vgl. Maron, S. H. 1043
Foldi, V. S., vgl. Campbell, T. W. 553
Fomicheva, M. M., vgl. Kuvchinskii, E. V. 1067
Fonrobert, E., u. Amann, A. 285
Fontana, C. M., vgl. Kennedy, J. P. 813
Food Machinery & Chemical Corporation 466, 482, 483, 484, 485, 486, 487, 492, 493, 500, 501, 514, 516, 532, 535, 768, 777, 789
Footner, H. B., u. Smiles, S. 603
Forbes, W. G., u. McLeod, L. A. 1019
Forbriger, A. W. jr., vgl. Petronio, M. 467
Ford Glass Co. s. Libbey-Owens Ford ...
Ford, F. P., u. Gessler, A. M. 971, 987
—, u. Mottlau, A. Y. 1006
—, vgl. Ziarnik, G. J. 803
Ford, J. G., vgl. Sattler, F. A. 526
Ford, R. P., vgl. Zapp, R. L. 801, 847
Fordham, J. W. L., Burleigh, P. H., u. Sturm, C. L. 983, 993
Fordyce, C. R. 915
—, vgl. Hearon, W. M. 884, 885, 889, 911
—, vgl. Malm, C. J. 880

Fordyce, R. G., vgl. Baer, M. 684
Forester, R., vgl. Akins, D. 502
Forman, D. B., Radcliff, R. R., u. Mayo, L. R. 803
Forman, L. E., vgl. Alliger, G. 797
Formo, J. L., u. Bolstad, L. L. 462, 463
—, Le Gault, L. H., Bolstad, L. L., u. Sinning, A. D. 522
Forrest, J., vgl. Bradley, W. 469
Forschung und Patentverwertung s. Inventa AG ...
Forschungsinstitut für Pigmente und Lacke e. V. 535
Forster, E. L., vgl. Breitenbach, J. W. 1008, 1009, 1035, 1036
—, u. Heap, H. 1059
Forster, M. J. 1057
Forster, W. 526
Forsyth, J. S. A., vgl. Whittaker, D. 774
Fortener, R. G. 465
Forward, M. V., u. Davidson-Simpson, H. S. 180
Forziati, F. H., vgl. Rowen, J. W. 995
Foster, A. B., vgl. Bera, B. C. 970
Foster, H. D., vgl. Hallowell, A. T. 372
—, u. Larchar, A. W. 372
Foster, J. F., vgl. Paschall, E. F. 979
—, vgl. Stacy, C. J. 980, 1000, 1034, 1042
—, vgl. Yang, J. T. 1000
Fothergill & Harvey Ltd. 896
Foucry, J. 1014
Foulkes, W. S. 597
Fourier, J. 1050
Fournaux, J., vgl. Smets, G. 679
Fourné, F. 46
Fournet, G., vgl. Antzenberger, P. 985
Fowler, J. F., u. Farmer, F. T. 971
Fowler, W. F., vgl. Kenyon, W. O. 704, 721
Fox, D. W., vgl. Christopher, W. F. 48, 53
Fox, H. W., u. Zisman, W. A. 1024
Fox, J. C., vgl. Fox, T. G. jr. 1043
Fox, M., vgl. Alexander, P. 806
Fox, T. G., u. Loshaek, S. 1025, 1044
—, vgl. Loshaek, S. 991, 1025
Fox, T. G. jr., Fox, J. C., u. Flory, P. J. 182, 1025, 1032, 1035, 1036, 1043
—, vgl. Flory, P. J. 1032

Fox, W. M., u. Hazzard, G. W. 1043
Foxley, G. H. 852
Fraenkel, G. K., Hirchon, J. M., u. Walling, C. 996
Fraenkel-Conrat, H., vgl. Ferrel, R. E. 724
Fraga, D. W. 938, 994
Franc, J. 1018
France, H. G., vgl. Bailey, F. E. 435
Francis, A. W., u. Reid, E. E. 37
Francis, P. S., Cooke, R. C., u. Elliott, J. H. 1015
Franck, H. H., vgl. Frank, A. R. 383, 386
—, u. Hey, E. 385
Frank, A. R., Franck, H. H., Zieke, K., u. Hey, E. 383, 386
Frank, C. E., u. Greenberg, H. 152
—, vgl. Vaala, G. T. 29, 87, 160
Frank, F. C., Keller, A., u. O'Connor, A. 986
Frank, G. 456, 543, 544, 546
—, vgl. Andres, K. 522
—, Bodenbenner, K., Wegler, R., u. Andres, K. 475, 542
—, u. Krüger, H. E. 723
—, Kubens, R., u. Wegler, R. 513, 546
—, vgl. Wegler, R. 512
—, Wegler, R., u. Krauss, W. 442, 478, 522, 544, 546
Frank, H. P. 976
—, Barkin, S., u. Eirich, F. R. 970
—, u. Breitenbach, J. W. 1008, 1035
—, vgl. Choudhury, P. K. 980
—, vgl. Kobayashi, T. 976
—, u. Levy, G. B. 977, 1009
—, vgl. Levy, G. B. 1036
—, u. Mark, H. F. 978, 1007, 1009, 1036
Frank, J. C., Amos, J. L., u. Straubel, A. F. 815
Frank, K. 1030
Frank, M. B., vgl. Lindsley, C. H. 1040
Frank, P. 1029
Frank, S., vgl. Ruyssen, R. 1024
Franke, W., vgl. Bub, L. 15, 21
Frankenburg, P. E., u. Frazer, A. H. 88
Frankenburger, W., Hammerschmid, H., u. Roessler, G. 415
Franklin, P. J., vgl. Klute, G. H. 1029
Franta, W. A., vgl. Sperati, C. A. 1054, 1061
Franzen, V. 413
Frasciatti, D., vgl. Balbino, L. 101

Fraser, D. A., Hall, R. W., u. Raum, A. L. J. 208, 228, 229, 239, 279
Fraser, R. D. B. 996
Fravel, W. H. F. 826
Frazer, A. H., vgl. Frankenburg, P. E. 88
Frazier, C., vgl. Petropoulos, J. C. 793
Fredenhagen, H. 1066
Fredenhagen, M., vgl. Scheele, W. 389
Frederick, M., vgl. Gregor, H. P. 970, 973, 1042
Frederick, M. R., vgl. Morrissey, R. T. 678, 765
Freedman, H. H., vgl. Medalia, A. I. 663, 993
Freeman Chemical Corporation 471
Freeman, A. J., Sheridan, L. W., u. Renfrew, M. M. 1029, 1054
Freeman, E. S., vgl. Anderson, D. A. 809, 815
Freeman, J. H. 223, 225, 226
—, u. Edelman, L. E. 244
—, u. Lewis, C. W. 222, 223
—, vgl. Sprengling, G. R. 223, 224
Freeman, J. J., vgl. Patterson, J. R. 679
Freeman, P. I., u. Rowlinson, J. S. 1014
Freeman, R. F. J., vgl. Bawn, C. E. H. 1006, 1008, 1033, 1035
Freeman, S. E., u. Gottschalk, G. W. 471
Frei, E. H., vgl. Eisenberg, H. 1030
—, Treves, D., u. Eisenberg, H. 1031
Freier, H. F., u. Geilenkirchen, W. 1040
Freiser, H., Eagle, M. V., u. Speier, J. 969, 1028
French, D., vgl. Pulley, A. O. 902
Frenkel, S. Y., vgl. Bresler, S. E. 978, 1016, 1048, 1049
—, vgl. Chetyrkina, G. M. 1038
—, u. Mikhailov, A. N. 1024
—, vgl. Samsonova, T. I. 1041, 1047, 1049
Fresenius, W., u. Jander, G. 987, 1012
Freudenberg, K., u. Boppel, H. 887
—, u. Dall, K. 973
—, Plankenhorn, E., u. Boppel, H. 887
—, —, u. Knauber, H. 902
—, u. Schuhmacher, G. 987

Freudenberger, H., u. Starck, W. 718
Freudenthal, A. M. 1060
Freund, E., u. Jordan, H. 609, 610
Freund, H. 1002
Freund, L., u. Daune, M. 1048
—, vgl. Daune, M. 979, 1049
Freure, B. T., vgl. Chitwood, H. C. 440, 505
Frey, H. 987
Frey, H. E. 929 963, 987
Frey, K. 292, 293, 294, 297, 300, 462, 463
—, Ernst, O., u. Fisch, W. 513
—, vgl. Staudinger, H. 698
—, vgl. Widmer, G. 321, 328
Freytag, H. 761
—, vgl. Lober, F. 845
—, Lober, F., u. Pohle, H. 845
—, —, Wegler, R., u. Peter, J. 804
Frey-Wyssling, A. 1005
Frick, F. 337
—, vgl. Ott, K. 44
Frick, J. G. jr., u. Arceneaux, R. L. 498
Friedel, C., u. Crafts, J. M. 609
Friederich, H. 575
—, vgl. Schmidt, W. 112
Friedländer, P., vgl. Cohn, P. 460
Friedlander, H. Z. 711, 712
—, vgl. Sprague, G. S. 742
Friedman, H. L. 807
Friedrich, H., vgl. Steinhofer, A. 691
Friedrich, I., vgl. Scheele, W. 1035, 1043
Friedrich, K., u. Kreuschner, H. 247
Friedrich, R. E., vgl. Jones, G. D. 988, 1039
Fries, K., u. Brandes, E. 234
—, u. Kann, K. 234, 251
Frieser, E. 872, 881
Frieser, E. P. 893, 915
Frigstad, R. A., vgl. O'Leary, W. C. 465
Frigyes, E., u. Ször, P. 1021
Frind, H. 1009, 1036, 1040
—, u. Schramm, W. 1034
Frisch, H., u. Mitarbb. 985, 1009
—, Martin, I., u. Mark, H. 977, 995, 1000, 1039
Frisch, H. L. 1008
—, Hellmann, M. Y., u. Lundberg, J. L. 1023
—, u. Lundberg, J. L. 1031
—, vgl. Lundberg, J. L. 1031
—, u. Madfai, S. A. 1024
—, Schuerch, C., u. Szwarc, M. 1001
—, u. Simha, R. 1023
—, vgl. Simha, R. 1023

Frisch, H. L., u. Stannett, V. 1022
—, u. Yeh, S. J. 1018, 1031, 1037
Frisman, E., u. Kiselewa, K. 975
—, vgl. Tsvetkov, V. 975, 977
Frisman, E. W., u. Schalajewa, L. F. 1036
Frissell, W. J. 1006
Fritschi, J., vgl. Staudinger, H. 823, 850
Fritz, F. 963
Fritz, G., vgl. Batzer, H. 27
—, vgl. Schnell, H. 49, 50, 51, 116, 129
Fritz, H., u. Mayo, L. R. 804
Fritz, H. E. 216
Fritzsche, B., vgl. Hartmann, A. 784
Frizell, L. D., vgl. Waldock, K. T. 995
Froeber, K., vgl. Ludewig, H. 178
Fröhlich, E. 292, 293
Fröhlich, H. G., vgl. Elöd, E. 190
Frömbling, K., u. Patat, F. 980, 1013, 1042
Frohlich, G. J., vgl. Orthner, D. F. 1029
Frohlich, P. K., u. Bannon, L. A. 672
—, vgl. Morell, C. E. 672
Frolova, M. I., u. Ryabov, A. V. 806
Fromandi, G., u. Ecker, R. 849, 1059
—, —, u. Heidemann, W. 1056
—, vgl. Schneider, P. 850, 852
Fromm, E., vgl. Baumann, E. 411
—, u. Soffner, M. 411
Fromm, H., vgl. Hess, K. 806
Frosch, C. J. 162
—, vgl. Biggs, B. S. 147
—, vgl. Fuller, C. S. 24, 46
Frost, C. B. 89
Frostick, F. C. jr., vgl. Phillips, B. 522, 529
—, u. Phillips, B. 486, 487, 492, 548, 789
—, —, u. Starcher, P. S. 489
—, vgl. Starcher, P. S. 489
Frunze, T. M., vgl. Korshak, V. V. 982
—, u. Korshak, V. V. 1013
—, —, u. Krasnyanskaya, E. A. 146
—, —, u. Petrova, V. F. 145
—, u. Romanova, Z. V. 145
Frush, H. L., vgl. Isbell, H. S. 965

Fruton, J. S., vgl. Golumbic, C. 573
Fry, J. S. 500
Frye, H. A., u. Horst, R. W. 813
Fryling, C. F. 770
Fuchs, E., vgl. Hanus, F. 225, 233, 251
—, vgl. Zinke, A. 225
Fuchs, E. G., vgl. Orthner, L. 491
Fuchs, O. 651, 921, 1014, 1015, 1032, 1035
—, Thurn, H., u. Wolf, K. 968, 1065
Fuchs, W., u. Louis, D. 673, 813, 992
Fünfer, E., u. Neuert, H. 964
Fues, E. 981
Fujii, H., u. Mitarbb. 410
—, vgl. Furukawa, J. 410
Fujishiro, R., vgl. Amaya, K. 1052, 1053
Fujita, H. 1048
—, u. Homma, T. 1041, 1044
—, u. Kishimoto, A. 1026, 1065
—, vgl. Kishimoto, A. 1048, 1062
—, Mitsuhashi, K., u. Homma, T. 1041
—, u. Ninomiya, K. 1062
—, vgl. Ninomiya, K. 1064
Fujiwara, E. J., vgl. Bailey, W. J. 627
Fukker, K., vgl. Rusznak, I. 973
Fuks, N. A. 1018
Fulkerson, B., vgl. Mench, J. W. 895
Fuller, C. S. 12, 790
—, vgl. Baker, W. O. 934, 939, 940
—, vgl. Biggs, B. S. 35
—, u. Erickson, C. L. 24
—, u. Frosch, C. J. 24, 46
—, —, u. Pape, N. R. 24
Fuller, D. L., vgl. Hanford, W. E. 210
Fulton, S. C., vgl. Míkeska, L. A. 611
Funck, D. L. 405
Funke, A., u. Benoit, G. 441
Funke, W. 420
—, u. Mitarbb. 924
—, vgl. Gilch, H. 924, 995
—, u. Hamann, K. 924
Funt, B. L., u. Sutherland, T. H. 967
—, vgl. Sutherland, T. H. 967
Fuoss, M., u. Edelson, D. 979, 1041
Fuoss, R. M. 970, 971
—, vgl. Berkowitz, J. B. 978, 1010, 1016, 1037
—, vgl. Coleman, B. D. 755
—, vgl. Dearborn, E. C. 511
—, vgl. Fitzgerald, E. B. 970

Fuoss, R. M., vgl. Goldberg, P. 1044
—, vgl. Gross, B. 968, 971
—, vgl. Kagawa, I. 1042
—, vgl. McFarlane, R. 970
—, vgl. McLay, W. N. 1041
Furness, W., Perrins, L. E., u. Smith, W. F. 29
—, Smith, W. F., u. Perrins, L. E. 87, 160
Furnicki, J., vgl. Sugai, S. 1047
Furukawa, G. T., u. McCoskey, R. E. 1050
—, —, u. King, J. J. 1050
—, —, u. Reilly, M. L. 1050
—, u. Reilly, M. L. 1051
Furukawa, J. 409, 435, 1061
—, u. Mitarbb. 409, 410, 413, 435
—, Saegusa, T., u. Fujii, H. 410
—, —, Mise, N., u. Kawasaki, K. 9, 10
Furumaya, T., vgl. Kurosaki, S. 968
Furuya, S. 1029
—, u. Honda, M. 1026
Fuschillo, N., Rhian, E., u. Sauer, J. A. 997
—, vgl. Sauer, J. A. 997, 1027
Fusco, J. V., u. Dudley, R. H. 803
—, vgl. Makowski, H. S. 782
—, Robison, S. B., u. Miller, A. L. 679
Fuse & Manufacturing Co. s. Economy ...
Fuson, R. C., u. McKeever, C. H. 607, 665
Fysh, D. 1019

Gabillard, R., vgl. Cohen-Hadria, A. 1066
Gable, C. M. 483
Gabler, H., vgl. Breitenbach, J. W. 979, 1038
Gabler, R. 160, 177, 1029
Gabor, J., vgl. Ries, H. E. 1024
Gabriel, A. E. 38
Gabriel, S. 102
—, u. Maas, T. 102
—, u. Ohle, H. 569
—, u. Stelzner, R. 569
Gabrielli, G., vgl. Ferroni, Z. 1024, 1063
Gaebel, W., vgl. Zinke, T. 195
Gaertner, P., vgl. Kaufmann, H. P. 841
Gärtner, S. 410
Gaertner, V. R. 494
Gäth, R., vgl. Baumeister, W. 811
Gaetjens, E., vgl. Morawetz, H. 641, 707, 1069

Gage, J. C. 454
Gager, W. B., vgl. Ungar, I. S. 998
Gagliardi, D. D., u. Nuessle, A. C. 338
Gagnon, P. E., vgl. Leitch, L. C. 630
Gain, R., vgl. Picht, J. 1002
Galil-Ogly, F. A., vgl. Bartenev, G. M. 1054, 1055, 1066
—, vgl. Novikov, A. S. 1067
Gall, R. J., vgl. Greenspan, F. P. 466, 483, 484, 485, 486
—, u. Greenspan, F. P. 483, 485
—, —. u. Daly, M. C. 485
Gallagher, J. A., vgl. Thorn, J. P. 492
Gallant, M. M., u. Legue, N. R. 157
Gallo, A. 1009, 1016, 1036
Gamble, L. W. 1003
Gamayunova, A. P., vgl. Kheraskova, E. P. 852
Gamrath, H. R., vgl. Anagnostopoulos, C. E. 1003, 1014
Gams, A., Widmer, G., u. Fisch, W. 358, 359, 360, 361, 362, 365, 366, 368, 369
Gander, R. J., vgl. Marvel, C. S. 275
Gangluff, C. 802
Ganis, P., vgl. Corradini, P. 984
—, vgl. Natta, G. 981
Gann, P. W., vgl. Ham, G. E. 751
Gannon, J. A., vgl. Fettes, E. M. 506
Gantz, E. S. C., vgl. Pierson, R. H. 996
Gara, M., vgl. Csürös, Z. 1065
Garber, C. S., vgl. Laakso, T. M. 755
Garber, J. D., vgl. Reynolds, H. C. 478
—, u. Young, D. W. 690
Gardner, E. D., u. Flournoy, R. W. 464
Gardner, H. A. 388
—, u. Kirkpatrick, A. 388
Gardner, P. D., Sarrafizadeh, H., u. Brandon, R. L. 257
Gardner-Holdt 354
Gardon, J. L., u. Mason, S. G. 971, 1007
Garner, P. J., u. Bowman, R. E. 340, 346
—, vgl. Myles, J. R. 667
Garofano, T., u. Oliverio, A. 304
Garrett, B. S., u. Mitarbb. 983
—, vgl. Brown, G. L. 1045

Garrett, E. R., u. Guile, R. L. 972

Garrett, R. R., u. Flory, P. J. 1022

—, vgl. Wiley, R. H. 998

Garten, V., u. Becker, W. 938

Gartner, E. 800

—, vgl. Blömer, A. 773

—, vgl. Koch, A. 675

Garvey, B. S. jr., u. Sarbach, D. V. 800

—, vgl. Sarbach, D. V. 921

Garvey, M. M. 514

Garzuglia, E., vgl. Maltese, C. 973

Gas Improvement Co. s. United Gas...

Gaskins, F. H., vgl. Philippoff, W. 1000, 1033

Gast, T. 1050

—, u. Gramberg, G. 968

—, Hellwege, K. H., u. Kohlhepp, E. 1050

Gatovskaja, S. V., vgl. Pasynskii, A. G. 1046

Gatovskaja, T. V., vgl. Kargin, V. A. 1020, 1022

—, u. Kargin, V. A. 1026

—, —, u. Tager, A. A. 1020, 1026, 1052

—, vgl. Pasynskii, A. G. 1014, 1046

Gatys, G., vgl. Hartmann, A. 784

Gaudin, O. 620

Gault, H. 907

—, u. Steckl, E. 419

Gault, L. H. le, s. Le Gault, L. H.

Gaunt, J., vgl. Baker, J. W. 61, 91

Gauss, W., vgl. Reppe, W. 277

Gauther, J. 985

Gaver, K. M., Lasure, E. P., u. Thomas, L. M. 913

Gavis, J., vgl. McKelvey, J. M. 1062

Gavrishtshuk, V. Y., u. Zubov, P. I. 1058

Gawalek, G., vgl. Leibnitz, E. 571, 572

Gaydon, A. G., vgl. Pearse, R. W. B. 998

Gaylor, P. J. 781

Gaylord, N. G. 435, 515

—, u. Mark, H. F. 432, 820

—, u. Rosenbaum, S. 1040, 1069

Gay-Lussac, J., u. Pelouze, J. 4

Gaynor, J., vgl. Slzinner, S. M. 1019

Gaythorpe, S. N. 1001

Gazzera, S., vgl. Danusso, F. 1009, 1034, 1036

Geacintov, N., u. Mitarbb. 897

—, Stannett, V., u. Abrahamson, E. W. 898

—, —, —, u. Hermans, J. J. 898

Gebauer-Fuelnegg, E., u. Moffett, E. W. 830, 832

—, Stevens, W. H., u. Dingler, O. 872

Gebrüder De Trey AG s. De Trey, ...

Géczy, I., vgl. Rusznák, I. 1040

Geddes, A. L. 895, 996

Gedenk, G., vgl. Klingmüller, V. O. G. 643

Gedeon, J., u. Bolz, K. 264

Gee, G. 847, 922, 1008, 1020, 1056, 1059

—, u. Mitarbb. 428, 437, 440

—, vgl. Allen, G. 1062

—, vgl. Bolland, J. L. 1051

—, vgl. Booth, C. 1006

—, vgl. Colclough, R. O. 435

—, vgl. Fletcher, W. P. 1057

—, u. Morrell, S. H. 1059

—, u. Orr, W. J. C. 1006, 1052

—, Stern, J., u. Treloar, L. R. J. 1024

Geerts, M. J., vgl. Ayers, G. W. 738, 739

Gehatia, M., vgl. Katchalski, E. 1017

Gehlen, H., u. Lieser, T. 170

—, vgl. Lieser, T. 148, 170

Gehlen-Keller, M., vgl. Lieser, T. 23

Gehm, R., vgl. Claesson, S. 623, 1008, 1011, 1039, 1048

—, vgl. Kern, W. 623

—, vgl. Schuster, C. 689

Gehman, S. D. 993

—, vgl. Auerbach, J. 964, 1047

—, vgl. Field, J. E. 990

Gehring, H., vgl. Weigel, K. 1024

Geiduscheck, E. P. 976

Geiger, E. 829

—, vgl. Biedermann, H. 1065

—, vgl. Bruni, G. 843

—, vgl. Staudinger, H. 691, 817, 834, 835, 850, 851

Geiger, W., vgl. Leuchs, H. 131

Geigy, I. R., AG 265, 384, 385, 494

Geil, P. H. 981

Geilenkirchen, W., vgl. Freier, H. F. 1040

—, u. Hamann, K. 419

Geiseler, G. 1044

—, Herold, H., u. Runge, F. 1018

Gelb, L. L., u. Mitarbb. 485, 491

—, vgl. Port, W. S. 491

Geller, B. E. 1020, 1051, 1053

—, u. Meskin, I. M. 1014

Geller, I. I., vgl. Gul, V. E. 1066

Gemant, A. 1030

Gemassmer, A. M. 66, 67

Gemeinhardt, P. G., u. Britain, J. W. 61

Gemeinhardt, P. G., vgl. Britain, J. W. 61

Gem. Participations Inc. 809, 816

Genas, M. 103

Gender, R. J., vgl. Marvel, C. S. 210

General Aniline & Film Corporation 112, 119, 211, 225, 226, 287, 478, 498, 500, 522, 523, 636, 679, 713, 725, 758, 790, 791

General Electric Corporation 27, 224, 225, 238, 244, 245, 246, 278, 346, 502, 509, 514, 515, 516, 519, 527, 531, 534, 630, 634, 677, 685, 718, 723, 777, 778, 790

—, vgl. British Thomson Houston Co. 294, 298

General Mills Inc. 242, 464, 490, 523, 524, 525, 526, 527, 551

—, Chemical Division, Kankakee/Illinois 524

General Tire & Rubber Co. 87, 88, 89, 428, 429, 430, 732

—, Zaidanhojin u. Nihon Kagaku Senikenkyusho 435

Gengrinovich, B. J. 1050

Genin, G. 907

—, u. Morrisson, B. 820

Gensel, H., vgl. Hagedorn, M. 426

—, Hintzmann, K., Pfeffer, H., u. Windemuth, E. 93

—, vgl. Müller, E. 31, 33

—, u. Schnell, H. 425

—, —, u. Hintzmann, K. 426

—, vgl. Windemuth, E. 93

Gent, A. N. 837, 1025, 1061, 1062

—, vgl. Braden, M. 797, 849

—, vgl. Cunneen, J. I. 837

George, D., vgl. Wolock, I. 1055

George, M. H., vgl. Burnett, G. M. 978

—, Grisenthwaite, R. J., u. Hunter, R. F. 992

George, W., vgl. Kauffman, J. W. 1063

Gerber, H., vgl. Holzrichter, H. 310

Gerecht, J. F., vgl. Weiss, P. 738, 993, 1038

—, Weiss, P., u. Krems, I. J. 738

Gerhardt, H. L., u. Adams, L. M. 45

Gerke, R. H. 1025

Gerlach, K., vgl. Pummerer, R. 927

Germain, L. M. 698, 699
Gerold, V. 986
Gerrens, H. 1028
—, vgl. Schulz, G. V. 1025, 1029, 1050, 1052
Gershfeld, N. L., vgl. Strauss, U. P. 1041, 1042
Gerzon, K., vgl. Cochran, J. E. jr. 479
Gesellschaft für Elektrochemische Industrie s. Wacker, A., ...
Gesellschaft für Teerverwertung mbH 469, 514, 530, 792
Gesierich, A., vgl. Wende, A. 499
Gessler, A. M. 797, 802
—, vgl. Elmore, N. M. 686, 688, 748
—, vgl. Ford, F. P. 971, 987
—, vgl. Zapp, R. L. 802
Gessner, L., vgl. Ost, H. 908, 909
Gészy, J., vgl. Balló, R. 253
Gevaert Photo-Producten N. V. 633, 696, 709, 710, 715, 727, 730
Gewing, M., vgl. Walter, G. 323
Géza, B. 983
Gharpurey, M. K., vgl. Bhatnagar, H. L. 1033
Giammaria, J. J. 736
Gianchetti, E., vgl. Natta, G. 1037
Giandinoto, G. V., vgl. Matteucci, R. 781
Gibbons, D., u. Mitarbb. 954
Gibbs, C. F., u. Mitarbb. 800, 933, 936
—, vgl. Brown, H. P. 926, 1054, 1059
—, vgl. Diem, H. E. 800
—, vgl. Drusedow, D. 813
Gibello, M. 334
Giberson, R. C., vgl. Harrington, R. 806
Gibson, J. D., vgl. Reysen, W. H. 1006, 1025, 1043
Giddings, L. E. jr., vgl. Steele, R. 333, 897
Gie, G., vgl. Adler, E. 200
Gierer, J., u. Söderberg, S. 642
Giesekus, H. 1034
Giger, E., vgl. Staudinger, H. 823
Gilbert, A. R., vgl. Precopio, F. M. 777, 778
Gilbert, G. A., vgl. Baum, H. 1017, 1042

Gilbert, G. A., Graff-Baker, C., u. Greenwood, C. T. 1007
Gilbert, H., vgl. Ardis, A. E. 816
Gilch, H., Funke, W., u. Hamann, K. 924, 995
Giles, C. H., vgl. Arshid, F. M. 968, 996, 999
—, u. Waters, E. 929
Gilkey, R., vgl. Caldwell, J. R. 145, 147, 149
Gill, S. J. 999
—, vgl. Wall, F. T. 972, 996
Gillam, A. E., Stern, E. S., u. Jones, E. R. H. 987, 990
Gillen, W. H., vgl. Clark, R. A. 799
Gilles, J. F., vgl. Ritschard, W. J. 1001
Gillespie, H. B., vgl. Clarke, H. T. 906
Gillespie, T. 1045
Gilliland, E. R., u. Gutoff, E. B. 797
Gillis, J., u. Kedem, O. 1046
Gilman, H., u. Mitarbb. 456, 989
Gilman, L., vgl. Strella, S. 1055
Gilmont, E. R. 777
Gilmore, G. D., vgl. Spencer, R. S. 1025
Gils, G. E. van 732
—, vgl. Piotrowski, H. 732
Gilson, K., vgl. Rosenthal, A. 995
Giltges, A., vgl. Helferich, B. 175
Gilwood, M. E., u. Greer, A. H. 751
Ginsburg, D. S., vgl. Jermolenko, N. F. 1021
Gioacchino, T. di, vgl. Maltese, P. 973
Girard, A. de, s. De Girard, A.
Girard, P., u. Abadie, P. 967
Girdler Corporation 455, 457, 458
Gisser, H., vgl. Petronio, M. 467
Giua, M., u. Mancini, C. 1039
—, u. Racciu, G. 374
Giulio, E. di, vgl. Maragliano, D. 812
Glabisch, D., vgl. Wegler, R. 447
Gladding, E. K., vgl. Cluff, E. F. 1028
Gladstone, M. T. 762
Gläsmann, R., vgl. Zimmermann, K. 116

Glander, F. 797
Glanzstoff-Fabriken s. Vereinigte ...
Glaser, D. 525
Glaser, F., u. Dahmen, H. 303
Glaser, J., u. Cotton, F. H. 844
Glaser, W. 1002
Glasman, S., vgl. Rogowin, S. 869
Glass Co. s. Libbey-Owens ...
Glass Co. s. a. Pittsburgh ...
Glaubitt, G., vgl. Traube, W. 865
Glauert, R. H. 320, 325, 329
Glavis, F. J. 641, 707
—, u. Neher, H. T. 754
Glazebrook, R. W., u. Saville, R. W. 620
Glazer, J. 464, 1024, 1025
—, vgl. Dean, W. R. 1024
—, u. Schulman, J. H. 847, 848
Gleason, A. H., vgl. Nelson, J. F. 665, 682, 692
Gleason, E. H., Miller, M. L., u. Sheats, G. F. 965, 977, 1038
—, vgl. Thomas, W. M. 1005
Glesner, W. K., vgl. McMaster, E. L. 667, 744, 746, 747
Glick, D. 970
Glick, R. E., u. Mitarbb. 997
Glidden Co. 493, 520, 532, 635
Glikman, S. A., u. Root, L. A. 1013, 1028, 1040
Glimmerwarenfabrik, Berlin, s. Jaroslaws ...
Glines, A., vgl. Ballantine, D. 642
Glöckner, G., u. Meyer, W. 1069
Gloor, W. E., vgl. De Bell, J. M. 818
Glover, D. J., vgl. Kamlet, J. 989
Gluckman, M. S. 757
—, u. Mitarbb. 757
Glück, A., vgl. Walter, G. 388, 389
Glühlampen-Fabrik s. Philips ...
Gluschkowa, V. P., Delinskaija, E. D., u. Kotscheschkow, K. A. 763
—, u. Kotscheschkow, K. A. 764
Gluzman, M. K., Dasherskaja, B. J., u. Bodnya, V. M. 428
Glycofrides, E. 634
Gobran, R. H., vgl. Morawetz, H. 1007, 1010
—, Tobolsky, A. V., u. Colodny, P. C. 600

Godard, B. E., Thomas, P. A., u. Welch, J. G. 464

Godfrey, L. Cabot, Inc. 777, 778, 781

Goebel, C. G., vgl. Myers, L. D. 525

Goebel, M. T. 685, 701

Göltner, W., vgl. Schlack, P. 732, 784

Gölz, E. G., vgl. Mahl, H. 1002

Gölz, H., vgl. Meyer, F. 514

Gölzer, E., vgl. Kämerer, H. 988

Gössl, T. 993

Goethals, E., u. Smets, G. 714

Göttner, G. H. 1035

Götze, T., vgl. Ueberreiter, K. 1017

Goetzmann, K., vgl. Quitmann, H. 682

Gofferjé, E., vgl. Keller, K. 582, 588, 590

Goggin, W. C., vgl. De Bell, J. M. 818

Gohlke, B. 1013

—, u. Müller-Genz, C. 1020

Goissedet, P. E. C. 884

Gold, D. H., vgl. Gregor, H. P. 569, 572, 578, 970, 1042

Gold, L. 1014

Gold, V., vgl. Booth, G. C. 980, 1010, 1042

Goldberg, A. I., vgl. Alfrey, T. jr. 1033, 1035

Goldberg, E. J. 86, 88, 95, 778, 782, 784, 796, 848

—, vgl. Dixon, S. 778

Goldberg, J., vgl. Dogadkin, B. 1054

Goldberg, P., u. Fuoss, R. M. 1044

Goldblatt, L. A., Hopper, L. L., u. Wood, D. L, 537

Goldeman, J., vgl. Zinke, T. 198

Golden, H. R., vgl. Bailey, W. J. 982, 994

Goldenberg, A. L. 991

Goldfein, S. 1056

Goldfinger, G., vgl. Edwards, G. A. 623, 975, 1032, 1040

—, u. Shulman, S. 970

Golding, B., vgl. Shreve, R. N. 261

Goldschmid, O., vgl. Alexander, W. J. 1041

Goldschmidt, C. 320

Goldschmidt, T., AG 250, 348, 784

Goldschmiedt, C. 623

Gold- & Silberscheideanstalt ... s. Degussa

Goldsmith, H. A. 44

Goldsmith, R. G., vgl. Hookway, H. T. 682

Goldspiel, S., u. Bernstein, F. 982

Goldstaub, M. 600

Goldstein, G., u. Stern, K. G. 988

Goldstein, I. J., u. Mitarbb. 899

Goldstein, J. H. 997

Goldstein, K. R., vgl. Ehlers, J. F. 1020, 1042

Goldstein, M. 976

Golike, R. C. 984

Golub, M. A. 772, 838, 933, 994, 1014, 1016, 1017, 1039, 1044

—, u. Pickett, E. E. 1001

Golubenkova, L. I., u. Mitarbb. 519, 1051

—, vgl. Slonimskii, G. L. 1054, 1058

Golubkowa, J. A., vgl. Blokh, G. A. 964

Golumbic, C., Fruton, J. S., u. Bergmann, M. 573

Gomberg, M., u. Buchler, C. C. 911

Gomer, R., u. Smith, C. S. 1023

Gomori, G. 1002

Gongrijp, J. H., vgl. Böeseken, J. 223

Gonikberg, M. G., vgl. Zhulin, V. M. 410

Gooberman, G. 806, 980

—, u. Lamb, J. 806

Goodier, J. H., vgl. Timoshenko, S. 1056

Goodman, H. G. 340

Goodman, I. 923

—, vgl. Edington, R. A. 175, 176

Goodman, P. 1026, 1031

Goodrich Co., The B. F. 8, 13, 196, 292, 299, 675, 678, 679, 681, 682, 706, 713, 736, 741, 765, 770, 772, 785, 786, 787, 791, 792, 793, 794, 800, 816, 827, 830, 832, 834, 839, 840

Goodyear Tire & Rubber Co. 64, 239, 259, 769, 770, 798, 801, 802, 832, 833, 834

Goodyear, M. V., vgl. Whiting, L. R. 784, 790

Goppel, J. M. 468, 470, 767

—, u. Arlman, J. J. 982

—, vgl. Rumscheidt, G. E. 767

—, Rumscheidt, G. E., u. Hackmann, J. T. 767

Gorbatkina, Y. A. 1027, 1063

Gorbatscheva, V. O., vgl. Fainberg, E. Z. 983

—, vgl. Mikhailov, N. V. 983, 1037

Gordijenko, A. 1012

—, Griehl, W., u. Sieber, H. 186, 980

Gordon, M. 836, 847, 861

—, vgl. Crampsey, E. 831, 1004

—, u. Grieveson, B. M. 1028, 1031, 1062

—, u. Taylor, J. S. 831

Gorgas, A. 840

Gorham, W. F. 626

Goring, D. A. J., u. Chepeswick, C. 1049

—, vgl. Gupta, P. R. 1049

—, vgl. Huque, M. M. 977

—, u. Johnson, P. 975

Gorke, K., u. Jenckel, E. 1052

—, vgl. Jenckel, E. 1012, 1052

Gorodilov, V. N., vgl. Baraboim, N. K. 1003

Gorrindo, P. J. 485

Gorter, J., vgl. Foex, G. 975

Gosstewa, O. K., vgl. Petrow, K. D. 337

Gotlib, Y. Y., vgl. Birshtein, T. M. 964, 991

—, vgl. Volkenshtein, M. V. 10 8

Gotsch, L. P., vgl. Scherer, P. C. 887

Gottlieb, M. H., u. Gregor, H. P. 974

—, vgl. Gregor, H. P. 974, 1021

Gottschalk, G. W., vgl. Freeman, S. E. 471

—, vgl. Smith, G. 210

Gough, L. J., u. Smith, I. T. 519

Gouinlock, E. V., Flory, P. J., u. Scheraga, H. A. 979, 1042, 1049

Goulden, J. D. S. 996

Gourlay, J. S., u. Jones, M. 1025

Govaert, F., u. Beyaert, M. 554

Gowans, W. J., u. Clark, F. E. 829

Grabar, D. G., u. Haessly, R. 1004

Grabowski, T. W., vgl. Sweitzer, C. W. 36

Grace, W. R., & Co. 515

Gradsten, M., vgl. Zerner, E. 616

Gradsten, M. A., u. Pollock, M. W. 392, 615

Gräfje, H., vgl. Schöberl, A. 596

Grälert, K. P., vgl. Muth, F. 603

Gränacher, C., vgl. Albrecht, O. 335

—, u. Sallmann, R. 372, 379

Graf, R. 111, 118

—, u. Mitarbb. 111, 118

Graff, M. A., vgl. Rosenberg, J. 514

Graff-Baker, C., vgl. Gilbert, G. A. 1007

Grafmüller, F., vgl. Hahn, W. 679

—, u. Husemann, E. 993, 1038, 1069

Graham, N. B., u. Segall, G. H. 736

Graham, P. J., vgl. Cairns, T. L. S. 410

Graham, R. G. 758

Gralen, N., u. Lagerhalm, G. 1049

Gramberg, G., vgl. Gast, T. 968

Grammel, R. 1060

Grammer, G. N., vgl. Erickson, J. L. E. 414

Grams, E., vgl. Gumboldt, A. 812

—, vgl. Sommer, W. 466

Granath, K. A., u. Flodin, P. 650

Granato, A., u. Lücke, K. 1062

Grandine, L. D., jr., u. Ferry, J. D. 1034,

—, vgl. Ferry, J. D., 1077

—. vgl. Fitzgerald, E. R. 1064

Granger, F. S. 223, 224, 225

Grant, D. H., u. Grassie, N. 811, 1069

Grant, J., vgl. Radley, J. A. 998

Grant, J. N., vgl. Nott, E. H. 881

Grantham, R. L., u. Hastings, A. G. 1016

Grassie, N. 806, 807, 810, 813, 814, 816, 819, 991, 1068, 1069

—, vgl. Cameron, G. G. 815

—, vgl. Grant, D. H. 811, 1069

—, u. Hay, J. N. 814

—, —, u. McNeill, I. C. 814

—, u. Kerr, W. W. 815

—, u. McNeill, I. C. 814, 815, 816, 992

—, u. Melville, H. W. 807, 816, 818

—, u. Vance, E. 1009

Grassie, V. R. 894

—, vgl. Cairns, R. W. 554, 555

Grassmann, K. 239

Grassmann, W., Hörmann, H., u. Hartl, A. 1018

Graulich, W., u. Becker, W. 770, 936

—, vgl. Dinges, K. 376, 743

—, vgl. Lehmann, W. 455

—, Lehmann, W., Bayer, O., Kass, W., u. Berlenbach, W. 455

—, u. Müller, E. 742, 794

—, vgl. Reinartz, K. 615

—, vgl. Rosahl, D. 243

—, Schmitz, A., Berlenbach, W., u. Müller, E. 373, 742, 794

—, vgl. Scriba, G. 434, 438, 439, 560

Gray, A. E., vgl. Fisher, H. L. 848

Gray, H., vgl. Fischer, H. L. 829

—, vgl. Winkelmann, H. A. 292, 299

Gray, H. F. jr., vgl. Adelson, D. E. 703, 728

Gray, H. W., vgl. Barkdoll, A. E. 144

—, vgl. Cairns, T. L. 381

Gray, R. H. 693

Graydon, W. F., vgl. Spinner, I. H. 1014

Greathouse, G. A., u. Wessel, C. J. 819

Grebenovský, E., u. Řeźč, Z. 973

Greber, G., vgl. Krässig, H. 396, 398

—, vgl. Welzel, G. 716

Greckin, N. P. 575

Green, A. E. 1062

Green, D. L., vgl. Vorburgh, W. C. 652

Green, H. S. 1030

Green, J., u. Sverdrup, E. F. 861

Green, J. H. S. 1014

—, Hookway, H. T., u. Vaughan, M. F. 1007, 1015

Green, L. Q., vgl. Pratt, E. F. 295

Green, R., vgl. Lal, J. 1037

Greenberg, H., vgl. Frank, C. E. 152

—, vgl. Schott, S. 152

Greenewalt, C. H. 104, 109, 141

Greenfield, J. 513

Greenhalgh, R. 195, 198

Greenlee, S. O. 197, 452, 462, 468, 470, 472, 475, 489, 503, 504, 505, 506, 507, 518, 523, 527, 529, 532, 533, 534, 535, 536, 538, 543, 552

—, u. Montague, L. G. 536

—, Pearce, J. W., u. Kawa, J. 483, 489, 493, 768, 769

Greensmith, H. W. 1056

—, u. Thomas, A. G. 1054

Greenspan, F. P. 500, 789

—, u. Gall, R. J. 466, 483, 484, 485, 486

—, vgl. Gall, R. J. 483, 485

—, vgl. Johnston, C. W. 493

—, u. Light, R. E. jr. 492, 493, 532, 535, 768

—, u. Pepe, A. E. 493, 768

Greenwald, H. L., u. Emmons, W. D. 520

Greenwood, C. T., vgl. Broatch, W. N. 1007

—, vgl. Gilbert, G. A. 1007

—, u. Rossotti, H. 996

Greer, A. H., vgl. Gilwood, M. E. 751

Gregg, S. J. 1002

Gregor, H. P., u. Mitarbb. 693, 973, 974, 1021

—, Arolafia, O. R., u. Gottlieb, M. H. 974

—, Belle, J., u. Marcus, R. A. 974

—, u. Beltzer, M. 272

—, u. Bregman, J. I. 974

—, Collins, F. C., u. Pope, M. 1047

—, Dolar, D., u. Hoeschele, G. K. 759

—, u. Frederick, M. 973

—, —, u. Hoeschele, K. 569, 572, 578

—, u. Gold, D. H. 970, 1042

—, —, u. Frederick, M. 970, 1042

—, u. Gottlieb, M. H. 974

—, vgl. Gottlieb, M. H. 974

—, Gutoff, F., u. Bregman, J. I. 1021

—, vgl. Kagawa, I. 973

—, vgl. Lazare, L. 1022

—, vgl. Loebl, E. M. 973

—, Luttinger, L. B., u. Loebl, E. M. 973

—, Nobel, D., u. Gottlieb, M. H. 1021

—, u. Wetstone, D. M. 970

Gregor, H. R., vgl. Feinland, R. 686

Gregory, G., vgl. Carpenter, G. D. 597

—, u. Seegman, I. P. 597

Gregory, V. P., vgl. Searles, S. 553

Gremillion, A. F., u. Boulet, E. 983, 986

Greminger, G. K., Swinehart, R. W., u. Maasberg, A. T. 892

Gresham, I. H., vgl. Beears, W. L. 13

Gresham, T. L., Jansen, J. E., u. Shaver, F. W. 8

Gresham, W. F. 12, 561, 566
—, u. Bell, C. D. 563
—, u. Brooks, R. E. 405
—, u. Hunt, M. 803
—, vgl. Loder, D. J. 561, 566
Greth, A. 241, 258, 259, 260, 261, 262
—, u. Putzer-Reybegg, A. v. 338
—, u. Reese, J. 835
—, u. Schüppen, J. 334
Greune, H., Dietz, K., u. Privinsky, F. 238
Griebsch, E., u. Hilgert, H. 522
—, u. Wallis, M. 526, 531
Grieco, A., vgl. Rorden, H. C. 1061
Griehl, W. 126, 187, 1016
—, u. Mitarbb. 126, 128
—, vgl. Gordijenko, A. 186, 980
—, u. Hoffmeister, R. 967
—, u. Lückert, H. 472
—, u. Schaaf, S. 115, 116
—, u. Sieber, H. 1040
Griessbach, R. 266, 300
—, Meier, E., u. Wassenegger, H. 300, 575, 588, 590
—, vgl. Wassenegger, H. 267, 268
Grieveson, B. M. 1027
—, vgl. Gordon, M. 1028, 1031, 1062
Griffin, L. H., u. Long, J. H. 468, 470, 471
Griffin, R. S., vgl. Mayo, L. R. 804
Griffin, W. R. 795
Griffis, C. B., vgl. Wilson, A. 1021
Griffith, J. H., u. Ranby, B. G. 1028
Grigbaum, W. R., u. Wall, F. T. 1033
Grigull, vgl. Gröber, H. 1050
Grimaud, E., Sanlaville, J., u. Troussier, M. 1005
Grimley, T. R., vgl. Bawn, C. E. H. 1008, 1012, 1035
Grimm, E. G., vgl. Meerson, S. I. 1068
Grimm, H., vgl. Ziegler, K. 937
Grimm, O., u. Rauch, H. 376, 743
—, vgl. Trommsdorff, E. 792
Grimme, W., vgl. Wiedmann, H. 418
—, u. Wöllner, J. 417, 418, 422, 423
Grimminger, H. 1058
Grimshaw, F. P. 365
Grisenthwaite, R. J. 64
—, vgl. George, M. H. 992

Grisenthwaite, R. J. u. Hunter, R. F. 995
Grivet, P. 975
Gröbe, V., vgl. Hunyar, A. 1012
Gröber, H. 1050
—, Erk, S. u. Grigull 1050
Groggins, P. H. 611
Gromowa, G. N., vgl. Jakubtschik, A. I. 691
Groote, M. de, s. De Groote, M.
Gross, A., vgl. Bernoulli, P. 437
Gross, B. 1060, 1061
—, u. Fuoss, R. M. 968, 971
—, u. Pelzer, H. 1061
Gross, M. E., u. Newton, E. B. 827
Gross, R. C., vgl. Kenyon, A. S. 983, 1003, 1027
Gross, W. D. 456
Grosse, A. V., vgl. Kirshenbaum, A. D. 964
Grosse, K. H. 1030
Grosser, F. 713
Grosskinsky, O., vgl. Bergmann, J. 468, 472
—, u. Thürauf, W. 480
Grossman, A. J. 361
Grossman, J. J., u. Adamson, A. W. 1047
Grossman, P. U. A. 1063
Grossman, R. F. 797
—, u. Bluestein, A. C. 802
Grossmann, M., vgl. Kämmerer, H. 225, 228
Groszmann, M., vgl. Csurös, Z. 1062
Groszos, S. J., u. Day, N. E. 530
Grotjahn, H., vgl. Hess, K. 881
Groubert, E., vgl. Caillon, P. 968
Grover, F. S., vgl. Lavery, T. F. 1057
Grover, M. M., vgl. Been, J. 826, 828
Groves, J. H. 527
Gruber, E. E. u. Kalafus, E. F. 732
—, u. Keplinger, O. C. jr. 87
Gruber, W., vgl. Ernst, P. 878
Grubhofer, N. 1005, 1048
—, u. Schleith, L. 643, 747, 759
Grünau GmbH s. Chemische Fabrik …
Gründel, H. J., vgl. Seifert, H. 268
Grüne, A. 1011
Grünewald, H. 873, 904
Grützmacher, H. F., vgl. Heyns, K. 132

Grummitt, O., vgl. Burk, R. E. 291, 818, 1046
Grunert, C., vgl. Traube, W. 871
Grundmann, C., u. Kreutzberger, A. 589
—, vgl. Kuhn, R. 414, 415, 416
Grundmann, C. J., vgl. Rätz, R. F. W. 575
Gruntfest, I. J. 1054
—, u. Young, E. M. jr. 333
—, —, u. Kooch, W. 1064
Gruy, I. V. de, u. Rollins, M. L. 1003
Guastalla, L. 1023
Gubler, M. G., u. Kovacs, A. J. 993, 1027
Gudimov, M. M., u. Mitarbb. 1055
Gühring, E., vgl. Hagedorn, M. 872
Gündel, W. 246
—, u. Dieckelmann, G. 488
—, vgl. Pummerer, R. 823, 824, 843
—, vgl. Raecke, B. 527
Günner, K. V., vgl. Schulz, G. V. 1025, 1050, 1052
Günther, A. 600, 601, 603
—, Schlegel, W., u. Thauss, A. 603
—, vgl. Thauss, A. 600, 602
Günther, F. O., vgl. Sprung, M. M. 561
Günther, G., u. Staude, H. 973
Günther, J., vgl. Niemann, H. 526
Günzel, G., vgl. Manecke, G. 643
Günzler, H., vgl. Rohmer, M. 993
Guest, D. J., vgl. Cole, G. H. T. 742
Guest, G. H. 964
Guest, H. R., Adams, J. T., u. Kiff, B. W. 617
—, Kiff, B. W., u. Halstead, C. B. 489, 616
—, u. Stansbury, H. A. jr. 488
—, vgl. Stansbury, H. A. jr. 517, 593
—, vgl. Wilson, J. E. 214
Gütter, E., vgl. Hess, K. 1005
Guggenheim, E. A., u. McGlashan, M. L. 1007
Guile, R. L., vgl. Garrett, E. R. 972
Guillemonat, A. 152
Guillerm, H., vgl. Tiollais, R. 399
Guillet, J. E., u. Mitarbb. 1017, 1038
—, Wooten, W. C., u. Combs, R. L. 923, 1018, 1069

Guinand, S., Labeyrie, F., u. Tonnelat, J. 979
Guinier, A., vgl. Belbéoch, B. 983, 986
Gul, V. E. 1021, 1057
—, u. Berestnev, V. A. 978, 1013, 1039
—, u. Chernin, I. M. 999, 1056
—, vgl. Dogadkin, B. A. 1020, 1021, 1059, 1066
—, u. Farberova, I. I. 1054
—, u. Geller, I. I. 1066
—, u. Klitenik, G. S. 976, 978
—, Kovriga, V. V., u. Eremina, E. G. 1058
—, u. Shwartz, A. G. 1021
—, Tsarskii, L. N., u. Vil'nits, S. A. 1055, 1057
Gulbins, K., u. Mitarbb. 535
—, u. Hamann, K. 535
Gumboldt, A., u. Grams, E. 812
—, vgl. Heitzer, E. 670, 688
Gumbrell, S. M., Mullins, L., u. Rivlin, R. S. 1021, 1057
Gumlich, W., Kränzlein, P., u. Kraft, R. 516
Gummiwarenfabriken Harburg-Wien s. Vereinigte ...
Gummiwerke AG s. Phoenix ...
Gunberg, F. P. 259, 771
Gundermann, E. 108
Gundiah, S., u. Kapur, S. L. 1031, 1035
—, vgl. Kapur, S. L. 1035, 1039
Gupta, P. C. D., s. Das Gupta, P. C.
Gupta, P. R., Robertson, R. F., u. Goring, D. A. I. 1049
Gupta, S. L. 266
Gupta, V. D. 985
Guretskii, I. Y., vgl. Kreshkov, A. P. 897
Gurgiolo, A. E. 434, 568
—, vgl. Bressler, W. L. 430
—, u. Ledbetter, H. D. 434
Gurman, J. M., vgl. Akutin, M. S. 504, 505
Gurnee, E. F. 999, 1001, 1004
—, Patterson, L. T., u. Andrews, R. D. 1001
—, vgl. Rund, J. F. 1004
Gurvitsch, D. B., u. Schevardina, S. I. 974
Gusev, K. F., vgl. Volarovich, M. P. 985
Gusman, S., u. Melamed, S. 517
Gusmer, A., Inc. 519
Gusyakov, V. P., vgl. Yurzhenko, A. I. 975
Guth, D. C., vgl. Schuller, W. H. 755

Guth, E., u. James, H. M. 1057
—, vgl. James, H. M. 1057
—, vgl. Witte, R. S. 1060
—, vgl. Zapp, R. L. 802, 1020, 1059
Guthke, F., vgl. Mauthe, G. 264, 287
—, vgl. Noerr, H. 265, 289
Guthrie, J. D. 899, 1004
—, vgl. Chance, L. H. 896
—, vgl. Drake, G. L. jr. 896
—, u. Evans, J. G. 401
—, vgl. Reeves, W. A. 402, 498, 575
Gutmacher, R. G., vgl. Kolthoff, I. M. 928, 937, 1023
Gutmann, W., u. Herbst, F. 390
Gutoff, E. B., vgl. Gilliland, E. R. 797
Gutowsky, H. S., u. Meyer, L. H. 996
Guttoff, F., vgl. Gregor, H. P. 1021
Guyer, J. W., vgl. Bender, H. L. 202, 479, 505
Guyot, A., u. Parrod, J. 979, 994, 1039
—, vgl. Ribeyrolles, P. 979, 1039
Guyton, C. W., vgl. Morris, R. E. 1054, 1057
Guzeev, V. V., u. Mitarbb. 980
Guzman, G. M. 1016
—, vgl. Bevington, J. C. 697, 964
Guzzi, R. A., vgl. Chinai, S. N. 978, 979, 1034, 1036, 1038

Haagen, K. 305, 316, 317
Haarlammert, F., vgl. Eich, T. 1019
Haas, H. C. 992
—, u. Mitarbb. 161
—, u. Cohen, S. G. 161
—, vgl. Cohen, S. G. 477, 543
—, u. Livingston, D. I. 1054
—, —, u. Saunders, M. 608, 995
—, u. Schuler, N. W. 892
Haase-Deyerling, E. 967
—, u. Meumann, H. 967
Haberlin, R. J. 515
Habgood, B. J., vgl. Bacon, R. G. S. 842
—, vgl. Costain, W. 156, 191
—, vgl. Ellery, E. 156
Hachihama, Y., u. Hayashi, J. 149
—, Imoto, M., u. Kuwata, T. 212
—, u. Sumitomo, H. 1036

Hackmann, J. T. 766
—, vgl. Goppel, J. M. 767
—, vgl. Rumscheidt, G. E. 766, 839, 840
Hader, R. N., u. Le Beau, D. S. 850
Häberle, M., vgl. Staudinger, H. 725
Häder, H., vgl. Seifert, H. 268
Haehl, A. 1056
Haehnel, W., vgl. Deutsch, H. 415
—, u. Herrmann, W. O. 717, 722, 725
—, vgl. Herrmann, W. O. 675, 698, 700, 717, 719, 725, 783, 784
Haessly, R., vgl. Grabar, D. G. 1004
Hagedorn, M. 156, 465
—, u. Gensel, H. 426
—, u. Gühring, E. 872
—, vgl. Klatte, F. 727
—, u. Möller, P. 873
—, Zieser, W., Reyle, B., u. Bauer, R. 438, 911
Hagemeyer, H. J. jr., u. Oglesby, E. L. 897
Hagen, C., u. Pahl, G. 1050
Hagen, G. 333
—, vgl. Fikentscher, H. 793
Hagen, H. 992, 1026, 1064
—, u. Domininghaus, H. 821
Hager, G. F., vgl. Hays, J. T. 417
Hager, J. E., vgl. Evans, E. M. 717
Hagethorn, N. E. M., u. Kesternen, J. P. I. van 996
Hagge, W., vgl. Boresch, C. 271
—, Quaedvlieg, M., u. Seifert, H. 744, 749, 752
Hahl, H., vgl. Weyland, H. 605, 606
Hahn, H. J. 702, 718, 719, 720
—, u. Winkler, F. 721
Hahn, W., u. Fischer, A. 644, 646
—, u. Grafmüller, F. 679
—, u. Lechtenböhmer, H. 662
—, u. Müller, W. 654, 761
Haidasch, I., u. Voss, I. 888
Hailwood, A. J., u. Horrobin, S. 1022
Hakala, T. H., vgl. Baldwin, F. P. 679
—, u. Laffey, J. J. 681
Hale, D. K., vgl. Hookway, H. T. 682
—, Packham, D. I., u. Pepper, K. W. 974
—, vgl. Pepper, K. W. 1021
Hall, C. E., u. Doty, P. 980, 1000, 1004, 1042

Hall, G. L., vgl. Conant, F. S. 1053, 1056, 1060
Hall, H. K. 111, 119
—, vgl. Flory, P. J. 1025
—, vgl. Wittbecker, E. L. 561
Hall, H. T. 977
Hall, J. I., vgl. Haslam, J. 1068
Hall, L. A. R. 625, 626
Hall, M. B., vgl. Mochel, W. E. 993
Hall, M. W. 515
Hall, R., vgl. Smith, E. L. 530
Hall, R. T., vgl. McKinney, C. D. 85
Hall, R. W., vgl. Fraser, D. A. 208, 228, 229, 239, 279
Hall, W. J., u. Jones, C. E. M. 929
Hallenbeck, V. L. 678, 679
Haller, P., u. Kappeler, H. 294, 296
Halliwell, A., vgl. Arcus, C. L. 759
Hallowell, A. T., Foster, H. D., u. Larchar, A. W. 372
Halsey, G., vgl. Dunell, B. A. 1043
Halstead, C. B., vgl. Guest, H. R. 489, 616
Ham, G. E. 15, 21
—, Craig, A. B., u. Gann, P. W. 751
—, u. Gann, P. W. 751
Ham, S. J. 1047
Hamalainen, C., Wade, R. H., u. Buras, E. M. jr. 877
Hamana, I., vgl. Onogi, S. 1068
Hamann, K. 32, 42, 44, 46, 419, 557
—, u. Mitarbb. 35
—, vgl. Coenen, M. 371
—, vgl. Funke, W. 924
—, vgl. Geilenkirchen, W. 419
—, vgl. Gilch, H. 924, 995
—, vgl. Gulbins, K. 535
—, vgl. Haussühl, H. 976
Hamann, S. D., vgl. Evans, A. G. 931
Hamburger, A., vgl. Einhorn, A. 330, 348
Hamilton, C. W., vgl. Epstein, M. M. 1027
—, vgl. Metzger, A. P. 1046
Hamilton, J. B., vgl. Haslam, J. 925
Hamilton, J. F., u. Hamm, F. A. 1005
Hamilton, R. M., vgl. Nichols, P. L. jr. 910
Hamm, F. A., vgl. Hamilton, J. F. 1005
—, vgl. Miller, L. E. 1016, 1049

Hammann, W. C., vgl. Blake, E. S. 583
Hammarsten, H. 415
Hammer, C. F., vgl. Ashby, C. E. 1011
—, vgl. Smook, M. A. 991
Hammer, R. S., u. Cooper, W. T. 797, 798
Hammerle, W. G., u. Kirkwood, J. G. 969
Hammerschmid, E. 618
Hammerschmid, H., vgl. Frankenburger, W. 415
Hammesfahr, F. W., u. Mitarbb. 228
Hammett, L. P. 231
Hammick, D. L., u. Boeree, A. R. 404
Hampton, R. R., vgl. Meyer, A. W. 993
Hanafusa, H., u. Akabori, S. 104
Hanby, W. E., vgl. Bamford, C. H. 101, 132, 133, 981, 984, 1012
—, Waley, S. G., u. Watson, J. 101, 132
Hancock, N. H., vgl. Charlesby, A. 1059
Handler, F., vgl. Kainradl, P. 1056, 1067
Handlovits, C. E., vgl. Lenz, R. W. 420
Handy, C. T., vgl. Pease, D. C. 145
Hanford, W. E. 169
—, vgl. Christ, R. E. 23
—, vgl. Cox, N. L. 131
—, u. Fuller, D. L. 210
—, u. Holmes, D. F. 57, 169
—, u. Stevenson, H. B. 714
Hanking, B. M., vgl. Spurr, R. A. 993
Hankins, E. M., vgl. Auten, R. W. 739, 742
Hannemann, K. 250, 291
Hannsgen, F. W. 800
Hanousek, F., vgl. Květoň, R. 383, 384
Hans, W., vgl. Stackelberg, M. v. 972
Hansch, F. 718
Hansen, J. E., u. Dietz, T. J. 786, 787
—, McCarthy, M. G., u. Dietz, T. J. 1008
Hansen, O. 426
—, vgl. Rein, H. 333
Hansford, R. C., Rasmussen, H. E., Myers, C. G., u. Sachanen, A. N. 620
Hansley, V. N., vgl. Scott, N. D. 737
Hanson, E. E., vgl. Kelsey, R. H. 1004
Hanson, G. E. 692

Hanson, N. W., u. Ringwald, R. M. 473, 757
—, vgl. Ringwald, R. M. 538
Hanus, F. 225, 252, 257
—, u. Fuchs, E. 225, 233, 251
—, vgl. Zigeuner, G. 327, 331
—, vgl. Zinke, A. 217, 225, 251, 254
Happey, F. 984
—, vgl. Bamford, C. H. 101, 132, 133, 984, 1012
Harbourn, C. L., vgl. Desty, D. H. 1012
Hardens-Steinhäuser, M., vgl. Jayme, G. 988
Harding, S. W., vgl. Bueche, F. 1045
Hardman, A. F. 833
Hardung, V., vgl. Betticher, A. 1062
Hardy, D. V. N. 20
Hardy, E. E., u. Reetz, T. 498
—, vgl. Saunders, J. H. 98
Hargitay, B., Rodriguez, L., u. Miotto, M. 1003
Harker, B., vgl. Bjorksten, J. 47
Harland, W. G. 1017, 1044
Harline, R. D., vgl. Tess, R. W. 41
Harman, M. W. 845
Harmon, D. J. 806
Harms, D. L. 923, 990
Harms, F., vgl. Wien, W. 975, 981
Harms, H. 1002
Harness, A. A. 1007, 1031
Harp, W. R. J. jr., vgl. Dannenberg, H. 995
Harper, B. G. 1045
Harper, D. A., vgl. Buist, J. M. 29
—, vgl. Smith, W. F. 87, 160
—, u. Smith, W. F. 29, 87, 160
—, —, F., u. White, H. G. 29, 87, 160
Harper, P. G., u. O'Dwyer, J. J. 967
Harper, R. C., Markovitz, H., u. Dewitt, T. W. 1061
—, vgl. Riseman, J. 1043
Harries, C. 823, 824, 830, 834, 840, 929
—, u. Temme, P. 410
Harrington, D. F., vgl. Wheaton, R. M. 685
Harrington, R. 1060
—, u. Giberson, R. C. 806
Harrington, W. F., u. Schachman, H. K. 1048
—, vgl. Schachman, H. K. 1048

Harris, B. R.   582
Harris, C.   938
Harris, C. W., vgl. Spialter, L.   995
Harris, F. E., vgl. Rice, S. A.   974
Harris, I.   1009, 1010, 1034, 1036
Harris, I. W., vgl. Buckler, E. J.   800
—, u. Pfisterer, H. A.   799
Harris, M.   1002
Harris, P. H., vgl. Badami, D. V.   1006
Harris, R. L., vgl. Dege, G. J.   429, 995
Harrison, S. A.   527
—, u. Peterson, L. A.   527
Harrison, V. G. W.   1030
Harry, L. D., vgl. Helmreich, R. F.   475
Harshaw Chemical Co.   531
Hart, D. P.   472
—, vgl. Christenson, R. M.   372, 375, 742, 794
Hart, E. J., u. Meyer, A. W.   993
Hart, R.   638, 642, 645, 646, 715
—, u. Janssen, R.   644, 645, 683
—, vgl. Lemaitre, J.   339, 435
—, u. Timmerman, D.   683
Hart, R. G., vgl. Chesley, L. C. jr.   332
—, u. Smith, J. D.   989
Hart, R. M., vgl. De Pauw, A. J.   727
Hart, U. L., vgl. Feuer, H.   373, 378
Hart, V. E.   1031, 1034
—, vgl. Wall, L. A.   966
Hartl, A., vgl. Grassmann, W.   1018
Hartley, G. S.   1020, 1046
Hartman, J. L., u. Thompson, D. C.   804
Hartmann, A.   338, 341, 969, 1011, 1068
—, vgl. Armbruster, R.   458, 575
—, Fritzsche, B., u. Gatys, G.   784
—, vgl. Orthner, L.   372
Hartmann, E., u. Muth, F.   601
Hartmann, H., u. Jaenicke, R.   969
Hartmann, J., u. Patat, F.   980, 1042, 1044, 1045
Harvel Corporation   244, 468, 475, 505, 542
Harvel Research Corporation   419, 521, 636
Harvey, C. E.   998
Harvey, M. R., Stewart, J. E., u. Achhammer, B. G.   991

Harvey, M. T.   419, 636
—, vgl. Caplan, S.   419
Harvey, S. C., u. Nickerson, M.   573
Harwood, J. J., Hausner, H. H., Morse, J. G., u. Rauch, W. G.   820
Harz, W., vgl. Ulrich, H.   569
Haseley, E. A.   1014
Hashimoto, Y., vgl. Kadowaki, H.   324
Hashitsume, N., vgl. Isihara, A.   1000
Haskell, V. C., vgl. Burton, R. L.   990
—, u. Owens, D. K.   1001
Haskins, J. F.   915
—, u. Sunderwirth, S. G.   895
Haslam, J.   963, 1018
—, vgl. Clasper, M.   178, 924
—, u. Hall, J. I.   1068
—, Hamilton, J. B., u. Jeffs, A. R.   925
—, u. Soppet, W.   809, 818, 923
—, —, u. Willis, H. A.   996
Hasselquist, H., vgl. Euler, H. v.   395
Hasserodt, U., u. Korfhage, L.   531
Hassford, W., vgl. Zoss, A. O.   276
Hassid, W. Z., vgl. Nussenbaum, S.   987
Hassler, F.   342, 385, 387, 602, 604, 605, 606
Hastings, A. G., vgl. Grantham, R. L.   1016
Hastings, G. W., Ovenall, D. W., u. Peaker, F. W.   976, 1005
—, u. Peaker, F. W.   940, 977, 980
Haszeldine, R. N., u. Sharpe, A. G.   608
Hatano, M., vgl. Kambara, S.   435, 553, 556
Hatch, M. J.   746
Hate, F. L.   502
Hatfield, P.   1062, 1064
Hatfield, M. R., vgl. Dahlquist, C. A.   1064
—, u. Rathmann, G. B.   1067
Hauptschein, M., u. Lesser, J. M.   447
Hausch, W. R.   87
Hauser, C. R., vgl. Stewart, A. T. jr.   395
Hauser, E.   1002
Hauser, E. A.   620, 1004, 1005, 1059
—, u. Le Beau, P. S.   1003, 1016

Hauser, R. L., Walker, C. A., u. Kilbourne, F. L. jr.   1021
Hausner, H. H., vgl. Harwood, J. J.   820
Hausser, K. H.   907
Haussmann, H., vgl. Orthner, L.   372
Haussühl, H., u. Hamann, K.   976
Haveg Corporation   634
Havekos, H., vgl. Kleiner, H.   93
Haven, A. C., vgl. Campbell, T. W.   983, 993, 1038
Havens, C. B.   466
Haward, R. N., vgl. Jones, A. F.   858
Hawkins, E. G. E.   494, 498
Hawkins, G. F., vgl. Joyner, F. B.   816
Hawkins, K., vgl. Jones, G. D.   741
Hawkins, M. C., vgl. Scherer, P. C.   969, 1041
Hawkins, S. W., u. Smith, H.   992, 1009, 1026
Hawkinson, A. T., Schmitz, W. R., u. D'Addieco, A. A.   483, 485, 548
Haworth, J. P.   801
—, vgl. Arundale, E.   801
Haworth, W. N., u. Mitarbb.   905
—, vgl. Baird, D. K.   905
—, Hirst, E. L., u. Plant, M. M. T.   905
—, —, u. Thomas, H. A.   888
—, —, u. Waine, A. C.   905
—, —, u. Webb, J. I.   905, 910
—, u. Machemer, H.   888, 910
Hawthorn, R. D., vgl. Baddour, R. F.   1018
Hawthorne, A., vgl. Yanko, J. A.   982
Hay, J. N., vgl. Grassie, N.   814
Hay, P. M., vgl. Marker, L.   1024, 1027
Hayakawa, T., vgl. Noguchi, J.   974
Hayama, S., vgl. Okajima, S.   1001
Hayashi, J., vgl. Hachihama, Y.   149
Hayashi, K., vgl. Iwakura, Y.   151
—, vgl. Smets, G.   645, 705
Hayashi, M.   965, 1048
Hayden, P., u. Roberts, R.   1017
Hayes, B. T., vgl. Davies, A. C.   202

Hayes, B. T., u. Hunter, R. F. 203

Hayes, E. N., u. Chao-Hai-Lin 895

Hayes, M. J., u. Park, G. S. 1021

Hayes, R. A. 15, 21, 445, 446, 1063

—, u. Smith, F. M. 793

Hayme, G., u. Bergmann, W. 866

Hays, J. T., Hager, G. F., Engelmann, H. M., u. Spurlin, H. M. 417

Hazenberg, J. F. A., u. Knol, B. P. 753

Hazzard, G. W., vgl. Fox, W. M. 1043

Healey, F. H., vgl. Chessick, J. J. 1053

Heap, H., vgl. Foster, E. L. 1059

Hearle, J. W. S., vgl. Cusick, G. E. 971

Hearon, W. M., Hiatt, G. D., u. Fordyce, C. R. 884, 885, 889, 911

—, u. Lobsitz, J. L. 884

Heath, N. S., vgl. Culvenor, C. C. J. 568

Heavers, M. J. 538

Heberer, A. J., u. Marshall, W. R. 635

Hebermehl, R. 77, 98

—, vgl. Bock, W. 791

—, u. Krauss, H. W. 520

—, vgl. Rosenthal, L. 605

Hebson, P. H., u. Ballentine, B. 13

Hechelhammer, W., u. Coenen, M. 95

—, vgl. Coenen, M. 157

—, u. Streib, H. 467

Hecht, C. E., vgl. Stockmayer, W. H. 1050

Hecht, G., u. Henecka, H. 390

Hecht, K. T., u. Wood, D. L. 991

Hecht, O. 211, 220

—, Prillwitz, H., u. Dane, I. 210

—, vgl. Reppe, W. 277

Hechtenberg, W., vgl. Zerweck, W. 479

Heck, R. F., u. Breslow, D. S. 983, 994, 1013

—, vgl. Vandenberg, E. J. 983

Heckel, K., vgl. Wintergerst, S. 1001

Heckelhammer, W. 74

Hecker, A. C., u. Perry, N. L. 813

Hecker, E. 1011

Heckmaier, J., vgl. Bauer, H. 721

—, vgl. Bergmeister, E. 718

—, u. Stoll, A. 719

Heckmaier, J., u. Zoebelein, H. 720

Hedenström, A. v., vgl. Bischoff, C. A. 49, 50

Hedgley, E. J., u. Overend, W. G. 897

Hedrick, R. M., u. Herbig, J. H. 714

—, vgl. Mottus, E. H. 116

—, vgl. Zopf, G. W. jr. 713, 714, 736

Heeringa, L. G., u. Beets, M. G. J. 414

Hees, W. 924

Heffelfinger, C. J., u. Burton, R. L. 984

Hefter, G. 620

Heiberger, C. A., u. Mitarbb. 512

—, vgl. Nowlin, G. 493

—, Reich, M. H., Johnston, C. W., u. Nowlin, G. 493, 522

Heidebroek, E. 1030

Heidemann, G., vgl. Zahn, H. 113

Heidemann, W., vgl. Peter, J. 1060

Heidinger, W., vgl. Buser, K. 500, 506, 508, 509

—, u. Schade, H. 517

Heijboer, J. 1062

—, vgl. Staverman, A. J. 1063

Heikens, D., u. Mitarbb. 986

—, vgl. Hermans, P. H. 114, 973, 986, 1015, 1018

—, u. Hermans, P. H. 114

—, —, u. Want, G. M. van der 114

Heilman, W., u. Mitarbb. 1029

Heim, E. 185

Hein, R. W., vgl. Kovacic, P. 778

Heinen, W. 993

Heinrich, E., vgl. Zerweck, W. 636

Heinrich, H., vgl. Seidel, F. 674

Heinrich, H. J., vgl. Kaesche-Krischer, B. 807

Heinrich, R. H., vgl. England, W. D. 800

Heinz, H. J., vgl. Kaufmann, H. P. 33

Heinz, W. 1031

Heiser, K., vgl. Bondy, C. 699

Heiss, J. H., vgl. Baker, W. O. 1057, 1061

Heiss, L., vgl. Rath, H. 657, 762

Heitzer, E., Gumboldt, A., Messwarb, G., Bier, G., u. Orthner, L. 670, 688

Helberger, J. H., Manecke, G., u. Heyden, R. 912

Held, F. 47

Helf, S., u. Mitarbb. 964

Helferich, B., u. Giltges, A. 175

—, u. Köster, H. 889, 911

Helfferich, F. 266, 820, 1047

Helle, J., u. Kunz, A. 903

Heller, G. L., vgl. Braendle, H. A. 849

Heller, H., vgl. Manecke, G. 643

Heller, K., Nentwig, J., u. Schnell, H. 408

Heller, R., vgl. Manecke, G. 741, 747

Heller, W. 976, 1034

—, vgl. Nakagaki, M. 976, 998

—, vgl. Pugh, T. L. 1028

—, vgl. Tabibian, R. M. 976, 1004

—, u. Thompson, A. C. 1028

Hellfritz, H. 1007, 1008, 1052

—, u. Krämer, H. 1007

—, —, u. Schmieder, W. 1008

—, vgl. Schulz, G. V. 1009

—, vgl. Staudinger, H. 1009, 1036

Hellman, M. Y., vgl. Frisch, H. L. 1023

—, vgl. Lundberg, J. L. 1031

Hellmann, H. 295, 326

Hellmayr, W., u. Hrubesch, A. 409

Hellmuth, E., vgl. Müller, F. H. 1029

Hellund, E. J. 1032

Hellwege, K. H., vgl. Gast, T. 1050

—, Kaiser, R., u. Lampe, G. R. 992

—, —, u. Kuphal, K. 1059, 1064, 1065

—, u. Knappe, W. 1056

Helmcke, J. G. 1005

Helminiak, T. E., vgl. Cerny, L. C. 1010

Helmreich, R. F., vgl. Applegath, D. D. 473

—, u. Harry, L. D. 475

Henderson, B. W., vgl. Davis, A. R. 853

Henderson, D. A., vgl. Craig, A. W. 1031

—, u. McLeod, L. A. 1025

Henderson, D. E. 800

Henderson, D. R., vgl. Watson, J. K. 1041

Henderson, R. B., vgl. Winstein, S. 427

Hendricks, R. W. 897

Hendus, H. 986

—, u. Mitarbb. 968, 981, 991, 997, 1004, 1032

Henecka, H., vgl. Hecht, G. 390

Heneghan, L. F., vgl. Deis, W. H. 803
Henglein, A. 806
—, u. Boysen, M. 646
—, u. Schnabel, W. 1020
Henglein, F. A. 639
—, u. Tarrach, H. E. 632, 633
Hengstenberg, J. 186, 975, 980
—, u. Schuch, E. 977, 1008, 1009
—, Sturm, B., u. Winkler, O. 1030
Henkel & Cie. GmbH 357, 445, 464, 466, 468, 474, 479, 480, 483, 485, 488, 492, 497, 502, 509, 510, 513, 522, 525, 527, 529, 547, 555, 564, 611, 683
Henne, A. L., u. Leicester, H. M. 608
—, vgl. Midgley, T. jr. 823, 851
Hennessy, B. J. 1065
Henniker, J. 991
—, u. Mitarbb. 991
Henning, J. E., vgl. Bjorksten, J. 36, 47
Henrici-Olivé, G., Olivé, S., u. Schulz, G. V. 1069
—, vgl. Schulz, G. V. 965, 1009, 1037
Henri-Robert, P. 968
Henry, P. M. 979, 1015
Hensch, E. J., u. Wilbur, A. G. 486
Henschke, F. 278
Henson, W. A., u. Mitarbb. 506, 532
Hentrich, W., u. Keppler, H. 441
—, u. Köhler, R. 357
—, u. Schirm, E. 176
Hepp, E., u. Spiess, G. 142, 391
Herberg, W., u. Dimitrow, N. 1053
Herbig, J. H., vgl. Hedrick, R. M. 714
Herbig-Haarhaus AG 536
Herbst, F., vgl. Gutmann, W. 390
Herbst, M., vgl. Müller, A. 982
Hercules Powder Co. 6, 13, 42, 101, 110, 213, 342, 435, 455, 466, 554, 555, 562, 564, 614, 621, 670, 671, 715, 726, 777, 778, 781, 785, 790, 798, 804, 826, 827, 848, 871, 879, 894, 895, 896
Herdieckerhoff, E., u. Sutter, W. 207
Herdle, L. E., vgl. Richter, G. A. 1041

Herington, E. F. G., u. Jones, J. I. 988
Herlinger, H., u. Fitzky, H. G. 257
Hermann, H. D., u. Fischer, E. 406, 409
—, vgl. Weissermel, K. 407
Hermans, J. J. 970, 1030, 1046, 1048
—, vgl. Beek, L. K. H. van 969
—, vgl. Geacintov, N. 898
—, vgl. Kooy, J. 1031
—, vgl. Longworth, R. 970
—, vgl. Pals, D. T. F. 1041
—, vgl. Raman, N. K. 979, 1009, 1016
—, vgl. Trap, H. J. L. 980
—, vgl. Tuijnman, C. A. F. 1044
Hermans, P. H. 114, 981, 984, 987, 1025
—, vgl. Calvet, E. 1050, 1052
—, vgl. Heikens, D. 114
—, Heikens, D., u. Velden, P. F. van 114, 973, 1015, 1018
—, —, u. Weidinger, A. 986
—, u. Kast, W. 984
—, u. Weidinger, A. 981, 984, 985, 986, 1020
Herold, H., vgl. Geiseler, G. 1018
Herr, D. S., vgl. Somerville, G. R. 510, 538
Herr, E., vgl. Eckert, P. 887
Herrent, P. 1016
—, u. Jnoff, G. 972
—, Lude, A., u. Mouraux, A. 1043
Herrmann, D. P., vgl. Lanza, V. L. 968, 1026
Herrmann, R., vgl. Cleverley, B. 923, 993, 994
Herrmann, W. O., vgl. Deutsch, H. 415
—, vgl. Haehnel, W. 717, 722, 725
—, u. Haehnel, W. 675, 698, 700, 717, 719, 725, 783, 784
—, —, u. Berg, H. 698
Hersh, H. I. 634
Hersh, R., u. Schachman, H. K. 1048
Hershberger, A. 833
—, vgl. Simril, V. L. 1028
Hershenson, H. M. 987
Hertha, K. W. 245
Hertlein, H., vgl. Bunge, W. 247
Hertlein, H., vgl. Mauthe, G. 264, 287
—, vgl. Wagner, K. 407

Herwig, H. U., vgl. Jenckel, E. 999, 1062
Héry, G., vgl. Chatain, M. 1031
Herzberg, H., vgl. Nolte, F. 670
—, vgl. Orthner, L. 687, 688
Herzberg, M. 466
Herzfeld, K. 502
Herzog, A. 1002
Herzog, H. M., vgl. Malm, C. J. 874
Herzog, W., u. Kreidl, J. 416
Hesbain, A. M., vgl. Smets, G. 712
Hess, K. 881, 985, 1005
—, u. Mitarbb. 1004
—, u. Grotjahn, H. 881
—, Mahl, H., u. Gütter, E. 1005
—, u. Müller, A. 889
—, u. Pfleger, R. 908
—, Steurer, E., u. Fromm, H. 806
Hess, S. M., vgl. Emerson, W. S. 399
Hess, W. M. 942, 998, 1003, 1005
—, vgl. Sweitzer, C. W. 942, 985, 1003, 1006
Hesse, H., vgl. Chiddix, M. E. 225, 228
Hessel, F. A., vgl. Steckler, R. 523
Hessels, J. E. 1003, 1049
Hessen, R. 262, 278, 279, 385
—, vgl. Nowack, A., AG 385
—, u. Schuch, K. A. 250, 291
Heuck, C. 334
—, vgl. Lorentz, G. 521
—, vgl. Luther, M. 334, 347, 350
Heuer, W., u. Starck, W. 724
—, vgl. Staudinger, H. 806, 851
Heusch, R., vgl. Jenckel, E. 999
Heuse, R. O. 687, 780
Heuser, G., vgl. Kämmerer, H. 1009, 1016
Hevesy, G. 964
Hewett, P. S., vgl. Hodgins, T. S. 337, 350, 361
Hewitt, D. H., u. Armitage, F. 46
—, vgl. Wakeford, L. E. 46
Hewitt, F. G., u. Anthony, R. L. 1027, 1057
Hewitt, R. W., vgl. Parry, H. L. 502
Hewson, W. B. 879, 895
Hey, E., vgl. Franck, H. H. 385

Hey, E., vgl. Frank, A. R. 383, 386

Heyden, A. v. d., vgl. Broukkère, L. de 1014

Heyden, R. 385

—, vgl. Dieckelmann, G. 485, 529

—, vgl. Helberger, J. H. 912

—, Schmitt, F., u. Plapper, J. 385

Heyden Chemical Division 500

Heyn, A. N. J. 986, 1002, 1005

Heyna, J., u. Bestian, H. 574

—, vgl. Kleist, W. 615

—, u. Noll, W. 574

—, u. Weibezahn, W. 575

Heyns, K. 915

—, Walter, W., u. Grützmacher, H. F. 132

Heywood, D. L. 479

—, u. Phillips, B. 489

—, vgl. Phillips, B. 485, 489

Hiatt, G. D., u. Emerson, J. 727

—, vgl. Hearon, W. M. 884, 885, 889, 911

—, vgl. Winding, C. C. 820

Hibbert, H., u. Perry, S. Z. 428, 441, 516

—, vgl. Perry, S. Z. 428

Hicks, D. D. 509, 512, 516

—, vgl. Belanger, W. J 512

—, vgl. Masters, J. E. 516

—, Masters, J. E. , u. Belanger, W. J. 513

Hicks, G. H., vgl. Suen, T. J. 515

Hideo Akamatu vgl. Masaaki Kato 1042

Hideshima, T. 1063

Hiemstra, P., vgl. Bus, W. C. 900

—, Bus, W. C., u. Muetgeert, J. M. 900

Hiepler, E., vgl. Corte, H. 665

Hiestand, A., u. Albrecht, O. 385

—, vgl. Albrecht, O. 363, 385, 387

Higashi, L. M. 229

—, u. Jarvi, R. A. 229

Higashimura, T., vgl. Okamura, S. 984

Higginbottom, H. P., vgl. Burke, W. J. 202

Higgins, G. M. C., vgl. Cunneen, J. I. 838, 933, 994

—, vgl. Evans, M. B. 989, 994

Higgins, N. A. 5

Hilbert, G. E., vgl. Wolff, I. A. 906, 907

Hilbert, L. E. 483

Hildebrand, D., vgl. Zahn, H. 107

Hildebrand, W. 293

Hilgert, H., vgl. Griebsch, E. 522

Hill, F. B. jr. 86, 88, 89

Hill, F. N., Bailey, F. E., u. Fitzpatrick, J. T. 429, 449

—, u. Fitzpatrick, J. T. 430

—, —, u. Bailey, F. E. jr., 430, 531

Hill, H. W., Kwolek, S. L., u. Morgan, P. W. 146

—, —, u. Sweeny, W. 922

Hill, J. T., u. Leonard, F. 988

Hill, J. W. 631

—, vgl. Berry, K. L. 783

—, u. Carothers, W. H. 54, 562, 585, 631

—, vgl. Carothers, W. H. 1, 23, 102, 191

—, vgl. Natta, F. J. van 5, 6, 8, 9

Hill, P. W., vgl. Erner, W. E. 61, 91

Hill, R. 26, 47, 58, 98, 99, 191, 434, 922, 1011, 1060

—, vgl. Edgar, O. B. 27, 103, 135, 154, 934, 935, 939 940

—, Lewis, J. R., u. Simonsen, J. L. 927

—, u. Walker, E. E. 27

Hill, T. L. 970, 973, 1010, 1021

Hill, W. H. 294

Hillard, G. O. jr., vgl. Bauch, W. A. 679

Hiller, L. A. jr., vgl. Wall, F. T. 978, 1008, 1032, 1048

Hillier, K. W. 1063

Hillmer, K. H., u. Scheele, W. 1067

Hills, A., vgl. Beste, L. F. 147, 180

Hills, G. J., vgl. Despic, A. 970, 1021

—, Jakubovic, A. O., u. Kitchener, J. A. 970

—, Kitchener, J. A., u. Ovenden, P. J. 970

Hillyer, J. C., u. Edmonds, L. O. 768, 769

Hiltner, W., vgl. Mauthe, G. 242, 287

Hilton, C. L. 923, 988, 989

—, u. Newell, J. E. 989

—, —, u. Tolsma, J. 923

Hilton, F. H. 839

Hiltpold, R., vgl. Delmonte, J. 513

—, vgl. Fisch, W. 465, 513

—, Fisch, W., u. Speiser, P. 518

Himmele, W., vgl. Kutepow, N. v. 34

Himmelmann, W., vgl. Klockgether, H. 467

Himmelmann, W. u. Wahl, O. 467

Himmen E., u. Wegler, R. 306

Hindert, M., vgl. Karabinos, J. V. 915

Hine, C. H., u. Mitarbb. 468

Hine, J. 231, 428

Hines, R. A., vgl. Busse, W. F. 778

Hinrichsen, F. W., Quensell, H., u. Kindscher, E. 824, 829, 834

Hintenberger, H., vgl. Ewald, H. 966

Hintzmann, K., vgl. Gensel, H. 93, 426

Hirai, H., vgl. Onogi, S. 1068

Hirai, N. 1035, 1045

—, u. Eyring, H. 1027, 1045, 1051

Hirami, M., vgl. Inagaki, H. 1010

Hirosawa, F. N., vgl. Delmonte, J. 513

Hirschi, T. 462, 463, 465, 466

Hirshfield, S. M., u. Allen, E. R. 1015

Hirshon, J. M., vgl. Fraenkel, G. K. 996

Hirst, E. L., vgl. Baird, D. K. 905

—, vgl. Haworth, W. H. 888, 905, 910

—, Plant, M. M. N., u. Wilkinson, M. D. 905

Hirt, R. C., King, F. T., u. Schmitt, R. G. 989

Hittmair, P., Mark, H. F., u. Ullman, R. 1055

Hively, R. A., u. Wadelin, C. W. 974, 1018

Hiza, M. J., vgl. McClinstok, R. M. 463

Hlavnička, J., u. Turečková, E. 1018

Hlousek, M. 977

Hoard, J. L., vgl. Drechsel, P. 1001, 1020

Hobart, E. W. 973

Hobbs, K. C., vgl. Kerr, R. W. 913

Hobbs, L. M., u. Mitarbb. 1034

—, Craig, R. G., u. Burkhart, C. W. 798

Hobden, J. F., u. Jellinek, H. H. G. 1023

Hoberg, H., u. Ziegler, K. 630

Hochuli, A., vgl. Signer, R. 1015

Hochuli, E., vgl. Widmer, G. 362

Hock, C. W., u. Abbott. A. N. 1019

Hock, K., vgl. Conrad, M. 373, 374

Hodge, P., vgl. Prager, W. 1060
Hodges, R. 803
Hodgins, T. S., u. Mitarbb. 357, 358, 361
—, u. Hewett, P. S. 350
—, —, u. Hovey, A. G. 337, 361
—, u. Hovey, A. G. 337
Hodgkins, J. E. 760
—, u. Thompson, G. 671
Hodgman, C. D. 963, 1068
Höchtlen, A. 98
—, Bayer, O., Petersen, S., u. Bunge, W. 76
—, vgl. Brochhagen, F. K. 90
—, u. Droste, W. 89
—, vgl. Pfeffer, H. 783
—, vgl. Wegler, R. 376
Hoeg, D. F., vgl. Ashby, G. E. 983
Hoehn, H. H. 693
—, vgl. Coffman, D. D. 693
Hönel, H. 242, 261, 263, 334
—, u. Manzano, H. 242, 284
—, u. Zinke, A. 261
Hönig, W. 713
Höppler, F. 182
Hörauf, W., vgl. Ufer, H. 527
Hoerger, F. D. 669
—, u. Smeal, H. W. 669, 671
—, vgl. Wilkinson, B. W. 670, 675
Hörl, G., vgl. Loew, G. 61, 90
Hörmann, H., vgl. Grassmann, W. 1018
Hoeschele, D. K., vgl. Gregor, H. P. 569, 572, 578, 759
Hoesly, J. J., vgl. Pierson, R. M. 769, 770
Hoeve, C. A. J. 1016
—, vgl. Ciferri, A. 1058
—, vgl. Flory, P. J. 1058
—, u. Sutton, D. A. 1016
Hoff, E. A. W. 1063
—, Clegg, P. L., u. Sherrard-Smith, K. 1065
—, Robinson, D. W., u. Willbourn, A. H. 1059
Hoff, R. L. de, s. De Hoff, R. L.
Hoffer, M., vgl. Kuhn, R. 414
Hoffman, A. 401
Hoffman, A. S., vgl. Burlant, W. J. 642, 820
Hoffman, J. D., u. Weeks, J. J. 992, 1026
—, u. Zimm, B. H. 1047
Hoffman, W. A., u. Mortenson, C. W. 716
Hoffmann, B., vgl. Beuschel, H. 778
Hoffmann, C. W., vgl. Kirshenbaum, A. D. 964
Hoffmann, H., vgl. Hopff, H. 484

Hoffmann, H., vgl. Traube, W. 865
Hoffmann, K. 1
Hoffmann, M. 937, 938, 939, 940, 941, 1035, 1037
—, vgl. Schulz, G. V. 1028
—, u. Unbehend, M. 942
Hoffmann, U., vgl. Kuhn, H. H. 568
Hoffmann, W., vgl. Rietz, E. 292, 299
Hoffmeister, R., vgl. Griehl, W. 967
Hofmann, A. W. 590
Hofmann, G. 994, 1005, 1043, 1055
Hofmann, R. 874, 875
Hofmann, U., vgl. Kunowski, H. 1005, 1059
Hofmann, W. 844
—, vgl. Fisch, W. 510, 511
—, u. Zuppinger, P. 497
Hofreiter, B. T., Alexander, B. H., u. Wolff, I. A. 642
—, Wolff, I. A., u. Mehltretter, C. L. 914
Hogg, R. W. 1045
Hogg, W. H., u. Bertram, G. 465
Hohlweg, E., vgl. Ueberreiter, K. 1026
Holde, D. 276
Holde, K. E. van 1064
—, vgl. Shashoua, V. E. 1037
—, vgl. Wales, M. 1007, 1048
—, u. Williams, J. 1064
Holdsworth, J. B., vgl. Baker, J. W. 59, 61
Holländer, R., vgl. Kern, W. 642, 643, 653
—, vgl. Schulz, R. C. 734
—, vgl. Schweitzer, O. 731
Holland, L. 972
Holland, P. D., vgl. Parriss, W. H. 1015
Holley, A. D., vgl. Holley, R. W. 111, 118
Holley, R. W., u. Holley, A. D. 111, 118
Hollingdale, S. H., u. Megson, N. J. L. 202
Hollis, C. E., Faulkner, D., u. Abbott, L. S. 377
—, vgl. Milne, J. N. 372, 794
Holly, D. D. 597
Hollyday, W. C. 662
—, u. Mahan, M. H. 663
Holm, R. T., vgl. Martin, R. W. 492
—, vgl. Schwarzer, C. G. 472
Holman, R. T., vgl. Lundberg, W. O. 987
Holmberg, B. 837
Holmberg, G. D., vgl. Fiedler, E. F. 634

Holmes, D. F., vgl. Hanford, W. E. 57, 169
Holmes, D. R., u. Mitarbb. 982, 991
—, vgl. Cole, E. A. 981, 1028
—, u. Palmer, R. P. 983, 1001
—, vgl. Teare, P. W. 981
Holmes, E. L., vgl. Adams, B. A. 266, 300
—, u. Megson, N. J. L. 223, 229
—, vgl. Morgan, G. T. 418
Holmes, L. E., vgl. Kressman, T. R. E. 270
Holmes, L. G., vgl. Schneider, N. G. 1015, 1018
Holroyd, L. V., u. Mitarbb. 996
Holt, H. S., vgl. Alvarado, A. M. 434
Holtby, F., vgl. Akins, D. 502
Holten GmbH s. Chemische Fabrik ...
Holtschmidt, H. 18, 28, 88, 93, 94, 581, 586, 611, 613
—, vgl. Bartl, H. 758
—, vgl. Batzer, H. 3, 22
—, u. Bayer, O. 22
—, —, Nischk, G., u. Müller, E. 88
—, u. Braun, G. 92
—, vgl. Dankert, G. 599
—, vgl. Enders, E. 581
—, u. Müller, E. 86
—, —, u. Bayer, O. 581, 589
—, vgl. Müller, E. 86, 373, 378
—, vgl. Nischk, G. 86, 581
—, Nischk, G., Bayer, O., u. Meckbach, H. 40
—, Spulak, F. v., Müller, E., u. Bayer, O. 93
—, vgl. Wagner, K. 87
Holtschmidt, R. 784
Holtschmidt, U., u. Schmidt, K. 250
Holtzer, A. M., vgl. Doty, P. 980, 1042
Holweg, E., vgl. Ueberreiter, K. 1026
Holzmüller, W. 1050
—, u. Lorenz, J. 1045
—, —, u. Krötzsch, M. 1061
—, u. Münx, M. 1050
Holzrichter, H., Gerber, H., u. Wegler, R. 310
Homer, R. F. 478
Homma, T., vgl. Fujita, H. 1041, 1044
Honda, M., vgl. Furuya, S. 1026
Honeyman, J. 889, 911, 915
Honn, F. J., vgl. Robb, L. E. 795
—, u. Sims, W. M. 795, 796

Honnold, V. R., McCaffrey, F., u. Mrowca, B. A. 996

Honold, E., vgl. Zerweck, W. 754

Hontschik, J., vgl. Ziegler, E. 201, 255, 256, 257

—, vgl. Zinke, A. 255, 257

Hood, E. D. 520

Hook, E. O., u. Davis, A. R. 853

—, vgl. Sullivan, F. A. 845

Hook, J. O. van, s. O'Neil van Hook, J.

Hooker Chemical Co. 36

Hooker Electrochemical Co., Niagara Falls/N. Y. 32, 213, 514, 674, 798

Hookway, H. T., vgl. Broome, H. C. 420

—, vgl. Green, J. H. S. 1007, 1015

—, Hale, D. K., u. Goldsmith, R. G. 682

—, u. Townsend, R. 1007

Hooper, E., vgl. Dermer, O. C. 609

Hoover, F. W. 375

Hopf, P. P., u. Sully, B. D. 465

Hopff, H. 494, 791, 810, 811, 813, 922

—, u. Hoffmann, H. 484

—, u. Jaeger, P. 494

—, —, u. Kuhn, H. H. 494

—, u. Keller, K. 494

—, vgl. Keller, K. 582, 588, 590

—, u. Krieger, A. 149, 151

—, u. Kühn, E. 719

—, Müller, A., u. Wenger, F. 58, 116, 125, 179, 191

—, vgl. Schefer, W. 189

—, u. Ufer, H. 148

—, u. Wandeler, R. 494

Hopkins, J. H., vgl. Bren, B. C. 721

Hopkins, R. P. 1025, 1057, 1069

Hopkinson, F. J., vgl. Wernimont, G. 85

Hoppe, P., u. Brochhagen, F. 91

—, vgl. Müller, E. 90, 92

—, vgl. Nischk, G. 92

—, Weinbrenner, E., Mühlhausen, C., u. Breer, K. 92

Hopper, F. C. 500

—, vgl. Carey, J. E. 464, 465

—, vgl. Elam, D. W. 464

—, u. Naps, M. 464

Hopper, L. L., vgl. Goldblatt, L. A. 537

Hopper, T. R. 462, 463, 537

Hoppe-Seyler, F., Thierfelder, F., u. Thierfelder, H. 963, 964, 998, 1001, 1007, 1011, 1030, 1046

Horbach, A., vgl. Schulz, G. V. 979, 1009, 1040, 1049

Horio, M., u. Mitarbb. 1063

Horiuchi, H., vgl. Seto, S. 229

Horikx, M. M. 1021

Horkay, F., vgl. Buzágh, A. 974

Horn, C. F. 108

—, u. Mitarbb. 109

—, vgl. Young, D. M. 9

Horn, E., vgl. Edelmann, K. 1031, 1043

—, vgl. Ivanov, V. I. 1049,

Horn, H., vgl. Stühlen, F. 929

Horn, M. B. 820

Horn, O., vgl. Fitzky, W. 718

Horn, P., Marchal, J., u. Lapp, C. 984

Horne, S. E., u. Mitarbb. 982, 994

Horner, A. H., u. Kohn, L. S. 531

Horner, L. 38

Hornibrook, W. J., vgl. Morehouse, F. R. 494

Horning, E. C., Moscatelli, E. A., u. Sweeley, C. C. 1018

Horowitz, H. H. 1045

Horrobin, S., vgl. Hailwood, A. J. 1022

Horrocks, J. A., vgl. Dyson, G. M. 466, 813

Horsley, R. A., u. Nancarrow, H. A. 982, 1063

Horst, H. D. v. d., vgl. Flemming, W. 418

Horst, K., Linke, F., Orthner, L., Waldmann, K., u. Wellens, H. 341

—, vgl. Orthner, L. 479, 523, 546, 585

—, Wellens, H., u. Orthner, L. 341

Horst, R. W., vgl. Frye, H. A. 813

Horst, W. P. ter 411

Horth, A., Patterson, D., u. Rinfret, M. 1028

—, u. Rinfret, M. 1028

Horton, C. W., u. Rogers, R. G. 967

Hoselmann, W., vgl. Zigeuner, G. 320, 331

Hosemann, R. 981, 985

—, u. Bonart, R. 981

Hostettler, F., u. Cox, E. F. 61

—, vgl. Cox, E. F. 90

—, vgl. Young, D. M. 9

Hostettler, H., vgl. Deuel, H. 266, 300

Hostice, S., vgl. Kveton, R. 1069

Hotta, H. 1024

Hotta, S., vgl. Inagaki, H. 1010

Houdry Process. Corp. 61, 91

Houel, B. 695, 764, 992, 1013

—, vgl. Petit, J. 695

Houghton, A. A., u. I. C. I. 907

Houk, A. L., vgl. Bock, L. H. 887, 893, 894

House, H. O., u. Ro, R. S. 484

Houtz, R. C. 716, 729, 730, 814, 893

—, vgl. Wittbecker, E. L. 148

Houwink, R. 191, 291, 292, 300, 321, 328, 402, 639, 819, 928, 989, 1056, 1066

—, vgl. Bruyne, N. A. de 463

Hovey, A. G., vgl. Hodgins, T. S. 337, 361

Howard, G. J. 1016, 1040

—, u. Jordan, D. O. 1049

Howard, H. W. 465

—, u. Somerville, G. R. 537

—, Wittenwyler, V. V., u. Nikles, O. L. 533

Howard, J. B. 506, 597

Howards of Ilford Ltd. 227, 534

Howe, B. R., vgl. Ivinson, M. G. 473

—, u. Turner, J. H. W. 247, 473

Howe, P. G., u. Kitchener, J. A. 973, 1021

Howland, L. H., u. Mitarbb. 1009

—, vgl. Nisonoff, A. 1004, 1049

Howlett, F., u. Urquhart, A. R. 1012

Hoyme, H., vgl. Philipp, B. 973

Hoyt, R. G., vgl. Cottle, D. L. 678, 681

Hrivikova, J., vgl. Kellö, V. 994

—, vgl. Tkač, A. 994

Hrubesch, A., vgl. Hellmayr, W. 409

Hsiao, C. C. 984, 1056

—, vgl. Sauer, J. A. 1063

Hsu, C. G., vgl. Satkowski, W. B. 428, 437

Huang, C., vgl. Iguchi, T. 790

Hubbard, W. A., vgl. Parry, H. L. 529

Huber, E., vgl. Staudinger, H. 691

Huber, R. 977, 988

Huber-Emden, H., vgl. Müller, Eugen 630

Hubert, E. 127, 128, 426, 438, 890, 911

—, vgl. Leuchs, O. 911

—, u. Ludewig, H. 105, 106, 107

—, Schlack, P., u. Ludewig, H. 143

Huchler, O. H., u. Scheuermann, H. 239

Huck, R. M. 212

Hucke, T., vgl. Kern, W. 642, 643, 653

Hudeček, S., u. Beranova, D. 1018
—, u. Zvonař, V. 999
Hudgin, D. E. 618
—, u. Berardinelli, F. M. 408
—, u. Brown, F. 693
Hudson, C. S., vgl. Tilden, E. B. 902
Hudson, G. V., vgl. Stiles, M. 421
Hudson, R. A. 46
Hudson, R. L. 490
Hudson Foam Plastics Corporation 29
Hudy, J. A., vgl. Butts, E. H. de 1042
Hückel, W. 967, 990, 998, 1010, 1023
Hüls AG s. Chemische Werke ...
Huett, P. G., vgl. Brown, L. H. 636
Hüttel, R. 574
—, u. Reimold, W. 574
Huff, K., u. Müller, F. H. 968
—, vgl. Müller, F. H. 967 968, 969, 999
Hug, E. 389, 390
Huggill, H. P. W., vgl. Cook, J. G. 25
Huggins, M. L. 964
—, u. Kratky, O. 639
Hughes, D. S., Blankenship, E. B., u. Mims, R. L. 1058, 1060
Hughes, R. E., vgl. Stroupe, J. D. 983
Huhn, H. 1019, 1024
—, vgl. Jenckel, E. 1019, 1053
Huismann, J. 176, 247
—, u. Mauthe, G. 176
—, u. Schweitzer, H. 176
Hull, C. M., u. Mitarbb. 798
Hulm, H. 1019
Hulse, G. E. 555, 614, 621
—, vgl. Breslow, D. S. 101, 110
—, vgl. Chittum, J. P. 833
Hulst, H. C. van de 975
Hultin, E. 1015
Hultzsch, K. 194, 207, 214, 216, 220, 227, 238, 251, 256, 257, 258, 261, 291
—, u. Reese, J. 473, 835
—, vgl. Reese, J. 224, 225, 226, 278
—, u. Schiemann, G. 257
Hummel, D. 642, 657, 923, 928, 963, 989, 990, 994
—, u. Siegmund, E. 928
Hummel, K. 848
—, vgl. Scheele, W. 1069
—, u. Schlüter, G. 848
Hund, F. 1049, 1050
Hunger, O., vgl. Jayme, G. 1005

Hunt, C. M., Blaine, R. L., u. Rowen, J. W. 1022
Hunt, M., vgl. Gresham, W. F. 803
Hunt, M. L., u. Mitarbb. 980, 1010, 1017
—, Newman, S., u. Flory, P. J. 1040
Hunt, R. H. jr., vgl. Wohnsiedel, H. P. 357
Hunter, R. F., vgl. Carpenter, A. T. 224
—, vgl. Davies, A. C. 202, 472
—, vgl. George, M. H. 992
—, vgl. Grisenthwaite, R. J. 995
—, vgl. Hayes, B. T. 203
Hunter, W. R. M., s. McIver Hunter, W. R.
Hunyar, A., u. Gröbe, V. 1012
—, u. Reichert, H. 1012
—, u. Roth, E. 1035, 1037
—, u. Wiesner, E. 1013
Huque, M. M., Yaworzyn, J., u. Goring, D. A. J. 977
Hurd, C. D., u. Botteron, D. G. 563
Hurd, R., vgl. Abbotson, W. 788, 791
Hurdis, E. C. 38
Hurt, D. M. 668
Hurtubise, F. G., vgl. Andrews, D. A. 996
Hurwitz, M. D. 509, 788, 791
Husemann, A. 411
Husemann, E., u. Mitarbb. 901, 988, 1009, 1016
—, u. Bartl, H. 900, 901, 906, 980, 1010, 1042
—, vgl. Burchard, W. 884
—, Burchard, W., Pfannemüller, B., u. Werner, R. 902
—, vgl. Grafmüller, F. 993, 1038, 1069
—, u. Kafka, M. 912
—, u. Lötterle, R. 865
—, u. Resz, R. 890, 906, 909, 911, 912
—, —, u. Werner, R. 885
—, vgl. Schulz, G. V. 935
—, vgl. Staudinger, H. 903, 910
—, u. Weber, O. H. 867
Hussey, R. E., vgl. Scherer, P. C. jr. 887
Husted, T. R., vgl. Ahlbrecht, A. H. 786
Hutchinson, G. H. 1031
Hutchinson, W. M., u. Bost, H. W. 769
Hutschneker, K., vgl. Cornaz, J. P. 747, 763
Hutton, A. Q., u. Nolle, A. W. 1059
Hwa, J. C. H. 443, 495, 665, 666, 683, 697, 713, 744, 745, 746, 751, 752, 753

Hyde, A. J., u. Mitarbb. 976
Hyde, T. J. 514, 515
Hydrierwerke AG s. Deutsche ...
Hydro-Elektrisk Kvaelstofaktieselskab s. Norsk ...
Hyndman, D., u. Origlio, G. F. 997, 998

Iakubćik, A. I., u. Filatova, V. A. 1069
—, u. Spasskova, A. Y. 1068
—, —, u. Slibaev, L. A. 1069
Iampolskii, B. I., vgl. Wu-Shu-Chin 1044
Ichimura, H. 1050
Ichinohe, S., vgl. Narita, S. 993
I. C. I. (Imperial Chemical Industries Ltd., Manchester 9) 5, 6, 7, 8, 13, 14, 25, 29, 42, 87, 88, 139, 148, 156, 160, 165, 175, 176, 180, 191, 195, 198, 226, 242, 300, 375, 434, 473, 495, 526, 529, 532, 538, 553, 555, 588, 589, 630, 667, 668, 670, 674, 675, 690, 695, 704, 738, 742, 745, 754, 757, 774, 788, 790, 791, 826, 833, 835, 837, 842, 845, 1019
—, vgl. Houghton, A. A. 907
Iddles, H. A. u. Jackson, C. E. 721
Idelson, M., u. Blout, E. R. 132
—, vgl. Blout, E. R. 1001
Iganin, L. A., u. Mitarbb. 257
I. G. Farb. (I. G. Farbenindustrie AG) 44, 57, 62, 64, 66, 71, 72, 74, 76, 77, 78, 79, 88, 94, 95, 96, 102, 104, 105, 106, 107, 136, 141, 143, 144, 145, 148, 156, 160, 165, 166, 169, 171, 175, 176, 209, 210, 238, 246, 247, 250, 263, 264, 265, 266, 267, 268, 276, 277, 288, 289, 292, 293, 299, 300, 301, 302, 304, 305, 313, 316, 328, 334, 336, 337, 340, 342, 345, 346, 347, 350, 352, 356, 357, 362, 364, 365, 372, 373, 374, 385, 395, 399, 400, 415, 418, 421, 426, 428, 432, 433, 434, 437, 438, 439, 441, 442, 444, 445, 446, 448, 455, 456, 461, 462, 469, 517, 556, 557, 558, 564, 565, 568, 569, 572, 573, 574, 579, 582, 584, 585, 587, 588, 590, 591, 592, 593, 594, 601, 602, 603, 605, 610, 611, 613, 623, 672, 673, 674, 675, 676, 679, 682, 685,

I. G. Farb.
693, 699, 700, 704, 708,
716, 717, 718, 719, 720,
722, 723, 724, 725, 726,
727, 729, 730, 731, 742,
747, 784, 787, 791, 793,
799, 800, 823, 824, 825,
826, 827, 830, 834, 841,
842, 843, 845, 846, 848,
852, 872, 874, 875, 889,
894, 911
—, vgl. Pollopas Patents Ltd.
280
Igonin, L. A., u. Mitarbb. 981,
986
—, u. Orchinnirov, Y. V. 1028
Iguchi, T., Huang, C., u. Imoto,
M. 790
Iha, S. D. J. 1031
Ihrig, J. L., u. Alyea, H. N.
975
Iknayan, A. N., Peterson, L. C.,
u. Batts, H. J. 802
Ilardo, C. S., Bean, C. T., u.
Robitschek, P. 514
—, u. Schoepfle, B. O. 514
Ilin, N. S., vgl. Nusinov, M. D.
1067
Il'in, Y. A., vgl. Sazhin, B. I.
968, 1065
Iljin, B. W. 1023
Illers, K. H., u. Jenckel, E.
1063
—, vgl. Jenckel, E. 1067,
1068
—, u. Kosfeld, R. 998, 1065
Ilschner-Gensch, C., vgl. Scheele,
W. 970
Imai, K., vgl. Matsumoto, M.
652, 989, 1035
Imai, N., vgl. Asakura, S.
1021
Imanishi, A., vgl. Isemura, T.
971, 1037
Imhof, L. G., vgl. Bailey, F. E.
429, 978, 1037
Imig, C. S. 1055
Immergut, E. H., u. Eirich,
F. R. 1040
—, Kollmann, G., u. Malatesta,
A. 979, 994
—, Schurz, J., u. Mark, H.
1040
—, vgl. Stabin, J. V. 1007
Imoto, E. 236
—, u. Kimura, T. 236
Imoto, M., u. Mitarbb. 303,
310
—, vgl. Hachihama, Y. 212
—, vgl. Iguchi, T. 790
—, vgl. Kimura, S. 913
—, vgl. Mori, Y. 855, 1039
Imperial Chemical Industries s.
I. C. I.
Improvement Co. s. United Gas
Inaba, Y., Miyake, K., Kimoto,
K., u. Kimura, G. 167

Inagaki, H., Hotta, S., u. Hirami,
M. 1010
—, vgl. Kobataka, Y. 1028
—, u. Oda, T. 1008
Indestructible Paint Co. Ltd.
535
Indiana University Foundation
507
Indictor, N., vgl. Tobolsky, A.
V. 1058
Industrial Plastics Ltd. s. British
Industrial . . .
Industrial Rayon Corporation
154
Industrial Research Institute of
the University of Chatta-
nooga 735
Ingberman, A. K. 523
—, vgl. Auerbach, V. 521
—, u. Walton, R. K. 521
Ingersoll, A. C., vgl. Ingersoll,
L. R. 1050
—, vgl. Shedd, A. 932
Ingersoll, L. R., Ingersoll, A.
C., u. Zobel, O. J. 1050
Ingram, D. J. E. 9 0
Inokuchi, K., vgl. Tachibana,
T. 1004, 1005, 1024, 1055
Inokuchi, T., vgl. Tachibana, T.
1004, 1005, 1024, 1055
Inoue, Y., vgl. Kobatake, Y.
971
Inskeep, G. E., vgl. Burg, R. E.
496
Inskip, H. K., u. Klabunde, W.
717
Institut Français du Petrole
des Carburants et Lubrifiants
774
Interchemical Corporation 515,
574
Interchemical Standard Electric
Co. 668
International Business Machines
Corporation 522
Internationale Research Mij. s.
Shell . . .
International Polaroid Corpora-
tion 161, 722
International Telephone & Tele-
graph Corporation 691
Inventa AG für Forschung und
Patentverwertung 116, 160,
178, 472,473, 474
Ionics Inc. 686, 790
Iovleva, M. M., vgl. Kozlov,
P. V. 1003, 1013, 1059
—, Kozlov, P. V. u. Kargin 1013
V. A. 1013, 1014
Irany, E. P., u. Noether, H. W.
840
Irion, W., vgl. Moldenhauer, O.
346, 356, 376, 381
Irvine, J. C., u. Macdonald, J.
909
Irving, H. F., u. Williams, F.
E. 830

Irvington Varnish & Insulator
Division 244
Isaacs, N. S., vgl. Parker, R. E.
427, 499
Isbell, H. S., Frush, H. L., u.
Moyer, I. D. 965
Ise, N. 974, 1033
—, vgl. Sakurada, I. 1033
Isemura, T., u. Imanishi, A.
971, 1037
—, u. Kimura, J. 718, 1012
Ishida, S. 431
—, u. Muranhashi, S. 431
Ishida, Y. 968
Ishikawa, T. 1033
Isihara, A., u. Mitarbb. 975,
976
—, Hashitsume, N., u. Tatibana,
M. 1000
—, u. Koyama, R. 1008
—, vgl. Okamoto, H. 777
—, u. Toda, M. 1008, 1032
Isings, D. J. 1004
Issidorides, C., vgl. Wawzonek,
S. 555
Ito, K. 1057, 1062, 1065
Ivanov, V. J., vgl. Kaversneva,
E. D. 899
—, Sacharow, B. A., u. Horn,
E. 1040, 1049
Ivanova-Chumakova, L. V., u.
Rebinder, P. A. 1068
—, vgl. Samsonova, T. J.
1044
Ivett, R. W. 777
Ivey, D. G., vgl. Cunningham,
J. R. 1066
—, vgl. Dauphinee, T. M.
1050
—, vgl. Stevens, J. R. 1065
Ivin, K. J. 992, 999
—, vgl. Dainton, F. S. 1051
Ivinson, M. G., Howe, B.
R., u. Karpfen, F. M.
473
Ivory, J. E., vgl. Baldwin, F.
P. 1057
Iwakura, Y., u. Mitarbb.
599
—, u. Hayashi, K. 151
—, Kurosaki, T., u. Nakabaya-
shi, N. 495, 757
—, u. Sakamoto, M. 600
Iwanow, S. S., u. Mitarbb. 842,
1039, 1067
Iwanow, W. I., s. Ivanov,
V. J.
Iwasaki, M., Aoki, M., u. Kojima,
R. 992
—, —, u. Okuhara, K. 992
Izard, E. F. 13, 27, 46, 47,
704, 790
—, u. Morgan, P. W. 727
Izemura, J., u. Imanishi, A.
971
Izumi, M., vgl. Nagasawa, M.
973

Jabko, J. M., u. Voyutskii, S. S. 1042
Jackson, C. E., vgl. Iddles, H. A. 721
Jackson, D. R., u. Lindstedt, L. G. 439
Jackson, E. G., u. Strauss, U. P. 1041
—, vgl. Strauss, U. P. 1012, 1041
Jackson, G. B., u. Ballman, R. L. 1001, 1059
Jackson, L., vgl. Borkovec, A. B. 430
—, vgl. Pruitt, M. E. 436
Jacob, B. 790
Jacobi, H. R., vgl. Carey, R. H. 1059
Jacobs, D. I. H., vgl. Stanley, H. M. 581
Jacobsen, H. W., vgl. Dietrich, M. A. 165
Jacobson, A. S., vgl. Shepard, A. F. 798
Jacobson, B. 969
Jacobson, R. A. 607, 608, 609, 612, 616, 858
Jacqué, H. 674
Jacqué, L., vgl. Arlet, F. 1034
Jacubcik, A. J., u. Motovilova, N. N. 1067
Jäckel, K. 190
—, vgl. Müller, F. H. 1001
Jäger, K., vgl. Wassenegger, H. 266, 267, 288, 304
Jaeger, P., vgl. Hopff, H. 494
Jaenicke, R., vgl. Hartmann, H. 969
Jaenicke, W. 976
—, vgl. Quitmann, H. 682
Jaffé, F. 535
—, vgl. Kaesmacher, H. 634
Jaffé, H. H. 231
Jaffe, J., u. Loutz, J. M. 1031
Jaffeux, P., vgl. Delépine, M. 568
Jagger, A. H., vgl. Colclough, R. O. 435
Jahn, H. 462, 463, 500
—, vgl. Schäfer, W. 463, 465
Jahn, H. E. 965
Jahn, J., vgl. Toepel, T. 198
Jaiger, K., vgl. Wassenegger, H. 266, 267, 288, 304, 305, 313, 316
Jain, P. L. 997
Jain, S. K., vgl. Arshid, F. M. 968, 996, 999
Jakimovitsch, G. F., vgl. Kreschkow, A. P. 995
Jakob, I. 1031
Jakob, L., Rosenberg, G. v., Roser, O., u. Bayer, O. 481
—, u. Roser, O. 437
Jakob, R. H., vgl. Tess, R. W 538, 552
Jakobs, M. B., vgl. Scheflan, L. 1006, 1011

Jakobson, B. 985, 996
Jakovlev, A. D., u. Sokolova, Z. S. 706
Jakubovic, A. O. 643, 896
—, vgl. Hills, G. J. 970
Jakubtschik, A. I. 692
—, u. Gromowa, G. N. 691
—, u. Motovilova, N. N. 994
—, u. Spasskova, A. I. 927
—, u. Tichomirow, B. I. 692
Jamadera, B. 993
James, E. J. F., vgl. Chattaway, F. D. 342
James, H. M., u. Guth, E. 1057
—, vgl. Guth, E. 1057
James, J. W., vgl. Finn, S. R. 202, 1018
James, R. J., vgl. Morris, R. E. 1054, 1057, 1061, 1066
Jamieson, A. M., vgl. Barton, E. E. 242, 282
Jampol'skii, B. J., vgl. Wu-Shu-Chiu 971
Janagisawa, K., vgl. Abe, K. 993
Jancke, W., vgl. Bartunek, R. 1003, 1012, 1049
Jander, G., vgl. Fresenius, W. 987 1012
Janeschitz-Kriegl, H. 1000
Janke, G. 1020, 1022, 1026
Janke & Kunkel KG, Staufen/ Breisgau 920
Jankowsky, C. J., Powers, K. W., u. Zapp, R. L. 801
Jansen, J. E. 196
—, u. Beears, W. L. 8
—, vgl. Beears, W. L. 13
—, vgl. Brown, H. P. 791
—, vgl. Gresham, T. L. 8
Janssen, H. G. G. 836
Janssen, R., vgl. Hart, R. 644, 645, 683
Japan Institute for Chemical Fibre, Inc. 783
Japanese Ministry of International Trade and Industry 151
Jaques Wolf & Co. s. Wolf ...
Jaroslaws Erste Glimmerwaren-fabrik, Berlin 338
Jarrell, J. G., vgl. Dieckmann, S. F. 892
Jaruzelski, J. J., vgl. Christenson, R. M. 490
Jarvi, A. R., vgl. Higashi, L. M. 229
Jasco Incorp. 672, 801
Jayme, G. 866
—, u. Hardens-Steinhäuser, M. 988
—, u. Hunger, O. 1005
—, u. Neuschäffer, K. 865
Jedlinski, Z. 43
Jefferson Chemical Co., Houston (Texas) 425, 429, 436
Jeffrey, G. A., vgl. Bloomfield, G. F. 840

Jeffs, A. R., vgl. Haslam, J. 925
Jelinek, Z. K., u. Cyprian, K. 1028
Jellinek, H. H. 815, 818, 819, 1068
—, vgl. Hobden, J. F. 1023
—, u. Northey, H. L. 1023
—, u. White, G. 806, 1016, 1035
Jellinek, K., vgl. Wille, H. 469, 514, 530, 792
Jen, Y., vgl. Suen, T. J. 363, 365
Jenckel, E. 981, 1061
—, vgl. Brockhaus, A. 807
—, u. Cossmann, G. 1021
—, u. Gorke, K. 1012, 1052
—, vgl. Gorke, K. 1052
—, u. Herwig, H. U. 999, 1062
—, u. Heusch, R. 999
—, u. Huhn, H. 1019, 1053
—, u. Illers, K. H. 1067, 1068
—, vgl. Illers, K. H. 1063
—, u. Keller, G. 1012, 1052
—, u. Keutmann, M. 1034
—, vgl. Kilian, H. G. 984
—, u. Klein, E. 1003
—, u. Lillin, H. v. 271, 643
—, u. Rehage, G. 1033
—, u. Rinkens, H. 1004
—, vgl. Schmoll, K. 1006
—, Schmoll, K., u. Butenuth, H. 1013
Jenkins, A. 202
Jenkins, A. D., vgl. Bamford, C. H. 997, 1038
Jenkins, R. L., vgl. Durgin, C. B. 623
Jenkins, R. W., vgl. Katz, I. 525
—, Plew, G. A., u. Katz, I. 527
Jenkins, V. F., Richardson, C., u. Wicker, R. J. 534
Jennen, A., u. Everaerts, F. 484
Jensen, A., Basolo, F., u. Neuman, H. M. 973
Jensen, C. E., u. Koefoed, J. 1067
Jensen, P. W. 1062
Jentgen, H. 192
Jen-Yuan, C., u. Mitarbb. 1009, 1037
—, u. Liang-Ho, S. 978, 1037
—, —, u. Kwan-J, S. 978, 1044
—, —, u. Shih-chen, Y. 976, 1007
—, Wen, C., u. Yung-Shih, C. 1009
—, u. Yung-Shih, C. 1039
—, vgl. Yung-Shih, C. 1009
Jeppesen, M. A. 996
Jeremias, C. G. 816
Jermolenko, N. F., u. Ginsburg, D. S. 1021
Jerrard, H. G. 1000, 1031
Jersys, R. S., vgl. Nelson, R. A. 1052
Jervis, R., vgl. Watson, R. 1055

Jessup, R. S. 1006, 1028
Jetscheisstowa, A. I., vgl. Pissarenko, A. P. 1005
Jirgensons, B. 861, 915, 1012,
1035
—, u. Adams, E. C. 1042
Jljin, J. S., vgl. Sazhin, B. I.
968
Jnoff, G., vgl. Herrent, P.
972
Jobling, A., u. Roberts, J. E.
1045
Jörder, H., vgl. Elöd, E.
509
—, vgl. Staudinger, H. 184,
185
Joerges-Heyden, M., u. Mitarbb.
969, 1028
John, H. 320
—, vgl. Runge, F. 675
Johnson, B. L., u. Mitarbb.
1038
—, vgl. Adams, H. E. 847
—, vgl. Alliger, G. 797
—, vgl. Stearns, R. S. 1053
—, u. Wolfangel, R. D. 1038
Johnson, C., vgl. Whistler, R.
L. 901
Johnson, D. H., vgl. Siegel, B.
M. 1004
Johnson, D. P., vgl. Critchfield,
F. E. 928
Johnson, E., vgl. Lee, T. S.
927
Johnson, G. B., vgl. Carlston,
E. F. 36
Johnson, H. S. 414
Johnson, J. C., vgl. Brady, S.
H. 532
Johnson, J. E. 984, 1027
Johnson, J. F., vgl. Porter, R.
S. 1046
Johnson, J. H., vgl. Marvel,
C. S. 982, 994
—, vgl. Zopf, G. W. jr. 713,
714, 736
Johnson, J. R. 735
Johnson, M. F., u. Mitarbb.
1034
Johnson, P., & Assoc. Ltd. s.
Pinchin Johnson ...
Johnson, P., vgl. Bywater, S.
977, 1016, 1039, 1048
—, vgl. Goring, D. A. I.
975
—, u. Wolfangel, R. D.
1039
Johnson, P. H., u. Bebb, R. L.
982
—, Brown, R. R., u. Bebb, R.
L. 982, 1053
—, u. Kelsey, R. H. 1043
Johnson, P. R. u. Smook, M. A.
689, 782
Johnson, S. C., & Son Inc.
197, 198, 474, 483, 489,
507, 523

Johnson, W. R., u. Price, C. C.
806
Johnson, W. W., vgl. Novotny,
Emil E. 341
Johnston, C. W., u. Greenspan,
F. P. 493
—, vgl. Heiberger, C. A. 493,
522
—, Reich, M. H., u. Nowlin, G.
768
Johnston, W. B., vgl. Bradley,
T. F. 30
Joly, J. 1020
Jones, A., vgl. Taylor, H. S. 931,
935
Jones, A. A., u. Rose, M. J.
662
Jones, A. F., Haward, R. N.,
Katz, D., u. Roper, A. N.
858
Jones, A. L., vgl. Baughan, E.
C. 1029
Jones, A. V., vgl. Sutherland,
G. B. B. M. 990
Jones, C. E. M., vgl. Hall, W. J.
929
Jones, D. A., vgl. Paist, W. D.
877
Jones, E. R. H., vgl. Gillam,
A. E. 990
Jones, E. W., u. Rayburn, J.
A. 467
Jones, F. A., Cooper, W., u.
Bird, T. B. 858
—, vgl. Twiss, D. F. 842
Jones, F. B., u. Mitarbb. 429,
433
Jones, F. S. B., vgl. Myles,
J. R. 668
Jones, G. D. 569, 570, 572,
575, 644, 645, 666, 725,
744, 751, 758, 791
—, u. Mitarbb. 645, 815
—, u. Friedrich, R. E. 988,
1039
—, Langsjoen, A., Neumann, M.
M. C., u. Zomlefer, J. 569,
570
—, Zomlefer, J., u. Hawkins, K.
741
Jones, I. 702
Jones, J. F. 713
—, vgl. Cohen, L. 792
Jones, J. I. 576
—, vgl. Evans, R. F. 576
—, vgl. Herington, E. F. G.
988
Jones, J. W. 1058
Jones, M., vgl. Gourlay, J. S.
1025
Jones, M. H. 980, 1037
—, Melville, H. W., u. Robertson,
W. G. P. 642, 680
Jones, P. D., vgl. Carey, J. E.
467
Jones, R. H., u. Robson, J. K.
M. 226

Jones, R. V. 691, 724, 769
—, u. Canterino, P. J. 676,
691, 767
—, u. Moberly, C. W. 691,
693
—, —, u. Reynolds, W. B.
691
—, vgl. Scott, J. N. jr. 774
Jones, T. T. 205
Jones, W. D., u. McFarlane,
S. B. 95
Jong, G. J. de 305
Jong, J. I. de, s. De Jong,
J. I.
Jonge, J. de, s. De Jonge, J.
Jorczak, J. S., vgl. Fettes, E.
M. 591, 594
Jordan, D. E. 1006
Jordan, D. O., vgl. Howard,
G. J. 1049
—, u. Kurucsev, T. 1000,
1042
—, Mathieson, A. R., u. Porter,
M. R. 1042
Jordan, E. F., u. Mitarbb. 968,
1037, 1064
Jordan, H. 195
—, vgl. Freund, E. 609, 610
—, Reinecke, H., u. Treibs, A.
785
—, vgl. Schoeller, W. 195
Jordan, M. E., u. Dannenberg,
E. M. 777
—, vgl. Dannenberg, E. M. 777,
779
—, vgl. Rossman, R. P. 778
—, vgl. Williams, F. R. 778
—, Williams, F. R., Rossman,
R. P., u. Dannenberg, E.
M. 777
Jose, C. I., u. Biswas, A. B.
976, 999
Joseph, H., vgl. Staudinger, H.
843
Joshi, B. S., vgl. Kharasch, M.
S. 240
Joshi, G. D., vgl. Preston, J.
M. 987
Joshi, R. M. 1008
Josien, M. L., Champetier, G.,
u. Chérubin, G. 996
Jost, W. 1046
Josten, F. 419
—, vgl. Wiedmann, H. 418
Jouwersma, C. 1022
Joyce, R. M. 812, 818
—, vgl. Cairns, T. L. 434
—, u. Ritter, D. M. 129,
131
Joyner, F. B., u. Hawkins, G.
F. 816
—, u. Shearer, N. H. 816
Juilfs, J. 186, 1016
—, vgl. Weltzien, W. 186
Jullander, I. 438, 891
June, R. K., u. Rapean, J. C.
480

Jung, A., vgl. Maxwell, B. 1031, 1044
Jung, P. 1067
Jung, S. L., vgl. Lyman, D. J. 166
Junge, H. D. 969, 970
Junkert, H., vgl. Kiessling, H. J. 526
Jurbergs, K. A., vgl. Parks, L. B. 971, 980
Jur'ev, J. K., u. Zefirov, N. S. 485
Jurina, J. A., vgl. Tager, A. A. 1062
Jurisch, J. 865
Justice, J. D., vgl. Alfrey, T. 1035
Juve, A. E., vgl. Beatty, J. R. 1066

Kaarsenfabrieken ... s. Koninklijke ...
Kabanov, V. A., vgl. Kargin, V. A. 1056
—, vgl. Kozlov, P. V. 983
Kabin, S. P., u. Mikhailov, G. P. 1064
—, u. Usyarov, O. G. 1063
Kadlecek, F., vgl. Bring, A. 471
Kadowaki, H. 322, 325, 326, 330, 334, 336, 348
—, u. Hashimoto, Y. 324
Kaelble, D. H. 1065
Kämmerer, H. 228, 255
—, u. Dahm, M. 995
—, Gölzer, E., u. Kratz, A. 988
—, u. Grossmann, M. 225, 228
—, vgl. Kern, W. 639, 656
—, Kern, W., u. Heuser, G. 1009, 1016
—, u. Lenz, H. 203
—, u. Rausch, W. 203, 1013
—, u. Schweikert, H. 644, 658, 660
Kaesche-Krischer, B., u. Heinrich, H. J. 807
Kaesmacher, H. 633, 634, 635, 636
—, u. Jaffé, F. 634
Kaess, F., vgl. Michaud, H. 347, 359
Käufer, H., u. Christmann, W. 1055
Kafka, M. 907, 908, 912
—, vgl. Husemann, E. 912
Kaganoff, S. D. 668, 679
Kagawa, I., u. Fuoss, R. M. 1042
—, u. Gregor, H. P. 973
—, u. Katsuura, K. 972, 973
—, u. Nagasawa, M. 1008
—, vgl. Nagasawa, M. 970, 973

Kahle, G. R., vgl. Canterino, P. J. 670, 688
Kahler, H., u. Lloyd, B. J. jr. 1028, 1049
Kahlweit, M. 974
Kahn, A., vgl. Kolthoff, I. M. 1023
Kahrs, K. H., vgl. Starck, W. 700, 701
—, Winkler, F., u. Zimmermann, J. W. 720
—, u. Zimmermann, J. W. 704
—, —, u. Kühlkamp, A. 704
Kahuzremina, K. F., u. Mitarbb. 1019
Kail, J. A. E., vgl. Powles, J. G. 997
Kaila, E., vgl. Sihtola, H. 1017
Kainer, F. 645, 698, 717, 783, 819
Kainradl, P., u. Handler, F. 1056, 1067
Kainzer, A., vgl. Ziegler, E. 254
Kaiser, D. W., vgl. Roemer, J. J. 365
Kaiser, R. 992, 1064
—, vgl. Brocker, A. 992
—, vgl. Hellwege, K. H. 992, 1059, 1064, 1065
Kaiser, W. J. 522
Kaizerman, S., vgl. Morton, M. 1017
Kakudo, M., u. Ullman, R. 984
Kalabina, A. V., u. Mitarbb. 210
Kalafus, E. F., vgl. Gruber, E. F. 732
Kalaus, A. E. 1060
Kalfayan, S. H., vgl. Carpenter, G. D. 597
Kalinina, L. E., Alekseenko, V. I., u. Voyutskii, S. S. 1014
—, vgl. Voyutskii S. S. 1068
Kalish, J., vgl. Ritter, J. J. 142
Kalkstickstoff-Werke AG s. Süddeutsche ...
Kalle & Co. 292, 294, 455, 458, 888, 894
Kallistov, O. V., vgl. Fattachov, K. Z. 976, 978
—, u. Schtennikova, J. N. 979, 1037
Kallweit, J. H. 971
Kalz, M. 1058
Kamaliddin, A. R., vgl. Bawn, C. E. H. 1006, 1008, 1033, 1035
Kaman, A. J. 483
Kamath, P., vgl. Rosen, B. 1000, 1041, 1048
Kamath, P. M., vgl. Livingstone, D. I. 968, 992
Kambara, S., u. Hatano, M. 435, 553, 556
—, —, u. Sakaguchi, K. 435

Kamlet, J. 108
—, u. Glover, D. J. 989
Kammermeyer, K. 1029
—, vgl. Brubaker, D. W. 1029
—, vgl. Osburn, J. O. 1047
Kanagy, J. R. 1050
Kanamura, K., vgl. Tokita, N. 1067
Kanawez, J. F., u. Schelion, A. W. 1054, 1059
Kane, D. E. 968, 1022
Kane, P. O., vgl. Campbell, H. 1016
Kangle, P. J., u. Pacsu, E. 650
Kanig, G. 1006, 1007, 1011
—, vgl. Ueberreiter, K. 1011, 1024, 1025
Kann, K., vgl. Fries, K. 234, 251
Kannebley, G. 501
Kanner, B. 531
Kantebeen, L. J. 266
Kantor, S. W., u. Osthoff, R. C. 630
—, vgl. Osthoff, R. C. 630
Kapadia, F. H. 1023, 1034
Kapes, M. 1031
Kaplan, M. 59
Kaplunov, M. Y., vgl. Tarasova, Z. N. 965
Kappeler, H. 341, 416
—, vgl. Haller, P. 294, 296
Kappelmeier, C. P. A. 930
Kapur, S. L. 1032
—, u. Gundiah, S. 1035, 1039, 1044
—, vgl. Gundiah, S. 1031, 1035
—, vgl. Menon, C. C. 853
Karabinos, J. V., u. Hindert, M. 915
Karam, H. J., vgl. Cleerman, E. F. 1001
Karavaeva, V. M., vgl. Shostakovsky, M. F. 1011
Kargin, V. A. 1005, 1022
—, u. Mitarbb. 410, 913
—, u. Bakeev, N. F. 1005
—, —, u. Vergin, H. 1004
—, u. Gatovskaja, T. V. 1020, 1022
—, vgl. Gatovskaja, T. V. 1020, 1026, 1052
—, vgl. Iovleva, M. M. 1013, 1014
—, Kabanov, V. A., u. Martihenko, I. Y. 1056
—, Konstantinopolskaya, M. B., u. Berestneva, Z. J. 1024
—, u. Koretskaja, T. A. 981, 986, 1004
—, vgl. Leschenko, S. S. 986
—, vgl. Lipatov, J. S. 1051
—, vgl. Makaruk, L. 1006
—, Malinski, J. M., u. Medwedew, S. S. 1024

Kargin, V. A., u. Markova, G. S. 986
—, —, u. Kovaleva, V. P. 987, 1051, 1059, 1066
—, Mirlina, M. Y., u. Nagornaya, Y. F. 971
—, Mirlina, S. J., u. Antipina, A. D. 971, 974, 1003
—, vgl. Novikov, A. S. 1067
—, Plate, N. A., u. Dobrynina, A. S. 980
—, —, u. Rehbinder, E. P. 983, 1065
—, vgl. Rylow, E. E. 1005
—, vgl. Selikhova, V. J. 981, 983, 984
—, vgl. Slonimskii, G. L. 1054, 1058
—, u. Slonimskii, G. L. 1062
—, —, u. Lipatov, J. S. 1050
—, —, u. Rogovina, L. Z. 1068
—, u. Sogolova, T. I. 981, 1056, 1058, 1063
—, u. Steding, M. N. 1064
—, vgl. Syrina, L. A. 983
—, vgl. Tager, A. 1020, 1053
—, Usmanov, K. U., u. Aikhodzhaer, B. I. 898
—, vgl. Zubov, P. I. 1005, 1039
Karmin, B., vgl. Dogadkin, B. 1054
Karnojitzky, V. 848
Karpfen, F. M., vgl. Ivinson, M. G. 473
Karpov, V. L., vgl. Leschenko, S. S. 986
—, vgl. Rylow, E. E. 1005
—, vgl. Tikhomirova, N. S. 1029
Karpowitsch, A. S., vgl. Wartanjan, A. T. 971
Karrenbauer, K., vgl. Bestian, H. 569, 572, 578
Karrer, P. 644, 909
—, Koenig, H., u. Usteri, E. 872, 904
—, u. Nägeli, C. 909
Kasatochkin, V. I., u. Lukin, B. V. 982, 985
—, vgl. Lukin, B. V. 981
Kasbekov, E. N., vgl. Bresler, S. E. 997
Kase, F. 936, 1054, 1057
Kass, P. 36
Kass, R. E., vgl. Cohen, S. M. 790
Kass, W., vgl. Graulich, W. 455
—, vgl. Lehmann, W. 455
—, vgl. Schmitz-Josten, R. 445
Kast, W. 981, 985, 1020
—, vgl. Hermans, P. H. 984
—, u. Schwarz, R. 985
Katchalski, E., Gehatia, M., u. Sela, M. 1017
71*

Katchalsky, A. 970, 973, 1000, 1010, 1041
—, u. Eisenberg, H. 707, 735, 736, 979, 995, 1041
—, vgl. Eliassaf, J. 1044
—, vgl. Kedem, O. 1047
—, u. Lifson, S. 1008
—, vgl. Lifson, S. 980, 1008, 1010
—, Mazur, J., u. Spitnik, P. 973
—, vgl. Michaeli, I. 973, 1021
—, u. Miller, I. R. 972, 989, 1041
—, Shavit, N., u. Eisenberg, H. 970, 973
—, vgl. Silberberg, A. 980, 1032
—, u. Sternberg, N. 1044
—, vgl. Vofsi, D. 989, 1011
—, u. Zwick, M. 1021
Katchman, B., u. McLaren, A. D. 1022
Katheder, F., vgl. Steurer, E. 1024
Kathpalia, K., u. Thampy, R. T. 633
Katibnikov, M. A., u. Mitarbb. 989, 996, 998
Katsuura, K., vgl. Kagawa, I. 972, 973
Katuschkina, I. F., vgl. Pakshwer, A. B. 1020
Katz, D., vgl. Jones, A. F. 858
Katz, I., vgl. Jenkins, R. W. 527
—, vgl. Kratz, G. D. 847
—, Wilson, J. C., u. Jenkins, R. W. 525
Katz, M. 140, 146, 169
—, vgl. Wittbecker, E. L. 96, 97, 98
Katz, S. 1048
—, vgl. Casassa, E. F. 975
Kaufhold, R., vgl. Ziegenbein, W. 117
Kauffman, J. W., u. George, W. 1063
Kauffmann, T., u. Boettcher, F. P. 642
Kaufman, H. S., u. Kroncke, C. O. 1055
—, u. Muthana, M. S. 1008
—, u. Solomon, E. 1016
—, u. Walsh, E. K. 1009, 1016, 1037
—, vgl. Walsh, E. K. 1009, 1037
Kaufman, M. 702, 718
Kaufman, M. H., Mark, H. F., u. Mesrobian, R. B. 625, 626, 628
Kaufmann, H. P., u. Baltes, J. 33
—, u. Gaertner, P. 841
—, u. Heinz, H. J. 33
Kausch, O. 291

Kautter, C. T., u. Leitenberger, W. 809, 816
Kauzmann, W., u. Eyring, H. 851
Kaverneva, E. D., Ivanov, V. J., Salova, A. S., u. Kist, S. A. 899
Kawa, J., vgl. Greenlee, S. O. 483, 489, 493, 768, 769
—, vgl. Pearce, J. W. 489
Kawaguchi, T. 1065
Kawahara, K., Ueda, M., u. Oka, J. 1045
Kawai, K., u. Stein, R. S. 1001, 1008, 1011
Kawai, T., vgl. Maeda, H. 1043
—, u. Saito, K. 1035, 1053
Kawakami, S., vgl. Sakurada, I. 783
Kawano, T. 411
Kawar, H., u. Stein, R. S. 1065
Kawasaki, A., u. Mitarbb. 436, 984, 993, 995, 1017
Kawasaki, K., vgl. Furukawa, J. 9, 10
Kawata, K. 999, 1001
Kay, J. M. 1050
Kazenas, Z. 363
Kazusa, Y., vgl. Matsumoto, M. 989
Ke, B. 1051
—, u. Sisko, A. W. 1051
Keane, J. J., Norris, F. H., u. Stein, R. S. 976
—, u. Stein, R. S. 976
—, vgl. Stein, R. S. 976
Keavney, J. J., u. Eberlin, E. C. 1051
Kedem, O., vgl. Gillis, J. 1046
—, u. Katchalsky, A. 1047
Kedzierska, K., vgl. Zilabicki, A. 983, 999
Keech, M. K., vgl. Reed, R. 1005
Keefer, E. H., vgl. Flory, P. J. 1026, 1051
Keel, D. K., vgl. Warner, A. J. 691
Keen, W. N., vgl. Mayo, L. R. 804
Keenan, H. W. 524
Keeney, R., vgl. Cox, W. P. 1064
Keever Starch Co. 913
Kegeles, G., Kleiner, S. M., u. Salem, W. J. 1048
Kehn, J. T., vgl. Ziarnik, G. J. 803
Kehren, M., u. Rösch, M. 982
Keim, G. J. 455
Keiser, B., vgl. Groote, M. de 242, 437
Keith, H. D., u. Mitarbb. 984
—, u. Padden, F. J. jr. 977, 1003, 1004, 1005, 1027
—, vgl. Padden, F. J. jr. 1004

Kekulé, A. 404
Kelber, C. 691
Kell, R. M., Bennett, B., u. Stickney, P. B. 1026
Keller, A. 986, 1004, 1005
—, vgl. Cooper, A. C. 1004
—, vgl. Frank, F. C. 986
—, u. O'Connor, A. 984
—, u. Sandeman, I. 990
—, vgl. Sandeman, I. 982, 995, 1025
Keller, G., vgl. Jenckel, E. 1012
Keller, H., vgl. Hopff, H. 494
Keller, K. 333, 337, 357, 360, 367, 588
—, vgl. Bayer, O. 588
—, vgl. Bernard, H. 362
—, Hopff, H., Gofferjé, E., u. Nüsslein, J. 582, 588, 590
—, vgl. Münz, F. 588
—, u. Zerweck, W. 364, 365, 370
—, vgl. Zerweck, W. 364, 365
Keller, L., vgl. Petri, R. 467
—, Reinhard, H., u. Petri, R. 467
Kellett, E. G., vgl. Chattaway, F. D. 410
Kelley, F. N., vgl. Bueche, F. 1045
Kelley, M. J., u. Levy, J. 442
Kellö, V., u. Tkáč, A. 994
—, vgl. Tkáč, A. 844, 994
—, —, u. Hriviková, J. 994
Kellogg, M. W., Co. 624, 625, 795
Kelsey, R. H., u. Hanson, E. E. 1004
—, vgl. Johnson, P. H. 1043
Kelso, R. L., vgl. Lang, E. R. 515, 516
Kemmler, K., vgl. Meyer, F. 515
Kemp, A. R. 830, 1039
—, Bishop, W. S., u. Lackner, T. J. 830
—, u. Mueller, G. S. 830
—, u. Peters, H. 830, 937
Kempermann, T. 844
—, u. Clamroth, R. 1067
Kendall, F. H., u. Mann, J. 850, 994
Kennedy, J. P. 965
—, u. Fontana, C. M. 813
—, u. Thomas, R. M. 965
Kennedy, J. W., vgl. Feng, P. Y. 971
Kennedy, W. D., vgl. Watson, M. T. 1061
Kent, R. E. 777
Kenyon, A. S., Gross, R. C., u. Wurstner, A. L. 983, 1003, 1027
—, u. Salyer, I. O. 979, 1015
Kenyon, W. O., u. Fowler, W. F. 704, 721

Kenyon, W. O., vgl. McDowell, W. H. 725
—, vgl. Minsk, L. M. 710, 713, 728, 747
—, u. Minsk, L. M. 729
—, —, u. Waugh, G. P. 690, 696, 760
—, vgl. Murray, T. F. 702
—, Murray, T. F., u. Minsk, L. M. 704, 729
—, vgl. Reynolds, D. D. 715, 727, 728, 750, 763
—, vgl. Tong, L. K. J. 1051
—, u. Unruh, C. C. 914
—, u. Waugh, G. P. 663, 664, 680
—, —, u. Taylor, E. W. 700
—, —, u. Unruh, C. C. 663
—, vgl. Yackel, E. C. 899
Keplinger, O. C. jr., vgl. Gruber, E. E. 87
Keppler, H., vgl. Hentrich, W. 441
Kerk, G. J. M. von der 168
—, Overmars, H. G. J., u. Want, G. M. van der 168
Kerker, M. 976
Kern, H., vgl. Schulz, G. V. 1009
Kern, R. 398, 400
Kern, R. J. 786, 787, 1013
—, u. Slocombe, R. J. 1012
Kern, W. 638, 644, 821
—, u. Mitarbb. 406, 408, 739, 740, 1016, 1033, 1039, 1068
—, Achon, M. A., u. Schulz, R. C. 992
—, u. Brenneisen, E. 569, 571, 572
—, vgl. Claesson, S. 623, 1008, 1011, 1039, 1048
—, u. Fernow, H. 708, 710, 807, 810, 813, 815
—, Gehm, R., u. Seibel, M. 623
—, Hucke, T., Holländer, R., u. Schneider, R. 642, 643, 653
—, u. Kämmerer, H. 639, 656
—, vgl. Kämmerer, H. 1009, 1016
—, Kossmann, K., u. Rugenstein, M. 1068
—, u. Rauterkus, K. J. 650
—, u. Rugenstein, M. 1009, 1036
—, Schmidt, H., u. Steinwehr, H. E. 1018
—, u. Schulz, R. C. 638, 646, 649, 652, 653, 657, 658, 693, 696, 714, 720, 731, 733, 734, 739, 740, 741, 749, 821
—, vgl. Schulz, R. C. 695, 731, 732, 733, 734, 735, 747, 748, 989, 993, 1010, 1016, 1038

Kern, W., Schulz, R. C., u. Braun, D. 638, 731
—, —, u. Schlesman, H. 749
—, vgl. Schweitzer, O. 731
—, vgl. Staudinger, H. 963
Kern, W. F. 1058
Kerpel, R. G. van, vgl. Russel, J. 1026
Kerpel, R. V., vgl. Conix, A. 1051
Kerr, R. W. 915
—, u. Hobbs, K. C. 913
Kerr, W. W., vgl. Grassie, N. 815
Kersta, L. G. 971
Keskkula, H., vgl. Schmitt, J. A. 1068
Kesse, I., vgl. Lady, J. H. 923, 995
Kessler, H., Penning, E., Demmler, K., u. Wilhelm, H. 792
—, —, Wilhelm, H., u. Reinhard, H. 787
Kessler, I. C. F. 1004
—, u. Spreewer, H. R. 191
Kestern, J. P. I. van, vgl. Hagethron, N. E. M. 996
Keuning, K. J., vgl. Backer, H. J. 555
Keussler, V. v., Mecke, R., u. Sippel, A. 988
Keutmann, M., vgl. Jenckel, E. 1034
Kewaunee Manufacturing Co. 635
Keyssner, E., vgl. Reppe, W. 210, 276
Kharasch, M. S., u. Joshi, B. S. 240
Kheraskova, E. P., u. Gamayunova, A. P. 852
Khokolovkin, M. A. 1052
Khoury, F. 999, 1003
—, u. Padden, F. J. jr. 981, 984
Khromov, M. K., vgl. Bartenev, G. M. 1062
Kibler, C. J., u. Smith, J. G. 20, 26
Kickstein, G. 971
Kiefer, J. E., Touey, J. P., u. Caldwell, J. R. 895
Kielley, W. W., vgl. Miles, H. T. 272
Kienle, R. H. 41
—, Menlen, P. A. van der, u. Petke, P. E. 41
—, u. Scheiber, W. J. 294, 298
Kiessig, H. 986
Kiessling, G. C., vgl. Tench, W. C. 820
Kiessling, H. J., Junkert, H., u. Ranke, I. 526

Kiff, B. W., vgl. Guest, H. R. 489, 616, 617
—, vgl. Wilson, J. E. 214
Kilb, R. W. 977, 1033
—, u. Bueche, A. M. 1013
Kilbourne, F. L. jr., vgl. Hauser, R. L. 1021
Kilbourne, H. W., u. Mitarbb. 849
Kilian, H. G., u. Jenckel, E. 984
Kilpatrick, M., vgl. Brönsted, J. N. 427
—, vgl. Brönsted, J. N. 427
Kilsheimer, J. R. 487, 789
—, u. Stickle, R. jr. 487, 789
—, vgl. Stickle, R. jr. 487
—, u. Thompson, B. R. 487
Kilthau, M. K., vgl. Lindenfelser, R. 362
Kimball, G. E., vgl. Cutler, M. 1033
—, vgl. Markovitz, H. 1041
Kimberlin, C. N. jr., vgl. Adams, C. E. 755
Kimoto, K., vgl. Inaba, Y. 167
Kimura, G., vgl. Inaba, Y. 167
Kimura, S., u. Imoto, M. 913
Kimura, T., vgl. Imoto, E. 236
Kimura, Y., vgl. Isemura, T. 718, 1012
Kin, L., vgl. McCormick, H. W. 1055
Kincl, J., vgl. Šupler, V. 469
Kindscher, E., vgl. Hinrichsen, F. W. 824, 829, 834
Kine, B. B., vgl. Moser, V. J. 467
Kinetic Chemicals Inc. 817
King, A. L., vgl. Lawton, R. W. 1057
King, C., vgl. Marvel, C. S. 695
King, E. G., vgl. Weaver, H. E. 762, 786
King, F. T., vgl. Hirt, R. C. 989
King, J. J., vgl. Furukawa, G. T. 1050
King, J. S., vgl. McDowall R. 506
King, R. W., vgl. Kurtz, S. S. 998, 1026
King, T. P., vgl. Craig, L. C. 1047
King, W. A. 815
Kinoshita, Y. 983, 984, 995, 1027
Kinstler, R. C. 845, 846
Kirby, R. K. 1026
Kirchhof, F. 506, 824, 834, 842, 850, 929, 1069

Kirk, D. C. jr. 790
—, u. Robinson, A. E. 781
—, vgl. Robinson, A. E. 778, 781
Kirk, J. S. 714, 736, 737
Kirk, R. E., u. Othmer, D. F. 191, 292, 482, 567
—, —, u. Standen, A. 567
Kirk, W., vgl. Barkdoll, A. E. 144
—, Schreiber, R. S., u. Whitman, G. M. 145
Kirkpatrick, A., vgl. Gardner, H. A. 388
Kirkpatrick, W. H. 300, 301
Kirkwood, J. G., u. Auer, P. L. 1061
—, u. Brown, R. A. 1014, 1046
—, vgl. Hammerle, W. G. 969
—, u. Plock, R. J. 1044
—, Zwanzig, R. W., u. Plock, R. J. 1032
Kirrmann, A., u. Muths, R. 457
Kirschnek, H., u. Quaedolseg, M. 475
Kirshenbaum, A. D., Hoffmann, C. W., u. Grosse, A. V. 964
—, Streng, A. G., u. Dunlap, W. B. jr. 964, 1029
—, —, u. Nellen, A. H. 965
Kirss, V., vgl. Bailey, M. E. 995
Kiselev, A. G., Mokul'skii, M. A., u. Lazurkin, Y. S. 998
Kiselev, B. A., vgl. Volkova, L. S. 532
Kiselewa, K., vgl. Frisman, E. 975
Kishimoto, A., u. Fujita, H. 1062
—, vgl. Fujita, H. 1026, 1065
—, Maekawa, E., u. Fujita, H. 1048
Kispéczy, S., vgl. Euler, H. v. 206
Kiss, L., vgl. Dobo, J. 1038
Kisselewa, T. M., vgl. Koton, M. M. 964
Kist, S. A., vgl. Kaversneva, E. D. 899
Kitaigordsky, A. I., u. Miyukh, Y. V. 983, 985, 986
Kitchen, L. J., vgl. Lavery, T. F. 1057
Kitchener, J. A., vgl. Hills, G. J. 970
—, vgl. Howe, P. G. 973, 1021
—, vgl. Shepherd, E. J. 569, 577
Kitson, R. E., vgl. Daniels, W. W. 966, 995
Kittel, H. 915
Klabunde, W., vgl. Inskip, H. K. 717
Klages, G. 990

Kland-English, M. J., vgl. Summerbell, R. K. 433
Klare, H. 112, 125, 191
Klassen, H. C., vgl. McWhorter, W. F. 500
Klatil, M., u. Mikl, O. 974
Klatte, F., Hagedorn, M., u. Engelbrecht, C. 727
—, u. Müller, H. 704
—, u. Zimmermann, A. 699
Klauke, E., vgl. Bunge, W. 247
Kldiaschwill, A. G. 907
Klebanskii, A. I., u. Vasil'eva, V. G. 927
Kleen, W. 990
Kleiman, M. 486
Klein, E., vgl. Creely, J. J. 985
—, vgl. Jenckel, E. 1003
—, vgl. McKelvey, J. B. 896
—, u. Snowden, J. E. 895
Klein, H., vgl. Würstlin, F. 969
Klein, M. J., vgl. Adelman, R. L. 1013
Klein, W., vgl. Scriba, W. 674
—, vgl. Tschunkur, E. 623
Kleine, H. H., vgl. Kleine, J. 1002
Kleine, J., u. Kleine, H. H. 1002
—, vgl. Siggel, E. 599
Kleiner, H., Bayer, O., Ecker, R., u. Taube, K. 92, 94
—, —, Taube, K., u. Brehme, W. 738, 739
—, —, u. Wilms, H. 735
—, vgl. Doser, A. 614, 615, 616
—, Havekos, H., u. Spulak, F. v. 93
—, vgl. Konrad, E. 686, 841
—, u. Lehmann, W. 709, 738
—, vgl. Lehmann, W. 455
—, vgl. Petersen, S. 93
—, vgl. Reinartz, K. 615
—, vgl. Wegler, R. 243, 285
Kleiner, S. M., vgl. Kegeles, G. 1048
Kleinert, T. N., Moessmer, V., u. Wincor, W. 1017
Kleinicke, W. E. 207
Kleinschmidt, E. 536
Kleinschrod, F. G., u. Fisher, J. W. 173, 174
Kleist, W., Bayer, O., u. Heyna, J. 615
—, vgl. Petersen, S. 63
Klema, F. 357
Klenin, S. I., vgl. Tsvetkov, V. N. 1047
Klessmann, W. O., vgl. Mikhailov, N. M. 1050
Klever, W. 848
Kley, H. van, vgl. Tsuyuki, H. 970

Klimanek, L., vgl. Možišek, M. 965

Klimenkov, V. S., vgl. Kotina, V. E. 1036

—, vgl. Zverev, M. P. 1058

Kline, D. E. 465, 1051, 1066

—, vgl. Sauer, J. A. 1064

—, Sauer, J. A., u. Woodward, A. E. 1064

Kline, G. M. 292, 641, 642, 657, 928, 963

—, vgl. Achhammer, B. G. 808, 923, 965, 966, 967, 982, 986, 988, 991

Kling, W. 425

Klinger, H. 411, 990

Klingmüller, V. O. G., u. Gedenk, G. 643

Klitenik, G. S., vgl. Gul', V. E. 976, 978

Klockgether, H., Himmelmann, W., u. Wahl, O. 467

—, u. Müller, E. 376, 379, 380

—, Ossenbrunner, A., u. Müller, E. 376

Klös, H., u. Offe, H. A. 572

Klootwijk, A., vgl. Bruin, P. 497

—, vgl. Schuur, G. 1028

Klosek, F. P., vgl. Farnham, A. G. 208

Kluckow, P. 1054, 1059

Klug, E. D. 871

Klug, H., u. Metz, O. 774

—, vgl. Nolte, F. 670

Klute, C. H. 1048

—, u. Franklin, P. J. 1029

—, u. Viehmann, W. 502

Knapp, F., vgl. Caflisch, C. 499

Knapp, K. H., Berlenbach, W., u. Dinges, K. 794

—, vgl. Dinges, K. 795

—, Müller, E., u. Dinges, K. 743

Knapp, P. 299

Knappe, W., vgl. Hellwege, K. H. 1056

—, u. Schulz, A. 999

Knauber, H., vgl. Freudenberg, K. 902

Kneip, W., vgl. Bernard, H. 362

Kniel, I., vgl. Pepe, J. J. 989

Knierzinger, W., vgl. Zigeuner, G. 327, 329, 331

Knoblauch, H. G. 533

Knoblauch, W., vgl. Seidel, W. 438

Knol, B. P., vgl. Hazenberg, J. F. A. 753

Knoll & Co. 238

Knorr, L. 441

Knox, C. E., vgl. Bailey, W. J. 496

Knunjanz, I. L. 111

—, u. Sterlin, R. N. 442

Knunyants, I. L., s. Knunjanz, I. L.

Knuth, C. J., vgl. Bavley, A. 514

—, vgl. Michelotti, F. W. 514

Koatsu Ind. s. Toyo …

Kobataka, Y., u. Inagaki, H. 971, 1028

Kobayashi, H. 1016, 1047

Kobayashi, T., Chitale, A., u. Frank, H. P. 976

Kobayashi, T. W. 1038

Kobayashi, Y., vgl. Okajima, S. 987, 1003

Koblizek, W. 509, 796

Kobryner, W., u. Banderet, A. 855, 1016

Koch, A., u. Gartner, E. 675

—, vgl. Pummerer, R. 823, 824

—, vgl. Söll, J. 830

Koch, E., vgl. Eibner, A. 400

—, vgl. Tessmar, K. 707, 738

—, u. Vogt, A. 334

Koch, G., Zimmermann, J. W., u. Winkler, F. 704

Koch, P. A. 191, 1002

—, u. Stratmann, M. 929

Koch, R., vgl. Blättermann, H. 924

Kodak Co. s. Eastman …

Kodak Ltd. 721, 726, 755

Kodak-Pathé 704, 726, 727, 750, 755, 806

Koebner, M. 202

Köcher, E. U. 561

Koefoed, J., vgl. Jensen, C. E. 1067

Köhler, F. 341, 342, 345, 363, 364, 377

—, u. Reibnitz, B. v. 377

Köhler, Dr. Frank, s. Laboratorium für …

Köhler, H., vgl. Merling, G. 418

—, vgl. Tschunkur, E. 845, 846

Köhler, R. 357, 358, 360

—, vgl. Hentrich, W. 357

—, u. Pietsch, H. 510, 547, 555, 564

—, vgl. Pietsch, H. 474, 479, 480, 497, 509, 513

—, vgl. Raecke, B. 480, 547

Kölbel, H., u. Wekua, K. 243

Kölling, G., vgl. Zerweck, W. 481

Kölln, H. 620

Kömmerling, I., vgl. Schulz, G. V. 1017

Koenig, F. O., vgl. Bearman, R. J. 1029

Koenig, H., vgl. Karrer, P. 872, 904

König, H. B., vgl. Lüttringhaus, A. 620

König, J. 341

König, K. H., vgl. Pohlemann, H. 179

Könnecke, H. G., vgl. Leibnitz, E. 571, 572

Koepp, H. M., u. Werner, H. 966, 1017, 1028, 1040

Körner, F. 444

Körösi, J. 178

Kössler, I., vgl. D'or, L. 993

—, u. Krejsa, J. 101, 1047

—, u. Stolka, M. 1047

Kösslinger, K., vgl. Esselmann, P. 569

Köster, H., vgl. Helferich, B. 889, 911

Kofod, H. 1020

Koft, E. jr., vgl. Richter, F. 581

Kogan, I. N., u. Mitarbb. 1046

Kohan, M. J., vgl. Lindegren, C. R. 1003

Kohler, F., u. Brandeis, J. 341

Kohlhauser, R., vgl. Ziegler, E. 251, 254, 255

Kohlhepp, E., vgl. Gast, T. 1050

Kohn, J. 656

Kohn, L. S. 527

—, vgl. Horner, A. H. 531

Kohn, S., u. Schub, E. 195, 198

Kohno, T. 412

Kohrn, R. C. 467

Koide, T., u. Mitarbb. 842

Kojima, R., vgl. Iwasaki, M. 992

Kokes, R. J., u. Long, F. A. 1022

—, vgl. Long, F. A. 1022

Kokie, S. P. 1064

Kolb, G. 549, 800

Kolbanowskaja, A. S., u. Rehbinder, P. A. 1067

Kolbe, G., vgl. Edelmann, K. 1045

Kolbovskii, Y. Y. 1058

Kolesnikov, G. S., Korshak, V. V., u. Smirnova, T. V. 610, 611

Kolesnikov, H. S., u. Tsen-Khan-Min 984, 1065

—, vgl. Tsen-Khan-Min 725

Kollek, L. 426

Kollinsky, F. 794

Kollinson, E., u. Swallow A. J. 806

Kollmann, G., vgl. Immergut, E. H. 979, 994
Kolobov, E. I. 984, 1053
Koloskova, M. V., vgl. Novikov, A. S. 965
Kolthoff, I. M. 963
—, u. Mitarbb. 493, 641
—, u. Bovey, F. A. 923
—, Dale, W. J., u. Miller, I. K. 972, 987
—, vgl. Duke, J. 1023
—, u. Gutmacher, R. G. 928, 937, 1023
—, —, u. Kahn, A. 1023
—, u. Kahn, A. 1023
—, vgl. Lee, T. S. 830, 927
—, Lee, T. S., u. Carr, C. W. 928
—, —, u. Mairs, M. A. 493, 928, 934, 937, 938
—, u. Medalia, A. I. 857, 858
—, vgl. Medalia, A. I. 941
—, vgl. Mitchell, J. jr. 929, 963
Koltscheschkow, K. A., vgl. Gluschkowa, V. P. 763, 764
Komarov, V. S., vgl. Stabinorez, G. L. 1021
Komskaya, N. F., u. Slonimskii, G. L. 1054, 1055
—, vgl. Slonimski, G. L. 1032
Konar, R. S., vgl. Palit, S. R. 926
Konečny, C., vgl. Možišek, M. 1050
Kongarov, G. S., vgl. Bartenev, G. M. 1014, 1028
Kongsted, A., Lø vens kemiske Fabrik s. Løvens ...
Koningsberger, C. 825
—, vgl. Amerongen, G. J. van 824, 825, 828
—, vgl. Salomon, G. 831, 834
Koningsveld, R., u. Tuijnman, C. A. F. 1014, 1031, 1033
Koninklijke Stearine Kaarsenfabrieken, N. V. 485
Koninklijke Zwavelzuurfabrieken v/h Ketjen N. V. 473
Konkle, G. M., McIntyre, J. T., u. Fenner, J. V. 1054
Konouck, B. C., vgl. McIntyre, D. 1013
Konrad, E. 799
—, u. Becker, W. 927, 934, 937, 938
—, u. Kleiner, H. 686, 841
—, Orthner, L., Bächle, O., u. Bögemann, M. 591

Konrad, E. u. Schwerdtel, F. 825
Konrad, M., u. Rinke, H. 72
—, vgl. Rinke, H. 143
—, vgl. Taube, K. 64, 77
Konservierungsgesellschaft mbH s. Deutsche ...
Konstantinopolskaya, M. B., vgl. Kargin, V. A. 1024
Konstsilke, A. B. S. 710
Kooch, W., vgl. Gruntfest, I. J. 1064
Kooi, M., vgl. Lansky, S. 900
Koontz, F. H., vgl. Schaefgen, J. R. 96, 97, 98
Kooy, J., u. Hermans, J. J. 1031
Kopaczewski, W. 1042
Koppehele, H. P., vgl. Passaglia, E. 1055, 1065
Koppelmann, J. 1061, 1065
Koppers Co. Inc. 209, 250, 294, 463, 471, 472, 473, 509, 789
Korach, M. 496
—, Nielsen, D. R., u. Rideout, W. H. 496
Korayashi, Y., vgl. Okajima, S. 1001
Kordes, E., u. Mitarbb. 982, 999, 1000, 1003
Koretskaya, T. A., vgl. Kargin, V. A. 981, 986, 1004
Korfhage, L. 462, 463
—, vgl. Hasserodt, U. 531
Koritskii, A. T., u. Mitarbb. 997
Kornfeld, M. 1060
Korolev, A. J., u. Mitarbb. 1009, 1039
Korolev, G. V., Pavlov, B. V., u. Berlin, A. A. 1052
Koroly, J. E. 491, 509
—, vgl. Beavers, E. M. 485, 548
Korotkina, O. Z., vgl. Eskin, V. E. 979, 1038
Korotkov, A. A., u. Mitarbb. 979, 980, 989, 1027
—, vgl. Burgova, M. P. 994
—, Piotrovskij, K. B., u. Feringer, D. P. 994
Korschak, W. W., s. Korshak, V. V.
Korshak, V. V. 114, 610
—, u. Mitarbb. 136, 157, 174
—, vgl. Frunze, T. M. 145, 146, 1013
—, Frunze, T. M., u. Krasnyanskaja, E. A. 982
—, vgl. Kolesnikov, G. S. 610, 611

Korshak, V. V., Sosin, S. L., u. Alekseeva, V. P. 627
—, vgl. Vinogradova, S. V. 1051
—, u. Vinogradova, S. V. 398, 584, 614
—, —, u. Beljakov, V. M. 1013, 1065
Kortsch, W. 981
Kortüm, G. 987, 990, 998
Koschel, D., u. Schlögl, R. 1067
Kosfeld, R., vgl. Illers, K. H. 998, 1065
Koshiro, T., u. Mitarbb. 1017, 1041
Kosiyama, K., vgl. Yoshimoto, T. 1065
Koskikallio, J., vgl. Fisch, W. 510
Kosolapoff, G. M. 724
Kossmann, K., vgl. Kern, W. 1068
Kossova, L. K., vgl. Tager, A. A. 1052
Kotina, V. E., u. Klimenkov, V. S. 1036
Kotliar, A. M. 806
—, vgl. Krigbaum, W. R. 978, 1009, 1037, 1049
Koton, M. M., u. Mitarbb. 555
—, Kisselewa, T. M., u. Bessenov, M. J. 964
Kotscheschkow, K. A., vgl. Gluschkowa, W. P. 763, 764
Kovacic, P., u. Hein, R. W. 778
Kovačs, A. J. 1020, 1025, 1026
—, vgl. Gubler, M. G. 993, 1027
Kovács, L. 526
Kovaleva, V. P., vgl. Kargin, V. A. 987, 1051, 1059, 1066
Kovarskaya, B. M., u. Mitarbb. 1064
Koviac, P. 804
Kovriga, V. V., vgl. Gul, V. E. 1058
Kowalski, I., vgl. Wertyporoch, E. 610
Kowarskaja, G. M., vgl. Slonimskij, G. L. 220
Koyama, R., vgl. Isihara, A. 1008
Kozlov, P. V., u. Mitarbb. 1004, 1065
—, Iovleva, M. I., u. Pan-Tun, L. 1003
—, vgl. Iovleva, M. M. 1013, 1014
—, Iovleva, M. M., u. Platé, N. A. 1013, 1059
—, —, u. Shyryaeva, L. L. 1013

Kozlov, P. V., Kabanov, V. A., u. Trolova, A. A. 983
—, vgl. Makaruk, L. 1006
Kozmina, O. P., vgl. Kurlyankina, V. I. 996
Krabbe, W., u. Seher, A. 715
Kracht, H., vgl. Lober, F. 845
Kraemer, E. O. 181
—, vgl. Lansing, W. D. 181
Krämer, H., vgl. Bier, G. 1009, 1036
—, vgl. Hellfritz, H. 1007, 1008
Kraemer, W. C., vgl. Eck, J. C. 667
Krämer-Sarnow 41
Kränzlein, G. u. Lampert, U. 722
—, u. Voss, A. 611
—, —, u. Brunner, A. 610
—, —, u. Starck, W. 720, 723
Kränzlein, P., vgl. Gumlich, W. 516
Krässig, H. 396, 397, 398, 887
—, vgl. Andrews, D. A. 996
—, u. Egar, G. 339
—, u. Greber, G. 396, 398
—, u. Müller, H. 1010
—, u. Siefert, E. 1010
—, vgl. Staudinger, H. 339
Krafft, F., u. Dyes, W. A. 4
Kraft, R., vgl. Bub, L. 15, 21
—, vgl. Gumlich, W. 516
Krahler, S. E., vgl. Wirth, W. V. 70
Kraiman, E. A., vgl. Marvel, C. S. 618
Krakovski, J., vgl. Farmer, E. H. 631
Kral, H. 920
Králiček, J., u. Šebenda, J. 115
—, vgl. Šebenda, J. 116
—, vgl. Wichterle, O. 116
Králová, M., vgl. Květoň, R. 383, 384
Kramer, M. J. 1001
Krammes, R., u. Maresh, C. 929
Krasnyanskaja, E. A., vgl. Frunze, T. M. 146
—, vgl. Korshak, V. V. 982
Kratky, O. 976, 978, 981, 985, 986
—, u. Mitarbb. 985, 986, 989
—, u. Breiner, R. 983, 986
—, vgl. Huggins, M. L. 639
—, u. Porod, G. 986

Kratky, O., Sekora, A., u. Breiner, R. 982
—, —, u. Treiber, E. 986
—, u. Sand, H. 977
—, u. Sembach, H. 986
Kratochvil, A., u. Spirit, J. 999
Kratochvíl, P., Munk, P., u. Sedláček, B. 977
Kratz, A., vgl. Kämmerer, H. 988
Kratz, G. D., Young, H. H. jr., u. Katz, I. 847
Kratzl, K., u. Schweers, W. 1018
Kraus, A. 238
Kraus, E. 602, 604
Kraus, G. 773, 1021
—, vgl. Collins, P. L. 797
—, u. Dugone, J. 1023
—, vgl. Lasoski, S. W. 1019
—, u. Manson, J. E. 1019
—, u. Reynolds, W. B. 825
—, Short, J. N., u. Thornton, V. 994, 1039, 1060
—, u. Svetlik, J. F. 971
Kraus, W. 327
—, vgl. Ott, G. H. 552
—, vgl. Widmer, G. 362
Krauss, H., vgl. Ernst, O. 438
Krauss, H. W., vgl. Hebermehl, R. 520
Krauss, W., vgl. Frank, G. 442, 478, 522, 544, 546
Kraut, J. 1049
—, u. Dandliker, W. B. 976
Kravath, F. F. 292
Krebs, H. 847
—, Diewald, J., u. Wagner, J. A. 1018
Kreidl, Heller & Co. s. Vereinigte Chemische Fabriken Kreidl …
Kreidl, J., vgl. Herzog, W. 416
Krejsa, J. 1015, 1015, 1047
—, vgl. Kössler, I. 1047
Krems, I. J., vgl. Gerecht, J. F. 738
—, vgl. Weiss, P. 738, 993, 1038
Kreshkov, A. P., Guretskii, I. Y., u. Andreev, P. A. 897
—, Michailenko, J. J., u. Jakimovitsch, G. F. 995
Kress, K. E. 988
Kressman, T. R. E. 745
—, vgl. Alkeroyd, E. I. 666, 744
—, vgl. Calmon, C. 963, 1012
—, u. Holmes, L. E. 270
—, u. Tye, F. L. 746
—, u. Wilkinson, E. M. 752

Kretschmer, L., vgl. Weigel, F. 535
Kretschmer, W., vgl. Feuerberg, H. 923, 964
Kretz, R. 988
Kreuschner, H., vgl. Friedrich, K. 247
Kreutzberger, A., vgl. Grundmann, C. 589
Krewer, W. A., vgl. Ayers, G. W. 738, 739
Krey, W., vgl. Dehnert, H. 438
Krieger, A., vgl. Hopff, H. 149, 151
Krieger, I. M., vgl. Maron, S. H. 1033, 1042, 1043
Krigbaum, W. R. 976, 1032, 1033, 1052
—, u. Carpenter, D. K. 1020
—, u. Flory, P. J. 1032
—, u. Kotliar, A. M. 978, 1009, 1037, 1049
—, u. Kurz, J. E. 1018
—, Mandelkern, L., u. Flory, P. J. 1036
—, vgl. Newman, S. 1020
—, u. Tokita, N. 1003, 1028
—, u. Trementozzi, Q. A. 1007
—, u. Wall, F. T. 1032
Krimian, J. A., vgl. England, W. D. 800
Krimm, H. 482
—, u. Schnell, H. 197, 482, 489
—, vgl. Schnell, H. 52, 53, 54, 474, 505
Krimm, S. 981, 982, 993
—, vgl. Liang, C. Y. 991, 992
—, u. Liang, C. Y. 992, 995
—, —, u. Sutherland, G. B. B. M. 992
—, u. Tobolsky, A. V. 982, 985
Krische, W., u. Spitteler, K. 637
Krishnamurthy, M., u. Sastry, G. S. 1064
Krishnamurthy, P. 609
Krismann, E. H., vgl. Bridgwater, E. R. 803
Krispin, K. H., vgl. Stieger, G. 245, 533
Kritzler, H., u. Wagner, K. 407
—, vgl. Wagner, K. 407, 408, 409
Krivoruchko, N. M., vgl. Tsvetkov, V. N. 979, 1038
Křižek, V., u. Rybnikar, F. 1003

Kroeker, E. H., vgl. Neher, H. T. 37
Krönert, J. 1030
Krötzsch, M., vgl. Holzmüller, W. 1061
Kroncke, C. O., vgl. Kaufman, H. S. 1055
Kropa, E. L., vgl. Bradley, T. F. 30
—, vgl. Loughran, G. A. 373, 793
—, u. Nyquist, A. S. 758, 791
—, vgl. Nyquist, A. S. 758, 791
—, vgl. Padbury, J. J. 728
—, u. Thomas, W. M. 562, 584
—, u. Welcher, R. P. 272
—, vgl. Wohnsiedler, H. P. 575
Kropacev, V. A., Dolgoplosk, B. A., u. Nolaev, N. I. 994
Kropp, W. 299, 301
Kroser, S. P., vgl. Tsvetkov, V. N. 1003, 1046
Krozer, S., Vainryb, N., u. Silina, L. 980
Krueger, D., u. Tschirch, E. 875
Krüger, G. 266, 426, 455
Krüger, H. E., vgl. Frank, G. 723
Krüger, K. H. 403
Krug, A., u. Sixt, J. 483
Kruissink, C. A. 114
—, vgl. Staverman, A. J. 114, 1007
Krull, W. 988, 989, 1009
—, vgl. Ueberreiter, K. 1009
Krum, F., u. Müller, F. H. 968
—, vgl. Müller, F. H. 968, 1024
Krumbhaar, W. 241
Krumey, F., vgl. Schöberl, A. 603
Kruse, J., u. Timm, T. 999, 1001, 1057
Kruse, P. F. jr., u. Wallace, W. B. 923, 990
Kruyt, H. R. 1030, 1068
Krylov, O. V., u. Sinyak, Y. E. 429, 448
Kryszewski, M. 999
—, vgl. Ciferri, A. 978, 1037
—, u. Marchal, J. 969
—, u. Palezynski, B. 1032
Kryukova, A. I., vgl. Moiseev, V. D. 812
Krzikalla, H. 494
—, u. Armbruster, R. 345, 395, 400
—, u. Meyer, F. 211, 287
—, vgl. Meyer, F. 15, 21, 560, 561, 566

Krzikalla, H., u. Taack-Trakranen, F. v. 304
—, u. Toepel, T. 374
Kubens, R., vgl. Bodenbenner, K. 523
—, vgl. Frank, G. 513, 546
Kubico, M. A., u. MacDonald, R. N. 409
—, —, Stearns, R. L., u. Wolff, F. A. 409
Kubler, D. G. 497
Kucera, J. L., vgl. Bailey, F. E. 429, 978, 1037
Kudim, T. V., vgl. Sokolov, L. B. 141
Kudrjavcev, G. M., vgl. Volochina, A. V. 105
Kudrjawzew, B. B. 963
Kudrjawzew, G. I., vgl. Ssokolowa-Wassiljewa, J. A. 709
—, vgl. Strepichejew, A. A. 710
—, u. Zarkowa, M. A. 710
Kudryawzeff, N., vgl. Poraï-Koschitz, A. 197
Küchler, L. 1068
Kügler, J., u. Scharmann, A. 988, 991
Kühlkamp, A., vgl. Ehmann, W. 700
—, vgl. Kahrs, K. H. 704
—, vgl. Starck, W. 700, 701, 719
Kühn, E., vgl. Hopff, H. 719
—, Louis, G., Penning, E., Senninger, R., u. Wilhelm, H. 408
Küntzel, A. 357
Künzle, O. 1041
—, vgl. Kuhn, W. 1066
Küspert, K. 687
Küssner, K. H. 1019
Kuester, F. E., u. Findley, T. W. 485, 529
Kuhlmann s. Compagnie Nationale ...
Kuhn, H. 896, 913
—, vgl. Kuhn, W. 1000, 1032, 1048
—, u. Kuhn, W. 1000
—, —, W., u. Silberberg, A. 1000, 1032, 1048
—, u. Zahner, H. 429
Kuhn, H. H., u. Hoffmann, U. 568
—, vgl. Hopff, H. 494
Kuhn, J. E., vgl. McWhorter, W. F. 500
Kuhn, K. A., u. Cassidy, H. G. 645, 693
Kuhn, L. B. 677, 679
Kuhn, R., Badstübner, W., u. Grundmann, C. 415, 416
—, u. Grundmann, C. 414
—, u. Hoffer, M. 414
—, u. Staab, H. A. 398

Kuhn, W. 1061
—, vgl. Burkhardt, F. 1015
—, u. Künzle, O. 1066
—, vgl. Kuhn, H. 1000, 1032, 1048
—, Kuhn, H., u. Buchner, P. 1000, 1032, 1048
—, u. Majer, H. 1011
—, Peterli, E., u. Majer, H. 1011
—, vgl. Silberberg, A. 999
Kuhn, W. H., u. Schulz, G. V. 1008
—, vgl. Schulz, G. V. 1008
Kuhr, E. 36, 61, 479, 480, 547
Kulas, C., u. Pauling, C. 229
Kuleshova, A. A., vgl. Talmud, S. L. 1017
Kuleznev, V. N., vgl. Dogadkin, B. A. 1013
Kumar, D., u. Choudhury, R. 980
Kumin, R., McGarvey, F. X., u. Farren, A. 266
Kumins, C. A., Rolle, C. J., u. Roteman, J. 1029
Kumnick, M. C., u. Watson, F. K. 783
Kunde, J., vgl. Zahn, H. 113
Kung, F. E. 8, 786
—, vgl. Stevens, H. C. 454, 496, 788
Kunin, R. 300
—, vgl. Fisher, S. 973
—, u. Meyers, R. J. 819
Kuno, M., vgl. Uchida, T. 969
Kunowski, H., u. Hofmann, U. 1005, 1059
Kunst, E. D. 977, 1035
Kunstfaserwerk s. Thüringisches ...
Kunstzijde Unie N. V. s. Algemene ...
Kuntz, I. 678, 681
—, vgl. Arbabright, P. A. 599
—, u. Baldwin, F. P. 803
—, vgl. Baldwin, F. P. 679, 681, 803
—, vgl. Serniuk, G. E. 678
Kunz, A., vgl. Helle, J. 903
Kunz, K., vgl. Schlack, P. 125, 181, 191, 372, 644
Kunze, W. 792, 1003
—, vgl. Zerweck, W. 372, 481
Kunze, W. C., vgl. Berl, E. 903
Kunzer, W., u. Leutert, F. 677, 828
—, u. Meyer, F. 515
Kuolik, I., vgl. Rusznak, I. 973
Kuphal, K., vgl. Hellwege, K. H. 1059, 1064, 1065

Kuppe, H. 937
Kuppers, J. R., u. Reid, C. E. 1048
—, vgl. Reid, C. E. 1008, 1029
Kuramoto, N., vgl. Yamamura, H. 1048
Kuraschev, M. V., vgl. Paushkin, J. M. 970
Kurata, M., vgl. Nakanishi, K. 1028
—, vgl. Odani, H. 1023
—, Yamakawa, H., u. Utiyama, H. 1033
Kurath, F. 212
Kuriakose, A. K., u. Yeddanapalli, L. M. 208, 228
—, vgl. Yeddanapalli, L. M. 204, 205, 208
Kurita, Y., vgl. Uchida, T. 969
Kurkjy, R. P., vgl. Shechter, L. 501, 508, 516, 518, 519, 521
—, vgl. Wynstra, J. 536
Kurlyankina, V. I., Polyak, A. B., u. Kozmina, O. P. 996
Kurmaev, A. D., vgl. Petrov, O. L. 506
Kuroiwa, T. 1044
Kurosaki, S., u. Furumaya, T. 968
Kurosaki, T., vgl. Iwakura, Y. 495, 757
Kurtz, S. S. 834
—, vgl. Brooks, B. T. 990
—, King, R. W., u. Sweely, J. S. 998, 1027
Kurucsev, T., vgl. Jordan, D. O. 1000, 1042
Kurz, J. E., vgl. Krigbaum, W. R. 1018
Kusin, A. 403
Kusminskiĭ, A. S., s. Kuzminskii, A. S.
Kusov, A. B. 1057
—, Trofimova, V. I., u. Nilova, Y. I. 1026
Kuss, E. 1045
Kusumoto, H., vgl. Oshima, K. 997
Kutch, E. F., vgl. Sorg, E. H. 597
Kutepow, N. v., u. Himmele, W. 34
Kutner, A., vgl. Breslow, D. S. 1042
Kuvshinskii, E. V., u. Fomicheva, M. M. 1067
—, u. Sidorovich, E. A. 1060
—, vgl. Sidorovich, A. V. 1051
—, vgl. Votinov, M. P. 1053, 1057
Kuwata, T., vgl. Hachihama, Y. 212

Kuwschinski, E. W., u. Semenowa, A. S 1028
Kuzina, E. N., vgl. Melikhova, N. A. 1029
Kuzminskiĭ, A. S., vgl. Angert, L. G. 844
—, u. Borkowa, L. W. 994
—, vgl. Reitlinger, S. A. 1012
—, Reitlinger, S. A., u. Schemastina, E. V. 1047
—, vgl. Tichomirova, N. N. 964
Kuznetsov, E. V., u. Mitarbb. 1040
Kuznetsova, N. N., vgl. Vansheidt, A. A. 305
Kvalnes, H. M. 228, 278, 330, 349
—, u. Chance, F. S. 336
—, u. Sherwood, L. T. jr. 342
Květoň, R. 347, 383, 384, 386, 387
—, Hanousek, F., u. Králová, M. 383, 384
—, Hostice, S., u. Skalova, A. 1069
Kwan-J, S., vgl. Jen-Yuan, C. 978, 1044
Kwolek, S. L., vgl. Hill, H. W. jr. 146, 922
—, vgl. Morgan, P. W. 139, 140
Kwong, J. N. S. 515

Laakso, T. M., u. Williams, J. L. R. 754
—, —, u. Garber, C. S. 755
Laamanen, L., vgl. Sihtola, H. 1017
La Bakélite s. Bakélite
Labeyrie, F., vgl. Guinand, S. 979
Laboratorium für Angewandte Chemie Dr. Frank Köhler 363
Lackner, T. J., vgl. Kemp, A. R. 830
Lacombe, E. M. 810, 814
Lacoste, R. J., Rosenthal, I., u. Schmittinger, C. H. 973
Laczkowski, M., u. Melon, J. 1015
Ladd, E. C. 498, 798
Lady, J. H., Adams, R. E., u. Kesse, I. 995
—, Kesse, I., u. Adams, R. E. 923
Laer, M. van 348
Laffey, J. J., vgl. Hakala, T. H. 681
Lafyatis, P. G., vgl. Astle, M. J. 561, 563

Lagaghe, M., vgl. Champetier, G. ... H 7
—, Chateau, M., u. Pomey, J. 898
Lagerhalm, G., vgl. Gralen, N. 1049
Lagucheva, E. S., vgl. Petrov, K. D. 397
Laidler, K. J. 1068
Laird, B. C., vgl. Malm, C. J. 895, 908
Lake, W. H., vgl. Coffey, D. H. 29, 87, 160
Laker, D. 978
—, vgl. Cleverdon, D. 976, 1007, 1008, 1034
Laki, K., vgl. Steiner, R. F. 979
Lal, J., u. Green, R. 1037
—, u. Trick, G. S. 598
Lamb, J., vgl. Gooberman, G. 806
Lambert, M. M., u. Baldwin, F. P. 679
—, vgl. Bauch, W. A. 679
Lamble, J. H., u. Damouck, E. S. 998
La Mer, V. K., u. Plesner, I. W. 976
La Moyne D. Bearden vgl. Malm, C. J. 727
Lampe, F. W., u. Schutze, H. G. 681
Lampe, G. R., vgl. Hellwege, K. H. 992
Lampert, U., vgl. Kränzlein, G. 722
Lampl, H., vgl. Landsteiner, K. 637
Landauer, F., vgl. Orthner, L. 687
Landel, R. F. 1067
—, Berge, J. W., u. Ferry, J. D. 1035, 1062, 1067 f.
—, vgl. Ferry, J. D. 1047
—, u. Stedry, P. J. 1058, 1067
—, vgl. Williams, M. L. 1061
Landells, G., vgl. Evans, J. G. 390, 402
Landes, C. G., vgl. Daniel, J. H. jr. 455, 458
Landler, Y. 1018
—, u. Lebel, P. 858
Landrum, B. F., u. Errede, L. A. 624, 625
—, vgl. Errede, L. A. 624
Landsteiner, K. 637
—, u. Lampl, H. 637
Lane, C. A., vgl. O'Brien, J. L. 491
Lane, E. S., vgl. Ficke, G. E. 752
Lang, E. R., u. Kelso, R. L. 515, 516
Lang, H. 1017
Lang, J. L. 856

Lang, K., vgl. Andres, K. 467
Lang, R., vgl. Schmidlin, J. 198
Langbein, W. 704
—, vgl. Orthner, L. 446
—, vgl. Starck, W. 722
Lange, B. 987
Lange, G., vgl. Schiffner, R. 872
Lange, H. 478, 613
—, vgl. Reddelien, G. 613
Langedijk, S. L., vgl. Colthof, W. 568
Langenbeck, W. 403
—, u. Sauerbier, R. 414
Langer, S. H. 530
—, u. Mitarbb. 530
—, u. Elbling, I. N. 442, 443, 516, 530, 531
—, vgl. Elbling, I. N. 530
Langerak, E. O. 88
—, Prucino, L. J., u. Remington, W. R. 88
Langford, W. J., u. Vaughan, D. J. 1018
Langhammer, G. 1015, 1046, 1047
—, u. Förster, H. 650
—, u. Quitzsch, K. 1015, 1047
—, u. Richter, M. 1032
Langhans, A. 690
Langkammerer, C. M. 420, 734
Langmaack, L. 1042
Langsdorf, W. P., vgl. Brown, N. 404
—, u. Stamatoff, G. S. 406
Langsjoen, A., vgl. Jones, G. D. 569, 570
Langton, H. M., vgl. Morell, R. S. 292
Langton, N. H. 1003
—, u. Matthews, D. 969
Lanikova, J., vgl. Mayer, J. 1027, 1045
—, vgl. Menčik, Z. 1030, 1034
Laning, S. H., Wagner, M. P., u. Sellers, J. W. 985
Lansing, W. D., u. Kraemer, E. O. 181
Lansky, S., Kooi, M., u. Schoch, T. J. 900
Lanza, V. L., u. Herrmann, D. B. 968, 1026
—, vgl. McCall, D. W. 1022
Lanzavecchia, G. 981, 1019, 1027
Lanzo, R., vgl. Ziegler, K. 781
Lapanje, S., vgl. Dolar, D. 1023, 1053
Lapina, R. A., vgl. Mizuch, K. G. 395
Laporta, X. V. 762
Lapp, C., vgl. Horn, P. 984
—, vgl. Marchal, J. 969

Laquer Co. s. Damard ...
Larchar, A. W., vgl. Foster, H. D. 372
—, vgl. Hallowell, A. T. 372
Larchar, T. B., u. Mitarbb. 1039
Larkin, B. T., u. Clair, W. E. S. 209
—, vgl. Clair, W. E. S. 471
LaRoche de Benneville, P., u. Meunier, V. C. 365
Larson, Q. V., vgl. Soldano, B. 1010, 1021
Lasarev, A. J., vgl. Rjabtschikov, D. J. 973
Lasoski, S. W. jr. 1029
—, u. Cobbs, W. H. jr. 1023
—, u. Kraus, G. 1019
—, vgl. Naylor, R. E. jr. 997
Lasure, E. P., vgl. Gaver, K. M. 913
Latham, G. H. 842
Latourette, H. K., u. Castrantas, H. M. 483
Latremouille, G. A., vgl. Merrall, G. T. 433, 438, 439
—, Merrall, G. T., u. Eastham, A. M. 433
Lauer, K. 1025, 1052
Laugrost, B. 990
—, vgl. Überreiter, K. 1050
Lautenschlager, H. 104, 110
—, vgl. Schmidt, W. 112
Lauth, H. 270, 272, 455
Lautsch, W., Manecke, G., u. Broser, W. 643
Lavagnino, E. R., u. Mitarbb. 575
La V. E. Cheney, s. Cheney, L. V. E.
Lavery, T. F., u. Mitarbb. 1055
—, Grover, F. S., Smith, S., u. Kitchen, L. J. 1057
Lavin, E. 701
—, vgl. Cohen, S. M. 790
—, vgl. Wheeler, O. L. 697
Lawrance, D. R., vgl. Butler, K. 153
Lawson, J. K., vgl. Easley, W. K. 13
Lawson, W. E. 830
Lawton, E. J., Balwit, J. S., u. Bueche, A. M. 777
Lawton, G., vgl. Lelyveld, E. 471
Lawton, R. W., u. King, A. L. 1057
Laycock, G. H., vgl. Ames, J. 1060
Laylan, B. N., u. Stafford, R. L. 799
Layman, M. K. 362
Layman, R. E. jr., vgl. West, H. J. 361, 362

Lazàr, M., vgl. Rado, R. 777
Lazare, L., Sundheim, B. R., u. Gregor, H. P. 1022
Lazier, W. A., u. Signaigo, F. K. 771
Lazurkin, Y. S., vgl. Kiselev, A. G. 998
Lea, K. R., vgl. Sundbeck, E. H. 13
Leach, F. P., u. Spencer, W. D. 826
Leach, S. J. 1034
Leaderman, H. 1030, 1044, 1066
—, Smith, R. G., u. Williams, L. C. 1045, 1049, 1058, 1065
Leaman, L. 1030, 1043
Lean, A. F. M., s. MacLean, A. F.
Lear, D. W. 239
Learch, F. P., u. Spencer, W. D. 826
Leavitt, F. C., u. Matterna, L. U. 764
Lebach, H. 238
Lebach, H. H., vgl. Adams, W. H. jr. 634, 636
Le Beau, D. S. 850
—, vgl. Hader, R. N. 850
—, vgl. Hauser, E. A. 1003, 1016
Lebedew, A. W., vgl. Shukow, I. I. 1008, 1038
Lebel, P., vgl. Landler, J. 858
Leboch, F. 1045
Lebok, J. 244
Lebovits, A., vgl. Overberger, C. G. 697, 764
LeBras, J. 853
—, u. Compagnon, P. 510, 855, 856, 857, 860
—, vgl. Compagnon, P. 853, 855
—, u. Delalande, A. 861
—, u. Montu, M. 852, 988
—, u. Pinazzi, C. 230
—, —, u. Milbert, G. 853, 855, 856, 860
—, u. Schmidt, D. 849
Lechler, P. 505
Lechtenböhmer, H., vgl. Hahn, W. 662
Le Clair, H. G., vgl. Rochow, E. G. 996
Ledbetter, H. D., vgl. Gurgiolo, A. E. 434
Lederer, E. 1011
—, u. Lederer, M. 1011, 1012
Lederer, F., vgl. Rosenthal, A. 995
Lederer, H. 99
Lederer, L. 220, 225
Lederer, M. 969, 1011
—, vgl. Lederer, E. 1011, 1012

Ledwith, A., vgl. Bawn, C. E. H. 630
Ledwoch, K. D. 533, 963, 964, 1068
—, vgl. Engelhardt, F. 361, 362
—, u. Meisel, H. 963
Lee, A. R., u. Vostovich, J. E. 777
Lee, E. H., vgl. Bland, D. R. 1061
—, u. Morrison, J. A. 1062
Lee, H., u. Neville, K. 471, 517, 520, 530, 567
Lee, H. T., vgl. Chinai, S. N. 979, 1037
Lee, K. O. 1018
Lee, L. H., vgl. Shelton, J. R. 773
Lee, M. M. 38
Lee, S., vgl. Sakurada, I. 783
Lee, T. S., vgl. Kolthoff, I. M. 493, 928, 934, 937, 938
—, Kolthoff, I. M., u. Johnson, E. 927
—, —, u. Mairs, M. A. 830
Leech, H. R., u. Burnett, R. L. 826
Leeper, H. M., u. Mitarbb. 802, 1060
—, vgl. D'Amico, J. J. 802
—, u. Schlesinger, W. 982, 1025
—, vgl. Schlesinger, W. 982, 993, 1013
Leeuwerik, J. 1055
Le Fèvre, C. G., u. Le Fèvre, R. J. W. 411
Le Fèvre, R. J. W., vgl. Le Fèvre, C. G. 411
Le Gault, L. H., vgl. Formo, J. L. 522
Legrand, C. 981
Le Grand, I. 987
Legue, N. R., vgl. Gallant, M. M. 157
Lehl, H. 1022
Lehmann, F. A., u. Brauer, G. M. 923
Lehmann, R. 340
Lehmann, W. 136
—, u. Bayer, O. 458, 460
—, —, Kass, W., u. Graulich, W. 455
—, vgl. Graulich, W. 455
—, vgl. Kleiner, H. 709, 738
—, vgl. Münz, F. 455
—, Münz, F., Bayer, O., u. Kleiner, H. 455
—, vgl. Reinartz, K. 615
—, u. Rinke, H. 72, 96, 170, 374
Lehnartz, E., vgl. Flaschenträger, B. 638
Lehrle, R. S., vgl. Barlow, A. 923, 1019
—, u. Majury, T. G. 1010

Lehrle, R. S., u. Peaker, F. W. 977, 1008, 1011, 1033
—, u. Robb, J. C. 1018
Leibnitz, E., Könnecke, H. G., u. Gawalek, G. 571, 572
—, u. Naumann, K. 195, 198
Leicester, Lovell & Co. Ltd. 506, 530
Leicester, H. M., vgl. Henne, A. L. 608
Leigh, T. 226
Leigh-Dugmore, C. H. 1003, 1005
Leininger, R. I., vgl. Ungar, I. S. 998
Leitch, L. C., Gagnon, P. E., u. Cambron, A. 630
Leitenberger, W., vgl. Kautter, C. T. 809, 816
Leitner, M. 1025, 1060
Leltschuk, S. L., u. Sedlis, W. J. 1045
Lelyveld, E., u. Lawton, G. 471
Le Maistre, J. W., u. Seymour, R. B. 210
Lemaitre, J., Smets, G., u. Hart, R. 339
Lemiszka, T., vgl. Cottle, D. L. 681
—, vgl. Eby, L. T. 678, 681
—, vgl. Serniuk, G. E. 678, 681
Lemon, P. H. R. B., vgl. Banks, J. A. 473
Leng, M., vgl. Benoit, H. 977
Lenk, C. T., vgl. Paciorek, K. L. 795, 796
Lenné, H. U. 982
Lenormant, H. 996
Lenz, H., vgl. Kämmerer, H. 203
Lenz, J., vgl. Ostwald, U. 345, 355
—, vgl. Scheuermann, H. 333, 344, 345, 354, 355, 363, 370
Lenz, R. W., u. Carrington, W. K. 605
—, u. Handlovits, C. E. 420
Leonard, E. C. jr., u. Mitarbb. 775, 782
—, vgl. Schroeder, J. P. 775
Leonard, F., vgl. Hill, J. T. 988
—, Nelson, J., u. Brandes, G. 742
—, vgl. Tobolsky, A. V. 596, 597
Leonardi, G., vgl. Pasquariello, E. 212, 213
Leontein, S. G. 1056
Leopold, R., u. Michael, A. 585
Leray, J. 1000

Lercher, K., vgl. Ziegler, E. 255
LeRolland, P., u. Sorin, P. 1057
Le Roy Scott, S. 779
—, vgl. Lindsey, R. V. jr. 785
Le S. Cairns, T., s. Cairns, T. L. S.
Leschenko, S. S., Karpov, Y. L., u. Kargin, V. A. 986
Leser, W. H., vgl. Weir, C. E. 1024
Leshin, R. 801
Lesnick, J. P., vgl. Sampson, R. N. 502
Lesser, J. M., vgl. Hauptschein, M. 447
Leth Pedersen, P. H. 848
Letort, M. 409
—, u. Mathis, P. 409
Letort, M. J. A., u. Petry, J. E. E. 409
Leubner, G. W., vgl. Murray, J. J. 726
—, vgl. Unruh, C. C. 727, 736
—, Williams, J. L. R., u. Unruh, C. C. 755
Leuchs, H., u. Geiger, W. 131
Leuchs, O. 1026, 1062
—, u. Hubert, E. 911
Leumann, E., vgl. Porret, D. 364, 498
—, vgl. Sallmann, R. 364, 371
Leuna-Werke VEB 500, 508, 509, 517
Leupin, O. 340
Leupold, E. O., vgl. Staudinger, H. 824
Leutert, F., vgl. Kunzer, W. 677, 828
Leven, M. M., u. Sampson, R. C. 1001
Lever, A. E., u. Rhys, J. 1057, 1061
Levesque, C. L., vgl. Marvel, C. S. 810
Levi, D. W., u. Mitarbb. 999, 1020, 1035
—, vgl. Chinai, S. N. 978, 1036
—, vgl. Didot, F. E. 979, 1038
—, vgl. Scherer, P. C. 969, 1041
—, vgl. Valles, R. J. 1031
Levi, S. M. 1024, 1033, 1042
Levickalia, K. V., Pastuchov, P. T., u. Dakilov, S. N. 1069
Levin, A., vgl. Wheeler, O. L. 830
Levine, M., vgl. Temin, S. C. 154
Levine, M. M. 38
Levine, R. M., vgl. Mayne, J. E. O. 719

Levis, D. A., u. Small, P. A. 695

Levreault, R., vgl. Nielsen, L. E. 1067

Levy, G. B. 978

—, u. Frank, H. P. 1036

—, vgl. Frank, H. P. 977, 1009, 1036

Levy, J., vgl. Kelley, M. J. 442

Levy, M., u. Mitarbb. 989

—, u. Cohen-Bosidan, F. 989

Levy, W. J., vgl. Myles, J. R. 300, 588, 589

Levy-Pascal, A. E., vgl. Maron, S. H. 1043

Lewin, A., vgl. Robitschek, P. 292

Lewis, A. J., vgl. Cowan, J. C. 156

Lewis, C. W., vgl. Freeman, J. H. 222, 223

Lewis, D. W. 532

—, vgl. Rogers, D. A. jr. 499

Lewis, E. E. 817

—, u. Naylor, M. A. 817

Lewis, F. M., u. Mitarbb. 658

Lewis, G. J., vgl. Finn, S. R. 226

Lewis, J. R., u. Blanchard, K. O. 213

—, vgl. Hill, R. 927

Lewis, R. N., vgl. Bloxham, E. J. 521

—, u. McIver Hunter, W. R. 518

Lewis Berger & Sons Ltd. s. Berger...

Leyer, R. W. 797

Leziva, J. M., Lidařik, M., u. Stary, S. 473

Leznov, N. S., vgl. Volkova, L. S. 532

Lhoste, P., u. Aubony, M. 895

Li, P. Z., vgl. Lukovenko, T. M. 505

Liang, C. Y., vgl. Krimm, S. 992, 995

—, u. Krimm, S. 992

—, —, u. Sutherland, G. B. B. M. 991

—, Lytton, M. R., u. Boone, C. J. 966, 991

—, u. Marchessault, R. H. 996

—, u. Pearson, F. G. 993

Liang-ho, S., vgl. Jen-yuan, C. 976, 978, 1007, 1037, 1044

Libbey-Owens-Ford-Glass Co. 38, 333, 479, 723

Liberti, F. P., u. Pierrelumbert, R. C. 1043

Libina, S. L., vgl. Michajlova, Z. V. 36

Licentia Patent-Verwaltungs-GmbH 345, 346, 475, 499, 502, 527, 721

Lidařik, M. 503

—, vgl. Leziva, J. M. 473

—, vgl. Šupler, V. 469

Lieb, D. J., vgl. Napravnik, A. 473

Liebegott, H. P., vgl. Papst, E. 858

Lieber, E., vgl. Mikeska, L. A. 601

—, u. Smyers, W. H. 664, 665

Liedmann, R. 1064

Lienhart, A., Widemann, M., u. Bandert, A. 1006

Lieser, T. 758, 865, 883, 915

—, u. Mitarbb. 23

—, vgl. Gehlen, H. 170

—, u. Gehlen, H. 148, 170

—, —, u. Gehlen-Keller, M. 23

—, vgl. Macura, K. 172, 173

Lieske, E., vgl. Budnowski, M. 480

Lifson, S. 1031

—, u. Katchalsky, A. 980, 1008, 1010

—, vgl. Katchalsky, A. 1008

Light, R. E. jr., vgl. Greenspan, F. P. 492, 493, 532, 768

Lighty, J. G. 675

Lilienfeld, L. 459, 865, 889

Lilley, H. S. 1060

—, u. Osmond, D. W. 235

Lillin, H. v., vgl. Jenckel, E. 271, 643

Lilly & Co. s. Eli...

Lincoln, J. 5, 102, 108

—, vgl. Drewitt, J. G. N. 14, 21

Lindegren, C. R., u. Kohan, M. J. 1003

Lindemann, E., vgl. Traube, W. 872

Lindenfelser, R., u. Kilthau, M. K. 362

Linder, S. M., vgl. McKellin, W. H. 482

Lindgren, B. O. 264

Lindgren, P. H. 982

Lindsey, R. C. jr., u. Le Roy Scott, S. 785

Lindsley, C. H. 1028, 1034, 1040

Lindvig, P. E., vgl. Alsup, R. 409

Lingamfelter, F. P., u. Davis, D. S. 1025

Lingane, J. J. 972

Linke, F., vgl. Horst, K. 341

Linke, R. 1032, 1033

Linnig, F. J., u. Mitarbb. 987, 999

Linnig, F. J., vgl. Milliken, L. T. 988

—, u. Stewart, J. E. 994

Linskens, H. F. 1012

Lintner, J., u. Scheuermann, H. 340, 353

Linton, W. H. 408

Lin Yan, Derevitskaya, V. A., u. Rogovin, Z. A. 895

Lipatov, J. S., vgl. Kargin, V. A. 1050

—, Kargin, V. A., u. Slonimskij, G. L. 1051

—, Lipatov, S. M., Zubov, P. I., u. Andryushtshenko, E. A. 1043

—, vgl. Meerson, S. M. 1051

Lipatov, S. M., vgl. Akhmedow, K. S. 1053

—, vgl. Lipatov, J. S. 1013

—, vgl. Meerson, S. I. 1010, 1027, 1028, [1040, 1051, 1052, 1053

—, Zharkocskiz, D. W., u. Zagraevskoya, I. M. 1022

—, Zubov, P. J., u. Andryusshtshenko, E. A. 977, 1042, 1043, 1045, 1053

Lippincott, S. B., vgl. Wiese, H. K. 492

Liquori, A. M. 982

—, u. Mitarbb. 974

—, u. Mele, A. 1034, 1040, 1058

—, —, u. Carelli, V. 988

Li Shu Hua vgl. Badoche, M. 1050

Liska, J. W., vgl. Conant, F. S. 1019

Lissant, K. J. 635

Lissner, O., vgl. Demmler, K. 518

—, Demmler, K., u. Meyer, F. 518

—, Meyer, F., u. Demmler, K. 533

—, vgl. Pohlemann, H. 523

—, u. Scholz, H. 518

—, u. Stichnoth, O. 518

—, vgl. Ufer, H. 527

Litt, M., vgl. Stanley, E. 431

Little, G. E., u. Pepper, K. W. 238

Little, J. R. 259, 780, 798

—, vgl. Armstrong, R. T. 847

—, Fletcher, H. H., u. Tawney, P. O. 848

—, vgl. Tawney, P. O. 801

—, vgl. Viohl, P. 259

Little, K. 984, 987, 1006

Litzler, C. A. 190

Livigni, R., vgl. Morton, M. 797

Livingston, D. I., vgl. Haas, H. C. 608, 995, 1054

Livingstone, D. I., Kamath, P. M., u. Corley, R. S. 968, 992
Livsic, I. A., u. Stepanova, V. I. 1069
LKB-Producter, Stockholm 656
Llopis, J., vgl. Davies, J. T. 1024
Lloyd, B. J. jr., vgl. Kahler, H. 1028, 1049
—, vgl. Roos, E. 466
Lloyd, D. G. 989
Lo, E. S. 474
Loasby, G. 192
Lober, F. 299
—, Bayer, O., Bögemann, M., u. Schneider, P. 850, 852
—, vgl. Freytag, H. 804, 845
—, Freytag, H., u. Kracht, H. 845
—, vgl. Roos, E. 466
—, vgl. Wegler, R. 303, 304, 308
Lobsitz, J. L., vgl. Hearon, W. M. 884
Lockhead Aircraft Corporation 92, 238
Loconti, J. D., vgl. Schneider, N. S. 1015
Lode, W. 1056
Loder, D. J., u. Gresham, W. F. 561, 566
Lodge, A. S. 1000
Loeb, L., vgl. Creely, J. J. 985
—, vgl. Newman, S. 1010, 1040, 1044
—, vgl. Segal, L. 985
Loebel, A. B. 977
Löbering, J., u. Fleischmann, A. 405
—, u. Rank, V. 405
Loebl, E. M., vgl. Gregor, H. P. 973
—, Luttinger, L. B., u. Gregor, H. P. 973
—, u. O'Neill, J. J. 974
Loecker, W. de, s. De Loecker, W.
Löflund, I., vgl. Schulz, R. C. 638, 731
Löhmann, H. J., vgl. Schulz, G. V. 866
Loehr, O. 437
Loepelmann, F. 180, 185, 1034, 1039
Lösche, A. 997, 1000
Lötterle, R., vgl. Husemann, E. 865
Loew, G., u. Hörl, G. 61, 90
Loew, H., vgl. Luther, H. 996
Loew, O. 403
Löwe, F. vgl. Roth, W. A. 998
Loewe, H., vgl. Armbruster, R. 458, 575
Logemann, H., u. Rother, K. 1034

Lohaus, G. 111, 118
Lohmander, U., vgl. Claesson, S. 1007, 1031
Lohmann, H., vgl. Staudinger, H. 428, 429, 436
Lohmar, R., Sloan, J. W., u. Rist, C. E. 904
Lohmar, W., vgl. Morschel, H. 558, 560
—, vgl. Roos, E. 466
Loible, J. E., u. Martin, R. 536
—, vgl. Martin, R. 536
Lolkema, J. 911
Lomberg GmbH s. Byk-Gulden...
Londergan, T. E. 405, 412
Long & Co. s. Dorman...
Long, F. A., vgl. Drechsel, P. 1001, 1020
—, u. Kokes, R. J. 1022
—, vgl. Kokes, R. J. 1022
—, vgl. Mandelkern, L. 1029
—, vgl. Prager, S. 1022
—, u. Thompson, L. J. 1022
—, vgl. Thompson, L. J. 1022
—, vgl. Wagner, H. L. 972, 979, 1041
—, u. Watt, I. 1022
Long, J. H., vgl. Griffin, L. H. 468, 470, 471
Longley, R. L. jr., vgl. Chapin, E. C. 693
Longworth, R., u. Hermans, J. J. 970
—, u. Morawetz, H. 992, 1045
Lonza AG s. a. Elektrizitäts-werk...
Lonza Elektrizitätswerke & Che-mische Fabriken AG 725, 895
Lonzawerke, Elektrochemische Fabriken GmbH 718, 721
Lopatenok, A. A., vgl. Danilov, S. N. 895
Lorant, M. 966, 968, 993
Lorens, J., vgl. Holzmüller, W. 1061
Lorentz, G., vgl. Dietz, K. 239, 416, 466
—, u. Heuck, C. 521
Lorentz-Andreae, G., Dietz, K., u. Scherer, H. 239
Lorenz, A., u. Dehnert, H. 468
Lorenz, J., vgl. Holzmüller, W. 1045
Lorenz, O., u. Scheele, W. 848
Loshaek, S., u. Fox, T. G. 991, 1025
—, vgl. Fox, T. G 1025, 1044
Loss E. Winkler, D., s. De Loss E. Winkler
Lossen, W. 763
Lossew, J. P., u. Akutin, M. S. 197
Lotterhos, K., vgl. Elöd, E. 509

Lotz, R. 28
Lou, R. L. H., vgl. Maron, S. H. 975
Loucheux, L., Weill, G., u. Benoit, H. 976
Loughran, G. A., Dudley, J. R., u. Kropa, E. L. 373, 793
Louis, D., vgl. Fuchs, V. W. 673, 813, 992
Louis, G., vgl. Kühn, E. 408
—, Penning, E., Pohlemann, H., u. Wilhelm, H. 409
Loulan, J. A., u. Brown, R. J. 797, 800
Loutz, J. M., vgl. Jaffe, J. 1031
Lovell, C. M., vgl. White, H. F. 995
Løvens kemiske Fabrik ved. A. Kongsted 494
Lowe, A. J., u. Butler, D. 437
—, —, u. Cockbain, E.G. 426
Lowe, A. R. 25
—, vgl. Cook, J. G. 5, 6, 7, 25
Lowe, C. E. 5
Lowell, A. I., Busellt, A. J., u. Taylor, W. H. 704
Lowry, C. E., vgl. Stanton, G. W. 447
Lowry, G. G. 1031
Loy, B. R. 998
Lu, B. C. Y., vgl. Spinner, I. H. 1014
Lucas, V. E., u. Mitarbb. 1024, 1059
Luce, S. B., vgl. Thomas, C. A. 702
Luce, W., vgl. Bestian, H. 578
Luck, W. 1047
Lude, A. 1043
—, vgl. Herrent, P. 1043
Luder, J., vgl. Zurcher, M. 971
Ludewig, H. 125, 153
—, u. Froeber, K. 178
—, vgl. Hubert, E. 105, 106, 107, 143
Ludlow, J. L. 687
Ludwig, E., vgl. Schöberl, A. 603
Ludwig, O. R. 337, 351
Ludwig, R. 1048
Ludwig, R. E. 481
Lübben, H., vgl. Engelhardt, W. v. 1031
Lücke, K., vgl. Granato, A. 1062
Lückert, H., vgl. Griehl, W. 472
Lüdde, H., vgl. Ziegler, E. 232, 233
Lüssi, H., u. Zahner, H. 568
Lüthy, M., vgl. Staudinger, H. 405
Lütje, H., vgl. Meyerhoff, G. 1047
Lüttgen, C. 292, 819

Lüttringhaus, A., vgl. Böttcher, B. 620
—, König, H. B., u. Böttcher, B. 620
—, vgl. Worthmann, R. 986
Luetzel, W. G., vgl. Bianchi, J. P. 999, 1026
Luft, F., vgl. Mocker, F. 1069
Luft, R., vgl. Dubois, J. E. 416
Lufter, C. H. 799
—, vgl. Starmer, P. H. 799
Lukin, B. V., u. Kasatochkin, V. I. 981
—, vgl. Kasatochkin, V. I. 982, 985
Lukomskaya, A. I. 1056
—, u. Dogadkin, B. A. 968
—, vgl. Dogadkin, B. A. 968
Lukomsky, A. I., vgl. Dogadkin, B. A. 968
Lukovenko, T. M., Li, P. Z., u. Akutin, M. S. 505
Lum, F. G. 147
—, vgl. Carlston, E. F. 108
—, Carlston, E. F., u. Butler, J. C. 147
Lumb, P. B. 801
Lundberg, J. L., vgl. Frisch, H. L. 1023, 1031
—, Hellman, M. Y., u. Frisch, H. L. 1031
—, u. Nelson, L. S. 966
—, vgl. Zimm, B. H. 1022
Lundberg, L. A. 459
—, vgl. Dudley, J. R. 455, 458, 461
Lundberg, R. D., vgl. Callard, R. W. 1008
Lundberg, W. O., Malkin, T., u. Holman, R. T. 987
Lundsted, L. G., vgl. Jackson, D. R. 439
Lunge, G., u. Bebie, J. 869
—, u. Weintraub, E. 869
Lung Rei, C., vgl. Ping-Lum, H. 664
Luniak, B. 929
Lunn, W., Rymer, E., u. Woolhouse, T. G. 306
Lunt, J. C. 845
Luongo, J. P. 991, 993
Lurie, G., vgl. Birnbaum, K. 53
Luskin, L. S. 467
Lusskin, R., vgl. Ritter, J. J. 142
Luszczak, A., vgl. Mayer, F. X. 987
Luten, D. B. jr. 196, 198
Luther, H., Meyer, H., u. Loew, H. 996
—, u. Weisel, G. 969
Luther, M., u. Heuck, C. 334, 347, 350
Luthy, M., vgl. Rispler, A. L. 389
Luttinger, L., u. Cassidy, G. H. 973

Luttinger, L. B., vgl. Gregor, H. P. 973
—, vgl. Loebl, E. M. 973
Luttropp, H. 1021, 1055, 1067
—, vgl. Breuers, W. 819
Lutwak, H., vgl. Walter, G. 322, 325, 329, 388
Lutz, G. A., vgl. Ungar, I. S. 927
Luz, W. D. 598
Lykova, T. A., vgl. Molotkov, P. V. 516
Lyman, D. J. 72
—, u. Jung, S. L. 166
Lyman, D. L., vgl. Campbell, T. W. 671, 672
Lyman, W. R., vgl. Ferris, A. F. 686
—, u. Preuss, A. F. jr. 745
Lynch, C. C., vgl. Crowe, G. A. jr. 330, 371
Lynch, U. E., vgl. Feuer, H. 373, 378
Lyne, R. R. 738
—, u. Clark, A. W. S. 738
Lyness, W. I., vgl. McKweown, J. J. 985
Lyon, F., vgl. Sweitzer, C. W. 36, 797
Lyons, J. D., vgl. Brady, S. H. 532
Lyons, W. J. 1061, 1063
—, vgl. Conant, F. S. 1060
Lytton, M. R., vgl. Coppick, S. 1017
—, vgl. Liang, C. Y. 966, 991
Lyubina, S. Y., vgl. Tsvetkov, V. N. 1000

Maas, T., vgl. Gabriel, S. 102
Maasberg, A. T., vgl. Greminger, G. K. 892
Maass, C., vgl. Reuther, H. 1050, 1052
Maass, K. 467
McAbbee, E., vgl. Rugger, G. R. 1045, 1055, 1057
McAlevy, A. 668, 687, 689, 777
—, Strain, D. E., u. Chance, F. S. 686, 779, 780
McAlvey, vgl. Brooks, R. E. 176
McBain, J. W. 980, 1006, 1030, 1046
McBurney, C. A., vgl. Sorg, E. H. 597
McBurney, C. H. 744, 745, 751, 752, 753
McCaffrey, F., vgl. Honnold, V. R. 996
McCall, D. W. 1047
—, Ambrose, J. F., u. Lanza, V. L. 1022

McCall, D. W., vgl. Anderson, E. W. 968
—, u. Slichter, W. P. 969, 982, 997, 1022, 1047, 1048
—, vgl. Slichter, W. P. 997
Macallum, A. D. 605
McCallum, J. G., vgl. Novak, L. J. 502
McCann, F. R., u. Rothman, S. 1007
McCarthy, J. L., vgl. Felicetta, V. F. 970, 989, 1017
McCarthy, M. G., vgl. Hansen, J. E. 1008
McCartney, J. R. 814
McCarty, F. J., vgl. Blicke, F. F. 215
McCleary, R. F., u. Roberts, S. M. 216
McClellan, P. P. 425
McClellan, W. R. 342
McClinstock, R. M., u. Hiza, M. J. 463
McColm, E. M., vgl. Fischer, H. L. 829
McConnell, W. V., vgl. Bell, A. 471
McCormick, H. 1049
McCormick, H. W. 1038
—, Brower, F. M., u. Kin, L. 1055
McCoskey, R. E., vgl. Furukawa, G. T. 1050
McCrum, G., vgl. Muus, L. T. 1065
McCrum, N. G. 1064, 1065
McDevit, W. F., vgl. Burnett, B. B. 1003, 1004
McDonald, H. J. 969
Macdonald, J., vgl. Irvine, J. C. 909
MacDonald, R. N. 405, 406, 407, 412
—, vgl. Becholt, M. F. 406
—, vgl. Kubico, M. A. 409
—, vgl. Schweitzer, C. E. 404, 408
McDonel, E. T., vgl. Shelton, J. R. 844, 966
McDowall, R., u. King, J. S. 506
McDowell, W. H., u. Kenyon, W. O. 725
McElvain, S. M., u. Curry, M. J. 562
McFarland, J. W. 688
McFarlane, R., u. Fuoss, R. M. 970
McFarlane, S. B., vgl. Jones, W. D. 95
McGahey, R. W. 785
McGarvey, F. X., vgl. Kumin, R. 266
McGary, C. W. jr. 436
—, u. Patrick, C. T. jr. 508
—, —, u. Stickle, R. jr. 486

McGary, C. W. jr., vgl. Phillips, B. 491, 492, 505, 522, 529, 530
McGavack, J., vgl. Bradley, C. E. 830, 831
McGavin, S., vgl. Cowan, P. M. 985
McGlashan, M. H., vgl. Guggenheim, E. A. 1007
McGreal, M. E., Niederl, V., u. Niederl, J. B. 198
MacGregor, J. H. 383, 893
—, u. Pugh, C. 893
McGrew, F. C. 963
—, vgl. Muus, L. T. 1065
Machell, G. 8
Machemer, H., vgl. Haworth, W. N. 888, 910
—, vgl. Staudinger, H. 815
Machill, H. J. 1019
McIntosh, J., vgl. Farrow, G. 1066
McIntyre, D., O'Mara, J. H., u. Konouck, B. C. 1013
McIntyre, J. T., vgl. Konkle, G. M. 1054
McIver Hunter, W. R., vgl. Lewis, R. N. 518
Mack, C. H., u. Bickford, W. G. 485
Mack, G. P. 493, 499
McKannan, E. C., vgl. Watkins, J. M. 1068
Mackay, H. A., vgl. Parry, H. L. 463
McKeever, C. H., vgl. Fuson, R. C. 507, 665
McKellar, R., vgl. Bauman, W. C. 751
McKellin, W. H., u. Linder, S. M. 482
McKelvey, J. B., u. Mitarbb. 467
—, Webre, B. G., u. Klein, E. 896
McKelvey, J. M., Gavis, J., u. Smith, T. G. 1062
Mackenzie, C. A., vgl. Weaver, J. W. 889
McKenzie, D. 1030, 1031
Mackenzie, J. B. D. 473
—, vgl. Aero Research Ltd. 467
—, Fisch, W., u. Renner, A. 522
—, vgl. Rayner, C. A. A. 516, 538
MacKenzie, J. C., vgl. Orzechowski, A. 1069
MacKenzie, J. S., vgl. Dege, G. J. 429, 995
Mackie, J. S., u. Meares, P. 974, 1021, 1047
McKinney, C. D., u. Hall, R. T. 85
Mackinney, H. W., u. Meyers, C. Y. 241

McKinney, J. E., Edelman, S., u. Marvin, R. S. 1057
McKinney, O. F., vgl. Burleigh, J. E. 1069
McKinney, P. V., vgl. Mayberry, M. G. 620
McKweown, J. J., u. Lyness, W. I. 985
McLaren, A. D., u. Mitarbb. 1019
—, vgl. Katchman, B. 1022
—, u. Rowen, J. W. 1022
McLaughlin, R. W., vgl. Young, D. M. 9
McLaughlin, T. F. 972
Maclay, W. D., vgl. Carson, J. F. 906
Maclay, W. N., vgl. Fuoss, R. M. 1041
McLean, A., vgl. Zenftman, H. 690
Mac Lean, A. F., Stantzenberger, A. L., Cooley, S. D., u. Taylor, W. E. 483
McLeod, A. A. 1061
McLeod, C. M., u. Robinson, G. M. 395
McLeod, L. A., vgl. Einhorn, S. C. 1054, 1057
—, vgl. Forbes, W. G. 1019
—, vgl. Henderson, D. A. 1025
McLoughlin, J. R., vgl. Tobolsky, A. V. 1063
McMaster, E. L. 745, 746, 751
—, u. Glesner, W. K. 667, 744, 747
—, —, u. Drake, L. R. 746
—, u. Tolkmith, H. 752
—, Wheaton, R. M., u. Skidmore, J. R. 745, 751
McMullen, C. W., vgl. Bruson, H. A. 215
McNabb, J. W., u. Payne, H. F. 538
McNally, J. G., u. Dyke, R. H. v. 728
McNeill, I. C., vgl. Grassie, N. 814, 815, 816, 992
MacPeek, D. L. 498
—, vgl. Phillips, B. 482, 487
—, vgl. Starcher, P. S. 492, 494
—, Starcher, P. S., u. Phillips, B. 489
McQueen, D. M. 686
—, vgl. Dorough, G. L. 720
—, u. Werntz, J. H. 694
MacRae, D. R., u. Zapp, R. L. 1050
McRae, W. A. 790
—, u. Alexander, S. S. 686
McSweeney, G. P., vgl. Braden, M. 848
Macura, K., u. Lieser, T. 172, 173

McVey, W. C. 833
McWain, P., vgl. Shafizadeh, F. 965
McWhorter, W. F., Kuhn, J. E., u. Klassen, H. C. 500
Madan, R. C. 988
Madden, R. W., vgl. Cooper, W. 1015
Madfai, S. A., vgl. Frisch, H. L. 1024
Madorsky, I., vgl. Arnold, A. 998
—, vgl. Wood, L. A. 1069
Madorsky, S. L. 808, 809
—, u. Mitarbb. 809, 810, 811, 812, 814, 815, 817, 818, 851
—, vgl. Straus, S. 808, 811, 813, 814, 815, 817, 851, 966
Madow, B. P., vgl. Maron, S. H. 1017, 1042, 1043
Maeda, H., Kawai, T., u. Sekii, S. 1043
Maeda, Y. 1061
Maeder, A. 496, 739
—, u. Albrecht, O. 496
—, vgl. Ernst, O. 512
—, Fisch, W., Ernst, O., u. Zumstein, H. 517
—, vgl. Sallmann, R. 364, 371
Maekawa, E., vgl. Kishimoto, A. 1048
Männer, E., vgl. Elias, H. G. 1008
Maerker, G., Carmichael, J. F., u. Port, W. S. 480
—, Saggese, E. J., u. Port, W. S. 480
Maerker, J. B., vgl. Farkas, A. 91
Magat, E. E. 141, 142, 146
—, u. Mitarbb. 161, 162, 391, 392, 393
—, u. Salisbury, L. F. 392, 393
Magat, M., vgl. Chachaty, C. 409
—, vgl. Scott, R. L. 1020, 1038
—, vgl. Wall, L. A. 806
Magnasco, V., vgl. Bianchi, U. 1033, 1038
—, vgl. Rossi, C. 1033, 1047
Magne, F. C., Mod, R. R., u. Skau, E. L. 466
—, vgl. Placek, L. L. 486
Magnus-Levy, A. 389
Magri, R., vgl. Ziegler, K. 781
Mahan, M. H., vgl. Hollyday, W. C. 663
Mahl, H., u. Gölz, E. G. 1002
—, vgl. Hess, K. 1005
Mahoney, J. F., u. Purves, C. B. 908

Maiboroda, V. J., vgl. Mikhailov, N. V. 140, 1005, 1006
Maillard, J., vgl. Betticher, A. 1062
Maillard, L. C. 101
Mainkur AG s. Cassella ...
Mairs, M. A., vgl. Kolthoff, I. M. 493, 928, 934, 937, 938
—, vgl. Lee, T. S. 830
Maistre, J. W. Le, s. Le Maistre, J. W.
Majer, H., vgl. Burkhardt, F. 1015
—, vgl. Kuhn, W. 1010, 1011
Majer, J. 999, 1028, 1045
—, Belusa, J., u. Lanikova, J. 1045
—, u. Dvorak, J. 1001, 1026
—, u. Osecky, P. 1028
Majer, R. 1038, 1045
Major, H. M., vgl. Sharples, A. 1033
Majury, T. G. 115
—, vgl. Burrell, C. M. 967
—, vgl. Lehrle, R. S. 1010
—, u. Melville, H. W. 967
Makareva, S. P., vgl. Schigorin, D. H. 985
Makarowa-Semljanskaja, N. N., vgl. Schorigin, P. 887
Makaruk, L., Kozlov, P. V., u. Kargin, V. A. 1006
Makletsova, N. V., vgl. Soboleva, I. G. 965, 978, 1010
Makowski, H. S., vgl. Cain, W. P. 671, 782
—, u. Fusco, J. V. 782
Malatesta, A., vgl. Immergut, E. H. 979, 994
Malcolm, B. R., vgl. Elliott, A. 985, 996, 1001
Malden, J. W. 986, 1019
Maldifassi, G., vgl. Saini, G. 978, 1036
Maleev, I. I., vgl. Yurzhenko, A. I. 1023, 1031
Malinski, J. M., vgl. Kargin, V. A. 1024
—, vgl. Tikhomirova, N. S. 1029
Malkin, T., vgl. Lundberg, W. O. 987
Mallaravapu, L. X., vgl. D'Alelio, G. F. 364
Malm, C. J. u. Mitarbb. 876, 877, 878, 880, 988, 989, 999, 1022, 1054
—, u. Blanchard, L. W. 878
—, u. Crane, C. L. 871
—, u. Fordyce, C. R. 880
—, u. La Moyne D. Bearden 727
—, Tanghe, L. J., Herzog, H. M., u. Stewart, M. H. 874
—, —, u. Laird, B. C. 895, 908
—, —, u. Schmitt, J. T. 874

Maltese, P., Gioacchino, T. di, u. Garzuglia, E. 973
Maltha, P. 36
Manasia, J. P., vgl. Dean, R. T. 988
—, u. Somerville, G. R. 502
Manasse, A. 103
Manasse, O. 220, 224, 225
Mancini, C., vgl. Giua, M. 1039
Mandel, M. 969
Mandelkern, L. 938, 1051
—, u. Mitarbb. 1004, 1027
—, u. Flory, P. J. 1025
—, vgl. Flory, P. J. 1025, 1051
—, vgl. Krigbaum, W. R. 1036
—, u. Long, F. A. 1029
—, vgl. Martin, G. M. 1026
—, vgl. Newton, C. J. 981, 982
—, vgl. Quinn, F. A. 933, 939, 940, 1026, 1051
—, Quinn, F. A., u. Flory, P. J. 1025
—, —, u. Roberts, D. E. 981, 1025, 1051
—, vgl. Roberts, D. E. 982, 1025, 1050
—, vgl. Rogers, S. S. 1026
—, Williams, L. C., u. Weissberg, S. G. 1048
Mandell, E. R., vgl. Slichter, W. P. 982, 997
Manecke, G., u. Bahr, C. 272
—, —, u. Reich, C. 272
—, u. Günzel, G. 643
—, vgl. Helberger, J. H. 912
—, u. Heller, H. 643, 741, 747
—, vgl. Lautsch, W. 643
—, u. Otto-Laupenmühlen, E. 970
—, u. Signer, S. 643, 690, 759, 760
Mangini, A. 341
Manin, V. N., vgl. Vinogradov, G. V. 1046
Maniś, F., vgl. Zámorský, Z. 1033, 1040
Mann, F. G., u. Stewart, F. H. C. 627, 629
Mann, H. J. 554
Mann, J. 996
—, vgl. Kendall, F. H. 850, 994
—, u. Marrinan, H. J. 966, 996, 999
—, vgl. Marrinan, H. J. 995, 996
Mannich, C. 405
—, u. Brose, W. 416, 419, 421
Manning, J. F., vgl. Mason, J. P. 291
Mano, E. B. 1069
Manson, J. A., u. Arquette, G. J. 979, 1038
—, u. Cragg, L. H. 976, 992, 999, 1034, 1035

Manson, J. A., vgl. Cragg, L. H. 1034, 1036
Manson, J. E., vgl. Kraus, G. 1019
Mantell, C. L. 1023
Mantell, G. J. 897
Manteuffel, A. A., Cook, G. R., u. Cortiss, W. W. 466
Manufacture de Rueil 483
Manzano, H., vgl. Hönel, H. 242, 284
Maraghini, M., vgl. Mariani, E. 1010
Maragliano, D., u. Giulio, E. di 812
Marathon Paper Mills Co. u. Burgess, A. F. 634
Marbon Corporation 827, 830, 832
Marbo Patents Inc. 830, 831, 832
Marcey, S. D., vgl. Nelson, B. W. 502
Marchal, J., vgl. Horn, P. 984
—, vgl. Kryszewski, M. 969
—, u. Lapp, C. 969
Marchessault, R. H., vgl. Liang, C. Y. 996
Marchionna, F. 861
Marcus, R. A., vgl. Gregor, H. P. 974
Marei, A. I. 1063
—, Rokityanski, I. V., u. Samoletova, V. V. 994, 1067
Mares, T., vgl. Conrad, C. M. 1043
Maresh, C., vgl. Krammes, R. 929
Margerum, J. D., vgl. Black, E. D. 991
Margolina, Y. L., vgl. Voyutskii, S. S. 1019
Mariani, E., Ciferri, A., u. Maraghini, M. 1010
Marietta Co. s. American ...
Marin, J., vgl. Sauer, J. A. 1063
Marini, G. B. 376
Mark, H. 46, 114, 191, 630, 935, 1007, 1032
—, vgl. Eirich, F. 818
—, vgl. Elias, H. G. 1007
—, vgl. Fettes, E. M. 593
—, u. Fikentscher, H. 704, 747
—, vgl. Frank, H. P. 978, 1007, 1009
—, vgl. Frisch, H. 977, 995, 1000, 1039, 1036
—, vgl. Immergut, E. H. 1040
—, vgl. Meyer, K. H. 46, 402, 915, 1030, 1056, 1068
—, vgl. Muthana, M. S. 1008
—, vgl. Palit, S. R. 922, 977, 1008, 1033, 1035

Mark, H., u. Raff, R. 818
—, vgl. Siegel, B. M. 1004
—, u. Verwey, E. J. W. 969, 1023
—, u. Whitby, G. S. 1, 25, 46, 191, 819, 844, 861
Mark, H. F., vgl. Dannenberg, E. M. 781
—, vgl. Gaylord, N. G. 432, 820
—, vgl. Hittmair, P. 1055
—, vgl. Kaufman, M. H. 625, 626, 628
Marker, L., vgl. Aggarwal, S. L. 1046
—, Early, R., u. Aggarwal, S. L. 1026, 1045
—, Hay, P. M., u. Tilley, J. P. 1024 1027,
Markert, H. 426
Markes, R. 1015
Markova, G. S., vgl. Kargin, V. A. 986, 987, 1051, 1059, 1066
—, vgl. Selikhova, V. J. 981, 983, 984
Markovitz, H., vgl. Harper, R. C. 1061
—, u. Kimball, G. E. 1041
Marks, B. M., vgl. Eifert, R. L. 732
Marks, J. L., vgl. Bunnett, J. F. 643
Marle, E. R., vgl. Boyd, D. R. 503
Marlies, C. A., vgl. Schmidt, A. X. 291, 819
Maron, S. H., u. Belner, R. J. 1030, 1043
—, u. Elder, M. E. 970
—, —, u. Ulevitch, I. N. 970
—, u. Fok, S. M. 1043
—, u. Levy-Pascal, A. E. 1043
—, u. Lou, R. L. H. 975
—, u. Madow, B. P. 1017, 1043
—, —, u. Krieger, I. M. 1042, 1043
—, u. Moore, C. 1003
—, u. Nakajima, N. 977, 1008, 1013
—, —, u. Krieger, I. M. 1033
Marple, K. E., vgl. Evans, T. W. 434, 476
Marquardt, W. 930
Marrinan, H. J. 991
—, u. Mann, J. 995, 996
—, vgl. Mann, J. 966, 996, 999
Marschall, F. 610
Marsden, C. 1011
Marsene Corporation of America 830, 832
Marshall, C. A., u. Mock, R. A. 970, 973, 1017, 1041
Marshall, I., u. Thomson, A. B. 190
Marshall, W. R., vgl. Heberer, A. J. 635

Martihenko, I. Y., vgl. Kargin, V. A. 1056
Martin, A. F. 1040
Martin, B. J. A., u. Parkinson, D. 1054, 1059
Martin, E., vgl. Coffman, D. D. 191
Martin, E. L. 166, 175, 722
—, vgl. Corner, J. O. 722
Martin, G. 823
Martin, G. D. 825
Martin, G. J. 1023
Martin, G. M., Rogers, S. S., u. Mandelkern, L. 1026
Martin, G. S., vgl. Price, F. P. 1040
Martin, H., vgl. Müller, F. H. 1051
Martin, I., vgl. Frisch, H. 977, 995, 1000, 1039
Martin, J. A., u. Parkinson, D. 1054
Martin, K. V. 996
Martin, L. D., vgl. Czerwin, E. P. 724
Martin, R., vgl. Loible, J. E. 536
—, Loible, J. E., u. Turner, R. J. 536
Martin, R. W. 206, 224, 226, 228, 244, 245, 246, 254, 278, 292, 477, 499
—, u. Holm, R. T. 492
—, Pannel, C. E., Schwarzer, C. G., u. Creek, W. 490
Martin, S. M. jr., u. Patrick, J. C. 591
Martina, A., vgl. Weber, F. 924
Martinez, J. M., vgl. Walton, H. F. 763
Martini, G. B. 376
Marton, L. 975
Martone, T. A. jr. 343
Martynoff, M. 759
Martyukhina, I. P., vgl. Bogina, L. I. 1069
Marvel, C. S. 704, 790, 820
—, u. Mitarbb. 321, 761, 770, 991
—, vgl. Abshire, C. J. 612
—, u. Aldrich, P. H. 598
—, u. Anderson, U. S. 988
—, u. Baumgarten, H. E. 599
—, u. Caesar, P. D. 598
—, u. Chambers, R. R. 598
—, u. Cowan, J. C. 761
—, Gander, R. J., u. Chambers, R. R. 275
—, u. Johnson, J. H. 982, 994
—, u. Kraiman, E. A. 618
—, u. Levesque, C. L. 734, 810
—, vgl. Mulvaney, J. E. 164, 612
—, u. Nowlin, G. 598

Marvel, C. S., Potts, R. M., u. King, C. 695
—, u. Riddle, E. H. 760
—, —, u. Corner, J. O. 810
—, Sample, J. H., u. Roy, M., F. 760
—, Shen, E. H. H., u. Chambers, R. R. 599
—, Sienicki, E. A., Passer, M., u. Robinson, C. N. 586
—, vgl. Vogel, H. 164
—, u. Weil, E. D. 995
—, u. Young, C. H. 98, 982, 994
Marvin, R. S. 1066
—, Aldrich, R., u. Sack, H. S. 1064
—, Fitzgerald, E. R., u. Ferry, J. D. 1060, 1063
—, vgl. McKinney, J. E. 1057
Marway, A. J., u. Miller, F. L. 672
Marwitz, H., vgl. Moldenhauer, O. 346, 356, 376, 381
Marx, M. 1017, 1041
—, vgl. Schulz, G. V. 863, 1031, 1040, 1049
Marx, P., u. Mitarbb. 1050
—, u. Dole, M. 1050
Marx, T., u. Presting, W. 982, 1004
—, vgl. Seipold, O. 1005
Marxer, A., vgl. Ott, G. H. 517
Marx-Figini, M. 650, 651, 870, 1017, 1035, 1041
Marzolph, H., u. Schulz, G. V. 1011, 1036
Masaaki Kato, Tsurutaro Nakagawa u. Hideo Akamatu 1042
Maschinenfabrik Oerlikon 499
Maschkileison, B., vgl. Poraï-Koschitz, A. 197
Mason, J. P., u. Manning, J. F. 291
Mason, P. 1055, 1067
Mason, S. A., vgl. Archer, W. L. 1029
Mason, S. G., vgl. Gardon, J. L. 971, 1007
—, vgl. Mossman, C. E. 971
—, vgl. Seidman, R. 968
Mason, S. J., vgl. Dyer, E. 91
Mason, W. P., vgl. Baker, W. O. 1057, 1061
Masson, C. R., u. Melville, H. W. 1007
Mast, W. C., u. Mitarbb. 787
—, Dietz, T. J., u. Fisher, C. H. 787
—, Rehberg, C. E., u. Fisher, C. H. 787

Masters, J. E. 515, 551
—, u. Mitarbb. 516
—, vgl. Belanger, W. J. 512, 515
—, vgl. Cooke, H. G. jr. 513
—, vgl. Hicks, D. D. 513
—, Hicks, D., u. Belanger, W. J. 516
Mastin, T. G., u. Seeger, N. V. 64
—, vgl. Seeger, N. V. 64, 86
Matheson, L. A., vgl. Dillon, R. E. 1005
Mathew, N. T., vgl. Paul, V. J. 243
Mathieson Chemical Co. s. a. Olin Mathieson Chemical Co. 562
Mathieson, A. R., vgl. Jordan, D. O. 1042
—, u. Porter, M. R. 1042
Mathis, P., vgl. Letort, M. 409
Matiello, J. J. 402
Matières Colorantes s. Compagnie Nationale ...
Matlack, A. S., u. Breslow, D. S. 644, 689, 984
—, vgl. Breslow, D. S. 101, 110
Matreyek, W., vgl. Winslow, F. H. 818
Matsuda, H., vgl. Suzuki, K. 998
Matsumae, K., vgl. Nishioka, A. 1045
Matsumoto, M., u. Eguchi, T. 722, 1035, 1042
—, u. Imai, K. 652, 1035
—, —, u. Kazusa, Y. 989
—, u. Ohyanagi, Y. 979, 999, 1009, 1010, 1038, 1043, 1046
Matsuo, H. 991, 992
Matsuoka, S. 1027
—, u. Maxwell, B. 1027
—, vgl. Maxwell, B. 1026
Matsuura, T. 1053
Matterna, L. U., vgl. Leavitt, F. C. 764
Matteucci, R., vgl. Falcone, L. 781
—, u. Giandinoto, G. V. 781
Matthäi, G. 1066
Matthes, A. 114, 116, 180, 181, 184, 185, 192, 1039
—, vgl. Fink, H. 883
Matthews, D., vgl. Langton, N. H. 969
Matthews, G. A. R., vgl. Basket, A. C. 88
Matthies, P., vgl. Bawn, C. E. H. 630
Matuzov, P. A., vgl. Ushakov, S. N. 673
Matveeva, A. D., vgl. Batuev, M. J. 978

Matveeva, A. N., vgl. Bobrova, M. I. 973
Maurer, K., u. Drefahl, G. 899
—, u. Reiff, G. 899
Mauthe, G., Hertlein, H., Hiltner, W., u. Guthke, F. 264, 287
—, vgl. Huismann, J. 176
—, vgl. Meister, M. 249, 265, 276, 277
—, vgl. Noerr, H. 171, 263, 265
—, vgl. Schultheis, H. 264
—, vgl. Zorn, B. 384, 387
Mauz, O., Rochlitz, F., u. Schleede, D. 498
Maw, W., vgl. Allpress, C. F. 15
Maxorov, B. V. 911
—, u. Andrianov, K. A. 911
Maxwell, B. 1062, 1064
—, u. Jung, A. 1031, 1044
—, vgl. Matsuoka, S. 1026, 1027
—, vgl. Sharp, E. B. 1059
Maxwell, R. W. 336
May, C. A. 506
—, u. Nixon, A. C. 500
—, vgl. Shokal, E. C. 513, 519
—, vgl. Whetstone, R. R. 502
May, G. B., u. Fisher, J. W. 148
Mayberry, M. G., McKinney, P. V., u. Westlake, H. E. jr. 620
Mayer, F. X., u. Luszczak, A. 987
Mayer, J., Belusa, J., u. Lanikova, J. 1027
Mayer-Pitsch, R., u. Troger, H. 257
Mayes, N., vgl. Overberger, C. G. 993
Mayfield, R. M., vgl. Ayer, J. E. 1029
Maynard, J. T., vgl. Coffman, D. D. 693
—, u. Mochel, W. E. 993, 994, 1025
Mayne, J. E. O., Warson, H., u. Levine, R. M. 719
Mayo, F. R., u. Walling, C. 931
Mayo, L. R. 982, 1059
—, vgl. Forman, D. B. 803
—, vgl. Fritz, H. 804
—, Griffin, R. S., u. Keen, W. N. 804
Mayurnik, G. 513, 523
Mazur, J., vgl. Katchalsky, A. 973
Mazzanti, G., vgl. Natta, G. 10, 410, 641, 689, 782, 803, 983, 1013
Mazzeno, L. W., vgl. Reid, J. D. 873

Mazzucchelli, A. P. 502
Mc ... s. unter Mac ...
Meacock, G. 192
Mead, D. J., vgl. Scheiber, D. J. 968
Meares, P. 970, 1008, 1013, 1029, 1052
—, vgl. Cruickshank, E. H. 974
—, vgl. Mackie, J. S. 974, 1021, 1047
Mecca, T. D., vgl. Amborski, L. E. 1059
—, vgl. Patterson, G. D. jr. 1058
Meckbach, H. 305
—, vgl. Holtschmidt, H. 40
—, vgl. Murke, H. 800
—, vgl. Wegler, R. 312
Mecke, R., vgl. Keussler, V. v. 988
Medalia, A. I., u. Freedman, H. H. 993
—, —, u. Sinha, S. 663
—, vgl. Kolthoff, I. M. 857, 858
—, u. Kolthoff, I. M. 941
Medvedeva, A. M., vgl. Deryagin, B. V. 1019
Medwedew, S. S., vgl. Kargin, V. A. 1024
—, vgl. Pravednikov, A. N. 965
—, vgl. Soboleva, I. G. 965, 978, 1010
Meehan, E. J. 976, 1006
Meer, S. van der 225, 259, 848
—, u. Grimm, E. G. 1068
—, Lipatov, S. M. 1010, 1027, 1028, 1052
—, —, u. Horn, E. 1040
Meerson, S. I., u. Lipatov, J. S. 1051, 1052
Meerwein, H. 8, 556, 557, 558, 564, 565, 629, 630
—, u. Mitarbb. 431, 557, 558
—, Delfs, D., u. Morschel, H. 8, 88, 432, 557, 558, 559, 560
—, u. Morschel, H. 558, 565
—, vgl. Morschel, H. 558, 560, 565
—, Rathjen, H., u. Werner, H. 629
Meffroy-Biget, A. M. 1015, 1017, 1055
Meggy, A. B. 101, 1052
Megson, N. J. L. 292
—, u. Drummond, A. A. 225
—, vgl. Finn, S. R. 200, 226
—, vgl. Hollingdale, S. H. 202

Megson, N. J. L., vgl. Holmes, E. L. 223, 229
—, vgl. Morgan, G. T. 414, 417, 418
—, u. Wood, W. A. 224, 255
Mehltretter, C. L., vgl. Hofreiter, B. T. 914
—, vgl. Rankin, J. C. 642
—, Rankin, J. C., u. Watson, P. R. 914
Mehnert, K., vgl. Schulz, G. 569, 573
Meibohm, W. P. H., u. Smith, A. F. 985
Meier, E., vgl. Corte, H. 685
—, vgl. Griessbach, R. 300, 575, 588, 590
—, vgl. Wassenegger, H. 267
Meier, G. R., vgl. Stivers, D. A. 796
Meier, J. F., vgl. Cerny, L. C. 1010
Meier, K. 972, 987, 1021
—, u. Ohm, K. 38
Meigs, J. V., vgl. Ellis, C. 603
Meij, S. de 971
—, u. Amerongen, G. J. van 1068
Meilach Melamid 245
Mei-Na, Y., vgl. Yung-Shih, C. 1009, 1039
Meinel, K. 792
Meis, H. 846
—, vgl. Metzger, W. 333
Meisel, H., vgl. Ledwoch, K. D. 963
Meisenburg, K., Dennstedt, I., u. Zaucker, E. 675
—, vgl. Stöcklin, P. 792
Meister, M. 265, 290
—, u. Mauthe, G. 249, 265, 276, 277
Melamed, S. 160, 167, 527, 754, 795
—, u. Aycock, B. F. 758
—, vgl. Gusman, S. 517
Melamid s. Meilach ...
Melby, L. R. 409
Mele, A., vgl. Liquori, A. M. 1040, 1058
—, vgl. Liquori, A. M. 988, 1034, 1058
Meleshko, V. P., u. Myagkol, O. N. 1003, 1022
Melikhova, N. A., Reitlinger, S. A., u. Kuzina, E. N. 1029
Mell, C. C. 1045
Meller, A. 868
Mellick, C. 525
Mellon, M. 987
Mellon, M. G. 989
Melnikov, B. N., u. Moryganov, P. V. 1047
Melnikova, E. P., u. Mitarbb. 626, 627

Melon, J., vgl. Laczkowski, M. 1015
Melster, A. 482
Meltewa, N. N., vgl. Barg, E. I. 1058
Melville, H. W. 965, 1037, 1052
—, vgl. Atherton, N. M. 997
—, vgl. Bevington, J. C. 697, 931, 935, 964
—, vgl. Blackley, D. C. 965
—, vgl. Burnett, G. M. 978
—, vgl. Burrell, C. M. 967
—, vgl. Cowley, P. R. E. J. 806
—, vgl. Dunn, A. S. 989
—, vgl. Grassie, N. 807, 816, 818
—, vgl. Jones, M. H. 642, 680
—, vgl. Majury, T. G. 967
—, vgl. Masson, C. R. 1007
—, u. Murray, A. F. R. 1008
—, Peaker, F. W., u. Vale, R. L. 642, 725, 965, 992, 1037
—, u. Sewell, P. R. 697, 965, 1009, 1037
—, u. Stead, B. D. 980
—, u. Valentine, L. 989
—, vgl. Youngson, G. W. 1008, 1039
Melvin, S. R., vgl. Anderson, R. J. 1055
Membranfiltergesellschaft Göttingen 656
Memmler, K. 620, 822
Menard, R. O., u. Cooper, W. W. 464
Mench, J. W. 727
—, u. Fulkerson, B. 895
Menčik, Z. 984, 1007, 1014, 1015, 1027, 1028, 1032
—, u. Lánikowá, J. 1030, 1034
Mendelson, R. A. 979, 1010, 1038
Menlen, P. A. van der, vgl. Kienle, R. H. 41
Mennicken, G., vgl. Nischk, G. 40
Menon, C. C., u. Kapur, S. L. 853
Mensching, G. 465
Mercer, E. H., u. Olofsson, B. 1048
Mercer, J. 864
Merck & Co. Inc. 442, 478, 633
Merck, E. 972
Mercurio, A., u. Tobolsky, A. V. 1067
Merkel, K., vgl. Demmler, K. 472
Merker, R. L. 1044
—, u. Scott, M. J. 1044
Merle, Y. 717, 913

Merling, G., u. Köhler, H. 418
Merrall, G. T., vgl. Latremouille, G. A. 433
—, Latremouille, G. A., u. Eastham, A. M. 433, 438, 439
Merret, F. E. 1013
Merrett, F. M. 854, 856
—, vgl. Allen, P. W. 854, 1009, 1013
—, vgl. Popham, F. J. W. 857
—, u. Wood, R. I. 858, 859
Merrill, E. W. 1045
Merrill, S. H., Robertson, E. M., Staehle, H. C., u. Unruh, C. C. 725, 726
—, u. Smith, D. A. 725, 805
—, u. Unruh, C. C. 736, 759, 806
Merriman, P. 1020
Merritt, L. L., vgl. Willard, H. H. 964, 975, 981, 987, 998, 1001, 1011
Merten, R. 447
—, vgl. Andres, K. 467
—, u. Wagner, K. 447
Mertens, H. W., vgl. Steurer, E. 868
Mertens, W. 515, 516
Mertz, C. W. 1031
Merz, A. 466, 1006, 1047
Merz, E. H., vgl. Buchdahl, R. 1063
—, Claver, G. C., u. Baer, M. 1054
—, vgl. Cox, W. P. 1062
—, Nielsen, L. E., u. Buchdahl, R. 1054
—, u. Raetz, R. W. 977, 1016, 1035
Merz, K. M., vgl. Beacham, H. H. 531
Merz, V., u. Weith, W. 604
Meschtscherjakov, A. P., vgl. Batuev, M. J. 978
Meskin, I. M., vgl. Geller, B. E. 1014
Mesrobian, R. B., vgl. Ephraim, S. 91
—, vgl. Feltzin, J. 630
—, vgl. Kaufman, M. H. 625, 626, 628
—, vgl. Metz, D. J. 642, 662
—, u. Tobolsky, A. V. 802, 806
Messer, W. E., vgl. Nisonoff, A. 1004, 1049
Messina, G., vgl. Parrini, P. 979, 999, 1010, 1017, 1038
Messing, R. F. 425
Messinger, J., u. Engels, C. 401

Messner, K., Schnabel, R., u. Schöller, C. 442
Messwarb, G., vgl. Heitzer, E. 670, 688
Metal & Thermit Corporation 499
Metallgesellschaft AG 598, 756, 825, 826, 858
Metcalfe, K., u. Tomlinson, R. F. 988
Methrom AG, Herisau/Schweiz 189
Metz, D. J., vgl. Ballantine, D. 642
—, u. Mesrobian, R. B. 642, 662
Metz, O., vgl. Klug, H. 774
Metzendorf, J., vgl. Zief, M. 1017, 1026, 1042
Metzger, A. P., u. Hamilton, C. W. 1046
Metzger, W., u. Meis, H. 333
Metzner, A. B., Carley, E. L., u. Park, I. K. 1045
Meumann, H., vgl. Haase-Deyerling, E. 967
Meunier, G. 419
Meunier, V. C., vgl. Auten, R. W. 342, 354
—, vgl. LaRoche de Benneville, P. 365
Meyer, A., vgl. Corte, H. 752
Meyer, A. W., Hampton, R. R., u. Davison, J. A. 993
—, vgl. Hart, E. J. 993
Meyer, E., vgl. Ebel, F. 709
—, vgl. Schmidt, O. 426, 441, 445
Meyer, F., u. Demmler, K. 476, 477, 515, 551
—, vgl. Demmler, K. 518
—, u. Gölz, H. 514
—, u. Krzikalla, H. 15, 21, 211, 287, 560, 561, 566
—, vgl. Kunzer, W. 515
—, vgl. Lissner, O. 518, 533
—, u. Palm, A. 477
—, u. Ritter, W. 363
Meyer, G. 827
Meyer, H. 5
—, vgl. Luther, H. 996
Meyer, K. H. 46, 901, 1030
—, u. Mitarbb. 900, 901
—, u. Mark, H. 46, 402, 1056
—, —, u. Wyk, A. J. M. van der 915, 1030, 1068
—, u. Schnell, H. 196, 198
—, vgl. Schnell, H. 198
Meyer, L. H., vgl. Gutowsky, H. S. 996
Meyer, L. S. 333
Meyer, R. 241, 482, 493, 768
Meyer, R. A., Bouquet, F. L., u. Alger, R. S. 971

Meyer, R. E., vgl. Otto, F. P. 568
Meyer, W. 1069
—, vgl. Glöckner, G. 1069
Meyerhans, K. 462, 463
Meyerhoff, G. 870, 980, 1007, 1016, 1028, 1032, 1036, 1038, 1039, 1041, 1046, 1048, 1049
—, u. Cantow, M. 1038, 1049
—, vgl. Cantow, M. 1033
—, Lütje, H., u. Rauch, B. 1047
—, u. Schulz, G. V. 1049
—, vgl. Schulz, G. V. 1036, 1046
Meyers, A. W., u. Mitarbb. 1029
Meyers, C. Y. 224
—, vgl. Mackinney, H. W. 241
Meyers, R. J., vgl. Kunin, R. 819
Meyerson, S. J., s. Meerson, S. J.
Meynard, C. T. 799
Meyrick, T. J., vgl. Buist, J. M. 1019
Meys, H., vgl. Rehage, G. 1007
Meysenbug, C. M. v. 1061
MFG Co. s. Cutler-Hammer ...
Micafil AG 523
Michael, A., vgl. Leopold, R. 585
Michaeli, I., u. Katchalsky, A. 973
—, vgl. Katchalsky, A. 1021
Michaels, A. S., u. Parker, R. B. jr. 1023, 1029
Michailenko, J. J., vgl. Kreschkow, A. P. 995
Michailov, G. P., s. Mikhailov, G. P.
Michailov, N. V., s. Mikhailov, N. V.
Michajlova, Z. V., Sedov, Z. N., Petrilenkova, E. B., u. Libina, S. L. 36
Michaud, H. 347, 359
—, vgl. Doehlemann, E. 358
—, Kaess, F., u. Vogel, E. 359
—, —, —, u. Doehlemann, E. 347
Micheel, F., u. Thomas, S. 271
Michelotti, F. W., vgl. Bavley, A. 514
—, Knuth, C. J., u. Bavley, A. 514
Michie, R. I. C., Sharples, A., u. Cumberbirch, R. J. E. 981
Michsch, K. 402

Midgley, T. jr., u. Henne, A. L. 851
—, —, u. Renoll, M. W. 823
Mielke, K. H., vgl. Bunge, W. 62, 63, 67, 77, 78
—, vgl. Wegler, R. 244, 286
Mifsud, J. F., vgl. Nolle, A. W. 1067
Mighton, C. J. 45
Mighton, H. R. 128
—, vgl. Evans, R. D. 1003
Mika, T. F. 791
—, vgl. Naps, M. 465, 534
—, u. Tess, R. W. H. 532
—, vgl. Tess, R. W. H. 41
Mikes, J. A. 1022
Mikeska, L. A., u. Fulton, S. C. 611
—, u. Lieber, E. 601
Mikhailov, A. N., vgl. Frenkel, P. Y. 1024
Mikhailov, G. P. 967, 1026
—, u. Borisova, T. J. 968, 1038
—, u. Burshtein, L. L. 968, 1065
—, u. Eidelnant, M. P. 968, 1065
—, vgl. Kabin, S. P. 1064
—, u. Sazhin, B. I. 968
—, —, u. Presniakova, V. S. 968, 1026
Mikhailov, N. M., u. Klessmann, W. O. 1050
Mikhailov, N. V., u. Mitarbb. 140, 1027, 1051, 1059
—, vgl. Fainberg, E. Z. 983
—, u. Fainberg, E. Z. 985, 1052, 1053
—, —, u. Gorbatscheva, V. O. 983, 1037
—, Maiboroda, V. J., u. Nikolaeva, S. S. 140, 1005, 1006
—, vgl. Schigorin, D. H. 985
—, u. Zelikman, S. G. 1007, 1009, 1033, 1036
—, vgl. Zelikman, S. G. 1027, 1037, 1053
Mikl, O., vgl. Klatil, M. 974
Mikluchin, G. P., vgl. Blokh, G. A. 964
Miksch, R., u. Prölss, L. 1018, 1069
Mikucki, M., vgl. Barb, W. G. 1006
Milani, E., vgl. Capitani, C. 989
Milbert, G., vgl. LeBras, J. 853, 855, 856, 860
Miles, G. W., u. Dreyfus, C. 865
Miles, H. T., Stadtman, E. R., u. Kielley, W. W. 272
Miljutin, W. I., vgl. Wainrib, E. A. 1002
Millar, R. L., u. Peterson, N. G. 532
—, u. Radlove, S. B. 493

Millard, J. C. 1045
Miller Rubber Co 846
Miller, A. L., vgl. Fusco, J. V. 679
—, u. Robinson, S. B. 258
Miller, A. R. 1052
Miller, B., u. Pacsu, E. 1018
Miller, C. D., u. Shreve, O. D. 995
Miller, D. G., vgl. Wall, F. T. 1061
Miller, D. L., Samsel, E. P., u. Cobler, J. G. 925
Miller, F. L., vgl. Marway, A. J. 671, 672
Miller, I., u. Beiser, A. L. 809, 816
Miller, I. K., vgl. Kolthoff, I. M. 972, 987
Miller, I. R., vgl. Katchalsky, A. 972, 989, 1041
Miller, L. E., u. Hamm, F. A. 1016, 1049
Miller, M. L., vgl. Gleason, E. H. 965, 977, 1038
—, u. Rauhut, C. E. 983, 993, 999, 1027
Miller, R. A., u. Price, C. C. 430, 435, 449
Miller, R. F., vgl. Fitzgerald, E. R. 968
Miller, R. G. J., u. Mitarbb. 992
—, vgl. Burnett, J. D. 992
—, vgl. Harris, I. 1016
—, u. Willis, H. A. 991
Miller, R. L. 981, 998, 1027, 1059
—, vgl. Buchdahl, R. 993, 1003, 1027, 1065
—, vgl. Claver, G. C. jr. 1004
—, u. Nielsen, L. E. 981
—, vgl. Slowinski, E. J. jr. 991
Miller, S. A., vgl. Bann, B. 357
Miller, W. A., vgl. Smith, J. J. 812
Miller, W. H., vgl. Patterson, G. D. 1056
Miller, W. v., vgl. Doebner, O. 299
—, u. Plöchl, J. 299, 399
Milliken, L. T., u. Linnig, F. J. 988
Mills, C. L. jr. 736
Mills, G. A., vgl. Farkas, A. 91
Mills, J., vgl. Cochran, J. E. jr. 479
Mills, J. M. 1028
Mil'man, T., vgl. Pechkovskaya, K. 971
Milne, J. N., Faulkner, D., u. Hollis, C. E. 372, 794
Milner, G. W. C. 972

Milone, C. R. 37
Milowiz, L., vgl. Ziegler, E. 201
Mims, R. L., vgl. Hughes, D. S. 1058, 1060
Minarik, W. L., vgl. Floyd, D. E. 524
Minassian, L. ter, vgl. Chachaty, C. 409
Minckler, L. S. jr., vgl. Cottle, D. L. 681
Mineo, R. M., vgl. Calhoun, V. B. 1045
Miner, C. S., vgl. Trickey, J. P. 634, 635
Minieri, P. P., vgl. Ritter, J. J. 142
Mining & Manufacturing Co. s. Minnesota ...
Minister of Supply 1062
Minneapolis-Honeywell Regulator Co. 522
Minnesota Mining & Manufacturing Co. 112, 465, 472, 475, 502, 512, 515, 528, 597, 768, 769, 786, 789, 795, 796
Mino, G., vgl. Thomas, W. M. 1005
Minoura, Y., vgl. Mori, Y. 855, 1039
—, Takebayashi, M., u. Price, C. C. 572
Minsk, L. M. 726, 805
—, u. Mitarbb. 725, 804
—, vgl. Cohen, H. L. 693, 694, 695, 696
—, u. Deusen, W. P. van 725, 727, 805
—, —, u. Robertson, E. M. 805
—, u. Kenyon, W. O. 710, 713, 728, 729, 747, 760
—, vgl. Kenyon, W. O. 690, 696, 704, 729
—, vgl. Robertson, E. M. 725, 804, 805
—, Waugh, G. P., u. Kenyon, W. O. 728
Minsker, K. S., u. Etliss, V. S. 671
Miotto, M., vgl. Hargitay, B. 1003
Mirkhlin, E. D., u. Mitarbb. 1029
—, u. Poretskaya, L. J. 1029
Mirlina, M. J., vgl. Kargin, V. A. 971, 974, 1003
Mironova, A. K., vgl. Feldman, R. I. 1054
Mironova, V. N., u. Zharrov, V. V. 989
Mise, N., vgl. Furukawa, J. 9, 10
Mish-Mishin, Y. M., vgl. Polyanskii, N. G. 267
Mishustin, J. U., vgl. Alekseenko, V. J. 1019, 1045

Mississippi Valley Research Laboratories 243
Mitchell, J., u. Mitarbb. 966, 972
—, u. Kolthoff, I. M. 963
—, —, Proskauer, E. S., u. Weissberger, A. 929
Mitchell, J. S. 207
Mitchell, L. C., vgl. Paciorek, K. L. 795, 796
Mitchell, R. L. 1017
—, vgl. Alexander, W. J. 1041
Mitin, Y. V., u. Mitarbb. 410
Mitsuhashi, K., vgl. Fujita, H. 1041
Mittasch, A., u. Ramstetter, H. 328, 347
Mittermayer, M., vgl. Ernst, P. 878
Mitzner, B. M. 991
Miyake, A. 984, 995, 1062
Miyake, K., vgl. Inaba, Y. 167
Miyama, H. 989
Miyukh, Y. V., vgl. Kitaigorodskii, A. I. 983, 985, 986
Mizuch, K. G., u. Lapina, R. A. 395
Mizutani, Y., vgl. Oster, G. 980, 992
Mleziva, J., u. Mitarbb. 465
Mnookin, N. M., vgl. Patrick, J. C. 591
Moacanin, J. 979, 1040
Mobay Chemical Co. 61, 86
Moberly, C. W., vgl. Jones, R. V. 691, 693
Mochel, W. E. 941, 964, 1034, 1039
—, vgl. Coffman, D. D. 191
—, u. Hall, M. B. 993
—, vgl. Maynard, J. T. 993, 994, 1025
—, vgl. Walker, H. W. 927
—, u. Weaver, C. 722
Mock, R. A. 974
—, u. Mitarbb. 1007
—, u. Marshall, C. A. 1017
—, u. Marshall, C. A. 970, 1041
—, u. Slykhouse, T. E. 973
Mocker, F. 973, 974
—, u. Luft, F. 1069
—, u. Old, I. 974
Mod, R. R., vgl. Magne, F. C. 466
Moebes, W., vgl. Wende, A. 497
Möbius, E., vgl. Thinius, K. 1024, 1025
Möhring, A., u. Duwe, G. 1001
Möller, F., vgl. Bunge, W. 62, 63, 67, 77, 78
Möller, P., vgl. Hagedorn, M. 873
—, u. Nicolai, H. J. 154

Moens, J., u. Smets, G. 711, 712

Möschle, A., vgl. Batzer, H. 1009, 1040

Moessmer, V., vgl. Kleinert, T. N. 1017

Moffett, E. W., vgl. Gebauer-Fuelnegg, E. 830, 832

—, vgl. Parker, E. E. 36

Moffitt, W. 1002

Mohan, G. R., vgl. Eisenberg, H. 971, 974

—, vgl. Paul, V. J. 243

Mohler, F. L., vgl. Bradt, P. 966

Mohler, H. 975, 987, 1002

Mohr, B., vgl. Batzer, H. 3, 31, 644, 1009, 1039

Mohr, R., vgl. Staudinger, H. 869

Mohrmann, H. W., u. Mitarbb. 1063

Moiseev, V. D., Neiman, M. B., u. Kryukova, A. I. 812

Mokul'skiĭ, M. A., vgl. Kiselev, A. G. 998

Moldenhauer, O., Irion, W., u. Marwitz, H. 346, 356, 376, 381

—, Zoller, R., u. Trautmann, G. 104, 109

Molin, Y. N., vgl. Tsvetkov, Y. D. 997

Moll, H., vgl. Bauer, K. H. 963

Moll, J., vgl. Vieweg, R. 1003

Moll, W. L. H. 1029, 1032, 1034

Molotkov, P. V., u. Cirkin, M. Z. 527

—, u. Lykova, T. A. 516

Moncrieff, R. C. 174

Monsanto Chemical Co. 116, 152, 161, 162, 208, 212, 229, 254, 345, 356, 362, 385, 388, 389, 392, 486, 494, 498, 522, 523, 583, 603, 605, 620, 662, 663, 664, 683, 684, 685, 693, 694, 696, 702, 708, 709, 713, 714, 723, 724, 727, 728, 732, 734, 736, 743, 761, 771, 775, 786, 787, 790, 802, 825, 830, 831, 845, 855, 913

Monson, L. T., u. Dickson, W. J. 438

Montague, L. G. 535

—, vgl. Earhart, K. A. 536

—, vgl. Greenlee, S. O. 536

Montanwerke AG s. Riebeck-sche ...

Montecatini, S. G. 410, 671, 688, 689, 777, 779, 780, 781, 782, 803, 892, 924

Montégudet, G. 467, 896

—, vgl. Champetier, G. 467, 896

Montermoso, J. C., u. Mitarbb. 796

—, vgl. Wilson, A. 1021

Monthéard, P., u. Duclaux, J. 291

Montu, M. 852

—, vgl. Le Bras, J. 852, 988

Mooney, E. F., vgl. Clasper, M. 924

Mooney, M. 1030, 1044, 1053, 1056, 1067

—, u. Wolstenholme, W. E. 987

Moore, C., vgl. Maron, S. H. 1003

Moore, C. G., vgl. Allen, P. W. 854, 965

—, vgl. Ayrey, G. 852, 965

—, vgl. Cunneen, J. I. 837, 838

—, u. Saville, R. W. 620

—, u. Scanlan, J. 1067

—, u. Watson, W. F. 847

Moore, E. E. 338

Moore, G. R., vgl. Schollenberger, C. S. 98

Moore, G. V., vgl. Coleman, G. H. 611

Moore, L. D. jr. 978, 979, 1038, 1045

—, u. Peck, V. G. 977, 1006

Moore, N. R., u. Tidswell, B. M. 1010

Moore, S. T. 898

Moore, W. R. 1020, 1033, 1040

—, u. Mitarbb. 1010, 1035

—, u. Edge, G. D. 1041

—, u. Epstein, J. A. 1034

—, —, Brown, A. M., u. Tidswell, B. W. 1013

—, vgl. Pearson, G. P. 1010, 1041

—, u. Russell, J. 1020, 1034

—, —, u. Epstein, J. A. 1008, 1012

—, u. Tidswell, R. M. 1010

Moorshead, T. C. 466

Moraglio, G. 1038

—, u. Danusso, F. 1037

—, vgl. Danusso, F. 1009, 1026, 1034, 1036, 1037, 1051

—, vgl. Natta, G. 1013, 1016, 1026, 1036

Morakawi, K., vgl. Sobue, H. 1063

Moralli, G. 266

Morawe, H. G., vgl. Corte, H. 665

Morawetz, H. 974, 992, 1010

—, vgl. Chang, L. S. 1030

—, u. Gaetjens, E. 641, 707, 1069

—, u. Gobran, R. H. 1007, 1010

—, vgl. Longworth, R. 992, 1045

Morawetz, H., u. Sammak, E. 988

—, u. Weasthead, E. W. 648, 707

Morbey, G. K., vgl. Rapson, W. H. 863

Morehead, B. A., vgl. Black, W. B. 119

Morehead, F. F., vgl. Ranby, B. G. 986, 1005

Morehouse, E. L., vgl. Pike, R. M. 531

Morehouse, F. R., u. Hornibrook, W. J. 494

Morell, C. E., Frohlich, K. u. Bannnon, L. A. 672

Morell, R. S., u. Langton, H. M. 292

Morero, D., u. Mitarbb. 994

Morey, D. R. 980, 1012, 1014

—, u. Tamblyn, J. W. 186

—, Taylor, E. W., u. Waugh, G. P. 940, 980

Morgan, G., u. Holmes, E. L. 418

—, Megson, N. J. L., u. Pepper, K. W. 414, 417, 418

Morgan, L. B,. vgl. Bacon, R. G. R. 842

Morgan, P. 292, 567

—, vgl. Renfrew, A. 820

—, vgl. Wittbecker, E. L. 139, 140

Morgan, P. W. 795, 911

—, vgl. Hill, H. W. 146

—, vgl. Izard, E. F. 727

—, u. Kwolek, S. L. 139, 140

Morgner, J. 987

Morgner, K. M. 755

—, vgl. Wolf, F. 270, 271

Mori, Y., Minoura, Y., u. Imoto, M. 855, 1039

—, u. Ototake, N. 1043

Morita, H. 1051

Morrell, R. S. 402

Morrell, S. H., vgl. Fletcher, W. P. 1057

—, vgl. Gee, G. 1059

—, u. Stern, J. 1025, 1054, 1057

—, vgl. Wiese, H. K. 532

Morris, F. v., Bechtle, G. F., u. Byerley, T. J. 472

Morris, H. E., vgl. Thomas, C. H. 830, 831

Morris, P. R., vgl. Agius, P. J. 727

Morris, R. C., vgl. Ballard, A. 426, 434, 435, 450, 456, 580, 586

—, vgl. Bergmann, E. 493

—, u. Rocklin, A. H. 227

—, u. Winkle, J. L. van 2, 580, 691, 692

Morris, R. E., u. Mitarbb. 799
—, James, R. R., u. Guyton, C. W. 1054, 1057
—, —, u. Snyder, H. L. 1061, 1066
—, u. Wagner, P. T. 799, 969, 1021
Morrisey, E. J., vgl. Nelson, B. W. 502
Morrison, J. A., vgl. Lee, E. H. 1062
Morrissey, R. T. 678, 681, 803
—, vgl. Crawford, R. A. 681, 682
—, u. Frederick, M. R. 678, 765
Morrisson, B., vgl. Génin, G. 820
Morschel, H., u. Delfs, D. 558, 560
—, u. Lohmar, W. 558, 560
—, vgl. Meerwein, H. 8, 88, 433, 557, 558, 559, 560, 565
—, u. Meerwein, H. 558, 565
—, —, u. Delfs, D. 560
—, vgl. Schulte, W. 559
—, Schulte, W., u. Delfs, D. 558
Morse, H. B. 846
Morse, J. G., vgl. Harwood, J. J. 820
Mortenson, C. W. 726, 730
—, vgl. Hoffman, W. A. 716
Morthland, F. W., u. Brown, W. G. 965
Morton, M. 796, 820
—, Bostick, E. E., u. Livigni, R. 797
—, Kaizerman, S., u. Altier, M. W. 1017
Morton, T. H., vgl. Cameron, W. G. 338
Morway, A. J., u. Miller, F. L. 672
Moryganov, P. V., vgl. Melnikov, B. N. 1047
Moscatelli, E. A., vgl. Horning, E. C. 1018
Moseley, W. W. jr. 981, 1059
Moser, V. J. 467
—, u. Kine, B. B. 467
Moses, S., u. Witt, R. K. 1019
Mosher, H. S., vgl. Williams, H. R. 996
Mosina, A. S., vgl. Erschov, B. P. 1015, 1017
Moss, W. H. 420
Mossman, C. E., u. Mason, S. G. 971
Mossmüller, F., vgl. Schmidt, E. 897
Mostardini, R., vgl. Dinelli, D. 636
—, vgl. Ziegler, K. 781

Mostello, A. J., vgl. Daniels, R. S. 465
Motovilova, N. N., vgl. Jakubčik, A. J. 994, 1067
Motschmann, O., vgl. Bunge, W. 65
Mottlau, A. Y., vgl. Ford, F. P. 1006
Mottram, S. 799
—, u. Starmer, P. H. 799
Mottus, E. H., Hedrick, R. M., u. Buttler, J. M. 116
Moult, R. H., vgl. Clair, W. E. S. 463, 471, 473
Mouraux, A., vgl. Herrent, P. 1043
Moureu, C., u. Dufraisse, C. 730
Mowry, D. T. 161, 162
—, u. Ringwald, E. L. 161, 162, 392, 393
—, vgl. Ringwald, E. L. 708
Moyer, I. D., vgl. Isbell, H. S. 965
Moyne D. Bearden, L., s. La Moyne D. Bearden
Moynihan, R. E. 992, 1027
Možišek, M., u. Klimanek, L. 965
—, u. Konečny, C. 1050
Mraz, R. G. 6
Mrowca, B. A., vgl. Honnold, V. R. 996
—, vgl. Witte, R. S. 1060
Mudrak, A., u. Stevik, L. E. 531
Mühlberg, W. 684
Mülhausen, C. 98
—, vgl. Hoppe, P. 92
Müller, A. 36, 198, 418
—, u. Herbst, M. 982
—, vgl. Hess, K. 889
—, vgl. Hopff, H. 58, 116, 125, 179, 191
—, u. Pflüger, R. 1004, 1027
Mueller, A. C. 480, 495
—, vgl. Bradley, T. F. 497
—, Devlin, P. A., u. Shokal, E. C. 506
—, u. Shokal, E. C. 481, 496, 789
—, vgl. Shokal, E. C. 480, 519, 597
Müller, C., vgl. Signer, R. 656
Müller, E. 20, 80, 82, 83, 98, 340, 352, 353, 373, 376, 377, 451, 452, 743
—, vgl. Bayer, O. 80, 83, 98
—, u. Bayer, O. 34, 92, 843, 848
—, —, u. Braun, G. 92
—, —, u. Gensel, H. 31, 33
—, —, u. Petersen, S. 82
—, —, —, Piepenbrink, H. F., Schmidt, F., u. Weinbrenner, E. 80, 84, 98
—, —, u. Piepenbrink, H. F. 86
—, —, Schmidt, F., u. Weinbrenner, E. 98

Müller E., vgl. Bongard, W. 582, 586
—, u. Brochhagen, F. K. 90
—, vgl. Bunge, W. 66, 94
—, vgl. Dinges, K. 376, 743, 795
—, vgl. Graulich, W. 373, 742, 794
—, vgl. Holtschmidt, H. 86, 88, 93, 581, 589
—, u. Holtschmidt, H. 373, 378
—, —, u. Bayer, O. 86
—, u. Hoppe, P. 90, 92
—, vgl. Klockgether, H. 376, 379, 380
—, vgl. Knapp, K. H. 743
—, vgl. Nischk, G. 30, 36, 39, 40, 91
—, u. Petersen, S. 80, 83, 842
—, —, u. Bayer, O. 80, 83
—, Piepenbrink, H. F., Schmidt, F., u. Weinbrenner, E. 80, 84
—, vgl. Schmidt, F. 80, 84, 86
—, vgl. Schmidt, K. L. 87
—, u. Schmitz-Josten, R. 468
—, vgl. Schulz, G. V. 989
—, vgl. Schulz, R. C. 653, 732, 733, 993, 1010, 1016, 1038
—, u. Wagner, K. 340
—, vgl. Wagner, K. 87, 337
Müller, Eugen, Bauer, M., u. Rundel, W. 630
—, u. Rundel, W. 630
—, —, u. Huber-Emden, H. 630
Müller, F. H. 190, 967, 999, 1024, 1053, 1057, 1059, 1061
—, u. Benzing, E. P. 970
—, vgl. Broens, O. 968
—, vgl. Dietzel, H. W. 969
—, u. Engelter, A. 1053, 1062
—, u. Hellmuth, E. 1029
—, vgl. Huff, K. 968
—, u. Huff, K. 967, 968, 969, 999
—, u. Jäckel, K. 1001
—, vgl. Krum, F. 968
—, u. Krum, F. 1024
—, —, u. Huff, K. 968
—, u. Martin, H. 1051
Müller, G. 905, 914
—, vgl. Broockmann, K. 988
Müller, G. O. 1006, 1068
Mueller, G. S., vgl. Kemp, A. R. 830
Müller, H., vgl. Klatte, F. 704
—, vgl. Krässig, H. 1010
Müller, H. F., u. Müller, J. 223
Müller, J., vgl. Müller, H. F. 223

Müller, T., vgl. Söll, J. 830
Müller, W., vgl. Hahn, W. 654, 761
Mueller, W. A., u. Rogers, L. N. 1017
Mueller, W. J. 1047
Müller-Genz, C., vgl. Gohlke, B. 1020
Münch, W. 102
—, vgl. Thinius, K. 1041, 1069
Muendes, C. A., u. Selke, W. A. 872
Münster, A. 921, 963, 1009, 1010, 1014, 1020, 1030, 1040, 1052
Münster, W. 446, 448, 453, 1068
Münx, M., vgl. Holzmüller, W. 1050
Münz, F., vgl. Ballauf, A. 775
—, Ballauf, A., u. Lehmann, W. 455
—, vgl. Bayer, O. 588
—, u. Keller, K. 588
—, vgl. Lehmann, W. 455
Münzinger, W. M. 820
Muetgeert, J., vgl. Bus, W. C. 900
Muetgert, J. M., vgl. Hiemstra, P. 900
Muetterties, E. L. 433, 558
Mukherjee, B. N., vgl. Palit, S. R. 926
Mula, A., vgl. Schulz, G. V. 829
Mullen, J. W., vgl. Pacsu, E. 908
Muller, F. A., vgl. Warner, A. J. 971
Mullier, M., u. Smets, G. 649, 741
Mullins, D. H. 486
—, vgl. Cleve, R. v. 486
Mullins, L. 797, 1021, 1055, 1056, 1057, 1058, 1060
—, vgl. Gumbrell, S. M. 1021, 1057
—, u. Thomas, A. G. 1058
—, u. Tobin, N. R. 1026
—, u. Turner, D. T. 1015
Mulvaney, J. E., u. Marvel, C. S. 164, 612
Mulyukova, S. G., vgl. Beregovskaya, M. G. 594
Mundlos, E., vgl. Böhme, H. 398
Munk, P., vgl. Kratochvíl, P. 977
Murahashi, S., u. Mitarbb. 983
—, vgl. Ishida, S. 431
Murakami, K., vgl. Tobolsky, A. V. 1063
Murashkina, I. I., vgl. Usmanov, K. U. 863
Murata, Y. 755
Murdoch, G. C. 496
—, u. Schneider, H. J. 496, 789

Murdock, J. D., u. Segall, G. H. 509
Murdock, S. A., vgl. Armen, A. 711
Murke, H., Blömer, A., u. Becker, W. 676
—, u. Meckbach, H. 800
—, u. Wiesemann, W. 792
Murphey, W. A., vgl. Sundet, S. A. 175, 176
Murphy, C. B. 1051
Murphy, F. X., vgl. Ritter, J. J. 142
Murphy, J. 800
Murphy, M. E., vgl. Claver, G. C. 974
Murray, A. F. R., vgl. Melville, H. W. 1008
Murray, J. J., u. Leubner, G. W. 726
Murray, R. M., u. Thompson, D. C. 804
Murray, T. F., u. Kenyon, W. O. 702
—, vgl. Kenyon, W. O. 704, 729
Murrey, W. R., u. Storey, P. R. 797
Murrill, P. I. 801
Muskat, I. E., u. Strain, F. 37, 725
Mussa, C. 1014, 1015, 1031
—, vgl. Borello, E. 990, 991
—, vgl. Nasini, A. 1016
Musty, J. W. G., vgl. Finn, S. R. 208, 225, 325, 329
Mutehler, M. K., vgl. Reinhardt, F. W. 988
Muth, F. 601, 602, 603, 604
—, u. Grälert, K. P. 603
—, vgl. Hartmann, E. 601
Muthana, M. S., vgl. Kaufman, H. S. 1008
—, u. Mark, H. 1008
Muths, R., vgl. Kirrmann, A. 457
Muus, L. T., u. Billmeyer, F. W. 978
—, McCrum, G., u. McGrew, F. C. 1065
Myagkoi, O. N., vgl. Meleshko, V. P. 1003, 1022
Myer, A. W., Stannett, V., u. Szwarc, M. 1029
Myers, A. W., u. Mitarbb. 1029
Myers, C. G., vgl. Hansford, R. C. 620
Myers, C. S. 1012
Myers, F. J., vgl. Myers, R. J. 300
Myers, G. E., vgl. Soldano, B. 1010, 1021
Myers, L. D., Goebel, C. G., u. Barrett, F. O. 525

Myers, L. S. jr., vgl. Boyd, G. E. 974
Myers, R. J., u. Eastes, J. W. 271, 290
—, —, u. Myers, F. J. 300
—, —, u. Urquhart, D. 300
Myers, R. L., vgl. Safford, M. M. 777
Myles, J. R., u. Garner, P. J. 667
—, u. Jones, F. S. B. 668
—, u. Levy, W. J. 300, 588, 589

Naake, H. J., u. Tamm, K. 1057
Nachod, F. C., u. Wood, W. 684
Nägeli, C., vgl. Karrer, P. 909
Nagai, E., u. Mitarbb. 996
Nagamatsu, K., u. Mitarbb. 1065
—, vgl. Yoshitomi, T. 1065
—, —, u. Takemoto, T. 1065
Nagasawa, M., u. Mitarbb. 974, 1010
—, Izumi, M., u. Kagawa, I. 973
—, u. Kagawa, I. 973
—, vgl. Kagawa, I. 1008
—, u. Rice, S. A. 974
—, Soda, A., u. Kagawa, I. 970
Nagel, C., vgl. Coenen, M. 157
Nagel, F. J. 276
Nagornaya, Y. F., vgl. Kargin, V. A. 971
Naguchi, J., Hayakawa, T., u. Ebata, M. 974
Nakabayashi, N., vgl. Iwakura, Y. 495, 757
Nakada, O. 1063
Nakagaki, M., u. Heller, W. 976, 998
Nakajima, N., vgl. Maron, S. H. 977, 1008, 1013, 1033
Nakajima, T., vgl. Saito, S. 968, 1027
Nakamura, K., u. Yanagita, M. 749
Nakamura, M., u. Skinner, S. M. 1025, 1053, 1059
Nakane, R. 1026, 1028
Nakanishi, K., u. Kurata, M. 1028
Nalco Chemical Co. 666
Nambu, K. 670
Namenlose Vereeniging ... s. bei den betr. Firmennamen
Nancarrow, H. A., vgl. Horsley, R. A. 982, 1063
Naples, F. J., vgl. D'Ianni, J. D. 927, 993
Napravnik, A., u. Lieb, D. J. 473

Naps, M., vgl. Hopper, F. C. 464

—, Mika, T. F., u. Sullivan, R. D. 465, 534

Narita, S., Ichinohe, S., u. Enomoto, S. 993

Narracott, E. S. 441, 442, 443, 463, 504, 505, 516, 518, 519, 528, 532, 534, 538

Nasini, A. 630

—, Trossarelli, L., u. Saini, G. 630

Nasonova, A. N., vgl. Beregovskaya, M. G. 594

Nastukoff, A. M., u. Croneberg, P. M. 294

Natan, E. E., vgl. Pakshwer, A. B. 1020

National Aluminate Co. 300, 301, 755

National Dairy Products Corporation 787

National Distillers & Chemical Corporation 108, 152

National Lead Co. 531

National Research Development Corporation 534, 535, 682, 745, 746, 1030, 1031

National Rubber Producers' Research Association, The 772, 843

National Starch & Chemical Corporation 913

Natta, F. J. van, u. Carothers, W. H. 2, 5

—, vgl. Carothers, W. H. 2, 5, 12, 13, 15, 25, 49, 50, 54, 55

—, vgl. Coffman, D. D. 191

—, Hill, J. W., u. Carothers, W. H. 5, 6, 8, 9

Natta, G. 431, 800, 931, 932, 935, 982, 1012, 1025

—, u. Mitarbb. 410, 781, 797, 803, 965, 982, 983, 984, 992, 994, 1017

—, u. Baccaredda, M. 1060, 1061

—, —, u. Butta, E. 1065

—, Bassi, I. W., u. Corradini, P. 981

—, Bruzzone, M., u. Borsini, G. 688

—, Chini, P., Mazzanti, G., u. Brizi, A. 410

—, u. Corradini, P. 981, 982, 994

—, —, u. Bassi, I. W. 933, 982, 983

—, —, u. Dall'Asta, G. 431, 435

—, —, u. Ganis, P. 981

—, u. Crespi, G. 1059

—, —, u. Borsini, G. 782

—, —, u. Bruzzone, M. 671, 781, 782

Natta, G., vgl. Danusso, F. 1026

—, u. Danusso, F. 639

—, —, u. Moraglio, G. 1016, 1026, 1036

—, Farina, M., u. Peraldo, M. 983, 991

—, vgl. Ferroni, E. 1024, 1063

—, Mazzanti, G., u. Boschi, G. 803

—, —, u. Bruzzone, M. 689, 782

—, —, u. Chini, P. 410

—, —, u. Corradini, P. 983

—, —, Crespi, G., u. Moraglio, G. 1013

—, —, Pregaglia, G., u. Binaghi, M. 10, 641

—, —, —, —, u. Peraldo, M. 10

—, Pasquon, I., u. Gianchetti, E. 1037

—, u. Pino, P. 688, 780

—, —, u. Corradini, P. 982

—, Porri, L., Zanini, G., u. Fiore, L. 994

—, u. Sianesi, P. 992

Naugatuck Chemical Co. 292, 299, 300, 830, 831, 845, 846

Naumann, K., vgl. Leibnitz, E. 195, 198

Naunton, W. J. S. 796, 820, 844, 861, 929

Naveck, I., vgl. Vives, I. P. 14

Navyazhskaya, A. E. 930, 973

Nawrath, G. 182

Naylor, M. A., vgl. Lewis, E. E. 817

Naylor, R. A. 802, 804

Naylor, R. E. jr., u. Lasoski, S. W. jr. 997

Nazarov, I. N., u. Akhrem, A. A. 490

—, vgl. Tishchenko, I. G. 484

Neal, A. M. 798

—, Bimmerman, H. G., u. Vincent, J. R. 804

—, vgl. Williams, I. 804

Neale, S. M. 865

Nebbia, L. 928, 964

Nebel, R. W. 701

Nechel, R. van, vgl. Brouckère, L. de 969

Nederlandse Organisatie voor Toegepast Natuurwetenschappelijk Onderzoek ten behoeve van Nijverheid, Handel en Verkeer, Den Haag 168, 169, 753

Nedey, G. 465

Negwer, M., vgl. Blasius, E. 1005, 1022

Neher, H. T., vgl. Glavis, F. J. 754

—, Kroeker, E. H., u. Croxall, W. J. 37

Neher, R. 171

Nehring, O. 1013, 1032, 1050

Neiman, M. B., vgl. Moiseev, V. D. 812

Neiman, R. E. 1028

Nekryach, E. F., vgl. Dumansky, A. V. 1053

Nelb, R. G. 37

Nellen, A. H., vgl. Kirshenbaum, A. D. 965

Nelles, J., u. Bayer, O. 827

—, Tietze, E., u. Bayer, O. 572

Nelson, A. 88

Nelson, B. W., u. Mitarbb. 597

—, Morrisey, E. J., u. Marcey, S. D. 502

Nelson, H. D., vgl. Phillips, G. L. 1029

Nelson, J., vgl. Leonard, F. 742

Nelson, J. A., vgl. Arnold, R. G. 59

Nelson, J. D., u. Steenstrup, P. V. 238

Nelson, J. F., Banes, F. W., u. Gleason, A. H. 692

—, u. Gleason, A. H. 665

—, vgl. Wiese, H. K. 532

Nelson, K. V. 991

Nelson, L. S., vgl. Lundberg, J. L. 966

Nelson, M. L., u. Mitarbb. 985

—, vgl. Segal, L. 1020

Nelson, R. A., Jersys, R. S., u. Roberts, D. E. 1052

Nelson, S. J., vgl. Alfrey, T. 1035

—, vgl. Robitschek, P. 514

—, Sconce, J. S., u. Robitschek, P. 514

Nemphos, S. P., vgl. Beachell, H. C. 966, 992

Nens, S., vgl. Ueberreiter, K. 1025, 1050

Nentwig, J., vgl. Heller, K. 408

—, u. Schnell, H. 554

Nersasian, A., u. Andersen, D. E. 688, 1069

Ness, R. T. van 719

Netschitajlo, N. A., Toltschinskij, I. M., u. Sanin, P. I. 1052

Netz, O., vgl. Corte, H. 663, 745

Neuert, H., vgl. Fünfer, E. 964

Neufeld, E., Pohlemann, H., u. Boehmer, G. 787

Neugebauer, W., Ostwald, U., u. Sponsel, K. 894

—, vgl. Voss, J. 455, 458

Neukom, H., vgl. Deuel, H. 1041

Neuman, H. M., vgl. Jensen, A. 973

Neumann, K. 656

Neumann, M. M. C., vgl. Jones, G. D. 569, 570

Neumann, O., vgl. Bock, H. 96

Neumann, R. 250

Neuroth, H. 652

Neuschäffer, K., vgl. Jayme, G. 865

Neut, J. H. van der, u. Renner, A. 523

Nevell, T. P., vgl. Davidson, G. F. 899

Neville Chemical Co. 679

Neville, K., vgl. Lee, H. 471, 517, 520, 530, 567

Neville, R. G. 499

New York-Hamburger Gummiwaren Co. 824

Newberg, R. G., u. Mitarbb. 258

Newell, J. E. 988

—, vgl. Hilton, C. L. 923, 989

Newey, H. A. 480, 485, 491, 507, 512, 514, 519, 521, 522

—, vgl. Bradley, H. T. F. 466, 473

—, u. Shokal, E. C. 468, 516, 518, 519, 523

—, vgl. Shokal, E. C. 518, 520

—, vgl. Wiles, Q. T. 463, 475, 519

Newman, M. S. 647

Newman, S. 984, 1017

—, u. Mitarbb. 1032

—, vgl. Buchdahl, R. 993, 1003, 1027, 1065

—, u. Cox, W. P. 1063

—, vgl. Hunt, M. L. 1040

—, u. Krigbaum, W. R. 1020

—, Loeb, L., u. Conrad, C. M. 1010, 1040, 1049

Newns, A. C. 1023

Newth, F. H., u. Waddan, D. Y. 435

Newton, C. J., Mandelkern, L., u. Roberts, D. E. 981, 982

Newton, E. B., vgl. Gross, M. E. 827

Ney, P. 482

Ney, W. O. 112

—, vgl. Barnes, C. E. 111

—, u. Crowther, M. 112, 119

—, Nummy, W. R., u. Barnes, C. E. 112

Nicco, A. 729

Nichioka, A., u. Mitarbb. 995

Nicholls, C. H., Speakman, J. B., u. Burley, R. W. 966, 1022

Nichols, J., u. Schipper, E. 484

Nichols, J. B. 981, 990

Nichols, P. L., u. Mitarbb. 883

—, Hamilton, R. M., Smith, L. T., u. Yanovsky, E. 910

Nickerson, M., vgl. Harvey, S. C. 573

Nickerson, W. H. 467

Nickl, E., vgl. Anselm, H. 416

Nicolai, F., vgl. Reppe, W. 568

Nicolai, H. J., vgl. Möller, P. 154

Nicolas, L. 978, 1009, 1016, 1037

Nie, W. L. J. de 766, 839

—, u. Rumscheidt, G. E. 766, 767

—, vgl. Rumscheidt, G. E. 766, 839

—, u. Voorthuis, H. T. 466

Niederhauser, W. D., vgl. Boettner, F. E. 739

Niederl, J. B., vgl. McGreal, M. E. 198

Niederl, V., vgl. McGreal, M. E. 198

Niederländischer Staat, Der, vertreten durch De Directie van de Staatsmijnen in Limburg, Heerlen 305

Nielsen, A. 824, 861

—, vgl. Beckmann, W. 824

Nielsen, A. R., vgl. Pinsky, J. 521

Nielsen, D. R., vgl. Korach, M. 496

Nielsen, E. R. 634, 635

Nielsen, H., vgl. Pummerer, R. 823, 824

Nielsen, L. E. 1022, 1025, 1054, 1058, 1059, 1063, 1065, 1066

—, vgl. Buchdahl, R. 1061, 1063

—, u. Buchdahl, R. 1000, 1061, 1063

—,— u. Claver, G. C. 993, 1020, 1066

—,—, u. Levreault, R. 1067

—, vgl. Cox, W. P. 1064

—, vgl. Drumm, M. F. 1064

—, vgl. Merz, E. H. 1054

—, vgl. Miller, R. L. 981

—, Wall, R. A., u. Richmond, P. G. 1067

Niemann, H. 466

—, u. Günther, J. 526

Niessen, G., vgl. Staudinger, H. 320, 322, 326

—, vgl. Staudinger, H. 171

Nieswandt, W. 618

—, vgl. Fikentscher, H. 39

Nieuwland, J. A., vgl. Reichert, J. S. 210

Nieuwenhuis, F. J. M., u. Waterman, H. I. 977, 992, 1027, 1038

Nihon Kagaku Senikenkyusho, vgl. General Tire & Rubber Co., Zaidanhojin 435

Nikitin, V. N. 955, 983, 994

—, u. Mitarbb. 983, 994

—, u. Pokrovsky, E. I. 992

—, u. Volchek, B. Z. 995

Nikitina, A. W. 992

Nikles, E., vgl. Batzer, H. 482, 484, 486, 490, 491, 494

Nikles, O. L. 504

—, vgl. Howard, H. W. 533

Nikolaev, N. I., vgl. Kropacev, V. A. 994

Nikolaeva, S. S., vgl. Mikhailov, N. V. 140, 1005, 1006

Niles, G. E. 345, 356

Nilova, Y. I., vgl. Kusov, A. B. 1026

Ninane, C. 1061

Ninomiya, K. 1065

—, u. Fujita, H. 1064

—, vgl. Fujita, H. 1062

Nisch, A., vgl. Batzer, H. 654, 761, 1037

Nischk, G. 39

—, vgl. Bongrad, W. 311

—, vgl. Brachel, H. v. 307

—, u. Braun, G. 92

—,—, u. Hoppe, P. 92

—, Bunge, W., u. Bayer, O. 91

—, u. Holtschmidt, H. 86, 581

—, vgl. Holtschmidt, H. 40, 88

—, u. Müller, E. 36, 91

—,—, u. Bayer, O. 30, 39

—,—, u. Mennicken, G. 40

Nishijima, J., u. Oster, G. 1047

Nishioka, A. 997

—, u. Mitarbb. 984, 993, 997, 998, 1014, 1027, 1059

—, u. Matsumae, K. 1045

—, Tajima, M., u. Owaki, M. 1026

—, u. Watanabe, M. 1064

Nisini, A., u. Mussa, C. 1016

Nisonoff, A., Messer, W. E., u. Howland, L. H. 1004, 1049

Nitrokémia Ipartelepek Részvénytársasag 903

Nitsche, R., u. Toeldte, W. 980, 1012

Nitta, I., Chatani, Y., u. Sakata, Y. 984

—, vgl. Ohnishi, S. I. 997

—, vgl. Tadokoro, H. 966, 992, 1025

Niwinska, T., vgl. Broda, A. 1015

Nixon, A. C., vgl. May, C. A. 500

Njnstra, Z. 1055

Nobel AG s. Dynamit...

Nobel-Bozel 897
Nobel Française s. Société ...
Nobel, D., vgl. Gregor, H. P. 1021
Noble, R. J. 819, 822
Noda, M. 248
Noel, R., Patterson, D., u. Somcynsky, T. 1014, 1031, 1039
Noerr, H., u. Mauthe, G. 171, 263
—, —, Bauer, R., Schütte, H., u. Guthke, F. 265
—, Schütte, H., u. Guthke, F. 289
Noeske, H. 669
Noether, H. D. 982
Noether, H. W., vgl. Irany, E. P. 840
Nogradi, J. 787
Noll, W., vgl. Heyna, J. 574
Nolle, A. W. 1066
—, vgl. Hutton, A. Q. 1059
—, u. Mifsud, J. F. 1067
—, vgl. Singh, H. 1027, 1063
Nolte, F., Klug, H., Orthner, L., u. Herzberg, H. 670
Nopco Chemical Co. 442, 709
Nord, F. F., Bier, M., u. Timasheff, S. N. 977, 1012
Nordlander, B. W. u. Burnett, R. E. 718, 723
Nordlings, H. G., vgl. Warner, A. J. 971
Nordt, H., vgl. Ebneth, H. 61, 90
Nordt, K., vgl. Trescher, V. 92
Norris, F. H., vgl. Stein, R. S. 982, 992, 1001
Norsk Hydro-Elektrisk Kvaelstofaktieselskab 696, 759
North American Aviation Inc. 525, 527
North, A. C. T., vgl. Cowan, P. M. 985
North, A. G. 463, 533, 535, 537
North, C. O. 825
Northey, H. L., vgl. Jellinek, H. H. 1023
Norton Co. 239
Norton, A. J. 633
Norman, R. H. 971
Norris, F. H., vgl. Keane, J. J. 976
—, vgl. Plaza, A. 976
—, u. Stein, R. S. 976
Noshay, A., u. Price, C. C. 430, 436, 568
Notley, N. T., u. Debye, P. J. W. 976, 1037
Nott, E. H., u. Grant, J. N. 881
Novak, A., u. Whalley, E. 966, 983, 995
Novak, L. J., u. McCallum, J. G. 502

Novák, R., u. Faldik, L. 825
Novikov, A. S., u. Mitarbb. 1054, 1066
—, vgl. Bartenev, G. M. 1054, 1055, 1066
—, Dorokhina, T. V., u. Zubov, P. I. 1055
—, Kargin, V. A., u. Galil-Ogly, F. A. 1067
—, u. Koloskova, M. V. 965
—, vgl. Shvetsov, V. A. 1067
—, u. Tolstuchina, F. S. 1044, 1045, 1060, 1067
Novikova, E. N. 1021
Novikova, N., vgl. Dogadkin, B. 1059
Novikova, N. M., vgl. Bartenev, G. M. 1058
Novotny, E. E., u. Vogelsang, G. K. 418, 419, 784
Novotny, Emil E., u. Johnson, W. W. 341
—, Vogelsang, G. K., u. Novotny, Ernest E. 329, 790
Novotny, Ernest E., vgl. Novotny, Emil, E. 329, 790
Novozhilow, V. V. 1060
Nowack, A., AG 250, 278, 291
—, u. Hessen, R. 385
Nowacki, L. J. 533
Nowak, P. 465
—, u. Weber, E. F. 475, 499
—, —, u. Busch, W. 475
Nowakowski, A. 888, 1020
Nowlin, G., vgl. Heiberger, C. A. 493, 522
—, Heiberger, C. A., u. Reich, H. M. 493
—, vgl. Johnston, C. W. 768
—, vgl. Marvel, C. S. 598
—, vgl. Reich, M. H. 516, 789
Noyes, R. M. 1047
Nozaki, K. 658
Nuessle, A. C., vgl. Gagliardi, D. D. 338
Nüsslein, J., vgl. Keller, K. 582, 588, 590
Nummy, W. R. 596
—, vgl. Barnes, C. E. 111
—, vgl. Ney, W. O. 112
Nusinov, M. D., Pozin, A. A., Ospivat, R. J., u. Ilin, N. S. 1067
Nussenbaum, S., u. Hassid, W. Z. 987
N. V. ... s. bei den betr. Firmennamen
Nyburg, S. C. 982
Nylon Spinners s. British ...
Nyquist, A. S., u. Kropa, E. L. 758, 791
—, vgl. Kropa, E. L. 758, 791
Nyström, N. 250
—, vgl. Euler, H. v. 248

Oakes, W. G., u. Richards, R. B. 809, 810
Oates, A. E. 244
Oatley, C. W., vgl. Smith, K. A. C. 1004
Oberst, H., vgl. Becker, G. W. 1064, 1068
Oberto, S. 1003
O'Brien, F. R., Oglesby, S., u. Covington, P. C. 464, 465
O'Brien, J. L., vgl. Beavers, E. M. 487
—, u. Lane, C. A. 491
O'Connor, A., vgl. Frank, F. C. 986
—, vgl. Keller, A. 984
O'Connor, R. T. 463
—, u. White, H. J. 502
Oda, R., vgl. Saigusa, T. 680
Oda, T., vgl. Inagaki, H. 1008
Odani, H., Kurata, M., u. Tamura, M. 1023
O'Donnell, I. J., u. Woods, E. F. 1042
O'Dwyer, J. J., vgl. Harper, P. G. 967
Oehme, F. 608, 966, 967
Öhrn, O. E. 1023, 1034
Oelkers, W. 928
Oene, H. van, vgl. Cragg, L. H. 1032
Oenslager, G. 830, 832, 839
Oeser, E., vgl. Wolffenstein, R. 909
Oesterreich, K., vgl. Walter, G. 339
Oettel, H., Wilhelm, G., u. Vierling, K. 573
Offe, H. A., vgl. Klös, H. 572
Offenbach, J., vgl. Catsiff, E. 1064
Offenbach, J. A., u. Tobolsky, A. V. 1066
Offergeld, G. 967
—, vgl. Brouckère, L. de 968
Ogata, N. 101, 114
—, vgl. Yumoto, H. 116
Ogata, Y., Okano, M., u. Sugawara, M. 293
Oglesby, E. L., vgl. Hagemeyer, H. J. jr. 897
Oglesby, S., vgl. O'Brien, F. R. 464, 465
Ohio State University Research Foundation 530
Ohlberg, S. M., vgl. Alexander, L. E. 981
—, Alexander, L. E., u. Warrick, E. L. 983
—, u. Fenstermaker, S. S. 983
—, Raff, R. A. V., u. Fenstermaker, S. S. 985
—, Roth, J., u. Raff, R. A. V. 979, 1004, 1055
Ohle, H., vgl. Gabriel, S. 569
Ohlinger, H. 819

Ohlson, J. L., vgl. Findley, T. W. 529
Ohm, K., vgl. Meier, K. 38
Ohnishi, S. I., u. Mitarbb. 998
—, u. Nitta, I. 997
Ohyanagi, Y., vgl. Matsumoto, M. 979, 999, 1009, 1010, 1038, 1043, 1046
Oil Co. s. Baker Castor ...
—, s. a. Socony ...
Oil Development Co. s. Standard
Oka, J., vgl. Kawahara, K. 1045
Okajima, S., u. Hayama, S. 1001
—, u. Kobayashi, Y. 987, 1003
—, —, u. Yamada, R. 1001
Okamoto, H. 1038
—, u. Isihara, A. 777
Okamura, S., u. Higashimura, T. 984
Okano, M., vgl. Ogata, Y. 293
Okazaki, K. 435
Okuhara, K., vgl. Iwasaki, M. 992
Okuneva, M. G., vgl. Eskin, V. E. 976
Okuyama, H., vgl. Saito, S. 987, 1036
—, vgl. Sata, N. 1035, 1046
Olcott, H. S., vgl. Ferrel, R. E. 724
Old, I., vgl. Mocker, F. 974
Oldham, J. W. H., u. Rutherford, J. K. 908
Olds, D. W., vgl. Wolff, I. A. 906, 907
O'Leary, W. C., vgl. Chmiel, E. M. 597
—, u. Frigstad, R. A. 465
Olin Mathieson Chemical Corporation 209, 213, 502, 575
Olivé, S., vgl. Henrici-Olivé, G. 1069
—, vgl. Schulz, G. V. 965, 1009, 1037
Oliveri, V., vgl. Paternò, E. 434
Oliverio, A., vgl. Garofano, T. 304
Olivier, S. C. J., u. Wit, J. 609
Olofsson, B. 1022
—, vgl. Mercer, E. H. 1048
Olsen, S. 414, 417, 420, 421
O'Mara, J. H., vgl. McIntyre, D. 1013
Omietanski, G. M. 530
Onderzoekingsinstituut Research, N. V. 123, 191
Ondrejcin, J. J., vgl. Wall, F. T. 964, 970
O'Neill, J. J., vgl. Loebl, E. M. 974
O'Neill, L. A., u. Cole, C. P. 991, 995

O'Neill, R. C., vgl. Reynolds, H. C. 478
O'Neil van Hook, J. 491
Onogi, S., Hamana, I., u. Hirai, H. 1068
—, u. Ui, K. 1062
Onufrowicz, A. 609
Onyon, P. F. 755, 976, 980, 1036
Oosawa, F. 1008, 1022
—, vgl. Asakura, S. 1021
Oosterhoff, H. A., vgl. Bruin, P. 504, 523
Opheim, M. H., vgl. Pritchard, J. E. 756
Orbahn, K. 1030
Orchin, M. 61, 91
—, vgl. Reilly, C. B. 98
Orchinnirov, Y. V., vgl. Igonin, L. A. 1028
Ore, S. 1066
Origlio, G. F., vgl. Hyndman, D. 997, 998
Orofino, T. A., u. Flory, P. J. 1008, 1037
Orr, R. J., u. Breitman, L. 1024
Orr, W. J. C., vgl. Gee, G. 1006, 1052
Orsini, L., vgl. Allirot, R. 993
Orth, H. 556, 562, 584, 616, 618, 619, 622
—, u. Raichle, K. 243
Orthmann, H. J., vgl. Ueberreiter, K. 1009, 1011, 1016, 1025, 1026, 1045
Orthner, L., u. Mitarbb. 517, 533
—, vgl. Bayer, O. 57, 71, 74, 96, 169
—, vgl. Becker, W. 591, 592, 825
—, u. Becker, W. 593
—, —, u. Rosenthal, L. 826
—, Brodersen, K., u. Schmidt, E. 481
—, u. Fuchs, E. G. 491
—, Hartmann, A., Schneiders, J., Wagner, H., u. Haussmann, H. 372
—, vgl. Heitzer, E. 670, 688
—, u. Herzberg, H. 687, 688
—, vgl. Horst, K. 341
—, Horst, K., u. Bollinger, R. 479, 546
—, —, u. Wellens, H. 523
—, vgl. Konrad, E. 591
—, Landauer, F., Reuter, M., u. Herzberg, H. 687
—, vgl. Nolte, F. 670
—, Platz, K., u. Horst, K. 585
—, u. Rieber, M. 831, 832
—, Schild, H., Balle, G., u. Langbein, W. 446
—, u. Selle, W. 719
—, u. Siefken, W. 292

Orthner, L., Wagner, G., u. Schlack, P. 95, 96
—, vgl. Zaucker, E. 845
Orzechowski, A., u. MacKenzie, J. C. 1069
Osborn, G. H. 266
Osborne, D. W., vgl. Dyer, E. 600
Osburn, J. O., u. Kammermeyer, K. 1047
Osdal, L. V. K. 533, 534
Osecki, P., vgl. Majer, J. 1028
Osgan, M., u. Price, C. C. 430, 432
—, vgl. Price, C. C. 428, 429, 431
Oshima, K., u. Kusumoto, H. 997
Osmond, D. W., vgl. Lilley, H. S. 235
Osmun, R. H., vgl. Bauman, W. C. 306
Ospivat, R. J., vgl. Nusinov, M. D. 1067
Ossenbrunner, A., vgl. Klockgether, H. 375, 376
Ost, H., Westhoff, F., u. Gessner, L. 908, 909
Oster, G. 898
—, u. Mizutani, Y. 980, 992
—, vgl. Nishijima, J. 1047
—, u. Pollister, A. W. 1012
—, vgl. Riley, D. P. 975
—, u. Shibata, O. 853
Osterheld, J. E., vgl. Flory, P. J. 1041
Osthoff, R. C., u. Kantor, S. W. 630
—, vgl. Kantor, S. W. 630
Ostromow, H. 925
Ostwald, U., Lenz, J., u. Scheuermann, H. 345, 355
—, vgl. Neugebauer, W. 894
O'Sullivan, D. G. 1047
Oth, A. 971, 972, 979, 1041
—, u. Doty, P. 970, 979, 1041
Oth, J., u. Desreux, V. 978, 1009, 1032, 1036, 1048
Oth, J. F. M., u. Flory, P. J. 1051
Othmer, D. F., u. Frohlich, G. J. 1029
—, vgl. Kirk, R. E. 191, 292, 482, 567
Ototake, N., vgl. Mori, J. 1043
Ott, E. 915
—, u. Elliott, J. H. 1044
Ott, G. H. 508, 509, 527, 533, 540, 552
—, u. Kraus, W. 552
—, Marxer, A., Zumstein, H., u. Brugger, K. 517
—, u. Zumstein, H. 462, 463, 465, 468, 517
Ott, J. B. 709

Ott, K., Frick, F., u. Bernard, H. 44

Ottewill, I. G., vgl. Campbell, H. 1016

Otting, W. 990

Otto, F. P., u. Reiff, O. M. 612

Otto-Laupenmühlen, E., vgl. Manecke, G. 970

—, vgl. Ueberreiter, K. 1025, 1050

Otzinger, M. C., vgl. Valles, R. J. 1031

Outer, P. 975

—, Carr, C. I., u. Zimm, B. H. 977, 1008, 1035

Ovenall, D. W. 806, 997

—, vgl. Hastings, G. W. 976, 1005

Ovenden, P. J., vgl. Hills, G. J. 970

Overbaugh, S. C., vgl. Anderson, A. W. 670

Overbeck, H., u. Sönke, H. 699, 703

Overberger, C. G., vgl. Borchert, A. E. 993

—, u. Lebovits, A. 697, 764

—, Pearce, E. M., u. Mayes, N. 993

Overend, W. G., vgl. Hedgley, E. J. 897

Overmars, H. G. J., vgl. Kerk, G. J. M. van der 168

Owaki, M., vgl. Nishioka, A. 1026

Owen, H. P. 787

Owens, D. K., vgl. Haskell, V. C. 1001

Owens-Corning Fiberglass Corporation 464, 531

Owens-Ford-Glass Co. s. Libbey-Owens...

Owens-Illinois Glass Co. 634

Oxford Paper Co. 742

Oxirane Ltd. 426, 437

Paciorek, K. L., Mitchell, L. C., u. Lenk, C. T. 795, 796

Packham, D. I., vgl. Hale, D. K. 974

Pacsu, E., vgl. Kangle, P. J. 650

—, vgl. Miller, B. 1018

—, u. Mullen, J. W. 908

—, vgl. Schwenker, R. F. 895

—, vgl. Steele, R. 995, 1017

—, vgl. Willard, J. J. 1069

Padbury, J. J., u. Kropa, E. L. 728

Padden, F. J., vgl. Keith, H. D. 977, 1003, 1004, 1027

Padden, F. J. jr., vgl. Khoury, F. 981, 984

Paesschen, G. van, u. Smets, G. 706, 973, 1017, 1041

Pagano, A. S., vgl. Emmons, W. D. 482

Pahl, G., vgl. Hagen, C. 1050

Pahl, H., vgl. Pummerer, R. 843

Paice, E. S. 462, 463

Paisley, H. M., vgl. Pepper, K. W. 666, 751

Paist, W. D., u. Jones, D. A. 877

—, vgl. Shugar, G. J. 560

Pajaro, G., vgl. Danusso, F. 964

Pake, G. E., vgl. Wilson, C. W. 996, 997

Pakshver, A. B., vgl. Bykow, A. N. 1020

—, Natan, E. E., u. Katuschkina, I. F. 1020

—, vgl. Petuchow, B. W. 1029

—, vgl. Prokovsky, L. J. 1026

Palen, V. W. 982

Palezynski, B., vgl. Kryszewskii, M. 1032

Palit, S. R. 926, 988, 1014, 1069

—, vgl. Bhaskara Rao, M. L. 759

—, Colombo, G., u. Mark, H. 922, 977, 1008, 1033, 1035

—, Mukherjee, B. N., u. Konar, R. S. 926

Palles, E., u. Sauner, W. R. 13

Palm, A. 996

—, vgl. Demmler, K. 518

—, vgl. Meyer, F. 477

Palmer, L. B., u. Charlton, R. W. 244

Palmer, R. P., vgl. Bunn, C. W. 1005

—, vgl. Holmes, D. R. 983, 1001

Pals, D. T. F., u. Hermans, J. J. 1041

—, u. Staverman, A. J. 1007

—, vgl. Staverman, A. J. 1007

Pande, J. B., u. Mitarbb. 861, 1047

—, vgl. Dasgupta, S. 994

—, vgl. Ramakrishnan, C. S. 994

Panek, J. R., vgl. Rosenthal, N. A. 594, 598

Panich, R. M., Fodiman, N. M., u. Voyutskii, S. S. 1021

—, u. Voyutskii, S. S. 970, 973

—, vgl. Voyutskii, S. S. 973

Pannel, C. E., vgl. Martin, R. W. 490

Panova, G. D., vgl. Rjabov, A. V. 973

Pansch, B. J., Bartenev, G. M., u. Finogenov, G. N. 1056

Pantke, O. 279

Pan-Tun, L., vgl. Kozlov, P. V. 1003

Pape, N. R., vgl. Fuller, C. S. 24

Paper Mills Co. s. Marathon ...

Papier- & Zellstoffwerke AG s. Feldmühle ...

Papkov, S. P. 1013, 1045, 1059

Papst, E. 756, 858

—, u. Liebegott, H. P. 858

Pappaport, G., vgl. Bentley, F. F. 996

Papukova, K. P., vgl. Vansheidt, A. A. 305

Paquin, A. M. 342, 343, 390, 415, 425, 446, 452, 463, 471, 472, 473, 497, 567, 576

Paquin, M. 390

—, Voss, A., u. Wohlers, H. 415

Parasocco, G., vgl. Faraone, H. 898

Paret, G., vgl. Schmid, G. 806

Parini, V. P. 1030

—, u. Mitarbb. 589

Paris, R., vgl. Corbiere, J. 1012

Paris, R. A., vgl. Carré, R. 1025

Pariser, R. 1058

—, vgl. Cluff, E. F. 1028

Parisot, A., vgl. Cannepin, A. 162, 982

Park, C., u. Yoshida, U. 1054

Park, G. S. 965, 1020, 1022, 1023, 1047

—, vgl. Crank, J. 1020, 1022

—, vgl. Hayes, M. J. 1021

Park, I. K., vgl. Metzner, A. B. 1045

Park, J. D., vgl. Benning, A. F. 817

Parker, C. A. 989, 1018

—, u. Berriman, J. M. 1018

Parker, E. E., u. Moffett, E. W. 36

Parker, H. E. 825

Parker, J. H. 693, 694

Parker, R. B. jr., vgl. Michaels, A. S. 1023, 1029

Parker, R. E., u. Isaacs, N. S. 427, 499

Parker, W. E., vgl. Swern, D. 484

Parkinson, D., vgl. Martin, J. A. 1054, 1059

—, vgl. Watson, I. W. 927

Parkinson, D. H., u. Quarrington, J. E. 1050

Parks, L. R., u. Jurbergs, K. A. 971, 980
Parkyn, B. 1054, 1066
—, u. Bader, E. 39
Parrette, R. L. 1006
Parrini, P. 1027, 1065
—, vgl. Coen, A. 972
—, Sebastiano, F., u. Messina, G. 979, 999, 1010, 1038
Parriss, W. H., u. Holland, P. D. 1015
Parrod, J., vgl. Guyot, A. 979, 994, 1039
—, vgl. Roth, J. P. 762
Parry, H. L., u. Blackburn, B. O. 467
—, vgl. Bondi, A. 521
—, vgl. De Hoff, R. L. 522, 523
—, u. Hewitt, R. W. 502
—, u. Hubbard, W. A. 529
—, u. Mackay, M. A. 463
—, u. Wiles, Q. T. 517, 520
Parsons, J. L., vgl. Burlant, W. J. 807, 813, 814
Partansky, A. M., u. Schrader, P. G. 473
Partington, J. R. 1024
Partridge, S. M., vgl. Boardman, N. K. 1018
—, u. Swain, T. 1018
Paschall, E. F. 913
—, u. Foster, J. F. 979
Pascher, F., vgl. Alder, K. 842
Pasquariello, E., u. Leonardi, G. 212, 213
Pasquon, I. 1013
—, vgl. Natta, G. 1037
Passaglia, E., u. Koppehele, H. P. 1055, 1065
—, Yang, J. T., u. Wegemer, N. J. 1045
Passer, M., vgl. Marvel, C. S. 586
Passing, H., u. Delfs, D. 268, 269
Pastuchov, P. T., vgl. Levickalia, K. V. 1069
Pasynskii, A. G., u. Gatovskaya, T. V. 1014
—, —, u. Gatovskaja, S. V. 1046
Patat, F. 437, 1007
—, Cremer, E., u. Bobleter, O. 503
—, u. Damaschke, K. 1015
—, vgl. Dialer, K. 1016, 1036, 1049
—, u. Elias, H. G. 1034
—, vgl. Elias, H. G. 976, 978, 979, 1007, 1009, 1031, 1035, 1037, 1049
—, vgl. Frömbling, K. 980, 1013, 1042
—, u. Hartmann, J. 1044
—, vgl. Hartmann, J. 980, 1042, 1045
Patat, F., u. Schliebener, C. 1028

Patat, F., u. Träxler, G. 1015, 1020
—, Wojtech, B. 437
Patel, G. M. 987, 998, 1005
Patents Ltd. s. Pollopas ...
Patent-Verwaltungs-GmbH s. Licentia ...
Paternò, E. 434
—, u. Olivieri, V. 434
Paterson, L. O. 678
Patrick, C. T. jr., u. Mitarbb. 530
—, vgl. McGary, C. W. jr. 486, 508
—, vgl. Phillips, B. 491, 492, 505, 522, 529, 530
Patrick, J. C. 412, 591, 592, 594
—, u. Ferguson, H. R. 593, 594, 595, 596
—, vgl. Martin, S. M. jr. 591
—, u. Mnookin, N. M. 591
Patterson, A., vgl. Wissbrun, K. F. 970, 971
Patterson, D., vgl. Dunning, W. J. 1066
—, vgl. Horth, A. 1028
—, vgl. Noel, R. 1014, 1031, 1039
—, u. Ward, I. M. 982, 988, 1001
Patterson, D. G., vgl. Day, H. M. 37
—, Detwiler, E. B., u. Suen, T. J. 342, 343, 344, 345, 375
Patterson, G. D., u. Mecca, T. D. 1058
—, u. Miller, W. H. 1056
—, u. Stark, H. M. 784
Patterson, J. A., u. Abrams, I. M. 684
Patterson, J. R., Williams, W. H., u. Freeman, J. J. 679
Patterson, L. T., vgl. Gurnee, E. F. 1001
Patterson, W. jr., vgl. Bergen, J. T. 1044
Pattison, D. B. 86, 88, 481, 585
Patton, H. W., vgl. Boye, C. A. jr. 983, 997, 1027
Patton, J. T. 438, 439
Patzelt, V. 1002
Paul, M., vgl. Schwartz, E. 116, 156
Paul, M. N. 464
—, vgl. Pitt, C. 521
Paul, P. T. 853
Paul, V. J., Mathew, N. T., Mohan, G. R., u. Yeddana-palli, L. M. 243
Pauley, J. L., u. Testerman, M. K. 969
Pauling, C., vgl. Kulas, C. 229
Paulson, R. A., vgl. Wood, L. A. 1069
Pauly, H., u. Schanz, H. 199
Paushkin, J. M., u. Kuraschev, M. V. 970

Pautrat, R., vgl. Pinazzi, C. P. 855, 860
Pavlos, S. A., vgl. Zacharov, N. D. 741
Pavlov, B. V., vgl. Korolev, G. V. 1052
Pavlova, S. A., u. Rafikov, S. R. 979, 1033, 1040
—, u. Tverdochlerova, J. J. 1007
Pauw, A. J. de, s. De Pauw, A. J.
Payne, A. R. 1060, 1062
Payne, G. B. 484
—, Deming, P. H., u. Williams, P. H. 484
—, u. Ess, P. R. van 484
—, u. Smith, C. W. 488, 491
—, vgl. Smith, C. W. 483, 498
—, u. Williams, P. H. 484, 489
—, vgl. Williams, P. H. 481
Payne, G. E., u. Sullivan, W. J. 481
Payne, H. F. 402
—, vgl. McNabb, J. W. 538
Payne, N., vgl. Drinkwater, H. G. 974
Paxton, H. W., vgl. Snyder, R. H. 771
Peachey, S. J. 824, 845
Peaker, F. W. 978
—, vgl. Hastings, G. W. 940, 976, 977, 980, 1005
—, vgl. Lehrle, R. S. 977, 1008, 1011, 1033
—, vgl. Melville, H. W. 642, 725, 965, 992, 1037
—, u. Robb, J. C. 980, 1015
Pearce, E. M., vgl. Overberger, C. G. 993
Pearce, J. W. 483, 489
—, vgl. Greenlee, S. O. 483, 489, 493, 768, 769
—, u. Kawa, J. 489
Pearse, R. W. B., u. Gaydon, A. G. 998
Pearson, F. G. 704
—, vgl. Liang, C. Y. 993
Pearson, G. P., u. Moore, W. R. 1010, 1041
Pearson, R. W. 777
Pearson, W. R., vgl. Errede, L. A. 625
Pease, D. C. 146
—, u. Handy, C. T. 145
Peccatori, E., vgl. Capitani, C. 989
Pechkovskaya, K., s. Petsch-kowskaja, K.
Pechmann, H. v., u. Röhm, O. 616
Peck, V. G., vgl. Moore, L. D. jr. 977, 1006
Pecorini, H. A., u. Banchero, J. T. 440
Pedersen, P. H. L., s. Leth Pedersen, P. H.

Pederson, H. L. 965
Pedretti, G. 803
Peer, H. G. 208, 223, 227, 1018
Peerman, D. E., u. Floyd, D. E. 464
—, vgl. Floyd, D. E. 526
—, vgl. Renfrew, M. M. 525
—, Tolberg, W., u. Floyd, D. E. 524
—, —, u. Wittcoff, H. 525
Pegoraro, M., Beati, E., u. Severini, F. 968
Peihkovskaya, K. A., vgl. Blagov, S. S. 1006
Peitman, H. W., vgl. Pindley, W. N. 1055
Pelley, R. L. 69
Pelouze, J., vgl. Gay-Lussac, J. 4
Peltzer, F., vgl. Eibner, A. 299, 399
Pelzer, H., vgl. Gross, B. 1061
Pendle, T. D., vgl. Cockbain, E. G. 853
—, Turner, D. T., u. Cockbain, R. G. 843
Penman, D. R., vgl. Angyal, S. J. 396
Penn, W. S. 462, 796, 820
Penning, E., vgl. Fikentscher, H. 375, 742, 794
—, vgl. Kessler, H. 787, 792
—, vgl. Kühn, E. 408
—, vgl. Louis, G. 409
—, vgl. Reinhard, H. 793
—, vgl. Wilhelm, H. 376
Pennsylvania Coal Products Co. 274
Pense, W., vgl. Rosenbusch, K. 719
Pepe, A. E., vgl. Greenspan, F. P. 493, 768
Pepe, J. J., Kniel, I., u. Czuha, M. 989
Peppel, W. J. 15
Pepper, D. C. 204, 1033, 1035
—, u. Rutherford, P. P. 1015, 1035
Pepper, K. W. 685, 974
—, vgl. Barwell, F. T. 1020
—, vgl. Hale, D. K. 974
—, vgl. Little, G. E. 238
—, vgl. Morgan, G. T. 414, 417, 418
—, Paisley, H. M., u. Young, M. A. 666, 751
—, Reichenberg, D., u. Hale, D. K. 1021
Peppiatt, E. G., vgl. Clark, G. C. H. 227
Peraldo, M., u. Farina, M. 966, 991
—, vgl. Natta, G. 10, 983, 991
Perera, V., vgl. Dean, W. R. 1024

Perfect, J. R. W., vgl. Evans, J. G. 390, 402
Perfogit 115
Perkins, G. H. 742
Perkins, G. T., vgl. Smith, J. F. 796
Perkins, R. P. 198
—, u. Bryner, F. 196, 198
Permutit AG 665, 666, 744, 745, 746, 751, 752
Permutit Co. Ltd. 270, 684
Perndanner, H. 600
Perrins, L. E., vgl. Carton, W. 224
—, vgl. Furness, W. 29, 87, 100
Perry, N. L., vgl. Hecker, A. C. 813
Perry, S. Z., vgl. Hibbert, H. 428, 441, 516
Persoz, B. 1055, 1064
Pesez, M., u. Poirier, P. 963
Pessel, H., vgl. Schmid, G. 1068
Peter, F. T., vgl. Burke W. J. 833
Peter, J., u. Bartl, H. 783
—, vgl. Bartl, H. 783
—, vgl. Freytag, H. 804
—, u. Heidemann, W. 1060
—, vgl. Schmidt, K. L. 87
Peter, S., u. Brandau, H. U. 1031
Peterli, E., vgl. Kuhn, W. 1011
Peterlin, A. 975, 976, 977, 1000, 1032, 1033, 1048
—, u. Mitarbb. 998, 1027
—, u. Čopič, M. 1044
—, u. Pirkmajer, E. 997
—, vgl. Stuart, H. A. 975, 1000
Peters, F. N., vgl. Dunlop, A. P. 557, 633, 635, 636
Peters, H., vgl. Kemp, A. R. 830, 937
Petersen, S. 62, 63, 70, 98, 385, 726
—, u. Bayer, O. 63, 171
—, vgl. Bayer, O. 80, 83, 98
—, vgl. Bunge, W. 62, 66, 76, 77, 78, 79, 94, 784
—, vgl. Doser, A. 614, 615, 616
—, vgl. Höchtlen, A. 76
—, u. Kleist, W. 63
—, vgl. Müller, E. 80, 82, 83, 84, 98, 842
—, u. Schlack, P. 94
—, Spulak, F. v., u. Kleiner, H. 93
Peterson, D. L., vgl. Stivers, D. A. 796

Peterson, E. A., u. Sober, H. A. 643
Peterson, E. G. 42
Peterson, F. C., u. Barry, A. J. 887
Peterson, G. H. 1022
Peterson, H., vgl. Strain, D. E. 704
Peterson, L. A., vgl. Harrison, S. A. 527
Peterson, L. C. , u. Batts, H. J. 259, 801
—, vgl. Iknayan, A. N. 802
Peterson, L. E., vgl. Reyerson, L. H. 1022
Peterson, N. G., vgl. Millar, R. L. 532
Peterson, W. R. 49, 55, 178
—, vgl. Coffman, D. D. 191
Petit, J., vgl. Champetier, G. 467, 896
—, u. Houel, B. 695
—, vgl. Vives, J. P. 14
Petitcolas, W. L., u. Watkins, J. M. 1044
Petitpas, G., vgl. Bouchonnet, A. 869
Petke, P. E., vgl. Kienle, R. H. 41
Petree, M. C., vgl. Aukward, J. A. 971
—, vgl. Warfield, R. W. 501, 972, 1051
Petri, R., vgl. Keller, L. 467
—, Reinhard, H., u. Keller, L. 467
Petrie, P. S., vgl. Britton, E. C. 429, 439
Petrilenkova, E. B., vgl. Michailova, Z. V. 36
Petrocarbon Ltd. 623, 626
Petrochemicals Ltd. 430, 435, 669
Petrolite Corporation Ltd. 242, 426, 437, 448, 532, 635
Petronio, M., Gisser, H., u. Forbriger, A. W. jr. 467
Petropoulos, J. C. 507
—, u. Coscia, A. T. 480
—, Frazier, C., u. Cadwell, L. E. 793
Petrov, A. A. 440
Petrov, K. D., Lagucheva, E. S., u. Pukhova, V. J. 397
Petrov, O. L., u. Kurmaev, A. D. 506
Petrova, V. F., vgl. Frunze, T. M. 145
Petrow, K. D., u. Gosstewa, O. K. 337
Petrowa, A., vgl. Zwetkow, W. 1000
Petry, J. E. E., vgl. Letort, M. J. A. 409
Petschkowskaya, K., Mil'man, T., u. Dogadkin, B. 971

Petschkowskaja, K., Pupko, S., u. Dogadkin, B. A. 1006

Petuchow, B. S. 1050

Petuchow, B. W., u. Pakshver, A. B. 1029

Petz, A. 334, 338

—, u. Fischer, F. 1052

Peukert, H. 1000

Pezzaglia, P. 468, 469

Pezzin, G., vgl. Talamini, G. 813

Pfaff, K., vgl. Ziese, W. 432

Pfannemüller, B. 903

—, vgl. Husemann, E. 902

Pfeffer, H., vgl. Gensel, H. 93

—, u. Höchtlen, A. 783

Pfeiffer, C. W., vgl. Robinette, H. jr. 714

Pfeiffer, P., u. Mitarbb. 398

Pfeil, E. 403

—, u. Ruckert, H. 403

—, u. Schroth, G. 403,

Pfenning-Schumacher-Werke GmbH 342

Pfenninger, H. 464

Pfister, H., vgl. Signer, R. 1004

Pfisterer, H. A., vgl. Harris, I. W. 799

Pfizer, Chas., & Co. 514

Pfleger, R., vgl. Hess, K. 908

Pfleiderer, H., vgl. Schmid, G. 806

Pflüger, R., vgl. Müller, A. 1004, 1027

Pfluger, H. L. 713

Pharma s. Chemische Fabrik ...

Phelan, R. R., vgl. Dunkel, W. L. 850

Phelps Dodge Copper Products Corporation 530

Phibbs, M. K. 1012

Phil, D., vgl. Allen, P. W. 853, 1016

Philip, T. B., Stanley, H. M., u. Wood, W. L. 809

Philipp, B. 881, 883, 972, 974

—, u. Hoyme, H. 973

Philipp, H. J. 1007

—, u. Bjork, C. F. 1007, 1040

Philippoff, W. 1000, 1061

—, u. Mitarbb. 1061

—, Gaskins, F. H., u. Brodnyan, J. G. 1000, 1033

—, Sittel, K., Ferry, J. P., u. Plazek, D. J. 1061

Philips Gloeilampenfabrieken N. V. 212, 242, 346, 502

Phillips Petroleum Co. 430, 504, 506, 516, 517, 549, 668, 669, 670, 676, 686, 688, 691, 692, 693, 724, 756, 767, 768, 769, 770, 774, 777, 779, 797, 798, 812, 1031

Phillips, B., vgl. Bender, H. L. 492

—, vgl. Frostick, F. C. jr. 486, 487, 489, 492, 548, 789

—, Frostick, F. C. jr., McGary, C. W. jr., u. Patrick, C. T. jr. 522, 529

—, u. Heywood, D. L. 489

—, vgl. Heywood, D. L. 489

—, McGary, C. W. jr., u. Patrick, C. T. jr. 492

—, u. MacPeek, D. L. 482

—, vgl. MacPeek, D. L. 489

—, vgl. Starcher, P. S. 489, 492, 494

—, u. Starcher, P. S. 483, 485, 486, 487, 488, 489, 491, 492

—, —, u. Ash, B. D. 482

—, —, u. Heywood, D. L. 485

—, —, McGary, C. W. jr., u. Patrick, C. T. jr. 491, 505, 529, 530

—, —, u. MacPeek, D. L. 487

Phillips, G. L., u. Nelson, H. D. 1029

Phillips, L. N. 534, 535

Phoa, K. L., vgl. Schoon, T. G. F. 1003

Phoenix Gummiwerke AG 241, 482, 493, 768

Phosphorus Co. s. Federal ...

Phrix Arbeitsgemeinschaft 158

Phrix-Werke AG 96, 104, 109, 341, 346, 356, 381

Piazza, M., vgl. Ziegler, K. 781

Pibarot, R., vgl. Riou, M. 1016, 1038

Pichelmayer, H., vgl. Zinke, A. 217

Picht, J., u. Gain, R. 1002

Pickett, E. E., vgl. Golub, M. A. 1001

Pied, J. P., vgl. Champetier, G. 103

Piepenbrink, H. F. 34

—, vgl. Arledter, H. 61

—, vgl. Bayer, O. 80, 83, 98

—, vgl. Müller, E. 80, 84, 86, 98

Pieper, G. 572

—, u. Becker, W. 765

Pier, M., Christmann, F., u. Donath, E. 823

Pier, S. M., vgl. Feuer, H. 392

Pierce Laboratory Inc. 667

Pierre, L. E. S., u. Price, C. C. 428, 429

—, vgl. Price, C. C. 428, 429

Pierrelumbert, R. C., vgl. Liberti, F. P. 1043

Pierson, R. H., Fletcher, A. N., u. Gantz, E. S. C. 996

Pierson, R. M., u. Mitarbb. 769, 770

Pierson, R. M., Hoesly, J. J., u. Schrock, R. M. 769, 770

Pieski, E. T., vgl. Smook, M. A. 991

—, vgl. Zettlemoyer, A. C. 1016

Pietsch, H. 464, 525

—, u. Clas, W. 502

—, vgl. Köhler, R. 510, 547, 555, 564

—, u. Köhler, R. 474, 479, 480, 497, 509

—, —, R., u. Stein, W. 513

—, vgl. Raecke, B. 480, 547

Piganiol, P. 1002

—, vgl. Viard, M. 446

Pigman, W. W., u. Wolfrom, M. L. 915, 1011

Pike, M., u. Watson, W. F. 851

Pike, R. M., u. Morehouse, E. L. 531

Pikl, J. 885

Pikramenou, M., vgl. Wall, F. T. 964, 970

Pilar, F. L. 1029

Pilmenshtein, I. D., vgl. Sandomirskii, D. M. 1068

Pinazzi, C., u. Mitarbb. 510

—, vgl. LeBras, J. 230, 853, 855, 856, 860

Pinazzi, C. P., Danjard, J. C., u. Pautrat, R. 855, 860

—, Pautrat, R., u. Danjard, J. C. 860

Pinchin Johnson & Assoc. Ltd. 533

Pinchin, Johnson & Co. Ltd. 42

Pinder, R. G. 526

Pindley, W. N., Peitman, H. W., u. Worly, W. J. 1055

Ping-Lum, H., u. Lung Rei, C. 664

Pinkney, P. S. 694, 734

—, vgl. Ernsberger, M. L. 687

—, u. Wiley, R. H. 782

Pinner, S. H. 712

—, vgl. Alfrey, T. jr. 973

Pino, P., vgl. Natta, G. 688, 780, 982

Pinsker, S. G., vgl. Distler, G. I. 986

Pinsky, J. 1029

—, Adakonis, A. E., u. Nielsen, A. R. 521

Pinten, P. 79

—, vgl. Zerweck, W. 636

Piotrovskij, K. B., vgl. Korotkov, A. A. 994

Piotrowski, H., u. Gils, G. E. van 732

Pirelli, N. N. 1069

Pirkmajer, E., vgl. Peterlin, A. 997

Pisarenko, A. P., Schechter, A. B., u. Jetscheisstowa, A. I. 1005

—, vgl. Shapovalova, A. I. 1019

—, vgl. Shtarkh, B. V. 1006

—, vgl. Shvetsov, V. A. 1067

—, vgl. Voyutskii, S. S. 1019

Pisarenko, E. S., vgl. Fattakhov, K. Z. 1009, 1036, 1037

Pitt, C., u. Paul, M. N. 521

Pittack, H., vgl. Blasius, E. 1005, 1022

Pitter, R., vgl. Zigeuner, G. 320, 329, 331, 332, 335, 336

Pittsburgh Plate Glass Co. 37, 45, 472, 477, 490, 498, 534, 742, 794,

Place, M. A., vgl. Allen, P. W. 1007

Placek, L. L., Magne, F. C., u. Bickford, W. G. 486

Plajer, O., vgl. Doll, H. 1056

Plambeck, L. jr. 704

Plankenhorn, E., vgl. Freudenberg, K. 887, 902

Plant, M. M. T. 414

—, vgl. Haworth, W. N. 905

—, vgl. Hirst, E. L. 905

Plapper, J., vgl. Heyden, R. 385

Plastics, B. X., Ltd. 897

Plastics Ltd. s. British ...

Plate, N. A., vgl. Kargin, V. A. 980, 983, 1065

—, vgl. Kozlov, P. V. 1013, 1059

Plate Glass Co. s. Pittsburgh ...

Plato, G., u. Schröter, G. 1045

Platz, K., vgl. Orthner, L. 585

Platzer, N. 717, 784

Plax Corporation 464, 521

Plaza, A., Norris, F. H., u. Stein, R. S. 976

—, vgl. Stein, R. S. 977, 999

Plazek, D. J., u. Ferry, J. D. 1004, 1068

—, vgl. Philippoff, W. 1061

Plesch, P. H., u. Rutherford, P. P. 1038

Plesner, I. W., vgl. La Mer, V. K. 976

Pleut, D., vgl. Crawford, J. W. 811

Plew, G. A., vgl. Jenkins, R. W. 527

Plimmer, H. 42

Plisko, E. A. 889

Plock, R. J., vgl. Kirkwood, J. G. 1032, 1044

Plöchl, J., vgl. Miller, W. v. 299, 399

Plötz, E., vgl. Bestian, H. 573, 574, 578

—, vgl. Ulrich, H. 442

Plueddemann, E. P. 499, 532

—, u. Fanger, F. 499

Plümer, F. 1058

Plumba, Maatschappij tot Exploitatie van Kunstzijdefabrieken 877

Poctchübmy, I. J., vgl. Schutzow, I. I. 1038

Podder, S. K., vgl. Basu, S. 1042

Poddubnyi, I. J. 1001

—, vgl. Bresler, S. E. 978, 1016, 1049

—, u. Erenburg, E. G. 1000, 1010, 1039

—, —, u. Starovojtova, G. J. 1021

—, vgl. Shukow, I. I. 1008, 1038

Pohl, E. 1045, 1062

Pohl, H., u. Altrichter, S. 1001

Pohl, H. A. 28, 923

—, vgl. Bacskai, R. 991, 1027

Pohle, H., vgl. Freytag, H. 845

Pohlemann, H., Burkhardt, H., König, K. H., Schmidt, F., Biczysko, H., u. Stahl, H. 179

—, u. Lissner, O. 523

—, vgl. Louis, G. 409

—, vgl. Neufeld, E. 787

—, Schauder, F., u. Trieschmann, H. G. 527

—, vgl. Schmidt, W. 112

Poirier, P., vgl. Pesez, M. 963

Pokrovskiĭ, E. I. 992

—, vgl. Nikitin, V. N. 992

Poláček, J. 1031

Polaroid Corporation s. International ...

Poldervaart, J. L., vgl. Amerongen, G. J. van 828, 829

Polikarpova, A. M., vgl. Vayser, V. L. 210

Pollak, F. 280, 320, 339, 350

—, u. Ripper, K. 320

Pollak, H., vgl. Walter, G. 388, 389

Pollard, J. D. 359

Pollett, W. F. O. 1064

Polley, M. H., u. Boonstra, B. B. S. T. 971

—, vgl. Chappuis, M. M. 1004, 1006

—, vgl. Schaeffer, W. D. 1023

Pollister, A. W., vgl. Oster, G. 1012

Pollock, D. J., Elyash, L. J., u. De Witt, T. W. 1016, 1034, 1039

Pollock, M. W., vgl. Gradsten, M. A. 392, 615

—, vgl. Zerner, E. 616

Pollopas Ltd. 348

Pollopas Patents Ltd. u. I. G. Farb. 280

Polly, G. W., vgl. Walling, C. T. 407, 408

Polly, G. W. jr. 407

Polowinski, S., vgl. Broda, A. 1015

Polson, A. E. 711

Polster, R., vgl. Steinhofer, A. 691

Polyak, A. B., vgl. Kurlyankina, V. I. 996

Polyanskii, N. G., Vyshereskoya, V. J., u. Mish-Mishin, Y. M. 267

Polymer Corporation Ltd. 681, 688, 689

Polyplastic 858

Pomey, J., vgl. Lagache, M. 898

Ponemon, W. E. 464

Poole, A., vgl. Clark, G. C. H. 227

Poore, L., vgl. Roseveare, W. E. 1064

Pope, M., vgl. Gregor, H. P. 1047

Popham, F. J. W., Bloomfield, G. F., u. Merrett, F. M. 857

—, vgl. Blow, C. M. 835

Poplak, H., vgl. Treiber, E. 985

Porai-Koschitz, A., Kudryawzeff, N., u. Maschkileison, B. 197

Poretskaya, L. J., vgl. Mirkhlin, E. D. 1029

Porod, G. 975

—, vgl. Kratky, O. 986

Porret, D., Fisch, W., u. Ernst, O. 498

—, u. Leumann, E. 364, 498,

—, vgl. Sallmann, R. 364, 371

Porri, L., vgl. Natta, G. 994

Porrini, P., Sebastiano, F., u. Messina, G. 1017

Port, W. S., u. Mitarbb. 1064

—, vgl. Fee, J. G. 979, 1037

—, Gelb, L. L., u. Ault, W. C. 491

—, vgl. Maerker, G. 480

—, vgl. Silbert, L. S. 466

Porter, M. R., vgl. Jordan, D. O. 1042

—, vgl. Mathieson, A. R. 1042

Porter, R. S., u. Johnson, J. F. 1046

Poschmann, F., vgl. Wilhelm, H. 376

Potter, A. L., u. Wassid, W. Z. 906

Potts, P. D., vgl. Baxter, S. 798, 1066

Potts, R. M., vgl. Marvel, C. S. 695

Poulton, F. C. J. 929
—, u. Tarrant, L. 972

Pouyet, J., vgl. Cantow, H. J. 1044
—, vgl. Eisenberg, H. 1041

Powder Co. s. Atlas ...
—, s.a. Hercules ...

Powell, G., vgl. Salmon, M. R. 885

Powell, G. J., u. Stolton, R. E. 465

Powell, G. M., vgl. Bailey, F. E. jr. 429, 1016, 1037

Powell, J. H. jr. 787

Powers, D. H. 845
—, u. Bock, L. H. 887
—, u. Rossin, E. H. 714

Powers, K. W., vgl. Jankowsky, C. J. 801

Powers, P. O. 262, 1012, 1016

Powers, W. J., vgl. Stivala, S. S. 475

Powles, J. G. 997
—, u. Kail, J. A. E. 997

Pozefsky, A., vgl. Saier, E. L. 990, 1018

Pozin, A. A., vgl. Nusinov, M. D. 1067

Prager, S., Bagley, E., u. Long, F. A. 1022

Prager, W., u. Hodge, P. 1060

Prandtl, W. 637

Prati, B. 1037, 1040, 1049

Pratt, B. C. 475

Pratt, E. F., u. Green, L. Q. 295

Pravednikow, A. N., u. Medwedew, S. S. 965

Precopio, F. M., u. Gilbert, A. R. 777, 778

Pregaglia, G. F., vgl. Natta, G. 10, 641

Prem, D., u. Duke, J. 989

Prem, D. C., u. Mitarbb. 989

Presniakova, V. S., vgl. Mikhailov, G. P. 968, 1026

Press, J. J. 922

Pressed Steel Co. 526

Presting, W., vgl. Marx, T. 982, 1004

Preston, C., u. Fern, A. S. 881

Preston, D., vgl. Farrow, G. 984, 1027

Preston, J. M. 970, 1020
—, u. Joshi, G. D. 987

Preston, R. D. 1005

Prettyman, I. B., vgl. Tobolsky, A. V. 802

Preuss, A. F. jr., vgl. Lyman, W. R. 745

Prévot, J., vgl. Chatain, M. 1031

Price, C. C. 430, 431
—, u. Mitarbb. 431
—, vgl. Ebert, P. E. 429, 430, 432, 435
—, vgl. Johnson, W. R. 806
—, vgl. Miller, R. A. 430, 435, 449
—, vgl. Minoura, Y. 572
—, vgl. Noshay, A. 430, 436, 568
—, u. Osgan, M. 428, 431
—, vgl. Osgan, M. 430, 432
—, u. Pierre, L. E. S. 428, 429
—, vgl. Pierre, L. E. S. 428, 429

Price, F. P. 976, 1025, 1050
—, u. Bianchi, J. P. 978
—, vgl. Bianchi, J. P. 999, 1026
—, Martin, G. S., u. Bianchi, J. P. 1040

Price, H. P. 477, 530

Price, J. A., vgl. Alfrey, T. jr. 1033, 1035

Price, J. W., vgl. Chapman, A. H. 988

Price, S. J. W., vgl. Dunell, B. A. 1064

Priebe, H., vgl. Wende, A. 497

Priest, D. C., vgl. Spialter, L. 995

Priest, W. J. 1005
—, u. Allen, C. F. H. 722

Prietzschk, A. 983

Prigogina, I., u. Bellemans. A, 1052

Prilezhaeva, E. N., vgl. Shostakovskiĭ, M. F. 896, 1011

Prillwitz, H., vgl. Hecht, O. 210

Priss, L. S. 1060
—, vgl. Reznikovskii, M. M. 1059

Pritchard, J. E. 756, 770
—, u. Canterino, P. J. 517
—, u. Opheim, M. H. 756
—, vgl. Reynolds, W. B. 756

Pritchett, E. G. K., u. Barnett, G. 253
—, vgl. Bloxham, E. J. 521

Privinsky, F., vgl. Greune, H. 238

Prjadilowa, W. J., vgl. Bressler, S. E. 965

Products Research Co. 597

Prölss, L., vgl. Miksch, R. 1018, 1069

Profft, E. 420

Prokoféva, M., vgl. Derevitskaya, V. A. 881

Prokovsky, L. J., u. Pakshver, A. B. 1026

Pro-phy-lac-tic Brush Co. 722

Proskauer, E. S., vgl. Mitchell, J. 929

Prost, E. 609

Protzman, T. F., vgl. Tjader, T. C. 1026

Pruitt, M. E., u. Mitarbb. 430, 449
—, vgl. Baggett, J. M. 431
—, u. Baggett, J. M. 430, 438, 449
—, —, Bloomfield, R. J., u. Templeton, J. H. 430, 449
—, Jackson, L., u. Baggett, J. M. 436

Pruvino, L. J., vgl. Langerak, E. O. 88

Pryachina, S. F., vgl. Dogadkin, B. A. 1013

Pschorr, F. E. 522

Ptitsyn, O. B., vgl. Birshteĭn, T. M. 964
—, u. Eizner, Y. E. 977, 1033
—, vgl. Volkenshtein, W. V. 1058

Pucher, S., vgl. Zinke, A. 216

Publicker Industries Inc. 714

Puddington, I. E., vgl. Cotten, G. R. 1006

Pugh, C., vgl. MacGregor, J. H. 893

Pugh, T. L., u. Heller, W. 1028

Pukhova, V. J., vgl. Petrov, K. D. 397

Pul, B. I. C. F. van 849

Pulido, C. 1022

Pulley, A. O., u. French, D. 902

Pulvermacher, G. 398

Pummerer, R. 125, 181, 191, 644, 929, 963
—, u. Burkhard, P. A. 824
—, Ebermayer, G., u. Gerlach, K. 927
—, u. Gündel, W. 843
—, u. Koch, A. 823, 824
—, Nielsen, H., u. Gündel, W. 823, 824
—, u. Pahl, H. 843
—, u. Richtzenhain, H. 927
—, u. Stärk, H. 841

Punderson, J. O., vgl. Schweitzer, C. E. 404, 408

Pundsack, F. L. 1026

Pungs, W., u. Eisenmann, K. 334, 346

Pupko, S., vgl. Petschkowskaja K. 1006

Pupkow, S. L., vgl. Saidess, A. L. 1005

Purcell, W. P., u. Smyth, C. P. 969, 1040

Pure Oil Co. 466, 738, 739

Purucker, S., vgl. Ueberreiter, K. 1050

Purves, C. B. vgl. Cramer, F. B. 880, 881
—, vgl. Mahoney, J. F. 908
Putzer-Reybegg, A. v. 45, 242
—, vgl. Greth, A. 338
Pye, C. R., u. Thom, J. W. 535
Pyszora, H., vgl. Ellis, B. 996

Quaedvlieg, M., vgl. Boresch, C. 271
—, vgl. Hagge, W. 744, 749, 752
—, vgl. Kirschnek, H. 475
Quaker Chemical Products Corporation 713
Quaker Oats Co. 634, 635, 636
Quarrington, J. E., vgl. Parkinson, D. H. 1050
Quendt, E. 382, 383
Quensell, H., vgl. Hinrichsen, F. W. 824, 829, 834
Querfurth, W., vgl. Schweitzer, O. 407
Quinn, F. A., u. Mandelkern, L. 933, 939, 940, 1026, 1051
—, vgl. Mandelkern, L. 981, 1025, 1051
Quistwater, J. M. R., u. Dunnell, B. A. 1065
Quitmann, H., Jaenicke, W., Goetzmann, K., u. Weege, A. 682
Quitzsch, K., vgl. Langhammer, G. 1015, 1047
Quynn, R. G., u. Mitarbb. 983, 993, 1027

Raaf, H., vgl. Bodendorf, K. 295
Rabitsch, E. 1019
Rabjohn, N. 842
—, u. Mitarbb. 927
—, vgl. Flory, P. J. 843, 848
Racciu, G., vgl. Giua, M. 374
Rachner, M. 1003, 1005
Radcliff, R. R. 804
—, vgl. Forman, D. B. 803
Radi, L. J., u. Britt, N. G. 1066
Radley, J. A. 915
—, u. Grant, J. 998
Radlove, S. B., u. Mitarbb. 43
—, vgl. Millar, R. L. 493
Rado, R., u. Lazàr, M. 777
Radzitzki, P. de, u. Smets, G. 993
—, Wilde, M. C. de, u. Smets, G. 993
Rae, W. N., vgl. Reilly, J. 964, 987, 1001, 1006, 1010, 1011, 1023, 1024, 1030, 1056

Raecke, B. 527
—, u. Gündel, W. 527
—, Köhler, R., u. Pietsch, H. 480, 547
—, Pietsch, H., u. Köhler, R. 480, 547
Rätz, R. F. W., u. Grundmann, C. J. 575
Raetz, R. W., vgl. Merz, E. H. 977, 1016, 1035
Raff, R., vgl. Mark, H. 818
Raff, R. A. V., u. Allison, J. B. 819
—, vgl. Ohlberg, S. M. 979, 985, 1004, 1055
Rafikov, S. R. 1031
—, u. Mitarbb. 1040
—, vgl. Pavlova, S. A. 979, 1033, 1040
—, u. Sorokine, R. H. 179
Raichle, K., u. Biedermann, W. 40
—, vgl. Biedermann, W. 554
—, vgl. Orth, H. 243
—, vgl. Schnell, H. 554, 563
—, Schnell, H., u. Biedermann, W. 554
—, u. Schweeberg, H. 745
Railsback, H. E., Cooper, W. T., u. Stumpe, N. A. 797
—, u. Reynolds, W. B. 756
—, vgl. Svetlick, J. F. 756
Rainey, J. L., vgl. Auten, R. W. 344, 345, 353, 355, 743
—, vgl. Bock, L. H. 345
Raisch, W., vgl. Kämmerer, H. 1013
Rakowski, L., Williams, H. M. G., u. Wilson, D. L. 172
Ramakrishnan, C. S., u. Mitarbb. 825, 835
—, vgl. Dasgupta, S. 994
—, Dasgupta, S., u. Pande, J. B. 994
—, —, u. Rao, N. V. C. 994
Raman, N. K., u. Hermans, J. J. 979, 1009, 1016
Rambath, H. R., vgl. Anagnostopoulos, C. E. 1003
Rambaud, R., u. Vessière, M. 489
Ramp, F. L., vgl. Dannis, M. L. 675
Rampichini, M., vgl. Sianesi, D. 983, 1037
Ramstetter, H., vgl. Mittasch, A. 328, 347
Ranalli, F. 779
Ränby, B. G. 729, 1005
—, u. Brumberger, H. 986
—, vgl. Griffith, J. H. 1028
—, Morehead, F. F., u. Walter, N. M. 986, 1005
—, u. Risi, E. 1017
—, u. Sihtola, H. 1040, 1048
Randall, J. T., vgl. Burge, R. E. 986, 1005

Rank, V., vgl. Löbering, J 405
Ranke, I., vgl. Kiessling, H. J. 526
Rankin, D., u. Degering, E. F. 910
—, vgl. Degering, E. F. 910
Rankin, J. C., u. Mehltretter, C. L. 642, 914
Ransaw, H. C., vgl. Binder, J. L. 937
Rao, M. L. B., s. Bhaskara Rao, M. L.
Rao, M. R., vgl. Varadaiah, V. V. 1034
Rao, N. V. C. 836
—, vgl. Ramakrishnan, C. S. 994
Raolin Corporation 825
Rapean, J. C., vgl. June, R. K. 480
Rapp, A. 467
Rappen, L., vgl. Wille, H. 469
Rapson, W. H., u. Morbey, G. K. 863
Raschig, F., GmbH 209, 238, 250, 280
Rasmussen, H. E., vgl. Hansford, R. C. 620
Rassow, B., u. Bongé, W. v. 869
—, u. Dörr, E. 871
Rath, H., u. Mitarbb. 657
—, vgl. Dietrich, W. 419, 423
—, vgl. Eggert, H. G. 494
—, u. Heiss, L. 657, 762
Rathgeber, R., vgl. Zahn, H. 190
Rathjen, H., u. Bayer, O. 824
—, vgl. Meerwein, H. 629
Rathmann, G. B., u. Bovey, F. A. 978, 1036
—, vgl. Hatfield, M. R. 1067
—, vgl. Shultz, A. R. 978, 1036
Ratner, S. B. 1019
Rattee, I. D. 881
Ratz, H., u. Elsner, H. 156
Rauch, B., vgl. Meyerhoff, G. 1047
Rauch, H. 299
—, vgl. Elöd, E. 784
—, vgl. Grimm, O. 376, 743
—, vgl. Zigeuner, G. 320
Rauch, W. G., vgl. Harwood, J. J. 820
Rauhut, C. E., vgl. Miller, M. L. 983, 993, 999, 1027
Raum, A. L. J. 208, 227
—, vgl. Fraser, D. A. 208, 228, 229, 239, 279
Rausch, W., vgl. Kämmerer, H. 203
Rauterkus, K. J., vgl. Kern, W. 650

Ray, N. H. 630, 1052
—, vgl. Buckley, G. D. 165, 630, 631
Rayburn, J. A., vgl. Jones, E. W. 467
Rayner, C. A. A. 239
—, u. Mackenzie, J. B. D. 516, 538
Rayon Corporation s. Industrial ...
Rayonier Inc. 896
RCI-Beckacite GmbH 510
Read, B. E., vgl. Allen, G. 1062
Reaville, E. T., vgl. Cass, R. A. 498
Rebinder, P. A., u. Ivanova-Chumakova, L. V. 1068
Reboul, M. E. 460
Reconstruction Finance Corporation 596, 597
Reddelien, G., u. Lange, H. 613
Reddish, W. 967
Redfarn, C. A., u. Bedford, J. 820
Redfern, D. V., vgl. Baxter, G. F. 213
Reding, F. P. 1027, 1057
—, u. Brown, A. 990, 1004, 1054
—, vgl. Smith, J. J. 812
—, u. Walter, E. R. 982, 984, 1004
Redtenbacher, J. 730, 731
Reed, C. F. 686
Reed, J. R. vgl. Calhoun, V. B. 1045
Reed, R., Wood, M. J., u. Keech, M. K. 1005
Reeder, F. 467, 582
—, vgl. Carpenter, A. S. 470, 541
—, u. Wallsgrove, E. R. 582, 586
Reese, J. 206, 223, 224, 225, 226, 236, 251, 252, 278, 285, 338, 474, 510, 520, 531, 533, 835, 861, 1018
—, vgl. Greth, A. 835
—, u. Hultzsch, K. 224, 225, 226, 278
—, vgl. Hultzsch, K. 473, 835
Reese, J. S., vgl. Coffman, D. D. 94, 887
Reetz, T., vgl. Hardy, E. E. 498
Reeves, H. F. jr., u. Andrews, T. M. 830
Reeves, R. E., vgl. Rowen, J. W. 995
—, u. Thompson, H. J. 887
Reeves, W. A., vgl. Drake, G. L. jr. 896
—, vgl. Evans, J. G. 401
—, Flynn, F. F., u. Guthrie, J. D. 401

Reeves, W. A., u. Guthrie, J. D. 402, 575
—, —, u. Bullock, A. L. 498
—, —, u. Warren, J. 401
Refining & Marketing Co. s. Shell ...
Regel, E., vgl. Wegler, R. 199, 200, 305, 444, 521, 545, 633
Régie Nationale des Usines Renault 898
Rehage, G., vgl. Jenckel, E. 1033
—, u. Meys, H. 1007
Rehberg, C. E., vgl. Mast, W. C. 787
Rehbinder, E. P., vgl. Kargin, V. A. 983, 1065
Rehbinder, P. A., vgl. Kolbanowskaja, A. S. 1067
Rehner, J. jr. 842, 843, 1014, 1059
—, vgl. Flory, P. J. 801, 843, 847, 936, 941
Rei, C. L., s. Lung Rei, C.
Reibnitz, B. v., vgl. Köhler, F. 377
—, vgl. Scheuermann, H. 341
Reich, C., vgl. Manecke, G. 272
Reich, M. H., vgl. Heiberger, C. A. 493, 522
—, vgl. Johnston, C. W. 768
—, u. Nowlin, G. 516, 789
—, vgl. Nowlin, G. 493
Reich, W. S., u. Damansky, A. F. 907
Reichenberg, D., vgl. Pepper, K. W. 1021
Reichert, H., vgl. Hunyar, A. 1012
Reichert, J. S., u. Nieuwland, J. A. 210
Reichherzer, R. 1058
—, u. Rosner, R. 509
Reichhold Chemie AG 334, 374, 510, 526
Reichhold, H., Chemicals Inc. 261, 285, 337, 350, 361
Reid, C. E., u. Breton, E. J. 971
—, u. Kuppers, J. R. 1008, 1029, 1048
—, u. Spencer, H. G. 1008
Reid, D. R. 1065
Reid, E. E., vgl. Francis, A. W. 37
—, vgl. Richter, F. 581
Reid, J. D., vgl. Daul, G. C. 724, 881, 893
—, u. Mazzeno, L. W. 873
Reid, R. I. 675
Reid, T. S., vgl. Ahlbrecht, A. H. 786
Reiff, G., vgl. Maurer, K. 899
Reiff, O. M. 612
—, vgl. Otto, F. P. 612

Reiff, R. H. 489
Reifferscheid, H. 1050
Reilly, C. B., u. Orchin, M. 98
Reilly, J., u. Rae, W. N. 964, 987, 1001, 1006, 1010, 1011, 1023, 1024, 1030, 1056
Reilly, J. H. 623
Reilly, M. L., vgl. Furukawa, G. T. 1050, 1051
Reimold, W., vgl. Hüttel, R. 574
Reimschüssel, H., vgl. Voss, W. 877, 878
Reimschuessel, H. K. 114
Rein, H., Riedmair, J., u. Hansen, O. 333
Reinartz, K., Graulich, W., Lehmann, W., u. Kleiner, H. 615
Reinbacher, W. R. 408
Reineck, E. A. 212
—, vgl. Brown, L. H. 636
Reinecke, H., vgl. Bauer, H. 721
—, vgl. Jordan, H. 785
Reiner, M. 1030
Reiner, S. 963
Reiney, M. J., vgl. Achhammer, B. G. 991
Reinfeld, F., vgl. Bischoff, C. A. 373, 374, 397
Reinhard, H. 1029
—, vgl. Keller, L. 467, 787
—, u. Penning, E. 793
—, vgl. Petri, R. 467
Reinhard, R. H. 732
—, vgl. Chapin, E. C. 728
Reinhardt, F. W., u. Mutehler, M. K. 988
Reinhardt, R. M., vgl. Daul, G. C. 724, 881, 893
Reinhart, F. W., vgl. Achhammer, B. G. 923, 966, 967, 982, 986, 988, 991
Reinking, H. H. 469, 478
Reinking, N. H., Barth, B. P., u. Castner, F. J. 479
—, vgl. Shechter, L. 518
—, vgl. Wynstra, J. 536
Reitenour, J. S., vgl. Ashby, C. E. 1011
Reitlinger, S. A., u. Kuzminsky, A. S. 1012, 1047
—, vgl. Melikhova, N. A. 1029
—, vgl. Sokolov, S. I. 1029
—, u. Yarkho, I. S. 1029
Rejhová, H., u. Ulbrich, W. 1018
Rembaum, A., vgl. Waack, R. 650
Remington, W. R., vgl. Langerak, E. O. 88
Remond, J. 834, 836, 514

Rempp, P. 1035, 1040, 1047
—, u. Benoit, H. 976
—, vgl. Roth, J. P. 762
—, vgl. Sadron, C. 1033
Renfrew, A., u. Morgan, P. 820
Renfrew, M. M., u. Mitarbb. 523
—, vgl. Freeman, A. J. 1029, 1054
—, u. Peerman, D. E. 525
—, u. Wittcoff, H. 523, 525, 551
—, vgl. Wittcoff, H. 525
Renner, A. 363
—, vgl. Mackenzie, J. B. D. 522
—, vgl. Neut, J. H. van der 523
—, u. Widmer, G. 534
Renner, A. J., vgl. Breitenbach, J. W. 1009, 1011, 1036
Renoll, M. W., vgl. Midgley, T. jr. 823
Reppe, W. 276
—, u. Mitarbb. 494
—, Hecht, O., u. Gauss, W. 277
—, u. Keyssner, E. 210, 276
—, u. Nicolai, F. 568
Research Corporation 373, 378
Research Corporation s. California ...
Research Laboratory Inc., Madison/Wisconsin 47
Resinous Products & Chemical Co., The 271, 290, 337, 344, 351, 353, 354, 355, 388, 743, 753
Resin Products Ltd. s. British Resin ...
Resin Research Laboratories Inc. 928
Resnick, A. L., vgl. Chinai, S. N. 979, 1037
Resnikovskii, M. I., u. Chromow, M. K. 1057
Restaino, A. J., vgl. Feltzin, J. 630
Resz, R. 889, 905, 908, 913
—, vgl. Husemann, E. 885, 890, 906, 909, 911, 912
Reuter, A. 991
Reuter, L. F. 785
Reuter, M. 401
—, vgl. Orthner, L. 687
Reuther, H., u. Maas, C. 1050, 1052
Revertex Ltd. 699, 848
Rexford, D. R., vgl. Dixon, S. 795
Reybegg, A. v. P., s. Putzer-Reybegg, A. v.
Reyerson, L. H., u. Peterson, L. E. 1022

Reyle, B., vgl. Hagedorn, M. 438, 911
Reynolds, D. D., u. Berghe, J. van den 51
—, vgl. Caakso, T. M. 157
—, u. Cathcart, J. A. 683
—, u. Kenyon, W. O. 715, 727, 728, 750, 763
—, u. Williams, J. L. R. 158
Reynolds, H. C., O'Neill, R. C., u. Garber, J. D. 478
Reynolds, R. J. 679
—, u. Ruetman, S. H. 781
Reynolds, R. J. W., vgl. Dickson, J. T. 149
—, vgl. Ellery, E. 156
—, vgl. Farthing, A. C. 553, 555
—, u. Vickers, E. J. 8
Reynolds, S. I., u. Mitarbb. 967
Reynolds, W. B. 692
—, u. Canterino, P. J. 688
—, vgl. Jones, R. V. 691
—, vgl. Kraus, G. 825
—, u. Pritchard, J. E. 756
—, vgl. Railsback, H. E. 756
—, vgl. Urans, G. 677
Reynolds Research Corporation 831
Reysen, W. H., u. Gibson, J. D. 1006, 1025, 1043
Řežč, Z., vgl. Grebenovský, E. 973
Reznikova, R. A., vgl. Voyutskii, S. S. 1032, 1068
Reznikovskii M. M. 1019, 1056
—, vgl. Bartenev, G. M. 1062
—, u. Dogadkin, B. A. 1066
—, vgl. Dogadkin, B. A. 1057
—, Priss, L. S., u. Dogadkin, B. A. 1059
Reztsova, E. V., vgl. Slonimskii, G. L. 1013, 1063
Rhäzüns, O. V. 349
Rheineck, A. E. J. 726
Rheinpreussen AG 417, 418, 419, 422, 423, 533
Rhian, E., vgl. Fuschillo, N. 997
Rhijn, A. E. A. van, vgl. Böeseken, J. 223
Rhodes, M. B., u. Stein, R. S. 984, 986
—, vgl. Stein, R. S. 977
Rhodes, P. H. 250, 274
Rhodes, T. B., vgl. Bawn, C. E. H. 630
Rhodiacéta s. Société ...
Rhodin, J., vgl. Sjöstrand, F. S. 1002
Rhys, J., vgl. Lever, A. E. 1057, 1061

Ribeyrolles, P., Guyot, A., u. Benoit, H. 979, 1039
Rice, S. A. 976
—, u. Harris, F. E. 974
—, vgl. Nagasawa, M. 974
Rich, A. 964
Richards, G. N. 898
Richards, L. M. 708, 771, 838
Richards, R. B. 981, 1025, 1054, 1058
—, vgl. Oakes, W. G. 809, 810
Richardson Co. 531
Richardson, C., vgl. Jenkins, V. F. 534
Richardson, D., vgl. Bradley, T. F. 43
Richardson, J. F., vgl. Coulsen, J. M. 1046
Richardson, L. T. 419, 636
Richardson, P. N., vgl. Kralovec, R. D. 408
Richardson, W. S. 994
—, u. Sacher, A. 937, 938, 993
Richman, D., u. Thomas, H. C. 1047
Richmond, J. L., vgl. Cable, G. W. 845
Richmond, P. G., vgl. Nielsen, L. E. 1067
Richter, F., Augustine, F. B., Koft, E. jr., u. Reid, E. E. 581
Richter, G. A., u. Herdle, L. E. 1041
Richter, G. A. jr. 880
Richter, M., vgl. Langhammer, G. 1032
Richtzenhain, H., vgl. Pummerer, R. 927
Rickert, F. H., vgl. Alder, K. 927
Ricketts, C. R., u. Rowe, C. E. 970, 996, 1018
Ridbo Laboratories Inc. 679
Riddle, E. H., vgl. Marvel, C. S. 760, 810
Rideout, W. H., vgl. Korach, M. 496
Rider, S. H., vgl. Elmer, C. 363
Riebecksche Montanwerke AG 245
Rieber, M., vgl. Orthner, L. 831, 832
Rieche, A., u. Caro, G. 268
Rieck, J. 966
Riedmair, J., vgl. Rein, H. 333
Riegger, P., vgl. Schröter, G. A. 722
Riek, E., vgl. Auwers, K. v. 201
Riener, E. F. 494
Ries, H. E., Beredjick, N., u. Gabor, J. 1024

Riesel, E., u. Berger, A. 1008

Riess, G., u. Bandaret, A. 1013

Rietz, E., u. Hoffmann, W. 292, 299

Rife, H. M., vgl. Benedict, D. B. 703

Rigbi, M. 1034

Rigby, Z. 799, 802, 1054, 1055

Rigterink, R. H. 201

Riley, D. P., u. Oster, G. 975

Riley, G. C. 441, 452

Rimmer, R. W. 495

Rinfret, M., vgl. Daoust, H. 1033, 1036, 1052

—, vgl. Horth, A. 1028

—, vgl. Watters, C. 1014, 1053

—, vgl. Tremblay, R. 976

Ringström, M. J. 333

Ringwald, E. L., u. Mowry, D. T. 708

—, vgl. Mowry, D. T. 161, 162, 392, 393

Ringwald, R. M. 757

—, u. Hanson, N. W. 538

—, vgl. Hanson, N. W. 473, 757

Ringwood, A. F. 465

Rinke, H. 73, 74

—, u. Bayer, O. 922

—, vgl. Bayer, O. 57, 71, 74, 88, 96, 143, 169

—, u. Konrad, M. 143

—, vgl. Konrad, M. 72

—, vgl. Lehmann, W. 72, 96, 170, 374

—, vgl. Schellenberg, W. D. 726, 759, 805

—, vgl. Thoma, W. 170, 806

Rinkens, H., vgl. Jenckel, E. 1004

Rinne, F., u. Berek, M. 1002

Riou, M., u. Pibarot, R. 1016, 1038

Ripley-Duggan, B. A. 133, 717, 736

Ripper, K. 350, 383, 385, 386

—, vgl. Pollak, F. 320

Ripper, K. E. 385

Riseman, J., u. Eirich, F. R. 1032

—, vgl. Eirich, F. R. 1033

—, u. Harper, R. C. 1043

—, u. Ullman, R. 1033

Risi, E., vgl. Ranby, B. G. 1017

Rispler, A. L., Luthy, M., u. Schilling, F. E. 389

Rist, C. E., vgl. Lohmar, R. 904

—, vgl. Wolff, I. A. 885, 909

Ritschard, W. J., u. Gilles, J. F. 1001

Ritscher, T., vgl. Elias, H. G. 1007

Ritscher, T. A., u. Elias, H. G. 1007

Ritter, A. W. jr., u. Rowland, S. P. 488

Ritter, D. M., vgl. Joyce, R. M. 129, 131

Ritter, F. J. 837

Ritter, J. J. 142

—, u. Kalish, J. 142

—, u. Lusskin, R. 142

—, u. Minieri, P. P. 142

—, u. Murphy, F. X. 142

Ritter, W., vgl. Meyer, F. 363

Rivlin, R. S. 1057, 1060

—, vgl. Gumbrell, S. M. 1021, 1057

—, u. Saunders, D. W. 1057

Rjabov, A. V., u. Panova, G. D. 973

Rjabtschikov, D. J., u. Lasarev, A. J. 973

Ro, R. S., vgl. House, H. O. 484

Robb, J. C., vgl. Barlow, A. 923, 1019

—, vgl. Lehrle, R. S. 1018

—, vgl. Peaker, F. W. 980, 1015

Robb, L. E., Honn, F. J., u. Wolf, D. R. 795

Robberman, Z. N., vgl. Volcher, B. Z. 991

Robbins, S., vgl. Runk, R. H. 529

Roberti, G., u. Dinelli, D. 634

Roberts, B., u. Billmeyer, F. W. 1028

Roberts, D. E. 1052

—, u. Mandelkern, L. 982, 1025, 1050

—, vgl. Mandelkern, L. 981, 1025, 1051

—, vgl. Nelson, R. A. 1052

—, vgl. Newton, C. J. 981, 982

Roberts, H. J., vgl. Whistler, R. L. 906, 907

Roberts, J. E., vgl. Jobling, A. 1045

Roberts, K. C., u. Wilson, J. 824

Roberts, R., vgl. Hayden, P. 1017

Roberts, R. W. 881

Roberts, S. M., vgl. McCleary, R. F. 216

Robertson, E. M., Deusen, W. P. van, u. Minsk, L. M. 725, 804, 805

—, vgl. Merrill, S. H. 725, 726

—, vgl. Minsk, L. M. 805

Robertson, E. N., vgl. Weber, C. H. 1064

Robertson, H. F. 720, 722

Robertson, M. W., u. Rowley, R. M. 1013

Robertson, R. F., vgl. Gupta, P. R. 1049

Robertson, W. G. P., vgl. Jones, M. H. 642, 680

Robinette, H. jr., u. Pfeiffer, C. W. 714

Robins, A. B., vgl. Butler, J. A. V. 1035, 1042

Robinson, A. E., vgl. Amberg, L. O. 781

—, u. Kirk, D. C. jr. 778, 781

—, vgl. Kirk, D. C. jr. 781

—, u. Vandenberg, E. J. 435

Robinson, C. 1001

Robinson, C. F. 514

—, vgl. Feild, R. B. 514

Robinson, C. N., vgl. Marvel, C. S. 586

Robinson, D. W., vgl. Hoff, E. A. W. 1059

Robinson, G., vgl. Steckler, R. 523

Robinson, G. M., vgl. McLeod, C. M. 395

Robinson, H. W. H., u. Vodden, H. A. 798

Robinson, I. D., u. Fernandez-Rofojo, M. 974

—, —, u. Cassidy, H. G. 989

Robinson, I. M., vgl. Brinker, K. C. 164

Robinson, J. M., vgl. Edwards, W. M. 163

Robinson, J. V. 1033

Robison, S. B., vgl. Baldwin, F. P. 681

—, vgl. Buckley, D. J. 802

—, vgl. Fusco, J. V. 679

—, vgl. Miller, A. L. 258

Robitschek, P., u. Bean, C. T. jr. 32, 36, 47

—, vgl. Ilardo, C. S. 514

—, u. Lewin, A. 292

—, u. Nelson, S. J. 514

—, vgl. Nelson, S. J. 514

Robson, J. K. M., vgl. Jones, R. H. 226

Rochlitz, F., vgl. Mauz, O. 498

Rochow, E. G., u. Le Clair, H. G. 996

Rocklin, A. L., vgl. Morris, R. C. 227

Rodeyns, A. 1065

Rodman, E. A. 779, 790

Rodriguez, F., u. Winding, C. C. 806

Rodriguez, L. 680

—, vgl. Hargitay, B. 1003

Röck, H. 1012, 1046

Roedel, M. J. 1036

Roeder, G. 442

Röhm & Haas GmbH 341, 342, 364, 376, 509, 679, 705, 706, 707, 709, 738, 739, 740, 746, 792, 794, 809, 816

Röhm, O. 786

—, vgl. Pechmann, H. v. 616

Roell, E. 623
—, vgl. Drossbach, O. 623
Roemer, J. J., u. Kaiser, D. W. 365
Rösch, M., vgl. Kehren, M. 982
Roeser, G. P., vgl. Conwell, Y. 1016
—, vgl. Tobolsky, A. V. 596, 597
Roeske, A., vgl. Wertyporoch, E. 610
Rössig, L. 785
Roessler ... s. Degussa
Roessler & Hasslacher Chemical Co. 299
Roessler, G., vgl. Frankenburger, W. 415
Roesti, H. 383
Roff, W. J. 819
Rogers, C., u. Mitarbb. 1029
Rogers, C. E., Stannett, V., u. Szwarc, M. 1023, 1029
Rogers, D. A. jr., u. Lewis, D. W. 499
Rogers, J. 465
Rogers, L. N., vgl. Mueller, W. A. 1017
Rogers, R. G., vgl. Horton, C. W. 967
Rogers, S. S., u. Mandelkern, L. 1026
—, vgl. Martin, G. M. 1026
Rogers, T. H. jr., u. Vickers, R. D. 785
Rogier, E. R. 523, 526
Rogovin, Z. A. 881, 890, 915
—, u. Mitarbb. 890
—, vgl. Chang Wei-kang 895
—, vgl. Derevitskaya, V. A. 881
—, u. Drushinina, T. W. 812
—, vgl. Lin Yan 895
—, vgl. Sun Tun 895
—, u. Vladimirova, T. V. 890
—, vgl. Zazulina, Z. A. 982, 985, 1001, 1053, 1054
Rogovina, L. Z., vgl. Kargin, V. A. 1068
Rogowin, S., u. Glasman, S. 869
—, u. Tichonow, K. 870
Rogowin, S. A., s. Rogovin, Z. A.
Rogue, J., vgl. Antzenberger, P. 985
Roh, N., vgl. Winter, K. 610, 611
Roh, N. H., vgl. Schmidt, O. 421
—, vgl. Seydel, H. 209
Roha, M. 932, 935
Rohleder, H., vgl. Fendler, H. G. 1023, 1034
Rohleder, J., u. Stuart, H. A. 1027

Rohm & Haas Co., 37, 160, 167, 195, 198, 216, 242, 270, 339, 342, 345, 353, 354, 355, 365, 374, 441, 442, 452, 466, 467, 472, 483, 485, 486, 487, 488, 491, 494, 495, 496, 509, 515, 516, 517, 520, 527, 548, 554, 562, 567, 588, 590, 665, 666, 683, 686, 697, 706, 707, 713, 739, 742, 743, 744, 745, 746, 752, 753, 754, 757, 758, 787, 788, 789, 791, 795, 887, 893, 894
Rohmer, M., u. Günzler, H. 993
Roithner, E. 428
Rokityanski, I. V., vgl. Marei, A. I. 994, 1067
Roland, J. R. jr. 699, 704
Rolle, C. J., vgl. Kumins, C. A. 1029
Rollins, M. L., vgl. Gruy, I. V. de 1003
Rollwagen, W. 998
Romani, E., vgl. Bruni, G. 845, 846
Romankevič, M. J. 267, 1022, 1026, 1047
Romanova, Z. V., vgl. Frunze, T. M. 145
Romatowsky, E. J., vgl. Davidson, J. B. 342, 343, 354
Rondeau, A., vgl. Boyer, S. 747
Rondou, S., Smets, G., u. Wilde-Dlevaux, M. C. 748
Rook, E. H., vgl. Strauss, U. P. 1042
Roos, E., Lober, F., u. Lohmar, W. 466
Rooseboom, M. 1002
Root, F. B. 636
Root, L. A., vgl. Glikman, S. A. 1013, 1028, 1040
Roper, A. N., vgl. Haward, R. N. 859
—, vgl. Jones, A. F. 858
—, vgl. Steiner, H. M. E. 673
—, vgl. Szwarc, M. M. 626, 628, 629
Ropp, W. S., vgl. Bankert, R. A. 848
Rorden, H. C., u. Grieco, A. 1061
Rosahl, D., u. Graulich, W. 243
Rosamilia, P. L., u. Harvey, M. T. 521
Rose, E. E., u. Mitarbb. 1025
Rose, J. B. 553
—, vgl. Barr, D. A. 561
Rose, M. J., vgl. Jones, A. A. 662

Rosen, B. 1028, 1056
—, Kamath, P., u. Eirich, F. 1000, 1041, 1048
Rosen, R. 308
Rosenbaum, S., vgl. Gaylord, N. G. 1040, 1069
Rosenberg, A., vgl. Swenson, H. A. 1015, 1018
Rosenberg, D. S. 674
Rosenberg, G. v., vgl. Jakob, L. 481
Rosenberg, J. 514
—, u. Graff, M. A. 514
Rosenberger, F. B. 334
Rosenbusch, K., Pense, W., u. Winkler, F. 719
Rosenthal, A., Lederer, F., u. Gilson, K. 995
Rosenthal, A. J., u. White, B. B. 1017
Rosenthal, I., vgl. Lacoste, R. J. 973
Rosenthal, L., u. Hebermehl, R. 605
—, vgl. Orthner, L. 826
Rosenthal, N. A., Panek, J. R., u. Cranker, K. R. 594, 598
Roser, O., vgl. Jakob, L. 481
Roseveare, W. E., u. Poore, L. 1064
—, u. Spaulding, D. W. 1020
—, u. White, B. B. 1017
Rosik, L., u. Skrabal, B. 1017, 1039
Rosinkaya, R. M., vgl. Uschakow, S. N. 247
Roskin, E. S. 979, 1038
Rosner, R., vgl. Reichherzer, R. 509
Ross, J. A., vgl. Sharp, T. J. 800
Ross, M., vgl. Charlesby, A. 1025
Ross, W. C. J. 427
Rossem, A. van 822
—, u. Mitarbb. 848
Rosser, R. J., vgl. Andrews, K. J. M. 581, 599
Rossi, C., u. Bianchi, E. 1038
—, vgl. Bianchi, U. 1033
—, Bianchi, U., u. Bianchi, E. 1011, 1033, 1047
—, —, u. Magnasco, V. 1033, 1047
Rossin, E. H., vgl. Powers, D. H. 714
Rossman, R. P., u. Dannenberg, E. M. 778
—, vgl. Dannenberg, E. M. 781
—, vgl. Jordan, M. E. 777
—, Jordan, M. E., u. Dannenberg, E. M. 778
—, vgl. Williams, F. R. 778

Rossmann, K. 1019

Rossotti, H., vgl. Greenwood, C. T. 996

Rost, A. 502

Rostler, F. S., u. White, R. 999

Rostock, H., vgl. Doehlemann, E. 358

Roswall, S., vgl. Allgén, L. G. 969

Roteman, J., vgl. Kumins, C. A. 1029

Roth, E., vgl. Hunyar, A. 1035, 1037

Roth, H. H. 682, 684, 685, 686

—, vgl. Bauman, W. C. 684, 685

—, u. Smith, H. B. 683

Roth, J., vgl. Ohlberg, S. M. 979, 1004, 1055

Roth, J. P., Remp, P., u. Parrod, J. 762

Roth, P. I., vgl. Shultz, A. R. 112, 978, 1036

Roth, R., vgl. Donnet, J. B. 1007

Roth, W. A., u. Becker, F. 1050

—, Eisenlohr, F. u. Löwe, F. 998

Rothe, H. 986

Rothe, M. 113

—, u. Mitarbb. 116

Rother, K., vgl. Logemann, H. 1034

Rothman, S., vgl. McCann, F. R. 1007

Rothmann, S., vgl. Weissberg, S. G. 1033

Rothrock, G. M. 792

Rothrock, H. S. 243, 262, 375, 433, 450, 475

—, u. Tullock, C. W. 496

—, u. Wilkinson, W. K. 495, 789

Rothstein, R., u. Binovic, K. 455

Rouse, P. E. jr., u. Sittel, K. 1030, 1061, 1067

—, vgl. Sittel, K. 1061

Rouvé, A., vgl. Stoll, M. 3

Rowe, C. E., vgl. Ricketts, C. R. 97, 996, 1018

Rowe, E. H., vgl. Craig, D. 966

Rowe, G. E., vgl. Ricketts, C. R. 970, 996, 1018

Rowen, J. W., Forziati, F. H., u. Reeves, R. E. 995

—, vgl. Hunt, C. M. 1022

—, vgl. McLaren, A. D. 1022

—, vgl. Spurr, R. A. 993

Rowland, S. P. 270

—, u. Beavers, E. M. 486

—, vgl. Beavers, E. M. 483, 485, 548

Rowland, S. P., u. Conyne, R. F. 486

—, vgl. Fegley, V. W. 562, 567, 787

—, vgl. Ritter, A. W. jr. 488

—, u. White, R. G. 466, 485

Rowley, R. M., vgl. Robertson, M. W. 1013

Rowlinson, J. S., vgl. Freeman, P. I. 1014

Rowson, J. M., vgl. Davies, R. E. M. 1041

Roy, B. 970

Roy, M. F., vgl. Marvel, C. S. 760

Roy, S. C., vgl. Sen, M. K. 985

Royen, A. van 292, 300

Roy Scott, S. L., s. Le Roy Scott, S.

Rozaci, O. 973, 974

Rubber & Asbestos Corporation 826, 828

Rubber Co. s. United States ...

Rubber Co. Ltd. s. Dunlop ...

Rubber-Stichting 677, 679, 765, 766, 773, 828, 829, 830, 831, 833, 834, 835, 836, 839

Rubber Technical Developments Co. Ltd. 835

Rubinowicz, A., u. Blaton, J. 966

Ruck, H., vgl. Treiber, E. 985, 989

Ruckert, A. 924

Ruckert, H., vgl. Pfeil, E. 403

Rudd, J. F. 1045

—, vgl. Andrews, R. D. 1001, 1004

Rudermann, J. W. 223, 224, 225

—, u. Fettes, E. M. 240

Rudin, A., Schreiber, H. P., u. Waldman, M. H. 1052

Rudoff, H. 737

—, u. Rzeszotarski, A. J. 514

Rudy, H. 879, 907

Rückert, A., vgl. Dethloff, H. 574

Rueggeberg, W. H. C., u. Mitarbb. 522

Rümens, W., vgl. Woerner, A. 341

Rüstig, R. 532

Ruetman, S. H., vgl. Reynolds, R. J. 781

Rüttgerswerke AG 207, 333, 482

Ruffing, N. R., u. Amos, J. L. 790

Rugenstein, M., vgl. Blaser, B. 683

—, vgl. Kern, W. 1009, 1068

Rugg, F. M., vgl. Smith, J. J. 224, 996

—, Smith, J. J., u. Bacon, R. C. 991

—, —, u. Wartman, L. H. 991

Rugg, J. S., vgl. Dixon, S. 795

—, u. Stevenson, A. C. 795

Rugger, G. R., McAbbie, E., u. Chmura, M. 1045, 1055, 1057

Ruhrchemie AG 669

Rumscheidt, G. E. 766

—, Bruin, P., u. Sinnema, F. H. 515

—, u. Goppel, J. M. 767

—, vgl. Goppel, J. M. 767

—, u. Hackmann, J. T. 766, 839, 840

—, u. Nie, W. L. J. de 766, 839

—, vgl. Nie, W. L. J. de 766, 767, 839

Rund, J. F., u. Gurnee, E. F. 1004

Rundel, W., vgl. Müller, Eugen 630

Runge, F., u. Behrends, J. 269

—, vgl. Geiseler, G. 1018

—, u. John, H. 675

Rugenstein, M., vgl. Kern, W. 1036

Runk, R. H., vgl. Edelman, L. E. 530

—, u. Robbins, S. 529

Runkel, W., u. Becker, E. 409

Ruscher, C., u. Dechant, J. 976

—, u. Schmolke, R. 991

Rushton, E. 967

Russell, C. A. 1015

Russell, E. W. 847, 1025

Russell, J., u. Kerpel, R. G. van 1026

—, vgl. Moore, W. R. 1008, 1012, 1020, 1034

Russell, W. F. 801

Rust, J. B. 207

—, vgl. Segal, C. L. 473

Rusterholz, A. A. 1002

Rusznak, I., Fukker, K., u. Kuolik, I. 973

—, Géczy, I., u. Ady, E. 1040

Rutherford, J. K., vgl. Oldham, J. W. H. 908

Rutherford, P. P., vgl. Pepper, D. C. 940, 1015, 1035

—, vgl. Plesch, P. H. 1038

Ruths, K., vgl. Feld, E. 670, 687

Rutowski, B. N., u. Tscherbotarwski, W. W. 1016

Ruyssen, R., u. Frank, S. 1024

Ruzicka, L. 131
—, u. Mitarbb. 130, 131
Ryabov, A. V., vgl. Frolova, M. I. 806
Ryan, J. D., u. Shaw, F. B. jr. 723
Rybnikař, F. 1016, 1026, 1028, 1029, 1034, 1040, 1051
—, vgl. Křižek, V. 1003
Rylov, E. E., vgl. Arkhanzov, S. A. 1026, 1063
—, Karpow, W. L., u. Kargin, V. A. 1005
Rymaschewskaja, J., vgl. Schorigin, P. 891
Rymer, E., vgl. Lunn, W. 306
Rzeszotarski, A. J., vgl. Rudoff, H. 514

S. A. ... s. Société Anonyme
Sabolotzkaya, E. W., u. Mitarbb. 976
Sachanen, A. N., vgl. Caesar, P. D. 305
—, vgl. Hansford, R. C. 620
Sacharov, B. A. 1049
—, vgl. Iwanow, W. I. 1040, 1049
Sacher, A., vgl. Richardson, W. S. 937, 938, 993
Sachs, A. P., vgl. Aries, R. S. 1016
Sack, H. S., vgl. Marvin, R. S. 1064
Sadowski, F., u. Wagner, H. 1018
Sadron, C. 976, 1000
—, vgl. Daune, M. 1047
—, u. Rempp, P. 1033
Sadtler, S. S. 903
Saechtling, H. 928
Saegusa, T., vgl. Furukawa, J. 9, 10, 410
Safford, M. M., u. Corin, M. L. 778
—, u. Myers, R. L. 777
Sagel, K. 981
Saggese, E. J., vgl. Maerker, G. 480
Sagura, J. J., u. Unruh, C. C. 736
Saidess, A. L., u. Pupkow, S. L. 1005
Saier, E. L., Pozefsky, A., u. Coggeshall, N. D. 990, 1018
Saigusa, T., u. Oda, R. 680
Saini, G., u. Mitarbb. 999
—, Maldifassi, G., u. Trossarelli, L. 978, 1036
—, vgl. Nasini, A. 630
—, vgl. Trossarelli, L. 978, 979, 999, 1036, 1038
Saiontschkowski, A. D., vgl. Voyutskii, S. S. 1086

Saito, K., vgl. Kawai, T. 1035, 1053
Saitô, N. 1032
Saito, S. 988, 1012, 1013, 1020, 1024, 1032, 1041, 1043
—, u. Mitarbb. 724, 784
—, u. Nakajima, T. 968, 1027
—, vgl. Nakajima, T. 968
—, u. Okuyama, H. 987, 1036
—, vgl. Sata, N. 1012, 1043
Saitseva, W. D., vgl. Bartenev, G. M. 1067
Sajdes, A. L., u. Stojanova, I. G. 986
Sakaguchi, K., vgl. Kambara, S. 435
Sakajiri, S. 985, 998, 999, 1020
Sakamoto, M., vgl. Iwakura, Y. 600
Sakata, R., u. Mitarbb. 435
Sakata, Y., vgl. Nitta, I. 984
Sakurada, I. 892
—, u. Ise, N. 1033
—, Lee, S., u. Kawakami, S. 783
Salcedo, K. H., vgl. Bills, K. W. 1056
Sale, E. E., vgl. Wiley, R. H. 965
Salem, A. N., vgl. Wismer, M. 477
Salem, W. J., vgl. Kegeles, G. 1048
Salensky, G. A. 519
Salisbury, L. F. 147, 191
—, vgl. Magat, E. E. 392, 393
Salley, D. J., vgl. Stock, C. R. 338
Sallmann, R., vgl. Albrecht, O. 335
—, vgl. Gränacher, C. 372, 379
—, Maeder, A., Porret, D., Leumann, E., u. Albrecht, O. 364, 371
Salo, M. 738
Salomon, G. 569
—, u. Mitarbb. 641, 831, 832, 835, 861, 993
—, vgl. Amerongen, G. J. van 824, 825
—, u. Koningsberger, C. 831, 834
—, u. Schee, A. C. van der 822, 825, 831, 835, 993
Salova, A. S., vgl. Kaversneva, E. D. 899
Salyer, I. O., vgl. Kenyon, A. S. 979, 1015
Salzberg, P. L., vgl. Ellingboe, E. K. 833
—, u. Signaigo, F. K. 724
Samec, M. 914
Saminskii, E. M., vgl. Breslev, S. E. 997, 998
Sammak, E., vgl. Morawetz, H. 988

Samoletova, V. V., vgl. Marei, A. I. 994, 1067
Sample, J. H., vgl. Marvel, C. S. 760
Sample, T. 913
Sampson, A. M. D., vgl. Ames, J. 1006
Sampson, R. C., vgl. Leven, M. M. 1001
Sampson, R. N., u. Lesnick, J. P. 502
Samsler, E. P., vgl. Miller, D. L. 925
Samson, J., vgl. Dyer, E. 91
Samsonova, T. I., u. Frenkel, S. Y. 1041, 1047, 1049
—, u. Ivanova-Chumakova, L. V. 1044
Samuels, R. J., vgl. Chinai, S. N. 978, 1034, 1036
Samuelson, O. 882
—, vgl. Alvang, F. 1007
Sand, H., vgl. Kratky, O. 977
Sandeman, I., u. Keller, A. 982, 995
—, vgl. Keller, A. 990, 1025
Sander, M. 51
Sanders, H. J. 486
Sanders, J. W., vgl. Saunders, F. L. 973, 980
Sanders, P. F. 788
Sandiford, D. J. H. 554
Sandmeyer, T. 759
Sandomirskiǐ, D. M., vgl. Dogadkin, B. A. 1054
—, u. Pilmenshtein, I. D. 1068
—, u. Vdovchenkova, M. K. 965, 974, 1043
Sandoz AG 385, 455
Sandoz ... s. a. Chemische Fabrik ...
Sandt, B. W., vgl. Doban, R. C. 967, 1054, 1059
Sanger, M. J., vgl. Earley, D. J. 1066
Sanin, P. I., vgl. Netschitajlo, N. A. 1052
Sanlaville, J., vgl. Grimaud, E. 1005
Sansoni, B. 272
Santappa, M., vgl. Spinivasan, N. T. 1037
Sarbach, D. V., u. Garvey, B. S. jr. 921
—, vgl. Garvey, B. S. jr. 800
—, u. Sturrock, A. T. 797
Sargent, D. 211, 287
Sargent, E. H. 972
Sarrafizadeh, H., vgl. Gardner, P. D. 257
Sartorius, R. 494
Sarx, H. F., vgl. Wagner, H. 47, 292, 373, 402, 820, 930
Sassi, D. 929
Sastry, G. S., vgl. Krishnamurthy, M. 1064

Sasulina, S. A., s. Zazulina, Z. A.

Sata, N., Okuyama, H., u. Chujo, K. 1035, 1046

—, u. Saito, S. 1012, 1043

Satkowski, W. B., u. Hsu, C. G. 428, 437

Satorius-Werke AG 1030

Sattler, F. A., Swiss, J., u. Ford, J. G. 526

Sauber, W. J., vgl. Brown, W. E. 1029

Sauer, H. 1034

—, u. Tusch, A. F. 207

Sauer, J. A., vgl. Fuschillo, N. 997

—, vgl. Deeley, C. W. 983, 1026, 1065

—, u. Kline, D. E. 1064

—, vgl. Kline, D. E. 1064

—, Marin, J., u. Hsiao, C. C. 1063

—, vgl. Wall, R. A. 1065

—, vgl. Woodward, A. E. 1062. 1066

—, u. Woodward, A. E. 997, 1063

—, —, u. Fuschillo, N. 997, 1027

Sauer, J. C. 45

Sauerbier, R., vgl. Langenbeck W. 414

Sauerwald, F., vgl. Steffens, H. 1031, 1040

Saul, J. A., vgl. Scherer, P. C. 871

Saunders, D. W. 1001

—, vgl. Rivlin, R. S. 1057

Saunders, F. L., u. Sanders, J. W. 973, 980

Saunders, J., vgl. Eley, D. D. 1010, 1052

Saunders, J. H. 1058

—, u. Hardy, E. E. 98

Saunders, M., vgl. Haas, H. C. 608, 995

Saunders, P. R. 181, 980

—, u. Ward, A. G. 1060

Saunders, S. L. M., 242

—, u. Coveney, L. W. 533

Sauner, W. R., vgl. Palles, E. 13

Saurwein, K. 416, 422

—, vgl. Ulrich, H. 439

Sauter, E. 436

—, vgl. Staudinger, H. 436

Savage, R. L., vgl. Bobalek, E. G. 43, 1040

Saville, R. W., vgl. Glazebrook, R. W. 620

—, vgl. Moore, C. G. 620

Sawyer, R. 991

Sayre, E. V. 1015

Sayre, J. E. 43

Sazhin, B. I. 968, 972

—, vgl. Mikhailov, G. P. 968, 1026

Sazhin, B. I., u. Skurikhina, V. S. 972

—, —, u. Il'in, Y. A. 968, 1065

—, u. Stafeeva, N. P. 972

Sbrolli, P. L., vgl. Ciampa, G. 1037

Sbrolli, W. 1052

—, u. Capaccioli, T. 179

Scado Kunstharzindustrie 535

Scanlan, J. 854, 1014, 1058

—, vgl. Allen, P. W. 854

—, vgl. Berry, J. P. 1060

—, vgl. Dunn, J. R. 848, 1067

—, vgl. Moore, C. G. 1067

Scanlan, J. T., vgl. Findley, T. W. 484

Schaaf, S. 116

—, vgl. Griehl, W. 115, 116

Schaal, W., vgl. Staudinger, H. 823

Schachman, H. K., vgl. Cheng, P. Y. 1028, 1043, 1049

—, u. Harrington, W. F. 1048

—, vgl. Hersh, R. 1048

Schachowskoy, T., vgl. Elöd, E. 784

Schade, H., vgl. Heidinger, W. 517

Schade, J. W. 1059

Schaefer, C., vgl. Bergmann, L. 998, 1000

Schäfer, P., vgl. Zahn, H. 813

Schäfer, W., u. Jahn, H. 463, 465

Schaefer, W. E., Batts, H. J., u. Brafford, D. A. 802

Schaeffer, A. 601

Schaeffer, J. R., vgl. Drew, H. F. 438, 439

Schaeffer, W. D., Polley, M. H., u. Smith, W. R. 1023

Schäffler, A. 125

—, u. Ziegenbein, W. 117

—, vgl. Ziegenbein, W. 117

Schaefgen, J. R. 624, 625, 1051

—, u. Flory, P. J. 155, 156, 935

—, Koontz, F. H., u. Tietz, R. F. 96, 97, 98

—, u. Trivisonno, C. F. 181, 1034, 1039, 1041

Schaffer, M. C., vgl. Flory, P. J. 848

Schaffner, I. J., vgl. Auer, E. E. 1055

Schalajeva, L. F., u. Domareva, N. M. 980

—, vgl. Frisman, E. W. 1036

Schallmach, A. 968, 1019

Schanz, H., vgl. Pauly, H. 199

Schapowalowa, A. I., vgl. Voyutskii, S. S. 1019

Schappel, J. W. 615

Schardinger, F. 902

Scharff, M., vgl. Duden, P. 396

Scharmann, A., vgl. Kügler, I. 988, 991

Schatzki, T. F. 967

Schauder, F., vgl. Pohlemann, H. 527

Schauenstein, E., u. Stanke, D. 988

—, u. Treiber, E. 988

Schechter, A. B., vgl. Pisarenko, A. P. 1005

Schee, A. C. van der, vgl. Salomon, G. 822, 825, 831, 835, 993

Scheele, W. 99, 1043, 1060

—, u. Mitarbb. 847, 848

—, Ellenbroek, N., u. Friedrich, I. 1035, 1043

—, Fredenhagen, M., u. Timm, T. 389

—, vgl. Hillmer, K. H. 1067

—, Hummel, K., u. Bertram, H. H. 1069

—, u. Ilschner-Gensch, C. 970

—, vgl. Lorenz, O. 848

—, u. Timm, T. 1025, 1039, 1043, 1061, 1067

Schefer, W. 1064

—, u. Hopff, H. 189

Scheffer, A., vgl. Weitz, E. 484

Scheflan, L., u. Jakobs, M. B. 1006, 1011

Scheibe, G., u. Fauss, R. 988

—, u. Schuller, H. 1024

—, vgl. Zimmermann, H. 988

Scheiber, D. J., u. Mead, D. J. 968

Scheiber, J. 38, 47, 261, 291, 329, 335, 402, 820

Scheiber, W. J., vgl. Kienle, R. H. 294, 298

Scheibler, H., u. Scheibler, U. 715

—, Trostler, F., u. Scholz, E. 321

Scheibler, U., vgl. Scheibler, H. 715

Scheibli, J. R. 502

Scheiderbauer, R. A. 716

Schelion, A. W., vgl. Kanawez, J. F. 1054, 1059

Schellenberg, W. D., u. Bartl, H. 726, 756, 805

—, vgl. Bayer, O. 806

—, Bayer, O., Rinke, H., u. Siefken, W. 759, 805

—, —, Siefken, W., u. Rinke, H. 726

Scheludko, A. 1048

Schemastina, E. V., vgl. Kuzminski, A. S. 1047

Schenck, H. J., vgl. Arendt, I. 1018

Schenck, V., vgl. Traube, W. 865

Schenectady Varnish Co. 235, 801

Scheraga, H. A., vgl. Cerf, R. 1000

—, vgl. Gouinlock, E. V. 980, 1042, 1044

Scherer, H., vgl. Lorentz-Andreae, G. 239

Scherer, P. C., u. Mitarbb. 1053, 1058

—, vgl. Chinai, S. N. 978, 1036

—, u. Feild, J. M. 871

—, u. Gotsch, L. P. 887

—, Hawkins, M. C., u. Levi, D. W. 969, 1041

—, u. Hussey, R. E. 887

—, Levi, D. W., u. Hawkins, M. C. 969

—, u. Saul, J. A. 871

—, u. Testerman, M. K. 969

Schering AG 465, 522, 526, 531, 609

Schering-Kahlbaum AG 195, 610

Scherlin, S. M., u. Mitarbb. 619

Schertz, G. L. 726

Scheuermann, H. 282, 329, 333, 345, 346, 354, 356, 370

—, vgl. Fikentscher, H. 793

—, vgl. Huchler, O. H. 239

—, u. Lenz, J. 333, 344, 345, 354, 355, 363, 370

—, vgl. Lintner, J. 340, 353

—, vgl. Ostwald, U. 345, 355

—, Reibnitz, B. v., u. Werner, A. 341

—, u. Woerner, A. 340, 353

Scheurlen, H., vgl. Bartl, H. 782

—, vgl. Wagner, K. 409

Schevardina, S. I., vgl. Gurvitsch, D. B. 974

Schiavinato, G., vgl. Baccaredda, M. 999

Schick, A. F., u. Singer, J. 1046

Schick, M. J. 1024

—, Doty, P., u. Zimm, B. H. 1008

Schickh, O. v., Bäumler, R., u. Ebel, F. 167

Schidrowitz, P., vgl. Bacon, R. G. R. 853

—, vgl. Dawson, T. R. 861

Schiemann, G., vgl. Hultzsch, K. 257

Schiff, H. 340, 353

Schiffer, D., vgl. Crane, J. 1044

Schiffner, R., u. Lange, G. 872

Schigorin, D. H., Mikhailov, N. V., u. Makareva, S. P. 995

Schiguchi, H. 1066, 1069

Schild, H., vgl. Bayer, O. 57, 71, 74, 96, 169

—, vgl. Orthner, L. 446

Schildknecht, C. E. 47, 292, 402, 567, 679, 790, 819, 1068

—, vgl. Zoss, A. O. 276

Schill, H. 904

Schiller, A. M., u. Suen, T. J. 376, 741, 743

—, vgl. Suen, T. J. 376, 743

Schilling, F. E., vgl. Rispler, A. L. 389

Schilling, W. M. 555, 563

Schilow, E. A. 414

Schilt, W. 405

Schimmel, A., vgl. Böeseken, J. 410

Schipper, E., vgl. Nichols, J. 484

Schirm, E., vgl. Hentrich, W. 176

Schirmer, H., vgl. Eimers, E. 510

Schlack, P. 72, 102, 104, 137, 145, 146, 148, 151, 154, 158, 159, 169, 170, 190, 372, 462, 469, 517, 586, 598, 744

—, vgl. Coenen, M. 95

—, u. Göltner, W. 732, 784

—, vgl. Hubert, E. 143

—, u. Kunz, K. 125, 181, 191, 372, 644

—, vgl. Orthner, L. 95, 96

—, vgl. Petersen, S. 94

Schleede, D., vgl. Mauz, O. 498

—, u. Schulz, G. 512

Schlegel, W., vgl. Günther, A. 603

Schleith, L., vgl. Grubhofer, N. 643, 747, 759

Schlenker, F. 501, 531, 538

—, u. Starck, H. 531

Schlesinger, W., u. Leeper, H. M. 982, 993, 1003, 1025

—, vgl. Leeper, H. M. 982

Schlesmann, H., vgl. Kern, W. 749

Schlicht, R. 779

Schlichtmann, G., vgl. Brennecke, W. 924

Schliebener, C., vgl. Patat, F. 1028

Schlippe, B. v. 1030

Schlöge, K., u. Fabitschowitz, H. 745

Schlögl, R., vgl. Koschel, D. 1067

Schlüter, G., vgl. Hummel, K. 848

Schmalfuss, H. 403

Schmerling, L., vgl. Brooks, B. T. 990

Schmets, J., u. Smets, G. 1012

Schmid, G. 868

—, Paret, G., u. Pfleiderer, H. 806

—, u. Pessel, H. 1068

Schmid, R. 523

Schmidlin, J., u. Lang, R. 198

Schmidt, A., Balle, G., u. Eisfeld, K. 716

—, vgl. Breitenbach, J. W. 1021

Schmidt, A. X., u. Marlies, C. A. 291

Schmidt, C. H. 633

Schmidt, D., vgl. LeBras, J. 819

Schmidt, E. 460, 1050

—, u. Biddison, P. H. 1006, 1017

—, Mossmüller, F., u. Schnegg, R. 897

—, vgl. Orthner, L. 481

Schmidt, F. 16, 17, 18, 29, 91, 574

—, u. Müller, E. 80, 84, 86

—, vgl. Müller, E. 80, 84, 98

—, vgl. Pohlemann, K. H. 179

Schmidt, G. 1010, 1030, 1041

Schmidt, H. 372

—, vgl. Kern, W. 1018

Schmidt, K., vgl. Holtschmidt, U. 250

—, u. Velde, H. 348

Schmidt, K. L., Bayer, O., Müller, E., u. Peter, J. 87

—, Müller, E., u. Peter, J. 87

Schmidt, O., u. Meyer, E. 426, 445

—, u. Seydel, K. 419

—, —, u. Meyer, E. 441

—, —, u. Roh, N. H. 421

Schmidt, W. 112

—, Lautenschlager, H., Friedrich, H., u. Dachs, K. 112

—, u. Pohlemann, H. 112

Schmidt, W. J. 1001

Schmieder, K., u. Wolf, K. 1061

Schmieder, W., vgl. Hellfritz, H. 1008

Schmitt, A. X., u. Marlies, C. A. 819

Schmitt, D. R., vgl. Ayer, J. E. 1029

Schmitt, F., vgl. Heyden, R. 385

Schmitt, J. 612

—, u. Boitard, J. 612

—, Suquet, M., u. Comoy, P. 612

Schmitt, J. A., u. Keskkula, H. 1068

Schmitt, J. M., vgl. Wiley, R. H. 683

Schmitt, J. T., vgl. Malm, C. J. 874

Schmitt, R. G., vgl. Hirt, R. C. 989

Schmittinger, C. H., vgl. Lacoste, R. J. 973

Schmitz, A., vgl. Alder, K. 842

—, vgl. Graulich, W. 373, 742, 794

Schmitz, J. V. 519

Schmitz, W. R., vgl. Hawkinson, A. T. 483, 485, 548

Schmitz-Josten, R. 445, 728
—, u. Kass, W. 445
—, vgl. Müller, E. 468
Schmolke, R., vgl. Ruscher, C. 991
Schmoll, K., u. Jenckel, E. 1006, 1013
Schmorak, J., vgl. Wyck, A. J. A. van der 1034
Schnabel, R., vgl. Messner, K. 442
Schnabel, W., vgl. Henglein, A. 1020
Schneer, I. M., vgl. Uschakow, S. N. 888
Schnegg, R., vgl. Ehm, W. 611, 614
—, vgl. Schmidt, E. 897
Schneider, A. K. 5, 133, 408
—, vgl. Cairns, T. L. 381
Schneider, H. J., vgl. Murdoch, G. C. 496, 789
Schneider, K., vgl. Wehr, W. 687
Schneider, N. 1031
Schneider, N. G., u. Holmes, L. G. 1018
Schneider, N. S., u. Mitarbb. 1018
—, u. Doty, P. 972, 980, 1041
—, Loconti, J. D., u. Holmes, L. G. 1015
Schneider, P. 844, 850, 928
—, u. Fromandi, G. 850, 852
—, vgl. Lober, F. 850, 852
—, u. Wiesemann, W. 731
Schneider, P. J. 1050
Schneider, R. 445
—, vgl. Kern, W. 642, 643, 653
Schneiders, J., vgl. Orthner, L. 372
Schnell, H. 48, 53, 55, 74, 189, 198, 441, 450, 451
—, vgl. Bottenbruch, L. 52
—, Bottenbruch, L., u. Krimm, H. 52, 53, 54
—, u. Fritz, G. 49, 50, 51, 116, 129
—, vgl. Gensel, H. 426
—, vgl. Heller, K. 408
—, u. Krimm, H. 474, 505
—, vgl. Krimm, H. 197, 482, 489
—, u. Meyer, K. H. 198
—, vgl. Meyer, K. H. 196, 198
—, vgl. Nentwig, J. 554
—, vgl. Raichle, K. 554
—, Raichle, K., u. Biedermann, W. 554, 563
—, u. Schulte-Huermann, W. 40
—, vgl. Staudinger, H. 185, 190
—, u. Windemuth, E. 88, 89
Schoch, T. J. 900
—, vgl. Lansky, S. 900

Schöberl, A. 10, 11
—, u. Gräfje, H. 596
—, u. Krumey, F. 603
—, u. Ludwig, E. 603
Schöller, C. 568
—, vgl. Messner, K. 442
—, u. Wittwer, M. 437, 438, 441, 444, 446
Schoeller, W., Jordan, H., u. Clerc, R. 195
Schön, K. G., u. Schulz, G. V. 1010
Schönburg, C. 673
Schoene, D. L., u. Mitarbb. 936
Schönfeld, H. 620
Schönfeldt, N. 425, 436, 437, 440, 445, 567
Schönlau, W. J. K., vgl. Alphen, J. van 819, 845
Schoepfle, B. O., vgl. Ilardo, C. S. 514
Schollenberger, C. S., vgl. Brown, H. P. 791
—, Scott, H., u. Moore, G. R. 98
Scholtan, W. 180, 1016, 1036, 1048, 1049
Scholten's, N. V. W. A., Chemische Fabrieken 911
Scholz, A., vgl. Brintzinger, H. 608, 609
Scholz, E., vgl. Eisenmann, K. 352
—, vgl. Scheibler, H. 321
Scholz, H., vgl. Lissner, O. 518
—, vgl. Staudinger, H. 639, 640
Schoon, T. G. F. 1003
—, u. Bie, G. J. van der 1005, 1006, 1017
—, u. Phoa, K. L. 1003
Schonfeld, E., u. Waltcher, J. 1013
Schorger, A. W. 426
—, u. Shoemaker, M. J. 890
Schorigin, P., u. Mitarbb. 891
—, u. Makarowa-Semljanskaja, N. N. 887
—, u. Rymaschewskaja, J. 891
Schott & Genossen, Mainz 181
Schott, S., u. Greenberg, H. 152
Schotten, C. 102, 225
Schouteden, F. L. 709, 710, 730
Schrade, J. 462
Schraden, W., vgl. Zigeuner, G. 218
Schrader, P. G., vgl. Partansky, A. M. 473

Schrader, W. H., vgl. Bodnar, M. J. 816
Schram, A. 1004
Schramek, W. 1034
Schramm, C. H., vgl. Woodward, R. B. 101, 132
Schramm, J. 609
Schramm, W., vgl. Frind, H. 1034
Schreiber, H., vgl. Baumann, V. 993
Schreiber, H. P. 1046
—, vgl. Rudin, A. 1052
Schreiber, J., vgl. Thinius, K. 1055
Schreiber, R. S. 662
—, vgl. Cairns, T. L. 381
—, vgl. Kirk, W. 145
Schremp, F. W., Ferry, J. D., u. Evans, W. W. 1043, 1067
Schricker, G., vgl. Buchner, N. 1029
Schrimpe, C. F. 419
Schrock, R. W., vgl. Pierson, R. M. 769, 770
Schrodt, A., vgl. Elöd, E. 876
Schroeder, C. W. 467, 477, 480, 506, 517, 530
—, u. Condo, F. E. 467
—, vgl. Condo, F. E. 467
Schröder, E. 964, 987, 995, 1069
—, u. Thinius, K. 930, 1006
—, u. Waurick, U. 920, 1069
Schröder, G., u. Tessmar, K. 738, 739
—, —, u. Baumann, U. 740
Schroeder, J. P. 676
—, u. Leonard, E. C. jr. 775
—, u. Sopchak, W. P. 775
Schroeder, M. C., vgl. Bobalek, E. G. 43, 1040
Schröter, G., vgl. Plato, G. 1045
Schröter, G. A., u. Riegger, P. 722
Schröter, R., u. Becker, W. 591, 593, 594
Schroth, G., vgl. Pfeil, E. 404
Schrüfer, W. 1029
Schtennikova, J. N., vgl. Kalliskov, O. V. 979
Schtifman, L. M., u. Sjavzillo, S. V. 971
Schub, E., vgl. Kohn, S. 195, 198
Schubert M., vgl. Zerweck, W. 636
Schuch, E., vgl. Hengstenberg, J. 977, 1008, 1009

Schuch, K. A., vgl. Hessen, R. 250, 291

Schüppen, J., vgl. Greth, A. 334

Schuerch, C., vgl. Frisch, H. L. 1001

Schütte, H., u. Alles, R. 265, 289

—, vgl. Noerr, H. 265, 289

Schütz, W. 975, 999

Schuhmacher, G., vgl. Freudenberg, K. 987

Schuler, N. W., vgl. Haas, H. C. 892

Schulken, R. M. jr., u. Sparks, M. L. 1031

Schuller, H. 1024, 1064

—, vgl. Scheibe, G. 1024

Schuller, W. H., u. Guth, D. C. 755

—, u. Thomas, W. M. 742

Schulman, J. H. 598

—, vgl. Glazer, J. 847, 848

Schulte, W., vgl. Morschel, H. 558

—, Morschel, H., u. Delfs, D. 559

Schulte-Huermann, W., vgl. Schnell, H. 40

Schultheis, H., vgl. Ebneth, H. 61, 90

—, Mauthe, G., u. Delfs, D. 264

—, Windemuth, E., u. Delfs, D. 12

Schultz, A. R., s. a. Shultz, A. R.

—, u. Flory, P. J. 1034

—, Roth, P. I., u. Rathmann, G. B. 978

Schultz, H., u. Zike, C. G. 531

Schultze, W. 987

Schulz, A., vgl. Knappe, W. 999

Schulz, A. K. 999, 1025

Schulz, G. 47, 820

—, u. Mehnert, K. 569, 573

—, vgl. Schleede, D. 512

Schulz, G. V. 185, 186, 868, 922, 931, 937, 940, 941, 975, 1012, 1014, 1030, 1032, 1046, 1052

—, u. Mitarbb. 184, 185

—, vgl. Altgelt, K. 978, 979, 1027, 1039

—, Altgelt, K., u. Cantow, H. J. 978

—, u. Cantow, H. J. 1008, 1032

—, vgl. Cantow, H. J. 975

—, vgl. Cantow, M. 1033

—, u. Dinglinger, A. 939, 940

—, —, u. Husemann, E. 931, 935

Schulz, G. V., u. Doll, H. 1009, 1052

—, vgl. Figini, R. V. 1014

—, u. Gerrens, H. 1029

—, Günner, K. V., u. Gerrens, H. 1025, 1050, 1052

—, Hellfritz, H., u. Kern, H. 1009

—, u. Henrici-Olivé, G. 1069

—, —, G., u. Olivé, S. 965, 1009, 1037

—, u. Hoffman, M. 1028

—, u. Horbach, A. 979, 1009, 1040, 1049

—, u. Kömmerling, I. 1017

—, vgl. Kuhn, W. H. 1008

—, u. Löhmann, H. J. 866

—, u. Marx, M. 863, 1031, 1040, 1049

—, vgl. Marzolph, H. 1011, 1036

—, u. Meyerhoff, G. 1036, 1046, 1049

—, u. Mula, A. 829

—, vgl. Schön, K. G. 1010

—, u. Stein, D. J. 1069

—, vgl. Stein, D. J. 1069

Schulz, H. 617, 619, 622, 1026

—, u. Wagner, H. 416, 489, 616, 617, 619, 621, 622

Schulz, R. A., vgl. Chappuis, M. M. 1004, 1006

Schulz, R. C. 656, 730

—, Cherdron, H., u. Kern, W. 731, 993

—, u. Elzer, P. 693, 694, 696

—, —, u. Kern, W. 649, 658, 695, 747, 748

—, Fauth, H., u. Kern, W. 653, 657, 732, 733

—, Holländer, R., u. Kern, W. 734

—, vgl. Kern, W. 638, 646, 649, 652, 693, 696, 714, 720, 731, 733, 734, 739, 740, 741, 749, 821, 992

—, u. Löflund, I. 638

—, —, u. Kern, W. 731

—, Müller, E., u. Kern, W. 653, 732, 733, 989, 993, 1010, 1016, 1038

—, vgl. Schweitzer, O. 731

—, Vielhaber, H., u. Kern, W. 735

Schulze, W. M. H. 967

Schumacher, K. 968, 992, 1057

Schumaker, V. N. 1014

Schurz, J. 814, 985, 988, 1030, 1031, 1032, 1033

—, u. Bartunek, R. 1044

—, vgl. Bayzer, H. 989, 992

—, Bayzer, H., u. Stübchen, H. 989, 992

—, vgl. Immergut, E. H. 1040

—, vgl. Skoda, W. 993

Schurz, J., Steiner, T., u. Streitzig, H. 1009, 1037

—, u. Streitzig, H. 1042

—, —, u. Wurz, E. 1042

—, vgl. Stübchen, H. 710, 814

—, Warnecke, G., u. Steiner, T. 979

Schuster, C., u. Gehm, R. 689

Schutze, H. G., vgl. Lampe, F. W. 681

Schuur, G. 1043

—, u. Klootwijk, A. 1028

Schuyten, H. A., u. Mitarbb. 375

Schwabe. K. 972

Schwaben, R., vgl. Umstätter, H. 1043

Schwartz, E. 156

—, vgl. Dachs, K. 103, 111, 119, 130, 135

—, u. Paul, M. 116

—, —, Becke, F., u. Wick, K. 156

Schwartz, L., vgl. Soloway, S. 973

Schwarz, A., vgl. Baumeister, W. 811

Schwarz, A. G., vgl. Gul, V. E. 1021

Schwarz, R., vgl. Kast, W. 985

Schwarzer, C. G. 472

—, Holm, R. T., u. Smith, C. W. 472

—, vgl. Martin, R. W. 490

—, u. Williams, P. H. 472

Schwarzl, F. 1061, 1062

Schweeberg, H., vgl. Raichle, K. 745

Schweers, W., vgl. Kratzl, K. 1018

Schweiker, G. C., vgl. Carlson, A. W. 514

Schweikert, H., vgl. Kämmerer, H. 644, 658, 660

Schweitzer, C. E., vgl. Brown, N. 405

—, MacDonald, R. N., u. Punderson, J. O. 404, 408

Schweitzer, H., vgl. Huismann, J. 176

Schweitzer, O. 826

—, Kern, W., Schulz, R. C., u. Holländer, R. 731

—, u. Querfurth, W. 407

—, vgl. Staudinger, H. 429, 433, 436, 442, 910

Schweizer, H. R. 156, 524

Schwengers, C., vgl. Engelhardt, F. 361, 362

Schwenk, E., u. Mitarbb. 15

Schwenker, R. F., u. Pacsu, E. 895

Schwerdtel, F., vgl. Konrad, E. 825

Schwerdtner, H. 972, 987

Schwindt, H., vgl. Ciampa, G. 1036

Sciascia, M., vgl. Farber, E. 634

Sconce, J. S., vgl. Nelson, S. J. 514

Scott Bader & Co. 39

Scott, C. R., vgl. Cobb, R. L. 692

Scott, G. W. 679

Scott, H., vgl. Schollenberger, C. S. 98

Scott, J. N. 777

—, u. Jones, R. V. 774

Scott, J. R. 800, 1057

Scott, K. W., u. Mitarbb. 800

Scott, M. J. 385

—, vgl. Merker, R. L. 1044

Scott, N. D. 737, 1017, 1051

—, u. Bristol, J. E. 698

—, Walker, J. F., u. Hansley, V. N. 737

Scott, R. G., u. Ferguson, A. W. 1004

Scott, R. L., Carter, W. C., u. Magat, M. 1038

—, u. Magat, M. 1020

Scott, S. L. 791, 734

Scott, S. L. R., s. Le Roy Scott, S.

Scott, T. J. 623

Scott, W. 833, 846

Scriba, G., u. Graulich, W. 434, 438, 439, 560

Scriba, W., u. Klein, W. 674

Scrutfield, P. H. 298

Scuni, G., vgl. Trossarelli, L. 978

Seal, M. 1006

Searles, S. 553

—, u. Butler, C. F. 553

—, u. Gregory, V. P. 553

Seavell, A. I. 726

Sebastiano, F., vgl. Parrini, P. 979, 999, 1010, 1017, 1038

Šebenda, J., u. Králiček, J. 116

—, vgl. Králiček, J. 115

—, vgl. Wichterle, O. 116

Sebrell, L. B. 834

—, vgl. Bedford, C. W. 845

—, u. Boord, C. E. 845

—, vgl. Bruson, H. A. 834

—, vgl. Teppema, J. 845

Secretary of Agriculture s. United States ...

Secretary of the Navy s. United States of America ...

Sedláček, B. 980

—, vgl. Kratochvil, P. 977

—, u. Štokrova, S. 980

Sedlis, W. J., vgl. Leltschuk, S. L. 1045

Sedlmeier, J., vgl. Smidt, J. 409

Sedov, Z. N., vgl. Michajlova, Z. V. 36

Seebach, F. 229, 249, 253, 262, 283

—, vgl. Elbel, E. 275

Seeger, N. V. u. Mitarbb. 86

—, u. Fauser, E. E. 70, 295

—, u. Mastin, T. G. 64, 86

—, vgl. Mastin, T. G. 64

Seegman, I. P., vgl. Carpenter, G. D. 597

—, vgl. Gregory, G. 597

Segal, C. L., u. Rust, J. B. 473

Segal, L., vgl. Creely, J. J. 985

—, Loeb, L., u. Creely, J. J. 985

—, Nelson, M. L., u. Conrad, C. M. 1020

Segall, G. H., vgl. Bilton, J. A. 496

—, u. Dixon, J. F. C. 791

—, vgl. Graham, N. B. 736

—, vgl. Murdock, J. D. 509

Segora, A., vgl. Kratky, O. 986

Segro, N. R., u. Daniel, J. H. jr. 898

—, vgl. Updegraff, J. H. 251

Segui, E. D., u. Alarcon, B. C. 816

Seher, A., vgl. Krabbe, W. 715

Seibel, M., vgl. Kern, W. 623

Seidel, F., Singer, W., u. Springer, H. 674

Seidel, W., u. Knoblauch, W. 438

Seidman, R., u. Mason, S. G. 968

Seifert, E., u. Seip, D. 509

Seifert, H. 665, 685, 697

—, vgl. Corte, H. 685

—, Gründel, H. J., Spies, L., u. Häder, H. 268

—, vgl. Hagge, W. 744, 749, 752

Seifert, K. 182

Seine, S., u. Mitarbb. 986

Seip, D., vgl. Seifert, E. 509

Seipold, O. 1012

—, u. Marx, T. 1005

Sekhar, B. C. 1024

—, vgl. Archer, B. L. 970, 1049

Sekiguchi, H. 112, 1040

Sekii, S., vgl. Tadokoro, H. 966, 992, 1025

—, vgl. Maeda, H. 1043

Sekora, A., vgl. Kratky, O. 982

Sela, M., vgl. Katchalski, E. 1017

Sélégny, E. 266, 272

Seligman, K. L. 978, 1039, 1049

Selikhova, V. J., Markova, G. S., u. Kargin, V. A. 981, 983, 984

Selke, W. A., vgl. Muendes, C. A. 872

Sell, G. 989, 990

Sella, C. 984, 986, 1006

—, u. Trillat, J. I. 984

Selle, W., vgl. Orthner, L. 719

Sellers, J. W., vgl. Laning, S. H. 985

Sellet, L. 385

—, u. Dawson, W. O. 383, 384, 386, 387

—, vgl. Dawson, W. O. 383, 384

Sellmann, R. 877

Selwood, P. W., vgl. Weir Toor, E. 975

Sembach, H., vgl. Kratky, O. 986

Semegen, S. T. 786

—, u. Wakelin, I. H. 786

Semenowa, A. S., vgl. Kuwschinski, E. W. 1028

Semenza, G. 643

Sen, M. K., u. Roy, S. C. 985

Senninger, R., vgl. Kühn, E. 408

Senti, F. R., u. Witnauer, L. P. 985

—, vgl. Witnauer, L. P. 980

Serniuk, G. E. 770

—, vgl. Baldwin, F. P. 803

—, Banes, F. W., u. Swaney, M. W. 769, 837

—, vgl. Cottle, D. L. 678, 681

—, Cottle, D. L., u. Lemiszka, T. 678, 681

—, u. Kuntz, I. 678

—, —, u. Baldwin, F. P. 678

—, vgl. Swaney, M. W. 770

Serra, R., vgl. Sianesi, D. 983, 1013, 1037

Seto, S., u. Horiuchi, H. 229

Settele, W. 179

Severini, F., vgl. Pegoraro, M. 968

Severs, E. T., u. Austin, J. M. 1043

Sewell, P. R., vgl. Melville, H. W. 697, 965, 1009, 1037

Seydel, H., u. Roh, N. H. 209

Seydel, K. 416

—, vgl. Schmidt, O. 419, 441

Seydel, R., u. Stroh, R. 240

Seymour, R. B. 735

—, u. Desch, R. P. 636

—, vgl. Le Maistre, J. W. 210

—, u. Steiner, R. H. 463

Shacklett, C. D. 784

Shaffer, M. C., vgl. Flory, P. J. 843

Shafizadeh, F., Wolfrom, M. L., u. McWain, P. 965

Shanin, L. L. 1022

Shapovalova, A. I., Voyutskii, S. S., u. Pisarenko, A. P. 1019

Sharkey, W. H. 717, 721, 724, 729

Sharman, L. J., Sones, R. H., u. Cragg, L. H. 1044

Sharp, E.. B., u. Maxwell, B. 1059

Sharp, T. J. 300

—, u. Ross, J. A. 800

Sharpe, A. G., vgl. Haszeldine, R. N. 608

Sharpe, J. W., vgl. Crampsey, E. 1004

Sharples, A. 1010, 1040

—, u. Major, H. M. 1033

—, vgl. Michie, R. I. C. 981

Sharples Chemical Inc. 456

Shashoua, V. E. 971

—, u. Beaman, R. G. 940, 976, 1004, 1035

—, u. Eareckson, W. M. 140, 141

—, u. Holde, K. E. van 1037

—, Sweeny, W., u. Tietz, R. F. 143, 144

Shaver, F. W., vgl. Gresham, T. L. 8

Shavit, N., vgl. Katchalsky, A. 970, 977

Shaw, A., vgl. Szwarc, M. 623

Shaw, B. M. 337

Shaw, D. J., vgl. Douglas, H. W. 971

Shaw, F. B. jr., vgl. Ryan, J. B. 723

Shaw, T. M., u. Windle, J. J. 967

—, vgl. Windle, J. J. 968

Shaw, T. P. G. 963

Shawinigan Chemicals Ltd. 414, 698, 699

Shawinigan Resins Corporation 701, 719, 722, 737

Shay, J. F., Skilling, S., u. Stafford, R. W. 996

—, vgl. Stafford, R. W. 47

Shearer, N. H., u. Coover, H. W. 711

—, vgl. Joyner, F. B. 816

Shearing, E. A., u. Smiles, S. 264

Sheats, G. F., vgl. Gleason, E. H. 965, 977, 1038

Shechter, L., u. Mitarbb. 500

—, vgl. Farnham, A. G. 469

Shechter, L., u. Wynstra, J. 440, 442, 463, 501, 503, 505, 508, 510, 511, 512, 516

—, —, u. Kurkjy, R. P. 501, 508, 516, 518, 519, 521

—, —, u. Reinking, N. H. 518

Shedd, A., u. Ingersoll, A. C. 932

Shell Chemical Corporation 434, 454, 467, 470, 472, 482, 535, 537

Shell Develop. (Shell Development Co., San Francisco, Corporation of Delaware) 196, 198, 226, 340, 346, 426, 434, 435, 440, 450, 456, 463, 464, 466, 467, 468, 469, 471, 473, 475, 476, 480, 483, 488, 489, 491, 495, 496, 497, 498, 499, 501, 502, 507, 508, 512, 513, 516, 517, 518, 519, 520, 522, 523, 528, 529, 533, 534, 535, 538, 539, 540, 568, 580, 691, 692, 693, 694, 703, 728, 766, 767, 788, 789, 839, 840

Shell Internationale Research Mij. 227, 465, 466, 467, 471, 472, 480, 481, 500, 501, 505, 510, 519, 521, 531, 781

Shell Oil Co. 472, 480, 481, 491, 514, 528

Shell Refining & Marketing Co. 504, 505

Shelley, J. P. 374

Shelton, J. R. 798

—, u. Cox, W. L. 844

—, —, u. Wickham, W. T. 798, 844

—, u. Lee, L. H. 773

—, u. McDonel, E. T. 844

—, —, u. Crano, J. C. 966

Shen, E. H. H., vgl. Marvel, C. S. 599

Shen, K. T., vgl. De Groote, M. 532

Shennikova, J. N., vgl. Kallistov, O. V. 1037

Shepard, A. F. 213, 798

—, u. Boiney, J. F. 258, 800

—, Cardone, J. T., u. Jacobson, A. S. 798

—, vgl. Zimmer, W. F. 514

Shephard, B. R., vgl. Cunneen, J. I. 837, 838

Shepherd, E. J., u. Kitchener, J. A. 569, 577

Shepherd, R. H. jr., u. Dearborn, E. C. 472, 514

Sherby, O. D., u. Dorn, J. E. 1065

Sheridan, L. W., vgl. Freeman, A. J. 1029, 1054

Sherman, M. A., vgl. Wolock, I. 1054, 1058

Sherrard-Smith, K. 1065

Sherwin Williams Co. 274, 473, 501, 533, 535

Sherwood, L. T. jr., vgl. Kvalness, H. M. 342

Sherwood, N. H., vgl. Abrams, E. 338, 357

Sherwood, P. W. 425, 497

Shew, D., vgl. Carmack, M. 507

Shibata, O., vgl. Oster, G. 853

Shick Wei 806

Shields, D. J., u. Coover, H. W. jr. 983

Shigeo Kase 1054

Shih-Chen, Y., vgl. Jen-Yuan, C. 976, 1007

Shiio, H., u. Yoshihashi, H. 1068

Shingleton, D. A. 466

Shinohara, Y. 1065

Shipley, F. W., vgl. Cunneen, J. I. 837, 838

—, vgl. Farmer, E. H. 619, 847

Shirley, D. A., vgl. Weaver, J. W. 889

Shivers, J. C. 23, 24

Shode, L. G., vgl. Sorokin, M. F. 439

Shoemaker, B. H., u. D'Ouiville, E. L. 781

Shoemaker, M. J., vgl. Schorger, A. W. 890

Shokal, E. C. 489, 491, 501, 512, 528

—, u. Mitarbb. 539, 597

—, Creek, W., Devlin, P. A., u. Winkler, D. L. E. 495

—, —, u. Mueller, A. C. 480

—, De Loss E. Winkler u. Devlin, P. A. 466

—, vgl. Evans, T. W. 434, 476, 529, 788

—, u. May, C. A. 513, 519

—, u. Mueller, A. C. 519

—, —, u. Devlin, P. A. 597

—, vgl. Mueller, A. C. 481, 496, 506, 789

—, vgl. Newey, H. A. 468, 516, 518, 519, 523

—, u. Newey, H. A. 518

—, —, u. Bradley, T. F. 520

—, vgl. Rumscheidt, G. E. 515

—, vgl. Smith, C. W. 498

—, u. Tess, R. W. H. 496

—, u. Wallingford, H. P. 475, 477

Shokal, E. C., Whitehill, L. N., u. Wittenwyler, C. F. 495, 550, 788
Shooter, K. V., vgl. Butler, J. A. V. 1035, 1042
Shore, W. S., vgl. Blake, N. 180
Shorland, F. B. 7
Shorr, L. M. 531
Short, G. A., vgl. Burke, W. J. 202
Short, J. N., u. Mitarbb. 1055
—, vgl. Kraus, G. 994, 1039, 1060
Shostakowskii, M. F., u. Mitarbb. 1035, 1036
—, Prilezhaeva, E. N., u. Karavaeva, V. M. 1011
Shreve, O. D. 929
—, vgl. Miller, C. D. 995
Shreve, R. N., u. Golding, B. 261
Shriner, R. L., u. Berger, A. 607, 608, 609
Shriver, L. C., vgl. Young, D. M. 9
Shtarkh, B. V., u. Pisarenko, A. P. 1006
—, vgl. Voyutskiĭ, S. S. 1019
Shtarkman, B. P., vgl. Arzhakov, S. A. 1026, 1063
Shufler, S. L., vgl. Zapas, L. J. 1066
Shugar, G. J., u. Paist, W. D. 560
Shu-Kou, T., vgl. Sing-Tuh, Y. 711
Shukow, I. I., Poddubnyi, I. J., u. Lebedew, A. W. 1008, 1038
Shull, E. R., Thursack, R. A., u. Birdsall, C. M. 995, 996
Shulman, S., vgl. Goldfinger, G. 970
Shultz, A. R. 978, 1012, 1014, 1015, 1036, 1038
—, u. Flory, P. J. 1032, 1034
—, vgl. Roth, P. I. 112
—, Roth, P. I., u. Rathmann, G. B. 978, 1036
Shur, E. G. 462, 463
Shurina, M. N., vgl. Trapesnikowa, O. N. 1000
Shurkina, S. N., s. Zhurkina, Z. N.
Shuvalova, E. V. 993
Shvarts, A. G. 1013, 1021
—, vgl. Basin, V. E. 1014
—, Buiko, G. N., u. Dogadkin, B. A. 1056
—, vgl. Gul, V. E. 1021
Shvetsov, V. A., Novikov, A. S., u. Pisarenko, A. P. 1067
Shyryaeva, L. L., vgl. Kozlov, P. V. 1013

Sianesi, D., u. Corradini, P. 984
—, vgl. Danusso, F. 964
—, vgl. Natta, G. 992
—, Rampichini, M., u. Danusso, F. 983, 1037
—, Serra, R., u. Danusso, F. 983, 1013, 1037
Sibley, R. L. 825, 861
Sickmann, K. 178
Sicotte, Y., vgl. Tremblay, R. 976
Sidaplax S. A. 521
Siddigi, A. M., u. Tappel, A. L. 988
Sidorovich, A. V., u. Kuvshinskii, E. V. 1051
Sidorovich, E. A., vgl. Kuvchinskii, E. V. 1060
Siebeneck, H. 1030
Sieber, H., vgl. Gordijenko, A. 186, 980
—, vgl. Griehl, W. 1040
Siefert, E. 891
—, vgl. Krässig, H. 1040
Siefken, W. 59, 885
—, vgl. Bayer, O. 57, 71, 74, 88, 96, 143, 169
—, vgl. Orthner, L. 292
—, vgl. Schellenberg, W. D. 726, 759, 805
Siegel, B. M., Johnson, D. H., u. Mark, H. 1004
Siegel, E. F. 285, 350
Siegel, L. A., u. Swanson, D. L. 982
Sieger, H., vgl. Weiss, L. 921
Siegfeld, M. 637
Sieglaff, C. L. 1013
Siegmund, E., vgl. Hummel, D. 928
Siegwart, Y. 464
Siemens & Halske AG 515, 691, 824
Siemens-Schuckert-Werke 334, 502, 531, 532, 535
Sienicki, E. A., vgl. Marvel, C. S. 586
Siggel, E., u. Kleine, J. 599
Siggia, S. 963
—, u. Stolten, H. 963
Signaigo, F. K. 725, 784
—, vgl. Lazier, W. A. 771
—, vgl. Salzberg, P. L. 724
Signer, R. 683, 1032
—, u. Mitarbb. 644, 645, 683, 1000, 1005, 1048
—, u. Berneis, K. 1030
—, Demagistri, A., u. Müller, C. 656
—, u. Hochuli, A. 1015
—, Pfister, H., u. Studer, H. 1004
Sigtermans, A. A. J. 238
Sihtola, H. 899
—, Kaila, E., u. Laamanen, L. 1017

Sihtola, H., vgl. Ranby, B. G. 1040, 1048
Si Jung Yeh u. Frisch, H. L. 1037
Sikorski, J., u. Charles, A. 1004
Silberberg, A., Eliassaf, J., u. Katchalsky, A. 980, 1032, 1042, 1044
—, vgl. Kuhn, H. 1000, 1032, 1048
—, u. Kuhn, W. 999
Silberrad, P. 399
Silbert, L. S., u. Mitarbb. 489
—, u. Port, W. S. 466
Silina, L., vgl. Krozer, S. 980
Silver, I., u. Atkinson, H. B. jr. 464, 500
Simha, R. 760, 1033
—, vgl. Frisch, H. L. 1023
—, Frisch, H. L., u. Eirich, F. R. 1023
—, Wall, L. A., u. Blatz, P. J. 807
—, vgl. Weissberg, S. G. 1033
Simionescu, C. 1017
—, Feldman, D., u. Vasilin, C. 897
Simkins, J. E., vgl. Cragg, L. H. 1036
Simmler, J., vgl. Ziegler, E. 200
Simmons, S. C. 1004
Simms, J. A. 495, 528
Simon, A., u. Mitarbb. 996
Simon, E., u. Thomas, F. W. 238
—, —, u. Burney, W. R. 92
Simon, J. G., u. Taylor, R. F. 512
Simons, D. M., u. Verbanc, J. J. 429
Simons, J. K. 295, 296, 365, 479
Simonsen, J. L., vgl. Hill, R. 927
Simpson, W. C. 466
Simril, V. L., u. Hershberger, A. 1028
Sims, J. A. 757, 793
Sims, R. P. A. 1006
Sims, W. M., vgl. Honn, F. J. 795, 796
Singer, J., vgl. Schick, A. F. 1046
Singer, R. S. 261
Singer, S., vgl. Manecke, G. 643, 690, 759, 760
Singer, W., vgl. Seidel, F. 674
Singh, H., u. Nolle, A. W. 1027, 1063
Sing-Tuh, Y., u. Shu-Kou, T. 711
Sinha, S., vgl. Medalia, A. I. 663
Sinnema, F. H., vgl. Bruin, P. 519

Sinnema, F. H., vgl. Rumscheidt, G. E. 515

Sinning, A. D., vgl. Formo, J. L. 522

Sinnott, K. M. 997, 1045, 1059

Sinyak, Y. E., vgl. Krylov, O. V. 429, 448

Sippel, A. 47

—, vgl. Keussler, V. v. 988

Sips, R. 1060, 1061

Sircar, A. K., vgl. Chatterjee, P. K. 974

Siriani, A. F., vgl. Cotten, G. R. 1006

Sisco, A. W., vgl. Ke, B. 1051

Sisman, O., vgl. Bopp, C. D. 1059

Sittel, K., vgl. Philippoff, W. 1061

—, vgl. Rouse, P. E. jr. 1030, 1061, 1067

—, Rouse, P. E. jr., u. Bailey, E. D. 1061

Šittler, E., vgl. Wichterle, O. 116

Sivadjian, J. 1029

Sivarajan, S. R. 978

Sixt, J., vgl. Krug, A. 483

Sjavzillo, S. V., vgl. Schtifman, L. M. 971

Sjöstrand, F. S., u. Rhodin, J. 1002

Skalova, A., vgl. Kveton, R. 1069

Skau, E. L., vgl. Magne, F. C. 466

Skazka, V. S., vgl. Tsvetkov, V. N. 979, 1038

—, Tsvetkov, V. N., u. Eskin, V. E. 977

Skeist, I., u. Somerville, G. R. 567

Skell, P. S., vgl. Cowan, J. C. 525

Skidmore, J. R., vgl. McMaster, E. L. 745, 751

Skiff, R. A. 516

—, vgl. Finholt, R. W. 515

Skilling, S., vgl. Shay, J. F. 996

Skinner, J. R., vgl. Carlson, G. J. 483

—, Wilcoxen, C. H. jr., u. Carlson, G. J. 483

Skinner, S. J., u. Taylor, W. 1046

Skinner, S. M., u. Mitarbb. 1054

—, vgl. Nakamura, M. 1025, 1053, 1059

Skita, A., u. Stühmer, W. 141

Skoda, W., u. Schurz, J. 993

Skogseid, A. 759

Skorokhodow, S. S., u. Vansheidt, A. A. 715

Skrabal, B., vgl. Rosik, L. 1017, 1039

Skurikhina, V. S., vgl. Sazhin, B. I. 972, 968, 1065

Slaney, S., vgl. Davison, W. H. T. 1018

Slater, J., vgl. Barrer, R. M. 1022

Slibaev, L. A., vgl. Iakubcik, A. I. 1069

Slichter, W. P. 982, 984, 996, 997, 1027

—, u. McCall, D. W. 997

—, vgl. McCall, D. W. 969, 982, 997, 1022, 1047, 1048

—, u. Mandell, E. R. 982, 997

Sloan, J. W., u. Mitarbb. 914

—, vgl. Lohmar, R. 904

Slocombe, R. J., vgl. Kern, R. J. 1012

Slonimskii, G. L. 1013

—, u. Mitarbb. 983, 1063, 1065

—, u. Ershova, V. A. 1055

—, vgl. Kargin, V. A. 1050, 1054, 1062, 1068

—, Kargin, V. A., u. Golubenkowa, L. I. 1058

—, u. Komskaja, N. F. 1032, 1054

—, vgl. Komskaya, N. F. 1055

—, u. Kowarskaja, G. M. 220

—, vgl. Lipatov, J. S. 1051

—, u. Reztsova, E. V. 1013, 1063

—, u. Struminskii, G. V. 1013, 1025, 1026, 1052, 1053

Slough, W. 971, 974, 989

Slowinski, E. J. jr., u. Claver, G. C. 990

—, Walter, H., u. Miller, R. L. 991

Slutsker, A. I., vgl. Veselovskii, P. F. 1064

Slyke, D. D. van 696, 741

Slykhouse, T. E., vgl. Mock, R. A. 973

Small, P. A. 921, 1012, 1014, 1031

—, vgl. Levis, D. A. 695

Smart, C. L., vgl. Whistler, R. L. 915

Smeal, H. W., vgl. Hoerger, F. D. 669, 671

Smeltz, K. C. 69

Smets, G. 638, 640, 641, 647, 648, 652, 707, 762, 821

—, u. Claesen, M. 934

—, u. De Loecker, W. 707, 708

—, vgl. Delzenne, G. 409, 973, 995, 1040

Smets, G., u. Flore, P. 729

—, u. Fournaux, J. 679

—, vgl. Goethals, E. 714

—, u. Hayashi, K. 645, 705

—, u. Hesbain, A. M. 712

—, vgl. Lemaitre, J. 339

—, vgl. Moens, J. 711, 712

—, vgl. Mullier, M. 649, 741

—, vgl. Paesschen, G. van 706, 973, 1017, 1041

—, vgl. Radzitzki, P. de 993

—, vgl. Rondou, S. 748

—, vgl. Schmets, J. 1012

—, vgl. Teyssié, P. 673, 748, 761, 992

—, vgl. Vrancken, M. 715, 747, 748, 763, 965, 993

Smidt, J., vgl. Anselm, H. 701, 702

—, u. Sedlmeier, J. 409

Smiles, S., vgl. Footner, H. 603

—, vgl. Shearing, E. A. 264

Smiley, R. A. 518, 519

—, u. Tice, J. D. 519

Smirnova, G. E., vgl. Trapeznikova, O. N. 977, 1003

Smirnova, T. V., vgl. Kolesnikov, G. S. 610, 611

Smirnow, P. N. 763

Smith, A. C. jr. 736

—, vgl. Smith, D. A. 714, 726, 805

—, u. Unruh, C. C. 726

—, vgl. Unruh, C. C. 664, 727, 736

—, Williams, J. L. R., u. Unruh, C. C. 736, 805

Smith, A. F., vgl. Meibohm, E. P. H. 985

—, u. Stevenson, H. B. 704

Smith, A. L. 36

—, u. Mitarbb. 43, 995

Smith, C. C., vgl. Williams, I. 852, 853

Smith, C. S., vgl. Gomer, R. 1023

Smith, C. W. 513

—, vgl. Carlson, G. J. 483

—, u. Dole, M. 1051

—, vgl. Fischer, R. F. 489

—, vgl. Payne, G. B. 488, 491

—, u. Payne, G. B. 483

—, —, u. Shokal, E. C. 498

—, vgl. Schwarzer, C. G. 472

Smith, D. A., vgl. Merrill, S. H. 725, 805

—, Smith, A. C. jr., u. Unruh, C. C. 714, 726, 805

—, u. Unruh, C. C. 722, 726

—, vgl. Unruh, C. C. 704, 726, 736, 805

Smith, D. C. 982, 992

Smith, D. J. 597
Smith, D. M., vgl. Bryant, W. M. D. 733
Smith, D. R., vgl. Brockway, C. E. 913
Smith, E. L., u. Hall, R. 530
Smith, F. B., u. Tuley, B. F. 850
Smith, F. M. 1029, 1056
—, vgl. Hayes, R. A. 793
Smith, G., Ambelang, J. C., u. Gottschalk, G. W. 210
Smith, G. E. 845
Smith, G. E. P. jr., vgl. Bennett, R. B. 850
Smith, G. P., vgl. Cleverdon, D. 976
Smith, H. 1010
—, vgl. Hawkins, S. W. 992, 1009, 1026
Smith, H. B., vgl. Bauman, W. C. 684
—, vgl. Roth, H. H. 683
Smith, H. D., vgl. Dauphinee, T. M. 1050
Smith, I. T. 519
—, vgl. Gough, L. J. 519
Smith, J. C., vgl. Bressler, W. L. 498
Smith, J. D., vgl. Hart, R. G. 989
Smith, J. F. 796
—, u. Perkins, G. T. 796
Smith, J. G., vgl. Kibler, C. J. 20, 26
Smith, J. J., Miller, W. A., u. Reding, F. P. 812
—, vgl. Rugg, F. M. 991
—, Rugg, F. M., u. Bowman, H. M. 224, 996
Smith, J. R., vgl. Bates, H. 874, 875
Smith, J. W. 967
Smith, K. A. C., u. Oatlexy, C. W. 1004
Smith, K. L. 436
—, vgl. Bailey, F. E. jr. 429, 1016, 1037
—, u. Cleve, R. van 430, 1065
Smith, L. 476
Smith, L. T., vgl. Nichols, P. L. jr. 910
Smith, P. G., vgl. Cleverdon, D. 1007, 1032, 1034
Smith, P. V. jr., 439
—, vgl. Fitzgerald, W. P. 493, 768
Smith, R. F., vgl. Chapin, E. C. 693
Smith, R. G., vgl. Leaderman, H. 1045, 1049, 1058, 1065

74*

Smith, R. K., vgl. Cooper, W. 898
Smith, R. R. 897
Smith, S., vgl. Lavery, T. F. 1057
Smith, T. G., vgl. McKelvey, J. M. 1062
Smith, T. L. 1055, 1056, 1064
—, u. Stedry, P. J. 1056
Smith, W. 41
—, vgl. Berl, E. 903
Smith, W. A., u. Willis, J. M. 797
Smith, W. C. 803
Smith, W. F., vgl. Buist, J. M. 29
—, Buist, J. M., Harper, D. A., u. Welding, G. N. 87, 160
—, vgl. Coffey, D. H. 29, 87, 160
—, vgl. Furness, W. 29, 87, 160
—, vgl. Harper, D. A. 29, 87, 160
—, u. White, H. G. 29, 87, 160
Smith, W. M. 820
—, u. Mitarbb. 995
—, vgl. Tood, W. D. 1043
Smith, W. R., vgl. Schaeffer, W. D. 1023
Smits, J., vgl. Foex, G. 975
Smoluk, G. R. 1054
Smook, M. A. 804
—, vgl. Brooks, R. E. 689
—, vgl. Busse, W. F. 176
—, vgl. Johnson, P. R. 689, 782
—, Pieski, E. T., u. Hammer, C. F. 991
Smyers, W. H., u. Cashman, E. P. 665
—, vgl. Lieber, E. 664, 665
—, vgl. Young, D. W. 685
Smyth, C. P. 967
—, vgl. Purcell, W. P. 969, 1040
Snell, C. T., vgl. Snell, F. D. 975, 987
Snell, F. D., u. Snell, C. T. 975, 987
Snia Viscosa 136
Snoddon, W. J. 768, 789
Snowden, J. E., vgl. Klein, E. 895
Snyder, H. L., vgl. Morris, R. E. 1061, 1066
Snyder, J. M. 698
Snyder, R. H., u. Paxton, H. W. 771
Sober, H. A., vgl. Peterson, E. A. 643

Soboleva, I., u. Mitarbb. 1022, 1029, 1038
—, vgl. Dogadkin, B. A. 977, 1008
—, Makletsova, N. V., u. Medvedev, S. S. 965, 978, 1010
Sobue, H., u. Morakawi, K. 1063
—, u. Tabata, Y. 983, 984, 996, 1027
Società per l'industria e l'elettricita s. „Terni"
Société Anonyme du Blanc Omya 777
Société Anonyme des Manufactures des Glaces et Produits Chimiques de Saint-Gobain, Chauny & Cirey 373, 374, 377, 379, 401, 439, 446, 453, 511
Société Auxiliaire de L'Institut Français du Caoutchouc 856
Société Carbochimique 444
Société Chimique du Caoutchouc 824
Société Française Duco 409
Société Industrielle de Recherches et de Fabrications 239
Société Nobel Française 337, 717, 721, 729, 897
Société Rhodiacéta 179
Société des Usines Chimiques de Rhône-Poulenc 230, 492, 784, 790
Société de la Viscose Suisse 179
Socony-Vacuum Oil Co. 37, 313, 612, 620, 736
Soda, A., vgl. Nagasawa, M. 970
Soday, F. J. 42, 682
Sodhi, J. S. 239
Söderberg, S., vgl. Gierer, J. 642
Söll, J. 830
—, u. Koch, A. 830
—, u. Müller, T. 830
Sönke, H. 723
—, vgl. Overbeck, H. 699, 703
Sönnerskog, S. 1041
Soffer, L. M., u. Carpenter, E. 894
Soffner, M., vgl. Fromm, E. 411
Sogolova, T. I., u. Mitarbb. 982, 1022
—, vgl. Kargin, V. A. 981, 1056, 1058, 1063
Sohns, V. E., vgl. Conway, H. F. 914
Sokolov, L. B., u. Alkin, A. D. 1027
—, u. Kudim, T. V. 141

Sokolov, S. I., vgl. Feldman, R. I. 1027

—, Reitlinger, S. A., u. Feldman, R. I. 1029

Sokolova, E. A., vgl. Birshtein, T. M. 999

Sokolovskij, V. V. 1060

Soldano, B., u. Chesnut, D. 1010, 1021

—, Larson, Q. V., u. Myers, G. E. 1010, 1021

Soller, W., vgl. Alter, H. 464, 1019

Solomon, E., vgl. Kaufman, H. S. 1016

Solomon, M. M. 346

Solomon, P. W. 686, 756

Soloway, S. 272

—, u. Schwartz, L. 973

Solvay & Cie. 468, 687

Solvay Process Division s. Allied Chemical & Dye Corporation

Solvay-Werke GmbH s. Deutsche …

Solzom, B. Z., u. Csurgay, K. 1021

Somcynsky, T., vgl. Noel, R. 1014, 1031, 1039

Somerville, G. R., u. Herr, D. S. 510, 538

—, vgl. Howard, H. W. 537

—, vgl. Manasia, J. P. 502

—, vgl. Skeist, I. 567

Sommer, H. J., vgl. Bradley, H. T. F. 466

Sommer, W., Stärk, E., u. Grams, E. 466

Sones, R. H., vgl. Cragg, L. H. 1033, 1034

—, vgl. Sharman, L. J. 1044

Sopchak, W. P., vgl. Schroeder, J. P. 775

Soppet, W., vgl. Haslam, J. 809, 818, 923, 996

Sorenson, B. E. 245, 335, 351

Sorenson, W. R., u. Campbell, T. W. 191, 292, 402, 561, 567, 820

Sorg, E. H., u. Kutch, E. F. 597

—, u. McBurney, C. A. 597

Sorge, G., vgl. Ueberreiter, K. 1009, 1011, 1016

Sorin, P., vgl. LeRolland, P. 1057

Sorkin, M., vgl. Staudinger, H. 865, 869

Sorokin, M. F., u. Shode, L. G. 439

Sorokine, R. H., vgl. Rafikov, S. R. 179

Sosin, S. L., vgl. Korshak, V. V. 627

Sostatovskij, M. T., Prilezhaeva, E. N., u. Cymbal, L. V. 896

Soule, E. C., Burnett, L. S., u. Wagner, G. M. 213

Späth, W. 971, 1019, 1055, 1056, 1057

Spaler, R. J. 239

Spanagel, F. W., vgl. Coffman, D. D. 191

Spandau, H. 1046

Spangler, R. D., vgl. Watkins, J. M. 1068

Sparks, A. H., vgl. Eley, D. D. 1010, 1052

Sparks, M. L., vgl. Schulken, R. M. jr. 1031

Sparks, W. J., vgl. Young, D. W. 685

Spasskii, S. S., vgl. Alekseeva, I. A. 993, 1069

Spasskova, A. Y., vgl. Iakubcik, A. I. 927, 1068, 1069

Spaulding, D. C., vgl. Cohen, L. 792

Spaulding, D. W., vgl. Roseveare, D. W. 1020

Spaunburgh, R. G., vgl. Bailey, M. E. 995

Speakman, J. B., vgl. Nicholls, C. H. 966, 1022

Speck, S. B. 134

—, vgl. Sundet, S. A. 175, 176

Speier, J., vgl. Freiser, H. 969, 1028

Speiser, P., vgl. Hiltpold, R. 518

Spence, P., & Sons, Ltd. 498

Spencer Chemical Co. 775

Spencer, H. G., vgl. Reid, C. E. 1008

Spencer, R. S. 1014, 1043

—, u. Gilmore, G. D. 1025

Spencer, W. D., vgl. Leach, F. P. 826

Spencer-Palmer, H. J., vgl. Basket, A. C. 88

Sperati, C. A. 704, 721

—, vgl. Bro, M. I. 993

—, vgl. Doban, R. C. 967, 1054, 1059

—, Franta, W. A., u. Starkweather, H. W. jr. 1054, 1061

Sperberg, L. R. 798

—, vgl. Svetlick, J. F. 1066

—, vgl. Zapp, R. L. 802

Spialter, L., Priest, D. C., u. Harris, C. W. 995

Spicer, S., vgl. Steiner, R. F. 979

Spiegels, M. C., vgl. Desreux, V. 1016

Spielberger, G. 85, 591

—, u. Bayer, O. 594

—, —, u. Bunge, W. 247

—, vgl. Becker, W. 593, 594

—, vgl. Bunge, W. 62, 67, 76, 77, 78, 79, 94, 246, 247, 305, 784

Spies, Hecker & Co. 634

Spies, L., vgl. Seifert, H. 268

Spiess, G., vgl. Hepp, E. 391

Spinner, I. H., Lu, B. C. Y., u. Graydon, W. F. 1014

Spirit, J., vgl. Kratochvil, A. 999

Spitalnyj, A. S., u. Spitalnyj, M. A. 116

Spitalnyj, M. A., vgl. Spitalnyj, A. S. 116

Spitkowski, D. M., vgl. Barg, E. I. 1058

Spitnik, P., vgl. Katchalsky, A. 973

Spitteler, K., vgl. Krische, W. 637

Sponsel, K., vgl. Ernst, O. 438

—, vgl. Neugebauer, W. 894

Spoor, H., u. Zahn, H. 113

Sprague, G. S., u. Friedlander, H. Z. 742

Sprague, J. W., vgl. Wiberley, S. E. 991

Sprague, R. H., u. Brooker, L. G. S. 755

Spreewer, H. R., vgl. Kessler, J. C. F. 191

Sprengley, G. R., u. Traynor, E. J. 800

Sprengling, G. R. 258

—, u. Freeman, J. H. 223, 224

Springer, H., vgl. Seidel, F. 674

Srinivasan, N. T., u. Santappa, M. 1037

Srinivasan, R., vgl. Benson, S. W. 1022

Sprung, M. M. 222

—, u. Mitarbb. 790

—, u. Günther, F. O. 561

Spulak, F. v., vgl. Holtschmidt, H. 93

—, vgl. Kleiner, H. 93

—, vgl. Petersen, S. 93

Spunalit-Anstalt 349

Spurlin, H. M., vgl. Evans, E. F. 1040

—, vgl. Hays, J. T. 417

Spurr, O. K., vgl. Flory, P. J. 1041

Spurr, R. A., vgl. Erath, E. H. 985, 1005, 1055

—, Hanking, B. M., u. Rowen, I. W. 993

Squire, E. N. 251

Ssanatina, W., vgl. Tager, A. 1052

Ssokolowa-Wassiljewa, J. A., Kudrjawzew, G. I., u. Strepichejew, A. A. 709

—, vgl. Strepichejew, A. A. 710

Staab, H. A. 54

—, vgl. Kuhn, R. 398

Staatsmijnen in Limburg s. Niederländischer Staat ...

Stabelan Chemical Co. 670

Stabin, J. V., u. Immergut, E. H. 1007

Stabironez, G. L., u. Komarov, V. S. 1021

Stacey, K. A. 975

—, vgl. Alexander, P. 980, 999, 1041

Stacey, M., vgl. Bera, B. C. 970

Stackelberg, M. v., 972

Stacy, C. J., u. Foster, J. F. 980, 1000

—, —, u. Erlander, S. N. 980, 1034, 1042

Stadelmann, L. 853

Stadtman, E. R., vgl. Miles, H. T. 272

Staehle, H. C., vgl. Merrill, S. H. 725, 726

Stärk, E., vgl. Sommer, W. 466

Stärk, H., vgl. Fitzky, W. 718

—, vgl. Pummerer, R. 841

—, vgl. Voss, A. 704

Stafeeva, N. P., vgl. Sazhin, B. I. 972

Stafford, C. jr., u. Toren, P. E. 989

Stafford, R. L., vgl. Buist, J. M. 1019, 1058, 1066

—, vgl. Laylan, B. N. 799

Stafford, R. W., vgl. Shay, J. F. 47, 996

Stafford, W. E., u. Wright, R. A. 850

Stahl, H., vgl. Pohlemann, H. 179

—, vgl. Wiest, G. 178

Stahmann, M. A., vgl. Tsuyuki, H. 970

Stahn, R., vgl. Fink, H. 883, 894

Staicapoulos, D. N. 528, 788

Stainsby, G. 1017, 1041

Staley, A. E., Manufacturing Co. 913

Stallmann, O. 455, 457, 458, 461

Stal'nova, M. A., vgl. Akutin, M. S. 504, 505

Stamatoff, G. S. 139, 670, 703, 719, 720

—, vgl. Langsdorf, W. P. jr. 406

Stamicarbon, N. V. 305

Stamm, A. J. 1029

Standard Electric Co. s. a. Interchemical ...

Standard Oil Co., Chicago/Illinois 514

Standard Oil Co. of Ohio, Cleveland 433

Standard Oil Development Co. 12, 308, 601, 611, 663, 664, 665, 672, 685, 686, 688, 690, 748, 770, 781, 801

Standard Telephones & Cables Ltd. 672

Standen, A., vgl. Kirk, R. E. 567

Standen, C. J. S., vgl. Finn, S. R. 202

Stanin, T. E., u. Dickey, J. B. 725

Stanke, D., vgl. Schauenstein, E. 988

Stanley, E., u. Litt, M. 431

Stanley, H. M., u. Jacobs, D. I. H. 581

—, vgl. Philip, T. B. 809

Stanley, I. J., u. Mitarbb. 996

Stanley, J. B., u. Mitarbb. 850

Stannett, V., vgl. Myer, A. W. 1029

—, vgl. Frisch, H. L. 1022

—, vgl. Geacintov, N. 898

—, vgl. Rogers, C. E. 1023, 1029

—, u. Szwarc, M. 1029

—, vgl. Thornton, E. R. 1029

Stanney, V. 915

Stanonis, D. J., vgl. Creely, J. J. 985

Stansbury, H. A., u. Guest, H. R. 593

—, vgl. Guest, H. R. 488, 517

Stanton, G. W., u. Lowry, C. E. 447

Stantzenberger, A. L., vgl. Mac Lean, A. F. 483

Starcher, P. S. 491

—, vgl. Frostick, F. C. jr. 489

—, Frostick, F. C. jr., u. Phillips, B. 489

—, vgl. MacPeek, D. L. 489

—, MacPeek, D. L., u. Phillips, B. 492, 494

—, vgl. Phillips, B. 482, 483, 485, 486, 487, 488, 489, 491, 492, 505, 529, 530

—, vgl. Tinsley, S. W. 492

Starck, H. 385

—, vgl. Schlenker, F. 531

—, vgl. Starck, W. 697

Starck, P., vgl. Grether, R. 588

Starck, W. 701, 722, 723

—, vgl. Bier, G. 699, 703

—, vgl. Freudenberger, H. 718

—, vgl. Heuer, W. 724

—, Kahrs, K. H., Kühlkamp, A., u. Ehmann, W. 700, 701

—, vgl. Kränzlein, G. 720, 723

—, u. Langbein, W. 722

—, u. Starck, H. 697

—, vgl. Staudinger, H. 698

—, vgl. Voss, A. 704, 716, 724, 726, 727

—, vgl. Weissermel, K. 716

Stark, A., vgl. Szentpaly, T. 929

Stark, H. M., vgl. Patterson, G. D. 784

Starkweather, H. W., u. Brooks, R. E. 1045, 1055

—, vgl. Sperati, C. A. 1054, 1061

Starmer, P. H., u. Lufter, C. H. 799

—, vgl. Mottram, S. 799

Starobinez, G. L. 1021

—, u. Aleksandrovich, K. M. 1021

Starovojtova, G. J., vgl. Poddubnyj, J. J. 1021

Starr, F. C. jr. 406

Stary, S., vgl. Leziva, J. M. 473

Statton, W. O. 896, 1025

Staude, H., vgl. Günther, G. 973

Staudinger, H. 47, 184, 185, 404, 405, 406, 407, 428, 638, 639, 640, 655, 691, 773, 829, 982, 1041, 1043

—, u. Mitarbb. 405, 638, 815, 823

—, Brunner, E., u. Feisst, W. 760

—, —, u. Geiger, E. 691

—, u. Daumiller, G. 875

—, u. Döhle, W. 649, 864

—, u. Eilers, H. 902

—, u. Feisst, W. 823

—, Frey, K., u. Starck, W. 698

—, u. Fritschi, J. 823, 850

—, u. Geiger, E. 817, 834, 835, 850, 851

—, —, u. Huber, E. 691

—, —, u. Schaal, W. 823

—, u. Häberle, M. 725

—, u. Hellfritz, H. 1009, 1036

—, u. Heuer, W. 806, 851

—, u. Husemann, E. 903, 910

—, u. Jörder, H. 184, 185

—, u. Joseph, H. 843

Staudinger, H., u. Kern, W. 963
—, Krässig, H., u. Welzel, G. 339
—, u. Leupold, E. O. 824
—, u. Lohmann, H. 428, 429, 436
—, u. Lüthy, M. 405
—, u. Machemer, H. 815
—, u. Mohr, R. 869
—, u. Niessen, G. 171, 320, 322, 326
—, u. Schnell, H. 185, 190
—, u. Scholz, H. 639, 640
—, u. Schweitzer, O. 429, 433, 436, 442, 910
—, u. Sorkin, M. 865, 869
—, Staudinger, M., u. Sauter, E. 436
—, u. Steinhofer, A. 815, 938
—, u. Trommsdorff, E. 705
—, u. Wagner, K. 320, 321, 322, 326, 339, 640
—, u. Warth, H. 697, 725, 816
—, u. Widmer, W. 831
—, u. Wiedersheim, V. 691
Staudinger, J. J. P., Faulkner, D., u. Cooke, M. D. 495
Staudinger, M. 1003
—, vgl. Staudinger, H. 436
Stavely, F. W., u. Mitarbb. 822, 994
Staverman, A. J. 463, 1014
—, u. Heijboer, I. J. 1063
—, Kruissink, C. A., u. Want, G. M. van der 114
—, vgl. Pals, D. F. T. 1007
—, Pals, D. T. F., u. Kruissink, C. A. 1007
Stead, B. D., vgl. Dunn, A. S. 989
—, vgl. Melville, H. W. 980
Stearine Kaarsenfabrieken s. Koninklijke ...
Stearns, R. L., vgl. Kubico, M. A. 409
Stearns, R. S., u. Johnson, B. L. 1053
Steckel, E., vgl. Gault, H. 419
Steckler, R. 501, 514
—, Hessel, F. A., u. Werner, J. 523
—, Robinson, G., u. Zimiles, P. 523
—, u. Werner, J. 500
Steding, M. N., vgl. Kargin, V. A. 1064
Stedry, P. J. 988
—, vgl. Landel, R. F. 1058, 1067
—, vgl. Smith, T. L. 1056
Steele, A. B., vgl. Wilkes, B. G. jr. 434, 500
Steele, R., u. Giddings, L. E. jr. 333, 897
—, u. Pacsu, E. 995, 1017
Steenstrup, P. V., vgl. Nelson, J. D. 238

Steeter, D. J., u. Boyer, R. F. 1027
Stéfani, R., u. Mitarbb. 984, 986, 1017
Steffens, H., u. Sauerwald, F. 1031, 1040
Stegemann, H. 970
Stein, Hall & Co. 338
Stein, D. J., u. Schulz, G. V. 1069
—, vgl. Schulz, G. V. 1069
Stein, R. S. 977, 984, 991, 993, 999
—, vgl. Bettelheim, F. A. 1001, 1027
—, vgl. Kawai, K. 1001, 1066
—, u. Keane, J. J. 976
—, vgl. Keane, J. J. 976
—, u. Norris, F. H. 982, 992, 1001
—, vgl. Norris, F. H. 976
—, u. Plaza, A. 977, 999
—, vgl. Plaza, A. 976
—, u. Rhodes, M. B. 977
—, vgl. Rhodes, M. B. 984, 986
—, u. Tobolsky, A. V. 1001
—, vgl. Tsi Tieh-Li 982
Stein, W., u. Brockmann, R. 483, 488
—, vgl. Pietsch, H. 513
Steinbrink, H., vgl. Bub, L. 562
Steinbrunn, G. 571, 577
—, vgl. Bestian, H. 573, 574, 578
Steindorff, A., u. Balle, G. 209, 388
Steiner, H. M. E., u. Roper, A. N. 673
—, vgl. Szwarc, M. M. 626, 628
Steiner, R. F., vgl. Doty, P. 977, 1007
—, Laki, K., u. Spicer, S. 979
—, vgl. Trementozzi, Q. A. 977, 1009, 1036
Steiner, R. H., vgl. Seymour, R. B. 463
Steiner, T., vgl. Schurz, J. 979, 1009, 1037
Steinhofer, A., vgl. Fikentscher, H. 793
—, Polster, R., u. Friedrich, H. 691
—, vgl. Staudinger, H. 815, 938
Steininger, S., vgl. Baumann, G. F. 929, 988
Steinmetz, J. M., vgl. Eichhorn, J. 683
Steinwehr, H. E., vgl. Kern, W. 1018
Stelzner, R., vgl. Gabriel, S. 569
Stemmer, H. D. 781
Stent, G. S., vgl. Wall, F. T. 970

Stepanova, V. I., vgl. Livsic, I. A. 1069
Štepek, J., vgl. Doležel, B. 813
Stephens, C. W. 150
—, vgl. Beste, L. F. 147, 180, 922
Stephenson, O. 542
—, vgl. Bradley, W. 469
Sterlin, R. N., vgl. Knunjants, I. L. 442
Sterling, G. B. 991
—, u. Mitarbb. 991
Sterling, J. B., u. Mitarbb. 965
Stern, E. S., vgl. Gillam, A. E. 990
Stern, H. J. 929
Stern, J., vgl. Gee, G. 1024
—, vgl. Morrell, S. H. 1025, 1054, 1057
Stern, K. G., vgl. Goldstein, G. 988
Stern, M. D., vgl. Witnauer, L. P. 980
Sternberg, N., vgl. Katchalski, A. 1044
Stetter, H. 390
—, u. Duve, G. 583
Steuber, N. 88
Steurer, E. 868
—, vgl. Hess, K. 806
—, u. Katheder, F. 1024
—, u. Mertens, H. W. 868
Stevens, H. C., u. Kung, F. E. 454, 496, 788
Stevens, J. R., u. Ivey, D. G. 1065
Stevens, W. H. 861
—, vgl. Gebauer-Fülnegg, E. 872
Stevenson, A. C., vgl. Rugg, J. S. 795
Stevenson, H. B. 152
—, vgl. Hanford, W. E. 714
—, vgl. Smith, A. F. 704
Stevik, L. E., vgl. Mudrak, A. 531
Stewart, A. T. jr., u. Hauser, C. R. 395
Stewart, D. G. 430
—, u. Borrows, E. T. 435
—, vgl. Borrows, E. T. 430
—, Waddan, D. Y., u. Borrows, E. T. 435
Stewart, F. H. C., vgl. Mann, F. G. 627, 629
Stewart, J. E., vgl. Harvey, M. R. 991
—, vgl. Linnig, F. J. 994
Stewart, K., vgl. Baughan, E. C. 1029
Stewart, M. H., vgl. Malm, C. J. 874
Stewart, T. D., u. Donally, L. H. 743
Stiasny, E. 264, 345
Stichnoth, O., vgl. Demmler, K. 518
—, vgl. Lissner, O. 518

Stickle, R. jr. 509, 791, 792
—, vgl. Kilsheimer, J. R. 487, 789
—, Kilsheimer, J. R., u. Thompson, B. R. 487
—, vgl. McGary, C. W. jr. 486
Stickney, P. B., vgl. Kell, R. M. 1026
Stickstoffwerke s. Bayrische ...
Stieger, G., u. Krispin, K. H. 245, 533
Stierli, R. F. 636
Stiles, M., Wolf, D., u. Hudson, G. V. 421
Stilmar, F. B. 88
Stine, C. M. 382
Stiratelli, B. A., vgl. De Coste, J. B. 971, 1007
Stirnemann, E. 783
Stivala, S. S. 567
—, u. Powers, W. J. 475
Stivers, D. A., Peterson, D. L., u. Meier, G. R. 796
Stobbe, H., u. Färber, E. 815
Stock, C. R., u. Salley, D. J. 338
Stock, E., u. Abels, M. 987
Stockert, K., u. Traxl, W. 418
Stockholms Superfosfat Fabriks AB 792
Stockmayer, K. R. W. H., vgl. Stockmayer, W. H. 1036
Stockmayer, W. H. 1014, 1032
—, u. Mitarbb. 978, 1036
—, Cleland, A. R. L., u. Stockmayer, K. R. W. H. 1036
—, u. Hecht, S. E. 1050
Stöcklin, P., u. Meisenburg, K. 792
Stogdell Stokes, J. 341
Stojanova, I. G., vgl. Sajdes, A. L. 986
Stokes, J. S., s. Stogdell Stokes, J.
Stokes, S. C., vgl. Bloomfield, G. F. 861
Štokrova, S., vgl. Sedláček, B. 980
Stolka, M., vgl. Kössler, I. 1047
Stoll, A., vgl. Heckmaier, J. 719
Stoll, M., u. Rouvé, A. 3
Stolten, H., vgl. Siggia, S. 963
Stolton, R. E., vgl. Powell, G. J. 465
Stone, F. G. A., u. Eméleus, H. J. 433
Storey, E. B., vgl. Edwards, D. C. 802
—, u. Williams, H. L. 1054, 1059
Storey, P. R., vgl. Murrey, W. R. 797
Storfer, E., vgl. Walter, G. 371, 388
Stott, G. 848

Strain, D. E. 689, 691, 780
—, vgl. Brooks, R. E. 176
—, vgl. McAlevy, A. 686, 779, 780
—, u. Peterson, H. 704
Strain, F. 494, 496
—, vgl. Muskat, I. E. 37, 725
Strain, R. E., vgl. Dittmar, H. R. 349
Straka, C. J., u. Weltman, W. C. 229
Strassburger, J., u. Mitarbb. 923
Strating, J., u. Backer, H. J. 225
Stratmann, M., vgl. Koch, P. A. 929
Stratton, G. B., vgl. Coleman, G. H. 611
Straubel, A. F., vgl. Frank, J. C. 815
Straus, S., u. Madorsky, S. L. 808, 811, 813, 814, 815, 817, 851
—, vgl. Madorsky, S. L. 966
—, vgl. Stromberg, R. R. 807, 813
—, u. Wall, L. A. 179, 810, 812
Strause, S. F., u. Dyer, E. 973
Strauss, U. P. 1035
—, u. Mitarbb. 755
—, u. Gershfeld, N. L. 1041
—, —, u. Rook, E. H. 1042
—, u. Jackson, E. G. 1012, 1041
Streatfield, E. L. 974, 1018
Streeter, D. J., u. Boyer, R. F. 1023, 1033, 1035
—, vgl. Boyer, R. F. 1034
Streib, H., vgl. Hechelhammer, W. 467
Streitzig, H., vgl. Schurz, J. 1009, 1037, 1042
Strella, S., u. Chinai, S. N. 968
—, vgl. Ferry, J. D. 968, 1065
—, u. Gilman, L. 1055
—, u. Zand, R. 968
Streng, A. G., vgl. Kirshenbaum, A. D. 964, 965
Strepichejew, A. A., Kudrjawzew, G. I., u. Ssokolowa-Wassiljewa, J. A. 710
—, vgl. Ssokolowa-Wassiljewa, J. A. 709
Stroh, G. R. 455
Stroh, R., vgl. Dietz, K. 466
—, u. Ebersberger, J. 446
—, vgl. Seydel, R. 240
Strohmenger, L. 62
Stromberg, R. R., u. Mitarbb. 810
—, Straus, S., u. Achhammer, B. G. 807, 813
Stross, F. H., vgl. Bruss, D. B. 1008

Stroupe, J. D., u. Hughes, R. E. 983
Strubell, W. 212
Strukow, I. T. 478
Struminskii, G. V., vgl. Slonimskii, G. L. 1013, 1025, 1026, 1052, 1053
Stuart, H. A. 186, 190, 191, 918, 921, 963, 966, 969, 972, 975, 981, 986, 987, 990, 1000, 1003, 1006, 1011, 1020, 1030, 1046, 1003, 1060, 1061
—, vgl. Eppe, R. 986, 1006
—, u. Fendler, H. G. 975
—, vgl. Fendler, H. G. 976, 978, 1023, 1034
—, u. Peterlin, A. 975, 1000
—, vgl. Rohleder, J. 1027
—, u. Veiel, U. 1003
—, vgl. Zachmann, H. G. 1004, 1028
Stuart, M. A., vgl. Falki, B. v. 1003
Stuart, N. 1003
Studebaker, M. L. 849, 971, 1069
Studeny, J. 383, 385
Studer, H., vgl. Signer, R. 1004
Studer, M., vgl. Wyk, A. J. A. van der 915
Studiengesellschaft Kohle mbH 492
Stübchen, H., u. Schurz, J. 710
—, vgl. Schurz, J. 814, 989, 992
Stübchen-Kirchner, H. 642
Stühlen, F., u. Horn, H. 929
Stühmer, W., vgl. Skita, A. 141
Stumpe, N. A., vgl. Railsback, H. E. 797
Sturgis, B. M. 60
—, u. Baum, A. A. 798
—, —, u. Trepagnier, J. H. 798
—, u. Trepagnier, J. H. 801
Sturm, B., vgl. Hengstenberg, J. 1030
Sturm, C. L., vgl. Fordham, J. W. 983, 993
Sturrock, A. T., vgl. Sarbach, D. V. 797
Sturtevant, J. M., u. Mitarbb. 1052
Styran, Z. E., vgl. Bartenev, G. M. 1019
Styrene Products Ltd. 673, 858
Subov, P. I., s. Zubov, P. I.
Süddeutsche Kalkstickstoff-Werke AG 347, 358, 359
Suen, T. J. 333
—, u. Mitarbb. 588
—, u. Hicks, G. H. 515
—, u. Jen, Y. 363, 365

Suen, T. J., vgl. Patterson, D. G. 342, 343, 344, 345, 375

—, u. Schiller, A. M. 376, 743

—, vgl. Schiller, A. M. 376, 741, 743

Sütterlin, W., vgl. Wassenegger, H. 267

Sugai, S., u. Furnicki, J. 1047

Sugawara, M., vgl. Ogata, Y. 293

Suhr, H. 967, 971

Suike Nij. s. Centrale ...

Sullivan, F. A. 845

—, vgl. Davis, A. R. 849

—, Hook, E. O., u. Davis, A. R. 845

Sullivan, R. D., vgl. Naps, M. 465, 534

Sullivan, W. J. 481

—, vgl. Payne, G. E. 481

—, vgl. Williams, P. H. 481

Sully, B. D., vgl. Hopf, P. P. 465

Sumitomo, H., vgl. Hachihama, V. 1036

Sumitone Chemical Co. 330

Summerbell, R. K., u. Kland-English, M. J. 433

Summers, R. M. 713, 741

Sumner, C. G. 1023

Sun Chemical Corporation 385, 616

Sun, S., Evans, R. M., u. Boba-lek, E. G. 1055

Sundbeck, E. H., Easley, W. K., Ballentine, J. B., u. Lea, K. R. 13

Sunderwirth, S. G., vgl. Haskins, J. F. 895

Sundet, S. A., Murphey, W. A., u. Speck, S. B. 175, 176

Sundheim, B. R., vgl. Lazare, L. 1022

Sun Tun, Derevitskaya, V. A., u. Rogovin, Z. A. 895

Supin, G. S. 974

Šupler, V., Lidařik, M., u. Kincl, J. 469

Suquet, M., vgl. Schmitt, J. 612

Surber, H. W. jr., u. Crouch, G. E. 967

Sussmann, V. 462, 463

Suter, C. M., Bair, R. K., u. Bordwell, F. G. 264

Suter, L. M., u. Berkman, J. P. 1068

Sutherland, A., vgl. Wakelin, J. H. 984

Sutherland, G. B. B. M., u. Jones, A. V. 990

—, vgl. Krimm, S. 992

—, vgl. Liang, C. Y. 991

Sutherland, T. H., u. Funt, B. L. 967

—, vgl. Funt, B. L. 967

Sutter, T., vgl. Widmer, G. 362, 368, 369

Sutter, W., vgl. Herdieckerhoff, E. 207

Sutton, D. A., vgl. Hoeve, C. A. J. 1016

Sutton, L. E. 967

Suzuki, K., 1056

—, u. Matsuda, H. 998

Sverdrup, E. F., vgl. Green, J. 861

Svetlick, J. F., vgl. Kraus, G. 971

—, Railsback, H. E., u. Cooper, W. T. 756

—, u. Sperberg, L. R. 1066

Swain, T., vgl. Partridge, S. M. 1018

Swallow, A. J., vgl. Kollinson, E. 806

Swan, D. R. 722

Swan, P. R. 1027, 1028

Swaney, M. W., u. Banes, F. W. 770

—, u. Serniuk, G. E. 770

—, vgl. Serniuk, G. E. 769, 837

Swann Research 623

Swann, G., u. Evans, P. G. 526

Swann, M. H., Adams, M. L., u. Weil, D. J. 989

—, u. Esposito, G. G. 930

—, u. Weil, D. J. 988

Swanson, D. L., vgl. Siegel, L. A. 982

—, u. Williams, J. W. 1017, 1064

Swanson, M. A. 902

Swarts, F. 434

Sweeley, C. C., vgl. Horning, E. C. 1018

Sweely, J. S., u. Mitarbb. 1026

—, vgl. Kurtz, S. S. jr. 998, 1026

Sweeney, G. A., vgl. Applegath, D. D. 473

Sweeney, W. T., vgl. Brauer, G. M. 1022

Sweeny, K. H., vgl. Bills, K. W. 1056

Sweeny, W., vgl. Hill, H. W. jr. 922

—, vgl. Shashoua, V. E. 143, 144

Sweitzer, C. W. 797, 849, 971, 1054, 1055.

—, Burgess, K. A., u. Lyon, F. 797

—, Hess, W. H., u. Callan, J. E. 942, 985, 1003, 1006

—, Lyon, F., u. Grabowski, T. W. 36

Swell, P. R. 1068

Swenson, H. A., u. Rosenberg, A. 1015, 1018

Swern, D. 482

—, vgl. Findley, T. W. 484

—, u. Parker, W. E. 484

Swift & Co. 485, 491, 529

Swift, G., vgl. Turner, R. J. 537

Swift, P. McL. 838, 853, 1067

—, vgl. Bloomfield, G. F. 857, 858, 859

—, vgl. Cunneen, J. I. 838

Swinehart, R. W., vgl. Greminger, G. K. 892

Swiss, J., vgl. Sattler, F. A. 526

Switzer Brothers Inc. 363, 779

Switzer, D. F., vgl. Cragg, L. H. 1015

Switzer, J. L. 779

Swoboda, T. J., vgl. Wall, F. T. 972

Sykes, R. L. 467

Synthetasine Protective Coatings Inc. 533

Syrina, L. A., u. Kargin, V. A. 983

Syrkin, Y. K., u. Dyatkina, M. E. 966

Szentpaly, R., vgl. Szentpaly, T. 929

Szentpaly, T., Szentpaly, R., u. Stark, A. 929

Szewczyk, S. Z. 150

Szita, J. 724

Ször, P. 1067

—, vgl. Frigyes, E. 1021

Szurrat, J. 797, 801, 802, 849

Szwarc, M. 623, 624, 625, 626, 650

—, vgl. Brown, W. B. 1015

—, vgl. Errede, L. A. 623, 624, 625

—, vgl. Frisch, H. L. 1001

—, vgl. Myer, A. W. 1029

—, vgl. Rogers, C. E. 1023, 1029

—, u. Shaw, A. 623

—, vgl. Stannett, V. 1029

—, vgl. Thornton, E. R. 1029

—, vgl. Trotman, J. 988

—, vgl. Waack, R. 650

Szwarc, M. M. 623, 626

—, u. Roper, A. N. 626, 629

—, —, u. Steiner, H. M. E. 626, 628

Taack-Trakranen, F. v., vgl. Krzikalla, H. 304

Tabata, Y., vgl. Sobue, H. 983, 984, 996, 1027

Taber, D. 112

Tabibian, R. M., Heller, W., u. Epel, J. N. 976, 1004

Tachibana, T., Inokuchi, K., u. Inokuchi, T. 1005, 1004, 1024, 1055

Tadokoro, H., u. Mitarbb. 966, 982, 984, 992, 993, 1022

—, Seki, S., u. Nitta, I. 966, 992, 1025

Täufel, K., u. Feldmann, G. 1041

Taft, W. K., u. Mitarbb. 989, 1060

—, u. Duke, J. 1016, 1023, 1039

Tager, A. A. 1053

—, u. Mitarbb. 1066

—, u. Dombek, S. H. S. 1052

—, vgl. Gatowskaja, T. W. 1020, 1026, 1052

—, u. Jurina, J. A. 1062

—, u. Kargin, V. A. 1020, 1053

—, u. Kossova, L. K. 1052

—, u. Ssanatina, W. 1052

—, u. Werschkain, R. 1032

Tailor, H. S., u. Tobolsky, A. V. 807

Tait, C. W., u. Mitarbb. 979, 1041

Tajima, M., vgl. Nishioka, A. 1026

Takata, T., u. Mitarbb. 652

Takayanagi, M., u. Mitarbb. 1063

Takebayashi, M., vgl. Minoura, Y. 572

Takeda, M., u. Endo, R. 1034, 1037

—, u. Tsuruta, E. 1034

Takemoto, T., vgl. Nagamatsu, K. 1065

Takemura, T. 1045, 1062

Takenaka, H. 1006, 1053

Talamini, G., u. Pezzin, G. 813

Talet, P. 402, 897

Talet, P. A. 337

Talmud, S. L., Turzhetskaya, A. N., u. Kuleshova, A. A. 1017

Tamba, R. 903

Tamblyn, J. W., vgl. Morey, D. R. 186

Tamchyna, J., vgl. Bohdanecky, M. 1045

Tamm, K., vgl. Naake, H. J. 1057

Tamura, M., vgl. Odani, H. 1023

Tanaka, T. 995

Tanghe, L. J., vgl. Malm, C. J. 874, 895, 908

Tanner, S. 897

Tanner, W. B., vgl. Bristol, J. E. 698

Tappel, A. L., vgl. Siddigi, A. M. 988

Tarasova, Z. N., vgl. Dogadkin, B. A. 1066

—, Kaplunov, M. Y., u. Dogadkin, B. A. 965

Tarkow, H. 1024

Tarney, R. E. 803

Tarrach, H. E., vgl. Henglein, F. A. 632, 633

Tarrant, L., vgl. Poulton, F. C. J. 972

Tarutina, L. I. 990

Tassel, E. 264

Tatibana, M., vgl. Isihara, A. 1000

Tatlow, J. C. 795

Taub, B. 526

Taube, C., u. Böckmann, K. 573

Taube, K., Benade, W., u. Weber, O. 384, 387

—, vgl. Kleiner, H. 92, 94, 738, 739

—, u. Konrad, M. 64, 77

Tawney, P. O. 795, 801

—, Conger, R. P., u. Buskirk, P. R. van 782, 790

—, vgl. Little, J. R. 848

—, u. Little, J. R. 801

—, —, u. Viohl, P. 801

—, vgl. Viohl, P. 259

Tayler, H. A., vgl. Dyer, E. 91

Taylor, B. G. 184, 185

Taylor, E. W., vgl. Kenyon, W. O. 700

—, vgl. Morey, D. R. 940, 980

Taylor, G. B. 185, 186, 187, 188, 189

—, vgl. Waltz, J. E. 185, 188, 189

Taylor, G. M., u. Wenger, E. C. 554

Taylor, G. R., vgl. Alexander, L. E. 981

—, u. Darin, S. R. 1001, 1054

Taylor, H. S., vgl. Bevington, J. C. 931, 935

Taylor, J. S., vgl. Crampsey, E. 831

—, vgl. Gordon, M. 831

Taylor, R. F., vgl. Simon, J. G. 512

Taylor, R. S. 501, 669

—, vgl. Fletcher, D. A. 670

—, u. Whitehill, L. N. 473

—, vgl. Whitehill, L. N. 533, 534

Taylor, W., vgl. Skinner, S. J. 1046

Taylor, W. C., vgl. Tung, L. H. 1028

Taylor, W. E., vgl. MacLean, A. F. 483

Taylor, W. H., vgl. Lowell, A. I. 704

Teare, P. W., u. Holmes, D. R. 981

Techakumpuch, S., vgl. Wall, F. T. 973

Tedder, J. M. 877

Teerverwertung GmbH s. Gesellschaft für Teerverwertung

Teeter, H. M., vgl. Cowan, J. C. 525, 551

Tegge, G. 900

Telephone Laboratories Inc. s. Bell. . . .

Telephone & Radio Corporation s. Federal Telephone & Radio Inc.

Telephones & Cables Ltd. s. Standard . . .

Telfair, D. 967, 1064

Temin, S. C., u. Levine, M. 154

Temme, P., vgl. Harrics, C. 410

Tempel, M. van den, vgl. Alphen, J. van 819, 845

Templeton, J. H., vgl. Pruitt, M. E. 430, 449

Tench, W. C., u. Kiessling, G. C. 820

Teot, A. S. 683

—, u. Wiggins, G. C. 683

Teppema, J. 411

—, u. Sebrell, L. B. 845

Terada, A., vgl. Yoshida, T. 715

Terayama, H. 980, 1042

—, vgl. Wall, F. T. 973, 1042

Terentjeva, L. S., vgl. Tsvetkov, V. N. 1036, 1046

Terenzi, J. F., vgl. Trifan, D. 995

Termini, J., vgl. Wood, W. 483

„Terni" Società per l'industria e l'elettricità 636

Terra, P., vgl. Corbiere, J. 1012

Tervet, J. R., vgl. Bevan, E. A. 42

Tess, R. W. 535, 793

—, Harline, R. D., u. Mika, T. F. 41

—, Jakob, R. H., u. Bradley, T. F. 538, 552

—, vgl. Mika, T. F. 532

—, vgl. Shokal, E. C. 496

Tessmar, K. 707, 738

—, vgl. Baumann, V. U. 993

—, u. Koch, E. 707, 738

—, vgl. Schröder, G. 738, 739, 740

Testard, J. 511

Testerman, M. K., vgl. Pauley, J. L. 969

—, vgl. Scherer, P. C. 969

Tetralin GmbH 304

Tewes, G. 47, 462, 463
Texas Co. 216
Teyssié, P., u. Smets, G. 748, 761, 992
—, Wilde, M. C. de, u. Smets, G. 673
Thampy, R. T., vgl. Kathpalia, K. 633
Than, C. B. de, vgl. Billmeyer, F. W. 976
Thauss, A. 602, 603
—, u. Ballauf, F. 602
—, u. Günther, A. 600, 602
—, vgl. Günther, A. 603
Theile, K., u. Colomb, P. 462, 463, 464, 470, 533, 536
Theis, M., vgl. Bongard, W. 582, 586
Thelamon, C. 800
Thelin, J. H., u. Davis, A. R. 849
Thesing, J., u. Mitarbb. 295
Thiele, H. 656
Thielen, L. E. 666
Thielepape, E. 4
Thierfelder, F., vgl. Hoppe-Seyler, F. 963, 964, 998, 1007, 1011, 1030, 1046
Thierfelder, H., vgl. Hoppe-Seyler, F. 998, 1001, 1007, 1011, 1030, 1046
Thiesing, H. 142, 391
Thiesse, X., vgl. Bisch, J. 721
Thilo, E. 972
Thinius, K. 292, 398, 402, 657, 928, 963, 998, 1006, 1012, 1013.
—, u. Möbius, E. 1024, 1025
—, u. Münch, W. 1041, 1069
—, u. Schreiber, J. 1055
—, vgl. Schroeder, E. 930
—, Schroeder, E., u. Waurick, U. 1006
—, u. Werner, G. 526
Thiokol Chemical Corporation 506, 594, 596, 597, 598, 600
Thiokol Corporation 593, 594, 595, 596, 597
Thirion, P. 1056, 1057, 1066
—, u. Chasset, R. 968, 1058
—, vgl. Chasset, R. 969
—, vgl. Desanges, H. 969, 971
Thode, E. F., u. Mitarbb. 1023
Thom, J. W., vgl. Pye, C. R. 535
Thoma, W., Bayer, O., u. Rinke, H. 170
—, u. Rinke, H. 806
Thomas, A. G. 1056, 1057
—, vgl. Greensmith, H. W. 1054
—, vgl. Mullins, L. 1058
Thomas, A. L. 500
Thomas, A. M. 1064

Thomas, C. A. 620
—, u. Luce, S. B. 702
Thomas, C. H., u. Morris, H. E. 803, 831
Thomas, D. K., u. Thomas, T. A. J. 1035
Thomas, F. W., vgl. Simon, E. 92, 238
Thomas, H. A., vgl. Haworth, W. N. 888
Thomas, H. C., vgl. Richman, D. 1047
Thomas, J. M. 466
Thomas, K., u. Charlesby, A. 1040
Thomas, L. M., vgl. Gaver, K. M. 913
Thomas, P. A., vgl. Godard, B. E. 464
Thomas, R. M. 781
—, u. Mitarbb. 814
—, vgl. Baldwin, F. P. 678, 679, 681
—, vgl. Kennedy, J. P. 965
Thomas, R. R., vgl. Baldwin, F. P. 803
Thomas, S., vgl. Micheel, F. 271
Thomas, S. L. S., vgl. Topp, N. E. 745, 746
Thomas, T. A. J., vgl. Thomas, D. K. 1035
Thomas, W. M. 364, 495
—, Gleason, E. H., u. Mino, G. 1005
—, vgl. Kropa, E. L. 562, 584
—, vgl. Schuller, W. H. 742
—, vgl. Wohnsiedler, H. P. 359, 360, 367
Thomas, W. R., vgl. Elbling, I. N. 530
Thompson, A. B., u. Woods, D. W. 1064
Thompson, A. C., vgl. Heller, W. 1028
Thompson, B. R., vgl. Kilsheimer, J. R. 487
—, vgl. Stickle, R. jr. 487
Thompson, D. C., Baker, R. H., u. Brownlow, R. W. 804
—, u. Catton, N. L. 804
—, vgl. Hartman, J. L. 804
—, vgl. Murray, R. M. 804
Thompson, G. 749, 780
—, vgl. Hodgkins, J. E. 671
Thompson, H. J., vgl. Reeves, R. E. 887
Thompson, L. J., u. Long, F. A. 1022
Thompson, M. S. 466, 820
Thompson, W. R., u. Flood, W. E. 275
Thomson, A. B., vgl. Marshall, I. 190

Thomson-Houston s. Compagnie Française ...
Thomson-Houston Co. Ltd. s. British ...
Thor, C. J. B., vgl. Beal, K. F. 722
Thorn, J., vgl. Deutsch, A. L. 280
Thorn, J. P., Dimler, W. A., jr., u. Gallagher, J. A. 492
Thornton, E. R., Stannett, V., u. Szwarc, M. 1029
Thornton, V., vgl. Kraus, G. 994, 1039, 1060
Thorstad, C. K. 466
Thürauf, W. 515
—, vgl. Grosskinsky, O. 480
Thüringisches Kunstfaserwerk 177
Thürkauf, W., vgl. Bergmann, J. 468, 472
Thum, A., u. Derenbach, W. 1066
Thurman, G. R., vgl. Conant, F. S. 1053, 1056
Thurmond, C. D., u. Zimm, B. H. 936, 940, 941, 977, 1034, 1035
Thurn, H. 968
—, vgl. Fuchs, O. 968, 1065
—, u. Wolf, K. 967, 1061
—, u. Würstlin, F. 967, 969, 1068
Thurn, M. 968, 1062
Thursall, R. A., vgl. Shull, E. R. 995, 996
Thurston, J. T. 269
Tice, J. D., vgl. Smiley, R. A. 519
Tichava, M. 1056
Tichomirova, N. N., u. Kuzminski, A. S. 964
Tichomirow, B. I., vgl. Jakubtschik, A. I. 692
Tichonow, K., vgl. Rogovin, S. 870
Tidswell, B. M., vgl. Moore, N. R. 1010, 1013
Tiers, G. V. D., u. Bovey, F. A. 997
Tietz, R. F., vgl. Schaefgen, J. R. 96, 97, 98
—, vgl. Shashoua, V. E. 143, 144
Tietze, E., vgl. Nelles, J. 572
Tikhomirova, N. S., Malinskii, Y. M., u. Karpov, V. L. 1029
Tilden, E. B., u. Hudson, C. S. 902
Tilitschenko, M. N., u. Busunowa, R. M. 417
—, u. Zykowa, L. V. 419
Till, P. H. jr. 986, 1005

Tilley, G. P., vgl. Aggarwal, S. L. 981
—, vgl. Marker, L. 1027
Timasheff, S. N., vgl. Nord, F. F. 977, 1012
Timber Engineering Co. 634
Timell, T. E. 1017
Timm, T. 1063
—, vgl. Kruse, J. 999, 1001, 1057
—, vgl. Scheele, W. 389, 1025, 1033, 1043, 1061, 1067
Timmerman, D., vgl. Hart, R. 683
Timoshenko, S., u. Goodier, J. H. 1056
Tingstam, S., vgl. Euler, H. v. 255
Tinjakova, E. J., u. Mitarbb. 994, 1027
Tinoco, I. jr. 1002
Tinsley, J. S. 670, 671
Tinsley, S. W., u. Starcher, P. S. 492
Tiollais, R., u. Guillerm, H. 399
Tire & Rubber Co. s. Firestone ...
Tire & Rubber Co. s. General ...
Tire & Rubber Co. s. Goodyear ...
Tisch, H. A. 1059
Tischbein, W., vgl. Bock, W. 458, 461
Tischbirek, G., vgl. Blaser, B. 683
Tischer, F. J. 990
Tishchenko, I. G., Akhrem, A. A., u. Nazarov, I. N. 484
Titov, V. S. 267
Tjader, T. C., u. Protzman, T. F. 1026
Tkáč, A., vgl. Kellö, V. 994
—, u. Kellö, V. 844, 994
—, —, u. Hriviková, J. 994
Tobin, M. C., u. Carrano, M. J. 991
Tobin, N. R., vgl. Mullins, L. 1026
Tobolsky, A. V. 820, 1001, 1027, 1030, 1053, 1062, 1064, 1065
—, vgl. Andrews, R. D. 1063
—, vgl. Baysal, M. 1009, 1036
—, vgl. Bischoff, J. 1063
—, u. Brown, G. M. 1066
—, vgl. Brown, G. M. 1063
—, Carlson, D. W., u. Indictor, N. 1058
—, u. Catsiff, E. 1061, 1064
—, vgl. Catsiff, E. 1064, 1066
—, vgl. Colodny, P. C. 1067
—, vgl. Conwell, Y. 1016
—, Dunell, B. A., u. Andrews, R. D. 1061

Tobolsky, A. V., u. Eisenberg, A. 114
—, vgl. Gobran, R. H. 600
—, vgl. Krimm, S. 982, 985
—, Leonard, F., u. Roeser, G. P. 596, 597
—, u. McLoughlin, J. R. 1063, 1064
—, vgl. Mercurio, A. 1067
—, vgl. Mesrobian, R. B. 802, 806
—, u. Murakami, K. 1063
—, vgl. Offenbach, J. A. 1066
—, Prettyman, I. B., u. Dillon, J. H. 802
—, vgl. Stein, R. S. 1001
—, vgl. Tailor, H. S. 807
Tocker, S. 493, 704, 726
Toda, M., vgl. Isihara, A. 1008, 1032
Todd, A. 806, 966
Todd, H. E., u. Tramutt, H. M. 998
Todd, W. D., vgl. Bowles, R. L. 1030
Toeldte, W. 1012
—, vgl. Nitsche, R. 980, 1012
Toepel, T., u. Jahn, J. 198
—, vgl. Krzikalla, H. 374
Tokita, N. 1026, 1064
—, u. Kanamura, K. 1067
—, vgl. Krigbaum, W. R. 1003, 1028
Tolberg, W., vgl. Peerman, D. E. 524, 525
Tolkmith, H., vgl. McMaster, E. L. 752
Tollens, B. 292, 293, 320, 403, 422
—, vgl. Apel, M. 416, 421
—, u. Wigand, P. 416, 421
Tolsma, J., vgl. Hilton, C. L. 923
Tolstuchina, F. S., vgl. Novikov, A. S. 1044 1045, 1060, 1067
Toltschinskij, I. M., vgl. Netschitajlo, N. A. 1052
Tom, D. H. E. 830
Tomberg, V. 974, 975, 1043
Tomfohrde, H. F., vgl. Best, W. G. 977
Tomlinson, R. F., vgl. Metcalfe, K. 988
Tompa, H. 975, 1006, 1030, 1052
—, vgl. Bamford, C. H. 1014
Toms, B. A. 1068
Tong, L. K. J., u. Kenyon, W. O. 1051
Tong, S. C., vgl. Conway, B. E. 1022, 1060
Tonnelat, J., vgl. Guinand, S. 979

Tood, W. D., Esarove, D., u. Smith, W. M. 1043
Toor, E. W., s. Weir Toor, E.
Toor, H. L. 1051
Toplak, H., vgl. Treiber, E. 985, 989
Topley, B., vgl. Evans, J. G. 390, 402
Topp, N. E. 974
—, u. Thomas, S. L. S. 745, 746
Toren, P. E., vgl. Stafford, C. jr. 989
Torngren, O., vgl. Euler, H. v. 224
Touchin, H. R. 466
Touey, G. P. 873
Touey, J. P., vgl. Kiefer, J. E. 895
Toussaint, W. J. 438, 439
—, u. Fife, H. R. 428
Tovey, H., vgl. Bjorksten, J. 47, 98
Towne, E. B., Wellman, J. W., u. Dickey, J. B. 174
Townsend, A. A. 1030
Townsend, R., vgl. Hookway, H. T. 1007
Toy, A. D. F., vgl. Walsh, E. N. 305
Toyo Koatsu Industries Inc. 167
Toyo Koatsu Kogyo K. K. 335
Träxler, G., vgl. Patat, F. 1015, 1020
Tramutt, H. M., vgl. Todd, H. E. 998
Trap, H. J. L., u. Hermans, J. J. 980
Trapeznikova, O. N., u. Shurina, M. N. 1000
—, u. Smirnova, G. E. 977
Traquair, J., vgl. Cross, C. F. 906, 907
Traube, W. 865
—, u. Mitarbb. 871
—, Blaser, B., u. Grunert, C. 871
—, —, u. Lindemann, E. 872
—, Glaubitt, G., u. Schenck, V. 865
—, Hoffmann, H., u. Bruch, N. 865
Trautmann, G., vgl. Moldenhauer, O. 104, 109
Travers, M. W. 409
Traxl, W., vgl. Stockert, K. 418
Traylor, T. G. 763
Traynor, E. J., vgl. Sprengley, G. R. 800
Treboux, J. 385
—, u. Bellvila, R. 385
Tréhu, Y. M., vgl. Work, R. N. 967

Treiber, E. 984
—, u. Mitarbb. 972, 985, 1023
—, Berndt, W., u. Toplak, H. 989
—, Felbinger, W., u. Floriantschitsch, M. 988
—, vgl. Kratky, O. 986
—, vgl. Schauenstein, E. 988
—, Toplak, H., u. Ruck, M. H. 985
—, —, —, u. Ruck, H. 989
Treibs, A., vgl. Jordan, H. 785
Treloar, F. E. 1028
Treloar, L. R. G. 932, 1020, 1056, 1058
—, vgl. Gee, G. 1024
Tremblay, R., Sicotte, Y., u. Rinfret, M. 976
Trementozzi, Q. A. 977, 978, 979, 980, 1008, 1010, 1035, 1036, 1037
—, u. Buchdahl, R. 1036
—, vgl. Contois, L. L. 1042
—, vgl. Doty, P. 1007
—, vgl. Krigbaum, W. R. 1007
—, Steiner, R. F., u. Doty, P. 977, 1009, 1036
Trepagnier, J. H. 802, 852
—, vgl. Sturgis, B. M. 798, 801
Trescher, V., Braun, G., u. Nordt, K. 92
Treves, D., vgl. Frey, E. H. 1031
Trey, de, Frères, s. De Trey ...
Trey, Gebr. de, AG, s. De Trey ...
Trick, G. S. 772, 1026, 1027, 1051
—, vgl. Lal, J. 598
Trickey, J. P., u. Miner, C. S. 634, 635
Trieschmann, H. G., vgl. Pohlemann, H. 527
Trietsch, F. K. 463
Trifan, D., u. Terenzi, J. F. 995
Trigaux, G. A. 486
Trillat, J. I., vgl. Sella, C. 984
Tripp, V. W., vgl. Conrad, C. M. 1043
Trivisonno, C. F., vgl. Schaefgen, J. R. 181, 1034, 1039, 1041
Trofimova, V. I., vgl. Kusov, A. B. 1026
Troger, H., vgl. Mayer-Pitsch, R. 257
Troitsch, H. 765
Trolova, A. A., vgl. Kozlov, P. V. 983
Trombe, F., vgl. Bouchonnet F. 869
Trommsdorff, E., u. Grimm, O. 792
—, vgl. Staudinger, H. 705
—, u. Zima, H. 746

Tropeznikova, O. N., u. Smirnova, G. E. 1003
Trossarelli, L., Campi, E., u. Saini, G. 979, 999, 1038
—, vgl. Nasini, A. 630
—, u. Saini, G. 978, 1036
—, vgl. Saini, G. 978, 1032
Trostler, F., vgl. Scheibler, H. 321
Trotman, J., u. Szwarc, M. 988
Troussier, M. 825
—, vgl. Grimaud, E. 1005
Tryon, M., vgl. Achhammer, B. G. 808, 965, 966, 991
Tsang, T. 522
Tsarskii, L. N., vgl. Gul, V. E. 1055, 1057
Tschander, P. K., vgl. Tsvetkov, V. N. 979
Tscherbotarwski, W. W., vgl. Rutowski, B. N. 1016
Tschernzow, O. M., vgl. Drosdow, N. S. 456
Tschirch, E., vgl. Krueger, D. 875
Tschirner, F., vgl. Bamberger, E. 629
Tschunkur, E., u. Klein, W. 623
—, u. Köhler, H. 845, 846
Tsen Khan-Min, u. Kolesnikow, H. S. 725
—, vgl. Kolesnikov, H. S. 984, 1065
Tsé Yu, L., vgl. Buvet, R. 972
Tsi Tieh-Li, Volungis, R. I., u. Stein, R. S. 982
Tsuboi, M. 996
Tsuda, Y. 409, 814
Tsuruta, E., vgl. Takeda, M. 1034
Tsurutaro Nakagawa vgl. Masaaki Kato 1042
Tsuyuki, H., Kley, H. van, u. Stahmann, M. A. 970
Tsvetkov, V. D., Molin, Y. N., u. Voevodskiǐ, V. V. 997
Tsvetkov, V. N. 1000, 1047
—, u. Mitarbb. 1000, 1038
—, u. Aldoshin, V. G. 979, 1038
—, u. Boitsova, N. N. 1001
—, u. Chander, P. K. 1040
—, vgl. Fattakhoo, K. S. 976, 978
—, u. Frisman, E. 975, 977
—, u. Klenin, S. I. 1047
—, u. Kroser, S. P. 1003, 1046
—, u. Lyubina, S. Y. 1000, 1038
—, vgl. Skazka, V. S. 977
—, Skazka, V. S., u. Krivoruchko, N. M. 979, 1038
—, u. Terentjeva, L. S. 1036, 1046

Tsvetkov, V. N. u. Tschander, P. K. 979
Tucci, F. 929, 964, 1069
Tucker, H., vgl. Diem, H. E. 800
Tugov, I. I. 1066
Tuijnman, C. A. F., u. Hermans, J. J. 1044
—, vgl. Koningsveld, R. 1014, 1031, 1033
Tuley, B. F., vgl. Smith, F. B. 850
Tullock, C. W., vgl. Rothrock, H. S. 496
Tung Research & Development League 513
Tung, C. C. 802
—, vgl. D'Amico, J. J. 802
Tung, L. H. 979, 1007, 1009, 1010, 1016, 1037, 1038, 1045
—, vgl. Buckser, S. 1027
—, u. Taylor, W. C. 1028
Turba, F. 1011
Turečková, E., vgl. Hlavnička, J. 1018
Turkington, V. H., u. Allen, J. 261
—, u. Butler, W. H. 261
Turnbull, N. 699
Turner, D. T., vgl. Andrews, E. H. 857, 1006
—, vgl. Angier, D. J. 853, 856
—, vgl. Cockbain, E. G. 853
—, vgl. Mullins, L. 1015
—, vgl. Pendle, T. D. 843, 989
Turner, E. S., vgl. Whistler, R. L. 1005
Turner, J. H. W. 462, 463, 473, 518
—, vgl. Howe, B. R. 247, 473
Turner, J. T., vgl. Evans, M. B. 994
Turner, L. B., vgl. Baldwin, F. P. 801
Turner, R. J. vgl. Martin, R. 536
—, u. Swift, G. 537
Turska, E., u. Utracki, L. 1015, 1020
Turunen, L., vgl. Berndtsson, B. 36, 38
Turzhetskaya, A. N., vgl. Talmud, S. L. 1017
Tusch, A. F., vgl. Sauer, H. 207
Tverdochlerova, J. J., vgl. Pavlova, S. A. 1007
Twiss, D. F., u. Jones, F. A. 842
—, u. Wilson, J. A. 825
Tye, F. L., vgl. Kressman, T. R. E. 746
Tyler, G. J., u. Whittaker, K. 149

Ubbelohde, A. R. 181
Uber, F. M. 1006, 1030
Uchida, T., u. Mitarbb. 969
—, Kurita, Y., u. Kubo, M. 969
Udvarhelyi, K., vgl. Buzágh, A. 974
Udy, D. C., u. Ferry, J. D. 1007, 1034
Ueberreiter, K. 1028
—, u. Asmussen, F. 1047
—, u. Götze, T. 1017
—, Hohlweg, E., u. Orthmann, H. J. 1026
—, u. Kanig, G. 1024, 1025
—, —, u. Brenner, A. S. 1011, 1025
—, u. Krull, W. 1009
—, u. Nens, S. 1025, 1050
—, Orthmann, H. J., u. Sorge, G. 1009, 1011, 1016, 1025, 1045
—, u. Otto-Laupenmühlen, E. 1025, 1050
—, u. Purucker, S. 1050
Ueda, M., vgl. Kawakara, K. 1045
Uelzmann, H. 420, 423
Ufer, H., Hörauf, W., u. Lissner, O. 527
—, vgl. Hopff, H. 148
Uhle, F. C., vgl. Emerson, W. 399
Ui, K., vgl. Onogi, S. 1062
Ulbrich, W., vgl. Rejhová, H. 1018
Ulevitch, I. N., vgl. Maron, S. H. 970
Ullman, R., vgl. Hittmair, P. 1055
—, vgl. Kakudo, M. 984
—, vgl. Riseman, J. 1033
Ullmann, F. 60, 112, 191, 292, 299, 305, 402, 425, 436, 567, 583, 601, 602, 603, 604, 605, 623, 652, 868, 874, 887, 915, 928
—, u. Brittner, K. 224, 225, 277
Ulman, M. 1018
Ulmer Preßwerk 91
Ulrich, H. 441
—, u. Harz, W. 569
—, u. Plötz, E. 442
—, u. Saurwein, K. 439
Ulrich, H. M. 924, 929, 963
Umland, C. W., vgl. Zapp, R. L. 802
Umstätter, H. 1030, 1031, 1032, 1034
—, u. Schwaben, R. 1043
Unbehend, M., vgl. Hoffmann, M. 942

Underwood, J. W. 37
Ungar, I. S., Gager, W. B., u. Leininger, R. I. 998
—, u. Lutz, G. A. 927
Union Carbide Corporation 9, 108, 157, 208, 214, 216, 224, 241, 248, 271, 429, 430, 434, 435, 436, 449, 464, 469, 472, 478, 479, 483, 485, 486, 487, 488, 489, 491, 492, 494, 496, 497, 498, 499, 500, 501, 502, 505, 506, 509, 517, 518, 521, 522, 523, 529, 530, 531, 584, 585, 593, 616, 617, 626, 703, 716, 717, 775, 789, 791, 792, 812
Union Carbide & Carbon Corporation 195, 198, 228, 253, 340, 434, 437, 465, 479, 485, 486, 488, 491, 492, 500, 502, 505, 521, 548
Union Carbide Chemicals Co. 482, 486, 492, 513
United Gas Improvement Co. 42
United Kingdom Atomic Energy Authority 752
United States of America 724, 786, 787
United States of America, Secretary of Agriculture 485, 491, 498, 525, 551, 896, 914
United States of America, Secretary of the Navy 271
United States Improvement Co. 682
United States Rubber Co. 37, 38, 239, 259, 467, 498, 620, 771, 780, 782, 790, 795, 796, 798, 801, 802, 833, 848, 853, 857
United States Testing Co. 472, 514
Universal Oil Products Co. 216, 522, 620, 722
Unruh, C. C. 664, 805
—, u. Allen, C. F. H. 421, 664, 805
—, vgl. Kenyon, W. O. 663, 914
—, vgl. Leubner, G. W. 755
—, Leubner, G. W., u. Smith, A. C., jr. 727, 736
—, vgl. Merrill, S. H. 725, 726, 736, 759, 806
—, vgl. Sagura, J. J. 736
—, u. Smith, A. C., jr. 664
—, vgl. Smith, A. C., jr. 726, 736, 805
—, u. Smith, D. A. 704, 726, 736, 805
—, vgl. Smith, D. A. 714, 722, 726, 805

Updegraff, J. H. 480
— vgl. Ezrin, M. 643, 645, 705
—, u. Segro, N. R. 251
—, vgl. Wohnsiedel, H. P. 357
Upson, R. W., u. Webers, V. J. 496
Urans, G., u. Reynolds, W. B. 677
Urban, H. 888
Urbańczyk, G. W. 981
Urquhart, A. R., vgl. Howlett, F. 1012
Urquhart, D., vgl. Myers, R. J. 300
Urwin, J. R. 978
U. S. ... s. United States ...
Uschakow, S. N., u. Matuzov, P. A. 673
—, u. Rosinkaya, R. M. 247
—, u. Schneer, I. M. 888
Ushakov, G. P., u. Mitarbb. 1058
Ushakov, S. N., s. Uschakow, S. N.
Usines Chimiques des Laboratoires Français 798
Usmonov, K. U., u. Mitarbb. 897
—, vgl. Kargin, V. A. 898
—, u. Murashkina, I. I. 863
Usteri, E., vgl. Karrer, P. 872, 904
Usyarov, O. G., vgl. Kabin, S. P. 1063
Utiyama, H., vgl. Kurata, M. 1033
Utracki, L., vgl. Turska, E. 1015, 1020

Vaala, G. T., u. Carlin, R. B. 562
—, u. Frank, C. E. 29, 87, 160
Vacuum Oil Co. s. Socony ...
Vainryb, N., vgl. Krozer, S. 980
Vajser, V. L., u. Polikarpova, A. M. 210
Vakula, V. L., u. Mitarbb. 1019, 1024
—, vgl. Voyutskii, S. S. 1019, 1024
Vale, C. P. 402
Vale, R. L., vgl. Bevington, J. C. 965
—, vgl. Melville, H. W. 642, 725, 965, 992, 1037
Valentine, L. 966, 1021
—, vgl. Beever, D. K. 1022
—, vgl. Chapman, C. B.
—, vgl. Melville, H. W. 989
Valk, J. A. M. van der, vgl. Dooper, R. 998
Valles, R. J., vgl. Chinai, S. N. 979, 1038
—, Otzinger, M. C., u. Levi, D. W. 1031
Vallet, G. 1032, 1036, 1046

Valley Research Laboratories s. Mississippi ...

Van R. Gaertner s. Gaertner, V. R.

Vanag, E., vgl. Vanag, G. 998

Vanag, G., u. Vanag, E. 998

Vance, E., vgl. Grassie, N. 1009

Van Cleve, R., vgl. Smith, K. L. 1065

Vandenberg, E. J. 435

—, Heck, R. F., u. Breslow, D. S. 983

—, vgl. Robinson, A. E. 435

Vanderbilt, R. T., Co., Inc. 778, 801, 804, 820

Vanderhoff, J. W., vgl. Bradford, E. G. 1005, 1017

Vanderryn, J., vgl. Zettlemoyer, A. C. 1013

Vanšejdt, A. A., s. Vansheidt, A. A.

Vansheidt, A. A. 224, 270

—, u. Mitarbb. 626

—, Kuznetsova, N. N., u. Papukova, K. P. 305

—, vgl. Skorokhodow, S. S. 715

—, u. Vasil'ev, A. A. 224

—, vgl. Vasil'ev, A. A. 266

Varadaiah, V. V. 978, 1036

—, u. Rao, M. R. 1034

Varela, A. A. 365

Varnish Co. s. Schenectady ...

Varnish & Insulator Division s. Irvington ...

Vasil'ev, A. A., u. Vansheidt, A. A. 266

—, vgl. Vansheidt, A. A. 224

Vasil'eva, V. G., vgl. Klebanskii, A. L. 927

Vasilin, C., vgl. Simionescu, C. 897

Vasil'jev, A. A., s. Vasil'ev, A. A.

Vassallo, D. A. 923

Vaughan, C. L. P. 894

Vaughan, D. J., vgl. Langford, W. J. 1018

—, u. Piganiol, P. 446

Vaughan, G., vgl. Cooper, W. 853, 855, 1013, 1015

Vaughan, M. F. 650, 790, 1007, 1008

—, vgl. Green, J. H. S. 1007, 1015

Vaughan, P. J. 833

Vault, A. N. de, vgl. Canterino, P. J. 779

Vdovchenkova, M. K., vgl. Sandomirskiĭ, D. M. 965, 974, 1043

VEB ... s. bei den betr. Firmennamen

Veersen, G. J. van 765, 773, 825, 831, 833, 835, 836

Veibel, S. 963

Veiel, U., vgl. Stuart, H. A. 1003

Veis, A., u. Cohen, J. 980, 1042

Veith, H. 968

Velde, H., vgl. Schmidt, K. 348

Velden, P. F. van, u. Mitarbb. 114

—, vgl. Hermans, P. H. 114, 973, 1015, 1018

Velleu, R. B., vgl. Donaldson, A. L. 463, 464

Velsicol Chemical Corporation 486, 491, 514

Veot, A., u. Whitten, W. N. jr. 797

Verbanc, J. J. 60, 852

—, vgl. Arnold, R. G. 59

—, vgl. Dixon, S. 535

—, vgl. Simons, D. M. 429

Verchot, E. A., vgl. Feazel, C. E. 501

Vereinigte Chemische Fabriken Kreidl, Heller & Co. 388, 390

Vereinigte Glanzstoff-AG 13, 22, 25, 28, 170, 599

Vereinigte Gummiwarenfabriken Harburg-Wien 637

Vergin, H., vgl. Kargin, V. A. 1004

Verhaar, G. 971, 1017, 1043, 1049

Verkhotina, L. N., vgl. Fattakhov, K. Z. 1009, 1036, 1037

Verleger, H. 966

Verley, A., u. Bösing, F. 17

Verplanck, V., u. Cassidy, H. G. 272

Verwey, E. J. W., vgl. Mark, H. 969, 1023

Veselovskii, P. F., u. Slutsker, A. I. 1064

Vessière, M., vgl. Rambaud, R. 489

Viard, M. J. 373, 374, 377, 379, 446, 453

—, u. Piganiol, P. 446

Vickers, E. J., vgl. Reynolds, R. J. W. 8

Vickers, R. D., vgl. Rogers, T. H. jr. 785

Vickerstaff, T. 881

Viehmann, W., vgl. Kluthe, C. H. 502

Vielhaber, H., vgl. Schulz, R. C. 735

Vierling, K., vgl. Oettel, H. 573

Vieweg, R., u. Moll, J. 1003

Viguier, J. 239

Villars, D. S. 1021, 1046

Vil'nits, S. A., vgl. Gul, V. E. 1055, 1057

Vincent, H. L. 30, 33

Vincent, J. R. 852

—, vgl. Neal, A. M. 804

Vincent, P. I. 1058, 1065

Vinh-Bihnguyen-Phuc vgl. Chasset, R. 969

Vinogradov, G. V., u. Manin, V. N. 1046

Vinogradova, S. V., vgl. Korshak, V. V. 398, 584, 614, 1051, 1065

Vinyl Products Ltd. 719

Viohl, P. 801

—, vgl. Tawney, P. O. 801

—, Tawney, P. O., u. Little, J. R. 259

Visapää, A., vgl. Ant-Wuorinen, O. 974, 988

Viscoloid Co. s. DuPont ...

Viscosa s. Snia ...

Viscose Corporation s. American Viscose ...

Viscose Suisse s. Société ...

Vishnitskaja, L. A., vgl. Bartenev, G. M. 1067

Visking Corporation 722

Vives, I. P., Naveck, I., u. Petit, I. 14

Vladimirova, T. V., vgl. Rogovin, Z. A. 890

Vlasova, K. N., u. Mitarbb. 375

Vlk, O. 205, 249, 967, 1052

Vodden, H. A., vgl. Baxter, S. 798, 1066

—, vgl. Robinson, H. W. H. 798

—, u. Wilson, M. A. A. 1067

Völker, T. 709

Voerman, G. L. 631

Voet, A. 942, 976, 988, 989

Voevodskiĭ, V. V., vgl. Tsvetkov, Y. D. 997

Vofsi, D., u. Katchalsky, A. 989, 1011

Vogel, A. 1005

Vogel, E. 1040

—, vgl. Michaud, H. 347, 359

Vogel, H. 904

—, u. Marvel, C. S. 164

Vogel, H. A., u. Bittle, H. G. 742, 793

—, —, u. Christenson, R. M. 534, 742, 794

Vogel, O. 410

Vogel, R. E. 321, 1016, 1039

Vogelsang, G. K. 419

—, vgl. Novotny, Emil E. 329, 418, 419, 784, 790

Voglar, K., vgl. Zigeuner, G. 320, 325, 327, 330, 331, 336

Vogler, K. 929

—, vgl. Dialer, K. 1016, 1035, 1036, 1048, 1049

Vogt, A., vgl. Koch, E. 334

Voigt, H. 968

Voigt, J. 923, 973, 989, 1019

Voigt, J. L. 123

Voigt, W. 1001
Voigtlaender-Tetzner, G., vgl. Becherer, G. 985
Volarovich, M. P., u. Gusev, K. F. 985
Volchek, B. Z., vgl. Nikitin, V. N. 995
—, u. Robberman, Z. N. 991
Volkenshtein, M. V., Gotlib, Y. Y., u. Ptitsyn, O. B. 1058
Volker, T., vgl. Zigeuner, G. 218
Volkova, L. S., Kiselev, B. A., u. Leznov, N. S. 532
Vollmert, B. 1041
Volochina, A. V., u. Kzdrjavcev, G. M. 105
Volterra, E. 671, 688, 689, 782
Volungis, R. I., vgl. Tsi Tieh-Li 982
Vonwiller, O. U., vgl. Blake, G. G. 969
Voorthuis, H. T. 466
—, vgl. Nie, W. L. J. de 466
Vorburgh, W. C., u. Green, D. L. 652
Voris, R. S., vgl. Dieckman, S. F. 892
Vorländer, D. 15
Voss, A. 700, 784
—, Dickhäuser, E., u. Starck, W. 716, 726
—, vgl. Kränzlein, G. 610, 611, 720, 723
—, vgl. Paquin, M. 415
—, u. Stärk, H. 704
—, u. Starck, W. 704, 724, 727
Voss, J. 455, 458
—, vgl. Haidasch, I. 888
—, u. Neugebauer, W. 455, 458
Voss, R. 463
Voss, W., u. Reimschüssel, H. 877, 878
Vostovich, J. E., vgl. Lee, A. R. 777
Votinov, M. P., u. Kuvshinskii, E. V. 1053, 1057
Voyutskii, S. S., u. Mitarbb. 1019, 1024, 1047, 1068
—, Alekseenko, V. I. u. Kalinina, L. E. 1068
—, vgl. Jabko, J. M. 1042
—, vgl. Kalinina, L. E. 1014
—, u. Margolina, Y. L. 1019
—, u. Panich, R. M. 973
—, vgl. Panich, R. M. 970, 973, 1021
—, Saiontschkowski, A. D., u. Reznikova, R. A. 1068
—, vgl. Shapovalova, A. I. 1019
—, Shapovalova, A. I., u. Pissarenko, A. P. 1019
—, u. Shtarkh, B. V. 1019

Voyutskii, S. S., u. Vakula, V. L. 1019, 1024
—, vgl. Wu-Shu-Chiu 971, 1044
—, Zaionchkowsky, A. D., u. Reznikova, R. A. 1032
—, u. Zamazii, V. M. 1019
Vrancken, M., u. Smets, G. 715, 747, 748, 763, 965, 993
Vrancken, M. N., u. Ferry, J. D. 1026
Vries, A. J. de, u. Dalitz, V. C. 1004
Vries, O. de 822
Vyshereskoya, V. J., vgl. Polyanskii, N. G. 267

Waack, R., u. Mitarbb. 1029
—, Rembaum, A., Coombes, J. D., u. Szwarc, M. 650
Waals, J. H. van der 1052
Waarvan, N. V. 519
Wachendorff, W. 1056
Wacker, Dr. A., Gesellschaft für Elektrochemische Industrie 416, 483, 675, 679, 725
Wacker-Chemie GmbH 482, 483, 698, 718, 719, 720, 721, 723, 784, 792, 878
Wada, E. 1044
Waddan, D. Y., vgl. Newth, F. H. 435
—, vgl. Stewart, D. G. 435
Wade, R. H., vgl. Hamalainen, C. 877
Wadelin, C. W., vgl. Hively, R. A. 974, 1018
Waeser, B. 816, 1019
Waggner, C. E. 802
Wagner, E. C., vgl. Eisner, A. 296
Wagner, G., vgl. Orthner, L. 95, 96
Wagner, G. M. 209
—, vgl. Soule, E. C. 213
Wagner, H. 320, 617, 618, 622
—, vgl. Orthner, L. 372
—, vgl. Sadowski, F. 1018
—, u. Sarx, H. F. 47, 292, 373, 402, 820, 930
—, vgl. Schulz, H. 416, 489, 616, 617, 619, 621, 622
Wagner, H. B. 501
Wagner, H. L., u. Flory, P. J. 1009, 1039
—, u. Long, F. A. 972, 979, 1041
Wagner, J. A., vgl. Krebs, H. 1018
Wagner, K. 69, 323, 324, 326, 327, 329, 337, 339, 407, 408
—, u. Hertlein, H. 407
—, u. Kritzler, H. 407, 408
—, vgl. Kritzler, H. 407

Wagner, K., vgl. Merten, R. 447
—, u. Müller, E. 337
—, —, Holtschmidt, H., u. Bayer, O. 87
—, Scheurlen, H., u. Kritzler, H. 409
—, vgl. Staudinger, H. 320, 321, 322, 326, 339, 640
Wagner, M. P., vgl. Laning, S. H. 985
Wagner, P. T., vgl. Morris, R. E. 799, 969, 1021
Wagner, R. 403
Wahl, A. C., u. Bonner, N. A. 1046
Wahl, O., vgl. Himmelmann, W. 467
—, vgl. Klockgether, H. 467
Waine, A. C., vgl. Haworth, W. N. 905
Wainrib, E. A., u. Miljutin, W. I. 1002
Wajid, M. A., vgl. Bawn, C. E. H. 1006, 1009, 1012, 1035
Wake, W. C. 923, 929, 963, 1019, 1068
Wakeford, L. E., Hewitt, D. H., u. Armitage, F. 46
—, —, u. Davidson, R. R. 46
Wakelin, J. H. 1027
—, vgl. Semegen, S. T. 786
—, Sutherland, A., u. Beck, L. R. 984
Wakeman, R. L. 46, 291, 402, 819
Waldman, M. H., vgl. Rudin, A. 1052
Waldmann, K., vgl. Horst, K. 341
Waldock, K. T., u. Frizell, L. D. 995
Wales, M., Adler, F. T., u. Holde, K. E. van 1007, 1014, 1048
—, u. Holde, K. E. van 1048
—, u. Williams, J. W. 1048
Waley, S. G., vgl. Hanby, W. E. 101, 132
Walker, C. A., vgl. Hauser, R. L. 1021
Walker, D. L. 971
Walker, E. E. 227, 921, 922, 1012
—, vgl. Hill, R. 27
Walker, F. 406
Walker, H. W., u. Mochel, W. E. 927
Walker, J. F. 405, 406, 412, 413
—, vgl. Chien, J. C. W. 997
—, vgl. Scott, N. D. 737
Walker, O. J., u. Winkler, C. A. 1033

Wall, F. T. 760, 936, 941
—, u. Doremus, R. H. 970
—, u. Drenan, J. W. 975, 1012
—, u. Flory, P. J. 1056
—, u. Gill, S. J. 972, 996
—, u. Hiller, L. A. jr. 978, 1008, 1032, 1048
—, vgl. Krigbaum, W. R. 1032, 1033
—, u. Miller, D. G. 1061
—, Ondrejcin, J. J., u. Pikramemenou, M. 964, 970
—, Stent, G. S., u. Ondrejcin, J. J. 970
—, u. Swoboda, T. J. 972
—, vgl. Terayama, H. 1042
—, Terayama, H., u. Techakumpuch, S. 973
Wall, L. A. 807, 809, 811, 814, 818, 923
—, u. Mitarbb. 810, 812
—, u. Brown, D. W. 966
—, —, u. Hart, V. E. 966
—, u. Florin, R. E. 812
—, u. Magat, M. 806
—, vgl. Simha, R. 807
—, u. Straus, S. 810, 812
Wall, R. A., vgl. Nielsen, L. E. 1067
—, Sauer, J. A., u. Woodward, A. E. 1065
Wallace, J. G. 482, 483
Wallace, W. B., vgl. Kruse, P. F. jr. 923, 990
Walland, H. 963
Wallasch, H. 384
Wallhäuser, H. 1013
Walling, C., u. Chang, Y. W. 992
—, vgl. Fraenkel, G. K. 996
—, vgl. Mayo, F. R. 931
Walling, C. T., Brown, F., Bartz, K. W., u. Polly, G. W. 407, 408
Wallingford, H. P., vgl. Shokal, E. C. 475, 477
Wallis, M., vgl. Griebsch, E. 526, 531
Wallis, R. G., vgl. Fleming, P. 976
Wallsgrove, E. R., vgl. Carpenter, A. S. 457, 460, 462, 470, 541
—, vgl. Reeder, F. 582, 586
Walsh, A., vgl. Andrews, E. H. 1004, 1055
Walsh, E. K., u. Kaufman, H. S. 1009, 1037
—, vgl. Kaufman, H. S. 1009, 1016, 1037
Walsh, E. N., Beck, T. M., u. Toy, A. D. F. 305
Walsh, R. H. 804
Waltcher, J., vgl. Schonfeld, E. 1013

Walter, A. T. 1058
Walter, E. R., u. Reding, F. P. 982
—, vgl. Reding, F. P. 984, 1004
Walter, G. 321, 388, 390
—, u. Engelberg, H. 388, 389
—, u. Gewing, M. 323
—, u. Glück, A. 388, 389
—, u. Lutwak, H. 322, 325, 329, 388
—, u. Oesterreich, K. 339
—, u. Pollak, H. 388, 389
—, u. Storfer, E. 371, 388
Walter, H., vgl. Slowinski, E. J. jr. 991
Walter, H. A., u. Blanchette, J. A. 663
Walter, N. M., vgl. Rånby, B. G. 986, 1005
Walter, W., vgl. Heyns, K. 132
Walther, R. v., u. Bamberg, R. 296
Walther, R. A., vgl. Benedict, D. B. 703
Walther, W., vgl. Birr, E. J. 467
Walton, C. W. 832
Walton, H. F., u. Martinez, J. M. 763
Walton, H. M. 489
Walton, R. K. 248, 271
—, vgl. Ingberman, A. K. 521
—, vgl. Wilson, J. E. 214
Waltz, J. E., u. Taylor, G. B. 185, 188, 189
Walus, A. N. 362
Walz, E. 834
Wandeler, R., vgl. Hopff, H. 494
Wands, R. C., vgl. Bovey, F. A. 409
Wannow, H. A. 1017, 1040
Want, G. M. van der, vgl. Heikens, D. 114
—, vgl. Kerk, G. J. M. van der 168
—, vgl. Staverman, A. J. 114
Ward, A. G. 1058
—, vgl. Saunders, P. R. 1060
Ward, I. M. 966, 995, 1002
—, vgl. Farrow, G. 984, 998, 1060
—, vgl. Patterson, D. 982, 988, 1001
Ward, S. G., vgl. Eveson, G. F. 1042
Ward, W. J., vgl. Floyd, D. E. 524, 526
Warfield, R. W. 971
—, vgl. Aukward, J. A. 971
—, u. Petree, M. C. 501, 972
—, —, u. Donovan, P. 1051
Waring, J. R. S. 967
—, vgl. Cooper, A. C. 1004

Warnecke, G., vgl. Schurz, I. 979
Warner, A. J., u. Keel, D. K. 691
—, Muller, F. A., u. Nordling, H. G. 971
Warner, R. M. 846
Warner, R. R. 779
Warnsdorfer, C. J. jr. 519
Warnsdorfer, Clifford James jr. 519
Warren, J., vgl. Chance, L. H. 896
—, vgl. Reeves, W. A. 401
Warren, T. E., u. Durgin, C. B. 623
Warrick, E. L. 1026, 1067
—, vgl. Ohlberg, S. M. 983
Warson, H. 465
—, vgl. Mayne, J. E. O. 719
Wartanjan, A. T., u. Karpowitsch, A. S. 971
Warth, H., vgl. Staudinger, H. 697, 725, 816
Wartman, L. H., vgl. Rugg, F. M. 991
Warwick, G. P., vgl. Angyal, S. J. 396
Warwicker, J. O. 985
Washburn, T. F., Co. 525, 977, 1043
Wassenegger, H. 267, 268, 288, 289, 304
—, vgl. Griessbach, R. 268, 300, 575, 588, 590
—, Griessbach, R., u. Meier, E. 268
—, —, u. Sütterlin, W. 267
—, u. Jaiger, K. 266, 267, 288, 304, 305, 313, 316
Wasserman, D. 468, 472, 475, 505, 542
Wassid, W. Z., vgl. Potter, A. L. 906
Watanabe, M. 187
—, vgl. Nishioka, A. 1064
Waterman, H. I., vgl. Davidse, P. D. 1027, 1045
—, vgl. Nieuwenhuis, F. J. M. N. 977, 992, 1027, 1038
Waters, E., vgl. Giles, C. H. 929
Watkins, J. M., vgl. Petitcolas, W. L. 1044
—, Spangler, R. D., u. McKannan, E. C. 1068
Watkins, W. W. 784
—, vgl. Wittbecker, E. L. 148
Watson, D. D., vgl. Brown, L. H. 212
Watson, F. K. 115
—, vgl. Kumnick, M. C. 783
Watson, I. W., u. Parkinson, D. 927

Watson, J., vgl. Hanby, W. E. 101, 132
Watson, J. H. L., vgl. Cohan, L. H. 1006, 1059
Watson, J. W., u. Jervis, R. 1055
Watson, M. T., vgl. Boye, C. A. jr. 983, 997, 1027
—, Kennedy, W. D., u. Armstrong, G. M. 1061
Watson, P. R., vgl. Mehltretter, C. L. 914
—, vgl. Wolff, I. A. 909
Watson, S. A., u. Whistler, R. L. 902
Watson, W. F. 859, 1014, 1015
—, vgl. Angier, D. J. 806, 852, 859, 860, 1009, 1013, 1017, 1039
—, vgl. Ayrey, G. 852
—, vgl. Berry, J. P. 1060, 1066
—, vgl. Bristow, G. M. 1020, 1021, 1033, 1039
—, u. Ceresa, R. J. 859
—, vgl. Ceresa, R. J. 852, 859
—, vgl. Cunneen, J. I. 838, 933, 994, 1060, 1067
—, vgl. Dunn, J. R. 1067
—, vgl. Elliott, D. J. 860
—, vgl. Moore, C. G. 847
—, vgl. Pike, M. 851
Watson, W. K., u. Henderson, D. R. 1041
Watt, I., vgl. Long, F. A. 1022
Watt, W. R. 886
—, vgl. Allewelt, A. L. 886
Watt, W. T., vgl. West, H. J. 361, 362, 368
Watters, C., Daoust, H., u. Rinford, M. 1014, 1053
Watzke, E. 656
Waugh, G. P., vgl. Kenyon, W. O. 663, 664, 680, 690, 696, 700, 760
—, vgl. Minsk, L. M. 728
—, vgl. Morey, D. R. 980
Waurick, U., vgl. Schröder, E. 920, 1069
—, vgl. Thinius, K. 1006
Wawzonek, S., u. Issidorides, C. 555
Weakley, T. J. R., Williams, R. J. P., u. Wilson, J. D. 939, 989, 1010, 1017, 1038
Wear, R. L. 512, 528, 769
Weasthead, E. W., vgl. Morawetz, H. 648
Weaver, C., 495, 753
—, vgl. Mochel, W. E. 722
Weaver, D. E., u. Wolfe, J. S. B. 678
Weaver, H. E., u. King, E. G. 762, 786
Weaver, J. W., Mackenzie, C. A., u. Shirley, D. A. 889

Webb, J. I., vgl. Haworth, W. N. 905, 910
Webber, C. S. 239
Webel, F. 428, 433, 434, 445
Weber, C. H., Robertson, E. N., u. Bartoe, W. F. 1064
Weber, C. O. 829, 830, 840
Weber, E. F. 527
—, vgl. Nowak, P. 475, 499
Weber, F., u. Martina, A. 924
Weber, K. 1062
Weber, O., vgl. Taube, K. 384, 387
Weber, O. H., vgl. Husemann, E. 867
Weber, W. 1031, 1044
Weber, W. E. 465
Webers, V. J. 495, 550, 754
—, vgl. Upson, R. W. 496
Webre, B. G., vgl. McKelvey, J. B. 896
Wechsler, H. 761, 987
Weege, A., vgl. Quitmann, H. 682
Weeks, J. J., vgl. Hoffman, J. D. 992, 1026
Wegemer, N. J., vgl. Passaglia, E. 1045
Wegler, R. 29, 224, 225, 241, 243, 245, 272, 273, 274, 277, 278, 279, 280, 281, 282, 283, 284, 285, 286, 301, 303, 306, 308, 310, 312, 313, 314, 315, 316, 317, 318, 322, 327, 328, 329, 336, 339, 343, 344, 348, 350, 351, 359, 361, 366, 367, 368, 371, 420, 422, 438, 441, 451, 452, 512, 602, 605, 606, 611, 615, 616, 621, 633
—, vgl. Andres, K. 522
—, vgl. Ballauf, A. 615
—, u. Ballauf, A. 372, 392, 393
—, —, u. Glabisch, 447
—, u. Bayer, O. 308
—, —, u. Cürten, T. 308, 318
—, —, u. Höchtlen, A. 376
—, vgl. Bodenbenner, K. 523, 529, 556, 560, 564
—, u. Bodenbenner, K. 515
—, —, Andres, K., u. Blomeyer, F. 521, 541, 545
—, vgl. Brachel, H. v. 307
—, u. Cürten, T. 310, 311, 389, 391
—, u. Ecker, R. 305
—, u. Faber, K. 200, 235, 310, 311, 318
—, u. Frank, G. 512
—, vgl. Frank, G. 442, 475, 478, 513, 522, 542, 544, 546
—, vgl. Freytag, H. 804

Wegler, R., vgl. Himmen, E. 306
—, vgl. Holzrichter, H. 310
—, u. Kleiner, H. 243, 285
—, u. Lober, F. 303, 304, 308
—, u. Meckbach, H. 312
—, u. Mielke, K. H. 244, 286
—, u. Regel, E. 199, 200, 444, 633
—, —, u. Andres, K. 305, 521, 545
Wegmann, J. 864, 881, 915
Wehr, W., u. Schneider, K. 687
Weibezahn, W., vgl. Heyna, J. 575
Weibull, W. 936
Weichsel, H., vgl. Zigeuner, G. 247
Weidenbusch, H. 411
Weidinger, A., vgl. Hermans, P. H. 981, 984 985, 986, 1020
Weigel, F. 334, 502, 531, 532
—, u. Kretschmer, L. 535
Weigel, H., vgl. Feuerberg, H. 923, 964
Weigel, K., u. Gehring, H. 1024
Weigel, T. 399, 846
Weihe, A. 374, 377, 381, 382
—, u. Billig, K. 373
Weil, D. J., vgl. Swann, M. H. 988
Weil, E. D., vgl. Marvel, C. S. 995
Weill, G., vgl. Ciferri, A. 978, 1037
—, vgl. Loucheux, L. 976
Weimarn, P. P. v. 865
Weinbrenner, E. 98
—, vgl. Brochhagen, F. K. 90
—, vgl. Hoppe, P. 92
—, vgl. Müller, E. 80, 84, 98
Weiner, M. L. 535
Weinmann, K. 1029
Weinmayr, V. 803
Weinreb, S. 1004
Weinschenk, A. 342
Weinstock, L. M., vgl. Carmack, M. 507
Weintraub, E., vgl. Lunge, G. 869
Weir, C. E., Leser, W. H., u. Woad, L. A. 1024
Weir, L. E. 1025
Weir Toor, E., u. Selwood, P. W. 975
Weise, J. 177
Weisel, G., vgl. Luther, H. 969
Weisert, P. 809
Weisgerber, C. A. 715
Weiss, F. 402
Weiss, G., vgl. Zinke, A. 217, 218, 219
Weiss, H. K. 513

Weiss, L., u. Sieger, H. 921
Weiss, P., vgl. Gerecht, J. F. 738
—, Gerecht, J. F., u. Krems, I. J. 738, 993, 1038
Weissberg, S. G., vgl. Mandelkern, L. 1048
—, Simha, R., u. Rothmann, S. 1033
Weissberger, A. 966, 972, 981, 987, 990, 1000, 1002, 1010, 1011, 1012, 1023, 1046, 1068
—, vgl. Mitchell, J. jr. 929
Weissenberger, G., vgl. Batzer, H. 32
Weissenfels, F. 238
Weissermel, K., u. Hermann, H. D. 407
—, u. Starck, W. 716
Weissert, F. C., Behrend, E. B., u. Briant, R. C. 827
Weissler, A. 999, 1028, 1063
Weissörtel, K., vgl. Brückner, H. 592
Weith, W., vgl. Merz, V. 604
Weitz, E., u. Scheffer, A. 484
Weizel, W. 1060
Wekua, K., vgl. Kölbel, H. 243
Welch, E. V., vgl. Bloom, A. 522
Welch, J. G., vgl. Godard, B. E. 464
Welch, L. M. 663
Welcher, R. P., vgl. Kropa, E. L. 272
Welding, G. N., vgl. Buist, J. M. 29
—, vgl. Smith, W. F. 87, 160
Well, L. A., vgl. Straus, S. 179
Wellard, H. J. 985
Wellens, H., vgl. Horst, K. 341
—, vgl. Orthner, L. 523
Wellman, J. W., vgl. Caldwell, J. R. 23
—, vgl. Towne, E. B. 174
Welter, A., vgl. Eberhardt, C. 293
Weltman, W. C., vgl. Straka, C. J. 229
Weltzien, W., Cossmann, G., u. Diehl, P. 1011
—, u. Juilfs, J. 186
Welzel, G., u. Greber, G. 716
—, vgl. Staudinger, H. 339
Wen, C., vgl. Jen-Yuan, C. 1009, 1039
Wende, A. 499
—, u. Gesierich, A. 499
—, u. Moebes, W. 497
—, u. Priebe, H. 497
Wenger, E. C., vgl. Taylor, G. M. 554
Wenger, F. F., vgl. Hopff, H. 58, 116, 125, 179, 191

Weniger, H., vgl. Cherbuliez, E. 873
Wenning, H., vgl. Wulff, C. 679
Werber, F. X., vgl. Beears, W. L. 13
Werber, W. C., vgl. Balfe, M. P. 199
Werle, W. 630, 631
Werling, G. A. 333
Werner, A. 843
—, vgl. Scheuermann, H. 341
Werner, A. C. 1064
Werner, E. G. G., u. Fahrenhorst, E. 469, 471, 538, 542
Werner, G., vgl. Thinius, K. 526
Werner, H., vgl. Koepp, H. M. 966, 1017, 1028, 1040
—, vgl. Meerwein, H. 629
Werner, J., vgl. Steckler, R. 500, 523
Werner, R. 884
—, vgl. Husemann, E. 885, 902
Werner, W. 1032
Wernimont, G., u. Hopkinson, F. J. 85
Werntz, J. H. 694
—, vgl. McQueen, D. M. 694
Werschkain, K., vgl. Tager, A. 1032
Wertyporoch, E., Kowalski, I., u. Roeske, A. 610
Wesp, G. L. 522
Wessel, C. J., vgl. Greathouse, G. A. 819
Wessel, E. T. 1054
Wesslau, H. 1016, 1037
West, F. W. 795
—, vgl. Zerner, E. 616
West, H. J. 336, 338, 361, 362
—, u. Layman, R. E. jr. 361, 362
—, u. Watt, W. T. 361, 362, 368
Westerdijk, J. B., vgl. Davidse, P. D. 1027, 1045
Western Electric Co. 502, 506
Westhead, E. W. jr., vgl. Morawetz, H. 707
Westhoff, F., vgl. Ost, H. 908, 909
Westinghouse Electric Corporation 229, 244, 249, 276, 499, 526, 529, 530
Westinghouse Electric International Co. 516
Westinghouse Electric Manufacturing Co. 261
Westlake, H. E. jr., vgl. Mayberry, M. G. 620
Westlinning, H., u. Butenuth, G. 1022, 1058
Weston, D. 977

Westphal, O. 637, 638
Wetstone, B. M., vgl. Gregor, H. P. 970
Weyland, H., Hahl, H., u. Berendes, R. 605, 606
Weymouth, F. J., vgl. Ballard, D. G. H. 132
Whalley, C. 929
Whalley, E., vgl. Novak, A. 966, 983, 995
Wheatley, E. W., vgl. Bates, H. 174
—, u. Fisher, J. W. 154
—, vgl. Fisher, J. W. 148, 173, 174
Wheaton, R. M. 672, 673, 680, 685, 751
—, u. Bauman, W. C. 751
—, vgl. Bauman, W. C. 685
—, u. Harrington, D. F. 685
—, vgl. McMaster, E. L. 745, 751
Wheeler, D. H., vgl. Anderson, R. A. 156
Wheeler, O. L., Ernst, S. L., u. Crozier, R. N. 697
—, Lavin, E., u. Crozier, R. N. 697, 830
Wheeler, R. N. 462, 463, 532, 535, 536, 537
Wheelock, C. E. 493, 504, 506, 516, 549, 768, 769, 770
—, u. Wicklatz, J. E. 768
Whelan, J. M. jr. 195, 198
Whelan, W. J., vgl. Bines, B. J. 914
Whetstone, R. R. 226
—, u. Evans, T. W. 703
—, u. May, C. A. 502
Whiffen, D. H. 997
—, vgl. Atherton, N. M. 997
Whinfield, J. R. 20
—, vgl. Cook, J. G. 5, 6, 7
—, u. Dickson, J. T. 13, 20, 25
Whistler, R. L. 914
—, u. Johnson, C. 901
—, u. Roberts, H. J. 906, 907
—, u. Smart, C. L. 915
—, u. Turner, E. S. 1005
—, vgl. Watson, S. A. 902
Whitby, G. S. 796
—, Davis, C. C., u. Dunbrook, R. F. 819
—, Dolid, J., u. Yorston, F. H. 822
—, vgl. Mark, H. 1, 25, 46, 99, 191, 819, 844, 861
White, A. F., vgl. Dearborn, E. C. 511
White, A. V., vgl. Bueche, A. M. 1054
White, B. B., vgl. Berardinelli, F. 720
—, vgl. Rosenthal, A. J. 1017
White, E. F. T., vgl. Climie, I. E. 977, 1038

White, G., vgl. Jellinek, H. H. 806, 1016, 1035

White, G. H., vgl. Coffey, D. H. 29, 87, 160

—, vgl. Harper, D. A. 29, 87, 160

—, vgl. Smith, W. F. 29, 87, 160

White, H. F., u. Lovell, C. M. 995

White, H. J., vgl. O'Connor, R. T. 502

White, J. W., vgl. Braendle, H. A. 849

White, R., vgl. Rostler, F. S. 999

White, R. G., vgl. Beavers, E. M. 483, 485

—, vgl. Rowland, S. P. 466, 485

White, T. R. 179

Whitehill, L. N., vgl. Shokal, E. C. 495, 550, 788

—, u. Taylor, R. S. 533, 534

—, vgl. Taylor, R. S. 473

Whiting, L. R., u. Goodyear, M. V. 784, 790

Whitman, G. M., vgl. Kirk, W. 145

Whitmore, F. C. 1047

Whitmore, R. L. 971

—, vgl. Eveson, G. F. 1042

Whitney, J. E. S., u. Brook, B. W. 473

—, u. Cartlidge, P. F. 208

—, vgl. Evans, E. M. 717

Whittacker, E. J. W., vgl. Finn, S. R. 200

Whittaker, D. 670

—, u. Forsyth, J. S. A. 774

Whittaker, K., vgl. Tyler, G. J. 149

Whitten, W. N. jr., 797

—, vgl. Veot, A. 797

Wiberley, S. E., Sprague, J. W., u. Campbell, J. E. 991

Wichterle, O. 116, 128, 725

—, vgl. Czerny, J. 730, 746

—, Šebenda, J., u. Králiček, J. 116

—, Šittler, E., u. Čefelin, P. 116

Wick, G. 673, 675

Wick, K., vgl. Becke, F. 156

—, vgl. Schwartz, E. 156

Wicker, R. J., vgl. Clark, G. C. H. 227

—, vgl. Jenkins, V. F. 534

Wickham, W. T., vgl. Shelton, J. R. 798, 844

Wicklatz, J. E., vgl. Wheelock, C. E. 768

Widemann, M., vgl. Lienhart, A. 1006

Widmer, G. 361, 362

—, u. Fisch, W. 361, 362, 366

—, —, u. Sutter, T. 362, 369,

—, u. Frey, K. 321, 328

Widmer, G., vgl. Gams, A. 358, 359, 360, 361, 362, 365, 366, 368, 369

—, Kraus, W., u. Hochuli, E. 362

—, vgl. Renner, A. 534

—, Sutter, T., u. Fisch, W. 368, 369

—, vgl. Zuppinger, P. 362

Widmer, W., vgl. Staudinger, H. 831

Wiecenich, P. J. 781

Wiederhorn, N. M., u. Brown, A. R. 1010, 1041

—, vgl. Wright, B. A. 984

Wiedersheim, V., vgl. Staudinger, H. 691

Wiedmann, H., Grimme, W., u. Josten, F. 418

Wieland, T., u. Mitarbb. 1017

Wielicki, E. A. 167

Wien, W., u. Harms, F. 975, 981

Wiese, H. K., u. Lippincott, S. B. 492

—, Nelson, J. F., u. Morrell, C. E. 532

Wiesemann, W. 791

—, vgl. Murke, H. 792

—, vgl. Schneider, P. 731

Wiesner, E., vgl. Hunyar, A. 1013

Wiest, G., u. Stahl, H. 178

Wigand, P., vgl. Tollens, B. 416, 421

Wiggins, G. C., vgl. Teot, A. S. 683

Wijga, P. W. O. 1059

Wilbur, A. G., vgl. Hensch, E. J. 486

Wilcoxen, C. H. jr., vgl. Skinner, J. R. 483

Wild, F. 963

Wilde, M. C. de, vgl. Radzitzki, P. de 993

—, vgl. Teyssié, P. 673

Wilde-Delvaux, M. C., vgl. Rondou, S. 748

Wilder, G. H. 280

—, vgl. Bren, B. C. 721

Wildman, A. B. 1002

Wildrik, H. A. 828

Wildschut, A. J. 259

Wiles, Q. T. 464, 475

—, u. Elam, D. W. 502, 508, 517, 520

—, u. Newey, H. A. 463, 475, 519

—, vgl. Parry, H. L. 517, 520

Wiley, R. H., u. Brauer, G. M. 999

—, —, u. Bennett, A. R. 999

—, u. Garrett, R. R. 998

—, vgl. Pinkney, P. S. 782

—, u. Sale, E. E. 965

—, u. Schmitt, J. M. 683

Wilfinger, H. 357, 568

Wilfong, R. E. 47

Wilhelm, G., vgl. Oettel, H. 573

Wilhelm, H., vgl. Fikentscher, H. 372, 375, 496, 742, 743, 788, 793, 794

—, vgl. Kessler, H. 787, 792

—, vgl. Kühn, E. 408

—, vgl. Louis, G. 409

—, Penning, E., Brüning, D., u. Poschmann, F. 376

Wilhelmi, M., vgl. Zigeuner, G. 202

Wilhoit, R. C., u. Dole, M. 1050

Wilke, G. 117, 492

Wilkes, B. G., u. Steele, A. B. 434, 500

Wilkingson, B. W., u. Hoerger, F. D. 670, 675

Wilkins, J. P. 561

Wilkinson, E. M., vgl. Kressman, T. R. E. 752

Wilkinson, M. D., vgl. Hirst, E. L. 905

Wilkinson, W. K., vgl. Rothrock, H. S. 495, 789

Willard, H. H. 987

—, u. Mitarbb. 972

—, Merritt, L. L., u. Dean, J. A. 964, 975, 981, 987, 998, 1001, 1011

Willard, J. J., u. Pascu, E. 1069

Willbourn, A. H. 966, 993, 1027

—, vgl. Hoff, E. A. W. 1059

Wille, H., u. Jellinek, K. 514, 530, 792

—, Rappen, L., u. Jellinek, K. 469

Willems, J. 1003, 1004

Willer, R., vgl. Ziegler, K. 937

Williams Co. s. Sherwin ...

Williams, A. H., vgl. Bassett, H. L. 851

Williams, C. L., vgl. Leaderman, H. 1045

Williams, F. E., vgl. Irving, H. F. 830

Williams, F. R., vgl. Jordan, M. E. 777

—, Rossman, R. P., Dannenberg, E. M., u. Jordan, M. E. 778

Williams, G. E. 1055, 1060

Williams, H. G., vgl. Bassett, H. L. 851

Williams, H. L., vgl. Storey, E. B. 1054, 1059

Williams, H. M. G., vgl. Rakowski, L. 172

Williams, H. R., u. Mosher, H. S. 996

Williams, I., vgl. Burnett, W. B. 845

—, u. Neal, A. M. 804

—, u. Smith, C. C. 852, 853

Williams, J. 299
—, vgl. Holde, K. E. van 1064
Williams, J. L. R. 755
—, u. Mitarbb. 982
—, vgl. Cleerman, K. J. 1001
—, vgl. Laakso, T. M. 754, 755
—, vgl. Leubner, G. W. 755
—, vgl. Reynolds, D. D. 158
—, vgl. Smith, A. C. jr. 736, 805
Williams, J. W. 340, 1048
—, vgl. Swanson, D. L. 1017, 1064
—, vgl. Wales, M. 1048
Williams, L. C., vgl. Leaderman, H. 1049, 1058, 1065
—, vgl. Mandelkern, L. 1048
Williams, M. L., u. Ferry, J. D. 967, 1061, 1064, 1067
—, vgl. Ferry, J. D. 967
—, Landel, R. F., u. Ferry, J. D. 1061
Williams, M. R., vgl. Chiddix, M. E. 225, 226, 228
Williams, P. H., u. Mitarbb. 481
—, vgl. Payne, G. B. 484, 489
—, Payne, G. B., u. Ess, P. R. van 481
—, vgl. Schwarzer, C. G. 472
—, u. Sullivan, W. J. 481
Williams, P. S. 1042
Williams, R. J. P., vgl. Baker, C. A. 939, 940, 1014, 1018
—, vgl. Weakley, T. J. R. 939, 989, 1010, 1017, 1038
Williams, R. T. 1011
Williams, T. F., Matsuo, H., u. Dole, M. 992
Williams, W. H. 623
—, vgl. Patterson, J. R. 679
Williamson, A. T. 186
Williamson, G. R., vgl. Booth, C. 1006
Williamson, G. T. 196, 198
Williamson, J. B. 483
Willis, H. A., vgl. Burnett, J. D. 992
—, vgl. Haslam, J. 996
—, vgl. Miller, R. G. J. 991
Willis, J. M., vgl. Smith, W. A. 797
Willis, W. D. 798
Wilmot, P. D., vgl. Baxter, S. 967
Wilms, H., vgl. Kleiner, H. 735
Wiloth, F. 114, 115, 123, 187, 980, 1009, 1011, 1030, 1039
—, vgl. Batzer, H. 3, 1028
—, u. Dietrich, W. 114, 970
Wilski, H. 1051
Wilson, A., Griffis, C. B., u. Montermoso, J. C. 1021
Wilson, A. L. 572
Wilson, C. H. 29
Wilson, C. W., u. Pake, G. E. 996, 997

Wilson, D. L., vgl. Carpenter, A. S. 172
—, vgl. Rakowski, L. 172
Wilson, E., Decius, J. C., u. Cross, P. C. 989, 990
Wilson, J., vgl. Roberts, K. C. 824
Wilson, J. A., vgl. Twiss, D. F. 825
Wilson, J. C., vgl. Katz, I. 525
Wilson, J. D., vgl. Weakley, T. J. R. 939, 989, 1010, 1017, 1038
Wilson, J. D. C. II 482
Wilson, J. E., Walton, R. K., Guest, H. R., Adams, J. T., u. Kiff, B. W. 214
Wilson, M. A. A., vgl. Vodden, H. A. 1067
Wilson, W. A. 800
Winberg, H. E., u. Mitarbb. 626
Wincor, W., vgl. Kleinert, T. N. 1017
Windeck-Schulze, K. 929
Windemuth, E. 24, 61, 90, 92
—, vgl. Bayer, O. 80, 83, 98
—, u. Brochhagen, F. K. 61
—, Bunge, W., u. Bayer, O. 67, 68
—, u. Gensel, H. 93
—, vgl. Gensel, H. 93
—, Schnell, H., u. Bayer, O. 88, 89
—, vgl. Schultheis, H. 12
Winding, C. C., u. Hiatt, G. D. 820
—, vgl. Rodriguez, F. 806
Windle, J. J., u. Shaw, T. M. 968
—, vgl. Shaw, T. M. 967
Wingfoot Corporation 14, 21, 37, 64, 70, 86, 91, 147, 156, 295, 411, 675, 677, 678, 723, 774, 785, 826, 831, 832, 833, 834, 843, 848
Winkelmann, H. A. 827, 830, 831, 832
—, u. Gray, H. 292, 299
Winkle, J. L. van, vgl. Ballard, S. A. 426, 434, 435, 450, 456, 580, 586
—, vgl. Morris, R. C. 2, 580, 691, 692
Winkler, C. A., vgl. Walker, O. J. 1033
Winkler, D. E. 466, 807, 813
Winkler, D. L. E., s. a. De Loss E. Winkler
—, vgl. Shokal, E. C. 495
Winkler, F. 1031, 1034
—, vgl. Hahn, H. J. 721
—, vgl. Kahrs, K. H. 720
—, vgl. Koch, G. 703

Winkler, F., vgl. Rosenbusch, K. 719
—, u. Zimmermann, J. W. 721
Winkler, H., vgl. Anselm, H. 701, 702
Winkler, O., vgl. Hengstenberg, J. 1030
Winkler, W. B. 525
Winogradoff, N. N., u. Bisset, D. C. 1001
Winslow, A. E., vgl. Clark, J. W. 506
Winslow, F. H., u. Mitarbb. 922
—, Baker, W. O., u. Yager, W. A. 996
—, u. Matreyek, W. 818
Winspear, G. G. 820
—, u. Mitarbb. 799
Winstein, S., u. Henderson, R. B. 427
Winter, K., u. Roh, N. 610, 611
Winter, S. S., u. Beckmann, C. O. 1042
Winter, U., vgl. Zahn, H. 986
Wintergerst, S., u. Heckel, K. 1001
Wippler, C. 976
—, u. Benoit, H. 975
—, vgl. Cantow, H. J. 1044
Wirth, H. O., vgl. Braun, D. 680, 682, 765
Wirth, W. V. 804
—, u. Krahler, S. E. 70
Wischnitzkaja, L. A., vgl. Bartenev, G. M. 1059
Wismer, M. 498, 530
—, Christenson, R. M., u. Salem, A. N. 477
Wissbrun, K. F., u. Patterson, A. 970, 971
Wisseroth, K. 812, 1038, 1058
Wissler, A. 1033
Wit, J., vgl. Olivier, S. C. J. 609
Witnauer, L. P., u. Mitarbb. 466
—, vgl. Fee, I. G. 979, 1037
—, vgl. Senti, F. R. 985
—, Senti, F. R., u. Stern, M. D. 980
Witt, R. K., u. Cizek, E. P. 36
—, vgl. Moses, S. 1019
Witt, T. W. de, u. Mitarbb. 1034
—, vgl. Pollock, D. J. 1034, 1039
—, vgl. Shufler, S. L. 1066
Witt Graves, G. de 824
Wittbecker, E. L. 95, 166
—, Hall, H. K., u. Campbell, T. W. 561
—, Houtz, R. C., u. Watkins, W. W. 148
—, u. Katz, M. 96, 97, 98
—, u. Morgan, P. 139, 140

Wittcoff, H. 524
—, u. Erickson, J. G. 526
—, vgl. Peerman, D. E. 525
—, u. Renfrew, M. M. 525
—, vgl. Renfrew, M. M. 523, 525, 551
Wittcoff, H. A., vgl. Aelony, D. 490, 525
Witte, J. 671
Witte, R. S., u. Anthony, R. L. 1066
—, Mrowca, B. A., u. Guth, E. 1060
Wittenwyler, C. V. 463, 466, 788
—, vgl. Shokal, E. C. 495, 550
Wittenwyler, V. V., vgl. Howard, H. W. 533
Wittwer, M., vgl. Schöller, C. 437, 438, 441, 444, 446
Witzel, J. M. 534
Woad, L. A., vgl. Weir, C. E. 1024
Wöllner, J. 421
—, vgl. Grimme, W. 417, 418, 422, 423
Woermann, D., vgl. Debye, P. 977
Woerner, A., u. Rümens, W. 341
—, vgl. Scheuermann, H. 340, 353
Woestenenk, J. M., vgl. Boasson, E. H. 1004
Wohl, A. 411, 880
Wohlers, H., vgl. Paquin, M. A. 415
Wohnsiedler, H. P. 358, 360, 361
—, u. Ammondson, C. J. 497, 509
—, u. Kropa, E. L. 575
—, u. Thomas, W. M. 359, 360, 367
—, Updegraff, I. H., u. Hunt, R. H. jr. 357
Wojtech, B., vgl. Patat, F. 437
Wojutzki, S. S., s. Voyutskii, S. S.
Wokes, F., vgl. Bowen, E. J. 998
Wolf, Jaques, & Co. 383, 384, 386, 387
Wolf, D., vgl. Stiles, M. 421
Wolf, D. R., vgl. Robb, L. E. 795
Wolf, E., vgl. Breitenbach, J. W. 988
Wolf, F., u. Morgner, M. 270, 271
Wolf, H. 969, 1062
—, vgl. Zahn, H. 924
Wolf, K., vgl. Eisenmann, K. 352
—, vgl. Fikentscher, H. 793
—, vgl. Fuchs, O. 968, 1065
—, vgl. Schmieder, K. 1061

Wolf, K., vgl. Thurn, H. 967, 1061
Wolf, K. L. 1023
—, u. Wolf, R. 1023
Wolf, R., vgl. Wolf, K. L. 1023
Wolf, R. A. 802
Wolfangel, R. D., vgl. Johnson, B. L. 1038, 1039
Wolfe, J. S. B., vgl. Weaver, D. E. 678
Wolff, F. A., vgl. Kubico, M. A. 409
Wolff, I. A., vgl. Hofreiter, B. T. 642, 914
—, Olds, D. W., u. Hilbert, G. E. 906, 907
—, u. Rist, C. E. 885
—, Watson, P. R., u. Rist, C. E. 909
Wolffenstein, R., u. Oeser, E. 909
Wolfgang, W. G. 922, 929
Wolfrom, M. L., 1012
—, u. Chaney, A. 715
—, u. Fields, D. L. 1002
—, vgl. Pigman, W. W. 1011
—, Pigman, W. W., u. Pipson, R. S. 915
—, vgl. Shafizadeh, F. 965
Wollemann, B., vgl. Zahn, H. 924
Wolock, I., Axilrod, B. M., u. Sherman, M. A. 1054, 1058
—, u. George, D. 1055
Wolsey Ltd. 133
Wolstenholme, W. E., vgl. Bergen, R. L. jr. 1063, 1066
—, vgl. Mooney, M. 987
Wolz, H., vgl. Bock, W. 791
Wood, D. L., vgl. Goldblatt, L. A. 537
—, vgl. Hecht, K. T. 991
Wood, H. L., vgl. Baum, H. 1017, 1042
Wood, J. H., u. Bost, R. W. 411
Wood, J. J., vgl. Reed, R. 1005
Wood, J. K., vgl. Bueche, F. 1044
Wood, L. A. 1057, 1060, 1062
—, vgl. Arnold, A. 998
—, Madorsky, I., u. Paulson, R. A. 1069
Wood, R. I., vgl. Cunneen, J. I. 837
—, vgl. Merrett, F. M. 858, 859
Wood, W., vgl. Nachod, F. C. 684
—, u. Termine, J. 483
Wood, W. A., vgl. Megson, N. J. L. 224, 255
Wood, W. L., vgl. Philip, T. B. 809
Woodberry, N. T. 709, 710
—, vgl. Dixon, J. K. 358

Woodford, D. E., vgl. Field, J. E. 990
Woods, D. W., vgl. Thompson, A. B. 1064
Woods, E. F., vgl. O'Donnel, I. J. 1042, 1049
Woodward, A. E., u. Mitarbb. 997, 1026, 1059, 1065
—, Crissman, J. M., u. Sauer, J. A. 1066
—, vgl. Deeley, C. W. 983, 1026, 1065
—, vgl. Ephraim, S. 91
—, vgl. Kline, D. E. 1064
—, vgl. Sauer, J. A. 997, 1027, 1062, 1063
—, vgl. Wall, R. A. 1065
Woodward, F. N., vgl. Abrams, J. T. 599
—, vgl. Andrews, K. J. M. 581, 599
Woodward, R. B., u. Schramm, C. H. 101, 132
Woolhouse, T. G., vgl. Lunn, W. 306
Wooten, W. C. jr., u. Coover, H. W. jr. 983
—, vgl. Guillet, J. E. 923, 1018, 1069
Wootton, P. M., vgl. Blanchard, A. F. 1021, 1058
Work, R. N. 967, 1062
—, u. Tréhu, Y. M. 967
—, vgl. Yamada, D. A. 967
Worly, W. J., vgl. Pindley, W. N. 1055
Worsfold, D. J., u. Bywater, S. 971
—, u. Eastham, A. M. 433
Worthington, C. R. 986
Worthmann, R., u. Lüttringhaus, A. 986
Wragg, A. L., vgl. Davison, W. H. T. 1018
Wratten, R., vgl. Bulgin, D. 1031
Wray, J. R., vgl. Bueche, F. 1044
Wright, B. A., u. Wiederhorn, N. M. 984
Wright, R. A., vgl. Stafford, W. E. 850
Wronski, M. 970, 973
Würstlin, F. 967
—, u. Klein, H. 969
—, vgl. Thurn, H. 967, 969, 1068
Wulf, K. 1069
Wulff, C. 672, 682
—, u. Wenning, H. 679
Wunderlich, B., u. Dole, M. 1051
Wunderly, C. 969
Wurstner, A. L., vgl. Kenyon, A. S. 983, 1003, 1027
Wurtz, A. 413, 414, 428, 445
Wurz, E. 1010, 1041

Wurz, E., vgl. Schurz, J. 1042
Wurzburg, O. B. 913
—, vgl. Caldwell, C. G. 913
Wu-Shu-Chiu, Jampol'skii, B. I., u. Voyutskii, S. S. 971, 1044
Wyandotte Chemical Corporation 438, 439
Wyk, A. J. A. van der, vgl. Meyer, K. H. 915, 1030, 1068
—, u. Schmorak, J. 1034
—, u. Studer, M. 915
Wyman, G. M., vgl. Black, E. D. 991
Wyness, K. G. 114
Wynn, R. W., vgl. Chiddix, M. E. 498
Wynstra, J. 509
—, u. Mitarbb. 472
—, vgl. Farnham, A. G. 469
—, Kurkjy, R. P., u. Reinking, N. H. 536
—, vgl. Shechter, L. 440, 442, 463, 501, 503, 505, 508, 510, 511, 512, 516, 518, 519, 521
Wyss, H. R., vgl. Elias, H. G. 980
Wystrach, V. P. 758, 791

Yackel, E. C., u. Kenyon, W. O. 899
Yaeger, L. L. 464
—, vgl. Bjorksten, J. 36
Yager, W. A., vgl. Winslow, F. H. 996
Yakubchik, A. I., s. a. Iakubchik, A. I. bzw. Jakubchik, A. J.
—, u. Filatova, V. A. 994
Yamada, D. A., u. Work, R. N. 967
Yamada, R., vgl. Okajima, S. 1001
Yamaguchi, S. 986
Yamakawa, H., vgl. Kurata, M. 1033
Yamamoto, M. 1061
Yamamura, H., u. Kuramoto, N. 1048
Yamin, M., vgl. Berkowitz, J. B. 978, 1010, 1037
Yanagisawa, K., vgl. Abe, K. 993
Yanagita, M., vgl. Nakamura, K. 749
Yang, J. T., u. Foster, F. J. 1000
—, vgl. Passaglia, E. 1045
Yang, N. C., u. Finnegan, R. A. 484
Yanko, J. A. 1007, 1016
—, Hawthorne, A., u. Born, J. W. 982
Yanovsky, E. 910

Yanovsky, E., vgl. Nichols, P. L. jr. 910
Yarkho, I. S., vgl. Reitlinger, S. A. 1029
Yarsley Research Laboratories Ltd. 516
Yarsley, V. E. 465
Yasmin, M., vgl. Berkowitz, J. B. 1016
Yates, E. T., vgl. Bailey, W. J. 1002
Yates, W. F., vgl. Chapin, E. C. 728
Yaworzyn, J., vgl. Huque, M. M. 977
Yeddanapalli, L. M. 204, 205, 222, 223
—, u. Kuriakose, A. K. 204, 205, 208
—, vgl. Kuriakose, A. K. 208, 228
—, vgl. Paul, V. J. 243
Yeh, S. J., vgl. Frisch, H. L. 1018, 1031
Yeoman, G. D., vgl. Davies, C. W. 974, 1021
Yoda, N. 632
Yoh-Han Pao 1044, 1062
Yolles, S. 775
York, O. jr. 13
Yorston, F. H., vgl. Whitby, G. S. 822
Yoshida, T. 965
—, u. Terada, A. 715
Yoshida, U., vgl. Park, C. 1054
Yoshihashi, H., vgl. Shiio, H. 1068
Yoshimoto, T., Nagamatsu, K., u. Kosiyama, K. 1065
Yoshizomo, T., vgl. Nagamatsu, K. 1065
Yost, R. S. 339
—, u. Auten, R. W. 588, 590
Young, C. H., vgl. Marvel, C. S. 98, 982, 994
Young, D. M. 491
—, u. Hostettler, F. 9
—, —, u. Horn, C. F. 9
—, —, Shriver, L. C., u. McLaughlin, R. W. 9
Young, D. W., u. Cottle, D. L. 692
—, vgl. Garber, J. D. 690
—, Smyers, W. H., u. Sparks, W. J. 685
Young, E. M. jr., vgl. Gruntfest, I. J. 333, 1064
Young, G. 910
Young, H. H. jr., vgl. Kratz, G. D. 847
Young, M. A., vgl. Pepper, K. W. 751
Youngson, G. W., u. Melville, H. W. 1008, 1039
Yu, A. J., u. Day, A. R. 197
—, u. Evans, R. D. 154, 1004

Yueh-Hua Chen, Fernandez-Rofojo, M., u. Cassidy, G. 974
Yumoto, H. 117
—, u. Ogata, N. 116
Yung-Shih, C., vgl. Jen-Yuan, C. 1009, 1039
—, u. Mei-Na, Y. 1039
—, —, u. Jen-Yuan, C. 1009
Yur'ev, Y. K. 556
Yurzenko, A. S., u. Maleyev, I. I. 1031
Yurzhenko, A. I., u. Gusyakov, V. P. 975
—, u. Maleev, I. I. 1023
Yusem, M. 496

Zacharov, N. D., u. Pavlos, S. A. 741
Zachmann, H. G., u. Stuart, H. A. 1004, 1028
Zagraevskoya, I. M., vgl. Lipatov, S. M. 1022
Zahn, H., u. Hildebrand, D. 107
—, Kunde, J., u. Heidemann, G. 113
—, u. Rathgeber, R. 190
—, u. Schäfer, P. 813
—, vgl. Spoor, H. 113
—, u. Winter, U. 986
—, u. Wolf, H. 924
—, u. Wollemann, B. 924
Zahner, H., vgl. Kuhn, H. 429
—, vgl. Lüssi, H. 568
Zaionchkowskii, A. D., vgl. Voyutskii, S. S. 985, 1032
Zakosuhtschnkov, S. A., vgl. Fedorova, O. J. 1069
Zamaziĭ, V. M., vgl. Voyutskiĭ, S. S. 1019
Zambrowskaya, E. V., vgl. Davankow, A. B. 746
Zamorsky, Z., Bartos, O., u. Manis, F. 1033, 1040
Zand, R., vgl. Strella, S. 968
Zanini, G., vgl. Natta, G. 994
Zankl, E., vgl. Brachel, H. v. 772
Zapas, L. J., Shufler, S. L., u. Witt, T. W. de 1066
Zapp, R. L. 802, 1060
—, u. Mitarbb. 801, 847
—, vgl. Baldwin, F. P. 801
—, u. Ford, F. P. 801, 847
—, u. Gessler, A. M. 802
—, u. Guth, E. 802, 1020, 1059
—, vgl. Jankowsky, C. J. 801
—, vgl. Mac Rae, D. R. 1050
—, Umland, C. W., u. Sperberg, I. R. 802
Zarkova, M. A., vgl. Kudrjavcew, G. J. 710
Zaslowsky, J. A., vgl. Astle, M. J. 415, 561, 563
Zaucker, E. 845

Zaucker, E., vgl. Meisenburg, K. 675
—, Orthner, L., u. Bögemann, M. 845
Zaunbecher, K., u. Barth, H. 91
Zavorokhina, N. A., u. Benkovsky, V. G. 1018
Zaynchkovsky, A. D., vgl. Blokh, G. A. 968
Zazulina, Z. A., u. Rogovin, Z. A. 982, 985, 1001, 1053, 1054
Zech, J. D. 475, 476, 477, 543
Zechmeister, L. 989
Zefirov, N. S., vgl. Jur'ev, J. K. 485
Zeidler, G. 930
Zeisel, H. 190
Zelenev, Y. V., vgl. Bartenev, G. M. 1063
Zelikman, S. G., u. Mikhailov, N. V. 1009, 1027, 1053
—, vgl. Mikhailov, N. V. 1007, 1009, 1033, 1036, 1037
Zenftman, H. 644, 690, 754
—, u. McLean, A. 690
Zeppelin-Chemie Konstanz 411
Zeppelin, H. v. 411
Zerner, E., Gradsten, M., u. West, F. W. 616
—, u. Pollock, M. W. 616
Zerweck, W., vgl. Bernard, H. 362
—, u. Hechtenberg, W. 479
—, u. Honold, E. 754
—, u. Keller, K. 364, 365
—, vgl. Keller, K. 364, 365, 370
—, u. Kunze, W. 372
—, —, u. Kölling, G. 481
—, Schubert, M., Heinrich, E., u. Pinten, P. 636
Zettlemoyer, A. C., vgl. Chessick, J. J. 1053
—, u. Pieski, E. T. 1016
—, u. Vanderryn, J. 1013
Zetzsche, F., u. Aeschlimann, F. 460
Zharkocskiz, D. W., vgl. Lipatov, S. M. 1022
Zharrov, V. V., vgl. Mironova, V. N. 989
Zhbankov, R. C., u. Mitarbb. 996
Zherebkov, S. K., vgl. Deryagin, B. V. 1019
Zhulin, V. M., u. Gonikberg, M. G. 410
Zhurkina, Z. N., vgl. Zubov, P. I. 1005, 1039
Ziabicki, A. 984, 995, 1004
Ziarnik, G. J., Ford, F. P., u. Kehn, J. T. 803
Zief, M., Brunner, G., u. Metzendorf, J. 1017, 1026, 1042

Ziegenbein, W., u. Broich, F. 161
—, vgl. Schäffler, A. 117
—, Schäffler, A., u. Kaufhold, R. 117
Ziegler, E. 232, 233, 252, 253, 256
—, u. Hontschik, J. 255, 256, 257
—, —, u. Milowiz, L. 201
—, u. Kohlhauser, R. 251, 254, 255
—, u. Lercher, K. 255
—, u. Lüdde, H. 232, 233
—, u. Simmler, J. 200
—, u. Zigeuner, G. 234, 252, 253, 254
—, —, u. Kainzer, A. 254
—, vgl. Zinke, A. 219, 251, 254, 255, 256, 257
Ziegler, H. W., vgl. Brintzinger, H. 608, 609
Ziegler, K., u. Mitarbb. 937
—, Grimm, H., u. Willer, R. 937
—, vgl. Hoberg, H. 630
—, Mostardini, R., Magri, R., Lanzo, R., u. Piazza, M. 781
Ziegler, W., vgl. Dethloff, H. 574
Zieke, K., vgl. Frank, A. R. 383, 386
Zieser, W. 911
—, vgl. Hagedorn, M. 438, 911
—, u. Pfaff, K. 432
Ziffle, H. M., vgl. Conrad, C. M. 1043
Zigeuner, G. 320, 326, 327, 329, 331, 332, 346, 371
—, u. Mitarbb. 321, 322, 323, 324, 326, 327
—, u. Berger, H. 320, 374
—, u. Hanus, F. 327, 331
—, u. Hoselmann, W. 320, 331
—, Knierzinger, W., u. Voglar, K. 327, 329, 331
—, u. Pitter, R. 320, 331, 332, 335, 336
—, —, Berger, H., u. Rauch, H. 320
—, —, u. Rauch, H. 320
—, —, u. Voglar, K. 336
—, u. Schraden, W. 218
—, —, u. Pitter, R. 320, 329, 331
—, u. Volker, T. 218
—, u. Weichsel, H. 247
—, u. Wilhelmi, M. 202
—, vgl. Ziegler, E. 234, 252, 253, 254
—, vgl. Zinke, A. 217, 218, 219
Zijp, J. W. H. 988, 1018
Zike, C. G., vgl. Schultz, H. 531

Zilabicki, A., u. Kedzierska, K. 983, 999
Zima, H. 746
—, vgl. Trommsdorff, E. 746
Zimen, K. E. 964
Zimiles, P., vgl. Steckler, R. 523
Zimm, B. H. 969, 1000, 1062
—, vgl. Doty, P. M. 975, 1007, 1032
—, vgl. Hoffman, J. D. 1047
—, u. Lundberg, J. L. 1022, 1035
—, vgl. Outer, P. 977, 1008, 1035
—, vgl. Schick, M. J. 1008
—, vgl. Thurmond, C. D. 936, 941, 977, 1034
Zimmer, W. F., Bowman, R. A., u. Shepard, A. F. 514
Zimmermann, A., vgl. Klatte, F. 699
Zimmermann, H., u. Scheibe, G. 988
Zimmermann, J. W., vgl. Kahrs, K. H. 704, 720
—, vgl. Koch, G. 704
—, vgl. Winkler, F. 721
Zimmermann, K., u. Gläsmann, R. 116
Zincke, T. 609
Zinke, A. 256, 257
—, u. Mitarbb. 219, 257
—, Hanus, F., u. Fuchs, E. 225
—, —, u. Pichelmayer, H. 217
—, —, u. Ziegler, E. 251, 254
—, vgl. Hönel, H. 261
—, u. Pucher, S. 216
—, u. Ziegler, E. 219, 251, 255, 256, 257
—, —, u. Hontschik, J. 255, 257
—, Zigeuner, G., u. Weiss, G. 217, 218, 219
Zinke, T., u. Gaebel, W. 195
—, u. Goldemann, J. 198
Zisman, W. A., vgl. Fox, H. W. 1024
Zobel, O. J., vgl. Ingersoll, L. R. 1050
Zoebelein, H. 1029
—, vgl. Bergmeister, E. 718
—, vgl. Heckmaier, J. 720
Zokolova, Z. S., vgl. Jakovlev, A. D. 706
Zoller, R., vgl. Moldenhauer, O. 104, 109
Zollinger, H. 881
—, u. Mitarbb. 924
—, vgl. Fierz-David, H. E. 761
Zomlefer, J., vgl. Jones, G. D. 569, 570, 741
Zonsveld, J. J. 465, 501, 520
—, vgl. Bruin, P. 512
—, u. Edwards, G. R. 465

Zopf, C. W. jr., Johnson, J. H., u. Hedrick, R. M. 736
—, —, —, u. Butler, J. M. 713, 714, 736
Zorn, B., u. Mauthe, G. 384, 387
Zoss, A. O., Hassford, W., u. Schildknecht, C. E. 276
Zubov, P. I., vgl. Gavrishtshuk, V. Y. 1058
—, vgl. Lipatov, Y. S. 977, 1013, 1042, 1043, 1045, 1053
—, vgl. Novikov, A. S. 1055
—, Zhurkina, Z. N., u. Kargin, V. A. 1005, 1039
—, u. Zverev, M. P. 1039, 1055

Zumstein, H. 525
—, vgl. Maeder, A. 517
—, vgl. Ott, G. H. 462, 463, 465, 468, 517, 518
Zuppinger, P., Brueschweiler, H., u. Fisch, W. 560
—, vgl. Hofmann, W. 497
—, u. Widmer, G. 362
Zurcher, M., u. Luder, J. 971
Zverev, M. P., Eroshkina, E. A., u. Zubov, P. I. 1055
—, u. Klimenkov, V. S. 1058
—, vgl. Zubov, P. I. 1039
Zvonař, V., vgl. Hudeček, Z. 999
Zwanzig, R. W., vgl. Kirkwood, J. G. 1032

Zwavelzuurfabrieken v/h Ketjen N. V. s. Koninklijke ...
Zweig, G., vgl. Block, R. J. 1012
Zwetkow, W., u. Petrowa, A. 1000
Zwetkow, W. N., s. Tsvetkov, V. N.
Zwick, F. 91
Zwick, M., vgl. Katchalsky, A. 1021
Zwicker, B. M. G., vgl. Beatty, J. R. 1054, 1059
Zwikker, C. 1056
Zwonar, V., vgl. Bohdanecky, M. 1045
Zykowa, L. V., vgl. Tilitschenko, M. N. 419

Sachregister

Auf eine spezielle Aufführung von Hilfs- und Zusatzstoffen wurde verzichtet, da diese stets bei den entsprechenden Polymeren bzw. deren Herstellung aufgeführt sind.

Polymerisate sind bei den entsprechenden Monomeren zu finden. Die allgemeinen Eigenschaften von makromolekularen Stoffen sind unter dem Stichwort „Polymere" aufgeführt.

(Fettgedruckte Ziffern verweisen auf präparative Vorschriften)

A

Abbau (s. a. bei den entsprechenden Polymeren)
oxydativer 927 f., 938
thermischer 806 ff., 808 (Tab.), 923
Apparaturen 809
Methoden 809
Reaktionsmechanismus 807 f.
Abietinsäure, Umsetzung mit Resolen 262
Abspaltereffekt bei verkappten Isocyanaten 62
Acenaphthen-monosulfonsäure, Kondensation mit Formaldehyd 267
Acetaldehyd
Eigenkondensation 415
-Harze
als Schellackersatz 421
Veresterung mit Naturharzen oder Fettsäuren 415
Knoevenagel-Kondensation 414
Kondensation mit
Aceton 416
Anilin 299
Cyanursäurehydraziden 364
Harnstoff 342
und Natriumhydrogensulfit 345, 353
Harnstoffharz und Ammoniumsulfat 356
Methylenbrenzcatechin 304
α-Naphthylamin 299
Novolake aus 207, 209 f., 275
polymerer 409 f.
Thioaldehyd aus 411
Polymerisation 409, 413
Acetaldehyd-disulfonsäure, Umsetzung mit Phenol(sulfonsäuren) und Formaldehyd 268
Acetaldol, Harze aus 422
Acetale, cyclische, Polyaddition und Polymerisation 561 ff.
Acetamid, Kondensation mit Formaldehyd 372
Acetessigsäureamid, Kondensation mit Aldehyden 371
Acetessigsäureester
Kondensation mit Aldehyden 420
Kondensationsprodukte mit Polyaminen, hydrierte als Epoxydhärter 522
Reaktionsprodukte mit Phenol 197
Aceton
Copolymerisation mit Dimethylketen 10
-Formaldehyd-Harze
Epoxydharze aus 477
Kondensation mit Phenolen und Phenol-Formaldehyd-Kondensationsprodukten 419
Kondensation mit
Aldehyden 416

Aceton
Kondensation mit
Formaldehyd 416 ff., 422
und Aminen bzw. Phenolen 419
Harnstoff 342
Resorcin 473
Polymerisation 410
Acetophenon, Kondensation mit Formaldehyd 414, 416, 419, 423
Acetylcellulose
Filme aus, unlösliche 79
Polyurethane (Lacke) aus 79
Acetylen
Addition an Cellulose 896
novolakartiges Harz aus 210
mit p-tert.-Butyl-phenol 276
-Phenol-Harz 210
Terpolymerisate mit Äthylen und Propylen, Vulkanisation 803
Acetylendicarbonsäure, Polyester aus 32
Acetylendiharnstoff 353
-Tetramethylolverbindungen 340, 353
Acetylenglykole, Epoxydharze aus 477
N-(4-Acetyloxy-phenyl)-acrylsäureamid, Polymerisate, Verseifung 712
Acrolein
Anlagerung an Polyvinylalkohol 716
Copolymerisate, Vernetzung 788
Eigenkondensation 416, 619
-Harze 622
Kondensation mit
Carbamidsäure-äthylester 381
Harnstoff 341 f., 353
und Urethan 377
mehrwertigen Alkoholen bzw. Carbonsäuren 617
Pentaerythrit 617, 621 f.
Phenolen (Kresolen), Epoxydharze aus 472
Resorcin 290
und Anilinhydrochlorid 265
und Natriumhydrogensulfit 265
Urethanen bzw. Sulfonsäureamiden (und Harnstoff) 371, 377
-Pentaerythrit-Harze 617, 621 f.
butanolmodifizierte 622
Polymerisate
Acetalisierung 653, 732 f., 733
Addition von Natriumhydrogensulfit 731
Amine aus 731
Cyanhydrine aus 731
Disproportionierung 732
formazangruppenhaltige 734
Mercaptalisierung 653, 733

Acrolein
  Polymerisate
    Oxydation 731
    Polyacroleinacetale bzw. -mercaptale aus
      653, 732 f., **733**
    Polyhydrazone aus 733 f.
    Reduktion 696
    Polyoxime aus **733** f.
    Reduktion **696**
    Umsetzung mit Schwefeldioxyd-Lösung
      731
    Umwandlung der Aldehydgruppen in
      730 ff.
  Polymerisation 730
Acrylamid s. Acrylsäureamid
Acrylcarbaminate, Copolymerisate mit Vinyl-
  acetat, Verseifung 704
Acrylnitril
  Addition an
    Cellulose 892, **893**
    Polyvinylalkohol 716, 729, **730**
  Copolymerisate (mit)
    Acrolein, Acetalisierung 733
    Acrylsäureamid, Hofmannscher Abbau
      741
    Butadien
      Abbau 814
      Anlagerung von Maleinsäureanhydrid
        771
      Bestimmung der Doppelbindungen
        927
      Chlorierung 677
      Cyclisierung 773
      Epoxydierung 768
      Hofmannscher Abbau 741
      Mischung mit Vinylacetat-Äthylen-
        Copolymerisat, Vernetzung 783
      Verseifung, partielle 741
      Vulkanisation 243, 258, 799 f.
    Methacrylsäure-glycidester 495, **549**
      Umsetzung mit Aminen 757
    Methallylchloracetat, quartäre Ammo-
      niumverbindungen aus 751
    Methyl-vinyl-keton, selektive Reduktion
      der Ketogruppe 693, **694**
    Vernetzung 785, 787 ff. (Tab.)
    Vinylacetat
      Verseifung 704
      Polyacetale aus 721
    Vinylchloracetat, quartäre Ammonium-
      verbindungen aus 751
    Vinyltoluol, Sulfonierung 686
  Kondensation mit
    Formaldehyd 392, **393**
      und Melamin 364
    Methylolmelaminen 364
    Trimethylolmelamin **371**
  Pfropfpolymerisate auf
    Cellulose 867
    Naturkautschuk 856, **857** f., 859
    Stärke 913
  Polymerisate
    Abbau 709, 807, 810, 813 f.
    Aminolyse 708 ff.
    Anfärbbarkeit 924
    Reduktion 694

Acrylnitril
  Polymerisate
    Umsetzung mit
      Hydrazin 710
      Hydroxylamin(-hydrochlorid) 709, **710**
    Vernetzung 792
    Verseifung 708 ff., **709**
      partielle **711**
Acryloguanamin, Polymerisate, Kondensation
  mit Formaldehyd 364
Acrylsäure
  Copolymerisate (mit)
    Acrylsäureamid, Umsetzung mit Formal-
      dehyd (und Verätherung) 742
    Bestimmung der Säurezahl 926
    Styrol, Veresterung mit Alkylenoxyden 735
    Vernetzung 787, 791 f.
    Vinyltoluol, Sulfonierung 685
  Pfropfpolymerisate mit Naturkautschuk 856,
    859
  Polymerisate
    zur Härtung von Epoxydharzen 509
    Oxäthylierung 445
    Polyamide aus 156
    Veresterung 735 f., **736**
  Umsetzung mit
    Harnstoff und Kondensation mit Formal-
      dehyd 345
    Melamin und Kondensation mit Formal-
      dehyd 364
Acrylsäure-(4-acetyloxy-phenylamid), Polymeri-
  sate, Verseifung 712
Acrylsäure-äthylester
  Copolymerisate
    mit Butadien, Verseifung **706**
    Vernetzung 787, 792 f., 794
  Polymerisate
    Abbau 811
    Verseifung **705, 706**
Acrylsäure-alkylester (s. a. die einzelnen Alkylester
  und Alkylacrylate), Pfropfpolymerisate auf
  Cellulose 898
Acrylsäureamid
  Addition an Cellulose 894
  Copolymerisate (mit)
    Acrylnitril, Hofmannscher Abbau 741
    Acrylsäure
      Umsetzung mit Formaldehyd (und
        Verätherung) 742
    Verseifung 712
    Vernetzung 793
  Kondensation mit Methylolmelamin 364
  Mannichbasen aus, Polymerisation 376
  Pfropfpolymerisation auf Naturkautschuk
    859
  Poly-β-alanin aus **110, 615**
  Polymerisate 101, **109**
    Aminomethylierung 743
    Hofmannscher Abbau 649, **741**
    Polyacrylsäurehydrazide aus 642, 653,
      739 f., **744**
    Sulfomethylierung **743**
  Umsetzung mit
    Formaldehyd (und Verätherung) 372, 742
      und Natriumhydrogensulfit 376, 743
    Harnstoff-Formaldehyd-Harzen 346
  Umwandlung 740 ff.

Acrylsäureamid
  Polymerisate
    Vernetzung 792
    Verseifung 711 ff., **712 f.**
Acrylsäureanhydrid, Polymerisate
  Aminolyse 713 f.
  Umsetzung mit Ammoniak und Hofmann-
    scher Abbau 741
  Verseifung 713
Acrylsäure-tert.-butylamid, Copolymerisate, Ver-
  netzung 793
Acrylsäure-butylester
  Copolymerisate
    mit Methacrylsäureamid, N-Butyloxy-
      methyläther von **742**
    Vernetzung 787, 795
  Polymerisate
    modifizierte, wasserlösliche Einbrennlacke
      mit Resolen **285**
    partiell verseifte, Kondensation mit
      Resolen 242
    Umsetzung mit 3-Amino-1-methylamino-
      propan **739**
Acrylsäure-β-chlor-äthylester, Copolymerisate,
  Vernetzung 787
Acrylsäure-chlorhydrinester, Polymerisate, Ami-
  nierung 746
Acrylsäure-3-chlor-2-hydroxy-propylester,
  Copolymerisate, Vernetzung 787
Acrylsäurechlorid
  Copolymerisate mit Styrol, Cyclisierung 748
  Polymerisate
    Reduktion 694
    Umsetzungen an 747 f., **748**, 763
  Polymerisation, Verhinderung der Vernetzung
    bei der 649
Acrylsäure-chlormethylester, Polymerisate, Um-
  setzung mit Kaliumhydrogensulfid 746
Acrylsäure-β-cyan-äthylester, Polymerisate, Ver-
  netzung 786
Acrylsäure-β-(diäthyl-amino)-propylamid,
  Copolymerisate, Härtung von Epoxyden
  517
Acrylsäure-[γ-(diäthyl-amino)-propylamid], (Co)-
  Polymerisate, Vernetzung 793
Acrylsäure-(dimethyl-amid), Polymerisate, Re-
  duktion 695
Acrylsäure-[γ-(dimethyl-amino)-propylamid],
  Polymerisate, Reduktion 695
Acrylsäure-[2,2-dimethyl-1,3-dioxolanyl-(4)-me-
  thylester], Polymerisat, Vernetzung 787
Acrylsäure-2,3-epoxy-propylester s. Acrylsäure-
  glycidester
Acrylsäureester (vgl. die einzelnen Ester)
  Addition an Cellulose 894
  Copolymerisate (mit)
    Allylglycidäther, Veresterung mit trock-
      nenden Ölen 757
    Divinylbenzol 706, 787
    Methacrylsäure-glycidester, Umsetzung mit
      Schwefelwasserstoff bzw. Thioglykol-
      säure 757
    2-Methyl-5-vinyl-pyridin, Quaternierung
      und Vulkanisation 756
    Vernetzung 788 ff. (Tab.)
    Vinylacetat, Verseifung 704
      und Lactonisierung 729

Acrylsäureester
  Copolymerisate mit
    Vinylchlorid
      Chlorierung 675
      Umsetzung mit β-Hydroxy-äthylamin
        76
    Vinylisocyanat, Umsetzung mit Amino-
      und Hydroxygruppen enthaltenden
      Verbindungen 758
    2-Vinyl-pyridin, Verseifung 706
  Pfropfpolymerisate mit Naturkautschuk 858
  Polymerisate
    Abbau 705, 807
    Aminolyse 738 f., **739**
    Ammoniumverbindungen, quartäre, aus
      754
    Chlorierung 679
    cyanalkylgruppenhaltige, Verseifung 706
    Polyacrylsäurehydrazide aus 642, 653,
      739 f., **744**
    Hydrazone von **740**
    Polyacrylsäurehydroxamsäuren aus 740
    Reduktion 694 f.
    Vernetzung 786 f.
    Verseifung 705 ff., 925
Acrylsäure-glycerincarbonatester, Polymerisat,
  Vernetzung 787
Acrylsäure-glycidester
  Polymerisate, Vernetzung 788
  (Co- bzw. Cyclo-)Polymerisation 495, 529
Acrylsäure-1H,1H-heptafluorbutylester, Polyme-
  risate, Vernetzung 786
Acrylsäure-hydroxymethylamide 372
  (Co)Polymerisate, Vernetzung 793 f.
  Verätherung von Cellulose 897
Acrylsäure-isocyanat, Polymerisate, Umsetzun-
  gen an 758
Acrylsäure-isopropylidenglycerinester, Polymeri-
  sat, Vernetzung 787
Acrylsäure-methylamid, Polymerisate, Verseifung
  711
Acrylsäure-methylester
  Copolymerisate, Reduktion der Estergruppen
    695
  Polymerisate
    Abbau 811
    Sulfonierung 682
    Verseifung **705**, 706
Acrylsäure-methylolamide s. Acrylsäure-hydroxy-
  methylamide
Acrylsäure-monoglykolester, Polymerisate, Ver-
  netzung 786
Acrylsäurenitril s. Acrylnitril
Acrylsäure-[2-oxo-1,3-dioxolanyl-(4)-methyl-
  ester], Polymerisat, Vernetzung 787
Acrylsäure-β,β,β-trichlor-äthylamid, Copolymeri-
  sate, Vernetzung 793
N-Acyl-äthylenimine
  Polymerisation 572 f.
  Umwandlung in polymerisationsfähige Amide
    574
Acylchloride (s.a. die einzelnen Verbindungen),
  Kondensationsprodukte aus 612
Adipinsäure
  Epoxydharz mit Phthalsäure und Epichlor-
    hydrin **547**
  zur Härtung von Epoxydharzen **540, 552**

Adipinsäure
Polyamide aus **137, 144, 147,** 148, 180, **377, 380** f.
Polyester aus **16, 18, 21, 24, 282**
Adipinsäureanhydrid, polymeres 631 f.
Adipinsäure-bis-[hydroxymethylamid], Kondensation mit Adipinsäuredinitril **393**
Adipinsäure-bis-[methoxymethylamid] **377**
Adipinsäure-diglycidester **547**
Adipinsäure-dinitril
Kondensation mit N,N′-Dimethylol-adipinsäurediamid **393**
Polyamide aus 141, **142**
Adipinsäure-1,6-Hexamethylendiamin-Salz **136**
Mischpolyamide mit 153, **154**
Adipren® 88
Äpfelsäure, Polyester aus 22
Äthanolamin s. 2-Amino-1-hydroxy-äthan
Äthan-phosphonsäure-dichlorid, Polyester aus 14
Äther, ungesättigte, Epoxydierung 490
Ätherglykole, Polyester aus 31
4-Äthyl-6-caprolactam, Polymerisation 117
Äthylcellulose 888, **889**
Äthylen
Copolymerisate mit
Äthylenoxyd 447
Isobutylen, Chlorierung 671
Kohlenmonoxyd s. bei Kohlenmonoxyd
Maleinsäureanhydrid
Aufspaltung zu Halbestern 736
Umsetzung mit Hydroxylamin 714
Verseifung 713
Propylen
Anlagerungsprodukte von Maleinsäureanhydrid, Vulkanisation mit Epoxyharzen 510
Chlorierung 671
chlorphosphonylierte, Vernetzung 782
halogenierte, Vernetzung 782
Mischungen mit anderen Polymeren, Vernetzung 777, 781
Sulfochlorierung 689
und Vernetzung 777, 781, **782**
Vinylacetat
Mischungen mit Natur- bzw. Synthesekautschuk, Vernetzung 783
Vernetzung 782
Verseifung (verseifte) 704
Polyacetale aus 721
Verätherung mit Äthylenoxyd 717
Xanthogenierung **729**
Polymerisate 687
Abbau 809 f., 812
Anfärbbarkeit 924
Anlagerung von
Fumarsäure-diäthylester 775
Maleinsäureanhydrid 775
Chlorierung **667** f., **670**
Vernetzung 779
Fluorierung 667
Mischungen mit anderen Polymeren, Vernetzung durch Peroxyde 777
Nitrierung bzw. Nitrosierung 774
Pfropfpolymerisation von Styrol und Divinylbenzol auf, Chlormethylierung und Quaternierung 753

Äthylen
Polymerisate
Sulfochlorierung (sulfochlorierte) 645, **668** ff.
Mischung mit ungesättigten Elastomeren 780
Umsetzung mit
Aminen 176, 748 f., **749**
Thioharnstoff und weitere Chlorierung 687
Umwandlung der Sulfochloridgruppen 748 f.
Vernetzung 779, **780**
Vulkanisation mit Epoxydharzen 509
Umsetzung mit
Aryl-dichlor-phosphin 775
Phosphortrichlorid **775**
Vernetzung 777 ff., **778**
Terpolymerisate mit Propylen und einer weiteren Komponente, Vulkanisation 803
Äthylen-bis-[chlorameisensäureester], Polyurethane aus 97 (Tab.), **98**
Äthylen-bis-[sojafettsäureamid], Epoxydierung 491
Äthylenchlorhydrin, Umsetzung mit Epichlorhydrin 439
Äthylenchlorid s. 1,2-Dichlor-äthan
Äthylendiamin
zur Härtung von Epoxydharzen **539**
Kondensation mit
2,4-Dihydroxy-isophthalaldehyd 398
Dicyandiamid und Formaldehyd **387**
Melamin und Trimethylolacetaldehyd **367**
Polyamide aus **156**
Umsetzung mit Epichlorhydrin 461 f.
Äthylendiamin-dihydrochlorid, Kondensation mit Dicyandiamid und Formaldehyd **387**
Äthylenglykol (s. a. Glykole)
Anlagerung an 1,3-Dioxolan **566**
Polyester aus 14, 18 f., **24, 34**
Schmelzpunkte 26 (Tab.)
Polyesteramide aus **23, 157**
Polyurethane aus 72
Reaktion mit Tetrahydrofuran zu Polyäthern **566**
Äthylenglykol-carbonat, Polyester aus 15
Äthylenglykol-diglycidäther 77, 477, **543**
Äthylenglykol-dimethacrylat, Copolymerisate mit
Styrol, Chlormethylierung 666
und Aminierung 744
Vinylacetat, hydrolysierte, Polyacetale aus 721
Äthylenglykol-monoglycidäther **543**
N,N-Äthylen-harnstoffe, Polymerisation 573
Äthylenimide von anorganischen Säuren, Polymerisation 574 f.
Äthylenimin
Addition an Cellulose 894
Anlagerungsprodukt an Maleinsäurepolyester 574
Oxäthylierung 441
Polymerisate
Umsetzung mit
Dihalogenverbindungen 575, **590**
m-Phenylendiamin und Formaldehyd **302**
Verwendung 568

Äthylenimin
  Polymerisation 568 ff., **577**
    Abbruch 577
    der N-Acyl-, C-Alkyl- und N-Alkylderivate
      572
    Reaktionsmechanismus 570 f.
  Umsetzung mit
    Aminen 572 f.
    Epichlorhydrin 575
    Epoxyden 573
    Fettisocyanaten 573
    Tetrakis-[hydroxymethyl]-phosphonium-
      chlorid 575
    Tris-[hydroxymethyl]-phosphinoxyd 575
Äthylenimino-essigsäure-methylester, Polymeri-
  sation **578**
β-Äthylenimino-propionsäure-methylester, Poly-
  merisation **578**
Äthylenoxalat, Polyester aus 15
Äthylenoxyd
  Copolymerisate 447, 560
    mit Schwefeldioxyd 446, **453**
  Dimerisation 434
  Oxäthylierung, prakt. Durchführung 447 f.
  Polyaddition an (Oxäthylierung)
    Alkohole und Phenole 426, 436 ff., **451**
      Katalysatoren 438 f.
      Molekulargewicht 437
    Amine 440 ff.
      tertiäre 442 ff.
    Carbonsäure- bzw. Sulfonsäureamide 442,
      446
    Carbonsäuren(anhydride) 444 ff.
    Cellulose 451
    Diboran 442
    Harnstoff 446
    hydrolysiertes Äthylen-Vinylacetat-Co-
      polymerisat **717**
    p-Isododecyl-phenol 451
    Methyloltrimethylenoxyd (und Polymeri-
      sation) 554
    tert.-Octadecylamin **452**
    Phenole bzw. Phenolharze 436 ff.
    Phosphine 442
    Poly(meth)acrylsäure 445
    Polyamide (Misch-) **161**, 448, **453**
    Polyvinylalkohol 716
    Stearinsäure **452**
    Triäthanolamin **451**
    1,1,1-Tris-[hydroxymethyl]-propan **450**
  Polyäther, hydroxygruppenhaltige aus 87
  Polyester mit Dicarbonsäureanhydriden **21**,
    445
  Polymere
    Eigenschaften 429 f.
    Pyrolyse 436
  Polymerisation 425, **448 f.**
    Katalysatoren 433, 435
    Reaktionsbedingungen und -schema 427 ff.
  Umsetzung mit Dicyclohexylamin 441
  Verätherung von Äthylen-Vinylacetat-Copoly-
    merisaten mit **717**
Äthylensulfid, Polymerisation 568
N,N-Äthylen-thioharnstoff, Kondensation mit
  Formaldehyd 322
Äthylesterlactone **728**
Äthyl-hydrokautschuk 831

Äthylolharnstoffe 342
m-Äthyl-phenol, Novolake aus 209
Äthylstärke **910**
Äthyl-vinyl-äther, Polymerisate, Abbau 810
Äthyl-vinyl-benzol, Copolymerisate mit Styrol
  und Divinylbenzol, Chlormethylierung **667**
Äthyl-N-vinyl-carbaminat, Polymerisate, Versei-
  fung **715**
N-Äthyl-N'-(β-vinyloxy-äthyl)-harnstoff, Poly-
  merisat, Vernetzung 795
Aldehyde (ges. und unges.) (s. a. die einzelnen
  Aldehyde, -Harze sowie Reaktionskompo-
  nenten)
  Eigenkondensate 415 f.
  Knoevenagel-Kondensation 413 f.
  Polykondensationsprodukte mit 413 ff.,
    416 ff.
  polymere 403 ff.
  ungesättigte, Epoxydierung 484, 489 f.
Aldehydsulfonsäure (vgl. die einzelnen Verbin-
  dungen), Phenolharze aus 268, 272, **289**
Aldimine (vgl. Schiffsche Basen), Selbstkonden-
  sation 399
Aldol (s. a. Acetaldol)
  Kondensation mit
    Anilin 299
    α-Naphthylamin 299
    Weiterkondensation 415
Alizarin, Kondensation mit Phenol(sulfonsäuren)
  und Formaldehyd 272
Alkan-dialdehyd-bisacetale, ungesättigte, Poly-
  merisation 562
Alkanolamine (vgl. die einzelnen Verbindungen),
  Polyamid-Polyester aus 158
Alkan-phosphonsäure-chloride (s. a. die einzelnen
  -chloride), Polyester aus 14
Alkenylbernsteinsäureanhydride, Epoxydierung
  485
Alkohole (vgl. die einzelnen Alkohole), Oxalkylie-
  rung 436 ff.
Alkoxymethyl-benzylchloride, Kohlenwasser-
  stoffe, hochmolekulare aus 627
Alkydharze (s. a. Polyester)
  Copolymerisation mit Methacrylsäure-glycid-
    ester und -methylester 757
  Epoxydierung 489
  Härtung mit Resolen 242
  Modifizierung von Resolen mit **284**
  aus Polybutadien, hydroxyliertem 769
  siliconmodifizierte, epoxydgruppenhaltige 532
  Umsetzung mit Diisocyanaten 94
α-Alkyl-acrolein
  Polymerisate, Vernetzung 791
  Umsetzung mit
    Carbonsäureamid 377
    Urethan 377
Alkylacrylate (s. a. die einzelnen Acrylsäure-alkyl-
  ester), Pfropfpolymerisation auf Cellulose 898
N-Alkyl-äthylenimine 572
Alkyl-aryl-sulfone, Kondensation mit Formal-
  dehyd 420
Alkylen-bis-phenole mit längerem Alkylenrest,
  Resole aus 243
ω,ω'-Alkylendimercaptide (s. a. einzelne Alkan-
  ω,ω'-dithiole), hochmolekulare Thioäther aus
  598
1,3-Alkylenimine, Polymerisation 575

Alkylenoxyde (s. a. Äthylenoxyd bzw. Epoxyde)
   Anlagerungsprodukte, Verwendung 425 f.
   Copolymerisation 435, 560
      untereinander 435
   dimere 433
   Polyester aus 15, **21**, 445
   Polymerisate
      Eigenschaften 429 ff., **436**
      Pfropfpolymerisate mit Vinylacetat, hydro-
         lisierte Acetalisierung 720
   Polymerisation, Katalysatoren 428 ff.,
      433 (Tab.)
   Quaternierung von mit Dialkylaminen umge-
      setztem chlormethyliertem Polystyrol 752
   Umsetzung mit Phenolharzen 245
   Veresterung von Acrylsäure-Styrol-Copoly-
      merisaten 735
Alkylensulfide, Copolymerisation mit
   Alkylenoxyden 435
   Propylenoxyd 568
2-Alkyl-2-hydroxymethyl-trimethylenoxyd, Poly-
   merisation 553
Alkyliden-bis-[N,N-äthylen-harnstoffe] (s. a. die
   einzelnen Verbindungen)
   Polymerisation 574
   Umsetzung mit Polyestern 574
Alkyliden-bis-[kohlensäure-alkylester], Umeste-
   rung, doppelte 51
Alkyliden-bis-phenole (s. a. Bis-[hydroxyphenyl]
   -alkane, -methan, -propan, -butan usw.)
   195, 198 (Tab.)
   Hydrolyse 197
   Resole aus 229
   Spaltung, thermische 197
N-Alkylmercaptomethyl-polyamide 158
2-Alkyl-2-methylol-trimethylenoxyd, Polymeri-
   sation 553
Alkylphenole (s. a. die einzelnen Verbindungen)
   Novolake aus 206 f.
   Oxalkylierung 439
   -Schwefel-Harze 602
Alkyl-phenol-hydroxyalkyläther, Schwefelsäure-
   ester von 439
N-Alkyl-polyurethane 95
Alkyltetrahydrofurane 561
Alkyl-vinyl-äther (s. a. die einzelnen Verbindun-
   gen), Polymerisate
   Chlorierung 679
   Vernetzung 790
Alkyl-N-vinyl-carbaminate, Polymerisate, Ver-
   seifung 715
Alkyl-vinyl-ketone (s. a. Methyl-vinyl-keton),
   Polymerisate
   Aminierung 693
   Ammoniumverbindungen, quartäre, aus 754
   Cyanäthylierung 730
   Reduktion 693
(Alkyl-vinyl-phenyl)-isocyanat, Polymerisat, Ver-
   netzung 758, 791
Allen, Copolymerisate, Epoxydierung 493
Allophanat-Struktur 81
N-Allyl-acetamid, Copolymerisate mit Fumar-
   säure-diäthylester, Bildung von Lactamrin-
   gen 762
Allylacetat, Polymerisate, Verseifung 703
Allylalkohol
   Anlagerung an Isocyanate 94

Allylalkohol
   Copolymerisate
      mit Styrol und Divinylbenzol, Veresterung
         728
      Vernetzung 793
   Umsetzung mit Polyamiden und Formaldehyd
      375
Allyl-(p-allyl-phenyl)-äther, Epoxydierung 490
Allylborat, Polymerisate, Verseifung 703
Allylcellulose, Pfropfpolymerisate 898
Allylchloracetat, Polymerisate, Umsetzung mit
   tert.-Aminen 751
Allylester (vgl. die einzelnen Verbindungen), Co-
   polymerisate mit Maleinsäureanhydrid, Auf-
   spaltung zu Halbestern 736
Allylformiat, Polymerisate, Verseifung 703
Allyl-glycid-äther
   Addition an Hexachlorcyclopentadien 498
   des 2,2-Bis-[p-hydroxy-phenyl]-propans (Dian)
      550
   Copolymerisate 495, 529, 757, 788
      Vernetzung 788, 789
      mit Vinylacetat, Anlagerung von Trimethyl-
         amin **550**
   Härtung und Polymerisation 495, 529
   Polymerisate
      Ammoniumverbindungen, quartäre, aus
      753, **754**
      Umsetzung mit Aminen 756 f.
      Veresterung mit trocknenden Ölen 757
   Telomerisierung 498
Allylidendiacetat, Copolymerisate mit Vinyl-
   acetat
   Vernetzung 790
   Verseifung 704
Allylisocyanat, Polymerisate
   Umsetzung der Isocyanatgruppe 758
   Vernetzung 791
1-Allyloxy-2,2-bis-[hydroxymethyl]-butan, Poly-
   ester mit 40
Allyloxymethyl-melamin **368**
p-Allyloxy-phenyl-isocyanat, Polymerisate
   Umsetzungen der Isocyanatgruppen 758
   Vernetzung 791
Allylphenol(e), Resolharzlacke aus 246
p-Allyl-phenol-allyläther, Epoxydierung 490
o-Allyl-phenol-(2,3-epoxy-propyläther), Epoxyd-
   harze aus 490
Allylstärke **910**
Alterungsschutzmittel s. Stabilisatoren
Ameisensäure-allylester, Polymerisate, Versei-
   fung 703
Ameisensäure-celluloseester **877**
Ameisensäure-vinylester, Polymerisate, Versei-
   fung 702
N-Amidocarbonyl-äthylenimine, Polymerisation
   573
N-Amidothiocarbonyl-äthylenimin, Kondensation
   mit Formaldehyd 322
Amidoxime, polymere 730
Amine (s. a. bei den einzelnen Verbindungen,
   Reaktionspartnern und Harzen)
   Kondensation mit
      Carbonylverbindungen 292 ff., 394 ff.
      Formaldehyd 394 ff.
   Oxäthylierung 441 ff.

Aminoacetonitril, Polyamide aus 104
2-Amino-äthanol s. 2-Amino-1-hydroxy-äthan
Amino-alkoxy-alkane, Kondensation mit Formaldehyd 305
p-Amino-benzoesäure, Mischpolyamide aus 154
p-Amino-benzylalkohol, Kondensationsprodukte 294
p-Amino-benzylcellulose 889
4-Amino-buttersäure, Lactambildung 102
10-Amino-caprinsäure, Polykondensation 105, 107
10-Amino-caprinsäurenitril, Polyamide aus 109
6-Amino-capronsäure
    Cyclisierung 102
    Mischpolyamide aus 160
    Oligomere 102
    Polykondensation 102, 106f.
    Polymerhomologe, einheitliche 107
    Reinigung 178
6-Amino-capronsäure-äthylester, Polykondensation 108
6-Amino-capronsäure-sek.-oxalat, Polykondensation 109
Aminocarbonsäuren (s. a. die einzelnen Aminosäuren)
    Einbau in Polyester 23
    Kondensation mit Formaldehyd und
        Harnstoff 345
        Melamin 363, 370
        Phenol 270
    Polyamide aus 100ff., 105ff., 108ff.
Aminocarbonsäurenitrile, Polyamide aus 104, 141
Aminochinazoline, Kondensation mit Formaldehyd 365
Amino-chlorhydrine 455f.
(4-Amino-cyclohexyl)-buttersäure, Polyamide aus 108
(4-Amino-cyclohexyl)-essigsäure, Polyamide aus 108
β-Amino-α,α-dimethyl-propionsäure, Polyamide aus 101, 108
o-Amino-diphenylamin-Formaldehyd-Harze, Härtung von Resolen mit 250
Aminoessigsäure, Kondensation mit Formaldehyd und
    Harnstoff 356
    Melamin 370
Aminoessigsäurenitril, Polyamide aus 104
17-Amino-heptadecansäure-äthylester, Polyamide aus 103, 109
7-Amino-heptansäure(-isopropylester), Polyamide aus 103, 105, 108, 109
2-Amino-1-hydroxy-äthan
    Kondensation mit Formaldehyd und
        Harnstoff 344
        Melamin 370
    Polyester aus 23, 86
    Umsetzung mit
        Copolymerisaten 76
        Methacrylsäureglycidester-Vinylacetat-Copolymerisat 758
Amino-hydroxy-alkane, Polyamid-Polyester aus 158
Amino-hydroxy-diphenylmethane 248
Amino-isomelamin, Kondensation mit Aldehyden 365
m-Aminomethyl-benzoesäure, Polyamide aus 108

4-Aminomethyl-cyclohexancarbonsäure, Mischpolyamide aus 154
N-Aminomethyl-harnstoff 343
9-Amino-nonansäure, Polyamide aus 101, 105, 108
(ω-Amino-nonyl)-harnstoff, Polyharnstoff aus 167
7-Amino-önanthsäure s. 7-Amino-heptansäure
N-Amino-oxazolidon, Umwandlung in Polyäthylenhydrazine 576
9-Amino pelargonsäure, Polyamide aus 101, 105, 108
Aminophenole (vgl. die einzelnen Verbindungen)
    Epoxydharze aus 479
    Phenolharze aus 272
Aminophenyl-hydroxyphenyl-methane 248
Aminopivalinsäure, Polyamide aus 101, 108
Aminopyrimidine, Kondensation mit Aldehyden 365
3-Amino-1,2,4-triazol, Polykondensation mit Diisocyanaten 174
11-Amino-undecansäure, Polyamide aus 103, 105, 108
5-Amino-valeriansäure, Lactambildung 102
Ammoniak
    Oxäthylierung 441
    Umsetzungen mit Ammoniak s. bei den Reaktionspartnern
Ammoniumhydroxyd, Polyäther aus 583
Ammoniumverbindungen (s. a. bei den einzelnen Reaktionspartnern, makromolekulare, quartäre 376
Ampholyte, polymere 763
Amylopektin 899f.
    Isolierung 901
    Jod-Reaktion 902
Amylose (s. a. Stärke) 899ff.
    Abbau, hydrolytischer 902
    Isolierung 900
    Jod-Reaktion 902
    Molekulargewichtsbestimmung 902, 909
    Reduktion 914
    tosylierte, Jod-Amylose aus (und Reduktion) 908
    Umsetzung mit (Di)Isocyanaten 909
    Verätherung zu
        Carboxymethylamylose 912
        Hydroxyäthylamylose 911
        Methylamylose 909f., 910
        p-Nitro-benzylamylose, Reduktion 913
        Sulfopropylamylose 912
        6-Trityl-amylose 911
    Veresterung zu
        Ameisensäureester 906, 907
        Carbamidsäureestern (Verseifung) 909
        Essigsäureestern 905f., 906
        zu höheren Fettsäureestern 907
        Mischestern 907
        Phosphorsäureestern 905
        Phthalsäure-halbester 907, 908
        Schwefelsäureester 903, 904
        p-Toluolsulfonsäureester 908
        6-Tosyl-amylose 908
p-tert.-Amyl-phenol, Resole aus 261
Analyse von Polymeren (s. a. bei den einzelnen Polymeren) 641f., 657, 917ff., 960ff.
Anhydro-p-amino-benzylalkohol 249f., 294, 296, 300
    Kondensation mit Phenolen bzw. Novolaken 249

3,6-Anhydro-amylose 914
Anhydrocellulose 895
Anhydro-enneaheptose 421
Anhydro-formaldehyd-anilin (Umlagerung) **300**
Anilin
  -Formaldehyd-Harze 292 ff.
    als Anionenaustauscher 300
    Härtung 298
    Herstellung **301**
    Kondensation
      mit Formaldehyd-Überschuß 296 f.
      in saurer Lösung 293 ff.
    lösliche 297
    mit Methylenbrücken zwischen aromatischen Kernen und freien prim. Aminogruppen **301**
    niedermolekulare **300**
    Preßmassen 294, 298, **300**
    Reaktionsschema 293 ff.
    sauerstoffhaltige 297
    Schichtstoffe 298
    Spaltung mit Phenolen und aromatischen Aminen 294
    thermoplastische 296
    Vernetzung 296, 298
  Kondensation mit
    Aldehyden 299
    Crotonaldehyd 265, 299, **301**
    Epichlorhydrin **462**
    Furfurol 292, 299
    und Formaldehyd 250
    -Schwefel-Harze **606**
Anilinhydrochlorid, Kondensation mit
  Acrolein und Resorcin 265
  Formaldehyd 297
  und Resorcin (Gerbstoff) **277**
Anionenaustauscher s. Austauscherharze
Anisaldehyd, polymerer Thioaldehyd aus 411
Anisol, Kondensation mit Formaldehyd **315**
  und Phenoxyessigsäure 270
  und Salicylsäure 246
Anthracen, Schwefelungsprodukte von 604
Anthranilsäure, Harze mit 271
Anvulkanisation 846, 848
Aralkylhalogenide, Polykondensationsprodukte mit aromatischen Hydroxycarbonsäuren 611
Aralkylsulfonsäureamide, Umsetzung mit Harnstoff-Formaldehyd-Harzen 346
Aroxyalkylamine, Kondensation mit Formaldehyd 305
Arylpolyäther 583
AT-Cellulose 888
Austauscherharze 246, 266 ff., 271 f., **288 ff.**, 299 f., 304 f., 343, 345, 443, 643, 611, 684, 744, 746, 751 f., 754, 749, 872
Austauschermembranen 753
Azelainsäuredinitril, Methylenpolyamid aus **393**
Azetidinone, Polyamide aus 117 f., **118**
Azofarbstoffe, polymere (s.a. Farbstoffe, polymere) 720, 747, 759
Azoproteine 637

B

Balata, Isomerisierung 838
Baumwollcellulose (s.a. unter Cellulose) **864 f.**
Baumwollgewebe, Cyanäthylierung **893**

Benzalchlorid
  Polykondensationsprodukte aus 611
  Umsetzung mit Natriumtetrasulfid 593
Benzaldazin, Umsetzung mit Toluylen-2,4-diisocyanat **70**
Benzaldehyd
  Kondensation mit
    Anilin 299
    Methyl-äthyl-keton 421
    Phenol 197
    polymerer Thioaldehyd aus 411
Benzaldehyd-disulfonsäure
  Kationen-Austauscherharz mit Resorcin **289**
  Kondensation mit Phenolen und Formaldehyd 268
Benzaldehyd-o-sulfonsäure, Phenolharze aus 272
p-Benzochinon, Umsetzung mit Diaminen 589
Benzoesäureamid, Kondensation mit Formaldehyd 371
Benzoesäure-(hydroxymethylamid),Kondensation mit Furandicarbonsäureestern 376
Benzoguanamin-Formaldehyd-Harze, Zusatz zu unges. Polyestern 365
Benzol, Kondensationsprodukte mit
  1,2-Dichlor-äthan 611
  Dichlormethan 610
  Formaldehyd 303
Benzol-m-bis-[sulfonsäureamid], Kondensation mit Formaldehyd **390**
Benzol-1,3-bis-[sulfonsäurechlorid], Polysulfonsäureamid aus **176**
Benzol-1,4-diessigsäure, Polycarbonsäureanhydrid aus 632
Benzol-diisocyanat s. Phenylen-diisocyanat
Benzolsulfonsäureamid
  Epoxydharze aus 479
  Kondensation mit Formaldehyd und Xylol **389, 391**
Benzolsulfonsäure-bis-[β-hydroxy-äthyl]-amid, Polyester aus 23
N-Benzolsulfonyl-äthylenimin, Polymerisation 572
Benzol-1,3,5-tricarbonsäure, Polyamide aus 156
Benzoylcellulose 879
Benzyläther-Spaltung 257
Benzylcellulose **889**
Benzylchloridharze 609 f., **612**
Benzylhalogenidharze 607 ff., 611, **612**
Benzylsulfonsäuren, Gerbstoffe aus 264
Bernsteinsäure, Polyester aus **19, 22**
Bernsteinsäureanhydrid, Polyester aus **21**
Beschichtungsstoffe aus Polyisocyanaten 92 ff.
Betaine, polymere 755
Bi- oder Bis- s.a. Di-
Bidioxolane, Polyadditionsprodukte mit mehrwertigen Alkoholen 618
Biphenyl aus Benzol 623
4,4′-Biphenyl-dicarbonsäure, Polyester aus 25
Bipiperidyl, Epoxyde aus 479
1,3-Bis-[acetylacetyloxy]-butan, Kondensation mit Butyraldehyd 423
1,4-Bis-[acetyloxy]-benzol, Polyester mit Adipinsäure **21**
Bis-[acetyloxy]-propen s. Allylidendiacetat
Bis-[acylamido]-methan 371, 391 f.

1,6-Bis-[äthoxycarbonyloxy]-hexan, Polyurethane aus **96**

1,2-Bis-[2-äthylenimino-propylcarbonyloxy]-äthan **578**

Bis-alkyl- bzw. -arylcarbonate, doppelte Umesterung 51

Bis-[β-(allyloxycarbonyloxy)-äthyl]-äther, Copolymerisation 37

Bis-[allyloxymethyl]-benzole, Epoxydierung 490

N,N′-Bis-[allyloxymethyl]-harnstoff 337

1,3-Bis-[amidocarbonyloxy]-butan s. 1,3-Butylenglykol-bis-[carbamidsäureester]

1,2-Bis-[2-amino-äthoxy]-äthan, Polyamide aus 148

Bis-[β-amino-äthyl]-amin s. Diäthylentriamin

Bis-[4-amino-cyclohexyl]-methan, Polyamide aus 144, **145**

1,4-Bis-[5-amino-1,1-dimethyl-pentyl]-benzol, Polyimide aus 163

1,2-Bis-[6-amino-hexylamino]-äthan, Polyamide aus 150

Bis-[4-amino-2-methyl-cyclohexyl]-methan, Polyamide aus **146**

Bis-[5-amino-pentyl]-äther, Polyamide aus 148

Bis-[aminophenyl]-methan 293
  Epoxydharze aus 478
  Polyharnstoff aus **160**
  Umsetzung mit Diazoniumsalzen 296

Bis-[3-amino-propyl]-äther
  Polyharnstoffe aus 165
  Polyoxamide aus 148
  Umsetzung mit Epichlorhydrin **460**

Bis-[3-amino-propyl]-amin
  Polyamine mit 1,2-Dichlor-äthan 588
  Polyharnstoff aus **170**

1,4-Bis-[3-amino-propyl]-butan, Polyoxamide aus 148

1,6-Bis-[3-amino-propyloxy]-hexan, Polyamide aus 148

Bis-[amino]-triazine, Kondensation mit Aldehyden 365

1,3-Bis-[benzyloxy]-2,2-bis-[hydroxymethyl]-propan, Polyester aus 40

1,4-Bis-[bromacetyl]-benzol, Polythiazole aus 612

1,2-Bis-[4-brommethyl-phenyl]-äthan, Polyxylylene mit p-Xylylenchlorid 626

Bis-[1-carballyloxy-äthyl]-carbonat, Copolymerisation 37

Bis-[carballyloxymethyl]-äther, Copolymerisation 37

Bis-[carbaminylaminomethyl]-äther s. Diharnstoff-methylenäther

Bis-[p-carbobutyloxy-phenyl]-sulfon, Polyester aus **20**

1,8-Bis-[carbomethoxyamido]-octan, Polyamide aus **143**

Bis-[β-carboxy-äthyl]-sulfid, Polyamide aus 150

Bis-[carboxy-hydroxy-methyl]-benzol, Polyamide aus 149

1,3-Bis-[carboxymethoxy]-benzol, Phenolharz aus 270

1,4-Bis-[carboxymethoxy]-benzol, Polyanhydrid aus 632

Bis-[carboxymethyl]-benzol s. Phenylen-bis-[essigsäure]

ω,ω′-Bis-[p- bzw. m-carboxy-phenoxy]-alkane
  Polyamide aus **149**
  Polycarbonsäureanhydrid aus 632, **633**

ω,ω′-Bis-[p-carboxy-phenyl]-alkane, Polycarbonsäureanhydrid aus 632

Bis-[4-carboxy-phenyl]-sulfonsäure, Polyester aus 25

Bis-[β-carboxy-propyl]-benzol, Polyamide aus 146, **147**

Bis-[2-chlor-äthyl]-äther
  Polythiosulfate aus 596
  Thioplaste aus 591, 593, **594**

Bis-[2-chlor-äthyl]-formal
  Polythiosulfate aus 596
  Thioplaste aus 591, 593, 594f.

Bis-chlorameisensäureester (s.a. die einzelnen Ester)
  Polycarbonate aus **54**
  Polyurethane aus 95, **96**, 97 (Tab.), **98**

Bis-[γ-chlor-butyl]-äther, Anlagerung an Diphenole, Epoxydharze aus 475

1,2-Bis-[chlorcarbonyloxy]-äthan, Polyurethane aus 97 (Tab.), **98**

1,4-Bis-[chlorcarbonyloxy]-butan, Polyurethane aus **96**

1,4-Bis-[chlorcarbonyloxymethyl]-cyclohexan 54

2,2-Bis-[4-chlorcarbonyloxy-phenyl]-propan, Polycarbonate aus 54

p,p′-Bis-[2-chlor-5-(3,4-dichlor-benzolsulfonyl-amino)-benzolsulfonylamino]-biphenyl-m,m′-disulfonsaures Natrium **176**

Bis-[2-chlor-1-hydroxy-phenyl-4-sulfonsäure]-imid, Kondensation mit Resorcin und Formaldehyd (Austauscherharz) 269

Bis-[chlormethyl]-äther
  Kondensation mit Säureamiden 371f.
  Umsetzung mit 1,3-Bis-[stearoylamino]-benzol **378**

Bis-[chlormethyl]-aromaten (s.a. die einzelnen Verbindungen), Polyäther aus 582f.

p-Bis-[chlormethyl]-benzol
  Epoxydharze aus 472
  Polyxylylen aus 626
  Umsetzung mit Natriumtetrasulfid 593
  zur Vernetzung von Benzylchloridharzen 610

Bis-[4-chlormethyl-phenyl]-äther, Polyäther aus **586**

α,α-Bis-[chlormethyl]-β-propiolacton, Polymerisation 8

2,2-Bis-[chlormethyl]-trimethylenoxyd
  Darstellung 554
  (Co)Polymerisation 555, **563**

1,4-Bis-[cyanmethyl]-benzol, Kondensation mit Aldehyden 420

Bis-cyclohexenoxyde 522

1,3-Bis-[dialkylamino]-propanole-(2) 456

N,N′-bis-[(1,2-dichlor-benzol-4-sulfonyl)-3′-amino-6′-chlor-benzol-1′-sulfonyl]-benzidin-m,m′-disulfonsaures Natrium **176**

Bis-[p-(dimethyl-amino)-phenyl]-methan 295

1,4-Bis-[epoxy-äthyl]-benzol 495

3,6-Bis-[epoxy-äthyl]-dibenzofuran 495

2,6-Bis-[epoxy-äthyl]-diphenylenoxyd 495

Bis-[4-(epoxy-äthyl)-phenyl]-sulfid 495

Bis-[4-(epoxy-äthyl)-phenyl]-sulfon 495

2,6-Bis-[epoxy-äthyl]-thianthron 495
Bis-epoxycyclohexane 522
N,N-Bis-[2,3-epoxy-propyl]-anilin, Härtung **544f.**
1,2-Bis-[2,3-epoxy-propyloxy]-äthan 477, **543**
1,4-Bis-[2,3-epoxy-propyloxy]-benzol **542**
4,4′-Bis-[2,3-epoxy-propyloxy]-biphenyl 472
1,4-Bis-[2,3-epoxy-propyloxy]-butan 543
1,4-Bis-[2,3-epoxy-propyloxy]-buten-(2), Addition an Hexachlorcyclopentadien 498
2,5-Bis-[2,3-epoxy-propyloxy]-1-tert.-butyl-benzol 471
2,2-Bis-[p-(2,3-epoxy-propyloxy)-phenyl]-propan **538**
    gleichzeitige Polymerisation und Polyaddition mit einem Gemisch aus Styrol und Phthalsäureanhydrid **551**
Bis-[4-(2,3-epoxy-propyloxy)-phenyl]-sulfon 472
Bis-[2,3-epoxy-propyl]-sulfid, Kondensation mit Polyaminen 479
2,2-Bis-[fluormethyl]-trimethylenoxyd, (Co)-Polymerisation 555
1,8-Bis-[formylamino]-octan, Polyamide aus **144**
Bis-[β-(4-formyl-phenyloxy)-äthoxy]-äthan, Kondensation mit Polymethylendiaminen 398
Bis-glycidsäureester 481
Bis-guanamine, Kondensation mit Formaldehyd 365
1,4-Bis-[β-hydroxy-äthoxy]-benzol, Polyurethane aus 71
1,4-Bis-[β-hydroxy-äthoxy]-buten-(2), Polyester aus 30, 34
2,2-Bis-[4-(β-hydroxy-äthoxy)-3,5-dialkenyl-phenyl]-propane, Polyester aus 40
2,2-Bis-[p-(β-hydroxy-äthoxy)-phenyl]-propan, Polyurethane aus 71
Bis-[4-(β-hydroxy-äthoxy)-phenyl]-sulfon, Polyester aus 26
Bis-[β-hydroxy-äthyl]-äther
    Polyäther aus **586**
    Polyester aus 30, **32, 34,** 40
6-(Bis-[β-hydroxy-äthyl]-amino)-tetralin, Polyurethane aus 87
N,N-Bis-[β-hydroxy-äthyl]-anilin
    Polyester aus 23, 39
    Polythioäther aus 581
Bis-[α-hydroxy-äthyl]-benzol, Polyäther aus 581
N,N-Bis-[β-hydroxy-äthyl]-benzolsulfonsäure-amid, Polyester aus 23
Bis-[β-hydroxy-äthyl]-disulfid, Kondensation mit
    Formaldehyd 599
    Phosphorpentoxyd 599
1,2-Bis-[(β-hydroxy-äthyl)-methyl-amino]-äthan, Polyurethan aus 72
N,N′-Bis-[β-hydroxy-äthyl]-piperazin, Polyurethane aus 72
1,3-Bis-[-β-hydroxy-äthyl]-tetrahydro-1,3-diazetidin 397
N,N-Bis-[β-hydroxy-äthyl]-5,6,7,8-tetrahydro-naphthylamin, Polyurethane aus 87
N,N-Bis-[β-hydroxy-äthyl]-m-toluidin, Polyurethane mit 87
Bis-[β-hydroxy-alkyl]-sulfide, Polykondensation von 435
Bis-[4-hydroxy-aryl]-alkane, Polycarbonate aus 56

Bis-[2-hydroxy-benzyl]-äther 227, 255
    Umsetzung mit ungesättigten Ölen 258
Bis-[4-(p-hydroxy-benzyl)-phenyl]-methan, Epoxydharze aus 472
Bis-[2-hydroxy-3,5-dimethyl-benzyl]-äther 255
N,N-Bis-[2-hydroxy-3,5-dimethyl-benzyl]-urethan 374
Bis-[2- bzw. 3-hydroxy-3,5-dimethyl-phenyl]-methan 201, 374
2,6-Bis-[hydroxymethyl]-anisole, 4-substituierte 244
1,4-Bis-[hydroxymethyl]-benzol, Polyester aus 26
2,2-Bis-[hydroxymethyl]-butanol, Polyadditions-produkte mit 1,4-Cyclohexandion-bis-[ω-methylen-äthylen-ketal] **622**
1,4-Bis-[hydroxymethyl]-cyclohexan, Polyester aus **20,** 26
3,3-Bis-[hydroxymethyl]-cyclohexen-(1), Diglycidäther aus, Addition an Hexachlorcyclopentadien 498
Bis-[hydroxymethyl]-harnstoff s. Dimethylol-harnstoff
2,6-Bis-[hydroxymethyl]-p-kresol 224f., 246, 277
    Alkylierungsprodukt mit Chloressigsäure, Phenolharze aus 246
    Dimethyläther von 240
    Modifizierung mit Kolophonium **283**
    Umsetzung mit Leinölfettsäureamid 250
N,N′-Bis-[hydroxymethyl]-oxalsäurediamid s. N,N′-Dimethylol-oxalsäurediamid
2,6-Bis-[hydroxymethyl]-phenole, 4-substituierte (vgl. die einzelnen Verbindungen) 224, 228
    als Vulkanisationsmittel 259
1,1-Bis-[4-hydroxy-3-methyl-phenyl]-äthan, Resole aus 263
2,2-Bis-[4-hydroxy-3-methyl-phenyl]-propan 195
Bis-[2-hydroxy-4-nitro-phenyl]-methan 200
1,1-Bis-[4-hydroxy-phenyl]-äthan 210
Bis-[4-hydroxy-phenyl]-alkane (Alkyliden-bis-phenole vgl. a. -methan, -propan, -butan usw.) 198 (Tab.), 243
Bis-[4-hydroxy-phenyl]-alkene mit längerem Alkylenrest, Resole aus 243
2,2-Bis-[4-hydroxy-phenyl]-butan, Reaktions-schema 195f.
1,1-Bis-[4-hydroxy-phenyl]-cyclohexan, Polycarbonat aus **53**
Bis-[hydroxyphenyl]-methan (derivate) 199, 201f., 217, 236
    Kondensation mit Formaldehyd und
        Ligninsulfonsäuren 264
        Natriumhydrogensulfit 264
2,2-Bis-[4-hydroxy-phenyl]-propan 195
    Allyl-glycid-äther aus **550**
        Polymerisation 495
    Austauscherharze aus **288**
    Diepoxyde aus 492, **552**
    Diglycidäther **538**
        gleichzeitige Polymerisation und Polyaddition mit einem Gemisch aus Styrol und Phthalsäureanhydrid **551**
    Epoxydharze aus 468, 536, **538ff., 551f.**
    Kondensationsprodukte mit Xylylendichlorid, Epoxydharze aus 472
    Phenolharze (bzw. Novolake und Resole) aus 209, 213, 229, 244, **283f.,** 286, 290
        Modifizierung **283f.,** 290

2,2-Bis-[4-hydroxy-phenyl]-propan
Polycarbonate aus **50, 52 ff.**
Polyester aus 14
Polyglycidyläther von, nachträgliche Kernbromierung 498
2,2-Bis-[4-hydroxy-phenyl]-propan-bis-[chlor-
ameisensäureester], Polycarbonate aus **54**
Bis-[4-hydroxy-phenyl]-sulfon
Austauscherharze aus **288**
Kondensation mit Formaldehyd, Naphthalin-
sulfonsäuren und Kresol 265
und Natriumsulfit 265, **289**
Polyester aus 14
1,4-Bis-[γ-hydroxy-propyl]-benzol, Polyurethane
aus 71
2,2-Bis-[4-hydroxy-3-sulfo-phenyl]-propan, Kon-
densation mit Harnstoff und Formaldehyd **289**
1,6-Bis-[isobutylamino]-hexan, Mischpolyamide
aus 148
Bis-[isobutyloxymethyl]-harnstoff **351**
Bis-[4-isocyanato-phenyl]-methan s. Diphenyl-
methan-4,4'-diisocyanat
Bis-[mercaptomethyl]-benzol
Epoxydharze aus 479
Umsetzung mit Epichlorhydrin **546**
Bis-[4-mercapto-phenyl]-äther, hochmolekulare
Thioäther aus 598
Bis-[4-mercapto-phenyl]-methan, hochmolekulare
Thioäther aus 598
1,2-Bis-[methacryloyloxy]-äthan s. Äthylenglykol-dimethacrylat
N,N-Bis-[methansulfonyl]-hexamethylendiamin,
Diepoxyde aus 480
N,N'-Bis-[methoxymethyl]-adipinsäurediamid
377
2,6-Bis-[methoxymethyl]-p-kresol 240
1,4-Bis-[methylamino]-cyclohexan, Polyamide
aus 149
Bis-(p-[N-methyl-N-(2,3-epoxy-propyl)-amino]-
phenyl)-methan, Vernetzung **546**
Bis-[4-methyl-3-isocyanato-phenyl]-carbodiimid
70
N,N'-Bis-[4-methyl-3-isocyanato-phenyl]-harn-
stoff **69, 86**
1,3-Bis-[4-methyl-3-isocyanato-phenyl]-uretdion
64, 82
1,2-Bis-[4-methyl-phenyl]-äthan 624
1,2-Bis-[p-methyl-phenylsulfonyloxy]-äthan, Polyäther aus 582, **586**
Bisphenol A s. 2,2-Bis-[4-hydroxy-phenyl]-propan
Bisphenole s. Diphenole
Bis-[phenylamino]-methan 293
Bis-[phthalimido]-methan 372
1,3-Bis-[stearoylamido]-benzol, Umsetzung mit
Bis-[chlormethyl]-äther **378**
Bis-thiosulfonsäureester von ω-Chlor-alkansäure-
amiden, Umsetzung mit Alkalipolysulfiden
599
Bis-trimethylenoxyde 556, **564**
cyclische Polyacetale aus 584
Biuret-Struktur 81
Bi-p-xylylen 624
Blockpolymerisate (s. a. die einzelnen Monomeren)
642, 852, 853 ff.
Bound-Rubber 942
Brenzcatechin, Phenolharze aus 249, 264, 272,
287

Brenzschleimsäure-methylester, Kondensation
mit N,N'-Dimethylol-oxalsäurediamid **381**
α-Brom-acrylat, Polymerisate, Umsetzung mit
Kaliumjodid 761
3-Brom-1,2-epoxy-propan, Polymerisation 435
Brommethyl-resitole 4-substituierter Phenole, als
Vulkanisationsmittel 235
Bromstyrol, Polymerisate, Umsetzung mit n-Bu-
tyllithium 764
Buna®, Umsetzung mit Diisocyanaten 94
Buna S®, Vulkanisation 798 f.
Butadien
Additionsprodukt mit Maleinsäure, Polyester
aus 42
Copolymerisate mit
Acrylnitril s. dort
Acrylsäureestern s. dort
Anlagerung von
Estern ungesättigter Dicarbonsäuren
771
Maleinsäureanhydrid 771
Bestimmung der Doppelbindungen 927
Kombination mit Epoxydharzen 465
Maleinsäurehalbestern
Lactonisierung 728
Vernetzung von Äthylen-Vinylacetat-
Copolymeren mit 782
2-Methyl-5-vinyl-pyridin, Quaternierung
und Vulkanisation 756
Mischung mit sulfochloriertem Polyäthylen
780
Styrol
Abbau 814, 818, 927
Acylierung 665
Anlagerung von
Bromalkanen 772
Dimercaptanen bzw. Thioplasten
590, 770
Estern ungesättigter Dicarbonsäu-
ren 771
Maleinsäureanhydrid 771
Bestimmung von Polystyrol in 928
Chlorierung 675 f., **676**
Chlormethylierung **666**
und Aminierung 744
Cyclisierung **773**
Epoxydierung 768
Hydrierung 692
Mastikation 852
Mischungen mit Polymeren, Vernet-
zung 781, 783, 800, 803
Pfropfpolymerisation auf 732, 756
Sulfonierung 686
Vulkanisation 798 f.
Sulfonierung 686
Vernetzung 793
Vinylanisol, Chlormethylierung 666
Vinylidenchlorid, Chlorierung 676
Epoxydierung 492
Kondensationsprodukte mit Phenol, Epoxy-
dierung 490
Polymerisate
Abbau 811, 814
Anlagerung von
Bromalkanen 772
Chlorwasserstoff 765
Dirhodan **767**

Butadien
  Polymerisate
    Anlagerung von
      Hexachlorcyclopentadien 771, **772**
      β-Mercapto-propionsäurenitril **770**
      Schwefeldioxyd 766, **767**
      Thioglykolsäure **770**
      Thiolcarbonsäuren 771
      Thiolen 769f.
    Chlorierung (und Umsetzung mit trocknenden Ölen) 675ff.
    Cyclisierung (und Oxydation) 773
    Epoxydierung 493, **549**, 768
      und Vernetzung 768, 789
    Erweichung 675
    Hydrierung 691f., **693**
    Hydroxylierung **769**
    Isomerisierung 772f.
    Löslichkeit, Verbesserung 675
    Mercurierung 763
    Mischungen mit Polyäthylen, Vernetzung 777
    Regler für 675
    Resole aus 243
    Sulfonierung 686
    Vulkanisation 258, 509, 798
  Popcornpolymerisate mit Styrol, Chlormethylierung 666
Butadiendioxyd 492, 494
Butadienmonoxyd s. 3,4-Epoxy-buten
1,4-Butandiol
  Polyacetale aus 585, **587**
  Polyester aus 14, **20**
  Polyurethane aus 71, **73f.**
Butandiol-(1,3)-bis-[acetessigsäureester], Kondensation mit Butyraldehyd **423**
Butandiol-(1,3)-bis-[carbamidsäureester] s. 1,3-Butylenglykol-bis-[carbamidsäureester]
Butandiol-(1,4)-bis-[chlorameisensäureester], Polyurethane aus **96**
Butandiol-(1,4)-diglycidäther **543**
1,4-Butandithiol
  Polyester aus 14
  Umsetzung mit Hexamethylen-bis-[N,N-äthylen-urethan] 600
1,4-Butandiol-divinyläther, Kondensation mit Phenol **287**
1,2,3,4-Butantetracarbonsäure, Polyamide aus **156**
Butantriol-(1,2,4)-tris-[acetessigsäureester], Kondensation mit Crotonaldehyd **423**
Buten-(1), Polymerisate, Sulfochlorierung 688
Buten-(2)-diol-(1,4)
  Bis-[β-hydroxy-äthyläther] von, Polyester aus 30, 34
  Diglycidäther von, Addition an Hexachlorcyclopentadien 498
  Diisocyanat mit Toluylen-2,4-diisocyanat **66**
  Polyacetale aus 585
  Polyester aus 30, 34
Butin-(2)-disäure, Polyester aus 32
Buttersäure-celluloseester 878
N-tert.-Butyl-acrylsäureamid, Copolymerisate, Vernetzung 793
Butylcellulose 828

1,3-Butylenglykol-bis-[carbamidsäureester], Kondensation mit
  Crotonaldehyd **381**
  Formaldehyd und Verätherung **379**
1,4-Butylenglykol-diglycidäther **543**
Butylenoxyd, Polymerisate 426, 435
2-tert.-Butyl-hydrochinon, Diepoxyde aus 471
Butylkautschuk (s.a. Isobutylen-Isopren-Copolymerisate)
  Anlagerung von
    Halogenwasserstoff **765**
    Maleinsäureanhydrid 771
  Bromierung 681, **682**
  Chlorierung 678, **679**
  halogenierter, Mischung mit Kautschuk, Vulkanisation 803
  Mischung mit Polyäthylen (sulfochloriertem) 777, 780
  Vulkanisation 239, 258, 801f.
N-Butyloxymethyl-methacrylsäureamid, Copolymerisate, Vernetzung 794
p-tert.-Butyl-phenol
  Kondensation mit Methyl-vinyl-äther 211, **287**
  (Nach) Kondensation von Xylol-Formaldehyd-Harzen mit 309, **318**
  Novolake aus 210f., **275f.**, **287**
  Phenol-Harze aus 219
    Alkoxylierung 247
  Resole aus 261
    Modifizierung von Kolophoniumester mit **283**
    Verkochen mit ungesättigtem Öl **282**
Butyraldehyd
  Kondensation mit
    Anilin 299
    Butandiol-(1,3)-bis-[acetessigsäureester] **423**
  Polymerisation 410
Butyrolactam, Polymerisation 102, 112
γ-Butyrolacton, Polymerisation 8
Butyrylcellulose 878

C

Cadoxen 865
ε-Caprolactam (s.a. bei Poly-ε-caprolactam und Polyamiden)
  Copolymerisation mit ε-Thio-caprolactam **131**
  Einbau in Polyester 23
  Herstellung 112
  Mischpolyamide aus (s.a. Mischpolyamide) 114, 153, **154**
  Nachpolymerisation **124**
  Oligomere 8, 113
  Polyamide, verzweigte aus **156**
  Polyharnstoff-polyamide aus **167**
  Polymerisation 102, 112, 119ff., **124, 129**
    Analysenwerte 129 (Tab.)
    anionische 115, 129
    Beschleunigung 114
    diskontinuierliche 119ff.
    drucklose (App.) **120**
    im Einschlußrohr **119**
    durch Erhitzen 113
    in fester Phase 116
    Gleichgewicht 123 (Tab.)
    hydrolytische 115

ε-Caprolactam
  Polymerisation
    Katalysatoren für 115 f., 125, 127 ff.
    kationische 115
    Kettenabbrecher für 115, 121, 125
    kontinuierliche 125 ff., **126**
    in Lösung 116, 129, **130**
    Mechanismus 114
    Polymerisationsgrad 115
    quantitative Untersuchung 123
    Stabilisatoren für 115 f.
    Startreaktionen 115
    Schnellpolymerisation 115, 127 ff., **128**
Caprolacton, Polymerisation 8, 9
8-Capryllactam
  Darstellung **130**
  Polymerisation 117, **130**
Carbamidsäure-äthylester, Kondensation mit Acrolein **381**
Carbamidsäure-butylester, Kondensation mit Formaldehyd **379**
N-(β-Carbomethoxy-äthyl)-äthylenimin, Polymerisation **578**
N-Carbomethoxymethyl-äthylenimin, Polymerisation **578**
Carbonate (s. a. die einzelnen Verbindungen), cyclische, Polymerisation 54
Carbonsäure-äthylenimide s. N-Acyl-äthylenimine
Carbonsäureamide (s. a. die einzelnen Säureamide)
  Kondensation m. Bis-[chlormethyl]-äther 371 f.
  Methylolverbindungen (s. a. die einzelnen Verbindungen) 372
  Oxäthylierung 442, 446
  Polyadditions- und Polykondensationsprodukte mit Aldehyden 371 ff.
  quartäre Salze mit Pyridinhydrochlorid und Formaldehyd 375
  Umsetzung mit ungesättigten Aldehyden 377
O-Carbonsäureamidoäthyl-O′-carboxyäthyl-äther der Cellulose 894
Carbonsäureester, ungesättigte, Epoxydierung und Polymerisation 487 f. (Tab.)
Carbonsäurehydrazide, polymere 528
Carbonsäuren(anhydride) s. die einzelnen Säuren (anhydride)
  Polyaddition von Monoepoxyden an **444 ff.**
  ungesättigte (s. a. die einzelnen Säuren), Kombination mit Epoxydharzen 535 ff.
N,N′-Carbonyl-di-imidazol, Polycarbonate aus 54
Carbonylverbindungen (s. a. einzelne Verbindgn.)
  Epoxydharze aus 481
  Kondensation mit
    Aminen (Ammoniak) 292 ff., 394 ff.
    aromatischen Kohlenwasserstoffen 302 ff.
    Phenoläthern 302 ff.
    Phenolen 195 ff.
  Polyadditionsprodukte 403 ff.
Carboxyäthylcellulose 892, 894
α-(Carboxy-amino)-carbonsäureanhydride
  Aufpfropfen von 133
  Polyamide aus 101, 131 ff.
(Carboxymethylamino)-capronsäure-4-butanolamid, Polyamid-urethan aus **158**
Carboxymethylamylose **912**
Carboxymethylcellulose **891 f.**
Carboxymethylcellulosenitrat 892
Casein, Umsetzung mit Polyisocyanaten 171

Cashew-Nußschalenöl
  Epoxydharze aus 474, **542**
  Resole aus 244
Cellit B® 878
Cellite **875**, 876
Celloxylin 870
Celluloid 870
Cellulose
  Abbau
    hydrolytischer **866 f.**
    oxydativer **868**
  Acetessigesterderivate 895
  Acylierung 653
  Addition von
    Acetylen 896
    Acrylnitril 892, **893**
      und Hydrolyse 894
    Acrylsäureamid bzw. -ester 894
    Äthylenimin 894
    Olefinen
    Vinylsulfonsäure(derivaten) 894
  Ammoniumsalze, quartäre, von 896
  amphotere Umsetzungsprodukte 896
  Carbonylgruppen-Bestimmung 641
  6-Desoxy-derivate **880**
  Diazoniumderivate 898
  Disulfide 882 f.
  Halogenderivate 895
  Isolierung und Reinigung 863 f., **864**
  Lösungen, verdünnte 1040 f.
  Lösungsmittel 865
  Mercerisierung und Inkludierung **864**
  Mesylierung 881
  Modifizierung von Epoxydharzen mit 467
  Molekulargewichtsbestimmung 884
  Nitrierung 637
  Oxalkylierung 438, **451**
  Oxydation 898 f., **899**
  permutoide Umsetzung 868
  Pfropfpolymerisate 897 f. (Tab.)
  Phosphomethylierung 896
  Polyurethane aus 76, **79**
  Pyridiniumsalze von 895
  Reaktionsfähigkeit 864
  Reduktionsvermögen 866
  Sulfidierung 883
  Umfällung aus Cuoxam **865**
  Umsetzung mit
    Diiso(thio)cyanaten 887
    Epoxyverbindungen 896 (Tab.)
    Naturkautschuk-Maleinsäureanhydrid-Anlagerungsprodukten 856
    siliciumorganischen Verbindungen 897
  Verätherung (zu) 887 ff.
    Äthercarbonsäuren, höheren 892
    Äthylcellulose 888, **889**
    Allylcellulose 888
    p-Amino-benzylcellulose 889
    Benzylcellulose **889**
    Butylcellulose 888
    O-Carbonsäureamidoäthyl-O′-carboxyäthylcellulose 894
    Carboxyäthylcellulose 892
    Carboxymethylcellulose **891 f.**
    Diäthylcellulose 888
    3-(Dialkylamino)-hydroxy-propylcellulose 896

Cellulose
  Verätherung (zu)
    mit Diazomethan 887
    4,5-Dichlor-2,6-dinitro-phenylcellulose 896
    mit Glycerinmonochlorhydrin 891
    Hydroxyäthylcellulose 890 f., 891
    Isoharnstoffäther 897
    Methylcellulose 652, 887 ff.
    mit N-Methylol-acrylsäureamid (derivaten)
      897
    mit Methylolamiden höherer Fettsäuren
      375
    Methylolharnstoffäther 897
    p-Nitro-benzylcellulose 889
    Phenylcellulose 890
    phosphorhaltigen Äthern 896
    Trimethylcellulose 888
    6-Trityl-cellulose 889, 890
    p-Xylylen-bis-äther 896
  Veresterung (zu) 868 ff.
    Ameisensäureester 877
    Aminosäureestern 895
    Benzoesäureester 879
    Buttersäureester 878, 884
    Carbamidsäureestern 883 ff., 885, 886 (Tab.)
      mit Isocyanatessigsäure-äthylester und
        Phenylisocyanat-4-carbonsäure-
        ester 885
      Verseifung 885
    mit Chlorcarbonsäuren, aliphatischen 895
    Cyanursäureestern 881
    Dithiokohlensäureestern (Xanthogenaten)
      882 f.
      Cellulosethiourethan aus 886
      Methylierung 883
      Reifungsprozeß 883
      Umsetzung mit Propiolacton 896
    Essigsäureestern 874 ff.
      2,5-Acetat (s. a. Cellite) 875
      Bestimmung freier primärer Hydroxy-
        gruppen 880
      Dormagen-Verfahren 874
      Dreyfus-Verfahren 874
      Lösungsmittel 875
      Schering-Verfahren 875
      Tosylierung und Halogenierung 880
      Triacetat 874 f.
        Chlorierung 879
      Verseifung, partielle 875 f.
    Estern von
      anorganischen Säuren 868 ff.
      höheren Fettsäuren 877
      organischen Säuren 873 ff.
        Löslichkeit 874 (Tab.)
    Kohlensäureestern 881 ff.
    Mischestern 878 ff.
      Aceto(iso)butyrate 578
      Acetophthalate 880
      Acetosebacate 880
      Acetosorbate 879
      Acetostearate 879
      Formiatbutyrate 878
      Propionatisobutyrate 878
      stickstoffhaltigen 895
    über die Mischester 878
    Monochloressigsäureestern 879
    Phosphorsäureestern 872 f., 873

Cellulose
  Veresterung (zu)
    polymeranaloge 869, 875, 878
    mit β-Propiolacton 881
    Propionsäureestern 877
    Salpetersäureestern 868 ff., 869
      Bestimmung des Stickstoffgehalts 871
    Schwefelsäureestern 871 f.,
    Sorbinsäureestern 895
    Sulfonsäureestern 895
    Thiocarbamidsäureester 884
    Thiokohlensäureestern 881 f.
    Toluolsulfonsäureestern 880, 895
    Trifluoracetaten 895
    Trimesylat 881
    Trischwefelsäureester 871 f.
    mit ungesättigten Sauren 879
      Pfropfpolymerisation mit Styrol 898
  Celluloseäther (s. a. Cellulose … bzw. … cellulose)
    Verwendung 888
  Cellulosealkoholat 881
  Celluloseamid 871
  Cellulosederivate (vgl. a. Cellulose …)
    Anlagerung an modifizierten Naturkautschuk
      856
  Cellulose-2,3-diacetat-6-phenylcarbaminat 890
  Cellulosedialdehyd 899
  Cellulosediester, definierte 890
  Cellulose-6-phenylcarbaminat 890
  Cellulosepyrosulfat 872
  Cellulosethiourethan 886
  Cellulosetrisulfat 871 f.
  Chardonnetseide 870
  Chinazolidine 296
  Chinit
    Polyester aus 27
    Polyurethane aus 82
  Chinonmethide 256 f.
  α-Chlor-acrylsäure(ester), (Co)Polymerisate, Lac-
    tonisierung 729
  α-Chlor-acrylsäure-sek.-butylester, Polymerisate,
    Abbau 811
  (β-Chlor-äthyl)-benzol, Polyxylylene aus 627
  (β-Chlor-äthyl)-vinyl-äther, Copolymerisate, Ver-
    netzung 787
  Chloral
    Carbinole von 199
    Kondensation mit Harnstoff 342
    Polymerisation 410
  2-Chlor-allylester, Copolymerisat mit Vinyl-
    acetat, Verseifung 704
      und Acetalisierung 721
  3-Chlor-1-amino-2-hydroxy-propan 455 f.
  Chloranil, Umsetzung mit Diaminen 589
  p-Chlor-benzoesäurenitril, Umsetzung mit Form-
    aldehyd 394
  1-Chlor-4-brom-butin-(2), hochmolekulare Koh-
    lenwasserstoffe aus 627
  2-Chlor-butadien-(1,3)
    Pfropfpolymerisation mit Naturkautschuk
      859
    Polymerisate
      Abbau 807, 927
      Anlagerung von Bromalkanen 772
      Chlorierung 679
      Mastikation 852
      Vulkanisation 803 f.

2-Chlor-4,6-diamino-1,3,5-triazin, Umsetzung mit Diaminen (und Formaldehyd) 365

Chlor-dihydroxy-propan s. Glycerin-monochlorhydrin

3-Chlor-1,2-epoxy-butan, Epoxydharze aus 472

2-Chlor-3,4-epoxy-buten-(1) (Polymerisation) 494, 498

1-Chlor-2,3-epoxy-4-hydroxy-butan 94

3-Chlor-1,2-epoxy-propan s. Epichlorhydrin

Chloressigsäure-allylester, Polymerisate, Umsetzung mit tert.-Aminen 751

Chloressigsäure-methallylester, Copolymerisate, quartäre Ammoniumverbindungen aus 751

Chloressigsäure-vinylester s. Vinylchloracetat

β-Chlorhydrine (vgl. a. die Einzelverbindungen) 476

2-Chlor-1-hydroxy-äthan, Umsetzung mit Epichlorhydrin 439

3-Chlor-4-(β-hydroxy-äthoxy)-benzoesäure, Polyester aus 5

5-Chlor-2-hydroxy-1,3-bis-[chlormethyl]-benzol 233

(3-Chlor-2-hydroxy-propyl)-allyl-äther, Copolymerisate, Vernetzung 792

N-(γ-Chlor-β-hydroxy-n-propyl)-anilin 460

N-(γ-Chlor-β-hydroxy-n-propyl)-toluidin 460

Chlorierung von Polymerisaten (vgl. bei den Polymeren und Monomeren) 667ff., 675ff., 679 (Tab.)

Chlorkautschuk (s. a. bei Naturkautschuk) 824ff.

2-Chlormethyl-2-äthyl-trimethylenoxyd 564

Chlormethylamine 398

Chlormethylaromaten, isocyanatgruppenhaltige, Polykondensation 611

Chlormethylbenzole, alkylsubstituierte, Polykondensationsprodukte aus 610

2-Chlormethyl-2-methylol-trimethylenoxyd, Darstellung und Polymerisation 555

Chlormethyl-phenylen-diisocyanat, Polyisocyanat aus 613

6-Chlormethyl-tetrahydronaphthalin, Polykondensations produkte aus 610, 613

Chlornaphthalin, Polykondensationsprodukte von 610

Chloropren s. Chlorbutadien

Chlorphenol
  Kondensation mit Formaldehyd und
    Phenoxyessigsäure 270
    Salicylsäure 247
  -Schwefel-Harze 602

2-Chlor-1-phenyl-äthan, Polyxylylene aus 627

4-Chlor-styrol, Polymerisate, Chlorierung 673

2-Chlor-p-xylol, Polyaromaten aus 626

Chromane 262

Chromatographiepapiere 643

Citraconsäureanhydrid, Pfropfpolymerisation mit Naturkautschuk 855

cold flow 595

Collodiumwolle 870

Copolymerisate, strukturelle 934, 939f.

Cord-Kautschuk-Verklebung mit Phenolharzen 239

Crepe-Kautschuk 822

Crotonaldehyd
  Eigenkondensation 415
  Kondensation mit
    Aceton 416

Crotonaldehyd
  Kondensation mit
    Ammoniak 399, 400
      und Formaldehyd 395
    Anilin(hydrochlorid) 265, 299, 301
    Butantriol-(1,2,4)-tris-acetessigsäureester 423
    1,3-Butylenglykol-bis-carbamidsäureester 381
    Carbonsäureamiden 377
    Formaldehyd und
      Ammoniumchlorid 400
      1,6-Hexamethylendiamin 398, 400
    Phenol (Kresol), Epoxydharze aus 472
    Resorcin 265
    Sulfit-Addukten, Austauschharze aus 269
    Urethanen 377

Crotonsäure, Copolymerisate mit Vinylacetat, Verseifung 704

Cumarazone 250

Cumaron, Copolymerisate mit (Di)Cyclopentadien, Sulfonierung 684

Cumaronharze, Modifizierung mit Resolen 263

Cuoxam 865

Cuoxen 865

α-Cyan-acrylsäure-äthylester, Polymerisate, Abbau 816

N-(β-Cyan-äthyl)-äthylenimine, Polymerisate 573

Cyanäthylcellulose 892, 893
  Hydrolyse 894

Cyanhydrine, polymere 731, 732

Cyanursäure, Kondensation mit
  Epichlorhydrin 497, 547
  Formaldehyd 372

Cyanursäurechlorid, Umsetzung mit
  Aminen und Hydrazinen 528
  Diaminen, Ammoniak und Formaldehyd 365
  Glycid 497
  Glycerinmonochlorhydrin 497

Cyanursäurehydrazide, Kondensation mit Aldehyden 364

Cyanursäure-triglycidester 497

Cyanwasserstoff-Isocyanat-Addukte 62

Cyclododecatrien(di- bzw. mon-)oxyde 492

1,4-Cyclohexan-bis-(methylamin), Polyamide aus 149

Cyclohexandicarbonsäure s. Hexahydro(tere)-phthalsäure

Cyclohexandion-(1,4)-bis-[ω-methylen-äthylenketal], Polyadditionsprodukte mit 1,1,1-Tris-[hydroxymethyl]-propan 622

Cyclohexanol-Formaldehyd-Harze, Kombination mit Epoxydharzen 534

Cyclohexanon
  Kondensation mit
    Formaldehyd 416, 419
    Methylcyclohexanon 424
  Selbstkondensation 421

Cyclohexan-phosphonsäure-dichlorid, Polyester aus 14

Cyclohexen
  Additionsprodukt mit Maleinsäure, Polyester aus 42
  Umsetzung mit Schwefel 847

Cyclohexenoxyd s. Epoxy-cyclohexan

Cyclohexenylmethanol, Diepoxyde der Veräthe-
rungsprodukte 491
Cyclohexylharnstoff, Kondensation mit Formal-
dehyd 338
Cyclokautschuk (s. a. bei Naturkautschuk)
834 ff., **836**, 850
Cyclooctadien-(1,5)-dioxyd 492
Cyclopentadien
Additionsprodukt mit Maleinsäure, Polyester
aus 42
Copolymerisate mit Cumaron bzw. Inden,
Sulfonierung 684
Kondensation mit
acetylierten Styrol(-Isobutylen)-Copoly-
merisaten 665
ölmodifizierten Polyestern 45
Polymerisate, Epoxydierung 492 f.
Cyclopentenyl-allyl-äther, Diepoxyde aus 491

D

Dabco® 61, 90
1,10-Decamethylendiamin s. 1,10-Diamino-decan
1,10-Decandiol, Polyacetale mit Formaldehyd
587
den = Denier (Definition)138
Desmodur L® 66, **67, 93**
Desmodur R® 93
Desmodur T® 60
Desmodur TT® 64
Desmophen 800® 77 f.
Desmophen 900® 77
Desmophen 1200® 78
Desmophen 2000® 79
Desmophene® 16, 41, 76
6-Desoxy-acetylcellulose **880**
6-Desoxy-amylose 914
Dextrine 902
Di- s. a. Bi(s)-
Diacrylsäureamide von Diaminen, Polyadditions-
produkte mit Diolen usw. 614
Diacrylsäureester zweiwertiger Alkohole, Poly-
additionsprodukte mit Diolen usw. 614
Diacyl-diurethane, Vernetzung von Anilin-
Formaldehyd-Harzen mit 298
3-Diäthylamino-1,2-epoxy-propan, Umsetzung
mit chlormethyliertem Polystyrol 752
N-[γ-(Diäthyl-amino)-propyl]-acrylsäureamid s.
Acrylsäure-[(diäthyl-amino)-propylamid]
Diäthylcarbonat, Polycarbonat aus **49**
Diäthylcellulose **888**
Diäthylenglykol s. Bis-[β-hydroxy-äthyl]-äther
Diäthylenglykol-bis-[allylcarbonat], Copolymeri-
sation mit ungesättigten Polyestern 37
Diäthylentriamin
Kondensation mit Formaldehyd und
Harnstoff 354
Phenol, Härtung von Epoxyden 521, **544**
Polyurethan aus **96**
vernetztes Produkt mit 1,3,5-Triacryloyl-per-
hydrotriazin **621**
Dialdehyde (vgl. die einzelnen Verbindungen)
Kondensationsprodukte mit Phenolen, Epo-
xydharze aus 472
Polymerisation 410
Dialdehydstärke 914
3-(Dialkylamino)-hydroxy-propylcellulose **896**
(Dialkylaminomethyl)-alkyl-äther 395

Dialkylcarbonate, Umesterung mit Dihydroxy-
verbindungen 494
Dialkyl-(β-chlor-äthyl)-amine, Polymerisation
573
Diallyläther, Epoxydierung 494
Diallylbenzol, Epoxydierung 492
Diallylcarbinol, Anlagerung von 1,6-Hexandithiol
599
Diallyliden-pentaerythrit s. 3,9-Divinyl-2,4,8,10-
tetraoxa-spiro-[5,5]-undecan
N,N-Diallyl-melamin, Kondensation mit Formal-
dehyd 364
N,N'-Diallyl-mono- bzw. -di-carbonsäureamide,
Epoxydierung 491
Diallylphenol, Anlagerung von 1,6-Hexandithiol
599
Diallyl-phenyl-phosphat, Copolymerisation 37
Diallylphthalat, Copolymerisation 37
Dialyse zur Reinigung makromolekularer Stoffe
656
Diamid-dicarbonsäureester, Polyamid-Polyester
aus 157
Diamine (vgl. die einzelnen Verbindungen), aro-
matische
di-primäre, Kondensation mit
Formaldehyd 398
Crotonaldehyd und Spaltung 398
Einbau in Polyester 23, 27
Kondensation mit Carbonylverbindungen
299 f.
Polyamide aus 134 ff.
2,4-Diamino-6-acryloyl-triazin-(1,3,5), Polymeri-
sate, Kondensation mit Formaldehyd 364
Diaminoäthan s. Äthylendiamin
Diamino-äther
Polyamide aus 149
Polyoxamide aus 148
3,3'-Diamino-benzidin, Polyimide aus 164
Diamino-benzol s. Phenylendiamin
1,4-Diamino-butan, Polyamid aus 137, **141**
cis- bzw. trans-1,3-Diamino-cyclohexan, Poly-
amide aus 145
1,10-Diamino-decan
Polyamide aus **139**, 146 f., 149
Polyharnstoffe aus **166**
Polyimide aus **162**
1,16-Diamino-7,10-diazahexadecan, Polyamide
aus 150
1,6-Diamino-5-dimethylamino-2-methyl-hexan,
Polyamid aus 150
Diaminodiphenylmethan, Polyimide aus **163**
1,6-Diamino-hexan
-Adipinsäure-Salz **136**
Kondensation mit Crotonaldehyd 298
und Formaldehyd (und Nachbehandlung)
400
Mischpolyamide 114, 148, 153 ff., **154,
160**
Polyamide aus (s. auch bei Polyamiden) **136 f.,
140 f.,** 145 f., 149, 150 ff., **152**, 155, 180,
377, 380 f.
Polyesteramide aus **23**
Polyharnstoffe aus **165**, 166
Polysulfonsäureamide aus **175 f.**
Polythioharnstoffe aus **172**
Polyurethane aus **96, 98**
1,6-Diamino-3-methyl-hexan, Polyamid aus 152

1,9-Diamino-nonan, Polyimide aus **163**

1,5-Diamino-pentan, Polyamid aus **135**

2,4-Diamino-6-phenyl-triazin-(1,3,5), Zusatz zur Melamin-Formaldehyd-Kondensation 365

3,5-Diamino-1-phenyl-1,2,4-triazol (Phenylguanazol), Kondensation mit Aldehyden 365

1,3-Diamino-propan, Kondensation mit Formaldehyd 397

Diaminopyrazol, Kondensation mit Aldehyden 365

Diaminosulfonsäuren, Polyharnstoffe aus 171

2,6-diamino-toluol-4-sulfonsaures Natrium, Polyharnstoffe aus **170**

Dian s. 2,2-Bis-[p-hydroxy-phenyl]-propan

Diarylcarbonate (s. a. Diphenylcarbonat), Umesterung mit Dihydroxyverbindungen 49 ff.

Diazoäthan, Kohlenwasserstoffe, hochmolekulare aus 630, **631**

Diazoalkane, (Co)Polymere aus 629 f.

Diazobutan, hochmolekulare Kohlenwasserstoffe aus 630

Diazoketone, polymere 748

Diazomethan, Polymethylen aus 629 f., **631** 32 ff., 560

Diazopropan, hochmolekulare Kohlenwasserstoffe aus 630

Dibenzyläther, Spaltung mit Bromwasserstoff 255

Dibenzylamine 216 f.

   Reaktion mit Phenolen 217

Diborane, Oxalkylierung 442

1,4-Dibrom-butan, Kondensation an Diphenole, Epoxydharze aus 475

1,6-Dibrom-hexan, Thioplaste aus 598

1,5-Dibrom-pentan, Thioplaste aus 598

Dibutylaminlösung zur Isocyanatbestimmung **85**

Dibutylformal, Polymercaptale aus 586

2,5-Di-tert.-butyl-hydrochinon, Diepoxyde aus 471

Dibutyloxalat, Polyamid aus **139**

2,6-Di-tert.-butyl-phenol

   Einführung von Hydroxymethylgruppen 226

   Methoxymethylierung 240

2,3-Dicarbanilyl-amylose **909**

   Phosphorylierung 904

   Verseifung **909**

2,3-Dicarbanilyl-6-tosyl-amylose, Jodamylose aus und Reduktion 908

Dicarbonsäureanhydride, Polyester aus 12, 15, 32 ff., 560

Dicarbonsäure-bis-[äthylenimide], Polymerisation 574

Dicarbonsäure-bis-[β-hydroxy-äthylester] (Polyester aus) 6, **7**

Dicarbonsäure-bis-[hydroxymethylamide] s. N,N'-Dimethylol-dicarbonsäurediamide

Dicarbonsäure-diamide, Methylen-polyamide aus 162

Dicarbonsäure-diazide, Polyharnstoffe aus 170

Dicarbonsäure-dichloride

   Epoxydharze aus 480

   Polyester aus 14, **20**

Dicarbonsäure-dihydrazide

   Polykondensation 174

   Umsetzung mit Dialdehyden 371

Dicarbonsäure-dinitrile

   Kondensation mit Formaldehyd 392

   Methylen-polyamide aus 161

Dicarbonsäure-di-(thioamide), Polythiazole aus 612

Dicarbonsäure-ester (s. a. die einzelnen Ester)

   Polyester aus 12 f.

   siliciumhaltige, Polyimide aus 164

Dicarbonsäure-monoamide, Kondensation mit Phenol und Formaldehyd 270

Dicarbonsäuren (s. a. die einzelnen Verbindungen) (derivate) Polyamide aus 134 ff., 149

   Polyester aus 22 (Tab.), 36

Dicarboxycellulose 899

3,4-Dicarboxy-hexandisäure, Polyamide aus **156**

Dicarboxystärke 914

Dichloraceton, Kondensation mit Phenolen, Epoxydharze aus 472

1,2-Dichlor-äthan

   Kondensation mit aromatischen Kohlenwasserstoffen 611, **614**

   Polyamine aus 588, **590**

   Thioplaste aus 591, **592**

1,1-Dichlor-äthylen s. Vinylidenchlorid

Dichloralkane (s. die einzelnen Verbindungen), Kondensationsprodukte mit Phenolen 611

p-Dichlor-benzol, Polyphenylene aus 623

2,3-Dichlor-butadien, Polymerisate, Chlorierung 677, 679

Dichlorbutanole, Epoxydharze aus 468

Dichlor-epoxy-butane 494

Dichlor-hydroxy-propan s. Glycerindichlorhydrin

Dichlormethan, Polykondensationsprodukte mit Benzol 610

Dichlorphenol, Phenolharze aus 213, 219

1,3-Dichlor-propanol-(2), Thioplaste aus 591

2,5-Dichlor-styrol, Einbau in Styrol-Divinyl-benzol-Copolymerisate 686

Dicrotylidenpentaerythrit, Epoxydierung 489

1,4-Dicyan-butan, Polyamid aus **141**

1,4-Dicyan-buten, Umsetzung mit Aldehyden 420

Dicyandiamid

   Kondensation

     mit Formaldehyd (und) 382 ff.

       Äthylendiamin-dihydrochlorid 385, **387**

       alkalische **386**

       Ammoniumchlorid **387**

       aromatischen Aminen 385

       Carbonsäuren 385

       Harnstoff 342, 394

       zu hydrophoben Harzen **386**

       Ketonen 385

       Melamin 385

       Methanol 385, **387**

       Natriumhydrogensulfit 385

       Phenol bzw. Resolen 249, 385

       stark saure **387**

       zu einem wasserlöslichen Reaktionsprodukt **386**

     mit Paraformaldehyd 384, **387**

   Methylolverbindungen, Verätherung 384

1,7-Dicyan-heptan, Methylen-polyamid aus 162, **393**

Dicyclohexenyl-benzol, Epoxydierung 492

N,N-Dicyclohexyl-äthanolamin 441

Dicyclohexylamin, Umsetzung mit Äthylenoxyd 441

Dicyclopentadien

   Copolymerisate, Sulfonierung 684

   Epoxydierung (auch von Anlagerungsprodukten) 491 f.

   Terpolymerisate mit Äthylen und Propylen, Vulkanisation 803

endo-Dicyclopentadiendioxyd (Epoxyd 207®) 492
Dicyclopentenyläther, Diepoxyde aus 491
Diene (s. a. die einzelnen Monomeren)
  Polyaddition mit Dithiocarbonsäuren 618
  Polymerisate
    Anlagerung an Mercaptogruppen enthaltende Verbindungen 599
    Hydrierung 691f.
    IR-Spektren 993
    Lösungen, verdünnte 1038ff.
    Sulfochlorierung 689
Diepoxy-alkan-disäure-derivate 481
Diepoxyazomethine 481
1,2,3,4-Diepoxy-butan 492, 494
Diepoxyde 456, 469, 471, 472, 475f., 477, 480, 489, 491, 494, 495
  aus 2,2-Bis-[p-hydroxy-phenyl]-propan 492
    Härtung 552
  Copolymerisation mit Tetrahydrofuran 560
  elastifizierte 551
  Härtung (s. a. bei Epoxydharzen) 503, 552
  als reaktive Verdünnungsmittel für Epoxydharze 500
  zweikernige 492
2,3,4,5-Diepoxy-pentansäure-äthylester 481
Diffusionsamylose 900
1,1-Difluor-äthylen s. Vinylidenfluorid
Diglycidäther aus Bisphenolen, Modifizierung 471f.
Diglycidderivate aus Phenolphthalein, -succein bzw. -malein 474
Diglykolsäure-diallylester, Copolymerisation 37
Dihalogenaromaten, Schwefelung 605
Dihalogenverbindungen, aliphatische, Kondensationsprodukte mit Aromaten 611ff.
Diharnstoff-dicarbonsäuren 155
  Mischpolyamide aus 154
Diharnstoffe
  Kondensation mit Formaldehyd 340f.
  Umsetzung mit Harnstoff-Formaldehyd-Harzen 346
Diharnstoffmethylenäther 324
  Spaltung 327
Dihydrofurane, Polymerisation 561
Dihydromuconsäure, Polyester aus 30
α,α'-Dihydroxy-adipinsäure
  Polyamide aus 152
  Polyester aus 22
1,4-Dihydroxy-anthrachinon, Harze aus 272
3,5-Dihydroxy-benzoesäure, Kondensation mit Formaldehyd 270, 290
4,4'-Dihydroxy-biphenyl, Polyester aus 14
4,4'-Dihydroxy-biphenyl-diglycidäther 472
2,2'-Dihydroxy-4,4'-dinitro-diphenylmethan 200
10,11-Dihydroxy-eicosandisäure, Polyamide aus 152
2,4-Dihydroxy-isophthalaldehyd, Kondensation mit Äthylendiamin 398
ω,ω'-Dihydroxy-polyoxymethylene 405
2,5-Dihydroxy-terephthalsäure, Polyester aus 22
N,N'-Diisobutyl-hexamethylendiamin, Mischpolyamide aus 148
Diisocyanate (vgl. a. die einzelnen Verbindungen usw.)
  Addition an Leinöl(di)glycerid 94, 95
  Additionsprodukte an Polyalkohole 65

Diisocyanate
  carbodiimidgruppenhaltige 69f.
  Dimerisation 64
  harnstoffgruppenhaltige 68, 69
  Polyamide aus 88, 143f.
  Polyharnstoffe aus 88, 169f.
  für Polyurethanschäume 90
  aus Toluylen-2,4-diisocyanat und
    Benzaldazin 70
    Buten-(2)-diol 66
  Umsetzung mit
    Alkydharzen 94
    Di- und Polymercaptanen 600
    Harnstoff-Formaldehyd-Harzen 94
    oxäthylierten Novolaken 94
    Phenolharzen 78
    Polyäthern 88
    Polyamiden 152
    Polyestern 9, 16
    Polythioäthern 88
  uretdiongruppenhaltige 64f.
  verkappte 63f.
  Vernetzung von Hydroxyverbindungen mit 94
Diisocyanato-benzol s. Phenylen-diisocyanat
1,6-Diisocyanato-hexan s. Hexamethylen-1,6-diisocyanat
1,8-Diisocyanato-octan s. 1,8-Octamethylen-diisocyanat
Diisocyanat-Reaktionen
  Katalysatoren für 60f.
  Verzögerer für 60
3,5-Diisopropyl-phenol, Phenolharze aus 213
4,4'-Dijod-3,3'-dimethyl-biphenyl, Polyphenylene aus 623
Diketen, Polymerisation 9, 10
Diketone, Kondensationsprodukte mit Phenolen, Epoxydharze aus 472
Dikresyl-methane 209
Di- und Trilinol(en)säuren
  Epoxydharze aus 509
  Polyamide aus 156
Dimercaptane (vgl. die einzelnen Dithiole)
  Anlagerung an ungesättigte Dienpolymere 599
  Epoxydharze aus 479
  hochmolekulare Thioäther aus 598
  Polyaddition mit ungesättigten Verbindungen 614
  Polyester mit 14
  Polythiourethane aus 71
1,6-Dimercapto-hexan (s. a. 1,6-Hexandithiol), Polymercaptale aus 586
1,3-Dimethoxy-benzol, Kondensation 304
3,3'-Dimethoxy-biphenyl-4,4'-diisocyanat, Polyurethane aus 79
2,2-Dimethyl-4-acryloylmethyl-1,3-dioxolan s. Acrylsäure-isopropylidenglycerinester
N,N-Dimethyl-acrylsäureamid, Polymerisate
  Reduktion 695
  Verseifung 711f.
α,α-Dimethyl-adipinsäure, Polyamide aus 151
2,2-Dimethyl-äthylenoxyd s. Isobutylenoxyd
Dimethylamin-Harnstoff-Formaldehyd-Harz 354
5-Dimethylamino-2-methyl-1,6-hexamethylendiamin, Polyamide aus 150

N-(Dimethylaminomethyl)-methacrylsäureamid, Polymerisate 743

N-(Dimethylamino)-methyl-thioharnstoff 339

N-(γ-Dimethylamino-propyl)-acrylsäureamid, Polymerisate, Reduktion 695

Dimethylaminopropylenoxyd 456

N-(γ-Dimethylamino-propyl)-maleinsäureamid, Copolymerisate, Reduktion 695

N,N-Dimethyl-anilin, Kondensation mit Formaldehyd 295

N,N'-Dimethyl-N,N'-bis-[β-hydroxy-äthyl]-äthylendiamin, Polyurethane aus 72

3,5-Dimethyl-2,6-bis-[hydroxymethyl]-phenol 226

2,3-Dimethyl-butadien, Polymerisate
Abbau 817
Hydrierung 691

3,5-Dimethyl-6-caprolactam, Polymerisation 117

5,8-Dimethyl-chinolin, Polyaromaten aus 626

1,2-Dimethylen-4,5-cyclohexenoxyd, Polymerisation 496

Dimethylenschleimsäure, Polyamide aus 152

Dimethylharnstoff, Kondensation mit Formaldehyd 322

4,4-Dimethyl-1,7-heptamethylendiamin, Polyimide aus 163

4,6-Dimethyl-2-hydroxymethyl-phenol, Reaktion mit Urethan 250

Dimethylketen, (Co)Polymerisation 10

2,5-Dimethyl-lutidin, Polyaromaten aus 626

N,N'-Dimethyl-maleinsäurehydrazid, Copolymerisate, Reduktion 696

Dimethylmalonsäure-diphenylester, Polyamide aus 134

1,4-Dimethyl-naphthalin, Polyaromaten aus 626

N,N'-Dimethylol-adipinsäurediamid, Kondensation mit Adipinsäuredinitril 393

1,4-Dimethylol-cyclohexan, Bis-chlorameisensäureester aus 54

N,N'-Dimethylol-di-(carbonsäureamide)
Vernetzung von Novolaken mit 376
Selbstkondensation 162

Dimethylol-dicyandiamid 386

Dimethylol-harnstoff 330, 348
Allyläther von 337
Aushärtung 349
Diisobutyläther von 351
Nachkondensation mit Furancarbonsäureester 356
Spaltung mit Phenolen 327
Verätherung 350f.

N,N'-Dimethylol-oxalsäurediamid, Kondensation mit
Brenzschleimsäure-methylester 381
Furancarbonsäureester 376

2,6-Dimethylol-phenole, 4-substituierte 224, 225 (Tab.), 228

N,N'-Dimethylol-uron, Dimethyläther von 348

3,4-Dimethyl-phenol, Reaktion mit Hexamethylentetramin 219

trans-2,5-Dimethyl-piperazin, Polysulfonsäureamid aus 150

2,2-Dimethyl-propandiol, Polyester aus 26

β,β-Dimethyl-propiolactam
Mischpolyamid mit β-Methyl-β-caprolactam 118
Polymerisation 118

α,α-Dimethyl-β-propiolacton, Polymerisation 8

2,4-Dimethyl-styrol, Polymerisate, Vernetzung 790

2,2-Dimethyl-trimethylenoxyd, Polymerisation 553

3,5-Dimethyl-2,4,6-tris-[hydroxymethyl]-phenol 226

ω,ω'-Dinitrile s. Dicarbonsäuredinitrile

Diole (vgl. a. die einzelnen Verbindungen), Polyaddition mit ungesättigten Kohlenstoff-Kohlenstoff-Bindungen 614

Diolefine s. Diene

1,3-Dioxacycloheptan, Polyacetale aus 585

1,3-Dioxan
Polyester aus 562
Polymerisation 562, 585

2,6-Dioxa-spiro-[3,3]-heptan
Polyacetale aus 556
Polyaddition mit Phthalsäureanhydrid 564
Polymerisation 555
Vernetzung mit Dicarbonsäuren 555

1,3-Dioxolan
Anlagerung an Glykol 566
Polyaddition an Alkohole 561
(Co)Polymerisation 561, 566
mit Styrol 566
vinylgruppenhaltige, Polymerisation 562

Dioxolanderivate aus 1,2-Alkylenoxyden 433

2,4-Dioxo-1,3-oxathiophan, Polythioglykolid aus 11

Dipenten, Additionsprodukte
Polyester aus 42
Resole aus 261

Dipenten-dioxyd 492

Diphenol-diacetate, Polyester aus 14

Diphenole (s. a. die einzelnen Verbindungen)
elastifizierende 505
Epoxydharze aus 468ff., 475
oxäthylierte, Epoxydharze aus 477
Polyäther aus 583
Polyester aus 14
Polythioäther aus 581
verlängerte 475
Epoxydharze aus 542

Diphenoxy-alkan-4,4'-dicarbonsäuren, Polyamide aus 149

α,α-Diphenyl-adipinsäure, Polyamide aus 152

1,2-Diphenyl-äthan, Kondensationsprodukte mit Äthylenchlorid (sulfonierte) 611

Diphenyläther, Kondensation mit Formaldehyd 315
und Phenoxyessigsäure 305, 317

Diphenylamin, Harze mit Ketonen 299

Diphenylcarbaminsäurechloride, Isocyanat-Abspalter aus 62

Diphenylcarbonat
Polycarbonate aus 50
Polyharnstoffe aus 166

Diphenylmethan, hochmolekulare Kohlenwasserstoffe aus 627

Diphenylmethan-4,4'-diisocyanat 60
Polyharnstoffe aus 189
Polyurethane aus 72, 80, 82, 85, 87, 90
verkappte 64

Diphenylolsäure (Lävulinsäure-Phenol-Kondensationsprodukt) 197

α,α-Diphenyl-β-propiolactam, Polymerisation 111

Disacryl (Polyacrolein) 731

Dischwefeldichlorid, Umsetzung mit ungesättigten, fetten Ölen 620
Disiloxan-benzimidazol-Polymere 164
Disulfide, hochmolekulare (s. a. Thioplaste) 594
Disulfonsäureamide, Kondensation mit Formaldehyd 388
Disulfonsäurechloride, Polysulfonsäureamide aus 150, 175
1,3-Dithiane, Polymerisation 562
1,2-Dithia-5-oxa-cycloheptan, Polymerisation 596f.
Dithiocarbonsäuren, Polyaddition mit Diolefinen 618
Dithioglykol, Kondensation mit Phosphorpentoxyd 599
Dithioglykolid, Polymerisation 11
Dithiole, Polymercaptale bzw. -mercaptole aus 599
Dithiophenole, Epoxydharze aus 479
Diurethane 374
    des 1,3-Butylenglykols, Kondensation mit Crotonaldehyd 381
    Kondensation mit Formaldehyd 374
    Polyharnstoffe aus 166
    Umsetzung mit ungesättigten Aldehyden 377
Divinyläther
    langkettiger Diole
        elastische Harze aus 211
        Novolake aus 211
    Polyadditionsprodukte mit mehrwertigen Alkoholen 618
Divinylbenzol
    Copolymerisate (mit)
        Acrylsäureestern 496, 686, 706, 787
        Styrol und anderen Monomeren s. bei Styrol
        Sulfonierung 686
    Epoxydierung 492
    Pfropfpolymerisation (mit Styrol) auf Polyäthylen, Chlormethylierung und Quaternierung 753
Divinyloxalat, Copolymerisate mit Styrol, Chlormethylierung 666
1,4-Divinyloxy-butan, Kondensation mit Phenol 287
Divinylsulfone, Harnstoff-Polyadditionsprodukte aus 615
3,9-Divinyl-2,4,8,10-tetraoxa-spiro-[5,5]-undecan
    Anlagerung von
        Maleinsäure-glykolester 617
        Phenol 617
    Epoxydierung 489
    Polyadditionsprodukte mit mehrwertigen Alkoholen 616f.
Divinylverbindungen, Polymerisate, Hydrierung 824
12-Dodecanolactam, Polymerisation 117
Dodecyl-vinyl-äther, Copolymerisate mit Vinylacetat, Verseifung 704
Dünnschichtveresterung, kontinuierliche 4
Duplikationsverfahren 650
Durylmethylchlorid, Kondensation von 608

E
Einbrennlacke 78f., 241ff., 285, 540
    aus Polyurethanen 78f.
Einschnürzone 190

Eiweißlösungen, Einengen von 656
Eiweißprodukte, Umsetzung mit Polyisocyanaten 171
Elektrodialyse bei makromolekularen Stoffen 656
Elektronenaustauscher 272, 705, 755, 759
Elementaranalyse von Polymeren 641
Endgruppenbestimmung von Polyamiden 186ff., 188f., 190
3,6-Endoalkylen-tetrahydrophthalsäure, epoxydierte Veresterungsprodukte 486
Endomethylen-tetrahydrophthalsäure, Polyester aus 32
Endomethylen-tetrahydrophthalsäureanhydrid 485
3,6-Endoxa-cis-exo-Δ^4-tetrahydrophthalsäureanhydrid, Epoxydierung 485
Epibromhydrin, Polymerisation 435
Epichlorhydrin (beachte a. Epoxydharze, Di- und Polyepoxyde usw.)
    Di- und Polyepoxyde aus 477
    Epoxydharze aus 468ff., 475ff.
    Polymerisation 426, 431, 433f., 454
    polyquartäres Salz mit Phenol, Trimethylamin und Formaldehyd 316
    Thioplaste aus 591
    Umsetzung mit
        Äthylenchlorhydrin 439
        Äthylendiamin-(dihydrochlorid) 461f.
        Aminen 454ff., 477f.
        Aminhydrochloriden 459f.
        Ammoniak 457f., 461
        Anilin 462
        Bis-[γ-amino-propyl]-äther 460
        1,4-Bis-[mercaptomethyl]-benzol 546
        Cyanursäure 497, 547
        Glycerin 439
        Pentachlorphenol 498
        Polyäthyleniminen 575
        Polyaminen 457f.
        Polycarbonsäuren 480f.
        Polythioharnstoff 172
        schwefelhaltigen Verbindungen 479f.
        Siliciumverbindungen 499
        Stärke 913
        Tetraäthylenpentamin 461
        Toluol-2,4-bis-[sulfonsäuremethylamid] 547
    Verätherung von Alkoholen mit 439, 475f.
Epifluorhydrin, Polymerisation 431
Epihalogenhydrine (vgl. die Einzelverbindungen)
    Epoxydharze aus (s. a. Epoxydharze) 468ff., 477ff., 480f.
    Umsetzungen mit Phosphorverbindungen 498
Epoxyacetale, cyclische 497
Epoxy-äther-ester 480
Epoxyäthyl-benzol s. Styroloxyd
Epoxyäthyl-vinyl-benzol, Polymerisation 496
Epoxyalkohole 481
Epoxybutan, Polymerisate 426, 435
3,4-Epoxy-buten
    Addition an Hexachlorcyclopentadien 498
    Polymerisation 435
2,3-Epoxy-buttersäure-allylester, Polymerisate 496, 754
    Vernetzung 754, 788
Epoxybuttersäureester 489

Epoxycarbonsäureester, ungesättigte, Polymerisation 487f. (Tab.)
Epoxycyclohexan, Polymerisation 433f., **450**
1,4-Epoxy-cyclohexan, Polymerisation 561
3,4-Epoxy-cyclopenten-(1), Polymerisation 496
(2,3-Epoxy-cyclopentyl)-allyl-äther, Polymerisation 496
Epoxyd 201® **548**
Epoxydäquivalent 471
Epoxyd 207® bzw. 269® 492
Epoxyde (s.a. Alkylenoxyde, Di- bzw. Polyepoxyde usw.)
  Anlagerung von Äthylenimin an 573
  basische 456f.
  chlorhaltige 498
  Copolymerisation mit
    anderen Epoxyden 456
    Olefinen 447
    Schwefeldioxyd 446f.
  mit eingebauter härtender Carboxygruppe 510
  Härtung 499ff.
    Katalysatoren 519
  Herstellung aus Bipiperidyl 479
  mit längerem Fettsäurerest 466
  Polyaddition an
    Alkohole 436ff.
    Amine 440ff.
    Carbonsäureamide 446
    Carbonsäuren(anhydride) 444ff.
    Cellulose 438, **451**, 896 (Tab.)
    Naturharzsäuren 535ff.
    Phenole 436ff.
    Sulfonsäureamide 446
  Polyester aus 15
  Polymerisation 425, 427ff.
  als reaktive Verdünnungsmittel für Epoxydharze 500
  ungesättigte, Polymerisation 495f.
  unsymmetrische, Addition an Alkohole und Phenole 439f.
  ohne weitere reaktionsfähige Gruppen, Polymerisation und Polyaddition 426ff.
  mit weiteren reaktionsfähigen Gruppen, Polyaddition und Polymerisation 454ff.
Epoxydgruppen-Bestimmung 444, 452, 471
Epoxydharze (s.a. bei Epoxyden, Epichlorhydrin, Di-, Polyepoxyden usw.) 462ff.
  aminogruppenhaltige 467
  Aufarbeitung 471
  Aufspaltung der Epoxydgruppen mit Phenolen und Alkoholen 536
  basische 478
  Bestimmung der Epoxyd- bzw. Hydroxygruppen 471
  chlorhaltige 497f.
  Eigenschaften 463f.
  Einbrennlacke **540**
  elastifizierte 474f., 501, 509, 523, 534, **542, 551**
  epoxydgruppenhaltige Polymerisate (Härtung) 529
  Erweichungspunkt 471
  fettsäuremodifizierte 532, 537f.
    Copolymerisation mit Styrol bzw. Vinyltoluol 537f.
    Härtung bzw. Trocknung 531, 537

Epoxydharze
  flammfeste 502, 528
  Füllstoffe für 502
  Gießharze aus **541**
  Härter für, elastifizierende 505
  mit Härtergruppen, eingebauten 496
  Härtung (mit) 499ff.
    Adipinsäure
      Dicyandiamid (und Hexamethylolmelamin-butyläther) **552**
      und einem Polyamin, stufenweise **540**
    Äthylendiamin, stufenweise **539**
    Alkoxy-alkylamin-Formaldehyd-Kondensationsprodukten 305
    Aminen 516ff.
      polymerisierbaren oder ihren (Co)-Polymerisaten 517
    Amin-Formaldehyd-Kondensaten 523
    Bis-[3-(2-phenoxy-äthoxy)-propylamino]-methan **545**
    1,4-Butylenglykol-bis-[3-amino-propyläther] **545**
    Carbonsäureamiden 527
    Carbonsäureanhydriden 510ff.
    Carbonsäurehydraziden 528
    Copolymerisaten, die härtende Gruppen enthalten 514f.
    Diäthylentriamin(derivaten) 521, **544**
    Diaminen, prim. **538f.**
    von epoxydgruppenhaltigen Copolymerisaten 515
    Harnstoff-Formaldehyd-Harzen 509
    Hexachlor-endomethylen-tetrahydrophthalsäureanhydrid 502
    cis-Hexahydrophthalsäureanhydrid **541, 545f.**
    Imidazolinen 527
    Katalysatoren 503ff., 508, 512, 525
      latenten 501, 529f.
    katalytische 500, 516f., 528ff.
    Novolaken 504
    Organosiliciumverbindungen 531f.
    Oxalsäure **540**
    phosphorhaltigen Verbindungen 528
    Phthalsäureanhydrid **540f., 544**
    Polyacrylsäure 509
    Polyalkoholen 506
    Polyamiden 509, 523, **551**
    Polyaminen (Kondensationsprodukten) 521f., **541**
    Polycarbonaten 505
    Polycarbonsäuren 507ff.
    Polyesteramiden 526
    Polyestern 506, 509
    Polyglykoläthern 506
    durch Polymerisation 529
    Poly-2 (bzw. -4)-methyl-5-vinyl-pyridin 517
    Polyphenolen 503f.
    Polythiolen 505f.
    Resorcin-Formaldehyd-Harz 504
    Ricinusöl 506
    Sulfonsäureamiden 527
    Thiokolen 506
    Triäthylentetramin **546**
  halogenhaltige 498

Epoxydharze
  Herstellung (aus) 468 ff.
    Aceton-Formaldehyd-Harzen 477
    Acetylenglykolen 477
    o-Allyl-phenol-allyläthern 490
    o-Allyl-phenol-glycidäther 490
    Aminophenolen 479
    Benzolsulfonsäureamid 479
    Bis-[4-amino-phenyl]-methan 478
    2,2-Bis-[p-(2,3-epoxy-propyloxy)-
      phenyl]-propan, Styrol und Phthal-
      säureanhydrid 551
    Bis-[4-(p-hydroxy-benzyl)-phenyl]-methan
      472
    2,2-Bis-[p-hydroxy-phenyl]-propan 468,
      536, 538ff., 551
      und Phenol 552
      Veresterung mit ungesättigten Fett-
        säuren 552
      und Xylylendichlorid 472
    Bis-[mercaptomethyl]-benzol 479
    2-tert.-Butyl-hydrochinon 471
    Carbonylverbindungen 481
    Cashew-Nußschalenöl 474, 542
    3-Chlor-1,2-epoxy-butan 472
    Crotonaldehyd-Phenol (Kresol)-Konden-
      saten 472
    2,5-Di-tert.-butyl-hydrochinon 471
    Dicarbonsäuredichloriden 480
    Dichlor-butanol 468
    Diepoxyden und Dilinolensäure 509
    Dimercaptanen 479
    Diphenolen
      und aliphatischen Diepoxyden 475
      und Epichlorhydrin 468 ff.
      modifizierten 472
      oxäthylierten 477
    Dithiophenolen 479
    Epichlorhydrin und
      Cyanursäure 497, 547
      Diphenolen 468 ff.
      Glycerin 543
      Phthalsäure und Adipinsäure 547
      Polyalkoholen 475 ff.
    Epihalogenhydrinen und
      Aminen 477 ff.
      Polycarbonsäuren 480 f.
      Polyphenolen 468 ff.
    epoxydgruppenenthaltenden Copolymeri-
      saten 515
    Fettsäureestern, epoxydierten und Poly-
      aminen 526
    Glycerindichlorhydrin 468, 536
      und Polycarbonsäuren 480 f.
    N-Glycidyl-phthalsäureimid 481
    Kondensationsprodukten von Phenolen
      mit
      Aldehyden bzw. Ketonen 472
      Dihalogenverbindungen bzw. Diolen
        475
      Methylolharnstoff   bzw.   -melamin
        473
    Novolaken 472 f.
    Phenolen, sterisch gehinderten 471
    Phenolharzen 244
    Piperazin 479
    Polycarbonaten 474

Epoxydharze
  Herstellung (aus)
    Polyisocyanaten und Glycid 481
    durch Polymerisation von Epoxyfett-
      säure-allyl- bzw. vinylestern 489
    Polymethylendiphenolen 475
    Resolen 473
    Resorcinharzen 473
    Sulfonsäureamiden 479, 480
    Sulfonsäurehydraziden 479
    Tetramethyl-1,4-bis-[hydroxymethyl]-ben-
      zol 477
    Tetra- u. Triphenolen 472
    Triazinderivaten und anderen heterocy-
      lischen Verbindungen 497 ff.
    Tris-[4-(2,3-epoxy-propyloxy)-phenyl]-
      methan 472
    ungesättigten Monoepoxyden durch Poly-
      merisation 495 f.
    ungesättigten Verbindungen
      über die Chlorhydrine 494
      durch Epoxydierung 481 ff.
    einem verlängerten Diphenol 542
    Xylol-Formaldehyd-Harz, kondensiert mit
      Phenolen 473
    Xylylendichlorid/2,2-Bis-[p-hydroxy-phe-
      nyl]-propan-Kondensationsprodukten
      472
    zweistufige 504
  Kombination mit
    Butadien-Copolymerisaten 465
    Cyclohexanon-Formaldehyd-Harzen 534
    Furfurolharzen 534
    Harnstoff-Formaldehyd-Harzen 509,
      532 ff.
    Kolophonium 536
    Melamin-Formaldehyd-Harzen   465,
      532 ff
    Methyloläthern von amidgruppenhaltigen
      Copolymerisaten 534
    Methylolpolyamiden 375
    Naturharzsäuren 535 ff.
    Phenol-Formaldehyd-Harzen   768, 465,
      532 ff.
    Polyamiden 467, 525
    Polyisocyanaten 534 f.
    Polyvinylchlorid 465
    Styrol und ungesättigten Polyestern
      516
    Teerprodukten 466
    Thioplasten 597
    ungesättigten Carbonsäuren 535 ff.
    Xylol-Formaldehyd-Harzen 534
  für Lackzwecke 534 ff., 540
  Lagerbeständigkeit 530 f.
  als Metallkleber 539
  modifizierte, Copolymerisate mit Vinyltoluol
    538
  Modifizierung von Cellulose, Kollagen, Poly-
    amiden und Polyurethanen 467
  phosphorhaltige 498
  Polyester aus 536
    hydroxygruppenhaltige, Härtung 531
  Reaktionsbedingungen und -schema 469 f.
  Schaumstoffe aus 467
  siliciumhaltige 499, 532
  als Stabilisatoren 466

Epoxydharze
titanhaltige 499
Umsetzung mit dimerer Fettsäure **551**
Verdünnungsmittel, reaktive für 475, 500
Veresterung mit
β-Aryl-acrylsäuren und Polymerisaten mit Vinylverbindungen 510
Leinölfettsäure 510
Phosphorhalogeniden 498
ungesättigten, trocknenden Fettsäuren (estern) 535 f.
Vernetzung von Polymerisaten durch 791 ff. (Tab.)
Verwendung 463 ff., 466 f., 509 f., 534 ff., **539 ff.**
Vorbehandlung mit Glykolen 536
als Vulkanisiermittel 509 f.
als Weichmacher 466
Weichmacher für 501 f.
zinnhaltige 499
Epoxydierung (von) 481 ff.
Äthylen-bis-[sojafettsäureamid] 491
Alkenylbernsteinsäureanhydrid 485
Alkydharzen 489
Allen-Copolymerisaten 493
(Allyl-phenyl)-allyl-äther 490
Butadien 492
-Phenol-Kondensationsprodukten 490
-(Co)Polymerisaten 493, **549**, 768
Cyclopentadien (Addukten) 491 ff.
Dicrotylidenpentaerythrit 489
3,6-Endoxa-*cis*-exo-Δ^4-tetrahydrophthal-säureanhydrid 485
Ölen, fetten 484 f.
Piperylen 492
Polymerisaten 487 f. (Tab.), 493, 768 f.
selektive 489
Sojabohnenöl 485, **548**
1,3,5-Triacryloyl-perhydrotriazin 497
ungesättigten
Äthern 490, 492, 494
Aldehyden und Ketonen und deren Derivaten 484, 489 f.
Amiden 491
Estern 484 ff.
Hydraziden 491
Imiden 491
Kohlenwasserstoffen 492 f.
Mono- u. Polycarbonsäureestern und deren Polymerisaten 487 f. (Tab.)
Phosphorsäureestern 498
Säuren(anhydriden) 484 ff.
Siliciumverbindungen 499
Epoxydierungsmittel 482 f.
Epoxydzahl 471
Epoxyfettsäure-allyl- bzw. -vinylester, (Co)Polymerisation 489, 495
Epoxyisobutan, Umsetzung mit Alkoholen 440
N-(2,3-Epoxy-isobutyl)-maleinsäureimid, Polymerisation 489
Epoxy-β-lactone 481
3,4-Epoxy-1-methyl-cyclohexancarbonsäure-[3,4-epoxy-1-methyl-cyclohexylmethylester] **548**
Epoxypolybutadiene 516, 522
Epoxypolyester 489
Epoxypropan s. Propylenoxyd
(2,3-Epoxy-propyl)-allyl-äther s. Allyl-glycid-äther

(2,3-Epoxy-propyl)-allyl-carbonat s. Kohlensäure-(2,3-epoxy-propyl)-allyl-ester
(2,3-Epoxy-propyl)-(2-allyl-phenyl)-äther, Epoxydharze aus 490
6-(2,3-Epoxy-propyloxy)-tetrahydropyrancarbon-säure-allylester 497
2-[4-(2,3-Epoxy-propyloxy)-phenyl]-2-(4-allyl-oxyphenyl)-propan **550**
Polymerisation 495
N-(2,3-Epoxy-propyl)-phthalsäureimid, Epoxyd-harze aus 481
Epoxystearinsäure-methylester **548**
Epoxy-tetrahydrophthalsäurepolyester 489
Epoxyverbindungen, Härtung durch Cyclopoly-merisation 529
Epoxy-vinyl-cyclohexan 494, 496
Essigsäure-allylamid, Copolymerisate mit Fu-marsäure-diäthylester, Bildung von Lactam-ringen 762
Essigsäure-allylester, Polymerisate, Verseifung 703 f.
Essigsäure-amid s. Acetamid
Essigsäure-vinylester s. Vinylacetat

F

Fällungsfraktionierung (s. a. Fraktionierung) 186, 939 f.
Faktis, Herstellung 620
faktisartige Massen aus ungesättigten Polyaceta-len 585
Farbreaktionen an Gruppen in Polymeren 657
Farbstoffe, hochmolekulare 720, 740, 747, 759, 761, 764
Fasern
elastische, aus Mischpolyamiden 148
aus Kautschuk 766 f.
Molekülorientierung in 190
aus Polyestern 25 ff.
aus Polyurethanen 71
Strecken und Tempern 190
Fettamine (vgl. die einzelnen Amine sowie Stich-wort Amine), Polyaddition von Äthylenoxyd 441
Fettisocyanate (vgl. die einzelnen Isocyanate), Addition von Äthylenimin 573
Fettsäureester (vgl. die einzelnen Verbindungen), ungesättigte, epoxydierte, Umsetzung mit Polyaminen, zur Epoxyharzhärtung 526
Fettsäuremonoglycerid-Methode 43
Fettsäuren, ungesättigte (vgl. die einzelnen Säuren)
Copolymerisate mit Allyl-glycid-äther, Ver-netzung 788
dimerisierte, Kondensation mit Polyami-nen 523 f.
Umsetzung mit Epoxydharzen 535, **551**
Fischers Reagens, Herstellung **84**
Flammschutzmittel 37
Fluor-epoxy-propan, Polymerisation 431
2-Fluor-p-xylol, Polyaromaten aus 626
Formaldehyd
Copolymerisation mit Trifluoracetaldehyd 410
Einwirkung auf Alkalipolysulfid **413**
-Kondensationsprodukte s. bei den entspre-chenden Reaktionskomponenten bzw. Har-zen

Formaldehyd
    Methylen-polyamide aus ω,ω'-Dinitrilen und
        161
    Polyacetale aus Diolen und 587
    polymerer (Polyoxymethylene) 404 ff., 412
        Bildungsmechanismus 404
        Depolymerisation 408
        Dimethyläther 405, 412
        Stabilisatoren 409
        Stabilisierung 407 f.
        Verätherung 407 f.
        Veresterung 407, 412
        Vernetzung 409
    Polymerisation 406 f., 409
    Polythioformaldehyd aus 411
    reiner, Herstellung 405 f.
    Zuckerbildung aus 403 f.
Formaldehyd-hydrogensulfit, Kondensation mit
    Bis-[4-hydroxy-phenyl]-sulfon sowie 2,2-Bis-
    [4-hydroxy-phenyl]-propan 288
Formyl-amidocarbonsäuren, Polyamide aus 104,
    109
2-Formyl-2,3-dihydro-pyran 619
Fraktionierung von
    Polyestern 7
    Polymeren 186, 649 f., 939 f.
Fumarsäure, Polyester aus 30 ff., 34, 36
    Hydrierung 32, 644
    Isomerisierung 644
Fumarsäure-diäthylester
    Anlagerung an Polyäthylen 775
    Copolymerisat mit N-Allyl-acetamid, Bildung
        von Lactamringen 762
    Pfropfpolymerisation mit Naturkautschuk 855
Fumarsäurediamid, Umsetzung mit Formaldehyd
    372 f.
Fumarsäuredinitril, Copolymerisat mit Styrol,
    Bromierung 680
Furancarbonsäureester
    Kondensation mit
        N,N-Dimethylol-oxalsäurediamid 376
        N-Methylol-benzoesäureamid 376
    Nachkondensation des Dimethylolharnstoffs
        mit 356
Furanharze 633 ff.
Furanverbindungen, Umsetzung mit Harnstoff-
    Formaldehyd-Harzen 346, 356
Furfurol
    -Anilin-Harze 250, 292, 294
    Harze aus 239, 250, 636
    Kombination mit Epoxydharzen 534
    Kondensation mit
        aliphatischen Aldehyden 416
        Harnstoff 341 f.
        Ketonen 419, 521
    Mischkondensation mit Furfurylalkohol 635
    Nachhärtung von Anilinharzen 298
    Phenolharze aus 212 ff., 281
    Zusatz zu koniferenharzmodifiziertem Phenol-
        Formaldehyd-Harz 213
Furfurylalkoholharze 634, 636
    Kombination mit
        Harnstoff- und Melaminharzen 636
        Phenolharzen 239, 636
    Mischkondensate mit Furfurol 635
    Modifizierung 635 f.
    Vernetzung von 635

β-(α-Furyl)-acrylsäure, Kombination mit ölmodi-
    fizierten Polyestern 45
Furyläthylen, Kombination mit ölmodifizierten
    Polyestern 45
Furylmethacrolein, Reaktionsprodukte mit Poly-
    aminen zur Epoxydharz-Härtung 521

G
Gefriertrocknung von Polymeren 656, 731
Gelfiltration 650
Gerbstoffe 249, 263 ff., 276 f., 288 ff.
    amphotere 265, 276 f.
Gestaltsänderungen der Makromoleküle bei Reak-
    tionen 648
Gleichgewicht bei der Polyamidbildung 99 f.,
    105
Gleichgewichtsextraktwert bei Polyamiden 107
Glutarsäure, Polyamid aus 145
Glycerin
    polyätherartige Produkte aus 582
    Polyester aus 41, 44
    Thioplaste aus 599
    Umsetzung mit Epichlorhydrin 439
Glycerinaldehyd, Kondensationsprodukte mit
    Phenolen, Epoxydharze aus 472
Glycerindichlorhydrin
    Epoxydharze aus 468, 480 f., 536
    Umsetzung mit Aminen (Ammoniak) 455,
        459, 461
Glycerin-monoallyläther, Polyester aus 86
Glycerin-monochlorhydrin
    Umsetzung mit Hexakis-[methoxymethyl]-
        melamin 497
    Verätherung von Cellulose 891
Glycerin-mono-pentachlorphenyläther, Polyester
    aus 36
Glycid
    Epoxydharze aus 481
    Umsetzung mit Cyanursäurechlorid 497
Glycid(meth)acrylat s. (Meth)Acrylsäure-glycid-
    ester
Glycidäther (s.a. die einzelnen Verbindungen),
    Polymerisation 434, 450
Glycidaldehyd 484
Glycidsäure 484
N-Glycidyl-phthalsäureimid, Epoxydharze aus
    481
Glykokoll, Polykondensation 101
Glykolacetate, Polyester aus 14
Glykoläther, cyclische, Polyester aus 15
Glykol-bis-[β-äthylenimino-buttersäureester] 578
Glykol-bis-p-toluolsulfonsäureester, Polyäther
    aus 582, 586
Glykolcarbonat
    Polyester aus 21
    Umsetzung mit Mischpolyamiden 161
Glykole (vgl. Äthylenglykol und andere Diole)
    Diepoxyde aus 476
    Polyäther aus 580
    Polyester aus 16, 21 (Tab.), 23, 26, 36
    Polyurethane aus 58, 71 f.
Glykolester, Polyester aus 14
Glykolsäure, Polyester aus 4
Glykolvernetzungsverfahren 81 f., 84
Glyoxal
    Kondensation mit Harnstoff 341
    Polymerisation 410

Glyoxaldiurein **353**
    Tetramethylolverbindungen von 340, **353**
Grenzflächenpolykondensation zu
    Polyamiden 139, **140 f.**
    Polyharnstoffen 166
    Polysulfonsäuren 175, **176**
    Polyurethanen 96
Grundbausteine, quantitative Bestimmung in
    Polymeren 641 f.
Grundviscosität 181, 184
Guanamin, Kondensation mit Aldehyden 365
Guanazol, Kondensation mit Aldehyden 365
Guanidin, Kondensation mit
    Aldehyden 382 ff.
    Harnstoff und Formaldehyd 342
Guanylharnstoff 383
Guanylmelamine, Kondensation mit Aldehyden
    364

H

HAF-Ruß 849
Halbultrabeschleuniger 846
α-Halogen-acrylsäureester, Polymerisate, Dehalogenierung 761
Halogen-epoxy-propane s. Epihalogenhydrine
Halogenverbindungen (vgl. die einzelnen Verbindungen), Kondensationsprodukte von
    607 ff.
Harnstoff
  -Formaldehyd-Harze 319 ff.
    Abbau 922
    Analyse 324
    basische 342 ff.
    Eigenschaften und Verwendung 319,
      343
    Einkondensation von nicht ionogenen Verbindungen 345 f.
    Einwirkung von Natriumsulfitlösung
      344 f.
    Elastifizierung 337 f., 349, **352**
    Härtung 332 ff., 343
      von Epoxydharzen mit 509
      von Novolaken mit 327
    Herstellung 321 ff., 329 ff., 346 ff., **348**
    für Holzleime **348**
    Isolierung 332
    Kombination mit Epoxydharzen 509,
      532 ff.
    Kondensation mit Ammoniumsulfat und
      Acetaldehyd **356**
    lösliche 332
    Lösungsmittel 326
    Methyloläther, Härtung 337
    Molekülassoziationen 321
    Nachkondensation mit
      Diepoxyden 338
      Phenolen 345 f.
    Preßmassen 250, **349**
    Reaktionsschema 322 ff.
    saure 344 f.
    substituierte 338 f.
    Umsetzung mit
      Aralkylsulfonsäureamiden 346
      Diharnstoffen 346
      Diisocyanaten 94
      Fettsäureamiden 346
      Furanverbindungen 346, **356**

Harnstoff
  -Formaldehyd-Harze
    Umsetzung mit
      Melamin 346
      Natriumhydrogensulfit **355**
      Organopolysiloxanen 346
      Phenolsulfonsäure 327
      Polyacrylsäureamiden 346
      Polyestern 29
    verätherte 336 f.
      Nachkondensation mit
        Leinölfettsäuremonoglycerid 338,
        352
        Ricinusöl 338
      Verwendung 336 f.
    Verätherung mit
      Alkoholen 334 ff.
      Butanol **350 f.**
      und Elastifizierung **352**
      Furfurylalkohol 636
      höhermolekularen Verbindungen 337 f.
    Veresterung mit
      höhermolekularen Verbindungen 337 f.
      Methacrylsäure (und Copolymerisation)
      338
    Vernetzung von Polymerisaten mit 790,
      793 f.
    Verwendung 333 f.
    wasserlösliche 327 f., **348**
    Zusatz von Polyvinylalkohol 336
  Kondensation mit
    Acetaldehyd 342
      und Natriumhydrogensulfit 345, **353**
    Aceton 342
    Acrolein 341 f., **353**
      und Urethanen 377
    Chloral 342
    Formaldehyd (und)
      Äthanolamin 344
      Aminen 342 f., 394
      Aminocarbonsäuren 345
      Aminoessigsäure **356**
      Ammoniak 342
      Bildung cyclischer Verbindungen 325
        343 f.
      2,2-Bis-[4-hydroxy-3-sulfo-phenyl]-
        propan **289**
      Diäthylentriamin **354**
      Dicyandiamid 342, 394
      Dimethylamin **354**
      Guanidin 342
      Malonester 346, **356**
      Melamin **349**, 363
        und Natriumsulfit **355**
      Natriumhydrogensulfit **354 f.**
      Natriumsulfit 344 f.
      Phenolsulfonsäure 265, 345
      Polyurethanen, hydroxygruppenhaltigen 333
      Sulfamidsäure 345
      Thioharnstoff (für Preßmassen) **349**
    Furfurol 341 f.
    Glyoxal 341
    Pentaerythrit 333
    Resolen 250, 346
    Thioformaldehyd 342
  Oxäthylierung 446

Harnstoff
  Polyadditionsprodukte mit Divinylsulfonen 615
  Überformalisierung 329
  Umsetzung mit
    (Meth)Acrylsäure, Kondensation mit Formaldehyd 345
    Resolen 250, 346
Harnstoffmethylenäther 324
  Kondensate 331
Harnstoffmethylolverbindungen (vgl. Hydroxymethylharnstoff), Verätherung 331
Hartgummi 799f., 844
Hexaäthylenglykol, Polyester aus 31
Hexachlorcyclopentadien, Addition an
  Butadien-Polymerisate 771, 772
  Diepoxyde, ungesättigte 498
3,4,5,6,7,7-Hexachlor-3,6-endomethylen-1,2,3,6-tetrahydro-phthalsäure, Polyester aus 32, 34, 36
Hexachlor-endomethylen-tetrahydrophthalsäureanhydrid, Härtung von Epoxydharzen 502
Hexadien-(1,5)
  Polyaddition mit Dithiocarbonsäuren 618
  Polythioäther aus 598
Hexafluorpropen, Copolymerisate, Vernetzung 795f.
trans-Hexahydrophthalsäure, Polyester aus 27
cis-Hexahydrophthalsäureanhydrid, zur Härtung von Epoxydharzen 541, 545f.
Hexahydropyrimidin 397
trans-Hexahydroterephthalsäure
  Mischpolyamide aus 145
  Polyamide aus 149
Hexakis-[2,3-epoxy-propyloxymethyl]-melamin 497
Hexakis-[hydroxymethyl]-melamin s. Hexamethylolmelamin
Hexakis-methoxymethyl-melamin s. Hexamethylol-melamin-hexamethyläther
Hexamethylen s.a. -hexan
Hexamethylen-bis-äthylcarbonat, Polyurethane aus 96
1,6-Hexamethylen-bis-[N,N-äthylen-harnstoff], Polymerisation 579
Hexamethylen-bis-[N,N-äthylen-urethan]
  Polyharnstoffe mit 1,10-Diamino-decan 166
  Umsetzung mit 1,4-Dimercapto-butan 600
Hexamethylen-bis-aminoessigsäure, Polyimide aus 164
1,6-Hexamethylen-diamin s. 1,6-Diamino-hexan
Hexamethylendiharnstoff, Kondensation mit Formaldehyd 340
1,6-Hexamethylen-diisocyanat 60
  biuretgruppenhaltiges Triisocyanat aus 69
  Polyamide mit Undecandisäure 143
  Polyamid-urethane mit 11-Hydroxy-undecansäure 143
  Polyharnstoff mit Bis-[γ-amino-propyl]-amin 170
  Polyurethane mit 1,4-Butandiol 71, 73f.
  verkapptes 63
Hexamethylenimin, Polymerisation von 575
Hexamethylentetramin
  Härtung von Novolaken 215f., 275
  Reaktion mit Phenolen 215ff.

Hexamethylolmelamin 358f., 365
  kationaktives Melaminharz aus 367
  Leinölsäureester von 369
Hexamethylol-melamin-allyläther 362
Hexamethylol-melamin-hexamethyläther 362, 368
  Kondensation mit Stearinsäure und Triäthanolamin 363
  Umätherung mit
    n-Butanol 369
    Glycerinmonochlorhydrin 497
n-Hexan-1,6-bis-sulfonsäurechlorid, Polysulfonsäureamid aus 175
1,6-Hexandiol
  Polyacetale mit Formaldehyd 587
  Polycarbonat aus 49
  Polyester aus (s. a. Polyester) 19f., 32
  Thioplaste aus 599
1,6-Hexandithiol
  Anlagerung an Diallylverbindungen 599
  Polymercaptale aus 586
  Polythiohexan aus 598
1,2,6-Hexantriol, Polyester mit 41
Hexen-(1), Polymerisate, Sulfochlorierung 688
Hexen-(2)-disäure, Polyester aus 30
Hexendisäuredinitril, Kondensation mit Aldehyden 420
n-Hexylisocyanat, Polymerisation zum Polyamid
Hochtemperaturverdicker 191   [144]
Holzöl
  Polyester aus 42f.
  Umsetzung mit Resolen 261, 282
  Veresterung mit Epoxydharzen 536
Hydantoine 735
Hydratcellulose 864
Hydrazin, Kondensation mit Formaldehyd 398
Hydrazino-chinazoline, Kondensation mit Aldehyden 365
Hydrazino-pyrimidine, Kondensation mit Aldehyden 365
Hydrazodicarbonsäureamid, Tetramethylolverbindung von 340, 352
Hydrocellulose 866
Hydrochinon
  Diepoxyde aus 471
  Diglycidäther von 542
  Kondensation mit Phenol(sulfonsäure) und Formaldehyd 272
  Polyäther mit Glykol-bis-p-toluol-sulfonsäureester 586
  Polyester aus 14
  Poly-p-phenylcarbonat durch Umesterung mit Diphenylcarbonat 50
Hydrochinon-bis-carboxymethyläther, Polyanhydrid aus 632
Hydrochinondiacetat, Polyester mit Adipinsäure 21
Hydrogen-polysulfide, Umsetzung mit Vinylacetylen 621
Hydrokautschuk 823f.
4-(β-Hydroxy-äthoxy)-benzoesäure, Polyester aus 5, 6
Hydroxy-äthylamin s. Amino-hydroxy-äthan
Hydroxyäthylamylose 911
Hydroxyäthylcellulose 890f., 891
(β-Hydroxy-äthyl)-harnstoffe 342
β-Hydroxy-äthylpolyester aus Polyestern und Äthylencarbonat 29

2-Hydroxy-anthrachinon, Kondensation mit Phenol(sulfonsäure) und Formaldehyd 272

o-Hydroxy-benzalketone, Anlagerung von Natriumhydrogensulfit und Vernetzung mit Formaldehyd 269

p-Hydroxy-benzhydrol 197

p-Hydroxy-benzoesäure
Diglycidderivate aus 474
Kondensation mit Novolaken 246
Schwefelungsprodukte 602

p-Hydroxy-benzylalkohol, Kondensation mit Phenol 236

Hydroxybenzylamin 215 f., 247

N-(p-Hydroxy-benzyl)-aniline 294

Hydroxybenzylcarbeniumionen-Struktur 230

Hydroxybenzylhalogenide 235

Hydroxy-biphenyle, zur Herabsetzung der Polykondensationstemperatur bei Polyamiden 146

4-Hydroxy-3,5-bis-[brommethyl]-1-cyclohexyl-benzol 233

4-Hydroxy-3,5-bis-[chlormethyl]-1-tert.-butyl-benzol 233

ε-Hydroxy-capronsäure, Polyester aus 5

Hydroxycarbonsäuren (s. a. die einzelnen Säuren)
Polyester aus 4 ff.
Polykondensationsprodukte mit Aralkylhalogeniden 611

Hydroxycarbonsäurenitrile (vgl. die einzelnen -säurenitrile), Polyamide aus 104, 110

8-Hydroxy-chinolin, Phenolharze aus 271

2-Hydroxy-3-cyclohexyl-1-methyl-benzol, Kondensation mit Formaldehyd 200

ω-Hydroxy-decansäure, Polyester aus 5, 6

4-Hydroxy-2,6-di-tert.-butyl-phenol 227

Hydroxy-dicarbonsäuren
Polyamide aus 152
Polyester aus 22

6-Hydroxy-3,5-dimethyl-benzylalkohol, Kupplung mit Diazoniumsalzen 254

4-Hydroxy-3,5-dimethyl-1-brommethyl-benzol 234

2-Hydroxy-3,5-dimethyl-1-chlormethyl-benzol 234

6-Hydroxy-1,3-dimethyl-5-hydroxymethyl-benzol, Reaktion mit Urethan 250

Hydroxy-α,α-dimethyl-propionsäure (Hydroxypivalinsäure), Polyester aus 5, 6

2-Hydroxy-3,4-epoxy-buttersäure-allylester, Copolymerisate 789

Hydroxylzahl, Bestimmung in
Epoxydharzen 471
Polyestern 17

2-Hydroxymethyl-2-äthyl-trimethylenoxyd, Polymerisation 563

Hydroxymethylamide höherer Fettsäuren, Verätherung von Cellulose mit 375

2-Hydroxy-5-methyl-1,3-bis-[brommethyl]-benzol 232

2-Hydroxy-5-methyl-1,3-bis-[chlormethyl]-benzol 232

Hydroxy-methyl-bis-[hydroxymethyl]-benzol s. Bis-[Hydroxymethyl]-p-kresol

2-Hydroxy-5-methyl-1,3-bis-[rhodanmethyl]-benzol 232

2-Hydroxy-5-methyl-3-chlormethyl-azobenzol 234

Hydroxymethylcyclohexen, Diepoxyde der Verätherungsprodukte 491

Hydroxymethyldicyandiamid, Verätherung 387

5-Hydroxymethyl-furfurol, Furanharze aus 633

Hydroxymethylharnstoff 323, 330, 473
Herstellung 348
Nachkondensation mit Phenolsulfonsäure 289
Selbstvernetzung 336

Hydroxymethylharnstoffäther (s. a. die einzelnen Verbindungen) 334 ff.
von Cellulose 897
Schmelzpunkte 335 (Tab.)

4-Hydroxy-1-methyl-3-hydroxymethyl-benzol 224 f.

4-Hydroxy-2-methyl-5-hydroxymethyl-1-tert.-butyl-benzol, Umsetzung mit Ölsäure-methyl-ester 258

(2-Hydroxy-6-methyl-3-isopropyl-phenyl)-furyl-(1)-carbinol 212

N-Hydroxymethyl-maleinsäureimid, Copolymerisate, Vernetzung 795

Hydroxymethylmelamin, Kondensation mit
Acrylsäurederivaten 364
Phenol, Herstellung von Epoxydharzen 473

N-Hydroxymethyl-(meth)acrylsäureamid s. (Meth)Acrylsäure-hydroxymethylamid

4-Hydroxy-1-[1-methyl-cyclohexyl-(1)]-benzol, öllösliche Resole aus 261

Hydroxymethylphenole (s. a. bei Resolen)
Einführung einer weiteren Hydroxymethylgruppe in 228
einkernige 223 ff.
Epoxydharze aus 473
Isolierung und Reinigung 228
Katalysatoren 227
Kondensation mit
Phenol 237
Triäthylentetramin 271
mehrkernige 228 ff.
Reaktionen
katalysierte 230 f.
nichtkatalysierte 231
Säurehärtung 236
Selbstkondensation
basisch katalysierte 251 ff.
thermische 255 ff.
Stabilisierung 227 f.
Umsetzung mit Styrol 258
Veresterung 332 ff. (Tab.)
als Vulkanisationsmittel 258

Hydroxymethyl-polyamide 158 f.

2-Hydroxy-5-methyl-3-rhodanmethyl-1-(hydroxymethyl)-benzol 233

6-Hydroxy-2-methyl-1,3,5-tris-[hydroxymethyl]-benzol 225

N-Hydroxymethyl-p-vinyl-benzoesäureamid, Copolymerisate, Vernetzung 794

[β-Hydroxy-γ-phenoxy-propyl]-trimethyl-ammoniumchlorid, Kondensation mit Formaldehyd 305

(β-Hydroxy-β-phenyl-äthyl)-cellulose 896

(4-Hydroxy-phenyl)-2-furyl-carbinol 197

Hydroxypivalinsäure, Polyester aus 5, 6

β-Hydroxy-propionsäure-allylester, Copolymerisate, Vernetzung 788

2-Hydroxy-1,3,5-tris-[(dimethyl-amino)-methyl]-benzol, Novolake aus 216

5-Hydroxy-undecandisäure, Polyamide mit 1,6-Hexamethylen-diamin 152

11-Hydroxy-undecansäure, Polyamid-urethane mit 1,6-Hexamethylen-diisocyanat **143**
δ-Hydroxy-valeriansäure, Polyester aus 5

I

I-Gummi 79
Imidazolidin 397
Inden
  Copolymerisate mit (Di)Cyclopentadien, Sulfonierung 684
  Polymerisate
    Abbau 815
    Chlorierung 679
Inklusionserscheinungen bei Polymeren 649
Isanoöl, Polyester aus 43
Isobutylen
  Copolymerisate (mit)
    Äthylen, Chlorierung 671
    1,3-Dioxolanen 561
    Isopren s. bei Butylkautschuk
    Kondensation mit Cyclopentadien 665
    Maleinsäureanhydrid, Aminolyse 714
    Styrol s. bei Styrol
    Vinylacetat
      Polyacetale aus 721
      Verseifung 704
  Polymerisate
    Abbau 814
    Chlorierung **672, 780**
    Sulfochlorierung 686, 688
      Umwandlung der Sulfochloridgruppen 748f.
    Vernetzung 780
Isobutylenoxyd, Umsetzung mit Alkoholen 440
N-Isobutyl-1,6-hexamethylendiamin, Mischpolyamide aus 148
Isobutyl-vinyl-äther
  Copolymerisate mit Maleinsäureanhydrid, Verseifung 713
  Kondensation mit Phenol **287**
Isocinchomeronsäure, Polyamide aus 151
β-Isocyanat-alkyl-(meth)acrylat, Polymerisate, Umsetzung der Isocyanatgruppen 758f.
(Isocyanat-alkyl)-vinyl-äther, Polymerisate, Umsetzung der Isocyanatgruppen 758
Isocyanat-benzoesäureester 885
Isocyanatbestimmung mit Dibutylamin **85**
Isocyanat-Cyanwasserstoff-Adukte 62
Isocyanate
  Homopolymerisation zu Polyamiden 143
  isocyanuratgruppenhaltige 67, **68**
  polymerisationsfähige 94
  Trimerisierung 82
  Umsetzung mit
    Polyamiden 160ff.
    Styrolpolymerisaten 664
  verkappte 61ff., 62 (Tab.)
Isocyanat-essigsäure-äthylester, Veresterung von Cellulose 885
Isocyanatgruppen, Reaktionsfähigkeit 59f.
Isocyanat-Polyester-Adukte s. Polyurethane
p-Isododecyl-phenol, Oxäthylierung **451**
Isokautschuk 831
Isophthalsäure, Polyester aus 36
Isophthalsäurediamid, Kondensation mit Formaldehyd 372

Isophthalsäuredichlorid
  Polyamide aus 146
  Polyester aus 14, **20**
Isopren
  Additionsprodukt mit Maleinsäure, Polyester aus 42
  Copolymerisate
    mit Isobutylen s. Butylkautschuk
    strukturelle 934, 939f.
  Epoxydierung 492
  Polymerisate
    Abbau 817, 938
    1,2- und 3,4-Addition 933f., 938f.
    Anlagerung von
      Chlorwasserstoff 765
      Dirhodan 767
      Schwefeldioxyd 766
    Bestimmung der Doppelbindungen 932, 937
    Chlorierung **677f.**
    Cyclisierung **773**, 932
    Einbau von Sauerstoff 932, 936
    Fraktionierung 939f.
    Hydrierung 691
    cis-1,4- und trans-1,4-Konfiguration 932, 934, 937f.
    Lösungen, verdünnte 1041f.
    Mischungen mit Zusatzstoffen, makroskopische Inhomogenität 936, 942
    Molgewicht(sverteilung) 935, 940f.
    Pfropfpolymerisate mit 2-Vinyl-pyridin, Quaternierung und Vulkanisation 756
    Sonderstrukturen 934, 939f.
    Strukturbestimmung 931ff.
    Sulfochlorierung **689**
    Taktizität 933f., 938f.
    Verknüpfungsarten 933, 938
    Vernetzungsdichte 936, 941
    Verzweigung, langkettige 935, 941
    Vulkanisation 800, 932
    Wechselwirkung mit Füllstoffen 936, 942
    Zusatzstoffe, Mengenbestimmung 937
  Terpolymerisate mit Äthylen und Propylen, Vulkanisation 803
Isopropenylacetat, Copolymerisat mit Maleinsäureanhydrid, Lactonisierung 728
6-Isopropyl-6-caprolactam 117
Isopropylxylol
  Kondensation mit Formaldehyd **316**
  Nachkondensation von Xylol-Formaldehyd-Harz **318**
Isothioharnstoff
  S-Dimethylamino-Verbindung von 339
  hochmolekularer 375
Itaconsäure, Copolymerisat mit Styrol, Vernetzung 792
Itaconsäureanhydrid, Pfropfpolymerisation mit Naturkautschuk 855

J

6-Jod-tosylcelluloseacetat **880**
Jodzahl, Bestimmung **33**, 926

K

Kaltmastikation 851
Kaltstreckbarkeit 99
Kaltvulkanisation 848

Katanole® 601, 604
Kautschuk (s. a. Naturkautschuk)
  abgebauter, Resole aus 243
  Anlagerungsprodukte mit Maleinsäureanhydrid, Vulkanisation mit Epoxydharzen 510
  Fasern aus 766 f.
  Kombination mit Resolen 239
  auf Polyurethanbasis 79 ff.
  Vulkanisation von 258 f., 637
Kautschukhydrobromid 834
Kautschukhydrochlorid 831
Kautschukhydrojodid 834
Ketene
  Polyester aus 9, 10
  Umsetzung mit Styrolpolymerisaten 663
Ketocarbonsäureester (vgl. a. die einzelnen Ketosäureester), Kondensation mit
  Aldehyden 420
  Phenolen 197
Ketone (s. a. die einzelnen Verbindungen)
  Kondensation mit
    Aldehyden 416, 420 f.
    Formaldehyd 418
      und aromatischen Kohlenwasserstoffen 310
      und ungesättigten Carbonsäuren 419
    Furfurol 419, 521
    Ketonen, anderen 421
    Phenolen 195 f.
  konjugiert-ungesättigte, Epoxydierung 484
  Polykondensationsprodukte 413 ff.
  polymere 404 ff.
  Thioplaste mit Dithiolen 599
Kettenabbau 655
Knoevenagel-Kondensation 413 f.
Kohlendioxyd, Polyharnstoffe mit Diaminen 165
Kohlenmonoxyd, Copolymerisate mit Äthylen
  Alkylierung 662
  Cyanäthylierung 730
  Polyamine aus 735
  Polycyanhydrin aus 734
  Polyhydantoine aus 735
  Polyoxime aus 734
  Reduktion 693
  Vernetzung 791
Kohlenoxysulfid, Polyharnstoffe mit Diaminen 168
Kohlensäure, Polyester aus (s. a. Polycarbonate) 13, 48 ff.
Kohlensäure-äthylenester, Polyester aus 15
Kohlensäure-amide s. Carbamidsäure(derivate)
Kohlensäure-bis-[1-carballyloxy-äthylester], Copolymerisation 37
Kohlensäurederivate, bifunktionelle, Polyurethane aus 95
Kohlensäure-diäthylester, Polycarbonat aus 49
Kohlensäure-dialkylester, Umesterung 49 ff.
Kohlensäure-diarylester, Umesterung 49 ff.
Kohlensäure-di-imidazolid-(1), Polycarbonate aus 54
Kohlensäure-diphenylester s. Diphenylcarbonat
Kohlensäure-(2,3-epoxy-propyl)-allyl-ester
  Polymerisate, Vernetzung 789
  Polymerisation 496

Kohlensäureester (vgl. die einzelnen Ester bzw. -carbonate)
  epoxydhaltige, als Stabilisatoren 481
  Polyester aus 48 ff.
  Polyharnstoffe aus 165, 166
Kohlensäure-glykolester s. Glykolcarbonat
Kohlenwasserstoffe, aromatische (vgl. die einzelnen Verbindungen)
  Kondensationsprodukte mit Carbonylverbindungen 302 ff.
  Schwefelungsprodukte 604 f.
Kohlenwasserstoff-Formaldehyd-Harze
  Härtbarkeit 306 f.
  Nachkondensation 314
    mit Phenolen 308 ff.
  Reaktionsbedingungen 313 ff.
  Umsetzung mit ungesättigten Ölen 258
Kojisäure, Phenolharze mit 271
Kollagen, Modifizierung mit Epoxydharzen 467
Kolonnenfraktionierung 939
Kolophonium bzw. -ester 283
  Additionsprodukt mit Maleinsäure, Polyester aus 42
  Kondensation mit Benzylchlorid 611
  Modifizierung von Phenolharzen bzw. Resolen 242, 262 f., 283, 285
  Umsetzung mit Epoxydharzen 536
  Veresterung mit Xylol-Formaldehyd-Harzen 311 f., 318
Kresol(e) (vgl. die Einzelverbindungen)
  Kondensation mit
    Acrolein bzw. Crotonaldehyd, Epoxydharze aus 472
    Formaldehyd, Naphthalinsulfonsäure und Bis-[4-hydroxy-phenyl]-sulfon 265
      und Natriumsulfit 265, 289
    Novolake bzw. Resole aus 209, 224 f., 265 f., 281
Kresolsulfonsäuren, Kondensation mit Formaldehyd 264
Kugelfallmethode, Bestimmung der Schmelzviscosität durch die 182
Kunsthorn 637
Kupferzahl 866

L
Lacke (s. a. bei den entsprechenden Polymeren) 75 ff., 78 f., 241 ff., 245, 281, 285 f., 509, 535 ff., 540, 756 f., 888
Lactame (s. a. bei Poly-ε-caprolactam, Polyamiden, Mischpolyamiden und den einzelnen Lactamen), Polymerisation 111 ff., 118, 130
Lactone (s. a. bei Polyestern und den einzelnen Lactonen), Polymerisation 4, 8 ff.
Lävopinarsäure, Umsetzung mit Resolen 262
Lävulinsäure-Phenol-Reaktionsprodukte (Diphenylolsäure) 197
Leinöl (Additionsprodukte), Polyester aus 42, 43
Leinölfettsäure, Veresterung mit Epoxydharzen 536
Leinölfettsäureamide, Umsetzung mit Resolen 250, 261, 277
Leinölfettsäureester von Hexamethylol-melamin 369
Leinöl(di)glycerid 338, 352
  Addition von Diisocyanaten 94, 95

Leucin-N-carbonsäure-anhydrid, Mischpolypeptide aus 132, **133**
Licht, Vernetzung von Polymeren durch 725f., 736, 750, 755, 759, 804f.
Lichtstreuungsmessungen 186
Lignin
   Austauscherharze aus 268
   Carbonylgruppenbestimmung 642
Linolensäure, Epoxydierung 484
Linolsäure, dimerisierte, Kondensation mit Polyaminen 523f.
Löslichkeit von Polymeren 921f.
Lösungsmittel für makromolekulare Reaktionen 652ff.

M

N-(Maleinimino-methyl)-anilin, Copolymerisate, Vernetzung 795
Maleinsäure
   Additionsprodukte an (Di)Olefine 42
   Polyester aus (s.a. Polyester) 30ff., 34ff., 41, 42, 644
Maleinsäureanhydrid
   Anlagerung an
      Kautschuk 510, 771
      Naturkautschuk 853, 855, **856**, 860, 861
      Polymerisate 510, 771, 775
   Copolymerisate
      Aminolyse 713f.
      Aufspaltung zu Halbestern 736
      mit Isobutyl-vinyl-äther, Verseifung 713
      Lactonisierung **728**, 736
      mit Styrol
         Abbau 818
         Aminolyse **714**
         Halbamid aus 738
         Halbester aus 736, **737**
         Hydrolyse 713
         lichtreaktive Umsetzungsprodukte 736, 805
         N-Methyl-imid von 714
         nitrierte (Reduktion) 690, 696
      Sulfonierung 685
      Umsetzung mit Hydroxylamin 714
      Veresterung 736ff.
      Vernetzung 787, 789f., 792
      Verseifung **713**
      mit Vinyl-phthalimid, Bildung von Lactamringen 762
   Oxäthylierung 445
   Polyester aus (s.a. Polyester) **32ff.**, **39**
Maleinsäure-diglycidester, Gemische mit Phthalsäure-diglycidester, Polymerisation mit Styrol 480
Maleinsäureester (s.a. die einzelnen Ester), Copolymerisate
   Vernetzung 789
   Verseifung 704
Maleinsäure-glykolester, Anlagerung an Diallyliden-pentaerythrit 617
Maleinsäure-halbester
   Copolymerisat mit Butadien, Lactonisierung 728
   Vernetzung von Äthylen-Vinylacetat-Copolymeren mit 782

Maleinsäureimid, Copolymerisat, Umsetzung mit Hydroxylamin 714
Maleinsäure-polyester-Äthylenimin-Anlagerungsprodukt 574
Malonsäureester, Kondensation mit Harnstoff und Formaldehyd 346, **356**
Mannich-Basen, Polymerisation 376
Mannich-Reaktion 215f.
Mastikation 823, 851f.
Melamin
   -Formaldehyd-Harze 357ff.
      alkydharzverträgliche **369**
      basische 363
      Eigenschaften und Verwendung 319, 357
      Einkondensation von Aminen 363
      Elastifizierung mit partiell acetalisiertem Polyvinylalkohol 362
      Härtung 360
      für Holzleimzwecke **366**
      kationaktive **366**
         aus Hexamethylol-melamin **367**
      Kombination mit
         Epoxydharzen 465, 532ff.
         Polysiloxanen 346, 362
      Kondensation
         alkalische 358
         saure 359, **366**
      Molekülassoziationen von 321
      ölmodifizierte **369**
      für Preßmassen **366**
      Umsetzung mit Natriumhydrogensulfit **370**
      Verätherung 361f.
         mit n-Butanol **368**
         mit Furfurylalkohol 636
      Veresterung 362
      Vernetzung
         mit Diisocyanaten 94
         von Polymerisaten mit 793f.
      Zusatz von Pyrophosphorsäure 364
   Kondensation mit
      anderen Aldehyden als Formaldehyd 363
      Formaldehyd und
         Acrylsäureverbindungen 364
         Äthanolamin **370**
         Aminosäuren 363, **370**
         Benzoguanamin 365
         Dicyandiamid 385
         Harnstoff **349**, 363
            sowie Natriumsulfit **355**
         Natriumhydrogensulfit **370**
         Phenol 363
         schwefligsauren Salzen 363
         Sulfonsäureamiden 363
         Thioharnstoff 363
      Trimethylolacetaldehyd (und Äthylenglykol) **367**
   Mischkondensation mit
      Harnstoff-Formaldehyd-Harzen 346
      Resolen 251
Melamin-methyloläther [vgl. die einzelnen Alkyl-(Aryl)oxymethyl-melamine], Umsetzung mit Polyestern 29

Melamin-Trimethylolacetaldehyd-(Äthylengly-
kol)-Harze **367**
Mercaptane, polymere 771
Mercaptocarbonsäuren, Polythioester aus 10
β-Mercapto-propionsäurenitril, Anlagerung an
Butadien-Polymerisate **770**
Mercerisierung 864
Mesitylen, Kondensation mit Formaldehyd 304,
316
Metallierung von Polymerisaten 763 f.
Methacrolein
Copolymerisat mit Styrol
Cyanhydrin aus 731, **732**
Reduktion 693
des Hydrazons 696
Pfropfpolymerisate, Disproportionierung 732
Polymerisate
Disproportionierung **732**
Polyhydrazone aus 733 f.
Polyoxime aus 733 f.
Reduktion 693
Umwandlung der Aldehydgruppen 730 ff.
Methacrylamid s. Methacrylsäureamid
Methacryl-chrom-(III)-chlorid 532
Methacrylnitril, (Co)Polymerisate
Abbau 807, 814 ff.
Aminolyse 708 ff.
Reduktion 694
Verseifung 708 ff.
Methacrylsäure
Copolymerisate
mit Methacrylsäure-glycidester und Styrol
496
Vernetzung 788, 791 ff.
Kondensation mit ölmodifizierten Polyestern
45
Pfropfpolymerisate mit Naturkautschuk 859
Polymerisate
Abbau 811
Oxäthylierung 445
Veresterung von 735 f.
Vernetzung durch 338, 782
Umsetzung mit Harnstoff, Kondensation mit
Formaldehyd 345
Methacrylsäureamid
Copolymerisat mit
Acrylsäure-butylester, N-Butoxymethyl-
äther von **742**
Methacrylsäure-methylester, Bildung von
Imidgruppen 740
Mannich-Base aus, Copolymerisation und Ver-
netzung 795
Polymerisate
Aminomethylierung 743
Hofmannscher Abbau 741
Sulfomethylierung 743
Umsetzung mit Formaldehyd 742
Umwandlung und Substitution der Amid-
gruppen 740 ff.
Vernetzung 792
Verseifung 711 ff.
Methacrylsäureanhydrid, Polymerisate, Spaltung
zu sauren Estern 736
Methacrylsäure-butylester
Copolymerisate, Vernetzung 793
Polymerisate, Abbau 811

Methacrylsäure-butyloxymethylamid 378
Copolymerisate, Vernetzung 794
Methacrylsäure-chlorhydrinester, Polymerisate,
Aminierung 746
Methacrylsäurechlorid
Copolymerisat mit
Methacrylsäure-methylester, Umsetzung
mit Hydroxylamin 763
Styrol, Cyclisierung 748
Polymerisat, Umsetzungen an 747 f.
Methacrylsäure-[(dimethyl-amino)-methylamid],
Polymerisate 743
Methacrylsäure-3,4-epoxy-cyclohexylmethylester,
Copolymerisate, Vernetzung 789
Methacrylsäure-2,3-epoxy-propylester s. Meth-
acrylsäure-glycidester
Methacrylsäureester (vgl. a. die einzelnen Ester)
Copolymerisate (mit)
Allyl-glycid-äther, Veresterung mit trock-
nenden Ölen 757
Methacrylsäure-glycidester, Umsetzung mit
Aminen 756
Schwefelwasserstoff bzw. Thioglykol-
säure 757
Vernetzung 788 f., 791, 794
Vinylaromaten, Sulfonierung 685
Pfropfpolymerisate mit Naturkautschuk 856
Isolierung 860
Polymerisate
Abbau 807
Aminolyse 738 f., **739**
Chlorierung 679
Hydrazide aus 739 f.
quartäre Ammoniumverbindungen aus
754
Reduktion 694 f.
Verseifung 705 ff.
Methacrylsäure-glycidester **549**
Copolymerisate (mit)
Acrylnitril 495, **549**
Umsetzung mit Aminen 757
(Meth)Acrylsäureestern, Umsetzung mit
Aminen 756
Schwefelwasserstoff bzw. Thioglykol-
säure 757
Alkydharzen und Methacrylsäure-methyl-
ester 757
Styrol und
Divinylbenzol, quartäre Ammonium-
(alkoxyd)verbindungen aus 753
Methacrylsäure 496
Tetrahydrofuran 529, 560
Vernetzung 516, 528, 788
Vinylacetat, Umsetzung mit (β-Hydroxy-
äthyl)-amin **758**
Polymerisate 495
Umsetzungen 756 f.
Methacrylsäure-β-hydroxy-äthylester, Copoly-
merisate, Vernetzung 94, 793 f.
Methacrylsäure-hydroxymethylamid **378**
(Co)Polymerisate, Vernetzung 793 f.
Methacrylsäure-β-isocyanato-äthylester, Copoly-
merisate 94
Methacrylsäure-isopropylidenglycerinester, Poly-
merisate, Vernetzung 787
Methacrylsäure-(β-methoxy-äthoxymethylamid)
378

Methacrylsäure-methoxymethylamid s. N-Methoxymethyl-acrylsäureamid
Methacrylsäure-methylester
  Copolymerisate (mit)
    Methacrylsäureamid, Bildung von Imidgruppen 740
    Methacrylsäurechlorid, Umsetzung mit Hydroxylamin 763
    Methacrylsäure-glycidester und Alkydharzen 757
    Styrol, Abbau 818
    Vernetzung 788, 792
    Pfropfpolymerisate mit Naturkautschuk 854, **856, 858, 859**
    Ozonolyse 855
  Polymerisate
    Abbau 807, 808 (Tab.), **816**
    Aminolyse 738, **739**
    Reduktion **695**
    Umesterung mit höheren Alkoholen 738
    Verseifung **706 ff.**
Methacrylsäure-methylolamide 372
Methacrylsäurenitril s. Methacrylnitril
Methacrylsäure-propyloxymethylamid 378
Methacrylsäure-vinylester, Copolymerisate mit Styrol, Chlormethylierung (und Aminierung) 666, 744
Methallylalkohol, Copolymerisate, Veresterung 728
Methallylchloracetat, Copolymerisate, quartäre Ammoniumverbindungen aus 751
Methanol
  Aufspaltung von Tetrahydrofuran in Gegenwart von **566**
  Kondensation mit Formaldehyd und Dicyandiamid 385, **387**
Methocel® 892
N-(2-Methoxy-äthoxymethyl)-methacrylsäureamid 378
Methoxy-1,3-bis-[hydroxymethyl]-benzole, 5-substituierte 244
N-(Methoxybutyl)-methacrylsäureamid 378
o-Methoxymethyl-benzylchlorid, Polykondensation **629**
N-Methoxymethyl-methacrylsäureamid **378**
  Copolymerisate 742
  Vernetzung 794
Methoxy-polyamide, Vernetzung 160
p-Methoxy-styrol, Polymerisate, Abbau 815
N-Methyl-acrylsäureamid, Polymerisate, Verseifung 711
β-Methyl-adipinsäure, Polyamid aus 151
Methyl-äthyl-keton, Kondensation mit
  Benzaldehyd 421
  Formaldehyd 416 f., 421, **423**
N-Methyl-anilin, Kondensation mit Formaldehyd 293
p-Methyl-benzylchlorid, Poly-p-xylylen aus 626
(Methyl-benzyl)-trimethyl-ammoniumhydroxyd, Polyaromaten aus 626
Methyl-bis-[3-amino-propyl]-amin, Polyamide aus **151**
1-Methyl-2,5-bis-[β-carbäthoxy-propyl]-pyrrolidon, Polyamide aus 151
N-Methyl-bis-[β-hydroxy-äthyl]-amin
  Polyester aus **24**
  Polyurethane aus 72

Methyl-bis-[hydroxy-methyl]-phenole s. Bis-[hydroxymethyl]-p-kresol
N-Methyl-caprolactam 117
β-Methyl-β-caprolactam, Mischpolyamid mit β,β-Dimethyl-propiolactam **118**
C-Methyl-caprolactame, Polymerisation 117
Methylcellulose 652, 887 f., 889
  Methoxygruppen-Bestimmung 641
Methyl-chlormethyl-aromaten, Polyaromaten aus 626
Methylcyclohexanon-Cyclohexanon-Kondensation 424
4-Methyl-2-cyclohexyl-phenol, Kondensation mit Formaldehyd 200
4-(1-Methyl-1-cyclohexyl)-phenol, öllösliche Resole aus 261
Methylen-bis-acrylsäureamid 392, **393**
  Polyadditionsprodukte 614
    mit Piperazin **621**
Methylen-bis-acylamide 371, 391 f.
Methylen-N,N'-bis-anilin 293
Methylen-bis-caprolactam, Polyamide aus 156
Methylen-bis-N,N'-carbamidsäureester, Bis-methoxymethyl-Verbindung von **380**
Methylen-bis-chromane 262
Methylen-bis-phenole s. Bis-[hydroxyphenyl]-methan(derivate)
Methylen-bis-[γ-(2-phenoxy-äthoxy)-propylamin] zur Härtung von Epoxydharzen **545**
Methylen-bis-phthalimid 372
Methylenbrenzcatechin, Kondensation mit Acetaldehyd bzw. Formaldehyd 304
Methylendiharnstoff 32 f., 327, 343
  Polyharnstoff aus 326
  Spaltung mit Phenolen 327
Methylenmalonsäuredinitril, Polymerisate, Abbau 816
Methylenphosphonsäure, polymere 746
Methylen-polyamide 161 f., 392
  aus 1,7-Dicyan-heptan und Trioxymethylen **393**
Methylenthioharnstoffe 339
3-Methyl-hexamethylendiamin, Polyoxamid aus 152
5-Methyl-2-(hydroxymethyl)-4-tert.-butyl-phenol, Umsetzung mit Ölsäure-methylester 258
Methyl-hydroxymethyl-phenole 224 f.
1-Methyl-1-(p-hydroxy-phenyl)-cyclohexan, öllösliche Resole aus 261
Methyl-isopropenyl-keton, Polymerisate, Abbau 810
N-Methyl-maleinsäureimid
  aus Maleinsäureanhydrid-Copolymerisaten 714
  Pfropfpolymerisation mit Naturkautschuk 855
N-Methyl-methylenimin, Polymerisation 397
Methylol- s.a. Hydroxymethyl-
N-Methylol-acrylsäureamid s. Acrylsäure-hydroxymethylamide
Methyloläther von amidgruppenhaltigen Copolymerisaten (vgl. die einzelnen Polymeren), Kombination mit Epoxydharzen 534
2-Methylol-2-äthyl-trimethylenoxyd, Polymerisation **563**
Methylolamide höherer Fettsäuren 375
N-Methylol-benzoesäureamid, Kondensation mit Furancarbonsäureestern 376

N-Methylol-carbamidsäure-äthylester, Veräthe-
rung mit Methanol **379**
N-Methylol-carbamidsäure-glykolester **379**
Methylolharnstoff s. Hydroxymethylharnstoff
Methylolmelamin s. Hydroxymethylmelamin
Methylolmelaminallyläther **368**
N-Methylol-methacrylamid s. Methacrylsäure-
hydroxymethylamid
Methylolphenole s. Hydroxymethyl-phenole
Methylolpolyamide 158f., **372**
  Mannichreaktion mit 376
  Thioäther aus 375
  Umsetzung mit Epoxyharzen 375
  Verätherung 374
N-Methylol-säureamide (vgl. die einzelnen Ver-
bindungen), Abwandlungen 374f.
N-Methylol-p-toluol-sulfonsäureamid **390**
Methylol-trimethylenoxyde, Anlagerung von
Äthylenoxyd und Polymerisation 554
Methylpentadiene-(1,3), Polymerisate, Hydrie-
rung 691, **692**
2-Methyl-piperazin, Polyamide aus 148
1-Methyl-pyrrolidon-2,5-bis-[β-propionsäure-
äthylester], Polyamid aus 151
α-Methyl-styrol, Copolymerisate 705
  mit ölmodifizierten Polyestern 45
Methyl-styrole, Polymerisate
  Abbau 815
  Bromierung 680
  Chlorierung 673, 679
1-Methyl-trimethylenoxyd, (Co)Polymerisation
553
3-Methyl-2,4,6-tris-[hydroxymethyl]-phenol
225
Methyl-urethane, Abwandlung von 374f.
Methyl-vinyl-äther
  Copolymerisate, Vernetzung 790, 792
  Kondensation mit p-tert.-Butyl-phenol 211,
  287
  Polymerisate, Abbau 810
  Polymerisation 500
Methyl-vinyl-keton 418
  Anlagerung an Polyvinylalkohol 716
  Copolymerisate, Reduktion 693, **694**
  Polymerisate
    Abbau 810
    Aminierung 745
    Cyclisierung 735
    Oxime aus **734**
    Quaternierung **754**
    Vernetzung 791f.
2-Methyl-5-vinyl-pyridin
  Copolymerisate, Quaternierung und Vulkani-
  sation 756
  Polymerisate
    Betaine, polymere aus 755
    Härtung von Epoxyden mit 517
Mikrofibrille 864
Milchsäure, Polyester aus 4
Mischacetale 721
Mischester, lineare 21
Mischpolyamide 153ff.
  aus p-Amino-benzoesäure und adipinsaurem
  Hexamethylendiamin 153, **154**
  aus 6-Amino-capronsäure und adipinsaurem
  Hexamethylendiamin, Modifizierung mit
  Toluylen-2,4-diisocyanat **160**

Mischpolyamide
  aus bifunktionellen Ausgangsmaterialien mit
  vorgebildeter Amidgruppe 155
  aus ε-Caprolactam und
    adipinsaurem Hexamethylendiamin 114,
    153, **154**
    4-Aminomethyl-cyclohexancarbonsäure
    154
    terephthalsaurem Hexamethylendiamin
    154
    ε-Thio-caprolactam **131**
  aus Dicarbonsäuren und Diharnstoff-dicarbonsäuren 154
  Eigenschaften 153
  Fäden, elastische, aus 148
  aus trans-Hexahydroterephthalsäure 145
  aus β-Lactamen **118**
  aus Poly-ε-caprolactam und Adipinsäure-
  hexamethylenpolyamid 155
  aus Polykondensaten 155
  Schmelzpunkte von 155
  aus Sebacinsäure und einer Mischung von
  N,N'-Diisobutyl-hexamethylendiamin, N-
  Isobutyl-hexamethylendiamin und Hexa-
  methylendiamin 148
  aus Terephthaloyl-bis-[6-amino-capronsäure]
  und Hexamethylendiamin 155
  Titration der Amino- und Carboxyendgruppen
  188
  Umsetzung mit
    Äthylenoxyd **161**
    Glykolcarbonat 161
    Styroloxyd **161**
Mischpolykondensate mit Amid-, Ester- und
Urethangruppen 157ff.
Mischurethane 72
Moderator (s.a. Isocyanat-Abspalter) 61
Molekülgrößenfraktionierung, Methoden 650
Molekülorientierung 190
Molekulargewichtsberechnung von Polyamiden,
Konstanten zur 185 (Tab.)
Molekulargewichtsbestimmung von Polyamiden
184ff.
Molekulargewichtsverteilung von
  Polyamiden 186ff.
  Polyisopren 935, 940f.
Monocarbonsäureester, ungesättigte, Epoxydie-
rung und Polymerisation 487f. (Tab.)
Monoepoxyde s. Epoxyde bzw. Alkylenoxyde
und die einzelnen Verbindungen
Monomere
  Anlagerungs- und Anregungsformen 931
  mit (markierter) reaktionsfähiger Gruppe,
  Polymerisation 645
Monomethoxymethyl-dicyandiamid **387**
Monomethylol-dicyandiamid **385**
Monomethylolharnstoff s. Hydroxymethylharn-
stoff
Monovinyläther, Novolake aus 211
Morpholin, Gerbstoffe mit Resorcin und Form-
aldehyd **276**

N
Naphthalin
  Kondensation mit Formaldehyd 304
    und Salicylsäure 247
  Schwefelungsprodukte von 604

Naphthalin
sulfoniertes, Kondensation mit Formaldehyd **316**
Zusatz zu Benzylchloridharzen 609f.
1,4-Naphthalin-dicarbonsäure, Polyamide aus 145
Naphthalin-1,5-dithiol, hochmolekulare Thioäther aus 598
Naphthalinsulfonsäure
Kondensation mit Formaldehyd (und) 267, 304
Aldehydsulfonsäuren und Phenol 268
Brenzcatechin **287**
Kresol und Bis-[4-hydroxy-phenyl]-sulfon 265
Schwefelungsprodukte 604f., **606**
wasserlösliche Benzylchloridharze mit 610
Naphthol
Kondensation mit Naphtholsulfonsäuren, Brenzcatechin und Formaldehyd zu Gerbstoffen 264
-Schwefelharze 602
Naphtholsulfonsäure
Kondensation mit Brenzcatechin, Naphthol und Formaldehyd zu Gerbstoffen 264
Phenolharze aus 264, 269, **288**
Naphthylamin, Kondensation mit Acetaldehyd bzw. Aldol 299
Naphthylen-1,5-diisocyanat 60
Polyurethane aus 80, 82, **83f.**, 90
Natriumcellulose 887
Natriumpolysulfidlösung, Herstellung **592**
Naturharze
ungesättigte, Umsetzung mit Resolen 262f.
Veresterung mit Acetaldehydharzen 415
Naturharzsäuren, Kombination mit Epoxydharzen 535ff.
Naturkautschuk
Abbau 823, 825f., 850ff., 927
Anlagerung von
Chlorwasserstoff 765
Maleinsäureanhydrid 853, 855, **856**, 860, **861**
Umsetzung mit Polyalkoholen und Cellulosederivaten 856
Maleinsäureimid 860
Mercaptanen 837f.
Monomeren (s. a. Naturkautschuk, Pfropfpolymerisation und bei den Monomeren) 855ff.
Schwefeldioxyd 766, 839f., **840**
(Di)Thiolsäuren 837f., **838**
Umsetzungen an 838
Anvulkanisation 846
Aufarbeitungsmethoden 822f.
Aufrahmen 823
Bestimmung der Doppelbindungen 841f., 937
Blockpolymerisate 852ff.
Bromierung 829
Chlorierung 675, 824ff., **827f.**
Chlorierungsprodukte, Eigenschaften 826f.
Cyclisierung 824, **830**, 831, 834ff., **836**, 850f.
unter Anlagerung von Phenol 835, **836**
Bestimmung des Cyclisierungsgrades 836
Cyclisierungsprodukte
alterungsbeständige 836
fluorhaltige 830
Eigenschaften 822
Einführung von 4-Hydroxy-phenylgruppen 829

Naturkautschuk
Fraktionierung 823
Gewinnung 822
Hydrierung 823f.
Hydrobromierung 834
Hydrochlorierung 830ff.
als Latex 832f., **833**
in Lösung 831f., **832**
Stabilisatoren 833 (Tab.)
und weitere Umsetzungen 831
Hydrofluorierung 830
Hydrojodierung 834
Isomerisierung 772, 838
Jodierung 829
Kaltvulkanisation 848
Latex
Chlorierung **828**
Cyclisierung **836**
Hydrochlorierung 832f., **833**
Reinigung 823
Lösungsmittel 823, 826, 831
Mastikation 823, 851f.
und Pfropfpolymerisation 859f.
Radikalacceptoren 851f.
Mischung mit
Poly-2-chlor-butadien, Mastikation 852
Synthesekautschuk, Vulkanisation 780f., 783, 803
Nachweis 829
Pfropfpolymerisate 852ff., **856f.**, 858ff.
Pfropfpolymerisation
mit 2-Chlor-butadien-(1,3) 859
im Latex 856ff.
in Lösung 854f.
mit Methacrylsäure-methylester 854, **856**, **858, 859**
Ozonolyse 855
mit Monomeren-Mischungen 858
Trennung der polymeren Reaktionsprodukte 854
Phosphoniumsalze 829
Plastiziermittel 852f.
Pyrolyse 850f.
Stabilisatoren 849
stickstoffhaltiger, vernetzte Produkte 829
Umsetzung mit
Aldehyden 842
aliphatischen Azoestern 842
Bromalkanen 843
Chlorsulfonsäure 840f., **841**
Dirhodan 841f.
Hypochloriten 841
Nitrosobenzol 843
Salpetersäure 843
Schwefeltrioxyd 840f.
Stickstoffoxyden 840
Tetranitromethan 843
mit unterchloriger Säure(estern) 841
Umwandlungsmethoden 822ff.
Vernetzungsdichte 847
Vulkanisate, Regenerierung 861
Vulkanisation 776, 843ff.
von Mischungen mit Synthesekautschuk 780f., 783, 803
Theorien 846f.
Vulkanisationsbeschleuniger 844ff.
Vulkanisationsmischungen 844, **849f.**

Naturkautschuk
  Vulkanisationsmittel 847f.
  Vulkanisationsoptimum 846
  Vulkanisationsverzögerer 846
Naturseide, Behandlung mit Propylenoxyd
  453
Nioxam 865
Nitrile
  polymere 745
  Umsetzung mit Aldehyden 391ff.
Nitrilkautschuk (vgl. Acrylnitril, Copolymerisate
  mit Butadien), Kondensate mit Resorcin, vul-
  kanisierbare 239
p-Nitro-benzylamylose 913
p-Nitro-benzylcellulose 889
Nitrocellulose 868ff.
4-Nitro-2-chlormethyl-phenol 199
p-Nitro-phenol, Kondensation mit Aldehyden
  199f.
(4-Nitro-phenyl)-(2,4-dinitro-phenyl)-äther, Tri-
  isocyanate aus 70
Nitroseide 870
1,9-Nonamethylendiamin, Polyimide aus 163
Nonandisäuredinitril, Methylenpolyamid aus
  393
Novolake
  Alkylierung 246
  Bildung
    basisch katalysierte 253f.
    sauer katalysierte 201ff., 272
      Reaktionsmechanismus und Kinetik
      203ff.
  Carboxymethylierung 270
  Epoxyharze aus 472f.
  Erweichungspunkt 209
  Härtung mit 213ff.
    Epoxydharzen 504
    Harnstoff-Formaldehyd-Harz 327
    Hexamethylentetramin 215ff., 275
    Resolen 213
  Härtungsmittel 207, 214f., 219
    mit kurzer Härtungszeit 208, 274
  Herstellung aus 201ff.
    Acetaldehyd und
      p-tert.-Butyl-phenol 210, 275
      Phenolen 207, 209f., 275
    Acetylen 210
      und p-tert.-Butyl-phenol 276
    m-Äthyl-phenol 209
    2,2-Bis-[4-hydroxy-phenyl]-propan 209
    m-Kresol 209
    mit Oxalsäure als Kondensationsmittel
      273
    Phenolen
      und Acetaldehyd 207, 209f., 275
      disubstituierten 206, 216, 226, 273
      und Furfurol 212f., 281
      Mischungen von 209
      und Mono-(bzw. Di-)vinyläthern 211
      m- und p-substituierten 206f., 274, 276,
        290
        mit längerem Alkylrest 206f.,
        273
    p-Phenyl-phenol 274
    Resorcin 274
      und Acrolein 290

Novolake
  Herstellung aus
    2,4,6-Tris-[(dimethyl-amino)-methyl]-
      phenol 216
    1,3,5-Xylenol 206, 226, 273
    Xylol und Formaldehyd 300
  Katalysatoren 207
  klebfreie Harze mit o-Toluidin 250
  Kondensation mit
    Aceton-Formaldehyd-Harzen 419
    Anhydroformaldehydanilin 249
    p-Hydroxy-benzoesäure 246
    Salicylsäure 246
  Lichtechtheit 197
  Modellverbindungen, Synthese 201f.
  Modifizierung mit Styrol 247
  Nachkondensation 207, 280
  orthoreiche 208, 229
  oxäthylierte, Umsetzung mit Diisocyanaten
    94
  Polyglycidyläther von, nachträgliche Kern-
    bromierung 498
  polymerhomologe Reihen 203
  für Preßmassen 274f.
  sechs- und siebenkernige 202f.
  spezielle 209ff.
  Strukturaufklärung 201f.
  Sulfomethylierung 267
  Sulfonierung 263
  Verätherung 247
  Vernetzung 376
  vierkernige, cyclische 203
  zweikernige, Diepoxyde aus 492
Nylon® (s.a. unter Adipinsäure, 1,6-Diamino-
  hexan bzw. Polyamiden) 134
  Modifizieren mit N-Carbonsäure-anhydriden
    133

O
Octaäthylenglykol, Polyester aus 33
N-Octadecyl-N,N'-äthylenharnstoff, Polymerisation auf Textilgewebe 579
tert.-Octadecylamin, Oxäthylierung 452
1,8-Octamethylen-bis-[N,N-äthylen-harnstoff],
  Polymerisation 578
Octamethylen-N,N'-bis-[carbamidsäure-methyl-
  ester], Polyamide aus 143
1,8-Octamethylendiamindiformiat, Polyamide
  aus 144
1,8-Octamethylendiisocyanat, Polyharnstoffe mit
  1,8-Octamethylendiamin/Kohlendioxyd 170
Ölalkyde 43
  Kombination mit Styrol 45f.
  Trocknungsvermögen 45
Öle
  epoxydierte, Mischungen mit Polyvinylchlorid
    465
  fette, Epoxydierung 485
  nichttrocknende, Polyester aus 43
  trocknende, durch Addition von Diisocyana-
    ten an Leinöldiglycerid 94
  ungesättigte
    Verkochen von Resolen 261, 282
    Umsetzung mit Schwefel und Dischwefel-
      dichlorid 620
Ölfirnisse, phenolharzmodifizierte 261
Ölmonoglycerid-Methode 43

Ölsäure, Additionsprodukt mit Maleinsäure, Polyester aus 42
Ölsäureglyceride, Oxalkylierung 438
Ölsäure-vinylester, Epoxydierung 489
7-Önantholactam, Polyamid aus 103, **130**
Oleylalkohol, Oxäthylierung 438
Organopolysiloxane, Umsetzung mit Harnstoff- bzw. Melamin-Harzen 346
Otticicaöl (Additionsprodukte), Polyester aus 42 f.
7-Oxa-bicyclo-[2,2,1]-heptan, Polymerisation 561
Oxacyclobutane, Polymerisation 553 ff.
Oxäthylierung (s. a. Äthylenoxyd)
  praktische Durchführung 447 f.
  stufenweise 437
  Trübungspunkt 439
Oxalkylierung (s. a. bei den entsprechenden Alkylenoxyden) 447 f.
Oxalsäure
  Härtung von Epoxydharzen mit **540**
  Polyester aus 13
Oxalsäure-äthylenester, Polyester aus 15
Oxalsäure-bis-[hydroxymethylamid] s. N,N'-Dimethylol-oxalsäurediamid
Oxalsäure-dibutylester, Polyamid aus **139**
Oxalsäure-diester, Polyamide aus 138, **139**, 148, **151**
Oxalsäure-divinylester, Copolymerisate mit Styrol 666
2-Oxa-spiro-[3,5]-nonan, Polymerisation 553
Oxazolid-2,5-dione 131
Oxazolidine, Polymerisation 575 f.
Oxazolidone, Polymerisation 535, 575 f.
Oxetane s. Trimethylenoxyd(derivate)
2-Oxo-4-acryloyloxymethyl-1,3-dioxolan s. Acrylsäure-glycerincarbonatester
2-Oxo-1,3-dioxolan, Polyester aus 15
Oxo-pimelinsäure, Polyamide aus 156
Oxycellulose 866
Oxyde, cyclische (vgl. die einzelnen Trimethylenoxyde u. a.), Darstellung 553 f.
Oxydwachse 426
Ozonolyse 927, 938

P

Paracone® 35
Paraffine, mehrfach chlorierte, Kondensationsprodukte mit Phenolen 611
Paraformaldehyd (s. a. Formaldehyd) 405
  Kondensation mit Dicyandiamid 384, 387
Pentachlorphenol, Kondensation mit Epichlorhydrin 498
3-Pentadecyl-phenol, Kondensation mit Formaldehyd 226
Pentadien-(1,3), Epoxydierung 492
Pentaerythrit
  Kondensation mit
    Acrolein 617, **621 f.**
    Harnstoff 333
  Polyester aus **41**
  Polythioäther aus 581
Pentaerythrit-dichlorhydrin, Polyester aus 36
1,5-Pentamethylendiammonium-sebacat **137**
Pentamethylol-melamin-allyläther 363
1,5-Pentandiol und -divinyläther, Polyacetale aus **622**

Penton® 544
Peptide, niedermolekulare 101
Perbunan N® 799
Perfluorpropylen, Copolymerisate 447, 818
Perhydrotriazine (Polymere) 162, 372, 374
Permutit RS® 178
permutoide Umsetzung 868
Pfropfpolymere (siehe auch bei den Monomeren) 642
Phenol(e) (s. a. bei Phenolharzen, Resolen, den Einzelsubstanzen und entsprechenden Reaktionspartnern)
  Anlagerung an
    Diallyliden-pentaerythrit 617
    Tetrahydrofuran 560
  bifunktionelle, zur Herstellung von öllöslichen, modifizierten Resolen 261
  Cyclisierung von Naturkautschuk durch 835, **836**
  Elastifizierung durch 243 ff.
  -Furfurol-Harze 212 ff., **271**
  Kondensation mit
    Acetaldehyd 210
    Acetessigsäureester 197
    Acetylen 210
    Aldehyden 197 ff.
    Anhydro-p-amino-benzylalkohol 249
    Butadien, Epoxydierung 490
    1,4-Butandiol-divinyläther **287**
    Carbonylverbindungen 195 ff.
    Dialdehyden bzw. Diketonen 472
    Dichloralkanen 611
    Diketonen, Epoxydharze aus 472
    Epoxyden 472 f.
    Formaldehyd und
      Aceton 419
      Aminen **276 f.**
      Melamin 363
      Epichlorhydrin und Trimethylamin zu einem polyquartären Salz **316**
      Resorcin 254
      Sulfonsäuren 268
      Xylol 308 ff.
    Hexamethylentetramin 215 ff.
    p-Hydroxy-benzylalkohol 236
    Hydroxymethyl-phenolen 237
    Isobutyl-vinyl-äther **287**
    Ketocarbonsäuren 197
    Ketonen 195 f.
    mehrfach chlorierten Kohlenwasserstoffen 611
  Novolake aus 207, 209 ff., 212 f., **274 f.**
  Oxäthylierung 437
  -Schwefel-Harze 600 ff.
    Eigenschaften 602
    Einwirkung von Luft in Gegenwart von Natriumsulfid 603
    Härtung 601, 604
    Komplexverbindungen von 603
    Nachhärtung 602
    aus Phenolen und
      Schwefel **605 f.**
      (Di)Schwefeldichlorid 603, **606**
    Umsetzung mit Formaldehyd und Natriumsulfit 604

Phenol(e)
-Schwefel-Harze
Verwendung 600 f.
zur Spaltung von Anilin-Formaldehyd-Harzen 294
sterisch gehinderte
Diglycidäther aus 471
Einführung von Hydroxymethylgruppen 226
sulfomethylierte
Kondensation mit Phenolen 264
Nachbehandlung mit Schwefelsäure 268
Umsetzungsprodukte mit Dipenten bzw. Styrol, Resole aus 261
Phenoläther, Kondensation mit
Carbonylverbindungen 302 ff.
Formaldehyd 304 f.
Härtung 306 f.
Reaktionsbedingungen 313 ff.
Phenolcarbonsäure s. Hydroxy-benzoesäure
Phenoldialkohole, als Vulkanisationsmittel 259
Phenolharze (s. a. Resole, Novolake usw.) 193 ff.
Austauscherharze 266 ff., 288 ff.
Cyanäthylierung 271
Einteilung 193 f.
Elektronenaustauscher aus 272
Epoxydharze aus 245
faserverstärkte 250
flammwidrige 213
Gerbstoffe 263 ff., 276 f., 288 ff.
Härtung
Einfluß des p_H-Wertes 238
Schema 214
schnelle 254
Herstellung aus
Acetaldehyddisulfonsäure 268
Acrolein 265, 472
-Sulfit-Addukten 269
Alizarin 272
dem Alkylierungsprodukt von p-Kresoldialkohol mit Chloressigsäure 246
Aminen 276 f.
Aminophenolen 272
Aminosäuren 270
Ammoniak, Formaldehyd und
Phenol 249, 265
Resorcin 277
Anilinhydrochlorid 265, 277
Anisol 246, 270, 315
Anthranilsäure 271
Benzaldehyd-2,4-disulfonsäure 268, 289
Benzaldehyd-o-sulfonsäure 272
1,3-Bis-[carboxymethyl]-resorcinäther 270
Bis-[2-chlor-1-hydroxy-phenyl-4-sulfonsäure]-imid 269
Bis-[hydroxyphenyl]-methan 264
2,2-Bis-[4-hydroxy-phenyl]-propan 209, 213, 229, 244, 283 f., 286, 288, 290
2,2-Bis-[4-hydroxy-phenyl]-propan-3,3-disulfonsäure 289
Bis-[4-hydroxy-phenyl]-sulfon 265, 288, 289

Phenolharze
Herstellung aus
Brenzcatechin 264, 272
Aminen und Formaldehyd 249
Naphthalinsulfonsäure und Formaldehyd 287
1,4-Butandiol-divinyläther und Phenol 287
p-tert.-Butyl-phenol
Alkoxylierung 247
und Hexamethylentetramin 219
und Methylvinyläther 287
Chlorphenol 247, 270
Crotonaldehyd 265
Dicarbonsäuremonoamiden 270
2,5- bzw. 2,3-Dichlor-phenol und
Furfurol 213, 219
Hexamethylentetramin 219
Dicyandiamid, Phenol und Formaldehyd 249
1,4-Dihydroxy-anthrachinon 272
3,5-Dihydroxy-benzoesäure 270
3,5-Diisopropyl-phenol 213
Formaldehyd-hydrogensulfit-Verbindung 288
Furfurol 212 ff., 239, 281
Harnstoff 289
Hydrochinon 272
2-Hydroxy-anthrachinon 272
o-Hydroxy-benzalketon-Natriumhydrogensulfit-Anlagerungsprodukten 269
8-Hydroxy-chinolin 271
[Hydroxymethyl]-phenolen und Triäthylentetramin 271
Isobutyl-vinyl-äther und Phenol 287
Kojisäure 271
Ligninsulfonsäuren 264
Methyl-vinyl-äther und p-tert.-Butylphenol 287
Naphthalin 247
Naphthalinsulfonsäure 265, 268 f.
Naphthol 264
Naphtholsulfonsäure 264, 269, 272, 288
Phenolphthalein 270
Phenolsulfonsäure 263, 266 ff., 272, 288 f.
Phenoxyessigsäure 270
β-Phenoxy-propionsäure 270
Phenylendiamin 272
Pyrogallol 272
Resorcin 265, 269, 272, 276 f., 289
und Aminen 249, 276 f.
Resorcinmonocarbonsäure 270, 290
Salicylsäure 247, 271
1,4,5,8-Tetrahydroxy-naphthalin 272
p-Tosyl-tyrosin 271
Triäthylentetramin 271, 290
3,5-Xylenol 239
für Holzverleimungen 239, 276
hydroxygruppenhaltige 76
Einbrennlack mit Diisocyanaten 78
iminogruppenhaltige 271
Kautschuk-Cord-Verklebung durch 239
Kombination mit
Butadien-Acrylnitril-Copolymerisaten, Vulkanisation 800
Epoxydharzen 465, 532 ff., 768

Phenolharze
 Kombination mit
  Furfurylalkoholharzen 239
  Polyvinylformalen 718
 mit komplexbildenden Gruppen 271
 koniferenharzmodifizierte 213
 Lacke aus 78, 261, 286
  Einteilungsschema 260
 lichtechte 246
 mercurierte 272
 Modifizierung von Kolophoniumester 283
 molekulareinheitliche 644, 660
 Öllacke 261
 Oxäthylierung 437
 Preßmassen 219
 Pyrolyse 922 f.
 reproduzierbare Ansätze 228
 Sauerstoffentfernung mit 272
 Schaumstoffe 238
 Schichtstoffe 276
 Schwefelung 602
 ω-sulfonsäuregruppenhaltige, Vernetzung mit
  Formaldehyd 267
 Umsetzung mit
  Alkylenoxyden 245
  Polyestern 29
 Umwandlung, thermische 257
 Verätherung 244 ff., 636
 Vernetzung von Polymerisaten 788, 790, 794
 Verwendung 238 f.
 als Vulkanisationsmittel 798
 Weichmacher, innere 197
Phenolmalein, Diglycidylderivate 474
Phenolphthalein
 Diglycidylderivate 474
 Kondensation mit Formaldehyd 270
Phenolsuccein, Diglycidylderivate 474
Phenolsulfonsäure
 Austauscherharz aus 288
 Kondensation mit Formaldehyd und
  Acetaldehyddisulfonsäure 268
  Alizarin 272
  Harnstoff 265, 345
  Phenol 263 f., 266 f., 272
 Nachkondensation eines Hydroxymethylharn-
  stoffes mit 289
 Umsetzung mit Harnstoff-Formaldehyd-Harz
  327
(β-Phenoxy-äthyl)-trimethyl-ammoniumchlorid,
 Kondensation mit Formaldehyd 305
Phenoxy-1,2-epoxy-propan, Polyester aus 15
Phenoxyessigsäure, Kondensation mit Formal-
 dehyd und
  Anisol 270
  Chlorphenol 270
  Diphenyläther 305, 317
Phenoxymethylphosphorsäure, Kondensation mit
 Formaldehyd 305
Phenoxypropenoxyd, Polyester aus 15
β-Phenoxy-propionsäure, Austauscherharze aus
 270
β-Phenyl-äthylchlorid, Polyxylylene aus 627
2-Phenyl-äthylenoxyl s. Styroloxyd
Phenyl-alanin-N-carbonsäureanhydrid, Misch-
 polypeptide aus 132, 133
[Phenyl-(2-amino-phenyl)-amin]-Formaldehyd-
 Harze, Härtung von Resolen mit 250

3-Phenyl-chroman 258
Phenyldiazomethan, Polybenzyliden aus 630
p-Phenylen-bis-[essigsäure]
 Polyamide aus 146
 Polyester aus 25
p-Phenylen-bis-[hydroxyessigsäure], Polyamide
 aus 149
p-Phenylen-bis-[β-propionsäure], Polyamide aus
 146, 147
Phenylendiamin
 -Formaldehyd-Harze 272, 292, 300, 301
  Nachbehandlung 300
   mit Epichlorhydrin und Trimethyl-
    amin 302
 Kondensationsprodukt mit Formaldehyd und
  einem Polyamin 302
 Polyamide aus 145 f.
m-Phenylen-diisocyanat, Polyharnstoff mit 2,6-
 diamino-toluol-4-sulfonsaurem Natrium 170
p-Phenylen-diisocyanat 60
 Polyurethane aus 80, 82, 90
Phenylessigsäurechlorid, Polyketone aus 612
Phenyl-glycid-äther
 Polyester aus 15
 Polymerisation 443, 501
Phenylguanazol, Kondensation mit Aldehyden 365
Phenylisocyanat-4-carbonsäureester, Veresterung
 von Cellulose 885
p-Phenyl-phenol
 Novolak aus 274
 öllösliche Resole aus 261
β-Phenyl-propiolactam, Polymerisation 118
Phenylurethane als Isocyanat-Abspalter 62 ff.
Phosgen, Polyharnstoffe aus 166, 171
Phosgenierung, Herstellung von Polycarbonaten
 durch 52 ff.
Phosphine
 Oxalkylierung 442
 Umsetzung mit Formaldehyd 401
Phosphinoxyd, polymeres 764
β-Phospho-äthylcellulose 896
Phosphonsäurediamide, Polykondensate 402
Phosphornitril-bis-[äthylenimide], Umsetzung
 mit Diaminen und Diolen 574
Phosphorsäure-äthylester-dichlorid, Polyester aus
 14
Phosphorsäure-bis-[äthylenimide], Umsetzung
 mit Diaminen und Diolen 574
Phosphorsäure-butylester-bis-[äthylenimid],
 Polymerisation 574
Phosphorsäure-diallyl-phenyl-ester, Copolymeri-
 sation 37
Phosphorsäureester, ungesättigte, Epoxydierung
 498
Phosphorsäure-phenoxymethylester, Konden-
 sation mit Formaldehyd 305
Phosphorsäure-tris-[äthylenimid], Polymerisation
 574
Phosphorsäure-tris-[p-isocyanato-phenylester],
 Klebstoffe aus 93
Phthalatharze 41
Phthalimid, Kondensation mit Formaldehyd
 322
Phthalsäure
 Epoxydharz mit Adipinsäure und Epichlor-
  hydrin 547
 Polyester aus 41

Phthalsäureanhydrid
  Härtung von Epoxydharzen mit **540f.**, **544**
  Oxäthylierung 445
  Polyaddition mit 2,6-Dioxa-spiro-[3,3]-heptan **564**
  Polyester aus 15, **19**
  Polymerisation von Styrol mit Epoxyden in Gegenwart von **551**
  Umesterung mit **738**
Phthalsäure-diallylester, Copolymerisation mit ungesättigten Polyestern 37
Phthalsäuredichlorid, Polyamide aus 146
Phthalsäure-diglycidester, Gemische mit Maleinsäure-glycidester, Polymerisat mit Styrol 480
Phthalsäure-(2,3-epoxy-propyl)-allyl-ester, Polymerisate, Vernetzung 788
  Polymerisation 495, **550**
Phthalsäureimid s. Phthalimid
α-Picolin, Kondensation mit Aldehyden 420
Pimelinsäure, Polyamide aus 137
Piperazin
  Epoxyde aus 479
  Polyadditionsprodukte mit Methylen-bis-acrylsäureamid **621**
  Polyamide aus 148, 152
  Polyester mit Adipinsäure und Glykol **24**
1,4-Piperazin-dicarbonsäurechlorid, Polyharnstoffe aus 166
Piperidin, Polymerisation 575
Piperidin-4-carbonsäure, Polyamide aus 108
2-Piperidon 102
Piperylen, Epoxydierung 492
Plastifizierungsmittel 852f.
Polyacetale 583ff.
  cyclische 584
  mit Fettsäureester-Endgruppen 585
  Herstellung aus
    Buten-(2)-diol-(1,4) und ungesättigten Aldehyden 285
    1,2- bzw. 1,3-Diolen 562, 585
    2,6-Dioxa-spiro-[3,3]-heptan und Dialdehyden 556
    Divinyläthern
      und mehrwertigen Alkoholen 618
      von 1,5-Pentandiol **622**
    Formaldehyd (s. a. Formaldehyd) und Bis-[β-hydroxy-äthyl]-di- und polysulfiden 599
    ω,ω'-Alkandiolen **587**
  durch Umacetalisierung 585
  ungesättigte 585
  faktisartige Massen aus 585
  vernetzte 584
Poly-acetaminostyrol 760
Poly-α-acetoxy-acrylnitril, Lactonisierung 729
Polyacrylsäureamide (s.a. unter Acrylsäureamid)
  aus Polyacrylnitril 710
  aus Polyacrylsäureestern durch Aminolyse 738f., **739**
  Umsetzung mit Harnstoff-Formaldehyd-Harz 346
Polyacrylsäureamidoxime 709, **710**
Polyacrylsäureazide 740
Polyacrylsäurechloride aus Polyacrylsäuren 747
Polyacrylsäure-β-(diäthyl-amino)-äthylester, Quaternierung **754**
Polyacrylsäurehydrazide 642, 653, **739f.**, **744**

Polyacrylsäurehydrazone **740**
Polyacrylsäurehydroxamsäuren 740
Polyacrylsäure-β-hydroxy-äthylamide, Vernetzung 787
Polyacrylsäure-4-hydroxy-phenylamid 712
Polyäther (s.a. bei den einzelnen Alkylenoxyden) 580ff.
  Abbau 436
  basische 442
  Herstellung aus
    Äthylenoxyd (s. dort) 87, 428f.
    aromatischen Kohlenwasserstoffen und Formaldehyd 583
    Bis-[chlormethyl]-aromaten 582f.
    und Diolen 582
    Bis-[4-chlormethyl-phenyl]-äther und mehrwertigen Alkoholen **586**
    Bis-[β-hydroxy-äthyl]-äther und Propandiol-(1,3) **586**
    m(p)-Bis-[α-hydroxy-äthyl]-benzol 581
    2,6-Bis-[hydroxymethyl]-phenolen und Glykolen 241
    bis-quartären Ammoniumhydroxyden und Bisphenolen 583
    Diallyliden-pentaerythrit und mehrwertigen Alkoholen 615
    Di- oder Polyhalogenverbindungen und polyfunktionellen Alkoholaten oder Phenolaten 582
    Glycerin 582
    Glykol-bis-[p-toluolsulfonsäureester] 582
    und Hydrochinon **586**
    und polyfunktionellen Alkoholaten bzw. Phenolaten 582
    Glykolen 580
  Harnstoffharzen durch Umsetzung mit Diepoxyden 338
  Propylenoxyd (s. dort) 428f.
  Tetrahydrofuran 556ff.
    und Äthylenglykol **566**
  hydroxygruppenhaltige 87f.
  isotaktische 434f.
  phosphonsäuregruppenhaltige 92
  Stabilisation 582
  mit Sulfoxyd-, Sulfon- bzw. Sulfoniumgruppen 581
  Umsetzung mit Diisocyanaten 88
  ungesättigte 375
  vernetzte 615
Polyätherschäume 89, 91
Polyäthylenadipat (s.a. Polyester) **16, 18**
Polyäthylenglykole (s.a. bei Äthylenoxyd)
  Äther von 426, 436ff.
  Ester von 444
Polyäthylenhydrazine aus N-Amino-oxazolidon 576
Polyäthylenimine s. Äthylenimin
Polyäthylenphthalat (s.a. Polyester) 19
Polyäthylenpolyamine, Umsetzung mit
  chloriertem Paraffin 590
  (Trithio)Cyanursäure 588
Polyäthylensebacinat 25
Polyäthylensuccinat **21**
Polyäthylenterephthalat (s.a. Polyester) **6f.**, **13**, **20f.**, **24**
  Abbau 28, 923
  Fasern aus 25

Polyäthylenterephthalat
  Fraktionierung 7
  Regelung des Molekulargewichts 13
  Umsetzung mit
    Methyl-bis-[β-hydroxy-äthyl]-amin 24
    stickstoffhaltigen Glykolen 23
  Verseifungszahl 925
Polyäthyliden aus Diazoäthan 630, 631
Poly-β-alanin 110, 615
Polyalkylenglykole, Pfropfpolymerisate mit
  Vinylestern, Verseifung 703 f.
Polyalkylenoxyde (s. a. bei Alkylenoxyden)
  429 ff.
Poly-alkylen-phosphin-monochloride 775
Poly-alkylen-phosphonsäure-dichloride 775
Polyallylalkohol (s. a. Allylalkohol) 693 f., 703
  Veresterung 728
Polyallylamine 694, 696
Polyamidäthercarbonsäuren 375
Polyamid-alkoxymethyläther 158 f., 380 f.
Polyamidcarbonsäuren 163
Polyamide (s. a. Mischpolyamide und bei den
  Reaktionskomponenten) 99 ff.
  Abbau 177 f., 922
  äthergruppenhaltige 148 f.
  Alkoxymethylverbindungen von 158 f., 380 f.
  N-(Alkylmercapto-methyl)-polyamide aus 158
  Analytik 179 ff.
  Anfärbbarkeit 151, 924
  Anhydrid-Methode 107
  basische 150, 151, 523 f.
  Bewetterung 179
  Bildungsreaktionen 100
  carboxygruppenhaltige 509
  Charakterisierung, physikalische und che-
    mische 179 ff.
  Endgruppenbestimmung 186 ff., 188 f., 190
  Entfernung des Wassers bei der Polykonden-
    sation 105, 134 ff.
  Fasern, Einführung von Methoxymethyl-
    Gruppen 159
  Gleichgewichtsextraktwert 107
  Gleichgewichtsreaktion 99
  Gleichgewichtsverschiebung 100, 105
  Härtung 157
    von Epoxydharzen mit 504, 523, 551
  Herstellung aus
    Acrylsäurepolymerisaten (s. dort und bei
      den entsprechenden Monomeren)
    Adipinsäure (und) 144, 147 f., 180
      1,2-Bis-[2-amino-äthoxy]-äthan 148
      1,4-Bis-[5-amino-1,1-dimethyl-pentyl]-
        benzol 163
      1,3-Bis-[aminomethyl]-benzol 147
      Bis-[4-amino-2-methyl-cyclohexyl]-
        methan 146
      Bis-[5-amino-pentyl]-äther 148
      Bis-[3-amino-propyl]-amin und 1,2-Di-
        chlor-äthan 588
      1,6-Bis-[3-amino-propyloxy]-hexan 148
      1,8-Bis-[formylamino]-octan 144
      1,6-Hexamethylendiamin 136, 137
        Mischpolyamide mit Poly-ε-capro-
          lactam 155
      2-Methyl-piperazin 148
      Polymethylolverbindungen von 377
      (Thio)Äther von 380 f.

Polyamide
  Herstellung aus
    Adipinsäuredinitril durch Anlagerung von
      Adipinsäure-bis-[hydroxymethylamid]
      393
      1,10-Dimethyl-decandiol-(1,10) 142
      2,11-Dimethyl-1,11-dodecadien 142
      1,6-Hexamethylendiamin 141
    Aminoacetonitril 104
    10-Amino-caprinsäure 103, 105, 107
    10-Amino-caprinsäurenitril 109
    6-Amino-capronsäure 102, 106 f., 109,
      160
      Polymerhomologe, einheitliche 107
    6-Amino-capronsäure-äthylester 109
    6-Amino-capronsäure-sek.-oxalat 109
    Aminocarbonsäureamiden 104
    Aminocarbonsäuren 100 ff.
      Polykondensation in
        fester Phase 105
        Lösung 108
        der Schmelze 105, 106 f.
    Aminocarbonsäurenitrilen 104, 141
    4-Amino-cyclohexylessigsäure bzw.-butter-
      säure 108
    β-Amino-α,α-dimethyl-propionsäure 101,
      108
    17-Amino-heptadecansäure-äthylester 103,
      109
    7-Amino-heptansäure(-önanthsäure)
      (-isopropylester) 103, 105, 108, 109
    m-Aminomethyl-benzoesäure 108
    9-Amino-nonansäure (-pelargonsäure) 105
    Aminopivalinsäure 101, 108
    11-Amino-undecansäure 103, 105, 108
    aromatischen Komponenten 145 ff.
    Azetidinonen 117 f., 118
    Benzol-1,3,5-tricarbonsäure 156
    Bis-[4-amino-cyclohexyl]-methan 144, 145
    Bis-[5-amino-pentyl]-äther und Tere-
      phthalsäure bzw. Adipinsäure 148
    Bis-[γ-amino-propyl]-methyl-amin und
      Oxalsäure-diisopropylester 151
    1,4-Bis-[carboxymethyl]-benzol 146
    Bis-säurechloriden 139 ff.
    Bis-säureestern 138 f.
    Butantetracarbonsäure 156
    Butyrolactam 102, 112
    Caprolactam (s. a. Poly-ε-caprolactam)
      102, 112, 119 ff., 129 ff., 131, 156
      und ε-Thiocaprolactam 131
    8-Capryllactam 117, 130
    α-(Carboxyamino)-carbonsäure-anhydriden
      101, 131 ff.
    cycloaliphatischen Komponenten 144 ff.
    trans-1,4-Cyclohexan-dicarbonsäure, Di-
      aminoäthern und 1,4-Bis-[methyl-
      amino]-cyclohexan 149
    Diaminen (s. a. die einzelnen Diamine) 134 f.
      acylierten 144
      und Bis-estern 138 f.
      und Dicarbonsäuren 134 ff.
      und Dinitrilen 141
      disekundären 147 f.
      und Phthalsäuredichlorid 146
      und Oxalsäureestern 138, 139, 151
    Diaminoäthern 148 f.

Polyamide
  Herstellung aus
    1,4-Diamino-butan (und) 137, 141
      Pimelinsäure 137
      Terephthalsäuredichlorid 141
    cis- bzw. trans-1,3-Diamino-cyclohexan 145
    1,10-Diamino-decan (und) 139, 146 f., 149
      Bis-[β-carboxy-propyl]-benzol 147
      Oxalsäure-dibutylester 139
      Terephthalsäure 146
      Tetrahydrofuran-dipropionsäure 149
    1,16-Diamino-7,10-diaza-hexadecan 150
    1,6-Diamino-5-dimethylamino-2-methyl-
      hexan 150
    Dicarbonsäuren (s. a. die einzelnen Ver-
      bindungen)
      äthergruppenhaltigen 149
      und Diaminen bzw. deren Derivaten
        134 ff.
      und Diisocyanaten 88, 143 f.
      Kettenabbruch 134
    α,α'-Dihydroxy-adipinsäure 152
    10,11-Dihydroxy-eicosandisäure 152
    Di(Tri)linol(en)säure und Äthylendiamin
      156
    α,α-Dimethyl-adipinsäure 151
    Dimethylmalonsäure-diphenylester 134
    β,β-Dimethyl-propiolactam 118
    Dinitrilen 141, 393
      durch Anlagerung von Dialkoholen oder
        Diolefinen 142
      und Diaminen bzw. Dicarbonsäuren 141
      und Formaldehyd 392 f.
    α,α-Diphenyl-β-propiolactam 111
    12-Dodecanolactam 117
    6-(Formylamido)-capronsäure 109
    (Formylamido)-carbonsäuren 104
    Glutarsäure
      und Bis-[4-amino-phenyl]-methan 145
      mit Gemischen isomerer Diamine 145
    Glykokoll 101
    durch Grenzflächen-Polykondensation 139,
      140, 141
    1,6-Hexamethylendiamin und 134, 136 f.,
      140 f., 145 f., 149, 150 ff., 152, 155,
      180, 377, 380 f.
      Adipinsäure 136, 137
      p-Bis-[carboxy-hydroxy-methyl]-
        benzol 149
      Bis-[4-carboxy-phenoxy]-alkan 149
      p-Bis-[β-carboxy-propyl]-benzol 146
      1,4-Dicyan-butan 141
      Dimethylenschleimsäure 152
      α,α'-Diphenyl-adipinsäure 152
      cis- und trans-Hexahydrophthalsäure
        145
      β-Methyl-adipinsäure 151
      Sebacinsäure 136
      Sebacinsäuredichlorid 140
      4-Thia-pimelinsäure 150
    1,6-Hexamethylen-diisocyanat und Unde-
      candisäure 143
    Hexylisocyanat 144
    Hydroxycarbonsäureamiden bzw. -nitrilen
      104, 110
    α-Hydroxy-dicarbonsäuren mit Piperazin
      152

Polyamide
  Herstellung aus
    Isocinchomeronsäure 151
    Isocyanaten durch Homopolymerisation
      143, 144
    Isophthalsäuredichlorid und m-Phenylen-
      diamin 146
    Lactamen (s. a. bei den einzelnen Lactamen)
      111 ff.
    Methylen-bis-caprolactam 156
    3-Methyl-hexamethylendiamin 152
    1-Methyl-pyrrolidin-2,5-bis-[β-propion-
      säure-diäthylester] 151
    1,4-Naphthalin-dicarbonsäure 145
    Octamethylen-N,N'-bis-[carbamidsäure-
      methylester] und Sebacinsäure 143
    7-Önantholactam 103, 130
    Oxalaten von
      Aminocarbonsäuren 104
      6-Amino-capronsäure 109
    Oxalsäureestern und
      Bis-[γ-amino-propyl]-äther 148
      Bis-[γ-amino-propyl]-methyl-amin 151
      1,4-Bis-[γ-amino-propyloxy]-butan
        148
      Diaminen 138, 139, 151
      Diaminoäthern 148
    Oxo-pimelinsäure 156
    m-Phenylendiamin 145 f., 146
    β-Phenyl-propiolactam 118
    Piperazin 148, 152
    Piperidin-4-carbonsäure 108
    β-Propiolactam 111, 117
      über die Salze 136 f.
    Sebacinsäure (und) 143, 145
      Hexamethylendiamin 136
      Octamethylen-N,N'-bis-[carbamid-
        säure-methylester] 143
      Pentamethylendiamin 135
    durch Strömungspolykondensation (App.)
      140
    Terephthalsäure 146, 148, 154
    Terephthalsäure-diamid-N,N'-bis-[capron-
      säure-methylester] und Äthylenglykol
      157
    Terephthalsäure-diphenylester und Bis-
      [4-amino-3-methyl-cyclohexyl]-methan
      146
    Trioxymethylen 393
    Undecylensäureamid 110
    mit N-, O- bzw. S-Heteroatomen 148 ff.
  Hitze, Einwirkung auf 179
  Hochtemperaturverdicker für 191
  Hydrolyse 177
  hydroxygruppenhaltige 152
  Hydroxymethylpolyamide 159, 377 f.
  Kaltstreckbarkeit 99
  Kettenabbruch 100
  Kombination mit
    Epoxydharzen 467, 525
    Resolen 239
  Kondensation in Lösungsmitteln 136
  lineare 100
  Lösungsmittel 179 ff.
  Luft, Einwirkung auf 179
  methylenverknüpfte 393
  N-Methylolverbindungen, Vernetzung 373

Polyamide
  Molekülorientierung 190
  Molekulargewichtsbestimmung 184 ff.
  Molekulargewichtsverteilung 186 ff.
  Nachkondensation 105 f.,
  Oxäthylierung bzw.Oxalkylierung 446, 448, **453**
  Oxydation 179
  polyelektrolytischer Effekt 181
  Reaktionsbedingungen 105
  Regelung des Polymerisationsgrades 105 f.
  Schmelzpunkte 103 (Tab.), 134, 135 (Tab.)
  Schmelzviscosität **182 ff.**
  mit seitenständigen Gruppen 151 ff.
  N-substituierte, durch Homopolymerisation
    von Monoisocyanaten (n-Hexylisocyanat)
    143, **144**
  Stabilisatoren 179
  Stabilisierung 177 ff.
  Tempern 190
  mit Thioäthergruppen 150
  Umsetzung mit
    Äthylenoxyd 161, 448, **453**
    am Amidstickstoff 158 ff., 644
    Diisocyanaten 152
    Epichlorhydrin 457 f.
    Epoxydharzen 467, 525
    Formaldehyd(derivaten) 158 f., 372 f., 375
      und Allylalkohol 375
      und Hydroxycarbonsäuren 375
    Isocyanaten 160 ff.
    Styroloxyd **161**
  UV-Licht, Einwirkung auf 179
  Verformen 190 ff.
  vernetzte 100, **156 f.**, 373
    Aushärtung mit Tris-[hydroxymethyl]-
      phenol 157
  Vernetzung mit Formaldehyd 372
  Verseifung 924, **925**
  Verspinnen (App.) **138**
  verzweigte 155, **156**
  Viscosität 180 ff., **181 f.**, 184
  Wasserstoffbrücken 103
  Weichmacher 146
  Zahlensystem 134
Polyamidine 589
Polyamid-N-methoxymethyl-verbindungen, Ver-
  netzung 159
Polyamid-Polyester
  aus Alkanolaminen und Dicarbonsäuren 158
  durch Aminolyse von Polyestern 157
  aus aromatischen Diamid-Dicarbonsäure-
    estern und Glykolen **157**
  aus Hexamethylendiamin, Glykol und Sebacin-
    säure **23**
  Verwendung zur Härtung von Epoxydharzen
    526
Polyamid-Sulfonamide, gemischte 175
Polyamid-Urethane **143, 158**
Polyamine
  aus Äthylen-Kohlenoxyd-Copolymeren durch
    reduktive Aminierung 693
  Härtung von Epoxydharzen mit 521 f., **541**
  Kondensation mit
    Acetessigsäureester 522
    Bis-[2,3-epoxy-propyl]-sulfid 479
    dimerisierten ungesättigten Fettsäuren
      523 f.

Polyamine
  lösliche, aus
    Polyäthylenpolyamin und chloriertem
      Paraffin **590**
    Polyhalogenverbindungen und Aminen 588
    Tetraäthylenpentamin und 1,2-Dichlor-
      äthan, Nachbehandlung mit Harnstoff
      und Formaldehyd 588, **590**
    durch Reduktion von nitrierten Copolymeri-
      saten 696
    tertiäre, aus Thiodiglykol und prim. Aryl-
      aminen 589
  unlösliche aus
    Di- oder Polyaminen und Di- oder Poly-
      halogenkohlenwasserstoffen 588
    Polyäthylenimin und 1,2-Dichlor-äthan
      590
    1,3,5-Triacryloyl-2,4,6-hexahydro-triazin
      und Aminen 588
Poly-amino-äthylenäther-cellulosen 894
Polyaminochinone 589
Polyamino-polycarbonsäuren 400
Poly-β-amino-propionsäureamid **110**
Polyaminostyrol, Umsetzungen an 759 f.
Polyaminotriazole 172 ff., **174**
Polyampholyte 736
Polyaromate 623 ff., **628 f.**
Polyazomethine 398
Polybenzimidazole 164
Polybenzyläther 255 f.,
Polybenzyliden 630
Polybetaine 755
Poly-(1,3-bis-amino-propanole) 457
Poly-butylenisophthalat 20
Poly-ε-caprolactam (s. a. ε-Caprolactam)
  Abtrennung von Oligomeren und Monomeren
    aus 113
  Analysenwerte 129 (Tab.)
  Bildung 102, 112, 119 ff., **120, 124, 126,
    129 f.**
    Beschleunigung 114
    Mechanismus 114
  Eigenschaften 116
  Entfernung von Wasser aus 121
  Evakuierung zur Herabsetzung des Gehaltes
    an cyclischen Amiden 126
  Extraktion 113
  Fäden (Formaldehyd-Nachbehandlung) 116,
    160
    Anfärbbarkeit 115
  Gleichgewicht 113
  Hydrolyse **177**
  Lösungsmittel 117, 180
  Mischpolyamid mit Polyhexamethylendiamin-
    adipat 155
  Modifizierung durch Zusatz von Kettenab-
    brechern 115
  Nachpolymerisation 121 ff., **122**
  Polymolekularität 126
  Pyrolyse 922
  Ringoligomere 113
  Schmelzpunkt, Abhängigkeit vom Polymeri-
    sationsgrad 117
  Stabilisierung 122
  Titration der Carboxyendgruppen **189**
Polycarbonate 48 ff.
  Eigenschaften und Verwendung 55 ff.

Polycarbonate
mit endständigen Phenolgruppen, Epoxydharze aus 474, 505
Herstellung durch
Phosgenierung von 52 ff.
1,1-Bis-[4-hydroxy-phenyl]-cyclo-
hexan 53
2,2-Bis-[4-hydroxy-phenyl]-pentan 52
2,2-Bis-[4-hydroxy-phenyl]-propan 53
Resorcin 53
Polymerisation von
cyclischen Carbonaten 54
Trimethylencarbonat 55
Umesterung von 48 ff.
Diäthylcarbonat mit 1,6-Hexandiol
49
Diphenylcarbonat mit
2,2-Bis-[4-hydroxy-phenyl]-propan
50
Hydrochinon 50
des Diphenylcarbonats von 2,2-Bis-
[4-hydroxy-phenyl]-propan mit
2,2-Bis-[4-hydroxy-phenyl]-propan
50
doppelte
des Diphenylcarbonats von 2,2-Bis-
[4-hydroxy-phenyl]-propan 51
von p-Xylylenglykol-bis-butyl-
carbonat 51
Umsetzung von
Bis-chlorameisensäureestern mit 2,2-
Bis-[4-hydroxy-phenyl]-propan 54
N,N-Carbonyl-di-imidazol mit Dihydr-
oxyverbindungen 54
Vernetzung und Verzweigung 48
Polycarbonsäureanhydride 631 f., 633
Polycarbonsäureester s. Polyester
Poly-p-[4-carboxy-chinolinyl-(2)]-styrol 664
Poly-4-carboxy-styrol 664
Polychalkone 421
Polychlorstyrol aus Polystyroldiazoniumchlorid
759
Poly-(β-cyan-äthyl)-vinyl-äther 729
Polycyanhydrin aus dem Copolymerisat von Koh-
lenmonoxyd und Äthylen 734
Poly-1,10-decamethylen-tricarballyl-amid-imid
162
Poly-diäthylenmaleinat 32
Poly-N,N-dimethyl-allyl-amin 695
Poly-1,2-dimethyl-5-vinyl-pyridinium-metho-
sulfat, Umsetzung mit Benzaldehyd 755
Poly-[diphenyl-(4-vinyl-phenyl)-phorphin] 764
Polyelektrolyte
Fraktionierung 1017
Lichtstreuung 979
Lösungen, verdünnte 1041 f.
Osmose 1010
polyelektrolytischer Effekt bei Polyamidlösungen
181
Polyepoxyde (s. Epoxydharze) 462 ff., 477
Polyester 1 ff.
Abbau 27 f., 923
Addukte mit Isocyanaten s. Polyurethane
amidgruppenhaltige 23 f.
Vernetzung mit Formaldehyd 29
Aminolyse 27, 157
Anfärbbarkeit 23, 924

Polyester
basische 24
durch Umsetzung von Polyäthylenterephthalat mit Methyl-bis-[β-hydroxy-
äthyl]-amin 24
carboxy(end)gruppenhaltige 15
Härtung von Epoxydharzen mit 509
Kondensation mit Resolen 242
Polyurethanschaumstoffe aus 91
Einbau in, von
Aminocarbonsäuren (s.a. einzelne Amino-
säuren) 23
ε-Caprolactam 23
Diaminen 23, 27
Elastifizierung eines verätherten Resols durch
Faserbildungsvermögen 25 ff. [282]
fettsäuremodifizierte 42 f., 45
flammfeste 34, 92, 213
Fraktionierung 7
gesättigte
Eigenschaften 24 ff.
aus einer Komponente 4 ff.
aus zwei Komponenten 12 ff.
aus mehr als zwei Komponenten 21 ff.
Herstellung aus
Aceton und Dimethylketen 10
Acetylendicarbonsäure 32
Adipinsäure und
Glykol 16, 18
Polyschaumstoffe aus 92
Polyurethane(-Elastomere) aus 82,
83 f.
Hydrochinondiacetat 21
N-Methyl-bis-[β-hydroxy-äthyl]-amin
24
Tetrahydrofuran 21
1,1,1-Tris-[hydroxymethyl]-propan
282, 337
Äpfelsäure 22
Ätherglykolen, höheren 31
Äthylenglykol
und Phthalsäureanhydrid 19
Piperazin und Adipinsäure 24
Schmelzpunkte 26 (Tab.)
Äthylenoxalat 15
Alkan-phosphonsäure-chloriden 14
1-Allyloxy-2,2-bis-[hydroxymethyl]-butan
40
Benzolsulfonsäure-bis-[β-hydroxy-äthyl]-
amid 23
Bernsteinsäure (Weinsäure) und 1,6-
Hexan-diol 19, 22
Bernsteinsäureanhydrid 21
4,4'-Biphenyl-dicarbonsäure 25
1,3-Bis-[benzyloxy]-2,2-bis-[hydroxy-
methyl]-propan 40
Bis-[p-carbobutyloxy-phenyl]-sulfon und
1,6-Hexandiol 20
Bis-[4-carboxy-phenyl]-sulfonsäure 25
α,α-Bis-[chlormethyl]-β-propiolacton 8
2,2-Bis-[4-(β-hydroxy-äthoxy)-3,5-di-
alkenyl-phenyl]-propan 40
Bis-[4-(β-hydroxy-äthoxy)-phenyl]-sulfon
26
N,N-Bis-[β-hydroxy-äthyl]-anilin 23, 39
1,4-Bis-[hydroxymethyl]-benzol 26
1,4-Bis-[hydroxymethyl]-cyclohexan 20, 26

Polyester
  Herstellung aus
    Bis-[4-hydroxy-phenyl]-propan und (Iso)
      Terephthalsäuredichlorid 14
    Bis-[4-hydroxy-phenyl]-sulfon 14
    Bisphenolen 14
    1,4-Butandiol 14, 20
      und Isophthalsäuredichlorid 20
    Buten-(2)-diol-(1,4)-(bzw.-bis-[β-hydroxy-
      äthyläther]) 30, 34
    γ-Butyrolacton 8
    ε-Caprolacton 8, 9
    trans-Chinit 27
    3-Chlor-4-(β-hydroxy-äthoxy)-benzoe-
      säure 5
    Cyclohexan-phosphonsäure-dichlorid 14
    Cyclohexen – Maleinsäure – Additionspro-
      dukt 42
    Cyclopentadien – Maleinsäure – Additions-
      produkt 42
    Diäthylenglykol 30, 32, 34
    Dicarbonsäure-bis-[β-hydroxy-äthyl-
      estern] 6, 7
    Dicarbonsäurechloriden 14, 21
    Dicarbonsäureestern 12 f.,
    Dicarbonsäuren (anhydriden) (s.a. die ein-
      zelnen Verbindungen) 12, 15, 22
      (Tab.), 32 ff., 36, 445, 562
      und Äthylenglykol-carbonat 15
      und Alkylenoxyden 15, 21, 445
      und 1,3-Dioxanen 562
      hochchlorierten 36
      und Propandiol-carbonat 15
      und Tetrahydrofuran 15, 560
    Dihydromuconsäure 30
    α,α′-Dihydroxy-adipinsäure 22
    4,4′-Dihydroxy-biphenyl 14
    2,5-Dihydroxy-terephthalsäure und 1,6-
      Hexandiol 22
    Diketen 9, 10
    mit Dimercaptan-Zusatz 14
    2,2-Dimethyl-propandiol 26
    α,α-Dimethyl-β-propiolacton 8
    Diphenol-diacetaten 14
    Endomethylen-tetrahydrophthalsäure 32,
      34
    Epoxyden bzw. -harzen 15, 531, 536
    Fumarsäure 30 ff., 34, 36, 644
      Hydrierung 32, 644
      Isomerisierung 644
    Glycerin (derivaten) 36, 41, 86
      und Adipinsäure 337
      und Terephthalsäure 44
    Glycerin-mono-allyläther 86
    Glycerin-mono-pentachlorphenyläther 36
    Glykol(en) 21 (Tab.), 26 (Tab.), 30
      und Adipinsäure 16, 18
        Polyurethan(-Elastomere) aus 82,
          83 f.
        Polyurethan-Schaumstoffe aus 92
        mit aromatischen Ringsystemen 26, 36
        chlorhaltigen 36
        langkettigen 36
        mit Methylgruppen 26
        und Sebacinsäure
          Aminolyse 157
          und 1,6-Hexamethylendiamin 23

Polyester
  Herstellung aus
    Glykol(en)
      und Terephthalsäure 13
      und Terephthalsäure-dimethylester 20
      ungradzahligen 26
    Glykolacetaten 14
    Glykoläthern, cyclischen 15
    Glykolcarbonat und Terephthalsäure 21
    Glykolestern 14
    Glykolsäure 4
    Hexaäthylenglykol 31
    3,4,5,6,7,7-Hexachlor-3,6-endomethylen-
      1,2,3,6-tetrahydro-phthalsäure 32,
      34, 36
    trans-Hexahydrophthalsäure 27
    1,2,6-Hexantriol 41
    Holzöl 42 f.
    Hydrochinon 14
    4-(β-Hydroxy-äthoxy)-benzoesäure 5, 6
    ε-Hydroxy-capronsäure 5
    Hydroxycarbonsäuren 4 ff.
    ω-Hydroxy-decansäure 5, 6
    Hydroxydicarbonsäuren 22
    Hydroxypivalinsäure 5, 6
    δ-Hydroxy-valeriansäure 5
    Isanoöl 43
    Isophthalsäure 36
    Ketenen 9, 10
    Kohlensäure(derivaten) 13, 48 ff., 95
    Lactonen 4, 8 ff.
    Leinöl 42, 43
    Maleinsäure 30 ff., 34 ff.
      -Additionsprodukten an ungesättigte
        Verbindungen 41, 42, 43
      Hydrierung 32, 644
      Isomerisierung 644
    Maleinsäureanhydrid
      Copolymerisation mit Styrol 39
      und Diäthylenglykol 32
      und Äthylenglykol sowie 3,4,5,6,7,
        7-Hexachlor-3,6-endomethylen
        1,2,3,6-tetrahydro-phthalsäure
        und Octaäthylenglykol 33   [34]
    Milchsäure 4
    Ölsäure 42
    Oxalsäure 13
    Pentaerythrit 41
    Pentaerythrit-dichlorhydrin 36
    Phenoxypropenoxyd und Phthalsäurean-
      hydrid 15
    p-Phenylen-diessigsäure 25
    Phosphorsäure-äthylester-dichlorid 14
    Phthalsäure 41
    Polycarbonsäureestern 2
    Polyepoxyden 536
    1,2-Propandiol 26
    β-Propiolacton 8
    Ricinolsäure 5
    Ricinusöl 43
    Sebacinsäure 23, 157
    Sojabohnenöl 43
    Terephthalsäure 13, 21, 44
    Terephthalsäure-diglykolester 7
    Terephthalsäure-dimethylester 13, 20
      und 1,4-Bis-[hydroxy-methyl]-cyclo-
        hexan 20

Polyester
  Herstellung aus
    Terephthalsäure-methyl-(β-hydroxy-
    äthyl)-ester **6**
    Tetrachlorphthalsäure 36
    Triäthylenglykol 30, 40
    Trimethylencarbonat 15
    Trimethylenoxalat 15
    1,1,1-Tris-[hydroxy-methyl]-propan **41**,
    337
    durch Umesterung 12 f.
    δ-Valerolacton 8
    Weinsäure **22**
  Herstellungsverfahren 4 ff.
  hochschmelzende 25
  hydrolytische Spaltung 27, 35
  mit Hydroxy(end)gruppen 15 f., **41**
    Härtung von Epoxydharzen 506
    in der Kette 22
    lagerbeständige Mischungen mit verkapp-
    ten Isocyanaten 61 ff.
    Verätherung mit Resolen 241
  Hydroxylzahl, Bestimmung der **17**
  intramolekulare Kondensation 28
  Isocyanat-Addukte, Stabilisatoren für 90
  isocyanatgruppenhaltige 80 f.
  isocyanat-modifizierte 9, 93
  Jodzahl, Bestimmung **33**
  Katalysatoren 12 f.
  kautschukelastische 14, 374
  Lacke mit Polyisocyanaten 77 f., **78**
  lineare 2, 4 ff.
  Molekulargewicht 1, 16, 25
  niedermolekulare 3
  ölmodifizierte 43
    Copolymerisation mit Monomeren 45
  phosphonsäuregruppenhaltige 92
  Preßmassen mit Polyisocyanaten 76, **77**
  Säurezahl, Bestimmung **17**
  Schaumstoffe aus 89
  Schmelzpunkte 26 (Tab.)
  mit Thioestergruppen 14
  Umsetzung mit
    Äthylencarbonat 29
    Alkyliden-bis-[N,N-äthylen-harnstoff] 574
    Diisocyanaten (s. a. Polyurethane) 9, 16,
    61 ff., 77 f., 80 f., 90, 93
    Harnstoff-, Melamin-, Phenol- oder Xylol-
    Harzen 29
    stickstoffhaltigen Glykolen 23
  ungesättigte 30 ff., **32, 34, 39,** 91 f.
    Addition von Halogen 33
    carboxyendgruppenhaltige, ungesättigte
    Polyurethanschaumstoffe aus Copoly-
    merisaten mit Vinylmonomeren 91 f.
    Copolymerisation 34 ff.
      mit Di(Tri)allylverbindungen 37
      mit Styrol 35, 37, **39**
      Vermeidung klebriger Oberflächen 39 f.
      mit Vinylverbindungen 35 ff.
    Eigenschaften 34 ff.
    Epoxydierung 487 f. (Tab.), 489
    flammfeste **34**, 37
    glasartige 35
    Inhibitoren 38
    Kombination mit Styrol und Epoxydharzen
    516

Polyester
  ungesättigte
    aus zwei Komponenten 30 ff.
    aus mehr als zwei Komponenten 34
    Peroxyd-Katalysatoren für 38
    (Homo)Polymerisation 35, 487 f. (Tab.)
    Vernetzung 30, 35
    Verwendung 34 ff.
    verzweigte 41, **41 ff.,** 45
      Copolymerisation mit Monomeren 45 f.
    wachsartige 34
    mit hoher Wärmestandfestigkeit 36 f.
    Zusatz von Benzoguanamin-Formaldehyd-
    Harzen 365
  Verätherung mit Resolen 241, **282**
  Vernetzung 17, 22, 29 f., 35, 40
  Verseifung 924, **925**
  Verwendung 24 ff., 44 ff.
  verzweigte 2, 40, **41 ff.,** 45
    Eigenschaften und Verwendung 44 ff.
    Einstufenverfahren 43 f.
    Zweistufenverfahren 43 f.,
    Verzweigungsgrad 76 (Tab.)
  Wasserbestimmung von 84, **85**
Polyesteramide s. Polyamid-Polyester
Polyfluorstyrol 759
Poly-4-formyl-styrol 765
Polyfumarsäureester (Hydrierung) 31 f.
Poly-α-glucuronsäure 914
Poly-β-glucuronsäure **899**
Polyglutaminsäure 133
Polyglycerin 470
Polyglycin 101
Polyhalogenverbindungen, aliphatische Konden-
  sationsprodukte mit Aromaten 611 ff.
Polyharnstoffe 165 ff.
  basische **170**
  Herstellung aus
    ω-Amino-nonylharnstoff **167**
    Bis-[4-amino-phenyl]-methan und Di-
    phenylmethan-4,4'-disocyanat **169**
    Bis-[3-amino-propyl]-äther 165
    Bis-[3-amino-propyl]-amin 170
    und 1,6-Hexamethylen-diisocyanat 170
    durch Carbamat-Verfahren **170**
    1,10-Decamethylendiamin und
    Diphenylcarbonat **166**
    1,6-Hexamethylen-bis-[äthyl-
    urethan] **166**
    Diaminen (und) 165 f.
    Diisocyanaten **169** f.
    Diurethanen **166**
    Harnstoff **166** ff.
    Kohlendioxyd **165**
    Kohlenoxysulfid **168**
    Kohlensäureestern 165, **166**
    Phosgen 166, 171
    Diaminosulfonsäuren 170 f.
    2,6-diamino-toluol-4-sulfonsaurem Natrium
    und m-Phenylendiisocyanat **170**
    Dicarbonsäure-diaziden 170
    Diisocyanaten und
    (subst.) Diaminen **169,** 170
    Wasser 88, 170
    Eiweißprodukten und Polyisocyanaten
    171
    durch Grenzflächenpolykondensation 166

Polyharnstoffe
    Herstellung aus
        1,6-Hexamethylendiamin und
            Kohlendioxyd **165**
        1,4-Piperazin-dicarbonylchlorid
            166
        Methylendiharnstoff 326
        1,8-Octamethylendiisocyanat, 1,8-Octa-
            methylendiamin und Kohlendioxyd **170**
    sulfonsaure **170, 171**
Polyharnstoff-polyamide
    Butyloxymethyläther von **160**
    aus ε-Caprolactam, Bis-[β-amino-äthyl]-amin
        und Harnstoff **167**
Polyhexahydrostyrol 691
Polyhexamethylencarbonat **49**
Poly-hexamethylen-diphenoxy-alkan-4,4'-carbon-
    amide, Schmelzpunkte 149 (Tab.)
Poly-hexamethylensuccinat **19, 28**
Polyhydantoine 735
Polyhydrazide 172 ff.
Poly-N-(β-hydroxy-äthyl)-acrylsäureamide, Ver-
    netzung 787
Poly-hydroxyäthyläther 717
N-Poly-(β-hydroxy-äthyl)-anilin, Kondensations-
    produkte mit Formaldehyd 92
Poly-hydroxymethylen 645
Poly-hydroxymethyl-harnstoff, haltbare Lösun-
    gen 330
Poly-N-(4-hydroxy-phenyl)-acrylsäureamid 712
Polyimide 162 ff.
    Herstellung aus
        Bis-o-diamino-phenylderivaten und Di-
            carbonsäuren 164
        1,10-Decamethylendiamin und Tricarb-
            allylsäure **162**
        3,3'-Diamino-benzidin 164
        1,7-Diamino-4,4-dimethyl-heptan 163
        Dicarbonsäureestern, siliciumhaltige 164
        Hexamethylen-bis-aminoessigsäure 164
        1,9-Nonamethylendiamin
        Pyromellithsäureanhydrid und Diaminen
            163
    siliciumhaltige 164
Polyisocyanate 94
    Addition von Polyhydroxyverbindungen (s.a.
        Polyurethane) 58
    aromatische, durch Kondensation von Chlor-
        methyl-phenylen-diisocyanat **613**
    Epoxydharze aus 481
    nicht flüchtige, Herstellung 61 ff.
    Klebstoffe und Beschichtungsstoffe aus 92 ff.
    Kombination mit Epoxydharzen 534 f.
    durch Phosgenierung von Polyaminen 70
    physiologisch einwandfreie 65
    Polyadditionsverfahren 57
    Umsetzung mit Eiweißprodukten 171
    ungesättigte, aus Buten-(2)-diol-(1,4) und
        Toluylen-2,4-diisocyanat **66**
    urethangruppenhaltige 66
    verkappte, Einbrennlacke aus **78 f.**
        wasserlösliche 63
Polyisocyanatostyrol aus Polyaminostyrol 760
Polyketone 612
    Cyanäthylierung 730
Polylithiumstyrole 764, **765**
Polylysin 133

Polymaleinsäureester 30 f.
polymeranaloge Umsetzungen 639 f.
Polymercaptale bzw. -mercaptole 586, 599
Polymercaptostyrol 746, 759, 764
Polymere
    Abbau 806 ff., 1068 f.
    Absorption 1022
    Absorptionsspektren 987 ff.
    mit Acetessigsäureamidgruppen 749
    Acidolyse 697 ff.
    Acylierung 663 ff.
    Adsorption 1023 f.
    mit Aldehydgruppen, Umsetzungen an 730 ff.
    Alkylierung 662 f.
    Aminolyse 697 ff., 738
    mit Ammoniumgruppen, quartären 750 ff.
    Analyse 917 ff., 960 ff., 1068 f.
    Anfärbbarkeit von 924
    Assoziationen 955
    Auflösungsgeschwindigkeit 1046 ff.
    Bestimmung der Doppelbindungen 926 f.
    Brechungsindex 998 f.
    Bromierung 680 f.
    mit Carbonsäure(anhydrid)gruppen, Vereste-
        rung 735 ff.
    Chlorierung 667 ff., 675 ff., 679 (Tab.)
    mit Chlormethylgruppen, Umwandlung der
        Chlormethylgruppen 744 ff.
    Chlormethylierung 665 f.
    Chromatographie 1011, 1018
    Cyanäthylierung 729 f.
    mit Cyclopentanonringen 748
    Dampfdruck 1006
    De(hydro)halogenierung 760
    Dichte 1024 ff.
        in Lösungen und Suspensionen 1028
    Diffusion 1046 ff.
    Doppelbrechung 999 f.
    Ebullioskopie 1010
    Einbau inaktiver Isotope 965 f.
    einheitlicher Größe 650
    elektrische Eigenschaften 763, 966 ff.
    elektromagnetische Eigenschaften 975 ff.
    Emission von Luft 998
    enger Verteilungsfunktion 650
    mit Epoxygruppen
        quartäre Ammoniumverbindungen aus
            753 f.
        Umwandlung 756 f.
        Vernetzung 787, 788 f. (Tab.)
    Form und Symmetrie in Lösung 948 f.
    Fraktionierung 1014 ff.
    Gasdurchlässigkeit 1028 f.
    Gemische von, Trennung 952 ff.
    Glaszustand 956
    Haftfestigkeit 1019
    Halogenierung 667 ff.
    Hydrierung 691 ff.
    Identifizierung 943
    innere Beweglichkeit 949
    mit Isocyanatgruppen, Umwandlung 758 f.
    Jodierung 682
    Jodzahl 926
    mit Ketogruppen, Umsetzungen an 734 f.
    Knäuelungsgrad 949 f.
    mit komplexbildenden Gruppen 643
    Kryoskopie 1011

Polymere
  Krystallisation 957 f.
  mit Lactamringen 762 f.
  Lactonisierung 728 f.
  lichtreaktive 725 f., 736, 750, 755, 759, 804 f.
  Lichtstreuung 975 ff.
  Löslichkeit 912 f., 1011 ff.
  Lösungen, verdünnte 1035 ff.
  magnetische Eigenschaften 974 f.
  Massenspektrographie 966
  mechanische Eigenschaften 1053 ff.
  Metallierung 763 f.
  Mikroskopie 1002 ff.
  Molekülgröße 949
  Molgewichtsbestimmung 950 f.
  Molgewichtsverteilung 954 f.
  morphologische Struktur 958 f.
  Netzwerkstruktur 958
  Nitrierung 689 f., 774
  Oberflächenspannung 1023 f.
  optische Drehung 1001 f.
  Orientierung 956 f.
  Osmose 1006 ff.
  Ozonolyse 927, 938
  Pyrolyse 922 f.
  quartäre Ammoniumverbindungen aus 750 ff.
  Quellung 1019 ff.
  Radioaktivität 964 f.
  mit reaktiven Gruppen 644 f.
  Reduktion 691 ff.
  mit Säurechloridgruppen, Umwandlung 747 f.
  Säurezahl 926
  schwer entflammbare 772
  Sedimentation 1046 ff.
  Solvatationseffekt 649
  Strukturanalyse (s. a. Isopren, Polymerisate)
    931 ff., 942 ff.
  Sulfochlorierung 686 ff.
  Sulfonierung 682 ff.
  Suspensionen 1042 f.
  mit Tetraloneinheiten 748
  thermische Eigenschaften und Stabilität 748,
    1049 ff.
  Thixotropie 1043 ff.
  Trennung von Begleitstoffen 943, 953
  Trübungstitration 980
  Umesterung 737 f.
  Umsetzungen an 637 ff., 644 f., 661 ff., 1068 f.
  ungesättigte
    Anlagerungsreaktionen 765 ff.
    Cyclisierung 773 f.
    Epoxydierung 768 f.
    Hydroxylierung 769
    Isomerisierung 772
  Veresterung 723 ff., 735 f.
  Vernetzung 776 ff.
  Verseifung 697 ff.
  Verseifungszahl 924 f., **925**
  Verzweigung 948
  Viscosität 1030 ff., 1043 ff.
  Wechselwirkung
    benachbarter Gruppen und Vernetzung
      648 f.
    mit Lösungsmitteln 951 f.
  Xanthogenierung 729
Polymerhomologe 649
Poly-methacrylsäure-methylamid **739**

Polymethoxyacetale 500
Polymethylen 629 f., **631**
  Abbau 812
Polymethylendiamine, Kondensationsprodukte
  aus 398
Polymethylendiphenole, Epoxydharze 475
Polymethylen(di)harnstoffe 167, 332
Polymethylentyrosin 271
Poly-methyl-isopropenyl-keton 652
Polymethylolharnstoff, haltbare Lösungen 330
Poly-methyl-vinyl-keton-oxim, Reduktion 696
Poly-1-methyl-5-vinyl-α-stilbazolium-metho-
  sulfat 755
Poly-N-nitroso-acetaminostyrol 760
Polynitrostyrol, Reduktion 696
Poly-octaäthylenmaleinat 33
Poly-1,8-(octamethylenamino)-triazol **174**
Polyoxamide 148, 152
Polyoxdiazole 173, 612
Polyoxime **733 f.**
  Reduktion **696**
Polyoxymethylene s. Formaldehyd, polymerer
Polypeptide 101
  Bestimmung der endständigen Amino- und
    Carboxygruppen 642
  aus α-(Carboxyamino)-carbonsäureanhydriden
    132
Polyphenole (s. a. die einzelnen Verbindungen)
  243, 468 ff., 503 f.
Polyphenylencarbonate **50, 53**
Polyphenylene 623
Polyphthalsäureester 41
polyquartäres Salz aus Phenol, Epichlorhydrin,
  Trimethylamin und Formaldehyd **316**
Polyran® 560
Polysaccharide, perjodatoxydierte 642
Polysarkosin 132
Polysiloxane, Kombination mit Melaminharzen
  362
Polystyrol-carbonsäure-(4) 764
Polystyroldiazoniumchlorid 759
Polystyrolsulfinsäure 764
Polysulfide s. Thioplaste
Polysulfonsäureamide 175 ff.
  elastomere 176
  Herstellung aus
    1,6-Hexamethylendiamin und
      Benzol-1,3-bis-sulfonsäurechlorid **176**
      n-Hexan-1,6-bis-sulfonsäurechlorid **175**
    trans-2,5-Dimethyl-piperazin und 4,4′-Sul-
      fonyl-dibenzoylchlorid **150**
Polysulfonsäurechloride s. z. B. Styrol-Polymeri-
  sate, sulfochlorierte
Poly-tetramethylenisophthalat **20**
Polythiazole 612
Polythioäther s. a. Thioplaste
Polythioaldehyde 411 f.
Polythioamide **131**
Polythioglykolide (Polythioester) 10 f.
  Depolymerisation **11**
  aus Dithioglykolid **11**
  aus Thioglykolsäure 10
  aus Thioglykolsäure-S-carbonsäure-anhydrid
    11
Polythioharnstoffe 171 f., **172**
Polythiohexan 598
Polythiomethylene 410 ff.

Polythiosulfate, Herstellung und Spaltung 596
Polythiourethane 71
Polythiuroniumverbindungen 730, 746
Polytriazole 173, 612
Polytrimethylencarbonat **54**
Polyundecansäureamid 110
Polyundecansäure-methylamid 105
Polyurethane 57 ff.
  N-alkylierte 95 f.
  Allophanat-Struktur 81
  aminogruppenhaltige 87
  Aufbau 58 f.
  basische 71, 95, **96**
  Beschichtungsstoffe 93
  Biuret-Struktur 81
  Diamin-Vernetzung **83**
  Diisocyanate zur Herstellung 60
  Einbrennlacke 76, **78 f.**
  Elastomere 79 ff.
    aus Glykol-Adipinsäure-Polyester und
      Naphthylen-1,5-diisocyanat **83**
    durch Glykolvernetzung **84**
    aus hydroxygruppenhaltigen Polyäthern
      87 f.
  Fasern aus 71
  Fraktionierung 74 f.
  Glykolvernetzungsverfahren 81 f., **84**
  Grenzflächenpolykondensation 96 f.
  Harnstoff-Vernetzung 81
  Hartschäume 91 f.
  Herstellung aus
    Acetylcellulose 79
    Äthylen-bis-[chlorameisensäureestern]
      97 (Tab.)
      und 1,6-Hexamethylendiamin **98**
    Äthylenglykol 72
    Aminen, trifunktionellen und Bis-chlor-
      ameisensäureester 95
    1,4-Bis-[β-hydroxy-äthoxy]-benzol 71,
      82
    1,5-Bis-[β-hydroxy-äthoxy]-naphthalin 82
    2,2-Bis-[p-(β-hydroxy-äthoxy)-phenyl]-
      propan 71
    1,2-Bis-[(β-hydroxy-äthyl)-methyl-amino]
      äthan 72
    N,N′-Bis-[β-hydroxy-äthyl]-piperazin 72
    N,N-Bis-[β-hydroxy-äthyl]-5,6,7,8-tetra-
      hydro-naphthylamin 87
    N,N-Bis-[β-hydroxy-äthyl]-m-toluidin 87
    1,4-Bis-[γ-hydroxy-propyl]-benzol 71
    1,3-Bis-[3-isocyanato-4-methyl-phenyl]-
      uretdion 82
    Bis-[4-isocyanato-phenyl]-methan 72, 80,
      82, 85, 87, 90
    1,4-Butandiol und Hexamethylen-1,6-
      diisocyanat 71, **73 f.**
    Butandiol-(1,4)-bis-chlorameisensäureester
      und Diäthylentriamin **96**
      und 1,6-Hexamethylendiamin **96**
    Cellulosederivaten 76
      Lacke 79
    Chinit 82
    Chlorameisensäureestern salzsaurer Amino-
      alkohole 95
    Copolymerisaten, hydroxygruppenhalti-
      gen 76
      Einbrennlacke **79**

Polyurethane
  Herstellung aus
    3,3′-Dimethoxy-biphenyl-4,4′-diisocyanat
      79
    elektrolytfreiem Medium 96
    Glykolen 58, 71 f.
    durch Grenzflächenpolykondensation 96 f.
    Harnstoff und Pentaerythrit 333
    Hexamethylen-bis-äthylcarbonat und Di-
      aminen 96
    Hexamethylen-1,6-diisocyanat 71, **73 f.**
    Kohlensäurederivaten, bifunktionellen und
      Diaminen 95
    durch Lösungsmittelverfahren 73, 74
    N-Methyl-bis-[β-hydroxy-äthyl]-amin 72
    Naphthylen-1,5-diisocyanat 80, 82, **83 f.**, 90
    Phenolharzen 76
      Einbrennlacke **78**
    Phenylen-1,4-diisocyanat 80, 82, 90
    durch Polyaddition 57 ff.
    Polyestern, verzweigten 76
    durch Polykondensation 95 ff.
    Polythioäthern 88
    durch Schmelzverfahren 72, **73**
    Urethanen, cyclischen 74
  hoher Härte 82
  mit Hydroxy- bzw. Isocyanatendgruppen 75
  hydroxygruppenhaltige, Kondensation mit
    Harnstoff und Formaldehyd 333
  Katalysatoren 60
  Klebstoffe aus 92 ff.
  Kondensation mit Formaldehyd 374
  Lacke aus 75 ff., **78 f.**
  lagerbeständige 85
  lineare 58, 71 ff., **73 f.**
  Modifizierung mit Epoxydharzen 467
  Preßmassen 76, 77
  Pyrolyse 923
  Schaumstoffe 88 ff.
    Diisocyanate für 90
    Emulgatoren 91
    flammfeste 92
    halbelastische, aus Glykol-Adipinsäure-
      Polyestern und Toluylendiisocyanat **92**
    hydroxygruppenhaltige Verbindungen für
      89
    Katalysatoren 90 f.
    aus Polyestern bzw. Polyäthern 91 f.
    aus N-Poly-(β-hydroxy-äthyl)-anilin-
      Formaldehyd-Kondensatonsprodukten
      92
    Porengröße, Beeinflussung 91
    aus Ricinusöl 92
    mit niedrigem spezifischem Gewicht 90
    Treibmittel, zusätzliche 89
    Wärmestandfestigkeit, Erhöhung der 92
  Schmelzpunkte 72 (Tab.)
  Vernetzung 58, 75 ff.
    zu Elastomeren 86 f.
    Glykolvernetzung 81 f., **84**
    Harnstoffvernetzung 81
    über Isocyanuratgruppierungen 82
    Urethanvernetzung 81
    Wasservernetzung **83**
Vernetzungsgrad 75 f.
Verseifung 924
Verzögerer 60

Polyurethane
verzweigte 75 ff.
Vulkanisiereffekt 79
Polyvinylacetale s. Polyvinylalkohol und Vinyl-
acetat, (Co)Polymerisate
Poly-vinyl-acetal-ketale 723
Polyvinylacetylacetat **725**
Polyvinyläther durch Verätherung von Polyvinyl-
alkohol 716
Polyvinylalkohol 645
Abbau 807
Acetale (partielle) aus
Alkoxylierung 717
Eigenschaften 721
partielle Veresterung 727
Stabilisierung 721, 723
Acetalisierung 717 ff., 722 (Tab.)
mit Acetaldehyd **719**
Katalysatoren 719
mit 5-Methyl-salicylaldehyd **720**
partielle, mit Butyraldehyd **720**
mit Phenolaldehyden (und Kupplung) 720
Umsatzbegrenzung 648
Acetylierung 697
Acylierung mit Chloressigsäure 659
Eigenschaften 702 f.
Fasern und Filme aus, Vernetzung 783
Herstellung aus
Polyvinylacetat 697 ff., **698 f, 700** ff.
Polyvinylencarbonat 705
Vinylester-Pfropfpolymerisaten 703 f.
Ketalisierung 717 ff., 723
lichtreaktive Umsetzungsprodukte 725 f., 805
Mischester 727
Oxalkylierung 716 f.
Sulfonierung 682
Umsetzung mit
Acrylnitril 716, 729, **730**
Behandlung mit Hydroxylamin 730
Aldehyden und Ketonen, ungesättigten 716
2,3-Dihydro-pyran 716
2,5-Dihydro-thiophen-S-dioxyd 716
Monoisocyanaten 726
Styroloxyd 717
Thioharnstoffen 730
Verätherung 716 f.
Veresterung (zu) 723 ff.
N-(p-Acetyl-phenyl)-carbamidsäureester
726
Ameisensäureester 725
mit Benzolsulfonsäurechlorid **728**
Borsäureester 724
Carbamidsäureester 726
mit Chlorameisensäureester 725
N-(p-Cinnamoyl-phenyl)-carbamidsäure-
ester **726**
mit Fettsäuren, ungesättigten 726
mit Lauroylchlorid **727**
partielle 727
Phosphorsäureestern 724
mit Phthalsäureanhydrid **727**
Polyvinylacetat 725
mit Säuren(derivaten)
anorganischen 723 f., **724**
organischen 725 ff.
Vernetzung 783, 784 (Tab.)
Xanthogenierung 729

Polyvinylalkohol
Zusatz zu
Harnstoff-Formaldehyd-Harzen 336
Melaminharzen 362
Methylolverbindungen des Acetylen-di-
harnstoffs 340
Polyvinylalkyl- bzw. -arylsulfonate, quartäre
Ammoniumverbindungen aus **750**
Polyvinylamine 642, 645, 714 f.
Acylierung 715
Hydrochlorid aus Polyvinylphthalimid **715**
N-substituierte 750
durch Verseifung von Poly-äthyl-N-vinyl-
carbaminat **715**
Polyvinylbenzalacetophenon 664
Poly-p-vinyl-benzoesäure 664
Poly-p-vinyl-benzoesäureamid, Umsetzung mit
Formaldehyd 372
Poly-4-vinyl-benzophenon 764
Poly-vinyl-benzyl-äther 716
Poly-vinyl-ω-brom-acetophenon 680
Polyvinylbutyral **720**
Vernetzung 790
Polyvinylcarbonate 725
Polyvinylcyclohexan 691
Polyvinyldiphenylamin 759
Poly-4-vinyl-di- bzw. -triphenylcarbinol 764
Polyvinylenalkohol 645
Polyvinylformale **718**
Vernetzung 790
Polyvinylformiat 725
Polyvinylglycin 715
Polyvinylglykolsäure 716
Polyvinylhydrochinon 645
Polyvinylmercaptan 699
Poly-[vinyl-phenyl-(5-fluor-2,4-dinitro-phenyl)-
amin] 759
Poly-4-vinyl-phenyl-pyridin 764
Poly-[p-vinyl-phenyl]-thioacetat, Verseifung 697
Poly-N-vinyl-semicarbazid bzw. -carbazon 716
Polyvinylsulfonsäureamide 715, 749
Polyvinylthioacetat, Verseifung 699
Polyvinylxanthogensäure 729
Polyxylylene 623 ff., 626 f., **628**
Eigenschaften 625
Popcornpolymerisate 666, 755
Preßmassen 76, **77, 280, 349, 366**
Propandiol-(1,3), Polyäther aus **586**
1,2-Propandiol(carbonat), Polyester aus 15, 26
Propargylalkohol, Anlagerung an Isocyanate 94
β-Propiolactam, Polymerisation 111, 117
β-Propiolacton
Polymerisation 8
Umsetzung von Cellulose mit 896
Propyl-bis-[2,3-epoxy-propyl]-amin 544
Propylen
Copolymerisate mit
Äthylen s. Äthylen
Maleinsäureanhydrid, Aufspaltung zu
Halbestern 736
Polymerisate
Abbau 810, 812
Anfärbbarkeit 924
chlorierte 671, **672**
Stabilisatoren 671
Vernetzung 780
Nitrierung 774

Propylen
  Polymerisate
    Nitrosierung 774
    sulfochlorierte **688**
      Vernetzung 780
    Terpolymerisate mit Äthylen und einem
      weiteren Monomeren 803
    trimeres, Alkylierung von Polystyrol mit **662**
    Umsetzung mit Phosphortrichlorid 775
1,3-Propylendiamin, Kondensation mit Form-
  aldehyd 397
1,3-Propylendisulfid, Polymerisation 596
Propylenoxyd
  Anlagerung an Polyvinylalkohol 716
  Behandlung von Naturseide bzw.Wolle mit **453**
  Copolymerisation mit
    Alkylensulfiden 568
    Vinylidenchlorid 447
  Polymerisate 426
    hydroxygruppenhaltige 87, 88
    krystalline 429 ff.
    Pyrolyse 436
  Polymerisation 428 f., 449
    isotaktische 434
  Umsetzung mit Alkoholen 440
N-(Propyloxymethyl)-methacrylsäureamid 378
Proteine, Kupplung mit (polymeren) Diazonium-
  salzen 637, 759
Pseudonovolake 206
Pyridinhydrochlorid, quartäre Salze mit Form-
  aldehyd und Säureamiden 375
Pyroabietinsäure, Umsetzung mit Resolen 262
Pyrogallol, Phenolharze aus 272
Pyrolyse
  dehydrierende, höhermolekulare Produkte
    durch 623 ff.
  von Polymeren (s.a. Abbau und bei den ent-
    sprechenden Polymeren) 623 ff.
  von p-Xylol **628**
Pyromellithsäureanhydrid, Polyimide aus **163**
Pyroxylin 870
Pyrrolidin, Polymerisation 575
2-Pyrrolidon, Polymerisation 102, 112, **119**

Q
Quellungsmittel 653

R
Radikalacceptoren 851 f.
Rapid®-Netzmittel 314
Reaktionsgeschwindigkeit bei Reaktionen an
  Makromolekülen 648
Reaktivfarbstoffe 881
Redoxharze 272, 705, 755, 759
Regler, polymere 757
Reproduktionstechnik 805 f.
Resite (s.a. Resole bzw. Phenolharze) 194
  Sulfonierung 266
Resitole (s.a. Resole, Novolake bzw. Phenolharze)
  194, 229
  difunktionelle, als Vulkanisationsmittel 259
  Ölverkochung 261
Resitstufe 237
Resolacetate, als Vulkanisationsmittel 259
Resoläther, Eigenschaften 241
Resole (s.a. bei Hydroxymethyl-phenolen, Novo-
  laken, Phenolharzen usw.) 194

Resole
  Äther, stabile 244
  alkylsubstituierte **285**
  aminierte 249
  amphotere 248
  basische 241, **285**
  Bestimmung
    durch Bromwasserstoffmethode 255
    der Hydroxymethyl- bzw. Dibenzyläther-
      gruppierungen 235
  Eigenhärtung 255 ff.
  Einbrennlacke 241 ff., **285**
  einkernige 223 ff.
  Elastifizierung mit 240 ff.
    Kautschuk-Phenol-Anlagerungsprodukten
      243
    Phenolen mit elastischen Zwischengliedern
      243 ff.
    Polyestern **282**
  Epoxydharze aus 473
  farblose 229
  flüssige 229
  als Formsandbinder 239
  Gerbstoffe aus 249
  für Gießharzzwecke **279**
  Härtung 250
    schnelle 239, 254
    thermische 255 ff.
  Härtungsgeschwindigkeit 237
  Härtungskatalysatoren 238
    als Härtungsmittel 213, 242, 298
  Harzlösungen, lagerfähige 228
  Herstellung aus 220 ff.
    Alkylen-bis-phenolen mit längerem Alky-
      lenrest 243 f.
    Alkyliden-bis-phenolen 229
    Allylphenol 246
      mit Ammoniak **280 f.**
    p-tert.-Amyl-phenol 261
    1,1-Bis-[4-hydroxy-3-methyl-phenyl]-
      äthan 263
    2,2-Bis-[4-hydroxy-phenyl]-propan 229,
      286
      Modifizierung mit
        n-Butanol und Ricinusöl **284**
        Kolophonium und nachfolgende Ver-
          esterung **283**
        Nachkondensation mit Triäthylentetra-
          amin od. Tetraäthylenpentamin **290**
    Butadien-Polymerisaten 243
    p-tert.-Butyl-phenol 261, **282 f.**
    Cashewnußschalenöl 244
    Dicyandiamid 249, 385
    Dipenten-Phenol-Umsetzungsprodukten
    katalysierte 230 f.   [261]
    Kresolen 209, 225, 265, **281**
    1-Methyl-1-(p-hydroxy-phenyl)-cyclo-
      hexan 261
    mehrwertigen Phenolen 230, 243
    nichtkatalysierte 231
    p-Phenyl-phenol 261
    Reaktionsablauf 220, 223 f.
    Reaktivitäten, relative, der phenolischen
      Ausgangsprodukte 221 (Tab.), 222
    Resorcin 230, 239, 243, 250
    Styrol-Phenol-Umsetzungsprodukten 261
    Thymol 212, 261

Resole
zur Holzverleimung 228
mit vielen p-Hydroxymethylgruppen 239
Iminierung 271
Katalysatoren 228f.
klebfreie Harze mit o-Toluidin 250
Klebstoffe 239, 242
Kombination mit Polyamiden oder Kautschuk 239
Kupplung mit Diazoniumsalzen 254
für Lackzwecke 242, 246, **281**
langer Lagerfähigkeit **278**
lichtechte 229
mehrkernige 228ff.
Mischkondensation mit
Dicyandiamid und Formaldehyd 385
Melamin 251
Modifizierung mit
Alkydharzen **284**
Cumaronharzen 263
Naturharzen u. Ölen 242, 259ff., 262f., **282ff.**
wasserlöslichen Polymerisaten 242, **285**
Nachkondensation **290**
ölmodifizierte 261
Plastifizierung 240f.
durch Veresterung an der Hydroxymethylgruppe 242
Polyäther aus 241
Säurehärtung 236ff.
Selbstkondensation
basisch katalysierte 251ff.
sauer katalysierte 235
für Sperrholzleim 239, **279**
stickstoffhaltige 247ff.
für Preßharze **280**
Umätherung 241
Umsetzung mit
Abietinsäure 262
Aceton-Formaldehyd-Harzen 419
Acylaminen 250
Aminen 247ff.
aromatischen 249f., **291**
Epoxydharzen 533
Harnstoff 250, 346
Holzöl 261, **282**
kautschukähnlichen Produkten 258f.
Kolophonium-glycerinester **285**
Lävopinarsäure 262
Leinölfettsäureamid 250, 261, **277**
Natriumhydrogensulfit 264
Säureamiden **277**
unges. Verbindungen 242, 257ff., 262f.
Umwandlung 230ff.
Verätherung (mit) 240ff.
Allyl- oder Vinylhalogeniden 245
n-Butanol **281, 285**
nachträgliche, der Hydroxymethylgruppen **281**
der phenolischen Hydroxygruppe 245
Polyestern 241, **282**
Veresterung (mit) 232f. (Tab.)
Acrylsäure 242
Mineralsäuren 235
Verkochung mit ungesättigten Ölen 259, **282**
als Vulkanisationsmittel 239, 242, 258f., 801
wasserlösliche 229, **278**
Weichmachung, innere 241

Resole
Zweistufenverfahren 229
Resorcin
Austauscherharze aus 269
mit Benzaldehyd-2,4-disulfonsäure **289**
Diepoxyde aus 471
Gemische mit Phenol, schnell härtende Harze aus 254
-Harze
Gerbstoffe **276f.**
Härtung von Epoxydharzen 504
zur Kautschuk-Cord-Verklebung 239
für Schichtstoffe und Holzverleimungen **276**
Kondensation mit
Aceton 473
Acrolein 265
und Anilinhydrochlorid 265
Gerbstoffe aus **290**
und Natriumhydrogensulfit 265
Formaldehyd und
Aminen 249, 265, **276f.**
Bis-[2-chlor-1-hydroxy-phenyl-4-sulfonsäure]-imid 269
Nitrilkautschuk 239
-Novolak **274**
Epoxydharze aus 473
Polycarbonat aus **53**
Resole aus 230, 239, 243, 250
Resorcin-bis-[carboxymethyläther], Austauscherharze mit 270
Resorcin-dimethyläther, Kondensation mit Formaldehyd 304
Resorcin-monocarbonsäure, Kondensation mit Formaldehyd, Austauscherharz aus 270, **290**
Retrogradation 901
Reversion 800, 846
Ricinensäure
Copolymerisate 526
Veresterung mit Epoxydharzen 536
Ricinolsäure, Polyester aus 5
Ricinusöl
Härtung von Epoxydharzen 506
Modifizierung von
Harnstoffharzen 338
Resolen **284**
Polyester aus 43
Polyurethane (Schaumstoffe) aus 92, 94
Ringlactone (s.a. die einzelnen Verbindungen), vielgliedrige 3

S
Säulenfraktionierung 940
Säureamide s. unter Carbonsäureamide und bei den einzelnen Verbindungen
Säureamid-methyloläther (s.a. die einzelnen Verbindungen) 374
Säurechloride (s.a. die einzelnen Verbindungen), Kondensationsprodukte aus 612
Säurezahl, Bestimmung **17**, 926
Salicylsäure, Kondensation mit Xylol-Formaldehyd-Harzen 311f., **318**
Salicylsäureharze 246f., 271
Saligenin 236
Salireton 236
Schardingerdextrine 902
Schaumstoffe 88ff., **92**, 238, 467
Schellackersatz 415, **421**

Schiffsche Basen
  aus Aminen und Formaldehyd 395 f.
  cyclische bzw. polymere 398
  Selbstkondensation 399
Schmelzviscosität von Polyamiden **182 ff.**
Schwefel (abgebende Produkte), höhermolekulare
  Produkte mit Olefinen 619 f.
  Vernetzung ungesättigter Isocyanat-Polyester-
  Addukte mit 86
Schwefel(chloride), Harze mit aromatischen Ver-
  bindungen 600 ff.
Schwefeldioxyd, Copolymerisate mit
  Äthylenoxyd 446, **453**
  Epoxyden 446 f.
Schwefelsäureester, Thioplaste aus 591
Schwefelungsprodukte
  aromatischer Kohlenwasserstoffe 604 f.
  von Phenolen 601 ff., **605 f.**
Sebacinsäure
  Mischpolyamide aus 148
  Polyamide aus **135 f.**, **143**, 145
  Polyester(amide) aus **23**
  Polyimide aus 164
Sebacinsäureanhydrid, polymeres 631
Sebacinsäure-dichlorid, Polyamid aus **140**
Sebacinsäure-dihydrazid, Polykondensation 174
Sensibilisatoren 805
Smoked Sheets 822
Sojabohnenöl
  Derivat, Umesterung von Polyvinylacetat mit
  737
  Epoxydierung 485, **548**
  Polyester aus 43
Solvatationseffekt bei Polymeren 649
Sorbinsäure-celluloseester 895
Sorbinsäure-methylolamid 372
Spiroacetale, halogengruppenhaltige, Umsetzung
  mit Alkalipolysulfiden 593
Spirotrimethylenoxyde, Polymerisation 553
Sprühtrocknung 670
Stabilisatoren (vgl. a. die einzelnen Monomeren
  und Polymeren) 90, 177 ff., 299, 670, 813, 827,
  833 (Tab.)
Stabilität, thermische, von Polymerisaten 808 (Tab.)
Stärke (s. a. Amylose)
  Abbau, hydrolytischer **902**
  Disulfide 909
  Eigenschaften 901 f.
  Jod-Reaktion 902
  Lösungsmittel 902
  Oxalkylierung 438
  Oxydation 914
  Pfropfpolymerisation auf 913
  Reduktion 914
  Silylderivate, substituierte 913
  Umsetzung mit
    Äthylenoxyd **911**
    Cyanamiden, disubstituierten 913
    Diamiden 913
    Styroloxyd 913
  Umwandlung 899 ff.
  Verätherung (zu) 909 ff.
    Äthylstärke **910**
    Allylstärke **910**
    Benzylstärke 911
    Butylstärke 910
    Carboxymethylstärke **912**

Stärke
  Verätherung (zu)
    Cyanäthylstärke 913
    Diäthylaminopropylstärke 913
    mit Epichlorhydrin 913
    Methylstärke 909 f.
    Propylstärke 910
    Trimethylstärke **910**
  Veresterung (zu) 903 ff.
    Ameisensäureester 906 f.
    Benzoesäureester 907
    Carbamidsäureester 909
    Chloressigsäureestern 907
    3,4-Dichlor-benzol-sulfonsäureester 907
    Dithiokohlensäureester 908
    Essigsäureester 905 f.
      Triacetat, Chlorierung 907
    Phosphorsäureestern 904 f., 913
    Salpetersäureester **903**
    Schwefelsäureester 903
    Zimtsäureester 907
  Verkleisterung 903
  Vernetzung 913
Stearinsäure, Oxäthylierung **452**
Struktur des Einzelmoleküls 944 ff.
Strukturbestimmung von Polymeren (s. a. Iso-
  pren, Polymerisate) 640 ff., 931 ff., 942 f.
Styrol
  Copolymerisate (mit)
    Acrylsäure, Veresterung mit Alkylenoxy-
    den 735
    Acrylsäurechlorid, Cyclisierung 748
    Äthylenglykol-dimethacrylat, Chlormethy-
    lierung (und Aminierung) 666, 744
    Allylalkohol, Veresterung 728
    Allyl-glycid-äther, quartäre Ammonium-
    verbindungen aus 753
    Butadien s. bei Butadien
    chlorierte, Aminierung 745
    N-(γ-Dimethylamino-propyl)-maleinsäure-
    imid, Reduktion 695
    N,N-Dimethyl-maleinsäurehydrazid, Re-
    duktion 696
    1,3-Dioxolanen 561, **566**
    Divinylbenzol
      Abbau 818
      und Äthyl-vinyl-benzol, Chlormethy-
      lierung 666, **667**
      Chlormethylierung (chlormethylierte)
      666, **667**
      Umsetzung mit
        Aminen 744, **745**, 751 ff., **753**
        Dialkylsulfiden 746
        Kaliumcyanid **746**
        Phosphortrichlorid 746
        Trialkylphosphiten 746, **747**
      Nitrierung von **690**
      und Reduktion **696**
      sulfochlorierte, Umsetzung mit Aminen
      749
    Sulfonierung **685**
      nach Einbau von 2,5-Dichlor-styrol
      686
    Umsetzung mit
      N-Chlormethyl-phthalsäureimid
      und Verseifung 663, 745
      Phosphortrichlorid 665

Styrol
  Copolymerisate (mit)
    Epoxyden in Gegenwart von Phthalsäure-
      anhydrid 551
    Epoxydharzen, ungesättigten oder fett-
      säuremodifizierten 537 f.
    Fumarsäuredinitril, Bromierung 680
    Isobutylen
      Acylierung 665
        und Kondensation mit Cyclopenta-
        dien 665
      Alkylierung 663
      Nitrierung 690
      Sulfonierung 685
      Vernetzung 781
    Itaconsäure, Vernetzung 792
    Maleinsäureanhydrid (s. bei Maleinsäure-
      anhydrid)
    Methacrolein
      Cyanhydrine aus 731, **732**
      Reduktion der Aldehydgruppe 693
        des Hydrazons 696
    Methacrylnitril, Reduktion 694
    Methacrylsäurechlorid, Cyclisierung 748
    Methacrylsäure-glycidester
      und Methacrylsäure 496
      quartäre Ammoniumverbindungen aus
      753
    Methacrylsäure-methylester, Abbau 818
    Methacrylsäure-vinylester, Chlormethylie-
      rung (und Aminierung) 666, 744
    Methyl-vinyl-keton, Reduktion 693
    Nitrierung 690
    Oxalsäure-divinylester, Chlormethylierung
      666
    Phthalsäure- und Maleinsäure-diglycyd-
      ester-Gemisch 480
    Ricinensäuren 526
    Sulfonierung 685 f.
    1,3,5-Triacryloyl-hexahydro-1,3,5-triazin,
      chlormethylierte, Aminierung von 744,
      752
    ungesättigten Polyestern 35, 37, **39**
      Aminolyse 924
      Verseifung 925
    Vernetzung 781, 788 ff. (Tab.)
    Vinylhydrochinondiacetat- bzw. -diben-
      zoat, Verseifung 705
    Vinylisocyanat, Umsetzung mit Amino-
      und Hydroxygruppen enthaltenden
      Verbindungen 758
  Kombination mit
    Epoxydharzen und ungesättigten Poly-
      estern 516
    ölmodifizierten Polyestern 46 f.
  Modifizierung von Novolaken 247
  Pfropfpolymerisate mit
    Cellulose(derivate) 898
    Naturkautschuk 856 ff.
    Polyäthylen, Chlormethylierung und Qua-
      ternierung 753
    Stärke 913
  Polymerisate
    Abbau 807, 814 f.
    mit Acetessigsäureamidgruppen 749
    Acylierung 663 ff., **664**
      Kondensation mit Cyclopentadien 665

Styrol
  Polymerisate
    Alkylierung **662 f.**
    Bromierung 680
    Chlorierung 672 ff.
    chlormethylierte
      Ionenaustauscher aus 744, 746, 751
      Sulfoniumverbindungen aus 746
      Umsetzung mit
        Alkoholen 745
        Aminen 744 f., 751 ff.
          und Alkylenoxyd 752
        Carbonsäuren 745
        des Chlors mit Nitrilgruppen und
          Verseifung 745
        3-Diäthylamino-1,2-epoxy-propan
          752
        Mercaptanen 745
        Phenolen 745
        Thioharnstoff(derivaten) 746
        Tris-[dialkylamino]-phosphinen 752
    Chlormethylierung 644 ff., **666**
      mit endständiger Aminogruppe, Umset-
        zung 758
    Fließeigenschaften, verbesserte 812
    Hydrierung **691**
    Jodierung **682**, 765
    lichtreaktive Umsetzungsprodukte 805
    Metallierung 763 f.
    Nitrierung 644, 689 f., **690**
    sulfochlorierte
      Reduktion **697**
      Umsetzung
        mit Anilin **749**
        zu quartären Ammoniumverbin-
          dungen **750**
    Sulfonierung 644, 682 ff., **683**
    Umsetzung mit
      Cinnamoylchlorid 664
      Isocyanaten 664
      Ketenen 663
      Phosphortrichlorid 664
    Vernetzung 790
  Polymerisation und Polyaddition (gleichzeiti-
    tige) mit einem Gemisch von 2,2-Bis-[p-
    (2,3-epoxy-propyloxy)-phenyl]-propan und
    Phthalsäureanhydrid 551
  Popcornpolymerisate mit Butadien, Chlor-
    methylierung 666
  Umsetzung mit
    o-Hydroxymethyl-phenol 258
    Phenol, Resole aus 261
Styrol-3-isocyanat, Copolymerisate 94
Styroloxyd
  Anlagerung an
    Polyamide **161**
    Polyvinylalkohol 717
    Stärke 913
  Polymerisate 426, 429, 433, 435
Styrolsulfid, Polymerisation 568
Styrolsulfonsäure, Polymerisate, Mercurierung
  763
Sulfoäthylcellulose 894
Sulfochlorierung von Polymeren 686 ff.
Sulfoniumverbindungen
  Kondensation mit Formaldehyd 305
  polymere 746

Sulfonsäureamide
  Epoxydharze aus 479 f.
  Kondensation mit
    Acrolein und Urethanen 371, 377
    Aldehyden 388 ff.
    Formaldehyd und 319, 388 f.
      aromatischen Kohlenwasserstoffen 310
      Harnstoff 345
      Melamin 363
      Xylol 389
    Oxäthylierung 446
    polymere 749
    ungesättigte (Vulkanisation) 749
Sulfonsäureamido-äthylcellulose 894
Sulfonsäureamid-polyamide 175 ff.
Sulfonsäure-2,3-epoxy-propylester, als Weich-
  macher 480
Sulfonsäurehydrazide, Epoxyharze aus 479
Sulfonsäuren (s. a. die einzelnen Verbindungen),
  harzartige 603
Sulfonsäurepolyamide 150
4,4'-Sulfonyl-dibenzoylchlorid, Polysulfonsäure-
  amid aus 150
Sulfurylamid, Kondensation mit Aldehyden
  388 ff.
Synthesekautschuk [s. a. bei den entsprechenden
  (Co)Polymeren] 780 f., 783, 803

T

tailormade plastics 58
Taktizität 933 f., 938 f.
Tallöl, Veresterung mit Epoxydharzen 536
Terephthalaldehyd
  Kondensation mit
    1,4-Bis-[cyanmethyl]-benzol 420
    Polymethylendiaminen 398
  Polymerisation 410
Terephthaloyl-bis-[6-amino-capronsäure], Misch-
  polyamid aus 155
Terephthalsäure
  Polyamide aus 146, 148, 154
  Polyester aus 21, 44
  polymeres Anhydrid aus 632, 633
Terephthalsäure-bis-[2,3-epoxy-propylester] 547
Terephthalsäure-bis-[hydroxymethylamid] 372
Terephthalsäure-diamid-N,N'-bis-[capronsäure-
  methylester], Polyamid-Polyester aus 157
Terephthalsäure-dichlorid
  Polyamide aus 141
  Polyester aus 14
Terephthalsäure-diglykolester, Polyester aus 7
Terephthalsäure-dimethylester, Polyester aus 13,
  20
Terephthalsäure-dinitril, Kondensation mit Form-
  aldehyd 392
Terephthalsäure-diphenylester, Polyamid aus 146
Terephthalsäure-methyl-[β-hydroxy-äthyl]-ester
  Polyester aus 6
Terpene, Additionsprodukte mit Maleinsäure,
  Polyester aus 42
Terylen® 25
Tetraäthylenpentamin
  Polyamine aus 588, 590
  Reaktionsprodukt mit Epichlorhydrin 461
  Umsetzung mit Resolen 290
Tetraalkylbenzole, Kondensation mit Formalde-
  hyd 304

Tetrachlorbenzochinon, Umsetzung mit Diaminen
  589
Tetrachlorphthalsäure, Polyester aus 36
Tetraepoxyde 478
Tetrafluoräthylen, (Co)Polymerisate
  Abbau 817, 818
  Vernetzung 796
Tetrahydrofuran
  Anlagerung an Alkohole und Phenole 560
  Aufspaltung in Gegenwart von Methanol 566
  Copolymerisation 529, 560
  Polyaddition 556
  Polyester mit
    Adipinsäure 21
    Dicarbonsäuren(anhydriden) 15, 560
  Polymerisate
    Depolymerisation 559 f.
    Endgruppen 87 f., 559 ff.
    Polymerisation 425, 556 ff., 564 f.
      Katalysatoren 557 f., 564 f.
      Kettenabbrecher 559
  Reaktion mit Äthylenglykol zu einem Poly-
    äther 566
Tetrahydrofuran-2,5-dipropionsäure, Polyamid
  aus 149
Tetrahydrophthalsäure, epoxydierte Vereste-
  rungsprodukte 486
Tetrahydrophthalsäureanhydrid, Epoxydierung
  485
1,4,5,8-Tetrahydroxy-naphthalin, Kondensation
  mit Phenol und Formaldehyd 272
Tetrakis-[hydroxymethyl]-harnstoff 330
1,3,4,6-Tetrakis-[hydroxymethyl]-imidazo-imid-
  azol-dion-(2,5), Herstellung und Verätherung
  bzw. Veresterung 340, 353, 393
Tetrakis-[hydroxymethyl]-phosphoniumchlorid
  s. Tetramethylol-phosphoniumchlorid
Tetramethyläthylenoxyd, Polymerisation 434
1,2,4,5-Tetramethyl-benzol, Polyaromaten aus 626
Tetramethylbenzylchlorid, Kondensation 608
Tetramethyl-1,4-bis-[hydroxy-methyl]-benzol,
  Epoxydharze aus 477
1,4-Tetramethylendiamin, Polyamid aus 137, 141
Tetramethylol-acetylendiharnstoff, Herstellung
  und Verätherung bzw. Veresterung 340, 353, 393
Tetramethylol-harnstoff 330
Tetramethylol-phosphoniumchlorid 400 f.
  Kondensation mit
    Äthylenimin 575
    Aminen, Phenolen usw. 401 f.
N,N',N'',N'''-Tetramethyl-1,3,6,8-tetraaza-cyclo-
  decan 340, 353, 391
Tetraphenole, Epoxydharze aus 472
Texin® 86
4-Thia-pimelinsäure, Polyamide aus 150
Thioaldehyde, polymere 410 ff.
ε-Thio-caprolactam, Copolymerisation mit ε-Ca-
  prolactam 131
N-Thiocarbamido-äthylenimin, Kondensation mit
  Formaldehyd 322
Thiocarbamidsäure-celluloseester 884
Thiocarbonylverbindungen, Polyadditionspro-
  dukte 403 ff.
Thiodiglykol
  Polyamine aus 589
  Polythioäther aus (s. a. Thioplaste) 580 ff.,
    586, 599

Thioessigsäure-p-vinyl-phenylester, Polymere, Verseifung 697
Thioformaldehyd
Kondensation mit Harnstoff 342
polymerer 411
Thioglykolsäure, Polythioester aus 10
Thioglykolsäure-S-carbonsäure-anhydrid, Polythioester aus 11
Thioharnstoff, Kondensation mit Formaldehyd 326, 338 f.
und Aminen 339, 343 f., 363
und Harnstoff 349
Thiolactame, Polymerisation 131
Thiolactone, Polythioester aus 10
ω-Thio-önantholactam, Polymerisation 131
Thiophen, Kondensation mit Formaldehyd (und Phenol) 305 f.
Thiophosphorsäure-tris-[p-isocyanato-phenylester], Klebstoffe aus 93
Thioplaste und ähnliche Produkte (siehe auch Polythioäther und bei den Reaktionskomponenten)
mit Amidkettengliedern 599
Aufspaltung 594, 595, 596
Eigenschaften 593
Entschwefelung 593 f., 594
flüssige 596
gießbare 595
mit Harnstoffkettengliedern 599
Herstellung aus
Alkalipolysulfiden und
Benzalchlorid 593
Bis-[2-chlor-äthyl]-äther 593, 594
Bis-[2-chlor-äthyl]-formal 593, 594
und 1,2,3-Trichlor-propan 595
1,4-Bis-[chlormethyl]-benzol 593
3-Chlor-1,2-epoxy-propan 591
Dibromhexan bzw. -pentan 598
1,2-Dichlor-äthan 591, 592
1,3-Dichlor-propanol-(2) 591
Schwefelsäureestern 591
Spiroacetalen 593
ω,ω′-Alkylen-dimercaptiden und ω,ω′-Alkylen-dibromiden 598
Bis-[β-hydroxy-äthyl]-disulfid und Formaldehyd 599
Phosphorpentoxyd 599
Bis-thiosulfonsäureestern und Alkalisulfiden 599
cyclischen Polysulfiden 596
Cyclohexen und Schwefel 847
Dimercaptanen und
Aldehyden bzw. Ketonen 599
Hexadien-(1,5) 598
1,6-Hexandithiol und Diallylcarbinol bzw. -phenol 599
Polythiosulfaten durch Spaltung 596
Thiodiglykol und mehrwertigen Alkoholen 88, 580 ff., 599
mit Isocyanat-Endgruppen 600
mit Mercaptan-Endgruppen 595 f., 600
Anlagerung an flüssige Dienpolymere 599
niedermolekulare 594 ff.
Oxydation 594, 597
mit Thiocarbaminatkettengliedern 600

Thioplaste und ähnliche Produkte
Umsetzung mit
Diisocyanaten 88
Epoxydharzen 597
mit Urethankettengliedern 599 f.
Vulkanisate, Eigenschaften 595, 597 f.
Thiopolyamide, Oxydation zu Sulfon-polyamid 150
Thymol, Resole aus 212, 261
Toluidin, Formaldehyd-Harze aus 298
Kondensation mit Novolaken 250
Toluol
Kondensation mit
1,2-Dichlor-äthan und nachträgliche Sulfonierung 614
Formaldehyd 303
Schwefelungsprodukte 600, 605
Toluol-2,4-bis-[sulfonsäure-methylamid]
Diepoxyde, härtbare aus 480
Umsetzung mit Epichlorhydrin 547
Toluolsulfonsäureamide, Kondensation mit Formaldehyd 390 f.
Toluolsulfonsäure-celluloseester 880, 895
Toluylen-2,4-diisocyanat
Diisocyanate, aus
und Benzaldazin 70
und Buten-(2)-diol-(1,4) 66
carbodiimidgruppenhaltige 70
harnstoffgruppenhaltige 69
als verkappte Monoaddukte 64
dimeres 64, 86
isocyanuratgruppenhaltiges Polymerisationsprodukt aus (Gemisch mit 2,6-) 68
Modifizierung eines Mischpolyamides mit 160
Polyurethan-Schaumstoffe aus 92
Triisocyanat mit Tris-[hydroxymethyl]-propan 66, 67
Triphenylurethan mit Phenol aus 67
Trimerisation 68
Urethanöl mit Leinölglycerid 95
Topfzeit 520
6-Tosyl-amylose 908
p-Tosyl-l-tyrosin, Kondensation mit Phenol und Formaldehyd 271
1,3,5-Triacryloyl-perhydrotriazin(derivate) 392, 393
Anlagerungsprodukte, Polymerisation 616
Copolymerisate, chlormethylierte, Aminierung 744, 752
Epoxydierung 497
Polyadditionsprodukte mit Aminen, Alkoholen usw. 615 f.
Polyamine aus 588
Vernetzung mit Aminen 621
Triäthanolamin, Oxäthylierung 451
Triäthylenglykol, Polyester aus 30, 40
Triäthylenglykol-bis-[4-formyl-phenyläther], Kondensation mit Polymethylendiaminen 398
Triäthylentetramin, Phenolharze mit 271, 290
Trialkylbenzole, Kondensation mit Formaldehyd 304
Triallylcyanurat, Copolymerisation mit ungesättigten Polyestern 37
Triallyliden-sorbit, Epoxydierung 489
Triazinverbindungen
Epoxydharze aus 497 ff.
Herstellung 339

Tribenzylamine 217f.
Tricarballylsäure, Polyimide aus **162**
Trichloräthylen, Copolymerisate, Chlorierung 675
2,3,5-Trichlor-phenol, Kondensation mit Formaldehyd 226
Tricrotonyliden-tetramin 399, **400**
Triepoxyde 479, 489, 495, 497
Trifluoracetaldehyd, Copolymerisation mit Formaldehyd 410
Trifluoräthylen, Copolymerisation 447
1,1,1-Trifluor-2,3-butylenoxyd, Polymerisation 429, 433
Trifluor-chlor-äthylen
    Copolymerisate mit Vinylacetat, Verseifung 704
    Polymerisate
        Abbau 816
        Dehalogenierung 761
        Vernetzung 795
Trifluoressigsäure-celluloseester 895
Trifluor-nitroso-methan, Copolymerisat, Vernetzung 796
Triglyceride, ungesättigte, Veresterung mit Epoxydharzen 537
7,2′,4′-Trihydroxy-2,4,4-trimethyl-flavan, Triepoxyd aus 497
Triisocyanate
    biuretgruppenhaltige **69**
    mit Isocyanuratring 67
    aus (4-Nitro-phenyl)-(2,4-dinitro-phenyl)-äther 70
    aus Toluylen-2,4-diisocyanat **68**
    und trifunktionellen Alkoholen 66
2,4,6-Triisopropyl-benzylchlorid, Kondensationsprodukt aus **613**
Trimethylamin
    Anlagerung an Allyl-glycid-äther-Vinylacetat-Copolymerisate **550**
    polyquartäres Salz mit Epichlorhydrin, Phenol und Formaldehyd **316**
Trimethylamylose **910**
1,2,4-Trimethyl-benzol, Polyaromaten aus 626, **629**
Trimethylcellulose **888**
Trimethylencarbonat
    Polyester aus 15
    Polymerisation **54**
Trimethylenimin, Polymerisation 575
Trimethylenoxalat, Polyester aus 15
Trimethylenoxyd(derivate), Polymerisation 553 ff.
Trimethylharnstoff, Kondensation mit Formaldehyd 322
Trimethylolacetaldehyd-Melamin-(Äthylenglykol)-Gießharz **367**
Trimethylolharnstoff 330
Trimethylolmelamin 358
    Kondensationsprodukt mit Acrylnitril **371**
Trimethylolphosphinoxyd s. Tris-[hydroxymethyl]-phosphinoxyd
Trimethylolpropan s. 1,1,1-Tris-[hydroxymethyl]-propan
2,4,6-Trimethyl-phenol, Kondensation mit Formaldehyd 200
1,3,5-Trioxa-cycloheptane bzw. -octane, Polymerisation 563
Trioxymethylen (Trioxan)
    Methylen-polyamide mit 1,7-Dicyan-heptantan **393**
    (Co)Polymerisation 408

Triphenole (s.a. die einzelnen Verbindungen), Epoxydharze aus 472
Triphenylurethan des Triisocyanates aus Tris-[hydroxymethyl]-propan und Toluylen-2,4-diisocyanat **67**
1,2,4-Tris-[acetylacetoxy]-butan, Kondensation mit Crotonaldehyd **423**
Tris-[acyloxymethyl]-phenole, als Vulkanisationsmittel 259
2,4,6-Tris-[äthylenimino]-1,3,5-triazin, Polymerisation 575
1,3,5-Tris-[p-chlor-benzoyl]-perhydrotriazin **394**
2,4,6-Tris-[(dimethyl-amino)-methyl]-phenol, Novolake aus 216
1,3,5-Tris-[epoxyäthyl]-benzol 495
Tris-[4-(2,3-epoxy-propyl)-phenyl]-methan 472
Tris-[β-hydroxy-äthyl]-amin
    Oxäthylierung **451**
1,3,5-Tris-[α-hydroxy-äthyl]-benzol, vernetzte Produkte aus 582
Tris-[hydroxybenzyl]-amine, Novolakhärtung mit 218
Tris-[hydroxymethyl]-acetaldehyd-Melamin-(Äthylenglykol)-Gießharz **367**
Tris-[hydroxymethyl]-harnstoff 330
Tris-[hydroxymethyl]-melamin s. Trimethylolmelamin
2,4,6-Tris-[hydroxymethyl]-phenol 224, 228, **278**
    Härtung von Polyamiden mit 157
Tris-[hydroxymethyl]-phenol-allyläther 245
Tris-[hydroxymethyl]-phenolnatrium **278**
Tris-[hydroxymethyl]-phosphinoxyd
    Kondensationsprodukte aus 401
    Umsetzung mit Äthylenimin 575
1,1,1-Tris-[hydroxymethyl]-propan
    Oxäthylierung **450**
    Polyester aus **41**, **337**
        mit Adipinsäure **282**
    Polykondensationsprodukt mit Cyclohexandion-(1,4)-bis-[α-methylen-äthylen-ketal] **622**
    Triisocyanat mit Toluylen-2,4-diisocyanat 66, **67**
    Umsetzung mit Epichlorhydrin 439
    Veresterung durch mit Kolophonium modifiziertem Resol 284
Tris-[4-isocyanato-phenyl]-methan 93
Tris-[β-methacryloxy-äthyl]-amin, Polymerisat, Quaternierung 754
Trithioformaldehyd 411
Trithiokohlensäure-diäthylester, Polythioharnstoffe aus 172
6-Trityl-amylose **911**
    Phosphorylierung 904
6-Trityl-cellulose 889, **890**
    Umsetzungen an **890**
Trockenmittel 45
Trübungstitration 186f.

U

Ultrabeschleuniger 801, 846
Ultrazentrifuge, Molekulargewichtsbestimmung 186
Umepoxydierung 469
Umesterungsverfahren 2, 12f., 48ff.
Umsetzung von Polymeren (s.a. bei Polymere und den einzelnen Polymeren)

Umsetzung von Polymeren
  Gestaltsänderungen 648
  Modellreaktionen 651 f.
  nicht abtrennbare Nebenprodukte 646 f.
  Reaktionsbedingungen 652 ff.
  Reaktionsgeschwindigkeit 648
  Trennungs- und Reinigungsmethoden 653, 655 ff.
  Umsatzbestimmung 657
  Umsatzverteilungsfunktion 651
  Umsatzgrad 650 f., 660
  unvollständiger Umsatz 648 f.
  Vergleich der Viscositätszahlen 650
Undecylensäureamid, Polyamide aus 110
Uretdione 64 f.
Urethane
  cyclische, Polyurethane aus 74
  Umsetzung mit
    4,6-Dimethyl-2-hydroxymethyl-phenol 250
    Formaldehyd 373 f.
    ungesättigten Aldehyden (und Harnstoff) 377
Urethangruppen enthaltende makromolekulare Stoffe (s. a. Polyurethane) 94 ff.
Urethanleinöl 95
Uronäther 336
Urone 325, 328
UV-Adsorber 179

V

Valerolactam, Bildung aus 5-Amino-valeriansäure 102
δ-Valerolacton, Polymerisation 8
Verbundpolymerisate 516
Verdrängungsreaktion, anionoide 293
Vernetzung (s. a. bei den einzelnen Verbindungen und Polymeren), von Polymerisaten 649, 776 ff.
Vernetzungsdichte 847, 939 f.
Versamide® 525
Verseifungszahl 924 f., 925
Verzögerer für Diisocyanatreaktionen 60
Vinylacetat
  Copolymerisate (mit)
    Acetylgruppen-Bestimmung 641
    Acrylnitril, Verseifung 704
    Acrylsäureestern, hydrolysierte, Lactonisierung 729
    Äthylen
      hydrolysierte, Verätherung mit Äthylenoxyd 717
      Polyacetale aus 721
      Vernetzung 782 f.
      Verseifung 704
      Xanthogenierung 729
    Äthylenglykol-dimethacrylat, hydrolysierte, Polyacetale aus 721
    Allyl-glycid-äther 495
      Anlagerung von Trimethylamin 550
      quartäre Ammoniumverbindungen aus 753, 754
      Vernetzung 789
    Allylidenacetat, Vernetzung 790
    α-Chlor-acrylsäure, Lactonisierung 729
    2-Chlor-allylacetat, Verseifung 704
      und Acetalisierung 721

Vinylacetat
  Copolymerisate (mit)
    Crotonsäure, Verseifung 704
    N-Hydroxymethyl-maleinsäureimid, Vernetzung 795
    Maleinsäureanhydrid
      Lactonisierung 728, 736
      Vernetzung 790
    Methacrylsäure-(3,4-epoxy-cyclohexyl-methylester), Vernetzung 789
    Methacrylsäure-glycidester, Umsetzung mit β-Hydroxy-äthylamin 758
    Trifluor-chlor-äthylen, Verseifung 704
    verseifte, Polyacetale aus 721
    Verseifung 701, 703, 704 (Tab.)
    Vinylchlorid (s. a. bei Vinylchlorid)
      Chlorierung 675
      Dehalogenierung 760
      Dehydrohalogenierung 762
      Vernetzung 785
      verseifte, Polyurethane aus (Einbrennlacke) 76, 79
      Verseifung, partielle 703
    N-Vinyl-pyrrolidon, hydrolysierte, Schwefelsäureester von 724
  Pfropfpolymerisate auf
    Naturkautschuk 858
    Polyalkylenoxyde, Acetalisierung 720
  Polymerisate
    Abbau 807, 810
    Acetalisierung 717, 718
    Chlorierung 679
    Elastifizierung von Harnstoff-Formaldehyd-Harzen 349
    Umesterung mit
      Benzoylchlorid 737
      dem Methoxyäthylester der Sojabohnenfettsäure 737
      Phthalsäureanhydrid 738
    Vernetzung 94, 790
    Verseifung 698, 700 ff.
      partielle 699, 701
    Verseifungsgrad 699
    als Weichmacher 502
  Polymerisation 697
Vinyl-acetophenon, Polymerisate 663, 764
  Bromierung 680
  lichtreaktive Umsetzungsprodukte 805
  Polyoxime aus 734, 696
  Reduktion 693
  Umsetzung mit
    Aldehyden 421, 664
    Isatin 664
Vinylacetylene, Umsetzung mit Hydrogen-polysulfiden 621
Vinyläther (s. a. bei den einzelnen Verbindungen)
  Novolacke aus 211
  Polymerisate, Sulfonierung 682
N-Vinyl-N,N'-äthylen-harnstoff 339
Vinylamin-N,N-bis-[carbonsäure-äthylester], Polymerisat, Verseifung 715
Vinylanisol, Copolymerisate, Chlormethylierung 666
N-Vinyl-benzimidazol, Polymerisate, Nitrierung 689
p-Vinyl-benzoesäure-hydroxymethylamid, Copolymerisate, Vernetzung 794

Vinylbenzolsulfonat, Polymerisat
  Mercurierung 763
  Umsetzung mit Pyridin **750**
p-Vinyl-benzyliden-diacetat, Copolymerisate mit
  Vinylacetat, Verseifung 704
Vinylbromid, Polymerisate, Dehalogenierung
  760
N-Vinyl-carbamidsäure-äthylester, Polymerisate,
  Verseifung **715**
N-Vinyl-carbamidsäure-alkylester Polymerisate,
  Verseifung 715
N-Vinyl-carbamidsäureester, Polymerisate, Ver-
  seifung 714 ff., **715**
N-Vinyl-carbamidsäure-phenylester, Polymeri-
  sate, Umsetzung mit Hydrazinhydrat 716
Vinylcarbazol, Polymerisate, Abbau 811
Vinylchloracetat
  Copolymerisate, quartäre Ammoniumverbin-
    dungen aus 751
  Polymerisate
    Umsetzung mit Kaliumhydrosulfid 746
    Vernetzung 790
    Verseifung 699
Vinylchlorid
  Copolymerisate mit
    Acrylsäureester, Umsetzung mit (β-Hydr-
      oxy-äthyl)-amin 76
    Allyl-glycid-äther 495
    Chlorierung 675
    Sulfonierung 682
    Vernetzung 785, 788 f.
    Vinylacetat (s. a. bei Vinylacetat)
      Polyacetale aus 721
      Polyurethan(-Einbrennlacke) aus 76,
        79
      Verseifung **703**, 704
    Vinylidenchlorid, Nachchlorierung 675
  Pfropfpolymerisation auf Naturkautschuk
    858
  Polymerisate
    Abbau 807, 810, 813
    Chlorierung **673 ff.**
    Dehalogenierung 760
    Dehydrohalogenierung **762, 783, 786**
    Mischung mit
      Butadien-Acrylnitril-Copolymerisaten,
        Vulkanisation 800
      Epoxydharzen 465
    Pfropfpolymerisate mit Methacrolein 732
    Reduktion 761
    Umsetzung mit
      aromatischen Kohlenwasserstoffen 761
      Diisocyanaten 94
      Pyridin 761
      Silberacetat 761
    Vernetzung 783, 785 (Tab.), **786**
4-Vinyl-cyclohexendioxyd 492
Vinylcyclohexenepoxyd 494, 496
Vinylencarbonat, Polymerisate, Verseifung 705
Vinylester (s. a. die einzelnen Monomeren)
  Pfropfpolymerisate auf Polyalkylenglykole,
    Verseifung 703 f.
  Polymerisate
    Umesterung 737 f.
    Verseifung 697 ff.
Vinylfluorid, Polymerisate, Abbau 810
Vinylformiat, Polymerisate, Verseifung 702

N-Vinyl-glykolsäureimid, Polymerisate, Hydro-
  lyse 715
Vinylhydrochinon 643, 645
Vinylhydrochinon-dibenzoat bzw. -diacetat,
  (Co)Polymerisate, Verseifung 705
Vinylidenchlorid
  Copolymerisate mit
    Alkylenoxyden 447
    Butadien, Chlorierung 676
    Vinylchlorid (s. dort)
  Pfropfpolymerisation auf Naturkautschuk
    858
  Polymerisate
    Abbau 807, 810, 813, 818
    Chlorierung 675 f.
    Dehalogenierung 760
    Reduktion 761
    Sulfonierung 682
    Vernetzung 785 (Tab.)
Vinylidencyanid, Polymerisate, Abbau 816
Vinylidenfluorid, Copolymerisate, Vernetzung
  795 f.
1-Vinyl-imidazolidinon-(2) s. N-Vinyl-N,N′-
  äthylen-harnstoff
Vinylimide, cyclische, Polymerisate
  Umsetzung mit Hydrazinhydrat 715
  Verseifung 714 ff.
Vinylisocyanat, (Co)Polymerisate
  Umsetzung mit Amino- und Hydroxy-
    gruppen enthaltenden Verbindungen 758
  Vernetzung 791
Vinyl-isopropenyl-keton, Polymerisate, Reduk-
  tion 693
Vinylketone (vgl. a. die einzelnen Verbindungen)
  418
Vinylmethacrylat, Copolymerisate mit Styrol,
  Chlormethylierung (und Aminierung) 666, 744
Vinyloleat, Epoxydierung 489
(2-Vinyloxy-äthyl)-glycid-äther, Polymerisation
  496
Vinylphenol, Polymerisat, Verätherung 717
1-(2-Vinyl-phenoxy)-2,3-epoxy-propan, Copoly-
  merisate, Vernetzung 789
(p-Vinyl-phenyl)-glycid-äther, Copolymerisation
  529
Vinyl-phenylisocyanat, Polymerisat, Umsetzun-
  gen an 758, 791
(p-Vinyl-phenyl)-thioacetat, Polymerisat, Versei-
  fung 697
Vinyl-phosphonsäureester, Copolymerisate
  Verseifung (verseifte) 704
  Polyacetale aus 721
N-Vinyl-phthalimid
  Copolymerisate mit Maleinsäureanhydrid,
    Bildung von Lactamringen 762
  Polymerisate
    Umsetzung mit Äthylendiamin 715
    Verseifung 714, **715**
Vinylpyridin
  Copolymerisate, Verseifung 705 f.
  Pfropfpolymerisate auf (Natur)Kautschuk
    858 f.
  Quaternierung und Vulkanisation 756
  Polymerisate, quartäre Ammoniumverbin-
    dungen aus **755** f.
  Vernetzung 795
Popcorn-Polymerisat 755

N-Vinyl-pyrrolidon, Copolymerisat mit Vinyl-acetat, hydrolisiertes, Schwefelsäureester aus 724
Vinylsuccinimid, Polymerisat, Hydrolyse 714 f.
Vinylsulfonsäure(derivate), Addition an Cellulose 894
Vinylsulfonsäureamid, Polymerisation 388
Vinylsulfonsäurefluorid, Polymerisate, Um-setzungen an der Sulfofluoridgruppe 749
(β-Vinyl-thioäthyl)-glycid-äther, Copolymerisate, Vernetzung 789
α-Vinyl-thiophen, Polymerisate, Metallisierung 763
Vinyltoluol, Copolymerisate
  mit modifizierten Epoxydharzen 538
  Sulfonierung 685 f.
  Vernetzung 790, 792
Vinyl-trichlor-silan 532
Viscose 882 f.
Viscoseseide 882
Viscosität 1030 ff., 1043 ff.
Viscositätsbestimmung (von Polyamiden) 180, **181**
Viscositätsgesetz 184
Viscositätsgleichungen 185
Vulcapren® 29, 87
Vulkanisation (s. a. bei Naturkautschuk sowie den einzelnen Polymeren) 239, 243, 258, 509, 689, 756, 776 f., 780, 783, 801, 843 ff., 846, 870 f., 932
Vulkanisationsbeschleuniger 299, 779, 798, 804, 844 ff.
  mit kurzem oder langem Plateau 846
Vulkanisationsmittel 235, 239, 242, 258 f., 798, 801, 803, 847 f.
Vulkanisationsverzögerer 846
Vulkollan® 80 f., 85 f.,

W
Weichgummi 844
Weinsäure, Polyester aus 22
Wolle
  Behandlung mit Propylenoxyd **453**
  Modifizierung mit N-Carbonsäureanhydriden 133

X
Xylenole, Kondensation mit Formaldehyd 206, 226, 239, **273**
Xylol
  Copolymerisation 624 f.
  -Formaldehyd-Harze
    Epoxydharze aus 473
    Härtung 307, 309, **317**
    Herstellung 303 f., **315**
    Kombination mit Epoxydharzen 534
    (Nach)Kondensation mit 314
      Alkoholen 310 f.
      aromatischen Kohlenwasserstoffen 310
      p-tert.-Butyl-phenol 309, **318**
      Carbonsäureestern 313
      Carbonsäuren 311
      Isopropylxylol 318
      Ketonen 310
      Kolophonium 311 f.
      Kolophoniumestern **318**
        und Maleinsäure sowie nachträgliche Veresterung **318**
      Maleinsäure(anhydrid) 311, **316**
      Novolaken und Resolen 310
      Phenolen 308 f., **317**
      Salicylsäure 311 f., **318**
      Sulfonsäureamiden 310
      ungesättigten Verbindungen 312 f.
    novolakartige 308
    sauerstoffreiche 305
    Umsetzung mit Polyestern 29
    unvernetzte, acetalgruppenfreie 307
  Kondensation mit Formaldehyd und
    Benzolsulfonsäureamid 389, **391**
    Phenolen 310 f.
  Polyxylylene aus 623, **628**
  Schwefelungsprodukte 605, **606**
Xylylen(di)chlorid s. Bis-[chlormethyl]-benzol
m-Xylylen-ω,ω'-diamin, Polyamide aus **147**
p-Xylylenglykol-bis-butylcarbonat, Polycarbo-nat aus **51**

Z
Zinkoxen 865
Zuckerbildung aus Formaldehyd 403 f.

Methoden der organischen Chemie

(HOUBEN-WEYL)

4., völlig neu gestaltete Auflage

Herausgegeben von Eugen MÜLLER, Tübingen

Unter besonderer Mitwirkung von
O. BAYER, Leverkusen, H. MEERWEIN, Marburg/L., K. ZIEGLER, Mülheim/Ruhr

16 Bände in zwangloser Folge
(Einige Bände erscheinen in zwei bis vier Teilen)
10% ermäßigter Vorbestellpreis für jeden Bandteil;
für das Gesamtwerk gilt der Subskriptionspreis bis zum Erscheinen des letzten Bandes

Jeder Bandteil ist einzeln käuflich

Es liegen vor:

Band I: Allgemeine Laboratoriumspraxis

Teil 1: Materialkunde — Methoden zur Stofftrennung

Bearbeitet von W. Aehnelt, O. Bayer, K. Bratzler, F. Cramer, R. Erdmenger, W. Grassmann, R. Grießbach, K. Hannig, G. Hesse, R. Jaeckel, O Jübermann, F. Kneule, L. Kratz, A. Lüttringhaus, G. Manecke, G. Naumann, M. Quaedvlieg, K. Rehm, W. Schlenk jr., P. Schneider, H. E. Schultze, H. Schwarz, R. Schwarz, K. Sigwart, E. Tietze, H.Weissbach, E. Wiedemann.

1958. XLIV, 1048 Seiten, 517 Abb., Lex.-8°, Moleskin DM 198,— (Subskriptionspreis DM 178,20)

Teil 2: Methoden zur Stoffzerkleinerung und Stoffverteilung — Allgemeine Laboratoriumsmethoden — Hilfsstoffe der Laboratoriumstechnik — Verhütung von Unglücksfällen, cancerogene Substanzen

Bearbeitet von A. Berthmann, K. Blumrich, W. Büche, W. Bunge, R. Jaeckel, H. Jonas, H. Kienitz, Th. Lange, H. Lieb, H. Metzger, F. Möller, Erich Müller, Eugen Müller, M. Quaedvlieg, H. Rickert, H. Rumpf, G. Schiller, W. Schöniger, H. Schwarz, W. Simmler, W.Stroh, A. Wingler.

1959. XLVIII, 1017 Seiten, 680 Abbildungen, 1 Porträt, Lex.-8°, Moleskin DM 196,— (Subskriptionspreis DM 176,40)

Band II: Analytische Methoden

Organische Elementaranalyse — Analytische Bestimmung der wichtigsten funktionellen Atomgruppen und Verbindungsklassen — Gasvolumetrische und gasanalytische Methoden — Bestimmung der Schmelz- und Gefriertemperatur, der Siede- und Kondensationstemperatur — Thermische Analyse und Bestimmung organischer Molekelverbindungen — Chromatographische Analyse — Analyse von Lösungsmittelgemischen

Bearbeitet von F. Arndt, G. Bähr, W. Bathe, R. Criegee, B. Eistert, F. Hein, H. Henecka, I. Hennig, E. Heuser, F. Hornig †, E. van Hulle, J. Janecke, H. Kienitz, P. Kurtz, H. Meerwein, H. Persiel, M. Quaedvlieg, H. Rheinboldt, H. Roth, A. Schöberl, F. Tettweiler, F. Turba, A. Wagner, Th. Wieland, F. Zinneke.

1953. XXIV, 1070 Seiten, 252 Abbildungen, Lex.-8°, Moleskin DM 139,— (Subskriptionspreis DM 125,10)

GEORG THIEME VERLAG · STUTTGART

Methoden der organischen Chemie

(HOUBEN-WEYL)

Band III: **Physikalische Forschungsmethoden**

Teil 1: **Mechanische, thermische, mikroskopische, massenspektrometrische und Isotopen-Methoden**

Bearbeitet von F. Becker, G. Briegleb, H.-J. Cantow, E. Dörnenburg, H. Götte, H. Hoyer, R. Huisgen, L. Jenckel, H. Kienitz, W. Luck, A. Magnus, G. Meyerhoff, R. Mosebach, K. Rast, G. V. Schulz, C. Wiegand, K. L. Wolf, R. Wolff.

1955. XXX, 954 Seiten, 448 Abb., Lex.-8°, Moleskin DM 162,— (Subskriptionspreis DM 145,80)

Teil 2: **Elektrische, optische, magnetische und akustische Methoden**

Bearbeitet von E. Abrahamczik, H. J. Antweiler, E. Asmus, R. Brill, E. Brüche, D. Brück, K. Cruse, W. Degenhard, T. Förster, U. Fritze, O. Fuchs, H. Gold, J. Goubeau, R. Honerjäger, H. Hoyer, W. Kast, E. Müller, M. Pestemer, K. Rast, W. Schaaffs, F. Schmidt, M. v Stackelberg, H. A. Stuart, F. Würstlin.

1955. XXVIII, 1078 Seiten, 507 Abb., Lex.-8°, Moleskin DM 186,— (Subskriptionspreis DM 167,40)

Band IV: **Allgemeine chemische Methoden**

Teil 2: **Katalyse — Pyrochemische Reaktionen — Elektrochemische Reaktionen — Herstellung optisch aktiver aus inaktiven Verbindungen — Herstellung isotopenhaltiger organischer Verbindungen — Herstellung und Umwandlung großer Ringsysteme — Biochemische Reaktionen — Mikrobiologisch-chemische Reaktionen**

Bearbeitet von B. Helferich, H. Henecka, G. Hesse, H. Koch, J. Krebs, H. Kröper, F. Müller †, W. Reisner, G. Schiller, H. Simon, H. Stetter, W. Theilacker, F. Weygand, K. Wimmer, K. Ziegler.

1955. XXVIII, 1004 Seiten, 77 Abb., Lex.-8°, Moleskin DM 152,— (Subskriptionspreis DM 136,80)

Band V: **Halogenverbindungen**

Teil 3: **Fluorverbindungen (Herstellung, Reaktivität und Umwandlung) — Chlorverbindungen (Herstellung)**

Bearbeitet von E. Forche, W. Hahn, R. Stroh.
1962. LXIV, 1217 Seiten, 30 Abbildungen, 184 Tabellen, Lex.-8°, Moleskin DM 262,— (Subskriptionspreis DM 235,80)

Teil 4: **Herstellung von Brom- und Jodverbindungen — Reaktivität und Umwandlung von Chlor-, Brom- und Jodverbindungen**

Bearbeitet von N. Kreutzkamp, H. Meerwein, A. Roedig, R. Stroh.
1960. XLVIII, 894 Seiten, 11 Abbildungen, Lex.-8°, Moleskin DM 180,— (Subskriptionspreis DM 162,—)

Band VII: **Spezielle chemische Methoden**

Teil 1: **Herstellung und Umwandlung von Sauerstoffverbindungen II (Aldehyde)**
Bearbeitet von O. Bayer.
1954. XXII, 556 Seiten, 2 Abb., Lex.-8°, Moleskin DM 82,— (Subskriptionspreis DM 73,80)

GEORG THIEME VERLAG · STUTTGART

Methoden der organischen Chemie

(HOUBEN-WEYL)

Band VIII: **Spezielle chemische Methoden**

Herstellung und Umwandlung von Sauerstoffverbindungen III: Peroxyde — Kohlensäurederivate — Nitrile, Isonitrile, Knallsäure — Carbonsäuren, Decarboxylierung — Carbonsäureester — Funktionelle N-Derivate der Carboxygruppe

Bearbeitet von R. Criegee, H. Henecka, P. Kurtz, E. Ott, S. Petersen, H.-F. Piepenbrink †.

1952. XVIII, 775 Seiten, 13 Abb., Lex.-8°, Moleskin DM 98,— (Subskriptionspreis DM 88,20)

Band IX: **Spezielle chemische Methoden**

Herstellung und Umwandlung von Schwefel-, Selen-, Tellur-Verbindungen

Bearbeitet von M. Bögemann, H. Böhme, H. Eckoldt, J. Goerdeler, F. Muth, S. Petersen, M. Quaedvlieg, H. Rheinboldt, A. Schöberl, A. Schönberg, O.-E. Schultz, H. Söll, A. Wagner.

1955. XXXII, 1337 Seiten, 9 Abb., Lex.-8°, Moleskin DM 218,— (Subskriptionspreis DM 196,20)

Band XI: **Spezielle chemische Methoden**

Teil 1: **Stickstoffverbindungen II: Herstellung von Aminen**

Bearbeitet von H. Glaser, F. Möller, G. Pieper, R. Schröter, H. Söll, G. Spielberger.

1957. LVI, 1178 Seiten, 3 Abb., Lex.-8°, Moleskin DM 208,— (Subskriptionspreis DM 187,20)

Teil 2: **Stickstoffverbindungen II: Umwandlung von Aminen Stickstoffverbindungen III: Alkylenimine — Aminosäuren und Derivate — Lactame — Quartäre Ammoniumverbindungen — Stickstoff-Schwefel-Verbindungen**

Bearbeitet von H. Bestian, L. Birkofer, A. Dorlars, H. Freytag, J. Goerdeler, F. Möller, R. Müller, J. Nentwig, E. Niemann, G. Pieper, H. Schnell, A. Schöberl, H. Söll, A. Wagner, Th. Wieland.

1958. XLVIII, 840 Seiten, 8 Abb., Lex.-8°, Moleskin DM 155,— (Subskriptionspreis DM 139,50)

Band XIV: **Spezielle chemische Methoden**

Teil 1: **Makromolekulare Stoffe I: Bemerkungen zur Nomenklatur und Terminologie — Herstellung makromolekularer Stoffe durch Polymerisation von Vinyl- und Divinylverbindungen**

Bearbeitet von H. Bartl, K. Bodenbenner, H. Cherdron, W. Franke, O. Glosauer, H. Gröne, H. Güterbock, V. Jaacks, W. Kern, F. Kollinsky, K. Kopetz, R. Kretz, H. Logemann, J. Nógrádi, G. Pieper, H. Rauch-Puntigam, H. Schreiber, G. Schröder, R. C. Schulz, K. Tessmar, E. Trommsdorff, T. Völker, H. Weber, H. Wilms, A. Wohnhas.

1961. LXIV, 1360 Seiten, 65 Abb., Lex.-8°, Moleskin DM 287,— (Subskriptionspreis DM 258,30)

GEORG THIEME VERLAG · STUTTGART

Methoden der organischen Chemie

(HOUBEN-WEYL)

In Vorbereitung:

Band IV: **Allgemeine chemische Methoden**

Teil 1: Zur Theorie der Oxydation und Reduktion — Oxydation (außer heterogener Katalyse) mit Tabellen — Anti-Oxydation — Reduktion (außer heterogener Katalyse) mit Tabellen

Teil 3: Kondensationsmittel — Tabellen zur Kondensation — Isomerisierungen — Herstellung und Umwandlung freier Radikale — Ausführung radikalinduzierter Reaktionen — Photochemische Reaktionen — Konfigurationsbestimmungen — Konstellation und Reaktivität

Band V: **Spezielle chemische Methoden**

Herstellung und Umwandlung von Kohlenwasserstoffen

Teil 1: Gesättigte Kohlenwasserstoffe einschließlich Cycloparaffine — Olefine — Diene

Teil 2: Monoacetylene — Di- und Polyacetylene — Aromaten — Polyene und Cumulene — Cyclopolyene — Quasi-aromatische Systeme

Band VI: **Spezielle chemische Methoden**

Herstellung und Umwandlung von Sauerstoffverbindungen I

Teil 1: Hydroxyverbindungen

Teil 2: Metallalkoholate, -phenolate, -enolate, -chelate — Offenkettige Aether — Cyclische Aether — Acetale — Oxoniumsalze — Mineralsäureester — Orthoester — Lactone

Band VII: **Spezielle chemische Methoden**

Herstellung und Umwandlung von Sauerstoffverbindungen II

Teil 2: Ketone — Ketene

Teil 3: Chinone und deren Derivate

Band X: **Spezielle chemische Methoden**

Herstellung und Umwandlung von Stickstoffverbindungen I

Teil 1: Aliphatische Nitro- und Nitrosoverbindungen einschließlich Oxime — Aromatische Nitro- und Nitrosoverbindungen — Hydroxylaminverbindungen

Teil 2: Aliphatische und aromatische Diazoverbindungen — Aliphatische und aromatische Azo-, Hydrazo- und Hydrazinverbindungen — Azoxyverbindungen — Azide

Band XII: **Spezielle chemische Methoden**

Herstellung und Umwandlung organischer Phosphorverbindungen

Teil 1: Phosphorverbindungen mit mindestens einer Phosphor-Kohlenstoff-Bindung

Teil 2: Phosphorverbindungen ohne Phosphor-Kohlenstoff-Bindung

Band XIII: **Spezielle chemische Methoden**

Teil 1: Organische Verbindungen der 1., 2. und 3. Gruppe des Periodensystems

Teil 2: Organische Verbindungen der 4. Gruppe des Periodensystems

Teil 3: Organische Verbindungen der 5., 6., 7. und 8. Gruppe des Periodensystems — π-Komplexe

Band XV: **Spezielle chemische Methoden**

Kohlenhydrate — Eiweißstoffe — Peptidsynthesen

Band XVI: **Symbolik, Benennung, Literatur, Gesamtregister**

GEORG THIEME VERLAG · STUTTGART